Langenscheidts
Fachwörterbücher

Diccionario Abreviado Langenscheidt Tecnología

Español-Alemán/Alemán-Español

Editado por
Dipl.-Ök. Karl-Heinz Radde

Langenscheidt
Berlin · München · Wien · Zürich · New York

Langenscheidts Fachwörterbuch Kompakt Technik

Spanisch-Deutsch/Deutsch-Spanisch

Herausgegeben von
Dipl.-Ök. Karl-Heinz Radde

Langenscheidt
Berlin · München · Wien · Zürich · New York

Das Kompaktwörterbuch basiert auf Langenscheidts Fachwörterbüchern Technik und angewandte Wissenschaften, Spanisch-Deutsch und Deutsch-Spanisch, herausgegeben von Dipl.-Ök. Karl-Heinz Radde

Die Deutsche Bibliothek – CIP-Einheitsaufnahme

Langenscheidts Fachwörterbuch kompakt Technik : spanisch-deutsch/deutsch-spanisch / hrsg. von Karl-Heinz Radde. - 1. Aufl. - Berlin ; München ; Wien ; Zürich ; New York : Langenscheidt, 2001
ISBN 3-86117-167-8

Eingetragene (registrierte) Warenzeichen sowie Gebrauchsmuster und Patente sind in diesem Wörterbuch nicht ausdrücklich gekennzeichnet. Daraus kann nicht geschlossen werden, dass die betreffenden Bezeichnungen frei sind oder frei verwendet werden können.

Das Werk ist urheberrechtlich geschützt. Jede Verwendung außerhalb der Grenzen des Urheberrechtsgesetzes bedarf der vorherigen schriftlichen Zustimmung des Verlages. Dies gilt besonders für Übersetzungen, Vervielfältigungen, auch von Teilen des Werkes, Mikroverfilmungen, Bearbeitungen sonstiger Art sowie für die Einspeicherung in elektronische Systeme.

ISBN-13: 978-3-86117-167-6
ISBN-10: 3-86117-167-8

Nachdruck der 1. Auflage 2005
© Langenscheidt Fachverlag GmbH München, 2001
Printed in Germany
Gesamtherstellung: Druckhaus „Thomas Müntzer" GmbH, Bad Langensalza/Thüringen

Vorwort

Mit dem Kompaktwörterbuch „Technik" Spanisch-Deutsch/Deutsch-Spanisch wird das Ergebnis einer systematischen Auswahl des Wortgutes der bewährten Großwörterbücher für Technik und Angewandte Wissenschaften vorgelegt.

Es wurde ein Nachschlagewerk geschaffen, das in komprimierter Form die unentbehrliche Terminologie für die moderne fachsprachliche Kommunikation enthält. Erfasst sind inbesondere die Grundlagenfächer Mathematik, Physik, Chemie sowie Mechanik, Maschinenkonstruktion und Fertigungstechnik und auch alle relevanten Gebiete der modernen Technik. Besonderer Wert wurde darauf gelegt, die aktuellen fachübergreifenden Disziplinen weitgehend zu berücksichtigen wie Informatik und Datenverarbeitung, Elektronik, insbesondere Mikroelektronik, Automatisierungstechnik, neue Technologien, Kommunikationstechnik, Telekommunikation, Energietechnik einschließlich Kerntechnik und auch Umwelttechnik und Sicherheitstechnik. Dagegen sind Begriffe des allgemeinen Sprachgebrauchs, leicht erkennbare Wortverbindungen, sehr spezielle Termini sowie inzwischen veraltete Bezeichnungen und natürlich Internationalismen nicht enthalten. Stark verringert wurde auch die Anzahl der Synonyma. Nicht aufgenommen wurden solche speziellen Fachgebiete wie z. B. Militärtechnik, Mineralogie, Werkstoffkunde, Lederverarbeitung u. a. In notwendigen Fällen wurde das Wortgut weiter aktualisiert. Unter Beibehaltung der übersichtlichen Grundstruktur der Großwörterbücher wurde das Nestwortsystem stark eingeschränkt. Das Verb als aktive Wortart ist überwiegend erhalten. Dagegen sind Adjektiva, Partizipien u. ä. stark reduziert. Ebenso wurden die Fachgebietsabkürzungen, Erläuterungen, Begleitinformationen und Querverweise verringert und den spezifischen Zielgruppen eines Kompaktwörterbuches angepasst, um einen hohen Grad an Nutzerfreundlichkeit zu erreichen. Gekennzeichnet sind wie bisher typische Lateinamerikanismen. Mit dem Kompaktwörterbuch wurde somit in erster Linie ein hochaktuelles Nachschlagewerk für Studenten aller Universitäten, Fachhochschulen und Fortbildungseinrichtungen mit technischer Ausrichtung sowie für Technikinteressierte geschaffen, die noch kein umfangreiches Fachwörterbuch benötigen. Natürlich ist das neue Technikwörterbuch auch für alle sprachlich interessierten Fachfremde sowie für gelegentliche Nutzer hilfreich, die in ihren Tätigkeitsfeldern Grundbegriffe technischer Fachgebiete benötigen, wie z. B. Fachjournalisten, Juristen, Ökonomen, Mitarbeiter in den Bereichen Publicrelations, Marketing und Vertrieb und auch Fremdsprachensekretärinnen in Unternehmen und Verbänden der Industrie. Schließlich werden Experten aller Gebiete, die in Grenz- und Nebengebieten ihrer Fachbereiche fremdsprachliche Äquivalente suchen, das Kompaktwörterbuch als ein zuverlässiges Hilfsmittel schätzen.

Ich danke dem Verlag für die Förderung und sachgerechte Betreuung dieses handlichen Fachwörterbuches.

Wie immer sind Autor und Verlag an Hinweisen, kritischen Bemerkungen und Anregungen aus der praktischen Anwendung des Wörterbuches sehr interessiert und bitten, entsprechende Hinweise an die Langenscheidt Fachverlag GmbH, Postfach 401120, D-80711 München, zu geben.

Karl-Heinz Radde

Prólogo

En este diccionario compacto sobre „Técnica" Español-Alemán/Alemán-Español se expone el resultado de una labor sistemática de selección del vocabulario de acreditados diccionarios de gran formato sobre Tecnología y Ciencias Aplicadas.

Se ha creado una obra de consulta que incluye en forma resumida la terminología imprescindible para la moderna comunicación lingüística especializada. Quedan registradas en particular las materias fundamentales Matemáticas, Física, Química y también Mecánica, Construcción de Maquinaria y Tecnología de Fabricación así como todos los campos significativos de la tecnología moderna. Se ha puesto un énfasis especial para tener en cuenta en la medida más amplia posible las areas multidisciplinares de mayor actualidad como Informática y Proceso Electrónico de Datos, Electrónica, particularmente Microelectrónica, Tecnología de la Automatización, Nuevas Tecnologías, Tecnología de la Comunicación, Telecomunicaciones, Tecnología Energética inclusive Ingeniería Nuclear, Tecnologías Medioambientales y Tecnologías de la Seguridad.

Por otra parte dejan de compendiarse conceptos del habla cotidiana, expresiones hechas fácilmente reconocibles, términos demasiado específicos así como voces desusadas y por supuesto internacionalismos. También se ha reducido de forma sustancial el número de sinónimos. No se ha incluido algunas materias especializadas como por ejemplo Tecnología Militar, Mineralogía, Ciencia de Materiales, Industria de los Curtidos y otras. En los casos necesarios se ha llevado a cabo una actualización del léxico. Aun conservando la estructura fundamental diáfana de los diccionarios de gran formato se ha llevado a cabo una notable restricción en el sistema de términos anidados. En lo esencial se conserva el verbo como vocablo activo. Por el contrario los adjetivos, participios y otros elementos han experimentado una reducción numérica considerable. Asímismo se ha simplificado el acervo de abreviaturas especializadas, aclaraciones, informaciones complementarias y referencias cruzadas, adaptándolo a los usuarios específicos de un diccionario compacto al efecto de alcanzar el mayor grado de comodidad en su utilización. Continúan señalizándose como antes los modismos típicos de América Latina. Este diccionario compacto supone por consiguiente y en primera instancia la elaboración de una obra de consulta completamente actualizada para estudiantes de todos los centros universitarios, escuelas técnicas superiores e instituciones de formación profesional de tipo técnico, y también para aquellos aficionados a la técnica cuyas necesidades no son aún lo suficientemente amplias para tener que recurrir a un diccionario especializado de gran formato. Naturalmente este nuevo diccionario técnico será asímismo útil para cualquier no especialista con intereses lingüísticos así como para aquellos usuarios ocasionales que en sus ámbitos de actividad se sirvan de conceptos básicos de alguna especialidad técnica, como es en el caso de los periodistas especializados, juristas, economistas, especialistas en los campos de las Relaciones Públicas, Marketing y Distribución así como secretarias con idiomas en empresas y asociaciones de la Industria. Finalmente este diccionario compacto será apreciado como eficaz herramienta por expertos de todos los campos a la hora de buscar equivalentes en el otro idioma para términos de un ámbito marginal o complementario a sus especialidades respectivas.

Agradezco a la editorial el apoyo y la competente y autorizada asistencia prestados a este práctico diccionario compacto. Como de costumbre el autor y la editorial se muestran receptivos ante observaciones, apreciaciones críticas y sugerencias relativas al empleo práctico del diccionario, solicitando que dichos comentarios sean dirigidos a la Editorial: Fachverlag GmbH, Postfach 401120, D-80711 München.

Karl-Heinz Radde

Benutzungshinweise • Advertencias para la consulta

1. Beispiele für die alphabetische Ordnung • Ejemplos del orden alfabético

elemento
~ de acoplamiento
~ activador
~ circuital
~ del circuito regulador
~ constructivo
~ constructivo integrante
~ físil [fisionable]
~ de hormigón prefabricado
~ mecánico
~ NO-O
~ NO-Y
~ O
~ O exclusiva
~ químico
elevación

Satz
~ der ebenen Geometrie
~ des Thales
~ fester Blocklänge
~ gleicher Länge
~/pyrotechnischer
~ variabler Länge
~ von der Erhaltung der Energie
Sätze der Mechanik
~ kirchhoffsche
säuern
~/schwach
Sauerstoff
~ flüssiger
Sauerstoff-Acetylen-Schweißen
Sauerstoffatemgerät

2. Bedeutung der Zeichen • Significado de los signos

/	decreciente/estrictamente = estrictamente decreciente Getriebe/automatisches = automatisches Getriebe
[ ]	acceso serial [en serie] = acceso serial *o* acceso en serie Empfänger/selektiver [trennscharfer] = selektiver Empfänger *oder* trennscharfer Empfänger
( )	interferencia radio(eléctrica) = interferencia radio *o* interferencia radio-eléctrica Dia(positiv)projektor = Diaprojektor *oder* Diapositivprojektor
( )	Kursive Klammern enthalten Erklärungen Las explicaciones aparecen entre paréntesis itálicos
•	kennzeichnet Wendungen apartado de frases hechas

3. Abkürzungen • Abreviaturas

Am	Lateinamerikanismus / americanismo
f	Femininum / femenino
fpl	Femininum Plural / femenino plural
m	Maskulinum / masculino
mpl	Maskulinum Plural / masculino plural
n	Neutrum / neutro
npl	Neutrum Plural / neutro plural
pl	Plural / plural
s.	siehe / véase
v	Verb / verbo
z. B.	zum Beispiel / por ejemplo

Fachgebietskürzel • Abreviaturas de las áreas de especialización

Astr	Astronomie / astronomía
Aut	Automatisierungstechnik / automatización
Bgb	Bergbau / minería
Bw	Bauwesen / construcción, arquitectura
Ch	Chemie, chemische Technik / química, ingeniería química
Eb	Eisenbahntechnik / ferrocarriles
El	Elektrotechnik / electrotecnia
Eln	Elektronik / electrónica
Feinw	Feinwerktechnik / ingeniería de precisión
Fert	Fertigungstechnik / tecnología de fabricación
Flg	Flugwesen / aviación
Förd	Fördertechnik / técnica de elevación y transporte
Foto	Fotografie / fotografía
Geol	Geologie / geología
Gieß	Gießereitechnik / fundiciones
Inf	Informatik / informática
Kern	Kerntechnik / ingeniería nuclear
Kfz	Kraftfahrzeugtechnik / automovilismo
Kst	Kunststoffe / plásticos
Kyb	Kybernetik / cibernética
Led	Lederverarbeitung / elaboración de cuero
Lt	Landtechnik / maquinaria agrícola
Masch	Maschinenbau / ingeniería mecánica
Math	Mathematik / matemáticas
Mech	Mechanik / mecánica
Met	Metallurgie / metalurgia
Mil	Militärtechnik / ingeniería militar
Min	Mineralogie / mineralogía
Nrt	Nachrichtentechnik / comunicaciones
Opt	Optik / óptica
Ph	Physik / física
Rak	Raketentechnik / cohetería
Schiff	Schiffbau, Fischereitechnik / construcción naval, pesca
Sich	Sicherheitstechnik / ingeniería de seguridad
Tele	Telekommunikation / telecomunicaciones
Text	Textiltechnik / industria textil
TV	Fernsehtechnik / televisión
Typ	grafische Fertigungstechnik / artes gráficas
Umw	Umweltschutz, Umweltschutztechnik / protección ambiental, ingeniería ambiental
Wkst	Werkstoffkunde, Werkstoffprüfung / ciencia de materiales, ensayo de materiales

Spanisch-Deutsch

A

ábaco m 1. *(Math)* Fluchtlinientafel f; 2. Rechenbrett n; 3. *(Bw)* Abakus m, Säulendeckplatte f; 4. *(Bgb)* Fülltrog m
~ **de cálculo** Nomogramm n

abalizar v *(Schiff)* Seezeichen setzen, Bojen auslegen; befeuern; betonnen

abanico m 1. *(Schiff)* Baum m, Bock m; (kleiner) Kran m; 2. Ventilator m; 3. *(Typ)* Bogenausleger m

abaniqueo m 1. *(Mech)* Schlag m; 2. *(Kfz)* Flattern n, Radflattern n

abatible ausziehbar; (auf)klappbar; zurückklappbar *(z. B. Verdeck)*

abatimiento m 1. *(Schiff)* Abweichung f, Abkommen n *(vom Kurs)*; Abdrängung f, Abdrift f, Drift f; 2. Zurückklappen n *(z. B. des Verdecks)*; 3. Umklappung f *(z. B. einer Konstruktionszeichnung)*

abatir v abreißen; ausscheren; abkommen *(vom Kurs)*; streichen *(Segel)*
~ **la perpendicular** das Lot fällen, die Senkrechte errichten

aberración f 1. Abweichung f; 2. *(Opt)* Aberration f, Abbildungsfehler m; 3. *(Astr)* Aberration f
~ **cromática [de cromatismo]** chromatische Aberration f, Farbabweichung f, Farb(en)fehler m, chromatischer Fehler m

abertura f 1. Öffnung f, Öffnen n; 2. *(Opt, Eln)* Apertur f, Öffnung f, Öffnungswinkel m; 3. *(Kfz)* Radsturzwinkel m
~ **de diafragma** Blendenöffnung f
~ **de entrada** Einsetzöffnung f, Einstieg m
~ **libre** *(Bw)* lichte Weite f
~ **de la llave** Maulweite f, Schlüsselweite f *(Werkzeuge)*
~ **numérica** *(Opt)* numerische Apertur f, Öffnungsverhältnis n, relative Lichtstärke f *(eines Objektivs)*

abisagrado gelenkig (angeschlossen), gelenkig gelagert; schwenkbar

abisagrar v mit Scharnier versehen; gelenkig befestigen

abiselar v *(Fert)* abfasen, anfasen, abkanten, abschrägen

ablandar v 1. erweichen, weich machen; enthärten *(Wasser)*; 2. *(Met)* einer (erweichenden) Wärmebehandlung unterziehen; schmelzen; 3. *(Led)* geschmeidig machen; stollen; 4. lösen *(Bremse)*

ablandecer v sintern

abluir v 1. abschlämmen, abläutern; 2. verdünnen, auflösen

abocar v 1. *(Schiff)* einfahren; 2. umfüllen, umgießen

abocardar v aufweiten *(ein Rohr)*; aufdornen

abollar v 1. verbeulen, einbeulen; eindrücken, durchdrücken; 2. treiben; 3. prägen; stemmen

abonado m 1. Abonnent m, Abnehmer m, Verbraucher m; 2. *(Tele)* Teilnehmer m
~ **de destino** s. ~ llamado
~ **lejano** abgesetzter Teilnehmer m
~ **llamado** gerufener Teilnehmer m, B-Teilnehmer m

abonadora f Düngerstreuer m

abono m 1. Düngemittel n, Dünger m; 2. Düngen n

aboquillar v *(Bw)* ausschweifen; mit keilförmiger Öffnung versehen

abovedado *(Bw)* gewölbt

abovedar v *(Bw)* überwölben

abrasímetro m Abriebfestigkeitsmesser m, Reibechtheitsprüfer m, Scheuerfestigkeitsmesser m *(für Garn)*

abrasión f Abrasion f, Abschleifen n, Abscheuern n; Abschliff m; Abrieb m; Abnutzung f *(durch Verschleiß)*

abrasivo m Abrasivstoff m, Abrasivmittel n, Schleifmittel n, Poliermittel n

abrazadera f 1. Klammer f, Zwinge f, Rohrschelle f; 2. *(Typ)* geschweifte Klammer f; 3. Kreissäge f; 4. *(El)* Schelle f
~ **de ballesta** Federlasche f
~ **de contacto** Druckring m
~ **de unión** Kupplung f, Verbindungsstück n

abridor m 1. *(Text)* Öffner m; Vorreißer m; Brechwalze f; 2. *(Lt)* Bodenlockerer m, Lockerungsgerät n

abrigo m 1. Schutz m, Schutzmantel m, Mantel m; 2. Unterstand m; Deckung f; Schutzraum m; Bunker m; 3. *(Schiff)* geschützter Ankerplatz m; 4. *(Bgb)* *(Am)* Mächtigkeit f *(einer Schicht)* • **al ~ del aire** unter Luftabschluss • **al ~ de la luz** lichtgeschützt • **al ~ del polvo** staubdicht, staubgeschützt, staubsicher

abrillantar v 1. (hochglanz)polieren; 2. *(Text)* lüstrieren; beetlen; 3. *(Led)* abglasen

abrir

abrir v 1. öffnen; 2. *(El)* ausschalten; 3. *(Bgb)* auffahren; vortreiben; niederbringen; 4. *(Met)* ankörnen; durchbohren; 5. auflösen *(eine Klammer)*
~ **un barreno** *(Bgb)* vorbohren; durchbohren
~ **el diafragma** aufblenden
~ **un pozo** *(Bgb)* abteufen
abrochador m *(Typ)* Heftmaschine f; Hefter m
abscisa f Abszisse f
absorbedor m 1. *(Ph, Ch)* Absorber m; Absorptionsapparat m; 2. Dämpfer m
~ **de choques** Stoßdämpfer m
~ **de vibraciones** Schwingungsdämpfer m
absorbencia f Absorptionsvermögen n, Absorptionsfähigkeit f, Absorption f
absorbente absorbierend, aufsaugend; dämmend
absorbente m *(Ch)* Absorbens n, Absorptionsmittel n; Absorber m
absorber v 1. absorbieren, aufsaugen, aufnehmen; schlucken *(Schall)*; 2. dämpfen
absorción f 1. Absorption f, Absorbierung f, Aufnahme f, Aufsaugung f; 2. Dämpfung f; 3. *(Kern)* Einfang m
~ **de calor** Wärmeaufnahme f, Wärmeabsorption f, Wärmebindung f, Wärmeentzug m
~ **sonora** Schallabsorption f, Schallschluckung f
~ **de vibraciones** Schwingungsdämpfung f
acabado m 1. *(Fert)* Endbearbeitung f, Feinbearbeitung f, Finish m, Fertigstellung f; Überzug m; 2. Nacharbeit f; 3. *(Led)* Zurichten n, Zurichtung f; 4. *(Text)* Veredlung f, Ausrüstung f, Finish n
~ **satinado** *(Typ)* (hoch)satiniertes Papier n, Illustrations(druck)papier n
~ **superficial [de superficie]** Oberflächenbehandlung f
acabadora f 1. *(Fert)* Feinschleifmaschine f; 2. *(Text)* Finishmaschine f
acabar v 1. *(Fert)* fertig stellen; fein bearbeiten, feinschleifen, finishen; 2. nacharbeiten; 3. *(Led)* zurichten; 4. *(Text)* veredeln; ausrüsten
~ **en frío** kaltwalzen
~ **la laminación** auswalzen
~ **al taladro** fertig bohren, gutbohren
acanalado gerippt, gerieft; genutet; gekerbt; gerillt, geriffelt; (aus)gekehlt

acanaladora f *(Fert)* Nutenhobel m
~ **de chapas** Sickenmaschine f
~ **para roca** Schlitzmaschine f *(Steinbruch)*
acanaladura f 1. Nutenziehen n; Riffeln n; 2. Spannut f, Riefe f, Auskehlung f, Hohlkehle f
~ **helicoidal** Spiralnut f
~ **de lubricación** Ölnut f
acanalar v *(Fert)* auskehlen, riefeln; nutenhobeln
acarreador m Förderer m
acarrear v (be)fördern
acarreo m 1. Förderung f; 2. Transport m; 3. *(Inf)* Übertrag m; 4. *(Bgb)* Streckenförderung; 5. *(Geol)* Überschiebung f
acceso m 1. Zugang m, Zutritt m, Einstieg m, Einstiegsschacht m; 2. *(Inf)* Zugriff m; 3. *(Tele)* Netzübergang m, Anschluss m
~ **aleatorio** s. ~ directo
~ **al azar** s. ~ directo
~ **básico a la RSDI** *(Tele)* ISDN-Basisanschluss m
~ **cero** *(Tele)* Zugriff m ohne Wartezeit
~ **conmutado** *(Tele)* vermittelter Zugang m
~ **directo** direkter [wahlfreier, beliebiger] Zugriff m, Direktzugriff m, Zufalls(reihenfolge)zugriff m
~ **de disco** Plattenzugriff m
~ **libre** beliebiger [wahlfreier] Zugriff m, Direktzugriff m
~ **secuencial** sequenzieller [serieller] Zugriff m, Zugriff m in Reihenfolge, Serienzugriff m, Reihenfolgezugriff m
~ **secuencial no consecutivo** Sprungfolgezugriff m
~ **secuencial selectivo** Auswahlfolgezugriff m
~ **serial [en serie]** s. ~ secuencial
accesorio m 1. Zubehör(teil) n; 2. Zusatzgerät n
~ **divisor** *(Fert)* Teilvorrichtung f, Teileinrichtung f, Teilgerät n
~ **recolector** *(Lt)* Aufnahmevorrichtung f
~ **segador** *(Lt)* Schneidwerk n; Mähaggregat n
~ **sembrador** *(Lt)* Säapparat m
~ **sujetador** 1. Klemmvorrichtung f; 2. *(Fert)* Einspannvorrichtung f, Spannvorrichtung f

accesorios *mpl* 1. Zubehör *n*; 2. Armatur *f*; Fittings *npl*; 3. Ausstattung *f*; Ausrüstung *f*
accidente *m* 1. Zufall *m*; Ereignis *n*; 2. Unfall *m*; Unfallereignis *n*; 3. Vorfall *m*; Störung *f*, Betriebsstörung *f*; Havarie *f*
~ **nuclear** Havarie *f* im Kernkraftwerk; Reaktorunfall *m*
~ **de trabajo** Arbeitsunfall *m*
acción *f* 1. Wirkung *f*, Einwirkung *f*; Eingriff *m*; Einfluss *m*; Aktion *f*; Betätigung *f*; Arbeitsvorgang *m*; 2. Effekt *m* • **de ~ continua** stetig wirkend • **de ~ directa** direkt betätigt • **de ~ graduable** mehrstufig • **de ~ proporcional** proportionalwirkend • **de ~ rápida** flink, schnell ansprechend *(z. B. Relais)*; schnell wirkend • **de ~ retardada** zeitverzögert, langsam ansprechend *(z. B. Relais)* • **de ~ sencilla** einstufig
~ **capilar** Kapillarwirkung *f*, Haarröhrchenwirkung *f*
~ **centrífuga** Fliehkraftwirkung *f*, Schleuderwirkung *f*
~ **de conmutación** Umschaltung *f*
~ **derivada** Differenzialverhalten *n*, D-Verhalten *n*, Differenzialwirkung *f*, D-Wirkung *f*, Vorhalt *m*
~ **destructora** 1. zerstörende Wirkung *f*; 2. *(Mil)* Sprengwirkung *f*
~ **dirigida** Richtwirkung *f* *(einer Antenne)*
~ **frenadora [de los frenos]** Bremswirkung *f*; Bremsvorgang *m*
~ **integral** Integralverhalten *n*, I-Verhalten *n*, Integralwirkung *f*, I-Wirkung *f*
~ **inversa** Rückwirkung *f*, Rückkopplung *f*, Reaktionswirkung *f*
~ **proporcional** Proportionalverhalten *n*, P-Verhalten *n*, Proportionalwirkung *f*, P-Wirkung *f*
~ **por todo o nada** Ein-Aus-Regelung *f*, Zweipunktregelung *f*
accionado por aire comprimido druckluftbetrieben
~ **por botón** druckknopfgetätigt
~ **a fuerza** kraftschlüssig
~ **por teclado** tastenbetätigt
accionador *m* 1. Stellglied *n*; Stelleinheit *f*; 2. Antrieb *m*
~ **de mando** Steuerglied *n*
accionamiento *m* 1. Bedienung *f*; Betätigung *f*; 2. Antrieb *m*; Trieb *m*; Steuerung *f*

~ **por aire comprimido** Druckluftantrieb *m*, Pressluftantrieb *m*
~ **de ajuste** Stellantrieb *m*
~ **de biela** Kurbelantrieb *m*
~ **de corredera** Kulissenantrieb *m*
~ **de chorro** *(Rak)* Strahlantrieb *m*
~ **a dos manos** *(Sich)* Zweihandsteuerung *f*; Zweihandsicherung *f*; Zweihandeinrückung *f*
~ **de engranajes** Zahnradantrieb *m*
~ **por leva** Kurvenantrieb *m*, Nockenantrieb *m*
~ **macrométrico** Grobtrieb *m*
~ **a manivela** Kurbeltrieb *m*
~ **micrométrico** Feintrieb *m*
~ **nuclear** Kernenergieantrieb *m*, Kernkraftantrieb *m*
~ **por poleas** Riemenantrieb *m*
~ **de reacción** Rückstoßantrieb *m*
~ **regulador** Stellantrieb *m*
~ **por tornillo sin fin** Schneckenantrieb *m*
aceitar *v* 1. ölen, mit Öl tränken; schmieren; 2. *(Text)* batschen, schmälzen
aceite *m* Öl *n*
~ **para amortiguadores** Stoßdämpferöl *n*
~ **de azufre** Oleum *n*, rauchende Schwefelsäure *f*
~ **de circulación** Schmieröl *n*
~ **combustible** Treiböl *n*, Dieselöl *n*; Heizöl *n*
~ **para corte** Schneidöl *n*, Schneidflüssigkeit *f*
~ **de enfriamiento rápido** Abschrecköl *n*, Härteöl *n*
~ **de engrase** Schmieröl *n*
~ **hidráulico** Hydrauliköl *n*, Drucköl *n*
~ **para husos** Spindelöl *n*
~ **lubricante** Schmieröl *n*
~ **refrigerante** *(Kfz)* Kühlöl *n*
~ **de taladrar** Bohröl *n*, Bohrwasser *n*
aceitera *f* Öler *m*, Ölbüchse *f*, Ölkanne *f*, Schmierbüchse *f*, Schmierölkännchen *n*
aceleración *f* 1. Beschleunigung *f*; 2. *(Astr)* Akzeleration *f*
~ **de arranque** *(Kfz)* Anfahrbeschleunigung *f*
~ **centrífuga** Zentrifugalbeschleunigung *f*
~ **centrípeta** Zentripetalbeschleunigung *f*
~ **de la gravedad [gravitación]** Schwerebeschleunigung *f*, Fallbeschleunigung *f*
~ **negativa** negative Beschleunigung *f*, Verzögerung *f*, Geschwindigkeitsverminderung *f*

aceleración

~ de rotación Rotationsbeschleunigung *f*, Drehbeschleunigung *f*, Winkelbeschleunigung *f*

acelerador *m* 1. *(Ph, Ch)* Beschleuniger *m*, Beschleunigungsvorrichtung *f*, Akzelerator *m*; 2. *(Ch)* Reaktionsbeschleuniger *m*, Katalysator *m*; Kontaktstoff *m*; 3. *(Bw)* Abbindebeschleuniger *m*; 4. *(Rak)* Startbeschleuniger *m*; 5. Zeitraffer *m (Kino)*; 6. *(Foto)* Beschleunigungsbad *n*; 7. *(Kfz)* Fahrfußhebel *m*; Gaspedal *n*; 8. Warmwasserpumpe *f (Heizungstechnik)*; 9. *(Flg)* Drosselhebel *m*

~ auxiliar *(Rak)* Starthilfstriebwerk *n*

~ circular (de partículas) Ringbeschleuniger *m*, Kreisbeschleuniger *m*, zyklischer Teilchenbeschleuniger *m*

~ cohético Raketenstarttriebwerk *n*; Startstufe *f*

~ de combustible sólido *(Rak)* Feststoffstartstufe *f*; Pulvertriebwerk *n*

~ de corpúsculos Teilchenbeschleuniger *m*

~ de inducción *(Kern)* Elektronenschleuder *f*, Betatron *n*, Induktionsbeschleuniger *m*

~ de mano *(Kfz)* Handgashebel *m*

~ de pedal *(Kfz)* Gaspedal *n*

~ de reacción *(Ch)* Reaktionsbeschleuniger *m*, Katalysator *m*

acelerar *v* 1. beschleunigen; 2. *(Kfz)* Gas geben

acelerógrafo *m* Beschleunigungsschreiber *m*

acelerómetro *m* Beschleunigungsmesser *m*

acepilladora *f (Fert)* Hobelmaschine *f*

~ de dos caras Dickenhobelmaschine *f*, Zweiseitenhobelmaschine *f*

~ para engranajes Zahnradhobelmaschine *f*

~ fresadora Langfräsmaschine *f*

~ de largo Langhobelmaschine *f*

~ limadora Waagerechtstoßmaschine *f*, Shaping-Maschine *f*, Shaper *m*

~ ranuradora Nutenhobelmaschine *f*

~ vertical Senkrechthobelmaschine *f*, Stoßmaschine *f*, Bestoßmaschine *f*

acepilladura *f* 1. *(Fert)* Hobeln *n*; 2. *(Fert)* Hobelspan *m*, Span *m*

acepillar *v* 1. *(Fert)* hobeln; 2. *(Fert)* bürsten; anstreichen

acero *m* 1. Stahl *m*; 2. *(Fert)* Schneidwerkzeug *n*, Meißel *m*

~ acabador Schlichtmeißel *m*

~ de acepilladora Hobelmeißel *m*

~ afinado Edelstahl *m*

~ de aleación Stahllegierung *f*

~ de alta dureza Hartstahl *m*

~ angular Winkeleisen *n*, Winkelstahl *m*

~ austenítico austenitischer Stahl *m*, Austenitstahl *m*

~ en bandas Bandstahl *m*

~ en barras Stabstahl *m*

~ de barrenar Bohrmeißel *m*, Innendrehmeißel *m*

~ bonificado Vergütungsstahl *m*, vergüteter Stahl *m*

~ al carbono Kohlenstoffstahl *m*, unlegierter Stahl *m*

~ cementable [de cementación] Einsatzstahl *m*, Aufkohlungsstahl *m*

~ cementado einsatzgehärteter [im Einsatz gehärteter] Stahl *m*

~ colado Gussstahl *m*, Stahlguss *m*

~ de corte rápido Schnell(arbeits)stahl *m*, Schnellschnittstahl *m*, Schnelldrehstahl *m*

~ en chapas Stahlblech

~ de desbastar Schruppmeißel *m*

~ dulce Flussstahl *m*, Weichstahl *m*, weicher Stahl *m*

~ de elevada aleación hochlegierter Stahl *m*

~ embutido en caliente warmgezogener Stahl *m*

~ de embutir a profundidad Tiefziehstahl *m*

~ de escaso carbono niedriggekohlter [kohlenstoffarmer] Stahl *m*

~ esferoidal weichgeglühter Stahl *m*

~ para estampas Matrizenstahl *m*, Gesenkstahl *m*

~ estirado en frío kaltgezogener Stahl *m*

~ estructural Baustahl *m*

~ extraduro Diamantstahl *m*, Riffelstahl *m*

~ fino Edelstahl *m*, Sonderstahl *m*

~ en fleje Bandstahl *m*; Streifenstahl *m*

~ galvanizado feuerverzinkter Stahl *m*

~ laminado Walzstahl *m*

~ de llanta Flachstahl *m*, Flacheisen *n*

~ maquinable Automatenstahl *m*

~ de matrizar (a profundidad) Tiefziehstahl *m*

acoplador

- ~ **moldeado** Gussstahl *m*, Stahl(form)guss *m*
- ~ **naval** Schiffsstahl *m*, Schiffbaustahl *m*
- ~ **pirorresistente** hochwarmfester Stahl *m*
- ~ **para prensado en caliente** Warmpressstahl *m*
- ~ **por rebordear** Flussstahl *m*
- ~ **refinado** Edelstahl *m*, Sonderstahl *m*
- ~ **resistente al calor** warmfester Stahl *m*
- ~ **revenido** vergüteter Stahl *m*, angelassener Stahl *m*
- ~ **suave** Weichstahl *m*, Flussstahl *m*
- ~ **de temple** Vergütungsstahl *m*
- ~ **de temple al aire** lufthärtender [selbsthärtender] Stahl *m*, Lufthärter *m*, Lufthärtungsstahl *m*
- ~ **termorresistente** warmfester Stahl *m*
- ~ **de tornear** Drehmeißel *m*
- ~ **para tornos automáticos** Automatenstahl *m*
- ~ **de tronzar** Abstechmeißel *m*, Stechdrehmeißel *m*

acetato *m* Acetat *n*
- ~ **de aluminio** Aluminiumacetat *n*, essigsaure Tonerde *f*
- ~ **butílico [de butilo]** Butylacetat *n*, Butylessigsäureester *m*
- ~ **de etilo** Ethylacetat *n*, Essigsäureethylester *m*
- ~ **potásico** Kaliumacetat *n*, essigsaures Kalium *n*

aciberar *v* zermahlen, pulverisieren
acidificador *m* Säurebildner *m*
acidificar *v* (an)säuern; sauer werden
acidimetría *f* Säuregehaltsbestimmung *f*, Säuremessung *f*, Azidimetrie *f*
acidímetro *m* Säuremesser *m*, Azidimeter *m*

ácido *m* (Ch) Säure *f*
- ~ **acetacético** Acetessigsäure
- ~ **acético** Essigsäure *f*
- ~ **anhidro** wasserfreie Säure *f*
- ~ **bromhídrico** Bromwasserstoff, Bromwasserstoffsäure *f*
- ~ **carbólico** Carbolsäure *f*, Phenol *n*
- ~ **carbónico** Kohlensäure *f*
- ~ **cianhídrico** Blausäure *f*, Cyanwasserstoff *m*, Cyanwasserstoffsäure *f*
- ~ **clorhídrico** Salzsäure *f*
- ~ **fluorhídrico** Fluorwasserstoff, Fluorwasserstoffsäure *f*, Flusssäure *f*
- ~ **fórmico** Ameisensäure *f*
- ~ **hidrociánurico** Blausäure, Cyanwasserstoff, Cyanwasserstoffsäure *f*
- ~ **nítrico** Salpetersäure *f*
- ~ **nitroso** salpetrige Säure *f*
- ~ **silícico** Kieselsäure *f*
- ~ **sulfúrico** Schwefelsäure *f*
- ~ **sulfuroso** schweflige Säure *f*

acidómetro *m* Säuremesser *m*
acidorresistente säurefest, säurebeständig
acidular *v* 1. (Ch) schwach säuern, ansäuern; 2. (Typ) ätzen
aclarador *m* Klärapparat *m*; Absetzgefäß *n*
aclarar *v* 1. (ab)klären (Flüssigkeiten); 2. schlämmen (Erz); 3. lichten (Wald); 4. (Text) aufhellen
aclareadora *f* (Lt) Vereinzelungsmaschine *f*, Ausdünnmaschine *f*, Ausdünngerät *n*
acodado *m* Kröpfung *f*; Knie *n*, Knierohr *n*, Kniestück *n*, Krümmer *m*
acodar *v* kröpfen
acojinamiento *m* Dämpfung *f*, Federung *f*
acolchamiento *m* 1. Polsterung *f*, Abdichtung *f* (mit Wolle u. Ä.); 2. Spleißung *f*
- ~ **aislante de vibraciones** Schwingungsisolierung *f*

acolchar *v* 1. polstern; 2. spleißen
acondicionador *m* 1. Klimaanlage *f*; 2. Vorbehandlungsgerät *n*
- ~ **de agua** Wasserenthärter *m*
- ~ **de alimentación [forraje]** (Lt) Futteraufbereiter *m*
- ~ **de heno** (Lt) Heuaufbereiter *m*; Heubrikettierer *m*

acondicionamiento *m* 1. Aufbereitung *f*, Zubereitung *f*, Gestaltung *f*, Auslegung *f*; 2. (Text) Konditionierung *f*
- ~ **de aire** Klimatisierung *f*
- ~ **de equipos** Gerätegestaltung *f*, Gerätekonfiguration *f*
- ~ **de puestos de trabajo** Arbeitsplatzgestaltung *f*

acondicionar *v* gestalten; umgestalten; herrichten; konditionieren; aufbereiten
- ~ **el aire** klimatisieren

acoplador *m* 1. Verbindungsorgan *n*; 2. (Masch) Kupplung *f*, Kopplung *f*; 3. (El, Eln) Koppler *m*
- ~ **deslizante** Rutschkupplung *f*
- ~ **giratorio** Gelenkkupplung *f*
- ~ **de platillo** Scheibenkupplung *f*, Flanschkupplung *f*

acoplador

~ de unión 1. Verbindungsmuffe f; 2. Kupplung f
acoplamiento m 1. Verbindung f; 2. *(Masch)* Kupplung f *(fest)*; Ankupplung f; 3. *(El, Eln)* Kopplung f, Ankopplung f, Verkopplung f, Schaltung f
~ articulado Gelenkkupplung f
~ autoinductivo induktive T-Kopplung f, Autotransformatorkopplung f, Spartransformatorkopplung f
~ axial (de árboles) Wellenkupplung f
~ de bobina de reactancia Drossel(kapazitäts)kopplung f, Drosselkondensatorkopplung f
~ de bridas Flanschkopplung f
~ de cardán Kardangelenk n, Gelenkkupplung f
~ cerrado feste [starre] Kopplung f
~ del cigüeñal Kurbelwellenkupplung f
~ de cojinetes Schalenkupplung f
~ cónico Kegelkupplung f, Konuskupplung f
~ dentado Klauenkupplung f, Zahnkupplung f
~ en derivación s. ~ en paralelo
~ de dientes Zahnkupplung f, Klauenkupplung f
~ direccional *(El)* Richtkoppler m
~ de discos Scheibenkupplung f
~ de enchufe Steckkupplung f
~ eslabón Bindeglied n, Kopplungsglied n
~ en estrella *(El)* Sternschaltung f
~ flojo *(El)* lose [unterkritische] Kopplung f
~ de freno Bremskupplung f
~ de fricción Friktionskupplung f, Reibungskupplung f, Rutschkupplung f
~ para guiaondas *(El)* Hohlleiterflansch m
~ por inductancia Drosselkopplung f
~ de lanzamiento *(El)* Schnapperkupplung f, Schnapper m
~ de manguito Hülsenkupplung f, Muffenkupplung f
~ mixto 1. *(El)* Reihenparallelschaltung f; 2. *(Eln)* Mischkopplung f
~ no reactivo rückwirkungsfreie Kopplung f
~ en paralelo *(El)* Parallelschaltung f, Neben(schluss)schaltung f
~ de platillo Scheibenkupplung f
~ en puente *(El)* Brückenschaltung f
~ de reacción *(Kyb)* Rückkopplung(sschaltung) f
~ reductor Reduzierstück n, Übergangsmuffe f
~ regenerativo *(Kyb)* Rückkopplung(sschaltung) f
~ de remolque *(Kfz)* Anhängerkupplung f
~ por resistencia-capacidad RC-Kopplung f, Widerstands-Kapazitäts-Kopplung f
~ de rosca Gewindekupplung f
~ en serie *(El)* Reihenschaltung f, Serienschaltung f, Hauptschluss m
~ en triángulo *(El)* Dreieckschaltung f
~ de trinquete Klinkenkupplung f
~ universal Kardangelenk n, Gelenkkupplung f
~ de vástago Gestängekupplung f, Gestängeverbindung f

acoplar v 1. verbinden; anschalten; 2. *(Masch)* (an)kuppeln; einrücken *(Kupplung)*; 3. *(El, Eln)* (an)koppeln
acople m *(Am)* Kupplung f, Kopplung f
acordada f Kurvenlineal n
acotar v 1. mit Ziffern bezeichnen; 2. Höhenbezeichnungen vornehmen; 3. Toleranzen angeben
acrisolar v *(Met)* frischen; läutern, reinigen
actinio m Actinium n, Ac
actinógrafo m Aktinograph m, Strahlungsschreibgerät n, registrierendes Strahlungsmessgerät n
activador m 1. *(Ph, Ch)* Aktivator m, Wirkstoff m; Beschleuniger m; 2. *(Foto)* Sensibilisator m
activar v 1. *(Ph, Ch)* aktivieren; anregen; radioaktiv machen; 2. *(Inf)* aktivieren; aufrufen; 3. beschleunigen; ansteuern
activo 1. *(Ch)* aktiv, lebhaft *(Reaktion)*; 2. *(Kern)* (radio)aktiv; 3. *(El)* Strom führend; spannungsführend; 4. *(Opt)* aktiv
actuador m Stellglied n; Stelleinrichtung f; Stelleinheit f; Aktuator m, Betätigungselement n, Betätigungsorgan n
acuaplano m Tragflächenboot n, Tragflügelboot n
acuífero m **(subterráneo)** Wasser führende Schicht f, Grundwasserleiter m
acumulación f 1. Anreicherung f, Akkumulation f; Speicherung f; 2. Stauung f, Stau m *(z. B. von Wärme)*
~ de energía Energiespeicherung f
~ de imagen *(TV)* Bildspeicherung f
acumulador m 1. *(El)* Akkumulator m, Sammler m, Speicher m; 2. Speicher m,

Wärmespeicher *m*; 3. *(Inf)* Akkumulator *(aktuelles Arbeitsregister eines Prozesors)*; 4. *(Bgb)* Absetzbehälter *m*
- **~ de agua caliente** Heißwasserspeicher *m*
- **~ de aire comprimido** *(Masch)* Druckluftakkumulator *m*, Druckluftsammler *m*
- **~ de calor** Wärmespeicher *m*, Wärmeakkumulator *m*; Wasserraumspeicher *m* *(Heizung)*
- **~ electrónico** Isotopenbatterie *f*, Kernbatterie *f*
- **~ de ferroníquel** Stahlakkumulator *m*, Ni-Fe-Akkumulator *m*
- **~ hidráulico** hydraulischer Akkumulator *m*, Druckwassersammler *m*, Druckwasserspeicher *m*
- **~ de información** *(Inf)* Speicher(ungs)einrichtung *f*, Speicherwerk *n*, Speicher *m*
- **~ neumático** *s*. ~ de aire comprimido
- **~ de níquel-cadmio** *(El)* Nickel-Cadmium-Akkumulator *m*
- **~ de níquel-hidruro** Nickel-Hydrid-Akkumulator *m*, NiHd-Akku *m*
- **~ de plomo** *(El)* Bleiakkumulator *m*, Bleisammler *m*
- **~ solar** Sonnenbatterie *f*

acumulando *m (Math)* Augend *m*, erster Summand *m*

acumular *v* 1. akkumulieren, speichern; 2. stauen *(Wärme)*; 3. *(Inf)* speichern; summieren

acuñadora *f* Prägemaschine *f*, Prägepresse *f*

acuñamiento *m (Bgb)* Verdrückung *f*, Auskeilung *f (eines Flözes)*

acuñar *v* 1. prägen; 2. verkeilen

acuse *m* **de recibo** 1. Quittung *f*, Empfangsbestätigung *f (Datenübertragung)*; 2. Rückmeldung *f (z. B. eines Signals)*

acústica *f* Akustik *f*, Schalltechnik *f*
- **~ arquitectónica [arquitectural]** Raumakustik *f*
- **~ de edificios** Bauakustik *f*
- **~ de locales** Raumakustik *f*

acústico adj akustisch; schalltechnisch

acutángular spitzwinklig

acutángulo *m* spitzwinkliges Dreieck *n*

acutómetro *m s*. audiómetro

achaflanar *v* 1. *(Fert)* abschrägen, abfasen; anschrägen; anfasen; abschärfen; 2. *(Led)* verjüngen

achatar *v* plattdrücken; abplatten

achicador *m* 1. Sandfänger *m*, Sandrohr *f (Seilbohrung)*; 2. *(Schiff)* Schöpfeimer *m*, Schöpfer *m*

achicar *v* 1. *(Bgb)* auspumpen; 2. *(Schiff)* leerpumpen, lenzen

adaptador *m* 1. Zwischenstück *n*, Verbindungsstück *n*, Passstück *n*; 2. *(El)* Adapter *m*, Adapterstecker *m*; Anpassungsglied *n*; Zwischenstecker *m*
- **~ de control de juegos** Spielsteuerkarte *f*
- **~ facial** Gesichtsteil *n (Atemschutzgerät)*
- **~ del filtro** Filteranschluss *m (Atemschutzgerät)*
- **~ rosca** Reduzierstück *n*, Reduzierverschraubung *f*
- **~ de vídeo** Bildsteuersystem *n*

adaptar *v* adaptieren, anpassen, einpassen; passend machen; angleichen

adaptivo adaptiv, selbstanpassend; anpassungsfähig

addendum *m (Fert)* Zahnkopfhöhe *f (bezogen auf den Teilkreis)*

adelantador *m (Masch, El)* Verschieber *m*, Entzerrer *m*, Ausgleicher *m*

adelantar *v* vorgehen *(Uhr)*; vorstellen *(Uhr)*; beschleunigen *(z. B. Fahrzeug)*; voreilen *(z. B. Phase)*

adelgazador *m* Verdünnungsmittel *n*; Streckmittel *n*

adelgazamiento *m* 1. Einengung *f*; Verjüngung *f*; 2. Verdünnung *f*; 3. *(Bgb)* Verdrückung *f*, Auskeilung *f (eines Flözes)*
- **~ profundo** *(Fert)* Tiefziehen *n*

adelgazar *v* 1. einengen; verjüngen; ausspitzen; 2. verdünnen; 3. *(Bgb)* verdrücken

ademe *m (Bgb)* Stempel *m*

adentelladura *f* Verzahnung *f*

aderezar *v* 1. *(Fert)* abrichten *(Schleifscheibe)*; 2. nachbearbeiten; 3. *(Text)* appretieren, ausrüsten; 4. *(Bgb)* anreichern; aufbereiten

aderezo *m* 1. *(Fert)* Abrichten *n (Schleifscheibe)*; 2. *(Fert)* Nacharbeiten *n*; 3. *(Text)* Appretur *f*, Ausrüstung *f*; 4. *(Bgb)* Aufbereitung *f*; 5. Autolack *m*; 6. Zubehör *n*

adherencia *f* 1. Adhäsion *f*, Anhaften *n*, Haften *n*; Kleben *n*; Haftfähigkeit *f*, Haftvermögen *n*; 2. *(Kfz)* Bodenhaftung *f*; 3. *(Eb)* Haftreibung *f (Schiene – Rad)*

adherencia

~ friccional Haftreibung *f*, Reibschluss *m*
~ de los neumáticos *(Kfz)* Bodenhaftung *f*
adherir *v* (an)haften, kleben
adhesión *f* Adhäsion *f*, Anhaften *n*, Haften *n*
adhesividad *f* 1. Haftfähigkeit *f*, Haftvermögen *n*; Klebrigkeit *f*; 2. Griffigkeit *f* (der Straßendecke)
adhesivo *m* Klebemittel *n*, Klebstoff *m*, Kleber *m*; Bindemittel *n*
adición *f* 1. Addition *f*, Summierung *f*; 2. Beimengung *f*, Beimischung *f*, Zusatz *m*, Anlagerung *f*
aditam(i)ento *m* 1. Hinzufügung *f*, Zugabe *f*, Zusatz *m*; 2. Einrichtung *f*; Apparat *m*; Vorrichtung *f*; Geschirr *n*; Hilfsvorrichtung *f*, Zubehörteil *n*; Zusatzgerät *n*; Ansatzgerät *n*; Extra *n*, Zusatzausrüstung *f*
~ para fresar Fräsvorrichtung *f*
~ sujetaherramienta Werkzeughalter *m*
~ de tubería Fitting *n(m)*, Rohrleitungsstück *n*
aditivo *m* *(Ch)* Zusatzmittel *n*, Additiv *n*
~ antidetonante Antiklopfmittel *n*
~ antioxidante Antioxidans *n*, Antioxidationsmittel *n*, Oxidationsverhinderer *m*
~ detergente Spülöl *n* (für Verbrennungsmotoren)
~ dispersante Dispergier(ungs)mittel *n*, Dispersionsmittel *n*
adjudicar *v* zuordnen, zuweisen
admisible *(Math)* zulässig, annehmbar
admisión *f* 1. Einlass *m*; 2. Zufuhr *f*, Zuführung *f*; Zulauf *m*; 3. Beaufschlagung *f* (einer Turbine); 4. *(Kfz)* Ansaugtakt *m*
• **de ~ inferior** unterschlächtig • **de ~ superior** oberschlächtig
admitancia *f* *(El)* Admittanz *f*, Scheinleitwert *m*
adobar *v* *(Led)* beizen; gerben
adobo *m* 1. Beize *f*, Beizmittel *n*; 2. *(El)* Vergussmasse *f*, Füllmasse *f*
adorbedor *m* *(Ch)* Adsorber *m*, Adsorptionsapparat *m*
adsorbente *m* *(Ch)* Adsorbens *n*, Adsorptionsmittel *n*
adsorber *v* *(Ch)* adsorbieren
adsorción *f* *(Ch)* Adsorption *f*, Adsorbierung *f*
adulteración *f* 1. Verfälschung *f*; Verschnitt *m*; 2. Dotierung *f* *(Halbleiter)*
adulterante *m* Verfälschungsmittel *n*

adulterar *v* 1. verfälschen; verschneiden; 2. dotieren *(Halbleiter)*
adyacente nebeneinander liegend, angrenzend
adyuvante *m* 1. Adjuvans *n*, Zusatz *m*; 2. *s.* activador
aeramiento *m* *(Bgb)* Bewetterung *f*, Wetterversorgung *f*, Wetterführung *f*
aéreo *(Förd)* Überflur..., Hänge...; Luft...
aerocable *m* 1. Kabelkran *m*, Kabelkrananlage *f*; 2. Seilschwebebahn *f*, Luftseilbahn *f*
aerocargador *m* Windmotor *m*
aeroclasificador *m* Windsichter *m*
aerodensímetro *m* Luftdichtemesser *m*
aerodeslizador *m* Luftkissenfahrzeug *n*, Bodeneffektfahrzeug *n*
aerodinámica *f* *(Ph)* Aerodynamik *f*
aerodinámico *(Ph)* aerodynamisch; strömungsgünstig (bei Gasströmungen); stromlinienförmig
aerodisperso luftgetragen, lufttransportiert (Schadstoff)
aeródromo *m* Flugplatz *m*; Flugfeld *n*; Flughafen *m*
aeroelectrónica *f* Luftfahrtelektronik *f*
aeroespacial Raumfahrt...
aerofotografía *f* Luftaufnahme *f*, Luftbild *n*, Aerofotografie *f*
aerofotogrametría *f* Aerophotogrammmetrie *f*, Luftbildmessung *f*
aerofreno *m* aerodynamische Bremse *f*
aerogasolina *f* Flug(zeug)benzin *n*
aerogenerador *m* Windkraftgenerator *m*, Windkraftstromerzeuger *m*
aerografía *f* 1. Aerographie *f* (Meteorologie); 2. Spritzverfahren *n* (mit Aerograph)
aerógrafo *m* Aerograph *m*, Retuschierpistole *f*, Farbenzerstäuber *m*; Farbspritzpistole *f*
aerología *f* Aerologie *f*, Physik *f* der freien Atmosphäre
aeromecánica *f* *(Ph)* Aeromechanik *f*, Mechanik *f* der Gase
aerómetro *m* Aerometer *n*, Luftdichtemesser *m*
aeromodelo *m* Flugmodell *n*
aeromotor *m* Windkraftmotor *m*
aeromóvil luftbeweglich
aeromóvil Luftfahrzeug *n*
aeronafta *f* Flug(zeug)benzin *n*

aeronáutica f 1. Luftfahrt f, Luftfahrtwesen n; Flugwesen n; 2. Aeronautik f, Fluglehre f
aeronave f Luftfahrzeug n
aeropista f Flugpiste f
aeroplano m Flugzeug n
~ **anfibio** Amphibienflugzeug n, Wasser-Land-Flugzeug n
aeropuerto m Flughafen m, Lufthafen m
aeropuerto-cohete m Raketenstartplatz m
aerorrefrigerante m Luftkühlmittel n
aeróstato m Luftfahrzeug n leichter als Luft; Aerostat m, Stratostat m
aerotecnia f Lufttechnik f, Klimatechnik f
aerotécnica f 1. Flugtechnik f, Luftfahrttechnik f; 2. Flugzeugbau m
aerotopografía f Lufttopographie f, Aerotopographie f, Luftvermessung f
aerotransportable lufttransportfähig, luftverlastbar
aerotransporte m 1. Transportflugzeug n, Transporter m; 2. Lufttransport m, Transport m auf dem Luftwege
aerotriangulación f Lufttriangulation f, Aerotriangulation f
aerovagante lufttransportiert, luftgetragen, luftbürtig
aerovagantes m luftgetragene Partikel f, Schwebstoff m der Luft
A.F. s. frecuencia/alta
afeitadora f Rasierapparat m; Trockenrasierer m
~ **de dientes** Zahnschleifmaschine f
~ **de engranaje** (Fert) Zahnradschabmaschine f
afeitar v (Fert) zahnradschaben
afelpar v (Text) rauen, aufkratzen, noppen
afilado m (Fert) Schleifen n, Schliff m; Anschliff m
~ **en forma cónica** Kegelanschliff m
~ **húmedo** Nassschleifen n; Nassschliff m
~ **en seco** Trockenschleifen n, Trockenschliff m
afilador m (Fert) Schleifvorrichtung f
afiladora f (Fert) Schleifvorrichtung f, Schleifmaschine f
~ **de brocas** Bohrerschleifmaschine f
~ **de herramientas** Werkzeugschleifmaschine f
~ **de sierra** Sägenschärfmaschine f
afilalápices m Bleistiftspitzmaschine f
afilar v (Fert) schleifen, schärfen

afín (Math) affin
afinación f 1. (Met) Affination f, Affinierung f; Scheidung f (von Erzen); 2. (Fert) Feinbearbeitung f
afinado m 1. (Fert) Endbearbeitung f (einer Oberfläche); Polierung f; 2. Vered(e)lung f
~ **por viento** (Met) Windfrischen n
afinador m (Ch) Refiner m, Stoffaufschläger m, Aufschläger m
~ **de grano** (Gieß) Kornfeinungsmittel n
afinamiento m (Schiff) Feinheit f, Schlankheit f, Völligkeit f
afinar v 1. (Met) abtreiben; läutern; veredeln; frischen; 2. fein bearbeiten; 3. fein einstellen; 4. feinen (z. B. Stahl); polieren; 5. abstimmen
~ **al aire** windfrischen
~ **previamente** vorfrischen
afino m (Met) Frischen n, Läuterung f
~ **de acero** Stahlfrischen n; Stahlveredlung f
~ **al bajo hogar** Herdfrischen n
~ **electrolítico** elektrolytische Raffination f
~ **final** Fertigfeinen n, Fertigfrischen n
~ **al fuego** thermische Veredelung f
~ **de grano** Kornfeinung f
~ **incompleto** Rohfrischen n
~ **neumático** Windfrischen n
~ **en vacío** Vakuumfrischen n
aflojar v lockern; auflockern; abschrauben, losschrauben, lösen
afloramiento m 1. (Geol) Ausbiss m, Ausgehendes n, Ausstrich m; 2. (Bw) Probeschüttung f
aflorar v (Geol) zutage treten, ausgehen, ausstreichen
afocal (Opt) afokal, brennpunktlos
aforar v messen (Durchfluss); eichen (z. B. Flüssigkeiten)
aforo m Mengenmessung f, Durchflussmessung f; Eichung f (z. B. von Flüssigkeiten)
agarrador m Schaft m, Stiel m; Halter m, Träger m
agarre m Haftung f; Greifen n, Griff m
agavilladora f (Lt) Bindemäher m, Mähbinder m, Binder m, Garbenbinder m, Selbstbinder m
agente m Mittel n, Agens n; bedingender Faktor m; Wirkfaktor m; Stoff m; (chemischer) Kampfstoff m; Kampfmittel n

agente

- **~ de ablandamiento** Weichmacher *m*; Enthärter *m*
- **~ de abrillantamiento** optischer Aufheller *m*, optisches Bleichmittel *n*
- **~ acelerador de la reacción** Reaktionsbeschleuniger *m*
- **~ activador [activante]** Aktivator *m*, Aktivierungsmittel *n*
- **~ activo de superficie** oberflächenaktives Mittel *m*
- **~ adherente** Haftmittel *n*
- **~ aireante** Luftporenbildner *m*, LP-Stoff *m*
- **~ anticongelante** Gefrierschutzmittel *n*, Frostschutzmittel *n*
- **~ antiespumante** Entschäumer *m*, Entschäumungsmittel *n*; schaumverhindernder Stoff *m*
- **~ antifrigorífico** Kälteschutzmittel *n*
- **~ de apresto** *(Text)* Appreturmittel *n*
- **~ de blanqueo** Bleichmittel *n*
- **~ de carburación** Aufkohlungsmittel *n*, Einsatzhärtemittel *n*, Härtepulver *n*
- **~ catalítico** Katalysator *m*
- **~ de cementación** *s*. ~ de carburación
- **~ de conservación** Konservierungsmittel *n*
- **~ contaminador** Kontaminant *m*, Verschmutzungsstoff *m*
- **~ conservador de madera** Holzkonservierungsmittel *n*
- **~ de contaminación atmosférica** Luftschadstoff *m*, luftverunreinigender Stoff *m*
- **~ contaminador del agua** Wasserschadstoff *m*
- **~ de contaminación** Verunreinigungsstoff *m*; Schadstoff *m*
- **~ corrosivo** korrodierendes Mittel *n*, Korrosionsmittel *n*, Korrosionsmedium *n*
- **~ de curado** *(Kst)* Härter *m*
- **~ curtiente [para curtir]** *(Led)* Gerbmittel *n*
- **~ decapante** Beizmittel *n*, Abbeizmittel *n*
- **~ desecador** Trockenmittel *n*, Trockenmedium *n*, Trocknungsmittel *n*, Entfeuchtungsmittel *n*
- **~ de desgrasado** Entfettungsmittel *n*; Entschweißungsmittel *n* (für Wolle)
- **~ desmoldeante** *(Gieß)* Einstäubmittel *n*, Formstaub *m*, Formpuder *m*
- **~ desnaturalizante** Vergällungsmittel *n*, Denaturierungsmittel *n*

- **~ de desulfuración** Entschwefelungsmittel *n*, Entschwefler
- **~ dispersante** Dispersionsmittel *n*, Dispergier(hilfs)mittel *n*, Dispergens *n*
- **~ de dopado** Dotierungssubstanz *f (Halbleiter)*
- **~ espumante [espumígeno]** 1. Schaum(-erzeugungs)mittel *n*, Schaumerzeuger *m*, Schaumbildner *m*, Schäummittel *n*; 2. *(Kst)* Treibmittel *n*
- **~ extintor (de incendio)** Löschmittel *n*
- **~ de fermentación** Gärungsmittel *n*
- **~ filmógeno** Filmbildner *m*
- **~ de formación compleja** Komplexbildner *m*
- **~ frigorífico** Kältemittel *n*, Kälteträger *m*
- **~ fundente** *(Met)* Flussmittel *n*, Fluss *m*, Zuschlagsmaterial *n*
- **~ hinchante** *(Kst)* Treibmittel *n*
- **~ impulsor** Treibmittel *n*
- **~ incendiario** Brandstoff *m*
- **~ inhibidor** Inhibitor *m*, Hemmstoff *m*, Verzögerer *m*
- **~ lixiviante** Laugungsmittel *n*
- **~ mecánico** bewegende Kraft *f*, Antriebskraft *f*
- **~ mojante** Netzmittel *n (Farben, Lacke)*
- **~ nocivo** Schadfaktor *m*; Schadstoff *m*
- **~ oxidante** Oxidationsmittel *n*, Oxidans *n*, Oxidier(ungs)mittel *n*
- **~ reductor** Reduktionsmittel *n*, Reduktor *m*, Desoxidationsmittel *n*
- **~ refrigerador [refrigerante]** Kühlmittel *n*
- **~ retardador** Verzögerungsmittel *n*; negativer Katalysator *m*
- **~ reticulante** Vernetzungsmittel *n*
- **~ de soplado** *(Kst)* Schaumbildner *m*
- **~ surfactivo** oberflächenaktives Mittel *n*
- **~ tens(i)oactivo** grenzflächenaktiver Stoff *m*; *(an der Grenzfläche Flüssigkeit-Luft auch)* oberflächenaktiver Stoff *m*; Tensid *n*

agitador *m* Rührer *m*, Rührwerk *n*; Rüttelmaschine *f*, Rütteltisch *m*; Schüttelmaschine *f*; Schüttelsieb *n*

agitadora *f* Rührmaschine *f*; Schüttelmaschine *f*

agitar *v* bewegen; rühren; schütteln

aglomeración *f* Agglomerieren *n*; Agglomeration *f*, Anhäufung *f*, Zusammenballung *f*; Sintern *n*

aglomerado *m* 1. Agglomerat *n*; Mischung *f*, Gemisch *n*; 2. Formstück *n*, Fertigteil

aguarrás

n; Pressstein *m*, Schlackenbaustein *m*; Brikett *n*
aglomerante *m* 1. *(Bw, Met)* Bindemittel *n*, Binder *m*; 2. *(Fert)* Bindung *f*, Bindemittel *n (Schleifkörper)*
~ **cerámico** *(Bw)* keramische Bindung *f*, keramisches Bindemittel *n*
~ **de machos** *(Gieß)* Kern(sand)binder *m*
~ **químico** *(Bw)* chemische Bindung *f*
~ **de resina** Verbundharz *n*
~ **vitrificado** keramische Bindung *f*, keramisches Bindemittel *n*
aglomerar *v* anhäufen, agglomerieren; zusammenballen; sintern; brikettieren
aglutinación *f* Agglutination *f*; Zusammenkleben *n*; Agglomeration *f*, Zusammensintern *n*; Anbacken *n (von Kohle)*
aglutinante *m* Klebemittel *n*; Bindemittel *n*, Bindung *f*
aglutinar *v* agglutinieren; (zusammen)kleben; agglomerieren, zusammensintern
agotamiento *m* 1. Wasserhaltung *f*, Sümpfen *n*; 2. Entwässern *n (Aufbereitung)*; 3. Erschöpfung *f (einer Lagerstätte)*; 4. Ermüdung *f (eines Werkstoffes)*; 5. *(El)* Leerlaufen *n (eines Akkumulators)*
agotar *v* 1. auspumpen, leerpumpen; 2. absenken *(Grundwasserspiegel)*; 3. entwässern, dränieren; 4. *(Bgb)* Raubbau treiben
agregación *f* Aggregation *f*, Zusammenballung *f*, Anreicherung *f (von Erz)*
~ **de datos** Datenverdichtung *f*, Datenkomprimierung *f*
agregado *m* 1. Aggregat *n*, Satz *m*; 2. Zuschlagstoff *m*
agregar *v* hinzufügen, hinzutun; beimengen, beimischen; anbauen
agrietado *m* Rissbildung *f*
agrietamiento *m* 1. Rissbildung *f*; 2. *(Geol)* Spaltenbildung *f*, Zerklüftung *f*
~ **en caliente** Warmriss *m*
~ **por fragilidad** Sprödbruch *m*
agrietar *v* Risse [Spalten] bilden
agrimensor *m* Landmesser *m*, Vermessungsingenieur *m*
~ **de minas** *(Bgb)* Markscheider *m*
agrimensura *f* 1. Feldmessung *f*, Landmessung *f*; 2. *(Bgb)* Markscheiden *n*
agrio 1. *(Ch)* sauer; 2. *(Met)* spröde
agroquímico agrochemisch

agrotecnia *f* Landtechnik *f*
agrupación *f* 1. Gruppierung *f*, gruppenweise Anordnung *f*; 2. *(Math)* Gruppenbildung *f*
~ **en bloques** *(Inf)* Blockbildung *f*, Blocken *n*, Blockung *f (Zusammenfügen von Datensätzen zu Datenblöcken)*
~ **jerárquica** hierarchische Gliederung *f*
~ **en lotes** *(Inf)* Stapelung *f*
~ **de posiciones** *(Tele)* Platzzusammenschaltung *f*
agrupamiento *m* Bündelung *f (von Leitungen)*
agrupar *v* gruppieren, zusammenstellen; bündeln
~ **en lotes** *(Inf)* stapeln
agua *f* 1. Wasser *n*; 2. *(Ch)* wässrige Lösung *f*; 3. Gezeiten *pl*; 4. *(Schiff)* Leck *n*
• **con** ~ Wasser führend • **por** ~ hydraulisch; Flüssigkeits-... • ~ **abajo** stromabwärts, flussabwärts, unterwasserseitig
• ~ **arriba** stromaufwärts, flussaufwärts, oberwasserseitig
~ **de alimentación** Speisewasser *n*
~ **de amasado** Anmachwasser *n*
~ **amoniacal** *(Ch)* Ammoniakwasser *n*, Salmiakgeist *m*
~ **atmosférica** Niederschlagswasser *n*
~ **de barita** *(Ch)* Barytwasser *n*, Bariumhydroxid *n*
~ **bidestilada** bidestilliertes [doppelt destilliertes] Wasser *n*
~ **de cal** Ätzkalklösung *f*, Kalkmilch *f*, Kalkwasser *n*
~ **de cañería** Leitungswasser *n*
~ **destilada** destilliertes Wasser *n*
~ **de enfriamiento** Kühlwasser *n*
~ **freática** Grundwasser *n*
~ **de infiltración** Sickerwasser *n*
~ **madre** Sole *f*, Mutterlauge *f*
~ **pesada** *(Ch)* Deuteriumoxid *n*, schweres Wasser *n*, Schwerwasser *n*
~ **refrigerante** Kühlwasser *n*
~ **regia** *(Ch)* Aqua regia, Königswasser *n*
~ **de sentina** *(Schiff)* Bilgewasser *n*
~ **subterránea** Grundwasser *n*
~ **de uso industrial** Brauchwasser *n*
aguafuerte *f (Typ)* Ätzung *f*
aguaje *m* **del timón** *(Schiff)* Kielwasser *n*
aguarrás *m* Terpentinöl *n*
~ **mineral** Testbenzin *n (Lackbenzin)*

agudeza f Schärfe f (z. B. einer Einstellung)
agudo spitz (z. B. Winkel)
aguilón m Ausleger m (z. B. eines Krans)
aguja f 1. Zeiger m, Anzeiger m; Nadel f (auch Tonabnehmer); 2. Kompass m; Kompassnadel f; 3. (Bw) Prüfnadel f, Sonde f (zur Bestimmung des Eindringwiderstandes von Böden); 4. Lagernadel; 5. (El) Leitungsweiche f; 6. (Eb) Weiche f; Weichenzunge f; 7. (Text) Nadel f
~ **aérea** 1. Flugkompass m; 2. (Eb) Luftweiche f; Fahrdrahtweiche f (Straßenbahn)
~ **basculante** (Eb) Klappweiche f (einer Hängebahn)
~ **de brújula** Kompassnadel f
~ **del carril de rodadura** (Eb) Laufschienenweiche f
~ **de cerradura** (Eb) Sperrweiche f
~ **de cierre** (Kfz) Düsennadel f
~ **de cruzamiento** (Eb) Kreuzungsweiche f
~ **descarriladora** (Eb) Entgleisungsweiche f
~ **a distancia** (Eb) fernbediente Weiche f
~ **de encarrilar** (Eb) Umsetzweiche f
~ **del flotador** (Kfz) Schwimmernadel f (Vergaser)
~ **giroscópica** (Schiff) Kreiselkompass m
~ **de gobierno** (Schiff) Steuerkompass m
~ **grabadora** Graviernadel f; Abreißer m
~ **indicadora** Anzeigenadel f, Zeiger m (Messgerät)
~ **de inyector** (Kfz) Düsennadel f
~ **magnética** Magnetnadel f; Magnetkompass m
~ **de maniobra** (Eb) Rangierweiche f
~ **de marcar** 1. Reißnadel f; 2. Peilkompass m
~ **de marear** Schiffskompass m
~ **martensítica** (Met) Martensitnadel f (Gefüge)
~ **de medición** Messstift m
~ **de ondas** (Eln) Wellenweiche f
~ **de pico** (Text) Spitznadel f
~ **de salida** (Eb) Ausfahrweiche f
~ **tangencial** Fahrdrahtweiche f (Straßenbahn)
~ **de tinta** Tintendüse f (Tintenstrahldrucker)
~ **tomada de punta** (Eb) Spitzweiche f, spitzbefahrene Weiche f
~ **tomada de talón** (Eb) Stumpfweiche f, stumpfbefahrene Weiche f
~ **de trazar** Anreißnadel f, Reißnadel f
~ **vibrante** (Bw) Nadelvibrator m, Nadelrüttler m
aguja-válvula f Nadelventil n
agujerear v (Am) bohren; lochen; aushöhlen
agujero m Loch; Bohrung f, Bohrloch n
~ **de aireación** Lüftungsöffnung f; Lüftungsschlitz m
~ **de alivio** Entwässerungsloch n, Sickerloch n, Tropfloch n
~ **de bloque** (Bgb) Knäpperbohrloch n
~ **ciego** Blindbohrung f, Blindloch n, Sackloch n
~ **de colada** 1. Auslass m; 2. (Gieß) Abstichloch n
~ **de engrase** Ölloch n, Schmierloch n, Schmierbohrung f
~ **de mina** Sprengloch n
~ **de ozono** Ozonloch n
~ **pasante** durchgehende Bohrung f
~ **de perforación** Bohrloch n, Bohrung f
~ **perforado** Perforierung f
~ **roscado** Gewindebohrung f
~ **de sondaje [sondeo]** (Bgb) Schürfloch n; Bohrloch n
~ **de sondeo en tamaño reducido** (Bgb) Vorbohrloch n; abzweigendes Bohrloch n
~ **de taladro** Bohrloch n, Bohrung f
~ **de ventilación** 1. Lüftungsschlitz m; 2. (Bgb) Entlüftungsloch n, Luftloch n
aguzadora f **de barrenas** Bohrerschärfmaschine f
aguzar v (Fert) schärfen, (an)schleifen (Werkzeug)
ahondamiento m (Bgb) Abteufen n; Niederbringen n
ahondar v (Bgb) abteufen; niederbringen
ahorrador m Economiser m, Speisewasservorwärmer m (Dampfkessel)
aire m 1. Luft f; 2. (Bgb) Wetter pl • **al ~** über Tage • **del ~** 1. atmosphärisch; 2. oberirdisch, in der Luft; Luft…, Ober… • **por ~ comprimido** pneumatisch; Druckluft…, Pressluft…
~ **de admisión** s. ~ aspirado
~ **ambiente** Umgebungsluft f, Außenluft f

ajuste

- ~ **ascendiente** *(Bgb)* ausziehende Wetter *pl*
- ~ **aspirado** Ansaugluft *f*, Saugluft *f*
- ~ **de barrido** Spülluft *f*
- ~ **comprimido** Druckluft *f*, Pressluft *f*
- ~ **descendiente** *(Bgb)* einziehende Wetter *pl*
- ~ **enrarecido** verdünnte Luft *f*
- ~ **entrante** *(Bgb)* einziehende Wetter *pl*
- ~ **de escape** Abluft *f*
- ~ **pesado** *(Bgb)* matte Wetter *pl*
- ~ **de recirculación** Umluft *f*
- ~ **recirculante** Umluft *f*
- ~ **refrigerante** Kühlluft *f*
- ~ **de renovación** Frischluft *f*
- ~ **viciado** 1. verunreinigte Luft *f*; 2. *(Bgb)* matte Wetter *pl*

aireación *f* 1. Lüftung *f*; Belüftung *f*; Entlüftung *f*; 2. *(Bgb)* Bewetterung *f*

aireador *m* 1. Ventilator *m*; Belüfter *m*; Belüftungsanlage *f*; Lüfter *m*; 2. *(Gieß)* Sandschleuder *f*, Schleuder *f* *(zum Lockern des Formsandes)*

aireante *m* Luftporenbildner *m*, LP-Stoff *m*

airestato *m* automatischer Lufttemperaturregler *m*

aislado 1. isoliert; 2. freistehend *(Statik)*

aislador *m* 1. Isolator *m*, Nichtleiter *m*; 2. *s.* aislante

- ~ **de alta tensión** Hochspannungsisolator *m*
- ~ **de amarre** Abspannisolator *m*
- ~ **colgante** Hängeisolator *m*, Kettenisolator *m*
- ~ **de corte** Trennisolator *m*
- ~ **distanciador** Abstandsisolator *m*
- ~ **pasamuro** Wanddurchführung *f*, Mauerdurchführung *f*; Durchführungsisolator *m*
- ~ **pasapanel** Durchführungsisolator *m* *(in Geräten)*
- ~ **de paso** Durchführungsisolator *m*, Durchführung *f*
- ~ **de retención** Abspannisolator *m*
- ~ **seccionador** Trenn(ungs)isolator *m*, Unterbrechungsisolator *m*, Streckentrenner *m* *(Fahrleitung)*
- ~ **de suspensión** Hängeisolator *m*, Kettenisolator *m*
- ~ **tensor** Abspannisolator *m*
- ~ **de vástago** Stabisolator *m*

aislamiento *m* Isolierung *f*; Isolation *f*; Dämmen *n*, Dämmung *f*

- ~ **acústico** Schallisolierung *f*, Schalldämmung *f*
- ~ **antisonoro** Schalldämmung *f*
- ~ **antivibratorio** Schwingungsisolierung *f*
- ~ **por capa barrera** Sperrschichtisolation *f*
- ~ **calorifugado** Wärmeisolierung *f*
- ~ **de esmalte** Lackisolation *f*
- ~ **de maquinaria** Maschinenkapselung *f*, Einhausung *f* *(von Maschinen)*
- ~ **de mica** Glimmerisolation *f*
- ~ **protector** Schutzisolierung *f*
- ~ **del recinto** Raumisolierung *f*
- ~ **a ruido aéreo** Luftschallisolation *f*
- ~ **a ruido de impactos** Trittschallisolation *f*
- ~ **sónico [de sonido]** Schalldämmung *f*
- ~ **térmico** Wärmeisolierung *f*, Wärmeschutz *m*, Wärmedämmung *f*

aislante *m* Isolierstoff *m*, Isoliermaterial *n*, Isoliermittel *n*; Dämmstoff *m*

- ~ **acústico** Schalldämmstoff *m*
- ~ **de relleno** Vergussmasse *f*
- ~ **térmico** Wärmeisolierstoff *m*

aislar *v* 1. isolieren; dämmen; abtrennen; trennen (z. B. Kupplung); 2. *(Ch)* rein darstellen

ajardinado *m* *(Umw)* Begrünung *f*

ajustable einstellbar; regulierbar

- ~ **en altura** höhenverstellbar

ajustado *m s.* ajuste 3.

ajustador *m* 1. Reguliervorrichtung *f*; Stellvorrichtung *f*; 2. *(Fert)* Aufnahmevorrichtung *f*; 3. Monteur *m*; Einrichter *m*

ajustaje *m* 1. Einrichtung *f*; Regulierung *f*; Justierung *f*; 2. *(Am)* spanende Bearbeitung *f*

ajustamiento *m s.* ajuste

ajustar *v* 1. einstellen, nachstellen, (ein)justieren; 2. einpassen, anpassen, passend machen; 3. einrichten *(Werkzeugmaschinen)*; 4. *(El, Eln)* abgleichen

ajuste *m* 1. Einstellung *f*, Nachstellung *f*, Verstellung *f*, Justierung *f*, Angleichung *f*; 2. *(Inf)* Anpassung *f*; 3. *(Masch)* Passung *f*, Sitz *m*; 4. *(Fert)* Einrichten *n*; 5. Einlaufen *n* *(Zahnräder)*; 6. *(El, Eln)* Abgleich *m*, Abgleichen *n*, Ansteuern *n*, Ansteuerung *f*; 7. Montage *f*; 8. Berichtigung *f*

- ~ **en altura** Höhenverstellung *f*, Höheneinstellung *f*
- ~ **apretado** Presspassung *f*

ajuste

~ **aproximado [aproximativo]** Grobeinstellung f, Grobverstellung f, Grobtrieb m; Grobabstimmung f
~ **automático de frecuencia** automatischer Frequenznachlauf m
~ **de calibración** Kalibrierung f
~ **en caliente** Schrumpfpassung f
~ **del carburador** Vergasereinstellung f
~ **a cero** Null(punkt)einstellung f
~ **completo** Dichtsitz m (Atemschutzgerät)
~ **corredizo** Gleitpassung f
~ **de deslizamiento** Gleitpassung f
~ **empotrado en caliente** Schrumpfpassung f
~ **de encendido** (Kfz) Zündeinstellung f
~ **de fase** Phaseneinstellung f
~ **fino** Feineinstellung f, Feinverstellung f, Feintrieb m; Feinabgleich m
~ **forzado** Presspassung f, enge Passung f (engste von Hand zu erreichende Form)
~ **de frecuencia** Frequenzabgleich m
~ **de la imagen** Bildeinstellung f (Monitor)
~ **del motor** (Kfz) Tuning n, Frisieren n
~ **de nivel** (Tele) Pegeleinstellung f
~ **de pantalla** Bildschirmeinstellung f
~ **posterior** Nacheinstellung f, Nachjustierung f
~ **de precisión** Feineinstellung f; Feinpassung f
~ **de presión** Presspassung f
~ **del ralentí** (Kfz) Leerlaufverstellung f
~ **de regulación** Einregulierung f
~ **de rodamiento** Gleitpassung f
~ **a ruido mínimo** (Eln) Rauschabstimmung

ala f 1. Flügel m; Tragflügel m, Tragfläche f; Luftschraubenblatt n; 2. (Lt) Regnerflügel m; 3. Flügel (eines Gebäudes); 4. Flansch m, Schenkel m; 5. (Bw) Eckblech n
~ **anular** (Flg) Ringflügel m
~ **articulada** Klappflügel m
~ **bilarguero** zweiholmiger Flügel m
~ **cantilever** freitragender Flügel m
~ **en delta** Deltaflügel m, Dreieckflügel m
~ **fija** Starrflügel m
~ **de flecha** Pfeilflügel m, gepfeilter Flügel m
~ **giratoria** Rotor m, Drehflügel m (Rotorflugzeug)
~ **monolarguero** einholmiger Flügel m
~ **multilarguero** vielholmiger Flügel m
~ **plegable** Klappflügel m
~ **rígida** Starrflügel m
~ **trapezoidal [triangular]** trapezförmiger Flügel m, Trapezflügel m
~ **voladora [volante]** schwanzloses Flugzeug n, Nurflügelflugzeug n

álabe m 1. (Masch) Laufradschaufel f; 2. (Flg) Profilflügel m; Querruder n
alabearse v sich verwerfen (z. B. Holz)
alabeo m 1. Verwerfen n, Verwinden n, Verziehen n (z. B. Holz); 2. (Flg) geometrische Verwindung f; 3. (Geol) Verwerfung f
alambicar v destillieren
alambique m Destillierapparat m; Destillieranlage f; Destillierblase f, Destillierkolben m
alambrado m 1. (El) Leitungsführung f, Verdrahtung f; Netz n; 2. Drahtnetz n; Drahtsieb n
alambrar v bedrahten, verdrahten
alambre m 1. Draht m; 2. Drahtleitung f; 3. Ader f; 4. Stahltrosse f
~ **de alta resistencia [tensión]** hochfester Draht m
~ **de aportación** Schweißdraht m
~ **conductor** (El) Leitungsdraht m
~ **de conexión** (El) Anschlussdraht m, Schaltdraht m
~ **de contacto** (Eb) Fahrleitung f, Fahrdraht m
~ **empeomado** (Am) verbleiter Draht m
~ **para encuadernación** (Typ) Heftdraht m
~ **espinoso** Stacheldraht m
~ **fusible** (El) Schmelzdraht m
~ **graduado** Messdraht m (für Messbrücken)
~ **de masa** (El) Erdungsleitung f, Erdleiter m
~ **normalizado** weichgeglühter Draht m
~ **de soldadura** Schweißdraht m
~ **telefónico** Telefonleitung f
alambrecarril m Seilhängebahn f, Seilschwebebahn f
alámbrico leitungsgebunden (z. B. Telefon)
alambrón m Drahtstab m, Drahtstange f, Runddraht m
alargadera f Aufsatz m; Ansatz m; Verlängerungsstück n; Verlängerungsrohr n

alargamiento m 1. (Mech) Dehnung; Ausdehnung f (z. B. einer Feder); Recken n; 2. (Flg) Flügelstreckung f, Seitenverhältnis n

alargar v (Mech) dehnen; ausdehnen (z. B. eine Feder); recken; strecken, verlängern

alarma f 1. Alarm m; Warnung f; 2. Alarmsignal n; Warnzeichen n; 3. Alarmvorrichtung f

~ **antirrobo** Einbruchmeldeanlage f
~ **de bastidor** (Tele) Gestellalarm m
~ **sonora** akustisches Alarmsignal n [Warnsignal n]

albanega f (Schiff) Trawl n, Grundschleppnetz n

albañal m Abwasserkanal m, Abwasserleitung f

albañilería f Mauerwerk n

alberca f Bassin n; Tank m

albo (Met) weißglühend

alcachofa f Ansaugkorb m (Pumpe)

álcali m Alkali n; Alkalilauge f
~ **cáustico** Ätzalkali n, kaustisches Alkali n
~ **volátil** Salmiakgeist m, Ammoniakwasser n

alcalígeno alkalibildend

alcalígeno m Alkalibildner m

alcalímetro m Alkalimesser m

alcalimetría f Alkalimetrie f; Alkalimessung f

alcalino alkalisch, basisch

alcance m 1. Bereich m, Gebiet n, Wirkungsbereich m; 2. Aktionsradius m; Reichweite f; 3. Ausladung f (z. B. der Radialbohrmaschine) • **de gran** ~ 1. weitreichend, (von) großer Reichweite; 2. (Mil) weittragend (Geschütz); 3. fernwirkend • **de ~ corto** Kurzstrecken..., kurzer Reichweite • **de ~ (inter)medio** Mittelstrecken..., mittlerer Reichweite
~ **amperimétrico** (El) Strom(mess)bereich m
~ **de giro** Schwenkbereich m
~ **de la grúa** Arbeitsbereich m (Kran)
~ **de manos** Greifraum m (Ergonomie)
~ **de medición** Messbereich m
~ **de modulación** (Tele) Aussteuerbereich m
~ **de los movimientos** Bewegungsbereich m (Ergonomie)
~ **de protección** Schutzbereich m; Schutzumfang m
~ **de transmisión** Reichweite f, Sendeweite f
~ **voltimétrico** (El) Spannungs(mess)bereich m
~ **de vuelo** Flugweite f

alcano m Alkan n, Paraffin n, Grenzkohlenwasserstoff m (gesättigter Kohlenwasserstoff)

alcantarilla f Kanalisationsrohr n
~ **de desagüe** Entwässerungskanal m; Abwasserkanal m

alcantarillado m Kanalisation f; Wasserleitung f

alcatifa f (Bw) Gipsmörtel m

alcázar m (Schiff) Achterkastell n, Poop f, Quarterdeck n

alceno m Alken n, Olefin n

alcina f Alkin n, Acetylenkohlenwasserstoff m

alcohol m Alkohol m; Ethylalkohol m, Ethanol n
~ **alcanforado** Kampfspiritus m
~ **amílico** Amylalkohol m, Pentanol n
~ **bencílico** Benzylalkohol m
~ **butílico** Butylalkohol m, Butanol n
~ **desnaturalizado** denaturierter [vergällter] Alkohol m, Brennspiritus m
~ **etílico** Ethylalkohol n, Ethanol n
~ **de madera** Holzgeist m
~ **metílico** Methylalkohol m, Methanol m

alcoholímetro m Alkohol(o)meter n, Alkoholmesser m

aldehído m Aldehyd m

aleación f Legierung f • **de alta ~** hochlegiert • **de baja ~** niedriglegiert
~ **de alta resistencia** hochfeste Legierung f
~ **antifricción** Antifriktionslegierung f, Lagermetall n, Lagerlegierung f
~ **blanca** Weißguss m, Weißmetall n
~ **para cojinetes** s. ~ antifricción
~ **de colada** Gusslegierung f
~ **férrea** Eisenlegierung f (Eisen als Grundmetall)
~ **férrica** Eisenlegierung f (Ferrolegierung)
~ **ferrosa** Eisenlegierung f (Ferrolegierung)
~ **para forja** Knetlegierung f
~ **de fundición** Gusslegierung f, Gießlegierung f, Schmelzlegierung f
~ **de hierro** Eisenlegierung f
~ **ligera** Leichtmetalllegierung f

aleación

- **~ madre [maestra]** Vorlegierung f
- **~ maleable** Knetlegierung f
- **~ de recarga** Aufschweißlegierung f, Auftraglegierung f
- **~ refractaria** hochwarmfeste Legierung f
- **~ soldable** schweißbare Legierung f
- **~ soldante [para soldar]** Lot n, Lotlegierung f
- **~ ultraligera** superleichte Legierung f

alear v legieren
aleatorio zufällig, stochastisch, aleatorisch; willkürlich, beliebig
aleatorizador m (Tele) Verwürfler m
alegrador m (Fert) Reibahle f
alegrar v (Fert) aufreiben; aussenken
alero m 1. Dachtraufe f; 2. (Kfz) Kotflügel m
alerón m (Flg) Klappe f, Ruder n

- **~ de alabeo** Querruder m
- **~ de borde de salida** Querruder n
- **~ de curvatura** Klappe f, Flügelklappe f
- **~ estabilizador** 1. (Flg) Stabilisierungsflosse f; 2. (Schiff) Stabilisationskiel m (Tiefseetauchboot)
- **~ de hipersustentación** Landeklappe f
- **~ hipersustentador** Landeklappe f

alerones mpl (Flg) Auftriebshilfen fpl
alerta f 1. Alarm m; Warnung f; 2. Alarmsignal n
alesadora f Bohrmaschine f, Bohrwerk n
alesaje m 1. (ausgedreht) Bohrung f; 2. Bohrungsdurchmesser m; Innendurchmesser m; 3. Kanal m (z. B. Zylinder)
alesar v (Fert) aussenken (zylindrische Bohrungen)
aleta f 1. Flügel m; Rippe f; 2. Schaufel f (Turbine); Blatt n; 3. (Flg) Stabilisierungsfläche f, Flosse f; Querruder n; Seitenflosse f, Stabilisierungsflosse f; Stabilisator m; Leitwerk n; 4. (Schiff) Flosse f, Achterschiff n; 5. (Kfz) Kotflügel m

- **~ de cohete** Raketenflügel m
- **~ de cola** (Flg) Schwanzfläche f, Schwanzflosse f
- **~ compensadora** (Flg) Trimmflügel m, Trimmruder n
- **~ de dirección** (Flg) Seitenflosse f
- **~ directriz** Leitradschaufel f (Turbine)
- **~ enfriadora** Kühlrippe f
- **~ estabilizadora** 1. (Flg) Stabilisierungsfläche f; Stabilisierungsflosse f; 2. (Schiff) Dämpfungsflosse f
- **~ de hipersustentacíon** (Flg) Flügelklappe f, Landeklappe f
- **~ hipersustentadora** (Flg) Flügelklappe f, Landeklappe f
- **~ plegable** (Rak, Flg) Klappleitwerk n
- **~ portante** (Schiff) Unterwassertragflügel m
- **~ de refrigeración** Kühlrippe f
- **~ trasera** (Flg) Heckflügel m

alfanumérico alphanumerisch
alfanúmero m alphanumerische Reihe f
alfarería f 1. Keramikwaren fpl, Töpferwaren fpl; 2. Töpferei f
alfénide f Neusilber n, Argentan n
álgebra f Algebra f

- **~ booleana** boolesche Algebra f
- **~ de conjuntos** Mengenalgebra f
- **~ de conmutación** Schaltalgebra f
- **~ matricial** Matrizenalgebra f
- **~ tensorial** Tensoralgebra f
- **~ vectorial** Vektoralgebra f

algebraico algebraisch
algoritmo m Algorithmus m, Rechenvorschrift f

- **~ de acceso** Hash-Algorithmus m, Hash-Code m
- **~ de búsqueda** Suchalgorithmus m
- **~ de juegos** Spielalgorithmus m
- **~ de ordenación** iterativer Algorithmus m
- **~ de revisión** Prüfalgorithmus m, Testalgorithmus m

alicates mpl Zange f, Kneifzange f

- **~ cortadores de alambre** Drahtzange f
- **~ cortantes** Vorschneider m
- **~ de corte lateral** Seitenschneider m
- **~ para estirar** Drahtzange f
- **~ de gasista** Gasrohrzange f, Rohrzange f
- **~ de punta plana** Flachzange f
- **~ universales** Kombizange f

alicuanta (Math) nicht aufgehend, teilerfremd
alícuota (Math) aliquot, (ohne Rest) aufgehend
alifático (Ch) aliphatisch
alijador m Leichter m, Leichterschiff n
alijar v (Schiff) leichtern; löschen
alimentación f 1. Speisung f, Zuführung f; 2. (Met) Beschickung f; Versorgung f, Zulauf m; Zufluss m; 3. (Fert) Vorschub m

- **~ por bomba** Pumpenförderung f
- **~ de la caldera** Kesselspeisung f

~ **de cinta** Bandzuführung f
~ **continua** 1. (Met) zügige [kontinuierliche] Beschickung f; 2. (Fert) Dauervorschub m
~ **fila a fila** (Inf) Zeilenvorschub m
~ **del formulario** (Inf) Seitenvorschub m
~ **por fricción** Friktionswalzenführung f, Vorschub m durch Reibantrieb
~ **por gravedad** Schwerkraftzuführung f, Gefällezuführung f, Materialzuführung f durch Gefälle; Freifallbeschickung f
~ **de línea** (Inf) Zeilenvorschub m
~ **por lotes** (Inf) Stapelzuführung f
~ **de página** Seitenvorschub m; Blattzuführung f
~ **de pliegos** (Typ) Bogenzuführung f

alimentador m 1. Aufgeber m, Beschicker m, Beschickungsvorrichtung f, Chargiervorrichtung f; 2. (El) Netzzuführung f, Speiseleitung f, Zuführungsleitung f; 3. (Masch) Stoker m, Kohleförderer m; 4. (Mil) Zubringer m, Zuführer m (Maschinengewehr)
~ **de cadena** Kettenspeiser m, Kettenaufgabe f
~ **de cinta [correa]** Bandbeschicker m, Förderbandspeiser m, Bandaufgeber m
~ **sin fin** Schneckenaufgeber m, Schneckenspeiser m
~ **de husillo** Schneckenförderer m

alimentar v speisen, zuführen; beschicken, einfüllen; eingeben; mit Druck beaufschlagen (Turbine)

alineación f 1. Ausrichtung f, Fluchtung f; 2. (Bw) Einfluchtung f, Bauflucht f, Nivellierung f; 3. (Typ) Einrichtung f; 4. Abgleich m, Trimmen m (Radio) • **de propia** selbsteinstellend, (sich) selbst ausrichtend
~ **de borde** (Typ, Inf) Randausgleich m
~ **exterior** (Bw) Außenflucht f
~ **de fase** Phasenabgleich m
~ **de ruedas** (Kfz) Radzentrierung f

alineado m (Bw) Absteckung f, Trassierung f

alineador m Ausrichter m; Zentriervorrichtung f
~ **de faros** Scheinwerfereinstellgerät n
~ **de pliegos** (Typ) Bogenausrichter m

alinear v 1. ausrichten; 2. (Bw) (aus)fluchten; abstecken, trassieren; 3. (Typ) einrichten; 4. abgleichen, eintrimmen

alisado m 1. (Fert) Glätten n; Schleifen n; 2. Ausbohren n; 3. (Bw) Glattstrich m

alisador m 1. Schlichtmeißel m; Schabeisen n; 2. (Bw) Wegeegge f

alisadora f 1. (Fert) Entgratemaschine f, Feinschleifmaschine f, Poliermaschine f; 2. Ausbohrmaschine f; 3. (Text) Schlichtmaschine f
~ **de caminos** (Bw) Planschrapper m
~ **para pisos** Parkettschleifmaschine f

alisar v 1. (Fert) entgraten; feinschleifen, glätten, polieren; 2. ausbohren, inndrehen; 3. (Text) schlichten

aliviador m Auslassventil n

aliviar v **(de carga)** entlasten

alivio m Entladung f, Entlastung f, Auslass m (z. B. von Gas)

aljibe m 1. Tank m; Behälter m; Reservoir n; 2. (Schiff) Tanker m (Erdöl); Wassertanker m, Wasserversorgungsschiff n

alma f 1. Seele f, Ader f (Kabel); Kern m; 2. Stegblech m; Steg m
~ **de carril** Schienensteg m
~ **del molde** (Gieß) Kern m

almacén m 1. Lager n, Lagerhaus n; Speicher m; 2. (Typ) Magazin n (einer Setzmaschine); 3. (Foto) Wechselkassette f
~ **de datos** (Inf) Datenspeicher m
~ **frigorífico** Kühllager n; Kühlhaus n; Kühlkammer f
~ **de información** (Inf) Informationsspeicher m
~ **intermedio de impresión** (Inf) Druckpuffer(speicher) m
~ **interno de datos** (Inf) Arbeitsdatenspeicher m
~ **permanente de datos** (Inf) permanenter [nichtflüchtiger] Speicher m, Permanentspeicher m
~ **tapón** (Inf) Puffer(speicher) m
~ **temporal** (Inf) temporärer [zeitweiliger] Speicher m, Zwischenspeicher m

almacenamiento m 1. Lagerung f, Einlagerung f, Bevorratung f, Bunkern n; 2. (Inf) Speicherung f; 3. (Inf) Speicher m; 4. Deponie f
~ **de alta velocidad** Schnellspeicherung f
~ **accesible al azar** Direktzugriffsspeicherung f, Speicherung f mit beliebigem [wahlfreiem] Zugriff, RAM-Speicherung f
~ **de acceso inmediato** 1. Speicherung f mit kurzer Zugriffszeit, Speicherung f mit

almacenamiento

unmittelbarem Zugriff; 2. Schnellzugriffsspeicher *m*
- ~ **de acceso secuencial** fortlaufende [sequenzielle] Speicherung *f*
- ~ **borrador** Notiz(block)speicher *m*, Notizblock *m*, schneller Zwischenspeicher *m*
- ~ **de datos** Datenspeicherung *f*
- ~ **definitivo** Endlagerung *f (radioaktiver Abfälle)*
- ~ **de la imagen** Bildspeicherung *f*
- ~ **intermedio** 1. Zwischenlagerung *f*; 2. *(Inf)* Zwischenspeicherung *f*
- ~ **magnético** 1. magnetische Speicherung *f*; 2. Magnetspeicher *m*
- ~ **permanente** Permanentspeicher *m*, nicht flüchtiger Speicher *m*
- ~ **refrigerado** Kühllagerung *f*
- ~ **de señales** Signalspeicherung *f*
- ~ **subordinado** Hintergrundspeicher *m*
- ~ **subterraneo** untertägige Deponie *f*
- ~ **de sustancias peligrosas** Gefahrstofflagerung *f*
- ~ **temporal** 1. *s.* almacén temporal; 2. Zwischenlagerung *f (radioaktiver Abfälle)*
- ~ **temporal de datos** Datenzwischenspeicher *m*, Datenpuffer *m*

almacenar *v* 1. bunkern, lagern; 2. *(Inf)* speichern, abspeichern, einspeichern; ablegen

almadraba *f* 1. Thunfischfang *m*, Thunfischerei *f*; 2. Thunfischfangnetz *n*, Wurfnetz *n*

almendrilla *f* Straßensplit *m*; Kiessand *m*

almidón *m (Ch)* Stärke *f*

almirez *m* Mörser *m*

almohada *f* **de aire** Luftkissen *n*

almohadilla *f* 1. Unterlage *f*; 2. Puffer *m*; Dämpfer *m*
- ~ **amortiguadora** Amortisor *m*; Puffer *m*
- ~ **de cojinete** Lagerschale *f*
- ~ **de freno** Bremsklotz *m*

almohatre *m* Salmiak *m*, Ammoniumchlorid *n*

alojamiento *m* Gehäuse *n*; Sitz *m (z. B. Ventil)*; Raumanordnung *f*, Raumeinteilung *f (bes. auf Schiffen)*

alojar *v* unterbringen; einbauen

alomadora *f (Lt)* Furchenzieher *m*

alquilar *v (Ch)* alkylieren

alquitrán *m* Teer *m*

alquitranar *v (Bw)* teeren

altavoz *m* Lautsprecher *m*

- ~ **de alta fidelidad** HiFi-Lautsprecher *m*
- ~ **de alta potencia** Hochleistungslautsprecher *m*
- ~ **autodinámico** permanentdynamischer Lautsprecher *m*
- ~ **de cristal** Kristalllautsprecher *m*, piezoelektrischer Lautsprecher *m*

piezoeléctrico *s.* ~ de cristal

alteración *f* 1. Änderung *f*, Veränderung *f*; (chemische) Zustandsänderung *f*; 2. Verschlechterung *f*; 3. Verwitterung *f*, Verwittern *n*; 4. Ausbleichen *n*

alterar *v* 1. (ver)ändern, umwandeln; 2. verschlechtern; 3. verwittern; 4. ausbleichen

alternador *m* 1. *(El)* Alternator *m*, Gleichstrom-Wechselstrom-Umformer *m*, Wechselrichter *m*, Wechselstromerzeuger *m*, Wechselstromgenerator *m*, Wechselstrommaschine *f*; 2. inklusives ODER-Glied *n*, Disjunktionsglied *n*
- ~ **de alta frecuencia** Hochfrequenzgenerator *m*
- ~ **asincrónico [asíncrono]** Asynchrongenerator *m*
- ~ **heteropolar** Wechselpoldynamo *m*
- ~ **trifásico** Drehstromgenerator *m*

alternancia *f* 1. Stromwechsel *m*; Polwechsel *m*; 2. Lastwechsel *m*; 3. Halbwelle *f*; 4. *(Inf)* Überlagerung *f*, Seitenüberlagerung *f*; 5. *(Geol)* Schichtenwechsel *m*

alternomotor *m* Wechselstrommotor *m*

altígrafo *m* (barometrischer) Höhenschreiber *m*

altimetría *f* Höhenmessung *f (Vermessungswesen)*

altímetro *m* Höhenmesser *m*, Höhenmessgerät *n*

alto hoch; laut *(z. B. Ton)*

altoparlante *m s.* altavoz

altura *f* Höhe *f*, Druckhöhe *f*
- ~ **absoluta** Flughöhe *f* über Grund
- ~ **de agarre** Griffhöhe *f (Ergonomie)*
- ~ **ajustable** verstellbare Höhe *f*
- ~ **de árbol** *(Math)* Baumspitze *f (Graph)*
- ~ **del asiento** Sitzhöhe *f (Ergonomie)*
- ~ **de aspiración** Saughöhe *f (einer Pumpe)*
- ~ **de caída** Fallhöhe *f*
- ~ **de carga** 1. *(Förd)* Ladehöhe *f*; 2. *(Met)* Ofenteufe *f*

amianto

- ~ **de los centros** *(Fert)* Spitzenhöhe f
- ~ **de la columna** *(Typ)* Spaltenhöhe f
- ~ **de crucero** *(Flg)* Reiseflughöhe f
- ~ **de despejo** lichte Höhe f, Durchfahrtshöhe f
- ~ **de elevación** 1. Druckhöhe f *(einer Pumpe)*; 2. *(Bgb)* Fördertiefe f
- ~ **libre sobre el suelo** *(Kfz)* Bodenfreiheit f
- ~ **manométrica** manometrische Höhe f, Wassersäule f *(einer Pumpe)*
- ~ **metacéntrica** *(Schiff)* metazentrische Höhe f
- ~ **sobre el nivel normal** Normalnullhöhe f, NN-Höhe f
- ~ **de paso** 1. Durchfahrtshöhe f; 2. Ganghöhe f *(einer Schraube)*
- ~ **de presión hidráulica [hidrostática]** Wasserdruckhöhe f
- ~ **de puntos** *(Fert)* Spitzenhöhe f *(Drehen)*
- ~ **de puntos sobre la bancada** *(Fert)* Spitzenhöhe f über Bett *(Drehen)*
- ~ **de radiación** Strahlungshöhe f; wirksame Höhe f *(einer Antenne)*
- ~ **de satelización** *(Rak)* Einsatzhöhe f *(eines Satelliten)*
- ~ **sobre suelo** *(Kfz)* Bodenfreiheit f
- ~ **de techo** 1. *(Bw)* Raumhöhe f, Geschosshöhe f; 2. *(Eb)* Höhe f über Dach
- ~ **del tipo** *(Typ)* Typenhöhe f, Schrifthöhe f
- ~ **sobre todo** *(Schiff)* Höhe f über alles
- ~ **total** *(Schiff)* Höhe f über alles
- ~ **de vuelo** Flughöhe f

ALU s. unidad aritmético-lógica
alumbrado m Beleuchtung f
- ~ **antideflagrante** explosionsgeschützte Beleuchtung f
- ~ **de cruce** *(Kfz)* Abblendbeleuchtung f
- ~ **de emergencia** Notbeleuchtung f, Hilfsbeleuchtung f
- ~ **fluorescente** Leuchtröhrenbeleuchtung f
- ~ **incandescente** Glühlampenbeleuchtung f
- ~ **de los instrumentos** Instrumentenbeleuchtung f
- ~ **de la placa (matrícula)** *(Kfz)* Kennzeichenbeleuchtung f

alumbrar v (be)leuchten
alumbre m Alaun m
alúmina f Tonerde f, Aluminiumoxid n
aluminar v *(Met)* aluminieren, alumetieren, alitieren
aluminífero 1. aluminiumhaltig; 2. tonerdehaltig

aluminio m Aluminium n, Al
aluminografía f Algraphie f, Aluminiumdruck m, algraphischer Druck m
aluminotermia f Aluminothermie f, aluminothermisches Verfahren n, Thermitverfahren n
aluvial *(Geol)* alluvial, angeschwemmt
aluvión f *(Geol)* Alluvium n; angeschwemmtes Land n; Anschwemmung f
alvéolo m 1. Zelle f, Wabe f, Alveole f; 2. *(Am)* Rille f
alza f 1. Erhöhung f; 2. *(Mil)* Visier n, Visiereinrichtung f, Zieleinrichtung f; Aufsatz m *(Artillerie)*; Lochkimme f *(Pistole)*; 3. *(Typ)* Unterlage f *(für Druckplatten)*
alzacoches m **hidráulico** hydraulischer Wagenheber m
alzacristales m *(Kfz)* Scheibenheber m, Fensterheber m
alzado m 1. Aufriss m; 2. *(Typ)* Zusammentragen n
alzador m 1. Hebevorrichtung f; 2. Steigleitung f, Steigrohr n
alzadora f 1. *(Typ)* Zusammentragmaschine f, Bogenzusammentragmaschine f; 2. Maschine zum Ablegen des Zuckerrohres
alzaválvula f Ventilstößel m
allanar v richten; planieren, einebnen
amante m *(Förd)* Läufer m, Lastteil n
amantillo m *(Schiff)* Hanger m, Hangerseil n
amarra f *(Schiff)* Ankertau n, Trosse f
amarradero m 1. *(Schiff)* Festmachepfahl m, Vertäupfahl m, Druckdalben m; Kaipoller m; 2. Schiffsanlegestelle f, Liegeplatz m; Mooringplatz m; Ankerstelle f
amarrar v vertäuen, festmachen
amarre m Befestigung f, Verankerung f
amasadora f Knetmaschine f, Kneter m
amasar v kneten; anmachen *(Mörtel)*
amasijo m 1. Teig m, Knetmasse f; 2. *(Bw)* Mörtel m
ambiente m Umwelt f, Umgebung f, Umfeld n; Medium n
ámbito m Umkreis m; Bereich m; Umgebung f
- ~ **de emisión** Sendebereich m

amerar v anfeuchten, befeuchten, benetzen *(z. B. Mauerwerk)*
americio m Americium n, Am
amianto m Asbest m

amolado m *(Fert)* Schleifen n, Schärfen n; Anschliff m

amolador m *(Fert)* Schleifscheibe f, Schleifkörper; Schleifwerk n

amoladora f 1. Schleifmaschine f; 2. Schleifscheibe f, Schleifkörper m; Schmirgelscheibe f, Schleifband n

amoladura f 1. *(Fert)* Schleifen n, Schliff m; Schärfen n; 2. *(Fert)* Schleifmittel n; 3. *(Fert)* Schleifspäne mpl, Schleifstaub m

amolar v *(Fert)* schleifen; schärfen; abrichten

amoldar v formen; gestalten; modellieren; anpassen; einpassen

amoniacato m Ammoniakat n, Amminsalz n

amoníaco m 1. Ammoniak n; 2. s. álcali volátil; 3. s. sal de amoníaco

amontonamiento m 1. Häufung f, Anhäufung f, Ansammlung f; Cluster m, Clusterbildung f; 2. Stapelung f; Schüttung f

~ **de basura clasificada** geordnete Mülldeponie f

~ **de tierra** Erdaufschüttung f

amorfo amorph, gestaltlos, nicht kristallin(isch), ohne Kristallform

amortiguación f Dämpfung f

amortiguador m 1. Dämpfer m; Abschwächer m; Stoßdämpfer m; Schwingungsdämpfer m; 2. Puffer m, Puffervorrichtung f; 3. Ausgleicher m *(Geschütz)*; 4. Fallbremse f *(Fallschutzmittel)*

~ **de aceite** Ölstoßdämpfer m; Ölpuffer m, Ölpolster m

~ **de chispas** *(El)* Funkenableiter m, Funkenlöscher m

~ **de choque** Stoßdämpfer m; Puffer m; Prellbock m

~ **de choques acústicos** *(Tele)* Frittersicherung f

~ **de escape** *(Kfz)* Auspufftopf m, Schalldämpfer m

~ **de muelle** Federpuffer m

~ **de ruidos** Schalldämpfer m; Dämpfungsmittel n *(Lärm)*

~ **de sacudidas** Stoßdämpfer m

~ **de vibración** Schwingungsabsorber m, Schwingungsdämpfer m

amortiguamiento m Abdämpfung f, Dämpfung f

~ **del ruido** Lärmdämpfung f; Geräuschdämpfung f

~ **del sonido** Schalldämpfung f

~ **de vibraciones** Schwingungsdämpfung f

amortiguar v (ab)dämpfen

amovible abnehmbar; auswechselbar

amperaje m Amperezahl f; Stromstärke f

ampere m Ampere n, A *(SI-Grundeinheit der elektrischen Stromstärke)*

amperímetro m Amperemeter n, Strommesser m

~ **térmico** Hitzdrahtamperemeter n

amperio m Ampere n, A *(SI-Grundeinheit der elektrischen Stromstärke)*

amperiohorímetro m Amperestundenzähler m

ampliable ausbaufähig, erweiterungsfähig *(z. B. Programme, Bibliothek)*

ampliación f 1. Ausbau m; Erweiterung f; 2. *(Foto)* Vergrößerung f

ampliadora f *(Foto)* Vergrößerungsapparat m, Vergrößerungsgerät n; Rückvergrößerungsgerät n

ampliar v 1. ausbauen, erweitern; 2. *(Foto)* vergrößern

amplidino m *(El)* Amplidyne f, Querfeldmaschine f, Verstärkermaschine f, Elektromaschinenverstärker m, Zwischenbürstenverstärker m

amplificación f 1. Verstärkung f; 2. *(Foto)* Vergrößerung f

~ **acústica** Schallverstärkung f

~ **de impulsos** Impulsverstärkung f

~ **de luz** Lichtverstärkung f *(Laser)*

~ **multigradual** Kaskadenverstärkung f

~ **de potencia** Leistungsverstärkung f

amplificador m 1. Verstärker m; 2. *(Foto)* Vergrößerungsgerät n

~ **de alta frecuencia** Hochfrequenzverstärker m

~ **de antena** Antennenverstärker m

~ **de audiofrecuencia** Tonfrequenzverstärker m, Niederfrequenzverstärker m, NF-Verstärker m

~ **de baja frecuencia** Niederfrequenzverstärker m

~ **bidireccional** *(Tele)* Zweidrahtverstärker m, Zweiwegeverstärker m

~ **de entrada** Eingangsverstärker m

~ **microfónico** Mikrophonverstärker m

~ **de microondas** Höchstfrequenzverstärker m, Mikrowellenverstärker m

- ~ **molecular** Maser *m*, Molekularverstärker *m*
- ~ **multicanal** Mehrkanalverstärker *m*, Vielkanalverstärker *m*
- ~ **multiplicador** *(Inf)* Multiplikationsverstärker *m*
- ~ **de muy alta frecuencia** *s.* ~ de microondas
- ~ **neumático** Druckverstärker *m*, pneumatischer Verstärker *m*
- ~ **operacional [operador, operativo]** Rechenverstärker *m*, Operationsverstärker *m*
- ~ **de potencia** Leistungsverstärker *m*
- ~ **de reactancia** Drosselverstärker *m*
- ~ **de realimentación** Rückkopplungsverstärker *m*
- ~ **de realimentación negativa** gegengekoppelter Verstärker *m*
- ~ **de señales** Signalverstärker *m*
- ~ **de sonido fotoeléctrico** Tonfrequenzgenerator *m (Lichttonwiedergabegerät)*; Lichttonverstärker *m*
- ~ **superheterodino** Zwischenfrequenzverstärker *m*, ZF-Verstärker *m*
- ~ **video** Videoverstärker *m*, Bildsignalverstärker *m*

amplificar *v* verstärken; vergrößern

amplitud *f* Amplitude *f*; Umfang *m*; Breite *f*, Bereich *m*
- ~ **del diente de sierra** *(El)* Sägezahnamplitude *f*
- ~ **de la escala** Skalenbereich *m*
- ~ **de olas** *(Schiff)* Wellenamplitude *f*
- ~ **de onda** *(El)* Wellenamplitude *f*
- ~ **de oscilación** Schwingungsweite *f*, Schwingungsamplitude *f*, Schwingungsausschlag *m*
- ~ **de pulsación** Impulsamplitude *f*, Pulsamplitude *f*, Impulshöhe *f*
- ~ **de la tensión de rejilla** Gitteraussteuerung *f*
- ~ **de vibración** *s.* ~ de oscilación

ampolla *f* 1. *(Ch)* Ampulle *f*; 2. Kolben *m (einer Röhre)*; 3. Glühlampe *f*; 4. *(Met)* Blase *f*; Pore *f*, Hohlraum *m (als Fehler)*
- ~ **de aire** Lufteinschluss *m*
- ~ **de decantación** *(Ch)* Scheidetrichter *m*
- ~ **rectificadora** Gleichrichterröhre *f*

amurada *f (Schiff)* Schanzkleid *n*, Verschanzung *f*

análisis *m* 1. *(Math)* Analysis *f*; 2. Analyse *f*; 3. *(TV)* Bildzerlegung *f* • **para** ~ *(Ch)* p.a., pro analysi, analysenrein
- ~ **armónico** harmonische Analyse *f*, Frequenzanalyse *f*
- ~ **de campo** Feldstudie *f*
- ~ **de contaminantes en aire** Luftschadstoffanalyse *f*
- ~ **factorial** Faktor(en)analyse *f (mathematische Statistik)*
- ~ **de frecuencias** Frequenzanalyse *f (maschinenakustisches Messverfahren)*
- ~ **a la gota** Tüpfelanalyse *f*
- ~ **granulométrico** Siebanalyse *f*, granulometrische Analyse *f*, Korngrößenanalyse *f*
- ~ **gravimétrico** Gewichtsanalyse *f*, Gravimetrie *f*, gravimetrische Analyse *f*
- ~ **de imagen** *(TV)* Bildabtastung *f*
- ~ **infinitesimal** Infinitesimalrechnung *f*
- ~ **matricial** *(Math)* Matrizenanalysis *f*, Matrizentheorie *f*
- ~ **de sustancias nocivas** Schadstoffanalyse *f*
- ~ **tensorial** *(Math)* Tensoranalysis *f*
- ~ **por valoración** Maßanalyse *f*, Volumetrie *f*, volumetrische Analyse *f*
- ~ **de varianza** Varianzanalyse *f*
- ~ **vectorial** Vektoranalysis *f*
- ~ **volumétrico** Maßanalyse *f*, Volumetrie *f*, volumetrische Analyse *f*, Titrimetrie *f*

analizador *m* Analysator *m*; Analysen(mess)gerät *n*
- ~ **de armónicas** Oberwellenanalysator *m*, harmonischer Analysator *m*
- ~ **de banda estrecha** Schmalbandanalysator *m*
- ~ **de contaminantes** Schadstoffanalysegerät *n*
- ~ **diferencial** Differenzial(gleichungs)analysator *m (Anlage zum Lösen von Differenzialgleichungen)*
- ~ **diferencial digital** Digital-Differenzialanalysator *m*, Zifferintegrieranlage *f*
- ~ **de espacio de la cabeza** *(Umw)* Kopfraumanalysator *m*
- ~ **espectral [de espectros]** Spektralanalysator *m*
- ~ **de frecuencia en tiempo real** Echtzeitanalysator *m*
- ~ **de gases** Gasanalysegerät *n*

analizador

~ **de imágenes** *(TV)* Bildzerleger *m*
~ **lógico de estados** logischer Zustandsanalysator *m*, Logikanalysator *m*
~ **de nivel acústico** Schallpegelanalysator *m*
~ **de redes** *(Eln)* Netz(werk)analysator *m*, Netzmodell *n*
~ **de ruido** Lärmanalysator *m*; Lärmmessgerät *n*
~ **de señales de discar** *(Tele)* Wählzeichenauswerter *m*
~ **sintáctico** *(Inf)* Parser *m*
~ **en tiempo real** Echtzeitanalysator *m*
anaquel *m* 1. Ablagefach *n*, Ablage(einrichtung) *f*, Ablagevorrichtung *f*; 2. *(Typ)* Schriftfach *n*
ancla *f* 1. Anker *m*, Schiffsanker *m*; 2. Anker *m*, Mauer(werks)anker *m*, Klammer *f*; 3. Verankerung *f*; 4. *(Flg)* Anker *m*
~ **de amarre** Vertäuanker *m*
~ **de capa** Treibanker *m*
~ **con cepo** Stockanker *m*, Normalanker *m*, Flunkenanker *m*
~ **de espía** Warpanker *m*, Verholanker *m*, Schleppanker *m*
~ **de remolque** Schleppanker *m*
~ **de respeto [socorro]** Notanker *m*, Reserveanker *m*
anclaje *m* 1. *(Bw)* Verankerung *f*; 2. Einrasten *n*
~ **de cinturones (de seguridad)** *(Kfz)* Gurtbefestigung *f*, Sicherheitsgurtbefestigung *f*
anclar *v* 1. *(Bw)* (ver)ankern; 2. *(Schiff)* ankern
ancho *m* 1. Breite *f*; 2. *(Text)* Bahn *f*
~ **de banda de ruido** Rauschbandbreite *f*
~ **de boca** Maulweite *f*, Maulöffnung *f* *(Werkzeuge)*
~ **entre caras** Schlüsselweite *f*, Maulweite *f* *(Werkzeuge)*
~ **del diente** *(Fert)* Zahnbreite *f*
~ **español** *(Eb)* spanische Spurweite *f* *(entspricht 1,672 m)*
~ **del frente de extracción** *(Bgb)* Verhiebsbreite *f*
~ **de línea** *(TV)* Zeilenbreite *f*
~ **de trocha [vía]** 1. *(Eb)* Spurbreite *f*, Spurweite *f*; 2. *(Kfz)* Spurweite *f*; 3. *(Eln)* Bahnbreite *f*, Leiterbahnbreite *f*
andamiaje *m* Baugerüst *n*
~ **de elevación** Fassadengerüst *n*

andamino *m* Gerüst *n*, Leitergerüst, Baugerüst *n*
~ **de caballetes** Bockgerüst *n*
~ **colgante** Hängegerüst *n*
~ **rodante [sobre ruedas]** Rollgerüst *n*
~ **tubular** Rohrgerüst *n*
andarivel *m* *(Schiff)* Jolltau *n*; Fallreep *n*
andén *m* Bahnsteig *m*
~ **móvil** rollender Gehweg *m*, bewegliche Fußgängerplattform *f*
~ **telescópico** *(Flg)* Teleskopflugsteig *m*, Teleskopgangway *f*
anemómetro *m* Anemometer *n*, Wind(-stärke)messer *m*, Windgeschwindigkeitsmesser *m*, Fahrtmesser *m*
~ **de aspas** Flügelradanemometer *n*
~ **de hilo caliente [candente]** Hitzdrahtanemometer *n*
anfibio *m* Amphibienfahrzeug *n*
~ **de sustentación neumatica** Bodeneffektfahrzeug *n*, Luftkissenfahrzeug *n*
angström *m* Ångström *n* *(metrische Einheit der Länge in der Spektroskopie, 1 Å = 10m)*
angular winklig, winkelförmig, Winkel...; eckig, Eck...
angular *m* 1. Winkelstahl *m*; Winkeprofil *m*; 2. Winkeleisen *n*
ángulo *m* 1. Winkel *m*; 2. Ecke *f*; 3. Winkelstahl *m*; Winkelprofil *n*; 4. Zeichenwinkel *m*; 5. Kniestück *n* *(Rohr)* • **de ~ oblicuo** schiefwink(e)lig
~ **de abertura** *(Opt)* Öffnungswinkel *m*
~ **de addendum** *(Fert)* Zahnkopfwinkel *m*
~ **de afilamiento** Anschliffwinkel *m*
~ **agudo** spitzer Winkel *m*
~ **de ajuste** *(Fert)* Einstellwinkel *m*
~ **de asiento** *(Schiff)* Trimmwinkel *m*
~ **de ataque** 1. Auftreffwinkel *m*, Einfall(s)winkel *m*; 2. *(Flg)* Anstellwinkel *m*; Luftstoßwinkel *m*; 3. *(Fert)* Einstellwinkel *m*; Spanwinkel *m*; Schrittwinkel *m*; Greifwinkel *m* *(Walze)*
~ **auxiliar** *(Fert)* Hilfswinkel *m*; Nebeneinstellwinkel *m*
~ **de avance** *(El)* Voreilungswinkel *m*
~ **de cabeceo** Längstneigungswinkel *m*; Stampfwinkel *m* *(Wasserflugzeug)*
~ **de caída** 1. Neigungswinkel *m*; 2. *(Flg)* Anstellwinkel *m*; Fallwinkel *m* *(Ballistik)*

anilina

- **~ de contacto** 1. *(Math)* Radwinkel *m*; 2. Druckwinkel *m*, Kontaktwinkel *(Lager und Schmierung)*
- **~ de las coordenadas** *(Math)* Maschenwinkel *m*
- **~ de corte** *(Fert)* Schnittwinkel *m*
- **~ del chaflán** Fasenwinkel *m (Schraube)*
- **~ de declinación** Neigungswinkel *m*
- **~ de dedendum** *(Fert)* Fußwinkel *m*, Zahnfußwinkel *m*
- **~ desarrolada** *(Math)* gestreckter Winkel *m*
- **~ de desprendimiento** *(Fert)* Spanwinkel *m*
- **~ de destalonada** *(Am) (Fert)* Freiwinkel *m*
- **~ diedro** *(Math)* Flächenwinkel *m*, V-Winkel *m*
- **~ de difracción** *(Opt)* Diffraktionswinkel *m*, Beugungswinkel *m*
- **~ de divergencia** Divergenzwinkel *m (Laser)*; Streuwinkel *m*
- **~ de engrane** Eingriffswinkel *m (Getriebe)*
- **~ de entrada** 1. Eintrittswinkel *m*; 2. *(Kfz)* vorderer Übergangswinkel *m*; 3. *(Am)* Anschnittwinkel *m*
- **~ de escora** *(Schiff)* Krängungswinkel *m*
- **~ del filo** 1. *(Fert)* Keilwinkel *m*; 2. *(Typ)* Schneidwinkel *m*
- **~ de fondo** 1. Grundwinkel *m*; Fußkegelwinkel *m*; 2. *(Schiff)* Bodenspantwinkel *m*
- **~ de la hélice** *(Fert)* Drallwinkel *m (bei Spiralbohrern)*; Steigungswinkel *m (bei Gewindebohrern)*
- **~ de incidencia** 1. Einfall(s)winkel *m*; Inzidenzwinkel *m*; 2. *(Fert)* Freiwinkel, Anstellwinkel
- **~ de inclinación** 1. Steigungswinkel *m*, Schrägungswinkel *m*; Neigungswinkel *m*; 2. *(Schiff)* Krängungswinkel *m*
- **~ inscrito** *(Math)* Umfangswinkel *m*
- **~ obtuso** stumpfer Winkel *m*
- **~ opuesto** Gegenwinkel *m*
- **~ de orientación** *(Flg)* Zielkurs *m*; Flugwinkel; Orientierungswinkel *m (z. B. von Kristallen)*
- **~ de la pala** Propellersteigung *f*; Luftschraubensteigung *f*, Ganghöhe *f*
- **~ de paso** *(Fert)* Steigungswinkel *m*
- **~ plano** Gleitwinkel *m*
- **~ polar** *(Math)* Polarwinkel *m*, Argument *n*
- **~ polidiedro** mehrseitige Ecke *f (Stereometrie)*
- **~ de presión** *(Fert)* Eingriffswinkel *m (bezogen auf Teilkreis)*
- **~ primitivo** *(Fert)* Teilkegelwinkel *m*
- **~ de proyección** Projektionswinkel *m (Kino)*; Abgangswinkel *m (Ballistik)*
- **~ de punta** *(Fert)* Spitzenwinkel *m*
- **~ recto** rechter Winkel
- **~ de refracción [refringencia]** *(Ph)* Brechungswinkel *m*
- **~ de relieve** *(Fert)* Hinterschleifwinkel *m*
- **~ de rosca** *(Fert)* Flankenwinkel *m (Gewinde)*
- **~ de rozamiento** Reibungswinkel *m*
- **~ de rumbo** 1. *(Flg, Schiff)* Kurswinkel *m*; 2. *(Geol)* Streichwinkel *m*
- **~ de ruta** *(Rak)* Flugbahnwinkel *m*, Kurswinkel *m*
- **~ de salida** 1. Austrittswinkel *m*; 2. *(Kfz)* Überhangwinkel *m* hinten
- **~ saliente** *(Math)* ausspringender Winkel *m*
- **~ suplementario** Supplementwinkel *m*; Nebenwinkel *m*
- **~ de talud** Böschungswinkel *m*; Schüttwinkel *m*
- **~ de trabajo** *(Fert)* Wirkwinkel *m*, Eingriffswinkel *m*
- **~ de trancanil** *(Schiff)* Stringerwinkel *m*
- **~ en el vértice** *(Fert)* Spitzenwinkel *m*
- **angulómetro** *m* Winkelmesser *m*
- **ángulos** *mpl* **adyacentes** Nebenwinkel *mpl*, anliegende Winkel *mpl*
- **~ alternos** Wechselwinkel *mpl*
- **~ complementarios** Komplementwinkel *mpl*
- **~ correspondientes** gleichliegende Winkel *mpl*
- **~ opuestos por el vértice** Scheitelwinkel *mpl*
- **anhídrido** *m* Anhydrid *n*
- **~ carbónico** Kohlendioxid *n*
- **~ sulfúrico** Schwefelsäureanhydrid *n*, Schwefeltrioxid *n*
- **~ sulfuroso** Schwefeldioxid *n*
- **anidamiento** *m (Inf)* Verschachtelung *f*, Schachtelung *f*
- **anidar** *v* 1. aufnehmen, unterbringen; 2. *(Inf)* schachteln
- **anilina** *f* Anilin *n*, Aminobenzol *n*, Phenylamin *n*

anillo

anillo *m* Ring *m*; Bügel *m*; Schelle *f*; Räute *f (eines Schlüssels)*
- **~ de abrazadera** *(El)* Klemmring *m*; Greifklaue *f*
- **~ de ajuste** Stellring *m*; Einstellring *m*; Ausgleichring *m*
- **~ de asiento** Passring *m*, Unterlegring *m*
- **~ autoengrasador [autolubricante]** Schmierring *m*
- **~ colector** *(El)* Schleifring *m*; Abstreifring *m*
- **~ de distancia** Distanzring *m*, Abstandsring *m*
- **~ de émbolo** Kolbenring *m*
- **~ de engrase** Öl(abstreif)ring *m*; Schmierring *m*; Spritzring *m*
- **~ de graduación** Einstellring *m (an Messgeräten)*
- **~ de pistón** Kolbenring *m*
- **~ rozante** *(El)* Schleifring *m*

animación *f (Inf)* Animation *f*, Bilderzeugung *f*; Zeichentrickverfahren *n (Kino)*

animar *v (Inf)* anregen, animieren, beleben *(Grafik)*

aniquilar *v* 1. vernichten, zerstören; 2. *(Kern)* zerstrahlen

anodizado *m* 1. Eloxierung *f*; 2. Eloxal *n*

anodizar *v* eloxieren, anodisch oxidieren, aloxidieren

ánodo *m* Anode *f*

antecedente *m (Math)* Vorausnahme *f*, Hypothese *f*; Vorderglied *n*, Antezedens *m*

antecristal *m* Schutzschild *m (Schweißer)*

antememoria *f (Inf)* Schattenspeicher *m*, Schnellpufferspeicher *m*

antena *f* Antenne *f*
- **~ de abanico** Fächerantenne *f*
- **~ aérea** Hochantenne *f*, Außenantenne *f*
- **~ anemométrica** Staudruckmesser *m*, Staurohr *n*, Prandtlrohr *n*
- **~ antiparasitaria** störungsarme Antenne *f*
- **~ de argolla** Rahmenantenne *f*
- **~ en banda ancha** Breitbandantenne *f*
- **~ bifilar** Bifilarantenne *f*, Zweileiterantenne *f*, Zweidrahtantenne *f*
- **~ cilíndrica** Zylinderantenne *f*, Käfigantenne *f*, Reusenantenne *f*
- **~ colectiva** Gemeinschaftsantenne *f*
- **~ colgante** freihängende Antenne *f*, Schleppantenne *f*
- **~ cónica** Kegelantenne *f*, Konusantenne *f*, Schirmantenne *f*
- **~ cornete** Parabolantenne *f*
- **~ de cuadro** Rahmenantenne *f*
- **~ direccional [directiva]** gerichtete Antenne *f*, Richt(strahl)antenne *f*, Richtstrahler *m*
- **~ elevada** Hochantenne *f*, Außenantenne *f*
- **~ de embudo** Trichterantenne *f*, Hornstrahler *m*
- **~ de haz** Richtantenne *f*
- **~ helicoidal** Schraubenantenne *f*, Wendelantenne *f*
- **~ en hoja** Flächenantenne *f*
- **~ incorporada** Einbauantenne *f*, eingebaute Antenne *f*
- **~ de jaula** Käfigantenne *f*
- **~ múltiple** Vielfachantenne *f*, Mehrfachantenne *f*, Strahlergruppe *f*
- **~ omnidireccional [no directiva]** Rundstrahlantenne *f*, ungerichtete Antenne *f*, Rundstrahler *m*
- **~ parabólica** Parabolantenne *f*
- **~ radioeléctrica** Funkantenne *f*
- **~ radiogoniométrica** Peilantenne *f*
- **~ telescópica** Teleskopantenne *f*
- **~ de televisión** Fernsehantenne *f*
- **~ de varilla** Stabantenne *f*
- **~ de varilla telescópica** Teleskop(stab)antenne *f*
- **~ de vídeo** Bildantenne *f*

anteojo *m* Fernglas *n*, Fernrohr *m*
- **~ de alineación** Fluchtungsfernrohr *n*
- **~ de antena** *s*. ~ de tijera
- **~ de aproximación** Vorsatzfernrohr *n*
- **~ de apuntar** Zielfernrohr *n*; Richtfernrohr *n*; Visierfernrohr *n*, Aufsatzfernrohr *n*
- **~ astronómico** astronomisches [keplersches] Fernrohr *n*
- **~ catadióptrico** Spiegellinsenfernrohr *n*
- **~ panorámico** Aussichtsfernrohr *n*, Panoramafernrohr *n*, Rundblickfernrohr *n*
- **~ prismático** Feldstecher *m*, Prismenfernrohr *n*
- **~ sobrepuesto [supletorio]** Vorsatzfernrohr *n*
- **~ de tijera** Scherenfernrohr *n*

antepecho *m* Schanzkleid *n*; Reling *f*

antiácido säurebeständig, säurefest

antiacústico schalldämmend, schallschluckend, schallabsorbierend, lärmschluckend

antiadhesivo *m* Antihaftmittel *n*

antiarrugable *(Text)* knitterfrei

anticalórico hitzefest, hitzebeständig
anticátode *m* Antikatode *f*, Gegenkatode *f*
anticlinal *(Geol)* Antiklinale *f*, Sattel *m*
anticohesor *m (El)* Gegenfritter *m*
anticongelante *m* 1. *(Kfz)* Frostschutzmittel *n*, Gefrierschutzmittel *n*; 2. *s.* descongelador
anticontaminante umweltfreundlich
anticorpúsculo *m (Kern)* Antiteilchen *f*
anticorrosivo korrosionshindernd, korrosionsfest, korrosionsbeständig; rosthindernd, rostfest
anticorrosivo *m* Korrosionsschutzmittel *n*; Rostschutzmittel *n*; Inhibitor *m*
anticuerpo *m* Antikörper *m*
antichoque stoßfest, stoßsicher
antideflagrante 1. explosionssicher, explosionsgeschützt; 2. *(Bgb)* schlagwettersicher
antideslizante rutschfest, (aus)gleitsicher
antideslizante *m (Kfz)* Gleitschutzvorrichtung *f*, Gleitschutz *m*
antideslumbrante *m* Lichtfilter *m*
antidetonante *m* Antiklopfmittel *n (Kraftstoff)*
antiespumante *m* Antischaummittel *n*, Schaumverhütungsmittel *n*
antiexplosivo explosionssicher, explosionsgeschützt
antifricción *f* Lagermetall *n*, Lagerlegierung *f*
antigiratorio *s.* antirrotatorio
antigolpeante klopffest *(Kraftstoff)*
antigrisú schlagwettersicher, schlagwettergeschützt
antihalo lichthoffrei
antihorario gegen den Uhrzeigersinn
antiincrustante *m* 1. Kesselsteinverhütungsmittel *n*; 2. *(Schiff)* Antifoulingmittel *n*, Antibewuchsmittel *n*
antiinducción *f* Induktionsschutz *m*
antiinductivo induktionsfrei
antilogarítmico *m (Math)* Antilogarithmus *m*
antimaculador *m (Typ)* Druckbestäuber *m*
antimonio *m* Antimon *n*, Sb
antinodo *m (El)* Schwingungsbauch *m*
antioxidante oxidationsverhindernd, oxidationshemmend; rosthemmend
antioxidante *m (Ch)* Antioxigen *n*, Antioxidans *m*, Oxidationshemmer *m*, Oxidationsverhinderer *m*
antiparasitado *(El)* entstört

antiparasitaje *m (El)* Entstörung *f*, Funkentstörung *f*
~ **reforzado** Nahentstörung *f*
antiparasitario *(El)* Störschutz…, Entstör(ungs)…
antiparásito *m (El)* Störschutz *m*
antipartícula *f (Kern)* Antiteilchen *n*
antipatinador *m s.* antideslizante
antipulsador *m* Druckkonstanthalter *m (Gasmotor)*
antipútrido *m* Holzschutzmittel *n*
antirreflector *m* Antireflexbelag *m*, reflexmindernde Schicht *f*
antirresonancia *f (El)* Gegenresonanz *f*, Spannungsresonanz *f*, Stromresonanz *f*
antirrotatorio drallfrei *(Kabel)*
antisecante *m* Antitrockner *m*, Trocknungsverzögerer *m*
antisimétrico schiefsymmetrisch
antisísmico erdbebensicher, erdbebenfest
antisonoro *s.* antiacústico
antitérmico temperatursenkend
antivibrador *m* Schwingungstilger *m*
antivibrátil schwingungssicher; schwingungsfrei; schwingungsarm; Schwingungsschutz…
antracita *f* Anthrazit *m*, Glanzkohle *f*
anudador *m* 1. *(Text)* Fadenknüpfer *m*, Fadenanleger *m*; 2. *(Lt)* Knüpfapparat *m*
anudadora *f (Text)* Knotmaschine *f*, Knüpfmaschine *f*
anudar *v* knüpfen; verknüpfen; knoten
anulación *f* Annullierung *f*, Löschung *f*
~ **de caracteres** *(Inf)* Zeichenlöschung *f*
anulador *m* Löschhebel *m*, Löschknopf *m*, Löscheinrichtung *f*
anular ringförmig
añadir *v* (hin)zufügen, hinzutun; beimischen
~ **el lubricante** schmieren; abschmieren
~ **a la mezcla** beimischen
añil *m* Indigo *m(n)*
apagachispas *m (El)* Funkenlöscher *m*
apagado glanzlos, matt *(Farben)*
apagafuegos *m* Feuerlöscher *m*, Feuerlöschgerät *n*
apagar *v* ausblasen, (aus)löschen; abschalten; ausschalten *(Licht)*
apagón *m* Lichtausfall *m*; Netzausfall *m*, Stromausfall *m*
apantallar *v* abschirmen

aparato *m* 1. Apparatur *f*; Apparat *m*; Gerät *n*; Vorrichtung *f*; Mechanismus *m*; Anlage *f*; 2. Flugkörper *m* • **al lado del ~** apparateseitig

~ **de abonado** *(Tele)* Teilnehmerapparat *m*
~ **acondicionador de aire** Klimagerät *n*
~ **aéreo** Flugzeug *n*
~ **de agua caliente** Heißwasserbereiter *m*; Durchlauferhitzer *m*; Boiler *m*
~ **de aguja** Zeigerinstrument *n*
~ **de ahorrar** Economiser *m*, Speisewasservorwärmer *m*
~ **aislante de oxígeno** Sauerstoffschutzgerät *n*
~ **de alarma** 1. Warnanlage *f*, Alarmvorrichtung *f*; 2. Notbremse *f*
~ **de alimentación eléctrica** Stromversorgungsgerät *n*
~ **de alzamiento** *(Förd)* Hebemaschine *f*, Hebemittel *n*
~ **amolador** Schleifapparat *m*
~ **de ampliación** *(Foto)* Vergrößerungsapparat *m*
~ **anudador** *(Lt)* Bindevorrichtung *f*; Knüpfapparat *m (Mähbinder)*
~ **arrancador** *(Lt)* Rodegerät *n*
~ **de arranque** Anlassvorrichtung *f*; Starteinrichtung *f*
~ **de atar** *(Lt)* Bindeapparat *m*
~ **atomizador** *(Lt)* Sprühgerät *n*
~ **auditivo** Hörgerät *n*
~ **con autoabastecimiento** Druckluft-Atemgerät *n*, Behältergerät *n*, Druckluftatmer *m*
~ **autocopista** *(Typ)* Vervielfältigungsapparat *m*
~ **de calefacción** Heizgerät *n*; Heizapparat *m*
~ **de cambio de marcha** Umsteuervorrichtung *f*
~ **de campo giratorio** *(El)* Drehfeldinstrument *n*
~ **de captación de corriente** Stromabnehmer *m*
~ **cargador** Beschickungsvorrichtung *f*; Ladevorrichtung *f*
~ **cinematográfico** Vorführgerät *n (Kino)*
~ **de [sobre] colchón de aire** Luftkissenfahrzeug *n*, Bodeneffektfahrzeug *n*
~ **de comprobación** Kontrollgerät *n*, Prüfgerät *n*, Testgerät *n*
~ **conductor** Förderer *m*, Transporteur *m*
~ **de conexión** *(Tele)* Anschaltgerät *n*
~ **de conmutación** Schaltapparat *m*, Schalter *m*, Schalteinrichtung *f*, Umschalteinrichtung *f*
~ **de contestación** *(Tele)* Abfrageapparat *m*
~ **de control** Kontrollgerät *n*, Prüfgerät *n*; Steuergerät *n*
~ **copiador** *(Typ)* Kopiergerät *n*
~ **de corriente universal** Allstromgerät *n*
~ **de corte** 1. Schneidgerät *n*; 2. *(Lt)* Schneidwerk *n*; Mähwerk *n*
~ **cuentakilómetros** *(Kfz)* Tachometer *m(n)* mit Summenzählwerk
~ **descabezador** *(Lt)* Köpfvorrichtung *f*, Köpfschlitten *m*, Köpfapparat *m*
~ **desecador** Trocknungsapparat *m*
~ **de desenganche** *(Foto)* Auslöser *m*
~ **detector** 1. Detektor *m*; Spürgerät *n*; Fehlersuchgerät *n*; 2. *(Wkst)* Defektoskop *n*
~ **detector de gases** Gasspürgerät *n*
~ **detector de radiaciones** *(Kern)* Strahlungsdetektor *m*
~ **de dictar** Diktiergerät *n*
~ **de distribución** Schaltgerät *n*, Schaltapparat *m*
~ **elevador** *(Förd)* Hebezeug *n*; Lift *m*
~ **para enfoques de cerca** *(Foto)* Naheinstellgerät *n*
~ **de ensayo** Prüfgerät *n*, Testgerät *n*
~ **espacial** Raumflugkörper *m*, kosmischer Flugkörper *m*
~ **estacionario** Standgerät *n*
~ **extintor de incendios** Feuerlöschvorrichtung *f*; Feuerlöschgerät *n*, Feuerlöscher *m*
~ **filmador** Bildkamera *f (Kino)*
~ **fotográfico** Fotoapparat *m*, (fotografische) Kamera *f*
~ **fotográfico de fuelle** Balgenkamera *f*
~ **fotogramétrico** Bildmessgerät *n*, photogrammetrisches Gerät *n*
~ **de frecuencia vocal** *(Tele)* Tonfrequenzgerät *n*
~ **frigorífico** Kühler *m*; Kälteerzeuger *m*
~ **geodésico** Vermessungsgerät *n*
~ **de gobierno** *(Schiff)* Ruderanlage *f*, Rudergeschirr *n*; Rudermaschine *f*; Steuereinrichtung *f*

apero

- **~ de guía** *(Rak)* Leitvorrichtung *f*; Steuerorgan *n*
- **~ de iluminación** Beleuchtungsapparat *m*; Beleuchtungskörper *m*
- **~ para incubar** *(Lt)* Brutapparat *m*, Brutschrank *m*
- **~ individual de protección auditiva** (individuelles) Gehörschutzmittel *n*, persönlicher Gehörschutz *m*
- **~ de izar** Hebezeug *n*
- **~ limpiaparabrisas** *(Kfz)* Scheibenwischanlage *f*
- **~ de mando** Steuergerät *n*
- **~ de maniobra** *(Eb)* Steueranlage *f*, Zugsteueranlage *f*
- **~ de manutención continua** Stetigförderer *m*
- **~ de medición** Messinstrument *n*, Messgerät *n*; Messapparat *m*
- **~ motor** Triebwerk *n*
- **~ multicopista** *(Typ)* Kopiergerät *n*, Kopierapparat *m*, Kopiervorrichtung *f*
- **~ musical portátil de casete** Walkman *m* *(tragbarer Kassettenrekorder)*
- **~ con pantalla de visualización** Bildschirmgerät *n*
- **~ patrón** Normalinstrument *n*, Eichgerät *n*
- **~ a presión** Druckbehälter *m*
- **~ productor de agua caliente** Warmwasserbereiter *m*
- **~ productor de rayos X** Röntgenapparat *m*, Röntgengerät *n*
- **~ propulsor** Vortriebsorgan *n*, Antriebsorgan *n*
- **~ protector respiratorio** Atemschutzgerät *n*
- **~ de radiodetección** Funkortungsgerät *n*
- **~ radiogoniométrico** Funkpeilgerät *n*
- **~ de radioguía** Funkleitgerät *n*
- **~ radiotelegráfico** Funkgerät *n*
- **~ registrador de sonidos** Tonaufnahmegerät *n*
- **~ reproductor del sonido** Tonwiedergabegerät *n*
- **~ de respiración** Atemgerät *n*; Dauerbeatmungsapparat *m* *(Medizintechnik)*
- **~ respiratorio** Atemgerät *n*
- **~ de soldar [soldadura]** Schweißgerät *n*, Schweißapparat *m*
- **~ con suministro de aire** Schlauchgerät *n* *(Atemschutzgerät)*
- **~ supersónico** Überschallflugkörper *m*
- **~ de telecomunicación** Fernmeldegerät *n*, nachrichtentechnisches Gerät *n*
- **~ telefónico** Fernsprechapparat *m*, Telefonapparat *m*
- **~ teleimpresor** Fernschreibmaschine *f*, Fernschreiber *m*, Fernschreibgerät *n*
- **~ de telemando** Ferngeber *m*, Fernschaltgerät *n*
- **~ telemedidor** Fernmessgerät *n*
- **~ termocopiador** Thermokopiergerät *n*
- **~ del timón** s. ~ de gobierno
- **~ de toma de muestra(s)** Probenahmegerät *f*
- **~ tomavistas** Filmkamera *f*
- **~ tomográfico** Tomograph *m*, Schichtaufnahmegerät *n* *(Medizintechnik)*
- **~ topográfico** Vermessungsgerät *n*
- **~ trazador** Kurvenschreiber *m*, Kennlinienschreiber *m*; Plotter *m*
- **~ vista clara** Klarsichtanlage *f*
- **~ volador** Flugkörper *m*; Luftfahrzeug *n*
- **~ volante cósmico** Raumflugkörper *m*
- **~ volcador** Kippvorrichtung *f*

apareado *m* Koppelleitung *f* (z. B. beim Vielfachmagnetron)

aparear *v (Mech)* paaren, paarweise anordnen

aparejar *v (Schiff)* ausrüsten; einrichten; auftakeln; aufspannen *(Werkzeuge)*

aparejo *m* 1. Apparatur *f*, Zubehör *n*, Ausrüstung *f*; 2. *(Förd)* Flaschenzug *m*, Rollenzug *m*; 3. *(Bw)* Verband *m*; 4. *(Schiff)* Tauwerk *n*, Takelwerk *n*

- **~ del ancla** *(Schiff)* Ankergeschirr *n*, Ankerausrüstung *f*
- **~ de arrastre** Schleppgeschirr *n* *(Fischerei)*
- **~ compuesto** Takel *n*; Hebevorrichtung *f*
- **~ para fresar** *(Fert)* Fräsvorrichtung *f*
- **~ de fuerza** *(Schiff)* Talje *f*
- **~ de gobierno** *(Masch)* Steuereinrichtung *f*
- **~ palanquín** *(Schiff)* Lasttalje *f*
- **~ de pesca** Fischfanggerät *n*
- **~ de seguridad** Sicherheitsgeschirr *n*

apartar *v* 1. entfernen, absondern; scheiden *(Gold)*; 2. *(Tele)* trennen

apear *v* 1. *(Bw)* abfangen; 2. vermessen

apeo *m* 1. *(Bw)* Abfangen *n*; 2. Vermessen *n*

apero *m* Ausrüstung *f*; Werkzeuge *npl*; Gerät *n*

apero

~ colgado *(Lt)* Anbaugerät *n*, Anhängegerät *n*
~ de discos Scheibenegge *f*
~ de labranza Bodenbearbeitungsgerät *n*
apertura *f* 1. Apertur *f*, Öffnen *n*; Abfall *m*, Abfallen *n* (eines Relais); 2. Aufschließen *n* (von Lagerstätten) • **de ~ automática** selbstöffnend
apestañar *v* (Kst) bördeln
ápice *m* Scheitel *m* (eines Gewölbes)
apiladora *f* (Förd) Stapler *m*
~ de horquilla Gabelstapler *m*
apilar *v* stapeln; aufeinander schichten
apiñar *v* schichten
apiro schwer brennbar; unverbrennbar
apisonable rammbar
apisonadora *f* (Bw) Stampfer *m*; Straßenwalze *f*; Ramme *f*
~ distribuidora de gravilla Splittstreuwalze *f*
~ niveladora Ausgleichmaschine *f*
~ vibradora (Bw) Stampfer *m*, Vibrostampfer *m*, Vibrationsstampfer *m*
~ vibrante [vibratoria] 1. Vibrationswalze *f*, Rüttelwalze *f*; 2. (Gieß) Rüttelformmaschine *f*
apisonamiento *m* Rammen *n*, Stampfen *n*
apisonar *v* 1. (ein)stampfen; 2. (Gieß) verdichten
aplanadera *f* Ramme *f*, Rammklotz *m*; Stampfer *m*
aplanador *m* 1. Schmiedehammer *m*; 2. (Typ) Klopfholz *n*
aplanadora *f* 1. (Bw) Planschrapper *m*; 2. (Bw) Straßenwalze *f*
aplanamiento *m* Planierung *f*, Einebnung *f*, Abflachung *f* (z. B. eines Impulses)
aplanar *v* planieren, einebnen; abwalzen
aplastamiento *m* 1. Quetschung *f*; 2. (Fert) Quetschgratbildung *f*; 3. Stauchung *f*; 4. Zerstörung *f*; Bruch *f*; 5. (Geol) Zusammenschiebung *f*
aplastar *v* (zer)quetschen; stauchen
aplicación *f* 1. Anwendung *f*; 2. Anlegen *n* (z. B. einer Kraft); 3. Auftragen *n*; Aufbringen *n* (z. B. einer Farbe); 4. (El) Einspeisung *f*
~ de pinturas Farbanstrich *m*
~ de tono (Tele) Tonaufschaltung *f*
aplicar *v* 1. anwenden; 2. anlegen (z. B. eine Kraft); 3. auftragen (z. B. eine Farbe); 4. (El) einspeisen

aplomo 1. senkrecht, lotrecht; 2. (Bgb) seiger
aplomo *m* 1. Lot *n*; 2. Lotung *f* (mit Lot)
apopamiento *m* (Schiff) Hecklastigkeit *f*
aporcador *m* (Lt) Häufelpflug *m*, Häufler *m*
aportación *f* 1. Zuführung *f*, Zufuhr *f*; 2. Zusatzwerkstoff *m*, Zusatzgut *n*, Zusatzmetall *n* (beim Schweißen)
aporte *m* 1. Zufuhr *f*; 2. (Umw) Eintrag *m*; Einleitung *f*; 3. (Geol) Ablagerung *f*
~ contaminante Schadstoffeintrag *m*
~ al mar Einbringung *f* ins Meer, Verklappen *n* (von Schadstoffen)
apoyacabeza *m* Kopfauflage *f*, Kopfstütze *f*
apoyar *v* (unter)stützen
apoyo *m* 1. Stütze *f*; Lagerung *f*; 2. (Masch) Lager *n*, Stützlager *n*; 3. (Bw) Auflager *n*, Widerlager *n*; Brüstung *f*, Geländer *n*; Lehne *f*
~ de rueda Radlagerung *f*
apreciación *f* Abschätzung *f*, Schätzung *f*, Bewertung *f*
apreciar *v* abschätzen; schätzen; veranschlagen
aprendizaje *m* **asistido por ordenador** rechnerunterstütztes Lernen *n*, CAL
aprestar *v* (Text) appretieren; ausrüsten; veredeln
apresto *m* (Text) Appretur *f*; Ausrüstung *f*, Veredlung *f*; Appretur *f*, Appreturmittel *n*
apretar *v* 1. drücken; pressen; 2. anziehen; nachziehen (z. B. Schraube)
aprietapapel *m* Papierhalter *m* (Schreibmaschine)
aprietatuercas *m* **de carraca** Bohrschrauber *m*
~ de impacto Schlagschrauber *m*
apriete *m* 1. Anziehen *n*, Festziehen *n* (Schraube); 2. Klemme *f*
~ de casquillos Buchsenklemme *f*
aprieto *m* Aufmaß *n*, Übermaß *n*
aproamiento *m* (Schiff) Buglastigkeit *f*
aprovechamiento *m* Nutzen *m*; Verwertung *f*; Betrieb *m*, Einsatz *m* (einer Anlage)
~ de máquinas Maschinenauslastung *f*, Maschinenbelegung *f*
aproximación *f* 1. (Math) Approximation *f*, Näherung *f*, Annäherung *f*; 2. (Flg) Anflug *m*

aproximar v (an)nähern; abrunden *(Zahlen)*
apto brauchbar, geeignet; fähig; tauglich
~ **para navegar** *(Schiff)* seetüchtig
~ **para la producción** *(Fert)* produktionsreif; fertigungsreif
apuntador m *(Inf)* Pointer m, Zeigestab m, Zeiger m
apuntalamiento m 1. *(Bw)* Unterstützung f, Abstützen n; 2. *(Bgb)* Grubenausbau m
apuntalar v 1. *(Bw)* abstützen; 2. *(Bgb)* ausbauen, verstempeln, verstreben; absteifen *(z. B. Maste)*
arado m Pflug m
~ **abridor** Grabenpflug m
~ **aporcador** Häufelpflug m, Häufler m
~ **de caminos** *(Bw)* Straßenbaupflug m
~ **cultivador** Grubber m, Kultivator m; Hackmaschine f, Furchenegge f
~ **de disco(s)** Scheibenpflug m
~ **de drenaje** Dränpflug m, Entwässerungspflug m
~ **excavador** Grabenpflug m
~ **giratorio** Bodenfräse f
~ **quitanieve** Schneepflug m; Schneeräummaschine f, Schneeräumer m
~ **subsolador [de subsuelo]** Untergrundlockerer m, Untergrubber m, Untergrundkrümler m
~ **viñador [para viñedos]** Weinbergpflug m
~ **zanjador** Grabenpflug m
arandela f 1. Scheibe f; Unterlegscheibe f; 2. Abdichtring m
~ **de aceite** Wellendichtung m, Simmerring m
~ **de compresión** Druckring m
~ **elástica** Federscheibe f, Federring m
~ **de empaquetadura** Dichtungsscheibe f
~ **guía** Führungsscheibe f
~ **de junta** Dichtscheibe f
~ **lubricadora** Schmierring m
~ **de muelle de sujeción** Sprengring m
~ **de resorte** s. ~ elástica
~ **de retención** Sicherungsscheibe f
árbol m 1. *(Masch)* Achse f; Welle f; Spindel f; 2. Stange f; 3. *(Schiff)* Baum m; Mast m; 4. *(Inf)* Baum m; 5. *(Typ)* Kegelhöhe f
~ **acanalado** Keilwelle f
~ **de accionamiento** Antriebswelle f, Treibwelle f, treibende Welle f; Transmissionswelle f, Übertragungswelle f

~ **acodado** Kurbelwelle f, gekröpfte Welle f
~ **articulado** Gelenkwelle f
~ **de búsqueda** Suchbaum m
~ **de cambio de marcha** Umsteuerwelle f
~ **de cardán** Kardanwelle f, Gelenkwelle f
~ **cigüeñal** Kurbelwelle f, gekröpfte Welle f
~ **de contramarcha** Vorgelegewelle f, Vorgelege n, Gegenwelle f
~ **de chavetas** Keilwelle f
~ **de desembrague** Ausrückwelle f
~ **de dirección** Steuerwelle f
~ **de distribución** Nockenwelle f, Steuerwelle f
~ **de embrague** Einrückwelle f, Kupplungswelle f, Schaltwelle f
~ **de entrada** Antriebswelle f, treibende Welle f
~ **excéntrico** Exzenterwelle f
~ **de freno** *(Kfz)* Bremswelle f, Bremsspindel f
~ **giratorio [de giro]** Drehachse f
~ **de hélice** *(Schiff)* Schraubenwelle f, Propellerwelle f
~ **helicoidal** Schneckenwelle f
~ **de impulsión** 1. Antriebswelle f; 2. *(Text)* Schlagspindel f
~ **de levas** s. ~ de distribución
~ **de mando** Triebwelle f, Antriebswelle f
~ **(del) motor** Antriebswelle f, Antriebsachse f, Motorwelle f
~ **del piñón** Ritzelwelle f
~ **planetario** Planetenspindel f
~ **portafresas** Frässpindel f, Fräs(er)welle f
~ **ranurado [con ranuras]** Keilwelle f, Nutenwelle f
~ **receptor** Abtriebsachse f, Abtriebswelle f
~ **de reenvío** Vorlegewelle f
~ **de toma de fuerza** Zapfwelle f
~ **de torno** Drehspindel f
~ **de transmisión** Transmissionswelle f, Übertragungswelle f; Gelenkwelle f
arbotante m 1. *(Bw)* Strebebogen m; Strebepfeiler m; Schwibbogen m; 2. *(Schiff)* Wellenträger m, Wellenbock m
arccos s. arco de coseno
arcilla f Ton m, Letten m; Ziegelton m, Tonerde f
~ **de bloques** Geschiebemergel m
~ **calcárea [caliza]** Mergel m, kalkhaltiger Ton m
~ **compacta** Letten m

arcilla

~ **esquistosa** Schieferton *m*
arco *m* 1. Bogen *m*; Biegung *f*; Krümmung *f*; 2. *(Bw)* Bogen; 3. *(Math)* Kreisbogen *m*, Zirkelbogen *m*; 4. *(El)* Lichtbogen *m*; 5. *(Schiff)* Aufbiegung *f* des Schiffes, Hogging *n*
~ **circular [de círculo]** *(Math)* Kreisbogen *m*
~ **de coseno** Arkuskosinus *m*, Arc cos
~ **de cotangente** Arkuskotangens *m*, Arc cot
~ **crucero** *(Bw)* Kreuzbogen *m*
archivador *m* 1. Hefter *m*; Ordner *m*; 2. Kartei *f*, Kartothek *f*
archivo *m* 1. Archiv *n*; Ablage *f*; Registratur *f*; Kartothek *f*; Register *n*; Dokumentsammlung *f*; 2. *(Inf)* Speicher *m*; Datei *f*
~ **maestro** 1. Hauptarchiv *n*; 2. Hauptspeicher *m*
~ **magnético** Magnetspeicher *m*
área *f* 1. Fläche *f*; Flächeninhalt *m*; 2. Ar *n(m)*, a *(1 a = 100 m²)*; 3. Bereich *m*; Gebiet *n*, Gegend *f*, Geländeabschnitt *m*; Zone *f*
~ **activa** Wirkfläche *f*
~ **de aire limpio** Reinluftgebiet *n*
~ **de central nodal** *(Tele)* Knotenamtsbereich *m*
~ **defectuosa** fehlerhafter Bereich *m (Plattenspeicher)*
~ **de desvanecimiento** *(El)* Nahschwundzone *f*
~ **elíptica** ellipsenförmige Fläche *f*
~ **de escritorio** *(Inf)* Arbeitsfläche *f*
~ **de exploración** *(TV)* Abtastfeld *n*
~ **de frenado** Bremsfläche *f*
~ **de memoria** *(Inf)* Speicherbereich *m*
~ **protegida de memoria** *(Inf)* geschützter Speicherbereich *m*
~ **de prueba** Prüfbereich *m*; Testgelände *n*
~ **rectangular** rechtwinklige Fläche *f*
~ **de salida** 1. Ausgangsbereich *m*; 2. *(Inf)* Ausgabebereich *m*
~ **de tratamiento** *(Inf)* Arbeitsbereich *m*
arena *f* 1. Sand *m*; 2. *(Gieß)* Formsand *m*
~ **arcillosa** Tonsand *m*
~ **calcárea [caliza]** Kalksand *m*
~ **cuarzosa** Quarzsand *m*
~ **eólica** Flugsand *m*
~ **de fundición** *(Gieß)* Formsand *m*
~ **gruesa** Grobsand *m*, Kies *m*

~ **movediza** Quicksand *m*, Treibsand *m*, Schwemmsand *m*, Fließsand *m*, Schwimmsand *m*
~ **silícea** Quarzsand *m*
arenar *v* sandstrahlen
arenisca *f* Sandstein *m*
areografía *f* 1. Flächenbeschreibung *f* *(beschreibende Biogeographie)*; 2. *(Astr)* Areographie *f*
areómetro *m* Aräometer *n*, Senkwaage *f*, Spindel *f*, Senkspindel *f*
arfar *v* *(Schiff)* stampfen
argamasa *f* Mörtel *m*
argamasar *v* Mörtel anrühren
arganeo *m* *(Schiff)* Ankerschäkel *m*, Ankerring *m*
argentar *v* versilbern
argentífero silberführend; silberhaltig
argentita *f* *(Min)* Argentit *m*, Silberglanz *m*
argilita *f* Tonstein *m*, Tonschiefer *m*
argolla *f* Metallring *m*
argón *m* Argon *n*, A
argumento *m* 1. *(Math)* Argument *n*; unabhängige Veränderliche *f* [Variable *f*]; 2. *(Astr)* Azimut *m(n)*, Polarwinkel *m*
árido *m* *(Bw)* Füller *m*, Zuschlag(stoff) *m*
ariete *m* 1. *(Masch)* Plunger *m*, Tauchkolben *m*; 2. Stampfer *m*
~ **hidráulico** hydraulischer Widder *m*, Stoßheber *m*
~ **perforador** Bohrhammer *m*
~ **a vapor** Dampframme *f*
arista *f* Kante *f*, Rand *m*; Rippe *f*, Grat *m*
~ **de ataque** *(Flg)* Flügeleintrittskante *f*, Eintrittskante *f*, Anströmkante *f*, Einlaufkante *f (Turbine)*
~ **de corte** Schneide *f*, Schneidkante *f*, *(Am)* Schneidecke *f*
~ **de entrada** s. ~ de ataque
~ **de grafo** Kreiskante *f (Graph)*
~ **de salida** *(Flg)* Flügelablasskante *f*, Ablasskante *f*, Schleppkante *f*, Austrittskante *f (Turbine)*
aritmética *f* Arithmetik *f*, Zahlentheorie *f*
~ **de coma fija** Festkommaarithmetik *f*, Festpunktarithmetik *f*
~ **de coma flotante** Gleitkommaarithmetik *f*, Gleitpunktarithmetik *f*
aritmético arithmetisch, zahlentheoretisch; Zahl..., Zahlen...
aritmómetro *m* 1. Rechenstab *m*; 2. Tischrechner *m*

armado *m* 1. *(Bw)* Bewehren, Armieren *n*; 2. *(El)* Bewehrung *f (z. B. von Kabeln)*
~ **del pliego** *(Typ)* Bogenzusammenstellung *f*
armadura *f* 1. Ausrüstung *f*; Armatur *f*; 2. *(Bw)* Fachwerk *n*; 3. *(Bw)* Bewehrung *f*, Armierung *f*; 4. *(El)* Anker *m (z. B. eines Relais)*; 5. Armatur *f (z. B. eines Kabels)*; 6. Fassung *f*
~ **de barras** Stabbewehrung *f*, Stabarmierung *f*
~ **basculante** Kippanker *m*, Klappanker *m (Elektromagnet)*
~ **de cubierta** Dachstuhl *m*
armar *v* 1. ausrüsten; 2. armieren, bewehren; verstärken; 3. montieren, zusammenbauen; 4. aufziehen *(einen Verschluss)*; 5. *(Schiff)* ausrüsten
armario *m* Schrank *m*, Kasten *m*
~ **de congelación** Gefrierschrank *m*
~ **de control** *(El)* Kontrollschrank *m*, Steuerschrank *m*
~ **desecador** Trockenschrank *m*
~ **distribuidor** *(El)* Verteilerschrank *m*, Schaltschrank *m*
~ **frigorífico** Kühlschrank *m*
~ **secador** Trockenschrank *m*
armazón *f* 1. Rahmen *m*; Ständer *m*; Gestell *n*; Körper *m*; Gerippe *n*; 2. *(Kfz)* Rahmen *m*; 3. *(Schiff)* Spantwerk *n*, Bespantung *f*; Schiffsgerippe *n*; Spant *n*; 4. *(Bw)* Sparrenwerk *n*; 5. Führungsgestell *n (z. B. einer Stanze)*
~ **de ala** Flügelgerippe *n*
~ **del ascensor** Aufzugsgerüst *n*
~ **oscilante** Schwingrahmen *m*
~ **portador [portante]** Traggerüst *n*, Tragrahmen *m*
~ **de sustentación** Unterbau *m*
~ **sustentante superficial** Flächentragwerk *n*
~ **para techar** Dachstuhl *m*
~ **del transportador** Fördergestell *n*
armónica *f* Harmonische *f*, (harmonische) Oberschwingung *f*, Oberwelle *f* • **sin armónicas** oberwellenfrei
arnés *m* 1. *(Flg)* Anschnallgurt *m*; Gurtwerk *n (Fallschirm)*; 2. Innenausstattung *f (Schutzhelm)*
~ **de asiento** Sitzgurt *m*
~ **de salvamento** Rettungsgeschirr *n*

~ **de sujeción** 1. *(Flg)* Anschnallgurt *m*; Gurtwerk *n (Fallschirm)*; 2. Innenausstattung *f (Schutzhelm)*
aro *m (Masch)* Ring *m*; Kolbenring *m*; Abschlussring *m*; Scheibe *f*; Wulst *m (Reifen)*
~ **de alojamiento** Gehäusescheibe *f*
~ **de control de aceite** Öl(abstreif)ring *m*
~ **de eje** Wellenscheibe *f*
~ **de émbolo** Kolbenring *m*
~ **de empaquetadura** Dicht(ungs)ring *m*
~ **de fijación** Sprengring *m*
~ **de freno** Bremsband *n*
~ **de guarnición** Dichtungsring *m*
~ **de junta** Dicht(ungs)ring *m*
~ **de lubricación** Ölring *m*
~ **de pistón** Kolbenring *m*, Kompressionsring *m*
~ **retén** Sperrring *m*
aromático *m* 1. *(Ch)* Aromat *m*; 2. Riechstoff *m*, Duftstoff *m*
aromatización *f* 1. *(Ch)* Aromatisierung *f*, Cyclisierung *f*, Ringbildung *f*; 2. Aromatisierung *f (z. B. von Lebensmitteln)*
arpón *m* 1. Fanghaken *m*; 2. Harpune *f*
arquear *v* 1. (bogenförmig) wölben; bogenförmig biegen; 2. *(Schiff)* vermessen
arqueo *m* 1. Wölbung *f*; 2. Schiffsraum *m*; Tonnengehalt *m*; 3. Schiffsvermessung *f*
arquitectónico 1. *(Bw)* architektonisch; 2. *(Geol)* tektonisch
arquitectura *f* Architektur *f*; Struktur *f* • **de ~ urbana** städtebaulich
~ **naval** Schiffbautechnik *f*; Schiffbaukunst *f*; Schiffbau *m*
~ **de ordenador** Computerarchitektur *f*, Rechnerarchitektur *f*
~ **de red** Netzarchitektur *f*, Netzform *f*, Netzstruktur *f*, Netztopologie *f*
arquitrabe *m* Strebe *f*, Gesimsbalken *m*, Architrav *m*
arrabio *m* Roheisen *n*, Masselroheisen *n*
arrancador *m* 1. Anlasser *m*, Starter *m*; 2. *(Lt)* Nachreißer *m*; Roder *m*
~ **a botón** Druckknopfstarter *m*
~ **estrella-triángulo** *(El)* Stern-Dreieck-Anlasser *m*
~ **por inercia** Schwungkraftanlasser *m*
~ **magnético** Magnetschalter *m (Anlasser)*
~ **de raíces** *(Lt)* Wurzelextraktor *m*; Rodemaschine *f*, Stubbenrodemaschine *f*

arrancadora *f (Lt)* Rodemaschine *f*, Roder *m*
~ **cargadora** Verladeroder *m*
~ **enfiladora** Vorratsroder *m*
~ **de patatas** Kartoffelroder *m*, Kartoffelerntemaschine *f*
~ **de remolacha** Rübenroder *m*, Rübenheber *m*; Rübenrodegerät *n*
arrancadora-cargadora *f* **de patatas** Kartoffelvollerntemaschine *f*, Kartoffelkombine *f*, Sammelroder *m*
arrancadora-hileradora *f* **de remolacha** Rübenvorratsroder *m*
arrancar *v* 1. anspringen; starten; 2. *(Lt)* entwurzeln; roden; 3. *(Bgb)* rauben *(Ausbau)*; 4. rupfen *(z. B. Grannenhaare entfernen, Pelzverarbeitung)*
arrancarraíces *m (Lt)* Grubber *m*; Extirpator *m*; Wurzelroder *m*
arranque *m* 1. Startvorgang *m*; Anfahren *n*; Start *m*; Anspringen *n*; 2. Starter *m*, Startvorrichtung *f*; Anlasser *m*; 3. *(Bgb)* Gewinnung *f*, Hereingewinnung *f* • ~ **automático** selbstanlaufend
~ **automático** 1. automatisches [selbsttätiges] Anlaufen *n*; 2. *(Kfz)* Selbstanlasser *m*, Selbststarter *m*
~ **de bóveda** *(Bw)* Kämpfer *m*; Bogenanfang *m*
~ **en caliente** Warmstart *m*
~ **en frío** Kaltstart *m*
~ **de inercia** *(Kfz)* Schwungkraftanlasser *m*
~ **de virutas** *(Fert)* Zerspanung *f*, Spanabnahme *f*
arrastrar *v* 1. (ab)schleppen; schleifen; transportieren; ziehen; *(durch Zug)*; mitnehmen; mitreißen; 2. *(Bgb) (Am)* quellen, heben *(Sohle)*
arrastre *m* 1. Schleppen *n*, Ziehen *n*; Transportieren *n*; Traktion *f*; Mitreißen *n* *(z. B. von Flüssigkeitstropfen)*; Mitziehen *n* *(z. B. der Frequenz)*; Rücken *n (des Holzes)*; 2. *(Bgb)* Streckenförderung *f*, Förderung *f*; 3. Mitnehmer *m*
~ **por adherencia [fricción]** Reibungsschluss *m*
~ **del papel** Papiertraktion *f (Drucker)*
arrastrero *m* Trawler *m*, Schleppnetzkutter *m*; Seiner *m*
~ **por las bordas** Seitenfänger *m*
~ **congelador** Gefriertrawler *m*
~ **al fresco** Kühltrawler *m*
~ **con rampa a popa** Hecktrawler *m*, Heckfänger *m*, Sterntrawler *m*
array *m (Inf)* Feld *n*, Datenfeld *n*, Bereich *m*; Datenvektor *m*; Matrix *f*, Matrixfeld *n (Datenstruktur)*
arrecife *m* 1. Straßendamm *m*; Fahrdamm *m*; Fahrbahn *f*; 2. Straßendecke *f*
arreglo *m* 1. Regel *f*; Ordnung *f*, Anordnung *f*; 2. Einstellung *f*, Richten *n*; Einrichten *n*; 3. *(Inf)* Feld *n*, Datenfeld *n*; 4. Zurichtung *f*
~ **general** Generalplan *m (eines Schiffes)*
~ **en memoria** Speicherfeld *n*
~ **ordenado** geordnete Teilfolge *f*
arriar *v* 1. einholen; einfahren *(z. B. eine Antenne)*; 2. *(Schiff)* fieren
arrimar *v* (ab)stützen; trimmen, (ver)stauen
arriostramiento *m* 1. Verstrebung *f*, Absteifung *f*; 2. *(Bw)* Verband *m*; 3. Abspannen *n (eines Mastes)*
arriostrar *v* verstreben, absteifen; abspannen *(Mast)*
arroba *f* Arrobe *f* *(1. Einheit der Masse, entspricht etwa 11,5 kg; 2. regional verschiedene Einheit des Volumens)*
arrobadera *f* Schrapper *m*
arrollado *m (Text)* Wicklung *f*; Aufrollung *f*
arrollador *m* 1. Trommel *f*; Rolle *f*; 2. *(Text)* Warenbaum *m*, Tuchbaum *m (Webstuhl)*
arrollamiento *m (El)* Wicklung *f*
~ **del inducido** Ankerwicklung *f*
~ **del inductor** Feldwicklung *f (beim Magnet)*
arrollar *v* 1. (be)wickeln, aufwickeln; aufrollen; 2. *(El)* (be)wickeln; 3. *(Text)* spulen
arrufar *v* 1. biegen; krümmen; 2. *(Schiff)* vom Kurs abweichen; (ab)gieren
arrufo *m (Schiff)* Sprung *m*, Decksprung *m*, Strak *n*; Durchsackung *f*, Kielsenkung *f*
~ **muerto** Aufkimmung *f*
arrumbar *v* anpeilen
arsénico *m* 1. Arsen *n*, As; 2. Arsenik *n*; Arsen(III)-oxid *n*
arte *m* 1. Kunst *f*; Fertigkeit *f*; 2. Gewerbe *n*; 3. Fischnetz *n*
~ **de arrastre** 1. Schleppnetz *n*; 2. Schlepptechnik *f*
~ **de cerco** Rundnetz *n*

aspirador

~ **de deriva** Treibnetz n
~ **industrial** Gebrauchsgrafik f
~ **de pesca** Fischfanggerät n, Fanggerät n, Fisch(fang)netz n, Fangnetz n
artefacto m 1. Gerät n; Mechanismus m; Anlage f; 2. Fahrzeug n
~ **balístico** ballistischer Flugkörper m
~ **de elevación y transporte** Hebe- und Fördermittel n
~ **espacial** Raumfahrzeug n, Raumschiff n
~ **marítimo** Wasserfahrzeug n, Seeschiff n
artefactos mpl 1. Armatur f; Hilfsausrüstung f; 2. Erzeugnisse npl
articulación f Gelenk n, Gelenkverbindung f
~ **de la cruceta** Kreuzkopfgelenk n
~ **en cruz** Kreuzgelenk n
~ **esférica** Kugelgelenk n
~ **giratoria** Drehgelenk n
~ **de rodillo** Kugelgelenk n
articulado gelenk(art)ig, gegliedert; Gelenk...; Schwenk...
articular v gelenkig verbinden
artificio m 1. Vorrichtung f; 2. pyrotechnisches Mittel n
ascendente (auf)steigend; ansteigend
ascender v steigen; ansteigen; aufsteigen
ascensión f 1. Aufstieg m; Aszension f; 2. (Ph) Auftrieb m; 3. (Flg) Steigen n, Steigflug m
ascenso m 1. Anstieg m, Ansteigen n, Steigen n; 2. Auffahrt f
ascensor m 1. Aufzug m; Personenaufzug m, Lift m, Fahrstuhl m; 2. Hubwerk n
~ **de barcos** Schiffshebewerk n
~ **de cargas** Lastenaufzug m
~ **funicular de montañas** Bergseilaufzug m, Drahtseilbahn f
~ **de marcha continua** Umlaufaufzug m; Paternoster(aufzug) m
~ **de marcha rápida** Schnellaufzug m
~ **de rosario** s. ~ de marcha continua
asegurador m (Masch) Anschlag m, Stopper m; Blockiereinrichtung f; Feststeller m
aserción f (Math) Behauptung f, Aussage f
aserradero m Sägewerk n; Sägegatter n, Gattersäge f
aserradora f Säge f, Sägemaschine f (Holz)
~ **alternativa** Gatter n, Gattersäge f, Sägegatter n

~ **de cinta** Bandsäge f
~ **de disco** Kreissäge f
asiento m 1. (Fert) Sitz m; 2. Auflager n, Lager n, Stützlager n; 3. Sitz m, Sitzplatz m; 4. Setzen n (eines Bauwerks); 5. (Bgb) Setzung f, 6. (Schiff) Trimm m; 7. (Typ) Unterlage f • **de ~ duro** (Mech) festsitzend
~ **abatible** Klappsitz m
~ **ajustable** verstellbarer Sitz m
~ **cónico** Kegelsitz m
~ **de contracción** Schrumpfsitz m
~ **expulsor [eyectable]** (Flg) Schleudersitz m, Katapultsitz m
~ **inclinable** Klappsitz m
asignación f (Inf) Zuweisung f; Zuordnung f; Belegung f (mathematische Logik)
~ **de clavijas** Steckerbelegung f
~ **de memoria** Speicherzuordnung f, Speicherzuweisung f
~ **a teclas** Tastenbelegung f
asignar v zuweisen; zuordnen (z. B. eine Leitung)
asísmico erdbebensicher
asistido por ordenador rechnergestützt, computergestützt
asociable verkettbar, verkettet (z. B. Ventile)
asociación f 1. (Math, Ch) Assoziation f, Kombinationsverbindung f; 2. (Geol) Assoziation f, Vergesellschaftung f
aspa f 1. Winde f, Haspel f (Spinnerei); Weife f (Zwirnerei); 2. Propellerflügel m; 3. (Bgb) Schnittpunkt zweier Adern
aspar v haspeln (Spinnerei); weifen, winden (Zwirnerei)
aspersor m Sprinkler m; Spritze f, Berieselungsapparat m, Sprenger m
~ **extintor de incendios** Feuerlöscher m
~ **rotatorio** Propellerregner m
aspersora f Sprühgerät n; Spritzgerät n
~ **de riego** Beregnungsanlage f
aspiración f 1. Ansaugen n, Einsaugen n, Aufsaugen n; 2. (Kfz) Ansaugen n; Einlass m, Absaugen n, Sog m
aspirador m 1. Sauger m, Aspirator m; 2. Exhauster m; Luftsauger m; 3. Staubsauger m; 4. Ansaugrohr n; Absaugrohr n; 5. Gebläseentlader m
~ **centrífugo** Zentrifugallüfter m, Radialventilator m, Fliehkraftlüfter m; Kreiselgebläse n

aspirador 46

~ de humos Rauchabsauganlage f; Saugzugventilator m
~ de polvo Staubsauger m
~ de tiro Abluftventilator m, Luftsauger m
aspirar v (an)saugen, einsaugen, absaugen
asta f 1. Griff m; Heft n *(Werkzeuge)*; 2. Mauerziegellänge f; 3. *(Schiff)* Topp m
ástil m 1. Griff m; Halter m; Stiel m; 2. Schwinghebel m *(Waage)*
astillas fpl Splitter mpl; Späne mpl • **sin ~** splitterfrei; gratlos
astillero m Schiffswerft f, Werft f, Helling f; Slipanlage f
~ flotante Schwimmdock n
~ fluvial Binnen(schiffs)werft f, Flusswerft f
~ horizontal Längshelling f
astrodomo m *(Flg)* Astrokuppel f
astrofísica f Astrophysik f
astrofotografía f Astrofotografie f, Sternfotografie f, Himmelsfotografie f
astrogoniometría f Astrogoniometrie f, Astropeilung f
astrogoniómetro m Astropeiler m
astronáutica f Astronautik f, Kosmonautik f, Raumfahrt f
astronave f Raumflugkörper m, Raumschiff n, Weltraumschiff n
astronomía f Astronomie f, Himmelskunde f, Sternkunde f
astrosonda f Raumsonde f
at s. atmósfera técnica
atacar v 1. *(Mech)* angreifen; eingreifen (Zahnrad); 2. *(Ch)* angreifen, ätzen, anfressen; 3. *(Bgb)* anhauen; 4. hineintreiben *(Bohrloch)*
atadora f *(Lt)* Garbenbinder m, Bindemaschine f
ataque 1. *(Mech)* Eingriff m *(eines Zahnrades)*; 2. *(Ch)* Angriff m; Ätzen n; Anfressen n; 3. *(Bgb)* Abbau m
atar v verschnüren; bündeln; abbinden *(z. B. Kabel)*; binden *(Getreide)*
atarjea f 1. Rohrleitung f; Abwasserkanal m; 2. Kabelkanal m
atascar v verstopfen *(z. B. Rohr)*
atascarse v stecken bleiben, sich festfahren *(Fahrzeuge)*; klemmen *(z. B. Schloss)*; sich festfressen *(z. B. Kolben)*
atenuación f 1. Abschwächung f; Dämpfung f; 2. Verdünnung f
~ acústica Schalldämpfung f

~ de armónicas Oberwellendämpfung f
~ de diafonía *(Tele)* Mitsprechdämpfung f, Nebensprechdämpfung f, Übersprechdämpfung f
~ de distorsión no lineal Klirrdämpfung f
~ de línea Leitungsdämpfung f
~ de ruido Lärmminderung f; Lärmdämpfung f
~ de señal Signalabschwächung f, Signaldämpfung f
~ sonora Schalldämpfung f
atenuador m Abschwächer m, Dämpfungsglied n, Dämpfungskette f
atenuar v 1. abschwächen; dämpfen; 2. verdünnen
atenuarse v abklingen
aterrajar v *(Fert)* Gewinde bohren
aterrizador m *(Flg)* Fahrwerk n, Fahrgestell n
~ escamotable einziehbares Fahrwerk n
~ instrumental [con instrumentos] Instrumentenlandung f, Schlechtwetterlandung f
~ por planeo dirigido GCA-Landung f *(Ground Controlled Approach)*; bodengeleitete [bodengesteuerte] Radarlandung f, GCL
~ sin visibilidad Schlechtwetterlandung f, Blindlandung f
ático m Dachgeschoss n
atmósfera f Atmosphäre f
~ física physikalische Atmosphäre f *(1 Atm = 760 Torr)*
~ grisutosa Schlagwetter n
~ inerte Schutz(gas)atmosphäre f
~ técnica technische Atmosphäre f *(1 at = 1 kp/cm²)*
atoar v *(Schiff)* schleppen
atomización f 1. Zerstäuben n, Atomisieren n; 2. Versprühen n, Zersprühen n; Verspritzen n; Verdüsung f
atomizador m Zerstäuber m; Nebelgerät n, Nebler m; Schaumnebelspritze f
atomizar v zerstäuben, versprühen
átomo m Atom n
~ ajeno Fremdatom n
~ excitado angeregtes Atom n
~ extraño Fremdatom n
~ fisil spaltbares Atom n
~ gramo Grammatom n
~ de impureza Fremdatom n
~ intersticial Zwischengitteratom n

~ **marcado** gezeichnetes [markiertes] Atom n, Indikatoratom n, Leitisotop m, Tracer m
~ **trazador** s. ~ marcado
atornillador m Schraubendreher m
~ **neumático** Druckluftschrauber m
atornillar v (an)schrauben, festschrauben, verschrauben
atracadero m Schiffsanliegeplatz m, Schiffsliegeplatz m
atracar v (Schiff) festmachen, anlegen; längsseits kommen
atracción f Anziehung f
~ **gravitacional [gravitatoria]** Gravitation f, Massenanziehung f
~ **terreste [de la Tierra]** Erdanziehung f
atraer v anziehen
atrapaondas m (Eln) Wellenfalle f
atraque m 1. Landeplatz m; Ankerplatz m; Anlegestelle f; 2. Kopplung f (z. B. von Raumschiffen)
atravesar v 1. überschreiten; durchbohren; kreuzen; 2. (Bgb) durchörtern; durchsenken
atunero m Thunfischfänger m (Fischereifahrzeug)
audible 1. hörbar; 2. (Tele) verständlich
audio m Audiogerät n, Tongerät n
audiodistorsión f Audioverzerrung f, Hörverzerrung f
audiófono m 1. Hörhilfe f, Hörgerät n, Hörapparat m; 2. Kopfhörer m
audiofrecuencia f Hörfrequenz f, Tonfrequenz f, Niederfrequenz f
audiofrecuente hörfrequent, niederfrequent, tonfrequent
audiometría f Audiometrie f, Hörschwellenprüfung f, Hörschwellenmessung f
audiómetro m Audiometer n, Hörschwellenmessgerät n
aumentar v 1. erweitern, vermehren, erhöhen; verstärken; 2. (Opt) vergrößern
aumento m 1. Erweiterung f, Erhöhung f; Verstärkung f, Zuwachs m; 2. (Opt) Vergrößerung f
aunar v verbinden (z. B. Programme)
aureola f (Astr) Aureole f, Hof m; Lichthülle f, Kranz m
auricular m (Tele) Fernhörer m; Hörer m; Hörmuschel f, Kopfhörer m
autoabsorción f 1. (Ph) Selbstabsorption f, Eigenabsorption f; 2. Selbstumkehr f, Selbstabsorption f (Spektrallinien)
autoaceleración f Selbstbeschleunigung f, Eigenbeschleunigung f
autoactuador selbsttätig, automatisch
autoadaptación f Selbstanpassung f
autoadherente selbstklebend
autoajustador selbsteinstellend; selbstausgleichend
autoajuste m Selbsteinstellung f, Selbstausgleich m
autoalarma f automatische Alarmvorrichtung f
autoalineación f Selbstausgleich m (z. B. der Lenkung)
autoalineamiento m (El) Selbstausgleich m, Eigenausgleich m
autoapagante selbstlöschend
autoarrancador m Selbststarter m
autoarranque m Selbststart m
autoaspirante selbstansaugend
autobloquear v sich selbst blockieren
autobloqueo m Eigensperrung f, Selbstsperrung f
autobús m Omnibus m, Autobus m, Bus m
~ **de dos pisos** Doppelstockomnibus m, Doppelstockautobus m
~ **de trole** Obus m, Trolleybus m
autocalentamiento m Selbsterhitzung f
autocamión m Lastkraftwagen m, LKW m
autocaravana f Campingwagen m
autocarga f Selbstladung f
autocarril m s. autorriel
autocompensación f Selbstabgleich m
autocomprobación f Selbstprüfung f
autoconducción f s. autodirección
autoconjugado (Math) selbstadjungiert
autocorrección f Selbstkorrektur f, automatische Korrektur f
autocurado m Selbsthärtung f
autochequeo m Eigenüberwachung f, Selbstkontrolle f (von Schutzvorrichtungen)
autochoque m Autoskooter m
autodepuración f Selbstreinigung f (Abwässer)
autodescarga f Selbstentladung f
autodescargador m (Schiff) Selbstentlader m
autodescripción f Selbstbeschreibung f (künstliche Intelligenz)

autodesembrague

autodesembrague m (Kfz) automatische Kupplung f
autodirección f Selbstlenkung f, Selbststeuerung f
~ **por inercia** (Rak) Inertiallenkung f, Trägheitslenkung f
autodirigido (Flg) selbstgesteuert
autodisparador m (Foto) Selbstauslöser m
autódromo m Autodrom n; Autoversuchsstrecke f, Automobilversuchsgelände n; Autorennbahn f
autoencamionamiento m (Tele) automatische Wegesuche f
autoencendido m Selbstzündung f
autoendurecor selbsthärtend
autoengrasador selbstschmierend
autoestable eigenstabil
autoexcitación f Eigenerregung f, Selbsterregung f
autoextinguible selbstverlöschend
autoextintor selbstlöschend
autogiro m Tragschrauber m, Autogiro n
autogobierno m Selbststeuerung f
autoguía f s. autodirección
autoguiado m Selbstansteuerung f
autogrúa f Autokran m
autoheterodino selbstüberlagernd
autoinducción f (El) Selbstinduktion f
autoinflamable selbstentzündbar
autointerrupción f (Inf) Selbstunterbrechung f (eines Programms)
autointerruptor m (Inf) automatischer Ausschalter m
autolubricante selbstschmierend
autoluminoso selbstleuchtend
autollamada f (Inf) Selbstaufruf m (des Programms)
automación f s. automatización
automantenimiento m Selbstwartung f
autómata m Automat m
~ **de aprendizaje** lernender Automat m; Lernautomat m
~ **de dirección** Steuerungsautomat m
~ **de enseñanza** Lehrautomat m
~ **de mando** Steuerautomat m
automático m 1. Automat m; 2. (El) Sicherungsautomat m, automatische Sicherung f
automatización f 1. Automatisierung f, Automation f, Automatisation f; 2. Automatik f, automatische Steuerung f
automatizar v automatisieren
automonitor m automatisches Kontrollgerät n, automatischer Monitor m, Automonitor m
automotocicleta f s. motocicleta
automotor selbstfahrend, motorgetrieben, mit Eigenantrieb
automotor m 1. Fahrzeug n mit Eigenantrieb; 2. (Eb) Triebwagen m (mit Elektromotor); 3. (Schiff) Motorbarkasse f
automóvil selbstfahrend, mit Eigenantrieb
automóvil m Auto(mobil) n, Personenkraftwagen m
~ **anfibio** Amphibienfahrzeug n, Schwimmauto n
~ **de ayuda técnica** Hilfswagen m; Reparaturfahrzeug n
~ **de bomberos** Feuerwehrfahrzeug n, Löschfahrzeug n, Löschwagen m
~ **cerrado** Limousine f
~ **cisterna** Tankwagen m, Kesselwagen m, Brennstoffwagen m
~ **ecológico** schadstoffarmes Auto n
~ **furgón** Lieferwagen m
~ **fusiforme** Stromlinienwagen m, Kraftwagen m mit aerodynamisch günstiger Formgebung
~ **marino** Motorboot n
~ **de orugas** Kettenfahrzeug n, Raupenfahrzeug n
~ **remolcador** Abschleppwagen m
~ **taller** Reparaturfahrzeug n
~ **tipo gran turismo** Gran-Tourisme-Wagen m, GT-Wagen m
~ **todo terreno** Geländefahrzeug m, Geländewagen m, geländegängiges Fahrzeug n, Jeep m
~ **de turismo** Touristenwagen m, Tourenwagen m
~ **utilitario** Nutzfahrzeug n
autoniveladora f Autograder m
autonomía f 1. Autonomie f, Aktionsradius m; 2. (Schiff) Fahrtbereich m; 3. (Kfz) Fahrbereich m
autooruga f Zugkraftwagen m, Halbkettenfahrzeug n
autooscilación f (Kyb) Selbstschwingung f, Eigenschwingung f
autopiloto m (Flg) automatische Kurssteueranlage f, Autopilot m, Selbststeuerung f
autopista f Autobahn f

~ **de circunvalación** Umgehungsautobahn f
~ **de datos electrónica** Datenautobahn f, Information Highway m
~ **urbana** Stadtautobahn f

autoportante *(Mech)* selbsttragend
autopropulsado mit Eigenantrieb; selbstfahrend, Selbstfahr...
autopropulsión f (reaktiver) Eigenantrieb m
autoprueba f Selbsttest m
autorradiación f *(Ph)* Eigenstrahlung f
autorregadora f Straßensprengwagen m
autorregenerable selbstregenerierbar
autorregenerador m *(Kern)* Brutreaktor m, Brüter m
autorreglaje m s. autorregulación
autorregulación f *(Aut)* Selbstregelung f, Selbstausgleich m
autorregulador *(Aut)* selbstregulierend; selbstregelnd; selbstabgleichend
autorreubicable selbstverschiebbar, selbstverschieblich
autorriel m *(Eb)* Triebwagen m *(mit Verbrennungsmotor)*; Triebwagenzug m; Schienenbus m
autorritmado m *(Inf)* Selbsttaktierung f
autorruta f s. autopista
autotanque m Tankwagen m, Kesselwagen m, Brennstoffwagen m
autotemple m *(Met)* Lufthärten n
autotimonel m *(Schiff)* automatisches Ruder n, Autopilot m
autotransformador m *(El)* Spartransformator m
autoverificación f Selbstprüfung f, Selbsttest m
autovía f s. 1. autorriel; 2. autopista
auxiliado con ordenador rechnergestützt, computergestützt
avahar v dampfen; dämpfen; dünsten
avalancha f **electrónica** Elektronenlawine f
avance m 1. Vorrücken n; Fortschritt m; Vorlauf m *(z. B. Magnetband)*; 2. *(Fert)* Vorschub m; Zuführung f; 3. Gang m *(Schraube)*; Hub m *(Kolben)*; 4. *(El)* Voreilung f; 5. *(Bgb)* Vortrieb m; Streckenvortrieb m; 6. *(Typ)* Vorabdruck m
~ **de corte** Schnittbewegung f
~ **del encendido** Zündbeschleunigung f; Frühzündung f; Vorzündung f
~ **con escudo** *(Bgb)* Schildvortrieb m
~ **de fase** *(El)* Phasenvoreilung f
~ **de galería** Streckenvortrieb m
~ **lento** 1. Kriechvorschub m, Schleichvorschub m, langsamer Vorschub m; 2. *(Feinw)* Feintrieb m
~ **lineal** Zeilenvorschub m
~ **del papel** Papiervorschub m; Papierzuführung f
~ **rápido** 1. Schnellvorschub m, Eilvorschub m; 2. *(Feinw)* Schnelltrieb m; Schnellvorlauf m
~ **de vacío** Unterdruckverstellung f *(der Zündung)*

avanzar v 1. vorschieben; 2. *(El)* voreilen; 3. *(Bgb)* vortreiben; auffahren
avellanador m *(Fert)* Senker m
avellanar v *(Fert)* senken
aventador m 1. Sichter m; Gebläse n; 2. Entwässerungsmaschine f *(für Getreide)*; 3. Ventilator m
aventadora f *(Lt)* Windsichter m, Absäuber m, Getreideschwinge f, Gebläse n, Windgebläse n
~ **de grano** Getreideschwinge f, Getreidereinigungsanlage f
~ **seleccionadora de semillas** Saatgutbereiter m, Saatgutreinigungsanlage f
~ **de torbellino** Fliehkraftabscheider m, Zyklon m

aventar v *(Lt)* sichten, schwingen, worfeln
avería f 1. Havarie f, Störung f, Betriebsstörung f; Ausfall m; Schadensereignis n; Schaden m; Panne f, Beschädigung f; Bruch m; Defekt m; 2. *(Schiff)* Havarie f, Seeschaden m; 3. *(Lt)* Geflügelhof m
• **sin averías** störungsfrei; havarienfrei
~ **en línea** Netzausfall m; Leitungsstörung f; Leitungsfehler m
~ **de sistema** Systemstörung f; Systemausfall m
~ **de unidad** Geräteausfall m; Gerätefehler m

aviación f 1. Luftfahrt f; Flugwesen n; Fliegerei f; 2. Flugzeuge npl; 3. Flugtechnik f *(mit Luftfahrzeugen schwerer als Luft)*
aviar v 1. fertig bearbeiten; 2. *(Bw)* verputzen
avión m Flugzeug n
~ **de ala giratoria** Drehflügelflugzeug n, Drehflügler m
~ **de alas fijas** Starrflügelflugzeug n

avión

~ **anfibio** Amphibienflugzeug n, Wasser-Land-Flugzeug n
~ **cohete** Raketenflugzeug n
~ **contraincendios** Feuerlöschflugzeug n
~ **de corto alcance** Kurzstreckenflugzeug n
~ **de [a] chorro** Strahltriebflugzeug n, Düsenflugzeug n, Flugzeug n mit Strahlantrieb
~ **de despegue vertical** Senkrechtstarter m
~ **estatorreactor** Staustrahlflugzeug n, Flugzeug n mit Staustrahltriebwerk
~ **sin fuselaje** rumpfloses Flugzeug n, Nurflügelflugzeug n
~ **de hélice** Propellerflugzeug n
~ **hipersónico** Überschallflugzeug n, Hyperschallflugzeug n
~ **de largo alcance** Langstreckenflugzeug n
~ **de propulsión a chorro** s. ~ de chorro
~ **reactor** Strahlflugzeug n, Düsenflugzeug n
~ **supersónico** Überschallflugzeug n
~ **todo tiempo** Allwetterflugzeug n
~ **de turbohélice** Propellerturbinenflugzeug n, Turbo-Prop-Flugzeug n, Turbopropellerflugzeug n
~ **de turborreactor** Flugzeug n mit Turbinenstrahltriebwerk

aviónica f Avionik f, Luftfahrtelektronik f
avisador m 1. Melder m, Meldegerät n, Warngerät n; Signalgerät n; Hupe f; 2. (Tele) Klappe f, Fallklappe f
avivador m (Fert) Falzhobel m
avivar v 1. (Fert) glätten, polieren, schleifen; 2. (Text) avivieren
axial axial, achsrecht, Achsen..., mittig
axioma m Axiom n, Grundsatz m, Satz m; Postulat n
~ **cosenoidal** Kosinussatz m
~ **triangular** Dreiecksaxiom n
axiómetro m (Schiff) Axiometer n, Ruderlagenanzeiger m
axisimétrico axialsymmetrisch, achsensymmetrisch
ayustar v spleißen (Seil); überlaschen
ayuste m Spleiß m, Spleißung f (Seilverbindung)
azada f Hacke f, Haue f
~ **mecánica** Hackmaschine f
azadón m 1. Rodehacke f, Hacke f, Spaten m; 2. Grabenbagger m

~ **mecánico para el aclareo** (Lt) Vereinzelungsmaschine f
~ **rotativo [rotatorio]** Bodenfräse f
azogar v verspiegeln; amalgamieren
azogue m Quecksilber n, Hg
azufrador m (Lt) Schwefelzerstäuber m
azufrar v schwefeln
azufre m Schwefel m, S
azulejo m glasierte Fliese f, Kachel f; Ofenkachel f; Wandkachel f

B

babor m Backbord n
bacaladero m Kabeljaufänger m (Fischereifahrzeug)
bafle m 1. Trennwand f, Schallwand f (eines Lautsprechers); 2. Ölfänger m, Dampfsperre f (Vakuumtechnik)
bagazo m Bagasse f (Zuckerrohrrückstände)
bailar v schwingen; vibrieren; flattern
baileteo m 1. (El) Pendeln n, Oszillation f; 2. (Kfz) Flattern n (der Räder); 3. (Flg) Flatterschwingung f, Flattern n
bajada f 1. Niedergang m; Abwärtsbewegung f; Abwärtsfahrt f; 2. (Bgb) Einfahrt f; 3. Ableitung f (z. B. einer Antenne); 4. Ableitungsrohr n; Fallrohr n
bajar v 1. senken; 2. (Bgb) einfahren
~ **las luces** abblenden (Scheinwerfer)
balance m 1. Abgleich m, Ausgleich m; 2. (Masch) Auswuchten n, Axialschlag m, Planlaufabweichung f; 3. (Schiff) Rollen n; Schlingern n; 4. Bilanz f, Gleichgewicht n
~ **de cero** Nullabgleich m
~ **de presión** Druckausgleich m; Entlastung f
balanceador m 1. Balancier m; Ausgleichseinrichtung f; 2. Stabilisator m
balancear v 1. ausgleichen; 2. (Masch) auswuchten; 3. (Schiff) schlingern; rollen; 4. (Flg) trimmen
balancín m 1. Schwinghebel m, Schwinge f, Balancier m, Ausgleichshebel m; Bohrschwengel m (Seilbohren); 2. (Flg) Anlenkhebel m
balandra f (Schiff) Kutter m; Fischkutter m; Schaluppe f
balanza f Waage f

~ **analítica** Analysenwaage f, analytische Waage f, Feinwaage f
~ **de brazos [columna]** Balkenwaage f
~ **de dosaje** Dosierwaage f, Wägemaschine f
~ **de muelle** Federwaage f
~ **romana** Laufgewichtswaage f
balastar v (be)schottern
balastera f Beschotterungsmaschine f
balasto m Schotter m
baldosa f Fliese f; Kachel f; Platte f
baldosín m Kachel f; Fliese f; Bodenfliese f
baliza f (Flg, Schiff) Bake f; Leuchtfeuer n
~ **aeronáutica** Flugfunkfeuer n
~ **direccional** Richtfeuerbake f
~ **flotante** Schwimmboje f
~ **marítima** Seezeichen n
balizador m Bojenleger m; Seezeichenschiff n
balizamiento m 1. (Flg) Befeuerung f; 2. (Schiff) Betonnung f
balizar v 1. (Flg) befeuern; 2. (Schiff) Seezeichen setzen, Bojen auslegen; betonnen
balón m 1. Ballon m; 2. (Ch) Kolben m; 3. (Kfz) Ballonreifen m; 4. Bündel n; Pack m; 5. (Schiff) Spinnaker m, Dreiecksegel n
balsa f 1. Floß n; (Am) Fährboot n; Fähre f, Fährschiff n; Katamaran m; 2. Becken n; Umlaufbecken n; Teich m; Grube f
~ **decantadora** (Bgb) Absetzteich m (Aufbereitung); Absetzbecken n (Abwasserbehandlung)
~ **espacial** Weltraumfähre f, Raumfähre f, Spaceshuttle m, Shuttle m
~ **insuflable** aufblasbares Rettungsfloß n
~ **de pasaje** Fährboot n
~ **de recogida** Aufnahmebecken n
~ **salvavidas** Rettungsfloß n
~ **de sedimentación** Absetzbecken n; Vorklärbecken n
balsadero m Fähre f
ballenero m Walfangmutterschiff n; Walfangschiff n, Walfänger m
ballesta f Blattfeder f
bamboleo m 1. Schwingung f, Oszillation f; 2. ungleichmäßiger Gang m; 3. (Kfz) Flattern m
bananero m Bananen(transport)schiff n, Bananenfrachter m

bancada f 1. Maschinenbett n, Grundplatte f, Bett n, Untergestell n; Rahmen m; 2. (Schiff) Ruderbank f, Ruderducht f, Bootsducht f; 3. (Bgb) Schachtstufe f; 4. (Bw) Lage f, Mauerwerk n
~ **de ensayo** Prüfstand m
banco m 1. (Masch) Werkbank f; Ständer m; Maschinenbett n; Rahmen m; 2. (Schiff) Bank f, Untiefe f; 3. Ruderbank f; 4. (Geol) Bank f, Mittel n; Schicht f; 5. (Bgb) Flöz n, Lager n; Absatz m, Berme f (Tagebau); 6. Vorrat m; Reserve f; 7. Pufferlager n
~ **de datos** (Inf) Datenbank f
~ **de ensayos** Prüfstand m, Versuchsstand m
~ **de estirar** 1. (Fert) Ziehbank f (z. B. für Rohre, Stangen); 2. (Text) Streckwerk n, Strecke f
~ **de pruebas** Prüfstand m, Versuchsstand m

banda f 1. Band n, Streifen m; 2. (Ph) Energieband n, Energiebereich m, Band n; Bande f (Spektrum); 3. (Tele) Frequenzbereich m; Frequenzband n, Band n; 4. (Masch) Bandmaterial n, Bandeisen n; 5. (Schiff) Breitseite f
~ **de conducción** Leitungsband n (Halbleiter)
~ **de desgarre** Reißleine f (Fallschirm)
~ **extensométrica** Dehnungsmessstreifen m
~ **de frecuencias** Frequenzband n
~ **de freno** (Kfz) Bremsband n, Bremsring m
~ **magnética** Magnetband n (Magnetophon)
~ **de octavas** Oktavband n (Akustik)
~ **de onda pesquera** Grenzwellenbereich m
~ **de oruga** (Kfz) Raupenband n, Gliederband n
~ **de radiofrecuencias** Hochfrequenzbereich m
~ **de rodadura [rodaje, rodamiento]** (Kfz) Lauffläche f, Reifenprofil n
~ **sonora** Tonspur f (Kino)
~ **de terceras** Terzband n (Akustik)
~ **transportadora** (Förd) Transportband n, Förderband n, Bandförderer m
bandeja f 1. Spänefangschale f, Spänefang m; 2. (Kfz) Ölwanne f

bandera f (Inf) Kennzeichen n, Flag n, Marke f, Markierung f, Anzeiger m

banqueta f 1. Absatz m, Berme f, Bankett n; Randstreifen m (Straße); 2. (Bgb) Berme f

bañar v 1. baden; (ab)spülen; eintauchen; 2. (Foto) wässern; 3. tränken; 4. überziehen; glasieren

baño m 1. Bad n; 2. (Text) Flotte f; 3. Schutzüberzug m; Glasur f
- ~ **de aprestar** (Text) Appreturflotte f
- ~ **debilitador** (Foto) Abschwächungsbad n
- ~ **decapante** (Met) Beizbad n
- ~ **detergente** (Text) Waschflotte f
- ~ **fijador** (Foto) Fixierbad n
- ~ **fluidificado** Fließbett n, Wirbelbett n, Wirbelschicht f
- ~ **de pintura** (Text) Färbeflotte f, Färbebad n
- ~ **reductor** (Foto) Abschwächungsbad n, Abschwächer m
- ~ **reforzador** (Foto) Verstärkerbad n, Verstärkungsbad n
- ~ **retardador** (Foto) Verzögerungsbad n
- ~ **de revelado** (Foto) Entwicklerbad n
- ~ **de tintura** (Text) Farbflotte f, Färbebad n

bao m (Schiff) Decksbalken m; Träger m; Unterzug m

barandilla f 1. Geländer n, Brückengeländer n, Treppengeländer n; 2. (Schiff) Reling f
- ~ **protector** Schutzgeländer n; Schutzgitter n

barbotín m (Förd) Kettenrad n; Transportrolle f

barca f 1. Barke f, Barkasse f, Fischerboot n; Kahn m, Lastkahn m; Prahm m; 2. (Text) Trog m
- ~ **de pasaje** Barkasse f, Fährboot n
- ~ **transportadora** Eisenbahnfähre f

barcaza f Barkasse f, Binnenschiff n, Flusskahn m
- ~ **automotora [autopropulsada]** Selbstfahrer m (Binnenlastschiff mit Antrieb); Motorgüterschiff n
- ~ **de remolque** Schleppkahn m
- ~ **tanque** Tankprahm m, Tankleichter m
- ~ **de transporte fluvial** Binnenlastschiff n

barco m Schiff n
- ~ **aéreo** 1. Flugboot n; 2. Luftschiff n
- ~ **de altura** Hochseeschiff n
- ~ **arrastrero** Trawler m
- ~ **atunero** Thunfischfänger m
- ~ **de cabotaje** Küstenschiff n; Küstenmotorschiff n, Kümo m
- ~ **de carga general** Stückgutfrachter m
- ~ **de carga a granel** Massengutfrachter m
- ~ **cerquero** Ringwadenfischereifahrzeug n
- ~ **de efecto superficial** Luftkissenfahrzeug n
- ~ **extintor de incendios** Feuerlöschboot n
- ~ **fluvial** Binnenschiff n
- ~ **frigorífico** Gefrierschiff n, Kühlschiff n
- ~ **nuclear** Schiff n mit Kernkraftantrieb, kernkraftgetriebenes Schiff n
- ~ **pesquero** Fischereifahrzeug n
- ~ **portacontenedores** Containerschiff n, Containerfrachter m
- ~ **de sondeo** Vermessungsschiff n

barco-fábrica m **ballenero** Walfangmutterschiff n

barco-grúa m Schwimmkran m

barco-planta m Fischverarbeitungsschiff n

baremo m Verrechnungsschlüssel m; Verteilungsschlüssel m; Rechentabelle f

baria f Mikrobar n (Einheit des Druckes)

baricentro m 1. (Math) Dreiecksschwerpunkt m; 2. (Ph) Schwerpunkt m

bario m Barium n, Ba

barita f (Min) Baryt m, Schwerspat m; Bariumsulfat n

baritina f 1. (Min) Baryt m, Schwerspat m; 2. (Ch) Bariumsulfat n

barnio m (Kern) Barn n (Maßeinheit für den Wirkungsquerschnitt von Atomkernen)

barniz m 1. (farbloser) Lack m (lufttrocknend); Firnis m; 2. Glasur f (Keramik); 3. (Typ) Druckerschwärze f

barnizado m 1. Lackierung f, Firnisanstrich m; 2. Glasur f (Keramik)
- ~ **por inmersión** Tauchlackierung f

barnizadora f Lackiermaschine f

barnizar v 1. beizen (mit Lackfarbe), lackieren, firnissen; 2. glasieren (Keramik)

barocámara f (Flg) Unterdruckkammer f

barógrafo m (Flg) Luftdruckschreiber m, Höhenschreiber m, Barograph m

barometría f Luftdruckmessung f

barómetro m Barometer n

barquilla f Korb m, Kiepe f; Gondel f, Korb m (z. B. eines Ballons)
- ~ **esférica** kugelförmige Stahlkabine f, Tauchkugel f (Tiefseetauchgerät)

barra f 1. *(Mech)* Stab m; 2. *(Masch)* Stange f; Zugspindel f; 3. *(El)* Schiene f; 4. *(Met)* Barren m; Block m; Rohling m; 5. *(Text)* Streifen m *(Färbefehler)*; 6. Sandbank f; 7. *(Schiff)* Ruderpinne f; 8. *(Inf)* Strich m; Leiste f
- **absorbente** *(Kern)* Absorberstab m
- **de acoplamiento** 1. *(Kfz)* Spurstange f; Lenkstange f; 2. s. ~ de tracción
- **aislante** *(El)* Isolierschiene f
- **de alisar** Bohrstange f
- **angular** *(Eb)* Eckschiene f, Schienenstoß m
- **de atalaje** Verbindungsstange f, Kupplungsstange f
- **colectora** *(El)* Sammelschiene f
- **de compensación** *(Kern)* Trimmstab m
- **conductora** 1. Stromschiene f; 2. Führungsstange f
- **de conexión** 1. Verbindungsstange f, Kuppelstange f; 2. *(El)* Verbindungsschiene f
- **de contacto** *(El)* Kontaktschiene f
- **cortadora [de corte]** *(Lt)* Mähbalken m, Messerbalken m; Schneidwerk n; Mähwerk n
- **de cuchillas** *(Lt)* Messerbalken m
- **de desplazamiento** *(Inf)* Bildlaufleiste f, Rollbalken m
- **de dirección** *(Kfz)* Spurstange f
- **de enganche** *(Lt)* Anzugstange f, Zugstange f; Ackerschiene f, Anhängerquerschiene f; Kupplungsbalken m
- **espaciadora** Leertaste f *(Rechnertastatur)*
- **de estado** *(Inf)* Statusleiste f
- **de gobierno** *(Kfz)* Lenkstock m
- **guía** *(Masch)* Führungsstange f
- **de herramientas** Werkzeugleiste f, Tool Bar f *(Benutzeroberfläche)*
- **del inducido** *(El)* Ankerstab m
- **inversa** Backslash m, Rückstrich m
- **de inversión** *(Typ)* Wendestange f
- **de mandrilar** Bohrstange f
- **de menús** *(Inf)* Menüleiste f, Menübalken m
- **de parachoques** *(Kfz)* Stoßstange f
- **del pistón** *(Kfz)* Kolbenstange f
- **portaherramienta** *(Lt)* Messerbalken m
- **portapúas** *(Lt)* Eggenbalken m
- **de puesta a tierra** *(El)* Erd(ungs)schiene f
- **de refuerzo** *(Bw)* Bewehrungsstab m, Armierungsstab m
- **de remolque** *(Kfz)* Zugstange f *(Schlepper)*
- **segadora** *(Lt)* Mähbalken m
- **de taladrar** Bohrstange f
- **de tareas** *(Inf)* Task-Leiste f, Task-Bar m, Startleiste f
- **a tierra** *(El)* Erd(ungs)schiene f
- **de tiro** Zugstange f *(Schlepper)*
- **tomacorriente** *(El)* Stromschiene f
- **de torsión** *(Kfz)* Drehstabfeder f, Drehungsfeder f, Torsionsfeder f
- **de tracción** *(Eb)* Zugstange f

barraganete *(Schiff)* Schanzkleidstütze f
barredora f Straßenkehrmaschine f
barrena f 1. *(Fert)* Bohrer m *(besonders für Holz)*; 2. *(Bgb)* Bohrstange f; 3. *(Flg)* Spiralflug m, Sturzspirale f, Trudeln n
- **alisadora** Schlichtbohrer m, Nachbohrer m
- **de broca** Zentrierbohrer m
- **para núcleos** *(Bgb)* Kernbohrer m
- **de percusión** *(Bgb)* Stoßbohrer m, Schlagbohrer m
- **de perforación** *(Bgb)* Bohrmeißel m

barrenadora f 1. Bohrmaschine f; Tiefbohrmaschine f; 2. *(Bgb)* Gesteinsbohrmaschine f
barrenar v 1. *(Fert)* bohren *(besonders Holz)*; 2. *(Bgb)* tiefbohren; niederbringen *(eine Bohrung)*
barreno m 1. *(Fert)* Bohrer; 2. *(Bgb)* Bohrmeißel m; 3. Bohrloch n; Sprengloch n; 4. Kaliber n *(einer Waffe)*
barrera f 1. Barriere f, Sperre f, Grenze f, Hindernis n; Schranke f; Schlagbaum m; Eisenbahnschranke f; 2. Sperrschicht f *(Halbleiter)*; 3. Lehmgrube f
- **acústica** Schallwand f, Schallmauer f
- **antigrisú** *(Bgb)* Wetterdamm m
- **cortafuegos** Brandwand f *(Brandschutz)*
- **de difusión** Diffusionsbarriere f, Diffusionstrennschicht f, Diffusionssperre f, Diffusionswand f
- **fotoeléctrica** Lichtschranke f
- **insonorizante** Schallschirm m, Abschirmwand f
- **luminosa [de luz]** Lichtschranke f
- **sónica** Schallmauer f

barrido m 1. Spülung f, Spülen n *(eines Motors)*; 2. *(Eln)* Abtastung f; 3. *(TV)* Ablenkung f; Kippleistung f

barril

barril *m* 1. Fass *n*; 2. Petroleum-Barrel *n* (158,99 dm³)

barrilete *f* 1. Fässchen *n*; 2. Vorlage *f* (Koksofen); 3. Klammer *f*, Klammerhaken *m* (Zimmerhandwerk); 4. Tubus *m* (Fernrohr); 5. Federhaus *n* (Uhr); 6. Trommel *f* (eines Revolvers); 7. (Schiff) Kreuzknoten *m*

basada *f* 1. (Flg) Anlaufgestell *n*; 2. (Schiff) Ablaufschlitten *m*

basar *v* 1. gründen, stützen auf; 2. mit Bezug auf eine Basis messen (Vermessungswesen)

báscula *f* 1. Waage *f*; Brückenwaage *f*; Hebebaum *m*; 2. (El) Triggerkreis *m*, Triggerschaltung *f*, Kippschaltung *f*; bistabile Kippschaltung *f*, Flipflop *n*
- ~ **ensacadora** Absackwaage *f*, Abtütungsmaschine *f*
- ~ **monoestable** monostabile Kippschaltung *f*
- ~ **de resorte** Federwaage *f*, Zugwaage *f*
- ~ **de vagones** Waggonwaage *f*

basculación *f* (El, Nrt) Kippen *n*; Umschaltung *f*

basculador *m* Kippvorrichtung *f*; Muldenkipper *m*; Wipper *m*
- ~ **de camión** LKW-Kipper *m*
- ~ **de vagones** Waggonkippanlage *f*

bascular *v* kippen; wippen

base *f* 1. (Math) Basis *f*, Grundzahl *f*; Grundfläche *f*, Grundlinie *f*; Basis *f* (Vermessungswesen); 2. (Masch) Fundament *n*, Grundplatte *f*, Lagerplatte *f*, Unterlage *f*; Trägerplatte *f*; Auflagefläche *f* (Dreh- und Hobelmeißel); 3. (El) Sockel *m*; 4. (Ch) Base *f*; 5. Grundmetall *n* (z. B. Vakuummetallisieren); 7. (Typ) Fuß *m* (untere Fläche der Drucktype); Unterlage *f* (für Klischees)
- ~ **de contacto** Anschlussbuchse *f*
- ~ **del contrapunto** Reitstockuntersatz *m* (Drehmaschine)
- ~ **de datos** (Inf) Datenbank *f*; Datenbasis *f*, Datenpool *m*
- ~ **del diente** Zahngrund *m* (Zahnrad)
- ~ **flotante** Mutterschiff *n*, Basisschiff *n*, schwimmende Basis *f*, schwimmende Reparaturbasis *f*
- ~ **de fondo** (Eln) Platine *f*, Flachbaugruppe *f*, Steckkarte *f*, Steckplatine *f*, Leiterplatte *f*, Schaltkarte *f*
- ~ **giratoria** Wendescheibe *f* (Drehmaschine)
- ~ **inclinable** Schwenkfuß *m* (z. B. Monitor)
- ~ **logarítmica** Basis *f*, Grundzahl *f* (des Logarithmus)
- ~ **de sustentación** (Mech) Unterstützungsfläche *f*

bastidor *m* 1. (Kfz) Chassis *n*; Fahrgestell *n*; Rahmen *m*; Gehäuse *n*; 2. (Eb) Wagengestell *n*, Untergestell *n*; 3. (Bw) Rahmen *m*; 4. (Masch) Ständer *m*; 5. (El) Gestell *n*; Gestellrahmen *m*; Stativ *n* (eines Mikroskops)
- ~ **de apoyo** (Kfz) Tragrahmen *m*
- ~ **articulado** Gelenkrahmen *m* (Statik)
- ~ **del bogie** (Eb) Fahrgestellrahmen *m*
- ~ **cabecera** (Tele) Kopfgestell *n*, Reihenendgestell *n*
- ~ **de casco portante** (Kfz) Tragrahmen *m*
- ~ **guía-cangilones** (Förd) Eimerleiter *f*
- ~ **integrado** (Kfz) Trapezrahmen *m*
- ~ **de largueros** (Kfz) Längsträgerrahmen *m* mit Querversteifungen
- ~ **de perforación** Bohrgerüst *n*
- ~ **plegable** (Kfz) Klapprahmen *m*
- ~ **portante** 1. Tragrahmen *m* (eines Motors); 2. (Bw) Rahmentragwerk *n*
- ~ **de rodaje** (Kfz) Chassis *n*, Fahrgestell *n*

bastón *m* 1. Stab *m*; Stock; Pfahl *m*; 2. (Eb) Zugstab *m*, Blockstab *m*

basura *f* 1. Abfall *m*; Müll *m*; 2. Informationsmüll *m*, wertlose Speicherdaten *pl*

basurero *m* Müllablagerungsplatz *m*, Müllkippe *f*
- ~ **nuclear** Abklingbecken *n*, Abklingbehälter *m* (zum Sammeln radioaktiver Abfälle)

batán *m* 1. (Text) Schläger *m*, Klopfmaschine *f*, Lade *f*, Schlagmaschine *f*, Walke *f*, Walkmaschine *f*; 2. (Am) Färberei *f*; 3. (Am) Kornmühle *f*, Maismühle *f*

batanar *v* (Text) walken

batayola *f* Reling *f*, Schiffsgeländer *n*

bate *m* (Eb) Schwellenstopfer *m*; Gleisstopfmaschine *f*

batea *f* 1. Untersatz *m*, Palette *f*; 2. Schotterwagen *m* (mit niedrigen Wänden); 3. (Schiff) Prahm *m*; Punt *n* (flachbordiges Wasserfahrzeug); 4. (Bgb) flacher Trog *m*, Mulde *f*

batería *f* 1. Batterie *f*, Anlage *f*, Gruppe *f* (z. B. von Geräten); 2. (Lt) Legebatterie *f*; 3. (El) Batterie *f*

~ **acumuladora [de acumuladores]** Akkumulator m, Akkumulatorenbatterie f, Speicherbatterie f
~ **de arranque** Starterbatterie f, Anlassbatterie f
~ **cadmio-niquel** Nickel-Cadmium-Batterie f
~ **níquel-ferro** Nickel-Eisen-Batterie f
~ **nuclear** Nuklearbatterie f, Kernbatterie f, Atombatterie f, Isotopenbatterie f
~ **de pilas** Primärbatterie f
~ **de pilas secas** Trockenbatterie f
~ **tampón** Pufferbatterie f
~ **tubular** Stabbatterie f
batido m 1. (Eln) Schwebung f; 2. (Text) Wolfen n (Streichgarnspinnerei); 3. (Bw) Anmachen n (Mörtel)
~ **de frecuencias** Frequenzüberlagerung f
batidor m 1. Schlagmaschine f; 2. (Text) Schläger m; 3. (Lt, Bw) Stampfer m; Schlagmühle f
~ **mezclador** (Text) Metierwolf m, Mischwolf m
batidora f 1. Rührmaschine f, Mischer m; 2. (Text) Klopfmaschine f, Schlagmaschine f, Walke f
batímetro m 1. Tiefenmesser m, Tiefseemesser m; 2. (Eln) Schwebungsmesser m
batimiento m (Eln) Schwebung f
batir v 1. schlagen, klopfen; schmieden; hämmern; (zer)stoßen; 2. prägen (Münzen); 3. (Typ) verreiben (Farbe); schlagen (Matrizen); ausrichten (Papierlagen); abklopfen (Bogen); 4. (Bw) anmachen
batíscafo m Tiefseetauchgerät n; Tiefseetauchboot n; Tiefseeforschungsschiff n; Bathyscaph n
batisfera f Tiefseetauchkugel f, Bathysphäre f
baudio m Baud n, Bd (Einheit der Schrittgeschwindigkeit bei der Nachrichtenübermittlung)
bauprés m (Schiff) Bugspriet n(m)
bebedero m 1. (Gieß) Einguss m, Gießtrichter m, Gießloch n; 2. (Lt) Tränkanlage f, Tränkeinrichtung f, Tränkbecken n, Tränke f
bel m Bel n, B (Maß für die Dämpfung oder Verstärkung)
belinógrafo m (Tele) Bildtelegraf m, Bildfunkgerät n; Faksimiletelegraf m
belio m s. bel
bencina f 1. Benzin n; 2. Benzol n
~ **para lavado en seco** Waschbenzin n
beneficiable (Bgb) (ab)bauwürdig
beneficiar v 1. (Bgb) abbauen; 2. aufbereiten, veredeln; 3. (Lt) meliorieren; düngen
beneficio m 1. (Bgb) Abbau m; 2. Aufbereitung f, Veredlung f; 3. (Lt) Melioration f, Bodenverbesserung f, Düngung f
~ **del mineral** Erzanreicherung f
benzolcloruro m Chlorbenzol n
berbiquí m Bohrwinde f, Brustleier f; Drillbohrer m
berilio m Beryllium n, Be
berkelio m Berkelium n, Bk
berlina f 1. (Kfz) Sportcoupé n; Limousine f; 2. (Eb) Waggonabteil mit einer Sitzreihe
bessemerizar v im flüssigen Zustand verblasen
betón m s. hormigón
betún m Erdölasphalt m, Bitumen n, Erdpech n
B.F. s. frecuencia/baja
B.H.P. s. caballo vapor al [en el] freno
biatómico zweiatomig; zweiwertig, bivalent
bicarbonato m Hydrogencarbonat n
bicromia f (Typ) Zweifarbendruck m
bicuadrático (Math) biquadratisch
bicuarzo m Doppelquarz m, Doppelquarzplatte f, soleilsche Doppelplatte f, Soleil-Platte f
bidón m Kanister m, Behälter m
biela f Pleuelstange f, Pleuel m; Schubstange f, Kolbenstange f, Kurbelstange f, Triebstange f, Tretkurbel f
~ **de acoplamiento** Kuppelstange f (Lokomotive)
~ **articulada** Gelenkschubstange f
~ **de la corredera** Kulissenstange f
~ **de dirección** (Kfz) Lenkgestänge n
~ **de émbolo** Kolbenstange f
~ **excéntrica** Exzenterstange f, Schwingenstange f
~ **de freno** Bremsstange f
~ **maestra** Hauptpleuel m
~ **motriz** Treibstange f (Lokomotive)
~ **de pistón** Kolbenstange f
~ **principal** Hauptpleuel m
biestable m bistabile Kippschaltung f, Flipflop n, bistabiler Trigger m

bifilar 56

bifilar bifilar, zweiadrig; zweidrähtig
bifurcación f 1. *(Eb)* Abzweigung f, Streckengabelung f; Knotenpunkt m; 2. *(El)* Abzweigung f, Gabelung f *(in Leitungen)*; 3. *(Inf)* Sprung m, Verzweigung f, Verzweigen n
bifurcarse v verzweigen
bigotera f 1. *(Math)* (kleiner) Reißzirkel m; Nullenzirkel m; 2. *(Met)* Schlackenablauf m; 3. *(Kfz)* Klappsitz m
bigradual zweistufig
binadora f *(Lt)* Hackmaschine f
~ **de rastrillos** Vibrationshacke f
~ **rotativa** Rotorhacke f
binario binär, dual, dyadisch, zweigliedrig
binomial *(Math)* binomisch
binomio m *(Math)* Binom n
bioaereación f Schlammbelebung f
biodegradable biologisch abbaubar [zersetzbar], durch Biodegradation zersetzbar
biodegradación f Biodegradation f *(mikrobieller Abbau organischer Substanzen im Boden)*
bioensayo m Biotest m, biologischer Test m, Bioassay m
biogás m Biogas n
bioingeniería f Biotechnik f
bioquímica f Biochemie f
bioquímico biochemisch
biorreactor s. fermentador
biortogonal *(Math)* biorthogonal
biotecnia f Biotechnik f
biotécnico biotechnisch
biotecnología f Biotechnologie f, Biotechnik f
biotita f *(Min)* Biotit m, Glimmer m
bipala zweiblättrig *(Schraube)*
biplano m *(Flg)* Doppeldecker m, Zweidecker m
birlí m *(Typ)* Spitzkolumne f, Ausgangskolumne f
birreactor m Flugzeug n mit zwei Strahltriebwerken
birrefringencia f *(Opt)* Doppelbrechung f
birriel m Zweifach(kran)schiene f, Zweischienenhängebahn f
birrotor m Hubschrauber m mit zwei Drehflügeln
bisagra f Scharnier n
bisectado zweiteilig
bisectar v halbieren, durch zwei teilen

bisectriz f Winkelhalbierende f
bisel m 1. Abschrägung f, Fase f, Hohlkehle f; 2. *(Typ)* Gehrung f
~ **de encaje** *(Bw)* Versatz m
biseladora f Abkantmaschine f
biselar v *(Fert)* abfasen, anfasen, abkanten, abschrägen
bismutina f *(Min)* Bismuthinit m, Wismutglanz m
bismuto m Bismut n, Wismut n, Bi
~ **brillante** *(Min)* Bismuthinit m, Wismutglanz m
bit m *(Inf)* Bit n • ~ **por bit** bitweise
~ **de acarreo** Übertragsbit n
~ **de arranque** Startbit n
~ **de borrado** Löschbit n
~ **de cambio** Änderungsbit n
~ **de comprobación** Prüfbit n
~ **de control** Steuerbit n
~ **de desborde** Überlaufbit n
~ **de dirección** Adressbit n
~ **de estado** Zustandsbit n, Statusbit n
~ **de extinción** Löschbit n
~ **de marcación** Markierungsbit n
~ **más significado [significativo]** höchstwertiges Bit n, Bit n mit dem höchsten Stellenwert
~ **menos significativo** niederwertiges [letztstelliges] Bit n, Bit n mit dem niedrigsten Stellenwert
~ **de parada** Stoppbit n
~ **de paridad** Paritätsbit n; Kontrollbit n, Prüfbit n *(bei Paritätskontrolle)*
~ **de relleno** Füllbit n
~ **de verificación** Prüfbit n
bita f *(Schiff)* Beting f *(Halterung z. B. für Anker)*; Poller m
bitácora f *(Schiff)* Kompasshaus n
bitadura f *(Schiff)* Beting f
bitio m s. bit
biturbohélice f Turbopropflugzeug n mit zwei Triebwerken
biunívoco *(Math)* eineindeutig
bivalencia f *(Ch)* Zweiwertigkeit f
bivalente *(Ch)* zweiwertig
biyección f *(Math)* bijektive Abbildung f, Bijektion f, eineindeutige Abbildung f
blanco m 1. weiße Farbe f, Weiß n; 2. *(Met)* Weißglut f; 3. Schießscheibe f, Scheibe f; 4. *(Eln, Kern)* Target n; 5. *(Eln)* Weißwert m, Weißpegel m; 6. *(Typ)* Zwischenraum m, Lücke f, Abstand m;

Blankdruck m; 7. *(Tele)* Leertaste f, Blanktaste f; Leerstelle f, Leerzeichen n
~ **con arandelas** Ringscheibe f
~ **de cal** Schlämmkreide f
~ **de cinc** 1. *(Ch)* Zinkoxid n; 2. *(Min)* Zinkweiß n
~ **de España** Spanischweiß n, Perlweiß n, Bismutweiß n
~ **de plomo** Bleiweiß n, Carbonatbleiweiß n
blanqueador m Bleichmittel n, Aufheller m
blanqueadora f Bleichereimaschine f
blanquear v 1. *(Text)* bleichen; 2. *(Met)* blanchieren; 3. *(Typ)* durchschießen
blanqueo m 1. *(Text)* Bleichen n; Bleiche f; 2. *(Met)* Blanchieren n
blindaje m 1. Schutz m, Abschirmung f; Kapselung f; Schutzüberzug m; Bewehrung f, Panzerung f, Panzerschutz m; 2. *(Bw)* Verschalung f
~ **antideflagrante** durchschlagsichere Kapselung *(Explosionsschutz)*
~ **antiparásito** *(Eln)* Störschutz m
~ **de cable** Kabelumwehrung f; Kabelabschirmung f
~ **de insonorización** Schallschutzabschirmung f, Schallschutzwand f, Abschirmwand f
~ **térmico** 1. Hitzeschutz m; 2. *(Kern)* Wärmeabschirmung f
blindar v 1. schützen; abschirmen; kapseln; panzern; 2. *(Bw)* verschalen
blondín m Kabelkran m
bloom m *(Met)* Luppe f, Block m, Rohblock m
bloque m 1. Block m; Aggregat n; Gruppe f; Satz m; 2. *(Kyb)* Block *(nicht auflösbare Informationseinheit)*; 3. *(Inf)* Block m, Datenblock m; 4. *(Eb)* Blockposten m, Blockstelle f, Blockwerk n, Zugfolgestelle f, Streckenblockstelle f; 5. Scholle f; Massiv n *(Gebirge)*; 6. *(Typ)* Block m, Druckform f
~ **de aguas** *(Bw)* Nasszelle f
~ **amplificador** Verstärkerteil m
~ **de cilindros** Zylinderblock m
~ **de control** *(Inf)* Steuerblock m
~ **de datos** *(Inf)* Datenblock m, Block m, physischer Satz m
~ **de mando** Steuer(ungs)block m, Steuereinheit f, Steuerteil n
~ **motor** Motorblock m, Triebwerksblock m; Motorgetriebeblock m
~ **de pescado** *(Schiff)* Fischblock m
~ **de pisos** Hochhaus n
~ **portaherramientas** Werkzeughalterung f
~ **prelaminado** vorgewalzter Block m
~ **de registros** *(Inf)* Registerblock m
bloquear v 1. blockieren; verriegeln, arretieren; sperren; 2. *(Typ)* blockieren, aussparen
bloqueo m 1. Blockierung f, Arretierung f; Verriegelung f; Sperren n, Sperrung f, Sperre f; 2. Blockiervorrichtung f, Arretiervorrichtung f; Sperre f; Zugangssperre f; 3. *(Inf)* Blocken n, Blockung f, Blockbildung f; Blockierung f
~ **por célula fotoeléctrica** Photozellenschranke f, Lichtschranke f; photoelektrische Absperrung f
~ **del eje** *(Kfz)* Achsverriegelung f
~ **mecánico** mechanische Verriegelung f [Blockierung f]; Zwangsverriegelung f
~ **por secciones** 1. *(Eb)* Streckenblockung f; 2. *(Eb)* Streckenblockstelle f
bloquito m **calibrador** Endmaß n, Parallelendmaß n
bobina f 1. Spule f, Haspel f, Rolle f; 2. *(El)* Spule; Drossel f; 3. *(Kfz)* Zündspule f; 4. *(Text)* Spule, Bobine f, Garnspule f, Garnrolle f
~ **de acoplamiento** Kopplungsspule f
~ **amortiguadora** Drossel(spule) f; Dämpfungsspule f
~ **apagachispas** Funkenlöschspule f
~ **de autoinducción** Selbstinduktionsspule f
~ **de corriente** Stromspule f
~ **deflectora [de deflexión]** *(El)* Ablenkspule f
~ **de encendido** *(Kfz)* Zündspule f
~ **giratoria** Drehspule f
~ **de ignición** *(Kfz)* Zündspule f
~ **de reactancia** Drossel(spule) f
~ **tembladora** *(Kfz)* Zitterspule f
bobinado m 1. *(El)* Bewickeln n; Wicklung f; 2. *(Text)* Spulen n, Aufspulen n
~ **continuo** *(Inf)* Streaming n
~ **en derivación** Nebenschlusswicklung f
bobinadora f 1. *(Text)* Spulmaschine f; Wickelmaschine f, Haspel f; 2. *(Foto)* Rollenaufwickler m

bobinar 58

bobinar v 1. (El) (auf)spulen, (auf)wickeln; 2. (Text) spulen
boca f 1. Öffnung f; Loch n; 2. Mundstück n; Schnabel m; 3. (Fert) Weite f, Maul n; 4. (Bgb) Stollenmundloch n; 5. (Bw) Eingang m (eines Tunnels)
~ **de calibre** Lehrenmaul n (Werkzeug)
~ **de carga** 1. Ladeluke f; 2. (Met) Beschickungsöffnung f, Beschickungstür f, Hochofengichtöffnung f
~ **de descarga** 1. Entladeluke f, Entladeöffnung f, Entnahmeluke f (Silo); 2. Ausstoßöffnung f
~ **de empalme** Anschlussstutzen m
~ **de enganche** (Lt) Schleppermaul n
~ **de entrada** Beschickungsöffnung f
~ **del hogar** (Met) Feuerloch n, Feuertür f
~ **de incendio** Hydrant m
~ **de martillo** (Met) Finne f
~ **de propulsión** (Rak) Schubdüse f, Raketendüse f
bocarte m Pochwerk n
bocartear v pochen; zerstoßen; zerkleinern; zermahlen
bocetar v entwerfen, skizzieren, umreißen
boceto m Entwurf m, Skizze f, Umriss m
bocín m 1. Düse f; 2. (Met) Form f, Blasform f (Hochofen)
bocina f 1. Trichter m; Ansatzrohr n; 2. Hupe f, Signalhupe f, Horn n; 3. Sprachrohr n; Megaphon n; Schalltrichter m
~ **de sonido múltiple** (Kfz) Mehrklanghorn n
bodega f (Schiff) Laderaum m
~ **autoestibante** selbsttrimmender Laderaum m
~ **refrigerada** Kühlladeraum m
bogie m 1. (Eb) Drehgestell n; 2. (Eb) Fahrgestell n
bola f Kugel f
~ **indentadora** (Wkst) Druckkugel f
~ **de pudelaje** Puddelluppe f, Dackel m
~ **de ratón** (Inf) Mauskugel f
bolardo m (Schiff) Poller m
boleadora f (Met) Pelletisiergerät n
bolsa f 1. Beutel m; Sack m; 2. Hohlraum m; 3. (Bgb) Nest n, Tasche f
~ **de arrastre** (Schiff) Steert m
~ **de mineral** Erznest n, Erztasche f
~ **de polietileno** Polyethylenbeutel m
~ **portaherramientas** Werkzeugtasche f

~ **de salvamento insuflable** aufblasbarer Rettungsring m
~ **salvavidas** Rettungsring m
~ **de la traína** (Schiff) Steert m
bomba f Pumpe f
~ **de aceite** Ölpumpe f
~ **de aceleración** (Kfz, Masch) Beschleunigungspumpe f
~ **de achique** s. ~ de sentina
~ **de agotamiento** (Bgb) Abteufpumpe f; Bohrlochpumpe f
~ **de agua** Wasserpumpe f, Kühlwasserpumpe f
~ **de aire** Luftpumpe f
~ **de aletas** Flügelpumpe f
~ **de alimentación** Förderpumpe f, Speisepumpe f
~ **aspersora** Ansaugpumpe f
~ **aspirante** Saugpumpe f
~ **autoaspirante [autocebante]** selbstansaugende Pumpe f
~ **baldeo** (Schiff) Deckwaschpumpe f
~ **de barrido** (Kfz) Spülpumpe f
~ **de carburante** Kraftstoffpumpe f
~ **de carga** Aufladepumpe f; Ladepumpe f (Tanker)
~ **de carena** (Schiff) Bilgepumpe f, Lenzpumpe f
~ **centrífuga** Kreiselpumpe f, Schleuderpumpe f, Zentrifugalpumpe f
~ **de circulación** Umwälzpumpe f
~ **de cobalto** Cobalteinheit f, Cobaltkanone f, Cobaltquelle f (Medizintechnik)
~ **de combustible** Kraftstoffpumpe f, Brennstoffpumpe f
~ **de contraincendios** Feuerlöschpumpe f, Feuerspritze f
~ **de chorro** Düsenpumpe f, Strahlpumpe f, Spritzpumpe f
~ **de doble efecto** doppelt wirkende Pumpe f
~ **de dos grados** Zweistufenpumpe f
~ **dragadora** Baggerpumpe f
~ **elevadora [de elevación]** Förderpumpe f
~ **de émbolo** Kolbenpumpe f
~ **de engranajes** Zahnradpumpe f
~ **de engrase** Fettpresse f, Fettspritze f, Ölpumpe f; Schmierpumpe f
~ **de estiércol líquido** (Lt) Jauchepumpe f; Güllepumpe f
~ **de excavación** Baggerpumpe f

~ **(de) excéntrica** Exzenterpumpe f
~ **de extracción** (Bgb) Förderpumpe f
~ **eyectora** Dampfstrahlpumpe (Vakuumtechnik)
~ **de gasolina** s. ~ de combustible
~ **de hélice** Propellerpumpe f, Kreiselpumpe f axialer Bauart
~ **helicoidal** Schraubenpumpe f, Spindelpumpe f
~ **de husillo(s)** Schraubenpumpe f, Spindelpumpe f, Schnecken(förder)pumpe f
~ **de impulsión** Kreiselradpumpe f
~ **de incendio** Feuerlöschpumpe f, Feuerspritze f
~ **de inmersión** Tauchpumpe f
~ **inyectora** Einspritzpumpe f
~ **iónica [de ionización]** Ionen(getter)pumpe f, Ionenzerstäuberpumpe f, Ionisationspumpe f (Vakuumtechnik)
~ **de lastrado [lastre]** (Schiff) Ballastpumpe f
~ **de lavar** Spülpumpe f
~ **de lubricación** s. ~ de engrase
~ **de mando a válvulas** ventilgesteuerte Pumpe f
~ **de mortero** Tauchkolbenpumpe f
~ **muestreadora** Probenahmegerät n, Probenahmepumpe f
~ **de paletas** (Masch) Flügelpumpe f
~ **peristáltica** Schlauchpumpe f
~ **pesquera** Fischpumpe f
~ **de pistón** Kolbenpumpe f
~ **para pozos** (Bgb) Schachtpumpe f
~ **de refrigeración** Kühlwasserpumpe f
~ **rotativa** rotierende Pumpe f, Rotationspumpe f, Drehkolbenpumpe f, Kapselpumpe f
~ **rotatoria** 1. Umlaufkolbenpumpe f; 2. Kreiselpumpe f
~ **de sentina** (Schiff) Bilgepumpe f, Lenzpumpe f
~ **de succión** Saugpumpe f
~ **de trasiego** Umförderpumpe f, Umwälzpumpe f, Füllpumpe f
~ **de trasvase de combustible** Brennstoffförderpumpe f
~ **de un escalón** einstufige Pumpe f
~ **volumétrica** (V) Verdrängerpumpe f

bombear v 1. pumpen; aufpumpen; drücken; fördern; 2. wölben

bombeo m 1. Balligkeit f, Breitenballigkeit f; 2. Pumpen n; 3. (Inf) Fließbandverfahren n, Fließbandarbeit f (Verfahren der Befehlsausführung)

bombilla f 1. Glühlampe f, Leuchte f; 2. (Ch) Pipette f
~ **de doble filamento** Biluxlampe f
~ **de dos filamentos** Zweifadenlampe f
~ **halogenada** Halogenlampe f
~ **incandescente** Glühlampe f, Glühbirne f

bombillo m 1. Handpumpe f; 2. Geruchverschluss m (in Abwasserleitungen); 3. (Am) Glühlampe f; 4. (Am) Rundfunkröhre f; 5. (Ch) Pipette f

bombo m 1. Trommel f; 2. Ponton m; Brückenboot n

bombona f 1. Ballon m, Glasballon m; 2. Transportflasche f

bonificar v 1. vergüten; 2. (Lt) meliorieren

booster m 1. (Rak) Starthilfsrakete f; 2. (El) Aufwärtstransformator m; Zusatzdynamo m; 3. (Eb) Hilfsdampfmaschine f

boquete m Schraubenöffnung f, Schraubenbrunnen m

boquilla f 1. Düse f, Einspritzdüse f; Mundstück n; Nippel m; Tülle f; 2. Stutzen m, Zusatzrohr n, Rohransatz m; 3. Hülse f; Muffe f, Bohrhülse f, Bohrmuffe f
~ **de aforo** Messdüse f
~ **aisladora** Isoliermuffe f
~ **de apriete** (Fert) Spannzange f; Einziehspannfutter n
~ **aspiradora** Saugmundstück n, Saugdüse f; Saugrüssel m
~ **cónica** Rundlochdüse f
~ **convergente-divergente** (Flg) Laval-Düse f, Überschalldüse f
~ **de corte** Schneideinsatz m, Schneidbrennerdüse f
~ **cuentagotas** Tropfdüse f
~ **de engrase** Schmierloch n, Schmierbohrung f
~ **de extrusión** Strangpressform f, Strangpresskopf m
~ **de manguera** Strahlrohr n
~ **de paso** Kabeldurchführung f
~ **pulverizadora [rociadora]** Spritzdüse f; Streudüse f; Vergaserdüse f; Zerstäuberdüse f
~ **roscada de engrase** Schmiernippel m
~ **de soplete** Brennerdüse f
~ **de unión** Verbindungsmuffe f
~ **de ventilación** Entlüftungsnippel m

borboteador

borboteador *m (Ch)* Druckmischer *m*, pneumatisches Rührwerk *n*
borboteo *m* Druckluftmischung *f*, pneumatisches Mischen *n*; Durchsprudeln *n*
borda *f (Schiff)* Dollbord *m*, Schandeck *n*; Bord *m*; Reling *f*
~ **abatible** Landsteg *m*
bordaje *m* Schiffsverkleidung *f*
borde *m* 1. Rand(streifen) *m*; Saum *m*; Kante *f*; 2. Schulter *f*
~ **abatible** Klappwand *f*, Bordwand *f (LKW)*
~ **de ataque** *(Flg)* Flügeleintrittskante *f*, Eintrittskante *f*, Anströmkante *f*
~ **cortante** *(Fert)* Schneidkante *f*, Schneide *f*
~ **de entrada** *s*. ~ de ataque
~ **de escape** *(Flg)* Flügelablasskante *f*, Ablasskante *f*, Austrittskante *f*
~ **marginal** *(Flg)* Tragflügelende *n*
~ **rebatible** *s*. ~ abatible
~ **de salida** 1. *s*. ~ de escape; 2. *(El)* Hinterflanke *f*, Rückflanke *f*
bordear *v (Fert, Typ)* falzen; Kanten biegen; bördeln
bordilladora *f* Bankettbaumaschine *f*
bordo *m* 1. Deich *m*, Damm *m*; 2. Bordseite *f*, Schiffsseite *f* • **a** ~ an Bord • **al** ~ längsseits • **de alto** ~ mit hohem Bord • **fuera de** ~ Außenbord...
bordón *m* Zierleiste *f*
borilla *f (Text)* Flug *m*
borne *m (El)* Anschlussbuchse *f*, Anschlussklemme *f*, Klemme *f*, Klemmstift *m*, Polschraube *f*, Polschuh *m*
~ **de la antena** Antennenbuchse *f*
~ **de la batería** Batterieklemme *f*
~ **de bifurcación** Abzweigklemme *f*
~ **de masa** Erd(ungs)klemme *f*, Erdungsanschluss *m*; Masseklemme *f*
~ **múltiple** Vielfachbuchse *f*
~ **de prueba** Prüfklemme *f*
bornear *v* 1. biegen; drehen; 2. *(Schiff)* schwoien
boro *m* Bor *n*, B
borrable *(Inf)* löschbar (*z. B*. Speicher)
borrado *m* 1. *(Inf)* Löschen *n*, Löschung *f*; 2. *(TV)* Austastung *f*
borrar *v* 1. *(Inf)* löschen; nullsetzen; 2. *(TV)* austasten
boruro *m* Borid *n*, Borverbindung *f (mit Metallen)*

bosquejar *v* skizzieren, entwerfen; modellieren
bosquejo *m* Skizze *f*, Entwurf *m*
bota *f (Eb)* Stelze *f*, Gleitschuh *m*
botadero *m (Schiff)* Stapelaufanlage *f*
botador *m (Fert)* Durchtreiber *m*, Locheisen *n*
~ **de válvulas** Ventilstößel *m*
botadura *f (Schiff)* Stapellauf *m*
~ **lateral** Querablauf *m*
~ **longitudinal** Längsablauf *m*
~ **sobre rodillos** Rollenstapellauf *m*
botalón *m (Schiff)* Ausleger *m*; Klüver *m*; Spiere *f*, Ladebaum *m*
~ **de bauprés** Bugspriet *m*, Segelbau *m*
~ **de carga** Ladebaum *m*
botar *v* 1. *(Schiff)* vom Stapel lassen; vom Stapel laufen; 2. *(Masch)* ausstoßen, auswerfen
bote *m* 1. Dose *f*, Büchse *f (Konserven)*; 2. Boot *n*; Nachen *m*
~ **autoinsuflable** selbstaufblasbares Boot *n*
~ **ballenero** Walfangboot *n*
~ **de caucho inflable** Schlauchboot *n*
~ **de costado** Beiboot *n*, Arbeitsboot *n*
~ **salvavidas de caída libre** Freifallrettungsboot *n*
~ **volador** Flugboot *n*
botella *f* Flasche *f*; Ballon *m*
~ **de aire comprimido** Druckluftflasche *f*
botón *m* 1. Knopf *m*, Druckknopf *m*; Knopfschalter *m*; Taste *f*; Tastschalter *m*; 2. Zapfen *m*; Finger *m*
~ **de arranque** *(Kfz)* Starterknopf *m*, Anlasserknopf *m*, Anlassknopf *m*
~ **de bocina** *(Kfz)* Horndruckknopf *m*
~ **del cebador** *(Kfz)* Luftklappenzug *m*
~ **de control** Steuertaste *f*
~ **de desconexión** Ausschaltknopf *m*; Ausschalttaste *f*
~ **de disparo** *(Inf)* Feuerknopf *m (Joystick)*
~ **elevador** *(Feinw)* Abhebeknopf *m*
~ **de enfoque** *(Feinw)* Einstellknopf *m*, Fokussierknopf *m*
~ **de expulsión** *(Inf)* Auswerferknopf *m*
~ **giratorio de llave** Schlüsseltaste *f*
~ **de inicio** Starttaste *f*
~ **de introducción** Zahlknopf *m (Münzfernsprecher)*
~ **de mando** Bedienungsknopf *m*, Schaltknopf *m*; Steuer(ungsdruck)knopf *m*

brida

~ **de manivela** Kurbelzapfen *m*
~ **del manubrio** Kurbelzapfen *m*
~ **de memoria** *(Inf)* Speichertaste *f*
~ **micrométrico** *(Feinw)* Feinstellknopf *m*
~ **moleteado** *(Fert)* Rändelknopf *m*
~ **de presión** Druckknopf *m*, Drucktaste *f*
~ **del ratón** *(Inf)* Maustaste *f*
~ **de reset** *(Inf)* Rücksetzknopf *m*; Rücksetztaste *f*, Reset *n*
~ **de selección de función** *(Inf)* Auswahltaste *f*
~ **sintonizador** Abstimmknopf *m*
~ **de teclado** Taste *f*
botonera *f* Drucktastatur *f*
bou *m* Schleppnetz *n*, Trawl *n*
bóveda *f* 1. *(Bw)* Gewölbe *n*; Aufwölbung *f*; 2. *(Met)* Decke *f* *(Siemens-Martin-Ofen)*; 3. *(Eb)* Dom *m*, Dampfdom *m*
~ **de crucería** Kreuzgewölbe *n*
bovedilla *f* 1. *(Bw)* Sparrenfeld *n*; 2. *(Schiff)* Gillung *f* *(des Hecks)*
boya *f* *(Schiff)* Boje *f*, Leuchtfeuer *n*; Schwimmer *m*; Tonne *f*
~ **de amarre** Festmacheboje *f*
~ **de ancla** Ankerboje *f*
~ **de asta** Spierentonne *f*
~ **de aviso** Warnbake *f*
~ **de balizamiento** Bakenboje *f*, Bakentonne *f*
~ **de campana** Glockenboje *f*
~ **de deriva** Schwimmboje *f*
~ **de espía** Warpboje *f*, Warptonne *f*, Verholboje *f*, Verholtonne *f*
~ **flotante** Schwimmboje *f*
~ **indicadora** Funkboje *f*, Funkbake *f*
~ **luminosa** Leuchtboje *f*
~ **trompa** Heulboje *f*, Heultonne *f*
boza *f* *(Schiff)* Stopper *m*, Stoppkette *f*, Stopptau *n*
~ **de ancla** Ankerkette *f*
~ **de cadena** Kettenstopper *m*
brandal *m* *(Schiff)* Backstag *n*
brasca *f* *(Met)* Auskleidung *f* *(Schmelzofen)*
brascar *v* *(Met)* auskleiden *(Schmelzofen)*
braunita *f* *(Min)* Braunit *m*, Hartmanganerz *n*
brazo *m* 1. *(Förd)* Arm *m*, Ausleger *m*; 2. *(Bgb)* Verzweigung *f*; 3. Flussarm *m*; Meeresarm *m* • **de** ~ manuell, von Hand
• **de brazos iguales** gleicharmig
~ **accionador** Betätigungshebel *m*

~ **adrizante** *(Schiff)* Trimmhebelarm *m*
~ **articulado** Gelenkarm *m*
~ **de carga** 1. *(Mech)* Lastarm *m*; 2. *(Förd)* Ladearm *m*, Auslegearm *m*, Hebearm *m*
~ **de cigüeñal** Kurbelwellenarm *m*
~ **conector** Schaltarm *m*
~ **corredizo** Gegenhalter *m*
~ **de dirección** Lenkhebel *m*, Lenkschenkel *m*
~ **doble oscilante** *(Kfz)* Doppelschwinghebel *m*
~ **escorante** *(Schiff)* Krängungsarm *m*
~ **de la fuerza** *(Mech)* Kraftarm *m*, Hebelarm *m*
~ **giratorio** *(Förd)* Schwenkarm *m*; Ausleger *m*
~ **de gobierno** *(Flg)* Steuerknüppel *m*
~ **de grúa** Ausleger *m* *(eines Krans)*
~ **de mando** Bedienungshebel *m*; Steuerhebel *m*
~ **de mando de la dirección** *(Kfz)* Lenkstockhebel *m*
~ **mecánico** Manipulator *m*
~ **oscilante** 1. Schwinghebel *m*, Schwinge *f*, Kurbelschwinge *f*; 2. Schwenkarm *m*
~ **oscilante de la rueda trasera** *(Kfz)* Hinterradschwinge *f*
~ **oscilante transversal** *(Kfz)* Querlenker *m*
~ **de palanca** *(Mech)* Kraftarm *m*, Hebelarm *m*
~ **del pick-up** Tonarm *m* *(des Plattenspielers)*
~ **portacargas** *(Förd)* Kranarm *m*, Tragarm *m*
~ **portamicrófono** Galgen *m* *(Mikrofon)*
~ **de potencia** *(Mech)* Kraftarm *m*, Hebelarm *m*
~ **de resistencia** *(Mech)* Lastarm *m*
~ **segador** *(Lt)* Mähbalken *m*
~ **socavador** *(Bgb)* Schrämarm *m*
brazola *f* *(Schiff)* Süll *n*, Lukensüll *n*
brea *f* Teer *m*; Pech *n*
brida *f* 1. Flansch *m*; Lasche *f*; Klammer *f*; 2. *(Eb)* Stoßlasche *f* *(Schiene)*; 3. *(El)* Klemme *f*
~ **acodada** Winkelflansch *m*, Winkellasche *f*
~ **de acoplamiento** Kupplungsflansch *m*, Verbindungsflansch *m*, Kupplungslasche *f*
~ **de apoyo** Stützflansch *m*, Auflageflansch *m*
~ **ciega** Blindflansch *m*

brida 62

~ **de enganche** 1. *s.* ~ de acoplamiento; 2. Schraubenkupplung *f*
~ **a masa** *(El)* Erd(ungs)klemme *f*, Erdschlussklemme *f*, Erdungsanschluss *m*, Masseklemme *f*
~ **roscada** Gewindeflansch *m*
~ **de rueda** *(Eb)* Spurkranz *m*
~ **de tubo** Rohrflansch *m*
bridar *v (Fert)* (um)bördeln
briqueta *f* Pressling *m*, Brikett *n*, Presskohle *f*
briquetar *v* brikettieren
briqueteado *m* Brikettieren *n*, Brikettierung *f*
~ **en caliente** *(Gieß)* Heißbrikettierung *f*
briqueteadora *f* Brikettpresse *f*
broca *f (Fert)* Bohrer *m*; Bohrmeißel *m*; Bohrkrone *f*, Bohrschneide *f*
~ **de alegrar** Reibahle *f*
~ **avellanadora** Spiralsenker *m*
~ **de cajear** Langlochbohrer *m*
~ **para cañones** Kanonenbohrer *m*, Tiefbohrer *m*
~ **helicoidal** Spiralbohrer *m*
~ **de punta** Zentrierbohrer *m*
~ **para taladros profundos** *(Bgb)* Tiefbohrer *m*
~ **ultrasónica** Ultraschallbohrer *m*
brocha *f* 1. *(Fert)* Reibahle *f*; 2. *(Fert)* Dorn *m*; 3. Räumnadel *f*; Räummaschinenstößel *m*; 4. Pinsel *m*; Malerbürste *f*
brochadora *f (Fert)* Räummaschine *f*
brochar *v (Fert)* räumen
bromar *v (Ch)* bromieren
bromo *m* Brom *n*, Br
bromurar *v* bromieren
bromuro *m* Bromid *n*
bronce *m* Bronze *f*
broncear *v* bronzieren
broncoscopio *m* Bronchoskop *n (Medizintechnik)*
brotar *m (Geol)* Ausbiss *m*
brújula *f* Kompass *m*; Bussole *f*; Magnetnadel *f*
~ **aérea** Flugzeugkompass *m*
~ **de agrimensor** Feldmesserbussole *f*
~ **astronómica** Sternkompass *m*
~ **circular** Kreisbussole *f*
~ **colgante** Hängekompass *m*, Kajütkompass *m*
~ **de declinación** Deklinationsnadel *f*
~ **giroscópica** Kreiselkompass *m*

~ **maestra** Mutterkompass *m*
bruñido *m* 1. *(Fert)* Glätten *n*, Glattwalzen *n*; Prägepolieren *n*; Honen *n*, Ziehschleifen *f*; 2. *(Met)* Brünierung *f*, Braunbeizen *n*; Politur *f*
bruñidor *m (Fert)* Glättwerkzeug *n*; Glättstahl *m*; Glättrolle *f*; Prägepolierwerkzeug *n*; Honstein *m*
bruñidora *f (Fert)* Honmaschine *f*, Ziehschleifmaschine *f*
bruñir *v* 1. *(Fert)* glätten, glatt walzen; prägepolieren; honen, ziehschleifen; 2. *(Met)* brünieren, braunbeizen; polieren
bruto *m (Met)* Rohling *m*
bruza *f* 1. *(Lt)* Striegel *m*; 2. *(Typ)* Buchdruckerbürste *f*
bucear *v (Schiff)* tauchen; Unterwasserarbeiten ausführen
bucle 1. Masche *f*, Schleife *f*, Schlinge *f*, Schlaufe *f*, Windung *f*, 2. Bügel *m*; 3. *(El)* Schleife *f*, Leitungsschleife *f*; 4. *(Inf)* Schleife *f*, Programmschleife *f*; 5. *(Kyb)* Regelkreis *m*
~ **autorrestaurador** selbstrücksetzende [selbstständig rückstellende] Schleife *f*
~ **continuo** Endlosschleife *f*, endlose Schleife *f*
~ **de control de retroalimentación** *(Kyb)* Rückkopplungsschleife *f*, Regelkreis *m*
~ **de corriente** Stromschleife *f*, Strombauch *m*
~ **de mando** Regelkreis *m*
~ **de medición** Messschleife *f*
buje *m* 1. Büchse *f*, Buchse *f*, Hülse *f*; 2. Nabe *f*, Radnabe *f*
~ **guía** Führungsbuchse *f*
~ **de la rueda** Radnabe *f*
bujía *f (Kfz)* Kerze *f*, Zündkerze *f*
~ **de arranque** Glühkerze *f (Dieselmotor)*
~ **de encendido [ignición]** *(Kfz)* Zündkerze *f*
~ **incandescente** Glühkerze *f (Dieselmotor)*
bulárcama *f (Schiff)* Rahmenspant *n*, Querspant *n*
bulbo *m* 1. *(El)* Birne *f*, Kolben *m (einer Lampe)*; Glühlampe *f*; 2. *(Eln)* Röhre *f*; 3. *(Schiff)* Wulst *m(f)*
~ **de propulsión** *(Schiff)* Propulsionsbirne *f*
~ **de vidrio** Glaskolben *m*
bulón *m* 1. *(Masch)* Bolzen *m*; 2. *(Bw)* Ankerbolzen *m (Firste)*

buque *m* 1. Schiff *n*; 2. Schiffsrumpf *m*
- ~ **de alta mar** Hochseeschiff *n*, Seeschiff *n*
- ~ **arrastrero** Trawler *m*, Schleppnetzfischereifahrzeug *n*
- ~ **bacaladero** Kabeljaufänger *m*
- ~ **ballenero** Walfangschiff *n*, Walfangmutterschiff *n*; Walfänger *m*; Walfangboot *n*
- ~ **bulk-carrier** Massengutfrachter *m*, Bulkcarrier *m*
- ~ **cablero** Kabelleger *m* *(Schiff)*
- ~ **de cabotaje** Küstenschiff *n*
- ~ **de carga** Frachtschiff *n*, Frachter *m*
- ~ **de carga general** Stückgutfrachter *m*
- ~ **de carga a granel** Massengutfrachter *m*, Bulkcarrier *m*
- ~ **de carga seca** Trockenfrachtschiff *n*, Trockenfrachter *m*
- ~ **catamarán** Doppelrumpfschiff *n*, Katamaran *m*
- ~ **cisterna** Tankschiff *n*, Tanker *m*
- ~ **congelador** Kühlschiff *n*
- ~ **container [contenedor, de contenedores]** Containerschiff *n*, Containerfrachter *m*
- ~ **de crucero** Kreuzer *m*; Kreuzfahrtschiff *n*, Fahrgastkreuzfahrtschiff *n*
- ~ **de cubierta corrida** Glattdeckschiff *n*, Glattdecker *m* *(Schiff mit durchlaufendem Oberdeck)*
- ~ **factoría** Fabrikschiff *n*
- ~ **factoría de ballenas** Walfangmutterschiff *n*
- ~ **factoría de pesca** Fang- und Verarbeitungsschiff *n*
- ~ **fanal [faro]** Feuerschiff *n*
- ~ **frigorífico** Kühlschiff *n*
- ~ **de hidroaletas** Tragflächenboot *n*, Tragflügelboot *n*
- ~ **mineralero** Erzfrachtschiff *n*
- ~ **multipropósito** Mehrzweckschiff *n*, Universalschiff *n*, Mehrzweckfrachter *m*, Multicarrier *m*
- ~ **de navegación interior** Binnenschiff *n*
- ~ **de pasaje [pasajeros]** Fahrgastschiff *n*, Passagierschiff *n*
- ~ **de pesca** Fischereifahrzeug *n*, Fischfangschiff *n*
- ~ **de pesca de altura** Hochseetrawler *m*, Hochseefischereifahrzeug *n*
- ~ **de pesca de bajura** Küstenfischereifahrzeug *n*
- ~ **pesquero de arrastre** Schleppnetzfischereifahrzeug *n*, Trawler *m*
- ~ **petrolero** Tankschiff *n*, Tanker *m*
- ~ **planero** Vermessungsschiff *n*
- ~ **portabarcazas** Bargecarrier *m*, Leichtertransportschiff *n*
- ~ **portacontenedores** Containerschiff *m*
- ~ **rastrero** Trawler *m*
- ~ **refrigerador** Gefrierschiff *n*; Kühlschiff *n*
- ~ **remolcador** Schlepper *m*
- ~ **rompehielos** Eisbrecher *m*
- ~ **tanque** Tankschiff *n*, Tanker *m*
- ~ **transbordador** Fährschiff *n*, Fähre *f*
- ~ **volador** Luftkissenfahrzeug *n*

burbuja *f* Hohlraum *m*, Blase *f*, Lunker *m* *(in Gussstücken)*; Luftblase *f* *(in Flüssigkeiten)*

burda *f (Schiff)* Bagstag *n*

bureta *f (Ch)* Bürette *f*, Messgefäß *n*

buril *m (Typ)* Stichel *m*; Stechbeitel *m*; Kreuzmeißel *m*

bus *m* 1. Bus *m*, Autobus *m*; 2. *(Inf)* Bus *m*
- ~ **bidireccional** bidirektionaler Bus *m*, Zweirichtungsbus *m*
- ~ **de control** Steuerbus *m*, Kontrollbus *m*
- ~ **de red** Netzbus *m*
- ~ **unidireccional** unidirektionaler Bus *m*, Einzelrichtungsbus *m*, Ein-Richtungs-Bus *m*

buscador *m* 1. *(El)* Suchgerät *n*, Sucher *m*; 2. *(Opt)* Sucherfernrohr *n*
- ~ **de bancos de peces** Fischortungsgerät *n*
- ~ **de direcciones** Peilgerät *n*
- ~ **de línea** *(Tele)* Leitungswähler *m*
- ~ **radar** Radarantenne *f*

buscapolos *m (El)* Polsucher *m*

busco *m* **del dique** *(Schiff)* Dockhaupt *n*, Docksüll *n*

búsqueda *f* Suche *f*, Suchen *n*; Recherche *f*, Abruf *m* *(Daten)*
- ~ **de averías** Fehlersuche *f*, Störungssuche *f*
- ~ **de fallos** Störungssuche *f*
- ~ **secuencial** *(Inf)* sequenzielle Suche *f*, sequenzielles Suchen *n*

butanero *m* Butanfrachter *m*, Butangastanker *m*

butirometría *f (Ch)* Fettgehaltsbestimmung *f*

buzamiento *m (Bgb)* Fallen *n*, Neigung *f*, Einfallen *n* *(z. B. der Gesteinsschichten)*

buzar *v (Bgb)* einfallen

buzón *m* 1. Briefkasten *m*; Mailbox *f*, Telebox *f*, (elektronischer) Briefkasten *m*; 2. Rutsche *f*, Abzugsrinne *f*

buzzer

buzzer m (El) Summer m
by-pass m s. 1. derivación; 2. llave de tres vías
byte m (Inf) Byte n
~ **de control de acceso** Zugriffssteuerbyte n
~ **de estado** Statusbyte n
~ **de memoria** Speicherbyte n
byte-bandera f Kennzeichnungsbyte n

C

c s. ciclo
c.a. s. corriente alterna
caballete m 1. (Bw) First m; Dachstuhl m; Dachbock m; 2. (Bgb) Bock m (Strebausbau); 3. (Masch) Tragbock m, Träger m, Stützbock m
~ **de amarre** (Schiff) Dalben m, Dalbe f
~ **de extracción** (Bgb) Förderturm m
~ **para martinete** (Bw) Rammgerüst n
~ **de sondaje** (Bgb) Bohrgerüst n
~ **de tejado** Dachfirst m
caballo m Pferdestärke f, PS
~ **vapor al [en el] freno** Bremsleistung f, Bremspferdestärke f, Brems-PS f
cabecear v (Schiff) stampfen
cabeceo m (Schiff) Stampfen n, Stampfschwingung f
cabecera f 1. Anfang m; 2. Kopfstück n; Kopf m; Kopfleiste f; Kopfzeile f
cabecita f de engrase Schmiernippel m
cabeza f 1. Kopf m, Kopfteil m, oberer Teil m, Haube f; Aufsatz m; 2. Gurtung f, Gurt m (Statik); 3. Schneidenteil m (Dreh- oder Hobelmeißel); 4. (Schiff) Bug m; 5. (Text) Fontur f
~ **avellanada** Senkkopf m (einer Schraube)
~ **de borrado** Löschkopf m
~ **de carriles** (Eb) Schienenkopf m
~ **cilíndrica** Zylinderkopf m (einer Schraube)
~ **de émbolo** Kolbenboden m
~ **embutida** Senkkopf m (einer Schraube)
~ **de la esclusa** Schleusenhaupt n
~ **de escritura** Schreibkopf m
~ **exploradora** Abtastkopf m
~ **incandescente** (Kfz) Glühkopf m
~ **magnetofónica** Magnetkopf m (Tonbandgerät)

~ **de martillo** Hammerkopf m (einer Schraube)
~ **ranurada** geschlitzter Kopf m, Schlitzkopf m (einer Schraube)
~ **del remache** Nietkopf m
~ **de reproducción** Wiedergabekopf m
~ **de revólver** (Masch) Revolverkopf m
~ **de riel** (Eb) Schienenkopf m
~ **roscada** Gewindekopf m
~ **sonora** Tonkopf m; Sprechkopf m
cabezada f (Schiff) Stampfen n
cabezal m 1. Kopf m, Kopfteil m; Aufsatz m; 2. Spindelstock m (Drehmaschine); 3. (Lt) Ährenmäher m; 4. (Bgb) Strebe f, Kappe f
~ **cortador [de corte]** (Fert) Schneidkopf m; Schneidenkopf m
~ **divisor** (Feinw) Teilapparat m, Teilkopf m
~ **fijo** (Fert) Spindelstock m
~ **fresador [de fresar]** (Fert) Fräs(er)kopf m; Messerkopf m, Messerfräser m
~ **de impresión** Druckkopf m
~ **para maíz** (Lt) Maisgebiss n
~ **móvil** (Masch) Reitstock m
~ **portacuchillas** 1. (Masch) Fräserkopf m; Messerkopf m; 2. (Lt) Messerbalken m
~ **portahusillo** (Fert) Spindelkopf m
~ **portamuela** (Fert) Schleifkopf m; Schleifspindelkasten m
~ **rectificador** (Fert) Schleifkopf m
~ **de roscar** (Fert) Gewindeschneidkopf m
cabida f 1. Fassungsvermögen n; Aufnahmefähigkeit f; 2. (Schiff) Ladefähigkeit f; 3. Flächeninhalt m
cabilla f 1. Stange f, Stab m; Stabstahl m; 2. (Schiff) Belegnagel m; 3. geschlitzter Sicherungsstift m, Splint m
cabina f 1. Kabine f; Kammer f; Fahrkorb m; 2. (Kfz) Fahrerhaus n, Fahrerkabine f; 3. (Schiff) Kajüte f, Kabine f; Koje f
~ **de avión** (Flg) Cockpit m
~ **de cambio de agujas** (Eb) Stellwerk n
~ **de camión** Fahrerhaus n, Fahrergehäuse n (LKW)
~ **de conducción** (Kfz) Fahrerkabine f; Fahrerhaus n
~ **de control** 1. Steuerkabine f; 2. (Schiff) Steuerhaus n, Ruderhaus n
~ **de la grúa** Krankabine f
~ **insonorizada** Lärmschutzkabine f, Schallschutzkabine f

cableado

~ **de mando** Führerkabine f *(Kran)*; Steuerkabine f
~ **de maniobra** Steuerkabine f; Dispatcherraum m
~ **del maquinista** *(Eb)* Führerhaus n, Führerstand m
~ **de pasajeros** *(Flg)* Fluggastkabine f, Fluggastraum m, Passagierkabine f
~ **de pilotaje** *(Flg)* Cockpit n, Führerraum m, Steuerkabine f, Flugzeugführerkanzel f
~ **de pintura** Farbspritzkabine f
~ **de plena vista** Vollsichtkanzel f
~ **telefónica** Fernsprechzelle f, Telefonzelle f
~ **de tractor** Schlepperkabine f, Traktorkabine f
~ **de transformación** *(El)* Umspannzelle f, Transformatorzelle f, Transformator(en)häuschen f

cabio *m (Bw)* Sparren m

cable *m* 1. *(El)* Kabel n; 2. Kabel n, Seil n; Tau n; Trosse f; 3. Ankerkette f; 4. Kabellänge f *(0,1 Seemeile oder 185,2 m)*

~ **aéreo** 1. Fahrleitung f, Oberleitung f, Fahrdraht m; 2. *(Tele)* Luftkabel n, Freileitungskabel n
~ **para alta frecuencia** Hochfrequenzkabel n, HF-Kabel n
~ **de alta intensidad** Starkstromkabel n
~ **amante [amantillo]** *(Schiff)* Hisstau n
~ **de ancla** *(Schiff)* Ankertrosse f; Ankertau n, Ankerseil n; Ankerkette f
~ **de anclaje** Abspannseil n, Ankerseil n; Pardune f
~ **antibalanceo** Spannseil n; Fangkabel n
~ **de arrastre** 1. *(Förd)* Schleppkabel n; 2. *(Kfz)* Schleppseil n; Abschleppseil n
~ **para baja frecuencia** Niederfrequenzkabel n, NF-Kabel n
~ **de banda ancha** Breitbandkabel n
~ **bifilar** zweiadriges [doppeladriges] Kabel n, Zweileiterkabel n
~ **Bowden** Bowdenzug m
~ **de cáñamo** Hanfseil n
~ **compacto** Massekabel n, massiv isoliertes Kabel n
~ **de comunicación** Fernmeldekabel n, Nachrichtenkabel n
~ **conector [de conexión]** Verbindungskabel n, Anschlusskabel n; Schaltkabel n

~ **desnudo** blanke Leitung f, blanker Draht m, Freidraht m
~ **en diagonal** *(Bw)* Abspannseil n, Schrägseil n
~ **de elevación** Hubseil n *(Kran)*
~ **de encendido** *(Kfz)* Zündleitung f, Zündkabel n
~ **de extensión** Verlängerungskabel n; Erweiterungskabel n
~ **de extracción** *(Bgb)* Förderseil n
~ **faradizado** abgeschirmtes Kabel n
~ **de fibras ópticas** Licht(wellen)leiterkabel n, optisches Kabel n
~ **sin fin** Umlaufseil n *(Bergbahn)*
~ **flexible** biegsames [flexibles] Kabel n, Litzenkabel n
~ **de(l) freno** *(Kfz)* Bremskabel n; Bremsseil n
~ **de fuerza** Starkstromkabel n
~ **de grúa** Kranseil n, Krankabel n
~ **guía** 1. *(Kfz)* Schleppseil n, Abschleppseil n; 2. *(Flg)* Schlepptau n
~ **hertziano** Richtfunkverbindung f; Richtfunkstrecke f
~ **izador [de izaje]** Hubseil n
~ **de mando** Steuerkabel n; Lenkkabel n; Zugseil n *(Handbremse)*
~ **múltiple** mehradriges [vieladriges] Kabel n, Vielfachkabel n, Mehrleiterkabel n
~ **de muy alta tensión** Höchstspannungskabel n
~ **de nudos** Knotenseil n
~ **de perforación** *(Bgb)* Bohrseil n
~ **plano** 1. *(El)* Flachkabel n; 2. *(Förd)* Flachseil n
~ **de potencia** Starkstromkabel n
~ **de remolque** 1. *(Kfz)* Schleppseil n, Abschleppseil n; 2. *(Schiff)* Schlepptrosse f
~ **subterráneo** Erdkabel n
~ **de sujeción** Befestigungsseil n, Bindeseil n
~ **de tierra** Erdungsleitung f, Erdungskabel n, Massekabel n
~ **tirante [para tirar]** Zugseil n
~ **de tracción** Schlepptrosse f, Bugsiertrosse f; Schlepptau n, Schleppseil n; Zugseil n
~ **de transporte** Förderseil n
~ **trenzado** verseiltes Kabel n; umflochtenes Kabel n

cableado *m* Leitungsführung f, Verdrahtung f; Verkabelung f

cablear

cablear v bedrahten, verdrahten; verkabeln
cablero m Kabelreparaturschiff n; Kabelleger m (Schiff)
cabo m 1. Ende n; Rand m; 2. Seil n, Strang m, Trum n; Ducht f; 3. Handgriff m, Stiel m
~ **de acero** Stahltrosse f
~ **de remolque** 1. (Schiff) Schlepptrosse f, Verholtrosse f; 2. (Kfz) Abschleppseil n
cabrestante m 1. (Förd) Winde f; 2. (Schiff) Ankerwinde f, Ankerspill n; 3. (El) Antriebsrolle f, Antriebswelle f; Tonwelle f (Magnetbandgerät)
~ **de arrastre** Zugwinde f
~ **de extracción** (Bgb) Förderhaspel f
~ **de popa** Verholspill m
~ **de tracción** Rückewinde f (Forsttechnik)
cabria f (Förd) Hebemaschine f, Winde f
cabrio m (Bw) Sparren m, Dachsparren m
cadena f 1. Kette f; Aufeinanderfolge f, Serie f; 2. (Fert) Kette f, Fließreihe f; 3. (Förd) Kette f, Förderband n; 4. Ketten(an)trieb m; 5. (Ch) Kette f; 6. (Text) Kette f
~ **de accionamiento** Antriebskette f
~ **afianzada** (Förd) Stegkette f
~ **del ancla** Ankerkette f
~ **antideslizante [antirresbalante]** (Kfz) Gleitschutzkette f, Schneekette f
~ **articulada** Gelenkkette f
~ **aserradora** (Bgb) Schrämkette f
~ **automática de producción** automatische Fertigungslinie f
~ **binaria [de bits]** (Inf) Bitfolge f, Bitkette f, Bitreihe f
~ **de boya** (Schiff) Bojereep n, Bojenleine f
~ **de cangilones** Eimerkette f, Becher(werks)kette f
~ **de caracteres** (Inf) Zeichenkette f, Zeichenfolge f
~ **de contrete** (Förd) Steggliederkette f
~ **cortante** (Bgb) Schrämkette f
~ **cribadora** Siebkette f (z. B. Hackfruchterntemaschine)
~ **de dientes** Zahnkette f (Hülltriebe)
~ **de distribución** Steuerkette f
~ **de dragado** (Förd) Baggerkette f
~ **de elevación** Förderkette f
~ **de eslabones** Gliederkette f (Hülltriebe)
~ **de eslabones afianzados** Stegkette f
~ **de fabricación** Fließreihe f; Fertigungsstraße f, Fertigungslinie f
~ **sin fin** endlose Kette f, Gleiskette f, Raupe(nkette) f
~ **de mallas juntas** Laschenkette f
~ **de malletes** Stegkette f (Hülltriebe)
~ **de mando** (Kfz) Antriebskette f
~ **de muletilla** Knebelkette f (Rammtechnik)
~ **de oruga** Gleiskette f, Raupe(nkette) f
~ **de producción (continua)** Fließreihe f; Fertigungsreihe f, Fertigungslinie f, Fertigungsstraße f; Montageband n
~ **de púas** (Bgb) Schrämkette f
~ **rastrera** (Bgb) Schürfkette f, Schleppkette f, Zugkette f
cadencia f Tempo n; Rhythmus m; Häufigkeit f
~ **de imágenes** Bildfolge f
~ **patrón** (Aut) Grundtakt m
~ **de señal de llamada** (Tele) Rufzeichenfolge f, Rufmelodie f
cadenciación f Taktgebung f, Taktfolge f; Taktmessung f
cadenciómetro m Taktgeber m, Taktmesser m
cadmiar v (Met) cadmieren, vercadmen
cadmio m Cadmium n, Cd
caer v fallen; einfallen, einstürzen, zusammenfallen; untergehen, sinken
~ **en banda** (Schiff) krängen
caída f 1. Fall m, Fallen n; Abfall m (z. B. der Spannung); Absturz m, Crash m; 2. Gefälldruck m, Druckhöhe f
~ **de corriente** Stromabfall m
~ **libre** freier Fall m
~ **óhmica (de tensión)** ohmscher Spannungsabfall m
~ **de piedras** Bergefall m, Steinschlag m
~ **de presión** Druckgefälle n; Druckabfall m
~ **de tensión** Spannungsabfall m, Spannungsverlust m, Spannungsgefälle n
caja f 1. Gehäuse n; Kasten m; Schachtel f, Dose f; 2. (Kfz) Motorgehäuse n; Aufbau m; Obergestell n; 3. (Typ) Setzkasten m; 4. (Lt) Korb m (Ernstemaschine); 5. (Min) Nebengestein n; 6. (Inf) Feld n
~ **alimentadora** 1. Zuführungsbehälter m, Speisebehälter m; Aufnahmebunker m; Füllkasten m; 2. s. ~ de avances; 3. (Text) Kastenspeiser m (Baumwollspinnerei)

~ **antideflagrante** explosionsgeschütztes Gehäuse *n*
~ **de arena** *(Gieß)* Formkasten *m*
~ **del ascensor** Aufzugsschacht *m*
~ **de avances** *(Masch)* Vorschub(wechsel)getriebe *n*
~ **de bolas** *(Masch)* Kugellagerkäfig *m*
~ **de bornes** *(El)* Anschlussdose *f*, Anschlusskasten *m*, Klemmenkasten *m*
~ **de cadenas** *(Schiff)* Kettenkasten *m*
~ **de cambio de velocidades** *(Masch)* Schaltgetriebe *n*, Getriebekasten *m*; Getriebe *n*
~ **de cambios** Getriebe *n*
~ **de caudales** Panzerschrank *m*, Tresor *m*; Geldschrank *m*
~ **del cigüeñal** *(Masch)* Kurbel(wellen)gehäuse *n*, Kurbelkasten *m*
~ **de componer** *(Typ)* Setzkasten *m*
~ **de contactos** 1. *(El)* Schaltschrank *m*; Schalttafel *f*; 2. *(Tele)* Klappenschrank *m*
~ **de la contramarcha** *(Masch)* Getriebekasten *m*
~ **de cuatro velocidades** *(Masch)* Vierganggetriebe *n*
~ **de chaveta** Federnut *f*
~ **de derivación** *(El)* Abzweigdose *f*
~ **de diálogo** *(Inf)* Dialogfeld *n*
~ **de diferencial** *(Kfz)* Differenzialgehäuse *n*, Ausgleichsgehäuse *n*
~ **dinamométrica** Messdose *f*
~ **de dirección** *(Kfz)* Lenkgehäuse *n*
~ **de distribución** *(El)* Schaltkasten *m*, Verteilerkasten *m*
~ **de embrague** *(Kfz)* Kupplungsgehäuse *n*
~ **de empaquetadura** *(Masch)* Stopfbuchsengehäuse *n*
~ **de enchufe** *(El)* Anschlussdose *f*, Steckdose *f*
~ **de enchufe con puesta a tierra** Schutzkontaktsteckdose *f*, Schukosteckdose *f*
~ **de engranajes** *(Masch)* Getriebekasten *m*, Getriebegehäuse *n*, Rädergehäuse *n*, Schaltkasten *m*
~ **de engranajes de cambio** Wechselradschaltkasten *m*
~ **de escalera** Treppenschacht *m*, Treppenhaus *n*
~ **de Faraday** *(Ph)* faradayscher Käfig *m*
~ **filtrante** Filtereinsatz *m* *(Atemschutzgerät)*
~ **fuerte** Tresor *m*, Safe *n*, Panzerschrank *m*
~ **de fundición** *(Gieß)* Formkasten *m*
~ **de fusibles** *(El)* Sicherungskasten *m*
~ **de grano** *(Lt)* Saatkasten *m*
~ **de grasa** 1. Büchse *f*, Schmierbüchse *f*; 2. *(Eb)* Achslagerkasten *m*, Achslager *n*, Achsbuchse *f*
~ **de guantes** *(Kern)* Glove-box *f*, Schutzkasten *m* mit eingebauten Handschuhen
~ **de guía** 1. Führungsbüchse *f*; 2. *(Text)* Führungskasten *m* *(Weberei)*
~ **de herramientas** 1. Werkzeugkasten *m*; 2. *(Inf)* Toolbox *f*
~ **de laminación [laminador]** Walzengestell *n*, Walzengerüst *n*, Walzenständer *m*
~ **de manivela** *(Masch)* Kurbelgehäuse *n*
~ **de marcha** *(Kfz)* Schaltkasten *m*
~ **de mensura a presión** Druckmessdose *f*
~ **de moldeo** *(Gieß)* Formkasten *m*
~ **negra** Blackbox *f* *(Systemtechnik, Glied mit unbekannter Struktur)*
~ **de noyos** *(Gieß)* Kernkasten *m*
~ **paleta** Palette *f*
~ **para pilas** *(El)* Batteriekasten *m*
~ **de prensaestopas** *(Masch)* Stopfbuchsengehäuse *n*
~ **protectora del interruptor** *(El)* Schaltergehäuse *n*
~ **de puente trasero** *(Kfz)* Differenzialgehäuse *n* *(der Hinterachse)*
~ **reductora** Untersetzungsgetriebe *n*
~ **de roscar** *(Masch)* Leitspindelgetriebe *n*
~ **terminal** Abschlussmuffe *f*; Endverschluss *m* *(für Kabel)*
~ **de tipos** *(Typ)* Setzkasten *m*
~ **de válvula** Ventilgehäuse *n*
~ **de velocidades** *(Masch)* Getriebe *n*, Schaltgetriebe *n*, Wechselgetriebe *n*; Getriebekasten *m*

cajera *f* 1. Aussparung *f*, Aushöhlung *f*, Nut *f*, Vertiefung *f*; 2. Buchse *f*
~ **de chaveta** Keilnut *f*
~ **de lubricación** Schmiernut *f*

cajero *m* **automático** Geldautomat *m*

cajetín *m* 1. *(Inf)* Ablage *f*, Fach *n*; 2. *(Typ)* Kastenfach *n*
~ **de alimentación** Eingabefach *n* *(Drucker)*
~ **receptor** Ablegefach *n*

cajetín

~ de salida Ausgabefach n *(Drucker)*
cajo m Buchrückenrand m; Abpressfalz m
cajón m 1. s. caja; 2. Caisson m, Senkkasten m; 3. *(Kfz)* Aufbau m; 4. *(Foto)* Box f
~ de aire comprimido Caisson m, Druckluftkasten m, Luftkasten m, Lufttank m
~ flotante Schwimmkasten m
~ de hinca *(Schiff)* Druckluftsenkkasten m
~ de hormigón para cimentaciones Betonsenkkasten m
~ lateral Seitenkasten m *(Dock)*
~ sumergible Senkkasten m, Caisson m
cajonada f Caisson m, Senkkasten m, Senkschacht m
cal f Kalk m
~ apagada (ab)gelöschter Kalk m, Löschkalk m
~ viva Ätzkalk m, gebrannter Kalk m, Branntkalk m, Calciumoxid m
cala f 1. Fühler m, Lehre f, Sonde f; 2. Schiffsraum m; Kielboden m; 3. s. calce 1.; 4. s. cuña
~ de extremos Endmaß n
~ frigorífica *(Schiff)* Kühl(lade)raum m
~ patrón Toleranzlehre f
calabrote m *(Schiff)* Festmachetau n, Halteleine f; Kabeltau n, Trosse f
calada f *(Text)* Webfach n, Fach n
calado m 1. *(Schiff)* Tiefgang m; 2. Verschiebung f; Absenkung f; 3. *(Led)* Äschern n; 4. Wegbleiben n *(des Motors)*
~ admitido zulässiger Tiefgang m
~ en carga Ladetiefgang m
~ de lastre Ballasttiefgang m
~ medio Tiefgang m mittschiffs
~ de popa hinterer Tiefgang m, Tiefgang m achtern
~ de proa vorderer Tiefgang m, Tiefgang m vorn
~ de proyecto [trazado] Konstruktionstiefgang m
calafate m Stemmmeißel m; Setzmeißel m
calafatear v *(Schiff)* kalfatern; abdichten
calafateo m 1. *(Schiff)* Kalfatern n; Abdichten n; 2. Verstemmung f
calaje m 1. *(El)* Winkelverschiebung f; 2. Eichung f; 3. *(Fert)* Aufschrumpfung f
calamina f 1. Kieselgalmei m, oxidisches Zinkerz n; 2. *(Met)* Zunder m
calaminarse v verzundern
calandrar v kalandrieren, kalandern

calandria f Kalander m, Glättvorrichtung f, Walzenglättwerk n *(Stoff, Papier, Gummi)*
~ acabadora 1. *(Kst)* Glättkalander m, Glättwerk n; 2. *(Text)* Finishkalander m
calar v 1. befestigen, anbringen; einziehen; 2. durchweichen; durchfeuchten; 3. ausschneiden *(Muster)*; 4. *(Schiff)* Tiefgang haben; 5. auswerfen *(Netze)*
calar m Kalksteinbruch m
calarse v wegbleiben *(Motor)*
calcar v (durch)pausen, durchzeichnen
calcáreo kalkhaltig, kalkig, kalkartig, Kalk...
calce m 1. Unterlegkeil m; Querkeil m; 2. Radfelge f
calcificar v verkalken
calcina f 1. Steinmörtel m; 2. Fritteglasur f *(Keramik)*
calcinación f Kalzinierung f; Rösten n *(von Erzen)*; Brennen n *(von Porzellan)*; Veraschen n
calcinador m Röstofen m, Brennofen m
calcinar v (aus)glühen; kalzinieren; rösten *(Erze)*; brennen *(z. B. Porzellan)*; veraschen
~ la hulla verkoken
calcio m Calcium n, Ca
calcita f *(Min)* Kalkspat m, Calcit m
~ dolomítica dolomitischer Kalkstein m, Dolomitkalkstein m
calco m Pause f, Pauszeichnung f; Kopie f
calcopirita f *(Min)* Chalkopyrit m, Kupferkies m
calcosina f *(Min)* Chalkosin n, Kupferglanz m
calculación f Berechnung f, Rechnung f; Kalkulation f
calculador m Rechner m
~ automático Rechenautomat m
~ electrónico elektronischer Rechner m, elektronische Rechenmaschine f
~ numérico Ziffernrechner m
calculadora f Rechenmaschine f, Rechenautomat m, Rechenanlage f, Rechner m
  • **con ayuda de** ~ rechnergestützt, computergestützt
~ aritmética 1. Rechenmaschine f; 2. digitale Rechenanlage f
~ automática Rechenautomat m, automatische Rechenanlage f

~ **automática de cuatro operaciones** Vierspeziesrechenautomat *m*
~ **de bolsillo** Taschenrechner *m*
~ **digital** digitale Rechenmaschine *f*, Digitalrechner *m*
~ **eléctrica** elektr(omechan)ische Rechenmaschine *f*
~ **electrónica** Elektronenrechner *m*, elektronische Rechenanlage *f*, Computer *m*
calcular *v* (be)rechnen, ausrechnen; kalkulieren
~ **la potencia** potenzieren
cálculo *m* 1. Rechnen *n*; Berechnung *f*; Kalkül *m*; 2. Kalkulation *f*; 3. Schätzung *f*
~ **algebráico** Algebra *f*, Buchstabenrechnung *f*
~ **aproximado** Näherungsrechnung *f*
~ **aritmético** Arithmetik *f*
~ **booleano** *s*. álgebra booleana
~ **de correlaciones** Korrelationsrechnung *f*
~ **de deducción** Ableitungskalkül *m (mathematische Logik)*
~ **de determinantes** Determinantenberechnung *f*
~ **diferencial** Differenzialrechnung *f*
~ **de las diferencias** Differenzenrechnung *f*
~ **de enunciados** Aussagenkalkül *m (mathematische Logik)*
~ **de los esfuerzos** Spannungsberechnung *f (Statik)*
~ **de la estabilidad** Standfestigkeitsberechnung *f (Statik)*
~ **estructural [de estructuras]** 1. Konstruktions(be)rechnung *f*; 2. *(Bw)* baustatische Berechnung *f*
~ **exponencial** Exponieren *n*
~ **de extremo** Extremwertberechnung *f*
~ **del gradiente** Gradientenmethode *f*, Gradientenverfahren *n*
~ **infinitesimal** Infinitesimalrechnung *f*, Differenzial- und Integralrechnung *f*
~ **de insumergibilidad** *(Schiff)* Unsinkbarkeitsrechnung *f*
~ **integral** Integralrechnung *f*
~ **de intereses** Zinsrechnung *f*, Zinsberechnung *f*
~ **logarítmico [de logaritmos]** Logarithmenrechnung *f*
~ **lógico** logischer Kalkül *m*

~ **matricial** Matrizenrechnung *f*, Matrizenkalkül *m*
~ **de navegación** *(Schiff)* Standortberechnung *f*; Absetzen *n (Kurs)*
~ **nomográfico** Nomographie *f*
~ **de potencias** Potenzrechnung *f*
~ **predicativo** Prädikatenkalkül *m (mathematische Logik)*
~ **probabilístico** Wahrscheinlichkeitsrechnung *f*
~ **proposicional** Aussagenkalkül *m (mathematische Logik)*
~ **de regresión** Regressionsrechnung *f*
~ **de residuos** *(Math)* Residuenkalkül *m*, Residuenrechnung *f*
~ **de resistencia** Festigkeits(be)rechnung *f*
~ **simbólico** symbolischer Kalkül *m*
~ **de tensiones** Spannungsberechnung *f*
~ **tensorial** Tensorrechnung *f*
~ **variacional [de variaciones]** Variationsrechnung *f*
~ **vectorial** Vektorrechnung *f*, Vektoralgebra *f*
calda *f* 1. Glut *f*; 2. *s*. caldeo 1.
caldeador *m* Ofen *m*; Wärmer *m*, Erhitzer *m*, Wärmeapparat *m*
caldear *v* 1. erwärmen, erhitzen; (be)heizen; 2. *(Met)* glühend machen
caldeo *m* 1. Erhitzung *f*, Erwärmung *f*; 2. *(Met)* Glühen *n*; 3. Heizen *n*, Heizung *f*
~ **de alta frecuencia** Hochfrequenzheizung *f*, Hochfrequenzerwärmung *f*
~ **metálico** Schmelze *f*, Metallschmelze *f*
~ **por resistencia** Widerstandsheizung *f*
caldera *f* 1. Kessel *m*; Heizkessel *m*; Boiler *m*; 2. *(Gieß)* Pfanne *f*
~ **acuotubular** Wasserrohrkessel *m*
~ **de agua caliente** Boiler *m*; Heißwasserbereiter *m*; Durchlauferhitzer *m*
~ **de alta presión** Hochdruckkessel *m*
~ **de baja presión** Niederdruckkessel *m*
~ **de carbonatar** *(Ch)* Saturationspfanne *f*, Saturateur *m*
~ **de circulación** Umlaufkessel *m*
~ **de clarificación** *(Ch)* Klärpfanne *f*, Auflösungspfanne *f*
~ **de Cornualles** Cornwallkessel *m*, Einflammrohrkessel *m*, Einenderkessel *m*
~ **economizador** Economiser *m*, Ekonomiser *m*, Speisewasservorwärmer *m*
~ **de hogar tubular** Flammrohrkessel *m*
~ **nuclear** Kernreaktor *m*

caldera 70

~ **recalentadora** Vorwärmer *m*
~ **de vapor** Dampfkessel *m*
calderería *f* 1. Kesselbau *m*; 2. Kesselraum *m*
caldero *m (Bgb)* Förderkübel *m*
caldo *m* 1. *(Ch)* Lösung *f*; Brühe *f*; 2. *(Met)* Schmelze *f*
calefacción *f* Heizung *f*, Beheizung *f*
~ **a fuel** Ölheizung *f*
~ **por gas** Gasheizung *f*
~ **individual** 1. Einzelheizung *f*, Einzelfeuerung *f*; 2. Stockwerkheizung *f*, Etagenheizung *f*
~ **solar** Solarheizung *f*, Sonnenheizung *f*
~ **de suelos** Fußbodenbeheizung *f*
calefactor *m* 1. Heizgerät *n*; 2. Radiator *m*, Heizkörper *m*; 3. *(Eln)* Heizfaden *m*
calefón *m (Am)* Warmwasserspender *m*, Warmwasserbereiter *m (im Bad)*
calentador *m* Heizgerät *n*; Erhitzer *m*
~ **continuo** Durchlauferhitzer *m*
~ **de inmersión** Tauchheizkörper *m*; Tauchsieder *m*
calentamiento *m* 1. Erhitzung *f*, Erwärmung *f*; Warmlaufen *n*; 2. *s.* caldeo 2.
calentar *v* 1. (be)heizen; (er)wärmen, anwärmen; erhitzen; 2. härten
calentarse *v* sich erwärmen, warm werden; sich erhitzen, heiß werden; warm laufen; heiß laufen
calera *f* Kalkofen *m*
calería *f* Kalkbrennerei *f*
calibita *f (Min)* Eisenspat *m*, Spateisenstein *m*
calibración *f* Eichung *f*, Kalibrierung *f*, Messung *f* mit Lehren; Teilung *f*, Maß(ein)teilung *f*
calibrado *m* Eichen *n*, maßliches Prüfen *n*
calibrador *m* Messlehre *f*, Lehre *f*; Reißmaß *n*, Streichmaß *n*
calibrar *v* 1. eichen, kalibrieren, ausmessen; 2. *(El)* abgleichen
calibre *m* 1. Lehre *f*, Kaliber *n*; Messschieber *m*; 2. Bohrung *f*; Kaliber *n (Innendurchmesser einer Schusswaffe)*; 3. Schablone *f* • **de pequeño** ~ kleinkalibrig • **según** ~ lehrenhaltig
~ **de agujeros** Lehrdorn *m*
~ **ajustador** Einstelllehre *f*
~ **de boca** Rachenlehre *f*
~ **de boca y límite** Grenzrachenlehre *f*
~ **del cilindro** Zylinderbohrung *f*

~ **a colisa** Schieblehre *f*, Schublehre *f*
~ **comprobador** Kontrolllehre *f*, Prüflehre *f*
~ **de corredera** Messschieber *m*, Schieblehre *f*
~ **de espesor(es)** Dickenlehre *f*, Dickenmesser *m*, Dickenmessgerät *n*
~ **explorador** *(Am)* Fühllehre *f*, Spion *m*
~ **de exteriores** Rachenlehre *f*
~ **hermafrodita** Tastzirkel *m*
~ **de interiores** Innentaster *m*, Bohr(ungs)lehre *f*
~ **límite** Grenzlehre *f*, Toleranzlehre *f*
~ **micrométrico** Mikrometer *n*, Feinmessschraube *f*, Mikrometerschraublehre *f*
~ **de mordazas** Rachenlehre *f*
~ **nonio** Messschieber *m*, Schieblehre *m*
~ **de roscas** Gewindelehre *f*
~ **de taladros** Bohrlehre *f*
~ **de tolerancia** Grenzlehre *f*, Toleranzlehre *f*
calicata *f* 1. *(Bgb)* Schürfgrube *f*, Schürfloch *n*; Schürfschacht *m*; 2. *(Bgb, Geol)* Erkundung *f*, Schürfen *n*
caliche *m s.* salitre de Chile
calidad *f* 1. Güte *f*, Qualität *f*; Eigenschaft *f*, Beschaffenheit *f*; 2. Sorte *f*, Klasse *f*, Marke *f*
~ **acústica** Tonqualität *f*
~ **aerodinámica** *(Flg)* aerodynamische Güte *f*
~ **ecológica** Umweltgüte *f*
~ **de ignición** Zündwilligkeit *f*
~ **marina [marinera]** Seeverhalten *n*, Seetüchtigkeit *f*, Seegangseigenschaft *f*
caliza *f* Kalkstein *m*
calor *m* Wärme *f*, Hitze *f*
~ **cedido** abgegebene Wärme *f*
~ **de la corriente** joulesche Wärme *f*, Stromwärme *f*
~ **de ebullición** Siedehitze *f*
~ **de escape** Abwärme *f*, Abhitze *f*
~ **de fisión** *(Ch)* Spaltungswärme *f*
~ **irradiado** Abwärme *f*, Abhitze *f*; Strahlungswärme *f*
~ **molecular** Molwärme *f*
~ **perdido** Abwärme *f*, Abhitze *f*
~ **radiante** Strahlungswärme *f*
~ **de rozamiento** Reibungswärme *f*
~ **de solidificación** Erstarrungswärme *f*
caloría *f* Kalorie *f (SI-fremde Einheit der Wärmemenge, 1 Kalorie = 4,185 Joule)*

caloricidad f Heizwert m; Wärmewert m; Kaloriengehalt m
calorífero m Heizkörper m; Lufterhitzer m
calorifugación f Wärmeisolierung f; Wärmedämmung f
calorifugar v wärmeisolieren
calorífugo wärmeabstoßend, wärmedämmend, wärmeabweisend, wärmeisolierend
calorimetría f Kalorimetrie f, Wärmemengenmessung f
calorímetro m Kalorimeter n, Wärmemengenmesser m
calorizar v (Met) alitieren, kalorisieren
calzada f 1. Fahrbahn f; 2. Strecke f; Auffahrt f
calzar v 1. befestigen; verriegeln; feststellen; unterkeilen; blockieren; fixieren; beschlagen (Rad); aufziehen (Reifen); 2. (Typ) ausgleichen (Druckformen)
calzo m Keil m, Querkeil m; Bremsklotz m
~ **de bote** (Schiff) Bootsgalgen m
~ **de proa** Buggalgen m (Fischereifahrzeug)
calle f Straße f; Fahrspur f
~ **de circunvalación** Umgehungsstraße f
~ **elevada** Hochstraße f
cama f 1. Rahmen m; Platte f; 2. (Lt) Grindel m, Pflugbaum m; 3. (Geol) Liegendes n; 4. (Typ) Aufzug m; 5. (Text) Schergang m
~ **fluidizada** Fließbett n, Wirbelschicht f
cámara f 1. Kammer f, Raum m; 2. (Schiff) Kabine f; Messe f; 3. Kamera f, Fotoapparat m; 4. Einsatz m (eines Ventils); 5. Schlauch m, Luftschlauch m (Bereifung); 6. Brunnen m, Kabelschacht m; 7. (Bgb) Streb m
~ **de aceleración** (Kern) Beschleunigungskammer f
~ **agitadora** (Kfz) Mischkammer f
~ **de aire** 1. Luftraum m, Windkammer f, Windkessel m; Luftbehälter m; Luftkammer f, Luftkasten m; 2. (Kfz) Luftschlauch m, Schlauch m
~ **de aire comprimido** Druckkammer f
~ **anecoica** schalltoter [reflexionsfreier] Raum m, Freifeldraum m
~ **apagachispas** (El) Funkenlöschkammer f, Löschkammer f
~ **de bombas** (Schiff) Pumpenraum m
~ **de calderas** (Schiff) Kesselraum m
~ **bajo la calzada** Fahrbahnkabelschacht m (Leitungsbau)
~ **de captación** Bildaufnahmekamera f
~ **de carburación** Mischkammer f (Motor)
~ **de carga** 1. Einschüttkasten m; 2. (Bw) Wasserschloss n
~ **clara** (Opt) Zeichenprisma n
~ **a color** Farbaufnahmekamera f
~ **de combustión** 1. (Met) Feuerraum m; 2. (Kfz) Verbrennungsraum m, Verbrennungskammer f; 3. (Eb) Brennkammer f (Dampflok)
~ **de compresión** (Kfz) Verdichtungskammer f
~ **de conducción** Fahrerraum m
~ **de chorros** (Met) Strahlputzkabine f, Strahl(putz)kammer f, Strahlkabine f
~ **decantadora** Abklärbecken n; Umwälzbecken n
~ **digital de vídeo** digitale Videokamera f
~ **de empalmes** (El) Anschlussdose f
~ **espiral** Spiralgehäuse n (Kreiselpumpe)
~ **estereofotogramétrica** (Feinw) Stereomesskammer f
~ **estereoscópica** Stereo(aufnahme)kamera f
~ **de expansión** Ausgleichsbecken n
~ **del flotador** (Kfz) Schwimmergehäuse n, Schwimmerkammer f
~ **fotográfica** Fotoapparat m, fotografische Kamera f
~ **fotogramétrica** Mess(bild)kamera f
~ **de inspección** Mannloch n, Einstiegschacht m
~ **de inyección** (Kfz) Einspritzkammer f
~ **de máquinas** (Schiff) Maschinenraum m
~ **de mezcla** (Kfz) Mischkammer f, Mischraum m
~ **miniatura** Kleinbildkamera f
~ **mono-reflex** einäugige Spiegelreflexkamera f
~ **de niebla** (Kern) Nebelkammer f
~ **de postcombustión** (Flg) Nachbrennkammer f, Nachbrenner m
~ **de recompensión** (Schiff) Ausgleichskammer f
~ **reflex** Spiegelreflexkamera f
~ **de refrigeración** Gefrierraum m, Kühlraum m; Gefrierkammer f, Kühlkammer f
~ **de remolino** (Kfz) Wirbelkammer f
~ **reverberante** Hallraum m, Nachhallraum m

cámara

~ de sedimentación Absetzbecken n, Klärbecken n, Sedimentationsbecken n
~ de servomotor *(Schiff)* Rudermaschinenraum m
~ subminiatura Kleinstbildkamera f
~ de televisión Fernsehkamera f
~ tomavistas Bild(aufnahme)kamera f, Filmkamera f, Laufbildkamera f, Kinokamera f
~ de turbulencia Wirbelkammer f
~ de vídeo Videokamera f
camarote m *(Schiff)* Kajüte f, Kabine f
cambiable austauschbar
cambiador m 1. Wechsler m; Wechselapparat m; Austauscher m; Schalter m; 2. *(Am)* Riemengabel f
cambiar v auswechseln, austauschen, ersetzen; verändern
~ hacia abajo *(Kfz)* herunterschalten *(Gänge)*
~ la aguja *(Eb)* Weiche stellen
~ hacia arriba *(Kfz)* hochschalten *(Gänge)*
~ las clavijas *(El)* umstöpseln
~ de marcha 1. umsteuern; 2. *(Kfz)* schalten *(Gänge)*
~ la polaridad *(El)* umpolen
~ de vía *(Eb)* rangieren
cambiavía m *(Eb)* Abzweigung f *(Schienen)*; Weiche f
cambia f Wasserturm m
cambio m 1. Umtausch m, Austausch m, Auswechslung f, Veränderung f, Wechsel m; 2. *(Ch)* Umschlag m *(z. B. eines Indikators)*; 3. Umschaltung f; 4. *(Eb)* Weiche f; 5. *(Kfz)* Gangwechsel m; Getriebe n
~ de aguja *(Eb)* Weiche f
~ de aire Luftwechsel m, Luftumwälzung f
~ de arrastre *(Eb)* Zugweiche f
~ automático 1. *(Kfz)* Automatikgetriebe n; 2. *(Eb)* automatische Weiche f
~ de canal *(TV)* Kanalumschaltung f
~ corredizo *(Eb)* Kreuzungsweiche f
~ de descarrilar *(Eb)* Sicherheitsweiche f, Schutzweiche f
~ sin escalonamientos stufenloses Getriebe n
~ de fase Phasenänderung f; Phasensprung m; Phasenumkehr f
~ de flujo Flusswechsel m *(Änderung eines Magnetfeldes)*

~ inglés *(Am) (Eb)* doppelte Kreuzungsweiche f
~ de marcha 1. Wechselgetriebe n; Schaltgetriebe n; 2. *(Kfz)* Gangschaltung f, Gangwechsel m
~ de marea Gezeitenwechsel m
~ de piñón Schaltgetriebe n *(Fahrrad)*
~ preselectivo de marcha Getriebe n mit Gangvorwahl
~ térmico Wärmeaustausch m
~ de trazo *(Eb)* Streckenweiche f
~ de velocidades 1. Schaltgetriebe n; 2. *(Kfz)* Gangschaltung f, Räderübersetzung f; Wechselgetriebe n; Räderkasten m
~ de velocidades hidráulico Strömungsgetriebe n
~ de velocidades sincronizado Synchrongetriebe n
~ de vía *(Eb)* Weiche f
camino m 1. Weg m; Straße f; 2. Bahn f; Rille f, Pfad m; Kanal m; 3. Methode f, Mittel n; 4. Laufbahn f, Rollbahn f
~ de corriente *(El)* Stromweg m, Strompfad m, Strombahn f, Stromverlauf m
~ de datos Datenpfad m, Datenkanal m
~ de deslizamiento Führungsbahn f, Führungsfläche f, Gleitbahn f
~ de grúa Kranbahn f
~ de propagación Ausbreitungsweg m *(z. B. von Schwingungen)*
~ de rodadura 1. Rollbahn f, Rollgang m, Rollweg m; 2. *(Schiff)* Ablaufweg m
camión m Lastkraftwagen m, LKW m, Lkw m; Wagen m
~ agitador Mischerfahrzeug n, Transportmischer m
~ anfibio Amphibienwagen m
~ articulado Sattelschlepper m
~ automóvil Lastkraftwagen m, LKW m, Lkw m
~ de auxilio Abschleppwagen m
~ basculante Kipper m
~ de basura mecánico Müllfahrzeug n
~ de caballete Torladewagen m, Torlader m
~ con cabina frontal Frontlenker m, Frontlenkerfahrzeug n
~ de carga Lastkraftwagen m, LKW m
~ cisterna Tankwagen m
~ compresor (automático) Kompaktor m *(Spezialfahrzeug für eine geordnete Deponie)*

~ **concretera** Betonfahrzeug n; Kippfahrzeug n
~ **de distribución** Lieferwagen m
~ **de dos ejes** Zweiachsenfahrzeug n
~ **eléctrico** Elektrolastwagen m; Elektrokarren m
~ **elevador** Hubwagen m
~ **frigorífico** Kühlfahrzeug n
~ **furgón** Lieferfahrzeug n, Lieferwagen m
~ **de gran tonelaje** Großraumtyp m, Großlaster m
~ **grúa** Autokran m, Kran(kraft)wagen m
~ **hormigonera** Betonfahrzeug n
~ **levantador** Hubwagen m
~ **malaxador** Transportbetonmischer m, Fahrmischer m
~ **montacargas** Fahrlader m, Autolader m
~ **de orugas** Kettenfahrzeug n, Raupenfahrzeug n, Zugkraftwagen m
~ **pesado** Schwerlastkraftwagen m, Schwer-LKW m, Schwerlaster m
~ **de piso bajo** Tieflader m
~ **plancha [de plataforma]** Pritschenfahrzeug n, Pritschenwagen m
~ **refrigerado** Kühlwagen m
~ **remolcador [remolque]** Schlepper m; Lastzug m
~ **de reparto** Lieferwagen m
~ **de riego** Straßensprengwagen m
~ **taller** Werkstattwagen m
~ **todo terreno** geländegängiger Lastkraftwagen m
~ **tractor** Sattelschlepper m, Zugfahrzeug n, Sattelzugmaschine f
~ **de tres ejes** Dreiachslastkraftwagen m, Dreiachser m
~ **volcador** Kippfahrzeug n, Kipper m
camionaje m Lastkraftwagentransport m, LKW-Transport m; LKW-Verkehr m
camión-bomba m Feuerwehrfahrzeug n
camioneta f Kleinlastkraftwagen m, Lieferwagen m; Kleintransporter m
~ **de plataforma** Pritschenwagen m
~ **tipo combi** Kombiwagen m
camión-grúa m Autokran m, Kran(kraft)wagen m
camisa f 1. Mantel m, Ummantelung f, Hülle f; Umkleidung f; Umhüllung f; 2. Buchse f, Büchse f, Hülse f; Lager n; Garnierung f; 3. (Met) Ausmauerung f; Futter n; 4. (Bw) Bewurf m, Tünche f; 5. (El) Glühstrumpf m, Glühkörper m; 6. Zylinderrohr n (Arbeitszylinder)
~ **del cilindro** Zylindermantel m
~ **de cojinete** Lagerbuchse f
~ **de chimenea** Schornsteinverkleidung f, Schornsteinmantel m
~ **protectora** Schutzkasten m (des Motorgehäuses)
~ **refrigeradora** Kühlmantel m
campana f Glocke f; Kappe f, Haube f
~ **acústica** akustische Glocke f, Schallhaube f
~ **de aire** Windkessel m
~ **de aspiración** Saughaube f (Schadstoffbeseitigung)
~ **de bucear [buzo]** Taucherglocke f
~ **de carga** (Met) Begichtungskübel m
~ **extractora** Abzugshaube f (z. B. Schweißen)
campo m 1. Feld n; Bereich m; Gebiet n; 2. (Foto) Bildfeld n
~ **abierto** Freiland n
~ **acústico** Schallfeld n
~ **de aguas residuales** Rieselfeld n
~ **alterno** (El) Wechselfeld n
~ **auditivo** Hör(barkeits)bereich m, Hörfeld n
~ **cercano de sonido** Nahfeld n (Akustik)
~ **de control** Bedienungsfeld n, Steuerfeld n
~ **de definición** Definitionsbereich m (einer Funktion)
~ **difuso de sonido** diffuses Schallfeld n
~ **eléctrico** elektrisches Feld n
~ **electromagnético** elektromagnetisches Feld n
~ **de enfriamiento** (Met) Abkühlungszone f
~ **de frecuencia** Frequenzbereich m
~ **de fuerzas** Kraftfeld n
~ **graduado** Messbereich m; Streufeld n
~ **gravitacional** Gravitationsfeld n, Schwerefeld n
~ **irrotacional** (Ph, Math) wirbelfreies Feld n
~ **lejano de sonido** Fernfeld n (Akustik)
~ **libre de sonido** freies Schallfeld n, Freifeld n, Direktschallfeld n
~ **magnético alterno** magnetisches Wechselfeld n, Wechselstrommagnetfeld n
~ **magnético terrestre** Magnetfeld n der Erde, erdmagnetisches Feld n, Erdmagnetfeld n

campo 74

~ **de medición [medida]** Messbereich *m*
~ **móvil** *(El)* Wanderfeld *n*, bewegliches Feld *n*
~ **newtoniano** Gravitationsfeld *n*, Schwerefeld *n*
~ **perturbador** *(El)* Fremdfeld *n*, Störfeld *n*
~ **petrolífero** Erdölfeld *n*, Ölfeld *n*
~ **probabilístico** Wahrscheinlichkeitsraum *m*
~ **de pruebas** Prüffeld *n*, Versuchsfeld *n*
~ **de radiofrecuencias** Hochfrequenzfeld *n*
~ **reverberante** Hallfeld *n*, Nachhallfeld *n*
~ **rotacional** *(Ph, El)* Wirbelfeld *n*
~ **sonoro** Schallfeld *n*
~ **tensional** Spannungsfeld *n*
~ **de valores** *(Math)* Wertebereich *m*
~ **de variación** Variationsbreite *f*
~ **vectorial** *(Math)* vektorielles Feld *n*, Vektorfeld *n*
~ **de vuelo** *(Flg)* Rollfeld *n*

can *m* 1. *(Bw)* Sparrenkopf *m*; 2. Mitnehmer *m* *(Drehmaschine)*; 3. Konsole *f*
canal *m* 1. Kanal *m*; Rinne *f*; Fahrrinne *f*, Fahrwasser *n*; 2. Rille *f*, Nut *f*; Hohlkehle *f*; 3. Schurre *f*; Rutsche *f*; 4. Dachrinne *f*, Traufe *f*; 5. Zug *m* *(im Gewehr)*; 6. *(Eln)* Kanal *m*
~ **admisión de gas** Überströmkanal *m* *(am Zweitaktmotor)*
~ **adyacente** *(Eln)* Nachbarkanal *m*
~ **de aire** Luftkanal *m*, Luftleitung *f*
~ **de aproximación** *(Flg)* Einflugschneise *f*
~ **de banda vocal** *(Tele)* Sprachbandkanal *m*
~ **de la colada** *(Met)* Abstichkanal *m*, Abstichrinne *f*
~ **de comunicación [comunicaciones]** *(Tele)* Kommunikationskanal *m*, Übertragungskanal *m*, Nachrichtenkanal *m*
~ **de derivación** Umgehungskanal *m*, Ableitungskanal *m*, Ablaufkanal *m*
~ **de descarga** 1. Ablaufkanal *m*, Abflusskanal *m*, Ablasskanal *m*; Entladerinne *f*; 2. *(El)* Entladungskanal *m*
~ **de drenaje** Entwässerungskanal *m*, Entwässerungsgraben *m*
~ **dúplex** *(Tele)* Duplexkanal *m*, Gegensprechkanal *m*
~ **de emisión** *(Tele)* Übertragungskanal *m*
~ **de ensayos de remolque** *(Schiff)* Schlepp(versuchs)kanal *m*

~ **de entrada** 1. *(Schiff)* Einfahrtskanal *m*; 2. Einleitungskanal *m* *(z. B. für Abwasser)*; 3. *(Inf)* Eingabekanal *m*
~ **de experiencias** *(Schiff)* Versuchskanal *m*, Versuchsbecken *n*, Modellbecken *n*
~ **de experimentación naval** Schiffsversuchskanal *m*
~ **de fibras ópticas** Lichtleiterkanal *m*
~ **de frecuencia portadora** *(Tele)* Trägerfrequenzkanal *m*
~ **del fuego** Feuerzug *m*
~ **de irrigación** Bewässerungskanal *m*
~ **de mando** *(Eln)* Steuerkanal *m*
~ **de medición** Messkanal *m*
~ **navegable [de navegación]** Schifffahrtskanal *m*; Fahrrinne *f*; Fahrwasser *n*
~ **radioeléctrico** Funkkanal *m*, Übertragungskanal *m*
~ **de remolque** *(Schiff)* Schleppkanal *m*
~ **de riego** Bewässerungskanal *m*
~ **de sacudidas** Schüttelrinne *f*, Schüttelrutsche *f*
~ **de salida** 1. *(Met)* Luftkanal *m*, Luftpfeife *f*; 2. *(Inf)* Ausgabekanal *m*; 3. *(Tele)* (ab)gehender Kanal *m*
~ **de trama saliente** Sendekanal *m*
~ **de transmisión** *(Tele)* Übertragungskanal *m*, Übertragungsweg *m*
~ **de ventilación** 1. Belüftungskanal *m*; 2. *(Bgb)* Wetterkanal *m*
~ **vibratorio** Schüttelrinne *f*, Schüttelrutsche *f*

canalización *f* 1. Kanalisation *f*, Kanalisierung *f*; Stauregelung *f* *(z. B. Fluss)*; 2. Kanalsystem *n*; Leitungssystem *n*; 3. Leitung *f*; 4. Zuteilung *f*
canalizar *v* kanalisieren; regulieren *(Flusslauf)*
canalón *m* Dachrinne *f*, Traufe *f*; Rinne *f*, Rutsche *f*
cáncamo *m* Augbolzen *m*, Ringbolzen *m*; Tragöse *f*
canchamina *f* *(Am)* Halde *f*
candado *m* Vo:hängeschloss *n*; Schloss *n*
~ **de seguridad** Sicherheitsschloss *n*
candefacción *f* *(Met)* Weißglühen *n*, Erhitzen *n* bis zur Weißglut
candela *f* Candela *f*, cd *(SI-Einheit der Lichtstärke)*
candente 1. *(Met)* rot glühend; 2. *(Met)* (weiß)glühend

cangilón *m* Baggerlöffel *m*; Baggereimer *m*; Elevatorbecher *m*; Kübel *m*
~ **de arrastre** Seilschrapper *m*
~ **de carga automática** selbstgreifender Baggereimer *m*
~ **de descarga automática** selbstöffnender Baggereimer *m*
canilla *f* 1. Hülse *f (Spinnerei)*, Kötzer *m*, Kops *m*, Spule *f (Weberei)*; 2. Tülle *f*; Spundzapfen *m (Fass)*; *(Am)* Hahn *m*
canónico *(Math)* kanonisch
canteadora *f* 1. *(Fert)* Kantenhobelmaschine *f*; 2. *(Fert)* Besäumkreissäge *f*
cantear *v (Fert)* Kanten hobeln
cantera *f* Steinbruch *m*; Grube *f*
cantidad *f* Menge *f*, Quantität *f*, Zahl *f*, Anzahl *f*, Größe *f*, Masse *f*
~ **aleatoria discreta** *(Math)* diskrete Zufallsgröße *f*
~ **algebraica** algebraische Größe *f*, Buchstabengröße *f*
~ **de caracteres** *(Inf)* Zeichenvorrat *m*, Zeichenmenge *f*
~ **entera** ganze Zahl *f*
~ **exponencial** Exponent *m*
~ **finita** *(Math)* finite [endliche] Menge *f*
~ **física** physikalische Größe *f*
~ **de flujo** Durchflussmenge *f*
~ **imaginaria** imaginäre Größe *f*
~ **incógnita** Unbekannte *f*, unbekannte Größe *f*
~ **infinita** unendliche Größe *f*
~ **de memoria** *(Inf)* Speicherkapazität *f*, Speichergröße *f*
~ **de movimiento** 1. *(Mech)* Impuls *m*; Bewegungsgröße *f*; 2. *(Ch)* Triebkraft *f (Reaktion)*
~ **par** gerade Anzahl *f*
~ **peligrosa** *(Umw)* gefahrdrohende Menge *f*
~ **proporcional** Verhältniszahl *f*
~ **de puntos** *(Math)* Punktmenge *f*
~ **variable** Variable *f*, variable Größe *f*
~ **vectorial** Vektorgröße *f*, vektorielle Größe *f*
cantilever *m* Ausleger *m*; Überhang *m*; Auskragung *f*, Kragarm *f*, Freiträger *m*, Kragträger *m*
canto *m* Rand *m*; Kante *f*; Rücken *m (eines Messers)*; Spitze *f*, Schnitt *f (eines Buches)*
~ **vivo** Schneide *f*
cantonera *f* Winkel *m*, Winkelstück *n*

caña *f* 1. Schaft *m*; Stiel *m*; 2. Ankerschaft *m*; 3. *(Bgb)* Stollen *m*
~ **de azúcar** Zuckerrohr *n*
~ **de pescar** Fischangel *f*, Angel *f*, Handangel *f*
~ **del remache (roblón)** Nietschaft *m*
~ **del timón** *(Schiff)* Ruderpinne *f*
~ **de vidriero** Blasrohr *n*, Glasmacherpfeife *f*
cáñamo *m* 1. Hanf *m*; Hanffaser *f*; 2. Hanfseil *n*
cañería *f* Rohrleitung *f*, Rohrleitungssystem *n*
caño *m* 1. (kurzes) Rohr *n*; Röhre *f*, Rohrleitung *f*, Abwasserkanal *m*; 2. Stutzen *m*; 3. Orgelpfeife *f*; 4. enges Fahrwasser *n*; 5. *(Bgb)* Stollen *m*; 6. Kühlkeller *m*
~ **de subida** Steigrohr *n*
~ **de ventilación** Entlüftungsrohr *n*
cañón *m* Rohr *n*; Schaft *m*; Lauf *m (Handfeuerwaffe)*
~ **de agua** Wasserwerfer *m*
~ **de chimenea** Schornstein *m*
~ **electrónico** *(Eln)* Elektronen(strahl)kanone *f*, Elektronenstrahler *m*; Elektronenschleuder *f*
~ **lanzacabos** *(Schiff)* Leinenwurfgerät *n*, Rettungsgerät *n*
~ **de vertido** Abflussrohr *n*
caolín *m* Kaolin *m(n)*, Porzellanerde *f*
capa *f* 1. Schicht *f*, Lage *f*, Einlage *f*, Überzug *m*, Auftrag *m*, Anstrich *m*; Film *m*; Belag *m*; 2. Gesteinsschicht *f*, Flöz *n*; 3. *(Ph)* Schale *f*, Hülle *f (des Atoms)*; 4. *(Tele)* Ebene *f* • **en capas** 1. lagenweise; 2. *(Bgb)* bankig
~ **absorbente de sonido** schalldämpfender [schallschluckender] Belag *m*
~ **de acabado** 1. Aufstrich *m*; 2. *(Bw)* Estrich *m*
~ **acuífera** Wasser führende Schicht *f*, Wasserschicht *f*, Wasserträger *m*; Aquifer *m (Gasspeicherung)*
~ **agotada** 1. *(Eln)* Verarmungsschicht *f*; 2. *(Eln)* Sperrschicht *f*
~ **antirreflectora [antirreflejo]** *(Opt)* reflexmindernde Schicht *f*, T-Belag *m*
~ **barrera** Sperrschicht *f (Halbleiter)*
~ **carbonífera [de carbón]** Kohlenflöz *n*
~ **de cementación** *(Met)* aufgekohlte [einsatzgehärtete] Schicht *f*, Aufkohlungsschicht *f*

capa

~ **delgada** 1. Dünnschicht f, Dünnfilm n; 2. *(Bgb)* schwaches Flöz n
~ **electrónica** *(Ph)* Elektronenschale f, Elektronenhülle f
~ **emisora** *(Eln)* Emitterschicht f
~ **esférica** *(Math)* Kugelschicht f
~ **exterior** *(Ph)* Valenzschale f, Außenschale f, äußere Schale f
~ **fotosensible** *(Foto)* lichtempfindliche Schicht f, Filmschicht f
~ **freática** Grundwasserschicht f
~ **de hulla** Steinkohlenflöz n
~ **impresa** Druckschicht f, gedruckte Schicht f *(Schaltungstechnologie)*
~ **de imprimación** Grundschicht f
~ **límite** Grenzschicht f
~ **de ozono** Ozonschicht f
~ **petrolífera** Erdöl führende Schicht f, Ölschicht f
~ **turbulenta** *(Ch)* Wirbelbett n, Wirbelschicht f

capacete m 1. Kappe f; Kopf m; Kuppe f; Spitze f; Aufsatz m; Mundstück n; 2. *(Eln)* Kappenanschluss m (z. B. Röhre); 3. *(Am)* Verdeck n (eines Wagens)

capacidad f 1. Kapazität f, Fassungsvermögen n, Rauminhalt m; 2. Leistungsvermögen n, Leistungsfähigkeit f; 3. *(El)* (elektrische) Kapazität f, Kapazitanz f
~ **de absorción** Absorptionsfähigkeit f, Aufnahmefähigkeit f, Absorptionsvermögen n, Aufnahmevermögen n; Absorptionsleistung f; Schluckfähigkeit f
~ **aglutinante** Bindefähigkeit f
~ **de almacenamiento** 1. *(Inf)* Speicherkapazität f; 2. Lagerkapazität f, Lagerraum m
~ **amortiguadora** *(Wkst)* Dämpfungsvermögen n, Dämpfungsfähigkeit f
~ **de arrastre** *(Schiff)* Schleppkapazität f
~ **ascensional** Steigvermögen n
~ **calórica [calorífica]** Wärmekapazität f, Wärmeaufnahmevermögen n; Heizwert m
~ **de carga** 1. Ladefähigkeit f, Tragfähigkeit f; 2. Belastbarkeit f; Belastungsfähigkeit f; Belastungskapazität f; 3. *(El)* Kapazität f, Ladevermögen n (z. B. eines Sammlers); 4. Aufgabeleistung f *(Aufbereitung)*
~ **cúbica** Kubatur f, Volumen n, Rauminhalt m, Fassungsvermögen n

~ **de datos** Datenbreite f *(Kanal, Bus)*
~ **de elevación** 1. Hubvermögen n; 2. Förderleistung f *(Pumpe)*; 3. *(Flg)* Steigfähigkeit f
~ **de encogimiento** *(Text)* Krumpfvermögen n
~ **de fluir** Fließvermögen n
~ **en grano** *(Schiff)* Getreideladefähigkeit f *(Laderauminhalt für Schüttgut)*
~ **de izaje** Hubkraft f, Tragkraft f, Tragfähigkeit f, Hebekraft f (z. B. Kran)
~ **de maniobra** Steuerfähigkeit f, Steuervermögen n, Manövrierfähigkeit f, Wendigkeit f
~ **de memoria** *(Inf)* Speicherkapazität f, Speichergröße f
~ **multimedia** Multimediafähigkeit f
~ **de perforación** *(Bgb)* Bohrleistung f
~ **de procesamiento [proceso]** 1. Verarbeitungskapazität f, Verarbeitungsfähigkeit f; 2. *(Inf)* Verarbeitungsleistung f, Rechenleistung f
~ **de reacción** Reaktionsfähigkeit f
~ **de recuperación** 1. *(Inf)* Wiederherstellungskapazität f; 2. Rekuperationsvermögen n (z. B. Ökosystem)
~ **de refracción** *(Opt)* Brechkraft f
~ **de respuesta** Reaktionsfähigkeit f
~ **de retención** Rückhaltevermögen n *(Filter)*
~ **de sustentación** Tragfähigkeit f
~ **de taladro** Bohrleistung f
~ **de teleproceso** *(Inf)* Fernverarbeitungskapazität f
~ **térmica** Wärmekapazität f
~ **todo terreno** *(Kfz)* Geländegängigkeit f
~ **de tracción** Zugfähigkeit f, Zugvermögen n
~ **de trepar** *(Kfz)* Kletterfähigkeit f
~ **útil** 1. *(El)* Leistungsvermögen n, Nutzkapazität f; 2. Nutzraum m

capacímetro m *(El)* Kapazitätsmesser m
capacitancia f Kapazitanz f; kapazitiver Widerstand m
caperuza f Haube f, Kappe f, Deckel m
capilaridad f Kapillarität f, Kapillarwirkung f, Haarröhrchenwirkung f
capital f *(Typ)* Majuskel f, Großbuchstabe m
capó m *(Kfz)* Motorhaube f, Haube f
capota f Verdeck n
~ **de aspiración** Abzugshaube f

~ **rebatible** zurückklappbares Verdeck n
cápsula f Kapsel f; Hülle f; Schale f (für Laborzwecke)
~ **de aislamiento (del ruido)** Lärmschutzkapsel f
~ **de aterrizaje** (Rak) Landekapsel f
~ **auricular** (Tele) Hörkapsel f
~ **espacial** Raumkapsel f
~ **de evaporación** (Ch) Abdampfschale f, Eindampfschale f
~ **del micrófono** Mikrophonkapsel f
~ **recuperable** (Flg) Bergungskapsel f
~ **telefónica** (Tele) Sprechkapsel f
capsuladora f Flaschenverschließmaschine f
captación f 1. Erfassung f; Gewinnung f; Aufnahme f; Auffang m; 2. (Kern) Pick-up-Reaktion f, Abstreifreaktion f
~ **de contaminante** Schadstofferfassung f
~ **de datos** (Inf) Datenerfassung f
~ **de polvo** Stauberfassung f
~ **puntual** punktuelle Gewinnung f (von Proben)
captador m 1. Messwertgeber m, Geber m, Abtaster m; Sensor m; 2. Aufnehmer m, Sammler m (Strom); 3. Erfassungseinrichtung f (z. B. Schadstoffe)
~ **de aire** Luftprobenehmer m
~ **de corriente** Stromabnehmer m
~ **piezoeléctrico** piezoelektrischer Aufnehmer m, Piezoaufnehmer m
~ **de polvo** Stauberfassungseinrichtung f
~ **de posición** Wegesensor m; Lagesensor m
~ **de presión** Druckgeber m (Messtechnik)
~ **de vibraciones** Schwingungsaufnehmer m, Schwingungsgeber m
captar v 1. erfassen; gewinnen; sammeln; (auf)fangen; erfassen (z. B. Schadstoffe); 2. Fischfang treiben
captura f 1. (Ph) Einfangen n, Einfang m; Erfassung f; 2. (Schiff) Fang m, Hol m; 3. (Tele) Belegung f; Entgegennahme f (von Rufen)
~ **de contaminantes** Schadstofferfassung f
~ **electrónica** Elektroneneinfang m; Elektronenanlagerung f
~ **de líneas** (Tele) Leitungsbelegung f
~ **de neutrones** (Kern) Neutroneneinfang m
capturador m Fangeinrichtung f, Fänger m

capturar v 1. (Ph) einfangen; 2. fangen, Fischfang betreiben, fischen; 3. erfassen (Daten)
capuchón m Schutzhaube f; Schutzkappe f; Windhaube f (am Schornstein)
cara f 1. Fläche f, Oberfläche f; 2. Vorderseite f, Stirnfläche f; 3. Kristallfläche f; 4. (Typ) Schnitt m (eines Buchstabens); Schriftbild n • **de doble** ~ beidseitig, zweiseitig, doppelseitig (z. B. Disketten); zweischichtig • **de simple** ~ einseitig; einschichtig
~ **de apoyo** Auflagefläche f, Druckfläche f, Stützfläche f
~ **de ataque** Spanfläche f
~ **de corte** (Fert) Schnittfläche f
caracol m Schraubenlinie f, Spirale f
~ **de Pascal** (Math) pascalsche Schnecke f, Konchoide f des Kreises
carácter m 1. Charakter m; 2. Schrifttype f; 3. (Inf) Zeichen n; 4. Schrift f, Schriftart f • **a** ~ zeichenweise
~ **alfanumérico** alphanumerisches Zeichen n
~ **en blanco** Leerzeichen n, Zwischenraumzeichen n
~ **codificado en binario** binär verschlüsseltes [codiertes] Zeichen n
~ **de comprobación** Prüfzeichen n
~ **de control** Steuerzeichen n
~ **delimitador** Begrenzerzeichen n, Begrenzer m
~ **óptico** 1. optisches Zeichen n [Druckzeichen n]; 2. optische Schrift f
~ **de paridad** Paritätszeichen n, Prüfzeichen n
~ **en tinta magnética [magnetizable]** Magnetschriftzeichen n
~ **de verificación** Prüfzeichen n
característica Charakteristik f, Kennlinie f, Verlauf m; Kennziffer f (des Logarithmus); Kenngröße f, Eigenschaft f, Kennwert m
~ **amplitud-frecuencia** Amplituden-Frequenz-Charakteristik f, Amplitudengang m
~ **en carga** Belastungskennlinie f
~ **de fluencia** Kriechkurve f
~ **de frecuencia** Frequenzkennlinie f, Frequenzcharakteristik f, Frequenzkurve f, Frequenzgang m, Frequenzverlauf m
~ **de matriz** Rang m einer Matrix

característica

~ **de persistencia de pantalla** Nachleuchtcharakteristik f *(Bildschirm)*
~ **de respuesta de fase** Phasengang m
~ **traccional** 1. Zugkraftdiagramm n; 2. Zugleistung f *(Schlepper)*

características fpl Angaben fpl, Daten pl; Eigenschaften fpl; Kennwerte mpl
~ **de gobierno** *(Kfz)* Eigenlenkverhalten n, Lenkverhalten n
~ **técnicas** technische Daten pl
~ **de vuelo** Flugleistung f

caravana f Campinganhänger m, Wohnanhänger m; Wohnwagen m, Caravan m
carbohidrato m Kohlenhydrat n
carbómetro m *(Ch)* Kohlensäuremesser m
carbón m Kohle f
~ **activado [activo]** Aktivkohle f
~ **aglomerado** Presskohle f
~ **de antracita** Anthrazit m
~ **granulado** Feinkohle f
~ **de hulla** Steinkohle f
~ **de madera** Holzkohle f
~ **de piedra** Steinkohle f

carbonado 1. kohlenstoffhaltig; 2. *(Met)* karburiert, aufgekohlt
carbonatación f 1. *(Ch)* Carbonatbildung f, Carbonisierung f; 2. Saturation f *(Zuckerherstellung)*
carbonatar v *(Ch)* carbonisieren
carbonato m Carbonat m
~ **amónico** Ammon(ium)carbonat n, Hirschhornsalz n
~ **de cálcico** Calciumcarbonat n, Kalkstein m
~ **de cinc** 1. Zinkcarbonat n; 2. *(Min)* Zinkspat m
~ **férrico** 1. Eisen(III)-Carbonat n; 2. *(Min)* Spateisenstein m
~ **ferroso** Eisen(II)-Carbonat n
~ **de hierro** Eisencarbonat n
~ **de plomo** 1. Bleicarbonat n; 2. *(Min)* Zerussit m
~ **potásico** Kaliumcarbonat n, Pottasche f
~ **sódico** Natriumcarbonat n, Soda f

carbonitruración f *(Met)* Karbonitrieren n, Karbonitrierung f, Zyanierung f
carbonitrurar v *(Met)* karbonitrieren, zyanieren
carbonitruro m Karbonitrid n
carbonización f 1. Verkokung f, Entgasung f; 2. Verkohlung f, Entgasung f (z. B. von Holz); 3. *(Text)* Carbonisieren n, Auskohlen n, Entkletten n *(von Wolle)*
~ **lenta** Schwelung f

carbonizar v 1. verkoken, entgasen; (ver)schwelen; 2. verkohlen *(Holz)*; 3. carbonisieren, auskohlen, entkletten *(Wolle)*
carbono m Kohlenstoff m, C
carboquímica f Carbochemie f, Kohlechemie f
carborundo m Carborund(um) n, Siliciumcarbid n
carburación f 1. *(Met)* Karburierung f, Aufkohlung f, Einsatzhärtung f, Zementation f; 2. *(Kfz)* Kraftstoffzerstäubung f, Vergasung f, Gemischaufbereitung f
carburador m *(Kfz)* Vergaser m
~ **de aspiración ascendente** Steigstromvergaser m
~ **de corriente descendente** Fallstromvergaser m
~ **de chorro** Spritzdüsenvergaser m
~ **horizontal** Flachstromvergaser m
~ **invertido** Fallstromvergaser m
~ **de tiro ascendente** Steigstromvergaser m

carburante m 1. Kraftstoff m; 2. *(Met)* Aufkohlungsmittel n
carburar v *(Met)* karburieren, mit Kohlenstoff verbinden, aufkohlen
carburización f *(Met)* Zementierung f, Aufkohlung f
carburo m Carbid n
~ **cementado** Sintercarbid n, Sinterhartmetall n, Hartmetall n
~ **de hierro** 1. Eisencarbid n; 2. *(Met)* Zementit m
~ **de tungsteno [volframio]** Wolframcarbid n

carcasa f 1. Gehäuse n; Körper m; 2. Karkasse f; Tragkonstruktion f; Rahmen m; 3. Zylinderrohr n *(Arbeitszylinder)*
cárcel f Schraubenzwinge f, Zwinge f, Klemme f
carcinógeno m Karzinogen n, krebserzeugender Stoff m
carcinotrón m *(Eln)* Karzinotron n, Rückwärtswellenoszillator m
carda f *(Text)* Karde f, Kratzmaschine f, Krempel f *(Spinnerei)*
cardar v *(Text)* aufrauen, kardieren, kratzen *(Spinnerei)*
cardioide f *(Math)* Kardioide f, Herzkurve f, herzförmige Linie f

cardioscopio *m* 1. Kardioskop *n*, Herzspiegel *m*; 2. Kardioskop *n*, EKG-Monitor *m*

cardiotacómetro *m* Kardiotachometer *n*, Herzfrequenzmesser *m*

carena *f* 1. Kiel *m*; Schiffsboden *m*; Unterwasserteil *m* des Schiffes; 2. Kielholen *n*; Krängen *n*; Schiffskörperreparatur *f*

carenado *m* 1. stromlinienförmige Verkleidung *f*; 2. Umströmen *n*

~ **de cola** *(Flg)* Heckverschalung *f*

~ **del motor** *(Flg)* Triebwerkverkleidung *f*

carenaje *m* 1. s. carena 2.; 2. Motorhaube *f*

carenar *v* 1. kielholen; krängen; 2. eindocken

carenero *m (Schiff)* Absenkanlage *f*, Absenkbühne *f*

careta *f* Schutzmaske(nhaube) *f*; Gesichtsteil *n*

~ **respiratoria** Atemmaske *f*

~ **para soldadura** Schweißerschutzschild *m*

carga *f* 1. Laden *n*; Beladung *f*; Verladung *f*; 2. Ladung *f*; Fracht *f*; Ladegut *n*; Last *f*; 3. Belastung *f*, Beanspruchung *f*; 4. *(El)* Ladung *f*, Aufladung *f*; 5. *(Met)* Beschickung *f*, Charge *f*; 6. Füllstoff *m*; Füllung *f*; Zusatz *m* • **con plena ~** mit voller Last, mit Vollast • **de ~ superior** oberschlächtig *(Turbine)*

~ **activa** *(El)* Wirklast *f*

~ **admisible** *(Mech)* zulässige Belastung *f* [Beanspruchung *f*, Last *f*]; Tragfähigkeit *f*

~ **aerodinámica** *(Flg)* aerodynamische Belastung *f*

~ **del agua subterránea** *(Umw)* Grundwasserbelastung *f*

~ **alar** *(Flg)* Tragflächenbelastung *f*

~ **de alto horno** Hochofenbegichtung *f*

~ **axial** 1. *(Mech)* Längskraft *f*, Axialkraft *f*; 2. Achsdruck *m*; 3. *(Eb)* Achslast *f*

~ **de campo** *(Flg)* Feldauflagung *f*

~ **de compresión** *(Mech)* Belastungsdruck *m*, Drucklast *f*

~ **constante** *(Mech)* ruhende Belastung *f* [Last *f*]; konstante Belastung *f* [Last *f*]; ständige Belastung *f* [Last *f*], Dauerbelastung *f* *(Statik)*

~ **contaminante** *(Umw)* Schadstofflast *f*; Belastung *f* durch schädliche Umwelteinwirkung

~ **continua** 1. *(Mech)* Dauerbelastung *f*; 2. *(El)* Dauerladung *f*; 3. zügige Beschickung *f*

~ **del corpúsculo** *(Kern)* Teilchenladung *f*

~ **de corta duración** Kurzzeitbelastung *f*

~ **de cresta** *(El)* Belastungsspitze *f*

~ **de derrumbe** *(Bgb)* Bruchlast *f*

~ **sobre el eje** 1. Achsdruck *m*; 2. *(Eb)* Achslast *f*

~ **del electrón** elektrische Elementarladung *f*

~ **electrostática** elektrostatische Aufladung *f*

~ **elemental** *(Kern)* Elementarladung *f*

~ **de ensayo** s. ~ de prueba

~ **espacial [de espacio]** *(Kern)* Raumladung *f*

~ **específica** 1. *(Mech)* Einheitslast *f*, spezifische Last *f*; 2. *(El)* spezifische Ladung *f*

~ **estática** 1. *(Mech)* statische [ruhende] Belastung *f*; 2. *(El)* statische Ladung *f*

~ **sobre estribo** *(Bgb)* Klemmlast *f* *(Strebausbau)*

~ **de flexión** *(Mech)* Biegebeanspruchung *f*

~ **de fractura** *(Mech)* Bruchbelastung *f*, Bruchlast *f*

~ **de frenado** Bremslast *f*, Bremsbelastung *f*

~ **de funcionamiento** Nutzlast *f*, Gebrauchslast *f*

~ **en el horno** *(Met)* Durchsatz *m*

~ **inicial** 1. *(El)* Erstladung *f*; 2. *(Met)* Anfangsfüllung *f*, Anfangsladung *f*

~ **iónica** *(Kern)* Ionenladung *f*

~ **límite** *(Mech)* Grenzbelastung *f*

~ **de masas sueltas** *(Bgb)* Bruchlast *f*

~ **máxima** 1. Höchstbelastung *f*, Spitzenbelastung *f*; Höchstlast *f*; 2. Belastungsgrenze *f*

~ **en la memoria** *(Inf)* Einspeicherung *f*

~ **metálica** *(Met)* Metalleinsatz *m*, Metallcharge *f*

~ **móvil** Verkehrslast *f*, bewegliche Last *f*, wandernde Belastung *f* [Last *f*] *(Statik)*

~ **del muelle** Federbelastung *f*

~ **por nieve** Schneelast *f* *(Statik)*

~ **no reactiva** *(El)* Wirklast *f*

~ **nominal** *(El)* Nennbelastung *f*, Nennlast *f*

~ **pico** Spitzenbelastung *f*

carga

~ **a presión del viento** Windbelastung *f*
~ **propulsiva** *(Rak)* Treibladung *f*; Treibsatz *m*
~ **de prueba** Probebelastung *f*, Versuchsbelastung *f*, Versuchslast *f*, Probelast *f*, Prüflast *f*
~ **pulsátil** *(Mech)* stoßweise Belastung *f*
~ **punta** Spitzenbelastung *f*
~ **reactiva** *(El)* reaktive Belastung *f*, Blindlast *f*, Blindbelastung *f*
~ **repartida** *(Mech)* verteilte Belastung *f* [Last *f*]
~ **de rotura** *(Mech)* Bruchlast *f*; Reißlast *f*
~ **superficial** *(El)* Oberflächenladung *f*; Flächenbelastung *f*, Oberflächenauflandung *f*
~ **suspendida** schwebende Last *f*
~ **de tensión** *(El)* Spannungsbeanspruchung *f*, Spannungsbelastung *f*
~ **tensora** *(Mech)* Spannlast *f*
~ **térmica** *(Ch)* Wärmebelastung *f*, Heizlast *f*, thermische Belastung *f*
~ **del tragante** Hochofenbegichtung *f*
~ **unitaria** 1. spezifische Belastung *f*, Einheitslast *f*; 2. unifizierte [vereinheitlichte] Ladung *f*, Einheitsladung *f* *(Transport)*
~ **útil** Nutzladung *f*, Nutzlast *f*
~ **del viento** Windlast *f*

cargabilidad *f* Belastbarkeit *f*, Belastungsfähigkeit *f*; Ladefähigkeit *f*; Lastfaktor *m*

cargadero *m* Ladeplattform *f*, Ladeplatz *m*; Kai *m*; Verladeplatz *m*
~ **de vagonetas** *(Bgb)* Füllort *n*

cargador *m* 1. Beladeeinrichtung *f*; Lader *m*, Auflader *m*, Verlader *m*; Aufgeber *m*; 2. *(Inf)* Ladeprogramm *n*, Lader *m*; 3. *(Met)* Beschickungsanlage *f*, Chargiereinrichtung *f*; 4. *(Foto)* Magazin *n*
~ **de acumulador(es)** *(El)* Batterieladegerät *n*, Akku(mulatoren)ladegerät *n*
~ **arrancador** *(Lt)* Rodelader *m*
~ **de balas** *(Lt)* Ballen(ver)lader *m*
~ **inicial** *(Inf)* Urlader *m*, Bootstrap-Loader *m*
~ **de orugas** Kettenlader *m*
~ **de pacas** *(Lt)* Ballen(ver)lader *m*
~ **de platillo [plato rotatorio]** Telleraufgeber *m*
~ **de rueda celular** Zellenradaufgeber *m*
~ **sacudidor** Schüttelspeiser *m*, Rüttelspeiser *m*

cargadora *f* 1. Beladeeinrichtung *f*; Lader *m*, Auflader *m*, Verlader *m*; Aufgeber *m*; 2. *(Met)* Beschickungsanlage *f*, Chargiereinrichtung *f*; 3. *(Text)* Aufleger *m* *(beim Färbeapparat)*
~ **automóvil** Hubstapler *m*, Selbstlader *m*
~ **de granos** Getreideförderer *m*
~ **de pala** Schaufellader *m*

cargar *v* 1. laden; beladen; 2. *(Schiff)* befrachten; verschiffen; Ladung nehmen; 3. belasten; beanspruchen; 4. *(Met)* beschicken; chargieren; füllen *(Kessel)*; 5. *(El)* (auf)laden; 6. speisen
~ **el horno** *(Met)* begichten
~ **en (la) memoria** *(Inf)* in den Speicher laden, einspeichern
~ **en tampón** *(El)* puffern *(z. B. eine Batterie)*

carguero *m* 1. Frachtschiff *n*, Frachter *m*; 2. Balken *m*
~ **frigorífico** Kühlschiff *n*, Kühlfrachter *m*
~ **a granel** Massengutfrachter *m*, Bulkcarrier *m*, Schüttgutfrachter *m*
~ **de huecos** Tragbalken *m* *(z. B. Tür, Fenster)*
~ **polivalente** Mehrzweck-Frachtschiff *n*, Mehrzweckfrachter *m*, Multicarrier *m*

carlinga *f* 1. *(Flg)* Kanzel *f*; Cockpit *n*; 2. *(Schiff)* Kielschwein *n*

carnero *m* Stößel *m*

carobronce *m* Phosphorbronze *f*

carpeta *f* 1. Mappe *f*; Schreibmappe *f*; 2. Plattencover *n*; 3. Decke *f*; 4. *(Inf)* Ordner *m*, Folder *m*, Verzeichnis *n*
~ **de destino** Zielordner *m*, Zielverzeichnis *n*
~ **del disco duro** Festplattenordner *m*, Festplattenverzeichnis *n*
~ **de disquete** Diskettenordner *m*
~ **impresora** Druckordner *m*, Druckverzeichnis *n*

carrera *f* 1. Weg *m*; Wegstrecke *f*; Bahn *f*; Straße *f*; 2. Hub *m*; Verdrängung *f*; 3. Lauf *m*; 4. *(Geol)* Verwerfung *f*; 5. *(Bw)* Fußpfette *f*; Wandbalken *m*
~ **de admisión** Ansaughub *m*, Saughub *m*, Ladehub *m*
~ **ascendente** Aufwärtshub *m*
~ **de aterrizaje** *(Flg)* Landebahn *f*
~ **automovilística** Fernverkehrsstraße *f*
~ **de compresión** Verdichtungshub *m*
~ **descendente** Abwärtshub *m*
~ **de despegue** 1. Anlauf *m*; Anlaufstrecke *f*; 2. *(Flg)* Startbahn *f*

carro

~ **de émbolo** Kolbenweg m, Kolbenhub m, Hub m; Takt m
~ **de escape [expulsión]** Ausstoßhub m, Auslasshub m
~ **inicial** Anfahren n
~ **libre** 1. Freihub m; 2. Freilauf m
~ **muerta** toter Gang m
~ **de retorno** Rücklauf m
~ **de válvula** Ventilhub m

carrete m 1. Haspel f, Wickelspule f, Spule f; Rolle f; 2. (El) Wickelkörper m; 3. (Text) Garnrolle f, Garnspule f; 4. (Foto) Filmspule f • **enrollar en** ~ aufspulen
~ **de cinta magnética** Magnetbandspule f, Bandspule f
~ **devanador** Rolle f (Angel)
~ **fotográfico** Filmrolle f
~ **del inducido** (El) Ankerspule f
~ **inductor** (El) Feldspule f
~ **de la rueda** Radnabe f

carretel m (Schiff) Kabeltrommel f; Seiltrommel f

carretera f Chaussee f, Fernverkehrsstraße f, Landstraße f
~ **de circunvalación** Umgehungsstraße f
~ **elevada** Hochstraße f

carretilla f 1. Schubkarre f, Schubkarren m; Kleinwagen m; 2. Stangenstromabnehmer m
~ **de arranque** (Flg) Startwagen m
~ **eléctrica** Elektrokarren m; Elektrowagen m
~ **elevadora** Hubwagen m
~ **elevadora de horquilla** Gabelstapler m
~ **de manutención** Flurförderzeug n; Hubwagen m
~ **de la pluma** Auslegerkatze f (Kran)

carretón m 1. Laufwagen m; 2. (Eb) Drehgestell n; 3. (Am) Fadenrolle f

carricuba f Tankwagen m

carril m 1. Schiene f; 2. Schienenweg m; Gleis n; Spur f; 3. Laufschiene f; 4. Fahrbahn f • **de** ~ **único** Einschienen...
~ **de aguja** Zunge f (Weiche)
~ **de alambre** Seilhängebahn f, Seilschwebebahn f
~ **conductor** Stromschiene f
~ **contraaguja** Backenschiene f, Stammschiene f
~ **de cremallera** Zahnrad(bahn)schiene f
~ **dentado** Zahnschiene f
~ **con garganta** Rillenschiene f; Straßenbahnschiene f
~ **guía** Führungsschiene f, Leitschiene f
~ **tomacorriente** Stromschiene f
~ **de zapata ancha** Breitflanschschiene f, Breitfußschiene f

carrilera f 1. Fahrbahn f, Bahn f; Spur f; 2. (Am) Eisenbahnschiene f; 3. Raupen(ketten)glied n

carrillo m 1. Riemenscheibe f; Rolle f; Taljeblock m; Laufkatze f; 2. Wagen m; Lore f; 3. (Fert) Schlitten m; Support m
~ **de contacto** Trolley m, Rollenstromabnehmer m
~ **portaherramientas** Werkzeugsupport m, Werkzeugschlitten m

carrito m 1. (Bgb) Förderwagen m; 2. (Fert) Schlitten m, Support m

carro m 1. Wagen m; Ackerwagen m, Karren m; 2. Automobil n; (Am) Lastkraftwagen m; Fahrzeug n; 3. (Am) Waggon m, Eisenbahnwagen m; 4. (Fert) Schlitten m, Schieber m, Support m; 5. Wagen m (z. B. Büromaschine)
~ **de acepilladora** Hobelsupport m
~ **de autodescarga** Selbstentladewagen m
~ **automotor** 1. Motorfahrzeug n; 2. (Eb) Triebwagen m
~ **basculador [basculante]** Kippwagen m, Kipper m
~ **de cajón** offener Güterwagen m
~ **de carga** 1. (Eb) Güterwagen m; Ladewagen m; 2. (Gieß) Beschickungswagen m
~ **cuba** Kesselwagen m
~ **de despegue** (Flg) Landewagen m
~ **elevador** Hubstapler m; Hubkarren m
~ **elevador de horquilla** Gabelstapler m
~ **de extinción de incendio** Feuerlöschfahrzeug n
~ **de ferrocarril** Eisenbahnwaggon m, Eisenbahnwagen m
~ **fresadora [de fresado]** Frässchlitten m, Frässupport m
~ **giratorio** Drehsupport m
~ **góndola** Tieflader m
~ **de grúa** 1. Waggonkran m, Kranwagen m; 2. Laufkatze f
~ **de grúa eléctrico** Elektrolaufkatze f
~ **inferior** Fahrgestell n, Fahrwerk n
~ **de lanzamiento** (Flg) Startwagen m, Katapultwagen m, mobile Starteinrichtung f

carro

- ~ **monorriel** Einschienenlaufkatze f
- ~ **de movimiento en cruz** Kreuzschieber m, Kreuzschlitten m
- ~ **nevera** Kühlwaggon m
- ~ **petrolero** (Am) Tankwagen m
- ~ **de plataforma** Plattenwagen m
- ~ **portacargas** Laufkatze f
- ~ **portaherramientas** Werkzeugschlitten m, Werkzeugsupport m
- ~ **portapiezas** Werkstückschlitten m
- ~ **portatorre** Revolverkopfschlitten m
- ~ **principal** Bettschlitten m
- ~ **remolque** 1. Anhänger m; 2. (Eb) Schlepptender m
- ~ **de rodamiento** Rollenlaufwerk n (Seilbahn)
- ~ **de taladrar** Bohrschlitten m
- ~ **tanque** Tankwagen m, Kesselwagen m
- ~ **de torre** Revolvermagazin m
- ~ **de la torre revólver** Revolverkopfschlitten m, Revolverkopfsupport m
- ~ **de traslación** (Schiff) Slipwagen m
- ~ **tranvía** (Am) Straßenbahnwagen m

carrocería f 1. Karosserie f, Aufbau m, Obergestell n, Kraftfahrzeugaufbau m; 2. Karosseriewerkstatt f

- ~ **aerodinámica** Stromlinienkarosserie f
- ~ **autoportante** selbsttragende Karosserie f
- ~ **sin bastidor** rahmenloser Aufbau m
- ~ **enteramente de acero** Ganzstahlkarosserie f
- ~ **monocasco** selbsttragende Karosserie f

carromato m (Kfz) (niedriger) Blockwagen; Rollwagen m, Flurförderer m

cartabón m 1. Zeichendreieck n (nicht verstellbar); Winkelmaß n; Visierprisma n; 2. (Bw) Richtscheit n; Dachstuhlwinkel m; 3. Knotenblech n (z. B. Stahlbau)
- **a ~** im rechten Winkel

cárter m 1. Gehäuse n, Motorgehäuse n; 2. Kettenkasten m; Kettenschutz m (Fahrrad); 3. Ölwanne f
- ~ **del cambio de marcha** Schaltgetriebe n, Wechselgetriebe n; Räderkasten m
- ~ **del cigüeñal** Kurbelwellengehäuse n
- ~ **del diferencial** Ausgleichsgehäuse n, Differenzialgehäuse n
- ~ **de embrague** Kupplungsgehäuse n
- ~ **de engranajes** Getriebekasten m, Getriebe n

cartografiar v kartieren

cartógrafo m Kartiergerät n

cartón m Pappe f, Karton m; Pappschachtel f
- ~ **asfaltado** Dachpappe f, Teerpappe f
- ~ **corrugado** Wellpappe f
- ~ **prensado** Presspappe f

cartucho m 1. Patrone f (auch für Filme, Füllhalter); 2. (Kern) Stab m; Stange f; 3. Filterbüchse f
- ~ **de bobinado continuo** Streaming-Kassette f
- ~ **de cinta magnética** Magnetbandkassette f
- ~ **de color** Farbpatrone f
- ~ **filtrante** Filtereinsatz m; Filterbüchse f
- ~ **fusible** (El) Sicherungspatrone f
- ~ **de ignición** (Rak) Pyrozündsatz m
- ~ **láser** Laser-Tonerkassette f
- ~ **magneto-óptico** magnetooptische Kassette f (Speichermedium)
- ~ **de tinta** Füllhalterpatrone f, Tintenpatrone f (Drucker)
- ~ **de tóner** Tonerkassette f
- ~ **de uranio** (Kern) Uranstab m

casa f **alta de pisos** Wohnhochhaus n
- ~ **de calderas** Kesselhaus n
- ~ **frigorífica** Kühlhaus n
- ~ **de máquinas** 1. Maschinenhaus n; 2. Lokomotivdepot n; 3. Pumpenstation f
- ~ **de mezclas** Gemengehaus n (Glaswerk)
- ~ **prefabricada** Montagehaus n, Fertighaus n

casado m (Typ) Ausschießen n; Einheben n (der Form in die Maschine)

cascajo m Schotter m, Kies m

cascar v (Inf) abstürzen (Programm)

cáscara f (Met) Rinde f
- ~ **de fundición** Gusshaut f

cascarilla f Zunder m

casco m 1. (Bw) Schale f (Flächentragwerk); 2. (Schiff, Flg) Rumpf m; 3. Kopfhörer m; 4. Helm m; 5. Flasche f
- ~ **del avión** Flugzeugrumpf m
- ~ **del buque** Schiffskörper m, Schiffsrumpf m
- ~ **de cúpula** Kuppelschale f
- ~ **doble** (Schiff) Doppelrumpf m, Katamaran m
- ~ **hiperboloide** Hyperboloidschale f, Hp-Schale f
- ~ **insonorizante** Schallschutzhelm m
- ~ **de minero** Grubenhelm m, Bergarbeiterhelm m

~ de motorista Motorradfahrerhelm *m*; Kraftfahrerschutzhelm *m*
~ paraboloide Paraboloidschale *f*
~ de protección integral Integralhelm *m*
~ protector Schutzhelm *m*
~ protector auditivo Gehörschutzhelm *m*, Schallschutzhelm *m*
~ de seguridad Arbeitsschutzhelm *m*; Schutzhelm *m*
~ telefónico *(Tele)* Kopfhörer *m*
cascos *mpl* Kopfhörer *m*
cascote *m* Schotter *m*; Bauschutt *m*
caseta *f* 1. Häuschen *n*, Stand *m*, Bude *f*, Kabine *f*; 2. *(Schiff)* Deckshaus *n*
~ de derrota *(Schiff)* Kartenhaus *n*
~ de gobierno *(Schiff)* Ruderhaus *n*
~ de maquinaria Maschinenraum *m*
~ del puente *(Schiff)* Brückenhaus *n*
~ telefónica Fernsprechzelle *f*, Telefonzelle *f*, Fernsprechkabine *f*
casete *m (Bw)* Kassettenrekorder *m*; Kassettengerät *n*
casete *f* Kassette *f*, Magnet(band)kassette *f*
~ de audio Audiokassette *f*
~ de cinta entintada Farbbandkassette *f*
~ de cinta magnética Magnet(band)kassette *f*
~ de cinta magnetofónica Tonbandkassette *f*, Audiokassette *f*
~ de magnetófono Magnet(band)kassette *f*
~ de vídeo Videokassette *f*
casetón *m (Bw)* Kassettendecke *f*
casilla *f* 1. Kabine *f*; 2. Fach *n*; Feld *n*
~ automática para guardar el equipaje Handgepäckautomat *m*
~ de maniobras *(Eb)* Blockstelle *f*, Blockposten *m*
casquete *m* Kappe *f*, Haube *f*, Helm *m*; Mütze *f*, Glocke *f*, Schale *f*
~ antirruido Lärmschutzhaube *f*, Gehörschutzkappe *f*
~ esférico *(Math)* Kugelkappe *f*, Kalotte *f*
~ de la orejera Gehörschutzkappe *f*
~ protector Schutzkappe *f*, Schutzhaube *f*
casquillo *m* 1. Hülse *f*, Buchse *f*, Lagerbuchse *f*, Ring *m*; 2. Lagerschale *f*, Lagerkappe *f*; 3. Sockel *m (Glühlampe)*; 4. Hülse *f*, Mantel *m*
~ de acoplamiento Verbindungsmuffe *f*

~ de bayoneta Bajonettsockel *m*, Swansockel *m*
~ de cojinete Lagerschale *f*
~ del contrapunto *(Masch)* Reitstockpinole *f*
~ espaciador Abstandshülse *f*, Distanzhülse *f*
~ de guía del husillo Führungsbuchse *f*, Führungshülse *f*
~ de prensaestopas Stopfbuchsendeckel *m*, Stopfbuchsenbrille *f*
~ de rosca Gewindebuchse *f*, Schraubsockel *m*, Gewindesockel *m*, Edisonsockel *m*
cassette *m(f) s.* casete
castillete *m* Gerüst *n*; Stütze *f*; Turm *m*
~ de elevación Förderturm *m*, Fördergerüst *n*
~ elevador Aufzugsgerüst *n*
~ de sondeo Bohrturm *m*
castillo *m (Schiff)* Vordeck *n*; Achterdeck *n*
castina *f (Met)* Möller *m*; Kalkzuschlag *m (Keramik)*
cata *f* 1. *(Bgb)* Schürfschacht *m*; 2. *(Bgb)* Schürfung *f*, Schürfen *n*, Schürfarbeit *f*
~ de prospección Erkundungsbohrung *f*, Aufschlussbohrung *f*
catacústica *f* Schallbrechungslehre *f*
catadióptica *f* Katadioptrik *f*, Lehre *f* von der Reflexion und Brechung des Lichtes
catafaro *m* Rückstrahler *m*
catalizador *m (Ch)* Katalysator *m*, Kontaktstoff *m*
~ de tres vías *(Kfz)* Dreiwegekatalysator *m*
catalizar *v (Ch)* katalysieren
catamarán *m* Katamaran *m*, Doppelrumpfschiff *n*
catear *v (Am) (Geol)* schürfen, prospektieren
catenaria *f* 1. *(Math)* Kettenlinie *f*; 2. *(Eb)* Fahrleitungsnetz *n*
catenoide *f (Math)* Katenoid *n*, Kettenfläche *f*
cateto *m (Math)* Kathete *f*
~ adyacente anliegende Kathete *f*
~ opuesto gegenüberliegende Kathete *f*
cátodo *m (El)* Katode *f*
~ de alto rendimiento Sparkatode *f*
~ de descarga luminiscente Glimmkatode *f*

cátodo

~ **incandescente** Glühkatode f, heiße Katode f, Heizkatode f
cauce m Strombett n; Flussbett n; Graben m
~ **receptor** Vorfluter m
caucho m Kautschuk m, Gummi m
~ **esponjoso** Schaumgummi m
~ **natural** Latex m, Naturkautschuk m
~ **pastoso** Knetgummi m
cauchotar v gummieren
caudal m 1. Durchflussmenge f, Strömungsvolumen n, Volumenstrom m; Fördermenge f, Durchsatz m; Abflussmenge f; Wassermenge f, Fluidstrom m; 2. Ausbeute f, Ertrag m; Leistung f
~ **de carga** (Bgb) Förderstrom m
~ **de datos** (Inf) Datendurchsatz m
~ **de tratamiento** (Inf) Durchsatz m
caudalómetro m Volumenstrommesser m, Durchflussmengenmesser m
causticidad f Ätzkraft f, Ätzwirkung f
cáusticidad ätzend, kaustisch
cáustico m Beizmittel n, Abbeizmittel n, Ätzmittel n
caustificar v kaustifizieren
cauterizar v 1. ätzen, (ab)beizen (durch Lauge); 2. kauterisieren, (aus)brennen (Medizintechnik)
cautín m Lötkolben m
cavadora f Grabemaschine f, Roder m, Rodemaschine f
~ **de desagüe** Grabenentwässerer m
~ **de patatas** Kartoffelrodemaschine f, Kartoffelerntemaschine f
~ **de remolacha** Rübenroder m
~ **de zanjas** Grabenaushebemaschine f
cavernoso blasig, lunkerig
cavidad f Aushöhlung f, Hohlraum m, Lunker m; Spalte f
~ **resonante** 1. (Eln) Hohlraumkreis m, Hohlraumresonator m, Resonanztopf m; 2. Resonanzhohlraum m, Resonanzkörper m, Resonator m (Laser)
cavitación f Kavitation f, Hohlraumbildung f
~ **de las hélices** (Schiff) Propellerkavitation f
cazo m (Met) Gießlöffel m
cazoleta f Abdeckkappe f
cazuela f 1. (Met) Gießpfanne f; 2. (Typ) großer Winkelhaken m
c.c. s. corriente continua

cebadero m 1. (Met) Gichtbühne f, Gichtboden m; 2. (Lt) Mastanlage f
cebado m 1. Initiierung f (Sprengtechnik); 2. (El) Einschwingen n
~ **acústico** Mikrophoneffekt m, Klingen n, Röhrenklingen n
cebador m 1. Tupferknopf m (Motorroller); 2. Zündmittel n, Initialzündmittel n; 3. s. cargador inicial
cebar v 1. (ein)füllen; 2. (Met) beschicken; 3. initiieren (Sprengtechnik); 4. (Masch) anlassen; 5. (El) einschwingen; 6. impfen (Kristalle); 7. (Lt) mästen
cebo m Zündhütchen n; Zünder m; Zündsatz m; Sprengkapsel f; Sprengsatz m
cedazo m Sieb n, Grobsieb n; Wurfsieb n; Rost m
cedencia f Durchbiegung f (z. B. von Walzen)
celar v gravieren; meißeln
celda f 1. Zelle f, Kammer f; 2. (El) Element n; 3. (Inf) Speicherzelle f; 4. (Bgb) Flotationszelle f
~ **fotoeléctrica** lichtelektrische [photoelektrische] Zelle f, Photozelle f
~ **de memoria** Speicherzelle f
~ **solar** Solarzelle f, Sonnenzelle f
~ **vacío** Leerfeld n (Tabellenkalkulation)
celdilla f Element n; Zelle f
celeridad f (Ph) Geschwindigkeit f; Ausbreitungsgeschwindigkeit f
~ **de luz** Lichtgeschwindigkeit f
~ **del sonido** Schallgeschwindigkeit f
celofán m Klarsichtfolie f; Klebeband n (Tesafilm)
celosía f Gitterwerk n (Statik)
célula f 1. (El) Zelle f; 2. (Inf) Zelle f, Speicherzelle f; 3. (Flg) Flugwerk n, Zelle f
~ **fotosensible** Photoelement n, Sperrschichtelement n; Sperrschichtphotozelle f
~ **galvánica** galvanische Zelle f, galvanisches Element n
~ **de memoria** Speicherzelle f
celulosa f (Ch) Cellulose f, Zellstoff m
cementación f 1. (Met) Aufkohlen n, Einsatzhärten n, Zementieren n; 2. (Geol) Zementation f
~ **por cianuración** Cyanieren n, Zyanbadhärtung f
~ **por nitruración** Nitrieren n, Nitrierhärten n, Aufsticken n

~ **superficial** Oberflächenhärtung f
cementar v (Met) aufkohlen, einsatzhärten, zementieren
cementero m (Schiff) Zementfrachter m
cemento m 1. Zement m; 2. Paste f, Kleber m; 3. (Met) Aufkohlungsmittel n, Aufkohlungsmedium n, Härtemittel n, Zement m, Einsatzmittel n
ceniza f Asche f
centellear v flimmern; sprühen (z. B. Funken); aufblitzen; funkeln; blinken
centelleo m Szintillation f, Flackern n, Flimmern n
centellómetro m (Kern) Szintillometer n, Szintillationszähler m
centígrado hundertgradig, hundertteilig, 100-teilig, Celsius...
centígrado m Grad m Celsius
centigramo m Zentigramm n, cg
centímetro m Zentimeter n, cm
~ **cuadrado** Quadratzentimeter m
~ **cúbico** Kubikzentimeter n
centrador m Zentriervorrichtung f
~ **fijo** (Masch) Stehsetzstock m, Bettsetzstock m
centradora f (Fert) Zentrierwerkzeug n
central f 1. Zentrale f, Station f, Zentralstelle f; 2. Kraftwerk n; 3. (Tele) Vermittlungsstelle f, Amt n
~ **abastecedora de agua** Wasserwerk n
~ **de acumulación por bombas** Pumpspeicherwerk n
~ **aeroeléctrica** Windkraftwerk n
~ **automática** Vermittlungsstelle f mit Wählbetrieb, VStW, Wählvermittlungsstelle f, Wählvermittlung f, Wählamt f
~ **automática interurbana** Selbstwählfernamt n
~ **azucarera** Zuckerfabrik f (Kuba)
~ **de bombeo** Pumpstation f
~ **de calefacción** Heizwerk n
~ **depuradora** Reinigungsanlage f, Kläranlage f
~ **de distribución** Schaltanlage f
~ **eléctrica** Elektrizitätswerk n, Kraftwerk n
~ **de energía** Kraftanlage f, Kraftwerk n, Kraftzentrale f
~ **de energía eléctrica** Elektrizitätswerk n
~ **eólica** Windkraftwerk n
~ **de fuerza** Kraftwerk n
~ **geotérmica** geothermisches Kraftwerk n, Erdwärmekraftwerk n

~ **heliotérmica** Solarkraftwerk n, Sonnenkraftanlage f, Sonnenkraftwerk n
~ **hidráulica** Wasserkraftwerk n
~ **interurbana** Fernvermittlungsstelle f, Fernamt n
~ **local** Ortsvermittlungsstelle f, OVSt, Ortsamt n
~ **de mando** Steuerzentrale f, Steuerwarte f, Befehlszentrale f, Schaltwarte f
~ **mareo(mo)triz** Gezeitenkraftwerk n
~ **nuclear** Kernkraftwerk n, KKW
~ **telefónica** Fernsprechvermittlungsstelle f, Fernsprechvermittlung f, Fernsprechamt n
~ **térmica** Wärmekraftwerk n; Heizzentrale f
~ **transformadora** Umspannwerk n
centrar v zentrieren, ausmitten
centrífuga f Zentrifuge f, Schleuder f
centrifugación f Zentrifugieren n, Zentrifugierung f, Zentrifugation f, Schleudern n
centrifugadora f 1. Zentrifuge f, Schleuder(maschine) f; 2. (Lt) Milchzentrifuge f
centrifugar v zentrifugieren, schleudern
centro m 1. Mitte f, Mittelpunkt m, Zentrum n; 2. Zentrum n; Stelle f, Station f
~ **de carena** 1. (Ph, Schiff) Auftriebszentrum n, Auftriebsmittelpunkt m, Verdrängungsschwerpunkt m, Formschwerpunkt m; 2. (Flg) Schubmittelpunkt m, Schubzentrum n
~ **de coordenadas** Koordinatenursprung m, Koordinatennullpunkt m, Koordinatenanfangspunkt m
~ **de gravedad [inercia]** Schwerpunkt m, Massenmittelpunkt m
~ **nuclear** Kernkraftwerk n, KKW
centropunzón m (Masch) Körner m
cepillar v s. acepillar
cepillo m 1. (Fert) Hobel m, Hobelwerkzeug n; 2. Bürste f
cepillo-puente m (Fert) Portalhobelmaschine f
cepo m 1. (Bw) Hafter m, Binderbalken m; 2. Klotz m; Packen m; 3. (Schiff) Ankerstock m
~ **de freno** Bremsbacke f, Bremsschuh m
cerámica f Keramik f
cerco m 1. Ring m; Abschlussring m; Reifen m; 2. Hof m; 3. Einzäunung f; 4. Türrahmen m, Türzarge f; 5. Beutelnetz n (Fischerei); 6. Kreisbewegung f

cercha f 1. *(Bw)* Schmiege f; Lehrbogen m; 2. *(Bw)* Dachbinder m; 3. *(Bw)* Dachfachwerk n
cerio m Cer(ium) n, Ce
cernedor m Siebmaschine f; Gitter n
cerner v sieben, beuteln *(Mühle)*
cero m Null f; Nullstelle f; Nullpunkt m; Kartennull n
cerrado geschlossen *(Stromkreis)*; eng *(Schrift)*; scharf *(Kurve)*; bedeckt *(Himmel)*
cerrado m Umwehrung f
cerradora f Verschließmaschine f
cerradura f 1. Befestigung f; Verriegelung f; Sperre f *(z. B. Datei)*; 2. Schloss n, Verschluss m
~ **de caja** Kastenschloss n, Aufsatzschloss n
~ **de cilindro** Zylinderschloss n
~ **del encendido** *(Kfz)* Zündschloss n
~ **entallada** Steckschloss n
~ **de golpe** Schnappschloss n
~ **de volante** Lenkradschloss n
cerrajería f 1. Schlosserei f; Schlosserarbeit f; 2. Schlosserwerkstatt f
cerramiento m 1. Schließen n; Absperren n; 2. *(Bw)* Trennwand f, Zwischenwand f, Abteilungswand f
cerrar v (ab)schließen; absperren
cerrarse v anziehen *(z. B. Relais)*
cerrilla f *(Fert)* Rändelmaschine f
cerrillar v *(Fert)* rändeln
cerrillo m *(Fert)* Rändeleisen n, Rändelrad n, Rändelwerkzeug n
cerrojo m 1. Riegel m, Sperre f, Verriegelung f; 2. *(Bgb)* Stollenkreuzung f
cesio m Caesium n, Cs
cesto m 1. Netz n, Sieb n; 2. Kübel m; Pfanne f; Eimer m
cg s. 1. centro de gravedad; 2. centigramo
cgr s. centígrado
CI s. circuito integrado
cianurar v *(Met)* zyanieren, im Zyanbad härten
cianuro m Cyanid n
ciberespacio m *(Inf)* Cyberspace m
cibernética f Kybernetik f
cibernético kybernetisch
cíclico 1. zyklisch; 2. *(Ch)* ringförmig, cyclisch
ciclización f *(Ch)* Cyclisierung f, Ringbildung f

ciclizar v *(Ch)* cyclisieren
ciclo m 1. Zyklus m; Periode f; Kreislauf m; Kreisprozess m; 2. *(Ch)* Zyklus m; Ring m; 3. Arbeitszyklus m; Takt m *(Motor)*
~ **de aspiración** Saugtakt m, Ansaugtakt m
~ **de control** Steuerzyklus m
~ **de cuatro tiempos** Viertaktverfahren n, Viertaktarbeitsspiel n *(Motor)*
~ **de frecuencia** Schwingungsperiode f
~ **de reloj** Taktperiode f, Taktzyklus m
~ **saturado** *(Ch)* gesättigter Ring m
~ **del trabajo** Arbeitszyklus m, Arbeitstakt m *(Motor)*
cicloergómetro m Fahrradergometer n
ciclograma m Zyklogramm n, Ablaufplan m
cicloide f *(Math)* Zykloide f, Radkurve f
ciclomotor m Moped n
ciclón m 1. Zyklon m, Fliehkraftabscheider m, Wirbler m *(Aufbereitung)*; 2. Zyklon m *(Meteorologie)*
ciencia f Wissenschaft f; Wissen n; Kenntnisse fpl; Lehre f
~ **agronómica** Agronomie f
~ **ambiental** Umweltwissenschaft f; Umweltwissen n
~ **de las computadoras** Informatik f
~ **de la ingeniería** Ingenieurwissenschaft f
~ **marina [del mar]** Meereskunde f, Meereswissenschaft f
~ **de materiales** Werkstoffkunde f
~ **del medio ambiente** Umweltwissenschaft f
~ **de proceso de datos** Datenverarbeitung f *(als Wissenschaft)*
~ **de sistemas** Systemtheorie f, Systemwissenschaft f
~ **del suelo** Bodenkunde f; Ackerbaulehre f
~ **tecnológica** technologisches Wissen n; Know-how n; Technologie f
~ **del tratamiento de la información** Informationswissenschaft f
cieno m Schlamm m
~ **arcilloso** Letten m
~ **de perforación** Bohrschlamm m
~ **podrido [de pudrición]** Faulschlamm m
cierre m 1. Schließen n; Schließung f; Stilllegung f *(von Betrieben)*; 2. Absperren n *(z. B. Dampf)*; 3. Verschluss m,

Schloss n; 4. Gitter n; Rollladen m; 5. Anziehen n (z. B. Relais) • de ~ automático selbstschließend • de ~ hermético luftdicht [hermetisch] schließend
~ adhesivo Klettverschluss m
~ a bayoneta Bajonettverschluss m
~ de bloqueo Sperre f, Leitungsblockierung f
~ centra(lizado) (Kfz) Zentralverriegelung f
~ de compuerta Schieber m
~ de cremallera Reißverschluss m
~ diferencial Differenzialsperre f, Ausgleichgetriebesperre f
~ de escotilla (Schiff) Lukenabdeckung f, Lukenverschluss m
~ hidráulico Wasserabschluss m, Wasserverschluss m, hydraulischer Abschluss m, Wassersperre f, Flüssigkeitsverschluss m; Tauchverschluss m, Geruchsverschluss m
~ del lazo (Inf) Schleifenstopp m (Programm)
~ de mariposa Absperrklappe f, Klappe f
~ de pegar Klettverschluss m

cifra f 1. Ziffer f, Zahl f; 2. Chiffre f, Verschlüsselung f • ~ por ~ stellenweise
~ **binaria** Binärziffer f, Bit n
~ **comprobatoria** (Inf) Prüfziffer f
~ **hexadecimal** Sedezimalziffer f (auf der Zahl 16 basierend)

cifrador m Chiffriergeräte n, Schlüsselgerät f
cifrar v 1. beziffern; 2. chiffrieren, verschlüsseln
cigüeña f (Masch) Kröpfung f
cigüeñal m (Masch) Kurbelwelle f
cilindrada f Hubraum m, Hubvolumen n; Verdrängungsvolumen n (von Kolben)
cilindrado m 1. Zylinderdrehen n; 2. Walzen n; 3. Kalandrieren n
cilindradora f Straßenwalze f
cilindrar v 1. langdrehen; 2. walzen; 3. kalandrieren
cilindro m 1. Zylinder m; 2. Walze f, Rolle f; 3. Straßenwalze f; 4. (Masch) Zylinder m, Hauptnonne f, Nonne f • **de cilindros invertidos** mit hängenden Zylindern • **de cilindros opuestos** mit gegenläufigen Kolben
~ **alimentador** (Text) Einziehwalze f, Speisewalze f (Spinnerei); Zubringerwalze f

~ **de alta presión** Hochdruckzylinder m
~ **apisonador** Straßenwalze f
~ **aplicador** Auftragwalze f (z. B. für Farbe)
~ **de arrastre** Transportrolle f
~ **compresor** 1. Kompressionszylinder m; 2. Straßenwalze f; 3. (Text) Abzugswalze f, Ablieferwalze f, Abnehmerwalze f
~ **de frenaje [freno]** Bremszylinder m
~ **de presión** Druckzylinder m, Presszylinder m (Walzwerk)
~ **primitivo** Teilzylinder m (Verzahnung)
~ **rotativo** 1. (Math) Rotationszylinder m, Drehzylinder m; 2. (Met) Drehrohr n

cima f (Bw) First m
cimbra f (Bw) Bogenschalung f, Bogen(lehr)gerüst n, Lehrbogen m; Bogenwölbung f
cimbrar v (Fert) biegen; kanten; bördeln
cimentación f 1. Gründung f, Baugründung f; 2. Fundament n; 3. Gießen n, Vergießen n (von Beton)
~ **por cajones flotantes** Senkkastengründung f, Schwimmkastengründung f, Caissongründung f
~ **por [sobre] pilotes** Pfahlgründung f
cimentar v 1. (Bw) gründen; 2. (Bw) (ver)gießen (Beton)
cimiento m Gründung f, Fundament n
cimómetro m (El) Wellenmesser m
cimoscopio m (El) Wellendetektor m, Wellenanzeiger m
cinabrio m (Min) Zinnober m, Cinnabarit m
cinc m Zink n, Zn
cincado m Verzinken n
~ **al fuego** Feuerverzinken n
~ **por inmersión** Tauchverzinken n
cincar v verzinken
cincel m Meißel m; Stechbeitel m; Stemmmeißel m; Grabstichel m; 2. (Lt) Bodenmeißel m (Pflug)
~ **en caliente** Schrotmeißel m
~ **cortador de carbón** (Bgb) Schrämmeißel m
~ **en frío** 1. Schlossermeißel m; 2. Flachmeißel m; 3. Nuthobel m
cincelador m Meißelhammer m
cincelar v (ab)schroten; trennen; meißeln
cinemática f (Ph) Kinematik f, Bewegungslehre f
cinematografiar v filmen

cinematógrafo m Filmvorführapparat m
cinemicrografía f Mikrokinematographie f
cinerama m Raumkino n, Stereoskopkino n, Panoramakino n
cinerradiografía f Röntgenkinematographie f
cinescopio m 1. *(TV)* Bild(wiedergabe)röhre f
cinetécnica f Kinetechnik f
cinética f *(Ph)* Kinetik f
cinético *(Ph)* kinetisch
cinglador m Schmiedehammer m
cinglar v *(Fert)* zängen *(beim Freiformschmieden)*
cinquería f Zinkhütte f
cinta f 1. Band n; Streifen m; 2. *(Inf)* Magnetband n; 3. Farbband n; 4. Film(streifen) m; 5. Leiste f; 6. *(Schiff)* Schergang m

~ **de acero** Bandmaß n, Messband n
~ **adhesiva** Klebestreifen m; Klebeband n
~ **aislante** *(El)* Isolierband n
~ **alimentadora** *(Förd)* Aufgabeband n
~ **clasificadora** *(Förd)* Sortierband n
~ **colectora** *(Förd)* Verleseband n, Leseband n
~ **continua** 1. *(Inf)* Endlosband n; 2. *(Inf)* Bandschleife f; 3. s. ~ continua de producción
~ **continua de papel** Endlospapierstreifen m
~ **continua de producción** Fließband n; Montageband n
~ **graduada** Bandmaß n, Messband n
~ **magnetofónica** Magnettonband n, Tonband n
~ **mecanográfica** Farbband n
~ **métrica** Bandmaß n, Messband n
~ **de montaje** Montage(fließ)band n
~ **piloto** *(Inf)* Steuerband n, Steuerstreifen m; Prüfband n
~ **de rascadores** *(Förd)* Kratzerband n
~ **de sierra** Sägeband n
~ **transportadora** Förderband n, Transportband n, Gurtförderband n, Gurtförderer m, Fördergurt m, Gurtband n

cintra f *(Bw)* Bogenkrümmung f; Wölbung f
cinturón m Gürtel m; Gurt m
~ **abdominal** *(Kfz)* Beckengurt m, Schoßgurt m
~ **de caída** Sicherheitsgurt m *(Fallschutzmittel)*
~ **de hombros** *(Kfz)* Schulterschräggurt m; Schulterdoppelgurt m
~ **salvavidas** Rettungsgurt m, Rettungsgürtel m
~ **de seguridad** Sicherheitsgurt m; Anschnallgurt m
~ **de seguridad para trepar** Klettergurt m
~ **de sujeción** Haltegurt m

circo m Krater m
circonio m Zircon(ium) n, Zr
circuitería f 1. Schaltungsanordnung f, Schaltungsaufbau m; 2. Schaltkreistechnik f
circuito m 1. Kreisbewegung f, Kreislauf m; 2. Schaltkreis m, Schaltung f; Leitung f; Netz n; Kette f; Netzwerk n; 3. *(El)* Schaltung f, Stromkreis m, Kreis m; Leitung f

~ **abierto** *(El)* offener Kreis m [Stromkreis m]; offener Kreislauf m
~ **de acoplamiento** Koppelkreis m, Kopplungsschaltung f
~ **de activación** Zündkreis m, Zündschaltung f
~ **activador** Auslöseschaltung f, Triggerschaltung f, Kippschaltung f
~ **aéreo** *(Tele)* Freileitung f; Fernmeldefreileitung f
~ **de alta integración** hochintegrierter Schaltkreis m, LSI-Schaltkreis m
~ **de altavoz** *(Tele)* Lauthörschaltung f
~ **de alumbrado** Lichtnetz n, Beleuchtungsnetz n, Lichtleitung f
~ **amortiguador** Dämpfungsschaltung f, Dämpfungskreis m
~ **amplificador** Verstärkerkreis m, Verstärkerschaltung f
~ **antiparásito** Störschutzkreis m
~ **apropriado** *(Tele)* Simultanleitung f
~ **de arranque** *(Kfz)* Anlassschaltung f
~ **asociado** zugeordnete Schaltung f, angeschlossener Kreis m [Stromkreis m]
~ **de aviso** Alarmstromkreis m; Alarmleitung f
~ **de barrido** Abtastkreis m
~ **basculador [basculante]** Triggerschaltung f, Auslöseschaltung f, Trigger(kreis) m, Kippschaltung f
~ **bifurcado** verzweigter Kreis m
~ **de bloqueo** Sperr(strom)kreis m, Sperrschaltung f
~ **de cadencia** Taktschaltung f

circuito

- ~ **de caldeo** Heizstromkreis m
- ~ **cerrado** geschlossener Kreis m [Stromkreis m]; Ringkreis m, Ringleitung f; geschlossener Kreislauf m; Schleife f
- ~ **de comunicación** *(Tele)* Übertragungsstromkreis m
- ~ **de conferencia simultánea** *(Tele)* Konferenzschaltung f, Konferenzleitung f
- ~ **de conmutación** 1. Schaltkreis m, Kommutierungskreis m; Verknüpfungsschaltung f (z. B. eines Rechners); 2. *(Tele)* Kanalverbinderschaltkreis m
- ~ **controlador** Steuerschaltkreis m
- ~ **de conversación** *(Tele)* Sprechkreis m; Sprechschaltung f
- ~ **corrector de fase** Phasenentzerrer m
- ~ **de corriente** Stromkreis m; Strompfad m
- ~ **/corto** Kurzschluss m
- ~ **dedicado** *(Tele)* fest zugeordneter Schaltkreis m
- ~ **derivado** Abzweigstromkreis m, Nebenstromkreis m
- ~ **de desbloqueo** Triggerschaltung f
- ~ **directo** *(Tele)* Standverbindung f, durchgeschaltete Leitung f
- ~ **de disparo** Auslöseschaltung f; Triggerschaltung f, Kippschaltung f
- ~ **electrónico** elektronische Schaltung f
- ~ **de encendido** Zündkreis m; Zündleitung f
- ~ **energizado** unter Spannung stehende Leitung f
- ~ **de excitación** Erregerkreis m, Erregerstromkreis m; Treiberschaltung f
- ~ **fantasma** *(Tele)* Phantomkreis m, Viererkreis m, Vierer m
- ~ **de filtraje [filtro]** Siebschaltung f, Filterkreis m, Filterschaltung f, Glättungskreis m
- ~ **de freno** *(Kfz)* Bremskreis m
- ~ **de fuerza** 1. Starkstromkreis m, Starkstromleitung f, Hauptstromkreis m; 2. Leistungskreis m
- ~ **hidráulico** 1. Hydraulikkreislauf m; 2. *(Kfz)* Bremsleitung f
- ~ **impreso** gedruckte Schaltung f
- ~ **de impulsos** Impulsschaltung f, Impulsstromkreis m, Stoßkreis m
- ~ **inducido** Sekundär(strom)kreis m
- ~ **inductor** Primär(strom)kreis m
- ~ **de inhibición** Inhibitionsschaltung f, Sperrschaltung f, Sperrgatter n, Blockierschaltung f
- ~ **integrado** integrierte Schaltung f; integrierter Schaltkreis m
- ~ **de interconexiones** Netzverbund m; Verbundnetz n
- ~ **de interface** Interfaceschaltung f, Schnittstellenschaltung f; Schnittstellenschaltkreis m
- ~ **intermediario** Pufferkreis m; Zwischenkreis m
- ~ **interno** 1. innerer Stromkreis m; innere Schaltung f; 2. innere Schleife f *(eines Systems)*
- ~ **de lazo cerrado** geschlossener Regelkreis m
- ~ **lógico cableado** verdrahtete Logikschaltung f
- ~ **de mando** 1. Steuer(ungs)schaltung f, Steuer(strom)kreis m; 2. Regelkreis m
- ~ **de marcación** *(Tele)* Wählschaltkreis m
- ~ **de memoria** *(Inf)* Speicherschaltung f
- ~ **miniaturizado** miniaturisierter Schaltkreis m
- ~ **monoestable de disparo** monostabiler Triggerschaltkreis m, monostabile Kippschaltung f
- ~ **de multivibrador** Multivibrator m, Kippschaltung f
- ~ **oscilante [oscilatorio]** Schwingkreis m, Resonanzkreis m
- ~ **permanente** 1. fester Schaltkreis m; 2. *(Tele)* Standverbindung f
- ~ **piloto** Kontrollkreis m
- ~ **de placa** Anoden(strom)kreis m
- ~ **puente** Brückenschaltung f
- ~ **de puerta** Gatterschaltung f, Torschaltung f, Gateschaltung f
- ~ **de puesta a tierra** Erdungskreis m
- ~ **radiofónico** Rundfunkübertragungsleitung f
- ~ **de reacción [readmisión]** Rückkopplungskreis m, Rückkopplungsschaltung f
- ~ **rectificador** Gleichrichterschaltung f
- ~ **de refrigeración del motor** *(Kfz)* Motorkühlkreis m
- ~ **del refrigerante** Kühlmittelkreislauf m
- ~ **regulador** Regelkreis m; Regelschaltung f
- ~ **de rejilla** Gitterkreis m
- ~ **de relajación biestable** bistabile Kippschaltung f
- ~ **resonante** Resonanzkreis m, Schwingkreis m

circuito

~ de retardo (de tiempo) Verzögerungsschaltung *f*
~ de retorno a tierra Erdrückschluss(kreis) *m*, Erdrückleitung *f*
~ de retroacción Regelkreis *m*
~ de ritmo Taktzeitschaltung *f*
~ secuencial 1. Schaltwerk *n*; 2. *(Inf)* sequenzielle Schaltung *f*, Folgeschaltung *f*
~ de selección *(Inf)* Auswahlschaltung *f*, Ansteuerungsschaltung *f*
~ de señales Signalschaltung *f*, Signal(strom)kreis *m*
~ superfantasma *(Tele)* Achterkreis *m*, Achterleitung *f*, Achterschaltung *f (Phantombildung)*
~ supresor 1. Sperrkreis *m*; Bandsperre *f*, Bandsperrfilter *m*; 2. fremdgesteuerte Austastschaltung *f (Radar)*
~ tampón Pufferschaltung *f*, Puffer(strom)kreis *m*
~ tapón Stromresonanzkreis *m*
~ telefónico Fernsprechleitung *f*, Telefonleitung *f*, Sprech(strom)kreis *m*, Fernsprechkreis *m*
~ de vaivén Gegentaktschaltung *f*
~ de vía Gleichstromkreis *m (elektrische Eisenbahn)*
~ de voz *(Tele)* Sprechleitung *f*, Sprechkreis *m*

circulación *f* 1. Zirkulation *f*, Kreislauf *m*; Umlauf *m*, Umwälzung *f*, Strömung *f*, Durchfluss *m*; 2. *(Math)* Zirkulation *f*, Randintegral *n (eines Vektorfeldes)*; 3. Verkehr *m*
~ del agua refrigerada *(Kfz)* Kühlwasserumlauf *m*
~ de aire Luftumlauf *m*, Luftumwälzung *f*

circulador *m* 1. *(El)* Zirkulator *m*, Ringleiter *m*; 2. Umwälzpumpe *f*

circular *v* 1. zirkulieren; kreisen; umlaufen; (durch)strömen, (durch)fließen; 2. verkehren

círculo *m* Kreis *m*; Kreislinie *f*
~ de alineación Theodolit *m*
~ circunscrito *(Math)* Umkreis *m*, umbeschriebener Kreis *m*
~ de curvatura *(Math)* Krümmungskreis *m*
~ de difusión *(Opt)* Zerstreuungskreis *m*, Unschärfenkreis *m*, Streukreis *m*
~ de engrane Teilkreis *m (Zahnrad)*
~ exterior Kopfkreis *m (Zahnrad)*
~ de fondo Grundkreis *m (Zahnrad)*
~ graduado Teilkreis *m (Winkelmessung)*
~ inscrito *(Math)* Inkreis *m*, einbeschriebener Kreis *m*
~ interior Fußkreis *m (Zahnrad)*
~ primitivo Teilkreis *m (Zahnrad)*
~ trigonométrico [unidad, unitario] *(Math)* Einheitskreis *m (Kreis vom Radius r = 1)*
~ de virada *(Kfz)* Wendekreis *m*

circunferencia *f* 1. Kreislinie *f*; 2. Peripherie *f*, Umkreis *m*; Umfang *m*
circunscribir *v* umschreiben *(einen Kreis)*
circunscripción *f* Umschreibung *f (Kreis)*
circunterrestre erdnah, in Erdnähe
circunvolución *f* 1. Windung *f*; 2. *s.* revolución

ciudadela *f (Schiff)* Brückendeck *n*
cizalla *f* 1. Schere *f*, Eisenschere *f*, Metallschere *f*, Blechschneidemaschine *f*; 2. *(Typ)* Papierschneidemaschine *f*
~ de alambre Drahtschere *f*
~ de chapa Blechschere *f*
~ de guillotina Tafelschere *f*
~ de palanca Hebelschere *f*
~ para setos Heckenschere *f*

cizalladora *f* Schneidemaschine *f*, Blechschneidemaschine *f*
cizalladura *f* 1. Schneiden *n*; Abschneiden *n*; Scheren *n*; 2. Schubspannung *f*
cizallamiento *m* 1. Schneiden *n*; Abschneiden *n*, Scheren *n*; 2. Schubspannung *f*
cizallar *v* scheren, schneiden, Blech schneiden

claraboya *f* Dachfenster *n*; Dachluke *f*, Oberlicht *n*
claridad *f* 1. Helligkeit *f*, Schärfe *f*; 2. *(Opt)* Bildschärfe *f*
~ de la sintonización Abstimmschärfe *f*
clarificador *m* 1. Klärapparat *m*; Klärgefäß *n*, Absetzgefäß *n*; 2. Klärmittel *n*
clarificar *v* (ab)klären; reinigen; (ab)läutern
claro *m* 1. lichte Weite *f*; 2. Oberlicht *n*
clasificación *f* 1. Klassifikation *f*, Klassifizierung *f*, Einteilung *f*; 2. Schiffsklassifikation *f*; 3. Sichtung *f*, Sortierung *f*
~ en chorro de aire *(Met)* Luftstrahlsiebung *f*
~ por extracción *(Inf)* Auswahlsortierung *f*, Sortieren *n* durch Extraktion

~ **por fusión** (Inf) Mischsortierung f, Sortieren n durch Mischen
~ **granulométrica** Korngrößenklassierung f, Korngrößentrennung f
~ **por gravedad** Schwerkraftaufbereitung f, Schwerkraftklassierung f
~ **hidráulica** Nassklassierung f
~ **neumática** Windseparation, Windsichtung f, Luftstromsichtung
~ **periódica** (Ch) Periodensystem n
~ **por tamices [tamizado]** Siebklassierung f

clasificador m Klassierer m, Klassiergerät n, Klassierapparat m, Klassiersieb n; Sortierer m, Sortiermaschine f; Sortieranlage f; Sichter m, Sichtapparat m
~ **de granos** Getreidesichter m; Getreidesortierer m
~ **por gravedad** Schwerkraftklassierer m
~ **hidráulico** Nassklassierer m; Stromklassierer m
~ **neumático** Windsichter m
~ **de tambor** Siebtrommel f
~ **de tamiz vibratorio** Schwingsieb n, Vibrationssieb n
~ **vibrante** Schüttelsieb n, Schüttelklassierer m

clasificadora f Klassiermaschine f, Sortiermaschine f, Sortierer m, Sortiergerät n
~ **de patatas** Kartoffelsortiermaschine f, Kartoffelsortierer m
~ **de semillas** Saatgutsortierer m, Auslesemaschine f, Trieur m

clasificar v klassifizieren, einteilen; sortieren; klassieren, sichten

clavadora f Nagelmaschine f

clavar v 1. (ver)nageln; beschlagen; 2. einrammen (Pfahl)

clave f 1. Schlüssel m, Code m; Legende f; 2. (Bw) Scheitel m; Schlussstein m
~ **del arco** Bogenscheitel m
~ **de cifrado** Chiffrierschlüssel m
~ **de clasificación** (Inf) Sortierschlüssel m, Sortierbegriff m
~ **identificadora [identificativa]** (Inf) Kennungsschlüssel m
~ **mnemónica** mnemonischer Code m [Befehlscode m] (Code mit erläuternden Kürzeln)

clavija f 1. Stift m, Bolzen m; Dübel m; Splint m; 2. (El) Stöpsel m, Stecker m

~ **de banana** Bananenstecker m
~ **de la bujía** (Kfz) Kerzenstecker m
~ **de la cigüeña** Kurbelzapfen m
~ **de conexión** Anschlussstöpsel m, Verbindungsstöpsel m, Verbindungsstecker m
~ **de conexión estándar** Normstecker m
~ **de contacto** Kontaktstöpsel m, Schaltstift m, Steckstift m, Stecker m
~ **de émbolo** Kolbenbolzen m
~ **enchufable [de enchufe]** Stöpsel m, Stecker m
~ **hendida** geschlitzter Sicherungsstift m, Splint m
~ **de la red** Netzstecker m

clavillo m Stift m (z. B. eines Scharniers)

clavo m 1. Nagel m; Hakennagel m, Stift m; 2. (Schiff) Spieker m
~ **de rosca** Schlagschraube f
~ **tiro** Einschießbolzen m

clema f (Inf) Stromkabel n

clic m (Inf) Klicken n, Klick m • **hacer** ~ (an)klicken
~ **/doble** Doppelklick m
~ **del ratón** Mausklick m

clidonógrafo m (El) Klydonograph f, Gleitmessfunkenstrecke f

climatizador m Klimaanlage f

clinca f (Bw) Klinker m

clinómetro m Neigungsmesser m, Inklinometer n, Klinometer n, Gefällemesser m

clip m Klammer f, Klemme f; Halter m; Büroklammer f

clisar v (Typ) klischieren

clisé m 1. (Typ) Druckstock m; Klischee n; 2. (Foto) Negativ n

clistrón m (Eln) Klystron n, Triftröhre f

clivaje m (Min) Spaltung f, Abspaltung f

cloración f 1. Chloren n, Chlorung f (von Wasser); 2. Chlorieren n, Chlorierung f (Form der Halogenierung)

clorar v chlorieren

clorhidrato m Hydrochlorid n

clorhídrico salzsauer

cloro m Chlor n, Cl

clorobenceno m Chlorbenzen n, Chlorbenzol n, Phenylchlorid n

clorobutadieno m Chlorbutadien n, Chloropren n

clorometano m Methylchlorid n, Chlormethan n

cloruro m Chlorid n

cloruro 92

~ **de hidrógeno** Chlorwasserstoff *m*
~ **polivinílico [de polivinilo]** Polyvinylchlorid *n*, PVC
coagulador *m (Ch)* Koagulationsmittel *n*, Koagulans *n*
coagular *v* koagulieren, gerinnen lassen, ausflocken
coaltar *m* Steinkohlenteer *m*
coaxial gleichachsig, koaxial
cobaltar *v (Met)* Cobaltieren, vercobalten
cobalto *m* Cobalt *n*, Kobalt *n*, Co
cobija *f (Bw)* Mönch *m (Dachziegel)*
cobraquial gleicharmig
cobre *m* Kupfer *n*, Cu
~ **abigarrado** *(Min)* Buntkupferkies *m*, Bornit *m*
~ **en barras** Stangenkupfer *n*
~ **catódico [cátodo]** Katodenkupfer *n*, Elektrolytkupfer *n*
~ **en chapas** Walzkupfer *n*, Blattkupfer *n*, Kupferblech *n*
~ **fino** Raffinatkupfer *n*, Hüttenkupfer *n*, Hammerkupfer *n*
~ **precipitado** Zementkupfer *n*, Kupferniederschlag *m*, Kupferpräzipitat *n*, Niederschlagskupfer *n*, Kupferzementit *n*
~ **al silicio** Siliciumbronze *f*
~ **para soldadura** Kupferlot *n*, Lötkupfer *n*
cobrear *v* verkupfern
cobrizar *v* verkupfern
cocción *f* 1. Kochen *n*, Kochung *f*; Sud *m*; 2. Brennen *n*; Glühen *n*; 3. *(Met)* Rösten *n*; Brand *m* • **corto de** ~ ungebrannt
cocedor *m* Kocher *m*; Dämpfer *m*
cocer *v* 1. sieden, kochen; 2. brennen; glühen; 3. *(Met)* rösten
cociente *m (Math)* Quotient *m*
~ **diferencial** Differenzialquotient *m*
~ **estequiométrico** Stöchiometriezahl *f*, stöchiometrischer Koeffizient *m*
cockpit *m* 1. *(Flg)* Cockpit *n*; Führerraum *m*, Kanzel *f*; 2. *(Schiff)* Plicht *f*
cóclea *f* 1. *(Ph)* archimedische Schraube *f* [Schnecke *f*]; 2. *(Förd)* Rohrschneckenförderer *m*
cocodrilo *m* 1. Greifer *m*; 2. *(Eb)* Fahrsperre *f*, Fahrsperreinrichtung *f*
coche *m* 1. Personenkraftwagen *m*, PKW *m*; Kleinkraftwagen *m*; Wagen *m*; geschlossener Wagen *m*; 2. *(Eb)* Waggon *m*, Wagen *m*
~ **de arrastre** Beiwagen *m*
~ **autopropulsado** *(Eb)* Triebwagen *m*
~ **sobre carriles** Schienenfahrzeug *n*, Gleisfahrzeug *n*
~ **deportivo de gran turismo** *(Kfz)* Grand-Tourisme-Wagen *m*, GT-Wagen *m*
~ **descapotable** Kabrio(lett) *n*, Cabrio(lett) *n*, Kabriolimousine *f*
~ **de dos pisos** Doppelstockwagen *m*
~ **ferroviario** Eisenbahnwaggon *m*, Eisenbahnwagen *m*
~ **limpio** umweltfreundliches Auto *n*
~ **litera** *(Eb)* Liegewagen *m*
~ **motor** *(Eb)* Triebwagen *m*
~ **pequeño [de poca cilindrada]** Kleinwagen *m*
~ **refrigerador** *(Eb)* Kühlwagen *m*
~ **de remolque** Abschleppwagen *m*, Abschleppfahrzeug *n*
~ **(de) todo terreno** Geländefahrzeug *n*, Geländewagen *m*, geländegängiger Personenkraftwagen *m*, Jeep *m*
~ **utilitario** Nutzfahrzeug *n*
~ **vivienda** Wohnwagen *m*; Caravan *m*
coche-anfibio *m* Amphibienfahrzeug *n*
cochura *f* Brennen *n*, Brand *m (Keramik)*
codal *m* 1. Spreize *f*, Versteifung *f*; 2. Zimmermannswinkel *m*
codaste *m (Schiff)* Achtersteven *m*, Hintersteven *m*; Rudersteven *m*
codera *f (Schiff)* Hecktau *n*
codificación *f* 1. *(Inf)* Codierung *f*, Verschlüsselung *f*, Programmnotierung *f* in Maschinensprache; Codeerstellung *f*; 2. *(Inf)* Programmierung *f*
codificador *m* Codierer *m*
codificar *v* codieren, verschlüsseln
código *m (Inf)* Code *m*, Schlüssel *m*; Kennzahl *f*
codillo *m* Biegung *f*, Krümmung *f*, Knie *n (Rohr)*
codo *m* Rohrkrümmer *m*, Kniestück *n*, Krümmer *m*; Kröpfung *f*
~ **del cigüeñal** Kurbel(wellen)kröpfung *f*
~ **tubular** Rohrkrümmer *m*
coeficiente *m* Koeffizient *m*; Faktor *m*; Leitzahl *f*; Beiwert *m*; Grad *m*; Maß *n*
~ **de absorción acústica [sonora]** Schallabsorptionsgrad *m*, Schallschluckgrad *m*
~ **de acarreo** *(Inf)* Übertragsfaktor *m*, Carry-Flag *n*

cohesión

~ **de acidez** *(Ch)* Säuregrad m, Aziditätsgrad m
~ **de acoplamiento** *(El)* Kopplungsfaktor m, Kopplungskoeffizient m, Kopplungsbeiwert m
~ **de adherencia** *(Kfz)* Haftreibungsbeiwert m, Kraftschlussbeiwert m
~ **aerodinámico** *(Flg)* aerodynamische Güte f
~ **de afinamiento** *(Schiff)* Völligkeitsgrad m
~ **de aislamiento** Dämmwert m *(Akustik)*
~ **de amortiguación** Dämpfungskoeffizient m, Dämpfungsziffer f, Dämpfungsfaktor m
~ **de amplificación** Verstärkungsfaktor m, Verstärkungskoeffizient m
~ **angular** Winkelkoeffizient m *(der Tangente)*
~ **de atenuación** *(El)* Dämpfungskonstante f, Schwächungskoeffizient m
~ **de autoestabilidad** Ausgleichswert m *(Regeltechnik)*
~ **de carga** 1. *(El, Mech)* Belastungsfaktor m, Belastungskoeffizient m, Belastungszahl f; 2. *(El)* Lastfaktor m
~ **de conversión** 1. Konversionskoeffizient m *(Brennstoff)*; 2. *(Kern)* Umwandlungsfaktor m
~ **de deslizamiento** 1. *(Mech)* Schubkoeffizient m; 2. *(Flg)* Gleitzahl f; 3. Rutschkoeffizient m *(z. B. Sicherheitsschuhwerk)*
~ **de desplazamiento** *(Schiff)* Verdrängungskoeffizient m
~ **de difracción** *(Tele)* Beugungsdämpfungsmaß n
~ **de difusión** *(Ph, Ch)* Diffusionskoeffizient m, Diffusionskonstante f, Streufaktor m
~ **de distorsión** *(El)* Klirrfaktor m, Verzerrungsfaktor m
~ **de distribución** 1. *(Ph, Ch)* Verteilungskoeffizient m; 2. *(Opt)* Spektralwert m
~ **de empuje (de tobera)** Schubkraftbeiwert m, Schubkoeffizient m, Schubverhältnis n *(z. B. Strahltriebwerk)*
~ **de estela** *(Schiff)* Nachstromziffer f
~ **de estiba** *(Schiff)* Staumaß n, Staufaktor m, Staukoeffizient m
~ **de extensión** 1. Dehnungskoeffizient m *(Statik)*; 2. *(Ch)* Ausbreitungskoeffizient m, Spreitungskoeffizient m; Benetzungskoeffizient m
~ **de finura** *(Schiff)* Blockkoeffizient m, Völligkeitsgrad m der Verdrängung
~ **de flotabilidad** *(Schiff)* Auftriebszahl f, Auftriebsbeiwert m
~ **de fricción [frotamiento]** *(Mech)* Reibungskoeffizient m, Reibungsfaktor m, Reibbeiwert m
~ **de pandeo** *(Mech)* Knickspannung(szahl) f
~ **de parpadeo** Flimmerkoeffizient m *(Beleuchtung)*
~ **de penetración** 1. Walkzahl f *(z. B. von Ölen und Fetten)*; 2. *(Eln)* Durchgriff m
~ **de ponderación** Wichtungsfaktor m, Gewichtsfaktor m, Gewichtskoeffizient m *(Statistik)*
~ **propulsivo** *(Schiff)* Propulsionsgütegrad m, Propulsionsbeiwert m
~ **de radiación** Abstrahlgrad m *(Akustik)*
~ **de reducción de ruido** Abstrahldämmmaß n *(Akustik)*
~ **de rendimiento** Wirkungsgrad m
~ **de resistencia** 1. *(Mech)* Widerstandsbeiwert m; 2. *(El)* Widerstandskoeffizient m, spezifischer Widerstand m
~ **de retracción** Schwindmaß n
~ **de rigidez** *(Mech)* Steifigkeitskoeffizient m, Steifezahl f, Schubelastizitätsmodul m; Federkonstante f
~ **de rotura** *(Mech)* Festigkeitsgrad m; Bruchfestigkeit f
~ **de solubilidad** *(Ch)* Löslichkeitskoeffizient m, Löslichkeitskonstante f
~ **del sonido** Schallkenngröße f
~ **de sustentación** *(Flg)* Auftriebsbeiwert m
~ **térmico (de expansión)** Wärmeausdehnungszahl f
~ **de transmisión** Übertragungsfaktor m, Übertragungskoeffizient m
~ **de velocidad** Geschwindigkeitskoeffizient m, Geschwindigkeits(bei)wert m; Ausflussziffer f *(Strömung)*

cofásico gleichphasig
cofre m 1. Kasten m; 2. Gehäuse n; 3. Container m, Transportbehälter m *(für radioaktive Stoffe)*; 4. *(Am)* Motorhaube f, Kühlerhaube f; 5. Schaltschrank m
cohesión f 1. Kohäsion f; 2. *(Eln)* Frittung f; 3. *(Geol)* Bindigkeit f *(Boden)*

cohesionar

cohesionar *v (Eln)* fritten
cohesividad *f* Haftfähigkeit *f*
cohesivo 1. kohäsiv, Kohäsions...; 2. *(Geol)* bindig *(Boden)*
cohesor *m (Eln)* Fritter *m*, Kohärer *m*
cohetada *f* Raketenstart *m*
cohete *m* Rakete *f*, Flugkörper *m*; ungelenkte Rakete *f*; Raketengeschoss *n*
~ **compuesto** Mehrstufenrakete *f*, Stufenrakete *f*
~ **conducido** gelenkte Rakete *f*, Lenkrakete *f*
~ **de despegue** Startrakete *f*
~ **dirigido** gelenkte Rakete *f*, Lenkrakete *f*
~ **espacial** Raumfahrt-Trägerrakete *f*
~ **guiado** gelenkte Rakete *f*, Lenkrakete *f*
~ **de investigación** Forschungsrakete *f*
~ **iónico** Rakete *f* mit Ionentriebwerk
~ **meteorológico** Wetterrakete *f*, meteorologische Rakete *f*
~ **multietapa** Stufenrakete *f*, Mehrstufenrakete *f*
~ **portaamarra** *(Schiff)* Rettungsrakete *f*
~ **de propulsante líquido** Flüssigkeitsrakete *f*
~ **de propulsante sólido** Feststoffrakete *f*, Pulverrakete *f*
~ **de señales** Signalrakete *f*, Leuchtrakete *f*
~ **sonda** Raketensonde *f*, Höhenrakete *f*
cohetería *f* Raketentechnik *f*, Raketenbau *m*
coincidencia *f* Koinzidenz *f*, Deckung *f*, Zusammenfallen *n*, Zusammentreffen *n*; Gleichzeitigkeit *f*, zeitliches Zusammentreffen *n*
coincidir *v* koinzidieren, zur Deckung kommen; sich decken; übereinstimmen; zusammenfallen; synchron sein
cojín *m* 1. Kissen *n*; 2. *(Schiff)* Fender *m*
cojinete *m* 1. *(Masch)* Lager *n*, Gleitlager *n*; 2. *(Eb)* Schienenlager *n*; 3. Kissen *n*; Polster *n*; 4. Schneidbacke *f (einer Drehmaschine)*
~ **de agujas** Nadellager *n*
~ **ajustable** nachstellbares Lager *n*
~ **antifricción** Wälzlager *n*
~ **de apoyo** Stützlager *n*, Traglager *n*
~ **autolubricante** selbstschmierendes Lager *n*, Selbstschmierlager *n*
~ **de biela** Pleuellager *n*
~ **de bolas** Kugellager *n*

~ **del cigüeñal** Kurbelwellenlager *n*
~ **de contacto plano** Gleitlager *n*
~ **de contacto rodante** Wälzlager *n*
~ **de deslizamiento** Gleitlager *n*
~ **de engrase** Schmierlager *n*
~ **sin engrase** selbstschmierendes [ölfreies] Lager *n*, Öllosslager *n*, Dauerschmierlager *n*
~ **de fricción** Gleitlager *n*
~ **de guía** Führungslager *n*
~ **del husillo** Spindellager *n*
~ **liso** Lagerbuchse *f*
~ **oscilante** Pendellager *n*
~ **de peine** Kammlager *n*
~ **del perno del émbolo** Kolbenbolzenauge *n*, Kolbenbolzenlager *n*
~ **de pivote** Zapfenlager *n*
~ **de presión** Drucklager *n*
~ **de resbalamiento** Gleitlager *n*
~ **rígido de bolas** Rillenkugellager *n*
~ **de rodadura [rodamiento]** Wälzlager *n*
~ **de rodillos** Rollenlager *n*
~ **de roscar** Gewinde(schneid)kopf *m*; Gewindeschneideisen *n*
~ **de rótula** Kugellager *n*
~ **rozante** Gleitlager *n*
cola *f* 1. Schwanz *m (z. B. Flugzeug)*; 2. Heckleitwerk *n*; 3. *(Astr)* Schweif *m*; 4. Warteschlange *f*, Schlange *f (Bedienungstheorie)*; 5. *(Tele)* Schlussfeld *n*; 6. Schaft *m*; 7. *(Masch)* Mitnehmerlappen *m*, Auswerferlappen *m*; 8. Leim *m*
~ **de impresión** Druckwarteschlange *f*
~ **del fuselaje** *(Flg)* Rumpfheck *n*
~ **inversa** *(Inf)* LIFO-Prinzip *n (zuletzt eingegebene Daten werden zuerst ausgegeben)*
~ **movible** *(Flg)* Steuerflügel *m*
~ **de prioridades** Warteschlange *f* [Bedienungssystem *n*] mit Prioritäten
~ **de la red** 1. *(Inf)* Netzwerkwarteschlange *f*; 2. *(Schiff)* Steert *m*
colada *f* 1. *(Met)* Guss *m*, Abguss *m*; Schmelze *f*; 2. Abstich *m (im Hochofen)*; 3. Wäsche *f*, Waschlauge *f*; 4. *(Geol)* erstarrte Lava *f*
~ **centrífugal** Schleuderguss *m*
~ **continua** Stranggießen *n*
~ **(en) coquilla** Hartguss *m*, Kokillenguss *m*, Schalenguss *m*
~ **por gravedad** Kokillenguss *m*
~ **inyectada** Spritzguss *m*

~ **en lingote** Blockguss m
~ **maleable** Temperguss m
colador m Filter(einsatz) m, Durchschlag m, Seihe f; Seihetuch n; Sieb n
colar v 1. gießen *(in Form)*; 2. durchseihen, filtrieren, kolieren, sieben
colchón m **de aire** Luftkissen n
colección f 1. Sammlung f; 2. Erfassung f; Satz m
~ **de bits** Bitmuster n
~ **de caracteres** *(Inf)* Zeichensatz m, Zeichenvorrat m
~ **de instrucciones** Befehlssatz m, Befehlsrepertoire n
~ **de sonidos** Klang-Zusammenstellung f *(Multimedia)*
colector m 1. Sammler m, Sammelrohr n; Auffangschale f, Auffanggefäß n; 2. *(El)* Kollektor m, Schleifring m, Kommutator m; 3. Kollektor m, Sammler m *(Transistor)*
~ **de aceite** Ölfang m, Ölfänger m, Ölauffangschale f, Ölsumpf m
~ **de aguas urbanas** Entwässerungskanal m, Sammler m
~ **de aire** Windkessel m; Luftaufnehmer m
~ **de cabezas** Vorlaufbehälter m *(Destillation)*
~ **de corriente** *(El)* Stromabnehmer m
~ **de chispas** Funkenfänger m
~ **de datos** *(Inf)* Datenempfänger m; Datensenke f
~ **de escape** *(Kfz)* Auspuffsammel(rohr)leitung f; Auspuffkrümmer m
~ **de humos** Rauchfang m
~ **pantógrafo** *(El)* Scherenstromabnehmer m
~ **de sentina** *(Schiff)* Lenzleitung f, Bilgeleitung f, Lenzrohr n
colgador m Aufhängung f, Aufhängevorrichtung f, Halter m
~ **de tubo** Rohrschelle f
colgante m Befestigung f; Haken m
colgar v aufhängen; anhängen; auflegen *(Hörer)*
colimar v kollimieren, parallel richten *(Strahlen)*
colineal *(Math)* linienflüchtig, kollinear
colisa f *(Masch)* Kulisse f
colocación f Positionierung f, Anbringung f
~ **de cables** Kabelverlegung f, Kabelauslegung f

~ **de teclado** Tastaturanordnung f
~ **de tejados** Dachdecken n
~ **en tierra** Erdverlegung f *(Kabel)*
~ **de tubos** Rohrverlegung f
~ **de vía** *(Eb)* Gleisverlegung f
colocador m **de vía** Gleisverleger m; Gleislegemaschine f
colocar v 1. unterbringen; anbringen; (auf)legen; 2. *(Bgb)* setzen *(Stempel)*; verlegen *(z. B. Kabel)*
~ **en órbita** auf die Umlaufbahn bringen
~ **la quilla** *(Schiff)* (auf) Kiel legen
~ **tubos** verrohren; Rohre verlegen
color m Farbe f; Färbung f, Farbton m; Färbemittel n
~ **cáustico** Beize f
~ **después de cocción** Brennfarbe f *(Keramik)*
~ **a cola** Leimfarbe f
~ **cubridor** Deckfarbe f
~ **de estampación** Druckfarbe f
~ **fluorescente** Fluoreszenzfarbe f, Leuchtfarbe f; Signalfarbe f
~ **de fondo** Hintergrundfarbe f
~ **fusible** Emaillefarbe f, Öllackfarbe f
~ **de impresión** Druckfarbe f
~ **luminoso** Leuchtfarbe f
~ **llamativo** Signalfarbe f
~ **primario** *(Opt)* Grundfarbe f, Primärfarbe f
~ **de recocido [revenido]** *(Met)* Anlassfarbe f, Anlauffarbe f
~ **de seguridad [señalización]** Sicherheitsfarbe f
~ **subbarniz** Vorstreichfarbe f
~ **de temple** *(Met)* Anlassfarbe f, Anlauffarbe f
coloración f 1. Färbung f; Farbe f; Farbigkeit f; 2. Verfärbung f; 3. Färben n, Einfärben n
colorante m Farbstoff m, Färbemittel n
colorar v färben
colorear v (an)färben
~ **con nogalina** beizen *(Holz)*
colorimetría f Kolorimetrie f, Farbmessung f
colorímetro m Kolorimeter n, Farbmesser m
columbita f Columbit m, Niobit m
columna f 1. *(Bw)* Säule f; Pfosten m; Stiel m; Stütze f; 2. *(Bgb)* Stempel m; 3. *(Masch)* Führungssäule f; Ständer m; 4.

columna

(Inf) Spalte *f*; 5. *(Ch)* Kolonne *f*, Turm *m*;
6. *(Typ)* Kolumne *f*; Spalte *f*; Rubrik *f*
- **~ absorbedora [de absorción]** Absorptionskolonne *f*, Absorptionsturm *m*
- **~ desecadora** Trockenturm *m*
- **~ de destilación** Destillierkolonne *f*
- **~ de dirección** *(Kfz)* Lenksäule *f*, Lenkstock *m*, Lenkspindel *f*
- **~ fraccionadora [de fraccionamiento]** Fraktionierkolonne *f*, Fraktionieraufsatz *m*
- **~ hidrante** Hydrant *m*
- **~ de lavado** Waschkolonne *f*
- **~ de mercurio** *(Ph)* Quecksilbersäule *f*
- **~ refrigerante** *(Ch)* Kühlkolonne *f*
- **~ telescópica de dirección** *(Kfz)* Teleskoplenksäule *f*

collar *m* 1. Ring *m*; Band *n*; Bügel *m*, Schelle *f*; 2. Bund *m*
- **~ de ajuste** Stellring *m*
- **~ de apriete** Zugband *n*
- **~ del árbol** Wellenbund *m*
- **~ de contacto** *(El)* Schleifring *m*
- **~ espaciador** Abstandsring *m*, Distanzring *m*
- **~ de retén** Sperrring *m*; Haltering *m*

collarín *m* 1. Ring *m*; Muffe *f*; Hülse *f*; 2. Wellenbund *m*; 3. Telleransatz *m*

collete *m* Tragzapfen *m*

coma *f* 1. *(Opt)* Koma *f*, Asymmetriefehler *m*; 2. *(Math)* Komma *n*

comando *m* 1. Führung *f*, Steuerung *f*, Steuervorrichtung *f*; 3. *(Inf)* Befehl *m*; Kommando *n*, Anweisung *f*
- **~ a ejecutar** Steuerbefehl *m*
- **~ residente** residentes Kommando *n*, interner Befehl *m*

comba *f* Krümmung *f*, Biegung *f*, Durchbiegung *f*
- **~ del cable** Seildurchhang *m*

combado *m* *(Kfz)* Sturz *m*, Radsturz *m*

combadura *f* Durchbiegung *f*, Ausbuchtung *f*

combarse *v* sich durchbiegen, durchhängen

combés *m* *(Schiff)* Mitteldeck *n*

combinación *f* 1. *(Math)* Kombination *f*; Verknüpfung *f*, Verbindung *f*; 2. *(Ch)* Verbindung *f*; 3. *(El)* Verbindung *f*; 4. *(Masch)* Kombination *f*

combinada *f* *(Lt)* Vollerntemaschine *f*, Kombine *f*; Mähdrescher *m*

- **~ cañera** Zuckerrohr(ernte)kombine *f*
- **~ cosechadora de cereales** Getreidevollerntemaschine *f*, Getreidemähdrescher *m*
- **~ silocosechadora** Silofutterkombine *f*

combinado 1. *(Ch)* kombiniert; gebunden; 2. *(El)* geschaltet
- **~ en paralelo** parallel geschaltet
- **~ químicamente** chemisch gebunden
- **~ en serie** in Reihe geschaltet

combinado *m* 1. Verbindung *f*; 2. *(Flg)* Kombinationsflugschrauber *m*; 3. *s.* microteléfono

combinador *m* *(El)* Anlasswiderstand *m* *(bei Elektromotoren)*; Folgeschalter *m*
- **~ de gobierno** *(Eb)* Fahrschalter *m*
- **~ híbrido** *(Tele)* Hybridkoppler *m*

combinar *v* 1. kombinieren; verbinden; 2. chemisch binden

combinatoria *f* *(Math)* Kombinatorik *f*, Kombinationslehre *f*

comburente *m* *(Ch)* Oxidationsmittel *n*, Oxidans *n*; Oxidator *m*, Sauerstoffträger *m* *(für Raketenantrieb)*

comburente verbrennungsfördernd

combustible *m* 1. Brennstoff *m*; 2. *(Flg)* Treibstoff *m*; 3. *(Kfz)* Kraftstoff *m*
- **~ antidetonante** klopffester Kraftstoff *m*
- **~ de cohetes** Raketentreibstoff *m*
- **~ Diesel** Dieselkraftstoff *m*, DK
- **~ empobrecido** *(Kern)* abgereicherter Brennstoff *m*
- **~ enriquecido** *(Kern)* angereicherter Brennstoff *m*
- **~ ligero** Vergaserkraftstoff *m*
- **~ líquido** 1. flüssiger Brennstoff *m*; 2. *(Rak)* Flüssig(keits)treibstoff *m*
- **~ nuclear** Kernbrennstoff *m*, Spaltstoff *m*
- **~ pesado** schwerer Kraftstoff *m*, Schweröl *n*, Bunker-C-Öl *n*
- **~ de propulsión** Raketentreibstoff *m*
- **~ para reactor** *(Kern)* Reaktorbrennstoff *m*
- **~ sólido** 1. fester Brennstoff *m*, Festbrennstoff *m*; 2. *(Rak)* Festtreibstoff *m*

combustión *f* Verbrennung *f*, Verbrennen *n*; Ausbrennen *n*
- **~ espontánea** Selbst(ent)zündung *f*, Spontanzündung *f*
- **~ incompleta** unvollständige [unvollkommene] Verbrennung *f*
- **~ con llama de retroceso** Rückbrennung *f*
- **~ nuclear** *(Kern)* Abbrand *m*, Ausbrand *m*

~ retardada 1. schleichende Verbrennung f; 2. *(Rak)* Nachverbrennung f, Nachbrennen n
combustóleo m Dieseltreibstoff m; Masut n
comedero m *(Lt)* Fütterungsanlage f, Futteranlage f; Krippe f; Futtertrog m
comedor m *(Schiff)* Messe f
comodidad f **de uso** Benutzerfreundlichkeit f
comodín m 1. *(Inf)* Joker m, Stellvertreterzeichen n; Wildcard n *(Sonderzeichen zur Auswahl von Dateigruppen)*; 2. *(Typ)* Setzregal n
compactación f Verdichtung f, Komprimierung f
~ de datos *(Inf)* Datenverdichtung f
~ de desechos Abfallkompaktierung f
~ de la memoria *(Inf)* Speicherverdichtung f
~ de polvos *(Met)* Pulververdichtung f
~ del suelo *(Bw)* Bodenverdichtung f
compactador m *(Bw)* Verdichtungsgerät n
compactar v 1. verdichten, komprimieren; 2. *(Met)* pressformen
compact-disc m Compactdisc f, Compact Disc f, CD f
compacto 1. kompakt; fest; dicht; gedrungen; 2. *(Typ)* ungesperrt, nicht spationiert *(Buchstaben)*; kompress, undurchschossen *(Zeilen)*
compacto m 1. CD-Player m; 2. Kompaktanlage f; 3. *s.* compact-disc
compaginación f *(Typ)* Umbruch m
compaginador m *(Inf)* Linker m, Binder m, Bindeprogramm n, Bindeeditor m
compaginar v *(Typ)* umbrechen
compandor m *(Tele)* Kompander m, Kompandierer m, Dynamikregler m
comparador m 1. *(Inf)* Vergleicher m; 2. *(Feinw)* Komparator m; Feinzeiger m
comparar v vergleichen, gegenüberstellen
compartición f Aufteilung f
~ de memoria *(Inf)* Speicheraufteilung f
~ de tiempos *(Inf)* Timesharing n, Zeitteilung f, Teilnehmerbetrieb m, Zeit(an)teilverfahren n *(Technik des Mehrprogrammbetriebes)*
compartimentación f Raumaufteilung f
~ estanca *(Schiff)* wasserdichte Unterteilung f
compartimentar v aufteilen; einteilen

compartimiento m 1. Abteilung f; Sektion f; Raum m; Fach n; 2. *(Eb)* Abteil n; 3. *(Schiff)* Abteilung f, wasserdichte Abteilung f
~ del ala Tragflächensektion f, Flügelsektion f
~ de calderas Kesselraum m
~ estanco *(Schiff)* wasserdichter Raum m, wasserdichte Abteilung f
~ de instrumentos *(Rak)* Gerätezelle f
~ inundado *(Schiff)* Flutabteilung f, gefluteter Raum m
~ de máquinas Maschinenraum m
~ motor *(Kfz)* Motorraum m
~ de pozo *(Bgb)* Trum m(n)
compartir v verteilen; abteilen; einteilen
compás m 1. Kompass m; 2. *(Feinw)* Zirkel m; Messtaster m
~ de arco Bogenzirkel m
~ de bote Bootskompass m
~ de círculos Nullzirkel m
~ de división Teilzirkel m
~ elíptico Ellipsenzirkel m
~ de embarcación Schiffskompass m
~ de espesores Messzirkel m; Dickenmesser m, Außentaster m
~ giroscópico Kreiselkompass m
~ de gobierno Steuerkompass m
~ graduado Messzirkel m
~ de gruesas Dickenlehre f, Fühlerlehre f
~ de interiores Innentaster m, Lochzirkel m
~ magistral Mutterkompass m
~ micrométrico Mikrometer n; Feinmessschraube f
~ de punta fija Stechzirkel m
~ repetidor Tochterkompass m, Kreiseltochter f, Kompasstochter f
~ de varas Stangenzirkel m
compasar v abzirkeln, ausmessen; abmessen
compatibilidad f 1. Kompatibilität f, Verträglichkeit f, Vereinbarkeit f, Anpassungsfähigkeit f; 2. *(Math)* Widerspruchsfreiheit f
compatibilizar v in Übereinstimmung bringen; kompatibel machen
compatible 1. kompatibel, verträglich; passend; anpassungsfähig; 2. *(Math)* widerspruchsfrei
compensación f 1. Kompensation f; Ausgleich m, Abgleich m; 2. *(Eln)* Entzerrung f; 3. *(Flg)* Ruderausgleich m

compensación 98

~ **de la aguja** Kompasseinstellung *f*
~ **de amortiguamiento** *(El)* Dämpfungsausgleich *m*, Entdämpfung *f*, Dämpfungsentzerrung *f*
~ **de la carga** 1. *(Förd)* Lastausgleich *m*; 2. *(El)* Lastabgleich *m*
~ **equilibradora** Auswuchtung *f*, Auswuchten *n*
~ **de fase** Phasenausgleich *m*, Phasenkompensation *f*; Phasenentzerrung *f*
~ **de presión** Druckausgleich *m*
~ **de la tensión** Spannungsausgleich *m*
~ **de tierras** *(Bw)* Nivellierung *f*
compensador *m* 1. Kompensator *m*, Ausgleicher *m*, Ausgleichvorrichtung *f*; 2. *(EIn)* Entzerrer *m*; 3. (optischer) Kompensator *m*, Streckenkompensator *m*
~ **de fase** *(El)* Phasenschieber *m*, Phasenentzerrer *m*, Phasenausgleicher *m*
~ **de frenado [freno]** Bremsreguliervorrichtung *f*
~ **de línea** Leitungsentzerrer *m*
~ **de marejada** Wellenbrecher *m (Schutz gegen Seegang)*
~ **de ruedas** *(Kfz)* Radauswuchtvorrichtung *f*
compensar *v* 1. kompensieren, ausgleichen; 2. *(EIn)* entzerren
~ **a cero** auf null abgleichen
~ **dinámicamente** auswuchten
compilador *m (Inf)* Compiler *m*, Kompilierer *m*; Übersetzungsprogramm *n*, Übersetzer *m*
compilar *v (Inf)* kompilieren, übersetzen *(z. B. Programme)*
complejo 1. *(Math)* komplex; 2. zusammengesetzt, vielschichtig; 3. kompliziert
complejo *m* 1. Komplex *m*; 2. *(Math)* komplexe Zahl *f*; 3. *(Ch)* Komplex *m*; komplexe Gruppe *f*
complemento *m* 1. Ergänzung *f*, Zusatz *m*; 2. *(Math)* Komplement *n*
componedor *m (Typ)* Winkelhaken *m*
~ **mecánico** *(Typ)* Setzmaschine *f*
componente *m* Bestandteil *m*; Element *n*; Bauelement *n*, Bauteil *n*; Apparateteil *m*
~ **de dirección** *(Inf)* Adressteil *m*, Operandenteil *m (Befehl)*
~ **discreto** *(El)* Einzelbauelement *n*
~ **enchufable** *(El)* Einschub *m*
~ **estructural** Bauteil *m*; Konstruktionselement *n*

~ **lógico** logisches Element *n*, Logikelement *n*, Schaltglied *n*
~ **multimedia** *(Inf)* Multimedia-Komponente *f*
~ **por pastilla** *(EIn)* Chipbauelement *n*
~ **de repuesto** Ersatzteil *n*
~ **sujeto a desgaste** Verschleißteil *n*
~ **volátil** *(Ch)* flüchtiger Bestandteil *m*
componente *f* 1. *(Mech, El)* Komponente *f*; Teilkraft *f*; 2. Ingrediens *n*
~ **disipativa** Verlustkomponente *f*
~ **efectiva** *(El)* Wirkwert *m*
~ **imaginaria** *(El)* Scheinwert *m*
~ **óhmica** *(El)* ohmsche Komponente *f*, ohmscher Anteil *m*
~ **reactiva** *(El)* Blindkomponente *f*, Blind(an)teil *m*
~ **real** *(El)* Wirkkomponente *f*, Wirkwert *m*, reelle Komponente *f*
~ **de ruido** *(EIn)* Rauschanteil *m*
~ **tangencial** Tangentialkomponente *f*, Tangentialteilkraft *f*
componer *v* 1. *(Mech)* anbringen, festspannen; 2. reparieren; überholen; 3. zusammensetzen; mischen, kompoundieren *(z. B. Kunststoff mit Füller)*; 4. *(Typ)* setzen
comportamiento *m* Verhalten *n*
~ **acústico** akustisches Verhalten *n*, Geräuschverhalten *n (z. B. von Maschinen)*
~ **de buque** Seegangsverhalten *n*
~ **de desgaste** Verschleißverhalten *n*
~ **a la fatiga** *(Wkst)* Ermüdungsverhalten *n*
~ **en fractura** *(Wkst)* Bruchverhalten *n*
~ **a largo plazo** Langzeitverhalten *n*
~ **rutero** *(Kfz)* Straßenverhalten *n*
~ **traccional** Zugverhalten *n (Schlepper)*
composición *f* 1. Aufbau *m*; Zusammensetzung *f*; Struktur *f*; 2. chemische Zusammensetzung *f*; Mischung *f*; 3. *(Typ)* Satz *m*, Schriftsatz *m*
~ **de aleación** Legierungszusammensetzung *f*
~ **fotográfica** *(Typ)* Lichtsatz *m*, Photosatz *m*
~ **interlineada** *(Typ)* durchschossener Satz *m*
~ **luminosa** 1. Luminophor *m*, Leuchtstoff *m*; 2. Leuchtsatz *m (Pyrotechnik)*
~ **mecánica** *(Typ)* Maschinensatz *m*
~ **obturadora** Vergussmasse *f*, Ausgussmasse *f*, Füllmasse *f*

computador

~ química chemische Zusammensetzung f
compostaje m 1. Kompostierung f; 2. Kompostanlage f
~ de residuos domésticos Hausmüllkompostierung f
compound m (El) Masse f, Verbundmasse f, Kabelmasse f
compoundizar v mischen, kompoundieren (z. B. Kunststoff mit Füller)
compresible kompressibel, verdichtbar, zusammendrückbar
compresímetro m Kompressionsdruckmesser m, Kompressionsprüfer m
compresión f 1. Kompression f, Komprimierung f, Zusammendrücken n, Verdichtung f, Pressung f; 2. Druck m, Verdichtungsdruck m
~ del archivo (Inf) Dateikomprimierung f
~ de audio Audiokompression f (Multimedia)
~ de datos (Inf) Datenkomprimierung f, Datenkompression f
~ de imágenes Bildkomprimierung f (Multimedia)
~ del suelo 1. Bodenverfestigung f; 2. (Lt) Bodenverdichtung f
compresor m Kompressor m, Verdichter m; Gebläse n
~ de alta presión Hochdruckkompressor m, Hochdruckverdichter m
~ de amoníaco Ammoniakverdichter m (Kältetechnik)
~ del archivo (Inf) Dateikomprimierungsprogramm n
~ centrífugo Kreiselverdichter m, Radialverdichter m
~ de desechos Abfallverdichter m
~ de émbolo Kolbenverdichter m; Hubkolbenverdichter m
~ supersónico Überschallverdichter m
comprimido m 1. Pressung f; 2. Pressstück n; Pressling m; Tablette f
comprimir v komprimieren, verdichten, zusammendrücken; pressen
comprobación f 1. Prüfung f, Überprüfung f, Kontrolle f; Nachprüfung f; Revision f; Nachweis m; 2. Messung f, Eichung f
~ fractográfica metallographische Bruchuntersuchung f
~ de la hermeticidad Dichtigkeitsprüfung f, Dichtheitsprüfung f
comprobador m Prüfgerät n, Prüfer m

~ de alineaciones Fluchtungsprüfgerät n
~ de dureza (Wkst) Härteprüfer m; Härtemessgerät n
~ de fuerza de tracción Zugkraftmesser m
~ de gases Gasproberohr n, Gasprüfröhrchen n
~ de presión en los neumáticos (Kfz) Reifendruckmesser m, Reifendruckprüfer m
comprobar v (nach)prüfen, kontrollieren; nachweisen; (nach)messen
compuerta f 1. Schütz n (Staubrett an Schleusen und Wehren); Wehr n; Schleusentor n; 2. (Schiff) Schottentür f; Brückenfähre f; Schieber m (Verschluss)
~ de aire (Bgb) Wettertür f
~ de cierre Absperrschieber m
~ cilíndrica Walzenwehr n
~ de cuña Keilverschluss m
~ de descarga Untertor n; Unterhaupt n (Schleuse); Entleerungsschieber m
~ deslizante Schleusenschieber m; Schleusenschütz n
~ de esclusa Schleusentor n
~ estranguladora Drosselklappe f
~ sectorial Sektorwehr n; Sektorverschluss m; Sektorschütz n
compuesto m 1. (Ch) Verbindung f; 2. Gemisch n; Komposition f; 3. Verbund(werk)stoff m; 4. Segment n
~ amínico Aminoverbindung f
~ carburado Kohlenstoffverbindung f, Carbid f
~ cíclico cyclische Verbindung f, Ringverbindung f
~ de moldeo (Kst) Formmasse f
~ nitrogenado Stickstoffverbindung f
~ surfactante [tensioactivo] oberflächenaktiver Stoff m
~ volátil flüchtige Verbindung f
computación f (Inf) Rechnen n; Berechnung f
computacional rechnerisch
computador m Computer m; Rechner m; Rechenmaschine f; Rechner m; Zählvorrichtung f
~ de bolsillo Taschenrechner m
~ de kilómetros Kilometerzähler m
~ de revoluciones [vueltas] Drehzahlmesser m, Tachometer m(n), Tourenzähler m

computadora

computadora f s. ordenador
computar v (be)rechnen
computerizado computergestützt, rechnergestützt
cómputo m Berechnung f; Messergebnis n
comunicación f 1. Kommunikation f; Verbindung f; 2. Fernmeldeverbindung f; Fernmeldeverkehr m; Nachrichtenverbindung f; Nachrichtenaustausch m; 3. Verkehr m
~ **hombre-máquina** Mensch-Maschine-Kommunikation f
~ **interurbana** Ferngespräch n
~ **por radio** Funkverbindung f
~ **por satélite** Satellitenverbindung f; Satellitenfunk m
~ **de señales** Signalgebung f
~ **telefónica** Sprechverbindung f, Fernsprechverbindung f, Telefonverbindung f
~ **en tiempo real** Echtzeitkommunikation f
~ **de vídeo** Bildkommunikation f, Videokommunikation f
~ **virtual** (Tele) virtuelle Verbindung f; virtuelle Kommunikation f
~ **vocal** Sprachkommunikation f
comunicaciones fpl 1. Post- und Fernmeldewesen n; Nachrichtenwesen n; Nachrichtentechnik f; 2. Verbindungswege mpl
~ **telemáticas** Telematik f
comunicar v 1. mitteilen; 2. (Mech) übertragen (eine Kraft); 3. (Tele) verbinden; kommunizieren; übermitteln, übertragen
concatenación f Kettung f, Verkettung f, Konkatenation f
concatenar v verketten
concavidad f Konkavität f, konkave Form f, Hohlrundung f, Höhlung f, Einsenkung f
concentración f 1. Konzentration f, Konzentrierung f, Anreicherung f; 2. Eindicken n; Eindampfen n; Verdichtung f (z. B. Beton); 3. Verstärkung f (Katalyse); 4. Aufbereitung f; 5. Bündelung f; Fokussierung f (von Wellen oder Strahlen) • **de alta** ~ hochkonzentriert, hochprozentig • **de gran** ~ hochgradig
~ **ambiental permisible/máxima** maximale Emissionskonzentration f, MEK, zulässige Emissionsrate f
~ **de datos** Datenverdichtung f
~ **electrónica** Elektronendichte f, Elektronenkonzentration f
~ **por flotación** Schwimmaufbereitung f
~ **de fotones** Photonendichte f (Laser)
~ **de imperfecciones** Störstellenkonzentration f (Halbleiter)
~ **límite** Grenzkonzentration f
~ **medioambiental** Umweltkonzentration f
~ **máxima** maximale Konzentration f, Höchstkonzentration f
~ **máxima admisible** höchstzulässige Konzentration f, HZK; maximale Arbeitsplatzkonzentration f, MAK-Wert m (höchstzulässige Konzentration eines Arbeitsstoffes am Arbeitsplatz)
~ **máxima permisible de emisión** maximale Emissionskonzentration f, MEK
~ **máxima permisible de inmisión** maximale Immissionskonzentration f, MIK
~ **mínima inhibidora** minimale Hemmkonzentration f, MHK
~ **molar** (Ch) Molarität f
~ **normal** (Ch) Normalität f
~ **de nutrientes** Nährlösung f
~ **de ondas** Wellenbündelung f
~ **de sustancias nocivas** Schadstoffkonzentration f
~ **técnica de orientación** technische Richtkonzentration f
~ **techo** Spitzenkonzentration f
concentrado m Konzentrat n
concentrador m 1. (Nrt, Inf) Konzentrator m; 2. (Ch) Verdampfer m, Abdampfkessel m; Eindicker m
~ **de datos** Datenkonzentrator m, Konzentrator m, intelligenter Knoten m, Datenstationsrechner m
concentradora f (Bgb) Aufbereitungsanlage f
concentrar v 1. konzentrieren; anreichern; aufbereiten; 2. eindicken; eindampfen; verdichten (z. B. Beton); 3. verstärken (Katalyse); 4. bündeln (Wellen oder Strahlen)
concepto m 1. Konzept n; Plan m; 2. Begriff m; 3. Image n
~ **de alta tecnología** Hochtechnologiekonzept n, High-Tech-Konzept n
~ **clave** Schlüsselwort n

~ de identidad *(Math)* Gleichartigkeitsbegriff *m*
conclusión *f* 1. Schlussfolgerung *f*; 2. *(Math)* Folgerung *f*, Schluss *m*
concoide *f (Math)* Konchoide *f*, Muschellinie *f*
concoideo 1. *(Math)* konchoidal; 2. *(Min)* muschelig
concordancia *f* Konkordanz *f* • **en ~ de fase** phasengleich
concreción *f* 1. *(Ch)* Festwerden *n*, Gerinnen *n*; feste Masse *f*; 2. *(Geol)* Konkretion *f*, Ablagerung *f*, Sediment *n*
concretera *f (Am)* Betonmischanlage *f*, Betonmischer *m*
concreto 1. *(Math)* konkret; 2. *(Ch)* dicht, zähflüssig
concreto *m* s. hormigón
concurrente *(Inf)* nebenläufig
concha *f* Muschel *f*, Gehäuse *n*
~ esférica *(Math)* Kugelschale *f*
~ de moldeo *(Met)* Kokille *f*
conchiforme muschelförmig
condensable kondensierbar; verdichtbar; verflüssigbar
condensación *f* 1. *(Ch)* Kondensation *f*, Kondensierung *f*, Verflüssigung *f*; 2. *(Mech)* Verdichtung *f*; 3. Niederschlag *m*; 4. *(Met)* Schwitzen *n*, Ausschwitzen *n* *(bei Schwitzkühllegierungen)*
~ de datos *(Inf)* Datenkomprimierung *f*, Datenverdichtung *f*
~ fraccionada fraktionierte Kondensation *f*
~ de gotas Tropfenkondensation *f*
~ por inyección Einspritzkondensation *f* (Vakuumtechnik)
condensado *m* Kondensat *n*, Niederschlag *m*
condensador *m* 1. *(El)* Kondensator *m*; 2. *(Opt)* Kondensor *m*; 3. Verflüssiger *m (Kältetechnik)*; Kondensator *m*, Kühler *m (Dampfkraftmaschine)*; 4. Verdichter *m (Zinkmetallurgie)*
~ amortiguador de chispas Funken(lösch)kondensator *m*
~ antiparásito Entstörkondensator *m*, Störschutzkondensator *m*
~ de encendido Zündkondensator *m*
~ de placas Plattenkondensator *m*
~ de reflujo *(Ch)* Rücklaufkondensator *m*; Rückflusskühler *m*
~ de rejilla Gitterkondensator *m*
~ variable Abgleichkondensator *m*, Drehkondensator *m*, Einstellkondensator *m*, Regelkondensator *m*, Trimmer *m*
condensancia *f (El)* Kondensanz *f*, kapazitiver Blindwiderstand *m*
condensar *v* kondensieren, verdichten, niederschlagen
condición *f* 1. Bedingung *f*; Element *n*; 2. *s.* acondicionamiento • **en ~ de servicio** betriebsfähig
~ de Cauchy *(Math)* cauchysche Bedingung *f* [Konvergenzbedingung *f*], Cauchy-Bedingung *f*, cauchysches Konvergenzkriterium *n*
~ compatible *(Math, Ph)* Verträglichkeitsbedingung *f*, Kompatibilitätsbedingung *f*
~ de continuidad *(Math)* Stetigkeitsbedingung *f*, Kontinuitätsbedingung *f*
~ límite Randbedingung *f*, Grenzbedingung *f*
~ restrictiva *(Math)* einschränkende Bedingung *f*
~ de salto *(Inf)* Sprungbedingung *f*
~ suficiente *(Math)* hinreichende Bedingung *f*
~ técnica de seguridad sicherheitstechnische Bedingung *f*
~ del terreno Geländebeschaffenheit *f*
condicionante *m* Einflussfaktor *m*; Berechnungsfaktor *m*
condicionar *v* s. acondicionar
condrita *f* Chondrit *m (Meteorit)*
conducción *f* 1. Leitung *f*, Führung *f*; 2. Übertragung *f*, Konduktion *f*, Fortleitung *f* *(z. B. Gas, Dampf, Flüssigkeiten)*; 3. *(Kfz, Rak)* Lenkung *f*; 4. Beförderung *f*; 5. Leitung *f*, Rohrleitung *f*, Hauptleitung *f*
~ aérea Freileitung *f*, oberirdische Leitung *f*
~ del aire Luftführung *f*
~ en anillo *(Inf)* Ringleitung *f (Netzarchitektur)*
~ de la banda de papel *(Typ)* Bahnführung *f (Papier)*
~ de calor Wärmeleitung *f*, Wärmeführung *f*
~ de combustible Brennstoffleitung *f*
~ extrínseca Störstellenleitung *f (Halbleiter)*
~ de freno *(Kfz)* Bremsleitung *f*
~ intrínseca Eigenleitung *f (Halbleiter)*

conducción

~ **por lagunas** Defekt(elektronen)leitung f, p-Leitung f, Löcherleitung f *(Halbleiter)*
~ **del papel** *(Typ)* Papierführung f
~ **de petróleo** Erdölleitung f, Pipeline f
~ **de ruedas** *(Kfz)* Radführung f
~ **a saltos** Sprungübergang m *(Halbleiter)*
~ **subterránea** unterirdische Leitung f
~ **de telefonía** Telefonleitung f
~ **de válvula** Ventilführung f
conducir v (zu)führen, (über)leiten; ableiten *(z. B. den Strom)*; fortleiten
conductancia f Konduktanz f, Leitwert m, (elektrischer) Wirkleitwert m
~ **inversa** Sperrleitwert m
conductibilidad f Leitfähigkeit f, Leitvermögen n
~ **magnética** magnetische Leitfähigkeit f, Permeanz f
~ **térmica** Wärmeleitfähigkeit f, Wärmeleitzahl f
conductividad f Leitfähigkeit f
conductivo leitend, leitfähig
~ **/no** dielektrisch, nicht leitend
conducto m 1. Leitung f, Rohrleitung f; Rohr n; 2. Drain m, Senke f, Kanal m; 3. Kabelführung f; 4. *(Bgb)* Rollloch n
~ **de admisión** Ansaugrohr n, Saugrohr n; Einlassrohr n
~ **de aire** 1. Luftkanal m; 2. *(Bgb)* Wetterlutte f
~ **de aire comprimido** Druckluftleitung f
~ **de alcantarillado** Kanalisationsrohr n *(Abwasserableitung)*
~ **a alta presión** Hochdruckleitung f
~ **de entrada del aire** Lufteintrittsleitung f, Zuluftkanal m
~ **de escape** 1. Ausblaserohr n *(Dampf)*; 2. *(Kfz)* Auspuffrohr n
~ **de evacuación** Entleerungsleitung f, Ablaufleitung f
~ **de extracción** Abzugsleitung f *(Schadstoffbeseitigung)*
~ **forzado** Druckrohr n
~ **del fuego** Feuerkanal m
~ **de gases** Gasleitung f
~ **de humos** Rauchführung f, Rauchkanal m, Rauchabzug m
~ **de inyección** *(Kfz)* Einspritzleitung f
~ **de recarga** Füllschacht m
~ **de salida del aire** Abluftkanal m
~ **de salida de humos** Rauchabführung f; Rauchabzugsschacht f; Abgaskanal m

~ **de vacío** Vakuumleitung f
~ **de ventilación** Ventilationsleitung f; Lüftungskanal m
conductometría f Konduktometrie f, Leitfähigkeitsmessung f *(von Elektrolytlösungen)*
conductómetro m Leitfähigkeitsmesser m, Leitwertmesser m
conductor leitend, leitfähig
conductor m Leiter m; Leitung f; Ader f *(Kabel)*
~ **de aceite** Schmierölleitung f
~ **activo** Strom führender Leiter m
~ **aéreo** Freileitung f
~ **de alimentación** Speiseleitung f, Zuleitung f
~ **/buen** guter Leiter m
~ **del calor** Wärmeleiter m
~ **de cobre trenzado** Kupferlitze f
~ **de conexión** Verbindungsleitung f
~ **de contacto** *(Eb)* Fahrdraht m
~ **desnudo** blanker Leiter m
~ **de energía eléctrica** Stromleiter m
~ **fase** Phasenleiter m, Außenleiter m, Phase f
~ **de fibra óptica** Glasfaserleiter m, Licht(wellen)leiter m
~ **flexible** biegsamer [flexibler] Leiter m; Schnur f
~ **hueco** Hohl(raum)leiter m
~ **de luz por fibra óptica** Lichtwellenleiter m, Glasfaserleiter m
~ **/mal** schlechter Leiter m
~ **neutro (protector)** Nullleiter m, Mittelleiter m
~ **de semilla** Saatleitung f *(Drillmaschine)*
~ **del sonido** Schallleiter m
~ **de subida** Steig(e)leitung f
~ **a tierra** Erddraht m, Erdleiter m, Erdungsleitung f
~ **trenzado** Leiterseil n, verseilter Leiter m; Litze f, Litzendraht m
~ **de troles** Fahrdraht m, Oberleitung f
conductora f Transportvorrichtung f, Förderer m
conectador m 1. Verbindungsstück n; Bindeglied n; 2. Stecker m; Steckverbindung f; 3. Schalter m; Einschalter m; Anschalter m; 4. *(Inf)* Konnektor m
~ **fotoeléctrico** Lichtschranke f
~ **de guiaondas** Kontaktblech n *(Wellenleiter)*

conectar v 1. (El) (an)schalten, einschalten; 2. anschließen, verbinden; 3. (Masch) kuppeln
~ **adicionalmente** aufschalten, zuschalten
~ **en derivación** shunten
~ **en dos hilos** zweidrähtig schalten
~ **en fantasma** (Tele) Vierer schalten
~ **mal** verschalten
~ **progresivamente** fortschalten, weiterschalten
~ **tensión** unter Spannung setzen, Spannung anlegen
~ **a tierra** erden, an Erde legen
~ **y ejecutar** (Inf) einstecken und arbeiten, plug and play, PnP
conectiva f Operator m
conectividad f (Inf) Connectivity f (Netzwerkeigenschaft)
conectivo m Junktor m (mathematische Logik)
conector m 1. Verbindungsstück n; Bindeglied n; 2. Stecker m; Steckkupplung f; 3. (Inf) Konnektor m, Anschluss m, Verbinder m
~ **con brida** Flanschverbindung f
~ **de derivación** Abzweigklemme f
~ **múltiple** Vielfachstecker m
~ **normalizado** (Tele) Normbuchse f
~ **telefónico** Fernsprechstecker m
conexión f Anschluss m, Einschaltung f, Schaltung f, Kontaktierung f, Verbindung f, Schaltverbindung f
~ **del abonado** (Tele) Teilnehmeranschluss m
~ **adicional** Aufschaltung f
~ **en anillo** ringförmige Verbindung f; Ringkreis m
~ **de bayoneta** Bajonettverschluss m
~ **en bucle** Schleifenschaltung f
~ **del cable** Kabelverbindung f, Kabelanschluss m
~ **en cadena** Verkettung f
~ **en circuito abierto** Arbeitsstromschaltung f
~ **en circuito cerrado** Ruhestromschaltung f
~ **de circuitos** Schaltung f
~ **de clavija** Steckverbindung f
~ **por conductor de fibra óptica** Lichtwellenleiterverbindung f
~ **de conferencias simultáneas** (Tele) Konferenzschaltung f
~ **conmutada** (Tele) durchgeschaltete [vermittelte] Verbindung f
~ **en contrafase** Gegentaktschaltung f
~ **(en) delta** Dreieckschaltung f
~ **dúplex** (Tele) Duplexverbindung f
~ **económica** Sparschaltung f
~ **enchufable [de enchufe]** Steckverbindung f, Steckanschluss m
~ **para enroscado** Schraubverbindung f
~ **equipotencial** Ausgleichsverbindung f, Ausgleichsschaltung f; Spannungsausgleichsschaltung f
~ **en estrella** Sternschaltung f
~ **fantasma** (Tele) Phantomschaltung f
~ **de fase** Phasenanschluss m
~ **fuertement acoplado** (Inf) festgeschaltete Verbindung f
~ **del inducido** Ankerschaltung f
~ **al neutro** Nullung f
~ **de nodo** Knotenverbindung f
~ **en oposición** Gegenschaltung f
~ **poligonal** Polygonschaltung f, Vieleckschaltung f
~ **a presión** Klemmanschluss m
~ **al puerto** Steckanschluss m
~ **en reacción** Rückkopplung(sschaltung) f
~ **roscada** Schraubverbindung f
~ **(en) serie** Reihenschaltung f, Serienschaltung f; Hauptschluss m
~ **a la tarjeta** Kartenanschluss m, Steckkartenanschluss m
~ **a tierra** Erdschluss m, Erdverbindung f, Erdungsanschluss m, Erdableitung f, Erdung f
~ **de tipo serie** serieller Anschluss m
~ **en triángulo** Dreieckschaltung f
~ **trifásica** Dreiphasenschaltung f
conexivo anschließbar, verbindbar
confección f Herstellung f, Anfertigung f; Verarbeitung f; Ausführung f
conferencia f 1. (Tele) Gespräch n; 2. (Tele) Konferenzschaltung f
confeti m (Inf) Abfall m; Müll m (überflüssige bzw. unsinnige Daten)
configuración f (räumliche) Anordnung f, Gestaltung f, Konfiguration f; Design n; Strukturschema n; Bildung f
~ **de caracteres** Zeichenauslegung f
~ **constructiva** konstruktive Gestaltung f [Auslegung f]
~ **del disco duro** Festplattenkonfiguration f

configuración 104

~ **de equipos** Anlagenkonfiguration f; Gerätekonfiguration f; Geräteausstattung f; Gerätegestaltung f
~ **ergonómica** ergonomische Gestaltung f
~ **de la impresora** Druckerkonfiguration f; Druckereinrichtung f
configurar v konfigurieren, einstellen; zusammenstellen
confinamiento m (Kern) Containment n, Sicherheitseinschluss m
confluente konfluent (Funktion)
conformabilidad f Verformbarkeit f
conformación f 1. Verformung f, Umformung f, Formung f, Formgebung f, Verarbeitung f (spanlos); 2. Anordnung f, Struktur f; 3. (Ch) Konformation f, Konstellation f
~ **por alargamiento** 1. (Met) Reckziehen n, Streckziehen n; 2. (Kst) Streckformen n
~ **en caliente** Warm(ver)formen n, Warmverformung f, Warmumformung f
~ **de chapa** Blechumformung f
~ **ergonómica del puesto de trabajo** ergonomische Arbeitsplatzgestaltung f
~ **en frío** Kalt(ver)formen n, Kaltverformung f, Kaltumformung f
~ **de materiales** Werkstoffverformung f
~ **de metales** Metallumformung f, Umformung f
~ **de planchas** 1. Blechumformung f; 2. (Schiff) Plattenumformung f
~ **plástica** plastische Verformung f; plastische Formgebung f
conformado m Umformung f; Deformierung f
~ **de las planchas de acero** Stahlplattenumformung f; Schiffsplattenumformung f, Plattenumformung f (Schiffskörperbau)
conformador m 1. Formeinrichtung f; 2. Schablone f; Modell n
~ **de impulsos** Impulsformer m
~ **de onda** Wellenumformer m
conformar v (ver)formen, verarbeiten (spanlos); umformen
congelación f Vereisung f, Einfrieren n, Gefrieren n; Tiefkühlung f; Erstarrung f (z. B. von Öl)
congelador m Gefrieranlage f; Gefrierapparat m; Gefrierschrank m; Tiefkühltruhe f; Eiserzeuger m
congelar v tiefkühlen; einfrieren, gefrieren; vereisen

congestión f 1. Stau m; Verkehrsstau m; 2. (Inf) Informationsstau m; Blockierung f, Überbelegung f
~ **de la red** Netzüberlastung f
conglomerado m 1. (Ch) Konglomerat n; 2. (Geol) Konglomerat n, Trümmergestein n
~ **de estrellas** (Astr) Sternassoziation f
~ **férreo** Eisenkonglomerat n
conglomerarse v Klumpen bilden, zusammenbacken
cónica f (Math) Kegelschnitt m
conicidad f Konizität f, Verjüngung f, Kegelneigung f
cónico konisch, kegelförmig, kegelig, Kegel...
conímetro m Konimeter n (Staubmessgerät)
conjugado 1. zugehörig, zugeordnet; 2. (Math) konjugiert
conjugar v vereinigen; zusammenwirken
conjunción f 1. (Inf) Konjunktion f, logische Addition f, logische UND-Schaltung f; 2. (Astr) Konjunktion f
conjunto m 1. Gesamtheit f; 2. Satz m; Aggregat n; 3. (Math) Menge f; 4. Anordnung f; 5. Baugruppe f; Sektion f (Schiffskörperbau)
~ **abierto** offene Menge f [Punktmenge f]
~ **acotado** beschränkte Menge f
~ **de ala** (Flg) Tragflügelgerippe n
~ **de argumentos** Argumentmenge f (Mengenlehre)
~ **bien ordenado** wohl geordnete Menge f
~ **de caracteres** Zeichenmenge f, Zeichensatz m, Zeichenvorrat m
~ **conexo** zusammenhängende Menge f
~ **de datos** Datenmenge f
~ **finito** endliche Menge f
~ **hombre-máquina** Mensch-Maschine-System n
~ **infinito** unendliche Menge f
~ **de instrucciones** (Inf) Befehlssatz m, Befehlsvorrat m
~ **logicial** Software f
~ **de números** Zahlenmenge f
~ **ordenado** geordnete Menge f
~ **reticular** Raumgitter n
~ **de selección** 1. (Tele) Ansteuersatz m, Auswahlsatz m; 2. (Math) Auswahlmenge f
~ **de símbolos** Zeichensatz m

~ **vacío** Nullmenge f; leere Menge f
conjuntor m 1. (Tele) Klinke f, Vermittlungsklinke f; 2. (El) Kontaktgeber m
conmensurable (Math, Ph) kommensurabel
conmutable (um)schaltbar
conmutación f 1. (El) Umschaltung f; Schaltung f; 2. (Tele) Vermittlung f; 3. (Math) Permutation f
~ **de circuitos** Leitungsvermittlung f; Durchwahlvermittlung f
~ **de llamadas** Anrufvermittlung f
~ **paso a paso** Schrittschaltung f
conmutador m 1. Kommutator m, Schalter m, Umschalter m; Stromwender m; Wechselschalter m; 2. (Tele) Vermittler m; Verbinder m
~ **de acceso** (Tele) Zugriffsschalter m; Zugangskoppelfeld n
~ **de alteración** (Inf) Umschalter m
~ **alternativo** Wechselschalter m
~ **de arranque** Anlassschalter m, Anlasser m
~ **de banda** Bereichsschalter m
~ **basculante** Trigger m, Flipflop-Schaltung f
~ **de circuito** Leitungsschalter m
~ **de clavija** Stöpselumschalter m
~ **de consola** Steuerpultschalter m
~ **de cuchillas** (El) Hebelschalter m, Messerschalter m
~ **de encendido** (Kfz) Zündschloss n
~ **de enclavamiento** Verriegelungsschalter m
~ **escalonado** Stufenschalter m
~ **giratorio** Drehschalter m
~ **de guíaondas** Wellenleiterschalter m
~ **de impulsos** Impulsschalter m
~ **del intermitente** (Kfz) Blinkschalter m
~ **inversor** Umkehrschalter m, Wendeschalter m
~ **limitador** Endschalter m
~ **para luz de cruce** (Kfz) Abblendschalter m
~ **modal [de modos de operación]** Betriebsartenschalter m
~ **de ondas** Wellenschalter m, Bereichsschalter m (Frequenzband)
~ **de palanca** Hebelschalter m
~ **de paquetes** (Tele) Paketvermittler m
~ **paso a paso** 1. Schrittschalter m; 2. (Tele) Schrittwähler m, Schrittschaltwerk n

~ **de puesta en marcha** Einschalter m
~ **rotatorio** Drehschalter m
~ **de rutas** (Tele) Leitweg(zuteilungs)vermittler m
~ **selector** Wahlschalter m, Wählschalter m
~ **de teclas** Tastenumschalter m
~ **de tres vías** Dreiwegschalter m
~ **de vuelta** Richtungsschalter m
conmutar v 1. (El) kommutieren, umschalten; umwandeln; 2. (Math) permutieren
conmutatividad f (Math) Vertauschbarkeit f
conmutativo (Math) kommutativ, vertauschbar, umstellbar, permutierbar
conmutatriz f (El) Einankerumformer m
~ **de fases** Phasenumformer m
connotación f Beziehung f, Bezug m (Logik); Konnotation f
cono m 1. Kegel m, Konus m; 2. (Masch) Ansatzkegel m; 3. Stufenscheibe f; 4. Trichter m; 5. Kolben m (einer Katodenstrahlröhre); 6. (El) Schalltrichter m; Konusmembran f; 7. (Text) Spule f, konische Kreuzspule f
~ **circular** (Masch) Kreiskegel m
~ **de entrada** (Masch) Anschnittkegel m
~ **exterior** (Masch) Kopfkegel m
~ **de fricción** (Masch) Reibungskegel m
~ **hembra** (Am) (Masch) Innenkegel m
~ **macho** (Am) (Masch) Außenkegel m
~ **primitivo** (Masch) Grundkegel m, Fußkegel m
~ **truncado** Kegelstumpf m
conservación f Erhaltung f, Pflege f; Wartung f; Konservierung f, Haltbarmachung f; Instandhaltung f
~ **de aguas** Gewässerschutz m; Gewässerreinhaltung f
~ **ambiental** Umwelterhaltung f; Umweltschutz m
conservar v aufbewahren, konservieren; erhalten; instandhalten, warten; pflegen
consigna f **automática** (Eb) Gepäckschließfach n
consignar v 1. anweisen; 2. versenden
consistencia f 1. (Math) Konsistenz f, Widerspruchsfreiheit f; 2. Konsistenz f, Zähflüssigkeit f, Dickflüssigkeit f, Stoffdichte f; 3. Beschaffenheit f; Haltbarkeit f
consistente 1. konsistent; dickflüssig; 2. übereinstimmend; verträglich

consistente

~ con el sistema systemverträglich
consola f Konsole f, Bedienpult n, Gerätetisch m; Untersatz m
~ **del ala** (Flg) Flügelende n
~ **colgante** Aufhängung f
~ **de control** Steuerpult n; Schaltpult n
~ **giratoria** Drehkonsole f
~ **de operador** Steuerpult n, Bedienungskonsole f, Bedienungspult n
~ **de visualización** Anzeigekonsole f, Bildschirmkonsole f
consolidación f Festigung f, Verfestigung f, Verdichtung f, Erstarrung f
consolidar v (ver)festigen
consolidarse v erstarren
constante konstant, unveränderlich; gleichbleibend; stetig
~ **en frecuencia** frequenzstabil
constante f Konstante f, konstante Größe f, Unveränderliche f, unveränderliche Größe f
~ **de acción de las masas** Massenwirkungskonstante f
~ **de aceleración** Beschleunigungskonstante f (z. B. eines Reglers)
~ **de atenuación** Dämpfungskonstante f
~ **de descomposición [desintegración]** (Kern) Zerfallskonstante f
~ **de difusión** Diffusionskoeffizient m, Diffusionskonstante f, Diffusionszahl f
~ **de los gases (perfectos)** (universelle, ideale, molare) Gaskonstante f
~ **de pérdida** (El) Dämpfungskonstante f
~ **de Planck** (Ph) plancksches Wirkungsquantum n
~ **radiactiva** (radioaktive) Zerfallskonstante f
~ **de Sommerfeld** (Ph) Feinstrukturkonstante f
constelación f (Astr) Sternbild n
constitución f Konstitution f, Aufbau m, Struktur f
~ **granulométrica** Körnungsaufbau m
~ **de la superficie** Oberflächenbeschaffenheit f
constituyente m Komponente f, Bestandteil m
~ **estructural** Gefügebestandteil m
~ **volátil** flüchtiger Bestandteil m
constricción f Einschnürung f, Verengung f
~ **magnética** (magnetischer) Pinch-Effekt m, Pinch m, Einschnüreffekt m

construcción f 1. Bau m, Aufbau m, Bauausführung f; 2. Bauweise f, Aufbau m; 3. Konstruktion f, Bauwerk n; 4. Bauwesen n; 5. (Math) Konstruktion f, Figurendarstellung f
~ **aeronáutica** Flugzeugbau m
~ **de andamios metálicos** Stahlgerüstbau m
~ **antisísmica** erdbebensichere Bauweise f
~ **de aparatos de precisión** Feingerätebau m
~ **de aparatos químicos** chemischer Apparatebau m
~ **automovilística** Automobilbau m, Kraftfahrzeugbau m
~ **de aviones** Flugzeugbau m
~ **sin bastidor** rahmenlose Konstruktion f
~ **de botes** Bootsbau m
~ **de buques** Schiffbau m
~ **de calderas** Kesselbau m; Kesselkonstruktion f
~ **de caminos** Straßenbau m
~ **de la carrocería** Karosseriebau m
~ **del casco** Schiffskörperbau m
~ **de [en] celosía** Gitterkonstruktion f, Fachwerkbauweise f
~ **celular** Zellenbauweise f
~ **de centrales nucleares** Kernkraftwerksbau m
~ **civil** Ingenieurbau m; Ingenieurtiefbau m und Verkehrsbau m
~ **de cohetes** Raketenbau m
~ **descendente** (Inf) Top-down-Entwurf m
~ **de embalse** Stauwerk n
~ **de embarcaciones** Bootsbau m
~ **por encofrado progresivo** Gleitschalungsbauweise f
~ **en entramado** Fachwerkbauweise f (Holzbau)
~ **de estructura** Skelettbauweise f
~ **de herramientas** Werkzeugbau m
~ **hidráulica** Wasserbau m
~ **de hormigón armado** Stahlbetonbau m, Stahlbetonbauweise f
~ **incombustible** brandsichere Konstruktion f
~ **de instalaciones de tráfico** Verkehrsbau m
~ **instrumental** Gerätebau m
~ **integral** Integralbauweise f
~ **por levantamiento deslizante** Gleitbauweise f

- ~ longitudinal *(Schiff)* Längsspantenbauweise *f*
- ~ en losa Plattenbauweise *f*
- ~ de maquinaria Maschinenbau *m*
- ~ de maquinaria agrícola Landmaschinenbau *m*
- ~ de maquinaria eléctrica Elektromaschinenbau *m*
- ~ de máquinas-herramienta Werkzeugmaschinenbau *m*
- ~ mecánica Maschinen- und Gerätebau *m*
- ~ metálica Stahlbau *m*, Stahlbauweise *f*
- ~ metálica ligera Stahlleichtbau *m*
- ~ mixta Verbundbauweise *f*, Verbundbau *m*
- ~ de modelos 1. Modellbau *m*; 2. *(Inf)* Modellbildung *f*
- ~ modular 1. *(Eln)* Modulbauweise *f*, Modulkonstruktion *f*; 2. *(Bw)* Modulbau *m*, Baukastenkonstruktion *f*
- ~ monocasco [monocoque] *(Bw, Flg)* Schalenbauweise *f*, Schalenkonstruktion *f*
- ~ multicapa Verbundbauweise *f*, Sandwichbauweise *f*
- ~ naval Schiffbau *m*
- ~ de nido de abeja Wabenbauweise *f*, Wabenkonstruktion *f*
- ~ de paneles Paneelfertigung *f (Schiffskörperbau)*
- ~ de plantas Anlagenbau *m*
- ~ portante Tragkonstruktion *f*
- ~ portuaria Hafenbau *m*
- ~ de redes Netzaufbau *m*
- ~ semi-monocasco Halbschalenkonstruktion *f*, Halbschalenbauweise *f*
- ~ soldada Schweißkonstruktion *f*
- ~ subterránea 1. *(Bw)* Tiefbau *m*; 2. *(Eb)* Unterbau *m*
- ~ sustentadora Tragkonstruktion *f*
- ~ de túneles Tunnelbau *m*
- ~ con unidades cambiables *(Fert)* Austauschbau *m*

construir *v* 1. konstruieren; entwerfen; 2. (er)bauen, aufbauen; montieren
consulta *f* 1. *(Inf)* Abfrage *f*, Anfrage *f*, Anforderung *f*; 2. *(Tele)* Rückfrage *f*
- ~ rotatoria Stationsabfrage *f*, Pollingverfahren *n (Rechnernetz)*

contabilizadora *f* Buchungsmaschine *f*
contable (ab)zählbar
contacto *m* 1. Berührung *f*, Kontakt *m*; Verbindung *f*; 2. *(El)* Kontakt *m*, leitende Verbindung *f*; Kontaktstecker *m*; Kontaktstück *n*; 3. *(Math)* Berührung *f*; 4. *(Foto)* Kontaktabzug *m*
- ~ de arco Abreißkontakt *m*, Abbrennkontakt *m*
- ~ atractor Haltekontakt *m (Relais)*
- ~ de bloqueo Verriegelungskontakt *m*
- ~ de carril *(Eb)* Schienenkontakt *m*
- ~ de cierre Schließkontakt *m*
- ~ defectuoso fehlerhafter Kontakt *m*, Wackelkontakt *m*
- ~ deslizante Schleifkontakt *m*, Gleitkontakt *m*, Schiebekontakt *m*
- ~ de enclavamiento Verriegelungskontakt *m*
- ~ enchufable Steckkontakt *m*
- ~ flojo Wackelkontakt *m*
- ~ de fuerza Arbeitskontakt *m*, Schließkontakt *m*
- ~ con la masa Masseberührung *f*, Massekontakt *m*
- ~ perturbador Störkontakt *m*
- ~ radio Funkverbindung *f*
- ~ de reposo Ruhekontakt *m*, Öffnungskontakt *m*, Öffner *m*
- ~ de ruptura Ruhekontakt *m*, Abreißkontakt *m*, Unterbrecherkontakt *m*, Öffnungskontakt *m*
- ~ de seguridad Schutzkontakt *m*
- ~ de soldar Schweißverbindung *f*
- ~ a tierra Erdschluss *m*
- ~ de trabajo Arbeitskontakt *m*, Schließkontakt *m*, Schließer *m*
- ~ de unión Verbindungsstift *m*

contactor *m* 1. *(El)* Schütz *n*, Schaltschütz *n*; Kontaktgeber *m*, Einschalter *m*; 2. *(Ch)* Extraktor *m*, Extraktautoklav *m*
- ~ automático Schaltschütz *n*, Schütz *n*
- ~ de bloqueo Sperrschütz *n*
- ~ de cortocircuito Kurzschlussschütz *n*
- ~ de electroimán elektromagnetisches Schütz *n*, Magnetschütz *n*
- ~ electromecánico elektromechanischer Schalter *m*
- ~ de encendido Zündschalter *m*
- ~ de mando Steuerschütz *n*

contactor-disyuntor *m* Schaltschütz *n*
contador *m* Zähler *m*, Zählvorrichtung *f*, Zählwerk *n*; Messuhr *f*
- ~ de agua Wassermesser *m*, Hydrometer *n*, Wasseruhr *f*
- ~ de almacenamiento *(Inf)* Speicherzähler *m*

contador

~ **bidireccional** Vorwärts-Rückwärts-Zähler *m*, Zweirichtungszähler *m*
~ **de calor** Wärmemengenmesser *m*
~ **de cargas** Dosimeter *n*, Dosis(leistungs)messer *m*
~ **de caudal** Durchflussmesser *m*
~ **de centelleo** *(Kern)* Szintillationszähler *m*
~ **de control** *(Inf)* Befehlszähler *m*, Befehlsregister *n*
~ **de corriente** Strommesser *m*, Stromzähler *m*
~ **de cuadros** *(Inf)* Bildzähler *m*
~ **de electricidad** Elektrizitätszähler *m*, Elektroenergieverbrauchszähler *m*, Energieverbrauchszähler *m*
~ **de gas** Gasmesser *m*, Gasuhr *f*, Gaszähler *m*
~ **de instrucciones** *(Inf)* Befehlszähler *m*, BZ
~ **oscilante** *(El)* Schwingspulenzähler *m*; oszillierender Zähler *m*
~ **de partículas** *(Kern)* Teilchenzähler *m*
~ **de pasos** *(Inf)* Schrittzähler *m*
~ **de polvo** Konimeter *n*, quantitatives Staubmessgerät *n*
~ **de programa** *(Inf)* Programmzähler *m*, Befehlszähler *m*
~ **de tarifa [tarificación]** *(Tele)* Gebührenzähler *m*, Gesprächsgebührenzähler *m*
~ **totalizador** *(Math)* Integrator *m*
~ **volumétrico [de volumen]** Durchflusszähler *m*, Volumenzähler *m*
~ **de vueltas** Drehzahlmesser *m*
container *m* s. contenedor
contaje *m* Zählung *f*; Auszählung *f*
contaminación *f* Kontamination *f*, Verunreinigung *f*, Verschmutzung *f*, Vergiftung *f*; Verseuchung *f*; Befall *m* • **sin ~** schadstofffrei; umweltfreundlich
~ **acústica** Schallbelästigung *f*, Lärmbelästigung *f*, Lärmbelastung *f*, Lärmverschmutzung *f*
~ **del agua** Wasserverunreinigung *f*, Wasserverschmutzung *f*, Wasserverseuchung *f*
~ **de aguas** Gewässerverunreinigung *f*, Gewässerverschmutzung *f*
~ **del aire** Luftverunreinigung *f*, Luftverschmutzung *f*
~ **ambiental [del ambiente]** Kontamination *f*, Umweltverunreinigung *f*, Umweltverschmutzung *f*; Umweltbelastung *f*

~ **del mar por el petróleo** Ölverschmutzung *f* der See
~ **medioambiental** *s.* ~ ambiental
~ **petrolera** Ölverschmutzung *f*
~ **puntual** örtliche [lokalisierte] Kontamination *f* [Verunreinigung *f*], punktuelle Kontamination *f*
~ **radiactiva** radioaktive Kontamination *f* [Verseuchung *f*]
contaminante verunreinigend, verschmutzend, Kontaminations...; umweltbelastend, umweltschädlich
~ **/menos** schadstoffarm; umweltschonend; umweltfreundlich
~ **/no** schadstofffrei; umweltfreundlich
contaminante *m* Kontaminant *m*, schädlicher Fremdstoff *m*; Verunreinigungsstoff *m*, verunreinigender Stoff *m*; Verseuchungsstoff *m*; Verunreinigungsfaktor *m*; Schadfaktor *m*; Schadstoff *m*
~ **aerodisperso** luftbürtiger Kontaminant *m*
~ **del agua** Wasserschadstoff *m*, gewässerbelastender Schadstoff *m*
~ **ambiental** Umweltkontaminant *m*, Umweltschadstoff *m*
~ **atmosférico** luftbelastender Schadstoff *m*, Luftschadstoff *m*, luftverunreinigender Stoff *m*, Luftverunreinigungsstoff *m*
~ **físico** physikalischer Schadfaktor *m* (*z. B. Lärm, Schwingungen*)
~ **químico** chemischer Kontaminant *m*
~ **radiactivo** radioaktiver Kontaminant *m*
~ **sólido** fester Schadstoff *m*
~ **del suelo** bodenbelastender Schadstoff *m*
~ **tóxico** toxischer Verunreinigungsstoff *m*
contaminar *v* kontaminieren, verunreinigen, verschmutzen; vergiften; verseuchen; befallen
contar *v* (ab)zählen, auszählen; berechnen
contenedor *m* Container *m*, Behälter *m*, Transportbehälter *m*; Bahnbehälter *m*
~ **abierto arriba** Open-Top-Container *m*
~ **abierto al costado** Open-Side-Container *m*
~ **de basura** Müllcontainer *m*, Müllbehälter *m*
~ **de carga a granel** Schüttgutcontainer *m*
~ **castor** Castorbehälter *m* (*für radioaktives Material*)

~ **cisterna** Tankcontainer *m*, Tankbehälter *m*
~ **de escombros** Bauschuttcontainer *m*
~ **flotante** Schwimmcontainer *m*
~ **frigorífico** Kühlcontainer *m*
~ **de mercancías peligrosas** Gefahrgutbehälter *m*
~ **de muebles** Möbelcontainer *m*
~ **plataforma** Flachcontainer *m*, Flat *n*
~ **plegable** klappbarer Container *m*
~ **refrigerado** Tiefkühlcontainer *m*, Kühlcontainer *m* mit Gefrieranlage
~ **para residuos biológicos** Bioabfallbehälter *m*
~ **tanque** Tankcontainer *m*
~ **de techo cubierto** Hardtop-Container *m*
~ **térmico** Kühlcontainer *m*
contenido *m* Gehalt *m*, Inhalt *m*
~ **en ácido** Säuregehalt *m*
~ **de aleación** Legierungsgehalt *m*
~ **del campo** *(Inf)* Feldinhalt *m*, Operand *m*
~ **cúbico** Kubikinhalt *m*
~ **energético [de energía]** Energiegehalt *m (z. B. eines Signals)*
~ **de un filón** *(Bgb)* Gangfüllung *f*
~ **de humedad** Feuchtigkeitsgehalt *m*
~ **de masa en seco** Trockenmasseanteil *m*, Trockenmassegehalt *m*
~ **de materias extrañas** Fremdstoffgehalt *m*
~ **de memoria** *(Inf)* Speicherinhalt *m*
~ **de nutriente** Nährstoffgehalt *m*
~ **térmico** Enthalpie *f*
~ **de veta** *(Bgb)* Gangfüllung *f*
contestación *f (Tele)* Abfragung *f*
contestador *m (Tele)* Anrufbeantworter *m*
contextura *f (Text)* Legung *f*
contiguo 1. benachbart, angrenzend; 2. *(Math)* anliegend
continua *f (Text)* Spinnmaschine *f*
~ **de hilar** Spinnmaschine *f*
~ **de retorcer** Ringzwirnmaschine *f*, Ringzwirner *m*
continuidad *f* 1. Kontinuität *f*; 2. *(Math)* Stetigkeit *f*
continuo 1. ununterbrochen, fortlaufend, kontinuierlich; 2. *(Math)* stetig
continuo *m (Ph)* Kontinuum *n*
contorno *m* 1. Kontur *f*, Umriss *m*, Umrisslinie *f*, Außenlinie *f*, Umgrenzungslinie *f*; 2. *(Math)* geschlossene Kurve *f*, geschlossener Weg *m*

~ **aerodinámico** Stromlinienform *f*
~ **circular** *(Met)* Rundprofil *n*
contraaguja *f (Eb)* Backenschiene *f*, Anschlagschiene *f*
~ **soporte** *(Text)* Gegenhaltenadel *f*
contraálabe *m (Schiff)* Gegenruder *n*
contraarco *m (Schiff)* Durchbiegung *f*, Sagging *n*
contrabraza *f (Schiff)* Borgbrasse *f*, Gegenstrebe *f*
contrabrazo *m (Kfz)* Lenkspurhebel *m*
contrabrida *f* Gegenflansch *m*
contracabezal *m (Masch)* Reitstock *m*
contracarril *m (Eb)* Flügelschiene *f*, Leitschiene *f*, Schutzschiene *f*
contracción *f* 1. Kontraktion *f*, Schrumpfung *f*, Zusammenziehung *f*, Schwinden *n*, Schwindmaß *n*; 2. Verengung *f*, Einschnürung *f*
contracodaste *m (Schiff)* Achtersteven *m*, Hintersteven *m*, Ruderstreven *m*; Außenachtersteven *m*, loser Hintersteven *m*
contracorriente *f* Gegenstrom *m*, Gegenströmung *f*
contracuchilla *f (Lt)* Gegenmesser *n (Schneidwerk)*
contradicción *f (Math)* Widerspruch *m*, Antinomie *f*
~ **/no** *(Math)* Widerspruchsfreiheit *f*
contraeje *m (Masch)* Vorgelegewelle *f*
contraer *v* zusammenziehen, kontrahieren; verkürzen *(eine Linie)*
contraestampa *f (Met)* Untergesenk *n*; Matrize *f*
contraexplosión *f (Kfz)* Rückzündung *f*
contrafase *f (El)* Gegenphase *f*, Gegentakt *m*
contrafilo *m* 1. Rücken *m (eines Werkzeuges)*; 2. *(Lt)* Gegenschneide *f*
contrafilón *m (Bgb)* Quergang *m*
contrafuerte *m* 1. *(Bw)* Strebepfeiler *m*; 2. *(Bgb)* Kämpfer *m*, Auflager *n*, Widerlager *n*
contrafuerza *f* Gegenkraft *f*
contrahélice *f* Gegenpropeller *m*
contrahilera *f (Fert)* Druckbüchse *f*
contrahuella *f* Setzstufe *f (Treppe)*
contramarcha *f* 1. Umsteuervorrichtung *f*; 2. Vorgelege *n*
~ **de engranaje** Rädervorgelege *n*
~ **de progresión continua** stufenloses Getriebe *n*

contramarcha 110

~ **reductora** Reduziergetriebe *n*, Untersetzungsgetriebe *n*
~ **de velocidades** Stufengetriebe *n*
contramatriz *f (Typ)* Stempel *m*; Stanzstempel *m*
contrapeso *m* Gegengewicht *n*, Ausgleichgewicht *n*, Ballastgewicht *n*, Ballast *m*
contraplaca *f (Masch)* Einstellscheibe *f*, Unterlegscheibe *f*; Ankerplatte *f*
contrapolea *f (Masch)* Gegenscheibe *f*
contrapresión *f* Gegendruck *m*; Rückwirkungsdruck *m*
contrapunta *f* 1. *(Bgb)* Gegenhalter *m*; 2. *(Masch)* Reitstock *m*; Pinole *f*; Reitstockspitze *f*
contraquilla *f (Schiff)* Topkiel *m*
contrario gegenlaufend, gegenläufig
contrarreacción *f* Gegenkopplung *f*, negative Rückkopplung *f*
contrarrestar *v* aushalten *(Belastung)*; aufhalten; ausgleichen
contrarrotación *f* Gegendrehung *f*, Gegenlauf *m*
contrarrotativo *(Mech)* gegenläufig
contraseña *f (Inf)* Kennwort *n*, Passwort *n*
~ **de aprobación** Prüfzeichen *n*
contrastar *v* 1. analysieren; Probe nehmen; 2. eichen
contraste *m* 1. Kontrast *m*; 2. Kontrastmittel *n*; 3. Eichung *f*, Kalibrierung *f*; 4. *(Inf)* Paarigkeitsvergleich *m*
~ **de frecuencia** Frequenzeichung *f*
~ **de luminencia** Helligkeitsunterschied *m*
~ **radiológico** Röntgenkontrastmittel *n*
contratipo *m (Foto)* Kopie *f*, Duplikat *n*
contratuerca *f (Masch)* Gegenmutter *f*
contravariante *(Math)* kovariant
contravariante *(Math)* Kontravariante *f*
contraverificación *f* Kreuzsicherung *f (Verfahren der Datensicherung)*
contraviento *m (Bw)* Kopfband *n*, Sturmband *n*; Windverband *m*; Windstrebe *f*
contrelectrodo *m* Gegenelektrode *f*
contrete *m* Ankerbolzen *m*; Knagge *f*; Steg *m*
control *m* 1. Kontrolle *f*; Prüfung *f*; 2. Steuerung *f*; 3. Regelung *f*; 4. Überwachung *f*; Monitoring *n*; Bekämpfung *f*; Abwehr *f*; Schutz *m*
~ **de acceso** 1. *(Inf)* Zugangskontrolle *f*; 2. *(Tele)* Zugriffssteuerung *f*, Zugangssteuerung *f*

~ **acústico** Schallschutz *m (z. B. in Arbeitsräumen)*
~ **adaptivo** adaptive Steuerung *f*; adaptive [anpassungsfähige] Regelung *f*
~ **de agentes químicos** Schadstoffbekämpfung *f*
~ **del aire acondicionado** Klimaregelung *f*
~ **ambiental** Umweltkontrolle *f*; Umweltüberwachung *f*; Umweltschutz *m*
~ **automático** selbsttätige Regelung *f*, Selbstregelung *f*; Selbststeuerung *f*
~ **bimanual** Zweihandbedienung *f*, Zweihandsteuerung *f*, Zweihandeinrückung *f*
~ **de brillo** Helligkeitsregelung *f*, Helligkeitssteuerung *f*
~ **de carga** 1. Belastungsprüfung *f*; 2. Ladezustandsprüfung *f*
~ **en cascada** Kaskadensteuerung *f*, Folgesteuerung *f*
~ **de conmutadores** *(Tele)* Vermittlersteuerung *f*, Verbindersteuerung *f*
~ **de la contaminación** Kontaminationskontrolle *f*, Kontaminationsüberwachung *f*; Emissionskontrolle *f*; Schadstoffschutz *m*, Schadstoffbekämpfung *f*
~ **continuo** kontinuierliche [stetige] Regelung *f*
~ **del cursor** *(Inf)* Cursorsteuerung *f*
~ **de datos** 1. *(Inf)* Datensteuerung *f*; 2. *(Inf)* Datenprüfung *f*
~ **de desechos** Abfallüberwachung *f*
~ **digital** digitale [numerische] Steuerung *f*
~ **digital directo** direkte digitale Steuerung *f*, direkte Rechnersteuerung *f (eines Prozesses)*; DDC; direkte digitale Regelung *f*
~ **discontinuo** unstetige Regelung *f*
~ **a distancia** Fernkontrolle *f*, Fernüberwachung *f*, Fernsteuerung *f*
~ **dosimétrico** *(Kern)* Strahlenschutzüberwachung *f*
~ **de ejecución** *(Inf)* Ausführungssteuerung *f*, Realisierungssteuerung *f*
~ **eléctrico** elektrische Regelung *f*
~ **electrónico** elektronische Steuerung *f*; elektronische Regelung *f*
~ **de entrada y salida** *(Inf)* Eingabe-Ausgabe-Steuerung *f*
~ **de fabricación** 1. Fertigungssteuerung *f*; 2. Fertigungsüberwachung *f*, Fertigungskontrolle *f*
~ **de flujo de tareas** *(Inf)* Jobflusssteuerung *f*, Arbeitsflusssteuerung *f*

controlador

- ~ **de la hermeticidad** Dichtigkeitsprüfung f, Dichtheitskontrolle f, Dichtheitsprüfung f
- ~ **de la ignición** *(Kfz)* Zündungsregelung f
- ~ **de la impresora** *(Inf)* Druckersteuerung f
- ~ **de interrupciones** *(Inf)* Unterbrechungssteuerung f
- ~ **en lazo abierto** Steuerung f *(rückführungslos)*
- ~ **de lazo cerrado** Steuerung f durch Regelkreis
- ~ **de llamada** *(Tele)* Rufsteuerung f, Verbindungssteuerung f
- ~ **de manipulaciones** Handeingabe-Steuerung f *(NC-Maschinen)*
- ~ **manual** Handsteuerung f, Handbetätigung f, Handbedienung f
- ~ **marginal** Grenzwertprüfung f
- ~ **de materiales** Materialprüfung f
- ~ **de memoria** *(Inf)* Speichersteuerung f
- ~ **de menús** *(Inf)* Menüsteuerung f
- ~ **de microprocesadores** Mikroprozessorsteuerung f
- ~ **de movimientos** Bewegungssteuerung f *(z. B. beim Roboter)*
- ~ **neumático** 1. Regelung f des Luftdruckes [Gasdruckes]; 2. pneumatische Regelung f, Regelung f mit pneumatischer Hilfsenergie
- ~ **no destructivo** zerstörungsfreie Prüfung f
- ~ **numérico** numerische Steuerung f, NC
- ~ **numérico punto por punto** numerische Punktsteuerung f
- ~ **de operadores humanos** Bedienersteuerung f
- ~ **de paridad** Paritätsprüfung f
- ~ **de proceso(s)** 1. Prozesssteuerung f, Verfahrenssteuerung f; Prozessregelung f, Verfahrensregelung f; 2. Prozesskontrolle f, Betriebskontrolle f, Verfahrensüberwachung f
- ~ **de producción** 1. Produktionssteuerung f; 2. Fertigungssteuerung f; 3. Produktionskontrolle f
- ~ **de la profundidad** *(Lt)* Tiefensteuerung f
- ~ **de puesta en marcha** Anlasskontrolle f *(Maschine)*
- ~ **químico** chemische Bekämpfung f *(z. B. von Schädlingen)*
- ~ **radiográfico** *(Met)* Durchstrahlungsprüfung f
- ~ **del ratón** *(Inf)* Maussteuerung f, Rollkugelsteuerung f
- ~ **de reacción** *(Eln)* Rückkopplung f
- ~ **de rejilla** *(Eln)* Gittersteuerung f
- ~ **de relés** Relaissteuerung f; Regelung f mit Relais
- ~ **de resistencia al choque** Stoßfestigkeitsprüfung f
- ~ **de robots** Robotersteuerung f
- ~ **de ruidos** Lärmbekämpfung f, Lärmschutz m, Lärmabwehr f
- ~ **de salida** *(Inf)* Ausgabesteuerung f
- ~ **secuencial** Folgesteuerung f
- ~ **de selectividad** Bandbreitenregelung f
- ~ **de sensibilidad** *(Eln)* Fadingregelung f, Schwundregelung f
- ~ **de servoaccionamiento** *(Kfz)* Servosteuerung f
- ~ **de sintonía** *(Eln)* Scharfabstimmung f
- ~ **de tareas** *(Inf)* Jobsteuerung f; Jobkontrolle f
- ~ **de tonalidad [tono]** *(Eln)* Klangblende f, Tonregler m
- ~ **de usuario** *(Inf)* Benutzersteuerung f
- ~ **de validación** *(Inf)* Gültigkeitskontrolle f
- ~ **de la válvula** Ventilsteuerung f
- ~ **de vibraciones** Schwingungsüberwachung f; Schwingungsabwehr f
- ~ **visual** Sichtkontrolle f, Sichtprüfung f, visuelle Kontrolle f [Prüfung f], Prüfung f durch Beschau
- ~ **de volumen** Lautstärkeregelung f

controlador m 1. Prüfgerät n; 2. Steuergerät n; Steuerung f, Steuerwerk n, Steuerungseinrichtung f; Regler m; 3. *(Inf)* Controller m, Kontroller m

- ~ **adaptable** adaptiver [anpassungsfähiger] Regler m
- ~ **analógico** Analogregler m
- ~ **de bus** Busverwalter m, Buscontroller m
- ~ **de discos** Plattenkontrollgerät n, Plattencontroller m
- ~ **gráfico** Bildsteuereinheit f
- ~ **integral** integrierender Regler m, Integralregler m, I-Regler m
- ~ **inteligente** intelligente Steuereinheit f *(Steuereinheit mit eingebautem Mikroprozessor)*
- ~ **lógico programable** programmierbare Steuereinrichtung f, PSE
- ~ **de pantalla** Bildschirmcontroller m

controlador

~ **proporcional** Proportionalregler *m*, P-Regler *m*
~ **de secuencia** Folgesteuereinheit *f*
~ **de vídeo** Bildsteuersystem *n*; Bildsteuereinheit *f*
controlar *v* 1. kontrollieren, überwachen; prüfen; 2. steuern; regeln; regulieren
convección *f* Konvektion *f*
~ **calorífica** Wärmekonvektion *f*
convector *m* 1. Konvektionsleiter *m*; 2. Konvektionsofen *m*
~ **de calefacción** Konvektionsheizofen *m*
convergencia *f* 1. (Math) Konvergenz *f*, 2. (Kfz) Konvergieren *n* (der Räder); Vorspur *f*
convergente 1. (Math) konvergent, konvergierend; 2. sich verjüngend
converger *v* 1. (Math) konvergieren; 2. zusammenlaufen; sich verjüngen
conversión *f* 1. Umwandlung *f*, Umformung *f*, Umsetzung *f*, Konversion *f*, Konvertierung *f*; Überführung *f*, 2. (EI) Umformung *f*; 3. Umbau *m*, Umgestaltung *f*, Umrüstung *f*; 4. Umrechnung *f*
~ **de archivos** Dateikonvertierung *f*, Dateiumsetzung *f*
~ **de código** Codeumwandlung *f*
~ **concurrente** gleichzeitige [simultane] Umwandlung *f*
~ **de corriente** Stromumformung *f*
~ **energética [de energía]** Energieumwandlung *f*, Energieumsetzung *f*, Energieumsatz *m*
~ **de frecuencia** Frequenzumsetzung *f*
~ **de señales** Signalumformung *f*, Signalwandlung *f*
~ **de voltaje** Spannungsumwandlung *f*
conversor *m* 1. (EI) Konverter *m*, Wandler *m*; Transformator *m*; 2. s. convertidor 4.
~ **de canales** (Tele) Kanalumsetzer *m*
~ **de frecuencia** Frequenzumsetzer *m*, Frequenzwandler *m*
~ **de servicio** (Tele) Dienstübergang *m*
convertidor *m* 1. (Met) Konverter *m*, Bessemerbirne *f*, Frischbirne *f*, Windfrischapparat *m*; 2. (EI) Umformer *m*; Umrichter *m*, Wandler *m*; 3. (Eln) selbstschwingende Mischröhre *f*; 4. (Inf) Konverter *m*, Umwandler *m*, Wandler *m*, Umsetzer *m*
~ **analógico-digital** (Inf) Analog-Digital-Wandler *m*, Analog-Digital-Konverter *m*, A/D-Wandler *m*, Digitalisierer *m*

112

~ **de código** (Inf) Codeumwandler *m*
~ **de corriente** Stromwandler *m*
~ **de cuadro** (TV) Bildwandler *m*
~ **de fase** (EI) Phasenumformer *m*
~ **de frecuencia** (EI) Frequenzumformer *m*
~ **de imagen** (TV) Bildwandler *m*
~ **de impulsos** (EI) Impulswandler *m*
~ **de llamadas** (Tele) Rufumsetzer *m*
~ **de medición** Messumformer *m*
~ **de onda** Wellenumformer *m*
~ **rotativo [rotatorio]** 1. (EI) rotierender Umformer *m*, Drehumformer *m*; 2. (Met) Drehrohrofen *m*
~ **termoiónico** thermionischer Konverter *m* [Wandler *m*], Thermionikelement *n*
~ **de vapor de mercurio** (EI) Quecksilberdampfstromrichter *m*
~ **de vídeo** (TV) Videokonverter *m*
convertir *v* 1. umformen, (um)wandeln, umsetzen, konvertieren, transformieren; übersetzen (*z. B. einen Code*); 2. (Ch) überführen
convexidad *f* Konvexität *f*, Wölbung *f*
convexo konvex; gewölbt; erhaben
convolución *f* (Math) Faltung *f*
coordenadas *fpl* Koordinaten *fpl*, Koordinatensystem *n*
~ **cartesianas** kartesische Koordinaten *fpl*
~ **circulares** Kreiskoordinaten *fpl*
~ **esféricas** sphärische Koordinaten *fpl*, Kugelkoordinaten *fpl*
coordinación *f* (Math) Zuordnung *f*
coordinencia *f* (Ch) Koordinationszahl *f*, KZ, Zähligkeit *f*, koordinative Wertigkeit *f*
copelar *v* (Met) (ab)treiben
copiador *m* Kopiergerät *n*, Kopiervorrichtung *f*, Vervielfältigungsgerät *n*
copiadora *f* Kopiergerät *n*; Kopiermaschine *f*
~ **de colores** Farbkopiergerät *n*
copiar *v* kopieren (*z. B. Programm, Datei*)
copilla *f* Becher *m*; Fülltrichter *m*
~ **de aceite** Öler *m*
~ **de grasa** Schmierbüchse *f*
coplanar (Math) ko(m)planar
copolimerización *f* (Ch) Copolymerisation *f*, Mischpolymerisation *f*
copolimerizar *v* (Ch) copolymerisieren, mischpolymerisieren
copolímero *m* (Ch) Copolymer(e) *n*, Copolymerisat *n*, Mischpolymer(e) *n*, Mischpolymerisat *n*

coprocesador *m (Inf)* Coprozessor *m*
coque *m* Koks *m*
coquería *f* 1. Koks(ofen)batterie *f*; 2. Kokerei *f*
coquilla *f (Met)* Kokille *f*
coquizar *v* verkoken
corazón *m* 1. Kern *m*; 2. *(Eb)* Herzstück *n*
~ **de cable** Kabelseele *f*, Kabelader *f*
corcha *f* Schlag *m (eines Taus)*
corchete *m* 1. Krampe *f*; Lasche *f*; 2. *(Typ)* eckige Klammer *f*
corcho *m* Kork *m*
cordaje *m (Schiff)* Takelung *f*, Tauwerk *n*
cordel *m* Schnur *f*; (dünne) Leine *f*
cordelería *f* Seilerei *f*
cordón *m* 1. *(Text)* Schnur *f*, Kordel *f*; 2. *(El)* Kabellitze *f*, Litze *f*, Litzengarn *n*; 3. Leine *f (Fallschirm)*
~ **detonante** Sprengschnur *f*
~ **de soldadura** Schweißnaht *f*, Schweißraupe *f*
~ **de suspensión** Fangleine *f (Fallschirm)*
corindón *m (Min)* Korund *m*
corolario *m (Math)* Folgerung *f*, Folgerungssatz *m*
corona *f* 1. *(Ph)* Korona *f*; 2. *(Bw)* Krone *f*; Kranz *m*; Aufsatz *m*; 3. *(Bgb)* Firste *f (Ausbaubogen)*; 4. Zahnkranz *m*; 5. Bohrschneide *f*, Bohrkrone *f*, Meißel *m*; 6. Leitrad *n (Turbine)*; 7. *(Kfz)* Tellerrad *n*; 8. *(Masch)* Käfig *m*; 9. *(Schiff)* Kettennuss *f*; 10. Ringleitung *f*; 11. Papierformat 37 × 47 cm
~ **de arranque** *(Kfz)* Anlasszahnkranz *m*
~ **circular** *(Math)* Kreisring *m*
~ **eléctrica** *(El)* Korona *f*
~ **giratoria** Drehkranz *m*
~ **del pistón** Kolbenboden *m*, Kolbenkrone *f*
~ **de pozo** *(Bgb)* Firste *f (Ausbaubogen)*
corpúsculo *m (Ph)* Korpuskel *f(n)*, Teilchen *n*
correa *f* 1. Riemen *m*; Treibriemen *m*; 2. Band *n*; Bandförderer *m*, Förderband *n*; 3. *(Bw)* Pfette *f*; Betonpfette *f*; Unterzug *m*
~ **en cuña** Keilriemen *m*
~ **sin fin** endloses Band *n*
~ **portante** Tragriemen *m*
~ **de transmisión** Treibriemen *m*; Förderband *n*, Bandförderer *m*, Fördergurt *m*, Gurtförderer *m*, Transportband *n*; Förderer *m*

~ **trapezoidal [en V]** Keilriemen *m*
corrección *f* 1. Korrektur *f*, Verbesserung *f*, Korrektion *f (Messwesen)*; 2. *(Typ)* Korrektur *f*, Druckberichtigung *f*; 3. *(Tele)* Entzerrung *f*
corrector *m* Korrektor *m*; Ausgleichsnetzwerk *n*; Entzerrer *m*
~ **de fase** Phasenentzerrer *m*
~ **de frenada** *(Kfz)* Bremsausgleich(er) *m*
~ **gramatical** Grammatikprüfung *f (Textverarbeitung)*
~ **líquido** Korrekturlack *m*, Korrekturflüssigkeit *f*
~ **ortográfico** Rechtschreibhilfe *f*, Rechtschreibprüfung *f (Textverarbeitung)*
~ **de tensión** *(El)* Spannungsregler *m*, Spannungsausgleicher *m*
corredera *f* 1. Führung *f*, Gleitbahn *f*, Führungsschlitten *m*, Schlitten *m*; 2. Schieber *m*; 3. Kreuzkopf *m*; 4. Kulisse *f (Hobelmaschine)*; 5. Gleitstein *m*; 6. Schiebetür *f*; 7. *(Schiff)* Log *n*
~ **en cruz** Kreuzkopf *m*
~ **de distribución** Steuerschieber *m*
~ **guía** Führungsbahn *f*
~ **transversal** Kreuzkopf *m*
correderas *fpl* 1. Führung *f*; 2. *(Schiff)* Stapel *m*
~ **del mazo** *(Met)* Bärführung *f*, Hammerführung *f*
corredor *m* 1. Korridor *m*; Flur *m*; 2. *(Schiff)* Laufplanke *f*; 3. Läufer *m (Ringspinnmaschine)*
correlación *f* Korrelation *f*, Wechselbeziehung *f*; Verkettung *f*
correlacionar *v* korrelieren, in Wechselbeziehung stehen [setzen]; verketten
correntómetro *m* Strömungsmesser *m*, Strömungsmessgerät *n*
correr *v* strömen, fließen, laufen; rinnen
correrse *v* 1. verrutschen, sich verschieben; 2. auslaufen, verlaufen *(z. B. Farben)*
correspondencia *f* 1. *(Math)* Abbildung *f*, Korrespondenz *f*; Zuordnung *f*; 2. Korrespondenz *f*, Übertragung *f*, Übermittlung *f*
~ **biunívoca** eineindeutige Abbildung *f* [Funktion *f*]
~ **facsímil** Faksimileübertragung *f*, Faksimileübermittlung *f*
corresponsal *m (Tele)* Gegenstelle *f*

corrida *f (Inf)* Ablauf *m*, Lauf *m*, Durchlauf *m*

corriente *f* 1. *(Ph)* Strömung *f*; 2. *(El)* Strom *m*

~ **activa** Wirkstrom *m*

~ **aerodinámica** aerodynamische Strömung *f*

~ **de aire** 1. Luftströmung *f*; 2. *(Bgb)* Wetterzug *m*

~ **de alimentación** Speisestrom *m*

~ **de alta intensidad** Starkstrom *m*

~ **alterna** Wechselstrom *m*

~ **alterna monofásica** Einphasenwechselstrom *m*

~ **de amplitud modulada** amplitudenmodulierter Strom *m*

~ **anódica [de ánodo]** Anodenstrom *m*, Plattenstrom *m*

~ **audiofrecuente** *(Tele)* Sprechstrom *m*

~ **de baja frecuencia** Niederfrequenzstrom *m*, NF

~ **de baja intensidad** Schwachstrom *m*

~ **bifásica** Zweiphasenstrom *m*

~ **de caldeo** Heizstrom *m*

~ **de carga en tampón** Pufferstrom *m*

~ **catódica** Katodenstrom *m*

~ **continua** Gleichstrom *m*

~ **continua pulsatoria** pulsierender Gleichstrom *m*

~ **de cortocircuito** Kurzschlussstrom *m*

~ **de cortocircuito de tierra** Erdschlussstrom *m*

~ **de cresta** Spitzenstrom *m*, Scheitelstrom *m*

~ **crítica** 1. Abfallstrom *m (Relais)*; 2. kritischer Strom *m (Supraleitung)*

~ **débil** Schwachstrom *m*

~ **de defecto** Fehlerstrom *m*

~ **de deriva** 1. Triftströmung *f*; 2. *(El)* Driftstrom *m*

~ **desfasada** phasenverschobener Strom *m*

~ **detectada** gleichgerichteter Strom *m*

~ **devatiada** Blindstrom *m*

~ **directa** 1. Durchlassstrom *m (Gleichrichter)*; 2. *(Am)* Gleichstrom *m*

~ **dispersa** Streustrom *m*, vagabundierender Strom *m*

~ **efectiva** Wirkstrom *m*

~ **de encendido** Zündstrom *m*

~ **enderezada** gleichgerichteter Strom *m*

~ **estacionaria** stationäre Strömung *f*

~ **fuerte** Starkstrom *m*

~ **de fuerza** Kraftstrom *m*

~ **de fuga** Kriechstrom *m*, Verluststrom *m*, Streustrom *m*

~ **de fuga a tierra** Erdschlussstrom *m*

~ **inversa** Gegenstrom *m*, Rückstrom *m*; Sperrstrom *m (z. B. bei Gleichrichtern)*; Umkehrstrom *m*

~ **iónica** Ionenstrom *m*, Gas(ionen)strom *m (Elektronenröhre)*

~ **laminar** laminare Strömung *f*

~ **de mando** Steuerstrom *m*

~ **de marea** Gezeitenstrom *m*

~ **marina** Meeresströmung *f*

~ **de medición** Messstrom *m*

~ **modulada** modulierter Strom *m*

~ **monofásica** Einphasenstrom *m*

~ **nominal** Nennstrom *m*

~ **oscilatoria** Schwingstrom *m*, schwingender Strom *m*

~ **parásita** *(El)* Fremdstrom *m*, Wirbelstrom *m*, Foucault-Strom *m*

~ **piloto** Pilotstrom *m*, Steuerstrom *m*

~ **de placa** Anodenstrom *m*, Plattenstrom *m*

~ **polifásica** 1. Mehrphasenströmung *f*; 2. *(El)* Mehrphasenstrom *m*

~ **de prueba** Prüfstrom *m*

~ **pulsatoria** pulsierender Strom *m*, Wellenstrom *m*

~ **reactiva** Blindstrom *m*

~ **rectificada** gleichgerichteter Strom *m*

~ **de rejilla** Gitterstrom *m*

~ **de retorno** 1. Rückströmung *f*; 2. Rückstrom *m*

~ **térmica** Wärmestrom *m*

~ **termoiónica** Glühelektronenstrom *m*

~ **a [de] tierra** Erdschlussstrom *m*

~ **de tracción** *(Eb)* Fahrstrom *m*

~ **trifásica** Dreiphasenstrom *m*, Drehstrom *m*

~ **turbulenta** turbulente Strömung *f*

~ **de umbral** Schwellstrom *m*

~ **universal** Allstrom *m*

corrimiento *m* 1. Verschiebung *f*; Gleiten *n*; Rutschen *n (von Erde)*; 2. *(Masch)* Hub *m*

~ **de la carga** *(Schiff)* Ladungsverschiebung *f*

~ **de frecuencia** Frequenzgleiten *n*

~ **de tierras** Erdrutsch *m*

corroer *v* abbeizen, abätzen

corroerse v korrodieren, verwittern
corrosión f Korrosion f
~ **por picado [picadura]** Lochfraßkorrosion f, Lochfraß m
~ **bajo tensión** Spannungskorrosion f; Spannungsrisskorrosion f
corrosivo ätzend, beizend, korrodierend, zerfressend
corrosivo m Korrosionsmittel n, Beizmittel n, Abbeizmittel n
corrugación f Prägen n, Stempeln; Riffeln n
cortaalambres m Kneifzange f, Beißzange f; Drahtzange f
cortacésped(es) m Rasenmäher m
cortacircuito m Abschmelzsicherung f, Schmelzsicherung f, Sicherung f
~ **automático** automatische Sicherung f, Sicherungsautomat m
~ **de cartucho** Patronensicherung f
~ **fusible** Schmelzsicherung f
~ **de tapón** Stöpselsicherung f, Schraubpatronensicherung f
cortacorriente m Abschalter m, Ausschalter m
cortado m 1. Schneiden n; Schnitt m; Trennen n; Beschneiden n; Abschneiden n; 2. abgeschnittenes [abgetrenntes] Stück n; 3. Schneide f; 4. (Bgb) Streb m
~ **autógeno** Autogenschneiden n, autogenes Trennen n, Brennschneiden n
~ **láser** Laserschneiden n
~ **de papel** Papierabschneidevorrichtung f
cortador m 1. Schneidwerkzeug n; Meißel m; 2. Schneidemaschine f
~ **de alambre** Drahtschneidemaschine f
~ **de broza** (Lt) Dickichtschneidemaschine f
~ **de forraje** Futterschneider m
~ **de heno** (Lt) Grasmäher m
~ **múltiple** (Fert) Satzfräser m
~ **de paja** (Lt) Strohschneidemaschine f, Strohschneider m, Häcksler m
~ **de palanca** Hebelschere f
~ **de papel** Papierabschneidevorrichtung f
~ **de tubos** Rohr(ab)schneider m
cortadora f 1. Schneidemaschine f; 2. Schneidwerkzeug n
~ **de carbón** (Bgb) Schrämmaschine f
~ **de césped motorizada** Motorrasenmäher m
~ **de chapas** Blechschneidemaschine f
~ **ensiladora** (Lt) Grünfutterhäcksler m, Futterschneider m
~ **de forraje** (Lt) Futterschneidemaschine f; Häckselmaschine f
~ **de raíces** (Lt) Wurzelschneider m
~ **de remolachas** (Lt) Rübenschnitzelmaschine f, Rübenschneider m
~ **de setos** (Lt) Heckenschneidemaschine f
cortadora-recolectora f (Lt) Feldhäcksler m
cortaforrajes m (Lt) Häckselmaschine f
cortafrío m (Fert) Schrotmeißel m, Hartmeißel m, Kaltmeißel m
cortafuego m 1. (Bw) Brandmauer f, Brandgiebel m; 2. (Schiff) Brandschott n, Feuerschott n
cortagás m Gasabsperrhahn m
cortaheno m (Lt) Sammelhäcksler m
cortalápices m Bleistiftspitzmaschine f
cortamaíz m (Lt) Maisentemaschine f
cortapajas m (Lt) Häckselschneider m; Strohreißer m; Häcksler m
~ **con soplante** Gebläsehäcksler m, Schneidgebläse f
cortapapeles m Papierschneidemaschine f
cortapliegos m (Typ) Bogenschneider m
cortapruebas m (Foto) Kopiermesser n
cortar v 1. (ab)schneiden, zerschneiden, beschneiden; 2. (Lt) schneiden; mähen; 3. fällen (Baum); abholzen (Wald); 4. (Bgb) nachreißen; 5. (Typ) beschneiden; stechen; 6. (Schiff) kappen (Tau); 7. (Fert) schroten; 8. unterbrechen; abschalten; sperren (Zufuhr); 9. (Kfz) wegnehmen (Gas)
cortarraíces m (Lt) Wurzelmesser n; Schnitzelmaschine f (für Hackfrüchte)
cortatiro m Lüftungsklappe f
cortatubos m Rohr(ab)schneider m
cortavidrio m Glasschneider m
corte m 1. (Fert) Zuschnitt m, Schnitt m; Zerspanung f; 2. Schneide f; 3. (Bgb) Schram m, Schnitt m; 4. Sägen n; 5. Aufriss m (technisches Zeichnen); 6. Sperre f, Unterbrechung f, Abschaltung f; 7. (Ch) Fraktion f, Schnitt m; 8. (Typ) Schnitt m, Buchschnitt m; Beschneiden n
~ **de acabado** (Fert) Schlichtschnitt m, Feinschnitt m
~ **antifuego** Brandsperre f; Brandverschluss m

corte

~ con [por] arco (eléctrico) Lichtbogenbrennschneiden *n*
~ de apeo Fällschnitt *m (Forst)*
~ autógeno *(Fert)* Autogenschneiden *n*, autogenes Brennschneiden *n*, Gasbrennschneiden *n*, Schneidbrennen *n*
~ de cincel Meißelschneide *f*
~ de desbaste *(Fert)* Schruppschnitt *m*
~ deslizante *(Lt)* Gleitbewegungsschnitt *m*
~ diametral Radialschnitt *m (Holz)*
~ de energía eléctrica Energieabschaltung *f*, Stromabschaltung *f*
~ de filetes *(Fert)* Gewindeschneiden *n*
~ al fondo *(Bgb)* Unterschram *m*
~ guía Leitschnitt *m (Forst)*
~ mediante láser Laserschneiden *n*, Lasertrennen *n*, Schneiden *n* [Trennen *n*] mittels Laser
~ longitudinal 1. Längsschnitt *m (technisches Zeichen);* 2. *(Schiff)* Linienriss *m*; 3. *(Fert)* Längsschneide *f*
~ a la llama Brennschneiden *n*, Autogenschneiden *n*
~ del martillo Finne *f (Schmieden)*
~ de metales Metallzerspanen *n*
~ al plasma Plasmaschneiden *n*
~ de roscas *(Fert)* Gewindeschneiden *n*
~ seccional (de un buque) *(Schiff)* Schnittplan *m*, Schnittzeichnung *f*
~ al techo *(Bgb)* Oberschram *m*
~ térmico thermisches Schneiden *n*
~ transversal 1. Querschnitt *m (technisches Zeichen);* 2. *(Fert)* Querschneide *f*
~ vertical 1. Senkrechtschnitt *m (technisches Zeichen);* 2. *(Bgb)* Seigerriss *m*

cortina *f* Vorhang *m*; Schleier *m*; Wand *f*
~ acústica Schallwand *f*
~ de agua Wasserschleier *m*, Wasservorhang *m*
~ de aire Luftschleier *m*; Windvorhang *m*
~ cortafuegos Brandwand *f*
~ fotoeléctrica Lichtschranke *f*
~ de soldadura Schweißerschutzvorhang *m*, Schweißerschutzschirm *m*
~ de tablestacas *(Bw)* Spundwand *f*

cortocircuitar *v* kurzschließen
cortocircuito *m* Kurzschluss *m*
corvadura *f* Krümmung *f*, Biegung *f (bleibende Verformung);* Wölbung *f*
cosecante *f (Math)* Kosekans *m*
cosechadora *f (Lt)* Erntemaschine *f*; Mähdrescher *m*; Erntekombine *f*

~ de algodón Baumwollerntemaschine *f*
~ de arroz Reiserntemaschine *f*
~ autonivelante Erntemaschine *f* mit Ausgleichssystem *(für Hanglagen);* Hangmähdrescher *m*
~ cañera Zuckerrohrerntemaschine *f*
~ de cáñamo Hanf(voll)erntemaschine *f*, Hanfkombine *f*, Hanfmähdrescher *m*
~ de cereales Mähdrescher *m*
~ desgarradora Enthülsungsmaschine *f*
~ de forraje Feldhäcksler *m*
~ de frutas Obstpflücker *m (Gerät)*
~ de granos Getreideerntemaschine *f*, Erntemaschine *f* für Halmfrüchte
~ de guisantes Erbsenerntemaschine *f*
~ de heno Heuwerbungsmaschine *f*
~ de lino Flachsvollerntemaschine *f*, Leinvollerntemaschine *f*; Flachsraufmaschine *f*, Leinraufmaschine *f*
~ de lúpulo Hopfenpflückmaschine *f*
~ de patatas Kartoffel(voll)erntemaschine *f*, Kartoffelvollernter *m*; Kartoffelsammelroder *m*, Vorratsroder *m*, Kartoffelroder *m*
~ de raíces y tubérculos Hackfruchterntemaschine *f*
~ de remolacha(s) Rüben(voll)erntemaschine *f*, Rübenvollernter *m*
~ trilladora Mähdrescher *m*
~ del viñado Traubenerntemaschine *f*

cosechadora-cargadora *f* **de remolacha** Rübensammellader *m*
cosechadora-picadora *f* **de forraje** Mähfeldhäcksler *m*
cosedora *f (Typ)* Heftmaschine *f*
coseno *m (Math)* Kosinus *m*
~ de dirección Richtungskosinus *m*
~ hiperbólico Hyperbelkosinus *m*, Cosinus *m* hyperbolicus

coser *v* 1. heften; 2. nähen
cosido *m* 1. *(Typ)* Heften *n*, Heftung *f (Einbinden);* 2. Nähen *n*
cósmico kosmisch
cosmódromo *m* Raumfahrtstartgelände *n*, Raketenstartplatz *m*, Kosmodrom *n*
cosmonáutica *f* Astronautik *f*, Kosmonautik *f*, Raumfahrt *f*
cosmonave *f* Raumflugkörper *m*, Weltraumschiff *n*, Raumschiff *n*
~ tripulada bemanntes Raumschiff *n*
costado *m* 1. Seite *f*; 2. Schiffsseite *f*; 3. *(Gieß)* Zarge *f*, Rohling *m*

costero m 1. *(Bw)* Schwarte f, Schwartling m *(Verschalung)*; 2. Küstenschiff n, Küstenfrachter m
costilla f 1. *(Bw)* Rippe f, Verstärkungsrippe f, Gewölberippe f; 2. *(Flg)* Rippe f *(Tragflügel)*; 3. *(Schiff)* Spant m
costillaje m 1. *(Bw)* Gipsputzunterlage f, Putzabstandshalter m; 2. *(Flg)* Verrippung f; Rippendecke f, Rippen fpl; 3. *(Schiff)* Spanten mpl
costra f Rinde f, Kruste f
~ **de fundición** Gusshaut f
~ **de hierro** Zunder m
costura f 1. Naht f, Verbindungsnaht f; 2. Fuge f; 3. *(Typ)* Heftung f; 4. Spleiß m, Spleißstelle f *(bei Seilen)* • **sin** ~ nahtlos *(z. B. Rohr)*
~ **de colada** Gussnaht f
~ **electrónica** *(Kst)* Heftschweißen n, Nähschweißen n mittels Hochfrequenz, Stepp(naht)schweißen n
~ **de pespunte** *(Text)* Steppnaht f
~ **de soldadura** Schweißnaht f
cota f 1. Maßbezeichnung f, Maßzahl f *(einer technischen Zeichnung)*; 2. Höhe f, Höhenangabe f, Höhenzahl f, Kote f; 3. *(Schiff)* Klasse f, Klassenzeichen n
cotangente f *(Math)* Kotangens m
~ **hiperbólica** Hyperbelkotangens m, Cotangens m hyperbolicus
cotar v s. acotar
coulomb m Coulomb n, C *(SI-Einheit der Elektrizitätsmenge)*
covalencia f *(Ch)* Kovalenz(bindung) f, Atombindung f, unpolare [homöopolare] Bindung f, Elektronenpaarbindung f
covariancia f *(Math)* Kovarianz f, gemeinsame Varianz f
craquear v *(Ch)* kracken, spalten
craqueo m *(Ch)* Kracken n, Krackung f, Spalten n
creador m *(Fert)* Wälzfräser m
cremallera f 1. *(Masch)* Stange f, Zahnstange f; 2. *(Eb)* Zahnstange f, Zahnstangenbahn f, Zahnradbahn f; 3. Reißverschluss m
~ **y piñón** m Zahnstangentrieb m
creolina f Teeröl n
cresta f 1. *(Ph, El)* Scheitel(wert) m; Spitze f; 2. Wellenberg m, Wellenkamm m; 3. Bergrücken m, Kamm m; Krone f *(z. B. eines Deiches)*

creta f Kreide f
~ **lavada** Schlämmkreide f
criadero m 1. *(Bgb)* Erzgang m, Erzader f, gangartige Lagerstätte f; 2. *(Lt)* Aufzuchtstall m; 3. Baumschule f; Schonung f *(Forst)*
criadora f *(Lt)* Brutapparat m, Brutmaschine f, Brüter m
criba f Rost m; Sieb n, Grobsieb n, Siebvorrichtung f
~ **clasificadora** 1. Sortiersieb n; 2. *(Bgb)* Klassiersieb f
~ **oscilante** Schwingsieb n, Vibrationssieb n, Schüttelsieb n; Schüttelrost m
~ **de tambor (rotativo)** Trommelsieb n, Siebtrommel f
~ **vibradora [vibratoria]** Schwingsieb n, Vibrationssieb n, Rüttelsieb n, Schüttelsieb n
cribar v sieben
cric m *(Förd)* Schraubenwinde f, Hebewinde f, Hebebock m
criodesecar v gefriertrocknen
crioelectrónica f Kryoelektronik f
criofísica f Tieftemperaturphysik f, Kryophysik f
criogenia f 1. Tieftemperaturforschung f, Kryogenik f; 2. Tieftemperaturtechnik f, Kryotechnik f
criógeno m *(Ph)* Kältemittel n
criómetro m *(Ph)* Kryometer n *(Tieftemperaturthermometer)*
crioscopio m *(Ph)* Kryoskop n, Gefrierpunktmesser m
criptón m Krypton n, Kr
crisol m Tiegel m, Schmelztiegel m; Rast f *(Kupolofen)*
cristal m 1. Kristall m; 2. Glas n; Kristall(glas) n; 3. Fensterscheibe f; 4. Spiegel m; 5. Verglasung f
~ **antideslumbrante** Blendschutzglas n
~ **antiempañante** Klarsichtscheibe f *(Schutzmaske)*
~ **antiimpacto** bruchsicheres Glas n
~ **armado** Drahtglas n
~ **de contacto** *(Opt)* Haftglas n, Kontaktglas n, Haftschale f
~ **de dispersión** Streuscheibe f *(Scheinwerfer)*
~ **esmerilado** Mattscheibe f, Mattglas n
~ **estriado** Riffelglas n, Rippenglas n

cristal

~ **inastillable** splitterfreies [splittersicheres, splitterfestes] Glas n; Sicherheitsglas n
~ **de roca** Bergkristall m
~ **transparente** Klarsichtscheibe f
~ **trasero** (Kfz) Heckscheibe f
cristalización f 1. Kristallisation f, Kristallbildung f, Auskristallisierung f; 2. Kristallkochen n (Zuckerfabrik)
cristalometría f Kristallometrie f, Kristallmessung f
criterio m (Math) Kriterium n; Kennzeichen n; Kennwert m
crocidolita f Krokydolith m, Krokidolit m (Asbestart)
cromado m Verchromung f
cromar v verchromen
cromatismo m 1. Farbgebung f; 2. (Opt) chromatischer Fehler m, Farbzerstreuung f, Farbfehler m
cromato m Chromat n
cromatografía f Chromatographie f
cromatógrafo m Chromatograph m
cromatometría f Farbmessung f
cromatómetro m Farbmesser m
cromatrón m Chromatron n (Farbbildröhre)
cromita f (Min) Chromit m, Chromeisenerz n
cromizar v inchromieren, verchromen, chromatisieren, aufchromen
cromo m 1. Chrom m, Cr; 2. s. cromolitografía
cromofotografía f Farbfotografie f
cromolitografía f (Typ) Mehrfarbenlithographie f, Chromolithographie f
crometría f Farbmessung f
crómetro m Farbmesser m
cromoscopio m Farbfernsehbildröhre f; Chromoskop n
cromotipia f (Typ) Chromotypie f, Mehrfarbendruck m
cronograma m Chronogramm n; Zeitplan m; Terminplan m
cronómetro m Chronometer n, Zeitmessgerät n; Stoppuhr f
cronoscopio m Kurzzeitmesser m
cronotaquímetro m Stich-Drehzahlmesser m, Umdrehungszähler m (Regelungstechnik)
croquis m Schema n; Skizze f; Grobzeichnung f; Entwurf m; Konzept n

~ **acotado [con medidas]** Maßskizze f, Maßzeichnung f
crucero m 1. (Bw) Vierung f; Kreuzbogen m; Querschiff n; Querträger m; 2. (Typ) Quersteg m; 3. Kreuzfahrtschiff n; 4. (Min) Spaltfläche f, Spaltebene f; 5. (Bgb) Querträger m; Querschlag m, Durchhieb m
cruceta f 1. Traverse f; 2. Kreuzkopf m; 3. Universalgelenk n
~ **del timón** (Schiff) Ruderjoch n
crudo m (de petróleo) s. petróleo bruto
crujía f 1. (Bw) Durchgang m; Mauerabstand m; Flucht f; 2. (Schiff) Mittelgang m auf Deck; Laufplanke f
cruz f 1. Kreuz n; 2. (Text) Fadenkreuz n (Weberei); 3. Waagebalken m
cruzar v 1. überqueren, durchfahren; 2. (Text) köpern
cuaderna f 1. (Schiff) Spant n; 2. (Flg) Spant m; Querspant n(m)
~ **de fuselaje** (Flg) Rumpfspant m
~ **invertida** Gegenspant n
~ **maestra** Hauptspant n
~ **reforzada** verstärktes Spant n
~ **transversal** Querspant n
~ **de trazado** Konstruktionsspant n
cuadernaje m Bespantung f, Spantwerk n, Spantsystem n
cuadernal m **móvil** (Schiff) Taljeläufer m
cuadradillo m 1. vierkantiges Lineal n; 2. Liniennetz n
cuadrado quadratisch
cuadrado m 1. Quadrat n; 2. Vierkant m; 3. Anschlagwinkel m (Zeichengerät); 4. (Typ) Winkelhaken m
cuadrangular viereckig
cuadrángulo m Viereck n
cuadrante m 1. Quadrant m, Viertelkreis m; 2. Skalenscheibe f; 3. Zifferblatt f; 4. (Typ) Schneidemaschine f
cuadrar v ins Quadrat erheben, quadrieren, in die zweite Potenz erheben
cuadrático quadratisch, Quadrat...
cuadratín m (Typ) Geviert n
cuadratura f Quadratur f
~ **del círculo** Quadratur f des Kreises
cuadrete m (El) Vierer m, Viererbündel n, Vierergruppe f, Vierergruppierung f
cuádrica f Fläche f zweiter [2.] Ordnung

cuadrícula f Quadratnetz n; Gitternetz n, Netz n, Liniennetz n; Raster m; Gitter n; Strichgitter n; Planquadrat n
cuadrilátero vierseitig
cuadrilátero m Vierseit n
~ **articulado** Viergelenkgetriebe n, Gelenkviereck n
cuadrilongo rechteckig
cuadrimotor viermotorig
cuadrinomio (Math) viergliedrig
cuadripolo m Vierpol m, Quadrupol m
cuadrivalente (Ch) vierwertig
cuadro m 1. Rechteck n; 2. Bild n; 3. Tabelle f, 4. Fahrplan m; 5. Schalttafel f, 6. Rahmenantenne f; 7. Rahmen m; 8. (Tele) Gestellrahmen m; Gestelletage f; 9. (Bgb) Türstock m • **a cuadros** kariert; würfelförmig
~ **basculante** Schwingrahmen m; Kipprahmen m
~ **de conexiones** Schaltbild n; Schalttafel f, Stecktafel f, Steckbrett n
~ **cuadernal** (Schiff) Spantrahmen m
~ **de distribución** Schaltbrett n, Schalttafel f, Verteilertafel f
~ **de instrumentos** Instrumententafel f; Schalttafel f; Armaturenbrett n
~ **de mando** Armaturenbrett n; Schalttafel f, Schaltpult n
~ **sinóptico** Übersichtstafel f; Übersichtstabelle f
~ **tubular** (Kfz) Rohrrahmen m
cuadros mpl (Bgb) Rahmenbau m, Rahmenzimmerung f, Gevierzimmerung f
cuádruple vierfach
cuádruplo Vierfaches n
cuantía f Menge f, Summe f
cuantificación 1. (Math) Quantifizierung f; 2. (Ph) Quantisierung f, Quantelung f; 3. (Nrt, Inf) Quantisierung f, Quantisieren n
cuantificador m 1. (Math) Quantifikator m, Quantor m, prädikatenlogischer Funktor m; 2. (Tele) Quantisierer m, Quantisierungsschaltung f
cuantificar v 1. quantifizieren; 2. quantisieren; quanteln
cuantímetro m Quantimeter n, Mengenmesser m
cuanto m (Ph) Quant n
cuantómetro m Quantometer n (Spektralanalyse)

cuartel m 1. Viertel n; 2. (Schiff) Lukenabdeckung f
cuarterón m Strebe f, Querstrebe f
cuártico (Math) vierter Ordnung, vierten Grades
cuarto m 1. Abteilung f; Raum m; Zimmer n; 2. Viertel n • **en** ~ (Typ) im Quartformat
~ **de control** Bedienungsraum m; Schaltwarte f
~ **de derrota** (Schiff) Kartenhaus n, Kartenraum m
~ **oscuro** (Foto) Dunkelkammer f
~ **sordo** (akustisch) trockener Raum m, reflexionsarmer [reflexionsfreier] Raum m
cuartón (Bw) Viertelholz n, Kreuzholz n; Kantholz n
cuarzo m Quarz m
cuaternario quaternär
cuatricromía (Typ) Vierfarbendruck m
cuatrimotor m viermotoriges Flugzeug n
cuatrirreactor m Flugzeug n mit vier Strahltriebwerken
cuba f 1. Bottich m, Bütte f, Fass n; Kübel m; Trog m; Tank m; Eimer m; 2. Schacht m (Hochofen); 3. Schwimmkammer f, Schwimmergehäuse n; 4. Tankwagen m
~ **decantadora** Dekantiergefäß n; Absetzbehälter m, Klärbehälter m; Setzbottich n, Ausschlagbottich m
~ **de fermentación** Gärbottich m, Gärtank m
~ **de nivel constante** (Kfz) Schwimmergehäuse n
~ **vibratoria** Rüttler m, Rüttelvorrichtung f
cubeta f Küvette f, Schale f, Trog m; Wanne f; Napf m, Kolben m
cubicación f 1. Kubatur f, Kubikinhalt m; 2. Volumenmessung f; 3. Kubieren n
cúbico 1. kubisch, würfelförmig; 2. kubisch, dritten Grades
cubículo m Kabine f; Zelle f
cubierta f 1. Abdeckung f, Belag m; Überzug m; Plane f, Verdeck n; 2. Mantel m, Umhüllung f, Ummantelung f, Verkappung f; Decke f, Mantel m (Bereifung); Haube f (eines Motors); 3. Dach n; Bedachung f; Dachhaut f; Schutzdach n; 4. Deck n, Schiffsdeck n
~ **de abrigo** Shelterdeck n, Schutzdeck n

cubierta 120

~ **acústica** Einhausung f *(schalldämmende Umhüllung in lärmerfüllten Räumen)*
~ **de alcázar** Quarterdeck n
~ **de arqueo** Vermessungsdeck n, Tonnagedeck n
~ **sin cámara** *(Kfz)* schlauchloser Reifen m
~ **de castillo** Backdeck n, Vordeck n
~ **consecutiva [continua]** durchlaufendes Deck n
~ **corrida** Glattdeck n
~ **de [a la] intemperie** Wetterdeck n, freies Deck n
~ **de mamparos** Schottendeck n
~ **de marcación** Peildeck n
~ **de motor** Motorhaube f
~ **de paseo** Promenadendeck n
~ **de pizarra** Schieferdach n
~ **de pozo** Brunnendeck n, Welldeck n
~ **protectora de la rueda** Radschutzhaube f
~ **(del) puente** Brückendeck n
~ **del radiador** Kühler(schutz)haube f
~ **rasa** Glattdeck n
~ **recauchutada** runderneuerter Reifen m
~ **del sollado** Raumdeck n
~ **de tejas** Ziegeldach n
~ **de la toldilla** Poopdeck n
cubilote m *(Met)* Kupolofen m
cubo m 1. Würfel m, Kubus m; Kubikzahl f; 2. Eimer m; Kübel m; Bottich m; Bütte f; 3. Nabe f, Radnabe f; 4. Federhaus n *(Uhr)*
~ **de basura** Müllkübel m
~ **biológico** Biotonne f
~ **de la hélice** Propellernabe f
~ **de la rueda** Radnabe f
cubrejunta f Lasche f, Stoßlasche f, Laschenblech n
cubreobjetos m Deckglas n *(Mikroskopie)*
cubrerradiador m *(Kfz)* Kühlerhaube f
cubrir v abdecken, bedecken; umhüllen; verkappen; decken *(Dach)*
cucúrbita f Destillierkessel m, Retorte f
cuchara f 1. Schöpfbecher m, Schöpfer m; 2. Gießpfanne f, Pfanne f; 3. *(Förd)* Baggerlöffel m; Bohrlöffel m; Greifer m *(eines Kranes)*; 4. s. llana; 5. s. achicador
~ **de arrastre** Schrapper m
~ **de draga** Baggerlöffel m, Baggergreifer m, Baggerkübel m
~ **de turbina** Turbinenschaufel f

cucharón m Kübel m; Pfanne f; Schöpfer m
cuchilla f 1. *(Fert)* Schneidwerkzeug n; Messer n; 2. Schneide f; 3. *(Lt)* Hauer m; Sech n, Messersech n *(Pflug)*; 4. *(Typ)* Farbmesser n
~ **acabadora** Schlichtmeißel m
~ **carpidora** *(Lt)* Unkrautmesser n
~ **de cepillo** Hobelmesser n
~ **de corte** Häckselmesser n *(Feldhäcksler)*
~ **cremallera** *(Fert)* Kammhobelmeißel m, Schneidkamm m
~ **de disco** *(Lt)* Scheibensech n
~ **divisora** *(Fert)* Teilkopf m
~ **dosificadora** Rakel f *(Streichmesser)*
~ **empujadora** *(Förd)* Planierschild m
~ **piñón** *(Fert)* Schneidrad n
~ **rascadora** 1. *(Ch)* Schab(e)messer n; 2. *(Kst)* Streichmesser n, Rakelmesser n
~ **de torno** Drehmeißel m
cuchillo m Messer n
cuello m Hals m; Ansatz m
~ **del eje** Achsschenkel m, Achshals m
cuenca f 1. Trog m; 2. *(Geol)* Becken n; Einzugsgebiet n
cuenta f 1. Rechnung f; Rechnen n; Zählen n; 2. Betrag m; 3. *(Kern)* Impuls m, Zählstoß m
~ **atrás [descendente]** Count-down m(n), Countdown n(m), Rückwärtszählung f
cuentagotas m Tropfenzähler m; Tropfglas n *(Labor)*
cuentahilos m *(Text)* Fadenzähler m, Fadenzähllupe f
cuentaimágines m Bildzählwerk n *(Kino)*
cuentakilómetros m Kilometerzähler m
cuentarrevoluciones m Drehzahlmesser m, Tourenzähler m, Tachometer m
cuerda f 1. Schnur f, Seil n; Strick m, Tau n; Leine f; 2. *(Math)* Sehne f; 3. Saite f; 4. Feder f *(Uhrwerk)*
~ **de acoplamiento** Abschleppseil n
~ **de arco** *(Math)* Sehne f
~ **de cáñamo** Hanfseil n
~ **constante** Zahndickensehne f
~ **de enlazado** *(Sich)* Führungsseil n, Fangseil n
~ **flotante** *(Schiff)* Fleetleine f
~ **salvavidas** Sicherheitsseil n, Sicherungsseil n; Rettungsleine f
cuero m Leder n

~ **artificial** Kunstleder n
~ **de charol** Glanzleder n, Lackleder n
~ **de Rusia** Juchtenleder n
cuerpo m 1. Körper m; Grundkörper m; 2. Gehäuse n, Ständer m; 3. (Typ) Kegel m, Schriftkegel m; 4. Teil m, Haupt(bestand)teil m; 5. (Text) Grund m (eines Gewebes)
~ **aporcador** (Lt) Häufelkörper m
~ **en caída libre** (Ph) frei fallender Körper m
~ **de caldeo** Heizkörper m
~ **celeste** Himmelskörper m
~ **compuesto** (Ch) chemische Verbindung f
~ **del émbolo** Kolbenkörper m; Kolbenmantel m; Kolbenschaft m
~ **del filtro** Filtergehäuse n
~ **final** (Rak) Endstufe f
~ **flotante** 1. (Ph) schwimmender Körper m; 2. (Schiff) Schwimmkörper m
~ **de hincar** Rammkörper m (Tiefbau)
~ **hueco** Hohlkörper m
~ **negro** (Ph) schwarzer Körper m [Strahler m], Hohlraumstrahler m
~ **del radiador** Kühlergehäuse n
~ **del remache** Nietschaft m
~ **de [en] revolución** (Ph) Rotationskörper m, Drehkörper m
~ **simple** (Ch) einfacher Körper m, Element n
~ **sólido** (Ph) Festkörper m
~ **del tipo** Schriftkegel m
~ **del vertedero** Deponiekörper m
culata f 1. Bodenstück n; 2. (El) Joch n; 3. Zylinderdeckel m; Zylinder(block)kopf m; Bodenseite f, Zylinderboden m (Arbeitszylinder)
culatín m Zylinderdeckel m
culombímetro m (El) Coulometer n, Voltameter n
culombio m (El) Coulomb n, C
cultivador m (Lt) Grubber m, Kultivator m
cumbrera f 1. (Bw) First m; 2. (Bgb) Sargdeckel m
cuna f 1. Untersatz m; Stützklotz m; 2. (Schiff) Stapel m (Stapellauf); Ablaufschlitten m
cuña f 1. Keil m; 2. (Opt) Prisma n; 3. (Typ) Schließkeil m; 4. (Bw) Pflasterstein m; Keilstein m, Gewölbestein m
~ **óptica** (Opt) Prismenkeil m

~ **tensora** Spannkeil m
cuñar v (Fert) prägen
cuño m (Fert) Prägestempel m, Prägewerkzeug n
cuprificar v verkupfern
cuprita f (Min) Kuprit m, Rotkupfererz n
cúpula f 1. (Bw) Kuppel f, Gewölbe n; 2. (Met) Dom m, Kuppel f (SM-Ofen); 3. (Eln) Antennenkuppel f
curado m 1. Trocknen n; 2. Härten n, Aushärtung f; 3. Alterung f; 4. Vulkanisation f, Vernetzung f (Gummi)
~ **espontáneo** Selbsthärtung f (Klebstoff)
curar v 1. aushärten, erhärten (z. B. Beton); 2. gerben (Leder); 3. bleichen (Leinen)
curio m 1. (Ph) Curie n (Einheit der Radioaktivität; jetzt durch Becquerel ersetzt); 2. Curium n, Cm
currentilíneo stromlinienförmig
curso m 1. Kurs m, Richtungsverlauf m; 2. (Bgb) Streichen n (eines Ganges); 3. (Text) Rapport m (Weberei)
~ **de los electrones** Elektronenbahn f
~ **del pistón** Kolbenlauf m, Kolbenhub m
cursor m 1. Laufgewicht n, Schiebevorrichtung f; Schieber m, (beweglicher) Mikrometerfaden m; Läufer m; 2. (El) Abgreifer m, Abgriff m, Gleitkontakt m, Schiebekontakt m, Schleifer m, Schleifkontakt m (z. B. eines Potenziometers); 3. Cursor m, Positionsanzeiger m, Schreibmarke f, Läufer m, Leuchtmarke f (Bildschirm)
~ **de ratón** Mauszeiger m, Mauscursor m
curtido m (Led) Gerben n, Gerberei f
~ **en blanco** Alaungerben n, Weißgerben n
~ **al cromo** Chromgerbung f
curtiente m Gerbstoff m
curtir v (Led) gerben
curva f Kurve f
~ **adiabática** Adiabate f
~ **de altitud** Höhenkurve f
~ **de amortiguación** Dämpfungskurve f, Dämpfungsverlauf m
~ **de aprendizaje** (Inf) Lernkurve f
~ **de atenuación** Dämmungskurve f
~ **de brazos de palanca** (Schiff) Hebelarmkurve f
~ **de caracol** Glockenkurve f (Statistik)

curva

~ **característica** Kennlinie f, Charakteristik f
~ **de centro de carena** *(Schiff)* Auftriebskurve f
~ **cicloidal** *(Math)* Zykloide f, Radkurve f
~ **de engrane** Eingriffsstrecke f *(Zahnrad)*
~ **de envolvente** Enveloppe f, Hüllkurve f
~ **de esfuerzo-alargamiento** Spannungs-Dehnungs-Kurve f
~ **de estabilidad dinámica** *(Schiff)* Hebelarmkurve f der dynamischen Stabilität
~ **de evolución** Wendekreis m
~ **de fluencia** Kriechkurve f
~ **de Gauss** gaußsche Kurve f [Fehlerkurve f, Fehlerverteilungskurve f, Glockenkurve f], Normalverteilungskurve f
~ **helicoidal** Schraubenlinie f
~ **isotérmica** isothermische Kurve, Isotherme f, Temperaturgleiche f
~ **logarítmica** logarithmische Kurve f
~ **loxodrómica** *(Math)* Loxodrome f
~ **ortodrómica** *(Math)* Orthodrome f
~ **del pantoque** *(Schiff)* Kimmrundung f
~ **senoidal** Sinuskurve f, Sinuslinie f
~ **suave** *(Schiff)* strakende Kurve f
~ **de tensión-alargamiento** Spannungs-Dehnungs-Kurve f
~ **de transformación isotérmica** Zeit-Temperatur-Umwandlungskurve f, ZTU-Kurve f
~ **de transición** 1. *(Ph)* Übergangskurve f, Vorkrümmung f; 2. Übergangsbogen m, Übergangskurve f *(Straßenbahn)*
~ **de valoración de la frecuencia** Frequenzbewertungskurve f *(Akustik)*

curvado m Biegen n; Krümmen n
~ **con prensa** Biegepressen n *(Schiffskörperbau)*
~ **con rodillos** Biegewalzen n *(Schiffskörperbau)*
~ **de la trayectoria** Bahnkrümmung f

curvadora f *(Fert)* Biegemaschine f; Biegepresse f
~ **de cilindros** Biegewalzwerk n; Walzenbiegemaschine f
~ **de chapas** Blechbiegemaschine f
~ **de tubos** Rohrbiegemaschine f

curvar v biegen; krümmen

curvatura f Biegung f, Krümmung f

curvígrafo m 1. Kurvenschreiber m; 2. Kurvenlineal n

curvilíneo *(Math)* krummlinig

cúspide f Scheitel(punkt) m, Spitze f; Gipfel(punkt) m
~ **del anticlinal** *(Geol)* Sattelhöchstes n
~ **del diente** *(Masch)* Zahnkopf m

cúter m **pesquero** Fischkutter m, Kutter m

CH

chaflán m 1. *(Fert)* Abschrägung f, Schräge f; Fase f, Abfasung f, gebrochene Kante f; 2. *(Typ)* Facettenschräge f, Facettenwinkel m; 3. *(Bw)* Krüppelwalm m; Walmfläche f

chaflanadora f Abfasmaschine f

chalana f *(Schiff)* Leichter m; Schute f; Prahm m; Flachbodenboot n

chancar v s. triturar, machacar

chapa f 1. Blech n; Platte f; 2. Beschlag m; Blechmarke f; 3. Furnier n
~ **acanalada** Wellblech n
~ **angular** Knotenblech n, Eckblech n *(Stahlbau)*
~ **de apoyo** Stützplatte f
~ **de casco** Schiffsblech n
~ **corrugada** Wellblech n
~ **delgada** Feinblech n
~ **de embutido profundo** Tiefziehblech n
~ **estañada** Weißblech n, verzinntes Eisenblech n
~ **externa** *(Schiff)* Außenhaut f
~ **galvanizada** verzinktes Blech n
~ **ondulada** Wellblech n

chapaleta f s. válvula

chapeado m Plattierung f, Überzug m

chapeadora f Blechbearbeitungsmaschine f

chapear v 1. *(Met)* plattieren, mit Schutzüberzug versehen, überziehen *(mit Metall)*; 2. furnieren *(Holz)*

chaqueta f Mantel m; Gehäuse n; Hülle f; Futter n

charnela f 1. Scharnier n; 2. Klappenventil n; 3. Gabelkopf m; Bügel m; 4. *(Math)* Rückkehrprodukt n
~ **anticlinal** *(Geol)* Sattel m
~ **de dirección** *(Kfz)* Achsschenkel m

chasis m 1. Chassis n, Fahrgestell n; 2. Rahmen m; Aufbauplatte f; Modulträger m; 3. Filmkassette f, Kassette f

chasquido *m (Eln, Nrt)* Störgeräusche *npl*, Rauschstörung *f*
chata *f* 1. *(Schiff) (Am)* Prahm *m*; Schute *f*; 2. *(Kfz)* Planwagen *m*
chatarra *f* 1. Schrott *m*; 2. Eisenschlacke *f*; 3. Abfall *m*
chatterton *m (El)* Kabelmasse *f*
chaveta *f* 1. Keil *m*, Sicherungskeil *m*, Befestigungskeil *m*; Feder *f*; Splint *m*; 2. *(Bgb)* Ankerbolzen *m*
~ **de ajuste** Passfeder *f*
~ **de apriete** Spannkeil *m*; Befestigungskeil *m*
~ **de cuña** 1. Scheibenkeil *m*; 2. *(Bgb)* Doppelkeilanker *m*
~ **de sujeción** Haltekeil *m*, Sicherungskeil *m*
chavetear *v* verkeilen; versplinten
chavetero *m* Keilnut *f*
~ **de arrastre** Mitnehmerkeilnut *f*
~ **y ranura** *f* Feder *f* und Nut *f*
chevrón *m* Pfeilzahnrad *n*, pfeilverzahntes Rad *n*
chigre *m (Schiff)* Winde *f*, Winsch *f*; Spill *n*
~ **de amantillo** Hangerwinde *f*
~ **del ancla** Ankerspill *n*
~ **de izado (del bote)** Bootswinde *f*
chimenea *f* 1. Schornstein *m*, Feueresse *f*; Kamin *m*; Rauchrohr *n*; Rauchabzug *m*; 2. *(Geol)* Erzfall *m*; Eruptionsschlot *m*; Vulkanschlot *m*; 3. *(Bgb)* Rollloch *n*
~ **de aire** 1. Luftkanal *m*; Abzug *m*; 2. *(Bgb)* Wetterschacht *m*, Lüftungsschacht *m*
chinche *m (Inf)* Programmfehler *m*
chinchorro *m* Beiboot *n*, Dingy *n*, kleines Ruderboot *n*; Jolle *f*
chip *m* Chip *m*, Halbleiterchip *m*
~ **de memoria** Speicherchip *m*
~ **de muy alta integración** Chip *m* mit sehr hohem Integrationsgrad, VLSI-Chip *m*
~ **procesador** Prozessorbaustein *m*, Prozessorschaltkreis *m*
~ **de silicio** Siliciumchip *m*
chispa *f* 1. Funke(n) *m*; Funkenentladung *f*; 2. *(Kfz)* Zündung *f*
~ **avanzada** *(Kfz)* Frühzündung *f*, Vorzündung *f*; Oberflächenzündung *f*
~ **de descarga** Entladungsfunke *m*; Funkenentladung *f*

~ **disruptiva** 1. *s.* ~ de descarga; 2. Ausschaltfunke *m*, Abschaltfunke *m*; Überschlagfunke *m*
~ **de encendido** Zündfunke *m*
chispear *v* 1. (Funken) sprühen, funken; 2. *(Fert)* ausfunken
chispero *m* 1. Funkenableiter *m*; Funkenstrecke *f*; 2. *(Eb)* Funkenfänger *m*
chispómetro *m* Funkenstrecke *f (Gerät)*
chisporrotear *v* (Funken) sprühen, funken
chocar *v* (an)stoßen, gegenstoßen; aufprallen; auftreffen, zusammenprallen, aufschlagen
choque *m* Stoß *m*; Anprall *m*; Anschlag *m*; Zusammenprall *m*; Kollision *f* • **a choques** stoßweise • **sin choques** stoßfrei
~ **de compresión** Verdichtungsstoß *m*
~ **térmico** 1. Wärmeschock *m*, Thermoschock *m*; 2. Abschreckung *f*, Abschrecken *n*
chorreado *m* Strahlen *n*; Spritzen *n*
~ **con arena** Sandstrahlen *n*
~ **con vapor** Strahlläppen *n*
chorrear *v* strömen, schießen *(z. B. Wasserstrahl)*
chorro *m* Strahl *m*; Düsenstrahl *m*; Strom *m*, Schwall *m*
~ **de inyección** Einspritzstrahl *m*; Schuss *m* (beim Spritzgießen)
~ **propulsor** Antriebsstrahl *m*, Treibstrahl *m*
chucho *m* 1. *(El) (Am)* Schalter *m*, Umschalter *m*; 2. *(Eb)* Weiche *f*; 3. Reservegleis *n*
chumacera *f* 1. Lager *n*, Zapfenlager *n*; 2. *(Schiff)* Dolle *f*
~ **de apoyo** Stützlager *n*
~ **del eje** *(Schiff)* Wellenlager *n*, Wellenlagerung *f*
~ **de empuje** Drucklager *n*
~ **giratoria** Drehdolle *f (Boot)*
~ **de lubricación automática** selbstschmierendes Lager *n*
~ **de rodillos** Rollenlager *n*
chupador *m* Sauger *m (z. B. Dränung)*; Saugfilter *n*
chupar *v* aufsaugen, einsaugen
chupeta *f (Schiff)* Heckraum *m*
chupón *m (Masch)* Mönch *m*, Stößel *m (einer Saugpumpe)*

D

dado m 1. Würfel m, Kubus m; 2. (Eln) Plättchen n, Scheibe f; 3. Ziehstein m; Zapfen m; 4. Gewindeschneidkopf m; 5. (Bw) Säulenfuß m
- ~ **de corte** Schnittwerkzeug n
- ~ **de filetear** Gewindeschneidkopf m

DAO s. diseño asistido por ordenador

dar v **apresto brillante** (Led) glanzstoßen
- ~ **a la banda** (Schiff) kielholen
- ~ **entrada a datos** (Inf) Daten eingeben
- ~ **formato** (Inf) formatieren
- ~ **marcha atrás** den Rückwärtsgang einlegen
- ~ **quilla** 1. krängen; 2. (Schiff) kielholen
- ~ **salida a datos** Daten ausgeben
- ~ **por teclado** über Tastatur eingeben
- ~ **tierra** (El) erden

dársena f Dock n; Hafenbecken n

dato m Angabe f; gegebene Größe f; vorgegebene Größe f

datos mpl Daten pl, Angaben fpl; Kenngrößen fpl
- ~ **almacenados** (ein)gespeicherte Daten pl, abgespeicherte Daten pl
- ~ **característicos** Kenndaten pl
- ~ **de control** Steuerdaten pl
- ~ **dimensionales** Maßangaben fpl, Abmessungsangaben fpl
- ~ **intermedios** temporäre Daten pl
- ~ **medidos** Messdaten pl, Messangaben fpl, Messwerte mpl
- ~ **numéricos** 1. Zahlenangaben fpl; Zahlenwerte mpl; 2. (Inf) numerische Daten pl
- ~ **tecleados** eingegebene Daten pl

dB s. decibel

DCB s. decimal codificado en binario

debilitación f Abklingen n; Abschwächen n, Abschwächung f

debilitador m (Foto) Abschwächer m

debilitar v abschwächen

decaimiento m 1. Abfall m, Abnahme f, Fallen n; Abschwächung f; 2. Zerfall m; radioaktiver Zerfall m

decalado m 1. Verschiebung f; 2. s. desfasaje

decalco m Pause f (technisches Zeichnen)

decantación f (Ch) Dekantierung f, Dekantation f, Abklären n, Klären n, Absetzen n (von Bestandteilen in Flüssigkeiten)

decantador m Absetzbehälter m; Dekantiergefäß n; Klärbecken n, Ablagerungsbecken n

decantar v dekantieren, abklären, klären, schlämmen, abläutern

decapado m 1. Beizen n, Dekapieren n; 2. Wegätzen n; 3. Entzundern n; Entrosten n; Abstrahlen n; Putzen n

decapante m Abbeizmittel n (für Metalle)

decapar v 1. (ab)beizen, dekapieren; 2. wegätzen; 3. entzundern; entrosten; abstrahlen; putzen

decatizadora f (Text) Dekatiermaschine f

decatizar v (Text) dekatieren

deceleración f Verzögerung f, Verlangsamung f; negative Beschleunigung f; Bremsen n, Abbremsen n; Geschwindigkeitsverminderung f

decelerar v verzögern; (ab)stoppen; bremsen; die Geschwindigkeit vermindern

decibel m (Ph) Dezibel n, dB

decibelímetro m (Ph) Dezibelmeter n, Dezibelmessgerät n, Dämpfungsmesser m; Schallpegelmesser m, Pegelmesser m

decimal m Dezimalzahl f; Dezimalziffer f
- ~ **codificado en binario** Binärdezimalcode m, binärverschlüsselte Dezimalziffer f, BCD-Code m

declarador m (Inf) Vereinbarungszeichen n, Vereinbarungssymbol n

decodificar v s. descodificar

decolorar v entfärben

decontaminar v s. descontaminar

decrecer v abnehmen, (ab)sinken; abfallen, sich vermindern

decreciente/estrictamente (Math) streng fallend

~/monótono (Math) monoton fallend

decrementar v dekrementieren, erniedrigen, vermindern

decrementímetro m Dämpfungsmesser m, Dekrementmesser m

decremento m 1. Abnahme f; Verringerung f; 2. (El) Dekrement n

dedendum m (Masch) Zahnfußhöhe f, Profilauslauf m

dedo m (Masch) Finger m; Stift m
- ~ **de arrastre** Führungsbolzen m, Mitnehmerbolzen m

~ del distribuidor Steuerfinger *m*, Steuerstift *m*
~ del embrague Kupplungsbolzen *m*, Kupplungsfinger *m*
deducción *f (Math)* Ableitung *f*, Deduktion *f*
deducir *v (Math)* ableiten
defecto *m* 1. Mangel *m*; Defekt *m*; Fehler *m*, Schaden *m*; Materialschaden *m*; Fehlfunktion *f*, Störung *f*, Ausfall *m*; 2. Fehlstelle *f*, Störstelle *f (bei Kristallen)*
~ constructivo Konstruktionsfehler *m*
~ del equipo Gerätefehler *m*; Geräteausfall *m*
~ de funcionamiento Funktionsstörung *f*
~ de fundición Gussfehler *m*
defectoscopio *m (Wkst)* Defektoskop *n*, Fehlerprüfgerät *n*, Werkstoffprüfgerät *n*
defensa *f* 1. Schutz *m*; Abwehr *f*; 2. Schutzvorrichtung *f*; Schutzhaube *f*, Schutzabdeckung *f*; Deckel *m*; Sperre *f*; 3. *(Schiff)* Fender *m*
~ de disparo Auslösesicherung *f*, Auslösesperre *f*
~ enclavada eingebaute Schutzvorrichtung *f*; Schutzverriegelung *f*
~ de la escotilla *(Schiff)* Lukensüll *n*, Süll *n*
~ fotoeléctrica Lichtschranke *f*, photoelektrische Schutzvorrichtung *f*
~ de seguridad Schutzvorrichtung *f*; (mechanische) Sperre *f*
definición *f* 1. Definition *f*, Begriffsbestimmung *f*; 2. *(Opt)* Definition *f*, Schärfe *f*, Auflösung *f*
~ de campo Felddefinition *f*
~ de la imagen Bildschärfe *f*, Bildauflösung *f*
definir *v* definieren, bestimmen; beschreiben; kennzeichnen; abgrenzen
deflagración *f (Ch)* Verpuffung *f*, Deflagration *f*
deflagrar *v (Ch)* verpuffen
deflectómetro *m* Durchbiegungsmesser *m*
deflector *m* 1. Ablenkplatte *f*, Ablenkblech *n*; Prallplatte *f*, Prallwand *f*; 2. Ausräumer *m*; Abstreifer *m (z. B. Straßenbaumaschinen)*; 3. Streuscheibe *f*
~ de aceite *(Kfz)* Ölabstreifring *m*
~ de chorro *(Flg)* Strahlbremse *f*

deflexión *f* 1. Abweichung *f*; 2. Durchbiegung *f*, Durchhang *m*
~ angular Winkelausschlag *m*, Winkeländerung *f*
deflexionar *v* ablenken; durchbiegen; ausschlagen *(Zeiger)*
deformación *f* 1. Deformierung *f*, Umformung *f*, Verformung *f*, Formänderung *f*; 2. *(Eln)* Verzerrung *f*
~ de amplitud Amplitudenverzerrung *f*
~ en caliente Warmverformung *f*, Warmumformung *f*
~ del casco Schiffskörperdurchbiegung *f*
~ por cizalla Schubverformung *f*, Scherverformung *f*
~ por extrusión *(Kst)* Extrudieren *n*
~ por flexión Durchbiegung *f*
~ por fluencia Kriechverformung *f*
~ en frío Kaltumformung *f*, Kaltverformung *f*
~ del sonido Tonverzerrung *f*
deformar *v* 1. deformieren, umformen, verformen; 2. *(Eln)* verzerren
deformómetro *m (Wkst)* Dehnungsmesser *m*, Dehnungsmessgerät *n*
defragmentar *v (Inf)* defragmentieren *(Datei reorganisieren)*
degeneración *f* 1. *(Ph, Math)* Entartung *f*; 2. *(Eln)* Gegenkopplung *f*, negative Rückkopplung *f*
degenerado *(Ph, Math)* entartet
degradable *(Ch)* abbaubar
degradación *f* 1. Herabsetzung *f*, Minderung *f*, Verschlechterung *f*; 2. *(Ch)* Abbau *m*, Zerlegung *f*, Zersetzung *f*; Degradation *f (z. B. von Polymeren)*; 3. *(Ph)* Verlust *m*, Abnahme *f (von Energie)*; 4. Farbtonänderung *f*, Abschattung *f*
degradar *v* 1. *(Ch)* abbauen; 2. abschatten, abstufen, vignettieren
delaminación *f* Aufspaltung *f*, Schichtspaltung *f*, Schicht(en)trennung *f*, Schichtablösung *f*
delaminar *v* (auf)spalten, in Schichten zerlegen; sich spalten [ablösen], in Schichten zerfallen
delantal *m* 1. *(Masch)* Schlosskasten *m*, Schlossplatte *f*; 2. Schürze *f*; 3. *(Bw)* Schild *m*, Schürze *f*, Schutzplatte *f*
delga *f* Lamelle *f (beim Kommutator)*
~ del colector *(El)* Kollektorlamelle *f*, Kommutatorlamelle *f*, Kommutatorsegment *n*, Kollektorsegment *n*

delgado *m* Schärfe *f* [Schlankheit *f*] von Schiffslinien
delicuescente *(Ch)* zerfließend
delimitación *f* Abgrenzung *f*; Begrenzung *f*; Grenze *f*
~ por haz *(Flg, Rak)* Leitstrahllenkung *f*
delimitador *m* *(Inf)* Abgrenzungszeichen *n*, Begrenzungszeichen *n*, Endezeichen *n*, Trennzeichen *n*; Begrenzer *m*
delineación *f* Zeichnen *n*, Skizzieren *n*, Entwurf *m*
demodulación *f (Eln)* Demodulation *f*, Entmodelung *f*
demodulador *m (Eln)* Demodulator *m*
demodular *v (Eln)* demodulieren
demoler *v (Bw)* abbrechen
demolición *f (Bw)* Abbruch *m*; Abwrackung *f (Fahrzeug)*
demora *f (Schiff)* Peilung *f*
demultiplexor *m (Nrt)* Demultiplexer *m*
dendrítico dendritisch, verzweigt, verästelt *(Kristall)*
denominador *m* Nenner *m*
~ común gemeinschaftlicher [gemeinsamer] Nenner *m*
~ parcial Quotient *m*
densidad *f* 1. *(Ph)* Dichte *f*; 2. *(Opt)* Schwärzung(sdichte) *f*
~ electrónica Elektronendichte *f*, Elektronenbelegung *f*, Elektronenkonzentration *f*
~ de flujo 1. Flussdichte *f*, Stromdichte *f*; 2. Massestromdichte *f*, Stoffstromdichte *f*
~ de grabación *(Inf)* Aufzeichnungsdichte *f*
~ de iluminación Beleuchtungsdichte *f*
~ de puntos de imagen Bildpunktdichte *f*
~ de registro 1. *(Inf)* Aufzeichnungsdichte *f*; 2. *(Inf)* Bitdichte *f*
densimetría *f (Ph)* Densimetrie *f*, Dichtemessung *f*
densímetro *m (Ph)* Densimeter *n*, Dichtemesser *m*, Aräometer *n*
densitometría *f* 1. *(Opt)* Densitometrie *f*, Schwärzemessung *f*, (fotografische) Dichtemessung *f*; 2. *(Typ)* Farbmessung *f (Farbdichte)*
densitómetro *m* 1. *(Opt)* Densitometer *n*, Schwärzungsmesser *m*; 2. *s.* densímetro
dentado *m (Fert)* Verzahnung *f*
~ arqueado Kreisbogenverzahnung *f*
~ helicoidal Schrägverzahnung *f*; Spiralverzahnung *f*

~ oblicuo Schrägverzahnung *f*
dentadora *f (Fert)* Verzahnungsmaschine *f*, Zahnschneidemaschine *f*
dentar *v* verzahnen
departamento *m* 1. Abteilung *f*; Bereich *m*, Fachbereich *m*; 2. Raum *m*; 3. Station *f*
~ de bombas Pumpenstation *f*
~ de calderas Kesselraum *m*
~ de máquinas *(Schiff)* Maschinenraum *m*
dependencia *f* 1. Abhängigkeit *f*; Unterordnung *f*; 2. Zweigbetrieb *m*; 3. Nebengebäude *n* • **en ~ del tiempo** zeitabhängig
~ estocástica stochastische Abhängigkeit *f*
~ de la frecuencia Frequenzabhängigkeit *f*
depiladora *f (Led)* Enthaarmaschine *f*
deposición *f* Ablagerung *f*, Niederschlag *m*; Abscheidung *f*, Abscheiden *n*, Ausscheidung *f*; Beschichten *n*; Deponieren *n*
depósito *m* 1. Lager *n*; Depot *n*; 2. Behälter *m*, Tank *m*; Reservoir *n*; Sammelbecken *n*; 3. Ansatz *m*, Niederschlag *m*; Ablagerung *f*, Sediment *n*; Überzug *m*; 4. Abscheidung *f*, Ausscheidung *f*, Abscheiden *n*
~ de aceite para el cigüeñal Kurbelwanne *f*
~ activo radioaktiver Niederschlag *m*
~ de agua caliente Heißwasserbehälter *m*
~ de aire comprimido 1. Druckluftbehälter *m*; Druckluftkessel *m*; 2. *(Eb)* Luftbehälter *m (Diesellok)*
~ de almacenamiento Staubecken *n*
~ de alta presión Hochdruckbehälter *m*
~ aluvial *(Geol)* alluviale Ablagerung *f*, Flussablagerung *f*
~ de basuras Mülldeponie *f*
~ de carga *(Kfz)* Reservetank *m*
~ de los cienos podridos Faulschlammbehälter *m*
~ de clarificación Klärbehälter *m*
~ de combustible Brennstoffbehälter *f*, Kraftstoffbehälter *m*; Benzintank *m*; Brennstofflager *n*
~ de lastre *(Schiff)* Ballasttank *m*
~ de residuos Deponie *f (Lagerungsstätte von Abfällen)*; Rückstandsdeponie *f*
~ de retorno Rücklaufbehälter *m*
~ de sedimentación Absetzbehälter *m*; Dekantiergefäß *n*

~ de semilla *(Lt)* Saatbehälter *m*, Saatkasten *m*
depresión *f* 1. *(Ph)* Unterdruck *m*, Depression *f*; Verdünnung *f (einer Welle)*; 2. *(Geol)* Senkung *f*, Bodensenkung *f*, Vertiefung *f*, Mulde *f*; 3. Tief(druckgebiet) *n*; 4. *(Flg)* Druckabfall *f*, Drucksturz *m*, Dekompression *f*
deprimir *v* senken; eindrücken; drücken
~ una tecla tasten, eine Taste drücken
depupinizar *v (El)* entpupinisieren, entspulen
depuración *f* 1. Reinigung *f*, Läuterung *f*; 2. *(Inf)* Bereinigung *f*, Überprüfung *f*, Fehlersuche *f*, Programmfehlersuche *f*, Fehlerbeseitigung *f*
~ de aguas residuales Abwasserreinigung *f*, Abwasserbehandlung *f*
~ del aire Luftreinigung *f*
~ de los gases de escape Abgasreinigung *f*
~ de programas *(Inf)* Programmfehlersuche *f*; Programmfehlerbeseitigung *f*
depurador *m* 1. Reinigungsanlage *f*, Reiniger *m*; Filter *n*; 2. *(Inf)* Fehlersuch- und Korrekturprogramm *n*, Debugger *m*
~ de aceite Ölreiniger *m*, Ölfilter *n*
~ de aire Luftreiniger *m*, Luftfilter *n*
~ de gas Skrubber *m*, Gaswäscher *m*
~ de humos Rauchgasreiniger *m*
~ por inercia Fliehkraftabscheider *m*
depuradora *f* 1. Kläranlage *f*; 2. Umwälzanlage *f*
~ de aguas residuales Abwasserbehandlungsanlage *f*, Kläranlage *f*
depurar *v* 1. reinigen, läutern; 2. *(Inf)* Fehler beseitigen, bereinigen; austesten *(ein Programm)*
depurativo *m* Reinigungsmittel *n*
deriva *f* 1. Drift *f*, Trift *f*, Abtrieb *m*, Abdrängung *f*, Abweichung *f*, Driften *n*; 2. *(Flg)* Seitenruder *n*
derivación *f* 1. Ableitung *f*, Abzweigung *f*, Umleitung *f*; 2. *(Math)* Ableitung *f*, Herleitung *f*; 3. *(El)* Abgriff *m*, Ableitung *f*, Anzapfung *f*, Nebenschluss *m*; 4. *(Masch)* Abzweigrohr *n*
derivada *f (Math)* Ableitung *f*, abgeleitete Funktion *f*, Differenzialquotient *m*; Abgeleitete *f*
derivado 1. abgeleitet; 2. *(Ch)* verwandt
derivado *m (Ch)* Derivat *n*, Abkömmling *m*

derivador *m* Nebenschlusseinrichtung *f*
derivar *v* 1. ableiten, ablenken; umleiten; 2. *(Math)* ableiten, herleiten; beweisen; 3. *(El)* abzweigen; anzapfen *(Leitung)*
derramar *v* 1. (ver)gießen; 2. streuen *(Licht)*; 3. *(Schiff)* leck sein
derramarse *v* auslaufen, überlaufen *(Flüssigkeit)*
derrame *m* Auslaufen *n*, Leckage *f*, Ausfluss *m*
derrapar *v (Kfz)* schleudern, ins Schleudern geraten
derrape *m (Kfz)* Schleudern *n*
derretimiento *m* Schmelzen *n*, Schmelze *f*, Einschmelzen *n*
derretir *v* schmelzen; auftauen *(z. B. Schnee)*
derribar *v (Bw)* abbrechen
derribo *m (Bw)* Abbruch *m*
derrick *m* Bohrturm *m*
derrota *f (Schiff, Flg)* Kurs *m*, Route *f*
derrubiar *v* auswaschen *(Gesteine, Erden)*
derrubio *m* Schutt *m*, Geröll *m*
derrumbarse *v* hereinbrechen, zu Bruch gehen, nachfallen
derrumbe *m* schwerer Gebirgsschlag, Bruch *m*, Hereinbrechen *n*
desacelerar *v s.* decelerar
desacidificar *v (Ch)* entsäuern
desacidulante *m (Ch)* Entsäuerungsmittel *n*
desacidular *v (Ch)* entsäuern
desacoplador *m (Eln)* Entkoppler *m*
desacoplamiento *m* 1. *(Masch)* Auskupplung *f*; 2. *(Eln)* Entkopplung *f*
desacoplar *v* 1. *(Masch)* auskuppeln, abkoppeln, ausrücken *(Kupplung)*; Kupplung lösen; 2. *(Eln)* entkoppeln
desactivación *f* Desaktivierung *f*, Inaktivierung *f*, Entaktivierung *f*; Unwirksammachen *n (von Katalysatoren)*; Entschärfen *n (von Sprengkörpern)*; Stilllegen *n (von Bergwerken)*
desactivar *v* außer Betrieb nehmen; desaktivieren, entaktivieren, inaktivieren; unwirksam machen *(Katalysator)*; entschärfen *(Sprengkörper)*
desacumular *v (Inf)* ausspeichern
desacuñar *v (Typ)* aufschließen *(Form)*
desagregación *f* 1. Desaggregation *f*, Zerkleinerung *f*; 2. *(Geol)* Verwitterung *f*; 3. *(Inf)* Entblocken *n*

desagrupar v 1. auflösen *(Sammelladung)*; 2. *(Inf)* entblocken
desaguadero m Entwässerungsrohr n; Entwässerungskanal m
desaguador m Entwässerungsgraben m
desaguamiento m s. desagüe
desaguar v 1. entwässern; 2. abfließen lassen, ablassen, ableiten
desagüe m 1. Entwässerung f; 2. Abfluss m; Abzug m; Ablauf m; Wasserabfluss m; 3. *(Bw)* Fluter m; 4. *(Bgb)* Wasserhaltung f, Wasserseige f
desaireador m Entlüfter m, Entlüftungseinrichtung f; Entgaser m, Entgasungsanlage f
desairear v entlüften; entgasen
desaislar v *(El)* abisolieren
desajustar v 1. falsch einstellen, dejustieren; 2. *(Eln)* verstimmen
desajuste m 1. Dejustierung f; Fehleinstellung f *(Gerät, Maschine)*; Verschiebung f *(Einstellung)*; 2. *(Eln)* Verstimmung f; Abgleichfehler m; 3. Ausbau m
~ de equilibrio Unwucht f, Gleichgewichtsstörung f
desalación f Entsalzung f
desaladora f **(industrial)** Entsalzungsanlage f
desalar v entsalzen
desaleatorizador m *(Nrt)* Entwürfler m
desalineación f Fluchtungsfehler m; Richtungsabweichung f, schlechte Ausrichtung f; Unflucht f
desalineado nicht fluchtend, außer Flucht, versetzt
desalineamiento m Schlag m; Unebenheit f
desalinizadora f Entsalzungsapparat m, Entsalzer m
desaparejar v *(Schiff)* abtakeln
desaprestar v *(Text)* entschlichten
desarenador m Entsander m; Sandfang m *(z. B. Abwasserbehandlung)*
desarmable demontierbar, abbaubar; ausbaubar
desarmar v demontieren, abbauen; ausbauen
desarme m 1. *(Schiff)* Abtakelung f, Abtakeln n; 2. s. desmontaje
desarrollar v 1. ableiten, herleiten; abwickeln; 2. *(Foto)* entwickeln; 3. *(Bgb)* ausrichten

desarrollo m 1. Entwicklung f; 2. *(Math)* Abwicklung f; Zerlegung f; Auflösung f; 3. Ablauf m *(z. B. eines Prozesses)*
~ de gráficos mediante menús *(Inf)* menügesteuerte Grafikerstellung f
~ de software Software-Engineering n, Software-Entwicklung f
desarticular v abbauen; auseinander nehmen
desastre m Katastrophe f; (schwerer) Unfall m; Desaster n; schwere Havarie f; Störfall m mit erheblicher Gemeingefahr; Massenunfall m, Serienunfall m
desatascador m 1. Saugglocke f; 2. Abflussreiniger m
~ de tuberías Rohrreiniger m
desatenuar v entdämpfen
desazufrar v entschwefeln
desbalance m Abgleichfehler m
desbarbado m 1. Abgraten n; Putzen n; 2. *(Met)* Entgraten n; 3. *(Kst)* Entgraten n, Nacharbeit f
desbarbador m Flachmeißel m
desbarbadora f 1. Entgratemaschine f, Handschleifmaschine f *(zum Entgraten)*; 2. *(Lt)* Entgranner m
desbarbar v 1. *(Met)* entgraten; gussputzen; 2. *(Kst)* entgraten, nacharbeiten
desbarnizante m Abbeizmittel n *(Farben, Lacke)*
desbastador m Schruppmeißel m
desbastar v grob bearbeiten; schruppen
~ laminando *(Fert)* vorwalzen
~ con muela *(Fert)* grobschleifen, vorschleifen
desbaste m 1. *(Fert)* Grobbearbeitung f, erste Bearbeitung f; Schruppen n; 2. *(Met)* Halbzeug n; Bramme f, Rohling m
~ forjado Schmiederohling m
~ plano *(Met)* Flachknüppel m, Bramme f
desbloquear v 1. entblocken, entriegeln, entsperren; lösen; 2. *(Eb)* eine Strecke freigeben; 3. *(Eln)* triggern
desbloqueo m 1. Entblocken n, Entriegelung f, Entsperrung f; Lösen n; 2. *(Eb)* Freigabe f einer Strecke; 3. *(Eln)* Triggern n, Triggerauslösung f
desbobinadora f *(Typ)* Rollenabwickler m; Abwickelhaspel f
desbobinar v abrollen, abwickeln, abspulen
desbrozador m *(Bw)* Aufreißer m

desbrozadora f (Lt) Räummaschine f; Steinsammelmaschine f, Rodemaschine f

descabezador m **de remolachas** (Lt) Köpfapparat m (Rübenerntemaschine)

descalaminar v (Met) entzundern

descalcificación f Entkalkung f, Enthärtung f (Wasser)

descalcificador m Kalkabscheider m

descalcificar v Kalkstein entfernen; enthärten (Wasser)

descalzar v 1. einen Keil lösen; 2. (Bgb) Stempel entfernen

descansapiés m Pedal n, Fußhebel m; Trethebel m, Trittbrett n; Fußstütze f; Fußraste f

~ **del acelerador** Gaspedal n, Fahrfußhebel m

descansillo m Treppenabsatz m, Treppenvorplatz m, Treppenpodest n, Podest n

descanso m 1. Stütze f, Lager n; Stützfläche; 2. s. descansillo

descarbonatar v (Ch) entkohlen, dekarbonisieren, entkarbonisieren

descarburación f (Met) Entkohlen n; Frischen n

descarburante m (Met) Entkohlungsmittel n

descarburar v (Met) entkohlen; frischen

descarga f 1. Entlastung f, Entladung f; 2. (Schiff) Entladung f, Löschung f; 3. Abfluss m, Abzug m, Ablauf m, Entleerung f, Ausstoß m; Freisetzung f (von Schadstoffen); 4. Abflussöffnung f; 5. (El) elektrischer Schlag m, Entladung f, Überschlag m, Überschlagen n

~ **de arco** (El) Bogenentladung f, Lichtbogenentladung f

~ **de contaminantes** Schadstofffreisetzung f, Schadstoffausstoß m

~ **de corona** (El) Koronaentladung f (Sammelbegriff für alle Teilentladungen)

~ **de chispa** (El) Funkenentladung f

~ **disruptiva** (El) Durchschlag m, Spannungsdurchschlag m, Durchbruch m; Funkenüberschlag m

~ **de efluvios** (El) Glimmentladung f

~ **electrostática** elektrostatische Entladung f

~ **en penacho** (El) Büschelentladung f

descargador m 1. Entlader m, Entladevorrichtung f; Ablader m; 2. (El) Ableiter m; Funken(entladungs)strecke f; 3. Abnehmerwalze f, Abnehmer m

~ **de chispa** Funken(entladungs)strecke f

descargadora f 1. Entlader m; 2. (Bgb) Absetzer m

~ **neumática** Gebläseentlader m

~ **de vagones** Waggonentlader m

descargar v 1. entlasten; 2. entladen, löschen, abladen; verkippen; entleeren, entladen; ausstoßen (Schadstoffe); 3. (El) entladen, ableiten; 4. (Inf) ausgeben

~ **un archivo** eine Datei herunterladen [downloaden]

~ **sobre el mar** auf See entladen [abkippen], verklappen

descarnadora f (Led) Entfleischmaschine f

descarnar v (Led) entfleischen

descarrilador m (Eb) Entgleisungsweiche f

descascaradora f (Lt) Schälmaschine f; Graupenmühle f

descascarilladora f (Lt) Entkörnungsmaschine f, Enthülser m

descascarillar v 1. (Lt) entkörnen; enthülsen; 2. entzundern

descendedor m (Sich) Fallbremse f

descendente adj absteigend; fallend, sinkend; deszendent (Paläontologie)

descender v 1. (ab)sinken, (ab)fallen; senken; 2. (Förd) absetzen; abhängen (Ladung); 3. (Bgb) einfahren; 4. abstammen; 5. (Flg) niedergehen, (ab)sinken, absteigen; landen

descendiente m (Kern) Folgeprodukt n

descenso m 1. Abfall m, Abfallen n, Fallen n, Sinken n; 2. Senken n, Vorschub m (abwärts); 3. Vorschubeinrichtung f; 4. (Bgb) Abwärtsfahrt f; 5. (Flg) Höhenverringerung f, Abwärtsflug m, Sinkflug m, Sinken n, Abstieg m; Landung f

~ **de presión** Druckabfall m, Druckabnahme f

~ **del techo** (Bgb) Absenkung f des Hangenden

descensor m Abwärtsförderer m

descentrado außermittig

descentrar v dezentrieren, verstellen

descepadora f Rodemaschine f

descepar v (aus)roden

descifrador m Decodierschaltung f

descifrar v dechiffrieren, entschlüsseln

desclorurar

desclorurar v (Ch) entchloren
descodificable decodierbar, entschlüsselbar
descodificación f Decodierung f, Entschlüsselung f
descodificador m (Eln, Inf) Entschlüsselungsgerät n, Decod(ier)er m, Decodiergerät n; Umsetzer m
descodificadora f Decodierungsautomat m
descodificar v decodieren, entschlüsseln
descofrado m (Bw) Ausschalung f
descofrar v (Bw) ausschalen
descohesión f 1. Dekohäsion f, Ablösung f, Lösung f; 2. (El) Entfrittung f
descohesor m (El) Entfritter m
descolorarse v ausbleichen, entfärben, verschießen
descombrar v (Bgb) abtragen, abräumen
descombros mpl (Bgb) Abraum m
descomponer v 1. (Math) zerlegen; zergliedern; 2. (Ch) zersetzen, abbauen; aufspalten; 3. (Lt) auf Schwad legen, schwaden
descomponible zerlegbar
descomposición f 1. (Math) Zerlegung f; 2. (Ch) Zersetzung f, Zerfall m, Abbau m; 3. (Geol) Verwitterung f
descompresión f 1. Druckentlastung f; 2. Dekompression f, Kompressionsverminderung f, Entspannung f (von Gasen)
descompresor m 1. Dekompressor m, Dekompressionsvorrichtung f; 2. s. válvula reductora (de presión)
descomprimir v 1. entspannen (Gase); 2. (Inf) entpacken
desconectador m (El) Trenner m, Unterbrecher m, Ausschalter m
desconectar v (El) trennen, abschalten, ausschalten, unterbrechen; abstellen; abklemmen
desconectivo m Demontagevorrichtung f, Abziehvorrichtung f (z. B. Demontage von Kupplungen)
desconexión f Abschalten n, Abschaltung f, Ausschaltung f, Abstellung f, Abklemmung f; Trennung f, Unterbrechung f
~ **de protección** (Sich) Schutztrennung f
~ **de tensión** (El, Sich) Freischalten n
descongelación f Auftauen n, Enteisen n, Defrosten n
descongelador m Enteisungsanlage f, Defroster m

~ **de parabrisas** Scheibenenteisungsanlage f, Scheibenenteiser m
descongelar v auftauen, enteisen, defrosten
descontaminación f Dekontamination f, Dekontaminierung f, Entstrahlung f, Entaktivierung f; Entgiftung f, Entseuchung f, Spezialbehandlung f; Unschädlichmachen n
~ **química** Entgiftung f
~ **radiactiva** Dekontamination f, Beseitigung f radioaktiver Stoffe; Entstrahlung f, Entaktivierung f
descontaminante m Entstrahlungsmittel n, Entaktivierungsmittel n, Entgiftungsmittel n; Entseuchungsmittel n
descontaminar v dekontaminieren; entstrahlen, entaktivieren; entgiften; entseuchen
descorificar v entschlacken
descortezador m Schäleisen n
descortezadora f Entrindungsmaschine f, Entrinder m, Rindenschälmaschine f, Schälmaschine f
descortezar v entrinden; schälen
descromar v entchromen
descrudar v (Text) entbasten, degummieren, abkochen, entschälen, abziehen (Seide)
desdevanado m (Text) Abhaspeln n, Weifen n
desdoblamiento m (Ch) Aufspaltung f, Zerlegung f, Spaltung f
desdoblar v 1. auseinander biegen; zurückbiegen; aufbiegen; 2. (Ch) aufspalten, spalten, zerlegen; 3. (Opt) trennen
desecación f Entfeuchtung f, Trocknung f; Wasserentzug m; Trockenlegung f (z. B. des Bodens); Dehydratisierung f (Lebensmittel)
desecador m 1. Trockner m, Exsikkator m; 2. s. desecante
desecante m Trockenmittel n, Trockenmedium n, Entfeuchtungsmittel n; Trockner m, Sikkativ n (Anstrichstoffe)
desecar v (aus)trocknen; trockenlegen (z. B. Boden)
desecativo m s. desecante
desechable nicht nutzbar [verwertbar]; Wegwerf-..., Einweg-...
desechadero m Halde f
desechar v entsorgen; Abfall beseitigen

desechos *mpl* Abfall *m*, Abfälle *mpl*, Abfallprodukte *npl*, Abfallstoffe *mpl*, Rückstände *mpl*; Ausschuss *m* • **sin** ~ abfallfrei, abproduktefrei
~ **biológicos** Biomüll *m*
~ **caseros** Hausmüll *m*, Haushaltsabfall *m*
~ **contaminantes** umweltbelastende Abfallprodukte *npl*
~ **finales** Rückstände *mpl*
~ **nucleares** nuklearer Abfall *m*, Atommüll *m*
~ **radiactivos** Atommüll *m*, radioaktive Abfälle *mpl*
~ **voluminosos** sperriger Abfall *m*, Sperrmüll *m*
deselectrizar *v (El)* entladen
deselectronación *f (Ch)* Oxidation *f*, Elektronenabgabe *f (Redoxreaktion)*
desembornar *v (El)* abklemmen
desembragable ausrückbar *(Kupplung)*
desembragar *v* auskuppeln, Kupplung lösen, ausrücken; ausschalten *(Maschine)*
desembrague *m* Ausrücken *n (Kupplung)*; Ausschalten *n (Maschine)*
desempaquetar *v (Inf)* Pakete auflösen, depaketieren, entpacken, entpaketieren *(Datenpakete)*
desempolvamiento *m* Entstaubung *f*, Staubabscheidung *f*
desempolvar *v* entstauben, Staub abscheiden
desemulsión *f (Ch)* Demulgieren *n*, Emulsionsspaltung *f*, Emulsionsentmischung *f*
desemulsionador *m* s. desemulsionante
desemulsionante *m (Ch)* Demulgator *m*, Emulsionsspalter *m*, Emulsionsentmischer *m*
desemulsionar *v (Ch)* demulgieren, dismulgieren, spalten, entmischen *(Emulsion)*
desencajar *v* ausrasten; ausklinken
desencalante *m (Led)* Entkalkungsmittel *n*
desencalar *v* entkalken
desenclavamiento *m* Ausklinken *n*; Entriegelung *f*
desenclavar *v* Nägel herausziehen, entnageln; ausklinken; entriegeln; ausrasten
desenclavijar *v* einen Stift lösen; einen Stecker herausziehen; ausrasten
desencofrado *m (Bw)* Ausschalen *n*, Entfernen *n* der Schalung
desencofrar *v (Bw)* ausschalen

desencolar *v (Text)* entschlichten; entleimen
desenchufar *v (El)* abschalten; den Stecker ziehen
desendurecedor *m* Enthärter *m (z. B. von Wasser)*
desendurecer *v* enthärten *(z. B. Wasser)*
desenergizar *v* die Energiezufuhr abschalten, entregen
desenfoque *m (Foto)* Unschärfe *f*, Defokussierung *f*, unscharfe Einstellung *f*
desenganchar *v* loshaken; abkoppeln; auskuppeln; ausspannen
desenganche *m* 1. Auskupplung *f*; 2. Lösevorrichtung *f*; 3. Abfallen *n (Relais)*
desengrasador *m* Entfettungsvorrichtung *f*, Entfettungsanlage *f*
desengrasante *m* 1. Entfettungsmittel *n*; 2. *(Text)* Entschweißungsmittel *n*
desengrasar *v* 1. entfetten; 2. *(Text)* entschweißen; 3. magern *(Ton)*
desenraizador *m (Lt)* Wurzelroder *m*
desenrollar *v* abrollen, abwickeln *(z. B. Kabel)*
desenroscar *v* lösen, losschrauben, abschrauben
desensamblar *v* demontieren; lösen
desequilibrado 1. unausgeglichen; unkompensiert; 2. *(El)* unsymmetrisch; 3. unausgewuchtet, mit Unwucht
desequilibrar *v* aus dem Gleichgewicht bringen
desequilibrio *m* 1. Unausgeglichenheit *f*, Ungleichgewicht *n*; 2. *(El)* Unsymmetrie *f*; 3. Fehlanpassung *f*; Abgleichfehler *m*; 4. Unwucht *f*
desescoriar *v* entschlacken
desexcitación *f (El)* Entregung *f*, Abfallen *n (Relais)*
desexcitar *v (El)* entregen
desfasador *m (El)* Phasenschieber *m*
desfasaje *m (El)* Phasendrehung *f*, Phasenverschiebung *f*, Phasensprung *m*
desfibradora *f* 1. Entkernungsmaschine *f (Baumwolle)*; 2. Zerfaserer *m (Cellulose)*; 3. Stofffänger *m (Papierherstellung)*
desfloculador *m* Dispergens *n*, Dispersionsmittel *n*
desflorar *v (Led)* abnarben, schlichten
desfonde *m* Aushub *m*, Ausschachtung *f*, Ausbaggerung *f*

desfragmentar v *(Inf)* defragmentieren *(Datei reorganisieren)*
desgarrador m *(Lt)* Zerreißmaschine f; Bodenlockerer m, Lockerungsgerät n
desgarrar v abreißen, zerreißen
desgasear v 1. entgasen; 2. *(Bgb)* entlüften
desgasificador m Entgaser m
desgasificar v entgasen
desgastar v abnutzen, verschleißen
desgaste m Verschleiß m, Abnutzung f; Abrieb m; Verbrauch m; Wertminderung f • **de rápido ~** schnell verschleißend
desgranadora f *(Lt)* Entkernungsmaschine f, Entschälmaschine f
~ de algodón Baumwollentkern(ungs)maschine f
~ de arroz Reisschälmaschine f
~ de maíz Maisribbler m
~ de trébol Kleedreschmaschine f
desgranar v *(Lt)* entkörnen; entkernen; aushülsen; dreschen
desgrupar v *(Inf)* entpaketieren
desguace m *(Schiff)* Abwrackung f, Verschrottung f, Verschrotten n, Abbruch m
desguarnecer v ausbauen; abisolieren *(Kabel)*
desguazar v *(Schiff)* abwracken, verschrotten; abbrechen
deshacer v 1. lösen; auflösen; zerlegen; auseinander bauen; 2. *(Inf)* rückgängig machen
desheladora f **de cristales** *(Kfz)* Scheibenentfroster m
deshelar v enteisen, abtauen, entfrosten
desherbador m *(Lt)* Unkrautstriegel m
desherrumbrar v entrosten
deshidratación f Dehydratation f, Wasserentzug m, Trocknung f
~ de lodos Schlammentwässerung f
deshidratador m 1. Trockner m, Trockenapparat m; Entwässerer m; 2. Dehydratisierungsmittel n; Trockenmittel n
deshidratadora f Entwässerungsgerät n; Trockenanlage f, Trockner m
deshidratante Wasser entziehend, entwässernd
deshidratar v entwässern, dehydratisieren; trocknen, entfeuchten
deshidrogenar v *(Ch)* dehydrieren, Wasserstoff entziehen [abspalten]
deshierbadora f *(Lt)* Entkrauter m

deshojadora f *(Lt)* Enthülsungsmaschine f
~ de maíz *(Lt)* Entlieschmaschine f, Maisentliescher m
deshumidificador m Entfeuchter m; Trockner m; Lufttrockner m; Drucklufttrockner m
desigualdad f *(Math)* Ungleichheit f; Ungleichung f; Verschiedenheit f
desimantar v entmagnetisieren
desincrustante m Kesselsteinentferner m, Kesselsteinlösemittel n
desintegración f *(Kern, Ch)* Spaltung f; Abbau m; Zerfall m
~ atómica Atomzerfall m, Atomzertrümmerung f, Atomspaltung f
~ nuclear Kernspaltung f, Kernzerfall m
~ radiactiva radioaktiver Zerfall m
~ térmica thermischer Abbau m
desintegrador m Aufschlussgerät n, Desintegrator m; Schleudermühle f
desintegrar v spalten, abbauen; desintegrieren; aufschließen *(Erz)*
~ por radiación zerstrahlen
desintegrarse v zerfallen
desionizar v entionisieren
deslizadera f 1. *(Masch)* Kulisse f, Schwinge f; 2. Gleitbahn f, Gleitfläche f, Führungsbahn f; 3. *(Schiff)* Log n, Logge f
~ oscilante Kurbelschwinge f
deslizadero m *(Schiff)* Helling f, Ablaufbahn f
deslizador m Gleitfahrzeug n
deslizamiento m 1. Gleiten n, Rutschen n; Schlupf m; 2. *(Bgb)* Rutschung f
~ del ala *(Flg)* Abrutschen n über einen Flügel, Seitengleitbewegung f, Slip m
~ de los carriles *(Eb)* Schienenwanderung f
~ de frecuencia *(El)* Frequenzwanderung f
~ de la imagen *(TV)* Bildsprung m
deslizar(se) v gleiten; (ab)rutschen
deslustrar v *(Text)* dämpfen, dekatieren, mattieren, delüstrieren
desmagnetizar v entmagnetisieren
desmalezadora f *(Lt)* Entkrauter m
desmantelamiento m 1. Demontieren n; Zerlegen n; Abbauen n; 2. *(Schiff)* Abwracken n
desmantelar v 1. niederreißen; abreißen; zerstören; demontieren; zerlegen; 2. *(Schiff)* abwracken

desmaterialización f *(Kern)* Annihilation f, Zerstrahlung f
desmenuzador m 1. Mahlwerk n; 2. Zerfaserer m
desmenuzadora f Brecher m; Zerkleinerungsmaschine f, Quetsche f; Schnitzelmühle f; Zerfaserer m; Reißwolf m; Futterzerreißer m, Futterschneider m; Schrotmühle f
desmenuzar v zerkleinern, zerreiben; (zer)krümeln; zerstückeln
desmochadora f *(Lt)* Krautschläger m
~ **de hileras** Köpfrodeschwader m
~ **de remolacha** Rübenköpfer m
desmontaje m 1. Demontage f, Abmontieren n, Abbau m; Zerlegen n, Auseinandernehmen n; Ausbau m
desmontar v 1. demontieren, abmontieren, abbauen; abreißen; ausbauen; zerlegen; abnehmen, abziehen (z. B. Farbe); 2. (ein)ebnen, planieren; 3. roden
desmonte m 1. s. desmontaje; 2. Einebnen n, Planieren n; 3. Rodung f, Roden n
desmontes mpl *(Bgb)* Abfall m *(Aufbereitung)*; Berge pl, Abraum m
desmultiplicación f 1. Übersetzung f (ins Langsame), Untersetzung f, Reduktion f; 2. *(Eln)* Impulsuntersetzung f, Impulszählung f
desnatadora f *(Lt)* Milchzentrifuge f
desnaturalizante m Vergällungsmittel n, Denaturierungsmittel n
desnudo blank *(ohne Isolierung)*
desodorante geruchtilgend, desodorierend, geruchsbeseitigend
desodorizador m Desodorierer m, Desodoreur m *(zur Desodorierung von Fetten und Ölen)*
desoxidar v desoxidieren; entrosten
despajadora f **de maíz** *(Lt)* Maisentlischer m, Schäler m, Maisenthülser m
desparasitaje m *(El)* Entstörung f
despegar v *(Flg)* starten; abfliegen; lösen; sich vom Boden lösen
despegue m *(Flg)* Start m, Abflug m
~ **asistido por cohete** Start m mit Raketenstarthilfstriebwerk [Starthilfsrakete, Düsenstarthilfe]
~ **vertical** Senkrechtstart m
despepitar v egrenieren, entkörnen *(Baumwolle)*

desperdicios Abfall m, Abfallstoffe mpl; (unverwertbare) Abfallprodukte npl; Ausschuss m; Verschnitt m
~ **de datos** *(Inf)* Datenmüll m
~ **de memoria** *(Inf)* Speichermüll m *(unbedeutende Daten im Speicher)*
despinzar v *(Text)* noppen
desplazable verstellbar
desplazamiento m 1. Verschiebung f, Versetzung f, Verlagerung f; 2. *(Geol)* Verwerfung f; 3. *(El)* elektrische Verschiebung f; Verschiebungsflussdichte f; 4. *(Inf)* Verschiebung f, Shiften n, Schieben n; Umschaltung f; 5. *(Ch)* Wanderung f, Migration f; Ersetzung f; 6. *(Feinw)* Verstellung f, Bewegung f, Gang m; 7. *(Schiff)* Deplacement n
~ **del agua** Wasserverdrängung f
~ **aritmético** arithmetisches Schieben n
~ **axial** Achsversetzung f, Achsverlagerung f
~ **de carriles** *(Eb)* Schienenwanderung f
~ **de imagen** Bildrollen n
~ **del pistón** Kolbenhub m
~ **de la vía** *(Eb)* Gleisverschiebung f
desplazar v 1. (ver)schieben; verstellen; 2. *(Schiff)* verdrängen
desplegar v aufbiegen, gerade biegen, entfalten; öffnen *(z. B. Datei)*
desplome m 1. Schieflage f, Abweichung f von der Senkrechten; 2. Einsturz m *(Wand)*; 3. *(Bgb)* Verjüngung f
despojadora f *(Lt)* Futterreißer m, Bröckler m
despolvoreador m Entstaubungsanlage f, Entstauber m
~ **centrífugo** Fliehkraftentstauber m
~ **de gravedad** Schwerkraftentstauber m
desprender v abgeben, emittieren; abspalten
desprendimiento m 1. Freiwerden n; Ablösung f (z. B. von Elektronen); 2. *(Bgb)* Ausbrechen n *(des Hangenden)*; Bersten n *(Gebirge)*; 3. Ausbruch m, Entweichen n (z. B. von Gasen); 4. *(Text)* Einschließen n *(Wirkerei)*
desresinar v entharzen
destajador m *(Met)* Schlichthammer m
destalonado m *(Fert)* Hinterschnitt m; Hinterdrehen n; Hinterfräsen n; Hinterschleifen n
destalonador m Hinterdrehmaschine f

destalonar v *(Fert)* hinterdrehen; hinterfräsen; hinterschleifen
destello m Aufleuchten n, Aufblitzen n *(Licht)*; Blitz m, Szintillationsblitz m *(Auftreffen von Teilchen auf Schirm)*
destemplar v *(Met)* enthärten, weichglühen
destemple m *(Met)* Enthärtung f
destilación f Destillation f
destilado m Destillat n, Destillationsprodukt n
destilador m 1. Destillator m, Destillierapparat m; 2. Destillatverdampfer m
destilar v destillieren; brennen *(Alkohol)*
destornillador m Schraubendreher m
~ **aprietatuercas por percusión** Schlagschrauber m
destornillar v aufschrauben, abschrauben, lösen
destrabar v lösen; entriegeln; ausklinken
destroncadora f *(Lt)* Ausroder m, Grubber m, Kultivator m; Vorratsroder m
desulfuración f 1. *(Ch)* Entschwefelung f, Desulfurieren n; 2. *(Ch)* Süßung f *(Erdöl)*
~ **de humos** Rauchgasentschwefelung f
desulfurar v 1. *(Ch)* entschwefeln; verkoken; 2. *(Ch)* süßen *(Erdöl)*
desvanecimiento m 1. *(Eln)* Fading n, Schwund m, Verschwinden n; Wellenschwund m; 2. *(Nrt)* Gesprächsschwund m
desvaporar v verdampfen; abblasen, ausblasen *(Dampf)*
desvaporizadero m Verdampfer m
desvatado wattlos, leistungslos, Blind...
desviación f 1. Abweichung f, Ablenkung f; Auslenkung f; Umlenkung f; 2. Ausschlag m *(eines Zeigers)*; 3. Nachlauf m; 4. Kippen n *(der Frequenz)*; 5. *(Nrt)* Weiterschaltung f *(eines Anrufes)*
~ **de la brújula** Kompassabweichung f
~ **cuadrática media** mittlere quadratische Abweichung f *(Statistik)*
~ **de la dirección** *(Kfz)* Lenkungsspiel n
~ **de fase** Phasenhub m, Phasenabweichung f
~ **de frecuencia** Frequenzabweichung f, Frequenzhub m
desviador m 1. Deflektor m; 2. Ablenkvorrichtung f; 3. *(El)* Nebenschlussdämpfungswiderstand m
~ **de chorro** *(Flg)* Strahlbremse f

~ **para plato rotatorio** *(Förd)* Abstreicher m am Telleraufgeber
desviar v abweichen; ablenken; auslenken; umlenken; ausweichen
desviarse v ausschlagen *(Zeiger)*; wandern *(z. B. Nullpunkt)*
desvío m 1. Abweichung f, Ablenkung f; 2. Abführung f; Abzweigung f; Umleitung f; 3. *(Eb)* Ausweichgleis n; 4. *(Schiff)* Kompassfehler m, Missweisung f; 5. *(Inf)* Trap m, synchroner Interrupt m *(Programmunterbrechung durch unerlaubte Befehle)*
~ **ferroviario** Anschlussgleis n
~ **de llamadas** *(Nrt)* Rufumlenkung f, Anrufumleitung f, Anrufweiterschaltung f
desyerbador m *(Lt)* Entkrauter m
detección f 1. Nachweis m, Ermittlung f, Entdeckung f; Feststellung f, Erkennung f, Aufspüren n; 2. Ausmachen n; Orten n, Ortung f; 3. *(Eln)* Detektion f, Empfangsgleichrichtung f
~ **de averías** Störungsanzeige f
~ **de contaminantes** Schadstoffnachweis m
~ **por diodo** Diodengleichrichtung f, Diodenmodulation f
~ **de radiación** Strahlungsnachweis m
~ **por rejilla** Audiongleichrichtung f, Gittergleichrichtung f
~ **de señales** Signalerkennung f
detectable por máquina maschinenlesbar, maschinell lesbar
detectar v 1. nachweisen; feststellen; aufspüren; 2. ausmachen, orten; 3. *(Eln)* gleichrichten; 4. *(Inf)* abtasten; fühlen; lesen; ablesen
detector m 1. Sensor m; Fühler m; Messfühler m; 2. Detektor m; Suchgerät n, Sucher m, Spürgerät n; Anzeigegerät n; Nachweisgerät n; Messzelle f, Messwertaufnehmer m; Strahlungsmessgerät n; 3. Detektor m; Gleichrichter m; 4. Warnmittel n
~ **acústico** akustisches Ortungsgerät n, Schallortungsgerät n
~ **automático de humos** Rauchmelder m, Rauchgasmeldungsgeber m
~ **de barras impresas** *(Inf)* Barcode-Lesegerät n
~ **de contaminantes químicos** Schadstoffnachweisgerät n

~ de gas Gasspürgerät *n*
~ de incendio Feuermeldegerät *n*, Feuermelder *m*; Branddetektor *m*
~ de radiación Strahlungsmesser *m*, Strahlungsmessgerät *n*; Strahlungsempfänger *m*
~ por rejilla Gittergleichrichter *m*
~ term(o)iónico Glühkatodengleichrichter *m*
detener *v* arretieren; stillstellen
detergente waschaktiv, reinigend
detergente *m* Reinigungsmittel *n*; Waschmittel *n*, Detergens *f*
deterioro *m* 1. Beschädigung *f*, Wertminderung *f*, Zustandsverschlechterung *f*, Minderung *f* der Betriebstauglichkeit; 2. Verderb *m*; 3. Abnutzung *f*, Verschleiß *m*
determinación *f* 1. Bestimmung *f*, Festlegung *f*, Analyse *f*; 2. Bezeichnung *f*
~ ambiental Umweltanalyse *f*
~ colorimétrica kolorimetrische Analyse *f* [Bestimmung *f*]
determinante *m (Math)* Determinante *f*
determinar *v* 1. bestimmen, festlegen; festsetzen; ermitteln; 2. bezeichnen
detonación *f* 1. Detonation *f*, Explosion *f*; Knall *m*; 2. *(Kfz)* Klopfen *n*, Klingeln *n*
detonar *v* detonieren; explodieren; knallen
detoxificante *m* Entgiftungsmittel *n*
detrítico *(Geol)* detritisch, locker
detrito *m (Geol)* Detritus *m*, Trümmermasse *f*
detritos *mpl* Bohrklein *n*, Bohrmehl *n*
deuterio *m* Deuterium *n*, schwerer Wasserstoff *m*, D
devanado *m* 1. *(El)* Bewickeln *n*; Wicklung *f*, Windung *f*; 2. *s.* bobina; 3. *(Text)* Spulen *n*, Aufspulen *n*
devanador *m (Am)* Wickler *m*; Haspel *f*
devanar *v* 1. *(El)* aufspulen; 2. *(Text)* aufwickeln, haspeln, winden *(Zwirnerei)*
devatiado wattlos, leistungslos, Blind-....
dextrógiro *(Opt)* rechtsdrehend
deyección *f (Geol)* Geröll *n*; Geschiebe *n*
diaclasa *f (Geol)* Diaklase *f*, Abtrennungsfläche *f*, Kluft *f*, Bruch *m*
diacústica *f (Ph)* Diakustik *f*, Lehre *f* von der Schallbrechung
díada *f* zweiwertiges Element *n*; zweiwertige Atomgruppe *f*
diádico dyadisch, binär, dual
diáfano durchscheinend, lichtdurchlässig

diafanómetro *m* Diaphanometer *n*, Lichtdurchlässigkeitsprüfer *m*
diafonía *f (Nrt)* Diaphonie *f*, Mitsprechen *n*, Nebensprechen *n*, Übersprechen *n*
diafragma *m* 1. *(Opt)* Blende *f*; 2. *(Ch)* Scheidewand *f*, Trennwand *f*, Zwischenwand *f*; Diaphragma *n*, Membran *f (Elektrolyse)*; 3. Membran *f (Akustik)*
diafragmar *v (Foto)* abblenden
diagonal *f (Math)* Diagonale *f*
~ de agujas *(Eb)* Weichenstraße *f*, Folgeweiche *f*
~ de pantalla *(TV)* Bild(schirm)diagonale *f*
diagrama *f* 1. Diagramm *n*; Schaubild *n*; grafische Darstellung *f*; 2. Schema *n*, Plan *m*
~ de barras Säulendiagramm *n*
~ de bloques Blockdiagramm *n*, Blockschema *n*; Blockschaltbild *n*
~ de cableado Kabelplan *m*; Verdrahtungsschaltbild *n*
~ de capacidad Leistungsdiagramm *n*, Leistungsschaubild *n*
~ circular Kreisdiagramm *n*
~ circuital [de circuito] Schaltbild *n*
~ de constitución Zustandsdiagramm *n*
~ de equilibrio Zustandsdiagramm *n*, Phasendiagramm *n*
~ esquemático Prinzipschaltbild *n*
~ de flechas Pfeildiagramm *n*
~ de flujo Flussdiagramm *n*, Arbeitsablaufplan *m*; Fließbild *n*; Strömungsbild *n*
~ de flujo de datos Datenflussplan *m*, Data Flow Diagram, DFD
~ del flujo del proceso Prozessfließbild *n*
~ de fuerza-curso Kraft-Weg-Diagramm *n*
~ funcional Funktionsdiagramm *n*, Funktionsplan *m*, Funktionsschema *n*; Blockschema *n*; Strukturschema *n*
~ ilustrativo Prinzipschaltbild *n*, Schaubild *n*
~ de movimientos *(Mech)* Zeit-Weg-Diagramm *n*
~ numérico de Gauss *(Math)* gaußsche Zahlenebene *f*
~ de pasada Durchlaufplan *m*
~ de potencia Leistungsdiagramm *n*, Leistungsflussbild *n*, Leistungsschaubild *n*
~ del recorrido Wegdiagramm *n*
~ de red Netzplan *m*
~ de sectores Kreisdiagramm *n (Darstellung durch Kreissektoren)*

diagrama

~ **sinóptico** Schaubild *n (von Programmen)*; Strukturdiagramm *n*
dial *m* 1. Einstellscheibe *f*; Rundskala *f*; Skalenscheibe *f*; Wählscheibe *f*, Nummernscheibe *f (Telefon)*; 2. *(Ch)* Dialdehyd *m*
dialisar *v (Ch)* dialysieren
diálisis *f (Ch)* Dialyse *f*
diamantar *v* 1. Diamantglanz geben; 2. *(Fert)* abrichten *(mit Diamant)*
diámetro *m* Durchmesser *m*
~ **aparente** *(Astr)* scheinbarer Durchmesser *m*, Winkeldurchmesser *m*
~ **base** Grundkreisdurchmesser *m (Zahnrad)*
~ **exterior** Außendurchmesser *m*, äußerer Durchmesser *m*; Kopfkreisdurchmesser *m (Zahnrad)*; Nenndurchmesser *m (des Gewindes)*
~ **de fondo** Fußkreisdurchmesser *m (Zahnrad)*
~ **interior** Innendurchmesser *m*, innerer Durchmesser *m*; Kerndurchmesser *m*, Fußdurchmesser *m (des Gewindes)*
~ **primitivo** Teilkreisdurchmesser *m (Zahnrad)*
diascopio *m (Foto)* Diaskop *n*, Diaprojektor *m*
diastasa *f* Amylase *f*; Diastase *f*
diast(im)ómetro *m* Distanzmesser *m*, Entfernungsmesser *m (Topographie)*
diatérmano *(Ph)* diatherman, wärmedurchlässig
diatomita *f* Diatomeenerde *f*, Kieselgur *f*
dibásico *(Ch)* zweibasig
dibujar *v* zeichnen, Zeichnung anfertigen; entwerfen
dibujo *m* 1. Zeichnen *n*; 2. Zeichnung *f*; Skizze *f*, Riss *m*; Plan *m*; 3. *(Text)* Dessin *n*, Muster *n*; 4. *(Masch)* Rattermarke *f*
~ **acotado** Maßzeichnung *f*
~ **de ejecución** Werkstattzeichnung *f*
~ **a escala** maßstabgerechte Zeichnung *f*
~ **de formas** *(Schiff)* Linienriss *m*
~ **de taller** ~ de ejecución
~ **técnico** 1. technisches Zeichnen *n*; 2. technische Zeichnung *f*, Riss *m*
~ **de trabajo** Arbeitszeichnung *f*, Bauzeichnung *f*
diedro *m* 1. Zweiflächner *m*, Zweiflach *n*; 2. *(Flg)* V-Stellung *f (der Tragflächen)*
dieléctrico dielektrisch, nicht leitend

dieléctrico *m* Dielektrikum *n*, Nichtleiter *m*
diente *m* Zahn *m*; Zinke *f*, Zinken *m* • **en [de]** ~ **de sierra** *(El)* sägezahnförmig
~ **de acabado** *(Fert)* Fertigschneider *m*, Nachschneider *m*
~ **de desbaste** Vorschneider *m*, Vorschneidezahn *m*
~ **de rozadora** *(Bgb)* Schrämmeißel *m*
~ **semiflexible** *(Lt)* halbstarre Zinke *f*
~ **de sierra** Sägezahn *m*
dieseleléctrico dieselelektrisch
dieselización *f (Eb)* Umstellung *f* auf Dieselbetrieb
dieseloil *m* Dieselöl *n*, Dieselkraftstoff *m*
difasado *(El)* zweifrequent
difásico *(El)* zweiphasig
diferencia *f* 1. Differenz *f*, Unterschied *m*; Abweichung *f*; 2. *(Schiff)* Trimm *m*
diferenciable differenzierbar
diferenciación *f (Math)* Differentiation *f*
diferenciador *m* Differenziergerät *n*; Differenzierglied *n*; Differenzierer *m (Schaltwerk in Analogrechnern)*
diferencial *(Masch)* Differenzial(getriebe) *n*, Ausgleichsgetriebe *n*
~ **de satélites** Planetenradgetriebe *n*
diferencial *f (Math)* Differenzial *n*
~ **binomia [binómica]** binomisches Differenzial *n*
diferenciar *v* differenzieren
difracción *f (Ph)* Beugung *f*, Diffraktion *f*
~ **cristalográfica** Kristallbeugung *f*
~ **electrónica** Elektronenbeugung *f*
~ **de la luz** Lichtbeugung *f*
~ **de ondas acústicas [sonoras]** Schallbeugung *f*
difractar *v (Ph)* beugen
difundir *v* diffundieren; streuen
difusibilidad *f* Diffusionsvermögen *n*
difusión *f* 1. Diffusion *f*, Zerstreuung *f*, Streuung *f*; 2. Diffusion *f*, Auslaugung *f*; 3. *(Nrt)* Rundsenden *n*
~ **de la luz** Lichtstreuung *f*
~ **térmica** Thermodiffusion *f*, Wärmediffusion *f*, Wärmestreuung *f*
~ **transhorizonte** *(El)* Scattering *n*, Streustrahlung *f*
difusividad *f* Diffusivität *f*, Diffusionsvermögen *n*
~ **térmica** Wärmeausbreitung *f*, Temperaturleitzahl *f*, Temperaturleitvermögen *n*, Temperaturleitfähigkeit *f*

difusor m 1. *(Opt)* Diffusor m, (licht)streuender Körper m; 2. Diffusor m, Streukörper m *(Akustik)*; 3. Diffusor m, Staudüse f *(Strömungstechnik)*; 4. *(Kfz)* Lufttrichter m *(Vergaser)*; 5. *(Gieß)* Verteiler m

digestión f 1. *(Ch)* Digestion f, Auslaugen n; Aufschließen n; 2. Kochen n *(Papier)*; 3. Schlammfaulung f

digestor m Kochapparat m, Kocher m, Digestor m

~ **anaeróbico** Faulbehälter m

digitación f *(Inf)* Digitalisierung f, Darstellung f in digitalen Zeichen; Umwandlung f in Digitalform

~ **por desplazamiento de frecuencia** Frequenzumtastung f, Frequenzumschaltung f, FKS-Modulation f *(Datenübertragung auf Fernsprechleitungen)*

digitalizador m *(Inf)* Digitizer m, Digitalisierer m, Digitalisator m, Digitalisiergerät n, grafisches Tablett n

digitalizar v *(Inf)* digital darstellen, digitalisieren

digitar v *(Inf)* digital darstellen, digitalisieren

dígito einstellig

dígito m *(Math, Inf)* Ziffer f, einstellige Zahl f

~ **binario** 1. *(Math)* Binärziffer f, binäre Ziffer f, binäre Stelle; 2. *(Inf)* Bit n

~ **codificado en binario** binär verschlüsselte Zahl f

~ **de código** Codezeichen n

~ **de comprobación** Kontrollziffer f, Prüfziffer f, Prüfbit n

~ **de control** Kontrollbit n; Steuerbit n

~ **decimal** Dezimalziffer f

~ **fraccionario** Bruchzahl f

~ **octal** Oktalziffer f

~ **más significativo** Ziffer f [Stelle f] mit dem höchsten Stellenwert

~ **menos significativo** Ziffer f [Stelle f] mit dem niedrigsten Stellenwert [Wert], LSD

~ **de orden bajo** niederwertige Ziffer f

~ **de paridad** Paritätszeichen n

~ **de relleno** Füllziffer f

~ **de verificación** Prüfziffer f

dilacerador m Zerreißmaschine f

dilacerar v zerreißen; zerstückeln

dilatación f Dilatation f, Dehnung f, Ausdehnung f, Ausweitung f, Expansion f

~ **por calor** Dilatation f, Wärmeausdehnung f

~ **de carril** *(Eb)* Schienendehnung f

~ **cúbica** kubische [räumliche] Ausdehnung f, Raumausdehnung f, Volumenausdehnung f

~ **isotérmica** isothermische Expansion f

~ **térmica** Dilatation, Wärmeausdehnung f

dilatar v verstrecken *(Folien)*; (aus)dehnen, ausweiten; strecken

dilatómetro Dilatometer n, Dehnungsmesser m, Dehnungsmessgerät n

dilución f Verdünnung f, Verdünnen n

diluir v verdünnen; verwässern; strecken; (auf)lösen

diluyente m 1. Verdünnungsmittel n, Verdünner m; Verschnittmittel n; 2. *(Kst)* Extender m

dimensión f 1. Dimension f; Ausdehnung f; 2. Abmessung f, Bemessung f, Größenordnung f; Größe f; Maß n

~ **espacial** *(Math)* Raumdimension f

~ **mensurable** messbare Größe f

~ **de muestra** Stichprobenumfang m

~ **debajo de la normal** Untermaß n

~ **principal** *(Schiff)* Hauptabmessung f

dimensionar v dimensionieren, bemessen, bemaßen; ausmessen

dimetilbenceno m Dimethylbenzol n, Dimethylbenzen n, Xylen n, Xylol n

dimetilcetona f Dimethylketon n, Aceton n

dinámica f Dynamik f

~ **de los cuerpos rígidos** Dynamik f starrer Körper m

~ **de (los) fluidos** Aerohydrodynamik f, Strömungsdynamik f, Strömungslehre f

~ **de (los) gases** Gasdynamik f, Dynamik f der Gase

dinamitar v (mit Dynamit) sprengen

dínamo f 1. *(El)* Dynamo m, Dynamomaschine f; 2. *(Kfz)* Dynamo m, Lichtmaschine f

dinamógrafo m Dynamograph m, Kräfteschreiber m, Registrierdynamometer n

dinamometría f Kräftemessung f

dinamómetro m Dynamometer n, Kraftmesser m

~ **friccional** Bremsdynamometer n, Bremszaum m

~ **hidráulico** hydraulische Messdose f

~ **de torsión** Torsionsdynamometer n

~ **de tracción** Zugdynamometer n, Zugkraftmesser m

dinamotor 138

dinamotor m Drehumformer m, Einankerumformer m
dinodo m (Eln) Dynode f, Sekundäremissionskatode f
dintel m Fenstersturz m, Sturz m
diodo m Diode f
~ **de alto vacío** Hochvakuumdiode f
~ **amortiguador** Dämpfungsdiode f
~ **antiparásito** Entstördiode f
~ **de avalancha** Lawinendiode f, Avalanchediode f
~ **de bloqueo** Sperrdiode f
~ **de efecto de campo** Feldeffektdiode f
~ **fotoemisor** Leuchtdiode f, Lumineszenzdiode f, Light Emitting Diode f, LED
~ **de ganancia** Spardiode f
~ **limitador** Begrenzerdiode f
~ **mezclador** Mischdiode f
~ **rectificador** Gleichrichterdiode f
~ **de regulación** Regeldiode f
~ **de relajación** Kippdiode f
~ **semiconductor** Halbleiterdiode f
~ **Zener** Z-Diode f, Zenerdiode f, Referenzdiode f, Regulatordiode f
dioptra f (Feinw) Diopter n, Zielvorrichtung f (an Vermessungsgeräten); Alhidade f
dióptrico (Opt) dioptrisch
dióxido m Dioxid n
~ **de azufre** Schwefeldioxid n
~ **de carbono** Kohlendioxid n
~ **de circonio** Zirkondioxid n, Zirconerde f
~ **de dietileno** Dioxan n
~ **de manganeso** Mangandioxid n, Mangan(IV)-oxid n, Braunstein m
~ **de nitrógeno** Stickstoffdioxid n, Stickstoff(IV)-oxid n
~ **de silicio** Siliciumdioxid n, Silicium(IV)-oxid n
díplex m (Nrt) Diplexbetrieb m, Diplexverkehr m
diplexor m (Nrt) Diplexer m, Frequenzweiche f, Trennweiche f
~ **con filtro especial** (TV) Fernsehfilterweiche f, Filterweiche f
dique m 1. Damm m; Deich m; 2. (Schiff) Dock n; 3. (Bgb) querschlägiger Gang m
~ **de ataje** (Schiff) Kofferdamm m
~ **de carena(do)** Trockendock n
~ **para cierre** (Bgb) Absperrdamm m
~ **de embalse** Staudamm m
~ **flotante** Schwimmdock n
~ **de marea** Fluthafen m
~ **rompeolas** Wellenbrecher m, Wasserbrecher m
~ **seco de carena** Trockendock n
dique-esclusa m Dockschleuse f
dirección f 1. Direktion f, Leitung f; 2. Richtung f; 3. (Bgb) Streichen n; 4. (Inf) Adresse f; 5. (Kfz) Lenkung f
~ **de la admisión** Beaufschlagungsrichtung f
~ **asistida** (Kfz) Servolenkung f
~ **autónoma** 1. autonome Steuerung f; 2. (Rak) Selbstlenkung f
~ **de cremallera** Zahnstangenlenkung f
~ **del dato** Datenadresse f
~ **a distancia** Fernlenkung f
~ **del giro** Drehsinn m, Drehrichtung f
~ **hidráulica** hydraulische Steuerung f
~ **hidrostática** (Kfz) hydrostatische Lenkung f
~ **de incidencia** Einfallsrichtung f
~ **de instrucción** Befehlsadresse f
~ **irreversible** (Kfz) gehemmte Lenkung f
~ **mecánica** (Kfz) mechanische Lenkung f
~ **de memoria** Speicheradresse f
~ **piñón-cremallera** (Kfz) Zahnstangenlenkung f
~ **de tornillo y sector** Zahnstangenlenkung f
~ **por una rueda** (Kfz) Einzelradlenkung f
direccional gerichtet
direccionalidad f Richtwirkung f, Richtfähigkeit f, Richtcharakteristik f (z. B. einer Antenne)
direccionamiento m (Inf) Adressierung f
~ **asociado** verkettete Adressierung f
direccionar v (Inf) adressieren
directividad f Richtwirkung f, Richtfähigkeit f, Richtvermögen n (Antenne)
director m (El) Direktor m, Wellenrichter m (Yagi-Antenne)
directorio m Verzeichnis n Inhaltsverzeichnis n; Adressbuch n; Adressenverzeichnis n; Dateiverzeichnis n; Ordner m
directriz f 1. (Math) Direktrix f, Leitlinie f, Leitkurve f; 2. (Geol) Streichen n, Streichrichtung f
dirigible m Luftschiff n
dirigido gerichtet; gelenkt; gesteuert
~ **por ordenador** rechnergesteuert
~ **por radio** funkgesteuert
~ **por teclado** tastaturgesteuert

dirigir v 1. leiten, führen; 2. richten; 3. *(Kfz)* fahren; führen; lenken; steuern; 4. adressieren
discar v *(Nrt)* (an)wählen
discernir v unterscheiden *(z. B. Signal)*
disco m 1. Scheibe f, Platte f; 2. *(Inf)* Magnetplatte f; 3. Schallplatte f; 4. *(Nrt)* Wählscheibe f; Drehnummernschalter m
~ **abrasivo** *(Fert)* Schleifscheibe f, Schleifkörper m
~ **de acoplamiento** Kupplungsscheibe f
~ **de adorno** *(Kfz)* Radkappe f; Zierkappe f
~ **alimentador** *(Masch)* Telleraufgeber m, Tellerspeiser m
~ **de almacenamiento** Speicherplatte f
~ **aporcador** *(Lt)* Häufelscheibe f
~ **de arranque** Startdiskette f
~ **arrastrador** Mitnehmerscheibe f
~ **cartucho** wechselbare gekapselte Magnetplatte f, Disk-Cartridge f
~ **centrador** Zentrierplanscheibe f
~ **compacto** 1. Digitalschallplatte f, Compact Disc f, CD f; 2. *(Inf)* Compact Disc f, Kompakt(speicher)platte f *(optische Speicherung)*; Kompaktdiskette f *(3-Zoll-Diskette)*
~ **contador** Zählscheibe f
~ **de contracorte** *(Lt)* Gegenschneidscheibe f, Gegenschneide f
~ **de corte** *(Lt)* Schneidscheibe f, Mähscheibe f
~ **dentado** Kurvenscheibe f, Nockenscheibe f
~ **digital compacto** Compact Disc f, Audio-CD f, digitale Schallplatte f
~ **digital de vídeo** Digital Video Disc f, DVD *(CD-ROM-Standard)*
~ **distribuidor** 1. Steuerscheibe f; 2. *(Nrt)* Verteilerscheibe f
~ **divisor** Teilscheibe f
~ **duro** *(Inf)* Festplatte f; Hard Disk f *(nicht flexible Platte)*
~ **de embrague** Kupplungsscheibe f
~ **emisor** Quelldiskette f
~ **enterrador** *(Lt)* Zudeckscheibe f *(Kartoffellegemaschine)*
~ **de equilibrado** *(Kfz)* Auswuchtscheibe f
~ **de esmeril** Schmirgelscheibe f
~ **de espejos** *(Inf)* Spiegelplatte f
~ **estéreo [estereofónico]** Stereoschallplatte f
~ **de la excéntrica** Exzenterscheibe f

~ **fijo** *(Inf)* Festplatte f
~ **flexible** *(Inf)* Diskette f, Magnetdiskette f, Floppy Disk f
~ **fonográfico** Schallplatte f
~ **de freno** Bremsscheibe f, Bremslamelle f
~ **giratorio** Drehscheibe f
~ **de hélice** *(Schiff)* Propellerebene f
~ **intercambiable** *(Inf)* Wechselplatte f
~ **lanzador** Startdiskette f
~ **lapidador [de lapping]** Läppscheibe f
~ **de larga duración** Langspielplatte f
~ **de levas** Kurvenscheibe f
~ **magnético** Magnetplatte f, Magnetscheibe f
~ **de mando** Steuerscheibe f
~ **marcador [de marcar]** s. ~ selector
~ **de memoria** Speicherplatte f
~ **óptico** optischer Plattenspeicher m
~ **portacuchillas** Messerrad n
~ **receptor** Zieldiskette f
~ **rectificador** Richtplatte f
~ **de refino** Läppscheibe f
~ **rígido** s. ~ duro
~ **rotativo [rotatorio]** Drehscheibe f
~ **de ruptura** Berstscheibe f *(Explosionsschutz)*
~ **selector** *(Nrt)* Wählscheibe f, Nummernscheibe f
~ **de trapos** Schwabbelscheibe f
discontinuidad f *(Math)* Diskontinuität f, Unstetigkeit f; Unstetigkeitsstelle f; Sprung m
discontinuo diskontinuierlich, unstetig
discos mpl **carpidores [deshierbadores]** *(Lt)* Netzegge f, Unkrautegge f
discretizar v *(Math)* diskretisieren
discriminación f 1. Unterscheidung f; 2. Unterscheidungsvermögen n; 3. *(El)* Trennschärfe f; Auflösungsvermögen n *(Messtechnik)*; 4. *(Inf)* bedingter Sprung m
discriminador m *(Eln, Inf)* Diskriminator m
disector m **(de imágenes)** *(TV)* Bildzerleger m, Bildzerlegerröhre f, Bildsondenröhre f, Sondenröhre f
diseñar v zeichnen; konstruieren; entwerfen; projektieren; auslegen *(Geräte)*
diseño m Gestaltung f; Formgestaltung f; Design n; Entwurf m; Projektierung f; Konstruktion f, Entwurf m; Projekt n; Auslegung f *(von Geräten)*

diseño

~ **aerodinámico** aerodynamische Formgestaltung f
~ **asistido por ordenador** rechnergestützte Konstruktion, computergestütztes Entwerfen n [Konstruieren n], CAD
~ **básico estructural (de vehículos)** *(Kfz)* Fahrwerkgestaltung f; Fahrwerkkonstruktion f
~ **de buques** Schiffsprojektierung f; Schiffskonstruktion f; Schiffsentwurf m; Schiffsdesign n; Schiffsgestaltung f
~ **de centros de trabajo** Arbeitsstättengestaltung f
~ **de circuito(s)** Schaltungsentwurf m, Schaltungsaufbau m
~ **de construcción** Bauzeichnung f; Grundriss m
~ **constructivo** 1. konstruktive Gestaltung f; 2. Bauzeichnung f
~ **dimensional** Dimensionierung f, maßliche Gestaltung f *(z. B. von Arbeitsplätzen)*
~ **de edificios** Gebäudekonstruktion f
~ **de equipos** Gerätekonstruktion f; Gerätegestaltung f; Gerätedesign n; Anlagengestaltung f
~ **ergonómico** ergonomische Gestaltung f
~ **esquemático** Grobentwurf m, schematischer Entwurf m; Skizze f; Riss m
~ **estandarizado** Standardentwurf m; Typenkonstruktion f; Typenprojekt n
~ **de estructura de datos** *(Inf)* Datenstrukturierung f
~ **estructural** baulicher Entwurf m; bauliche Durchbildung f
~ **general** allgemeiner Entwurf m; Gesamtauslegung f
~ **gráfico por ordenador** rechnerunterstützte grafische Gestaltung f
~ **industrial** 1. industrielle Formgestaltung f; Industriedesign n; Design n; 2. gewerbliches Muster n
~ **de ingeniería** ingenieurtechnische [technische] Gestaltung f; Ingenieurprojekt n
~ **inicial (de producción)** Prototyp m
~ **de instalaciones** Anlagenprojektierung f
~ **interno** Innengestaltung f, Innenarchitektur f
~ **lógico** logischer Entwurf m [Aufbau m], Logikentwurf m, logische Struktur f
~ **de maqueta** Modellzeichnung f

~ **de maquinaria [máquinas]** Maschinenentwurf m; Maschinengestaltung f; Maschinenkonstruktion f; Maschinenprojektierung f
~ **de memoria** *(Inf)* Speicherentwurf m
~ **de modelos** Modellgestaltung f; Modellentwurf m
~ **modular** Modulkonstruktion f, Modulbauweise f; Baukastentechnik f; modulare Gestaltung f
~ **de ordenador** Rechnerentwurf m
~ **de piezas** Teilekonstruktion f
~ **de plantas** Anlagenprojektierung f
~ **preliminar** Vorprojekt n
~ **procedimental** Verfahrensgestaltung f
~ **de programa [programación]** *(Inf)* Programmentwurf m; Softwareentwurf m
~ **de puestos de trabajo** Arbeitsplatzgestaltung f
~ **de seguridad** sicherheitsgerechte [arbeitsschutzgerechte, arbeitsschutztechnische] Gestaltung f; gefahrlose Gestaltung f *(z. B. von Arbeitsmitteln)*
~ **de la seguridad de incendios** brandschutzgerechte Konstruktion f
~ **silencioso** lärmarme Gestaltung f; lärmarme Konstruktion f *(von Maschinen)*
~ **sísmico** erdbebensichere Gestaltung f; erdbebensichere Projektierung f *(Katastrophenschutz)*
~ **de sistemas** Systemgestaltung f; Systementwurf m
~ **del teclado** Tastaturgestaltung f, Tastaturauslegung f
~ **técnico** technische Zeichnung f
~ **técnico ingenieril** ingenieurtechnische Gestaltung f
~ **tecnológico** technologische Gestaltung f; technologiegerechte Konstruktion f; technologisches Projekt n
~ **tipificado** Typenprojekt n, Typenkonstruktion f
~ **de vehículos** Fahrzeugkonstruktion f
disgregación Aufschluss m, Trennung f
disgregador m Aufschlussgerät n
disgregante m Aufschlussmittel n
disgregar v trennen; absondern; entfernen; lösen
disimetría f Asymmetrie f, Unsymmetrie f
disimétrico asymmetrisch, unsymmetrisch
disipación f 1. *(Ph)* Dissipation f, Zerstreuung f; 2. *(Eln)* Verlustleistung f

disipar v (Ph) zerstreuen (Energie); abstrahlen (Wärme)
disjunto (Math) disjunkt
diskette m s. disquete
dislocación f 1. Versetzung f, Dislokation f (Kristalle); 2. (Geol) Dislokation f, Verwerfung f, Störung f
disminución f 1. Verminderung f; Reduktion f; Abfall m; 2. (Math) Dekrement n; 3. (Text) Decken n
~ **de presión** Druckabfall m
~ **en tamaño** Miniaturisierung f (von Bauteilen)
disminuir v verringern, vermindern, verkleinern, reduzieren; absinken (z. B. Spannung); abklingen
disociación f (Ch) Dissoziation f, Aufspaltung f
disociar v (Ch) dissoziieren, spalten
disoluble (Ch) löslich
disolución f 1. Auflösung f; Trennung f; Scheidung f; 2. (Ch) Lösung f; 3. Gummilösung f
disolvente m Lösungsmittel n, Lösemittel n, Löser m
disolver v (auf)lösen
disparador m Auslöser m, Auslösevorrichtung f; Ausrücker m; Ausklinkung f; Entriegelung f
disparar v 1. auslösen; starten, abschießen; 2. durchsteuern (Schalttransistor); 3. zünden (Thyristor)
disparo m Auslösung f, Abzug m; Schuss m; Sprengung f
dispersador m Mischer m
dispersante m Dispergiermittel n, Dispersionsmittel n
dispersar v dispergieren, (zer)streuen
dispersarse v kriechen (Strom)
dispersión f 1. Dispersion f, Streuung f; 2. (Opt) Zerlegung f, Dispersion f, Streuung f; 3. (Ch) Dispergieren n; Dispersion f; 4. (Math) Streuung f, Dispersion f, Varianz f

~ **de contaminantes** Schadstoffausbreitung f
~ **de luz** Lichtstreuung f
dispersoide m Dispersoid n, (kolloid)disperses System n, Kolloid n
display (Inf) Display n, (optische) Ausgabeeinheit f; Bildschirm m; Anzeige f

disposición f Anordnung f; (innere) Beschaffenheit; Anlage f (z. B. eines Programms)
~ **general** (Schiff) Generalplan m
~ **general de las cuadernas** (Schiff) Spantenriss m
~ **de los hilos** (Text) Fadenlegen n (Wirkerei)
~ **del lugar de trabajo** Arbeitsplatzanordnung f, Arbeitsplatzgestaltung f
dispositivo m Vorrichtung f, Einrichtung f; Gerät n; Mechanismus m; Anlage f
~ **agarrador** Spannvorrichtung f (Rammtechnik)
~ **de ajuste** Einstellvorrichtung f
~ **alimentador** Beschickungseinrichtung f; Aufgabevorrichtung f, Zuführungseinrichtung f
~ **de almacenamiento** (Inf) Speichereinrichtung f, Speicher m
~ **de alumbrado** Beleuchtungsanlage f
~ **amplificador** Verstärkereinrichtung f, Verstärkeranlage f, Verstärker m
~ **antibalance** (Schiff) Schlingerdämpfungsanlage f
~ **anticaídas** (Sich) Fallschutzmittel n
~ **anticongelante** (Flg) Enteisungsanlage f
~ **antirrobo** Diebstahlsicherung f; Einbruchsicherung f
~ **apartador** (Lt) Halmabweiser m
~ **de arranque de inercia** Schwungkraftanlasser m
~ **de arrastre** Mitnehmer m; Laufwerk n; Treibmittel n
~ **de articulación** Gelenkverbindung f
~ **de aspiración** Saugvorrichtung f, Absaugvorrichtung f; Absauganlage f
~ **de audio** Audiogerät n, Tongerät n
~ **de bloqueo** Blockier(ungs)vorrichtung f; Sperrvorrichtung f
~ **de carga** 1. Belastungseinrichtung f; 2. (Förd) Aufgabevorrichtung f; 3. (Met) Begichtungsanlage f
~ **comprobador** Prüfgerät n, Kontrollgerät n; Prüfeinrichtung f, Prüfvorrichtung f; Messvorrichtung f
~ **copiador** Kopiervorrichtung f
~ **de corte** 1. Abschaltvorrichtung f; Unterbrecher m; 2. (Lt) Schneidwerk n
~ **de defensa** (Sich) Schutzvorrichtung f

dispositivo 142

~ **de descarga** 1. *(Förd)* Entladevorrichtung f; Abgabeeinrichtung f; 2. *(Schiff)* Löschvorrichtung f
~ **de descifrado** Decodiergerät n, Decodierer m
~ **de detección** Nachweisgerät n *(z. B. für Luftverunreinigungen)*
~ **de detención** Feststellvorrichtung f, Verriegelung f
~ **discreto** *(Eln)* diskretes Bauelement n, Einzelbauelement n
~ **de enclavamiento** Verriegelungseinrichtung f, Verriegelungsschutz m, Schutzverriegelung f
~ **de enchufe** Steckvorrichtung f
~ **de enganche** Kupplungsvorrichtung f; Anhängevorrichtung f
~ **de entrada** *(Inf)* Eingabegerät n, Eingabeeinheit f, Eingabeeinrichtung f
~ **de equipo** *(Inf)* Hardwarekomponente f
~ **de escape** *(Kfz)* Auspuffanlage f
~ **de escritura** *(Inf)* Druckwerk n, Schreibwerk n
~ **estilógrafo** Lichtstift m, Leuchtstift m, Lichtgriffel m
~ **de excavación** Baggergerät n
~ **extractor** 1. Fördereinrichtung f; Austragevorrichtung f *(Koks)*; Abzugseinrichtung f *(z. B. für Rauch)*; 2. *(Mech)* Abziehvorrichtung f
~ **eyector** *(Lt)* Auswerfer m
~ **de fijación** 1. Klemmeinrichtung f; 2. *(Fert)* Spannvorrichtung f
~ **hidráulico** *(Fluid)* Hydraulikanlage f
~ **de hombre muerto** *(Sich)* Totmannschaltung f
~ **de iluminación** Beleuchtungseinrichtung f, Beleuchtungsanlage f
~ **de impresión** Druckeinrichtung f, Drucker m
~ **indicador** Anzeigeeinrichtung f, Anzeigevorrichtung f, Anzeigegerät n
~ **indicador de velocidad** *(Kfz)* Geschwindigkeitsmesser m, Tachometer n
~ **de intercepción** Abfangvorrichtung f, Abfangeinrichtung f *(für Schadstoffe)*
~ **de introducción de datos** *(Inf)* Dateneingabegerät n, Eingabegerät n, Eingabeeinheit f
~ **de izamiento** *(Förd)* Anschlagmittel n
~ **de lanzamiento** 1. *(Rak)* Startvorrichtung f; 2. *(Förd)* Abwurfvorrichtung f

~ **lector [de lectura]** *(Inf)* Lesegerät n; Ablesevorrichtung f, Leser m; Lesekopf m
~ **de lectura óptica de caracteres** optischer Zeichenleser m
~ **de liberación** Freischalteinrichtung f
~ **de limitación de sobrecarga** *(El)* Überlastungssicherung f
~ **de llamada** *(Nrt)* Rufeinrichtung f
~ **de mando** Steuergerät n, Steuervorrichtung f
~ **de marcha** Laufwerk n; Fahrwerk n
~ **de memoria** *(Inf)* Speichergerät n; Speicher m
~ **de micrológica** *(Inf)* Firmware f, FIW
~ **motriz** Antriebsmechanismus m
~ **de parada** *(Sich)* Stoppvorrichtung f; Abschaltvorrichtung f
~ **periférico** *(Inf)* Peripheriegerät n, peripheres Gerät n
~ **de prevención de caídas** Fallschutzmittel n
~ **propulsor** Antriebsorgan n
~ **de protección** Schutzvorrichtung f; sicherheitstechnisches Mittel n; sicherheitstechnische Einrichtung f
~ **de protección personal** persönliche Schutzausrüstung f, Körperschutzmittel n
~ **provisto de teclado** Tastaturgerät n
~ **pulmo-automático** *(Sich)* Lungenautomat m, lungengesteuertes Atemventil n
~ **rectificador** *(Fert)* Schleifeinrichtung f
~ **registrador** 1. Registriergerät n, Schreibgerät n, Schreiber m, Schreibvorrichtung f; 2. Messeinrichtung f
~ **de rescate** Rettungsgerät n, Bergungsgerät n, Rettungsmittel n
~ **de respuesta automática** (automatischer) Anrufbeantworter m
~ **robótico** Handhabungsgerät n
~ **para roscar** *(Fert)* Gewindeschneidvorrichtung f
~ **de salida** *(Inf)* Ausgabegerät n, Ausgabeeinheit f
~ **de seguridad** Sicherheitsvorrichtung f, Schutzvorrichtung f
~ **sensor** Sensoreinrichtung f, Sensor m, Messfühler m
~ **de señales** Signaleinrichtung f, Signalgerät n; Warngerät n
~ **sintetizador de voz** Sprachsynthesegerät n

distribuidor

- ~ **de sujeción** Einspannvorrichtung f; Befestigungsmittel n
- ~ **taladrador** *(Fert)* Bohrvorrichtung f
- ~ **de teclado** Tastaturgerät n
- ~ **técnico de seguridad** sicherheitstechnische Ausrüstung f
- ~ **de telemando** Fernsteuereinrichtung f; Fernsteuergerät n
- ~ **de temporización** Zeitgeber m
- ~ **tensor** Spannvorrichtung f
- ~ **terminal** *(Inf)* Endgerät n, Endeinrichtung f *(für Datenübertragung)*
- ~ **de tope** Anschlag m
- ~ **de ventilación** Lüftungsanlage f, Lüfter m
- ~ **de vista clara** Klarsichtgerät n
- ~ **visualizador** Bildschirmgerät n, Anzeigegerät n

disprosio m Dysprosium n, Dy

disquete m *(Inf)* Diskette f
- ~ **de alta densidad** High-Density-Diskette f, HD-Diskette f
- ~ **de arranque** Bootdiskette f, Ladediskette f
- ~ **de doble densidad** Diskette f mit doppelter Dichte, Double-Density-Diskette f, DD-Diskette f

disquetera f *(Inf)* Diskettenlaufwerk n

disruptor m Schalter m, Ausschalter m, Unterbrecher m

distancia f Distanz f, Entfernung f, Abstand m; Strecke f
- ~ **entre centros** 1. Mittenabstand m; 2. *(Fert)* Spitzenabstand m
- ~ **de chispa** *(El)* Funkenstrecke f
- ~ **disruptiva** Durchschlagstrecke f *(zwischen Elektroden)*
- ~ **entre ejes** *(Kfz)* Radstand m
- ~ **focal** Brennweite f
- ~ **de frenado [frenaje]** *(Kfz)* Bremsweg m
- ~ **del suelo** Bodenabstand m, Bodenfreiheit f, Bodenhöhe f
- ~ **de vuelo** Flugweite f, Flugbereich m; Flugentfernung f

distanciador m Abstandsbolzen m

distanciómetro m Entfernungsmesser m

distorsiómetro m Verzerrungsmesser m

distorsión f 1. *(El)* Verzerrung f; 2. *(Opt)* Verzeichnung f; 3. Verformung f, Verziehung f, Verzug f; 4. Zahnrichtungsfehler m • **libre de** ~ 1. *(El)* verzerrungsfrei; 2. *(Opt)* verzeichnungsfrei • **sin** ~ 1. *(El)* verzerrungsfrei; 2. *(Opt)* verzeichnungsfrei • **de escasas distorsiones** verzerrungsarm
- ~ **de frecuencias** Frequenzverzerrung f
- ~ **de imagen** Bildverzeichnung f
- ~ **no lineal** Klirren n, nicht lineare Verzerrung f
- ~ **de señales** Signalverzerrung f; Zeichenverzerrung f

distorsionador m *(El)* Verzerrer m

distorsionar v 1. *(El)* verzerren; 2. *(Opt)* verzeichnen; 3. verformen

distribución f 1. *(Math)* Verteilung f; 2. *(Typ)* Ablegen n *(Handsatz)*; 3. Steuerung f *(einer Dampfkraftmaschine)*
- ~ **asimétrica** schiefe Verteilung f
- ~ **axial** axiale Beaufschlagung f *(Turbine)*
- ~ **binomia** Binomialverteilung f, binomische Verteilung f
- ~ **chi(-)cuadrado** Chi-Quadrat-Verteilung f *(Statistik)*
- ~ **del encendido** *(Kfz)* Zündverteilung f
- ~ **de estela** *(Schiff)* Nachstromverteilung f
- ~ **gaussiana** s. ~ **normal**
- ~ **de levas** Nockensteuerung f
- ~ **muestral** Stichprobenverteilung f *(Statistik)*
- ~ **normal** Normalverteilung f, gaußsche Verteilung f
- ~ **(de) Poisson** Poisson-Verteilung f, poissonsche Verteilung f
- ~ **radial** radiale Beaufschlagung f *(Turbine)*
- ~ **de reloj** *(Nrt)* Taktverteilung f
- ~ **de Student** Student-Verteilung f, studentsche Verteilung f, t-Verteilung f *(Statistik)*
- ~ **de tiempo** *(Inf)* Zeitschachtelung f, Zeit(ver)teilung f, Timesharing n
- ~ **por válvulas** Ventilsteuerung f

distribuidor m 1. Verteiler m; Schieber m; Ventil n *(Dampfkraftmaschine)*; 2. Leitrad n, Leitapparat m *(Turbine)*; 3. *(Kfz)* Zünd(strom)verteiler m; 4. *(El)* Verteilerdose f; 5. *(Nrt)* Kanalverteiler m; 6. Wegeventil n; 7. Zuleiter m; Speiser m; 8. *(Typ)* Ablegevorrichtung f, Ableger m
- ~ **de chispa** *(Kfz)* Funkenverteiler m
- ~ **de encendido** *(Kfz)* Zündverteiler m
- ~ **de gasolina** *(Kfz)* Tanksäule f
- ~ **giratorio** Drehschieber m
- ~ **de impulsos de reloj** Taktimpulsgeber m, Taktimpulsverteiler m

distribuidor

~ **de llamada** *(Nrt)* Anrufverteiler *m*, Rufordner *m*

distribuidora *f* Streuvorrichtung *f*

~ **de abono** *(Lt)* Düngerstreuer *m*; Dungverteiler *m*

~ **de estiércol** *(Lt)* Düngerstreuer *m*, Stalldungstreuer *m*

distribuir *v* 1. verteilen; aufteilen; zuteilen; 2. *(Typ)* Satz ablegen

disulfuro *m* Disulfid *n*

~ **de carbono** Kohlen(stoff)disulfid *n*, Schwefelkohlenstoff *m*

disyunción *f* 1. *(El)* Trennung *f*, Abschaltung *f*, Ausschaltung *f*; 2. Disjunktion *f*, logische ODER-Schaltung *f*, inklusive ODER-Schaltung *f*, Sowohl-als-auch-Funktion *f*

disyuntiva *f* Disjunktionsoperation *f*

disyuntor *m* (*El*) Leistungsschalter *m*; Schalter *m*, Ausschalter *m*, Unterbrecher *m*

divalente *a* bivalente

divergencia *f* Abweichung *f*, Divergenz *f*

~ **de las ruedas** *(Kfz)* Nachlauf *m*

divergente *m* 1. Düsenverdichter *m*; 2. divergierender Teil *m*, Auslaufteil *m*

divergir *v* 1. abweichen; divergieren; streuen; 2. *(Kern)* überkritisch werden *(Reaktor)*

dividendo *m (Math)* Dividend *m*

dividir *v* dividieren, teilen

~ **en dos subconjuntos** *(Math)* dichotomisieren

división *f* 1. Division *f*, Dividieren *n*, Teilen *n*, Teilung *f*; 2. Skalenteil *n*, Teilungsintervall *n*

~ **en dos** *(Math)* Dichotomisierung *f*

~ **entera** Division *f* mit Rest

~ **exacta** Division *f* ohne Rest

~ **de frecuencia** *(Nrt)* Frequenzteilung *f*

~ **en tiempo** *(Nrt)* Zeitmultiplexverfahren *n*

divisor *m* 1. *(Math)* Divisor *m*, Teiler *m*; 2. *(Masch)* Teilapparat *m*, Teilkopf *m*

~ **común** gemeinsamer Teiler *m*

~ **de frecuencia** Frequenzteiler *m*

~ **de hilo** *(Text)* Fadenteiler *m*

~ **máximo común** größter gemeinsamer Teiler *m*

doblado *m* 1. Biegen *n* (*besonders Metallverarbeitung*); 2. Falzen *n*; 3. *(Text)* Dopplung *f*, Fachung *f*

doblador *m* 1. *(Text)* Dublierer *m*, Doppler *m*, Facher *m*; 2. *(Typ)* Falzmaschine *f*; 3. *(El)* Verdopplerschaltung *f*, Verdoppler *m*

dobladora *f* 1. *(Fert)* Biegemaschine *f*; 2. *(Text)* Dublierkalander *m*, Dubliermaschine *f*, Fachmaschine *f*

~ **de alambre** Drahtbiegemaschine *f*

~ **de chapa** Blechbiegemaschine *f*

~ **de tubos** Rohrbiegemaschine *f*

dobladora-troqueladora *f (Typ)* Biege- und Stanzmaschine *f*

doblaje *m* 1. Synchronisation *f*, Synchronisierung *f (Kino)*; Überspielen *n*; 2. *s.* doblado

doblar *v* 1. *(Fert)* biegen; falten; knicken; falzen; 2. *(Text)* dublieren; fachen; 3. *(El)* doppeln; 4. synchronisieren *(Kino)*; überspielen

~ **en caliente** warmbiegen

~ **en frío** kaltbiegen

doblete *m* 1. *(Ph)* Dublett *n*, Zweierschale *f*; 2. *(Opt)* Dublett *n*, Doppellinie *f*; 3. Elementardipol *m*

dolomía *f (Min)* Dolomit *m*

dominio *m* 1. Gebiet *n*; Bereich *m*; Sphäre *f*, Zone *f*; 2. *(Inf)* Domäne *f*, Attributwertebereich *m*

~ **de determinación** *(Math)* Bestimmtheitsbereich *m*

~ **de las frecuencias** Frequenzbereich *m*

domo *m* Kuppel *f*, Gewölbe *n*; Kuppe *f*, Dom *m*, Staukuppe *f*

dopante *m* 1. Dopestoff *m*, Dopemittel *n* (*in Mineralölen*); 2. Dotierungsmittel *n* *(Halbleiter)*

dopar *v* 1. mit Zusätzen versehen; 2. dotieren *(Halbleiter)*; 3. dopen, dotieren, Additive beigeben *(Mineralöle)*

dosificación *f* Dosierung *f*

dosificador *m* Dosierapparat *m*, Mengenregler *m*

dosificadora *f* Dosiermaschine *f*

dosificar *v* dosieren

dosimetría *f* Dosimetrie *f*, Strahlungsmessung *f*

dosímetro *m* Dosimeter *n*, Dosismesser *m*; Strahlungsmesser *m*

~ **de bolsillo** Taschendosimeter *n*

~ **individual** Personendosimeter *n*

~ **medidor de ruido** Lärmmessdosimeter *n*

~ **de película** Filmdosimeter *n*

~ de ruido Lärmdosimeter n
dovela f *(Bw)* Wölbstein m, Bogenstein m
draga f 1. Bagger m, Nassbagger m; Schwimmbagger m; Saugbagger m; Baggerschiff n; 2. Räumgerät n
~ de arrastre Schürfkübelbagger m
~ aspirante Saugbagger m, Schutensauger m
~ de cangilones Eimerketten(schwimm)bagger m, Schöpfbagger m
~ de cuchara Löffelbagger m, Greifbagger m
~ de escombros Abraumbagger m
~ flotante Schwimmbagger m; Baggerschiff n
~ gánguil Prahmbagger m
~ de rosario Eimerketten(schwimm)bagger m, Eimerkettennassbagger m
~ de succión Saugbagger m, Schutensauger m
~ con tolva Hopperbagger m, Laderaumbagger m
dragado m Nassbaggerung f, Baggerbetrieb m, Baggern m, Baggerung f
dragar v (aus)baggern *(im Wasser)*
drenar v entwässern
dúctil *(Met)* dehnbar, duktil, streckbar; hämmerbar; bildsam, plastisch
ductilidad f *(Met)* Duktilität f, Formbarkeit f, Verformbarkeit f, Dehnbarkeit f, Streckbarkeit f, Hämmerbarkeit f, Geschmeidigkeit f, Plastizität f, Fließvermögen n
ductor m *(Typ)* Farbabstreicher m
duóstato m Differenztemperaturregler m
dúplex m 1. *(Nrt)* Duplexbetrieb m, Gegensprechanordnung f; 2. *(Met)* Duplexverfahren n
duplicación f 1. Dopplung f, Verdoppelung f; 2. Kopieren n, Vervielfältigen f; 3. *(Inf)* Duplizierung f, Herstellung f eines Duplikats; Durchschreiben n
duplicar v 1. verdoppeln; 2. kopieren, vervielfältigen
duración f 1. Zeit f, Dauer f; Lebensdauer f, Haltbarkeit f, Langlebigkeit f; 2. *(Fert)* Standzeit f *(beim Zerspanen)*
~ de acceso *(Inf)* Zugriffsdauer f, Zugriffszeit f
~ de conexión Einschaltdauer f *(beim Elektromotor)*

~ del frenado Bremsdauer f, Bremszeit f
~ de la llamada *(Nrt)* Belegungsdauer f
~ mecánica *(Fert)* Maschinenzeit f
~ de respuesta Einstellzeit f; Antwortzeit f; Ansprechzeit f
~ de la reverberación Nachhallzeit f *(Akustik)*
~ de servicio Betriebszeit f; Lebensdauer f, Nutzungsdauer f, Betriebsdauer f
dureza f Härte f
~ escleroscópica *(Wkst)* Kugelfallhärte f, Rücksprunghärte f, Rückprallhärte f
~ a la indentación *(Wkst)* Eindruckhärte f, Kugeldruckhärte f, Eindringhärte f
~ microscópica *(Wkst)* Mikrohärte f
~ al rectificado Schleifhärte f
durmiente m Schwelle f, *(Am)* Bahnschwelle f
durómetro m *(Wkst)* Härteprüfgerät n, Härteprüfer m, Härtemesser m, Härtemessgerät n

E

eclíptica f *(Astr)* Ekliptik f
eclisa f *(Eb)* Lasche f, Stoßlasche f
ecometría f akustische Messung f, Schallhöhenmessung f
ecómetro m Echogerät n; Echolot n
economizador m Economiser m, Vorwärmer m
~ del carburador *(Kfz)* Spardüse f
ecosonda f Echolot n
~ ultrasónica Ultraschallecholot n
ecuación f Gleichung f
~ algebraica algebraische Gleichung f
~ de base Grundgleichung f
~ bicuadrada biquadratische Gleichung f
~ binomia binomische Gleichung f
~ del camino *(Ph)* Weggleichung f
~ canónica *(Ph)* kanonische Gleichung f
~ característica charakteristische Gleichung f, Ranggleichung f
~ cinética *(Ch)* kinetische Gleichung f
~ del círculo Kreisgleichung f
~ condicional Bedingungsgleichung f
~ cuadrática s. ~ de segundo grado
~ cuasilineal quasilineare Gleichung f
~ cúbica s. ~ de tercer grado
~ elíptica elliptische Differenzialgleichung f [Gleichung f]

ecuación 146

~ **estequiométrica** stöchiometrische Gleichung f
~ **exponencial** Exponentialgleichung f
~ **hiperbólica** hyperbolische Differenzialgleichung f [Gleichung f]
~ **indeterminada** unbestimmte Gleichung f
~ **lineal** s. ~ de primer grado
~ **matricial** Matrizengleichung f
~ **ondulatoria** (Ph) Wellengleichung f
~ **parabólica** parabolische Differenzialgleichung f [Gleichung f]
~ **de primer grado [orden]** Gleichung f ersten Grades, lineare Gleichung f
~ **de la recta** Geradengleichung f
~ **de segundo grado [orden]** Gleichung f zweiten Grades, quadratische Gleichung f
~ **de tercer grado [orden]** Gleichung f dritten Grades, kubische Gleichung f
ecualizador m (Nrt) Entzerrer m
edafología f Bodenkunde f
edificación f 1. Bau m; 2. Bauwesen n; 3. Bebauung f
~ **alta** Hochbau m
~ **inflable** Tragluftkonstruktion f
~ **de levantamiento progresivo** Gleitbau m, Gleitbauverfahren n
edificar v (er)bauen, errichten; bebauen
edificio m Gebäude n; Bau m; Bauwerk n
~ **de altura** Hochhaus n
~ **de gran altura** Hochhaus n
~ **multipisos** mehrgeschossiges Gebäude n, Mehrgeschossbau m, Etagenbau m
~ **prefabricado** Fertigteilmontagebau m
editor m (Inf) Editor m, Aufbereitungsprogramm n
edómetro m (Bw) Ödometer n (Bodenmechanik)
efecto m 1. Effekt m, Wirkung f; Einwirkung f; 2. Auswirkung f, Ergebnis n, Resultat n • **de ~ rápido** schnell wirkend • **de ~ lento** langsam wirkend • **de ~ único** einfach wirkend • **de doble ~** 1. doppelt wirkend; 2. doppelseitig; doppelmäulig; zweischneidig • **de simple ~** einfach wirkend
~ **de almohada de aire** (Schiff) Luftkisseneffekt m, Bodeneffekt m
~ **amortiguador** Dämpfungswirkung f
~ **de borde** (Eln) Randeffekt m
~ **calorífico** Heizeffekt m
~ **de centelleo** Funkeleffekt m, Flickereffekt m

~ **(de) corona** Koronaentladung f, Koronaeffekt m
~ **del chorro** Strahlwirkung f
~ **de desvanecimiento** (Eln) Fadingeffekt m
~ **direccional** Richtwirkung f, Richteffekt m (Antenne)
~ **de distorsión** Verzerrungseffekt m
~ **de frenado** Bremseffekt m
~ **giroscópico** Kreiselwirkung f
~ **(de) invernadero** Treibhauseffekt m
~ **de islote** Inseleffekt m (Halbleiter)
~ **lumínico** Lichtwirkung f, Leuchtwirkung f
~ **lupa** (Inf) Zoomen m
~ **muelle** Federwirkung f
~ **nocivo** Schadwirkung f (Schadstoff)
~ **del oleaje** Wellenwirkung f
~ **de parpadeo** (El) Flickereffekt m, Flackereffekt m; Flimmereffekt m
~ **pelicular** (El) Skineffekt m, Oberflächenwirkung f, Kelvin-Effekt m
~ **perturbador** Störeffekt m
~ **piezoeléctrico** piezoelektrischer Effekt m, Piezoeffekt m
~ **refrigerante** Kühlwirkung f
~ **de tampón** Pufferwirkung f
~ **vibratorio** Flatterwirkung f
eficacia f Effektivität f; Wirksamkeit f; Wirkungsgrad m; Leistungsfähigkeit f
~ **aerodinámica** (Flg) aerodynamische Güte f
~ **de frenado [freno]** Bremsleistung f
eficiencia f Wirksamkeit f; Leistungsfähigkeit f; Effektivität f; Nutzeffekt m; Effizienz f
~ **computacional** Rechenleistung f
~ **energética** energetischer Wirkungsgrad m
~ **de motor** Motorleistung f
~ **propulsiva** Propulsionsgütegrad m; Propellerwirkungsgrad n
~ **térmica** Wärmewirkungsgrad m
~ **de tracción** Zugleistung f
efluente m Abfluss m, Ausfluss m, Ablauf m, Auslauf m, Abstrom m, Ablass m, Abwasserablauf m; Ausstoß m; Auswurf m; abfließendes Medium n
~ **de agua de desechos** Abwasserabfluss m
~ **líquido** Abwasser n; Flüssigabfall m
efluvio m (El) Glimmen n, Glimmentladung f; Sprühentladung f

efusión f 1. Effusion f, Ausströmen n, Austritt m; 2. *(Geol)* Erguss m
einsteinio m Einsteinium n, E
eje m 1. *(Math)* Achse f; 2. *(Masch)* Achse f, Welle f, Spindel f
~ **de abscisas** Abszissenachse f, x-Achse f
~ **de accionamiento** Antriebsachse f
~ **acodado** gebogene Achse f, Kurbelwelle f
~ **acuñado** Keilwelle f
~ **anticlinal** *(Geol)* Sattellinie f
~ **de apoyo** Tragachse f
~ **de avance** *(Fert)* Vorschubspindel f, Vorschubwelle f
~ **de broca** Bohrerspindel f
~ **de cambio** Übertragungswelle f
~ **de cambio de marcha** Umsteuerwelle f
~ **(de) cardán** Kardanwelle f, Gelenkwelle f
~ **cigüeñal** Kurbelwelle f, gekröpfte Welle f
~ **de cilindrar** Zugspindel f
~ **de cola** *(Schiff)* Schwanzwelle f
~ **conductor** *(Kfz)* Lenk(spindel)stock m, Lenkspindel f
~ **del contracabezal** *(Masch)* Reitstockspindel f
~ **de contramarcha** Vorgelegewelle f, Vorgelege n, Gegenwelle f
~ **de contrapunta** *(Masch)* Pinole f
~ **de charnela** Gelenkachse f
~ **de desembrague** Ausrückwelle f
~ **direccional** 1. Lenkachse f; 2. *(Kfz)* Lenk(spindel)stock m, Lenkspindel f
~ **del émbolo** 1. Kolbenstange f; 2. Kolbenbolzen m
~ **de embrague** *(Kfz, Eb)* Kupplungsachse f, Einrückwelle f, Kupplungswelle f, Schaltwelle f
~ **enchavetado** Keilwelle f
~ **extensible** ausziehbare Welle f, Teleskopwelle f
~ **flotante** *(Kfz)* Schwingachse f, fliegende Achse f
~ **de freno** *(Kfz)* Bremswelle f, Bremsspindel f
~ **del fuselaje** *(Flg)* Rumpfachse f
~ **de hélice** *(Schiff, Flg)* Schraubenwelle f, Propellerwelle f
~ **impulsor** Treibachse f
~ **de interrupción** Ausrückwelle f
~ **de levas** Nockenwelle f

~ **de mando** Treibachse f
~ **de manivela** 1. Andrehkurbel(welle) f; 2. *(Eb)* Kurbelachse f
~ **motor [motriz]** 1. Antriebsachse f, Antriebswelle f, Motorwelle f; 2. *(Lt)* Zapfwelle f
~ **de ordenadas** Ordinatenachse f, y-Achse f
~ **orientable** *(Eb)* Lenkachse f
~ **oscilante** 1. *(Ph)* Schwingachse f; 2. *(Kfz)* Pendelachse f
~ **portafresas** Fräs(er)dorn m; Frässpindel f, Fräs(er)welle f
~ **portahélice** *(Schiff, Flg)* Schraubenwelle f, Propellerwelle f
~ **portamuelas** Schleifspindel f
~ **portante** Tragachse f
~ **portapieza** Werkstückspindel f
~ **propulsor** *(Kfz)* Antriebswelle f; Motorwelle f
~ **radial** *(Eb)* Lenkachse f
~ **de reductor** Getriebewelle f, Vorgelegewelle f
~ **rígido** Starrachse f, starre Achse f
~ **terrestre** Erdachse f
~ **de toma de fuerza** *(Lt)* Zapfwelle f
~ **de tracción** *(Kfz)* Zugwelle f
~ **de transmisión** Antriebswelle f, Treibwelle f, treibende Welle f; Transmissionswelle f, Übertragungswelle f
ejecución f 1. Durchführung f, Ablauf m *(z. B. eines Programms)*; 2. Ausführung f, Bauart f; 3. Ausgestaltung f
~ **de bucle [ciclo]** *(Inf)* Schleifendurchlauf m
~ **por lotes** *(Inf)* Stapelverarbeitung f
~ **de tareas** *(Inf)* Jobausführung f, Auftragsausführung f
ejecutar v *(Inf)* ausführen *(z. B. Befehle)*; abarbeiten *(Programme)*
elaboración f Herstellung f, Produktion f, Bearbeitung f, Verarbeitung f
~ **de acabados** Fertigbearbeiten n, Endbearbeiten n; Oberflächenbehandlung f
~ **de desbastes** Grobbearbeitung f, Vorbehandlung f
~ **electrónica de datos** elektronische Datenverarbeitung f, EDV
~ **de machos** *(Gieß)* Kernherstellung f, Kernfertigung f
~ **de metales** Metallbearbeitung f

elaboración

~ de metales por arranque de virutas spanabhebende [spanende] Metallbearbeitung f
~ de minerales Erzaufbereitung f
~ de piezas Teilebearbeitung f
~ de sistemas Systementwicklung f
~ de vinos Weinbereitung f, Weinherstellung f
elaborar v herstellen, produzieren; bearbeiten; verarbeiten
~ metales por conformación *(Met)* umformen
elasticidad f Elastizität f
~ propia Eigenfederung f
elasticímetro m Elastizitätsmesser m
electricidad f Elektrizität f, elektrischer Strom m
~ del automóvil Kraftfahrzeugelektrik f
~ cinética kinetische Elektrizität f; Elektrokinetik f
~ dinámica dynamische Elektrizität f; Elektrodynamik f
~ estática statische Elektrizität f; Elektrostatik f
~ de fricción Reibungselektrizität f
~ galvánica galvanische Elektrizität f
~ nuclear Kernelektrizität f
~ termonuclear thermonukleare Elektrizität f
electrificar v elektrifizieren
electrizar v elektrisieren
electro m 1. Bernstein m; 2. Elektromagnet m; 3. Elektrum n *(Gold-Silber-Legierung)*
electroacero Elektrostahl m
electroacústica f Elektroakustik f
electroacústico elektroakustisch
electroafino m *(Met)* elektrolytische Raffination f
electrobomba f elektrische Pumpe f, Elektropumpe f
electrobús m Trolleybus m
electrocardiógrafo m Elektrokardiograph m, EKG-Schreiber m
electrocinética Elektrokinetik f
electrocerámica f Elektrokeramik f
electroconductor elektrisch leitend
electrocorticógrafo m Elektrokortikograph m
electrodeposición f 1. galvanische [elektrolytische] Abscheidung f, Galvanisierung f; 2. galvanische [elektrolytische] Schicht f

electrodinámica f Elektrodynamik f
electrodinamómetro m Elektrodynamometer n, Wattmeter n
electrodisolución f anodische Korrosion f, elektrolytische Auflösung f, galvanische Zersetzung f
electrodo m Elektrode f
~ acelerador Beschleunigungselektrode f
~ de arranque Zündelektrode f
~ de base Basiselektrode f *(Halbleiter)*
~ carbono [de carbón] Kohleelektrode f, Kohlestab m
~ central *(Kfz)* Mittelelektrode f *(Zündkerze)*
~ consumible Abschmelzelektrode f, selbstverzehrende Elektrode f
~ de deflexión Ablenkelektrode f, Ablenkplatte f *(Elektronenstrahlröhre)*
~ de enfoque Bündelungselektrode f, Fokussier(ungs)elektrode f
~ herramienta Elektrodenwerkzeug n
~ de horno metalúrgico *(Met)* Lichtbogenofenelektrode f
~ de ignición Zündelektrode f
~ de mando Steuerelektrode f
~ de masa Masseelektrode f, Masseanschlussklemme f
~ de puerta Torelektrode f, Gate-Elektrode f
~ de retardo Bremselektrode f
~ revestido [de revestimiento] ummantelte [umhüllte] Elektrode f, Mantelelektrode f
~ de soldadura Schweißelektrode f
~ de vaina fundente Schmelzmantelelektrode f
~ de varilla Stabelektrode f
electroerosión f Elektroerosion f, erosive Metallbearbeitung f
electroescoria f Elektroschlacke f
electroformación f *(Fert)* Galvanoformung f, Galvanoplastik f
electróforo m *(Ph)* Elektrophor m
electrofotografía f *(Typ)* Elektrofotografie f, Ladungskontrastfotografie f
electrogalvanizado n galvanisches [elektrochemisches] Verzinken n
electrogalvanizar v galvanisch [elektrochemisch] verzinken
electrogenerador m Generator m
electrógeno stromerzeugend
electrohidráulico elektrohydraulisch

electroimán m Elektromagnet m
~ **de campo giratorio** Drehfeldmagnet m
~ **elevador** Hebemagnet m, Hubmagnet m, Lasthebemagnet m
electrolítico elektrolytisch
electrólito m Elektrolyt m
electrolizador m Elektrolyseur m, Elektrolyseapparatur f, Elektrolysegerät n
electrolizar v elektrolysieren, durch Elektrolyse zersetzen, elektrolytisch zersetzen (zerlegen)
electrología f (Ph) Elektrizitätslehre f
electroluminiscencia f Elektrolumineszenz f
electromagnético elektromagnetisch
electromagnetismo m Elektromagnetismus m
electromaquinaria f Elektromaschinen fpl
electromecánica f Elektromechanik f
electromecánico elektromechanisch
electrometalurgia f Elektrometallurgie f
electrometría f Elektrizitätsmessung f; elektrisches Messwesen n
electrómetro m Elektrometer n
electromicrometría f (Ph) Elektromikrometrie f
electromiógrafo m Elektromyograph m
electromotor m Elektromotor m
~ **de arranque** (Kfz) Startermotor m, Anlassmotor m
~ **asíncrono** Asynchronmotor m
~ **de corriente alterna** Wechselstrommotor m
~ **de corriente continua** Gleichstrommotor m
~ **en derivación** Nebenschlussmotor m
~ **a prueba de grisú** grubensicherer Elektromotor m, Grubenmotor m
~ **trifásico** Drehstrommotor m
electromóvil m Elektromobil n, Elektrokarren m
electrón m 1. Elektron n; 2. (Met) Elektron n (Mg-Al-Legierung)
~ **de choque** Anstoßelektron n, Knock-on-Elektron n
~ **en defecto** Defektelektron n, Elektronenleerstelle f (Halbleiter)
~ **de enlace** Bindungselektron n
~ **externo** Valenzelektron n, Elektron n der Außenschale
~ **planetario** Hüllenelektron n, Bahnelektron n

~ **repulsivo** Rückstoßelektron n
electronación f (Ch) Reduktion f, Elektronenaufnahme f (Redoxreaktion)
electrongramo m (Ch) Grammäquivalent n
electrónica f Elektronik f
~ **automotriz** Kraftfahrzeugelektronik f, Autoelektronik f
~ **de control** Steuerelektronik f
~ **cuántica** Quantenelektronik f
~ **de potencia** Leistungselektronik f
electrónico elektronisch
~/**completamente [enteramente]** vollelektronisch
electronvoltio m Elektronenvolt n, eV
electroóptico elektrooptisch
electropulido m (Fert) Elektropolieren n, elektrolytisches Polieren n
electrorrecubrimiento m Elektroplattieren n, Galvanisieren n, elektrochemisches [galvanisches] Beschichten n
electrorrefino m elektrolytische Raffination f, Elektroraffination f
electroscopio m Elektroskop n
electrosiderurgia f Elektrometallurgie f
electrosoldadora f Elektroschweißapparat m
electrosoldadura f Elektroschweißen n
electrosoplante m Elektrogebläse n
electrostática f Elektrostatik f
electrostático elektrostatisch
electrotecnia Elektrotechnik f
electrotécnica f Elektrotechnik f
electrotécnico elektrotechnisch
electrotermia f 1. Elektrothermie f, Elektrowärmelehre f; 2. (Met) elektrothermisches Verfahren n
electrotérmico elektrothermisch
electrotermómetro m Elektrothermometer n
electrotipia f Galvanoplastik f
electrotomo m Elektrotom n
electrovalencia f 1. Ionenbindung f, elektrovalente [heteropolare] Bindung f; 2. Elektrovalenz f, elektrochemische Wertigkeit f
electroválvula f Magnetventil n; elektrisch betätigtes Ventil n
electrozincado m elektrochemisches [galvanisches] Verzinken n
elemento m 1. (Ch) Element n, Grundstoff m; 2. Bestandteil m; 3. Bauteil n; Bauelement n; 4. (El) Zelle f

elemento

- ~ **de acoplamiento** *(El)* Koppelelement *n*, Kopplungselement *n*, Ankopplungselement *n*, Kopplungsglied *n*, Koppelglied *n*
- ~ **activador** 1. Aktivierungsmittel *n*, Aktivator *m*; 2. *(Gieß)* Härter *m*, Beschleunigungsmittel *n*
- ~ **de ajuste** Stellglied *n*
- ~ **aleante** Legierungselement *n*, Legierungsbestandteil *m*, Legierungskomponente *f*
- ~ **de amortiguación** 1. Dämpfungsmittel *n (Explosionsschutz)*; 2. absorbierendes Element *n (Akustik)*
- ~ **de anticoincidencia** *(Inf)* Antikoinzidenzelement *n (Exklusiv-ODER-Schaltung)*
- ~ **de arreglo** *(Inf)* Feldelement *n*
- ~ **de batería** Batteriezelle *f*
- ~ **de cálculo** *(Inf)* logisches Element *n*, Entscheidungselement *n*
- ~ **de captación** Erfassungseinrichtung *f (von Absauganlagen)*
- ~ **de carga** Belastungsglied *n*
- ~ **circuital** Schalt(ungs)element *n*
- ~ **del circuito regulador** Regelkreisglied *n*
- ~ **combustible** *(Kern)* Brennelement *n (Reaktor)*
- ~ **comparador** *(Aut)* Vergleichselement *n*
- ~ **compensador** *(Aut)* Kompensationsglied *n*
- ~ **conductor de corriente** Strom führendes Teil *n*, spannungsführendes [leitendes] Teil *n*
- ~ **de conmutación** 1. Schaltelement *n*; 2. *(Nrt)* Verbindungselement *n*, Koppelelement *n*
- ~ **de conmutación lógico** logisches Element *n*, Logikelement *n*, Schaltglied *n*, Verknüpfungsglied *n*
- ~ **constructivo** Bauteil *n*, Bauelement *n*; Baustein *m*; konstruktives Element *n*
- ~ **constructivo integrante** integrierendes Bauglied *n*, I-Bauglied *n*
- ~ **de control** Steuereinrichtung *f*, Steuereinheit *f*, Steuerteil *n*; Steuerelement *n*; Steuerorgan *n (Reaktor)*
- ~ **conyugado** adjungiertes Element *n (Mengenlehre)*
- ~ **de datos** 1. *(Inf)* Datenelement *n*; 2. *(Inf)* Datenfeld *n*
- ~ **de desgaste** Verschleißteil *n*
- ~ **diferencial** Differenzialglied *n*, D-Glied *n*
- ~ **direccionable** *(Inf)* adressierbares Element *n*, adressierbare Einheit *f*
- ~ **discreto** *(Eln)* diskretes Bauelement *n*, Einzelbauelement *n*
- ~ **de equipo** Gerätebauelement *n*, Gerätebauteil *n*
- ~ **estabilizador** 1. Stabilisierungsbaustein *m*; 2. *(Met)* Stabilisierungselement *n*, Stabilisator *m*
- ~ **estándar** Normteil *n*, Standardteil *n*
- ~ **estructural** strukturelles Element *n*; Bauteil *n*, Bauelement *n*
- ~ **de exploración** Abtastglied *n*
- ~ **filtrador** Filterelement *n*, Filtereinsatz *m*; Siebglied *n*
- ~ **fisil [fisionable]** *(Kern)* spaltbares Element *n*
- ~ **fonocaptor** Tonabnehmer *m*
- ~ **de hormigón prefabricado** Betonfertigteil *n*
- ~ **de imagen** Bildelement *n*, Bildpunkt *m*, Pixel *m (Bildschirm)*
- ~ **integrante** Integrierglied *n*, Integrationsglied *n*, I-Glied *n*
- ~ **inverso** *(Math)* inverses Element *n*, Inverse *f*
- ~ **de izar** *(Förd)* Lastaufnahmemittel *n*
- ~ **lineal** 1. *(Math)* Abstandselement *n*; 2. *(Inf)* lineares Element *n*
- ~ **lógico** *(Inf)* logisches Element *n* [Glied *n*], Schaltelement *n*, logisches Verknüpfungselement *n*
- ~ **marginal** 1. *(Math)* Randelement *n*; 2. *(Mech)* Randglied *n*
- ~ **mecánico** Maschinenteil *n*
- ~ **de memoria** *(Inf)* Speicherelement *n*, Speicherzelle *f*
- ~ **motor** Antriebsorgan *n*
- ~ **negador** NICHT-Element *n*
- ~ **NO-O** NOR-Element *n*, NICHT-ODER-Element *n*
- ~ **NO-Y** NAND-Element *n*, NICHT-UND-Element *n*
- ~ **O** OR-Element *n*, ODER-Element *n*
- ~ **O exclusiva** exklusives ODER-Element *n*
- ~ **optoelectrónico** optoelektronisches Bauteil *n*
- ~ **prefabricado** Fertigteil *n*, vorgefertigtes Teil *n*
- ~ **de proceso** 1. *(Inf)* Prozesselement *n*; 2. *(Inf)* Verarbeitungseinheit *f*

- **químico** chemisches Element n
- **radiactivo** radioaktives Element n, Radioelement n
- **rectificador** *(El)* Gleichrichterelement n
- **de la red** *(Nrt)* Netzabschnitt m
- **rodante** *(Fert)* Wälzkörper m
- **sensor** 1. Aufnehmer m, Messfühler m; Fühlglied n; 2. Wandlerelement n *(eines Aufnehmers)*
- **sumador** *(Inf)* Addierglied n
- **sustentante** *(Mech)* Tragelement n *(Statik)*
- **temporizador** Zeitglied n
- **térmico** Heizelement n; Heizkörper m
- **termoeléctrico** Thermoelement n
- **trazador** Tracer m
- **Y** AND-Element n, UND-Element n

elevación f 1. Erhebung f, Anstieg m; 2. Erhöhung f, Steigerung f; 3. *(Förd)* Heben n; Hochfahren n; Hub m; 4. Steigwinkel m; 5. *(Mil)* Erhöhung f, Erhöhungswinkel m *(Geschütz)*; 6. Aufriss m, Vorderansicht f *(darstellende Geometrie)*
• **de poca ~** kurzhubig *(Kran)*
- **al cuadrado** *(Math)* Quadrieren n
- **lateral** Seitenriss m, Seitenansicht f
- **a potencia** *(Math)* Potenzieren n
- **y transporte** m Heben n und Fördern n

elevador m 1. Elevator m, Förderer m; 2. Aufzug m, Hebevorrichtung f, Lift m; Hebewerk n; 3. Heber m, Pumpe f; 4. *(El)* Aufwärtstransformator m, Aufspanntransformator m; 5. *(Flg)* Höhenruder n
- **de agua** Wasserhebewerk n
- **de barcos** Schiffshebewerk n
- **de cadena** Kettenbecherwerk n
- **de cangilones** Becherwerk n
- **de carga** Lastaufzug m
- **hidráulico** 1. hydraulischer Aufzug m; 2. hydraulischer Heber m; hydraulischer Krafteber m; 3. Hebebühne f
- **inclinado** Schrägaufzug m
- **de rascadores** Kratz(band)förderer m
- **de tipo gatos** Hebewinde f
- **de tipo plataforma** Hebebühne f, Hubarbeitsbühne f
- **de vía** *(Eb)* Gleishebewinde f

elevadora-cargadora f *(Lt)* Ladeförderer m
elevalunas m eléctrico *(Kfz)* elektrischer Fensterheber m [Scheibenheber m]
elevar v 1. erhöhen, steigern; 2. senkrecht fördern, heben; fördern *(Pumpe)*; 3. Lotrechte fällen; 4. *(Math)* potenzieren; 5. *(El)* aufspannen
- **al cuadrado** zum Quadrat erheben, quadrieren, in die zweite Potenz erheben
- **al cubo** kubieren, in die dritte Potenz erheben
- **el nivel de la portadora** hochregeln
- **a potencia** *(Math)* potenzieren
- **a la tercera potencia** s. ~ al cubo

elevón m *(Flg)* (kombiniertes) Höhen- und Querruder n
eliminación f 1. *(Math)* Elimination f; 2. *(Ch)* Eliminierung f, Beseitigung f; Ausschluss m; Ausscheidung f, Entfernung f; Absonderung f
- **de basuras** Abfallentsorgung f, Müllbeseitigung f
- **de ceros** *(Inf)* Nullenunterdrückung f, Entnullung f, Nulleliminierung f
- **de contaminantes** Schadstoffbeseitigung f, Schadstoffentsorgung f
- **de desechos** Abfallentsorgung f, Abfallbeseitigung f, Müllbeseitigung f, Entsorgung f
- **de desechos peligrosos** Sondermüllentsorgung f
- **de desechos radiactivos** Beseitigung f radioaktiver Abfälle
- **ecológica de desechos** umweltgerechte Abfallentsorgung f
- **de efluentes líquidos** Abwasserbeseitigung f, Abwasserentsorgung f
- **en el mar** Entsorgung f auf See, Verklappung f
- **de perturbaciones** Störungsbeseitigung f; Entstörung f
- **de rebabas** Entgraten m, Entgratung f
- **de residuos** Reststoffbeseitigung f, Reststoffentsorgung f, Rückstandsbeseitigung f, Abfallentsorgung f
- **sucesiva** *(Math)* schrittweise Elimination f
- **de vectores** *(Math)* Vektorelimination f
- **de virutas** Spänebeseitigung f, Späneableitung f, Späneabführung f, Späneabsaugung f

eliminador m 1. Begrenzer m; Sperre f; 2. *(El)* Siebglied n; 3. *(Nrt)* Sperrkreis m, Wellenschlucker m, Wellenfalle f; 4. Gasaufzehrer m, Getter n *(Vakuumtechnik)*; 5. *(Met)* Desoxidationsmittel n
- **de chispas** Funkenfänger m

eliminador 152

~ **de humos** Rauchabzug *m*
~ **de pinturas** Farbentferner *m*
~ **de polvos** Entstauber *m*, Entstaubungsanlage *f*
eliminar *v* 1. eliminieren, beseitigen; ausschließen; unterbinden; löschen; 2. *(Math)* eliminieren; 3. *(Ch)* absondern; ausscheiden
~ **la distorsión** entzerren
~ **gases por getter** gettern *(Vakuumtechnik)*
~ **interferencias** entstören
elipse *f* Ellipse *f*
elipsoide *m* Ellipsoid *n*
elíptico elliptisch
elongámetro *m* Dehnungsmesser *m*, Dehnungsmessgerät *n*
eloxar *v* eloxieren, anodisch oxidieren
eluir *v (Ch)* eluieren, herausspülen, auswaschen *(adsorbierte Stoffe aus festen Adsorptionsmitteln)*
elutriación *f (Ch)* Schlämmen *n*, Abschlämmen *n*, Aufschlämmen *n*; Auswaschen *n*
elutriador *m* 1. Schlämmapparat *m*; 2. Elutriator *m*
eluyente *m (Ch)* Elutionsmittel *n*
emanación *f* 1. Ausfließen *n*, Ausfluss *m*, Ausströmen *n*; Ausstrahlung *f (z. B. von radioaktiven Gasen)*; 2. Radon *n*, Rn
~ **de gas** Gasausströmung *f*
~ **radiactiva** Emanation *f (radioaktive gasförmige Ausscheidung)*
emanar *v* emanieren, ausströmen, ausfließen, entweichen, ausstrahlen
embaladora *f* 1. *(Lt)* Aufsammelpresse *f*, Ballenpresse *f*, Sammelpresse *f*, Pick-up-Presse *f*; 2. *(Met)* Paketierpresse *f*
embalaje *m* 1. Verpackung *f*; 2. Durchgehen, Durchdrehen *n (eines Motors)*
embalar *v* 1. verpacken; paketisieren; zu Ballen verarbeiten; 2. übertouren, überdrehen *(Motor)*
embalse *m* 1. Stau *m*, Stauung *f*; 2. Staubecken *n*; Talsperre *f*
~ **de decantación** Klärteich *m*, Klärbecken *n*
~ **retardador [de retención]** Rückhaltebecken *n*
embarcación *f* Schiff *n*; Boot *n*; Wasserfahrzeug *n*
~ **de alijo** Leichter *m*

~ **automóvil** Motorboot *n*
~ **de bou** Trawler *m*
~ **a colchón de aire** Luftkissenfahrzeug *n*
~ **fluvial** Flussschiff *n*; Binnenschiff *n*
~ **de hidroplaneo** Tragflächenboot *n*, Tragflügelboot *n*
~ **de hormigón armado** Stahlbetonschiff *n*, Betonschiff *n*
~ **para incendios** Brandschiff *n*, Brander *m*
~ **langostera** Langustenfänger *m (Fischereifahrzeug)*
~ **marina [marítima]** Seeschiff *n*, Hochseeschiff *n*
~ **a motor** Motorschiff *n*
~ **neumática** Schlauchboot *n*
~ **pesquera** Fischereischiff *n*; Fischereifahrzeug *n*; Fischereiboot *n*
~ **planeadora** Gleitboot *n*
~ **de poco calado** flachgehendes Schiff *n*
~ **salvavidas** Rettungsboot *n*
~ **de superficie** Überwasserschiff *n (Oberflächenschiff)*; Überwasserfahrzeug *n*
~ **tanque** Tankschiff *n*
~ **para viajeros** Fahrgastbarkasse *f*, Passagierboot *n*
embarcadero *m* Bootssteg *m*; Anlegebrücke *f*; Fährsteg *m*; *(Am)* Bahnsteig *m*
embarnizar *v s.* barnizar
embarrotar *v (Schiff)* (voll)stauen
embellecedor *m (Kfz)* Radnabendeckel *m*, Radkappe *f*, Nabenkappe *f*
embobinado *m* 1. *(El)* Bewickeln *n*; Wicklung *f*; Windung *f*; 2. *s.* bobina; 3. *(Text)* Spulen *n*, Aufspulen *n*
embobinar *v* aufspulen; aufwickeln
embocadura *f* Mundstück *n*; Aufsatz *m*; Düse *f*, Stutzen *m (z. B. eines Fallrohrs)*
embolada *f* Hubraum *m*, Hubvolumen *n*; Kolbenhub *m*
émbolo *m* Kolben *m*; Stößel *m*
~ **buzador [buzo]** Tauchkolben *m*, Plunger(kolben) *m*
~ **cruceta** Kreuzkopfkolben *m*
~ **discoidal** Scheibenkolben *m*, Flachkolben *m*, flacher Kolben *m*
~ **distribuidor** Steuerkolben *m*
~ **equilibrador** Gegendruckkolben *m*
~ **hueco** Hohlkolben *m*
~ **impelente** Druckkolben *m*, Förderkolben *m*
embolsadora *f* Tütenfüllmaschine *f*

embornar v anklemmen, anschließen (z. B. Leitungskabel)
embotar v 1. abstumpfen (eine Schneide); 2. in Büchsen füllen
embotelladora f Flaschen(ab)füllmaschine f
embotellar v in Flaschen füllen
embragar v verbinden; kuppeln; einrücken (Kupplung); einschalten
embrague m 1. Verbinden n; Kuppeln n, Einkuppeln n, Einrücken n, Einschalten n; 2. (schaltbare) Kupplung f, Verbindung f; 3. Kuppeln n, Einkuppeln n, Einrücken n der Kupplung
~ **centrífugo** Fliehkraftkupplung f
~ **cónico [de cono]** Kegelkupplung f, Konuskupplung f
~ **corredizo** Rutschkupplung f
~ **de dientes** Zahnkupplung f
~ **de disco** Scheibenkupplung f
~ **de discos múltiples** Lamellenkupplung f, Mehrscheibenkupplung f
~ **de fricción** Friktionskupplung f, Reib(ungs)kupplung f
~ **de garras** Klauenkupplung f
~ **hidráulico** Hydraulikkupplung f, hydraulische Kupplung f, Flüssigkeitskupplung f
~ **maestro** Schaltkupplung f, Ausrückkupplung f
~ **de mordazas** Klauenkupplung f
~ **a pedal** Fußkupplung f, Fußeinrückung f
~ **de platillo** Scheibenkupplung f
~ **de resortes** Federkupplung f
~ **rígido** feste [starre] Kupplung f
~ **de rueda libre** Freilaufkupplung f, Überholkupplung f
~ **de seguridad** Sicherheitskupplung f, Überlastungskupplung f
~ **de zafado** Gleitkupplung f
embridar v anflanschen
embrocalar v verbinden, einstecken
embudo m 1. Trichter m, Füllvorrichtung m; 2. (Met) Lunker m
embutición f 1. (Fert) Ziehen n (Blech); Kümpeln n; Formtreiben n; 2. Pressen n; Drücken n
~ **por explosivos** Explosionsumformen n, Explosivumformen n
~ **profunda** Tiefziehen n
embutidera f Hohlniet m
embutidor m 1. Durchschlag m; Dorn m; 2. Ziehwerkzeug n

embutidora f Gesenkhammer m; Ziehpresse f
embutir v 1. (Fert) ziehen (Blech); kümpeln, formtreiben; 2. (Fert) pressen; drücken
~ **en combinación** streckziehen
~ **a profundidad** tiefziehen
emisario Vorfluter m, Entwässerungsleitung f, Abwasserleitung f; Auslauf; Einleitungsstelle f (Abwasser)
emisión f 1. Emission f, Ausstrahlung f, Abstrahlung f; Abgabe f; Ausgabe f; 2. Sendung f, Senden n, Rundfunkübertragung f
~ **de calor** Wärmeabgabe f, Wärmestrahlung f
~ **contaminante [de contaminantes]** Emission f [Abgabe f, Ausstoß m] von Schadstoffen, Schadstoffemission f, Schadstoffausstoß m
~ **corpuscular** Korpuskularstrahlung f, Teilchenstrahlung f
~ **radiactiva** radioaktive Abgabe f
~ **de ruido** Lärm(ab)strahlung f, Lärmemission f
~ **sonora** Schallemission f, Schallabstrahlung f
~ **de sustancias nocivas** s. ~ contaminante
~ **termoelectrónica** Glüh(elektronen)emission f, thermische Elektronenemission f
emisividad f Emissionsvermögen n
emisor m 1. Strahler m; 2. Emitter m, Emitterelektrode f (beim Transistor); 3. Sender m; 4. Emittent m (Umweltschutz)
~ **de cadencia** Taktgeber m
~ **de impulsos** Impulsgeber m
~ **marítimo de emergencia** Seenotsender m
~ **de ondas cortas** Kurzwellensender m
~ **de ondas ultracortas** Ultrakurzwellensender m, UKW-Sender m
emisora f Sender m, Rundfunksender m; Rundfunkstation f
emitir v 1. emittieren; ausstrahlen, abstrahlen, abgeben; senden; 2. ausgeben (z. B. Daten)
empacadora f Verpackungsmaschine f
empalmador m 1. Spleißer m, Kabellöter m; Spleißeinrichtung f; 2. Klebelehre f (Film, Tonband)

empalmar

empalmar v 1. (ver)spleißen; 2. verbinden; kleben (z. B. Tonband)

empalme m 1. Spleißung f, Verbindung f, Anschluss m; 2. Spleißstelle f, Klebestelle f, Naht f (z. B. Tonband-Klebestelle); 3. Verbindungsteil n

empapar v eintauchen; imprägnieren; tränken

empaque m 1. Einpacken n; Verpackung f; Aufmachung f; 2. Verpackungsmaterial n

~ **desechable** Wegwerfverpackung f, Einwegverpackung f

empaquetador m **de objetos** (Inf) Objektmanager m

empaquetadora f Verpackungsmaschine f

empaquetadura f 1. Verpackung f, Packung f; 2. Dichtung f, Packung f

empaquetamiento m 1. Verpackung f; 2. Packung f (bei Kristallen)

empaquetar v 1. verpacken, einpacken; 2. (Inf) paketieren, Pakete bilden; 3. abdichten

emparejadora f 1. Planiermaschine f; 2. Richtlatte f, Richtscheit n; Lineal n; 3. (Fert) Abrichtgerät n

emparejar v 1. paarweise anordnen; 2. (Fert) abrichten (Schleifkörper)

emparrillado m 1. Rost m; Stabrost m; Gitterrost m; Feuerungsrost m; Lattenrost m; 2. (Bgb) Schutzgitter n; 3. (Bw) Fundamentrost m; Bewehrungsmatte f; 4. (Eln) Raster m, Gitternetz n; 5. (Schiff) Gräting m

empavesada f (Schiff) Schanzkleid n

empavonar v 1. (Met) brünieren; 2. (Am) mattieren (Glas)

empedrar v pflastern

emplazamiento m 1. Aufstellung f, Montierung f; 2. Platz m; Lage f, Standort m; 3. Bauplatz m

emplomar v verbleien; plombieren

empotramiento m Einmauerung f, Einspannen f; Einkeilen n; Einbauen n

empotrar v einmauern; einbauen

empujador m 1. Stößel m; Stoßvorrichtung f; 2. Auswerfer m; 3. Bulldozer m, Planierraupe f; Raupenschlepper m

empujadora f Bulldozer m, Planierraupe f, Raupenschlepper m

empujar v drücken; treiben; anstoßen

empuje m 1. Druck m; Druckkraft f; Axialdruck m; 2. Schub m, Vortrieb m; Vorschub m; Schubkraft f; 3. Stoß m; 4. Auftrieb m (in einer Flüssigkeit); 5. (Bw) Kämpferdruck m

~ **ascensional** (Flg) Auftrieb m, Auftriebskraft f

~ **del chorro** (Flg) Schub m, Schubkraft f (Strahlantrieb)

~ **de despegue** (Rak) Startschub m

~ **de la hélice** (Flg) Propellerzug m, Luftschraubenzug m, Schraubenschub m

~ **a reacción** (Rak) Raketenvortrieb m, Vortrieb m, Schub m

~ **del viento** Winddruck m, Windbelastung f (Statik); Windstoß m

emulsión f 1. Emulsion f; 2. (Foto) Schicht f

emulsionadora f (Ch) Emulgiermaschine f

emulsionante m (Ch) Emulgator m

emulsionar v (Ch) emulgieren

emulsor m 1. (Ch) Emulsionsmaschine f, Rührwerk n; 2. (Ch) Emulgator m

encadenamiento m Verkettung f

encadenar v verketten; verbinden; verknüpfen

encajar v einfügen, einpassen; einlegen

encaje m 1. Nut f, Falz m; 2. Einsatz m; 3. Sitz m; Verbindung f; 4. (Text) Spitze f

~ **encolado** (Kst) Klebverbindung f

~ **de rutinas** (Inf) Schachtelung f, Verschachtelung f, geschachteltes Unterprogramm n

encajonar v 1. in Kisten packen; 2. (Bw) in Senkkästen mauern (Fundament); abstützen (eine Mauer); 3. sich verengen (Fluss)

encaminamiento m (Inf, Nrt) Routing n, Leitweglenkung f, Wegauswahl f, Wegesuche f (Übertragungswegfestlegung)

encaminar v leiten; führen; lenken; befördern; senden; zuführen; übertragen; trassieren

encamisar v (Masch) verkleiden, umhüllen, ummanteln (z. B. Zylinder)

encanilladora f (Text) Spulmaschine f

encanillar v (Text) spulen

encapsulado m Einkapselung f, Verkapselung f, Kapselung f, Verkappen n (elektronischer Bauelemente)

encapsular v (ein)kapseln, verkapseln; einschließen; einbetten

encarretadora f *(Text)* Spulmaschine f
encastrar v einfügen; verlaschen; verzahnen
encendedor m Zünder m; Zündvorrichtung f; Zündstoff m; Zündstift m *(beim Gleichrichter)*; Feuerzeug n
~ **de mecha** Zündschnur f
encender v 1. zünden; 2. anzünden; 3. anschalten
encendido m 1. Zündung f; Zündsystem n, Zündanlage f; 2. Entzündung f
~ **anticipado** Frühzündung f, Vorzündung f
~ **por bobina transistorizado** *(Kfz)* transistorisierte Spulenzündung f
~ **transistorizado** *(Kfz)* Transistorzündanlage f
encentrar v zentrieren
enclavamiento m 1. *(Masch)* Sperre f, Verriegelung f; Blockiervorrichtung f; 2. *(El, Eln)* Verriegelung f; Blockierung f
enclavijar v stöpseln; ineinander stecken
encliquetaje m Sperrklinke f, Klinke f
encofrado m *(Bw, Bgb)* Schalung f, Verschalung f, Schalungsgerüst n
encofrar v *(Bw, Bgb)* verschalen
encogimiento m *(Text)* Eingehen n, Einlaufen n, Krumpfung f, Schrumpfung f
encolado m 1. Kleben n; Gummieren n; 2. *(Text)* Schlichten n; 3. Abklären n *(z. B. von Wein)*
encolador m *(Text)* Schlichter m
encoladora f 1. Leimauftragmaschine f; 2. *(Text)* Schlichtmaschine f
encolante m *(Text)* Schlichte f
encolar v 1. kleben, leimen; Leim auftragen; 2. *(Text)* schlichten; 3. klären *(z. B. Wein)*
encrespadora f *(Text)* Kräuselmaschine f
encriptado m Chiffrierung f, Verschlüsselung f
encuadernadora f *(Typ)* Buchbindereimaschine f
encuadernar v *(Typ)* einbinden
encuadre m 1. Bildausschnitt m; Bildeinstellung f; 2. *(Inf)* Frame n, Rahmen m, Container m; Bild n *(Display)*; 3. *(Nrt)* Nachrichtenrahmen m, Rahmen m; 4. Gestellrahmen m
encuñar v verkeilen, einen Keil eintreiben
enchapar v plattieren
enchavetado m Keilnut f
enchavetar v verkeilen

enchufable (auf)steckbar
enchufar v 1. ineinander stecken *(Rohre)*; 2. *(El)* einstecken, einstöpseln, anschließen, verbinden; aufstecken
enchufe m 1. Ineinanderstecken n; Einstecken n, Verbinden n; 2. Verbindungsstück n; Rohrmuffe f, Muffe f; 3. *(El)* Stecker m; Steckdose f; Buchse f
~ **del aparato** Gerätestecker m
~ **para auriculares** Kopfhörerbuchse f
~ **de clavija** Steckdose f
~ **conector** Anschlussstecker m; Anschlussdose f
~ **hembra** 1. Steckerkupplung f; 2. Steckdose f
~ **macho** Stecker m
~ **multivía** Mehrfachsteckvorrichtung f; Mehrfachsteckdose f
~ **con puesta a tierra** Schutzkontaktstecker m, Schukostecker m
~ **de unión** Verbindungsmuffe f *(Kabel)*
endentar v verzahnen
enderezador m 1. Richtwerkzeug n; Richtwerk n; 2. *(Bw)* Richtscheit n; Geradstoßer m; 3. *(El)* Gleichrichter m
enderezadora f *(Fert)* Richtmaschine f
enderezamiento m 1. Ausrichten n, Richten n *(z. B. Bleche)*; 2. *(El)* Gleichrichten n
enderezar v 1. ausrichten; gerade biegen; richten; 2. *(El)* gleichrichten
enduir v *(Am) (Bw)* verputzen, abputzen
endurecedor m Härter m, Härtemittel n
endurecer v (er)härten; verhärten
endurecerse v aushärten, hart werden
endurecimiento m 1. *(Kst)* Härtung f, Aushärtung f; 2. *(Met)* Härtung f, Aushärtung f; Verfestigung f; 3. Erstarrung f, Abbindung f *(Zement)*; 4. *(Ch)* Fetthärtung f
energía f Energie f
~ **acústica** Schallenergie f
~ **calórica [calorífica]** thermische Energie f, Wärmeenergie f
~ **cinética** kinetische Energie f, Bewegungsenergie f
~ **de emisión** Strahlungsenergie f
~ **de enlace** *(Ph, Ch)* Bindungsenergie f
~ **eolia [eólica]** Windenergie f, Windkraft f
~ **de impacto** Stoßenergie f, Schlagenergie f, Aufschlagenergie f
~ **mareomotriz** Gezeitenenergie f
~ **marítima** Energie f der Meereswellen

energía

~ motriz Antriebsenergie *f*
~ nuclear Kernenergie *f*
~ propulsiva [propulsora] Antriebsenergie *f*
~ solar Solarenergie *f*, Sonnenenergie *f*
~ sonora Schallenergie *f*
~ térmica Wärmeenergie *f*, thermische Energie *f*
~ termonuclear thermonukleare Energie *f*, Fusionsenergie *f*
energizar *v* erregen, speisen *(mit Energie)*; unter Strom [Spannung] setzen
enésimo *(Math)* n-te
enfardadora *f (Lt)* Ballenpresse *f*
enfardadora-recolectora *f (Lt)* Sammelpresse *f*
enfardeladora *f (Lt)* Sammelpresse *f*
enfardelar *v (Lt)* pressen, zu Ballen pressen, brikettieren; bündeln
enfocador *m (Foto)* Sucher *m*, Einstellinse *f*, Visier *n*
enfocar *v (Opt)* (scharf) einstellen, fokusieren, visieren, in den Brennpunkt bringen
enfoque *m (Opt, Eln)* Einstellung *f*, Fokusierung *f*
enfoscado *m (Bw)* Zementputz *m*
enfriador *m* Kühler *m*
enfriamiento *m* Kühlung *f*, Abkühlung *f*, Auskühlung *f*
~ rápido Abschrecken *n*
enfriar *v* (ab)kühlen
enfurtir *v (Text)* walken
enganchamiento *m* s. enganche 1.
enganche *m* 1. Kuppeln *n*; Kupplung *f*, Ankupplung *f*; 2. Kuppelfahrzeug *n*; 3. Kupplungsvorrichtung *f*, Anhängevorrichtung *f*
~ de arrastre Abschleppkupplung *f*
~ articulado Gelenkkupplung *f*, Gelenkverbindung *f*
~ de remolque Anhängerkupplung *f*
~ de roldana Blockrolle *f*, Blockhaken *m*
~ de tres puntos Dreipunktaufhängung *f*
engarzahílos *m (Text)* Fadenanleger *m (Spinnerei)*
engatillar *v* einklinken, einrasten
engranaje *m* 1. Verzahnung *f*; 2. Eingriff *m*; 3. Getriebe *n*, Zahnradgetriebe *n*; Rädertrieb *m*; Zahnrad *m* • **de** ~ 1. in Eingriff; 2. mit Rädergetriebe; mit Zahnrädern; mit Übersetzung durch Zahnräder

~ angular 1. Winkelverzahnung *f*; 2. *s.* ~ cónico
~ de cadena 1. Kettentrieb *m*; 2. Kettenradgetriebe *n*
~ de cambio de velocidad Wechsel(räder)getriebe *n*
~ cilíndrico 1. Stirnradverzahnung *f*, Geradverzahnung *f*; 2. Stirnrad *n*; Stirnradgetriebe *n*
~ de compensación Ausgleichsgetriebe *n*
~ cónico 1. Kegelradverzahnung *f*; 2. Kegelrad *n*; Kegelradgetriebe *n*, Kegelradantrieb *m*
~ de cremallera 1. Zahnstangentrieb *m*; 2. Zahnstangengetriebe *n*
~ demultiplicador Untersetzungsgetriebe *n*, Reduktionsgetriebe *n*
~ diferencial Differenzialgetriebe *n*, Ausgleichgetriebe *n*
~ de la dirección *(Kfz)* Lenkgetriebe *n*
~ elíptico Ellipsenrad *n*
~ epicicloidal 1. Epizykloidverzahnung *f*; 2. Planetengetriebe *n*
~ escalonado 1. Stufengetriebe *n*; 2. Stufenrad *n*
~ sin escalones stufenlos regelbares Getriebe *n*
~ espiral 1. Spiralverzahnung *f*; 2. Schneckentrieb *m*
~ evolvente 1. Evolventenverzahnung *f*; 2. Evolventen(zahn)rad *n*
~ helicoidal 1. Schrägverzahnung *f*; Schneckengetriebe *n*; 2. Schrägzahnstirnrad *n*
~ de husillo Spindelgetriebe *n*
~ de inversión 1. Umsteuerung *f*; 2. Umsteuergetriebe *n*, Wendegetriebe *n*; Umschaltgetriebe *n*
~ inversor 1. Umsteuerung *f*; 2. Umsteuergetriebe *n*, Wendegetriebe *n*; Umschaltgetriebe *n*
~ multiplicador Übersetzungsgetriebe *n*
~ planetario 1. Planetengetriebe *n*, Umlaufgetriebe *n*; 2. Planetenrad *n*, Umlaufrad *n*
~ reductor Reduktionsgetriebe *n*; Drehzahlminderer *m*
~ de tornillo sin fin 1. Schneckenverzahnung *f*; Schneckenradübersetzung *f*;

Schnecken(an)trieb *m*; 2. Schneckenrad *n*; Schneckengetriebe *n*

engranar *v* eingreifen, ineinander greifen, kämmen, verzahnen

engrane *m* Eingriff *m*, Kämmen *n*, Verzahnung *f*

engrasador *m* Öler *m*; Schmiervorrichtung *f*; Schmierpresse *f*, Schmierer *m*; Schmiernippel *m*; Schmierbüchse *f*

engrasadora *f* Fettspritze *f*, Schmierpresse *f*, Fettpresse *f*, Fettbüchse *f*

engrasar *v* 1. ölen; (ab)schmieren; (ein)fetten; 2. *(Text)* (ein)schmälzen

engrase *m* 1. Ölen *n*, Ölung *f*; Schmieren *n*, Abschmieren *n*, Schmierung *f*; Einfetten *n*; 2. *(Text)* Schmälzen *n*

~ **por aceite a presión** Öldruckschmierung *f*, Druckölschmierung *f*

~ **anular** Ringschmierung *f*

~ **automático** Selbstschmierung *f*

~ **por cárter seco** *(Kfz)* Trockensumpfschmierung *f*

~ **por circulación** Umlaufschmierung *f*

~ **forzado** Druckschmierung *f*

~ **por inmersión** Tauchschmierung *f*

~ **a presión de aceite** Öldruckschmierung *f*, Druckölschmierung *f*

engrenaje *m (Am)* Verzahnung *f*

enhebrador *m (Text)* Fadeneinleger *m*

enhornadora *f (Met)* Chargiermaschine *f*; Ofenbeschickungsvorrichtung *f*

enjambre *m* 1. *(Astr)* Schwarm *m (z. B. von Meteoriten)*; 2. *(Kern)* Bündel *n (von Ladungsträgern)*

enjaretado *m (Schiff)* Gräting *f*

enjuagadora *f* **de botellas** Flaschenspülmaschine *f*

enjulio *m (Text)* Kettzettel *m*, Schärbaum *m*, Baum *m*

enlace *m* 1. Verbindung *f*; Anschluss *m*; Kontaktierung *f*; 2. *(Nrt)* Nachrichtenverbindung *f*; Verbindungssatz *m*; Verbindungsleitung *f*; 3. *(Ch)* Verbindungsstück *n*; 4. *(Ch)* Bindung *f*

~ **covalente** *(Ch)* Kovalenz(bindung) *f*, Atombindung *f*, kovalente [homöopolare, unpolare, atomare] Bindung *f*, Elektronenpaarbindung *f*

~ **de encaminamiento** *(Nrt)* Leitweg *m*

~ **hertziano** Richtfunkverbindung *f*

~ **interfónico** 1. Gegensprechverbindung *f*; 2. *(Flg)* Bordsprechverbindung *f*

~ **de microondas** Richtfunkverbindung *f*, Richtfunklinie *f*

~ **de radio** Funkverbindung *f*

~ **radiotelefónico** Funkfernsprechverbindung *f*, Funktelefonieverbindung *f*

~ **telefónico** Fernsprechverbindung *f*, Telefonverbindung *f*

~ **de valencia** *(Ch)* Valenz(bindung) *f*

enlatonar *v* vermessingen

enlazar *v* verbinden, verketten

enlucido *m* 1. *(Bw)* Verputzen *n*; Vergipsen *n*; 2. *(Bw)* Gipsputz *m*; Oberputz *m*; 3. *(Bw)* Überzug *m (aus Metall)*

enlucir *v* 1. *(Bw)* verputzen; 2. engobieren *(Keramik)*

enmaderación *f (Bw)* Verschalung *f*, Verzimmerung *f*

enmascarar *v* durch eine Maske behandeln; durch eine Maske abdecken, maskieren

enmasillar *v* verkitten

enmienda *f* 1. Verbesserung *f*, Berichtigung *f*, Änderung *f*, Nachbesserung *f*; 2. Mineraldünger *m*

enmoquetar *v* Fußboden verlegen; Teppichboden verlegen

enoscopio *m (Ch)* Ebullioskop *n*, Siedegradmesser *m*

enrarecer *v (Ph)* verdünnen *(ein Gas)*

enrasado bündig, niveaueben; fluchteben

enrasar *v* abgleichen, ausgleichen; bündig machen

enrielar *v* 1. in Gang bringen; 2. *(Met)* Metall in Formen gießen; 3. *(Eb)* aufgleisen

enriquecer *v* anreichern

enriquecimiento *m* Anreicherung *f*

~ **por flotación** *(Bgb)* Schwimmaufbereitung *f*, Flotation *f*

enrollador *m* Rolle *f*, Wickler *m*

enrolladora *f (Text)* Wickelmaschine *f*

enrollar *v (Text)* aufdocken *(Bleicherei)*; (auf)wickeln *(Zwirnerei)*

enroscado *m* Verschraubung *f*

enroscar *v* 1. Gewinde einschrauben; 2. spiralförmig aufwinden

enrutamiento *m (Nrt)* Wegelenkung *f*, Vermittlung *f (Pakete)*

ensacadora *f (Lt)* Absackvorrichtung *f*, Einsackmaschine *f*

ensacar *v* einsacken, in Säcke füllen

ensamblado *m* Verbindung *f*, Montage *f*, Zusammenbau *m*

ensamblado

~ **de paquetes** *(Inf)* Paketierung *f*
ensamblador *m (Inf)* Assembler *m*, Assemblerprogramm *n*, Assemblierer *m*
ensamblaje *m* Anordnung *f*; Zusammenstellung *f*, Aufbau *m*; Montage *f*; Assemblierung *f*
ensamblar *v* verbinden; montieren, zusammenbauen; zusammenfügen; verfugen; verdübeln
ensamble *m* Verbindung *f*; Montage *f*; Verdübelung *f*
ensayar *v* testen, prüfen; probieren; erproben; versuchen
ensayo *m* Test *m*; Prüfung *f*; Erprobung *f*; Versuch *m*; Experiment *n*; Probe *f*
~ **de acodado** Winkelprobe *f*
~ **aerodinámico** aerodynamischer Versuch *m*
~ **de aplastado** *(Wkst)* Stauchversuch *m*
~ **de caída de bola** *(Wkst)* Kugelfallversuch *m*, Fallhärteprüfung *f*
~ **de carga** 1. Belastungsprobe *f*; 2. *(Wkst)* Prüfung *f* unter Last
~ **de chispa** Funkenprobe *f*, Funkenprüfung *f*
~ **de choque** *(Wkst)* Schlagversuch *m*; Aufprallversuch *m*
~ **de densidad** Dichtheitsprobe *f*
~ **destructivo** *(Wkst)* zerstörende [nichtzerstörungsfreie] Prüfung *f*
~ **dieléctrico** dielektrische Prüfung *f*, Spannungsprüfung *f*
~ **de dureza** *(Wkst)* Härteprüfung *f*
~ **de flexión** *(Wkst)* Biegeversuch *m*, Biegeprüfung *f*
~ **al freno** Bremsversuch *m*, Bremsprobe *f*
~ **al golpe** *(Wkst)* Schlagversuch *m*
~ **por gotas** *(Ch)* Tüpfelprobe *f*
~ **de impactos** *(Kfz)* Aufprallversuch *m*
~ **de microdureza** *(Wkst)* Mikrohärteprüfung *f*
~ **no destructivo de materiales** *(Wkst)* zerstörungsfreie Werkstoffprüfung *f*
~ **de pandeo** *(Wkst)* Knickversuch *m*
~ **par-impar** *(Inf)* Paritätsprüfung *f*
~ **químico** 1. chemische Prüfung *f*; 2. qualitative Analyse *f*
~ **con rayos X** Röntgenprüfung *f*
~ **de referencia** 1. Vergleichsprüfung *f*; 2. *(Inf)* Vergleichstest *m*, Laufzeitmessung *f*, Benschmarktest *m*
~ **de remolque** *(Schiff)* Schleppversuch *m*

~ **de resiliencia (de entalla)** *(Wkst)* Kerbschlagversuch *m*, Kerbschlagprobe *f*
~ **de rotura** *(Wkst)* Zerreißversuch *m*, Zugversuch *m*, Zerreißprüfung *f*
~ **de tracción** *(Wkst)* Zugversuch *m*, Zugprüfung *f*
ensiladora *f (Lt)* Siliermaschine *f*
ensimador *m (Text)* Schmälzwolf *m*
ensimar *v (Text)* schmälzen, batschen
entabicar *v (Bw)* verschalen
entablar *v (Bw)* dielen; täfeln
entalpía *f (Ch)* Enthalpie *f*
~ **de enlace** Bindungsenthalpie *f*
~ **de fusión** Schmelzenthalpie *f*
entalladura *f* Kerbe *f*, Einkerbung *f*, Einschnitt *m*; Raste *f*, Aussparung *f*
entallar *v* (ein)kerben; einschneiden
entarimado *m* Täfelung *f*; Parkett *n*, Parkettboden *m*
entero *m* ganze Zahl *f*
entibación *f* 1. *(Bw)* Zimmerung *f*, Holzeinbau *m*; 2. *(Bgb)* Ausbau *m*, Grubenausbau *m*, Grubenzimmerung *f*, Streckenausbau *m*
~ **de galería** Streckenausbau *m*, Stollenzimmerung *f*
~ **del pozo** Schachtausbau *m*, Schachtzimmerung *f*
~ **de tajo** Strebausbau *m*, Abbauzimmerung *f*
entibado *m s.* entibación 2.
entibar *v (Bw, Bgb)* zimmern; ausbauen
entibo *m (Bgb)* Stempel *m*
entintación *f* 1. *(Typ)* Einfärbung *f*; 2. *(Text)* Färben *n*
entintar *v* 1. *(Typ)* einfärben, anfärben; 2. *(Text)* färben
entorno *m* 1. Umgebung *f*; Umwelt *f*; Umfeld *f*; Umland *n*; 2. Umkreis *m*, Umfang *m*
entrada *f* 1. Eingang *m*; Einlass *m*; Einführung *f*; Einlauf *m*, Zulauf *m*; Eintritt *m*; Auffahrt *f (z. B. der Autobahn)*; 2. Einlassöffnung *f*; 3. Anschnitt *m*; 4. *(Inf)* Eingabe *f* • **de dos entradas** doppelgängig *(Gewinde)*
~ **de datos** Dateneingabe *f*, Dateneingang *m*
~ **en dique** *(Schiff)* Eindockung *f*, Dockung *f*
~ **de galería** *(Bgb)* Stollenmund *m*
~ **de rodillos** Walzeneinlauf *m*

equipo

~ **por teclado** Tastatureingabe f
~ **de voz** Spracheingabe f
entramado m 1. *(Bw)* Fachwerkwand f; Holzbauweise f; 2. *(Nrt)* Rahmenbildung f
entrecara f Grenzfläche f; Trennungsfläche f; Phasengrenzfläche f
~ **de llave** Schlüsselweite f
entrecentros m Mittenabstand m
entrehierro m 1. *(El)* Luftspalt m; 2. *(Inf)* Schreib-Lese-Spalt m *(im Schreib-Lese-Kopf)*
entrelazamiento m Verflechtung f
~ **de líneas** *(TV)* Zeilensprung m
entrelazar v verflechten, verschachteln
entrepuente m *(Schiff)* Zwischendeck n
entretenimiento m Unterhaltung f, Wartung f, Instandhaltung f; Reparatur f • **sin** ~ wartungsfrei
entrevía m *(Eb)* Spurweite f
entubación f 1. Verrohrung f, Berohrung f; 2. *(Bgb)* Tübbingausbau m
enturbiador m *(Ch)* Trübungsmittel n
enturbiar v *(Ch)* trüben
enunciado m *(Inf)* Anweisung f
~ **de asignación** Belegungsanweisung f
~ **de control** Steueranweisung f
envasado m 1. Abfüllvorrichtung f; 2. Fülltrichter m
envasadora f Abfüllmaschine f
envasar v (ein)füllen; verpacken
envase m 1. Abfüllung f, Verpackung f; 2. Container m, Behälter m; Gefäß n; Flasche f
~ **desechable** Wegwerfverpackung f, Einwegverpackung f
~ **recuperable** Mehrwegverpackung f, Mehrwegbehälter m; Mehrwegflasche f
envejecer v 1. *(Wkst)* altern; 2. *(Kst)* bewittern
envejecimiento m *(Wkst)* Altern n, Alterung f; Bewitterung f
~ **martensítico** Martensitaltern n, Maraging n
~ **por temple** *(Met)* Abschreckalterung f
envergadura f (alar) *(Flg)* Flügelbreite f, Spannweite f
envoltura f Umhüllung f, Mantel m
~ **del cable** Kabelmantel m, Kabelumhüllung f
~ **de electrones** Elektronenhülle f
~ **hermética** Frischhaltepackung f
~ **protectora** Schutzumhüllung f; Einhüllung f
envolvente f 1. *(Math)* Evolvente f, Hüllkurve f, Einhüllende f; 2. Bespannung f; Beplankung f, Verkleidung f
envolver v umhüllen, ummanteln
envuelta f Hülle f, Umhüllung f; Mantel m
enyesar v ausgipsen, vergipsen
eólica f Windkraft f
eolomotor m Windmotor m
epicentro m Epizentrum n
~ **del terremoto** Erdbebenepizentrum n
epicicloide f *(Math, Masch)* Epizykloide f
epimicroscopio m Auflichtmikroskop n
episcopio m Episkop n, Bildwerfer m
epoxi m Epoxidharz n
epóxido m *(Ch)* Epoxid n
equiángulo gleichwinklig
equiaxial gleichachsig
equibraquial gleicharmig
equicorriente f Gleichstrom m *(Flüssigkeiten oder Gase in Wärmeaustauschsystemen)*
equidistancia f gleicher Abstand m, Äquidistanz f; Höhenlinienabstand m
equidistante äquidistant, abstandsgleich
equifásico gleichphasig
equilátero gleichseitig
equilibrado m 1. *(Eln)* Ausgleich m, Ausgleichen n; Abgleichung f; 2. *(Masch)* Auswuchten n, Auswuchtung f
equilibrador m *(Eln)* Ausgleichsglied n, Ausgleichselement n, Ausgleicher m
equilibradora f Auswuchtmaschine f
equilibrante f *(Mech)* Gegenkraft f *(zur Resultierenden)*
equilibrar v 1. *(Eln)* ausgleichen, abgleichen; 2. ins Gleichgewicht bringen; auswuchten; 3. *(Schiff, Flg)* trimmen
equilibrio m Gleichgewicht n, Ausgleich m; Abgleich m
equipamiento m Ausrüstung f
~ **de medición** Messausrüstung f, Messeinrichtung f
~ **del puesto de trabajo** Arbeitsplatzausstattung f
equipar 1. ausrüsten; ausstatten; bestücken; 2. bemannen, besetzen
equiparar v angleichen; vergleichen
equipo 1. Arbeitsmittel n; Produktionsanlage f; Ausrüstung f, Einrichtung f; Ausstattung f, Anlage f; Gerät n; Apparat m;

equipo

Aggregat *n*; 2. Team *n*; Gruppe *f*; Mannschaft *f*, Besatzung *f*
- **~ de acceso directo** *(Inf)* Direktzugriffsgerät *f*, Gerät *n* mit direktem Zugriff
- **~ acoplado** *(Lt)* Anhängegerät *n*
- **~ de advertencia** Warnanlage *f*, Warneinrichtung *f*
- **~ agrícola** landwirtschaftliches Gerät *n*
- **~ de aire acondicionado** Klima(tisierungs)anlage *f*, Klimagerät *n*
- **~ de aire comprimido** Druckluftaggregat *n*; Druckluftgerät *f*, Druckluftanlage *f*
- **~ de alimentación** 1. Versorgungseinrichtung *f*; 2. *(El)* Netzteil *n*
- **~ alimentado por baterías** batteriebetriebenes Gerät *n*
- **~ de alta fidelidad** High-Fidelity-Anlage *f*, Hi-Fi-Anlage *f*
- **~ amortiguador de vibración** Schwingungsdämpfer *m*
- **~ arrastrado** *(Lt)* gezogenes [schleppergezogenes] Gerät *n*
- **~ de aspersión** Berieselungsanlage *f*
- **~ aspirante** Saugaggregat *n*; Abzugsgerät *n*; Absauggerät *n*; Absauganlage *f*
- **~ audiométrico** Audiometer *n*
- **~ autómata** Automat *n*
- **~ automático de extinción** automatische Feuerlöschanlage *f*
- **~ automotor [automotriz]** Motorfahrzeug *n*, Kraftfahrzeug *n*
- **~ autónomo de respiración** umluftunabhängiges Atemschutzgerät *n*
- **~ de buceo** Taucherausrüstung *f*, Tauchgerät *n*
- **~ captador** Erfassungsgerät *n*
- **~ de carga** 1. Ladeeinrichtung *f*; Ladegerät *n*; 2. *(Schiff)* Ladegeschirr *n*
- **~ cargador** *(Förd)* Aufgabegerät *n*
- **~ cinematográfico** Kinoapparatur *f*
- **~ de cinta magnetofónica** Magnetbandgerät *n*
- **~ clasificador** Sortieranlage *f*
- **~ de climatización** Klima(tisierungs)anlage *f*
- **~ de cómputo** Rechengerät *n*
- **~ de comunicación de datos** Datenübertragungseinrichtung *f*, DÜE
- **~ de conmutación** *(Nrt)* Umschalteinrichtung *f*, Vermittlungseinrichtung *f*
- **~ de contestación** *(Nrt)* Abfrageeinrichtung *f*
- **~ contraincendios** Brandschutzanlage *f*
- **~ de control** 1. Kontrollgerät *n*; Prüfgerät *n*; Überwachungsgerät *n*; 2. Steuergerät *n*; Steuerung *f*
- **~ de cubierta** *(Schiff)* Deckausrüstung *f*; Decksmaschine *f*
- **~ de cultivo** *(Lt)* Bodenbearbeitungsgerät *n*
- **~ de depuración** Kläranlage *f*
- **~ depurador** Reinigungsanlage *f*
- **~ de detección** Spürgerät *n*; Detektor *m*, Ortungsgerät *n*
- **~ eléctrico** elektrische Anlage *f* [Ausrüstung *f*, Einrichtung *f*], Elektroausrüstung *f*
- **~ electrónico** Elektronikausrüstung *f*; elektronisches Gerät *n*
- **~ elevador** *(Förd)* Hubgerät *n*, Hebezeug *n*
- **~ emisor de radiación** Strahler *m*
- **~ de encendido** *(Kfz)* Zündanlage *f*
- **~ de entrada** *(Inf)* Eingabegerät *n*, Eingabewerk *n*, Eingabeeinheit *f*
- **~ de escape** *(Sich)* Fluchtgerät *n* *(Atemschutz)*
- **~ de evacuación de humos** Rauchabzugsanlage *f*
- **~ para excavación** Baggergerät *n*; Baggeranbaugerät *n*
- **~ de extensión** 1. *(Inf)* Erweiterungsgerät *n*; 2. *(Nrt)* Nebenstellenapparat *m*
- **~ de extinción de incendios** Feuerlöschanlage *f*, Feuerlöschgerät *n*
- **~ ferroviario** *(Eb)* rollendes Material *n*
- **~ físico** *(Inf)* physisches Gerät *n*, Hardware *f*
- **~ de fondeo** *(Schiff)* Ankerausrüstung *f*
- **~ frigorífico** Kühlanlage *f*, Gefrieranlage *f*
- **~ de fuerza** Stromversorgungseinrichtung *f*
- **~ generador de rayos X** Röntgengerät *n*
- **~ de gobierno** 1. *(Masch)* Steuereinrichtung *f*; 2. *(Schiff)* Steueranlage *f*
- **~ de grabación** Aufzeichnungsgerät *n*, Aufnahmegerät *n*
- **~ hidroeléctrico** Wasserkraftanlage *f*
- **~ huésped** Wirtsrechner *m*, Verarbeitungsrechner *m*
- **~ de iluminación** Beleuchtungseinrichtung *f*; Beleuchtungskörper *m*; Beleuchtungsanlage *f*
- **~ impresor** 1. *(Typ)* Druckaggregat *n*; 2. *(Inf)* Drucker *m*

equipo

- ~ impulsor Antrieb m
- ~ contra incendios Feuerlöschanlage f; Feuerlöschgerät n, Feuerlöscher m
- ~ independiente del medio ambiente umluftunabhängiges Gerät n *(Atemschutz)*
- ~ de inspección obligatoria *(Sich)* überwachungsbedürftige Anlage f
- ~ de instrumental náutico Navigationsausrüstung f
- ~ de inyección *(Kfz)* Einspritzanlage f, Einspritzsystem n
- ~ de irradiación Bestrahlungsgerät n
- ~ de irrigación *(Lt)* Berieselungsanlage f
- ~ de izado [izaje, izar] Hebezeug n; Aufzug m
- ~ de laboratorio Labor(atoriums)ausrüstung f; Laborgerät n
- ~ de labranza *(Lt)* Bodenbearbeitungsgerät n
- ~ lanzador [de lanzamiento] *(Rak)* Startvorrichtung f
- ~ láser Laserausrüstung f; Lasergerät n
- ~ lector Lesegerät n
- ~ de lubricación Schmiervorrichtung f
- ~ luminoso Beleuchtungsanlage f
- ~ de luz intermitente Blink(licht)anlage f
- ~ de mando Steuergerät n, Steuervorrichtung f
- ~ de manejo (mecánico) *(Förd)* Umschlagsgerät n
- ~ para manejo de residuos Abfallbehandlungsanlage f
- ~ de manipulación de datos Datenverarbeitungsgerät n; Datenverarbeitungsanlage f
- ~ de mantenimiento Instandhaltungsausrüstung f
- ~ de manutención Bediengerät n; Förderhilfsmittel n
- ~ material Hardware f
- ~ mecánico Maschinenausrüstung f; Maschinen fpl; Maschinenpark m
- ~ de medición de nivel de sonido Schallpegelmessgerät n, Schallpegelmesser m
- ~ de medida de radiaciones Strahlenmessgerät n
- ~ medidor Messeinrichtung f; Messgerät n
- ~ de microfilmación Mikrofilmgerät n
- ~ de microondas Mikrowellengerät n
- ~ minero Bergbauausrüstung f
- ~ monousuario *(Inf)* Einplatzrechner m
- ~ de montecarga Lastaufzug m
- ~ motriz Antriebsaggregat n
- ~ de muestreo Probenahmegerät n, Probenehmer m
- ~ de navegación Navigationsausrüstung f
- ~ neumático pneumatische Einrichtung f; Druckluftgerät n
- ~ de oficina Büroausstattung f; Bürotechnik f
- ~ de onda corta Kurzwellengerät n
- ~ de ordeño mecánico *(Lt)* Melkanlage f
- ~ de oxicorte Brennschneidanlage f
- ~ de perforación 1. Bohrgerät n; Bohranlage f; 2. Perforationsgerät n
- ~ periférico *(Inf)* peripheres Gerät n, Peripheriegerät n, Peripherie f
- ~ personal de seguridad persönliche Schutzausrüstung f, PSA, Körperschutzmittel n
- ~ de pesaje Wägeeinrichtung f, Waage f
- ~ de pesca *(Schiff)* Fischfangausrüstung f; Fischfanggerät n
- ~ portátil tragbares [ortsveränderliches] Gerät n
- ~ de precisión Präzisionsgerät n
- ~ de preparación de tierras Bodenbearbeitungsgerät n
- ~ de procesamiento Verarbeitungseinrichtung f, Verarbeitungsanlage f
- ~ de procesamiento [proceso] de datos Datenverarbeitungsanlage f
- ~ de producción en cadena Fließfertigungsanlage f
- ~ propulsivo [propulsor] Antriebsorgan n, Antriebsanlage f, Antriebseinrichtung f
- ~ de protección Schutzvorrichtung f; Schutzausrüstung f, Schutzmittel n
- ~ de protección auditiva Gehörschutzmittel n, Gehörschützer m
- ~ de protección contra caída de alturas Fallschutzeinrichtung f
- ~ de protección contra incendios Brandschutzanlage f
- ~ de protección personal persönliche Schutzausrüstung f, PSA, Körperschutzmittel n
- ~ de protección personal respiratoria Atemschutzgerät n
- ~ de protección respiratoria aislante Isoliergerät n
- ~ de proyección Spritzgerät n *(Farbspritzen)*

equipo

~ **de prueba** Prüfeinrichtung *f*; Prüfgerät *n*
~ **de puerto** Hafenanlage *f*
~ **de puesto de trabajo** Arbeitsplatzausrüstung *f*; Arbeitsplatzeinrichtung *f*
~ **de puestos de visualización de datos** Datensichtgerät *n*
~ **pulverizador** *(Lt)* Spritzausrüstung *f*, Sprühausrüstung *f*
~ **purificador** Reinigungsanlage *f*; Kläranlage *f*
~ **quitanieves** Schneeräumgerät *n*; Schneeräumfahrzeug *n*
~ **de radar** Radarausrüstung *f*, Radaranlage *f*; Radargerät *n*
~ **radiante** Strahler *m*
~ **radioeléctrico** Funkeinrichtung *f*, Funkanlage *f*; Funkgerät *n*
~ **de radiofrecuencias** Hochfrequenzgerät *n*; Hochfrequenzanlage *f*
~ **de radiología** Röntgenausrüstung *f*; Röntgeneinrichtung *f*, Röntgengerät *n*
~ **radiotelemétrico** Funkmessanlage *f*
~ **recolector** Erntegerät *n*; Sammler *m*
~ **de recuperación de polvo** Staubabscheider *m*
~ **de refrigeración** Kühleinrichtung *f*; Kühlanlage *f*, Kälteanlage *f*
~ **de rescate** Bergungseinrichtung *f*; Rettungsgerät *n*
~ **respirador** Atemgerät *n*
~ **respiratorio de aire comprimido** Druckluftbehältergerät *n*, Druckluftatmer *m*, Pressluftatmer *m*
~ **de resucitación** Wiederbelebungsausrüstung *f*, Reanimationsbesteck *n*
~ **de riego** *(Lt)* Beregnungsanlage *f*
~ **de rodadura de grúa-puente** *(Förd)* Brückenkranfahrwerk *n*
~ **rodante** *(Eb)* rollendes Material *n*
~ **de salida** *(Inf)* Ausgabegerät *n*
~ **de salvamento** 1. Bergungsausrüstung *f*, Rettungsausrüstung *f*; 2. *s.* ~ salvavidas
~ **salvavidas** *(Schiff)* Rettungsmittel *n*; Rettungseinrichtung *f*
~ **secador** Trocknungsaggregat *n*, Trockenvorrichtung *f*
~ **de seguridad** Schutzvorrichtung *f*, Sicherheitsvorrichtung *f*; sicherheitstechnische Ausrüstung *f*
~ **de seguridad de incendios** Brandschutzanlage *f*

~ **señalizador** Signalausrüstung *f*; Signalgeber *m*, Signalgerät *n*; Meldeeinrichtung *f*, Meldeanlage *f*, Meldegerät *n*
~ **de soldadura** Schweißgerät *n*, Schweißaggregat *n*
~ **de soldeo** Lötgerät *n*
~ **de sonar** *(Schiff)* Unterwasserortungsgerät *n*, Wasserschallortungsgerät *n*, Sonar *n*
~ **de succión** Absaugeinrichtung *f*; Absauganlage *f*, Absauggerät *n*
~ **de suministro de aire** *(Sich)* Frischluftgerät *f*
~ **de supervisión** Überwachungsgerät *n*; Überwachungsanlage *f*, Überwachungseinrichtung *f*
~ **de supervivencia** Überlebensausrüstung *f*, Rettungsausrüstung *f*
~ **de supresión de explosiones** Explosionsunterdrückungsanlage *f*
~ **tecnológico** Fertigungsmittel *n*; technologische Ausrüstung *f*, Fertigungseinrichtung *f*
~ **de telecomunicación** fernmeldetechnische Einrichtung *f*
~ **telefónico** Fernsprechanlage *f*, Fernsprechgerät *n*
~ **telegráfico** Telegrafiegerät *n*, Telegraf *m*, Fernschreiber *m*
~ **de telemando** Fernsteuereinrichtung *f*, Fernsteuergerät *n*
~ **tensor** Spannvorrichtung *f*
~ **de terminación del circuito de datos** Datenübertragungseinrichtung *f*, DÜE
~ **terminal** *(Inf)* Endgerät *n*, Endeinrichtung *f*; Endanschlussgerät *n*
~ **de tirar pernos** Bolzenschussgerät *n*
~ **de traducción simultánea** Simultandolmetscheranlage *f*
~ **de transconexión** *(Nrt)* Überleitungseinrichtung *f*
~ **de transferencia** Transferanlage *f* *(Container)*
~ **de transmisión** Übertragungseinrichtung *f*
~ **de transmisión de datos** Datenübertragungseinrichtung *f*, DÜE
~ **de transmisión de señales** Signalübertragungsanlage *f*, Signalvorrichtung *f*
~ **de transporte** Transportanlage *f*, Transportgerät *n*; Transporteinrichtung *f*
~ **ultrasónico** Ultraschallgerät *n*

~ de ventilación lufttechnische Anlage *f*, lüftungstechnische Anlage *f*, Lüftungsanlage *f*
~ virtual *(Inf)* virtuelles Gerät *n*
~ de volteo Kippvorrichtung *f*
equipos *mpl* Apparatur *f*; Geräte *npl*; Technik *f*
~ de movimiento de tierras *(Bw)* Erdbewegungsmaschinen *fpl*
equivalencia *f* Äquivalenz *f*, Gleichwertigkeit *f*
~ de la masa y de la energía Masse-Energie-Äquivalenz *f*
~ de potencias Gleichmächtigkeit *f (Mengenlehre)*
equivalente *m* 1. Äquivalent *n*; 2. *(Nrt)* Restdämpfung *f*
~ calórico Wärmeäquivalent *n*, thermisches Äquivalent *n*
~ gramo Grammäquivalent *n*
~ neto Restdämpfung *f*
~ térmico Wärmeäquivalent *n*, thermisches Äquivalent *n*
erbio *m* Erbium *n*, Er
ergio *m* Erg *n (Einheit für Arbeit, Energie und Wärmemenge)*
ergódico *(Math)* ergodisch
ergometría *f* Ergometrie *f*
ergómetro *m* Ergometer *n*
ergonomía *f* Ergonomie *f*
~ correctiva korrektive Ergonomie *f*
~ de diseño Gestaltungsergonomie *f*
~ del puesto de trabajo Arbeitsplatzergonomie *f*
ergonómico ergonomisch
eritreno *m* Divinyl *n*, Butadien *n*
erosión *f* Abtragung *f*, Erosion *f*, Erodieren *n*; Auswaschung *f*, Kolkung *f*, Eintiefung *f*
~ de la costa Küstenerosion *f*
~ de chispa Funkenerosion *f*, Funkenerodieren *n*
~ del suelo Bodenerosion *f*, Bodenabtrag *m*
~ superficial Flächenabtrag *m*
erosionar *v* erodieren, auswaschen
erosivo erosiv, abtragend
erróneo fehlerhaft
error *m* Fehler *m*; Abweichung *f* • **depurar errores** Fehler beseitigen
~ accidental zufälliger Fehler *m*
~ admisible zulässiger Fehler *m*
~ angular Winkelabweichung *f*

~ de aproximación Näherungsfehler *m*
~ aritmético Rechenfehler *m*
~ arrastrado *(Inf)* mitgeschleppter Fehler *m*
~ de cero Nullpunktfehler *m*, Nullpunktabweichung *f*
~ de conexión Schaltfehler *m*
~ de diseño Entwurfsfehler *m*, Auslegungsfehler *m*
~ de equipo Gerätefehler *m*
~ de escora *(Schiff)* Krängungsfehler *m*
~ físico *(Inf)* Gerätefehler *m*
~ insalvable *(Inf)* nicht behebbarer Fehler *m*
~ de lectura Ablesefehler *m*
~ de linealidad *(TV)* Linearitätsabweichung *f*, Linearitätsfehler *m*
~ de medición Messfehler *m*
~ medio cuadrático mittlerer quadratischer Fehler *m*
~ salvable *(Inf)* behebbarer Fehler *m*
~ sistemático systematischer [regelmäßiger] Fehler *m*
erubesita *f (Min)* Buntkupferkies *m*, Bornit *m*
erupción *f* Eruption *f*, Ausbruch *m*
esbeltez *f* Schlankheit *f (z. B. Schiffskörper)*
esbozar *v* skizzieren; entwerfen; umreißen
esbozo *m* Skizze *f*; Entwurf *m*; Umrisszeichnung *f*
escafandra *f* Raumanzug, Druckanzug; Taucheranzug *m*
escala 1. Abstufung *f*, Skala *f*, Skale *f*; 2. Maßstab *m*; Skale *f*; Skaleneinteilung *f*, Maßeinteilung *f*; 3. Maßstablineal *n*; 4. Reihe(nfolge) *f*; 5. Tonleiter *f*; 6. Leiter *f*; 7. *(Schiff, Flg)* Gangway *f*; Niedergang *m*; 8. *(Flg)* Zwischenlandung *f*; 9. *(Schiff)* Zwischenhafen *m* • **a [en] ~ reducida** im verkleinerten Maßstab
~ absoluta Kelvin-Skale *f*
~ de acceso Fluggasttreppe *f*, Gangway *f*
~ acimutal Azimutskale *f*
~ de ajuste Einstellskale *f*
~ angular Winkelskale *f*
~ de Beaufort Beaufort-Skale *f (Windstärke)*
~ de bomberos Feuerwehrleiter *f*
~ de calado(s) *(Schiff)* Tiefgangsmarke *f*, Ahming *f*
~ centesimal [centígrado] Celsiusskale *f*

escala

~ **de desplazamiento** *(Schiff)* Tiefgangsmarke *f*, Verdrängungsmarke *f*
~ **de distancias** *(Foto)* Entfernungsskale *f*
~ **de división** Skalenscheibe *f*
~ **de dureza** *(Wkst)* Härteskala *f*
~ **de exposiciones** Belichtungsreihe *f*, Belichtungstabelle *f*
~ **de gato** *(Schiff)* Fallreep *n*, Jakobsleiter *f*
~ **graduadora** Einstellskale *f*
~ **de la imagen** Abbildungsmaßstab *m*
~ **logarítmica** logarithmischer Maßstab *m*
~ **de marea(s)** Pegel *m*; Flutmesser *m*; Ebbe- und Flutmesser *m*
~ **de niveles** Pegel *m*
escalar *m* Skalar *m*
escaleno ungleichseitig
escalera *f* Treppe *f*, Leiter *f*
~ **de caracol** Wendeltreppe *f*
~ **corredera** Schiebetreppe *f*
~ **de cuerdas** Strickleiter *f*
~ **empalmable** Steckleiter *f*
~ **de esclusas** Schleusentreppe *f*
~ **de evacuación** Evakuierungstreppe *f*; Fluchtweg *m*
~ **extensible** ausfahrbare Leiter *f*
~ **giratoria** Drehleiter *f*
~ **de incendios** Feuerleiter *f*
~ **de peldaños** Stufenleiter *f*
~ **de rescate** Feuerwehrleiter *f*
~ **rodante** Fahrtreppe *f*, Rolltreppe *f*
~ **de tijeras** Klappleiter *f*
escalerilla *f* **(de acceso)** Gangway *f*
escalón *m* 1. Absatz *m*, Abstufung *f*, Stufe *f*; 2. *(Bgb)* Echelon *m*, Absatz *m*, Stufe *f*; 3. Sprosse *f* *(einer Leiter)*
escalonar *v* 1. abstufen; 2. *(Math)* schrittweise integrieren
escamot(e)able einziehbar
escamot(e)ar *v* einziehen
escandallada *f (Schiff)* Tiefenmessung *f*
escandallo *m* Lot *n*, Tiefseelot *n*, Echolot *n*
escandio *m* Skandium *n*, Sc
escanear *v (Inf)* (ein)scannen, optisch abtasten
escaneo *m* Einscannen *n (von Bildern)*
escáner *m* Scanner *m*, Abtaster *m*
escantillón *m* 1. Schablone *f*, Kaliber *n*; 2. Kabelformbrett *n*; 3. *(Eb)* Schienenspurmaß *n*, Spurebene *f*; 4. Übergangsstück *n*
escaparse *v* ausströmen, entweichen; auspuffen

164

escape *m* 1. Entweichen *n*, Ausströmen *n*; 2. Austritt *m*; Auslass *m*; Auspuff *m*; Abzug *m*; 3. Austrittsöffnung *f*; 4. Auspufftakt *m*; 5. *(El)* Ableitung *f*, Verlust *m*; 6. Hemmung *f (Uhr)*; 7. *(Inf)* Codeumschaltung *f*
~ **de agujas** *(Eb)* Folgeweiche *f*, Weichenstraße *f*
~ **del aire** Luftaustritt *m*; Luftabzug *m*, Luftventil *n*
~ **del áncora** Hemmung *f (der Uhr)*
~ **de gas** 1. Gasaustritt *m*, Gasausströmung *f*; 2. Gasabzug *m*; 3. *(Kfz)* Auspuff *m*
~ **de rejilla** *(El)* Gitterableitung *f*
escardadera *f* Jätmaschine *f*, Entkrauter *m*; Hackmaschine *f*
escardadora *f* Jätmaschine *f*
escariado *m (Fert)* Räumen *n*; Aufbohren *n*
escariador *m* 1. *(Fert)* Reibahle *f*, 2. Räumwerkzeug *n*; 3. *(Lt)* Räumer *m*, Nachschneider *m*
~ **angular** Winkelreibahle *f*
~ **centrador** Zentriersenker *m*
~ **desbastador** Vorreibahle *f*, Schruppreibahle *f*
~ **mecánico** Maschinenreibahle *f*
escariadora *f (Fert)* Räummaschine *f*; Maschine *f* zum Reiben von Bohrungen
escariar *v (Fert)* räumen; reiben
escarificador *m* 1. *(Bw)* Aufreißkamm *m*; 2. *(Lt)* Messeregge *f*; Nachreißer *m*
escarificadora *f* 1. *(Bw)* Straßenaufreißer *m*; 2. *(Lt)* Unkrautegge *f*
~ **de discos** *(Lt)* Scheibenegge *f*
escayola *f* Feingips *m*
escayolar *v (Bw)* stuckieren
escenario *m* Szenarium *n*; Szenario *n*, Menü *n (auf dem Bildschirm)*
escindible spaltbar
escisión *f* Teilung *f*; Spaltung *f*; Trennung *f*
~ **hidrolítica** hydrolytische Spaltung *f*
~ **nuclear** Kernspaltung *f*
esclerometría *f (Wkst)* Härteprüfung *f*
esclerómetro *m (Wkst)* Sklerometer *n*, Härteprüfer *m*, Härteprüfgerät *n*, Ritzhärteprüfer *m*

~ de bolas Kugelhärteprüfer *m*
~ de caída Fallhärteprüfer *m*
esclerocopio *m (Wkst)* Skleroskop *n*, Rückprallhärteprüfer *m*
esclusa *f* Schleuse *f*
escobén *m (Schiff)* Klüse *f*
~ de ancla Ankerklüse *f*, Ankertasche *f*
~ de popa Heckankerklüse *f*, Achterrohr *n*
escobilla *f* Bürste *f (Stromabnahme)*
escogedor *m* 1. Sortiermaschine *f*; 2. *(Bgb)* Klassierer *m*, Sichter *m*
escogedora *f* Sortiermaschine *f*
escollera *f* 1. Steinschüttung *f*; 2. *(Schiff)* Wellenbrecher *m*; Fangbuhne *f*, Mole *f*, Deich *m*
escombrera *f* 1. Schutt *m*; 2. *(Bgb)* Abraum *m*; 3. Halde *f*, Kippe *f*, Müllkippe *f*, 4. *(Bgb)* Abraumhalde *f*, Abraumkippe *f*
escombro *m* Geschiebe *n*, Schutt *m*
escopleadora *f* Stemmmaschine *f*
escoplear *v* stemmen
escoplo *m* Stemmeisen *n*, Stemmmeißel *m*
escora *f* 1. Kimme *f*, 2. *(Schiff)* Ausleger *m*; Stütze *f*
~ estática *(Schiff)* Krängung *f*
~ lateral *(Schiff)* Rollen *n*
escorarse *v (Schiff)* krängen, überholen, sich überlegen
escoria *f* 1. Schlacke *f*, 2. Zunder *m*
escorial *m* Schlackenhalde *f*
escorificar *v* verschlacken
escotilla *f* Luke *f*, Klappe *f*, Schiffsluke *f*, Ladeluke *f*
~ de arqueo *(Schiff)* Vermessungsluke *f*
~ autoestibante selbsttrimmende Luke *f*
~ de bodega Ladeluke *f*
~ de estiba *(Schiff)* Trimmluke *f*
~ de máquinas Maschinenraumluke *f*
~ de salvamento 1. *(Flg)* Notausstieg *m*; 2. *(Schiff)* Notluke *f*, Rettungsluke *f*, Ausstiegluke *f (Raumschiff)*
~ de servicio Durchreiche(öffnung) *f*
escotillón *m* Klappe *f*, Niedergang *f*
escrapa *f* Abstreifer *m*, Schrapper *m*, Schareisen *n*, Schaber *m*
escritorio *m* 1. Schreibtisch *m*; 2. *(Inf)* Desktop *m*, Arbeitsfläche *f*
escrutador *m* Abtaster *m*
escuadra *f* Winkel *m*; Zeichendreieck *n*; Anlegewinkel *m* • **a ~** rechtwinklig
~ de muleta Reißschiene *f*

~ de prisma Winkelprisma *n*, Doppelprisma *n*, Winkelspiegel *m*
~ de sesgo Gehrungswinkel *m*
~ de sujeción Befestigungswinkel *m*
escudo *m* 1. Schutzschild *m*, Schild *m*; 2. *(Bgb)* Schild *m (Strebausbau)*; 3. *(Masch)* Staubschutzdeckel *m*
~ de perforación *(Bgb)* Vortriebsschild *m*
~ protector Schutzschild *m*
~ de radiación Strahlungsschutz *m*, Strahlenschranke *f*, Strahlenabschirmung *f*
escurridor *m* 1. Abstreifer *m*; 2. *(Typ)* Abtropfständer *m*; 3. *(Text)* Rollpresse *f (für Wolle)*
escurridora *f* **centrífuga** Wäscheschleuder *f*
escúter *m* Motorroller *m*
esencia *f* 1. *(Ch)* Essenz *f*, (ätherisches) Öl *n*; Extrakt *m*; 2. Kraftstoff *m*, Benzin *n*, Treibstoff *m*
esfera *f* 1. Bereich *m*, Sphäre *f*, 2. Kugel *f*, Kugelfläche *f*, 3. Zifferblatt *n*; Skalenscheibe *f*
~ circunscrita *(Math)* Umkugel *f*
~ de control 1. Kontrollbereich *m*; 2. *(Inf)* Trackball *m*, Rollkugel *f*
~ inscrita *(Math)* Inkugel *f*
~ luminosa Leuchtskala *f*, Leuchtzifferblatt *n*
esférico sphärisch, kugelförmig, Kugel...
esferoidal kugelig, globular
esferoide *m (Math)* Sphäroid *n*, Rotationsellipsoid *n*
esferoidización *f* 1. *(Met)* Sphäroidisierung *f*, Bildung *f* räumlicher Teilchen; 2. *(Met)* sphäroidisierendes Glühen *n*, Weichglühen *n*
esferoidizar *v (Met)* sphäroidisierend glühen, weichglühen
esferometría *f* Sphärometrie *f*
esferómetro *m* Sphärometer *n*
esfuerzo *m (Mech)* Kraft *f*, Spannung *f*, Beanspruchung *f*, Belastung *f*
~ admisible zulässige Beanspruchung *f* [Belastung *f*]
~ de arranque Anzugskraft *f*, Anfahrkraft *f*, Anfahrbeanspruchung *f*, Anlassbeanspruchung *f*
~ compresor 1. Druckbeanspruchung *f*, Druckkraft *f*, 2. *(Bw)* Anpressdruck *m*
~ de contracción *(Gieß)* Schrumpfspannung *f*, Schwindspannung *f*

esfuerzo

~ **cortante** Scherbeanspruchung f, Schubbeanspruchung f, Scherkraft f, Schubkraft f, Schubspannung f, Scherspannung f
~ **de empuje** Stoßkraft f
~ **de extensión** Dehnungskraft f
~ **de fatiga** Ermüdungsbeanspruchung f, Dauerbeanspruchung f
~ **flector [de flexión, flexionante]** Biegebeanspruchung f, Biegekraft f, Biegespannung f
~ **de frenado** Bremskraft f
~ **de garreo** Zugkraft f (Winde)
~ **de pandeo** Knickbeanspruchung f
~ **propulsivo** Triebkraft f
~ **de rotura [ruptura]** Bruchbeanspruchung f, Bruchspannung f, Bruchlast f
~ **torsor** Torsionsbeanspruchung f, Verdrehungsbeanspruchung f, Verdrehungskraft f, Verdrehungsspannung f
~ **tractor** Zugbeanspruchung f, Zugkraft f, Zugspannung f
eslabón m Bindeglied n; Glied n; Kettenglied n
eslinga f (Schiff) Stropp m
eslingar v (Schiff) stroppen; anschlagen (Ladung)
eslora f (Schiff) Länge f
~ **en la flotación** Länge f in der Wasserlinie
~ **inundable** flutbare Länge f
~ **en la línea de flotación** Länge f in der Konstruktionswaserlinie f
~ **máxima** Länge f über alles
~ **entre perpendiculares** Länge f zwischen den Loten [Perpendikeln]
esmaltado m Emaillieren n; Emaillierung f
esmaltadora f Glasiermaschine f
esmaltar v emaillieren
esmalte m 1. Email n, Emaille f, Emaillelack m; 2. Lack m, Firnis m, Lasur f; 3. Glasur f
esmeril m Schmirgel m
esmerilador m Schmirgelscheibe f; Schmirgelschleifmaschine f
esmeriladora f Schmirgelschleifmaschine f; Schleifmaschine f
esmerilar v (ab)schmirgeln; schleifen
espaciado (Typ) gesperrt; durchschossen
espaciado m 1. Abstand m, Zwischenraum m; 2. (Typ) Sperren n; Ausschließen n

espaciador m 1. Leertaste f; 2. Abstandsstück n; Abstandhalter m
espaciamiento m Entfernung f; Abstand m; Spalt m
~ **de los electrodos** Elektrodenspalt m
~ **de líneas** Zeilenabstand m
~ **de polos** (El) Polteilung f
espaciar v 1. in Abständen anordnen; 2. (Typ) sperren, spationieren; durchschießen
espacio m 1. Raum m; Abstand m, Zwischenraum m; Strecke f; Fläche f, Platz m; 2. All n, Weltall n, Kosmos m, Weltraum m, Universum n; 3. (Masch) Spielraum m; 4. (Kfz) Bodenfreiheit f; 5. (Typ) Spatium n; Leerzeichen n • **a doble** ~ zweizeilig (Schreibmaschine)
~ **de acomodación** Wohnraum m (auf Schiffen)
~ **de almacenaje [almacenamiento]** (Inf) Speicherplatz n
~ **de aterrizaje** (Flg) Landestrecke f
~ **en blanco** 1. (Inf) Leerstelle f; 2. (Inf) Leerfläche f (beim Drucken)
~ **para los brazos** Greifraum m (Ergonomie)
~ **cartesiano** (Math) kartesischer Raum m
~ **circunterrestre** erdnaher Raum m
~ **cociente** (Math) Quotientenraum m, Faktorraum m
~ **conjugado** (Math) adjungierter Raum m
~ **cósmico** kosmischer [interplanetarer] Raum m, Weltraum m, Kosmos m, Weltall n
~ **de cuatro dimensiones** (Math) vierdimensionaler Raum m
~ **de chispa** (Kfz) Elektrodenabstand m, Elektrodenspalt m
~ **de despegue** (Flg) Startstrecke f
~ **de dimensiones infinitas** (Math) unendlichdimensionaler Raum m (Hilbert)
~ **en disco ocupado** (Inf) belegter Plattenspeicherplatz m
~ **entre dos apoyos** (Mech) Feldweite f
~ **entre dos cuadros** (Bgb) Feld n (Streb)
~ **de dos dimensiones** (Math) zweidimensionaler Raum m
~ **entre dos marcos** (Bgb) Feld n (Streb)
~ **dual** (Math) dualer Raum m, Dualraum m
~ **entre electrodos** Elektrodenabstand m
~ **elíptico** (Math) elliptischer Raum m

- ~ **de estados** *(Math)* Zustandsraum *m*
- ~ **euclideo [euclidiano]** *(Math)* euklidischer Raum *m*
- ~ **exterior** Weltraum *m*, All *n*
- ~ **extrasolar** extrasolarer Raum *m*
- ~ **de fases** *(Math)* Zustandsraum *m*
- ~ **de frenado** Bremsweg *m*
- ~ **funcional** 1. *(Math)* Funktionalraum *m*; 2. Funktionsraum *m (Ergonomie)*
- ~ **del hogar** Feuer(ungs)raum *m*, Verbrennungsraum *m*
- ~ **insonorizado** schalltoter Raum *m*
- ~ **interestelar** interstellarer Raum *m*
- ~ **libre de acción** *(Förd)* Schwenkprofil *n*
- ~ **libre del puesto de trabajo** Bewegungsraum *m (Ergonomie)*
- ~ **lineal** *(Math)* linearer Raum *m*, Vektorraum *m*
- ~ **de máquinas** Maschinenraum *m*
- ~ **de memoria** *(Inf)* Speicherplatz *m*
- ~ **muerto** 1. *(Nrt)* Schattenfunk *m*; tote Zone *f*, 2. *(Sich)* toter Raum *m*, Totraum *m (Atemanschluss)*
- ~ **multidimensional** *(Math)* mehrdimensionaler Raum *m*
- ~ **de navegación** Schiffsführungsraum *m*, Kommandoraum *m*; Ruderraum *m*, Ruderhaus *n*, Steuerhaus *n*
- ~ **para las piernas** Bein(frei)raum *m (Ergonomie)*
- ~ **probabilístico** *(Math)* Wahrscheinlichkeitsraum *m*
- ~ **próximo a la Tierra** erdnaher Raum *m*
- ~ **proyectivo** *(Math)* projektiver Raum *m*
- ~ **refrigerador** Kühlraum *m*
- ~ **reverberante** Nachhallraum *m*, Hallraum *m*
- ~ **de seguridad** Sicherheitsabstand *m*, Schutzabstand *m*
- ~ **tensorial** *(Math)* Tensorraum *m*
- ~ **de trabajo** Arbeitsraum *m*, Bewegungsraum *m (Ergonomie)*
- ~ **de tres dimensiones** *(Math)* dreidimensionaler Raum *m*
- ~ **vectorial** *(Math)* Vektorraum *m*, linearer Raum *m*
- ~ **virtual** *(Inf)* Cyberspace *m*

espaldón *m* Staukörper *m (Talsperre)*
esparavel *m* 1. *(Bw)* Aufziehbrett *n*; 2. *(Schiff)* Wurfnetz *n*
esparcidor *m* 1. Verteiler *m*; Streuer *m*; 2. *(Lt)* Streueinrichtung *f*; Streuer *m*, Streugerät *n*
esparcidora *f* 1. *(Bw)* Verteiler *m*; 2. *(Lt)* Streumaschine *f*, Streuer *m*
- ~ **de abono** Düngerstreuer *m*, Dungverteiler *m*
- ~ **de abono líquido** Gülleverteiler *m*
- ~ **de estiércol** Stalldungstreuer *m*, Mistverteiler *m*
- ~ **de heno** Heuwendemaschine *f*, Heuwender *m*

esparcir *v* (aus)streuen, verstreuen; verbreiten
espardec *m (Schiff)* Spardeck *n*
espárrago *m* Stiftschraube *f*
- ~ **gemelo** Schraubenbolzen *m*
- ~ **de sujeción** Riegel *m*, Raste *f*

espato *m (Min)* Spat *m*
espátula *f* Spachtel *m*; Spatel *m*
especificación *f* Spezifikation *f*, Spezifizierung *f*, Einzelaufstellung *f*, Einzelangaben *fpl*; technische Daten *pl*; Stückliste *f*
- ~ **de archivo** *(Inf)* Dateikenndaten *pl*, Dateiprofil *n*

especificar *v* spezifizieren; festlegen; bestimmen; einzeln anführen
espécimen *m* Muster *n*; Probe *f*; Probestück *n*, Prüfstück *n*; Präparat *n*
espectro *m* Spektrum *n*
- ~ **de absorción** Absorptionsspektrum *n*
- ~ **acústico** Schallspektrum *n*, Tonspektrum *n*
- ~ **audible** Hörspektrum *n*, Hörbereich *m*, Ton(frequenz)spektrum *n*
- ~ **cromático** Farbenspektrum *n*
- ~ **eléctrico** Kraftlinienbild *n*
- ~ **de radiación** Emissionsspektrum *n*
- ~ **de rayas** Linienspektrum *n*
- ~ **visible** sichtbares Spektrum *n*

espectroanalizador *m* Spektralanalysator *m*
espectrocolorímetro *m* Spektralfarbmesser *m*, Spektralkolorimeter *n*
espectrodensitometría *f* Spektraldichtemessung *f (Akustik)*
espectrofluorómetro *m* Spektralfluorometer *n*, Spektrofluorimeter *n*
espectrofotometría *f* Spektralphotometrie *f*
espectrofotómetro *m* Spektralphotometer *n*

espectrografía 168

espectrografía f Spektrographie f
espectrógrafo m Spektrograph m
espectrometría f Spektrometrie f
espectrómetro m Spektrometer n
espectroquímica f Spektrochemie f
espectroscopia f Spektroskopie f
espectroscopio m Spektroskop n
espéculo m Spekulum n, Spiegel m *(Medizintechnik)*
espejo m Spiegel m
~ **del faro** Scheinwerferspiegel m
~ **giratorio** Drehspiegel m
~ **panorámico** Rundsichtspiegel m
~ **parabólico** Parabolspiegel m
espejuelo m 1. *(Min)* Selenit m; Marienglas n; 2. Brillenglas n
espejuelos mpl Brille f, Schutzbrille f
~ **antiácidos** Säureschutzbrille f
~ **panorámicos** Vollsichtbrille f
~ **para soldar** Schweißerschutzbrille f
~ **tipo caja** Kastenbrille f
~ **tipo canasta** Korbbrille f
espesador m *(Ch)* Eindicker m
espesante m *(Ch)* Eindicker m, Verdickungsmittel n
espesar v *(Ch)* eindicken, verdicken
~ **por ebullición** eindampfen, einkochen; eindicken
espeso dickflüssig
espesor m 1. Dicke f; 2. *(Geol)* Mächtigkeit f • **de poco** ~ dünn
espiga f 1. Stift m; Schaft m; Zapfen m; Dorn m; Zinke f; Dübel m; 2. *(Bw)* Dollen m
~ **de ajuste** Passstift m, Adjustierstift m, Stellstift m
~ **calibre de rosca** Gewindelehrdorn m
~ **cilíndrica de tornillo** Schraubenschaft m, Zylinderschaft m
~ **de contacto** Kontaktstift m
~ **exploradora** Abfühlstift m, Abtaststift m
~ **de fijación** Sicherungsstift m; Abscherstift m
~ **(de) guía** Führungsstift m; Führungsschaft m; Führungszapfen m
~ **de madera** Holzdübel m
~ **roscada** Gewindestift m
espiga-calibre f Messdorn m
espigadora f 1. Getreidemähmaschine f; Header m *(Schneidapparat der Vollerntemaschine)*; *(Am)* Ährenmäher m; 2. Zapfenschneidemaschine f *(Holzbearbeitung)*
~ **para maíz** Maisgebiss n
espigadora-atadora f *(Lt)* Mähbinder m
espigadora-hileradora f *(Lt)* Schwadmäher m
espigadora-trilladora f *(Lt)* Kombine f, Vollerntemaschine f; Mähdrescher m
espigar v verdübeln *(z. B. Holz)*
espigón m 1. Hafendamm m, Mole f; 2. Spindel f *(einer Wendeltreppe)*
espín m *(Ph, Kern)* Spin m, Drall m, Eigendrehimpuls m
espino m artificial Stacheldraht m
espinterómetro m *(El)* Funken(entladungs)strecke f
espinzar v *(Text)* noppen
espira f Spirale f; Windung f
espiral spiralförmig, spiralig, Spiral...; schneckenförmig
espiral m 1. Spirale f; Wendel f; 2. Spiralfeder f • **en** ~ spiralförmig; gewendelt
~ **agitadora** Rührschraube f
~ **de calefacción** Heizwendel f
~ **mezcladora** Mischschnecke f
espiraloide spiralähnlich; spiralig
espíritu m Spiritus m, Sprit m *(gewerbsmäßig hergestelltes Ethanol)*
~ **de madera** Holzgeist m
~ **de vino** Weingeist m
espirómetro m Spirometer n, Atmungsmesser m *(Medizintechnik)*
espita f 1. Hahn m; 2. Stöpsel m; Pfropfen m
espoleta f Zünder m *(Sprengtechnik)*
espolón m Kai m; Mole f; Hafendamm m; Pier m; Wellenbrecher m; Buhne f
espolvoreador m Zerstäuber m, Pulverisator m
espolvoreadora f Stäubemaschine f; Stäubegerät n
~ **para semillas** Saatgutbeizmaschine f
espolvorear v zerstäuben; bestäuben
espontaneidad f reactiva *(Ch)* Reaktionsfreudigkeit f
espuma f 1. Schaum m; 2. *(Met)* Schlacke f; Beimischung f; Krätze f
espumable schaumbildend; verschäumbar
espumadero m Abschäumer m
espumador m Schaumerzeuger m

espumante *m* Schaum(erzeugungs)mittel *n*, Schaumerzeuger *m*, Schaumbildner *m*, Schäummittel *n*

espumar *v* schäumen; verschäumen, aufschäumen

esquema *m* Schema *n*; Plan *m*; Diagramm *n*

~ **de bloques** *(El)* Blockschaltbild *n*, Blockschema *n*; Übersichtsschaltplan *m*

~ **de cableado** *(El)* Kabelplan *m*; Verdrahtungsschaltbild *n*

~ **de cargas** Belastungsdiagramm *n*, Belastungskennlinie *f*

~ **de conexiones** *(El)* Schaltbild *n*, Schaltplan *m*, Schaltschema *n*, Verdrahtungsplan *m*

~ **de conjunto** Blockschaltbild *n*, Blockschema *n*, Prinzipschaltbild *n*; Prinzipschaltung *f*

~ **eléctrico de conjunto** *(El)* Gesamtschaltbild *n*

~ **del engrase** Schmierplan *m*

~ **de montaje** Montageschaltbild *n*, Schaltschema *n*

~ **principal eléctrico** *(El)* Grundschaltplan *m*

~ **de principio** Grundschaltung *f*, Prinzipschaltbild *n*

~ **de secuencia** Ablaufplan *m*

esquiatrón *m* Blauschriftspeicherröhre *f*, Dunkelschriftröhre *f*, Farbschriftröhre *f*, Skiatron *f*

esquiladora *f (Text)* Schermaschine *f*

esquisto *m* Schiefer *m*

estabilidad *f* 1. Stabilität *f*, Festigkeit *f*, Beständigkeit *f*, Haltbarkeit *f*; 2. (statische) Stabilität *f*, Standfestigkeit *f*, Standsicherheit *f*

~ **directriz** *(Kfz, Flg)* Richtungsstabilität *f*

~ **de forma** 1. *(Schiff)* Formstabilität *f*; 2. *(Text)* Formbeständigkeit *f*

~ **de gobierno** *(Schiff, Flg)* Kursstabilität *f*

~ **en marcha** *(Kfz)* Fahrstabilität *f*

~ **de ruta** 1. *(Schiff, Flg)* Kursstabilität *f*; 2. *(Kfz)* Straßenlage *f*

~ **de sincronismo de imagen** *(TV)* Bildstabilität *f*

estabilización *f* 1. Stabilisierung *f*, Konstanthaltung *f*; 2. *(Met)* Stabilisierungsglühen *n*, Spannungsfreiglühen *n*, Entspannungsglühen *n*, Glühen *n*

estabilizado stabilisiert; verfestigt

estabilizador *m* 1. *(Ch)* Stabilisator *m*, Stabilisiermittel *n*; 2. *(El)* Gleichhalter *m*, Konstanthalter *m*, Stabilisator *m*; 3. *(Schiff)* Trimmvorrichtung *f*, Stabilisator *m*; 4. *(Flg)* Leitwerk *n*; Flosse *f*

~ **de aletas** *(Flg)* Flosse *f*

~ **antibalanceo** *(Schiff)* Schlingerdämpfungsanlage *f*, Schlingerdämpfungseinrichtung *f*, Rolldämpfungsanlage *f*, Schlingerstabilisator *m*, Rollstabilisator *m*

~ **de cola** *(Flg)* Schwanzflosse *f*

~ **de curvas** *(Kfz)* Kurvenstabilisator *m*

~ **de flotación** Stabilisierungsflosse *f* *(Hubschrauber)*

~ **giratorio** *(Kfz)* Drehstabilisator *m*

~ **horizontal** *(Flg)* Höhenflosse *f*

~ **de tensión** Spannungskonstanthalter *m*, Spannungsgleichhalter *m*; Spannungsregler *m*

~ **vertical** *(Flg)* Seiten(leit)flosse *f*, Kielflosse *f*

estabilizante *m* Stabilisator *m*

estabilizar *v* 1. *(Ch)* stabilisieren; 2. *(El)* konstant halten; 3. *(Met)* stabilisieren, (stabilisierend) glühen

establecimiento *m* 1. Anlage *f*; Aufbau *m*; Anordnung *f*; 2. Unternehmen *n*; Betrieb *m*, Werk *n*

~ **de la conexión** *(Nrt)* Verbindungsaufbau *m*, Verbindungsherstellung *f*

~ **frigorífico** Kälteeinrichtung *f*, Kühleinrichtung *f*

~ **invernador** *(Lt)* Treibhaus *n*

~ **de puerto** Hafenanlage *f*

~ **de riesgo de incendio** brandgefährdete Arbeitsstätte *f*

estaca *f* 1. *(Eb)* Runge *f*; 2. *(Geol)* Holzpflock *m (Beobachtungsmarke)*; 3. *(Bgb)* Stempel *m*

estacada 1. Einhegung *f*; 2. Pfahlwerk *n*, Verpfählung *f (Rammtechnik)*

estación *f* 1. Station *f*; Bahnhof *m*; Abfertigungsstelle *f*; 2. Anlage *f*; 3. *(Nrt)* Amt *n*; 4. Beobachtungsstelle *f*; Standpunkt *m*, Standort *m*; trigonometrischer Punkt *m*

~ **base** *(Nrt)* Basisstation *f*, Funkfeststation *f (Mobiltelefon)*

~ **de bombeo** Pumpenwerk *n*, Pumpstation *f*

~ **de cabezuela** Kopfbahnhof *m*

~ **de cable hertziano** Richtfunkstelle *f*

estación

~ **de clasificación** Verschiebebahnhof m
~ **de comunicaciones** Funkstation f
~ **de consulta** (Inf) Abfragestelle f, Abfragestation f, Abfrageplatz m
~ **depuradora de aguas residuales** Abwasserreinigungsanlage f
~ **directriz** Leitsender m, Leitfunkstelle f, Leitstation f
~ **distribuidora** (El) Verteilerwerk n
~ **emisora direccional** Richtsendeanlage f
~ **espacial** Raumstation f, Weltraumstation f
~ **de funicular** Seilbahnstation f
~ **huésped** (Inf) Wirtsrechner m, Verarbeitungsrechner m
~ **de inspección de vehículos** Kfz-Prüfstelle f
~ **interplanetaria** interplanetare Station f
~ **meteorológica** Wetterwarte f, Wetterdienststelle f, meteorologische Station f
~ **de nafta** (Am) Tankstelle f
~ **nuclear** Kernkraftwerk n, KKW
~ **orbital** Orbitalstation f
~ **potabilizadora** Trinkwasseraufbereitungsanlage f
~ **de pruebas** Versuchsanstalt f, Prüfstelle f
~ **de radio relevada** Relaisstation f, Sende-Empfangs-Station f
~ **radioeléctrica** Funkstation f, Funkstelle f
~ **radiogoniométrica** Funkpeilstelle f
~ **radiometeorológica** Funkwetterwarte f
~ **de radionavegación** Funknavigationsanlage f
~ **radiotelefónica** Funksprechstation f, Funksprechstelle f
~ **reguladora** Verschiebebahnhof m; Verteilerbahnhof m
~ **repetidora** 1. Relaisstation f, Relaisstelle f, Zwischensender m; 2. (Nrt) Durchgangsamt m; Unterstation f
~ **de servicio** Tankstelle f (oft mit Reparaturwerkstatt)
~ **de telefonía** Fernsprechstelle f, Sprechstelle f
~ **tensora** Spannstation f (Seilbahn)
~ **terminal** Kopfbahnhof m; Endbahnhof m; Endstation f (Seilbahn)
~ **transformadora** Umspannwerk n
~ **de tratamiento de aguas** Wasseraufbereitungsanlage f
~ **de tratamiento de basura** Abfallbehandlungsanlage f

estacionario stationär, feststehend, ortsfest, unbeweglich

estacha f (Schiff) Trosse f; Tau n; Verholleine f; Harpunenleine f (Walfang)

estadia f Messlatte f, Messstange f, Distanzlatte f

estadímetro m (optisches) Streckenmessgerät n

estadística f Statistik f

estado m 1. Zustand m; Status m; Beschaffenheit f; Stadium n; Phase f; Stufe f; 2. (Nrt) Zeitlage f • **en ~ natural** im Rohzustand, unverarbeitet
~ **de agregación** (Ph) Aggregatzustand m
~ **de carga** 1. Belastungszustand m; 2. (El) Ladungszustand m
~ **de contador** Zählerstand m
~ **de conversión** Umrechnungstabelle f
~ **estable** stabiler Zustand m, stabile Lage f; Gleichgewichtszustand m
~ **físico** (Ph) Aggregatzustand m
~ **de funcionamiento** 1. Betriebszustand m; Funktionszustand m; 2. (El) Einschaltzustand m
~ **de inercia** Beharrungszustand m
~ **límite** Grenzzustand m
~ **del líquido de frenos** Bremsflüssigkeitsstand m
~ **de la materia** (Ph) Aggregatzustand m
~ **de memoria** (Inf) Speicherstatus m
~ **neutro** (El) Nullzustand m, 0-Zustand m, neutraler Zustand m
~ **operacional** Betriebszustand m; Schaltzustand m
~ **ruinoso** Baufälligkeit f
~ **de seguridad** Sicherheitszustand m, sicherer [sicherheitlich einwandfreier] Zustand m
~ **de servicio** Betriebszustand m

estalagmómetro m (Ph) Stalagmometer n, Tropfenzähler m

estallar v explodieren; knallen; (zer)platzen

estallido m Explosion f; Knall m; Absprengung f, Zersplitterung f
~ **de gas** Gasausbruch m
~ **supersónico** Überschallknall m

estampa f 1. (Fert) Gesenk n; Pressform f; Unterlage f; 2. Gesenkschmiedepresse f; Prägepresse f; 3. Kopfsetzer m; 4. (Typ) Druck m

estampación f 1. *(Fert)* Gesenkschmieden n; Pressen n; 2. Prägung f, Druck m; Zeugdruck m
~ **en colores** Farbendruck m
~ **al cuadro** Siebdruck m, Filmdruck m *(Gewebe)*
~ **en frío** Kaltpressen n; Kaltfließpressen n, Fließpressen n
~ **por mordiente** Ätzdruck m
~ **policroma** Mehrfarbendruck m
estampado m 1. *(Fert)* Pressen n; Stanzen n, Stanzvorgang m; 2. Schnitt m *(Stanzwerkzeug)*; 3. Pressling m; Stanzling m, Stanzteil n; 4. Drücken n, Stanzen n *(Folienverarbeitung)*; 5. Druck m; Prägen n; Bedrucken n
~ **por decoloración** *(Text)* Ätzdruck m
~ **de matrices** *(Typ)* Maternprägen n
~ **por rodillos** *(Text)* Walzendruck m, Rouleauxdruck m
~ **de urdimbre** *(Text)* Kettdruck m
estampador m 1. *(Fert)* Presswerkzeug n; Stanzwerkzeug n; Gesenkschmiedehammer m; 2. Presser m, Stanzer m; Gesenkmacher m
estampadora f 1. Presse f, Stanze f; 2. Druck(erei)maschine f; Prägemaschine f
estampar v 1. *(Fert)* einsenken; gesenkschmieden; pressen; stanzen; 2. *(Typ)* drucken; 3. *(Text)* bedrucken
~ **en caliente** warmpressen
~ **en frío** kaltpressen
~ **en relieves** prägen
estampería f Presserei f, Stanzerei f
estampido m Knall m
~ **sónico [supersónico]** Überschallknall m
estampilladora f Stempelmaschine f
estampillar v stampfen; prägen, stempeln
estancar v 1. stauen; 2. abdichten
estanco dicht; wasserdicht
~ **al gas** gasdicht
~ **a la intemperie** wetterfest
~ **a las llamas** flammensicher
~ **al sonido** schallgeschützt, schallgedämmt, schalldicht
estanco m *(Schiff)* wasserdichtes Schott n
estándar m Standard m; Norm f
~ **de diseño** Gestaltungsnorm f
estandarización f Standardisierung f; Normung f
estandarizar v standardisieren; normen

estannífero Zinn…, zinnhaltig
estanque m Becken n, Bassin n; Reservoir n
~ **de acumulación** Staubecken n
~ **aireado** Belebungsbecken n, Lüftungsbecken n, Belüftungsbecken n, Belebtschlammbecken n
~ **de captación** Auffangbecken n
~ **clarificador [decantador]** Klärbecken n
~ **de sedimentación** Absetzbecken n, Klärbecken n
estanqueidad f Dichtheit f
estante m Gestell n; Lattengestell n; Ständer m; Regal n; Horde f
estantería f Stellage f, Regal n
~ **de almacenaje** Lagergestell n
~ **alta** Hochregal n
estañado m Verzinnen n; Verzinnung f
~ **al fuego** Feuerverzinnen n
~ **galvánico** galvanisches Verzinnen n
~ **por inmersión** Tauchverzinnen n
estañar v verzinnen
estaño m Zinn n, Sn
~ **para soldar** Lötzinn n
estática f Statik f
~ **para construcciones** Baustatik f
~ **de los cuerpos sólidos** Statik f der festen Körper
estático statisch
estatizador m *(Eln)* Serien-Parallel-Wandler m
estator m Ständer m, Stator m *(beim Elektromotor)*
estatorreactor m *(Flg)* Staustrahltriebwerk n
estela f 1. Kielwasser n; Sog m, Nachstrom m; 2. Spur f; 3. *(Flg)* Vortriebswiderstand m
~ **de condensación** Kondensstreifen m
estemple m *(Bgb)* Stempel m
esténcil m Vervielfältigungsmatrize f
estequiometría f *(Ch)* Stöchiometrie f
estequiométrico *(Ch)* stöchiometrisch
éster m Ester m
~ **de ácido graso** Fettsäureester m
~ **etílico** Ethylester m
estera f Matte f, Fußbodenmatte f
~ **alimentadora** Zuführungsband n
~ **transportadora** 1. Transportmatte f, Lademate f; 2. *(Lt)* Fördertuch n
estereodinámica f Dynamik f fester Körper

estereofonía

estereofonía f Stereophonie f
estereofotogrametría f Stereophotogrammmetrie f, Zweibildmessung f
estereografía f Stereographie f
estereograma m Stereobilder npl, Bildpaar n, Raumbild n
estereoisomería f (Ch) Stereoisomerie f, stereochemische Isomerie f
estereometría f Stereometrie f
estereómetro m Stereometer n
estereomicroscopio m Stereomikroskop n
estereomodelo m (Foto) Raummodell n, Stereomodell n
estereoquímica f Stereochemie f
estereorradián m Steradiant m (Einheit des Raumwinkels)
estereorradiómetro m Stereoradiometer n
estereorrestituidor m Stereoauswertegerät n, Stereokartiergerät n, Zweibildkartiergerät n
estereoscopia f Stereoskopie f, Raumbildverfahren n
estereoscopio m Stereoskop n, Stereobetrachter m
estereostática f Statik f fester Körper
estereotelémetro m Stereoentfernungsmesser m, Raumbildentfernungsmesser m
estereotipar v (Typ) klischieren
estereotipia f (Typ) Stereotypdruck m, Stereotypie f
estereotipo m (Typ) Stereoplatte f, Stereo n, Klischee n
estérico (Ch) sterisch
esterificación f (Ch) Veresterung f
esterificar v (Ch) verestern
estéril steril, keimfrei; taub, tot (Gestein)
estéril m (Bgb) taubes Gestein n, Abraum m
estériles mpl **de flotación** Flotationsberge pl (Aufbereitung)
esterilizador m Sterilisator m, Sterilisierapparat m
~ **de aire caliente** Heißluftsterilisator m
~ **de radiación** Strahlensterilisator m
~ **de vapor recalentado** Heißdampfsterilisator m
esterilizante m Entkeimungsmittel n
esterilizar v sterilisieren, keimfrei machen, entkeimen

estetoscopio m Stethoskop n, Hörrohr n
estiba f 1. (Schiff) Stauung f; Trimmen n; (Am) Laden n; 2. verstaute Ladung f
estibado de popa (Schiff) achterlastig
estibador m Stapelgerät n
estibar v (Schiff) stauen, trimmen; stapeln
estibina f 1. (Ch) Stibin n, Antimonwasserstoff m; 2. (Min) Stibnit m, Antimonglanz m
estiércol m Dung, Stalldung m, Stalldünger m, Stallmist m
~ **líquido** flüssiger Dünger m; Jauche f; Gülle f
estilb m s. stilb
estilete m 1. Schreibstift m; 2. Stichel m; Zeiger m; 3. (Schiff) Pinne f (am Kompass)
~ **luminoso** (Inf) Lichtstift m, Lichtschreiber m
estilo m 1. Stil m; Bauart f, Modell n, Ausführung f, Form f; Schriftstil m; 2. s. estilete
~ **cursiva** Kursivschrift f
~ **de fuente** Schriftart f
~ **negrita** Fettschrift f
~ **puntillista** hervorgehobene Schriftart f
~ **tipográfico** Satzgestaltung f
estima f (Schiff) gegisstes Besteck n, Besteckrechnung f, Gissung f
estimación f Veranschlagen n; Bewertung f, Abschätzung f, Schätzung f (Statistik)
~ **inferior** (Math) unterer Wert m (Spieltheorie)
~ **insesgada** erwartungstreue Schätzung f (Statistik)
~ **superior** (Math) oberer Wert m (Spieltheorie)
estimador m Schätzfunktion f
estimar v bewerten, (ab)schätzen
estimular v stimulieren, anregen; induzieren
estirado m (Fert) Ziehen n; Recken n; Verstreckung f, Verstrecken n (von Folien)
~ **de alambres** Drahtziehen n
~ **en caliente** Warmziehen n
~ **en combinación** Streckziehen n, Reckziehen n
~ **en frío** Kaltziehen n
~ **en seco** Trockenziehen n
~ **de tubos** Rohrziehen n
estirador m Ziehvorrichtung f; Ziehmaschine f

estiradora f 1. (Fert) Ziehmaschine f; 2. (Text) Strecke f; Streckmaschine f
~ **de alambre** Drahtziehmaschine f
~ **de algodón** Baumwollstreckmaschine f
~ **combinada** Streckziehmaschine f
~ **de chapas** Blechziehmaschine f
~ **en grueso** (Text) Grobstrecke f, Rohstrecke f, Vorstrecke f (Spinnerei)
~ **de perfiles** Profilziehmaschine f
estiraje m 1. (Fert) Ziehen n; 2. (Text) Strecken n; 3. Verzug m (von Material)
estirar v 1. ziehen; dehnen; spannen; verziehen; 2. (Fert) ziehen; streckziehen; 3. (Text) (aus)recken, strecken
~ **en caliente** warmziehen
~ **en combinación** streckziehen, reckziehen
~ **sin costura** nahtlos ziehen
~ **en frío** kaltziehen
~ **por forja** strecken, ausschmieden
estocástica f (Math) Stochastik f
estocástico (Math) stochastisch
estopor m (Schiff) Stopper m (zum Abstoppen einer Leine)
estrangulación f 1. Drosselung f; 2. Abschnürung f; 3. (Inf) Absturz m (Prozessor)
~ **del sistema** Systemabsturz m
~ **del vapor** Dampfdrosselung f
estrangulador m Drossel(einrichtung) f; Drosselventil n, Drosselklappe f
estrangular v 1. drosseln; 2. abschnüren
estratificación f 1. Schichten n; 2. (Geol) Schichtung f, Lagerung f • **con ~ entrecruzada** kreuzgeschichtet
estratificado n (Kst) Schicht(press)stoff m
estratificar v schichten
estrato m 1. Schicht f, Lage f; 2. Schichtwolke f, Stratuswolke f; 3. Schichtfolie f
• **en estratos** lagenweise
~ **de carbón** Kohlenflöz n
~ **de drenaje** Dränschicht f (Deponie)
~ **rocoso** Gesteinsschicht f
estratostato m Stratostat m, Stratosphärenballon m
estrave m (Schiff) Vordersteven m
estrechamiento m 1. Verengung f, Verschmälerung f; 2. (Bgb) Verdünnung f, Verdrückung f (z. B. eines Ganges)
estrella f 1. (Astr) Stern m; 2. (El) Y-Verzweigung f, Sternschaltung f; 3. (Kern) Stern m, Emulsionsstern m; 4. (Mech) Kreuzstück n
~ **fija** Fixstern m
~ **fugaz** Sternschnuppe f
~ **de interrupción** (Mech) Schaltrad n; Schaltstern m
~ **portacadena** (Förd) Kettenstern m
estrés m **mecánico** mechanische Spannung f; Beanspruchung f
estría f Riefe f, Rille f; Streifen m; Furche f; Schliere f
~ **espiral** Wendel f, Drallnut f (z. B. Spiralbohrer)
~ **de lubricación** Schmiernut f
estriación f Schichtung f, Streifenbildung f; Riffeln n
estriadora f Kerbmaschine f
estrías fpl (Kfz) Reifenprofil n; Lauffläche f; Profilrillen fpl
~ **antideslizantes** Gleitschutzprofil n
estribo m 1. Auflager n, Widerlager n; 2. Bügel m; 3. Brückenpfeiler m; 4. Fußraste f; Trittbrett n
~ **de apriete** Greifklaue f
~ **de ballesta** (Kfz) Federklammer f
~ **de caída** Fallbügel m
~ **de conexión** (El) Verbindungsbrücke f
~ **de fijación** Befestigungsbügel m
~ **de seguridad** Schutzbügel m
~ **tensor** Schraubenzwinge f, Klammer f
estribor m (Schiff) Steuerbord n
estricto 1. (Math) streng; genau; 2. (Masch) passgenau
estringa f (Schiff) Längsträger m, Längsbalken m; Stringer m
estriografía f (Wkst) Schlierenaufnahme f, Schlierenbild n
estrioscopia f (Wkst) Schlierenverfahren n, Schlierentechnik f, Schlierenmethode f
estrobo m (Schiff) Seilring m; Knebelstropp m
estroboscopia f (Opt) Stroboskopie f
estroboscopio m (Opt) Stroboskop n
estroncio m Strontium m, Sr
estructura f 1. Struktur f, Gliederung f, Bau m, Aufbau m; 2. (Geol, Met) Gefüge n; Textur f; 3. Verband m, Festigkeitsverband m; Fachwerk n; 4. (Inf) Konstrukt n; 5. (Rak) Zelle f, Raketenkörper m
~ **de acero** 1. Stahlbauwerk n; 2. Stahltragwerk n

estructura

- ~ **alámbrica** *(Bw)* Drahtgewebe *n*
- ~ **alveolar** 1. Wabenstruktur *f*; 2. *(Bw)* Wabenkonstruktion *f*
- ~ **antivuelco** Kippsicherung *f (Krankabine)*
- ~ **en árbol** *(Inf)* Baumstruktur *f*
- ~ **de archivo** *(Inf)* Dateiaufbau *m*
- ~ **atómica** Atom(auf)bau *m*, Atomstruktur *f*
- ~ **austenítica** *(Met)* austenitisches Gefüge *f*
- ~ **del barco** Schiffsverband *m*
- ~ **básica** 1. Grundstruktur *f*; 2. *(Kfz)* Fahrwerk *n (ohne Motor)*; Unterbau *m*
- ~ **del buque** Schiffsverband *m*
- ~ **de cadena** *(Ch)* Kettenstruktur *f*
- ~ **de carpetas** *(Inf)* Ordnerstruktur *f*, Verzeichnisstruktur *f*
- ~ **del casco** Schiffskörperverband *m*
- ~ **de capas** 1. *(Ph)* Schichtstruktur *f*; 2. *(Kern)* Schalenstruktur *f*, Schalen(auf)bau *m*
- ~ **celular** 1. *(Ch, Kfz)* Zellenstruktur *f*; 2. *(Met)* Zell(en)struktur *f*, Zell(en)gefüge *n*
- ~ **cristalina** Kristallstruktur *f*, Kristall(auf)bau *m*; kristallines Gefüge *n*
- ~ **fibrosa** Faserstruktur *f*
- ~ **granulada [granular]** körniges Gefüge *n*, Korngefüge *n*
- ~ **inflable** *(Bw)* Traglufthalle *f*
- ~ **jerárquica** *(Inf)* hierarchische Struktur *f*
- ~ **de mallas** Netzstruktur *f*; Drahttextur *f*
- ~ **del material** Werkstoffgefüge *n*
- ~ **microscópica** mikroskopisches Gefüge *n*, Mikrogefüge *n*
- ~ **en panal de abeja** 1. Wabenstruktur *f*, Wabenbau *m*; 2. *(Bw)* Wabenkonstruktion *f*
- ~ **reticulada [reticular]** 1. Netzstruktur *f*, Gitterstruktur *f*; 2. *(Met)* netzförmiges Gefüge *n*
- ~ **de soporte** Tragwerk *n*; Tragkonstruktion *f*
- ~ **superficial** *(Met)* Oberflächengefüge *n*
- ~ **superior** *(Schiff)* Aufbau *m (Deck)*

estructurar *v* 1. strukturieren; gestalten; formatieren *(Diskette)*; 2. *(Text)* texturieren

estrujadora *f* Fruchtpresse *f*, Obstpresse *f*

estrujar *v* auspressen; ausquetschen

estuco *m* Stuck *m*

- ~ **de mármol** Gipsmarmor *m*

estuche *m* Futteral *n*, Etui *n*; Besteck *n*; Reißzeug *n*

estudio *m* 1. Studium *n*; Forschung *f*; Untersuchung *f*; Prüfung *f*; 2. Ausarbeitung *f*; (wissenschaftliche) Studie *f*; Analyse *f*; 3. Atelier *n*, Senderaum *m*; Studio *n*, Aufnahmeraum *m*
- ~ **de campo** Feldstudie *f*
- ~ **cinematográfico** Filmstudio *n*, Studio *n*
- ~ **cristalográfico** kristallographische Analyse *f*
- ~ **de dimensión** *(Inf)* Dimensionierung *f*, Dimensionsprüfung *f*, Größenzuschnitt *m*
- ~ **edafológico** bodenkundliche Untersuchung *f*
- ~ **de efectos ambientales** Umweltverträglichkeitsstudie *f*
- ~ **espectroscópico** Spektralanalyse *f*
- ~ **de factibilidad** Durchführbarkeitsstudie *f*, Projektstudie *f*, Voruntersuchung *f*
- ~ **fractográfico** fraktographische Analyse *f*, metallographische Bruchuntersuchung *f*
- ~ **de laboratorio** Labor(atoriums)untersuchung *f*
- ~ **de materiales** Werkstoffanalyse *f*
- ~ **de registro de sonido** Tonaufnahmestudio *n*
- ~ **in situ** Felduntersuchung *f*, Feldstudie *f*
- ~ **de viabilidad** *s*. ~ de factibilidad

estufa *f* 1. Ofen *m*, Heizofen *m*, Trockenofen *m*; 2. Trockenraum *m*
- ~ **de radiación** Strahlungsofen *m*; Strahlungsheizkörper *m*, Heizkörper *m*, Wärmestrahler *m*

esviar *v* abschrägen

etapa *f* 1. Etappe *f*; Periode *f*; Abschnitt *m* *(geologische Zeit)*; Stadium *n*; Phase *f*; 2. *(Eln)* Stufe *f*; Sendestufe *f*, Verstärkerstufe *f*
- ~ **de amplificación** Verstärkerstufe *f*
- ~ **de diseño** Entwurfsstadium *n*, Entwurfsphase *f*, Konstruktionsphase *f*; Projektierungsphase *f*
- ~ **de frenado** *(Rak)* Bremsstufe *f*
- ~ **de incendio** Brandabschnitt *m*

eteno *m s*. etileno

éter *m* Ether *m*; Ester *m*

etéreo etherisch, Ether...

eterificación *f (Ch)* Veretherung *f*; Etherbildung *f*

eterificar *v* verethern

etilación *f (Ch)* Ethylieren *n*, Ethylierung *f*

etilar *v* ethylieren

excavación

etilbromura Ethylbromid *n*, Bromethyl *n*, Bromethan *n*
etileno *m* Ethen *n*, Ethylen *n*
etino *m* Ethin *n*, Acethylen *n*
etiqueta *f (Inf)* Bezeichnung *f*, Kennzeichnung *f*, Kennung *f*, Kennsatz *m*, Etikett *n*; Marke *f*; Aufklebemarke *f*
~ **de cabecera** Anfangskennsatz *m*, Dateianfangskennsatz *m*, Anfangsetikett *n*
~ **de cola** Schlusskennsatz *m*, Dateiendekennsatz *m*, Endkennsatz *m*, Endetikett *n*
~ **indicadora** Kennsatz *m*
etiquetadora *f* Etikettiermaschine *f*
etiquetar *v* kennzeichnen, bezeichnen, markieren; etikettieren
eudiómetro *m (Ch)* Eudiometer *n*, Gasmessröhre *f*
europio *m* Europium *n*, Eu
eutéctico *m (Met)* Eutektikum *n*
eutexia *f (Met)* Eutektikum *n*
evacuación *f* 1. Absaugung *f*, Evakuierung *f*, Abzug *m*, Entleerung *f*; 2. Abführung *f*, Ableitung *f*, Beseitigung *f*, Entsorgung *f (von Abfällen)*
~ **de aguas residuales** Abwasserableitung *f*, Abwasserbeseitigung *f*, Abwasserentsorgung *f*
~ **del aire** Entlüftung *f*, Luftabzug *m*
~ **de basuras** Müllbeseitigung *f*, Müllentsorgung *f*; Abfallbeseitigung *f*, Abfallentsorgung *f*
~ **de desechos** Abfallbeseitigung *f*, Abfallentsorgung *f*
~ **de detritos** Schuttbeseitigung *f*
~ **de virutas** Späneabführung *f*, Späneabsaugung *f*, Spanabsaugung *f*
evacuador *m* Saugvorrichtung *f*, Abluftsauger *m*
~ **de estiércol** Stalldungräumer *m*
evacuar *v* absaugen; evakuieren; abziehen; entleeren; abführen; ableiten; beseitigen; abblasen; entsorgen
~ **el aire** entlüften
evadir *v* ausströmen, entweichen
evaluación *f* Bewertung *f*, Evaluierung *f*, Auswertung *f*, Einschätzung *f*, Berechnung *f*
~ **ambiental** Umweltbewertung *f*
~ **de contaminantes** Schadstoffbewertung *f*
~ **de frecuencias** Frequenzbewertung *f (Akustik)*
~ **del impacto ambiental** Bewertung *f* der Umweltverträglichkeit
~ **de proyectos** Projektevaluierung *f*, Projektbewertung *f*
~ **del ruido** Lärmbewertung *f*, Lärmabschätzung *f*
~ **de los suelos** *(Lt)* Bodenbewertung *f*
evaluar *v* bewerten; auswerten; (ein)schätzen; berechnen
evaporación *f* Verdampfung *f*, Eindampfung *f*, Aufdampfung *f*, Verdunsten *n*, Verdunstung *f*
~ **catódica** Katodenzerstäubung *f*
~ **por etapas** Stufenverdampfung *f*
~ **instantánea** Entspannungsverdampfung *f*, Blitzverdampfung *f*, Flashverdampfung *f*
~ **de múltiple efecto** mehrstufige Verdampfung *f*, Mehrstufenverdampfung *f*, Mehrkörperverdampfung *f*
~ **al vacío** Vakuumverdampfung *f*
evaporador *m* Verdampfer *m*, Verdampfungsgefäß *n*, Eindampfapparat *m*, Eindampfer *m*; Abdampfapparat *m*, Evaporator *m*
evaporar *v* verdampfen, eindampfen; abdampfen; aufdampfen
evaporarse *v* abdunsten, verdunsten; verfliegen, sich verflüchtigen
evaporímetro *m* Verdunstungsmesser *m*
evaporómetro *m* Verdunstungsmesser *m*
evoluta *f (Math)* Evolute *f*
~ **metacéntrica** metazentrische Evolute *f (Schiffstheorie)*
evolvente *f (Math)* Evolvente *f*, Hüllkurve *f*, Einhüllende *f*
examen *m* Untersuchung *f*, Prüfung *f*
~ **a ciegas** Blindversuch *m*
~ **espectroscópico** Spektralanalyse *f*, spektroskopische Analyse *f*
~ **de laboratorio** Laborprüfung *f*, Laboruntersuchung *f*
~ **de marcas** *(Inf)* optische Zeichenabtastung *f*
~ **metalográfico** metallographische Untersuchung *f*, Schliffprobe *f*
~ **ultrasónico** Ultraschalldefektoskopie *f*, Ultraschallwerkstoffprüfung *f*
excavación *f* 1. Ausbaggerung *f*, Baggerung *f*, Aushub *m*, Ausschachtung *f*; 2. *(Bgb)* Abbau *m*; Schürfung *f*, Grubenraum *m*

excavación

~ a cielo abierto Abbau *m* im Tagebau
~ de pozos Schacht(ab)teufen *n*, Schachtaushebung *f*
~ subterránea Untertageabbau *m*
~ del suelo *(Bw)* Bodenaushub *m*
~ por tajos Strebraum *m*

excavadora *f* Bagger *m*, Erdbagger *m*; Grabenbagger *m*; Grabenzieher *m*
~ acarreadora Schrapper *m*, Seilschaufler *m*
~ afloradora *(Bgb)* Abbaubagger *m*
~ ambulante Schreitbagger *m*
~ de arrastre Schrapper *m*, Seilschaufler *m*; Schürfkübelbagger *m*
~ de cable Seilbagger *m*
~ de cadena con cangilones Eimerkettenbagger *m*
~ cargadora *(Bgb)* Schrämlademaschine *f*
~ de cuchara Löffelbagger *m*, Greiferbagger *m*
~ de escombros *(Bgb)* Abraumbagger *m*
~ de mordazas Greifbagger *m*
~ sobre orugas Raupenbagger *m*
~ de palas de arrastre Schürfkübelbagger *m*
~ de patatas *(Lt)* Kartoffelroder *m*
~ sobre patines Schreitbagger *m*
~ raedera *(Bw)* Schürfarbeit *f*
~ de remolacha *(Lt)* Rübenerntemaschine *f*, Rübenroder *m*
~ de rosario con cangilones Eimerkettenbagger *m*
~ de rueda de cucharas [paletas] Schaufelradbagger *m*
~ de superficie Bulldozer *m*; Frontträumer *m*, Planiergerät *n*
~ de zanjas Grabenbagger *m*; Grabenpflug *m*; Dränmaschine *f*

excavadora-zapadora *f (Bgb)* Schrämmaschine *f*
excavar *v* 1. (aus)baggern; ausschachten, ausheben; graben; 2. roden; 3. *(Bgb)* schürfen; abteufen, niederbringen; auffahren *(Strecke)*
excéntrica *f* Exzenter *m*
excentricidad *f* Exzentrizität *f*, Außermittigkeit *f*, Unwucht *f*
excéntrico exzentrisch, außermittig
excéntrico *m* Exzenter *m*, Exzenterscheibe *f*
excitación *f* 1. *(Kern)* Anregung *f*; 2. *(El)* Erregung *f*; Aussteuerung *f*, Steuerung *f*
(von Sendestufen) **• de ~ independiente** fremderregt
excitador *m* 1. Erreger *m*; 2. *(Inf)* Treiber *m*
excitadora *f* Erregermaschine *f*
excitar *v* 1. *(Kern)* anregen; 2. *(El)* erregen; 3. *(Eln)* aussteuern
exfoliación *f* 1. *(Geol)* Abblätterung *f*; 2. *(Ch)* Schichtspaltung *f*, Schichtentrennung *f*
exfoliar *v (Geol)* abblättern, abschichten; abschiefern
exhaustor *m* Exhaustor *m*, Saug(ent)lüfter *m*
exoemisión *f* Exoelektronenemission *f*
exoenergético *(Ph)* exoenergetisch, energieabgebend
exotérmico exotherm
expandirse *v* sich ausdehnen
expansible (aus)dehnbar, dehnungsfähig
expansión *f* Expansion *f*, Ausdehnung *f*
expansionarse *v* sich ausdehnen *(Dampf, Gase)*
expansor *m (Text)* Ausbreitemaschine *f*, Ausbreiter *m*, Expander *m*
experimento *m* Versuch *m*, Experiment *n*, Prüfung *f*
~ prolongado Langzeitversuch *m*
explanación *f* 1. *(Bw)* Einebnung *f*, Planierung *f*; 2. planierte Fläche *f*
explanadora *f (Bw)* Grader *m*
~ caminera Straßenplanierer *m*
~ cargadora Schürflader *m*
~ de empuje Planierraupe *f*
explanar *v (Bw)* einebnen, planieren
explícito explizit, ausdrücklich
exploración *f* 1. Aufsuchen *n*; Erforschung *f*; 2. *(Eln)* Abtastung *f*, Rasterung *f*; 3. *(Bgb)* Lagerstättenerkundung *f*, Erkundung *f*, Schürfarbeit *f*
~ de alta frecuencia Hochfrequenzabtastung *f*, HF-Abtastung *f*
~ de caracteres *(Inf, Nrt)* Zeichenabtastung *f*; Zeichenerkennung *f*
~ de cuadros *(TV)* Bildabtastung *f*
~ de depósitos viejos Altlastenerkundung *f*
~ entrelazada *(TV)* Zeilensprungabtastung *f*
~ geológica geologischer Erkundung *f*
~ por haz electrónico Elektronenstrahlabtastung *f*

- ~ por haz luminoso *(TV)* Lichtstrahlabtastung *f*
- ~ de la imagen *(TV)* Bildabtastung *f*
- ~ de superficie *(Inf)* Oberflächenanalyse *f*, Oberflächenabtastung *f*

explorador *m* Scanner *m*, Abtaster *m*, Abtastgerät *n*

explorar *v* 1. aufsuchen, absuchen; 2. *(Eln)* abtasten; scannen; absuchen *(z. B. ein Kontaktfeld)*; 3. *(Bgb)* schürfen

explosible 1. explodierbar, explosibel, explosiv, leicht explodierend; 2. explosionsgefährdet

explosímetro *m* Explosionsmesser *m*

explosión *f* Explosion *f*; Zerknall *m*; Detonation *f*; Sprengung *f*
- ~ de caldera Kesselexplosion *f*, Kesselsprengen *n*, Kesselzerknall *m*
- ~ fallida Fehlzündung *f*
- ~ de grisú *(Bgb)* Schlagwetterexplosion *f*
- ~ inicial/gran *(Ph)* Urknall *m*, Big Bang *m*
- ~ de recipiente Behälterzerknall *m*, Zerknall *m*
- ~ sónica Überschallknall *m*

explosionar *v* explodieren; detonieren

explosivo *m* Explosivstoff *m*, Sprengstoff *m*, Sprengmittel *n*; Schießstoff *m*
- ~ deflagrante *(Bgb)* schlagwettersicherer Sprengstoff *m*
- ~ iniciador Initialzündmittel *n*, Initialsprengstoff *m*
- ~ propulsor 1. Treibmittel *n*, treibender Sprengstoff *m*; 2. fester Raketenbrennstoff *m*
- ~ de seguridad Sicherheitssprengstoff *m*

explosor *m* 1. Zündgerät *n*; Zündmaschine *f*; 2. *(El)* Funkenstrecke *f*
- ~ de ruptura Abreißfunkenstrecke *f*

explotable 1. nutzbar; verwertbar; 2. betriebsfähig; 3. *(Bgb)* abbauwürdig; 4. *(Lt)* anbaufähig; urbar

explotación *f* 1. Betrieb *m*; Betreiben *n*; Nutzung *f (z. B. von Technik)*; 2. *(Bgb)* Gewinnung *f*, Ausbeutung *f*, Verhieb *m*, Abbau *m*
- ~ por ataque frontal *(Bgb)* Strebbau *m*
- ~ por bancos *(Bgb)* Strossenbau *m*
- ~ a cielo abierto *(Bgb)* Tagebau *m*
- ~ por galerías *(Bgb)* Stollenbau *m*
- ~ por grandes puntales *(Bgb)* Strebbau *m*
- ~ de lignito al aire libre Braunkohlentagebau *m*
- ~ minera Bergbau *m*; Grubenbau *m*
- ~ minera a cielo abierto Tagebau *m*
- ~ con pilares *(Bgb)* Pfeilerbau *m*
- ~ de potasa Kalibergbau *m*
- ~ por socavón *(Bgb)* Stollenbau *m*
- ~ subterránea Untertagebau *m*, untertägiger Grubenbetrieb *m*, Untertagebetrieb *m*, Tiefbau *m*
- ~ en tajo *(Bgb)* Strebbau *m*
- ~ a tajo abierto Tagebaubetrieb *m*
- ~ vieja *(Bgb)* Alter Mann *m*

explotar *v* 1. betreiben *(Anlage)*; 2. ausbeuten; gewinnen; abbauen; fördern; 3. *s.* estallar

exponenciación *f* Potenzieren *n*, Potenzierung *f*, Erhebung *f* in eine Potenz, Potenzerhebung *f*

exponencial exponentiell, Exponential...

exponente *m (Math)* Exponent *m*
- ~ de potencia Potenzexponent *m*, Hochzahl *f*

exponer *v* 1. exponieren, aussetzen; ausstellen; 2. *(Foto)* belichten

exposición *f* 1. Exposition *f*; Belastung *f*; Gefährdung *f*; 2. Ausstellung *f*; 3. *(Foto)* Belichtung *f*; Bild *n*; 4. Bericht *m*

exposímetro *m* Belichtungsmesser *m*

expresión *f (Math)* Ausdruck *m*
- ~ algebraica algebraischer Ausdruck *m*
- ~ asintótica asymptotischer Ausdruck *m*
- ~ exponencial Exponentialausdruck *m*
- ~ numérica numerischer Ausdruck *m*, Zahlenausdruck *m*
- ~ polinómica Polynom *n*, mehrgliedriger Ausdruck *m*
- ~ subradical Wurzelausdruck *m*

expuesto 1. exponiert; belastet; gefährdet; anfällig; 2. frei liegend *(Leitung)*; 3. *(Foto)* belichtet
- ~ a fallos störanfällig

expulsadora-enfardadora *f (Lt)* Auswurfballenpresse *f*

expulsar *v* ausstoßen; auswerfen; austreiben *(z. B. Sprengladung)*

expulsión *f* Austreiben; Ausstoßen *n*, Ausstoß *m*; Auswurf *m*

expulsor *m* Auswerfer *m*, Ausstoßer *m*; Drückstift *m*

exsecador *m s.* desecador

extensible dehnbar; ausziehbar; streckbar

extensímetro *m* Dehnungsmesser *m*, Dehnungsmessgerät *n*

extensión f 1. Ausbreitung f; Erweiterung f; Verlängerung f; Dehnung f, Ausdehnung f *(Statik)*; 2. Fläche f; Raum m; 3. *(Nrt)* Nebenanschluss m; Nebenanschlussleitung f; Nebenstelle f; 4. Verlängerungsschnur f; 5. *(Inf)* Zusatzbereich m
~ **de contaminantes** Schadstoffausbreitung f
~ **eléctrica** Anschluss m; Verlängerungsschnur f
~ **de presión** Druckausbreitung f
extensómetro m s. extensímetro
extinción f 1. Auslöschung f, Löschung f; Erlöschen n, Extinktion f; 2. Niederblasen n *(Keramik)*
~ **del arco** Funkenlöschung f, Lichtbogenlöschung f
~ **de memoria** *(Inf)* Speicherlöschung f
extinguidor m s. extintor
extintor m Feuerlöscher m, Löscher m; Löschanlage f
extirpadora f *(Lt)* Messeregge f; Tiefgrubber m
extracción f 1. Extraktion f, Extrahieren n, Entziehung f, Ausbringung f, Entnahme f; 2. *(Bgb)* Gewinnung f; Abbau m; Förderung f, Grubenförderung f; 3. *(Inf)* Auslesen n, Ausgeben n *(Übertragung aus Arbeitsspeicher in externen Speicher)*
~ **de datos** Datenausgabe f, Datenausgang m, Datenabruf m
~ **con disolventes** Solventextraktion f, Extraktion f flüssig-flüssig, Flüssig-flüssig-Extraktion f
~ **de gas natural** Erdgasgewinnung f
~ **de gases** Gasabzug m
~ **de la humedad** Entfeuchtung f
~ **de humos** Rauchabzug m
~ **de lodos** Entschlammung f, Schlammbeseitigung f
~ **de material arrancado** Ausbringen n von Rammgut
~ **de mineral** Erzabbau m
~ **de petróleo** Erdölförderung f, Erdölgewinnung f
~ **de raíces** *(Math)* Wurzelziehen n, Radizieren n
~ **de rocas** Gesteinsabbau m
extracorriente f *(El)* Überstrom m, Extrastrom m; Stromstoß m

extractante m Extraktionsmittel n
extractor m *(Ch)* Extraktionsapparat m; Absauganlage f; Abzug m
~ **de gases** Gasabzug m
~ **de humos** Rauchabzug m
~ **de muestras** Probenehmer m
~ **de polvo** Entstauber m
~ **de tubos** Rohrfänger m *(Bohrung)*
extradós m 1. *(Bw)* Gewölberücken m; Außenleibung f; 2. *(Flg)* Tragflächenoberseite f
extraer v 1. extrahieren, herausziehen, entziehen; ausziehen; 2. fördern, gewinnen; abbauen
~ **la raíz** *(Math)* radizieren, Wurzel ziehen
extrapolación f *(Math)* Extrapolation f; Extrapolieren n; Hochrechnung f
extrapolar v *(Math)* extrapolieren; hochrechnen
extraterrestre *(Astr)* außerirdisch, außerterrestrisch
extremo m 1. Ende n; 2. *(Math)* Extremum n, Extremwert m
~ **del ala** *(Flg)* Flügelende n
~ **cónico** Spitze f
~ **de función** Extremwert m einer Funktion
extrínseco äußerlich, von außen wirkend
extrudir v 1. *(Fert)* (kalt)fließpressen; strangpressen; 2. ziehen *(Rohre)*; 3. *(Kst)* extrudieren
extruidora f 1. *(Kst)* Extruder m, Strangpresse f; Schneckenpresse f; Spritzmaschine f *(Gummiherstellung)*; 2. *(Fert)* Strangpresse f
extrusión f 1. *(Fert)* Fließpressen n; Strangpressen n; 2. Ziehen n *(Rohre)*; 3. *(Kst)* Extrudieren n; 4. *(Geol)* Extrusion f
~ **en frío** Kaltpressen n
~ **con husillo** Schneckenpressen n, Schneckenpressverfahren n
extrusor m s. extruidora
exutorio m Ablasskanal m; Entwässerungskanal m
eyección f 1. Auswerfung f; 2. *(Flg)* Katapultierung f
eyectocompresor m Strahlverdichter m *(Kältetechnik)*
eyector m 1. Saugstrahlpumpe f, Ejektor m *(Vakuumtechnik)*; Strahlgebläse n; 2. Auswerfer m, Auswerfvorrichtung f
~ **de aire** Luftstrahlsauger m *(Vakuumtechnik)*

~ hidráulico 1. hydraulischer Auswerfer m; 2. Wasserstrahlpumpe f; Saugstrahlpumpe f; 3. Wasserstrahlluftsauger m (Turbine)
~ de vapor Dampfstrahlpumpe f; Dampfstrahlluftsauger m

F

fábrica f 1. Betrieb m; Fabrik f; Werk n; Fabrikgebäude n, Werksgebäude n; 2. Herstellung f, Fabrikation f; 3. Mauerwerk n; Gefüge n
~ de riesgo de incendio brandgefährdete Betriebsstätte f
fabricación f Produktion f, Fabrikation f; Fertigung f, Herstellung f; Bau m; Ausstoß m
~ aislada Einzelfertigung f
~ asistida por ordenador rechnergestützte Fertigung f, CAM
~ en cadena Fließfertigung f
~ integrada por ordenador rechnerintegrierte Fertigung f, CIM
~ de piezas y partes Teilefertigung f
fabricar v produzieren, herstellen; fertigen, anfertigen
facómetro m (Opt) Dioptrienmessgerät n
facsímil(e) m Faksimile n, Fernkopie f, Telefax n
factor m Faktor m; Grad m; Koeffizient m, Einflussgröße f; Kenngröße f
~ de amplificación Verstärkungsfaktor m, Verstärkungskoeffizient m
~ de amplitud Scheitelfaktor m
~ de arranque Lastfaktor m; Sicherheitsbeiwert m
~ de atenuación Dämpfungsfaktor m
~ de carga 1. Belastungsfaktor m, Belastungskoeffizient m; Belastbarkeit f; 2. (El) Ausgangsbelastbarkeit f
~ de conversión 1. Konvertierungsfaktor m, Umwandlungsfaktor m; 2. (Math) Umrechnungsfaktor m
~ de correlación Korrelationskoeffizient m
~ de cresta Scheitelfaktor m
~ de dispersión (El) Streufaktor m, Streuzahl f
~ de estiba (Schiff) Staufaktor m, Staukoeffizient m

~ de fricción Reibungsfaktor m, Reibungskoeffizient m, Reib(ungs)wert m
~ de interferencia (Nrt) Störfaktor m
~ del límite de carga Grenzlastfaktor m (Statik)
~ de luminancia Leuchtdichtekoeffizient m
~ de octano Oktanzahl f
~ de ponderación Gewichtungsfaktor m, Gewichtungskoeffizient m
~ de potencia Leistungsfaktor m, Leistungsziffer f, Leistungsgröße f
~ primo (Math) Primfaktor m
~ de propagación (Ph) Ausbreitungskoeffizient m, Ausbreitungskonstante f; Übertragungsmaß n
~ de reproducción (Kern) Konversionsgrad m, Brutfaktor m
~ de ruido Rauschfaktor m, Rauschzahl f
factoría f Werk n; Fabrik f
~ de azúcar (Am) Zuckerfabrik f
~ flotante schwimmende Fabrik f (Fischverarbeitung)
~ maderera Holzverarbeitungsbetrieb m
~ naval Schiffbaubetrieb m, Werft f
~ de siderurgia Eisenhüttenwerk n
factorial f (Math) Fakultät f
factorización f (Math) Faktorisierung f, Faktorisieren n
factorizar v (Math) faktorisieren
facturadora f Fakturiermaschine f
fachada f (Bw) Fassade f, Vorderseite f, Stirnseite f, Vorderfront f, Straßenseite f
faja f 1. Streifen m; Band n; 2. Zone f; 3. Fase f; 4. (Ph) Bande f
~ amplia (Eln) Flachbandkabel n
~ de frecuencias Frequenzband n, Frequenzbereich m
~ de freno (Kfz) Bremsband n
~ magnética Magnetband n
~ de ondas Wellenbereich m
falca f (Schiff) Setzbord n
faldón m (Bw) Walm m
falla f 1. Defekt m; Störung f; Ausfall m, Aussetzen n; 2. Fehler m (im Material); 3. (Geol) Verwerfung f, Bruch m, Sprung m
~ de la corriente Stromausfall m
~ a masa Masseschluss m
~ a tierra Erdschluss m
fallo m Fehler m; Störung f, Ausfall m • **a prueba de fallos** ausfallsicher; störfrei
~ en el diseño Konstruktionsfehler m

fallo

~ de equipo Gerätefehler *m*
~ de funcionamiento Funktionsstörung *f*; Betriebsstörung *f*
~ intrínseco Eigenstörung *f*
~ precoz Frühausfall *m*

familia *f* 1. *(Math)* Schar *f* (z. B. von Kurven); 2. *(Kern)* Familie *f*, Zerfallsreihe *f*; 3. *(Typ)* Schriftfamilie *f*
~ de curvas Kurvenschar *f*
~ de uranio Uran(zerfalls)reihe *f*

fango *m* Schlamm *m*; Trübe *f*
~ de aguas residuales Abwasserschlamm *m*
~ de barrenado Bohrschlamm *m*

FAO *s.* fabricación asistida por ordenador

faradio *m* Farad *n*, F *(Einheit der elektrischen Kapazität)*

faro 1. Leuchtturm *m*; 2. *(Schiff, Flg)* Leuchtfeuer *n*; Bake *f*; 3. *(Kfz)* Scheinwerfer *m*; Scheinwerferlicht *n*; Fahrradlampe *f*
~ antiniebla Nebelscheinwerfer *m*
~ de aterrizaje Landefeuer *n*; Flugfeldscheinwerfer *m* *(Teil der Flughafenbefeuerung)*; Landescheinwerfer *m (am Flugzeug)*
~ de carretera *(Kfz)* Fernlicht *n*
~ catadióptico Biluxlampe *f*
~ flotante Feuerschiff *n*
~ de foco hermético *(Kfz)* Sealed-beam-Scheinwerfer *m*
~ halógeno *(Kfz)* Halogenscheinwerfer *m*
~ de identificación *(Flg)* Erkennungsfeuer *n*
~ de luz selectiva Biluxlampe *f*
~ de marcha atrás Rückfahrscheinwerfer *m*
~ marítimo Leuchtturm *m*
~ móvil [orientable] Suchscheinwerfer *m*
~ radioeléctrico Funkfeuer *n*, Drehfunkfeuer *n*
~ radiogoniométrico *(Schiff)* Peilstation *f*
~ de referencia *(Flg)* Erkennungsfeuer *n*
~ de ruta aérea *(Flg)* Ansteuerungsfeuer *n*, Ansteuerungslicht *n*

farol *m* Laterne *f*, Signalfeuer *n*
~ de cambio *(Eb)* Weichensignallampe *f*

fase *f* 1. *(El)* Phase *f*; 2. Stadium *n*, Zustand *m*, Phase *f*; 3. *(Rak)* Stufe *f*; 4. Arbeitstakt *m (Motor)* • **de toda** ~ allpolig • **de dos fases** 1. *(El)* zweiphasig; 2. *(Rak)* zweistufig • **de fases iguales** gleichphasig • **de tres fases** 1. *(El)* dreiphasig; 2. *(Rak)* dreistufig
~ de admisión Ansaughub *m*, Einlasshub *m*; Einlasstakt *m (Verbrennungsmotor)*
~ avanzada *(El)* voreilende Phase *f*
~ de compresión 1. Verdichtungshub *m*; Verdichtungstakt *m (Verbrennungsmotor)*; 2. *(Met)* Kompressionsphase *f*
~ de diseño Entwurfsphase *f*, Konstruktionsphase *f*, Projektierungsphase *f*
~ de émbolo Kolbenhub *m*
~ de escape Ausstoßhub *m*, Auslasshub *m*; Ausstoßtakt *m*, Auslasstakt *m (Verbrennungsmotor)*
~ propulsiva *(Rak)* Raketenstufe *f* mit Triebwerk
~ retrasada *(El)* nacheilende Phase *f*
~ de trabajo Arbeitshub *m*; Arbeitstakt *m (Verbrennungsmotor)*
~ vapor 1. Dampfphase *f*, dampfförmige Phase *f*; 2. Gasphase *f (bei Hochdruckhydrierung)*

fatiga *f (Wkst)* Ermüdung *f*

fax *m* 1. Fax *n*, Telefax *n*, Fernkopie *f*; 2. Faxgerät *n*

faxograma *m s.* facsímil(e)

f.c. *s.* ferrocarril

f.c.e.m. *s.* fuerza contraelectromotriz

feldespato *m (Min)* Feldspat *m*

f.e.m. *s.* fuerza electromotriz

fenilizar *v (Ch)* phenylieren

fermentación *f* Fermentation *f*; Gärung *f*; Vergärung *f*
~ aerobia aerobe [oxidative] Gärung *f*; Vergärung *f*
~ alcohólica Hefegärung *f*, alkoholische Gärung *f*
~ anaerobia anaerobe [sauerstofflose] Gärung *f*
~ de basuras Müllkompostierung *f*, Müllverrottung *f*, Müllrotte *f*
~ homoláctica glykolytischer Abbau *m*, Glykolyse *f (Biochemie)*
~ láctica Milchsäuregärung *f*, milchsaure Gärung *f*

fermentador *m* Gärungsapparat *m*, Fermentor *m*, Fermenter *m (Biotechnologie)*

fermentante *m* Gärungsmittel *n*

fermentar *v* fermentieren; gären; vergären

fermio *m* Fermium *n*, Fm

férreo Eisen..., eisern
~/**no** Nichteisen..., NE-...

férrico Eisen(III)..., Ferri...
ferrífero eisenhaltig, eisenführend
ferroaleación f Eisenlegierung f, Ferrolegierung f
ferrobús m (Eb) Triebwagen m
ferrocarril m Eisenbahn f, Bahn f; Zug m
~ **aéreo** Schwebebahn f, Einschienenschwebebahn f
~ **aéreo eléctrico** Elektrohängebahn f
~ **de cintura** Ringbahn f
~ **de cremallera** Zahnradbahn f
~ **Decauville** Kleinbahn f
~ **de fábrica** Werksbahn f, werkseigene Bahn f
~ **funicular** Seilbahn f, Kabelbahn f
~ **interurbana** (Eb) Intecity-Zug m, IC
~ **metropolitano** Untergrund-Bahn f, U-Bahn f
~ **minero** Grubenbahn f
~ **monocarril** Einschienenbahn f
~ **al nivel de suelo** Flurseilbahn f
~ **subterráneo** Untergrundbahn f, U-Bahn f
~ **suburbano** Vorortbahn f
~ **urbano** Stadtbahn f, S-Bahn f
ferrocerio m Zereisen n, Auermetall n
ferrocianuro m Ferrocyanid n, Eisen(II)-cyanid n
ferrocirconio m Eisen-Zirkonium-Legierung f, Zirkoneisen n
ferrocobalto m Eisen-Cobalt-Legierung f, Cobalteisen n
ferrocromo m Eisen-Chrom-Legierung f, Ferrochrom n
ferroferrita f s. magnetita
ferroso 1. Eisen...; eisenhaltig; 2. (Ch) Eisen(II)-...
ferrotungsteno m Eisen-Wolfram-Legierung f, Ferrowolfram n, Wolframeisen n
fertilizadora f Düngerstreuer m, Dungverteiler m
fertilizante m Düngemittel n
fiabilidad f Zuverlässigkeit f (Funktionssicherheit); Betriebssicherheit f • **de ~ funcional** funktionssicher; betriebssicher
~/**alta** hohe Wiedergabetreue f Klangtreue f, High Fidelity f, Hi-Fi
~ **operacional [operativa]** Betriebszuverlässigkeit f
fiador m Anschlag m; Riegel m; Raste f; Sperrklinke f; Sperrhaken m; Greifer m; Mitnehmer m
~ **de tuerca** Gegenmutter f, Sicherungsmutter f
fibra f Faser f • **de ~ corta** kurzfaserig, kurzstapelig (z. B. Baumwolle) • **de ~ gruesa** grobfaserig • **de ~ larga** langfaserig, langstapelig (z. B. Baumwolle)
~ **de algodón** Baumwollfaser f
~ **de amianto** Asbestfaser f
~ **artificial** Chemiefaser f, Kunstfaser f, synthetische Faser f
~ **de cloruro polivinílico** Polyvinylchloridfaser f, PVC-Faser f
~ **mineral artificial** künstliche Mineralfaser f
~ **multimodal** (Nrt) Mehrmodenfaser f, Gradientenfaser f (Lichtwellenleiter)
~ **óptica** optische Faser f, Glasfaser f, Lichtleitfaser f, Licht(wellen)leiter m
~ **poliacrilonitrílica [de poliacrilonitrilo]** Polyacrylnitrilfaser f, PAN-Faser f
~ **poliamídica** Polyamidfaser f, PA-Faser f
~ **de policloruro de vinilideno** Polyvinylidenchloridfaser f, PVD-Faser f
~ **(de) poliéster** Polyesterfaser f, PE-Faser f
~ **de polietileno** Polyethylenfaser f, PT-Faser f
~ **de polifluoretileno** Polyfluorethylenfaser f, PF-Faser f
~ **de poliuretano** Polyurethanfaser f, PUR-Faser f
~ **polivinílica** Polyvinylfaser f, PV-Faser f
~ **sintética** Chemiefaser f, Kunstfaser f, Synthesefaser f, Synthetikfaser f
~ **unimodal** (Nrt) Einmodenfaser f (Lichtwellenleiter)
~ **de vidrio** Glasfaser f, Glasfaden m
~ **de viscosa** Viskose(stapel)faser f, VI-Faser f, Zellwolle f
fibrana f (Ch) Zellwolle f, Viskose(stapel)faser f
fibroóptica f Faseroptik f, Lichtleitfasertechnologie f
fibroscopio m Fiberskop n, Fiberendoskop n (Medizintechnik)
ficha f 1. Karte f, Karteikarte f, Blatt n; 2. Chip m, Jeton f, Münze f, Marke f; 3. (El) Flachstecker m
~ **de almacén** Speicherkarte f
~ **banana** Bananenstecker m
~ **de conexión** Anschlussstecker m
~ **de contactos planos** Flachkontaktstecker m

~ **de corte** Trennstecker *m*
~ **de datos de seguridad** Sicherheitsdatenblatt *n*
~ **magnética** Magnetkarte *f*
~ **múltiple** Vielfachstecker *m*
~ **de prueba** Prüfstecker *m*
~ **de sonido** Soundkarte *f*
~ **técnica de material** Stoffdatenblatt *n*
~ **tripolar** Dreistiftstecker *m*, dreipoliger Stecker *m*
fichero *m* 1. *(Inf)* Datei *f*; 2. Kartei *f*, Karteikasten *m*, Karteischrank *m*; Kartothek *f*; Registratur *f*
~ **condensado** gepackte Datei *f*
~ **ejecutable** ausführbare Datei *f*
~ **escondido** versteckte Datei *f*
fidelidad *f* Wiedergabequalität *f*; Wiedergabetreue *f*, Wiedergabegüte *f*
~**/alta** High Fidelity *f*, Hi-Fi, hohe Wiedergabetreue *f* [Klangtreue *f*]
fieltrar *v (Text)* filzen, Filz herstellen
figura *f* Figur *f*, Gestalt *f*; Muster *n*; Bild *n*, Abbildung *f*
fijación *f* 1. *(Mech)* Befestigung *f*, Verbindung *f*, Sicherung *f*, Spannung *f*; 2. *(Ch, Foto)* Fixieren *n*
~ **por bridas** Flanschbefestigung *f*
~ **de cables** Kabelbefestigung *f*
~ **de la imagen** *(TV)* Bildfeststellung *f*
~ **por impacto** Eintreiben *n (durch Eintreibgerät)*
~ **con pernos** Verbolzen *n*, Verbolzung *f*; Verschrauben *n*
fijado *m (Foto)* Fixieren *n*; Fixierung *f*
fijador *m*. *(Mech)* Befestigungsmittel *n*; Klemme *f*; Umschaltfeststeller *m (einer Schreibmaschine)*; 2. *(Foto)* Fixierbad *n*; 3. *(Text)* Bindemittel *n*, Binder *m*
~ **de pernos por impacto** Bolzentreibwerkzeug *n*, Bolzensetzwerkzeug *n*; Bolzenschussgerät *n*
fijar *v* 1. befestigen; sichern; spannen; 2. *(Foto)* fixieren; 3. bestimmen, festsetzen
~ **el hilo** einspannen *(Spinnerei)*
~ **por impacto** einschlagen; eintreiben; einschießen *(mit Eintreibgeräten)*
fijatopes *m* **del tabulador** Tabulatorsetzer *m (einer Schreibmaschine)*
fila *f* 1. Reihe *f*, Reihenfolge *f*; Datensatzfolge *f*, Satzfolge *f*; 2. Zeile *f (Matrix)*; 3. *(Nrt)* Gestellreihe *f*
~ **de caracteres** Zeichenfolge *f*

~ **de columna** Spaltenzeile *f*
~ **de imagen** Bildzeile *f*
filamento *m* 1. *(El)* Glühfaden *m*, Heizfaden *m*, Leuchtdraht *m*; 2. *(Text)* Faserhaar *n*, Elementarfaden *m*
~ **de bombillas** Glühfaden *m*, Glühdraht *m*, Leuchtdraht *m*
~ **de caldeo [calefacción]** Heizwendel *f*
~ **incandescente** Glühwendel *f*
filatura *f s.* hilatura
fileta *f (Text)* Gatter *n*
filete *m* 1. Gewindegang *m*, Gewinde *n*, Steigung *f*; 2. Schraubenlinie *f*; 3. *(Typ)* Linie *f (Setzmaterial)*; 4. *(Bw)* Abdeckleiste *f*
fileteado *m* 1. *(Fert)* Gewindeschneiden *n*; 2. Gewinde *n*
fileteadora *f (Fert)* Gewindeschneidmaschine *f*
filetear *v (Fert)* Gewinde schneiden
filigranadora *f* Prägekalander *m (Papierherstellung)*
filmógeno filmbildend
filo *m (Fert)* Schneide *f*, Schneidkante *f*
~ **de carburo de tungsteno** Hartmetallschneide *f*, Wolframcarbidschneide *f*
~ **cortante** Schneidkante *f*
filobús *m* O-Bus *m*, Trolleybus *m*, Oberleitungsomnibus *m*
filón *m (Bgb)* Gang *m*, Erzgang *m*, Ader *f*, Flöz *n* • **en filones** gangartig
filtración *f* 1. Filtern *n*, Filtrierung *f*, Filtration *f*; 2. *(Geol)* Durchsickerung *f*; 3. *(Eln)* Filterung *f*, Glättung *f*; Siebung *f*
filtrado *m* 1. Filtern *n*; 2. Filtrat *n*
filtrador *m* Filtriereinrichtung *f*, Filter *n*
filtrar *v* filtern, filtrieren
filtro *m* 1. Filter *n*, Filtereinsatz *m*; Sieb *n*; 2. *(El)* elektrisches Filter *n*, Sieb *n*, Siebkette *f*, Siebschaltung *f*
~ **absorbente [de absorción]** Absorptionsfilter *n*
~ **de aceite** *(Kfz)* Ölfilter *n*
~ **acústico** akustisches Filter *n*, Schallfilter *n*
~ **de aire** Luftfilter *n*, Luftreiniger *m*, Trockenluftfilter *n*
~ **de alta frecuencia** Hochfrequenzsieb *n*, Hochpassfilter *n*, Hochpass *m*
~ **de amplitud** Amplitudensieb *n*
~ **antiparásito** *(Eln)* Störschutzfilter *n*

flecha

~ **de baja frecuencia** Niederfrequenzsieb n, Tiefpassfilter n, Tiefpass m, Drosselkette f
~ **de banda** Band(pass)filter n, Bandpass m
~ **de banda estrecha** Schmalbandfilter n, schmalbandiges Filter n
~ **de bloqueo** Sperrfilter n
~ **de combustible** *(Kfz)* Kraftstofffilter n, Kraftstoffreiniger m
~ **cromático** *(Opt)* chromatisches Filter n, Farb(en)filter n
~ **de depuración** Reinigungsfilter n
~ **en escalones** Siebkette f
~ **de fangos** Schlammfilter n
~ **de lodo** Schlammfilter n
~ **de malla** Siebfilter n, Filtersieb n
~ **de octava** Oktavfilter n *(Akustik)*
~ **pasabanda** Bandpassfilter n, Bandpass m
~ **de pasabanda de sonido** Klangweiche f
~ **percolador** Tropfkörper m
~ **de ponderación frecuencial** Frequenzbewertungsfilter m
~ **purificador de aire** Luftreinigungsfilter n
~ **receptor-transmisor** Antennenweiche f
~ **respiratorio** Atemschutzfilter n
~ **de ruido** *(El)* Rauschfilter n, Stör(schutz)filter n
~ **de superposición** Filtervorsatz m
~ **supresor** Sperrfilter n, Sperrtopf m
~ **al [de] vacío** 1. Vakuumfilter n; 2. *(Ch)* Nutsche f, Büchnertrichter m
finito *(Math)* beschränkt; endlich
fino m 1. *(Met)* Abrieb m, Feinanteil m; 2. *(Schiff)* Völligkeit f
finos mpl 1. *(Met)* Abrieb m, Feinanteil m; 2. Feingut m, Schlamm m; Staub m *(Hydrometallurgie)*; 3. *(Bgb)* Grubenklein n; Feinkohle f; sehr feinkörniges Erz n
finura f 1. Feinheit f; 2. Schärfe f; 3. *(Schiff)* Völligkeit f, Schlankheitsverhältnis n; 4. *(Flg)* Gleitverhältnis n; 5. Körnung f, Feingehalt m *(Legierung)*
~ **aerodinámica** aerodynamische Güte f
~ **granular** Feinkörnigkeit f, Kornfeinheit f, Korngröße f
~ **de la imagen** Bildschärfe f
fisible spaltbar
física f Physik f
~ **atómica** Atomphysik f
~ **de alta energía** Hochenergiephysik f
~ **de bajas temperaturas** Tieftemperaturphysik f, Kryophysik f
~ **cuántica** Quantenphysik f
~ **electrónica** Elektronenphysik f
~ **del estado sólido** Festkörperphysik f
~ **del globo** Geophysik f
~ **nuclear** Kernphysik f
~ **de partículas** Elementarteilchenphysik f, Physik f der Elementarteilchen
~ **de las partículas (elementales)** Elementarteilchenphysik f, Physik f der Elementarteilchen
~ **solar** Solarphysik f, Sonnenphysik f
físico 1. physikalisch; 2. physisch; körperlich; technisch; reel
fisicoquímica f Physikochemie f, physikalische Chemie f
fisil *(Kern)* spaltbar
fisión f *(Kern)* Spaltung f, Kernspaltung f
~ **nuclear** Kernspaltung f
~ **del uranio** Uranspaltung f
fisionable *(Kern)* spaltbar
fisionar v *(Kern)* spalten
fisura f 1. Spalt m, Spalte f; Riss m; 2. *(Geol)* Bruchspalte f, Kluft f
~ **capilar** Haarriss m
~ **de contracción** Schrumpfriss m, Schwindungsriss m
~ **de fatiga** Ermüdungsriss m, Dauerriss m
~ **de tensión** Spannungsriss m
fisuración f Rissbildung f
fisurómetro m *(Bw)* Spaltrissprüfgerät n
flambear v *(Mech)* knicken
flambeo m *(Mech)* Knickung f
flameado m 1. *(Fert)* Flammenhärten n; 2. *(Text)* Sengen n
flanco m 1. Seite f, Seitenfläche f; 2. *(Fert)* Flanke f, Hinterschlifffläche f; 3. *(Led)* Fläme f
~ **de diente** Zahnflanke f
flash m 1. Lichtblitz m; Aufblitzen n; Blitzlicht n; 2. Blitzgerät n
~ **electrónico** Elektronenblitzgerät n
flector m *(Masch)* Kardangelenk n, Kniegelenk n
flecha f 1. Pfeil m, Maßpfeil m; Pfeilform f, Pfeilung f; 2. Durchbiegung f, Durchhang m; 3. Bogenhöhe m, Pfeilhöhe f; 4. Gipfelhöhe f, Scheitelhöhe f *(Ballistik)*
~ **de ala** *(Flg)* Flügelpfeilung f
~ **del cable** Seildurchhang m
~ **de la flexión** Federung f

flecha

~ de grúa Kranausleger *m*
~ del muelle Federung *f*
flechita *f (Math)* Vektorpfeil *m*
fleje *m (Met)* Streifen *m*; Band *n*; Bandmaterial *n*
~ de acero Bandstahl *m*
~ calibrador Fühllehre *f*, Eichmaß *n*
fleximetro *m* Durchbiegungsmesser *m*
flexión *f* Biegung *f*; Durchbiegung *f*
flexionar *v* durchbiegen
flexoelástico biegeelastisch, biegefedrig
floculador *m (Ch)* Flockenbildner *m*
flocular *v (Ch)* (aus)flocken
flojo 1. schlaff; 2. *(Foto)* unscharf; locker *(Schraube)*; lappig *(Papier)*; nachgiebig *(Boden)*; bröckelig *(Gestein)*; dünn *(Getränk)*
flotabilidad *f* 1. *(Schiff)* Schwimmfähigkeit *f*, Schwimmvermögen *n*; Auftrieb *m*; 2. Flotierbarkeit *f (Aufbereitung)*
~ de reserva Hilfsschwimmkraft *f*, Reserveauftrieb *m*
flotable 1. schwimmfähig; 2. flotierbar *(Aufbereitung)*
flotación *f* 1. *(Schiff)* Schwimmfähigkeit *f*, Schwimmvermögen *n*, Auftrieb *m*; 2. Flotation *f*, Schwimmaufbereitung *f*, Schwemmen *n*; 3. Flößen *n*
flotador *m* 1. Schwimmer *m*; Schwimmkörper *m*; 2. Flotationsmittel *n*, Schwimmmittel *n*
flotamiento *m* 1. *s.* flotación; 2. *(Kfz)* Flattern *n*
flotar *v* 1. schwimmen; 2. aufbereiten, schwemmen; 3. flößen; 4. *(Schiff)* flott machen
flotómetro *m* Aerometer *n*, Luftdichtemesser *m*
fluctuación *f (Ph)* Schwankung *f*, Streuung *f*, Fluktuation *f*
~ de carga Belastungsschwankung *f*
~ de circuito Netzschwankung *f*
~ en los niveles de ruido Lärmpegelschwankung *f*
~ de la presión Druckschwankung *f*
fluctuar *v* schwanken
fluencia *f* Fließen *n*, Fluss *m*, Kriechen *n*
fluidez *f* Flüssigkeit *f (als Zustand)*; flüssiger Zustand *m*; Fluidität *f*; Fließfähigkeit *f*
fluídica *f* Fluidik *f*
fluidificación *f* Verflüssigung *f*, Verflüssigen *n*

fluidificante *m* 1. Fluxmittel *n*, Verschnittmittel *n (Bitumen)*; 2. *(Met)* Flussmittel *n*, Schmelzmittel *n*
fluidificar *v* verflüssigen
fluidímetro *m* Fluidstrommesser *m*
fluidización *f* Wirbelschichttechnik *f*
fluido 1. flüssig; gasförmig; fließend; 2. *(Geol)* fluidal
fluido *m* Fluid *n (flüssiges oder gasförmiges Medium)*
~ anticongelante Gefrierschutzflüssigkeit *f*, Frostschutzflüssigkeit *f*
~ de corte Schneidflüssigkeit *f*
~ criogénico [criógeno] kryogene Flüssigkeit *f*
~ de freno Bremsflüssigkeit *f*
~ frigorífico [frigorígeno] Kältemittel *f*, Kühlmittel *n*, Kühlflüssigkeit *f*
~ hidráulico Hydraulikflüssigkeit *f*
~ refrigerante Kühlflüssigkeit *f*
fluir *v* fließen, strömen; rinnen; ausfließen; fluten
flujo *m* 1. Fluss *m*; Fließen *n*; Strömung *f*, Strom; Durchfluss *m*; 2. Flut *f*; 3. *(Kern)* Neutronenfluss *m*, Fluss *m*; 4. *(El)* Durchflutung *f*; 5. Flussmittel *f*
~ de barro *(Bgb)* Bohrtrübe *f*
~ de la capa límite *(Ph)* Grenzschichtströmung *f*
~ de fuerza Kraftfluss *m*
~ de la hélice *(Schiff)* Propellerstrom *m*, Schraubenstrom *m*
~ laminar laminare Strömung *f*, Laminarströmung *f*
~ luminoso Lichtstrom *m*
~ magnético Magnetfluss *m*, magnetischer Fluss *f* [Kraftfluss *m*], Kraftlinienfluss *m*
flujograma *m (Inf, Aut)* Flussdiagramm *n*, Flussplan *m*, Ablaufdiagramm *n*, Ablaufplan *m*; Blockdiagramm *n*, Blockschaltbild *n*
~ esquemático Prinzipschaltbild *n*
flujómetro *m* Durchflussmesser *m*
flujostato *m* Strömungsschalter *m*
fluodinámica *f* Strömungsdynamik *f*
flúor *m* Fluor *n*, F
fluoración *f* 1. *(Ch)* Fluorierung *f*, Fluorieren *n*; 2. *(Opt)* Fluoridaufdampfschichten *n*
fluorar *v (Ch)* fluorieren
fluorescencia *f* Fluoreszenz *f*

fluorescente fluoreszierend
fluorescer v fluoreszieren
fluoroscopio m Fluoroskop n, Bildschirm m, Röntgenbildschirm m
fluoruro m Fluorid n
~ **de azufre** Fluorschwefel m, Schwefelfluorid n
~ **de hidrógeno** Fluorwasserstoff m, Hydrogenfluorid n
fluviómetro m Pegel m, Wasserstandsanzeiger m, Wasserstandsmelder m
fluxómetro m Fluxmeter n, Fluss(stärke)messer m, Kriechgalvanometer n
fluyente fließend
fluyente m Flussmittel n
FMA s. fibra mineral artificial
focal (Opt) fokal, Brenn(punkt)...
focalización f (Opt) Scharfeinstellung f, Fokussierung f
focalizar v (Opt) fokussieren
foco m 1. (Opt) Brennpunkt m, Brennfleck m, Fokus m; 2. Quelle f, Herd m; 3. (Am) Glühlampe f
~ **de amplia dispersión** (Kfz) Breitstrahler m
~ **emisor** Emittent m, Emissionsquelle f, Emissionsherd m
~ **imagen** Bildbrennpunkt m, bildseitiger [hinterer] Brennpunkt m
~ **del tubo catódico** (Eln) Katodenbrennfleck m
focometría f (Opt) Brennweitenmessung f, Fokometrie f
focómetro m (Opt) Brennweitenmesser m, Fokometer n
fofoque m (Schiff) Innenklüver m, Binnenklüver m
foliación f 1. (Typ) Paginierung f; 2. (Geol) Schieferung f
foliador m (Typ) Paginierwerk n; Nummerierwerk n; Paginiermaschine f; Nummeriermaschine f
foliar v (Typ) paginieren
folio m 1. (Typ) Großformat n, Folio n; 2. Buchblatt n; Folie f • **en** ~ (Typ) im Folioformat
fondo m 1. Grundlage f, Gründung f; 2. Tiefe f; 3. Boden m; Grund m; 4. (Geol) Tiefstes n, Liegendes n, Sohle f; 5. Fonds n, Bestand m, Fundus m
~ **basculante** Klappboden m, Bodenklappe f

~ **de cala** (Schiff) Bilge f
~ **doble** (Schiff) Doppelboden m
~ **del émbolo** Kolbenboden m
~ **de pantalla** Bildschirmhintergrund m
fonoabsorbedor schallschluckend, schallabsorbierend, schalldämmend, lärmschluckend
fonocaptor m Tonabnehmer m, Schallplattenabtaster m
~ **láser** Laser-Abtaster m, Lasersystem n (CD-Player)
~ **piezoeléctrico** Piezoaufnehmer m, piezoelektrischer Aufnehmer m, Kristalltonabnehmer m
fonógrafo m Phonograph m, Tonaufnahmegerät n; Grammophon n
fonoinscripción f Schallaufzeichnung f
fonolita f (Min) Phonolit m, Klingstein m
fonolocalizador m Schallortungsgerät n, akustisches Ortungsgerät n
fonometría f Schallstärkemessung f
fonómetro m Phonmesser m, Lautstärkemesser m
fono(tele)visión f Bildfernsprechen, Fernsehtelefonie f, Videotelefonie f
foque m (Schiff) Klüver m
forja f 1. Schmieden n; 2. Schmiede f; 3. Schmiede f; Schmiedeabteilung f; 4. Schmiedeherd m, Schmiedeofen m; 5. (Bw) Mörtel m
~ **de afino sueco** Raffinierofen m, Frischherd m
~ **en bruto** Vorschmieden n
~ **en caliente** Warmschmieden n
~ **a estampa** 1. Gesenkschmieden n; 2. Gesenkschmiede f
~ **en forma** Formschmieden n
~ **en frío** Kaltschmieden n
~ **a golpe libre** Freiformschmieden n
~ **al [con] martillo** Reckschmieden n
~ **sin matrices** Freiformschmieden n
forjable schmiedbar
forjación f Schmieden n
forjado m 1. (Fert) Schmieden n; 2. (Bw) Fachwerk n; Ausfachung f; Decke f
forjadora f Schmiedemaschine f
~ **horizontal** Stauchmaschine f
forjadura f 1. Schmieden n; 2. Schmiedestück n
forjamiento m s. forja
forjar v schmieden

forma f 1. Form f, Gestalt f; Zustand m; 2. Form f, Modell n; 3. *(Typ)* Format n • **de ~ aerodinámica** stromlinienförmig • **de ~ espiral** spiralförmig • **en ~ de impulso** impulsförmig • **de ~ lenticular** linsenförmig

~ aerodinámica Stromlinienform f, windschnittige Form f

formable formbar, bildsam; verformbar

formación f 1. Gestaltung f, Bildung f, Form f; 2. Formgebung f; Formänderung f; 3. *(Math)* Erzeugung f; 4. *(El)* Formieren n; 5. *(Ch)* Aufbau m, Synthese f, Bildung f; 6. *(Geol)* Formation f

~ de aglomerados Agglomerierung f, Agglomeration f

~ de arco *(El)* Lichtbogenbildung f

~ de batidura Zunderbildung f

~ geológica geologische Formation f

~ de grafito Graphitbildung f

~ de la imagen *(TV)* Bilderzeugung f

~ de mezcla *(Kfz)* Gemischbildung f

~ primitiva Urgestein n, Grundgebirge n

~ recipiente *(Geol)* Speichergestein n, Trägergestein n *(Öl)*

formado m *(Fert)* Formen n, Formung f, Formgebung f; Umformen n

~ sin arranque de virutas spanlose Formung f

~ en caliente Warmumformen n

~ en frío Kaltumformen n

formadora f **de engranajes** *(Fert)* Zahnradhobelmaschine f

formaldehído m Formaldehyd m, Methanal n

formar v 1. formen, gestalten; formgeben; 2. formieren; 3. *(Eb)* Zug zusammenstellen, rangieren

~ cigüeñal kröpfen

formeno m Methan n

formol m s. formaldehído

fórmula f 1. *(Math)* Formel f, Gleichung f; 2. *(Ch)* Formel f, Rezeptur f

~ aproximada Näherungsformel f

~ binominal binomische Formel f, Binomialformel f

~ de los cohetes Raketengrundgleichung f, ziolkowskische Gleichung f, Ziolkowski-Formel f

~ de constitución *(Ch)* Konstitutionsformel f, Strukturformel f

~ de conversión Umrechnungsformel f

~ de cuadratura Quadratformel f, Quadratregel f

~ de diferenciación Differentiationsregel f

~ de estructura *(Ch)* Konstitutionsformel f, Strukturformel f

~ de los trapecios Trapezregel f, Trapezformel f

forrar v 1. verkleiden; überziehen; ummanteln; 2. *(Text)* füttern, kaschieren

forro m 1. Umhüllung f; 2. *(Text)* Futter n; Umschlag m *(eines Buches)*; 3. Ausfütterung f, Futter n; Verkleidung f, Belag m; 4. *(Kfz)* Reibbelag m; 5. *(Bw)* Verschalung f, 6. *(Schiff)* Beplankung f, Außenhaut f; 7. Buchse f, Hülse f

~ de cilindro Zylinderbuchse f

~ del cojinete Lagerfutter n

~ de cubierta *(Schiff)* Decksbelag m

~ exterior (del casco) *(Schiff)* Außenhaut f

~ del fondo *(Schiff)* Bodenbeplattung f

~ de freno Bremsfutter n, Bremsbelag m

fosa f Grube f, Gruft f, Graben m

fosfatar v phosphatieren

fosfato m Phosphat n

fosforescer v phosphoreszieren

fósforo m Phosphor m, P

fosforógeno m *(Ph)* Aktivator m, Lumineszenzaktivator m, Phosphorogen n

fosfuro m Phosphid n

foso m Graben m; Grube f

fotocélula f Photozelle f, lichtelektrische [photoelektrische] Zelle f

fotocomponedora f *(Typ)* Filmsetzgerät n, Fotosetzmaschine f

fotocomposición f *(Typ)* Lichtsatz m, Photosatz m

fotoconducción f Photoleitung f, innerer lichtelektrischer Effekt m

fotoconductividad f Photoleitfähigkeit f

fotoconductor photoleitend, lichtelektrisch leitend

fotocontador m *(Ph)* Photonenzähler m

fotocopiadora f Fotokopiergerät n, Fotokopierer m, Kopierer m

fotocopiar v fotokopieren

fotocorriente f Photostrom m, lichtelektrischer Strom m

fotodetector Photodetektor m, lichtempfindlicher Sensor m, lichtelektrischer Strahlungsempfänger m

fotodisco m **compacto** Photo-CD f

fotoefecto *m* Photoeffekt *m*, lichtelektrischer Effekt *m*
fotoelasticidad *f (Ph)* Photoelastizität *f*, Spannungsoptik *f*
fotoelasticimetría *f (Ph)* Photoelastizitätsmessung *f*, optische Spannungsprüfung *f*
fotoelasticímetro *m (Ph)* optischer Spannungsprüfer *m*
fotoelástico spannungsoptisch, dehnungsoptisch
fotoelectricidad *f* Photoelektrizität *f*, Lichtelektrizität *f*
fotoeléctrico photoelektrisch, lichtelektrisch
fotoelectrón *m* Photoelektron *n*
fotoemisión *f* Photoemission *f*, äußerer Photoeffekt *m*
fotofonía *f* optisches Fernsprechen *n*, Lichtsprechen *n*, optisches Telefonieren *n*
fotófono *m* optischer Fernsprecher *m*, Lichtsprechgerät *n*, optisches Telefon *n*
fotograbación *f* Photoätzung *f*
fotograbado *m* Photogravüre *f*, Heliogravüre *f*
fotografía *f* Fotografie *f*, Aufnahme *f*, Bild *n*
~ **aérea** Luftaufnahme *f*, Luftbild *n*
~ **estroboscópica** Stroboskopfotografie *f*
~ **infrarroja** Infrarotfotografie *f*
~ **de rayos X** Röntgenaufnahme *f*, Röntgenbild *n*
~ **por satélite** Satellitenfotografie *f*
~ **submarina** Unterwasserfotografie *f*
fotograma *m* Photogramm *n*, Messbild *n*
fotometría *f* Photometrie *f*, Lichtmessung *f*
fotómetro *m* Photometer *n*, Belichtungsmesser *m*; Lichtstärkemesser *m*
fotomultiplicador *m* Photo(elektronen)vervielfacher *m*, Sekundärelektronenvervielfacher *m*, SEV
fotón *m (Ph)* Photon *n*, Lichtquant *n*, Strahlungsquant *n*
fotopila *f* Photozelle *f*
fotoquímica *f* Photochemie *f*
fotoquímico photochemisch
fotorradiograma *m* Funkbild *n*
fotorradiotelegrafía *f* Bildtelegrafie *f*
fotorradiotransmisión *f* Bildfunk *m*
fotorresistente lichtelektrisch, negativ, photonegativ
fotorresistor *m* Photowiderstand *m*, Photowiderstandszelle *f*
fotosensor *m s.* fotodetector
fotosonido *m* Lichtton *m*
fotostato *m* Fotokopie *f*
fototelefonía *f s.* fotofonía
fototelegrafía *f* Bildtelegrafie *f*, Fototelegrafie *f*
fototelégrafo *m* Bildtelegraf *m*, Fototelegraf *m*
fototipia *f (Typ)* Lichtdruck *m*
fototipo *m* Lichtdruck *m*; Lichtdruckplatte *f*
fototopografía *f* (topographische) Photogrammetrie *f*, Luftbildvermessung *f*, Phototopographie *f*
fototransmisión *f* Bildübertragung *f*
fototubo *m* Photo(emissions)zelle *f*, lichtelektrische Zelle *f*, Röhrenphotozelle *f*
fracción *f* 1. *(Math)* Bruch *m*, Bruchzahl *f*; 2. *(Ch)* Fraktion *f*
~ **continua** Kettenbruch *m*, kontinuierlicher [stetiger] Bruch *m*
~ **impropia** unechter Bruch *m*
~ **molar [de moles]** *(Ch)* Molenbruch *m*
~ **ordinaria** gemeiner Bruch *m*
~ **propia** echter Bruch *m*
fraccionador *m (Ch)* Fraktionierkolonne *f*
fraccionamiento *m* 1. Aufteilung *f*, Splittung *f*; 2. *(Ch)* Fraktionierung *f*; 3. *(Geol)* Rissbildung *f*
fraccionar *v* 1. zerteilen; splitten; 2. *(Math)* in Teile zerlegen; 3. *(Ch)* fraktionieren, spalten
fractografía *f* 1. Fraktographie *f*, metallographische Bruchuntersuchung *f*; 2. Bruchbild *n*
fractura *f* 1. Bruch *m*, Bruchstelle *f*; 2. *(Geol)* Bruch *m*, Störung *f*, Bruchfläche *f*; 3. *s.* fracturación
fracturación *f* 1. Reißen *n*, Auftreten *n* von Rissen; 2. *(Geol)* Bruchbildung *f*, Zerklüftung *f*; hydraulische Rissbildung *f*
fracturado gebrochen; zermürbt *(Gestein)*
frágil brüchig, spröde, zerbrechlich
fragilidad *f* Brüchigkeit *f*, Sprödigkeit *f*, Zerbrechlichkeit *f*
fragilizar *v* verspröden
fragmentación *f* 1. Zerkleinerung *f*; Zerfall *m*; Zersplitterung *f*, Zerstückelung *f*; 2. *(Geol)* Zertrümmerung *f*; 3. *(Inf)* Fragmentierung *f*
fragmentar *v (Inf)* fragmentieren

fraguable (ab)bindefähig (z. B. Zement)
fraguado m (Bw) Abbinden n, Abbindevorgang m • **de lento** ~ langsam abbindend
fraguar v abbinden (z. B. Zement); erhärten, erstarren
francio m Francium n, Fr
francobordo m (Schiff) Freibord m
franja f 1. Saum m, Rand m; Streifen m; 2. (Text) Franse f; 3. (Opt) Streifen m, Interferenzstreifen m, Beugungsring m
frasco m Flasche f; Kolben m
frecuencia f 1. Häufigkeit f; 2. (El, Eln) Frequenz f; Schwingungszahl f, Periodenzahl f • **de alta** ~ hochfrequent • **de baja** ~ niederfrequent • **de** ~ **constante** frequenzkonstant, frequenzstabil • **con** ~ **fónica** tonfrequent
~/**alta** Hochfrequenz f, HF
~ **angular** Winkelfrequenz f, Kreisfrequenz f
~ **audible** Audiofrequenz f, Hörfrequenz f
~/**baja** Niederfrequenz f, NF
~ **de barrido** Kippfrequenz f
~ **de barrido de pantalla** Bildschirmfrequenz f
~ **de bombeo** Pumpfrequenz f (Laser)
~ **central** Mittenfrequenz f
~ **de conmutación de colores** Farbschaltfrequenz f
~ **de emisora** Senderfrequenz f
~ **extremadamente alta** Millimeterwellenfrequenz f, EHF
~ **extremadamente baja** extrem tiefe Frequenz f, ELF
~ **de imágenes** (TV) Bildfrequenz f
~/**muy alta** Meterwellenfrequenz f, Ultrakurzwelle f, UKW, VHF
~/**muy baja** Längstwellenfrequenz f
~ **natural** Eigenfrequenz f
~ **perturbadora** Störfrequenz f
~ **radioeléctrica** Hochfrequenz f, HF, Funkfrequenz f, Radiofrequenz f
~ **de reloj** Taktfrequenz f, Taktrate f, Taktfolge f; Steuerfrequenz f, Zeitgeberfrequenz f, Taktimpulsfolge f
~ **sonora** Tonfrequenz f, Schallfrequenz f, Hörfrequenz f, Niederfrequenz f, NF
~/**super alta** Superhochfrequenz f, SHF, Zentimeterwellenfrequenz f
~ **supersónica** Überschallfrequenz f, Ultraschallfrequenz f

~/**ultra alta** Ultrahochfrequenz f, UHF
frecuencímetro m Frequenzmesser m
frenado m Bremsung f, Bremsen n; Bremswirkung f; Abbremsung f
~ **brusco** Schnellbremsung f
~ **por contracorriente** (El) Gegenstrombremsung f
frenar v (ab)bremsen
frenillo m Federbremse f
freno m Bremse f
~ **de aceite hidráulico** Öldruckbremse f
~ **aerodinámico** (Flg) aerodynamische Bremse f
~ **de aire (comprimido)** Druckluftbremse f, pneumatische Bremse f
~ **de alarma** (Eb) Notbremse f
~ **de almohadillas** Backenbremse f
~ **autoajustable** (Eb) selbsttätige Bremse f
~ **de discos** Scheibenbremse f
~ **de dos zapatas** Doppelbackenbremse f
~ **de embrague** Kupplungsbremse f
~ **de estacionamiento** Feststellbremse f, Handbremse f
~ **de fricción** Reibungsbremse f, Friktionsbremse f
~ **de mordazas** Backenbremse f
~ **de patín** (Eb) Klotzbremse f; Bremsschuh m, Bremsklotz m
~ **de seguridad** 1. Sicherheitsbremse f; 2. (Eb) Notbremse f; 3. (Bgb) Fangvorrichtung f (Förderkorb)
~ **de servicio** Betriebsbremse f
~ **de socorro** (Eb) Notbremse f
~ **de tuerca** (Masch) Muttersicherung f, Mutterverschluss m
~ **de vía** Schienenbremse f, Gleisbremse f
~ **de zapatas** Backenbremse f; Klotzbremse f
frenómetro m Bremsmesser m
frente m 1. Front f; 2. Fassade f, Stirnseite f; 3. Stirnfläche f; 4. (Bgb) Stoß m, Strebfront f, Ort n
~ **de arranque** Abbaustoß m
~ **del choque** Stoßfront f (Explosionsschutz)
~ **de extracción** (Bgb) Verhieb m
~ **de retiro** (Bgb) Rückbaustreb m
frentear v (Am) (Fert) plandrehen
fresa f 1. (Fert) Fräser m; 2. (Lt) Fräse f
~ **de acabado** Schlichtfräser m
~ **de alisar** Flächenfräser m, Planfräser m

~ angular [de ángulo] Winkelfräser m, Kegelfräser m; Prismenfräser m
~ de árbol Aufsteckfräser m
~ cilíndrica Walzenfräser m
~ combinada Satzfräser m
~ de cremallera Räumnadel f
~ de cuchillas insertadas Fräskopf m, Messerkopf m
~ desbastadora [de desbaste] Schruppfräser m
~ destalonada hinterdrehter Fräser m
~ de disco Scheibenfräser m
~ de engranajes Zahnradfräser m
~ de engranajes cónicos Kegelradfräser m
~ de espiga Schaftfräser m; Fingerfräser m
~ facial Stirnfräser m
~ de filetear Gewindefräser m
~ fina Schlichtfräser m
~ de forma de disco Scheibenfräser m
~ frontal angular [cónica] Winkelstirnfräser m
~ madre Wälzfräser m
~ de perfil descargado hinterschliffener Fräser m
~ perfilada [de perfiles] Formfräser m, Profilfräser m
~ postiza Aufsteckfräser m
~ radial Scheibenfräser m
~ ranuradora [de ranurar] Nutenfräser m, Rillenfräser m
~ de refrentar Stirnfräser m
~ de roscar Gewindefräser m
~ seccional Satzfräser m, Gruppenfräser m
~ del suelo (Lt) Bodenfräse f
~ para tallar engranajes Zahnradfräser m

fresado m (Fert) Fräsen n, Ausfräsen n
~ angular Winkelfräsen n
~ axil [cilíndrico] Walzenfräsen n
~ circular Rundfräsen n
~ de forma Formfräsen n, Kopierfräsen n
~ de frente Stirnfräsen n, Stirnen n
~ plano Flächenfräsen n, Planfräsen n
~ químico chemisches Abtragen n [Fräsen n], Formätzen n
~ radial Radialfräsen n
~ por rodamiento Wälzfräsen n
~ de roscas Gewindefräsen n

fresadora f (Fert) Fräsmaschine f

~ agrícola (Lt) Bodenfräse f
~ automática Fräsautomat m
~ de cajear Langlochfräsmaschine f
~ carrusel Karussellfräsmaschine f
~ cepillo Langfräsmaschine
~ para cigüeñales Kurbelwellenfräsmaschine f
~ copiadora Kopierfräsmaschine f
~ de cremallera Zahnstangenfräsmaschine f
~ de curvas Kurvenfräsmaschine f
~ dentadora Zahnfräser m
~ de engranajes Zahn(rad)fräsmaschine f, Räderfräsmaschine f
~ de estampas Gesenkfräsmaschine f
~ de firmes (Bw) Fugenschneider m
~ de forma Kopierfräsmaschine f
~ para levas Nockenfräsmaschine f
~ de montante Ständerfräsmaschine f
~ ranuradora [de ranuras] Nutenfräsmaschine f
~ de roscas Gewindefräsmaschine f
~ de zanjas (Lt) Grabenfräse f

fresadura f s. fresado
fresar v 1. (Fert) fräsen; 2. (Fert) (an)senken
friable 1. bröckelig; brüchig; mürbe; 2. (Bgb) gebräch
fricción f Reibung f • sin ~ reibungslos
~ de adhesión Haftreibung f
~ de deslizamiento Gleitreibung f, gleitende Reibung f
~ de fluido Flüssigkeitsreibung f, Strömungsreibung f, hydraulische Reibung f
~ de rodamiento Wälzreibung f
frictómetro m Reibungsmesser m
frigoría f Kältekalorie f
frigorífero m Gefrierfach n, Kälteraum m; Verdampfer m, Kühlschlange f (kälteerzeugender Teil einer Kühlanlage)
frigorífico kälteerzeugend, Kälte…, Kühl…, Gefrier…
frigorífico m 1. Kühlschrank m; 2. Kühlschiff n, Kühltransporter m; 3. (Am) Kühlhaus n, Kühlhalle f
frigorífugo wärmedämmend, wärmeisolierend (bei Kälteanlagen)
frigorígeno kälteerzeugend
frigorímetro m Kältemesser m
frigorizar v einfrieren; gefrieren; tiefkühlen
frita f Fritte f, Schmelze f (Keramik)
fritar v sintern; fritten

frontón *m* 1. *(Bw)* Giebel *m*, Giebeldach *n*; Fenstergiebel *m*; 2. *(Bgb)* Strebfront *f*
frotador *m (Masch)* Reibrad *n*, Friktionsrad *n*, Planscheibe *f*
frotar *v* 1. reiben; scheuern; 2. *(Typ)* anreiben *(Buchbinderei)*
ftalato *m* Phthalat *n*
fuego *m* 1. Feuer *n*; Flamme *f*; 2. Ofen *m*; Herd *m*; 3. Feuerzeichen *n*
fuelle *m* 1. Blasebalg *m*; 2. *(Foto)* Balgen *m*; 3. *(Eb)* Faltenbalg *m*
fuente *f* 1. Quelle *f*; 2. *(Inf)* Font *m*, Schriftart *f*
~ **de alimentación** *(El)* Netzgerät *n*, Netzteil *n*, Speisequelle *f*, Spannungsquelle *f*
~ **de caracteres** *(Inf)* Zeichensatz *m*
~ **grande** *(Inf)* Versalien *mpl*, Großbuchstaben *mpl*
~ **ígnea** *(Geol)* magmatischer Herd *m*
fueraborda *m* Außenbordmotor *m*
fuerza *f* 1. Kraft *f*, Stärke *f*; Vermögen *n*; Energie *f*; Leistung *f*; 2. Sprengkraft *f*
~ **aceleratriz** Beschleunigungskraft *f*
~ **actuante** wirkende Kraft *f*
~ **adhesiva** Adhäsionskraft *f*, Adhäsionsvermögen *n*, Haftvermögen *n*; Klebekraft *f*
~ **de apriete** Druckkraft *f*, Anpressdruck *m*
~ **de arranque** 1. Startkraft *f*; 2. Kämpferkraft *f*, Auflagerkraft *f (Statik)*
~ **de arrastre** Schleppkraft *f*, Zugkraft *f*, Zugleistung *f*
~ **ascensional** *(Schiff, Flg)* Auftriebskraft *f*, (aero)dynamischer Auftrieb *m*
~ **atractiva** Anziehungskraft *f*
~ **de avance** Vorschubkraft *f*, Axialkraft *f*
~ **centrífuga** Zentrifugalkraft *f*, Fliehkraft *f*, Schwungkraft *f*
~ **de cizallamiento** Scherkraft *f*, Schubkraft *f*, Querkraft *f*
~ **comprimente** Anpressdruck *m*, Druck *m*, Druckkraft *f*
~ **contraelectromotriz** gegenelektromotorische Kraft *f*, Gegen-EMK *f*
~ **cortante** Schneidkraft *f*, Schnittkraft *f*
~ **de cuerpo** *(Typ)* Kegel *m*, Schriftkegel *m*
~ **efectiva [ejercida]** wirkende Kraft *f*
~ **eléctrica** 1. elektrische Feldstärke *f*; 2. Elektroenergie *f*
~ **electromotriz** elektromotorische Kraft *f*, EMK *f*
~ **de frenado** Bremskraft *f*

~ **friccional** Reibungskraft *f*
~ **gravitatoria** Gravitation(skraft) *f*, Schwerkraft *f*, Massenanziehungskraft *f*; Erdanziehungskraft *f*
~ **de impulsión** *(Flg)* Schub *m*
~ **impulsiva** Triebkraft *f*, Antriebskraft *f*, Impulskraft *f*, Impulsstärke *f*
~ **de inercia** Trägheitskraft *f*, Trägheitswiderstand *m*, Scheinkraft *f*, Beharrungsvermögen *n*
~ **lateral** *(Ph, Bw)* Seitenkraft *f*, Querkraft *f*; Seitenzug *m*, seitlicher Zug *m*
~ **límite** Grenzlast *f*
~ **magnética** magnetische Feldstärke *f*
~ **mareomotriz** Gezeitenenergie *f*
~ **motriz** Triebkraft *f*, Antriebskraft *f*, treibende Kraft *f*
~ **por pandeo** Knickkraft *f*, kritische Druckkraft *f*, Euler-Last *f*
~ **portante** Auflagerkraft *f*, Stützkraft *f (Statik)*
~ **propulsiva [propulsora]** Antriebskraft *f*, Triebkraft *f*; Vortriebskraft *f*; Schubkraft *f*
~ **sustentadora** 1. Zugkraft *f*, Schub *m*; 2. *(Flg)* Auftriebskraft *f*, (dynamischer) Auftrieb *m*
~ **de tensión** 1. Zugkraft *f*, Zugspannung *f*; 2. *(Bw)* Spannkraft *f*
~ **de tracción** Zugkraft *f*
fuga *f* 1. Leck *n*, Undichtigkeit *f*; 2. Ausströmen *n*; Verlust *m*; Kriechen *n (von Strom)* • **sin fugas** lecksicher, dicht
~ **eléctrica** *(El)* Kriechstromverlust *m*
~ **magnética** magnetische Streuung *f*
~ **de neutrones** *(Kern)* Neutronenverlust *m*, Neutronenausfluss *m*, Neutronenabwanderung *f*
~ **de resistencia** *(El)* Widerstandsdämpfung *f*, ohmscher Verlust *m*
~ **a tierra** *(El)* Erdschluss *m*
fugarse *v* 1. entweichen, abziehen; 2. kriechen *(Strom)*
fugaz flüchtig
fulardar *v (Text)* foulardieren, (auf)klotzen
fulminante Zünd..., Spreng..., Knall..., Blitz...
fulminante *m* Zündstoff *m*; Zündsatz *m*; Initialzündstoff *m*; Zünder *m*, Zündkapsel *f*
fulminar *v* detonieren; explodieren
fumífugo rauchverhütend

fumigación f Fumigation f, Begasung f; Ausräucherung f *(Räume)*
fumigador m *(Lt)* Räucherapparat m; Begasungsgerät n
fumigante m *(Lt)* Fumigant n, Räuchermittel n; Begasungsmittel n
fumigar v *(Lt)* (aus)räuchern, desinfizieren; begasen
fumígeno raucherzeugend
fumívoro rauchverzehrend
función f Funktion f • **en ~ de la frecuencia** frequenzabhängig • **en ~ del tiempo** zeitabhängig • **estar en ~** in Betrieb sein, funktionieren
~ **aleatoria** stochastische Funktion f, Zufallsfunktion f
~ **algebraica** algebraische Funktion f
~ **alineal** nicht lineare Funktion f
~ **angular** s. ~ trigonométrica
~ **de aproximación** Näherungsfunktion f
~ **aritmética** arithmetische Funktion f, Rechenfunktion f
~ **armónica** harmonische Funktion f
~ **característica** Kennfunktion f, charakteristische Funktion f
~ **circular** Kreisfunktion f, Arkusfunktion f, zyklometrische Funktion f
~ **continua** stetige Funktion f
~ **creciente** (monoton) wachsende [zunehmende, steigende] Funktion f
~ **cúbica** kubische Funktion f
~ **decreciente** (monoton) fallende [abnehmende] Funktion f
~ **discontinua** unstetige Funktion f
~ **hiperbólica** hyperbolische Funktion f, Hyperbelfunktion f
~ **impar** ungerade Funktion f
~ **integrada** Integrand m
~ **inversible** umkehrbare Funktion f
~ **multiforme** mehrdeutige Funktion f
~ **de onda** *(Ph)* Wellenfunktion f
~ **de orden superior** Funktion f höherer Ordnung
~ **par** gerade Funktion f
~ **polinómica** Polynomfunktion f, ganzrationale Funktion f, ganze rationale Funktion f
~ **primitiva** Stammfunktion f, primitive Funktion f
~ **senoidal** Sinusfunktion f
~ **subintegral** Integrand m
~ **subradical** Wurzelfunktion f
~ **trigonométrica** trigonometrische [goniometrische] Funktion f, Winkelfunktion f
~ **uniforme** eindeutige Funktion f
funcionamiento m 1. Wirkungsweise f, Funktionsweise f, Arbeitsweise f; Betrieb m; 2. Gang m, Lauf m *(einer Maschine)*; 3. Anziehung f *(eines Relais)*
~ **alternativo** wechselseitiger Betrieb m
~ **asincrónico** Asynchronbetrieb m
~ **sin atención** wartungsfreier Betrieb m
~ **de cintas** Bandlauf m
~ **concurrente** gleichzeitiges Arbeiten n, Parallelbetrieb m
~ **continuo** Dauerbetrieb m
~ **sin fallos** störungsfreier Betrieb m
~ **en línea** *(Inf)* Onlinearbeitsweise f, Onlinebetrieb m
~ **fuera de línea** *(Inf)* Offlinearbeitsweise f, Offlinebetrieb m, unabhängige Betriebsweise f
~ **en manos libres** *(Nrt)* Freisprechen n
~ **de la pila** *(Inf)* Stapelbetrieb m; Stapelverarbeitung f
~ **real** *(Inf)* Echtzeitbetrieb m
~ **en tampón** Pufferbetrieb m
~ **en tiempo real [verdadero]** *(Inf)* Echtzeitbetrieb m
~ **en vacío** Leerlauf m
funcionar v 1. funktionieren; arbeiten; 2. laufen *(Maschine)*; 3. ansprechen, anziehen *(Relais)*
funda f Hülle f; Überzug m; Mantel m, Ummantelung f; Futteral n; Haube f; Kappe f, Abschlusskappe f
fundamental f Grundschwingung f
fundamentar v *(Bw)* gründen
fundamento m 1. *(Bw)* Basis f, Grundlage f; Fundament n; 2. *(Text)* Grundgewebe n
fundente schmelzend, Schmelz...
fundente m 1. Schmelzzuschlag m, Schmelzmittel n, Flussmittel n; 2. Glasfluss m
~ **para soldeo** Lötmittel n, Lot n
fundería f Schmelzerei f, Schmelzbetrieb m
~ **tipográfica** *(Typ)* Schriftgießerei f
fundible gießbar
fundición f 1. Gießen n, Guss m; 2. Gießereierzeugnis n, Gusserzeugnis n, Guss m; 3. Gießerei f • **de ~ gris** gusseisern

fundición 192

~ **de acero** Stahlguss *m*
~ **de afinación** Stahlroheisen *n*
~ **austenítica** austenitisches Gusseisen *n*
~ **bainítica** bainitisches Gusseisen *n*, Gusseisen *n* mit Zwischenstufengefüge
~ **de bronce** Bronzeguss *m*, Rotguss *m*
~ **centrífuga [centrifugada]** Schleuderguss *m*, Zentrifugalguss *m*
~ **en coquilla** Kokillenguss *m*, Gießen *n* in Dauerformen
~ **dúctil** Gusseisen *n* mit Kugelgraphit, sphärolithisches Gusseisen *n*, GGG
~ **gris** Grauguss *m*
~ **de hierro** Gusseisen *n*
~ **de latón** Gelbguss *m*, Messingguss *m*
~ **en lingotes** Masselroheisen *n*
~ **maleable** Temperguss *m*
~ **martensítica** martensitisches Gusseisen *n*
~ **de metales ligeros** Leichtmetallguss *m*
~ **en molde metálico (enfriado)** Kokillenguss *m*
~ **de primera fusión** Gießereiroheisen *n*
~ **templada** Hartguss *m*
fundidora *f* 1. *(Gieß)* Formmaschine *f*, Gießmaschine *f*; 2. *(Typ)* Gießmaschine *f*
fundir *v* gießen; schmelzen; verhütten
fundirse *v* 1. flüssig werden; 2. *(El)* (ab)schmelzen *(Sicherung)*
fungicida *m* Fungizid *n*, Antimykotikum *n*
funicular *f* 1. Seilbahn *f*, Kabelbahn *f*, Standseilbahn *f*
~ **aéreo (de viajeros)** Schwebebahn *f*, Seilschwebebahn *f*, Drahtseilbahn *f*, Seilbahn *f*
~ **de cable continuo** Umlaufseilbahn *f*
furgón *m* 1. Kastenwagen *m*; Lieferwagen *m*; 2. *(Eb) (Am)* Wagen *m*
fuselaje *m (Flg)* Rumpf *m*
fusible schmelzbar
fusible *m* Abschmelzsicherung *f*, Schmelzstreifen *m*
~ **automático** automatische Sicherung *f*, Sicherungsautomat *m*
~ **inerte** träge Sicherung *f*
~ **rápido** flinke Sicherung *f*
~ **sensible** Feinsicherung *f*
fusiforme spindelförmig
fusiómetro *m (Ph)* Schmelzpunktapparat *m*, Meldometer *n*
fusión *f* 1. *(Ph)* Schmelzen *n*, Flüssigwerden *n*; Verschmelzen *n*; 2. *(Met)*
Schmelzen *n*, Schmelze *f*; Aufschmelzen *n*; Bindung *f (Pulvermetallurgie)*; 3. *(Kern)* Fusion *f*, Kernfusion *f*; 4. Durchbrennen *n*, Durchschmelzen *n (Sicherung)*
~ **controlada** gesteuerte [kontrollierte] Kernfusion *f*
~ **en crisol [cubilote]** Tiegelschmelzen *n*
~ **de fusible** Durchbrennen *n* [Durchschmelzen *n*] der Sicherung
~ **inductiva** Induktionsschmelzen *n*
~ **nuclear** Kernfusion *f*, Kernverschmelzung *f*, thermonukleare Reaktion *f*
~ **por plasma** Plasmaschmelzen *n*
~/**segunda** Umschmelzen *n*
fusionar *v* schmelzen

G

gabarra *f (Schiff)* kastenartiges Lastfahrzeug *n*; Leichter *m*; Prahm *m*; Schubleichter *m*; Schubprahm *m*; Frachtkahn *m*; Schute *f*
gadolinio *m* Gadolinium *n*, Gd
galápago *m* 1. *(Bw)* Bogenschalung *f*; Dachziegelform *f*; 2. *(Lt)* Scharstock *m*; 3. *(Schiff)* Klampe *f*; 4. *(Met)* Barren *m*; Massel *f*
~ **de guía** *(Schiff)* Kreuzholz *n*
galaxia *f* 1. *(Astr)* Galaxie *f*, Sternsystem *n*, Nebel *m*; 2. Galaxis *f*, Milchstraßensystem *n*, Milchstraße *f*
galeota *f (Schiff)* Lukenbalken *m*, Unterzug *m*; Träger *m*
galería *f* 1. *(Bw)* Galerie *f*; 2. *(Bgb)* Strecke *f*, Stollen *m*; 3. *(Kfz)* Dachgepäckträger *m*
galga *f* 1. Messgerät *n*; 2. *(Fert)* Lehre *f*
~ **de bloque** Endmaß *n*, Parallelendmaß *n*
~ **de deformación** Tensogeber *m*, tensometrischer Geber *m*
~ **de extremos** Endmaß *n*
~ **límite** Grenzlehre *f*, Toleranzlehre *f*
~ **palpadora** Fühllehre *f*, Spion *m*
~ **de rendijas** Fühlerlehre *f*
~ **de tapón** Lehrdorn *m*
~ **de tornillos** Gewindelehre *f*
gálibo *m* 1. *(Eb)* Lademaß *n*, Ladeprofil *n*; Lichtraumprofil *n*; Begrenzungslinie *f*; 2. *(Fert)* Profillehre *f*; 3. *(Schiff)* Mall *n*
~ **de inclinación** Neigungsmesser *m*

~ **de obras** Durchfahrtshöhe f
galio m Gallium n, Ga
galopar v stottern (Motor)
galvánico galvanisch
galvanización f Galvanisation f, Verzinkung f
~ **en caliente** Feuerverzinken n
~ **electrolítica** 1. elektrolytisches Verzinken n; 2. elektrolytische Metallabscheidung f
~ **por inmersión** Tauchverzinken n
~ **roceada** Spritzverzinken n
~ **en seco** Sherardisieren n (Verzinken durch Aufdiffundieren)
galvanizado galvanisiert, elektrolytisch metallisiert (z. B. verzinkt, versilbert, verzinnt)
galvanómetro m Galvanometer n, Strommesser m
~ **de cuadro móvil** Drehspulgalvanometer n
~ **térmico** Hitzdrahtgalvanometer n
galvanoplastia f Galvanoplastik f, galvanischer Überzug m
galvanostegia f Elektroplattierung f, Galvanostegie f
galvanotécnica f Galvanotechnik f
galvanotipia f (Typ) Galvanoplastik f
galleta f 1. (Bgb) Würfelkohle f (80–120 mm Durchmesser); 2. (Kst) Tablette f, Presskuchen m, Rohling m; 3. (El) Kontaktplatte f, Flachspule f; 4. (Met) Schmiederohling m; 5. (Schiff) Flaggenknopf m, Mastknopf m
gama f 1. Bereich m; Reihe f; 2. Skala f; 3. Tonskala f, Tonleiter f
~ **audible** Hör(barkeits)bereich m
~ **de audiofrecuencia** Tonfrequenzbereich m
~ **de caracteres** (Inf) Zeichenvorrat m, Zeichensatz m
~ **de escala** Skalenbereich m
~ **de medición [medidas]** Messbereich m
~ **de ondas** Wellenbereich m
~ **de velocidades** Drehzahlbereich m, Geschwindigkeitsbereich m
gambota f (Schiff) Hintersteven m
gamma-cámara f Szintillationskamera f, Gammakamera f
gamma-cuanto m (Ph) Gammaquant n
gammagrafía f Gammagraphie f
gammahexano m Hexachlorzyklohexan n

garrucha

gammascopio m (Kern) Gamma-Dosis-Leistungsmesser n
ganancia f (Eln) Leistungsgewinn m; Verstärkungsgrad m
~ **en alta frecuencia** Hochfrequenzverstärkung f, HF-Verstärkung f
~ **de amplitud** Amplitudenanstieg m
~ **en antena** Antennengewinn m
gancho m 1. Haken m; 2. (Bgb) Fanghaken m (Bohrung); 3. (Text) Platine f
~ **de acoplamiento** Kuppelhaken m, Zughaken m
~ **de amarre** (Schiff) Mooringhaken m, Vertäuhaken m
~ **de carga** (Schiff) Ladehaken m, Lasthaken m
~ **de eslinga** (Schiff) Stropphaken m
~ **de grúa** Kranhaken m
~ **izador [de izaje]** (Schiff) Heißhaken m
~ **portacarga** Lasthaken m
~ **de remolque** Schlepphaken m, Abschlepphaken m
~ **de suspensión** Kranhaken m
~ **de tracción** Kuppelhaken m, Zughaken m
ganga f (Bgb) Ganggestein n, taubes Gestein n, Gangart f, Nebengestein n
gánguil m Baggerprahm m; Abfallprahm m, Abfallschute f, Baggerschute f, Hopper m
garfa f Krampe f
garfio m 1. Haken m; Sperrhaken m; 2. (Schiff) Fischhaken m
~ **de trepado** Kletterreisen n, Steigeisen n
garganta f Hals m, Einstich m; Ringnut f; Seilrille f; Kehle f, Freistich m
~ **del árbol** (Masch) Halszapfen m (Welle)
~ **de chimenea** Rauchkanal m
~ **de salida de rosca** Gewinderille f (geschnittenes Gewinde)
garita f **de grúa** Führerstand m, Fahrerkabine f (Kran)
~ **de guardafreno** (Eb) Bremserhäuschen n
~ **de señales** (Eb) Stellwerk n
garlopa f Schlichthobel m
garra f Backen m, Klaue f
~ **de arrastre** Führungsbolzen m, Mitnehmerbolzen m
~ **de cierre** Spannbacken m, Klemmbacken m, Klemme f
garrucha f Rolle f; Scheibe f; Block m, Rollenblock m

gas

gas *m* 1. Gas *n*; 2. *s.* grisú
~ **de alto horno** Hochofengas *n*, Gichtgas *n*
~ **de alumbrado** Leuchtgas *n*
~ **amoniacal [amoniaco]** Ammoniakgas *n*
~ **anestésico** anästhesierendes [narkotisierendes] Gas *n*
~ **atomizador** Treibgas *n (Treibmittel für Sprühdosen)*
~ **de calefacción** Heizgas *n*
~ **carbónico** Kohlendioxid *n*
~ **de ciudad** Stadtgas *n*, Leuchtgas *n*
~ **de cloaca** Faulgas *n*
~ **cloro** Chlorgas *n*
~ **comburente [combustible]** Brenngas *n*, brennbares Gas *n*; Betriebsgas *n*; Heizgas *n*
~ **de combustión** 1. Verbrennungsgas *n*, Rauchgas *n*, Abgas *n*; 2. *s.* ~ comburente
~ **comprimido** Druckgas *n*
~ **de coque [coquería]** Koksofengas *n*, Kokereigas *n*
~ **de corte** Schneidgas *n (Schweißen)*
~ **de desecho** Abgas *n*
~ **de destilación** Schwelgas *n*
~ **detonante** Knallgas *n*
~ **de escape** Abgas *n*, Auspuffgas *n*, Austrittsgas *n*
~ **de evacuación** Auspuffgas *n*
~ **de exhaustación** ausströmendes Gas; Auspuffgas *n*
~ **de fermentación** Faulgas *n*
~ **fulminante** Knallgas *n*
~ **grisú** Schlagwetter *n*
~ **hilarante** Distickstoffoxid *n*, Lachgas *n*
~ **de hulla** Steinkohlengas *n*
~ **de iluminación** Leuchtgas *n*
~ **lacrimógeno** Tränengas *n*
~ **noble** Edelgas *n*
~ **nocivo** Schadgas *n*
~ **oxhídrico** Knallgas *n*
~ **de los pantanos** Sumpfgas *n*, Methan *n*
~ **de presurización** Druckgas *n*
~ **protector** Schutzgas *n (Schweißen)*
~ **público** Leuchtgas *n*, Stadtgas *n*
~ **raro** Edelgas *n*
~ **sulfhídrico** Schwefelwasserstoff *m*
~ **sulfuroso** Schwefeldioxid *n*, Schwefel(IV)-oxid *n*
~ **de tierra** Erdgas *n*
gasero *m* Gastanker *m*

gasificación *f* Vergasung *f*, Vergasen *f*, Überführung *f* in den gasförmigen Zustand; Gasbildung *f*
~ **a baja temperatura** Schwelung *f*
gasificador *m* Verdampfer *m*; Zerstäuber *m*; Vergasungsapparat *m*, Vergaser *m*
gasificar(se) vergasen; verdampfen, verdunsten
gasodetector *m* Gasspürgerät *n*, Gasnachweisgerät *n*
gasoducto *m* Gasleitung *f*, Ferngasleitung *f*, Erdgasleitung *f*
gasógeno *m* Gaserzeuger *m*, Generator *m*
gasóleo *m* Gasöl *n*, Dieselöl *n*, Treiböl *n*
gasolina *f* Benzin *n*
~ **antidetonante** klopffestes Benzin *n*
~ **de [para] aviación** Flugbenzin *n*
~ **sin plomo** bleifreies Benzin *n*
gasolinera *f* 1. Tankstelle *f*, Tanksäule *f*; 2. Motorboot *n*
gasómetro *m* Gasometer *m*, Gasbehälter *m*
gastadura *f* Abnutzung *f*, Verschleiß *m*
gastar *v* abnutzen; verschleißen
~ **por roce** durchreiben
gasto *m* 1. Verbrauch *m (z. B. Energie)*; Aufwand *f*; 2. Ergiebigkeit *f*, Produktivität *f*; 3. Verschleiß *m*; 4. Schüttungsmenge *f (einer Quelle)*
gastroscopio *m* Gastroskop *n*, Magenspiegel *m*
gatera *f (Schiff)* Decksklüse *f*
gatillo *m* Sperrklinke *f*; Haken *m*; Hahn *m*; Drücker *m*; Auslöser *m*; Ausrücker *m*; Abzug *m (Waffe)*
gato *m* 1. *(Förd)* Hebebock *m*, Bockwinde *f*; 2. *(Kfz)* Wagenheber *m*
~ **alzacarriles** *(Eb)* Gleiswinde *f*
~ **de cremallera** Zahnstangenwinde *f*
~ **hidráulico** hydraulischer Heber *m*, hydraulische Winde *f*; Druckhebewinde *f*; hydraulischer Wagenheber *m*
~ **de rosca** Schraubenwinde *f*
gauss *m* Gauß *n (Einheit der magnetischen Induktion)*
gaza *f (Schiff)* Stropp *m*
geliturbación *f (Geol)* Kryoturbation *f*, Froststauchung *f*
gemelos *mpl* Fernglas *f*, Feldstecher *m*; Doppelfernrohr *n*
~ **de prismas** Prismenfernstecher *m*

gestionar

generador m 1. Generator m; Erzeuger m; Entwickler m; 2. (El) Generator m, Stromerzeuger m; 3. (Math) Erzeugende f; erzeugendes Element n (einer Gruppe); Generator m
~ **auxiliar** 1. Hilfsgenerator m; 2. (Flg, Rak) Hilfstriebwerk(saggregat) n, APU
~ **de barrido** 1. Kippgenerator m, Wobbelgenerator m; 2. (TV) Zeitablenkgenerator m, Ablenkgenerator m
~ **de bucles** Prüfschleife f
~ **de cinta** (Kern) Bandgenerator m, Van-de-Graaff-Beschleuniger m, Van-de-Graaff-Generator m
~ **de corriente** Generator m, Stromerzeuger m
~ **eléctrico** 1. Generator m, Stromerzeuger m; 2. (Kfz) Lichtmaschine f
~ **electrostático** elektrostatischer Generator m, Influenzmaschine f
~ **de emergencia** Notstromgenerator m, Notstromaggregat n
~ **de exploración** 1. Kippgenerator n; 2. (TV) Ablenkgenerator m, Zeitablaufgenerator m
~ **de frecuencias** Frequenzgenerator m, Oszillator m
~ **frigorífico** Kälteerzeuger m
~ **de soldadura** Schweißgenerator m
~ **térmico** Wärmeerzeuger m
~ **de vapor** Dampferzeuger m; Dampfkessel m

generar v erzeugen (z. B. Energie); generieren

generatriz f 1. (Math) Erzeugende f; 2. Kegelmantellinie f; 3. (El) Generator m

género m 1. (Text) Stoff m; Gewebe n; 2. Ware f; Gut n; 3. Art f; Sorte f

genuino 1. echt; rein, unverfälscht; 2. (Met, Min) gediegen

geodesia f Geodäsie f, Landesvermessung f, Vermessungswesen f

geodímetro m Streckenmessgerät n

geodinámica f Geodynamik f

geoenergía f geothermische Energie f

geofísica f Geophysik f

geología f Geologie f
~ **ambiental** Umweltgeologie f
~ **ingenieril** Ingenieurgeologie f
~ **marina** Meeresgeologie f
~ **de minas** Montangeologie f
~ **petrolera** Erdölgeologie f
~ **sedimentaria** Lithologie f, Gesteinskunde f

geomagnético geomagnetisch, erdmagnetisch

geomagnetismo m Erdmagnetismus m

geometral s. geométrico

geometría f Geometrie f
~ **algebraica** algebraische Geometrie f
~ **analítica** analytische Geometrie f
~ **del buque** Schiffsgeometrie f
~ **cristalina** kristalline (geometrische) Anordnung f
~ **descriptiva** darstellende [deskriptive] Geometrie f
~ **diferencial** Differenzialgeometrie f
~ **de la dirección** (Kfz) Lenkungsgeometrie f
~ **elíptica** elliptische Geometrie f
~ **esférica** sphärische Geometrie f
~ **del espacio** Stereometrie f, Geometrie f des Raumes, räumliche Geometrie f
~ **euclidiana** euklidische Geometrie f
~ **hiperbólica** hyperbolische Geometrie f
~ **de la imagen** (TV) Bildgeometrie f
~ **plana** Planimetrie f, ebene Geometrie f
~ **de posición** Geometrie f der Lage
~ **proyectiva** projektive Geometrie f

geométrico geometrisch

geoquímica f Geochemie f

geoquímico geochemisch

geosinclinal m (Geol) Geosynklinale f

geotécnica f Geotechnik f

geotermia f Geothermie f, innere Erdwärme f

geotérmico geothermisch

geotermómetro m Erdbodenthermometer n

germanio m Germanium n, Ge

germen m Keim m (z. B. eines Kristalls)

germinadora f (Lt) Keimapparat m

gestión f 1. Unternehmensführung f; Management n; Bewirtschaftung f; 2. (Inf) Verwaltung f
~ **de base de datos** (Inf) Datenbankverwaltung f
~ **de disco duro** (Inf) Festplattenverwaltung f
~ **de encargos** Jobverwaltung f, Auftragsverwaltung f, Aufgabenverwaltung f
~ **de mantenimiento** Instandhaltung f
~ **de memoria** Speicherverwaltung f

gestionar v 1. betreiben; managen; bewirtschaften; steuern; 2. (Inf) verwalten

gestionar 196

~ **el disco duro** die Festplatte verwalten
~ **el espacio de memoria** Speicherplatz verwalten
gestor *m (Inf)* Manager *m*, Verwalter *m*
~ **de archivo** Dateimanager *m*
~ **de base de datos** Datenbankverwalter *m*
~ **de correo electrónico** E-Mail-Verwalter *m*
~ **del disco duro** Festplattenverwalter *m*
~ **de dispositivo** Gerätemanager *m*
~ **de memoria** Speicherverwalter *m*
gicleur *m s.* surtidor 2.
gigabyte *m* Gigabyte *n* (2^{30} *bytes*)
girable drehbar
giración *f* Drehbewegung *f*
girador *m* Drehvorrichtung *f*
girar *v* 1. (sich) drehen, rotieren, kreisen, umlaufen; 2. schwenken; wenden *(Fahrzeug)*; 3. (um)laufen *(Motor)*; 4. ansteuern *(Wähler)*
~ **redondo** rundlaufen
~ **en vacío** leerlaufen (z. B. Motor)
giratorio drehbar; schwenkbar; drehend, kreisend, rotierend; Dreh…, Drehungs…
giro *m* 1. Umdrehung *f*, Drehung *f*; Kreisbewegung *f*; 2. Schwenkung *f*, Kurve *f*; 3. *(Nrt)* Ansteuern *n*, Ansteuerung *f (Wähler)*
giroaviación *f* Rotorflugwesen *n*
giroavión *m* Rotorflugzeug *n*, Drehflügelflugzeug *n*, Drehflügler *m*
girobrújula *f s.* girocompás
giroclinómetro *m (Flg)* Wendezeiger *m*
girocompás *m* Kreiselkompass *m*, Gyrokompass *m*
girodino *m (Flg)* Rotorflügler *m*, Drehflügler *m*
giroestabilizador *m* Kreiselstabilisator *m*
girohorizonte *m (Flg)* Horizontkreisel *m*
giroláser *m* Lasergyroskop *n*, optisches Gyroskop *n*
girómetro *m* Gyrometer *n*
giropiloto *m (Schiff, Flg)* Selbststeuergerät *n*, Selbststeueranlage *f*
giroplano *m s.* giroavión
giroscópico Kreisel…
giroscopio *m* Gyroskop *n*, Kreiselgerät *n*, Kreisel *m*
girotrén *m (Eb)* Gyrobahn *f*
globo *m* 1. Kugel *f*; 2. Ballon *m*; 3. Lampenglocke *f*, Glasglocke *f*

~ **aerostático** Aerostat *m*, Ballon *m*
~ **cautivo** Fesselballon *m*
~ **dirigible** Lenkballon *m*
~ **estratosférico** Stratosphärenballon *m*
~ **de hidrógeno** Wasserstoffballon *m*
~ **libre** Freiballon *m*
~ **radiosonda** Funksonde *f*
~ **satélite** Ballonsatellit *m*
~ **sonda [de sondeo]** Ballonsonde *f*, Sondenballon *m*
~ **terráqueo [terrestre]** Erdkugel *f*
globular kugelförmig
globulización *f (Met)* Kugelgraphitbildung *f*
globulizado *(Met)* globulitisch [globular, kugelförmig, kugelig] gestaltet
glucina *f* Berylliumoxid *n*, Beryllerde *f*
glucinio *m s.* berilio
glucosa *f* Glukose *f*, Glykose *f*, Traubenzucker *m*
glutinoso klebend, klebrig; bindig *(z. B. Boden)*
goa *f (Met)* Luppe *f*, Rohblock *m*, Block *m*
gobernación *f* Steuerung *f*; Regulierung *f*
gobernador *m* Regulator *m*
gobernalle *m (Schiff)* Ruder *n*
gobernar *v* steuern; regeln
gobierno *m* 1. Leitung *f*, Führung *f*; Regulierung *f*; 2. Steuerung *f*, Lenkung *f*; Bedienung *f*; 3. Steuer *n*, Steuerruder *n*; Steuervorrichtung *f*; 4. Regelung *f*; 5. *(Schiff)* Manövrierfähigkeit *f* • **sin** ~ *(Schiff)* steuerlos; manövrierunfähig
~ **automático** Selbststeuerung *f*, automatische Steuerung *f* [Kurssteuerung *f*]
~ **por brújula** Kompasssteuerung *f*
~ **a distancia** Fernkontrolle *f*, Fernüberwachung *f*, Fernsteuerung *f*
~ **hidráulico** hydraulische Steuerung *f*
~ **de pulsadores** Drucktastensteuerung *f*
~ **por radio** Funksteuerung *f*
~ **de vehículos** Fahrzeuglenkung *f*
gofrado *m (Typ, Text)* Prägen *n*, Prägung *f*; Gaufrage *f*
gofrador *m (Typ, Text)* Prägemaschine *f*; Gaufriermaschine *f*
gofrar *v (Typ, Text)* prägen; gaufrieren
golpe *m* 1. Schlag *m*; Stoß *m*; Hieb *m*; Aufprall *m*; 2. Hub *m* • **de** ~ schlagartig, plötzlich, ruckweise
~ **excéntrico** exzentrischer Schlag *m*

gradiente

~ de lanzadera *(Text)* Schützenwurf *m*, Schlag *m (Weberei)*
golpear *v* 1. schlagen, hauen; pochen; klopfen *(Motor)*; 2. *(Text)* schlagen (z. B. bei der Spinnerei)
golpetear *v* klopfen *(Motor)*
goma *f* Gummi *m*
~ arábiga Gummiarabikum *n*
~ dura [endurecida] Hartgummi *m*
~ esponjosa Schaumgummi *m*
~ éster Esterharz *n*
~ laca Lackharz *n*, Schellack *m*
~ natural Naturkautschuk *m*
~ plástica Knetgummi *m*
gomaespuma *f* Schaumgummi *m*
gomamiento *m* Gummierung *f*
gomorresina *f* Gummiharz *n*
gonio *m* Neugrad *m*, Gon *n*
goniógrafo *m* Goniograph *m*
goniometría *f* 1. Goniometrie *f*, Winkelmessung *f*, Drehwinkelmessung *f*; 2. *s.* radiogoniometría
~ acústica Geräuschpeilung *f*
goniométrico goniometrisch
goniómetro *m* 1. Goniometer *n*, Winkelmesser *m*; 2. *s.* radiogoniómetro
gonioscopio *m* Gonioskop *n*
gorrón *m (Masch)* Zapfen *m*, Drehachse *f*
~ afianzador Kegelzapfen *m*
~ con anillos Kammzapfen *m (Achsen, Wellen)*
~ del árbol Achsschenkel *m*, Achshals *m*, Wellenzapfen *m*, Lagerhals *m*
~ de articulación Gelenkzapfen *m*
~ de cadena Kettenbolzen *m*
~ del cigüeñal Kurbelwellenzapfen *m*
~ de guía Führungszapfen *m*
~ del manubrio Kurbelzapfen *m*
gota *f* Tropfen *m* • **~ a gota** tropfenweise
~ fría Perle *f (Gussfehler)*
gotear *v* (ab)tropfen; tröpfeln
gotea *f* Leck *n*, Leckstelle *f*
grabación *f* Aufnahme *f*, Aufzeichnung *f*; Mitschnitt *m*
~ en cinta magnética Magnetbandaufnahme *f*
~ digital digitale Aufnahme *f*
~ estereofónica Stereoaufnahme *f*
~ óptica optische Aufzeichnung *f*
~ vídeo Videoaufnahme *f*, Videoaufzeichnung *f*

grabado *m* 1. *(Typ)* Stich *m*; Gravierung *f*; 2. *s.* grabación; 3. *s.* clisé
~ al ácido Ätzung *f*
~ al aguafuerte *(Typ)* Ätzung *f*, Ätzen *n*, Beizen *n*; Radierung *f (Kunst)*
~ en cobre Kupferstich *m*
~ (en) hueco *(Typ)* Tiefdruck *m*; Tiefätzung *f*
~ de líneas Strichätzung *f*
~ químico de circuitos *(Eln)* Folienätzverfahren *n*, Subtraktivverfahren *n (Leiterplattenherstellung)*
~ de relieve *(Typ)* Hochdruck *m*; Hochätzung *f*
~ de trama Rasterätzung *f*
~ sobre vidrio Glasätzung *f*
grabador *m* 1. Aufzeichnungsgerät *n*; Registriergerät *n*; 2. *(Typ)* Klischiergerät *n*, Ätzgerät *n*
~ de vuelo Flugschreiber *m*
grabadora *f* Rekorder *m*
~ de cassettes Kassettenrekorder *m*
~ en cinta magnética Bandaufnahmegerät *n*; Tonbandgerät *n*
~ de sonidos Klangrekorder *m*
~ vídeo Videoreorder *m*
~ de videocassettes Videokassettenrekorder *m*
grabar *v* 1. aufnehmen, aufzeichnen; bespielen *(tontechnisch)*; 2. *(Typ)* gravieren
grada *f* 1. *(Schiff)* Helling *f*, Helgen *m*, Slip *m*; 2. *(Lt)* Egge *f*; 3. *(Bgb)* Ortsstoß *m*; 4. Sprosse *f*, Stufe *f*
~ articulada Netzegge *f*, Gliederegge *f*, Gelenkegge *f*
~ de construcción naval Bauhelling *f*, Bauhelgen *m*
~ desterronadora Sternkrümelwalze *f*, Walzenkrümelegge *f*, Stachelwälzegge *f*, Sternwälzegge *f*
~ de dientes Zinkenegge *f*
~ de discos Scheibenegge *f*, Telleregge *f*
~ de halaje Aufschlepphelling *f*
~ de labranza Ackeregge *f*
~ de lanzamiento *(Schiff)* Ablaufstapel *m*
~ de montaje Bauhelling *f*
gradar *v* eggen
gradiente *m* 1. Gradient *m*; Gefälle *n*; 2. *(Eb)* Steigung *f (von Gleisen)*
~ de avance Fortschrittgrad *m (Propeller)*
~ de confiabilidad *(Math)* Vertrauensbereich *m*

gradiente

~ de densidad Dichtegradient *m*
~ de presión Druckgefälle *n*, Druckgradient *m*
~ de protección Schutzstufe *f*; Schutzgrad *m (Elektrosicherheit)*
~ de temperatura Temperaturgradient *m*, Temperaturgefälle *n*
~ de tensión Spannungsgradient *m*, Spannungsgefälle *n*

grado *m* 1. Grad *m*; Stufe *f*; 2. *(Ch)* Gehalt *m* • **de ~ en ~** allmählich; stufenweise, schrittweise
~ de acidez Säuregrad *m*
~ de admisión Füllungsgrad *m*, Beaufschlagungsgrad *m (Kolbenkraftmaschine)*
~ de amplificación *(El)* Verstärkungsfaktor *m*, Verstärkungsgrad *m*, Verstärkung *f*
~ angular *(Math)* Winkelgrad *m*
~ de arco *(Math)* Kreisbogengrad *m*
~ de buzamiento Einfall(s)winkel *m*
~ centesimal Neugrad *m*, Gon *n*
~ centígrado Grad *m* Celsius
~ de cetano Cetanzahl *f (Kraftstoffprüfung)*
~ de compresión Kompressionsgrad *m*, Verdichtungsverhältnis *n*
~ de curvatura Krümmungsradius *m*
~ del frenado *(Kfz)* Bremswirkungsgrad *m*
~ geotérmico *(Geol)* geothermische Tiefenstufe *f*
~ hidrométrico Härtegrad *m* des Wassers
~ higrométrico Feuchtigkeitsgrad *m*
~ de indeterminación *(Ph)* Unbestimmtheitsgrad *f*, Entropie *f*
~ de octano Oktanzahl *f*, OZ
~ de pureza *(Ch)* Reinheitsgrad *m*
~ de quemado *(Kern)* Abbrand *m*, Ausbrand *m (Reaktor)*
~ de regulación Schaltstufe *f*
~ de tratamiento Bearbeitungsstufe *f*
~ de velocidad Geschwindigkeitsstufe *f*

graduable teilbar in Grade; einstellbar; nachstellbar
graduación *f* 1. Abstufung *f*, Maßeinteilung *f*, Maßstab *m*; Skaleneinteilung *f*; Gradeinteilung *f*, Einstellung *f*; Regulierung *f*; 2. *(Ch)* Gehalt *m*
graduador *m* 1. *(Fert)* Teilgerät *n*; Teilkopf *m*; 2. Regulierungseinrichtung *f*; 3. *(Ch)* Gemischmesseinrichtung *f*; 4. *(Nrt)* Nebenschlusseinrichtung *f*
graduadora *f (Fert)* Teilmaschine *f*

graduar *v* graduieren; in Grade einteilen; abstufen
~ por análisis volumétrico *(Ch)* titrieren
gráfica *f* Grafik *f*, Diagramm *n*
gráfico grafisch; bildlich
gráfico *m* grafische Darstellung *f*; Schaubild *n*, Diagramm *n*; Tabelle *f*, Tafel *f*
~ de barras Säulendiagramm *n*, Säulengrafik *f*
~ de lubricación Schmierplan *m*
~ por ordenador Computergrafik *f*
~ de potencia Leistungsflussbild *n*, Leistungsschaubild *n*
~ de procesos Prozessschaubild *n*, Prozessgrafik *f*
~ de redes Netzgrafik *f*; Netzplan *m*
~ sectorial Kreisdiagramm *n*, Tortendiagramm *n*
~ tridimensional dreidimensionale Grafik *f*, 3D-Grafik *f*
~ velocidad-tiempo Geschwindigkeits-Zeit-Diagramm *n*
~ de verificación Prüftabelle *f*; Kontrollplan *m*

grafismo *m* 1. Schreibung *f*; Schriftart *f*; 2. *(Typ)* grafische Gestaltung *f*
grafo *m* Graph *m*
grafómetro *m* Messinstrument *n* für Neigungswinkel
grafotipo *m (Typ)* Setzmaschine *f*
gramo *m* Gramm *n*
~ fuerza Pond *n*, p *(Einheit der Kraft)*
~ masa Gramm *n*, g *(Einheit der Masse)*
granado stückig *(z. B. Kohle)*
granalla *f (Met)* Granalie *f*, Metallschrot *n(m)*
granallado *m (Met)* Granulieren *n*
granate *m (Min)* Granat *m*
graneado gekörnt
graneado *m* 1. *(Led)* Chagrinieren *n*; 2. *(Typ)* Körnung *f*
graneador *m (Typ)* Treibhammer *m*, Bossierhammer *m*
granear *v* 1. *(Led)* chagrinieren; 2. *(Typ)* körnen
granelero *m* Schüttgutfrachter *m*
grano *m* 1. Korn *n*; Körnung *f (z. B. eines Schleifkörpers)*; 2. Getreide *n* • **de ~ fino** feinkörnig • **de ~ grueso** grobkörnig
granulación *f* Granulierung *f*, Granulation *f*, Kornbildung *f*; Körnung *f*; Körnigkeit *f*; Korngröße *f*

granular v granulieren, körnen; kirnen
granulometría f 1. Korngrößenbestimmung f, Granulometrie f, Korngrößenmessung f; Sortierung f nach Korngröße, Korn(größen)verteilung f; 2. Korngröße f; Körnung f
granza f 1. s. hormigón; 2. Metallschlacke f
grapa f Schelle f; Band n; Klammer f, Klemme f
grapadora f Heftmaschine f
grapón m Klammer f, Bolzen m
grasa f 1. Fett n; 2. Schmiere f, Schmierfett n; 3. Schlacke f
grasera f Schmiergefäß n
grata f Schabeisen n
gratícula f Netz n; Gitter n
grava f Kies m, Schotter m
grave 1. schwer *(Körper)*; 2. tief *(Ton)*
gravedad f Schwere f, Schwerkraft f
gravilla f Feinkies m (5–25 mm Ø)
~ **triturada** Splitt m
gravilladora f Feinkiesaufbereiter m
gravimetría f 1. *(Ph)* Gravimetrie f, Schwerkraftmessung f; 2. *(Ch)* Gewichtsanalyse f, gravimetrische Bestimmung f
gravimétrico gewichtsanalytisch, gravimetrisch
gravímetro m Gravimeter n, Schwerkraftmesser m
gravitación f Gravitation f, Massenanziehung f
~ **terrestre** Erdanziehung f
gravitar v sich auf einer Umlaufbahn bewegen
~ **alrededor de la Tierra** die Erde umkreisen
greda f *(Geol)* Letten m
gres m 1. Steingut n; 2. Sandstein m
~ **esquitoso** Grauwacke f
grieta f Riss m; Kluft f; Spalt m
~ **capilar** Haarriss m
~ **de contracción** Schrumpfriss m
~ **de fatiga** Ermüdungsriss m, Dauerriss m
~ **de tensión** Spannungsriss m
grietarse v rissig werden; platzen; zerspringen
grifa f 1. Klammer f, Griff m; 2. *(Am)* Richtwerkzeug n
grifería f Armaturen fpl
grifo m Hahn m

~ **de cierre** Absperrhahn m
~ **de desagüe** Ablasshahn m
~ **de detención** Absperrventil n
~ **de dos pasos** Zweiwegehahn m
~ **mezclador** Mischbatterie f
~ **de paso triple** Dreiwegehahn m, Ablassventil n *(Hydraulik)*
grillete m *(Schiff)* Schäkel n; Lasche f
~ **para ancla** Ankerschäkel m
grisú m *(Bgb)* schlagende Wetter pl, Grubengas n
grisúmetro m *(Bgb)* Grubengasmesser m, Schlagwetteranzeiger m
grisuscpio m *(Bgb)* Grubengasanzeiger m, Grubengaswarngerät n
groera f *(Schiff)* Gatt n, Kabelgatt n
grosor m Stärke f, Dicke f
~ **del tipo** *(Typ)* Typenbreite f
grúa f Kran m
~ **de aguilón** Auslegerkran m
~ **apiladora** Stapelkran m
~ **de astillero** Werftkran m
~ **automotora [automotriz, autopropulsada]** Fahrzeugkran m; Auto(dreh)kran m; Mobil(dreh)kran m
~ **de a bordo** Bordkran m
~ **de bote** Bootsdavit m(n)
~ **de brazo** Auslegerkran m
~ **de caballete** Bockkran m
~ **de cable** Kabelkran m
~ **sobre camión** Autokran m
~ **de columna** Konsolkran m
~ **de columna giratoria** Säulendrehkran m
~ **flotante** Schwimmkran m
~ **gigante** Brückenkran m
~ **giratoria** Drehkran m, Schwenkkran m
~ **de grada** Hellingkran m
~ **de pescante** Auslegerkran m
~ **de pivote** Drehkran m
~ **de pluma** Auslegerkran m
~ **de pluma móvil** Wippkran m
~ **de pórtico** Portalkran m
~ **de puente** Brückenkran m
~ **de torre** Turmdrehkran m
~ **volante** Kranhubschrauber m
grúa-puente f Brückenkran m
grueso 1. stark; dick; 2. stückig *(z. B. Kohle)*
grueso m 1. Stärke f, Dicke f; 2. *(Bgb)* Grobes n *(Aufbereitung)*

grupo *m* 1. Gruppe *f*; Aggregat *n*; Satz *m*, Einheit *f*; 2. Anhäufung *f*; Cluster *m*; 3. *(Nrt)* Leitungsbündel *n*, Bündel *n*
~ **de bomba** Pumpenaggregat *n*
~ **de caracteres** *(Inf)* Zeichensatz *m*
~ **de cinta magnética** *(Inf)* Magnetbandeinheit *f*
~ **constructivo** Baugruppe *f*
~ **frigorífico** Kühlaggregat *n*
~ **generador** Generatorgruppe *f*, Stromaggregat *n*
~ **de líneas** *(El)* Leitungsbündel *n*
~ **motopropulsor** *(Flg)* Triebwerksanlage *f*, Triebwerk *n*; Antriebsteil *n*
~ **motor** Motoraggregat *n*; Triebwerk *n*
~ **de socorro** Notstromaggregat *n*
guadaña *f* Sense *f*
guadañadora *f* Mähmaschine *f*, Grasmäher *m*
guadañar *v* (ab)mähen
guante *m* **táctil** *(Inf)* Datenhandschuh *m* *(Eingabegerät)*
guarda *f* Schutzvorrichtung *f*, Schutz *m*; Abschirmung *f*
guardabarro(s) *m* *(Kfz)* Kotblech *n*, Kotflügel *m*; Schutzblech *n*
guardabrisa *m* Windschutzscheibe *f*
guardacabo *m* Seilkausche *f*
guardacadena *m* Kettenschutz *m*
guardacarril *m* *(Eb)* Flügelschiene *f*, Leitschiene *f*, Schutzschiene *f*
guardachoques *m* *(Kfz)* Stoßstange *f*
guardaequipajes *m* *(Kfz)* Kofferraum *m*
guardamotor *m* Motorschutzschalter *m*, Schutzschalter *m* für Elektromotor
guardar *v* 1. schützen; 2. aufbewahren; speichern; 3. pflegen; sichern *(z. B. Daten)*
~ **temporalmente** zwischenspeichern
guardarriel *m* *(Eb)* Flügelschiene *f*, Leitschiene *f*, Schutzschiene *f*
guarismo *m* Ziffer *f*, Zahlensymbol *n*
guarnecer *v* 1. beschlagen; beziehen; (aus)füttern; 2. garnieren *(Keramik)*; 3. verputzen, tünchen
guarnecido *m* Tünche *f*, Verputz *m*
guarnición *f* 1. Verzierung *f*; Besatz *m*; Beschlag *m*; 2. Dichtung *f*, Packung *f*; 3. Aufzug *m*; 4. Belag *m*
~ **de acoplamiento** Kupplungsbelag *m*
~ **de freno** Bremsbelag *m*
~ **interior** *(Kfz)* Innenausstattung *f*

~ **de prensaestopas** Stopfbuchsendichtung *f*, Stopfbuchsenpackung *f*
guía *f* 1. Führung(sbahn) *f*; Schiene *f*; 2. *(Flg)* Leiteinrichtung *f*; 3. *(Rak)* Lenkung *f*; 4. Lenkstange *f*; 5. *(Schiff)* Wurfleine *f*; 6. *(Bg)* Abbaustrecke *f*; 7. Kompendium *n*, Nachschlagewerk *n*; Leitfaden *m*; Adressbuch *n*; Verzeichnis *n*; 8. *(Nrt)* Teilnehmerverzeichnis *n*; 9. *(Inf)* Führungstext *m*; 10. *(Inf)* Bereitschaftszeichen *n*, Aufforderungszeichen *n*
~ **de bancada** *(Masch)* Bettführung *f*
~ **de cinta** Bandantrieb *m*
~ **de la crueceta** Kreuzkopfführung *f*
~ **cuneiforme** V-Führung *f*
~ **de lubricación** Schmieranleitung *f*; Schmierplan *m*
~ **de luz** Lichtleiter *m*
~ **de ondas ópticas** Licht(wellen)leiter *m*
~ **del operador** Bedienerführung *f*
~ **prismática** prismatische Führung *f*, Prismenführung *f*
~ **del usuario** *(Inf)* Benutzerführung *f*
guiado *m* *(Rak)* Lenkung *f*, Lenksystem *n*
• **con ~ en la fase final** endphasengelenkt
guiador *m* Spurreißer *m* *(Drillmaschine)*
guiahílos *m* *(Text)* Fadenführer *m*
guiaondas *m* 1. Wellenleiter *m* *(Hochfrequenztechnik)*; Hohlleiter *m*; 2. *s.* ~ **óptico**
~ **óptico** Lichtwellenleiter *m*, LWL, optischer Wellenleiter *m*
guiar *v* lenken; führen; leiten
guijarros *mpl* Geröll *n*
guijo *m* 1. Schotter *m*; 2. Zapfen *m*; Dorn *m*; 3. *(Am)* Achse *f*; Welle *f*
guillame *m* Kehlhobel *m*
guillotina *f* **(de corte, de cortar papel)** *(Typ)* Papierschneidemaschine *f*
guinche *m* *(Am)* Hebevorrichtung *f*; Ladewinde *f*
guiñar *v* *(Schiff)* gieren
gunita *f* Torkretbeton *m*, Spritzbeton *m*
gunitar *v* *(Bw)* torkretieren

H

ha *s.* hectárea
habitáculo *m* 1. Raum *m*; Innenraum *m* *(Fahrzeug)*; Raumschiffkabine *f*; Flugzeugführerkabine *f*, Kompassgehäuse *n*;

Kompasshäuschen n; 2. *(Kfz)* Fahrerhaus n; Fahrgastraum m
hafnio m Hafnium n, Hf
halo m 1. *(Foto)* Halo m, Lichthof m, Hof m, Strahlenring m; Aureola f *(Meteorología)*; 2. *(TV)* Leuchtring m
halogenar v halogenieren
halógeno m Halogen n, Salzbildner m
halómetro m Halometer n, Salinometer n, Salzgehaltmesser m
haluro m Halogenid n
hangar m 1. Flugzeughalle f, Hangar m; 2. Lagerhalle f, Schuppen m
HAP s. hidrocarburo aromático policíclico
harnero m Sieb n; Rost m
hastial m 1. *(Bw)* Stirnwand f; 2. *(Bgb)* Streckenstoß m
haz m Strahl m; Bündel n, Strahlenbündel n; Strahlenbüschel n *(in der Ebene)*
~ **de curvas** *(Math)* Kurvenbündel n
~ **de chispas** Funkenbündel n, Funkengarbe f; Funkenbüschel n
~ **dirigido** Richtstrahl m
~ **electrónico** Elektronenstrahl m
~ **emergente** Austrittsstrahl m
~ **emisor** Austrittsstrahl m
~ **de exploración** *(Eln)* Abtaststrahl m
~ **guiador** Leitstrahl m; Richtstrahl m
~ **incidente** einfallender Strahl m
~ **(de) láser** Laserstrahl m
~ **de líneas rectas** *(Math)* Geradenbündel n; Geradenbüschel n
~ **luminoso** Lichtbündel n, Strahlenbündel n
~ **de plasma** Plasmastrahl m
~ **de puntos** Punkteschar f *(Statistik)*
~ **de radio(dirección)** Funkleitstrahl m; Richtstrahl m
~ **de rayos** *(Math)* Strahlenbündel n; Strahlenbüschel n
~ **de rectas** *(Math)* Geradenbündel n; Geradenbüschel n
haz-guía m Richtstrahl m
hectárea f Hektar m, ha
heladora f 1. Eismaschine f; 2. Gefrierfach n *(eines Kühlschranks)*; 3. Gefrierapparat m
hélice f 1. Schraubenlinie f, Spirale f; Wendel f; 2. Propeller m, Schraube f; Schiffsschraube f, Schraubenpropeller m, Schiffspropeller m; Luftschraube f, Flugzeugpropeller m; 3. Schnecke f

~ **aérea** Luftschraube f
~ **antipar** Ausgleichsschraube f *(Hubschrauber)*
~ **de avión** Luftschraube f, Flugzeugpropeller m
~ **de barco** Schiffsschraube f, Schiffspropeller m
~ **contrarrotativa** Gegenlaufluftschraube f, gegenläufiger Propeller m
~ **de cuatro palas** Vierflügelpropeller m
~ **de eje horizontal** Steuerschraube f *(Hubschrauber)*
~ **de empuje** *(Flg)* Druckschraube f, Druckpropeller m
~ **horizontal** 1. *(Schiff)* Horizontalpropeller m; 2. *(Flg)* Tragschraube f, Rotor m, Hubschrauberrotor m
~ **de maniobra** Steuerpropeller m, Drehwendepropeller m
~ **de palas orientables** Verstellpropeller m, Umkehrpropeller m
~ **de palas reversibles** Einstellschraube f, einstellbare Luftschraube f
~ **de paso cambiable** Verstellpropeller m, Umkehrpropeller m
~ **de paso fijo** Festpropeller m
~ **de paso regulable [variable]** 1. *(Schiff)* Verstellpropeller m; 2. *(Flg)* Verstellluftschraube f
~ **de popa** *(Schiff)* Heckpropeller m
~ **de proa** *(Schiff)* Bugpropeller m
~ **propulsiva [propulsora]** 1. Schraubenpropeller m; 2. *(Flg)* Druckpropeller m, Druck(luft)schraube f; 3. Triebschraube f *(Getriebe)*
~ **de reacción** Rückstoßschraube f
~ **reversible** Umsteuerpropeller m
~ **sustentadora** Tragschraube f, Hubschraube f *(Hubschrauber)*
~ **tobera** Düsenpropeller m
~ **transportadora** Transportschnecke f
~ **trasera** Steuerschraube f *(Hubschrauber)*
helicoidal schraubenförmig
helicoide m *(Math)* Schraubenfläche f
helicoplano m Flugschrauber m
helicóptero m Hubschrauber m, Helikopter m
~ **anfibio** Amphibienhubschrauber m
~ **birrotor** Tandemhubschrauber m
~ **a chorro** Düsenhubschrauber m
~ **grúa** Kranhubschrauber m

helicóptero

~ monorrotor Einflügelhubschrauber m, Hubschrauber m mit einem Rotorkopf
~ multirrotor Mehrflügelhubschrauber m
helio m Helium n, He
heliobatería f Sonnenbatterie f, Solarbatterie f
heliocéntrico heliozentrisch
heliofísica f Sonnenphysik f
heliograbado m (Typ) Heliogravüre f, Photogravüre f
heliografía f 1. Lichtdruck m; 2. s. heliograbado
heliógrafo m Heliograph m
helión m (Kern) Heliumkern m, Alphateilchen m
helipuerto m Hubschrauberflugplatz m
hematites m (Min) Hämatit m, Eisenglanz m
hembra f Hülse f, Buchse f, Büchse f, Zylinder m; Bohrung f (nur bei Passungen)
~ del jack Klinkenbuchse f
~ de tornillo Schraubenmutter f
hembrilla f Buchse f, Steckbuchse f
hemi- s. semi...
hemicírculo m Halbkreis m
hemisferio m Hemisphäre f, Halbkugel f; Erdhalbkugel f
henchimiento m 1. (Schiff) Wellenhose f; 2. (Schiff) Propellernuss f, Wellennuss f
hendidura f 1. Spalt m; Schlitz m; 2. (Geol) Riss m; Kluft f; 3. (Bgb) Aufspaltung f (eines Flözes)
~ capilar Haarriss m
~ de dislocación (Geol) Verwerfungskluft f
henificadora f Heuwerbungsmaschine f, Heuwendemaschine f, Heuwender m; Zetter m
~ de horquilla Gabelheuwender m
~ rotativa Kreiselzettwender m, Kreiselheuer m
~ de tambor Trommelwendemaschine f, Trommelwender m
henrio m (El) Henry n (Einheit der Induktivität)
heptaedro m Heptaeder n
heptagonal siebeneckig
heptágono m (Math) Heptagon n, Siebeneck n
hermeticidad f Undurchlässigkeit f, Dichtigkeit f, Dichtheit f, Abdichtung f, Dichthalten n
hermético hermetisch, dicht, undurchlässig; lecksicher
hermetizar v hermetisieren, abdichten, dicht machen
herramental m 1. Ausrüstung f, Werkzeuge npl; Werkzeugsatz m; 2. Werkzeugkasten m; Werkzeugtasche f
herramienta f 1. Werkzeug; Meißel m; Stahl m (Werkzeug); 2. (Inf) Werkzeug n, Tool n
~ abrasiva Schleifwerkzeug n
~ acabadora Schlichtmeißel m
~ de acuñar Prägewerkzeug n
~ aerográfica Spritzpistole f (Freihandzeichnen)
~ de afeitado Schabrad n
~ de ahuecar Einstechmeißel m, Nutendrehmeißel m
~ de aire comprimido Druckluftwerkzeug n
~ de ajuste Montagewerkzeug n
~ artística (Inf) künstlerisches Tool n
~ de barrenar Bohrgerät n; Bohrmesser n
~ de brochar Räumwerkzeug n
~ para cepillar Hobelmeißel m
~ cincelar Strehler m
~ para cortar y acanalar Einstechmeißel m
~ de corte Schneidwerkzeug n, Zerspanungswerkzeug n
~ de corte desplazado Meißel m mit versetzter Schneide
~ de cuña Prägewerkzeug n
~ para desbaste Schruppmeißel m
~ de embutir 1. Ziehwerkzeug n; 2. Drückstahl m
~ de estampado Stanzwerkzeug n
~ de filetear Gewindeschneidwerkzeug n, Gewindeprofilstahl m
~ de filo Schneidwerkzeug n
~ de fresar Fräswerkzeug n, Fräser m
~ manual Handwerkzeug n
~ de moletear Rändelwerkzeug n
~ neumática Druckluftwerkzeug n
~ de percusión Schlagwerkzeug n
~ de perfilar Formmeißel m, Profilstahl m
~ de perforación Bohrgerät n
~ portátil tragbares Gerät n
~ de prensa Presswerkzeug n
~ de ranurar Nutendrehmeißel m, Nutenstoßmeißel m
~ rascadora Schabwerkzeug n, Schaber m

~ **de recortar** Abstechmeißel m, Abstecher m
~ **redonda** runder Formdrehmeißel m, Scheibenmeißel m
~ **para redondear** Stechdrehmeißel m; Eindrehwerkzeug n
~ **de refrentar** Seitendrehmeißel m
~ **de roscar** Gewindeschneidmeißel m
~ **de sondeo** Bohrgerät n
~ **de taladrar** Bohrmeißel m; Bohrer m
~ **para el tallado** Schneidwerkzeug n
~ **para terminar** Feindrehmeißel m
~ **de torno** Drehmeißel m
~ **para trabajar metales** spanendes Werkzeug n (für Metallbearbeitung)
~ **de trazado** Anreißwerkzeug n
~ **de trefilar** Drahtzieheisen n
~ **tronzadora** Trennwerkzeug n; Abstechmeißel m
~ **troqueladora** Prägewerkzeug n, Stanzwerkzeug n
hertz(io) m Hertz n (Einheit der Frequenz)
hervidor m 1. Siedekessel m, Aufkocher m, Boiler m; 2. (Kern) Siedewasserreaktor m, Wasserkesselreaktor m
hervir v 1. kochen; wallen; sieden; 2. (Text) abkochen
heterodinar v (Eln) überlagern
heterodino m (Eln) Heterodynempfänger m; Überlagerer m
heteropolar heteropolar, wechselpolig
heurística f Heuristik f
heurístico heuristisch
hexaédrico sechsflächig, sechsseitig, hexaedrisch
hexaedro m Hexaeder n
hexagonal hexagonal, sechskantig, sechseckig
hexágono m Sechseck n, Sechskant m, Hexagon n
hexavalente sechswertig
hexodo m (Eln) Hexode f, Sechspolröhre f
hidrácido m Wasserstoffsäure f
hidrante m Hydrant m
~ **de arqueta [boca]** Unterflurhydrant m
~ **de columna** Überflurhydrant m
hidrargir(i)o m Quecksilber n, Hg
hidrato m (Ch) Hydrat n
hidráulica f 1. Hydraulik f; 2. Wasserbau m
hidráulico hydraulisch
hídrico Wasser...; wasserstoffhaltig
hidroacústica f Hydroakustik f

hidrogenado

hidroacústico hydroakustisch
hidroala m Tragflächenboot n; Tragflächenschiff n
hidroaleta f Unterwasserflügel m
hidroavión m Wasserflugzeug n
~ **anfibio** Amphibienflugzeug n
~ **de canoa [casco]** Flugboot n
hidrobomba f Hydraulikpumpe f, hydraulische Pumpe f
hidrocarburo m Kohlenwasserstoff m
~ **alifático** aliphatischer Kohlenwasserstoff m
~ **de alto punto de ebullición** hochsiedender Kohlenwasserstoff m
~ **aromático policíclico** polycyclischer aromatischer Kohlenwasserstoff m, PAK
~ **del etileno** Olefin n, Alken n
~ **halogenado** halogenierter Kohlenwasserstoff m, Halogenkohlenwasserstoff m
~ **límite** Alkan n, Grenzkohlenwasserstoff m
hidrocentral f Wasserkraftwerk n
hidrociclón m Hydrozyklon m, Nasszyklon m (Aufbereitung)
hidrochorro m Wasserstrahltriebwerk n
hidrodeslizador m s. aerodeslizador
hidrodinámico hydrodynamisch, strömungstechnisch; strömungsgünstig (bei Flüssigkeiten)
hidroestática f Hydrostatik f
hidroextración f (Bgb) hydraulischer Abbau m, hydraulische Gewinnung f, Hydroabbau m
hidroextractor m Trennschleuder f, Trennzentrifuge f; Trockenschleuder f, Schleuder f
hidrófilo hydrophil, Wasser aufnehmend
hidrofóbico hydrophob, Wasser abstoßend
hidrofoil m Tragflächenboot n, Tragflügelboot n
hidrófugo Wasser abweisend, Wasser abstoßend
hidrófugo m Hydrophobierungsmittel n, Wasser abstoßendes Mittel n
hidrogenación f (Ch) Hydrierung f, (bei Ölen und Fetten auch) Härtung f
~ **de alquitranes** Teerhydrierung f
~ **del carbón** Kohlehydrierung f
~ **del petróleo** Ölhydrierung f, Erdölhydrierung f
hidrogenado 1. wasserstoffhaltig; 2. hydriert, (bei Fetten und Ölen auch) gehärtet

hidrogenar v (Ch) hydrieren
hidrógeno m Wasserstoff m, H
~ **antimonioso** Antimonwasserstoff m, Stibin n
~ **arseniado** Arsenwasserstoff m, Arsin n
~ **carburado** Kohlenwasserstoff m
~ **fosfórico** Phosphorwasserstoff m, Phosphin n
~ **pesado** Deuterium n, schwerer Wasserstoff m
~ **sulfurado** Schwefelwasserstoff m
hidrogenuro m s. hidruro
hidrogeografía f Hydrogeographie f
hidrogeología f Hydrogeologie f
hidrogeoquímica f Hydrogeochemie f
hidrografía f Hydrographie f
hidrógrafo m Hydrograph m
hidrolocalizador m Hydrolokator m, Unterwasserortungsgerät n, Sonar n
hidrología f Hydrologie f, Gewässerkunde f
hidrológico hydrologisch
hidromecánica f Hydromechanik f
hidrometalurgia f Hydrometallurgie f, Nassmetallurgie f
hidrometalúrgico hydrometallurgisch, nassmetallurgisch
hidrometría f Hydrometrie f, Wassermesswesen n; Wassermessung f; Flüssigkeitsmesstechnik f
hidrómetro m 1. Hydrometer n, Wassermesser m; Wasseruhr f; 2. Flüssigkeitsstandmesser m; 3. Flüssigkeitsdichtemesser m
hidromodelismo m Schiffsmodellbau m
hidromotor m Hydromotor m
hidroplano m 1. Wassergleiter m, Gleitboot n; 2. s. hidrofoil
~ **a patines** Tragflügelboot n
hidroquímica f Hydrochemie f
hidrosoluble wasserlöslich
hidrostática f Hydrostatik f
hidrostatímetro m hydrostatisches Messgerät n
hidróstato (Bw) Caisson m, Senkkasten m
hidrotecnia f Hydrotechnik f, Wasserbau m, Wasserbautechnik f
hidróxido m Hydroxid n
hidruro m Hydrid n
hierro m 1. Eisen n, Fe; 2. Eisenerz n; 3. eisernes Werkzeug n

~ **afinado** Frischeisen n, Luppeneisen n
~ **angular** Winkeleisen n, Winkelstahl m
~ **de armado [armadura]** Bewehrungsstahl m, Betonstahl m; Moniereisen n
~ **bruto** Roheisen n
~ **al cromo** Chromeisen n, Ferrochrom n
~ **dúctil** Gusseisen n mit Kugelgraphit, sphärolitisches Gusseisen n, GGG
~ **dulce** Flusseisen n
~ **de forja** Schmiedeeisen n
~ **de fragua** Schmiedeeisen n
~ **fundido** Gusseisen n
~ **galvanizado** verzinktes Eisen n
~ **dulce** Weicheisen n
~ **del inducido** (El) Ankerkern m
~ **laminado** Walzeisen n
~ **en lingotes** Masselroheisen n
~ **maleable** Schmiedeeisen n
~ **al manganeso** Manganeisen n, Ferromangan n
~ **perfilado** Formeisen n, Profileisen n
~ **de rebordear** Bördeleisen n (Werkzeug)
higrometría f Hygrometrie f, Luftfeuchtigkeitsmessung f; Feuchtigkeitsmesstechnik f
higrómetro m Hygrometer n, Feuchtigkeitsmesser m
higroscopicidad f Hygroskopizität f; Feuchtigkeitsaufnahmevermögen n; Wasserrückhaltevermögen n (z. B. von Fasern)
higroscopio m Hygroskop n, Feuchtigkeitsmesser m
higrotéster m Feuchtigkeitsprüfer m
hilacha f 1. (Text) Faser f; 2. Abfälle mpl, Abgänge mpl
hilada f (Bw) Läuferverband m; horizontale Steinreihe f
~ **de quilla** (Schiff) Kielgang m
hilado m 1. Garn n, Gespinst n; 2. Spinnen n
hiladora f Spinnmaschine f
hilar v (Text) spinnen
hilatura f (Text) Spinnerei f (Verfahren)
~ **de estambre** Kammgarnspinnerei f
~ **de lana cardada** Streichgarnspinnerei f
~ **de lana peinada** Kammgarnspinnerei f
hilera f 1. Reihe f, Linie f; 2. Düse f, Ziehdüse f (Spinnerei); 3. Zieheisen n, Drahtzieheisen n; Drahtziehmaschine f; Ziehmaschine f; Presszeug n; 4. (Bw) Firstpfette f

hilerador *m (Lt)* Schwadablegeeinrichtung *f*; Schwadmäher *m*, Schwader *m*
hilerar *v (Lt)* schwaden, auf Schwad mähen, schwadlegen
hilo *m* 1. *(Text)* Faden *m*; Garn *n*; Faser *f*; 2. *(El)* Draht *m*, Ader *f*; Leitung *f*; 3. Gewinde *n*, Gewindegang *m*, Schraubengang *m*, Windung *f* • de ~ basto grobfädig • sin ~ *(Nrt)* drahtlos • por hilos *(Nrt)* drahtgebunden
~ **de abonado** *(Nrt)* Teilnehmerleitung *f*
~ **aéreo** Freileitungsdraht *m*; Freileitung *f*
~ **de alimentación** 1. *(Eb)* Fahrleitung *f*; 2. *(Text)* zulaufender Faden *m*
~ **aspado** geweiftes [gehaspeltes] Garn *n*
~ **calibrado** Messdraht *m*
~ **cardado** Streichgarn *n*
~ **de cobre** Kupferdraht *m*
~ **compensador** Nullleiter *m*, neutraler Leiter *m*
~ **de contacto** *(Eb)* Fahrleitung *f*, Fahrdraht *m*
~ **desnudo** blanke Leitung *f*, blanker Draht *m*, Freidraht *m*
~ **de dos conductores** Doppelader *f*
~ **entretejido** Gewebeeinlage *f* (z. B. Reifen)
~ **de estambre** Kammgarn *n*
~ **gas** Gasgewinde *n*
~ **de gran volumen** Hochbauschgarn *n*
~ **de guarda** Schutzleitung *f*, Schutzleiter *m*
~ **de masa** Erdleitung *f*, Erd(ungs)leiter *m*, Erddraht *f*
~ **de refuerzo** *(Bw)* Bewehrungsdraht *m*
~ **de rosca** Gewindegang *m*
~ **telefónico** Telefondraht *m*; Telefonkabel *n*
~ **térmico** hochohmiger Draht *m*, Widerstandsdraht *m*
~ **de trama** Schussfaden *m*
~ **trenzado** gezwirnter Faden *m*, Litze *f*
~ **de urdimbre** Kettfaden *m*, Kettgarn *n*, Längsfaden *m*
hinca *f* 1. *(Bgb)* Absenkung *f*; 2. *s.* hincada
hincable rammbar *(Boden)*
hincada *f (Bw)* Rammen *n*
hincadora *f* **de pilotes** *(Bw)* Pfahlramme *f*, Ramme *f*
hincar *v (Bw)* (ab)rammen
hincón *m (Bw)* Rammpfahl *m*
hinchable aufblasbar
hinchar *v* 1. quellen; anschwellen, aufschwellen; 2. aufpumpen; aufblasen

hiperacústico Überschall...
hiperbarismo *m (Schiff)* Überdruck *m*
hipérbola *f* Hyperbel *f*
hiperbólico hyperbolisch, Hyperbel...
hiperboloide hyperboloid
hiperboloide *m* Hyperboloid *n*
~ **de revolución** Rotationshyperboloid *n*
hipercomplejo *(Math)* hyperkomplex
hipercompresión *f* Überdruck *m*, Hochdruck *m*
hipercompresor *m* Hochdruckkompressor *m*
hiperconducción *(El)* Supraleitfähigkeit *f*
hiperespacio *m (Math)* Hyperraum *m*, höherdimensionaler Raum *m*
hipereutéctico *(Met)* übereutektisch
hiperfrecuencia *f* Höchstfrequenz *f*
hipersónico Überschall..., Ultraschall...
hipersustentación *f (Flg)* Auftriebsverbesserung *f*, Auftriebserhöhung *f*
hipervínculo *m (Inf)* Hyperlink *m*, Link *m*, Hypertext-Verknüpfungswort *n*
hipocicloidal *(Mech)* hypozyklisch (Getriebe)
hipocicloide *f (Math)* Hypozykloide *f*
hipoestequiométrico unterstöchiometrisch
hipoeutéctico *(Met)* untereutektisch
hiposulfito *m* 1. Thiosulfat *n*; 2. *(Foto)* Fixiersalz *n*, Natriumthiosulfat *n*; 3. Dithionit *n*
hipotenusa *f* Hypotenuse *f*
hipsograma *m (El)* Pegeldiagramm *n*
hipsometría *f* Höhenmessung *f*
hipsómetro *m* 1. Höhenmesser *m*, Hypso(thermo)meter *n*, Siedebarometer *n*, Siedethermometer *n*; 2. *(El)* Pegelmesser *m*, Pegelzeiger *m*
histograma *m* Histogramm *n*, Säulendiagramm *n*, Balkendiagramm *n*
hodómetro *m* s. odómetro
hogar *m* Feuerung *f*, Feuerraum *m*; Herd *m*; Feuerstelle *f*
hoja *f* 1. Blatt *n*, Bogen *m*; 2. Klinge *f*, Blatt *n*; 3. Folie *f*
~ **de acero** Stahlblech *n*
~ **de aluminio** Aluminiumfolie *f*
~ **de ballesta** Federblatt *n*
~ **de cálculo** *(Inf)* Arbeitsblatt *n*, Rechenblatt *n*, Kalkulationstabelle *f*; Tabellenkalkulation *f*

hoja

~ **cortante [de corte]** Schneidmesser n
~ **electrónica** (Inf) elektronisches Arbeitsblatt n, Spread Sheet n
~ **electrónica de cálculo** (Inf) elektronisches Rechenblatt n; Tabellenkalkulation f
~ **de estaño** Stanniol n, Zinnfolie f
~ **flexible** Weichfolie f
~ **de lata** Weißblech n
~ **de papel continuo** (Inf) Endlosformular n, Leporelloformular n
~ **de resorte** Federblatt n
~ **de sierra** Sägeblatt n
~ **de vidrio** Fensterscheibe f

hojalata f Blech n

hojuela Folie f

holgura f (Masch) Spiel n; Zwischenraum m; toter Gang m
~ **del aro de émbolo** Kolbenringspiel n
~ **de la dirección** Lenkungsspiel n, toter Grad m der Lenkung
~ **del empalme** Stoßfuge f
~ **de rodamientos** Lagerspiel n

holmio m Holmium n, Ho

holoedría f (Min) Holoedrie f, Vollflächigkeit f

holoedro m (Min) Holoeder n, Vollflächner m

homofocal (Math, Opt) konfokal

homogeneizar v 1. homogenisieren, homogen machen, gleichmäßig durcharbeiten; 2. (Met) homogenisierungsglühen (Stahlgussstücke); diffusionsglühen (Stahlblöcke)

homopolar (El) gleichpolig

horadador m Bohrmaschine f, Bohrer m

horadar v (durch)bohren

horizonte m 1. Horizont m; 2. (Geol) Horizont m; Schicht f; 3. (Bgb) Sohle f
~ **de extracción** (Bgb) Abbausohle f
~ **giroscópico** (Flg) künstlicher Horizont m, Kreiselhorizont m

hormigón m (Bw) Beton m
~ **apisonado** Stampfbeton m
~ **armado** Stahlbeton m, armierter Beton m
~ **celular** Gasbeton m, Porenbeton, Zellenbeton m, Schaumbeton m
~ **centrifugado** Schleuderbeton m
~ **de escoria** Schlackenbeton m, Hochofenbeton m
~ **inyectado [lanzado]** Spritzbeton m
~ **pretensado** Spannbeton m, vorgespannter Beton m
~ **proyectado** Spritzbeton m, Torkretbeton m
~ **tensado** Spannbeton m, vorgespannter Beton m

hormigonar v betonieren

hormigonera f Betonmischer m, Betonmischmaschine f

hornear v brennen (Ziegel); (im Ofen) trocknen

horno m 1. Ofen m; 2. Herd m; Kocher m, Kochplatte f
~ **de acero Martin** Siemens-Martin-Ofen m
~ **de aglomerar** Sinterofen m
~/**alto** Hochofen m
~ **de arco** Lichtbogenofen m
~ **de baja cuba** Niederschachtofen m, Kurzschachtofen m, Halbschachtofen m
~ **de cementación [cementar]** Einsatzofen m, Chargierofen m
~ **cilíndrico** (Gieß) Trommelofen m
~ **de cochura** Sinterofen m
~ **continuo** Durchlaufofen m
~ **de cuba** Schachtofen m
~ **de cuba baja** Niederschachtofen m
~ **de cubeta** Wannenofen m
~ **discontinuo** Chargierofen m, Einsatzofen m
~ **eléctrico de fusión** Elektroschmelzofen m
~ **de fluidización** Wirbelschichtofen m
~ **de fundición** Schmelzofen m
~ **para fundición maleable** Temperofen m
~ **de fundir vidrio** Glasschmelzofen m
~ **de fusión** Schmelzofen m
~ **incinerador de basuras** Müllverbrennungsofen m
~ **inclinable** Kippofen m
~ **para ladrillos** Ziegel(brenn)ofen m
~ **metalúrgico** Verhüttungsofen m
~ **de microondas** Mikrowellenherd m, Mikrowellengerät n
~ **de mufla** Muffelofen m; Zugmuffel f (Keramik)
~ **nitrurador** Glasschmelzofen m
~ **de pasaje** Durchlaufofen m
~ **de rayos de electrones** Elektronenstrahlofen m
~ **de rayos infrarrojos** Infrarotofen m; Infrarotherd m

~ **rotativo** Drehofen m, Trommelofen m
~ **de tostación** Röstofen m
~ **voltaico** Lichtbogenofen m
horquilla f Gabel f, Gabelvorrichtung f
~ **de ancla** (Schiff) Ankerschäkel n
~ **de embrague** (Kfz) Kupplungsschalthebel m, Kupplungsgabel f
~ **del levantacinta** Farbbandgabel f
~ **de la palanca de interrupción** Ausrückgabel f
~ **portacable** (Förd) Seilgabel f
~ **de remolque** (Kfz) Zuggabel f
~ **del selector** Schaltgabel f (Getriebe)
~ **telescópica [telehidraúlica]** (Kfz) Tele(skop)gabel f
hueco m 1. Hohlraum m, Höhlung f, Vertiefung f; 2. Maueröffnung f, Nische f; 3. Schacht m (Treppe, Förderkorb); 4. (Typ) Aussparung f; 5. (EIn) Defektelektron n, Loch n (Halbleiter)
huecograbado m (Typ) Tiefdruck m
huelgo m (Masch) Spiel n, Lagerspiel n
huella f 1. Spur f, Abdruck m, Eindruck m, Einkerbung f; 2. Stufe f, Treppenstufe f
hulla f Steinkohle f
~ **para la coquificación** Gaskohle f
~ **para forja** Schmiedekohle f
humectación f Benetzung f, Anfeuchtung f, Befeuchtung f
humectador m Anfeuchteapparat m, Anfeuchter m
humectante m Netzmittel n
humectar v benetzen, anfeuchten, befeuchten
humedad f Feuchtigkeit f, Feuchte f
~ **crítica** Knickpunktfeuchte f, Knickpunktfeuchtigkeit f, kritische Feuchte(beladung) f
~ **de saturación** Sättigungsfeuchtigkeit f, Sättigungswassergehalt m
humedecedor m Anfeuchtmaschine f, Anfeuchtvorrichtung f (Papierindustrie)
humedecer v anfeuchten, befeuchten, benetzen; durchfeuchten
humidificador m Anfeuchter m, Regner m
humidímetro m Feuchtigkeitsmesser m, Hygrometer n
humo m 1. Qualm m, Rauch m; 2. (Met) Abgas m • **sin ~** rauchfrei • **de poco ~** rauchschwach (Pulver)
hundimiento m 1. (Geol) Senkung f; 2. (Bgb) Bruchbau m

hundirse v 1. einstürzen, zusammenbrechen; 2. (Bgb) nachbrechen
husada f (Text) Garnköper m, Kops m
husillo m (Masch) Spindel f
~ **de armado** Aufspannspindel f, Werkstückspindel f
~ **de avance** Vorschubspindel f
~ **de cabezal divisor** Teilkopfspindel f
~ **de cilindrar** Zugspindel f
~ **de la contrapunta** Pinole f
~ **sin fin** Schnecke f
~ **guiador** Leitspindel f
~ **patrón** Leitspindel f
~ **portabrocas** Bohrspindel f
~ **portafresas** Frässpindel f
~ **portamuela** Schleifspindel f
~ **portapiezas** Werkstückspindel f
~ **portataladro** Bohrspindel f
~ **de sujeción** Aufspannspindel f, Werkstückspindel f
~ **del taladro** Bohrspindel f
~ **telescópico** Teleskopspindel f
~ **de torno** Drehmaschinenspindel f, Leitspindel f
huso m 1. (Text) Spindel f; 2. Trommel f (Winde)

I

IA s. inteligencia artificial
icono m (Inf) Ikon n, Bildsymbol n (eines Bildschirmmenüs)
iconómetro m (Foto) Ikonometersucher m, Ikonometer n
iconoscopio m Ikonoskop n, Bildspeicherröhre f
identidad f (Math) Identität f, identische Gleichung f
~/no Ungleichung f
identificación f 1. Bestimmung f, Nachweis m; Identifizierung f, Erkennung f; 2. Kennzeichnung f, Identifizierung f, Kennung f, Bezeichnung f
~ **de sustancias nocivas** Schadstoffnachweis m
identificador m 1. Kennschalter m; 2. (Inf) Identifikator m, Identifizierer m, Bezeichner m, Identifizierungskennzeichen n
~ **de arreglo [campo]** Feldbezeichnung f, Feldname m
~ **de palabras** Wortadresse f

identificar v 1. bestimmen; nachweisen; 2. *(Inf)* erkennen, identifizieren; 3. kennzeichnen

ígneo 1. feurig, Feuer...; 2. *(Geol)* endogen; magmatisch

ignición f 1. Entzündung f; 2. *(Kfz)* Zündung f

~ **espontánea** Selbstentzündung f

ignifugación f 1. Feuerfestmachen n; Flammfestmachen n; 2. *(Text)* Flammfestausrüsten n; Flammfestausrüstung f

ignifugar v feuerfest machen; flammfest machen [ausrüsten]

ignifugante m Feuerfeststoff m, nicht brennbares Material n; Flammenschutzmittel n; Feuerschutzmittel n

ignífugo Feuer hemmend; feuerfest; flammfest

ignitor m 1. Zündstift m *(Ignitron)*; 2. Zündelektrode f *(Ignitron)*

igual aproximativamente näherungsweise gleich

~ **a cero** gleich null

igualación f 1. Angleichung f; Ausgleich m; Gleichsetzung f; 2. *(Eln)* Entzerrung f; Glätten n; 3. Nivellieren n; Einebnen n; Planieren n; Egalisieren n

igualador m 1. Ausgleicher m, Kompensator m; 2. *(Nrt)* Entzerrer m; 3. *(Text)* Egalisiermittel n

igualar v 1. angleichen; ausgleichen; abgleichen; nivellieren; 2. *(Math)* gleichsetzen; 3. *(Led)* falzen, egalisieren

igualdad f 1. Gleichheit f, Ausgleich m, Übereinstimmung f; 2. *(Math)* Gleichheit f, Identität f

iluminación f 1. Beleuchten n, Beleuchtung f; Ausleuchtung f; 2. *(Opt)* Aufhellung f

~ **en contraste de fase** Phasenkontrastausleuchtung f *(Mikroskop)*

~ **de emergencia** Behelfsbeleuchtung f, Havariebeleuchtung f

~ **general localizada** arbeitsplatzorientierte Allgemeinbeleuchtung f

~ **del maletero** Kofferraumbeleuchtung f

~ **del puesto de trabajo** Arbeitsplatzbeleuchtung f, arbeitsplatzorientierte Beleuchtung f

~ **de seguridad** Sicherheitsbeleuchtung f, Evakuierungsbeleuchtung f

iluminador m Leuchte f; Illuminator m

iluminar v beleuchten; ausleuchten; erhellen

imada f *(Schiff)* Ablaufbahn f

imagen f 1. *(Opt, Math)* Bild n, Abbild n, Abbildung f; 2. *(El)* Spiegelladung f; Spiegelbild n, elektrisches Bild n; 3. *(TV)* Bild n, Fernsehbild n; 4. *(Inf)* Bild n

~ **captada por satélites** Satellitenbild n

~ **de contraste de fase** Phasenkontrastbild n

~ **escaneada** eingescanntes Bild n

~ **fractal** Fraktalbild n

~ **fractográfica** *(Wkst)* Bruchbild n

~ **de interferencia de contraste** Interferenzkontrastbild n

~ **de lados invertidos** seitenverkehrtes Bild n

~ **de mapa de bits** Bitmap-Grafik f, Pixelgrafik f

~ **del ordenador** Computergrafik f *(als einzelnes Bild)*

~ **de pantalla** Bildschirmdarstellung f

~ **de píxeles** Bildpunktabbild n, Bildpunktabbildung f

~ **de prueba** *(TV)* Testbild n

~ **radiográfica [radiológica, radioscópica]** Röntgenbild n

~ **tridimensional** räumliches Bild n

imaginaria f *(Math)* imaginäre Größe f

imaginario imaginär; gedacht, ideell

imán m Magnet m

~ **de barra** Stabmagnet m

~ **de campo** Feldmagnet m, Erregermagnet m

~ **de campo permanente** Dauermagnet m, Permanentmagnet m

~ **de herradura** Hufeisenmagnet m

~ **levantador** *(Förd)* Last(hebe)magnet m, Hubmagnet m

imantar v magnetisieren

imbibición f Einsaugen n, Aufsaugen n; Tränkung f, Durchtränkung f, Imprägnierung f; Imbibition f

imbornal m 1. Gully m, Straßeneinlauf m; Wasserablauf m; 2. *(Schiff)* Speigatt m, Abflussloch n

imbricación f 1. Überlagerung f; Verschachtelung f; 2. *(Geol, Bw)* schuppenförmige Überlagerung f; Schuppenmuster n; Dachziegelverband m; Überlappungsabdeckung f; Schuppengefüge n; Dachziegellagerung f *(von Geröllen)*

imbricar v schuppenförmig überlagern
impacto m 1. Auftreffen n, Aufprall m, Aufschlag m; Zusammenprall m; Einschlag m; 2. Einwirkung f, Auswirkung f, Einfluss m • **sin** ~ anschlagfrei *(Drucker)*
impar ungerade *(Zahl)*
impedancia f *(El)* Impedanz f, Scheinwiderstand m, Wechselstromwiderstand m • **de alta** ~ hochohmig • **de baja** ~ niederohmig
~ **acústica** akustische Impedanz f, akustischer Scheinwiderstand m; Schallimpedanz f
~ **característica** charakteristische Impedanz f, Kennimpedanz f *(eines Mediums)*; charakteristischer Leitungswiderstand m, Wellenwiderstand m
~ **en cortocircuito** Kurzschlussimpedanz f, Kurzschluss(schein)widerstand m
~ **de choque** Drosselimpedanz f
impeler v 1. antreiben; 2. hochdrücken *(Flüssigkeit)*; fördern *(durch Pumpen)*
impenetrable undurchdringbar; undurchlässig, dicht
impermeabilímetro m Dichtigkeitsmesser m
impermeabilización f 1. Impägnierung f, Imprägnieren n; 2. Abdichtung f, Dichtmachen n, Abdichten n; 3. *(Bw)* Feuchtigkeitssperre f, Dampfsperre f
impermeabilizante m 1. Imprägniermittel n; 2. Dichtungsmittel n
impermeabilizar v 1. imprägnieren; 2. (ab)dichten, dicht machen
impermeable impermeabel, undurchlässig, undurchdringlich; dicht
implantar v 1. einführen; durchsetzen; 2. implantieren
implementar v einführen; durchführen; implementieren
implemento m Werkzeug n, Gerät n
~ **acoplado** *(Lt)* Anhängegerät n
implementos mpl Ausrüstung f, Ausstattung f, Zubehör n; Arbeitsgeräte npl
~ **de izaje** *(Förd)* Hebezeug n
~ **de labranza** *(Lt)* Bodenbearbeitungsgeräte npl
~ **de pesca** Fischfangausrüstung f, Fischfanggeräte npl
implícito implizit, einbegriffen
implosión f Implosion f *(Vakuumtechnik)*
implosionar v implodieren *(Vakuumtechnik)*

imponderabilidad f 1. Unwägbarkeit f; 2. *(Ph, Rak)* Schwerelosigkeit f
imponer v *(Typ)* ausschließen; *(Seiten)* einrichten
imposición f *(Typ)* Ausschießen n *(Form)*; Einrichten n *(der Seiten)*
imposta f *(Bw)* Kämpfer(stein) m, Anfänger m *(Gewölbe)*
impotable nicht trinkbar, ungenießbar
impracticable 1. undurchführbar, nicht praktikabel; 2. unausführbar; unpassierbar *(Weg)*
impregnación f Imprägnieren n, Imprägnierung f, Tränkung f
impregnante m Imprägniermittel n
impregnar v 1. imprägnieren, wasserdicht machen; (ein)tränken; 2. *(Text)* aufklotzen
imprescindible *(Math)* notwendig
impresión f 1. Druck m, Drucken n; 2. *(Inf)* Ausdruck m; Aufzeichnung f, Aufnahme f; Bespielen n *(z. B. Tonband)*; Belichten n *(z. B. Film)*
~ **de autotipia en hueco** autotypischer Tiefdruck m
~ **de carteles** Affichendruck m, Plakatdruck m
~ **en color(es)** Farb(en)druck m, Mehrfarbendruck m, Vielfarbendruck m, Chromotypie f
~ **en hueco** Tiefdruck m, Kupfertiefdruck m
~ **de memoria** Speicherausdruck m
~ **a offset plano** Flachdruck m
~ **a offset rotativo** Rotationsoffsetdruck m
~ **polícroma** Mehrfarbendruck m
~ **rotativa** Rotationsdruck m
~ **serigráfica** Siebdruck m
impresionar v 1. bespielen *(z. B. Tonband)*; 2. belichten *(z. B. Film)*
impresor m 1. *(Typ)* Drucker m; 2. *(Inf)* Drucker m, Druckwerk m
~ **de funcionamiento secuencial** Seriendrucker m
~ **por puntos** Nadeldrucker m
~ **de tambor** Walzendrucker m, Trommeldrucker m
impresora f 1. Druckmaschine f; 2. *(Inf)* Drucker m; 3. Kopiergerät n
~ **de agujas [alambres de impresión]** Nadeldrucker m
~ **de barril** s. ~ de tambor

impresora 210

~ **de bola** Kugelkopfdrucker m
~ **por caracteres** Zeichendrucker m, serieller Drucker m; Ganzzeichendrucker m
~ **de cilindro** Walzendrucker m
~ **de chorro de tinta** Tintenstrahldrucker m
~ **electromagnética** elektromagnetischer Drucker m, Magnetdrucker m
~ **electrostática** elektrostatischer Drucker m
~ **de estiletes** Typendrucker m
~ **de impacto** Anschlagdrucker m, mechanischer Drucker m
~ **sin impacto** anschlagfreier Drucker m
~ **de inyección de tinta** Tintenstrahldrucker m
~ **láser a color** Farblaserdrucker m
~ **línea a línea** Zeilendrucker m
~ **de margarita** Typenraddrucker m
~ **matricial** Matrixdrucker m, Rasterdrucker m
~ **de matriz de puntos** Punktmatrixdrucker m
~ **de mosaico** Rasterdrucker m, Mosaikdrucker m
~ **offset bicolor** Zweifarben-Offsetdruckmaschine f
~ **por páginas** Seitendrucker m
~ **de protocolos** Protokollschreiber m *(Gerät)*
~ **por puntos** Nadeldrucker m
~ **de rodetes** Typenraddrucker m
~ **rotativa** Rotationsdruckmaschine f
~ **de ruedas** Typenraddrucker m
~ **de tambor** Walzendrucker m, Trommeldrucker m
~ **de tambor de ruedas** Typenraddrucker m
~ **de varillas** s. ~ de estiletes
xerográfica s. impresora-fotocopiadora
impresora-fotocopiadora f (xerographischer) Laserdrucker m
imprimación f Grundiermittel n, Grundlack m, Vorlack m, Grundierung f
~ **anticorrosiva** Korrosionsschutzgrundierung f, Rostschutzgrundanstrich m
imprimador m Grundiermittel m
imprimir v 1. schreiben; drucken; bedrucken; aufdrücken; 2. *(Inf)* (aus)drucken
impronta f Abdruck m, Abguss m
~ **de bola** *(Wkst)* Kugeleindruck m
impulsar v antreiben, vorwärtsreiben, einen Impuls geben

impulsión f 1. Antrieb m; Trieb m; Stoß m; Schub m; 2. Impuls m; 3. *(El)* Impulsabgabe f • **de ~ hidráulica** hydraulisch angetrieben • **de ~ propia** mit Eigenantrieb, mit eigener Energiequelle
~ **por biela** Kurbelantrieb m
~ **a cadena** Ketten(an)trieb m
~ **por cigüeñal** Kurbelwellenantrieb m
~ **por correa** Riemen(an)trieb m
~ **específica** *(Rak)* spezifischer Schub m
~ **por excéntrica** Exzenterantrieb m
~ **hidráulica** hydraulischer Antrieb m, Druckwasserantrieb m
~ **inicial** Anfangsimpuls m, Nullimpuls m
~ **por reacción** Reaktivantrieb m, Strahlantrieb m
~ **por tornillo sin fin** Schneckenantrieb m
impulso m 1. *(Mech)* Impuls m, Kraftstoß m; 2. *(El)* Impuls m, Stromstoß m; 3. Antrieb m; Trieb m; Schub m; Anstoß m; Schwung m; Stoß m
~ **de activación** 1. Freigabeimpuls m; 2. Einstellimpuls m, Setzimpuls m
~ **de arranque** Anlassimpuls m, Einschaltimpuls m, Startimpuls m, Startstromstoß m
~ **por batería** Batterieantrieb m
~ **de corriente** Stromimpuls m, Stromstoß m
~ **de disparo** Triggerimpuls m, Auslöseimpuls m
~ **de giro** Drehimpuls n, Impulsmoment n, Drall m
~ **de reloj** Taktimpuls m
~ **sonoro** Schallimpuls m, akustischer Impuls m
~ **tarificado** *(Nrt)* Gebührenimpuls m
impulsor m 1. Gebläserad n, Lüfterrad n, Windrad n; Schaufelrad n; Impeller m, Laufrad n; Antriebsrad n; 2. *(El)* Impulsgeber m, Pulsgeber m, Impulsgenerator m, Impulserzeuger m
impulsor-cohete m *(Rak)* Startmotor m; Startrakete f
impureza f 1. Verunreinigung f, unerwünschter Begleitstoff m, Beimengung f, Beimischung f, Fremdstoff m; 2. Störstelle f, Fremdstörstelle f *(Halbleiter)*
~ **atmosférica** Luftverunreinigung f, luftverunreinigender Stoff m
inalámbrico drahtlos
inarrugable *(Text)* knitterfest, knitterfrei

inastillable nicht splitternd, splittersicher; splitterfrei *(Glas)*
incandescencia *f* Glut *f*, Glühen *n*
incandescente leuchtend; glühend
incendiarse *v* sich entzünden
incidencia *f* 1. Einwirkung *f*, Einfluss *m*; 2. Einfall *m (des Lichtes)*; 3. Inzidenz *f (analytische Geometrie)*; 4. Verbreitung *f*, (statistische) Häufigkeit *f*
incidente einfallend
incidente *m* Störfall *m*; Zwischenfall *m*; Vorfall *m*
incidir *v* einwirken; einfallen, auftreffen
incineración *f* Verbrennung *f*, Verbrennen *n (zu Asche)*; Veraschung *f*
~ **de basuras** Müllverbrennung *f*
~ **de desechos** Abfallverbrennung *f*
~ **de lodos** Schlammverbrennung *f*, Schlammveraschung *f*
~ **de residuos** Reststoffverbrennung *f*, Rückstandsverbrennung *f*; Abfallverbrennung *f*; Müllverbrennung *f*
~ **de residuos domésticos** Hausmüllverbrennung *f*
incinerador *m* Verbrennungseinrichtung *f*; Verbrennungsanlage *f*
~ **de basuras** Müllverbrennungsanlage *f*, thermische Müllbehandlungsanlage *f*
~ **de desechos líquidos** Flüssigabfallverbrennungsanlage *f*
~ **de residuos** Rückstandsverbrennungsanlage *f*, RVA
incinerar *v* verbrennen; veraschen
incisión *f* Einschnitt *m* • **de ~ inferior** unterschlächtig *(Wasserrad)* • **de ~ superior** oberschlächtig *(Wasserrad)*
inclinación *f* 1. Neigung *f*; Gefälle *n*; Steigung *f*; 2. Ausschlag *m*, Auslenkung *f (der Waage)*; 3. Einfall(s)winkel *m*; Fallwinkel *m*; 4. Inklination *f*; 5. *(Min)* Einfallen *n*, Tonnlage *f*; Fallen *n (von Schichten)*; 6. *(Schiff)* Krängung *f*; Schlagseite *f*, Kielholung *f*
~ **de ala** *(Flg)* Flügelstreckung *f*
~ **de ángulo** Winkelsteigung *f*
~ **lateral** *(Flg)* Seitenneigung *f*, Querneigung *f*
~ **longitudinal** *(Schiff)* Längsneigung *f*
~ **de las ruedas** *(Kfz)* Radsturz *m*
~ **del talud** Böschungswinkel *m*
~ **transversal** 1. Verkantung *f*; 2. *(Schiff)* Querneigung *f*

inclinado 1. geneigt, abfallend, schräg, schief; schräg gestellt; 2. *(Bgb)* tonnlägig
inclinamiento *m (Schiff)* Krängung *f*
inclinar *v* neigen, schräg stellen; auslenken
inclinarse *v* 1. *(Schiff)* krängen; überholen; 2. *(Bgb)* einfallen
inclinómetro *m* 1. Inklinometer *n*, Klinometer *n*, Neigungsmesser *m*; 2. *(Schiff)* Krängungsmesser *m*; 3. *(Geol)* Schichtungsmesser *m*, Stratameter *n*
inclusión *f* 1. Einschluss *m*, Inklusion *f*, Einlagerung *f (z. B. in einem Kristall)*; 2. Implikation *f (boolesche Verknüpfung)*
~ **estéril** *(Bgb)* Flözauswaschung *f*, Flözabwaschung *f*
~ **de procesos** *(Inf)* Einschachtelung *f*, Verschachtelung *f*
incógnita *f (Math)* Unbekannte *f*, unbekannte Größe *f*
incoherente inkohärent, unzusammenhängend; lose; locker
incombustible nicht brennbar, un(ver)brennbar; feuerfest, feuerbeständig
incompatibilidad *f* Inkompatibilität *f*, Unverträglichkeit *f*, Unvereinbarkeit *f (von Ereignissen)*
incompatible inkompatibel; unverträglich; unvereinbar
incomprimible inkompressibel, unverdichtbar, nicht komprimierbar
incongelable nicht gefrierbar; kältebeständig, frostbeständig
inconsistente unvereinbar; unbeständig
incorrosible korrosionsfest; nicht korrodierbar; rostfrei; rostbeständig
incrementar *v* zunehmen, anwachsen; inkrementieren
incremento *m* 1. Zuwachs *m*, Zunahme *f*, Anstieg *m*; Steigerung *f*, Erhöhung *f*, 2. *(Math)* Inkrement *n*, Zuwachs *m*
~ **negativo** Dekrement *n*
incromar *v* 1. *(Met)* chromatieren; 2. *(Met)* inchromieren, verchromen *(durch Chromdiffusion)*
incrustación *f* 1. Verkrustung *f*, Krustenbildung *f*; Niederschlag *m*; 2. Kesselstein *m*; Kesselsteinbildung *f*; 3. Bewuchs *m*, Anwuchs *m*, Inkrustation *f*
incubadora *f (Lt)* Brutapparat *m*, Brutschrank *m*, Brutofen *m*; Nistkasten *m*
indefinido indefinit, unbestimmt, nicht definiert; unbegrenzt

indeformable

indeformable formbeständig, nicht verformbar
~ **al calor** wärmebeständig, hitzebeständig
indentación f (Wkst) Eindrücken n; Eindruck m, Abdruck m (von einem Prüfkörper)
indentor m (Wkst) Eindruckkörper m, Eindringkörper m
indexar v 1. (Inf) indexieren, indizieren; 2. verschlagworten
indicación f 1. Angabe f, Indikation f; 2. Anzeige f, Ablesung f (von Messgeräten) • **sin ~ del punto cero** mit unterdrücktem Nullpunkt
~ **del contador** Zählerstand m
~ **del estado** (Inf) Statusanzeige f
~ **de medidas** Maßangabe f
~ **de potencia** Leistungsangabe f (bei Maschinen)
indicador m 1. Kennziffer f, Kennwert m, Kenngröße f; 2. Indikator m, Messzeiger m; Zeiger m; 3. Anzeigegerät n, Anzeigeapparat m, Anzeigevorrichtung f, Anzeige f; Ablesegerät n; Sichtgerät n (Radar); 4. Signalgeber m; 5. (Ch) Indikator m; 6. Liste f
~ **de aceite** (Kfz) Ölstand(s)zeiger m
~ **de ángulos del timón** (Schiff) Ruderlagenanzeiger m
~ **de atención** (Inf) Sicherheitsabfrage f
~ **de caudal** Durchflussanzeiger m
~ **de combustible** (Kfz) Kraftstoff(stand)-anzeiger m
~ **de comienzo de fichero** (Inf) Dateianfangskennsatz m, Dateianfangsetikett n
~ **de convergencia** (Kfz) Vorspuranzeiger m
~ **de desbordamiento** (Inf) Überlaufanzeige f
~ **de dirección** (Kfz) Fahrtrichtungsanzeiger m, Richtungsanzeiger m, Blinker m; Blinkanlage f
~ **de fin de fichero** (Inf) Dateiendekennsatz m, Dateiendeetikett n
~ **de la flecha** Durchbiegungsmesser m (Statik)
~ **de grados del timón** (Schiff) Ruderlagenanzeiger m
~ **de grisú** (Bgb) Wetteranzeiger m, Schlagwetteranzeiger m
~ **de humedad** Feuchtigkeitsmesser m
~ **isotópico** Tracer m, Radioindikator m, Indikatorisotop n
~ **de línea** (Nrt) Anrufanzeiger m, Anrufsignal n
~ **luminoso** Leuchtanzeige f
~ **de llamada** (Nrt) Rufkennzeichen n
~ **de marcha** s. ~ de dirección
~ **de marea** Gezeitenpegel m, Flutmesser m
~ **del nivel de aceite** Ölstandanzeiger m
~ **del nivel de potencia** (Eln) Pegelmesser m
~ **de presión** Manometer n; Druckanzeiger m
~ **de presión de aceite** Öldruckanzeiger m
~ **de presión de neumáticos** Reifendruckprüfer m, Reifendruckanzeiger m, Reifenfüllmesser m
~ **de profundidad** 1. (Schiff) Tiefenanzeigegerät n, Tiefenanzeiger m; 2. (Bgb) Teufenanzeiger m
~ **de revoluciones** Drehzahlanzeiger m; Tachometer n
~ **de ruta** (Nrt) Leitweganzeiger m
~ **de sobrecarga** Überlastungsanzeiger m
~ **de tarificación** (Nrt) Gebührenanzeiger m
~ **de tensión** Spannungsprüfer m
~ **de timón** (Schiff) Ruderlagenanzeiger m
~ **de velocidad** Geschwindigkeitsmesser m; Drehzahlanzeiger m; Tachometer n, Tourenzähler m
~ **de verificación** (Inf) Prüfanzeige f
~ **de virajes** (Flg) Wendezeiger m
~ **visual** optisches Anzeigegerät n, Sicht(anzeige)gerät n
~ **volumétrico** Durchflussmengenmesser m
~ **de vuelo** Flugschreiber m
indicar v (an)zeigen; angeben; bezeichnen
indicativo m (Nrt) Kennbuchstabe m, Kennung f (der Telefonstation); Rufzeichen n
índice m 1. Index m, Positionszahl f, laufende Nummer f; Hochzahl f; Kennziffer f; Koeffizient m, Kennwert m, Verhältniszahl f; Richtzahl f; Notation f, Klassifizierungsmerkmal n; Messzahl f; 2. Register n; Liste f, Verzeichnis n; 3. (Ch) Titer m
~ **de acidez** (Ch) Säureindex m, Säurezahl f, Neutralisationszahl f

industria

~ **de audiencia** *(TV)* Einschaltquote f
~ **calorífico** Wärmeleistungszahl f
~ **de ciclo** *(Inf)* Laufvariable f, Schleifenindex m
~ **de confiabilidad** *(Math)* Vertrauenskoeffizient m
~ **de conversión** Überführungszahl f; Umrechnungskoeffizient m, Umrechnungskonstante f
~ **de disipación** Streuzahl f, Streufaktor m
~ **de dureza** Härtezahl f
~ **de incidencia** Häufigkeitsindex m; Auftretensrate f (z. B. Störfall)
~ **de inflamabilidad** Entflammbarkeit f (Kennzahl)
~ **móvil** *(Inf)* Cursor m, Einfügemarke f, Schreibmarke f
~ **del piso** *(Ch)* Bodenzahl f (Destillation)
~ **de raíz** Wurzelexponent m
~ **de refracción** Brechungszahl f, Brechungsexponent m, Brechungsindex m, Brechungskoeffizient m
~ **de rendimiento** Leistungskennziffer f, Leistungsfaktor m, Leistungsgrad m
~ **volumétrico** Durchflusszahl f

indio Indium n, In
inditrón n *(Eln)* Ziffernanzeigeröhre f
inducción f *(El)* Induktion f
inducido m *(El)* Anker m; Rotor m
~ **de anillo** Ringanker m
~ **de anillos rozantes** Schleifringanker m
~ **de disco** Scheibenanker m
~ **giratorio** Drehanker m
~ **de hierro dulce** Weicheisenanker m
~ **de tambor** Trommelanker m
inductancia f 1. Induktanz f, induktiver Blindwiderstand m; 2. Induktionsspule f, Drossel(spule) f
~ **de característica** Kenndrossel f
~ **de filtro** Glättungsdrossel f, Siebdrossel f
~ **de línea** Leitungsdrossel f
inductor m 1. Induktor m; 2. *(El)* Induktionsspule f, Drossel(spule) f
~ **de chispas** Funkeninduktor m
~ **variable** Variometer n
industria f 1. Industrie f; Industriezweig m; Wirtschaftszweig m; Gewerbe n; Branche f; 2. Betrieb m; Unternehmen n; 3. produktive Arbeit f
~ **aeronáutica** Flugzeugindustrie f, Luftfahrtindustrie f
~ **aerospacial** Luft- und Raumfahrtindustrie f
~ **alimentaria** Lebensmittelindustrie f; Nahrungsmittelindustrie f, Ernährungsindustrie f
~ **de aparatos de precisión** Feingerätebau m
~ **de artes gráficas** grafische Industrie f
~ **(del) automóvil** Kraftfahrzeugindustrie f, Automobilindustrie f
~ **básica** Grundstoffindustrie f
~ **del carbón y del acero** Montanindustrie f
~ **de conformación de metales** Metall verarbeitende Industrie f
~ **de la construcción** Bauindustrie f; Baugewerbe n; Bauwirtschaft f
~ **de construcción de cohetes** Raketenbau m
~ **de construcción de maquinaria** Maschinenbau m; Maschinenbauindustrie f
~ **de construcción naval** Schiffbau m; Schiffbauindustrie f, Werftindustrie f
~ **de la edificación** Baugewerbe n, Bauindustrie f (Bau von Gebäuden)
~ **de elaboración** verarbeitende Industrie f
~ **electromecánica** Elektromaschinenbau m
~ **energética** Energiewirtschaft f
~ **de equipamiento [equipos]** Gerätebau m
~ **extractiva** extraktive [Rohstoff gewinnende] Industrie f; Bergbau m
~ **de fabricación automotriz** Kraftfahrzeugbau m
~ **fabril** 1. verarbeitende Industrie f; 2. Industriebetrieb m
~ **ferroviaria** 1. Lokomotiv- und Waggonbau m; 2. Eisenbahnverkehr m
~ **de fibras artificiales [sintéticas]** Chemiefaserindustrie f, Kunstfaserindustrie f
~ **frigorífica** 1. Kälteindustrie f (Erzeugung und Anwendung von Kälte); 2. Kühlhauswirtschaft f
~ **del hierro y del acero** Eisen- und Stahlindustrie f
~ **hullera** Steinkohlenbergbau m
~ **de la ingeniería** Maschinenbau m
~ **de instrumentos** Gerätebau m
~ **manufacturera** verarbeitende Industrie f; gewerbliche Industrie f

industria

~ **máquinas-herramienta** Werkzeugmaschinenbau *m*
~ **de material agrícola** Landmaschinenindustrie *f*, Landmaschinenbau *m*
~ **de material eléctrico** Elektromaschinenbau *m*; Elektrogerätebau *m*
~ **de materiales de construcción** Baustoffindustrie *f*
~ **mecánica** 1. Maschinenbau *m*; 2. Metall verarbeitende Industrie *f*
~ **metalmecánica** Metallindustrie *f*; Metall verarbeitende Industrie *f*
~ **de la metalurgia ferrosa** Eisenmetallurgie *f*
~ **metalúrgica** Hüttenindustrie *f*, Metallurgie *f*, metallurgische Industrie *f*
~ **metalúrgica no férrea** Nichteisenmetallurgie *f*
~ **minera** Bergbau *m*, Bergbauindustrie *f*
~ **minera siderúrgica** Montanindustrie *f*
~ **naval** Schiffbauindustrie *f*
~ **nuclear** Kernenergieindustrie *f*, kerntechnische Industrie *f*
~ **procesadora** verarbeitende Industrie *f*
~ **de procesos** Fertigungsindustrie *f*; verarbeitende Industrie *f*
~ **de producción mecánica** Maschinenbau *m*
~ **sideromecánica [siderometalúrgica]** Hüttenindustrie *f*, Eisenhüttenwesen *n*; Eisen- und Stahlindustrie *f*
~ **sideromineira** Montanindustrie *f*
~ **de transformación** verarbeitende Industrie *f*

inecuación *f (Math)* Ungleichung *f*
inencogible *(Text)* krumpfecht, krumpffrei
inequívoco eindeutig
inercia *f* Trägheit *f*; Beharrungsvermögen *n*
infinidad *f* Unendlichkeit *f*
infinitesimal unendlich klein, infinitesimal...
infinito unendlich
inflable aufblasbar
inflador *m (Kfz)* Luftpumpe *f*
inflamable entflammbar, entzündlich; feuergefährlich; zündwillig *(Kraftstoff)*; brennbar
inflamación *f* Entzündung *f*, Zündung *f*, Entflammung *f*
~ **por chispa** Funkenentzündung *f*
~ **eléctrica** elektrische Zündung *f*

214

~ **espontánea** Selbstentzündung *f*
inflar *v* aufblasen; aufpumpen
inflexible steif, starr; nicht flexibel; nicht biegbar [anpassbar]
inflexión *f* 1. Biegung *f*, Krümmung *f*; Beugung *f*; 2. *(Math)* Inflexion *f*, Wendung *f*; 3. *(Opt)* Brechung *f*
influencia *f* 1. Einfluss *m*, Einwirkung *f*; 2. *(El)* Influenz *f*
información *f* Information *f*, Daten *pl*; Nachricht *f*
~ **agregada** verdichtete Information *f*
~ **codificada en binario** binär verschlüsselte Information *f*
~ **introducida** eingegebene Information *f*
~ **leída** eingelesene Daten *pl*
~ **numérica** numerische Daten *pl*
~ **del ordenador** Rechnerinformation *f*, Rechnerdaten *pl*
~ **paramétrica** Parameterangabe *f*
~ **de realimentación** Rückmeldung *f*
~ **rutinaria** Routinemeldung *f*
~ **tecleada** eingegebene Information *f*, eingetastete Daten *pl*
~ **del usuario** Benutzerinformation *f*, Benutzerdaten *pl*
informática *f* Informatik *f*
informatizar *v* die Informationstechnik [Rechentechnik] einführen
informe *m* Bericht *m*; Meldung *f*; Rechenschaftsbericht *m*; Gutachten *n*
~ **de ensayo** Prüf(ungs)bericht *m*; Testbericht *m*, Kontrollbericht *m*
~ **de perito** Sachverständigengutachten *n*
infrarrojo *m* infrarot
infrarrojo Infrarot *n*
infrasónico Infraschall..., untertonfrequent
infrasonido *m* Infraschall *m*
infusible unschmelzbar
ingeniería *f* Ingenieurwesen *n*; Ingenieurtechnik *f*; Ingenieurwissenschaft *f*; Technik *f*; Technologie *f*, technische Gestaltung *f*
~ **acústica** Schalltechnik *f*
~ **aérea [aeronáutica]** Luftfahrttechnik *f*
~ **aeroespacial** Raumfahrttechnik *f*
~ **agrícola** Landtechnik *f*, Agrartechnik *f*
~ **de agua** Wassertechnik *f*
~ **alimentaria** Lebensmitteltechnologie *f*
~ **del alumbrado** Beleuchtungstechnik *f*
~ **ambiental** Umwelt(schutz)technik *f*

ingeniería

- ~ **asistida por ordenador** computergestütztes Ingenieurwesen *n*, CAE
- ~ **automática** Automatisierungstechnik *f*
- ~ **automotriz** Kraftfahrzeugtechnik *f*, Kraftfahrzeugwesen *n*
- ~ **biólogica** Biotechnik *f*, Biotechnologie *f*
- ~ **del buque** Schiffbautechnik *f*
- ~ **de calefacción** Heizungstechnik *f*
- ~ **de caminos** *(Bw)* Straßenbau *m*
- ~ **civil** Bauingenieurwesen *n*; Bautechnik *f*; Ingenieurtiefbau *m* und -verkehrsbau *m*
- ~ **conceptual de sistemas** Systementwurfstechnik *f*
- ~ **de construcción** Bautechnik *f*
- ~ **en construcción de maquinaria** Maschinenbautechnik *f*
- ~ **de consulta** Consulting-Engineering *n*
- ~ **de control** Regeltechnik *f*, Steuerungstechnik *f*
- ~ **de control automático** Steuerungsautomatik *f*
- ~ **de control de ruido** Lärmschutztechnik *f*
- ~ **de diseño** Konstruktionstechnik *f*
- ~ **de diseño de seguridad** sicherheitstechnische Gestaltung *f*
- ~ **eléctrica** Elektrotechnik *f*
- ~ **electroenergética** Elektroenergetik *f*
- ~ **electromecánica** Elektromaschinenbau *m*
- ~ **electrónica** Elektronik *f*, elektronische Technik *f*
- ~ **empresarial** Betriebswirtschaft *f* für Ingenieure
- ~ **espacial** Raumfahrttechnik *f*
- ~ **estructural** Ingenieurhochbau *m*
- ~ **de la fiabilidad** Zuverlässigkeitstechnik *f*
- ~ **de fluidos** Fluidtechnik *f*, Fluidmechanik *f*
- ~ **fluvial** Flussbau *m*
- ~ **del gas** Gastechnik *f*
- ~ **genética** Gentechnik *f*, Gentechnologie *f*
- ~ **geoambiental** geoökologische Technik *f*
- ~ **hidráulica** Wasserbau *m*; Fluss- und Seebau *m*
- ~ **hidroeléctrica** Wasserkraftanlagenbau *m*
- ~ **hospitalaria** Krankenhaustechnik *f*
- ~ **humana** Human Engineering *n*; Ergonomie *f*
- ~ **de iluminación** Beleuchtungstechnik *f*; Lichttechnik *f*
- ~ **industrial** Gewerbetechnik *f*, Arbeitstechnik *f*
- ~ **informática** Informatik *f*
- ~ **de luz** Lichttechnik *f*
- ~ **de mantenimiento** Instandhaltungstechnik *f*
- ~ **marina** Schiffstechnik *f*; Schiffbautechnik *f*
- ~ **mecánica** Maschinenbautechnik *f*
- ~ **médica** Medizintechnik *f*
- ~ **medioambiental** Umwelttechnik *f*
- ~ **minera** Bergbautechnik *f*
- ~ **de motores** Motorenbau *m*
- ~ **náutica** Nautik *f*
- ~ **naval** Schiffbautechnik *f*
- ~ **nuclear** Kerntechnik *f*
- ~ **de obras y construcciones** Bauingenieurwesen *n*
- ~ **oceánica** Meerestechnik *f*, Off-shore-Technik *f*
- ~ **óptica** Optik *f*
- ~ **petrolera** Erdöltechnik *f*
- ~ **de plantas (industriales)** Anlagentechnik *f*; Anlagenbau *m*; Betriebstechnik *f*
- ~ **de precisión** Feinwerktechnik *f*
- ~ **de prevención de accidentes** technischer Arbeitsschutz *m*
- ~ **de procesos** Verfahrenstechnik *f*
- ~ **de producción** Produktionstechnik *f*; Fertigungstechnik *f*
- ~ **de productos** Produktgestaltung *f*
- ~ **de programas** Programmiertechnik *f*
- ~ **de protección contra incendios** Brandschutz *m*
- ~ **química** Chemieingenieurwesen *n*, chemisches Ingenieurwesen *n*; chemische Verfahrenstechnik *f*
- ~ **radio** Funktechnik *f*
- ~ **de reactores** Reaktorbau *m*
- ~ **de la robotización** Robotertechnik *f*, Industrierobotertechnik *f*
- ~ **sanitaria** Sanitärtechnik *f*
- ~ **de seguridad** Sicherheitstechnik *f*
- ~ **de seguridad contra incendios** Brandschutztechnik *f*
- ~ **de seguridad industrial** Sicherheitstechnik *f*; technischer Arbeitsschutz *m*
- ~ **sísmica** Seismik *f*
- ~ **de sistemas** Systemtechnik *f*
- ~ **del software** Softwareentwicklungstechnik *f*
- ~ **técnica industrial** Fertigungstechnik *f*

ingeniería

~ **de telecomunicaciones** Telekommunikationstechnik f
~ **de televisión** Fernsehtechnik f
~ **termonuclear** Thermonukleartechnik f
~ **textil** Textiltechnik f; Textiltechnologie f
~ **de tránsito** Verkehrstechnik f
~ **urbanística** Städtebautechnik f

ingeniero m Ingenieur m; Fachingenieur m; Techniker m
~ **de calefacción** Heizungsingenieur m
~ **de caminos** Straßenbauingenieur m
~ **informático** Informatiker m
~ **de luz** Lichttechniker m
~ **proyectista** Projektant m; Projektingenieur m
~ **de seguridad** Sicherheitsingenieur m
~ **de sistema(s)** Systemingenieur m
~ **de sonido** Toningenieur m, Tontechniker m
~ **de telecomunicaciones** Telekommunikationstechniker m
~ **topógrafo** Topograph m

ingenio m 1. Gerät n; Einrichtung f; Anlage f; Mechanismus m; Vorrichtung f; 2. Maschine f; Motor m; 3. Rakete f; Raumkapsel f; 4. Zuckerfabrik f
~ **de carga hidráulico** hydraulisches Ladegerät n, Hydraulikkader m

inglete m 1. *(Bw)* Winkelverbindung f *(45°)*; Gehrung f; Gehrungsverbindung f; Gehrungsstoß m; 2. *(Typ)* Gehrungsschnitt m

ingravidez f *(Ch)* Schwerelosigkeit f

ingrediente m *(Ch)* Ingrediens n, Mischungsbestandteil m
~ **de relleno** *(Kst)* Füllstoff m

inhibidor m Inhibitor m, Hemmstoff m; Verzögerungsmittel n; Schutzstoff m
~ **de corrosión** Korrosionsinhibitor m, Korrosionsverhinderungsmittel n; Rostschutzmittel n

inhibir v hemmen, inhibieren; sperren; unterdrücken

iniciación f Einleitung f; Auslösung f *(z. B. einer Reaktion)*; Initiierung f, Zündung f

iniciador m 1. Initiator m; Aktivator m; 2. Initialsprengstoff m, Zünd(spreng)stoff m

inicialización f 1. Start m, Initiierung f; 2. *(Inf)* Initialisierung f
~ **en frío** Kaltstart m

ininflamable nicht entflammbar, flammfest, unbrennbar, feuerfest, feuerbeständig

inmergir v (ein)tauchen, untertauchen
inmersión f Immersion f, Eintauchung f, Tauchen n
inmisario m *(Umw)* Einleiter m
inmisión f Immission f
inmóvil unbeweglich, fest, nicht bewegbar; still(stehend), stationär
inmovilizar v feststellen; festklemmen; stilllegen
innavegable 1. *(Schiff)* manövrierunfähig; 2. nicht schiffbar *(Fluss)*
inodoro geruchlos, geruchfrei
inodoro m 1. Geruchsverschluss m; 2. Toilettenbecken, Toilette f
inoxidable rostbeständig, rostfrei, nicht rostend, rostsicher, nicht oxidierend; korrosionsbeständig
insaturado ungesättigt
inscribir v einschreiben; eintragen
inscripción f Eintragung f, Eintrag m
inscriptor m Schreibgerät n, Schreiber m
inscrito *(Math)* einbeschrieben *(z. B. Kreis)*
inserción f 1. Einlegen n, Einführen n *(z. B. Diskette)*; 2. Einschub m, Einfügung f; 3. Einrücken n *(Getriebe)*; 4. Vorsatz m, Vorsteckeinrichtung f
insertar v 1. einlegen, einführen *(z. B. Diskette)*; 2. einfügen; einsetzen; eingeben *(Daten)*; 3. einschleifen *(z. B. einen Stromkreis)*; 4. einrücken *(Getriebe)*; 5. einstecken; vorstecken
inserto m 1. Einsatz m, Einlage f; Einsatzstück n; 2. *(Gieß)* Eingießteil m
insolubilidad f 1. *(Ch)* Unlöslichkeit f; 2. Unlösbarkeit f *(eines Problems)*
insoluble 1. *(Math)* unlösbar; 2. *(Ch)* unlöslich
insonorización f Schalldämmung f, Schallisolierung f, Schallschutz m
insonorizado schallisoliert, schalldicht
insonorizador m 1. schallschluckendes Material n; 2. Schallschlucker m
inspección f 1. Untersuchung f, Prüfung f, Überprüfung f, Kontrolle f, Durchsicht f, Begehung f *(z. B. eines Betriebes)*; 2. Inspektion f, Bauaufsicht f • **de ~ obligatoria** überwachungspflichtig *(Anlage)*
~ **de calderas (de vapor)** Dampfkesselüberwachung f, Kesselüberwachung f
~ **supersónica** Ultraschalldefektoskopie f

instalación f 1. Installieren n, Installation f; Einbau m; Verlegung f; Montage f; Errichtung f; Aufstellung f; 2. (installierte) Anlage f; Einrichtung f; Betriebseinrichtung f; Vorrichtung f; Gerät n; Ausrüstung f; System n
- ~ **de abrevaderos** *(Lt)* Tränkanlage f
- ~ **de acondicionamiento de aire** Klimaanlage f
- ~ **de agua potable** Trinkwasseranlage f
- ~ **de aguas residuales** Abwasseranlage f
- ~ **de aire acondicionado** Klimaanlage f
- ~ **de aire comprimido** Druckluftanlage f
- ~ **de alta tensión** Hochspannungsanlage f
- ~ **de alumbrado** Beleuchtungsanlage f
- ~ **de ascensores** Aufzugsanlage f
- ~ **automotriz** selbstfahrende Anlage f
- ~ **de baja tensión** Niederspannungsanlage f
- ~ **de beneficio** *(Bgb)* Aufbereitungsanlage f
- ~ **de buscapersonas** Personenrufanlage f
- ~ **de carga** 1. Ladeeinrichtung f; 2. *(Met)* Begichtungsanlage f
- ~ **de clarificación** Kläranlage f
- ~ **de comunicación simultánea** *(Nrt)* Gegensprechanlage f; Simultananlage f
- ~ **de congelación** Gefrieranlage f
- ~ **bajo control** überwachungsbedürftige Anlage f
- ~ **de control** 1. Prüfanlage f; Überwachungsanlage f; 2. Steuerungsanlage f; Steuerungssystem n; Regelungssystem n
- ~ **de depuración** Reinigungsanlage f; Entstaubungsanlage f
- ~ **de detección** Meldeanlage f; Warnanlage f
- ~ **elevadora** Hubeinrichtung f
- ~ **energética** Energieanlage f; Energiesystem n; elektrische Anlage f
- ~ **de enfriamiento** Kühlanlage f
- ~ **de enriquecimiento** *(Bgb)* Aufbereitungsanlage f
- ~ **de ensayo** Prüfeinrichtung f; Versuchseinrichtung f; Versuchsanlage f; Pilotanlage f
- ~ **de extinción de incendios** Feuerlöschanlage f
- ~ **de fondeo** *(Schiff)* Ankereinrichtung f
- ~ **frigorífica** 1. Kühlanlage f, Kälteanlage f; Kühlsystem n; 2. Kühlraum m
- ~ **generadora de frío** Kälteerzeugungsanlage f
- ~ **de grabación** Aufnahmegerät n
- ~ **hidráulica** hydraulisches System n, Hydraulik(anlage) f
- ~ **hidroeléctrica** Wasserkraftanlage f
- ~ **contra incendios** Brandschutzanlage f; Brandbekämpfungseinrichtung f
- ~ **de incineración** Verbrennungseinrichtung f, Verbrennungsanlage f
- ~ **de inspección obligatoria** überwachungsbedürftige Anlage f
- ~ **de interfono** *(Nrt)* Wechselsprechanlage f
- ~ **de irrigación** *(Lt)* Beregnungsanlage f, Bewässerungsanlage f, Berieselungsanlage f
- ~ **lanzadora [de lanzamiento]** *(Rak)* Abschussanlage f, Abschussvorrichtung f; Startanlage f
- ~ **lavadora de coches** Autowaschanlage f
- ~ **de llamada y aviso** Ruf- und Signalanlage f
- ~ **de machaqueo** *(Bgb)* Brechanlage f, Brecherei f; Pochwerk n
- ~ **de mando** Steuerungsanlage f
- ~ **de maniobra** Schaltanlage f
- ~ **mecánica** Maschinenanlage f; maschinelle Anlage f; maschinenbaulicher Teil (z. B. eines Schiffes)
- ~ **motriz** Antriebsmaschine f, Triebwerk n
- ~ **de pesada** Wägeeinrichtung f
- ~ **de pintura** Farbspritzanlage f
- ~ **portuaria** Hafenanlage f; Hafeneinrichtung f
- ~ **de proceso de datos** Datenverarbeitungsanlage f, DVA, EDV-Anlage f
- ~ **propulsora** Antriebsanlage f
- ~ **de protección contra incendios** Brandschutzanlage f
- ~ **de puesta a tierra** Erdungsanlage f
- ~ **de purificación** Reinigungsanlage f
- ~ **de radio** Funkanlage f, Funkeinrichtung f
- ~ **radiogoniométrica** Funkpeilanlage f
- ~ **radiotelefónica** Funksprechanlage f
- ~ **radiotelegráfica** Funkanlage f
- ~ **radiotelemétrica** Funkfernmesseinrichtung f
- ~ **de recogida de polvo** Staubabscheider m
- ~ **de refrigeración** Kühlanlage f, Kälteanlage f; Kühlsystem n

instalación

~ **de reglaje** Regelstrecke f
~ **de reprocesamiento** *(Kern)* Wiederaufbereitungsanlage f
~ **con riesgo de explosión** explosionsgefährdete Anlage f
~ **de rociado** Beregnungsanlage f
~ **de rociadores (automáticos)** Drencheranlage f *(Brandschutz)*
~ **de seguridad automática** automatische Sicherheitsanlage f, automatisch wirkende Schutzvorrichtung f
~ **siderúrgica** Hüttenwerkseinrichtung f
~ **telefónica** Fernsprechanlage f, Telefonanlage f
~ **de tratamiento** Aufbereitungsanlage f
~ **de tratamiento electrónico de datos** elektronische Datenverarbeitungsanlage f, EDVA
~ **de varada** Slipanlage f, Slip m(n) *(Anlage zum Aufslippen von Schiffen)*
~ **ventiladora** Belüftungsanlage f

instalar v 1. verlegen; montieren, aufstellen; einbauen; 2. *(Inf)* installieren

instrucción f 1. *(Inf)* Befehl m, Anweisung f; 2. Vorschrift m; 3. Ausbildung f

instrumentación f Instrumentierung f, Ausstattung f mit Betriebskontrollgeräten, Messtechnik f, Gerätetechnik f

instrumento m Instrument n, Werkzeug n; Gerät n; Messgerät n
~ **de alta tecnología** Hochtechnologiegerät n, Hi-Tech-Gerät n
~ **de apoyo** Hilfsgerät n; Hilfsmittel n
~ **calibrador** Eichinstrument n
~ **de comprobación** Kontrollgerät n, Prüfgerät n
~ **cortante [de corte]** 1. *(Fert)* Schneidwerkzeug n; Zerspanungswerkzeug n; 2. *(Lt)* Schneidwerkzeug n, Mähwerkzeug n
~ **giroscópico** Kreiselgerät n
~ **goniométrico** Kreismesser m, Winkelmesser m
~ **indicador** Anzeigegerät n, Anzeigeinstrument n, Anzeiger m, Indikator m
~ **de medición** Messinstrument n, Messzeug n
~ **de metrología** Messzeug n
~ **de navegación** Navigationshilfsmittel n
~ **patrón** Eichinstrument n
~ **de precisión** Präzisions(mess)gerät n
~ **radiotécnico** funktechnisches Gerät n

~ **registrador** Registrierinstrument n, Messschreiber m, Schreiber m
~ **térmico** Hitzdrahtinstrument n
~ **totalizador** Zählwerk n, Zähler m

insumergible unsinkbar

insumo m Einsatzgut n, Produktionsfaktor m, Produktor m, Input m

integrable integrierbar, integrabel

integración f *(Math)* Integration f, Integrierung f
~ **aproximada** angenäherte Integration f
~ **de circuitos** Schaltungsintegration f
~ **gráfica** grafische Integration f
~ **a gran escala** hoher Integrationsgrad m, Großintegration f, LSI, Large Scale Integration
~ **a muy gran escala** *(Eln)* Höchstintegration f, VLSI, Very Large Scale Integration
~ **por partes** partielle Integration f
~ **sucesiva** schrittweise Integration f
~ **por sustitución** Integration f durch Substitution

integrador m 1. Integrator m, Integrierer m, integrierendes Glied n, I-Glied; 2. Integrierschaltung f

intégrafo m *(Math)* Integraph m

integral f Integral n
~ **común** allgemeines Integral n
~ **de convolución** Faltungsintegral n
~ **curvilínca** Kurvenintegral n, Linienintegral n
~ **definida** bestimmtes Integral n
~ **doble** Doppelintegral n, Flächenintegral n
~ **elíptica** elliptisches Integral n
~ **impropia** uneigentliches (riemannsches) Integral n
~ **indefinida** unbestimmtes Integral n
~ **múltiple** mehrfaches Integral n, Mehrfachintegral n
~ **particular** partikuläres Integral n
~ **de superficies** Flächenintegral n
~ **triple** dreifaches Integral n, Volumenintegral n

integrando m *(Math)* Integrand m

integrar v *(Math)* integrieren

inteligencia f Intelligenz f
~ **algorítmica** algorithmische Intelligenz f
~ **artificial** künstliche Intelligenz f
~ **distribuida** verteilte Intelligenz f
~ **heurística** heuristische Intelligenz f

interfaz

~ **simulada** nachgebildete [simulierte] Intelligenz f
inteligibilidad f *(Nrt)* Verständlichkeit f
~ **silábica** Silbenverständlichkeit f
intensidad f Intensität f, Stärke f, Kraft f; Heftigkeit f *(z. B. einer chemischen Reaktion)*
~ **calorífica** Heizwert m
~ **de campo** Feldstärke f
~ **de campo disruptivo** Durchschlagfeldstärke f, Durchbruchfeldstärke f
~ **de campo magnético** magnetische Feldstärke f
~ **de carga** Ladestromstärke f
~ **de corriente** Stromstärke f
~ **de frenado** Bremskraft f
~ **de iluminación** Beleuchtungsstärke f; Bestrahlungsstärke f, Bestrahlungsdichte f
~ **lumínica [luminosa, de luz]** Lichtstärke f, Lichtintensität f
~ **nominal** Nennstromstärke f
~ **de radiación** Strahlungsintensität f
~ **reactiva** Blindstrom m
~ **sonora** Schallintensität f
intensificador m 1. Verstärker m; 2. *s.* relé
~ **de imagen** *(TV)* Bildverstärker m
~ **de sonido** Tonverstärker m
intenso 1. intensiv; heftig *(chemische Reaktion)*; 2. satt *(Farbe)*
interacción f Wechselwirkung f
interactivo *(Inf)* interaktiv, im Dialog mit dem Rechner arbeitend, Dialog...
interatómico interatomar, zwischenatomar
interbloqueo m Verriegelung f, Blockierung f
intercalación f 1. Einschaltung f, Einrücken n *(Getriebe)*; 2. *(Nrt)* Vorschaltung f, Aufschaltung f, Zwischenschaltung f; 3. *(Inf)* Einschaltung f, Einschiebung f; Zwischenschaltung f, Verschachteln n, Verschränken n; 4. *(Typ)* Einschiebung f *(im Satz)*; 5. *(Bgb)* Einlagerung f, Zwischenlagerung f, Zwischenmittel n
intercalar v 1. einschalten; einrücken *(Getriebe)*; 2. *(Nrt)* vorschalten, aufschalten, zwischenschalten; 3. *(Inf)* einschieben, einordnen, (ein)mischen *(Daten)*
intercambiable austauschbar, auswechselbar

intercambiador m Austauscher m
intercambio m Austausch m, Auswechs(e)lung f
~ **calórico** Wärmeaustausch m
~ **dinámico de datos** dynamischer Datenaustausch m, DDE
~ **de gases** Gasaustausch m
~ **iónico** Ionenaustausch m
~ **térmico** Wärmeaustausch m
intercapa f Zwischenschicht f
intercomunicación f 1. wechselseitige Verbindung f; Nachrichtenaustausch m; Nachrichtenverbindung f, Informationsaustausch m; 2. *(Nrt)* Wechselsprechen n
intercomunicador m *(Nrt)* Wechselsprechgerät n
intercomunicar v (miteinander) verbinden, verbinden
interconectable zusammenschaltbar; verkettbar; verknüpfbar
interconexión f 1. Verbindung f, Schaltverbindung f, Zusammenschaltung f; Zwischenschaltung f, Durchschaltung f, Kopplung f, Verkopplung f; 2. Vermaschung f, Verkettung f; Verknüpfung f, Verbund m; 3. Netzverbund m; Verbundnetz n
~ **de equipos** Geräteverbund m
~ **de equipos informáticos** Rechnerverbund m
~ **de programas** Programmverknüpfung f, Programmverbindung f
interconectar v 1. *(El)* durchschalten, zusammenschalten, untereinander verbinden, zwischenschalten; 2. *(Masch, El)* verketten; 3. *(Inf)* verknüpfen
interdependencia f gegenseitige [wechselseitige] Abhängigkeit f
interdifusión f wechselseitige Diffusion f, Zwischendiffusion f, Grenzflächendiffusion f
intereje m *(Kfz)* Radstand m
interfase f Zwischenphase f; Phasengrenze f, Phasengrenzfläche f, Phasengrenzschicht f
interfaz f *(Inf)* Interface n, Schnittstelle f, Anschlussbild n, Kopplungsstelle f
~ **de control** Steuerungsschnittstelle f
~ **de datos** Datenschnittstelle f, Dateninterface n
~ **gráfica** Grafikschnittstelle f

interfaz 220

~ **hombre-máquina** Mensch-Maschine-Interface *n*
~ **de impresora** Druckerschnittstelle *f*
~ **informático** Rechnerschnittstelle *f*
~ **de mensajes** Signalinterface *n*
~ **paralela [en paralelo]** Parallelinterface *n*, Parallelschnittstelle *f*
~ **serial [de serie]** serielles Interface *n*, serielle Schnittstelle *f*
~ **del sistema de ordenadores pequeños** SCSI-Schnittstelle *f*, Small Computer System Interface
~ **de transmisión** Übertragungsschnittstelle *f*, Datenübertragungsschnittstelle *f*
~ **de usuario** Benutzerschnittstelle *f*, Benutzerinterface *n*, Nutzerschnittstelle *f*
~ **usuario-ordenador** Nutzer-Rechner-Interface *n*
~ **de usuarios basada en objetos** objektorientierte Benutzeroberfläche *f*
~ **vídeo** Videoschnittstelle *f*, Videointerface *n*
~ **visual** Bildschirm-Benutzeroberfläche *f*
interferencia *f* Interferenz *f*, Überlagerung *f*; Störung *f*, Eingriffstörung *f (Zahnrad)*
~ **de canal adyacente** Nachbarkanalstörung *f*
~ **entre canales** gegenseitige Kanalstörung *f*
~ **de ondas** Wellenüberlagerung *f*, Interferenz *f*
~ **radio(eléctrica)** Funküberlagerung *f*, Funkstörung *f*
~ **de radiofrecuencia** hochfrequente Störung *f*, Funkstörung *f*
interferir *v* überlagern; stören; behindern
interferómetro *m* Interferometer *n*
interfonía *f (Flg)* Bordsprechverkehr *m*
interfono *m* 1. Wechselsprechanlage *f*, Gegensprechanlage *f*; 2. *(Flg)* Bordsprechanlage *f*
intergranular intergranular, interkristallin
interlínea *f* 1. Zeilenabstand *m*; 2. *(Typ)* Durchschuss *m*
interlineación *f* 1. Zeilenschaltung *f*; 2. *(Typ)* Durchschießen *n*
interlineador *m* Zeilenschalthebel *m*
interlock *m* 1. *(El)* Sperre *f*, Verriegelung *(Schaltung)*; 2. *(Text)* Interlock *n (Gewirke)*
intermitente *m (Kfz)* Signalgeber *m*; Blinker *m*

interpaginar *v (Typ)* durchschießen *(mit leeren Seiten)*
interplanetario interplanetar(isch)
interpolación *f* Interpolation *f*
interpolar *v* 1. *(Math)* interpolieren; 2. *(El)* einstreuen *(z. B. eine Fremdspannung)*
interpretador *m* Ausgabewerk *n*; Sichtanzeiger *m*
intérprete *m* Interpreter *m*, Interpretierer *m (Übersetzungsprogramm)*
interrelacionar *v* in Beziehung setzen; vermaschen *(Netze)*
interrogación *f* Abfrage *f*; Anfrage *f*
interrogador *m* Abfrager *m*, Abfragesender *m (Radar)*
interrogar *v* abfragen *(z. B. Daten)*
interrumpir *v* unterbrechen, abbrechen
~ **la cohesión** entfritten
~ **sucesivamente** zerhacken *(Strom)*
interrupción *f* 1. Unterbrechung *f*; 2. *(Inf)* Interrupt *m*, Programmunterbrechung *f*
~ **de alta prioridad** Prioritätsinterrupt *m*, vorrangige Unterbrechung *f*
~ **forzosa** *(El)* Zwangstrennung *f*
~ **operacional** Betriebsunterbrechung *f*, Betriebsstörung *f*
~ **de servicio** 1. Betriebsunterbrechung *f*, Betriebsstörung *f*; 2. *(Nrt)* Dienstunterbrechung *f*
interruptor *m (El)* Schalter *m*, Abschalter *m*, Ausschalter *m*, Unterbrecher *m*, Ein-Aus-Schalter *m*
~ **de acción retardada** Verzögerungsschalter *m*
~ **accionado por pulsador** Druckknopfschalter *m*, Drucktastenschalter *m*, Tastenschalter *m*
~ **de aire comprimido** Druckluftschalter *m*, Luftdruckschalter *m*
~ **de alimentación** Netzschalter *m*
~ **de alta tensión** Hochspannungsschalter *m*
~ **de arranque** Anlassschalter *m*, Starter *m*
~ **basculante** Kippschalter *m*
~ **de botón** Druckknopfschalter *m*
~ **de calefacción** Heizschalter *m*
~ **de control** Steuerschalter *m*
~ **crepuscular** Dämmerungsschalter *m*
~ **a distancia** Fernschalter *m*
~ **economizador** Sparschalter *m*
~ **electromagnético** Magnetschalter *m*

~ de encendido *(Kfz)* Zündschalter *m*
~ escalonado Stufenschalter *m*
~ final End(aus)schalter *m*, Endlagenschalter *m*, Grenz(wert)schalter *m*
~ giratorio Drehschalter *m*
~ de guía de ondas *(Eln)* Wellenbereichsschalter *m*
~ horario Schaltuhr *f*, Kontaktuhr *f*
~ inversor Umkehrschalter *m*, Wendeschalter *m*; Steuerschalter *m*
~ del limpiaparabrisas *(Kfz)* Scheibenwischerschalter *m*
~ de línea Netzschalter *m*
~ de mando Steuerschalter *m*
~ de parada Stoppschalter *m*
~ de pedal Fußschalter *m*
~ de protección Schutzschalter *m*
~ de puesta en marcha Einschalter *m*
~ de puesta y parada Ein-Aus-Schalter *m*
~ pulsador Druckknopfschalter *m*
~ de resorte Federschalter *m*
~ de reversión Wendeschalter *m*
~ de seguridad Schutzschalter *m*
~ de servicio Betriebsschalter *m*
~ temporizado Zeitschalter *m*
~ de tiro [tracción] Zugschalter *m*
~ tumbler Kippschalter *m*, Tumbler *m*
~ de urgencia Notschalter *m*
interruptor-horario *m* Zeitschalter *m*
intersecar *v* 1. *(Math)* schneiden; durchdringen *(Körper)*; 2. kreuzen, sich überschneiden
intersección *f* 1. Schnitt *m*; Schnittpunkt *m*; Schnittlinie *f*, Durchschnitt *m*; 2. Durchdringung *f*, Durchdringungslinie *f*, Einschnitt *m* *(Photogrammetrie)*
intersticio *m* 1. Zwischenraum *m*, Spalt *m*; Lücke *f*, Fuge *f*; 2. Zwischengitterplatz *m*, Zwischengitterlage *f*
intervalo *m* 1. *(Math)* Intervall *m*; 2. Abstand *m*, Zwischenraum *m*, Bereich *m*, Strecke *f*; 3. Zeitspanne *f*, Zeitabschnitt *m*; Zwischenzeit *f*; 4. Intervall *n*, Tonstufe *f*
~ de confianza Konfidenzintervall *n*, Vertrauensintervall *n*, Vertrauensbereich *m*
~ de encendido Zündstrecke *f*
~ de medición Messbereich *m*, Messstrecke *f*
~ entre pistas *(Inf)* Spurteilung *f*
~ de validez Gültigkeitsbereich *m*

intradós *m* 1. *(Bw)* innere Gewölbefläche *f*, Gewölbeleibung *f*; 2. *(Bw)* Sturzunterfläche *f*, Balkenunterseite *f*
intrínseco 1. innerlich; innewohnend, zugehörig; 2. eigenleitend *(Halbleiter)*
introducción *f* Einleiten *n*, Zufuhr *f*, Einführung *f*, Eingang *m*, Eingabe *f*
~ de agua residual *(Umw)* Abwassereinleitung *f*
~ de datos *(Inf)* Dateneingabe *f*
~ de instrucciones *(Inf)* Befehlseingabe *f*
~ en la memoria *(Inf)* Einspeicherung *f*
~ por teclado *(Inf)* Tastatureingabe *f*, Eintasten *n*
introducir *v* einleiten; einführen; eingeben; einstecken; einsetzen
introductor *m* directo Direkteinleiter *m* *(Abwasser)*
intrusión *f* 1. *(Nrt)* Aufschalten *n*, Aufschaltung *f*; 2. *(Geol)* Intrusion *f*
inundable *(Schiff)* flutbar
inundación *f* 1. Flut; Überflutung *f*, Überschwemmung *f*; Hochwasser *n*; 2. Fluten *n*
inundar *v* (über)fluten
inventar *v* erfinden
inventario *m* Inventar *n*; Stückliste *f*
~ de emisiones Emissionskataster *m(n)*
invento *m* Erfindung *f*
~ patentable patentfähige Erfindung *f*
invernadero *m* Gewächshaus *n*, Treibhaus *n*
inversión *f* 1. Inversion *f*, Umkehr(ung) *f*; 2. *(Math)* Inversion *f*, Invertierung *f*, Transformation *f* durch reziproke Radien; Umkehrung *f* *(z. B. einer Funktion)*; 3. *(Geol)* Überfaltung *f*, Überkippung *f*, inverse Lagerung *f*; 4. Umsteuerung *f*
~ del chorro *(Flg)* Strahlumlenkung *f*, Schubumkehr *f*
inverso invers, entgegengesetzt, entgegengerichtet; umgekehrt, verkehrt, reziprok
inverso *m (Math)* Inverses *n*, Reziprokes *n*, Kehrwert *m*, Reziprokwert *m*
inversor *m* 1. *(El)* Wechselrichter *m*, Gleichstrom-Wechselstrom-Konverter *m*; Umwandler *m*; Umschalter *m*; 2. *(Inf)* Inverter *m*, Vorzeichenumkehrer *m*
~ de corriente Stromwender *m* *(Maschine)*
~ de fase Phasenumkehrer *m*

inversor

~ **de marcha** Umsteueranlage *f*, Umsteuervorrichtung *f*
~ **de polos** Umpoler *m*, Polumschalter *m*, Polwechsler *m*, Polwechselschalter *m*
inversor-reductor *m* Umkehr- und Untersetzungsgetriebe *n*
investigación *f* Erforschung *f*, Forschung *f*, Untersuchung *f*, Ermittlung *f*
~ **básica** Grundlagenforschung *f*
~ **de campo** Feldforschung *f*
~ **edafológica** *(Lt)* Bodenuntersuchung *f*
~ **espacial** Raumforschung *f*
~ **de incidentes** Störfalluntersuchung *f*
investigar *v* 1. erforschen, untersuchen; 2. *(Bgb)* schürfen
involución *f (Math)* Involution *f*
involuta *f (Math)* Evolvente *f*, Involute *f* (der Evolute)
inyección *f* 1. Injektion *f*, Einspritzen *n*, Einspritzung *f (Verbrennungsmotor)*; Einblasen *n (z. B. der Verbrennungsluft)*; 2. Tränkung *f*, Imprägnierung *f*; 3. *(Kst)* Spritzgießen *n*, Spritzguss *m*; 4. *(Kern)* Injektion *f*, Einschuss *m*; 5. *(Geol)* Einlagerung *f*, 6. *(Bgb)* Verpressung *f*, Injektion *f*, Einpressung *f*; 7. *(Bw)* Injektion *f*, Einpressung *f*, Betonverpressung *f*
~ **de cemento** Zement(schlämme)verpressung *f*, Zement(schlämme)injektion *f*
~ **de combustible** Kraftstoffeinspritzung *f*
~ **de gas(es)** 1. Gasinjektion *f*, Gaseinpressen *n*; 2. *(Met)* Begasung *f*, Gaseinleitung *f*
~ **de plasma** Plasmaspritzen *n*
~ **prensada** Spritzgießen *n*, Spritzguss *m*
inyectar *v* 1. einspritzen, einfüllen; einblasen *(z. B. Verbrennungsluft)*; 2. tränken; imprägnieren; 3. *(Bw)* injizieren, einpressen; verpressen; 4. *(Kern)* einschießen *(Teilchen)*; 5. *(Kst)* spritzgießen; 6. *(Geol)* einlagern
~ **datos** Daten eintasten [eingeben]
~ **en órbita** *(Rak)* auf die Erdumlaufbahn bringen
inyector *m* 1. Injektor *m*, Strahlpumpe *f*, Strahlgebläse *n*; 2. Düse *f*, Einspritzdüse *f*
~ **de abono** Düngereinspritzer *m*; Düngerlanze *f*
~ **aspirante** Saugdüse *f*
~ **centrífugo** Fliehkraftzerstäuber *m*

~ **a chorro** Strahldüse *f*
~ **de grasa** Fettschmierbüchse *f*, Staufferbüchse *f*
~ **de tierra** Bodeninjektor *m (Pflanzenschutzgerät)*
~ **de tinta** Tintendüse *f (Tintenstrahldrucker)*
~ **de vapor** Dampfstrahlpumpe *f*
inyectora *f (Kst)* Spritzgießmaschine *f*
~ **de pistón para fundición** Kolbenspritzgießmaschine *f*
ion *m* Ion *n*
~ **híbrido** Zwitterion *n*, Ampho-Ion *n*, Dipolion *n*
~ **(de) hidrógeno** Wasserstoffion *n*, H-Ion *n*
~ **molecular** Molekülion *n*, Molekelion *n*
ionio *m* Ionium *n*, Io
ionización *f* Ionisation *f*, Ionisierung *f*, Ionenbildung *f*
~ **de chispas** Funkenionisierung *f*
~ **fotoeléctrica** Photoionisation *f*
~ **por radiación** Strahlungsionisation *f*
ionizar *v* ionisieren
ionófono *m* Ionenlautsprecher *m*
ionómetro *m* Ionometer *n*, Röntgenstrahlintensitätsmesser *m*
ionoplastia *f* Katodenzerstäubung *f*
iperita *f* Yperit *n*, Dichlordiethylsulfid *n*
iridio *m* Iridium *n*, Ir
iris *m (Opt)* Irisblende *f*
irracional *(Math)* irrational
irradiación *f* 1. Ausstrahlung *f*, Bestrahlung *f*, Abstrahlung *f*; 2. *(Foto)* Überstrahlung, Diffusionslichthof *m*
~ **de calor** Wärmeabstrahlung *f*, Wärmestrahlung *f*
~ **cósmica** kosmische Strahlung *f*
~ **electromagnética** elektromagnetische Strahlung *f*
~ **intrínseca** Eigenstrahlung *f*
~ **luminosa** Lichtstrahlung *f*
~ **radiactiva** radioaktive Strahlung *f*; radioaktive Bestrahlung *f*; Kernstrahlungsaufnahme *f*, Kernstrahlungsbelastung *f*
~ **de ruido** Lärmabstrahlung *f*
irradiador *m* Strahlungsquelle *f*; Strahler *m*
irradiancia *f* Abstrahlgrad *m*
irradiar *v* (aus)strahlen, abstrahlen; bestrahlen
irrigación *f (Lt)* Bewässerung *f*, Beregnung *f*

irritante m Reizmittel n, Reizstoff m
irrompible unzerbrechlich; unzerreißbar; splittersicher
irrotacional wirbelfrei *(Feld)*
isla f **de perforación** Bohrinsel f
isócrona f Isochrone f, Linie f gleicher Laufzeit, Gleichzeitenkurve f *(z. B. seismischer Wellen)*
isocuanta f Isoquante f
isoeléctrico isoelektrisch
isoestructural isostrukturell, strukturgleich *(Kristallographie)*
isógono isogonal, gleichwinklig; konform, winkeltreu *(Abbildung)*
isomería f *(Ph, Ch)* Isomerie f
isomérico *(Ch)* isomer
isomerizar v *(Ch)* isomerisieren
isómero *(Ch)* Isomer(es) n
isomorfía f 1. Isomorphismus m, Isomorphie f, Gleichgestaltigkeit f *(Kristallographie)*; 2. *(Math)* Isomorphismus m, isomorphe Abbildung f
isomórfico 1. isomorph, strukturgleich, gleichgestaltet *(Kristallographie)*; 2. *(Math)* isomorph, Isomorphie aufweisend
isósceles gleichschenklig
isospín m *(Kern)* Isospin m, isobarer [isotoper] Spin m, Isobarenspin m, Isotopenspin m
isotópico isotop, Isotopen…
isótopo m Isotop n
~ **radiactivo** radioaktives Isotop n, Radioisotop n, instabiles Isotop n
~ **trazador** Tracerisotop n, Indikatorisotop n, Markierungsisotop n
iteración f *(Math)* Iteration f, Wiederholung f
iterbio m Ytterbium n, Yb
itrio m Yttrium n, Y
izador m *(Förd)* Heber m; Elevator m
izaje m *(Schiff)* Hieven n
izar v 1. *(Schiff)* aufwinden, hieven; hissen; setzen *(Flagge)*; 2. *(Förd)* heben

J

jabalcón m *(Bw)* Strebe f, Druckstab m; Drempel m; Kopfstrebe f *(bei Dächern)*
jábega f 1. Wadennetz n, Seinnetz n; 2. Waden(fischer)boot n, Seiner m
jácena f *(Bw)* Tragbalken m, Bindebalken m; Hauptträger m

jack m 1. *(El)* Dose f, Buchse f, 2. *(Nrt)* Abfrageklinke f, Klinke f
jalón m Messlatte f, Messstab m; Absteckstange f, Grenzmarke f, Fluchtstab m
jalonar v trassieren; markieren *(Route, Wasserstraße)*; abstecken *(mit Stangen)*
jangada f Floß n
jarcia f 1. *(Schiff)* Takelage f, 2. Trosse f
jarcias fpl **firmes** stehendes [befestigtes] Gut n *(Tauwerk)*
~ **de labor** *(Schiff)* laufendes Gut n *(Tauwerk)*
jardinería f Gartenbau m
jaspeado gesprenkelt, marmoriert
jaula f 1. Korb m; Käfig m; Verschlag m; Lattenkiste f, 2. Kabine f, Fahrerkorb m; Fördergestell n, Förderkorb m; 3. Box f, Autobox f, 4. *(Fert)* Walzengerüst n; 5. *(Typ)* Walzengestell n; 6. *(El)* Käfig m; 7. Korbreuse f, Langustenkorb m
~ **de ardilla** *(El)* Käfiganker m, Kurzschlussanker m
~ **de ascensor** Förderkorb m, Fahrkorb m
~ **de Faraday** *(El)* faradayscher Käfig m
~ **de flotador** *(Kfz)* Schwimmergehäuse n *(Vergaser)*
~ **de montacargas** Lastaufzugskabine f
~ **de seguridad** Schutzkäfig m; Schutzkorb m; Sicherheitskabine f
jaulón m Grundschleppnetz n für Langustenfang
jerarquía f Hierarchie f, Rangordnung f, Rangfolge f, Einstufung f
jeringa f Spritze f
~ **de aceite** Ölspritze f
~ **de batería** Batterieladegerät n
~ **de grasa** Fettpresse f, Schmierpresse f, Fettbüchse f
jimelga f Mäkler m *(Rammtechnik)*
jirafa f Galgen m *(Mikrofon)*
joule m Joule n, J *(SI-Einheit für Arbeit, Energie und Wärmemenge)*
juego m 1. *(Mech)* Spiel n, Spielraum m; Luft f, Toleranz f, Spalt m; Zwischenraum m; toter Gang m; 2. Satz m, Set m; Ausstattung f, Einrichtung f, 3. *(Math, Inf)* Spiel n
~ **del aro de émbolo** Kolbenringspiel n
~ **de barras** *(El)* Sammelschienen fpl
~ **de caracteres** Zeichensatz m, Zeichenvorrat m
~ **del émbolo** Kolbenspiel n

juego

~ **de ensayos** Prüfreihe f
~ **de filtros** Filtersatz m
~ **generador** Generatoraggregat n, Kraftanlage f
~ **muerto** toter Gang m, Spiel n
~ **radial** Radialspiel n
~ **de ruedas** Radsatz m
~ **tolerable** zulässiges Spiel n; Toleranz f
~ **en vacío** toter Gang m; Leerlauf m
~ **de válvula** Ventilspiel n

jugo m **curtiente** (Led) Gerbbrühe f

junta f 1. Verbindung(sstelle) f; Stoßstelle f, Stoß m, Fuge f, Stoßfuge f; Naht f; 2. Scharnier n, Gelenk n; Anschluss m; 3. Dichtung f, Einlage f, Unterlage f, Packung f
~ **de bola** Kugelgelenk n
~ **para bridas** Flanschdichtung f
~ **(de) cardán** Kardangelenk f, Kreuzgelenkdichtung f, Universalgelenk n
~ **de carril(es)** (Eb) Schienenstoß m
~ **de culata** (Kfz) Zylinderkopfdichtung f
~ **de cuña** Keilverbindung f
~ **de charnela** Scharnierverbindung f
~ **de eje** Wellendichtung f
~ **de expansión** (Eb) Schienenstoß m
~ **giratoria** Drehgelenk n
~ **a inglete** Gehrungsstoß m, Stoß m auf Gehrung
~ **de manguito** Muffenverbindung f
~ **de pernos** Bolzenverbindung f
~ **de prensaestopas** Stopfbuchsendichtung f
~ **de riel** (Eb) Schienenstoß m
~ **de rosca** Gewindeverbindung f; Verschraubung f
~ **soldada** Schweißverbindung f; Schweißnaht f, Schweißstelle f, Schweißfuge f
~ **al tope** Stoß m

juntar v verbinden, anschließen, (zusammen)fügen
~ **por soldadura** zusammenschweißen
~ **con tornillos** mit Schrauben verbinden, zusammenschrauben, verschrauben, aneinander schrauben

juntera f Falzhobel m

juntura f 1. Verbindung(sstelle) f; Stoßstelle f; Naht f; Lötstelle f; 2. Scharnier n, Gelenk n; Fuge f; Anschluss m; 3. Dichtung(sstelle) f; Unterlage f, Packung f; Fugenverschluss m; 4. (Bgb) Absonderungsfläche f, Teilungsfläche f, Abtrennungsfläche f
~ **de pestaña** Flanschverbindung f
~ **de soldadura** Schweißverbindung f, Schweißnaht f, Schweißstelle f, Schweißfuge f

justificar v 1. begründen; nachweisen; belegen; 2. ausrichten (z. B. Zeichen); 3. (Typ) ausschließen (Zeilen)

K

k-palabra f Kilowort n (2^{10} Wörter, Maß für Speicherkapazität)
kgf s. kilogramo (de) fuerza
kilográmetro m Kilopondmeter n (SI-fremde Einheit des Kraftmoments, der Arbeit und der Energie)
kilogramo m Kilogramm n, kg (SI-Einheit der Masse)
~ **(de) fuerza** Kilopond n, kp (SI-fremde Einheit der Kraft)
~ **patrón** Urkilogramm n
kilojulio m Kilojoule n, kJ
kilometraje m Kilometermarkierung f; Kilometerstand m, Kilometerzahl f; Kilometerleistung f; Entfernung f in Kilometern
kilotipo m Urkilogramm n
kilotonelada f Kilotonne f
kilovatímetro m **registrador** Kilowattstundenschreiber m
kilovatio m Kilowatt n, kW (Einheit der Leistung)
~ **hora** Kilowattstunde f
kilovoltio m Kilovolt n
klaxon m Signalhorn n, Hupe f
K-octeto m (Inf) Kilobyte n, KByte, KB
kp s. k-palabra
kt s. kilotonelada

L

labor f 1. Arbeit f; 2. (Bgb) Abbau m, Ausbau m; Gewinnung f
~ **de bancos** Strossenbau m, Sohlenbau m
~ **a cielo abierto** Tagebau m
~ **de exploración** Schürfen n; Erkundung f
~ **de frente largo** Strebbau m
~ **minera** Abbau m, Grubenbau m

~ **subterránea** Untertagebau *m*
~ **a través** Strebbau *m*
laborar *v* 1. arbeiten; 2. bearbeiten *(z. B. Werkstück)*; 3. *(Bgb)* gewinnen, abbauen; fördern
laboratorio *m* Labor(atorium) *n*
~ **de campo** Freilandlaboratorium *n*
~ **de ensayos** Versuchslabor *n*
~ **espacial** Raumlabor *n*, Weltraumlabor *n*
~ **metalúrgico** Hüttenlabor *n*
~ **de rayos X** Röntgenlabor *n*
laboreo *m* 1. Bearbeitung *f*; 2. *(Bgb)* Förderung *f*; Abbau *m*
labra *f* 1. *(Bw)* Bearbeitung *f*, Behauen *f* *(z. B. von Holz, Steinen)*; 2. mechanische Bearbeitung *f*
labrado *m* 1. *(Fert)* Bearbeitung *f*; 2. *(Led)* Gerbung *f*; 3. Behauen *n*; Aushauen *n*
labrar *v* 1. *(Fert)* bearbeiten, formen; 2. *(Led)* gerben; 3. behauen; aushauen
~ **con arranque de virutas** spanend bearbeiten
~ **sin arranque de virutas** spanlos bearbeiten [formen]
~ **en caliente** warmbearbeiten
~ **en frío** kaltbearbeiten
~ **metales a presión** druckumformen
laca *f* Lack *m* *(Tränklack)*
~ **de aceite** Ölfirnis *m*, Öllack *m*
~ **para automóviles** Auto(mobil)lack *m*, Kraftfahrzeuglack *m*
~ **de autosecado** lufttrocknender Lack *m*
~ **de resina alquídica** Alkydharzlack *m*
~ **de resina sintética** Kunstharzlack *m*, Kunststofflack *m*
lacar *v* lackieren
lacre *m* Siegellack *m*
lactodensímetro *m* *(Lt)* Laktometer *n*, Milchmesser *m*
ladeo *m* 1. Verkantung *f*, Schiefstellung *f*; Abweichung *f*; 2. *(Schiff)* Neigung *f*, Trimm *m*; 3. *(Flg)* Kehre *f*, Wendung *f*
lado *m* 1. Seite *f*; 2. Schenkel *m* *(beim Winkel)* • **de lados invertidos** seitenverkehrt
~ **adyacente** *(Math)* anliegende Seite *f*
~ **brillante** *(Led)* Fleischseite *f*
~ **contiguo** *(Math)* anliegende Seite *f*
~ **escorado** *(Schiff)* Schlagseite *f*
~ **opuesto** *(Math)* gegenüberliegende Seite *f*
ladrillo *m* Ziegel(stein) *m*, Mauerziegel *m*

~ **de arcilla** Tonziegel *m*
~ **de fachada** Verblender *m*, Fassadenziegel *m*, Blendziegel *m*, Blendstein *m*
~ **de magnesita** Magnesitstein *m*, Magnesitziegel *m*
~ **de obra vista** Verblender *m*, Blendziegel *m*; Vormauerziegel *m*
~ **para pavimentación [pavimentar]** Pflasterstein *m*
~ **perforado** Lochziegel *m*
~ **refractario** Schamottestein *m*, Schamotteziegel *m*, feuerfester Ziegel *m* [Stein *m*]
~ **silicocalcáreo** Kalksandstein *m*
~ **vitrificado** Klinkermauerziegel *m*
lagar *m* 1. Kelterei; 2. Kelterpresse *f*
laguna *f* Leerstelle *f*, Gitterleerstelle *f*, Loch *n*, Lücke *f*, Defektelektron *n* *(Halbleiter)*
lambert *m* *(Opt)* Lambert *n*, L, la *(Einheit der Leuchtdichte)*
lámina *f* 1. (dünne) Platte *f*; (dünnes) Blech *n*; Folie *f*, Lamelle *f*; 2. *(Typ)* Tafel *f*; Abbildung *f*; Gravur *f*; Kupferstich *m*
~ **adhesiva** Klebefolie *f*
~ **de aluminio** Aluminiumfolie *f*
~ **de cobre** Kupferfolie *f*, Blattkupfer *n*; Kupferblech *n*
~ **de colector** Kollektorlamelle *f*
~ **conductora** Leiterfolie *f*
~ **de estaño** Zinnfolie *f*, Stanniol *n*
~ **fusible** Abschmelzstreifen *m*, Schmelzstreifen *m*; Sicherungslamelle *f*
~ **micrometalográfica** Dünnschliff *m* *(Metallographie)*
~ **planoparalela** planparallele Platte *f*
~ **plástica** Kunststofffolie *f*, Plastikfolie *f*
~ **vertiente** Überfall *m* *(Wehr)*
laminable walzbar
laminación *f* 1. Walzen *n*, Auswalzen *n*; 2. Abplatten *n*; 3. *(Text)* Laminieren *n*; 4. *(Ph)* Grenzschichtbildung *f*, 5. *(Geol)* Ausdünnung *f* *(von Schichten)* • **de primera** ~ vorgewalzt
~ **acabadora** Fertigwalzen *n*
~ **en caliente** Warmwalzen *n*
~ **con cilindros oblicuos** Schrägwalzen *n*
~ **cruzada** Querwalzen *n*
~ **desbastadora** Vorwalzen *n*, Streckung *f*
~ **en frío** Kaltwalzen *n*
~ **a paso de peregrino** Pilgerschrittwalzen *n*

laminado

laminado *m* 1. Schicht(press)stoff *m*; 2. Walzwerkserzeugnis *n*; 3. Laminat *n*; 4. *s.* laminación.
laminado-estirado *m* Ziehwalzen *n*
laminador *m* 1. Walzwerk *n*; Quetsche *f*
~ **de acabado [acabar]** Fertigwalzwerk *n*, Fertigwalzstraße *f*
~ **de barras** Profilwalzwerk *n*, Stabwalzwerk *n*
~ **de chapa** Blechwalzwerk *n*
~ **de fleje** Bandstahlwalzwerk *n*
~ **de hierro** Eisenwalzwerk *n*
~ **de lingotes** Blockwalzwerk *n*, Vorwalzwerk *n*
~ **de palanquillas** Knüppelwalzwerk *n*
~ **de paso de peregrino** Pilgerschrittwalzwerk *n*
~ **de roscas** Gewinderollmaschine *f*
laminadora *f* Walzmaschine *f*
laminar *v* 1. (aus)walzen; 2. laminieren, beschichten; 3. *(Ph)* Grenzschicht bilden; 4. *(Geol)* ausdünnen *(Schichten)*
~ **brillante** blankwalzen
~ **en caliente** warmwalzen
~ **engranajes** zahnradrollen
~ **en frío** kaltwalzen
~ **a paso de peregrino** pilgern *(Walzverfahren)*
~ **previamente** vorwalzen
~ **roscas** gewinderollen
laminilla *f* 1. Folie *f*; 2. Lamelle *f (Irisblende)*
~ **de plástico** Kunststofffolie *f*, Plastikfolie *f*
~ **de silicio** Siliciumscheibe *f*, Siliciumplättchen *n*
lámpara *f* 1. Lampe *f*; 2. Leuchte *f*, Beleuchtungskörper *m*; 3. *(Eln)* Röhre *f*
~ **amplificadora** Verstärkerröhre *f*
~ **antideflagrante** explosionsgeschützte Lampe *f* [Leuchte *f*]
~ **antideslumbrante** Biluxlampe *f*
~ **de arco voltaico** Lichtbogenlampe *f*
~ **avisadora de luz intermitente** Warnblinkleuchte *f*, Kontrollblinklampe *f*
~ **de aviso** Meldelampe *f*, Signallampe *f*, Warnleuchte *f*, Warnlampe *f*
~ **buscapolos** Polprüfer *m*, Pol(aritäts)anzeiger *m*
~ **cambiadora de frecuencia** Mischröhre *f*
~ **de descarga** Entladungslampe *f*, Gasentladungslampe *f*

~ **de destello** 1. Fotoblitzlampe *f*, Blitzlampe *f*; 2. *(Nrt)* Flacker(signal)lampe *f*
~ **detectora** Detektorröhre *f*, Audionröhre *f*
~ **de dirección** *(Kfz)* Fahrtrichtungsanzeiger *m*
~ **electrónica** Elektronenröhre *f*
~ **de emisión** Generatorröhre *f*; Senderöhre *f*
~ **de faro** *(Kfz)* Scheinwerfer *m*
~ **fluorescente** Leuchtstofflampe *f*, Leuchtstoffröhre *f*
~ **de gas neón** Neonröhre *f*
~ **de halógeno** Halogenlampe *f*
~ **de impulsos** Lichtblitzentladungslampe *f*, Lichtblitzröhre *f*, Blitzröhre *f*
~ **incandescente** Glühlampe *f*
~ **indicadora** Kontrolllampe *f*, Signallampe *f*
~ **lateral** *(Kfz)* seitliche Begrenzungsleuchte *f*
~ **luminiscente** Leuchtröhre *f*, Gasentladungslampe *f*
~ **de mercurio de alta presión** Quecksilberhochdrucklampe *f*
~ **osciladora** Generatorröhre *f*, Schwingröhre *f*, Oszillatorröhre *f*
~ **piloto** 1. Kontrolllampe *f*, Anzeigelampe *f*, Pilotlampe *f*, Überwachungslampe *f*; 2. *(Nrt)* Platzlampe *f*
~ **de rayos catódicos** Katodenstrahlröhre *f*
~ **de rayos infrarrojos** Infrarotlampe *f*, Infrarotstrahler *m*
~ **rectificadora** Gleichrichterröhre *f*, Gleichrichterventil *n*, (elektrisches) Ventil *n*
~ **relámpago** *(Foto)* Elektronenblitzgerät *n*, Blitzgerät *n*, Blitzröhre *f*; Blitz(licht)lampe *f*
~ **de soldar** 1. Schweißbrenner *m*; 2. Lötlampe *f*
~ **termoiónica** Elektronenröhre *f*
~ **testigo** Anzeigelampe *f*, Meldelampe *f*, Signallampe *f*
~ **de vapor de mercurio** Quecksilber(dampf)leuchte *f*, Quecksilberdampflampe *f*
~ **de vapor de sodio** Natrium(dampf)lampe *f*
lamparámetro *m (Eln)* Röhrenprüfgerät *n*, Röhrenprüfer *m*
lancha *f* Leichter *m*; Schute *f*; Kutter *m*; Prahm *m*; Barkasse *f*; Boot *n*; Schaluppe *f*

~ **acuaplano** Tragflächenboot n, Tragflügelboot n
~ **anfibio** Amphibienboot n, Amphibienfahrzeug n
~ **automotriz [automóvil]** Motorboot n
~ **ballenera** Walfangboot n
~ **con cisternas** Tankleichter m, Tankprahm m, Tankschute f
~ **contraincendios** Feuerlöschboot n
~ **de draga** Baggerprahm m, Baggerschute f
~ **pescadora** Fischereifahrzeug n; Fischerboot n
~ **remolcadora [de remolque]** Schlepper m; Schleppboot n, Schleppbarkasse f
~ **para romper hielo** Eisbrecher m
~ **salvavidas** Rettungsboot n
~ **voladora** Flugboot n
lanchón m Schleppkahn m; Lastkahn m, Schute f, Prahm m; Leichter m; Boot n
~ **de carga** Frachtkahn m
~ **de cubierta** Deckleichter m, Decksschute f, Pontonschute f
langostero m Langustenfänger m (Fischereifahrzeug)
lantano m Lanthan n, La
lanza f Endstück n; Metallaufsatz m; Düse f; Lanze f
~ **de proyección** Strahlrohr n
~ **de sondear** Sonde f
lanzaarena m Sandstrahlvorrichtung f
lanzacohetes m Raketenstartvorrichtung f
lanzadera f 1. (Rak) Raumtransporter m, Raumfähre f, Spaceshuttle m; 2. (Text) Schiffchen n, Schützen n; Weberschiffchen n; Nähmaschinenschiffchen n; Spulenkapsel f
lanzadero m (Förd) Schurre f, Rutsche f
lanzador m 1. Düse f, Mundstück n; 2. Wasserspritzvorrichtung f; 3. Auswerfer m; Katapult n(m); Schleuder f; 4. (Rak) Startvorrichtung f, Startrampe f; Starter m, Abschussvorrichtung f
~ **de electrones** (Eln, Kern) Elektronenstrahlerzeuger m, Elektronenstrahler m, Elektronenkanone f, Elektronenschleuder f
~ **de fardos** (Lt) Ballenauswerfer m
lanzamiento m 1. Wurf m, Werfen n; Abwurf m; 2. Start m; Abschuss; 3. Stapellauf m; 4. (Kfz) Anfahren n
~ **coheteril** Raketenstart m

~ **espacial** Weltraumstart m
~ **por el través** Querstapellauf m, Querablauf m
lanzar v 1. werfen; abwerfen; 2. starten; abschießen (Rakete); 3. (Eln) auslösen; triggern; 4. (Schiff) vom Stapel laufen lassen, ablaufen lassen; 5. (Kfz) anfahren; 6. abblasen (Gas); 7. austreiben
laña f 1. Haken m; 2. (Bw) Bauklammer f, Krampe f, Eisenklammer f
lapeado m (Fert) Läppen n; Honen n, Honing n
lapeadora f (Fert) Läppmaschine f; Hon(ing)maschine f
lápiz m 1. Stift m; Zeichenstift m; Bleistift m; 2. Ätzstift m
~ **de lectura** Abtaststift m (Digitalisierer)
~ **luminoso [óptico]** Lichtstift m, Leuchtstift m, Markierungsstift m
largar v lösen, abwerfen, losmachen; einziehen (Segel)
largo m Länge f
~ **sobre [entre] topes** (Eb) Länge f über Puffer
larguero m 1. (Flg) Stringer m, Holm m, Längsträger m; 2. (Bw) Träger m, Brückenträger m
~ **de chasis** (Kfz) Rahmenlängsträger m
~ **delantero** (Flg) Vorderholm m
~ **en rejilla** (Flg) Fahrwerkträgerholm m
larguero-cajón m (Flg) Kastenholm m
láser m Laser m
~ **de alta potencia** Hochleistungslaser m
~ **de arseniuro de galio** Galliumarsenidlaser m, GaAs-Laser m
~ **de bombeo** Pumplaser m
~ **de cuerpo sólido** Festkörperlaser m
~ **de dióxido de carbono (gaseoso)** Kohlenstofflaser m, CO_2-Laser m
~ **de estado sólido** Festkörperlaser m
~ **de helio-neón [He-Ne]** Helium-Neon-Laser m
~ **de inyección** Injektionslaser m, Halbleiterlaser m
~ **pulsado** gepulster Laser m
~ **sólido** Festkörperlaser m
lastrar v (Schiff) Ballast nehmen; trimmen
lastre m Ballast m
~ **acuoso** Wasserballast m
~ **ecológico** ökologische Fracht f (z. B. Abwasserfracht)
~ **de gas** Gasballast m (Vakuumtechnik)

lata f 1. Blech n; 2. Dachlatte f; 3. Blechbüchse f, Weißblechdose f; Konservendose f

látex m Latex m

~ **de caucho** Kautschuklatex m, Kautschukmilch f

latitud f Breite f; geographische Breite f

latón m Messing n

~ **blanco** Weißmessing n; Neusilber n, Alpaka n

~ **cobrizo** Rotguss m, Rotmessing n, Tombak m

~ **de corte fácil** Automatenmessing n

~ **de embutición** Tiefziehmessing n

~ **rojo** Rotguss m, Rotmessing n, Tombak m

latonar v vermessingen

laurencio m Lawrencium n, Lawrentium n, Lr

lavadero m 1. Waschanlage f; 2. Wäsche f (z. B. Aufbereitung)

lavado m Wässerung f, Waschen n; Schlämmen n; Läuterung f

lavador m 1. Waschvorrichtung f, Waschapparat m; Waschmaschine f; 2. (Ch) Wäscher m

~ **de gases** Gaswäscher m, Skrubber m; Gaswäsche f (Nassabscheider)

~ **húmedo** Nassabscheider m

~ **rociador** Sprühturm m, Sprühwäscher m

~ **rotatorio** Waschtrommel f

lavadora f Waschanlage f; Waschmaschine f

~ **automática** Waschautomat m

~ **automática de vajilla** Geschirrspülautomat m

~ **de botellas** Flaschenreinigungsmaschine f

~ **de coches** Autowaschanlage f

~ **de vajilla** Geschirrspülmaschine f

lavaje m Spülung f

~ **de minerales** Erzschlämmen n, Erzwäsche f

lavaparabrisas m (Kfz) Scheibenwaschanlage f

lavaplatos m Geschirrspülmaschine f

~ **automático** Geschirrspülautomat m

lavar v waschen (Metalle); abspülen

lazo m Schlinge f, Schleife f

~ **de corriente** (El) Stromschleife f, Strombauch m

~ **de repeticiones** (Inf) Iterationsschleife f, iterative Schleife f, Wiederholschleife f

léame m (Inf) Read-me-Datei f, Lies-mich-Datei f

lector m Lesegerät n, Leser m; Abtaster m

~ **de banda** Tonabtaster m (beim Tonfilm)

~ **de caracteres** Zeichenleser m, Klarschriftleser m

~ **de caracteres de tinta magnética** Magnetschriftzeichenleser m

~ **de cinta magnética** Magnetbandleser m

~ **de cinta de papel** Papierstreifenleser m, Streifenleser m, Bandabtaster m, Bandleser m, Bandlesegerät n

~ **de código de barras** Strichcodeleser m, Streifencodeleser m, Balkencodeleser m

~ **de documentos** Belegleser m (Eingabeeinheit)

~ **mecánico** Lesegerät n

~ **de microfilms** Mikrofilmlesegerät n

~ **óptico** optischer Leser m, Klarsichtleser m

~ **de tinta magnética** Magnetschriftleser m

~ **de tocadiscos** Tonabnehmer m (Plattenspieler)

~ **videodiscos** Video-Disc-Abtastkopf m, Bildplatten-Lesekopf m

lectora f Lesegerät n

~ **de caracteres magnéticas** Magnetschriftleser m

lectura f Ablesung f; Lesen n; Abtastung f; Anzeige f (Messgerät)

~ **destructiva** (Inf) löschendes [zerstörendes] Lesen n

~ **dispersiva** (Inf) Streulesen n, gestreutes Einlesen

~ **a distancia** Fernablesung f

lecho m 1. (Masch) Bett n, Lager n, Fundament n; Bettung f; 2. (Geol) Lage f, Schicht f; 3. Flussbett n; Meeresgrund m

~ **fluidizado [fluido]** (Ch) Wirbelbett n, Wirbelschicht f, Fließbett n, Fließschicht f

~ **marino** Meeresgrund m, Meeresboden m

legible lesbar; ablesbar

legua f **marina** Seemeile f, sm (1 sm = 1852 m)

lejía f 1. Base f; Lauge f; 2. Waschflotte f

lejiación f Laugen n, Laugung f, Auslaugung f; Auswässerung f

lejiar v (aus)laugen; auswässern
lema m (Math) Lemma n, Hilfssatz m
lemniscata f (Math) Lemniskate f
lengüeta f 1. Zunge f (z. B. einer Waage); 2. (Typ) Greiferzunge f; 3. Kamm m; Ansatz m; Zapfen m; 4. Federkeil m; 5. Angelhaken m
~ **calibradora** Fühllehre f
~ **y ranura** Feder f und Nut f
lente f 1. (Opt) Linse f; 2. (Bgb) Linse f, linsenförmige Lagerstätte f
~ **de aproximación** Vorsatzlinse f
~ **de aumento** Vergrößerungsglas n
~ **convergente** Sammellinse f, Positivlinse f
~ **divergente** Zerstreuungslinse f, Negativlinse f
~ **supletoria** Vorsatzlinse f
~ **telefotográfica** Teleobjektivlinse f
lento a reaccionar (Ch) reaktionsträge
letra f (Typ) Letter f, Type f
~ **gótica** Fraktur f
~ **itálica** Kursive f
~ **mayúscula** Großbuchstabe m, Majuskel f, Versal m
~ **minúscula** Kleinbuchstabe f, Minuskel f
~ **romana** Antiquar f
leva f 1. (Masch) Nocken m, Kurvenscheibe f, Knagge f; 2. ballistische Kurve f
~ **de admisión** (Kfz) Einlassnocken m
~ **de avance** Vorschubnocken m, Vorschubkurvenscheibe f
~ **de disco** (Masch) Kurvenscheibe f (Automat)
~ **de distribución** (Masch) Steuerkurve f (Automat)
~ **del disyuntor** Unterbrechernocken m
~ **del encendido** (Kfz) Zündverteilernocken m
~ **de escape** (Kfz) Auslassnocken m
~ **de gobierno [maniobra]** Steuernocken m, Schaltnocken m
~ **de ruptor** Unterbrechernocken m
levantacarriles m (Eb) Schienenwinde f
levantacoches m (Kfz) Wagenheber m
levantacristales m (Kfz) Scheibenheber m, Fensterheber m
levantador m (Förd) Hebevorrichtung f; Hebemechanismus m; Heber m
levantamiento m 1. (Förd) Hebung f, Heben n; 2. Aufnahme f; Vermessung f (Geodäsie); 3. (Bw) Aufmaß n; 4. Hieven n

~ **aerofotográfico** Luftbildaufnahme f
~ **altimétrico** Höhenaufnahme f
~ **de cargas** Heben n von Lasten; Lastaufnahme f
~ **de piso** (Bgb) Hebung f, Sohlenhebung f, Sohlenauftrieb m
~ **con la plancheta** Messtischaufnahme f
~ **planimétrico** Grundrisskartierung f
~ **en planta** Feldvermessung f, topographische Aufnahme f
~ **del tejado** (Bw) Abdeckung f
levantar v 1. heben; abheben; anheben; 2. (er)bauen (z. B. Gebäude); 3. aufwinden
levantaválvula(s) m Ventilstößel m
levigación f (Ch) Dekantieren n; Absetzen n (von Bestandteilen in Flüssigkeiten); Auswaschen n, Schlämmung f
levigador m Absetzbecken n, Klärbecken n
levigar v (Ch) dekantieren; absetzen; auslaugen
ley f 1. Gesetz n; Satz m; Theorem n; 2. Feingehalt m (von Erzen) • **de alta** ~ reichhaltig (Erz) • **de baja [poca]** ~ geringhaltig, geringwertig (Erz)
~ **de acción de las masas** (Ph) Massenwirkungsgesetz n
~ **de analogía** (Math) Ähnlichkeitsgesetz m
~ **de atracción universal** (Mech) Gravitationsgesetz n
~ **de conservación de la energía** Energieerhaltungssatz m
~ **de desintegración radiactiva** (Kern) Zerfallsgesetz n
~ **de los grandes números** Gesetz n der großen Zahlen (Statistik)
~ **de inercia** (Ph) Trägheitsgesetz n
~ **de las proporciones definidas** (Ch) Gesetz m der konstanten Proportionen
~ **de las proporciones múltiples** (Ch) Gesetz n der multiplen Proportionen
~ **de reciprocidad** (Math) Reziprozitätsgesetz n
~ **de semejanza** Ähnlichkeitsgesetz n (Modellversuch)
~ **de Zipf** zipfsches Gesetz n, Gesetz n des geringsten Kraftaufwandes
leyenda f Beschriftung f; Erklärung f, Erläuterung f, Legende f
lezna f Vorstecher m, Ahle f (Werkzeug)
liberación f Freigabe f, Auslösung f; Freisetzung f

liberar

liberar v freigeben, auslösen; freisetzen; freimachen
libracarro m Wagenauslösehebel m *(Schreibmaschine)*
libración f Libration f, pendelnde Drehbewegung f
librapapel m Papierlöser m *(Schreibmaschine)*
licor m 1. Flüssigkeit f; Lauge f; Brühe f; 2. Schwelwasser n
~ **curtiente** *(Led)* Gerbbrühe f, Lohbrühe f
~ **madre** Mutterlauge f, Stammlauge f, Urlauge f
licuación f 1. *(Met)* Seigerung f, Abseigern n; 2. *(Geol)* Liquidentmischung f; 3. s. liquefacción
licuadera f Entsafter m
licuar v verflüssigen
licuefacer v verflüssigen
lienza f de medir Messband n
liga f 1. Bindemittel n, Bindung f; 2. Legierung f; Legierungselement n
~ **en el aparejo** *(Bw)* Blockverband m
~ **resinoide** Kunstharzbindung f
~ **de riel** Schienenverbindung f
~ **vitrificada** keramische Bindung f
ligador m Bindematerial n; Bindeschicht f; Bindemittel n
ligadura f 1. Bindung f; Verband m; Befestigung f; 2. *(Ch)* Bindung f
ligante m Bindemittel n, Binder m
ligar v 1. binden; 2. legieren
ligazón f Bindung f; Befestigung f
lignito m Lignit m *(Weichbraunkohle)*
lija f Sandpapier n; Schmirgelpapier n
lijado m 1. Schmirgeln n; 2. *(Led)* Aufrauung f
lijadora f Holzschleifmaschine f, Sandpapierschleifmaschine f
lijar v 1. mit Sandpapier schleifen; schmirgeln; 2. *(Led)* aufrauen
lima f 1. Feile f; 2. *(Bw)* Kehle f
~ **para agujeros** Lochfeile f
~ **bruñidora** Schmirgelfeile f
~ **de cola de ratón** Nadelfeile f
~ **cuadrada** Vierkantfeile f
~ **dulce** Schlichtfeile f
~ **gruesa** Schruppfeile f, Vorfeile f
~ **hoya** *(Bw)* Kehle f, Dachkehle f
~ **tabla** Schruppfeile f, Vorfeile f
~ **tesa** *(Bw)* Dachecke f; Gratsparren m
lima-cuchillo m Messerfeile f

limadora f Kurzhobelmaschine f, Kurzhobler m, Waagerechtstoßmaschine f, Shapingmaschine f
limadura f 1. Feilen n; 2. Feilspäne mpl
limahoya f *(Bw)* Dachkehle f
limar v 1. (aus)feilen; 2. hobeln *(auf Shapingmaschine)*; 3. *(Bgb)* abtragen
limatón m Raspel f; Schruppfeile f, Vorfeile f
limbo m Limbus m, Kreis m *(für Vermessungsgeräte)*
limitador m 1. Begrenzer m, Begrenzerstufe f *(Geräte)*; Begrenzungseinrichtung f; 2. Anschlag m, Raste f, Riegel m; Sicherung f
~ **de amplitud** Amplitudenbegrenzer m
~ **de campo** Endanschlag m
~ **de la carrera** Hubbegrenzer m
~ **de corriente** Strombegrenzer m
~ **de esfuerzo** Lastbegrenzer m
~ **final** Endbegrenzer m, Endbegrenzung f; Anschlag m
~ **de la marcha** Hubbegrenzer m
~ **de nivel** Überfüllsicherung f
~ **de presión** Druckbegrenzungsventil n; Druckregler m
~ **de recorrido** Hubbegrenzer m
~ **de sobrecarga** Überlastsicherung f *(Kran)*
~ **de velocidad** Geschwindigkeitsbegrenzer m; Drehzahlbegrenzer m
límite m 1. Grenze f, Begrenzung f; Schwelle f; 2. Grenzwert m, *(Math auch)* Limes m; 3. Grenzmaß n
~ **de alargamiento** Streckgrenze f
~ **aproximado** *(Math)* approximativer Grenzwert m
~ **de carga** Leistungsgrenze f, Beanspruchungsgrenze f, Belastungsgrenze f, Belastungsbereich m, Belastungsspitze f; Höchstlast f, Spitzenlast f
~ **catódico** *(Eln)* Katodensaum m
~ **comprobable** Messgrenze f
~ **de confiabilidad [confianza]** Vertrauensgrenze f, Konfidenzgrenze f
~ **crítico** 1. *(Math)* kritische Schranke f *(z. B. Matrix)*; 2. Abfallgrenze f *(Relais)*
~ **de fatiga** *(Wkst)* Ermüdungsgrenze f, Dauerfestigkeit(sgrenze) f, Dauerschwingfestigkeit f
~ **finito** endlicher Grenzwert m
~ **de fluencia** Fließgrenze f

~ de fluencia lenta *(Wkst)* Dauerstandfestigkeit *f*, Standfestigkeitsgrenze *f*, Kriechgrenze *f*
~ de indicaciones Anzeigebereich *m*
~ infinito *(Math)* unendlicher Grenzwert *m*
~ de inflamabilidad Zündgrenze *f*, Explosionsgrenze *f*
~ de resistencia *(Wkst)* Dauer(schwing)festigkeit *f*
~ de rotura Bruchgrenze *f*
~ de ruidos Lärmgrenzwert *m*; Rauschgrenze *f*
~ de tensión 1. *(El)* Spannungsgrenze *f*, Spannungsgrenzwert *m*; 2. *(Mech)* Zugfestigkeit *f*
limnígrafo *m* selbstregistrierender Wasserstandszeiger *m*, Limnigraph *f*
limnimetría *f* Wasserstandsmessung *f*
limnímetro *m* Wasserstandszeiger *m*, Limnimeter *n*, Pegel *m*
limpia *f* Reinigung *f*, Säuberung *f*; Entzunderung *f*
~ por llama Flammenentzunderung *f*
~ de rebabas Entgratung *f*
limpiador *m* 1. Reiniger *m*, Säuberungseinrichtung *f*; 2. *(Text)* Putzleiste *f (Spinnerei)*; 3. *(Met)* Abstreifer *m*; 4. Reinigungsmittel *n*
~ de aire Luftreiniger *m*, Luftfilter *n*
~ de granos *(Lt)* Getreidereiniger *m*, Kornreiniger *m*
~ de parabrisas *(Kfz)* Scheibenwischanlage *f*
~ de semillas [simientes] *(Lt)* Saatgutbereiter *m*, Saatgutreiniger *m*, Saatgutreinigungsanlage *f*
limpiadora *f* Reinigungsmaschine *f*
~ de bordillos *(Bw)* Bankettraumgerät *n*, Bankettsäuberungsmaschine *f*
~ de botellas Flaschenreinigungsmaschine *f*
~ centrífuga *(Lt)* Getreidezentrifuge *f*
~ por chorro de arena Sandstrahlputzmaschine *f*
~ de piezas de fundición Gussputzmaschine *f*
limpiaguardabrisas *m (Kfz)* Scheibenwischer *m*
limpianieves *m* Schneeräummaschine *f*, Schneeräumer *m*
limpiaparabrisas *m (Kfz)* Scheibenwischer *m*

limpiaproyectores *m (Kfz)* Scheinwerferreinigungsanlage *f*
limpiar *v* reinigen, säubern; putzen
~ con chorro de arena sandstrahlen
~ la fundición gussputzen
~ por soplado durchblasen (z. B. Rohre)
limpiarrodillos *m (Typ)* Walzenreiniger *m*
limpiavía *m (Eb)* Schienenräumer *m*
limpieza *f* Reinigung *f*, Säuberung *f*; Putzen *n*; Spülung *f*
~ de las aguas Reinhaltung *f* der Gewässer
~ por aire comprimido Druckluftreinigung *f*
~ anódica Elysierbeizen *n*
~ por chorreado Strahlputzen *n*, Strahlreinigung *f*
~ con chorro de arena Sandstrahlreinigung *f*
~ neumática Druckluftreinigung *f*
~ en seco Trockenreinigung *f*, chemische Reinigung *f*, Chemischreinigung *f*; Trockenwäsche *f*
~ ultrasónica Ultraschallreinigung *f*
~ de zanjas Grabenräumung *f*
línea *f* 1. Linie *f*, Strich *m*; Reihe *f*, Zeile *f*; Strecke *f*; 2. *(El)* Leitung *f*; 3. *(Fert)* Linie *f*, Straße *f*, Anlage *f*; 4. Strecke *f*, Verkehrslinie *f*; 5. *(Typ, Inf)* Zeile *f* • **en ~** in Reihe • **~ por ~** zeilenweise • **en ~ (con el ordenador)** online, rechnerabhängig, rechnerverbunden, prozessgekoppelt, angeschlossen • **fuera de ~** offline, rechnerunabhängig
~ de abonado *(Nrt)* Amtsanschluss *m*, Amtsleitung *f*, Teilnehmer(anschluss)leitung *f*
~ de acción 1. *(Mech)* Wirkungslinie *f*; 2. Eingriffslinie *f (Zahnrad)*
~ adiabática *(Ph)* Adiabate *f*, adiabatische Kurve *f*
~ aérea 1. *(El)* Freileitung *f*, Hochleitung *f*, Luftleitung *f*; 2. Fluglinie *f*, Flugstrecke *f*
~ aérea de alimentación oberirdische Fahrleitung *f*, Oberleitung *f*
~ afinada feine [scharfe, schlanke] Schiffslinie *f*
~ de agua *(Schiff)* Wasserlinie *f*
~ de aire comprimido Druckluftleitung *f*
~ de alefriz *(Schiff)* Kielfalllinie *f*, Kielfall *m*
~ de alimentación eléctrica Stromversorgungsleitung *f*

línea

~ **de alta tensión** Hochspannungsleitung f
~ **de análisis** *(TV)* Abtastzeile f
~ **apantallada** *(El)* abgeschirmte Leitung f
~ **de árbol** *(Masch)* Wellenleitung f
~ **de arrufo** *(Schiff)* Decksprunglinie f
~ **artificial** 1. *(Eln)* Laufzeitkette f; 2. *(Nrt)* Leitungsnachbildung f, Nachbildung f
~ **automática** *(Fert, Aut)* Transferstraße f, vollautomatische Fließstraße f
~ **en blanco** Leerzeile f
~ **de cable hertziano** Richtfunkstrecke f
~ **de cadena** 1. *(Math)* Kettenlinie f; 2. *(Fert)* Fließreihe f, Fließstraße f
~ **de calado** *(Schiff)* Tiefgangslinie f
~ **de carga** 1. Belastungskurve f; Lastkennlinie f; 2. *(El)* Ladeleitung f; 3. *(Schiff)* Ladelinie f
~ **de casco** Schiffskörperlinie f
~ **central** 1. *(Nrt)* Amtsleitung f; 2. Mitschiffslinie f
~ **de centros** 1. Mittellinie f; 2. *(Math)* Zentrale f; 3. Wurzellinie f *(Nietlöcher)*
~ **colectiva** *(Nrt)* Gemeinschaftsleitung f, Sammelanschluss m, Sammelleitung f
~ **de conducción** Leitung f; Übertragungsleitweg m
~ **conductora de alta tensión** Hochspannungsleitung f
~ **de contacto** 1. *(Eb, El)* Fahrleitung f, Fahrdraht m; 2. Berührungslinie f
~ **de crujía** Mittschiffslinie f
~ **dedicada** Standleitung f
~ **de ebullición** Siedekurve f
~ **de edificación** *(Bw)* Bauflucht f
~ **de ejes** *(Schiff)* Wellenlinie f
~ **de engrane** Eingriffslinie f *(Zahnrad)*
~ **de ensamblaje** s. ~ de montaje
~ **enterrada** *(El)* Erdleitung f, Kabelleitung f
~ **equialta** Höhenlinie f
~ **de estado** *(Inf)* Statuszeile f
~ **de flotación** *(Schiff)* Wasserlinie f, Schwimmwasserlinie f, WL; Konstruktionswasserlinie f, KWL
~ **de flujo** 1. *(El)* Stromlinie f *(Stromfaden)*; Feldlinie f; 2. Flusslinie f, Ablauflinie f
~ **de francobordo** *(Schiff)* Freibordlinie f
~ **de fuerza** *(El)* Kraftlinie f
~ **de fuga** Fluchtlinie f *(Vermessung)*
~ **generatriz** *(Math)* Erzeugende f, erzeugende Linie f
~ **geodésica** Geodätische f

232

~ **helicoidal** Schraubenlinie f, Helix f
~ **hertziana** Richtfunkstrecke f
~ **de hilo desnudo** Freileitung f
~ **de imagen** *(Inf)* Bildzeile f
~ **inalámbrica** Funkstrecke f
~ **de intersección** Schnittlinie f
~ **interurbana** *(Nrt)* Fernleitung f
~ **lavadora de coches** Autowaschstraße f
~ **de llamada** *(Nrt)* Rufleitung f
~ **de máxima carga** *(Schiff)* Ladelinie f
~ **del menú** *(Inf)* Menüzeile f
~ **de montaje** Montagelinie f, Montagefließstraße f
~ **de nivel** Höhenkurve f, Höhenlinie f
~ **patrón** Kopfkreis m *(Zahnrad)*
~ **piezométrica** Drucklinie f, Druckkurve f *(Hydraulik)*
~ **poligonal** Polygonzug m *(Vermessungswesen)*
~ **politrópica** *(Ph)* Polytrope f *(Gase)*
~ **de presión constante** Isobare f, Gleichdrucklinie f
~ **productora** Produktionslinie f; Fertigungslinie f, Fertigungsstraße f
~ **protectora** Schutzleitung f
~ **de puente** *(Schiff)* Deckslinie f
~ **quebrada** 1. *(Math)* gebrochene Linie f; 2. geknickter Linienzug m, Polygonzug m *(Vermessungswesen)*
~ **de quilla** *(Schiff)* Kiellinie f
~ **de rayas** gestrichelte Linie f
~ **recta aproximada** Näherungsgerade f
~ **de regresión** *(Math)* Regressionslinie f; Regressionsgerade f, Ausgleichsgerade f
~ **de retardo** *(Eln)* Verzögerungsleitung f, Verzögerungskette f; Laufzeitglied n
~ **de ruptura** 1. *(Mech)* Zerreißkurve f; 2. *(Geol)* Bruchlinie f
~ **secante** *(Math)* Absonderungsschnitt m
~ **de soldadura** Schweißnaht f
~ **subterránea** 1. Erdleitung f, Erdkabel n; Erdrohrleitung f; 2. U-Bahnstrecke f
~ **en tensión** unter Spannung [Strom] stehende Leitung f
~ **de transmisión** 1. Übertragungsleitung f; 2. *(Eln)* Verbindungsleitung f; 3. *(Inf)* Übertragungsweg m; 4. *(Nrt)* Sendeleitung f; 5. *(Masch)* Transmission f
~ **de trazos** gestrichelte Linie f
~ **troncal** Hauptleitung f, Stammleitung f, Hauptlinie f

~ de verificación Maßlinie f
lineamiento m (Schiff) Linienriss m
linear v 1. skizzieren; 2. (Schiff) den Linienriss zeichnen
lineómetro m (Typ) Zeilenmessgerät n
lingada f (Schiff) Hieve f, Hiev m
lingotaje m (Met) Blockguss m
lingote m 1. (Met) Gussblock m, Rohblock m, Rohgussblock m, Block m; Massel f; Barren m; 2. (Typ) Steg m
~ cilíndrico Rundbarren m; Rundblock m; Rundknüppel m
~ desbastado vorgewalzter Block, Walzblock m, Vorblock m
~ de fundición Gussblock m; Gießereimassel f
~ de imprenta (Typ) Satzzeile f
lingotera f 1. (Met) Masselform f; 2. (Met) Masselgießmaschine f
lingotillo m (Met) Barren m, Block m (unter 20 kg)
linguete m Sperre f; Sperrhaken m
linotipia f (Typ) Linotype-Setzmaschine f, Zeilensetzmaschine f
linterna f 1. Laterne f, Lampe f; Leuchte f; Scheinwerfer m; Signallampe f; 2. Verbindungsteil n; Abstandshülse f; 3. Triebstock m; 4. Gehäuse n
~ avisadora Signallampe f
~ de luz intermitente Blinkleuchte f
~ de proyección Bildwerfer m
~ sorda Blendlaterne f
~ stop-piloto Bremsleuchte f, Schlussleuchte f
liofílico (Ch) lyophil
liofilizar v gefriertrocknen, lyophilisieren
liofóbico lyophob
lipoide m Lipoid n, Fettkörper m
lipolítico lipolytisch
liposoluble lipoidlöslich, fettlöslich
liquefacción f Verflüssigung f
~ de carbón Kohle(n)verflüssigung f
~ de gas Gasverflüssigung f
liquidable verflüssigbar
liquidar v verflüssigen
líquido m Flüssigkeit f
~ de alto punto de ebullición hochsiedende Flüssigkeit f
~ criogénico kryogene Flüssigkeit f
~ de desecho flüssiges Abfallprodukt n
~ para desengrasar Entfettungslösemittel n

~ enfriante Kühlflüssigkeit f
~ de frenos Bremsflüssigkeit f
~ frigorígeno [frío] Kälteflüssigkeit f, Kühlflüssigkeit f
~ fundido Schmelzfluss m
~ inflamable brennbare Flüssigkeit f
~ refrigerante Kühlflüssigkeit f
~ turbio Trübe f
lira f (Masch) Schere f, Räderschere f, Lyra f, Stelleisen n, Wechselradschere f
listón m 1. Latte f; Leiste f; 2. (Schiff) Segellatte f
~ de adorno Zierleiste f
~ de apriete Andruckleiste f, Druckplatte f, Spannlatte f
~ de comprobación Messschiene f
~ del pantoque (Schiff) Bilgestringer m, Stringerbilge f
listonado m Lattenrost m
listoncillo m 1. Latte f, Leiste f; 2. (Lt) Schlagleiste f (Dreschmaschine)
literal m (Inf) Literal n (selbstdefinierende Konstante)
litio m Lithium n, Li
litocrom(atograf)ía f Chromolithographie f
litoestratigráfico gesteinsstratigraphisch
litografía f Lithographie f
litraje m Hubrauminhalt m, Hubvolumen n; Literinhalt m • **de pequeño** ~ Kleinwagen...
litro m 1. Liter m(n) (SI-fremde Einheit des Volumens); 2. Litermaß n
~ patrón Urliter m
lixiviable auslaugbar
lixiviación f Laugen n, Auslaugen n, Auslaugung f, Schlämmen n
~ ácida Säureauslaugung f, saure Laugung f
~ del suelo Bodenauslaugung f
lixiviador m Laugereigefäß n, Auslaugekasten m
lixiviante m Laugungsmittel n
lixiviar v (ab)laugen, auslaugen, auswaschen, schlämmen
lizo m (Text) Schaft m (Weberei); Litze f
ln s. logaritmo natural
lobo m 1. (Met) Eisenklumpen m, Eisensau f; 2. (Text) Wolf m, Reißwolf m
lóbulo m (El) Keule f, Zipfel m, Strahlungszipfel m (im Richtdiagramm)
local m Raum m; Arbeitsraum m; Betriebsstätte f, Arbeitsstätte f

local 234

~ **con riesgo de explosiones** explosionsgefährdete Betriebsstätte f
~ **con riesgo de incendio** feuergefährdete Betriebsstätte f
localización f 1. Suche f, Lokalisierung f, Ortung f; 2. Anpeilen n, Peilen n, Anschneiden n; 3. (Min) Lagerungsform f
~ **de fallos** Störungssuche f, Fehlersuche f
~ **de peces** Fischortung f
~ **radar** Radarpeilung f
~ **radiogoniométrica terrestre** Fremdpeilung f
~ **radiotelemétrica** Radar m(n)
localizador m Ortungsgerät n
~ **de cables** Kabelsuchgerät n
~ **de defectos** Defektoskop n, Fehlersuchgerät n
~ **de sonido** Schallortungsgerät n
localizar v orten, auffinden, lokalisieren
loco frei; unbefestigt; freisitzend (Welle)
locomoción f Zugförderung f, Fortbewegung f
locomotora f Lokomotive f; Triebfahrzeug n
~ **de acumuladores** Akkumulatorlokomotive f, Akkulok f
~ **aerodinámica** Stromlinienlokomotive f
~ **de aire comprimido** Druckluftlokomotive f
~ **articulada** Gelenklokomotive f, Duplexlokomotive f, zweiteilige Lokomotive f
~ **de cremallera** Zahnradlokomotive f
~ **eléctrica** elektrische Lokomotive f, Elektrolok f, E-Lok f
~ **sin hogar** feuerlose Lokomotive f
~ **de maniobras** Rangierlokomotive f
~ **de mina** Grubenlokomotive f; Abraumlokomotive f
~ **policorriente** Allstromlokomotive f
~ **de turbina de gas** Gasturbinenlokomotive f
locomotora-grúa f Eisenbahnkran m
locomotriz f s. locomotora
locomóvil f Lokomobile f
locotractor m Kleinlokomotive f; Schienenmotorfahrzeug n
lodo m Schlamm m, Schlick m
~ **activado** Aktivschlamm m, Belebtschlamm m
~ **digerido** Faulschlamm m
~ **de perforación** Bohrschlamm m
lodolita f Schieferton m

logarítmico logarithmisch
logaritmo m Logarithmus m
~ **decimal** dekadischer [gewöhnlicher, gemeiner, briggscher] Logarithmus m, Zehnerlogarithmus m
~ **natural** natürlicher [neperscher, hyperbolischer] Logarithmus m
lógica f 1. Logik f; 2. logischer Teil m; logische Struktur f; 3. Schaltlogik f
~ **acoplada a emisor** emittergekoppelte Logik f, ECL
~ **booleana** boolesche Algebra f, Algebra f der Logik
~ **cableada** verdrahtete Logik f
~ **de circuito** Schaltungslogik f
~ **de control** Steuerungslogik f
~ **difusa** Fuzzy-Logik f, unscharfe Logik f
~ **de modo corriente** Stromschaltlogik f, stromgeschaltete Logik f, CML
~ **proposicional** Aussagenlogik f
~ **resistencia-transistor** Widerstandslogik f, Widerstand-Transistor-Logik f, RTL
~ **de temporización** Zeit(takt)steuerlogik f
logical m Software f, Systemunterlagen fpl
logística f Logistik f
logografía f Ideographie f, Piktographie f
logograma m Ideogramm n, Piktogramm n
logómetro m (El) Quotientenmesser m
longevidad f Lebensdauer f, Haltbarkeit f; Standzeit f, Langlebigkeit f
~ **a la fatiga** Dauerfestigkeit f
~ **de funcionamiento** Funktionsdauer f, Betriebsdauer f (z. B. einer Maschine)
longimetría f Längenmessung f
longitud f Länge f
~ **de acción** Eingriffsstrecke f (Zahnrad)
~ **de banda** (Eln) Wellenlänge f
~ **de la carrera** (Masch) Hub m
~ **de la chispa** (El) Funkenstrecke f
~ **de dirección** (Inf) Adresslänge f
~ **fija de palabra** (Inf) feste Wortlänge f
~ **forzada al pandeo** Knicklänge f (Statik)
~ **de onda** (Ph) Wellenlänge f
~ **de registro** 1. (Inf) Registerlänge f; 2. (Inf) Satzlänge f
~ **de rodado** Radstand m
~ **de ruptura** (El) Ausschaltstrecke f
~ **entre topes** (Eb) Länge f über Puffer
losa f Platte f, Fliese f; Deckfliese f; Steinplatte f; Stegplatte f; Laufplatte f
~ **de cimentación** Fundamentplatte f

- ~ **columnar** Säulenplatte f
- ~ **de hormigón** Betonplatte f
- ~ **refractaria** Klinkerplatte f
- ~ **en voladizo** Kragplatte f

lote m 1. Teil m, Anteil m; Portion f; Satz m; 2. Partie f; Posten m; Frachtstück n; 3. Los n, Losgröße f; 4. *(Inf)* Stapel m; Block m
- ~ **de datos** Datenblock m
- ~ **de fabricación** Fertigungslos n; Fertigungslosgröße f

loza f Steingut n

lubricación f 1. Schmierung f; 2. *(Text)* Schmälzen n
- ~ **circulatoria** Umlaufschmierung f
- ~ **de conservación** Abschmieren n
- ~ **forzada** Druckschmierung f
- ~ **por inmersión** Tauchschmierung f
- ~ **del molde** *(Gieß)* Formschlichten n *(Dauerform)*

lubricador m Öler m; Schmiervorrichtung f

lubricante m Schmierstoff m, Schmiermittel n; Schmierfett n
- ~ **de corte** Schneidflüssigkeit f, Schneidöl n
- ~ **incongelable** frostbeständiges Schmiermittel n, Winterschmiermittel n
- ~ **usado** Altöl n

lubricar v 1. ölen, schmieren; 2. *(Text)* batschen, schmälzen

luces fpl **de aterrizaje** *(Flg)* Landefeuer npl
- ~ **de demarcación [limitación, pista]** *(Flg)* Umrandungsfeuer npl
- ~ **de frenado** *(Kfz)* Bremsleuchten fpl
- ~ **de posición [situación]** *(Flg, Schiff)* Positionslichter npl

lugar m Ort m, Platz m; Stelle f; Raum m
- ~ **del conductor** Fahrerplatz m; Fahrerraum m
- ~ **de construcción** Baustelle f
- ~ **decimal** Dezimalstelle f
- ~ **de depósito** Lagerplatz m; Deponie f
- ~ **de empleo** Arbeitsstätte f; Arbeitsplatz m; Betriebsort m
- ~ **de ensayo** Prüfstelle f
- ~ **de lubricación** Schmierstelle f
- ~ **de la memoria** *(Inf)* Speicherstelle f, Speicherplatz m
- ~ **de muestreo** Probenahmestelle f
- ~ **de ordeñar** *(Lt)* Melkstand m
- ~ **propenso a explosiones** explosionsgefährdeter Raum m
- ~ **de prueba** Erprobungsstelle f; Prüfstelle f; Prüfraum f
- ~ **de rotura** Bruchstelle f
- ~ **del timonel** *(Schiff)* Ruderstand m
- ~ **de trabajo** Arbeitsstelle f; Arbeitsstätte f; Arbeitsraum m; Arbeitsplatz m

lugre m *(Schiff)* Logger m

lumbrera f 1. Öffnung f; Schacht m; Oberlicht n; Dachfenster n; Dachluke f; 2. Bildfenster n *(Kamera)*; 3. *(Masch)* Schlitz m; 4. *(Kfz)* Auslaufkanal m
- ~ **de admisión** Einströmungsschlitz m
- ~ **de barrido** Spülschlitz m
- ~ **de escape** Auspufföffnung f; Auspuffschlitz m
- ~ **de toma** Ansaugöffnung f

lumen m Lumen n *(SI-Einheit des Lichtstroms)*

luminancia f Leuchtdichte f, spezifische Lichtausstrahlung f
- ~ **de la pantalla** Bildschirmhelligkeit f, Monitorhelligkeit f

luminaria Beleuchtungskörper m

lumínico leuchtend, Licht…

luminiscencia f Lumineszenz f
- ~ **residual** Nachleuchten n

luminiscente lumineszierend, selbstleuchtend

luminóforo m Luminophor m, Leuchtstoff m

luminómetro m Lichtstromphotometer n, Kugelphotometer n, Lichtstrommesser m

luminosidad f Helligkeit f, Leuchtkraft f, Lichtstärke f *(eines Objektivs)*
- ~ **remanente** *(Ph)* Nachleuchten n

luminoso leuchtend, Licht…

luminotecnia f Lichttechnik; Beleuchtungstechnik f

luminotécnico lichttechnisch; beleuchtungstechnisch

luna f 1. Mond m; Mondwechsel m; 2. Spiegelglas n
- ~ **laminada** Mehrschichtenglas n, Verbundglas n, Sicherheitsglas n
- ~ **de seguridad** Sicherheitsglas n, splitterfreies Glas n

luneta f 1. *(Masch)* Lünette f, Setzstock m; 2. Ohr n, Öse f; Schäkel m; 3. *(Bw)* Gewölbekappe f

lupa f Lupe f, Vergrößerungsglas n

~ **cuentahílos** *(Text)* Fadenzählupe *f*
~ **graduada** Messlupe *f*
~ **de medición** Messlupe *f*
~ **telescópica** Fernrohrlupe *f*
lupia *f (Met)* Luppe *f*
lustrador *m* 1. Polierpaste *f*; 2. Glättwerk *n (Papierherstellung)*
lustradora *f (Led)* Glanzstoßmaschine *f*
lustrar *v (Text)* lüstrieren, glänzend machen; satinieren *(Papier)*
lutecio *m* Lutetium *n*, Lu
lutita *f* 1. Tonschiefer *m*, Schiefer(ton) *m*; 2. Mergel *m*
lux *m* Lux *n (SI-Einheit der Beleuchtungsstärke)*
lux(ó)metro *m* Luxmeter *n*, Beleuchtungsstärkemesser *m*
luz *f* 1. Licht *n*; Leuchten *n*; Schein *m*; 2. Lichtquelle *f*; 3. Beleuchtung *f*, Leuchte *f*, Lampe *f*; 4. Öffnung *f*, lichte Weite *f*, Spannweite *f*, Stützweite *f (Statik)* • **débil de ~** *(Foto)* unterbelichtet • **pasado de ~** *(Foto)* überbelichtet • **a prueba de ~** lichtundurchlässig
~ **de alumbrado** Beleuchtungsanlage *f*, Leuchte *f*, Beleuchtungseinrichtung *f*
~ **antiniebla** *(Kfz)* Nebelscheinwerfer *m*
~ **de aproche [aproximación]** *(Flg)* Einflugzeichen *n*
~ **del arco** Bogen(spann)weite *f (Brücke)*
~ **de aterrizaje** *(Flg)* Landefeuer *n*
~ **de aviso** Warnlicht *n*; Signallampe *f*
~ **baja** *(Kfz)* Abblendlicht *n*
~ **buscadora** *(Kfz)* Suchscheinwerfer *m*, Suchstrahler *m*
~ **de cálculo** Stützweite *f (Statik)*
~ **de carretera** *(Kfz)* Fernlicht *n*
~ **de contacto** *(Flg)* Landefeuer *n*
~ **de corto alcance** *(Kfz)* Abblendlicht *n*
~ **de cruce** *(Kfz)* Abblendlicht *n*
~ **delantera** *(Kfz)* Scheinwerfer *m*
~ **de demarcación** Randbefeuerung *f (Flugplatz)*
~ **de destello** *(Kfz)* Blinklicht *n*
~ **difusa** 1. *(Ph)* zerstreutes [diffuses] Licht *n*; 2. Flutlicht *n*
~ **a distancia** *(Kfz)* Fernlicht *n*
~ **de emergencia** *(Schiff)* Notbeleuchtung *f*, Notlaterne *f*
~ **de enfilación** *(Schiff)* Richtfeuer *n*
~ **de estacionamiento** *(Kfz)* Standleuchte *f*, Parkleuchte *f*; Begrenzungsleuchte *f*

~ **de freno** *(Kfz)* Stopplicht *n*, Bremslicht *n*; Bremsleuchte *f*
~ **de gálibo** *(Kfz)* Begrenzungsleuchte *f*
~ **giratoria** *(Flg)* Drehfeuer *n*
~ **de identificación** *(Flg)* Erkennungsfeuer *n*
~ **incidente** *(Ph)* einfallendes Licht *n*
~ **intermitente** *(Kfz)* Blinklicht *n*, Fahrtrichtungsanzeiger *m*
~ **de largo alcance** *(Kfz)* Fernlicht *n*
~ **libre** 1. *(Bw)* lichte Weite *f*; 2. *(Kfz)* Bodenfreiheit *f*
~ **de malla** *(Masch)* Maschenweite *f*
~ **de marcha** *(Kfz)* Fernlicht *n*
~ **de marcha atrás** *(Kfz)* Rückfahrscheinwerfer *m*, Rückfahrleuchte *f*
~ **de matrícula** *(Kfz)* Kennzeichenbeleuchtung *f*
~ **de navegación** *(Schiff)* Fahrtlaterne *f*, Fahrtlicht *n*
~ **de orientación** *(Flg)* Befeuerung *f*
~ **de parada** *(Kfz)* Stopplicht *n*
~ **de pase** *(Kfz)* Abblendlicht *n*
~ **de población** *(Kfz)* Standlicht *n*
~ **de posición** 1. *(Schiff)* Positionslaterne *f*; 2. *(Flg)* Positionslicht *n*; 3. *(Kfz)* Standlicht *n*
~ **de proa** 1. *(Schiff)* Topplicht *n*, Topplaterne *f*; 2. *(Flg)* Buglicht *n*
~ **de proximidad** *(Flg)* Einflugzeichen *n*
~ **a prueba de explosiones** explosionsgeschützte Leuchte *f*; explosionsgeschützte Beleuchtung *f*
~ **relámpago** *(Foto)* Blitzlicht *n*
~ **de situación** *(Flg)* Positionslicht *n*; Seitenlicht *n*
~ **sobre el suelo** *(Kfz)* Bodenfreiheit *f*
~ **de tráfico** *(Kfz)* Abblendlicht *n*
~ **del tramo** *(Bw)* Spannweite *f*, Stützweite *f*
~ **trasera** 1. *(Kfz)* Hecklicht *n*; Rückstrahler *m*; Rücklicht *n*; 2. *(Eb)* Schlusslicht *n*
~ **de tubo** Rohrweite *f*

LL

llaga *f* Stoßfuge *f (von Mauerziegeln)*
llaguear *v* ausfugen *(von Mauerziegeln)*
llama *f* Flamme *f*
~ **aguda** Stichflamme *f*
~ **cortante** Schneidflamme *f (Schweißen)*

~ **piloto** 1. Prüffeuer n; 2. (Flg, Rak) Anlassfackel f
llamada f 1. (Nrt) Anruf m, Ruf m; 2. (Inf) Aufruf m, Abruf m
~ **automática** 1. (Nrt) Selbstwählgespräch n; 2. (Inf) automatische Abfrage f, Autopolling n
~ **por botón pulsador** Tast(en)wahl f, Tastaturwahl f
~ **en conferencia** (Nrt) Konferenzschaltung f
~ **en espera** (Nrt) wartender Anruf m, Anklopfen f
~ **de fin** (Nrt) Abläuten f, Abruf m
~ **interurbana** Ferngespräch n
~ **local** Ortsgespräch n
~ **de socorro** Notruf m (SOS); Überfallanruf m
~ **urbana** Ortsgespräch n
llamado m (Inf) Aufruf m (eines Programms)
llamar v 1. (Nrt) (an)rufen, klingeln, läuten, telefonieren; 2. (Inf) aufrufen, abrufen
llana f (Bw) Reibebrett n, Glättbrett n, Glättkelle f, Glättscheibe f
llanta f 1. Felge f; Radkranz m; 2. (Am) Reifen m; 3. Flacheisen n
llantón m (Met) Bramme f, Knüppel m
llave f 1. Schlüssel m; 2. Schraubenschlüssel m, Mutterschlüssel m; 3. Hahn m; Ventil n; 4. (El) Drehschalter m; 5. (Bw) Schlussstein m (eines Gewölbes); 6. (Typ) eckige Klammer f, geschweifte Klammer • ~ **en mano** schlüsselfertig
~ **ajustable** verstellbarer Schraubenschlüssel m, Rohrmutterschlüssel m
~ **de boca estrellada** Ringschlüssel m
~ **de botón** Druckknopfschalter m
~ **de bujías** (Kfz) Zündkerzen(steck)schlüssel m
~ **de cierre** Absperrventil n
~ **conmutadora** (Nrt) Umschalter m
~ **de contacto** (Kfz) Zündschlüssel m
~ **de corte** Trennschalter m
~ **de cortocircuito** Kurzschlussschalter m
~ **de cubo** Steckschlüssel m
~ **dentada** (gezähnter) Rohrschlüssel m
~ **de desconexión** Abschalttaste f
~ **dinamométrica** Drehmomentschlüssel m
~ **embutida** Einbauschalter m

~ **del encendido** (Kfz) Zünd(ungs)schalter m; Zündschlüssel m
~ **esférica** Kugelventil n
~ **giratoria** Drehschalter m
~ **de humero** Rauchschieber m, Rauchklappe f
~ **inversora** Stromwender m, Wendeschalter m, Umpoler m
~ **de leva** Nockenschalter m
~ **de llamada** (Nrt) Rufschalter m
~ **de mandril** Steckschlüssel m
~ **mezcladora** Mischbatterie f
~ **de mordaza** Rohrschlüssel m
~ **de ordenación** (Inf) Sortierschlüssel m
~ **de paso** Überströmventil n
~ **de puesta a tierra** Erdungsschalter m
~ **de punzón** Nadelventil n
~ **reguladora** Steuerventil m
~ **de retención** 1. Sperrhahn m; Absperrhahn m; 2. (El) Halteschalter m
~ **rotativa** Drehschalter m
~ **de servicio** Wasser(leitungs)hahn m
~ **telegráfica** Morsetaste f
~ **de tres vías** Dreiwegehahn m
~ **de tubo cruzado** Steckschlüssel m
~ **para tubos** Rohrschlüssel m
~ **de vaciado** Ablasshahn m
llave-compuerta f Absperrschieber m
llenador m 1. Fülleinrichtung f; Beladevorrichtung f; 2. (Typ) Einschießbogen m
~ **de acumulador** Batterieladegerät n
llenadora f Füllmaschine f
~ **de botellas** Flaschenfüllmaschine f

M

m s. 1. metro; 2. mili...; 3. minuto
macadamizar v (Bw) beschottern
macerar v mazerieren, maischen, einweichen; mauken (Keramik)
maceta f Holzhammer m; Steinhauerschlägel m; (Am) Klüpfel m
macizo massig; voll; dicht, fest; massiv
macizo m 1. Gebirgsmassiv n, Stock m; 2. Platte f, Pfeiler m; Klotz m, Quader m
~ **de anclaje** Ankerplatte f
~ **de protección** (Bgb) Sicherheitspfeiler m
~ **resistente** Staukörper m (Talsperre)
macrocomputadora f Großrechner m, Main Frame m

macrodisperso grobdispers
macrodureza f Makrohärte f
macroinstrucción f (Inf) Makro n, Makrobefehl m, Makroanweisung f
macroestructura f Makrogefüge n
macromolécula f (Ch) Makromolekül n, Riesenmolekül n
macroordenador m Großrechner m
macropolímero m (Ch) Hochpolymer(es) n
macropulido m (Fert) Makroschliff m
machacador m Brecher m; Zerreißvorrichtung f, Zerreißer m
machacadora f Brecher m, Brechapparat m; Zerkleinerungsmaschine f; Quetsche f
~ **de discos** Scheibenbrecher m, Tellerbrecher m
~ **de forrajes** (Lt) Grünfutterreißer m, Futterreißer m
~ **de mandíbulas** Backenbrecher m
~ **de piedra** (Bw) Steinbrecher m
~ **de rodillo(s)** Walzenzerkleinerungsmaschine f, Walzenbrecher m, Walzenquetsche f
machacar v zerstampfen, zerstoßen; brechen; zerkleinern, mahlen (grob); pochen
machete m (Am) Messer n; Buschmesser n
machihembradora f Fügemaschine f, Verspundmaschine f
machina f 1. Dreifuß m; 2. Bockkran m; 3. Ramme f
macho m 1. Bolzen m; Dorn m; Stift m; 2. Welle f (nur bei Passungen); 3. Stempel m (Formpressen); 4. Vorschlaghammer m; 5. Hahnkegel m, Küken n; 6. (Gieß) Kern m; 7. (Fert) Gewindebohrer m; 8. Spindel f
~ **de enchufe** Doppelstecker m
~ **de moldeo** (Gieß) Formkern m
~ **de roscar** (Fert) Gewindebohrer m, Schneidbohrer m
~ **troquel** (Fert) Durchtreiber m
machón m 1. (Bw) Pfeiler m; Strebpfeiler m; Pylone f; 2. (Kfz) Widerlager n (Motor)
machota f Vorschlaghammer m
madeja f (Text) Garnstrang m, Gebinde n, Strang m, Strähne f • **hacer** ~ fadenziehen

madera f Holz n
~ **aserrada** Schnittholz n
~ **contrachap(e)ada** 1. Sperrholz n; 2. Furnier n
~ **cortada** Schnittholz n
~ **de durmientes** Schwellenholz n
~ **industrial** Nutzholz n
~ **laminada** Schichtpressholz n
~ **multilaminar** Sperrholz n
~ **en rollo** Stammholz n
~ **de sierra** Schnittholz n
~ **para traviesas** Schwellenholz n
maderaje m 1. Gebälk n, Balkenwerk n; Zimmerwerk n; 2. Holzbauweise f
~ **de fachada** Fachwerkwand f
maderamen m Balkenwerk n
maderera f Holzbearbeitungsmaschine f
maderero m Holztransportschiff n, Holzfrachter m
maestra f 1. Magistrale f, Hauptrohrleitung f; 2. Richtlatte f; 3. Hauptträger m
magnesio m Magnesium n, Mg
magnesita f (Min) Magnesit m
magnetita f (Min) Magnetit m, Magneteisenstein m
magneto m 1. Magnet m; 2. (Kfz) Zündmagnet m, Magnetzündanlage f
magnetófono m Magnetton(band)gerät n, Tonbandgerät n
~ **de casete** Kassettenrekorder m, Kassettentonbandgerät n
~ **(de) vídeo** Videorekorder m, Videobandgerät n
magnetoóptico m magnetooptische Platte f, MOD
magnetorresistencia f magnetische Widerstandsänderung f, Magnetoresistenz f, Widerstandsänderung f im Magnetfeld
magnificar v (Opt) vergrößern
magnitud f 1. Größe f, Größenordnung f; 2. Sterngröße f, Sternklasse f
~ **de ajuste** Stellgröße f
~ **aleatoria** Zufallsgröße f, Zufallsveränderliche f, Zufallsvariable f
~ **básica** Grundgröße f (Maßsystem)
~ **característica** Kenngröße f
~ **comprobada** Messgröße f, Messwert m
~ **constante** konstante Größe f, Konstante f, Festwert m
~ **derivada** abgeleitete Größe f
~ **escalar** Skalar m, skalare Größe f

~ **estelar** *(Astr)* Sterngröße f *(Maßeinheit für die Helligkeit eines Gestirns)*
~ **inversa** Kehrwert m
~ **de mando** Stellgröße f
~ **de medición** Messgröße f, Messwert m
~ **medida** Messgröße f *(gemessene Größe)*
~ **a medir** Messgröße f *(zu messende Größe)*
~ **objeto de control** Steuergröße f
~ **piloto** Führungsgröße f
~ **proporcional** Verhältniszahl f
~ **de referencia** Bezugsgröße f
~ **de reglaje** Regelgröße f
~ **variable** variable Größe f, Variable f
~ **vectorial** vektorielle Größe f, Vektorgröße f, Vektor m

majar v zerkleinern, zermahlen, zerstoßen
malacate m 1. Göpel m, Göpelwerk n; 2. *(Am)* Hebemaschine f, Aufzug m; 3. *(Am)* Spindel f, Winde f
malaxadora f Knet- und Mischmaschine f, Rührmaschine f
malaxar v mischen; rühren; kneten
maleabilidad f *(Met)* Umformbarkeit f, Schmiedbarkeit f, Hämmerbarkeit f
maleabilizar v *(Gieß)* tempern
maleable umformbar, schmiedbar, hämmerbar
malecón m Mole f, Kaimauer f, Deich m; Eindeichung f
~ **de río** Flussbuhne f
maletero m *(Kfz)* Kofferraum m
malla f 1. *(Text)* Masche f, Strickmasche f, Geflecht n; Gewebe n; Netzwerk n; 2. *(Bw)* Drahtgeflecht n; Bewehrungsmatte f, Betonstahlgewebe n; 3. Lasche f, 4. *(El)* Windung f; Masche f, Maschenschaltung f
~ **metálica** Drahtgewebe n
~ **de red** Netzmasche f
mallete m Holzhammer m; Schlegel m; Keilstück n
mallo m Streckhammer m
mampara f Scheidewand f, Zwischenwand f
mamparo m *(Schiff)* Schott n, Schottwand f
~ **de abordaje** Kollisionsschott n
~ **de bovedilla** Achterschott n
~ **central** Mittelschott n
~ **de corrimiento** Schlingerschott n, Schlagschott n
~ **cortafuegos** Feuer(hemm)schott n, Brandschott n
~ **de choque** Schlagschott n, Schlingerschott n
~ **de emergencia** Kollisionsschott n
~ **estanco** wasserdichtes Schott n
~ **de pique** Piekschott n
~ **refractario** Feuerschott n
~ **de seguridad** Kollisionsschott n
~ **de subdivisión** Unterteilungsschott n, Begrenzungsschott n
~ **transversal** Querschott n

mamposta f *(Bgb)* Stempel m, Grubenstempel m
mampostería f Bruchsteinmauerwerk n, Mauerwerk n; Mauerung f, Ziegelsteinmauerung f
mampuesto m Bruchstein m
mandarria f 1. Kreuzschlaghammer m; 2. *(Schiff)* Kalfaterhammer m, Stemmhammer m
mandíbula f Backe f
mando m 1. Steuerung f; Betätigung f; 2. *(Inf)* Befehl m; 3. Schaltung f; 4. Antrieb m; 5. Bedienelement n; Steuerorgan n
• **de – fotoeléctrico** lichtstrahlgesteuert, photoelektrisch gesteuert
~ **de ajuste** Abstimmung f, Regulierung f, Trieb m
~ **por autosino** Synchronantrieb m
~ **de avances** Vorschubantrieb m, Vorschubsteuerung f
~ **por botones** Druckknopfsteuerung f, Tastensteuerung f
~ **por cadena** Ketten(an)trieb m
~ **del cambio de velocidades** Getriebeschaltung f
~ **por célula fotoeléctrica** Photozellensteuerung f
~ **por cinta magnética** Magnetbandsteuerung f
~ **de control de volumen** Lautstärkeregler m
~ **a correa** Riemen(an)trieb m
~ **en las cuatro ruedas** *(Kfz)* Vierradantrieb m, Allradantrieb m, Geländeantrieb m
~ **delantero** Vorder(rad)antrieb m
~ **diferencial** 1. Differenzialsteuerung f; 2. Differenzialantrieb m
~ **digital** 1. digitale Steuerung f; 2. *(Kfz)* *(Am)* Lenksäulenschaltung f

mando

~ **de dirección** *(Flg)* Lenkhebel *m*
~ **a distancia** Fernsteuerung *f*, Fernlenkung *f*; Fernbedienung *f*
~ **a dos manos** Zweihandschaltung *f*, Zweihandsteuerung *f*, Zweihandeinrückung *f*, Zweihandbetätigung *f*
~ **del embrague** Kupplungsbetätigung *f*
~ **por excéntrica** Exzentersteuerung *f*
~ **final** *(Kfz)* Achsantrieb *m*, Hinterradantrieb *m*
~ **fotoeléctrico** photoelektrische [lichtelektrische] Steuerung *f*, Lichtsteuerung *f*
~ **de freno** Bremsbetätigung *f*
~ **hidráulico** hydraulische Steuerung *f*, Hydrauliksteuerung *f*; hydraulischer Antrieb *m*, Druckwasserantrieb *m*
~ **del impresor** Druckersteuerung *f*
~ **individual** Einzelantrieb *m*
~ **de juegos** Joystick *m*, Steuerhebel *m* (zur Cursorbewegung auf dem Bildschirm)
~ **macrométrico** Grobtrieb *m*
~ **de máquinas** 1. Maschinensteuerung *f*; 2. Maschinenhebel *m*; 3. *(Inf)* Maschinenbefehl *m*
~ **micrométrico** Feintrieb *m*
~ **neumático** pneumatische Steuerung *f*, Pneumatiksteuerung *f*; pneumatischer Antrieb *m*, Druckluftantrieb *m*
~ **numérico** numerische Steuerung *f*, NC-Steuerung *f*
~ **numérico por ordenador** CNC-Steuerung *f*
~ **numérico por puntos** Punktsteuerung *f*
~ **a palanca** Hebelsteuerung *f*
~ **paso a paso** Schrittsteuerung *f*
~ **a pedal** Fußsteuerung *f*
~ **por piñón** *(Kfz)* Ritzelantrieb *m*
~ **de pistón** Kolbensteuerung *f*
~ **progresivo** stufenlose Regelung *f*
~ **por pulsadores** Druckknopfsteuerung *f*
~ **por puntos** Punktsteuerung *f*
~ **por radio** Funksteuerung *f*
~ **secuencial** Folgesteuerung *f*, Reihensteuerung *f*, Seriensteuerung *f*
~ **de seguimiento automático** Nachlaufsteuerung *f*
~ **teledirigido** Fernsteuerung *f*
~ **de válvulas** Ventilsteuerung *f*
~ **de velocidades** Drehzahlregelung *f*
~ **a volante** Handradsteuerung *f*

mandril *m* 1. *(Masch)* Spannfutter *n*, Klemmfutter *n*; Spannzeug *n*; 2. Dorn *m* *(Werkzeug)*
~ **autocentrante** selbstzentrierendes Futter *n*
~ **calzable** Aufsteckdorn *m*
~ **comprobador** Lehrdorn *m*, Prüfdorn *m*
~ **de cuatro mordazas** Vierbackenfutter *n*
~ **de embutido** Ziehdorn *m*
~ **encajable** Aufsteckdorn *m*
~ **de ensanchar** Durchschlag *m*, Austreibdorn *m* *(Werkzeug)*
~ **escariador** *(Fert)* Räumnadel *f*
~ **expansible** 1. Spreizdorn *m*, verstellbarer Drehdorn *m*; 2. Rohraufweiter *m*
~ **de fijación** Spannfutter *n*
~ **frontal** *(Masch)* Planscheibe *f*
~ **portabrocas** Bohrfutter *n*
~ **portafresa** *(Fert)* Fräsdorn *m*
~ **portaherramientas** *(Fert)* Schneidkopf *m*
~ **postizo** Aufsteckdorn *m*
~ **de rearme** Umspannfutter *n*
~ **receptor** Aufnahmedorn *m*
~ **de sujeción** Spannfutter *n*
~ **testigo** Lehrdorn *m*, Prüfdorn *m*
~ **de transmisión** *(Masch)* Mitnehmer *m*
~ **de tres mordazas** Dreibackenfutter *n*
~ **de tulipa** Dreibackenfutter *n*

mandrilado *m* *(Fert)* Ausbohren *n*, Aufbohren *n*, Innendrehen *n*, Nachdrehen *n* von Bohrungen

mandriladora *f* *(Fert)* Bohrwerk *n*; Aufbohrmaschine *f*
~ **a calibre** Lehrenbohrwerk *n*
~ **de coordenadas** Koordinatenbohrwerk *n*
~ **de precisión [refino]** Feinbohrwerk *n*, Präzisionsbohrwerk *n*
~ **vertical** Karusselldrehmaschine *f*

mandrilar *v* 1. *(Fert)* aufbohren; ausbohren; horizontal bohren; 2. *(Fert)* aufreiben *(mit Reibahle)*; 3. *(Fert)* aufdornen

mandrino *m* 1. Dorn *m*; 2. Spannzeug *n*

manecilla *f* 1. Griff *m*, Handgriff *m*; Handhebel *m*; Fenstergriff *m*; 2. Zeiger *m* *(Gerät)*
~ **de admisión** *(Kfz)* Drosselklappenhebel *m*
~ **de avance** *(Kfz)* Verstellhebel *m*

manejable manövrierfähig; steuerfähig

manejador *m* *(Inf, Nrt)* Verwalter *m*; Steuerung *f*, Handler *m*

manejar v 1. handhaben; behandeln; bedienen; bearbeiten; 2. steuern; 3. *(Inf)* verwalten

manejo m 1. Handhabung f; Behandlung f, Bedienung f; Bearbeitung f; 2. Steuerung f; 3. Verwaltung f • **de fácil** ~ leicht bedienbar • **de poco** ~ bedienarm

~ **automático** Selbststeuerung f, automatische Steuerung f
~ **a distancia** Fernsteuerung f; Fernbedienung f
~ **del embrague** Kupplungsbetätigung f
~ **manual** 1. Handsteuerung f; 2. manuelle Beförderung f; Handbetätigung f; 3. *(Förd)* manueller Umschlag m
~ **de máquina** Maschinenbedienung f; Maschinensteuerung f
~ **mecánico** *(Förd)* Greiferumschlag m
~ **de la memoria** *(Inf)* Speicherverwaltung f
~ **de red** *(Nrt)* Netzführung f
~ **de tareas** *(Inf)* Jobmanagement n, Jobverwaltung f, Aufgabenverwaltung f

maneta f Schalthebel m; Drehknopf m
~ **de cambio de marchas** *(Kfz)* Gangschalthebel m

manga f 1. Schlauch m; 2. Nippel m, Anschlussstück n; 3. Achslager n, Achsbuchse f; 4. (größte) Schiffsbreite f
~ **de acoplamiento** Kupplungsschlauch m
~ **de aire** Luftschacht m, Luftrohr n, Lüftungsschacht m
~ **de arqueo** *(Schiff)* Vermessungsbreite f
~ **de construcción** *(Schiff)* Konstruktionsbreite f
~ **en la flotación** *(Schiff)* Breite f in der Konstruktionswasserlinie
~ **de freno** Bremsschlauch m
~ **de incendios** Feuerwehrschlauch m
~ **fuera de miembros** *(Schiff)* Breite f auf Spant(en)

manganeso m Mangan n, Mn
manganeso m Mangan n, Mn
mango m Griff m; Stiel m; Messerheft n; Hammerstiel m; Holm m
~ **de cuchara** Löffelstiel m *(Rammtechnik)*
~ **de maniobra** 1. *(Kfz)* Lenkhebel m; 2. *(Flg)* Steuerknüppel m
~ **portafresa** *(Fert)* Fräsdorn m

manguera f Schlauch m
~ **de freno** *(Kfz)* Bremsschlauch m
~ **de incendio** Feuerwehrschlauch m
~ **de respiración** *(Sich)* Atemschlauch m
~ **del surtidor** Zapfschlauch m *(Zapfsäule)*

mangueta f Achsschenkel m; Türschenkel m

manguito m 1. Hülse f, Buchse f; Manschette f; Muffe f; Fitting m; 2. Schelle f; Band n; 3. Futter n, Spannfutter n; 4. Mantel m
~ **de acoplamiento** Kupplungshülse f, Kupplungsmuffe f
~ **de apriete** 1. Spannmuffe f; 2. Spannfutter n
~ **de conexión** Verbindungsmuffe f *(Kabel)*
~ **del contrapunto** Reitstockhülse f
~ **de embrague** Verbindungsmuffe f, Kupplung f
~ **de empalme** Kabelverbinder m, Kabel(verbindungs)muffe f, Verbindungsmuffe f
~ **de enchufe** Anschlussbuchse f
~ **engrasador** Schmiernippel m
~ **guía** Führungsbuchse f
~ **de husillo** Gewindebuchse f
~ **portaherramientas** Spannfutter n; Planscheibe f; Werkzeughalter m
~ **reductor** Übergangsmuffe f, Reduziermuffe f
~ **de refrigeración** Kühlmantel m
~ **roscado** Gewindemuffe f
~ **de sujeción** Spannhülse f
~ **terminal** Anschlussmuffe f
~ **de tuerca** Spannschloss m

manigueta f 1. *(Schiff)* Rudergriff m; 2. s. manija

manija f 1. Griff m; 2. *(Am)* Andrehkurbel f
~ **de cambio** Umschalthebel m, Schalthebel m
~ **con cerradura** Knebelgriff m
~ **de freno** Bremshebel m
~ **de ignición** Zündschalter m
~ **para machos** Kluppe f *(Werkzeug)*

manilla f *(Am)* Griff m; Handgriff m
manillar m Lenker m; Lenkstange f
maniobra f 1. Bedienung f; Betätigung f; Steuerung f; 2. *(Schiff)* Manöver n; 3. *(Eb)* Rangieren n • **de fácil** ~ leicht bedienbar

~ **de arranque** Anlassen n *(des Motors)*
~ **por botón** Druckknopfbedienung f
~ **a distancia** Fernbetätigung f

maniobra 242

~ **por palanca** Hebelsteuerung f, Hebelbedienung f, Hebelbetätigung f
~ **del timón** Rudermanöver n
maniobrable 1. bedienbar; steuerbar; 2. *(Kfz)* lenkbar; wendig; 3. *(Schiff)* manövrierfähig
maniobrar v 1. bedienen; betätigen; steuern; lenken; 2. *(Schiff)* manövrieren; 3. *(Eb)* rangieren
manipulación f 1. Manipulierung f; Betätigung f, Steuerung f, Handhabung f; Bearbeitung f; 2. *(Nrt)* Tastung f
~ **asistida por ordenador** rechnerunterstützte Handhabung f *(Multimedia)*
~ **automática de datos** automatische Datenverarbeitung f
~ **de cadenas** *(Inf)* Zeichenkettenverarbeitung f
~ **de corriente** Stromtastung f
~ **de chapa** Blechbearbeitung f
~ **de desechos** Abfallbehandlung f
~ **a distancia** Ferntastung f, Fernsteuerung f
~ **a larga distancia** Fernbetätigung f; Fernsteuerung f
~ **de la portadora** Trägertastung f, Amplitudentastung f
~ **en rejilla** Gittertastung f
~ **de símbolos** Zeichenverarbeitung f
~ **por teclas** Tastenbedienung f
~ **por todo o nada** Ein-Aus-Tastung f
~ **por variación de fase** Phasentastung f
manipulador m 1. Manipulator m; 2. Spannhebel m; 3. Taster m *(Morse)*; 4. Telegrafenschlüssel m
manipular v 1. manipulieren; betätigen; steuern; 2. *(Nrt)* den Schlüssel arbeiten
manivela f 1. Handgriff m, Griff m; 2. Kurbel f
~ **de arranque** *(Kfz)* Andrehkurbel f, Anwerfkurbel f, Anlasskurbel f
~ **de disco** Kurbelscheibe f
~ **de freno** Bremskurbel f
mano f 1. Hand f; 2. Stößel m; 3. Uhrzeiger m; 4. Schicht f *(Anstrich)*; 5. *(Text)* Griff m *(eines Stoffes)*; 6. *(Typ)* 5 Lagen oder 25 Bogen Papier
manómetro m *(Ph)* Manometer n, Druckmesser m, Druckanzeiger m; Dampfdruckmesser m
~ **para neumáticos** *(Kfz)* Reifendruckmesser m, Luftdruckprüfer m
~ **de resorte** Federmanometer n
manorreductor m Druckminderer m
manoscopio m Druckanzeiger m, Manoskop n *(Barometer)*
manóstato m Druckregler m, Manostat m
mantenimiento m Instandhaltung f; (technische) Wartung f, Pflege f, Überwachung f, laufende Reparatur f, Halten n
• **sin** ~ wartungsfrei • **de fácil** ~ wartungsfreundlich • **de poco** ~ instandhaltungsfreundlich, wartungsarm
~ **de equipos** Anlageninstandhaltung f; Maschineninstandhaltung f; Geräteinstandhaltung f
~ **mecánico** 1. mechanisierte Instandhaltung f; 2. Teilinstandhaltung f, Instandhaltung f von Maschinen und Baugruppen
~ **preventivo** vorbeugende Instandhaltung f; vorbeugende Wartung f
~ **puro del aire** Reinhaltung f der Luft
~ **remoto** Fernwartung f
~ **de rutina** 1. Routinewartung f, routinemäßige Wartung f, laufende [periodische] Wartung f; planmäßige Wartung f; 2. *(Inf)* Unterprogrammpflege f, Programmpflege f, Programmwartung f
mantisa f *(Math)* Mantisse f *(eines Logarithmus)*
manto m *(Geol)* Mantel m
~ **de carbón** Kohlenflöz n
~ **freático** Grundwasserspiegel m
~ **subterráneo** Grundwasserträger m
manual m technisches Handbuch n
~ **de instrucciones** Bedienungsanleitung f; Betriebsanleitung f
~ **de procedimiento** Verfahrensanleitung f
~ **de reparabilidad** Reparaturhandbuch n
manuar m *(Text)* Strecke f *(Maschine)*
~ **de carda** *(Text)* Krempel f, Karde f
manubrio m 1. Kurbel f, Stellrad n, Kurbelrad n; 2. *(Eb)* Fahrkurbel f
~ **de cambio de marcha** 1. Umsteuerhebel m; 2. *(Eb)* Richtungshebel m
~ **de maniobra** Steuerkurbel f, Steuergriff m
manufactura f 1. Fabrik f; Betrieb m; Unternehmen n; 2. Produktion f, Herstellung f; Bearbeitung f; Manufaktur f; 3. Erzeugnis n
~ **en serie** Serienfertigung f

manufacturar v produzieren, herstellen, fertigen; bearbeiten
manutención f 1. Bedienung f; Unterhaltung f; Pflege f; 2. Fördern n, Transportieren n
mapeo m 1. Kartierung f; 2. *(Inf)* Mapping n
maqueta f 1. Modell n; Entwurfsmodell n, Muster n; 2. *(Typ)* Blindmuster n, Makette f; Layout n
~ **de avión** Flugzeugmodell n; Modellflugzeug n, Flugmodell n
máquina f 1. Maschine f; Apparat m; 2. Motor m; 3. Flugzeug n; 4. Auto n • **a [por]** ~ maschinell • **a toda** ~ (mit) Volldampf, mit voll ausgesteuerter Maschine
~ **de abatanar** *(Text)* Walkmaschine f, Walke f
~ **de abonar** Düngerstreuer m
~ **de [para] abrillantar** 1. Hochglanzpoliermaschine f; 2. *(Led)* Glanzstoßmaschine f
~ **acabadora** Fertigbearbeitungsmaschine f, Feinschleifmaschine f
~ **acanaladora** 1. Rollbiegemaschine f; 2. Langlochbohrmaschine f
~ **de acanalar chapa** *(Fert)* Sickenmaschine f
~ **de acepillar** Hobelmaschine f
~ **acíclica** *(El)* Unipolarmaschine f, Gleichpol(dynamo)maschine f
~ **afiladora [de afilar]** Schleifmaschine f
~ **agrícola** landwirtschaftliche Maschine f, Landmaschine f
~ **agrícola autopropulsada** selbstfahrende Landmaschine f, Selbstfahrer m
~ **de alisar** Ausbohrmaschine f
~ **alternativa** Kolbenmaschine f; Kolbenmotor m
~ **alzadora** Ablegemaschine f (für Zuckerrohr)
~ **alzadora de hojas** *(Typ)* Bogenzusammentragmaschine f
~ **de alzar** 1. Hebemaschine f; 2. *(Typ)* Zusammentragmaschine f
~ **de amasar** Knetmaschine f, Kneter m; Bäckereimaschine f
~ **de amolar** Schleifmaschine f
~ **analógica** Analogrechner m
~ **analógica eléctrica** elektrischer Analogrechner m
~ **antideflagrante** explosionsgeschützte Maschine f; explosionsgeschützter Motor m
~ **anudadora** *(Text)* Knüpfmaschine f
~ **anudadora de urdimbres** *(Text)* Webkettenknüpfmaschine f
~ **de apertura de galerías** *(Bgb)* Streckenvortriebsmaschine f
~ **apiladora** *(Förd)* Stapelmaschine f, Stapler m
~ **de apisonar** *(Bw)* Straßenwalze f
~ **aritmética** Rechenmaschine f
~ **arrancarraíces** Stockrodemaschine f *(Forstwirtschaft)*
~ **de arranque de virutas** Zerspanungsmaschine f
~ **para aserradero** Sägemaschine f, Sägewerk n
~ **asperjadora** *(Lt)* Spritzmaschine f; Beregnungsanlage f
~ **ativadora** *(Bgb)* Versatzmaschine f
~ **de atornillar** Gewindeschneidmaschine f
~ **automática de embalar** Verpackungsautomat m; Verschlussmaschine f
~ **automotriz** Kraftfahrzeug n
~ **autopropulsada** selbstfahrende Maschine f, Maschine f mit Eigenantrieb, Selbstfahrer m
~ **para avanzar galerías** *(Bgb)* Streckenvortriebsmaschine f
~ **aventadora** Getreidereinigungsmaschine f, Getreidereiniger m
~ **barredora** Straßenkehrmaschine f
~ **barrenadora** 1. *(Fert)* Bohrwerk n, Bohrmaschine f, Innendrehmaschine f; 2. Perforator m
~ **de brochar** *(Fert)* Räummaschine f
~ **de bruñir** *(Fert)* Honmaschine f, Ziehschleifmaschine f
~ **calculadora electrónica** elektronische Rechenmaschine f, Elektronenrechner m
~ **de cantear chapas** Blechbesäummaschine f
~ **capsuladora** Flaschenverschließmaschine f
~ **de cardar** *(Text)* Krempel f, Karde f
~ **cavadora** Grabenbagger m; Grabenzieher m
~ **de cepillar** 1. *(Fert)* Hobelmaschine f; 2. *(Text)* Bürstmaschine f
~ **de cifrar** Chiffriermaschine f; Umsetzer m, Übersetzer m
~ **circular de género de punto** *(Text)* Rundstrickmaschine f
~ **de cizallas** Schere f

máquina

~ **de colar** Gießereimaschine f
~ **colocadora de vía** *(Eb)* Gleisverlegemaschine f
~ **combinada** Kombine f, Erntekombine f, Vollerntemaschine f
~ **de compactación** *(Bw)* Verdichtungsgerät n, Verdichtungsmaschine f
~ **de componer** *(Typ)* Setzmaschine f
~ **de compresión** Verdichtungsmaschine f *(Kältetechnik)*
~ **computadora** Computer m, Rechner m
~ **de conformación [conformar]** Umformmaschine f
~ **de congelar** Kühlanlage f, Gefrieranlage f
~ **de construcción** Baumaschine f
~ **contable** Buchungsmaschine f, Buchungsrechner m, Buchungscomputer m
~ **de control numérico** NC-Maschine f
~ **de control numérico computerizada** CNC-Maschine f
~ **copiadora** *(Fert)* Kopier(dreh)maschine f, Nachformmaschine f
~ **cortadora** 1. Schneid(e)maschine f; 2. *(Typ)* Beschneidemaschine f; 3. spanabhebende Werkzeugmaschine f
~ **cortadora de hierba** *(Lt)* Grasmäher m
~ **cortadora de papel** Papierschneidemaschine f
~ **cortafiletes** Gewindeschneidmaschine f
~ **cortapajas** Häckselschneidemaschine f
~ **de cortar** 1. Schneid(e)maschine f; Brennschneidemaschine f, Maschinenschere f; 2. Mähmaschine f
~ **cosechadora** Erntemaschine f
~ **cosechadora de remolacha** Rübenvollerntemaschine f, Rübenkombine f
~ **cosechadora-trilladora de cereales** Mähdrescher m, Getreidemähdrescher m
~ **de coser** 1. *(Text)* Nähmaschine f; 2. *(Typ)* Heftmaschine f
~ **de coser con alambre** *(Typ)* Drahtheftmaschine f
~ **de coser libros** *(Typ)* Heftmaschine f
~ **de cubierta** *(Schiff)* Decksmaschine f
~ **de curvar** Biegemaschine f
~ **para deformación** Umformmaschine f
~ **descabezadora** Köpfmaschine f *(Fischverarbeitung)*
~ **desfibradora para aniquilar documentos** *(Typ)* Aktenvernichtungsmaschine f, Reißwolf n

~ **distribuidora de abonos** Düngerstreuer m
~ **dobladora [de doblar]** *(Schiff)* Biegemaschine f
~ **elaboradora de madera** Holzbearbeitungsmaschine f
~ **electromotriz** *(El)* Generator m
~ **elevadora** Fördermaschine f
~ **embaladora** Verpackungsmaschine f
~ **de émbolo** Kolbenmaschine f
~ **de embotellar** Flaschenabfüllmaschine f
~ **de embutir** Kümpelmaschine f, Dosenverschlussmaschine f
~ **empacadora [empaquetadora]** Verpackungsmaschine f
~ **de encorvar** Biegemaschine f, Biegepresse f
~ **de enderezar** Richtmaschine f
~ **enfardadora** *(Lt)* Ballenpresse f
~ **de enroscar** Gewindeschneidmaschine f
~ **de envasado** Verpackungsmaschine f
~ **eólica** Windkraftanlage f, Windmotor m, Windturbine f
~ **de escribir** Schreibmaschine f
~ **de escribir automática** Schreibautomat m
~ **de escribir portátil** Reiseschreibmaschine f
~ **esmeriladora [de esmerilar]** Schleifmaschine f
~ **de estampar** 1. Stanze f, Stanzmaschine f; 2. *(Text)* Druck(erei)maschine f; 3. Prägepresse f, Kalibrierpresse f
~ **de estirar** Ziehmaschine f
~ **evisceradora** Entweidemaschine f *(Fischverarbeitung)*
~ **de explanación** Planiergerät n
~ **exploradora** Scanner m, Abtastgerät n *(z. B. Ultraschallscanner)*
~ **de explotación [extracción]** *(Bgb)* Fördermaschine f, Schachtfördermaschine f, Gewinnungsmaschine f
~ **de extrusión** *(Kst)* Extruder m
~ **de facsímil** Fernkopierer m
~ **fileteadora** Filetiermaschine f *(Fischverarbeitung)*
~ **de forja y prensa** Schmiedepresse f
~ **fotocopiadora** Fotokopiergerät n, Fotokopierer m
~ **fotográfica** Fotoapparat m
~ **fregadora** Geschirrspülmaschine f
~ **fresadora** Fräsmaschine f

~ **frigorífica** Kältemaschine f
~ **de fuerza** Kraftmaschine f
~ **de fundición** Gießereimaschine f
~ **generadora [generatriz]** *(El)* Generator m
~ **gofradora** *(Text)* Prägemaschine f
~ **para grabar** *(Typ)* Graviermaschine f
~ **henificadora** Heuerntemaschine f, Heuwerbungsmaschine f
~ **herramienta** Werkzeugmaschine f
~ **herramienta por arranque de virutas** spanabhebende [spanende, trennende] Werkzeugmaschine f
~ **herramienta de conformación [conformar]** umformende Werkzeugmaschine f
~ **herramienta de control numérico** numerisch gesteuerte Werkzeugmaschine f
~ **herramienta con mando numérico** numerisch gesteuerte Werkzeugmaschine f, NC-Maschine f
~ **herrmanienta de tipo central de mecanizado** *(Fert)* Bearbeitungszentrum n
~ **hidráulica** Hydraulikmotor m, Wasserkraftmaschine f
~ **de hilar** *(Text)* Spinnmaschine f
~ **honing** *(Fert)* Honmaschine f, Ziehschleifmaschine f
~ **huésped** *(Inf)* Wirtsrechner m
~ **de impresión** *(Typ)* Druckmaschine f
~ **de impresión indirecta** Offset(druck)maschine f
~ **de impresión plana** Flachdruckmaschine f
~ **de [para] imprimir** *(Typ)* Druckmaschine f
~ **de imprimir billetes** Fahrkartendrucker m
~ **de influencia** *(El)* Influenzmaschine f, elektrostatischer Generator m
~ **invertible** Umkehrmotor m
~ **de inyección** *(Kst)* Spritzgießmaschine f
~ **de izaje** Hebemaschine f
~ **de laboreo** Bodenbearbeitungsgerät n
~ **para labrar madera** Holzbearbeitungsmaschine f
~ **de lapidar** *(Fert)* Läppmaschine f
~ **de lavado** Waschmaschine f
~ **de lavado automático** Waschautomat m
~ **lavadora [de lavar]** Waschmaschine f
~ **lectora** Lesegerät n

~ **limadora** *(Fert)* Waagerechtstoßmaschine f, Shapingmaschine f
~ **limpiavías** *(Eb)* Schienenräummaschine f
~ **de limpieza** Reinigungseinrichtung f, Reinigungsmaschine f
~ **de mandrillar** Bohrwerk n, Horizontalbohrwerk n
~ **para mecanizar chapa** Blechbearbeitungsmaschine f
~ **de medición** Messmaschine f
~ **microprocesadora** Mikroprozessor m
~ **minera** Berg(bau)maschine f
~ **moldeadora** 1. *(Gieß)* Formmaschine f; Knetmaschine f; 2. *(Led)* Walkmaschine f
~ **para moldear por inyección** *(Kst)* Spritzgussmaschine f
~ **de mortajar** *(Fert)* Stoßmaschine f
~ **motriz** Kraftmaschine f; Antriebsmaschine f; Antriebsmotor m
~ **de obra** Arbeitsmaschine f
~ **de oficinas** Büromaschine f
~ **operadora** Arbeitsmaschine f
~ **ordeñadora [de ordeñar]** Melkmaschine f, Melkanlage f
~ **perforadora** 1. Bohranlage f, Bohrmaschine f (für Tiefbohrungen); 2. Perforiermaschine f
~ **picadora [de picar]** *(Lt)* Häckselschneider m
~ **de planear** Abrichtmaschine f
~ **plantadora [de plantar]** Pflanz(ensetz)maschine f; Legemaschine f (Kartoffel)
~ **de plantillar** Kopiermaschine f
~ **plegadora** 1. *(Typ)* Falzmaschine f; 2. *(Text)* Langlegemaschine f
~ **de prensar** Presse f
~ **de preparación** Aufbereitungsmaschine f
~ **productora** Fertigungsmaschine f
~ **propulsora** *(Schiff)* Antriebsmaschine f
~ **pulidora automática** Reinigungsautomat m
~ **de pulir** Poliermaschine f
~ **de punzonar** Lochmaschine f, Stanze f
~ **de rastrillar y peinar** *(Text)* Hechelmaschine f
~ **reactiva** Düsenmaschine f, Düsenflugzeug n
~ **de recalcar** Stauchmaschine f; Stauchpresse f

máquina

- ~ **reciprocante** Hubkolbenmaschine f
- ~ **de recolección** Erntemaschine f
- ~ **de rectificar** Schleifmaschine f
- ~ **refrigeradora** Kühlmaschine f, Kältemaschine f
- ~ **de regadío** Beregnungsmaschine f
- ~ **de regruesar** Dickenhobelmaschine f
- ~ **rellenadora** *(Bgb)* Versatzmaschine f
- ~ **de reproducir** *(Typ)* Vervielfältigungsapparat m, Vervielfältigungsgerät n, Vervielfältigungsmaschine f
- ~ **de riego por aspersión** Beregnungsanlage f
- ~ **roscadora** Gewindeschneidmaschine f
- ~ **rotativa** *(Typ)* Rotations(druck)maschine f
- ~ **de rozar** *(Bgb)* Schrämmaschine f
- ~ **ruidosa** lärmabstrahlende [lärmintensive, geräuschintensive] Maschine f, Maschine f mit hohem Lärmpegel
- ~ **secadora** Trockenanlage f, Trocknungsanlage f, Trockenmaschine f, Trocknungsmaschine f
- ~ **secuencial** *(Inf)* Serienrechner m, sequenziell arbeitender Rechner m
- ~ **segadora** Mähmaschine f, Erntemaschine f
- ~ **segadora de heno** Heuwerbemaschine f
- ~ **sembradera [sembradora]** Sämaschine f, Drillmaschine f
- ~ **separadora** 1. Trennmaschine f, Trennanlage f; 2. Sortiermaschine f
- ~ **de serrar** Sägemaschine f
- ~ **de simple efecto** einfach wirkende Maschine f, einfach wirkender Motor m
- ~ **de soldar** Schweißmaschine f
- ~ **de sondar [sondeo]** 1. Lotmaschine f; 2. *(Bgb)* Bohrmaschine f
- ~ **soplante** Gebläsemaschine f, Luftgebläse n
- ~ **de taladrar** 1. *(Fert)* Bohrmaschine f, Bohrwerk n, Innendrehmaschine f; 2. Bohranlage f
- ~ **de tejer** *(Text)* Webmaschine f, Webstuhl m
- ~ **para el tendido de vías férreas** Gleisverlegemaschine f, Gleisrückmaschine f
- ~ **térmica** Wärmekraftmaschine f
- ~ **termo-encuadernadora** Thermo-Bindegerät n
- ~ **terrestre** *(Lt)* Bodenbearbeitungsgerät n
- ~ **textil** Textilmaschine f
- ~ **de timón** *(Schiff)* Rudermaschine f
- ~ **de torcer** *(Text)* Zwirnmaschine f
- ~ **para trabajar chapa** Blechbearbeitungsmaschine f
- ~ **de trabajar madera** Holzbearbeitungsmaschine f
- ~ **de trabajo** 1. Arbeitsmaschine f; 2. Bearbeitungsmaschine f
- ~ **de tracción** 1. Zugmaschine f, Aufzugsmaschine f, Winde f; 2. Traktor m, Ziehinstrument n *(Medizintechnik)*
- ~ **tragaperras** Münzautomat m
- ~ **para transbordo de tierras** *(Bw)* Erdbewegungsgerät n
- ~ **para tratamientos** Aufbereitungsmaschine f
- ~ **de trefilar** Drahtziehmaschine f
- ~ **trituradora de roca** Brechwerk n
- ~ **troqueladora** Kniehebelpresse f
- ~ **turbosoplante** Turbogebläse n
- ~ **de vapor** Dampfmaschine f
- ~ **vibradora** 1. Rüttelmaschine f; 2. *(Bw)* Verdichtungsmaschine f, Verdichter m
- ~ **voladora [volante, de volar]** Flugmaschine f, Luftfahrzeug n
- ~ **zanjadora** Dränmaschine f, Grabenpflug m, Grabenbagger m, Grabenzieher m

maquinable (maschinell) verarbeitbar; bearbeitbar; zerspanbar

maquinado m 1. mechanische Bearbeitung f; 2. Metallbearbeitung f; Zerspanen n

- ~ **basto** Schruppen n; Vorbearbeitung f
- ~ **brillante** Schlichten n; Nachbearbeitung f
- ~ **de copia** Nachformbearbeitung f, Kopieren n
- ~ **por chisporroteo eléctrico** Elektrofunkenbearbeitung f
- ~ **especular** Glanzpolierung f

maquina-guadañadora f Mähmaschine f
máquina-herramienta f Werkzeugmaschine f

maquinal Maschinen...; mechanisch
maquinar v bearbeiten *(auf Werkzeugmaschinen)*; zerspanen

- ~ **en caliente** warmbearbeiten
- ~ **en frío** kaltbearbeiten

maquinaria f 1. maschinelle Ausrüstung f; Maschinen fpl; Mechanismen mpl; 2. Maschinenbau m

- ~ **agrícola** Landmaschinen fpl; Landtechnik f

~ **de bombeo** Pumpenanlage f (auf Tankern)
~ **de extracción** (Bgb) Förderanlage f
~ **forestal** Forstmaschinen fpl, Forsttechnik f
~ **de perforación** Bohrausrüstung f (für Tiefbohrungen)
~ **de pesca** Fischfangausrüstung f
maquinilla f 1. (Förd) Winde f, Hebewinde f; Bockwinde f, Hebebock m; Winsch f, Spill n; 2. (Text) Schaftmaschine f
~ **de carga** Ladewinde f
~ **de cubierta** Decksmaschine f; Deckswinde f
~ **de esquileo** Schermaschine f (für Schafe)
~ **de maniobra** (Schiff) Verholwinde f
~ **de pesca** Fischereiwinde f
maquinización f Mechanisierung f
marca f 1. Marke f; Fabrikat n; Modell n, Automarke f; 2. Zeichen n; Wasserzeichen n (Papier); 3. (Inf) Kennzeichen f, Flag n, Merker m, Marke f, Anzeiger m; 4. Schiffsklasse f; 5. (Nrt) Telefonnummer f
~ **de bloque** (Inf) Anfangszeichen n, Startzeichen n (eines Zeichenblocks)
~ **de calado** (Schiff) Tiefgangsmarke f, Ahming f
~ **de cinta** (Inf) Bandmarke f, Bandmarkierung f
~ **de conformidad** Konformitätszeichen n (CE-Kennzeichnung)
~ **de entrada** (Nrt) Vorwahlnummer f
~ **de fin de campo** (Inf) Feldteiler m, Trennzeichen n, Feldendemarkierung f
~ **de fin de cinta** (Inf) Bandendeanzeiger m
~ **de francobordo** (Schiff) Freibordmarke f, Lademarke f, Plimsollmarke f
~ **de inserción** (Inf) Einfügemarke f, Cursor m
marcación f 1. Kennzeichnung f, Markierung f, Signierung f; Stempelung f; 2. Peilung f; 3. (Nrt) Wählvorgang m
~ **de brújula** Kompasspeilung f
~ **radiogoniométrica** Funkpeilung f, Funkpeilwinkel m, Funkpeilwert m
marcado m 1. Markierung f, Signierung f; Stempelung f; 2. Abstecken n; 3. (Typ) Anlage f, Anlegen n; 4. s. marcación 3.
marcador m 1. Markierer m; Anreißgerät n; 2. (Typ) Anleger m

~ **de árboles** Reißhaken m (Forsttechnik)
~ **de gasolina** (Kfz) Benzinstandsanzeiger m; Tankfüllstandsanzeiger m
marcadora f Signieranlage f
~ **de precios** Auszeichnungsmaschine f, Preisauszeichnungsmaschine f
marcar v 1. anreißen, anzeichnen; markieren; 2. anzeigen; 3. (Typ) anlegen; 4. (Nrt) (an)wählen; 5. peilen
marco m 1. Rahmen m; Fensterrahmen m; 2. (Bgb) Türstock m; 3. Ständer m, Gestell n
~ **portasierra** Sägegatter n
~ **de puerta** Türrahmen m
marcha f 1. Bewegung f, Beförderung f; Gang m; Lauf m; Takt m; 2. Fahrt f, Fahrgeschwindigkeit f; 3. Arbeit f, Betrieb m • **de ~ inversa** gegenläufig • **a toda ~** 1. mit voller Geschwindigkeit; 2. (Kfz) mit Vollgas
~ **acelerada** Eilgang m; Hochlauf m (Elektromotor)
~ **del alto horno** Hochofenbetrieb m
~ **de arrastre** (Lt) Schleppgang m
~ **atrás** 1. Rückwärtsfahrt f; 2. (Kfz) Rückwärtsgang m
~ **de cultivar [cultivo]** (Lt) Pflegegang m (Schlepper)
~ **de ensayo** Probelauf m, Probebetrieb m; Testfahrt f, Probefahrt f
~ **forzada** Zwangslauf m
~ **lenta** 1. Langsamfahrt f; 2. (Kfz) Langsamgang m, Schleichgang m; Langsamlauf m
~ **libre** (Schiff) Freifahrt f
~ **multiplicada** (Kfz) Schnellgang m, Schongang m
~ **muerta** toter Gang m; Leerlauf m
~ **oblicua** Schräglauf m (Förderband)
~ **para plantar** (Lt) Pflanzgang m (Schlepper)
~ **de procesos** Prozessablauf m
~ **rápida** Schnelllauf m; Schnellgang m, Eilgang m
~ **en retroceso** (Kfz) Rückwärtsgang m
~ **rítmica** (Inf) Taktlauf m
~ **a rueda libre** Freilauf m
~ **sobremultiplicada** (Kfz) Schnellgang m; höchster Gang m
~ **tortuga** (Kfz) Kriechgang m
~ **en vacío** Leerlauf m

mareógrafo *m* Gezeitenschreiber *m*; Gezeitenpegel *m*

mareómetro *m* Tidenmesser *m*

margen *m* 1. Bereich *m*; Grenze *f*; 2. *(Mech)* Raum *m*, Spielraum *m*; 3. Reserve *f* (*z. B. Festigkeit*)

~ **de ajuste** Einstellbereich *m*, Stellbereich *m*

~ **dinámico** *(Eln)* Aussteuerbereich *m*

~ **de frecuencia** *(Eln)* Frequenzumfang *m*; Frequenzbereich *m*, Frequenzgebiet *n*

~ **graduado** Messbereich *m*

~ **de inflamabilidad** Zündgrenze *f*

~ **de maniobra** Spielraum *m*

~ **de medición** Messbereich *m*

~ **de modulación** *(Eln)* Aussteuerungsbereich *m*, Modulationsbereich *m*

~ **de regulación** Einstellbereich *m*

~ **de sintonización** *(Eln)* Nachstimmbereich *m*

~ **de sustentación** *(Flg)* Auftriebsreserve *f*

~ **de tensión de vídeo** *(TV)* Bildaussteuerung *f*

~ **de variación de la capacidad** Kapazitätsbereich *m*

marginador *m* 1. Rand(ein)steller *m*, Randauslösung *f* (*Schreibmaschine*); 2. *(Typ)* Anleger *m*

marginera *f* *(Typ)* Anlegemarke *f*

mariposa *f* Flügel *m*; Flügelmutter *f*, Drosselklappe *f*

~ **de aceleración** Drosselklappe *f*; Gaspedal *n*

marmita *f* Topf *m*; Boiler *m*; (kleiner) Kessel *m*

~ **a presión** Schnellkochtopf *m*, Dampfdrucktopf *m*

mármol *m* 1. Marmor *m*; Marmorplatte *f*, *(Typ)* Schließplatte *f*

~ **de ajustador** Richtplatte *f*

~ **de trazar** Anreißplatte *f*, Aufreißtisch *m*

maroma *f* Tau *n*, Seil *n*, Trosse *f*

marquesina *f* 1. Markise *f*, Sonnendach *n*; 2. *(Eb)* Führerstand *m*

~ **para diapositivas** Diarähmchen *n*

martellina *f* *(Bw)* Stockeisen *n*, Stockhammer *f*

martemple *m* *(Met)* Martempering *n*, gestaffelte Martensithärtung *f*

martensítico *(Met)* martensitisch

martillar *v* 1. hämmern; 2. schmieden; durchschmieden

martilleo *m* 1. Hämmern *n*; 2. Schmieden *n*; Durchschmieden *n*; 3. Klopfen *n* (*im Motor*)

martillo *m* Hammer *m*; Schlagstück *n*

~ **de aire comprimido** Drucklufthammer *m*

~ **aplanador [de aplanar]** Flachhammer *m*, Schlichthammer *m*

~ **apuntado** Spitzhammer *m*

~ **burilador** *(Bw)* Meißelhammer *m*

~ **cincel** Schrotmeißel *m*, Setzeisen *n*

~ **de contragolpe** Gegenschlaghammer *m*

~ **corto** Fäustel *m*, Fausthammer *m*

~ **cuña** Durchschlaghammer *m*

~ **estampa** Gesenkhammer *m*, Schellhammer *m*; Gesenkhammer *m*

~ **macho** Vorschlaghammer *m*

~ **mecánico** Maschinenhammer *m*; Fallhammer *m*, maschineller [mechanischer] Hammer *m*

~ **de peña** Niethammer *m*

~ **de peña vertical** Kreuzschlaghammer *m*

~ **perforador** Bohrhammer *m*

~ **picador** *(Bgb)* Abbauhammer *m*

~ **pilón** Fallhammer *m*

~ **triturador** Brechmühle *f*

martinete *m* 1. Fallhammer *m*; 2. *(Bw)* Pfahlhammer *m*; Fallbär *m*

~ **de aire comprimido** Drucklufthammer *m*

~ **de caída libre** Freifallramme *f*, Freifallbär *m*

~ **de choque** Fallhammer *m*

~ **Diesel** *(Bw)* Dieselramme *f*

~ **de escape** Fallhammer *m*, Fallbär *m*, Pochhammer *m*

~ **estampador** Gesenkhammer *m*

~ **de forja** Schmiedehammer *m*

~ **de hincar** *(Bw)* Pfahlhammer *m*

~ **pisón** Rammhammer *m*, Rammklotz *m*

más *(Math)* plus *(Additionszeichen)*

masa *f* 1. *(Ph)* Masse *f*; 2. Masse *f*, Teig *m* (*z. B. Kunststoff*); Brei *m*; 3. Anhäufung *f*; Ansammlung *f*; Menge *f*; 4. *(El)* Masse *f*, Erdanschluss *m*

~ **atómica** *(Ph)* Atommasse *f*

~ **centrífuga** Unwuchtmasse *f*

~ **sobre el eje** Achsmasse *f*, Achslast *f*

~ **específica** *(Ph)* Dichte *f*, spezifische Masse *f*

~ **fundida** Schmelze *f*

~ **inercial [inerte]** träge Masse *f*, Trägheitsmasse *f*

~ **inicial** *(Rak)* Startmasse f, Abflugmasse f
~ **molecular** *(Ph)* Molekülmasse f, Molekularmasse f, absolutes Molekulargewicht n
~ **protónica** *(Ph)* Protonenmasse f
~ **en reposo** *(Ph)* Ruh(e)masse f
mascar v s. masticar
máscara f Maske f; Schutzmaske f
~ **de aire** Luftschleier m
~ **de escape** *(D:Sich)* Fluchtgerät n
~ **a mangas** Schlauchgerät n *(Atemschutzgerät)*
~ **de presión negativa** Unterdruckmaske f
~ **protectora de la respiración** Atemschutzmaske f
~ **de respiración** Atemmaske f
~ **de respiración autónoma** Regenerationsgerät n
~ **de sombra** Lochmaske f, Schlitzmaske f *(Bildschirm)*
mascarilla f Halbmaske f
maser m Maser m, Molekularverstärker m, Quantenverstärker m
masilla f Dichtungskitt m; Glaserkitt m; Klebkitt m
~ **obturadora** Vergussmasse f
~ **plástica** *(Met)* Knetmasse f
mastelero m *(Schiff)* Toppmast m; Derrick m; Lademast m
masticadora f *(Kst)* Mastiziermaschine f, Gummikneter m, schwerer Innenmischer m
masticar v *(Kst)* mastizieren
mástil m Mast m
~ **de carga** Lademast m; Ladebaum m
~ **de línea de alta tensión** Hochspannungsmast m
~ **de radioemisión** Antennenmast m, Funkmast m
masurio m s. tecnecio
mata f *(Met)* Stein m *(in Metallschmelze)*
matafuego m Feuerlöscher m
matar v 1. abrunden; drehen; 2. beruhigen *(Stahl)*; 3. löschen *(Kalk)*; 4. *(El)* abschalten, trennen; 5. mattieren *(Metalle)*; 6. (Vieh) schlachten
matematicas fpl Mathematik f
matematización f Anwendung f mathematischer Methoden
materia f 1. *(Ph)* Materie f, Urstoff m, Grundstoff m; 2. Stoff m, Material n, Werkstoff m

~ **activa** radioaktiver Stoff m
~ **aprestante** *(Text)* Schmälzmittel n; Appret n(m), Appreturmittel n
~ **base [básica]** Grundstoff m; Ausgangsstoff m; Urstoff m
~ **carburante** Brennstoff m
~ **colorante** Farbstoff m
~ **contenida en el efluente** Abwasserinhaltsstoff m
~ **curtiente** *(Led)* Gerbmittel n, Gerbstoff m
~ **explosiva** Explosivstoff m; Sprengstoff m
~ **extraña** Fremdstoff m; Zusatz m; Beimischung f
~ **fácilmente inflamable** leicht entzündlicher [brennbarer] Stoff m
~ **fibrosa** *(Text)* Fasergut n, Spinngut n, Spinnstoff m
~ **físil** *(Kern)* spaltbares Material n, Spaltstoff m
~ **fluorescente** Leuchtstoff m
~ **hilable** *(Text)* Spinngut n, Spinnstoff m, Fasergut n
~ **de hinca** Rammgut n
~ **inerte** *(Bw)* Füller m, Zuschlagstoff m
~ **inflamable** entzündlicher Stoff m; brennbarer [zündbarer] Stoff m, Brandstoff m
~ **interestelar** interstellare Materie f
~ **macerada** *(Ch)* Maische f
~ **nociva** Schadstoff m
~ **nuclear** Kernmaterial n
~ **peligrosa** Gefahrstoff m
~ **plástica** Kunststoff m, Plastik m; plastische Masse f
~ **prima** Rohstoff m, Rohmaterial n, Ausgangsstoff m; Grundstoff m
~ **radiactiva** radioaktiver Stoff m, radioaktives Material n
~ **semielaborada** Halbzeug n
~ **sintética** synthetisches Material n, Kunststoff m
~ **sólida** 1. Feststoff m, fester Stoff m, Festsubstanz f; 2. Trockensubstanz f
~ **en suspensión** Schwebstoff m
~ **tánica** *(Led)* Gerbstoff m
~ **termoplástica** Thermoplast m, thermoplastischer Kunststoff m
~ **volátil** flüchtiger Bestandteil m
material m 1. Material n, Stoff m, Werkstoff m; 2. Ausrüstung f, Gerät n; techni-

material

sche Mittel *npl*; Betriebsmittel *npl*; Technik *f*; Inventar *n*
- ~ **abrasivo** Schleifmittel *n*
- ~ **absorbente del ruido** lärmdämmender Stoff *m*, Absorptionsmaterial *n (gegen Lärm)*
- ~ **aglutinante** Klebemittel *n*, Bindemittel *n*
- ~ **aislante del sonido** Schalldämmstoff *m*
- ~ **altamente combustible** hochbrennbarer Stoff *m*
- ~ **amortiguador** Dämpfungsmaterial *n*, Dämpfungswerkstoff *m*; Dämmstoff *m*
- ~ **amortiguador de sonido** Schalldämmstoff *m*
- ~ **anticorrosivo** Korrosionsschutzmittel *n*
- ~ **antideflagrante** 1. explosionsgeschützte Betriebsmittel *npl*; 2. *(Bgb)* schlagwettergeschützte Ausrüstung *f*
- ~ **antifricción** Reibwerkstoff *m*, Friktionswerkstoff *m*
- ~ **antisonoro** Schallschutzmittel *npl*; Schallschutzmaterial *n*, Schallschluckstoff *m*
- ~ **arrancado** Rammgut *n (Tiefbau)*
- ~ **de atenuación** Dämmstoff *m*
- ~ **automóvil** Kraftfahrzeugtechnik *f*, Kraftfahrzeugausrüstung *f*
- ~ **(de) base** 1. Grundstoff *m*, Grundmaterial *n*, Ausgangsmaterial *n*, Ausgangsstoff *m*; Grundwerkstoff *m*; Trägerwerkstoff *m*; 2. Tragschichtmaterial *n (Straßenbau)*
- ~ **blanco** *(Typ)* Füllmaterial *n*
- ~ **calorífugo** feuerfestes Material *n*
- ~ **cáustico** ätzender Stoff *m*
- ~ **cementante** Bindemittel *n*
- ~ **colorante** Farbstoff *m*
- ~ **de composición** *(Typ)* Setzmaterial *n*
- ~ **compuesto** Verbundwerkstoff *m*
- ~ **cortador** Schneidwerkstoff *m*
- ~ **crudo** Rohstoff *m*, Rohmaterial *n*; unbearbeitetes Material *n*
- ~ **de derribo** *(Bw)* Abbruchmaterial *n*
- ~ **desechado [de desecho]** Abfall *m*, Abfallprodukt *n*, Abfallstoff *m*
- ~ **dragado** Baggergut *n*
- ~ **dúctil** plastisches [streckbares, umformbares] Material *n*
- ~ **eléctrico** elektrische Ausrüstung *f*; elektrisches Gerät *n*
- ~ **de elevación de cargas** Lastaufnahmemittel *n*
- ~ **a elevar** Fördergut *n*

- ~ **esponjoso** Schaumstoff *m*
- ~ **explosivo** explosibler [explosionsfähiger, explosionsgefährlicher] Stoff *m*
- ~ **extraído** *(Bgb)* Fördergut *n*
- ~ **extraño** Fremdstoff *m*
- ~ **ferromagnético** Ferromagnetikum *n*, ferromagnetischer Stoff *m*
- ~ **fértil** *(Kern)* Brutmaterial *m*, Brutstoff *m*
- ~ **fibroso** Faserstoff *m*; Faserbaustoff *m*
- ~ **filtrante** Filtermaterial *n*, Filterstoff *m*
- ~ **fisil** *(Kern)* spaltbares Material *n*, Spaltstoff *m*
- ~ **fonoabsorbente** schallschluckender Stoff *m*, Schallschluckmaterial *n*, Schallschluckstoff *m*, Schall absorbierendes Material *n*
- ~ **a granel** Schüttgut *n*
- ~ **de hincar** Rammgut *n (Tiefbau)*
- ~ **ignífugo** Flamm(en)schutzmittel *n*
- ~ **inflamable** brennbarer Stoff *m*; zündfähiger [zündbarer] Stoff *m*; brandgefährlicher Stoff *m*
- ~ **informático** Rechnerausstattung *f*
- ~ **insonorizante** Schalldämmstoff *m*
- ~ **de lubricación** Schmierstoff *m*
- ~ **mecánico** maschinelle Ausrüstung *f*; Geräte *npl*
- ~ **minero** Bergbauausrüstung *f*
- ~ **móvil** 1. *(Eb)* rollendes Material *n*; 2. Betriebsmittel *npl*
- ~ **muy combustible** hochbrennbarer Stoff *m*
- ~ **muy conductor** hochleitender Stoff *m*
- ~ **nocivo** Schadstoff *m*
- ~ **nuclear** Kernbrennstoff *m*
- ~ **peligroso** Gefahrstoff *m*, gefährlicher Stoff *m*
- ~ **pesado** Schwergut *n*
- ~ **de protección personal** *(Sich)* persönliche Schutzausrüstung *f*, Körperschutzmittel *npl*
- ~ **radiactivo** radioaktiver Stoff *m*, radioaktives Material *n*
- ~ **de rápido desgaste** schnell verschleißende Teile *npl*
- ~ **rayante** Schleifmittel *n*, Schmirgel *m*; Poliermittel *n*
- ~ **de reciclaje** Recyclingmaterial *n*
- ~ **recuperable** rückgewinnbarer Stoff *m*
- ~ **refractario** feuerfester Baustoff *m*, feuerfestes Material *n*
- ~ **a refrigerar** Kühlgut *n*

~ de relleno 1. Zuschlagstoff m, Füllstoff m; 2. *(Ch)* Füllkörper m *(z. B. bei der Destillation)*; 3. *(Bgb)* Versatzgut n
~ para rescate Rettungsausrüstung f, Rettungsgeräte npl
~ resistente al calor hitzebeständiger Stoff m
~ resistente a la corrosión korrosionsbeständiger Werkstoff m
~ rodante *(Eb)* rollendes Material n
~ de salvamento Rettungsausrüstung f; Rettungsmittel npl; Rettungsgerät n, Bergungsausrüstung f, Bergungsgerät n; Bergungsmittel npl
~ de seguridad Sicherheitsausrüstung f; Arbeitsschutzmaterial n; Schutzvorrichtungen fpl
~ semiacabado Halbzeug n
~ de señalización Signalmittel npl; Signalgerät n
~ sinterizado Sintergut n
~ de soldadura Schweißmaterial n, Schweißgut n
~ soporte Trägermaterial n, Trägerstoff m, Substratmaterial n, Substratstoff m
~ tecnológico technologische Ausrüstung f
~ termoplástico Thermoplast m
~ de transmisión Übertragungsausrüstung f, Fernmeldetechnik f, Fernmeldegerät n; Nachrichtentechnik f, Nachrichtengerät n
~ viejo Altstoff m
matizar v abtönen; abstufen; schattieren
matraz m *(Ch)* Kolben m, Langhalskolben m
~ aforado Messkolben m
~ de destilación Destillierkolben m
matriz f 1. *(Math)* Matrix f, Matrize f; 2. *(Inf)* Matrix f, Feld n *(Datenstruktur)*; 3. Form f, Gesenk f; 4. *(Typ)* Matrize; Mater f *(Stereotypie)*; 5. Innengewinde f; 6. *(Geol)* Grundmasse f, Gesteinsmasse f
~ acabadora Fertiggesenk n
~ de acuñar Prägematrize f
~ bidimensional *(Inf)* zweidimensionales Datenfeld n, zweidimensionale Tabelle f [Rechentabelle f]
~ de conmutación Umschaltungsmatrix f
~ conmutativa kommutative [vertauschbare] Matrix f
~ de embutir Hohlziehwerkzeug n

~ de estampar Stanzmatrize f
~ de extrusión *(Kst)* Pressmatrize f, Strangmatrize f, Fließpressmatrize f
~ de formar Formgesenk n
~ inversa Kehrmatrix f, Umkehrmatrix f, inverse Matrix f
~ de inyección *(Kst)* Spritzgießform f
~ lógica programable Universalschaltkreis m, vorgefertigter Logikbaustein m *(nach Kundenwunsch verdrahtbar)*
~ madre Muttergesenk n *(Schmieden)*
~ numérica numerisches Datenfeld n
~ de píxeles Bildraster m
~ de puntos de imagen Bildraster n
matrizar v 1. *(Typ)* matrizieren; 2. *(Fert)* ziehen
~ a profundidad tiefziehen
maximizar v 1. maximieren; 2. *(Inf)* auf Bildschirmgröße vergrößern
máximo m Maximum n, Höchstwert m, Größtwert m, Spitzenwert m, Scheitelwert m
~ de la ventana *(Inf)* Vollbild n
maxvelio m Maxwell n, M, Mx
mayúscula f Großbuchstabe m, Majuskel f
maza f Hammerklotz m
~ del martillo pilón Hammerbär m
mazacote m Mörtel m, Kalkmörtel m; Steinmörtelgemisch n
mazarota f *(Gieß)* Speiser m; verlorener Gießkopf [Kopf m], Steiger m
mazo m 1. Bär m, Hammerklotz m; Klüpfel m; 2. *(Inf)* Stapel m, Paket n, Satz m, Stoß m *(Karten)*
M.C.M. s. múltiplo mínimo común
mecánica f 1. Mechanik f; 2. Maschinenbau m *(Wissenschaft)*, Maschinenwesen n; 3. Mechanismus m, Getriebe m
~ automotriz Kraftfahrzeugbau m
~ del calor Wärmemechanik f, Mechanik f der gasförmigen Körper
~ celeste Astromechanik f, Himmelsmechanik f
~ constructiva Baumechanik f
~ cuántica [de los cuantos] Quantenmechanik f
~ de los cuerpos sólidos Mechanik f der festen Körper
~ de los fluidos Strömungsmechanik f, Mechanik f der Flüssigkeiten (und Gase)
~ general allgemeiner Maschinenbau m
~ de los líquidos Hydromechanik f

mecánica

~ **de obras** Baugrundmechanik f
~ **ondulatoria** Wellenmechanik f
~ **de precisión** Feinmechanik f, Präzisionsmechanik f; Feinwerktechnik f
~ **de las rocas** Gebirgsmechanik f
~ **del suelo** Bodenmechanik f

mecánico 1. mechanisch; 2. maschinell
mecánico-ondulatorio wellenmechanisch
mecanismo m 1. Mechanismus m, Getriebe n, Gestänge n, Triebwerk n; Laufwerk n, Werk n, Uhrwerk n; Vorrichtung f, Einrichtung f, Apparat m; 2. Mechanismus m, Ablauf m

~ **de accionamiento** Triebwerk n
~ **de adición** Addierwerk n; Saldierwerk n
~ **aforador** Messvorrichtung f
~ **de agarre** Greifervorrichtung f
~ **agavillador** (Lt) Bindevorrichtung f
~ **agitador** Rührwerk n
~ **de ajuste** Einstellmechanismus m; Reguliervorrichtung f
~ **alimentador** Zuführungsvorrichtung f, Beschickungsvorrichtung f
~ **alimentador del hilo** (Text) Fadengeber m
~ **de arranque** (Kfz) Kickstarter m
~ **de arrastre** Mitnehmer m, Greifer m; Antriebsmechanismus m; Laufwerk n (z. B. für Disketten)
~ **articulado** Gelenkkette f
~ **atador** (Lt) Bindevorrichtung f
~ **de avance** Vorschubgetriebe n, Vorschubschaltkasten m
~ **de avance de la inyección** (Kfz) Einspritzversteller m
~ **de avance de papel** Papiervorschub m
~ **basculador** 1. Auslösevorrichtung f; 2. Kippwerk n
~ **batidor** Rührwerk n
~ **de bloqueo** Sperre f
~ **calculador** Zählwerk n
~ **de cambio** Wendegetriebe n
~ **de carraca** selbstsperrendes Getriebe n
~ **catenario** Kettengetriebe n
~ **compensador** Nachstelleinrichtung f
~ **de conducción** Steuervorrichtung f
~ **de conmutación** Schaltwerk n
~ **contador** Zählvorrichtung f, Zählwerk n
~ **de control** Steuer(ungs)mechanismus m; Regelmechanismus m; Kontrollmechanismus m

~ **de control de acceso** (Inf) Zugriffssteuerung f
~ **copiador** Kopiereinrichtung f
~ **cortador** Mähvorrichtung f, Schneidevorrichtung f; Maisgebiss n
~ **de cuerda** Federtriebwerk n
~ **desconectador** Auslösevorrichtung f, Auslöser m, Ausklinkvorrichtung f
~ **de desenganche** Ausrückvorrichtung f
~ **desmultiplicador** Reduktionsgetriebe f, Untersetzungsgetriebe f
~ **diferencial** Differenzialgetriebe n, Ausgleichgetriebe n
~ **de dirección** 1. Steuervorrichtung f; 2. (Kfz) Lenkmechanismus m, Lenkvorrichtung f, Lenkeinrichtung f; Lenkung f
~ **para disquetes** Diskettenlaufwerk n
~ **distribuidor** Streuvorrichtung f (z. B. Düngerstreuer)
~ **de elevación** Hebemechanismus m, Hebevorrichtung f, Hubvorrichtung f; Hubwerk n
~ **de enclavamiento** Verriegelungsmechanismus m; Verriegelung f; Blockiersystem n
~ **de enganche** Kupplungsvorrichtung f
~ **de engranaje** Zahnradgetriebe n
~ **de entrada** Aufnahmevorrichtung f, Aufnahmeeinrichtung f, Aufnehmer m (Baugruppe von Erntemaschinen)
~ **de escritura** Schreibwerk n
~ **de estiraje** (Text) Abzugsvorrichtung f, Streckwerk n, Streckmechanismus m
~ **expulsor** Auswerfvorrichtung f, Auswerfer m
~ **fijador** Befestigungsvorrichtung f; Haltevorrichtung f; Spannvorrichtung f
~ **de fricción** Friktionsgetriebe n, Reibungsgetriebe n
~ **giratorio [de giro]** 1. Drehwerk n, Schwenkwerk n; 2. (Rak) Seitenrichttrieb m
~ **de gobierno** (Schiff) Steuervorrichtung f
~ **hidráulico** 1. hydraulischer Mechanismus m; 2. Flüssigkeitsgetriebe n
~ **de husillo** Schraubspindelgetriebe n
~ **de impresión** Druckwerk n; Schreibwerk n (druckend)
~ **impulsor** Triebwerk n
~ **inclinador del pescante** (Förd) Auslegereinziehwerk n, Wippwerk n

media

- ~ **inversor** Umsteuermechanismus m; Wendegetriebe n, Umsteuergetriebe n
- ~ **de izado [izar]** Hebezeug n
- ~ **lanzador [de lanzamiento]** *(Rak)* Startvorrichtung f; Abschussvorrichtung f
- ~ **limitador** *(Masch)* Begrenzer m; Sperre f, Anschlag m
- ~ **malaxador** Rührwerk n
- ~ **de mando** Steuerwerk n, Triebwerk n, Steuerungsantrieb m
- ~ **de maniobra** Schaltmechanismus m, Antriebsvorrichtung f
- ~ **de manivela [manubrio]** Kurbelgetriebe n, Kurbeltrieb m
- ~ **medidor** Messwerk n
- ~ **mezclador** Rührwerk n
- ~ **de molienda** Mahlwerk n
- ~ **de muelle** Federlaufwerk n
- ~ **a paso por trinquete** Schrittschaltwerk n
- ~ **de propulsión** Fahrgetriebe n; Triebwerk n
- ~ **protector** 1. Schutzmechanismus m; 2. Schutzvorrichtung f; Abschirmeinrichtung f
- ~ **de puesta en marcha** Einschaltvorrichtung f
- ~ **recogedor** *(Lt)* Aufnahmevorrichtung f, Aufsammelvorrichtung f
- ~ **reductor** Reduktionsgetriebe n, Untersetzungsgetriebe n
- ~ **de regreso** *(Masch)* Rückführung f, Rücklaufgetriebe n
- ~ **de relojería** Uhrwerk n, Laufwerk n
- ~ **removedor** Rührwerk n
- ~ **de resorte** Federlaufwerk n
- ~ **de retenida** *(Masch)* Sperrvorrichtung f, Sperre f
- ~ **de reversión** Umkehrgetriebe n
- ~ **revolvedor** Rührwerk n
- ~ **para roscar** Gewindeschneideinrichtung f
- ~ **con rueda de fricción** Friktionsgetriebe n, Reibungsgetriebe n
- ~ **sacudidor [de sacudir]** *(Gieß)* Rüttelvorrichtung f
- ~ **segador** Mähwerk n
- ~ **seguidor** Nachlaufsteuerung f *(Regelungstechnik)*
- ~ **selectivo** *(Nrt)* Wähler m, Wählmechanismus m
- ~ **sembrador** Säaggregat n; Säeinrichtung f
- ~ **temporizador** Zeitschaltwerk n
- ~ **de tensión** Spannvorrichtung f, Kettenspanner m
- ~ **para terrajar** Gewindebohrvorrichtung f
- ~ **de timoneo** *(Schiff)* Rudermaschine f, Rudergeschirr n
- ~ **de total** Summenwerk n
- ~ **de transmisión** Triebwerk n; Getriebe n
- ~ **traslador** Fahrwerk n
- ~ **trillador** *(Lt)* Dreschwerk n
- ~ **de trinquete** *(Masch)* Schaltwerk n, Klinkenschaltwerk n, Ratsche f
- ~ **de trinquete automático** selbstsperrendes Getriebe n

mecanizable *(Fert)* umformbar

mecanización f 1. Mechanisierung f; 2. (mechanische) Bearbeitung f
- ~ **de la chapa** Blechbearbeitung f, Blechverarbeitung f
- ~ **eléctrica erosiva** Funkenerosionsbearbeitung f, Elektroerosivbearbeitung f, Elektroerosion f
- ~ **por haz electrónico** Elektronenstrahlbearbeitung f
- ~ **de metales** Metallbearbeitung f

mecanizado m (mechanische) Bearbeitung f; Umformung f
- ~ **en caliente** Warmumformung f
- ~ **electroquímico** elektrochemische Bearbeitung f, elektrochemisches Abtragverfahren n
- ~ **en frío** Kaltumformung f
- ~ **de gran precisión** Präzisionsbearbeitung f, Feinstbearbeitung f

mecanizar v 1. mechanisieren; 2. bearbeiten *(auf einer Werkzeugmaschine)*

mecha f 1. Docht m; 2. Zündschnur f, Lunte f; 3. *(Bgb)* Bohrer m; 4. *(Text)* Vorgarn n *(Spinnerei)*; 5. *(Schiff)* Ruderschaft m
- ~ **de taladro** Bohrmeißel m, Bohrkrone f, Bohreinsatz m
- ~ **del timón** *(Schiff)* Ruderschaft m, Ruderstock m

mechera f *(Text)* Flyer m

mechero m Brenner m

media f *(Math)* Mittel n, Durchschnitt m
- ~ **aritmética** arithmetisches Mittel n
- ~ **armónica** harmonisches Mittel n
- ~ **cuadrada** quadratisches Mittel n
- ~ **geométrica** geometrisches Mittel n
- ~ **ponderada** gewogenes Mittel n

mediana f (Math) Seitenhalbierende f
medianería f (Bw) Zwischenmauer f, Trennmauer f
mediatriz f (Math) Mittelsenkrechte f
medición f Messen n, Abmessen n; Zumessen n, Bemessen n; Messung f, Aufmessung f, Abmessung f, Ausmessung f
~ **acústica** Schallmessung f
~ **al aire libre** Freifeldmessung f (Lärm)
~ **angular** Winkelmessung f
~ **de caudal** Durchflussmengenmessung f
~ **a distancia** Fernmessung f, Telemetrie f
~ **dosimétrica individual** Personendosimetrie f
~ **del nivel de ruido** Lärmpegelmessung f
~ **de precisión** Feinmessung f, Präzisionsmessung f
~ **del ruido** Lärmmessung f
~ **in situ** Messung f vor Ort
~ **sonora** Schallmessung f
medida f 1. Maß n; Maßstab m; Ausmaß n; 2. Messung f, Bestimmung f; 3. Maßregel f • **a ~ justa** maßhaltig
~ **de acabado** (Fert) Fertigmaß n
~ **de ángulos** Winkelmessung f
~ **calorimétrica** kalorimetrische Messung f, Kalorimetrie f
~ **de capacidad** Hohlmaß n, Raummaß n
~ **efectiva** Istmaß n
~ **nominal** Nennmaß n
~ **normal** Eichmaß n, Normal n
~ **patrón** Vergleichsmaß n, Normalmaß n, Eichmaß n
~ **de ruido** 1. Lärmmessung f; 2. (Nrt) Rauschmessung f
~ **de superficie** Flächenmaß n
~ **teórica** Sollmaß n
~ **de terminación** Fertigmaß n
~ **volumétrica** Raummaß n
medidor m Messgerät n, Messer m; (Am) Zähler m
~ **de agua** Wassermesser m; (Am) Wasserzähler m
~ **de ángulos** Winkelmessgerät n, Winkelmesser m
~ **de concentración radiactiva** (Kern) Dosimeter n
~ **de corriente** 1. Hydrometer n; Flüssigkeitsmesser m; 2. (El) Strommessgerät n
~ **de chorro** Verbrauchsmesser m, Durchflussmesser m
~ **de deformación** Tensometer n
~ **de esfuerzos** (Bw) Spannungsmessgerät n, Spannungsmesser m
~ **de flujo** Verbrauchsmesser m; Durchflussmesser m
~ **de gas** (Am) Gaszähler m
~ **de gasolina** Benzinstandsanzeiger m
~ **de luz** Photometer n
~ **de nivel sonoro** Schallpegelmesser m
~ **de radiación** Strahlungsmesser m, Strahlungsmessgerät n
~ **de revoluciones** Drehzahlmesser m; Tourenzähler m
~ **de voltaje** Voltmeter n
medio m 1. Mitte f, Hälfte f; Mittel n; Durchschnitt m; 2. Medium n, Stoff m; Substrat n, Träger m; 3. Umwelt f, Milieu n; 4. Mittel n, Gerät n
~ **absorbente** absorbierendes Mittel n, Absorbens n
~ **de acceso directo** (Inf) Direktzugriffsgerät n
~ **de almacenamiento** (Inf) Speichermedium n; Speicher m
~ **de alzamiento** (Förd) Hebemittel n, Hebezeug n
~ **aritmético** arithmetisches Mittel n
~ **automotor** (Lt) selbstfahrendes Gerät n, Selbstfahrer m
~ **de aviso** Warnmittel n, Warngerät n
~ **básico** (Ch) alkalisches Medium n
~ **de computación** (Inf) Rechenhilfsmittel n
~ **de control** Steuergerät n
~ **cortafuegos** Feuerlöschvorrichtung f
~ **de cultivo** Kulturmedium n, Nährsubstrat n (Biotechnologie)
~ **de dispersión** Dispergens n, Dispersionsmittel n, dispergierendes Mittel n, Dispersionsmedium n
~ **de enfriamiento** Kühlmedium n, Kühlmittel n
~ **de ensayo** Prüfmittel n
~ **de entrada** Eingabegerät n
~ **de escape** (Sich) Fluchtgerät n
~ **de extinción** 1. Löschmittel n; 2. Feuerlöschgerät n
~ **físico de almacenamiento** (Inf) Speichereinheit f, Speichermedium n
~ **frigorífico** Kältemittel n
~ **de iluminación** Beleuchtungskörper m
~ **informático** Computeranlage f
~ **de introducción de datos** Dateneingabegerät n, Eingabeeinheit f

~ **de izaje** *(Förd)* Hebezeug *n*
~ **mecánico de descarga** *(Schiff)* Löschanlage *f*
~ **de memoria** *(Inf)* Speicher *m*, Speichermedium *n*
~ **portacargas** *(Förd)* Lastaufnahmemittel *n*
~ **de propulsión** Vortriebsmittel *n*, Vortriebsorgan *n*, Antriebsmittel *n*
~ **de protección** *(Sich)* Schutzmittel *n*; Schutzgerät *n*; Schutzvorrichtung *f*
~ **de protección personal** persönliches Schutzausrüstung *f*, Körperschutzmittel *n*
~ **de protección respiratoria** Atemschutzmittel *n*, Atemschutzgerät *n*
~ **de protección contra el ruido** Lärmschutzmittel *n*; Gehörschutzmittel *n*
~ **de recepción de carga** *(Förd)* Lastaufnahmemittel *n*
~ **de registro de datos** *(Opt)* Datenaufzeichnungsmedium *n*; Datenmedium *n*, Datenträger *n*
~ **de rescate** Rettungsmittel *n*; Rettungsgerät *n*; Fluchtgerät *n*
~ **de salida** 1. *(Inf)* Ausgabegerät *n*; 2. Entnahmegerät *n* *(Silo)*
~ **de salvamento** 1. Bergungsmittel *n*; 2. *(Schiff)* Rettungsmittel *n*
~ **soporte** 1. Träger *m*; Medium *n*; Trägermedium *n*; 2. *(Inf)* Datenträger *m*
~ **técnico de seguridad** Sicherheitseinrichtung *f*; Schutzvorrichtung *f*
~ **de telecomunicación** Telekommunikationsgerät *n*
~ **de transmisión de datos** Datenübertragungseinrichtung *f*
~ **de transporte** Verkehrsmittel *n*; Transportmittel *n*; Fördermittel *n*, Fördergerät *n*
medir *v* (ab)messen, bemessen, aufmessen
megabit *m* *(Inf)* Megabit *n*, Mbit (1024 KBit)
megabyte *m* *(Inf)* Megabyte *n* (1024 KByte)
megaciclo *m* **por segundo** Megahertz *n*, MHz
megaelectronvoltio *m* Megaelektronenvolt *n*, MeV
megafónico schallverstärkend
megaocteto *m* *(Inf)* Megabyte *n*, MByte
mega-palabra *f* Megawort *n*, MW (2^{20} Wörter)

mejorar *v* 1. vergüten; veredeln, verfeinern; 2. meliorieren *(Boden)*
memoria *f* 1. Speicher *m*; 2. Abhandlung *f*
~ **de acceso aleatorio [directo, inmediato]** Speicher *m* mit wahlfreiem [direktem] Zugriff, Direktzugriffsspeicher *m*, Schreib-Lese-Speicher *m*, RAM
~ **de acceso paralelo** Speicher *m* mit Parallelzugriff
~ **de acceso rápido** Schnell(zugriffs)speicher *m*
~ **de acceso secuencial** sequenzieller Speicher *m*, Sequenzspeicher *m*
~ **de actividad de escritura** Schreibspeicher *m*
~ **ampliable** erweiterungsfähiger Speicher *m*
~ **asociativa** assoziativer Speicher *m*, Assoziativspeicher *m*, inhaltsadressierter [datenadressierter] Speicher *m*
~ **borrable** löschbarer Speicher *m*
~ **de bulto** Großspeicher *m*, Massenspeicher *m*, Massendatenträger *m*
~ **de burbujas** Blasenspeicher *m*
~ **cache** Cache(speicher) *m*, Schattenspeicher *m*, Schnellpufferspeicher *m*
~ **de cinta magnética** Magnetbandspeicher *m*
~ **de contenido permanente** Permanentspeicher *m*, nicht flüchtiger [permanenter] Speicher *m*
~ **de corto plazo [tiempo]** Kurzzeitspeicher *m*, Arbeitsspeicher *m*
~ **de desplazamiento descendente** Keller(speicher) *m*, Stapelspeicher *m*
~ **direccionable** adressierbarer Speicher *m*
~ **directamente accesible** *s.* ~ **de acceso aleatorio**
~ **de discos** Plattenspeicher *m*, Festplattenspeicher *m*, Magnetplattenspeicher *m*
~ **de discos intercambiables** Wechselplattenspeicher *m*
~ **encajada** Einschachtelungsspeicher *m*, Speicher *m* für Programmverschachtelung *(Kellerspeicher)*
~ **de estado sólido** Festkörperspeicher *m*, Halbleiterspeicher *m*
~ **expandida** erweiterter Speicher *m*, Expanded Memory *m*
~ **de fibras ópticas** Glasfaserspeicher *m*
~ **fija** Festspeicher *m*, Nur-Lese-Speicher *m*, ROM

memoria

~ **de gran tamaño** Großspeicher m, Massenspeicher m

~ **de gran velocidad** Schnellspeicher m, schnell(wirkend)er Speicher m

~ **de imagen** Bildspeicher m

~ **intermedia** Zwischenspeicher m; Puffer(speicher) m, Puffer m

~ **interna** interner Speicher m, Internspeicher m; Arbeitsspeicher m

~ **de lectura solamente** Fest(wert)speicher m, Nur-Lese-Speicher m, ROM, nicht löschbarer Speicher m, Totspeicher m

~ **magnética** magnetischer Speicher m, Magnetspeicher m

~ **de mando** Steuerspeicher m

~ **de maniobra** Notizblock(speicher) m

~ **no permanente** flüchtiger [leistungsabhängiger] Speicher m

~ **de núcleos** Kernspeicher m

~ **ocupada** belegter Speicherplatz m

~ **operativa** Arbeitsspeicher m, Operativspeicher m

~ **óptica** optischer Speicher m

~ **óptica, solamente de lectura** lesbare Bildplatte f, Optical Read-Only Memory, OROM

~ **optoelectrónica** optoelektronischer Speicher m

~ **del ordenador** Rechnerspeicher m, Computerspeicher m

~ **de película delgada [fina]** Dünnschichtspeicher m

~ **permanente** 1. unlöschbarer [nicht löschbarer] Speicher m; 2. permanenter [nicht flüchtiger, leistungsunabhängiger] Speicher m; Permanentspeicher m, Dauerspeicher m

~ **de pila** Stapelspeicher m, Kellerspeicher m

~ **primaria [principal]** Hauptspeicher m, primärer Speicher m, Zentralspeicher m, zentraler Speicher m

~ **programable de lectura solamente** programmierbarer Fest(wert)speicher m, PROM

~ **de retardo** Verzögerungsspeicher m, Rückhaltespeicher m

~ **reutilizable** schneller Hilfsspeicher m [Zwischenspeicher m]; Notizblock(speicher) m

~ **secuencial** Sequenzspeicher m, sequenzieller Speicher m

~ **semiconductora** Halbleiterspeicher m, Festkörperspeicher m

~ **de tambor magnético** Magnettrommelspeicher m

~ **tampón** Puffer(speicher) m; Zwischenspeicher m

~ **temporal** temporärer Speicher m, Zwischenspeicher m; Puffer(speicher) m

~ **de tránsito** Pufferspeicher m

~ **volátil** flüchtiger [energieabhängiger, leistungsabhängiger, nicht permanenter] Speicher m

memorizador m 1. Digitalwandler m; 2. Speichereinrichtung f

memorizar v (Daten) speichern, abspeichern, einspeichern

mena f Erz n; Erzstufe f, Erzschicht f

mendelevio m Mendelevium n, Mv

menisco m 1. (Ph) Meniskus m (gekrümmte Flüssigkeitsoberfläche); 2. (Opt) sichelförmig gewölbtes Brillenglas n

menos (Math) minus (Subtraktionszeichen)

mensaje m (Inf, Nrt) Mitteilung f, Meldung f, Nachricht f

~ **de advertencia** Bedienernachricht f, Bedienermeldung f

~ **de bienvenida** Ansagetext m (Anrufbeantworter)

~ **de control** Steuernachricht f; Steuerinformation f

~ **de guía** Benutzerführung f

~ **luminoso** Leuchtanzeige f

ménsula f Konsole f; Überhang m

mensura f (Ch) Messung f

mensurar v (ab)messen

menú m (Inf) Menü n, Bildschirmmenü n

~ **desplegable** Pull-down-Menü n

~ **de inicio** Startmenü n

mercerizadora f (Text) Merzerisiermaschine f

mercerizar v (Text) merzerisieren

mercurio m Quecksilber n, Hg

meridiano m Meridian m, Längenkreis m, Mittagskreis m

mesa f Tisch m

~ **de agua** Grundwasserstand m

~ **de alimentación** Aufgabetisch m; Fördertisch m

~ **basculante** (Fert) Kipptisch m

~ **de control** 1. Steuerpult n; 2. Kontrolltisch m

meteorología

- ~ **de edición profesional** Desktop m (Arbeitsoberfläche)
- ~ **de fijación** Aufspanntisch m
- ~ **giratoria** Rund(dreh)tisch m; Drehtisch m, Schwenktisch m; Drehplatte f
- ~ **de lanzamiento** (Rak) Starttisch m
- ~ **de medición** Messtisch m
- ~ **de mezclas** Mischpult n (Tontechnik)
- ~ **portapieza** (Fert) Werkstücktisch m
- ~ **regulable en altura** höhenverstellbarer Tisch m
- ~ **de rodillos** Rollgang m (Walzen)
- ~ **sacudidora** Rütteltisch m
- ~ **de sujeción** Aufspanntisch m
- ~ **de trabajo** Arbeitstisch m
- ~ **transportadora** Fördertisch m
- ~ **trazadora** 1. Zeichentisch m, Flachbettzeichengerät n, Tischzeichengerät n, Planzeichengerät n; 2. (Schiff) Kurstisch m
- ~ **vibratoria** Rütteltisch m

meseta f (Bw) Treppenabsatz m, Treppenpodest n, Podest n
mesón m (Kern) Meson n, Mesotron n
metacentro m (Ph, Schiff) Metazentrum n
metaderivado m (Ch) meta-Verbindung f, m-Verbindung f
metageometría f nichteuklidische Geometrie f
metal m Metall n

- ~ **aglomerante** Sintermetall n
- ~ **amarillo** Gelbmetall n, Messing n
- ~ **antifricción** Lagermetall n, Lagerlegierung f
- ~ **campanil** Glockenbronze f, Glockenmetall n
- ~ **cerámico** Sintermetall n, Hartmetall n
- ~ **colado** Gussmetall n
- ~ **conglutinado** Cermet n, metallkeramischer Werkstoff m
- ~ **en chapas** Blech n
- ~ **férreo [férrico, ferroso]** Schwarzmetall n
- ~ **fundido** Gussmetall n
- ~ **en láminas** Metallfolie f, Metallblech n
- ~ **nativo** gediegenes [reines] Metall n
- ~ **no férreo [férrico, ferroso]** Nichteisenmetall n, NE-Metall n; Buntmetall n
- ~ **noble** Edelmetall n
- ~ **plástico** Lagermetall n
- ~ **de polvos** Pulvermetall n
- ~ **precioso** Edelmetall n
- ~ **primario** Primärmetall n, Hüttenmetall n
- ~ **refractario** hitzebeständiges Metall n
- ~ **sinterizado** Sintermetall n, Hartmetall n
- ~ **viejo** Schrott m; Altmetall n

metalífero metallhaltig; erzhaltig
metalización f Metallisierung f, Metallisieren n; Metallspritzen n; Auftragen n von Metall n, Überziehen n mit Metallschichten

- ~ **por cementación** Diffusionsmetallisierung f
- ~ **por contacto** galvanische Metallisierung f
- ~ **con llama** Flammspritzen n
- ~ **por proyección** Metall(auf)spritzen n, Spritzmetallisieren n
- ~ **por [en el] vacío** Vakuumbedampfung f, Vakuummetallisierung f

metalizar v metallisieren
metalocerámica f Pulvermetallurgie f
metalogia f Metallkunde f
metalografía f Metallographie f
metalograma f Metallschliff m
metaloide m Nichtmetall n
metalorradiografía f Röntgenmetallographie f
metaloscopio Metallmikroskop n
metalurgia f Metallurgie f, Hüttenkunde f, Hüttenwesen f, Hüttentechnik f

- ~ **cerámica** Pulvermetallurgie f
- ~ **del cobre** Kupfermetallurgie f, Metallurgie f des Kupfers
- ~ **extractiva** extraktive Metallurgie f, Metallgewinnung f aus Erz
- ~ **ferrosa** Eisenhüttenkunde f, Eisenmetallurgie f, Schwarzmetallurgie f
- ~ **física** physikalische Metallurgie f, Metallkunde f
- ~ **no férrea [ferrosa]** Nichteisenmetallurgie f, NE-Metallurgie f
- ~ **nuclear** Kernbrennstoffmetallurgie f
- ~ **de plasma** Plasmametallurgie f
- ~ **de polvos** Pulvermetallurgie f
- ~ **de transformación** Vered(e)lungsmetallurgie f
- ~ **en el vacío** Vakuummetallurgie f

metanal m Methanal n, Formaldehyd m
metanero m Methanfrachtschiff n, Methanfrachter m
metanol m Methanol n, Methylalkohol m
meteorización f (Geol) Verwitterung f
meteorología f Meteorologie f

metilar v *(Ch)* methylieren
metilbenceno m Methylbenzol n, Toluol n
metilcloruro Methylchlorid n, Chlormethan n
método m Methode f, Verfahren n, Verfahrensweise f, Vorgehen n; Arbeitsweise f; Technik f; System n
~ **de acceso secuencial indexado** *(Inf)* indexsequenzieller Zugriff m
~ **de almacenamiento** *(Inf)* Speicherungsverfahren n
~ **de aproximaciones (sucesivas)** *(Math)* Näherungsverfahren n
~ **calorimétrico** kalorimetrische Messung f, Kalorimetermessung f
~ **catalán** *(Met)* Rennverfahren n
~ **de construcción de cuaderna** *(Schiff)* Spantenbauweise f
~ **de cuadrados mínimos** *(Math)* Methode f der kleinsten Quadrate [Quadratsumme, Fehlerquadratsumme]
~ **de los elementos finitos** *(Math)* Methode f der finiten Elemente, Finite-Elemente-Methode f, FEM
~ **de ensayo** Testverfahren n, Prüfverfahren n, Testsystem n
~ **de explotación [extracción]** *(Bgb)* Abbauverfahren n, Abbausystem n
~ **de fabricación** *(Fert)* Fertigungsverfahren n, Fertigungssystem n; Herstellungsverfahren n, Produktionsverfahren n; Gewinnungsverfahren n
~ **de grabación** *(Inf)* Aufzeichnungsverfahren n
~ **de inducción trasfinita** *(Math)* Methode f der transfiniten Induktion
~ **de interconexión** Verknüpfungstechnik f *(bei Schaltungen)*
~ **iterativo** *(Math)* Iterationsverfahren n; iterative Technik f, iteratives Vorgehen n
~ **de los límites** *(Math)* Grenzwertverfahren n
~ **del minmax** *(Math)* tschebyscheffsche Annäherung f [Approximation f]
~ **paso por paso** 1. Stufenmethode f; 2. *(Math)* Iterationsverfahren n
~ **de puntos entrelazados** *(TV)* Punktsprungverfahren n
~ **de tanteos** *(Math)* Näherungsverfahren n
metro m 1. Meter n; Metermaß n; 2. Untergrundbahn f, U-Bahn f; Metro f

~ **de cinta** Bandmaß n, Maßband n
~ **cuadrado** Quadratmeter n
~ **cúbico** Kubikmeter n; Raummeter n; Schichtfestmeter n
~ **de modelista** Schwindmaß n
~ **newton** Newtonmeter n *(Einheit für Arbeit, Energie und Wärmemenge)*
~ **patrón** Urmeter n
~ **plegable** Zollstock m
metrología f Messtechnik f, Messwesen n, Metrologie f, Messkunde f
metrotécnico vermessungstechnisch
mezcla f 1. Mischen n, Mischung f, Durchmischung f; Beimengung f, Beimischung f; 2. Gemisch n; Gemenge n; 3. *(Eln)* Mischung f
~ **de aire y gasolina** Brennstoff-Luft-Gemisch m
~ **combustible** Kraftstoffgemisch n, Brennstoffgemisch n
~ **combustible-aire** Brennstoff-Luft-Gemisch n
~ **explosiva** 1. explosibles [explosionsfähiges, zündfähiges] Gemisch n; 2. *(Mil)* Sprengsatz m
~ **de frecuencias** *(El)* Frequenzüberlagerung f
~ **frigorífica** Kältemischung f, Kühlsole f
~ **de impulsos de supresión** *(Eln)* Austastgemisch n
~ **inflamable** brennbares [entflammbares] Gemisch n
~ **para machos** *(Gieß)* Kernformstoff m, Kernformmasse f
~ **de moldeo** *(Gieß)* Formstoff m, Formmasse f
~ **pobre** Sparemisch n, mageres [schwaches] Gemisch n *(Treibstoff)*
~ **refrigerante** Kältemischung f
mezclado m 1. Mischen n; 2. Gemisch n
mezclador m 1. Mischer m, Rührwerk n; Rührer m; Mischanlage f; Mischapparat m; Mixer m; 2. s. mezcladora 1.; 3. *(Met)* Mischer m, Roheisenmischer m; 4. *(Eln)* Mischglied n, Mischteil n; 5. Mischholländer m *(Papierherstellung)*; 6. Mischbatterie f *(z. B. am Boiler)*
~ **agitador** Rührapparat m
~ **de antena** *(Eln)* Diplexer m, Antennenweiche f
~ **dosificador** Dosierungsmischer m

~ de frecuencias *(Eln)* Frequenzmischer m

~ de imágenes Bildmischpult n

~ por impacto Prallmühle f *(zum Mischen)*

~ rotatorio Kreiselmischer m, Kreiselrührer m

~ de tornillo sin fin Schneckenmischer m

~ de volquete libre Freifallmischer m

mezcladora f 1. Mischmaschine f; Rührmaschine f; 2. s. mezclador 1.; 3. Mörtelmischer m

~ de alimentos *(Lt)* Futtermischmaschine f, Futtermischer m, Futtermixer m; Futtermischanlage f

~ en camión Transport(beton)mischer m

~ de forrajes *(Lt)* Futtermischmaschine f, Futtermischer m, Futtermixer m *(Grünfutter)*

~ de pasta Teigknetmaschine f, Teigkneter m

~ pavimentadora Straßenbetonmischmaschine f

~ de piensos *(Lt)* Futtermischer m *(Trockenfutter)*

mezclar v (ver)mischen; beimischen; (ver)mengen; beimengen; versetzen; legieren

mica f *(Min)* Glimmer m

micacita m *(Min)* Glimmerschiefer m

micro m 1. s. micrófono; 2. s. microcomputadora

microagrietamiento m Mikro(an)riss m, Feinriss m

microaleación f Mikrolegierung f

microamperímetro m Mikroamperemeter n

microanálisis m Mikroanalyse f, Feinanalyse f

microbalanza f Mikrowaage f

microcentral f Kleinkraftwerk n

microcircuito m Mikroschaltung f, mikroelektronische Schaltung f

~ de memoria Speicherschaltung f, Speicherschaltkreis m

~ de silicio Chip m *(aus Silicium)*

microcomponente m Mikrobaustein m, Chip m

microcomputadora f Mikrocomputer m, Mikrorechner m, MR *(Rechner auf Mikroprozessorbasis)*

~ personal Personalcomputer m, PC

microcronómetro m Kurzzeitmesser m

microdisquete m Mikrodiskette f, Kompaktdiskette f *(Diskette mit einem Durchmesser von 3,5 Zoll)*

microdureza f *(Wkst)* Mikrohärte f

microdurómetro m *(Wkst)* Mikrohärteprüfgerät n, Mikrohärteprüfer m

microenchufe m Mikrostecker m

microesclerómetro m *(Wkst)* Mikrohärteprüfer m

microestructura f Mikrostruktur f, Mikrogefüge n, Feinstruktur f, Feingefüge n

microfibra f Mikrofaser f *(Faser unter 1 μm Durchmesser)*

microficha f Mikrofiche n(m), Mikroplanfilm m, Filmkarte f für Mikrokopien

microfísica f Mikrophysik f

microfisura f Mikroriss m, Haarriss m

micrófono m Mikrofon n

~ direccional Richtmikrofon n, gerichtetes Mikrofon n

~ laríngeo Kehlkopfmikrofon n

~ de ojal Knopflochmikrofon n

~ omnidireccional ungerichtetes [richtungsunempfindliches] Mikrofon n, Allrichtungsmikrofon n

microforro m Dünnschicht f

microfotómetro m *(Feinw)* Mikrophotometer n

microfractura f *(Met)* Mikrofraktur f, Mikrobruch m

micrografía f 1. Mikrographie f; 2. Mikroaufnahme f; Schliffbild n, Gefügebild n

micrógrafo m Mikrograph m

microgrieta f Mikro(an)riss m, Haarnadelriss m

microindicador m Mikroanzeigegerät n

microinformática f Mikroinformatik f, Mikrorechentechnik f

microinstrucción f *(Inf)* Mikrobefehl m

microinterruptor m Mikroschalter m, Kleinstschalter m

microjeringa f Mikrospritze f *(Umweltanalytik)*

microlector m Mikrofilmlesegerät n

micromanipulador m *(Feinw)* Feinmanipulator m, Mikromanipulator m

micrometría f 1. Feinmessung f, Mikrometrie f; 2. Mikrometer npl

micrómetro m 1. Messschraube f; 2. *(Opt)* Mikrometer n *(Gerät)*; 3. Mikrometer n *(Maß)*

~ filar Faden(kreuz)mikrometer n

micrómetro

- ~ ocular Okularmikrometer n
- ~ de profundidad Tiefenmikrometer n
- ~ de rugosidad Rauigkeitsmesser m
- **micromoto** f Fahrrad n mit Hilfsmotor
- **micromotor** m Kleinstmotor m, Mikromotor m
- **micrón** m Mikrometer n
- **micronizar** v mikronisieren
- **microonda** f Mikrowelle f
- **microondas** m Mikrowellenofen m
- **microordenador** m s. microcomputadora
- **micropastilla** f Mikroscheibe f, Mikroplättchen n; Mikrochip m
- ~ de silicio Siliciumscheibe f, Siliciumplättchen n, Chip m
- **microplaqueta** f Mikroplättchen n, Mikroscheibe f, Chip m
- ~ de memoria Speicherchip m
- **microprocesador** m Mikroprozessor m
- ~ de pastilla única Einchipmikroprozessor m
- ~ por secciones Bitscheibenmikroprozessor m
- **microprogramación** f 1. Mikroprogrammierung f; 2. Mikroprogramme npl; Firmware f
- **microproyector** m Mikroprojektionsgerät n
- **microquímica** f Mikrochemie f
- **microrradiografía** f Mikroradiographie f (Dünnschliff)
- **microrradiómetro** m Mikroradiometer n
- **microscopia** f Mikroskopie f
- ~ óptica Lichtmikroskopie f
- ~ al trasluz Durchlichtmikroskopie f
- **microscopio** m Mikroskop n
- ~ electrónico de barrido Rasterelektronenmikroskop n
- ~ de exploración Rastermikroskop n, Abtastmikroskop n
- ~ de luz incidente [reflejada] Auflichtmikroskop n
- ~ de luz transmitida Durchlichtmikroskop n
- ~ óptico Lichtmikroskop n
- ~ quirúrgico Operationsmikroskop n
- ~ de taller Werkzeugmikroskop n
- ~ para trasluz Durchlichtmikroskop n
- **microsección** f 1. Mikroschnitt m; 2. (Met) Mikroschliff m
- **microsegregación** f (Met) Mikroseigerung f, Kristallseigerung f, Kornseigerung f

- **microsegundo** m Mikrosekunde f
- **microsísmico** mikroseismisch
- **microsismógrafo** m Mikroseismograph m
- **microteléfono** m Handapparat m, Telefonhörer m
- **miembro** m 1. (Masch) Glied n; Organ n; Bauteil n; 2. (Math) Glied n; 3. (Schiff) Spant n; 4. (Bgb) Schichtglied n
- ~ del equipo Gerätebauteil n
- ~ en T doble Doppel-T-Glied n
- **migrar** v 1. wandern; 2. (Geol) auswandern
- **milésima** f Tausendstelstrich m (Winkelangabe)
- **miliamperaje** m Millistromstärke f
- **miliamperímetro** m Milliamperemeter n
- **miliamperio** m Milliampere n
- **milimetrar** v in Millimetern messen
- **milímetro** m Millimeter m
- ~ de columna de agua Millimeter n Wassersäule
- **milivoltio** m Millivolt n
- **mina** f 1. Bergwerk n; Stollen m; Mine f, Zeche f; Schacht m; 2. Mine f (z. B. Kugelschreiber)
- ~ de bolígrafo Kugelschreibermine f
- ~ de carbón Kohlengrube f
- ~ de cobre Kupferbergwerk n
- ~ desechada stillgelegtes Bergwerk n; stillgelegte Schachtanlage f
- ~ a cielo abierto Tagebau m
- ~ de estaño Zinnbergwerk n, Zinngrube f
- ~ grisutosa (Bgb) Schlagwettergrube f
- ~ de hierro Eisenerzgrube f
- ~ de hulla Steinkohlenbergwerk n, Steinkohlengrube f
- ~ de níquel Nickelbergwerk n, Nickelgrube f
- ~ no grisutosa schlagwetterfreie Grube f
- **minador** m (Bgb) Gewinnungsmaschine f
- **mineral** m Mineral n, Erz n
- ~ accesorio akzessorisches Mineral n, Nebenmineral n, Begleitmineral n
- ~ ácido saures Erz n
- ~ de baja ley armes Erz n
- ~ concentrado aufbereitetes Erz n
- ~ cuprífero kupferhaltiges Mineral n
- ~ explotable (ab)bauwürdiges Erz n
- ~ grueso Stückerz n
- ~ menudo Grubenklein n
- ~ de mercurio Quickerz n
- ~ de pavo (Min) Buntkupferkies m, Bornit m

~ **uranífero [de uranio]** Uranmineral *n*
mineralero *m (Schiff)* Erzfrachter *m*
minería *f* Bergbauindustrie *f*; Grubenbetrieb *m*; Bergbau *m*, Bergbautechnik *f*
~ **del carbón** Kohlenbergbau *m*
~ **a cielo abierto** Tagebau *m*
~ **submarina** Meeresbergbau *m*
~ **subterránea** Untertagebergbau *m*
minero bergbaulich; Bergbau..., bergmännisch
miniaturización *f* Miniaturisierung *f (von Bauteilen)*
minicalculadora *f* Minirechner *m*, Kleinrechner *m*
minicámara *f* **de vídeo** Videominikamera *f*
minicomputadora *f* Minicomputer *m (mittlere Rechnerklasse)*
minidisquete *m (Inf)* Minidiskette *f (Diskette mit einem Durchmesser von 5,25 Zoll)*
minimax *m* Sattelpunkt *m (einer Kurve)*
minimizar *v* 1. minimieren; 2. *(Inf)* Fenster verkleinern *(auf Symbol)*
minio *m* Mennige *f*, Bleimennige *f*
miniordenador *m* Minicomputer *m*, Minirechner *m*, Kleinrechner *m*
minuendo *m (Math)* Minuend *m*
minúscula *f* Kleinbuchstabe *m*, Minuskel *f*
minutería *f* Zeigerwerk *n (Uhr)*
minutero *m* Minutenzeiger *m*
minuto *m* Minute *f (auch Gradunterteilung)*
~ **centesimal** Neuminute *f*, Zentigon *n*
~ **goniométrico** Winkelminute *f*
mira *f* 1. Visier *n*, Aufsatz *m*; Visiereinrichtung *f*; 2. Latte *f*, Messlatte *f*, Nivellierlatte *f*; 3. *(TV)* Fernsehtestbild *n*, Testbild *n*
mirilla *f* Schauglas *n*; Schauöffnung *f*
miscible mischbar
mixto *m* Gemisch *n*
mixtura *f* Mischung *f*
mnemónica *f* Mnemonik *f*
mnemotecnia *f* Mnemotechnik *f*
moco *m* Schlacke *f*
moda *f* Modalwert *m*, Mode *f (Statistik)*
modalidad *f (Inf)* Betriebsart *f*, Betriebsweise *f*, Arbeitsweise *f*, Modus *m*, Betriebszustand *m*
~ **de acceso** Zugriffsart *f (Speicherkenngröße)*

~ **de acceso secuencial [serial]** Reihenfolgezugriff *m*, sequenzieller Zugriff *m*, Serienzugriff *m*
~ **de caracteres** Zeichenmodus *m (Betriebsart von Druckern)*
~ **fuera de línea** unabhängiger Betriebszustand *m*
~ **de proceso por lotes** abschnittsweise [blockweise] Verarbeitung *f*; Stapelverarbeitung *f*
~ **por ráfagas** Blockbetrieb *m*, Burstbetrieb *m*
~ **de teleproceso** Fernverarbeitung *f*, Datenfernverarbeitung *f*
~ **de transferencia de datos** Datenübertragung *f*, Datenübermittlung *f*
modelar *v* 1. modellieren, formen; 2. Formen herstellen; 3. nach Schablone formen; Form geben
modelería *f* Modellmacherei *f*, Modelltischlerei *f*
modelismo *m* Modellbau *m*
~ **naval** Schiffsmodellbau *m*
modelo *m* Modell *n*, Bezugsstück *n*, Bezugsform *f*; Vorlage *f*; Muster *n*; Ausführung *f*, Bauart *f*
~ **de avión** Flugzeugmodell *n*
~ **de buque** Schiffsmodell *n*
~ **de construcción** Bauform *f*, Bautyp *m*, Bauart *f*
~ **a escala** maßstabgerechtes Modell *n*
~ **escaneado** gescannte Vorlage *f*
~ **estratégico** strategisches Modell *n* (Spieltheorie)
~ **de flujo** Ablaufmodell *n*; Ablaufschema *n*
~ **de fundición** Gießmodell *n*
~ **de nave** Schiffsmodell *n*
~ **normal** Standardmuster *n*, Normal *n*, Eichnormal *n*
~ **nuclear** *(Ph)* Modell *n* des Atomkerns
~ **de referencia ISO** ISO-Referenzmodell *n*
~ **registrado** Gebrauchsmuster *n*
~ **remolcado** *(Schiff)* Schleppmodell *n*
~ **de utilidad industrial** Gebrauchsmuster *n (Patentrecht)*
~ **volador [volante]** Flugmodell *n*
modem *m* Modem *m(n)*, Signalumformer *m*, Modulator/Demodulator *m (Datenübertragungseinrichtung)*
~ **de destino** Empfangsmodem *m*
modem-fax *m* Faxmodem *m*

moderador

moderador *m* Moderator *m*, Verzögerer *m*, Bremsmittel *n*, Bremssubstanz *f*; Reaktionsbremse *f*
moderar *v* verzögern, bremsen; abschwächen
modificador *m* 1. *(Kst)* Modifikator *m*; 2. *(Masch)* Umsteuerorgan *n*; 3. *(Inf)* Umsteuergröße *f*
modificar *v* modifizieren, abwandeln, (ver)ändern; abändern
modillón *m (Bw)* Sparrenkopf *m*
modo *m* 1. Verfahren *n*, Art *f*, Methode *f*; 2. *(Inf)* Modus *m*; Betriebsart *f*; 3. *(Eln)* Schwingungsart *f*, Wellentyp *m*
~ **de acceso** Zugriffsmodus *m*, Zugriffsart *f*, Zugriffsmethode *f*
~ **de arranque** Startmodus *m*
~ **circuito** *(Nrt)* Durchschaltevermittlung *f*
~ **de conexión** Beschaltung *f*
~ **de control** Steuermodus *m*
~ **conversacional** Dialogbetrieb *m*; Gesprächsmodus *m*
~ **de empleo** Gebrauchsanweisung *f*, Bedienungsanleitung *f*
~ **entrelazado** Interlaced-Modus *m (Monitor)*
~ **de explotación** Betriebsart *f (Rechner)*
~ **gráfico** Grafikmodus *m*
~ **de inserción** Einfügemodus *m*
~ **interactivo** Dialogbetrieb *m*, Dialogmodus *m*, interaktiver Betrieb *m*
~ **lote** Stapelbetrieb *m*; Stapelverarbeitung *f*
~ **menú** Menüführung *f*
~ **no entrelazado** Non-interlaced-Modus *m (Monitor)*
~ **paquete** *(Nrt)* Paketmodus *m*
~ **pipeline** Fließbandverfahren *n*
~ **de propulsión** Antriebsweise *f*, Antriebsart *f*
~ **remoto** Fernbetrieb *m*
~ **de servicio** Betriebsart *f*, Betriebsweise *f*
~ **en tiempo real** Echtzeitbetrieb *m*
~ **de transmisión** 1. Übertragungsart *f*; 2. *(Inf)* Empfangsmodus *m*
~ **de visualización** Darstellungsart *f (Bildschirm)*
modulación *f* 1. *(Eln, Nrt)* Aussteuerung *f*, Modulation *f*, Modelung *f*; 2. Baukastenprinzip *n*, Modulbauweise *f*
~ **de amplitud** Amplitudenmodulation *f*, AM

~ **angular** *(Nrt)* Winkelmodulation *f*
~ **sin distorsión** verzerrungsfreie Modulation *f*
~ **de frecuencia** Frequenzmodulation *f*, FM
~ **de imagen** *(TV)* Bildmodulation *f*
~ **por tensión de rejilla** Gitter(spannungs)modulation *f*
~ **de velocidad** Geschwindigkeitsmodulation *f*, Laufzeitmodulation *f*, Geschwindigkeitssteuerung *f (bei Röhren)*
~ **vocal** Sprachmodulation *f*
modulador *m* Modulator *m*, Modler *m*
~ **equilibrado** Gegentaktmodulator *m*; abgeglichener Modulator *m*
~ **de fase** Phasenmodulator *m*
~ **de luz** Lichtmodulator *m*
modulador-desmodulador *m* Modulator/Demodulator *m*, Modem *m*
modular *v* modulieren
~ **la portadora** *(El, Nrt)* hochtasten
modulímetro *m* Modulations(grad)messer *m*, Aussteuerungs(grad)messer *m*
módulo *m* 1. *(Math)* Modul *m*, Zahl *f*; 2. Maßverhältnis *n*, Modul *m*; 3. *(Mech)* Modul *m*; 4. *(Bw)* Grundmaß *n*, Raster *m*, Rastermaß *n*, Modul *m*; 5. Modul *n*, Anschlussteil *n*, Baustein *m*, Bauelement *n*, Baueinheit *f*; 6. *(Inf)* Modul *n*
~ **absoluto** *(Math)* Absolutbetrag *m*
~ **de almacenamiento** Speichermodul *n*
~ **de control** Treiber *m*
~ **de dentado** *(Fert)* Zahnradmodul *m*
~ **de entrada** 1. Eingabemodul *n*; 2. *(Nrt)* Eingangsmodul *n*
~ **de extinción** Ausschwingmodul *m*
~ **de fichero** Dateimodul *n*
~ **de flexión** Biegemodul *n*
~ **de gráficos** Grafikmodul *n*
~ **interfaz** Schnittstellenmodul *n*
~ **lunar** Mondlandefähre *f*, Mondlander *m*, Mondlandekapsel *f*
~ **de mando** Orbiter *m*, Kommandoteil *m (Raumfahrt)*
~ **de memoria** Speichermodul *n*, Speicherbaustein *m*
~ **microminiaturizado** mikrominiaturisierter Baustein *m*, mikrominiaturisiertes Modul *n*

~ **de Poisson** poissonsche Zahl *f*
mogate *m* Glasur *f (Keramik)*
mojable benetzbar

mojador *m* Benetzungsmittel *n*
mojante *m* Benetzungsmittel *n*
mojar *v* benetzen; anfeuchten
mol *m* (Ch) Mol *n*, Grammmolekül *n*
molaridad *f* (Ch) Molarität *f*, molekulare Gewichtskonzentration *f*
moldado *m* Formen *n*, Umformen *n*; Gießen *n*
moldar *v* (um)formen, gestalten; gießen
molde *m* 1. *(Gieß)* Form *f*, Gießform *f*, Kokille *f*; 2. *(Kst)* Form, Pressform *f*, Presswerkzeug *n*; Schablone *f*, Modell *n*; 3. *(Typ)* Gießform *f*; 4. *(Bw)* Form *f*, Schalung(sform) *f*; 5. Abdruck *m* (Elektronenmikroskopie)
~ **de compresión** *(Gieß)* Pressform *f*, Pulverpressform *f*
~ **para estampar** *(Text)* Druckschablone *f*
~ **de fundición** Gießform *f*
~ **de lingote** Gießform *f*
~ **macho** Stempel *m* (Formpressen)
moldeado *m* 1. Formen *n*; Formgebung *f*, Umformung *f*; 2. Formpressen *n*; 3. Formgießen *n*; Abgießen *n*; 4. *(Typ)* Abformung *f*; 5. Formteil *n*; Gussstück *n*
~ **en caja** *(Gieß)* Kastenformen *n*
~ **con calibre** *(Gieß)* Schablonenformen *n*
~ **por colada** *(Kst)* Gießformen *n*
~ **en frío** Kaltformen *n*, Kaltpressen *n*
~ **de machos** *(Gieß)* Kernmachen *n*
~ **mecánico** *(Gieß)* Maschinenformen *n*
~ **de noyos** *(Gieß)* Kernmachen *n*
~ **a presión** Druckformen *n*; Druckgießen *n*; Pressgießen *n*
moldeadora *f* Formmaschine *f*; Gießmaschine *f*
~ **centrífuga** Schleudergussmaschine *f*
~ **por inyección** *(Kst)* Spritzgießmaschine *f*
~ **de machos** *(Gieß)* Kernformmaschine *f*
~ **a presión** *(Gieß)* Pressformmaschine *f*; Formpresse *f*, Druckgießmaschine *f*
~ **vibradora** Rüttelformmaschine *f*
moldear *v* 1. formen, in Formen gießen; in Formen pressen; 2. nach Schablone arbeiten; 3. *(Typ)* matrizieren, matern
moldeo *m* Formen *n*; Pressen *n*; Formgießen *n*; Druckformen *n*
~ **en arena** *(Gieß)* Sandformverfahren *n*
~ **en arena de estufa** Trockengießverfahren *n*
~ **en cajas** *(Gieß)* Kastenguss *n*

~ **en caliente** Warmformen *n*
~ **en cáscara** *(Gieß)* Schalengießen *n*
~ **por compresión** 1. *(Met)* Druckguss *m*; 2. *(Kst)* Formpressen *n*, Heißpressen *n*, Warmpressen *n*
~ **en concha** Kokillenguss *m*, Schalenhartguss *m*
~ **por choque** *(Kst)* Schlagpressen *n*; Kaltschlagverfahren *n*
~ **de distención** *(Gieß)* Streckformen *n*
~ **de estratificados** Schichtstoffherstellung *f*
~ **por extrusión** 1. *(Kst)* Strangpressen *n*; 2. Spritzen *n* (Gummiherstellung)
~ **por impacto** *(Kst)* Schlagpressen *n*
~ **por inyección** *(Kst)* Spritzgießen *n*, Spritzpressen *n*
~ **por inyección de polvos** Pulversintern *n*
~ **con plantilla** *(Gieß)* Schablonenformen *n*
~ **de precisión** *(Gieß)* Genaugussverfahren *n*, Feingussverfahren *n*
~ **por proyección** Spritzverfahren *n*
~ **rotacional** *(Kst)* Schleudergießen *n*; Rotationspressen *n*
~ **por soplado** *(Kst)* Blasformen *n*
~ **en verde** *(Gieß)* Nassformen *n*
moldería *f* *(Gieß)* Formerei *f*
moldura *f* 1. *(Bw)* Sims *m*; Profilleiste *f*; Zierleiste *f*; 2. *(Met)* Abguss *m*; 3. Sicke *f*
molduradora *f* Kehlmaschine *f*
moldurar *v* 1. *(Bw)* Simswerk anbringen; 2. *(Met)* abformen; abgießen
mole *f* (Ch) Mol *n*, Graumolekül *n*
molécula *f* Molekül *n* • **de elevada** ~ hochmolekular, makromolekular
~ **de cadenas** Kettenmolekül *n*
~ **filamentosa [filiforme]** Fadenmolekül *n*
~ **gigante** Riesenmolekül *n*
~ **lineal** Fadenmolekül *n*
~ **ramificada** verzweigtes Molekül *n*
~ **reticulada** Netzmolekül *n*
molécula-gramo *f* (Ch) Grammmolekül *n*, Mol *n*
molécula-gramo *f* **por litro** g-Mol/Liter *n*
molecularidad *f* Molekularität *f*, Molekularzustand *m*
moledora *f* Mühle *f*; Zerkleinerungsmaschine *f*
moler *v* 1. (aus)mahlen; 2. *(Typ)* anreiben *(Farbe)*

moleta f 1. Rädchen n; Rolle f; 2. *(Typ)* Farbenreiber m; 3. *(Text)* Molette f
moletear v rändeln
molibdato m *(Ch)* Molybdat n
molibdeno m Molybdän n, Mo
molienda f Mahlen n, Mahlung f, Kollern n
~ **por bocarte** Pochen n, Zerpochen n
molinete m 1. Kreuzstück n; 2. Winde f; Windentrommel f
~ **abatidor** *(Lt)* Haspel f *(eines Mähdreschers)*
~ **de ancla** *(Schiff)* Ankerwinde f
~ **giratorio** *(Schiff)* Spill n, Ankerspill n
~ **hidrométrico** Wassermessflügel m, Woltmannflügel m
~ **recogedor** *(Lt)* Schlegeltrommel f; Aufnahmetrommel f
molino m Mühle f; Zerkleinerungsmaschine f
~ **aceitero** *(Lt)* Ölmühle f; Ölpresse f
~ **arrocero** Reismühle f
~ **batidor** Schlägermühle f
~ **batidor de martillos** Hammermühle f
~ **de bolas** Kugelmühle f
~ **de cabillas** Stabmühle f
~ **de caja múltiple** *(Ch)* Desintegrator m
~ **de cereales** Schrotmühle f
~ **de cilindros** Walzenmühle f, Walzenstuhl m
~ **cónico** Kegelmühle f, Kegelbrecher m, Kreiselbrecher m
~ **de grano** Getreidemühle f
~ **de muelas** Mahlgang m
~ **de muelas verticales** Kollergang m, Kollermühle f
~ **para pasta** Holländer m, Stoffmühle f *(Papierherstellung)*
~ **quebrador** *(Lt)* Schrotmühle f
~ **quebrantador** Brechwerk n, Brecher m *(Aufbereitung)*
~ **triturador** *(Lt)* Quetschmühle f
moltura f 1. Mahlen n; 2. Mahlwerk n
molturadora f *(Lt)* Futtermühle f
molturar v mahlen *(Getreide)*
momento m 1. Moment m; 2. *(Mech)* Moment n; Drehmoment n
~ **acelerador** Beschleunigungsmoment n
~ **angular** Drehimpuls m, Drall m, Impulsmoment n
~ **de arranque** Anlaufmoment n; Anfahrmoment n
~ **de balanceo** *(Schiff)* Rollmoment n

~ **de cabeceo** *(Schiff)* Längsmoment n
~ **centrífugo** Fliehmoment n, Zentrifugalmoment n
~ **de encendido** Zündzeitpunkt m
~ **escorante** *(Schiff)* Krängungsmoment n
~ **de estabilidad** 1. Standmoment n; 2. *(Schiff)* Stabilitätsmoment n
~ **flector** Biegemoment n *(Statik)*
~ **de frenada** Bremsmoment n
~ **de la fuerza** Kraftmoment n
~ **de giro** Drehmoment n
~ **de inercia** Trägheitsmoment n; Schwungmoment n
~ **de palanca** Hebelmoment n, Hebelkraft f
~ **de pandeo** Knickmoment n *(Statik)*
~ **de retardo** Verzögerungsmoment n
~ **de rotación** Drehmoment n
~ **torcente [de torsión]** Drehmoment n, Torsionsmoment n, Drillmoment n, Verdreh(ungs)moment n
~ **de vuelco** Kippmoment n *(Statik)*
mondadora f 1. *(Lt)* Getreidereinigungsmaschine f; 2. Schälmaschine f
monitor m 1. Monitor m; Kontrollbildgerät n, Bildschirm m; Bildschirmgerät n; Kontrollempfänger m *(Radar)*; Mithörgerät n; 2. *(Kern)* Monitor, Strahlungswarngerät n; 3. Monitor m *(schwenkbarer Wasserwerfer)*
~ **de alta resolución** hochauflösender Monitor m
~ **de baja radiación** strahlungsarmer Monitor m
~ **en blanco y negro** Schwarzweißbildschirm m
~ **de [en] color** Farbbildschirm m, Farbmonitor m, Multichrombildschirm m
~ **de frecuencia** Frequenzkontrollgerät n
~ **monocromático** monochromer Monitor m, Monochrombildschirm m, Schwarzweißbildschirm m
~ **no entrelazado** Non-Interlaced-Monitor m
~ **pantalla** *(TV)* Bildmonitor m
~ **plano** Flachbildschirm m, flacher Monitor m
~ **de poca radiación** strahlungsarmer Monitor m
~ **del sonido** Klangmonitor m, Soundmonitor m
~ **de teleproceso** Datenfernübertragungs-Betriebssystem n, TP-Monitor m, Fernverarbeitungsmonitor m

~ de vídeo Videomonitor *m*, Bildgerät *n*
monitorear *v* mit Bildschirm überwachen
monitorizar *v* 1. überwachen, kontrollieren *(mittels Monitor)*; anzeigen *(Bildschirm)*; 2. mit Monitoren [Bildschirmgeräten] ausstatten
monoácido einsäurig
monoatómico einatomig
monobase *f (Ch)* Monobase *f*
monobásico einbasig
monocable *m* Einseilbahn *f*
monocarril *m* Einschienenbahn *f*; Einschienenstandbahn *f*, Einschienenschwebebahn *f*
~ aéreo Einschienenschwebebahn *f*, Schwebebahn *f*
~ de vía colgada *(Bgb)* Einschienenhängebahn *f*
monocasco selbsttragend *(Karosserie)*
monocasco *m (Bw)* Einzelschale *f*
monocristal *m* Einkristall *m*
monocromador *m (Opt)* Monochromator *m*
monocromático *(Opt)* monochromatisch
monodireccional 1. Einrichtungs...; 2. *(Inf)* Einadress...
monofásico *(El)* einphasig
monolítico *(Bw)* monolithisch, aus einem Steinblock gemeißelt
monómero *(Ch)* monomer
monómero *m (Ch)* Monomer(es) *n*
monomio *m (Math)* Monom *n*, eingliedriger Ausdruck *m*
monomotor *m* einmotoriges Fahrzeug *n*; einmotoriges Flugzeug *n*
monoplano *m (Flg)* Eindecker *m*
monoplaza *m (Flg)* Einsitzer *m*; einsitziges Segelflugzeug *n*
monoprocesador *m (Inf)* Einprozessor *m*
monoprogramación *f (Inf)* sequenzielle Ausführung *f* von Programmen; Einzelprogrammierbetrieb *m*
monorreactor *m* Flugzeug *n* mit einer Düse
monorrefringente *(Opt)* einfach brechend
monorriel *m s.* monocarril
monoscopio *m (TV)* Monoskop *n*, Testbildröhre *f*
monotipia *f* 1. *(Typ)* Monotypie *f (grafisches Verfahren)*; 2. *(Typ)* Monotypesatzverfahren *n*; 3. *(Typ)* Monotype *f (Gieß- und Setzmaschine für Einzelbuchstaben)*
monovalencia *f (Ch)* Einwertigkeit *f*
monovalente *(Ch)* einwertig
monóxido *m* Monoxid *n*
~ de carbono Kohlen(mon)oxid *n*
montabarcos *m* Schiffshebewerk *n*
montacargas *m* 1. Last(en)aufzug *m*; Lastheber *m*; Elevator *m*; Ladekran *m*; 2. *(Bgb)* Förderkorb *m*
~ de cangilones Becherwerk *n*, Kübelaufzug *m*
~ colgante Hängebahnlaufkatze *f*, Elektrozug *m*
~ de horquilla Gabelstapler *m*
~ inclinado Schrägaufzug *m*
~ para obras Bauaufzug *m*
montaje *m* 1. Aufbau *m*, Aufstellung *f*, Montage *f*; Einbau *m*, Zusammenbau *m*; 2. Konstruktion *f*, Anordnung *f*, Bauart *f*; 3. Vorrichtung *f*, Spannvorrichtung *f*; 4. *(El)* Schaltung *f*
~ en cadena Fließbandmontage *f*
~ divisor Teilvorrichtung *f*
~ empotrado *(El)* Unterputzverlegung *f*
~ en estrella *(El)* Sternschaltung *f*
~ final Endmontage *f*
~ híbrido *(Nrt)* Gabelschaltung *f*, Hybridschaltung *f (Mikroelektronik)*
~ impreso *(Eln)* gedruckte Schaltung *f*
~ en paralelo *(El)* Parallelschaltung *f*
~ de piezas Teilemontage *f*; Teilezusammenbau *m*
~ del pliego *(Typ)* Bogenmontage *f*
~ en saliente *(El)* Aufputzverlegung *f*, Aufputzmontage *f*, Überputzmontage *f*
~ en serie *(El)* Reihenschaltung *f*, Serienschaltung *f*, Hintereinanderanordnung *f (von Apparaten)*
~ en el taller Werkstattmontage *f*; Vormontage *f*
~ de tubos Rohrverlegung *f*
montante *m* 1. Ständer *m*, Gestell *n*; Stütze *f*; 2. Bett *n*, Rahmen *m*; Strebe *f*; Stützsäule *f*; 3. *(Bw)* Diagonalstab *m (Statik)*; 4. *(Bw)* Türoberlicht *n*; 5. *(Bgb)* Stempel *m*
~ amortiguador *(Flg)* Federbein *n*, Federstrebe *f (Fahrwerk)*
~ de cilindros Walzständer *m*
~ de guía *(Masch)* Leitschiene *f*, Führungsschiene *f*

montar v 1. montieren, aufstellen; einbauen; 2. anordnen, befestigen; 3. spannen *(Verschluss)*; 4. *(El)* schalten
~ **en caliente** aufschrumpfen
~ **en paralelo** parallel schalten
~ **en puente** in Brücke schalten
~ **en serie** hintereinander [in Reihe, in Serie] schalten
montón m *(Bgb)* Halde f
montura f 1. Montage f, Aufstellung f; 2. Fassung f; Halter m; Halterung f; 3. Montierung f *(Fernrohr)*; 4. *(Text)* Einziehen n *(von Fäden)*
mordaza f 1. Backe f, Klaue f; Greifer m; 2. *(Schiff)* Kettenstopper m
~ **angular** Eckschiene f
~ **autoapretante** selbstanziehende Backe f
~ **de calibre** Lehrenmaul n
~ **de freno** Bremsklotz m, Bremsbacke f
~ **de rosca** Schraubenzwinge f, Zwinge f, Spanneisen n *(Werkzeug)*
mordentado m 1. *(Ch)* Abbrennen n; 2. *(Met)* Ätzen n, Anätzen n *(Oberfläche)*
morder v ätzen; beizen
mordido m 1. Ätzen n; 2. Beizung f; 3. Ätzverfahren n *(z. B. Ätzpolieren)*
mordiente m 1. Ätzmittel n; Beize f, Beizmittel n; 2. Grundiermittel n; 3. *(Text)* Fixiermittel n
morro m *(Flg)* Rumpfnase f
~ **de cohete** *(Rak)* Nasenkegel m, Nasenkonus m; Vorderteil n; Bugteil n
morse m 1. Morsetelegrafie f; 2. Morsealphabet n; 3. Morseapparat m
mortaja f Nut f, Auskehlung f
mortajador m Stoßvorrichtung f; Stößel m
mortajadora f Stoßmaschine f
mortajar v stoßen
mortero m 1. *(Bw)* Mörtel m; 2. *(Ch)* Mörser m, Reibschale f
moto f s. motocicleta
motoarado m *(Lt)* Motorpflug m
motoazada f *(Lt)* Motorhacke f
motobinadora f *(Lt)* Motorhackmaschine f
motobomba f Motorpumpe f
~ **contra incendios** Feuerlöschkreiselpumpe f, Kraftspritze f
motobuque m Motorschiff n, MS
motocaminera f *(Bw)* Motorstraßenhobel m
motocamión m Lastkraftwagen m, LKW m
motocicleta f Motorrad n, Kraftrad n
motociclo m Kraftrad n
motocultivador m *(Lt)* Motorhackmaschine f
motocultor m *(Lt)* Motorpflug m
~ **de dos ruedas** *(Lt)* Einachstraktor m, Einachsschlepper m
motoexcavadora f selbstfahrender Bagger m
motoexplanadora f *(Bw)* motorisierter Planierpflug m
motogrúa f Autokran m
motohenificadora f *(Lt)* selbstfahrende Heuerntemaschine f
motolancha f Motorboot n
motomezclador m *(Bw)* Transport(beton)mischer m
motón m *(Förd)* Block m
~ **de amantillo** Ladeblock m
~ **guía** Leitblock m
~ **de izar** Lastrolle f
~ **de rabiza** *(Schiff)* Steertblock m
motonave f Motorschiff n, MS
~ **de carga fluvial** Binnenmotorgüterschiff n, Binnenfrachtschiff n
~ **catamarán** Katamaran m, Katamaranschiff n, Doppelrumpfschiff n
~ **de paletas** Schaufelradschiff n
~ **de pasaje** Fahrgastschiff n
motoniveladora f *(Bw)* selbstfahrendes Planiergerät n, Motorplaniergerät n, Motorgrader m
motopavimentadora f selbstfahrende Straßenbaumaschine f
motopesquero m Fischkutter m
motopropulsión f Motorantrieb m
motopulverizador m *(Lt)* Motorspritze f, Motorzerstäuber m, Motorsprühgerät n
motor m Motor m, Kraftmaschine f; Triebwerk n; Elektromotor m; Verbrennungsmotor m
~ **de accionamiento** Antriebsmotor m
~ **de aceite pesado** Schwerölmotor m
~ **de aire** Druckluftmotor m
~ **de aire comprimido** 1. Druckluftmotor m; 2. Kompressor m
~ **de ajuste** Stellmotor m
~ **de anillos colectores** *(El)* Schleifringläufermotor m
~ **antideflagrante** explosionsgeschützter Motor m

motor

- ~ de arranque Anlassmotor *m*, Anwurfmotor *m*, Anlasser *m*, Starter *m*
- ~ con arrollamiento en serie *(El)* Hauptstrommotor *m*, Hauptschlussmotor *m*, Reihenschlussmotor *m*
- ~ asincrónico [asíncrono] *(El)* Asynchronmotor *m*
- ~ atmosférico Windmotor *m*
- ~ de automóvil Kraftfahrzeugmotor *m*
- ~ autorreactor Staustrahltriebwerk *n*
- ~ auxiliar Hilfsmotor *m*, Hilfsmaschine *f*
- ~ de aviación Flugzeugtriebwerk *n*, Flugzeugmotor *m*
- ~ de búsqueda *(Inf)* Suchprogramm *n* (für DB oder WWW)
- ~ fuera (de) borda Außenbordmotor *m*
- ~ con cámara de turbulencia Wirbelkammermotor *m (Diesel)*
- ~ de campo giratorio *(El)* Drehfeldmotor *m*
- ~ de carburador Vergasermotor *m*
- ~ de cilindros en estrella Sternmotor *m*
- ~ de cilindros opuestos Boxermotor *m*, Gegenkolbenmotor *m*
- ~ de cohete Raketenmotor *m*, Raketentriebwerk *n*, Raketenantrieb *m*
- ~ cohete de propulsión *(Rak)* Haupttriebwerk *n*, Marschtriebwerk *n*
- ~ de colector *(El)* Kollektormotor *m*, Kommutatormotor *m*
- ~ de combustión (interna) Verbrennungsmotor *m*
- ~ compound *(El)* Doppelschlussmotor *m*
- ~ de corriente alterna Wechselstrommotor *m*
- ~ de corriente continua Gleichstrommotor *m*
- ~ de corriente trifásica Drehstrommotor *m*
- ~ de corriente universal Allstrommotor *m*
- ~ de crucero *(Rak)* Marschtriebwerk *n*
- ~ de cuatro tiempos Viertaktmotor *m*
- ~ de culata Glühkopfmotor *m*
- ~ de chorro Strahltriebwerk *n*
- ~ en derivación Nebenschlussmotor *m*
- ~ de dos tiempos Zweitaktmotor *m*
- ~ de émbolo libre Freikolbenmotor *m*
- ~ de émbolo rotativo Drehkolbenmotor *m*, Rotations(kolben)motor *m*
- ~ de émbolos Kolbenmotor *m*
- ~ enfriado por agua wassergekühlter Motor *m*
- ~ enfriado por aire luftgekühlter Motor *m*
- ~ eólico Windmotor *m*
- ~ estacionario *(El)* ortsfeste Kraftmaschine *f*
- ~ en estrella *(El)* Sternmotor *m*
- ~ de excitación compuesta *(El)* Verbundmotor *m*
- ~ de excitación independiente *(El)* Nebenschlussmotor *m*
- ~ de excitación en serie *(El)* Reihenschlussmotor *m*, Hauptschlussmotor *m*, Hauptstrommotor *m*
- ~ de explosión Explosionsmotor *m*, Verbrennungsmotor *m*
- ~ de explosión de inyección Einspritzmotor *m*
- ~ de extracción *(Förd)* Winde *f*, Hebemaschine *f*
- ~ de gasolina Benzinmotor *m*
- ~ de hélice Propellermotor *m*
- ~ hidráulico Hydraulikmotor *m*, Hydromotor *m*, Wasserkraftmaschine *f*
- ~ impulsor *(Rak)* Triebwerk *n*
- ~ inexplosible explosionsgeschützter Motor *m*
- ~ invertible Umkehrmotor *m*, umsteuerbarer Motor *m*
- ~ a [de] inyección Einspritzmotor *m*
- ~ de lanzamiento 1. Startmotor *m*; 2. *(Rak)* Starttriebwerk *n*
- ~ (de) limpiaparabrisas Scheibenwischermotor *m*
- ~ monocilíndrico de cuatro tiempos Viertakt-Einzylindermotor *m*
- ~ paso a paso *(El)* Schritt(schalt)motor *m*
- ~ de pasos Schrittmotor *m*
- ~ piloto Steuermotor *m*; Servomotor *m*
- ~ de pistón Kolbenmotor *m*
- ~ de pistones rotativos Rotationskolbenmotor *m*, Drehkolbenmotor *m*
- ~ de propulsión a chorro Strahltriebwerk *n*
- ~ propulsivo [propulsor] Antriebsmotor *m*, Antriebsmaschine *f*, Antriebsorgan *n*
- ~ de [a] reacción Strahltriebwerk *n*
- ~ refrigerado por agua wassergekühlter Motor *m*
- ~ de retropropulsión Strahltriebwerk *n*
- ~ reversible umsteuerbarer Motor *m*, Motor *m* mit veränderlicher Drehrichtung
- ~ rotativo Rotations(kolben)motor *m*, Umlaufmotor *m*, Rotationskolbenmaschine *f*

motor

~ rotativo Wankel Kreiskolbenmotor *m*, Wankelmotor *m*
~ con rotor en cortocircuito *(El)* Kurzschlussläufermotor *m*, Käfigläufermotor *m*
~ en serie Hauptschlussmotor *m*, Reihenschlussmotor *m*, Hauptstrommotor *m*
~ sobrealimentado aufgeladener Motor *m*
~ térmico Wärmekraftmaschine *f*
~ de tracción *(Eb)* Fahrmotor *m*
~ trifásico *(El)* Drehstrommotor *m*
~ de turbina de gas Gasturbinentriebwerk *n*
~ de turbohélice Propellerturbine *f*
~ turborreactor Turbinenluftstrahltriebwerk *n*, TL-Triebwerk *n*
motor-atomizador *m (Lt)* Motorspritze *f*, Motorzerstäuber *m*, Motorsprühgerät *m*
motor-cohete *m* Raketentriebwerk *n*
moto-remolcadora *f* Motorschubschiff *n*, Schubschiff *n*, Schubboot *n*
motorizar *v* motorisieren; mit einem Motor ausrüsten; mechanisieren
motorreactor *m* Luftstrahltriebwerk *n*
motorriel *m (Eb)* selbstfahrendes Schienenfahrzeug *n*
motorsierra *f* Motorsäge *f*
motosegadora *f (Lt)* Motormäher *m*
motosilla *f* Motorroller *m*
mototractor *m (Lt)* Geräteträger *m*
mototrilladora *f (Lt)* Motordreschmaschine *f*
motovariador *m* hydraulisches Getriebe *n*; Kompaktgetriebe *n*
motovolquete *m (Kfz)* Kipper *m*
motoyate *m* Motorjacht *f*
motriz *f (Eb)* Triebwagen *m*
mover *v* 1. bewegen; 2. *(Inf)* verschieben; 3. antreiben
móvil beweglich; transportabel; ortsveränderlich
móvil *m* sich bewegender Körper *m*
~ supersónico Überschallflugkörper *m*
movimiento *m* 1. Bewegung *f*; 2. *(Inf)* Verschieben *n*, Verschiebung *f*; 3. Gang *m* • **de ~ opuesto** gegenläufig
~ de aceleración no uniforme *(Mech)* ungleichmäßig beschleunigte Bewegung *f*
~ de alimentación *(Fert)* Zustellbewegung *f*
~ alternativo hin- und hergehende Bewegung *f*, Pendelbewegung *f*
~ de avance *(Fert)* Vorschubbewegung *f*
~ de balanceo *(Schiff)* Schlingerbewegung *f*
~ de cabeceo *(Schiff)* Stampfbewegung *f*
~ circular Kreisbewegung *f*, kreisförmige Bewegung *f*
~ continuo 1. *(Mech)* stetige Bewegung *f*; 2. Perpetuum mobile *n*
~ contrario 1. Kehrbewegung *f*; 2. *(Fert)* Zurückfahren *n*; 3. Rücklauf *m*
~ de corte *(Fert)* Schnittbewegung *f*
~ de datos *(Inf)* Datenbewegung *f*; Datenfluss *m (im Rechner)*
~ de escora *(Schiff)* Krängungsbewegung *f*
~ forzado zwangsläufige Bewegung *f*, Zwangslauf *m*
~ giratorio Drehbewegung *f*, Rotation *f*; Drall *m*
~ helicoidal Schraubenbewegung *f*
~ por manubrio Kurbelantrieb *m*
~ no uniforme *(Mech)* ungleichförmige Bewegung *f*
~ ondulatorio Wellenbewegung *f*
~ oscilante [oscilatorio] oszillierende Bewegung *f*, Schwingbewegung *f*, Schwingung *f*
~ perdido toter Gang *m*; Leerlauf *m*
~ rápido Eilgang *m*, Schnellgang *m*
~ del ratón *(Inf)* Mausbewegung *f*
~ rectilíneo *(Mech)* geradlinige Bewegung *f*
~ de retroceso Rücklauf *m*; rückläufige Bewegung *f*
~ reversible Umkehrbewegung *f*, Rückbewegung *f*
~ de rotación Rotation(sbewegung) *f*, Drehbewegung *f*
~ sinusoidal [sinusoideo] sinusförmige Bewegung *f*
~ de trabajo 1. Arbeitsbewegung *f*; 2. *(Fert)* Resultierende *f* aus Schnittbewegung und Vorschub- oder Zustellbewegung
~ de traslación fortschreitende Bewegung *f*, Translation *f*; Schubbewegung *f*, translatorische Bewegung *f*
~ uniformemente acelerado *(Mech)* gleichmäßig beschleunigte Bewegung *f*
~ en vacío *(Kfz)* Leerlauf *m*
~ de vaivén Hin- und Herbewegung *f*
mozo *m* Bär *m (Rammtechnik)*

muela f Schleifkörper m, Schleifscheibe f
muelle m 1. Feder f; Rückholfeder f; 2. Mole f, Pier m, Hafendamm m; Kai m; 3. *(Eb)* Laderampe f
~ **afianzador** Klemmfeder f, Sicherungsfeder f
~ **amortiguador** Dämpfungsfeder f
~ **de ballesta** Blattfeder f
~ **de carga** 1. Belastungsfeder f; 2. Ladekai m; Ladestelle f; 3. *(Eb)* Laderampe f
muescar v einkerben; aussparen
muestra f 1. Muster n; Modell n; 2. Probe f, Stichprobe f; 3. Bohrkern m
~ **de aire** Luftprobe f
~ **aleatoria** Zufallsstichprobe f
~ **de prueba** Prüfmuster m
muestreador m Probenehmer m, Probenahmegerät n
~ **de aire** Luftprobenehmer m
~ **personal** personengebundenes Probenahmegerät n
muestrear v Probe nehmen, eine Probe entnehmen; bemustern
muestreo m Probe(ent)nahme f, Sampling n
muletilla f Knebel m *(Rammtechnik)*
multiacceso m *(Inf)* Mehrfachzugriff m
multiaxial mehrachsig
multicelular 1. Mehrzellen...; 2. Mehrkammer...
multiconductor m Vielfachleiter m
multicopista f Vervielfältigungsapparat m, Kopiergerät m, Kopierer m
multifrecuencia f Mehrfrequenz f, MF
multilaminar vielschichtig
multilateral mehrseitig
multímetro m Universalprüfer m
multinomio m *(Math)* Polynom n
multiplano m Mehrflügelflugzeug n; Mehrdecker m
múltiple m 1. *(Nrt)* Vielfach(feld) n; 2. Hauptleitung f
~ **de admisión** Ansaugkrümmer m
~ **de distribución** Verteilerrohrleitung f
~ **de escape** Auspuffsammelrohr n, Auspuffkrümmer m
multiplexación f *(Inf, Nrt)* Multiplexbetrieb m, Multiplexverfahren n; Multiplexbildung f, Multiplexierung f; Mehrfachausnutzung f, Mehrfachverkehr m, Mehrkanalbetrieb m

multiplexador m *(Inf, Nrt)* Multiplexer m, Mehrfachkoppler m, Antennenweiche f
multiplicación f 1. Multiplikation f, Multiplizieren n, Vervielfältigen n; 2. *(Masch)* Übersetzung f *(ins Schnelle)*; Übersetzungsverhältnis n
multiplicador m 1. Multiplikator m; 2. Multipliziergerät n; 3. Übersetzungsgetriebe n
~ **cohete** Startrakete f, Starthilfe f
~ **de frecuencia** *(Nrt)* Frequenzvervielfacher m
~ **de velocidad** Übersetzungsgetriebe n
multiplicando m *(Math)* Multiplikand m
multiplicar v 1. multiplizieren, vervielfältigen; 2. vervielfachen, verstärken
múltiplo m *(Math)* Vielfaches n
~ **mínimo común** kleinstes gemeinsames Vielfaches n
multiprocesador m Multiprozessor m, Mehrprozessor m
multiprocesamiento m Problembearbeitung f durch mehrere Rechenwerke, Multiprozessorbetrieb m; Mehrprozessorbetrieb m; Rechnerverbundbetrieb m
multitarea f 1. Multitask n; 2. *(Inf)* Mehrprozessbetrieb m, Mehrprogrammverarbeitung f, Multitasking n
muñeca f 1. Drehmaschinenspitze f; Docke f *(Drehmaschine)*; 2. Zapfen m; 3. Polierbausch m
~ **corrediza** *(Masch)* Reitstock m
~ **fija** *(Masch)* Spindelstock m, Spindelkasten m
~ **hembra** Matrize f
muñón m Achsschenkel m; Zapfen m; Bolzen m
~ **del cigüeñal** Kurbelwellenzapfen m; Kurbelwellenstumpf m
~ **al cojinete** Lagerzapfen m
~ **de dirección** Achsschenkel m
~ **de ejes** Achsenschenkel m, Achsenzapfen m
muñonera f 1. Drucklager n; Schildzapfenlager n; 2. Buchse f
muro m Mauer f; Wand f
~ **de la capa** *(Bgb)* Hangendes n
~ **de contención** Sperrmauer f
~ **contrafuego [cortafuego]** Brandmauer f, Brandwand f
~ **divisorio** Trennwand f
~ **de esclusa** Schleusenmauer f, Schleusenwand f

muro 270

~ **de presa** Staudamm *m*
~ **protector contra radiación** Strahlenschutzwand *f*
~ **sónico [del sonido]** Schallmauer *f*
mutador *m* Stromrichter *m*

N

nafta *f* 1. Naphtha *n(f)*, Schwerbenzin *n* *(Erdölfraktion zwischen 100 und 250 ° C)*; 2. *(Am)* Benzin *n*
~ **mineral** Petroleum *n*
nariz *f* 1. Nase *f*; Endstück *n*; Vorderteil *n*; Ansatz *m*; Kopf *m*; 2. Schneide *f*
nativo *(Geol)* gediegen, natürlich vorkommend
náutica *f* Nautik *f*
náutico nautisch
nave *f* 1. *(Bw)* Schiff *n (einer Kirche)*; 2. Halle *f*; 3. Wasserfahrzeug *n*, Schiff *n*; 4. Raumschiff *n*
~ **aérea** Luftschiff *n*
~ **de carga** 1. *(Schiff)* Frachtschiff *n*; 2. *(Met)* Chargierhalle *f*
~ **con colchón de aire** Luftkissenfahrzeug *n*, Hovercraft *n*
~ **espacial tripulada** bemanntes Raumschiff *n*, bemannte Raumstation *f*
~ **extraterrestre** Raumflugkörper *m*, Raumschiff *n*
~ **de fabricación** Fertigungshalle *f*, Produktionshalle *f*
~ **frigorífica** Kühlhalle *f*
~ **heliogiro** Helikopter *m*, Hubschrauber *m*
~ **industrial** Werkhalle *f*; Produktionshalle *f*
~ **lateral** *(Bw)* Seitenschiff *n*, Nebenschiff *n*
~ **lunar** Mondsonde *f*
~ **de montaje** *(Masch)* Montagehalle *f*
~ **orbital** Orbitalstation *f*; Raumstation *f*
~ **pilotada** gesteuertes Raumschiff *n*
~ **de refrigeración** Kühlhalle *f*
~ **satélite** Satellitenschiff *n*, Satellitenträger *m*
~ **de taller** Werks(tatt)halle *f*
~ **de trabajo** Werkhalle *f*
navegable 1. *(Schiff)* seetüchtig, fahrtüchtig; seetauglich, seefähig; 2. *(Flg)* lufttüchtig; 3. schiffbar *(Gewässer)*
navegación *f* 1. Navigation *f*, Nautik *f*; 2. Seefahrt *f*; Schifffahrt *f*

~ **aérea** 1. Flugwesen *n*, Luftfahrt *f*; 2. Flugzeugführung *f*; Flug(zeug)navigation *f*
~ **aérea a ciegas** Blindflugnavigation *f*
~ **de altura** 1. Hochseefahrt *f*; 2. *s.* ~ astronómica
~ **astronómica** astronomische Navigation *f*
~ **de cabotaje** 1. Küstennavigation *f*; 2. Küstenfahrt *f*, Küstenschifffahrt *f*; Kabotagefahrt *f*
~ **espacial** Raumfahrt *f*, Astronautik *f*, Kosmonautik *f*
~ **de estima** Koppelnavigation *f*, Kompassnavigation *f*
~ **fluvial** Binnenschifffahrt *f*; Flussschifffahrt *f*
~ **hiperbólica** Hyperbelnavigation *f*
~ **inercial** Trägheitsnavigation *f*, Inertialnavigation *f*
~ **ortodrómica** Großkreisnavigation *f*, Großkreisfahrt *f*
~ **por satélites** Satellitennavigation *f*
~ **submarina** Unterwassernavigation *f*; Unterwasserschifffahrt *f*, Unterseenavigation *f*, Tauchfahrt *f*
navegador *m (Flg, Schiff)* Ortungsgerät *n*, Navigator *m*
navegar *v* 1. fahren *(ein Schiff)*; führen *(ein Flugzeug)*; navigieren; 2. fahren *(mit einem Schiff)*; fliegen; 3. Schifffahrt treiben; 4. segeln
navío *m* Schiff *n*
NBE *s.* norma básica de edificación
nebulizador *m* Nebelgerät *n*; Vernebler *m*, Vernebelungsgerät *n*
nebulosa *f* Sternhaufen *m*, Nebel *m*
nebulosidad *f* 1. Bedeckungsgrad *m (Meteorologie)*; 2. *(Astr)* Nebel(fleck) *m*
negación *f (Math)* Negation *f*
~ **alternativa** NICHT-UND-Verknüpfung *f*, NAND-Funktion *f*
~ **conjunta** NOR-Verknüpfung *f*, NOR-Funktion *f*
negador *m* 1. *(Math)* Negator *m*; 2. *(Inf)* NICHT-Glied *n*, Negationsschaltung *f*
negatoscopio *m* Negativbetrachtungsgerät *n*, Negativbetrachter *m*; Filmbetrachtungsgerät *n*, Filmbetrachter *m*
negatrón *(Kern)* Negatron *n*, Elektron *n*
negrita *f (Typ)* halbfette Schrift *f*
nemónico mnemonisch, mnemotechnisch
nemónico *m (Inf)* mnemonischer Code *m*

nemotecnia f Mnemotechnik f, Mnemonik f
neodimio m Neodym n, Nd
neón m Neon n, Ne
nepérmetro m (El) Pegelmesser m
neptunio m Neptunium n, Np
nervado gerippt; gerieft
nervadura f (Flg) Rippen fpl
nervio m 1. Rippe f; Verstärkung f; 2. Kern m (Bohrer); 3. (El) Steg m (einer Leitung); 4. (Typ) Bund m; 5. (Bgb) Zwischenmittel m
~ **de enfriamiento** Kühlrippe f
~ **de refuerzo** Verstärkungsrippe f
neumática f Pneumatik f
neumático pneumatisch
neumático m Reifen m, Luftreifen m; Autoreifen m
~ **acordonado** Kordreifen m
~ **agrícola** Ackermaschinenreifen m, AM-Reifen m
~ **balón** Niederdruckreifen m, Ballonreifen m
~ **sin cámara** schlauchloser Reifen m
~ **indeshinchable** schlauchloser Reifen m
~ **de talón** Wulstreifen m
~ **para todo terreno** Gelände(profil)reifen m, Reifen m mit Geländeprofil [griffigem Profil]
neumodinámica f Druckluftdynamik f
neumohidráulico pneumohydraulisch, drucklufthydraulisch
neutro m 1. Nullpunkt m; 2. Nullleiter m, Mittelleiter m
neutrón m (Kern) Neutron n
~ **físil [de fisión]** Spaltneutron n
~ **inmediato** promptes Neutron n, Promptneutron n
nevera f 1. Eisschrank m; Kühlschrank m; 2. Fischkasten m; eisgekühlter Fischraum m (Fischereifahrzeug)
newton m (Ph) Newton n (SI-Einheit der Kraft)
nexo m Verknüpfung f; Nexus m; Zusammenhang m
~ **de n argumentos** (Math) n-stellige Verknüpfung f
nido m **de cables** Kabelader f, Kabelseele f
~ **de mineral(es)** Erznest n
niobio m Niob(ium) n, Nb
níquel m Nickel n, Ni

niquelar v vernickeln
niquelífero nickelhaltig
nitidez f Schärfe f, Bildschärfe f
nítido scharf
nitómetro m (El) Helligkeitsmesser m
nitrador m (Ch) Nitrierapparat m, Nitrator m
nitrar v (Ch) nitrieren
nitrato m Nitrat n
~ **amónico** Ammonsalpeter m, Ammoniumnitrat n
~ **cálcico** Kalksalpeter m, Calciumnitrat n
~ **de plata** Silbernitrat n
~ **potásico [de potasio]** Kaliumnitrat n, Kalisalpeter m
~ **sódico [de sodio]** Natriumnitrat n, Natronsalpeter m, Chilesalpeter m
nitrificar v nitrifizieren
nitrilo m Nitril n (Radikal)
nitrito m Nitrit n
nitro m Salpeter m
nitrobarniz m Nitrolack m
nitrobenceno m Nitrobenzen n, Nitrobenzol n
nitrocementación f (Met) Cyanieren n, Karbonitrierung f
nitroderivado m Nitroderivat n, Nitroverbindung f
nitrogenado stickstoffhaltig
nitrogenar v mit Stickstoff mischen [kombinieren]
nitrógeno m Stickstoff m, N
~ **atmosférico** Luftstickstoff m, Stickstoff m der Luft, atmosphärischer Stickstoff m
~ **líquido** flüssiger [verflüssigter] Stickstoff m, Flüssigstickstoff m
nitroglicerina f Glyceroltrinitrat n, Nitroglyzerin n, Sprengöl n
nitruración f 1. (Met) Nitrierung f, Nitrieren n, Nitrierhärtung f; 2. (Met) Aufsticken n (unerwünschter Vorgang)
nitrurar v (Met) nitrieren
nitruro m Nitrid n
nivel m 1. Niveau n; Stand m, Spiegel m (einer Flüssigkeit); Höhe f, Pegel m; Behälterstand m, Flüssigkeitsstand m, Füllstand m; 2. (Kern) Energieniveau n; Term m; 3. (Bgb) Sohle f; 4. Nivellier(instrument) n; 5. Libelle f, Wasserwaage f; 6. Wasserstandsanzeiger m (Dampfkessel) • **a ~** plangleich, niveaueben,

nivel

ebenerdig; bündig; abgeglichen, fluchteben, fluchtgerecht
- ~ **de acción** 1. Wirkebene f; 2. Einwirkungshöhe f *(Schadstoff)*
- ~ **de aceite** Ölstand m
- ~ **acústico** Schallpegel m
- ~ **de agregación** *(Math)* Aggregationsebene f, Aggregationsstufe f
- ~ **de agua** 1. Wasserspiegel m; 2. Wasserstandsrohr n
- ~ **de agua freática** Grundwasserspiegel m
- ~ **de aire** Libelle f, Wasserwaage f
- ~ **del albañil** Setzwaage f
- ~ **de alumbrado** Beleuchtungsniveau n, Beleuchtungspegel m
- ~ **de aplicación** 1. Anwendungsebene f; 2. Anwendungsschicht f *(OSI-Schichtenmodell)*
- ~ **de banda estrecha** Schmalbandpegel m
- ~ **de banda de octava** Oktavbandpegel m
- ~ **de burbuja** Libelle f, Wasserwaage f
- ~ **de carga** Ladezustand m *(Batterie)*
- ~ **compensador** Kompensatornivellier n, automatisches Nivellier n
- ~ **de contaminación del aire** Luftverunreinigungsgrad m
- ~ **continuo equivalente** äquivalenter Dauerpegel m
- ~ **continuo ponderado** bewerteter Dauerschallpegel m
- ~ **de control** 1. Prüflibelle f; 2. Steuerungsebene f, Leitebene f
- ~ **de donador** *(Eln)* Donatorniveau n
- ~ **efectivo** Wirkpegel m, Effektivpegel m
- ~ **efectivo de presión sonora** effektiver Schalldruckpegel m
- ~ **electrolítico [del electrólito]** Elektrolytstand m *(Batterie)*
- ~ **de emisión** Emissionsniveau n, Emissionshöhe f
- ~ **de emisión sonora** Schallpegel m
- ~ **energético [de energía]** 1. *(Kern)* Energieniveau n; 2. Energiepegel m *(Schallmessung)*
- ~ **de energía sonora** Schallenergiepegel m
- ~ **de entrada** Eingangspegel m
- ~ **equivalente de sonido** äquivalenter Schallpegel m
- ~ **de evaluación** Beurteilungspegel m
- ~ **de excitación** *(Ph)* Anregungsniveau n, angeregtes Niveau n
- ~ **de exposición** Expositionshöhe f, Expositionsgrad m; Expositionspegel m
- ~ **de fondo** Hintergrundpegel m *(Lärm)*
- ~ **freático** Grundwasserspiegel m
- ~ **de grabación** Aufnahmepegel m
- ~ **hidrostático** Grundwasserspiegel m
- ~ **de inmisión** Immissionspegel m *(Lärm)*
- ~ **de intensidad acústica [del sonido, sonora]** Schallintensitätspegel m
- ~ **de interferencia** Störpegel m
- ~ **de irradiación** Strahlungspegel m; Strahlungsintensität f
- ~ **jerárquico** *(Inf)* Hierarchieebene f, Hierarchiestufe f
- ~ **límite** Grenzhöhe f; Grenzpegel m
- ~ **del líquido** Flüssigkeitsstand m, Flüssigkeitsspiegel m
- ~ **luminoso** *(TV)* Helligkeitspegel m, Helligkeitswert m
- ~ **de molestia (del ambiente)** Störpegel m; Lästigkeitsindex m
- ~ **de paquetes** Paketebene f *(Rechnernetze)*
- ~ **de pendientes** Steigungsmesser m, Neigungsmesser m, Klinometer n, Inklinometer n
- ~ **permanente** Dauerpegel m
- ~ **de pico** Spitzenpegel m; Spitzenpegel m
- ~ **del piso** Bodenhöhe f; Geschosshöhe f
- ~ **de potencia** Leistungsniveau n; Leistungspegel m
- ~ **de potencia sonora ponderado en A** A-bewerteter Schallleistungspegel m
- ~ **de presentación** *(Inf)* Darstellungsebene f, Darstellungsschicht f, Präsentationsschicht f
- ~ **de presión acústica** Schalldruckpegel m
- ~ **de protección** Schutzgrad m; Sicherheitsniveau n; Schutzpegel m *(Elektrosicherheit)*
- ~ **de radiación** Strahlungspegel m
- ~ **radiactivo** radioaktiver Pegel m, Aktivitätspegel m, Aktivitätsniveau n, Aktivitätswert m
- ~ **de red** *(Inf)* Netzebene f; Netzwerkschicht f, Vermittlungsschicht f
- ~ **de referencia** Bezugspegel m, Vergleichspegel m
- ~ **de ruido** Geräuschpegel m; Lärmpegel m; Rauschpegel m
- ~ **de señal** Signalpegel m

~ **de sesión** *(Inf)* Sitzungsebene f; Sitzungsschicht f; Kommunikationsschicht f *(OSI-Schichtenmodell)*
~ **de significación** Signifikanzniveau n, Irrtumswahrscheinlichkeit f *(Statistik)*
~ **sonoro** Schallpegel m, Lärmpegel m
~ **sonoro continuo equivalente** äquivalenter Dauerschallpegel m
~ **del suelo** 1. Geländehöhe f, Bodenhöhe f, Terrainhöhe f; 2. Geländeoberfläche f; 3. *(Bgb)* Tagesoberfläche f, Rasensohle f
~ **de supresión** *(TV)* Austastpegel m, Austastwert m
~ **de techo** Spitzenwert m
~ **de transmisión** Sendepegel m, Übertragungsniveau n, Übertragungspegel m
~ **de transporte** Transportschicht f *(OSI-Schichtenmodell)*
~ **umbral** Schwellendosis f, Schwellenkonzentration f
~ **de usuario** *(Inf)* Benutzerebene f
~ **de verificación** Prüflibelle f
~ **vibratorio** Schwingungspegel m
~ **de voltaje** Spannungspegel m
nivelación f 1. Nivellierung f, Nivellement n, Höhenmessung f; Horizontierung f; 2. Ebnen n, Einebnen n; Planieren n
nivelador m Planiergerät n
~ **de arrastre** *(Lt)* Schleppe f
niveladora f Planiermaschine f, Planiergerät n; Straßenpflug m, Erdhobel m, Straßenhobel m, Grader m
~ **de ángulo** Planiermaschine f mit Schwenkschild; Schwenkplanierraupe f
~ **automotriz** Straßenhobel m mit eigenem Antriebsmotor; Motorgrader m
~ **de campo** *(Lt)* Ackerschleppe f
~ **elevadora** Schürflader m
~ **empujadora** Bulldozer m
~ **de empuje recto** Fronträumer m
~ **sobre orugas** Bulldozer m, Planierraupe f
~ **de terreno** *(Bgb)* Haldenpflug m
nivelar v 1. nivellieren, waagerecht einstellen, horizontalisieren; 2. *(Bw)* planieren
niveleta f *(Bw)* Nivellierlatte f
nobelio m Nobelium n, No
nodo m 1. *(Ph)* Knoten(punkt) m; Schwingungsknoten m, Wellenknoten m *(einer stehenden Welle)*; 2. *(Astr)* Knoten, Schnittpunkt m; 3. *(El)* Knoten m, Verzweigungspunkt m; 4. *(Nrt)* Netzknoten m, Vermittlungsknoten m
nodriza f 1. *(Kfz)* Hilfstank m; Reservetank m; 2. *(Kfz)* Kraftstoffförderpumpe f; 3. Vakuumbehälter m
nodular 1. *(Met, Min)* knollig, kugel(artig), sphärolitisch, globular; 2. knotig, knötchenförmig
nódulo m *(Geol)* Klümpchen n, Knolle f
~ **de manganeso** Manganknolle f *(Meeresbergbau)*
nombre m *(Inf)* Name m; Bezeichnung f; Kennung f
~ **de archivo** Dateiname m, Dateibezeichnung f
~ **de campo** Feldname m, Feldbezeichnung f
~ **codificado** Codename m, Codebezeichnung f
~ **de dominio** Hauptname m, Landesnetzname m *(Internet)*
~ **de fichero** Dateiname m, Dateikennung f, Dateibezeichnung f
~ **genérico** Gattungsname m
nomografía f *(Math)* Nomographie f
nomograma m *(Math)* Nomogramm m; Rechentafel f
nonio m Nonius m, Gradteiler m, Vernier m
nonodo m *(Eln)* Neunpolröhre f
noray m *(Schiff)* Poller m
noria f Becherwerk n, Schöpfwerk n; Wasserhebewerk n
norma f Norm f; Standard m; Regel f; Richtschnur f; Vorschrift f
~ **básica de edificación** Bauordnung f
~ **de ensayo** Prüfnorm f; Prüfvorschrift f
~ **de inspección** Prüfnorm f
~ **de lubricación** Schmiervorschrift f
~ **de operación** Betriebsvorschrift f
~ **ramal** Fachnorm f
~ **del ruido** Lärmrichtwert m
~ **sectorial** Fachbereichsnorm f
~ **de taller** Werkstattordnung f
~ **técnica** (technische) Norm f; technische Regel f; Fachnorm f
~ **técnica de la edificación** technische Baunorm f
~ **técnica europea** europäische Norm f
normal 1. normal, senkrecht; lotrecht; 2. *(Bgb)* seiger; 3. regelmäßig, regulär, normal; 4. *(Ch)* normal, Normal...

normal f Lot n, Senkrechte f, Normale f, Einfallslot n

normalización f 1. Normung f; Standardisierung f; 2. (Met) Normalglühung f, Normalisieren n, Spannungsfreiglühen n

~ **de interfaces** (Inf) Schnittstellenstandardisierung f

~ **intermedia** Zwischenglühen n

~ **técnica** (technische) Normung f; Standardisierung f

normalizar v 1. normen; standardisieren; 2. (Math) normieren; normalisieren; 3. (Met) normalisieren, normalglühen, spannungsfreiglühen

notación f 1. Bezeichnung f; 2. Darstellung f, Schreibweise f, Notation f

~ **binaria** binäre Schreibweise f [Darstellung f], Binärdarstellung f

~ **de coma fija** Festkommadarstellung f

~ **de coma flotante** Gleitkommadarstellung f

~ **octal** oktale Schreibweise f, Oktaldarstellung f, Oktalschreibweise f

~ **polaca** polnische [klammerfreie] Notation f, Lukasiewicz-Notation f, Präfixdarstellung f

noyería f (Gieß) Kernmacherei f

noyo m (Gieß) Kern m

NTE s. norma técnica de la edificación

núcleo m 1. (Ph, Math) Kern m; 2. (Ch) Ring m; 3. Keim m (z. B. eines Kristalls); 4. (El) Seele f (Kabel); Kern m (Spule, Magnet); 5. (Gieß) Kern m; 6. (Bw) Spindel f (einer Treppe); Schalkern m; 7. Nuss f (eines Propellers); 8. (Kern) Spaltzone f, aktive Zone f (Reaktor)

~ **atómico** Atomkern m

~ **bencénico [del benceno]** (Ch) Benzenring m, Benzenkern m

~ **de bobina** (El) Spulenkern m

~ **degenerado** (Math) entarteter Kern m

~ **de fundición** (Gieß) Gusskern m

~ **de hélice** Propellernuss f, Propellernabe f

~ **de inducido** (El) Ankerkern m

~ **de memoria** (Inf) Speicherkern m

~ **de molde** 1. (Met) Formkern m; 2. (Kst) Anspritz m

~ **toroidal de ferrita** (El) Ferritringkern m

~ **de transformador** Transformatorkern m

~ **de uranio** Urankern m

nucleoeléctrico Kernkraft...

nucleónica f Nukleonik f

nucleónico 1. Nukleonen...; 2. Kern...

nuclido m (Kern) Nuklid n

nudo m 1. (Text) Knoten m; Schlinge f, Schleife f, Noppe f; 2. s. nodo; 3. Knoten m (Maßeinheit für Schiffsgeschwindigkeit, 1 Knoten = 1 Seemeile je Stunde); 4. Knoten(punkt) m

~ **articulado** (Bw) Gelenkpunkt m (Statik)

~ **corredizo** (Schiff) Schlinge f, Schlaufe f

~ **de tejedor** (Text) Weberknoten m

nuez f 1. Nuss f; 2. Bohrfutter n; 3. Hülse f

nulivalencia f Nullwertigkeit f

numerable (ab)zählbar

numeración f 1. Nummerierung f, Zählen n; Zählung f; 2. (Nrt) Wählvorgang m

~ **abreviada** (Nrt) Kurzwahl f

~ **decimal** Dezimalsystem n

numerador m 1. Zähler m (eines Bruches); 2. Zähler m, Zählwerk n, Zählvorrichtung f, Zählapparat m; 3. Nummerierstempel m

numeradora f Nummeriermaschine f

numerar v nummerieren

numérico numerisch, Zahlen...

numérico m numerische Form f, Ziffernform f

número m 1. Zahl f, Ziffer f; Numerus m, Logarithmand m; 2. Nummer f; 3. (Text) Titer m (Gewichtseinheit für die Feinheit eines Seiden- oder Kunstseidenfadens)

~ **acídico** (Ch) Säurezahl f, SZ, Neutralisationszahl f

~ **aleatorio** Zufallszahl f

~ **algebraico** algebraische Zahl f

~ **atómico [de átomo]** Ordnungszahl f, OZ, Z, Kernladungszahl f, Atomzahl f, Protonenzahl f

~ **de Avogadro** (Ph) loschmidtsche Zahl f

~ **binario** Binärzahl f, Dualzahl f

~ **característico** Kennzahl f, Kennziffer f

~ **cardinal** Grundzahl f, Kardinalzahl f, Mächtigkeitszahl f

~ **de clave** Schlüsselnummer f, Ordnungsbegriff m; Codeschlüsselzahl f

~ **de [en] coma flotante** Gleitkommazahl f

~ **de [en] coma fija** Festkommazahl f

~ **compuesto** zusammengesetzte [zerlegbare] Zahl f, Nichtprimzahl f

~ **constante** konstante Zahl f, Konstante f

~ **cuántico de rotación** Spin m

~ **finito** endliche Zahl f

~ **flotante** Gleitzahl f
~ **fraccionario** s. ~ quebrado
~ **hexadecimal** Sedezimalzahl f (auf 16 bezogen)
~ **imaginario** imaginäre Zahl f
~ **impar** ungerade Zahl f
~ **índice** (Math, Inf) Indexzahl f, Index m
~ **infinito** unendliche Zahl f
~ **irracional** irrationale Zahl f
~ **másico** (Ph) Massenzahl f
~ **octano** (Kfz) Oktanzahl f
~ **de orden** laufende Nummer f, Ordnungszahl f; Sammelnummer f
~ **ordinal** Ordnungszahl f
~ **par** gerade Zahl f
~ **quebrado** Bruch m, Bruchzahl f, gebrochene Zahl f
~ **racional** rationale Zahl f
~ **real** reelle Zahl f
~ **redondeado** gerundete Zahl f
~ **de revoluciones** Umdrehungszahl f, Umlaufzahl f, Umlauffrequenz f; Drehzahl f
~ **de saponificación** (Ch) Verseifungszahl f
~ **de secuencia** Ordnungsnummer f
~ **de secuencia del paquete** (Inf) Stapelnummer f
~ **transcendente** transzendente Zahl f
~ **transfinito** transfinite Zahl f
~ **de velocidades** (Masch) Übersetzungszahl f, Übersetzungsverhältnis n

O

objetivo m 1. (Opt, Foto) Objektiv n; 2. Ziel n
~ **catadióptrico** Spiegellinsenobjektiv n
~ **gran angular** Weitwinkelobjektiv n
~ **intercambiable** Wechselobjektiv n
~ **multifocal** s. ~ zoom
~ **telescópico** Teleobjektiv n
~ **zoom** Zoom(objektiv) n, Varioobjektiv n, Gummilinse f
objeto m 1. Objekt n, Gegenstand m; 2. Aufnahmegegenstand m
~ **de obra** Bauobjekt n
~ **volador no identificado** unbekanntes Flugobjekt n, UFO
oblea f 1. Plättchen n; Scheibe f; 2. (Eln) Chip m

oblicuángulo schiefwinklig
oblicuidad f Schräglage f, Schrägstellung f, Neigung f; Schräge f; Schiefe f; Konizität f
oblicuo schräg, schief
oblongo länglich, gestreckt
obra f 1. Arbeit f; Bauarbeit f; 2. Baustelle f Baum m; 3. (Met) Rast f
~ **alta** (Schiff) Aufbau m
~ **civil** Bauwerk n; Hochbau m
~ **de construcción** 1. Baustelle f; 2. Bauwerk n
~ **hidráulica** Wasserbauwerk n
~ **hidroeléctrica** Wasserkraftwerk n
~ **de ingenio** Anlage f
~ **maestra** (Schiff) Aufbau m
~ **muerta** Überwasserschiff n, Überwasserteil m des Schiffskörpers
~ **prefabricada** Fertigteilbau m
~ **viva** Unterwasserschiff n, Unterwasserteil m des Schiffskörpers
observatorio m Observatorium n, Beobachtungsstation f; Warte f
~ **astronómico** astronomisches Observatorium n, Sternwarte f
~ **espacial** Raumfahrtbeobachtungsstation f, extraterrestrische Beobachtungsstation; Raumstation f
~ **marítimo** Seewarte f
~ **meteorológico** meteorologische Station f, Wetterwarte f
obstrucción f Sperrung f; Schließung f; Verstopfung f; Behinderung f; Blockierung f
obtención f 1. Gewinnung f; 2. (Nrt) Empfang m
~ **en estado de pureza** Reindarstellung f
~ **industrial** großtechnische Gewinnung f [Herstellung f]
~ **térmica** Wärmeerzeugung f
obturación f 1. Sperren n; Verschließen n; 2. Ausgießen n (z. B. mit Beton); Vergießen n
obturador m 1. Verschluss m; Absperrorgan n, Absperrvorrichtung f; 2. (Foto) Blende f; 3. Abdichtungsvorrichtung f; Stopper m; Drossel(klappe) f
~ **del aire** Luftklappe f; Drossel f
~ **de cortina [cortinilla]** (Foto) Schlitzverschluss m
~ **focal** (Foto) Schlitzverschluss m, Bildfensterverschluss m

obturador

~ de iris *(Foto)* Irisblende *f*
~ mandril selbstspannender Verschluss *m*
~ plano-focal *(Foto)* Schlitzverschluss *m*
~ de tensión Spannverschluss *m*
obturar *v* 1. absperren, drosseln; abdichten; verschließen; zustopfen; 2. *(Foto)* abblenden; 3. vergießen
obtusángulo stumpfwinklig
obtuso stumpf
oclusión *f* 1. Verstopfen *n*; Verschließen *n*; Verschluss *m*; 2. *(Met)* Okklusion *f*, Einschluss *m*; 3. *(Ch)* Absorption *f (von Gas)*
octaédrico oktaedrisch, achtflächig
octaedro *m* Oktaeder *n*, Achtflächner *m*
octagonal achteckig
octágono *m* Achteck *n*, Oktagon *n*, Oktogon *n*
octal *(Math)* oktal, Oktal...
octal *m* Oktalziffer *f*
octano *m* *(Ch)* Octan *n*
octante *m* Oktant *m* *(Winkelmessgerät)*
octeto *m* 1. *(Kern)* Achterschale *f*, Oktett *n*; 2. *(Inf)* Byte *n*
~ de control Prüfbyte *n*
~ direccionable adressierbares Byte *n*
octodo *m* *(Eln)* Achtpolröhre *f*, Oktode *f*
~ mezclador Achtpolmischröhre *f*
ocular *m* Okular *n*
~ goniométrico Goniometerokular *n*, Winkelmessokular *n*
~ de proyección Projektiv *n*
~ reticular Strichkreuzokular *n*
~ terrestre Erdfernrohrokular *n*, terrestrisches Okular *n*
ocultación *f* *(Astr)* Bedeckung *f*, Verfinsterung *f*
ocupación *f* *(Inf, Nrt)* Belegung *f*, Besetzung *f*
~ de memoria Speicherbelegung *f*
odógrafo *m* Kilometerschreiber *m*
odómetro *m* Kilometerzähler *m*
odorante *m* Odorans *n*, Odorierungsmittel *n*; Geruchsstoff *m*
odoscopio *m* *(Kern)* Hodoskop *n*, Conversi-Zähler *m*
ofimática *f* Bürocomputerausrüstung *f*
ohmímetro *m* Ohmmeter *n*, Widerstandsmesser *m*
ohmio *m* Ohm *n*, ō *(SI-Einheit des elektrischen Widerstandes)*
ojal *m* Schlitz *m*; Öse *f*

~ de cable Kausche *f*
~ del hilo *(Text)* Fadenauge *n* *(Weberei)*
ojiva *f* *(Bw)* Spitzbogen *m*, gotischer Bogen *m*
ojo *m* 1. Öse *f*; Auge *n*; Öffnung *f*; 2. Brückenöffnung *f*; 3. *(Typ)* Bild *n* *(des Buchstaben)*
~ del ancla *(Schiff)* Ankerauge *n*
~ de buey *(Schiff)* Bullauge *n*
~ de cable Kabelschuh *m*
~ fotoeléctrico photoelektrische Zelle *f*
~ de letra Schriftbild *n*, Typenbild *n*
~ mágico *(Eln)* magisches Auge *n*, Abstimmanzeigeröhre *f*
~ de puente *(Bw)* Brückenöffnung *f*, Brückenfeld *n*
ola *f* Welle *f*
~ de aire Luftwelle *f*
~ de presión Druckwelle *f*
~ rompiente brechende Welle *f*
~ sísmica seismische Welle *f*, Erdbebenwelle *f*
oleada *f* Wanderwelle *f*, Welle *f*; Welligkeit *f*
oleoamortiguador *m* Ölstoßdämpfer *m*
oleoducto *m* Pipeline *f*, Öl(fern)leitung *f*, Erdöl(fern)leitung *f*
oleoneumático ölpneumatisch
oleorresina *f* Harzflüssigkeit *f*, Terpentin *n*
oleoso ölartig, ölig
óleum *m* Oleum *n*, rauchende Schwefelsäure *f*
oligisto *m* *(Min)* Stahleisen *n*, Spiegeleisen *n*
oligoclasa *f* *(Min)* Oligoklas *m*, Kalknatronfeldspat *m*
oligoelemento *m* Spurenelement *n*, Begleitelement *n*
oligómero *m* *(Ch)* Oligomer(es) *n*
oligomerizar *v* *(Ch)* oligomerisieren
olivina *f* *(Min)* Olivin *m*; Peridot *m*, Chrysolith *m*
olla *f* Topf *m*, Tiegel *m*
~ de fundir *(Met)* Tiegel *m*, Gießpfanne *f*
~ a presión Schnellkochtopf *m*, Druckkochtopf *m*
~ de templar *(Met)* Härtetiegel *m*
ómnibus *m* 1. *(El)* Mehrzweckanlage *f*; Schiene *f*; 2. Autobus *m*; 3. Personenzug *m*
omnidireccional 1. *(Eln)* rundstrahlend, ungerichtet, mit kugelförmiger Richtcharakteristik; 2. Rundsicht...

omnirange *m* Drehfunkfeuer *n*, rundstrahlendes Kursfunkfeuer *n*
onda *f* Welle *f* • **de ~ corta** kurzwellig • **de ~ larga** langwellig • **para toda ~** Allwellen...
~ acústica Schallwelle *f*
~ amortiguada gedämpfte Welle *f*
~ armónica Oberwelle *f*, harmonische Welle *f*
~ atmosférica 1. Raumwelle *f*; 2. Luftwelle *f*
~ de audición Empfangswelle *f*
~ continua ungedämpfte Welle *f*
~ corta Kurzwelle *f*
~ cuadrada Rechteckwelle *f*
~ de choque Stoßwelle *f*, Schockwelle *f*; Druckwelle *f*
~ dirigida gerichtete Welle *f*, Richtwelle *f*
~ de emisión Sendewelle *f*
~ entretenida ungedämpfte Welle *f*
~ esférica Kugelwelle *f*, sphärische Welle *f*
~ espacial Raumwelle *f*
~ estacionaria stehende Welle *f*
~ evanescente gedämpfte Welle *f*
~ expansiva Expansionswelle *f*, Druckwelle *f*
~ extracorta Ultrakurzwelle *f*
~ guiada geführte Welle *f*, Hohlleiterwelle *f*
~ inamortiguada ungedämpfte Welle *f*
~ incidente einfallende Welle *f*
~ luminosa [de luz] Lichtwelle *f*
~ de marcación Peilwelle *f*
~ media Mittelwelle *f*
~ piloto *(Nrt)* Pilot *m*, Pilotwelle *f*, Pilotschwingung *f*
~ portadora Trägerwelle *f*
~ primaria Grundwelle *f*, Primärwelle *f*
~ progresiva fortschreitende Welle *f*, Wanderwelle *f*
~ radiada ausgestrahlte Welle *f*
~ radioeléctrica [de radiofrecuencia] Funkwelle *f*, Radiowelle *f*
~ rectangular Rechteckwelle *f*
~ refractada gebrochene Welle *f*
~ de reposo *(Nrt)* Pausenwelle *f*
~ sinusoidal Sinuswelle *f*
~ sísmica seismische Welle *f*, Erdbebenwelle *f*
~ de socorro Notrufwelle *f* *(SOS)*
~ sonora Schallwelle *f*
~ sostenida ungedämpfte Welle *f*

~ superficial [de superficie] 1. Oberflächenwelle *f*; 2. *s.* ~ terrestre
~ superpuesta Überlagerungswelle *f*
~ supersónica Ultraschallwelle *f*
~ terrestre [de tierra] *(Nrt)* Bodenwelle *f*, direkter Strahl *m*
~ triangular Dreieckwelle *f*, Dreieckschwingung *f*
~ ultracorta Ultrakurzwelle *f*, UKW, Meterwelle *f*
~ ultralarga Ultralangwelle *f*, Myriameterwelle *f*, Längstwelle *f*
~ ultrasónica Ultraschallwelle *f*
~ vagabunda Wanderwelle *f*
ondámetro *m* Wellenmesser *m*
ondeado wellenförmig, wellig, gewellt
ondógrafo *m* (El) Ondograph *m*, Wellen(linien)schreiber *m*
ondulación *f* 1. *(Ph)* Wellenbewegung *f*, Schwingung *f*; 2. *(Nrt)* Welligkeit *f*; 3. *(Text)* Kräuselung *f*
ondulador *m* 1. *(El)* Undulator *m*; 2. *(El)* Wechselrichter *m*
opacidad *f* Undurchsichtigkeit *f*, Opazität *f*, Lichtundurchlässigkeit *f*, Trübung *f*
opacificante *m* Trübungsmittel *n*
opacificar *v* lichtundurchlässig [undurchsichtig] machen; trüben, trübe machen, mattieren
opacímetro *m* Trübungsmesser *m*
opaco opak; undurchsichtig; undurchlässig *(für Strahlen)*; matt; trüb; milchig
operación *f* 1. Operation *f*; Arbeits(vor)gang *m*; Vorgang *m*; Arbeitsablauf *m*; Prozess *m*; Aktion *f*; Betätigung *f*; 2. Rechenoperation *f*, Rechengang *m*; Grundrechenart *f*; 3. Betrieb *m*; Steuerung *f*; Anziehung *f* *(Relais)*
~ de álgebra de Boole *s.* ~ booleana
~ algebraica algebraische Operation *f* [Verknüpfung *f*], Verknüpfungsoperation *f*
~ de anticoincidencia [antiequivalencia] *s.* ~ O-exclusiva
~ aritmética Rechenvorgang *m*, Rechenoperation *f*, arithmetische Operation *f*
~ booleana boolesche Operation *f*, logischer Befehl *m*, logische Verknüpfung *f*
~ de ciclo fijo 1. Arbeitsweise *f* mit festem Zyklus; 2. *(Eln)* Taktgeberbetrieb *m*, Zeitgeberbetrieb *m* *(Betrieb in konstanten Zyklen)*

operación

~ de ciclo variable 1. Betrieb *m* mit veränderlichem Zyklus; 2. *(Inf)* Asynchronbetrieb *m*
~ de concatenación *(Inf)* Verkettungsoperation *f*
~ concurrente *(Inf)* Parallelarbeit *f*, gleichzeitiger Betrieb *m*
~ de corta duración Kurzzeitbetrieb *m*
~ conectiva *(Inf)* Verknüpfungsoperation *f*
~ de depuración *(Inf)* Fehlersuchvorgang *m*
~ de desplazamiento *(Inf)* Schiebe-Operation *f*, Schieben *n*
~ en función de tiempo Zeitverhalten *n*
~ fundamental *(Math)* Grundrechenoperation *f*, Elementaroperation *f*
~ de hincar Rammvorgang *m (Tiefbau)*
~ intermitente aussetzender Betrieb *m*
~ de intersección *(Math)* Operation *f* der Durchschnittsbildung, Durchschnittsbildung *f*
~ inválida *(Inf)* unzulässige Operation *f*, unzulässiger Befehl *m*
~ en línea *(Inf)* On-line-Betrieb *m*, direkter Betrieb *m*
~ lógica logische Operation *f*, logische Verknüpfung *f*
~ de malaxar *(Ch)* Knetvorgang *m*
~ de maniobras *(Eb)* Weichenstellung *f*
~ de maquinado Zerspanungsvorgang *m*; Spanungsverfahren *n*, Zerspanung *f*
~ matricial [de matriz] Matrizenrechnung *f*
~ de memorización *(Inf)* Speicheroperation *f*, Speicherung *f*
~ de negación Negationsoperation *f*; NICHT-Operation *f*
~ neutra *(Inf)* Nulloperation *f*, Leerbefehl *m*
~ NO-O NOR-Verknüpfung *f*, negierte ODER-Operation *f*
~ NO-Y NAND-Verknüpfung *f*, negierte UND-Operation *f*
~ O ODER-Operation *f*, Disjunktion *f*
~ O-exclusiva Exklusiv-ODER-Operation *f*, Antivalenzoperation *f*
~ O-inclusiva [O-incluyente] einschließende ODER-Funktion *f*, Disjunktion *f*
~ en red Netzbetrieb *m*
~ de reposición Rücksetzoperation *f*
~ secuencial 1. Serienbetrieb *m*, serienmäßige Arbeitsweise *f*; 2. *(Inf)* sequenzieller [serieller] Betrieb *m*
~ en tiempo real *(Inf)* Echtzeitbetrieb *m*, Echtzeitoperation *f*
~ y UND-Verknüpfung *f*
operacional Operations...; Rechen...; operational; praktisch ausführbar; praktisch nachweisbar
operador *m* 1. Operator *m*; 2. *s.* ~ humano
~ de adición Summationsoperator *m*
~ booleano boolescher Operator *m*, boolesches Operationssymbol *n*
~ autoconjugado selbstadjungierter Operator *m*
~ de campo Feldoperator *m*
~ de comparación Vergleichsoperator *m*
~ de equipo Gerätebediener *m*, Gerätebedienung *f*
~ hamiltoniano Hamilton-Operator *m (Quantenmechanik)*
~ humano Bedienungskraft *f*, Bedienender *m*, Bedienungsperson *f*, Operateur *m*, Operator *m*; Betreiber *m*
~ no Negationsoperator *m*
~ de red Netzbetreiber *m*
~ de relación Vergleichsoperator *m*
~ secuencial Folgeoperator *m*
operando *m* Operand *m*
opresor *m* Stellschraube *f*
óptica *f* 1. *(Ph)* Optik *f*; 2. Optik *f*, optisches System *n*, Linsensystem *n*
~ azulada vergütete Optik *f*, T-Optik *f*, Optik *f* mit reflexmindernder Schicht
~ de fibras Faseroptik *f*, Fiberoptik *f*
~ intercambiable Wechseloptik *f*
~ de lectura Abtastoptik *f*
~ luminosa Strahlungsoptik *f*
~ ondulatoria Wellenoptik *f*
optimización *f*
~ lineal Linearoptimierung *f*, Linearprogrammierung *f*
~ sucesiva schrittweise [sukzessive] Optimierung *f*
optimizar *v* optimieren
optoacoplador *m* Optokoppler *m*
optoelectrónica *f* Optoelektronik *f*
optoelectrónico optoelektronisch
optometría *f* Optometrie *f*
optrónica *f s.* optoelectrónica
opuesto entgegengesetzt; gegenüberliegend
oquedad *f* 1. Hohlraum *m*; 2. *(Wkst)* Vertiefung *f*, Loch *n*, Eindruck *m (des Prüfkörpers bei Härteprüfungen)*

ordenador

orbicular *(Geol)* kugelig, sphäroidisch
órbita f Bahn f, Umlaufbahn f • **poner en ~** auf die Umlaufbahn bringen
~ **de aparcamiento** Parkbahn f *(Raumfahrt)*
~ **cercana a la Tierra** erdnahe Umlaufbahn f
~ **circular** Kreisbahn f
~ **circunlunar** Mondumlaufbahn f
~ **circunterrestre** Erdumlaufbahn f
~ **electrónica** Elektronen(kreis)bahn f
~ **elíptica** elliptische Bahn f
~ **de equilibrio** Gleichgewichtsbahn f; Sollbahn f, stabile Bahn f *(Kernbeschleuniger, Raumfahrt)*
~ **exterior** Außenbahn f
~ **heliocéntrica** heliozentrische Umlaufbahn f
~ **solar** Sonnen(umlauf)bahn f
~ **terrestre [de la Tierra]** Erd(umlauf)bahn f
orbitador m Orbiter m
orbital Orbital..., Bahn...; Hüllen...
orbital *(Kern)* Orbital n(m)
orbitar v 1. eine Kreisbahn [Umlaufbahn] beschreiben; 2. auf eine Umlaufbahn bringen *(Satellit)*
orden m 1. Ordnung f, Reihenfolge f, Folge f; Regel f; 2. Baustil m; 3. Säulenordnung f; 4. *(Math)* Ordnung f, Grad m *(Gleichung)*
~ **creciente** aufsteigende Folge f [Reihenfolge f]; aufsteigende Sortierfolge f
~ **decreciente** absteigende Folge f [Reihenfolge f], absteigende Sortierfolge f
~ **de encendido** *(Kfz)* Zündfolge f
~ **enésimo** *(Math)* n-te Ordnung f
~ **secuencial** fortlaufende Reihenfolge f
orden f Befehl m, Programmanweisung f
~ **de búsqueda** Suchbefehl m
~ **de control** Steuerbefehl m; Steueranweisung f
~ **de ejecución** Ausführungsbefehl m
~ **de impresión** Druckbefehl m
~ **de lectura** Eingabebefehl m, Lesebefehl m, Leseanweisung f
ordenación f 1. Ordnen n, Ordnung f; Anordnung f; Folge f; Sortieren n; 2. *(Math)* Variation f; 3. Gefüge n
~ **creciente** aufsteigende Sortierung f
~ **decreciente** absteigende Sortierung f
~ **por extracción** Sortieren n durch Einschieben
~ **por intercalación** Mischsortieren n
~ **por intercambio** Sortieren n durch Austausch, Sortieren n durch Vertauschen
~ **de puertas** Gatte-Array n, Gatterfeld n
~ **por selección** Sortieren n durch Auswahl
ordenada f Ordinate f
ordenador m Computer m, Rechner m; EDV-Anlage f
~ **analógico** Analogrechner m
~ **anfitriono** Host-Rechner m
~ **de aplicación general** Universalrechner m
~ **asincrónico** Asynchronrechner m, asynchron arbeitender Rechenautomat m
~ **de comunicación** *(Nrt)* Knotenrechner m
~ **de control** Steuer(ungs)rechner m, steuernder Rechner m
~ **para control de tráfico** Verkehrsleitrechner m
~ **digital** Digitalrechner m, digitaler Rechner m
~ **electrónico** elektronischer Rechner m
~ **de enseñanza** Lehrcomputer m
~ **esclavo** abhängiger Rechner m
~ **de escritorio** Tischrechner m, Desktop-PC m
~ **de gran velocidad** Hochleistungsrechner m
~ **grande** Großrechner m, Mainframe m
~ **híbrido** Hybridrechner m *(Kombination von Digital- und Analogrechner)*
~ **del hogar** Heimcomputer m
~ **huésped** Gastcomputer m, Gastrechner m
~ **incremental** Inkrement(al)rechner m
~ **interactivo** Dialogrechner m, Dialogcomputer m
~ **en línea** On-line-Rechner m
~ **maestro** Hauptrechner m, Leitrechner m, Host-Computer m
~ **de mando** Steuer(ungs)rechner m
~ **orientado al octeto** Bytemaschine f
~ **pequeño** Minirechner m, Kleinrechner m, Minicomputer m, Kleincomputer m
~ **personal** Personalcomputer m, PC, Arbeitsplatzrechner m, Arbeitsplatzcomputer m

ordenador

~ **personal de sobremesa** Tischrechner m, Desktop-PC m
~ **de pilas** Stackcomputer m, Kellerrechner m
~ **portátil** Laptop m, Notebook n, tragbarer [portabler] Computer m
~ **de procesamiento en paralelo** Simultanrechner m
~ **de tiempo compartido** Rechner m im Teilnehmerbetrieb [Time-sharing-Betrieb, Zeitteilungsbetrieb]
~ **en tiempo real** Echtzeitrechner m
~ **de un solo chip** Einchipcomputer m
~ **de una sola dirección** Einadressrechner m
~ **virtual** virtuelle Maschine f, VM
~ **de voz** Sprachcomputer m
ordenar v ordnen, sortieren
~ **ascendentemente** aufsteigend sortieren
~ **descendentemente** absteigend sortieren
~ **por llave** nach Schlüssel sortieren
ordeñadora f **(mecánica)** *(Lt)* Melkmaschine f; Melkanlage f
ordinal m Ordnungszahl f
ordinograma f Flussbild n, Flussdiagramm n
~ **general** Übersichtsplan m
~ **lógico** logisches Flussdiagramm n, Logik(schalt)plan m
oreja f 1. Ohr n; Lasche f; 2. *(Schiff)* Flunke f *(Anker)*
~ **del ancla** Ankerflunke f, Ankerschaufel f
~ **de empalme** Verbindungslasche f; Verbindungsklemme f
organigrama m Ablaufplan m, Ablaufdiagramm n, Ablaufschema n, Organisationsschema n; Arbeitsplan m
órgano m 1. Organ n; Maschinenteil n; Maschinenelement m; Einzelteil n; Bestandteil m; 2. Glied n; Stellglied n; Element n; Bedienelement n; 3. Vorrichtung f; Körper m; Werk n; Gerät n; Apparat m; 4. Orgel f
~ **accionador** Antrieb m, Antriebsorgan n
~ **de actuación** Betätigungselement n
~ **de ajuste** Einstellglied n; Abgleichelement n
~ **del almacenamiento** *(Inf)* Speicherwerk n; Speicher m
~ **aritmético** *(Inf)* Rechenwerk n

~ **arrancador** *(Lt)* Rodekörper m *(Erntemaschine)*
~ **de cierre** Absperrorgan n *(Dampf)*
~ **de conmutación** Schaltorgan n
~ **de control** Steuerwerk n
~ **corrector** Stellglied n
~ **cortador [de corte]** *(Lt)* Mähwerk n, Schneidwerk n
~ **guía** Führungsteil m
~ **de mando** Steuerorgan n; Steuerglied n; Steuerapparat m; Bedienelement n; Stelleinheit f, Stellglied n
~ **de maniobra** Bedienungsorgan n
~ **mecánico** 1. Maschinenteil n; Maschinenelement n; 2. mechanisches Glied n; mechanische Einrichtung f
~ **medidor** Messglied n, Messwerk n
~ **de memoria** *(Inf)* Speicherorgan n, Speicher m
~ **motor** Antriebsorgan n, Triebelement n
~ **propulsor** *(Schiff, Flg)* Vortriebsmittel n, Antriebsorgan n; Vortriebsorgan n
~ **regulador** Stellglied n; Regelglied n
~ **sensorial** Sensor m, Fühlelement n, Messglied n
~ **surcador** *(Lt)* Furchenzieher m
~ **de tracción** *(Förd)* Zugmittel n, Zugorgan n
~ **de transmisión** Übertragungsteil n, Transmissionsorgan n
organometálico m *(Ch)* metallorganische Verbindung f, Organometallverbindung f
orientable orientierbar; drehbar; einstellbar; Schwenk...; Such...
orientación f 1. Orientierung f *(Kristallographie)*; (räumliche) Ausrichtung f *(z. B. von Molekülen)*; 2. Ortung f, Peilung f; 3. *(Ch)* Ortsbestimmung f *(für Substituenten)*
orientar v 1. orientieren; ausrichten; 2. drehen; schwenken
orientarse v peilen
orificio m Öffnung f, Loch n; Luke f; Mündung f; Anschluss m
~ **de acceso** Zugangsöffnung f; Mannloch n
~ **de admisión** 1. Einlassöffnung f, Einströmöffnung f, Einlasskanal m; 2. *(Kfz)* Einlassschlitz m; Zulaufanschluss m
~ **de alineamiento** Indexloch n *(Diskette)*
~ **de arrastre** Führungsloch n, Transportloch n *(Drucker)*
~ **de aspiración** Ansaugöffnung f

~ **de carga** *(Schiff)* Ladeluke f, Ladeöffnung f
~ **de colada** *(Gieß)* Abstichöffnung f
~ **de engrase** Ölbohrung f, Ölloch n; Schmierloch n, Schmierbohrung f
~ **de escape** *(Kfz)* Austrittsöffnung f, Auslassöffnung f; Auspuff m
~ **de revisión** Schauöffnung f, Schauloch n
~ **roscado** Gewindeanschluss m *(Ventil)*
~ **de vaciado** 1. Abflussöffnung f, Ausflussöffnung f; 2. Pumpstutzen m *(einer Röhre)*
~ **de válvula** Sitzloch n *(eines Ventils)*
~ **de ventilación** Lüftungsöffnung f, Lüftungsfenster n
orín m Rost m
ornitóptero m *(Flg)* Schlagflügelflugzeug n, Schlagflügler m, Schwingenflugzeug n, Schwingenflügler m
oro m Gold n, Au
~ **aluvial [de aluvión]** Waschgold n, Schwemmgold n, Alluvialgold n, Seifengold n
~ **foliado [en láminas]** Blattgold n
~ **de ley** Münzgold n, Feingold n
ortinoscopio m *(TV)* Orthikon n, CPS-Emitron n *(Bildaufnahmeröhre)*
ortita f *(Min)* Orthit m, Allanit m
ortocentro m Orthozentrum n, Höhen(schnitt)punkt m
ortodromia f Orthodrome f
ortofónico klangrein
ortogonal orthogonal, rechtwinklig, senkrecht zueinander
ortorrómbico (ortho)rhombisch
ortosa f *(Min)* Orthoklas m, Kalifeldspat m
ortoscópico orthoskopisch, verzeichnungsfrei
oruga f *(Kfz)* Raupe f, Kette f
orza f 1. *(Schiff)* Luven n, Anluven n; 2. Schwert n, Mittelschwert n, Bootschwert n; 3. Steintopf m *(Keramik)*
orzar v *(Schiff)* (an)luven
osatura f Gerüst n, Gerippe n; Fachwerk n; Tragkonstruktion f
oscilación f 1. Oszillation f, Schwingung f; 2. Schwankung f, Schwanken n; 3. Pendeln n, Pendelung f; 4. Schlag m
~ **acústica** akustische Schwingung f, Schallschwingung f
~ **amortiguada** abklingende [gedämpfte] Schwingung f
~ **en diente de sierra** Sägezahnschwingung f
~ **entretenida** ungedämpfte [dauererregte] Schwingung f
~ **fundamental** Grundschwingung f, erste Harmonische f
~ **no amortiguada** ungedämpfte Schwingung f
~ **parásita** Störschwingung f, parasitäre [wilde] Schwingung f
~ **pendular** Pendelschlag m, Pendelschwingung f
~ **portadora** *(Nrt)* Trägerschwingung f
~ **de la presión** Druckschwankung f
~ **de radiofrecuencia** Hochfrequenzschwingung f
~ **sinusoidal** Sinusschwingung f, sinusförmige Schwingung f
~ **sonora** Schallschwingung f
~ **de todo el cuerpo** Ganzkörperschwingung f
~ **de torsión** Drehschwingung f, Torsionsschwingung f, Drillschwingung f
~ **translatoria** Verschiebeschwingung, Translationsschwingung f, translatorische Schwingung f
oscilador m 1. *(Ph)* Oszillator m, Schwingungserzeuger m; 2. *(Eln)* Oszillator m, Schwinger m
~ **de mando** Steueroszillator m
~ **piezoeléctrico** piezoelektrischer Schwinger m
~ **ultrasónico** Ultraschallschwinger m
oscilante schwingend, oszillierend, sich hin und her bewegend; pendelnd
oscilar v schwingen, oszillieren; schwanken; ausschlagen *(Pendel)*; flattern *(Ventil)*
oscilatriz f Generatorröhre f, Senderöhre f
oscilógrafo m Oszillograph m, Schwingungsschreiber m
oscilograma m Oszillogramm n, Schwingungsbild n
oscilometría f Schwingungsmessung f
oscilómetro m Schwingungsmesser m
osciloscopio m Oszilloskop n
osmio m Osmium n, Os
o.u.c. s. onda ultracorta

ovalar

ovalar v (Mech) unrund werden; abschrägen; verziehen
ovalización f (Mech) Rundheitsfehler m, Unrundheit f; (Am) Ovalität f
ovilladora f (Text) Knäuelwickelmaschine f
oxácido m Sauerstoffsäure f
oxhídrico Hydroxyl...; Hydroxy... (bei organischen Verbindungen)
oxhidrilo m (Ch) Hydroxyl n, Hydroxylgruppe f
oxicortadora f Brennschneidmaschine f
oxicortar v brennschneiden
oxicorte m Brennschneiden n
oxidación f Oxidation f, Oxidierung f
~ **anódica** anodische Oxidation f, Anodisieren n; (für Aluminium auch) Aloxidieren n, Eloxieren n
~ **electrolítica** elektrochemische [elektrolytische] Oxidation f
oxidante m Oxidationsmittel n, Oxidans n
oxidar v 1. (auf)oxidieren; eloxieren; 2. (Met) zundern
óxido m 1. (Ch) Oxid n; 2. Rost m
~ **anfótero** amphoteres Oxid n
~ **básico** basisches Oxid n
~ **de carbono** Kohlen(mon)oxid n
~ **férrico** Eisen(III)-oxid n
~ **ferroso** Eisen(II)-oxid n
~ **de hierro** Eisenoxid n
~ **de laminación** Walzzunder m, Walzsinter m
oxidorreductimetría f (Ch) Oxidations-Reduktions-Analyse f, Oxidimetrie f, Redoxanalyse f
oxidorresistente rostbeständig, korrosionsbeständig
oxigenación f (Ch) Sauerstoffaufnahme f, Anreicherung f mit Sauerstoff; Oxidation f
oxigenar v 1. mit Sauerstoff verbinden; 2. mit Sauerstoff anreichern; oxidieren
oxígeno m Sauerstoff m, O
~ **atmosférico** Luftsauerstoff m, atmosphärischer Sauerstoff m
~ **líquido** flüssiger Sauerstoff m
oxihidrógeno m Knallgas n
oxisulfuro m **de carbono** Kohlen(stoff)disulfid n, Schwefelkohlenstoff m
ozonizador m Ozonisator m, Ozongenerator m, Ozonerzeuger m

P

p.a. s. peso atómico
página f Seite f, Blatt n
~ **de comunicación** Mitteilungsseite f (Bildschirmtextseite)
~ **principal** Home Page f
paginación f 1. (Typ) Paginierung f; 2. (Inf) Seitenverwaltung f
~ **rotativa** Seitenblättern n, Bildschirmseitenblättern n
paginar v (Typ) paginieren
pala f 1. Schaufel f, Spaten m; 2. (Schiff) Flügel m, Propellerblatt n, Schraubenblatt n, Blatt n; 3. (Flg) Blatt n, Luftschraubenblatt n; Tragschraubenblatt n; 4. Oberleder n, Schaft m (von Schuhen) • **de tres palas** dreiflügelig
~ **agitadora** Rührarm m
~ **de arrastre** Seilschaufel m, Schrapper m
~ **de arrastre autocargadora** Selbstladeschürfkübel m
~ **de cable** Seilbagger m
~ **de camión** selbstfahrender Bagger m
~ **cargadora** Schaufellader m; Ladeschaufel f
~ **cargadora sobre ruedas** Radschaufellader m
~ **de cuchara** 1. Schrappergefäß n, Schürfkübel m; 2. Gefäßbagger m
~ **de descarga lateral** Seitenkipplader m
~ **desencapadora** Abraumbagger m
~ **empujadora** Planierschild m
~ **excavadora** Baggerlöffel m; Tieflöffelbagger m, Grabenbagger m
~ **hidráulica** Hydraulikbagger m
~ **mecánica** 1. Löffelbagger m; (Am) Bulldozer m; 2. Handschrapper m, Abräumer m
~ **niveladora** Schürfkübel m
~ **rasadora** (Bw) Skimmer m
~ **del rotor (sustentador)** Rotorblatt n, Tragschraubenblatt n
~ **del timón** (Schiff) Ruderblatt n
~ **transportadora** Schrapperbagger m, Schürfkübelbagger m
~ **de turbina** Turbinenschaufel f
paladio m Palladium n, Pd
pala-draga f Greifer m
palanca f 1. (Mech) Hebel m; 2. Handgriff m, Griff m; 3. Brecheisen n, Locheisen n, Hebeeisen n

~ **acodada** Kniehebel m, Winkelhebel m; Schwinge f
~ **aflojapapel** Papierlöser m, Papierauslösehebel m *(Schreibmaschine)*
~ **de arranque** Anlasshebel m; Einrückhebel m
~ **de aspas** Kreuzgriff m, Sterngriff m
~ **de ataque** *(Kfz)* Lenkhebel m
~ **de bloqueo** Feststellhebel m, Klemmhebel m; Sperrhebel m; Stopphebel m *(für Rollbahnen)*
~ **de cambio** 1. Schalthebel m, Umschalthebel m; 2. *(Kfz)* Gangschalthebel m; 3. *(Eb)* Weichenstellhebel m
~ **de carga** 1. Hebelstange f; 2. *(Mech)* Lastarm m
~ **de conexión** Schalthebel m
~ **de control** Schalthebel m, Steuerhebel m, Bedienungshebel m
~ **de desconexión** Abschalthebel m, Ausschalthebel m
~ **de desembrague** Ausrückhebel m
~ **de embrague** Kupplungshebel m, Schalthebel m; Einrückhebel m, Einschalthebel m
~ **de espaciado** Zeileneinstellhebel m *(Schreibmaschine)*
~ **del freno** Bremshebel m
~ **de fuerza** *(Mech)* Kraftarm m
~ **del interruptor** *(El)* Schaltgriff m, Schalthebel m
~ **inversora** 1. *(Mech)* Umlenkhebel m; 2. *(Fert)* Umsteuerhebel m, Umschalthebel m
~ **de itinerario** *(Eb)* Fahrstraßenhebel m, Fahrstraßenkurbel f
~ **de juegos** *(Inf)* Joystick m, Steuerknüppel m, Steuerhebel m
~ **librapapel** Papierlöser m, Papierauslösehebel m *(Schreibmaschine)*
~ **de mando** 1. Steuerhebel m; 2. *(Flg)* Steuerknüppel m
~ **de mando del timón** *(Schiff)* Ruderstange f
~ **de maniobra** 1. Steuerhebel m; 2. *(Eb)* Weichen(stell)hebel m; 3. Hebelstange f
~ **manual de control** *(Inf)* Joystick m
~ **de marcha** *(Fert)* Bedienungshebel m
~ **de parada** 1. Abschalthebel m, Abstellhebel m; 2. *(Fert)* Sperrhebel m
~ **portatipos** Typenhebel m *(Schreibmaschine)*
~ **de puesta en marcha** Einrückhebel m, Einschalthebel m, Starthebel m
~ **de tipo** Typenhebel m *(Schreibmaschine)*
~ **de las velocidades** Schalthebel m, Gangschalthebel m

palangrero m Langleinenfischereifahrzeug n, Langleinenfischereiboot n
palanquita f Hebel m; Sperrklinke f
paleontología f Paläontologie f
paleta f 1. *(Förd)* Palette f, Transportpalette f, Ladeplatte f; 2. *(Schiff)* Propellerblatt n; 3. Schaufel f *(Turbine)*; 4. Maurerkelle f; 5. Spachtel m
~ **de altura de estiba** Hochregalpalette f
~ **batidora** 1. Rührarm m; 2. *(Text)* Schläger m
~ **caja** Boxpalette f
~ **desechable** Einwegpalette f
~ **directriz** Leitschaufel f
~ **de hélice** *(Schiff)* Propellerblatt n
~ **malaxadora [mezcladora]** Rührarm m
~ **plana** Flachpalette f, Euro-Palette f
~ **del rotor** Laufradschaufel f

palmer m Mikrometer m, Bügelmessschraube f
palo m 1. Mast m; 2. Pfahl m; 3. Stiel m; 4. *(Typ)* Oberlänge f; Unterlänge f
~ **de amarre** *(Schiff)* Festmachepfahl m, Dückdalben m, Haltepfahl m, Vertäupfahl m
~ **de carga** *(Schiff)* Lademast m

palpador m Fühler m, Fühlstift m, Taster m, Taststift m, Prüftaster m
pan m Pressling m; Block m; Platte f
pandear v (ein)knicken; ausknicken; (sich) biegen
pandeo m Knickung f, Einknickung f, Knick m
panel m 1. *(Bw)* Paneel n; Füllung f; Platte f; 2. *(El)* Schalttafel f; 3. Streifen m; Feld n; Tafel f; Fach n
~ **de accionamiento** Schalttafel f
~ **acústico** Schalldämmplatte f
~ **de aparatos** Armaturentafel f
~ **de circuito impreso** (gedruckte) Leiterplatte f, Schaltplatte f
~ **de clavijas** Steckerfeld n, Stecktafel f
~ **de consola** Schaltpult n, Steuerpult n
~ **de control** 1. Schalttafel f, Schaltbrett n; 2. Bedienungsfeld n; Kontrollfeld n, Überwachungsfeld n

panel
- **~ corredizo** Laufplanke f
- **~ de dibujo** Zeichenbrett n
- **~ de distribución** Verteilertafel f
- **~ de empalmes** Steckerfeld n (z. B. Analogrechner)
- **~ de enchufes** Buchsenfeld n
- **~ de equipos** Geräteeinschub m
- **~ de escotilla** (Schiff) Lukenabdeckung f, Lukenverschluss m, Lukendeckel m
- **~ de fondo** Mutter(leiter)platte f, Grundplatine f, Mutterplatine f
- **~ de fondo trasero** Rückwand f (eines Gehäuses)
- **~ frontal** Frontplatte f, Vorderplatte f, Vorderwand f; Bedienfeld n (auf der Vorderseite)
- **~ de fuerza** Schalttafel f
- **~ de fusibles** Sicherungsbrett n
- **~ indicador** Anzeigetafel f; Sichttafel f
- **~ de instrumentos** Schalttafel f, Instrumententafel f, Armaturenbrett n
- **~ de interconexión** Stecktafel f
- **~ de interruptores** Schalttafel f, Stecktafel f, Steckbrett n
- **~ de jacks** 1. Buchsenfeld n; 2. (Nrt) Klinkenfeld n, Klinkenpaneel n
- **~ de mando** Bedientafel f
- **~ de operador** Bedienerkonsole f; Bedienfeld n
- **~ de pruebas** Prüffeld n

pantalla f 1. Schirm m; Bildschirm m, Anzeige f; Lichtschirm m; Filmleinwand f, 2. Schirm m, Lampenschirm m; Leuchtschirm m; 3. Schirm, Schutzverkleidung f, Lichtschutzblende f; 4. (Foto) Filter m
- **~ absorbente** 1. schallabsorbierend verkleidete Abschirmwand f, Schallschirm m; 2. (Kern) Abschirmfolie f, Neutronenfänger m
- **~ acústica** Schallwand f, Schallschirm m
- **~ de alta resolución** hochauflösender Bildschirm m
- **~ ancha** Breitwand f (Film)
- **~ de blindaje** Abschirmblech n
- **~ católica** Bildschirm m, Leuchtschirm m
- **~ cinematográfica** Bildwand f, Leinwand f (Kino)
- **~ cortaarcos** (El) Funkenlöscher m
- **~ de cristal líquido** Flüssigkristallbildschirm m, LCD-Bildschirm m, Flüssigkristallanzeige f, Flüssigkristallmonitor m, LCD-Monitor m
- **~ cromática** Farbbildschirm m
- **~ fluorescente [fosforescente]** Fluoreszenzschirm m, Leuchtschirm m; Röntgenschirm m
- **~ gráfica** grafikfähiger Bildschirm m; grafische Anzeige f
- **~ de gran extensión** Breitwand f (Film)
- **~ de iconoscopio** Speicherbildschirm m
- **~ luminiscente** Leuchtschirm m
- **~ de memoria** Speicherbildschirm m
- **~ monocromática** Monochrombildschirm m, Schwarzweißbildschirm m
- **~ movible [móvil]** bewegliche Abschirmung f (z. B. an Pressen)
- **~ de ordenador** Computerbildschirm m, Monitor m
- **~ orientable** verstellbarer Bildschirm m
- **~ de osciloscopio** Oszillographenschirm m
- **~ panorámica** 1. Panoramabildwand f, Breitwand f; 2. Rundsichtgerät n, Panoramasichtgerät n (Radar)
- **~ a persistencia** (Eln) Nachleuchtschirm m
- **~ plana** Flachbildschirm m
- **~ de plasma** Plasmabildschirm m, Plasmaanzeige f, Plasmadisplay n
- **~ de presentación gráfica** Grafikbildschirm m, grafikfähiger Bildschirm m
- **~ protectora** Abschirmung f, Schutzschild m; Schutzschirm m, Schutzblende f, Schutzwand f
- **~ de proyección** Projektionsschirm m
- **~ de radar** Radarschirm m; Sichtgerät n (Radar)
- **~ de radiación** Strahlenabschirmung f, Strahlungsschutz m
- **~ de rayos catódicos** Katodenstrahlbildschirm m
- **~ de rayos X** Röntgenschirm m
- **~ receptora** (TV) Bildschirm m
- **~ reflectora de radar** Radarschirm m
- **~ de seguridad** Abschirmung f; Schutzschirm m
- **~ para soldadores [soldar]** Schweißerschutzschild m
- **~ tactosensible** Sensorbildschirm m, Kontaktbildschirm m, Touchscreen m, aktiver Bildschirm m
- **~ térmica** Hitzeschutzschild m; Wärmeschutz m
- **~ (de) terminal** Terminalbildschirm m, Terminalsichtgerät n

~ **translúcida** Durchsicht(leucht)schirm *m*; Durchleuchtungsschirm *m*
~ **de visualización** Bildschirm *m*, Display(gerät) *n*, Anzeigebildschirm *m*
~ **de visualización de datos** Datensichtgerät *n*

pantano *m* 1. Sumpf *m*; Sumpfgelände *n*; 2. Talsperre *f*; Staubecken *n*; Stausee *m*

pantograbador *m* Pantograph *m*, Graviermaschine *f*

pantógrafo *m* 1. Stromabnehmer *m*, Scherenstromabnehmer *m*, Stromabnehmerbügel *m*; 2. Pantograph *m*, Storchschnabel *m* *(technisches Zeichnen)*

pantoque *m* *(Schiff)* Bilge *f*

paño *m* 1. Tuch *n*; Gewebe *n*; 2. *(Schiff)* Fangnetz *n*

pañol *m* *(Schiff)* Bunker *m*; Lagerraum *m*; Vorratsbehälter *m*; Schiffslagerraum *m*, Last *f*

papel *m* Papier *n*
~ **de aluminio** Aluminiumfolie *f*
~ **biblia** Dünndruckpapier *n*, Bibeldruckpapier *n*
~ **al bromuro de plata** *(Foto)* Bromsilberpapier *n*
~ **carbón** Kohlepapier *n*
~ **cianográfico** Lichtpauspapier *n*
~ **continuo** *(Inf)* Endlosformular *n*, Endlospapier *n*, Tabellierpapier *n*; Leporelloformular *n*, Rollenpapier *n*
~ **cromo** Kunstdruckpapier *n*
~ **de dibujo** Zeichenpapier *n*
~ **de edificación** *(Bw)* Baupappe *f*, Sperrpappe *f*, (nackte) Dachpappe *f*
~ **estaño** Blattzinn *n*, Stanniol *n*, Walzzinn *n*, Zinnfolie *f*
~ **para fotocopias** Fotokopierpapier *n*, Kopierpapier *n*
~ **fotosensible** lichtempfindliches Papier *n*
~ **para galeradas** *(Typ)* Abziehpapier *n*, Korrektur(abzugs)papier *n*
~ **heliográfico** Lichtpauspapier *n*
~ **de impresora** Druckerpapier *n*
~ **indicador** *(Ch)* Reagenzpapier *n*
~ **de lija** Schmirgelpapier *n*, Schleifpapier *n*, Sandpapier *n*
~ **de mano** handgeschöpftes Bütten(papier) *n*
~ **no leñoso** holzfreies Papier *n*
~ **pintado** Tapete *f*; Papiertapete *f*
~ **plastificado** kunststoffbeschichtetes Papier *n*
~ **de plomo** Bleifolie *f*
~ **reactivo** *(Ch)* Reagenzpapier *n*
~ **reciclado** wieder verwertetes Papier *n*; Umweltschutzpapier *n*
~ **satinado** satiniertes Papier *n*
~ **secante** Löschpapier *n*
~ **semiconductor** Halbleiterpapier *n*
~ **termográfico** wärmeempfindliches Spezialpapier *n* *(für Thermodrucker)*
~ **de tornasol** *(Ch)* Lackmuspapier *n*
~ **tractor** Leporelloformular *n*, Zick-Zack-Formular *n*
~ **translúcido [transparente]** Transparentpapier *n*

papelera *f* *(Inf)* Aktentasche *f*
~ **del reciclaje** *(Inf)* Papierkorb *m*, Abfallbehälter *m*, Trashcan *m*

par gerade *(Zahl)*

par *m* 1. Paar *n*; 2. *(Mech)* Kräftepaar *n*; Kraftmoment *n*; Elementenpaar *n* *(Getriebelehre)*; 3. *(Bw)* Sparren *m*
~ **de aceleración** Beschleunigungsmoment *n*
~ **de arranque** Anfahrmoment *n*; Anlaufmoment *n*
~ **de carga** Belastungsmoment *n*
~ **cinemático** kinematisches Elementenpaar *n* *(Getriebe)*
~ **cónico** Kegelradgetriebe *n*, Kegelradpaar *n*
~ **escorante** *(Schiff)* Krängungsmoment *n*
~ **de estabilidad** *(Schiff)* Stabilitätsmoment *n*
~ **de frenado** Bremsmoment *n*
~ **de fricción** Reibungspaar *n*
~ **de fuerza** Kraftmoment *n*
~ **galvánico** galvanisches Element *n*
~ **inicial de arranque** Anzugsmoment *n* *(z. B. des Motors)*
~ **motor** Drehmoment *n*
~ **ordenado** geordnetes Paar *n* *(Mengenlehre)*
~ **de puntos** *(Math)* Punktepaar *n*
~ **de sobrecarga** Kippmoment *n* *(Elektromotor)*
~ **termoeléctrico** thermoelektrisches Element *n*, Thermoelement *n*, Thermopaar *n*
~ **de torsión** Drehmoment *n*
~ **voltaico** galvanisches Element *n*

~ **de vuelco** Kippmoment n *(Statik)*
parábola f 1. *(Math)* Parabel f; 2. *(Kfz)* Reflektor m *(Scheinwerfer)*
parabólico Parabel..., parabolisch
paraboloide m *(Math)* Paraboloid n
parabrisas m *(Kfz)* Windschutzscheibe f
~ **envolvente [panorámico]** Vollsichtscheibe f
paracaídas m 1. Fallschirm m; 2. Fangvorrichtung f, Fallschutzmittel n
~ **detentor** *(Förd)* Bremsfangvorrichtung f
paraclasa f *(Geol)* Verwurf f *(Störung)*
parachispas m 1. *(El)* Funkenableiter m; 2. Funkenfang m; Funkenfänger m, Funkenschutz m
parachoques m 1. *(Kfz)* Stoßdämpfer m; Stoßfänger f, Stoßfänger m; 2. *s.* tope 2.
parada f 1. Stillstand m; Unterbrechung f; 2. Anhalten n; Abstellen n; Ausschalten n; Außerbetriebsetzen n; 3. Halt(epunkt) m; 4. Wehr n *(in Flüssen)*; 5. *(Flg)* Verzögerung f
~ **de emergencia** Notabschaltung f, Havarieabschaltung f, Schnellabschaltung f; Notstopp m
parador m *(Masch)* Sperre f; Stoppvorrichtung f
paralelepípedo m *(Math)* Parallelepiped(on) f
paralelo parallel, gleichlaufend
~ **y plano** planparallel
paralelo m 1. *(Math)* Parallele f; 2. Breitenkreis m, Breitenparallel n
parallamas m Flammenrückschlagsicherung f, Flammenschutz m
paramentar v *(Bw)* verblenden, verkleiden
paramento m 1. Sichtfläche f, Außenseite f; 2. *(Bw)* bündige Mauerseite f, Verblendmauerwerk n; Verblendung f, Verkleidung f, Putzschicht f
parámetro m Parameter m; Bestimmungsgröße f, Einflussgröße f; Faktor m; Kenngröße f, Kennwert m
~ **característico** Kenngröße f, Kennwert m
~ **de corriente** Stromwert m
~ **de curva** *(Math)* Kurvenparameter m
~ **físico** physikalische Größe f
~ **de medición** Messgröße f
~ **de red** 1. *(Math)* Netzparameter m; 2. Gitterkonstante f, Gitterparameter m *(Kristall)*

parar v anhalten; abstellen; abschalten; außer Betrieb setzen
pararrayos m Blitzableiter m; Überspannungsableiter m
parasol m 1. Sonnenblende f; 2. *(Kfz)* Gegenlichtblende f
paratramas m *(Text)* Absteller m, Schussfadenwächter m *(für den Schuss)*
paravientos m 1. *(Kfz)* Windschutzscheibe f; 2. *(Bw)* Windverband m; Luftschlitz m; Schornsteinabdeckung f
pared f Wand f; Mauer f
~ **de carga** tragende Wand f
~ **divisoria** Scheidewand f, Zwischenwand f, Trennwand f
~ **de entramado** *(Bw)* Fachwerkwand f
~ **de la galería** *(Bgb)* Streckenstoß m
~ **inferior** *(Bgb)* Liegendes n
~ **maestra** tragende Wand f
~ **picadero** *(Bw)* Drempel m
~ **resistente al fuego** Brandmauer f, feuerfeste Wand f
~ **sónica** Schallmauer f
~ **superior** *(Bgb)* Hangendes n
paréntesis m Parenthese f, Einschaltung f, Klammer f
~ **angular** eckige Klammer f
paridad f Parität f, Geradzahligkeit f
parpadear v flackern; flimmern; blinken
parpadeo m Flackern n; Flimmern n; Blinken n • **exento de** ~ flimmerfrei
parrilla f 1. Rost m, Feuerrost m, Stangenrost m; 2. *(Lt)* Netz n; Fangrechen m; Gitter n; Gatter n; 3. *(Schiff)* Kielbank f, Balkenrost m, Trockengräting f
~ **limpiadora** *(Lt)* Reinigungssieb n *(Mähdrescher)*
~ **sacudidora** *(Lt)* Schüttelrost m
~ **vibratoria** Rüttelrost m
parte f 1. Teil n *(Einzelteil)*; 2. Teil m *(Abschnitt)*; 3. Anteil m, Bestandteil m
~ **alicuota** aliquoter [aufgehender, ganzer] Teil m, echter Teiler m
~ **de coma fija** *(Inf)* Festkommateil m, Argument n
~ **componente** 1. Bestandteil m, Zubehörteil m; 2. Bauteil n, Bauelement n, Einzelteil n
~ **decimal** Dezimalstelle f
~ **disjunta** *(Math)* disjunkter Teil m
~ **fundida** Gussteil n

paso

~ **imaginaria** *(Math)* Imaginärteil *m*, imaginärer Teil *m (einer komplexen Zahl oder Funktion)*
~ **integral** Integralanteil *m*, I-Anteil *m*
~ **de máquina** Maschinenteil *n*; Maschinenelement *n*
~ **mecánica** mechanisches Teil *n*; Maschinenbauteil *n*
~ **a presión** Druckteil *m (z. B. in Kesseln)*
~ **roscada** Verschraubung *f*
~ **trasera aerodinámica** *(Kfz)* Fließheck *n*
~ **de vehículo** Fahrzeugteil *n*, Kraftfahrzeugteil *n*

partición *f* 1. Teilung *f*, Trennung *f*, Absonderung *f*; 2. Region *f*, Bereich *m*; Programmbereich *m*; Partition *f*

partícula *f* 1. Partikel *n(f)*, Teilchen *n*; 2. *(Ph)* Elementarteilchen *n*

partidor *m* 1. Teilvorrichtung *f*; 2. *(El)* Abzweigdose *f*

pasada *f* 1. Durchgang *m*; Durchlass *m*; 2. Kaliber *n (Walzen)*; 3. *(Fert)* Schnitt *m (beim Spanen)*; 4. *(Inf)* Durchlauf *m*, Lauf *m*; 5. *(Text)* Reihe *f*

pasador *m* 1. Stift *m*; Bolzen *m*; Finger *m*; Splint *m*; 2. Durchziehnadel *f*, Dorn *m*; Locheisen *n*; 3. *(Schiff)* Marleisen *n*, Spleißeisen *n*; 4. Schieber *m*, Riegel *m*; 5. Sieb *n*; Filter *n*; 6. *(Text)* Einzeinadel *f*, Einziehhaken *m (Weberei)*
~ **abierto** Splint *m*
~ **ahusado** Kegelstift *m*
~ **de arrastre** Mitnehmerbolzen *m*
~ **del cigüeñal** Pleuellagerzapfen *m (Kurbelwelle)*
~ **del eje** *(Kfz)* Achsschenkelbolzen *m*
~ **del émbolo** Kolbenbolzen *m*
~ **guía** Führungsbolzen *m*
~ **hendido** Splint *m*
~ **posicionador** Stellstift *m*, Adjustierstift *m*

pasamanos *m* 1. Geländer *n*; Handlauf *m*; Haltegriff *m*; Geländerpfosten *m*; 2. *(Schiff)* Reling *f*

pasar *v* 1. durchfließen; durchströmen; 2. seihen, sieben

pasarela *f* 1. Laufbrücke *f*; Übergang *m*; 2. Laufdiele *f*, Belag *m (z. B. Gerüst)*; 3. *(Schiff)* Brücke *f*; Laufsteg *m*

pasarse *v* verderben *(Kalk)*; brüchig werden *(Gummi)*; sich ausleiern *(Gewinde)*; die Festigkeit verlieren

pascal *m* Pascal *n*, Pa *(SI-Einheit des Drucks)*

pasillo *m* 1. Flur *m*, Korridor *m*; 2. *(Schiff)* Gangway *f*, Landgang *m*; Passagiersteg *m*; Gangbord *m (Binnenschiff)*

pasivo passiv; inaktiv, reaktionsträge

paso *m* 1. Schritt *m*; Abstand *m*; 2. Teilung *f (z. B. Zahnrad)*; 3. Steigung *f (eines Gewindes oder Propellers)*; 4. Hub *m (Kolben)*; 5. Spur *f (z. B. Teilchen)*; 6. Durchfluss *m*; Zufuhr *f*; Durchlauf *m*; Durchgang *m*; 7. Durchführung *f*, Durchgang *m (z. B. eines Kabels)*; 8. Fahrwasser *n*; 9. *(Text)* Fach *n*; 10. Arbeitsgang *m*, Durchlauf *m*; Takt *m*; 11. Tritt *m*; Leiterstufe *f* • ~ **a** ~ schrittweise; stufenweise • **de** ~ **derecho** rechtsgängig • **de** ~ **izquierdo** linksgängig
~ **de alta frecuencia** Hochfrequenzstufe *f*, Hochfrequenzweiche *f*
~ **amplificador** Verstärkerstufe *f*
~ **angular** Teilungswinkel *m (Zahnrad)*
~ **aparente** Stirnteilung *f*
~ **base** Eingriffsteilung *f*, Grundkreisteilung *f*
~ **a cero** Nullung *f*
~ **circular** Kreisteilung *f*, Teilkreisteilung *f (Zahnrad)*; Wälzkreisteilung *f*
~ **circunferencial** Stirnteilung *f*
~ **de corriente** Stromdurchgang *m*
~ **de chispas** Überschlag *m*, Überspringen *n (von Funken)*
~ **dental** Zahnteilung *f*
~ **diametral** Modulkehrwert *m*, DP *(Zahnrad)*
~ **del diente** Zahnteilung *f*
~ **emisor** Sendestufe *f*
~ **del engranaje** Zahnteilung *f*
~ **de hélice** 1. Schraubengang *m*; Flügelsteigung *f*; 2. *(Schiff)* Propellersteigung *f*; 3. *(Am)* Drall *m*; Steigung *f*; 4. *(Math)* Schraubung *f*
~ **de media barrera** *(Eb)* Halbschrankenanlage *f*
~ **de las palas** *(Flg)* Einstellwinkel *m (Luftschraubenblatt)*; Tragschraubenschritt *m (Tragschraubenblatt)*
~ **de las paletas** Schaufelteilung *f (Turbine)*
~ **de rosca** Gewindesteigung *f*, Ganghöhe *f*
~ **de rueda** Rad(ab)stand *m*

~ **separador** *(Eln)* Trennstufe *f*
~ **subterráneo** Unterführung *f*
~ **superior de la calle** Straßenüberführung *f*
pasta *f* 1. Paste *f*; Brei *m*; Masse *f*; Teig *m*; 2. *(Typ)* Einband *m* • **en** ~ 1. pastenförmig; 2. *(Typ)* gebunden
~ **abrasiva** *(Fert)* Schleifpaste *f*
~ **para acumuladores** Polfett *n (Batterie)*
~ **de esmeril** Schmirgelpaste *f*, Schleifpaste *f*
~ **fibrosa** Faserstoff *m (Papierherstellung)*
~ **de madera** Holzmasse *f*, Holzschliff *m* *(Papierherstellung)*
~ **pulidora** Polierpaste *f*, Polierrot *n*
~ **de relleno** *(El)* Vergussmasse *f*
~ **de soldar** 1. Schweißpaste *f*; 2. Lötpaste *f*
pasteurización *f* Pasteurisieren *n*, Pasteurisation *f*, Pasteurisierung *f*, Hitzesterilisierung *f*
pasteurizador *m* Pasteuriseur *m*, Pasteurisierapparat *m*, Pasteurisierungsanlage *f*, Milcherhitzer *m*
pasteurizar *v* pasteurisieren
pastilla *f* 1. Pastille *f*, Tablette *f*; 2. Pressling *m*; 3. *(Eln)* Chip *m*
~ **de circuito integrado** Chip *m*
~ **de freno** *(Kfz)* Bremsbelag *m*
~ **de silicio** Siliciumplättchen *n*, Siliciumscheibe *f*
~ **de memoria** Speicherchip *m*
pastilladora *f* Tablettiermaschine *f*
pastillar *v* (zu Tabletten) pressen, tablettieren
pata *f* 1. Fuß *m*, Kastenfuß *m*, Sohle *f*; 2. *(Eln)* Röhrenkontaktstift *m*
~ **de ancla** *(Schiff)* Ankerflunke *f*
~ **de medición** Messschenkel *m*
patilla *f* 1. Klemme *f*; Zunge *f*; 2. *(Eln)* Stift *m*, Kontaktstift *m*
patín *m* 1. *(El)* Endstück *n*; Kabelschuh *m*; 2. *(Flg)* Gleitkufe *f*, Kufe *f*, Führungsschiene *f*; Sporn *m*
~ **de ala** Flügelsporn *m*
~ **de apoyo** *(Kfz)* Raststütze *f*
~ **de arrastre** *(Masch)* Greifer *m*
~ **de aterrizaje** Landekufe *f*
~ **de carril** *(Eb)* Schienenfuß *m*, Schienenkante *f*
patinaje *m* 1. Gleiten *n*; Schleudern *n*; Rutschen *n (der Räder)*; 2. Schlupf *m*

patinar *v* rutschen; schleudern
patrón *m* 1. Muster *n*; Modell *n*; 2. Normal *n*, Maßverkörperung *f*, Eichmaß *n*; Kaliber *n*; 3. *(Text)* Patrone *f (Weberei)*; 4. *(El)* Prüftabelle *f*
~ **de comprobación** Prüflehre *f*
~ **marcador** Anreißschablone *f*
~ **de medida** Eichmaß *n*
~ **primario** 1. Urnormal *n*, Urmaß *n*; Prototyp *m*; 2. *(Ch)* Primärstandard *m*
~ **de referencia** 1. Normalmaß *n*; Vergleichsmuster *n*; 2. *(Ch)* Eichstandard *m*
~ **de voz** Sprachmuster *n*, Sprechmuster *n*
patrulladora *f (Bw)* Straßenpflug *m*
pauta *f* 1. Regel *f*, Richtschnur *f*, Schablone *f*; Maske *f*; 2. Linierung *f*; 3. Linienblatt *n*; 4. Linienzieher *m*
~ **de prueba** Prüfmuster *n*
pavimentación *f* Pflasterung *f*, Pflaster *m*
pavimentadora *f (Bw)* Straßenfertiger *m*; Deckenfertiger *m*; Straßenbetonfertiger *m*
pavimento *m* 1. Straßenbefestigung *f*, Straßendecke *f*, Fahrbahn *f*; 2. *(Schiff)* Belag *m*, Decksbelag *m*
~ **de losas** Plattenbelag *m*
~ **de macadam [macadán]** Makadamstraßenbelag *m*, Schotterdecke *f*
pavonado *m (Met)* Brünierschicht *f*, Brünierung *f*
pavonar *v (Met)* brünieren
PDV *s.* pantalla de visualización de datos
peana *f (Bw)* Schwelle *f*; Sohlbank *f*; Unterzug *m*
pechurana *f* Uranpechblende *f*
PED *s.* proceso electrónico de datos
pedal *m* Pedal *n*, Fußhebel *m*, Trethebel *m*, Tritt *m*
~ **del acelerador** Gaspedal *n*, Gasfußhebel *m*
~ **de arranque** Kickstarter *m*
~ **de cambio de velocidades** Fußschalthebel *m*
~ **de embrague** Kupplungspedal *n*
~ **de frenado** Bremspedal *n*
pedernal *m (Min)* Feuerstein *m*, Flint *m*
pedestal *m* 1. Gestell *n*, Ständer *m*, Rahmen *m*; 2. *(Bw)* Säulensockel *m*; Stativ *n*
pedología *f* Bodenkunde *f*
pedrera *f* Steinbruch *m*
pegamento *m* Kleber *m*, Klebemittel *n*, Klebstoff *m*; Bindemittel *n*

peinado m *(Text)* Kämmen n; Kammzug m; Hecheln n *(z. B. Lein- und Hanfverarbeitung)*; Flachshecheln n
peinador m *(Text)* Abstreifwalze f, Abnehmer m
peinadora f *(Text)* Kämmmaschine f, Hechelmaschine f
peinar v *(Text)* kämmen; auskämmen; hecheln
peine m 1. *(Text)* Kamm m; Hechel f; 2. Abstreifkamm m; 3. *(Fert)* Gewindestrehler m, Strehler m
peladora f Schälmaschine f
peldaño m Stufe f *(Treppe, Leiter)*
película f 1. Film m; Häutchen n, Überzug m; Schicht f, Folie f; 2. *(Foto)* Film m; Filmstreifen m
~ **de aceite lubricante** Ölfilm m, Schmier(öl)film m
~ **antirreflectora [antirreflejo]** *(Opt)* reflexmindernde Schicht f, Antireflexbelag m
~ **en blanco y negro** Schwarzweißfilm m
~ **de [en] colores** Farbfilm m, Colorfilm m
~ **delgada** Dünnschicht f
~ **delimitadora** Grenzschicht f
~ **lubricante** Ölfilm m, Schmierfilm m
~ **panorámica** Breitwandfilm m
~ **plástica** Kunststoffüberzug m; Plastikfolie f
~ **reversible** Umkehrfilm m
~ **de tamaño pequeño** Kleinbildfilm m
pelo m 1. Haar n, Härchen n; Faden m; 2. *(Text)* Pol m; 3. Haarriss m; 4. Feder f *(einer Uhr)*
pellet m 1. *(Met)* Pellet n, Kugel f; Granalie f; 2. *(Lt)* Pellet n, Futterpressling m
penacho m 1. *(El)* Büschelentladung f; 2. Rauchfahne f *(sichtbare Emission in der Atmosphäre)*
pendiente f 1. Steigung f, Neigung f; 2. Abhang m, Böschung f; 3. Gefälle n; 4. *(Eb)* Streckenabfall m; 5. Gradient m; Veränderungsrate f; 6. *(El)* Flanke f, Steilheit f *(z. B. eines Impulses)*
~ **de quilla** *(Schiff)* Kielneigung f
~ **de la tangente** *(Math)* Tangentensteigung f
péndola f 1. Aufhängung f; 2. Hängebock m
pendolón m *(Bw)* Dachstuhlsäule f, Stuhlsäule f, Stiel m; Firstpfette f

péndulo m 1. Pendel n; 2. Aufhängung f; 3. Penduluhr f
penetración f 1. Durchdringung f, Penetration f; 2. Durchdringungstiefe f; 3. Einbrand m *(Schweißen)*; 4. Durchlässigkeit f; 5. *(Text)* Durchfärbung f
~ **de la herramienta** *(Fert)* Schnitttiefe f
~ **de la radiación** Strahlungseindringung f, Durchstrahlung f
~ **de sobretensión** *(El)* Überspannungsdurchschlag m
penetrador m *(Wkst)* Eindruckkörper m, Eindringkörper m *(Härteprüfung)*
penetrar v 1. durchdringen, eindringen; einsickern *(Wasser)*; 2. imprägnieren; 3. *(Text)* durchfärben
penetrómetro m *(Wkst)* Penetrometer n, Eindringhärteprüfer m
pentaedro m Pentaeder n, Fünfflächner m
pentágono m 1. Fünfeck n; 2. fünfeckiges Gebäude n
pentagrama m *(Math)* Pentagramm n, regelmäßiges Sternfünfeck n
pentarrejilla f *(Eln)* Heptode f, Pentagridröhre f, Fünfgitterröhre f
pentavalente *(Ch)* fünfwertig
pentodo m *(Eln)* Pentode f, Fünfpolröhre f, Fünfelektrodenröhre f
~ **de alta frecuencia** Hochfrequenzpentode f, HF-Pentode f
~ **mezclador** Mischpentode f, Fünfpolmischröhre f
percentil m Perzentil n, Prozentil n *(Streuungsmaß)*
percolación f 1. *(Ch)* Perkolieren n, Perkolation f *(Extraktionsverfahren)*; Durchsickern n, Durchlaufen n; 2. *(Geol, Bw)* Einsickern n, Sickerung f, Versickerung f
percolador m Perkolator m, Filtrierapparat m
percusión f Stoß m; Schlag m; Erschütterung f
percutir v schlagen; (ab)klopfen; stoßen
percutor m Schlagbolzen m; Schlageinrichtung f; Schlagstück n, Schlaghammer m
percha f 1. *(Schiff)* Spiere m, Baum f, Rundholz n; 2. Galvanisiergehänge n; 3. Mikrophongalgen m; 4. *(Text)* Rauen n
perchadora f *(Text)* Raumaschine f
perchar v *(Text)* rauen

perditancia f *(El)* Isolationsleitwert m, Ableitung f

perfil m 1. Profil n; Form f; Umriss m, Riss m; 2. Schnitt m, Querschnitt m; Schnittbild n
~ **de ala** *(Flg)* Tragflügelprofil n, Flügelprofil n
~ **angular** Winkelprofil n
~ **del buque** Schiffsumriss m, Schiffskontur f, Schiffssilhouette f
~ **en escuadra** Vierkantstahl m
~ **de neumático** Reifenprofil n
~ **de riel** Schienenquerschnitt m
~ **de rosca** Gewindeprofil n

perfiladora f 1. Profilkalander m; 2. Kopierfräsmaschine f

perfilar v 1. profilieren; nach Schablone bearbeiten; 2. *(Fert)* kopieren; 3. im Querschnitt darstellen

perfilómetro m Profilometer n, Oberflächenmessgerät n

perforación f 1. Perforation f, Lochung f; 2. Bohren n; 3. Bohrloch n; 4. *(El)* Durchschlag m; 5. *(Bgb)* Vortrieb m
~ **de aislamiento** *(El)* Isolationsdurchschlag m
~ **de auxilio** *(Bgb)* Entlastungsbohrung f
~ **dieléctrica** *(El)* dielektrischer Durchschlag m
~ **directriz [dirigida]** *(Bgb)* gerichtetes Bohren n, Zielbohrung f
~ **con extracción de testigos** *(Bgb)* Kernbohren n
~ **hidráulica** *(Bgb)* Spülbohren n, Nassbohren n
~ **de percusión** *(Bgb)* Stoßbohren n, Schlagbohren n, Perkussionsbohren n
~ **profunda** *(Bgb)* Tiefbohrung f, Tiefbohren n
~ **de prueba** *(Bgb)* Versuchsbohrung f
~ **de reconocimiento** *(Bgb)* Gründungsbohrung f, Pionierbohrung f, Aufschlussbohrung f
~ **rotatoria** *(Bgb)* Drehbohren n, Rotarybohren n
~ **con testigos cilíndricos** *(Bgb)* Kernbohrung f
~ **de túneles** Tunnelbau m; Tunnelvortrieb m

perforador m 1. Locher m, Stanzer m; Lochvorrichtung f; 2. *(Typ)* Perforiermaschine f; 3. Gesteinsbohrer m; Bohrmaschine f

~ **de chapas** Lochstanze f; Durchtreiber m

perforadora f 1. Bohrmaschine f; 2. Bohrhammer m; Bohrer m; 3. Locher m; Stanzer m
~ **de cable** *(Bgb)* Seilbohrmaschine f
~ **de percusión** *(Bgb)* Stoßbohrmaschine f
~ **sacanúcleos** Kernbohrer m
~ **de tierra** Erdbohrer m *(für Bodenuntersuchungen)*

perforar v 1. perforieren; lochen; stanzen; durchschlagen; 2. (durch)bohren; 3. *(Bgb)* (durch)bohren, durchörtern, abteufen
~ **a cable** *(Bgb)* seilbohren
~ **con percusión** *(Bgb)* stoßbohren
~ **en profundidades** *(Bgb)* tiefbohren
~ **con rotación** *(Bgb)* drehbohren, rotarybohren

periferia f Peripherie f; Umkreis m
~ **del círculo** Kreisumfang m
~ **del ordenador** Rechnerperipherie f

periférico m *(Inf)* peripheres Gerät n, Peripheriegerät n
~ **distante** Endgerät n, Endeinrichtung f
~ **de entrada** Eingabegerät n, Eingabeeinheit f
~ **en línea** rechnerabhängiges Gerät n
~ **de salida** Ausgabegerät n, Ausgabeeinheit f

perigeo m *(Astr)* Perigäum n, Erdnähe f
perihelio m *(Astr)* Perihel n, Sonnennähe f

perilla f Drehknopf m; Einstellknopf m; Schalthebel m
~ **de ajuste** Abstimmknopf m *(Radio)*
~ **del rodillo** Walzendrehknopf m

perímetro m 1. Umfang m; 2. Perimeter m *(Medizintechnik)*
~ **del círculo** Kreisumfang m

período m 1. Zeitabschnitt m; Zeitraum m; 2. Zyklus m; 3. *(Astr)* Umlaufzeit f; Periode f; 4. *(Ch)* Periode f, Halbwertszeit f; 5. *(Ph)* Periode f, Schwingungsdauer f; 6. *(Math)* Periode f
~ **de aplicación** *(Ch)* Topfzeit f
~ **de canal** *(Nrt)* Kanalzeitschlitz m, Kanalintervall n
~ **de irradiación** Strahlungsdauer f
~ **de marcha inicial** Anlaufzeit f *(z. B. einer Maschine)*
~ **orbital** *(Astr)* Umlauf(s)zeit f, Umlauf(s)periode f

~ **de oscilación** Schwingungsperiode f, Schwingungsdauer f
~ **de radiactividad** physikalische [radioaktive] Halbwertszeit f
~ **de reloj** Taktzyklus m
~ **de rodaje** 1. Einlaufzeit f *(z. B. einer Maschine)*; 2. *(Kfz)* Einfahrzeit f, Einfahrperiode f
~ **de semidesintegración** Halbwertszeit f
~ **de servicio** Lebensdauer f *(z. B. einer Maschine)*; Standzeit f *(z. B. eines Werkzeugs)*
~ **de tiempo geológico** geologisches Zeitalter n
~ **transitorio** Einschwingzeit f
~ **transitorio final** Ausschwingzeit f
~ **de vibración** Schwingungsperiode f
~ **de vida** Gebrauchsdauer f; Nutzungsdauer f

perla f 1. Perle f; 2. Körnchen n; Korn n; Granalie f; 3. Raupe *(Schweißen)*

perlita f *(Min, Met)* Perlit m

permanganato m Permanganat n
~ **potásico [de potasio]** Kaliumpermanganat n

permeabilidad f 1. *(Geol)* Permeabilität f, Durchlässigkeit f; 2. *(El)* (magnetische) Permeabilität f [Durchlässigkeit f]; 3. *(Schiff)* Flutbarkeit f; 4. Undichtigkeit f, Gasdurchlässigkeit f
~ **magnética** (magnetische) Permeabilität f
~ **relativa** relative Permeabilität f, Permeabilitätszahl f
~ **del vacío** magnetische Feldkonstante f, Permeabilität f des Vakuums

permeable permeabel, durchlässig, undicht

permeación f *(Ch, Met)* Permeation f, Permeationstechnik f

permeámetro m *(El)* Permeabilitätsmesser m, Permeameter n

permeancia f **(magnética)** *(El)* magnetischer Leitwert m, magnetische Leitfähigkeit f, Permeanz f

permitividad f *(El)* Dielektrizitätskonstante f

permutabilidad f *(Math)* Permutabilität f, Austauschbarkeit f, Vertauschbarkeit f

permutable *(Math)* permutierbar, austauschbar, vertauschbar

permutación f *(Math)* Permutation f, Vertauschung f

permutador m Kreuzschalter m

permutar v *(Math)* permutieren, vertauschen, austauschen

pernete m kleiner Bolzen m, Stift m

pernio m Gelenk n, Angel f; Türangel f

perno m 1. Kopfschraube f, Bolzen m; 2. *(Bgb)* Messanker m
~ **de acoplamiento** Kupplungsbolzen m
~ **de ajuste** Regelschraube f, Einstellschraube f
~ **de anclaje** Fundamentschraube f, Fundamentbolzen m, Ankerschraube f; Haltestift m
~ **de cabeza cilíndrica** Zylinderkopfschraube f
~ **de eclisa** Laschenbolzen m *(Schiene)*
~ **de embrague** Kupplungsbolzen m
~ **de enlace** Verbindungsbolzen m
~ **fileteado** Schraub(en)bolzen m
~ **de mariposa** Flügelschraube f
~ **del pistón** *(Kfz)* Kolbenbolzen m
~ **roscado** Gewindebolzen m
~ **de sujeción** Ankerbolzen m; Befestigungsbolzen m; Sicherungsstift m
~ **tensor** Spannbolzen m; Spannschraube f

peroxidar v *(Ch)* peroxidieren

peróxido m Peroxid n

perpendicular 1. lotrecht, senkrecht, normal, vertikal; 2. *(Bgb)* seiger

perpendicular f Senkrechte f, Lot n

perrillo m Sperre f, Klinke f

perro m 1. s. perillo; 2. Mitnehmer m

persiana f Jalousie f, Rollladen m
~ **de disquete** Schiebeklappe f *(Diskette)*
~ **del radiador** *(Kfz)* Kühlerjalousie f, Kühlluftregler m

persistencia f 1. Persistenz f; 2. Nachleuchtdauer f; 3. Beständigkeit f, Dauer f
~ **de la pantalla** Nach(leucht)bild n; Nachleuchten n *(eines Bildschirms)*

perspectiva f 1. Perspektive f, Raumsicht f; 2. Tiefenwirkung f *(Bild)*

pértiga f Stange f, Stab m
~ **aislante** *(El)* Isolierstange f
~ **de manejo** Schaltstange f
~ **de trole** Stromabnehmer m, Kontaktarm m, Stromabnehmerstange f

pertrechos mpl Ausrüstung f; Geräte npl; Maschinen fpl; Anlagen fpl; Werkzeuge npl

perturbación f 1. Störung f; Stören n; 2. *(Aut)* Störgröße f; 3. *(Astr)* Perturbation f; 4. *(Nrt)* (atmosphärische) Störung f, Funkstörung f
- ~ **de la imagen** *(TV)* Bildstörung f
- ~ **por impulsos** Impulsstörung f
- ~ **magnética** erdmagnetische Störung f
- ~ **de recepción** Empfangsstörung f
- ~ **de señal** Signalstörung f

perturbar v stören
perturbómetro m Störungsmesser m
perveancia f *(Eln)* Perveanz f, Raumladungskonstante f
pesa m Wägestück n, Gewichtsstück n, *(fälschlich)* Gewicht n
pesaácidos m *(Ch)* Azidimeter n
pesacartas m Briefwaage f
pesácidos m *(Ch)* Azidimeter n
pesado schwer
- ~ **de cola** steuerlastig, achterlastig, hecklastig *(Trimmlage eines Schiffes)*
- ~ **de proa** kopflastig *(Trimmlage eines Schiffes)*

pesadora f Wägemaschine f, Wägeeinrichtung f
pesantez f Schwere f, Schwerkraft f
pesar v (ab)wiegen; wägen
pesasal m Salzgehaltmesser m
pescador m *(Bgb)* Fanggerät n *(Bohrung)*
pescante m *(Förd)* Ausleger m, Kranausleger m; Kranbalken m, Kranarm m; Auslegerkran m; Davit m(n) *(Aussetzvorrichtungen für Beiboote)*
- ~ **abatible** Klappdavit m(n)
- ~ **de bote** Bootsdavit m(n)
- ~ **de carga** Ladebaum m
- ~ **de gravedad** Schwerkraftdavit m(n)

peso m 1. Gewicht n; Gewichtskraft f; 2. Waage f; Waagschale f; Wägestück n
• **de elevado** ~ **molecular** hochmolekular, makromolekular
- ~ **adherente [adhesivo]** *(Eb)* Reibungsmasse f
- ~ **de aterrizaje** *(Flg)* Landemasse f
- ~ **atómico** Atomgewicht n
- ~ **por eje** *(Eb)* Radsatzlast f, Achslast f, Achsdruck f, Achsfahrmasse f
- ~ **específico** Wichte f, spezifisches Gewicht f
- ~ **estático** ruhende [statische] Last f
- ~ **de freno** Bremsgewicht n
- ~ **molar [molecular]** Mol(ekular)gewicht n
- ~ **muerto** *(Schiff)* Tragfähigkeit f; Deadweight n
- ~ **propio** Eigenmasse f; Eigengewicht n *(Statik)*
- ~ **en rosca** *(Schiff)* Ablaufmasse f, Stapellaufmasse f
- ~ **del techo** Gebirgsdruck m
- ~ **por unidad de volumen** Volumengewicht n
- ~ **volumétrico** räumliche Dichte f, Raumdichte f, Volum(en)dichte f

pesón m Balkenwaage f, Schnellwaage f
pesquero m Fischereifahrzeug n; Trawler m; Fischkutter m; Fischereiboot m
- ~ **de altura** Hochseefischereifahrzeug n
- ~ **de arrastre** Trawler m
- ~ **de arrastre por costado** Seitentrawler m
- ~ **de arrastre por popa** Hecktrawler m, Heckfänger m; Heckkutter m
- ~ **congelador** Gefriertrawler m, Kühltrawler m
- ~ **factoría** Fabrikschiff n, Fischverarbeitungsschiff n
- ~ **con redes a la deriva** Treibnetzfischereifahrzeug n

pestaña f 1. Bord m; Leiste f, Kante f; 2. *(Eb)* Spurkranz m; 3. *(Schiff)* Ankerflunke f, Ankerschaufel f
- ~ **de asiento del cilindro** Zylinderflansch m
- ~ **de rueda** Spurkranz m; Radflansch m
- ~ **de tope** Flansch m

pestañadora f *(Fert)* Bördelmaschine f
pesticida m Pestizid n, Pflanzenschutz- und Schädlingsbekämpfungsmittel n, PSM
pestillo m 1. Schieber m; Riegel m; 2. Sperrklinke f, Sperre f; Riegel m; Türriegel m; Drücker m; Klinke f
petaca f *(Met)* Bramme f, Platine f
petadeo m 1. Störung f, Unterbrechung f; 2. Zerstäubung f *(Katode)*
petrificación f *(Geol)* Versteinerung f
petrofísica f *(Geol)* Petrophysik f
petrografía f *(Geol)* Petrographie f
petróleo m Erdöl n
- ~ **bruto [crudo]** Rohöl n
- ~ **para calefacción** Heizöl n
- ~ **de gas** Gasöl n
- ~ **lampante [de lámpara]** Kerosin n, Leuchtöl n, Leuchtpetroleum n

~ liviano Leichtöl n
petrolero m Tanker m, Tankschiff n, Öltanker m
petrolífero ölführend, ölhaltig, erdölhöffig
petrolizador m (Bw) Bitumen-Sprengmaschine f
petrología f Petrologie f, Gesteinskunde f
petroquímica f Petro(l)chemie f
pez f Pech n
~ aislante para cables Kabelvergussmasse f
~ de brea Teerpech n
pezblenda f (Min) Pechblende f, Uraninit m, Uranpecherz n
pezón m Zapfen m
pica f 1. Spitzhacke f, Picke f, Hacke f; 2. (Bgb) Keilhaue f
~ de gancho (Schiff) Hakenstock m; Bootshaken m
picadero m (Schiff) Stapel m, Kielstapel m, Pallen f, Pallung f, Kielpallen f, Kielklotz m, Stapelklotz m
~ de construcción Baustapel m
~ lateral [de pantoque] Kimmstapel m, Kimmpallen m, Bilgestapel m
~ de sustentación Stapel m, Pallen m, Pallung f, Aufklotzung f
picado m 1. Korrosion f, Lochfraß m; Pitting n, Grübchenbildung f; 2. (Kfz) Klopfen n (Motor); 3. (Flg) Sturzflug m
picador m 1. Schneideapparat m, Schneidwerk n (Zuckerrohrerntemaschine); Gemüseschneider m; Schneidbrett n; 2. (Schiff) Block m (Kielauflage)
~ de cartones (Text) Kartenschläger m, Musterschläger m (Weberei)
~ de heno Heuerntemaschine f
picadora f 1. (Lt) Hackmaschine f, Pflückmaschine f, Häckselmaschine f; 2. Holzhackmaschine f
~ de carne Fleischhackmaschine f, Fleischwolf m
~ de cosechas Erntemaschine f
~ de forraje(s) Grünfutterhäcksler m, Futterschneider m
~ de maíz Maiskolbenpflücker m
~ de remolachas Rübenschneider m
picadora-cargadora f (Lt) Feldlader m, Futterlader m; Feldhäcksler m
picadora-soplante f (Lt) Gebläsehäcksler m
picadura f 1. Durchstich m; Durchschlag m; 2. Lochfraß m; 3. (Gieß) Blasenbildung f, Lunkerbildung f; 4. Aufrauung f (Oberfläche); 5. Hieb m (Feile)
~ cruzada Kreuzhieb m, Doppelhieb m (Feile)
picaporte m Türdrücker m, Türklinke f; Türverriegelung f
picar v 1. (zer)hacken; (zer)hauen; zerkleinern; zerbröckeln; 2. durchstechen; durchstoßen; 3. aufhauen (Feile); 4. (Flg) herunterstoßen; Sturzflug durchführen; 5. korrodieren
pick-up m 1. Tonabnehmer m; 2. (Lt) Pick-up m, Aufnahmevorrichtung f
picnómetro m Pyknometer n, Dichtemesser m
pico m 1. Maximum n (z. B. einer Kurve); 2. Hacke f, Picke f; 3. (Bgb) Spitzeisen n, Keilhaue f; 4. Mundstück n, Endstück n; Aufsatz m
~ de cangrejo (Schiff) Gaffel f, Fischhaken m
~ de emisión Emissionsgrenzwert m
~ de minero (Bgb) Abbauhammer m
~ de potencia (El) Leistungsspitze f
pictograma m Piktogramm n, Bildsymbol n, Bildzeichen n
pictórico Bild...; grafisch
PID s. proceso integrado de datos
pie m 1. Fuß m; Untersatz m; Stütze f, Stativ n; Ansatz m; 2. Fußpunkt m; 3. Stiel m; 4. (Typ) Fußsteg m; 5. (Text) Grundierung f (Färberei); 6. Fuß m (englisches Längenmaß, 1 ft = 30,48 cm)
~ de amigo (Schiff) Stütze f, Deckstütze f
~ de biela Schubstangenkopf m; Pleuel(stangen)kopf m
~ de cabra Brechstange f
~ de cámara (Foto) Kamerastativ n
~ de carga (Schiff) Ladestütze f
~ cuadrado Quadratfuß m (= 0,09203 m²)
~ cúbico Kubikfuß m (= 0,027 m³)
~ del diente Zahnfuß m
~ de gallo (Schiff) Ruderhacke f, Stevenhacke f
~ de ola Wellental n
~ de pato Schwimmflosse f (Sportgerät)
~ de quilla (Schiff) Kielhacke f
~ de rey Messschieber m, Schieblehre f
~ de tajo (Bgb) Strebausgang m
piedra f Stein m
~ abrasiva Schleifstein m
~ arenisca Sandstein m

piedra

- ~ berroqueña Granit *m*
- ~ caliza Kalkstein *m*
- ~ clave Schlussstein *m (Gewölbe)*
- ~ de chispa *(Min)* Feuerstein *m*, Flint *m*
- ~ esmerila(dora) Schmirgelstein *m*; Schleifstein *m*
- ~ machacada Gesteinssplitt *m*
- ~ picada Schotter *m*, Grobsplitt *m*; Gesteinssplitt *m*
- ~ pómez Bimsstein *m*
- ~ selenita Mondgestein *n*
- ~ tallada Quaderstein *m*, Haustein *m*
- ~ triturada Steinschlag *m*; Schotter *m*; Grobsplitt *m*

piedraplén *m* Steindamm *m*

piel *f* Fell *n (mit Haar)*; Haut *f*; Pelz *m*; weiches Leder *n*
- ~ artificial Kunstleder *n*
- ~ de encuadernación Buchbinderleder *n*
- ~ de topo Moleskin *m(n)*, Englischleder *n*

pieza *f* Teil *n*, Stück *n*; Werkstück *n*; Einzelteil *n*, Bauteil *n*; Ersatzteil *n*
- ~ acabada Fertigteil *n*
- ~ de ajuste Fitting *n*, Rohrverbindungsteil *n*
- ~ añadida 1. Einsatz *m*; Hülse *f*, Buchse *f*; 2. Abstandsstück *n*
- ~ bruta [en bruto] Rohling *m*, Halbzeug *n*, Pressling *m*; Werkstück *n*
- ~ colada Gussstück *n*
- ~ componente Bauelement *n*, Bauteil *n*; Bestandteil *n*
- ~ a comprobar Prüfstück *n*, Prüfling *m*
- ~ cortante schneidendes Teil *n*, Schneide *f*
- ~ cruda *(Met)* Rohteil *n*, Rohling *m*; Vormaterial *n*
- ~ de desgaste Verschleißteil *n*
- ~ desnuda blankes [Strom führendes] Teil *n*
- ~ de elaboración Werkstück *n*
- ~ de enganche Kupplungsteil *n*
- ~ de ensamblaje Montageteil *n*
- ~ a ensayar Prüfstück *n*, Prüfling *m*
- ~ estampada 1. Stanzling *m*, Stanzteil *n*; 2. Gesenkschmiedestück *n*
- ~ forjada Schmiedestück *n (nach der Bearbeitung)*
- ~ de forjar Schmiedestück *n (vor der Bearbeitung)*
- ~ de forma Formteil *n*
- ~ de fuegos de artificio pyrotechnischer Artikel *m*
- ~ de fundición Gussstück *n*, Gussteil *n*
- ~ galvanizada 1. elektrolytisch metallisiertes Teil *n*; 2. verzinktes Teil *n*
- ~ insertada Einsatz *m*; Einlage *f*; Passstück *n*
- ~ maquinada bearbeitetes Werkstück *n*
- ~ mecánica Maschinenteil *n*
- ~ a mecanizar Werkstück *n*
- ~ moldeada 1. *(Kst)* Formteil *n*; 2. *(Met)* Pressstück *n*; Gussteil *n*
- ~ muy solicitada hoch beanspruchtes Teil *n*
- ~ normalizada Normteil *n*
- ~ polar *(El)* Polschuh *m*
- ~ prefabricada vorgefertigtes Teil *n*, Fertigteil *n*
- ~ prensada *(Met)* Pressling *m*
- ~ pretensada *(Bw)* vorgespanntes Element *n*
- ~ de rápido desgaste schnell verschleißendes Teil *n*, Verschleißteil *n*
- ~ recambiable Austauschteil *n*, auswechselbares [austauschbares] Teil *n*
- ~ de recuperación Wiederverwendungsteil *n*; Aufarbeitungsteil *n*; Nacharbeitteil *n*
- ~ de repuesto Ersatzteil *n*
- ~ resistente al desgaste verschleißfestes Teil *n*
- ~ sinterizada *(Met)* Sinterteil *n*
- ~ suelta *(Fert)* Stückgut *n*
- ~ sustitutiva Substitut *n*; Ersatzteil *n*
- ~ terminada Fertigteil *n*
- ~ a trabajar Werkstück *n*
- ~ troquelada Pressteil *n*
- ~ tubular en cruz Kreuzstück *n (Rohrverzweigung)*
- ~ de unión Heftlasche *f*, Verbindungslasche *f*, Verbindungsstück *n*
- ~ voluminosa sperriges Teil *n*

piezoeléctrico piezoelektrisch
piezómetro *m* Piezometer *n*
piezorresonador *m (El)* piezoelektrischer Resonator *m*; Leuchtresonator *m*
piezosinterización *f (Fert)* Drucksintern *n*
pigote *m (Met)* Block *m*; Massel *f*; Barren *m*
pila *f* 1. Bassin *n*; Reservoir *n*; Ausguss *m*; Trog *m*; 2. *(El)* Batterie *f*; Monozelle *f*, Zelle *f*; galvanisches Element *n*; 3. *(Kern)* Reaktor *m*; 4. *(Inf)* Stapel *m*, Stack *n*, Kellerspeicher *m*; 5. Stapel *m*

(z. B. Holz); 6. Gussform f; 7. Pfeiler m;
Säule f; Brückenpfeiler m; 8. Holländer
m (Papierherstellung)
- **de botón** Knopfzelle f
- **de calentamiento** Heizbatterie f
- **de chapa** (Met) Spundwand f, Spundwandprofil n (Walzen)
- **eléctrica** elektrisches Element n, Batterie f
- **fotoeléctrica** Photozelle f, photoelektrische Zelle f
- **galvánica** galvanisches Element n
- **de litio** Lithiumbatterie f
- **pivote** (Bw) Drehpfeiler m
- **de puente** Brückenpfeiler m
- **con protección contra fugas** auslaufgeschützte Batterie f
- **de sedimentación** Absetzbecken n
- **de selenio** Selenzelle f
- **solar** Solarzelle f, Solarbatterie f
- **termoeléctrica** Thermoelement n, Thermosäule f
- **voltaica** galvanisches Element n, galvanische Zelle f

pilar m 1. (Bw) Pfosten m, Pfeiler m; Säule f; Stiel m; Austrittspfosten m; Brückenpfeiler m; Stützpfosten m; 2. (Bgb) Gestell n (Strebausbau); Stempel m, Pfeiler m, Bergfeste f
- **de anclaje** Ankerpfeiler m
- **de carga** (Schiff) Ladepfosten m
- **de entibación** Grubenstempel m
- **de hormigón** Betonpfeiler m
- **de puente** Brückenpfeiler m
- **tectónico** (Geol) Horst m

pileta f Ablaufbecken n; Bassin n; Ausguss m

pilón m 1. Ständer m; (großer) Pfeiler m; 2. (Bw) Pylone f; Brückenpfeiler m; 3. Trog m; 4. Laufgewicht n, Läufer m (Schnellwaage)

pilote m (Bw) Pfahl m, Gründungspfahl m; Rammpfahl m

piloto m 1. Kontrolllampe f; Warnlampe f; 2. Rücklicht n; Katzenauge n; 3. Flugregler m; 4. (Fert) Führungszapfen m; 5. (Am) Fluchtungsansatz m, Zentrierteil n
- **automático** (Flg) automatische Kurssteuerung f, Autopilot m, Selbststeueranlage f, Selbststeuergerät n
- **de control** Kontrollleuchte f, Kontrolllampe f

- **de freno** (Kfz) Bremslicht n

pincel m 1. Bürste f, Pinsel m; 2. Bündel n
- **electrónico** Elektronenbündel n
- **explorador** (TV) Abtaststrahl m

pinchar v durchstechen

pintado m Anstrich m, Farbauftrag m
- **del casco** Schiffskörperanstrich m
- **de vehículos** Autolackierung f

pintura f 1. Farbe f, Anstrichfarbe f; Lack m; 2. Anstrich m, Farbanstrich m, Farbauftrag m
- **anticorrosiva** 1. Korrosionsschutzfarbe f, Korrosionsschutzanstrichstoff m; Rostschutzfarbe f; 2. Korrosionsschutzanstrich m, Rostschutzanstrich m
- **antifouling [antiincrustante]** (Schiff) Antifoulingfarbe f, Antifoulinganstrichmittel n (anwuchsverhindernde Unterwasseranstrichfarbe)
- **automotriz** 1. Kraftfahrzeuglack m; 2. Kraftfahrzeuglackierung f
- **bituminosa** Bitumenanstrich m, bituminöser Anstrich m; Asphaltlack m
- **a la cola** Leimfarbe f
- **por electroforesis** Elektrophoreselackierung f, elektrophoretische Lackierung f
- **por electroinmersión** Elektrotauchlackierung f
- **electrostática** elektrostatisches Lackieren n
- **epóxica [epoxídica]** Epoxid(harz)farbe f; Epoxid(harz)anstrich m
- **fluorescente** Fluoreszenzfarbe f, fluoreszierende Leuchtfarbe f
- **de fondo** Grundierfarbe f; Grundanstrich m, Grundierung f
- **fosforescente** Phosphoreszenzfarbe f, phosphoreszierende [nachleuchtende] Farbe f, phosphoreszierende Leuchtfarbe f
- **fotoluminiscente** Photolumineszenzanstrich m, Photolumineszenzfarbe f
- **grasa** Ölfarbe f, Ölfarbenanstrich m
- **de imprimación** Vorstreichfarbe f; Grundanstrich m, Grundierung f
- **por inmersión** Tauchlackieren n
- **de laca** Lackfarbe f
- **luminosa** Leuchtfarbe f
- **marina** Schiffsfarbe f, Schiffslack m; Schiffsanstrich m
- **al óleo** Ölfarbe f, Ölfarbenanstrich m

pintura 296

~ **a pistola** Spritzlackieren *n*, Spritzen *n*
~ **preliminar** Vorstreichfarbe *f*; Voranstrich *m*, Grundierung *f*
~ **reflectora** Reflexionsanstrich *m*
~ **de secado al aire** lufttrocknender Anstrich *m*
~ **de seguridad** Warnanstrich *m*, Warnfarbe *f*
~ **sintética** synthetischer Lack *m*, Kunstharzlack *m*
~ **soluble en agua** wasserlösliche [wasserverdünnbare] Farbe *f*
~ **submarina** Unterwasseranstrich *m*
~ **al temple** Leimfarbe *f*, Wasserfarbe *f*
~ **de terminación** Deckfarbe *f*
~ **vidriada** Emailfarbe *f*
pínula *f* 1. Visier *n*; 2. *(Masch)* Pinole *f*, Reitstockpinole *f*
pinza *f* 1. Zange *f*, Greiferzange *f*, Spannzange *f*; 2. Klammer *f*, Greifer *m*; 3. Quetschhahn *m*
~ **de alimentación** Federspannzange *f*
~ **de amarre** Befestigungsklemme *f*
~ **amperimétrica** Strommessklemme *f*
~ **de contacto** Kontaktklemme *f (Feder)*
~ **del freno** *(Kfz)* Bremssattel *m*
~ **telegobernada** Ferngreifer *m*; Manipulator *m*
pinzas *fpl* 1. Zange *f*; 2. Pinzette *f*; 3. Schraubstock *m*
pinzote *m* Bolzen *m*; Zapfen *m*
piña *f* Pinne *f*, Finne *f (Hammer)*
piñón *m* 1. *(Masch)* Ritzel *n*; 2. Drehzapfen *m*; 3. Zahnkranz *m (Fahrrad)*
~ **de arranque** Anlasserritzel *n*
~ **de arrastre** Treibrad *n*
~ **de ataque** *(Kfz)* Antriebsritzel *n*, Antriebszahnrad *n*
~ **de cadena** Kettenritzel *n*, Kettennuss *f*
~ **de cambio** Wechselrad *n (Zahnrad)*
~ **cónico** Kegelritzel *n*
~ **grande** Kettenrad *n (beim Fahrrad)*
~ **helicoidal** Schrägzahnritzel *n*
~ **mortajador** *(Fert)* Schneidrad *n*; Stößelzapfen *m*
~ **pequeño** Zahnkranz *m (beim Fahrrad)*
~ **satélite** Planetenrad *n*, Satellitenrad *n*; Planetenritzel *n (Getriebe)*
~ **tensor** Spannritzel *n*, Spannrolle *f*, Spannrad *n*
~ **y cremallera** *f* Zahnstangentrieb *m*

pión *m (Kern)* Pi-Meson *n*, π-Meson *n*, Pion *n*
pip *m (Ein)* Echoanzeige *f*, Leuchtfleck *m*, Echozeichen *n*, Zeichen *n (Funkortung)*
pipeta *f (Ch)* Pipette *f*
pique *m* 1. *(Bgb)* Schacht *m*; 2. *(Schiff)* Piek *f*
~ **de popa** Achterpiek *f*, Hinterpiek *f*
~ **de proa** Vorpiek *f*
~ **vertical** senkrechter Schacht *m*, Seigerschacht *m*
piquera *f (Met)* Abstich *m*, Abstichloch *n (Hochofen)*
piqueta *f* 1. Hacke *f*, Picke *f*; 2. Maurerhammer *m*
~ **mecánica** *(Lt)* Bodenfräse *f*
piquete *m* 1. Absteckflock *m*, Absteckpfahl *m*; Markierstab *m*; Pflock *m*, Bolzen *m (Vermessung)*; 2. Zelthering *m*
~ **de toma de tierra** *(El)* Erdungsstange *f*
piramidal pyramidenförmig
pirámide *f* Pyramide *f*
~ **oblicua** schiefe Pyramide *f*
~ **recta** gerade Pyramide *f*
~ **troncada** Pyramidenstumpf *m*
pirargirita *f (Min)* Pyrargyrit *m*, dunkles Rotgültigerz *n*, Antimonsilberblende *f*
pirheliómetro *m* Pyrheliometer *n*, Sonnenstrahlungsmessgerät *n*
pirita *f (Min)* Pyrit *m*, Schwefelkies *m*, Eisenkies *m*
pirocerámico hochfeuerfest
piroeléctrico pyroelektrisch
pirofórico pyrophor, selbstentzündlich
pirólisis *f (Ch)* Pyrolyse *f*
pirometalurgia *f* Pyrometallurgie *f*
pirometría *f* Pyrometrie *f*, Hochtemperaturmessung *f*
pirómetro *m* Pyrometer *n*, Hochtemperaturmessgerät *n*
pirorresistencia *f* Feuerfestigkeit *f*, Warmfestigkeit *f*
pirorresistente feuerfest, warmfest
pirorretardante Feuer hemmend
piroscopio *m* 1. Pyroskop *n*; 2. Segerkegel *m*
pirotecnia *f* Pyrotechnik *f*
pisadera *f* Traubenmühle *f*, Weinpresse *f*, Kelter *f*
pisador *m (Masch, Kst)* Niederhalter *m*
pisar *v* pressen; stampfen; einrammen

piscifactoría f Fischzuchtbetrieb m, Fischfarm f
piscina f **de desactivación** (Kern) Abklingbecken n
piso m 1. Boden m; Fußboden m; Belag m; Decke f; 2. Etage f, Stockwerk n; 3. (Bgb) Sohle f; 4. (Geol) Schicht f, Stufe f (geologische Zeiteinheit) • **de un (solo)** ~ eingeschossig, einstöckig, einetagig
~ **antirresbaladizo** gleitsicherer [rutschfester] Fußboden m
~ **bajo** Erdgeschoss n
~ **de la carrocería** (Kfz) Bodenraum m, Fahrgastbodenraum m
~ **delantero** (Rak) Endstufe f
~ **de la galería** (Bgb) Sohle f
~-**/primer** 1. (Bw) Obergeschoss n; 2. (Rak) erste Stufe f
~ **del socavón** (Bgb) Sohle f
pisón m 1. Ramme f, Rammklotz m; Rammkopf m; 2. (Eb) Schwellenstopfer m; 3. Stempel m; 4. Niederhalter m
~ **compactador** Bodenstampfer m, Bodenverdichter m
~ **neumático** 1. (Bw) Druckluftramme f; 2. (Gieß) Druckluftstampfer m
~ **vibrador** (Bw) Vibrator m, Rüttler m
pista f 1. (Flg) Piste f, Rollbahn f; Start- und Landebahn f; 2. Rennstrecke f; 3. (Eln, Inf) Spur f, Zylinder m, Track n; Kanal m • **de una sola** ~ einspurig (z. B. Magnettongerät)
~ **acústica** Tonspur f
~ **de aterrizaje** Landebahn f
~ **audio** Audiotrack m
~ **de cinta magnetofónica** Tonbandspur f
~ **concéntrica** konzentrische Spur f
~ **de despegue** Startbahn f
~ **de lanzamiento** Anlaufbahn f, Startbahn f
~ **de lubricación** Schmiernut f
~ **magnética** Magnet(ton)spur f
~ **de registro** Aufnahmespur f
~ **de rodadura [rodaje]** 1. (Masch) Laufbahn f, Lauffläche f (Lager); 2. (Flg) Rollbahn f
~ **sonora** Tonspur f
~ **de vuelo** Rollfeld n
pistola f Pistole f
~ **aerográfica** Spritzpistole f, Sprühpistole f
~ **clavadora [de clavar]** Nageltreiber m, Nagelgerät n
~ **engrasadora** Fettspritze f, Fettpistole f, Schmierpresse f, Fettpresse f
~ **de incrustar pernos** Bolzenschussgerät n
~ **de pintura** Farbspritzpistole f
~ **de pulverización** Spritzpistole f
~ **de soldar** 1. Schweißbrenner m; 2. Lötpistole f
~ **del surtidor** Zapfhahn m, Zapfpistole f (Tankstelle)
pistolear v aufspritzen, (mit der Spritzpistole) auftragen
pistón m Kolben m, Tauchkolben m
pistonada f Kolbenhub m
pistoneo m Klopfen n (im Motor)
pistófono m Pistonphon n (Lärmmessung)
pitón m Ansatz m, kurzes Ende n, Stutzen m
~ **de arrastre** Mitnehmer(stift) m
~ **roscado** Schaftschraube f
pivotaje m Schwenken n; Zapfenlagerung f, drehbare Lagerung f
pivote m Zapfen m; Scharnier n; Gelenk n; Gelenkbolzen m; Dorn m; Stützzapfen m; (senkrechte) Drehachse f
~ **de apoyo** Stützzapfen m
~ **del bogie** (Eb) Drehzapfen m (Fahrgestell)
~ **de mangueta** (Kfz) Spurstangenhebel m
pivotear v sich drehen (um einen Drehpunkt); drehbar gelagert sein
píxel m Pixel n, Bildpunkt m
pizarra f 1. (Geol) Schiefer m, Tonschiefer m; Dachschiefer m; 2. Schiefertafel f, Tafel f; 3. (Nrt) Schalttafel f, Schaltschrank m
~ **de conmutación** Schalttafel f; Umschaltschrank m
~ **de control** Steuertafel f; Schalttafel f; Bedienungstafel f
~ **(de distribución) de fuerza** Schalttafel f
~ **de mando** Steuerpult n
~ **para techar** Dachschiefer m
placa f 1. Platte f, Scheibe f, Tafel f; Blatt n; 2. Auflage f, Einlage f; 3. (El) Anode f; 4. Fotoplatte f
~ **de aislamiento** (Bw) Dämmplatte f, Isolierplatte f

placa

~ **de anclaje** Ankerplatte f, Verankerungsplatte f, Fundamentplatte f
~ **de aplanar** Richtplatte f
~ **de asiento** 1. Grundplatte f; 2. (Eb) Unterlegeplatte f (Schiene); 3. (Kfz) Karkasse f (Reifen)
~ **base** 1. Auflageplatte f, Bodenplatte f, Grundplatte f, Stützplatte f; 2. Unterplatte f (Ventilverkettung)
~ **base del ordenador** (Eln) Systemplatine f, Hauptplatine f, Motherboard n
~ **de brida** Aufspannplatte f
~ **calefactoria [calentadora]** Heizplatte f
~ **de características** Datenschild n, Leistungsschild n (einer Maschine)
~ **de circuito** (Eln) Leiterplatte f, Schalt(ungs)platte f, Schaltkreisplatte f, Leiterkarte f
~ **de circuito impreso** (Eln) gedruckte Leiterplatte f, Platte f mit gedruckter Schaltung
~ **de cubierta** 1. Abdeckplatte f; 2. (Schiff) Decksplatte f
~ **deflectora** Ablenkplatte f, Leitblech n; Verteilungsplatte f, Prallplatte f, Stoßplatte f; Zwischenplatte f, Abschirmplatte f
~ **de descanso** (Mech) Auflageplatte f
~ **de fibra de cemento** Zementfaserplatte f
~ **de fijación** 1. Andrückplatte f; 2. Sicherungsplatte f; 3. Ankerplatte f
~ **de fondo** 1. Aufspannplatte f (Presse); 2. (Schiff) Bodenplatte f
~ **de fundación** (Masch) Tragplatte f, Lagerplatte f, Auflagerplatte f
~ **giratoria** Drehscheibe f, Wendeplatte f
~ **gráfica** (Inf) Grafikkarte f, Bildschirmkarte f
~ **de guarda** (Eb) Achsgabel f, Achshalter m, Achslagerführung f
~ **de guía** 1. Führungsplatte f; 2. (Text) Führungsleiste f
~ **impresa** s. ~ de circuito impreso
~ **integrada** (Eln) integrierte Leiterplatte f
~ **de interfaz** (Inf) Schnittstellenmodul n, Schnittstellenkarte f
~ **madre** (Eln) Platine f, Steckplatine f, Steckkarte f, Schaltkarte f, Leiterkarte f, Motherboard n
~ **maestra** (Inf) Stammkarte f, Hauptkarte f, Leitkarte f
~ **de marquetería** Furnierplatte f
~ **de memoria** (Inf) Speicherplatine f, Speicherkarte f
~ **de nodo** (Bw) Knotenblech n
~ **portaobjetos** Objektträger m, Objektplatte f, Objektglas n, Objekthalter m
~ **de presión** Andrückplatte f, Anpressplatte f, Druckplatte f

plafón m Decke f, Deckentäfelung f, Plafond m

plaguicida m (Lt) Schädlingsbekämpfungsmittel n

plan m 1. Plan m; Projekt n; Schema n; 2. Niveau n; Höhe f; 3. (Bgb) Sohle f; 4. (Schiff) Bodenstück n, Bodenwrange f; 5. s. plano 4. • **en ~ experimental** versuchsweise
~ **de lubricación** Schmierplan m
~ **de montaje** Montageplan m, Montagezeichnung f
~ **de redes** Netzplan m

plana f 1. Flachhammer m, Planierhammer m; 2. (Bw) Reibebrett n; 3. (Typ) Druckseite f

plancha f 1. Platte f, Blech n; Tafel f; 2. Stahlblech n; Blech n; 3. Leiste f; 4. (Typ) Druckform f, Satzbrett n, Ablegebrett n; 5. (Schiff) Laufplanke f; 6. (Am) Flachmaterial n (Walzen); 7. (Text) Bügeleisen n
~ **de ángulo** (Bw) Versteifungsblech n; Eckblech n
~ **del buque** Schiffsplatte f, Schiffsblech n
~ **de calefacción** Heizplatte f
~ **eléctrica regulable** Reglerbügeleisen n
~ **impresora** (Typ) Druckplatte f
~ **ondulada** Wellblech n
~ **de quilla** (Schiff) Kielplatte f
~ **de refuerzo** Verstärkungsplatte f

planchada f Platte f, Planke f; Laufplanke f

plancheado m Metallverkleidung f; Blechverkleidung f, Panzerung f; Abschirmung f

planchear v mit Metall verkleiden; abschirmen; panzern

plancheta f Plan m, Karte f, Planchett n; Messtisch m

planchistería f Blechmetallbearbeitung f; Klempnerei f

planchita f (Masch) Unterlage f

planchuela f Lasche f, Stoßlasche f

planeador m Gleitflugzeug n; Segelflugzeug n
planeadora f 1. (Bw) Planiermaschine f; 2. Richtmaschine f (Umformtechnik); 3. (Fert) Hobelmaschine f
planear v 1. gleiten; motorlos fliegen; segelfliegen; 2. richten (Umformtechnik); 3. (Fert) plandrehen
planetario m 1. Planetarium n (Projektor und Gebäude); 2. (Mech) Kegelrad n, Planetenrad n, Umlaufrad n (Getriebe)
planicímetro m Ebenheitsmessgerät n
planificación f 1. Projektierung f, Projekterstellung f; 2. Planung f, Planaufstellung f
planigrafía f 1. Zeichnungsvervielfältigung f; 2. Tomographie f
planilla f Plan m; Aufstellung f; Spezifikation f; Tabelle f; Liste f
planimetrar v planimetrieren
planimetría f Planimetrie f, ebene Geometrie f, Flächenmessung f; Lageplanaufnahme f, Lagemessung f (Vermessungswesen); Situationsmessung f; Grundriss m
planímetro m Planimeter n, Flächenmesser m
planisferio m 1. Planiglob(ium) n, Planisphäre f; 2. Sternkarte f
plano eben; flach
plano m 1. Ebene f, Fläche f; 2. (Flg) Tragfläche f, Flügel m; 3. Plan m, Grundriss m, Riss m; Aufriss m, Seitenriss m; 4. Flachmaterial n (5–200 mm Länge, 3–6 mm Dicke); 5. Einstellung f (Kino)
 • **a extremo** ~ ohne Kuppe, ungekuppt (Schraube) • **contra cilindro** (Typ) Fläche gegen Zylinder (Drucksystem)
 • **contra plano** (Typ) Fläche gegen Fläche (Drucksystem)
~ **acotado** Maßzeichnung f
~ **de admisión** Beaufschlagungsebene f (Turbine)
~ **de cálculo** Rechenplan m, Flussdiagramm f
~ **cantilever** (Flg) freitragende Fläche f
~ **circunferencial** Stirnebene f
~ **de cola** (Flg) Dämpfungsfläche f, Flosse f, Leit(werks)fläche f; Steuerflügel m
~ **de comprobación** Richtplatte f, Abrichtplatte f
~ **de conjunto** 1. Montagezeichnung f; 2. s. ~ general 2.

~ **de construcción** Bauzeichnung f, Bauplan m
~ **de corte** (Fert) Schneidenebene f; Scherebene f
~ **de crujía** (Schiff) Mittschiffsebene f
~ **de cuadernas** (Schiff) Spantenriss m
~ **de deriva** (Flg) Seiten(leit)flosse f
~ **de deslizamiento** 1. Gleitebene f, Translationsebene f (bei Kristallen); 2. (Geol) Schubfläche f, Verwerfungsfläche f; Gleitebene f
~ **de detalles** Einzelteilzeichnung f
~ **diametral** (Schiff) Mittschiffsebene f
~ **de disposición general** (Schiff) Generalplan m
~ **de distribución** (El) Schaltplan m
~ **de ejecución** Arbeitszeichnung f
~ **de elevación** Längsriss m
~ **de engrase** Schmierplan m (Maschine)
~ **de estructura** (Schiff) Spantebene f
~ **fijo horizontal** (Flg) Höhenflosse f
~ **fijo vertical** (Flg) Seitenflosse f
~ **de flotación** (Schiff) Schwimmebene f, Wasserlinienriss m
~ **del frente** (Bgb) Strebstoß m
~ **general** 1. Gesamtplan m; 2. Total(aufnahme) f; 3. (Schiff) Generalplan m
~ **gráfico** technische Zeichnung f
~ **hiperbólico** (Math) hyperbolische Ebene f
~ **inclinado** 1. geneigte [schiefe] Ebene f; 2. (Bgb) Rutsche f, Bremsberg m; 3. (Schiff) Aufschleppe f, Heckkrampe f
~ **de líneas** (Schiff) Linienriss m
~ **longitudinal** (Schiff) Mittschiffsebene f
~ **móvil** (Flg) Steuerfläche f
~ **de la obra** Bauzeichnung f
~ **de [en] perspectiva** (Math) Bildebene f, perspektivische Zeichnung f
~ **sinóptico** Übersichtsplan m
~ **sustentador** (Flg) Tragfläche f
~ **de tallado** (Fert) Schnittebene f
~ **de taller** Werkstattzeichnung f
~ **topográfico** topographische Karte f; Höhenplan m; Schichtlinienplan m
~ **de trabajo** Wirkebene f, Arbeitsebene f
~ **vibratorio** Schüttelrutsche f
planocóncavo (Opt) plankonkav
planoconvexo (Opt) plankonvex
planografía f (Typ) Flachdruck m
planta f 1. Gebäude n; Anlage f; Werk n; Fabrik f; 2. Stockwerk n; 3. s. plano 3.; 4. Pflanze f • **en** ~ im Grundriss

planta

- **~ de abastecimiento de agua** Wasserwerk *n*
- **~ de aire comprimido** Druckluftanlage *f*
- **~ aprovechadora de basuras** Müllverwertungsanlage *f*
- **~ automovilística** Automobilwerk *n*
- **~ baja** Erdgeschoss *n*
- **~ de beneficiación [beneficio]** Aufbereitungsanlage *f*
- **~ de conglomerado** *(Met)* Sinteranlage *f*
- **~ depuradora** Kläranlage *f*; Reinigungsanlage *f*
- **~ desaladora [desalinizadora]** Entsalzungsanlage *f*; Meerwasserentsalzungsanlage *f*
- **~ de elaboración** Verarbeitungsanlage *f*
- **~ eléctrica nuclear** Kernkraftwerk *n*, KKW
- **~ de elementos prefabricados** *(Bw)* Plattenwerk *n*
- **~ de eliminación de residuos** Abfallentsorgungsanlage *f*
- **~ embotelladora** Flaschenfüllanlage *f*
- **~ de energía atómica** Atomkraftwerk *n*, AKW
- **~ de energía hidráulica** Wasserkraftwerk *n*
- **~ de energía nuclear** Kernkraftwerk *n*, KKW
- **~ de energía solar** Solaranlage *f*; Sonnenkraftanlage *f*; Sonnenkraftwerk *n*
- **~ de enriquecimiento** *(Kern)* Anreicherungsanlage *f*
- **~ de ensamblaje** Montagebetrieb *m*, Montagewerk *n*
- **~ frigorífica** Kälteanlage *f*
- **~ de incineración de basuras** Müllverbrennungsanlage *f*
- **~ de ingeniería** Maschinenbaubetrieb *m*
- **~ mareomotriz** Gezeitenkraftwerk *n*
- **~ mecánica** Antriebsmaschine *f*, Triebwerk *n*
- **~ metalúrgica** Hüttenwerk *n*
- **~ nuclear** kerntechnische Anlage *f*; Kernkraftanlage *f*; Kernreaktor *m*; Kernkraftwerk *n*, KKW
- **~ piloto** 1. *(Schiff)* Steueranlage *f*; 2. Versuchsanlage *f*, Versuchsbetrieb *m*; Pilotanlage *f*
- **~ potabilizadora de agua** Trinkwasseraufbereitungsanlage *f*
- **~ primera** Obergeschoss *n*
- **~ procesadora** Verarbeitungsanlage *f*
- **~ de procesamiento** 1. verfahrenstechnische Anlage *f*; 2. Verarbeitungsbetrieb *m*
- **~ de procesos** Betriebsanlage *f*
- **~ propulsora** *(Schiff)* Antriebsanlage *f*, Vortriebsanlage *f*, Propulsionsanlage *f*
- **~ de reciclaje** Recyclinganlage *f*
- **~ de recuperación** Wiedergewinnungsanlage *f*, Rückgewinnungsanlage *f*
- **~ recuperadora de aguas residuales** Abwasserkläranlage *f*, Kläranlage *f*, Abwasser(reinigungs)anlage *f*
- **~ refrigeradora** Kühlanlage *f*, Gefrieranlage *f*
- **~ siderúrgica** *(Am)* Stahlwerk *n*
- **~ termoeléctrica** Wärmekraftwerk *n*
- **~ termonuclear** Kernkraftwerk *n*, KKW
- **~ tipográfica** Druckerei *f*
- **~ de transformación** Verarbeitungsanlage *f*
- **~ de tratamiento** Behandlungsanlage *f*, Reinigungsanlage *f* *(Wasser)*; Aufbereitungsanlage *f*
- **~ de tratamiento del combustible nuclear** nukleare Wiederaufbereitungsanlage *f*

plantadora *(Lt)* Pflanz(ensetz)maschine *f*; Legemaschine *f*
- **~ automática de patatas** Kartoffellegeautomat *m*
- **~ de caña de azúcar** Zuckerrohrpflanzmaschine *f*
- **~ de maíz** Maissämaschine *f*, Maislegemaschine *f*
- **~ de patatas** Kartoffellegemaschine *f*, Kartoffelpflanzmaschine *f*

plantar *v* 1. anlegen; aufstellen, errichten; gründen; montieren; 2. pflanzen

planteamiento *m* Aufstellung *f*, Errichtung *f*

plantear *v* entwerfen; begründen; aufstellen

plantilla *f* 1. Schablone *f*, Form *f*, Modell *n*; 2. Aufriss *m*
- **~ copiadora** *(Fert)* Richtungsschablone *f*, Leitschablone *f*
- **~ de [para] curvas** 1. *(Math)* Kurvenlineal *n*; 2. *(Fert)* Kurvenschablone *f*
- **~ de fundición** Gießform *f*, Gussform *f*
- **~ de impresión** Druckschablone *f*
- **~ de letras** Druckplatte *f*
- **~ de símbolos** *(Inf)* Zeichenschablone *f*
- **~ para taladrar** *(Fert)* Bohrschablone *f*

planudo *(Schiff)* flachgehend
plaquear *v* plattieren; furnieren
plaquita *f* 1. Plättchen *n*; 2. *(Fert)* Schneideinsatz *m*, Schneidplättchen *n*
~ **de metal duro** Hartmetalleinsatz *m*, Hartmetall(schneid)plättchen *n*
plasmar *v* gestalten, formen, bilden
plaste *m* Schlichte *f*; Leim *m*; Ausgleichsmasse *f*; Gipsmasse *f*
plastecer *v* schlichten; leimen
plástico plastisch; bildsam; knetbar
plástico *m* Kunststoff *m*, Plast *m*
~ **acrílico** Polyacrylat *n*, Polyacrylharz *n*, Acrylharz *n*
~ **amínico** Aminoplast *m*
~ **celular [esponjoso, espumoso, expandido]** *(Kst)* Schaumstoff *m*
~ **fenólico** Phenolharz *m*, Phenoplast *m*
~ **de fibra de vidrio** Glasfaserkunststoff *m*, glasfaserverstärkter Kunststoff *m*
~ **en hojas** *(Kst)* Folienmaterial *n*, Plastikfolie *f*
~ **laminado [laminar, en láminas]** Schicht(press)stoff *m*, Laminat *n*, Kunststofflaminat *n*
~ **moldeado [para moldeo]** Formstoff *m*, Pressstoff *m*; Pressmasse *f*
~ **para moldeo por extrusión** Strangpressmasse *f*
~ **para moldeo por inyección** Spritzgießmasse *f*
~ **prensado** Pressstoff *m*, Formstoff *m*
~ **reforzado** verstärkter Kunststoff *m*
~ **termoendurecible [termoestable]** Duroplast *m*, warmhärtbarer Kunststoff *m*
~ **termoplástico** Thermoplast *m*, thermoplastischer Kunststoff *m*
plastificación *f* 1. Plasti(fi)zierung *f*, Erweichen *n*, Weichmachen *n*; 2. Plastbeschichtung *f*, Kunststoffbeschichtung *f*
plastificadora *f* Mastikator *m*, Dispersionskneter *m*
plastificante *m* Plastifiziermittel *n*, Weichmacher *m*
plastificar *v* 1. plastifizieren, weich machen; 2. mit Plast beschichten
plastómero *m* Plastomer(es) *n*
plastoquímica *f* Chemie *f* der Kunststoffe
plastotipia *f (Typ)* Plaststereotypie *f*, Gummistereotypie *f*
plata *f* Silber *n*, Ag

platabanda *f* Lasche *f*, Stoßlasche *f*; Stoßblech *n*
plataforma *f* 1. Plattform *f*; Platte *f*; Rampe *f*; Stand *m*; Bühne *f*; Arbeitsbühne *f*; 2. *(Rak)* Startplattform *f*; Startvorrichtung *f*; Startfläche *f*; Starttisch *m*; Startrampe *f*; 3. *(Bgb)* Bohrgerüst *n*; 4. *(Am)* Bahnsteig *m*; 5. *(Eb)* offener Güterwagen *m*
~ **de carga** 1. Laderampe *f*, Ladebühne *f*, Ladefläche *f*, Ladepritsche *f*, Ladeplattform *f (LKW)*; 2. *(Met)* Beschickungsbühne *f*, Gichtbühne *f*
~ **de cohetes** Raketenstartrampe *f*; Abschussrampe *f*
~ **de conducción** *(Lt)* Fahrerstand *m*; Fahrerplattform *f (Mähdrescher)*
~ **del conductor** *(Lt)* Fahrerstand *m*; Fahrerplattform *f (Mähdrescher)*
~ **de descarga** 1. Entladerampe *f*; 2. *(Schiff)* Löschplattform *f*, Entladeplattform *f*
~ **elevable** Arbeitsbühne *f*, Hebebühne *f*
~ **espacial** Raumstation *f*, Weltraumstation *f*
~ **de freno** Bremsstand *m*
~ **giratoria** Drehscheibe *f*, Drehplattform *f*; Drehrampe *f*, Drehteil *n*
~ **de lanzamiento (de cohetes)** *(Rak)* Startplattform *f*, Startrampe *f*, Startfläche *f*
~ **marina** Meeresplattform *f*, Ölbohrinsel *f*
~ **de perforación** Hubinsel *f*, Bohrinsel *f*; Bohrplattform *f*
~ **petrolífera** Förderplattform *f (Erdöl)*; Ölbohrinsel *f*
~ **de rodaje** *(Kfz)* Einlaufstand *m (Motor)*
~ **de servicio** 1. Arbeitsbühne *f*; 2. *(Met)* Bedienungsbühne *f*
~ **de trabajo** Arbeitsbühne *f*
~ **de tragante** *(Met)* Beschickungsbühne *f*, Gichtbühne *f*
~ **volada** Hängegerüst *n*
platanero *m* Bananenfrachter *m*
plateado *m* Versilberung *f*
platear *v* versilbern
platillo *m* 1. Scheibe *f*; Unterlage *f*; 2. Flansch *m*; 3. Teilkreis *m*, Teilring *m*; 4. Waagschale *f*
~ **de ciego** Blindflansch *m*
~ **de freno** Bremsscheibe *f*
~ **de válvula** Ventilteller *m*
platina *f* 1. Objekttisch *m (am Mikroskop)*; 2. *(Typ)* Arbeitsplatte *f*; 3. Flansch *m*; 4. *(Eln)* Platine *f*

platina 302

~ **de enchufe** Steckplatine f, Steckkarte f
~ **graduada** Messplatte f
~ **de medición** Messtisch m
platino m Platin n, Pt
plato m 1. Teller m; Scheibe f; 2. (Ch) Boden m (einer Destillierkolonne); 3. (Fert) Planscheibe f; 4. Rundtisch m; Drehtisch m; 5. Kettenrad n (Fahrrad); Kettenblatt n
~ **de acoplamiento** Kupplungsscheibe f
~ **de apriete** (Fert) Spannfutter n
~ **de arrastre** Mitnehmerscheibe f
~ **autocentrante** selbstzentrierendes Spannfutter n
~ **divisor** (Fert) Teilscheibe f
~ **de fijación** (Fert) Spannfutter n
~ **de garras** (Fert) Backenspannfutter n
~ **de sujeción** (Fert) Spannfutter n
~ **del torno** (Fert) Planscheibe f, Drehmaschinenfutter n
~ **de tres garras [mordazas]** (Fert) Dreibackenfutter n
plegado m 1. Zusammenlegen n; Biegen n; 2. (Geol) Falte f, Faltung f; 3. (Fert, Typ) Falzen m; 4. (Flg) Einziehen n (des Fahrgestells); 5. (Text) Bäumen n (Weberei)
plegador m (Text) Baum m, Aufwinder m; Abwickelwalze f
plegadora f 1. (Fert) Biegemaschine f; 2. (Typ) Falzmaschine f; 3. (Text) Bäummaschine f, Legemaschine f (Weberei)
plegar v 1. (Fert) (ab)biegen, falzen; 2. (Typ) falzen; 3. (Geol) falten
~ **la urdimbre** (Text) aufbäumen
pliego m (Typ) Bogen m
pliegue m (Geol) Schichtenfalte f, Falte f, Faltung f
plomada f Lot(blei) n, Senkblei n
plombagina f Graphit m
plomería f 1. Bleidach f; 2. Bleilager n; 3. Bleihütte f; Bleigießerei f; 4. Bleiarbeit f
plomo m 1. Blei n, Pb; 2. Senkblei m, Senklot n; 3. Bleiplombe f; 4. Sicherung f
• **a** ~ senkrecht, lotrecht, vertikal • **sin** ~ bleifrei (Benzin)
plotear v grafisch darstellen; auftragen; einzeichnen
ploteo m grafische Darstellung f, Kurvenbild n
plotter m (Inf) Plotter m, Zeichengerät n, Koordinatenschreiber m

pluma f 1. Feder f, Federhalter m; 2. Baum m; Ausleger m (Kran); Ladebaum m
~ **basculante** Wippausleger m
~ **de carga** Ladebaum m; Derrick m
~ **de carga pesada** Schwergutbaum m
~ **para puesta a flote** Bootsdavit m (Aussetzvorrichtung)
plúmbico bleihaltig
plurimodal mehrgipflig
plurivalente (Ch) mehrwertig
plutonio m Plutonium n, Pu
P.M. s. peso muerto
pneumático s. neumático
pocear v ausschachten
poder m Vermögen n; Leistung f; Kraft f
~ **absorbente [de absorción]** 1. Absorptionsvermögen n, Absorptionsfähigkeit f, Absorptionskraft f; Saugfähigkeit f; 2. (Text) Aufziehvermögen n
~ **adhesivo** Adhäsionsvermögen n, Haftfähigkeit f, Haftvermögen n
~ **amortiguador** Dämpfungsvermögen n
~ **antidetonante** Klopffestigkeit f
~ **de arrastre** Schleppkraft f, Schleppleistung f (Trawler)
~ **ascensional** 1. Hubkraft f, Tragkraft f; 2. (Flg) Auftrieb m
~ **calorífico** Heizwert m, Wärmewert m (von Brennstoffen)
~ **conductor** Leitfähigkeit f
~ **emisivo [emisor]** Ausstrahlungsenergie f, Ausstrahlungsvermögen n, Emissionsfähigkeit f, Strahlungsvermögen n
~ **frenante** Bremsvermögen n
~ **de resolución** (Opt) Auflösungsvermögen n, Auflösung f
polar f (Math) Polare f
polarígrafo m (Ch) Polarograph m
polarímetro m (Opt) Polarimeter m
polarización f Polarisation f; Vorspannung f, Gittervorspannung f
polarizar v polarisieren; vorspannen, polen
polea f Scheibe f, Rolle f, Block m; Blockrolle f, Riemenscheibe f
~ **de cable** Seilscheibe f, Seilrolle f
~ **de cadena** Kettenrolle f
~ **de correa trapezoidal** Keilriemenscheibe f
~ **de desviación** Umlenkrolle f
~ **portacable** Seilscheibe f, Seilrolle f

~ **de suspensión** Ladeblock m
~ **tensora** Spannscheibe f
poliácido m mehrbasige Säure f
polibase f mehrbasige Säure f
policíclico (Ch) polycyclisch
policloruro m Polychloridverbindung f
~ **de vinilo** Polyvinylchlorid n, PVC
policopia f Hektographie f
policopiar v hektographieren
policromía f (Typ) Mehrfarbendruck m
poliedro m Polyeder n, Vielflächner m
poliéster m Polyester m
~ **reforzado con fibra de vidrio** glasfaserverstärkter Polyester m
poliestireno m Polystyren n, Polystyrol n, PS
polietileno m Polyeth(yl)en n, PE
poligonal f Polygonzug m
polígono m 1. (Math) Polygon n, Vieleck n; Häufigkeitsdiagramm n; 2. (Kfz) Testgelände n, Polygon n
~ **de experiencias** Prüffeld n
~ **de fuerzas** Kräftepolygon n, Kraftevieleck n, Krafteck n, Kräfteplan m
~ **industrial** Gewerbegebiet n, Gewerbe- und Industriepark m; Industrieansiedlungsgebiet n; Industriegelände n
~ **de lanzamiento de cohetes** Raketenstartplatz m
polimerización f (Ch) Polymerisation f
polimerizador m (Ch) Polymerisationsanlage f
polimerizar v (Ch) polymerisieren
polímero m Polymer(e) n, Polymerisat n
polímetro m 1. (Ch) Taupunktmesser m; 2. (Eln) Analysator m, elektronisches Vielfachmessgerät n, Mehrfach(mess)gerät n; Universalmessgerät n
polimorfismo m Polymorphie f
polinomio m (Math) Polynom n
polispasto m Flaschenzug m, Seilzug m, Rollenzug m
politécnico polytechnisch
politeno m Polyethylen n
polivalente mehrwertig, vielwertig, polyvalent
polo m Pol m • **de polos alternantes** wechselpolig • **de polos conmutables** polumschaltbar
polonio m Polonium n, Po
polución f Verunreinigung f, Verschmutzung f (Wasser, Luft)

polutante m Verunreinigung f, verunreinigender Stoff m; Schadstoff m
polvo m Pulver n; Staub m
~ **abrasivo** Schleifpulver n; Schleifstaub m, Schmirgelpulver n
~ **de cuarzo** Quarzstaub m, quarzhaltiger Staub m
~ **detergente** Reinigungspulver n; Detergens n; Waschpulver n
~ **de esmeril** Schleifstaub m
~ **extintor** Löschpulver n
~ **lapidador [de lapping]** (Fert) Läpppulver n
~ **de magnesio** Magnesiumpulver n
~ **de moldeo** (Kst) Pressmasse f
~ **radiactivo** radioaktiver Staub m
~ **de soldadura** Schweißpulver n
~ **de yeso** Gipsmehl n, gemahlener Gips m
pómez f Bimsstein m
ponderación f 1. Abwägen n; Prüfen n; Wägen n; Gewichtung f, Wichtung f; Bewertung f; 2. Gleichgewicht n
~ **del peso** Gewichtsprüfung f
~ **de ruido** Lärmbewertung f
ponderal Gewichts...; gewichtsanalytisch
ponderar v 1. abwägen; prüfen; bewerten; einschätzen; 2. ausgleichen
ponepliegos m (Typ) Bogenanleger m
poner v 1. setzen; legen; stellen; 2. (Bgb) setzen (Stempel)
~ **en acción** in Betrieb setzen, antreiben; betätigen; einschalten
~ **en circuito** (El) in den Stromkreis schalten, einschalten
~ **fuera de circuito** (El) abschalten, ausschalten
~ **al corriente** aktualisieren (z. B. Datei)
~ **en cortocircuito** (El) kurzschließen
~ **en explotación** 1. in Betrieb nehmen; 2. (Bgb) erschließen
~ **en fase** (El) phasenrichtig schalten
~ **el freno** bremsen
~ **en grada** (Schiff) (auf) Kiel legen
~ **en marcha** in Betrieb nehmen [setzen]; anlassen, anstellen (Motor); anfahren (eine Anlage); in Gang setzen
~ **en órbita** auf die Umlaufbahn bringen
~ **a prueba** erproben
~ **la quilla** (Schiff) (auf) Kiel legen
~ **riostras** (Bw) absteifen
~ **tacos** dübeln

~ **en tierra** *(El)* erden
pontón *m* Ponton *m*; Prahm *m*; Brückenkahn *m*; Leichter *m*; Schute *f*
~ **apagaincendios** Feuerlöschboot *n*
~ **de draga [fango]** Baggerprahm *m*
~ **para ferrocarriles** Eisenbahnfähre *f*
~ **(de) grúa** Brückenkran *m*; Schwimmkran *m*
~ **de transbordo** Fährboot *n*
popa *f (Schiff)* Heck *n*, Achterschiff *n*; Poop *f* • **a** ~ achteraus, im Hinterschiff • **hacia** ~ achteraus • **por la** ~ **de través** achterlicher als dwars(querab)
~ **aerodinámica** *(Kfz)* Fließheck *n*
~ **cuadrada** Spiegelheck *n*; Plattgattheck *n*, Barkassenheck *n*
popel *(Schiff)* achtern
porcentaje *m* Prozentsatz *m*; Anteil *m*; Quote *f*
~ **de mezcla** Mischungsverhältnis *n*
~ **en moles** Molprozent *n*
porción *f* Portion *f*; Anzahl *f*; Teil *m*, Anteil *m*
porcupina *f (Text)* Nadelwalze *f*
porfídico *(Geol)* porphyrisch
pórfido *m (Geol)* Porphyr *m*
poro *m* 1. Pore *f*; 2. *(Met)* Blase *f*, Lunker *m*
porosimetría *f* 1. Porosimetrie *f*, Porenmessung *f*; 2. Porenverteilung *f*
porosímetro *m* Porosimeter *m*
porta *f* Pforte *f*, Luke *f*, Öffnung *f*
~ **de carga** *(Schiff)* Ladeluke *f*
~ **espía** *(Am)* Bullauge *n*
portaaperos *m (Lt)* Gerätetrager *m*
portaautomóviles *m* Autotransporter *m*
portabarcazas *m* Leichterträgerschiff *n*
portabarrenas *m (Fert)* Bohrspindel *f*
portabilidad *f (Inf)* Portabilität *f*, Übertragbarkeit *f*, Verpflanzbarkeit *f (Programmeigenschaft)*
portabroca(s) *m (Fert)* Bohrerhalter *m*, Bohrfutter *n*
portacámara *m* Kamerastativ *n*
portacarrete *m (Foto)* Filmkassette *f*
portacontenedores *m* Containerkiste *f*
portacuchillas *f* 1. *s.* portaherramientas; 2. *(Lt)* Messerhalter *m*
portadiferencial *m (Kfz)* Hinterachsbrücke *f*, Hinterachsträger *m*; Differenzialkasten *m*
portador *m* 1. Halter *m*; Fassung *f*; 2. Träger *m*; 3. *(Rak)* Trägerstück *n*

~ **de datos** *(Inf)* Datenträger *m*
~ **de energía** Energieträger *m*
portadora *f* 1. *(Nrt)* Trägerfrequenz *f*; Trägerwelle *f*; Trägerstrom *m*; 2. Träger *m*
portaelectrodo *m (El)* Elektrodenhalter *m*
portaequipaje(s) *m* 1. Gepäckträger *m*; Gepäckhalter *m*; 2. *(Kfz)* Kofferraum *m*
portafiltro *m* Filtereinsatz *m*
portafresa *m (Fert)* Fräs(er)dorn *m*
portagoma *m (Kfz)* Wischerblatt *n*
portafusible(s) *m (El)* Sicherungshalter *m*, Sicherungsfassung *f*; Sicherungstafel *f*
portaherramientas *m (Fert)* Support *m*, Meißelhalter *m*, Werkzeughalter *m*; Stichelhaus *n (Drehmaschine)*
~ **revólver** *(Fert)* Revolverkopf *m*
portaimplementos *m (Lt)* Geräteträger *m*
portalámparas *m* Lampenfassung *f*, Lampenhalter *m*
~ **bayoneta** Bajonettfassung *f*
~ **de rosca** Gewindefassung *f*
portalón *m (Schiff)* Schiffsöffnung *f*; Gangway *f*
portamacho *m* Gewindekluppe *f (Werkzeug)*
portamandril *m (Masch)* Planscheibe *f*
portamechas *m (Fert)* Bohrfutter *n*
portaobjeto(s) *m* Objektträger *m (Mikroskop)*
portaplacas *m* Filmkassette *f*
portátil 1. tragbar; 2. *(Eb)* verlegbar *(Schiene)*
portaválvula *m (Eln)* Röhrenfassung *f*, Röhrensockel *m*
porte *m* 1. Ladungsgewicht *n*; Ladefähigkeit *f*, Nutzladung *f*; Nettokapazität *f*, Transportkapazität *f*; 2. Fracht *f*
pórtico *m* 1. Portikus *f*, Säulengang *m*, Säulenhalle *f*; 2. *(Schiff)* Mast *m*; 3. *(Inf)* Schnittstelle *f*
~ **de seguridad** 1. *(Bgb)* Sicherheitspfeiler *m*; 2. Sicherheitsbügel *m (Schlepper)*
~ **de señales** Signalmast *m*
portilla *f (Schiff)* Bullauge *n*; Seitenfenster *n*; Backbordlicht *n*
posarse *v* 1. *(Ch)* sich ablagern, sich abscheiden, sich absetzen, sich niederschlagen; 2. *(Flg)* landen, aufsetzen
posición *f* 1. Lage *f*; Position *f*; Stellung *f*; Stelle *f*, Platz *m*; 2. *(Math)* Ansatz *m*
~ **angular del timón** *(Schiff)* Ruderwinkellage *f*

potencia

~ de atraído Anzugsstellung f *(Relais)*
~ en circuito Einschaltstellung f
~ del cursor *(Inf)* Cursorposition f
~ de funcionamiento Arbeitsstellung f; Betriebstellung f
~ de memoria *(Inf)* Speicherstelle f, Speicherplatz m
~ para módulos Steckplatz m
~ de paro Stopp m, Halt-Stellung f
~ de reposo Ruhelage f, Ruhestellung f; Aus-Stellung f *(Relais)*; Nullstellung f *(Ventil)*
~ de seguridad Sicherheitsstelle f, Wirkstellung f *(einer Schutzvorrichtung)*
~ SI Ein-Stellung f, Einschaltstellung f
~ de trabajo Arbeitsstellung f, Ein-Stellung f *(Relais)*
posicionamiento m Positionierung f, Positionsbestimmung f; Einstellung f
~ a cero Nulleinstellung f
posicionador m 1. Stellvorrichtung f; Stellwerk n *(z. B. von Rechenmaschinen)*; 2. *(El)* Stellungsregler m, Lageregler m; 3. *(Feinw)* Positioniereinrichtung f
posicionar v positionieren; einstellen
positronio m *(Kern)* Positroniumatom n
postcombustión f *(Flg)* Nachverbrennung f
postconectar v *(El)* nachschalten
poste m Pfosten m; Ständer m; Mast m; Pfahl m; Säule f, Leitungsmast m
~ de carga *(Schiff)* Ladepfosten m
~ de dirección *(Kfz)* Lenksäule f
~ grúa Mastkran m
~ de tope *(Eb)* Prellbock m
postquemador m 1. *(Rak)* Nachbrenner m, Nachverbrennungsrohr n; 2. *(Flg)* Nachbrenn(er)kammer f, Nachbrenneinrichtung f
postulado m *(Math)* Postulat n, Forderung f, Axiom n
potabilizador m Trinkwasseraufbereitungsanlage f
potabilizar v zu Trinkwasser aufbereiten
potasa f Pottasche f, Kaliumcarbonat n
potasio m Kalium n, K
potencia f 1. *(Mech)* Leistung f, Kraft f *(z. B. am Hebel)*; 2. *(Math)* Potenz f; 3. *(Opt)* Stärke f, Vergrößerung f; 4. *(Geol, Bgb)* Mächtigkeit f *(Schicht)*; 5. Produktivität f, Leistungsfähigkeit f; Potenzial n; Leistungsvoraussetzung f • **de alta [gran]** ~ Hochleistungs-... • **de poca** ~ von kleiner Leistung, schwach • **sin** ~ **motriz** ohne Kraftanschluss
~ absorbida aufgenommene Leistung f
~ activa *(El)* Wirkleistung f
~ acústica Lautstärke f, Schallleistung f
~ adherente Haftvermögen n, Adhäsionskraft f
~ del agua Wasserkraft f
~ aparente *(El)* Scheinleistung f
~ de arranque *(Kfz)* Anfahrleistung f *(Motor)*
~ de arrastre *(Kfz)* Zugkraft f
~ calorífica Wärmeleistung f, Heizwert m
~ de carga Hubkraft f, Tragkraft f
~ de un conjunto *(Math)* Mengenpotenz f, kartesische Potenz f, Mächtigkeit f einer Menge
~ de cresta Spitzenleistung f
~ decimal Zehnerpotenz f
~ devatiada *(El)* Blindleistung f
~ de disipación *(El)* Verlustleistung f
~ efectiva effektive [tatsächliche] Leistung f; Nutzleistung f; Wirkleistung f
~ en el eje *(El)* Wellenleistung f
~/enésima n-te Potenz f
~ de entrada Eingangsleistung f
~ entregada abgegebene Leistung f, Leistungsabgabe f; Ausgangsleistung f
~ entregada a la hélice *(Schiff)* Leistung f am Propeller
~ del filón *(Bgb)* Flözmächtigkeit f
~ flotante Tragvermögen n *(schwimmender Körper)*; Schwimmkraft f
~ al freno Bremsleistung f
~ frigorífica Kälteleistung f, Kühlleistung f
~ hidráulica Wasserkraft f
~ indicada angegebene [angezeigte, indizierte] Leistung f
~ de lente *(Opt)* Stärke f, Brechkraft f *(einer Linse)*
~ lumínica [luminosa, de luz] Lichtstärke f; Leuchtkraft f; Strahlungsleistung f; Lichtleistung f
~ mecánica mechanischer Wirkungsgrad m
~ de memoria *(Inf)* Speicherkapazität f, Speichergröße f
~ motriz Antriebsleistung f
~ motriz requerida Kraftbedarf m
~ nominal Nennleistung f, Nominalleistung f

potencia

~ **nuclear** Kernkraft f
~ **del ordenador** Rechnerleistung f
~ **propulsora** Antriebsleistung f
~ **reactiva** Blindleistung f
~ **de régimen** Nennleistung f, Nominalleistung f
~ **de salida** 1. Ausgangsleistung f, abgegebene Leistung f; Output m; Ausgangsstufe f; 2. Ausstoß m
~ **de tracción** Zugleistung f, Zugvermögen n, Zugkraft f

potencial m Potenzial n; Spannung f
potenciar v (Math) potenzieren
potenciometría f Potenziometrie f
potenciómetro m Potenziometer n
potenciostato m Potenziostat m
potente 1. leistungsfähig; stark; 2. (Bgb) mächtig (Schicht)
pozo m 1. Brunnen m; 2. (Bgb) Schacht m; 3. Sonde f, Bohrloch n (Erdöl); 4. (Schiff) Fischkasten m, Fischbehälter m

~ **de acceso** (Bw) Einstiegschacht m, Mannloch m
~ **de ascensor** (Förd) Aufzugsschacht m
~ **de cables** Kabelschacht m; Seilbohrung f
~ **ciego** (Bgb) Blindschacht m; Bohrloch n mit Spülverlusten
~ **de circulación** (Bgb) Fahrfeld n, Fahrschacht m
~ **de combustión** Brandschacht m (Prüfvorrichtung zur Bestimmung der Brennbarkeitsgruppe)
~ **de congelación** (Bgb) Gefrierschacht m
~ **de desagüe** (Bgb) Entwässerungsschacht m, Wasserhaltungsschacht m
~ **de descenso** (Bgb) Anfahrschacht m
~ **doble** (Bgb) Zwillingsschacht m
~ **de drenaje** (Bw) Entwässerungsschacht m, Dränageschacht m; Sickerwasserschacht m (Talsperre)
~ **de entrada de aire** (Bgb) einziehender Wetterschacht m, Einziehschacht m
~ **entubado** Rohrbrunnen m
~ **de escotilla** (Schiff) Lukenschacht m
~ **estéril** Fehlbohrung f, ergebnislose [unproduktive] Bohrung f (Erdöl)
~ **excavado por congelación** (Bgb) Gefrierschacht m
~ **de exploración** (Bgb) Schürfschacht m
~ **de extracción** (Bgb) Förderschacht m
~ **filtrante** (Bw) Filterbrunnen m

~ **del flotador** (Bw) Schwimmerschacht m
~ **de fundición** Gießrinne f
~ **de gas** 1. Gasbohrung f, Gassonde f; 2. Gasbrunnen m (Deponie)
~ **de inspección** (Bw) Kontrollschacht m
~ **interior** (Bgb) Blindschacht m
~ **intermedio** (Bgb) Zwischenschacht m, Verbindungsschacht m
~ **invadido** verwässerte Sonde f (Erdöl)
~ **de inyección** Injektionsbrunnen m
~ **de lanzamiento** (Mil) Startschacht m
~ **maestro** (Bgb) Haupt(förder)schacht m
~ **marino** Meeresbohrloch n
~ **de mina de carbón** (Bgb) Kohlenschacht m
~ **minero** (Bgb) Kohlenschacht m
~ **negro** 1. Abflussschacht m; Klärgrube f, Senkgrube f, Faulgrube f; 2. (Bw) Blindschacht m
~ **oblicuo** (Bgb) tonnlägiger Schacht m
~ **de observación** Beobachtungsbrunnen m
~ **ordinario** Schachtbrunnen m
~ **perforado** Bohrbrunnen m
~ **perpendicular** (Bgb) Seigerschacht m
~ **de petróleo** Erdölbohrung f, Erdölsonde f, Ölsonde f, Ölbohrung f
~ **petrolero [petrolífero]** Erdölbohrung f, Erdölsonde f, Ölsonde f, Ölbohrung f
~ **de potencial** (Kern) Potenzialtopf m, Potenzialmulde f, Potenzialsenke f
~ **de primera napa** Schachtbrunnen m
~ **principal** (Bgb) Haupt(förder)schacht m
~ **profundizado por hundimiento** (Bgb) Senkschacht m
~ **profundo** Tiefbrunnen m
~ **de registro** (Bw) Einstiegschacht m, Mannloch n
~ **de sentina** (Schiff) Bilgebrunnen m
~ **de subterráneo** (Bgb) Stollen m
~ **de ventilación** (Bgb) Wetterschacht m

praseodimio m Praseodym n, Pr
preacondicionamiento m Vorbehandlung f; Vorreinigung f (Abwasser)
preafinar v (Met) vorfrischen
preaireación f Vorbelüftung f (Hydrochemie)
prealmacenar v (Inf) vorspeichern (in ein Unterprogramm)
preamplificador m (Eln) Vorverstärker m
precalefacción f Vorheizung f
precalentador m Vorwärmer m

precalentar v vorwärmen, anwärmen
precámara f Vorkammer f
precarga f Vorspannung f
precintar v verplomben
precipitable (Ch) abscheidbar, (aus)fällbar, niederschlagbar
precipitación f 1. (Ch) Fällen n, Ausfällen n, Abscheiden n, Niederschlagen n, Präzipitation f, Sedimentation f, Deposition f; 2. Niederschlag m (Meteorologie)
~ **ácida** saurer Niederschlag m [Regen m]
~ **de cemento** Zementschlämme f
~ **radiactiva** radioaktiver Niederschlag m
precipitador m 1. Abscheider m; 2. (Ch) Fällapparat m; 3. s. precipitante
~ **ciclónico** Zyklon(abscheider) m, Fliehkraftabscheider m, Abscheidezyklon m
~ **electrostático** elektrostatischer Abscheider m, Elektroabscheider m
precipitante m (Ch) Fällungsmittel n
precipitar v (aus)fällen, abscheiden, niederschlagen, präzipitieren
preclarificador m Vorklärer m
preclasificación f 1. Vorsortierung f; 2. (Bgb) Vorklassierung f
precocinar v blanchieren
precombustión f Vorverbrennung f
precompensación f Vorabgleich m
precompresión f Vorverdichtung f
preconcepción f Vorkonzeption f, Vorprojekt n
precondensado m (Ch) Vorkondensat n
preconectar v (El) vorschalten
precorrector m (El) Vorentzerrer m
predictor m 1. (Math) Prädiktor m, Vorhersagefunktion f; 2. Voraussager m, Vorhersageeinrichtung f, Warngerät n
preencendido m Vorzündung f, Frühzündung f
preenfriar v vorkühlen
prefabricado m Fertigteil n
~ **de hormigón** Betonfertigteil n
prefabricar v vorfertigen
prefatiga f Vorspannung f (Beton)
preignición f Vorzündung f, Frühzündung f (Verbrennungsmotor)
preliminar v (Met) vorstrecken
premaquinar v (Fert) vorbearbeiten
prememorizar v (Inf) vorspeichern
premetalizar v vormetallisieren, vorbeschichten (mit Metallschichten)
premontar v vormontieren

prensa

prensa f 1. (Fert) Presse f; 2. (Typ) Druckpresse f; 3. Zwinge f
~ **de acuñado [acuñar]** (Fert) Prägepresse f
~ **alimentada por bobina** (Typ) Rollendruckmaschine f, Rollendruckpresse f
~ **autoclave** Autoklav m
~ **de balancín** 1. Schwungradpresse f; 2. (Typ) Balancierpresse f
~ **de balas** Ballenpresse f
~ **de columna(s)** Säulenpresse f, Ständerpresse f
~ **de curvar** Biegepresse f
~ **desbarbadora** Abgratpresse f
~ **dobladora** Biegepresse f, Rohrbiegepresse f
~ **de embutición profunda** Tiefziehpresse f
~ **de [para] embutir** 1. Kümpelpresse f; 2. Tiefziehpresse f, Reckziehpresse f
~ **empaquetadora de residuos** Abfallballenpresse f
~ **encoladora** Klebepresse f
~ **de encuadernar** (Typ) Buchbinderpresse f
~ **enfardeladora** (Lt) Ballenpresse f
~ **de engrase** Schmierpresse f, Fettpresse f, Fettbüchse f
~ **de estampa(ción) [estampado]** 1. Gesenkschmiedepresse f; 2. (Typ) Prägepresse f
~ **de extrusión** 1. Strangpresse f, Fließpresse f; 2. (Kst) Extruder m, Schneckenpresse f
~ **de forja(r)** Schmiedepresse f
~ **de husillo** Spindelpresse f, Schraubenpresse f
~ **de imprimir** (Typ) Druckpresse f
~ **de manivela** Kurbelpresse f
~ **moldeadora** (Gieß) Formpresse f, Pressformmaschine f
~ **de palanca** Hebelpresse f
~ **de pegar** (Foto) Klebepresse f
~ **con pistón de inyección** (Kst) Kolbenspritzgießmaschine f
~ **plegadora** Abkantpresse f
~ **punzonadora** Lochpresse f, Schnittpresse f
~ **de rebordear fondos** Kümpelmaschine f, Kümpelpresse f
~ **recalcadora** Stauchpresse f
~ **de rosca** Spindelpresse f
~ **de rótula** Kurbelpresse f

prensa 308

~ **serigráfica** *(Typ)* Siebdruckmaschine f
~ **troqueladora** Abkneifpresse f; Stanzpresse f, Gesenk(schmiede)presse f; Prägepresse f
prensabalas m Ballenpresse f
prensachapas m Niederhalter m *(Blechschere)*
prensado m 1. Pressen n, Abpressen n; 2. *(Typ)* Einpressen n
~ **de [por] extrusión** Fließpressen f, Strangpressen n
~ **en matrices** Gesenkpressen n
~ **por transferencia** *(Kst)* Spritzpressen n, Transferpressen n
prensadora f Presse f
prensaembaladora f *(Lt)* Sammelpresse f, Pick-up-Presse f
prensaestampa f Gesenkschmiedepresse f
prensaestopas m Stopfbuchse f
prensapliegos m *(Typ)* Bogenniederhalter m
prensar v pressen
preparación f 1. Vorbereitung f, Vorbehandlung f; 2. Aufbereitung f, Herstellung f, 3. *(Ch)* Darstellung f, 4. *(Bgb)* Vorrichtung f, Ausrichtung f *(Strecke)*; 5. Präparat n *(Mikroskopie)*
~ **de agua potable** Trinkwasseraufbereitung f
~ **del cuero** Lederherstellung f
~ **de datos** *(Inf)* Datenaufbereitung f
~ **en estado puro** *(Ch)* Reindarstellung f
~ **de mineral** Erzaufbereitung f
~ **de la obra** Baustellenerschließung f
~ **de tajos** *(Bgb)* Strebausbau m
~ **por vía húmeda** Nassaufbereitung f
preparado m 1. Präparat n; Mittel n; 2. Zubereitung f
preparar v 1. vorbereiten; vorbehandeln; 2. aufbereiten; herstellen; 3. *(Ch)* darstellen; ansetzen; 4. *(Fert)* bearbeiten; 5. präparieren
preprocesador m *(Inf)* Präprozessor m, Präcompiler m, Vorprozessor m
prerrefrigerar v vorkühlen
presa f Stauanlage f; Staudamm m; Staumauer f; Wehr n, Wehranlage f; Talsperre f
preselección f 1. Vorauswahl f; 2. *(Nrt)* Vorwahl f, Vorselektion f
preselector m 1. *(Nrt)* Vorwähler m, VW *(Vermittlungsstelle)*; Vorselektionsstufe f

(Empfänger); 2. (abgestimmter) Hochfrequenzvorverstärker m
presentación f *(Inf)* Darstellung(sweise) f; Aufmachung f, Anzeige f
~ **de caracteres** Zeichendarstellung f
~ **gráfica** Grafikdarstellung f, grafische Darstellung f
~ **de llamada** *(Nrt)* Anrufanzeige f
~ **en pantalla** Bildschirmdarstellung f; Bildschirmanzeige f
~ **pictórica** bildliche Darstellung f
~ **visual** Sichtdarstellung f; Sichtanzeige f, optische Anzeige f; Bildschirmanzeige f
preseñalización f Vorsignalisierung f
preseparador m 1. Vorabscheider m; 2. *(Aut)* Vorzerleger m
presilladora f Heftmaschine f *(Papier)*
presiómetro m Druckmesser m *(zur Messung des wechselnden Druckes in Verbrennungs- und Reaktionsmotoren)*
presión f Druck m
~ **del aceite** Öldruck m
~ **acústica** Schalldruck m
~ **de admisión** Ladedruck f *(Verbrennungsmotor)*
~ **del aire** Luftdruck m
~ **de amortiguación** Bremsdruck m
~ **de apoyo** *(Masch)* Auflagerdruck m, Stützdruck m
~ **de apriete** *(Kst)* Anpressdruck m
~ **atmosférica** Luftdruck m, atmosphärischer Druck m
~ **axial** Axialdruck m, Längsdruck m *(Welle)*
~ **de carga** *(Bgb)* Setzdruck m; Lastdruck m *(Hydraulik)*
~ **de compactación** Verdichtungsdruck m, Pressdruck m
~ **de compresión** *(Kst)* Anpressdruck m
~ **de la corriente** Strömungsdruck m
~ **de corte** Schnittdruck m
~ **de descarga** Förderdruck m *(Pumpe)*
~ **efectiva** effektiver Druck m, Wirkdruck m
~ **del [sobre] eje** Achsdruck m
~ **específica** spezifischer Druck m; Flächenpressung f *(Festigkeitslehre)*
~ **de flancos** Flankenpressung f *(Zahnrad)*
~ **sobre el fondo** Bodendruck m
~ **de frenado [freno]** Bremsdruck m
~ **de funcionamiento** Betriebsdruck m
~ **hidráulica** Wasserdruck m; Flüssigkeitsdruck m
~ **de impulsión** Förderdruck m *(Pumpe)*

~ **de inflado** *(Kfz)* Reifendruck *m*
~ **de inyección** 1. *(Kfz)* Einspritzdruck *m*; 2. *(Kst)* Einspritzdruck *m*, Spritzdruck *m*; 3. *(Bgb, Bw)* Einpressdruck *m*
~ **de moldeo** *(Kst)* Pressdruck *m*
~ **del neumático** *(Kfz)* Reifendruck *m*
~ **de operación** Betriebsdruck *m*; Arbeitsdruck *m*
~ **de régimen** Betriebsdruck *m*, Arbeitsdruck *m*
~ **de roca** *(Bgb)* Gebirgsdruck *m*
~ **de rotura** Berstdruck *m*
~ **de la rueda** Raddruck *m*
~ **sonora** Schalldruck *m*
~ **sobre el suelo** Bodendruck *m*
~ **superficial** Flächendruck *m*, Anpressdruck *m*, Flächenpressung *f*
~ **en la tobera** Düsenspannung *f*
~ **unitaria** Flächenpressung *f (Baugrund)*
presóstato *m* Druckregler *m*, Druckschalter *m*, Druckwächter *m*
presurización *f* 1. luftdichtes Verschließen *n*; 2. Druckerzeugung *f*; Druckerhöhung *f*; 3. Erzeugung *f* eines künstlichen Zuges *(Feuerung)*; 4. *(Flg)* Erzeugung *f* des atmosphärischen Drucks, Druckbeaufschlagung *f*
presurizado unter Druck(stehend); Druck...; mit Druckausgleich
presurizar *v* unter Druck setzen; atmosphärischen Druck erzeugen; beaufschlagen
pretensar *v* vorspannen *(Spannbeton)*
pretensión *f* Vorspannung *f*
pretratamiento *m* Vorbehandlung *f*
pretrefilar *v (Fert)* vorstrecken *(Drahtziehen)*
pretriturador *m* Vorbrecher *m*
previsión *f* 1. Vorhersage *f*, Prognose *f*; Vorausbestimmung *f*, Vorausberechnung *f*; 2. Vorsicht *f*, Vorsorge *f*, vorbeugender Schutz *m*
primario *m (El)* Primär(strom)kreis *m*
principio *m* 1. Prinzip *n*, Grundsatz *m*; Satz *m*; Grundlage *f*; 2. Quelle *f*, Beginn *n*; 3. *(Ch)* Bestandteil *m*, Grundbestandteil *m*
~ **de conservación de la energía** *(Ph)* Energie(erhaltungs)satz *m*, Prinzip *n* [Satz *m*] von der Erhaltung der Energie
~ **de conservación de la masa** Satz *m* von der Erhaltung der Masse, Massenerhaltungssatz *m*
~ **de correspondencia (de Bohr)** *(Ph)* (bohrsches) Korrespondenzprinzip *n*
~ **esquemático** *(El)* Schaltprinzip *n*, schaltungstechnisches Prinzip *n*
~ **de exclusión (de Pauli)** *(Kern)* Ausschließungsprinzip *n*, Pauli-Prinzip *n*
~ **de incertidumbre [indeterminación] (de Heisenberg)** (heisenbergsches) Unbestimmtheitsprinzip *n*, (heisenbergsche) Unschärferelation *f*
~ **de que quien contamina paga** Verursacherprinzip *n (im Umweltschutz)*
~ **de la termodinámica/primer** erster Hauptsatz *m* der Thermodynamik
~ **de la termodinámica/segundo** zweiter Hauptsatz *m* der Thermodynamik, Entropiesatz *m*
~ **de la termodinámica/tercer** dritter Hauptsatz *m* der Thermodynamik, nernstscher Wärmesatz *m*
~ **de unidades modulares** Baukastenprinzip *n*
prioridad *f* 1. Priorität *f*, Vorrang *m*, Rangfolge *f*; 2. Dringlichkeitsstufe *f*
priorizar *v* Prioritäten festlegen
prisionero *m* Druckschraube *f*, Klemmschraube *f*, Madenschraube *f*, Stiftschraube *f*
prisma *m* Prisma *n*; Prismenglas *n*
~ **birrefringente** doppelbrechendes Prisma *n*
~ **desviador** Ablenkprisma *n*
~ **inversor** Umkehrprisma *n*, Wendeprisma *n*
~ **oblicuo** schiefes [schiefwinkliges] Prisma *f*
~ **de paso (continuo)** Durchflussprisma *n*
~ **reflector** Spiegelprisma *n*, Reflexionsprisma *n*, Umlenkprisma *n*
~ **truncado** Prismenstumpf *m*
prismáticos *mpl* Prismenfeldstecher *m*
~ **nocturnos** Nachtglas *n*
prismatoide *m* Prismatoid *n*
prismoide Prismoid *n*
proa *f* 1. *(Schiff)* Bug *m*, Vor(der)schiff *n*; Vor(der)steven *m*; 2. *(Flg)* Flugzeugbug *m*; 3. *(Rak)* Spitze *f* • **de ~ y popa** vorn und achtern
~ **de bulbo** Wulstbug *m*, Bulbbug *m*
~ **cilíndrica** zylindrischer Bug *m*, Zylinderbug *m*, Rundbug *m*
~ **delgada** scharfer Bug *m*

proa

~ **inclinada** ausfallender Steven *m*
~ **levantada** ausfallender Bug *m*
~ **perfilada** Profilnase *f*
~ **plana [recta]** gerader Steven *m*
~ **saliente** ausfallender Bug *m*
proal Bug…, Vorschiffs…; Vorsteven…
probabilidad *f* Wahrscheinlichkeit *f*
~ **de fallo** Ausfallwahrscheinlichkeit *f*
~ **de ocurrencia** Eintrittswahrscheinlichkeit *f (z. B. Störfall)*
~ **de sucesos** Ereigniswahrscheinlichkeit *f*
probabilístico probabilistisch, wahrscheinlichkeitstheoretisch
probador *m* Prüfgerät *n*, Prüfer *m*; Tester *m*
probadora *f* 1. *s.* probador; 2. Prüfmaschine *f*
probar *v* 1. erproben; prüfen, testen; 2. beweisen; nachweisen
probeta *f* 1. *(Wkst)* Probestab *m*, Prüfstab *m*, Probe *f*; 2. *(Ch)* Reagenzglas *n*; Messzylinder *m*; 3. *(Foto)* Entwicklerschale *f*; 4. Quecksilbervakuummeter *n*; 5. *(Bgb)* Kernprobe *f*, Probe *f*
~ **de ensayo** Prüfkörper *m*; Probestab *m*
~ **de flexión** *(Wkst)* Biegeprobe *f*
~ **graduada** *(Ch)* Messbecher *m*
~ **de medir** Messsonde *f*
~ **testigo** Fühler *m*
~ **de tracción** *(Wkst)* Zugprobe *f*, Probestab *m*
problema *m* Problem *n*; Aufgabe *f*, Frage *f*
~ **de asignación** *(Inf)* Zuweisungsproblem *n*, Zuordnungsproblem *n*, Zuteilungsproblem *n*
~ **bien puesto** sachgemäßes Problem *n (Differenzialgleichungen)*
~ **de Cauchy** cauchysches Problem *n*, Anfangswertproblem *n (Differenzialgleichungen)*
~ **recíproco** *(Math)* umgekehrte Aufgabe *f*
~ **de transporte** *(Math)* Transportproblem *n*, Transportaufgabe *f*
~ **de valor límite** *(Math)* Randwertaufgabe *f*, Randwertproblem *n*
procedimental prozedural
procedimiento *m* 1. Verfahren *n*; Prozedur *f*; Methode *f*, Vorgehen *n*; 2. Vorgang *m*
~ **de acceso** *(Inf, Nrt)* Zugriffsprozedur *f*; Zugangsprozedur *f*

~ **de aceleración** Beschleunigungsvorgang *m*
~ **de afino** *(Met)* Frischverfahren *n*, Veredelungsverfahren *n*
~ **de aproximación** 1. *(Math)* Näherungsverfahren *n*; 2. *(Flg)* Anflugverfahren *n*
~ **de auditoría** *(Nrt)* Prüfprozedur *f*
~ **automático de datos** automatische Datenverarbeitung *f*
~ **de borrado** *(Inf)* Löschvorgang *m*, Löschen *n*
~ **de cámaras de plomo** *(Ch)* Bleikammerverfahren *n*
~ **de compresión** Verdichtungsverfahren *n (Kältetechnik)*
~ **computacional** Rechenverfahren *n*; Datenverarbeitungsprozess *m*
~ **computerizado** rechnergestütztes [computergestütztes] Verfahren *n*
~ **continuo** 1. kontinuierlicher Prozess *m*; 2. Strangverfahren *n*
~ **de control** 1. Kontrollverfahren *n*; Prüfverfahren *n*; 2. Steuerungsvorgang *m*; Regel(ungs)vorgang *m*
~ **corrosivo** Korrosionsvorgang *m*
~ **de curva límite** Grenzkurvenverfahren *n (Akustik)*
~ **de desarrollo** 1. Ablaufverfahren *n*; Ablauf *m*; Abwicklungsverfahren *n*; 2. *(Wkst)* Abrollverfahren *n*
~ **de descarburar** *(Gieß)* Entkohlung *f*, Frischen *n*
~ **digital** Digitalverfahren *n*, Digitaltechnik *f*
~ **de elaboración** Bearbeitungsverfahren *n*; Verarbeitungsverfahren *n*
~ **de embutición profunda** Tiefziehverfahren *n*
~ **de encaminamiento** *(Inf, Nrt)* Leitwegverfahren *n*
~ **de ensayo** Prüfverfahren *n*, Testverfahren *n*
~ **de errores** *(Inf)* Fehlerverfahren *n*, Fehlerprozedur *f*
~ **de evaporización** Aufdampfverfahren *n*
~ **de extrusión** *(Kst)* Strangpressverfahren *n*, Fließpressverfahren *n*
~ **de flotación** Flotationsverfahren *n*, Schwemmverfahren *n*, Schwimmaufbereitung *f*
~ **híbrido** *(Inf)* Hybridtechnik *f*
~ **de interrupción** *(Inf)* Interruptverarbeitung *f*, Unterbrechungsbehandlung *f*

- ~ de licuación *(Met)* Seigerungsverfahren *n*
- ~ en línea *(Inf)* Onlinevorgang *m*
- ~ fuera de línea *(Inf)* Offlinevorgang *m*
- ~ **de lodos activados** Belebungsverfahren *n*, Belebtschlammverfahren *n (Abwasserreinigung)*
- ~ **operativo** Arbeitsablauf *m*; Betriebsverfahren *n*
- ~ **paso a paso** Schrittbetrieb *m*
- ~ **a paso de peregrino** *(Met)* Pilgerschrittverfahren *n*
- ~ **de prueba(s)** Prüfprozedur *f*, Testprozedur *f*; Prüfverfahren *n*
- ~ **de recuperación** 1. Wiedergewinnungsverfahren *n*; Wiederaufbereitungsverfahren *n*; 2. *(Inf)* Wiederherstellungsprozedur *f*
- ~ **de trabajos en serie** *(Inf)* serielles Verfahren *n*
- ~ **de tratamiento** Verarbeitungsverfahren *n*
- ~ **de volcado** *(Inf)* Speicherauszugsverfahren *n*

procesable bearbeitbar; verarbeitbar
procesado *m* 1. Bearbeitung *f*, Behandlung *f*; Verarbeitung *f*; 2. Fertigung *f*; Herstellung *f*
- ~ **concurrente** *(Inf)* gleichzeitige Verarbeitung *f*, Parallelverarbeitung *f*
- ~ **conversacional** *(Inf)* Dialogverarbeitung *f*, interaktive Verarbeitung *f*
- ~ **de datos** *(Inf)* Datenverarbeitung *f*
- ~ **de fondo** *(Inf)* Hintergrundbearbeitung *f*
- ~ **en línea** *(Inf)* On-line-Verarbeitung *f*, schritthaltende Verarbeitung *f*
- ~ **fuera de línea** *(Inf)* Off-line-Verarbeitung *f*
- ~ **de lotes** *(Inf)* Stapelverarbeitung *f*, Batch-Verarbeitung *f*, schubweise Verarbeitung *f*
- ~ **preferente** *(Inf)* Vordergrundverarbeitung *f*
- ~ **en tiempo real** *(Inf, Nrt)* Echtzeitverarbeitung *f*

procesador *m (Inf)* Prozessor *m*; Zentraleinheit *f*; Steuerwerk *n*
- ~ **de arreglos** Feldrechner *m*, Arrayprozessor *m*
- ~ **auxiliar** Koprozessor *m*
- ~ **base** Hauptprozessor *m*
- ~ **central** Zentralprozessor *m*, Zentraleinheit *f*
- ~ **de comandos** Befehlsprozessor *m*
- ~ **de entrada** Vorverarbeitungsprozessor *m*
- ~ **de fondo** nachgeschalteter Prozessor *m*, Nachschaltprozessor *m*
- ~ **frontal** Datenstationsrechner *m*, Kommunikationsrechner *m*, Übertragungsrechner *m*
- ~ **gráfico [de gráficos]** Grafikprozessor *m*
- ~ **de imágenes** Bildverarbeiter *m*
- ~ **en la impresora** Druckerprozessor *m*
- ~ **matricial** Vektorprozessor *m (Rechenwerk eines Feldrechners)*; Feldrechner *m*
- ~ **monopastilla** Einchipprozessor *m*
- ~ **de palabra** Wortprozessor *m*
- ~ **portátil** Laptop *m*, Portabel *m*, mobiler [portabler] Mikrorechner *m*
- ~ **secundario** Hintergrundprozessor *m*
- ~ **de señal** Signalprozessor *m*
- ~ **de textos** Textprozessor *m*, Textprogramm *n*
- ~ **vectorial** Vektorprozessor *m (Rechenwerk eines Feldrechners)*

procesadora *f* Verarbeitungsanlage *f*; Aufbereitungsanlage *f*
- ~ **de minerales** Erzaufbereitungsanlage *f*

procesamiento *m* Verarbeitung *f*
- ~ **de acceso directo** *(Inf)* Verarbeitung *f* im Direktzugriffsverfahren
- ~ **en cola** *(Inf)* Warteschlangenverarbeitung *f*
- ~ **computacional** rechnergestützte Verarbeitung *f*
- ~ **conversacional de datos** *(Inf)* Dialogbetrieb *m*
- ~ **de datos** Datenverarbeitung *f*
- ~ **de datos en tiempo real** Echtzeitverarbeitung *f*, Realzeitverarbeitung *f*, schritthaltende Datenverarbeitung *f*
- ~ **electrónico de datos** elektronische Datenverarbeitung *f*, EDV
- ~ **de imágenes** *(Inf)* Bildverarbeitung *f*
- ~ **interactivo de datos** interaktive Datenverarbeitung *f*
- ~ **línea por línea** *(Inf)* zeilenweise Verarbeitung *f*
- ~ **por lotes** *(Inf)* Stapelverarbeitung *f*, Batch-Verarbeitung *f*; blockweise Verarbeitung *f*
- ~ **de madera** Holzverarbeitung *f*
- ~ **mecánico** maschinelle Verarbeitung *f*

procesamiento

~ **de palabras** *(Inf)* Textverarbeitung *f*, Wortverarbeitung *f*
~ **de pasadas** *(Inf)* Durchlaufbearbeitung *f*; serielles Abarbeiten *n*
~ **posterior** *(Inf)* Nachbearbeitung *f*
~ **preferente** *(Inf)* Vordergrundverarbeitung *f*
~ **secuencial** *(Inf)* sequenzielle Verarbeitung *f*
~ **de señales** Signalverarbeitung *f*
~ **serial** *(Inf)* serielle Verarbeitung *f*
~ **subordinado** *(Inf)* Hintergrundverarbeitung *f*
~ **por tandas** *(Inf)* serielle Verarbeitung *f*
~ **en tiempo real** *(Inf)* Echtzeitverarbeitung *f*
~**/ulterior** Nachbearbeitung *f*
~ **de voz** *(Inf)* Sprachverarbeitung *f*
procesar *v* bearbeiten; verarbeiten
proceso *m* Prozess *m*, Verfahren *n*; Vorgang *m*
~ **de afino** *(Met)* Frischverfahren *n*, Raffinationsverfahren *n*
~ **aritmético** Rechenvorgang *m*, arithmetische Operation *f*, Rechenoperation *f*
~ **de arranque** 1. Anfahrvorgang *m*; 2. *(Inf)* Startvorgang *m*, Hochlaufprozedur *f*
~ **asincrónico** *(Inf)* Asynchronverfahren *n*, asynchrone Verarbeitung *f*, asynchrone Übertragung *f*
~ **básico** 1. *(Ch)* Grundreaktion *f*, grundlegende [fundamentale] Reaktion *f*; 2. *(Ch, Met)* basisches Verfahren *n*
~ **de borrado** *(Inf)* Löschvorgang *m*, Löschen *n*
~ **de búsqueda** *(Inf)* Suchvorgang *m*, Suchoperation *f*
~ **en carga remota** *(Inf)* Jobferneingabe *f*, Auftragsferneingabe *f*
~ **cíclico** Kreisprozess *m*
~ **de clasificar** Sortiervorgang *m*
~ **de codificación** Codierung *f*, Verschlüsselung *f*
~ **de combustión** Verbrennungsvorgang *m*, Verbrennungsprozess *m*
~ **de comprobación** Prüfverfahren *n*
~ **computacional [de cómputo]** *(Inf)* Rechenprozess *m*
~ **concurrente** *(Inf)* konkurrierende [gleichzeitige] Verarbeitung *f*, Konkurrenzbetrieb *m*
~ **de conmutación** Schaltvorgang *m*, Umschaltvorgang *m*

~ **de corte** *(Fert)* Schneidvorgang *m*, Spanungsvorgang *m*, Zerspanungsvorgang *m*
~ **de curado** *(Met)* Härtevorgang *m*, Aushärtevorgang *m*
~ **de datos** Datenverarbeitung *f*
~ **de documentos** *(Inf)* Belegverarbeitung *f*
~ **de elaboración** Bearbeitungsvorgang *m*; technologischer Prozess *m*; Produktionsprozess *m*
~ **electrónico de datos** elektronische Datenverarbeitung *f*, EDV
~ **de encendido** Zündvorgang *m*
~ **de fondo** *(Inf)* Hintergrundverarbeitung *f*
~ **de formación de mezcla** *(Kfz)* Gemischbildung *f*
~ **de fusión** 1. *(Met)* Schmelzprozess *m*; 2. *(Kern)* Fusionsprozess *m*, Kernverschmelzungsprozess *m*
~ **gráfico de datos** grafische Datenverarbeitung *f*
~ **integrado de datos** integrierte Datenverarbeitung *f*, IDV
~ **de interrupción** *(Inf)* Interrupt *m*, Unterbrechung *f*
~ **de inyección** Einspritzvorgang *m*; Einspritzverlauf *m*
~ **iterativo** Iterationsverfahren *n*, iteratives Verfahren *n*, Iterationsprozess *m*
~ **en lecho fluidizado** *(Ch, Umw)* Wirbelschichtverfahren *n*, Fließbettverfahren *n*
~ **en línea** *(Inf)* Onlineverarbeitung *f*
~ **fuera de línea** *(Inf)* Offlineverarbeitung *f*, rechnerunabhängiger Betrieb *m*
~ **de lotes** *(Inf)* Stapelverarbeitung *f*, Batch-Verarbeitung *f*
~ **de mando** Steuervorgang *m*, Steuerablauf *m*
~ **nuclear** Kernprozess *m*, Kernreaktion *f*
~ **de obtención** Gewinnungsprozess *m*
~ **de ordenamiento** Sortiervorgang *m*, Sortierprozess *m*
~ **al oxígeno** *(Met)* Sauerstoffaufblasverfahren *n*
~ **de palabras** *(Inf)* Textverarbeitung *f*, Wortverarbeitung *f*
~ **de precipitación** 1. *(Ch)* Fällungsvorgang *m*; 2. *(Met)* Niederschlagsverfahren *n*
~ **de putrefacción** *(Umw)* Fäulnisprozess *m*, Faulung *f*

producto

- ~ **real** *(Inf)* Echtzeitverarbeitung f
- ~ **remoto** Fernverarbeitung f
- ~ **secuencial** *(Inf)* sequenzielle Verarbeitung f
- ~ **de seguimiento** Nachlauf m
- ~ **de señales** Signalverarbeitung f
- ~ **de servicio** Bedienprozess m *(Multimedia)*
- ~ **subordinado** *(Inf)* Hintergrundverarbeitung f
- ~ **de tareas** *(Inf)* Jobbearbeitung f
- ~ **térmico** 1. thermisches Verfahren n; 2. Heißdampfverfahren n *(Gummi)*
- ~ **en tiempo compartido** *(Inf)* Teilnehmerbetrieb m, Timesharing n
- ~ **en tiempo real** *(Inf)* Echtzeitverarbeitung f, Realzeitbetrieb m
- ~ **de transformación** Umformverfahren n; Umwandlungsverfahren n *(Energie)*
- ~ **de voz** *(Inf, Nrt)* Sprachverarbeitung f

procesor m s. procesador

producción f 1. Produktion f, Herstellung f, Gewinnung f, Fertigung f, Erzeugung f, Entwicklung f; 2. Extraktion f, Ausbringung f; 3. Leistung f, Ausstoß m; 4. Ertrag m; Förderung f; 5. Produkte npl, Erzeugnisse npl

- ~ **automatizada** automatisierte Fertigung f
- ~ **automotriz** Kraftfahrzeugproduktion f; Automobilherstellung f
- ~ **en cadena** Fließfertigung f, Taktfertigung f
- ~ **de calor** Wärmeerzeugung f
- ~ **de componentes y piezas** Teilefertigung f
- ~ **continua** kontinuierliche Produktion f; Fließfertigung f
- ~ **de corriente** Stromerzeugung f
- ~ **de chispas** *(El)* Funkenbildung f
- ~ **de frío** Kälteerzeugung f
- ~ **en grandes series** Großserienfertigung f, Mengenfertigung f, Großserienbau m; Massenfertigung f
- ~ **de herramental [herramientas]** Werkzeugbau m
- ~ **de humos** Rauchentwicklung f, Rauchentstehung f
- ~ **de imagen** Bilderzeugung f
- ~ **individual** Einzelfertigung f
- ~ **industrial** 1. Industrieproduktion f; 2. technische Erzeugung f; industrielles Fertigungsverfahren n
- ~ **de informes** *(Inf)* Listenerstellung f
- ~ **limpia** schadstofffreie Produktion f
- ~ **por lotes** Serienfertigung f; Reihenfertigung f
- ~ **manufacturera** Produktion f der verarbeitenden Industrie
- ~ **de maquinaria** Maschinenherstellung f; Maschinenbau m
- ~ **de maquinaria agropecuaria** Landmaschinenproduktion f; Landmaschinenbau m
- ~ **de máquinas-herramienta** Werkzeugmaschinenherstellung f
- ~ **mecánica** maschinelle Produktion f; mechanisierte Fertigung f
- ~ **de metales** Metallerzeugung f
- ~ **metalúrgica** Hüttenproduktion f, metallurgische Produktion f
- ~ **en pequeñas series** Kleinserienproduktion f, Kleinserienfertigung f, Kleinserienbau m
- ~ **de piezas** Teilefertigung f
- ~ **de ruido** Lärmerzeugung f, Lärmentstehung f, Lärmentwicklung f
- ~ **en serie** Serienproduktion f, Serienfertigung f, serienmäßige Herstellung f, Serienbau m
- ~ **siderúrgica** Hüttenproduktion f
- ~ **unitaria** Einzelfertigung f
- ~ **de vacío** Vakuumerzeugung f

producir v produzieren, herstellen; gewinnen; erzeugen; fertigen

producto m 1. Erzeugnis n, Produkt n; Artikel m; Mittel n; Stoff m; 2. *(Math)* Produkt

- ~ **ablandador** Einweichmittel n
- ~ **abrasivo** Schleifmittel n; Schmirgelmittel n
- ~ **acabado** Fertigerzeugnis n, Fertigprodukt n, fertig gestelltes Erzeugnis n [Produkt n], Fertigware f, Enderzeugnis n, Endprodukt n, Finalerzeugnis n
- ~ **antidetonante** *(Kfz)* Antiklopfmittel n
- ~ **antiespumante** Antischaummittel n
- ~ **antiestático** Antistatikmittel n, Antistatikum n
- ~ **colateral** Nebenprodukt n, Abfallprodukt n
- ~ **comburente** Oxidans n, Oxidationsmittel n, oxidierender Stoff m
- ~ **de concentración** Konzentrat n *(Aufbereitung)*

producto

~ **de conjuntos** *(Math)* Mengenprodukt *n*
~ **de construcción** Baustoff *m*
~ **contaminante** Kontaminant *m*, Verschmutzungsstoff *m*
~ **de degradación** Abbauprodukt *n*, Zersetzungsprodukt *n*
~ **derivado** 1. Nebenprodukt *n*; 2. *(Ch)* Derivat *n*
~ **de descomposición** Zerfallsprodukt *n*, Zersetzungsprodukt *n*, Spaltprodukt *n*
~ **desechado [de desecho]** Abfall *m*, Abfallstoff *m*, Abfallprodukt *n*
~ **de desintegración** 1. Zersetzungsprodukt *n*; 2. *(Kern)* Zerfallsprodukt *n*
~ **destilado** Destillat *n*
~ **detergente** Reinigungsmittel *n*, Detergens *n*
~ **ecológico** umweltfreundliches Produkt *n*
~ **energético** Energieträger *m*
~ **para ensimado** *(Text)* Schmälzmittel *n*; Batschmittel *n (Jute)*
~ **escalar** *(Math)* Skalarprodukt *n*, skalares [inneres] Produkt *n*
~ **explosivo** explosibler [explosionsfähiger, explosionsgefährlicher] Stoff *m*, Explosivstoff *m*
~ **fácilmente inflamable** leicht brennbarer Stoff *m*
~ **de fisión** *(Kern)* Spalt(ungs)produkt *n*
~ **fitosanitario** Pflanzenschutzmittel *n*
~ **forjado** Schmiedestück *n*
~ **de fundición** Gießereierzeugnis *n*; Verhüttungsprodukt *n*
~ **a granel** Schüttgut *n*
~ **ignifugante** Flammenschutzmittel *n*
~ **ignífugo** feuerfester Stoff *m*
~ **contra incendios** Feuerlöschmittel *n*
~ **infinito** *(Math)* unendliches Produkt *n*
~ **inhibidor de la llama** Flammenschutzmittel *n*
~ **laminado** gewalztes Erzeugnis *n*, Walzerzeugnis *n*, Walzgut *n*
~ **lógico** *(Math)* boolesches Produkt *n*, Konjunktion *f*
~ **luminiscente** Leuchtstoff *m*
~ **matricial** *(Math)* Matrizenprodukt *n*
~ **mojante** *(Text)* Netzmittel *n*
~ **nocivo** schädlicher Stoff *m*, Schadstoff *m*
~ **pesado** Schwergut *n*
~ **pirofórico** selbstentzündlicher Stoff *m*
~ **primario** Grundstoff *m*, Rohstoff *m*

~ **químico** chemisches Erzeugnis *n*, Chemieprodukt *n*; Chemikalie *f*; chemischer Stoff *m*
~ **radiactivo** radioaktives Zerfallsprodukt *n*; radioaktiver Stoff *m*
~ **de reducción** *(Ch)* Abbauprodukt *n*
~ **de reemplazo** Substitutionsprodukt *n*, Substitution *f*, Ersatzstoff *m*
~ **refinado** *(Ch)* Raffinat *n*
~ **refractario** feuerfestes Erzeugnis *n*
~ **saponificante** *(Text)* Verseifungsmittel *n*
~ **semiacabado [semielaborado]** Halbfabrikat *n*; Halbfertigerzeugnis *n*; Halbzeug *n*
~ **siderúrgico** Eisenhüttenerzeugnis *n*
~ **de templar** *(Met)* Härtemittel *n*
~ **tensorial** *(Math)* Tensorprodukt *n*, tensorielles Produkt *n*
~ **vectorial** *(Math)* Vektorprodukt *n*, vektorielles [äußeres] Produkt *n*

profundidad *f* 1. Tiefe *f*; 2. *(Bgb)* Teufe *f*
~ **de cimentación** *(Bw)* Gründungstiefe *f*
~ **de colocación** Bettungstiefe *f (z. B. bei Kabeln)*
~ **de corte** *(Fert)* Schnitttiefe *f*, Spantiefe *f*
~ **del diente** *(Fert)* Zahnhöhe *f*
~ **de elevación** *(Bgb)* Fördertiefe *f*
~ **de engrane** Eingriffstiefe *f (Zahnrad)*
~ **de excavación** *(Bgb)* Baggertiefe *f*
~ **de foco** *(Foto)* Tiefenschärfe *f*, Schärfentiefe *f*
~ **de perforación** Bohrtiefe *f*
~ **de pozo** *(Bgb)* Schachtteufe *f*
~ **de rosca** Gewindetiefe *f*
~ **de trabajo** 1. *(Fert)* Angriffshöhe *f*, Eingriffstrecke *f*; gemeinsame Zahnhöhe *f*; 2. *(Lt)* Arbeitstiefe *f (Landmaschinen)*
~ **de vertedero** Deponietiefe *f*

profundizar *v (Bgb)* (weiter) abteufen

programa *m (Inf)* Programm *n* • **cargar un** ~ ein Programm laden • **depurar un** ~ ein Programm austesten
~ **de aplicación** Anwendungsprogramm *n*, Verarbeitungsprogramm *n*
~ **de aplicación del usuario** Benutzerprogramm *n*
~ **de arranque** Startprogramm *n*
~ **de autocarga** Urladeprogramm *n*
~ **automodificante** selbstmodifizierendes Programm *n*
~ **de ayuda al usuario** *(Inf)* Hilfsprogramm *n (Benutzerhilfe)*

~ **cableado** festverdrahtetes Programm *n*
~ **cargador** Ladeprogramm *n*, Lader *m*
~ **de clasificación** Sortierprogramm *n*
~ **compilador** Compilerprogramm *n*, Übersetzungsprogramm *n*
~ **de compresión** Komprimierungsprogramm *n*, Packer *m*
~ **de control** Steuerprogramm *n*
~ **de control de tareas** Jobsteuerprogramm *n*, Auftragssteuerprogramm *n*
~ **de conversión** Konvertierungsprogramm *n*, Umsetzungsprogramm *n*
~ **de edición** Editor *m*
~ **de edición de textos** Textbearbeitungsprogramm *n*
~ **de edición de vídeos** Bildbearbeitungsprogramm *n*
~ **editor** Aufbereitungsroutine *f*
~ **de ejecución** Steuerprogramm *n*
~ **ejecutable** ausführbares Programm *n*
~ **ensamblador** Assembler *m*, Assemblerprogramm *n*, Assemblerroutine *f*
~ **fuente** Primärprogramm *n*, Quellprogramm *n*, Ursprungsprogramm *n*
~ **de gestión de impresión** Druckverwaltungsprogramm *n*
~ **de gestión de la memoria** Speicherverwaltungsprogramm *n*
~ **de gestión de periféricos** Ein-Ausgabe-Steuerungs-Programm *n*
~ **de hojas electrónicas** Tabellenkalkulationsprogramm *n*
~ **de interrupción** Unterbrechungsprogramm *n*
~ **de lanzamiento** Urladeprogramm *n*, Urlader *m*, Bootstrap-Programm *n*, Rechnerstartprogramm *n*
~ **de mando** Steuerprogramm *n*
~ **objeto** Objektprogramm *n*, Maschinenprogramm *n*, Zielprogramm *n*
~ **de ordenación** Sortierprogramm *n*
~ **primario** Quellprogramm *n*, Primärprogramm *n*, Ursprungsprogramm *n*
~ **residente en la memoria** speicherresidentes Programm *n*
~ **reubicable** verschiebliches [relatives] Programm *n*
~ **de sistema operativo** Betriebssystemprogramm *n*
~ **subordinado** Hintergrundprogramm *n*
~ **supervisor** Supervisor *m*, Supervisorprogramm *n*

~ **de tratamiento de imágenes** Bildbearbeitungsprogramm *n*
~ **utilitario** Dienstprogramm *n*, Serviceprogramm *n*, Bedienprogramm *n*
~ **verificador** Prüfprogramm *n*, Testprogramm *n*
programable programmierbar
programación *f* 1. Programmieren *n*, Programmierung *f*; 2. *(Inf)* Software *f*; Programme *npl*
~ **de aplicaciones** Anwenderprogrammierung *f*, Benutzerprogrammierung *f*
~ **asistida por ordenador** rechnergestützte Programmierung *f*
~ **concurrente** Speicherprogrammierung *f*
~ **gráfica** grafische Programmierung *f*
~ **informática** Software *f*
~ **interactiva** Dialogprogrammierung *f*, interaktive Programmierung *f*
~ **en línea** Onlineprogrammierung *f*
~ **lineal** 1. *(Math)* lineare Programmierung *f* [Optimierung *f*], Linearoptimierung *f*, Linearprogrammierung *f*; 2. *(Inf)* Geradeausprogrammierung *f*, gestreckte Programmierung *f*
~ **de memoria** Speicherprogrammierung *f*
~ **del núcleo** Kernsoftware *f*
~ **óptima** Bestzeitprogrammierung *f*, optimale Programmierung *f*, Mindest(zugriffs)zeitprogrammierung *f*
~ **previa** Vorprogrammierung *f*
~ **producida por el fabricante** Middleware *f*
~ **secuencial** Reihenfolgeprogrammierung *f*
~ **en tiempo real** Echtzeitprogrammierung *f*
~ **de visualización** Ausgabeprogramme *npl (Bildschirm)*
programador *m* Programmbearbeiter *m*, Programmiergerät *n*; Programmierer *m*
programar *v* 1. *(Inf)* programmieren; 2. *(Math)* optimieren
progresión *f (Math)* Folge *f*, Progression *f* • **de ~ continua** stufenlos
~ **aritmética** arithmetische Folge *f* [Progression *f*]
~ **ascendente** steigende Folge *f*
~ **descendente** fallende Folge *f*
~ **finita** endliche Folge *f*
~ **geométrica** geometrische Folge *f* [Progression *f*]
~ **infinita** unendliche Folge *f*
progresivo fortschreitend; stufenlos

proís m *(Schiff)* Poller m, Vertäupoller m
prolongador m Aufsatz m, Ansatz m; Ansatzstück n
promediar v halbieren; Mittelwert bilden
promedio m 1. Hälfte f, Mitte f; 2. *(Math)* Durchschnitt m; Mittelwert m, Mittel n
~ **cambiante** gleitender Durchschnitt m
~ **estadístico** statistischer Durchschnitt m
~ **ponderado** gewogenes Mittel n
prometio m Promethium n, Pm
promontorio m 1. Vorgebirge n; 2. Kap n
promotor *(Ch)* Beschleuniger m, Katalysebeschleuniger m
prontitud f Schnelligkeit f; Geschwindigkeit f
propagación f 1. *(Ph)* Ausbreitung f, Fortpflanzung f; 2. *(Ch)* Kettenwachstum n, Kettenfortpflanzung f *(z. B. bei der Polymerisation)*
~ **del calor** Wärmeausbreitung f
~ **de emisiones** Emissionsausbreitung f
~ **de errores** Fehlerfortpflanzung f
~ **de la luz** Lichtausbreitung f
~ **de la llama** Flammenausbreitung f, Flammenfortpflanzung f
~ **de ondas** Wellenausbreitung f, Wellenfortpflanzung f
~ **de la presión** Druckausbreitung f *(Statik)*
~ **del ruido** Lärmausbreitung f
~ **de sustancias nocivas** Schadstoffausbreitung f
~ **transhorizonte** *(Eln)* Scatteringausbreitung f, Überhorizontausbreitung f, transhorizontale Ausbreitung f *(von Wellen)*
propagarse v sich ausbreiten; sich fortpflanzen
propenso anfällig
~ **a averías** störanfällig
~ **a la corrosión** korrosionsanfällig
propergol m Raketentreibstoff m
propiedad f 1. Eigenschaft f; 2. Eigentum n
~ **acústica** akustische Eigenschaft f, Hörsamkeit f *(eines Raumes)*
~ **de adherencia** Haftfähigkeit f, Adhäsionsvermögen n, Adhäsionskraft f
~ **afín** *(Math)* affine Eigenschaft f
~ **antideslizante** Rutschfestigkeit f
~ **de cumplirse** *(Math)* Erfüllbarkeit f
~ **de fatiga** Ermüdbarkeit f *(Werkstoff)*
~ **de fluencia [flujo]** *(Met)* Fließeigenschaft f

~ **de fractura** Brüchigkeit f *(Werkstoff)*
~ **frente al fuego** Brandverhalten n
~ **intrínseca** innere Eigenschaft f, strukturunabhängige Eigenschaft f *(z. B. reiner Werkstoffe)*
~ **de resistencia** Festigkeitseigenschaft f; Festigkeitsverhalten n; Festigkeitskennzahl f
~ **superficial** Oberflächenbeschaffenheit f
proporción f Proportion f, Verhältnis n; Verhältnisgleichung f; Mengenverhältnis n
~ **aritmética** Zahlenverhältnis n; arithmetische Proportion f
~ **armónica** harmonische Proportion f
~ **de cantidades** Mengenverhältnis n
~ **continua** stetige Proportion f
~ **cuantitativa** Mengenverhältnis n
~ **de mezcla** Mischungsverhältnis n
proporcional proportional, verhältnisgleich
-/directamente direkt proportional
-/inversamente umgekehrt proportional
proporcionar v 1. ins richtige Verhältnis bringen; verteilen; streuen; eine Proportion herstellen, proportionieren; 2. *(Ch)* bemessen, dosieren
proposición f *(Math)* Behauptung f, Aussage f, Satz m
propulsante m Raketentreibstoff m
propulsar v antreiben, vortreiben
propulsión f Antrieb m, Propulsion f, Vortrieb m; Schub m
~ **por acumuladores** Akkumulatorenantrieb m
~ **de buque** Schiffsantrieb m
~ **por cadena** Ketten(an)trieb m
~ **a cohete** Raketenantrieb m, Antrieb m durch Raketentriebwerk
~ **a [por] chorro** Strahlantrieb m, Düsenantrieb m, Rückstoßantrieb m
~ **delantera** *(Kfz)* Frontantrieb m, Vorderradantrieb m
~ **fotónica** *(Rak)* Photonenantrieb m
~ **por hélice** 1. *(Schiff)* Schraubenantrieb m; 2. *(Flg)* Propellerantrieb m
~ **integral** *(Kfz)* Allradantrieb m, Vierradantrieb m
~ **iónica** *(Rak)* Ionenantrieb m
~ **naval** Schiffsantrieb m
~ **nuclear** Kernenergieantrieb m, nuklearer Antrieb m

protección

~ de oruga Ketten(an)trieb m, Raupenantrieb m
~ plásmica *(Rak)* Plasmaantrieb m
~ química *(Rak)* Antrieb m durch chemisches Triebwerk
~ a [por] reacción s. ~ a [por] chorro
~ trasera *(Kfz)* Hinterradantrieb m
~ en todas las ruedas s. ~ integral
~ por turbina Turbinenantrieb m
~ turboeléctrica turboelektrischer Antrieb m
~ a vapor Dampfantrieb m
propulsivo Antriebs…, Propulsions…, Treib…, Vortriebs…, Triebwerks…
propulsor Treib…, Antriebs…
propulsor m 1. Vortriebsmittel n, Vortriebsorgan n, Antriebsorgan n; 2. Triebwerk n; 3. s. hélice 2.; 4. Förderer m
~ (del) cohete Raketentriebwerk n
~ de chorro Strahltriebwerk n
~ fotónico *(Rak)* Photonentriebwerk n
~ de hélice Propellerantrieb m
~ reactivo Strahltriebwerk n
~ turbohélice Propellerturbine f
prorratear v *(Math)* anteilig aufteilen [verrechnen]
prospección f 1. Aufsuchen n, Erforschung f; Erkundung f; 2. *(Bgb)* Prospektieren n, Schürfen n, Prospektion f, Schürfarbeit f
prospectar v 1. aufsuchen, erforschen; erkunden; 2. *(Bgb)* prospektieren, schürfen
protactinio m Protaktinium n, Pa
protección f 1. Schutz m; Sicherheit f; Abwehr f; Sicherung f; 2. Schutzvorrichtung f; Schutzabdeckung f; Schutzhaube f • **con ~ antigrisú** *(Bgb)* schlagwettergeschützt
~ de acceso *(Inf)* Zugriffsschutz m
~ contra alta tensión Hochspannungsschutz m
~ del ambiente Umweltschutz m
~ anódica Anodenschutz m, anodischer Korrosionsschutz m *(des Schiffskörpers)*
~ anticongelante *(Kfz)* Frostschutz m
~ anticorrosiva Korrosionsschutz m
~ antideslumbrante Blendschutz m
~ antigravilla *(Kfz)* Splittschutz m
~ antiparasitaria Funkentstörung f
~ antitérmica Wärmeschutz m, Hitzeschutz m; thermischer Schutz m

~ de aparatos Gerätesicherheit f
~ arquitectónica Bautenschutz m
~ contra atascos *(Kfz)* Blockierverhinderer m
~ calorífuga Wärmeschutz m; Wärmedämmung f
~ de código *(Inf)* Codesicherung f
~ contra contactos *(El)* Berührungsschutz m; Schutz m gegen Berühren
~ del edificio Gebäudeschutz m
~ de equipos Gerätesicherheit f, Anlagenschutz m; Anlagensicherheit f; Anlagensicherung f
~ de escritura *(Inf)* Schreibschutz m
~ estructural Bautenschutz m
~ estructural contra el fuego baulicher Brandschutz m
~ contra explosiones Explosionsschutz m
~ contra fallos Fehlerschutz m; Ausfallsicherheit f
~ del husillo Spindelhülse f
~ contra incendios Brandschutz m
~ de instalaciones Anlagenschutz m, Anlagensicherheit f
~ intrínseca Eigensicherheit f, eigensicherer Schutz m
~ de máximo de tensión Überspannungsschutz m
~ mecánica mechanische Sicherheit f; mechanischer Schutz m; Maschinenschutz m
~ del medio ambiental Umweltschutz m
~ de memoria *(Inf)* Speicherschutz m, Speicherschreibsperre f
~ operacional Betriebssicherheit f
~ perimetral *(Sich)* Umwehrung f
~ a prueba de contacto *(El)* Berührungsschutz m
~ radiológica Strahlenschutz m
~ contra el rayo Blitzschutz m
~ contra los rayos Strahlenschutz m
~ contra retornos 1. Schutz m vor Wiedereinleitungen; 2. Rückschlagsicherung f; 3. Rückzündungssicherung f
~ contra el ruido Lärmschutz m, Schallschutz m, Lärmabwehr f
~ de [contra] sobrecarga Überlastschutz m, Überlastsicherung f
~ voltimétrica Spannungsschutz m
~ contra el vuelco Kippsicherung f
~ de vuelo Flugsicherung f

protector *m* 1. Schutzvorrichtung *f*, Schutz *m*, Schutzeinrichtung *f*; Sicherung *f*; Schutzkappe *f*; 2. *(Text)* Schoner *m*; 3. Lauffläche *f*, Protektor *m (Reifen)*
- **antichoque** *(Kfz)* Aufprallschutz *m*
- **antirruido** Lärmschutzeinrichtung *f*; Lärmschutzmittel *n*
- **antiviento** Windschutz *m (Einrichtung)*
- **auditivo** Gehörschutzmittel *n*, Gehörschützer *m*
- **auditivo tipo oreja** Gehörschutzkapsel *f*
- **auditivo tipo tapón** Gehörschutzstöpsel *m*, Gehörschutzpfropfen *m*
- **de bloqueo** Blockiereinrichtung *f*; Verriegelung *f (Gerätesicherung)*
- **facial** Gesichtsschutzmittel *n*; Gesichtsschutzschild *m*
- **individual** persönliche Schutzausrüstung *f*, Körperschutzmittel *n*
- **integral** Integralschutzmittel *n*, Ganzschutz *m*
- **lateral** Seitenschutz *m*
- **de pantallas** *(Inf)* Bildschirmschoner *m*
- **de seguridad** Sicherheitseinrichtung *f*, Sicherheitsvorrichtung *f*, Schutzvorrichtung *f*; Sicherung *f*
- **usado** abgefahrene Lauffläche *f (Reifen)*

proteger *v* schützen; sichern

protegido geschützt, sicher; dicht
- **contra balas** kugelsicher
- **contra los chorros de agua** strahlwassergeschützt
- **contra escrituras (accidentales)** *(Inf)* schreibgeschützt
- **contra explosión** explosionsgeschützt
- **contra goteo** spritzwassergeschützt
- **contra el grisú** *(Bgb)* schlagwettersicher
- **contra incendios** brandgeschützt
- **contra el polvo** staubgeschützt, staubdicht
- **contra rayos** strahlengeschützt, strahlensicher
- **contra los ruidos** lärmgeschützt, schalldicht

proteína *f* Protein *n*, Eiweiß *n*, Eiweißstoff *m*
proteolítico proteolytisch, eiweißspaltend
protio *m* Protium *n*, leichter Wasserstoff *m*
protocolo *m* Protokoll *n*; Niederschrift *f*
- **de acceso** *(Inf)* Zugriffsprotokoll *n*, Zugangsprotokoll *n*
- **de comunicación** *(Inf)* Kommunikationsprotokoll *n*, Kommunikationsschnittstelle *f*, Übertragungsprotokoll *n*
- **de ensayo** *(Inf)* Prüfprotokoll *n*
- **de medición** Messprotokoll *n*
- **de pruebas** Prüfprotokoll *n*
- **de la red de transmisión** *(Inf)* Datenübertragungsprotokoll *n*, Netzprotokoll *n*
- **de transmisión** *(Inf)* Übertragungsprotokoll *n*

protón *m (Kern)* Proton *n*
prototipo *m* Prototyp *m*, Versuchsmuster *n*
proveedor *m* Anbieter *m*, Provider *m (Internet)*
proyección *f* 1. *(Math)* Projektion *f*; 2. Vorführung *f*, Projektion *f*, Bildwurf *m*; Abbildung *f*; 3. Entwurf *m*, Kartenprojektion *f (Kartographie)*; Aufriss *m*; 4. Verspritzen *n*; Spritzen *n*; Schleudern *n*; 5. *(Geol)* Auswurf *m*, Auswürfling *m*
- **por arco de plasma** Plasmaspritzen *n*
- **de arena** Sandstrahlen *n*
- **cinematográfica** Filmprojektion *f*
- **de cohete** Raketenstart *m*
- **cónica** Kegelprojektion *f*, konische Projektion *f*
- **de chispas** Funkensprühen *n*
- **frontal** *(TV)* Aufprojektion *f*
- **horizontal** Grundriss *m*
- **horizontal de las cuadernas** *(Schiff)* Spantenriss *m*
- **de la imagen** Bildprojektion *f*
- **longitudinal** Längsriss *m*
- **a la llama** Flammspritzen *n*
- **oblicua** schiefwinklige Projektion *f*
- **ortogonal** orthogonale [senkrechte] Projektion *f* [Parallelprojektion *f*]
- **ortográfica** orthographische Projektion *f*, Parallelprojektion *f* der Erde
- **de vector** *(Math)* Vektordarstellung *f*
- **vertical** senkrechte Projektion *f*, Vertikalprojektion *f*; Aufriss *m*
- **volcánica** *(Geol)* Auswürfling *m*

proyectando 1. projektierend; 2. projizierend
proyectante *f* Projektionslinie *f*, Projektionsgerade *f*
proyectar *v* 1. projektieren, ein Projekt erstellen; entwerfen; 2. projizieren; Film vorführen; 3. spritzen
proyectivo projektiv *(Geometrie)*

proyectista m Projektant m; Projektingenieur m; Konstrukteur m; Gestalter m; Entwerfer m, Designer m
proyecto m Projekt n; Entwurf m; Studie f • **en ~** im Entwurfsstadium; geplant
~ **de alta tecnología** High-Tech-Projekt n, Hochtechnologieprojekt n
~ **de construcción** Bauvorhaben n, Bauprojekt n
~ **de edificaciones** Bauvorhaben n; Bebauungsplan m
~ **ejecutivo** Ausführungsprojekt n; Ausführungsplan m
~ **de esquema** Planprojekt n
~ **de ingeniería** technisches Projekt n; Ingenieurprojekt n
~ **de instalaciones** Anlagenprojekt n
~ **de norma** Normentwurf m
~ **de obras** Bauprojekt n, Bauvorhaben n
~ **piloto** Pilotprojekt n, Versuchsprojekt n
~ **tipo** Typenprojekt n
proyector m 1. Bildwerfer m, Projektionsapparat m; Projektionsgerät n, Projektor m; 2. Scheinwerfer m; 3. (Flg) Flugfeldscheinwerfer m; 4. (Rak) Startvorrichtung f
~ **antiniebla** Nebelscheinwerfer m
~ **de arena** Sandstrahlgebläse n
~ **de aterrizaje** (Flg) Landescheinwerfer m
~ **cinematográfico** Filmvorführgerät n, Kinoprojektor m
~ **de diapositivas** Dia(positiv)projektor m
~ **de dirección** (Flg) Richtfeuer n
~ **de imágenes** Bildprojektor m
~ **de infrarrojo** Infrarotstrahler m
~ **de luz** Scheinwerfer m
~ **de marcha atrás** (Kfz) Rückfahrscheinwerfer m
~ **orientable** Suchscheinwerfer m
~ **de vídeo** Videoprojektor m
~ **de vistas fijas** Stehbildwerfer m, Stehbildprojektor m
prueba f 1. Versuch m, Erprobung f, Test m, Prüfung f; Nachweis m; Analyse f; 2. Probe f • **a ~ de abrasión** verschleißfest
• **a ~ de ácidos** säurebeständig • **a ~ de agua** wasserdicht • **a ~ de aire** luftdicht
• **a ~ de calor** hitzefest, hitzebeständig
• **a ~ de contacto** berührungs(schutz)sicher • **a ~ de corrosión** korrosionsfest
• **a ~ de cortocircuitos** kurzschlusssicher • **a ~ de desgaste** verschleißfest, verschleißbeständig • **a ~ de errores** fehlerfrei • **a ~ de explosión** explosionssicher, explosionsgeschützt • **a ~ de gases** gasgeschützt, gasdicht • **a ~ de golpes** stoßfest, schlagfest • **a ~ de goteo** tropf(en)sicher • **a ~ de grisú** schlagwettergeschützt • **a ~ de polvo** staubgeschützt, staubdicht • **a ~ de presión** druckfest • **a ~ de roturas** bruchfest • **a ~ de vacío** vakuumdicht

~ **de aceleración** (Kfz) Beschleunigungsprüfung f
~ **acelerada** Kurzprüfung f, Kurzzeitversuch m
~ **de aceptación** 1. Abnahmetest m; Abnahmeerprobung f; 2. (Kfz) Übergabeprobefahrt f
~ **de acondicionamiento** Klimatest m
~ **aerodinámica** (Flg) aerodynamischer Versuch m, Windkanalversuch m
~ **sobre amarras** (Schiff) Dockerprobung f
~ **de anclas** (Schiff) Ankerprüfung f
~ **de añejamiento** (Wkst) Alterungsprüfung f
~ **audiométrica** Audiometrie f, Hör(schwellen)prüfung f, Hör(schwellen)test m
~ **de caída** Fallprobe f
~ **de campo** Betriebserprobung f, Betriebsversuch m, Prüfung f in der Anlage f, Feldtest m; Freilandversuch m; Feldversuch m
~ **en carretera** (Kfz) Prüfen n auf der Straße
~ **chi(-)cuadrado** Chi-Quadrat-Test m
~ **con chispa de esmerilado** Schleiffunkenprüfung f
~ **de duración** Dauerprüfung f, Dauerversuch m
~ **de dureza** (Wkst) Härteprüfung f
~ **de embutición profunda** Tiefziehversuch m
~ **de envejecimiento** Alterungsprüfung f, Alterungsversuch m
~ **del equipo** Anlagenprüfung f; Maschinenprüfung f; Geräteprüfung f
~ **de estabilidad** 1. Standsicherheitsprüfung f; 2. (Schiff) Stabilitätsversuch m, Stabilitätserprobung f
~ **de estanqueidad** (Schiff) Wasserdichtigkeitsprobe f, Wasserdichtigkeitsprüfung f

prueba

~ **de flexión** *(Wkst)* Biegeversuch *m*, Biegeprüfung *f*
~ **fotográfica** *(Foto)* Abzug *m*, Positivdruck *m*
~ **al freno** Bremsprüfung *f*, Bremsprobe *f*
~ **al fuego** Feuerbeständigkeitsprüfung *f*
~ **a la gota** *(Ch)* Tüpfelanalyse *f*
~ **de hermeticidad** Dichtheitsprobe *f*
~ **hidráulica** Wasserdruckprobe *f*, Wasserdruckprüfung *f*
~ **de hipótesis** *(Math)* Hypothesenprüfung *f*
~ **de impacto** *(Wkst)* Stoßversuch *m*
~ **ignífuga** Brandprüfung *f*
~ **de inflamabilidad** Entflammbarkeitstest *m*
~ **de laboratorio** Laboratoriumsversuch *m*
~ **de materiales** *(Wkst)* Werkstoffprüfung *f*, Materialprüfung *f*
~ **sobre modelo** Modellversuch *m*
~ **módulo n** *(Inf)* Quer(summen)restkontrolle *f*, Modulo-N-Kontrolle *f*
~ **del motor** Motorerprobung *f*; Motorprüfung *f*
~ **negativa** *(Foto)* Negativ *n*
~ **de perforación** 1. *(El)* Durchschlagsprobe *f*; 2. *(Bgb)* Bohrprobe *f*
~ **de permeabilidad** Durchlässigkeitsprüfung *f*
~ **sobre pistas** *(Kfz)* Pistenerprobung *f*
~ **de potencia** Leitungsprüfung *f*
~ **de presión** Druckprobe *f*
~ **propulsor** *(Schiff)* Propulsionsversuch *m*
~ **de rasgado** Zerreißprüfung *f*
~ **de resiliencia (de entalla)** *(Wkst)* Kerbschlagversuch *m*, Kerbschlagprobe *f*
~ **de resistencia** *(Wkst)* Festigkeitsprüfung *f*, Festigkeitsversuch *m*
~ **sensorial** organoleptische [sinnesphysiologische] Prüfung *f*, Organoleptik *f*
~ **de sobrecarga** Belastungsprüfung *f*, Belastungstest *m*, Belastungsprobe *f*; Überlastungsversuch *m*
~ **de sondeo** Bohrprobe *f*, Kernprobe *f*, Bohrkern *m*
~ **al temple** *(Wkst)* Härteprüfung *f*
~ **técnica de seguridad** sicherheitstechnische Prüfung *f* [Überprüfung *f*, Untersuchung *f*]
~ **de tensión** Spannungsprüfung *f*
~ **de toque** Klangprobe *f (Schleifkörper)*

~ **de [a la] tracción** *(Wkst)* Zugversuch *m*, Zugprüfung *f*
~ **traccional** *(Kfz)* Zugprüfung *f*
~ **en vacío** Leerlaufprüfung *f*

prusiato *m* Cyanid *n*
pseudocódigo *m* *(Inf)* Pseudocode *m*
pseudoinstrucción *f* *(Inf)* Pseudobefehl *m*, symbolischer Befehl *m*
pseudomemoria *f* *(Inf)* Pseudospeicher *m*
pseudoperíodo *m* *(Ph)* gedämpfte Sinusschwingung *f*
psicrometría *f* Psychrometrie *f*, Feuchtigkeitsmessung *f*
psicrómetro *m* Psychrometer *n*, Feuchtigkeitsmesser *m*
psofometría *f* Geräuschpegelmessung *f*
psofómetro *m* Fremdspannungsmesser *m*, Geräuschspannungsmesser *m*, Geräuschpegelmesser *m*
púa *f* 1. Stift *m*; 2. *(El)* Zinke *f*; 3. *(El)* Sprühspitze *f (z. B. bei Bandgeneratoren)*
pudelación *f* *(Met)* Puddeln *n*
pudelar *v* *(Met)* puddeln
puente *m* 1. *(Bw)* Brücke *f*, Kehlbalken *m*; Belag *m (z. B. Gerüste)*; 2. *(El)* Brückenschaltung *f*, Messbrücke *f*; 3. *(Ch)* Brückenbindung *f*, 4. *(Fert)* Einsatzbrücke *f*, Querhaupt *n*; Quersupport *m (Drehmaschine)*; Querbalken *m (Hobelmaschine)*; Gegenhalter *m (Fräsmaschine)*; 5. Leitstand *m*; 6. *(Schiff)* Brücke *f*, Verdeck *n*; Deck *n*; 7. Brückenkran *m*; 8. *(Typ)* Unterlagsteg *m*; 9. *(Kfz)* Brücke *f*
~ **alto** *(Schiff)* Oberdeck *n*
~ **en arco** *(Bw)* Bogenbrücke *f*
~ **de arqueo** *(Schiff)* Tonnagedeck *n*, Vermessungsdeck *n*
~ **basculante** Klappbrücke *f*
~ **de botes** Bootsdeck *n*
~ **de cable** Hängebrücke *f*, Kettenbrücke *f*
~ **cargadero** Verladebrücke *f*
~ **colgante** Hängebrücke *f*, Kettenbrücke *f*
~ **de contenedores** *(Schiff)* Containerdeck *n*
~ **delantero** *(Kfz)* Vorderachse *f*, Vorderachsbrücke *f*
~ **elevador** 1. Hubbrücke *f*; 2. Hebebühne *f*
~ **giratorio** 1. Drehbrücke *f*, schwenkbare Brücke *f*; 2. *(Eb)* Drehscheibe *f*, Drehplattform *f*

puesta

~ **de gobierno** *(Schiff)* Kommandobrücke *f*
~ **grúa** Brückenkran *m*
~ **de impedancia** *(El)* Impedanzmessbrücke *f*, Scheinwiderstandsmessbrücke *f*
~ **levadizo** Zugbrücke *f*
~ **de mando** 1. *(El)* Steuerbrücke *f*; 2. *(Schiff)* Kommandobrücke *f*, Leitstand *m*
~ **de medición [medida]** *(El)* Messbrücke *f*
~ **de navegación** *(Schiff)* Kommandobrücke *f*, Navigationsbrücke *f*
~ **de paseo** *(Schiff)* Promenadendeck *n*
~ **sobre pilares** Pfeilerbrücke *f*
~ **de pórtico** Portalkran *m*, Bockkran *m*
~ **posterior** *(Kfz)* Hinterachse *f*, Hinterachsbrücke *f*
~ **principal** *(Schiff)* Hauptdeck *n*
~ **de resistencias** *(El)* Widerstands(mess)brücke *f*
~ **suspendido** Hängebrücke *f*
~ **transbordador** *(Schiff)* Verladebrücke *f*
~ **transportador de escombros** *(Bgb)* Abraumförderbrücke *f*
~ **trasero** *(Kfz)* Hinterachse *f*, Hinterachsbrücke *f*

puente-báscula *m* 1. Brückenwaage *f*; 2. Gleiswaage *f*

puente-grúa *m* Brückenkran *m*

puerta *f* 1. Tür *f*, Tor *n*; 2. Luke *f*, Öffnung *f*, Mannloch *n*; 3. *(Eln)* Gate *n*, Gateelektrode *f*, Tor *n*; Torschaltung *f*, Gatter *n* *(logische Schaltung)*; Gitter *n*, Sperre *f* *(Vakuumröhre, Gasentladungsröhre)*; 4. Klappe *f*, Verschluss *m*; Ventil *n*

~ **acoplada a diodos** diodengekoppeltes Gatter *n*
~ **de aeramiento** *(Bgb)* Wettertür *f*
~ **arrolladora** Rolltür *f*
~ **basculante** Falltür *f*, Bodenklappe *f*
~ **basculante de garaje** Garagenschwingtür *f*
~ **de carga** 1. *(Met)* Beschickungsklappe *f*, Beschickungstür *f*, Füllklappe *f*; 2. Ladetür *f* *(Kleinstlasttransporter)*; 3. *(Schiff)* Ladeluke *f*, Ladepforte *f*
~ **de coincidencia** UND-Tor *n*, UND-Gatter *n*, UND-Schaltung *f*
~ **corredera [corrediza]** Schiebetür *f*
~ **cortafuegos** Brandschutztor *n*; Brandschutztür *f*, Feuer hemmende Tür *f*
~ **de diodo** Diodengatter *n*
~ **a diodos Y-O** Dioden-UND-ODER-Gatter *n*
~ **del dique** Docktor *n*
~ **de emergencia** 1. Notausgang *m*; Notausstieg *m*; 2. *(Schiff)* Havarieluke *f*
~ **de escape** Fluchttür *f*, Evakuierungsausgang *m*
~ **de esclusa** Schleusentor *n*
~ **de excepción** UND-NICHT-Tor *n*, JEDOCH-NICHT-Tor *n*, UND-NICHT-Schaltung *f*, JEDOCH-NICHT-Schaltung *f*
~ **giratoria** Drehtür *f*
~ **del hogar** *(Met)* Feuertür *f*
~ **de impulsos** Impulsgatter *n*
~ **lateral** *(Schiff)* Seitenpforte *f*
~ **levadiza basculante** Schwingtür *f*; Schwingtor *n* *(z. B. für Garagen)*
~ **lógica** logisches Gatter *n* [Tor *n*]
~ **del maletero** *(Kfz)* Heckklappe *f*, Kofferraumdeckel *m*
~ **de mando** Steuergatter *n*
~ **A MENOS QUE** JEDOCH-NICHT-Gatter *n*
~ **NO-O** NOR-Gatter *n*
~ **O** ODER-Tor *n*, ODER-Gatter *n*
~ **O-exclusiva** exklusives ODER-Gatter *n*
~ **en la popa** *(Schiff)* Heckluke *f*
~ **de socorro** Notausgangstür *f*; Notausgang *m*; Notausstieg *m*; Fluchttür *f*; Evakuierungsausgang *m*
~ **trasera de arrastre** *(Schiff)* Heckpforte *f*
~ **de vaivén** Pendeltür *f*
~ **de ventilación** *(Bgb)* Wetterschleuse *f*, Wettertür *f*
~ **Y** UND-Gatter *n*, UND-Tor *n*, UND-Schaltung *f*

puerto *m* 1. Hafen *m*; 2. Steckanschluss *m*; Port *m*, Standardschnittstelle *f*
~ **de acceso** Anschlussport *m*
~ **aéreo** Flughafen *m*
~ **de comunicaciones** Kommunikationsschnittstelle *f*
~ **de la esclusa** Schleusenhafen *m*
~ **de marea(s)** Tidehafen *m*, Fluthafen *m*, Gezeitenhafen *m*
~ **paralelo** parallele Schnittstelle *f*; Parallelanschlussbuchse *f*
~ **serial** serielle Schnittstelle *f*

puesta *f* Legen *n*; Stellen *n*, Aufstellen *n*; Anordnen *n*
~ **a cero** Nullen *n*; Nullstellung *f*
~ **en circuito** *(El)* Einschalten *n*
~ **en cortocircuito** *(El)* Kurzschließen *n*

puesta

~ **del encendido** Entzünden n
~ **en explotación** 1. Inbetriebnahme f; 2. (Bgb) Erschließung f (Lagerstätten)
~ **en grada** (Schiff) Kiellegung f
~ **en marcha** 1. Inbetriebnahme f, Ingangsetzen n; Betätigung f; 2. (Kfz) Anlassen n
~ **a neutro** Nullung f
~ **protectora a tierra** (El) Schutzerdung f
~ **de quilla** (Schiff) Kiellegung f
~ **a tierra** (El) Erden n, Erdung f
~ **de vertederos** Deponiesetzung f

puesto m Stand m, Stelle f; Posten m; Station f
~ **de agujas** (Eb) Stellwerk n
~ **de almacenamiento** (Inf) Speicherplatz m
~ **de bloqueo** (Eb) Blockwerk n, Blockposten m
~ **del conductor** Fahrstand m; Führerstand m
~ **de control de maniobras** (Eb) Rangierstellwerk n
~ **de derivación** (Nrt) Abzweigstelle f
~ **de enclavamiento** (Eb) Stellwerk n
~ **de mando** Bedienungsstand m, Befehlsstelle f, Leitstand m, Steuerstand m
~ **de maniobra** (Eb) Stellwerk n, Befehlsstellwerk n
~ **de operador** 1. Operatorplatz m; Bedienplatz m; 2. (Nrt) Vermittlungsplatz m
~ **de ordeño** (Lt) Melkstand m
~ **de radio** Funkstation f, Funkstelle f
~ **de radio-relé** Relaisstelle f (Funk)
~ **del timonel** (Schiff) Steuerstand m
~ **de trabajo** Arbeitsplatz m; Arbeitsstelle f; Bedienstand m
~ **de transformación** (El) Umspannstation f

pulgada f Zoll m (1 Zoll = 2,54 cm)
pulido m 1. Polieren n; Politur f; Oberflächenschliff m; 2. (Ch) Blankfiltration f, Polierfiltration f
pulidora f Poliergerät n; Poliermaschine f
pulimentadora f Poliermaschine f
pulimentar v polieren
pulimento m Schleifen n; Glätten n; Polieren n
~ **mate** Mattierung f (Farben, Lacke)
pulir v polieren; schleifen; glätten
pulpa f 1. Pulpe f, Ganzstoff m, Ganzzeug n, Papierstoff m; 2. (Bgb) Trübe f, Aufschlämmung f, Suspension f

pulsación f 1. Pulsation f; Schwingung f; Kreisfrequenz f; 2. Schlagen n; Schwingen n; Vibrieren n (des Werkzeuges); 3. Anschlag m (Schreibmaschine); Eintasten n, Tastatureingabe f
pulsador m 1. Impulsgeber m; 2. Druckknopf m, Taster m, Fühler m; 3. (Lt) Pulsator m (Melkanlage)
~ **de alarma** Alarmgeber m (Brandschutz)
~ **de arranque** Anlasserknopf m
~ **de control** Steuertaste f
~ **de control del ratón** Maus(steuer)taste f
~ **de llamada** (Nrt) Ruftaste f, Rufknopf m
~ **de maniobra** Steuertaster m
~ **paro-marcha** An-Aus-Taste f
~ **del timbre** Klingelknopf m
pulsar v 1. pulsieren; schwingen; vibrieren; 2. drücken (Taste)
~ **dos veces** doppelklicken (Maustaste)
pulso m Impuls m, Puls m; Impulsfolge f
pulsómetro m 1. Pulsometer n, kolbenlose Dampfpumpe f; 2. Pulsometer n, Puls(kraft)messer m, Pulsmessgerät n (Medizintechnik)
pulsor m Impulsgeber m, Pulsgeber m, Impulsgenerator m, Pulserzeuger m
pulsorreactor m (Rak) Pulsostrahltriebwerk n, Pulsostrahlrohr n, Verpuffungsstrahlrohr n
pulverización f Pulverisierung f, Feinst(zer)mahlen n; Feinzerkleinerung f; Zerstäubung f (z. B. von Flüssigkeit); Vernebelung f; Versprühung f
pulverizador m 1. Zerstäuber m; Sprühgerät n; Sprühdüse f, Sprühpistole f; 2. Spritze f, Spritzgerät n, Sprinkler m, Sprenkler m; 3. (Lt) Scheibenhäufler m; 4. (Kfz) Mischrohr n (am Vergaser); 5. Pulverisiermühle f, Feinstmühle f, Staubmühle f
~ **de bola** Kugelmühle f
~ **a [de] chorro** Strahldüse f, Sprühdüse f, Zerstäuberdüse f
pulverizadora f Spritzmaschine f; Sprühmaschine f
pulverizar v pulverisieren; zerkleinern; fein mahlen; zerstäuben; sprühen
pulverulento staubförmig
pulvígeno staubbildend
pulvimetalurgia f Pulvermetallurgie f
punta f 1. Spitze f; Endstück n; Nase f; 2. Stift m

~ **del ala** *(Flg)* Flügelnase *f*
~ **de la broca** Bohrerspitze *f*
~ **de carga** *(El)* Belastungsspitze *f*
puntal *m* 1. *(Bw)* Stützbalken *m*; Strebe *f*; Binder *m*, Bindebalken *m*; Stütze *f*; 2. *(Bgb)* Stempel *m*, Spreize *f*, Strebe *f*, Stütze *f*; 3. *(Schiff)* Tiefgang *m*; Seitenhöhe *f*
~ **de bodega** 1. *(Schiff)* Laderaumhöhe *f*; 2. *(Schiff)* Laderaumstütze *f*, Raumstütze *f*
~ **de carga** *(Schiff)* Ladebaum *m*
~ **de cubierta** *(Schiff)* Deckshöhe *f*
~ **de entrepuente** *(Schiff)* Deckstütze *f*
~ **sobre la quilla** *(Schiff)* Seitenhöhe *f* über Oberkante Kiel
~ **real** *(Schiff)* Schwergutbaum *m*
~ **de seguridad** *(Bgb)* Sicherheitspfeiler *m*
puntear *v* zentrieren
puntero *m* 1. Zeiger *m (eines Gerätes)*; Uhrzeiger *m*; 2. Stichel *m*; Körner *m*; Durchschläger *m*; Spitzmeißel *m*
~ **de pila** *(Inf)* Kellerzähler *m*, Stack Pointer *m*
~ **de válvula** Ventilnadel *f*
punto *m* 1. Punkt *m*; Stelle *f*; Knotenpunkt *m*; 2. *(Typ)* (typografischer) Punkt; 3. *(Text)* Stich *m*; Masche *f*; 4. *(Fert)* Körnerspitze *f* • **de bajo ~ de ebullición** tiefsiedend, leichtsiedend • **de elevado ~ de ebullición** hochsiedend
~ **de acceso a paquetes** *(Nrt)* Paketanschlusspunkt *m*
~ **de acción** Eingriffsstelle *f*, Einwirkungsstelle *f*
~ **de acumulación** *(Math)* Häufungspunkt *m*
~ **alejado indefinidamente** *(Math)* unendlich ferner Punkt *m*
~ **anguloso** *(Math)* Eckpunkt *m*
~ **de aplicación** *(Mech)* Angriffspunkt *m (der Kraft)*
~ **de apoyo** *(Mech)* Auslagepunkt *m*, Stützpunkt *m*, Festpunkt *m*; Drehpunkt *m*, Lagerstelle *f*
~ **cíclico** *(Math)* zyklischer Punkt *m*
~ **de combustión** Flammpunkt *m*
~ **de comprobación** 1. Messpunkt *m*; 2. *(Inf)* Prüfpunkt *m*, Checkpoint *m*
~ **de concurso** Schnittpunkt *m*
~ **de congelación** Gefrierpunkt *m*
~ **conjugado** *(Math)* konjugierter Punkt *m*

~ **de contorno** *(Math)* Randpunkt *m*
~ **de curva** Kurvenpunkt *m*, Punkt *m* auf einer Kurve
~ **decimal** Dezimalkomma *n*, Dezimalpunkt *m*
~ **de deshielo** Eispunkt *m*, Taupunkt *m*
~ **deslizante** *(TV)* Abtastfleck *m*
~ **de discontinuidad** *(Math)* Unstetigkeitspunkt *m*, Unstetigkeitsstelle *f*
~ **de ebullición** Siedepunkt *m*
~ **de encendido** Zündpunkt *m*
~ **de engrase** Schmierstelle *f*
~ **de estima** Koppelort *m*, Loggeort *m*, gegisster Ort *m (Navigation)*
~ **de exploración** *(TV)* Abtastpunkt *m*
~ **de extremo** *(Math)* Extremalpunkt *m*, Extremwertstelle *f*
~ **fijo** 1. Festpunkt *m*, fester Punkt *m*, Fixpunkt *m*; 2. *(Fert)* feststehende Körnerspitze *f*
~ **de flexión** Knickpunkt *m*
~ **flotante** *(Inf)* Gleitkomma *n*, gleitendes Komma *n*
~ **de fluidez** Fließpunkt *m*
~ **focal** 1. Brennpunkt *m*; 2. *(TV)* Brennfleck *m*
~ **frontera** *(Math)* Grenzpunkt *m*, Randpunkt *m (bes. einer Menge)*
~ **de fuga** Fluchtpunkt *m*
~ **de fusión** Schmelzpunkt *m*
~ **de fusión del hielo** Eispunkt *m*, Taupunkt *m*
~ **giratorio** mitlaufende Körnerspitze *f*
~ **de gravedad** Schwerpunkt *m*
~ **de ignición** Zündpunkt *m*
~ **de imagen** Bildpunkt *m*
~ **imaginario** *(Math)* imaginärer Punkt *m*
~ **impropio** *(Math)* uneigentlicher Punkt *m*
~ **de inflamabilidad [inflamación]** Flammpunkt *m*, FP
~ **de inflexión** Wendepunkt *m (einer Kurve)*
~ **de interrupción** *(Math)* Umwandlungspunkt *m (einer Funktion)*
~ **de intersección** Schnittpunkt *m*
~ **de lubrificación** Schmierstelle *f*
~ **luminoso** 1. Lichtpunkt *m*; Lichtfleck *m*; 2. *(Eln)* Leuchtfleck *m (z. B. in Katodenstrahlröhren)*
~ **de máximo** *(Math)* Maximum *n*
~ **de medición** Messpunkt *m*, Messort *m*, Messstelle *f*

punto

~ **de mínimo** *(Math)* Minimum *n*
~ **móvil** 1. *(Fert)* bewegliche Spitze *f*; 2. *(TV)* Abtastfleck *m*
~ **muerto** *(Mech)* Totpunkt *m*
~ **remarcable** *(Math)* merkwürdiger Punkt *m*
~ **de reposo** *(Math)* stationärer Punkt *m*, Ruhepunkt *m*
~ **de rocío** Taupunkt *m*
~ **de rotura** Bruchstelle *f*, Bruchpunkt *m*
~ **de ruptura condicional** *(Inf)* bedingter Programmstopp *m* [Unterbrechungspunkt *m*, Halt *m*, Stopp *m*]
~ **de la ruta** *(Schiff)* Besteck *n*
~ **singular** *(Math)* singulärer Punkt *m*
~ **de soldadura** 1. Schweißstelle *f*, Schweißpunkt *m*; 2. Lötstelle *f*
~ **de solidificación** Erstarrungspunkt *m*; Stockpunkt *m* (z. B. von Weichmachern)
~ **suavizado** *(Inf)* geglätteter Punkt *m*
~ **de torno** *(Fert)* Spitze *f (Drehmaschine)*
~ **trigonométrico** trigonometrischer Punkt *m*
~ **de unión** 1. Knotenpunkt *m (Stahlbau)*; 2. Spleißstelle *f*

punzón *m* 1. Durchtreiber *m*, Durchschlag *m*, Dorn *m*, Lochdorn *m*; 2. Stempel *m*; Lochstempel *m*; 3. Stemmmeißel *m*; 4. Stichel *m*; 5. Messbolzen *m*
punzonado *m* Durchschlagen *n*; Stanzen *n*
~ **por laminación** Lochwalzen *n*
~ **en prensa** Lochpressen *n*
punzonador *m* Stanzlocher *m*
punzonadora *f* Lochmaschine *f*; Stanze *f*
punzonar *v* lochen; (loch)stanzen
puño *m* Griff *m*, Handgriff *m*; Schaft *m*
~ **acelerador** *(Kfz)* Gasdrehgriff *m*
~ **de cambio** *(Kfz)* Schaltdrehgriff *m*
~ **de freno** *(Kfz)* Handbremshebel *m*
~ **giratorio** Drehgriff *m*
~ **del manillar** *(Kfz)* Kurbelhebel *m*
~ **del remo** *(Schiff)* Ruderschaft *m*

pupinizar *v* bespulen, pupinisieren *(Kabel)*
pupitre *m* Pult *n*
~ **de control [mando]** Schaltpult *n*, Kommandopult *n*, Steuerpult *n*, Bedienungspult *n*; Regiepult *n (Studiotechnik)*
~ **mezclador** Mischpult *n (Tontechnik)*

purgador *m* Ablassvorrichtung *f*; Ablassrohr *n*; Entleerungshahn *m*
purgar *v* (ent)leeren; entschlammen; durchblasen; durchlüften

purificación *f* Reinigung *f*; Klären *n*; Läuterung *f*
purificador *m* 1. Purifikator *m*; Reinigungsapparat *m*; 2. Reinigungsmittel *n*
purificar *v* reinigen; abklären, klären, (ab)läutern
push-pull *m (Eln)* Gegentaktschaltung *f*
putrecible fäulnisfähig, verwesbar, aerob abbaubar
PVC s. policloruro de vinilo
PVD s. pantalla de visualización de datos

Q

quebrada *f (Math)* gebrochene Linie *f*; Polygonzug *m*
quebradizo spröde, zerbrechlich; brüchig
quebrado *m (Math)* Bruch *m*, Bruchzahl *f*
quebraja *f* Riss *m*; Sprung *m*; Spalt *m*
quebrantador *m* Brecher *m*, Brechwerk *n*
quebrantadora *f* Zerkleinerungsmaschine *f*, Brecher *m*, Brechwerk *n*
quebrantar *v* brechen, zerkleinern; mahlen *(grob)*
quebranto *m (Schiff)* Kielaufbuchtung *f*, Kielbruch *m*, Aufbuchtung *f*
quemado *m* 1. Verbrennen *n*; 2. Heißlaufen *n*
~ **en la antorcha** *(Umw)* Abfackelung *f*
quemador *m* 1. Brenner *m*; 2. Brennkammer *f*; 3. Brennofen *m*
~ **atómico** Kernreaktor *m*, Reaktor *m*, Atomreaktor *m*, Atommeiler *m*
quemadura *f* 1. Verbrennung *f*; 2. *(Fert)* Schleifanbrennung *f*
quemar *v* (ver)brennen; abbrennen; ausbrennen
~ **en la antorcha** abfackeln
~ **incompletamente [sin llama]** schwelen
queroseno *m* Petroleum *n*, Kerosin *n*, Leuchtöl *n*
~ **de aviación** Düsentreibstoff *m*
quiebravirutas *m (Fert)* Spanbrecher *m*
quilla *f (Schiff)* Kiel *m*
~ **de balance** Schlingerkiel *m*, Kimmkiel *m*
~ **falsa** loser Kiel *m*, Loskiel *m*, Falschkiel *m*, Afterkiel *m*, Schutzkiel *m*; achteres Ballastkielholz *n (Yacht)*
química *f* Chemie *f*
~ **agrícola** Agrarchemie *f*, Agrochemie *f*

~ **alimentaria [alimenticia]** Lebensmittelchemie f, Nahrungsmittelchemie f
~ **de altos polímeros** Chemie f der Hochpolymere
~ **ambiental** Umweltchemie f, ökologische Chemie f
~ **analítica** analytische Chemie f
~ **atómica** Kernchemie f
~ **biológica** Biochemie f
~ **física** physikalische Chemie f
~ **geológica** Geochemie f
~ **industrial** 1. industrielle [technische] Chemie f, Industriechemie f; 2. chemische Technologie f
~ **inorgánica** anorganische Chemie f
~ **medioambiental [del medio ambiente]** Umweltchemie f, ökologische Chemie f
~ **orgánica** organische Chemie f
~ **de plásticos** Kunststoffchemie f
~ **radiológica** radiologische Chemie f, Radiochemie f
~ **sintética** Kunststoffchemie f
~ **toxicológica** toxikologische Chemie f
químico chemisch
quimiometría f **ambiental** chemische Umweltanalytik f
quintal m Zentner m
~ **métrico** Dezitonne f, dt, Doppelzentner m (Einheit der Masse)
quiosco m (Schiff) Steuerhaus n, Ruderhaus n
quitamanchas m (Text) Detachiermittel n, Fleckenentfernungsmittel n, Fleckentferner m, Fleckenreiniger m
quitanieves m Schneepflug m; Schneeräummaschine f
~ **rotatorio** Schneeschleuder f
quitapiedras m (Eb) Bahnräumer m, Gleisräumer m, Schienenräumer m
quitapintura m Abbeizmittel n, Farbentferner m, Farbentfernungsmittel n

R

rabera f Griff m, Stiel m; Schaft m (Werkzeug)
rabiza f 1. Ende n (z. B. einer Trosse); 2. (Schiff) Taljereep n
rack m (Eln) Gestell n, Rahmen m; Einschubschrank m; Rack n, Turm m (HiFi-Anlage)
~ **de unidades enchufables** Einschubgestell n; Einschubschrank m
racleta f Abstreifer m, Kratzer m, Schrapper m; Kratzeisen n; Spachtel m(f)
racor m 1. Anschlussstück n, Verbindungsstück n; Fitting m(n); Rohrverschraubung f, Kopplungsstück n; 2. Nippel m; 3. Überwurfmutter f
~ **angular** Winkelverschraubung f
~ **para mangueras** Schlauchverbindung f; Schlauchkupplung f
~ **rápido** Schnellkupplung f
rádar m 1. Radar m(n); 2. Radargerät n; 3. Radarstation f
~ **de acercamiento** Anflugradar m(n)
~ **altimétrico** Höhenmessradar m(n); Funkhöhenmesser m (im Flugzeug); Höhenfinder m (Bodenstation)
~ **de guiado** Leitradar m(n)
~ **meteorológico** Wetterradar m(n)
~ **de satélites** Satellitenradar m(n)
radiación f 1. Strahlung f, Ausstrahlung f, Emission f; 2. Bestrahlung f • **de baja** ~ strahlungsarm
~ **de altas temperaturas** Hochtemperaturstrahlung f
~ **de baja intensidad** Schwachbestrahlung f
~ **blanda** weiche Strahlung f
~ **calórica [calorífica]** Wärmestrahlung f, Temperatur(ab)strahlung f
~ **corpuscular** (Ph) Korpuskularstrahlung f, Teilchenstrahlung f, Partikelstrahlung f
~ **cósmica** kosmische Strahlung f, Höhenstrahlung f, Ultrastrahlung f
~ **de cuerpo negro** Strahlung f des schwarzen Körpers, schwarze Strahlung f, Hohlraumstrahlung f
~ **dura** harte Strahlung f
~ **emitida** Abstrahlung f
~ **de fondo** Untergrundstrahlung f, Grundpegelstrahlung f, Grundstrahlung f; Hintergrundstrahlung f
~ **de frenado** Bremsstrahlung f
~ **incidente** einfallende Strahlung f
~ **infrarroja** Infrarotstrahlung f
~ **intrínseca** Eigenstrahlung f
~ **ionizante** ionisierende Strahlung f
~ **láser** Laserstrahlung f
~ **luminosa** Licht(aus)strahlung f
~ **de microondas** Mikrowellenstrahlung f
~ **neutrónica** Neutronenstrahlung f

radiación 326

- **~ no ionizante** nicht ionisierende Strahlung *f*
- **~ nuclear** Kernstrahlung *f*, Nuklearstrahlung *f*
- **~ omnidireccional** Rundstrahlung *f*
- **~ de onda corta** Kurzwellenstrahlung *f*
- **~ de onda larga** langwellige Strahlung *f*
- **~ ondulatoria** Wellenstrahlung *f*
- **~ penetrante** 1. durchdringende [harte] Strahlung *f*; 2. *(Kern)* Anfangsstrahlung *f*, Initialstrahlung *f*, Sofort(kern)strahlung *f*
- **~ perturbadora** Störstrahlung *f*
- **~ profunda** Tiefenstrahlung *f*
- **~ radiactiva** radioaktive Strahlung *f*
- **~ de radiofrecuencia(s)** Radiofrequenzstrahlung *f*, Hochfrequenzstrahlung *f*
- **~ de radioondas** Funkwellenstrahlung *f*
- **~ de rayos infrarrojos** Infrarotstrahlung *f*, infrarote Strahlung *f*
- **~ sónica [sonora]** Schall(ab)strahlung *f*
- **~ terrestre** Erdstrahlung *f*, terrestrische Strahlung *f*
- **~ ultravioleta** ultraviolette Strahlung *f*, UV-Strahlung *f*

radiactividad *f* Radioaktivität *f*
radiactivo radioaktiv
radiador *m* 1. *(Ph)* Strahler *m*; 2. Radiator *m*; Heizkörper *m*; Wärme(aus)tauscher *m*; 3. Kühler *m*
- **~ de aceite** Ölkühler *m*
- **~ de agua** Wasserkühler *m*
- **~ de aletas** *(Kfz)* Lamellenkühler *m*, Streifenkühler *m*
- **~ de calefacción central** Zentralheizungskörper *m*
- **~ de calor** Wärmestrahler *m*
- **~ de colmena** Wabenkühler *m*, Zellenkühler *m*
- **~ cónico** Trichterstrahler *m*, Trichterantenne *f*
- **~ cornete** Hornstrahler *m*, Hornantenne *f*
- **~ eléctrico** elektrischer Heizkörper *m*
- **~ de gas** Gasheizkörper *m*, Gasheizer *m*
- **~ integral** *(Ph)* schwarzer Körper *m* [Strahler *m*], Hohlraumstrahler *m*
- **~ isótropo** isotroper Strahler *m*, Kugelstrahler *m*
- **~ de láminas** Lamellenkühler *m*
- **~ de panal** Wabenkühler *m*, Zellenkühler *m*
- **~ de refrigeración** Kühler *m*

radián *m* Radiant *m*, rad *(abgeleitete SI-Einheit für den ebenen Winkel)*

radiancia *f* Strahl(ungs)dichte *f*
radiante strahlend; Strahlungs…; abstrahlend
radiante *m (Astr)* Radiant *m*
radiar *v* 1. *(Ph)* (aus)strahlen; abstrahlen; bestrahlen; 2. funken, senden, ausstrahlen; 3. strahlen, leuchten, glänzen
radiativo *(Kern)* Strahlungs…, strahlend
radicación *f* 1. *(Math)* Wurzelziehen *n*; 2. Durchwurzelung *f (Boden)*
radical 1. *(Math)* Wurzel…; 2. *(Ch)* radikalisch, Radikal…
radical *m* 1. *(Math)* Radikal *n*, Wurzelzeichen *n*, Wurzel *f*; 2. *(Ch)* Radikal *n*, Rest *m*, Fragment *n*; Gruppe *f*
- **~ ácido** Säureradikal *n*, Säurerest *m*
- **~ libre** freies Radikal *n*

radicando *m (Math)* Radikand *m*
radio *m* 1. Radium *n*, Ra; 2. Radius *m*, Halbmesser *m*; 3. Speiche *f*
- **~ de acción** Aktionsradius *m*; Fahrbereich *m*; Gesamtausladung *f (z. B. eines Krans)*
- **~ atómico** Atomradius *m*
- **~ del círculo** Kreisradius *m*
- **~ de circunferencia** Radius *m* des Umkreises, Umkreisradius *m*
- **~ de curva** Kurvenradius *m*
- **~ de curvatura** Krümmungsradius *m*
- **~ de esfera** Kugelradius *m*
- **~ de giro** Wendekreis *m (z. B. beim Auto)*
- **~ metacéntrico** *(Schiff)* metazentrischer Radius *m*
- **~ primitivo** Radius *m* des Teilkreises *(Zahnrad)*
- **~ terrestre** Erdradius *m*
- **~ de viraje** Kurvenradius *m*
- **~ de volteo** Wendekreis *m*, Drehkreis *m*

radio *f* 1. Rundfunk *m*; 2. *s.* radiotelefonía; 3. *s.* radiotelegrafía
- **~ de aeronave** Bordfunk *m*, Flugfunk *m*
- **~ de alta mar** Seefunk *m*
- **~ celular** Zellularfunknetz *n*
- **~ del coche** Autoradio *n*
- **~ despertador** Radiowecker *m*
- **~ portátil** 1. Kofferradio *n*; 2. tragbares Funkgerät *n*

radioaeronavegación *f* Flugfunknavigation *f*, Flugfunkortung *f*
radioaltímetro *m* Funkhöhenmesser *m*, Radiohöhenmesssser *m*, Reflexionshöhenmesser *m*

radioaviación f Funkflugnavigation f
radiobaliza f Funkfeuer n, Funkbake f; Markierungsbake f
~ **de aterrizaje** Landefunkfeuer n
~ **de rumbo** Kursfunkfeuer n
radioboya f Funkboje f
radiobuscador m (Nrt) Personenrufeinrichtung f
radiocassette m Radio(kassetten)rekorder m
radiocobalto m Radiocobalt n, Cobalt-60 n, radioaktives Cobalt n
radiocompás m Funkkompass m, automatisches Peilgerät n [Funkpeilgerät n]
radiocomunicación f Funkverkehr m, Funkverbindung f, drahtlose Nachrichtenübertragung f, Funkwesen n
radiodetección f Funkpeilung f, Funkortung f
radiodetector m Radargerät n, Radaranlage f, Radar m(n)
radiodifundir v senden, übertragen (Rundfunk)
radiodifusión f Rundfunkübertragung f
~ **avión-tierra** Bord-Boden-Funkverkehr m, Bord-Boden-Funkverbindung f
~ **dirigida de bandas anchas** Breitbandrichtfunk m
~ **estéreo [estereofónica]** Stereorundfunk m, Stereorundfunksendung f
~ **por hilo** Drahtfunk m
~ **de [por] ondas cortas** Kurzwellenrundfunk m
~ **sonora** Hör(rund)funk m, Hör(rund)funkübertragung f
~ **visual** Fernseh(rund)funk m
radioeco m Funkecho n, Echosignal n
radioelectricidad f Hochfrequenztechnik f, Rundfunktechnik f, Funktechnik f
radioeléctrico hochfrequenztechnisch; (rund)funktechnisch
radioelectrónica f Funkelektronik f, Nachrichtenelektronik f, Radioelektronik f
radioelectrónico funkelektronisch, nachrichtenelektronisch, radioelektronisch
radioelemento m Radioelement n, radioaktives Element n
radioemanación f s. radón
radioemisora f Rundfunksender m, Funksender m
~ **marítima de socorro** Seenotsender m, Rettungssender m

~ **de ondas ultracortas** UKW-Rundfunksender m, UKW-Sender m
radioenlace m Funklinie f, Funkstrecke f, Funkweg m; Funkbrücke f; Funkverbindung f; Richtfunkverbindung f; Nachrichtenübertragungsweg m
radioespectrógrafo m Radiospektrograph m; Röntgenspektrograph m
radioespectroscopio m Radiospektroskop n; Röntgenspektroskop m
radioestación f Funkstation f, Funkstelle f, Funkanlage f, Funkgerät n
radioestrella m (Astr) (diskrete) Radioquelle f
radiofaro m Funkfeuer n, Funkbake f
~ **direccional** Richtfunkfeuer n, Richtfunkbake f
~ **omnidireccional** Allrichtungsfunkfeuer n, Drehfunkfeuer n
radiofísica f Hochfrequenzphysik f, HF-Physik f; Funkphysik f
radiofónico funktelefonisch; Sprechfunk...
radiófono m s. radioteléfono
radiofotografía f Funkbildübertragung f, Bildfunk m, Bildtelegrafie f
radiofotograma m Bild(funk)telegramm n, Radiophotogramm n
radiofrecuencia f Hochfrequenz f, Funkfrequenz f, Radiofrequenz f
radiofuente f (Astr) Radioquelle f
radiogoniometría f Funkpeilung f, Peilfunk m
radiogoniómetro m Funkpeiler m, Funkpeilgerät n, Radiogoniometer n, Goniometerpeiler m
radiografía f Radiographie f; Röntgenfotografie f, Röntgenschirmbild n
radiografiar v 1. funken; 2. röntgen (mit Röntgen- oder Gammastrahlen durchleuchten)
radioguía m Funksteuerung f
radioguiar v durch Funk steuern
radiohaz m Funkleitstrahl m
radioimpulso m Hochfrequenzimpuls m, HF-Impuls m
radiointerferencia f Funkstörung f
radiointerferómetro m Radiointerferometer n
radioisótopo m Radioisotop n, radioaktives Isotop n
radiólisis f (Ch) Radiolyse f, strahlenchemische Zersetzung f

radiolocalización f Funkortung f
radiolocalizador m Ansteuerungsfunkfeuer n, Ansteuerungssender m
radiología f Radiologie f, Strahlenkunde f
radiomando m Funksteuerung f
radiometalografía f Röntgenmetallographie f, Radiometallographie f
radiometeorología f Funkmeteorologie f, Radiometeorologie f
radiometría f Radiometrie f, radiometrische Messung f, Strahlungsmessung f
radiómetro m Radiometer n, Strahlungsmesser n
radionavegación f Funknavigation f
radionucleido m Radionuklid n, radioaktives Nuklid n
radioonda f Funkwelle f, Radiowelle f
radio(o)paco strahlenundurchlässig
radioprospección f (Geol) radiometrische Prospektion f
radioprotección f Strahlenschutz m
radioquímica f Radiochemie f
radiorrelé m Funkbrücke f, Funkrelaisstation f; Richtfunk m
radiorreceptor m Rundfunkapparat m, Rundfunkempfänger m
radiorresistencia f Strahlenbeständigkeit f, Strahlenfestigkeit f, Strahlenresistenz f
radiorruidos mpl Radiorauschen n
radioscopia f Radioskopie f, Röntgenoskopie f, Röntgendurchleuchtung f, Durchleuchtung f, Durchstrahlung f
radiosensible strahlungsempfindlich
radioseñal f Funksignal n
radiosonda f Radiosonde f, Funksonde f
radiosondeo m Radiosondierung f; Echolotung f, Funkmessung f (Tiefe)
radiotecnia f Funktechnik f, Rundfunktechnik f
radiotelefonía f Sprechfunk m, Funktelefonie f, Radiotelefonie f, Funk(fern)sprechen n
radioteléfono m Funksprechgerät n, Funktelefon(gerät) n
radiotelegrafía f Funktelegrafie f, drahtlose Telegrafie f
~ **entre buques** Seefunkverkehr m, Schiffsfunkverkehr m (zwischen Bordfunkstellen)
~ **a corta distancia** Nahfunk m
radiotelegrafiar v funken
radiotelemando m Funkfernsteuerung f

radiotelemedición f Funkfernmessung f
radiotelémetro m Funkfernmessgerät n
radiotelescopio m Radioteleskop n
radioteletipo m Funkfernschreiber m
radiotorio m Radiothorium n, Thorium-228 n, radioaktives Thorium n
radiotransmisión f Rundfunkübertragung f, Rundfunksendung f; Funken n, drahtlose Übertragung f
radiotransmisor m Rundfunksender m, Radiosender m, Funksender m
radiotransmitir v senden; funken; übertragen
radiotrazador m radioaktiver Tracer m [Indikator m], Radioindikator m
radiovector m (Math) Radiusvektor m, Leitstrahl m, Fahrstrahl m
radioyodo m Radioiod n, radioaktives Iod n, Iod-131 n
radón m Radon n, Rn
raedera f (Bw) Schrapper m
rafadora f (Bgb) Schrämmaschine f
ráfaga f 1. plötzlicher Ausbruch m; Stoß m, Entladungsstoß m, Burst m; 2. Signalpaket n; 3. (Inf) Bitbündel n, Bündel n; 4. (Kern) hoffmannscher Stoß m, Ionisationsstoß m, Explosionsschauer m (Ionisationskammer)
rail m 1. s. riel; 2. s. carril 1.
raíz f (Math) Wurzel f, Radix f
~ **característica** Eigenwert m (Matrix)
~ **cuadrada** Quadratwurzel f
~ **cúbica** Kubikwurzel f
~ **del diente** (Masch) Zahnfuß m
~ **de la ranura** (Masch) Zahngrund m
~ **de sistema de numeración** Basiszahl f eines Zahlensystems
raja f 1. Spalte f; Riss m; Sprung m; 2. (Met) Faltungsriss m; 3. Einschnitt m; Schlitz m
rajadura f (Geol) Anriss m (im Gestein); Abbauriss m (im Hangenden)
rajar v einritzen; zerspringen; spalten
rallado m de desbaste (Fert) Schruppen n
rallador m Raspel f; Reibeisen n
ralladura f 1. Reiben n; Aufrauen n; Erzeugung f einer Oberflächenrauigkeit; 2. Raspelspäne mpl
rallar v aufrauen; zerreiben; raspeln
rama f 1. Zweig m; 2. Abzweigung f; 3. Linie f; 4. (Typ, Text) Rahmen m; 5. Ast m (Flugbahn)

~ **de red** Netzverzweigung f
~ **tensora** (Text) Spannrahmen m
ramal m 1. Abzweigung f; 2. Abzweigrohr n; 3. (Bgb) Ast m (kurzer Abzweig eines Erzganges); Ader f, Gang m, Abzweig m; 4. (Förd) Strang m, Trum n; 5. Seitenkanal m • **de un solo** ~ einsträngig
ramificarse v sich verzweigen (z. B. Leitungen)
rampa f 1. Rampe f, Auffahrt f; 2. (Schiff) Aufschleppe f, Slip m (für Fischnetze)
~ **de carga** Laderampe f, Verladerampe f, Verladeplattform f
~ **de lanzamiento** (Rak) Startrampe f
~ **de popa** (Schiff) Heckrampe f, Heckaufschleppe f
rana f 1. (Bw) Stampffrosch m; 2. (Eb) Weichenkreuz n
rango m 1. Rang m, Rangstufe f; 2. Stelle f, Ziffernstelle f, Position f; 3. Bereich m; Skala f
~ **de carga** Belastungsstufe f
~ **de dispersión** Streuungsbreite f
~ **de lectura** Ableseskala f
~ **de medición** Messbereich m
rangua f Drehzapfenlager n
ranura f Nut f, Falz m, Fuge f, Kerbe f, Zahnlücke f
~ **anular del émbolo** Kolbenringnut f
~ **de chaveta** Keilnut f
~ **de engrase** Schmiernut f
~ **helicoidal** Spiralnut f
~ **de inserción** (Inf) Leseschlitz m (Diskette)
~ **de lubricación** Ölnut f, Schmiernut f
~ **de la placa base** (Inf) Steckplatz m, Einsteckschacht m, Slot m
~ **de sujeción** Sprengringnut f, Aufspannnut f
~ **de ventilación** Lüftungsschlitz m
~ **y lengüeta** f Feder f und Nut f
ranurador m (Bw) Nuthobel m, Stoßmeißel m
ranuradora f Stemmmaschine f
ranura-guía f Führungsnut f, Nutenführung f
ranurar v Nuten stemmen; rillen
rapidez f 1. Schnelligkeit f, Geschwindigkeit f; 2. (Foto) Empfindlichkeit f
raqueta f (Kfz) Wischhebel m (Scheibenwischer)
rarefacer v verdünnen (von Gasen)

rarefactor m Getter(stoff) m, Fangstoff m, Gettermaterial n (Vakuumtechnik)
ras m ebene Fläche f • **a** ~ **de** bündig (mit), auf gleicher Höhe wie, abgeglichen, fluchteben, fluchtgerecht, glatt
rasante 1. streifend (Lichteinfall); 2. flach, gestreckt, rasant (Flugbahn); 3. bündig abschließend
rasar v streifen; abstreichen
rascado m Schaben n; Reiben n; Kratzen n; Aufrauen n
rascador m 1. Schaber m; 2. (Bgb) Schrapper m; 3. (Förd) Kratzerscheibe f; 4. Raspel f
~ **de aceite** Ölabstreifring m
~ **de virutas** Spanabstreifer m
rascar v (ab)kratzen; schaben; reiben
rasgadura f 1. Reiben n; Scheuern n; 2. Rissbildung f
rasguñar v ritzen
raso 1. flach, niedrig; 2. glatt, ungenoppt
~/al über Tage
raspa f Raspel f
raspador m 1. Schaber m; 2. Schrapper m; 3. Reibeisen n; 4. Ziehklinge f
raspadura f 1. Schaben n; 2. Abrieb m, Schabespäne mpl
raspar v schaben; raspeln
rasqueta f 1. Schaber m; Spachtel m; 2. (Text, Typ) Rakel f
rasquetear v schaben
rastra f 1. (Lt) Egge f, Schleppe f; 2. (Bw) Wegeegge f; 3. Trawl n; Grundschleppnetz n; Dreggtau n
~ **flotante** (Schiff) Treibnetz n, pelagisches Netz n
rastreador m 1. (Inf) dynamischer Debugger m, Tracing Debugger m; 2. Tracer m
rastrear v 1. eggen; 2. schleppen; 3. triften; 4. räumen (Minen)
rastreo m 1. Ortung f, Zielverfolgung f, Kursverfolgung f; 2. (Inf) Nachforschung f, Ablaufverfolgung f; 3. Grundnetzfischerei f
rastrilladora f 1. (Lt) Maschinenrechen m; 2. (Text) Hechelmaschine f
rastrillar v 1. eggen; harken; 2. hecheln
rastrillo m 1. Rechen m; Harke f; Egge f; Gabel f (Heuerntemaschine); 2. (Eb) Schienenräumer m; 3. Rost m; 4. (Text) Hechel f
~ **apilador** (Lt) Häufler m

rastro *m* 1. Spur *f*; 2. Rechen *m*, Harke *f*
rasuradora *f (Fert)* Schabwerkzeug *n*
~ de engranajes *(Fert)* Zahnradschabmaschine *f*
ratio *f* Verhältnis *n*; Verhältniszahl *f*, Kennzahl *f*; Quote *f*; Grad *m*
ratón *f* **(de control)** Maus *f (Eingabegerät für PC)*
raya *f* 1. Strich *m*, Linie *f*; Bindestrich *m*; 2. Streifen *m*; 3. Scheitel *m*
~ espectral Spektrallinie *f*
~ de quebrado Bruchstrich *m*
rayado *m* 1. Linierung *f*, Lineatur *f*; 2. Strichelung *f*; Schraffierung *f*; 3. Streifigkeit *f*; 4. Drall *m*
rayador *m* 1. Linienziehgerät *n*; 2. *(Lt)* Furchenzieher *m (Pflug)*
rayar *v* 1. ritzen; 2. sich festfressen *(Kolben)*
rayo *m* 1. Strahl *m*; 2. Radius *m*; 3. Blitz *m*; 4. Speiche *f* • **a prueba de rayos** strahlensicher
~ atómico 1. Atomstrahl *m*; 2. Atomradius *m*
~ catódico Katodenstrahl *m*, Elektronenstrahl *m*
~ electrónico Elektronenstrahl *m*
~ de exploración Abtaststrahl *m*
~ incidente einfallender Strahl *m*
~ láser Laserstrahl *m*
~ luminoso [de luz] Lichtstrahl *m*
~ de luz concentrado Strahlenbündel *m*
~ refractado gebrochener Strahl *m*
~ de rueda Speiche *f*, Sprosse *f*
~ textorio *(Text)* Schiffchen *n*, Schützen *m*; Weberschützen *m*
~ vector *(Math)* Radiusvektor *m*, Brennstrahl *m*; Ortsvektor *m*; Leitstrahl *m*
rayón *m* Reyon *m(n)*, Kunstseide *f*
rayos *mpl* Strahlen *mpl*, Strahlung *f*
~ de altura Höhenstrahlen *mpl*, kosmische Ultrastrahlen *mpl*, Höhenstrahlung *f*
~ cósmicos kosmische Strahlen *mpl*, kosmische Strahlung *f*
~ dispersados Streustrahlung *f*
~ infrarrojos Infrarotstrahlen *mpl*, infrarote Strahlen *mpl*, Infrarotstrahlung *f*
~ ionizantes ionisierende Strahlen *mpl*
~ ultrasónicos Ultraschallstrahlen *mpl*, Ultraschallstrahlung *f*
~ ultraviolados [ultravioletas] Ultraviolettstrahlen *mpl*, ultraviolette Strahlen *mpl*

~ X Röntgenstrahle *mpl*, X-Strahlen *mpl*
razón *f* 1. Verhältnis *n*, Quotient *m*, Beziehung *f*, Proportion *f*; 2. Beweis *m*, Argument *n*; Begründung *f*, Grund *m* • **en ~ directa** direkt proportional • **en ~ inversa** umgekehrt proportional
~ de engranajes *(Masch)* Übersetzung *f (Zahnradgetriebe)*
~ de semejanza Ähnlichkeitsfaktor *m*
razonar *v* 1. argumentieren; 2. darlegen; begründen; schließen
reacción *f* 1. Ansprechen *n*, Reagieren *n*; Verhalten *n*; 2. *(Ch)* Reaktion *f*, Umsetzung *f*; 3. Reaktion *f*, Rückwirkung *f*, Gegenwirkung *f*; 4. *(Bw)* Gegendruck *m*, Reaktionskraft *f (Statik)*; 5. *(Eln)* Rückkopplung *f* • **de ~ ácida** sauer reagierend • **de ~ básica** basisch reagierend • **de ~ espontánea** reaktionsfreudig
~ acústica akustische Rückkopplung *f*
~ anódica Anodenrückkopplung *f*, Anodenrückwirkung *f*
~ de apoyo Auflagekraft *m*; Stützkraft *f*
~ al fuego Brandverhalten *n (z. B. eines Bauteils)*
~ a gota *(Ch)* Tüpfelreaktion *f*
~ incontrolada Reaktion *f* außer Kontrolle; Runaway Reaction *f*
~ por inducción induktive Rückkopplung *f*
~ de intercambio *(Ch)* Austauschreaktion *f*, Umsetzung *f*
~ negativa negative Rückkopplung *f*, Gegenkopplung *f*
~ nuclear Kernreaktion *f*
~ positiva 1. *(Eln)* (positive) Rückkopplung *f*, Mitkopplung *f*; 2. *(Aut)* positive Rückführung *f*
~ sólido-sólido Feststoff-Feststoff-Reaktion *f*, Feststoffreaktion *f*
~ de sustitución *(Ch)* Substitutionsreaktion *f*, Verdrängungsreaktion *f*, Austauschreaktion *f*
~ termonuclear thermonukleare Reaktion *f*
~ de umbral *(Kern)* Schwellenreaktion *f*
~ violenta *(Ch)* heftige Reaktion *f*
reaccionabilidad *f* Reaktionsfähigkeit *f*, Reaktivität *f*, Reaktionsvermögen *n*
reaccionar *v* 1. *(Ch)* reagieren, umsetzen; 2. *(Eln)* ansprechen
reactancia *f (El)* Reaktanz *f*, Blindwiderstand *m*, Drosselwirkung *f*

~ **capacitiva** kapazitiver Blindwiderstand m, kapazitive Reaktanz f, Kapazitanz f
reactivar v reaktivieren; regenerieren
reactividad f Reaktionsfähigkeit f, Reaktionsfreudigkeit f, Reaktivität f, Reaktionsvermögen n
reactivo 1. reaktiv, rückwirkend; gegenwirkend; 2. (Ch) reaktiv, reaktionsfähig, reaktionsfreudig; 3. (El) Blind..., induktiv, um 90° nacheilend
~**/poco** (Ch) reaktionsträge
reactivo m (Ch) Reagens n, (chemisches) Nachweismittel n, Prüfmittel n
 ~ **de activación** 1. Aktivierungsmittel n, Aktivator m; 2. (Gieß) Härter m, Beschleunigungsmittel n
 ~ **espumante** Schaumbildner m
reactor m 1. (Kern) Reaktor m, Kernreaktor m; 2. (Ch) Reaktor m, Reaktionsapparat m; 3. (Flg) Strahltriebwerk n
 ~ **de agua hirviendo** (Kern) Siede(wasser)reaktor m, SWR; Verdampferreaktor m
 ~ **auxiliar** Hilfsstrahltriebwerk n
 ~ **de buque** Schiffsreaktor m
 ~ **catalítico** (Kfz) Katalysator m
 ~ **de ebullición** (Kern) Siedewasserreaktor m, SWR; Verdampferreaktor m
 ~ **de fusión (nuclear)** (Kern) Kernfusionsreaktor m, thermonuklearer Reaktor m
 ~ **de grafito** (Kern) Graphitreaktor m, graphitmoderierter Reaktor m
 ~ **hipersónico** Staustrahltriebwerk n für hypersonische Geschwindigkeit, Staustrahltriebwerk n mit Überschallverbrennung
 ~ **a lecho fijo** (Umw) Festbettreaktor m
 ~ **con moderador de agua** (Kern) wassermoderierter Reaktor m
 ~ **nuclear** 1. Kernreaktor m; 2. Kernenergietriebwerk n
 ~ **de piscina** (Kern) Swimmingpool-Reaktor m, Schwimmbadreaktor m, Wasserbeckenreaktor m
 ~ **regenerador** (Kern) Brutreaktor m, Brüter m
 ~ **su(per)regenerador** (Kern) Brutreaktor m, Brüter m
 ~ **termonuclear** (Kern) thermonuklearer Reaktor m, Kernfusionsreaktor m
 ~ **de uranio** (Kern) Uranreaktor m
reafilar v (Fert) nachschleifen

reajustar v anpassen; umgestalten; nach(ein)stellen; nachregeln
reajuste m Nachregelung f, Nachstellung f
realidad f **virtual** (Inf) virtuelle Realität f
realimentación f (Eln) Rückkopplung f, Gegenkopplung f, Rückführung f; Rückmeldung f (im Regelkreis)
realimentar v (Eln) rückkoppeln, gegenkoppeln; rückführen; rückmelden (im Regelkreis)
rearme m Nachrüsten n, nachträgliches Ausstatten n; Umrüstung f
rearranque m (Inf) Neustart m, Wiederanlauf m
reasignación f (Inf) Umsetzung f; Neuzuweisung f; Verschiebung f
reasignar v (Inf) umsetzen; verschieben
reavivar v (Fert) abrichten (Schleifscheibe)
rebaba f 1. (Met) Grat m; 2. (Kst) Grat m, Austrieb m
rebabado m Entgraten n, Entgratung f
rebabar v abgraten, entgraten
rebaja f 1. Reduzierung f, Verkleinerung f (z. B. Maßstab); 2. (Masch) Abmaß n; Kleinstspiel n
rebajador m 1. Sägenschärfmaschine f; 2. Falzhobel m; 3. (Foto) Abschwächer m
rebajar v 1. verringern; die Höhe vermindern; 2. (Foto) abschwächen; 3. (Fert) glätten; abhobeln; 4. (Bgb) nachnehmen (Sohle)
rebajo m Aussparung f, Einschnitt m; Kehle f; Vertiefung f; Nut f; Schulter f (Welle)
rebalsa f 1. Stauwasser n; stehendes Gewässer n; 2. Staubecken n
rebanador m Schneidemaschine f, Schnitzelmaschine f
rebanar v abschneiden, durchschneiden
reblandecedor m Weichmacher m
reblandecer v weich machen; enthärten
rebobinado m 1. (Text) Umspulen n; 2. (El) Neuwickeln n; Rückspulen n (z. B. Magnetband)
rebobinadora f 1. Rückspulmaschine f, Umspulmaschine f (Film); 2. (Typ) Umwickler m (Papierrollen)
rebobinar v 1. zurückspulen, umspulen (Film); 2. (El) neu wickeln
reborde m 1. Bord n, Schulter f; 2. (Fert) Sicke f

rebordeador

rebordeador *m* Bördeleisen *n*
rebordeadora *f* 1. *(Fert)* Bördelmaschine *f*; 2. *(Fert)* Sickenmaschine *f*; 3. *(Fert)* Abkantpresse *f*
rebordear *v* bördeln
rebosadero *m* 1. Überlauf *m*; Hochwasserüberlauf *m*; 2. Überlaufrohr *n*
rebotar *v* zurückfedern
rebote *m* Zurückschnellen *n*; Rückprall *m*; Rückstoß *m*
recalcadora *f (Fert)* Stauchmaschine *f*; Stauchpresse *f*
recalcar *v* 1. *(Fert)* stauchen; 2. *(Schiff)* krängen
recalentador *m* Überhitzer *m*, Vorwärmer *m*
~ **de agua de alimentación** Speisewasservorwärmer *m*
~ **de aire** Luftvorwärmer *m (Dampfkessel)*; Winderhitzer *m (Hochofen)*
recalentar *v* vorwärmen, überhitzen
recalentarse *v* heiß laufen
recalzar *v* 1. *(Bw)* unterfangen, untermauern; 2. *(Lt)* häufeln
recalzo *m* 1. *(Bw)* Untermauerung *f*; Unterfangung *f*; 2. Radfelge *f*
recambiar *v* austauschen, auswechseln
recanteadora *f (Fert)* Abkantmaschine *f*
recarga *f* 1. Nachfüllung *f*; 2. *(El)* Wiederaufladung *f*, Nachladung *f (Batterie)*
~ **del sistema** *(Inf)* Systemrücksetzen *n*
recargue *m* 1. Auftragen *n*; Anschweißen *n*, Auftragschweißen *n*; 2. Umladung *f*
recauchutar *v (Kfz)* runderneuern *(Reifen)*
recebo *m* Decksplitt *m (Straßenbau)*
recementar *v* 1. *(Met)* nachaufkohlen, nachhärten; 2. wieder zusammenkitten
recepción *f* 1. Abnahme *f*, Übernahme *f*; Aufnahme *f*; 2. Empfang *m*; 3. Anbringen *n*, Befestigen *n*; Anschlagen *n (z. B. Tür, Fenster)*
~ **autodina** Autodynempfang *m*, Eigenüberlagerungsempfang *m*, Empfang *m* mit selbstschwingender Mischstufe, Selbstüberlagerungsempfang *m*
~ **estereofónica** Stereoempfang *m*
~ **heterodina** Heterodynempfang *m*, Überlagerungsempfang *m*
~ **superheterodina** Überlagerungsempfang *m*, Superhet(erodyn)empfang *m*, Zwischenfrequenzempfang *m*
~ **de toda onda** Allwellenempfang *m*

receptáculo *m* 1. Behälter *m*; Gefäß *n*; Sammelbecken *n*; 2. *(El)* Steckbuchse *f*, Fassung *f*
receptivo aufnahmebereit, aufnahmefähig; anfällig
receptor *m* 1. Empfänger *m*, Empfangsgerät *n*; 2. *(Nrt)* Abnehmer *m*; 3. Hörer *m*
~ **de aceleración** Beschleunigungsaufnehmer *m (Schwingungsmessgerät)*
~ **de datos** *(Inf)* Datensenke *f*, Datenempfänger *m*
~ **heterodino** Heterodynempfänger *m*, Überlagerungsempfänger *m*
~ **omnionda** Allwellenempfänger *m*
~ **de onda ultracorta** Ultrakurzwellenempfänger *m*, UKW-Empfänger *m*
~ **radio** Funkempfänger *m*; Rundfunkempfänger *m*, Radioapparat *m*
~ **unidireccional** Richtstrahlempfänger *m*
reciclable recyclingfähig; zurückführbar; wieder verwertbar
reciclado *m* Recycling *n*, Rückführung *f* von Abfällen (in den Stoffkreislauf); Wiederverwertung *f*, Wiederverwendung *f*, Sekundärnutzung *f*
~ **de basuras** Müllverwertung *f*
~ **de chatarra** Schrottrecycling *n*
~ **de hojalatas** Weißblechrecycling *n*
~ **de desechos** Abfallrecycling *n*, Abfallwiederaufbereitung *f*
~ **de materiales** Materialrückgewinnung *f*, Stoffwiederverwertung *f*
~ **de neumáticos usados** Altreifenrecycling *n*
~ **de palabras** *(Inf)* zyklische Wortfolge *f*, Bildumlauf *m*
~ **de residuos** Reststoffwiederverwendung *f*; Wiederverwertung *f* von Rückständen; Wiederverwendung *f* von Abfällen
reciclar *v* recyceln, rückführen, wieder verwerten
reciclo *m* Kreislauf *m*, Umlauf *m*
recinto *m* Bereich *m*; Umkreis *m*; Raum *m*
recipiente *m* 1. Gefäß *n*, Behälter *m*; 2. *(Ch)* Vorlage *f (Destillation)*; 3. *(Ph)* Rezipient *m*
~ **de aire comprimido** Druckluftbehälter *m*
~ **a alta presión** Hochdruckbehälter *m*
~ **de basuras** Müllbehälter *m*
~ **de decantación** Dekantiergefäß *n*
~ **de desechos [desperdicios]** Abfallbehälter *m*

~ de fermentación Gärgefäß n, Fermentationsgefäß n, Fermentationstank m (Biotechnologie); Gärbottich m, Gärtank m

~ flotante (Schiff) Schwimmcontainer m

~ a presión Druckbehälter m, Druckgefäß n

~ refrigerador Gefrierbehälter m; Kühlbehälter m

~ de transporte Transportbehälter m, Container m

recíproco reziprok, Wechsel..., wechselseitig, gegenseitig

recirculación f Kreislauf m, Umlauf m, Zirkulation f; Rückführung f in den Kreislauf f; Umwälzung f

~ de aire Luftumwälzung f; Umluftbetrieb m

recircular v umlaufen; im Kreislauf [Umlauf] halten; zurückführen; umpumpen

reclamar v anfordern; fordern; verlangen; beanstanden

reclinable kippbar; verstellbar

recocer v (Met) glühen; ausglühen

recocido m (Met) Glühen n; Ausglühen n

~ de ablandamiento [adulzamiento] Weichglühen n

~ de atenuación de tensiones Spannungsfreiglühen n, Entspannungsglühen n

recogebarros m (Kfz) Kehrmaschine f

recogedor m 1. Sammler m, Aufnahmegefäß n; 2. (Lt) Aufnahmevorrichtung f, Aufsammelvorrichtung f; Pick-up n, Pick-up-Trommel f; 3. (Ch) Tropfschale f, Abstreifer m

recogedora f (Lt) Sammelrechen m

~ de algodón Baumwollpflückmaschine f

~ de forraje Halmfuttererntemaschine f, Futtererntemaschine f

~ de heno Heuwerbungsmaschine f

~ de piedras (Lt) Steinsammler m, Entsteinungsmaschine f

recogedora-cargadora f (Lt) Sammellader f

recogedora-picadora f de discos (Lt) Scheibenradfeldhäcksler m, Exaktfeldhäcksler m

recogedora-troceadora f (Lt) Schlegelfeldhäcksler m

recogepliegos m (Typ) Bogenfänger m

recoger v auffangen; sammeln; einholen (Netz); erfassen (z. B. Daten, Schadstoffe)

recogida f 1. Auffangen n; Sammeln n, Sammlung f; Erfassen n, Erfassung f; Einholen n; 2. Ernte f

~ de basuras Müllsammlung f

~ de chatarra Schrottsammlung f

~ de datos (Inf) Datenerhebung f; Datensammlung f, Datenerfassung f

~ de productos de desecho Abfallsammlung f

recolección f 1. Sammeln n, Sammlung f; Erfassen n, Erfassung f; 2. Ernte f

~ automática de datos automatische Datenerfassung f

~ de desechos Abfallsammlung f

~ de forrajes Futterernte f; Halmfutterernte f

~ de pastos Futterernte f; Grünfutterernte f

~ de raíces y tubérculos Hackfruchternte f

~ de residuos domésticos Hausmüllsammlung f

~ en tiempo real (Inf) Echtzeiterfassung f

recolectar v sammeln; erfassen; ernten

recolector m Sammler m

recolectora f (Lt) Erntemaschine f

~ de aceitunas Olivenpflückmaschine f

~ de algodón Baumwollpflückmaschine f

recolectora-cargadora f **de remolacha** Rübenvollerntemaschine f

recolectora-enfardadora f, **recolectora-prensadora** f Sammelpresse f

recombinar v (Ch) rekombinieren, wieder vereinigen

recompilación f (Inf) Rücksetzen n, Rückstellen n

recompilar v (Inf) rekompilieren, rückübersetzen; rücksetzen, rückstellen

recomponer v 1. instandsetzen, reparieren; 2. (Typ) neu setzen

recomposición f 1. Instandsetzung f, Reparatur m; 2. (Typ) Neusatz m

reconocer v 1. anerkennen (z. B. Mängel); 2. untersuchen; prüfen; 3. (Inf) wieder erkennen

reconocimiento m 1. Erkennen n; Wiedererkennen n; 2. Prüfung f, Untersuchung f; 3. (Ch) Nachweis m; Bestimmung f; 4. Erkundung f; 5. Anerkennung f

~ automático de caracteres (Inf) automatische Zeichenerkennung f

reconocimiento 334

- ~ **automático de habla** automatische Spracherkennung f
- ~ **de caracteres de tinta magnética** Magnetschrift(zeichen)erkennung f, MICR
- ~ **de defectos** Fehlererkennung f
- ~ **in situ** Untersuchung f vor Ort
- ~ **óptico de caracteres** (Inf) optische Zeichenerkennung f [Buchstabenwiedererkennung f]
- ~ **de patrones** Mustererkennung f
- ~ **de secuencias** (Inf) Bitmustererkennung f
- ~ **vocal [de voz]** (Inf, Nrt) Spracherkennung f

reconstituir v wiederherstellen

reconstrucción f 1. Rekonstruktion f; Umbau m; Umgestaltung f, Reorganisation f; 2. Wiederherstellung f; Wiederaufbau m; 3. Nachbildung f

reconstruir v 1. rekonstruieren; umbauen; umgestalten; reorganisieren; 2. wiederherstellen; wieder aufbauen; 3. nachbilden

reconversión f Umgestaltung f, Umstellung f (der Produktion); Rückwandlung f; Umbau m

reconvertir v umstellen; umgestalten; umwandeln

recopiar v 1. (Typ) umkopieren; 2. (Inf) rückkopieren

recopilación f Zusammenstellung f; Sammlung f; Erfassung f; Aufstellung f; Kompilation f; Sammelwerk n; Katalog m

recorrer v 1. (Ph) zurücklegen (einen Weg); 2. (Typ) (Umbruch) korrigieren; 3. durchlaufen; abarbeiten

recorrido m 1. (Ph) Weg m, Strecke f; 2. Ablauf m; Arbeitsablauf m; Durchlauf m; Abarbeitung f; 3. Hub m; 4. Überholung f; Reparatur f; 5. (Typ) Umbruchkorrektur f; Umbruch m
- ~ **ascendente** Aufwärtshub m
- ~ **de corte** Schnitthub m
- ~ **descendente** Abwärtshub m
- ~ **del émbolo** Kolbenhub m
- ~ **libre** 1. freie Weglänge f; 2. Leerlauf m
- ~ **del pedal de freno** Bremspedalspiel n
- ~ **de punzón** Stößelhub m
- ~ **de traslación del carro** Wagenlauf m (Schreibmaschine)
- ~ **útil** Arbeitshub m

recortador m (Eln) Begrenzer m; Signalbegrenzer m

recortadora f 1. (Fert) Beschneidemaschine f; 2. (Lt) Abschneidemaschine f; Schneidwerk n; Schnitzelmaschine f; 3. (Text) Zuschneidemaschine f

recortar v 1. (be)schneiden; schnitzeln; 2. (Bgb) nachreißen

recorte m 1. Zuschnitt m; Verschnitt m; 2. (Typ) Beschnitt m; 3. Abschnitt m; Ausschnitt m; 4. (Met) Abfall m; Ausschuss m; Schrott m; 5. (Bgb) Durchhieb m

recta f 1. Gerade f; 2. Strecke f
- ~ **aproximada** Näherungsgerade f
- ~ **directriz** Richtungsgerade f
- ~ **isocostes** Isokostenkurve f, Isokostenlinie f
- ~ **perpendicular** senkrechte Gerade f, Lot n
- ~ **de regresión** Regressionsgerade f, Ausgleichsgerade f, Beziehungsgerade f

rectangular rechteckig; rechtwinklig
rectángulo rechteckig; rechtwinklig
rectángulo m Rechteck n

rectificación f 1. (Math) Rektifizierung f; 2. (Ch) Rektifikation f, Reinigung f; 3. Richten n, Ausrichten n; 4. (Fert) Schleifen n; Schliff m; 5. (El) Gleichrichtung f; 6. Entzerrung f (Photogrammetrie)
- ~ **de acabado** Schlichtschleifen n
- ~ **por curva anódica** Anodengleichrichtung f, Anodenmodulation f
- ~ **de desbaste** Schruppschleifen n, Schruppen n
- ~ **de dientes de engranajes** Zahnradschleifen n
- ~ **por diodo** Diodengleichrichtung f, Diodendemodulation f
- ~ **de forma** Formschleifen n, Profilschleifen n
- ~ **de herramientas** Abziehen n (von Werkzeugen)
- ~ **de la muela oscilante** Pendelschleifen n
- ~ **por rejilla** Gitter(strom)gleichrichtung f, Audiongleichrichtung f
- ~ **de superficies planas** Flachschleifen n, Planschleifen n
- ~ **de la vía** (Eb) Gleisrichtung f

rectificado m Schleifen n; Schliff m
- ~ **con avance vertical** Einstechschleifen n
- ~ **basto** Grobschleifen n; Grobschliff m
- ~ **cilíndrico** Rundschleifen n

- **cilíndrico exterior** Außenrundschleifen n
- **electroerosivo** Elektrofunkenschleifen n, Elektroerosivschleifen n
- **electrolítico [electroquímico]** elektrolytisches [elektrochemisches] Schleifen n, Elysierschleifen n
- **en húmedo** Nassschleifen n
- **interior** Innenschleifen n; Ausschliff m
- **interno** Innen(rund)schleifen n
- **a movimiento planetario** Honen n
- **sin puntas** spitzenloses Schleifen n, Spitzenlosschleifen n
- **en seco** Trockenschleifen n
- **transversal** Einstechschleifen n
- **ultrasónico** Ultraschallschleifen n

rectificador m 1. (Ch) Rektifikator m, Rektifiziersäule f; 2. (El) Gleichrichter m; 3. Entzerrungsgerät n (Photogrammetrie); 4. (Lt) Räumer m, Nachschneider m
- **catódico** Katodengleichrichter m
- **de corriente** Stromgleichrichter m
- **de diodo** Diodengleichrichter m, Gleichrichterdiode f
- **de mercurio** Quecksilber(dampf)gleichrichter m
- **de placa** Anodengleichrichter m
- **(de) vídeo** Videogleichrichter m

rectificadora f (Fert) Schleifmaschine f
- **sin centros** Spitzenlosschleifmaschine f
- **de cigüeñales** Kurbelwellenschleifmaschine f
- **cilíndrica** Rundschleifmaschine f
- **copiadora** Kopierschleifmaschine f
- **destalonadora** Hinterschleifmaschine f
- **de engranajes** Zahnradschleifmaschine f
- **de interiores** Innen(rund)schleifmaschine f
- **en plano** Flachschleifmaschine f, Planschleifmaschine f
- **pulidora** Poliermaschine f
- **de roscas** Gewindeschleifmaschine f

rectificar v 1. (Math) berichtigen; verbessern, korrigieren; die Länge einer Kurve bestimmen, rektifizieren; 2. (Ch) rektifizieren; reinigen; 3. (Fert) schleifen; 4. (El) gleichrichten; 5. entzerren (Messbilder); 6. (Bw) begradigen

rectilinear geradlinig, zeilenförmig
rectilíneo 1. geradlinig; 2. (Bw) scheitrecht

recuadro m 1. Rahmen m; 2. (Typ) Schriftfeld n; 3. (Bgb) Feldesteil m; 4. (Inf) Box f, Fenster n; Frame m

recubrimiento m 1. Überdeckung f; Abdeckung f; Beschichten n; 2. Überlappung f (z. B. von Frequenzen); 3. (Inf) Überdeckung f, Überlagerung f (Programmtechnik); 4. Belag m; Überzug m; 5. (Masch) Einlaufschicht f (Lager); 6. (Geol) Deckschichten fpl, Abraum m, Deckgebirge n; 7. Überdeckungsgrad m
- **anticorrosivo** Rostschutzanstrich m
- **antimoho** Antifoulinganstrich m, anwuchsverhindernder Anstrich m (für Unterwasserschutzanstrich)
- **barrera** Sperrschicht f, Barriereschicht f (Metallbeschichtung)
- **de cables** Kabelverkleidung f; Kabelummantelung f
- **de cubiertas** (Schiff) Decksbelag m; Decksanstrich m
- **galvánico** galvanischer Überzug m
- **metálico** 1. metallischer Überzug m, Metallüberzug m; 2. Metallisieren n
- **del piso** Fußbodenbelag m
- **de suelos** Bodenbelag m, Fußbodenbelag m

recubrir v 1. überziehen; abdecken; 2. beschichten; 3. überdecken; 4. überlappen

recuento m 1. Zählung f, Nachzählung f, Nachprüfung f; Nachweis m; Bestandsaufnahme f; 2. (Kern) Impuls m, Zählstoß m

reculada f Rückstoß m; Rückprall m; Rücklauf m

recuñar v auskeilen; ausstemmen

recuperable rückgewinnbar; zurückgewinnbar; wieder verwertbar; wieder verwendbar; regenerierbar

recuperación f 1. Wiederherstellung f; Reproduktion f; 2. (Inf) Wiederfinden n, Wiederauffindung f; Wiedergewinnung f; 3. Rückgewinnung f; Wiederverwertung f; Regeneration f; Rekultivierung f; 4. Wiederaufbau m; 5. Rückfluss m; Rückflussdauer f; 6. Bergung f (z. B. von Schiffen, Raketen)
- **de aceites usados** Altölregenerierung f, Altölrückführung f
- **de balasto** Schotteraufschüttung f
- **de calor** Wärmerückgewinnung f; Abwärmeverwertung f, Abwärmenutzung f

recuperación 336

~ **de combustibles nucleares** Kernbrennstoff-Wiederaufarbeitung f, Wiederaufarbeitung f
~ **de chatarra** Schrott(wieder)verwertung f; Schrottaufbereitung f
~ **de datos** (Inf) Datenwiedergewinnung f, Wiederauffinden n von Daten, Datenrückgewinnung f
~ **de desechos** Abfall(wieder)verwertung f
~ **de neumáticos** Reifengenerierung f, Reifenrunderneuerung f
~ **de residuos** Reststoffnutzung f; Abfallnutzung f
recuperador m Rekuperator m, Wärme(aus)tauscher m; Winderhitzer m (Hochofen)
~ **de aceite** (Masch) Ölabscheider m, Entöler m; Ölreiniger m
~ **térmico** Wärme(aus)tauscher m
recuperar v 1. rückgewinnen, wiedergewinnen; wieder verwerten; regenerieren; 2. (Inf) wiederauffinden (Informationen); 3. (Bgb) gewinnen, rauben (Ausbau)
recurso m Mittel n; Betriebsmittel n, Ressource f, Sachmittel n; Hilfsmittel n; Hilfsquelle f; Systemelement n
recursos mpl Ressourcen fpl, Hilfsmittel npl; Mittel npl; Reserven fpl, Vorräte mpl; Vorkommen npl
~ **acuáticos** Wasserressourcen fpl
~ **ambientales** Umweltressourcen fpl
~ **de combustibles** Brennstoffvorräte mpl, Brennstoffressourcen fpl
~ **energéticos** Energieressourcen fpl, Energiereserven fpl, Energievorräte mpl
~ **forestales** Waldressourcen fpl, Waldbestände mpl; Holzvorrat m
~ **hidroenergéticos** Wasserkraftressourcen fpl
~ **lógicos** Software f
~ **de material** Hardware f
~ **minerales** mineralische Ressourcen fpl, Erzvorkommen npl
~ **no renovables** nicht erneuerungsfähige [regenerierbare] Ressourcen fpl
~ **de programación** Softwarebetriebsmittel npl
~ **renovables** erneuerbare [regenerierbare] Ressourcen fpl
~ **del subsuelo** Bodenschätze mpl
rechazar v zurückweisen; aussondern

rechazo m 1. Rückschlag m; 2. (Eln) Unterdrückung f; 3. Ausschuss m; Abfall m; 4. Rückweisung f; 5. (Bgb) Überlauf m
rechupe m Schrumpfung f, Schwundstelle f; Lunker m
red f 1. Netz n; 2. Gitter n; 3. (El) Netz n, Netzwerk n; 4. Sendernetz n; 5. Graph m
~ **de acceso múltiple** Netz n mit Mehrfachzugriff
~ **de alcantarillado** Entwässerungsnetz n; Kanalnetz n
~ **de alimentación de energía** Energieversorgungsnetz n
~ **de alta intensidad** Starkstromnetz n
~ **de alta tensión** Hochspannungsnetz n
~ **de área amplia [expandida]** (Nrt) Weitverkehrsnetz n, Wide Area Network n, WAN, Fernnetz n
~ **de área local** (Nrt) lokales Netz n, Local Area Network n, LAN, Ortsverkehrsnetz n
~ **de arrastre** (Schiff) Schleppnetz n
~ **barredera** (Schiff) Grundschleppnetz n, Trawl n
~ **en bucle** (Inf) Ringnetz n, Schleifennetz n
~ **de comunicaciones** Kommunikationsnetz n; Datenübertragungsnetz n; Fernmeldenetz n; Nachrichtennetz n
~ **de conexión** (Nrt) Verbindungsnetz n, Verbindungsfeld n
~ **de conmutación** Schaltnetz n
~ **de conmutación de paquetes** (Nrt) Paketvermittlungsnetz n
~ **de cuadrados** Gitternetz n
~ **dendrítica** (Inf) Netz n mit Baumstruktur
~ **digital de servicios integrados** (Nrt) dienstintegriertes Digitalnetz n, ISDN
~ **eléctrica aérea** Freileitungsnetz n
~ **de estibar** (Schiff) Ladungsnetz n, Netzschlinge f
~ **en estrella** (Inf) Sternnetz n, Knotennetz n
~ **de fondo** (Schiff) Grundschleppnetz n, Trawl n
~ **de fuerza** Starkstromnetz n; Kraftstromnetz n
~ **integrada** Verbundnetz n
~ **iónica** Ionengitter n
~ **local en anillo** lokales Ringnetz n, Token-Ring m

~ lógica *(Inf)* logisches Netz *n*, Domäne *f* *(Internet)*
~ de ordenadores Rechnernetz *n*, Rechnerverbundnetz *n*; Computerverbund *m*
~ de ordenadores en estrella Rechnersternnetz *n*
~ de paquetes *(Nrt)* Paketnetz *n*
~ de parada *(Schiff)* Standnetz *n*
~ pelágica *(Schiff)* pelagisches Netz *n*, Treibnetz *n*
~ de recogida 1. Auffangnetz *n*, Fangnetz *n*; Schutznetz *n*; Auffangvorrichtung *f*; Auffangssicherung *f*; 2. Erfassungsnetz *n*
~ de trawl flotante *(Schiff)* Treibnetz *n*
~ trifásica Drehstromnetz *n*, Drehstromsystem *n*
redevanar *v (Text)* umspulen; umhaspeln
redimensionar *v* umgestalten; anpassen
rediseñar *v* umgestalten, neu gestalten; neu konstruieren, umkonstruieren; neu projektieren
rediseño *m* Neugestaltung *f*, Neukonstruktion *f*
redondeado *m* 1. Abrunden *n*; 2. *(Typ)* Runden *n (Einbinden)*
redondear *v* runden *(Zahlen)*; abrunden; aufrunden
redondo *m* Rundstahl *m*
reducción *f* 1. Reduktion *f*, Kürzung *f*, Vereinfachung *f*; Umwandlung *f*; Verkleinerung *f*; Abschwächung *f*; Verminderung *f*; 2. *(Foto)* Verkleinerung *f*; 3. *(Ch)* Reduktion *f*; 4. *(Met)* Frischen *n*; 5. *(Mech)* Untersetzung *f*, 6. Abfall *m*, Entspannung *f (Druck)*; 7. *(Text)* Schwindmaß *n*
reducir *v* 1. reduzieren; kürzen; vereinfachen; umwandeln; verkleinern; abschwächen; vermindern; 2. *(Foto)* verkleinern; 3. *(Ch)* reduzieren; 4. *(Met)* frischen; 5. *(Mech)* untersetzen; 6. mindern; entspannen *(Druck)*
reductor *m* 1. *(Ch, Met)* Reduktionsmittel *n*, Reduktor *m*; 2. *(Masch)* Reduktionsgetriebe *n*, Untersetzungsgetriebe *n*; 3. *(Foto)* Verkleinerungsgerät *n*; 4. *(Eln)* Getter *m*
~ sin fin Schneckengetriebe *n*
~ de frecuencias Frequenzteiler *m*
~ de impulsos Impulsuntersetzer *m*
~ de tensión *(El)* Zellenschalter *m*; Spannungsteiler *m*

~ de velocidad Reduktionsgetriebe *n*, Untersetzungsgetriebe *n*
reductor-inversor *m* Untersetzungs- und Wendegetriebe *n*
reductor-vaporizador *m (Kfz)* Verdampferdruckregler *m*
reemisor *m* Relaisstation *f*
reemplazar *v* ersetzen; auswechseln, austauschen; ablösen
reencaminamiento *m* 1. Umleitung *f*; 2. *(Nrt)* Verkehrsumlenkung *f*, Umweglenkung *f*, Schalten *n* von Alternativwegen
reentrante *(Inf)* reentrant, wiedereintrittsfähig, ablaufinvariant
reequipamiento *m* Neuausrüstung *f*, Wiederausrüstung *f*; Umrüstung *f*, Rekonstruierung *f*
reequipar *v* umrüsten; umbestücken
reestampar *v (Fert)* nachprägen
reevaporador *m* Nachverdampfer *m*
refinación *f* 1. Raffination *f*, Vered(e)lung *f*; 2. *(Met)* Läuterung *f*; Frischen *n*; *(Am)* Vergüten *n*
~ electrolítica *(Met)* elektrolytische Raffination *f*, Elektroraffination *f*
~ granulométrica Rückfeinen *n*, Kornverfeinerung *f*
refinador *m (Met)* Feinofen *m*, Raffinierofen *m*
refinamiento *m* 1. Verfeinerung *f*, Verbesserung *f*, Raffinieren *n*, Raffination *f*, Vered(e)lung *f*; 2. *(Met)* Reinigung *f (z. B. einer Schmelze)*, Feinen *n (Stahl)*
~ electrolítico elektrolytisches Vergüten *n*
refinar *v* 1. raffinieren, veredeln; 2. *(Met)* läutern; rückfeinen; *(Am)* vergüten
refinería *f* Raffinerie *f*
reflectancia *f (Opt)* Reflexionsgrad *m*, Reflexionskoeffizient *m*; Reflexionsvermögen *n*; Remission *f (Reflexion des Lichtes an nicht spiegelnden Flächen)*
reflectografía *f (Foto)* Reflex(kopier)verfahren *n*, Reflektographie *f*, Durchlichtungsverfahren *n*
reflector *m* 1. Reflektor *m*, Spiegel *m*, Spiegelteleskop *n*; Spiegelfernrohr *n*; 2. Scheinwerfer *m*, Rückstrahler *m*; 3. *(Kern)* Neutronenreflektor *m*
~ catóptrico [especular] Spiegelreflektor *m*
~ parabólico 1. Parabolreflektor *m*, Parabol(spiegel)antenne *f*; 2. *(Opt)* Parabolspiegel *m*

reflector

~ profundo Tiefstrahler *m*
reflejar *v* reflektieren, zurückwerfen
reflejo *m* Spiegelung *f*, Reflexion *f*, Reflex *m*
~ acústico Schallreflexion *f*
~ en la pantalla Bildschirmspiegelung *f*
réflex *m* Spiegelreflexkamera *f*
reflexibilidad *f (Ph)* Reflexionsvermögen *n*; Reflexionsgrad *m*
reflexible *(Opt)* reflektierbar
reflexión *f (Opt)* Reflexion *f*, Spiegelung *f*, Rückstrahlung *f*
reflujo *m* 1. Rückfluss *m*; Rücklauf *m*; 2. Ebbe *f*, fallende Tide *f*
reforming *m (Ch)* Reformieren *n*, Reforming *n*
refortalecer *v* verstärken (z. B. Signal)
reforzado *m* Verstärkung *f*, Festigung *f*, Armierung *f*
reforzador *m* 1. *(Foto, Typ)* Verstärker *m*; 2. *(El)* Spannungsverstärker *m*, Verstärker *m*; Zusatzmaschine *f*
~ del freno Bremsverstärker *m*
~ de la presión de las ruedas Raddruckverstärker *m*
reforzamiento *m* Verstärkung *f*, Versteifung *f*, Armierung *f*
reforzar *v* verstärken, versteifen; festigen
refracción *f (Ph)* Refraktion *f*, Brechung *f*, Strahlenbrechung *f*
~ acústica Schallbrechung *f*
~ de ondas Wellenbrechung *f*
refractar *v* brechen *(Strahlen)*
refractario 1. feuerfest, feuerbeständig; 2. hochwarmfest *(Metalle)*
refractario *m* feuerfestes Erzeugnis *n*; feuerfestes Material *n*
refractividad *f* Brechungsvermögen *n*, Lichtbrechungsvermögen *n*
refractómetro *m* Refraktometer *n*, Brechzahlmesser *m*
refractor *m (Opt)* Refraktor *m*, Linsenfernrohr *n*, dioptrisches Fernrohr *n*
refrentar *v (Fert)* plandrehen
refrescar *v* auffrischen (z. B. Signal)
refrigeración *f* Abkühlung *f*, Kühlung *f*
refrigerador *m* 1. Kühler *m*; Kühlaggregat *n*, Kühlmaschine *f*, Kälteanlage *f*, Kältemaschine *f*; Kühlschrank *m*; 2. s. buque refrigerador
refrigerante *m* 1. Kühlmittel *n*; 2. Kühler *m*; Kondensator *m*

refrigerar *v* (ab)kühlen, erkalten
refringencia *f (Ph)* Brechungsvermögen *n*
refringir *v* s. refractar
refuerzo *m* 1. Verstärkung *f*, Versteifung *f*; Verfestigung *f*; Armierung *f*; 2. *(Met)* Ansatz *m*, Aufschweißung *f*
~ de fibra de vidrio Glasfaserverstärkung *f*
~ de firmes Fahrbahnverfestigung *f*
~ de popa *(Schiff)* Heckverstärkung *f*
refundir *v* umschmelzen
refusión *f* 1. *(Gieß)* Umschmelzen *n*; 2. *(Geol)* Wiederaufschmelzung *f*
regadera *f (Lt)* Regner *m*, Beregnungsanlage *f*; Sprenger *m*
~ de calles Straßensprengwagen *m*
~ de manguera Schlauchregner *m*
regadío *m* 1. Bewässerung *f*; 2. Bewässerungsfläche *f*
regador *m* 1. Regner *m*; 2. *(Lt)* Beregnungsanlage *f*
~ de chorro horizontal Flachstrahlregner *m*
~ giratorio Kreisberegnungsanlage *f*, Kreisflächenregner *m*, Drehstrahlregner *m*
~ de gran alcance Weitstrahlregner *m*
regadora *f* Sprengwagen *f*; Spritzmaschine *f*
regala *f (Schiff)* Schandeck *n*
regar *v* 1. bewässern; 2. befeuchten; abspritzen
regeneración *f* 1. Regeneration *f*, Regenerierung *f*, Wiederherstellung *f*, Aufarbeitung *f*, Aufbereitung *f*; 2. *(Kern)* Brüten *n*; 3. *(Eln)* Rückkopplung *f*; positive Rückführung *f (Systemtechnik)*
regenerador *m* 1. Regenerator *m*; 2. Regenerierungsmittel *n*
regenerante Regenerierungsmittel *n*
regenerar *v* regenerieren, erneuern; wiedergewinnen, umarbeiten
regenerativo 1. regenerierend, regenerativ; 2. *(Eln)* Rückkopplungs..., rückkoppelnd
régimen *m* 1. Betrieb(sart) *f*, Betriebsweise *f*, Betriebsverhalten *n*; Arbeitsweise *f*, Regime *n*; Verfahrensweise *f*; 2. Leistungsbereich *m*; Betriebsbereich *m*; Betriebsdaten *pl*; Drehzahlbereich *m*; Drehzahlen *fpl*; 3. Betriebszustand *m*; Zustand *m*; Verhältnisse *npl*; Bedingungen

fpl; 4. Verlauf *m*; Gang *m*; Folge *f*; 5. System *n*; Ordnung *f*; Prinzip *n*; Verfahren *n*; 6. *(Inf)* Betrieb *m*; Modus *m*; 7. Haushalt *m* • **de ~ lento** langsam laufend • **de ~ rápido** schnell laufend
- **asincrónico** Asynchronbetrieb *m*
- **~ de avance** Vorschubgeschwindigkeit *f*
- **~ de carga continuo** Dauerbetrieb *m*; Dauerbelastung *f*
- **~ constante** Beharrungszustand *m*
- **~ de corte** *(Fert)* Schnittbedingungen *fpl*, Zerspanungsintensität *f*, Schnittintensität *f*
- **~ crítico** *(Kern)* kritisches Verhalten *n* *(Reaktor)*
- **~ de crucero** *(Flg)* Reisegeschwindigkeit *f*
- **~ de descarga** Abgabegeschwindigkeit *f*; Freisetzungsgeschwindigkeit *f*; Auswurfgeschwindigkeit *f* *(Schadstoff)*
- **~ de flujo** Strömungsverhältnisse *npl*
- **~ de funcionamiento** 1. Betriebsbereich *m*; Funktionsbereich *m*; 2. Betriebsdaten *pl*
- **~ hidráulico** Wasserhaushalt *m*
- **~ intermitente** aussetzender Betrieb *m*
- **~ de marcha** 1. Betriebsbedingungen *fpl* *(einer Maschine)*; 2. Fahrbetrieb *m*
- **~ permanente** 1. Dauerbetrieb *m*; Dauerzustand *m*; 2. Dauerdrehzahl *f*
- **~ de ralentí** *(Kfz)* Standgas *n*
- **~ de revoluciones** Drehzahlbereich *m*, Drehzahl *f*
- **~ tecnológico** technologischer Ablauf *m*
- **~ de temperatura** Temperaturführung *f*; Temperaturverlauf *m*; Wärmehaltung *f*
- **~ de trabajo** 1. Arbeitsweise *f*, Arbeitsablauf *m*, Betriebsart *f*, Betriebszustand *m*; 2. Betriebsbedingungen *fpl*, Betriebsdaten *pl*

registrador *m* Registriergerät *n*, Schreiber *m*, Schreibgerät *n*
- **~ de aceleración** Akzelerometer *n*, Beschleunigungsmesser *m*, Beschleunigungsgerät *n*
- **~ de altura** Höhenschreiber *m*
- **~ de cinta magnetofónica** Magnetbandaufnahmegerät *n*
- **~ de curva** Kurvenschreiber *m*; Linienschreiber *m*
- **~ de derrota** 1. *(Schiff)* Kursschreiber *m*; 2. *(Flg)* Flug(weg)schreiber *m*
- **~ gráfico** Plotter *m*
- **~ magnético** Magnetbandgerät *n*, magnetisches Registriergerät *n*; Magnettonschreiber *m*
- **~ de medida** schreibendes Messgerät *n*, Messschreiber *m*
- **~ de nivel(es)** Pegelschreiber *m*
- **~ de parámetros de vuelo** Flugschreiber *m*, Flugdatenregistriergerät *n*
- **~ de rumbos [ruta]** *(Schiff)* Kursschreiber *m*
- **~ sónico [de sonidos]** 1. Tonaufnahmegerät *n*; 2. *(Schiff)* Echograph *m*

registradora *f* Registrierwerk *n*; Registrieranlage *f*

registrar *v* aufnehmen, registrieren; schreiben, aufzeichnen; erfassen, speichern *(z. B. Daten)*

registro *m* 1. Erfassung *f*; Registrierung *f*; Aufzeichnung *f*, Aufnahme *f*; 2. Aufnahmegerät *n*; 3. Verzeichnis *n*, Liste *f*; 4. *(Inf)* Register *n*, schneller Speicher *m*; 5. *(Inf)* Datensatz *m*, logischer Satz *m*; 6. Register *n*; Logbuch *n*, Schiffstagebuch *n*; 7. *(Typ)* Register *n*; 8. Öffnung *f*; Mannloch *n*; 9. Klappe *f*; Schieber *m*; 10. Gangregler *m* *(von Uhren)*
- **~ de cinta vídeo** Videobandaufzeichnung *f*, Magnetband-Fernsehaufzeichnung *f*, MAZ
- **~ de datos** 1. Datenaufzeichnung *f*, Datenregistrierung *f*; 2. Datenregister *n*; 3. Datensatz *m*
- **~ de instrucciones** Befehls(analyse)register *n*, BR, Programmregister *n*
- **~ de longitud fija** Datensatz *m* mit fester Länge; Satz *m* fester Länge
- **~ de llenado** Einfüllöffnung *f*
- **~ numérico** Digitalaufzeichnung *f*
- **~ de pista** Spuraufzeichnung *f*
- **~ del sonido** Schallaufzeichnung *f*, Tonaufzeichnung *f*, Tonaufnahme *f*
- **~ tampón de memoria** Pufferregister *n*
- **~ (en) vídeo** Videoaufzeichnung *f*

regla *f* 1. Lineal *n*; 2. *(Typ)* Leiste *f*; 3. Regel *f*, Grundsatz *m*; 4. Grundrechnungsart *f*; 5. Linienblatt *n*
- **~ de Ampère** ampèresche Schwimmerregel *f*, Daumenregel *f*
- **~ batidora** *(Text)* Schläger *m*; Schlagleiste *f*
- **~ de cálculo** Rechenschieber *m*, Rechenstab *m*

regla

~ **de comprobación** Messlineal n
~ **de conjunta** *(Math)* Kettenregel f, Kettensatz m
~ **curva** Kurvenlineal n
~ **de deducción** Schlussregel f *(künstliche Intelligenz)*
~ **de falsa posición** *(Math)* Regula falsi f, Sekantennäherungsverfahren n
~ **graduada** 1. Messschiene f; 2. Maßstab m; geeichte Skala f
~ **de interés** *(Math)* Zinssatz m
~ **de la mano** *(El)* Handregel f, Dreifingerregel f
~ **mnemotécnica** mnemotechnische Regel f
~ **de nivelar** *(Bw)* Nivellierlatte f
~ **n-naria** *(Math)* n-stellige [n-äre] Relation f
~ **de oro** Regeldetri f, Dreisatz m, goldene Regel f
~ **paralela** Parallelendmaß n
~ **portahusos** *(Text)* Spindelbank f
~ **en pulgadas** Zollstock m
~ **del sacacorchos** *(El)* Korkenzieherregel f, Rechtsschraubenregel f
~ **de sucesión** *(Math)* Nachfolgebeziehung f, Nachfolgerelation f
~ **en T** Reißschiene f, Anschlagwinkel m; Anlegewinkel m *(Zeichengerät)*
~ **de tres** *(Math)* Regeldetri f, Dreisatz m, goldene Regel f
~ **de los tres dedos** *(El)* Handregel f, Dreifingerregel f

reglaje m 1. *(Feinw)* Einstellung f; Justierung f; Regulierung f; Verstellung f; Nachstellen n; 2. *(Fert)* Einrichten n; Steuerung f; 3. Regeln n, Regelung f
~ **aproximado** Grobeinstellung f
~ **del carburador** Vergasereinstellung f
~ **del embrague** Kupplungseinstellung f
~ **del encendido** *(Kfz)* Zünd(punkt)verstellung f
~ **de faros** *(Kfz)* Scheinwerfereinstellung f
~ **de frenos** *(Kfz)* Bremsnachstellung f
~ **lumbar** *(Kfz)* verstellbare Lendenwirbelstütze f
~ **de precisión** Feineinstellung f
~ **de taqués** *(Kfz)* Stößelverstellung f
~ **de volumen** Lautstärkeregelung f; Lautstärkeregler m *(Elektroakustik)*

reglar v 1. einregeln; einstellen; nachstellen; regulieren; 2. lin(i)ieren

regleta 1. *(Typ)* Reglette; 2. Richtscheit n; 3. Leiste f; 4. Schiene f *(z. B. am Messschieber)*; Steg m; Läufer m *(z. B. am Rechenschieber)*
~ **distribuidora** *(El)* Kamm m
~ **de empalme** Schaltleiste f
~ **de enchufes** Steckerleiste f
~ **de fusibles** Sicherungsleiste f
~ **de guía** Führungsleiste f
~ **de terminales** Klemm(en)leiste f, Anschlussklemmleiste f

regletero m *(Typ)* Reglettenkasten m
reglón m Messlatte f, Messlineal n
regloscopio m Einstellgerät n
~ **de faros** *(Kfz)* Scheinwerfereinstellgerät n

regrabar v überspielen, umspielen; umschneiden *(Tonband)*
regresión f *(Math)* Regression f
regruesadora f *(Fert)* Dickenhobelmaschine f
reguera f 1. *(L!)* Regner m; 2. Gerinne n; 3. *(Met)* Masselgraben n
regulable (ein)stellbar, regelbar, regulierbar

regulación f Einstellung f, Regulierung f; Regeln n, Regelung f • **de ~ automatica** automatisch geregelt, selbstregulierend; automatisch eingestellt; selbstregelnd • **de ~ exterior** von außen eingestellt; fremdgesteuert • **de ~ vertical** höhenverstellbar
~ **aproximativa** Grobeinstellung f
~ **automática** automatische [selbsttätige] Regelung f, Selbstregelung f
~ **del avance de encendido** *(Kfz)* Frühverstellung f *(Zündung)*
~ **en cascada** Kaskadenregelung f, Folgeregelung f, überlagerte Regelung f
~ **continua** kontinuierliche [stetige] Regelung f, stufenlose Einstellung f [Regelung f]
~ **continua de la velocidad** stufenlose Drehzahlregelung f
~ **derivada** Differenzialregelung f, D-Regelung f
~ **directa** 1. direkte [direktwirkende] Regelung f; 2. Direktsteuerung f
~ **a distancia** Fernregelung f
~ **de distancias** *(Foto)* Entfernungseinstellung f
~ **a dos posiciones** Zweipunktregelung f, Ein-Aus-Regelung f

~ **del encendido** *(Kfz)* Zündverstellung *f*, Zünd(punkt)einstellung *f*
~ **escalonada** Stufenregelung *f*
~ **sin escalones** stufenlose Regelung *f*
~ **por estrangulación** Drosselregelung *f*
~ **flotante** gleitende Regelung *f*; Integralregelung *f*, I-Regelung *f*
~ **de frenos** *(Kfz)* Bremseneinstellung *f*
~ **de ganancia** *(Eln)* Verstärkungsregelung *f*
~ **de nivel** 1. Niveauregelung *f*; Füllstandsregelung *f*; 2. *(Nrt)* Pegelregulierung *f*, Pegeleinstellung *f*
~ **no escalonada** stufenlose Regelung *f*
~ **precisa** Feinregelung *f*, Feineinstellung *f*
~ **proporcional** Proportionalregelung *f*, P-Regelung *f*, Verhältnisregelung *f*
~ **de tensión** Spannungsregelung *f*, Spannungsstabilisierung *f*
~ **por todo o nada** Zweipunktregelung *f*, Ein-Aus-Regelung *f*
~ **de válvulas** *(Kfz)* Ventilsteuerung *f*
~ **de la velocidad** Geschwindigkeitsregelung *f*; Drehzahlregelung *f*
~ **de voltaje** Spannungsregler *m*
~ **de volumen** 1. Mengenregelung *f*, Füllstandsregelung *f*; 2. *(Eln)* Aussteuerung *f*
~ **volumétrica** Durchflussregelung *f*

regulador *m* 1. *(Aut)* Regler *m* (ohne Versorgungsenergie); 2. *(Kfz)* Steuerschalter *m*; Reglerschalter *m*; 3. *(Lt)* Regulator *m*; Regelvorrichtung *f*, Nachstellvorrichtung *f*; 4. Regulator (einer Uhr); 5. *(Ch)* Reglersubstanz *f* (z. B. bei der chemischen Kettenbildung)
~ **de agujas** *(Eb)* Weichenstellwerk *n*
~ **de aire** 1. Windkessel *m*; 2. *(Kfz)* Luftklappe *f*, Vergaserlufttrichter *m*
~ **antifading** *(Eln)* Schwundausgleich(er) *m*, Schwundminderer *m*
~ **de arranque** Anlassregler *m*, Regelanlasser *m*
~ **automático de gas** *(Kfz)* Gemischregler *m*
~ **del campo** *(El)* Feldregler *m*, Magnetfeldregler *m*
~ **de carga** Belastungsregler *m*; Ladestromstärkeregler *m*
~ **del caudal** Durchflussregler *m*
~ **centrífugo** Fliehkraftregler *m*, Zentrifugalregler *m*

~ **centrífugo del avance** *(Kfz)* Fliehkraftversteller *m*
~ **de claridad** *(TV)* Helligkeitsregler *m*
~ **de dos posiciones** Zweipunktregler *m*, Ein-Aus-Regler *m*
~ **de exploración** Abtastregler *m*
~ **de exposición** Belichtungsregler *m*
~ **de faros** *(Kfz)* Scheinwerfereinstellgerät *n*
~ **de flotador** *(Kfz)* Schwimmerregler *m*
~ **por inducción** Induktionsregler *m*, Drehregler *m*
~ **de intensidad** Stromregler *m*
~ **de linealidad** *(TV)* Linearitätsregler *m*
~ **de la magnitud piloto** Führungsgrößenregler *m*
~ **de marcha sincrónica** Gleichlaufregler *m*
~ **del nivel (de relleno)** Füllstandsregler *m*, Flüssigkeitsstandregler *m*
~ **paso a paso** Schrittregler *m*
~ **de potencia reactiva** Blindleistungsregler *m*
~ **de presión** Druckregler *m*
~ **de proceso(s)** Prozessregler *m*
~ **de profundidad** *(Lt)* Tiefeneinstellung *f* (Vorrichtung)
~ **proporcional** Proportionalregler *m*, P-Regler *m*
~ **proporcional-derivativo** Proportional-Differenzial-Regler *m*, PD-Regler *m*, Proportionalregler *m* mit Vorhalt
~ **proporcional integral derivativo** Proportional-Integral-Regler *m* mit Vorhalt, PID-Regler *m*
~ **reductor de presión** Druckregler *m*; Druckminderer *m* (Behältergerät)
~ **registrador** schreibender [registrierender] Regler *m*
~ **secuencial** Folgeregler *m*, Serienregler *m*
~ **seguidor** Nachlaufregler *m*
~ **de sonido** Klangregler *m*
~ **de tensión** Spannungsregler *m*
~ **de tensión por inducción** *(El)* Drehtransformator *m*, Drehregler *m* (Induktionsregler)
~ **térmico** Thermoregler *m*
~ **de valor fijo** Festwertregler *m*
~ **de velocidad** Geschwindigkeitsregler *m*; Drehzahlregler *m*

regulador-disyuntor *m* Reglerschalter *m*

regular v regeln, einstellen; justieren; regulieren; abstimmen

reiniciar v (Inf) (zu)rücksetzen; neu starten

reinicio m (Inf) Zurücksetzen n, Rücksetzen n; Neustart m
~ **en caliente** Warmstart m

reiteración f 1. wiederholte Ausführung f, Wiederholung f; 2. Reiteration f, Winkelmessung f durch Repetieren

reja f 1. Gitter n; Gittertür f; 2. (Lt) Pflugschar n, Schar n; Drillschar n
~ **anterior** Vorschäler m (Pflug)
~ **aporcadora** Häufelschar n
~ **de arranque** Rodeschar n
~ **mullidora** Wühleisen n
~ **rayadora** Schälsech n

rejilla f 1. Gitter n; Raster n; 2. (Eln) Gitter; 3. Rost m; 4. Rechen m (Abwasserreinigung)
~ **aceleradora** (Eln) Beschleunigungsgitter n
~ **agotadora** (Bgb) Entwässerungssieb n (Aufbereitung)
~ **de blindaje** (Eln) Schirmgitter n, Schirmelektrode f
~ **de caldeo** (Eln) Heizgitter n
~ **de carga espacial** (Eln) Raumladungsgitter n
~ **de control** (Eln) Steuergitter n
~ **de difracción** (Opt) Beugungsgitter n
~ **de hojas** (Eln) Hohlleiterfilter n
~ **de mando** (Eln) Steuergitter n
~ **(de) pantalla** (Eln) Schirmgitter n
~ **protectora** Schutzgitter n
~ **de radiador** (Kfz) Kühlerschutzgitter n
~ **de regulación** (Eln) Steuergitter n
~ **de resonador** (Eln) Hohlraumgitter n
~ **del suelo** Bodenrost m
~ **supresora** (Eln) Bremsgitter n, Fanggitter n
~ **de la válvula** (Eln) Röhrengitter n
~ **de ventilación** Lüftungsschlitz m

rejuntador m (Bw) Fugenkelle f, Fugeneisen n

rejuntar v (Bw) verfugen, ausfugen

relación f 1. Relation f, Beziehung f; Vergleich m; Verhältnis n; Verbindung f; 2. s. razón 1. • **en ~ inversa** im umgekehrten Verhältnis
~ **angular** (Math) Winkelbeziehung f
~ **atómica** (Kern, Ch) Atomverhältnis n

~ **axial** (Eln) Achsenverhältnis n (bei Wellenleitern)
~ **binaria** binäre [zweistellige] Relation f, binäres Relativ n
~ **de cambio de velocidades** Übersetzungsverhältnis n (Getriebe)
~ **de compatibilidad** Kompatibilitätsrelation f (Algebra)
~ **de compresión** Verdichtungsverhältnis n (Kraftstoff)
~ **de contacto** Überdeckungsgrad m (Getriebe)
~ **cresta-valle** (El) Maximum-(zu)-Minimum-Verhältnis n
~ **de deducibilidad** (Math) Ableitbarkeitsbeziehung f
~ **de desmultiplicación** Übersetzungsverhältnis n (ins Langsame), Untersetzungsverhältnis n (Getriebe)
~ **de engranaje** Übersetzungsverhältnis n (Getriebe)
~ **exponencial** (Math) Exponentialbeziehung f
~ **de extinción** (El) Ausschwinggrad m
~ **del extremo y medio** goldener Schnitt m, stetige Teilung f
~ **hombre-máquina** Mensch-Maschine-Beziehung f, Mensch-Maschine-Wechselwirkung f
~ **de incertidumbre (de Heisenberg)** (heisenbergsches) Unbestimmtheitsprinzip n, (heisenbergsche) Unschärferelation f
~ **de incidencia** (Math) Inzidenzverhältnis n
~ **de limitación de impulsos** (El) Impulsbegrenzungsmaß n
~ **de luminancias** Leuchtdichteverhältnis n
~ **de mezcla** (Ch) Mischungsverhältnis n
~ **molar** (Ch) Mol(ekular)verhältnis n
~ **de multiplicación** Übersetzungsverhältnis n (ins Schnelle) (Getriebe)
~ **reciproca** Wechselbeziehung f, reziprokes Verhältnis f
~ **de reducción** 1. s. ~ **de desmultiplicación**; 2. Zerkleinerungsgrad m (Aufbereitung)
~ **de ruedas** (Kfz) Übersetzung f, Übersetzungsverhältnis n (Getriebe)
~ **señal-ruido** (Eln) Rauschabstand m, Störabstand m, Signal-Rausch-Verhältnis n

~ **señal-zumbido** Brummabstand m
~ **de transmisión** Übersetzungsverhältnis n *(Getriebe)*
~ **de velocidades** Übersetzungsverhältnis n *(Getriebe)*
relajar v entspannen; sich lockern; nachlassen
relámpago m Blitz m, Lichtblitz m
~ **en bola [globo]** Kugelblitz m
relanzamiento m *(Inf)* Restart m, Wiederanlauf m, Neustart m, Wiederstart m *(Programm)*
relanzar v *(Inf)* wieder anlaufen, wieder starten *(Programm)*
relatividad f Relativität f; Relativitätstheorie f
relavador m Nachwäscher m
relaves mpl **de escombreras** Berge mpl; Erzabfälle mpl
relé m 1. Relais n; 2. Relaisstation f; 3. *(Rak)* Relaissatellit m; 4. *(Mech)* Verstärker m; Folgestufe f
~ **de acción instantánea** schnell ansprechendes Relais n
~ **de acción lenta [retardada]** ansprechverzögertes [anzugverzögertes] Relais n, Relais n mit Ansprechverzögerung
~ **de aceleración** Beschleunigungsrelais n, Fortschaltrelais n
~ **de alta impedancia** Drosselrelais n
~ **de alta velocidad** Schnell(schalt)relais n
~ **amplificador** Verstärkerrelais n
~ **de arranque** Anlassrelais n, Einschaltrelais n
~ **avisador [de aviso]** Melderelais n, Warnrelais n, Alarmrelais n
~ **basculante** Kipprelais n
~ **bimetálico** Bimetallrelais n; Thermorelais n
~ **de cadencia** Taktrelais n
~ **conmutador** Umschaltrelais n, Wechselrelais n
~ **de corriente** Stromrelais n; Stromwächter m
~ **de corte** Trennrelais n, Abschaltrelais n, Auflöserelais n, Auslöserelais n
~ **de cuadro móvil** Drehspulrelais n
~ **de dos direcciones** Kipprelais n
~ **inductivo** Induktionsrelais n, Ferraris-Relais n
~ **instantáneo** unverzögertes Relais n, Momentrelais n
~ **iónico** Ionenrelais n, Glimmrelais n, Gas(entladungs)relais n
~ **limitador de corriente** Strombegrenzungsrelais n
~ **magnetoeléctrico** Drehspulrelais n
~ **de mando** Steuerrelais n
~ **de mínima de tensión** Unterspannungsrelais n
~ **óptico** Lichtrelais n, photoelektrisches Relais n
~ **paso a paso** Schrittschaltrelais n
~ **piloto** 1. Pilotrelais n; Steuerrelais n; 2. *(Nrt)* Melderelais n
~ **de potencia reactiva** Blindleistungsrelais n
~ **de prueba** Prüfrelais n, Überwachungsrelais n
~ **radioeléctrico** Funkrelaisstation f
~ **rápido** schnell ansprechendes Relais n, Schnell(schalt)relais n
~ **regulador** Steuerrelais n; Reglerschalter m
~ **de sobrecarga** Überlastrelais n
~ **de sobreintensidad** Stromwächter m, Überstromrelais n
~ **de solenoide** Tauchankerrelais n
~ **telefónico** Fernmelderelais n, Fernsprechrelais n
~ **de tensión** Spannungsrelais n
~ **térmico** Thermorelais n, thermisches Relais n; Bimetallrelais n
relevador m 1. s. relé; 2. Verstärker m
relevamiento m topographische Aufnahme f
~ **acústico** Schallpeilung f
relevo m s. relé
reloj m 1. Uhr f; 2. Taktgeber m, Zeitgeber m, Taktimpuls m; Taktgenerator m
~ **bajada** herabgesetzte Taktfrequenz f [Zeitgebung f]
~ **central** 1. Hauptuhr f, Mutteruhr f; 2. *(Nrt)* Zentraltaktgeber m, zentraler Taktgenerator m
~ **indicador** Messuhr f, Indikator m
~ **maestro** 1. Hauptuhr f; 2. Taktgeber m, Zeitgeber m; Haupttakt m; Zentraltakt m
~ **de nivel de aceite** Ölstandsanzeige f
~ **de pulsión** Pulstaktgeber m
~ **de tiempo real** Echtzeituhr f, Realzeituhr f
reluctancia f Reluktanz f, magnetischer Widerstand m

rellenado *(Bgb)* versetzt
rellenado *m* Nachfüllung *f*; Aufschütten *n*
rellenadora *f (Bgb)* Versatzmaschine *f*
rellenamiento *m* Verfüllen *n (Bohrung)*
rellenar *v* 1. (nach)füllen, auffüllen; nachgießen; aufschütten; 2. *(Bgb)* versetzen; 3. ausballen *(Schuhe)*
relleno *m* 1. Nachfüllung *f*; Nachguss *m*; 2. Aufschüttung *f (z. B. Erde)*; 3. *(Bgb)* Versatz *m*, Berge *mpl*; Füllung *f (Gang)*; 4. *(Ch)* Füllkörper *m*, Füller *m*; 5. *(Inf)* Auffüllen *n (Übertragungsblock auf vorgeschriebene Länge bringen)*; 6. *(Inf, Nrt)* Füllzeichen *n*, Leerzeichen *n*; 7. *(Kst)* Füller *m*, Füllmittel *n*, Füllstoff *m*; 8. *(Bw)* Füller *m*, Zuschlagstoff *m*
remachado *m (Fert)* Nietung *f*, Nieten *n*, Vernietung *f*; 2. Nietnaht *f*
~ **a eclisa** Laschennietung *f*
~ **en frío** Kaltnietung *f*
~ **a paño** Senknieten *n*
~ **de reborde** Bördelnietung *f*
remachador *m* Niethammer *m*
~ **neumático** Pressluftniethammer *m*
remachadora *f* Nietmaschine *f*, Nietpresse *f*
remachar *v (Fert)* (ver)nieten
~ **en caliente** warmnieten
~ **en frío** kaltnieten
~ **a solapa** überlappnieten
remache *m* Niet *m*
~ **apresadero** Sprengniet *m*
~ **de cabeza achatada [aplastada]** Flach(kopf)niet *m*
~ **de cabeza avellanada** Senkniet *m*
~ **con cabeza cilíndrica** Zylinderkopfniet *m*
~ **de cabeza plana** Flach(kopf)niet *m*
~ **ciego** Blindniet *m*
~ **de cubrejunta** Laschenniet *m*
~ **a eclisa** Laschenniet *m*
~ **entallado** Spreizniet *m*
~ **explosivo** Sprengniet *m*
~ **perdido** Senkniet *m*
remalladora *f (Text)* Kettelmaschine *f*; Aufmaschine *f*, Laufmaschenaufnehmemaschine *f*
remallar *v (Text)* ketteln *(Weberei, Wirkerei)*; aufmaschen *(von Laufmaschen)*
remanencia *f* 1. Remanenz *f*, remanenter Magnetismus *m*; 2. Nachleuchten *n (z. B. von fluoreszierenden Stoffen)*

remanente *m* 1. Rest *m*, Überrest *m*; 2. bleibende Verformung *f*
remansar *v* stauen *(Wasser)*
remitir *v* weiterleiten; weitersenden
remo *m (Schiff)* Ruder *n*; Riemen *m*; Skull *n*
remoción *f* 1. Entfernung *f*, Abnahme *f*, Säuberung *f*; 2. *(Ch)* Abspaltung *f*
~ **de agresivos militares** Kampfmittelberäumung *f*
~ **de metal** Metallabnahme *f*, Metallabtrag *m*
~ **del óxido superficial** Entzundern *n*
~ **de tensión** Entspannen *n*
remojo *m* 1. Tränken *n*, Eintauchen *n*; 2. *(Led)* Beizen *n*
remolachero *m (Lt)* Rübenpflug *m*
remolcador *m* 1. *(Schiff)* Schlepper *m*, Bugsierer *m*; 2. *(Flg)* Schleppflugzeug *n*
~ **de alta mar** Hochseeschlepper *m*
~ **amarrado** Bugsierschlepper *m*, Werftschlepper *m*
~ **automóvil** Abschleppfahrzeug *n*, Schleppfahrzeug *n*
~ **de empuje** *(Schiff)* Schubfahrzeug *n*; Bugsierschlepper *m*
~ **de puerto** Hafenschlepper *m*
~ **de río** Binnenschlepper *m*, Flussschlepper *m*
~ **de salvamento** Bergungsschlepper *m*
remolcar *v* 1. *(Kfz)* (ab)schleppen; 2. *(Schiff)* bugsieren; ziehen
remolinar *v* wirbeln
remolino *m* 1. Wirbel *m*, Strudel *m*; 2. Kolk(wirbel) *m*, Stromwirbel *m (Hydromechanik)* • **sin remolinos** wirbelfrei
~ **de hélice** *(Schiff)* Propellerwirbel *m*
~ **del timón** *(Schiff)* Totwasser *n*
remolque *m* 1. Schleppen *n*, Abschleppen *n*; Schleppfahrt *f*; Bugsieren *n*; 2. Schlepptau *n*; 3. Schleppzug *m*; Schubverband *m*; 4. Schlepper *m*; Bugsierer *m*; 5. *(Kfz)* Anhänger *m*, Anhängefahrzeug *n*, Anhängewagen *m* • **a ~** im Schlepptau • **en ~** Anhänge...
~ **abierto** offene Pritsche *f*
~ **autocargador** selbstladender Anhänger *m*
~ **autodescargador** selbstentladender Anhänger *m*
~ **de automóvil** Kraftfahrzeuganhänger *m*
~ **basculante** Kippanhänger *m*

~ **de camión** Lastkraftwagenanhänger m
~ **de camping** (Kfz) Campinganhänger m, Wohn(wagen)anhänger m
~ **de carga pesada** Schwerlastanhänger m
~ **cisterna** Tankanhänger m
~ **de dos ejes** Zweiachsanhänger m
~ **góndola** Tiefladeanhänger m; Tiefladesattelanhänger m
~ **portavagón** (Eb, Kfz) Straßenroller m
~ **tanque** Tankanhänger m (LKW)
~ **de tractor** Schlepperanhänger m, Traktoranhänger m, Zugmaschinenanhänger m
~ **de un eje** Einachsanhänger m
~ **volcador [volquete, de volteo]** Kippanhänger m

remontar v 1. wieder einbauen; 2. (Strom) hinauffahren; 3. aufwickeln
remoto fern; fernbetätigt
removedor m (Ch) Entferner m
~ **de pintura** Farbentferner m; Abbeizmittel n, Abbeizstoff m, Entlackungsmittel n, Lackentferner m
rendija f Spalt m; Riss m
rendimiento m 1. Leistung f, Arbeitsleistung f; Leistungsabgabe f; Leistungsfähigkeit f, innerer Wirkungsgrad m; Effektivität f; Ertrag m; Ausbeute f; 2. (Inf) Durchsatz m (Daten je Zeiteinheit); 3. Durchlassfähigkeit f (von Verkehrswegen) • **de buen** ~ leistungsfähig, wirksam; mit hohem Wirkungsgrad • **de gran** ~ Hochleistungs…
~ **acústico** Schallleistung f
~ **anódico** Anodenwirkungsgrad m; anodische Stromausbeute f
~ **aparente** scheinbarer Wirkungsgrad m
~ **de calor** Wärmeabgabe f
~ **catódico** katodische Stromausbeute f
~ **de caudal** Stromrückgewinn m (Hydraulik)
~ **de circuito** (Eln) Kreiswirkungsgrad m
~ **de conversión** (El) Umwandlungsleistung f, Umwandlungswirkungsgrad m
~ **de corte** Schnittleistung f
~ **cuántico** Quantenausbeute f
~ **energético [de la energía]** Energieausbeute f
~ **en gas** Gasausbeute f (eines Verfahrens)
~ **de hélice** Propellerwirkungsgrad m

~ **hidráulico** hydraulischer Wirkungsgrad m
~ **lumínico [luminoso]** Lichtausbeute f, Lichtleistung f
~ **de máquina** Maschinenleistung f; Rechnerleistung f
~ **mecánico** mechanischer Wirkungsgrad m
~ **del motor** Motorleistung f
~ **de una pintura** Deckfähigkeit f einer Farbe
~ **propulsivo** 1. (Schiff) Propulsionsgütegrad m; 2. (Flg) Vortriebswirkungsgrad m
~ **de pruebas** (Umw) Probendurchsatz m
~ **de radiación (de la antena)** Strahlungswirkungsgrad m, Antennenwirkungsgrad m
~ **térmico** Wärmewirkungsgrad m, thermischer Wirkungsgrad m; Wärmeleistung f
~ **de tracción** Zugleistung f

renglón m Reihe f, Zeile f; Posten m; laufende Nummer f • ~ **a** ~ zeilenweise
renio m Rhenium n, Re
renovación f Erneuerung f; Renovierung f; Auffrischung f; Wiederherstellungsreparatur f
~ **de aire** Lüftung f, Lufterneuerung f, Luftwechsel m, Raumluftneuerung f
reóforo m Sockelstift m (Röhre)
reógrafo m (El) Rheograph m
reología f Rheologie f
reológico rheologisch
reómetro m Rheometer n, Flussmesser m
reóstato m Rheostat m, Einstellwiderstand m, Regelwiderstand m; Vorschaltwiderstand m
~ **de arranque** Anlasswiderstand m, Anlasser m
~ **de arranque por electroimán** Magnetanlasser m
~ **de calefacción** Heizwiderstand m
~ **de campo** Feldregler m, Erregerwiderstand m
~ **de excitación** Feldregelwiderstand m; Nebenschlussregler m
~ **líquido** Flüssigkeitsstandmesser m
reostricción f (El) Rheostriktion f, Pinch-Effekt m
reotecnia f Strömungstechnik f
reotrón m (Kern) Betatron n
reparación f Reparatur f, Instandsetzung f, Ausbesserung f; Störungsbeseitigung f

reparación

~ **de abolladura** *(Kfz)* Ausbeulung *f*
~ **automática de errores** automatische Fehlerbehebung *f*
~ **de automóvil** Kraftfahrzeugreparatur *f*
~ **de avería** Havariereparatur *f*, Schadens(fall)reparatur, störungsmäßige Instandsetzung *f*, Störungsbehebung *f*
~ **corriente** laufende Reparatur *f* [Instandhaltung *f*]
~ **de edificaciones [edificios]** Gebäudeinstandsetzung *f*; Baureparatur *f*
~ **de restauración** Wiederherstellungsreparatur *f*
~ **de vehículos** Fahrzeugreparatur *f*
~ **de viviendas** Wohnungsinstandsetzung *f*

reparar *v* reparieren, instandsetzen; ausbessern

repartidor *m* Verteiler *m*

repartidora *f* 1. Leitapparat *m (Turbine)*; 2. Verteiler *m*; Streuer *m*
~ **de abono** Düngerstreuer *m*
~ **de estiércol** Dungstreuer *m*, Miststreuer *m*, Mistbreiter *m*

reparto *m* 1. Verteilung *f*, Aufteilung *f*; 2. *(Am)* bebautes Gelände *n*
~ **de canales** *(Nrt)* Kanalverteilung *f*, Kanalaufteilung *f*
~ **frecuencial** Frequenzteilung *f (Akustik)*
~ **de tiempo** *(Inf)* Timesharing *n*, Teilnehmersystem *n*

repasadora *f (Fert)* Läppmaschine *f*

repasar *v* 1. durchsehen; überprüfen; 2. nachbessern; nacharbeiten; ausbessern; 3. *(Fert)* abrichten; 4. *(Fert)* läppen; 5. *(Text)* pelzen

repaso *m* 1. Überholung *f*, Durchsicht *f*; 2. *(Ch)* Redestillieren *n*, Zweitdestillation *f*

repeledor *m* Reflektorelektrode *f*, Reflektor *m*

repelente abstoßend, abweisend

repelente *m (Ch)* Abstoßungsmittel *n*, Schutzmittel *n* mit abstoßender Wirkung
~ **del agua** Hydrophobier(ungs)mittel *n*, Wasser abweisendes [abstoßendes] Mittel *n*

repeler *v* abstoßen, abweisen

repercusión *f* 1. Auswirkung *f*, Nachwirkung *f*; 2. *(Math)* Rückwirkung *f*

repertorio *m* Vorrat *m*, Satz *m*; Inventar *m*; Verzeichnis *n*, Zusammenstellung *f*; Register *n*

~ **de caracteres** Zeichenvorrat *m*, Zeichensatz *m*
~ **de instrucciones [mandatos]** Befehlsvorrat *m*, Befehlssatz *m*, Instruktionssatz *m*

repetición *f* 1. Wiederholung *f*; 2. *(Text)* Rapport *m (Weberei)*
~ **de marcación** *(Nrt)* Wahlwiederholung *f*
~ **de señal** Signalwiederholung *f*

repetidor wiederholend, Wiederholungs...; Verstärker...

repetidor *m* 1. *(Nrt)* Verstärker *m*; 2. Kreiseltochter *f (Kompass)*
~ **de canales** Kanalverstärker *m*
~ **catódico** Katodenfolger *m*
~ **de impulsos** Impulswiederholer *m*, Impulszwischenverstärker *m*
~ **de llamada** Anrufwiederholer *m*
~ **de señales** Signalwiederholer *m*
~ **de televisión** Fernsehrelaisstation *f*
~ **terminal de telefonía** Fernsprechendverstärker *m*, Endverstärker *m*
~ **de velocidad** *(Schiff)* Geschwindigkeitsrepeater *m (Log)*

replantear *v* abstecken, trassieren

replanteo *m* Absteckung *f*, Trassierung *f*

replegar *v (Flg)* einziehen *(Fahrwerk)*

réplica *f* 1. Antwort *f*, Rückmeldung *f*; 2. Abdruck *m*

reponer *v* 1. auffüllen; 2. ersetzen; 3. (in die Ausgangsstellung) zurückkehren
~ **a cero** *(Inf)* auf null stellen; mit Nullen auffüllen

reportadora *f* Umdruckmaschine *f*

reportar *v* umdrucken

reporte *m (Flg)* Umdruck *m*

reposacabezas *m* **regulable** verstellbare Kopfstütze *f*

reposapiés *m* Fußstütze *f*

reposar *v* 1. beruhigen *(Stahl)*; 2. absetzen; klären; 3. lagern

reposición *f* 1. Wiedereinsetzung *f*; Erneuerung *f*; Austausch *m*; Ersatzbeschaffung *f*; Ersatz *m*; 2. Auffüllung *f*, 3. *(Inf)* Zurücksetzung *f*, Rücksetzung *f*, Rückstellung *f*
~ **a cero** Zurückstellung *f* auf null, Nulleinstellung *f*
~ **de ciclo** Zyklusrücksetzung *f*, Zykluszählerrückstellung *f*, Zyklusindexrückstellung *f*

reposo m Ruhe f; Erholung f • **en ~** im Stillstand, ruhend

~ y trabajo m Schließen n und Unterbrechen n (z. B. des Stromkreises)

repostar v nachfüllen; auftanken, nachtanken; aufnehmen; bunkern

reprensado m Nachpressen n, Nachverdichten n (Pulvermetallurgie)

represa f Staubecken m; Talsperre f

represar v stauen; abdämmen

representación f Darstellung f; Projektion f; Abbildung f

~ de conocimientos Wissensdarstellung f (Expertensystem)

~ diagramática grafische Darstellung f

~ de dígito octal Oktaldarstellung f, Oktalschreibweise f

~ en escala maßstabgerechte Darstellung f

~ de imagen Bilddarstellung f

~ matricial Matrizendarstellung f

~ en la memoria Speicherdarstellung f

~ visual visuelle Darstellung f [Abbildung f]; optische Anzeige f; Bildschirmdarstellung f

reproducción f 1. Reproduktion f; 2. Wiedergabe f; 3. Kopie f

~ de alta fidelidad High-Fidelity-Wiedergabe f, Hi-Fi-Wiedergabe f

~ cromática [en colores] Farbreproduktion f, farbige Reproduktion f, Farbwiedergabe f

~ fiel originalgetreue Wiedergabe f

~ de la imagen (TV) Bildwiedergabe f

~ sonora Tonwiedergabe f

reproducir v reproduzieren; wiedergeben

reproductor m Wiedergabegerät n; Doppler m

~ de casetes Wiedergabegerät n für Kassetten, Kassettenspieler m

~ de cinta magnetofónica Magnettonbandgerät n

~ de vídeo Videowiedergabegerät n, Videoplayer m

reprogramar v (Inf) umprogrammieren, neu programmieren

repuesto m 1. Ersatz m; Reserve f; 2. Ersatzteil n

repujado m (Fert) Treiben n

~ de metales (Fert) Metalldrücken n, Metalltreiben n

~ al torno (Fert) Abtreiben n, Treibarbeit f; Kupellation f

repujar v 1. (Fert) drücken, treiben; 2. (Led) punzen

repulsión f Abstoßung f, Repulsion f

requemar v durchbrennen; totbrennen (Kalk)

requiebro m (Bgb) Nachzerkleinerung f

resalte m Dorn m; Stift m; Wellenschulter f

resalto m (Bw) Vorsprung m

resbaladera f 1. Führungsstange f; 2. Führung(sbahn) f, Gleitbahn f; 3. Rutsche f; 4. (Schiff) Ablaufschlitten m, Stapellaufschlitten m

resbaladeras fpl Führung f (Werkzeugmaschine); Schlitten m (Support)

resbaladizo rutschig (Fußboden)

~/no rutschfest, rutschsicher, gleitsicher; trittsicher; haftsicher

resbaladura f (Schiff) Slip m

resbalamiento m 1. Gleiten n; Rutschen n; 2. Schlupf m; 3. Rutschen n (Kupplung, Bremse)

resbalar v gleiten, rutschen (Kupplung, Bremse); schleudern; schlupfen

resguardo m 1. Sicherheit f; Verwahrung f; 2. Schutz m; Sicherheit f; Sicherung f (z. B. von Daten); 3. Schutzvorrichtung f, Schutzeinrichtung f, Sicherheitseinrichtung f

~ accionado por acercamiento físico Schutzeinrichtung f mit Annäherungsreaktion; berührungslos wirkende Schutzeinrichtung f, BWS

~ distanciador trennende Schutzeinrichtung f

~ de enclavamiento Verriegelung f; Blockiersicherung f

~ de enclavamiento dependiente Zwangsverriegelung f

~ fijo feste [nichtabnehmbare, unbewegliche] Schutzeinrichtung f [Schutzvorrichtung f]

~ fotoeléctrico photoelektrische Schutzvorrichtung f; Lichtschranke f, Lichtgitter n

~ de seguridad Sicherheitseinrichtung f, Sicherheitsvorrichtung f; Schutzvorrichtung f

residente (Inf) resident; speicherresident; systemeigen

residential m Wohnanlage f

residuo m 1. Rest m, Rückstand m; Reststoff m; Abfallprodukt n; 2. (Ch) Boden-

residuo 348

satz *m*; 3. *(Math)* Rest, Differenz *f*, Residuum *n*; 4. *(El)* Residuum *n*
~ **de combustión** Verbrennungsrückstand *n*
~ **integral** *(Math)* Integralrestglied *n*
~ **líquido** flüssiger Reststoff *m*; flüssiges Abfallprodukt *n*

residuos *mpl* Reststoffe *mpl*; Rückstände *mpl*; Abfall *m*, Abfallstoffe *mpl*, Abfallprodukte *npl*; Altstoffe *mpl*
~ **atómicos** Atommüll *m*
~ **domésticos** Abfälle *mpl* aus Haushalten, Haushaltsabfall *m*, Haus(halts)müll *m*, Siedlungsabfälle *mpl*
~ **municipales** kommunale Abfallstoffe *mpl*
~ **nucleares radiactivos** radioaktive Abfälle *mpl*, Atommüll *m*
~ **radiactivos** radioaktive Abfallprodukte *npl*, Atommüll *m*
~ **reciclables** recyclierbare Reststoffe *mpl*, wieder verwertbare Rückstände *mpl*; rückführbare Abfälle *mpl*

resiliencia *f* 1. Rückfederung *f*, Zurückfedern *n*; 2. Verformungsarbeit *f*; 3. *(Wkst)* Kerbschlagzähigkeit *f*

resina *f* Harz *n* • **sin resinas** harzfrei
~ **acrílica** Acrylharz *n*
~ **adhesiva** Klebharz *n*
~ **alquídica** Alkydharz *n*
~ **artificial** Kunstharz *n*
~ **epoxi** Epoxidharz *n*, Epoxyharz *n*
~ **fenólica** Phenolharz *n*
~ **fundida** Gießerreiharz *n*
~ **intercambiadora** Austauscherharz *n*
~ **de poliéster** Polyesterharz *n*
~ **vinílica** Vinylharz *n*

resintonizar *v (El)* nachstimmen

resistencia *f* 1. Widerstandsfähigkeit *f*, Beständigkeit *f*, Resistenz *f*, Haltbarkeit *f*, Widerstandskraft *f*; 2. *(Mech)* Widerstand *m*; Last *f (am Hebel)*; 3. *(Wkst)* Festigkeit *f*; 4. *(El)* (ohmscher) Widerstand *m* • **de alta ~** 1. hochfest; 2. *(El)* hochohmig • **de baja ~** niederohmig
~ **a la abrasión** Abriebfestigkeit *f*; Scheuerfestigkeit *f*
~ **a los ácidos** Säurebeständigkeit *f*
~ **acústica** akustische Resistanz *f*, akustischer Wirkwiderstand *m* [Wirkstandwert *m*]
~ **adicional** *(El)* Vor(schalt)widerstand *m*
~ **ajustable [de ajuste]** Regelwiderstand *m*, Einstellwiderstand *m*, Abgleichwiderstand *m*, Justierwiderstand *m*
~ **al alargamiento** Dehnungsfestigkeit *f*, Kriechfestigkeit *f*; Streckfestigkeit *f*
~ **altoóhmica** hochohmiger Widerstand *m*
~ **amortiguadora [de amortiguamiento]** Dämpfungswiderstand *m*
~ **aparente** Scheinwiderstand *m*, Impedanz *f*
~ **de arranque** 1. *(El)* Anlasswiderstand *m (Größe)*; 2. *(Eb)* Anfahrwiderstand *m*
~ **al arrugamiento** *(Text)* Knitterbeständigkeit *f*, Knitterfestigkeit *f*
~ **al ataque químico** Chemikalienbeständigkeit *f*; chemische Beständigkeit *f*
~ **al avance** *(Flg, Schiff)* Stirnwiderstand *m*
~ **de calefacción** Heizwiderstand *m*
~ **al calor** Wärmefestigkeit *f*, Warmfestigkeit *f*, Wärmebeständigkeit *f*, Hitzebeständigkeit *f*
~ **de carena** *(Schiff)* Formwiderstand *m*
~ **cedente** Fließgrenze *f*
~ **de circulación** Strömungswiderstand *m*
~ **al cizallamiento** Scherfestigkeit *f*, Schubfestigkeit *f*
~ **a la compresión** Druckfestigkeit *f*
~ **a la conductibilidad de calor** Wärmedurchgangswiderstand *m*, Wärmeleitwiderstand *m*
~ **a la corriente** Strömungswiderstand *m*
~ **a la corrosión** Korrosionswiderstand *m*, Korrosionsbeständigkeit *f*, Korrosionsfestigkeit *f*
~ **de corte** Scherfestigkeit *f*, Schubfestigkeit *f*
~ **al cortocircuito** Kurzschlussfestigkeit *f*
~ **crítica** Grenzwiderstand *m*
~ **al choque** Stoßfestigkeit *f*, Schlagfestigkeit *f*
~ **al choque con probeta entallada** Kerbschlagzähigkeit *f*
~ **a la deformación** Formänderungswiderstand *m*, Umformwiderstand *m*, Verformungswiderstand *m*
~ **en derivación** Nebenschlusswiderstand *m*, Shunt *m*
~ **a la descarga disruptiva** Durchschlagswiderstand *m*
~ **al desgaste** Verschleißfestigkeit *f*
~ **al desgaste por roce** Abriebfestigkeit *f*

resistividad

- ~ **al deslizamiento** Rutschfestigkeit f, Gleitfestigkeit f
- ~ **a la detonación** Klopffestigkeit f *(Kraftstoff)*
- ~ **directa** *(El)* Flusswiderstand m *(Gleichrichter)*
- ~ **disruptiva** *(El)* Durchschlagfestigkeit f
- ~ **al doblamiento** Knickfestigkeit f
- ~ **efectiva** effektiver Widerstand m, Wirkwiderstand m
- ~ **al empuje** Scherfestigkeit f, Schubfestigkeit f
- ~ **al encogimiento** *(Text)* Schrumpffestigkeit f
- ~ **de entrada** Eingangswiderstand m
- ~ **estructural** *(Schiff)* Verbandsfestigkeit f
- ~ **a la fatiga** Dauer(stand)festigkeit f, Ermüdungsfestigkeit f
- ~ **a la flexión** Biegefestigkeit f; Biegewiderstand m
- ~ **de forma** Formstabilität f
- ~ **de frenado** Bremswiderstand m
- ~ **de fricción** Reibungswiderstand m
- ~ **al frío** 1. Kältefestigkeit f, Kältebeständigkeit f; 2. *(El)* Kaltwiderstand m
- ~ **al frote** Abriebfestigkeit f
- ~ **a los golpes** Schlagfestigkeit f
- ~ **a la hincada** *(Bw)* Rammwiderstand m
- ~ **al impacto** Stoßfestigkeit f
- ~ **de inercia** Trägheitswiderstand m
- ~ **a la intemperie** Witterungsbeständigkeit f
- ~ **límite de fatiga** Dauerfestigkeitsgrenze f
- ~ **longitudinal** 1. Longitudinalfestigkeit f; 2. *(Schiff)* Längsfestigkeit f
- ~ **a la luz** Lichtbeständigkeit f
- ~ **a la llama** Flammenfestigkeit f, Feuerfestigkeit f
- ~ **a la marcha** 1. Bewegungswiderstand m; 2. *(Schiff)* Fahrtwiderstand m
- ~ **de materiales** 1. Festigkeitslehre f; 2. Festigkeit f; Werkstofffestigkeit f
- ~ **al movimiento de traslación** Fahrwiderstand m
- ~ **óhmica** ohmscher Widerstand m
- ~ **al pandeo** Knickfestigkeit f
- ~ **patrón** Vergleichswiderstand m, Normalwiderstand m; Bezugswiderstand m
- ~ **al picado** Klopffestigkeit f *(Kraftstoff)*
- ~ **plástica** Verformungswiderstand m
- ~ **de [a la] presión** 1. Druckfestigkeit f *(bei Behältern)*; 2. *(Schiff)* Druckwiderstand m
- ~ **de propulsión** *(Schiff)* Propulsionswiderstand m
- ~ **al rascado** Kratzfestigkeit f
- ~ **refractaria** Hitzebeständigkeit f
- ~ **de rejilla** Gitterwiderstand m
- ~ **de remolque** Schleppwiderstand m
- ~ **al revenido** *(Met)* Anlassbeständigkeit f
- ~ **a la rotura** Zerreißfestigkeit f; Bruchfestigkeit f
- ~ **a la rotura por pandeo** Knickfestigkeit f
- ~ **a la rotura por tracción** *(Text)* Zugfestigkeit f, Reißfestigkeit f
- ~ **de rozamiento** Reibungswiderstand m
- ~ **a la ruptura** Zerreißfestigkeit f; Bruchfestigkeit f
- ~ **a la torsión** Drehungsfestigkeit f, Torsionsfestigkeit f, Verdrehungsfestigkeit f, Torsionswiderstand m, Verdrehwiderstand m, Drillwiderstand m
- ~ **a la tracción** Zugfestigkeit f
- ~ **variable** Regelwiderstand m, Einstellwiderstand m, einstellbarer [veränderlicher] Widerstand m, Justierwiderstand m

resistente beständig; resistent, fest; haltbar, widerstandsfähig
- ~ **a la abrasión** abriebfest
- ~ **al aceite** ölbeständig
- ~ **a los ácidos** säurebeständig, säurefest
- ~ **a la corrosión** korrosionsbeständig
- ~ **a los choques** stoßfest
- ~ **a la deformación** formbeständig
- ~ **al desgaste** verschleißfest
- ~ **al deslizamiento** rutschfest, gleitsicher *(Boden)*
- ~ **a golpes** schlagfest
- ~ **al impacto** stoßfest
- ~ **a la intemperie** witterungsbeständig
- ~ **a la oxidación** rostbeständig
- ~ **a la presión** druckfest, druckdicht
- ~ **a terremotos** erdbebensicher
- ~ **a la tracción** zugfest
- ~ **al uso** verschleißfest

resistir v aushalten; widerstehen; überstehen; überdauern; beständig sein; widerstandsfähig sein

resistividad f 1. spezifischer (elektrischer) Widerstand m; 2. Widerstandsfähigkeit f, Beständigkeit f, Festigkeit f
- ~ **aparente** spezifischer Scheinwiderstand m
- ~ **térmica** Wärmebeständigkeit f, spezifischer Wärmewiderstand m

resistivo *(El)* widerstandsbehaftet, mit Widerstand, ohmsch, ohmisch
resistor *m (El)* Widerstand *m (Bauteil)*; Widerstandsgerät *n*
resoluble löslich; (auf)lösbar
resolución *f* 1. *(Math)* Lösung *f*, Auflösung *f*, Zerlegung *f*; 2. *(Opt)* Auflösung *f*, Auflösungsvermögen *n*; Trennschärfe *f*
~ **gráfica** 1. *(Math)* grafische Lösung *f*; 2. Grafikauflösung *f*
~ **de la imagen** Bildauflösung *f*
~ **de pantalla** Bildschirmauflösung *f*
resolvedor *m (El)* Resolver *m*, Vektorzerleger *m*; Koordinatenwandler *m*
resolvente *m (Math)* Resolvente *f*
resolver *v* auflösen
resonador *m* Resonator *m*, Schwinger *m*; Schwingkreis *m*
~ **de cavidad** Hohlraumresonator *m*
~ **coaxial** Leitungsresonator *m*
~ **de guíaondas** Hohlleiterresonanzkreis *m*
~ **piezoeléctrico** Piezoresonator *m*, Schwingkristall *m*
resonancia *f* Resonanz *f*
~ **de cavidad** Hohlraumresonanz *f*
~ **de espín** Spinresonanz *f*
resonar *v* widerhallen; erschallen
resoplado *n (Met)* Nachblasen *n (Windfrischen)*
resorte *m* Feder *f* • **de** ~ federnd, federbelastet, gefedert, federgespannt
~ **amortiguador** Pufferfeder *f*; Stoßdämpferfeder *f*, Dämpfungsfeder *f*
~ **de los auriculares** Kopfhörerbügel *m*
~ **de compresión** Druckfeder *f*
~ **de escape** Ankerfeder *f*
~ **de válvulas** Ventilfeder *f*
respaldo *m* 1. Rückenlehne *f*, Rückenstütze *f*; 2. Schutz *m*; Stütze *f*
respiradero *m* 1. *(Met)* Luftkanal *m*, Windpfeife *f*; Entlüftungskanal *m*; 2. *(Kfz)* Entlüfter *m (Kurbelgehäuse)*; 3. Schlot *m*; 4. *(Bw)* Luftloch *n*, Luftöffnung *f*; 5. Schnorchel *m*
~ **del cárter** Kurbelgehäuseentlüfter *m*
~ **de deflagración** Verpuffungskanal *m (Explosionsschutz)*
respirador *m* 1. Beatmungsgerät *n*, Respirator *m (künstliche Beatmung)*; 2. Atemschutzgerät *n*; Atemschutzmaske *f*
~ **de aire** Atemgerät *n*

~ **de aire comprimido** Druckluftatmer *m*
~ **de aire inyectado** Druckluftschlauchgerät *n*
~ **de cartucho** Atemschutzfiltergerät *n*, Filtergerät *n*
~ **de depósito** Atemschutzbehältergerät *n*
~ **desechable** Einwegmaske *f*
~ **de filtro mecánico** partikelfiltrierendes Atemschutzgerät *n*, Atemschutzfiltergerät *n*, Filtergerät *n*
~ **con filtro para polvo** Staubfiltergerät *n*; Staubfiltermaske *f*
~ **independiente del medio ambiente** umluftunabhängiges [von der Umgebungsatmosphäre unabhängiges] Atemschutzgerät *n*
~ **con línea de aire** Schlauchgerät *n (Atemschutzgerät)*; Atemschutzgerät *n* mit Luftzuführung, Frischluft(schlauch)gerät *n*
~ **de máscara entera** Vollmaske *f (Atemschutz)*
~ **de semimáscara** Halbmaske *f (Atemschutz)*
~ **con suministro de aire de presión** Frischluft-Druckschlauchgerät *n*, Druckluftschlauchgerät *n*
~ **con tubo de aire** Schlauchgerät *n*
responder *v* ansprechen; reagieren
respuesta *f* 1. Antwort *f*, Antwortsignal *n*; 2. Ansprechen *n*; Auslösen *n*; 3. Empfindlichkeit *f*; 4. Anzeige *f (Messgerät)*
~ **de amplitud** Amplitudengang *m*
~ **armónica** Frequenzgang *m (einer Regelstrecke)*
~ **auditiva** *(Inf)* Sprachausgabe *f*
~ **de frecuencia** Frequenzgang *m*, Frequenzverhalten *n*, Frequenzcharakteristik *f*
~ **retroactiva** Rückkopplungsverhalten *n (eines Systems)*
~ **en tiempo real** Echtzeitverhalten *n*
resquebrajadura *f* Riss *m (Wand, Holz)*; Sprung *m (Glas, Keramik)*
resquebrajarse *v* reißen, Risse bekommen; springen *(Glas)*
resquicio *m* Spalte *f*, Ritz *m*; Spur *f*
resta *f* 1. *(Math)* Subtraktion *f*; 2. Rest *m*
restador *m (Inf)* Subtrahierglied *n*; Subtrahierwerk *n*
restar *v* subtrahieren

restauración f 1. Wiederherstellung f, Restaurierung f; Regenerierung f; 2. Aufforstung f
restaurar v 1. wiederherstellen, restaurieren; regenerieren; 2. *(Nrt)* rücksetzen; auf den Anfangszustand zurückführen
restitución f 1. Wiedergewinnung f; 2. Auswertung f, Kartierung f *(Photogrammetrie)*; 3. *(Nrt)* Rücksetzung f
restituidor m Auswertegerät n, Kartiergerät n *(Photogrammetrie)*
restituir v 1. auswerten, kartieren *(Photogrammetrie)*; 2. *(Nrt)* wiedergeben
resto m 1. Rest m, Differenz f; 2. s. residuo 1.
restringido eingeschränkt; begrenzt; gebunden
~ **a la red** netzgebunden
restringir v beschränken, einschränken; begrenzen
resucitador m Beatmungsgerät n, Wiederbelebungsapparat m
resultante f 1. *(Math)* Resultante f, Resultierende f; 2. *(Ph)* resultierende Kraft f, Gesamtkraft f, Mittelkraft f
retacar v *(Schiff)* kalfatern, abdichten
retardador m *(Ch)* Verzögerer m, Verzögerungsmittel n, Inhibitor m, Hemmstoff m, Passivator m
retardo m 1. Verzögerung f, Verzug m; 2. *(El)* Nacheilung f *(Phasenwinkel)*; 3. *(Opt)* Gangunterschied m
~ **de la ebullición** Siedeverzug m
~ **al encendido** *(Kfz)* Nachzündung f, Spätzündung f, Zündverzug m
~ **de fase** Phasenverzögerung f, Phasennacheilung f
retemplar v *(Met)* nachhärten
retén m Haltevorrichtung f, Klinke f, Anschlag m; Sperre f; Schnapper m
~ **del aceite** Ölring m
~ **de bolas** *(Masch)* Kugellagerkäfig m
retenedor m Niederhalter m
~ **de grasa** Stopfbuchse f
~ **de resorte** Federklinke f
retener v zurückhalten; sperren
retícula f 1. Netz n; Gitter n; Quadratnetz n, Gitternetz n, Liniennetz n; Raster n, Strichgitter n; 2. Raster m; 3. Achsenkreuz n; Fadenkreuz n
reticulante m Netzmittel n, Benetzmittel n
reticular v vernetzen; rastern

retículo m 1. Gitter n; Netz n; 2. Strichkreuz n; Fadenkreuz n; Messmarke f; 3. *(Typ)* Raster m
~ **atómico** Atomgitter n
~ **de difracción** *(Opt)* Beugungsgitter n
retirada f Abziehen n, Entzug m
~ **de datos** Datenabruf m
~ **de la memoria** Speicherabzug m, Speicherauszug m
retirar v 1. entnehmen, abrufen *(z. B. Daten)*; 2. schrumpfen; schwinden; 3. *(Bgb)* rauben *(Ausbau)*; 4. *(Typ)* abziehen
retocar v 1. ausbessern; überarbeiten; 2. *(Foto, Typ)* retuschieren
retoque m 1. Ausbesserung f; Überarbeitung f; 2. *(Foto, Typ)* Retuschieren n; Retusche f
retorcedora f *(Text)* Zwirnmaschine f
retorcer v 1. *(Text)* zwirnen; wringen
retorcido m 1. Zwirnen n; 2. Wringen n
retornar v rückführen
retorno m 1. Rücklauf m; 2. Drehung f; Ablauf m (z. B. des Nummernschalters); 3. *(Inf)* Rücksprung m, Rückkehr f • **sin ~ a cero** ohne Rückkehr zu null, NRZ *(Codierung)*
~ **del carro** Wagenrücklauf m
~ **muelle [a resorte]** Felderrückstellung f
retorta f *(Ch)* Retorte f, Blase f, Kolben m
retracción f Schrumpfung f, Schwinden n
retráctil einziehbar; (voll)versenkbar *(z. B. Wagenscheibe)*
retraer v zurücknehmen; zurücksetzen; einziehen
retransmisión f 1. Rückübertragung f; Übertragung f (durch Relais); Ballempfang m; 2. *(Nrt)* Weitervermittlung f, Umtelegrafieren n; 3. Wiederholungssendung f *(Radio, TV)*
retransmisor m *(Nrt)* Zwischensender m; Ballsender m
retransmisora f Zwischen(sende)station f
retransmitir v *(Nrt)* ballsenden, weitersenden; weitervermitteln
retrasar v 1. verzögern; nachgehen *(Uhr)*; 2. *(El)* nacheilen
retraso m Verzug m; Verzögerung f; Nacheilung f
~ **del encendido** *(Kfz)* Spätzündung f, Nachzündung f
~ **de fase** Phasenverzögerung f, Phasennacheilung f

retraso 352

~ **en el punto de encendido** Zündverzögerung f; Zündverzug m
retroacción f 1. Rückwirkung f; Rückkopplung f; 2. Rückführung f
retroacoplamiento m Rückkoppeln n
retroactivo rückwirkend; rückgekoppelt
retroalimentación f 1. (El) Rückkopplung f, Rückwirkung f; 2. Rückführung f, Rückmeldung f (Regeltechnik)
~ **inversa [negativa]** Gegenkopplung f, negative Rückkopplung f
~ **positiva** Mitkopplung f, positive Rückkopplung f
retrocargadora f (Förd) Überkopflader m
retroceder v 1. rücksetzen, zurückschalten, rücktasten; 2. zurückstoßen
retroceso m 1. Rückwärtsgang m; 2. Rücklauf m
~ **de llama** (Kfz) Rückzündung f; Flammenrückführung f (Kessel)
~ **rápido** Eilrücklauf m
retrocohete m (Rak) Bremsrakete f
retrodifusión f (Ph) Rückdiffusion f, Rückstreuung f
retrodispersión f (Ph) Rückdiffusion f, Rückstreuung f
retroexcavadora f Tieflöffelbagger m, Grabenbagger m; Schleppschaufelbagger m
retrogradación f 1. Rückbildung f; Rücklauf m; 2. (Ch) Retrogradation f (von Stärkelösungen)
retrogradar v zurücklaufen, sich rückwärts bewegen, rückläufig sein
retromarcha f Richtungswechsel m; Umkehren n; Umsteuern n; Umschalten n auf den Rückwärtsgang; Rückwärtsfahrt f
retropropulsión f Rückstoßantrieb m
retroproyector m Overheadprojektor m, Schreibprojektor m
retropulsión f reaktive Wirkung f; Rückkopplung f
retrovisor m (Kfz) Rückspiegel m
reubicable (Inf) verschieblich, verschiebbar (z. B. Programm)
reubicación f Wiederaufstellung f; Verschiebung f
reubicar v verschieben
reunidora f 1. (Text) Kanalmaschine f (Spinnerei); 2. Kabelverseilmaschine f
reunión f 1. (Math) Vereinigung(smenge) f; 2. (Text) Dublieren n, Fachen n

revelado m (Foto) Entwickeln n, Entwicklung f
revelador m (Foto) Entwickler m
reveladora f Entwicklungsgerät n
revelar v (Foto) entwickeln
revenido m (Met) Anlassen n
revenir v (Met) anlassen
reventar v bersten, platzen
reventón m 1. Bersten n, Platzen n (z. B. eines Reifens); 2. (Geol) Eruption f, Ausbruch m
~ **de tubería** Rohrbruch m
reverberación f (Ph) Nachhall m
reverberar v (Ph) nachhallen
reverbero m 1. Reflektor m, Hohlspiegel m; 2. Straßenlaterne f
reverberómetro m Nachhallmessgerät n
reversibilidad f 1. Umkehrbarkeit f, Reversibilität f; 2. Umsteuerbarkeit f
reversible 1. reversibel, umkehrbar; 2. umsteuerbar
reversión f 1. Umkehrung f, Umwandlung f; Umschaltung f; Umsteuerung f; 2. Reversion f (Gummi); 3. (Met) Rückbildung f (z. B. eines Gefügezustandes)
revestimiento m 1. Überzug m; Schicht f; Beschichtung f, Haut f; Belag m; Auflage m; 2. Verkleidung f; Umhüllung f; 3. Auskleidung f; Futter n, Ausmauerung f; Futterrohr n (Bohrung); 4. Ausbau m (Grube); 5. (Met) Plattierung f
revestir v 1. überziehen, beziehen; beschichten; ummanteln (Kabel); 2. verkleiden, umhüllen; 3. ausmauern; auskleiden; 4. (Bgb) ausbauen (Grube); 5. absteifen (z. B. Kabelgräben)
revolución f 1. (Masch) Umdrehung f, Drehung f; 2. (Astr) Umlauf m; Umlaufzeit f; 3. (Math) Rotation f
revolvedor m 1. Schüreisen n (Feuerungstechnik); 2. Wendevorrichtung f; Kehrvorrichtung f; Wender m
~ **de heno** (Lt) Zetter m (Heuwendemaschine)
revoque m 1. (Bw) Putz m, Verputz m; 2. (Bw) Verputzen n
RF s. radiofrecuencia
ribeteadora f Besäummaschine f
riel m Schiene f
~ **conductor** Stromschiene f
~ **dentado** Zahnschiene f; Zahnstange f

~ (de) guía 1. Laufschiene f, Leitschiene f, Führungsschiene f; 2. *(Rak)* Startschiene f

rielera f *(para lingotes)* *(Met)* Blockform f, Kokille f, Gießform f *(bes. zur Schienenherstellung)*

rigidez f Starrheit f, Steifigkeit f, Steife f
~ de deslizamiento Rutschfestigkeit f
~ dieléctrica dielektrische Festigkeit f, Durchschlagsfestigkeit f
~ de muelle Federsteifigkeit f
~ torsional Verdrehungssteifigkeit f, Torsionssteife f, Drehstarrheit f

riostra f 1. Strebe f, Querstrebe f, Spreize f; 2. *(Masch)* Zugstange f; 3. *(El)* Abspanndraht m; 4. *(Bw)* Windrispe f

riostrar v *(Bw)* aussteifen, versteifen; verstreben; stützen

ripador m *(de vía)* *(Eb)* Gleisrückmaschine f

ristra f Reihe f, Reihenfolge f, Folge f, Kette f, geordnete Teilfolge f, String m

ritmado m Taktierung f
ritmo m Takt m, Rhythmus m
~ de emisión Emissionsfrequenz f
~ patrón Grundtakt m

rizadora f *(Text)* Kräuselmaschine f

robadera f Planiergerät n, Schleppseilschrapper m, Raupenschrapper m

robinete m Wasserhahn m, Hahn m, Ventil n

robinetería f Armaturen fpl
roblón m Niet m
roblonar v s. remachar

robot m 1. Roboter m, Industrieroboter m; Manipulator m; 2. Automat m
~ articulado Drehgelenkroboter m, Gelenkroboter m
~ de control numérico numerisch gesteuerter Roboter m, NC-Roboter m

robótica f **(industrial)** 1. Robotics f, Robotik f, Roboterentwicklung f; Robotereinsatz m; 2. Robotertechnik f

robotización f Robotisierung f, Einführung f von Industrierobotern; Einführung f der Robotertechnik

ROC s. reconocimiento óptico de caracteres

roca f Gestein n; Fels m
~ arcaica Urgestein n
~ arcillosa Tongestein n
~ caliza Kalkstein m

~ de cubierta Deckgebirge n
~ estéril taubes [ölfreies] Gestein n, Zwischenmittel n; Abraum m
~ magmática Erstarrungsgestein n
~ margosa Mergel m
~ primitiva Urgestein n

roce m Reibung f

rociador m 1. Beregnungsanlage f, Regner m; 2. Zerstäuber m; 3. Sprinkler m; 4. Zerstäuberdüse f
~ automático de agua Sprinkler-Feuerlöschanlage f, selbsttätig auslösende Feuerlöschanlage f, Sprinkleranlage f
~ de pintura Farbspritzgerät n; Farbspritzpistole f; Farbspritzanlage f

rociar v 1. berieseln, besprengen; spritzen; 2. sprühen; zerstäuben

roda f *(Schiff)* Vorsteven m, Steven m
rodadora f *(Fert)* Läppmaschine f
rodadura f 1. *(Fert)* Rollen n, Wälzen n; 2. Rollbahnring m
rodaja f Scheibe f; Rädchen n; Rolle f; Ronde f

rodaje m 1. *(Fert)* Rollen n, Wälzen n; 2. Probelauf m, Einfahren n; Einfahrzeit f, Einlaufzeit f; 3. *(Flg)* Rollen, Abrollen n; 4. Räderwerk n *(Uhr)*

rodamiento m 1. s. rodaje 1.; 2. Wälzlager m
~ acanalado Rillenwälzlager n
~ de apoyo Traglager n
~ axial Axiallager n, Längslager n
~ de bolas Kugellager n
~ estampador *(Text)* Druckwalze f
~ de rodillos Rollenlager n

rodapié m 1. *(Bw)* Sockel m; Sockelschaft m; untere Wandbekleidung f; 2. Fußleiste f, Fußkranz m

rodar v 1. *(Fert)* (ab)wälzen; 2. *(Mech)* abrollen; 3. (ver)filmen

rodete m Laufrad n *(Turbine)*
rodillar v walzen

rodillo m 1. Walze f; 2. Rolle f; Läufer f; Gleitrolle f; Kabelführungsrolle f; 3. Schreibwalze f; 4. Trommel f, Drehzylinder f; 5. *(Text)* Peigneur m, Kammwalze f

~ acanalado Riffelwalze f
~ alimentador 1. *(Text)* Zubringerwalze f; 2. Vorschubwalze f; 3. *(Inf)* Einzugsrolle f
~ apisonador *(Bw)* Straßenwalze f

rodillo 354

~ **articulado** *(Lt)* Gliederwalze f
~ **compresor** Straßenwalze f
~ **desterronador** *(Lt)* Krümelwalze f
~ **de discos** *(Lt)* Cambridgewalze f
~ **de garganta** *(Förd)* Seillaufrolle f
~ **de guía** *(Förd)* Treibrolle f, Antriebsrolle f
~ **guiador** *(Förd)* Führungsrolle f, Leitrolle f, Lenkrolle f
~ **picador** *(Lt)* Aufnahmetrommel f
~ **portacuchillas [portaherramientas]** *(Lt)* Messerwelle f
~ **portapapel** Schreib(maschinen)walze f
~ **de presión** 1. Presswalze f, Quetschwalze f; 2. *(Typ)* Anpresswalze f
~ **de reenvío** *(Förd)* Umlenkrolle f
~ **de rodaje** Laufrolle f *(Gleiskette)*
~ **de soporte** Tragrolle f, Stützrolle f; Zwischenrolle f
~ **de subsuelo** *(Lt)* Untergrundpacker m
~ **tensor** Spannrolle f; Seilspanner m
~ **triturador** *(Lt)* Brechwalze f
~ **vibrante** *(Bw)* Vibrationswalze f, Vibrationsverdichter m

rodio m Rhodium n, Rh
rojo m Rot n; Rotglut f
roldana f Scheibe f, Rollenscheibe f; Rolle f; Block m
~ **colectora** Rollenstromabnehmer m, Trolley m

rollo m 1. Rolle f, Bund n; Wickel m *(Spinnerei)*; 2. Rolle, Walze f
romana f Laufgewichtswaage f, Schnellwaage f
romanear v 1. mit der Schnellwaage wiegen; 2. *(Schiff)* trimmen *(Ladung)*
rombo m Rhombus m, Raute f
romboedro m Rhomboeder n
romboide m Rhomboid n
rompedera f *(Fert)* Durchtreiber m
rompedor 1. brisant; 2. Brech…
rompedor m Brecher m, Brechapparat m
rompedora f Brechmaschine f
rompehielos m *(Schiff)* Eisbrecher m
rompehormigón m *(Bw)* Betonaufbruchhammer m, Abbauhammer m
rompeolas m Wellenbrecher m; Buhne f; Mole f
romper v 1. brechen; zerreißen; 2. *(Bgb)* abreißen
rompevirutas m *(Fert)* Spanbrecher m
rompimiento m Brechen n; Abbruch m; Bruch m

rondela f *(Masch)* Unterlegscheibe f
ronzal m *(Schiff)* Takel n; Haltetau n
ronzar v *(Schiff)* hieven
rosácea f *(El)* Klemmdose f
rosario m *(Förd)* Eimerkette f; Eimerförderer m
~ **de cable portacangilones** Seilbecherwerk n
~ **de cadena portacangilones** Kettenbecherwerk n
~ **de cangilones** Becherwerk n; Eimerkettenbagger m
~ **de cinta portacangilones** Bandbecherwerk n

rosca f 1. Gewinde n; 2. Spirale f; Windung f
~ **de Arquímedes** *(Ph)* archimedische Schraube f [Schnecke f]
~ **autorroscante** selbstschneidendes Gewinde n
~ **cilíndrica** Schraubengewinde n
~ **cónica** Kegelgewinde n, kegeliges Schraubengewinde n
~ **helicoidal** Schneckengewinde n
~ **inglesa** Zollgewinde n
~ **de paso rápido** Steilgewinde n
~ **de paso triangular** Spitzgewinde n
~ **en pulgadas** Zollgewinde n
~ **de tornillo sin fin** Schneckengewinde n
~ **transportadora** 1. *(Förd)* Schneckenförderer m; 2. *(Lt)* Halmschnecke f *(Mähdrescher)*

roscado m *(Fert)* Gewindeschneiden n
roscadora f *(Fert)* Gewindeschneidmaschine f
roscar v Gewinde schneiden
rotación f 1. Rotation f, Drehung f, Umdrehung f; 2. Umlauf m • **de ~ lenta** langsam laufend *(z. B. Motor)* • **de ~ rápida** schnell laufend *(z. B. Motor)*
rotacional m *(Math)* Rotation f
rotar v rotieren, sich um eine Achse drehen
rotativa f *(Typ)* Rotations(druck)maschine f
rotocultor m *(Lt)* Rotorkrümler m
rotor m 1. *(Masch)* Laufrad n, Rotor m; 2. *(El)* Rotor m; Anker m; Läufer m; 3. *(Flg)* Rotor m, Zentralrotor m, Drehflügel m *(Rotorflugzeug)*; 4. Tragschraube f *(Hubschrauber)*
~ **en cortocircuito** Kurzschlussläufer m

~ **sustentador** *(Flg)* Tragschraube *f*, Hubschraube *f*
rótula *f* Kugelgelenk *n*; Pendellager *n*
rotulador *m* **de fieltro** Faserstift *m*, Faserschreiber *m*, Filzstift *m*, Filzschreiber *m*
rotura *f* 1. Bruch *m*; Bruchstelle *f*; 2. Zerreißen *n*; Riss *f*; 3. *(Bgb)* Ausbruch *m (des Hangenden)*; Bruchfuge *f*; 4. Reißen *n (Spinnerei)*
roturadora *f (Lt)* Vorratsroder *m*
roza *f* 1. *(Bgb)* Schrämen *n*, Schram *m*; 2. *(Bw)* Ausspannung *f*
rozadora *f (Bgb)* Schrämmaschine *f*
rozamiento *m* Reibung *f* • **sin** ~ reibungslos
~ **por adherencia** Haftreibung *f*
rozar *v* 1. reiben; leicht berühren, streifen; 2. *(Bgb)* (unter)schrämen
rubidio *m* Rubidium *n*, Rb
rueda *f* Rad *n*
~ **de álabes** Schaufelrad *n (Turbine)*
~ **de cola** *(Flg)* Spornrad *n*, Radsporn *m (Fahrwerk)*
~ **conducida** (an)getriebenes Rad *n*; Leitrad *n (Gleiskette)*
~ **conductora** treibendes Rad *n*, Antriebsrad *n*
~ **cónica** Kegelrad *n*
~ **dentada** Zahnrad *n*
~ **dentada cilíndrica** Stirnrad *n*
~ **dentada cónica** Kegelrad *n*
~ **directriz** 1. *(Kfz)* gelenktes Rad *n*; 2. Leitrad *n (Turbine)*
~ **de engranaje cónico** Kegelrad *n*
~ **de engranaje helicoidal** Schneckenrad *n*
~ **(de) guía** Leitrad *n*; Zwischenrad *n*; angetriebenes Rad *n*; Lenkrad *n (z. B. Mähdrescher)*
~ **helicoidal** Schneckenrad *n*, Schraubenrad *n*
~ **libre** 1. Freilauf *m*; 2. *(Flg)* Laufrad *n*
~ **de maniobra** *(Kfz)* Lenkrad *n*
~ **móvil** Laufrad *n (Turbine)*
~ **de paletas** Schaufelrad *n (Turbine)*
~ **pulidora** Polierscheibe *f*
~ **rectificadora** Schleifscheibe *f*
~ **reguladora de profundidad** *(Lt)* Tiefeneinstellrad *n*
~ **de tornillo sin fin** Schneckenrad *n*
~ **de trinquete** Klinkenrad *n*, Sperrrad *n*
~ **volante** Schwungrad *n*

rugosidad *f* Rauigkeit *f*, Rauheit *f*; Oberflächenrauigkeit *f*; Rautiefe *f*; raue Fläche *f*; Grat *m*
rugosímetro *m* Rautiefenmesser *m*
ruido *m* 1. Lärm *m*, belästigender [störender, unerwünschter] Schall *m*; Geräusch *n*; 2. *(Eln)* Rauschen *n*; Störung *f* • **de poco** ~ lärmarm; rauscharm
~ **aéreo** Luftschall *m*
~ **aerodinámico** aerodynamisches Geräusch *n*
~ **aleatorio** Zufallsrauschen *n*
~ **de alta frecuencia** hochfrequenter Lärm *m*
~ **ambiental [ambiente]** Umgebungslärm *m*; Umgebungsgeräusch *n*; Umgebungsrauschen *n*
~ **de banda ancha** breitbandiger Lärm *m*, Breitbandlärm *m*, Breitbandgeräusch *n*
~ **de banda angosta** Schmalbandlärm *m*, Schmalbandrauschen *n*
~ **blanco** weißes Rauschen *n*
~ **estable [estacionario]** konstanter Lärm *m*
~ **estructural** Körperschall *m*
~ **fluctuante** Lärm *m* mit schwankendem Pegel
~ **de fondo** Hintergrundlärm *m*; Hintergrundgeräusch *n*; Grundgeräusch *n*; Störschall *m*; Hintergrundrauschen *n*; Systemeigengeräusch *n*
~ **de golpe** Schlaglärm *m*; Schlaggeräusch *n*
~ **de [por] impacto** Aufpralllärm *m*; Schlaglärm *m*; Aufprallgeräusch *n*
~ **impulsivo [de impulso]** impulsartiger [impulsiver] Lärm *m*, Impulslärm *m*
~ **parásito** Nebengeräusch *n*
~ **propio** Eigenlärm *m*, Eigenschall *m*; selbsterzeugter Lärm *m*
~ **de vecindad** Nachbarschaftslärm *m*
~ **de vibración** Schwingungslärm *m*, Vibrationslärm *m*; Vibrationsgeräusch *n*
ruidosidad *f* Lärmintensität *f*
ruidoso lärmintensiv, Lärm..., lärmend; geräuschvoll
rulo *m (Bw)* Walze *f*
ruptor *m (El, Kfz)* Unterbrecher *m*, Schalter *m*
ruptura *f* 1. Bruch *m*; 2. Durchbruch *m*, Durchbrechen *n*; Brechen *n*; 3. Riss *m*; Zerreißen *n*; 4. *(El)* Abschaltung *f*;

ruptura   356

Durchschlag *m*; 5. *(Ch, Kern)* Spaltung *f*; Teilung *f*
ruta *f* 1. Straße *f*, Fahrweg *m*; Weg *m*; Strecke *f*, Linie *f*; Trasse *f*; Route *f*; 2. *(Nrt)* Leitweg *m*, Leitungsführung *f*; Bündelleitung *f*
rutenio *m* Ruthenium *n*, Ru
rutherford *m (Kern)* Rutherforium *n*, Rf
rutina *f (Inf)* Routine *f*; Programm *n*; Prozedur *f*
R.V. *s.* realidad virtual

S

sacabocado(s) *m (Fert)* Lochdorn *m*
sacaclavos *m* Nagel(zieh)eisen *n*, Nagelzieher *m*
sacacopias *m* Kopiergerät *n*
sacadora *f* de tubérculos *(Lt)* Rodemaschine *f*, Rodeeinrichtung *f*
sacamuestras *m* Probenahmegerät *n*
sacapliegos *m (Typ)* Bogenausleger *m*
sacapuntas *m* Bleistiftspitzer *m*
sacar *v* entfernen, herausziehen, entziehen
~ **punta** anspitzen, zuspitzen
sacarruedas *m (Kfz)* Radabzieher *m*
sacatestigos *m* Kernbohrer *m*; Kernrohr *n (Erdöl-, Erdgasbohrung)*
sacatornillos *m* Schraubenzieher *m*
sacavadora-cargadora *f (Bgb)* Schrämlademaschine *f*
sacudida *f* Rütteln *n*; Schütteln *n*; Erschütterung *f*, Stoß *m*; Vibration *f* • **por sacudidas** ruckweise, stoßweise
~ **eléctrica** elektrischer Schlag *m*, Stromschlag *m*
sacudidor *m* 1. Schüttelvorrichtung *f*; 2. *(Lt)* Rütteltisch *m*; Rüttelmaschine *f*, Schüttelmaschine *f*, Schüttelsieb *n*; 3. *(Met)* Rüttelformmaschine *f*
sacudidora *f* Schüttelmaschine *f*
saeta *f* Pfeil *m*; Zeiger *m (Uhr)*; Magnetnadel *f*
saga *f (Schiff)* Wurfleine *f*
sagita *f* Bogenhöhe *f*, Sehnenhöhe *f*, Pfeilhöhe *f*
sal *f (Ch)* Salz *n*
~ **amarga** Bittersalz *n*, *(Min auch)* Epsomit *m*
~ **de amoníaco** Salmiak *m*, Ammoniumchlorid *n*

~ **básica** basisches Salz *n*, Hydroxidsalz *n*; Oxidsalz *n*
~ **común** Kochsalz *n*, Natriumchlorid *n*
~ **fijadora** *(Foto)* Fixiersalz *n*
~ **gema** Steinsalz *n*
~ **potásica [de potasio]** Kalisalz *n*, Abraumsalz *n*
~ **refinada** Siedesalz *n*
sala *f* Raum *m*; Saal *m*; Station *f*; Zentrale *f*
~ **de bombas** Pumpenstation *f*
~ **de cardado** *(Text)* Karderie *f*
~ **de encanillado** *(Text)* Spulerei *f (Schussspulerei)*
~ **frigorífica** Kühlhalle *f*, Kühlraum *m*
~ **de gálibos** *(Schiff)* Schnürboden *m*
~ **de mando** 1. *(Schiff)* Steuerraum *m*; 2. *(El)* Schaltraum *m*
~ **de maniobras** Schalt- und Steuerraum *m*; Dispatcherraum *m*, Dispatcherzentrale *f*
~ **de máquina del timón** *(Schiff)* Rudermaschinenraum *m*
~ **de máquinas** *(Schiff)* Maschinenraum *m*
~ **de mezclas** Gemengehaus *n (Glasherstellung)*
~ **de montaje** Montagehalle *f*
~ **de refrigeración** Kühlraum *m*; Gefrierraum *m*
salamandra *f* 1. *(Met)* Bär *m*, Bodensau *f*, Ofensau *f*; 2. Dauerbrandofen *m*; 3. Koksofen *m*; 4. *(Bw)* Betonherzofen *m*
salar *m (Am)* Saline *f*
saldador *m* Saldierwerk *n*
saldadora *f* Saldiermaschine *f*
saldo *m* **cero [nulo]** Null(punkt)abgleich *m*
salida *f* 1. Ausgang *m*; Ausgangsöffnung *f*; 2. Abfluss *m*; Ablauf *m*; Ausströmung *f*, Austritt *m*; 3. Abzug *m*; 4. *(Inf)* Ausgabe *f*, Output *n*; 5. Start *m (Flugzeug)*; 6. Absprung *m (Fallschirmspringer)*; 7. *(Bgb)* Ausfahrt *f*, Auskommen *n (Bohrung)*; 8. *(Typ)* Auslage *f*, Auslegen *n*; 9. *(Bw)* Vorsprung *m* • **de** ~ abgehend; ausgehend
~ **de aire** 1. Luftabzug *m*, Luftauslass *m*; 2. *(Bgb)* Wetterabzug *m*
~ **de archivo** Dateiausgabe *f*
~ **de audio** Audioausgang *m (Soundkarte)*
~ **de bomba** Pumpenförderleistung *f*

sargento

- **de cascos** Kopfhöreraugang *m* *(Soundkarte)*
- **de emergencia** Notausgang *m*; Notausstieg *m*
- **de escape** Ausströmöffnung *f*; Ausgang *m*
- **fugaz** Bildschirmausgabe *f*, Softkopie *f*, Kopie *f* auf Bildschirm
- **impresa [de impresora]** Hartkopie *f*, Hard Copy *f*, Daverkopie *f*, Druckerausgabe *f*, Ausgabe *f* in gedruckter Form
- **medible** messbare Leistung *f*
- **en el orden de adquisición** *(Inf)* FIFO-Prinzip *n (zuerst eingegebene Daten werden auch zuerst ausgegeben)*
- **de rosca** Gewindeauslauf *m (geschnittenes Gewinde)*
- **de socorro** Notausgang *m*; Notausstieg *m*
- **del taller** *(Bgb)* Strebausgang *m*
- **de vapores** Dampfaustritt *f*; Dampfausströmung *f*
- **visual** visuelle Ausgabe *f*, Ausgabe *f* auf visuell lesbarem Datenträger
- **vocal** Sprachausgabe *f*

salidero *m* Auslauf *m*, Leck *n*, Austrittsstelle *f*
- **de aceite** Ölleck *n*, Ölaustritt *m*

saliente 1. vorspringend, vorstehend; ausladend; 2. abgehend
saliente *m* Vorsprung *m*
salificar *v* aussalzen, einsalzen
salina *f* Salzbergwerk *n*; Salzgrube *f*, Saline *f*
salinidad *f* Salzgehalt *m*, Salzhaltigkeit *f*, Salzkonzentration *f*
salino salzig, salzhaltig; brackig
salinómetro *m* Salzgehaltmesser *m*
salir *v* 1. ablassen; abfließen; austreten; abziehen; 2. *(Schiff)* auslaufen; 3. *(Flg)* starten; 4. *(Bgb)* ausfahren; 5. *(Bw)* vorspringen; vorstehen
- **flotante** ausschwimmen *(Dock)*
- **impreso** ausdrucken

salitral *m* Salpetergrube *f*
salitre *m* Salpeter *m*, Kalisalpeter *m*, Kaliumnitrat *n*
- **amónico** Ammon(iak)salpeter *m*, Ammoniumnitrat *n*
- **de Chile** Chilesalpeter *m*, Natronsalpeter *m*, Natriumnitrat *n*

salmuera *f* 1. Salzlake *f*, Sole *f*; 2. Kühlsole *f*

salobre salzhaltig, brackig
salpicadero *m* 1. Spritzblech *n*; 2. *(Kfz)* Instrumententafel *f*, Instrumentenbrett *n*
salpicadura *f* 1. Verspritzen *n*; Versprühen *n*; Bespritzen *n*; 2. Spritzfleck *m*; Spritzer *m*
salpicar *v* (be)spritzen; versprühen
saltar *v* 1. (über)springen *(z. B. Funke)*; 2. schlagen *(Riemen)*
saltarregla *f* Gliedermaßstab *m*
salto *m* 1. Sprung *m*; Übersprung *m*; 2. *(Inf)* Sprung *m*, Verzweigung *f*; 3. Vorschubbewegung *f (Papier)*
- **de agua** Wasserfall *m*
- **cuántico** Quantensprung *m*
- **de chispa** Funkenübergang *m*, Funkenüberschlag *m*
- **de frecuencia** Frequenzsprung *m*
- **hacia atrás** *(Inf)* Rücksprung *m*
- **de hoja** Seitenvorschub *m*
- **de imagen** *(TV)* Bildsprung *m*
- **de línea** Zeilensprung *m*; Zeilenvorschub *m*
- **de página** Seitenumbruch *m*
- **de presión** Druckgefälle *n*
- **de la válvula** Ventilhub *m*

salvaguardar *v* sichern; schützen
salvaguardia *f* Schutz *m*; Sicherung *f*; Abschirmung *f*
salvapantallas *m* Bildschirmschoner *m*
salvar *v* sichern, retten *(z. B. Daten)*; bergen; evakuieren; meiden *(Gefahr)*
salvavidas *m* 1. Rettungsring *m*; 2. Fangkorb *m*, Fangvorrichtung *f*
samario *m* Samarium *n*, Sm
sandwich *m* 1. Verbundwerkstoff *m*, Schichtwerkstoff *m*; 2. Sandwichelement *n*
sangradera *f (Met)* Abstichloch *n*
sangradura *f (Met)* Abstich *m (Hochofen)*
sangrar *v* 1. *(Met)* abstechen *(Hochofen)*; 2. *(Typ)* einrücken *(Zeile)*
sangría *f* 1. *(Inf, Typ)* Einzug *m*; 2. *(Met)* Abstich *m*
saponificador *m (Ch)* Verseifungsmittel *n*
saponificar *v (Ch)* verseifen
saponita *f (Min)* Seifenstein *m*
sardinero *m* Sardinenfänger *m (Fischereifahrzeug)*
sarga *f (Text)* Köper *m*
sargento *m (Am)* Schraubenzwinge *f*, Zwinge *f*

sarro *m* Kruste *f*; Ansatz *m*; Kesselstein *m*
satélite *m* 1. Satellit *m*, Trabant *m*; 2. *(Ph)* kreisendes Elektron *n*; 3. *(Masch)* Ausgleichkegelrad *n* • **vía** ~ über Satellit
~ **científico** Forschungssatellit *m*
~ **circunterrestre** Erdumlaufsatellit *m*
~ **espacial** (unbemannter) Raumflugkörper *m*, Satellit *m*
~ **habitado** bemannter Satellit *m*
~ **de información** Nachrichtensatellit *m*
~ **lunar** Mondsatellit *m*
~ **meteorológico** Wettersatellit *m*
~ **de radio** Funksatellit *m*
~ **recuperable** Spaceshuttle *m*, Raumfähre *f*
~ **retransmisor de señales** Fernmeldesatellit *m*
~ **de telecomunicación [teledifusión]** Nachrichtensatellit *m*; Fernmeldesatellit *m*; Kommunikationssatellit *m*
~ **de televisión** Fernsehsatellit *m*
~ **terrestre** Erdsatellit *m*
~ **de transmisión de datos** Nachrichtensatellit *m*
~ **tripulado** bemannter Satellit *m*
~ **de vigilancia del medio ambiente** Umweltsatellit *m*; Überwachungssatellit *m*
satelizar *v* einen Satelliten starten [auf die Umlaufbahn bringen]
satinador *m* Kalander *m*, Walzenglättwerk *n*
satinar *v* glätten, satinieren, kalandern
saturación *f* 1. Sättigung *f*, Saturation *f*; 2. *(Kern)* Sättigung *f*, Absättigung *f*
saturador *m (Ch)* Saturateur *m*, Sättigungsapparat *m*
saturar *v* 1. sättigen; saturieren; 2. *(Kern)* (ab)sättigen
scooter *m* Motorroller *m*
scraper *m* Schrapper *m*, Kratzer *m*, Aufreißer *m*, Scraper *m*
sebáceo fettsauer; talgig
secadero *m* 1. Trockenraum *m*; 2. Trockenanlage *f*, Trockenschrank *m*; Trocknungsanlage *f*; Trockner *m*; Trockenofen *m*
secado *m* 1. Trocknen *n*, Trocknung *f*; 2. Einbrennen *n (Lack)*; 3. *(Typ)* Wegschlagen *n* der Farbe; 4. Trockenlegung *f (z. B. Boden)*
secador *m* Trockner *m*, Trockenapparat *m*

~ **de aire caliente** 1. Heißlufttrockner *m*; 2. *(Text)* Haspelwalzentrockner *m*, Hotflue *m*
~ **de granos** *(Lt)* Getreidetrockner *m*, Getreidetrocknungsanlage *f*
secadora *f* Trockenmaschine *f*
secante *m* 1. *(Math)* Sekans *m*; 2. *(Ch)* Sikkativ *n*, Trockenstoff *m*
secante *f (Math)* Sekante *f*
secar *v* trocknen; trockenlegen *(z. B. Boden)*
~ **en estufa** darrtrocknen, ofentrocknen
secativo *m (Ch)* Sikkativ *n*, Trockenstoff *m*
sección *f* 1. Schneiden *n*; Schnitt *m*, Querschnitt *m*; Schnittfläche *f*; Profil *n*; 2. Teilstrecke *f*; Strecke *f*, Abschnitt *m*; Sektor *m (eines Programms)*; 3. *(El)* Bauteil *n*; 4. *(Schiff)* Sektion *f*, Spant *n*; 5. *(Ch)* Sektion *f*, Zarge *f (einer Destillationskolonne)*; 6. *(Typ)* Lage *f*, Heftlage *f*
~ **del conductor** 1. *(El)* Leiterquerschnitt *m*; 2. Rohrquerschnitt *m*
~ **cónica** *(Math)* Kegelschnitt *m*
~ **diagramática** *(Math)* grafischer Schnitt *m*
~ **de dirección** *(Inf)* Adressteil *m*, Operandenteil *m*
~ **esférica** *(Math)* Kugelschnitt *m*
~ **inactiva** *(El)* Blindspule *f*, blinde Spule *f*
~ **maestra** *(Schiff)* Hauptspant *n*, Nullspant *n*; Hauptspantquerschnitt *m*
~ **de martillo** Hammersektion *f (Rammtechnik)*
~ **oblicua** Schrägschnitt *m*
seccionador *m* Trennschalter *m*, Abtrennschalter *m*
seccionamiento *m* 1. Trennung *f*, Unterteilung *f*; 2. *(Eb)* Blockierung *f*; 3. *(Nrt)* Raumfolge *f*
seccionar *v* 1. durchschneiden, im Schnitt darstellen; 2. in Abschnitte einteilen
sector *m* 1. *(Math)* Sektor *m*, Kreisausschnitt *m*; 2. Segment *n*; Teilstrecke *f*; 3. *(Masch)* Kulisse *f*; 4. Bereich *m*, Sektor *m*
~ **circular [de círculo]** Kreisausschnitt *m*, Kreissektor *m*
~ **dentado** *(Masch)* Zahnsegment *n*
~ **esférico** Kugelausschnitt *m*, Kugelsektor *m*
secuencia *f* 1. Folge *f*, Reihenfolge *f*; 2. *(Nrt)* Prozesskette *f*

- **~ aleatoria** Zufallsfolge f
- **~ ascendente** aufsteigende Folge f [Reihenfolge f]
- **~ binaria** Binärfolge f, Folge f binärer Zahlen; Binärzeichenfolge f
- **~ de caracteres** Zeichenfolge f
- **~ de clasificación** Sortierfolge f
- **~ de control** Steuersequenz f; Steuerablauf m
- **~ descendente** fallende Folge f [Reihenfolge f]
- **~ de dibujos fijos** Animation f, Bildabfolge f (Grafik)
- **~ de imágenes en movimientos** Animation f, Bildabfolge f (Grafik)
- **~ de verificación** (Inf) Prüfsequenz f
- **~ de vídeo** Videosequenz f, Bildsequenz f, Bildfolge f

secuenciador m 1. Folgeschalter m; 2. (Inf) Sequenzer m (Schaltwerk)

secuencial sequenziell, fortlaufend, aufeinander folgend
- **~ indexado** indexsequenziell

secuenciar v in eine Reihenfolge bringen

seda f Seide f, Naturseide f
- **~ artificial** Kunstseide f, Chemieseide f

sedal m (de pesca) Angelschnur f

sedimentación f Sedimentation f, Ablagerung f; Fällung f; Versandung f

sedimentador m Sinkkasten m (Gully)

sedimentar v absetzen, niederschlagen; sedimentieren

sedimento m Sediment n; Ansatz m, Niederschlag m; Ablagerung f; Sinkstoff m

segadora f (Lt) Mähmaschine f, Mäher m (für Gras und Getreide); Erntemaschine f
- **~ agavilladora [atadora]** Mähbinder m
- **~ de arroz** Reiserntemaschine f
- **~ de caña** Zuckerrohrerntemaschine f
- **~ de cereales** Getreidemäher m
- **~ de césped** Rasenmäher m, Rasenmähmaschine f
- **~ combinada** Kombine f, Vollerntemaschine f; Mähdrescher m
- **~ de forraje** Futtermäher m
- **~ guadañadora** Grasmäher m; Grünfuttermäher m; Mähmaschine f
- **~ hileradora** Schwadmäher m
- **~ de montaje lateral** Anbaumähmaschine f
- **~ recogedora** Mähhäcksler m
- **~ de remolque** Anhängemähmaschine f, (schlepper)gezogene Mähmaschine f
- **~ rotativa** Rotationsmäher m, Rotationsmähwerk n, Flügelmäher m, Kreiselmäher m, Sichelmäher m
- **~ trilladora** Mähdrescher m

segadora-cargadora f (Lt) Mählader m

segadora-cortaforrajes f (Lt) Mähhäcksler m

segadora-henificadora f (Lt) Heumäh- und -wendemaschine f

segmentación f Segmentierung f, Unterteilung f
- **~ de imagen** Bildsegmentation f (künstliche Intelligenz)

segmento m 1. (Math) Segment n, Abschnitt m; 2. Strecke f; 3. (Inf) Segment n; Programmsegment n; 4. (Rak) Stufe f; 5. (Masch) Segment n, Kolbenring m
- **~ de barrido** Ölabstreifring m
- **~ circular [de círculo]** Kreissegment n, Kreisabschnitt m
- **~ delantero** (Rak) Endstufe f
- **~ dirigido** gerichtete Strecke f (Graphentheorie)
- **~ de émbolo** Kolbenring m
- **~ esférico** Kugelsegment n, Kugelabschnitt m
- **~ de freno** Bremsbacke f
- **~ rascador** (Kfz) Öl(abstreif)ring m
- **~ para rectificar** (Fert) Schleifsegment n

segmero m (Ch) Segmer(e) n (Baustein in einer polymeren Verbindung)

segregación f 1. (Ch) Absonderung f, Entmischung f, Trennung f, Scheidung f, Abscheidung f, Segregation f; 2. (Met) Seigern n, Seigerung f

segregar v 1. (Ch) ausscheiden; trennen; entmischen; absondern; 2. (Met) (aus)seigern

segueta f Stichsäge f, Durchbruchsäge f, Lochsäge f, Stellsäge f, Stoßsäge f, Spannsäge f

seguidor m (Eln) Folger m, Folgerstufe f

seguimiento 1. Nachführung f, Nachlauf m, Verfolgung f; 2. Überwachung f
- **~ de las emisiones** Emissionsüberwachung f, Emissionsmonitoring n
- **~ de llamada** (Nrt) Anrufverfolgung f, Verbindungsverfolgung f

segundo m Sekunde f
- **~ centesimal** Neusekunde f
- **~ goniométrico** Winkelsekunde f

seguridad *f* 1. Sicherheit *f*; Arbeitssicherheit *f*; Arbeitsschutz *m*; 2. Zuverlässigkeit *f*; 3. Sicherung *f*; Schutz *m*
- **~ de acceso** Zugriffssicherheit *f (Internet)*
- **~ aérea** Flugsicherung *f*
- **~ antivuelco** Kippsicherheit *f*; Kippsicherung *f*
- **~ contra el arrastre por viento** Windsicherung *f (bei Hebezeugen)*
- **~ aumentada** erhöhte Sicherheit *f*
- **~ contra caídas** Fallschutz *n*; Fallsicherung *f*; Absturzsicherung *f*
- **~ al caminar** Trittsicherheit *f*
- **~ de centrales nucleares** Sicherheit *f* von Kernkraftwerken
- **~ científica** wissenschaftlicher Arbeitsschutz *m*; Sicherheitswissenschaft *f*
- **~ de circulación** Verkehrssicherheit *f*
- **~ de construcción** 1. Bausicherheit *f*; 2. Konstruktionssicherheit *f*
- **~ por construcción** konstruktive Sicherheit *f*, Konstruktionssicherheit *f*
- **~ de contacto** (El) Berührungsschutz *m*
- **~ contraincendios** Brandschutz *m*
- **~ de datos** Datensicherung *f*; Datensicherheit *f*
- **~ eléctrica** elektronische Sicherheit *f*; Elektrosicherheit *f*
- **~ al estacionarse** Standsicherheit *f (von Maschinen)*
- **~ estructural** Bautenschutz *m*, Schutz *m* von Bauwerken
- **~ de la explotación** Betriebssicherheit *f*
- **~ al fallo** Störsicherheit *f*
- **~ contra el flambeo** Knicksicherheit *f*
- **~ funcional [de funcionamiento]** funktionelle Sicherheit *f*, Funktionssicherheit *f*; Funktionsgüte *f*; Betriebssicherheit *f*
- **~ informática** Hardwareschutz *m*; Softwareschutz *m*
- **~ de instalaciones** Anlagensicherheit *f*; Anlagenschutz *m*
- **~ intrínseca** Eigensicherheit *f*
- **~ contra intrusión** Einbruchssicherung *f*
- **~ laboral** s. ~ de trabajo
- **~ láser** Lasersicherheit *f*
- **~ de las máquinas** Maschinenschutz *m*
- **~ minera** Bergbausicherheit *f*, Grubensicherheit *f*
- **~ nuclear** nukleare Sicherheit *f*, Atomsicherheit *f*
- **~ ocupacional** *(Am)* Arbeitsschutz *m*
- **~ contra el pandeo** Knicksicherheit *f*
- **~ perimetral** Außensicherung *f*; Umzäunung *f*
- **~ posicional** Standsicherheit *f*
- **~ positiva** effektiver [sicherer] Schutz *m*; zwangsläufiger Schutz *m*
- **~ de procesos (industriales)** Prozesssicherheit *f*
- **~ en los productos** Produktsicherheit *f*
- **~ química** chemische Sicherheit *f*, Schutz *m* vor chemischen Einwirkungen, Chemikaliensicherheit *f*
- **~ de radiación** Strahlungssicherheit *f*, Strahlensicherheit *f*; Strahlenschutz *m*
- **~ contra robo** Diebstahlsicherung *f*
- **~ de rotura** Bruchsicherheit *f*
- **~ de ruptura** Berstsicherheit *f*
- **~ de sistema** Systemsicherheit *f*; Systemschutz *m*; Systemzuverlässigkeit *f*
- **~ contra la sobrecarga** Überlast(ungs)sicherung *f*
- **~ de trabajo** Arbeitsschutz *m*; Arbeitssicherheit *f*
- **~ de transporte** Transportsicherheit *f*; Transportsicherung *f*
- **~ vial** Sicherheit *f* im Straßenverkehr; Verkehrssicherheit *f*
- **~ contra volqueo** Kippsicherheit *f*; Kippsicherung *f*
- **~ de vuelo** Flugsicherheit *f*; Flugsicherung *f*

seguro sicher, geschützt; gefahrlos; gefährdungsfrei, zuverlässig; störungsfrei
- **~ contra accidente eléctrico** berührungs(schutz)sicher
- **~ contra rotura** bruchsicher
- **~ contra volqueo** kippsicher

seguro *m* 1. Sicherheit *f*; 2. Sicherung *f*; Sicherungsvorrichtung *f*; Sicherheitsvorrichtung *f*, Sicherheitseinrichtung *f*; 3. Versicherung *f*
- **~ automático** automatische Sicherung *f*, Sicherungsautomat *m*
- **~ de hombre muerto** Totmannschaltung *f (Schutzvorrichtung)*
- **~ de mando** Schaltungssicherung *f*
- **~ de palanca** Hebelsicherung *f*
- **~ de pernos** Bolzensicherung *f*
- **~ contra rotura** Bruchsicherung *f*

seism... *s.* sism...

selección *f* 1. Auswählen *n*, Auswahl *f*, Selektion *f*; 2. (*El*n) Ansteuerung *f*; 3. (*Nrt*) Wahl *f*, Wählen *n*; Einstellung *f*

- **~ casual** zufällige Auswahl f *(Statistik)*
- **~ de direcciones** *(Inf)* Adressenauswahl f, Adressenansteuerung f
- **~ por menú** *(Inf)* Menüauswahl f
- **~ de muestras** Stichprobenentnahme f
- **seleccionador** m 1. Sortiereinrichtung f; 2. *(Lt)* Trieur m
- **seleccionadora** f 1. Sortiermaschine f; 2. Sieb n; Siebapparat m
- **~ de cheques** Scheckabrechnungsmaschine f
- **seleccionar** v (aus)wählen; selektieren; ansteuern *(z. B. eine Leitung)*
- **selectividad** f Selektivität f, Trennschärfe f, Trennvermögen n
- **selectivo** selektiv; trennscharf
- **selector** m 1. Wahlschalter m, Auswahlschalter m, Wähler m, Selektor m; 2. Sperrkreis m; 3. *(Kfz)* Gangschalter m
- **~ paso a paso** *(Nrt)* Schrittschaltwerk n
- **~ de rango** *(Nrt)* Stufenwähler m
- **~ rotativo** Drehwähler m; Drehschalter m
- **~ de velocidades** Drehzahlwahlschalter m, Drehzahlwähler m
- **selenio** m Selen n, Se
- **seleniuro** m Selenid n
- **selfinductancia** f *(El)* Selbstinduktivität f
- **selsyn** m Drehmelder m, Selsyn n
- **sellado** m 1. Abdichten n, Abdichtung f; Versiegelung f; 2. *(Kst)* Quellschweißen n
- **sellador** 1. Absperrmittel n, Sperrgrund m, Porenfüller m *(Anstrichstoff)*; 2. *(Kst)* Siegler m
- **~ anticorrosivo** Korrosionsschutzanstrich m
- **semafórico** Signal...
- **semáforo** m 1. Verkehrsampel f; 2. *(Eb)* Eisenbahnsignal n, Armsignal n, Flügelsignal n, Formsignal n; 3. *(Schiff)* Signalzeichengeber m, Semaphor m(n)
- **sembradora** f *(Lt)* Drillmaschine f, Sämaschine f; *(Am)* Pflanzmaschine f, Legemaschine f
- **~ combinada** kombinierte Sä- und Düngerstreumaschine f; Bestellkombine f
- **~ a chorrillo** Dibbelmaschine f
- **~ en línea(s)** Drillmaschine f, Reihensämaschine f
- **~ de patatas** Kartoffellegemaschine f, Kartoffelpflanzmaschine f
- **~ de remolacha** Rübendrillmaschine f, Einzelkornsämaschine f für Rübenaussaat
- **~ de tolva** Getreidesämaschine f
- **~ a voleo** Breitsämaschine f
- **sembrar** v **en hileras** *(Lt)* drillen
- **semiacabado** 1. halb bearbeitet, halb fertig; 2. *(Met)* als Halbzeug hergestellt
- **semiantracita** f Magerkohle f
- **semiautomático** halbautomatisch
- **semibarrera** f *(Eb)* Halbschranke f
- **semiciclo** m Halbkreis m
- **semicircular** halbrund, halbkreisförmig, Halbkreis...
- **semicírculo** m Halbkreis m
- **semiconductor** m Halbleiter m
- **semidesintegración** f *(Ch)* Halbzerfall m, Halbwert m
- **semidestilación** f *(Ch)* Schwelen n
- **semidiámetro** m Radius m
- **semidiesel** m Glühkopfmotor m
- **semieje** m Halbachse f
- **~ oscilante** *(Kfz)* Halbschwingachse f
- **~ trasero** Hinterachswelle f, Hinterhalbachse f
- **semielaborado** m Halbzeug n
- **semiesfera** f Halbkugel f
- **semiespacio** m *(Math)* Halbraum m
- **semifluido** halbflüssig, viskos
- **semilogarítmico** einfachlogarithmisch, halblogarithmisch
- **semimáscara** f Halbmaske f *(Atemschutz)*
- **semimetal** m Halbmetall n
- **semionda** f Halbwelle f
- **semiplano** m *(Math)* Halbebene f
- **semiproducto** m Halbfabrikat n, Halbzeug n
- **semirremolque** m Sattelauflieger m, Sattelanhänger m
- **semirrígido** halbstarr; halbsteif
- **semitren** m *(Kfz)* Hinterachsbrücke f
- **senda** f 1. Weg m; 2. *(Inf)* Pfad m; Spur f
- **~ de búsqueda** *(Inf)* Suchpfad m
- **~ de planeo** *(Flg)* Gleitweg m *(im Endanflug beim Landen)*
- **~ de transmisión** Übertragungsweg m; Übertragungskanal m
- **seno** m Sinus m
- **~ hiperbólico** Hyperbelsinus m, Sinus hyperbolicus m
- **~ integral** Integralsinus m, Sinus integralis m, Sinusintegralfunktion f
- **~ de la onda** Wellental n
- **senoidal** sinusförmig
- **senoide** f Sinusoide f, Sinuskurve f, Sinuslinie f

sensibilizar v (Foto) sensibilisieren, lichtempfindlich machen

sensor m Sensor m, Messfühler m, Fühlelement n, Fühler m

~ **fotoeléctrico** photoelektrischer Abtaster m

~ **de haz** Strahlmessfühler m

~ **térmico** Wärmemessfühler m

sentado a popa (Schiff) achterlastig, steuerlastig, hecklastig

sentanilla f Winkelmaß n

sentencia f 1. Aussage f; 2. (Inf) Programmsatz m, Satz m; (allgemeiner) Befehl m, Anweisung f, Arbeitsanweisung f, Arbeitsvorschrift f; Vereinbarung f

sentido m 1. Sinn m, Bedeutung f; 2. Richtung f, Richtungssinn m • **en ~ antihorario** entgegen dem Uhrzeigersinn • **en ~ horario** im Uhrzeigersinn • **del mismo ~** gleichsinnig

~ **de la corriente** Stromrichtung f, Stromverlauf m

~ **dextrógiro** negativer [rechtsläufiger] Drehsinn m, Drehrichtung f im Uhrzeigersinn

~ **de la flecha** Pfeilrichtung f, Pfeilsinn m

~ **de giro** Drehrichtung f, Drehsinn m

~ **de la hélice** Drallrichtung f (z. B. beim Bohrer)

~ **levógiro** positiver [linksläufiger] Drehsinn m, Drehrichtung f entgegen dem Uhrzeigersinn

~ **de la marcha** Fahrtrichtung f

~ **de rotación** Drehsinn m, Drehrichtung f; Umfahrungssinn m (Statik)

sentina f (Schiff) Kielraum m, Bilge f

señal f 1. Signal n, Zeichen n; Merkmal n; 2. (El) Impuls m; 3. (Bgb) Marke f

~ **de acuse de recepción** (Nrt, Inf) Quittungszeichen n, Empfangsanzeigesignal n

~ **acústica** 1. Schallsignal n, akustisches Signal n; 2. (Nrt) Hörzeichen n, Amtszeichen n

~ **de advertencia** Warnsignal n, Warnzeichen n

~ **audible** 1. akustisches [hörbares] Signal n; 2. (Nrt) Hörsignal n

~ **de aviso** 1. Warnsignal n; Warnruf m; 2. (Eb) Vorsignal n; Warnbake f

~ **de bloqueo** Sperrsignal n

~ **característica de la emisora** Pausenzeichen n (Radio)

~ **continua** 1. Dauersignal n; 2. (Nrt) Dauerkennzeichen n

~ **de control** 1. Kontrollsignal n; 2. Steuersignal n, Steuerzeichen n

~ **de destellos** Flackerzeichen n

~ **de emergencia** Notsignal n

~ **de entrada** 1. (Eb) Einfahrtsignal n; 2. (Inf) Eingangssignal n, Eingabesignal n

~ **de fondo** Rauschsignal n

~ **de imagen** Videosignal n, Bildsignal n

~ **informativa** Hinweiszeichen n

~ **de inhibición** Sperrsignal n, Blockiersignal n

~ **de interrupción** Unterbrechungssignal n, Interrupt(signal) n

~ **de línea libre** (Nrt) Freizeichen n

~ **lumínica [luminosa]** Lichtsignal n, Lichtzeichen n

~ **de luz intermitente** Blinker m, Blinklicht n

~ **de llamada** (Nrt) Rufzeichen n, Anrufsignal n

~ **de mando** Steuersignal n; Signalzeichen n

~ **de marcar** Wählzeichen n

~ **marítima de socorro** Seenotruf m, SOS-Ruf m

~ **de ocupado** (Nrt) Besetzsignal n, Besetztzeichen n

~ **de parada** Stoppsignal n, Haltesignal n

~ **de paso** (Eb) Fahrtsignal n

~ **de peligro** Gefahrensignal n; Gefahrzeichen n; Notruf m; Warnzeichen n

~ **piloto** (Nrt) Pilotsignal n; Steuersignal n; Leitsignal n; Überwachungssignal n; Hauptsignal n

~ **de precaución** Warnzeichen n, Warnsignal n; Vorsichtsmarkierung f

~ **radioeléctrica** Funksignal n

~ **de reconocimiento** Quittierungssignal n, Quittierungszeichen n

~ **de reloj** (Nrt) Taktsignal n

~ **de servicio** (Nrt) Dienstsignal n, Netzmeldung f, Betriebssignal n

~ **de socorro** Notzeichen n, Notsignal n

~ **sonora** akustisches Signal n, Schallsignal n

~ **de tiempo** 1. Zeitzeichen n; 2. Taktsignal n, Taktimpuls m

~ **de validación** Freigabesignal n

separador

~ **de varios sonidos** *(Kfz)* Mehrklangsignal *n*, Mehrklanghupe *f*, Mehrklanghorn *n*
~ **de vía libre** *(Eb)* Freifahrtsignal *n*
~ **vial** Verkehrszeichen *n*, Verkehrsschild *n*
~ **(de) vídeo** Videosignal *n*, Bildsignal *n*
~ **visual** Sichtzeichen *n*, optisches Zeichen *n*

señalar *v* 1. kennzeichnen, markieren; anzeigen; 2. anzeigen; melden; signalisieren

señalización *f* 1. Signalisierung *f*; Signalgebung *f*, Zeichengabe *f*, Zeichengebung *f*, Meldung *f*; 2. Signalsystem *n*; Signalwesen *n*; Signaltechnik *f*; 3. Markierung *f*

señalizador *m* 1. Signalgeber *m*; 2. *(Inf)* Anzeiger *m*, Markierung *f*

señalizar *v* 1. kennzeichnen, markieren; bezeichnen; 2. anzeigen, melden; signalisieren

señorita *f* Differenzialflaschenzug *m*; Kettenflaschenzug *m*

separación *f* 1. Trennen *n*, Lösen *n*; Trennung *f*, Abtrennung *f*, Abstand *m*; 2. *(Ch)* Fällung *f*, Abscheidung *f*, Scheidung *f*; 3. Absonderung *f*, 4. *(Geol)* Ablösung *f (der Schichten)*; 5. *(TV)* Auflösung *f*; 6. *(Schiff)* Strömungsablösung *f*
~ **automática** 1. *(Rak)* automatische Trennung *f (der Raketenstufe)*; 2. *(Inf)* automatisches Trennen *n*
~ **de canales** *(Nrt)* Kanalabstand *m*
~ **por centrifugación** Zentrifugieren *n*, Schleudern *n*; Schleuderverfahren *n (Isotopentrennung)*
~ **de cinta** Bandsortierung *f (Müll)*
~ **de circuitos** Abschaltung *f*
~ **entre cuadernas** *(Schiff)* Spantabstand *m*
~ **de desechos** Abfallsortierung *f*
~ **por destilación** *(Ch)* Destillierung *f*
~ **por destilación fraccionada** *(Ch)* fraktionierte Destillation *f*, Fraktionieren *n*
~ **entre dientes** *(Masch)* Zahnteilung *f*
~ **por difusión gaseosa** Gasdiffusionsverfahren *n (Isotopentrennung)*
~ **entre ejes** *(Kfz)* Achsabstand *m*
~ **entre electrodos** Elektrodenabstand *m*
~ **electrolítica** elektrolytische Trennung *f*
~ **fraccionada** Fraktionieren *n*

~ **de frecuencias** Frequenztrennung *f*, Frequenzabstand *m*
~ **por fusión** *(Ch)* Abseigern *n*
~ **por gravedad** 1. Schwerkraftabscheidung *f*, Schweretrennung *f*; 2. *(Bgb)* Schwerkraftaufbereitung *f*
~ **en húmedo** Nassscheideverfahren *n*
~ **interbloques** *(Inf)* Blocklücke *f*, Blockzwischenraum *m*, Blockabstand *m*, Start-Stopp-Lücke *f*
~ **isotópica [de isótopos]** Isotopentrennung *f*
~ **magnética** Magnetscheidung *f*; magnetische Aufbereitung *f*
~ **de material** *(Fert)* Werkstoffabtragung *f*
~ **de materiales fisibles** *(Kern)* Spaltstofftrennung *f*
~ **de mezclas** *(Ch)* Entmischung *f*
~ **del polvo** Staubabscheidung *f*; Entstaubung *f*
~ **de la red** *(El)* Netzabschaltung *f*
~ **de segmentos** *(Rak)* Stufenteilung *f*, Stufentrennung *f*
~ **de sólidos gruesos** Grobabscheidung *f*

separador *m* 1. Abscheider *m*, Scheider *m*; Wäscher *m*; Sichter *m*; 2. *(Text)* Abscheider *m (Baumwollspinnerei)*; 3. *(Lt)* Sortierapparat *m*, Trieur *m*, Zellenausleser *m*, Auslesemaschine *f*; Getreidereiniger *m*; 4. *(Masch)* Distanzscheibe *f*; Distanzhülse *f*, Distanzhalter *m*; Trennstück *n*; 5. *(El)* Separator *m*, Scheider *m*, Trennelement *n (einer Batterie)*; 6. *(El)* Trennstufe *f*; 7. *(Inf)* Trennsymbol *n*, Trennzeichen *n*
~ **de agua de sentina** *(Schiff)* Bilgenwasserentöler *m*
~ **de aire** Windsichter *m*
~ **centrífugo** Zentrifugalabscheider *m*, Trennschleuder *f*
~ **ciclónico** Fliehkraftabscheider *m*, Zyklon(abscheider) *m*
~ **de frecuencias** Frequenzteiler *m*
~ **por fuerza centrífuga** Fliehkraftabscheider *m*, Zentrifugalabscheider *m*, Zyklon(abscheider) *m*
~ **de grano** *(Lt)* Getreidetrieur *m*; Getreidewindsichter *m*
~ **de minerales** *(Bgb)* Erzklauber *m*, Erzscheider *m*
~ **neumático** Windsichter *m*
~ **de petróleo** Ölabscheider *m*

separador

~ **de polvos** 1. Staubabscheider m; 2. (Bgb) Sichter m (Aufbereitung)
~ **por rebotamiento** Prallabscheider m
~ **de sentina** (Schiff) Bilgewasserentöler m
~ **por vía húmeda** Nassabscheider m, Nassklassierer m
separadora f Separiermaschine f
separar v 1. lösen, (ab)trennen; absondern; entfernen; aussortieren; 2. (ab)scheiden; ausscheiden; 3. (Bgb) trennen; scheiden; 4. (TV) auflösen
serie f 1. Serie f; 2. (Math) Reihe f • **en ~** 1. seriell, in Folge; 2. (El) in Serie [Reihe] • **por series** Reihen..., Serien..., aufeinander folgend, laufend, serienmäßig
~ **absolutamente convergente** (Math) absolut konvergente Reihe f
~ **alifática** (Ch) aliphatische Reihe f, Fettreihe f
~ **alterna** (Math) alternierende Reihe f
~ **aritmética** (Math) arithmetische Reihe f
~ **armónica** (Math) harmonische Reihe f
~ **asintótica** (Math) asymptotische Reihe f
~ **binómica** (Math) Binomialreihe f, binomische Reihe f
~ **de bits** (Inf) Bitfolge f
~ **de bloques** (Inf) Blockkettung f
~ **de caracteres** Zeichenkette f, Zeichenfolge f, Zeichenreihe f
~ **de comprobaciones** Messreihe f
~ **concatenada** verkettete Reihe f, Verkettung f
~ **condicionalmente convergente** (Math) bedingt konvergente Reihe f
~ **convergente** (Math) konvergente Reihe f
~ **cronológica** Zeitreihe f, Zeitfolge f
~ **de desintegración** (Ch) Zerfallsreihe f
~ **divergente** (Math) divergente Reihe f
~ **finita** (Math) endliche Reihe f
~ **geométrica** (Math) geometrische Reihe f
~ **homóloga** (Ch) homologe Reihe f
~ **de impulsos** Impulsfolge f
~ **infinita** (Math) unendliche Reihe f
~ **radiactiva** (Kern) Zerfallsreihe f
~ **temporal** Zeitreihe f
~ **trigonométrica** (Math) trigonometrische Reihe f
~ **de verificación** Prüfreihe f, Prüfserie f
serigrafía f (Typ) Siebdruck m
serpentín m Schlange f, Spirale f; Rohrschlange f, Schlangenrohr n

serrar v (zer)sägen
serrería f Sägewerk n; Schneidemühle f, Sägemühle f; Gatterwerk n
serrucho m Fuchsschwanz m, Stichsäge f
servicio m 1. Betrieb m; 2. Service m; Dienstleistung f; Dienst m; Versorgung f; 3. Werkstatt f, Abteilung f; Einrichtung f; 4. Verkehr m • **fuera de ~** außer Betrieb; außer Verkehr • **de ~ eléctrico** elektrisch betrieben • **en ~** in Betrieb
~ **de agua potable** Trinkwasserversorgung f
~ **alimentado por la red** Netzbetrieb m
~ **de averías** 1. Havariedienst m; Entstörungsdienst m; 2. (Kfz) Straßenhilfsdienst m
~ **de corta duración** Kurzzeitbetrieb m
~ **de desvío** (Nrt) Anrufumleitung f, Anrufweiterschaltung f
~ **de extinción de incendios** Feuerwehrdienst m; Feuerwehr f
~ **ferroviario** Eisenbahnbetrieb m
~ **instantáneo** Kurzzeitbetrieb m
~ **interactivo** (Nrt) Dialogbetrieb m, Dialogdienst m, interaktiver Dienst m
~ **intermitente** aussetzender [intermittierender] Betrieb m
~ **interurbano automático** Selbstwählfernverkehr m
~ **en línea** On-line-Betrieb m
~ **fuera de línea** Off-line-Betrieb m
~ **de mantenimiento** Instandhaltungsdienst m; Instandhaltungsleistung f; Pflegedienst m; Wartung f
~ **de navegación aérea** Flugbetrieb m
~ **permanente** 1. Dauerbetrieb m; 2. Bereitschaftsdienst m
~ **postal y de comunicaciones** Post- und Fernmeldewesen n
~ **de radio** Funkbetrieb m
~ **de radio marítimo** Seefunkdienst m
~ **de radiofonía** Sprechfunkverkehr m
~ **de radiogoniometría** Funkpeildienst m, Peildienst m
~ **radiometeorológico** Funkwetterdienst m
~ **radiotelefónico** Funkfernsprechdienst m, Telefoniefunkverkehr m
~ **radiotelefotográfico** Bildfunkdienst m
~ **de radiotransmisión** Funkdienst m
~ **de telecomunicación** (Nrt) Fernmeldeverkehr m, Nachrichtendienst m

~ telefónico automático (Nrt) Selbstwählbetrieb m
~ por transporte a funicular Seilbahnbetrieb m
~ de trenes (Eb) Fahrdienst m, Betriebsdienst m
servidor m Server m
serviola f (Schiff) Davit m(n); Kattdavit m(n)
servoaparato m Servogerät n
servocontrol m Servosteuerung f
servodirección f (Kfz) Servolenkung f
servoembragues m Servoschaltung f
servofreno m (Kfz) Servobremse f
servogobernador m Servobetrieb m, Stellantrieb m, Verstelltrieb m
servogobierno m Servosteuerung f
servomando m 1. Hilfssteuerung f, Servosteuerung f; 2. (Kfz) Servolenkung f
servomotor m Servomotor m, Hilfsmotor m; Stellmotor m, Nachlaufmotor m
servorregulador m Folgeregler m
servotimón m (Flg) Servoruder n
sesgado m schräg; schief
seudo... s. pseudo...
sexángulo m (Math) Sechseck n, Hexagon n
sextante m Sextant m
~ giroscópico Kreiselsextant m
~ marino Schiffssextant m
shimmy m (Kfz) Flattern n (z. B. der Vorderräder)
shunt m (El) Shunt m, Nebenschluss m; Nebenschlusswiderstand m
sicativo trocknend
sidecar m (Kfz) Beiwagen m, Seitenwagen m
sidéreo Stern..., siderisch, sideral
siderita f 1. (Min) Siderit m, Spateisenstein m; 2. (Astr) Eisenmeteorit m, Meteorstein m
siderometalurgia f Eisenmetallurgie f, Eisenhüttenwesen n
siderometalúrgico eisenmetallurgisch
siderotécnica f Eisenhüttentechnik f
siderurgia f Eisenmetallurgie f, Schwarzmetallurgie f, Siderurgie f, Eisenhüttenwesen n
siderúrgico eisenmetallurgisch, schwarzmetallurgisch, siderurgisch
siemens m Siemens n, S (SI-Einheit des elektrischen Leitwertes)

sierra f 1. Säge f; Sägeblatt n; Gatter n; 2. Gebirge n, Gebirgskette f
~ abrazadera Kreissäge f
~ accionada por motor Motorsäge f
~ alternativa Gattersäge f, Gatter n
~ de arco Bügelsäge f
~ bracera Spannsäge f, Tischlersäge f
~ de cadena Kettensäge f
~ de cinta Bandsäge f
~ circular 1. Kreissäge f; Kreissägeblatt n; 2. Sägemaschine f
~ mecánica Maschinensäge f; Sägemaschine f
~ motorizada Motorsäge f
~ oscilante Pendelsäge f
~ pendiente estéril Deckgebirge n
~ de péndulo Pendelstichsäge f
~ de poda Baumsäge f, Astsäge f
~ de vaivén Pendelsäge f
~ vecina Nebengestein n
sifón m 1. Siphon m, Heber m, Saugheber m; Saugrohr n; 2. Geruchverschluss m; 3. (Eb) Hilfsblasrohr n (Lokomotive); 4. (Bw) Düker m; 5. (Nrt) Schreibröhrchen n
sifonar v abhebern, aushebern
significación f 1. Bedeutung f, Sinn m; 2. (Math) Signifikanz f • **de alta ~** hochsignifikant (Statistik)
signo m 1. Zeichen n; Merkmal n, Sinnbild n; Marke f; 2. (Math) Vorzeichen n
~ de adición Additionszeichen n, Pluszeichen n
~ algebraico Vorzeichen n
~ de deducción (Math) Ableitungszeichen n
~ de división Divisionszeichen n
~ de ecuación Gleichheitszeichen n
~ gráfico grafisches Zeichen n
~ icónico Ikone f, Bildsymbol n, Piktogramm n, Sinnbild n
~ de igualdad Gleichheitszeichen n
~ luminiscente Leuchtzeichen n
~ radical [de la raíz] Wurzelzeichen n
~ de sustracción Minuszeichen n, Subtraktionszeichen n
silenciador m Schalldämpfer m; Auspufftopf m
silencioso geräuschfrei, geräuschlos; rauschfrei; lärmfrei; lärmarm, geräuscharm; ruhig
silencioso m Schalldämpfer m

silencioso

~ de escape Auspufftopf m, Auspuffschalldämpfer m
silicato m Silicat n
silice f Kieselerde f, Siliciumdioxid n
~ vitrosa Kieselglas n, Quarzglas n
silicio m Silicium n, Si
~ fundido Quarzgut n
siliciuro m Silicid n
silo m Silo m; Silobehälter m; Futterbehälter m; Bunker m; Schachtspeicher m; Vorratsilo m
silvicultura f Forstwirtschaft f, Forstkultur f; Forstwissenschaft f
silla f 1. Sattel m; 2. (Eb) Tragstuhl m; Schienenauflage f
sillar m (Bw) Bossenquader m; Werkstein m
sillín m **biplaza** Doppelsitzbank f (Motorrad)
~ de conductor Fahrersitz m
~ monoplaza Einmannsitzbank f (Motorrad)
~ móvil Schwingsattel m (Motorrad)
símbolo m Symbol n, Zeichen n
~ algebraico algebraisches Zeichen n, Buchstabengröße f
~ aritmético Operationssymbol n, Operator m, Rechenzeichen n
~ de control Steuersymbol n
~ eléctrico elektrisches Schaltzeichen n
~ gráfico Grafiksymbol n, grafisches Zeichen n
~ de la unidad Laufwerkssymbol n
~ de verificación Prüfzeichen n
simetría f Symmetrie f
similicuero m Kunstleder m
similigrabado m (Typ) Autotypie f, Rasterätzung f
similitud f Ähnlichkeit f
similor m Rotguss m, Rotmessing n, Tombak m
símplice m Simplex n, Wechselsprechen n, Wechselschreiben n
simulación f Simulation f, Simulierung f, Nachbildung f
simulador m Simulator m, Nachbildner m
~ de conducción Fahrtrainer m, Fahrsimulator m
~ de vuelo (Flg) Flugsimulator m
simultanear v gleichzeitig ablaufen
simultáneo simultan, gleichzeitig
sinclinal m (Geol) Synklinale f, Mulde f

sincrónico synchron, gleichlaufend
sincronismo m Synchronisierung f, Gleichlauf m
sincronización f Synchronisierung f, Synchronisation f
~ de bits Bitsynchronisation f, Schrittsynchronisation f
~ del encendido (Kfz) Zünd(zeit)punkteinstellung f
~ flash Blitzlichtsynchronisierung f
~ de imagen Bildsynchronisierung f
sincronizador m Synchronisator m; Synchrongetriebe n
sincronizar v synchronisieren; gleichschalten; einstellen (Frequenz)
sinérgico synergetisch; synergistisch
sinterización f (Met) Sintern n, Sinterung f
sinterizado m 1. s. sinterización f; 2. Sinter m, Sintergut n, Agglomerat n
sinterizar v sintern
síntesis f Synthese f, Aufbau m, Darstellung f
~ de imagen (TV) Bilderzeugung f
~ de proteínas Proteinsynthese f, Eiweißsynthese f
sintetizador m Synthesizer m, Sprachgenerator m, Tongenerator m
sintetizar v synthetisieren, synthetisch [durch Synthese] herstellen; aufbauen
sintonía f (Eln) Abgleich m, Abstimmung f
sintonización f (Eln) Abstimmung f
sintonizador m (Eln) Abstimmeinheit f, Abstimmaggregat n; Tuner m, Kanalwähler m
sintonizar v (Eln) abstimmen
sinusoidad f 1. Windung f; 2. (Eln) Welligkeit f
sinusoidal sinusförmig
sinusoide f Sinuskurve f, sinusförmige Wellenlinie f, Sinuslinie f
sirena f 1. Sirene f; 2. (Schiff) Tyfon n; 3. (Nrt) Heuler m, Heulsirene f
sirga f (Schiff) Kurrleine f, Trosse f
sirgar v (Schiff) ziehen; schleppen
sísmico seismisch
sismo m Erdbeben n
sismografía f Seismographie f
sismógrafo m Seismograph m
sismología f Seismik f, Seismologie f
sismómetro m Erdbebenmesser m, Seismometer n

sismorresistente (erd)bebensicher, (erd)bebenfest

sistema m 1. System n; Verfahren n; 2. Aufbau m; Gliederung f; 3. Anlage f, Einrichtung f; Anordnung f; Gerätegruppe f; 4. *(Inf)* System n, Rechnersystem n *(Rechner und seine Peripheriegeräte)*

~ **de acceso** *(Inf)* Zugriffsverfahren n, Zugriffsmethode f

~ **de accionamiento** Stelleinheit f

~ **de acondicionamiento de aire** Klimatisierungsanlage f

~ **de administración de archivos** Dateiverwaltungssystem n

~ **de administración de bases de datos** Datenbankverwaltungssystem n, DBMS

~ **de admisión** Beaufschlagungsart f *(Turbine)*

~ **de agitación** Rührwerk n

~ **de aguas servidas** Abwassersystem n; Abwasseranlage f

~ **de aire acondicionado** Klima(tisierungs)anlage f

~ **de aireación** Belüftungssystem n

~ **de alerta** Warnsystem n *(besonders für Gefahrstoffe)*

~ **de alimentación** 1. Zuführungssystem n; Speisesystem n; 2. *(Kfz)* Kraftstoffanlage f

~ **de alta fiabilidad** High-Fidelity-Anlage f, HiFi-Anlage f

~ **de alta presión** Hochdruckanlage f

~ **de alto vacío** Hochvakuumanlage f *(z. B. Schadstoffabsaugung)*

~ **de alumbrado** Beleuchtungssystem n; Beleuchtungseinrichtung f

~ **amistoso** nutzerfreundliches System n

~ **ampliable** erweiterungsfähiges System n

~ **antibloqueo [antibloqueo] de frenos** Antiblockiersystem n, ABS

~ **antirrobo** Diebstahlschutzsystem n; Einbruchschutz m; Diebstahlsicherung f

~ **articulado** *(Bw)* Gelenksystem n, Gelenkwerk n

~ **asistido por ordenador** rechnergestütztes [computergestütztes] System n

~ **de aspiración** Absaugsystem n; Sauganlage f

~ **de aterrizaje sin visibilidad** *(Flg)* Blindlandesystem n, Instrumenten-Lande-System n

~ **de autoaprendizaje** *(Kyb)* lernendes System n

~ **de autocontrol** Selbstregler m

~ **autogobernable** selbststeuerbares System n

~ **automático de exposición** *(Foto)* Belichtungsautomatik f

~ **autosíncrono** Nachlaufsystem n

~ **avisador** Warnsystem n; Meldesystem n; Meldeanlage f; Warnanlage f

~ **avisador de incendio** Brandmeldeanlage f

~ **basado en conocimientos** wissensbasiertes System n

~ **a base de computadoras** rechnergestütztes [computergestütztes] System n

~ **de bases de datos** Datenbanksystem n; Datenbank f

~ **básico de entrada y salida** Basic Input Output System n, BIOS, grundlegendes Eingabe-Ausgabe-System n

~ **binario** 1. *(Math)* Binärsystem n, binäres Zahlensystem n, Dualsystem n; 2. *(Ch)* Zweistoffsystem n, Zweikomponentensystem n, binäres System n

~ **de búsqueda informativa** Informationsrecherchesystem n

~ **de cálculo** Rechensystem n; Rechenschema n

~ **de calefacción** Heizungssystem n; Heizungsanlage f

~ **de campo toroidal** *(Eln)* Ringfeldsystem n

~ **de captación** Erfassungseinrichtung f *(für Schadstoff)*

~ **captador de polvo** Entstaubungseinrichtung f; Entstaubungsanlage f

~ **cartesiano de coordenadas** kartesisches Koordinatensystem n

~ **cascada** Folgesteuerung f

~ **catadióptrico** *(Opt)* Spiegellinsensystem n, katadioptisches System n

~ **de catalizador** Katalysatoranlage f

~ **catóptrico** *(Opt)* Spiegelsystem n, katoptrisches System n

~ **cegesimal [centímetro-gramo-segundo]** CGS-System n *(Zentimeter, Gramm, Sekunde)*

~ **clave en mano** *(Inf)* schlüsselfertiges System n

~ **cliente-servidor** Client-Server-System n

~ **combinado** Verbundsystem n

sistema

~ **de combustión** *(Kfz)* Verbrennungsverfahren *n*
~ **de comunicación de datos** Datenübertragungssystem *n*
~ **de comunicación visual** Bildübertragungssystem *n*
~ **de comunicaciones** Übertragungssystem *n*; Kommunikationssystem *n*; Nachrichtensystem *n*; Fernmeldesystem *n*
~ **de comunicaciones telegráficas** telegrafisches Übertragungssystem *n*; Fernschreibsystem *n*, Telexsystem *n*
~ **de conexión** 1. Verbindungssystem *n*, Anschlusssystem *n*; 2. *(El)* Schaltsystem *n*, Schaltanordnung *f*
~ **conjugado** *(Math)* adjungiertes System *n*
~ **de conmutación** *(Nrt)* Vermittlungssystem *n*
~ **de conmutación de paquetes** Paketvermittlungssystem *n*
~ **de construcción longitudinal** *(Schiff)* Längsspantenbauweise *f*
~ **de construcción transversal** *(Schiff)* Querspantenbauweise *f*
~ **de control** 1. Kontrollsystem *n*; 2. Steuer(ungs)system *n*; Regel(ungs)system *n*; Regelanlage *f*; 3. *(Rak)* Lenkorgane *npl*
~ **de control a distancia** Fernüberwachungssystem *n*
~ **de coordenadas** *(Math)* Koordinatensystem *n*
~ **de coordenadas cartesianas** kartesisches [rechtwinkliges] Koordinatensystem *n*
~ **de coordenadas curvilíneas** krummliniges Koordinatensystem *n*
~ **de corte** *(Lt)* Schneidwerk *n*
~ **dedicado** dediziertes System *n*; Spezialsystem *n*
~ **de depuración** 1. *(Inf)* Fehlersuchsystem *n*; 2. Reinigungsanlage *f (Abfall)*
~ **de desigualdades** *(Math)* Ungleichungssystem *n*
~ **de detección** 1. Nachweisverfahren *n*; 2. Nachweisgerät *n*
~ **de detección de fuego** Brandmeldeanlage *f*, Brandmelder *m*
~ **de detección de gases** Gasspürgerät *n*
~ **de disco fijo** Festplattensystem *n*
~ **de ecuaciones** *(Math)* Gleichungssystem *n*

~ **efluente** Abflusssystem *n*; Abflusseinrichtung *f*
~ **de elevación** Hebeanlage *f*
~ **de encendido** Zündsystem *n*; Zündanlage *f*
~ **de energía solar** Sonnenenergieanlage *f*, Sonnenkraftanlage *f*, Solaranlage *f*; Sonnenkraftwerk *n*
~ **de enfoque** *(Opt)* Fokussierungssystem *n*; Einstellung *f*
~ **de engranaje** Zahnradgetriebe *n*
~ **de engrase** Schmiersystem *n*
~ **entrelazado** *(TV)* Zeilensprungverfahren *n*
~ **de equipos** 1. Gerätesystem *n*; 2. *(Inf)* Hardwaresystem *n*
~ **de escape** *(Kfz)* Auspuffanlage *f*
~ **esclavo** *(Inf)* untergeordnetes [abhängiges] System *n*
~ **de espera** Warte(schlangen)system *n* (Bedienungsmodell)
~ **esquemático** schematische Gliederung *f*; Schaltsystem *n*
~ **de evacuación de desechos** Abfallentsorgungssystem *n*
~ **de evacuación de humos** Rauchabzugseinrichtung *f*; Rauchabzugsanlage *f*
~ **de eventos** Ereignissystem *n* (Multimedia)
~ **experto** Expertensystem *n*, wissensbasiertes System *n*
~ **de explotación** 1. Betriebsverfahren *n*; 2. *(Bgb)* Abbausystem *n*, Abbauverfahren *n*
~ **de extinción de incendios** Feuerlöschanlage *f*, Brandbekämpfungseinrichtung *f*
~ **de extracción** Abzugseinrichtung *f*; Abzugssystem *n*; Absaugsystem *n*; Absaugeinrichtung *f*; Absauganlage *f*; Sauglüftung *f*
~ **de fabricación** Fertigungssystem *n*; Fertigungsanlage *f*
~ **de faros** *(Kfz)* Scheinwerferanlage *f*
~ **de fibra óptica** Licht(wellen)leitersystem *n*, Glasfasersystem *n*
~ **de fijación** Befestigungsmittel *n*
~ **fijo** stationäre Anlage *f*
~ **de filtrado de aire** Luftfilteranlage *f*
~ **flexible de fabricación** flexibles Fertigungssystem *n*
~ **fluidizado** Wirbelschichtverfahren *n*, Wirbelfließverfahren *n*; Fließbettsystem *n*

sistema

- ~ **de freno con mecanismo antibloqueo** Antiblockiersystem *n*, ABS
- ~ **de frenos** Bremssystem *n*; Bremsvorrichtung *f*; Bremsanlage *f*
- ~ **funcional** 1. Funktionssystem *n*; Betriebssystem *n*; 2. Wirkungsweise *f*
- ~ **de funcionamiento en tiempo real** Echtzeitbetrieb *m*
- ~ **de gestión de bases de datos** Datenbankverwaltungssystem *n*
- ~ **de gobierno** Lenkung *f*, Lenksystem *n*
- ~ **de grabación** Aufzeichnungsverfahren *n*
- ~ **gráfico** grafisches System *n*, Grafiksystem *n*
- ~ **hidráulico** 1. hydraulisches System *n*, Hydrauliksystem *n*; Hydraulik *f*; Hydraulikanlage *f*; 2. Wasserleitungsanlage *f*
- ~ **hombre-ambiente** Mensch-Umwelt-System *n*
- ~ **hombre-máquina** Mensch-Maschine-System *n*
- ~ **huésped** *(Inf)* Host System *n*, Wirtsrechner *n*
- ~ **de iluminación** Beleuchtungsanlage *f*
- ~ **incompatible** *(Math)* inkompatibles [unverträgliches, unvereinbares] System *n*
- ~ **de informática** 1. System *n* der Erfassung, Verarbeitung und Übertragung von Informationen; Informatiksystem *n*; System *n* der Rechentechnik; 2. Informationssystem *n*
- ~ **informático** Informatiksystem *n*; Computersystem *n*, Rechnersystem *n*
- ~ **informatizado** rechnergestütztes System *n*
- ~ **ingenieril** ingenieurtechnisches System *n*; technisches System *n*
- ~ **de inteligencia artificial** System *n* mit künstlicher Intelligenz, intelligentes System *n*
- ~ **interactivo** dialogfähiges [interaktives] System *n*, Dialogsystem *n*
- ~ **intercomunicado** Verbundsystem *n*
- ~ **intercomunicador** *(Nrt)* Wechselsprechsystem *n*
- ~ **de interfaz** Schnittstellensystem *n*, Interfacesystem *n*
- ~ **de inyección** 1. *(Umw)* Injektionssystem *n* *(Analytik)*; 2. *(Kfz)* Einspritzverfahren *n*
- ~ **de irrigación** Beregnungsanlage *f*, Bewässerungsanlage *f*

- ~ **jerárquico [jerarquizado]** hierarchisches System *n*, Hierarchiesystem *n*, System *n* mit hierarchischer Struktur
- ~ **de laboreo** Bearbeitungsverfahren *n*
- ~ **(de) láser** Laseranlage *f*
- ~ **en línea** 1. Onlinesystem *n*, rechnerabhängiges System *n*; rechnerabhängiger Betrieb *m*; 2. Teilhaberbetrieb *m*, Teilhabersystem *n*
- ~ **lineal de ecuaciones** lineares Gleichungssystem *n*
- ~ **logicial** Softwaresystem *n*, Programmsystem *n*
- ~ **logístico** logistisches System *n*
- ~ **loran** Loranverfahren *n*, Langstrecken-Navigationsverfahren *n*
- ~ **de lotes** 1. *(Inf)* Stapelsystem *n*; 2. *(Fert)* Losfertigung *f*
- ~ **lubricante** Schmiersystem *n*
- ~ **de llamadas luminosas** Lichtrufanlage *f*
- ~ **llave en mano** schlüsselfertiges System *n*; schlüsselfertige Anlage *f*
- ~ **maestro-esclavo** Master-Slave-System *n*, Hauptrechner-Satellitenrechner-System *n*
- ~ **de mando** Steuer(ungs)system *n*
- ~ **de mando a dos manos** Zweihandschaltung *f*, Zweihandsteuerung *f*, Zweihandeinrückung *f*
- ~ **de manufactura flexible** flexibles Fertigungssystem *n*, FMS
- ~ **de medición** Messsystem *n*; Messverfahren *n*
- ~ **de medida** 1. Messsystem *n*; Messverfahren *n*; 2. Messwerk *n*
- ~ **de memoria** *(Inf)* Speichersystem *n*; Speicher *m*
- ~ **de menús de pantalla** *(Inf)* Menütechnik *f*
- ~ **de mezcla** Mischanlage *f*
- ~ **microordenador** Mikrorechnersystem *n*
- ~ **modular** modulares System *n*, Bausteinsystem *n*, Baukastensystem *n*
- ~ **monitor** Monitorsystem *n*, Überwachungssystem *n*
- ~ **de montaje por unidades (normalizadas)** Baukastensystem *n*
- ~ **múltiplex [de multiplexación]** Multiplexsystem *n*; Multiplexeinrichtung *f*, Mehrkanaleinrichtung *f*
- ~ **multiusuario** Mehr(be)nutzersystem *n*; Mehrplatzrechner *m*

sistema

~ **de numeración** Zahlensystem *n*, Numerationssystem *n*
~ **de numeración decimal** dezimales Zahlensystem *n*
~ **de numeración octal** Oktal(zahlen)system *n*, oktales Zahlensystem *n*
~ **oblicuo de coordenadas** schiefwinkliges Koordinatensystem *n*
~ **de onda luminosa** Lichtwellenleitsystem *n*
~ **operativo** Betriebssystem *n*, Bedienungssystem *n*
~ **operativo virtual** virtuelles Betriebssystem *n*, Teilnehmerbetriebssystem *n*
~ **de ordenadores en línea** Online-Rechnersystem *n*
~ **de ordeño mecanizado** *(Lt)* Melkanlage *f*
~ **ortogonal** *(Math)* Orthogonalsystem *n*
~ **ortorrómbico** rhombisches System *n*
~ **de pantallas** Bildschirmsystem *n*
~ **de parada** Stoppvorrichtung *f*
~ **de percepción** Wahrnehmungssystem *n* *(z. B. beim Roboter)*
~ **periférico** *(Inf)* peripheres System *n* [Gerät *n*]
~ **periódico de los elementos** *(Ch)* Periodensystem *n* der Elemente
~ **de pistón doble** Zweikolbenbauart *f*
~ **planetario** Planetensystem *n*
~ **pluricanal** *(TV)* Mehrkanalsystem *n*, Vielkanalsystem *n*
~ **pluvial** Beregnungsanlage *f*
~ **polar de coordenades** *(Math)* Polarkoordinatensystem *n*
~ **poliádico** polyadisches Zahlensystem *n*
~ **polifásico** Mehrphasensystem *n*
~ **principal subordinado** Hauptrechner-Satellitenrechner-System *n*, Master-Slave-System *n*
~ **de procesamiento de información** Informationsverarbeitungssystem *n*
~ **de proceso de datos** Datenverarbeitungssystem *n*
~ **de proceso de textos** Textverarbeitungssystem *n*
~ **productivo** Produktionssystem *n*; Produktionseinrichtung *f*, Produktionsanlage *f*
~ **de propulsión** 1. Antriebssystem *n*; 2. Vortriebssystem *n*
~ **de protección** Schutzsystem *n*; Schutzanlage *f*; Sicherheitssystem *n*

~ **de protección de memoria** *(Inf)* Speicherschutzvorrichtung *f*, System *n* für Speicherschutz
~ **de protección contra incendios** Brandschutzsystem *n*; Brandschutzeinrichtung *f*; Brandschutzanlage *f*
~ **de protección contra el robo** *(Kfz)* Diebstahlsicherung *f*
~ **radioeléctrico** Funksystem *n*
~ **radiofónico** Rundfunksystem *n*; Funkfernsprechsystem *n*; Sprechfunkanlage *f*
~ **de radiorrelé** Richtfunkstrecke *f*, Richtfunkbrücke *f*
~ **de reciclado** Recycling-System *n*
~ **de recogida** Erfassungssystem *n*
~ **de reconocimiento** Erkennungssystem *n*
~ **de reconocimiento de caracteres** Zeichenerkennungssystem *n*
~ **de reconocimiento de voz** Sprachererkennungssystem *n*
~ **de recuperación de calor** Wärmerückgewinnungssystem *n*; Wärmerückgewinnungsanlage *f*
~ **recuperador** Wiederaufbereitungsanlage *f*, Wiederaufarbeitungsanlage *f*
~ **de refrigeración** Kühlsystem *n*
~ **de regadío** Bewässerungssystem *n*
~ **de registro** 1. Registriereinrichtung *f*; Registerwerk *n*; 2. *(Inf)* Erfassungssystem *n*
~ **de regulación hombre-máquina** Mensch-Maschine-Regelsystem *n*
~ **repartido** *(Inf)* verteiltes System *n*
~ **de representación** *(Inf)* Darstellungssystem *n*
~ **con resistencia a fallos** fehlertolerantes System *n*
~ **de reutilización** Mehrwegsystem *n*
~ **de riego** Bewässerungssystem *n*
~ **de recogida** Erfassungssystem *n*
~ **de rociado** Berieselungsanlage *f*
~ **secuencial** *(Inf)* sequenzielles System *n*
~ **de señales** Signalsystem *n*, Signalanlage *f*
~ **de señalización** 1. Signalisierungssystem *n*, Zeichengabesystem *n*; 2. *s.* ~ **de señales**
~ **de serie** *(El)* Reihenschaltsystem *n*, Serienschaltsystem *n*
~ **de sinterización** Sinteranlage *f*

~ **sofisticado** hoch entwickeltes [kompliziertes, verfeinertes] System *n*
~ **solar** 1. Sonnensystem *n*; 2. Solaranlage *f*
~ **sonoro** Tonsystem *n*
~ **de sujeción** Befestigungsmittel *n*
~ **supervisor** Überwachungssystem *n*
~ **de suspensión** 1. Aufhängung *f*, Aufhängungssystem *n*; 2. *(Eb)* Gehänge *n*
~ **de tándem** Tandemrechner *m (fehlertolerantes System in Form von Doppelprozessoren)*
~ **de telecomunicaciones** Telekommunikationssystem *n*; Fernmeldenetz *n*
~ **telefónico** Fernsprechsystem *n*, Telefonsystem *n*; Fernsprechnetz *n*, Telefonnetz *n*
~ **teleinformático** Teleinformatiksystem *n*, Datenfernverarbeitungssystem *n*
~ **de telemando** Fernwirksystem *n*
~ **de telemedición** Fernmesssystem *n*
~ **de teleprocesamiento [teleproceso]** Fernverarbeitungsanlage *f*, Datenfernverarbeitungssystem *n*
~ **de teletexto** Teletextsystem *n*, Bildschirmtextsystem *n*, Videotextsystem *n*
~ **televisivo** Fernsehsystem *n*
~ **ternario** Dreistoffsystem *n*, Dreikomponentensystem *n*, ternäres System *n*
~ **de tiempo compartido** *(Inf)* Teilnehmersystem *n*
~ **de [en] tiempo real** Echtzeitsystem *n*, Real-Time-System *n*
~ **de transmisión** Übertragungssystem *n*; Sendesystem *n*
~ **de transmisión de datos** Datenübertragungssystem *n*
~ **de tratamiento de basuras** Müllverwertungsanlage *f*
~ **de tratamiento de datos** Datenverarbeitungssystem *n*
~ **de tratamiento de textos** Textverarbeitungssystem *n*
~ **de trilla** *(Lt)* Dreschanlage *f*
~ **de tubería** Rohr(leitungs)system *n*
~ **de usuario** *(Inf)* Benutzersystem *n*
~ **de vacío** Vakuumsystem *n*; Vakuumanlage *f*
~ **de vigilancia** Überwachungssystem *n*
~ **de visualización** Anzeigesystem *n*, Wiedergabesystem *n*

sitio *m* Stelle *f*, Platz *m*; Lageplan *m*

~ **del conductor** Fahrersitz *m*
~ **de exploración** *(Bgb)* Schürfstelle *f*
~ **de vertedero** Deponie(stand)ort *m*

situación *f* 1. Lage *f*, Standort *m*; 2. *(Schiff)* Position *f*, Besteck *n*
~ **estable** stabile Lage *f*, stabiler Zustand *m*; Gleichgewichtszustand *m*

situar *v* 1. stellen; einstellen; versetzen; 2. orten
~ **en órbita** auf die Umlaufbahn bringen

skiatrón *m (Eln)* Skiatron *n*, Dunkelschriftröhre *f*

skip *m (Bgb)* Skip *m*, Förderkübel *m*

S.O. *s.* sistema operativo

sobar *v* kneten; walken

sobrealimentación *f* 1. Aufladung *f (eines Verbrennungsmotors)*; 2. Überdosierung *f*

sobrealimentador *m* Aufladegebläse *n*

sobrealimentar *v* aufladen *(einen Verbrennungsmotor)*

sobreamortiguación *f* Überdämpfung *f*, überkritische Dämpfung *f*

sobrecalentado *m* 1. Überhitzen *n*; 2. *(Met)* Überhitzungsglühen *n*, Grobkornglühen *n*

sobrecarga *f* 1. Über(be)lastung *f*, Überladung *f*; Überbeanspruchung *f*; Mehrbelastung *f*; 2. Gebirgsdruck *m*

sobrecargar *v* überlasten, überladen; überbeanspruchen

sobrecocción *f* Überbrennen *n (Keramik)*

sobrecompresión *f* 1. *(Ph)* Überdruck *m*; 2. *s.* sobrealimentación

sobreconductor *s.* superconductor

sobrecongelación *f* Tiefkühlung *f*, Schnellkühlung *f*

sobrecorriente *f* Überstrom *m*

sobredimensionar *v* überdimensionieren

sobreenfriar *v* unterkühlen

sobreescribir *v* überschreiben *(z. B. Daten)*

sobreescurrimiento *m (Geol)* Überschiebung *f*

sobreespesor *m* 1. Bearbeitungszugabe *f*, Zugabe *f*, Aufmaß *n*; 2. Überdicke *f*

sobreexcitar *v (Eln)* übererregen, übersteuern

sobreexplotación *f (Umw)* Übernutzung *f*, Raubbau *m*

sobreexponer *v (Foto)* überbelichten

sobreexposición *f (Foto)* Überbelichtung *f*

sobrefatiga f (Mech) Überbeanspruchung f

sobrefatigar v (Mech) überbeanspruchen

sobrefusible unterhalb des Schmelzpunktes schmelzbar

sobrefusión f (Ph) Unterkühlung f, Übersättigung f

sobreimpresión f 1. (Typ) Überdrucken n; 2. (Foto) Doppelbelichtung f

sobreintensidad f Überstrom m; Überstromstärke f

sobrejunta f Lasche f

sobremedida f Übermaß n, Aufmaß n, Bearbeitungszugabe f

sobremodular v übermodulieren, übersteuern

sobremolde m Abguss m (einer Gussform)

sobremultiplicación f (Kfz) Schnellgang m, Schongang m, Spargang m, Ferngang m

sobreoscilación f (Eln) Überschwingen n, Überschwingung f

sobrepasar v übersteigen, überschreiten

sobrepotencial m (Ch) Überspannung f, elektrochemische [elektrolytische] Überspannung f

sobrepresión f Überdruck m

sobrepuesta f Überlappung f, Übergriff m

sobrepuesto überlagert

sobrequilla f (Schiff) Kielschwein n, Längsversteifung f

sobresaturar v übersättigen

sobretensiómetro m Überspannungsmesser m

sobretensión f Überspannung f

sobretuerca f (Masch) Überwurfmutter f

sobrevoltaje m (El) Überspannung f

socava f (Bgb) Schram m

socavación f (Geol) Auskolkung f, Unterwaschung f, Kolk m, Ausspülung f, Unterhöhlung f

socavadora f (Bgb) Schrämmaschine f, Kerbmaschine f

socavamiento m Ausspülung f

socavar v (Bgb) schrämen

socavón m (Bgb) Grubenbau m, Untertagebau m, Stollen m, Strecke f, Mundloch n

sodio m Natrium n, Na

sofisticación f Entwicklung f nach neuesten Erkenntnissen; technische Verfeinerung f; (technische) Kompliziertheit f; Kompliziertheitsgrad m; Komplexität f

sofisticado hoch entwickelt, hoch technisiert; technisch entwickelt [durchkonstruiert, ausgereift]; technisch auf dem Höchststand; verfeinert; kompliziert

sofisticar v nach neuesten Erkenntnissen entwickeln [gestalten]; verfeinern

sofocar v ersticken, unterdrücken

software m (Inf) Software f, Programmausstattung f

~ **de altas prestaciones** Hochleistungssoftware f

~ **de aplicación** Anwendungssoftware f, Anwendersoftware f

~ **de edición de vídeo** Bildbearbeitungssoftware f

~ **educativo** Lernsoftware f, Lehr- und Lernsoftware f, Lehrsoftware f

~ **de gestión de datos** Datenverwaltungssoftware f

~ **de impresora** Druckersoftware f

~ **operacional** Betriebssystemsoftware f

~ **procesable** ablauffähige Software f

~ **de servicio** Dienstprogramme npl

~ **de tratamiento** Verarbeitungssoftware f

soga f Strick m; Seil n

sol m 1. Sonne f; 2. (Ch) Sol n (kolloidale Lösung)

solado m Fliesenlegen n; Fliesenboden m

solapa f 1. Überdeckung f, Überlappung f; Bildüberdeckung f; 2. (Typ) Klappenfalz m

solapar v überlappen

solar m Bauplatz m

soldable schweißbar

soldador m 1. Lötgerät n; Lötkolben m; 2. Schweißgerät n, Schweißapparat m

soldadora f Schweißgerät n, Schweißmaschine f

~ **por alta frecuencia** Hochfrequenzschweißmaschine f

~ **de arco** Lichtbogenschweißmaschine f

~ **con atmósfera protegida** Schweißmaschine f mit Schutzatmosphäre

~ **automática** Schweißautomat m

~ **por oxigás** Sauerstoff-Gas-Schweißmaschine f

~ **por protuberancias** Buckelschweißmaschine f, Warzenschweißmaschine f

~ **por puntos** Punktschweißmaschine f

soldeo

~ **de resistencia** Widerstandsschweißmaschine f
~ **a tope** Stumpfschweißmaschine f
soldadura f 1. Schweißen n, Schweißung f, Schweiße f; 2. Schweißstelle f, Schweißnaht f; 3. Löten n • **sin** ~ nahtlos *(Rohr)*
~ **por alta frecuencia** 1. Hochfrequenzschweißen n; 2. Hochfrequenzlöten n
~ **aluminotérmica** Thermitschweißen n
~ **amarilla** Hartlöten n
~ **en ángulo** Kehlnaht f
~ **por aproximación** 1. Stumpfschweißen n; 2. Stumpfschweißnaht f
~ **de [al] arco** Elektroschweißen n, Lichtbogenschweißen n
~ **Arcatom** Arcatom-Schweißen n, atomares Schutzgaslichtbogenschweißen n
~ **por arco en atmósfera CO** CO-Schweißen n, Kohlensäureschweißen n, Schutzgasschweißen n mit CO
~ **por arco con electrodo de carbón** Kohlelichtbogenschweißen n
~ **por arco sumergido en escoria** Elektroschlackeschweißen n, ES-Schweißen n
~ **de atmósfera con gas inerte** Inertgasschweißen n
~ **autógena** Autogenschweißen n, Gasschmelzschweißen n
~ **blanca [blanda]** Weichlöten n, Weißlöten n
~ **(en) caliente** 1. Flammenschweißen n; 2. Flammenlöten n
~ **circunferencial** Rundnaht f
~ **continua** Nahtschweißen n
~ **por costura** Rollennahtschweißen n
~ **por difusión** Diffusions(ver)schweißen n
~ **con disolventes** *(Kst)* Quellschweißen n
~ **dura** Hartlöten n
~ **eléctrica** Elektroschweißen n
~ **electrostática por percusión** Entladestoßschweißen n
~ **de [con] estaño** Weichlöten n, Zinnlötung f, Zinnlot n
~ **por explosión** Explosivschweißen n
~/**falsa** Weichlot n
~ **de forja** Hammerschweißen n, Feuerschweißen n
~ **a fricción** Reibschweißen n
~ **fuerte** Hartlot n
~ **por fusión** Schmelzschweißen n

~ **a gas** Gasschweißen n
~ **con gas inerte** Inertgasschweißen n
~ **bajo gas protector** Schutzgasschweißen n
~ **de haz electrónico** Elektronenstrahlschweißung f
~ **de hojalatero** Weißlot n
~ **por inducción** 1. Induktionsschweißen n; 2. Induktionslötung f
~ **inductiva** 1. Induktionsschweißen n; 2. Induktionslötung f
~ **por inmersión** Tauchlötung f
~ **por láser** Laserstrahlschweißen n
~ **a llama** 1. Flammenschweißen n; 2. Flammenlöten n
~ **metálica bajo gas inerte** Metall-Inertgas-Schweißen n, MIG-Schweißen n
~ **oxiacetilénica** Sauerstoff-Acetylen-Schweißen n, Sauerstoff-Ethin-Schweißen n
~ **a paso de peregrino** Pilgerschrittschweißen n
~ **a plasma** Plasma(lichtbogen)schweißen n, Plasmastrahlschweißen n
~ **a presión** Pressschweißen n, Druckschweißen n
~ **por protuberancias** Buckelschweißung f, Warzenschweißung f
~ **de punto** Punktschweißen n
~ **por radiofrecuencias** Hochfrequenzschweißen n
~ **por rayos electrónicos** Elektronenstrahlschweißen n
~ **a resistencia** Widerstandsschweißen n
~ **de retroceso** Gegenschrittschweißen n
~ **a solapa** überlapptes Schweißen n, Überlapptschweißen n
~ **con termita** Thermitschweißen n
~ **a tope** Stumpfschweißen n
~ **a tungsteno bajo gas inerte** Wolfram-Inertgas-Schweißen n, WIG-Schweißen n
~ **ultrasónica [por ultrasonidos]** Ultraschallschweißen n
~ **en zigzag** Zickzackschweißen n
soldar v 1. (ver)schweißen; 2. löten
~ **con estaño** verlöten; anlöten; auflöten; zusammenlöten
~ **a solapa** überlapptschweißen
~ **a tope** stumpfschweißen
soldeo m Löten n; Schweißen n
~ **por arco** Lichtbogenlöten n

soldeo

~ **blando** Weichlöten n
solenoidal Solenoid..., quellenfrei
solenoide m (El) Solenoid n, Zylinderspule f
solera f 1. (Bw) Schwelle f, Sohlbalken m; Fenster(sohl)bank f, Sohlbank f, Streichbalken m; Fensterbrett n; 2. (Bgb) Sohlholz n; 3. (Bw, Bgb) Sohle f; 4. (Met) Herd m, Ofenherd m; Sohle, Ofensohle f; 5. (Bw) Fußbodenbelag m
~ **de fusión** Schmelzherd m
~ **de hormigón** (Bw) Betonboden m
~ **de magnesita** Magnesitherd m
solicitación f (Mech) Beanspruchung f
solicitar v 1. (Mech) beanspruchen, Beanspruchungen aussetzen; 2. beantragen, anmelden
~ **una comunicación** ein Gespräch anmelden
solidez f 1. fester Zustand m; 2. Festigkeit f, Lebensdauer f, Haltbarkeit f; 3. Echtheit f; 4. Zuverlässigkeit f
~ **a la abrasión** Scheuerfestigkeit f
~ **del color** Farbechtheit f
~ **del firme al pisar** Begehbarkeit f (z. B. Fußboden), Trittsicherheit f
~ **a la luz** Lichtechtheit f
~ **a las llamas** Flammfestigkeit f
solidificación f Verfestigung f, Erstarrung f
solidificar v verfestigen, erstarren lassen
sólido fest, beständig; echt
~ **a la abrasión** abriefest; scheuerfest
~ **al arrugado** knitterfest, knitterecht
~ **al encogimiento** krumpfecht
~ **al lavado** waschecht
~ **a la luz** lichtecht
~ **a las llamas** flammfest
sólido m fester Körper m, Festkörper m; fester Stoff m, Feststoff m
~ **flotante** schwimmender Körper m
~ **de revolución** Drehkörper m, Rotationskörper m, rotationssymmetrischer Körper m
solidus m Soliduslinie f (Zustandsdiagramm)
solifluccíón f (Geol) Solifluktion f, Bodenfließen n, Erdfließen n
soltar v lösen, losmachen; lockern; fallen lassen
solubilidad f Löslichkeit f, Lösbarkeit f
solubilización f (Met) Lösungsglühen n

solubilizar v 1. (Ch) löslich machen; 2. (Met) lösungsglühen
soluble löslich, lösbar
solución f 1. (Math) Lösung f, Auflösung f; 2. (Ch) Lösung f
~ **ácida** 1. (Ch) saure Lösung f; 2. (Typ) Ätzflüssigkeit f
~ **acuosa** wässrige Lösung f
~ **admisible** (Math) zulässige Lösung f
~ **alcalina** alkalische Lösung f
~ **amortiguadora** (Ch) Pufferlösung f
~ **anticongelante** (Kfz) Kühlflüssigkeit f, Frostschutzmittel n
~ **aproximada** (Math) Näherungslösung f
~ **base** Urlösung f
~ **cáustica** Natronlauge f
~ **clorhídrica** Salzsäurelösung f
~ **coloidal** Kolloidallösung f, kolloidale Lösung f
~ **colorante** (Text) Farbflotte f, Farblösung f
~ **corrosiva** Beizlösung f
~ **débil** schwache Lösung f
~ **diluida** verdünnte Lösung f
~ **electrolítica** Elektrolytlösung f
~ **gráfica** (Math) grafische Lösung f
~ **de hidróxido amónico** Salmiakgeist m, Ammoniakwasser n
~ **inicial** Ausgangslösung f
~ **jabonosa** Seifenlösung f
~ **limpiadora** Reinigungslösung f
~ **madre** Stammlösung f, Mutterlauge f
~ **particular** (Math) partikuläre Lösung f (Differenzialgleichung)
~ **patrón** (Ch) Standardlösung f
~ **salina** 1. Salzlösung f; 2. Kühlsole f
~ **singular** (Math) singuläre Lösung f
~ **sólida** (Ch) feste Lösung f, Hartlösung f, Mischkristall m
~ **tampón [tamponada]** (Ch) Pufferlösung f
~ **trigonométrica** (Math) trigonometrische Auflösung f
solucionar v (Math) (auf)lösen
soluto m gelöster Stoff m, Gelöste n
solvente m (Ch) Lösemittel n, Lösungsmittel n
solvus m (Ch) Löslichkeitskurve f, Löslichkeitslinie f
sollado m (Schiff) inneres Zwischendeck n
sombrerete m Kappe f; Haube f

somero oberflächlich, unter der Oberfläche liegend
someter v *(Mech)* beanspruchen; belasten; exponieren
son m Klang m
sonar v tönen; schallen; (er)klingen; läuten
sonda f 1. Sonde f; 2. Lot n; 3. Messkopf m; 4. Erdbohrer m; Bohrmaschine f; 5. Bohrloch n
~ **acústica** Echolot n
~ **de alta mar** *(Schiff)* Tiefenlot n
~ **de alta tensión** Hochspannungsmesskopf m
~ **altimétrica** *(Flg)* Funkhöhenmesser m
~ **de caída libre** *(Bgb)* Freifallbohrer m
~ **de diamantes** Diamantbohrmaschine f
~ **espacial** Raumsonde f
~ **exploradora** 1. Abtastsonde f; 2. *(Bgb)* Schürfbohranlage f
~ **flujometrica** Durchflussmengenmesser n
~ **interplanetaria** interplanetarische Sonde f
~ **lunar** Mondsonde f
~ **medidora** Messsonde f, Messkopf m, Messfühler m
~ **de nivel de aceite** Ölmessstab m
~ **de percusión** Schlagbohrmaschine f
~ **de pesca** *(Schiff)* Fischlot n
~ **pirométrica** *(Ph)* Temperaturmesssonde f, Temperaturfühler m
~ **de la red** *(Schiff)* Netzsonde f
~ **rotary [rotativa]** Rotationsbohrmaschine f
~ **sacamuestras** Kernbohrer m
~ **sonora** Schallsonde f
~ **de suelo** Erdbohrer m
~ **de toma de muestras** Probenahmesonde f
~ **de turbina** Turbinenbohrer m
~ **ultrasónica [ultrasonora]** Ultraschallechogerät n, Ultraschallsonde f
sondador m mechanisches Lot n, Tiefenmesser m
~ **acústico** Echolot n
~ **altimétrico** *(Flg)* Funkhöhenmesser m
~ **de rayos catódicos** *(Schiff)* Fischlupe f, Fischfinder m
~ **supersónico [ultrasónico]** Ultraschalllot n
sondaje m 1. Loten n, Peilen n; 2. Sondierung f; 3. Bohrloch n; 4. Erdbohrung f, Bohren n

sondar v 1. sondieren; prüfen; abtasten; 2. loten, peilen; 3. bohren; schürfen
sondeadora f *(Bgb)* Bohrmaschine f, Bohranlage f
sondeo m 1. Sondierung f; Abtastung f; 2. *(Inf, Nrt)* Umfrage f; Abrufen n, Sendeabruf m; 3. Loten n, Peilen n; 4. *(Bgb)* Bohren n, Bohrung f; Schürfen n, Schürfarbeit f; 5. Bohrloch n, Bohrung f
~ **por barras** Gestängebohrung f
~ **batimétrico** Tiefseelotung f
~ **con caída libre** Freifallbohren n
~ **a cable** Seilbohren n
~ **a la cuerda** Seilbohren n
~ **de exploración** Erkundungsbohrung f
~ **hidráulico** Spülbohrverfahren n, Spülbohrung f
~ **óptico** optische Abtastung f
~ **de percusión** Stoßbohren n; Schlagbohren n; Perkussionsbohren n, Hammerbohren n
~ **de prospección** Erkundungsbohrung f, Untersuchungsbohrung f, Aufschlussbohrung f
~ **a la varilla** Stangenbohren n, Gestängebohren n
sónico Schall...
sonido m Schall m; Klang m; Ton m
• captar un sonido einen Ton aufnehmen
~ **audible** Hörschall m, hörbarer Schall m
~ **de banda estrecha** Schmalbandlärm m
~ **complejo** *(Ph)* Tongemisch n
~ **corporal** Körperschall m
~ **distorsionado** schlechte Klangqualität f
~ **estéreo(fónico)** Stereoton m, Raumton m, stereophoner Klang m
~ **estructural** Körperschall m
~ **fotoeléctrico** Lichtton m
~ **de impulso** Impulsschall m
~ **de interferencia** Interferenzton m, Störton m, Überlagerungston m
~ **a medir** Messton m
~ **de molestia** lästiger Schall m, Lärm m
~ **permanente** Dauerton m
~ **propio** Eigenschall m
~ **puro** reiner Ton m
~ **silbante** Pfeifton m
~ **vobulado** Wobbelton m
sonografía f Sonographie f, Ultraschalluntersuchung f
sonógrafo m Sonograph m

sonometría f Schallmessung f
sonómetro m Sonometer n
sonómetro-integrador m integrierender Schallpegelmesser m
sonorizar v 1. hörbar machen; 2. beschallen; 3. vertonen, mit Ton versehen *(Film)*
sopladero m Lüftungsklappe f, Luftabzug m
soplado m Blasen n; Ausblasen n; Durchblasen n
~ **de láminas** *(Kst)* Folienblasverfahren n
~ **con [de] oxígeno** *(Met)* Sauerstoffblasen n
soplador m Gebläse n
~ **centrífugo** Kreiselgebläse n; Turbogebläse f
~ **de chispas** *(El)* Funkenlöscher m
~ **de chorro** Strahlgebläse n
~ **de ensilaje** *(Lt)* Silogebläse n
sopladora f Blasmaschine f
sopladura f 1. Blasen n; 2. *(Met)* Gaseinschluss m, Gasblase f, Blase f, Hohlraum m, Lunker m
soplante m Gebläse n, Luftgebläse n, Windgebläse f
~ **de alto horno** Hochofengebläse n
~ **centrífugo** Turbogebläse n
~ **cortador** *(Lt)* Schneidgebläse n
soplar v (auf)blasen
~ **arena** sandstrahlen
soplete m Brenner m; Brenndüse f; Düse f, Lötrohr n; Gebläse n
~ **de arena** Sandstrahlgebläse n
~ **autógeno** Autogenschweißbrenner m
~ **cortador [cortante]** Schneidbrenner m
~ **soldador [de soldadura]** Schweißbrenner m
soplo m 1. *(Met)* Windfrischen n; 2. Druckwelle f, Stoßwelle f, Detonationswelle f; Explosionswelle f
soportar v 1. stützen; tragen; halten; 2. *(Inf)* unterstützen
soporte m 1. Lager n; Lagerung f; Auflager n, Stützlager n; Lagerbock m; 2. Konsole f; 3. Stativ n, Ständer m; Unterlage f; 4. Halter m; 5. *(Fert)* Support m; 6. Träger m; Substrat n; Trägerschicht f; 7. Strebe f, Stütze f; 8. Führungsplatte f; 9. Substrat n, Träger m; 10. *(Inf)* Unterstützung f, Anpassung f
~ **de apoyo** Auflage f; Stützlager n

~ **de contrapunta** *(Fert)* Lünettenständer m, Setzstock m
~ **de datos** *(Inf)* Datenträger m, Informationsträger m
~ **del eje** Achslager n; Spindellager n; Wellenlager n
~ **físico** *(Inf)* Hardware f
~ **de grúa** Kranbalken m
~ **lateral** Seitenstütze f
~ **legible por la máquina** *(Inf)* maschinenlesbarer Datenträger m
~ **lógico** *(Inf)* Software f
~ **portaherramienta** *(Fert)* Werkzeugträger m; Support m
~ **suspensor** Traglager n
~ **(tipo) trípode** Dreibeinstativ n
sosa f 1. Natriumhydroxid n, Ätznatron n; 2. Soda f, Natriumcarbonat n
~ **amoniacal [de amoníaco]** Ammoniakwasser n, Salmiakgeist m
~ **cáustica** Natriumhydroxid n, Ätznatron n
~ **comercial** Soda f, Natriumcarbonat n
sostén m Lager n; Träger m; Ständer m; Stütze f
~ **de traviesas** *(Eb)* Schwellenbettung f
sostener v 1. tragen; (unter)stützen; halten; 2. *(Bgb)* abfangen *(Schicht)*
sostenimiento m Lagerung f, Stützung f, Abstützung f
~ **de galerías** *(Bgb)* Streckenausbau m
soterrar v unter Erde verlegen *(Leitung)*
sotrozo m Splint m
stilb m Stilb n *(Einheit der Leuchtdichte)*
suavizador m *(Text)* Weichmacher m
suavizamiento m Glättung f, Abschwächung f; Messwertglättung f
suavizante m *(Ch)* Weichmacher m
suavizar v weich machen; enthärten *(Wasser)*
subconjunto m 1. *(Math)* Teilmenge f, Untermenge f, Untergruppe f; Unterklasse f; 2. Untergruppe f, Baugruppe f, Montagebaugruppe f; vorgefertigtes Teil n
subestructura f 1. Fundament n, Basisplatte f, Unterstruktur f, Unterlage f; Unterbau m; 2. *(Eb)* Unterbau m, Gleisbettung f; 3. Unterstruktur f *(Kristallographie)*
subexponer v *(Foto)* unterbelichten
subfundir v *(Ch)* sintern
subida f 1. Steigung f, Erhöhung f; Zunahme f; Niveauanstieg m; 2. *(Bgb)*

Ausfahrt f; 3. *(Flg)* Steigflug m, Höhengewinn m
subíndice m 1. *(Math)* unterer Index m; 2. Teilindex m; Gruppenindex m
subjuego m Teilmenge f, Untermenge f; Teilvorrat m
sublimación f *(Ch)* Sublimation f, Überdampfung f
sublimar v *(Ch)* sublimieren
submarino m Unterseeboot n, U-Boot n; Unterseefahrzeug n; Tauchboot n
subminiaturización f *(Eln)* Subminiaturtechnik f
submúltiplo m 1. *(Math)* Faktor m *(einer Zahl)*; 2. Teiler m
subproducto m Nebenprodukt n, Nebenerzeugnis n; Zwischenprodukt n; Abfall m
subrayar v hervorheben, unterstreichen
subrutina f *(Inf)* Subroutine f, Unterprogramm n, Teilprogramm n, Prozedur f
subsanar v einen Schaden beheben; entlasten; sanieren
subsidencia f *(Geol)* Senkung f
subsistema m Teilsystem n, Untersystem n
subsolador m *(Lt)* Untergrundlockerer m, Untergrundkrümler m
subsónico Unterschall...
subtensa f Sehne f
subterráneo unterirdisch; unter Tage, untertägig
subterráneo m Untergrund-Bahn f, U-Bahn f
succino m Bernstein m
succión f 1. Absaugen n, Sog m, Saugwirkung f; 2. *(Geol)* Verschluckung f
succionador m Saugrohr n
succionar v absaugen
sucesión f 1. Reihenfolge f, Folge f; 2. *(Geol)* Aufeinanderfolge f, Abfolge f
suceso m Ereignis n; Vorfall m; Verlauf m
suela f 1. Sohle f, Laufsohle f; 2. Diele f *(z. B. Holzunterlage)*; 3. *(Met)* Herd m
suelda f Lot n
suelo m Boden m; Erdboden m; Fußboden m
sueltafrenos m Bremslüfter m
sufridera f *(Fert)* Gegenhalter m; Gegenplatte f; Ziehring m
sujeción f Anbringen n, Befestigen n, Anschlagen n; Befestigung f; Einspannung f

sujetacables m Kabelklemme f, Kabelschelle f
sujetador m Niederhalter m
sujetapapeles m Büroklammer f
sujetapiezas m *(Fert)* Werkstückhalter m
sujetar v anbringen, befestigen, anschlagen; einspannen
sulfatar v *(Ch)* sulfat(is)ieren
sulfato m Sulfat n
~ **anhidro de calcio** *(Min)* Anhydrit m
~ **cálcico hidratado** *(Min)* ungebrannter Gips m
~ **sódico** Natriumsulfat n, Glaubersalz n
sulfito m Sulfit n
sulfocianuro m Rhodanid n, Thiocyanat n
sulfocombinación f *(Ch)* Sulfoverbindung f
sulfonar v *(Ch)* sulfonieren, sulfurieren
sulfurar v 1. *(Ch)* sulfurieren, sulfonieren; 2. *(Ch)* sulfidieren; 3. schwefeln, ausräuchern *(mit Schwefel)*
sulfurizar v *(Ch)* mit Schwefelsäure behandeln
sulfuro m Sulfid n
sulfuroso schwef(e)lig, schwefelhaltig
suma f 1. Summe f; 2. Addition f
~ **de comprobación** Kontrollsumme f, Prüfsumme f
~ **de los cuadrados** Quadratsumme f
sumador m Addierer m, Addiereinrichtung f, Addierwerk n, Adder m
sumadora f Addiermaschine f
sumando m Summand m, Addend m, zu addierende Zahl f
sumar v summieren
sumergible (ein)tauchbar; tauchfähig
sumergible m Tauchboot n; Unterseeboot n
sumergir v (unter)tauchen, eintauchen
sumidero m 1. *(Bw)* Sickerschacht m; Gully m; 2. *(Geol)* Hohlraum m; 3. *(Bgb)* Sumpf m
~ **de aceite** Öl(sumpf)wanne f
suministrar v 1. versorgen; (an)liefern; beliefern; 2. zuführen *(z. B. Strom)*; speisen
suministro m 1. Versorgung f, Lieferung f; 2. Belieferung f, Zuführung f, Speisung f
• **cortar el ~** die Zuführung unterbrechen
~ **de agua potable** Trinkwasserversorgung f
~ **de aire fresco** Frischluftzuführung f *(z. B. Atemschutzgerät)*

suministro

~ eléctrico Stromzuführung f; Stromversorgung f
~ de energía eléctrica Energieversorgung f, Stromversorgung f
superacabado m *(Fert)* Schwingziehschleifen n, Superfinishen n; Superfinish m
superacabadora f *(Fert)* Schwingziehschleifmaschine f, Superfinishmaschine f
superacabar v *(Fert)* superfinishen
superaerodinámica f *(Rak)* Superaerodynamik f
superaleación f Superlegierung f
superarrastrero m Supertrawler m
superbalón m *(Kfz)* Superballonreifen m
supercalentador m Überhitzer m
supercarburante m Superkraftstoff m, Superbenzin n, Super m
supercarretera f Hochstraße f
supercompresor m Überverdichter m
superconducción f Supraleitung f, Supraleitfähigkeit f
superconductividad f Supraleitfähigkeit f, Supraleitung f
superconductor m Supraleiter m
supercorriente f Suprastrom m
superestructura f 1. Überbau m; Hochbau m; 2. *(Eb)* Oberbau m; 3. Fahrbahndecke f; 4. *(Schiff)* Aufbau m; 5. Überstruktur f, Über(struktur)gitter n *(Kristallographie)*
superficie f 1. Oberfläche f; 2. Fläche f, Flächeninhalt m; 3. Mantel m; 4. Baufläche f **• en la ~** *(Bgb)* über Tage
~ alar *(Flg)* Flügelfläche f, Flügelflächeninhalt m
~ de carga Ladefläche f
~ cilíndrica Zylinderfläche f, Zylindermantel m
~ circular [de círculo] Kreisfläche f
~ de corte *(Bw)* Schnittfläche f
~ portante Tragfläche f
~ sustentadora *(Flg)* Tragfläche f
~ de virutamiento *(Am)* Spanfläche f
superheterodino m Überlagerungsempfänger m, Superhet m
supermarcha f *(Kfz)* Schnellgang m, Eilgang m, Straßengang m *(Schlepper)*
superóhmico hochohmig
superpetrolero m *(Schiff)* Supertanker m, Großtanker m
superpolímero m Hochpolymer(es) n

superposición f Superposition f, Überlagerung f, Überdeckung f; Übereinanderlagern n
superreacción f *(Eln)* Pendelrückkopplung f
superred f Überstrukturgitter n *(Kristallographie)*; Supernetz n
supersónico 1. Überschall...; 2. überkritisch *(Strömungstechnik)*
supersonido m Überschall m
supertanque m *(Schiff)* Supertanker m, Großtanker m
supervigilancia f técnica technische Überwachung f, TÜ; Bauaufsicht f
supervisar v beaufsichtigen, überwachen; kontrollieren
supervisión f Aufsicht f, Überwachung f, Kontrolle f
superyacente überlagernd
suplemento m 1. Ergänzung f, Zusatz m; Supplement n; 2. Zugabe f
suponer v unterstellen, zugrundelegen; voraussetzen, annehmen
supraíndice m *(Math)* oberer [hoch gestellter] Index m
supresión f Unterdrückung f; Verdrängung f; Beseitigung f; Austastung f
supresor m *(Eln)* Sperre f; Begrenzerschaltung f
suprimir v unterdrücken; austasten; löschen *(Daten)*; eliminieren; aussondern; streichen
supuesto m Hypothese f
surcador m *(Lt)* Furchenzieher m, Spurreißer m, Spurlockerer m
surcador-aporcador m Legemaschine f
surco m Rille f, Nut f
surfactivo oberflächenaktiv
surfactivo m oberflächenaktives Mittel n, grenzflächenaktiver [oberflächenaktiver] Stoff m
surtidor m 1. Fontäne f; artesischer Brunnen m; Strahl m *(z. B. Wasser)*; 2. Düse f; 3. Tankstelle f; Zapfstelle f
~ del ralentí *(Kfz)* Leerlaufdüse f
susceptible 1. empfindlichlich; anfällig; 2. *(El)* suszeptibel
~ de amplicación ausbaufähig, erweiterungsfähig
~ de interferir störanfällig
~ de reacciones reaktionsfreudig, reaktionsfähig, reaktiv

suspender v 1. aufhängen; federn; lagern; 2. aussetzen; einstellen; unterbrechen; 3. *(Nrt)* sperren; 4. suspendieren; aufschlämmen
suspensión f 1. Aufhängung f, Lagerung f, Federung f; 2. Sperre f; 3. Suspension f, Aufschlämmung f • **en** ~ in Schwebe, schwebend
- **de ballestas** Federaufhängung f
- **de cardán** Kardanaufhängung f; Kardangelenk n
- **del chasis** *(Kfz)* Chassisaufhängung f
- **delantera** *(Kfz)* Vorderradaufhängung f
- **de la rueda** Radaufhängung f

sustancia f Substanz f, Stoff m
- **contaminante** verunreinigender Stoff m, Kontaminant m; umweltgefährdender Stoff m
- **contenida en el aire** Luftinhaltsstoff m
- **dañina** Schadstoff m
- **de desecho** Abfall(stoff) m
- **encoladora** *(Text)* Schlichtemittel n
- **explosiva** Sprengstoff m, Sprengmittel n, explosibler Stoff m, Explosionsstoff m
- **extintora** Feuerlöschmittel n, Löschmittel n
- **extraña** Fremdstoff m
- **fibrosa** Faserstoff m
- **fluorescente** fluoreszierender Stoff m, Leuchtstoff m
- **luminiscente** Leuchtstoff m
- **macerada** *(Ch)* Maische f
- **muy inflamable** hochbrennbarer [hochentzündlicher] Stoff m
- **nociva** Schadstoff m, schädlicher Stoff m, Noxe f
- **peligrosa** Gefahrstoff m, gefährlicher Stoff m
- **portadora** Trägersubstanz f, Substrat n
- **retardante** Verzögerungsmittel n, Verzögerer m
- **sólida** *(Bgb)* Feststoff m *(Aufbereitung)*
- **solvente** Lösungsmittel n
- **sucia** Schmutzstoff m
- **superficialmente activa** oberflächenaktiver Stoff m
- **tampón** *(Ch)* Puffersubstanz f
- **título** *(Ch)* Titersubstanz f
- **tóxica** toxischer [giftiger] Stoff m, Gift n

sustentación f 1. (dynamischer) Auftrieb m; 2. Stützkraft f; 3. *(Masch)* Untergestell n

sustitución f 1. Substitution f, Ersetzung f; Einsetzung f; 2. *(Geol)* Verdrängung f
sustituible substituierbar, ersetzbar
sustituir v substituieren, ersetzen
sustitutivo m Substitut n, Ersatzstoff m
sustracción f 1. *(Math)* Subtraktion n, Subtrahieren n; 2. *(Ch)* Entziehen n
sustractor m Subtrahierwerk n
sustraer v 1. *(Math)* subtrahieren, abziehen; 2. *(Ch)* entziehen
sustrato m 1. Substrat n, Trägersubstanz f, Unterschicht f, Tragschicht f; 2. Träger m; 3. *(Geol)* gewachsener Baugrund m, Untergrund m

T

tabique m 1. Innenwand f, Trennwand f, Zwischenwand f; 2. *(Schiff)* Querschott n
- **de aire** *(Met)* Windschieber m *(Hochofen)*
- **resistente al fuego** feuerfeste Wand f

tabla f 1. Tafel f, Platte f; 2. Brett n; Planke f; 3. Tabelle f; Verzeichnis n; Liste f; Register n; Feld n; Matrix f; 4. Bild n
- **de asignaciones** Zuweisungstabelle f
- **de verdad** *(Math, Inf)* Wahrheitstafel f, Wahrheitstabelle f

tablado m 1. Baugerüst n; Arbeitsbühne f; 2. Podium n

tablero m 1. Tafel f, Platte f; 2. *(Bw)* Füllung f; 3. Belag m; 4. Spritzbrett n *(Schlepper)*
- **de conexiones** Schalttafel f, Schaltfeld n, Schaltbrett n; Stecktafel f
- **contrachapado** Sperrholztafel f
- **de control** Schalttafel f, Steuerschalttafel f
- **de dibujar [dibujo]** Reißbrett n, Zeichentisch m, Zeichenbrett n
- **de instrumentos** Schalttafel f, Instrumententafel f, Armaturenbrett n, Instrumentenbrett n
- **de mandos** 1. Armaturenbrett n, Schaltbrett n; 2. *(Flg)* Cockpit n; 3. *(Rak)* Steuertisch m
- **de torno** Schlossplatte f *(Drehmaschine)*

tableta 1. Tablette f; 2. Tafel f, Tablett n, Grafiktablett n
tacada f *(Schiff)* Pallen m, Pallung f
tacana f Eisenhütte f, Hüttenwerk n

taco *m* 1. Stock *m*; 2. Dübel *m*; Knagge *f*; 3. Block *m*; 4. *(Text)* Picker *m*, Treiber *m* *(Weberei)*; 5. Einsatz *m*
~ **basculante** *(Eb)* Prellbock *m*
~ **de fundición** Gussstück *n*
~ **de medición** Parallelendmaß *n*
tacógrafo *m* Fahrtschreiber *m*, Tachograph *m*
~ **de avión** Flugschreiber *m*
tacómetro *m* Tachometer *m*, Geschwindigkeitsmesser *m*, Drehzahlmesser *m*
tacón *m* 1. Schienenbefestigung *f*; 2. Absatz *m*; 3. Balkon; Rundholz *n*
tajadera *f* Meißel *m*; Schrotmeißel *m* *(Werkzeug)*
tajador *m* 1. Schneidwerkzeug *n*; 2. Hartmeißel *m*
tajo *m* 1. Schnitt *m*; 2. Schneide *f*; 3. *(Bgb)* Abbau *m*; Streb *m*
~ **abierto** Tagebau *m*
~ **largo** Strebbau *m*
taladora *f* Holzfällmaschine *f*
taladra *f* Drillbohrer *m*
taladrado *m* Bohren *n*
~ **de percusión** Stoßbohren *n*, Schlagbohren *n*, Perkussionsbohren *n*
~ **con plantilla** Lehrenbohren *n*
~ **de prospección [reconocimiento]** Schürfbohrung *f*, Erkundungsbohrung *f*
~ **rotativo [rotatorio]** Drehbohren *n*, Rotarybohren *n*
taladradora *f (Fert)* Bohrmaschine *f*, Perforator *m*
~ **de brocas en hilera** Reihenbohrmaschine *f*
~ **de cabezal múltiple** Mehrkopfbohrmaschine *f*
~ **a calibre** Lehrenbohrmaschine *f*
~ **de columna** Säulenbohrmaschine *f*
~ **de estrella** Radialbohrmaschine *f*
~ **de husillos múltiples** Mehrspindelbohrmaschine *f*
~ **de montante** Ständerbohrmaschine *f*
~ **múltiple [multibroca, multihusillo]** Mehrspindelbohrmaschine *f*
~ **de percusión** Schlagbohrmaschine *f*, Schlagbohrer *m*
~ **de rocas** Gesteinsbohrmaschine *f*
~ **de varias columnas** Mehrsäulenbohrmaschine *f*
taladrar *v (Fert)* bohren; lochen

taladro *m* 1. Bohrer *m*; 2. Bohrung *f*; Lochung *f*, Bohrloch *n*; 3. Bohrmaschine *f*
~ **de centrar** Zentrierbohrung *f*; Körnerbohrung *f*, Körnerloch *n*
~ **ciego** Blindbohrung *f*
~ **eléctrico (portátil)** Handbohrer *m*, Handbohrmaschine *f*, handgeführte Bohrmaschine *f*
~ **neumático** Druckluftbohrer *m*
~ **pasante** durchgehende Bohrung *f*
~ **de percusión** 1. Schlagbohrer *m*; 2. Schlagbohrmaschine *f*
~ **rotativo [rotatorio]** Drehbohrer *m*
~ **sacanúcleo** Kernbohrer *m*
~ **salomónico** Spiralbohrer *m*
talio *m* Thallium *n*, Tl
talón *m* 1. Ansatz *m*; Bord *m*; Nase *f*; 2. Wulst *m (Reifen)*; 3. *(Am)* Hinterschlifffläche *f*, Rückenkante *f*
~ **de codaste** *(Schiff)* Stevenhacke *f*, Stevensohle *f*
~ **de timón** *(Schiff)* Ruderhacke *f*
talonero *m* Fußkreis *m (Zahnrad)*
talud *m* Böschung *f*
talla *f* 1. Hieb *m (Feile)*; 2. Kerbung *f*; Einschnitt *m*; 3. Behauen *n (von Steinen)*; 4. *(Schiff)* Talje *f*
~ **de engranajes** Verzahnen *n*
talladora *f* 1. *(Fert)* Fräsmaschine *f*; 2. *(Fert)* Schneider *m*
tallar *v* schneiden; stecken; schleifen *(Glas, Diamant)*
taller *m* 1. Werkstatt *f*; Werksabteilung *f*; Betriebsteil *m*; Betriebsstätte *f*; 2. *(Bgb)* Streb *m*
~ **automotor** Kraftfahrzeugwerkstatt *f*, Kfz-Werkstatt *f*
~ **de barnizado** Lackiererei *f*
~ **de carrocería** Karosseriewerkstatt *f*; Karosserieabteilung *f*
~ **de chapa** Plattenhalle *f (Werft)*
~ **de desbarbado** *(Gieß)* Entgraterei *f*
~ **de electrodepósito** Galvanisierbetrieb *m*
~ **de ensamblaje** Montagewerkstatt *f*, Montagehalle *f*
~ **de fabricación** Fertigungsabteilung *f*; Produktionsabteilung *f*
~ **de fundición** Gießerei *f*; Gießereibetrieb *m*
~ **galvánico [de galvanotecnia]** Verzinkerei *f*

~ de laminación de tubos Rohrwalzwerk n
~ de maquinado mechanische Werkstatt f; Bearbeitungswerkstatt f; mechanische Abteilung f; Bearbeitungsabteilung f
~ mecánico mechanische Werkstatt f; Maschinenbauhalle f; (kleiner) Maschinenbaubetrieb m
~ naval Schiffswerkstatt f; Schiffbauhalle f
~ de pintura Lackiererei f; Spritzlackiererei f
~ de rebarba *(Gieß)* Entgraterei f
~ de reparación Reparaturwerkstatt f; Instandsetzungsbetrieb m
~ de reparación de automóviles Kraftfahrzeugreparaturwerkstatt f, Kfz-Werkstatt f
~ de soldadura Schweißerei f *(Betriebsabteilung)*

tamaño m Größe f; Ausmaß n; Dimension f; Format n; Umfang m
~ de grano *(Met)* Korngröße f, Körnung f
~ de incremento *(Inf)* Inkrementgröße f, Schriftgröße f *(Computergrafik)*
~ de memoria *(Inf)* Speichergröße f, Speicherumfang m
~ de la página *(Inf)* Seitenformat n
~ de la penetración *(Wkst)* Eindringtiefe f
~ de tipos *(Typ)* Schriftgrad m, Schriftgröße f
~ verdadero Istmaß n

tambalearse v *(Schiff)* krängen, überholen, sich überlegen; gieren
tambaleo m *(Schiff)* schlingernde Bewegung f, Krängung f, Gieren n
~ de frecuencia *(El)* Frequenzwobbelung f

tambor m 1. Trommel f, Walze f; Zylinder m; 2. *(Text)* Tambour m *(Haupttrommel der Krempel)*
~ alimentador *(Lt)* Leittrommel f *(Mähdrescher)*; Zuführwalze f
~ de amantillo *(Schiff)* Hangertrommel f
~ de aspas *(Lt)* Haspel(trommel) f
~ batidor *(Lt)* Dreschtrommel f
~ cribador Siebtrommel f, Trommelsieb n
~ de excavadora *(Förd)* Turasscheibe f
~ de freno Bremstrommel f
~ portacable Seiltrommel f, Kabeltrommel f
~ rebabador Entgrattrommel f
~ del torno *(Förd)* Windentrommel f
~ trillador Dreschtrommel f *(Mähdrescher)*

tambora (große) Trommel f
~ de limpieza Reinigungstrommel f; Scheuertrommel f
tambuche m *(Schiff)* Niedergangsluke f, Kajütenluke f
tamiz m 1. Sieb n, Feinsieb n; 2. Rost m
~ de barras Stabrechen m *(Abwasserbehandlung)*
~ rotativo Siebtrommel f
~ de trepidación Schüttelsieb n
tamización f Sieben n, Durchsieben n; Siebung f
tamizador m Siebmaschine f; Sieb n
tamizar v sieben *(fein)*
tampón m 1. Puffer m; 2. *(Ch)* Puffersubstanz f; 3. *(Inf)* Puffer(speicher) m
~ de datos Datenpuffer m
~ de entrada Eingabepuffer(speicher) m
~ de impresión Druckpuffer m
~ intermedia Zwischenspeicher m
~ de salida Ausgabepuffer(speicher) m, Ausgangspuffer m
tamponado m Puffern n, Pufferung f, Pufferwirkung f
tanda f Schicht f; Reihe f; Lage f
tándem m 1. Tandemmaschine f; Tandem n; 2. *(El)* Kaskadenschaltung f
tangente tangential, tangierend, berührend
tangente f Tangente f; Tangens m
~ del ángulo Winkeltangente f
~ del ángulo de pérdida *(El)* Verlustfaktor m
~ hiperbólica Hyperbeltangens m, Tangens hyperbolicus m
~ al punto de inflexión Wendetangente f
tangón m *(Schiff)* Ausleger m, Backspiere f
tanguear v *(Schiff)* stampfen; schlingern
tanino m *(Led)* Gerbstoff m, Tannin n, Lohe f
tanque m 1. Tank m, Bunker m, Vorratstank m; Sammelbecken n; Reservoir n; Becken n; Behälter m; 2. Tankwagen m
~ de aceite combustible Kraftstofftank m, Treiböltank m
~ agitado Rührbehälter m; Rührgefäß m
~ de agua 1. Wassertank m, Wasserbehälter m; 2. *(Lt)* Tränkgefäß m
~ de agua de lastre *(Schiff)* Ballastwassertank m
~ de balance *(Schiff)* Ausgleichstank m, Ausgleichsbehälter m

tanque

~ **de balanceo** *(Schiff)* Schlingertank *m*
~ **buffer** Puffertank *m (Biotechnologie)*
~ **de carga** Ladetank *m (z. B. Tanker)*
~ **de cieno activado** Belebtschlammbecken *n*, Belebtschlammanlage *f*, Schlammbelebungsanlage *f*
~ **de combustible** Brennstofftank *m*, Kraftstofftank *m*, Kraftstoffbehälter *m*
~ **de decantación** Klärbecken *n*, Absetzbecken *n*
~ **depurador por filtración** Tropfkörper *m* *(z. B. für Abwasserreinigung)*
~ **digestor** Faulbehälter *m*
~ **de doble fondo** *(Schiff)* Doppelbodentank *m*
~ **de enfriamiento** Kühlbehälter *m*
~ **enterrado** erdgedeckter Behälter *m*
~ **de estiba** *(Schiff)* Schlingertank *m*
~ **de estiércol licuado** *(Lt)* Gülletank *m*
~ **de fermentación** Gärtank *m*, Gärbottich *m*
~ **de gasolina** Benzintank *m*, Benzinbehälter *m*
~ **de grano** Korntank *m*, Kornbunker *m* *(Mähdrescher)*
~ **de Imhoff** Emscherbrunnen *m*, Imhoff-Tank *m (zweistöckige mechanische Abwasserbehandlungsanlage)*
~ **de nafta** *(Am)* Treibstoffbehälter *m*
~ **nodriza** Reservetank *m*, Hilfstank *m*, Reservebehälter *m*
~ **de petróleo** 1. Öltank *m*; 2. Petroleumtank(wagen) *m*
~ **del pique** *(Schiff)* Piektank *m*
~ **receptor** Aufnahmegefäß *n*; Auffanggefäß *n*
~ **de refrigeración** Kühltank *m*, Kühlbehälter *m*
~ **de retardo** Verzögerungsbehälter *m*, Abklingbehälter *m*, Abklingbecken *n (Strahlenschutz)*
~ **de retención** Rückhaltebecken *n*
~ **de rolido** *(Schiff)* Schlingertank *m*
~ **separador** Absetztank *m*, Absetzbehälter *m*, Klärbehälter *m*
~ **separador de aceites** Ölseparator *m*, Ölabscheider *m*, Ölfänger *m*, Entöler *m*
~ **séptico** Faulbecken *n*; Faulbehälter *m*; Faulgrube *f*
~ **subterráneo** unterirdischer Behälter *m*

tántalo *m* Tantal *n*, Ta

tanteo *m* Prüfung *f*; Überschlag *m*; Schätzung *f*

tanto *m* Summe *f*; Menge *f*; Anteil *m*; Verhältnis *n*

tapa *f* 1. Deckel *m*; Kappe *f*, Abschlusskappe *f*, Abdeckkappe *f*; Haube *f*; 2. *(Typ)* Einbanddecke *f*

~ **de aireación** Lüftungsklappe *f*
~ **de amortiguación** Lärmschutzhaube *f*
~ **de arranque** *(Kfz)* Starterklappe *f*
~ **ciega** *(Masch)* Blindflansch *m*
~ **de cojinete** *(Masch)* Lagerdeckel *m*
~ **del distribuidor** *(Kfz)* Verteilerscheibe *f*, Verteilerkappe *f (Zündverteiler)*
~ **de escotilla** *(Schiff)* Lukenabdeckung *f*, Lukendeckel *m*
~ **del prensaestopas** Stopfbuchsenbrille *f*
~ **de radiador** *(Kfz)* Kühlerhaube *f*
~ **de regala** *(Schiff)* Schandeck(el) *m*
~ **roscada** Verschraubung *f*, Verschlussschraube *f*
~ **trasera** 1. *(Kfz)* Heckhaube *f*; 2. Zylinderboden *m (Arbeitszylinder)*
~ **de válvula** Ventildeckel *m*, Ventilkappe *f*, Ventilaufsatz *m*

tapacubos *m (Kfz)* Radkappe *f*, Nabenkappe *f*, Radnabendeckel *m*

tapadera *f* Deckel *m*; Verschluss *m*

tapadora *f* Verschließmaschine *f (Büchsen)*; Flaschenverschließmaschine *f*

tapajunta *m* Stoßlasche *f*

tapar *v* abdecken; zudecken; verdecken; vermauern

tapón *m* Pfropfen *m*, Stopfen *m*, Spund *m*, Stöpsel *m*; Bausch *m (z. B. aus Watte)*

~ **adaptador** 1. Sockel *m (Lampe)*; 2. Kontaktstift *m*
~ **audioprotector [auditivo]** Gehörschutzstöpsel *m*, Gehörschutzstopfen *m*
~ **calibrador** Messdorn *m*
~ **ciego** Blindflansch *m*
~ **de cristal** Glasstöpsel *m*
~ **de cubo** *(Kfz)* Radkappe *f*
~ **de chapa** Blechkappe *f*, Verschluss *m (aus Blech)*; Verschlussscheibe *f (aus Blech)*
~ **fusible** 1. Schmelzpfropfen *m*; 2. *(El)* Sicherungseinsatz *m*; 3. Brennkegel *m*
~ **insonorizador** schalldämmender Verschluss *m*
~ **del radiador** *(Kfz)* Kühlerverschlussdeckel *m*
~ **roscado** Verschlussschraube *f*, Schraubverschluss *m*

taponamiento m 1. Verstopfen n, Zustopfen n; Abdichtung f (z. B. Bohrloch); 2. (Met) Schließen n (des Abstichlochs)
taponar v 1. verstopfen, zustopfen; abdichten; 2. korken, stöpseln; 3. verspunden
taqué m (Kfz) Stößel m
taqueado m (Schiff) Aufklotzung f
taquillo m **calibrador** Parallelendmaß m
taquimetría f Tachymetrie f (Geodäsie)
taquímetro m 1. Tachymeter m (Geodäsie); Tachymetertheodolit m; 2. s. tacómetro
~ **de plancheta** Messtischtachymeter n
tarabilla f (Masch) Sperre f; Klinke f; Schnapper m
tarar v tarieren (Waage); eichen; kalibrieren
tarea f 1. Aufgabe f, Aufgabenstellung f, Arbeit f; 2. (Inf) Aufgabe f, Auftrag m, Arbeitsauftrag m, Task m, Job m (Gruppe von Stapelprogrammen, die hintereinander abgewickelt werden)
~ **de fondo** (Inf) Hintergrundjob m, Background-Job m, BG-Job m
~ **de impresión** (Inf) Druckjob m
~ **en lote** (Inf) Arbeit f im Stapelbetrieb; Stapeljob m
~ **de procesamiento por lotes** (Inf) Stapelverarbeitungsauftrag m, Job m
tarjeta f 1. Karte f; 2. Schild n
~ **aceleradora de gráfico** (Inf) Grafikbeschleunigerkarte f
~ **de audio** (Inf) Audiokarte f, Soundkarte f
~ **a cinta magnética** Magnetstreifenkarte f
~ **de circuito impreso** (gedruckte) Leiterplatte f, Leiterkarte f
~ **con circuitos integrados** Karte f mit integrierten Schaltkreisen
~ **enchufable** steckbare Schaltungskarte f, Einsteckkarte f (einer gedruckten Schaltung)
~ **gráfica** (Inf) Bildschirmkarte f, Grafikkarte f
~ **impresa** Druckschaltungskarte f, Leiterplatte f
~ **inteligente** (Inf) Chipkarte f
~ **maestra** (Inf) Leitkarte f, Indexkarte f, Meisterkarte f
~ **magnética** Magnetkarte f
~ **multimedia** (Inf) Multimedia-Steckkarte f
~ **pasiva** (Inf) passive Karte f (ISDN-Karte ohne eigenen Prozessor)
~ **de sonido** (Inf) Soundkarte f, Audiokarte f
~ **telefónica** Telefonkarte f
~ **de vídeo** (Inf) Bildschirmkarte f, Grafikkarte f, Videokarte f
~ **de vídeo en 3D** (Inf) 3D-Bildschirmkarte f, 3D-Karte f
tarjetero m Papieranleger m (Schreibmaschine)
tarta f Tortendiagramm n
tarugo m (kleiner) Klotz m; Pflock m; Dübel m; Zapfen m
~ **de cubierta** (Schiff) Decksspund m
~ **para escarpia** (Eb) Schienenschraube f
~ **de traviesa** (Eb) Schwellenschraube f
tasa f 1. Taxierung f, Schätzung f; 2. Rate f; Satz m; Quote f; Prozentsatz m; 3. Maß n; 4. (Nrt) Gebührenrate f
~ **de baudios** (Inf) Baud-Rate f, Baud-Zahl f
~ **de caracteres** (Inf) Zeichengeschwindigkeit f
~ **de eventos** Ereignisrate f (Multimedia)
~ **de exploración** Abtastgeschwindigkeit f
~ **de fallos** Ausfallrate f
~ **de repetición de impulsos** Impulsfolgefrequenz f, Puls(folge)frequenz f, Pulswiederholungshäufigkeit f
~ **de transferencia** Übertragungsrate f, Transferrate f, Übertragungsgeschwindigkeit f, Übertragungsleistung f, Durchsatz m
~ **de transferencia de canales** (Inf) Kanalrate f, Datenrate f
~ **de variación** 1. (Math) Variationskoeffizient m; 2. (Inf) Änderungsrate f, Änderungshäufigkeit f
tasación 1. Bewertung f; Taxierung f; Einschätzung f, Schätzung f (durch Sachverständige); 2. (Nrt) Gebührenfestlegung f
tautomería f (Ch) Tautomerie f
tautomérico (Ch) tautomer
tautómero m (Ch) Tautomer(es) n
taxífono m Münzfernsprecher m
taza f 1. Tasse f; Schale f; 2. Becken n; Reservoir n
~ **del carburador** (Kfz) Schwimmerkammer f (Vergaser)
~ **de grasa** (Masch) Fettbüchse f

T.D.F. s. toma de fuerza
tecla f Drucktaste f, Taste f • **pulsar una ~** eine Taste drücken
~ de anulación Löschtaste f; Annulliertaste f
~ de apertura Aufnahmetaste f *(Mikrofon)*
~ para el avance del carro Wagenlauftaste f
~ de carga Eingabetaste f
~ de control Steuertaste f
~ de desplazamiento Richtungstaste f
~ de detención Stopptaste f
~ de escucha Hörtaste f
~ espaciadora [de espacios] Leertaste f
~ de fijación Feststelltaste f
~ fijamayúsculas Umschaltfeststeller m
~ funcional Funktionstaste f
~ de gestión de imagen Bildsteuertaste f
~ de grabación Aufnahmetaste f
~ de interlineado Zeilenschalter m
~ de interrupción Abbruchtaste f, Funktionsunterbrechungstaste f
~ de liberación Freigabetaste f
~ liberador de margen Randlösetaste f
~ de línea *(Nrt)* Wähltaste f
~ de mayúsculas Umschalttaste f
~ de memoria Speichertaste f, Kurzwahltaste f *(Telefon)*
~ numérica [de números] Zahlentaste f, numerische Taste f
~ pulsadora Druckknopftaste f
~ de retorno del carro Wagenrücklauftaste f
~ de retroceso Rück(lauf)taste f
~ de sujeción Feststelltaste f
teclado m Tastatur f, Tastenfeld n, Drucktastatur f • **pulsar en el ~** eintasten, in die Tastatur eingeben
~ mecanográfico Schreibmaschinentastatur f
~ numérico numerische Tastatur f, Blocktastatur f
teclear v eintasten, eingeben; eine Taste drücken
tecleo m Anschlag m *(Tastatur)*
tecnecio m Technetium n, Tc
tecnia f Technik f
técnica f 1. Technik f; Verfahren n; Methode f; Fertigkeit f; 2. Technik f *(eines Fachgebietes)*; Technologie f; 3. technische Ausrüstung f

~ de acceso *(Inf)* Zugriffsverfahren n, Zugriffsmethode f
~ aeronáutica Luftfahrttechnik f
~ aerospacial Raumfahrttechnik f
~ agrícola Landtechnik f
~ de almacenamiento Speichertechnik f; Speicherverfahren n
~ de alta frecuencia Hochfrequenztechnik f
~ de alta intensidad Starkstromtechnik f
~ del alumbrado Beleuchtungstechnik f
~ del anillo con ranuras *(Inf)* Slotted-Ring-Methode f, Methode f der leeren Abschnitte
~ de automatización Automatisierungstechnik f
~ de aviación Flugtechnik f
~ de bombeo Pumpverfahren n, Pumpen n *(z. B. Lasertechnik)*
~ de los cables Verdrahtungstechnik f, Schaltungstechnik f
~ de cálculo Rechentechnik f
~ de calefacción Heizungstechnik f
~ de circuitos Schaltungstechnik f
~ de circuitos de conmutación Schaltkreistechnik f
~ de circuitos impresos Leiterplattentechnik f
~ de clasificación Sortierverfahren n
~ de climatización Klimatechnik f
~ de compilación automática *(Inf)* Selbstprogrammiertechnik f, kompilierende Technik f
~ computacional 1. Rechenverfahren n; 2. Rechentechnik f
~ computerizada rechnergestütztes Verfahren n
~ de comunicaciones Kommunikationstechnik f, Nachrichtentechnik f
~ de conmutación (telefónica) *(Nrt)* Schalt(ungs)technik f, Vermittlungstechnik f
~ de construcción de programas *(Inf)* Programmiertechnik f
~ de control 1. Steuerungstechnik f, Steuerverfahren n; 2. Prüftechnik f; Prüfmethode f; Prüfverfahren n; Kontrollverfahren n
~ de control ambiental Umweltschutztechnik f
~ de control de ruido Lärmschutztechnik f

técnica

- ~ de corrientes de baja intensidad Schwachstromtechnik f
- ~ de cuerpos sólidos Festkörpertechnik f
- ~ de defensa contra incendios Brandschutztechnik f
- ~ de detección de errores fehlererkennendes Verfahren n
- ~ de dibujos animados *(Inf)* Animationsverfahren n
- ~ de digestión *(Umw)* Aufschlusstechnik f
- ~ de dopado Dotierungsverfahren n *(Halbleiter)*
- ~ de elaboración Bearbeitungstechnik f, Bearbeitungsverfahren n
- ~ electrogalvánica Galvanotechnik f
- ~ electroquímica elektrochemisches Verfahren n
- ~ de encuadernación *(Typ)* Bindetechnik f
- ~ de enmascaramiento Maskierungstechnik f *(Umweltanalytik)*
- ~ enzimática enzymatisches Verfahren n *(Biotechnologie)*
- ~ de estallido Sprengtechnik f
- ~ de evaporación (en vacío) Bedampfungstechnik f, Aufdampftechnik f, Vakuumbedampfungstechnik f
- ~ de exploración 1. Untersuchungsverfahren n; 2. *(Bgb)* Schürfverfahren n
- ~ de explotación Betriebstechnik f; Betriebsverfahren n; Einsatzverfahren n
- ~ de extracción *(Bgb)* Abbauverfahren n
- ~ de fabricación Fertigungstechnik f; Fertigungsverfahren n; Herstellungsverfahren n
- ~ ferroviaria Eisenbahntechnik f
- ~ de fluidización Fließbetttechnik f, Fluidisationstechnik f, Wirbelschichttechnik f
- ~ de flujo Strömungstechnik f
- ~ frigorífica [del frío] Kältetechnik f
- ~ de grabación 1. Aufzeichnungsverfahren n; Tonaufnahmetechnik f; 2. *(Inf)* Beschreibungstechnik f *(z. B. CD-ROM)*
- ~ gráfica grafisches Verfahren n; grafische Fertigungstechnik f
- ~ hidráulica Hydrotechnik f, Wasserbautechnik f
- ~ de hincar Rammtechnik f *(Tiefbau)*
- ~ informatizada rechnerunterstütztes Verfahren n
- ~ ingenieril Ingenieurmethode f; technisches Verfahren n

- ~ instrumental Gerätetechnik f
- ~ instrumental de análisis Analysengerätetechnik f
- ~ de interfacio *(Inf)* Schnittstellentechnik f, Anschlusstechnik f
- ~ de láser Lasertechnik f
- ~ lumínica [de la luz] Lichttechnik f
- ~ maquinizada maschinelles Verfahren n; Verfahren n der spanenden Formung
- ~ de máscaras Maskenverfahren n *(Mikroelektronik)*
- ~ mecánica Maschinenbautechnik f
- ~ médica Medizintechnik f; medizinische Geräte npl
- ~ de medición Messtechnik f; Messverfahren n; Messmethode f
- ~ de medición acústica Schallmesstechnik f
- ~ de medio ambiente Umwelttechnik f
- ~ de memorización *(Inf)* Speichertechnik f
- ~ metalizadora por evaporación en vacío Metallaufdampftechnik f, Vakuummetallbedampfung f, Vakuummetallisierung f
- ~ microminatura Mikrominiaturtechnik f, Subminiaturtechnik f
- ~ de micropotencias Mikroleistungstechnik f, Micro-Power-Technik f
- ~ minera Bergbauverfahren n; Bergbautechnik f
- ~ de muestreo Probenahmeverfahren n
- ~ naval Schiffstechnik f
- ~ nuclear Kerntechnik f, Atomtechnik f
- ~ de oficina Organisationstechnik f; Bürotechnik f
- ~ de ordenación *(Inf)* Sortierverfahren n
- ~ patrón Prüftechnik f; Prüfverfahren n; Modellverfahren n
- ~ de película delgada Dünnschichttechnik f, Dünnfilmtechnik f
- ~ pericial *(Inf)* Expertenverfahren n
- ~ de pesca [pescar] 1. Fischereitechnik f; 2. Fischfangmethode f
- ~ pico s. ~ de punta
- ~ de pintado Anstrichtechnik f; Lackierungsverfahren n; Anstrichverfahren n, Auftragsverfahren n *(Farbe)*
- ~ de procedimiento Verfahrenstechnik f
- ~ de procesamiento de datos *(Inf)* Datenverarbeitungstechnik f

técnica

~ **de producción** Produktionstechnik *f*; Fertigungstechnik *f*; Technologie *f*; Produktionsverfahren *n*
~ **de programación** *(Inf)* Programmierverfahren *n*, Programmiermethode *f*; Programmier(ungs)technik *f*; Softwaretechnologie *f*
~ **de programación lineal** 1. Verfahren *n* der Linearoptimierung *f*; 2. Verfahren *n* der Geradeausprogrammierung
~ **de protección (laboral)** Schutztechnik *f*; Sicherheitstechnik *f*
~ **de punta** Spitzentechnologie *f*, Hochtechnologie *f*, Hightech *f*
~ **química** Chemietechnik *f*, Chemotechnik *f*
~ **química de los procesos** chemische Verfahrenstechnik *f*
~ **de radiación** Bestrahlungsverfahren *n*
~ **radiológica** radiologische Technik *f*, Röntgentechnik *f*
~ **de radiorelé** Richtfunktechnik *f*
~ **radiotelefónica** Funksprechtechnik *f*
~ **de radioteletipia** Funkfernschreibtechnik *f*
~ **de la reacción química** chemische Reaktionstechnik *f*
~ **de reconocimiento de caracteres** *(Inf)* Zeichenerkennungsverfahren *n*
~ **de recuperación** Wiedergewinnungsverfahren *n*
~ **de reducción del ruido** Lärmminderungstechnik *f*
~ **de registro** Aufzeichnungsverfahren *n*
~ **de regulación** Regel(ungs)technik *f*
~ **de reproducción** *(Typ)* Reproduktionstechnik *f*
~ **de revestimiento** Beschichtungsverfahren *n*
~ **de riego** *(Lt)* Beregnungstechnik *f*; Beregnungsverfahren *n*
~ **de saneamiento** 1. Sanierungsverfahren *n*; 2. Sanitärtechnik *f*
~ **sanitaria** Gesundheitstechnik *f*; Hygienetechnik *f*; Sanitärtechnik *f*
~ **de seguimiento** Nachlaufverfahren *n*
~ **de seguridad** Sicherheitstechnik *f*; Schutztechnik *f*, Sicherheitsausrüstung *f*; Schutzausrüstung *f*
~ **de seguridad contra incendios** Brandschutztechnik *f*
~ **de semiconductores** Halbleitertechnik *f*
~ **siderúrgica** Eisenhüttentechnik *f*
~ **de simulación** Simulationstechnik *f*, Simulationsverfahren *n*; Modellierungsverfahren *n*
~ **sofisticada** 1. hoch entwickeltes Verfahren *n*; 2. modernste Technik *f*
~ **de soldadura** 1. Schweißverfahren *n*; 2. Schweißtechnik *f*
~ **de sondeo** Tiefbohrtechnik *f*
~ **de sonido** Tontechnik *f*
~ **de tambor rotativo** *(Umw)* Drehtrommelverfahren *n*
~ **telegráfica** Telegrafentechnik *f*, Fernschreibtechnik *f*
~ **de televisión** Fernsehtechnik *f*
~ **térmica** Wärmetechnik *f*
~ **del testigo** *(Inf)* Tokenverfahren *n*, Kennzeichenverfahren *n* *(Rechnernetze)*
~ **de tiempo compartido** *(Inf)* Zeitanteilsverfahren *n*, Timesharing *n* *(Technik des Mehrprogrammbetriebes)*
~ **de toma de muestras** Probenahmetechnik *f*
~ **de transformación** Umformverfahren *n*
~ **de transmisión** Übertragungstechnik *f*; Übertragungsverfahren *n*
~ **transportadora** Fördertechnik *f*
~ **de transporte** Verkehrstechnik *f*
~ **de tratamiento de datos** *(Inf)* Datenverarbeitungsverfahren *n*
~ **de trazado** Zeichenverfahren *n*; Entwurfsmethode *f*
~ **de trazadores** *(Kern)* Markierungstechnik *f*, Tracertechnik *f*
~ **ultrasónica [de ultrasonidos]** Ultraschalltechnik *f*; Ultraschallverfahren *n*
~ **vanguardista** fortgeschrittene Technik *f*; neue Technik *f*
~ **de ventilación** Lüftungstechnik *f*; Belüftungsverfahren *n*, Lüftungsverfahren *n*
~ **de verificación** Prüftechnik *f*, Kontrolltechnik *f*; Prüfverfahren *n*; Kontrollverfahren *n*; Verifikationsverfahren *n*
~ **de volcado** *(Inf)* Abbruchverfahren *n*

tecnicismo *m* 1. Fachausdruck *m*, Fachwort *n*, Terminus *m* (technicus); 2. Fachsprache *f*

técnico *m* Techniker *m*; Fachmann *m*, Fachkraft *f*
~ **informático** Informatiker *m*
~ **de mantenimiento** Instandhaltungstechniker *m*

tecnología

~ **de seguridad industrial** Sicherheitsfachkraft f
técnico-experimental versuchstechnisch
técnico-prevencionista arbeitsschutztechnisch
tecnificar v technisieren
tecnología f 1. Technologie f; Fertigungstechnik f; Technik f; 2. technologisches Verfahren n; 3. Fachterminologie f; Fachsprache f
~ **agraria [agrícola]** Technologie f der Landwirtschaft; Agrartechnik f, Landtechnik f
~ **de alimentos** Lebensmitteltechnologie f
~/**alta** Hochtechnologie f, Spitzentechnologie f, Hightech f
~ **ambiental** Umweltschutztechnologie f; Umweltschutztechnik f
~ **(de) anticontaminación** Umweltschutztechnologie f; umweltfreundliche [umweltgerechte] Technologie f
~ **de artes gráficas** grafische Technik f
~ **del automóvil** Kraftfahrzeugtechnik f
~ **avanzada** Spitzentechnologie f, fortgeschrittene Technologie f, fortgeschrittene Technik f; neue Technik f
~ **(de) base** Basistechnologie f, Rahmentechnologie f
~ **bipolar** Bipolartechnik f, bipolare Technik f
~ **de calefacción** Heizungstechnologie f
~ **del carbón** Technologie f der Kohleförderung
~ **de circuitos integrados** Technologie f integrierter Schaltungen
~ **clave** Schlüsseltechnologie f
~ **del computador** Computertechnik f, Rechnertechnik f, Informationstechnik f
~ **de la computación** Rechentechnik f
~ **de comunicaciones** Kommunikationstechnik f
~ **conservadora del medio ambiente** Umweltschutztechnologie f
~ **de la construcción** 1. Konstruktionstechnik f; 2. (Bw) Bautechnologie f; Bautechnik f
~ **de construcción de máquinas** Technologie f des Maschinenbaues
~ **contaminante** umweltbelastende Technologie f

~ **de control** 1. Kontrolltechnik f; Prüftechnik f; Prüftechnologie f; 2. Steuerungstechnik f; Regelungstechnik f
~ **copiadora** Kopiertechnik f, Vervielfältigungstechnik f
~ **de corte** 1. Zerspanungstechnologie f; 2. (Lt) Erntetechnologie f (Halmfruchternte)
~ **sin desechos** abfallfreie Technologie f
~ **de elaboración** Bearbeitungstechnologie f; Bearbeitungsverfahren n
~ **electrónica** elektronische Technologie f; Elektronik f
~ **energética [de energía]** Energietechnik f; Energetik f
~ **de la energía nuclear** Kernenergietechnik f
~ **de ensemblaje** Montagetechnik f; Montageverfahren n
~ **espacial** Raumfahrttechnologie f
~ **de explosiones** Sprengtechnik f
~ **de fabricación** Fertigungstechnologie f; Fertigungstechnik f
~ **de fermentación** Gärungstechnologie f; Fermentationstechnologie f; Fermentationstechnik f; Fermentationsprozess m
~ **ferrocarrilera** Eisenbahntechnik f
~ **forestal** Technologie f der Forstwirtschaft, Forsttechnologie f; Forsttechnik f
~ **de forja** Schmiedetechnologie f; Schmiedetechnik f
~ **del hierro y del acero** Eisen- und Stahlmetallurgie f
~ **de impresión** Drucktechnik f; Druckverfahren n
~ **de incendios** Brandschutztechnologie f
~ **industrial** Fertigungstechnik f; Technologie f; industrielles Fertigungsverfahren n; Fertigungsprozessgestaltung f
~ **informática** Informationstechnik f, Rechnertechnik f, Computertechnik f
~ **de instalaciones** Anlagentechnik f
~ **limpia** umweltfreundliche Technologie f
~ **de mantenimiento** Instandhaltungstechnologie f, Wartungstechnologie f
~ **de maquinado** Bearbeitungstechnologie f (spanende Bearbeitung)
~ **marina** Meerestechnik f
~ **de materiales** Werkstofftechnik f
~ **mecánica** mechanische Technologie f; Technologie f des Maschinenbaues; Maschinenbautechnik f
~ **médica** Medizintechnik f

tecnología 388

~ **de medida** Messtechnik f
~ **del medio ambiente** Umweltschutztechnologie f; Umwelttechnik f
~ **de memoria** Speichertechnik f
~ **menos contaminante** schadstoffarme Technologie f
~ **metalúrgica** Metallurgie f; metallurgisches Verfahren n
~ **microelectrónica** mikroelektronische Technik f; Mikroelektronik f
~ **de microprocesadores** Mikroprozessortechnologie f; Mikroprozessortechnik f
~ **con mínimo de desechos** abfallarme Technologie f
~ **del montaje** Montagetechnologie f; Montagetechnik f
~ **no contaminante** umweltfreundliche Technologie f
~ **nuclear** Nukleartechnologie f
~ **oceánica** Meerestechnik f
~ **de las piezas** Teilefertigung f
~ **del plasma** Plasmatechnologie f; Plasmatechnik f
~ **de plásticos** Kunststofftechnik f
~ **de pocos desechos** abfallarme Technologie f
~ **de procesos** Prozesstechnologie f; Prozessverfahren n
~ **de producción** Produktionstechnologie f; Technologie f; Produktionstechnik f; Fertigungstechnik f
~ **de protección contra incendios** Brandschutztechnologie f; Brandschutztechnik f
~ **(de) punta** Spitzentechnologie f
~ **química** chemische Technologie f, Chemietechnik f
~ **de realidad virtual** (Inf) Technik f der virtuellen Realität
~ **de la red básica** Grundschaltungstechnik f
~ **de redes** Netzwerktechnologie f
~ **sin riesgos** gefährdungsfreie Technologie f
~ **de los robots** Robotertechnologie f; Robotertechnik f, Industrierobotertechnik f
~ **de seguridad industrial** Sicherheitstechnik f
~ **de semiconductores** Halbleitertechnologie f; Halbleitertechnik f
~ **siderúrgica** Eisenhüttentechnik f

~ **sofisticada** fortgeschrittene [hoch entwickelte] Technologie f; hoch entwickeltes Verfahren n
~ **de superficies** Oberflächentechnik f
~ **del taller** Werkstattfertigung f
~ **de telecomunicación** Telekommunikationstechnologie f
~ **de teleconferencia** Telekonferenztechnik f
~ **termonuclear** Thermonukleartechnik f
~ **textil** Textiltechnologie f; Textiltechnik f
~ **de transportación [transporte]** Transporttechnologie f; Verkehrstechnik f
~ **de tratamiento** (Ch) Behandlungstechnologie f, Aufbereitungstechnologie f
~ **de tratamiento de desechos** Abfallbehandlungstechnologie f
~ **de ultrasonido** Ultraschalltechnik f
~ **de urbanismo** Städtebautechnik f
~ **bajo el vacío** Vakuumtechnik f
tecnologicidad f technologische Anwendbarkeit f [Durchführbarkeit f]
tecnológico technologisch; technisch
tecnologización f Technisierung f
tecnologizar v technisieren
tectónica f Tektonik f
techo m 1. Decke f; Überdeckung f; 2. (Bw) Decke; Dach n; 3. (Bgb) Dach n; Deckgebirge n, Hangendes n; Sargdeckel m; 4. (Flg) Gipfelhöhe f, Dienstgipfelhöhe f, Betriebsgipfelhöhe f, Steighöhe f
~ **corredizo [deslizante]** (Kfz) Schiebedach n
~ **duro** (Kfz) Hardtop n
~ **de galería** (Bgb) Firste f (Strecke)
~ **operativo** (Flg) Dienstgipfelhöhe f
~ **plegable** (Kfz) Faltschiebedach n
~ **de socavón** (Bgb) Firste f
~ **de vigas** (Bw) Balkendecke f
techumbre f Dachstuhl m
teja f Dachplatte f; Dachziegel m
~ **acanalada** Kehlziegel m; Hohlpfanne f
~ **superior** (Bw) Mönch m
tejado m Dach n
tejar v dachdecken
tejar m Ziegelbrennerei f
tejedura f (Text) Weberei f, Anweben n
tejer v weben
~ **género de punto** wirken
tejido m 1. Gewebe n; Stoff m; 2. Weben n

~ **de fibras químicas** Chemiefaserstoff m
~ **de punto** Trikot n; Wirkware f
tejuelo m *(Masch)* Lagerschale f; Lagerkäfig m; Spurlager n
tela f Gewebe n; Stoff m; Leinwand f; Tuch n; Netz n
~ **asfáltica** Dachpappe f
~ **de fibra de vidrio** Glasfaserstoff m
~ **de lona** Segeltuch n
~ **metálica** Drahtgewebe n
~ **no tejida** Vliesstoff m
telar m *(Text)* Webmaschine f, Webstuhl m
teleaccionado ferngesteuert
teleaccionamiento m Fernantrieb m
teleajuste m Ferneinstellung f
telecabina f Kabinenlift m, Kleinkabinenbahn f
telecámara f Fernsehkamera f
telecinematógrafo m Fernseh-Großbildprojektor m
telecomunicación f Telekommunikation f, Nachrichtenübertragung f
~ **de datos** Datenfernübertragung f
~ **sin hilos** drahtlose Telekommunikation f
telecomunicaciones fpl Telekommunikationswesen n; Nachrichtenwesen n; Fernmeldewesen n; Nachrichtentechnik f, Kommunikationstechnik f, Fernmeldetechnik f
teleconectar v fernschalten
teleconexión f Fern(ein)schaltung f
teleconferencia f Telekonferenz f
telecontrol m Fernbedienung f; Fernüberwachung f; Fernsteuerung f
telecopiadora f Fernkopierer m, Telekopierer m
telediafonía f *(Nrt)* Gegennebensprechen n
teledifusión f (por hilo) Drahtfunk m
teledirigir v fernlenken
teleescribir v fernschreiben
teleescritor m Fernschreiber m
teleesquí m sesselloser Skilift m
telefax m 1. Telefax(gerät) n; 2. Fax n, Fernkopie f, Faksimile f
teleférico m 1. Hängebahnlaufkatze f, Elektrozug m; 2. Hängebahn f, Schwebebahn f, Drahtseilbahn f, Seilschwebebahn f
~ **de asientos colgantes** Sessellift m

telefonía f Telefonie f, Fernsprechwesen n; Fernsprechen n
~ **automática** Selbstwählverkehr m
~ **celular** zelluläre Funktelefonie f
~ **inalámbrica** schnurloses Fernsprechen n
~ **de línea** drahtgebundene Telefonie f
teléfono m Fernsprechapparat m, Fernsprecheinrichtung f, Fernsprecher m, Telefon n
~ **automático** Selbstwählapparat n
~ **de conferencia simultánea** Gegensprechtelefon n
~ **inalámbrico** schnurloses Telefon n, schnurloser Fernsprecher m
~ **monedero** Münzfernsprecher m
~ **móvil** Mobiltelefon n
~ **móvil por radio celular** zellulares Funktelefon n
~ **supletorio** *(Nrt)* Nebenstellenapparat m
~ **de teclado** Tastentelefon n, Tastenfernsprecher m
~ **de televisión** Bildfernsprecher m, Videotelefon n
teléfono-contestador m Anrufbeantworter m
telefonógrafo m Fernsprechschreiber m
telefonometría f Fernsprechmesstechnik f
telefonómetro m Gesprächszähler m
telefoto f Fernbild n
telefotografía f Telefotografie f, Fernbildübertragung f
telegobernar v fernsteuern; fernlenken
telegobierno m Fernsteuerung f; Fernlenkung f
telegrafía f Telegrafie f
~ **por cables** drahtgebundene Telegrafie f, Kabeltelegrafie f
~ **facsímil** Fernkopieren n, Faksimileübertragung f
~ **de imágenes** Bildtelegrafie f
~ **inalámbrica** drahtlose Telegrafie f
~ **por televisión** Bildtelegrafie f, Fernsehtelegrafie f
telégrafo m Telegraf m
~ **facsímil** Fernkopierer m
teleimpresor m Fernschreiber m
teleimpresora f Ferndrucker m, Fernschreiber m
teleimprimir v fernschreiben
teleinformática f Telematik f
teleinscribir v fernschreiben

teleinscriptor 390

teleinscriptor *m* **de facsímil** Faksimileschreiber *m*
teleinterruptor *m* Fernschalter *m*
telelectura *f* Fernablesung *f*
telelocalización *f* Fernortung *f*
telemando *m* Fernbedienung *f*; Fernbetätigung *f*; Fernsteuerung *f*
telemandar *v* fernbedienen; fernbetätigen; fernsteuern
telemanipulación *f* 1. Fernbedienung *f*; 2. (*Kern*) strahlengeschützte Bedienung *f*
telemática *f* Telematik *f*
telemecánica *f* Telemechanik *f*, Fernwirktechnik *f*
telemedidor *m* Fernmessgerät *n*
telemetría *f* 1. Telemetrie *f*, Fernmesstechnik *f*, Fernübertragung *f* von Messwerten; 2. Entfernungsmessung *f*
telemétrico fernmesstechnisch
telémetro *m* 1. Fernmesser *m*; 2. Distanzmesser *m*, Entfernungsmesser *m*
telemotor *m* (*Schiff*) Telemotor *m*, Fernsteuerapparat *m*, Motor *m* mit Fernsteuerung *f*
telepinza *f* Ferngreifer *m*; Manipulator *m*
teleprocesamiento *m* **de datos** Datenfernverarbeitung *f*
telera *f* 1. Förderband *n*, Fördergurt *m*; 2. Querbalken *m*
telerruptor *m* Fernausschalter *m*, fernbedienter Schalter *m*
telescópico Teleskop..., teleskopisch, ausziehbar, ausfahrbar
telescopio *m* Teleskop *n*; Fernrohr *n*
telescriptor *m* Fernschreiber *m*, Fernschreibgerät *n*, Fernschreibmaschine *f*, Teleschreiber *m*
telesilla *m* Sessellift *m*; Skilift *m*
telesquí *m* Skischlepplift *m*, sesselloser Skilift *m*
teletipo *m* Fernschreiber *m*; Fernschreibmaschine *f*
teletransmisión *f* Fernübertragung *f*
~ **de datos** Datenfernübertragung *f*
~ **de imágenes** Bildfunk *m*
televisión *f* Fernsehen *n*
~ **de circuito cerrado** industrielles [angewandtes] Fernsehen *n*
~ **directa por satélite** Satellitenfernsehen *n*
televisor *m* Fernsehempfänger *m*, Fernsehgerät *n*, Fernseher *m*; Fernsehanlage *f*

televoltímetro *m* Spannungsfernmesser *m*
télex *m* 1. Fernschreibverkehr *m*; 2. Fernschreiben *n*, Telex *n*; 3. Fernschreiber *m*
telurio *m* Tellur *n*, Te
telurómetro *m* Tellurometer *n*, Mikrowellenentfernungsmesser *m*
temblador *m* 1. (*Nrt*) Hörzeichen *n*; 2. Vibrator *m*
temblequeo *m* Bildinstabilität *f*
temperatura *f* Temperatur *f* • **a ~ constante** bei gleich bleibender Temperatur
~ **ambiental [ambiente, del ambiente]** Zimmertemperatur *f*, Raumtemperatur *f*; Umgebungstemperatur *f*
~ **al blanco brillante** (*Met*) Weißhitze *f*, Weißglut *f*
~ **criogénica** Tieftemperatur *f*, kryogene Temperatur *f*
~ **de ebullición** Siedetemperatur *f*
~ **de encendido** Zündtemperatur *f*
~ **de ignición** Zündtemperatur *f*, Zündpunkt *m*
~ **de inflamabilidad [inflamación]** Entflammungstemperatur *f*, Flammpunkt *m*
~ **de solidificación** Erstarrungstemperatur *f*
~ **de temple** Härtetemperatur *f*
templado *m* (*Met*) Härten *n*, Härtung *f*; Tempern *n*
templador *m* 1. (*Masch*) Spannschloss *n*; 2. (*Masch*) Spannrolle *f*; 3. (*Masch*) Härter *m*
templar *v* 1. (*Met*) härten; abschrecken; tempern; 2. anziehen (*Schraube*)
~ **por cementación** aufkohlen, einsatzhärten
~ **con soplete** flammenhärten, brennhärten
temple *m* Härten *n*; Härtung *f*; Abschrecken *n*; Tempern *n*
~ **en coquilla** Einsatzhärten *n*
~ **de revenido** Anlasshärtung *f*
~ **con soplete** Flammenhärtung *f*, Brennhärtung *f*
temporización *f* 1. (*Nrt*) Zeitgebung *f*, Zeittaktsteuerung *f*; Zeitverteilung *f*; Ablaufsteuerung *f*; 2. Zeitverzögerung *f*; 3. Zeitnahme *f*, Zeitstudie *f*
temporizado 1. zeitlich gesteuert; zeitüberwacht; 2. zeitverzögert
temporizador *m* Zeitgeber *m*; Zeittaktgeber *m*; Zeitrelais *n*, Schalter *m* für Zeiteinstellung, Zeitplangeber *m*; Zeitglied *n*

tenaza f Zange f, Kneifzange f
- **para clavos** Nagelzange f
- **de corte** Beißzange f
- **de curvar** Biegezange f
- **desconectatubos** Rohrzange f

tendencia f 1. Tendenz f, Trend m; Richtung f; Bewegung f; 2. Neigung f; Anfälligkeit f
- **a averías** Störanfälligkeit f
- **de encendido** Zündwilligkeit f
- **a vibrar** Flatterneigung f (z. B. eines Relais)

tender v 1. (Math) streben gegen, konvergieren gegen; 2. auslegen, verlegen (z. B. Kabel)
- **a cero** (Math) gegen null streben

tendido m 1. Verlegung f; 2. (Bw) Verputz m
- **de líneas férreas** Gleisverlegung f
- **subterráneo** Erdverlegung f

tenería f Gerberei f, Lohgerberei f
tensador m Spannvorrichtung f
tensar v anziehen, spannen
tensioactivo oberflächenaktiv, grenzflächenaktiv; kapillaraktiv
tensioactivo m grenzflächenaktiver Stoff m, Tensid n
tensiómetro m 1. Oberflächenspannungsprüfer m, Tensometer n; 2. (Text) Fadenspannungsmesser m; 3. Blutdruckmesser m
tensión f 1. (Mech, El) Spannung f; 2. (Text) Zugspannung f; 3. (Ph) Druck m (bei Gasen) • **de alta ~** hochgespannt • **bajo [con] ~** Spannung führend, unter Spannung • **sin ~** spannungsfrei
- **activa** Wirkspannung f
- **de alimentación** Speisespannung f, Versorgungsspannung f, Zuführungsspannung f
- **alterna** Wechselspannung f
- **de arranque** Anlassspannung f
- **de barrera** (Eln) Sperrspannung f
- **del calefactor** Heiz(faden)spannung f (z. B. bei Röhren)
- **cizallante** Scherspannung f, Schubspannung f
- **de contacto** Kontaktspannung f, Berührungsspannung f
- **continua** Gleichspannung f
- **de control** Steuerspannung f
- **de correa** Riemenspannung f; Keilriemenspannung f
- **de cortadura** Scherspannung f
- **de cortocircuito** Kurzschlussspannung f
- **de cresta** Spitzenspannung f, Scheitelspannung f
- **de choque** Impulsspannung f, Stoßspannung f
- **de encendido** Zündspannung f
- **de ensayo** Prüfspannung f, Testspannung f
- **excitadora** Erregerspannung f
- **de flexión** Biegespannung f
- **de muelle** Federspannung f
- **de placa** Anodenspannung f
- **de prueba** Prüfspannung f
- **de rejilla** Gitterspannung f
- **de rotura** 1. (Mech) Zerreißspannung f, Bruchspannung f; 2. (El) Durchschlagspannung f
- **de servicio** Betriebsspannung f
- **sofométrica** Fremdspannung f, Geräuschspannung f, Rauschspannung f
- **térmica** thermische Spannung f [Belastung f, Beanspruchung f], Wärmespannung f, Temperaturspannung f
- **de torsión** Verdrehspannung f, Torsionsspannung f
- **de tracción** Zugspannung f
- **transversal** Schubspannung f, Scherspannung f
- **de umbral** Schwellenspannung f

tensor m 1. (Math) Tensor m; 2. Spannvorrichtung f; Impander m; 3. Hülsenmutter f, Überwurfmutter f; 4. Ankerdraht m, Ankerseil n
teñido m (Text) Färben n; Färbung f
teñidura f 1. Färben n; Färberei f; 2. Ätzen n; Beizen n
teñir v 1. (Text) färben; 2. ätzen; beizen
teodolito m Theodolit m, Höhenmesser m
teorema m Theorem n, Satz m, Lehrsatz m
- **de la energía** Energie(erhaltungs)satz m
- **de límite** Grenzwertsatz m
- **de Pitágoras** Lehrsatz m des Pythagoras, Pythagoras m
- **de los senos** Sinussatz m
- **de Tales** Satz m des Thales, Strahlensatz m
- **de las tangentes** Tangentensatz m
- **del valor medio** Mittelwertsatz m (Integralrechnung)

teoría f Theorie f, Lehre f

teoría 392

- ~ **axiomática** axiomatische Theorie f, Axiomatik f
- ~ **del buque** Schiffstheorie f
- ~ **del calor** Wärmelehre f, Kalorik f
- ~ **de circuitos** Schaltungstheorie f, Netzwerktheorie f
- ~ **de las colas** Warteschlangentheorie f, Theorie f der Massenbedienung, Massenbedienungstheorie f, Bedienungstheorie f
- ~ **combinatoria** (Math) Kombinatorik f, Kombinationslehre f
- ~ **de conjuntos** Mengenlehre f, Mengentheorie f
- ~ **de control** 1. Steuerungstheorie f; Regelungstheorie f; 2. Systemtheorie f
- ~ **de la fiabilidad** Zuverlässigkeitstheorie f
- ~ **de las fuerzas nucleares** Kerntheorie f
- ~ **de los grafos** Graphentheorie f
- ~ **de hiperestabilidad** Hyperstabilitätstheorie f (von Popov)
- ~ **de información** Informationstheorie f; Informatik f
- ~ **de los juegos de estrategia** Theorie f der strategischen Spiele, Spieltheorie f
- ~ **de los números** Zahlentheorie f
- ~ **ondulatoria** (Ph) Wellentheorie f (des Lichtes)
- ~ **de las probabilidades** Wahrscheinlichkeitstheorie f, Wahrscheinlichkeitslehre f
- ~ **de regulación** Regeltheorie f
- ~ **de la relatividad** Relativitätstheorie f

teórico-probabilístico wahrscheinlichkeitstheoretisch
terabyte m Terabyte n, TByte n (Maßeinheit für Informationseinheiten)
terahertzio m Terahertz n (1 Mio MHz)
teratógeno m teratogener [fruchtschädigender] Stoff m
terbio m Terbium n, Tb
termia f Thermie f (Wärmeeinheit; 1 th = 1 Mcal)
termicidad f (Ph) Wärmeinhalt m
térmico-técnico wärmetechnisch
terminación f 1. Beendigung f, Abschluss m; Abbruch m; 2. (Ch) Abbruch m (Kettenabbruch); 3. Endpunkt m; Endstation f; 4. Finish m; Deckschicht f
terminado m 1. Endbearbeitung f; 2. Enderzeugnis n, Endprodukt n, Finalprodukt n
- ~ **superficial** Oberflächengüte f

terminadora f (Bw) Fertiger m, Deckenfertiger m, Straßen(decken)fertiger (Maschine)
terminal m 1. (El) Anschlussklemme f, Endklemme f, Klemme f, Polklemme f, Kabelschuh m; Abschluss m; Anschluss m, Anschlussbuchse f; 2. (Inf) Terminal n, Datenendstation f, Datenendgerät n, Datenendplatz m; Endstelle f
- ~ **de datos** Datenendstelle f
- ~ **emisor** übertragendes Terminal n
- ~ **de facsímil** Fernkopierer m
- ~ **interactivo** dialogfähiges [interaktives] Terminal n, dialogfähige Datenendstation f
- ~ **de interconexión** Verbindungsendpunkt m
- ~ **de ordenador** Rechnerterminal n, Computerendstelle f
- ~ **de pantalla de visualización** Bildschirmterminal n
- ~ **de presentación de vídeo** Anzeigeeinrichtung f, Display n, Bildschirmterminal n; Datensichtstation f
- ~ **receptor** empfangendes Terminal n
- ~ **para soldar** Lötende n
- ~ **de suspensión** Fahrdrahtklemme f
- ~ **de tierra** Erd(ungs)klemme f, Erdschlussklemme f, Erdungsanschluss m, Masseklemme f
- ~ **de vídeo** Datensichtstation f, Bildschirmgerät n, Datensichtgerät n
- ~ **de videotex** Bildschirmtextterminal n

terminal f Terminal m; Be- und Entladestelle f; Endstation f; Endhaltestelle f
- ~ **aérea [de aeropuerto]** Terminal m, Flughafenterminal m, Flughafenabfertigungsgebäude n
- ~ **de autobús** Autobusbahnhof m, Omnibusbahnhof m
- ~ **de contenedores** Containerterminal m, Behälterendstation f
- ~ **portuaria [de puerto]** Hafenterminal m

terminar v 1. beenden; abschließen; 2. (Fert) fertig bearbeiten; fertig stellen
término m 1. Schluss m; Ziel n; Grenze f; Schranke f; 2. Termin m; Frist f; 3. Fachausdruck m, Terminus m; 4. Größe f; Glied n (Gleichung); 5. (Ph, Kern) Term m
- ~ **aleatorio** Zufallsgröße f, zufällige [aleatorische] Größe f

~ enésimo *(Math)* n-tes Glied n
termión m Thermion n, Glühelektron n
termistor m Thermistor m, Heißleiter m
termoacumulador m Wärmespeicher m
termobalanza f Thermowaage f
termobatería f *(El)* Thermosäule f
termocambiador m Wärme(aus)tauscher m
termocolorímetro m Photokolorimeter n
termoconductibilidad f Wärmeleitfähigkeit f
termoconformado m 1. *(Met, Kst)* Warm(ver)formen n; 2. *(Kst)* Thermoformen n, Thermoformtechnik f
termocupla f thermoelektrisches Element n, Thermoelement n, Thermopaar n
termoelectrón m Glühelektron n, Thermion n
termoelemento m thermoelektrisches Element n, Thermoelement n, Thermopaar n
termoencuadernadora f *(Typ)* Thermo-Bindesystem n
termoendurecible 1. s. termoestable; 2. *(Kst)* hitzehärtbar
termoesfuerzo m thermische Beanspruchung f, Wärmebeanspruchung f
termoestable duroplastisch; wärmebeständig, wärmefest, hitzebeständig
termoestable m Duroplast m
termogenerador m Wärmeerzeuger m
termógeno wärmeerzeugend
termointerruptor m Thermoschalter m
termología f Wärmelehre f, Kalorik f
termómetro m Thermometer n
~ de alcohol Alkoholthermometer n, Weingeistthermometer n
~ clínico Fieberthermometer n, Körperthermometer n
~ de globo Kugelthermometer n
~ de mercurio Quecksilberthermometer n
termomotor m Heißluftmaschine f *(Motor)*
termonuclear thermonuklear
termopar m thermoelektrisches Element n, Thermoelement n, Thermopaar n
termopermutador m Wärme(aus)tauscher m
termopila f Thermosäule f, Thermobatterie f
termoplástico m Thermoplast m, thermoplastischer Kunststoff m
termopolimerización f *(Ch)* Thermopolymerisation f, Wärmepolymerisation f

termopropulsión f *(Flg)* thermodynamischer Antrieb m
termopropulsivo *(Flg)* thermodynamisch
termoquímica f Thermochemie f
termoquímico thermochemisch
termorreactivo thermoreaktiv
termorreactor m thermischer Reaktor m
termorrecuperador m Wärme(aus)tauscher m
termorregulador m Temperaturregler m, Wärmeregler m
termorrelé m Thermorelais n, Wärmerelais n
termorresistencia f 1. Wärmebeständigkeit f; 2. Thermistor m
termorresistente wärmebeständig
termosellable *(Typ)* warmsiegelbar
termosensible wärmeempfindlich, temperaturempfindlich, hitzeempfindlich
termosifón m 1. Wärmesaugheber m; 2. Heißwasserspeicher m; Warmwasserspeicher m
termóstato m Thermostat m
termotecnia f Wärmetechnik f
termotécnico wärmetechnisch
termotransferencia f Wärmeübergang m
termotransporte m Wärmetransport m
termotratamiento m Wärmebehandlung f
termovulcanización f Heißvulkanisation f
terómetro m Teraohmmeter n
terraja f 1. Gewindeschneidkluppe f, Schneidkluppe f; 2. Strehler m; 3. Schablone f
~ partida Schneidbacke f, Gewindeschneidbacke f
~ de peines Gewindestrehler m
~ roscadora Gewindeschneidkluppe f
terrajadora f Gewindeschneidmaschine f
terrajar v **(roscas)** gewindeschneiden
terraplén m 1. Erdaufschüttung f; Erdwall m; Damm m; 2. *(Bgb)* Versatz m
terraplenar v (auf)schütten
terreno m 1. Gelände n; Gebiet n; Feld n; Boden, Erde, 2. Erdboden m; Erdoberfläche f; 3. *(Geol)* Gesteinsschicht f
~ edificable Bauland n
~ urbanizado bebautes Gelände n
terrero m Schutthalde f, Halde f
tesar v straffen *(z. B. Seil)*
tesela f *(Bw)* Mosaikplatte f
teselado m *(Bw)* Mosaikpflaster n

tesla *m* Tesla *n (Einheit der magnetischen Induktion)*
tesoro *m* Thesaurus *m*
test *m* Test *m*, Versuch *m*
~ **de fatiga** Ermüdungstest *m*
~ **de martillo de caída** Fallhammerprüfung *f*
~ **de resistencia al choque** Stoßfestigkeitsprüfung *f*
testera *f* 1. Stirnseite *f*; Fassade *f*; Vorderseite *f*; 2. Kopfteil *m*
~ **de cilindro** Zylinderkopf *m*
testero *m (Bgb)* Ort *n*, Abbauort *m*, Firstenstoß *m*
testigo *m* 1. *(Bgb)* Kern *m*, Bohrkern *m*; 2. Fühler *m*
~ **de medición** Messstift *m*
~ **metalográfico** *(Met)* Schliffprobe *f*
~ **de sondeo [terreno]** Kernprobe *f*, Bohrkern *m*
tetón *m* Ansatz *m*, Nase *f*; Anguss *m*; Zapfen *m*; Stift *m*
tetrabásico *(Ch)* vierbasig
tetraedro *m* Tetraeder *n*, Vierflach *m*
tetraetilo *m* **de plomo** Bleitetraethyl *n*, Tetraethylblei *n (Antiklopfmittel)*
tetrafilar *v* vieradrig, vierdrähtig
textura *f* 1. Textur *f*, Gefüge *n (Oberflächenstruktur)*; 2. *(Text)* Textur; Struktur *f (für Gestein)*
tiempo *m* 1. Zeit *f*; Dauer *f*; 2. Takt *m (Motor)* • **de cuatro tiempos** Viertakt... • **de dos tiempos** Zweitakt... • **de todo** ~ allwettertähig
~ **de acceso** *(Inf)* Zugriffszeit *f*
~ **de acción** Einwirkungszeit *f*, Einwirk(ungs)dauer *f*; Expositionszeit *f*, Expositionsdauer *f*
~ **de aceleración** Beschleunigungszeit *f*
~ **de admisión** *(Kfz)* Einlasstakt *m*
~ **de ajuste** Stellzeit *f*
~ **de arranque** Startzeit *f*, Anlaufzeit *f*
~ **de ascenso** Steigdauer *f*, Steigzeit *f*
~ **de aspiración** *(Kfz)* Ansaugtakt *m*
~ **de atenuación** Abklingzeit *f*
~ **de cadencia** Taktzeit *f*
~ **de caída** 1. Fallzeit *f*, Falldauer *f*; 2. *(Eln)* Abfallzeit *f (Transistor)*; Abklingdauer *f*
~ **de cierre** *(El)* Ansprechzeit *f*, Anzugszeit *f (Relais)*
~ **de ciclo de memoria** Zugriffszeit *f*, Speicherzykluszeit *f*

~ **compartido** *(Inf)* Timesharing *n*, Zeitteilung *f*, Zeitschachtelung *f (zeitlich geschachtelte Abarbeitung mehrerer Programme)*; Teilnehmerbetrieb *m*, Teilnehmerverfahren *n*
~ **de compresión** 1. *(Kst)* Nachdruckzeit *f*; 2. *(Kfz)* Verdichtungstakt *m*
~ **de conexión** Einschaltdauer *f*, Schaltzeit *f*
~ **de corte** *(Fert)* Schnittzeit *f*, Schneidzeit *f*
~ **de ejecución** *(Inf)* Ausführungszeit *f*, Befehlszeit *f*; Bearbeitungszeit *f*
~ **de escape** *(Kfz)* Ausstoßtakt *m*
~ **de estabilización** Einschwingzeit *f*
~ **de estadía** Verweilzeit *f*; Standzeit *f*; Liegezeit *f*
~ **de estado líquido** *(Kst)* Topfzeit *f (bei Gießharzen)*
~ **de expansión [explosión]** *(Kfz)* Arbeitstakt *m*; Arbeitshub *m (Kolben)*
~ **de exposición** 1. Expositionsdauer *f*, Expositionszeit *f*; 2. *(Foto)* Belichtungszeit *f*
~ **de fraguado** 1. *(Bw)* Abbindezeit *f (von Beton)*; 2. *(Kst)* Härtezeit *f (Klebeverbindung)*
~ **de frenado [frenaje]** Bremszeit *f*
~ **de maniobra** *(El)* Ansprechzeit *f*
~ **medio entre averías [fallos]** mittlerer Ausfallabstand *m* [Störungsabstand *m*], durchschnittliche [mittlere] Zeit *f* zwischen zwei Ausfällen, MTBF
~ **muerto** 1. *(Fert)* Totzeit *f*; 2. Wartezeit *f*
~ **de pasada** Durchlaufzeit *f*, Laufzeit *f*
~ **perdido** Totzeit *f*, Ausfallzeit *f*, Verlustzeit *f*
~ **de preparación de tarea** Arbeitsvorbereitungszeit *f*; Rüstzeit *f*
~ **de la puesta a punto** Einregelzeit *f*
~ **de reacción** 1. Reaktionszeit *f*; 2. *(El)* Ansprechzeit *f*; Anzugszeit *f (Relais)*
~ **de residencia** 1. Verweilzeit *f*, Verweildauer *f*; 2. *(Met)* Auslagerungszeit *f*
~ **de respuesta** 1. Ansprechzeit *f*, Antwortzeit *f*; 2. Einstellzeit *f*, Anlaufzeit *f*, Reaktionszeit *f*; 3. Anzugszeit *f*, Schaltzeit *f (z. B. Relais, Ventil)*
~ **de retorno a cero** Abklingzeit *f*
~ **de servicio** 1. Dienstzeit *f*; Betriebszeit *f*; 2. Bedienungszeit *f*; Abfertigungszeit *f*; 3. Nutzungsdauer *f*, Benutzungsdauer *f*, Gebrauchsdauer *f*

~ **sideral [sidéreo]** Sternzeit f
~ **de subida** 1. Anstiegszeit f *(Transistor)*; Stirnzeit f *(bei Stoßspannung)*; Anlaufzeit f; 2. *(Flg)* Steigzeit f
~ **de trabajo** 1. *(Kfz)* Arbeitstakt m; 2. Einschaltdauer f
~ **universal** Weltzeit f, WZ, Universalzeit f, UT
~ **útil** Nutzungszeit f, Nutzungsdauer f, produktive Zeit f
~ **de vuelta al reposo** Abfallzeit f
tienta f Fühler m; Sonde f
tientaaguja f 1. Sonde f; 2. *(Bgb)* Bohrerschaft m
tierra f 1. Erde f; Erdboden m, Erdreich n; Grund m; 2. Ton m; 3. *(El)* Erde; Masse f
• **bajo ~** *(Bgb)* unter Tage • **a flor de ~** über Tage
~ **activada** Belebtschlamm m
~ **arcillosa** Tonerde f
~ **cocida** Terrakotta f
~ **excavada** Erdaushub m
~ **de protección** *(El)* Schutzerde f
~ **refractaria** feuerfester Ton m; Schamotte f
tierras fpl Abraum m
~ **raras** seltene Erden fpl
~ **vertidas** Aufschüttungen fpl
tijera f Schere f, Tafelschere f
~ **cortaalambres** Drahtschere f
~ **para cortar chapas** Blechschere f
~ **de guillotina** Parallelschere f, Kurbelschere f, Tafelschere f
~ **mecánica** Schermaschine f *(Schafscheren)*
~ **de pesca** Fischereigeschirr n
tilla f 1. *(Schiff)* Laufgang m; Landgang m, Gangway f; 2. *(Am)* Schraubenschaft m
timbre m 1. Glocke f, Klingel f; 2. *(Nrt)* Wecker m; 3. Klangfarbe f
~ **acústico** Tonfarbe f, Klangfarbe f
~ **eléctrico** elektrisches Läutewerk n, elektrische Klingel f
~ **forzado** *(Nrt)* Anklopfen n *(Ruf bei belegtem Telefon)*
~ **de llamada** *(Nrt)* Wecker m, Anrufwecker m, Rufglocke f
timón m *(Schiff, Flg)* Steuer n, Ruder n; *(Am)* Steuerrad n
~ **aéreo** *(Flg)* Luftruder n
~ **aerodinámico** *(Flg)* Stromlinienruder n
~ **de altura** *(Flg)* Höhenruder n
~ **del arado** *(Lt)* Schwinge f *(Pflug)*
~ **automático** *(Flg)* Selbststeuergerät n
~ **de cola** *(Flg)* Schwanzruder n
~ **compensado** Balanceruder n, Ausgleichsruder n
~ **de chorro** Düsenruder n, Strahlruder n
~ **de dirección** *(Flg)* Seitenruder n
~ **de elevación** *(Flg)* Höhenruder n
~ **de gas** *(Rak)* Gasruder n, Strahlruder n
~ **inversor** Umsteuerruder n
~ **mecánico** *(Flg)* Selbststeuergerät n
~ **de profundidad** *(Flg)* Höhenruder n
~ **vertical** *(Flg)* Seitenruder n
timonear v steuern
timoneo n Steuern n
timonera f *(Schiff)* Ruderhaus n, Steuerhaus n
timonería f 1. *(Schiff)* Ruderanlage f; 2. Gestänge n
tina f Bottich m; Wanne f; Küpe f *(Färberei)*
~ **de decantación** Absetzbottich m, Klärbottich m
~ **de fermentación** Gärbottich m
tinción f *(Ch)* Färbung f
tinta f 1. *(Typ)* Druckfarbe f, Farbton m; 2. Tinte f
~ **china** Ausziehtusche f
~ **de gomígrafo** Stempelfarbe f
~ **de imprenta** Druckerschwärze f, Buchdruckfarbe f
~ **magnética** Magnettinte f *(Magnetschrift)*; magnetische Farbe f
tintar v färben
tinte m *(Text)* Farbe f, Färbemittel n
tintero m *(Typ)* Farbkasten m
tintorería f 1. Färberei f; 2. chemische Reinigung f
tintura f 1. Färben n; 2. Tinktur f
tiocianuro m Thiocyanat n, Rhodanid n
tipario m Typensatz m *(Schreibmaschine)*
tipo m 1. Typ m; Muster n; 2. Type f, Drucktype f, Letter f
tipografía f 1. Typografie f; 2. Buchdruck m
tipometría f Schrifthöhenmessung f
tipotelégrafo m Fernschreiber m
tira f 1. Streifen m, Lasche f; 2. *(Bw)* Bahn f *(Dachdeckerei)*; 3. *(Am)* Bandmaterial n
~ **de chapa** Blechstreifen m
~ **de ensayo** Probestreifen m
tirada f 1. Wurf m; 2. Abstand m; Wegstrecke f; 3. Zwischenzeit f; 4. *(Typ)* Abzug m; Auflage f

tirador m Schieber m
~ de la puerta Türgriff m
tirafondo m 1. Holzschraube f; 2. *(Eb)* Schienenschraube f; Schwellenschraube f
tiralíneas m Reißfeder f
tirante m 1. Zugstange f; Zuganker m; 2. *(Bw)* Zugstrebe f, Binder m; Zugstab m; Fußschwelle f, Fußbalken m *(Dachstuhl)*; Untergurt m *(Dachbinder)*; 3. Bolzen m; Schaft m; 4. Reißleine f, Aufziehleine f *(Fallschirm)*; Auslaufleine f *(Ballon)*
tirar v 1. *(Typ)* drucken; 2. kopieren; abziehen; 3. *(Met)* ziehen, durch Zug umformen; 4. *(Math)* Linien ziehen; 5. *(Bw)* abbrechen; einreißen, niederreißen
tiro m 1. Wurf m; Wurfweite f; 2. Schuss m; Sprengschuss m; 3. Zugleine f; 4. *(Förd)* Zugseil n; 5. Zug m *(Feuerung)*; 6. *(Text)* Stoffbreite f; 7. Treppenlauf m; 8. Schachttiefe f
~ ciego *(Bgb)* Blindschacht m
~ de chimenea Kaminzug m
~ específico de la hélice spezifischer Propellerschub m
~ oblicuo *(Förd)* Schrägzug m
tisaje m 1. Weben n, Weberei f; 2. Gewebe n
titanio m Titan n, Ti
titulación f (volumétrica) *(Ch)* Maßanalyse f, Volumetrie f, volumetrische Analyse f, Titration f
titular v *(Ch)* titrieren
título m 1. Überschrift f; Titel m; 2. *(Ch)* Titer m; 3. *(Text)* Titer m *(Kennzeichnung der Feinheit von Garnen)*
~ fundamental *(Ch)* Urtiter m
tiza f Kreide f
~ lavada *(Am)* Schlämmkreide f
~ en polvo Schlämmkreide f
tiznar v rußen; schwärzen
tiznarse v verrußen
toar v *(Schiff)* schleppen
tobera f 1. Düse f; 2. *(Met)* Form f, Blasform f
~ de aforo Messdüse f
~ de aguja Nadeldüse f
~ de aire *(Kfz)* Luftdüse f *(am Vergaser)*
~ de chorro Strahldüse f
~ de empuje Ausströmdüse f, Schubdüse f
~ inyectora Einspritzdüse f; Einströmdüse f
~ para marcha en vacío *(Kfz)* Leerlaufdüse f
~ mezcladora Mischdüse f
~ de propulsión *(Rak)* Raketendüse f, Schubdüse f
~ pulverizadora Spritzdüse f
~ supersónica *(Rak)* Überschalldüse f
~ termopropulsiva *(Rak)* Staustrahltriebwerk n
tocho m 1. *(Met, Kst)* Block m; Rohling m; 2. s. ladrillo
~ forjado Schmiedestück n
~ prelaminado vorgewalzter Block m
~ para tubo *(Met)* Rohrluppe f
todoterreno geländegängig, geländetauglich
todoterreno m Geländefahrzeug n, geländegängiges Fahrzeug n
toldilla f *(Schiff)* Poop f, Heckaufbauten mpl
toldo m Sonnenzelt n; Plane f
tolerancia f Toleranz f, zulässige Abweichung f; Spielraum m • **dentro de las tolerancias** toleranzhaltig
~ de contracción Schwindmaßzugabe f
~ dimensional Maßtoleranz f
~ de posición Positionsstreubreite f *(NC-Maschine)*
tolueno m Toluol n
tolva f 1. Trichter m; Einfülltrichter m; Füllvorrichtung f; 2. Beschickungsvorrichtung f; Schütte f; 3. Bunker m; Schüttgutbehälter m; Schurre f; Feeder m; 4. *(Bgb)* Hopper m
~ de abono *(Lt)* Düngervorratskasten m, Streukasten m
~ de carga 1. Aufgabetrichter m; Fülltrichter m; Einschütttrichter m; 2. Beladebunker m, Verladebunker m
~ de grano *(Lt)* Saatkasten m *(Drillmaschine)*
~ receptora Aufnahmebunker m
~ de recolección *(Lt)* Sammelbunker m
~ de semilla *(Lt)* Saatbehälter m
toma f 1. Übernahme f, Aufnahme f, Entnahme f; 2. Entnahmestelle f; Aufnahmevorrichtung f; 3. *(El)* Anschluss m; Abgriff m; 4. *(Nrt)* Belegung f; Anzapfung f; Eingang m *(eines Gerätes)*; 5. *(Flg)* Aufsetzen n, Landung f; 6. Dosis f

~ **de agua** 1. Wasserentnahme f; 2. Wasseranschluss m; Hydrant m; 3. Wasseraufnahme f (z. B. einer Lokomotive)
~ **de arado** (El, Eb) Schlitzstromabnehmer m
~ **para auriculares** Kopfhöreranschluss m
~ **de corriente** Stromabnahme f; Stromabführung f; Stromentnahme f; Stromabnehmer m (Vorrichtung); Stromanschluss m
~ **de fuerza** 1. Leistungsentnahme f; 2. (Kfz) Zapfwelle f
~ **de mar** (Schiff) Speigatt n
~ **de muestras ambientales** Umweltprobenahme f
~ **de presión** (Flg) Pitotrohr n
~ **de salida** (El) Ausgangsbuchse f
~ **de tierra** 1. (El) Erdanschluss m, Erder m, Erdung f; 2. (Schiff) Landanschluss m; 3. (Flg) Landung f
~ **variable** (El) Abgriff m (beim Widerstand)

tomacorriente m 1. Stromabnehmer m; 2. Steckdose f
~ **para fuerza motriz** (El) Kraftsteckdose f
~ **de pértiga** Stangenstromabnehmer m
~ **tripolar** Dreistiftsteckdose f, dreipolige Steckdose f

tomadero m 1. Eingang m; Einlass m; 2. Einlassöffnung f; 3. Griff m, Handgriff m

tomavistas m Filmkamera f

tomografía f Tomographie f, Stratigraphie f, Schichtaufnahmefahren n (Medizintechnik)
~ **computerizada** Computertomographie f
~ **de rayos X** Röntgenschichtverfahren n

tomógrafo m Tomograph m, Schichtaufnahmegerät n, Röntgenschichtungsgerät n
~ **computerizado** Computertomograph m

tonel m Tonne f, Fass n; Trommel f; Kübel m; Bottich m

tonelada f Tonne f
~ **americana** Shortton f (907,185 kg)
~ **de arqueo** (Schiff) Vermessungstonne f, Registertonne f
~ **de desplazamiento** Verdrängungstonne f
~ **inglesa** englische Tonne f, Longton f (1016,047 kg)
~ **de peso muerto** Deadweighttonne f
~ **de registro bruto** Bruttoregistertonne f

tonelaje m Tonnage f, Ladegewicht n
~ **de desplazamiento** (Schiff) Verdrängungstonnage f
~ **de peso muerto** (Schiff) Deadweighttonnage f
~ **de registro bruto** (Schiff) Bruttoregistertonnage f

tono m 1. Ton m, Laut m; 2. Farbton m; Abtönung f
~ **de calibración** Eichton m
~ **de color** Farbton m
~ **continuo** (Nrt) Dauerton m
~ **de invitación a marcar** (Nrt) Wählton m
~ **de libre [llamada]** (Nrt) Rufton m
~ **de marcado [marcar]** (Nrt) Wählbereitschaftszeichen n, Wählton m
~ **de ocupado** (Nrt) Besetztton m
~ **perturbador** Störton m
~ **de zumbador** (Nrt) Summerton m

tonometría f Tonometrie f, Druckmessung f

topadora f Planierraupe f, Raupenschrapper m, Bulldozer m; Straßenbaumaschine f
~ **frontal** Raupe f mit Planierschild

topar v anstoßen, anschlagen

tope m 1. Anschlag m, Knagge f; 2. Prellbock m; Puffer m; Block m; 3. Zusammenstoß m; Stoß m; 4. Topp m, Spitze f; Haken m
~ **de arrastre** Mitnehmerstift m
~ **de fin de carrera** Hubbegrenzung f
~ **ciego** (Bgb) Blindort m
~ **de detención** Stoppvorrichtung f
~ **de dirección** (Kfz) Lenk(ungs)anschlag m
~ **de empuje** Stoßvorrichtung f, Stößel m
~ **fijo** 1. fester Anschlag m; 2. (Eb) Prellbock m
~ **de parachoques** Puffer m
~ **del timón** (Schiff) Sorrklammer f
~ **de vía** Gleisprellbock m, Schienenprellbock m

topografía f Topographie f
~ **minera** Markscheidewesen n
~ **del terreno** Geländetopographie f

topología f (Math) Topologie f
~ **en anillo** Ringtopologie f (Rechnernetze)
~ **estelar** (Nrt) Sternnetzstruktur f
~ **de red** Netzarchitektur f, Netztopologie f, Netzstruktur f, Netzform f

topoquímica f Topochemie f

toque *m* 1. Berührung *f*; Schlag *m*; 2. Probe *f (Metalle)*
torbellino *m* Wirbel *m*, Wirbelung *f*; Stromwirbel *m*
torcedora *f (Text)* Zwirnmaschine *f*
torcedura *f* 1. Verdrehen *n*; Krümmung *f*; 2. *(Text)* Zwirnen *n*
torcer *v* 1. (über)drehen; 2. verdrehen
torcido *m* 1. Drehung *f*; Zwirnung *f*; Verseilung *f*; 2. Zwirn *m*
torciómetro *m* 1. Torsiometer *n*, Verdrehungsmesser *m*; 2. *(Text)* Garndrehungszähler *m*
torio *m* Thorium *n*, Th
tornadero *m* **de heno de tambor** *(Lt)* Trommelheuwender *m*
tornamesa *f (Am) (Eb)* Drehscheibe *f*, Wendeplatte *f*
tornapunta *m (Bw)* Strebe *f*; Kopfband *n*
tornasol *m (Ch)* Lackmus *m*
tornavía *f* Drehplatte *f*; Drehscheibe *f*
tornavoz *m* Schallwand *f*; Schallreflektor *m*
torneado *m (Fert)* Drehen *n*
~ **al aire** Plandrehen *n*
~ **cilíndrico** Langdrehen *n*
~ **cónico** Kegeldrehen *n*
~ **de desbaste** Schruppdrehen *n*, Schruppen *n*, Vordrehen *n*
~ **esférico** Kugeldrehen *n*
~ **excéntrico** Außermittedrehen *n*
~ **en fino** Feindrehen *n*
~ **de forma** Formdrehen *n*
~ **según plantilla** Kopierdrehen *n*
~ **entre puntas** Spitzendrehen *n*
tornear *v* drehen
~ **la madera** drechseln
tornillo *m* 1. Schraube *f*; Spindel *f*; 2. Schraubstock *m*
~ **de ajuste** Stellschraube *f*
~ **de ajuste de cabeza hexagonal** Sechskant-Passschraube *f*
~ **de anclaje** Ankerschraube *f*, Fundamentschraube *f*
~ **de apriete** Klemmschraube *f*, Spannschraube *f*
~ **de Arquímedes** Archimedesschnecke *f*
~ **de avance** Leitspindel *f*
~ **avellanado** Senkschraube *f*
~ **del borne** Anschlussschraube *f*, Klemmschraube *f*
~ **de brida** 1. Laschenschraube *f*; 2. *(Eb)* Laschenbolzen *m (Schiene)*
~ **de cabeza cilíndrica** Zylinderkopfschraube *f*
~ **de cabeza hexagonal** Sechskantschraube *f*
~ **de cabeza moleteada** Rändelschraube *f*
~ **con cabeza perdida** Senkschraube *f*
~ **de cabeza ranurada** Schlitzschraube *f*
~ **comprobador** Messschraube *f*
~ **de elevación** Hubspindel *f*
~ **de enfoque** Einstellschraube *f*
~ **sin fin** Schnecke *f*
~ **sin fin transportador** Förderschnecke *f*
~ **de fundación** Fundamentschraube *f*, Steinschraube *f*
~ **graduado** Messschraube *f*
~ **graduador** Regulierschraube *f*, Stellschraube *f*
~ **hendido** Schlitzschraube *f*
~ **de levantamiento** Hubspindel *f*
~ **de mariposa** Flügelschraube *f*
~ **micrométrico** Mikrometerschraube *f*, Feinstellschraube *f*, Messschraube *f*
~ **prisionero** Druckschraube *f*, Klemmschraube *f*, Madenschraube *f*
~ **tensor** Anzugsschraube *f*, Spannschraube *f*
~ **transportador sin fin** Förderschnecke *f*
torno *m* 1. Drehmaschine *f*; 2. Schraubstock *m*; Zwinge *f*; 3. Töpferscheibe *f*; 4. *(Förd)* Winde *f*
~ **al aire** Plandrehmaschine *f*
~ **de alfarero** Töpferscheibe *f*
~ **de ascensor** Aufzugswinde *f*
~ **automático** Drehautomat *m*
~ **automático copiador** Nachform-Drehautomat *m*
~ **de barrenar** Innendrehmaschine *f*
~ **de cable** Seilwinde *f*
~ **de cadena** Kettenwinde *f*
~ **de cargo** Ladewinde *f*
~ **carrusel** Karusselldrehmaschine *f*, Vertikaldrehmaschine *f*
~ **para cigüeñales** Kurbelwellendrehmaschine *f*
~ **de cilindrar y de roscar** Zug- und Leitspindeldrehmaschine *f*
~ **de conformar (metales)** Drückbank *f*, Metalldrückbank *f*
~ **copiador** Kopierdrehmaschine *f*, Nachformdrehmaschine *f*
~ **dental** Dentaibohrmaschine *f*, Zahnbohrmaschine *f*

~ **para destalonar** Hinterdrehmaschine f
~ **elevador** Winde f, Hubwinde f; Aufzug m; Seiltrommel f
~ **de extracción** (Bgb) Förderwinde f, Haspel m(f)
~ **de herramienta [herramentista]** Werkzeugmacherdrehmaschine f
~ **de madera** Drechselbank f, Holzdrehmaschine f
~ **de maniobras ferroviarias** (Eb) Rangierwinde f
~ **multihusillo** Mehrspindeldrehmaschine f
~ **perfilador** Formdrehmaschine f, Profildrehmaschine f
~ **de plato** Planscheibendrehmaschine f
~ **de puntas** Spitzendrehmaschine f
~ **para ranurar** Nutendrehmaschine f
~ **de remolcar** Schleppwinde f
~ **de roscar** Leitspindeldrehmaschine f
~ **vertical** Karuselldrehmaschine f, Vertikaldrehmaschine f
toro m 1. (Math) Torus m, Ringfläche f; 2. s. núcleo 1.
toroide m (Math) Toroid n
torre f 1. Turm m; 2. Mast m; Abspannmast m; 3. (Inf) Towergehäuse n
~ **de agua** Wasserturm m
~ **de alta tensión** Hochspannungsmast m
~ **de anclaje** (Schiff) Ankermast m
~ **de carga** Beschickungsturm m
~ **de concreto** Betonmast m
~ **de control** (Flg) Kontrollturm m, Flugleitung f
~ **de destilación** (Ch) Destillierkolonne f
~ **elevadora** (Bgb) Förderturm m
~ **de enfriamiento** Kühlturm m, Rieselturm m
~ **de perforación** Bohrturm m
~ **de pozo** Förderturm m
~ **de radiodifusión** Funkturm m
~ **refrigeradora [refrigerante]** Kühlturm m
~ **de sondeo** Bohrturm m
~ **de televisión** Fernsehturm m
torreta f 1. Revolverkopf m (Werkzeugmaschine); 2. (Flg) Drehkranz m; Drehturm m
torsión f 1. (Ph) Torsion f, Drehbeanspruchung f, Verdrehung f, Drillung f, Verdrillung f, Verwindung f; 2. Drall m; 3. (Text) Drehung f, Draht m (Vorspinnerei)
• sin ~ verwindungsfrei

~ **aerodinámica** (Flg) aerodynamische Torsion f
~ **de curva** (Math) Kurvenverzerrung f
torta f 1. Pressling m; Kuchen m, Filterkuchen m; 2. (Text) Spinnkuchen m
tostación f (Met) Rösten n, Röstung f
tostadero m Röstanlage f
tostador m Röstofen m
tostar v rösten; toasten
totalizador m Summenzähler m, Summen(zähl)werk n, Summierwerk n, Zählwerk n; Totalisator m
totalizar v aufsummieren
tóxico m toxischer Stoff m, Gift n, Giftstoff m
toxicología f Toxikologie f, Giftkunde f
~ **ambiental** Umwelttoxikologie f, Ökotoxikologie f
~ **de desechos** Abfalltoxikologie f
~ **industrial** Industrietoxikologie f, Gewerbetoxikologie f
~ **ocupacional** Berufstoxikologie f; Arbeitstoxikologie f
t.p.m. s. tonelada de peso muerto
traba f (Bw) Verband m
trabador m Spannvorrichtung f, Abstellvorrichtung f, Sperre f; Blockiervorrichtung f
~ **del diferencial** (Kfz) Ausgleichssperre f, Differenzialsperre f
trabajado m Bearbeitung f, Verarbeitung f
trabajar v 1. arbeiten; 2. funktionieren; 3. herstellen, fertigen; bearbeiten; verarbeiten; 4. (Bw) unter Spannung stehen; 5. sich verziehen (Werkstoff); arbeiten (Holz)
~ **por arranque del material** (Fert) spanend bearbeiten, zerspanen
~ **en frío** kalt bearbeiten; kalt verarbeiten
~ **por lotes** (Inf) stapelweise verarbeiten
trabajo m 1. Arbeit f, Werk n; Aufgabe f; Leistung f; 2. Funktionieren n; 3. Herstellung f, Bearbeitung f, Verarbeitung f; Fertigung f; 4. Arbeitsgegenstand m; Erzeugnis n
~ **en cadena** Fließfertigung f
~ **en caliente** Warmumformung f
~ **a cielo** (Bgb) Tagebau m, Abbau m im Tagebau
~ **de corta duración** (El) Kurzzeitbetrieb m
~ **de chapa** Blechverarbeitung f
~ **de deformación** Umformung f

trabajo 400

~ **de demolición** Abbrucharbeit f
~ **de desarrollo** *(Bgb)* Ausrichtung f
~ **de excavación** Ausschachtungsarbeit f, Ausbaggerungsarbeit f
~ **de explotación** *(Bgb)* Abbau m; Abbautätigkeit f
~ **en frío** Kaltumformung f
~ **de madera** Holzbearbeitung f
~ **mecánico** 1. Maschinenarbeit f; 2. *(Am)* Umformung f
~ **mecánico en caliente** thermisches Abtragen n
~ **mecánico en frío** Kaltumformen n, Kaltverformung f
~ **mecánico con levantamiento de virutas** spanende Bearbeitung f, Spanen n, Zerspanung f
~ **de los metales** Metallbearbeitung f
~ **con pantallas de visualización** Bildschirmarbeit f
~ **de pesca** *(Bgb)* Fangarbeit f *(Bohrung)*
~ **de piedra** Steinbehauen n
~ **de pintura** Anstreichen n; Lackierarbeit f
~ **plástico** plastische Bearbeitung f, Umformung f
~ **de proceso** Bearbeitung f; Verarbeitung f; Verarbeitungsaufgabe f
~ **del suelo** *(Lt)* Bodenbearbeitung f
~ **en tiempo real** *(Inf)* Echtzeitverarbeitung f

trabar v 1. verbinden, (fest)zurren; 2. verdichten, eindicken *(Flüssigkeit)*; 3. schränken *(Säge)*

trabazón f 1. *(Bw)* Verband m *(Mauerwerk)*; 2. Verbindung f

traca f *(Schiff)* Plattengang m, Gang m, Strake f

tracción f 1. Zug m, Ziehen n; Zugkraft f; 2. Antrieb m, Antriebsart f, Traktion f; Fahrtbetrieb m, Betrieb m; Zugförderung f; 3. *(Bgb)* Streckenförderung f, Zugförderung f; 4. *(Flg)* Schub m
~ **automotriz** Kraftfahrzeugantrieb m
~ **de la cinta transportadora** *(Förd)* Gurtzug m
~ **sobre cuatro ruedas** Allradantrieb m, Vierradantrieb m
~ **delantera** Vorderantrieb m, Frontantrieb m
~ **Diesel eléctrica** dieselelektrische Traktion f, dieselelektrischer Betrieb m
~ **específica** *(Rak)* spezifischer Schub m
~ **en el gancho** Hakenzugkraft f
~ **funicular** *(Eb)* Kabeltraktion f
~ **de hélice** *(Flg)* Propellerzug m, Schraubenzug m, Luftschraubenzug m, Schraubenschub m
~ **magnética** magnetische Anziehung f
~ **propulsiva** 1. Vortriebskraft f; 2. *(Flg)* Triebwerksschub m
~ **por las ruedas de detrás** Hinterradantrieb m
~ **y compresión alternativas** wechselweiser Zug m und Druck m *(Kolbenstange)*

tractocamión m Sattelschlepper m

tractor m Schlepper m, Traktor m; Zugmaschine f, Zugmittel n
~ **agrícola [de agricultura]** Ackerschlepper m, Traktor m
~ **de arrastre** Holzrückschlepper m, Rücketraktor m *(Forstwirtschaft)*
~ **articulado** Schlepper m [Traktor m] mit Knicklenkung
~ **caminero** Straßenzugmaschine f, Straßenschlepper m, Transportschlepper m
~ **cargador** Ladetraktor m; Schaufellader m
~ **de dos ruedas** *(Lt)* Einachsschlepper m, Zweiradschlepper m
~ **empujador** Schubschlepper m, Schubtraktor m
~ **de estera** *(Am)* Raupenschlepper m
~ **forestal** Forstschlepper m, Forsttraktor m, Rücketraktor m
~ **grúa** Schlepperkran n, Traktorkran m; Auslegertraktor m
~ **industrial** Zugmaschine f, Schlepper m
~ **de maniobra** *(Eb)* Rangierlokomotive f
~ **monosurco** Einfurchenschlepper m, Einfurchentraktor m
~ **(de) oruga** Kettenschlepper m, Kettentraktor m, Raupenschlepper m
~ **del papel** Papiertraktor m *(Drucker)*
~ **porta-aperos [portador]** *(Lt)* Geräteträger m; Systemschlepper m
~ **de remolque** Zugmaschine f, *(Am)* Sattelschlepper m
~ **de ruedas** Radschlepper m, Radtraktor m
~ **semioruga** Halbraupenschlepper m
~ **(del) semirremolque** Sattelzugmaschine f, Sattelschlepper m

tractor-cargador m Ladeschlepper m, Ladetraktor m; Schaufellader m

tractor-dozer m Fronträumer m; Schürfschlepper m, Traktordozer m
tractor-remolque m Zugmaschine f, (Am) Sattelschlepper m
tractriz f (Math) Traktrix f, Schleppkurve f
traductor m Übersetzer m, Übersetzungsprogramm m; Zuordner m; Umwandler m
traductor-ensamblador m (Inf) Kreuzassembler m
tráfico m Verkehr m; Straßenverkehr m; Güterverkehr m; Verkehrsaufkommen n
trafilar v 1. s. trefilar; 2. s. estirar 1.
tragaluz m Luke f, Oberlicht n
~ **circular** (Schiff) Bullauge n
tragante m 1. (Met) Gicht f, 2. Fülltrichter m; Schütttrichter m
tragaperras f Münzautomat m; Spielautomat m
trailer m Trailer m, Fahrzeuganhänger m
traílla f Schrapper m, Seilschaufler m; Ladepflug m, Schürfkübel m
~ **de arrastre** Schleppseilschrapper m
~ **cargadora** Schürflader m
~ **de ruedas** Radschrapper m
traína f Grundschleppnetz n
trainera f Trawler m
traiña f Fischnetz n (Sardinenfang)
trama f 1. (Text) Schuss m (Weberei); 2. (Typ, TV) Raster m; 3. (Inf, Nrt) Rahmen m
~ **de la imagen** (TV) Bildraster m
~ **de puntos** Punktraster m
tramado m Seilschlag m
tramar v (Text) weben; 2. rastern
tramo m 1. Strecke f, Abschnitt m; 2. Funkfeld n (Richtung); 3. Strang m (Rohr); 4. Kanalstrecke f (zwischen zwei Schleusen); 5. Treppenlauf m; 6. (Bw) Spannweite f
~ **de comprobación** Messstrecke f
~ **de datos** Datenübertragungsweg m
~ **de despegue** (Rak) Startbahn f
~ **de escalera** Treppenlauf m
~ **inferior** (Förd) Untertrum m
~ **de regulación** (Aut) Regelstrecke f
~ **superior** (Förd) Obertrum m
~ **de vía** (Eb) Schienenstrang m
trampa f 1. Falle f, Fänger m; Klappboden m; 2. (Eln) Sperrfilter n
trampilla f kleine Tür f, Klappe f, Fallklappe f
~ **de carga** (Kfz) Ladetür f

trancanil m (Schiff) Stringerplatte f
transadmitancia f (El) Gegenscheinleitwert m, Durchgangsscheinleitwert m
transatlántico m Überseefrachter m; Überseeschiff n; Ozeanschiff n
transbordador m 1. Umladevorrichtung f, Umlader m; 2. Umladewagen m; 3. Fähre f, Fährschiff n; Eisenbahnfähre f
~ **de cadenas** Kettenfähre f (Flussfähre)
~ **espacial** Raumfähre f, Shuttle m
~ **de vehículos** Fahrzeugfähre f, Kraftwagenfähre f, Autofähre f
transceptor m Sende-Empfangs-Gerät n, Sender-Empfänger m, Transceiver m
transcodificador m Umcodierer m, Transcoder m
transconductancia f Steilheit f (Elektronenröhre)
transconector m (Eln) Umsetzer m
transconexión f (Nrt) Durchschaltung f
transductor m Wandler m, Messwandler m, Messfühler m, Messwertgeber m, Übertrager m; Transduktor m, Magnetverstärker m, vormagnetisierte Drossel f
~ **conversor de frecuencia** Frequenzwandler m
~ **de posición** Weggeber m
transelevador m Hochhubwagen m
transferencia f 1. Übertragung f, Transfer m; 2. Übergabe f, Weiterleitung f, 3. (El) Weiterschaltung f, 4. (Nrt) Übertragung f, Weiterverbindung f; 5. (Schiff) Überführung f, 6. (Kst) Transferpressen n, Spritzpressen n; 7. Umhängen n (Wirkerei)
~ **calórica** Wärmeübertragung f, Wärmeübergang m
~ **condicional** (Inf) bedingter Sprung m; bedingter Sprungbefehl m
~ **de la imagen** Bildübertragung f
~ **tecnológica [de tecnología]** Technologietransfer m
transferir v 1. übertragen; senden; 2. (El) weiterschalten
transfinito m transfinite Zahl f
transfocador m (Opt) Transfokator m, Gummilinse f
transformación f 1. (Math) Transformation f, 2. (Ph, Ch) Transformation f, Umwandlung f, 3. (El) Transformation f, Umwandlung f, Umformung f, 4. (Inf) Transformation f, Bildveränderung f, Sprachüberset-

transformación 402

zung f; 5. Umformung f; Verformung f; 6. Umsetzung f; Überführung f; 7. Bearbeitung f; Verarbeitung f; 8. s. transmutación
~ **adiabática** *(Ph)* adiabatische Zustandsveränderung f
~ **en caliente** Warmumformung f
~ **de corriente** *(El)* Stromumformung f
~ **de energía** Energieumsetzung f, Energietransformation f, Energieumwandlung f

transformada f *(Math)* Transformierte f, Unterfunktion f, Bildfunktion f

transformador m 1. *(El)* Transformator m, Trafo m; Umspanner m *(größere Einheit)*; Wandler m; Umformer m; 2. *(Eln)* Überträger m
~ **de alta tensión** Hochspannungstransformator m
~ **de arranque** Anlasstransformator m
~ **de baja tensión** Niederspannungstransformator m
~ **de corriente** Stromwandler m, Stromtransformator m, Stromumformer m
~ **elevador** Aufwärtstransformator m, Aufspanntransformator m, Aufspanner m
~ **reductor** Reduktionstransformator m, Untersetzungstransformator m, Abwärtstransformator m
~ **de soldar** Schweißtransformator m
~ **de tensión** Spannungstransformator m, Spannungswandler m
~ **de timbre** Klingeltransformator m
~ **toroidal** Ring(kern)transformator m
~ **trifásico** Drehstromtransformator m, Dreiphasenumspanner m

transformar v 1. transformieren; umwandeln; umformen; umspannen *(Spannung)*; umsetzen; 2. bearbeiten *(spanlos)*; verarbeiten

transgranular transkristallin, interkristallin *(Bruch)*

transgresión f *(Geol)* Überschiebung f

transición f Übergang m; Kippen n *(Kippschaltung)*

transistar v transistorisieren, mit Transistoren bestücken

transistor m *(Eln)* Transistor m, Halbleitertriode f
~ **de efecto de campo** Feldeffekttransistor m, Unipolartransistor m

~ **de película delgada** Dünnschichttransistor m

transistorizar v transistorisieren, mit Transistoren bestücken

translación f s. traslación

translúcido lichtdurchlässig, durchscheinend, transluzent, transluzid

transmisión f 1. *(Ph)* Übertragung f; 2. *(Masch)* Transmission f, Kraftübertragung f; Getriebe n; Trieb m, Antrieb m; Hülltrieb m; 3. *(Nrt)* Übertragung f; Übermittlung f; Weiterleitung f; Senden n; Sendung f; 4. *(Opt)* Durchlässigkeit f, Transmission f
~ **acústica** Schallübertragung f
~ **angular** Winkeltrieb m
~ **de avance** Vorschubgetriebe n
~ **calorífica** Wärmeübertragung f
~ **de cambio automático** *(Kfz)* Automatgetriebe n
~ **de conmutación de paquete** *(Nrt)* paketvermittelter Übergang m
~ **de datos a gran distancia** Datenfernübertragung f
~ **delantera** *(Kfz)* Vorderradantrieb m
~ **dentada** Zahnradgetriebe n
~ **de [por] engranajes** Zahnradgetriebe n
~ **facsímil** *(Nrt)* Faksimileübertragung f, Fernkopieren n, Telefax m
~ **por fibra óptica** Lichtwellenleiterübertragung f, Glasfaserübertragung f, optische Nachrichtenübertragung f
~ **final** *(Kfz)* Hinterradantrieb m
~ **de fricción** Reibradgetriebe n
~ **de fuerza** Kraftübertragung f, Energieübertragung f
~ **hidráulica** 1. hydraulische Kraftübertragung f; 2. Hydraulikgetriebe n, hydraulisches Getriebe n; Strömungsgetriebe n *(z. B. Lokomotive)*
~ **hidrostática** 1. hydrostatischer Antrieb m; 2. hydraulisches [hydrostatisches] Getriebe n
~ **de imágenes** *(Inf)* Bildübertragung f
~ **intermedia** *(Masch)* Vorgelege n
~ **de luz** *(Opt)* Lichtdurchlässigkeit f
~ **de señales** Signalübertragung f, Signalgabe f, Zeichengabe f, Zeichenübermittlung f, Zeichenübertragung f
~ **sincronizada** *(Kfz)* Synchrongetriebe n
~ **sonora** Tonübertragung f *(Rundfunk)*; Klangübermittlung f, Schallübertragung f

~ por tornillo sin fin Schnecken(an)trieb m, Schneckengetriebe n
transmisor m (Eln) Geber m; Sender m, Sendegerät n; Übertrager m; Übertragungsapparat m, Transmitter m
~ direccional Richtsender m
~ de frecuencia modulada frequenzmodulierter Sender m, FM-Sender m
~ goniométrico Drehwinkelgeber m
~ de mando Steuergeber m
~ de ondas cortas Kurzwellensender m
~ de ondas largas Langwellensender m
~ de ondas medias Mittelwellensender m
~ de ondas ultracortas Ultrakurzwellensender m, UKW-Sender m
~ de revoluciones Drehzahlgeber m
~ de ritmo Taktgeber m
~ de vídeo Bildübertrager m
transmitancia f 1. Umwandlungsfunktion f, Übertragungsfunktion; 2. Durchlassungsvermögen n, Durchlässigkeit(sgrad) f, Transmission f
transmitir v geben, senden; übertragen; übermitteln; weiterleiten
transmitirse v sich fortpflanzen (Welle)
transmutación f (Kern) Kernumwandlung f, Transmutation f
transmutar v eine Kernumwandlung bewirken, transmutieren
transmutarse v sich umwandeln (ein Element in ein anderes)
transónico (Flg) schallnah, transsonisch
transpaleta f (Förd) Gabelhubwagen m, Hubroller m
transpaletador m (Förd) Palettenförderer m
transparencia f Transparenz f, Durchsichtigkeit f, Lichtdurchlässigkeit f
transparente transparent, durchsichtig, (licht)durchlässig
transplantadora f (Lt) Pikiermaschine f
transponer v umstellen; überführen
transportador m 1. Förderer m, Fördermittel n, Transporteinrichtung f; Zubringer m; 2. (Bgb) Abbauförderer m; 3. Transportschiff n, Transporter m (Schiff); 4. (Text) Transporteur m, Stoffschieber m; 5. Winkelmesser m, Transporteur m
~ aéreo Seilbahn f, Hängebahn f, Hängeförderer m, Überflurförderer m
~ de alimentación Zubringerförderanlage f, Zubringerband m

~ a la altura del suelo Flurförderer m
~ de ángulos Winkelmesser m
~ de arrastre Kratzförderer m
~ de cable Seilförderanlage f
~ de cadena Kettenförderer m
~ de carga general Stückgutfrachtschiff n, Stückgutfrachter m
~ de carga seca Trockenfrachter m
~ de cargas a granel Schüttgutförderer m
~ centrífugo Schleuderförderer m
~ de cinta Förderband n, Gurtförderer m, Bandförderer m; Schleppband n, Bandführungstück n
~ de cinta con cangilones Becherbandförderer m
~ circular [circulatorio] Kreisförderer m
~ continuo Stetigförderer m
~ elevador Schrägförderband n, Elevator m
~ espacial Weltraumfähre f, Raumfähre f, Spaceshuttle m
~ de espiral Förderspirale f, Schneckenförderer m, Förderschnecke f
~ sin fin Schneckenförderer m
~ de grano 1. Getreideförderer m; 2. Getreidetransportschiff n
~ de minerales Erzfrachter m
~ de noria Becherwerk n, Schöpfwerk n
~ de paletas 1. Plattenbandförderer m; Kratzbandförderer m; 2. (Schiff) Palettentransporter m
~ de patanas Trägerschiff n, Leichtertransportschiff n
~ de rascador Kratzförderer m
~ refrigerado Kühl(fracht)schiff n, Kühltransportschiff n
~ de rodillos Rollförderer m, Rollenbahn f, Rollgang m
~ sacudidor Schüttelförderer m, Schwingförderer m, Schüttelrinne f, Schwingrinne f, Schüttelrutsche f
~ de suspensión Hängeförderer m, Gehängeförderer m
~ del tajo (Bgb) Strebförderer m
~ de tornillo sin fin Schneckenförderer m
~ de transbordo (Bgb) Verladeförderer m
transportador-mezclador m de hormigón (Bw) Liefermischer m, Transportmischer m
transportadora f **de husillo** Schneckenförderer m

transportar v 1. (waagerecht) fördern; befördern *(Güter)*; 2. *(Schiff)* überführen; übermitteln

transporte m 1. Transport m, Beförderung f; Übertragung f *(Signal)*; Verkehr m; 2. Fördern n, Förderung f; Schleppen n; 3. Transportmittel n; 4. Transportschiff n, Transporter m; Frachter m; 5. Übertrag m

~ **aéreo** 1. Luftverkehr m; Lufttransport m; 2. Überflurförderung f

~ **por cable** 1. Seilförderung f; 2. *(Bgb)* Seilfahrt f

~ **canguro** Huckepackverkehr m

~ **de cargas generales** Stückgutbeförderung f; Stückgutverkehr m

~ **de cercanías** Nahverkehr m; Personennahverkehr m

~ **de cinta** Bandtransport m, Bandvorschub m

~ **continuo** Stetigförderung f, stetige Förderung f

~ **de energía** Energieübertragung f

~ **espacial** Raumtransporter m, Orbiter m

~ **horizontal** *(Bgb)* söhlige Förderung f

~ **por lotes** *(Inf)* Stapelbetrieb m

~ **de pacas** Ballenförderer m

~ **a reacción** Strahltransportflugzeug f

~ **supersónico** Überschalltransportflugzeug n

~ **de sustancias peligrosas** Gefahrstofftransport m

~ **en los tajos** *(Bgb)* Strebförderung f

~ **por teleférico** Seilförderung f

~ **a tornillo sin fin** Schneckenförderung f

~ **por tuberías** Rohrleitungstransport m, Pipelinetransport m

~ **a turborreación** Turbodüsentransportflugzeug n

~ **sin vía** 1. gleislose Förderung f, gleisloser Transport m; 2. gleisloses Fahrzeug n, Gleislosfahrzeug n

~ **viario [por vías]** Gleisförderung f, gleisgebundene Förderung f, gleisgebundener Transport m; Schienenverkehr m

transposición f 1. Umsetzung f; Umsetzen n; Verlagerung f, Verlagern n; 2. *(Math)* Transposition f; 3. *(Ch)* Umlagerung f; 4. *(El)* Verdrillung f, Verschränkung f *(z. B. von Teilleitern)*

transversal f 1. *(Math)* Transversale f; 2. *(Bw)* Traverse f

tranvía m Straßenbahn f; Bahn f

~ **aéreo** Seilschwebebahn f, Luftseilbahn f

~ **de cremallera** Zahnradbahn f

trap m Einstieg m; Falltür f; Klappe f; Luke f

~ **de condensación** Kühlfalle f *(Vakuumtechnik)*

trapecio m Trapez n

trapiche m 1. Mühle f; Presse f *(für Zuckerrohr, Öl)*; 2. *(Am)* Zuckerfabrik f

traqueteo m Vibration f, Zittern n, Klappern n

trascanadora f *(Text)* Umspulmaschine f

trasegar v umfüllen

trasero Heck...

trasiego m 1. Abfüllen n; Umfüllen n; Umpumpen n *(Öl)*; 2. Übertragung f, Transfer m

traslación f 1. *(Math)* Schiebung f, Verschiebung f; 2. *(Ph)* Translation f; 3. *(Masch)* Bewegung f, Verschiebung f; Fahrbewegung f; 4. *(El)* Umsetzung f

~ **paralela** 1. *(Math)* Parallelverschiebung f; 2. *(Inf)* Parallelübertragug f, parallele Übertragung f

trasladar v verschieben, verstellen, versetzen

traslado m Verschiebung f, Transport m; Überführung f, Transfer m

traslador m Leitungsübertrager m, Übertrager m, Übertragungseinrichtung f

~ **manual de frecuencia** Frequenzumtastgerät n

traspaso m 1. Übergang m; Übertragung f; 2. *(Nrt)* Weiterreichen n *(Mobilfunk)*

trasvasar v 1. umfüllen; abfüllen; 2. umleiten *(Fluss)*

trasvase m 1. Umfüllung f; Abfüllung f; 2. Umleitung f *(Fluss)*

~ **disco/memoria principal** *(Inf)* Einlagerung f

~ **memoria principal/disco** *(Inf)* Auslagerung f

tratamiento m Behandlung f; Bearbeitung f; Verarbeitung f; Bearbeitungsverfahren n; Weiterverarbeitung f; Aufbereitung f

~ **del agua de alimentación** Speisewasseraufbereitung f

~ **de aguas residuales** Abwasserbehandlung f

~ **algorítmico** Algorithmierung f

~ **antivibratorio** Schwingungsabwehr f

~ **de basuras** Müllbehandlung f, Müllaufbereitung f
~ **de bonificado** (Fert) Vergüten n
~ **en caliente** Warmbehandlung f
~ **de caracteres** (Inf) Zeichenverarbeitung f
~ **de chatarra** Schrottaufbereitung f; Metallaufbereitung f
~ **de desechos** Abfallbehandlung f
~ **de efluentes** Abwasserbehandlung f
~ **electrolítico** galvanische Oberflächenbehandlung f
~ **de estabilización** (Met) Stabilisieren n, Stabilisierungsglühen n
~ **de eventos** (Inf) Ereignisbearbeitung f (Multimedia)
~ **por frío** Kältebehandlung f
~ **de gráficos** (Inf) Grafikverarbeitung f
~ **de imágenes** (Inf) Bildverarbeitung f
~ **informático de datos** elektronische Datenverarbeitung f
~ **de lodos** Schlammbehandlung f; Schlammaufarbeitung f
~ **de madera** Holzbearbeitung f
~ **por máquinas** maschinelle Bearbeitung f
~ **metalúrgico** Verhütten n, Verhüttung f
~ **de minerales** Erzaufbereitung f
~ **de paquetes** (Inf, Nrt) Paketverarbeitung f
~ **de piezas** (Fert) Teilebearbeitung f; Werkstückbearbeitung f
~ **preliminar de desechos** Abfallvorbehandlung f
~ **a presión** (Fert) Druckverformen n
~ **de purificación** Reinigungsverfahren n; Reinigungsbehandlung f, Reinigung f
~ **de recocido** (Met) Glühen n, Ausglühen n
~ **de residuos** Reststoffbehandlung f, Rückstandsbehandlung f; Abfallbehandlung f
~ **de revenido** (Met) Anlassen n
~ **superficial** Oberflächenbehandlung f
~ **de temple** (Met) Härten n, Abschrecken n
~ **de temple y revenido** (Met) Vergüten n
~ **térmico** Wärmebehandlung f, Warmbehandlung f, thermische Behandlung f
~ **con ultrasonido** Ultraschallbearbeitung f
~ **al vacío** Vakuumbehandlung f
~ **al vapor** Dämpfen n, Abbrühen n
~ **de vertidos** Abwasserbehandlung f

tratar v 1. behandeln, bearbeiten; entgegennehmen (Anruf); 2. verarbeiten; weiterverarbeiten; 3. aufbereiten

travesaño m 1. Traverse f, Querbalken m, Querträger m, Querhaupt n; Quersupport m; Riegel m; 2. Strebe f, Leiste f, Latte f; Segellatte f; 3. (Lt) Messerbalken m; 4. (Bw) Brückenjoch n
~ **portacargas** Lasttraverse f
~ **portacontainer** Containertragbügel m, Spreader m

traviesa f 1. Querhaupt n, Quersupport m; Traverse f; 2. (Eb) Schwelle f, Bahnschwelle f; 3. (Bw) Brückenquerträger m; 4. (Bw) tragende Wand f
~ **de junta** Stoßschwelle f
~ **pivotante** 1. Drehkreuz n; 2. (Eb) Drehschemel m
~ **portaboquillas** Tragbalken m

traxcavador m Frontladeschaufler m

trayecto m Strecke f, Weg m; Bahn f
~ **del arco** Lichtbogenstrecke f, Funkenstrecke f
~ **circular de los electrones** Elektronenkreisbahn f
~ **de elevación [extracción]** (Bgb) Förderstrecke f, Abbaustrecke f
~ **de líneas de fuerza** Kraftlinienverlauf m

trayectoria f 1. (Math) Trajektorie f, 2. (Ph) Weg m, Bahn f, Flugbahn f; Wurfbahn f; 3. Richtungsverlauf m (z. B. einer Bohrung)
~ **circular** Kreisbahn f, kreisförmige Bahn f
~ **circunlunar** Mondumlaufbahn f
~ **de corriente** Stromweg m, Strombahn f
~ **electrónica** Elektronenbahn f
~ **elíptica** elliptische Bahn f
~ **orbital** Erdumlaufbahn f
~ **ortogonal** (Math) orthogonale Trajektorie f (rechtwinklig schneidende Kurve)
~ **parabólica** Parabelbahn f
~ **de vuelo** 1. Flugkurve f, Flugbahn f; 2. (Rak) Umlaufbahn f (Rakete)

traza f 1. Trasse f, Streckenführung f; 2. Plan m, Projekt m; 3. Zeichnung f, Bauriss m; 4. Schnitt m; 5. Spur f, Strahlspur f (Laser)

trazado m 1. Trassierung f, Streckenführung f; 2. Plan m, Entwurf m; Layout n; 3.

trazado 406

Auftragung f; Registrierung f; Einzeichnung f; 4. *(Bgb)* Vortrieb m, Vorrichtung f
~ de buque *(Schiff)* Schnürbodenarbeit f
~ del cable Kabelführung f, Kabeltrasse f
~ de líneas Linienführung f
~ óptico *(Schiff)* optisches Anreißen n
trazador m 1. selbstschreibendes Gerät n; 2. Kurvenzeichner m; 3. Anreißschneide f *(Endmaß)*; 4. Kopiereinrichtung f; 5. *(Inf)* Ablaufverfolgungsprogramm n, Ablaufverfolger m; 6. Tracer m
~ automático automatischer Kursschreiber m
~ isotópico *(Kern)* Indikatorisotop n, Leitisotop n, Tracer m
~ radiactivo radioaktives Leitisotop n, radioaktiver Indikator m, Radioindikator m, Tracer m
~ de rumbo Kursschreiber m
trazadora f Gerät f zur Erstellung von grafischen Darstellungen; Plotter m, Zeichengerät n
trazahuellas m *(Lt)* Spurreißer m *(Drillmaschine)*
trazar v 1. abstecken; trassieren; 2. ziehen; zeichnen; 3. *(Bgb)* vorrichten
trazo m Strich m; Linie f; Teilstrich m *(Skale)*; Entwurf m
~ continuo durchlaufende Linie f
~ discontinuo unterbrochene [gestrichelte] Linie f
~ de indicación Skalenteilung f
~ magnético Magnetspur f
TRB s. tonelada de registro bruto
trecho m Strecke f
~ de extracción *(Bgb)* Abbauförderstrecke f
~ de medición Messstrecke f
trefila f *(Met)* Zieldüse f; Ziehstein m, Ziehplatte f
trefilado m *(Fert)* Ziehen n, Drahtziehen n
trefiladora f *(Fert)* Drahtziehmaschine f
trefilar v *(Fert)* drahtziehen
trementina f Terpentin n
tren m 1. Zug m, Eisenbahnzug m; 2. Aggregat n; Reihe f, Satz m; Linie f; 3. *(Flg)* Fahrwerk n; 4. *(Met)* Walzstraße f
~ de alta velocidad Hochgeschwindigkeitszug m
~ de aterrizaje *(Flg)* Fahrwerk n
~ de aterrizaje convencional Heckradfahrwerk n

~ de aterrizaje retráctil einziehbares Fahrwerk n
~ de aterrizaje triciclo Dreiradfahrwerk n, Dreibeinfahrwerk n
~ automotor *(Eb)* Triebwagenzug m
~ de avance rítmico kontinuierliche Walzstraße f
~ de barcazas *(Schiff)* Schleppzug m
~ de barras *(Met)* Stabwalzstraße f
~ de bits *(Inf)* Bitstrom m
~ blooming *(Met)* Blockstraße f, Vorwalzenstraße f
~ de cilindros *(Met)* Walzenstrecke f
~ de circunvalación *(Eb)* Ringbahn f
~ de cremallera Zahnstangenbahn f
~ de chapas *(Met)* Blechwalzstraße f
~ de datos *(Inf)* Datenfolge f, Datenfluss m, Datenstrom m
~ desbastador [de desbaste] *(Met)* Grobwalzwerk n, Vorwalzstraße f
~ de doble piso Doppelstockzug m
~ elevado Hochbahn f
~ de embalaje Verpackungslinie f
~ de engranes Zahnradgetriebe n
~ epicicloidal Planetengetriebe n
~ de fuerza *(Am)* Motor m, Triebwerk n
~ de impulsos Impulsfolge f, Impulszug m
~ de laminación *(Met)* Walzstraße f, Walzstrecke f
~ laminador *(Met)* Walzgerüst n
~ de lavado Waschstraße f, Autowaschanlage f
~ de montaje Montageband n, Montagelinie f *(Walzwerk)*
~ de olas [ondas] *(Ph)* Wellenzug m
~ de orugas Raupenfahrwerk n
~ de palanquillas *(Met)* Knüppelstraße f
~ de poleas *(Förd)* Laufwerk n
~ de potencia Kraftdurchgang m, Kraftübertragung f, Kraftübertragungsweg m
~ propulsor *(Kfz)* Antriebsstrang m
~ de pulsos Impulsfolge f
~ rápido interurbano Intercityexpress m, ICE, Hochgeschwindigkeitszug m
~ reductor Reduktionsgetriebe n, Untersetzungsgetriebe n
~ retráctil *(Flg)* einziehbares Fahrwerk n
~ reversible *(Met)* Umkehrwalzwerk n
~ de rodadura [rodaje] *(Förd)* Laufwerk n; Fahrwerk n; Fahrgestell n; Chassis n
~ de ruedas Radsatz m; Räderwerk n *(Uhr)*

~ **semidirecto** Nahschnellverkehrszug *m*, Regionalexpress *m*, RE
~ **en tándem** 1. *(Met)* Tandem(kalt)walzwerk *n*; 2. *(Flg)* Tandemfahrwerk *n*
~ **de timoneo** *(Schiff)* Rudergeschirr *n*
~ **trasero** *(Flg)* Heck(rad)fahrwerk *n*
~ **de traslación por orugas** Kettenfahrwerk *n*
~ **triciclo (delantero)** *(Flg)* Bugradfahrwerk *n*
trencilla *f* Litze *f*
trenza *f* Zopf *m*; Geflecht *n*; geflochtene Schnur *f*; Litze *f*
tranzadora *f (Text)* Flechtmaschine *f*
trenzar *v* flechten; verdrillen *(Leitungen)*
trépano *m* 1. *(Fert)* Bohrer *m*; Bohrmeißel *m*; 2. *(Bgb)* Bohrmeißel *m*
~ **de corte en cruz** *(Bgb)* Kreuzbohrmeißel *m*
~ **de cuchara** Löffelbohrer *m*
~ **de percusión** Schlagbohrmeißel *m*
~ **para roca** Gesteinsbohrer *m*
~ **sacamuestras [sacatestigos]** Kernbohrer *m*
triangulación *f* 1. Triangulierung *f*; Triangulation *f*, trigonometrische Vermessung *f*, Dreiecksvermessung *f*; 2. Dreiecksnetz *n*
triangular dreieckig
triángulo *m* 1. Dreieck *n*; 2. Zeichendreieck *n (Zeichengerät)*
~ **acutángulo** spitzwinkliges Dreieck *n*
~ **de conducción** *(Kfz)* Lenktrapez *n*
~ **equilátero** gleichseitiges Dreieck *n*
~ **escaleno** ungleichseitiges Dreieck *n*
~ **esférico** sphärisches Dreieck *n*, Kugeldreieck *n*
~ **fundamental** *(Masch)* theoretisches Profil *n*
~ **de giro** *(Eb)* Gleisdreieck *n*
~ **isósceles** gleichschenkliges Dreieck *n*
~ **oblicuángulo** schiefwinkliges Dreieck *n*
~ **obtusángulo** stumpfwinkliges Dreieck *n*
~ **de preseñalización** *(Kfz)* Warndreieck *n*
~ **rectángulo** rechtwinkliges Dreieck *n*
~ **rectilíneo** geradliniges Dreieck *n*
tribología *f* Tribologie *f*
triboelectricidad *f* Reibungselektrizität *f*
triboluminiscencia *f (Ph)* Tribolumineszenz *f*, Reibungslumineszenz *f*
tribómetro *m (Ph)* Reibungsmesser *m*

tricíclico trizyklisch, dreigliedrig
triciclo *m* Dreirad *n*; Dreiradwagen *m*
triclorometano *m* Chloroform *n*, Trichlormethan *n*
tricloruro *m* Trichlorid *n*
tricolor dreifarbig
tricotado *m (Text)* Wirkerei *f*, Wirken *n*
tricotar *v (Text)* wirken; stricken
tricotosa *f* Wirkmaschine *f*, Wirkstuhl *m*
~ **circular** Rundwirkmaschine *f*, Rundwirkstuhl *m*; Rundstrickmaschine *f*
tricromía *f* Dreifarbendruck *m*
tridimensional dreidimensional, räumlich
triedro *m* Dreiflächner *m*
trifásico dreiphasig, Dreiphasen..., Drehstrom...
trifilar *(El)* Dreileiter..., dreiadrig
trígono *m* s. triángulo
trigonometría *f* Trigonometrie *f*
~ **esférica** sphärische Trigonometrie *f*
~ **plana [rectilínea]** ebene Trigonometrie *f*
trigonométrico trigonometrisch
trigradual dreistufig
trilateral dreiseitig
trilladora *f (Lt)* Dreschmaschine *f*
trimado *m (Schiff)* Trimmen *n*
trincar *v* verzurren, festmachen; stauen
trinchera *f (Bgb)* Schürfgraben *m*
trincheradora *f* Grabenbagger *m*, Grabenzieher *m*, Grabenpflug *m*
trineo *m* Schlitten *m*
trinomio *m (Math)* Trinom *n*
trinquete *m* 1. Klinke *f*, Sperrklinke *f*, Sperre *f*, Gesperre *n*; 2. *(Schiff)* Fockmast *m*; Rahe *f*; Focksegel *n*
~ **de desbloqueo** Auslöse(sperr)klinke *f*
~ **de retención** Sperrklinke *f*
triodo *m (Eln)* Triode *f*
~ **amplificador** Verstärkertriode *f*
~ **a gas** Gastriode *f*, Thyratron *n*
~ **piezoeléctrico** Kristalltriode *f*, Transistor *m*
trípode *m* Dreibock *m*, Dreifuß *m*, Dreibein *n*, Dreibaum *m*; Stativ *n*
~ **de aviso** *(Kfz)* Autobahndreibock *m*
~ **de patas extensibles** *(Foto)* ausziehbares Stativ *n*
trirreactor *m* Flugzeug *n* mit drei Strahltriebwerken
trirrejilla *f (Eln)* Dreigitterröhre *f*
triscar *v (Masch)* schränken *(Säge)*
trisección *f* Dreiteilung *f*

tritio *m* Tritium *n*, überschwerer Wasserstoff *m*
trituración *f* Zerreiben *n*; Zermahlung *f*, Zerkleinerung *f*, Kollern *n*
trituradora *f* Zerkleinerungsanlage *f*, Zerkleinerungsmaschine *f*; Brecher *m*; Mühle *f*; Pochwerk *n*
~ **de basuras** Müllzerkleinerer *m*
~ **de bolas** Kugelmühle *f*
~ **de cilindros** Walzenbrecher *m*, Walzenquetsche *f*
~ **de forraje** *(Lt)* Futterschneidemaschine *f*
~ **de hormigón** 1. Betonbrecher *m*; 2. *(Bw)* Betonaufbruchhammer *m*
~ **de mandíbulas** Backenbrecher *m*
~ **de martillo** Hammermühle *f*, Hammerwerk *n*
~ **de minerales** Erzbrecher *m*, Erzpochwerk *n*
~ **de papel** Papierschnitzelmaschine *f*, Aktenvernichter *m*, Reißwolf *m*
triturar *v* brechen, zerkleinern; (zer)mahlen *(grob)*
trivalente *(Ch)* dreiwertig
trocear *v* teilen; zerkleinern; zerstückeln
trocha *f* 1. Radspur *f*; 2. *(Eb) (Am)* Spur(weite) *f* • **de ~ angosta** schmalspurig
trole *m* 1. Fahrdraht *m*, Schleifleitung *f*, Stromabnehmer *m*; 2. Laufkatze *f*
trompa *f* 1. *(Met)* Einguss *m*; 2. Strahlpumpe *f*, Treibmittelpumpe *f*; 3. Horn *n*
~ **soplante** Luftgebläse *n*
~ **de vacío** Vakuumpumpe *f*
~ **de vapor** Dampfstrahlpumpe *f*
troncadora *f* Beschneidemaschine *f*
tronco *m* 1. Rumpf *f*, Stumpf *m*, Abschnitt *m*; Stamm *m*. 2. *(Schiff)* Schachtschott *n*, Trunkschott *f*
~ **de árbol** *(Masch)* Wellenstumpf *m*
~ **de cono** Kegelstumpf *m*
~ **del eje** Wellenzapfen *m*
~ **de escotilla** *(Schiff)* Lukenschacht *m*
~ **de máquinas** *(Schiff)* Maschinenschacht *m*
~ **piramidal** Pyramidenstumpf *m*
~ **de prisma** Prismenstumpf *m*
~ **redondo** Rundholz *n*
~ **de ventilación** Lüftungsschacht *m*
tronchar *v* abbrechen, zerbrechen; knicken
tronzado *m* Ablängen *n (Holz)*; Querschneiden *n*, Quersägen *n*

tronzador *m* Schrotsäge *f*, Trummsäge *f*
tronzadora *f* Säge *f*
tronzar *v* abstechen; ablängen
troquel *m* 1. Stanzwerkzeug *n*; 2. *(Fert)* Prägestempel *m*, Schnittstempel *m*
~ **de acuñado** Prägewerkzeug *n*
~ **de doblado** Biegestempel *m*; Biegestanze *f*
~ **de extrusión** 1. *(Met)* Ziehwerkzeug *n*; 2. *(Kst)* Spritzstempel *m*, Pressstempel *m*
~ **de forjar** Schmiedegesenk *n*
~ **perforador** Lochstanze *f*, Locher *m*
~ **de punzonar** Schnittstanze *f*
troqueladora *f* Stanze *f*, Stanzmaschine *f*, Kniehebelpresse *f*
troquelar *v* stanzen, pressen; prägen
trozadora *f* Zerkleinerungsmaschine *f*
~ **de disco** Scheibenbrecher *m*; Scheibenmühle *f*
trozar *v* zerstückeln
trucha *f (Förd)* Winde *f*, Auslegerkran *m*
truncamiento *m (Inf)* Abbruch *m*
truncar *v* 1. verstümmeln; 2. abbrechen; 3. abschneiden
tubería *f* Rohre *npl*, Rohrleitung *f*, Rohr(leitungs)system *n*; Verrohrung *f*, Röhren *fpl*; Röhrensystem *n*
~ **de aire comprimido** Druckluftleitung *f*, Pressluftleitung *f*
~ **de alcantarillado** Straßenentwässerungsleitung *f*, Kanalisationsleitung *f*
~ **de alta presión** Hochdruckleitung *f*
~ **de calefacción** Heizungsrohre *npl*; Heizdampfleitung *f*
~ **de carga** Druckleitung *f*, Steigleitung *f*
~ **de combustible** Kraftstoffleitung *f*
~ **de compensación** Ausgleichsleitung *f*, Druckausgleichsleitung *f*
~ **de desagüe** Abflussleitung *f*
~ **enterrada** Erdrohrleitung *f*
~ **de evacuación** *(Kfz)* Auspuffkrümmer *m*
~ **de extracción** Absaugrohrleitung *f*, Gebläseleitung *f*
~ **flexible** Schlauchleitung *f*
~ **de frenado** Bremsleitung *f*
~ **de lastre** *(Schiff)* Ballastleitung *f*
~ **maestra** Hauptrohrleitung *f*
~ **de petróleo** Pipeline *f*, Erdölleitung *f*
~ **de sentina** *(Schiff)* Bilgerohrleitung *f*
~ **de subida** Steigleitung *f*
~ **subterránea** Erdrohrleitung *f*

tubo

~ **de vapor** Dampfrohrleitung f
~ **de ventilación** (Bgb) Luttenleitung f, Luttenstrang m (Bewetterung)
tubo 1. (Masch) Rohr n, Röhre f; 2. (Opt) Tubus m; 3. (Text) Hülse f (Weberei); 4. (El) Röhre f
~ **acodado** Kniestück n; gekrümmtes Rohr n
~ **de aeramiento** (Bgb) Wetterlutte f
~ **aerodinámico** Windkanal m
~ **ahorquillado** Gabelstück n, Rohrgabel f
~ **del aire** Luftzug m, Luftleitung f
~ **de alta presión** Hochdruckrohr n
~ **angular** Knierohr n, Kniestück n, Bogenrohr n, Krümmer m
~ **ascendente** Steigrohr n
~ **blindado** bewehrtes Rohr n
~ **de bridas** Flanschrohr n
~ **de caída** 1. Fallrohr n; 2. (Lt) Saatleitung f (Drillmaschine)
~ **calentador** Heizrohr n
~ **de cámara** (TV) Aufnahmeöhre f, Bildaufnahmeröhre f
~ **capilar** (Ph) Kapillarrohr n, Kapillare f, Haarröhrchen n
~ **catódico** Katoden(strahl)röhre f, Bildröhre f
~ **de caucho** Gummischlauch m
~ **del combustible** Kraftstoffleitung f
~ **contador** Zählrohr n
~ **sin costura** nahtloses Rohr n
~ **de desagüe** Abflussrohr n
~ **de descarga** 1. Ausströmrohr n; 2. Entladungsröhre f, Gasentladungsröhre f
~ **detector** Prüfröhrchen n
~ **de dirección** (Kfz) Lenksäulenrohr n
~ **de drenaje** Dränagerohr n, Dränrohr n, Entwässerungsrohr n
~ **electrónico** Elektronenröhre f
~ **de empalme** Stutzen m, Rohransatz m
~ **de engrase** Öl(rohr)leitung f, Schmierleitung f
~ **de ensayo** (Ch) Reagenzglas n, Probierglas n, Probierrohr n, Prüfrohr n, Prüfröhrchen n
~ **de entibación** (Bgb) Verrohrung f
~ **de escape** 1. Ausströmrohr n; Ausflussrohr n; Abgasrohr n; 2. (Kfz) Auspuffrohr n
~ **de explosión** 1. (Kfz) Auspuffrohr n; 2. (Masch) Ausblaserohr n (Dampf)
~ **flexible** biegsames Rohr n, Schlauch m

~ **flexible de freno** Bremsschlauch m
~ **fluorescente** Leucht(stoff)röhre f; Leuchtstoffröhre f
~ **fotoeléctrico** Photoelement n
~ **hervidor** Siederohr n (Kessel)
~ **del hogar** Flammrohr n (Kessel)
~ **de imagen [imágenes]** (TV) Bild(wiedergabe)röhre f
~ **indicador** Anzeigeröhre f, Anzeigeröhrchen n
~ **de interferencia** Interferenzröhre f, Mischröhre f, Überlagerungsröhre f
~ **lanzacohetes** (Rak) Startrohr n
~ **de llenado de aceite** (Kfz) Öleinfüllstutzen m
~ **de memoria** Speicherröhre f, Speicherbildschirm m
~ **de mezcla** (Kfz) Mischrohr n
~ **ordeñador** Melkschlauch n; Milchrohr n; Milchleitung f (Melkanlage)
~ **de pantalla** Bildröhre f
~ **plegable** biegsames Rohr n, Schlauch m
~ **del radiador** Heizrohr n; Kühlerrohr n
~ **ramificado** Rohrverzweigung f
~ **de rayos catódicos** Katoden(strahl)röhre f, braunsche Röhre f, Oszillographenröhre f
~ **de rayos X** Röntgenröhre f
~ **rebosadero** Überlaufrohr n, Abzugsrohr n
~ **receptor** Empfängerröhre f
~ **rectangular de televisión** (TV) Rechteckbildröhre f
~ **de rellenar** Einfüllstutzen m
~ **roscado** Gewinderohr n
~ **de salida de la hélice** (Schiff) Wellenaustrittsrohr n
~ **sembrador** (Lt) Saatleitung f (Drillmaschine)
~ **soplador** 1. (Met) Blasform f, Windform f; 2. Luftleitung f; 3. (Ch) Lötrohr n
~ **de subida** Steigrohr n
~ **telescópico** Auszug m, Auszugrohr n, Teleskoprohr n
~ **de televisión** Bildröhre f
~ **de timón** (Schiff) Ruderkoker m
~ **de toma** 1. Zuführungsrohr n, Zulaufrohr n; Einlassrohr n; 2. Saugstutzen m
~ **transformador de imágenes** (TV) Bildwandlerröhre f
~ **de vacío** 1. Vakuumröhre f, Hochvakuumröhre f; 2. Entleerungsrohr n

tubo

~ **de ventilación** 1. Lüftungsrohr n; 2. (Bgb) Wetterlutte f
tubuladura f Stutzen m, Anschlussstutzen m, Rohransatz m, Rohrstutzen m
~ **de carga** Einfüllstutzen m
tuerca f Mutter f, Schraubenmutter f
~ **de ajuste** Stellmutter f; Justierschraube f
~ **de alas** Flügelmutter f
~ **de anclaje** Ankermutter f, Verankerungsmutter f
~ **de cáncamo** Ringmutter f
~ **cuadrada** Vierkantmutter f
~ **hexagonal** Sechskantmutter f
~ **de mariposa** Flügelmutter f
~ **octagonal** Achtkantmutter f
~ **pentagonal** Fünfkantmutter f
~ **triangular** Dreikantmutter f
tulio m Thulium n, Tm
tumbador m Kippvorrichtung f
tumbaga f (Met) Tombak n; Rotguss m, Rotmessing m
tumbar v 1. stürzen; 2. (Schiff) kielholen
tumbarse v (Flg) absacken (Flugzeug)
tundidora f 1. (Text) Schermaschine f; 2. (Lt) Rasenmäher m
tundir v (Text) scheren
túnel m 1. Tunnel m; Durchbruch m; Durchstich m; 2. Kanal m (Aerodynamik)
~ **aerodinámico** Windkanal m, aerodynamischer Tunnel m
~ **de la carrocería** (Kfz) Kardantunnel m
~ **de congelación** (Schiff) Gefriertunnel m (Fischereifahrzeug)
~ **de la hélice** (Schiff) Wellentunnel m
~ **de microondas** Mikrowellenofen m
~ **de viento** Windkanal m
~ **para voladuras** (Bgb) Strecke f
tungstato m Wolframat n
tungsteno m Wolfram n, W
tupí m Holzfräsmaschine f mit Tisch; Tischfräsmaschine f; Vertikalhobelmaschine f (für Holz)
turba f Torf m
turbidímetro m Trübungsmesser m
turbina f Turbine f
~ **de chorro libre** Freistrahlturbine f
~ **de escape** Abdampfturbine f, Abgasturbine f
~ **hidráulica** Wasserturbine f
~ **marina** Schiffsturbine f
~ **motriz** Kraftturbine f
~ **de vena libre** Freistrahlturbine f

turbio trübe (Flüssigkeit)
turboagitador m Schaufelradmischer m, Schaufelrührer m, Turborührer m
turbocargador m Turbo(auf)lader m
turbocohete m Turboraketentriebwerk n
turbochorro m Turboreaktor m
turbodinamo f Turbodynamo m, Turbinendynamo m, Gleichstromturbogenerator m
turbomezclador m Schaufelradmischer m, Schaufelrührer m, Turborührer m, Turbinenmischer m
turbomotor m Gasturbinentriebwerk n
turbonave f Turbinenschiff n
turboperforadora f Bohrturbine f
turbopropulsor m Propellerturbinenluftstrahltriebwerk n, PTL-Triebwerk n
turborreactor m Turbinenluftstrahltriebwerk n, TL-Triebwerk n, Turboreaktor m
turboseparador m Zyklon(abscheider) m
turbosobrealimentador m Turbo(auf)lader m, Turbosupercharger m; Turbogebläse n
turismo m Limousine f, Personen(kraft)wagen m, PKW

U

ubicación f 1. Unterbringung f, Ablegung f, Speicherung f, Anordnung f; 2. Grundriss m; 3. Standort m
~ **de obra** Bauplatz m, Baustelle f
~ **de yacimiento** Lagerstättenstandort m
ubicar v unterbringen; aufstellen; lokalisieren; ablegen; speichern
UC s. unidad de control
ultraacústico Ultraschall…
ultracongelación f Tiefgefrierung f
ultraestable ultrastabil, überstabil
ultrapresión f Höchstdruck m
ultrarradiación f Ultrastrahlung f
ultrarrápido ultraschnell, überschnell
ultrasónica f Überschallaerodynamik f
ultrasónico Ultraschall…, ultraschallschnell, Überschall…
ultrasonido m Ultraschall m
umbral m Schwelle f, Schwellenwert m
~ **acústico** Schallgrenze f
~ **de audibilidad [audición]** Hörschwelle f
~ **del dolor** Schmerzschwelle f, Schmerzgrenze f (Lärm)

unidad

~ **de funcionamiento** *(Eln)* Ansprechschwelle *f*
~ **lógico** Schaltschwelle *f*
~ **de reacción** Reaktionsschwelle *f*, Ansprechschwelle *f*
~ **de ruido** Lärmgrenzwert *m*
~ **sonoro** Schallgrenze *f*
UNE *(E: una norma española)* spanische Industrienorm
uniangular einwinklig
uniaxial einachsig
único 1. Einheits-...; 2. einzig
unidad *f* 1. Einheit *f*; Organ *n*; Einrichtung *f*; 2. *(Math)* Einer *m*, Einheit *f*; 3. Baugruppe *f*; Aggregat *n*; Gerät *n*; Anlage *f*; Werk *n*; Block *m*; 4. Betrieb *m*; Betriebseinheit *f*; 5. Fahrzeug *n*; 6. *(Schiff)* Wasserfahrzeug *n*
~ **de acceso digital de abonado** *(Nrt)* Digital-Teilnehmeranschlusseinheit *f*
~ **de acceso directo** *(Inf)* Direktzugriffsgerät *n*
~ **accionadora hidráulica** hydraulische Stelleinheit *f*
~ **acondicionadora de aire** Luftkonditionierungsanlage *f*, Klimatisierungsanlage *f*
~ **de adaptación de datos** Datenanschlusseinheit *f (für Datenübertragungskanäle)*
~ **de almacenamiento** 1. *(Inf)* Speichereinheit *f*, Speicherwerk *n*; 2. *(Inf)* Speicherstelle *f*
~ **de alumbrado** 1. Beleuchtungseinheit *f*; 2. Beleuchtungseinrichtung *f*
~ **de ampliación [amplificación]** Erweiterungsgerät *n*, Anschaltung *f*
~ **analógica** *(Inf)* Analogeinheit *f*; Analogrechner *m*
~ **apiladora** Stapelgerät *n*; Stapeleinrichtung *f*
~ **de área** Flächeneinheit *f*
~ **aritmético-lógica** Arithmetik-Logik-Einheit *f*, ALU, Rechenwerk *n (des Mikroprozessors)*
~ **de arrastre** Laufwerk *n*
~ **de aspiración** Absauganlage *f*
~ **(de) base** Grundeinheit *f*, Basiseinheit *f (SI-Einheiten)*
~ **de bobinado continuo** Streaming-Bandlaufwerk *n*
~ **de la cadena** *(Ch)* Kettenglied *n*

~ **de calculación [cálculo]** *(Inf)* Recheneinheit *f*, Rechenwerk *n*
~ **de cálculo electrónico** elektronische Rechenanlage *f*
~ **calorífica** Wärmeeinheit *f*
~ **de casete** 1. Kassettengerät *n*; 2. *(Inf)* Kassettenlaufwerk *n*
~ **de CD-ROM** *(Inf)* CD-ROM-Laufwerk *n*
~ **central** *(Inf)* Zentralmodul *n*, Zentraleinheit *f*
~ **central de control** *(Inf)* zentrale Steuereinheit *f*, zentrales Steuerwerk *n*
~ **central de procesamiento [tratamiento]** *(Inf)* zentrale Verarbeitungseinheit *f*, CPU, ZVE
~ **de cinta** *(Inf)* Bandeinheit *f*, Bandlaufwerk *n (z. B. Streamer)*
~ **de cinta magnética** *(Inf)* Magnetbandeinheit *f*, Magnetbandgerät *n*; Magnetbandlaufwerk *n*
~ **de comparación** 1. Vergleichseinheit *f*; 2. *(Inf)* Vergleicher *m*, Vergleichseinrichtung *f (Rechenwerk)*
~ **de computación [cómputo]** *(Inf)* Recheneinheit *f*, Rechenwerk *n*
~ **de conmutación** Schaltwerk *n*
~ **de construcción de maquinaria** 1. Maschinenbauteil *n*; Maschinenelement *n*; 2. Maschinenbaubetrieb *m*
~ **constructiva** Baustein *m*; Baueinheit *f* Bauteil *n*
~ **contadora** Zählwerk *n*
~ **de contenedores** Containereinheit *f*, TEU *(engl.: transport equivalent unit)*
~ **de control** 1. Bediengerät *n*; 2. Steuereinheit *f*, Steuergerät *n*; Regeleinheit *f*, Regelgerät *n*, Regler *m*; 3. *(Inf)* Steuerwerk *n*, Leitwerk *n*
~ **de control de discos magnéticos** *(Inf)* Magnetplattensteuerung *f*, Magnetplattensteuereinheit *f*
~ **de control de procesamiento [proceso]** Prozesssteuereinheit *f*
~ **de control de programa** *(Inf)* Programmsteuerwerk *n*, Programmsteuerung *f*
~ **de control de salida** Ausgabesteuereinrichtung *f*, Ausgabesteuerung *f*
~ **derivada** abgeleitete Einheit *f*
~ **de desempaquetado** *(Inf)* Paketauflösungseinheit *f*
~ **de detección** Nachweisgerät *n*

unidad

~ **de disco de destino** *(Inf)* Ziellaufwerk n
~ **de discos** *(Inf)* Plattenantrieb m, Plattenspindel f, Laufwerk n
~ **de discos fijos** *(Inf)* Festplattenlaufwerk n
~ **de discos flexibles** *(Inf)* Disketteneinheit f, Diskettenlaufwerk n, Floppy-Disk-Laufwerk n; Magnetdiskettenstation f
~ **de discos magnéticos** *(Inf)* Magnetplattenstation f, Magnetplatteneinheit f; Magnetplattenlaufwerk m
~ **de discos móviles** *(Inf)* Wechselplattenspeicher m
~ **de disquete** *(Inf)* Diskettenlaufwerk n
~ **de dosis** Dosiseinheit f *(ionisierende Strahlung)*
~ **electrónica de control** elektronisches Steuergerät n
~ **de elutriación** Schlämmanlage f
~ **de empaquetado** *(Inf)* Paketbildungseinheit f
~ **enchufable** Einschub m, Einschubeinheit f, Steckeinheit f
~ **enfriadora** Kühlaggregat n
~ **de entrada** *(Inf)* Eingabeeinheit f, Eingangseinheit f, Eingabeeinrichtung f, Eingabegerät n
~ **de entrada acústica** *(Inf)* akustische Eingabeeinheit f, Spracheingabe f, Spracheingabegerät n
~ **de enturbiamiento** *(Ch)* Trübungseinheit f, TE
~ **de equipo** Geräteeinheit f
~ **de exploración** *(Inf)* Abtasteinheit f
~ **física** 1. physikalische Einheit f; 2. *(Inf)* physische Einheit f
~ **de fuente** Quellaufwerk n
~ **generadora** Generatoraggregat n
~ **de gestión de la memoria** *(Inf)* Speicherverwaltungseinheit f
~ **de grabación** Aufnahmegerät n
~ **de imagen** *(Inf)* Bildgerät n
~ **imaginaria** *(Math)* imaginäre Einheit f
~ **impresora** 1. *(Inf)* Schreibwerk n, Druckwerk n; Drucker m; 2. *(Typ)* Druckeinheit f
~ **intercambiable [de intercambio]** Austauschaggregat n; auswechselbares Gerät n
~ **de interfaz** *(Inf)* Schnittstelleneinheit f
~ **de laboratorio** Laboratorium n; Versuchsstelle f

~ **lectora [de lectura]** *(Inf)* Leseeinheit f, Lesegerät n
~ **lectora de CD-ROM** *(Inf)* CD-ROM-Laufwerk n
~ **lógica** *(Inf)* logische Einheit f; logischer Baustein m
~ **lógico-aritmética** *(Inf)* arithmetisch-logische Einheit f, Rechenwerk n
~ **lumínica** Lichteinheit f, photometrische Einheit f
~ **de masa** *(Ph)* Masseeinheit f, ME
~ **de masa atómica** *(Ph)* atomare Masseeinheit f, AME
~ **material** *(Inf)* Hardwarekomponente f
~ **mecánica** 1. mechanische Einheit f, Maschinenaggregat n
~ **de memoria** *(Inf)* Speichereinheit f, Speicherwerk n; Speicherstelle f; Speicherblock m
~ **de microprocesador** Mikroprozessoreinheit f, Mikroprozessorbaustein m
~ **modular** Modulareinheit f, Modulbauelement n, Baustein m
~ **modular normalizada** Normbauteil n, Standardbaustein m
~ **móvil** 1. fahrbares Gerät n; 2. Einsatzwagen m *(Polizei)*
~ **móvil de medida** Messfahrzeug n, Messwagen m
~ **normalizada** genormte Baugruppe f; genormtes Bauteil n; Standardbauteil n
~ **normalizada enchufable** *(Eln)* Steckbaugruppe f
~ **óptica** *(Inf)* optische Einheit f, optisches Laufwerk n
~ **patrón** Schablone f; Prototyp m
~ **periférica** *(Inf)* Peripheriegerät n, peripheres Gerät n
~ **de peso** Maßeinheit f, Gewichtseinheit f
~ **piloto** Pilotbetrieb m; Pilotanlage f; Versuchseinrichtung f; Versuchsbetrieb m; Versuchsanlage f; Prüfanlage f
~ **de potencia** 1. Leistungseinheit f; 2. Antriebsaggregat n; 3. Hochleistungsgerät n
~ **de presentación** Anzeigeeinheit f, Anzeigegerät n, Anzeigevorrichtung f
~ **de presentación de datos (visual)** *(Inf)* Datensichtstation f, Bildschirmeinheit f, Datensichtgerät n, Datensichtplatz m; Bildschirmgerät n
~ **de presentación gráfica** *(Inf)* grafikfähiger Bildschirm m

- ~ **de presentación interactiva** *(Inf)* dialogfähiges Anzeigegerät *n*
- ~ **de presentación visual** Bildschirmeinheit *f*, Bildschirmgerät *n*
- ~ **de presentación visual de rayos catódicos** Datensichtgerät *n* mit Katodenstrahlröhre, CRT-Display *n*
- ~ **principal de computación** *(Inf)* Hauptrechner *m*, Leitrechner *n*; Arbeitsrechner *m*
- ~ **procesadora central** *(Inf)* Zentraleinheit *f*
- ~ **de proceso** *(Inf)* Verarbeitungseinheit *f*; Verarbeitungsrechner *m*
- ~ **de proceso central** Zentraleinheit *f*
- ~ **propulsora** Antriebseinheit *f*; Antriebsaggregat *n*; Triebwerk *n*
- ~ **purificadora** Reinigungseinrichtung *f*; Reinigungsgerät *n*; Reinigungsanlage *f*
- ~ **de rayos X** Röntgeneinrichtung *f*, Röntgengerät *n*; Röntgenanlage *f*
- ~ **recambiable** Austauschaggregat *n*; Einsatz *m*
- ~ **de reconocimiento de la voz** *(Inf)* Spracherkennungssystem *n*, Spracherkennungseinrichtung *f*
- ~ **de la red** *(Inf)* Netzwerklaufwerk *n*
- ~ **remota de abonados** *(Nrt)* Leitungskonzentrator *m*
- ~ **de respuesta en audio** *(Inf)* Sprachausgabeeinheit *f*
- ~ **de retardo de transporte** Laufzeitglied *n*
- ~ **de salida** *(Inf)* Ausgabeeinheit *f*, Ausgabegerät *n*
- ~ **sensoria** Abtastsystem *n*, Abtastkopf *m*
- ~ **del sistema internacional** SI-Einheit *f*
- ~ **sintetizadora de la voz** *(Inf)* Sprachsynthesegerät *n*
- ~ **sólo de lectura** *(Inf)* Nur-Lese-Speicher *m*
- ~ **suplementaria** ergänzende Einheit *f* *(SI-Einheit)*
- ~ **de transmisión de datos** 1. Datenübertragungseinheit *f*; 2. Datenübertragungseinrichtung *f*, DÜE; 3. Datenübertragungsblock *m*
- ~ **de tratamiento (de datos)** 1. Datenverarbeitungssystem *n*; 2. Rechenwerk *n*
- ~ **de visualización** Bildschirmgerät *n*, Anzeigegerät *n*

unidimensional eindimensional
unidireccional in einer Richtung, einfach gerichtet
unifilar Einfaden…; Einleiter…
unión *f* Verbindung *f*; Übergang *m*; Stoß *m*; Verband *m*
- ~ **por adherencia** Haftverbindung *f*
- ~ **adhesiva** Klebverbindung *f*; Klebverbund *m*
- ~ **articulada** Gelenkverbindung *f*, Scharnier *n*
- ~ **a bayoneta** Bajonettverschluss *m*
- ~ **de bridas** Flanschverbindung *f*
- ~ **por bulones** Bolzenverbindung *f*, Bolzenverschluss *m*
- ~ **de carriles** *(Eb)* Schienenstoß *m*
- ~ **de cubrejuntas** Laschenverbindung *f*
- ~ **chavetada** Keilverbindung *f*
- ~ **de dilatación** *(Eb)* Dehnungsfuge *f*, Dilatationsfuge *f* *(Schiene)*
- ~ **por eclisas** *(Eb)* Laschenverbindung *f* *(Schiene)*
- ~ **eléctrica** elektrische Schaltung *f*
- ~ **empernada** Bolzenverbindung *f*
- ~ **giratoria** 1. Drehverbindung *f*; 2. *(Schiff)* Wirbel *m*, Kettenwirbel *m*
- ~ **indesarmable** unlösbare Verbindung *f*
- ~ **de junta** Stoßverbindung *f*
- ~ **longitudinal** *(Schiff)* Längsverband *m*
- ~ **machihembrada** Nutverbindung *f*, Federung *f*, Spundung *f*
- ~ **plana** Stumpfstoß *m* *(Schweißen)*
- ~ **remachada** Nietverbindung *f*
- ~ **roscada** Schraubverbindung *f*
- ~ **rotativa** Drehgelenk *n*
- ~ **de soldadura** Schweißnaht, Schweißverbindung *f*
- ~ **a tope** Stoßverbindung *f*

unir *v* (zusammen)fügen, verbinden, zusammensetzen
- ~ **los extremos** verspleißen
- ~ **con remaches** vernieten
- ~ **a tornillos** verschrauben

uña *f* Kralle *f*; Sperre *f*, Klinke *f*
- ~ **de ancla** *(Schiff)* Ankerflunke *f*, Ankerschaufel *f*
- ~ **del extractor** Auszieherkralle *f*

uñeta *f* Sperrklinke *f*; Kralle *f*, Greifer *m*
uranio *m* Uran *n*, U
urbanización *f* 1. Urbanisierung *f*, Urbanisation *f*; städtebauliche Gestaltung *f*; städtebauliche Erschließung *f*; Bebauung *f*; 2. Wohnsiedlung *f*, Siedlung *f* von

urbanización

Wochenendhäusern; 3. Bauerschließungsgebiet n

urbanizar v urbanisieren; baulich erschließen; städtebaulich gestalten; bebauen

urdidor m (Text) Kettenstuhl m (Weberei); Kettschärmaschine f

urdimbre f (Text) Kette f

urdir v (Text) schären; zetteln (Weberei)

utensilio m Gerät n; Werkzeug n
- ~ **cortante [de corte]** Schneidwerkzeug n; Spannungswerkzeug n, Zerspanungswerkzeug n
- ~ **de labranza** (Lt) Bearbeitungswerkzeug n, Bearbeitungsgerät n; Bodenbearbeitungsgerät n

útil m Werkzeug n; Gerät n; Mittel n
- ~ **de percusión** Schlagwerkzeug n
- ~ **de pesca** Fischfanggerät n

utilidad f 1. Nutzwert m; 2. Gewinn m; 3. (Inf) Dienstprogramm n

utillaje m Ausrüstung f; Inventar n; Werkzeuge npl

V

vaciadero m Abfluss m, Ausguss m

vaciado m 1. Entleerung f, Leeren n; Abziehen n, Abfüllen n; 2. Evakuierung f, Evakuieren n; 3. (Met) Gießen n, Guss m; Abguss m; 4. (Inf) Speicherabzug m, Speicherauszug m; 5. Schleifen n, Schärfen n; 6. Aussparung f, Einschnitt m; Einsenkung f, Hohlkehle f, Hohlschliff m; 7. Verschleiß m durch Eingriffstörung
- ~ **de memoria** Speicherabzug m, Speicherauszug m
- ~ **de subsuelo contaminado** Auskoffern n (Ausräumen z. B. von Altlasten)

vaciador m Kippvorrichtung f; Entladeeinrichtung f

vaciar v 1. (ent)leeren; abführen; entladen; ablassen; 2. evakuieren; 3. gießen m; 4. (Inf) ausgeben; zwischenspeichern; 5. schleifen, schärfen

vacío leer; luftleer; hohl

vacío m 1. Vakuum n, luftleerer Raum m; 2. Hohlraum m; Leere f, Lücke f; 3. Leerlauf m
- ~ **interplanetario** interplanetares Vakuum n, interplanetarer Raum m

vagón m Waggon m, Eisenbahnwagen m
- ~ **abierto** offener Güterwagen m, O-Waggon m
- ~ **de acarreo** (Bgb) Förderwagen m, Hunt m, Hund m
- ~ **aljibe** Kesselwagen m, Tankwagen m
- ~ **autodescargador** Selbstentladewagen m, Selbstentlader m
- ~ **automotor** Triebwagen m
- ~ **basculante automático** Selbstkipper m
- ~ **de bastidor escotado [quebrado]** Tiefladewagen m
- ~ **de carga** Güterwagen m
- ~ **cerrado** gedeckter Güterwagen m, G-Waggon m
- ~ **cisterna** Kesselwagen m, Tankwagen m
- ~ **frigorífico** Kühlwagen m, Kühlwaggon m
- ~ **isotérmico** Tiefkühlwagen m
- ~ **(de) plataforma** Plattformwagen m, Pritschenwagen m, Rungenwagen m; Plattformwaggon m, Flachwagen m
- ~ **portacoches** Autotransportwagen m
- ~ **portacontenedores** Containertragwagen m
- ~ **para recipientes** Behälterwagen m, Containerwagen m
- ~ **tolva** Trichterwagen m; Bodenentlader m
- ~ **volcador [volquete]** Kippwagen m

vagoneta f 1. Wagen m; Feldbahnwagen m; Lore f; 2. (Bgb) Förderwagen m, Hunt m
- ~ **de carga** (Met) Begichtungswagen m, Beschickungswagen m
- ~ **de descarga automática** Selbstentladewagen m
- ~ **de plataforma** Plattformwagen m, Pritschenwagen m
- ~ **volcadora [de volquete]** Kipplore f; Kippwagen m, Muldenkipper m

vagra f 1. Kantholz n; Riegel m; Verbindungsstück n; 2. (Schiff) Wegerung f; Bodenwegerung f; Stringer m
- ~ **lateral** (Schiff) Seitenkielschwein n
- ~ **del pantoque** Kimmstringer m, Kimmkielschwein n

vaho m Dunst m; Dampf m; Brüden m, Brodem m, Wrasen m

vaivén m Schwingung f; Vibration f; hin- und hergehende Bewegung f

valencia f (Math, Ch) Wertigkeit f, Valenz f

valor m Wert m; Größe f; Betrag m
- ~ **arbitrario** Zufallsgröße f, willkürlich ausgewählter Wert m

~ **característico** Kennwert m, Kenngröße f, Eigenwert m, charakteristischer Wert m
~ **chi(-)cuadrado** Chi-Quadrat-Wert m *(Statistik)*
~ **de la concentración máxima admisible** Wert m der maximalen Arbeitsplatzkonzentration f, MAK-Wert m
~ **de cresta** Höchstwert m, Extremwert m, Spitzenwert m, Scheitelwert m
~ **cuasipico** Quasispitzenwert m *(Akustik)*
~ **decrementado** dekrementierter Wert m; abgefallener [verminderter] Wert m; um 1 verminderter Wert m
~ **de dispersión** Streuwert m, Streukoeffizient m, Streuziffer m
~ **fijo** Festwert m
~ **finito** endlicher Wert m
~ **fraccionario** Bruch m
~ **de funcionamiento** Ansprechwert m
~ **incrementado [de incremento]** inkrementierter Wert m
~ **indeterminado** unbestimmte Größe f
~ **indicativo de emisiones** Emissionsrichtwert m
~ **infinitamente grande** unendlich großer Wert m
~ **inicial** Anfangsparameter m, Anfangswert m, Ausgangswert m
~ **instantáneo** Augenblickswert m, Momentanwert m
~ **inverso** Kehrwert m
~ **irreconciliable** unverträgliche Größe f
~ **límite** Grenzwert m
~ **límite admisible** zulässiger Grenzwert m; zulässige Grenzkonzentration f [Grenzdosis f]
~ **límite de ruido** Lärmgrenzwert m
~ **límite umbral** Schwellenwert m
~ **logarítmico** Logarithmus m
~ **lógico** Wahrheitswert m
~ **máximo admisible [permisible]** höchstzulässiger Wert m; zulässiger Maximalwert m
~ **de medición** Messwert m, Messgröße f
~ **medio** Mittelwert m, Mittel m
~ **medio cuadrático** quadratisches Mittel n, Quadratmittel n; Effektivwert m *(einer periodischen Größe)*
~ **a medir** Messwert m, zu messender Wert m
~ **mínimo admisible** kleinster zulässiger Wert m, zulässiger Minimalwert m

~ **octánico** Oktanwert m, Oktanzahl f *(Kraftstoff)*
~ **percentil** Perzentilwert m *(Statistik)*
~ **de pico** Spitzenwert m
~ **de la potencia** Potenzwert m, Potenz f
~ **prefijado** vorbestimmter Wert m; vorher festgelegte Größe f
~ **primitivo** ursprünglicher Wert m; Anfangsgröße f
~ **real** 1. Istwert m; 2. *(Math)* reelle Größe f, reeller Wert m
~ **recíproco** reziproker Wert m, Kehrwert m
~ **techo** Spitzenwert m
~ **(de) umbral** Schwell(en)wert m
~ **verdadero** Wahrheitswert m

valorar v 1. bewerten; einschätzen; auswerten; 2. aufwerten; 3. *s.* titular

válvula f 1. *(Masch)* Ventil n; Klappe f, Schieber m; 2. *(El)* Röhre f
~ **de admisión** Einlassventil n, Ansaugventil n, Einströmventil n
~ **de aguja** Nadelventil n, Vergaserventil n
~ **de aire** Luftklappe f, Luftventil n
~ **de alivio** Entlastungsventil n, Sicherheitsventil n
~ **de alta presión** Hochdruckventil n
~ **de altavoz** Lautsprecherröhre f, Endröhre f
~ **amplificadora** Verstärkerröhre f
~ **antirretorno [antirretroceso]** Rückschlagventil n; Rückschlagsicherung f
~ **de aspiración** Saugventil n; Einatemventil n *(Atemschutzmittel)*
~ **de atmósfera gaseosa** gasgefüllte Röhre f, Gasröhre f
~ **atmosférica** Luftklappe f, Luftventil n
~ **autorreguladora** Reguliervent il n, Reglerventil n
~ **birrejilla** Doppelgitterröhre f, Tetrode f
~ **de bloqueo** Absperrventil n
~ **catódica de haz perfilado** *(Eln)* Charactron n, Profilstrahlröhre f
~ **con cátodo incandescente** Glühkatodenröhre f
~ **de cierre** Absperrventil n, Absperrhahn m; Abschlussschütz n
~ **de cierre instantáneo** Schnellschlussventil n
~ **de cierre de mariposa** Drossel(klappen)ventil n, Flügelventil n
~ **cilíndrica** Kolbenschieber m

válvula

~ **compensadora** Druckausgleichsventil n
~ **de compuerta** Absperrschieber m
~ **de control** Reguliervalve n, Reglerventil n
~ **de control de dirección** Wegeventil n
~ **conversora de frecuencias** Mischröhre f
~ **de corredera** Schieberventil n
~ **del cortavapor** Dampfabsperrventil n
~ **de corte** Absperrventil n
~ **de cubierta** *(Schiff)* Deckventil n *(Tanker)*
~ **charnela [de chapaleta]** Klappenventil n
~ **dedo** Bleistiftröhre f, Miniaturröhre f
~ **a demanda** Einatemventil n *(Atemschutzgerät)*
~ **de derivación** Überströmventil n; Umgehungsventil n
~ **de desagüe** Abflussventil n
~ **de desahogo** Rückschlagventil n
~ **de desborde** Überströmventil n
~ **de descarga** 1. Ablaufventil n; Entlastungsventil n; 2. Gasentladungsröhre f; 3. *(Eb)* Auslöseventil n
~ **de descompresión** Druckminder(ungs)ventil n
~ **detentora** Druckminder(ungs)ventil n
~ **diodo** Zweipolröhre f
~ **distribuidora** Steuerventil n; Wegeventil n
~ **electrónica** Elektronenröhre f; Ventilröhre f
~ **de émbolo** Kolbenschieber m
~ **engrasadora** Schmierpresse f, Fettpresse f, Fettbüchse f
~ **equilibradora** Druckausgleichsventil n
~ **de escape** Austrittsventil n; Auspuffventil n; Abblaseventil n; Druckventil n; Entlüftungsventil n
~ **de estrangulación** Drosselklappe f; Drosselventil n
~ **excitadora** Erregerröhre f
~ **exhaladora** Ausatemventil n *(Atemschutzgerät)*
~ **de flotador** Schwimmerventil n
~ **de freno** Bremsventil n
~ **de globo** Kugelventil n
~ **de gobierno** Reguliervalve n, Reglerventil n
~ **de haz electrónico** Elektronenstrahlröhre f
~ **de imágenes** Bildröhre f

~ **impelente** Druckventil n; Druckklappe f
~ **(de) interrupción** Absperrventil n
~ **invertida** hängendes Ventil n
~ **de inyección** 1. *(Kfz)* Einspritzventil n; 2. *(Umw)* Injektionsventil n
~ **iónica** Gasentladungsventil n
~ **iónica rectificadora** Gasdiode f
~ **de llenado** Einlaufventil n, Füllventil n
~ **de mando** 1. Steuerventil n; 2. Steuerröhre f
~ **marina** Seeventil n
~ **de mariposa** Drosselventil n; Drosselklappe f
~ **mezcladora** 1. Mischventil n; 2. Mischröhre f
~ **de muelle** Federventil n
~ **multirrejilla** Mehrgitterröhre f
~ **de muy alta frecuencia** Höchstfrequenzröhre f, UHF-Röhre f
~ **de neumático** *(Kfz)* Reifenventil n
~ **no retorno** Rückschlagventil n; Rückschlagsicherung f
~ **de paso** Durchgangsventil n; Durchflussventil n; Überströmventil n
~ **piloto** Steuerventil n; Kontrollventil n; Vorsteuerventil n
~ **de platillo** Tellerventil n
~ **de presión** Druckventil n
~ **de prueba** Prüfröhre f
~ **de purga** Ablassventil n; Abblaseventil n; Ablasshahn n
~ **de rebose** Ablassventil n
~ **rectificadora** Gleichrichterröhre f, Stromrichterröhre f
~ **reductora (de presión)** Reduzierventil n, Druckminderer m, Druckminder(ungs)ventil n, Druckentlastungsventil n
~ **de reflujo** Rückströmventil n
~ **reguladora** 1. Regelventil n; 2. Regelröhre f
~ **de resorte** Federventil n
~ **de restricción** Drosselventil n
~ **de retenida** Rückhalteventil n; Absperrventil n; Verschlussventil n
~ **de retorno** Rücklaufventil n; Umgehungsventil n
~ **de salida(s)** Ablassventil n, Abzugventil n, Auslassventil n, Austrittventil n, Druckventil n; Abzugsklappe f; Auslassdrossel f

~ de secuencia 1. Steuerventil *n*; 2. Zuschaltventil *n*, Folgeventil *n*
~ de sobrante Überlaufventil *n*
~ de sobrepresión Überdruckventil *n*
~ termiónica Glühkatodenröhre *f*
~ de tiempo de tránsito Klystron *n (Rundfunktechnik)*
~ de toma Entnahmeventil *n*
~ de toma de agua Wasserhahn *m*
~ de toma de agua de mar *(Schiff)* Seeventil *n*, Bodenventil *n*, Flutventil *n*, Kingstonventil *n*
~ transmisora Generatorröhre *f*, Senderöhre *f*
~ de tres pasos [vías] Dreiwegeventil *n*
~ trirrejilla Dreigitterröhre *f*, Pentode *f*
~ de urgencia Bremsventil *n*
~ de vaciado Ablassventil *n*
~ de vacío 1. Vakuumventil *n*; 2. Vakuumröhre *f*; 3. Entleerungsventil *n*
~ de ventilación Luftklappe *f*
valla *f* Zaun *m*; Umzäunung *f*, Einfriedung *f*
valle *m* 1. Tal *n*; 2. Flussbett *n*
~ de la onda Wellental *n*
~ de pulsación *(Eln)* Impulseinsattelung *f*
vanadio *m* Vanadin *n*, Vanadium *n*, V
vano *m* Öffnung *f*, Durchbruch *m*; lichte Weite *f*, Spannweite *f*
~ de hélice *(Schiff)* Schraubenöffnung *f*, Schraubenbrunnen *f*
~ de la puerta Türleibung *f*
vapor *m* 1. Dampf *m*; Brüden *m*, Wrasen *m*, Dunst *m*; 2. *(Ch)* Nebel *m*; 3. Dampfer *m* • **de ~** – dampfangetrieben, mit Dampfantrieb • **a todo ~** mit Volldampf
~ de agua sobrecalentado überhitzter [gespannter] Wasserdampf *m*
~ de alta presión Hochdruckdampf *m*, hochgespannter Dampf *m*
~ de arrastre Treibdampf *m (Vakuumtechnik)*
~ de baja presión Niederdruckdampf *m*
~ de caldeo Heizdampf *m*
~ caliente Heißdampf *m*
~ desprendido Brüdendampf *m*
~ de escape Abdampf *m*
~ de solventes Lösemitteldampf *m*
~ vivo Frischdampf *m*; heißer Dampf *m*
vaporación *f* Verdampfung *f*, Verdunstung *f*

vaporímetro *m* Dampfspannungsmesser *m*
vaporización *f* 1. Dampfbildung *f*; 2. Verdampfung *f*, Verdunstung *f*; 3. Zerstäubung *f*
vaporizador *m* 1. Verdampfer *m*; 2. *(Text)* Dämpfer *m (für Druckerei und Färberei)*; 3. Zerstäuber *f*
vaporizar *v* 1. verdampfen, verdunsten; in Dampf verwandeln; 2. aufdampfen; 3. *(Text)* dämpfen; 4. zerstäuben
vara *f* Stab *m*; Stange *f*
~ aislante Isolierstange *f (Elektrosicherheit)*
~ de remolque *(Kfz)* Abschleppstange *f*
varadas *fpl (Schiff)* Slip *m*; Slipanlage *f*, Aufschleppe *f*, Ablaufbahn *f (Helling)*; Längsablauf *m*
varadero *m (Schiff)* Slip, Aufschlepphelling *f*; Stapelplatz *m*; Schiffswerft *f*; Reparaturdock *m*
~ del ancla Ankerbett *n*, Schweinsrücken *m*
~ de embarcaciones Bootsaufschleppe *f*
~ longitudinal Längsslip *m*
~ mecánico Slipanlage *f*
~ transversal Querslip *m*
varenga *f (Schiff)* Bodenwrange *f*, Bauchstück *n*
variable *f* Variable *f*, Veränderliche *f*; Größe *f*
~ aleatoria Zufallsvariable *f*, Zufallsgröße *f*, stochastische Größe *f*
~ alfanumérica *(Inf)* alphamerische [alphanumerische, nicht numerische] Variable *f*
~ angular Winkelvariable *f*
~ binaria [bivalorada] binäre [zweiwertige] Variable *f*
~ booleana boolesche Variable *f*, Aussagenvariable *f*
~ de conmutación Schaltvariable *f*
~ de control 1. Steuergröße *f*, Steuervariable *f*; Laufvariable *f*, Schleifenindex *m*; 2. Prüfvariable *f*; 3. Führungsgröße *f*
~ emisora Ausgangsvariable *f*
~ de entrada Eingangsvariable *f*, Eingangsveränderliche *f*, Eingangsgröße *f*, Eingabegröße *f*
~ escalar Skalar *n*, skalare Größe *f*
~ ficticia [fictiva] fiktive [scheinbare] Variable *f*, Scheinvariable *f*
~ flotante Gleitkommavariable *f*

variable

- ~ **fundamental** Basisvariable f, Basisgröße f
- ~ **numérica** numerische Variable f, Zahlenvariable f
- ~ **predictor** Vorhersagevariable f
- ~ **del proceso** Prozessvariable f, Prozessveränderliche f
- ~ **de proposición** Aussagenvariable f
- ~ **receptora** Eingangsvariable f
- ~ **relativa** dimensionslose [bezogene] Veränderliche f
- ~ **de salida** Ausgangsvariable f, Ausgangsgröße f, Ausgangsveränderliche f, (veränderliche) Ausgabegröße f
- ~ **vectorial** Vektorgröße f

variación f 1. Variation f, Schwankung f; Veränderung f, Änderung f; 2. Deklination f, Fehlweisung f

- ~ **aleatoria** Zufallsschwankung f; stochastische [zufällige] Streuung f
- ~ **angular** Winkelabweichung f
- ~ **del caudal** (Kfz) Mengenregelung f
- ~ **escalonada** Stufensprung m
- ~ **de la tensión** Spannungsänderung f, Spannungsschwankung f
- ~ **de las tracciones** (Bw) Spannungsverlauf m (Statik)

variador m 1. Regulator m; Regler m; Versteller m, Verstelleinrichtung f; Wandler m; 2. (Opt) Variator m

- ~ **de atenuación** Dämpfungsschalter m
- ~ **automático** 1. automatischer Regler m; 2. (Kfz) automatischer Spritzversteller m
- ~ **de avance** (Kfz) Spritzversteller m
- ~ **de velocidad** Drehzahlregler m
- ~ **hidráulico** (stufenlos regelbares) hydraulisches Getriebe n
- ~ **mecánico de velocidad** 1. (Fert) regelbares Getriebe n; Stufengetriebe n; 2. (Lt) Fahrvariator m
- ~ **de velocidad hidráulico** Strömungsgetriebe n
- ~ **de voltaje** Spannungsregler m

varianza f (Math) Varianz f, Dispersion f, Streuung f

variedad f 1. Abart f; 2. (Math) Mannigfaltigkeit f

varilla f 1. Stange f, Stab m; Schaft m; Speiche f; 2. Gestänge n

- ~ **de acoplamiento** Verbindungsstange f, Koppelstange f
- ~ **agitadora** Rührstab m
- ~ **articulada** Gelenkstab m
- ~ **calibradora** Strichmaß n
- ~ **de combustible (nuclear)** (Kern) Brennstoffstab m
- ~ **de conexión** Schaltstange f
- ~ **de control** (Kern) Steuerstab m, Regulierungsstab m; Kontrollstab m (Reaktor)
- ~ **de cremallera** (Masch) Zahnstange f
- ~ **del distribuidor** (Masch) Schieberstange f
- ~ **del émbolo** (Masch) Kolbenstange f
- ~ **empujadora [de empuje]** (Masch) Stößelstange f, Schubstange f, Stoßstange f
- ~ **de la excéntrica** (Masch) Exzenterstange f, Schwingenstange f
- ~ **de guía** 1. Führungsstange f; 2. (Bgb) Zielbohrstange f
- ~ **de mando de dirección** (Kfz) Lenkgestänge n
- ~ **del nivel de aceite** Ölmessstab m, Ölpeilstab m
- ~ **de pararrayos** Blitzableiter m
- ~ **de perforación** Bohrgestänge n
- ~ **de refuerzo** (Bw) Bewehrungsstab m
- ~ **roscada** (Bw) Gewindebolzen m; Verankerungsbolzen m
- ~ **tirante** Zug m; Zugstange f
- ~ **de válvula** (Masch) Ventilschaft m

varillaje m Gestänge n

variómetro m Variometer n

varita f **mágica** (Inf) Zauberstab m (Hilfsmittel für Bildbearbeitung)

vasija f 1. Gefäß n, Behälter m; 2. (Ch) Vorlage f

vaso m Gefäß n; Topf m; Behälter m

- ~ **de almacenamiento** Wasserbecken n; Staubecken n
- ~ **evaporador** Verdampfungspfanne f, Eindampfpfanne f
- ~ **de expansión** Ausdehnungsgefäß n, Expansionsgefäß n
- ~ **graduado** Messgefäß n
- ~ **de levigaciones** Dekantiergefäß n, Dekantiertopf m
- ~ **picudo** Becherglas n; Schnabelgefäß n

vasos mpl **comunicantes** (Ph) kommunizierende [verbundene] Röhren fpl

vástago m 1. (Masch) Stange f, Spindel f; Schaft m; Zapfen m; Führungsstange f; Einspannzapfen m; 2. Amboss m (am Mikrometer)

- ~ **del distribuidor** Schieberstange f

velo

- ~ **de émbolo** Kolbenstange f
- ~ **de la excéntrica** Exzenterstange f
- ~ **de perforación** Bohrstange f
- ~ **del timón** *(Schiff)* Ruderstock m
- ~ **de tope** *(Eb)* Pufferstange f
- ~ **de transmisión** Übertragungswelle f; Bohrstange f
- ~ **de válvula** Ventilstange f, Ventilspindel f

vatímetro m Wattmeter n, Leistungsmesser m

vatiaje m *(El)* Wattleistung f

vatio m Watt n

vatiohorímetro m Wattstundenmesser m, Wattstundenzähler m

vatio-segundo m Wattsekunde f

vector m 1. Vektor m; 2. Trägermittel n; Trägerrakete f
- ~ **aleatorio** zufälliger Vektor m, Zufallsvektor m
- ~ **de campo** Feldvektor m
- ~ **de dirección** Richtungsvektor m

vehículo m 1. Fahrzeug n; Transportmittel n; 2. *(Ch)* Träger m, Trägersubstanz f; 3. Bindemittel n; 4. *(Ph)* Leiter m *(Schall, Licht)*; 5. Flugapparat m; Rakete f
- ~ **acoplado** Anhänger m, Anhängewagen m; Trailer m
- ~ **acuático** Wasserfahrzeug n
- ~ **de acumuladores** Batteriefahrzeug n
- ~ **aéreo** Luftfahrzeug n
- ~ **anfibio** Schwimmfahrzeug n; Schwimmwagen m
- ~ **automotor [automóvil]** Kraftfahrzeug n; Motorfahrzeug n
- ~ **barredor** Kehrfahrzeug n
- ~ **bomba [de bomberos]** Löschwagen m, Feuerwehrfahrzeug n
- ~ **de cadena** Kettenfahrzeug n, Raupenfahrzeug n
- ~ **de carga** Last(kraft)wagen m
- ~ **sobre carriles** Schienenfahrzeug n, schienengebundenes Fahrzeug n
- ~ **de colchón de aire** Luftkissenfahrzeug n
- ~ **compactador** Verdichtungsmittel n
- ~ **de comunicación** Kommunikationsträger m
- ~ **de conservación** Konservierungsmittel n
- ~ **de demolición** Autowrack n
- ~ **deslizador** Gleitfahrzeug n; Luftkissenfahrzeug n
- ~ **de dos ruedas** Einspurfahrzeug n, Zweirad n
- ~ **de efecto** Bodeneffektfahrzeug n
- ~ **espacial** Raumfahrzeug n, Raumschiff n
- ~ **estibador** Stapler m
- ~ **extraviario** Fahrzeug m für unbefestigte Landwege, geländegängiges Fahrzeug n
- ~ **de ferrocarril** Eisenbahnfahrzeug n
- ~ **frigorífico** Kühlfahrzeug n
- ~ **del frío** Kälteträger m
- ~ **contra incendios** Feuerwehrfahrzeug n, Löschfahrzeug n
- ~ **industrial** Nutzfahrzeug n
- ~ **lanzador** *(Rak)* mobile Startvorrichtung f
- ~ **de lanzamiento espacial** Raumfahrzeug n, (bemanntes) Raumfahrtgerät n
- ~ **lunar** Mondfahrzeug n, Mondmobil n
- ~ **marino [marítimo]** Seeschiff n
- ~ **de motor** Motorfahrzeug n, Kraftfahrzeug n, Kfz, Kraftwagen m
- ~ **de motor de dos ruedas** Zweiradfahrzeug n
- ~ **de orugas** Kettenfahrzeug n, Raupenfahrzeug n
- ~ **portador** Trägermittel n
- ~ **de recogida de basuras** Müll(sammel)fahrzeug n
- ~ **refrigerado** Kühlfahrzeug n
- ~ **refrigerante** Kälteträger m; Kühlsole f
- ~ **remolcador** Schleppfahrzeug n
- ~ **de rescate** Bergungsfahrzeug n, Bergungswagen m
- ~ **de riego** *(Lt)* Beregnungsfahrzeug n
- ~ **de salvamento** Rettungsgerätewagen m, RTGW, Rettungsfahrzeug n, Rettungswagen m
- ~ **de satélite** Trägerrakete f
- ~ **selenita** Mondfahrzeug n, Mondmobil n
- ~ **semioruga** Halbkettenfahrzeug n, Halbraupenfahrzeug n
- ~ **de servicio de incendios** Feuerlöschfahrzeug n, Feuerwehrauto n
- ~ **de socorro** Rettungsfahrzeug n, Rettungswagen m
- ~ **todo terreno** Geländefahrzeug n, Geländewagen m, geländegängiges Fahrzeug n
- ~ **utilitario** Nutzfahrzeug n

velar v *(Foto)* verschleiern

velo m 1. *(Foto)* Schleier m; 2. *(Text)* Flor m, Schleier m, Vlies n
- ~ **de la carda** *(Text)* Kardenflor m

velo

~ **de fibras** Faserflor *m*, Faservlies *n*
velocidad *f* 1. Geschwindigkeit *f*, Schnelligkeit *f*; Drehzahl *f*; 2. *(Kfz)* Gang *m* • **de baja** ~ langsam laufend, mit geringer Drehzahl, niedertourig • **de gran** ~ schnell laufend, mit hoher Drehzahl, hochtourig • **a toda** ~ mit Höchstgeschwindigkeit; volle Fahrt (voraus)
~ **de acceso** *(Inf)* Zugriffsgeschwindigkeit *f*
~ **acelerada** Beschleunigung *f*
~ **acústica** Schallgeschwindigkeit *f*
~ **del aire** 1. Luftgeschwindigkeit *f*; 2. *(Bgb)* Wettergeschwindigkeit *f*
~ **angular** Winkelgeschwindigkeit *f*, Kreisfrequenz *f*
~ **de arrastre** Schleppgeschwindigkeit *f (Fischerei)*
~ **ascensional [de ascenso]** *(Flg)* Steiggeschwindigkeit *f*, Aufstiegsgeschwindigkeit *f*; Auftriebsgeschwindigkeit *f (z. B. Ballon)*
~ **del arranque** 1. Anfangsgeschwindigkeit *f*; Startgeschwindigkeit *f*; 2. *(Kfz)* Anfahrgeschwindigkeit *f*; 3. *(Bgb)* Abbaugeschwindigkeit *f*
~ **de avance** 1. *(Fert)* Vorschubgeschwindigkeit *f*; 2. *(Flg)* Vortriebsgeschwindigkeit *f*; 3. *(Bgb)* Verhiebgeschwindigkeit *f*, Vortriebsgeschwindigkeit *f*
~ **de baudio** *(Inf, Nrt)* Baudrate *f*
~ **de bit** *(Inf)* Bitgeschwindigkeit *f*, Bitfrequenz *f*, Bitrate *f*
~ **de caída** Fallgeschwindigkeit *f*
~ **de caudal** Durchsatzrate *f*
~ **de circulación** Strömungsgeschwindigkeit *f*, Zirkulationsgeschwindigkeit *f*; Durchflussgeschwindigkeit *f*
~ **circunferencial** Umfangsgeschwindigkeit *f*
~ **de cómputo** *(Inf)* Rechengeschwindigkeit *f*
~ **de comunicación** *(Inf)* Übertragungsgeschwindigkeit *f*
~ **de conducción** Fahrgeschwindigkeit *f*
~ **de corte** 1. *(Fert)* Schnittgeschwindigkeit *f*; 2. Fällgeschwindigkeit *f (Forsttechnik)*
~ **cósmica** kosmische Geschwindigkeit *f*
~ **crítica** kritische Geschwindigkeit *f*, kritische Drehzahl *f*
~ **de crucero** *(Flg)* Reisegeschwindigkeit *f*, *(Schiff auch)* Fahrtgeschwindigkeit *f*, Marschgeschwindigkeit *f*

~ **de descenso** *(Flg)* Abstiegsgeschwindigkeit *f*, Sinkgeschwindigkeit *f*
~ **de despegue** *(Flg)* Startgeschwindigkeit *f*
~ **de desplazamiento** 1. Ausbreitungsgeschwindigkeit *f (Schwingung)*; 2. *(El)* Driftgeschwindigkeit *f*
~ **del eje** Wellendrehzahl *f*
~ **de elevación** *(Förd)* Hubgeschwindigkeit *f*
~ **de explotación** *(Schiff)* Dienstgeschwindigkeit *f*, Geschwindigkeit *f* auf See
~ **de flujo** Strömungsgeschwindigkeit *f*
~ **de giro** Drehgeschwindigkeit *f*; Drehzahl *f*
~ **de grabación** *(Inf)* Aufzeichnungsgeschwindigkeit *f*
~ **graduable** stufenlos regelbare Drehzahl *f*
~ **hipersónica** Hyperschallgeschwindigkeit *f*
~ **de impacto** Auftreffgeschwindigkeit *f*, Aufschlaggeschwindigkeit *f*, Aufprallgeschwindigkeit *f*
~ **de impresora** *(Inf)* Druckergeschwindigkeit *f*
~ **inicial** Anfangsgeschwindigkeit *f*; Startgeschwindigkeit *f*
~ **interna del ordenador** *(Inf)* interne Verarbeitungsgeschwindigkeit *f* [Arbeitsgeschwindigkeit *f*], Rechengeschwindigkeit *f*
~ **de introducción** 1. Einführungsgeschwindigkeit *f*; 2. *(Inf)* Eingabegeschwindigkeit *f*
~ **de lanzamiento** *(Rak)* Startgeschwindigkeit *f*
~ **límite** Grenzgeschwindigkeit *f*, Grenzdrehzahl *f*
~ **de la luz** Lichtgeschwindigkeit *f*
~ **de la llama** Flammen(ausbreitungs)geschwindigkeit *f*
~ **de migración** *(Ch)* Wanderungsgeschwindigkeit *f (z. B. von Ionen)*
~ **operativa** Betriebsgeschwindigkeit *f*, Arbeitsgeschwindigkeit *f*; Operationsgeschwindigkeit *f (Rechner)*
~ **orbital** 1. *(Astr)* Bahngeschwindigkeit *f*, Umlaufgeschwindigkeit *f*; 2. *(Rak)* erste kosmische Geschwindigkeit *f*, Kreisbahngeschwindigkeit *f*
~ **de paso** Durchgangsgeschwindigkeit *f*; Durchlaufgeschwindigkeit *f*; Durchflussgeschwindigkeit *f*

~ **periférica** Umfangsgeschwindigkeit f
~ **de pesca** Schleppgeschwindigkeit f *(Fischnetz)*
~ **de procesamiento [proceso]** Verarbeitungsgeschwindigkeit f, Rechengeschwindigkeit f, Verarbeitung f
~ **de profundización** *(Bgb)* Vortriebsgeschwindigkeit f
~ **de propagación** Ausbreitungsgeschwindigkeit f, Fortpflanzungsgeschwindigkeit f
~ **punta** *(Kfz)* Spitzengeschwindigkeit f, Höchstgeschwindigkeit f
~ **de régimen** 1. Betriebsgeschwindigkeit f; Betriebsdrehzahl f; 2. *(Fert)* Arbeitsgeschwindigkeit f *(Schnittwert)*
~ **de respuesta** Ansprechgeschwindigkeit f
~ **de roscado** *(Fert)* Schnittgeschwindigkeit f *(Gewindeschneiden)*
~ **de rotación** 1. Rotationsgeschwindigkeit f, Umdrehungsgeschwindigkeit f; Drehzahl f; 2. *(Rak)* Umlaufgeschwindigkeit f
~ **de salida** 1. Ausflussgeschwindigkeit f, Austrittsgeschwindigkeit f; 2. *(Inf)* Ausgabegeschwindigkeit f
~ **sónica [del sonido]** Schallgeschwindigkeit f
~ **subsónica** Unterschallgeschwindigkeit f
~ **supersónica** Überschallgeschwindigkeit f, Ultraschallgeschwindigkeit f
~ **de torneado** *(Fert)* Schnittgeschwindigkeit f *(Drehen)*
~ **de transferencia** *(Inf)* Übertragungsrate f, Übertragungsgeschwindigkeit, Übertragungsleistung f
~ **de transmisión de datos** *(Inf)* Datenübertragungsrate f, Datenübertragungsgeschwindigkeit f
~ **transónica** schallnahe Geschwindigkeit f, Transonikgeschwindigkeit f
~ **de traslación** Fahrgeschwindigkeit f
~ **de tratamiento de datos** Datenverarbeitungsgeschwindigkeit f
~ **de trepada** *(Flg)* Steiggeschwindigkeit f
~ **útil** Durchsatz m *(z. B. Informationsübermittlung)*
~ **de vuelo** *(Flg)* Fluggeschwindigkeit f
velocímetro m Geschwindigkeitsmesser m, Drehzahlmesser m, Tacho(meter) m
veloergómetro m Fahrradergometer n
velomotor m Kleinmotorrad n, Mokick n

vena f 1. *(Bgb)* Erzader f, Gang m; 2. *(Ph)* Stromfaden m
~ **de hulla** Steinkohlenflöz n
venero m 1. Quell m; 2. Erzader f, Flöz n, Gang m
ventana f 1. Fenster n; Sichtglas n; 2. *(Inf)* Fenster n, Window n
~ **de batientes** Flügelfenster n
~ **de contravidriera** Verbundfenster n
~ **de corredera** Schiebefenster n
~ **de fuelle** Kippflügelfenster n
~ **giratoria** Drehfenster n
~ **de guillotina** Schiebefenster n *(vertikal)*
~ **interactiva** *(Inf)* Dialogfenster n *(Bedienelement)*
~ **intercalada** *(Inf)* Einblendfenster n
~ **con marco al aire** Zargenfenster n
~ **maximizada** *(Inf)* maximal vergrößertes Fenster n, Vollbildfenster n
~ **de radiación** *(Kern)* Bestrahlungskanal m
ventanilla f 1. (kleines) Fenster n; 2. *(Kfz)* Wagenfenster n
ventilación f 1. Lüftung f, Belüftung f, Ventilation f; 2. *(Bgb)* Wetterführung f, Bewetterung f
~ **ascendente** 1. Aufwärtslüftung f; 2. *(Bgb)* (auf)steigende Bewetterung f
~ **del cárter** *(Kfz)* Motorbelüftung f
~ **para corriente forzada** Zwangslüftung f
~ **descendente** 1. Abwärtslüftung f; 2. *(Bgb)* fallende Bewetterung f
~ **forzada** 1. Zwangsbelüftung f, Drucklüftung f; 2. *(Bgb)* künstliche Bewetterung f
~ **impelente** Zuluftung f, Frischlüftung f
ventilador m Ventilator m, Lüfter m; Gebläse n, Luftgebläse n, Windgebläse n
~ **de aletas** Flügelventilator m; Schaufelgebläse n
~ **aspirante** Saugventilator m, Sauglüfter m, Ablüfter m
~ **axial** Axialgebläse n
~ **calefactor** Heizlüfter m
~ **centrífugo** 1. Kreiselgebläse n; Radialgebläse n; Kreisellüfter m; 2. *(Bgb)* Schleuderlüfter m, Fliehkraftlüfter m
~ **de émbolo rotatorio** Kreiskolbengebläse n
~ **helicoidal** Schraubenventilator m, Schraubengebläse n, Schraubenlüfter m, Propellerventilator m

ventilador 422

~ **impelente** Drucklüfter m
~ **de paletas** Flügelventilator m
verdín f Grünspan m, Spanisches Grün n; Patina f
vergencia f (Opt) Vergenz f
verificación f Kontrolle f, Prüfung f, Überprüfung f, Nachprüfung f; Verifikation f; Eichung f; Nachmessung f
~ **aritmética** (Inf) arithmetische Kontrolle f [Prüfung f], Rechenprüfung f
~ **de coherencia** (Inf) Konsistenzprüfung f, Prüfung f der Datenkonsistenz
~ **de desgastes** Verschleißprüfung f
~ **en despacho** (Inf) Schreibtischtest m, Trockentest m
~ **inicial** Vorprüfung f
~ **de instalaciones** Anlagenprüfung f
~ **marginal** (Inf) Grenzwertprüfung f
~ **de materiales** Werkstoffprüfung f
~ **numérica** (Inf) Rechenkontrolle f, Rechenprobe f, Rechenprüfung f, Rechentest m
~ **por [de] paridad** (Inf) Paritätsprüfung f, Gerade-Ungerade-Prüfung f, Gerade-Ungerade-Kontrolle f
~ **de suma cruzadas** (Inf) Quersummenkontrolle f, Quersummenprüfung f, Querkontrolle f, Querparität f
~ **visual** Sichtprüfung f, visuelle Kontrolle f [Prüfung f]
verificador m Kontrollgerät n, Prüfgerät n, Prüfer m
~ **ortográfico** (Inf) Rechtschreibprogramm n
~ **de tensión** Spannungsprüfer m
verificadora f (Inf) Prüfvorrichtung f (mit Tastatur)
verificar v kontrollieren, (über)prüfen, verifizieren; eichen
verja f Eisengitter n; Gatter n; Zaun m
vernier m s. nonio
versal m (Inf, Typ) Großbuchstabe m; Versal(buchstabe) m
versátil 1. flexibel; Mehrzweck...; 2. drehbar
vertedera f (Lt) Streichblech n, Streichbrett n (Pflug)
vertedero m 1. Deponie f, Müllgrube f, Müllkippe f; 2. (Bw) Überfall m; Überlauf m; Ablaufbecken n; 3. Überfallwehr n, Sturzwehr n
~ **antiguo** Altablagerung f, Altlast f

~ **de basuras** Hausmülldeponie f
~ **controlado** geordnete Deponie f
~ **elevado** Hochdeponie f
~ **de escombros** Bauschuttdeponie f
~ **ilegal** illegale Müllkippe f, wilde Deponie f
~ **incontrolado** ungeordnete Deponie f
~ **de minería** Bergwerksdeponie f
~ **de residuos** Reststoffdeponie f, Abfalldeponie f
~ **subterráneo** unterirdische Deponie f, Kavernendeponie f
~ **de vertiente** Hangdeponie f
vertedor m Wasserüberlauf m, Überlauf m; Auslaufrinne f, Ablaufrinne f
verter v ablagern, deponieren; kippen; schütten (Flüssigkeit)
verter v **al mar** verklappen (von Abfällen)
vertical 1. vertikal, senkrecht; stehend; 2. (Bgb) seiger
vertical f Vertikale f, Senkrechte f, Lot n
vértice m Scheitel m, Scheitelpunkt m, Gipfelpunkt m, Spitze f
~ **de ángulo** (Math) Scheitel m (Winkel)
~ **de diente** (Masch) Zahnspitze f (Zahnrad)
~ **de grafo** Punkt m, Ecke f (Graphentheorie)
~ **de la rosca** Gewindespitze f
vertido m 1. Entleerung f, Ausleerung f; Ablassen n; Verklappung f, Einleitung f; Abwassereinleitung f (in Gewässer); 2. Abwasseranfall m; 3. Abfall m, Abfallstoffe mpl
~ **al mar** Verklappung f
~ **radiactivo** radioaktiver Abfall m
~ **de residuos** Reststoffeinleitung f, Abfalleinleitung f
vertiente m 1. Hang m; 2. Einzugsgebiet n; 3. Abdachung f
vestigio m (Ch) Spur f
veta f 1. (Bgb) Gang m, Flöz n; 2. (Met) Haarriss m; 3. Narben m, Narbenbild n (Lederverarbeitung); 4. Maser m; Maserung f, Faserstruktur f (Holz)
veteado m Maserung f (Holz)
vetilla f (Bgb) Ader f
V.H.F. s. frecuencia/muy alta
vía f 1. (Ph) Weg m; Bahn f; Strecke f; 2. Eisenbahnstrecke f; 3. Fahrbahn f, Straße f; 4. Gleis n; 5. (Eb, Kfz) Spurweite f; 6. (Eb) Spur f; 7. (Bgb) Strecke f; 8.

(Text) Bahn f, Stoffbahn f; 9. Spur f *(Datenträger)*; Pfad m; 10. *(Nrt)* Leitweg m; Leitung f; Kanal m • **de ~ ancha** breitspurig, vollspurig • **de ~ angosta** schmalspurig • **de ~ doble** doppelgleisig, zweigleisig; zweispurig • **de ~ única** eingleisig; einspurig

~ **de aeramiento** *(Bgb)* Wetterstrecke f
~ **aérea** 1. Luftweg m; 2. Hängebahn f; Schwebebahn f
~ **aérea suspendida** Schienenhängebahn f
~ **de aguas** *(Schiff)* Leck n
~ **ancha** *(Eb)* Breitspur f, Breitspurbahn f
~ **de ancho normal** *(Eb)* Normalspur f
~ **angosta** *(Eb)* Schmalspur f, Schmalspurbahn f
~ **de aterrizaje** *(Flg)* Landestreifen m
~ **de cambio** Rangiergleis n, Verschiebegleis n
~ **de carena** *(Schiff)* Aufschlepphelling f
~ **colgante** Hängebahn f
~ **de grúa** Kranweg m
~ **de intensidad** *(El)* Strompfad m
~ **interna** *(Inf)* Bus m, Datenbus m
~ **interurbana** Fernverkehrsstraße f
~ **láctea** *(Astr)* Milchstraße f
~ **permanente** 1. *(Eb)* Oberbau m, Gleisoberbau m; Gleisanlagen fpl; 2. *(Nrt)* gehaltener Weg m
~ **de radioenlace dirigido** Richtfunkstrecke f
~ **de rodadura** 1. Laufbahn f; 2. *(Flg)* Rollbahn f, Rollweg m
~ **de rodillos** 1. *(Masch, Met)* Rollgang m; 2. *(Förd)* Roll(en)bahn f
~ **de traslación** Fahrgleis n *(Kran)*

viaducto m 1. Viadukt m; 2. *(Inf)* Fließband n, Pipeline f *(Befehlsausführung)*
~ **de agua** Kanalbrücke f
~ **ferroviario** Eisenbahnbrücke f; Bahnüberführung f

vial m 1. *(Eb)* Schiene f; 2. *(Ch)* Ampullenflasche f

vibración f 1. Vibrieren n, Erschütterung f, Rütteln m; 2. Schwingung f, Vibration f
~ **aeroelástica** *(Flg)* Flatterschwingung f
~ **amortiguada** gedämpfte Schwingung f
~ **audible** hörbare Schwingung f
~ **autoexcitada** selbsterregte Schwingung f
~ **del cuerpo entero** Ganzkörperschwingung f

~ **estocástica** stochastische [regellose, zufallsbedingte] Schwingung f
~ **excitada** angeregte Schwingung f
~ **de impacto** Stoßschwingung f
~ **de impulso** Impulsschwingung f
~ **longitudinal** Längsschwingung f
~ **mecánica** mechanische Schwingung f, Vibration f
~ **parcial** Teilkörperschwingung f, Teilkörpervibration f
~ **senoidal** sinusförmige Schwingung f
~ **sonora** Schallschwingung f, Schallvibration f
~ **de todo el cuerpo** Ganzkörperschwingung f, Ganzkörpervibration f
~ **en torsión** Drehschwingung f, Torsionsschwingung f
~ **transmitida al cuerpo** Körperschwingung f
~ **transversal** Querschwingung f, Transversalschwingung f
~ **vertical** vertikale Schwingung f

vibrador m 1. *(Masch)* Vibrator m, Vibrationsgerät n; Rüttelvorrichtung f, Rüttelmaschine f, Rüttelgerät n, Rüttler m; 2. *(El)* Vibrator m, Wechselrichter m, Zerhacker m
~ **de aguja** *(Bw)* Stabvibrator m, Nadelvibrator m
~ **de montaje** Anbauvibrator m *(Rammtechnik)*
~ **de pala** *(Bw)* Stabrüttler m, Nadelrüttler m
~ **de plato** Vibrationstisch m, Rütteltisch m
~ **a transistores** *(El)* Transistorzerhacker m

vibrar v vibrieren, schwingen; rütteln; zittern

vibrómetro m Schwingungsmessgerät n, Schwingungsmesser m, Vibrationsmesser m

vibrorresistente schwingungsfest

vibroseparador m *(Bgb)* Stoßherd m, Schüttelherd m, bewegter Herd m *(Aufbereitung)*

vida f Lebensdauer f *(z. B. einer Anlage)*
~ **de herramienta** *(Fert)* Standzeit f
~ **media** *(Kern)* Halbwert(s)zeit f
~ **útil** 1. Nutzungsdauer f *(Maschine)*; Lebensdauer f; 2. *(Kst)* Topfzeit f

vídeo m 1. Videotechnik f; 2. Videosignal n; Videoinformation f; 3. Videoterminal n;

video 424

4. Video(band) *n* • **grabar en ~** auf Video aufnehmen
videoamplificador *m* Videoverstärker *m*
videocámara *f* Videokamera *f*
videocasetera *f* Video(kassetten)rekorder *m*
videocassette *f* Videokassette *f*
videocinta *f* Video(magnet)band *n*
videoclip *m* Videoclip *m*, Videostreifen *m*
videocodificación *f* (*Nrt*) Bildsignalcodierung *f*
videoconferencia *f* (*Nrt*) Videokonferenz *f*
videocontrol *m* 1. Videosteuerung *f*; 2. Videoüberwachung *f*
videodisco *m* Videoplatte *f*, Bildplatte *f*
videofonía *f* Bildfernsprechen *n*
videófono *m* Videotelefon *n*, Bildfernsprecher *m*, Bildtelefon *n*
videofrecuencia *f* Videofrequenz *f*, Bildfrequenz *f*
videograbación *f* Videoaufnahme *f*
videograbadora *f* Videorekorder *m*
videografiar *v* videographieren, Videofilme herstellen
videográfico *m* Videoaufzeichnung *f*, Videograph *m*
videoimpresora *f* Videoprinter *m*, Videodrucker *m*
videoimpulso *m* Videoimpuls *m*, Bildimpuls *m*
videojuego *m* Videospiel *n* (*Computerspiel mit Bewegtbildern*)
videoregistrador *m* Video(kassetten)rekorder *m*
videoseñal *m* Videosignal *n*, Bildsignal *n*
videotecnia *f* Videotechnik *f*
videotelefonía *f* Bildfernsprechen *n*
videoteléfono *m* Bild(schirm)telefon *n*, Fernsehtelefon *m*, Videotelefon *n*
videoterminal *m* (*Inf*) Datensichtstation *f*, Videoterminal *n*, Bildschirmterminal *n*
vídeotex *m* Bildschirmtext *m*, Videotex *m*, Btx
videotexto *m* Videotext *m*
videovigilancia *f* Videoüberwachung *f*
vidiconoscopio *m* Vidiconröhre *f*
vidriado *m* 1. Glasur *f*; 2. glasiertes Geschirr *n*
vidriar *v* glasieren
vidrio *m* Glas *n*; Fensterglas *n*
~ armado Drahtglas *n*
~ biselado geschliffenes Glas *n*
~ coloreado Farbglas *n*, Buntglas *n*, gefärbtes Glas *n*
~ compuesto Verbundglas *n*
~ deslustrado Mattglas *n*, mattiertes Glas *n*, Milchglas *n*; Mattscheibe *f*
~ fibroso Glasfaser *f*
~ hilado Glasfaden *m*, Glasgespinst *n*, Glaswolle *f*
~ en hojas Tafelglas *n*
~ inastillable [irrompible] Sicherheitsglas *n*
~ láctico Milchglas *n*
~ refractario feuerfestes Glas *n*
~ soplado geblasenes Glas *n*
~ tallado geschliffenes Glas *n*
~ termorresistente hitzebeständiges Glas *n*
vientre *m* 1. Ausbauchung *f*, Bauch *m*; 2. Wellenbauch *m*; 3. (*Schiff*) Bauchstück *n*; 4. (*Met*) Kohlensack *m* (*Hochofen*)
viga *f* 1. (*Bw*) Träger *m*; Unterzug *m*; 2. gerader Träger *m*, Balkenträger *m* (*Statik*); 3. Balken *m* (*Holz*)
~ de la cubierta Dachträger *m*
~ de entrepiso Deckenbalken *m*
~ de fondo Untergurt *m* (*Statik*)
~ de hormigón armado Stahlbetonträger *m*
~ portante (*Bw*) Kopfträger *m*
~ reticulada Fachwerkträger *m*, Gitterträger *m*
vigoroso lebhaft, heftig (*z. B. eine chemische Reaktion*)
viguería *f* Balkenwerk *n*
vigueta *f* Deckenbalken *m*, Deckenträger *m*; Deckenunterzug *m*
viguetaje *m* Fachwerk *n*
vilorta *f* Ring *m*, Handgriff *m*; Scheibe *f*
vinazas *fpl* (*Ch*) Schlempe *f*
vínculo *m* Verbindung *f*, Bindung *f*, Verknüpfung *f*
vinificación *f* Weinbereitung *f*
vinilbenceno *m* Vinylbenzen *n*, Styrol *n*, Styren *n*, Phenylethen *n*
vinilcianuro *m* Vinylcyanid *n*, Acryl(säure)nitril *n*
vinilcloruro *m* Vinylchlorid *n*
viñeta *f* 1. Vignette *f*; 2. Logo(gramm) *n*
violento stürmisch, lebhaft (*Reaktion*)
virable schwenkbar
virada *f* Drehung *f*, Wendung *f*, Wenden *n*
virador *m* Drehvorrichtung *f*; Drehmechanismus *m*

viraje m 1. Kurve f; Biegung f; Streckenkrümmung f; 2. Wenden n, Wende f; Kehre f; 3. (Foto) Bildtonung f
virar v 1. biegen; krümmen; 2. sich wenden; drehen; wenden; schwenken; 3. (Foto) tonen; 4. einholen (Netz)
virgen 1. gediegen (Metall); 2. unbelichtet (Film); 3. (Bgb) unverritzt; 4. unbenutzt, leer (z. B. Magnetband)
virola f 1. Scheibe f; 2. Muffe f; 3. Ring m; Schuss m, Stoß m (bei Behälterfertigung)
virotillo m Sprengbolzen m; Stehbolzen m; Abstandsstück n
viruta f Span m
virutamiento m Spanbildung f, Zerspanung f
viscofluencia f Kriechen n, Kriechdehnung f
viscosidad f Viskosität f, Zähflüssigkeit f
 • **de alta ~** hochviskos • **de baja ~** leichtflüssig
~ dieléctrica (El) dielektrische Nachwirkung f
~ magnética (El) magnetische Nachwirkung f
viscosilla f Viskose(stapel)faser f, Zellwolle f
viscosímetro m Viskosimeter n
viscoso viskos, zähflüssig, schwerflüssig, dickflüssig
visera f Schutzschild m; Schutzklappe f; Sonnenblende f; Blendschutz m; Schirm m (Mütze); Vorhänger m
~ de cara Gesichtsschild m; Kopfschutzschild m
~ quitasol (Kfz) Sonnenblende f
~ para soldar Schweißerschutzschild m
visión f Sicht f; Sehen n; Sehvermögen n; Gesichtsfeld n • **de ~ avanzada** Frontsicht...
viso m (Inf) Schreibmarke f, Blinker m
visómetro m Sichtprüfgerät n, Sichttester m
visor m (Foto) Sucher m, Bildsucher m
vista f 1. Ansicht f, Aussicht f; Bild n; 2. Übersicht f; Blickfeld n; Sehen n
~ aérea Luftbild n
~ anterior Vorderansicht f
~ de arriba Draufsicht f
~ de atrás Rückansicht f
~ en corte Darstellung f im Schnitt, Schnittansicht f, Schnitt m

~ de costado Seitenansicht f
~ delantera Vorderansicht f, Frontansicht f
~ por encima Draufsicht f
~ de frente Vorderansicht f
~ lateral Seitenansicht f
~ panorámica Rundsicht f, Rundblick m; Vollsicht f; Rundbild n
vistaclara f (Schiff) Klarsichtfenster n, Klarsichtscheibe f
visual f Zielstrahl m; optische Achse f
visualización f 1. Sichtanzeige f, optische Anzeige f, Sichtdarstellung f; 2. (Inf) Visualisierung f, Anzeige f (Bildschirm); Bildschirmausgabe f
~ por cristal líquido Flüssigkristallanzeige f, LCD
~ por diodo luminoso Leuchtdiodenanzeige f, LED-Anzeige f
~ en pantalla Bildschirmdarstellung f
visualizador m 1. Sichtgerät n, Display n; 2. Betrachterprogramm n
~ de archivos Dateiviewer m
~ de cristal líquido Flüssigkristallanzeige f, LCD
~ de diodos emisores de luz LED-Anzeige f
visualizar v sichtbar machen, anschaulich darstellen, veranschaulichen; (grafisch) darstellen; anzeigen (Bildschirm)
vítreo gläsern, glasartig
vitrificar v einglasen, verglasen; sintern (Keramik)
vivo 1. lebhaft (z. B. eine Reaktion); 2. (Bgb) anstehend (Kohle, Gestein)
vobulación f (El) Wobbeln n, Wobbelung f
vobulador m Wobbelsender m, Wobbelgenerator m, Heultongenerator m, Frequenzwobbler m, Wobbler m
vobular v (El) wobbeln
volada f (de grúa) Schwenkbereich m; Ausladung f (Kran)
voladizo vorspringend
voladizo m Überhang m; Auskragung f, Konsole f; Vorsprung m
~ de cuchilla (Fert) Ausladung f eines Schneidwerkzeuges
~ de grúa Kranausladung f, Auslegerweite f
volado 1. vorgekragt; vorstehend; 2. (Math) hochgestellt (Exponent)
volador m Rakete f
voladura f (Bgb) Sprengarbeit f, Sprengung f; Schießen n

volandera f 1. (Typ) Vorteilschiff n, Umbruchschiff n; 2. Scheibe f; Unterlage f; 3. Mahlstein m

volante m 1. Schwungrad n; 2. Handrad n; 3. (Kfz) Lenkrad n; 4. (Text) Läufer m, Schnellwalze f (Spinnerei); 5. Unruh f (Uhr); 6. Handzettel m; Begleitschein m

~ **de accionamiento** Lenkrad n; Steuer n

~ **de dirección** 1. (Kfz) Lenkrad n; 2. (Schiff) Steuerrad n, Ruderrad n

~ **de inercia** Schwungscheibe f, Schwungrad n, Schwungmasse f

~ **magnético** (Kfz) Schwunglichtmagnetzünder m

~ **de mando** Steuerrad n; Lenkrad n; Steuer n; Handrad n

~ **manivela** Handrad n

volar v 1. fliegen; 2. (in die Luft) sprengen

volatilizar v verdampfen, verflüchtigen; verdunsten; vergasen (z. B. Pflanzenschutzmittel)

volcado m (Inf) Leeren n; Speicherauszug m, Speicherabzug m, Auszug m eines Speicherinhaltes, Umspeicherung f

volcador m 1. Kippvorrichtung f; Kippanlage f; 2. Kipper m; Dumper m

~ **de vagones** (Eb) Waggonkippanlage f

volcar v 1. (um)kippen; stürzen; umwerfen; 2. (Inf) ausgeben; zwischenspeichern

volframio s s. tungsteno

volquear v kippen

volqueo m (Eln) Kippen n; Abfall m, Absinken n

volquete m 1. Kippfahrzeug n, Kipper m; 2. Kippvorrichtung f

~ **automóvil** Kipper m; Dumper m

~ **de descarga lateral** Seitenkipper m

voltaico Volta…; galvanisch

voltaje m (El) Spannung f

~ **acelerador** Beschleunigungsspannung f (Elektronenstrahlröhre)

~ **/alto** Hochspannung f

~ **de contacto** Berührungsspannung f

~ **extrabajo** Kleinspannung f, Schutzkleinspannung f (bis 42 V)

~ **de operación** Betriebsspannung f

~ **de paso** Schrittspannung f (Berührungsspannung von Fuß zu Fuß)

~ **de salida** Ausgangsspannung f

voltámetro m Voltameter n, Coulometer n

voltamperímetro m Scheinleistungsmesser m, Voltamperemeter n, VA-Meter n

voltamperio m Voltampere n, VA

volteadora f 1. Kippvorrichtung f; 2. Kipper m

~ **de horquillas** (Lt) Gabelheuwender m

voltear v kippen; umkippen, umwerfen; stürzen

volteo m **de páginas** (Inf) Blättern n

voltímetro m Voltmeter n, Spannungsmesser m

~ **de amplitud** Scheitelspannungsmesser m

~ **electromagnético** elektromagnetisches Voltmeter n, elektromagnetischer Spannungsmesser m, Dreheisenvoltmeter n, Dreheisenspannungsmesser m, Weicheisenvoltmeter n, Weicheisenspannungsmesser m

~ **térmico** thermisches Voltmeter n, thermischer Spannungsmesser m, Hitzdrahtvoltmeter n, Hitzdrahtspannungsmesser m

voltio m Volt n, V

volumen m 1. Volumen n, Rauminhalt m, Raumgehalt m; Kubikinhalt m; Umfang m; Menge f; 2. Lautstärke f (Radio); 3. (Typ) Band m; Jahrgang m (Periodika); 4. (Inf) Magnetspeichereinheit f; Volumen n • **a todo** ~ in voller Lautstärke

~ **atómico** (Ph) Atomvolumen n

~ **de captación** Erfassungsmenge f

~ **de datos** (Inf) Datenmenge f, Datenvolumen n

~ **de desechos** Abfallmenge f

~ **de desplazamiento** (Schiff) Verdrängungsvolumen n

~ **de disco** Plattendatenträger m

~ **de entrada** (Inf) Eingabedatenträger m, Eingabemedium n

~ **máximo** Vollaussteuerung f (Radio)

~ **de memoria** (Inf) Speicherkapazität f

~ **de salida** Ausgabedatenträger m

~ **de timbre** Lautstärke f

volumetría f 1. Volumenmessung f; 2. (Ch) Volumetrie f, Maßanalyse f, Titrimetrie f

volumétrico volumetrisch, titrimetrisch

volver v 1. wenden; umkehren; 2. wiederholen; 3. verwandeln

vórtice m 1. Wirbel m (Strömungslehre); Strömungswirbel m, Strudel m; 2. Wir-

belröhre f; 3. Tauchrohr n *(Zyklonabscheider)*
vuelcavagones m *(Eb)* Waggonkippanlage f
vuelcavagonetas f Kipplore f
vuelco m Kippen n, Umkippen n
~ **hacia atrás** Aufbäumen n *(Schlepper)*
vuelo m 1. Flug m; Überflug m; 2. Ausladung f, Weite f
~ **ascendente** Steigflug m
~ **a baja altura** Tiefflug m
~ **a ciegas** Blindflug m
~ **circunlunar** Mondumkreisung f
~ **descendente** Sinkflug m
~ **espacial** Raumflug m; Raumfahrt f, Weltraumfahrt f
~ **hipersónico** Überschallflug m
~ **con instrumentos** Geräteflug m, Instrumentenflug m, Blindflug m
~ **subsónico** Unterschallflug m
~ **supersónico** Überschallflug m
~ **útil** *(Förd)* Nutzausladung f
vuelta f 1. Umdrehung f, Drehung f; Wende f, Wendung f, Umlauf m; Rücklauf m; Windung f *(von Spulen)*; 2. *(Flg)* Kehre f; Looping n; 3. *(Inf)* Rücksprung m
vulcanización f Vulkanisation f, Vulkanisieren n
vulcanizador m Vulkanisierapparat m
vulcanizante m Vulkanisiermittel n
vulcanizar v vulkanisieren

W

weber m *(El)* Weber n *(Einheit des magnetischen Flusses)*
wobular v s. vobular
wolframio m s. tungsteno
wulfenita f *(Min)* Gelbbleierz n, Wulfenit m

X

xantato m Xanthogenat n
xenón m Xenon n, Xe
xerocopia f Xerokopie f
xerocopiadora f Xerokopierer m
xerocopiar v xerokopieren
xerografía f Xerographie f
xerografiar v xerographieren
xerox m 1. Xerokopierer m; 2. Xerokopie f

xileno m Xylen n, Xylol n, Dimethylbenzol n
xilenol m Xylenol n, Dimethylhydroxybenzen n
xilidina f Xylidin n, Aminodimethylbenzen n
xilografía f 1. *(Typ)* Holzschneidekunst f, Xylographie f; 2. Holzschnitt m
xilosa f Xylose f, Holzzucker m

Y

yacente m *(Bgb)* Liegendes n
yacimiento m Lagerstätte f, Lager n, Vorkommen n
~ **de carbón** Kohlenvorkommen n
~ **cretácico** Kreidevorkommen n, Kreidelagerstätte f
~ **cuprífero** Kupfererzvorkommen n
~ **explotable** (ab)bauwürdige Lagerstätte f
~ **férrico** Eisenvorkommen n
~ **de gas (natural)** Erdgasvorkommen n, Erdgaslager n
~ **de hierro** Eisenerzvorkommen n, Eisenerzlagerstätte f
~ **de hulla** Steinkohlenvorkommen n
~ **de lignito** Braunkohlenvorkommen n
~ **metálico [mineral]** Erzlagerstätte f, Erzvorkommen n; Minerallagerstätte f
~ **minero** Lagerstätte f, Fundort m
~ **petrolífero** Erdölvorkommen n, Erdöllager n
~ **productor** Lagerstätte f im Abbau
~ **en el sitio** autochthone Lagerstätte f, Lagerstätte f in situ
~ **submarino** Unterwasserlagerstätte f, submarine Lagerstätte f
~ **de uranio** Uranvorkommen n, Uranlagerstätte f
yeso m Gips m
yodar v *(Ch)* iodieren
yodatometría f *(Ch)* Iodatometrie f, Iodatmethode f
yodo m Iod n, Jod n, I, J
yodoformo m Iodoform n, Triiodmethan n
yoduro m Iodid n, Jodid n
yperita f s. iperita
yugo m Joch n; Bügel m, Gabelkopf m
~ **de freno** *(Flg)* Bremshebel m
~ **de muelle** Federjoch n *(Rammtechnik)*
~ **polar [de polo]** *(El)* Poljoch n

yugo

~ de popa *(Schiff)* Spiegel *m*, Spiegelheck *n*, Transomheck *n*
yunque *m* Amboss *m*
yute *m* Jute *f*
yuxtaponer *v* aneinander reihen *(z. B. Ziffern)*
yuxtaposición *f* Juxtaposition *f*, An(einander)lagerung *f (Kristallographie)*; Aneinanderreihung *f (z. B. von Ziffern)*

Z

zafra *f* 1. Zuckerrohrernte *f*; 2. *(Geol)* taubes Gestein *n*, Abraum *m*, Haufwerk *n*
zamarra *f (Met)* Puddel *m*, Puddelluppe *f*, Dackel *m*
zanja *f* Graben *m*; Grube *f*, Baugrube *f*
~ de avenamiento Abflussgraben *m*, Sickergraben *m*
~ de desagüe [drenaje] Vorfluter *m*, Drängraben *m*, Fluter *m*
~ de irrigación Bewässerungsgraben *m*
~ trinchera Kabelgraben *m (Leitungsbau)*
zanjadora *f* Grabenbagger *m*; Grabenpflug *m*, Grabenzieher *m*
~ de cangilones Eimerkettengrabenbagger *m*
~ fresadora Grabenfräse *f*
~ de rosario Kettengrabenbagger *m*
zanjar *v* Gräben ziehen, graben
zapapico *m* Kreuzhacke *f*
zapata *f* 1. Unterlage *f*, Unterlagsplatte *f*, Auflageplatte *f*; 2. Backen *m*; Bremsbacken *m*, Bremsschuh *m*, Hemmschuh *m*; 3. *(Schiff)* Kielschuh *m*, loser Kiel *m*
~ de carril *(Eb)* Schienenfuß *m*, Schienenkante *f*
~ de cimentación Fundamentauflager *n*
~ colectora Stromabnehmer *m*
~ de freno Bremsbacken *m*, Bremsklotz *m*, Bremsschuh *m*, Bremsblock *m*
~ guía Führungsstück *n*
~ de oruga *(Kfz)* Laufplatte *f (Raupenkette)*
~ de patín Stromabnehmer *m*
~ de polo *(El)* Polschuh *m*
~ de sustentación Stützplatte *f*
zaranda *f* Sieb *n*, Prüfsieb *n*; Durchschlag *m*
~ de limpieza *(Lt)* Reinigungssieb *n (z. B. Mähdrescher)*

zarandar *v* (durch)sieben
zinc *m* s. cinc
zócalo *m* Sockel *m*; Fuß *m*; Grundplatte *f*; Untersatz *m*; Unterplatte *f (Ventilverkettung)*
~ de bayoneta *(El)* Bajonettsockel *m*, Swansockel *m (Glühlampe)*
~ de enchufe *(Eln)* Einbauplatz *m*, Steckplatz *m*, Steckschlitz *m*, Schlitz *m*
~ de válvula Röhrenfassung *f*
zona *f* Zone *f*, Bereich *m*; Gebiet *n*, Region *f*, Feld *n*
~ de actuación Wirkbereich *m (Schutzvorrichtung)*
~ de agrietamiento *(Geol)* Zerklüftungszone *f*
~ de ajuste Verstellbereich *m*
~ de alcance Reichweite *f (Ergonomie)*
~ de almacenamiento 1. Lagerungsfläche *f*, Lagerbereich *m*, Lagerfläche *f*, Lagerplatz *m*; 2. *(Inf)* Speicherbereich *m*; Speicherblock *m*
~ anticiclónica Antizyklone *f*, Hochdruckgebiet *n*
~ de arrastre *(Schiff)* Nachstrombereich *m*
~ audible Hör(barkeits)bereich *m*
~ de captación 1. Haftstelle *f (Halbleiter)*; 2. Fassungszone *f (Trinkwasserschutzgebiet)*
~ de circulación Verkehrsbereich *m*, Verkehrszone *f*
~ de circulación por peatones Fußgängerzone *f*
~ de construcción Baugelände *n*; Bauplatz *m*
~ de control 1. Steuerbereich *m*; 2. Kontrollbereich *m*; 3. *(Flg)* Kontrollzone *f (Flugsicherung)*
~ defectuosa defekter Bereich *m (Datenträger)*
~ de densidad reducida *(Eln)* Verarmungszone *f (Halbleiter)*
~ de desbordamiento *(Inf)* Überlaufbereich *m*, Folgebereich *m*; Überlaufspuren *fpl (bei indiziert-verketteten Dateien)*
~ de distribución Beaufschlagungszone *f (Turbine)*
~ de efluvios *(El)* Entladungszone *f*
~ de enlace Verknüpfungsbereich *m (Multimedia)*
~ de enrarecimiento Verdünnungszone *f (einer Schallwelle)*

~ **de ensanche** erschlossenes Baugebiet n; Erweiterungsgebiet n
~ **de ensayo** Versuchsfeld n
~ **de entrada** 1. *(Flg)* Einflugabschnitt m; 2. *(Inf)* Eingabebereich m
~ **de equiseñales** 1. Leitstrahlbereich m *(Radartechnik)*; 2. Dauertonzone f
~ **de extinción** Löschzone f *(Brandbekämpfung)*
~ **fértil [fertilizante]** *(Kern)* Brutzone f, Bruthülle f, Brutmantel m *(Reaktor)*
~ **en filones** *(Bgb)* Gangzone f
~ **fracturada** *(Geol)* bruchreiche Zone f, Bruchzone f
~ **de frecuencias** Frequenzbereich m
~ **de fuga** *(El)* Streufeld n
~ **de fusión** Schmelzzone f *(Schweißen)*
~ **de medida** Messbereich m
~ **de memoria** *(Inf)* Speicherbereich m; Speicherabschnitt m; Speicherblock m
~ **muerta** tote Zone f *(Relais)*
~ **de normalizado** *(Met)* Glühzone f
~ **de paso** 1. *(Eln)* Durchlassbereich m; 2. Gehbereich m; Durchgang m
~ **peatonal** Fußgängerzone f
~ **periurbana** stadtnahes Gebiet
~ **de perturbaciones** *(Eln)* Störbereich m
~ **proporcional** Proportionalbereich m, P-Bereich m *(Zählrohr)*
~ **de protección de acuíferos** Wasserschutzgebiet n
~ **de protección de paisaje** Landschaftsschutzgebiet n
~ **de pruebas** Testbereich m; Testgelände n, Prüfgelände n
~ **de reacción** Wirkzone f *(Turbine)*; Reaktionszone f

~ **receptora** 1. Aufnahmebereich m; 2. *(Nrt)* Empfangsbereich m
~ **de relleno** 1. *(Inf)* Auffüllbereich m; Füllung f *(Grafikprogramm)*; 2. *(Bgb)* Versatzfeld n
~ **de rotura** *(Bgb)* Bruchzone f
~ **de segregación** *(Met)* Seigerungszone f
~ **de servicio** Empfangszone f *(Radio)*
~ **de silencio** tote [empfangstote] Zone f; Totzone f, Totbereich m; Funkschatten m *(Radio)*
~ **de solidificación** *(Met)* Erstarrungszone f, Verfestigungsbereich m, Verfestigungszone f
~ **sombreada** schraffierte Fläche f
~ **de transformación** *(Met)* Umwandlungszone f, Transformationsbereich m
~ **de tránsito** Verkehrszone f; Verkehrsbereich m; Gehbereich m
zoom m *(Opt, Foto)* Zoom m, Varioobjektiv n, Objektiv n mit veränderlicher Brennweite, Gummilinse f
~ **automático** *(Foto)* Autozoom m
zorra f Wagen m; Lore f; Hunt m, Förderwagen m
zumbar v *(Nrt)* brummen, summen
zumbido m *(El)* Brummen n, Summton m, Summen n
~ **de avería** *(Nrt)* Notsignal n
~ **de red** Netzbrummen n
~ **de rejilla** Gitterbrummen n
zunchar v mit Ringen [Bändern] befestigen; verlaschen; festbinden
~ **en caliente** warm aufziehen, aufschrumpfen *(Reifen)*
zuncho m Bügel m; Ring m
~ **de suspensión** *(Masch)* Tragkranz m
zurrar v *(Led)* gerben

Deutsch-Spanisch

A

abarbeiten v *(Inf)* procesar, ejecutar, recorrer *(ein Programm)*

abarbeitungsfähig *(Inf)* capaz de procesar, ejecutable

Abbau m 1. desmonte m, desmontadura f, desmontaje m; 2. *(Ch)* degradación f, descomposición f, desintegración f; 3. *(Bgb)* explotación f, extracción f, excavación f, beneficio m, labor f; 4. *(Lt)* explotación f dispersa

~/biochemischer degradación f bioquímica

~/biotechnologischer desintegratión f [descomposición f] biotechnológica

~/hydraulischer hidroextracción f

~ im Tagebau trabajo m [excavación f] a cielo (abierto)

~/photochemischer merma f fotoquímica *(Farbverlust)*

~/thermischer desintegración f térmica

~ von Kernkraftwerken desmantelamiento m de centrales nucleares

Abbaubagger m *(Bgb)* excavadora f afloradora

abbaubar 1. desarmable; 2. *(Ch)* degradable

~/aerob putrecible

~/biologisch biodegradable

Abbaubarkeit f 1. *(Ch)* degradabilidad f; 2. *(Bgb)* explotabilidad f

abbauen v 1. desmontar, desarmar, desarticular; 2. *(Ch)* descomponer, desintegrar, degradar; 3. *(Bgb)* explotar, extraer, beneficiar, laborar

~/eine Lagerstätte trabajar un depósito mineral

Abbauförderstrecke f *(Bgb)* trecho m de extracción

Abbauhammer m 1. *(Bgb)* martillo m [pico m] de minero, martillo m picador [rompedor]; 2. *(Bw)* rompehormigón m

Abbauort n *(Bgb)* lugar m de explotación, testero m

Abbauprodukt n *(Ch)* producto m de reducción; producto m de desintegración; producto m de degradación; residuo m degradante

Abbausohle f *(Bgb)* horizonte m de extracción, galería f de labor

Abbaustoß m 1. *(Bgb)* fachada f de la galería, frente m de arranque; 2. *(Geol)* bloque m de material a laborear

Abbaustrecke f *(Bgb)* trayecto m de extracción [elevación], galería f de extracción [explotación], guía f

abbauwürdig *(Bgb)* explotable, beneficiable

abbeizen v corroer, decapar; cauterizar *(durch Lauge)*

Abbeizmittel n agente m decapante, cáustico m, corrosivo m; decapante m *(für Metalle)*; desbarnizante m, quitapintura m, removedor m de pintura *(Farben, Lacke)*

Abbild n *(Opt, Math)* imagen f

abbilden v representar

Abbildung f 1. *(Opt)* imagen f; 2. *(Math)* imagen f, correspondencia f, figura f; 3. representación f, proyección f

abbindefähig *(Bw)* fraguable

abbinden v 1. fraguar *(z. B. Beton)*; 2. atar *(z. B. Kabel)*; 3. enarcar *(Küferei)*

Abbindewärme f *(Bw)* temperatura f de fraguado; calor m de fraguado *(bei Beton)*

abblasen v dejar escapar *(Dampf, Gas)*; desinflar; desvaporar; lanzar *(Gas)*

Abblaseventil n válvula f de barrido [escape, extracción, purga, soplado]

abblenden v 1. *(Foto)* diafragmar, cerrar el diafragma, obturar; 2. bajar las luces *(Scheinwerfer)*

Abblendlicht n *(Kfz)* luz f baja [de cruce, de pase, de tráfico, de corto alcance]

Abblendschalter m *(Kfz)* conmutador m para luz de cruce

Abblendung f *(Foto)* diafragmación f

Abbrand m 1. *(Kern)* combustión f nuclear, grado m de quemado *(Reaktor)*; 2. *(Met)* pérdida f por fusión

abbrechen v 1. *(Bw)* demoler, derribar; tirar; 2. *(Bw)* desguazar; 3. *(Inf)* interrumpir; truncar

abbremsen v frenar, decelerar, reducir la velocidad

Abbremsung f 1. *(Kfz)* frenado m, deceleración f, ralentí m; 2. *(Kern)* moderación f

abbrennen v quemar; desaislar eléctricamente *(Isolierung)*

Abbrennschweißen n soldadura f por chispas

Abbruch *m* 1. rompimiento *m*; 2. *(Bw)* demolición *f*; derribo *m*; 3. *(Ch)* terminación *f (Kettenabbruch)*; 4. *(Inf)* terminación *f (anormal)*, truncamiento *m*

Abdämmung *f* atagulamiento *m (Wasserbau)*

Abdampf *m* vapor *m* de escape [exhaustación]

abdampfen *v* evaporar

abdämpfen *v* amortiguar

Abdampfkessel *m (Ch)* concentrador *m*

Abdampfschale *f (Ch)* cápsula *f* de evaporación

Abdampfturbine *f* turbina *f* de escape

Abdämpfung *f* amortiguamiento *m*

abdecken *v* 1. cubrir, recubrir; tapar; 2. *(Bw)* destechar, destejar

Abdeckplatte *f* placa *f* cobertora [de cubierta]; tapa *f* de cámara *(für Kabelschächte)*

Abdeckung *f* 1. cubierta *f*; cobertura *f*; recubrimiento *m*; dispositivo *m* de cobertura *(Einrichtung)*; 2. *(Bw)* destecho *m*, destejo *m*, levantamiento *m* del tejado; 3. tapa *f* de cámara *(für Kabelschächte)*

abdichten *v* 1. estancar; obturar; taponar; hermetizar; impermeabilizar; 2. *(Schiff)* cal(a)fatear, retacar; empaquetar

Abdichtring *m* arandela *f*

Abdichtung *f* impermeabilización *f*, estancamiento *m*; taponamiento *m (z. B. Bohrloch)*; sellado *m*; acolchamiento *m (z. B. mit Wolle)*

Abdrift *f (Flg, Schiff)* abatimiento *m*, deriva *f*

Abdriftmesser *m (Flg)* derivómetro *m*

Abdruck *m* 1. huella *f*, indentación *f (von einem Prüfkörper)*; molde *m*; 2. impronta *f*, impresión *f*; réplica *f*; 3. *(Geol)* impresión *f (eines Fossils)*

Aberration *f (Opt, Astr)* aberración *f*

~/chromatische aberración *f* cromática [de cromatismo, de refrangibilidad]

~/sphärische aberración *f* esférica [de esfericidad, de apertura]

A-Bewertungsskala *f* escala *f* de ponderación A *(Akustik)*

abfackeln *v (Umw)* quemar en la antorcha

Abfall *m* 1. caída *f (z. B. der Spannung)*; decrecimiento *m*; declive *m (z. B. einer Kurve)*; decaimiento *m*; declividad *f*; descenso *m*; reducción *f (Druck)*; 2. *(El)* apertura *f (eines Relais)*; volqueo *m*; 3. desechos *mpl*, desecho *m*; desperdicios *mpl*; residuos *mpl*; basura *f*, recortes *mpl*; rechazo *m*; despojo *m*; 4. *(Inf)* confetti *m*; 5. *(Bgb)* desmontes *mpl (Aufbereitung)*

~/nuklearer desechos *mpl* nucleares

~/radioaktiver basura *f* atómica; chatarra *f* radiactiva; residuos *mpl* activos [de la industria nuclear]; vertido *m* radiactivo

~/recycelbarer residuos *mpl* reciclables

~/sperriger residuos *mpl* voluminosos

Abfallanlage *f* planta *f* de tratamiento de residuos

Abfallballenpresse *f* prensa *f* empaquetadora de residuos

Abfallbehälter *m* 1. recipiente *m* de desperdicios [desechos, residuos]; 2. *(Inf)* papelera *f* del reciclaje

Abfallbehandlungsanlage *f* sistema *m* de tratamiento de residuos; equipo *m* para manejo de residuos; estación *f* de tratamiento de basura

Abfallbeseitigung *f* eliminación *f* de desechos; evacuación *f* de desechos [basuras]; depolución *f*

Abfalldeponie *f* vertedero *m* de residuos

Abfälle *mpl* 1. desechos *mpl*; residuos *mpl*; 2. *(Text)* descarga *f*; hilacha *f*

Abfalleinleitung *f* vertido *m* de desechos [residuos]

abfallen *v* 1. decrecer; descender; 2. *(El)* volver al reposo *(Relais)*

Abfallen *n* 1. descenso *m*; 2. desenganche *m*, desexcitación *f*; apertura *f*, vuelta *f* al reposo *(eines Relais)*

Abfallentsorgung *f* eliminación *f* de desechos; eliminación *f* de residuos; evacuación *f* de desechos; evacuación *f* de basuras

Abfallentsorgungsanlage *f* planta *f* de tratamiento de residuos, planta *f* de eliminación de residuos

Abfallkataster *m* catastro *m* de desechos

Abfallkompaktierung *f* compactación *f* de desechos

Abfallmenge *f* volumen *m* de desechos

Abfallnutzung *f* recuperación *f* de residuos; reutilización *f* de residuos

Abfallprodukt *n* producto *m* desechado [de desecho], desperdicio *m*, desecho *m*; material *m* desechado [de desecho];

residuo *m*; sustancia *f* de desecho; producto *m* colateral; despojo *m*
Abfallrecycling *n* reciclado *m* de desechos; reciclaje *m* de residuos
Abfallreinigungsanlage *f* instalación *f* para depurar desechos
Abfallstoff *m* sustancia *f* de desecho; producto *m* desechado [de desecho]; material *m* desechado [de desecho]
Abfallverarbeitung *f* procesamiento *m* de residuos; proceso *m* de productos de desecho
Abfallverbrennung *f* incineración *f* de residuos [desechos]
Abfallverbrennungsanlage *f* planta *f* incineradora de residuos
Abfallverfestigung *f* solidificación *f* de desechos
Abfallverwertung *f* aprovechamiento *m* residual [de residuos]; recuperación *f* de desechos; reutilización *f* de residuos
Abfallverwertungsanlage *f* planta *f* de utilización de desechos
Abfallwiederaufbereitung *f* reciclado *m* de desechos
Abfallzeit *f* 1. tiempo *m* de desexcitación [vuelta al reposo] *(Relais)*; 2. *(Eln)* tiempo *m* de caída *(Transistor)*
abfangen *v* 1. *(Bw)* apear; 2. *(Bgb)* sostener *(Schicht)*; 3. captar *(z. B. Funksprüche)*; interceptar *(Luftziel)*
abfasen *v (Fert)* (a)biselar, (a)chaflanar
abfasern *v* deshilacharse
Abfasmaschine *f (Fert)* chaflanadora *f*
Abfasung *f (Fert)* (a)chaflanado *m*, achaflanaje *m*; chaflán *m*
abflachen *v* 1. aplanar; 2. *(Bw)* falsear
Abflachschaltung *f (El)* filtro *m* de aplanamiento
Abflachung *f* aplanamiento *m (z. B. eines Impulses)*
Abflugmasse *f (Rak)* masa *f* inicial
Abfluss *m* 1. desagüe *m*; descarga *f*; salida *f*; escurrimiento *m*; desembocadura *f*; efluente *m*; 2. vaciadero *m*
Abflussleitung *f* tubería *f* de descarga [desagüe]
Abflussöffnung *f* 1. orificio *m* de vaciado; descarga *f*; 2. *(Schiff)* porta *f* de desagüe
Abflussrohr *n* tubo *m* de desagüe; cañón *m* de vertido

Abflussventil *n* válvula *f* de desagüe
abforsten *v* deforestar
Abfrage *f* 1. interrogación *f*; 2. *(Inf, Nrt)* petición *f*; 3. *(Inf)* consulta *f*
abfragen *v* interrogar *(z. B. Daten)*; consultar
Abfrageschaltung *f (Nrt)* circuito *m* de contestación
Abfragung *f* 1. *(Nrt)* contestación *f*; 2. emisión *f* de impulsos de interrogación *(Radar)*
abfüllen *v* trasegar; trasvasar; llenar
Abfüllmaschine *f* 1. envasadora *f*; 2. máquina *f* automática de empaquetar
Abgabe *f* entrega *f*; descarga *f*; emisión *f*
~ **in die Umwelt** emisión *f* medioambiental
~/**radioaktive** emisión *f* radiactiva
~ **von Schadstoffen** emisión *f* contaminante [de contaminantes, de sustancias nocivas]
Abgänge *mpl* 1. *(Text)* hilacha *f*; 2. *(Bgb)* colas *fpl (Aufbereitung)*
Abgas *n* 1. gas *m* de escape; gas *m* de desecho; gas *m* de combustión; gas *m* perdido; 2. *(Met)* humo *m*
Abgasrohr *n* tubo *m* de escape; tubuladura *f* de evacuación
Abgasturbine *f* turbina *f* de escape
Abgasvorwärmer *m* recalentador *m* por gas de escape
Abgeleitete *f* derivada *f*
Abgleich *m* 1. alineación *f*; balance *m*; balanceo *m*; compensación *f*; equilibrio *m*; 2. *(El, Eln)* ajuste *m*, ajustamiento *m*; 3. *(Eln)* sintonía *f*
abgleichen *v* 1. alinear; igualar; enrasar; 2. *(El, Eln)* ajustar; 3. *(Eln)* equilibrar; 4. *(El)* calibrar
Abgleichfrequenz *f* frecuencia *f* de ajuste
Abgleichpotenziometer *n* potenciómetro *m* de ajuste
abgrenzen *v* delimitar; definir; acordonar
Abgrenzungszeichen *n (Inf)* delimitador *m*
Abgriff *m* 1. toma *f*; 2. *(Eln)* derivación *f*; 3. *(El)* toma *f* variable *(beim Widerstand)*; 4. *(El)* cursor *m (z. B. eines Potenziometers)*
Abguss *m* 1. *(Met)* colada *f*, moldura *f*; sobremolde *m (einer Gussform)*; 2. vaciado *m*; 3. *(Typ)* impronta *f*

Abhang

Abhang m 1. pendiente f; declive m; declividad f; cuesta f; escarpa f; 2. (Bgb) ladera f
abhängig dependiente
Abhängigkeit f dependencia f
Abhitze f calor m de escape; calor m irradiado; calor m perdido [desperdiciado]
abholzen v deforestar; cortar
Abholzung f deforestación f; tala f total
abisolieren v (El) desaislar, desguarnecer (Kabel)
Abisolierzange f (El) pinzas fpl pelacables; alicates mpl pelacables
abkanten v (Fert) (a)biselar
Abkantpresse f rebordeadora f; prensa f plegadora
Abklärbecken n cámara f decantadora [de decantación]
abklären v clarificar; aclarar (Flüssigkeiten); purificar; decantar
Abklären n (Ch) decantación f (von Bestandteilen in Flüssigkeiten); encolado m (z. B. von Wein)
abklemmen v (El) desconectar; desembornar
Abklingbecken n (Kern) piscina f de desactivación; basurero m nuclear [atómico] (zum Sammeln radioaktiver Abfälle); tanque m de retardo (Strahlenschutz)
abklingen v atenuarse; extinguirse; debilitarse; disminuir; amenguar; volver a cero
Abklingzeit f 1. tiempo m de relajación; tiempo m de atenuación; tiempo m de retorno a cero; 2. (Kern) período m de desactivar
Abkneifpresse f prensa f troqueladora [para troquelar]
abkochen v 1. hervir; 2. (Text) descrudar (Seide)
Abkochung f 1. cocimiento m; decocción f; 2. (Text) descrudecimiento m (Seide)
abkoppeln v (Masch) desacoplar (Kupplung); desenganchar
abkühlen v enfriar; refrigerar
Abkühlung f enfriamiento m; refrigeración f
Ablage f 1. archivo m; anaquel m; cajetín m; 2. (Inf) apilador m
Ablagefach n 1. anaquel m; 2. (Inf) apilador m
ablagern v depositar

~/sich deponerse; precipitarse; posarse
Ablagerung f 1. deposición f; sedimentación f; concreción f; 2. depósito m; sedimento m; caballero m (seitlich); 3. (Geol) aporte m
ablängen v 1. metrar; 2. tronzar (Holz)
Ablängpendelsäge f sierra f circular oscilante
ablassen v dejar escapar (Dampf, Gas); desaguar; vaciar; salir
Ablassen n derrame m; vertido m
Ablasshahn m espita f de desagüe; grifo m de desagüe; llave f de vaciado; válvula f de purga
Ablasskante f 1. arista f de salida; 2. (Flg) borde m de escape [salida]
Ablassöffnung f orificio m de purga
Ablassrohr n tubo m abductor; purgador m
Ablassventil n válvula f de salida(s); válvula f de vaciado; válvula f de rebose; válvula f de purga; grifo m de purga (Hydraulik); grifo m de paso triple, grifo m de tres pasos [vías] (Hydraulik)
Ablauf m 1. desarrollo m (z. B. eines Prozesses); ejecución f (z. B. eines Programms); recorrido m; 2. (Inf) corrida f; transcurso m; 3. retorno m (z. B. des Nummernschalters); 4. descarga f; desagüe m; desaguamiento m; salida f; efluente m
~/biotechnologischer proceso m biotecnológico
~/störungsfreier flujo m sin interferencias; proceso m sin fallos
~/technologischer flujo m tecnológico; proceso m tecnológico; régimen m tecnológico
Ablaufbahn f (Schiff) deslizadero m, varadas fpl, varada f (Helling); imada f, tobogán m (Stapellauf)
Ablaufdiagramm n (Inf, Aut) flujograma m; organigrama m; ciclograma m
ablauffähig (Inf) ejecutable
Ablaufplan m (Inf, Aut) flujograma m; ciclograma m; organigrama m; plan-programa m; esquema m de operaciones [secuencia]; cronograma m de ejecución
Ablaufschema n esquema m del proceso; organigrama m; modelo m de flujo
Ablaufschlitten m (Schiff) resbaladera f, basada f; cuna f de botadura [lanzamiento]

Ablaufstapel m *(Schiff)* grada f de lanzamiento
Ablaufsteuerung f control m de operaciones; control m de proceso; temporización f
Ablaufverfolger m *(Inf)* trazador m
Ablaufverfolgung f *(Inf)* rastreo m
Ablauge f lejía f residual [de desecho]
ablaugen v lixiviar
abläutern v clarificar; purificar; decantar; abluir
Ablegefach n 1. *(Typ)* cajetín m receptor; 2. *(Kfz)* bandeja f portaobjetos
ablegen v depositar; almacenar; archivar, ubicar; colocar
ableitbar 1. desarrollable; 2. *(Math)* derivable
ableiten v 1. desarrollar; 2. *(Math)* derivar; deducir; 3. *(El)* descargar; conducir *(z. B. den Strom)*; 4. desaguar; evacuar
Ableitung f 1. *(Math)* derivación f; deducción f, derivada f, cálculo m de la derivada; 2. *(El)* escape m; 3. *(El)* perditancia f; 4. *(Eln)* derivación f; 5. bajada f *(z. B. einer Antenne)*; 6. evacuación f
~ **höherer Ordnung** derivada f de orden superior
~ **in die Atmosphäre** evacuación f al aire
~**/logarithmische** derivada f logarítmica
Ableitungsformel f fórmula f de derivación
Ableitungsrohr n bajada f
Ableitwiderstand m *(Eln)* resistencia f de escape
Ablenkblech n deflector m
Ablenkelektrode f electrodo m de deflexión [desvío] *(Elektronenstrahlröhre)*
ablenken v derivar, desviar; deflexionar
Ablenklinearität f *(TV)* linealidad f de exploración
Ablenkplatte f 1. placa f deflectora [directora, de desviación]; deflector m; 2. electrodo m de deflexión [desvío] *(Elektronenstrahlröhre)*
Ablenkprisma n prisma m desviador
Ablenkrolle f *(Förd)* rodillo m desviador; garrucha f desviadora
Ablenkspule f *(El)* bobina f deflectora [de deflexión]
Ablenkstrahl m *(Eln)* haz m de barrido
Ablenkung f 1. desviación f, desvío m; 2. *(TV)* barrido m

Ablenkvorrichtung f desviador m
Ablenkwinkel m ángulo m de deflexión *(Katodenstrahlröhre)*
ablesen v leer; detectar
Ablesen n *(Text)* lisaje m *(z. B. eines Musters mittels Vorrichtung beim Weben)*
Ablesevorrichtung f aparato m de lectura, dispositivo m lector [de lectura]
Ablesung f lectura f; indicación f *(von Messgeräten)*
Ablösung f 1. descohesión f, decohesión f; desprendimiento m *(z. B. von Elektronen)*; 2. *(Geol)* separación f *(der Schichten)*
Abluft f aire m evacuado [de escape]
Abluftbehandlungsanlage f planta f de tratamiento de aire evacuado
Ablüfter m ventilador m aspirante
Abluftleitung f conducto m de evacuación
Ablüftung f ventilación f al exterior
Abluftventilator m ventilador m de evacuación; aspirador m de tiro
abmessen v medir; mensurar; compasar
Abmessung f 1. medición f; 2. dimensión f
abmontieren v desmontar; desmantelar
Abmontieren n desmontaje m, desmonte m, desmontadura f
Abnahme f 1. decrecimiento m; decaimiento m; 2. *(Ph)* degradación f *(von Energie)*; decremento m; 3. remoción f; 4. recepción f
Abnahmeprüfung f ensayo m [control m, examen m] de recepción, prueba f de recepción [control], prueba f final para la entrega, test m de aceptación
abnehmbar removible, amovible, desmontable
abnehmen v 1. decrecer; decaer *(z. B. Temperatur)*; menguar *(an Volumen)*; 2. quitar; remover; tomar, desmontar *(z. B. Farbe)*
Abnehmer m 1. abonado m; 2. *(Nrt)* receptor m; 3. *(Text)* peinador m; descargador m
abnutzen v desgastar, gastar, *(Am)* apitonar
Abnutzung f desgaste m, gastadura f, abrasión f *(durch Verschleiß)*
Aböl n aceite m usado
abplatten v achatar
abplatzen v desconchar

Abprodukt

Abprodukt *n s.* 1. Abfall; 2. Abfallstoff
Abraum *m* 1. *(Bgb)* descombros *mpl*, desmontes *mpl*, escombrera *f*, estéril *m*; roca *f* estéril; 2. *(Geol)* recubrimiento *m*; zafra *f*
Abraumbagger *m (Bgb)* excavadora *f* de escombros; pala *f* desencapadora
Abraumförderbrücke *f (Bgb)* puente *m* transportador de escombros
Abraumkippe *f (Bgb)* escombrera *f*
Abreißdiode *f* diodo *m* de bloqueo rápido *(Speicherschaltdiode)*
abreißen *v* 1. desgarrar; abatir; desmontar; desmantelar; 2. *(Bgb)* romper
Abreißen *n* 1. ruptura *f*, rotura *f*; 2. *(Flg)* pérdida *f* de sustentación *(Ablösen der Strömung auf der Oberseite von Tragflächen)*
Abreißfunkenstrecke *f* explosor *m* de ruptura
Abreißkontakt *m* contacto *m* de arco [ruptura], borne *m* de ruptura
abrichten *v (Fert)* reavivar, aderezar, amolar, emparejar *(Schleifkörper)*; diamantar *(mit Diamant)*; repasar
Abrichtgerät *n (Fert)* emparejadora *f*
Abrichthobelmaschine *f* acepilladora *f* de planear
Abrichtmaschine *f* máquina *f* de planear
Abrieb *m* 1. abrasión *f*, desgaste *m*; 2. raspadura *f*; 3. *(Met)* finos *mpl* (de abrasión)
abriebfest resistente [sólido] a la abrasión, resistente al frotamiento
Abriebfestigkeit *f* 1. resistencia *f* a la abrasión; resistencia *f* al desgaste por roce; 2. *(Text)* resistencia *f* al frote
Abriebverschleiß *m* desgaste *m* abrasivo
Abriss *m* 1. bosquejo *m*; esquema *m*; 2. derribo *m*, demolición *f*; 3. *(Bgb)* rompimiento *m* del techo de galería *(Firste)*
abrollen *v* 1. desenrollar *(z. B. Kabel)*; desbobinar; 2. *(Mech)* rodar
Abruf *m* 1. *(Inf)* llamada *f*, búsqueda *f (Daten)*; 2. *(Nrt)* llamada *f* de fin
abrufen *v* 1. *(Inf)* llamar; retirar *(z. B. Daten)*; 2. *(Nrt)* transmitir la llamada de fin
~**/aus dem Speicher** *(Inf)* reclamar [recuperar] de la memoria
~**/eine Datei** pedir un archivo
abrunden *v* 1. redondear; redondear hacia abajo; aproximar *(Zahlen)*; 2. matar

absacken *v* 1. ensacar; 2. *(Flg)* tumbarse *(Flugzeug)*
Absackwaage *f* báscula *f* ensacadora
Absatz *m* 1. *(Masch)* escalón *m*, hombro *m*; 2. *(Bw, Bgb)* banqueta *f*, berma *f*, banco *m (Tagebau)*; 3. tacón *m (Schuh)*
Absatzeinzug *m* sangría *f* de párrafo
Absatzgestein *n* roca *f* sedimentaria
Absauganlage *f* equipo *m* aspirante [de aspiración]; equipo *m* de succión; sistema *m* de extracción; extractor *m*; dispositivo *m* de aspiración; dispositivo *m* de evacuación (de gases); unidad *f* de aspiración
absaugen *v* aspirar; succionar; evacuar
Absauggerät *n* equipo *m* de succión; equipo *m* aspirante [de aspiración]
Absaugkolben *m* matraz *m* de succión
Absauglüftung *f* ventilación *f* extractora [por extracción]
Absaugrohrleitung *f* tubería *f* extractora [de extracción]
Absaugung *f* aspiración *f*, evacuación *f*
~ **am Entstehungsort** aspiración *f* localizada [in situ] *(Schadstoffbeseitigung)*
Abschaltbahn *f (Rak)* tramo *m* de desconexión
abschalten *v* cortar; parar; cortar la fuerza; cortar el [fuera de] circuito; desconectar, desenchufar, matar
~**/den Rechner** apagar el ordenador
~**/die Energiezufuhr** desenergizar
Abschalter *m (El)* interruptor *m*, cortacorriente *m*
Abschaltgerät *n* equipo *m* de desconexión
Abschalthebel *m* palanca *f* de desconexión; palanca *f* de parada
Abschaltrelais *m* relé *m* desconectador [disyuntor, de corte, de desconexión]
Abschaltstrom *m* corriente *f* de disparo [ruptura]
Abschalttaste *f* llave *f* de desconexión
Abschaltung *f* 1. desconexión *f*, corte *m*; 2. *(El)* ruptura *f*, disyunción *f*, desenergización *f*, separación *f* de circuitos
Abschaltvorrichtung *f* dispositivo *m* de corte
Abschattung *f* 1. degradación *f*; 2. *(TV)* oscurecimiento *m* de los ángulos
abschätzen *v* estimar
Abschätzung *f* estimación *f*, apreciación *f*, valoración *f*

abscheiden v precipitar; separar; sedimentar *(Feststoffe aus Flüssigkeiten)*
~/Benzin desgasolinar
~/sich *(Ch)* posarse; deponerse; precipitarse
~/Staub desempolvar, despolvear, despolvorear
Abscheider m 1. precipitador m; separador m; 2. *(Text)* separador m *(Baumwollspinnerei)*
Abscheidung f 1. separación f; deposición f, depósito m; 2. *(Ch)* precipitación f, precipitado m; segregación f
~/elektrolytische deposición f electrolítica, electrodeposición f, depósito m electrolítico
~/galvanische depósito m electrolítico [galvánico]
Abscherfläche f *(Fert)* plano m de cizallamiento
Abschirmblech n pantalla f de blindaje
abschirmen v 1. apantallar; blindar; planchear; 2. *(El)* acorazar
Abschirmkabel n cable m blindado
Abschirmung f 1. apantallamiento m, apantallado m; blindaje m; cobertura f, guarda f; 2. pantalla f aislante; pantalla f de seguridad; pantalla f protectora [de protección]; salvaguardia f; equipo m de blindaje
~/bautechnische barrera f arquitectónica
~/bewegliche pantalla f movible [móvil] *(z. B. an Pressen)*
~/mechanische sistema m de seguridad físico
~/periphere pantalla f perimetral *(z. B. bei Robotern)*
~/verschiebbare pantalla f deslizante
Abschirmwand f barrera f insonorizante; blindaje m de insonorización
abschleppen v 1. arrastrar; 2. *(Kfz)* remolcar
Abschleppen n *(Kfz)* remolcaje m, remolque m
Abschlepphaken m *(Kfz)* gancho m de remolque
Abschleppkupplung f enganche m de arrastre
Abschleppseil n 1. cable m de arrastre; 2. *(Kfz)* cable m guía [de remolque]; cabo m de remolque; cuerda f de acoplamiento

Abschleppstange f *(Kfz)* vara f de remolque
Abschleppwagen m automóvil m remolcador, coche m para remolcar, coche m de remolque; remolcador m automóvil
abschließen v 1. terminar; 2. cerrar; cerrar con llave
Abschluss m 1. terminación f; terminal m; 2. coronamiento m, coronación f *(z. B. Gebäude)*
Abschlusskappe f tapa f; tapa f de cable *(für Kabel)*; funda f
Abschlussmuffe f manguito m para cabeza de cable; caja f terminal
abschmelzen v fundirse *(Sicherung)*
Abschmelzsicherung f fusible m, cortacircuito m
abschmieren v engrasar; añadir el lubricante
Abschmieren n 1. engrase m, engrasación f, engrasado m, lubricación f de conservación; remosqueo m; 2. *(Typ)* repinte m
abschmirgeln v esmerilar
abschmutzen v *(Typ)* repintar
abschneiden v cortar; truncar; rebanar
Abschnitt m 1. sección f, 2. *(Math)* segmento m; tronco m; tramo m; submatriz f, 3. etapa f *(geologische Zeit)*; 4. recorte m
abschrägen v *(Fert)* (a)chaflanar; (a)biselar; esviar; ladear; ovalar
Abschrägung f 1. *(Fert)* (a)chaflanado m, achaflanaje m; 2. *(Fert)* chaflán m; bisel m; esviaje m
abschrauben v destornillar, desentornillar, desatornillar, desenroscar; aflojar
Abschrauben n destornillamiento m, destornillado m; aflojamiento m
Abschreckalterung f *(Met)* envejecimiento m por temple, maduración f por enfriamiento brusco
abschrecken v enfriar bruscamente; templar
Abschrecken n 1. enfriamiento m por choque térmico, choque m térmico; enfriamiento m brusco [rápido]; 2. *(Met)* tratamiento m de temple, temple m
Abschreckversuch m *(Wkst)* ensayo m de enfriamiento
Abschussanlage f *(Rak)* instalación f lanzadora [de lanzamiento]

Abschussrampe

Abschussrampe f *(Rak)* plataforma f de cohetes
abschwächen v 1. debilitar; atenuar; moderar; 2. *(Foto)* rebajar; reducir
Abschwächer m *(Foto)* debilitador m, rebajador m; amortiguador m; atenuador m; baño m reductor
Abschwächung f debilitación f; atenuación f; suavizamiento m; reducción f; decaimiento m
Abschwächungsbad n *(Foto)* baño m debilitador [reductor]
Abseigern n 1. *(Ch)* separación f por fusión; 2. *(Met)* licuación f
Absenkanlage f *(Schiff)* carenero m
absenken v agotar *(Grundwasserspiegel)*
Absenkung f 1. calado m; descenso m; 2. *(Bgb)* hinca f
Absetzbecken n balsa f de sedimentación; balsa f decantadora [de decantación] *(Abwasserbehandlung)*; cámara f de sedimentación; estanque m de sedimentación; fosa f séptica; levigador m; pila f de sedimentación; tanque m de decantación
Absetzbehälter m 1. colector m de sedimentos; depósito m [tanque m] de sedimentación; decantador m; cuba f decantadora; tanque m separador [asentador]; 2. *(Bgb)* acumulador m
absetzen v 1. depositar *(z. B. in Flüssigkeiten)*; reposar; levigar; sedimentar; 2. *(Förd)* descender; posar *(Last)*
Absetzen n 1. *(Ch)* decantación f *(von Bestandteilen in Flüssigkeiten)*; levigación f; 2. cálculo m de navegación *(Kurs)*
absinken v 1. disminuir *(z. B. Spannung)*; descender; decrecer; 2. *(Flg)* descender
Absolutbetrag m *(Math)* módulo m absoluto
Absorbens n *(Ch)* medio m absorbente, absorbente m
Absorber m 1. aparato m de absorción, absorbedor m; 2. *(Ch)* absorbente m
absorbieren v absorber
Absorptiometer n *(Ch)* absorciómetro m *(Gasanalyse)*
Absorption f absorción f, absorbencia f; oclusión f *(von Gas)*
Absorptionsanlage f planta f de absorción; equipo m de absorción

Absorptionsfähigkeit f poder m absorbente [de absorción], capacidad f de absorción; absorbencia f
Absorptionsfilter n filtro m absorbente [de absorción]; filtro m químico
Absorptionskältemaschine f máquina f frigorífica de absorción
Absorptionskreis m *(El)* circuito m de absorción [trampa], trampa f eléctrica
Absorptionskühlschrank m refrigerador m [nevera f] de absorción
Absorptionsturm m *(Ch)* torre f de absorción, columna f absorbedora [de absorción]
abspalten v desprender
~/Benzin desgasolinar
~/Wasserstoff deshidrogenar
abspannen v arriostrar *(Mast)*
Abspannisolator m aislador m de amarre [retención], aislador m tensor
Abspannmast m *(El)* poste m de anclaje [retención], torre f
Abspannseil n *(Bw)* cable m en diagonal, cable m de anclaje
abspeichern v *(Inf)* almacenar, memorizar
absperren v cerrar; acordonar; obturar
Absperrhahn m grifo m de aislamiento [cierre], llave f de retención; válvula f de cierre
Absperrorgan n obturador m; órgano m de cierre *(für Dampf)*
Absperrschieber m compuerta f de cierre, llave-compuerta f; válvula f de compuerta
Absperrventil n válvula f de cierre [corte, bloqueo, retenida], válvula f (de) interrupción; llave f de cierre [paso]; grifo m de detención
Abspielgerät n reproductor m
abspulen v desbobinar, desenrollar el carrete
Abstand m intervalo m; espacio m; espaciamiento m, espaciado m; distancia f; paso m; separación f; tirada f
~/gleicher equidistancia f
~/räumlicher distancia f espacial
~/zeitlicher intervalo m temporal [de tiempo]
Abstandhalter m espaciador m
Abstandsbolzen m perno m de arriostramiento, distanciador m
Abstandshülse f casquillo m espaciador [intermedio], buje m espaciador, linterna f

Abstandsring *m* anillo *m* de distancia; collar *m* espaciador [de separación]
Abstandsstück *n* pieza *f* de separación; pieza *f* añadida; espaciador *m*; virotillo *m*
Abstechdrehmaschine *f (Fert)* torno *m* para tronzar
abstechen *v* 1. *(Fert)* tronzar; 2. *(Met)* (de)sangrar *(Hochofen)*
Abstechmeißel *m (Fert)* herramienta *f* de recortar; herramienta *f* tronzadora [para tronzar]; acero *m* de tronzar
abstecken *v* trazar; alinear; marcar; replantear; estacar; jalonar *(mit Stangen)*
Absteckung *f* 1. replanteo *m*; 2. *(Bw)* alineado *m*; jalonado *m*
absteifen *v* 1. arriostrar; revestir *(z. B. Kabelgräben)*; apuntalar *(z. B. Maste)*; 2. *(Bw)* poner riostras
Absteifung *f* 1. arriostramiento *m*, arriostrado *m*; 2. *(Bw)* puesta *f* de riostras
Abstellgleis *n (Eb)* vía *f* de estacionamiento [maniobra], vía *f* muerta
Abstich *m (Met)* colada *f*, sangría *f*, sangradura *f*, piquera *f (Hochofen)*
Abstichkanal *m (Met)* canal *m* de la colada
Abstichloch *n (Gieß)* agujero *m* de colada, agujero *m* para la sangría; sangradera *f*, piquera *f* (tapada), piquera *f* para la sangría *(Hochofen)*
Abstichöffnung *f (Gieß)* orificio *m* de colada; piquera *f* de la colada, piquera *f* para la sangría *(Hochofen)*
Abstimmanzeigeröhre *f* indicador *m* [ojo *m*] catódico, ojo *m* mágico
Abstimmbereich *m* gama *f* de sintonización
Abstimmdrehkondensator *m* condensador *m* regulable [variable] de sintonización
abstimmen *v* 1. acordar; regular; afinar; 2. *(Eln)* sintonizar
Abstimmknopf *m* botón *m* sintonizador, perilla *f* de ajuste *(Radio)*
Abstimmkondensator *m* condensador *m* de sintonía
Abstimmkreis *m* circuito *m* de sintonización [sintonía]
Abstimmschärfe *f* agudeza *f* de resonancia, claridad *f* de la sintonización
Abstimmskale *f* dial *m* de sintonía
Abstimmung *f* sintonización *f*; sintonía *f*; mando *m* de ajuste
abstoppen *v* decelerar, desacelerar
abstoßen *v (Ph)* repeler
abstoßend repelente; repulsivo
~/Wasser hidrofóbico, hidrófobo, hidrófugo, repelente al agua
Abstoßkraft *f* fuerza *f* repulsiva [de repulsión]
Abstoßung *f (Ph, El)* repulsión *f*
Abstoßungskraft *f (Ph)* fuerza *f* repulsiva [de repulsión]
Abstoßungsmittel *n (Ch)* repelente *m*
Abstrahldämmmaß *n* coeficiente *m* de reducción de ruido *(Akustik)*
abstrahlen *v* 1. (ir)radiar; emitir; disipar *(Wärme)*; 2. *(Fert)* de(s)capar
Abstrahlgrad *m* nivel *m* de irradiación; irradiancia *f*; coeficiente *m* de radiación *(Akustik)*
Abstrahlung *f* irradiación *f*, radiación *f* (emitida); emisión *f*
abstreichen *v (Typ)* racletear, rasar
Abstreicher *m (Typ)* rasero *m (Farbe)*
Abstreifer *m* 1. escurridor *m*; racleta *f*; 2. *(Ch)* recogedor *m*; 3. *(Lt)* traílla *f* escrepa, escrapa *f*, deflector *m (z. B. Straßenbaumaschinen)*; 4. *(Met)* limpiador *m*
abstufen *v* graduar; degradar; escalonar; matizar
Abstufung *f* gradación *f*, graduación *f*, escala *f*; escalón *m*
abstumpfen *v* embotar *(eine Schneide)*
Abstumpfen *n* embotamiento *m*; truncadura *f (z. B. der Kristallkanten)*
Absturz *m* 1. caída *f*; 2. *(Inf)* estrangulación *f*, estrangulamiento *m (Prozessor)*
abstürzen *v (Inf)* cascar *(Programm)*
Absturzsicherung *f (Sich)* protección *f* anticaídas de altura, seguridad *f* contra caídas; aseguramiento *m* contra caídas
abstützen *v (Bw)* apuntalar; encajonar *(eine Mauer)*; arrimar
Abstützung *f* 1. sostenimiento *m*; 2. *(Bw)* apuntalamiento *m*; tentemozo *m*
Abszisse *f* abscisa *f*
~/krummlinige abscisa *f* curvilínea
Abszissenachse *f* eje *m* de abscisas [las x]
abtakeln *v (Schiff)* desaparejar
Abtakelung *f (Schiff)* desarme *m*
abtasten *v* 1. palpar; sondar; 2. *(Inf)* detectar; 3. *(Eln)* explorar

abtasten 442

~/optisch *(Inf)* escanear
Abtaster *m* explorador *m*; captador *m*; escrutador *m*; lector *m*; escáner *m*
Abtastgerät *n* explorador *m*; máquina *f* exploradora [de exploración] *(z. B. Ultraschallscanner)*; scanner *m*, escáner *m*
Abtastmikroskop *n* microscopio *m* de exploración
Abtastnadel *f* aguja *f* reproductora [fonográfica, del grabador] *(Plattenspieler)*; aguja *f* fonocaptora
Abtaststift *m* espiga *f* exploradora; lápiz *f* de lectura *(Digitalisierer)*
Abtaststrahl *m* 1. *(Eln)* haz *m* [rayo *m*] de exploración; 2. *(TV)* pincel *m* explorador
Abtastung *f (Eln)* exploración *f*, barrido *m*; exploración *f* analítica; sondeo *m*; lectura *f*
~/optische sondeo *m* óptico
~/zeilenweise exploración *f* secuencial [de líneas]
Abtastzeile *f (TV)* línea *f* de análisis
abtauen *v* deshelar
Abteilung *f* 1. departamento *m*; compartimiento *m (auch Schiff)*; cuarto *m*; 2. servicio *m*; 3. época *f (geologische Zeiteinheit)*
Abteufbühne *f (Bgb)* plataforma *f* de profundización
abteufen *v (Bgb)* abrir un pozo, ahondar, excavar, perforar, profundizar
Abteufen *n (Bgb)* ahondamiento *m*, profundización *f*
abtragen *v* 1. aplanar, nivelar; 2. *(Bgb)* descombrar; limar
Abtragen *n (Fert)* corte *m*, mecanizado *m*
~/chemisches fresado *m* químico
~/thermisches trabajo *m* mecánico en caliente
Abtragsleistung *f* 1. *(Fert)* rendimiento *m* de corte; 2. *(Geol)* velocidad *f* de erosión
Abtragung *f* erosión *f*
abtrennen *v* separar; remover; aislar
Abtrennschalter *m* seccionador *m*
Abtrennungsfläche *f* 1. *(Bgb)* juntura *f*; 2. *(Geol)* diaclasa *f*
Abtrieb *m* salida *f* de la fuerza; deriva *f*
Abtriebswelle *f* árbol *m* mandado [receptor, impelido], *(Am)* árbol *m* secundario
Abtropfständer *m (Typ)* escurridor *m*
Abwärme *f* calor *m* desperdiciado [de escape, irradiado, perdido]

Abwärmeverwertung *f* aprovechamiento *m* de calor de escape; recuperación *f* de calor
Abwärtsförderer *m* descensor *m*
Abwärtshub *m* carrera *f* descendente [de descenso], recorrido *m* descendente
Abwärtslüftung *f* ventilación *f* descendente
Abwärtstransformator *m* transformador *m* rebajador [reductor, de reducción], transformator-reductor *m* de voltaje
Abwasser *n* agua *f* residual [servida, sucia]; aguas *fpl* de desechos; aguas *fpl* residuales; efluente *m* líquido; aguas *fpl* cloacales
Abwasserableitung *f* evacuación *f* de aguas residuales
Abwasseranlage *f* instalación *f* (de depuración) de aguas residuales; planta *f* recuperadora de aguas residuales; sistema *m* de aguas servidas; obras *fpl* de aguas residuales
Abwasserbehandlung *f* tratamiento *m* de aguas residuales; tratamiento *m* de efluentes [vertidos]; depuración *f* de aguas residuales
Abwasserbehandlungsanlage *f* instalación *f* de depuración de aguas residuales; depuradora *f* [planta *f* de tratamiento] de aguas residuales
Abwasserbeseitigung *f* eliminación *f* [evacuación *f*] de aguas residuales; eliminación *f* de efluentes líquidos
Abwassereinleitung *f* vertido *m* [introducción *f*] de agua residual
Abwasserentsorgung *f* eliminación *f* [evacuación *f*] de aguas residuales; eliminación *f* de efluentes líquidos
Abwasserfracht *f* carga *f* de aguas residuales
Abwassergrube *f* 1. fosa *f* de aguas residuales; 2. *(Bw)* pozo *m* de saneamiento
Abwasserinhaltsstoff *m* sustancia *f* contenida en aguas residuales; materia *f* contenida en el efluente
Abwasserkanal *m* alcantarilla *f* de desagüe; alcantarilla *f* de la población; albañal *m*; atarjea *f*; caño *m*; cloaca *f*; conducción *f* de aguas residuales
Abwasserkläranlage *f* planta *f* recuperadora [de tratamiento] de aguas residuales

Abwasserleitung f albañal m; conducto m de aguas residuales; emisario m
Abwasserreinigungsanlage f instalación f de depuración de aguas residuales; planta f depuradora [de tratamiento] de aguas residuales, depuradora f de aguas residuales; estación f depuradora de aguas residuales
Abwasserschlamm m fango m [lodo m] de aguas residuales, lodo m residual
Abwasserteich m balsa f de aguas residuales
Abwasserverbrennung f incineración f de aguas residuales
Abwehr f control m; defensa f; lucha f
Abwehrstoff m sustancia f protectora
abweichen v 1. divergir; desviar; aberrar; 2. remojar
~/vom Kurs *(Schiff)* arrufar
~/von der Lotrechten *(Bw)* falsear
Abweichung f 1. desviación f, desvío m; divergencia f; diferencia f; deflexión f, deflección f; declinación f; deriva f; 2. *(Opt)* aberración f; 3. *(Schiff)* abatimiento m
~/mittlere desviación f media *(Statistik)*
~/mittlere arithmetische desviación f aritmética media
~/mittlere quadratische desviación f cuadrática media *(Statistik)*
~/zufällige desviación f aleatoria
~/zulässige tolerancia f, variación f tolerable
Abweichungswinkel m ángulo m de aberración
abweisen v repeler
abwickelbar desarrollable, aplicable *(Fläche)*
Abwickelhaspel f desbobinadora f
Abwickelmaschine f desenrolladora f *(für Kabel)*
abwickeln v desarrollar; desbobinar; desenrollar *(z. B. Kabel)*; desenvolver
Abwicklung f desarrollo m *(einer Fläche)*; desenvolvimiento m
abwiegen v pesar
abwracken v *(Schiff)* desguazar, desmantelar
Abwrackung f *(Schiff)* desguace f, desmantelamiento m
Abwurfvorrichtung f *(Förd)* dispositivo m de lanzamiento

abzählbar contable; numerable
abzählen v contar
abziehen v 1. *(Math)* sustraer; 2. desmontar *(z. B. Farbe)*; 3. *(Typ)* retirar; tirar; 4. *(Text)* descrudar *(Seide)*; 5. evacuar; salir; fugarse
Abziehen n 1. retirada f; 2. rectificación f de herramientas *(von Werkzeugen)*; 3. *(Text)* descrudecimiento m *(Seide)*; 4. vaciado m
Abziehvorrichtung f *(Mech)* dispositivo m extractor [de extracción]; desconectivo m *(z. B. Demontage von Kupplungen)*
Abzug m 1. desagüe m; escape m; descarga f; evacuación f; salida f; 2. chimenea f de aire [ventilación]; tiraje m; 3. *(Typ)* tirada f, prueba f; 4. *(Foto)* prueba f fotográfica; copia f • **einen ~ machen** *(Foto)* sacar una copia
Abzugseinrichtung f dispositivo m extractor [de extracción] *(z. B. für Rauch)*; elemento m extractor; sistema m de extracción
Abzugshaube f campana f de alto vacío *(für Staub)*; campana f extractora [de extracción] *(z. B. Schweißen)*; capota f de aspiración
Abzugsleitung f conducto m de extracción *(Schadstoffbeseitigung)*; tubería f de drenaje
Abzugsrohr n tubo m abductor; tubo m rebosadero [de rebosadura, de rebosamiento, de reboso]
Abzugsspeicher m *(Inf)* memoria f de cobertura
Abzugsvorrichtung f 1. mecanismo m disparador [de disparo]; 2. *(Text)* mecanismo m de estiraje
Abzweigdose f *(El)* caja f de derivación, partidor m
abzweigen v *(El)* derivar
Abzweigklemme f *(El)* borne m de bifurcación [derivación]; conector m de derivación
Abzweigleitung f circuito m ramal; línea f de desviación
Abzweigrohr n *(Masch)* derivación f; ramal m; tubo m abductor; tubo m de embrague
Abzweigung f 1. ramificación f; ramal m; rama f; desvío m; derivación f; 2. *(Eb)* bifurcación f, cambiavía m *(Schienen)*;

ramal *m* de la vía; 3. *(El)* bifurcación *f (in Leitungen)*
Acetatseide *f* rayón *m* acetato, seda *f* al acetato
Aceton *n* acetona *f*, dimetilcetona *f*
Acetylen *n* acetileno *m*, etino *m*
Acetylenanlage *f* planta *f* de acetileno
Acetylenerzeuger *m* generador *m* [equipo *m* generador] de acetileno
Achromat *m(n) (Opt)* acromat *m*, lente *f* acromática, objetivo *m* acromático
Achsabstand *m* 1. *(Kfz)* separación *f* entre ejes; 2. *s.* Achsstand
Achsantrieb *m (Kfz)* mando *m* final
Achsbuchse *f (Eb)* caja *f* engrasadora [de engrase], manga *f*
Achsdruck *m* 1. presión *f* del [sobre el] eje; carga *f* del [por] eje; 2. *(Mech)* carga *f* axial; 3. *(Eb)* peso *m* por eje
Achse *f* 1. *(Masch)* eje *m*, árbol *m*, *(Am)* guijo *m*; 2. *(Math)* eje *m*
~**/bewegliche** eje *m* móvil
~**/feste** eje *m* fijo [muerto]
~**/fliegende** eje *m* flotante
~**/halbtragende** eje *m* semiflotante
~**/nicht versetzte** eje *m* concurrente
~**/optische** 1. eje *m* óptico [de colimación], línea *f* de colimación; 2. *(Math)* visual *f*
~**/ungekuppelte** eje *m* libre
~**/verschiebbare** eje *m* corredero [corredizo]
~**/versetzte** eje *m* cruzado
Achseingriffswinkel *m* ángulo *m* de presión axial
Achsenkreuz *n* retícula *f*
Achsenzapfen *m* muñón *m* de ejes
Achslager *n* 1. soporte *m* del eje; manga *f*; 2. *(Eb)* caja *f* de grasa
Achslast *f* 1. masa *f* sobre el eje; carga *f* axial; 2. *(Eb)* carga *f* del [por] eje, peso *m* por eje
Achsmasse *f* masa *f* sobre el eje
Achsschenkel *m* 1. cuello *m* del eje; gorrón *m* del árbol [eje]; mangueta *f*; muñón *m* de ejes, muñequilla *f*; 2. *(Kfz)* charnela *f* [muñón *m*] de dirección
Achsschenkelbolzen *m* 1. pivote *m* de dirección; 2. *(Kfz)* pasador *m* del eje
Achsstand *m (Kfz)* batalla *f*
Achsverlagerung *f* desalineación *f* de los ejes; desplazamiento *m* axial
Achsverriegelung *f (Kfz)* bloqueo *m* del eje
Achteck *n* octágono *m*, octógono *m*
achteckig octagonal, octogonal
Achterdeck *n (Schiff)* castillo *m* de popa
Achterkreis *m (Nrt)* circuito *m* superfantasma *(Phantombildung)*
achterlastig *(Schiff)* estibado de popa, sentado a popa, pesado de cola *(Trimmlage eines Schiffes)*
Achterleitung *f (Nrt)* circuito *m* superfantasma *(Phantombildung)*
Achtermast *m (Schiff)* palo *m* de mesana
achtern *v (Schiff)* popel, a popa
Achterpiek *f (Schiff)* pique *m* de popa
Achterschiff *n (Schiff)* popa *f*; aleta *f*
Achterschott *n (Schiff)* mamparo *m* de bovedilla
Achterspant *n (Schiff)* cuaderna *f* de popa
Achtersteven *m (Schiff)* contracodaste *m*, codaste *m* popel, estambor *m*
achtflächig octaédrico
Achtflächner *m* octaedro *m*
Achtkantmutter *f* tuerca *f* octagonal
Achtpolmischröhre *f (Eln)* octodo *m* mezclador
Ackeregge *f (Lt)* rastrillo *m* de labranza, grada *f* agrícola [de labranza]
Ackerschiene *f (Lt)* barra *f* de arrastre [enganche], riel *m* de enganche
Ackerschleppe *f (Lt)* niveladora *f* de campo
Ackerschlepper *m* tractor *m* agrícola [de agricultura], tractor *m* cultivador
Ackerwalze *f (Lt)* rodillo *m* agrícola [de campo]
Acrylfaser *f* fibra *f* acrílica, fibra *f* de polinitrilo acrílico
Acrylharz *n* resina *f* acrílica, plástico *m* acrílico
Acrylklebstoff *m* adhesivo *m* acrílico
Acryllack *m* barniz *m* acrílico
Acrylnitril *n* nitrilo *m* acrílico, acrilonitrilo *m*, vinilcianuro *m*
Acrylsäure *f* ácido *m* acrílico
Actinium *n* actinio *m*, Ac
Adapterkarte *f* tarjeta *f* de adaptador
Adapterstecker *m (El)* adaptador *m*
Addend *m* sumando *m*
Adder *m* sumador *m*, sumador *m* digital [de dígito]
addieren *v* adicionar

Addierer m sumador m, sumador m digital [de dígito]
Addiermaschine f máquina f sumadora [de sumar], sumadora f
Addierschaltung f circuito m sumador [de sumación]
Addierwerk n mecanismo m de adición, sumador m
Addition f adición f; suma f
Additionsschaltung f circuito m de adición, circuito m sumador [de sumación]
Additionstaste f tecla f más
Additionszeichen n signo m de adición
Additiv n (Ch) aditivo m, sustancia f aditiva, aducto m; dope m (Mineralöl)
Ader f 1. (El) hilo m; alma f (Kabel); conductor m, ánima f (Kabel); alambre m; 2. (Bgb) filón m, vetilla f; ramal m
Adhäsionskraft f fuerza f adhesiva, potencia f adherente, propiedad f de adherencia
Adhäsionsvermögen n poder m adhesivo [de adhesión], fuerza f adhesiva, propiedad f de adherencia
Adiabate f (Ph) adiabática f, línea f [curva f] adiabática
Adjustierstift m clavija f de corrección; espiga f de ajuste [reglaje]; pasador m posicionador
Admiralitätsanker m ancla f de almirantazgo
Adressbefehl m (Inf) instrucción f de dirección
Adressbus m (Inf) vía f ómnibus, bus m de direcciones
Adresse f (Inf) dirección f
Adressenregister m (Inf) registro m de direcciones (Hilfsspeicher)
Adressfeld n (Inf) campo m de dirección; casilla f dirección
Adressierung f (Inf) direccionamiento m, direccianado m
Adresslänge f (Inf) longitud f de dirección
Adressteil m (Inf) componente m [indicativo m, parte f, sección f] de dirección (Befehl)
Adsorbat n (Ch) adsorbato m, sustancia f adsorbida
Adsorbens n (Ch) adsorbente m
Adsorber m (Ch) adsorbedor m
adsorbieren v (Ch) adsorber
Adsorption f (Ch) adsorción f

~/chemische [irreversible] quimioadsorción f
Adsorptionswärme f calor m de adsorción
aerodynamisch (Ph) aerodinámico
Aerohydrodynamik f dinámica f de (los) fluidos
Aerolith m (Astr, Geol) aerolito m, piedra f meteórica
Aeromechanik f (Ph) aeromecánica f, mecánica f aérea
Aerometer n aerómetro m, airómetro m, flotómetro m
Aeronautik f aeronáutica f
Aerosol n aerosol m
Aerosolerzeuger m generador m de aerosol
Aerosolpartikel n(f) partícula f de aerosol (ambiente)
Aerostat m aeróstato m, globo m aerostático
Aerostatik f (Ph) aerostática f
Affinitätschromatographie f cromotografía f de afinidad (biochemisches Verfahren)
Afterkiel m (Schiff) quilla f falsa
Agenda f cuaderno m de notas
Agens n agente m
Agglomerat n aglomerado m, sinterizado m
Agglomeration f aglomeración f formación f de aglomerados
agglomerieren v aglomerar
Aggregat n agregado m; conjunto m, bloque m; grupo m; unidad f; equipo m; tren m
Aggregatzustand m (Ph) estado m físico [de agregación, de la materia)
Agrartechnik f ingeniería f agrícola; tecnología f agraria [agrícola]
Agrarwissenschaft f ciencia f agrícola [agropecuaria]
Agrochemie f química f agrícola
Agronomie f ciencia f agronómica
Ahle f puntero f, lezna f (Werkzeug)
Ahming f (Schiff) escala f de calado(s), marca f de calado
Ähnlichkeitsgesetz n ley f de semejanza (Modellversuch)
Ähnlichkeitssatz m (Math) ley f de analogía
Ähnlichkeitstransformation f (Math) transformación f de semejanza, transformación f por similitud

Akkumulator

Akkumulator m 1. (El) batería f acumuladora [de acumuladores], acumulador m; 2. (Inf) registro m acumulador, acumulador m (aktuelles Arbeitsregister eines Prozessors)
~/alkalischer (El) acumulador m alcalino
~/wieder aufladbarer acumulador m recargable
Akkumulatorenantrieb m propulsión f por acumuladores
Akkumulatorenbatterie f batería f acumuladora [de acumuladores]
Akkumulatorenladegerät n (El) cargador m de acumulador(es), cargador m de baterías
Aktentaschencomputer m ordenador m de cartera
Aktenvernichter m trituradora f de papel
Aktinometer n actinómetro m, actinímetro m (Strahlenmessgerät)
Aktionsdampfturbine f turbina f de vapor de acción
Aktionsradius m radio m de acción, autonomía f; alcance m
Aktivator m 1. (Ph, Ch) activador m, agente m activador [activante], adyuvante m, elemento m activador, reactivo m de activación; iniciador m; 2. (Ph) fosforógeno m
aktivieren v activar; iniciar
Aktivierungsmittel n agente m activador [activante], elemento m activador, reactivo m de activación
Aktivitätsmesser m detector m de radiactividad [partículas nucleares]
Aktivitätspegel m nivel m radiactivo [de radiactividad]
Aktivkohle f carbón m activado [activo]
Aktivkohlefilter n filtro m de carbón activado
Aktivruder m timón m activado [activo]
aktualisieren v actualizar, poner al corriente (z. B. Datei)
Aktualisierung f actualización f, puesta f al corriente, puesta f al día (z. B. einer Datei)
Akustik f acústica f
Akustikkoppler m (Eln) acoplador m acústico
Akzelerometer n registrador m de aceleración

Alarmanlage f instalación f de alarma; sistema m de alarma [alerta]; equipo m de alarma
Alarmanzeigesignal n (Nrt) señal f de indicación de alarma
Alarmauslöser m/**elektronischer** iniciador m electrónico de alarma
Alarmauslösung f 1. activación f de alarma; disparo m de alarma; toque m de alarma; 2. (Nrt) generación f de alarma
Alarmgeber m pulsador m de alarma (Brandschutz)
Alarmgerät n dispositivo m de alarma; medio m de alarma; unidad f de alarma
Alarmsignal n señal f de alarma [alerta], alarma f, alerta f
~/akustisches alarma f sonora
Alarmstromkreis m circuito m de aviso
Alarm- und Überwachungseinrichtung f dispositivo m de alarma y de vigilancia
Alarmvorrichtung f aparato m de alarma, alarma f
Alaun m alumbre m
Alaunerde f tierra f aluminosa
alaungerben v (Led) curtir al alumbre, curtir en blanco
Alaungerberei f (Led) adobo m fino de pieles, megisería f
Alaunleder n piel f curtida en blanco, (Am) cuero m curtido al alumbre
Alaunstein m (Min) alunita f
Aldehyd m aldehído m
Aldehydharz n resina f aldehídica
Algebra f álgebra f, cálculo m algebraico
~/boolesche álgebra f booleana [de Boole], lógica f booleana, cálculo m booleano
algebraisch algebraico
Algorithmenverfahren n procedimiento m de algoritmo
algorithmisierbar algoritmizable
algorithmisieren v algoritimizar
Algorithmisierung f tratamiento m algorítmico
Algorithmus m algoritmo m
~/iterativer algoritmo m iterativo [de ordenación]
~/unbestimmter algoritmo m impreciso
~/vorgegebener algoritmo m predefinido [predeterminado]
Aliphatenchemie f química f de los alifáticos

aliquot *(Math)* alícuota
alitieren *v (Met)* alitar
Alitieren *n (Met)* alitación
Alkali *n* álcali *m*
~/freies álcali *m* libre
~/kaustisches álcali *m* cáustico
Alkalibromid *n* bromuro *m* alcalino
Alkalilauge *f* lejía *f* alcalina, álcali *m*
Alkalimessung *f* alcalimetría *f*
Alkalimetall *n* metal *m* alcalino
alkalisch alcalino, básico
Alkan *n* alcano *m*, hidrocarburo *m* límite *(gesättigter Kohlenwasserstoff)*
Alken *n* alceno *m*, alqueno *m*, alquileno *m*, hidrocarburo *m* del etileno, olefina *f*
Alkohol *m* alcohol *m*
~/denaturierter alcohol *m* desnaturalizado [de quemar]
~/dreiwertiger trialcohol *m*
~/hochprozentiger alcohol *m* de alta graduación
~/mehrwertiger polialcohol *m*, poliol *m*
~/zweiwertiger diol *m*
Alkoholmesser *m* alcoholímetro *m*, alcoholómetro *m*
Alkoholwaage *f* pesalicores *m*
Alkoholyse *f (Ch)* alcohólisis *f*, transesterificación *f*
Alkydharz *n* resina *f* alquídica
Alkydharzlack *m* barniz *m* gliceroftálico [de resina alquídica], laca *f* de resina alquídica
alkylieren *v (Ch)* alquilar, alcohilar
Alkylieren *n (Ch)* alquilación *f*, alcohilación *f*
All *n* espacio *m* (exterior)
Allergen *n* sustancia *f* alergizante, alérgeno *m*, alergeno *m*
Alleskleber *m* cola *f* universal
Alligatorschere *f* tijera *f* aligator
allotrop *(Ch)* alotrópico
Allotropie *f (Ch)* alotropía *f*
allpolig de toda fase
Allradantrieb *m* mando *m* en las cuatro ruedas; propulsión *f* integral [en todas las ruedas]; tracción *f* sobre cuatro ruedas
Allradlenkung *f* dirección *f* sobre las cuatro ruedas
Allrichtungsmikrophon *n* micrófono *m* omnidireccional
Allstrom *m* corriente *f* universal
Allstromempfänger *m* radiorreceptor *m* [receptor *m*] universal, receptor *m* omnicorriente [c.a./c.c.]
Allstromgerät *n* aparato *m* de corriente universal, aparato *m* para todos los voltajes
Allstrommotor *m* motor *m* de corriente universal
Allstufenregler *m* regulador *m* de regímenes múltiples
Allsynchrongetriebe *n* mecanismo *m* enteramente sincronizado
Allwellenantenne *f* antena *f* de toda onda
Allwellenempfänger *m* receptor *m* (de) toda onda, receptor *m* omnionda
Allwetterflugzeug *n* avión *m* todo tiempo
Allzweckdiode *f* diodo *m* universal
aloxidieren *v* anodizar
Aloxidieren *n* anodización *f*, *(für Aluminium auch)* oxidación *f* anódica
Alphastrahlung *f* radiación *f* [rayos *mpl*] alfa
Alphateilchen *n* partícula *f* alfa, helión *m*
Alphazerfall *m* desintegración *f* [decaimiento *m*] alfa
Altanlagensanierung *f* saneamiento *m* de plantas viejas
Altautorecycling *n* reciclado *m* de viejos automóviles
altern *v* 1. envejecerse; 2. *(Wkst)* envejecer; madurar
Altersbestimmung *f* datación *f* *(z. B. durch Radiocarbonverfahren)*
Alterung *f (Wkst)* envejecimiento *m* (mecánica); curado *m*; endurecimiento *m* por envejecimiento; grado *m* de edades *(Maschine)*; maduración *f*
alterungsbeständig resistente al envejecimiento
Alterungsprüfung *f (Wkst)* ensayo *m* [prueba *f*] de envejecimiento, prueba *f* de añejamiento
Altkunststoff *m* materia *f* plástica de desecho, plástico *m* de desecho, residuos *mpl* de materias plásticas
Altlast *f* depósito *m* viejo, vertedero *m* antiguo; sitio *m* problemático
Altlastenerkundung *f* exploración *f* de depósitos viejos
Altlastenkataster *m* catastro *m* de depósitos viejos

Altlastensanierung

Altlastensanierung f saneamiento m de depósitos viejos
Altölentsorgung f evacuación f de aceites usados
Altölregenerierung f recuperación f de aceites usados
Altpapier n papel m viejo
Altreifenrecycling n reciclado m de neumáticos usados
Altstoff m material m usado [viejo]
~/chemischer sustancia f química vieja
~/umweltrelevanter material m viejo de impacto ambiental
aluminieren v (Met) aluminar
Aluminierungsanlage f (Fert) sistema m de aluminado
Aluminium n aluminio m, Al
~/eloxiertes aluminio m anodizado, oro m alemán
~/(schmelz)flüssiges aluminio m líquido
Aluminiumblech n chapa f de aluminio
Aluminiumbronze f bronce m de aluminio, cuproaluminio m, cual m; pintura f de aluminio (Anstrichfarbe)
Aluminiumchlorid n cloruro m alumínico [de aluminio]
Aluminiumdraht m hilo m de aluminio
Aluminiumdruck m (Typ) aluminografía f, algrafía f
Aluminiumfolie f hoja f [lámina f, papel m] de aluminio
Aluminiumguss m 1. fundición f [colada f] de aluminio; 2. aluminio m fundido
Aluminiumlegierung f aleación f de aluminio
Aluminiumoxid n óxido m de aluminio, alúmina f
Aluminiumpulver n aluminio m pulverizado, aluminio m en polvo
amalgamieren v (Ch, Met) amalgamar, azogar
Amboss m 1. yunque m; 2. vástago m (am Mikrometer)
Ameisensäure f ácido m fórmico
Americium n americio m, Am
Amin n amina f
Aminoplast m aminoplástico, plástico m amínico, resina f aminoplástica
Aminosäure f ácido m amínico, aminoácido m
Aminoverbindung f compuesto m amínico

Ammoniak n amoníaco m, amoniaco m
Ammoniakauslaugung f lixiviación f amoniacal
Ammoniakgas n gas m amoniacal [amoníaco]
Ammoniaklösung f solución f amoniacal
Ammoniaksalpeter m salitre m amónico
Ammoniaksynthese f síntesis f del amoníaco
Ammoniakverdichter m compresor m de amoníaco (Kältetechnik)
Ammoniakwasser n agua f [sosa f] amoniacal [de amoníaco], solución f líquida amoniacal, solución f de hidróxido amónico, álcali m, amoníaco m (líquido)
Ammoniumchlorid n cloruro m amónico [de amonio], sal f de amoníaco, almohatre m
Ammonsalpeter m nitrato m [salitre m] amónico
Ampere n amperio m, ampere m, A (SI-Basiseinheit der elektrischen Stromstärke)
Amperemeter n amperímetro m, amperiómetro m
Amperminute f amperiominuto m
Amperesekunde f amperiosegundo m
Amperestunde f amperio m hora, amperhora f, Ah
Amperestundenzähler m amperiohorímetro m
Amperezahl f amperaje m
Amphibienfahrzeug n automóvil m anfibio, coche-anfibio m; camión m anfibio; lancha f anfibio; anfibio m
Amphibienflugzeug n hidroavión m [avión m, aeroplano m] anfibio
Amphibienhubschrauber m helicóptero m anfibio
Amplitude f amplitud f
Amplitudenanstieg m ganancia f de amplitud
Amplitudenbegrenzer m limitador m de amplitud
Amplitudenfilter n separador m de amplitud
Amplitudengang m característica f amplitud-frecuencia, respuesta f de amplitud
Amplitudensieb n separador m de amplitud, filtro m de amplitud

Amplitudentastung f manipulación f de la portadora
Amplitudenverzerrung f deformación f [distorsión f] de amplitud
Amtsleitung f (Nrt) línea f central [de abonado]
Amtszeichen n (Nrt) señal f acústica
Amylalkohol m alcohol m amílico, amilalcohol m, pentanol m
Analoganzeiger m reloj m analógico
Analog-Digital-Wandler m convertidor m [conversor m] analógico-digital
Analogfernsprechen n telefonía f analógica
Analogfilter n filtro m analógico
Analogien fpl/**napiersche** [**nepersche**] (Math) analogías fpl de Napier [Neper]
Analogrechner m calculadora f analógica, máquina f (de calcular) analógica, ordenador m analógico, unidad f analógica
Analogregler m controlador m analógico
Analogschaltung f circuito m analógico
Analogsignal n señal f analógica
Analogspeicher m memoria f de datos analógicos
Analogverstärker m amplificador m analógico
Analogwandler m conversor m analógico
Analysator m 1. analizador m; 2. (Eln) polímetro m
Analyse f análisis m; estudio m; prueba f; determinación f; diagnóstico m
~/**computergestützte** análisis m computerizado
~/**elektrolytische** electroanálisis m
~/**ergonomische** análisis m ergonómico
~/**granulometrische** análisis m granulométrico [ponderal]
~/**gravimetrische** análisis m gravimétrico
~/**kalorimetrische** estudio m calorimétrico
~/**kolorimetrische** determinación f colorimétrica, análisis m colorimétrico
~/**qualitative** análisis m cualitativo; ensayo m químico
~/**quantitative** análisis m cuantitativo; estudio m cuantitativo
~/**rechnerunterstützte** análisis m computerizado
~/**rückschauende** análisis m retrospectivo
~/**spektroskopische** análisis m [examen m] espectroscópico
~/**vergleichende** análisis m comparativo
~/**volumetrische** (Ch) titulación f (volumétrica), titración f, análisis m volumétrico [por valoración]
~/**vorausschauende** análisis m prospectivo
Analysegerät n instrumento m analítico
Analysengerät n aparato m analizador [de análisis], analizador m; unidad f de análisis
Analysenverfahren n método m analítico [de análisis], proceso m de análisis, técnica f analítica [de análisis], procedimiento m analítico
Analysenwaage f balanza f analítica [de análisis]
analysieren v analizar; contrastar
Analysis f (Math) análisis m
~/**mathematische** análisis m matemático
~/**numerische** análisis m numérico
analytisch analítico
Anastigmat m (Opt) objetivo m anastigmático
Anbauegge f (Lt) grada f integral
anbauen v 1. agregar; 2. (Lt) poner en cultivo
Anbaugerät n (Lt) apero m [aditamiento m] colgado [de enganche]
Anbaupflug m (Lt) arado m integral [montado]
anbringen v 1. colocar; sujetar; calar; 2. (Mech) componer; 3. (Bw) recibir (z. B. Tür, Fenster)
~/**am Gerät** colocar sobre el equipo
ändern v modificar; variar; alterar; enmendar; editar; invertir
Änderung f modificación f; alteración f; variación f; procedimiento m de cambio; enmienda f
~/**konstruktive** mejora f constructiva
~/**räumliche** variación f espacial
Änderungsauszug m (Inf) vaciado m de modificación
Änderungsband n (Inf) cinta f de enmienda
Änderungsbit n bit m de cambio
Änderungsdatei f (Inf) fichero m de enmiendas [transacciones, movimientos], archivo m de movimientos
Änderungssatz m (Inf) registro m de enmienda, registro m modificador [de modificación]
Andrehkurbel f (Kfz) manivela f de arranque; eje m de manivela, (Am) manija f

Andrehkurbelwelle f eje m de manivela
Andruckleiste f listón m de apriete
Andrückplatte f placa f de fijación; placa f de presión
Aneroidbarometer n barómetro m aneroide [holostérico]
Anfahrbeschleunigung f (Kfz) aceleración f de arranque
anfahren v 1. poner en marcha (eine Anlage); 2. (Kfz) lanzar; juntarse (eine Düse)
Anfahren n 1. arranque m; arrancada f; 2. (Kfz) lanzamiento m; carrera f inicial
Anfahrgeschwindigkeit f (Kfz) velocidad f del arranque
Anfahrkraft f esfuerzo m de arranque; fuerza f tractora
Anfahrnickausgleich m (Kfz) compensación f de la inclinación al arrancar
Anfahrprojekt n proyecto m de puesta en marcha (Consulting Engineering)
Anfahrschacht m (Bgb) pozo m de descenso
Anfahrwiderstand m (Eb) resistencia f de arranque
Anfallenergie f energía f residual
Anfang m 1. comienzo m; 2. (Typ) cabecera f; extremo m inicial (z. B. eines Magnetbandes)
Anfangsgeschwindigkeit f velocidad f inicial; velocidad f del arranque
Anfangshypothese f suposición f inicial
Anfangskennsatz m (Inf) etiqueta f de cabecera [comienzo de volumen]
Anfangskoordinaten fpl coordenadas fpl iniciales
Anfangsstellung f posición f inicial
Anfangswertproblem n problema m de Cauchy (Differenzialgleichungen)
anfasen v (Fert) (a)biselar, achaflanar
anfertigen v fabricar; confeccionar
~/Zeichnung dibujar
Anfertigung f fabricación f, confección f, preparación f, elaboración f
anfeuchten v humectar, humedecer, mojar; amerar (z. B. Mauerwerk)
Anfeuchter m humectador m, humidificador m
Anfeuchtmaschine f humedecedor m
Anfeuchtung f humectación f, humedecimiento m, humidificación f, mojadura f, mojado m; ameración f, amerado m (z. B. von Mauerwerk)
anflanschen v embridar
Anflug m vuelo m de acercamiento [aproximación], aproximación f, aproche m
Anflugradar n(m) radar m de acercamiento [aproximación]
Anflugrichtungsfeuer n faro m de aproximación
anfordern v exigir; reclamar
Anforderung f 1. demanda f; requisito m; 2. (Inf, Nrt) petición f; 3. (Inf) consulta f; solicitud f
~/bauliche requisito m constructivo [de construcción]
~/sicherheitstechnische requisito m de seguridad [de trabajo]
Anfrage f 1. interrogación f; 2. (Inf, Nrt) petición f; 3. (Inf) consulta f
Anfräsen f fresado m previo
anführen v/einzeln especificar
Angabe f indicación f; dato m
Angaben fpl datos mpl; características fpl
~/technische especificación f técnica; especificaciones fpl técnicas
angeben v indicar
~/Parameter parametrizar
~/Toleranzen acotar
angeschlossen en línea (con el ordenador)
~/am Netz conectado a la red
~/gelenkig abisagrado
angleichen v adaptar; igualar; equiparar
Angleichung f asimilación f; adaptación f; acomodación f; ajustamiento m, ajuste m; igualación f
angreifen v 1. (Ch) atacar; 2. actuar (Kraft)
angrenzend adyacente; contiguo
Angriffspunkt m (Mech) punto m de aplicación (der Kraft)
Ångström n angstroem m, angström m, Å (metrische Einheit der Länge in der Spektroskopie, 1 Å = 10^{-10} m)
Anguss m tetón m
anhaften v adherir
Anhaften n adherencia f, adhesión f
anhalten v parar; detenerse
Anhaltswert m valor m de orientación
Anhängefahrzeug n (Kfz) remolque m
Anhängegerät n (Lt) equipo m [implemento m] acoplado [de enganche], apero m colgado

anhängen v colgar
Anhängepflug m (Lt) arado m de arrastre [bastidor], arado m tirado [de tiro]
Anhänger m (Kfz) remolque m, carro m remolque, vehículo m acoplado, (Am) acoplado m
Anhängerbremse f freno m de remolque
Anhängerkran m grúa f de remolque
Anhängerkupplung f (Kfz) acoplamiento m [enganche m] de remolque
Anhängevorrichtung f dispositivo m de enganche [remolque, remolcado], enganche m
Anhängewagen m 1. vehículo m acoplado; 2. (Kfz) remolque m; 3. (Eb) vagón m de remolque
Anhäufung f amontonamiento m; aglomeración f; conglomeración f; grupo m; masa f; clúster m
anheben v 1. levantar; 2. acentuar (z. B. Tonhöhe)
Anhydrid n anhídrido m
Anhydrit m (Min) anhidrita f, sulfato m anhidro de calcio, sulfato m cálcico anhídrido
Anilinfarbe f colorante m de alquitrán (de hulla), tinte m de anilina
Animation f (Inf) animación f; secuencia f de dibujos fijos (Grafik); secuencia f de fotogramas; secuencia f de imágenes en movimientos
animieren v (Inf) animar (Grafik)
Anion n anión m, ion m negativo
Anionenaustausch m canje m de aniones
anisotrop (Ph, Ch) anisótropo
Anisotropie f (Ph, Ch) anisotropía f
Anker m 1. (Schiff, Flg, Bw) ancla f, áncora f; 2. (El) inducido m; rotor m; armadura f (z. B. eines Relais); 3. áncora f (Uhr)
Ankerausrüstung f (Schiff) equipo m de fondeo, aparejo m del ancla
Ankerboje f boya f de ancla
Ankerbolzen m 1. perno m de sujeción; contrete m; 2. (Bw) bulón m (Firste); 3. (Bgb) chaveta f
Ankerdraht m tensor m
Ankerflunke f (Schiff) pata f [uña f] de ancla, pestaña f, oreja f del ancla
Ankergeschirr n (Schiff) aparejo m del ancla
Ankerkette f cable m [cadena f, boza f] de ancla, cable m

Ankerklüse f (Schiff) escobén m de ancla
Ankermast m (Schiff) torre f de anclaje; mástil m [poste m, torre f] de amarre (Luftschiff)
Ankerpfeiler m (Bw) pilar m de anclaje
Ankerplatte f 1. placa f de fijación; 2. (Bw) placa f de anclaje; macizo m de anclaje; contraplaca f; 3. (Bgb) placa f de arriostramiento
Ankerschäkel m (Schiff) arganeo m, horquilla f de ancla, grillete m para ancla
Ankerseil n (Schiff) cable m de ancla, tensor m
Ankerspill n (Schiff) molinete m giratorio, cabrestante m
Ankerstromkreis m circuito m de devanado
Ankerwicklung f (El) arrollamiento m [devanado m] del inducido
Ankerwinde f cabrestante m [guinche m, molinete m, torno m] de ancla, cabrestante m
anklemmen v embornar (z. B. Leitungskabel)
anklicken v (Inf) hacer clic
Anklopfen n (Nrt) llamada f en espera; timbre m forzado (Ruf bei belegtem Telefon)
ankoppeln v (El, Eln) acoplar
Ankopplung f (El, Eln) acoplamiento m, acopladura f, acoplaje m
ankörnen v (Met) abrir
Ankunftssignal n (Nrt) señal f de arribo
ankuppeln v (Masch) acoplar
Ankupplung f (Masch) acoplamiento m, acopladura f, acoplaje m; enganche m
Anlage f 1. disposición f (z. B. eines Programms); colocación f; 2. instalación f; establecimiento m; planta f; equipo m; sistema m; unidad f; dispositivo m; aparato m; artefacto m; ingenio m; obra f de ingenio; batería f (z. B. von Geräten); 3. (Typ) marcado m; 4. anexo m, suplemento m, apéndice m
~/anzeigebedürftige equipo m que requiere de inspección obligatoria
~/bauliche construcción f
~/biotechnologische instalación f biotecnológica; planta f de biotecnología
~/dieselelektrische planta f eléctrica Diesel
~/druckbeanspruchte equipo m a presión

Anlage

~/**elektrische** instalación f eléctrica [energética]; planta f eléctrica; equipo m eléctrico
~/**elektrolytische** planta f electrolítica
~/**energetische** instalación f energética
~/**explosionsgefährdete** instalación f con riesgo de explosión
~/**explosionsgeschützte elektrische** equipo m eléctrico antideflagrante
~/**fahrbare** instalación f transportable
~/**fertigungstechnische** equipo m de fabricación; sistema m de fabricación
~/**geräuscharme** equipo m silencioso
~/**großtechnische** equipo m industrial
~/**kerntechnische** instalación f nuclear; planta f nuclear
~/**kryochirurgische** sistema m crioquirúrgico [de criocirugía]
~/**landwirtschaftliche** instalación f agraria [agrícola]
~/**lärmarme** equipo m silencioso [poco ruidoso]
~/**lärmfreie** equipo m no ruidoso
~/**lüftungstechnische** equipo m de ventilación
~/**maschinelle** instalación f mecánica
~ **mit hohem Lärmpegel** equipo m ruidoso
~/**schlüsselfertige** sistema m llave en mano; planta f llave en mano
~/**selbstfahrende** instalación f automotriz
~/**stationäre** instalación f estacionaria; equipo m estacionario; sistema m fijo
~/**stillgelegte** equipo m ocioso [en desuso]
~/**technische** instalación f industrial; instalación f ingeniera [de ingeniería]
~/**technologische** instalación f tecnológica; equipo m tecnológico; sistema m tecnológico
~/**überwachungspflichtige** equipo m de inspección obligatoria
~/**unterirdische** instalación f subterránea; obra f subterránea; planta f subterránea
~/**verfahrenstechnische** planta f de procesamiento
~/**verkettete** instalación f encadenada
Anlagenausfall m fallo m de instalación; fallo m de la planta; estadía f de equipos
Anlagenbau m construcción f de instalaciones; construcción f de plantas; construcción f de equipos; ingeniería f de plantas (industriales); edificación f de plantas
Anlagenbetreiber m usuario m de equipos
Anlagenbetrieb m explotación f de sistemas; explotación f del equipamiento; funcionamiento m de equipos; operación f de equipos; aprovechamiento m [explotación f] de equipos; funcionamiento m de la planta
Anlagenerrichtung f erección f de instalaciones; erección f de plantas
Anlagenfahrer m operario m de equipos, operador m de instalaciones
Anlagengestaltung f diseño m de equipos; arquitectura f de la planta; configuración f de instalaciones; configuración f de equipos
Anlageninstallation f instalación f de equipos
Anlageninstandhaltung f mantenimiento m (técnico) de equipos; conservación f de instalación; mantenimiento m de instalaciones
Anlagenmontage f montaje m de equipos; montaje m de instalaciones
Anlagenprojekt n proyecto m de instalaciones; proyecto m de equipos
Anlagenprojektierung f diseño m de instalaciones; diseño m de equipamiento; diseño m de plantas; proyección f de instalaciones
Anlagenprüfung f comprobación f [inspección f, prueba f] de la instalación; prueba f del equipo; reconocimiento m del equipo; revisión f de equipos; verificación f de instalaciones
Anlagensicherheit f seguridad f [protección f] de instalaciones; protección f de equipos
Anlagenstörung f avería f en instalaciones; fallo m de instalación; fallo m de la planta
Anlagentechnik f ingeniería f de plantas (industriales); tecnología f de instalaciones
Anlagenwartung f mantenimiento m técnico de equipos; conservación f de instalación; atención f a los sistemas
Anlagerung f (Ch) adición f; yuxtaposición f (Kristallographie)
Anlassbatterie f batería f de arranque

anlassen v 1. poner en movimiento; poner en marcha *(Motor)*; 2. *(Masch)* cebar; 3. *(Met)* revenir

Anlassen n 1. *(Kfz)* puesta f en marcha; maniobra f de arranque *(Motor)*; 2. *(Met)* tratamiento m de revenido, revenido m

Anlasser m 1. *(Kfz)* arrancador m, arranque m, starter m, estárter m; 2. *(El)* conmutador m [motor m] de arranque; reóstato m de arranque

Anlasserknopf m *(Kfz)* botón m [pulsador m] de arranque

Anlasserritzel n piñón m de arranque

Anlassfackel f *(Flg, Rak)* llama f piloto

Anlassfarbe f *(Met)* color m de revenido [recocido, temple]

Anlasshärtung f *(Met)* endurecimiento m por revenido [recocido], temple m de revenido

Anlassknopf m botón m de arranque

Anlasskurbel f *(Kfz)* manivela f de arranque

Anlasslichtmaschine f *(El)* motor m de arranque y dínamo

Anlassmotor m *(Kfz)* (electro)motor m de arranque

Anlassschalter m conmutador m [interruptor m] de arranque

Anlassspannung f tensión f de arranque

Anlasswiderstand m *(El)* resistencia f de arranque *(Motor)*; reóstato m de arranque; combinador m *(bei Elektromotoren)*

Anlasszahnkranz m *(Kfz)* corona f de arranque

anlaufen v 1. *(Masch)* ponerse en marcha; 2. empañarse *(Glas)*; 3. *(Schiff)* tomar un puerto *(Hafen)*

~/wieder *(Inf)* relanzar *(Programm)*

Anlaufen n 1. arranque m; 2. deslustrado m

Anlauffarbe f *(Met)* color m de revenido [recocido, temple]

Anlaufstrom m corriente f de arranque

Anlaufzeit f tiempo m de arranque; tiempo m de respuesta; período m de marcha inicial *(z. B. einer Maschine)*; tiempo m de subida; período m de despegue

anlegen v 1. aplicar *(z. B. eine Kraft)*; 2. plantar, plantificar; 3. *(Typ)* marcar; 4. *(Schiff)* atracar

Anlegen n 1. aplicación f *(z. B. einer Kraft)*; 2. *(Typ)* marcado m

Anlegeplatte f 1. placa f aplanadora; 2. *(Typ)* tabla f marcadora

Anleger m *(Typ)* marcador m, marginador m, ponedor m

Anlegewinkel m escuadra f, regla f en T *(Zeichengerät)*

Anleitung f instrucción f de manejo; guía f; código m de práctica; ficha f de instrucciones *(Merkblatt)*

anlöten v soldar con estaño

anluven v *(Schiff)* orzar

anmachen v *(Bw)* batir, amasar *(Mörtel)*

Annäherung f aproximación f

annehmbar *(Math)* admisible

Annulliertaste f tecla f de anulación

Annullierung f anulación f; cancelación f

Anode f *(El)* ánodo m, placa f

Anodenbatterie f batería f anódica [de ánodo, de placa]

Anodengleichrichtung f detección f por placa, rectificación f de placa, rectificación f por curva anódica

Anodenkreis m circuito m anódico [de placa]

Anodenlicht n luz f anódica

Anodenrückkopplung f reacción f anódica

Anodenruhestrom m corriente f estática de placa

Anodenschlamm m barro m [lodo m] anódico

Anodenschwingkreis m circuito m tanque

Anodenspannung f tensión f anódica [de placa]

Anodenstrom m corriente f anódica [de ánodo, de placa]

anordnen v arreglar; disponer; colocar; montar

~/exzentrisch excentrar

~/in Abständen espaciar

~/in Reihe seriar, poner en serie

~/paarweise aparear

Anordnung f 1. disposición f; arreglo m; establecimiento m; configuración f; conformación f; ordenación f; 2. ubicación f; 3. ensambladura f, ensamblaje m; montaje m; sistema m; conjunto m

~/konstruktive arreglo m constructivo

~/räumliche configuración f, disposición f en el espacio; ubicación f física; arreglo m espacial

~/zufällige aleatorización f *(Statistik)*

Anordnung

~/zweidimensionale configuración f de dos dimensiones
anorganisch inorgánico
anpassbar adaptable; ajustable
anpassen v adaptar; ajustar; amoldar; reajustar; redimensionar
Anpassung f 1. adaptación f; acomodación f; 2. (Inf) ajustamiento m, ajuste m; soporte m
anpassungsfähig adaptable, adaptivo; compatible; flexible
Anpassungsfähigkeit f adaptabilidad f, capacidad f de adaptación; compatibilidad f; flexibilidad f
Anpassungsschaltung f circuito m de adaptación
anpeilen v arrumbar
Anpeilen n localización f
Anprall m choque m
Anpressdruck m 1. fuerza f comprimente [de compresión, de presión, de apriete]; presión f superficial [de superficie]; 2. (Bw) esfuerzo m compresor [de compresión, de apriete]; 3. (Kst) presión f de apriete [de compresión]
Anpressplatte f 1. placa f de presión; 2. (Kfz) (Am) placa f presionante (Kupplung)
Anpresswalze f (Typ) rodillo m de presión
anregen v 1. estimular; provocar; activar; 2. (Kern) excitar; 3. (Inf) animar (Grafik); vivificar
Anregung f 1. activación f; 2. (Kern) excitación f, vivificación f (Grafikgestaltung)
Anregungsband n banda f de excitación (Halbleiter)
Anregungsenergie f 1. energía f de activación; 2. (Kern) energía f de excitación
Anregungsniveau n (Ph) nivel m de excitación
Anregungswahrscheinlichkeit f (Kern) probabilidad f de excitación
anreichern v 1. enriquecer; concentrar; 2. (Bgb) aderezar
~/mit Sauerstoff oxigenar
Anreicherung f enriquecimiento m; concentración f; acumulación f; agregación f (von Erz)
~ mit Sauerstoff (Ch) oxigenación f
Anreicherungsanlage f (Kern) planta f de enriquecimiento
anreißen v marcar

Anreißen n/**optisches** (Schiff) trazado m óptico
Anreißgerät n marcador m
Anreißnadel f aguja f de trazar
Anreißschablone f abecedario m para marcar, patrón m marcador
Anriss m (Geol) rajadura f (im Gestein)
Anruf m (Nrt) llamada f (telefónica)
Anrufanzeiger m (Nrt) indicador m de línea
Anrufbeantworter m (Nrt) contestador m (de llamadas), dispositivo m de respuesta automática, teléfono-contestador m
anrufen v (Nrt) telefonear, llamar
Anruferkennung f (Nrt) identificación f de llamante
Anruffolgedichte f (Nrt) tasa f de llamadas
Anrufleitwegzuteilung f (Nrt) canalización f de llamadas
Anrufumleitung f (Nrt) desvío m [redireccionamiento m] de llamadas; servicio m de desvío
Anrufverfolgung f (Nrt) seguimiento m de llamada
Anrufvermittlung f (Nrt) conmutación f de llamadas
Anrufverteiler m (Nrt) distribuidor m de llamada [tráfico]
Anrufwecker m (Nrt) timbre m de llamada
Anrufweiterschaltung f (Nrt) desvío m de llamadas; servicio m de desvío
Anrufwiederholer m (Nrt) repetidor m de llamada
Ansagetext m mensaje m de bienvenida (Anrufbeantworter)
Ansatz m 1. aproches mpl; 2. (Math) posición f; 3. alargadera f; pitón m; tetón m; talón m; nariz f; pie m; prolongador m; cuello m; 4. (Ch) mezcla f básica; sedimento m; sarro m; poso m; depósito m; 5. (Met) refuerzo m
ansäuern v (Ch) acidular, acidificar
ansaugen v aspirar
Ansaugfilter n filtro m de aspiración [succión]
Ansaughub m carrera f [fase f] de admisión, carrera f de aspiración
Ansaugkrümmer m múltiple m de admisión
Ansaugrohr n tubo m de admisión [succión]; conducto m de admisión; aspirador m, aspiradora f

Ansaugtakt m *(Kfz)* tiempo m [ciclo m] de aspiración, admisión f
Ansaugtrichter m *(Ch)* embudo m de aspiración [succión]
Ansaugventil n válvula f de admisión
anschalten v 1. acoplar; 2. *(El)* conectar; encender
Anschalter m conectador m
Anschaltung f 1. *(El, Eln)* activación f; 2. unidad f de ampliación
Anschlag m 1. choque m; pulsación f *(Schreibmaschine)*; tecleo m *(Tastatur)*; 2. *(Masch)* asegurador m; dispositivo m de tope, tope m; retén m; limitador m (final); toque m final *(Hubbewegung)*; fiador m; limitación f de movimientos, pasador m limitador; mecanismo m limitador
Anschlagdrucker m impresora f de impacto
anschlagen v 1. topar, hacer tope; 2. pulsar (manualmente); 3. *(Bw)* recibir, enquiciar *(z. B. Fenster)*; sujetar; 4. eslingar *(Ladung)*; 5. *(Bgb)* apretar [estrechar] ademas *(Stempel)*
Anschlagmittel n *(Förd)* dispositivo m de izamiento; medio m de izar
Anschlagschiene f *(Eb)* contraaguja f
Anschlagschraube f tornillo m limitador
Anschlagwinkel m escuadra f con espaldón, regla f en T, cuadrado m *(Zeichengerät)*
anschleifen v *(Fert)* aguzar *(Werkzeug)*
anschließen v 1. conectar; juntar; 2. *(El)* enchufar; embornar *(z. B. Leitungskabel)*
Anschliff m 1. *(Fert)* amolado m, afilado m; 2. probeta f pulida; sección f pulida
Anschliffwinkel m ángulo m de afilamiento
Anschluss m 1. conexión f; unión f (de contacto); 2. empalme m; junta f; juntura f; 3. enlace m; 4. *(El)* toma f; extensión f eléctrica; 5. *(Inf)* conector m; 6. acometida f
~/serieller conexión f de tipo serie; puerto m serie (für bitserielle Übertragung)
Anschlussbuchse f *(El)* borne m, *(Am)* borna f; base f de contacto, manguito m de enchufe; terminal m
Anschlussdose f *(El)* caja f de bornes [contacto, enchufe], cámara f de empalmes, enchufe m conector [de conexión]

Anschlusselement n 1. elemento m de empalme; 2. *(Bw)* elemento m conectado
Anschlussgerät n 1. *(El)* dispositivo m de conexión; 2. *(Inf)* equipo m periférico
Anschlusskabel n *(El)* cable m conector [de conexión, de empalmes]
Anschlussklemme f *(El)* borne m (de empalme), *(Am)* borna f de conexión [unión]; terminal m
Anschlussmaß n medida f de enlace
Anschlussmuffe f manguito m terminal
Anschlussrohr n tubo m de conexión
Anschlussschnur f *(El)* cordón m flexible [de alimentación]
Anschlussstecker m *(El)* enchufe m conector [de conexión], ficha f de conexión, tomacorriente m biclavija
Anschlussstück n racor m (de conexión); manga f, terminal m de empalme
Anschlussventil n válvula f de conexión
Anschnallgurt m 1. arnés m (de sujeción); 2. *(Kfz)* cinturón m de seguridad
Anschnittkegel m *(Masch)* cono m de entrada
Anschnittwinkel m *(Fert)* ángulo m de entrada
anschrägen v achaflanar
anschrauben v atornillar, afianzar con tornillos
anschweißen v soldar
Ansetzbehälter m *(Ch)* recipiente m de preparación
ansetzen v 1. *(Ch)* preparar; 2. criar *(z. B. Rost)*
Ansprechempfindlichkeit f sensibilidad f de reacción
ansprechen v *(Eln)* reaccionar, entrar en reacción; responder; funcionar, entrar en funcionamiento *(z. B. Relais)*; operar
• **langsam ansprechend** de acción retardada *(z. B. Relais)*
Ansprechen n reacción f; respuesta f
Ansprechschwelle f *(Eln)* umbral m de funcionamiento [reacción]
Ansprechstrom m corriente f de reacción
Ansprechverzug m retardo m de reacción
Ansprechzeit f tiempo m de cierre [funcionamiento, maniobra, reacción], duración f [tiempo m] de respuesta
ansteigen v ascender; crecer
anstellen v poner en marcha *(Motor)*

Ansteuerlogik f lógica f de selección
ansteuern v 1. activar; 2. seleccionar (z. B. eine Leitung); 3. (Schiff) rumbear, tomar la rueda
Ansteuerung f 1. (El, Eln) ajuste m, ajustamiento m; 2. (Eln) selección f; 3. (Nrt) giro m (Wähler); 4. (Schiff) toma f de rumbo
Ansteuerungsfunkfeuer n (Flg) radiolocalizador m
Ansteuerungsschaltung f (El) circuito m de selección
Anstieg m ascenso m; incremento m; elevación f
Anstoß m 1. impulso m; choque m; 2. (Text) ribete m
Anstoßelektron n electrón m de choque
anstoßen v chocar; empujar; topar
Anstrich m 1. pintado m; 2. pintura f, recubrimiento m de pintura; capa f
~/lufttrocknender pintura f de secado al aire
~/säurefester pintura f acidorresistente
~/schnell trocknender pintura f de secado rápido
~/Wasser abweisender pintura f hidrófuga
Anstrichschicht f recubrimiento m de pintura
Anströmkante f (Flg) arista f de ataque [entrada], borde m de ataque [entrada]
Anteil m parte f, porción f; cuota f; lote m, porcentaje m, tanto m
~/ohmscher (El) componente f óhmica
Antenne f antena f
~/abgeschirmte antena f blindada
~/eingebaute antena f incorporada
~/gerichtete antena f direccional [directiva]
~/störungsarme antena f antiparasitaria
~/ungerichtete antena f omnidireccional [no directiva]
Antennenabstimmung f sintonización f de la antena
Antennenanschluss m toma f de antena
Antennenbuchse f borne m [hembrilla f] de la antena
Antennenkabel n cable m alimentador [de antena]
Antennenkuppel f (Eln) cúpula f, radomo m
Antennenmast m mástil m de antena [radioemisión], torre f de antena

Antennenschalter m conmutador m antena-tierra
Antennenstab m varilla f de la antena
Antennenumschalter m conmutador m de antena
Antennenverstärker m amplificador m de antena
Antennenweiche f mezclador m de antena, conmutador m electrónico de emisión y recepción, filtro m receptor-transmisor, multiplexor m, multiplexador m
Antennenwirkungsgrad m rendimiento m de radiación (de la antena)
Anthrazit m antracita f, carbón m de antracita
Antibewuchsmittel n antiincrustante m
Antiblockierbremsung f frenado m antibloqueo
Antiblockiersystem n sistema m antibloqueo (de frenos), sistema m de freno con mecanismo antibloqueo
antiferromagnetisch antiferromagnético
Antifoulingfarbe f (Schiff) pintura f antifouling [antiincrustante] (anwuchsverhindernde Unterwasseranstrichfarbe)
Antihaftmittel n antiadherente m, antiadhesivo m
Antikatode f anticátodo m
Antiklopfmittel n (Kfz) aditivo m [producto m] antidetonante, antidetonante m (Kraftstoff)
Antikoinzidenzschaltung f (Eln) circuito m anticoincidente [de anticoincidencia]
Antikörper m anticuerpo m
Antikörper-Engineering n ingeniería f de anticuerpos (Gentechnologie)
Antilogarithmus m (Math) antilogaritmo m
Antimaterie f (Kern) antimateria f
Antimon n antimonio m, Sb
Antimonblei n aleación f de plomo y antimonio, plomo m antimoniado
Antimonwasserstoff m hidrógeno m antimonioso
Antioxidans n aditivo m antioxidante, antioxidante m, antioxígeno m
Antireflexbelag m (Opt) película f antirreflectora [antirreflejo], antirreflector m
Antistatikmittel n producto m antiestático, neutralizador m de electricidad estática
Antiteilchen n (Kern) antipartícula f, anticorpúsculo m
Antizyklone f zona f anticiclónica

antreiben v 1. *(Masch)* accionar, mover; poner en acción; impulsar; impeler; 2. *(Flg, Schiff)* propulsar; 3. *(Inf)* mover

Antrieb m 1. *(Ph)* impulso m; 2. *(Masch)* accionamiento m; mando m; transmisión f; impulsión f; 3. *(Flg, Schiff)* propulsión f; tracción f; 4. accionador m; equipo m impulsor; órgano m accionador • **mit mechanischem ~** mecanoaccionado

~/dieselelektrischer accionamiento m dieseleléctrico; propulsión f dieseleléctrica

~ durch Raketentriebwerk propulsión f cohética [a cohete]

~/elektrischer accionamiento m eléctrico; propulsión f eléctrica

~/elektrohydraulischer mando m electrohidráulico

~/elektromagnetischer impulsión f electromagnética; mando m electromagnético

~/elektromechanischer accionamiento m electromecánico; mando m electromecánico

~/hydraulischer accionamiento m hidráulico; impulsión f hidráulica; mando m hidráulico; propulsión f hidráulica

~/hydrostatischer transmisión f hidrostática

~/mechanischer mando m mecánico

~/nuklearer propulsión f nuclear

~/pneumatischer mando m neumático

~/thermodynamischer termopropulsión f

~/turboelektrischer propulsión f turboeléctrica

Antriebsachse f eje m de accionamiento; árbol m (del) motor, eje m motor [motriz]

Antriebsaggregat n unidad f de potencia; unidad f propulsora [motriz, impulsora]; equipo m motriz

Antriebsanlage f 1. instalación f propulsora; planta f motriz; 2. *(Schiff)* planta f propulsora [de propulsión]; equipo m propulsivo [propulsor, de propulsión]

Antriebseinrichtung f equipo m propulsivo [propulsor, de propulsión]

Antriebsenergie f energía f propulsiva [propulsora], energía f motriz

Antriebskette f 1. cadena f de accionamiento; cadena f de transmisión; cadena f impulsora [motriz]; 2. *(Kfz)* cadena f de mando

Antriebskraft f fuerza f de accionamiento; fuerza f impulsiva [motriz]; fuerza f propulsiva [propulsora, de propulsión]; agente m mecánico

Antriebsmagnet m electroimán m de accionamiento

Antriebsmaschine f 1. máquina f motriz, motor m propulsor [de propulsión, de accionamiento]; instalación f motriz; planta f mecánica f; 2. *(Schiff)* máquina f propulsora

Antriebsmotor m motor m propulsivo [propulsor], máquina f motriz

Antriebsorgan n 1. órgano m accionador; órgano m motor; 2. *(Schiff, Flg)* órgano m propulsor [de propulsión], motor m propulsor, propulsor m; aparato m [dispositivo m] propulsor; equipo m propulsivo [propulsor, de propulsión]

Antriebspropeller m hélice f impulsora

Antriebsrad n 1. rueda f motora [motriz]; rueda f impulsora [de impulsión]; impulsor m; rueda f propulsora; rueda f tractora; rueda f conductora; 2. *(Eb)* piñón m motor *(Diesellok)*

Antriebsrakete f cohete m impuls(ad)or

Antriebsritzel n *(Kfz)* piñón m de ataque

Antriebsrolle f 1. *(Förd)* rodillo m de guía; cilindro m de mando; 2. *(El)* cabrestante m

Antriebsscheibe f polea f motriz [del motor]; polea f de arrastre, mula f motriz

Antriebstechnik f técnica f de propulsión

Antriebstrommel f 1. tambor m motor [de propulsión]; 2. *(Förd)* rodillo m motor

Antriebsübertragung f transmisión f de accionamiento

Antriebswelle f 1. árbol m de accionamiento; árbol m impelente; árbol m (del) motor, árbol m de impulsión; árbol m de entrada; árbol m de mando; eje m de transmisión; eje m motor [motriz], *(Am)* árbol m primario; 2. *(Kfz)* eje m propulsor [de propulsión]; 3. *(El)* cabrestante m

Antwortbake f baliza f respondedora, radiofaro m respondedor [de respuesta]

Antwortsignal n *(Nrt)* señal f de contestación [réplica], respuesta f

anwählen v *(Nrt)* marcar, discar

Anwärmofen m horno m de calentar [caldear, calentamiento]; horno m recalentador [de recalentamiento]

Anweisung

Anweisung f *(Inf)* instrucción f, sentencia f; comando m
~/**bedingte** instrucción f [sentencia f] condicional
~ **einer höheren Programmiersprache** sentencia f de alto nivel
~/**nichtausführbare** sentencia f no ejecutable
~/**unzulässige** instrucción f inválida
Anwendbarkeit f aplicabilidad f; explotabilidad f
~/**praktische** utilizabilidad f
~/**technologische** tecnologicidad f
Anwender m usuario m, utilizador m
anwenderfreundlich amistoso
Anwenderhandbuch n manual m de usuarios
Anwenderleitfaden m guía f para el usuario
Anwenderprogramm m rutina f de la aplicación
Anwender-Rechner-Dialog m diálogo m usuario-ordenador
Anwendung f aplicación f, uso m; utilización f; práctica f
~ **der virtuellen Realität** aplicación f de realidad virtual *(Multimedia)*
~/**grafische** aplicación f gráfica
~/**großtechnische** aplicación f [uso m] industrial
~ **im Echzeitbetrieb** *(Inf)* aplicación f en tiempo real
~/**interaktive** aplicación f interactiva
~/**unsachgemäße** uso m incorrecto
~ **von Pflanzenschutzmitteln** aplicación f de pesticidas
Anwendungspaket n paquete m de aplicación *(mit Programmier- und Organisationsbeispielen)*; paquete m de aplicación *(Software)*
Anwendungsprogramm n programa m aplicativo [de aplicación]; programa m de usuarios
Anwendungsprojekt n proyecto m piloto [de aplicación]
Anwendungsschicht f capa f de aplicación *(OSI-Referenzmodell)*
anzapfen v derivar *(Leitung)*
Anzapfturbine f turbina f con toma de vapor
Anzapfung f toma f; derivación f
anzeichnen v marcar

Anzeige f 1. indicación f; presentación f; respuesta f, lectura f *(Messgerät)*; visualización f *(Bildschirm)*; 2. indicador m; 3. pantalla f; display m; display m indicador; indicación f en el display
~/**chromatographische** respuesta f cromatográfica
~/**fehlerhafte** respuesta f errónea
~/**optische** indicación f visual; presentación f [representación f] visual
Anzeigebereich m margen m indicador [de indicación]; límite m de indicaciones
Anzeigebildschirm m pantalla f de visualización [presentación visual, vídeo]
Anzeigeeinrichtung f dispositivo m indicador; terminal m de presentación visual [de vídeo]
Anzeigegenauigkeit f precisión f de la indicación
Anzeigegerät n dispositivo m [aparato m] indicador, indicador m; instrumento m indicador; órgano m indicador; detector m; dispositivo m visualizador [de visualización]; unidad f de presentación; unidad f de visualización, display m
Anzeigelampe f lámpara f piloto [testigo]
anzeigen v indicar; señalar, señalizar; avisar; marcar; visualizar, visibilizar, monitorizar *(Bildschirm)*
Anzeiger m *(Inf)* señalizador m, bandero m; marca f, aguja f; bandera f; instrumento m indicador
Anzeigeröhrchen n tubo m indicador
Anzeigetafel f cuadro m [panel m] indicador; tablero m de anuncios
anziehen v 1. *(Ph)* atraer; 2. tensar *(Kabel)*; 3. apretar, templar *(Schraube)*; 4. funcionar, cerrarse, operar *(z. B. Relais)*
Anziehen n 1. apriete m; 2. cierre m, operación f *(z. B. Relais)*
Anziehung f 1. *(Ph)* atracción f; 2. funcionamiento m *(eines Relais)*
Anziehungskraft f fuerza f atractiva [de atracción]
Anzugsschraube f tornillo m tensor
Anzugszeit f tiempo m de cierre [funcionamiento, reacción, respuesta] *(Relais)*; tiempo m de respuesta *(Ventil)*
Apertur f *(Opt, Eln)* abertura f, apertura f
Aperturblende f diafragma m de abertura
Aplanat m(n) *(Opt)* aplanato m, objetivo m aplanético, aplaneto m

Apothekerwaage f balanza f de farmacéutico

Apparat m aparato m; equipo m; máquina f; mecanismo m; órgano m; aditam(i)ento m

Apparatebau m construcción f de aparatos

Apparateteil m componente m

Apparatur f aparejo m; instrumentos mpl; equipos mpl; aparatos mpl

Appretur f (Text) aderezo m, apresto m; barniz m de aparejo

~/waschechte apresto m sólido al lavado

~/Wasser abstoßende apresto m repelente al agua

Appreturflotte f (Text) baño m de aprestar

Appreturmittel n (Text) agente m de apresto, apresto m, materia f aprestante

Äquipotenzialkatode f cátodo m equipotencial

äquivalent equivalente

Äquivalent n equivalente m

~/elektrochemisches equivalente m electroquímico

~/thermisches equivalente m calórico [térmico]

Äquivalentgewicht n peso m equivalente

Äquivalenzbeziehung f relación f de equivalencia (Mengenlehre)

Äquivalenzoperation f operación f bicondicional [de equivalencia, de igualdad, si y solamente si]

Ar n(m) área f (Flächenmaß)

Arbeit f trabajo m; labor f; obra f; marcha f; tarea f

~ im Stapelbetrieb tarea f en lote

~/interaktive tarea f interactiva; trabajo m interactivo

~/repetitive tarea f repetitiva; trabajo m repetitivo [de repetición] (Ergonomie)

~ unter Spannung (El) trabajo m en tensión

arbeiten v trabajar; laborar; funcionar; trabajar (Holz)

~/gegenphasig operar en oposición de fase

~/mit voller Leistung trabajar a plena potencia

~/nach Schablone moldear

~/offline trabajar fuera de línea

~/online trabajar en línea

Arbeiten n funcionamiento m; operación f

Arbeitsablauf m marcha f de trabajos; flujo m de trabajo; régimen m de trabajo; procedimiento m operativo [de operación]; operación f; recorrido m; secuencia f de operación

Arbeitsablaufplan m cronograma m de trabajo; diagrama m de flujo; flujograma m de trabajo

Arbeitsanalyse f análisis m de tareas; análisis m operacional; estudio m de trabajo análisis m de trabajo

Arbeitsanleitung f manual m de trabajo

Arbeitsanweisung f 1. instrucción f de trabajo; guía f de trabajo; instrucción f operacional [de operación]; 2. (Inf) comando m de tarea; sentencia f

Arbeitsauftrag m (Inf) tarea f (Gruppe von Stapelprogrammen, die hintereinander abgewickelt werden sollen)

Arbeitsband n 1. cinta f de trabajo; 2. (Inf) cinta f de maniobra

Arbeitsbereich m 1. campo m de trabajo; ámbito m de trabajo; area f de trabajo; recinto m de trabajo; zona f de trabajo; campo m de acción (z. B. Kran); alcance m de la grúa (Kran); 2. (Inf) área f de tratamiento

Arbeitsblatt n (Inf) hoja f de cálculo [rutina, trabajo], spreadsheet m; tabla f de hoja de cálculo (Tabellenkalkulation)

Arbeitsboot n lancha f de servicio [trabajo], bote m de costado [servicio]; patacha f

Arbeitsbühne f plataforma f de servicio; plataforma f de trabajo; plataforma f elevable [de maniobra]; tablado m

Arbeitsdeck n (Schiff) cubierta f de trabajo; cubierta f de factoría (Fischereifahrzeug)

Arbeitsdiskette f (Inf) disquette m operacional; disco m de trabajo

Arbeitsdruck m presión f de régimen [servicio, marcha, trabajo]; presión f de operación; presión f motriz

Arbeitsfläche f 1. área f de trabajo; superficie f de trabajo; superficie f de funcionamiento; 2. (Bgb) frente m de ataque; 3. (Inf) área f de escritorio, escritorio m

Arbeitsflussanalyse f análisis m de flujos de trabajo

Arbeitsflusssteuerung f (Inf) control m de flujo de tareas

Arbeitsfolge

Arbeitsfolge f ciclo m de funcionamiento; secuencia f de operaciones; secuencia f de trabajo

Arbeitsforschung f investigación f ocupacional [de trabajo]

Arbeitsgang m operación f (de trabajo); paso m

Arbeitsgemisch n mezcla f de trabajo *(Treibstoff)*

Arbeitsgerät n medio m de labor; útil m de trabajo; material m de trabajo; equipo m de trabajo; aparato m de trabajo

Arbeitsgeschwindigkeit f 1. *(Fert, Lt)* velocidad f de trabajo *(praktisch gleich der Schnittgeschwindigkeit)*; 2. *(Fert)* velocidad f de régimen *(Schnittwert)*; velocidad f de funcionamiento; velocidad f de marcha; velocidad f operativa [de operación]

Arbeitsgestaltung f diseño m de trabajo; conformación f de trabajo; acondicionamiento m de trabajos

Arbeitshub m carrera f de trabajo, carrera f [recorrido m] útil; fase f de trabajo; tiempo m de explosión [expansión] *(Kolben)*

Arbeitsmaschine f máquina f operadora [de trabajo]; máquina f de obra; máquina f productiva

~/handgeführte máquina f guiada manualmente

~/selbstfahrende *(Lt)* máquina f de trabajo automotora

Arbeitsmittel n medio m de trabajo [labor]; instrumento m de trabajo; equipo m (de trabajo); equipamiento m de trabajo

Arbeitsplan m plan m de trabajo; proyecto m de organización; organigrama m; horario m

Arbeitsplanung f 1. planificación f del trabajo; 2. *(Fert)* preparación f de trabajos

Arbeitsplatz m puesto m de trabajo; lugar m de trabajo; lugar m de empleo; sitio m de trabajo

~/rechnergestützter puesto m de trabajo asistido por ordenador

Arbeitsplatzabmessung f dimensión f del lugar de trabajo

Arbeitsplatzausstattung f equipamiento m del puesto de trabajo

Arbeitsplatzbeleuchtung f iluminación f del puesto de trabajo; iluminación f en el lugar de trabajo

Arbeitsplatzbeschreibung f características fpl del puesto de trabajo; definición f del puesto de trabajo; descripción f de puesto de trabajo

Arbeitsplatzdrucker m impresora f de escritorio

Arbeitsplatzgestaltung f diseño m [formación f] de puestos de trabajo; acondicionamiento m de puestos de trabajo; planificación f [concepción f, organización f, planeamiento m] de puestos de trabajo

Arbeitsplatzkonzentration f/maximale concentración f máxima admisible, concentración m de puestos de trabajo; centración f límite permisible

Arbeitsplatzlüftung f ventilación f del local de trabajo

Arbeitsplatzmaße npl dimensiones fpl del lugar de trabajo

Arbeitsplatzrechner m ordenador m personal

Arbeitsplatzumgestaltung f desenvolvimiento m de puestos de trabajo; rediseño m de puestos de trabajo

Arbeitsraum m espacio m para trabajar, espacio m de trabajo; lugar m de producción; lugar m de trabajo compartimiento m de servicio

Arbeitsraumakustik f acústica f del local de trabajo

Arbeitsschutz m protección f del trabajo; seguridad f industrial [laboral, de trabajo], *(Am)* seguridad f ocupacional

~/technischer ingeniería f de prevención de accidentes, ingeniería f de seguridad industrial; seguridad f técnica del trabajo

Arbeitssicherheit f seguridad f industrial [laboral, ocupacional, de trabajo]

Arbeitssitz m asiento m [sitio m] de trabajo

Arbeitssitzung f *(Inf)* sesión f de trabajo

Arbeitsspannung f tensión f de funcionamiento

Arbeitsspeicher m *(Inf)* memoria f interna [operativa, de trabajo], memoria f de corto plazo [tiempo], medio m de almacenamiento interno

Arbeitsspindel f husillo m de trabajo; eje m principal

Arbeitsstation f (Inf, Fert) estación f de trabajo

Arbeitsstätte f centro m laboral [de trabajo]; lugar m de empleo [trabajo]; local m de trabajo; unidad f de producción; taller m

Arbeitsstättengestaltung f diseño m de centros [lugares] de trabajo; acondicionamiento m del lugar de trabajo

Arbeitsstellung f posición f de funcionamiento; posición f de trabajo *(Relais)*

Arbeitsstoff m materia f [sustancia f] usada en el trabajo; agente m laboral; sustancia f presente en el lugar de trabajo

Arbeitsstrom m corriente f de trabajo; corriente f de régimen

Arbeitsstudium n estudio m de trabajo; investigación f científica del trabajo

Arbeitstakt m (Kfz) tiempo m de explosión [expansión], ciclo m [tiempo m] del trabajo, fase f de trabajo *(Verbrennungsmotor)*

Arbeitstechnik f 1. técnica f de trabajo; procedimiento m operativo; 2. ingeniería f laboral [industrial]

Arbeitsumwelt f medio m (ambiente) laboral [de trabajo], ambiente m industrial [laboral, de trabajo], entorno m industrial [laboral, de trabajo], entorno m ambiental laboral; ambiente m del lugar de trabajo, ámbito m de trabajo

Arbeitsumweltgestaltung f diseño m de ambiente de trabajo; acondicionamiento m del medio laboral

Arbeitsunfall m accidente m laboral [de trabajo, ocupacional]

Arbeitsverfahren n procedimiento m (laboral, de trabajo); proceso m de trabajo; técnica f de trabajo

Arbeitsvorbereitung f (Fert) preparación f de trabajos

Arbeitsvorgang m acción f, operación f laboral [de trabajo]; proceso m de trabajo

Arbeitsvorschrift f 1. norma f de trabajo; 2. (Inf) sentencia f

Arbeitsweise f funcionamiento m; modo m de funcionar; método m; modo m de trabajo; modalidad f de trabajo; práctica f, régimen m de trabajo

~ **der Festplatte** funcionamiento m del disco duro

~/**ereignisgesteuerte** (Inf) modo m controlado por sucesos

~/**interaktive** (Inf) modalidad f interactiva de trabajo

~/**schritthaltende** régimen m de trabajo pulso a pulso

Arbeitswissenschaft f ciencia f del trabajo

Arbeitszeichnung f 1. dibujo m de trabajo; plano m de ejecución; 2. (Bw) montea f

Arbeitszyklus m ciclo m; ciclo m del trabajo *(Motor)*

Arbeitszylinder m cilindro m motor; cilindro m trabajador *(Walzwerk)*

Arcatom-Brenner m soplete m de hidrógeno atómico

Arcatom-Schweißen n soldadura f Arcatom [por hidrógeno atómico], soldadura f infraestructural al arco

Archimedesschnecke f tornillo m de Arquímedes

Architektur f 1. arquitectura f, arte m de construcción; 2. (Inf) arquitectura f del ordenador

Archivordner m carpeta-archivador f

Archivrechner m ordenador m de archivo

Argon n argón m, argo m, Ar

Argonionenlaser m láser m iónico de argón

Argument n 1. (Math) argumento m, ángulo m polar; 2. (Inf) parte f fraccionada [de coma fija]; 3. razón f

Arithmetik f aritmética f, cálculo m aritmético

Arithmetik-Logik-Einheit f (Inf) sección f lógica, unidad f aritmético-lógica

Arithmetikprozessor m (Inf) procesador m aritmético

arithmetisch aritmético

Arkusfunktion f función f ciclométrica [circular]

Arkuskosinus m arco m de coseno

Arkuskotangens m arco m de cotangente

Arkussekans m arco m de secante

Arkussinus m arco m de seno

Arkustangens m arco m de tangente

Arm m (Förd) brazo m

Armatur f 1. accesorios mpl; artefactos mpl; 2. armadura f *(z. B. eines Kabels)*

Armaturenbrett *n* cuadro *m* de instrumentos [mando, gobierno], panel *m* de instrumentos, tablero *m* de instrumentos [mandos]

armieren *v* armar; acorazar

Armierung *f (Bw)* armadura *f*; reforzamiento, reforzado *m*; refuerzo *m*; acorazado *m*

Armierungsstab *m (Bw)* barra *f* de refuerzo

Armierungsstahl *m (Bw)* acero *m* para hormigón (armado)

Armsignal *n (Eb)* semáforo *m*

Arretierbolzen *m* perno *m* de detención

arretieren *v* bloquear; detener

Arretierhebel *m* palanca *f* de detención

Arretierstift *m* pasador *m* limitador

Arretierung *f* detención *f*; bloqueo *m*

Arsen *n* arsénico *m*, As

Arsenik *n* arsénico *m*, trióxido *m* arsénico [arsenioso], anhídrido *m* arsenioso

Arsenwasserstoff *m* hidrógeno *m* arseniado, hidruro *m* arsenioso, arsina *f*

Asbest *m* amianto *m*, asbesto *m*

Asbestfaser *f* fibra *f* de amianto

Asbestschiefer *m* esquisto *m* de amianto

Asbestteilchen *n* corpúsculo *m* asbestósico

Asbestzement *m* cemento *m* de asbesto, amianto-cemento *m*

Asche *f* 1. ceniza *f*; 2. *(Met)* cendra(da) *f*

Ascorbinsäure *f* ácido *m* ascórbico

Asphalt *m* asfalto *m*

Asphaltbeton *m* asfalto *m* colado

Asphaltbitumen *m* betún *m* asfáltico

Asphaltgestein *n* roca *f* asfáltica

Asphaltkabel *n* cable *m* asfaltado

Asphaltmörtel *m* mortero *m* de asfalto

Assembler *m (Inf)* ensamblador *m*, programa *m* ensamblador, traductor *m* unívoco

Assemblerbefehl *m (Inf)* sentencia *f* de ensamblador, sentencia *f* en lenguaje ensamblador, instrucción *f* ensamblador

Assemblersprache *f (Inf)* lenguaje *m* ensamblador [en código de ensamblado]

Assoziativspeicher *m (Inf)* memoria *f* asociativa [dirigida por el contenido, direccionable por contenido]

Ast *m* 1. rama *f* (*z. B. Flugbahn*); 2. *(Bgb)* ramal *m* (*kurzer Abzweig eines Erzganges*)

Astromechanik *f* mecánica *f* celeste

Astronautik *f* astronáutica *f*, cosmonáutica *f*, navegación *f* espacial [cósmica]

Astrophysik *f* astrofísica *f*

Asymmetrie *f* asimetría *f*, disimetría *f*

Asymmetriefehler *m (Opt)* coma *f*

Asymptote *f (Math)* asíntota *f*

Asymptotenlinie *f (Math)* línea *f* asintótica

Asynchronbetrieb *m* 1. funcionamiento *m* asincrónico; régimen *m* asincrónico; 2. *(Inf)* operación *f* de ciclo variable

Asynchrongenerator *m (El)* generador *m* asincrónico, alternador *m* asincrónico [asíncrono]

Asynchronmotor *m (El)* motor *m* asincrónico [asíncrono], electromotor *m* asincrónico

Asynchronrechner *m (Inf)* ordenador *m* asincrónico

Atemgerät *n* aparato *m* respiratorio [de respiración, de aspiración]; equipo *m* respirador [de respiración]; respirador *m* de aire

Atemmaske *f* máscara *f* de respiración; mascarilla *f* respiratoria [de respiración]; careta *f* respiratoria

Atemschutzbehältergerät *n* respirador *m* de depósito

Atemschutzfiltergerät *n* respirador *m* de cartucho [filtro mecánico]

Atemschutzgerät *n* aparato *m* personal de protección respiratoria, aparato *m* protector respiratorio; respirador *m*; equipo *m* de protección personal respiratoria [de las vías respiratorias]

~/umluftabhängiges respirador *m* dependiente del medio ambiente, equipo *m* de circuito cerrado

~/umluftunabhängiges aparato *m* respiratorio independiente del ambiente; equipo *m* autónomo de respiración, equipo *m* independiente de protección de las vías respiratorias

Atemschutzhelm *m* casco *m* protector respiratorio

Atemschutzmaske *f* máscara *f* protectora de la respiración; careta *f* de protección respiratoria

Atemventil *n/lungengesteuertes** dispositivo *m* pulmo-automático, mecanismo *m* automático regulado por los pulmones (del usuario)

Äther m s. Ether
Atmosphäre f atmósfera f
~/akustische ambiente m sonoro
~/dünne atmósfera f tenue
~/feuergefährliche atmósfera f inflamable
~/gasförmige ambiente m gaseoso
~/physikalische atmósfera f física
(1 Atm = 760 Torr)
~/technische atmósfera f técnica
(1 at = 1 kp/cm^2)
Atom n átomo m
~/ausgestoßenes átomo m expulsado
~/bohrsches átomo m de Bohr
~/instabiles átomo m radiactivo
~/ionisiertes átomo m ionizado [atómico]
~/markiertes átomo m marcado [trazador]
~/spaltbares átomo m fisil
Atomaufbau m estructura f atómica
Atombindung f (Ch) covalencia f, enlace m covalente [homopolar, no polar]
Atomgewicht n peso m atómico
Atomgitter n retículo m atómico
Atomigkeit f atomicidad f (Zahl der Atome, aus denen ein Molekül im gasförmigen Zustand besteht)
Atomkern m núcleo m atómico
Atomkraftwerk n planta f de energía atómica
Atommasse f (Ph) masa f atómica
Atommodell n modelo m atómico [del átomo]
Atommüll m basura f atómica, desechos mpl nucleares [radiactivos], residuos mpl activos [atómicos, radiactivos]
Atommüllendlager n depósito m final de desechos nucleares
Atomphysik f física f atómica
Atomspaltung f desintegración f atómica
Atomspektrometrie f espectrometría f atómica
Atomstrahl m haz m [rayo m] atómico
Atomstrom m electricidad f producida por centrales nucleares
Atomuhr f reloj m atómico
Atomzahl f número m atómico [de átomo]
Atomzerfall m desintegración f atómica
Ätzabdruck m (Typ) prueba f de la acidulación
Ätzbad n 1. (Met) baño m de mordida; 2. tanque m decapador (Behälter)

ätzen v 1. (Ch) atacar; morder; aplicar mordiente; cauterizar (durch Lauge); 2. (Typ) acidular
Ätzen n 1. ataque m; mordido m; 2. (Met) mordentado m (Oberfläche); 3. (Typ) grabado m al aguafuerte
Ätzflüssigkeit f (Typ) solución f ácida, líquido m cáustico [irritante, mordiente]
Ätzkali n hidróxido m potásico, potasa f cáustica
Ätznatron n sosa f cáustica, hidróxido m sódico [de sodio], hidrato m sódico
Audioausgang m salida f de audio (Soundkarte)
Audio-CD f disco m digital compacto
Audioeingang m entrada f de audiofrecuencia; entrada f de audio (Soundkarte)
Audiofrequenz f frecuencia f audible
Audiokarte f tarjeta f de sonido
Audiokassette f casete m de cinta magnetofónica; casete m de audio
Audiometer n audiómetro m, equipo m audiométrico; acutómetro m
Audiometrie f audiometría f, acumetría f, investigación f audiométrica, prueba f audiométrica [de audición]
Audiongleichrichtung f detección f [rectificación f] por rejilla
Audionröhre f tubo m audión, audión m, lámpara f detectora
Aufbau m 1. (Bw) establecimiento m; construcción f; estructura f; sistema m; 2. (Ch) constitución f; composición f; estructura f; formación f; síntesis f; 3. (Kfz) carrocería f; caja f, cajón m; 4. (Schiff) superestructura f; estructura f superior (Deck); obra f alta (maestra); sobreelevación f; 5. ensambladura f, ensamblaje m; montaje m
~/modularer construcción f modular
~/rahmenloser carrocería f sin bastidor
Aufbaudeck n (Schiff) cubierta f de superestructuras
aufbauen v 1. construir; 2. (Ch) sintetizar
aufbereiten v 1. preparar; beneficiar, aderezar; tratar; concentrar; flotar; 2. editar (Informationen)
Aufbereitung f 1. preparación f; 2. (Bgb) aderezo m; beneficio m; concentración f; regeneración f; tratamiento m; acondicionamiento m; condicamiento f; 3. (Inf) edición f

Aufbereitungsanlage f 1. instalación f preparatoria [de preparación, de tratamiento]; planta f de tratamiento; planta f de beneficiación [beneficio]; planta f de concentración; 2. *(Bgb)* instalación f de beneficio [enriquecimiento], concentradora f; procesadora f
aufbiegen v *(Fert)* desdoblar, desplegar, doblar hacia fuera
aufblasbar hinchable, inflable
aufblasen v hinchar, inflar; soplar
aufblenden v *(Foto)* abrir el diafragma
aufblitzen v relampaguear; centellear
Aufblitzen n destello m *(Licht)*; flash m
aufbohren v *(Fert)* mandrilar
Aufbohrmaschine f *(Fert)* mandriladora f
Aufbuchtung f *(Schiff)* quebranto m
Aufdampfanlage f instalación f de evaporación metálica
aufdampfen v vaporizar, evaporar, metalizar al vacío
Aufdampfung f evaporación f, evaporización f, vaporeado m
aufdornen v abocardar *(Rohre)*; mandrilar
Aufeinanderfolge f 1. sucesión f, cadena f; 2. *(Inf)* desfile m
Auffahrt f ascenso m; rampa f; calzada f; entrada f *(z. B. der Autobahn)*
Auffangbecken n estanque m de captación
Auffangbehälter m depósito m colector; arqueta f de recogida de derrames
Auffangelektrode f electrodo m colector
auffangen v captar; recoger
Auffanggefäß n tanque m receptor; colector m
Auffangschale f 1. bandeja f colectora; 2. *(Ch)* recipiente m colector, colector m; 3. *(Fert)* artesa f para virutas *(für Späne an Werkzeugmaschinen)*
Aufforstung f reforestación f, forestación f, repoblación f forestal; restauración f
auffrischen v renovar; refrescar *(z. B. Signal)*
auffüllen v rellenar; reponer
Auffüllung f 1. reposición f; 2. *(Bgb)* relleno m de respaldo
Aufgabe f 1. tarea f; problema m; trabajo m; 2. *(Förd, Fert)* alimentación f
Aufgabenverwaltung f *(Inf)* gestión f de encargos [tareas], manejo m de , tareas

Aufgabetrichter m tolva f alimentadora [de alimentación]; tolva f de carga
aufgeben v 1. *(Förd, Fert)* alimentar; 2. abandonar *(z. B. eine Bohrung)*
aufgehend *(Math)* alícuota
~/nicht *(Math)* alicuanta
Aufgleisgerät n *(Eb)* encarriladera f, enrielador m, equipo m de reposición
aufhängen v suspender; colgar
Aufhängepunkt m 1. punto m de suspensión; 2. *(Flg)* punto m de amarre (de cargas exteriores) *(zum Anbringen von Außenlasten an Flugzeugen und Hubschraubern)*
Aufhängung f 1. suspensión f; 2. sujeción f de suspensión; sistema m de suspensión; péndola f, péndulo m, colgadero m, colgador m; consola f colgante; oreja f de suspensión
~/federnde 1. suspensión f elástica [de muelle]; 2. *(Kfz)* suspensión f de flexibilidad variable
~/pendelnde suspensión f pendular
~/starre suspensión f rígido
Aufkimmung f *(Schiff)* arrufo m muerto
aufkochen v ebullir, hacer hervir
aufkohlen v *(Met)* carburar, cementar, templar por cementación
Aufkohlung f *(Met)* carburación f, cementación f
Aufkohlungsbad n *(Met)* baño m de cementación
Aufkohlungsmittel n *(Met)* agente m de carburación [cementación]; producto m carburador [cementador], carburante m, cemento m
Aufkohlungsstahl m acero m cementable [de cementación]
aufladen v 1. *(El)* cargar; 2. sobrealimentar *(einen Verbrennungsmotor)*
Aufladung f 1. carga f; 2. sobrealimentación f, sobrecompresión f *(eines Verbrennungsmotors)*
Auflage f 1. soporte m de apoyo; placa f; 2. revestimiento m, capa f sobrepuesta; 3. *(Typ)* tirada f, tiraje m, *(Am)* tiro m
Auflageplatte f placa f de descanso; placa f base; zapata f
Auflager n 1. soporte m; asiento m; apoyo m simple; estribo m; 2. *(Bw)* apoyo m; tentemozo m; 3. *(Bgb)* contrafuerte m

Auflagerdruck m 1. fuerza f en los soportes *(Statik)*; 2. *(Masch)* presión f de apoyo; 3. *(Bgb)* presión f accesoria

Auflagerkraft f fuerza f portante [de arranque] *(Statik)*

Auflaufbremse f freno m de inercia, servofreno m a compresión

auflegen v colocar; colgar *(Hörer)*

aufleuchten v encenderse; iluminarse *(z. B. Fluoreszenzschirm)*

Auflichtmikroskop n epimicroscopio m, microscopio m de luz incidente [reflejada]

auflösbar desleíble; resoluble

auflösen v 1. *(Math)* solucionar; abrir *(eine Klammer)*; 2. *(Ch)* disolver; desleír; diluir; abluir; 3. *(Opt)* resolver; 4. *(TV)* separar; 5. desagrupar *(Sammelladung)*; deshacer *(Züge)*

~/**eine Datei** deshacer un archivo

~/**Pakete** *(Inf)* desempaquetar

Auflöserelais n relé m desconectador [disyuntor, de desconexión]

Auflösung f 1. *(Math)* solución f; 2. *(Ch)* disolución f; desleimiento m; 3. *(Opt)* resolución f; poder m resolutivo [resolvente, de resolución]; definición f; 4. *(TV)* separación f

~/**hohe** resolución f alta

~/**radioaktive** disolución f radiactiva

~/**trigonometrische** *(Math)* solución f trigonométrica

Auflösungsgrad m grado m de resolución

Auflösungsvermögen n *(Opt)* capacidad f [poder m] de resolución, poder m resolutivo [resolvente], poder m separador [de separación], resolución f; discriminación f *(Messtechnik)*

Aufmaß n 1. *(Bw)* levantamiento m; 2. *(Fert)* aprieto m; sobreespesor m, sobremedida f

Aufnahme f 1. captación f; recepción f; 2. *(Ch)* absorción f; 3. levantamiento m *(Topographie)*; 4. toma f; 5. grabación f, grabado m, registro m; 6. impresión f; 7. *(Foto)* toma f de vistas *(Vorgang)*; fotografía f, foto f

~/**topographische** levantamiento m de plano, levantamiento m topográfico [en planta]

Aufnahmebecken n balsa f de recogida; balsa f receptora

Aufnahmefähigkeit f 1. cabida f, capacidad f de absorción; capacidad f receptiva [de recibir]; 2. *(Inf)* capacidad f de registro

Aufnahmegerät n equipo m de grabación; instalación f de grabación; unidad f de grabación; registro m

Aufnahmegeschwindigkeit f *(Foto)* cadencia f de toma de vistas

Aufnahmekopf m cabeza f grabadora [de grabación, de registro], cabecera f de registro

Aufnahmeplatte f *(Masch)* placa f de alojamiento; panel m picador

Aufnahmeröhre f *(TV)* tubo m analizador [de cámara], tubo m electrónico para tomavistas de televisión

Aufnahmespur f pista f de grabación [registro]

Aufnahmetaste f tecla f de grabación; tecla f de apertura *(Mikrophon)*

Aufnahmevermögen n capacidad f de absorción; absortividad f; poder m de retención *(Atemschutzfilter)*

Aufnahmevorrichtung f 1. *(Fert)* ajustador m; 2. *(Lt)* accesorio m recolector, mecanismo m recogedor, pick-up m, recogedor m

Aufnahme-Wiedergabe-Kopf m cabeza f de grabación/reproducción

aufnehmen v 1. *(Ch)* absorber; asociar; 2. grabar, registrar *(Tonträger)*; 3. recibir *(Last)*; anidar

~/**auf Magnetband** escribir [grabar, registrar] en cinta magnética

~/**auf Mikrofilm** microfilmar

~/**auf Video** grabar en video

~/**ein Protokoll** confeccionar un protocolo

~/**ein Unterverzeichnis** incluir una subcarpeta

~/**einen Ton** captar un sonido

~/**Wärme** absorber [tomar] calor

~/**wieder** reanudar *(z. B. ein Programm)*

Aufnehmer m 1. captador m; elemento m sensor; 2. mecanismo m de entrada *(Baugruppe bei Erntemaschinen)*

~/**piezoelektrischer** captador m [fonocaptor m] piezoeléctrico

Aufprall m impacto m, golpe m; colisión f

Aufprallärm m ruido m de [por] impacto

aufprallen v chocar

Aufprallschutz m (Kfz) protector m antichoque

Aufprallversuch m 1. ensayo m de choque; 2. (Kfz) ensayo m de impactos

aufpumpen v bombear; hinchar, inflar

Aufputzverlegung f (El) montaje m en saliente

aufrauen v 1. rallar; 2. (El) craterizarse (durch Lichtbogen); 3. (Led) lijar; 4. (Text) cardar (Spinnerei)

aufreiben v (Fert) alegrar; mandrilar (mit Reibahle)

Aufreißer m (Bw) desbrozador m; scraper m

Aufriss m 1. elevación f (darstellende Geometrie); corte m (technisches Zeichnen); proyección f vertical; plano m vertical; 2. (Schiff) plantilla f, planta f

aufrollen v 1. arrollar; 2. (Bgb) trabajar en una sola dirección

Aufruf m (Inf) llamada f, llamado m (eines Programms)

aufrufen v (Inf) llamar; activar

aufrunden v redondear (hacia arriba)

Aufsammelpresse f (Lt) embaladora f

Aufsattelgerät n (Lt) útil m semirremolque

Aufsattelpflug m (Lt) arado m de suspensión

Aufsatz m corona f, capacete m; embocadura f; prolongador m; cabeza f, cabezal m; alargadera f, pistolete m; regatón m

aufsaugen v absorber, chupar

Aufsaugung f absorción f; imbibición f

aufschalten v 1. conectar adicionalmente; 2. (Nrt) intercalar

Aufschalten n (Nrt) llamada f prioritaria, intrusión f

Aufschaltezeichen n señal f de comunicación [conexión] establecida

Aufschaltung f 1. conexión f adicional; 2. (Nrt) intrusión f, intercalación f

Aufschlagenergie f energía f de impacto

Aufschlagkraft f fuerza f de impacto

Aufschlämmung f 1. (Ch) suspensión f; 2. (Bgb) pulpa f

Aufschleppe f (Schiff) plano m inclinado, rampa f de izar (für Fischnetze); varadas fpl, varada f

Aufschlepphelling f (Schiff) varadero m, vía f de carena, grada f de halaje

aufschließen v 1. desintegrar (Erz); 2. (Typ) desacuñar (Form)

Aufschließen n 1. (Ch) digestión f; 2. apertura f (von Lagerstätten)

Aufschluss m 1. (Ch) disgregación f; 2. (Bgb) despejo m

~/alkalischer (Ch) tratamiento m con álcali

Aufschlussbohrung f (Bgb) perforación f [sondeo m] de reconocimiento, cata f [sondeo m] de prospección

aufschlüsseln v desglosar; repartir; subdividir; pormenorizar

aufschrauben v des(en)tornillar, desatornillar

Aufschrumpfung f (Fert) calaje m

Aufschütten n 1. rellenado m; 2. (Eb) terraplén m; relleno m (z. B. Erde)

aufspalten v 1. delaminar; 2. (Ch) desdoblar; 3. (Typ) descomponer

~/einen Ring (Ch) desciclizar

Aufspaltung f 1. delaminación f; 2. (Ch) disociación f; desdoblamiento m; 3. (Bgb) hendidura f (eines Flözes)

aufspannen v 1. aparejar (Werkzeuge); 2. (El) elevar

Aufspannkegel m (Masch) mandril m cónico

Aufspannplatte f placa f de brida; placa f de fondo (Presse)

Aufspannspindel f (Masch) husillo m de armado [sujeción]

Aufspanntisch m mesa f de armado [fijación, sujeción]

Aufspanntransformator m (El) elevador m, transformador m elevador

aufspulen v (El, Text) (em)bobinar, devanar; enrollar en carrete m

aufsteckbar enchufable

Aufsteckdorn m mandril m calzable [encajable, postizo]

aufstecken v enchufar, insertar en enchufe

Aufsteckfräser m fresa f postiza [de árbol]

Aufsteckreibahle f (Fert) alegrador m hueco, escariador m postizo [de árbol]

aufstellen v 1. establecer; ubicar; plantear, plantar; 2. instalar; montar; 3. listar; recopilar

~/eine Gleichung plantear una ecuación

~/einen Algorithmus definir un algoritmo

~/einen Plan planificar

~/in Tabellenform tabular

~/neu (Inf) recompilar (Programm)

Aufstellgleis n apartadero m de paso

Aufstellung f 1. emplazamiento m; planteamiento m; puesta f; 2. instalación f; montaje m, montura f; 3. lista f; planilla f; recopilación f
~ **in Tabellenform** tabulación f
~ **von Arbeitsablaufplänen** preparación f de flujogramas
Aufstiegsbahn f (Rak) tramo m de ascensión
Aufstiegsgeschwindigkeit f velocidad f ascensional [de ascenso]
auftakeln v (Schiff) enjarciar, aparejar
Auftanken n relleno m [repuesta f] de combustible
auftauen v 1. descongelar; derritir; 2. deshelarse, desnevar, derretirse (z. B. Schnee)
Auftausalz n sal f de deshielo
aufteilen v distribuir, repartir; subdividir; compartimentar
~**/anteilig** (Math) prorratear
~**/Daten** compartir datos
Aufteilung f repartición f, reparto m; subdivisión f; compartición f; fraccionamiento m
~ **in Sektoren** estructuración f en sectores
Auftrag m 1. (Inf) tarea f (Gruppe von Stapelprogrammen, die hintereinander abgewickelt werden); 2. capa f
auftragen v 1. aplicar (z. B. eine Farbe); pistolear; plotear; 2. (Text) poner la malla sobre la lengüeta (Wirkerei)
~**/mit der Spritzpistole** pistolear
Auftragen n 1. aplicación f, recargue m; 2. (Text) puesta f de la malla sobre la lengüeta (Wirkerei)
~ **von Metall** metalización f
Auftragsbearbeitung f 1. procesamiento m de pedidos; 2. (Nrt) proceso m de llamadas
Auftragschweißen n recargue m por soldadura
Auftragsverwaltung f (Inf) gestión f de encargos [tareas], gerencia f de tareas
Auftragwalze f cilindro m aplicador (z. B. Farbe)
Auftretensrate f índice m de incidencia (z. B. Störfall); tasa f de incidencia
Auftrieb m 1. (Ph) ascensión f; sustentación f; 2. (Flg) empuje m ascendente [ascensional], fuerza f sustentadora [de sustentación], poder m ascensional; 3. (Schiff) flotación f, flotamiento m, flotadura f, flotabilidad f; empuje m hacia arriba; empuje m (in einer Flüssigkeit)
~**/(aero)dynamischer** (Flg) fuerza f ascensional [sustentadora, de sustentación], sustentación f (dinámica)
Auftriebsbeiwert m 1. (Flg) coeficiente m de sustentación; 2. (Schiff) coeficiente m de flotabilidad
Auftriebskraft f fuerza f ascensional; empuje m ascendente [ascensional], fuerza f sustentadora [de sustentación]
Auftriebskurve f (Schiff) curva f de centro de carena
Auftriebsmittelpunkt m (Ph, Schiff) centro m de carena [empuje, flotabilidad]
Auftriebsreserve f 1. (Flg) margen m de sustentación; 2. (Schiff) reserva f de flotabilidad
Auftriebszahl f (Schiff) coeficiente m de flotabilidad
Auftriebszentrum n (Ph, Schiff) centro m de carena
Aufwand m 1. gasto m; gastos mpl; 2. esfuerzo m; energía f; 3. insumo m
~**/apparativer** equipamiento m
Aufwärtsbewegung f movimiento m (vertical) ascendente
Aufwärtshub m carrera f [recorrido m] ascendente
Aufwärtskompatibilität f (Inf) compatibilidad f ascendente
Aufwärtstransformator m (El) transformador m elevador, elevador m, booster m
Aufweitungslinse f (Opt) lente f expansora
Aufweitungsversuch m (Wkst) prueba f de ensanchamiento
aufwickeln v 1. arrollar; remontar; 2. (El) embobinar, bobinar; 3. (Text) reunir; devanar, enrollar (Zwirnerei)
Aufwickelspule f bobina f receptora
aufwinden v (Förd) levantar, izar
Aufwölbung f (Geol) bóveda f
aufzeichnen v escribir; registrar; grabar
Aufzeichnung f grabación f, grabado m; registro m; escritura f; impresión f
~**/elektromagnetische** registro m electromagnético
~**/magnetische** grabación f [inscripción f] magnética

Aufzeichnung

~/optische grabación f óptica
~/photoelektrische registro m fotoeléctrico
Aufzeichnungsdichte f (Inf) densidad f de almacenamiento [grabación, registro]
Aufzeichnungsgerät n equipo m de grabación, grabador m; medio m de grabación
Aufzeichnungsmodus m modo m de grabación
Aufzeichnungssignal n señal f de grabación
Aufzeichnungsverfahren n 1. sistema m de grabación; técnica f de escritura [grabación, registro]; 2. (Inf) método m de grabación
aufziehen v 1. armar (einen Verschluss); 2. (Kfz) calzar (Reifen); 3. dar cuerda (Uhr)
~/warm zunchar en caliente (Reifen)
Aufzug m 1. ascensor m; elevador m; torno m elevador [de elevación]; equipo m de izado [izaje, izar]; malacate m; montabobinas m (für Papierrollen); 2. (Typ) cama f
Aufzugsanlage f instalación f de ascensores; instalación f de montacargas
Aufzugseil n cuerda f para la subida del material
Aufzugsgerüst n armazón f del ascensor; castillete m elevador
Aufzugswinde f torno m de ascensor
Augenspülbrunnen m (Sich) lavaojos m de emergencia
Ausarbeitung f preparación f; redacción f; estudio m
Ausatemventil n válvula f exhaladora [de exhalación, de expiración] (Atemschutzgerät)
ausbaggern v excavar; dragar (im Wasser)
Ausbaggerung f excavación f, desfonde m; dragado m (im Wasser)
Ausbau m 1. ampliación f; extensión f; 2. (Bgb) entibación f, fortificación f, labor f; enmaderamiento m; revestimiento m (Grube); 3. (Lt) desbroce m; 4. desmontaje m, desmonte m, desmontadura f, desajuste m
ausbauen v 1. ampliar; fortificar; 2. (Bgb) apuntalar, entibar; revestir (Grube); 3. desarmar; desmontar; desguarnecer; desunir

ausbaufähig 1. susceptible de ampliación, ampliable (z. B. Programme); 2. desmontable
Ausbaustufe f etapa f de ampliación; fase f de acabado
ausbessern v reparar, repasar, retocar
Ausbesserung f reparación f, retoque m; acción f correctiva
Ausbeulhammer m martillo m desabollador
Ausbeulung f (Kfz) reparación f de abolladura
Ausbeute f 1. rendimiento m; beneficio m; ganancia f, efecto m útil; 2. caudal m; 3. volumen m de producción; 4. (Bgb) abasto m; 5. índice m de recuperación
Ausbildungswerkstatt f taller m de formación
ausblasen v apagar, extinguir; desvaporar, desvaporizar (Dampf)
Ausblaserohr n (Masch) tubo m de explosión, conducto m de escape (Dampf)
ausbohren v (Fert) alisar; mandrilar, quitar mediante taladrado
Ausbohrmaschine f (Fert) máquina f de alisar, alisadora f
Ausbrand m (Kern) combustión f nuclear; grado m de quemado (Reaktor)
Ausbrechen n (Bgb) desprendimiento m (des Hangenden)
ausbreiten v extender
~/sich propagarse
Ausbreitung f 1. extensión f, esparcimiento m; 2. (Ph) propagación f
~ der Wüste desertificación f, desertización f
~ in der Luft dispersión f en el aire
~ in die Umwelt diseminación f al ambiente
Ausbreitungsgeschwindigkeit f velocidad f [rapidez f] de propagación (Welle); velocidad f de desplazamiento (Schwingung); celeridad f
Ausbreitungskoeffizient m 1. (Ph) factor m de propagación; 2. (Ch) coeficiente m de extensión
Ausbruch m 1. erupción f (Vulkan); desprendimiento m (Gas); 2. desconchado m; 3. (Geol) reventón m; 4. (Bgb) rotura f (des Hangenden)
~/plötzlicher ráfaga f
Ausbruchgestein n roca f volcánica

ausdehnen v extender; dilatar; alargar (z. B. eine Feder); ensanchar
~/sich expandirse, expansionarse (Dampf, Gase)
Ausdehnung f 1. extensión f (Statik); dilatación f; alargamiento m (z. B. einer Feder); ensanchamiento m, expansión f; 2. dimensión f
Ausdehnungskoeffizient m coeficiente m de dilatación [expansión]; factor m de expansión
Ausdehnungskupplung f manguito m de expansión, junta f corrediza
Ausdehnungsvermögen n fuerza f expansiva
Ausdruck m 1. (Math) expresión f; 2. (Inf) impresión f, extracto m impreso (de la información); copia f impresa; listado m
~/algebraischer expresión f algebraica
~/eingliedriger monomio m
~/mehrgliedriger expresión f polinómica
~/viergliedriger cuadrinomio m
ausdruckbar (Inf) imprimible
ausdrucken v 1. (Inf) imprimir; 2. (Typ) terminar la impresión
Ausdünngerät n (Lt) aclaradora f
ausfahrbar telescópico
ausfahren v (Bgb) salir, subir
~/das Fahrwerk (Flg) sacar el tren
Ausfahrweiche f (Eb) aguja f de salida
Ausfall m falla f, fallo m; falta f, avería f, defecto m; deficiencia f
~ der Elektronik fallo m electrónico
Ausfallabstand m período m entre intervenciones, período m interreparaciones [entre reparaciones]
ausfällbar (Ch) precipitable
ausfällen v (Ch) precipitar
ausfallsicher insensible a averías; a prueba de fallos
Ausfallsicherheit f seguridad f contra fallos; protección f contra fallos
Ausfallverhalten n comportamiento m de fallos (eines Systems)
Ausfallwahrscheinlichkeit f probabilidad f de fallo
Ausfallzeit f tiempo m de fallos; tiempo m muerto [perdido, de baja]; tiempo m sin trabajo; período m inactivo
~/havariebedingte tiempo m perdido por averías

~/maschinenbedingte tiempo m perdido por fallos de máquina, tiempo m de trabajo desperdiciado por la máquina; tiempo m de averías
~/mittlere tiempo m medio entre intervenciones (Instandhaltung)
~/störungsbedingte tiempo m perdido a causa de fallos
ausfließen v fluir; emanar
ausflocken v (Ch) flocular, separarse en flóculos; coagularse
Ausflockung f (Ch) floculación f
Ausfluss m efluente m; emanación f; derrame m; derrame m en el mar; desembocadura f
Ausflussöffnung f orificio m de vaciado
Ausflussrohr n tubo m de escape
ausfugen v (Bw) rejuntar; llaguear (Mauerziegel)
ausführbar ejecutable, factible, viable
~/nicht 1. impracticable; 2. (Inf) no ejecutable
~/praktisch operacional
Ausführbarkeit f factibilidad f, viabilidad f
~/konstruktionsmäßige viabilidad f constructiva
ausführen v (Inf) ejecutar (z. B. Befehle)
Ausführung f 1. ejecución f; confección f; diseño m; puesta f en práctica; 2. modelo m; estilo m
/elektrische diseño m eléctrico
/gleichzeitige (Inf) ejecución f concurrente
/instandhaltungsgerechte diseño m adecuado a los requisitos de mantenimiento
~/lärmarme diseño m silencioso (Maschine)
~/praktische práctica f
~/schrittweise ejecución f paso a paso
~/sequenzielle (Inf) monoprogramación f (von Programmen)
~/tropfwassergeschützte construcción f a prueba de goteo
~/wartungsarme construcción f de poco mantenimiento
Ausführungsbefehl m (Inf) instrucción f [comando m, orden f] de ejecución
Ausführungsphase f 1. (Inf) fase f objeto; ciclo m de ejecución (Befehlsausführung); 2. (Inf) fase f de ejecución (eines Befehls)

Ausführungsprojekt

Ausführungsprojekt n proyecto m ejecutivo [de ejecución]
Ausführungssteuerung f (Inf) control m de ejecución
Ausgabe f 1. emisión f; 2. (Inf) salida f (von Daten)
Ausgabebefehl m (Inf) instrucción f de salida
Ausgabedatenträger m soporte m (de datos) de salida; volumen m de salida
Ausgabeformat n formato m de edición (de salida), formato m de salida
Ausgabegerät n (Inf) dispositivo m [equipo m, medio m, órgano m, periférico m, unidad f] de salida
Ausgabepufferspeicher m (Inf) memoria f intermedia de salida, tampón m de salida
Ausgabesteuereinrichtung f (Inf) unidad f de control de salida
Ausgang m 1. salida f; salida f de escape; 2. puerta f de salida; 3. punto m de salida
Ausgangsbedingung f condición f inicial; premisa f inicial [de partida]
Ausgangsbuchse f (El) toma f de salida; enchufe m de salida
Ausgangsdaten pl datos mpl iniciales [de partida]; datos mpl originales; datos mpl básicos; referencia f
Ausgangsgröße f magnitud f de salida; parámetro m de salida; valor m de partida [salida]; variable f de salida
Ausgangskreis m circuito m de salida
Ausgangsleistung f potencia f de salida; potencia f entregada [generada]; rendimiento m de salida
Ausgangsleitwert m admisión f interna de salida
Ausgangsparameter m parámetro m de salida
Ausgangsscheinwiderstand m impedancia f de salida
Ausgangssignal n señal f de salida
Ausgangsstoff m materia f base [básica], materia f prima; material m (de) base, material m básico, material m original [de partida]; producto m básico [de base, de partida]
Ausgangsvariable f variable f emisora [de salida]
Ausgangswiderstand m (El) resistencia f [impedancia f] de salida

Ausgasung f emisión f de gas
ausgeben v (Inf) descargar, vaciar, volcar, emitir (z. B. Daten)
ausgipsen v enyesar
Ausgleich m 1. compensación f, igualación f, equilibrio m; 2. (Eln) equilibrado m; balance m, balanceo m; igualdad f; realineación f
Ausgleichdüse f surtidor m compensador
ausgleichen v 1. compensar; igualar; balancear; 2. (Eln) equilibrar; enrasar; contrarrestar; 3. (Typ) calzar (Druckformen); ponderar
Ausgleicher m 1. compensador m; 2. (Eln) equilibrador m, igualador m; 3. (Masch, El) adelantador m; amortiguador m (Geschütz)
Ausgleichfeder f muelle m compensador [equilibrador, igualador]
Ausgleichgetriebe n engranaje m [mecanismo] diferencial
~/selbstsperrendes diferencial f autoblocante
Ausgleichgetriebesperre f cierre m diferencial
Ausgleichgewicht n peso m equilibrador, carga f de contrapeso, contrapeso m
Ausgleichmasse f masa f compensadora [de equilibrio]
Ausgleichmoment n momento m compensador (Statik)
Ausgleichsbecken n tanque m de compensación; cámara f de expansión; depósito m de equilibrio (Wasserkraftwerk)
Ausgleichsbehälter m 1. depósito m de compensación; depósito m regulador; tanque m de compensación (Hydrotechnik); 2. (Schiff) tanque m de balance
Ausgleichsgehäuse n (Kfz) caja f [cárter m] del diferencial
Ausgleichsgetriebe n (Masch) diferencial m, engranaje m diferencial [de compensación]
Ausgleichshebel m balancín m compensador, palanca f de compensación
Ausgleichskupplung f acoplamiento m flexible
Ausgleichsrohr n tubo m de compensación
Ausgleichsruder n 1. (Flg, Schiff) timón m compensado [estabilizador]; 2. (Flg) tab m automático

Ausgleichsschaltung f (El) circuito m compensador [de compensación], conexión f equipotencial; red f correctora [de corrección]; montaje m equilibrado

Ausgleichsstromkreis m circuito m compensador [de compensación]

Ausgleichstank m (Schiff) tanque m de balance

Ausgleichvorrichtung f dispositivo m compensador [de compensación], compensador m

Ausguss m 1. (Ch) pila f, pileta f; vaciadero m; 2. (Gieß) derramamiento m, derramaje m

aushärten v endurecerse (z. B. Kunststoff); curar (z. B. Beton)

Aushärtung f (Kst, Met) endurecimiento m; curado m (z. B. von Beton)

Aushub m (Bw) excavación f, desfonde m

auskehlen v (Fert) acanalar

Auskehlung f (Fert) acanaladura f; mortaja f

auskleiden v 1. revestir; 2. (Met) brascar (Schmelzofen)

Auskleidung f 1. revestimiento m; 2. (Met) brasca f (Schmelzofen)

~/feuerfeste recubrimiento m refractario (Ofen)

ausklinken v desenclavar, desencajar, destrabar

Auskoffern n vaciado m de subsuelo contaminado (Ausräumen z. B. von Altlasten)

Auskragung f voladizo m; cantilever m

auskuppeln v (Masch) desacoplar, desembragar, desenganchar

Auskupplung f (Masch) desacoplamiento m, desenganche m

Ausladung f vuelo m; volada f (de grúa) (Kran); alcance m (z. B. der Radialbohrmaschine)

Auslass m 1. escape m; alivio m (z. B. von Gas); 2. orificio m de descarga; agujero m de colada

Auslasshub m carrera f de escape [expulsión], fase f de escape, carrera f del soplón

Auslasstakt m fase f de escape (Verbrennungsmotor)

Auslassventil n válvula f de evacuación [salida]; aliviador m

auslasten v 1. utilizar la plena capacidad; 2. abalanzar

~/nicht subutilizar

Auslastung f utilización f; carga f completa

Auslauf m 1. efluente m; 2. (Met) rezumamiento m; 3. salidero m; emisario m

auslaufen v 1. derramarse (Flüssigkeit); vaciarse; correrse (z. B. Farben); 2. (Schiff) salir mar afuera, zarpar

Auslaufkanal m (Kfz) lumbrera f

auslaugen v lixiviar, lejiar, levigar, lavar con lejía

Auslaugung f lixiviación f, lejiación f; difusión f

auslegen v 1. interpretar; 2. diseñar (Geräte); dimensionar; 3. tender (z. B. Kabel); 4. (Schiff) abalizar

Ausleger m 1. (Förd) pescante m, brazo m giratorio [de grúa], pluma f, aguilón m, cantilever m; 2. (Schiff) botalón m, escora f, tangón m, outrigger m

~/drehbarer pescante m giratorio

Auslegerkran m grúa f de pescante [aguilón, brazo, pluma], pescante m, trucha f

Auslegung f diseño m (von Geräten); dimensionamiento m

~/akustische acondicionamiento m acústico [sonoro] (eines Raumes)

~/elektrische dimensionamiento m eléctrico

~/konstruktive diseño m constructivo; configuración f constructiva

auslenken v desviar; inclinar

Auslenkung f desviación f; elongación f; inclinación f (der Waage)

Auslesen n (Inf) extracción f (aus Arbeitsspeicher in externen Speicher übertragen)

auslöschen v apagar, extinguir

Auslöseimpuls m 1. impulso m piloto (de disparo); 2. (Nrt) impulso m de liberación

auslösen v 1. liberar; disparar; desencadenar (Operation, Reaktion); 2. (Eln) lanzar; iniciar

Auslöser m 1. mecanismo m desconectador; 2. (Foto) aparato m de desenganche; disparador m; 3. (El) conyuntor m disyuntor; 4. (Eln) trigger m; gatillo m; desencadenante m; suceso m desencadenante

Auslöseschwelle

Auslöseschwelle f umbral m de respuesta; umbral m desencadenante
Auslösestrom m corriente f de liberación
Auslöseventil n (Eb) válvula f de descarga
Auslösung f disparo m; liberación f; respuesta f; iniciación f (z. B. einer Reaktion); actuación f
ausmauern v revestir
Ausmauerung f 1. revestimiento m; 2. (Met) camisa f
ausmeißeln v quitar con el cortafrío
ausmessen v dimensionar; compasar; calibrar
ausmitten v centrar
ausmustern v rechazar; desechar; eliminar
Auspuff m (Kfz) escape m (de gas); orificio m de escape
Auspuffanlage f (Kfz) sistema m [dispositivo m] de escape
Auspuffgas n gas m de escape [evacuación, exhaustación]
Auspuffkrümmer m (Kfz) tubería f de evacuación, colector m [múltiple m] de escape
Auspuffrohr n (Kfz) conducto m [tubo m] de escape, tubo m de explosión
Auspuffsammelrohr n (Kfz) colector m [múltiple m] de escape
Auspuffschalldämpfer m silencioso m de escape
Auspufftakt m carrera f [fase f] de escape, escape m
Auspufftopf m (Kfz) amortiguador m de escape, silenciador m, silencioso m de escape
ausrasten v desencajar, desencastrar, desenclavar, desenclavijar
ausrichten v 1. alinear; orientar; justificar (z. B. Zeichen); enderezar; batir (Papierlagen); 2. (Typ) hacer el registro; 3. (Bgb) desarrollar
Ausrichtung f 1. alineación f; orientación f (z. B. von Molekülen); justificación f (von Zeichen); 2. (Bgb) trabajo m de desarrollo; labores fpl de preparación, preparación f (Strecke)
ausrücken v desacoplar, desembragar (Kupplung)
Ausrückhebel m (Masch) palanca f de desembrague [interrupción]

472

Ausrückkupplung f embrague m maestro
Ausrückwelle f árbol m de desembrague; eje m de desembrague [interrupción]
ausrüsten v 1. equipar; 2. (Schiff) armar, aparejar; pertrechar; 3. (Text) aprestar, acabar, aderezar
~/flammfest ignifugar
~/mit Motor motorizar
Ausrüstung f 1. equipamiento m, equipación f; instalación f; 2. (Schiff) armamento m; habilitamiento m; 3. equipo m; accesorios mpl; aparejo m, apero m; armadura f; pertrechos mpl; herramental m; utilaje m; implementos mpl; material m; 4. (Text) acabado m, apresto m, aderezo m
~/elektrische equipo m eléctrico; maquinaria f eléctrica; material m eléctrico
~/kältetechnische equipo m frigorífico
~/maschinelle maquinaria f; material m mecánico
~/sicherheitstechnische dispositivo m técnico de seguridad; equipo m de seguridad
~/technische técnica f, dotación f técnica; equipos mpl; equipo m técnico
~/technologische equipamiento m tecnológico; equipo m tecnológico; accesorios mpl tecnológicos; material m tecnológico; insumos mpl tecnológicos
Ausrüstungskai m (Schiff) muelle m de armamento
Aussage f (Math) proposición f, aserción f; sentencia f
Aussagenalgebra f álgebra f de proposiciones
Aussagenkalkül m cálculo m proposicional [de proposición, de enunciados] (mathematische Logik)
Aussagenlogik f lógica f proposicional
Aussagenvariable f variable f booleana [de proposición]
Aussagenverknüpfung f combinación f de proposiciones
ausschachten v excavar, pocear
Ausschachtung f excavación f, desfonde m
ausschalen v (Bw) des(en)cofrar
Ausschaltautomatik f automática f de desconexión
ausschalten v 1. (El) desconectar, poner fuera de circuito, abrir un circuito; 2. desembragar (Maschine)

Ausschalter *m (El)* desconectador *m*, interruptor *m*, cortacorriente *m*, disruptor *m*, disyuntor *f*
~/automatischer *(Inf)* autointerruptor *m*
Ausschalthebel *m* palanca *f* de desconexión
Ausschaltknopf *m* botón *m* de desconexión
Ausschalttaste *f* botón *m* de desconexión
Ausschaltung *f* 1. desconexión *f*; 2. *(El)* disyunción *f*
Ausschaltverzögerung *f* retardo *m* de desconexión
Ausschalung *f (Bw)* des(en)cofrado *m*
Ausscheidung *f* 1. eliminación *f*, deposición *f*; segregación *f*, excreción *f*, exudación *f*; 2. depósito *m*
Ausschlag *m* inclinación *f*; desviación *f (eines Zeigers)*; elongación *f*
ausschlagen *v* oscilar *(Pendel)*; desviarse, deflexionar *(Zeiger)*
ausschmelzen *v* separar por fundición
ausschmieden *v* conformar por forjado; estirar por forja
Ausschnitt *m* escotadura *f*, recorte *m*
Ausschuss *m* desechos *mpl*; desperdicios *mpl*; rechazo *m*; recorte *m*
ausschwenken *v* ladear hacia fuera
ausschwingen *v* dejar de oscilar, vibrar con amplitud decreciente
ausseigern *v (Met)* segregar
Ausseigern *n (Met)* segregación *f*, resudamiento *m*
Außenantenne *f* antena *f* aérea [elevada, exterior]
Außenbahn *f (Ph)* órbita *f* exterior
Außenbordmotor *m* motor *m* fuera (de) borda, fueraborda *m*
Außendurchmesser *m* diámetro *m* exterior
Außenfläche *f* superficie *f* exterior; cara *f* exterior
Außenflucht *f (Bw)* alineación *f* exterior
Außengewinde *n* rosca *f* exterior [macho]
Außengewindeschneidmaschine *f (Fert)* roscadora *f* macho [con peines]
Außenhaut *f (Schiff)* forro *m* exterior (del casco), chapa *f* externa
Außenkegel *m (Masch)* cono *m* macho
aussenken *v (Fert)* alegrar, alesar *(zylindrische Bohrungen)*

Außenläufermotor *m (El)* motor *m* con inducido exterior, motor *m* de rotor exterior, motor *m* eléctrico con estator-tambor rotativo *(mit rotierendem Stator)*; motor *m* eléctrico de tambor *(für Bandantrieb)*
Außenräummaschine *f (Fert)* brochadora *f* de exteriores
Außenrundschleifmaschine *f (Fert)* rectificadora *f* cilíndrica exterior
Außenschale *f (Ph)* capa *f* exterior [periférica]
Außenstation *f* 1. estación *f* distante *(eines Datenübertragungsnetzes)*; terminal *m* distante [lejano, remoto]; 2. *(Nrt)* unidad *f* remota; 3. *(Rak)* estación *f* extraterrestre
Außentaster *m* compás *m* de espesores
Außenverzahnung *f* dentado *m* exterior [externo]; engranaje *m* exterior [externo]
Außerbetriebsetzung *f* puesta *f* fuera de servicio; parada *f*, baja *f*, cese *m* de función
Außermittedrehen *n (Fert)* torneado *m* excéntrico
außermittig excéntrico, descentrado
Aussetzbetrieb *m (El)* trabajo *m* intermitente, régimen *m* de operación intermitente
aussetzen *v* 1. fallar; interrumpirse; suspender; 2. exponer; someter
aussetzend intermitente
Aussetzvorrichtung *f (Schiff)* dispositivo *m* de puesta a flote *(für Rettungsmittel)*
aussieben *v (Eln)* seleccionar por filtros
aussondern *v* rechazar; desechar; suprimir; eliminar; descartar *(z. B. Maschinen)*
Aussonderung *f* apartado *m*; retiro *m*; retirada *f* del servicio *(z. B. von Maschinen)*
Aussparung *f* 1. *(Masch)* rebajo *m*; entalladura *f*, entallamiento *m*, entalla *f*; cajera *f*; ahuecado *m*; vaciado *m*; 2. *(Typ)* hueco *m*
ausspeichern *v (Inf)* retirar de la memoria, desacumular; trasvasar a disco *(in größeren Abschnitten)*
ausstatten *v* equipar; dotar
~/mit Bildschirmgerät monitorizar
Ausstattung *f* 1. dotación *f*, equipamiento *m*; equipación *f*; 2. equipo *m*; implementos *mpl*; accesorios *mpl*; juego *m*

Ausstattung 474

~ **mit Bildschirmgerät** monitorización f
~ **mit Kontrollgeräten** instrumentación f
Aus-Stellung f posición f de reposo *(Relais)*; posición f NO
Aussteuerbereich m 1. *(Eln)* margen m dinámico [de modulación]; 2. *(Nrt)* alcance m de modulación
aussteuern v *(Eln)* excitar
Aussteuerung f 1. *(Eln)* excitación f (completa); regulación f de volumen; 2. *(Eln, Nrt)* modulación f; factor m de regulación
Ausstiegluke f escotilla f de salida; escotilla f de salvamento *(Raumschiff)*
Ausstoß m 1. expulsión f; efluente m; descarga f; 2. cantidad f de producción; potencia f de salida; producción f; fabricación f
~ **von Schadstoffen** emisión f contaminante [de contaminantes, de sustancias nocivas]
ausstoßen v 1. expulsar; descargar *(Schadstoffe)*; 2. *(Masch)* botar; 3. *(Met)* deshornar *(aus dem Ofen)*
Ausstoßhub m 1. carrera f de expulsión [escape, soplón]; 2. *(Kfz)* fase f de escape *(Verbrennungsmotor)*
Ausstoßtakt m *(Kfz)* tiempo m [fase f] de escape *(Verbrennungsmotor)*
ausstrahlen v *(Ph)* (ir)radiar; emitir; emanar
Ausstrahlung f (ir)radiación f; emisión f; emanación f *(z. B. von radioaktiven Gasen)*
Ausströmdüse f tobera f de empuje
ausströmen v escaparse; evadir; emanar
Ausströmrohr n tubo m de alivio [descarga, escape, purga, salida]
Ausströmung f salida f; escape m; fuga f; emanación f; efluencia f; efusión f
austasten v *(TV)* suprimir, borrar
Austastimpuls m *(TV, Nrt)* impulso m de supresión [borrado]
Austastpegel m *(TV)* nivel m de supresión [borrado]
Austastsignal n *(TV)* señal f de supresión [borrado]
Austastung f *(TV)* supresión f, borrado m
Austausch m (inter)cambio m; recambio m; reemplazo m; reposición f; canje m
Austauschaggregat n unidad f intercambiable [de intercambio], unidad f recambiable

austauschbar 1. (inter)cambiable, recambiable; 2. *(Math)* permutable
Austauschbarkeit f 1. (inter)cambiabilidad f; compatibilidad f; 2. *(Math)* permutabilidad f
austauschen v 1. (inter)cambiar, recambiar; reemplazar; 2. *(Math)* permutar
austenitisieren v *(Met)* austenizar
Austenitstahl m *(Met)* acero m austenítico
austesten v depurar *(ein Programm)*
Austreibdorn m mandril m de ensanchar *(Werkzeug)*
Austritt m 1. escape m; salida f; efusión f; desembocadura f; 2. punto m de salida
Austrittsgas n gas m de escape
Austrittskante f 1. arista f de salida *(Turbine)*; 2. *(Flg)* borde m de escape
Austrittsöffnung f orificio m de escape [salida], lumbrera f de salida; escape m
Austrittsstrahl m haz m emergente [de salida, de emisión, emisor]
Austrittswinkel m ángulo m de salida
Auswahlmenü m *(Inf)* menú m de selección
Auswahlschalter m selector m
Auswahltaste f botón m de selección de función
auswalzen v laminar, acabar la laminación
auswaschen v *(Ch)* eluir *(adsorbierte Stoffe aus beim Adsorptionsmitteln)*; lixiviar; derrubiar *(Gesteine, Erden)*; erosionar
Auswaschung n levigación f; elutriación f; ablución f; erosión f
auswässern v lejiar
auswechselbar (inter)cambiable; recambiable; amovible; removible
auswechseln v (inter)cambiar; recambiar; reemplazar
Ausweichfrequenz f frecuencia f alternativa
Ausweisleser m *(Inf)* lector m de etiquetas; lector m de tarjetas de identificación
ausweiten v dilatar
auswerfen v 1. expulsar; arrojar; 2. *(Masch)* botar; 3. *(Inf)* retirar de la memoria; 4. calar, redar *(Netze)*
Auswerfer m 1. expulsor m, mecanismo m expulsor; empujador m; 2. *(Lt)* dispositivo m eyector, eyector m
auswerten v evaluar, valorar, valorizar; interpretar; analizar; restituir *(Photogrammetrie)*

Auswertung f evaluación f; interpretación f; restitución f *(Photogrammetrie)*
Auswirkung f efecto m; repercusión f; impacto m
auswuchten v *(Masch)* balancear dinámicamente; equilibrar
Auswuchten n *(Masch)* balance m, balanceo m; equilibrado m; compensación f equilibradora
Auswuchtmaschine f máquina f de equilibrar, equilibradora f
Auswuchtscheibe f *(Kfz)* disco m de equilibrado
Auswurf m 1. expulsión f; efluente m; emisión f; descarga f; 2. cantidad f de producción; 3. *(Geol)* proyección f
~/**gasförmiger** emisión f gaseosa
~/**radioaktiver** efluente m radiactivo
Auswurfballenpresse f *(Lt)* expulsadora-enfardadora f
ausziehbar extensible; telescópico; abatible, rebatible
ausziehen v extraer, hacer un extracto
Auszieher m 1. extractor m, expulsor m; 2. *(Met)* deshornadora f
Ausziehtusche f tinta f china
Auszug m 1. extracto m; abstracto m; 2. *(Opt)* tubo m telescópico
~ **eines Speicherinhaltes** *(Inf)* volcado m
Auszugrohr n tubo m telescópico
Auto n automóvil m, auto m, coche m, máquina f
~/**schadstoffarmes** auto m ecológico, coche m ecológico, automóvil m ecológico
~/**treibstoffarmes** automóvil m de poco consumo de combustible
~/**umweltfreundliches** coche m limpio
Autobahn f autopista f, autovía f, autorruta f
Autobahndreibock m *(Kfz)* trípode m de aviso
Autobahnspinne f cruce m de trébol
Autobox f jaula f
Autobusbahnhof m terminal f de autobús
Autodrehkran m grúa-automóvil f giratoria
Autoelektronik f electrónica f automotriz
Autoempfänger m autorradio f, receptor m de coche
Autofähre f transbordador m de automóviles; transbordador m de vehículos
Autogenbrenner m aparato m de corte a la autógena, soplete m oxiacetilénico

Autogenschneiden n corte m autógeno [oxiacetilénico, a la llama], cortado m autógeno
Autogenschweißbrenner m soplete m autógeno
Autogenschweißen n soldadura f autógena [con soplete]
Autograder m autoniveladora f
Autoklimaanlage f climatizador m del automóvil
Autokollimationseinrichtung f *(Opt)* dispositivo m de autocolimación
Autokollimationsfernrohr n anteojo m autocolimador [de autocolimación]
Autokollimationskamera f *(Opt)* cámara f de autocolimación
Autokran m grúa f automotora [automotriz, automóvil, autotransportada], camión m grúa, autogrúa f, grúa f sobre camión, grúa f móvil, motogrúa f
Autolack m aderezo m, laca f para automóviles
Autolader m camión m montacargas
Automat m autómata m, aparato m automático, automático m; máquina f automática; equipo m automata; instalación f automática; distribuidor m automático; robot m
~/**lehrender** máquina f de enseñanza [instruir]
~/**lernender** autómata m de aprendizaje
~/**selbstorganisierender** autómata m de autoorganización
Automatenbronze f bronce m fosforoso maquinable
Automatenmessing n latón m maquinable [de corte fácil, para autómata]
Automatenstahl m acero m automático [de fácil mecanización, maquinable, para tornos automáticos]
Automatentheorie f teoría f de los autómatas, autómata f
Automatgetriebe n *(Kfz)* transmisión f de cambio automático
Automatik f automática f; automación f, automatización f; automatismo m; mecanismo m automático
Automatikgetriebe n *(Kfz)* cambio m automático
automatisch automático; autoactuador
automatisieren v automatizar

Automatisierung

Automatisierung f automatización f, automación f
Automatisierungsanlage f equipo m de automatización
automatisierungsgerecht compatible con la automatización
Automatisierungstechnik f ingeniería f automática; técnica f de automatización
Automobilbau m construcción f automovilística
Automobilversuchsgelände n autódromo m
Automobilwerk n planta f automovilística [de automóviles]
Autopilot m 1. *(Flg, Schiff)* piloto m automático, autopiloto m; 2. *(Schiff)* autotimonel m
Autopolymerisation f *(Ch)* polimerización f espontánea
Autoradio n autorradio f, radio f del coche, radiorreceptor m de automóvil
Autoreifen m neumático m
Autoreparaturwerk n taller m de reparación de automóviles
Autoschrott m chatarra f de coches
Autoskooter m autochoque m
Autotelefon n radioteléfono m de automóvil [coche]
Autotransporter m transportador m de automóviles, portaautomóviles m
Autoverschrottung f desguace m de coches
Autoversuchsstrecke f autódromo m
Autowaschanlage f instalación f lavadora de coches, lavadora f de coches, tren m de lavado
Autowaschstraße f línea f lavadora de coches
Autowrack n vehículo m de demolición
Autozoom n *(Foto)* zoom m automático
Autozubehör n accesorios mpl del automóvil
axial axial, axil
Axialbeaufschlagung f admisión f axial *(Turbine)*
Axialdampfturbine f turbina f de vapor axial
Axialdruck m presión f axial; empuje m axial [longitudinal]
Axialgebläse n ventilador m axial
Axialkolbenmotor m motor m de émbolos axiales

Axialkolbenpumpe f bomba f de émbolo axial
Axialkraft f *(Mech)* carga f axial; fuerza f axial [de avance]
Axialkugellager n rodamiento m axial de bolas
Axiallager n cojinete m [rodamiento m] axial
Axialspiel n holgura f axial [longitudinal], juego m axial [longitudinal]
Axiom n *(Math)* axioma m, postulado m
Azimut m(n) *(Astr)* acimut m, azimut m, argumento m
Azimutalkreis m *(Astr)* círculo m acimutal, almicantarada f, almicantarat m
Azimutalwinkel m ángulo m acimutal
Azimutkompass m compás m acimutal
Azofarbstoff m azocolorante m, colorante m azo [azoderivado, azoico]

B

Back f *(Schiff)* castillo m de proa
Backbord n *(Schiff)* babor m
Backe f mordaza f; mandíbula f; quijada f; garra f; zapata f
Backenbrecher m machacadora f de mandíbulas [mordazas, quijadas], quebrantadora f [trituradora f] de mandíbulas [mordazas, quijadas]
Backenbremse f freno m de almohadillas [mordazas, zapatas]
Backenspannfutter n *(Fert)* plato m de garras
Badnitrieren n *(Met)* nitruración f líquida
Bagger m excavadora f *(Trockenbagger)*; draga f *(Schwimmbagger)*
~/selbstfahrender pala f de camión
Bagger-Anbaugerät n equipo m para excavación
Baggereimer m cangilón m (de draga)
Baggergerät n dispositivo m de excavación, equipo m para excavación
Baggergreifer m cuchara f excavadora
Baggerkette f cadena f excavadora; cadena f de dragado
Baggerkübel m cuchara f excavadora; cuchara f (de draga)
Baggerlöffel m cangilón m; pala f excavadora
baggern v excavar; dragar *(im Wasser)*

Baggerprahm m gánguil m; lancha f de draga; pontón m de draga [fango]
Baggerpumpe f bomba f de excavación; bomba f dragadora [de dragado]
Baggerung f excavación f *(trocken)*; dragado m *(nass)*
Bahn f 1. vía f, camino m; 2. *(Ph)* trayectoria f, órbita f; 3. carrilera f, carrera f, trayecto m; 4. *(Bw)* tira f *(Dachdeckerei)*; 5. *(Text)* ancho m, vía f; 6. ferrocarril m, f.c., tranvía m; 7. peto m *(Hammer)*
Bahnbehälter m contenedor m de ferrocarril, container m
Bahnbetriebswerk n taller m ferroviario
Bahndrehimpuls m momento m orbital
Bahnelektron n electrón m planetario [orbital]
Bahnführung f *(Typ)* conducción f de la banda de papel *(Papier)*
Bahngeschwindigkeit f *(Astr)* velocidad f circular [orbital]
Bahngleis n vía f de ferrocarril
Bahnkorrektur f *(Fert)* corrección f del recorrido
Bahnkrümmung f curvado m de la trayectoria
Bahnschranke f barrera f de los pasos a nivel
Bahnschwelle f *(Eb)* traviesa f (de ferrocarril), *(Am)* durmiente m
Bahnsteuerung f 1. control m de trayectoria; 2. *(Fert)* control m numérico por contorneado
Bahnüberführung f viaducto m ferroviario
Bajonettfassung f enchufe m de bayoneta, portalámparas m bayoneta, montura f a bayoneta
Bajonettverschluss m cierre m [unión f] a bayoneta, conexión f de bayoneta, sistema m de conexión de bayoneta
Bake f *(Flg, Schiff)* baliza f, faro m
Bakentonne f boya f de balizamiento
Balanceruder m *(Schiff)* timón m compensado [estabilizador, de balance]
Balgen m *(Foto)* fuelle m
Balken m *(Holz)* viga f; carguero m; tacón m; trabe m
Balkencodeleser m lector m de código de barras
Balkendiagramm n diagrama m de barras, histograma m
Balkenträger m viga f *(Statik)*

Balkenwaage f balanza f de brazos [columna, cruz], pesón m
Ballast m 1. *(Bw)* carga f de contrapeso, contrapeso m; 2. *(Schiff)* lastre m; falso flete m
Ballastpumpe f *(Schiff)* bomba f de lastre [lastrado]
Ballasttank m *(Schiff)* depósito m [tanque m] de lastre
Ballen m bala f, paca f; fardo m
Ballenauswerfer m *(Lt)* lanzador m de fardos
Ballenförderer m transporte m de pacas
Ballenkapazität f *(Schiff)* capacidad f en balas *(Laderauminhalt für Stückgut)*
Ballenlader m *(Lt)* cargador m de balas [pacas], cargadora-embaladora f
Ballenöffner m *(Text)* abrebalas m, rompebalas m, abridora f de balas
Ballenpresse f 1. *(Typ, Lt)* prensa f de balas, prensabalas m; 2. *(Lt)* prensa f enfardeladora, máquina f enfardadora, enfardadora f, embaladora f
Ballon m 1. globo m (aerostático); 2. bombona f; balón m; balón m de hilo *(Spinnerei)*; 3. botella f
Ballonreifen m *(Kfz)* balón m, neumático m balón [de baja presión]
Ballonsatellit m satélite m del tipo globo, globo m satélite
Bananenbuchse f jack m banana
Bananenstecker m *(El)* banana f, clavija f de banana, ficha f banana
Band n 1. banda f, cinta f; 2. *(Ph)* banda f; 3. *(Förd)* correa f; 4. *(Bw)* grapa f; manguito m; faja f; 5. *(Met)* banda f, fleje m; 6. *(Typ)* volumen m
Bandagenwalzwerk n tren m laminador para bandajes [aros de ruedas]
Bandanlage f equipo m de cinta *(Müllsortierung)*
Bandantrieb m 1. accionamiento m de la cinta transportadora; 2. propulsión f por banda; 3. guía f de cinta
Bandaufnahmegerät n grabadora f magnetofónica [en cinta magnética]
Bandbecherwerk n rosario m de cinta portacangilones
Bandbeschicker m *(Förd)* alimentador m de cinta [correa]

Bandbreite f 1. *(Eln)* ancho m de banda; amplitud f de banda; 2. *(Förd)* ancho m de cinta
Bandbreitenregelung f *(Eln)* control m de selectividad
Bandbremse f *(Kfz)* freno m de banda [cinta]
Bandeinheit f *(Inf)* unidad f de cinta *(z. B. Streamer)*
Bandeisen n *(Masch)* banda f
Bandenspektrum n *(Ph)* espectro m de bandas [faja]
Banderoliermaschine f máquina f precintadora; máquina f rotuladora; máquina f para pegar banderolas; máquina f etiquetadora [de etiquetar]; máquina f enzunchadora; máquina f de enfajillar
Bandfilter n filtro m de banda
Bandförderer m transportador m de cinta [banda, correa], banda f transportadora, correa f (de transmisión), correa f motriz, arrastre m de cinta, conyeyor m
Bandgeschwindigkeit f velocidad f de cinta
Bandkennsatz m *(Inf)* etiqueta f de cinta
Bandkupplung f embrague m de cinta
Bandlaufwerk n *(Inf)* unidad f de cinta *(z. B. Streamer)*
Bandlesegerät n lector m (mecánico) de cinta de papel
Bandmarke f *(Inf)* marca f de cinta; tira f de material reflectante *(Magnetband)*
Bandmaß n cinta f métrica [de medición, de acero, graduada], metro m de cinta
Bandmischer m *(Ch)* mezclador m de cinta helicoidal
Bandpassfilter n filtro m pasabanda [de paso de banda, de banda]
Bandrückspulung f rebobinado m de cintas
Bandsäge f aserradora f [sierra f] de cinta, sierra f continua [sin fin]
Bandschneckenmischer m *(Ch)* mezclador m de cinta helicoidal
Bandsortierung f separación f de cinta *(Müll)*
Bandspeicher m *(Inf)* memoria f de banda [cinta]
Bandsperre f *(Eln)* filtro m supresor de banda, circuito m supresor
Bandspule f bobina f [carrete m] de cinta (magnética)

Bandstahl m acero m en bandas [fleje], banda f [fleje m] de acero
Bandstahlwalzwerk n laminador m de fleje
Bandtrommel f *(Förd)* tambor m portacinta
Bandüberspielung f doblaje m de cintas
Bandwächter m *(Bgb)* controlador m de cinta
Bandwahlschalter m conmutador m selector de bandas
Bandzuführung f alimentación f de cinta
Bankettbaumaschine f *(Bw)* bordilladora f
Banketträumgerät n *(Bw)* limpiadora f de bordillos
bankig 1. *(Geol)* estratificado en (forma de) bancos; 2. *(Bgb)* en capas
Bankrechte f *(Bgb)* perpendicular f a la estratificación
Bar n bar m, B *(SI-fremde, inkohärente Einheit des Drucks)*
Bär m *(Met)* salamandra f, mazo m, mozo m *(Rammtechnik)*
Barbitursäure f ácido m barbitúrico
Barcode-Lesegerät n *(Inf)* detector m de barras impresas
Bärführung f *(Met)* correderas fpl del mazo, guía f de la maza
Barium n bario m, Ba
Bariumhydroxid n hidróxido m bárico [de bario], barita f hidratada, agua f de barita
Bariumsulfid n sulfuro m bárico, blanco m de barito
Barn n *(Kern)* barn(io) m *(Maßeinheit für den Wirkungsquerschnitt von Atomkernen)*
Barometer n barómetro m
Barren m *(Met)* barra f, pigote m; lingote m; lingotillo m *(unter 20 kg)*; galápago m
Barysphäre f *(Geol)* barisfera f
baryzentrisch barocéntrico, baricéntrico
Base f *(Ch)* base f, lejía f
~/schwache base f débil
~/starke base f fuerte
Basis f 1. base f, fundamento m; 2. *(Math)* base f, base f logarítmica *(des Logarithmus)*
Basisanschluss m borne m base *(Transistor)*
basisch *(Ch)* básico, alcalino
Basisplatte f subestructura f

Basisvariable f (Math) variable f base [fundamental]
Basisvorspannung f polarización f de base
Basiszahl f raíz f (eines Zahlensystems)
Basizität f (Ch) basicidad f, alcalinidad f
Bassin n pila f; pileta f; estanque m; alberca f
Bastardfeile f lima f bastarda
Bastfaser f fibra f del líber
Batch-Verarbeitung f (Inf) procesado m [procesamiento m, proceso m] de [en, por] lotes, proceso m batch
Bathyscaph n (Schiff) batíscafo m
batschen v (Text) aceitar, ensimar, lubricar
Batterie f 1. (El) batería f, pila f (eléctrica); 2. (El) batería f (z. B. von Geräten)
~/auslaufgeschützte pila f con protección contra fugas
~/wartungsfreie batería f sin mantenimiento
Batterieantrieb m impulso m por batería
Batterieelement n celdilla f de batería
Batteriefahrzeug n vehículo m de acumuladores
batteriegespeist alimentado por batería [pilas]
Batterieklemme f borne m de la batería
Batterieladegerät n cargador m de acumulador(es) [baterías], jeringa f de batería, llenador m de acumulador
Batterie-Netz-Umschalter m conmutador m red-batería
Batteriespeisung f alimentación f por acumuladores [batería], alimentación f por pila (Monozellen)
Batteriestrom m corriente f de acumuladores
Batteriezündung f encendido m de batería
Bau m 1. construcción f; edificación f; 2. fabricación f; 3. edificio m; estructura f, construcciones fpl
Bauakustik f acústica f en la edificación, acústica f de edificios
Bauarchitektur f arquitectura f edificatoria
Bauart f clase f de construcción; forma f constructiva [de construcción]; ejecución f; estilo m; modelo m [tipo m] (de construcción); modo m de construcción; montaje m

Bauaufsicht f supervigilancia f técnica; inspección f técnica de construcciones
Bauaufzug m montacargas m para obras
Bauaufzugswinde f torno m de extracción para obras
Baubaracke f hangar m de construcción
Baud n baudio m (Maßeinheit für die Schrittgeschwindigkeit digitaler Signale)
Baudock n (Schiff) dique m de construcción
Baudrate f (Inf, Nrt) tasa f de baudios, velocidad f de baudio
Baueinheit f 1. unidad f constructiva [de construcción]; unidad f de montaje; módulo m; 2. (Inf) medio m físico
Bauelement n componente m; elemento m constructivo [de construcción]; módulo m; parte f [pieza f] componente; elemento m estructural
bauen v 1. construir; edificar; 2. levantar (z. B. Gebäude); obrar
~/auseinander deshacer
baufällig ruinoso
Bauflucht f (Bw) línea f de edificación, alineación f
Baugerüst n andamiaje m, andamio m, tablado m
Baugruppe f grupo m constructivo [de construcción]; unidad f; conjunto m; subconjunto m
Bauhelling f (Schiff) grada f de construcción naval, grada f de montaje
Bauingenieurwesen n ingeniería f civil [de obras y construcciones]
Baukastenkonstruktion f construcción f modular
Baukastensystem n sistema m modular; sistema m de unidades montables [normalizadas]; sistema m de montaje por unidades (normalizadas)
Baukeramik f cerámica f para construcciones
Baukies m grava f para obras
Baukran m grúa f para construcciones [obras], grúa f de edificación
Baum m 1. (Inf) árbol m, gráfico m del árbol; 2. (Förd) pluma f; 3. (Schiff) percha f, abanico m; 4. (Text) enjulio m, plegador m
Baumaschine f máquina f de construcción
Baumaterial n material m de construcción

Baumdiagramm n diagrama m de árboles, dendrograma m
Baumechanik f mecánica f constructiva [de construcción]
Bäummaschine f (Text) plegadora f (Weberei)
Baumsäge f sierra f de poda
Baumwollgarn n hilado m [hilo m] de algodón
Baumwollgewebe n tejido m de algodón
Baumwollkämmmaschine f peinadora f de algodón
Baumwollspinnerei f hilatura f de algodón, planta f productora de hilo de algodón
Baumwollspinnmaschine f hiladora f de algodón
Baumwollstoff m tejido m de algodón
Bauplatz m emplazamiento m; puesto m de construcción; zona f de construcción; ubicación f de obra; solar m
Baureparatur f reparación f de edificaciones [edificios]; reparación f de construcciones
Bauschlosserei f cerrajería f de construcción
Bauschutt m escombros mpl, cascote m, ripio m
Bauschuttcontainer m contenedor m de escombros
Baustahl m acero m estructural [de construcción]
Baustein m 1. (Bw) piedra f de construcción; elemento m constructivo [de construcción]; 2. módulo m; unidad f modular; unidad f constructiva [de construcción]; subunidad f; material m constitutivo
Baustelle f ubicación f de obra; obra f (en ejecución); lugar m de construcción; obra f de construcción
Baustellenerschließung f preparación f de la obra
Baustoff m material m [producto m] de construcción; sustancia f estructural
~/**feuerfester** material m refractario
~/**wärmeisolierender** material m aislante contra el calor
Bautechnik f ingeniería f civil [de construcción]; tecnología f constructiva [de la construcción]

Bautechnologie f tecnología f constructiva [de la construcción]
Bauteil n 1. unidad f constructiva [de construcción]; elemento m constructivo [de construcción]; pieza f [parte f] componente, componente m; componente m [elemento m] estructural; elemento m; pieza f; 2. (El) sección f; miembro m
Bauvorhaben n proyecto m de construcción [edificación]; proyecto m de obra de arquitectura; construcción f planeada; obra f a ejecutar
Bauweise f modo m de construcción, construcción f
~/**erdbebensichere** construcción f antisísmica
~/**hochintegrierte** construcción f muy integrada
Bauwerft f astillero m constructor, constructor m de buque
Bauwerk n edificio m; obra f civil; obra f de arquitectura; obra f de construcción; construcción f
Bauwerkslast f carga f de obra (Statik)
Bauwesen n edificación f; obras fpl y construcciones fpl; construcción f
Bauwinde f torno m para construcciones
Bauxitlagerstätte f yacimiento m de bauxita
Bauzeichnung f dibujo m de trabajo; plano m [diseño m] de construcción; plano m de la obra; diseño m constructivo
beanspruchen v (Mech) solicitar, someter a un esfuerzo, cargar
Beanspruchung f (Mech) solicitación f, esfuerzo m, carga f, estrés m mecánico
bearbeitbar trabajable; maquinable; procesable
bearbeiten v 1. trabajar; obrar; tratar; preparar; elaborar, laborear; 2. (Fert) labrar, laborar (z. B. Werkstück); mecanizar, maquinar (auf Werkzeugmaschinen); transformar (spanlos); manufacturar, procesar
~/**fein** (Fert) acabar, afinar
~/**kalt** (Fert) maquinar [labrar] en frío
~/**spanend** (Fert) trabajar por arranque del material, labrar con arranque [desprendimiento] de virutas
~/**spanlos** labrar sin arranque [desprendimiento] de virutas

~/warm *(Fert)* labrar [maquinar] en caliente

Bearbeitung f 1. trabajo m; tratamiento m; elaboración f; laboreo m; transformación f. 2. *(Fert)* labrado m; mecanizado m, mecanización f; maquinado m; trabajado m; procesado m; manufactura f. 3. *(Bw)* labra f

~/elektrochemische labrado m [mecanizado m] electroquímico

~/mechanische labra f (mecánica); tratamiento m mecánico, mecanizado m, mecanización f, maquinado m

~/spanende trabajo m mecánico con levantamiento de virutas, trabajo m de mecanizado por arranque de virutas, *(Am)* ajustaje m

Bearbeitungsfolge f 1. secuencia f [cadena f] de tratamientos, orden m de tratamiento, secuencia f de trabajo; 2. *(Fert)* ciclo m de mecanizado

Bearbeitungslinie f *(Fert)* línea f [cadena f] de mecanizado

Bearbeitungsmaschine f máquina f de trabajo; máquina f de mecanizado; equipo m de elaboración

Bearbeitungstechnologie f tecnología f de elaboración; tecnología f de maquinado *(spanende Bearbeitung)*

Bearbeitungsverfahren n tratamiento m; procedimiento m de elaboración; técnica f de elaboración; sistema m de laboreo

Bearbeitungswerkstatt f taller m mecánico [de maquinado, de mecanizado]

Bearbeitungszentrum n *(Fert)* centro m mecanizado [de maquinado]; máquina f herramienta de tipo central de mecanizado

Bearbeitungszugabe f sobreespesor m, sobremedida f

Beaufschlagung f admisión f *(einer Turbine)*

bebaubar edificable, susceptible de edificación, urbanizable

bebauen v 1. edificar; urbanizar; 2. *(Lt)* cultivar, labrar

Bebauung f edificación f; urbanización f

Bebauungsplan m plano m de edificación [urbanización, ordenación urbana]; proyecto m de edificaciones

Bebrütung f incubación f *(Biotechnologie)*

Becherförderer m transportador m de cangilones

Becherglas n cubilete m, vaso m picudo

Becherkette f *(Förd)* cadena f de cangilones

Becherwerk n elevador m [rosario m, transportador m, montacargas m] de cangilones, transportador m de noria; noria f (de cangilones)

Becken n 1. *(Geol)* cuenca f, taza f; 2. estanque m; tanque m; balsa f; palangana f

Beckengurt m *(Kfz)* cinturón m abdominal

Bedampfungstechnik f técnica f de evaporación (en vacío)

bedecken v cubrir; abrigar

bedienarm de poco manejo [servicio]

bedienbar maniobrable

~/leicht fácil de manejar, de fácil maniobra [manejo]

Bedienelement n órgano m de mando, mando m

bedienen v maniobrar; manejar; atender; accionar

Bedienerfreundlichkeit f facilidad f de manejo

Bedienerführung f guía f del operador

Bedienerkonsole f panel m de operador

Bedienermeldung f mensaje m de advertencia [atención], mensaje m del operador

Bedienersteuerung f control m de operadores humanos

Bedienfeld n panel m de operador; panel m frontal *(auf der Vorderseite)*

Bediengerät n unidad f de control [mando]; equipo m de manutención; dispositivo m [equipo m] de maniobra

Bedienpult n s. Bedienungspult

Bedienung f maniobra f; manejo m; servicio m; accionamiento m; manutención f

Bedienungsanleitung f instrucción f de manejo [servicio], instrucciones fpl de [para el] manejo; instrucción f de explotación, modo m de empleo; libro m [manual m] de instrucciones, manual m de utilización

bedienungsfreundlich amistoso

Bedienungshebel m *(Fert)* palanca f de control [marcha, trabajo]; brazo m de mando; palanca f de mano

Bedienungsknopf m botón m de mando

Bedienungspult *n* pupitre *m* de control [mando], consola *f* de operador
Bedienungstafel *f* pizarra *f* de control; cuadro *m* de operaciones, panel *m* de mando
Bedienungstheorie *f* teoría *f* de las colas
Bedingung *f* condición *f*; requisito *m*
~/einschränkende *(Math)* condición *f* limitante [restrictiva]
~/hinreichende *(Math)* condición *f* suficiente
Bedingungscode *m (Inf)* código *m* de condición
bedrahten *v* alambrar; cablear
bedrucken *v* 1. imprimir; 2. *(Text)* estampar
befahren *v* 1. transitar; circular; 2. *(Schiff)* navegar; 3. entrar en espacios confinados
Befehl *m (Inf)* instrucción *f*, comando *m*, orden *f*, sentencia *f*, mando *m*, mandato *m* • **einen ~ rückgängig machen** deshacer una orden
~/ausführbarer instrucción *f* ejecutable
~/entschlüsselter instrucción *f* descodificada
~/fest verdrahteter instrucción *f* cableada
~/gespeicherter instrucción *f* almacenada
~ in Maschinensprache instrucción *f* en lenguaje de máquina
~/logischer instrucción *f* lógica, operación *f* booleana [de Boole]
~/transienter instrucción *f* externa
~/verbotener comando *m* ilegal
~/zulässiger comando *m* legal
Befehlsablauf *m* ejecución *f* de instrucciones
Befehlsabruf *m* llamada *f* a la instrucción; búsqueda *f* de instrucción
Befehlsadresse *f* dirección *f* de instrucción
Befehlsausführung *f* ejecución *f* de instrucciones [mandato], operación *f* de instrucción
Befehlsbus *m (Inf)* bus *m* de instrucciones
Befehlscode *m* código *m* de instrucciones [órdenes]
~/mnemonischer clave *f* mnemónica *(Code mit erläuternden Kürzeln)*
Befehlseingabe *f (Inf)* entrada *f* [introducción *f*] de instrucciones

Befehlsfolge *f* secuencia *f* [sucesión *f*] de instrucciones, cadena *f* de comandos
Befehlsprozessor *m* procesador *m* de comandos
Befehlsstellwerk *n (Eb)* puesto *m* de maniobra
Befehlsverarbeitung *f* procesado *m* de instrucciones; tratamiento *m* de instrucciones
Befehlsvorrat *m* conjunto *m* [cuerpo *m*, juego *m*, collección *f*, repertorio *m*] de instrucciones [mandatos, órdenes]
Befehlszähler *m* 1. *(Inf)* contador *m* de control [instrucciones, programa]; registro *m* de control de secuencia; 2. *(Inf)* recuento *m* de control
Befehlszyklus *m (Inf)* ciclo *m* de instrucción
befestigen *v* 1. fijar, sujetar; calar; montar; calzar; asegurar; 2. afirmar *(z. B. eine Straße)*; 3. afianzar *(z. B. Ladung)*; 4. *(Bw)* recibir *(z. B. Tür, Fenster)*
~/gelenkig abisagrar
~/mit Seilen abaderrar
~/mit Trossen abaderrar
Befestigung *f* 1. *(Mech)* fijación *f*, sujeción *f*, amarre *m*; ligazón *f*; ligadura *f*, recepción *f*; cerradura *f*; 2. colgante *m*
Befestigungsbolzen *m* perno *m* de fijación [sujeción]
Befestigungshaken *m* gancho *m* de sujeción
Befestigungsleine *f* línea *f* sujetadora
Befestigungsleiste *f* listón *m* de fijación
Befestigungsmittel *n (Mech)* fijador *m*, dispositivo *m* de sujeción; sistema *m* de fijación [sujeción]; medio *m* de retención
Befestigungsmutter *f* tuerca *f* de apriete [sujeción, unión]
Befestigungsring *m* abrazadera *f* de sujeción
Befestigungsschelle *f* abrazadera *f* de sujeción
Befestigungsschraube *f* tornillo *m* calante [de fijación, de sujeción]
Befestigungsseil *n* cable *m* de sujeción
Befestigungsvorrichtung *f* dispositivo *m* de amarre; mecanismo *m* fijador [de fijación]
Befestigungswinkel *m* escuadra *f* de sujeción

befeuchten v humectar, humedecer; mojar; amerar, abrevar *(z. B. Mauerwerk)*; regar

Befeuchtung f humedecimiento m, humidificación f, humectación f, ameración f, amerado m *(z. B. von Mauerwerk)*

Befeuchtungsanlage f *(Typ)* tren m de humectación

befeuern v *(Schiff, Flg)* (a)balizar

Befeuerung f 1. *(Schiff, Flg)* balizaje m, balizamiento m; 2. *(Flg)* luz f de orientación

befördern v transportar *(Güter)*; encaminar; acarrear

Beförderung f transportación f; transporte m; conducción f; marcha f

~ gefährlicher Güter transporte m de mercancías peligrosas

begasen v fumigar

Begasung f 1. fumigación f; 2. *(Met)* inyección f de gas(es)

Begasungsgerät n fumigador m

begichten v *(Met)* cargar el horno [tragante]

Begichtungsanlage f *(Met)* dispositivo m cargador [de carga]; instalación f de carga

Begleitstoff m sustancia f acompañante [secundaria]

begradigen v *(Bw)* rectificar

begrenzen v (de)limitar; restringir

Begrenzer m 1. *(Masch)* mecanismo m limitador, delimitador m; limitador m; pasador m limitador; carácter m delimitador; eliminador m; 2. *(Eln)* recortador m

Begrenzerdiode f diodo m limitador

Begrenzerschaltung f supresor m

Begrenzerspannung f tensión f limitadora

Begrenzerstufe f *(Eln)* paso m limitado, etapa f limitadora

Begrenzung f limitación f, límite m; delimitación f; fin m

Begrenzungsleuchte f *(Kfz)* luz f de gálibo [estacionamiento]

Begrenzungsschaltung f circuito m recortador

Begrenzungsschott n *(Schiff)* mamparo m divisorio [de subdivisión]

Begrenzungszeichen n *(Inf)* delimitador m

Behälter m recipiente m, cisterna f; depósito m; tanque m; contenedor m, container m; envase m, vasija f, vaso m; receptáculo m; aljibe m

Behälterbau m construcción f de depósitos

Behälterdruck m presión f en el recipiente; presión f del tanque

Behälterschiff n barco m containerizado

behandeln v tratar; manejar; operar

~/warm tratar en caliente

Behandlung f tratamiento m; manejo m; procesado m

Beharrungsvermögen n fuerza f de inercia, inercia f

behauen v labrar, hachear *(Holz)*

Behauen n labra f, labrado m *(von Holz, Steinen)*; talla f *(von Steinen)*

Behauptung f *(Math)* proposición f, aserción f; afirmación f *(mathematische Logik)*

behebbar subsanable *(Schaden)*

beheben v eliminar; remediar, enmendar, subsanar, corregir; reparar

beheizen v calentar, caldear

Beheizung f calefacción f; calentamiento m, caldeo m

Behelfsantenne f antena f auxiliar

Behelfsbauten mpl obras fpl temporales; construcciones fpl auxiliares

Beiboot n lancha f de servicio; bote m de costado; esquife m; chinchorro m

Beifahrersitz m asiento m de acompañante

Beil n hacha f

beimischen v agregar; añadir (a la mezcla); mezclar

Beimischung f adición f, añadidura f; mezcla f; materia f extraña; impureza f; espuma f

Beißzange f tenaza f de corte, cortaalambres m

Beiwagen m *(Kfz)* sidecar m; coche m de arrastre, cochecito m lateral

Beizbad n 1. *(Typ)* baño m de mordida; 2. *(Met)* baño m decapante [de decapado]; tanque m decapador

Beizbrüchigkeit f fragilidad f por decapado

Beize f adobo m; color m cáustico, colorante m adjetivo

beizen v 1. *(Met)* decapar, descapar; 2. barnizar, cauterizar *(durch Lauge)*; morder; teñir; colorear con nogalina *(Holz)*; 3. *(Led)* adobar

Beizen *n* 1. decapado *m* (químico), descapado *m*; 2. teñidura *f*; mordido *m*; 3. (Led) remojo *m*; 4. (Typ) grabado *m* al aguafuerte

Beizmittel *n* 1. cáustico *m*, corrosivo *m*; mordiente *m*, adobo *m*; 2. (Met) agente *m* decapante

Bel *n* bel(io) *m* (*Maß für die Dämpfung oder Verstärkung*)

Beladebunker *m* tolva *f* de carga

Beladeeinrichtung *f* cargador *m*, cargadora *f*

beladen *v* cargar

Beladung *f* carga *f*

Belag *m* revestimiento *m*, recubrimiento *m*; capa *f* (superpuesta); cubierta *f*; forro *m*; guarnición *f*; piso *m*; puente *m*; pasarela *f* (*z. B. Gerüst*); revestimiento *m* de carretera; pavimento *m*; hollín *m*; tablero *m*

~/leitfähiger cubierta *f* conductora

~/schalldämpfender capa *f* absorbente de sonido

~/unbrennbarer piso *m* incombustible

Belagstoff *m* material *m* de guarnición

Belastbarkeit *f* cargabilidad *f*; capacidad *f* de carga; factor *m* de carga; potencia *f* admisible

belasten *v* cargar; ejercer un esfuerzo; someter a un esfuerzo, someter a una carga, sobrecargar

Belastung *f* carga *f*, esfuerzo *m*; exposición *f*

~/aerodynamische (Flg) carga *f* aerodinámica

~/spezifische carga *f* unitaria

~/thermische carga *f* térmica; tensión *f* térmica; densidad *f* de carga térmica; índice *m* de tensión térmica (*Größe der bestrahlten Fläche des Menschen*)

~/wechselnde (Mech) carga *f* alternativa

~/zulässige (Mech) carga *f* [esfuerzo *m*] admisible

Belastungs... *s.* Last...

Belastungsdiagramm *n* diagrama *m* de carga; esquema *m* de cargas

Belastungsdruck *m* (Mech) carga *f* de compresión

Belastungsfähigkeit *f* cargabilidad *f*, capacidad *f* de carga

Belastungsfaktor *m* (El, Mech) coeficiente *m* [factor *m*] de carga

Belastungsgrenze *f* límite *m* [margen *m*] de carga, carga *f* máxima

Belastungskoeffizient *m* (El, Mech) coeficiente *m* [factor *m*] de carga

Belastungskurve *f* curva *f* [diagrama *m*, línea *f*] de carga

Belastungsmoment *n* momento *m* [par *m*] de carga

Belastungsprüfung *f* prueba *f* de sobrecarga; control *m* de carga

Belastungsspitze *f* (El) pico *m* [punta *f*] de carga; carga *f* de cresta; límite *m* de carga

Belastungsstromkreis *m* circuito *m* externo [de carga]

Belastungswiderstand *m* resistencia *f* de carga

Belebtschlamm *m* lodo *m* [cieno *m*] activado, tierra *f* activada

Belebtschlammanlage *f* tanque *m* de cieno activado

Belebtschlammbecken *n* estanque *m* aireado, tanque *m* de cieno activado

Belebtschlammverfahren *n* procedimiento *m* de lodos activados (*Abwasserreinigung*)

belegen *v* 1. ocupar; reservar (*z. B. Speicherplatz*); 2. (Nrt) tomar; 3. justificar

Belegleser *m* (Inf) lector *m* de documentos

Belegung *f* 1. (Inf, Nrt) ocupación *f*; 2. (Nrt) captura *f*, toma *f*, asignación *f* (*mathematische Logik*)

Belegungsanweisung *f* (Math) instrucción *f* [sentencia *f*, enunciado *m*] de asignación

Beleimmaschine *f* (Typ) máquina *f* encoladora

beleuchten *v* alumbrar, iluminar

Beleuchtung *f* alumbrado *m*, iluminación *f*, luz *f*

~/arbeitsplatzorientierte iluminación *f* del puesto de trabajo

~/explosionsgeschützte alumbrado *m* antideflagrante; luz *f* a prueba de explosiones

~/schattenfreie alumbrado *m* sin sombras

Beleuchtungsanlage *f* instalación *f* luminosa [de alumbrado]; equipo *m* luminoso [de iluminación]; dispositivo *m* de alumbrado [iluminación]; aparato *m* de alumbrado; luz *f* de alumbrado; sistema *m* de iluminación

Beleuchtungsdichte f densidad f de iluminación
Beleuchtungseinrichtung f 1. equipo m de iluminación; dispositivo m de iluminación; 2. *(Kfz)* instalación f de luces de alumbrado; luz f de alumbrado; unidad f de alumbrado; sistema m de alumbrado
Beleuchtungskörper m cuerpo m luminoso [de alumbrado]; equipo m de iluminación; aparato m de iluminación; medio m de iluminación; accesorios mpl de alumbrado; lámpara f; luminaria f
Beleuchtungsniveau n nivel m de alumbrado [iluminación]
Beleuchtungsstärke f intensidad f de iluminación; intensidad f energética
Beleuchtungsstärkemesser m medidor m de iluminación, lux(ó)metro m
Beleuchtungstechnik f ingeniería f de iluminación, luminotecnia f, ingeniería f [técnica f] del alumbrado
beleuchtungstechnisch luminotécnico
belichten v *(Foto)* exponer; impresionar *(z. B. Film)*
Belichtung f *(Foto)* exposición f
Belichtungsautomatik f *(Foto)* sistema m automático de exposición
Belichtungsmesser m exposímetro m, fotómetro m
Belichtungszeit f *(Foto)* período m [tiempo m] de exposición
belüften v airear, ventilar; esfogar
Belüfter m aireador m
Belüftung f aireación f, aeración f, ventilación f
Belüftungsanlage f instalación f ventiladora [de ventilación], aireador m
bemaßen v dimensionar
bemessen v 1. dimensionar; medir; 2. *(Ch)* proporcionar
Bemessen n dimensionamiento m; medición f; dimensión f
Benchmarktest m *(Inf)* ensayo m de referencia
benetzen v mojar, humectar; humedecer; abrevar, amerar *(z. B. Mauerwerk)*
Benetzung f mojadura f, humedecimiento m, humidificación f, humectación f
Benetzungsmittel n mojador m, mojante m, superficiactivo m
Benutzerführung f *(Inf)* guía f de usuarios, mensaje m de guía

Benutzerhandbuch n manual m de usuarios
Benutzerkennung f *(Nrt, Inf)* identificación f de usuario
Benutzeroberfläche f *(Inf)* superficie f de guía [usuarios]
Benutzerprogramm n programa m (de aplicación) del usuario; rutina f de la aplicación
Benutzerschnittstelle f *(Inf)* interfaz f de usuario
Benutzerverwaltung gestión f de usuario
Benzen n benceno m
Benzenring m núcleo m bencénico [del benceno], anillo m de benzol
Benzidinfarbstoff m colorante m de bencidina
Benzin n 1. *(Ch)* bencina f; 2. *(Kfz)* gasolina f, esencia f (carburante), *(Am)* nafta f
~/**bleifreies** gasolina f sin plomo
~/**klopffestes** gasolina f antidetonante
~/**verbleites** gasolina f con plomo
Benzineinspritzung f inyección f de gasolina
Benzinkanister m bidón m de gasolina
Benzinstandsanzeiger m *(Kfz)* marcador m [medidor m] de gasolina
Benzintank m 1. tanque m de gasolina, depósito m de combustible; 2. *(Kfz)* depósito m de gasolina
Benzol n benceno m, benzol m, bencina f
Beplankung f *(Schiff)* forro m; envolvente f
Beratungsingenieur m ingeniero m asesor [consultor]
berechnen v calcular; computar; contar; apreciar; evaluar
~/**mit Computer** computadorizar
~/**neu** recalcular
Berechnung f calculación f, cálculo m; computación f, cómputo m; evaluación f; facturación f
~/**baustatische** *(Bw)* cálculo m estructural [de estructuras]
~/**statistische** cálculo m estadístico
~/**überschlägige** cálculo m estimativo
Berechnungsalgorithmus m algoritmo m de cálculo
Berechnungsfaktor m condicionante m
Berechnungsverfahren n método m de cálculo; método m de computación

Beregnung

Beregnung f riego m (artificial); riego m mecánico; irrigación f, riego m por aspersión
Beregnungsanlage f (Lt) instalación f de irrigación [rociado, riego], equipo m de riego, regador m, regadera f, rociador m; obra f de regadío; máquina f asperjadora [de riego por aspersión], aspersora f de riego; sistema m pluvial [de irrigación]
Beregnungsfläche f superficie f de [bajo] riego, tierra f de regadío; hectárea f bajo riego
Beregnungsmaschine f máquina f de regadío
Beregnungstechnik f técnica f de riego; ingeniería f de regadíos [riego]
Bereich m 1. zona f; región f, área f; campo m; terreno m; esfera f; sector m; dominio m; ámbito m; recinto m; margen f; gama f; rango m; intervalo m; amplitud f; alcance m; 2. (Inf) array m; régimen m
~/eingezäunter área f vallada
~/elektrisch entladener zona f eléctricamente descargada
~/fehlerhafter área f defectuosa (Plattenspeicher)
~/feuergefährdeter zona f de alto riesgo de incendios
~/geschützter recinto m protegido, zona f protegida
~/kontaminierter zona f contaminada [de contaminación]
~/leitfähiger zona f conductora
~/strömungstechnischer régimen m aerodinámico
~/technischer área f de ingeniería
~/überschriebener (Inf) zona f sobreescrita
Bereichsschalter m conmutador m de banda [ondas] (Frequenzband)
Bereifung f bandaje m; neumáticos mpl
Bereitschaftszeichen n (Inf) guía f
Bereitzustand m 1. (Inf) estado m listo; 2. (Nrt) modo m listo
Bergbau m minería f, explotación f minera; industria f extractiva [minera]
~/untertägiger minería f subterránea
Bergbauabfall m desecho m minero, residuos mpl mineros
Bergbauanlage f instalación f de la minería
Bergbauausrüstung f maquinaria f minera; material m [equipo m] minero

Bergbaubetrieb m explotación f minera, minado m
Bergbausicherheit f seguridad f minera [en la mina]
Bergbautechnik f ingeniería f minera [de minas], minería f; técnica f minera
Berge pl (Bgb) relleno m, relaves mpl de escombreras, desmontes mpl
Bergemittel n (Bgb) capa f intermedia de ganga, intercalación f estéril, trozos mpl de ganga
Bergeversatz m (Bgb) relleno m con zafras y gangas, relleno m de tierras
Bergung f salvam(i)ento m; recuperación f (z. B. von Schiffen)
Bergungsausrüstung f equipo m de salvamento; material m de salvamento; aparato m de recuperación; equipo m [aparato m] de rescate
Bergungsfahrzeug n vehículo m de rescate
Bergungsgerät n dispositivo m de rescate [salvamento]; aparato m de recuperación [rescate], equipo m de rescate; material m de salvamento
Bergungskapsel f (Flg) cápsula f recuperable
Bergungsschiff n buque m de salvamento
Bergungsschlepper m remolcador m de salvamento
Bergwerk n mina f
~/stillgelegtes mina f desechada
Bergwerksdeponie f vertedero m de minería
berichtigen v corregir; ajustar, enmendar; rectificar
Berichtigung f corrección f; ajustamiento m, ajuste m; enmienda f; rectificación f
Berichtigungsfaktor m (El, Opt) coeficiente m de corrección
Berichtsgenerator m (Inf) generador m de informes
berieseln v abrevar; rociar
Berieselung f rocío m, rociado m, rociadura f, riego m
Berieselungsanlage f instalación f de irrigación; equipo m de irrigación [aspersión]; sistema m de rociado
Berkelium n berkelio m, Bk
Bernstein m ámbar m, succino m, electro m

bernsteinfarben ámbar
Bernsteinsäure f ácido m succínico
Berohrung f entubación f, entubado m, entubamiento m, tubaje m
Berstdruck m presión f de reventón [rotura]
bersten v reventar
Bersten n desprendimiento m (Gebirge); reventón m (z. B. eines Reifens)
Berstfestigkeit f resistencia f al reventón (z. B. eines Reifens)
Berstscheibe f disco m de ruptura
Berstversuch m prueba f de resistencia al estallido
beruhigen v (Met) calmar, reposar, matar (Stahl)
Berührung f 1. contacto m, toque m; 2. (Math) tangencia f
Berührungselektrizität f electricidad f de contacto
Berührungsfläche f área f [superficie f] de contacto
Berührungspunkt m punto m de contacto; punto m de tangencia
Berührungsschutz m (El) protección f a prueba de contacto, protección f contra contactos, seguridad f de contacto
berührungssicher (El) seguro contra accidente eléctrico; a prueba de contacto
Berührungsspannung f tensión f [voltaje m] de contacto
Beryll m (Min) berilo m, glucinio m
Beryllium n berilio m, Be
Besatz m 1. guarnición f; 2. (Text) pasamano m, galón m
Besäumkreissäge f sierra f circular para recortar, canteadora f
Besäummaschine f (Kst) ribeteadora f
Besäumsäge f sierra f de cantear
beschädigen v deteriorar; averiar; dañar
Beschädigung f deterioro m; avería f; desperfecto m; perjuicio m
Beschaffenheit f estado m; consistencia f; calidad f; disposición f
beschallen v sonorizar
Beschallung f sonorización f
Beschallungskurve f curva f de sonoridad
Beschaltung f modo m de conexión
beschichten v laminar; recubrir; revestir
~/**mit Kunststoff** plastificar
Beschichten n recubrimiento m; deposición f

~/**elektrolytisches** recubrimiento m electrolítico
~/**galvanisches** electrorrecubrimiento m
beschicken v alimentar; cargar; cebar
Beschicker m alimentador m, feeder m; tolva f alimentadora [de alimentación]
Beschickung f 1. (Met) alimentación f; carga f; 2. (Met) lecho m de fusión
Beschickungsbühne f (Met) plataforma f cargadera [de carga, de tragante]
Beschickungsöffnung f 1. (Met) boca f de carga [entrada]; 2. (Lt) boca f de ensacado (z. B. Futtermischer)
Beschickungsroboter m robot m de carga
Beschickungstrichter m (Lt) tolva f alimentadora [de alimentación]
Beschickungsvorrichtung f mecanismo m alimentador, alimentador m, feeder m; aparato m cargador; tolva f
Beschlag m chapa f; guarnición f; herraje m
beschlagen v 1. guarnecer; 2. clavar; calzar (Rad); 3. empañarse (Glas)
Beschleuniger m 1. (Ph, Ch) acelerador m; 2. (Ch) promotor m; 3. (Ph, Ch) activador m, adyuvante m
Beschleunigerkarte f (Inf) tarjeta f aceleradora
Beschleunigung f aceleración f; aceleramiento m; velocidad f acelerada
~/**gleichförmige** aceleración f uniforme
~/**plötzliche** (Kfz) acelerada f
Beschleunigungsaufnehmer m acelerómetro m captador, receptor m de aceleración (Schwingungsmessgerät)
Beschleunigungsbad n (Foto) acelerador m
Beschleunigungsdüse f tobera f aceleratriz [de aceleración] (Turbine)
Beschleunigungselektrode f electrodo m acelerador
Beschleunigungsgitter n (Eln) rejilla f aceleradora
Beschleunigungskammer f (Kern) cámara f de aceleración
Beschleunigungskraft f fuerza f aceleratriz
Beschleunigungsmesser m acelerómetro m, registrador m de aceleración

Beschleunigungsmoment *n* momento *m* [par *m*] de aceleración
Beschleunigungspumpe *f (Kfz, Masch)* bomba *f* de aceleración
Beschleunigungsschreiber *m* acelerógrafo *m*
Beschleunigungsspannung *f* tensión *f* acelerante, voltaje *m* acelerador *(Elektronenstrahlröhre)*
Beschleunigungsvorrichtung *f (Ph, Ch)* acelerador *m*
Beschneidemaschine *f* 1. *(Fert)* recortadora *f*; 2. *(Typ)* máquina *f* cortadora; troncadora *f*
beschneiden *v* 1. cortar; 2. *(Typ)* (re)cortar
~/**Bäume** podar
Beschneiden *n* 1. recortadura *f*; cortado *m*; 2. *(Typ)* corte *m*
Beschnitt *m (Typ)* recorte *m*
beschottern *v* macadamizar, balastar *(Straße, Gleis)*
Beschotterung *f* balastaje *m (Straße, Gleis)*
Beschotterungsmaschine *f* balastera *f*
beschränken *v* limitar; restringir
beschränkt *(Math)* finito
Beschränkung *f* limitación *f*, restricción *f*
beschreiben *v* escribir; definir
~/**eine Kreisbahn [Umlaufbahn]** orbitar
Beschreibung *f* descripción *f*
Beschreibungsmakrobefehl *m (Inf)* macroinstrucción *f* declarativa, macrodeclarativo *m*
Beschreibungssprache *f (Inf)* lenguaje *m* de descripción (de datos); lenguaje *m* declarativo
beschriften *v* rotular
Beschriftung *f* leyenda *f*, rotulación *f*
Beschusszahl *f (Kern)* número *m* de impactos
beseitigen *v* eliminar; evacuar
~/**Abfall** desechar
~/**Fehler** depurar errores *m*
Beseitigung *f* eliminación *f*, supresión *f*, evacuación *f*
~ **einer Systemstörung** reparación *f* de sistema
~ **einer Verstopfung** desatranque *m (im Rohr)*
~ **radioaktiver Abfälle** eliminación *f* de desechos radiactivos

~ **radioaktiver Stoffe** descontaminación *f* radiactiva
~ **von Ausströmungen** supresión *f* de emanaciones
Beseitigungsanlage *f* planta *f* de eliminación *(z. B. Müllverbrennungsanlage)*
Besetztton *m* tono *m* de ocupado
Besetztzeichen *n (Nrt)* señal *f* de ocupado
bespielen *v* grabar, impresionar *(tontechnisch)*
Bespielen *n* grabación *f*, impresión *f*
besprengen *v* rociar
bespulen *v* pupinizar *(Kabel)*
Bessemerbirne *f (Met)* convertidor *m* (de) Bessemer, convertidor *m*, bessemer *m*
Bessemerstahl *m* acero *m* ácido [Bessemer]
Bestand *m* 1. fondo *m*; 2. stock *m*; 3. parque *m*; 4. población *f (Statistik)*; 5. asentamiento *m (z. B. Wald)*
beständig resistente; estable; sólido; firme
Beständigkeit *f* estabilidad *f*, resistencia *f*, poder *m* resistente; resistividad *f*, persistencia *f*, constancia *f*, firmeza *f*
Bestandsdatei *f (Inf)* fichero *m* maestro
Bestandteil *m* componente *m*, constituyente *m*; órgano *m*; elemento *m* (constitutivo); parte *f* (componente), parte *f* constitutiva; 2. *(Ch)* principio *m*
~/**flüchtiger** *(Ch)* componente *m* [constituyente *m*] volátil; materia *f* volátil; producto *m* volátil, volátil *m*
Besteck *n* 1. estuche *m*, instrumental *m (Medizintechnik)*; 2. *(Schiff)* punto *m* de la ruta • ~ **machen** *(Schiff)* tomar la estima
~/**gegisstes** *(Schiff)* estima *f*
Bestellkombine *f (Lt)* sembradora *f* combinada
bestimmen *v* determinar; identificar; definir; designar; especificar; fijar
Bestimmtheitsbereich *m (Math)* dominio *m* de determinación
Bestimmtheitsmaß *n (Math)* coeficiente *m* de determinación *(Regressionsrechnung)*
Bestimmung *f* 1. determinación *f*, identificación *f*, designación *f*, medida *f*; 2. *(Ch)* reconocimiento *m* ordenanza *f*
~/**analytische** determinación *f* analítica *(von Proben)*

~/**gaschromatische** *(Ch)* determinación f cromática de gas
~/**gravimetrische** *(Ch)* gravimetría f
~/**kolorimetrische** *(Ch)* determinación f colorimétrica
~/**näherungsweise** determinación f aproximada
~ **vor Ort** determinación f in situ
Bestimmungsvariable f variable f a determinar
bestrahlen v (ir)radiar, exponer a la radiación
Bestrahlung f (ir)radiación f
Bestrahlungsdichte f intensidad f energética [de iluminación]
Bestrahlungsdosis f dosis f de irradiación
Bestrahlungskanal m *(Kern)* ventana f de radiación, canal m de irradiación
Bestrahlungslampe f lámpara f de irradiación
Bestrahlungsleistung f rendimiento m de radiación *(Laser)*
Bestrahlungsstärke f intensidad f energética [de iluminación]
bestreichen v abarcar *(Frequenzbereich)*
bestücken v equipar
~/**mit Transistoren** transistorizar
Betankung f abastecimiento m de combustible; relleno m [repostado m, repuesta f] de combustible
Betastrahlen mpl rayos mpl beta
Betastrahlung f radiación f [rayos mpl] beta
Betateilchen n partícula f beta
betätigen v accionar; maniobrar; mandar; manipular; poner en acción
~/**einen Schalter** activar un conmutador
~/**mit dem Fuß** pedalear
Betätigung f accionamiento m; maniobra f; mando m; manipulación f; operación f; puesta f en marcha; acción f; actuación f
Betätigungselement n actuador m; órgano m de actuación
Betätigungshebel m brazo m accionador
Betatron n *(Kern)* acelerador m de inducción, betatrón m, reotrón m
Betazerfall m *(Kern)* desintegración f [decaimiento m] beta
Beting f *(Schiff)* bitadura f, bita f *(Halterung, z. B. für Anker)*
Beton m hormigón m, concreto m, derretido m, *(Am)* granza f

~/**armierter** hormigón m armado
~/**feuerfester** hormigón m refractario
~/**tragender** hormigón m sustentador
~/**unbewehrter** hormigón m en masa
~/**vorgespannter** hormigón m (pre)tensado
Betonaufbruchhammer m *(Bw)* rompehormigón m; triturador m de hormigón
Betonbewehrung f armadura f [blindaje m] de hormigón
Betonbrecher m triturador m de hormigón
Betondecke f firme m [forjado m, revestimiento m] de hormigón
Betonfahrmischer m hormigonera f automóvil [sobre camión, transportada]
Betonfertigteil n elemento m de hormigón prefabricado, prefabricado m de hormigón
Betonhärter m endurecedor m del hormigón
betonieren v hormigonar
Betonierung f hormigonado m
Betonmast m torre f de concreto
Betonmischer m hormigonera f, concretera f, mezcladora f de hormigón
betonnen v *(Schiff)* (a)balizar
Betonnung f *(Schiff)* balizaje m, balizamiento m
Betonpfeiler m pilar m de hormigón
Betonplatte f losa f [macizo m, placa f] de hormigón, losa f de concreto
Betonschiff n embarcación f ferrocemento [de hormigón armado]
Betonschute f patana f de hormigón
Betonstahl m hierro m de armado [armadura]; barra f corrugada; redondo m corrugado
Betonstraßendecke f firme m de hormigón
Betonunterbau m asiento m [lecho m] de hormigón *(z. B. Straßenbau)*
Betonverschalung f encofrado m para hormigón
Betonwerk n planta f productora de hormigón
betreiben v explotar, hacer funcionar *(eine Anlage)*; gestionar
Betreiber m usuario m, utilizador m; usuario m gestionador *(einer Anlage)*, operador m humano; explotador m
Betrieb m 1. funcionamiento m; servicio m; operación f; explotación f; marcha f;

Betrieb

aprovechamiento *m*; tracción *f*; 2. régimen *m*; 3. empresa *f*; fábrica *f*; establecimiento *m*; manufactura *f*; industria *f*; unidad *f*; unidad *f* de explotación • **außer ~** fuera de servicio

~/aussetzender 1. funcionamiento *m* intermitente; operación *f* intermitente; servicio *m* intermitente; 2. *(El)* trabajo *m* intermitente; régimen *m* (de operación) intermitente

~/dieselelektrischer tracción *f* Diesel eléctrica

~/geräuscharmer funcionamiento *m* silencioso

~/gestörter régimen *m* perturbado

~/gleichzeitiger *(Inf)* operación *f* concurrente

~/interaktiver *(Inf)* modo *m* interactivo

~/manueller trabajo *m* manual; operación *f* manual; modo *m* manual

~/ortsfester régimen *m* estacionario

~/paralleler *(Inf)* modalidad *f* en paralelo

~/rechnerabhängiger *(Inf)* sistema *m* en línea

~/rechnerunabhängiger *(Inf)* proceso *m* fuera de línea

~/schlüsselfertiger empresa *f* llave en mano; planta *f* completa

~/schnurloser *(Nrt)* funcionamiento *m* inalámbrico

~/sequenzieller *(Inf)* operación *f* secuencial

~/serieller 1. funcionamiento *m* secuencial [en serie]; 2. *(Inf)* operación *f* secuencial

~/störungsfreier funcionamiento *m* sin fallos [averías]; funcionamiento *m* seguro

~/wartungsfreier funcionamiento *m* sin atención

Betriebsanlage *f* instalación *f* industrial; planta *f* (de procesos); equipo *m* industrial

Betriebsanleitung *f* manual *m* de funcionamiento, manual *m* de instrucciones

Betriebsanzeige *f* señalizador *m* de funcionamiento *(Leuchtfeld)*

Betriebsart *f* 1. régimen *m* de trabajo; modo *m* funcional [de funcionamiento, de operación, de servicio]; 2. *(Inf)* modalidad *f* (de explotación), modo *m* de explotación; 3. clase *f* de servicio; tipo *m* de transporte; 4. *(Schiff)* sistema *m* de transporte

betriebsbedingt funcional

Betriebsbelastung *f* carga *f* de servicio [trabajo]

Betriebsbereich *m* 1. régimen *m* (de funcionamiento); zona *f* de explotación; 2. *(Schiff)* autonomía *f* operacional

Betriebsbremse *f* freno *m* de servicio; freno *m* de pie

Betriebsdruck *m* presión *f* de funcionamiento [servicio]; presión *f* de operación [marcha]; presión *f* de régimen [trabajo]

Betriebseinrichtung *f* instalación *f*; unidad *f* fabril; equipo *m* operativo

Betriebserprobung *f* prueba *f* de funcionamiento; prueba *f* de explotación; prueba *f* de campo; prueba *f* en la fábrica; prueba *f* en la producción

betriebsfähig capaz de funcionar; en condición de servicio [trabajo]; explotable

Betriebsfrequenz *f* frecuencia *f* de explotación [régimen]

Betriebsgeschwindigkeit *f* velocidad *f* de funcionamiento; cadencia *f* de funcionamiento; velocidad *f* de [en] servicio; velocidad *f* operativa [de operación]; velocidad *f* de régimen

Betriebssicherheit *f* seguridad *f* funcional [de funcionamiento]; seguridad *f* de servicio; seguridad *f* de la explotación; fiabilidad *f* (de sistemas); protección *f* operacional

Betriebsspannung *f* tensión *f* de trabajo; tensión *f* de funcionamiento [servicio]; tensión *f* de régimen; tensión *f* interna; voltaje *m* de operación

Betriebsstätte *f* local *m* (de trabajo); taller *m*

Betriebsstellung *f* posición *f* de funcionamiento [marcha, servicio]

Betriebsstoff *m* material *m* auxiliar de producción; combustible *m*

Betriebsstörung *f* fallo *m* de funcionamiento; perturbación *f* del funcionamiento, perturbación *f* en el servicio; falla *f* de operación; interrupción *f* de servicio; interrupción *f* operacional; avería *f*; accidente *m* (de funcionamiento)

Betriebsstrom *m* corriente *f* de régimen [trabajo]

Betriebssystem *n* 1. sistema *m* funcional; 2. *(Inf)* sistema *m* operativo [de operaciones, operacional]

Betriebstechnik f ingeniería f de plantas (industriales); técnica f de explotación
Betriebstemperatur f temperatura f de funcionamiento [servicio]; temperatura f de operación; temperatura f de régimen
Betriebsunterbrechung f interrupción f de servicio; interrupción f de la marcha; interrupción f operacional
Betriebsverfahren n método m operacional [de operación]; procedimiento m operativo [de operación]; técnica f de explotación; operación f de planta; sistema m de funcionamiento; sistema m de explotación
Betriebsverhalten n comportamiento m funcional [operativo, operacional, en servicio]; régimen m; características fpl de explotación
Betriebsweise f 1. modalidad f de funcionamiento; modalidad f de explotación; modo m de servicio; régimen m de operación; 2. (Inf) modalidad f
Betriebswelle f (El) onda f de trabajo [servicio]
Betriebswerkstatt f taller m de fábrica
Betriebszustand m 1. estado m de funcionamiento [servicio]; estado m operacional [de operación]; condición f de operación; régimen m de servicio [trabajo]; régimen m; 2. (Inf) modalidad f
Betriebszuverlässigkeit f fiabilidad f operacional [operativa]
Bett n (Masch) lecho m; bancada f; montante m
Bettfräsmaschine f fresadora f de bancada
Bettführung f (Masch) guía f de bancada
Bettschlitten m carro m principal
Bettsetzstock m (Masch) centrador m fijo
Bettung f 1. (Masch) lecho m; 2. (Eb) balasto m de vía
beugen v (Ph) difractar
Beugung f (Ph) difracción f, inflexión f
Beugungsspektrum n espectro m de difracción
Beurteilungspegel m nivel m de evaluación (Lärmmessung)
Beuteldruckmaschine f máquina f para imprimir bolsas
bewässern v (Lt) regar, irrigar
Bewässerung f (Lt) irrigación f, riego m (artificial), regadío m

Bewässerungsanlage f (Lt) instalación f de irrigación; sistema m de irrigación
Bewässerungsgraben m zanja f de irrigación
Bewässerungskanal m canal m de irrigación [regadío, riego], acequia f
bewegen v mover; agitar
beweglich móvil; movible
Beweglichkeit f movibilidad f, movilidad f; versatibilidad f
Bewegtbild n (Nrt) imagen f en movimiento
Bewegung f 1. movimiento m; agitación f; marcha f; 2. (Feinw) desplazamiento m; 3. (Masch) traslación f; tendencia f
~/**aufsteigende** ascendencia f
~/**bahngesteuerte** movimiento m controlado por contorneado [trayectoria] (Roboter)
~/**beschleunigte** (Mech) movimiento m acelerado
~/**fortschreitende** movimiento m de traslación
~/**geradlinige** (Mech) movimiento m rectilíneo
~/**gleichförmig beschleunigte** movimiento m uniformemente acelerado
~/**gleichförmige** movimiento m circular [uniforme]
~/**hin- und hergehende** movimiento m alternativo, vaivén m
~/**kreisförmige** movimiento m cirulcar
~/**krummlinige** movimiento m curvilíneo
~/**punktgesteuerte** movimiento m controlado por puntos (Roboter)
~/**schlingernde** 1. (Schiff) tambaleo m; 2. (Eb) movimiento m de lazo
~/**stetige** (Mech) movimiento m continuo
~/**translatorische** movimiento m de traslación
~/**ungleichförmige** (Mech) movimiento m no uniforme
Bewegungsdatei f (Inf) fichero m de detalle; archivo m de movimientos
Bewegungsenergie f energía f cinética [actual, de movimiento]
Bewegungslehre f cinemática f
Bewegungssteuerung f control m de movimientos (z. B. beim Roboter)
Bewegungsvektor m vector m de movimiento (Multimedia)
bewehren v 1. (Bw) armar; 2. acorazar

Bewehrung f 1. *(Bw, El)* armadura f, armado m *(z. B. von Kabeln)*; 2. acorazado m; blindaje m
Bewehrungsdraht m *(Bw)* hilo m de refuerzo
Bewehrungsstab m *(Bw)* barra f [varilla f] de refuerzo
Bewehrungsstahl m *(Bw)* acero m de refuerzo para hormigón, acero m para hormigón (armado) *(Stahlbeton)*; hierro m de armado [armadura, refuerzo]
Beweis m *(Math)* demostración f; razón f
beweisen v *(Math)* demostrar; derivar; probar
Beweisverfahren n *(Inf)* proceso m de validación
bewerten v evaluar; valorizar, valorar; estimar; ponderar; homologar
Bewertung f evaluación f; valoración f; validación f; apreciación f; estimación f; ponderación f; tasación; homologación f
Bewertungsschema n esquema m de evaluación
Bewertungsskala f escala f de evaluación, escala f de valoración
Bewetterung f *(Bgb)* aireación f, aeración f, aeramiento m, ventilación f
Bewitterungsversuch m *(Wkst)* ensayo m (de exposición) a la intemperie
Bewurf m *(Bw)* camisa f
bezeichnen v 1. designar, señalizar; 2. determinar; etiquetar; indicar
Bezeichnung f 1. denominación f; designación f, notación f; 2. determinación f; 3. *(Inf)* nombre m, etiqueta f, etiquetado m
beziehen v revestir; guarnecer
Beziehung f relación f, razón f; connotación f *(Logik)*
Beziehungsgerade f *(Math)* recta f de regresión
beziffern v cifrar
Bezugsebene f plano m de comparación [referencia]
Bezugselektrode f electrodo m de comparación [referencia]
Bezugsgerade f *(Math)* recta f de referencia
Bezugskreis m circuito m de referencia
Bezugsschalldruck m presión f sonora de referencia

Bezugswert m valor m de referencia; valor m testigo
Bezugszahl f número m de referencia; índice m de referencias
biaxial biaxial, biáxico
Bibeldruckpapier n papel m biblia
Biberschwanz m *(Bw)* teja f plana
Bibliotheksverwaltung f *(Inf)* mantenimiento m de la biblioteca (de sistema); gestión f bibliotecaria
Biegeautomat m *(Typ)* dobladora f automática
Biegebacke f mordaza f del cabezal de curvar
Biegebeanspruchung f *(Mech)* carga f de flexión, esfuerzo m flector [de flexión, flexionante], fuerza f flexional [de flexión]
Biegebruch m *(Mech)* rotura f por flexión
Biegebruchfestigkeit f *(Mech)* resistencia f de ruptura por flexión
Biegebruchlast f *(Mech)* carga f de rotura por flexión
biegeelastisch flexoelástico
Biegefestigkeit f *(Mech)* resistencia f a la flexión
Biegemaschine f *(Fert)* máquina f dobladora [de doblar], dobladora f, máquina f de curvar [encorvar], curvadora f, plegadora f; máquina f de cimbrar
Biegemodul m *(Mech)* módulo m de flexión
Biegemoment n momento m flector [de flexión, flexor] *(Statik)*
biegen v *(Fert)* doblar, curvar; cimbrar; plegar; arrufar; bornear; virar; pandear
~/warm *(Fert)* doblar en caliente
Biegen n curvado m, plegado m, doblado m, doblaje m *(besonders Metallverarbeitung)*; cimbrado m *(z. B. von Holz)*
Biegepresse f prensa f dobladora [para doblar], prensa f de curvar, máquina f de encorvar, curvadora f
Biegeschwingung f oscilación f de flexión
Biegespannung f 1. esfuerzo m flector [de flexión, flexionante]; 2. *(Mech)* fuerza f flexional [de flexión], tensión f de flexión
Biegesteifigkeit f *(Mech)* rigidez f a la flexión
Biegestempel m *(Fert)* macho m de curvar; punzón m conformador *(Stanze)*; troquel m de doblado
Biegeversuch m *(Wkst)* ensayo m [prueba f] de flexión; ensayo m de doblado

Biegewalzwerk n curvadora f de cilindros
Biegewerkzeug n herramienta f de curvar
Biegewinkel m ángulo m de doblado
Biegezange f pinzas fpl de curvar [doblar], tenaza f de curvar
Biegezugfestigkeit f resistencia f a la flexión y tracción *(Statik)*
biegsam flexible
Biegsamkeit f flexibilidad f
Biegung f 1. *(Fert)* dobladura f; corvadura f *(bleibende Verformung)*; 2. *(Wkst)* flexión f, inflexión f; 3. *(Math)* curvatura f, arcuación f; comba f; 4. *(Masch)* codillo m *(Rohr)*; 5. viraje m; 6. arco m
Biegungskraft f fuerza f de curvatura
Biegungswinkel m ángulo m de flexión
Bifokalglas n *(Opt)* lente f bifocal
bikonkav *(Opt)* bicóncavo
Bikonkavlinse f *(Opt)* lente f bicóncava
bikonvex *(Opt)* biconvexo
Bikonvexlinse f *(Opt)* lente f biconvexa
Bild n 1. *(Opt, Math, Inf, TV)* imagen f; 2. *(Math)* figura f, tabla f; cuadro m; 3. foto(grafía) f, vista f, encuadre m, encuadrado m *(Display)*; 4. *(Typ)* ojo m *(des Buchstaben)*
~/ausgestrahltes imagen f televisada
~/eingefügtes imagen f insertada
~/eingescanntes imagen f escaneada
~/entzerrtes fotografía f ortogonal, ortofoto f *(Photogrammetrie)*
~/seitenverkehrtes imagen f invertida [de lados invertidos]
~/verzerrtes imagen f distorsionada
~/virtuelles imagen f virtual
Bildabfolge f secuencia f de dibujos fijos *(Grafik)*; secuencia f de fotogramas; secuencia f de imágenes en movimientos
Bildabtaster m explorador m facsímile, scanner m, escáner m
Bildabtastung f *(TV)* análisis m de imagen, exploración f de cuadros [la imagen]
Bildauflösung f definición f [resolución f] de la imagen
Bildaufnahmekamera f cámara f tomavistas [de captación]
Bildaufnahmeröhre f *(TV)* tubo m analizador [de cámara], tubo m electrónico para tomavistas de televisión
Bildaussteuerung f *(TV)* margen m de tensión de video

Bildbearbeitung f edición f de imágenes
Bildbearbeitungswerkzeug n herramienta f para el manejo de imágenes
Bildcomputer m ordenador m de imágenes
Bilddatei f archivo m gráfico, archivo m de imagen
Bilddruck m impresión f de imágenes
Bildebene f 1. *(Math)* plano m de [en] perspectiva; 2. *(Opt)* plano m (de) imagen
Bildeinstellung f encuadre m, encuadrado m, ajuste m de la imagen *(Monitor)*
Bilderkennung f identificación f de imágenes
Bilderzeuger m máquina f productora de imágenes *(Sonographie)*
Bilderzeugung f *(TV)* formación f [producción f] de imagen; generación f de imagenes; síntesis f de imagen; animación f
Bildfeld n *(Foto)* campo m de la imagen
Bildfenster n lumbrera f *(Kamera)*; ventanilla f de proyección *(Bildwerfer)*
Bildfernsprechen n fono(tele)visión f, videotelefonía f, videofonía f
Bildfernsprecher m teléfono m de televisión, videófono m
Bildfolge f secuencia f [sucesión f] de imágenes; cadencia f de imágenes; secuencia f de vídeo
Bildfrequenz f *(TV)* frecuencia f de cuadro [imágenes], videofrecuencia f
Bildfunk m fotorradiotransmisión f, radiofoto(grafía) f, teletransmisión f de imágenes
Bildfunktion f *(Math)* transformada f, transformación f de Laplace
Bildgerät n monitor m de vídeo; unidad f de imagen
Bildgeschwindigkeit f velocidad f de filmación
Bildkamera f aparato m filmador *(Kino)*, cámara f tomavistas
Bildlaufleiste f barra f de desplazamiento; barra f de enrollado
bildlich gráfico
Bildlinearität f *(TV)* linealidad f vertical
Bildmessgerät n aparato m fotogramétrico
Bildmessung f fotogrametría f
Bildmonitor m *(TV)* monitor m pantalla
Bildplatte f videodisco m, video-disco m, disco m de vídeo, video disc m

Bildprojektion f proyección f de la imagen
Bildprojektor m proyector m de imágenes
Bildpunkt m punto m de imagen, píxel m (de la imagen), pel m, elemento m de imagen *(Bildschirm)*
Bildraster m 1. matriz f de píxeles [puntos de imagen]; 2. *(TV)* trama f de la imagen
Bildröhre f 1. tubo m catódico [de pantalla], válvula f de imágenes; 2. *(TV)* tubo m de televisión, cinescopio m, tubo m de imágenes [imagen]
Bildrollen n *(Inf)* desplazamiento m de texto; desplazamiento m de imagen
bildsam dúctil; formable; plástico
Bildsamkeit f ductilidad f; formabilidad f; plasticidad f
Bildschärfe f finura f [nitidez f, definición f] de la imagen, claridad f, brillantez f
Bildschirm m pantalla f (catódica), pantalla f de presentación (visual), pantalla f de visualización [vídeo], display m, pantalla f receptora, monitor m (de presentación), fluoroscopio m
~/grafikfähiger pantalla f (de presentación) gráfica
~/hoch auflösender pantalla f de alta resolución
~/selbstleuchtender pantalla f activa
~/verstellbarer pantalla f orientable
~/zeichenorientierter pantalla f de caracteres
Bildschirmanzeige f presentación f de monitor de vídeo, presentación f visual [en pantalla]
Bildschirmarbeitsplatz m puesto m de trabajo con videoterminal [pantalla de visualización, P.V.D.]; puesto m con pantalla de visualización de datos
Bildschirmauflösung f resolución f de pantalla
Bildschirmausdruck m copia f dura
Bildschirmausgabe f edición f [salida f] de pantalla, salida f fugaz; visualización f
Bildschirmcontroller m controlador m de pantalla
Bildschirmdarstellung f representación f visual [en pantalla], visualización f en pantalla, imagen f de pantalla (de visualización)
Bildschirmfrequenz f frecuencia f de barrido de pantalla

Bildschirmgerät n dispositivo m visualizador [de visualización], unidad f de presentación visual [de datos], P.V.D., unidad f de visualización, monitor m; terminal m de vídeo; aparato m con pantalla de visualización
bildschirmgesteuert controlado por pantalla
Bildschirmhelligkeit f luminancia f de la pantalla
Bildschirmkarte f *(Inf)* placa f gráfica; tarjeta f gráfica; tarjeta f de vídeo; tarjeta f de pantalla de visualización
Bildschirmkonsole f consola f de visualización
Bildschirmschoner m protector m de pantallas, salvapantallas m
Bildschirmseite f página f de pantalla
Bildschirmspeicher m memoria f de pantalla de visualización
Bildschirmtelefon n videoteléfono m, vídeo-teléfono m
Bildschirmterminal n terminal m de pantalla (de visualización), terminal m de presentación visual [de vídeo], terminal m de pantalla de rayos catódicos, videoterminal m
Bildschirmtext m texto m televisado, videotex m, videotexto m
Bildsender m *(TV)* emisor m de imágenes
Bildsignal n señal f (de) vídeo, señal f de imagen, videoseñal f
Bildspeicher m memoria f de imagen
Bildspeicherröhre f iconoscopio m
Bildspeicherung f *(TV)* acumulación f [almacenamiento m] de imagen
Bildsprung m *(TV)* deslizamiento m [salto m] de imagen
Bildsteuereinheit f controlador m gráfico; controlador m de vídeo
Bildsteuertaste f tecla f de gestión de imagen
Bildstörung f *(TV)* perturbación f de imagen
Bildsucher m *(Foto)* visor m
Bildsymbol n pictograma m; signo m icónico; icono m *(eines Bildschirmmenüs)*
Bildtelefon n videoteléfono m, vídeo-teléfono m, videófono m
Bildtelegraf m fototelégrafo m, belinógrafo m

Bildtelegrafie f fotorradiotelegrafía f, fototelegrafía f, radiofoto(grafía) f, telegrafía f de imágenes, telegrafía f por televisión

Bildtelegramm n telegrama m de facsímil, radiofotograma m, fototelegrama m, belinograma m

Bildträger m portadora f de imagen

Bildträgerfrequenz f portadora f de imagen

Bildübertragung f transferencia f de la imagen, transmisión f de imágenes, fototransmisión f

Bildumlauf m (Inf) reciclado m de palabras

Bildungsenergie f (Ch) energía f de formación

Bildungsenthalpie f entalpía f de formación

Bildungswärme f (Ch) calor m de formación

Bildverarbeitung f (Inf) procesamiento m [proceso m, tratamiento m] de imágenes

Bildvergrößerung f ampliación f de imagen

Bildverschiebung f (Inf) desplazamiento m sobre la pantalla, desfile m en pantalla

Bildverstärker m (TV) intensificador m de imagen

Bildvorlage f (TV) imagen f para televisión

Bildwand f pantalla f cinematográfica (Kino)

Bildwandler m (TV) convertidor m de cuadro [imagen], transformador m [conversor m] de imágenes

Bildwandlerröhre f (TV) tubo m transformador de imágenes

Bildwerfer m proyector m, episcopio m, linterna f de proyección

Bildwiedergaberöhre f (TV) tubo m de imágenes [imagen], cinescopio m

Bildwiederholfrequenz f frecuencia f de repetición de imágenes

Bildwurf m proyección f

Bildzähler m 1. (Foto) contador m de exposiciones; 2. (Inf) contador m de cuadros

Bildzeichen n pictograma m

Bildzeile f línea f de imagen [imágenes], fila f de TV

Bildzerleger m (TV) analizador m de imágenes, disector m (de imágenes)

Bildzerlegerröhre f (TV) disector m (de imágenes)

Bildzerlegung f (TV) descomposición f de la imagen, análisis m de imágenes

Bilge f (Schiff) sentina f, pantoque m, fondo m de cala

Bilgebrunnen m (Schiff) pozo m de sentina

Bilgekiel m (Schiff) quilla f lateral [de pantoque]

Bilgeleitung f (Schiff) colector m de sentina, colector m principal de achique

Bilgenwasserentöler m (Schiff) separador m de agua de sentina

Bilgepumpe f (Schiff) bomba f de carena [achique, sentina]

bilinear (Math) bilineal

Biluxlampe f faro m catadióptico [de luz selectiva]; lámpara f antideslumbrante; bombilla f de doble filamento

Bimetalldraht m alambre m bimetálico

Bimetallplatte f chapa f [placa f, plancha f] bimetálica

Bimetallrelais n relé m bimetálico [térmico]

Bimetallstreifen m cinta f [tira f] bimetálica, bimetal m

Bimetallthermometer n termómetro m bimetálico

Bimsstein m piedra f pómez, pómez f, pumita f

binär binario, diádico

Binärarithmetik f aritmética f binaria [digital]

Binärcode m código m binario

Binärdarstellung f representación f [notación f] binaria

Binär-Dezimal-Code m código m binario decimal, decimal m codificado en binario, DCB

Binärimpuls m impulso m binario

Binärkomma n coma f binaria

Binärrechnung f cálculo m binario

Binärsignal n señal f binaria

Binärstelle f posición f binaria

Binärsystem n sistema m binario [dual], numeración f binaria

Binärzahlendarstellung f representación f de números binarios

Binärzähler m (Eln) contador m binario

Binärzeichen n carácter m binario

Binärzeichenfolge f secuencia f binaria

Binärziffer 496

Binärziffer f dígito m [cifra f] binario
Bindeapparat m (Lt) aparato m de atar
Bindeeditor m (Inf) compaginador m
bindefähig fraguable (z. B. Zement)
Bindefähigkeit f (Ch) capacidad f aglutinante; fraguabilidad f (z. B. von Zement)
Bindeglied n conectador m, conector m; acoplamiento m eslabón, eslabón m
Bindemäher m (Lt) agavilladora f
Bindemaschine f (Lt) atadora f
Bindemittel n 1. (Ch) aglomerante m (auch Schleifkörper); aglutinante m; ligador m, ligante m, pegamento m; empaste m; adhesivo m; liga f; material m aglutinante [cementante]; 2. (Text) fijador m; 3. (Ch) vehículo m
binden v 1. (Ch) ligar; fijar; 2. (Lt) atar (Getreide); 3. enarcar (Küferei)
~/chemisch combinar
Binden n (Typ) encuadernación f
Bindeprogramm n (Inf) compaginador m
Binder m 1. (Bw) tirante m; puntal m; viga f maestra [principal]; 2. s. Bindemittel; 3. (Lt) agavilladora f; 4. (Inf) compaginador m
Binderbalken m (Bw) cepo m, viga f de techo, jácena f; puntal m
Bindestrich m raya f
Bindevorrichtung f (Lt) aparato m anudador, mecanismo m agavillador [atador]
Bindfaden m bramante m
bindig (Geol) cohesivo, glutinoso, ligable (z. B. Boden)
Bindigkeit f 1. (Ch) valencia f de enlace; 2. (Geol) cohesión f (Boden)
Bindung f 1. vínculo m; 2. (Ch) enlace m, ligadura f, ligazón f, liga f; 3. (Text) ligamento m; 4. fusión f (Pulvermetallurgie); 5. empaste m; aglutinante m; 6. (Fert) aglomerante m (Schleifkörper)
~/atomare enlace m covalente
~/chemische 1. enlace m químico; 2. (Bw) aglomerante m químico
~/intermolekulare (Ch) enlace m intermolecular
~/keramische (Bw) aglomerante m cerámico [vitrificado], aglutinante m cerámico, liga f cerámica [vitrificada]
~/metallische (Ch) enlace m metálico
~/mineralische aglomerante m [aglutinante m] mineral
~/molekulare (Ch) enlace m molecular

Bindungselektron n electrón m de enlace
Bindungsenergie f (Ph, Ch) energía f de enlace
Bindungsenthalpie f entalpía f de enlace
Bindungskraft f (Ch) fuerza f de unión
Bindungswärme f (Ch) calor m de formación
Binnenfrachter m (Schiff) carguero m fluvial, motonave f de carga fluvial
Binnenkiel m quilla f interna [suplementaria]
Binnenklüver m (Schiff) fofoque m
Binnenmotorgüterschiff n motonave f de carga fluvial
Binnenschiff n buque m de navegación interior, barco m fluvial; carguero m fluvial; embarcación f fluvial; barcaza f
Binnenschiffswerft f astillero m fluvial
Binnenschlepper m remolcador m fluvial [de río]
Binnenwasserstraße f vía f de navegación interior, vía f de aguas interiores, vía f acuática interior [interna, fluvial]
Binom n (Math) binomio m
Binomialformel f (Math) fórmula f binomial
Binomialreihe f (Math) serie f binómica
Binomialverteilung f (Math) distribución f binomial
binomisch (Math) binomial
Bioabfall m desechos mpl biológicos
Biochemie f bioquímica f, química f biológica
biochemisch bioquímico
Bioelektronik f bioelectrónica f
Biogas n biogás m, gas m de fermentación
Biogasanlage f planta f de biogás
Biomüll m desechos mpl biológicos
Bionik f biónica f
Biophysik f biofísica f
Bioreaktor m biorreactor m, fermentador m
biorthogonal (Math) biortogonal
Bioschlamm m cieno m activado
Biotechnik f bioingeniería f, ingeniería f biológica, biotecnia f, biotécnica f
biotechnisch biotécnico
Biotechnologie f biotecnología f
Biotonne f cubo m biológico
Biphenyl n difenilo m, bifenilo m
Bipolarschaltkreis m circuito m bipolar

Bipolarspeicher m memoria f bipolar
Bipolartechnik f tecnología f bipolar
biquadratisch *(Math)* bicuadrático
Birne f *(El)* bulbo m
Biskuit n preforma f *(Keramik)*
Bismut n bismuto m, Bi
bistabil biestable
Bit n *(Inf)* bit m, bitio m, dígito m binario, login m, cifra f binaria
~/höchstwertiges bit m más significado [significativo]
Bitadresse f *(Inf)* posición f de bit
Bitdichte f *(Inf)* densidad f de registro
Bitfolge f *(Inf)* cadena f binaria [de bits], cambio m de bits, secuencia f de bits [dígitos binarios], serie f [ristra f] de bits
Bitfrequenz f *(Inf)* velocidad f binaria [de bit]
Bitgeschwindigkeit f *(Inf)* velocidad f binaria [de bit]
Bitmenge f *(Inf)* conjunto m de bits
Bitmuster n *(Inf)* muestra f [colección f, mapa m] de bits
Bitrate f *(Inf)* velocidad f binaria [de bit]
Bittersalz n sal f amarga [de Epsom]
Bitübertragung f *(Inf)* transmisión f de bit
Bitumen n betún m, asfalto m
Bitumenanstrich m recubrimiento m bituminoso, pintura f bituminosa
bituminös bituminoso, betuminoso
Bitverarbeitung f *(Inf)* tratamiento m de bit, procesamiento m (de informaciones) en bits; manipulación f de bits
Bitzahl f número m [cantidad f] de bits
bivalent *(Ch)* biatómico
Blackbox f caja f negra *(Systemtechnik, Glied mit unbekannter Struktur)*
blanchieren v 1. precocinar; 2. *(Led)* planchar; 3. *(Met)* blanquear
blank desnudo *(ohne Isolierung)*
blankglühen v *(Met)* recocer al brillante
blankhärten v *(Met)* templar al brillante
blankschleifen v *(Fert)* rectificar al brillo
blankwalzen v *(Fert)* laminar brillante
blankziehen v *(Fert)* trefilar brillante
Blase f 1. *(Ch)* retorta f; 2. *(Met)* ampolla f, ampulleta f, poro m, sopladura f, burbuja f; vesícula f
Blasebalg m fuelle m (de expansión)
Blasegerät n insuflador m
blasen v soplar
Blasen n sopladura f, soplado m

Blasenbildung f 1. formación f de burbujas; vesiculación f; 2. *(Gieß)* picadura f
Blasenspeicher m *(Inf)* memoria f de burbujas
Blasenstahl m acero m ampollado [vejigoso]
Blasfolienverfahren n *(Kst)* procedimiento m de soplado de láminas
Blasform f 1. *(Met)* tubo m portaviento [soplador], tobera f, bocín m *(Hochofen)*; 2. *(Kst)* molde m de soplado
Blasformen n *(Kst)* moldeo m por soplado
Blasformmaschine f máquina f de moldeo por soplado
Blasmaschine f sopladora f
Blatt n 1. hoja f, página f, ficha f; 2. *(Masch)* placa f; 3. aleta f; 4. *(Flg, Schiff)* pala f; 5. *(Lt)* peine m de roscar; 6. *(Led)* empeine m *(vom Schuh)*
Blättern n *(Inf)* volteo m de páginas
Blattfeder f muelle m de ballesta [hojas], ballesta f, muelle m laminado [de lámina]
Blattgold n oro m foliado [en láminas], hojuela f [lámina f, pan m] de oro, oro m batido
blättrig laminado, hojado, hojoso
Blattschraube f *(Masch)* tornillo m de aletas
Blattvorschub m alimentación f de hoja
Blattzinn n estaño m en hojas [láminas], papel m estaño
Blattzuführung f alimentación f de página; cargador m de papel
Blauglühen n *(Met)* azulado m, recocido m azul
Blausäure ácido m hidrocianúrico [cianhídrico]
Blech n lámina f, hojalata f, lata f, chapa f, plancha f; metal m en chapas
~/dünnes lámina f
~/ummanteltes chapa f revestida
~/verzinktes chapa f [hojalata f, lámina f] galvanizada, lata f cincada
Blechbearbeitung f manipulación f de chapa; mecanización f de chapa
Blechbearbeitungsmaschine f máquina f para mecanizar [trabajar] chapa, chapeadora f
Blechbesäummaschine f máquina f de cantear chapas, acepilladora f de cantos de chapas

Blechbiegemaschine f curvadora f [dobladora f] de chapa
Blechbüchse f lata f
Blechkantenhobelmaschine f acepilladora f [canteadora f] de chapa
Blechlehre f calibre m para chapas, galga f de chapa
Blechmetallbearbeitung f planchistería f
Blechniet m remache m para chapa
Blechpressling m pieza f prensada de chapa
Blechrichthammer m martillo m de enderezar chapas
Blechrichtmaschine f máquina f enderezadora de chapas, enderezadora f [planeadora f] de chapa
Blechschere f cizalla f de chapa, tijera f para cortar chapas; máquina f de corte por cizallamiento de chapas
Blechschneidemaschine f cortadora f de chapas, cizalladora f, cizalla f
Blechstanzpresse f prensa f para estampado de chapas
Blechstraße f tren m de laminación de chapa (Walzwerk)
Blechumformung f conformación f de chapas [planchas]
Blechverarbeitung f elaboración f [mecanización f, trabajo m] de chapa
Blechverkleidung f revestimiento m de chapa; cubierta f de chapa; plancheado m
Blechverpackung f envase m de hojalatas
Blechwalzstraße f tren m de chapas
Blechwalzwerk n laminador m de chapa [precisión], tren m de laminación de chapa
Blechziehmaschine f estiradora f de chapas
Blei n plomo m, Pb
Bleierz n mineral m de plomo
Bleiabschirmung f (Kern) blindaje m [pantalla f] de plomo
Bleibatterie f batería f de plomo
Bleibronze f bronce m plomado [plomífero, plomoso], cuproplomo m
Bleichbad n (Foto) baño m de blanqueo
Bleiche f blanqueo m
bleichen v (Text) blanquear; curar (Leinen)
Bleicherde f tierra f descolorante

Bleichlauge f (Text) blanquim(i)ento m, lejía f para blanquear, lejía f de blanqueo
Bleifolie f hoja f [lámina f, papel m] de plomo, plomo m laminado [en hojas]
bleifrei sin plomo m (Benzin)
Bleigießerei f plomería f
Bleiglanz m (Min) galena f
Bleiglas n cristal m plomífero [de plomo], vidrio m de plomo
Bleihütte f plomería f
Bleikabel n cable m bajo plomo
Bleikammerverfahren n (Ch) procedimiento m de cámaras de plomo
Bleikristallglas n cristal m plomífero [de plomo], vidrio m de plomo
Bleimennige f minio m (de plomo)
Bleimessing n latón m plúmbico
Bleistiftröhre f (Eln) válvula f dedo
Bleitetraethyl n tetraetilo m de plomo, plomo m tetraetilo (Antiklopfmittel)
Bleiummantelung f envoltura f de plomo
Blende f 1. (Opt) diafragma m, obturador m; 2. (Min) blenda f; 3. carátula f (eines Geräts)
Blendenautomatik f (Foto) automatismo m de diafragma
Blendenöffnung f (Opt) abertura f de diafragma [lente]
Blendrahmen m (Bw) marco m de ventana
Blendschutz m protección f antideslumbrante; visera f
Blendschutzfilter n (Foto) filtro m antideslumbrante
Blendschutzglas n cristal m antideslumbrante
Blendung f 1. deslumbramiento m; 2. (Foto) diafragmación f
Blendziegel m ladrillo m de fachada [paramento], ladrillo m para refrentar, ladrillo m visto [de obra vista]
Blindanteil m (El) componente f reactiva
Blindbelastung f (El) carga f reactiva
Blindbohrung f (Masch) taladro m ciego; agujero m ciego
Blindflansch m (Masch) tapa f ciega, brida f ciega [falsa], platillo m de ciego, tapón m ciego
Blindlandesystem n sistema m de aterrizaje por instrumentos, sistema m de aterrizaje sin visibilidad
Blindleistung f (El) potencia f devatiada [reactiva]

Blindleitwert m (El) susceptancia f
Blindniet m (Masch) remache m ciego
Blindschacht m (Bgb) pozo m ciego [interior], tiro m ciego; pozo m negro
Blindspannung f (El) tensión f reactiva
Blindspule f (El) sección f inactiva
Blindstecker m (El) clavija f inactiva
Blindstrom m (El) corriente f devatiada [reactiva], intensidad f reactiva
Blindstromzähler m (El) contador m de corriente reactiva
Blindteil m (El) componente f reactiva
Blindwiderstand m (El) reactancia f
Blinkanlage f equipo m de luz intermitente
Blinkanlage f (Kfz) indicador m de dirección [marcha]
blinken v parpadear; centellear
Blinker m 1. señal f de luz intermitente; intermitente m; 2. (Inf) viso m; 3. (Kfz) indicador m de dirección
Blinkfeuer n (Flg) luz f con destellos
Blinkleuchte f (Kfz) linterna f de luz intermitente
Blinklicht n 1. señal f de luz intermitente; 2. (Kfz) luz f intermitente [de destello]
Blinklichtanlage f equipo m de luz intermitente; aparato m de señales de luz intermitente
Blinkschalter m (Kfz) conmutador m del intermitente
Blitz m relámpago m; rayo m; destello m (Auftreffen von Teilchen auf einem Schirm)
Blitzableiter m varilla f de pararrayos, pararrayos m
Blitzgerät n (Foto) lámpara f relámpago [flash], flash m
Blitzlampe f (Foto) lámpara f relámpago [de destello]
Blitzlicht n (Foto) luz f relámpago, flash m
Blitzröhre f (Foto) lámpara f relámpago [flash, de impulsos], tubo m de rayo
Blitzschutzschalter m conmutador m antena-tierra
Block m 1. (Förd) bloque m; polea f; roldana f; garrucha f, motón m; 2. (Met) lingote m, pigote m; barra f, lingotillo m (unter 20 kg); bloom m; goa f; pan m; 3. (Met, Kst) tocho m; 4. (Eb) tope m; 5. (Schiff) picador m (Kielauflage); 6. (Inf) bloque m (de datos), bloque m de registros; lote m unidad f; 7. (Typ) bloque m; 8. bloc m (Schreibblock)
~/sanitärtechnischer (Bw) bloque m baño
~/vorgefertigter (Bw) bloque m prefabricado
~/vorgewalzter lingote m desbastado [prelaminado]; bloque m [tocho m] prelaminado
Blockbildung f 1. (Inf) formación f de bloques, bloqueo m, agrupación f [agrupamiento m] en bloques (Zusammenfügen von Datensätzen zu Datenblöcken); 2. (Bw) formación f en bloque
Blockdiagramm n diagrama m de bloques, flujograma m
Blockguss m (Met) lingotaje m, colada f en lingote
blockieren v bloquear; calzar; paralizar
Blockierschaltung f (El) circuito m de enclavamiento
Blockiersicherung f resguardo m de enclavamiento
Blockiersignal n señal f de inhibición
Blockiersystem n (Eb) mecanismo m de enclavamiento; sistema m de bloqueo
Blockierung f 1. bloqueo m; interbloqueo m; enclavamiento m; obstrucción f; congestión f; 2. (Eb) seccionamiento m
Blockiervorrichtung f dispositivo m de bloqueo, bloqueo m; enclavamiento m; trabador m
Blockkran m (Met) grúa f para lingotes
Blocklänge f (Inf) longitud f [tamaño m] de bloque
Blockprüfzeichen n (Inf) carácter m de verificación de bloques
Blockschaltbild n (El) esquema m [diagrama m] de bloques, esquema m de conjunto, flujograma m, diagráma m funcional
Blockschere f (Met) cizalla f lingotera
Blockstahl m acero m de tocho
Blockstraße f (Met) tren m blooming
Blocktastatur f (Inf) teclado m [subteclado m] numérico
Blockung f (Inf) bloqueo m, agrupación f [agrupamiento m] en bloques (Zusammenfügen von Datensätzen zu Datenblöcken); factor m de bloqueo
Blockverband m (Bw) liga f en el aparejo
Blockwalze f cilindro m cinglador (Walzwerk)

Blockwalzwerk n laminador m desbastador [de desbaste, de lingotes, blooming]
Blockwärmofen m *(Met)* horno m de recalentar lingotes
blockweise *(Inf)* agrupado
Blockwerk n *(Eb)* puesto m de bloqueo, bloque m
Bock m 1. *(Bgb)* caballete m *(Strebausbau)*; 2. *(Schiff)* abanico m
Bockgerüst n *(Bw)* armadura f de soporte; andamio m de caballetes
Bockkran m grúa f de caballete [trípode]; puente m de pórtico; machina f
Bocksprungtest m *(Inf)* ensayo m del saltamontes
Bockwinde f *(Förd)* gato m, maquinilla f, torno m de caballete
Boden m 1. suelo m; terreno m; tierra f; 2. fondo m; piso m; 3. *(Ch)* platillo m de burbujeo, plato m *(einer Destillierkolonne)*
Bodenabstand m *(Kfz)* distancia f del suelo
Bodenanalytik f análisis mpl de suelos
Bodenbearbeitung f *(Lt)* cultivo m de tierra; preparación f de la tierra; trabajo m del suelo
Bodenbearbeitungsgerät n *(Lt)* equipo m de cultivo [labranza], equipo m de preparación de tierras; apero m [utensilio m] de labranza; máquina f para labrar la tierra, máquina f para labrar el terreno, máquina f de laboreo
Bodenbelag m recubrimiento m de suelos
Bodenblech n *(Kfz)* panel m del piso
Bodenchemie f química f de suelos
Bodendruck m presión f sobre el fondo [suelo, terreno]
Bodeneffekt m 1. *(Flg)* efecto m de suelo; 2. *(Schiff)* efecto m de almohada de aire
Bodeneffektfahrzeug n aerodeslizador m, hidrodeslizador m, anfibio m de sustentación neumática, aparato m de [sobre] colchón de aire, vehículo m de efecto
Bodenfräse f *(Lt)* fresadora f agrícola [del suelo], piqueta f mecánica; arado m giratorio; azadón m rotativo [rotatorio]
Bodenfreiheit f *(Kfz)* altura f (libre) sobre el suelo, luz f libre [sobre el suelo], distancia f del suelo
Bodenhaftung f 1. firmeza f de suelo; 2. *(Kfz)* adherencia f (de los neumáticos, de las ruedas); agarre m al suelo

Bodenkartierung f *(Lt)* cartografía f del suelo; mapeo m de suelos; mapificación f de los suelos agrícolas
Bodenkataster m catastro m de suelos
Bodenklappe f *(Förd)* compuerta f del fondo, fondo m basculante; puerta f basculante
Bodenkunde f ciencia f del suelo, edafología f, pedología f
Bodenlockerer m *(Lt)* abridor m, desgarrador m
Bodenmechanik f mecánica f del suelo
Bodenmeißel m *(Lt)* cincel m *(Pflug)*
Bodenplatte f 1. placa f base; 2. *(Schiff)* placa f de fondo
Bodenreinigungsmaschine f limpiadora f de suelos
Bodensau f *(Met)* salamandra f
Bodenschätze mpl recursos mpl naturales [terrestres]; recursos mpl del subsuelo
Bodenstabilisator m *(Lt, Umw)* estabilizador m de suelos
Bodenstampfer m *(Met)* pisón m compactador
Bodenventil n 1. válvula f de pie; 2. *(Schiff)* válvula f de toma de agua
Bodenverdichter m *(Bw)* pisón m compactador
Bodenverfestigung f compresión f del suelo, refuerzo m del terreno
Bodenwrange f *(Schiff)* varenga f, plan m
Bogen m 1. hoja f; 2. *(Bw, El, Math)* arco m; 3. *(Typ)* pliego m
~/gotischer arco m ojival
~/sinusförmiger arco m de sinusoide
Bogenbrücke f *(Bw)* puente m en arco
Bogendruckmaschine f *(Typ)* prensa f alimentada por hojas
Bogenentladungsröhre f *(El)* tubo m de descarga por arco voltaico
Bogenhöhe m flecha f, sagita f
Bogenniederhalter m *(Typ)* prensapliegos m
Bogensäge f sierra f de costilla
Bogenschneider m *(Typ)* cortapliegos m
Bogentiefdruck m *(Typ)* impresión f en hueco sobre pliegos
Bogenträger m *(Bw)* viga f arqueada [de arco]
Bogenwölbung f *(Bw)* cimbra f, cerchón m
Bogenziegel(stein) m ladrillo m radial

Bogenzuführung f *(Typ)* alimentación f de pliegos, transporte m del pliego
Bogenzusammentragmaschine f *(Typ)* máquina f alzadora de hojas, alzadora f de pliegos
Bohle f tablón m
Bohnermaschine f enceradora f
Bohranlage f 1. *(Bgb)* sondeadora f; equipo m de perforación; máquina f perforadora *(für Tiefbohrungen)*; 2. *(Fert)* máquina f de taladrar
Bohrautomat m *(Fert)* taladradora f automática
Bohreinsatz m *(Fert)* mecha f de taladro
Bohremulsion f *(Fert)* taladrina f
bohren v 1. *(Fert)* taladrar, *(Am)* agujerear; barrenar *(besonders Holz)*; horadar; 2. *(Bgb)* perforar; sondear
~/Gewinde *(Fert)* aterrajar
~/horizontal *(Fert)* mandrilar
Bohren n 1. *(Fert)* taladrado m; horadación f; 2. *(Bgb)* sondeo m, sondaje m; perforación f
Bohrer m 1. *(Fert)* herramienta f de taladrar, taladro m; broca f; trépano m; barreno m; barrena f *(besonders für Holz)*; barrena f para metales; horadador m; 2. *(Bgb)* perforadora f; barrena f, mecha f
Bohrerfräsgerät n *(Fert)* equipo m fresador de brocas
Bohrerkopf m *(Bgb)* cabezal m barrenador *(Gesteinsbohrer)*
Bohrerschaft m 1. *(Fert)* vástago m de la broca; 2. *(Bgb)* tientaaguja f
Bohrerschärfmaschine f *(Fert)* amoladora f de brocas; aguzadora f de barrenas
Bohrerschleifmaschine f *(Fert)* amoladora f de brocas
Bohrerschneide f *(Fert)* filo m de la broca
Bohrerspindel f *(Fert)* eje m de broca
Bohrerspitze f *(Fert)* punta f de la broca
Bohrerstahl m *(Fert)* acero m para brocas
Bohrfutter n *(Fert)* portabroca(s) m, portamechas m, mandril m portabrocas, nuez f
Bohrgerät n *(Bgb)* herramienta f de barrenar; herramienta f [equipo m] de perforación; herramienta f de sondeo
Bohrgerüst n *(Bgb)* caballete m de sondaje, plataforma f, bastidor m de perforación

Bohrgestänge n *(Bgb)* varilla f de sondeo; varilla f [varillaje m] de perforación
Bohrhammer m 1. *(Bgb)* ariete m [martillo m] perforador, perforadora f; 2. *(Fert)* martillo m taladrador
Bohrinsel f isla f [plataforma f] de perforación
Bohrkern m *(Bgb)* núcleo m de perforación, testigo m, muestra f, prueba f de sondeo, testigo m cilíndrico [de perforación rotativa, de sondeo, de terreno]
Bohrkopf m 1. *(Fert)* cabezal m de taladrar; 2. *(Bgb)* cabezal m de sondeo, corona f para sondajes [sondeo]
Bohrkrone f 1. *(Fert)* mecha f de taladro, broca f, barrena f para metales; 2. *(Bgb)* corona f de perforación, corona f para sondajes [sondeo]
Bohrlehre f calibre m de interiores; calibre m de perforación, calibre m plano para agujeros; calibre m de taladros
Bohrloch n 1. *(Fert)* agujero m de taladro, taladro m; 2. *(Bgb)* agujero m [orificio m] de perforación; agujero m de sondaje [sondeo]; sonda f, sondeo m, sondaje m; barreno m; pozo m *(Erdöl)*
Bohrmaschine f 1. *(Fert)* máquina f de taladrar, taladradora f, taladro m; alesadora f, máquina f barrenadora; horadador m; 2. *(Bgb)* máquina f perforadora *(für Tiefbohrungen)*; perforadora f, perforador m; máquina f de sondar [sondeo], sondeadora f, sonda f, barrenadora f
Bohrmeißel m 1. *(Fert)* herramienta f de taladrar, mecha f de taladro; trépano m; broca f, barrena f para metales; 2. *(Bgb)* barrena f de minero [perforación]; barreno m; trépano m; acero m de barrenar
Bohröl n aceite m de taladrar, aceite m para perforar
Bohrplattform f plataforma f de perforación
Bohrschablone f *(Fert)* plantilla f para taladrar, cajaguía f para taladrar
Bohrschiff n buque m de perforación
Bohrschlamm m barro m [fango m] de barrenado, cieno m [detritos mpl, lodo m] de perforación, fango m de sondeos, detritos mpl de sondeo
Bohrschlitten m *(Fert)* carro m de taladrar

Bohrspindel

Bohrspindel f *(Fert)* portabarrenas m, husillo m portabrocas [portataladro, del taladro]

Bohrstange f 1. *(Fert)* barra f de taladrar [mandrilar]; barra f de alisar; 2. *(Bgb)* vástago m de perforación [sondeo, transmisión], barra f de sondeo; barra f de barrenar *(zum Tiefbohren)*

Bohrsupport m *(Fert)* soporte m de taladrar

Bohrtechnik f *(Bgb)* técnica f de perforación

Bohrtiefe f *(Bgb)* profundidad f de perforación

Bohrtisch m *(Fert)* mesa f de taladradora [taladrar]

Bohrturbine f *(Bgb)* turboperforadora f

Bohrturm m *(Bgb)* torre f de perforación; torre f [castillete m] de sondeo; derrick m

Bohrung f 1. *(Fert)* taladro m, agujero m, agujero m de taladro; alesaje m; calibre m; hembra f *(nur bei Passungen)*; 2. *(Bgb)* agujero m de perforación; sondeo m; prospección f por sonda; barrenado m

~/aufgegebene pozo m abandonado *(Erdöl)*

~/durchgehende *(Fert)* agujero m [taladro m] pasante

~/verfüllbare *(Bgb, Umw)* agujero m rellenable

~/verlassene pozo m abandonado *(Erdöl)*

Bohrungsdurchmesser m *(Fert)* alesaje m

Bohrungslehre f calibre m de interiores

Bohrungsmessgerät n micrómetro m de taladros, micrómetro m para medir el diámetro interior

Bohrvorrichtung f *(Fert)* dispositivo m taladrador

Bohrwasser n *(Fert)* aceite m de taladrar, aceite m para perforar

Bohrwerk n *(Fert)* mandriladora f, mandrinadora f, máquina f barrenadora [de mandrilar, de taladrar]; alesadora f

Bohrwinde f berbiquí m; torno m de sondeo

Boiler m aparato m de agua caliente, caldera f (de agua caliente), hervidor m, marmita f

Boje f *(Schiff)* boya f

Bojenleger m *(Schiff)* balizador m

Bojentau n *(Schiff)* orinque m

Bojereep n *(Schiff)* cadena f de boya

Bolzen m *(Masch)* bulón m, perno m; tirante m; muñón m; clavija f; pasador m; macho m; grapón m; pinzote m; piquete m *(Vermessung)*

Bolzengewinde n rosca f de perno

Bolzenkupplung f acoplamiento m de pernos

Bolzenschneider m cortador m de pernos

Bolzenschussgerät n equipo m de tirar pernos, fijador m de pernos por impacto, pistola f de incrustar pernos

Bolzenverbindung f junta f de pernos, unión f empernada [por bulones]

bondern v *(Met)* bonderizar *(eine Phosphatschutzschicht auf eine Metallfläche auftragen)*

Boosterpumpe f bomba f booster [de difusión de aceite] *(Vakuumtechnik)*

Boot n bote m; embarcación f; lancha f; lanchón m; canoa f

~/aufblasbares bote m inflable

~/unsinkbares bote m insumergible

Bootdiskette f *(Inf)* disquete m de arranque

Bootsaufschleppe f varadero m de embarcaciones

Bootsbau m construcción f de botes [embarcaciones]

Bootsdavit m(n) *(Schiff)* grúa f [pescante m] de bote, pluma f para puesta a flote *(Aussetzvorrichtung)*

Bootsdeck n cubierta f de (embarque de) botes, cubierta f de lanchas, puente m de botes

Bootswinde f chigre m de izado (del bote), torno m para embarcaciones

Bor n boro m, B

Borax m bórax m, borado m sódico hidratado

Bord m 1. *(Schiff, Flg)* borda f; 2. ribete m; reborde m; pestaña f; talón m • **an ~** a bordo • **mit hohem ~** de alto bordo

Bördeleisen n *(Fert)* hierro m [estampa f] de rebordear, suplemento m rebordeador, rebordeador m *(Werkzeug)*

Bördelflansch m *(Fert)* brida f rebordeadora

Bördelmaschine f *(Fert)* máquina f de rebordear [estajar], rebordeadora f, pestañadora f

bördeln v 1. *(Fert)* rebordear, bordear, bridar, cimbrar; 2. *(Kst)* apestañar
Bordinstrumentenbrett n tablero m de a bordo
Bordkran m *(Schiff)* grúa f [medio m] de a bordo, medio m de descarga propio
Bordsprechanlage f *(Flg)* interfono m
Bordstein m *(Bw)* bordillo m
Bordwand f *(Kfz)* borde m abatible [rebatible] *(LKW)*
Borsäure f ácido m bórico
Borte f *(Text)* galón m, pasamano m
Borwasserstoff m borano m
Böschung f declive m; declividad f; pendiente f; talud m; escarpa f
Böschungsbagger m excavadora f para taludes
Böschungswinkel m ángulo m [inclinación f] de talud
Bottich m cuba f, cubo m; tonel m; artesa f, tina f
Bowdenzug m cable m Bowden
Box f 1. cajón m; jaula f; box m; 2. *(Inf)* recuadro m; 3. *(Foto)* cámara f (fotográfica) de cajón
Boxermotor m motor m de cilindros [émbolos] antagónicos [opuestos, contrapuestos]
Boxpalette f paleta f caja
Brackwasser n aguas fpl salinas
Bramme f *(Met)* desbaste m (plano), llantón m, petaca f, palanquilla f, planchón m *(Flachmaterial über 5 mm Dicke und 50 cm Breite)*
Brammenstranggießmaschine f *(Gieß)* máquina f de colada continua
Brammenwalzwerk n laminador m slabbing
Brammenwärmofen m *(Gieß)* horno m de recalentamiento para desbastes, horno m para recalentar llantones
Brand m 1. incendio m, fuego m; conflagración f, quema f; 2. cocción f, cochura f *(Keramik)*
Brandabschnitt m sector m de incendios; etapa f de incendio
Brandbekämpfungsanlage f instalación f contra incendios; equipo m de lucha contra incendios, equipo m para combate de incendios; sistema m de extinción de incendios; sistema m de lucha contra incendios

Brandbeobachtungsturm m torre f de incendio *(Waldbrand)*
Branddamm m *(Bgb)* muro m de cierre contra incendio
brandgefährdet con peligro de incendio
brandgeschützt protegido contra incendios
Brandgiebel m *(Bw)* cortafuego m
Brandlast f carga f de incendio
Brandmauer f *(Bw)* muro m contrafuego [cortafuego, tabique], cortafuego m, pared f resistente al fuego, cerramiento m de fuego
Brandmeldeanlage f sistema m avisador de incendio, sistema m de detección de fuego
Brandmelder m sistema m de detección de fuego
Brandprüfung f ensayo m de comportamiento [resistancia] al fuego, prueba f ignífuga
Brandschott n *(Schiff)* mamparo m cortafuegos, cortafuego m
Brandschutz m protección f [seguridad f, defensa f] contra incendios; control m de incendios [fuego]; ingeniería f de protección de [contra] incendios
Brandschutzanlage f instalación f (de defensa, de protección) contra incendios; equipo m (de protección) contra incendios, equipo m de seguridad de incendios; sistema m de protección contra incendios, sistema m de prevención de incendios
Brandschutztechnik f técnica f de defensa contra incendios; tecnología f de protección contra incendios; material m de protección contra incendios; ingeniería f [técnica f] de seguridad contra incendios
Brandschutztor n puerta f cortafuegos [de cierre contra incendio]
brandsicher a prueba de incendio [inflamación]
Brandsperre f corte m antifuego; supresor m del fuego
Brandstoff m agente m incendiario; materia f incendiaria [inflamable]; sustancia f incendiaria
Brandverhalten n comportamiento m al fuego, características fpl de reacción al

Brandversuch

fuego, propiedad f frente al fuego, reacción f al fuego *(z. B. eines Bauteils)*
Brandversuch m ensayo m de incendios [fuego]
Brandwand f tabique m cortafuegos, cortina f cortafuegos [incombustible]; barrera f cortafuegos *(Brandschutz)*
Branntkalk m cal f viva [calcinada, cáustica]
Brauchwasser n agua f derivada; agua f (de uso) industrial
Brauereimaschine f máquina f cervecera
Brauneisenerz n *(Min)* hierro m pantanoso [de pantanos], limonita f, hematites f parda
Brauneisenstein m s. Brauneisenerz
Braunkohle f lignito m
Braunkohlekraftwerk n central f eléctrica a base de lignito
Braunkohlenbrikett n briqueta f de lignito
Braunkohlentagebau m explotación f de lignito al aire libre
Brechanlage f *(Bgb)* instalación f de machaqueo
Brecheisen n pata f de cabra, palanca f
brechen v 1. romper; 2. machacar, quebrantar; triturar, *(Am)* chancar; 3. *(Ph)* refractar, refringir *(Strahlen)*
Brechen n 1. rompimiento m; ruptura f; 2. machacamiento m, machacado m; quebrantamiento m, quebradura f
brechend refractivo, refringente
Brecher m 1. rompedor m; 2. machacadora f; quebrantador m, quebrantadora f, molino m quebrantador; triturador m, trituradora f, *(Am)* chancadora f; desmenuzadora f
Brechkraft f *(Opt)* capacidad f de refracción, refrangibilidad f; potencia f de lente *(einer Linse)*
Brechmühle f martillo m triturador
Brechstange f pata f [pie m] de cabra
Brechung f *(Ph)* refracción f; inflexión f
Brechungsvermögen n *(Opt)* refrangibilidad f, refringencia f, poder m refrigente [de refracción], refractividad f
Brechungswinkel m *(Ph)* ángulo m de refracción [refringencia]
Brechwalze f *(Lt)* rodillo m triturador, abridor m; cilindro m quebrantador
Brechwerk n máquina f trituradora de roca, quebrantador m, quebrantadora f, quebrador m, quebradora f, molino m quebrantador
Brechwerkzeug n troquel m de rotura
Breitband n 1. *(Nrt, Eln)* banda f ancha; 2. *(Met)* fleje m ancho
Breitbandkabel n cable m de banda ancha
Breitbandlärm m ruido m de banda ancha
Breitbandrauschen n ruido m de banda ancha
Breite f 1. ancho m, anchura f; latitud f *(Geographie)*; 2. amplitud f
~ **auf Spanten** *(Schiff)* manga f fuera de miembros [forros]
~/**geographische** latitud f
~ **in der Konstruktionswasserlinie** *(Schiff)* manga f en la flotación
~ **über alles** *(Schiff)* ancho m máximo [total]
Breitengrad m grado m de latitud
Breitenkreis m paralelo m
Breitenlehre f galga f de anchura
Breitsämaschine f *(Lt)* sembradora f [máquina f] a voleo
Breitspur f *(Eb)* vía f ancha
Breitstrahler m 1. lámpara f de radiación horizontal; 2. *(Kfz)* foco m de amplia dispersión
Breitstrahlscheinwerfer m faro m con luz de abanico
Breitwagenschreibmaschine f máquina f de escribir de carro ancho
Breitwand f pantalla f ancha [de gran extensión] *(Kino)*
Bremsanlage f sistema m de frenos
Bremsbacke f cepo m [mordaza f, segmento m, suela f, zapata f] de freno
Bremsband n *(Kfz)* banda f [faja f, aro m, cinta f] de freno
Bremsbelag m *(Kfz)* guarnición f [forro f, pastilla f] de freno
Bremsberg m *(Eb)* plano m inclinado
Bremsdruck m presión f de amortiguación; presión f de frenado [frenaje]
Bremsdynamometer n dinamómetro friccional [de absorción], freno m dinamométrico
Bremse f freno m
~/**aerodynamische** *(Flg)* freno m aerodinámico, aerofreno m
~/**handbetätigte** freno m de mano
~/**ölhydraulische** freno m oleohidráulico

~/pneumatische freno m neumático, freno m de aire (comprimido)
~/selbsttätige (Eb) freno m autoajustable
Bremselektrode f electrodo m decelerador [de retardo]
bremsen v frenar, aplicar [apretar, poner] el freno; de(sa)celerar; moderar
Bremseneinstellung f (Kfz) regulación f de frenos
Bremsfeld n (Kern) campo m retardante
Bremsflüssigkeit f fluido m [líquido m] de freno
Bremsflüssigkeitsbehälter m (Kfz) depósito m de fluido hidráulico, depósito m del líquido de freno
Bremsgestänge n timonería f de freno; varillaje m de frenos
Bremsgitter n (Eln) rejilla f supresora
Bremshebel m palanca f [balancín m, manija f, yugo m] de freno
Bremskabel n (Kfz) cable m de freno
Bremsklotz m mordaza f [zapata f] de frenos; almohadilla f de freno; calzo m; freno m de patín
Bremskolben m émbolo m del freno
Bremskraft f esfuerzo m [fuerza f] de frenado; intensidad f de frenado
Bremskreis m (Eb, Kfz) circuito m de freno
Bremskupplung f acoplamiento m de freno
Bremskurbel f manivela f de freno
Bremsleistung f potencia f al freno; efectividad f de la frenada, eficacia f de freno [frenaje]; caballo m vapor al [en el] freno, B.H.P.
Bremsleitung f (Kfz) conducción f de freno; tubería f de frenado; circuito m hidráulico
Bremslicht n (Kfz) luz f de freno [frenado], piloto m de freno
Bremslüfter m (Förd) sueltafrenos m
Bremsmagnet m imán m frenante
Bremsmoment m momento m de frenado [frenada, frenaje]; par m de frenado
Bremsmotor m motor m de freno
Bremspedal n pedal m de freno [frenaje, freno]
Bremspedalspiel n recorrido m del pedal de freno
Bremspferdestärke f caballo m vapor al [en el] freno, B.H.P.

Bremsprobe f prueba f de frenado, prueba f [ensayo m] al freno
Bremsrakete f (Rak) retrocohete m
Bremsrohr n (Kfz) tubo m de freno
Bremsscheibe f arandela f de frenado, disco m [platillo m] de freno
Bremsschlauch m manga f de freno, manguera f para (de) freno neumático, tubo m (flexible) de freno
Bremsschub m (Rak) frenado m por retropropulsión
Bremsschuh m (Eb) zapata f [cepo m, suela f] de freno, freno m de patín
Bremsseil n cable m de freno
Bremsstand m plataforma f de freno
Bremsstange f (Masch) varilla f [biela f] de freno
Bremsstrahlung f (Ph) radiación f de frenado
Bremsstufe f (Rak) etapa f de frenado
Bremssubstanz f (Kern) sustancia f moderante, moderador m
Bremstrommel f tambor m de freno
Bremsung f 1. frenado m, frenaje m, frenazo m; maniobra f de frenado; de (sa)celeración f. 2. (Kern) moderación f
Bremsventil n válvula f de freno [urgencia]
Bremsverstärker m (Kfz) reforzador m del freno
Bremsvorrichtung f dispositivo m de frenado; sistema m de frenos
Bremswagen m (Eb) vagón-freno m
Bremsweg m (Kfz) distancia f de frenado [frenaje, paro], espacio m de frenado
Bremswelle f (Kfz) árbol m [eje m, husillo m] de freno
Bremswiderstand m resistencia f de frenado
Bremszylinder m cilindro m de frenaje [freno]
Brennachse f eje m focal
brennbar combustible, inflamable; medianamente inflamable (Brennbarkeitsgruppe)
~/leicht fácilmente inflamable (Brennbarkeitsgruppe)
~/nicht incombustible
~/schwer apiro; difícilmente inflamable (Brennbarkeitsgruppe)
Brennebene f (Opt) plano m focal
Brennelement n (Kern) elemento m combustible (Reaktor)

brennen v 1. arder; quemar; 2. cocer; calcinar (z. B. Porzellan); cauterizar (Medizintechnik); 3. destilar (Alkohol); 4. hornear (Ziegel)

Brennen n cocción f; cochura f (Keramik); calcinación f (von Porzellan)

Brenner m mechero m; quemador m; soplete m

Brennfleck m 1. (Opt) foco m; 2. (TV) punto m focal

Brennhärtung f (Fert) temple m con soplete, templado m a la llama

Brennkammer f 1. quemador m; 2. (Eb) cámara f de combustión (Dampflok)

Brennofen m horno m de cal(cinación), horno m para calcinar, calcinador m; quemador m

Brennpunkt m (Opt) foco m, mancha f [punto m] focal

Brennschneidanlage f equipo m de oxicorte

Brennschneiden n (Fert) oxicorte m, cortado m autógeno, corte m a la llama, corte m al soplete

Brennschneidmaschine f máquina f de oxicorte, oxicortadora f

Brennspiritus m alcohol m desnaturalizado

Brennstoff m combustible m, sustancia f combustible; carburante m; materia f carburante

Brennstoffbehälter m depósito m de combustible [carburante líquido]

Brennstoffdüse f inyector m de combustible, surtidor m de gasolina

Brennstoffeinspritzpumpe f bomba f de inyección de combustible

Brennstofförderpumpe f bomba f de trasvase de combustible

Brennstoffgemisch n mezcla f combustible

Brennstoffleitung f conducción f de combustible

Brennstoff-Luft-Gemisch n mezcla f combustible-aire, mezcla f de aire y gasolina

Brennstoffpumpe f bomba f de combustible [gasolina]

Brennstoffstab m (Kern) varilla f [barra f] de combustible (nuclear)

Brennstofftank m tanque m de combustible

Brett n tabla f; tablón m

Brettverschalung f (Bw) (en)tablado m

Briefschließmaschine f cerradora f de sobres

Briefwaage f balanza f pesacartas, pesacartas m

Brikett n briqueta f, aglomerado m

brikettieren v 1. briquetar, hacer briquetas, aglomerar; 2. (Lt) enfardelar

~ zu Ballen enfardar

Brikettiermaschine f máquina f para briquetas

Brikettierung f briqueteado m, briqueteo m; fabricación f de briquetas [aglomerados]

Brikettpresse f prensa f briquetadora [briquetera], briqueteadora f

Brinellhärte f (Wkst) dureza f Brinell

Brinellhärteprüfer m (Wkst) comprobador m Brinell, brinell m

bröckelig friable, desmenuzable, delezable; flojo (Gestein)

Brom n bromo m, Br

bromieren v (Ch) brom(ur)ar

Bromierung f (Ch) brom(ur)ación f

Bromsäure f ácido m brómico

Bromsilberpapier n (Foto) papel m al bromuro de plata

Bromwasserstoff m ácido m bromhídrico

Bromzahl f índice m de bromo

Bronze f bronce m, custán m

Bronzeguss m fundición f de bronce; bronce m fundido, fucustán m

bronzieren v broncear

broschieren v (Typ) encuadernar en rústica

broschiert (Typ) en rústica

Broschur f (Typ) encuadernación f en rústica

Broschürenbeschneidemaschine f (Typ) máquina f de recortar folletos

Bruch m 1. (Math) fracción f, quebrado m, número m quebrado [fraccionado], valor m fraccionario; 2. fractura f, rotura f; desgarramiento m, desgarre m, desgarro m; ruptura f; rompimiento m; 3. quebradura f; 4. (Bgb) derrumbe m; plano m de junta; 5. (Geol) diaclasa f, falla f; fractura f; 6. recortes mpl, añicos mpl (Glas); 7. avería f, falla f; aplastamiento m

~/echter fracción f propia

~/feinkörniger rotura f de granulado fino

~/gemeiner fracción f ordinaria
~/reziproker fracción f inversa
~/unechter fracción f impropia
Bruchbau *m (Bgb)* hundimiento *m*, excavación *f* en roca suelta, explotación *f* de derrumbamientos, explotación *f* por derrumbe, extracción *f* de material suelto, extracción *f* del techo roto
Bruchbeanspruchung *f (Mech)* esfuerzo *m* de ruptura [rotura]
Bruchbelastung *f (Mech)* carga *f* de fractura
Bruchbild *n (Wkst)* imagen *f* fractográfica, fractografía *f*
Bruchdehnung *f* 1. *(Mech)* alargamiento *m* de rotura [ruptura]; 2. *(Wkst)* deformación *f* de rotura; 3. *(Met)* alargamiento *m* final
bruchfest a prueba de roturas
Bruchfestigkeit *f (Mech)* resistencia *f* a la fractura [ruptura]; resistencia *f* a la rotura; coeficiente *m* de rotura
Bruchgrenze *f (Wkst)* límite *m* de rotura
brüchig frágil, friable, quebradizo, quebrajoso
Brüchigkeit *f* 1. fragilidad *f*, friabilidad *f*, propiedad *f* de fractura *(Werkstoff)*; 2. *(Met)* acritud *f*
Bruchlast *f* 1. *(Mech)* esfuerzo *m* de ruptura [rotura]; carga *f* de fractura [rotura; ruptura]; 2. *(Bgb)* carga *f* de derrumbe [masas sueltas]
bruchsicher seguro contra rotura
Bruchspannung *f (Mech)* tensión *f* [esfuerzo *m*] de rotura [ruptura]
Bruchstrich *m* raya *f* de quebrado
Bruchzähigkeit *f (Wkst)* tenacidad *f* de [a la] fractura [rotura]
Bruchzahl *f (Math)* número *m* quebrado [fraccionado]; dígito *m* fraccionario; fracción *f*, quebrado *m*
Brücke *f* 1. puente *m*; 2. *(Schiff)* puente *m*, pasarela *f*; 3. tornallamas *m (Feuerungstechnik)*
Brückenbau *m* construcción *f* de puentes
Brückenbegrenzer *m (Eln)* valor *m* puente
Brückenbildung *f* 1. formación *f* de puente *(z. B. an Zündkerzen)*; 2. *(Met)* formación *f* de bóvedas *(Pulvermetallurgie)*
Brückenbindung *f (Ch)* puente *m*

Brückenbogen *m (Bw)* arcada *f*
Brückendeck *n (Schiff)* cubierta *f* (del) puente, ciudadela *f*
Brückengleichrichter *m (El)* rectificador *m* en puente
Brückenkran *m* grúa-puente *f*, grúa *f* de puente; puente *m* grúa, puente-grúa *m*; pontón *m* (de) grúa
Brückenpfeiler *m (Bw)* pila *f* [pilar *m*] de puente, pilón *m*, estribo *m*
Brückenschaltung *f (El)* acoplamiento *m* [conexión *f*] en puente, circuito *m* puente, puente *m*
Brückenwaage *f* balanza *f* de plataforma, puente-báscula *f*, báscula *f*
Brückenwiderstand *m (El)* resistencia *f* de puente
Brüden *m (Ch)* vaho *m*, vapor *m*
Brüdendampf *m* vapor *m* desprendido
brühen *v* escaldar
Brummspannung *f* tensión *f* de zumbido
brünieren *v (Met)* bruñir, (em)pavonar
Brünieren *n* 1. *(Met)* bruñido *m*, pavón *m*, pavonado *m*; 2. *(Fert)* pulido *m* a presión
Brunnen *m* 1. pozo *m*; 2. cámara *f (für Kabel)*
Brunnendeck *n (Schiff)* cubierta *f* de pozo
Brüstung *f* apoyo *m*, arcén *m*
Brutapparat *m (Lt)* aparato *m* para incubar, incubadora *f*, criadora *f*
Brutelement *n (Kern)* elemento *m* fértil
Brüter *m* s. 1. Brutreaktor; 2. Brutapparat
Brutmaschine *f (Lt)* criadora *f*
Brutreaktor *m (Kern)* reactor *m* (super)regenerador [reproductor], autorregenerador *m*, breeder *m*
Bruttoformel *f (Ch)* fórmula *f* bruta [aditiva]
Bruttoregistertonne *f (Schiff)* tonelada *f* de registro [arqueo, porte] bruto, TRB
Buchbindereimaschine *f* encuadernadora *f*
Buchbindernadel *f* aguja *f* de encuadernar
Buchbinderpresse *f* prensa *f* de encuadernar
Buchbinderschere *f* cizalla *f* de encuadernador
Buchdruckhandpresse *f* prensa *f* tipográfica a brazo
Buchdruckmaschine *f* máquina *f* tipográfica

Buchdruckschnellpresse f prensa f tipográfica rápida

Buchse f 1. *(Masch)* casquillo m; manguito m; hembra f, hembrilla f; muñonera f; pieza f añadida; buje m; cajera f, camisa f; forro m; 2. *(El)* enchufe m; borne m; jack m

Büchse f 1. bote m *(Konserven)*; lata f, 2. caja f; caja f engrasadora [de engrase, de grasa]; 3. carabina f; 4. s. Buchse 1.

Buchsenklemme f apriete m de casquillos

Buchsenleiste f *(El)* regleta f de bornes

Buchungsautomat m contabilizadora f automática

Buchungsmaschine f máquina f contable [de contabilidad], máquina f eléctrica de contabilidad, contabilizadora f

Buckelschweißmaschine f soldadura f por protuberancias

Bug m *(Schiff)* proa f, cabeza f

Buganker m *(Schiff)* ancla f de proa [cabeza, leva]

Bügel m estribo m; bucle m; collar m; charnela f, anillo m, arilla f; yugo m; zuncho m

Bügelsäge f sierra f (mecánica) de arco

Bügelstromabnehmer m tomacorriente m de lira, trole m de arco

Bugfahrwerk n *(Flg)* tren m delantero [de aterrizaje de proa]

Buglastigkeit f *(Schiff)* aproamiento m

Buglicht n *(Flg, Schiff)* luz f de proa

Bugpropeller m *(Schiff)* hélice f de proa

Bugradfahrwerk n *(Flg)* tren m delantero [de aterrizaje de proa], tren m triciclo (delantero)

bugsieren v *(Schiff)* remolcar

Bugsierschlepper m *(Schiff)* remolcador m amarrado [de empuje]

Bugsiertrosse f *(Schiff)* cable m de tracción

Bugwulst m(f) *(Schiff)* bulbo m de proa

Buhne f rompeolas m, rompeondas m, espolón m

Bühne f plataforma f, truc m

Bulbbug m *(Schiff)* proa f de bulbo [gota de agua]

Bulkcarrier m *(Schiff)* buque m bulkcarrier; buque m de carga a granel, carguero m a granel; embarcación f del tipo bulkcarrier

Bullauge n *(Schiff)* ojo m de buey, tragaluz m circular, portilla f, *(Am)* porta f espía

Bulldozer m niveladora f empujadora [sobre orugas], empujador m, empujadora f, excavadora f de superficie, topadora f, bulldozer m, *(Am)* pala f mecánica

Bund m 1. *(Masch)* collar m; roseta f; ribete m; hombro m; 2. *(Text)* rollo m; 3. *(Typ)* nervio m

Bündel n 1. paquete m; balón m; bulto m; envoltorio m; 2. *(Lt)* atado m; 3. haz m, pincel m *(z. B. Strahlen)*; 4. *(Kern)* enjambre m *(von Ladungsträgern)*; 5. *(Inf)* ráfaga f; 6. *(Nrt)* grupo m

bündeln v 1. enfardelar; 2. atar; 3. concentrar *(Wellen oder Strahlen)*; 4. agrupar

Bündelung f agrupamiento m *(von Leitungen)*; concentración f *(z. B. von Strahlen)*

bündig 1. al nivel de, enrasado, a ras de, ras con ras, a flor de; 2. *(Inf)* justificado

Bunker m 1. tolva f; tanque m; 2. *(Lt)* silo m; arcón m; 3. *(Schiff)* pañol m; 4. abrigo m; refugio m

Bunkerbeschickung f carga f a tolva

bunkern v 1. almacenar; tomar combustible, repostar de combustible; 2. *(Schiff)* carbonear

Bunsenbrenner m *(Ch)* quemador m [lámpara f, mechero m] Bunsen

Buntglas n vidrio m [cristal m] coloreado [de color]

Buntmetall n metal m no férreo [férrico, ferroso]

Bürette f *(Ch)* bureta f

Büroinformatik f burótica f

Büromaschine f máquina f de oficinas

Bürste f 1. cepillo m, pincel m; 2. escobilla f *(Stromabnahme)*

Bus m 1. autobús m, bus m; 2. *(Inf)* bus m, enlace m común, vía f interna, canal m ómnibus

Büschelentladung f *(El)* descarga f en penacho, penacho m

Bussole f *(Opt)* brújula f

Bustreiber m *(Inf)* excitador m de bus

Butangas n gas m butano

Butangastanker m butanero m

Butansäure f ácido m butírico

Bütte f cuba f, cubo m

Bütten(papier) n/handgeschöpftes papel m de mano

Buttermaschine f mantequera f

Buttersäure f ácido m butírico

Butylalkohol *m* alcohol *m* butílico, butanol *m*
Byte *n (Inf)* octeto *m*, byte *m*
Bytemaschine *f* ordenador *m* orientado al octeto

C

Cache(speicher) *m (Inf)* memoria *f* cache
CAD s. Konstruktion/rechnerunterstützte
cadmieren *v (Met)* cadmiar
Cadmium *n* cadmio *m*, Cd
CAE s. Ingenieurarbeit/rechnerunterstützte
Caesium *n* cesio *m*, Cs
Caisson *m (Bw)* cajón *m* sumergible [neumático, de aire comprimido], cajonada *f*, cofre *m* neumático, hidróstato *m*
Calcium *n* calcio *m*, Ca
Calciumcarbid *n* carburo *m* cálcico [de calcio]
Calciumoxid *n* óxido *m* de calcio [cal], cal *f* viva [calcinada, cáustica]
Californium *n* californio *m*, Cf
CAM s. Fertigung/rechnerunterstützte
Cambridgewalze *f (Lt)* rodillo *m* de discos
Campinganhänger *m (Kfz)* remolque *m* de camping, caravana *f*, autocaravana *f*, coche *m* vivienda
Candela *f* candela *f (SI-Einheit der Lichtstärke)*
CAP s. Fertigungsvorbereitung/rechnerunterstützte
Capronsäure *f* ácido *m* caprónico
Carbid *n* carburo *m* cálcico [de calcio], compuesto *m* carburado, carburo *m*
Carbidofen *m* horno *m* para carburo
Carbochemie *f* carboquímica *f*, industria *f* carboquímica
carbocyclisch carbocíclico, homocíclico
Carbolsäure *f* ácido *m* carbólico
carbonisieren *v (Ch)* carbonatar, carbonizar
Carbonsäure *f* ácido *m* carboxílico
Carbonyl *n* (metal)carbonilo *m*
Carborundschleifscheibe *f* muela *f* de carborundo
Carborundum *n* carborundo *m*, carborundum *m*, carburo *m* de silicio, siliciuro *m* de carbono
Carry-Flag *n (Inf)* bandera *f* de arrastre, coeficiente *m* de acarreo

Castorbehälter *m* contenedor *m* castor *(für radioaktives Material)*
CD *f* disco *m* compacto, compact-disc *m*, compacto *m*
CD-Player *m* reproductor *m* digital de discos compactos, player *m*, tocadiscos *m* digital [numérico], compacto *m*
CD-ROM-Laufwerk *n* unidad *f* (lectora) de CD-ROM, lector *m* de CD-ROM *(Lesegerät)*
Celluloseacetat *n* acetato *m* de celulosa, acetil(o)celulosa *f*
Cellulosefaser *f* fibra *f* celulósica, hilo *m* celulósico [de celulosa]
Celsiusskale *f* escala *f* centesimal [centígrado], escala *f* (de) Celsio
Cer *n* cerio *m*, Ce
Cermet *n* cerámica *f* metálica, cermet *m*, material *m* metalocerámico, metal *m* conglutinado
Cetanzahl *f* grado *m* [índice *m*, número *m*] de cetano *(Kraftstoffprüfung)*
CGS-System *n* sistema *m* cegesimal [centímetro-gramo-segundo], sistema *m* CGS *(Zentimeter, Gramm, Sekunde)*
chagrinieren *v (Led)* granear, chagrinar
Chagrinleder *n* chagrén *m*, chagrín *m*, piel *f* de zapa
Chalkosin *m (Min)* c(h)alcosina *f*, c(h)alcosita *f*, cobre *m* vidrioso
Chamoisleder *n* cuero *m* de gamuza
Charactron *n (Eln)* válvula *f* catódica de haz perfilado
Charakteristik *f* característica *f*, curva *f* característica
Charge *f (Met)* carga *f*, hornada *f*, pilada *f*
Chargenmischer *m (Bw)* hormigonera *f* por cargas, mezcladora *f* por cargas
Chargiereinrichtung *f (Met)* cargador *m*, cargadora *f*
chargieren *v (Met)* cargar
Chargierofen *m (Met)* horno *m* de cementación [cementar], horno *m* discontinuo [de carga por paquetas, de funcionamiento intermitente]
Chassis *n (Kfz)* bastidor *m* (de rodaje), chasis *m*, tren *m* de rodaje [rodadura]
Checkliste *f* cuestionario *m* [lista *f*] de chequeo, hoja *f* de control, listado *m* de comprobación
Chelatlaser *m* láser *m* de quelato
Chemie *f* química *f*

Chemie

~/anorganische química *f* inorgánica
~ der Hochpolymere química *f* de altos polímeros
~ der Kunststoffe plastoquímica *f*
~/metallorganische química *f* organometálica
~/metallurgische química *f* siderúrgica
~/organische química *f* orgánica
~/physikalische química *f* física, fisicoquímica *f*
~/radiologische química *f* radiológica
~/technische química *f* industrial [técnica], ingeniería *f* química
~/toxikologische química *f* toxicológica, toxicología *f* química
Chemieabfälle *mpl* desechos *mpl* químicos, residuos *mpl* de producción química
Chemieanlage *f* planta *f* química; equipo *m* de la industria química; instalación *f* química
Chemieanlagenbau *m* construcción *f* de plantas químicas, construcciones *fpl* químicas
Chemiebetrieb *m* empresa *f* química; industria *f* química; planta *f* química
Chemiefaser *f* fibra *f* artificial [química, sintética]
Chemieseide *f* seda *f* artificial [química]
Chemietechnik *f* técnica *f* química; tecnología *f* química; ingeniería *f* química
Chemikalie *f* producto *m* químico, sustancia *f* química
Chemikalienanzug *m* traje *m* de protección química
chemikalienbeständig resistente a los productos químicos, a prueba de agentes químicos
Chemikalienbeständigkeit *f* resistencia *f* al ataque químico, resistencia *f* a los productos químicos
Chemikalienschutz *m* protección *f* contra productos químicos
Chemikalienschutzkleidung *f* ropa *f* de protección química
Chemikaliensicherheit *f* seguridad *f* química
chemisch químico
Chemischreinigungsanlage *f* planta *f* de limpieza en seco, instalación *f* de lavado químico
Chiffre *f* cifra *f*
Chiffreschlüssel *m* clave *f*

chiffrieren *v* cifrar
Chiffrierschlüssel *m* clave *f* de cifrado
Chiffrierung *f* cifrado *m*, encriptado *m*
Chilesalpeter *m* nitrato *m* sódico [de sodio], nitrado *m* [salitre *m*] de Chile, caliche *m*, nitro *m* cúbico [de Chile]
Chinarinde *f* quina *f*
Chinolinfarbstoff *m* colorante *m* de quinoleína
Chip *m* (*Eln*) chip *m*, pastilla *f* (de circuito integrado), oblea *f*, microcomponente *m*, microplaqueta *f*, ficha *f*
~/hochintegrierter chip *m* de alta integración
Chipbauelement *n* componente *m* por pastilla
Chipkarte *f* (*Inf*) ficha *f* chip; tarjeta *f* chip
Chi-Quadrat-Verteilung *f* distribución *f* chi(-)cuadrado (*Statistik*)
Chlor *n* cloro *m*, Cl
Chlorbehandlung *f* clorinación *f*
Chlorbenzen *n* clorobenceno *m*, cloruro *m* de fenilo, benzecloruro *m*
Chlorbleiche *f* blanqueo *m* al cloro
Chlorbromsilberpapier *n* (*Foto*) papel *m* al clorobromuro de plata
Chlorbutadien *n* clorobutadieno *m*
Chloren *n* cloración *f*, cloruración *f* (*Halogenierung von Wasser*)
Chloressigsäure *f* ácido *m* cloracético
Chlorethen *n* cloruro *m* de vinilo
Chlorfluorkohlenwasserstoff *m* clorofluorocarbono *m*
Chlorgas *n* gas *m* cloro
Chlorid *n* cloruro *m*
chlorieren *v* clorar, clorurar
Chlorkalk *m* cal *f* clorada, cloruro *m* de cal
Chlorknallgas *n* gas *m* fulminante de cloro e hidrógeno
Chlorkohlenwasserstoff *m* hidrocarburo *m* clorado
Chlormethan *n* clorometano *m*, metilcloruro *m*
Chloroform *n* cloroformo *m*, triclorometano *m*
Chloroschwefelsäure *f* ácido *m* clorosulfónico
Chlorsäure *f* ácido *m* clórico
Chlorsilberpapier *n* (*Foto*) papel *m* al cloruro de plata
Chlorstickstoff *m* tricloruro *m* de nitrógeno

Chlorverbindung *f* organische compuesto *m* organoclorado
Chlorwasserstoff *m* cloruro *m* de hidrógeno
Chopper *m (El)* contacto *m* vibrador
Chrom *n* cromo *m*, crómico *m*, Cr
chromatieren *v (Met)* incromar
Chromatieren *n (Met)* incromación *f*, incromado *m*
chromatisieren *v* cromizar
Chromatisierung *f (Met)* cromización *f*, cromado *m* térmico [a fondo]
Chromatographie *f (Ch)* cromatografía *f*
Chromeisen *n* hierro *m* al cromo
Chromeisenerz *n* hierro *m* acromato, cromita *f*, cromoferrita *f*
Chromleder *n* cuero *m* al cromo
Chromleiste *f (Kfz)* moldura *f* cromada
Chrom-Nickel-Stahl *m* acero *m* al cromoníquel, cromoníquel *m*
Chromolithographie *f (Typ)* cromolitografía *f*, litocrom(atograf)ía *f*, cromo *m*
Chromsäure *f* ácido *m* crómico
Chromschwefelsäure *f* ácido *m* sulfocrómico
Chromstahl *m* acero *m* cromado [al cromo]
Chronometer *n* cronómetro *m*
CIM *s.* Fertigung/rechnerintegrierte
cis-Isomer(e) *n (Ch)* isómero *m* cis
Citronensäure *f* ácido *m* cítrico
Citybike *n* bicicleta *f* de acumuladores
Client-Server-Architektur *f* arquitectura *f* cliente-servidor
Cluster *m* 1. amontonamiento *m*, grupo; 2. clúster *m* del disco *(kleinste Zuordnungseinheit auf Platte)*
CNC-Maschine *f* máquina *f* de control numérico computerizado [asistido por ordenador]
CNC-Technik *f* ingeniería *f* de control numérico computerizado [asistido por ordenador]
Cobalt *n* cobalto *m*, Co
~/radioaktives cobalto *m* radiactivo, radiocobalto *m*
Cobalt-60 *n* radiocobalto *m*
cobaltieren *v (Met)* cobaltar
Cobaltkanone *f* bomba *f* de cobalto *(Medizintechnik)*
Cobaltkatalysator *m (Ch)* acelerador *m* de cobalto

Cobaltschnellstahl *m* acero *m* al cobalto rápido
Cockpit *n (Flg)* cabina *f* de avión [pilotaje], cockpit *m*, tablero *m* de mandos, carlinga *f*
Code *m (Inf)* código *m*, clave *f*
~/ablauffähiger código *m* ejecutable
~/fehlererkennender código *m* de verificación de error, código *m* detector de errores
~/fehlerkorrigierender código *m* corrector (de errores)
~/genetischer código *m* genético
~/mnemonischer código *m* mnemónico [mnemotécnico], mnemónico *m*, clave *f* mnemónica *(Code mit erläuternden Kürzeln)*
~/nicht löschbarer código *m* indeleble
~/polynomischer código *m* polinómico
~/rechnerverständlicher código *m* comprensible por el ordenador
~/redundanter código *m* redundante [de redundancia]
~/selbstkorrigierender código *m* autocorrector
~/selbstprüfender código *m* autocomprobante [autoverificante, de autoverificación]
~/übersetzter código *m* compilado
~ unerlaubter Zeichen código *m* de caracteres prohibidos
~/verketteter código *m* encadenado [en cadena]
~/verschiebbarer código *m* reubicable
~/wieder verwendungsfähiger código *m* reentrante
Codebefehlsprozessor *m* procesador *m* de órdenes de códigos
Codeprüfer *m* verificador *m* del código
Codeübersetzer *m* traductor *m* de código
Codeumsetzer *m* traductor *m* de código, dispositivo *m* conversor de códigos
Codeumsetzung *f* traducción *f* [transformación *f*] de código
Codeumwandler *m* convertidor *m* de código
Codeumwandlung *f* conversión *f* de código
Codezeichen *n* carácter *m* de códigos, símbolo *m* codificado, dígito *m* de código
Codiereinrichtung *f* dispositivo *m* codificador [de codificación]

codieren v codificar
Codierer m dispositivo m codificador [de codificación], codificador m
Codiergerät n dispositivo m codificador [de codificación]
Codierung f codificación f, proceso m de codificación, cifrado m
Codierungsschaltung f circuito m codificador
Compactdisc f s. CD
Compact Disc f s. CD
Compiler m (Inf) compilador m, rutina f compiladora
Compoundmasse f mástique m para juntas (Füllmasse)
Compreter m (Inf) traductor-intérprete m
Computer m ordenador m, computador m, máquina f computadora, computadora f, calculadora f electrónica
~/biologischer ordenador m molecular
~/dialogorientierter ordenador m interactivo, computadora f interactiva
~/lernender ordenador m inteligente
~ mit Mehrfachzugriff ordenador m multiacceso
~/portabler [tragbarer] ordenador m portátil
Computeranimation f animación f de ordenador
Computeranlage f medio m informático
Computerarchitektur f arquitectura f del ordenador
Computerbildschirm m monitor m [pantalla f] de ordenador
Computereinsatz m empleo m [uso m] de ordenadores [computadoras]; aplicación f informática
Computerendstelle f terminal m de ordenador [computadora]
Computergerät n equipo m de computadora
computergesteuert controlado por ordenador
computergestützt asistido por ordenador, con ayuda de ordenador, auxiliado con ordenador, computerizado
Computergrafik f gráfico m por ordenador, gráfica f de ordenadores; imagen f del ordenador (als einzelnes Bild)
Computermaus f ratón m de ordenador
Computermodem m módem m de ordenador
Computerspeicher m memoria f del ordenador
Computerspiel n juego m de computadora [ordenador]
Computersprache f lenguaje m de computadoras
Computersteuerung f control m de ordenador; control m por ordenador
Computersystem n sistema m computacional [informático, de computación]
Computertechnik f tecnología f informática [de la información, del computador]
Computertomograph m tomógrafo m computerizado
Computerverbund m red f de ordenadores [computadoras]
Computervirus m virus m del ordenador
Computervision f visión f de computadora (künstliche Intelligenz)
Computerwissenschaft f ciencia f de la computadora [computación]
Computerwort n palabra f de computadora
Computerwörterbuch n traductor m de bolsillo
Consulting-Engineering n ingeniería f de consulta
Container m 1. contenedor m, container m; recipiente m de transporte; envase m; cofre m (für radioaktive Stoffe); 2. (Inf) encuadre m, encuadrado m
Containerportalkran m grúa f de pórtico para containers
Containerschiff n buque m portacontenedores, buque m [barco m] container [contenedor, recipiente, de contenedores], barco m portacontenedores, transportador m de contenedores
Containerstapelgerät n apiladora f para contenedores
Containerumschlagsanlage f instalación f de transbordo de contenedores
Containment n (Kern) confinamiento m
Copolymer(e) n (Ch) copolímero m
copolymerisieren v (Ch) copolimerizar
Coprozessor m (Inf) coprocesador m
Coulomb n (El) culombio m, coulomb m (SI-Einheit der Elektrizitätsmenge)
Coulometer n (El) culombímetro m, voltámetro m
Countdown m(n) contaje m descendente [regresivo], cuenta f atrás [descendente]

Dampfhammer

CPM-Verfahren n método m [técnica f] del camino crítico *(Netzplantechnik)*
Crash m *(Inf)* caída f
CRT-Display n unidad f de presentación visual de rayos catódicos
Curie n curio m, curie m *(Einheit der Radioaktivität; jetzt durch Becquerel ersetzt)*
Curium n curio m, Cm
Cursor m *(Inf)* cursor m, índice m móvil *(Bildschirm)*
Cursorbewegung f desplazamiento m [movimiento m] del cursor
cursorgesteuert controlado por cursor
Cursortaste f tecla f cursora [de cursores]
Cyanid n cianuro m, cianuro m
Cyanidlaugverfahren n extracción f del oro por cianuración, proceso m de cianuración *(Goldgewinnung)*
Cyankali n cianuro m de potasio
Cyanwasserstoff m ácido m cianhídrico [hidrocianúrico]
Cyanwasserstoffsäure f ácido m cianhídrico [hidrocianúrico], cianuro m de hidrógeno
Cyberspace m *(Inf)* espacio m virtual, ciberespacio m
cyclisch *(Ch)* cíclico
cyclisieren v *(Ch)* ciclizar
Cyclisierung f *(Ch)* ciclización f, aromatización f

D

Dach n 1. techo m, tejado m; cubierta f, pabellón m; 2. *(Bgb)* techo m
Dachfachwerk n cercha f
Dachgepäckträger m *(Kfz)* portaequipaje(s) m de techo, baca f, galería f
Dachgeschoss n ático m
Dachluke f claraboya f, lumbrera f
Dachpappe f papel m de edificación, tela f asfáltica, cartón m alquitranado [bituminado, asfaltado, embetunado, embreado]
Dachplatte f teja f
Dachschicht f *(Bgb)* capa f [estrato m] del techo
Dachschiefer m pizarra f (para techar)
Dachstuhl m armadura f de cubierta, armazón f para techar, caballete m, entramado m del tejado, techumbre f
Dachträger m viga f de la cubierta, viga f del tejado
Dachziegel m teja f
Dachziegelverband m imbricación f
Damm m dique m, bordo m; terraplén m *(Bahn oder Straße)*
dämmen v aislar
Dämmerungsschalter m *(El)* interruptor m crepuscular, regulador m de luz natural
Dämmplatte f *(Bw)* placa f aislante [de aislamiento]; tablero m aislante
Dammschüttung f *(Bw)* relleno m de diques [terraplenes]
Dämmstoff m material m [materia f] aislante, material m amortiguador [de atenuación, insonorizante], aislante m
Dämmungskurve f curva f de atenuación
Dämmwert m coeficiente m de aislamiento *(Akustik)*
Dampf m vapor m; vaho m; tufo m
~/gesättigter vapor m saturado [húmedo]
~/überhitzter vapor m recalentado
Dampfabscheider m separador m de vapor
Dampfabsperrventil n válvula f del cortavapor, válvula f para cerrar el vapor
Dampfbetrieb m tracción f de [a] vapor
Dampfdüse f tobera f [toma f] de vapor
dampfen v avahar, vahear, exhalar vapores
dämpfen v 1. amortiguar, atenuar; 2. *(Masch)* absorber; 3. *(Text)* vaporizar, tratar con vapor; avahar; 4. *(Text)* deslustrar
Dampfentfettung f desengrasado m a vapor
Dampfentnahmeventil n válvula f de toma de vapor
Dampfentöler m separador m para aceite del vapor
Dämpfer m 1. amortiguador m, almohadilla f, absorbedor m; 2. *(Text)* vaporizador m *(für Druckerei und Färberei)*; 3. cocedor m
Dampferzeuger m generador m de vapor, instalación f [planta f] generadora de vapor
dampfförmig en forma de vapor, vaporoso
Dampfhammer m martillo m [martillo-pilón m] de vapor, martinete m de vapor, *(Am)* maza f de vapor

Dampfheizung f calefacción f por vapor
Dampfkältemaschine f máquina f frigorífica a vapor
Dampfkessel m caldera f [generador m] de vapor
Dampfkraftwerk n central f de vapor
Dampfmaschine f máquina f de vapor
Dampfpresse f prensa f de vapor
Dampframme f ariete m a vapor
Dampfrohr n tubo m de vapor
Dampfstrahlpumpe f bomba f eyectora [de chorro de vapor], eyector m [inyector m, trompa f] de vapor
Dampftraktion f tracción f de [a] vapor
Dampfturbine f turbina f a vapor
Dampfturbinenkraftwerk n central f de energía con turbinas de vapor
Dampfturbinenlokomotive f locomotora f de turbina de vapor
Dampfüberhitzer m recalentador m de vapor
Dämpfung f 1. amortiguamiento m, amortiguación f, atenuación f; acojinamiento m; 2. (Masch) absorción f
Dämpfungsband n (El) banda f de atenuación
Dämpfungsentzerrer m 1. corrector m de distorsiones de atenuación; 2. (Nrt) igualador m de atenuación
Dämpfungsfaktor m coeficiente m de amortiguamiento [amortiguación]; factor m de atenuación
Dämpfungsfeder f resorte m [muelle m] amortiguador, muelle m, antagónico (de tope)
Dämpfungsflosse f (Schiff) aleta f estabilizadora
Dämpfungskonstante f (El) constante f de amortiguamiento [atenuación]; constante f de pérdida, coeficiente m de atenuación
Dämpfungskreis m circuito m amortiguador
Dämpfungsvermögen n (Wkst) capacidad f amortiguadora; poder m amortiguador
Dampfventil n válvula f de vapor
Dampfzylinder m cilindro m de vapor
darstellen v 1. presentar, representar; esquematizar; 2. (Inf) visualizar; 3. (Ch) preparar; obtener
~/**grafisch** representar gráficamente; visualizar (mediante gráfico), visibilizar
~/**im Schnitt** seccionar
~/**in Echtzeit** visualizar a tiempo real
~/**rein** (Ch) aislar
Darstellung f 1. representación f, presentación f, síntesis f, descripción f, 2. (Ch) preparación f; obtención f, 3. notación f
~/**approximative** representación f aproximada
~/**codierte** presentación f [representación f] codificada
~/**exponentielle** representación f exponencial; notación f exponencial (Gleitkommazahl)
~/**grafische** presentación f [representación f] gráfica; construcción f gráfica; gráfico m; diagrama m; ploteo m, representación f diagramática; tabla f gráfica
~ **im Schnitt** vista f en corte
~ **in Tabellenform** representación f tabular [en forma de tablas]
~/**logarithmische** representación f logarítmica
~/**perspektivische** representación f en perspectiva
~/**schematische** representación f esquemática, esquematización f
~/**visuelle** representación f visual
Datei f (Inf) archivo m, (Am) fichero m (de datos)
~/**ausführbare** archivo m [fichero m] ejecutable
~/**gepackte** archivo m [fichero m] condensado
~/**geschützte** archivo m [fichero m] protegido
~/**gespeicherte** archivo m grabado, fichero m almacenado
~/**indexsequenzielle** archivo m [fichero m] secuencial indexado
~/**schreibgeschützte** archivo m [fichero m] protegido contra la sobrescritura
~/**sequenzielle** archivo m secuencial, fichero m (de acceso) secuencial, fichero m serial [ordenado en secuencia]
~/**temporäre** archivo m [fichero m] temporal
~/**verkettete** archivo m [fichero m] enlazado
~/**versteckte** archivo m ocultado, fichero m ocultado [escondido]
~/**wiederhergestellte** archivo m [fichero m] recuperado

Dateiaktualisierung f puesta f al día de archivo, actualización f de fichero
Dateianfang m comienzo m de archivo [fichero]
Dateiausdruck m impresión f [representación f impresa] de archivo [fichero], vaciado m de archivos [ficheros] en impresora
Dateiende n fin m [final m] de archivo, fin m [punto m de fin] de fichero
Dateiformat n formato m de archivo [fichero]
Dateikennsatz m etiqueta f de archivo [fichero]
Dateikomprimierung f compresión f del archivo [fichero]
Dateikonvertierung f conversión f de archivos [ficheros]
Dateimanager m gestor m de archivo [fichero], administrador m de archivos [ficheros]
Dateiverarbeitung f procesamiento m de archivos [ficheros]; manipulación f de archivos [ficheros]
Dateiverschiebung f movimiento m de archivo [fichero]
Dateiverwaltung f gestión f de archivos, gestión f [manejo m] de ficheros
Dateiverzeichnis n sumario m de archivos [ficheros], directory m
Dateiwiederherstellung f recreación f [reconstrucción f, recuperación f] de archivos [ficheros]
Daten pl datos mpl; información f, características fpl
~/**abgespeicherte** datos mpl almacenados
~/**eingegebene** datos mpl tecleados; información f tecleada
~/**eingespeicherte** datos mpl almacenados
~/**gespeicherte** datos mpl almacenados; información f guardada
~/**grafische** datos mpl gráficos
~/**redundante** datos mpl redundantes
~/**residente** datos mpl residentes
~/**serielle** datos mpl en serie
~/**technische** datos mpl técnicos; datos mpl operacionales; características fpl técnicas; especificaciones fpl técnicas; especificación f
~/**temporäre** datos mpl intermedios [almacenados temporalmente]

~/**überschriebene** datos mpl sobreescritos
~/**verarbeitete** datos mpl procesados
~/**verschlüsselte** datos mpl codificados
~/**vorgegebene** datos mpl predefinidos
~/**zusammengestellte** datos mpl recopilados
~/**zwischengespeicherte** datos mpl almacenados temporalmente
Datenabruf m extracción f [retirada f] de datos; petición f de datos
Datenabtastung f exploración f de datos
Datenanfall m disponibilidad f de datos
Datenaufbereitung f preparación f de datos; edición f de datos; acondicionamiento m de datos
Datenaufzeichnung f escritura f [grabación f, registro m] de datos
Datenausdruck m impresión f [emisión f, extracción f, salida f] de datos
Datenausgabespeicher m memoria f de datos de salida
Datenauszug m volcado m de datos [información]; abstracto m de datos
Datenbank f base f de datos, banco m de datos; sistema m de bases de datos
~/**freistrukturierte** base f de datos libremente estructurada, base f de datos de estructuración libre
~/**hierarchische** base f de datos dendrítica [jerárquica, en árbol]
~ **in Baumstruktur** base f de datos dendrítica [jerárquica, en árbol]
~/**invertierte** base f de datos inversa, sistema m de base de datos inverso
~ **mit Fernzugriff** base f de datos de acceso a distancia
~/**netzförmige** base f de datos reticular [en red]
~/**relationale** base f de datos relacional
~/**vernetzte** base f de datos reticular [en red]
Datenbankabfrage f interrogación f del banco de datos, query m
Datenbankverwaltungssystem n sistema m de administración de bases de datos, subsistema m de gestión de bases de datos; técnica f de administración de base de datos
Datenbasis f base f de datos
Datenbit n bit m de datos [información]
Datenblatt n ficha f [hoja f] técnica, hoja f de datos ficha f de datos

Datenblock *m* bloque *m* (de datos), bloque *m* físico; unidad *f* física de datos; lote *m* de datos
Datenbus *m* bus *m* de datos, vía *f* interna
Datendurchsatz *m* caudal *m* de datos
Dateneingabe *f* entrada *f* [inserción *f*, introducción *f*] de datos, entrada *f* de información
Dateneingabegerät *n* dispositivo *m* [medio *m*] de introducción de datos, dispositivo *m* de impulsión; equipo *m* de entrada de datos
Dateneingabekanal *m* vía *f* de introducción de datos
Dateneingabestation *f* estación *f* de introducción de datos
Dateneingabetastatur *f* teclado *m* de introducción de datos
Dateneingang *m* entrada *f* [inserción *f*] de datos
Dateneinheit *f* (*Inf*) unidad *f* de datos; ítem *m*
Dateneinlesen *n* lectura *f* de datos
Datenelement *n* elemento *m* de datos, ítem *m* elemental
Datenendeinrichtung *f* equipo *m* de terminales de datos
Datenendgerät *n* terminal *m* (informático) de datos
Datenendstation *f* terminal *m* (informático)
-/dialogfähige terminal *m* interactivo
-/entfernte terminal *m* distante [lejano, remoto]
Datenentschlüsselung *f* descodificación *f* de datos
Datenerfassung *f* captación *f* [captura *f*] de datos; recolección *f* [acopio *m*, recopilación *f*, adquisición *f*] de datos, colección *f* [recogida *f*, toma *f*] de datos, registro *m* de datos
Datenerfassungsgerät *n* dispositivo *m* de captura [recogida, toma] de datos, equipo *m* de captación [recopilación] de datos
Datenerhebung *f* recogida *f* de datos
Datenerkennung *f* reconocimiento *m* de datos
Datenfehler *m* error *m* en [de] datos; inconsistencia *f* de datos
Datenfeld *n* campo *m* (de introducción) de datos, campo *m* numérico, tabla *f* de datos; array *m*, arreglo *m*; elemento *m* de datos; ítem *m* de datos; subregistro *m*
Datenfernsprecher *m* (*Nrt*) datafono *m*
Datenfernstation *f* estación *f* distante de datos, terminal *m* de teleproceso
Datenfernübertragung *f* teletransmisión *f* [telecomunicación *f*] de datos, transmisión *f* de datos a gran distancia
Datenfernübertragungsnetz *n* red *f* telemática de información
Datenfernverarbeitung *f* teleprocesamiento *m* [teleprocesado *m*] de datos, modalidad *f* de teleproceso
Datenfluss *m* flujo *m* [tren *m*] de datos; movimiento *m* de datos (*im Rechner*)
Datenflussplan *m* diagrama *m* [esquema *m*] de flujo de datos
Datenfolge *f* secuencia *f* de datos; tren *m* de datos
Datenhandschuh *m* guante *m* táctil [de datos] (*Eingabegerät*)
Datenkabel *n* cable *m* de datos
Datenkassette *f* casete *f* [cartucho *m*] de datos, datacassette *m*
Datenkomprimierung *f* compresión *f* [agregación *f*, condensación *f*] de datos
Datenkonvertierung *f* conversión *f* de datos
Datenleitung *f* línea *f* de datos; circuito *m* de datos; enlace *m* de datos; hilo *m* de datos
Datenmenge *f* cantidad *f* [volumen *m*, conjunto *m*] de datos
Datenmüll *m* desperdicios *mpl* de datos
Datennetz *n* red *f* [circuito *m*] de datos, red *f* de información
Datenprüfung *f* comprobación *f* [control *m*, verificación *f*] de datos; validación *f* de datos
Datenpuffer *m* tampón *m* de datos; almacenamiento *m* temporal de datos
Datenrate *f* tasa *f* de transmisión de datos, tasa *f* de transferencia de canales
Datenregister *n* registro *m* de datos [fichero]
Datenrückgewinnung *f* recuperación *f* de datos
Datensammlung *f* colección *f* [recogida *f*, recopilación *f*] de datos; adquisición *f* de datos
Datensatz *m* registro *m* físico [lógico, de datos]; juego *m* de datos

Datenschild *n* placa *f* indicadora [de características, de datos], tarjeta *f* de datos *(einer Maschine)*
Datenschnittstelle *f* interfaz *f* de datos
Datenschreiber *m* registrador *m* [trazador *m*] de datos; impresor *m* de datos *(druckend)*
Datensicherung *f* aseguramiento *m* de datos; seguridad *f* de datos [información], back-up *m*
Datensichtgerät *n* unidad *f* de presentación de datos; terminal *m* de vídeo, equipo *m* de puestos de visualización de datos, pantalla *f* de visualización de datos
Datensichtstation *f* terminal *m* (de presentación) de vídeo, terminal *m* de presentación visual, unidad *f* de presentación de datos
Datensortierung *f* ordenación *f* [clasificación *f*] de datos
Datenspeicher *m* memoria *f* de datos, almacén *m* [medio *m* de almacenamiento] de datos
Datenspeicherung *f* almacenamiento *m* de datos, colocación *f* de datos en la memoria; almacenamiento *m* de ficheros
Datensteuerung *f* control *m* [mando *m*] de datos; distribución *f* de datos
Datenstrom *m* tren *m* de datos
Datentabelle *f* matriz *f* de datos
Datentechnik *f* tecnología *f* de los sistemas de datos
Datenträger *m* soporte *m* de datos [información], soporte *m* informático, soporte *m* de recogida de datos, portador *m* de datos [información], medio *m* soporte [de datos], medio *m* de soporte [registro] de datos
Datentransfer *m* transferencia *f* de datos; transcripción *f* de datos *(innerhalb eines Rechners)*
Datenübergabe *f* transcripción *f* de datos *(innerhalb eines Rechners)*
Datenübermittlung *f* comunicación *f* de datos; modalidad *f* de transferencia de datos
Datenübertragung *f* transferencia *f* [transmisión *f*] de datos, trasiego *m* de información; transcripción *f* de datos *(innerhalb eines Rechners)*; difusión *f* de datos; modalidad *f* de transferencia de datos

Datenübertragungseinrichtung *f* medio *m* de transmisión de datos; dispositivo *m* [equipo *m*] de transmisión de datos; equipo *m* de comunicaciones *(Bestandteil einer Datenstation)*; unidad *f* de transmisión de datos
Datenübertragungsendgerät *n* terminal *m* de comunicación de datos, terminal *m* remoto de transmisión de datos
Datenübertragungsgeschwindigkeit *f* velocidad *f* de transmisión de datos, velocidad *f* de transferencia de información
Datenübertragungskanal *m* canal *m* de comunicaciones [transmisión] de datos
Datenübertragungsnetz *n* red *f* de comunicaciones [transmisión] de datos; red *f* informática
Datenübertragungsrate *f* velocidad *f* de transmisión de datos; tasa *f* de transmisión de datos
Datenumsetzung *f* conversión *f* [traslación *f*] de datos; reorganización *f* de datos; traducción *f* de datos
Datenvektor *m* array *m*
Datenverarbeitung *f* procesamiento *m* [procesado *m*, proceso *m*, tratamiento *m*, elaboración *f*] de datos; ciencia *f* de proceso de datos *(als Wissenschaft)*
~/elektronische procesamiento *m* electrónico de datos, elaboración *f* electrónica de datos, tratamiento *m* informático [informatizado] de datos
~/grafische proceso *m* gráfico de datos
~/integrierte procesamiento *m* integrado de datos
~/interaktive procesamiento *m* interactivo de datos
Datenverarbeitungsanlage *f* instalación *f* de proceso de datos, equipo *m* de manipulación de datos, equipo *m* de procesamiento [proceso] de datos [información]
Datenverarbeitungscode *m* código *m* de procesamiento de datos
Datenverarbeitungssystem *n* sistema *m* (tratamiento, proceso) de datos, sistema *m* de tratamiento de información; unidad *f* de tratamiento (de datos)
Datenverarbeitungstechnik *f* técnica *f* de procesamiento de datos; tecnología *f* de computación
Datenverarbeitungszentrum *n* centro *m* de procesamiento [proceso] de datos

Datenverbund *m* enlace *m* de datos
Datenverdichtung *f* compactación *f* [agregación *f*, concentración *f*, condensación *f*] de datos; reducción *f* de datos
Datenverkettung *f* encadenamiento *m* de datos
Datenverknüpfung *f* enlace *f* de datos
Datenvermittlung *f* conmutación *f* de datos
Datenverschlüsselung *f* codificación *f* [encriptado *m*] de datos, codificación *f* de la información
Datenverwaltungssystem *n* sistema *m* de administración [gestión] de datos
Datenweitergabe *f* difusión *f* de datos
Datenwiedergewinnung *f* recuperación *f* de datos [información]
Datenwiederherstellung *f* restitución *f* de datos
Datenwort *n* palabra *f* de datos
Datenwörterbuch *n* diccionario *m* de datos
Datenzähler *m* contador *m* de datos
Datenzugriff *m* acceso *m* de datos, acceso *m* a la información
Datenzusammenstellung *f* ensambladura *f* [ensamblaje *m*] de datos; recopilación *f* de datos; formación *f* de datos; datos *mpl* recopilados
Datenzwischenspeicher *m* almacenamiento *m* temporal de datos
Dauerbeanspruchung *f* (Wkst) esfuerzo *m* continuo [de fatiga]
Dauerbelastung *f* 1. (Mech) carga *f* continua [constante] (Statik); régimen *m* de carga continuo; 2. exposición *f* perdurable
Dauerbetrieb *m* funcionamiento *m* [trabajo *m*] continuo [ininterrumpido]; operación *f* continua; régimen *m* permanente; régimen *m* de operación continua; régimen *m* (de carga) continuo, marcha *f* continua; servicio *m* continuo [permanente]
Dauerbruch *m* (Wkst) rotura *f* por fatiga
Dauerfestigkeit *f* (Wkst) resistencia *f* a la deformación bajo carga constante; resistencia *f* a la fatiga; longevidad *f* a la fatiga; límite *m* de resistencia; límite *m* de fatiga
Dauerfestigkeitsgrenze *f* (Wkst) límite *m* de fatiga, resistencia *f* límite de fatiga
Dauerform *f* (Gieß) molde *m* durable

Dauerleistung *f* potencia *f* constante [continua], potencia *f* en servicio continuo
Dauermagnet *m* imán *m* (de campo) permanente
Dauerriss *m* fisura *f* [grieta *f*] de fatiga
Dauerschallpegel *m* nivel *m* de presión acústica continuo, nivel *m* sonoro permanente
Dauersignal *n* señal *f* continua [constante]
Dauerspeicher *m* (Inf) memoria *f* permanente [no volátil]
Dauerton *m* 1. sonido *m* permanente; 2. (Nrt) tono *m* continuo
Dauerversuch *m* (Wkst) ensayo *m* de (larga) duración, prueba *f* de duración; ensayo *m* de [a la] fatiga
Daumenregel *f* (El) regla *f* de Ampère
DD *s*. Diskette mit doppelter Dichte
Deadweighttonnage *f* (Schiff) tonelaje *m* de peso muerto, T.P.M.
Debugger *m* (Inf) depurador *m*
dechiffrieren *v* descifrar
Deck *n* cubierta *f*; puente *m*
~/durchlaufendes cubierta *f* consecutiva [continua]
Deckanstrich *m* pintura *f* de acabado
Deckblech *n* chapa *f* cobertora
Decke *f* 1. cubierta *f*, cobertura *f*, manta *f*, mantilla *f*; 2. piso *m*; techo *m*; plafón *m*; cielorraso *m*; forjado *m*; 3. (Met) bóveda *f* (Siemens-Martin-Ofen)
Deckel *m* tapa *f*, tapadera *f*, caperuza *f*; defensa *f*
Deckenbalken *m* (Bw) viga *f* de entrepiso [piso, techo], vigueta *f*
Deckenfertiger *m* (Bw) acabador *m* de firmes, terminadora *f*, pavimentadora *f*
Deckenleuchte *f* lámpara *f* [luz *f*] de techo
Deckenschalung *f* 1. (Bw) forjado *m* del techo; 2. (Bw) encofrado *m* de forjado (Vorgang)
Deckenträger *m* (Bw) viga *f* de piso, vigueta *f*
Deckenunterzug *m* (Bw) vigueta *f*
Deckfähigkeit *f* poder *m* cubriente (z. B. von Lacken)
Deckfarbe *f* color *m* cubridor, pintura *f* de terminación, tinta *f* de cubrir [doble tono]
Deckfliese *f* losa *f*
Deckgebirge *n* (Geol) recubrimiento *m*, cubierta *f* de roca, roca *f* de cubierta,

roca f pendiente estéril; sierra f pendiente estéril, pendiente m, techo m
Decksausrüstung f (Schiff) equipo m de cubierta
Decksbalken m (Schiff) bao m
Decksbelag m (Schiff) recubrimiento m [revestimiento m] de cubiertas, forro m de cubierta, pavimento m
Decksbeplankung f (Schiff) tablazón m de cubierta
Deckscheibe f placa f protectora [de protección], arandela f de cierre
Deckschicht f capa f [película f] superficial, capa f superpuesta; terminación f
Deckshaus n (Schiff) caseta f de cubierta
Deckskran m (Schiff) grúa f de cubierta
Decksmaschine f (Schiff) máquina f [equipo m, maquinilla f] de cubierta
Decksplatte f (Schiff) placa f de cubierta
Decksplitt m recebo m (Straßenbau)
Deckspoller m (Schiff) bita f del barco
Deckssprung m (Schiff) arrufo m, arrufadura f
Decksstringer m (Schiff) trancanil m de cubierta
Decksstütze f (Schiff) puntal m de entrepuente, pie m de amigo
Decksventil n (Schiff) válvula f de cubierta (Tanker)
Deckswinde f (Schiff) maquinilla f de cubierta
decodieren v de(s)codificar
Decodiergerät n (Eln, Inf) de(s)codificador m, dispositivo m de descifrado
deduktiv (Math) deductivo
DEE s. Datenendeinrichtung
Defektelektron n electrón m en defecto, laguna f, hueco m (Halbleiter)
Defekthalbleiter m semiconductor m tipo p, semiconductor m en defecto
Defektoskop n (Wkst) defectoscopio m, aparato m detector, localizador m de defectos
definieren v definir
~/neu redefinir
Definitionsgleichung f ecuación f de definición
Deflektor m desviador m
Defroster m 1. descongelador m, deshelador m, descarchador m; 2. (Flg) anticongelante m

dehnbar 1. expansible, extensible; 2. (Met) dúctil
Dehnbarkeit f 1. expansibilidad f, extensibilidad f; dilatabilidad f; 2. (Met) ductilidad f
dehnen v 1. extender; estirar; dilatar; 2. (Mech) alargar
Dehnfuge f (Bw) junta f de contracción; junta f de dilatación
Dehnung f 1. extensión f; elongación f; dilatación f; 2. (Mech) alargamiento m
Dehnungsbruch m rotura f dúctil a flexión
Dehnungsfestigkeit f (Wkst) resistencia f al alargamiento
Dehnungsfuge f 1. (Bw) junta f de contracción; junta f de dilatación; 2. (Eb) unión f de dilatación
Dehnungsmessgerät n extensímetro m, elongámetro m, dilatómetro m, medidor m de dilatación; deformómetro m
Dehnungsmessstreifen m banda f extensométrica, dilatómetro m a base de resistencia eléctrica
Dehnungsmessung f extensometría f; medición f del alargamiento
Dehnungsrohr n compensador m de dilatación (Heizungstechnik)
Dehnungsstoß m (Eb) compensador m de dilatación
Deich m dique m; malecón m; escollera f; bordo m
Dekadenmessbrücke f (El) puente m de décadas
Dekaeder n decaedro m
Dekantierapparat m (Ch) aparato m decantador
dekantieren v (Ch) decantar, levigar
Dekantiergefäß n (Ch) recipiente m de decantación, decantador m, cuba f decantadora, depósito m de sedimentación, vaso m de levigaciones
dekontaminieren v de(s)contaminar
Dekontaminierung f de(s)contaminación f
Dekorfliese f azulejo m decorado
Dekrement n (Math) disminución f, incremento m negativo, decremento m
~/logarithmisches disminución f logarítmica, decremento m logarítmico
Delphi-Methode f método m Délfico [de Delfos] (Expertenbefragung)
Deltaflügel m (Flg) ala f en delta

Demontage f desensamblado m; desmontaje m, desmontadura f, desmonte m

demontieren v desmantelar; desensamblar; desmontar; desarmar

Deplacement n *(Schiff)* desplazamiento m

Deponie f vertedero m de residuos, lugar m de depósito, almacenaje m [depósito m] de residuos *(Lagerungsstätte von Abfällen)*

~/geordnete vertedero m controlado

~/ungeordnete vertedero m incontrolado, almacenamiento m indefinido de residuos

~/wilde vertedero m ilegal

Deponiegas n gas m de vertedero (de residuos)

Deponiekörper m cuerpo m del vertedero

Deponieschacht m pozo m de vertedero

Deponiesickerwasser n agua f de filtración de vertederos de residuos

Deponiestandort m emplazamiento m de vertedero (de residuos), sitio m de vertedero

Deposition f *(Umw)* deposición f; precipitación f

Depositionsgeschwindigkeit f *(Umw)* tasa f de deposición

Derrick m pluma f cargadora [de carga]; mastelero m

Derrickkran m grúa f derrick

Design n diseño m; diseño m industrial; diseño m de productos; configuración f

Desinfektionsmittel n agente m desinfectante, desinfectante m; líquido m desinfectante; antiséptico m

desinfizieren v 1. desinfectar; 2. *(Lt)* fumigar

Deskriptor m descriptor m, palabra f clave

Desktop m *(Inf)* escritorio m, mesa f de edición profesional *(Arbeitsoberfläche)*

Desoxidationsmittel n 1. agente m desoxidante [reductor], desoxidante m, desoxigenante m; 2. *(Met)* eliminador m

desoxidieren v desoxidar, deoxigenar, desquemar

Destillation f destilación f

~/fraktionierte destilación f fraccionada, separación f por destilación fraccionada

~/trockene destilación f seca [destructiva]

Destillationsapparat m aparato m de destilación

Destillieranlage f instalación f destiladora [de destilación]; planta f destiladora [de destilación]; alambique m

Destillierapparat m destilador m, destiladera f; alambique m

destillieren v destilar, alambicar

Detachiermittel n *(Text)* quitamanchas m, sacamanchas m

Detektor m 1. *(Kern)* detector m (de partículas nucleares), aparato m detector, equipo m de detección, detector m de radiactividad; 2. *(Eln)* receptor m de cristal

Detektorkreis m circuito m de detección

Detektorröhre f válvula f [lámpara f] detectora

Detergens n detergente m, producto m detergente; polvo m detergente

Determinante f *(Math)* determinante m

Determinantenberechnung f *(Math)* cálculo m de determinantes

Determinantenfunktion f *(Math)* función f determinante

Detonation f detonación f, explosión f

Detonationsblitz m fulminación f

Detonationsdruck m presión f de choque

Detonationswelle f onda f explosiva [de detonación], soplo m

detonieren v detonar, explosionar, fulminar

detritisch *(Geol)* detrítico

Deuterium n deuterio m, D, hidrógeno m pesado

Deuteriumkern m núcleo m de deuterio

Deuteriumoxid n óxido m del deuterio, agua f pesada

Deuteron(en)einfang m *(Kern)* captura f deuterónica

dezentrieren v descentrar

Dezibel n *(Ph)* decibe(lio) m, dB

Dezibelmessgerät n *(Ph)* decibelímetro m

Dezimalbruch m fracción f decimal

Dezimaldarstellung f representación f [notación f] decimal

~/binärverschlüsselte representación f decimal codificada en binario

Dezimalkomma n coma f [punto m] decimal

Dezimalrechnung f cálculo m decimal

Dezimalstelle f cifra f [parte f] decimal, lugar m decimal

Dezimalsystem n sistema m decimal, numeración f decimal
Dezimalziffer f cifra f [dígito m, guarismo m] decimal, decimal m
~/binärverschlüsselte decimal m codificado en binario, DCB
Dezimeterwelle f onda f decimétrica [de frecuencia ultraalta]
Dezimeterwellensender m emisor m de ondas decimétricas
Dezitonne f quintal m métrico *(Einheit der Masse)*
DFÜ s. Datenfernübertragung
Diagonale f diagonal f
Diagonalmatrix f *(Math)* matriz f diagonal
Diagonalspannung f *(El)* componente f diagonal de tensión
Diagonalstab m *(Bw)* montante m *(Statik)*
Diagonalstrebe f tirante m [viga f] diagonal
Diagonalverband m *(Bw)* arriostramiento m triangulado
Diagramm n diagrama m, esquema m; gráfica f, gráfico m sinopsis f
Diagrammdarstellung f gráfico m diagramático
Dialdehyd m dialdehído m, dial m
Dialog m *(Inf)* diálogo m
~/menugesteuerter diálogo m por menús
~/steuerbarer diálogo m controlable
Dialogbetrieb m *(Inf)* modo m interactivo [conversacional], procesamiento m conversacional de datos, empleo m [uso m, servicio m] interactivo, régimen m dialogado, sistema m de diálogo
Dialogbildschirm m *(Inf)* pantalla f interactiva
Dialogfähigkeit f *(Inf)* interactividad f
Dialogfeld n *(Inf)* caja f de diálogo
Dialogfenster n *(Inf)* ventana f interactiva [de diálogo]
Dialogfernverarbeitung f *(Inf)* teletratamiento m interactivo
Dialogrechner m *(Inf)* ordenador m interactivo
Dialogverarbeitung f *(Inf)* procesamiento m [tratamiento m] interactivo, procesado m conversacional
Diamantbohrer m broca f [perforadora f, taladro m] de diamante
Diamantbohrmaschine f perforadora f de diamante; sonda f de diamantes
Diamantstahl m acero m extraduro
Diamantwerkzeug n herramienta f portadiamante [de punta de diamante]
Diaphragmenzelle f celda f [célula f] de diafragma *(Elektrolyse)*
Diapositiv n *(Foto)* diapositiva f
Dia(positiv)projektor m *(Foto)* proyector m de diapositivas
Diarähmchen n *(Foto)* marquesina f para diapositivas
Diaskop n *(Foto)* diascopio m
Diathermiegerät n equipo m de diatermia *(Elektromedizin)*
Diatomeenerde f diatomita f, harina f fósil, tierra f de diatomeas [infusorios]
Diazoverbindung f compuesto m diazo, diazo m, diazoico m
Dibbelmaschine f *(Lt)* sembradora f a chorrillo, sembradora f en nidos
Dichlorbenzen n diclorobenceno m, diclorobenzol m
Dichlorethylen n dicloroetileno m
Dichlormethan n diclorometano m, cloruro m de metileno *(Kühlmittel)*
Dichromat n dicromato m, bicromato m
dicht 1. compacto; macizo; estanco, hermético; impenetrable, impermeable; sin fugas; 2. *(Ch)* concreto (z. B. Öl)
Dichte f *(Ph)* densidad f; masa f específica
Dichtemesser m *(Ph)* densímetro m, densitómetro m; picnómetro m
Dichtemessung f *(Ph)* medición f de la densidad, densimetría f, densitometría f
Dichteverteilung f distribución f de densidad *(Statistik)*
Dichtfilter n *(Foto)* filtro m obturador
Dichtheit f estanqueidad f; compacidad f; hermeticidad f, impermeabilidad f
Dichtheitsprüfung f comprobación f [control m] de la hermeticidad, prueba f [determinación f] de hermeticidad
Dichtigkeitsmesser m impermeabilímetro m
Dichtprüfgerät n comprobador m de la hermeticidad
Dichtring m anillo m [aro m] de junta; aro m de empaquetadura; lentejuela f
Dichtscheibe f arandela f de junta
Dichtung f 1. empaquetadura f, guarnición f; escudo m estanco; junta f, junta f estanca [de estanqueidad], juntura f; estopa f; 2. hermetización f

Dichtungslager n *(Masch)* cojinete m con caja de estopas
Dichtungsmanschette f junta f estanca [de estanqueidad]
Dicke f espesor m, grosor m, grueso m
Dickenlehre f calibre m de espesor(es), compás m de gruesas
Dickenmesser m medidor m de espesores, plantilla f de espesor
dickflüssig consistente, espeso, viscoso
Dickschichtkondensator m condensador m de película gruesa
Dickschichtschaltkreis m circuito m de película gruesa
Dicktenhobelmaschine f *(Fert)* acepilladora f regruesadora, regruesadora f, acepilladora f de dos caras, máquina f de regruesar
Diebstahlsicherung f seguridad f contra robo; sistema m antirrobo [de protección contra el robo]; dispositivo m antirrobo, antirrobo m; cerradura f [inmovilizador m] antirrobo
Dielektrikum n dieléctrico m
dielektrisch dieléctrico, no conductivo
Dielektrizitätshysterese f histéresis f dieléctrica [ferroeléctrica]
Dielektrizitätskonstante f constante f dieléctrica, permitividad f
Dielektrizitätszahl f permitividad f relativa
Dienstgeschwindigkeit f 1. *(Schiff)* velocidad f de explotación, velocidad f de [en] servicio; 2. *(Eb)* velocidad f comercial
Dienstgipfelhöhe f *(Flg)* techo m (de servicio), techo m operativo
Dienstprogramm n *(Inf)* programa m utilitario [de utilidad, de servicio], rutina f utilitaria [de utilidad], utilidad f (de ordenador)
Dieselantrieb m accionamiento m [propulsión f] Diesel
Dieselbetrieb m *(Eb)* tracción f Diesel
Dieseleinspritzpumpe f inyector m de motor Diesel
dieselelektrisch dieseleléctrico
Dieselkraftstoff m combustible m Diesel, dieseloil m
Diesellokomotive f locomotora f (de motor) Diesel
Dieselmotor m motor m Diesel [de gasoil], Diesel m

Dieselöl n aceite m combustible [a quemar], dieseloil, m, gasoil m, gasóleo m
Dieselstapler m *(Förd)* apiladora f con motor Diesel
Dieseltreibstoff m combustóleo m
Dieseltriebwagen m *(Eb)* automotor m [autorriel m] Diesel
Diethylether m éter m dietílico [etílico]
Differenzial n 1. *(Math)* diferencial f; 2. *(Masch)* diferencial m
~/**binomisches** diferencial f binomia [binómica]
~/**partielles** diferencial f parcial
~/**vollständiges** diferencial f total
Differenzialanteil m *(Math)* parte f diferencial
Differenzialantrieb m *(Masch)* mando m diferencial
Differenzialbremse f freno m diferencial
Differenzialflaschenzug m aparejo m diferencial, polispasto m de cadena, señorita f
Differenzialgehäuse n *(Kfz)* caja f de diferencial [puente trasero], cárter m del diferencial
Differenzialgeometrie f geometría f diferencial
Differenzialgetriebe n *(Masch)* diferencial m, engranaje m [mecanismo m] diferencial
Differenzialgleichung f ecuación f diferencial
~/**elliptische** ecuación f elíptica
~/**homogene lineare** ecuación f lineal homogénea
~/**hyperbolische** ecuación f hiperbólica
~/**lineare** ecuación f diferencial lineal
~/**parabolische** ecuación f parabólica
~/**partielle** ecuación f diferencial parcial
Differenzialglied n elemento m diferencial
Differenzialmessbrücke f *(El)* puente m diferencial
Differenzialquotient m *(Math)* cociente m diferencial, derivada f
Differenzialraum m *(Math)* espacio m diferencial
Differenzialrechnung f cálculo m diferencial
Differenzialregelung f regulación f derivada
Differenzialregler m regulador m diferenciador

Differenzialschalter *m (El)* interruptor *m* diferencial

Differenzialschaltung *f* circuito *m* diferencial

Differenzialsperre *f (Kfz)* cierre *m* diferencial, trabador *m* del diferencial

Differenzialzeichen *n* signo *m* de diferencial

Differenziation *f (Math)* diferenciación *f*
~/**grafische** diferenciación *f* gráfica
~/**numerische** diferenciación *f* numérica
~/**partielle** diferenciación *f* parcial
~/**vektorielle** diferenciación *f* vectorial

Differenziationsregel *f* fórmula *f* de diferenciación

Differenz *f (Math)* diferencia *f*; resta *f*, residuo *m*

Differenzdruckmesser *m* manómetro *m* diferencial

Differenzdruckventil *n* válvula *f* de presión diferencial

Differenzengleichung *f* ecuación *f* de diferencias

Differenzennäherung *f* aproximación *f* por diferencias finitas

Differenzenrechnung *f* cálculo *m* de las diferencias

differenzierbar diferenciable

differenzieren v diferenciar

Differenzierer *m* diferenciador *m (Schaltwerk in Analogrechnern)*

Differenzierglied *n* circuito *m* diferenciador, diferenciador *m*

Differenzmessglied *n* órgano *m* medidor diferencial

Differenztemperaturregler *m* termostato *m* [termóstato *m*] diferencial, duóstato *m*

Differenzton *m* sonido *m* diferencial

Differenzverfahren *n (Math)* método *m* de diferencias

Differenzverstärker *m* amplificador *m* diferenciador

Diffraktion *f (Ph)* difracción *f*

Diffraktionsstreuung *f* difusión *f* de difracción

Diffraktionswinkel *m (Opt)* ángulo *m* de difracción

diffundieren v difundir

Diffusion *f* difusión *f*

Diffusionsanlage *f (Ch)* planta *f* de difusión, unidad *f* difusora

Diffusionsapparat *m* aparato *m* de difusión

Diffusionsbreite *f (Ph)* banda *f* difusora

Diffusionsgeschwindigkeit *f* velocidad *f* de difusión

Diffusionsgleichung *f (Ch)* ecuación *f* de difusión

Diffusionsglühen *n (Met)* recocido *m* de [por] difusión, homogeneización *f*

Diffusionskoeffizient *m (Ph, Ch)* coeficiente *m* [constante *f*] de difusión

Diffusionsmesser *m* difusiómetro *m*

Diffusionsprobenahmegerät *n* muestreador *m* de difusión

Diffusionspumpe *f* bomba *f* de difusión *(Vakuumtechnik)*

Diffusionsschicht *f* capa *f* de difusión, revestimiento *m* por difusión

Diffusionsschweißen *n* soldadura *f* por difusión

Diffusionsstrom *m* corriente *f* de difusión

Diffusionstransistor *m* transistor *m* de difusión

Diffusionstrennschicht *f* barrera *f* de difusión

Diffusor *m* aparato *m* de difusión, difusor *m*, macerador *m*

Diffusschallfeld *n* campo *m* sonoro perturbado

digital digital

Digital-Analog-Wandler *m* convertidor *m* digital-analógico, conversor *m* digital/analógico

Digitalanalysator *m* analizador *m* digital

Digitalanzeige *f* indicación *f* [lectura *f*] digital; indicador *m* [display *m*, pantalla *f*] digital

Digitalaufzeichnung *f* registro *m* numérico, grabación *f* digital

Digitalbildmikroskopie *f* microscopia *f* de imágenes digitales

Digitalbildspeicherung *f* almacenamiento *m* de imágenes digitales

Digitaldatei *f* archivo *m* [fichero *m*] digital

Digital-Differenzial-Analysator *m* analizador *m* diferencial digital

Digitaldrucker *m* impresora *f* digital

Digitalelektronik *f* electrónica *f* digital

Digitalfernsprechen *n* telefonía *f* digital

Digitalfilter *n* filtro *m* digital [de dígito]

Digitalfrequenzmesser *m* frecuencímetro *m* digital

Digitalgerät *n* dispositivo *m* digital
Digitalgrafik *f* gráfica *f* digital
digitalisieren *v (Inf)* digitalizar, digit(iz)ar
Digitalisierer *m (Inf)* digit(al)izador *m*, convertidor *m* analógico-digital
Digitalisierkarte *f* tarjeta *f* digitalizadora
Digitalisiertablett *n (Inf)* tableta *f* digitalizadora [gráfica]
Digitalisierung *f (Inf)* digita(liza)ción *f*
Digitalkreis *m* circuito *m* digital
Digitalmaschine *f* máquina *f* digital
Digitalplotter *m* trazadora *f* digital
Digitalrechner *m* ordenador *m* digital [numérico], máquina *f* de calcular digital, calculadora *f* digital
Digitalschallplatte *f* disco *m* compacto [numérico]
Digitalschalter *m* conmutador *m* digital
Digitalschaltkreis *m* circuito *m* digital
Digitalschreiber *m* registrador *m* digital
Digitalsignal *n* señal *f* numérica
Digitalsignalprozessor *m* procesador *m* de señales digitales
Digitalsteuereinrichtung *f* controlador *m* digital
Digitalsubtraktor *m* restador *m* digital
Digitaltechnik *f* técnica *f* digital; tecnología *f* digital; procedimiento *m* digital
Digitaluhr *f* reloj *m* digital
Digitalwandler *m* conversor *m* digital, memorizador *m*
Digitalzeichenfolge *f* secuencia *f* de dígitos
Digitalzeichenimpulsgeber *m (Inf)* emisor *m* de dígitos
Diktiergerät *n* dictáfono *m*, máquina *f* [aparato *m*] de dictar
Dilatationsfuge *f* 1. *(Eb)* unión *f* [junta *f*] de dilatación *(Schiene)*; 2. *(Bw)* junta *f* de contracción
Dimension *f* dimensión *f*; tamaño *m*
dimensionieren *v* dimensionar
Dimensionierung *f* 1. dimensionamiento *m*, dimensionado *m*; diseño *m* dimensional [de las dimensiones] *(z. B. von Arbeitsplätzen)*; 2. *(Inf)* estudio *m* de dimensión
dimensionsfrei adimensional
Dimethylbenzen *n* dimetilbenceno *m*, xileno *m*, xilol *m*
Dimethylether *m* dimetiléter *m*, éter *m* metílico

DIN *norma técnica alemana*
Dinatriumphosphat *n* fosfato *m* hidrógeno disódico
Dingbereich *m (Math)* dominio *m* de objetos
Dingbrennpunkt *m (Opt)* foco *m* objeto [anterior]
Diode *f* diodo *m*
Diodenbegrenzer *m* limitador *m* a diodos
Diodendemodulation *f* rectificación *f* por diodo
Diodengatter *n* puerta *f* de diodo
Diodengleichrichter *m* detector *m* [rectificador *m*] de diodo
Diodenmodulation *f* detección *f* por diodo
Diodenspeicher *m* memoria *f* de diodos
Dioden-Transistor-Logik *f* lógica *f* diodo-transistor
Diopter *n (Feinw)* dioptra *f*, alza *f* dióptrica
Dioptrie *f (Opt)* dioptría *f*
Dioptrienmessgerät *n (Opt)* facómetro *m*
Dioptrik *f (Opt)* dióptrica *f*
dioptrisch *(Opt)* dióptrico
Dioxid *n* dióxido *m*, bióxido *m*
Diphenyl *n* difenilo *m*
Diphenylether *m* éter *m* fenólico, difeniléter *m*
Diphenylfarbstoff *m* colorante *m* de difenilo
Diphosphat *n* difosfato *m*, pirofosfato *m*
Diphosphorsäure *f* ácido *m* pirofosfórico
Dipol *m* dipolo *m*
Dipolantenne *f* antena *f* de dipolo
Dipolrahmenantenne *f* antena *f* de cuadros de dipolos
Direkteinleiter *m* introductor *m* directo *(Abwasser)*
Direkteinschaltung *f* conexión *f* a voltaje de línea
Direkteinspritzer *m (Kfz)* motor *m* de inyección directa
Direktionsgröße *f (Ph)* magnitud *f* direccional
Direktionsmoment *n (Ph)* momento *m* de retroceso
Direktrix *f (Math)* directriz *f*
Direktschallfeld *n* campo *m* libre de sonido
Direktübertragung *f* transmisión *f* directa; emisión *f* de televisión viva
Direktzugriff *m* acceso *m* directo [aleatorio, al azar, libre]

Direktzugriffsspeicher m memoria f de acceso directo [aleatorio, inmediato], memoria f viva [directamente accesible], memoria f de lectura-escritura; dispositivo m de memoria de acceso directo, DMAD

Direktzugriffsverfahren n sistema m de acceso directo

disjunkt *(Math)* disjunto

Disjunktion f disyunción f, operación f O-inclusiva [O-incluyente]

Disjunktionsglied n alternador m

Diskette f disco m flexible, disquete m, disqueta f, diskette m, disquette m

~/formatierte disquete m [disco m flexible] formateado

~ mit doppelter Dichte disquete m de doble densidad

~/schreibgeschützte disquete m protegido contra sobreescritura

~/unformatierte disco m sin formatear, disquete m vírgen

~/vorformatierte disquete m preformateado

Diskettenformat n formato m de discos flexibles

Diskettenkennsatz m etiqueta f de disquete

Diskettenlaufwerk n mecanismo m [drive m] para disquetes, unidad f de disquete [discos flexibles]

Diskettensteuereinheit f controlador m de disquete, controladora f de disco flexible

Diskettentreiber m driver m para disquetes

Diskettenverwaltung f gestión f de disquetes

Diskettenverzeichnis n directorio m del disco

diskontinuierlich discontinuo

Diskriminanzanalyse f análisis m discriminante *(Statistik)*

Diskriminator m *(Eln, Inf)* discriminador m

dismulgieren v *(Ch)* desemulsionar

Dispergator m *(Ch)* sustancia f dispersiva

Dispergens n medio m de dispersión, agente m dispersante, desfloculador m

dispergieren v *(Ch)* dispersar

Dispergiermaschine f máquina f para dispersión

Dispergiermittel n aditivo m [agente m] dispersante, dispersante m

dispers disperso, dispersado

Dispersion 1. dispersión f; 2. *(Math)* variancia f, varianza f, dispersión f

Dispersionsfarbstoff m colorante m de dispersión

Dispersionshärten n *(Met)* endurecimiento m estructural [por dispersión, por precipitación], temple m por dispersión

Dispersionskleber m adhesivo m de dispersión

Dispersionsmischer m mezclador m por dispersión

Dispersionsmittel n medio m [aditivo m, agente m] dispersante, sustancia f dispersiva, dispersante m, desfloculador m

Dispersionsvermögen n poder m dispersante [dispersivo]

Display n *(Inf)* display m, pantalla f de visualización [vídeo], terminal m [pantalla f] de presentación visual [de vídeo], visualizador m

Dissoziationswärme f calor m de disociación

dissoziieren v *(Ch)* disociar

Distanzhalter m *(Masch)* separador m

Distanzhülse f *(Masch)* buje m [casquillo m] espaciador, separador m, casquillo m intermedio

Distanzlatte f *(Opt)* mira f estadimétrica, estadia f

Distanzmesser m telémetro m; diast(im)ómetro m *(Topographie)*

Distanzring m *(Masch)* anillo m de distancia, collar m espaciador

Distickstoffoxid n óxido m nitroso m, gas m hilarante

Distributivgesetz n *(Math)* ley f distributiva

Disulfat n disulfato m, pirosulfato m

Disulfid n disulfuro m, bisulfuro m

Divergenzkoeffizient m índice m de divergencia *(Statistik)*

Divergenzwinkel m ángulo m de divergencia *(Laser)*

divergieren v divergir

Dividend m dividendo m

dividieren v dividir

Dividieren n división f

Dividierglied n *(Inf)* órgano m de división

Divinyl n divinilo m, eritreno m

Division f división f

~ mit Rest división *f* entera
~ ohne Rest división *f* exacta
~/stellenweise división *f* cifra por cifra
Divisionszeichen *n* signo *m* de división
Divisor *m* (Math) divisor *m*
Dock *n* (Schiff) dique *m*; dársena *f*
Docke *f* (Fert) muñeca *f* (Drehmaschine)
Dockerprobung *f* (Schiff) prueba *f* sobre amarras
Dockschleuse *f* (Schiff) dique-esclusa *m*
Dodekaeder *m* dodecaedro *m*
Dokumenteneinzug *m* alimentador *m* (automático) de documentos (Fax)
Dokumentenrecherchesystem *n* sistema *m* de investigación documental
Dollbord *m* (Schiff) borda *f*
Dolle *f* (Schiff) chumacera *f*
Dolomit *m* (Min) dolomía *f*, dolomita *f*
Dolomitkalk *m* cal *f* de dolomía
Dolomitkalkstein *m* calcita *f* dolomítica
Dom *m* 1. (Eb) bóveda *f*, domo *m*; 2. (Met) cúpula *f* (SM-Ofen)
Domäne *f* 1. (Inf) dominio *m*, burbuja *f* magnética (Magnetblasenspeicher); 2. red *f* lógica (Internet)
Dominoeffekt *m* efecto *m* dominó
Donator *m* donador *m* (Halbleiter)
Donatorstörstelle *f* (Eln) impureza *f* donadora
Doppelader *f* hilo *m* de dos conductores
Doppelankermotor *m* (El) motor *m* de doble jaula
Doppelankerrelais *n* (El) relé *m* de doble armadura
Doppelanodenröhre *f* (Eln) válvula *f* de doble ánodo
Doppelbackenbremse *f* (Masch) freno *m* de doble zapata, freno *m* de dos zapatas
Doppelbelichtung *f* (Foto) sobreimpresión *f*
Doppelbild *n* (TV) imagen *f* doble [secundaria]
Doppelbildentfernungsmesser *m* telémetro *m* de coincidencia
Doppelbindung *f* (Ch) enlace *m* doble, doble ligadura *f*
Doppelboden *m* (Schiff) fondo *m* doble
Doppelbodentank *m* (Schiff) tanque *m* de doble fondo
Doppelbogen *m* 1. (Typ) pliego *m* doble; 2. (Masch) codo *m* doble [de retorno] (Rohrkrümmer um 180°)

doppelbrechend (Opt) birrefringente, de doble refracción
Doppelbrechung *f* (Opt) birrefringencia *f*, doble refracción *f*
Doppeldecker *m* (Flg) biplano *m*, avión *m* biplano
Doppeldiode *f* diodo *m* gemelo [doble], duodiodo *m*
Doppeldrahtspinnmaschine *f* (Text) continua *f* de doble torsión
Doppelflansch *m* brida *f* doble
doppelgängig de dos entradas (Gewinde)
Doppelgitterröhre *f* válvula *f* birrejilla
Doppelkäfigankermotor *m* (El) motor *m* de doble jaula
Doppelkammerofen *m* (Met) horno *m* de dos cámaras
Doppelkassettendeck *n* cubierta *f* doble de cassettes
Doppelkegelkupplung *f* (Masch) acoplamiento *m* Sellers [de doble cono]
Doppelkegelring *m* (Masch) anillo *m* bicónico
Doppelkegelverfahren *n* (Wkst) procedimiento *m* de biconicidad
Doppelklick *m* (Inf) doble clic *m*
doppelklicken *v* (Inf) hacer clic dos veces, hacer doble clic, pulsar dos veces (Maustaste)
Doppelkolbenmotor *m* motor *m* de dos émbolos, motor *m* de émbolos gemelos
Doppelkopfschiene *f* (Eb) carril *m* de doble cabeza
Doppelkreuzpoller *m* (Schiff) bolardo *m* [noray *m*] de doble cruz
Doppelkrümmer *m* (Masch) codo *m* doble [de retorno] (Rohrkrümmer um 180°)
Doppelrumpfschiff *n* catamarán *m*, catamarán *m*, catimarón *m*, buque *m* [motonave *f*] catamarán
Doppelscheibenegge *f* (Lt) grada *f* de tándem [disco]
Doppelschlüssel *m* llave *f* de dos bocas
Doppelschlussgenerator *m* (El) generador *m* compound [compuesto]
Doppelschraube *f* hélices *fpl* gemelas, doble hélice *f*
Doppelschraubenschiff *n* buque *m* de doble hélice
Doppelständerpresse *f* prensa *f* de doble bastidor [montante]

Drahtgeflecht

Doppelstecker *m* enchufe *m* doble, macho *m* de enchufe
Doppelsternschaltung *f (El)* conexión *f* en doble estrella
Doppelstockomnibus *m* autobús *m* de dos pisos
Doppelstockwagen *m (Eb)* coche *m* [vagón *m*] de dos pisos
Doppelstöpsel *m (Nrt)* clavija *f* doble
Doppel-T-Träger *m* viga *f* de doble T
Doppelvergaser *m* carburador *m* doble [dual]
Doppelzentner *m* quintal *m* métrico *(Einheit der Masse)*
Doppler *m* 1. *(Text)* doblador *m*; 2. *(Opt)* reproductor *m*; 3. *(Inf)* perforadora *f* reproductora, perforadora-duplicadora *f*, reproductora *f*
Doppler-Effekt *m (Ph)* efecto *m* Doppler (-Fizeau), aberración *f* del sonido
Dopplung *f* 1. duplicación *f*; 2. *(Text)* doblado *m*, doblaje *m*
Dorn *m* 1. *(Fert)* mandril *m*, mandrino *m*, espiga *f*; punzón *m*, brocha *f*, embutidor *m*; guijo *m*; macho *m*; pasador *m*, pivote *m*, resalte *m*; 2. espina *f*
Dose *f* 1. caja *f*, bote *m*; lata *f*; 2. *(El)* jack *m*
Dosenbarometer *n* barómetro *m* aneroide [holostérico]
Dosenlibelle *f* nivel *m* esférico
Dosenverschließmaschine *f* máquina *f* para cerrar latas, máquina *f* de embutir
Dosierapparat *m* dosificador *m*
Dosierbandwaage *f* báscula *f* dosificadora para cintas transportadoras
Dosiereinrichtung *f* equipo *m* de dosificación
dosieren *v* 1. dosificar, dosar; 2. *(Ch)* proporcionar
Dosiermaschine *f* máquina *f* dosificadora, dosificadora *f*
Dosierpumpe *f* bomba *f* dosificadora [de dosificar, medidora]
Dosierung *f* dosificación *f*, dosificado *m*, dosaje *m*
Dosierwaage *f* balanza *f* de dosaje
Dosimeter *n (Kern)* medidor *m* de concentración radiactiva, contador *m* de cargas, dosímetro *m* evaluación *f* dosimétrica
Dosis *f (Kern)* dosis *f*; llenado *m*, toma *f*

Dosisäquivalent *n* equivalente *m* de dosis
Dosiseinheit *f* unidad *f* de dosis *(ionisierende Strahlung)*
Dosisleistung *f* rendimiento *m* de dosis
Dosisleistungsmesser *m* contador *m* de rendimiento de dosis
Dosismesser *m* dosímetro *m*
Dosismessgerät *n* medidor *m* dosímetro
dotieren *v* dopar, adulterar *(Halbleiter)*
Dotierung *f (Eln)* adulteración *f*, dopado *m* de semiconductor(es) *(Halbleiter)*
Dotierungsmittel *n* dopante *m (Halbleiter)*
Draht *m* 1. alambre *m*; 2. *(El)* hilo *m*; 3. *(Text)* torsión *f (Vorspinnerei)*
~/**beschichteter** alambre *m* encapado
~/**bewehrter** hilo *m* armado
~/**blanker** alambre *m* [cable *m*, hilo *m*] desnudo
~/**geglühter** alambre *m* recocido [dulce]
~/**hochohmiger** hilo *m* térmico
~/**kaltgezogener** alambre *m* estirado en fino
~/**kaltverformbarer** alambre *m* para trabajar en frío
~/**umflochtener** alambre *m* trenzado
~/**ummantelter** alambre *m* revestido
~/**verbleiter** alambre *m* emplomado
~/**verkupferter** alambre *m* cobreado
~/**verzinkter** alambre *m* galvanizado, *(Am)* alambre *m* cincado
~/**verzinnter** alambre *m* estañado
~/**weichgeglühter** alambre *m* normalizado
Drahtbandförderer *m* transportador *m* de tela metálica
Drahtbiegemaschine *f* dobladora *f* [plegadora *f*] de alambre
Drahtbrücke *f (El)* puente *m* de alambre
Drahtbürste *f* cepillo *m* de alambre, escobilla *f* metálica
Drahtelektrode *f* electrodo *m* de alambre
Drahtfilter *n (El)* rejilla *f* de alambre
Drahtflechtmaschine *f* trenzadora *f* de alambre
Drahtförderband *n (Förd)* cinta *f* transportadora de malla de alambre
Drahtfunk *m* radiodifusión *f* por hilo, radio *f* por cable, radiotransmisión *f* telefónica, telediffusión *f* (por hilo)
drahtgebunden *(Nrt)* por hilos
Drahtgeflecht *n (Bw)* malla *f* (de alambre), tejido *m* metálico

Drahtgewebe

Drahtgewebe n 1. malla f [tela f] metálica, tejido m de hilo metálico; 2. *(Bw)* estructura f alámbrica

Drahtglas n cristal m armado [hilado], vidrio m armado

Drahtheftmaschine f *(Typ)* máquina f de coser con alambre, cosedora f de alambre

Drahtkern m *(El)* núcleo m de alambre

drahtlos *(Nrt)* sin hilo, inalámbrico

Drahtnetz n alambrado m

Drahtrichtmaschine f enderezadora f de alambre

Drahtschere f cizalla f de alambre, tijera f cortaalambres

Drahtschneidemaschine f cortador m de alambre

Drahtseil n cable m metálico

Drahtseilbahn f ascensor m funicular de montañas, funicular m aéreo (de viajeros), teleférico m

Drahtsieb n tamiz m de alambre, alambrado m

Drahtspeichenrad n *(Kfz)* rueda f de rayos metálicos

Drahtstift m clavo m de alambre

Drahtstraße f *(Met)* tren m de alambre [alambrado]

Drahtstropp m *(Schiff)* eslinga f de acero, gaza f de alambre [hierro], estrobo m de alambre

Drahttelegrafie f telegrafía f alámbrica [con hilos]

Drahtwalzwerk n laminador m de alambre

Drahtwiderstand m *(El)* resistencia f de alambre; resistor m bobinado

Drahtzange f alicates mpl cortadores de alambre, alicates mpl para estirar, cortaalambres m

Drahtzaun m cerco m de alambre

Drahtziehbank f banco m de estirar alambres

Drahtzieheisen n herramienta f de trefilar; hilera f

drahtziehen v *(Fert)* trefilar, *(Am)* trafilar

Drahtziehen n *(Fert)* trefilado m, *(Am)* trafilado m, estirado m de alambres

Drahtziehmaschine f *(Fert)* máquina f de trefilar [estirar alambre], estiradora f de alambre; trefiladora f, banco m de estirar alambres, hilera f, *(Am)* trafiladora f

Drall m 1. *(Ph)* momento m angular [cinético]; impulso m de giro; movimiento m giratorio; 2. *(Ph, Kern)* espín m; 3. *(Text)* torsión f; 4. rayado m *(Waffe)*; 5. *(Masch)* paso m de hélice

drallfrei antirrotatorio, antigiratorio *(Kabel)*

Drallnut f estría f espiral *(z. B. Spiralbohrer)*

Drallrichtung f sentido m de la hélice *(z. B. beim Bohrer)*

Drallwinkel m *(Fert)* ángulo m de la hélice *(bei Spiralbohrern)*; ángulo m de acanaladura *(Winkel zwischen der Hauptkante des Führungsstücks und der Achse)*

Dränagebagger m excavadora f para drenajes

Dränageschacht m *(Bw)* pozo m de drenaje

Drängraben m zanja f drenaje [de desagüe]

dränieren v drenar; agotar

Dränleitung f tubería f de drenaje

Dränmaschine f máquina f zanjadora [de hacer zanjas], excavadora f de zanjas

Dränpflug m arado m de drenaje

Dränrohr n tubo m de drenaje [avenamiento]

Draufsicht f vista f de arriba, vista f por encima

drechseln v tornear la madera

Drechslerbank f torno m de madera

D-Regelung f regulación f derivada

D-Regler m regulador m diferenciador

Drehachse f *(Masch)* árbol m giratorio [de giro], eje m de revolución [rotación, giro]; gorrón m

~/senkrechte pivote m

Drehanker m *(El)* inducido m giratorio

Drehaufsatz m *(Fert)* montaje m para tornear

Drehautomat m torno m automático

Drehbake f *(Schiff)* baliza f rotativa

drehbar giratorio, girable; rotable; orientable; versátil

Drehbeanspruchung f *(Mech)* torsión f

Drehbefestigung f fijación f oscilante

Drehbegrenzer m limitador m de giro *(Kran)*

Drehbeschleunigung f aceleración f de giro [rotación]

Drehbewegung f movimiento m giratorio [de rotación], giración f

Drehbohren n (Bgb) perforación f rotatoria, taladrado m giratorio [rotativo, rotatorio]
Drehbohrer m taladro m rotativo [rotatorio]
Drehbohrgestänge n varilla f para taladro rotatorio
Drehbohrmaschine f perforadora f rotativa [rotataria]
Drehbrücke f puente m giratorio
Drehdavit m(n) (Schiff) pescante m oscilante
Drehdolle f chumacera f giratoria (Boot)
Drehdüse f tobera f orientable
Drehebene f (Flg) plano m de rotación (Rotorflugzeug)
Dreheisenspannungsmesser m voltímetro m electromagnético
drehen v 1. girar; orientar; 2. (Fert) tornear; matar; 3. (Kfz) virar; 4. torcer (z. B. Kabel)
~/sich girar; pivotear (um einen Drehpunkt); rotar (um eine Achse)
Drehen n 1. (Fert) torneado m; 2. (Eb) movimiento m de lazo (Lokomotive)
Dreherkette f (Text) urdimbre f de gasa de vuelta
Drehfeld n (El) campo m giratorio
Drehfeldinstrument n (El) aparato m de campo giratorio
Drehfeldmagnet m (El) electroimán m de campo giratorio
Drehfeldmotor m (El) motor m de campo giratorio
Drehfenster n ventana f giratoria
Drehfeuer n 1. (Flg, Schiff) faro m giratorio; 2. (Flg) luz f giratoria, faro m rotativo (Befeuerung von Flugplätzen)
Drehfilter n (Ch) filtro m rotatorio [de tambor]
Drehflügel m (Flg) rotor m, ala f giratoria (Rotorflugzeug)
Drehflügelflugzeug n avión m de ala giratoria, giroavión m, girodino m, giroplano m
Drehfunkfeuer n radiofaro m omnidireccional, faro m radioeléctrico, omnirange m
Drehgelenk n articulación f [junta f] giratoria, unión f rotativa
Drehgelenkroboter m robot m articulado
Drehgeschwindigkeit f (Förd) velocidad f de giro

Drehgestell n (Eb) bogie m, carretón m
Drehgestellwagen m (Eb) vagón m de bogies
Drehgriff m puño m giratorio
Drehgrubber m (Lt) cultivador m rotativo, cultivadora f rotativa [rotatoria, giratoria]
Drehhaken m colgante m [gancho m] giratorio, gancho m rotativo
Drehhalbautomat m (Fert) torno m semiautomático
Drehhalter m abrazadera f giratoria
Drehhebel m palanca f de rotación
Drehimpuls m momento m angular [cinético], impulso m de giro [rotación]
Drehknopf m maneta f, perilla f
Drehkolben m émbolo m rotativo [rotatorio]
Drehkolbenmotor m motor m de émbolo rotativo, motor m de pistones rotativos
Drehkolbenpumpe f bomba f rotativa [capsular, de émbolo rotativo]
Drehkolbenverdichter m compresor m de émbolo rotativo
Drehkondensator m (El) condensador m variable [de ajuste]
Drehkörper m (Ph) cuerpo m de [en] revolución, sólido m de revolución
Drehkraft f fuerza f rotativa
Drehkran m grúa f giratoria [de pivote]
Drehkranz m 1. (Förd) corona f giratoria [de giro]; 2. (Flg) torrecilla f (giratoria), torreta f
Drehkreis m radio m de volteo
Drehkreuz m torniquete m, traviesa f pivotante
Drehlaufkatze f (Förd) carrillo m giratorio
Drehleiter f escalera f giratoria
Drehmagnet m (El) electroimán m de giro
Drehmaschine f (Fert) torno m
Drehmaschinenfutter m plato m del torno
Drehmaschinenspindel f husillo m de torno
Drehmaschinenspitze f muñeca f
Drehmechanismus m virador m
Drehmeißel m (Fert) herramienta f de torno, acero m de tornear, cuchilla f de torno
Drehmelder m (El) avisador m selsyn, selsyn m
Drehmelderempfänger m (El) receptor m síncrono
Drehmesser n (Lt) cuchilla f rotativa

Drehmoment n momento m de giro [rotación], momento m torcente [de torsión, torsor], par m motor [de torsión]
Drehmomentschlüssel m llave f dinamométrica
Drehmomentwandler m convertidor m [transformador m] de par
Drehofen m (Met) horno m giratorio [rotativo, rotatorio]
Drehpflug m (Lt) arado m de reja invertible
Drehphasenschieber m (El) desfasador m rotativo
Drehplatte f mesa f giratoria, tornavía f
Drehplattenkondensator m (El) condensador m de placas giratorias
Drehplattform f (Eb) puente m giratorio, plataforma f giratoria
Drehpotenziometer n potenciómetro m giratorio
Drehpunkt m 1. (Mech) centro m de rotación [giro]; 2. (Ph) punto m de apoyo; fulcro m (Hebel)
Drehregler m regulador m (de tensión) por inducción (Induktionsregler)
Drehrohr n (Met) cilindro m rotativo [de revolución]
Drehrohrofen m (Met) convertidor m rotativo [rotatorio, giratoria], horno m rotativo tubular
Drehschalter m (El) conmutador m giratorio [rotatorio], interruptor m giratorio, llave f giratoria [rotativa], selector m rotativo
Drehscheibe f 1. disco m giratorio [rotativo, rotatorio]; 2. placa f [plataforma f] giratoria; plato m giratorio; 3. tornavía f; 4. muela f de rotación (Schleifen); 5. (Eb) puente m giratorio, (Am) tornamesa f
Drehscheinwerfer m faro m rotatorio
Drehschemel m (Eb) traviesa f pivotante
Drehschieber m distribuidor m giratorio; válvula f de placa giratoria (hydraulische Steuerung); corredera f giratoria de escape (Schiebersteuerung)
Drehschwingung f vibración f rotacional [en torsión], oscilación f helicoidal [de torsión, giratoria]
Drehschwingungsdämpfung f amortiguamiento m torsional
Drehsieb n criba f giratoria

Drehsinn m dirección f [sentido m] de giro, sentido m de rotación
~/linksläufiger sentido m levógiro [positivo]
~/rechtsläufiger sentido m dextrógiro [negativo]
Drehspiegel m espejo m giratorio [rotatorio]
Drehspindel f árbol m de torno
Drehspulamperemeter n amperímetro m de cuadro móvil
Drehspulgalvanometer n galvanómetro m de cuadro móvil
Drehstabilisator m (Kfz) estabilizador m giratorio
Drehstrahlregner m (Lt) regador m giratorio
Drehstrom m corriente f trifásica
Drehstromaggregat n grupo m electrógeno trifásico
Drehstromasynchronmotor m motor m asíncrono trifásico
Drehstromgenerator m alternador m trifásico, generador m de corriente trifásica
Drehstromleitung f línea f trifásica
Drehstrommotor m motor m trifásico [de corriente trifásica], electromotor m trifásico
Drehstromnetz n red f (de corriente) trifásica
Drehstromschleifringmotor m motor m trifásico con anillos
Drehstromtransformator m transformador m trifásico
Drehstromzähler m contador m de corriente trifásica
Drehsupport m (Fert) carro m giratorio [orientable]
Drehteil n 1. (Fert) soporte m giratorio (Werkzeugschlitten); 2. (Fert) pieza f torneada; 3. plataforma f [parte f] giratoria
Drehtisch m mesa f giratoria [de rotación]; plato m (giratorio)
Drehtransformator m (El) regulador m de tensión por inducción (Induktionsregler); transformador m rotatorio [de devanado coaxial giratorio]
Drehtrennschalter m (El) seccionador m rotativo
Drehtrommel f (Förd) tambor m giratorio [rotativo]
Drehtür f puerta f giratoria

Drehturm *m* torrecilla *f* (giratoria), torreta *f*
Drehumformer *m (El)* convertidor *m* rotativo [rotatorio], dinamotor *m*
Drehung *f* 1. giro, vuelta *f*; 2. rotación *f*; 3. *(Masch)* revolución *f*; 4. *(Text)* torsión *f* *(Vorspinnerei)*; torcimiento *m*; torcido *m*; 5. *(Schiff)* virada *f*
Drehungsellipsoid *n* elipsoide *m* de revolución
Drehventil *n* válvula *f* rotatoria
Drehverbindung *f* acoplamiento *m* rotativo; unión *f* giratoria
Drehverschluss *m* obturador *m* giratorio
Drehvorrichtung *f* dispositivo *m* de giro [rotación], girador *m*, virador *m*
Drehwaage *f* balanza *f* de torsión [Coulomb]
Drehwähler *m (Nrt)* selector *m* rotativo
Drehwerk *n* mecanismo *m* giratorio [de giro]
Drehwiderstand *m* 1. *(Masch)* resistencia *f* de manivela; 2. *(El)* reóstato *m* de manubrio
Drehwinkel *m* ángulo *m* de rotación [giro]
Drehwinkelanzeiger *m* indicador *m* del ángulo de giro
Drehwinkelmessung *f* goniometría *f*
Drehzahl *f* número *m* [régimen *m*] de revoluciones, número *m* de vueltas, velocidad *f* de giro [rotación], velocidad *f*
• **mit geringer** ~ de baja [pequeña] velocidad • **mit hoher** ~ de gran velocidad
~/**stufenlos regelbare** velocidad *f* graduable
Drehzahländerung *f* variación *f* de velocidad
Drehzahlanzeiger *m* indicador *m* de revoluciones [velocidad]
Drehzahlbegrenzer *m* limitador *m* de velocidad
Drehzahlbereich *m* gama *f* de velocidades, régimen *m* (de revoluciones)
Drehzahlgeber *m* transmisor *m* de revoluciones
Drehzahlmesser *m* medidor *m* de revoluciones, contador *m* de revoluciones [vueltas], cuentarrevoluciones *m*, cuentavueltas *m*, cuentagiros *m*, computador *m* cuentarrotaciones [de revoluciones, vueltas]; tacómetro *m*, velocímetro *m*
Drehzahlregelung *f* mando *m* de velocidades; regulación *f* de la velocidad; regulación *f* del número de revoluciones
~/**stufenlose** regulación *f* continua de la velocidad, regulación *f* de velocidad sin escalones
Drehzahlregler *m* regulador *m* [variador *m*] de velocidad
Drehzahlwahlschalter *m* selector *m* de velocidades
Drehzapfen *m* 1. piñón *m*; pivote *m*; 2. *(Eb)* pivote *m* del bogie *(Fahrgestell)*
Drehzapfenlager *n* rangua *f*
Drehzylinder *m (Math)* cilindro *m* rotativo [de revolución], rodillo *m*
dreiachsig triaxial
Dreiachslastkraftwagen *m* camión *m* de tres ejes
Dreiadressbefehl *m (Inf)* instrucción *f* tridirección [de tres direcciones]
dreiadrig *(El)* trifilar
dreiatomig triatómico
Dreibackenfutter *n (Fert)* plato *m* de tres garras [mordazas], mandril *m* de tulipa [tres mordazas]
dreibasig *(Ch)* tribásico
Dreibeinfahrwerk *n (Flg)* tren *m* de aterrizaje triciclo
Dreibeinmast *m (Schiff)* palo *m* de tres pies
Dreibeinstativ *n* soporte *m* (tipo) trípode
dreidimensional tridimensional, de tres dimensiones
Drei-D-Projektierung *f* proyección *f* con modelos tridimensionales
Dreieck *n* triángulo *m*, trígono *m*
~/**ähnliches** triángulo *m* semejante
~/**ebenes** triángulo *m* plano
~/**geradliniges** triángulo *m* rectilíneo
~/**gleichschenkliges** triángulo *m* isósceles
~/**gleichseitiges** triángulo *m* equilátero
~/**rechtwinkliges** triángulo *m* rectángulo
~/**schiefwinkliges** triángulo *m* oblicuángulo
~/**sphärisches** triángulo *m* esférico
~/**spitzwinkliges** triángulo *m* acutángulo, acutángulo *m*
~/**stumpfwinkliges** triángulo *m* obtusángulo
~/**ungleichseitiges** triángulo *m* escaleno
Dreieckflügel *m (Flg)* ala *f* en delta
dreieckig triangular

Dreieckschaltung f (El) conexión f en triángulo, conexión f (en) delta
Dreiecksmatrix f (Math) matriz f triangular
Dreieckspannung f (El) tensión f en triángulo
dreifach triple
Dreifachbindung f (Ch) enlace m triple
Dreifachturbine f turbina f triple
Dreifarbendruck m (Typ) impresión f tricroma, tricromía f
Dreifingerregel f (El) regla f de los tres dedos, regla f de la mano
Dreiflächner m triedro m
Dreiflügel(luft)schraube f hélice f tripala
Dreifuß m trípode m; plataforma f niveladora; machina f
dreigängig de tres entradas (Gewinde)
Dreigitterröhre f (Eln) válvula f trirrejilla, trirrejilla f
Dreiinselschiff n buque m de tres islas, barco m de puente central y castillos de proa y popa
Dreikantfeile f lima f triangular
Dreikantmutter f tuerca f triangular
Dreileiterkabel n cable m trifilar [de tres conductores]; alambre m trefilado
Dreileiterschalter m interruptor m de tres vías
Dreiphasenschaltung f conexión f trifásica
Dreiphasenstrom m corriente f trifásica
dreiphasig trifásico, de tres fases
dreipolig tripolar
Dreipolschalter m llave f de tres polos, conmutador m tripolar
Dreipolstecker m clavija f tripolar
Dreipunktaufhängung f enganche m de tres puntos
Dreiradfahrwerk n (Flg) tren m de aterrizaje triciclo
Dreiradfahrzeug n vehículo m de motor de tres ruedas
Dreisatz m (Math) regla f de tres [oro]
Dreiseitenkipper m volquete m [camión m basculante] de tres bandas
Dreistufenrakete f cohete m de tres etapas [secciones]
dreistufig 1. trigradual; 2. (Rak) de tres fases
Dreiwegehahn m llave f de tres conductos [pasos, vías], grifo m de paso triple, grifo m de tres pasos [vías] (Hydraulik)

Dreiwegeventil n válvula f de tres pasos [vías], válvula f de triple paso
Dreiwegeschalter m conmutador m de tres vías
dreiwertig (Ch) trivalente
Drencheranlage f instalación f de rociadores (automáticos) (Brandschutz)
Dreschmaschine f (Lt) trilladora f
Dreschwerk n (Lt) conjunto m de trilla, mecanismo m trillador
Drift f abatimiento m, deriva f
Driftenergie f (El) energía f de movilidad
Driftleitung f conducción f de deriva [extracción] (Halbleiter)
Driftspannung f (El) tensión f de deriva
Drillbohrer m berbiquí m, taladra f
Drillingspumpe f bomba f de tres émbolos
Drillmaschine f (Lt) máquina f sembradora [sembradera] en hileras], sembradora f [sembradera f] en línea(s), sembradora f (mecánica)
Drillschar n (Lt) enterrador m de semillas, reja f
Drillschwingung f oscilación f helicoidal [giratoria, de torsión]
Drossel f 1. obturador m (del aire); estrangulador m, estranguladora f; 2. (El) inductor m, inductancia f, bobina f amortiguadora [de reactancia]
Drosselklappe f válvula f de estrangulación [mariposa], estrangulador m del aire, compuerta f estranguladora, mariposa f de aceleración, obturador m
Drosselklappenhebel m (Kfz) manecilla f [manija f] de admisión
Drosselkopplung f (El) acoplamiento m de bobina de reactancia, acoplamiento m por inductancia
drosseln v estrangular, obturar
Drosselregelung f regulación f por estrangulación
Drosselrelais n (El) relé m de alta impedancia
Drosselrückschlagventil n válvula f de retención y estrangulación, válvula f reguladora de caudal unidireccional
Drosselspule f (El) inductor m, inductancia f, bobina f amortiguadora [de reactancia]
Drosselventil n válvula f de estrangulación [cierre de mariposa, restricción];

válvula f de mariposa, estrangulador m de caudal, estrangulador m del aire, estrangulador m, estranguladora f, mariposa f del cebador

Druck m 1. *(Ph)* presión f; tensión f *(bei Gasen)*; compresión f; fuerza f comprimente [de compresión]; empuje m; 2. *(Typ)* impresión f; estampa f; estampación f; estampado m • **bei gleich bleibendem** ~ a presión constante • **unter** ~ bajo [sometido a] presión

~/atmosphärischer presión f atmosférica

~/elektrostatischer 1. *(Ph)* presión f electrostática; 2. *(Typ)* impresión f electrostática

~/osmotischer presión f osmótica

~/pulsierender presión f pulsatoria

~/spezifischer presión f específica

~/wechselnder presión f pulsatoria

Druckabfall m 1. caída f [decaimiento m, declinación f, decremento m, descenso m, disminución f] de presión; 2. *(Flg)* depresión f

Druckaggregat n 1. grupo m de presión; 2. *(Typ)* equipo m impresor

Druckanschluss m *(Inf)* conexión f de impresión

Druckanstieg m ascenso m de presión; aumento m de presión *(Explosion)*

Druckanstiegsgeschwindigkeit f velocidad f de aumento de presión *(Explosion)*

Druckanzeiger m indicador m de presión, manómetro m *(Barometer)*; manoscopio m, manóscopo m *(Barometer)*

Druckanzug escafandra f, traje m a presión, traje m anti-g, traje m presurizado [de gravedades], vestimenta f contra gravitación anormal, vestimenta f anti-g

Druckausgleich m compensación f de presión; balance m de presión; igualación f de presiones *(Statik)* • **mit** ~ presurizado

Druckausgleichsleitung f tubería f de compensación

Druckausgleichventil n válvula f compensadora [de compensación de presión, equilibradora]

Druckautomat m *(Typ)* prensa f tipográfica automática

Drückbank f *(Fert)* torno m de conformar [embutir, repulsar] metales

Druckbeanspruchung f *(Wkst)* esfuerzo m compresor [de compresión, de apriete]

Druckbegrenzungsventil n limitador m de presión

Druckbehälter m aparato m [depósito m, recipiente m] a presión, tanque m [vasija f, envase m] de presión

Druckbelüftung f ventilación f forzada

Druckbüchse f *(Fert)* contrahilera f

Druckdatei f *(Inf)* fichero m [archivo m] de impresión

druckdicht resistente a la presión

drucken v 1. *(Inf)* imprimir; 2. *(Typ)* imprimir, tirar; 3. *(Text)* estampar

~/im Hintergrund imprimir en el fondo

~/im Raster imprimir en mosaico

drücken v apretar; oprimir; pulsar *(Taste)*; deprimir; embutir; empujar; repujar; bombear

~/eine Taste deprimir una tecla, teclear

~/nach vorne empujar hacia delante (z. B. Joystick)

Drücken n *(Fert)* embutición f, embutido m; estampado m *(Folienverarbeitung)*

Druckentlastung f despresurización f, relajación f [descarga f] de presión, descompresión f, alivio m de presión *(Explosionsschutz)*

Druckentlastungsventil n válvula f reductora [de reducción] (de presión), descompresor m

Drucker m *(Inf)* impresora f, impresor m, equipo m impresor, dispositivo m de impresión, unidad f impresora [de impresión]

~/anschlagfreier impresora f de no impacto, impresora f sin impacto

~/grafikfähiger impresora f de gráficos

Drücker m botón m pulsador; gatillo m

Druckerausgabe f salida f impresa [de impresora]; volcado m de datos a impresora

Druckerhöhung f aumento m de presión, presurización f, boosting m

Druckerkabel n cable m de impresora

Druckerkarte f tarjeta f de impresora

Druckerkassette f casete f de impresora

Druckerschnittstelle f interfaz f (de) impresora

Druckerschwärze f *(Typ)* negro m [tinta f] de imprenta, tinta f tipográfica

Druckertreiber *m* driver *m* [módulo *m* de control] de la impresora

Druckfarbe *f* 1. *(Typ)* tinta *f*; 2. *(Inf)* color *m* de impresión; 3. *(Text)* color *m* de estampación

Druckfeder *f* muelle *m* comprimido [de compresión, de presión], resorte *m* de compresión

druckfest a prueba de presión, resistente a la presión

Druckfestigkeit *f* resistencia *f* a la compresión; resistencia *f* de [a la] presión *(bei Behältern)*

Druckform *f (Typ)* forma *f* impresora [de imprimir], bloque *m*, plancha *f*

Druckgas *n* gas *m* comprimido [a presión]; gas *m* de presurización

Druckgasbehälter *m* depósito *m* de gas a alta presión; tanque *m* con oxígeno a presión *(Atemschutz-Behältergerät)*

Druckgasflasche *f* botella *f* de presión

Druckgeber *m* transmisor *m* de presión; captador *m* de presión *(Messtechnik)*

Druckgießen *n* colada *f* [moldeado *m*] a presión, vaciado *m* de presión

Druckgießmaschine *f* máquina *f* para fundición [fundir] a presión, moldeadora *f* a presión

Druckguss *m* fundición *f* a [de] presión, fundición *f* de carga; vaciado *m* de presión; colada *f* a presión, moldeo *m* por compresión

Druckhöhe *f* altura *f* de presión, caída *f*, altura *f* de elevación *(einer Pumpe)*

Druckkabine *f* cabina *f* presurizada [de sobrepresión]

Druckkammer *f* cámara *f* de presión [de aire comprimido]

Druckknopf *m* botón *m* pulsador [de contacto, de presión], pulsador *m*, perilla *f* de presión

Druckknopfschalter *m* interruptor *m* pulsador [accionado por pulsador, de botón], conmutador *m* de botonera, llave *f* de botón

Druckknopfstarter *m (Kfz)* arrancador *m* a botón

Druckkolben *m* émbolo *m* impelente

Druckkopf *m (Inf)* cabeza *f* [cabezal *m*] de impresión

Druckkraft *f* fuerza *f* comprimente [de compresión, de apriete, de presión], esfuerzo *m* compresor [de compresión]; empuje *m*

Druckkurve *f* curva *f* de presiones, línea *f* piezométrica *(Hydraulik)*

Drucklager *n (Masch)* cojinete *m* de presión [empuje], chumacera *f* de empuje, muñonera *f*

Druckleitung *f* 1. conducción *f* forzada [a presión]; conducción *f* de agua a presión *(z. B. Pumpspeicherwerk)*; 2. conducto *m* de presión, tubería *f* forzada [de carga, de presión]; múltiple *m* de presión

Druckluft *f* aire *m* comprimido

Druckluftanlage *f* instalación *f* [equipo *m*] de aire comprimido; planta *f* de aire comprimido

Druckluftanlasser *m* arranque *m* por aire comprimido

Druckluftantrieb *m* accionamiento *m* por aire comprimido, mando *m* neumático

Druckluftbehälter *m* recipiente *m* [depósito *m*] de aire comprimido; cilindro *m* de aire comprimido *(Atemschutzgerät)*

Druckluftbohrer *m* perforador *m* [taladro *m*] neumático

Druckluftbohrmaschine *f* taladradora *f* de aire comprimido

Druckluftbremse *f* freno *m* neumático [de aire comprimido]

Druckluftflasche *f* botella *f* [bombona *f*] de aire comprimido

Druckluftgerät *n* equipo *m* neumático [de aire comprimido]

Drucklufthammer *m* martillo *m* de aire comprimido, martinete *m* neumático [de aire comprimido]

Druckluftleitung *f* conducto *m* [tubería *f*, línea *f*] de aire comprimido, tubo *m* de aire a presión

Druckluftschalter *m* interruptor *m* de aire comprimido

Druckluftschlauchgerät *n* equipo *m* de aire comprimido con manguera, respirador *m* con suministro de aire de presión, respirador *m* de aire inyectado

Druckluftwerkzeug *n* herramienta *f* neumática [de aire comprimido]

Druckmanager *m (Inf)* administrador *m* de impresión

Druckmaschine *f* 1. *(Typ)* máquina *f* de [para] imprimir, máquina *f* de impresión, impresora f; 2. *(Text)* máquina f de estampar, estampadora f

Druckmesser m *(Ph)* manómetro m; presiómetro m *(zur Messung des wechselnden Druckes in Verbrennungs- und Reaktionsmotoren)*

Druckmessung f 1. medición f de la presión; 2. *(Ph)* manometría f; 3. *(Ch)* tonometría f

Druckminderer m reductor m de presión, descompresor, manorreductor m; regulador m reductor de presión *(Behältergerät)*

Druckminderungsventil n válvula f reductora [de reducción] (de presión), válvula f detentora [de descompresión], descompresor m, válvula f reguladora de presión

Druckölschmierung f engrase m a presión de aceite, engrase m por aceite a presión

Druckplatte f 1. *(Masch)* placa f de presión; cojinete m de descanso; 2. *(Bw)* placa f prensada de techo; 3. *(Typ)* plancha f impresora [de impresión], plantilla f de letras

Druckpresse f *(Typ)* prensa f (de imprimir)

Druckrad n 1. *(Inf)* rodete m de impresión; 2. *(Lt)* rueda f compresora

Druckregelventil n válvula f de regulación de presión

Druckregler m regulador m (reductor) de presión, moderador m [limitador m] de presión; presóstato m, manóstato m

Druckrohr n tubo m de presión [impulsión], conducto m forzado

Drucksauglüftung f ventilación f de soplo

Drucksäule f columna f de presión

Druckschalter m presóstato m

Druckschicht f capa f impresa *(Schaltungstechnologie)*

Druckschlauch m manguera f de presión

Druckschmierung f lubricación f forzada [a presión], engrase m forzado [a presión]

Druckschraube f 1. *(Masch)* tornillo m prisionero [de presión, de empuje]; prisionero m; 2. *(Flg)* hélice f propulsiva [propulsora, de empuje]

Druckspannung f tensión f de [a] presión, tensión f por compresión

Druckspeicher m 1. acumulador m de presión; 2. *(Inf)* almacenamiento m para impresión

druckstrahlen v chorrear a presión

Drucktechnik f *(Typ)* técnica f de impresión; tecnología f de impresión

Druckturbine f turbina f de presión

druckumformen v labrar metales a presión

Druckumformung f conformación f a presión

Druckventil n válvula f impelente [de escape, de presión, de salida]

druckverflüssigt licuado a presión

druckverformen v deformar por compresión

Druckverformung f conformación f tensionada

Druckverstärker m amplificador m neumático, multiplicador m [intensificador m] de presión

Druckwächter m presóstato m

Druckwandler m convertidor m de presión

Druckwasserpumpe f bomba f de agua a presión

Druckwasserspeicher m acumulador m hidráulico

Druckwelle f 1. *(Ph)* onda f de compresión [presión], ola f de expansiva [de choque]; 2. soplo m *(Explosion)*; 3. *(Masch)* eje m de empuje

Druckwerk n 1. *(Inf)* unidad f impresora [de impresión], mecanismo m impresor [de impresión], impresor m; torre f impresora; dispositivo m de escritura; 2. obra f impresa *(Gedrucktes)*

Druckzeichen n *(Inf)* carácter m impresionable [a imprimir]

Druckzeichenerkennung f *(Inf)* identificación f de caracteres

Druckzeichensatz m *(Typ)* juego m de caracteres tipográficos

Druckzeile f *(Inf, Typ)* línea f impresa [de impresión]; línea f a imprimir

Druckzunahme f incremento m de presión

Druckzylinder m *(Typ)* cilindro m impresor [de impresión]

dual dual, binario, diádico

Dübel m clavija f, espiga f, taco m, tarugo m

dübeln v poner tacos

Ducht f *(Schiff)* cabo m

Dückdalben *m (Schiff)* palo *m* de amarre
DÜE *s.* Datenübertragungseinrichtung
Dumper *m* volquete *m* automóvil, volcador *m*, dumper *m*
Düngemittel *n* abono *m*, fertilizante *m*; materia *f* bonificante
Düngemittelchemie *f* química *f* fertilizante
Dünger *m* abono *m*, fertilizante *m*
Düngerstreuer *m* distribuidora *f* de abono [fertilizantes], abonadora *f*, esparcidor *m* [esparcidora *f*] de abono, fertilizadora *f*, máquina *f* de abonar, máquina *f* distribuidora de abonos, repartidora *f* de abono
Dunkelkammer *f (Foto)* cuarto *m* oscuro
Dünndruckpapier *n* papel *m* biblia
Dünnfilmschicht *f* capa *f* de película delgada
Dünnfilmtechnik *f (Eln)* técnica *f* de película delgada
Dünnschichtkondensator *m (El)* condensador *m* de película delgada
Dünnschichtschaltung *f (Eln)* circuito *m* de película delgada
Dünnschichtspeicher *m (Inf)* memoria *f* de película delgada [fina]
Dünnschichttechnik *f* técnica *f* de película delgada
Duplexbetrieb *m (Nrt)* tráfico *m* dúplex, servicio *m* telefónico dúplex, servicio *m* en dúplex, dúplex *m*
durchbiegen *v* (de)flexionar
~/sich combarse
Durchbiegung *f* 1. *(Wkst)* deformación *f* por flexión, (de)flexión *f*, comba(dura) *f*; flecha *f*, cedencia *f* (*z. B. von Walzen*); 2. *(Schiff)* contraarco *m (nach unten)*
~/bleibende flexión *f* permanente; flecha *f* permanente
durchbohren *v* 1. perforar, atravesar; 2. *(Met)* abrir; 3. *(Bgb)* abrir un barreno; 4. *(Geol)* horadar
durchbrennen *v* requemar; quemarse *(Lampen, Sicherungen)*
Durchbruch *m* 1. ruptura *f*; 2. punzadura *f*; 3. *(Bw)* vano *m*; túnel *m*; 4. *(El)* descarga *f* disruptiva; 5. rezumamiento *m (von Metall)*
Durchbruchspannung *f (El)* potencial *m* disruptivo [explosivo]
durchdringungsfest resistente a la penetración

Durchfahrtshöhe *f* altura *f* de despejo [paso], gálibo *m* de obras
durchfließen *v* circular, pasar
Durchfluss *m* circulación *f*; flujo *m*; paso *m*
Durchflussanzeiger *m* indicador *m* de caudal
Durchflussmenge *f* volumen *m* del líquido en circulación, cantidad *f* de flujo, caudal *m* (de paso), flujo *m* másico
Durchflussmesser *m* flujómetro *m*, medidor *m* de flujo [chorro], aforador *m* [contador *m*] de caudal
Durchflussregler *m* regulador *m* de caudal
Durchflussventil *n* válvula *f* de paso
Durchflusszähler *m* contador *m* volumétrico [de volumen], volucontador *m*
Durchführbarkeitsstudie *f* estudio *m* [análisis *m*] de factibilidad [viabilidad]
Durchführung *f* 1. ejecución *f*; 2. pasaje *m*, paso *m* (*z. B. eines Kabels*); aislador *m* de paso
Durchgang *m* 1. pasada *f*, pasaje *m* de tránsito; paso *m* (*z. B. eines Kabels*); zona *f* de paso; lugar *m* de paso; 2. *(Bw)* crujía *f*, pasadizo *m*
durchhängen *v* combarse
Durchhieb *m (Bgb)* recorte *m*, crucero *m*, galería *f* transversal de comunicación
durchlässig no hermético; penetrable; permeable; transparente
Durchlässigkeit *f* 1. penetrabilidad *f*, penetración *f*, permeabilidad *f*; 2. *(Opt)* transmisión *f*, transmitancia *f*, porosidad *f*
Durchlassstrom *m* corriente *f* directa *(Gleichrichter)*
Durchlauf *m* 1. paso *m*, recorrido *m*; 2. *(Inf)* corrida *f*, pasada *f*, vía *f* del pase (*z. B. einer Schleife*)
Durchlauferhitzer *m* aparato *m* [caldera *f*] de agua caliente, calentador *m* continuo [de caldeo instantáneo]
Durchleuchtungsgerät *n* aparato *m* radioscópico
Durchlicht *n (Ph)* luz *f* transmitida
Durchlichtmikroskop *n* microscopio *m* de luz transmitida, microscopio *m* para trasluz
Durchmesser *m* diámetro *m*
Durchsackung *f (Flg)* pérdida *f* de sustentación, arrufo *m*, arrufadura *f*

Durchsatz m 1. caudal m; 2. (Inf) velocidad f útil (z. B. Informationsübermittlung); tasa f de transmisión [transferencia] (Anzahl der in einer Zeiteinheit übertragenen Bits); caudal m de tratamiento [procesado y transferencia], rendimiento m (Daten je Zeiteinheit); 3. (Met) carga f en el horno
durchschalten v (El) interconectar
Durchschaltung f 1. (El) interconexión f; 2. (Nrt) transconexión f
Durchschlag m 1. (El) descarga f disruptiva, disrupción f, perforación f, ruptura f; 2. picadura f; 3. (Fert) pasador m, mandril m de ensanchar (Werkzeug); punzón m; embutidor m; 4. (Ch) colador m; zaranda f
Durchschlagfestigkeit f (El) resistencia f disruptiva [dieléctrica]
Durchschlagspannung f (El) tensión f disruptiva [de rotura], potencial m disruptivo [explosivo]
Durchschnitt m 1. (Math) media f, promedio m; valor m promediado [promedio]; 2. intersección f
Durchstich m picadura f, pinchazo m, punzadura f; túnel m
Durchstrahlung f radioscopia f; penetración f de la radiación
Durchstrahlungselektronenmikroskop n microscopio m electrónico de transmisión
durchströmen v circular, pasar
Durchtreiber m (Fert) botador m; macho m troquel; rompedera f, perforador m de chapas; punzón m
Durchwahl f (Nrt) marcación f directa de extensiones, selección f directa
Duroplast m duroplástico m, plástico m termoendurecible, termoestable m, termoendurecible m
duroplastisch duroplástico, termoestable, termofraguante
Düse f 1. (Masch) tobera f; 2. (Kfz) surtidor m, chiclé m, chicler m; inyector m; soplete m; boquilla f, bocín m (Hochofen); hilera f (Spinnerei); lanzador m, lanza f; pistolete m; embocadura f
Düsenantrieb m propulsión f a [por] chorro [reacción]
Düsenflugzeug n avión m de [a] chorro, avión m de [a] reacción, avión m reactor [de propulsión a chorro, de retropropulsión], máquina f reactiva
Düsenhubschrauber m helicóptero m a chorro
Düsennadel f (Kfz) aguja f de cierre [inyector]
Düsenpropeller m hélice f tobera
Düsenpumpe f bomba f de chorro
Düsenrohr n 1. (Met) portaviento m (Hochofen); 2. cañón m de boquilla (Beregnungsanlage)
Düsenruder n timón m de chorro
Düsenstrahl m chorro m
DVA s. Datenverarbeitungsanlage
dyadisch diádico, binario
Dynamo m (El, Kfz) dinamo f, dínamo f
Dynamomaschine f (El) máquina f dinamoeléctrica, dinamo f, dínamo f

E

eben plano, llano
Ebene f 1. plano m; 2. (Nrt) capa f • **auf einer** ~ en un mismo plano
~/geneigte plano m inclinado
~/hyperbolische (Math) plano m hiperbólico
~/schiefe plano m inclinado
Ebenheitsfehler m (Fert) error m de planicidad
Ebenheitsmessgerät n planicímetro m
ebnen v nivelar; aplanar; desmontar
Echogerät n ecómetro m
Echoimpuls m impulso m eco [reflejado], eco m (de) radar
Echolot n ecosonda f, sonda f acústica, sondador m acústico [de eco], ecómetro m, escandallo m
Echosignal n señal f eco, radioeco m (Funkortung)
Echounterdrückung f (Nrt) compensación f de eco, supresión f de ecos
Echozeichen n pip m, blip m (Funkortung)
echt 1. genuino; 2. (Ch) puro; sólido (Farbe)
Echtheitsprüfung f (Nrt) autentificación f
Echtverarbeitung f procesamiento m real
Echtzeit f (Inf) tiempo m real [verdadero]
Echtzeitanalysator m analizador m del tiempo verdadero, analizador m en tiempo real

Echtzeitbetrieb 538

Echtzeitbetrieb m funcionamiento m (en tiempo) real [verdadero], modo m [operación f] en tiempo real; sistema m de funcionamiento en tiempo real
Echtzeitgespräch n coloquio m [charla f] en tiempo real *(Internet)*
Echtzeitrechner m ordenador m en tiempo real
Echtzeitsignalverarbeitung f procesamiento m de señales en tiempo real
Echtzeituhr f reloj m de tiempo real
Echtzeitverarbeitung f *(Inf, Nrt)* procesamiento m [proceso m, procesado m] en tiempo real, proceso m real, trabajo m en tiempo real
Echtzeitverhalten n respuesta f en tiempo real
Eckblech n *(Bw)* ala f, plancha f de ángulo, chapa f angular *(Stahlbau)*
Ecke f 1. ángulo m, rincón m; 2. vértice m de grafo *(Graphentheorie)*
~/mehrseitige ángulo m polidiedro *(Stereometrie)*
eckig angular, anguloso
Eckpunkt m *(Math)* punto m anguloso
Eckschiene f 1. *(Bw)* mordaza f angular; 2. *(Eb)* barra f angular
Eckstein m *(Bw)* piedra f angular
Eckventil n válvula f angular
edel noble *(Gas, Metall)*; precioso *(Metall, Stein)*; rico *(Erz)*
Edelerz n mineral m rico
Edelgas n gas m noble [raro]
Edelholz n madera f noble [fina, preciosa]
Edelmetall n metal m noble [precioso]
Edelmetallegierung f aleación f de metal precioso
Edelrost m pátina f
Edelstahl m acero m afinado [fino, refinado]
Editor m *(Inf)* editor m, programa m de edición; bloc m de notas *(Windows)*
EDV s. Datenverarbeitung/elektronische
EDV-Anlage f instalación f de proceso [tratamiento] electrónico de datos, ordenador m, computadora f
Effekt m efecto m; acción f
~/lichtelektrischer efecto m fotoeléctrico, fotoefecto m
~/piezoelektrischer efecto m piezoeléctrico
~/stroboskopischer efecto m estroboscópico

Effektivstrom m intensidad f eficaz
Effektivwert m valor m medio cuadrático *(einer periodischen Größe)*; efectividad f, valor m efectivo [eficaz]
Egalisiermittel n *(Text)* igualador m, agente m nivelante [retardador del teñido]
Egge f *(Lt)* rastra f, rastrillo m, grada f
Egreniermaschine f despepitadora f *(Baumwolle)*
Eichelektrode f electrodo m de calibración
eichen v calibrar, contrastar; aforar *(z. B. Flüssigkeiten)*; tarar; verificar
Eichfrequenz f frecuencia f patrón
Eichinstrument n instrumento m calibrador [de contraste, graduador, patrón]
Eichkurve f curva f de calibración [calibrado, contraste, graduación]
Eichmaß n medida f patrón [normal], patrón m (de medida), fiel m, calibrador m
Eichmaßstab m regla f patrón
Eichton m tono m de calibración
Eichung f calibración f, calibrado m; contrastamiento m, contraste m; calaje m; aforo m *(z. B. von Flüssigkeiten)*; comprobación f, verificación f
Eierbrikettpresse f prensa f para briquetes ovoides
eiförmig ovoide, ovoideo, aovado
Eigenabsorption f *(Ph)* autoabsorción f
Eigenantrieb m accionamiento m propio, propulsión f propia, autopropulsión • **mit ~** automotor, automóvil, autopropulsado
Eigenbeschleunigung f autoaceleración f
Eigenbewegung f movimiento m propio
Eigendämpfung f atenuación f propia
eigenerregt autoexcitado
Eigenerregung f excitación f propia, autoexcitación f
Eigenfrequenz f frecuencia f natural [propia]
Eigenlast f carga f propia *(Statik)*
Eigenleitungsschicht f *(Eln)* capa f intrínseca
Eigenlenkverhalten n *(Kfz)* calidades fpl [características fpl] de gobierno
Eigenmasse f peso m propio
Eigenschall m sonido m [ruido m] propio
Eigenschwingung f oscilación f natural [propia], autooscilación f
eigensicher intrínsecamente seguro

Eigensicherheit f protección f intrínseca, seguridad f incorporada [intrínseca, interior]
eigenstabil autoestable
Eigensteuerung f mando m propio
Eigenstrahlung f radiación f [irradiación f] intrínseca, autorradiación f, rayos mpl característicos
Eigenstromversorgung f alimentación f eléctrica independiente
Eigenüberlagerungsempfang m recepción f autodina
Eigenvektor m (Math) vector m propio
Eigenwert m valor m propio [característico]; raíz f característica (Matrix)
Eigenwiderstand m resistencia f inherente [interior, interna, intrínseca]
Eilgang m 1. desplazamiento m rápido; movimiento m rápido; 2. (Kfz) marcha f acelerada [rápida], supermarcha f (Schlepper)
Eilrücklauf m (Masch) retroceso m rápido
Eilvorschub m (Masch) avance m rápido
Eimerförderer m (Förd) rosario m
Eimerkettenbagger m excavadora f de cadena [rosario] con cangilones, rosario m de cangilones (Trockenbagger); draga f de cangilones [rosario], draga f flotante de cadena con cangilones (Nassbagger)
Einachsanhänger m remolque m de un eje
einachsig de un eje, uniaxial, uniaxil
Einachsschlepper m (Lt) tractor m de dos ruedas, tractor m de un eje; monocultor m de dos ruedas
Einadresscode m (Inf) código m de dirección única, código m de una sola dirección
Einanodengleichrichter m válvula f monoanódica
einatomig monoatómico
einbasig monobásico
Einbau m incorporación f; instalación f; empotramiento m, empotrado m; montaje m
Einbauantenne f antena f incorporada
einbauen v incorporar; instalar; montar; empotrar; alojar
Einbaumotor m (El) motor m eléctrico incorporado
Einbauschalter m interruptor m para montaje en aparatos, llave f embutida

einbeschrieben (Math) inscrito (z. B. Kreis)
einbetten v encapsular; empotrar
~/in den Text (Inf) embeber en el texto
einbinden v (Typ) encuadernar
einblasen v insuflar; inyectar (z. B. Verbrennungsluft)
einblenden v (Inf) insertar, intercalar
Einblendfenster n (Inf) ventana f intercalada
Einbrennlack m barniz m de estufa, barniz m para secado al horno
Einbruch m 1. (Bgb) chimenea f de trazado; 2. (Typ) plegado m inicial
Einbruchmeldeanlage f sistema m antirrobo, alarma f antirrobo [contra robo]
einbruchsicher a prueba de robos
Einbruchsicherung f 1. (Geol) seguridad f contra [ante] intrusión; 2. dispositivo m antirrobo
Einchipcomputer m ordenador m de un solo chip
Einchipprozessor m procesador m monopastilla [de un solo chip]
Eindampfer m evaporador m
eindeutig (Math) inequívoco
Eindeutigkeitssatz m (Math) teorema m de unicidad
Eindicker m (Ch) espesador m, espesadora f, espesante m; concentrador m
eindimensional unidimensional, monodimensional
Eindrahtantenne f antena f monofilar [unifilar]
Eindrahtleitung f circuito m unifilar, línea f monofilar
Eindrehwerkzeug n herramienta f para redondear
Eindringhärte f (Wkst) dureza f a la indentación
Eindringhärteprüfer m (Wkst) penetrómetro m
Eindringkörper m (Wkst) cuerpo m de penetración, identor m, penetrador m (Härteprüfung)
Eindringtiefe f (Wkst) profundidad f [tamaño m] de la penetración
Eindruck m 1. (Wkst) huella f, oquedad f, indentación f (von einem Prüfkörper); 2. (Typ) impresión f posterior (nachträgliches Aufdrucken)

Eindruckkörper m *(Wkst)* indentor m, penetrador m *(Härteprüfung)*
Eindrucktiefe f *(Wkst)* profundidad f de la estampación [huella] *(Härtemessung)*
einebnen v aplanar, allanar; explanar; desmontar
Einebnung f aplanamiento m, nivelación f, igualación f, explanación f; desmonte m
eineindeutig *(Math)* biunívoco
Einer m *(Math)* unidad f
Einfachdiode f diodo m sencillo
Einfachleiter m conductor m unifilar
Einfachverarbeitung f *(Inf)* proceso m monovariable
einfahren v 1. *(Bgb)* bajar, descender; 2. *(Kfz)* rodar; 3. *(Schiff)* abocar; 4. arriar *(z. B. eine Antenne)*
Einfahrperiode f *(Kfz)* período m de rodaje, rodaje m
Einfahrsignal n *(Eb)* señal f de entrada
Einfahrt f 1. *(Bgb)* bajada f; 2. camino m de acceso
Einfall m incidencia f *(des Lichtes)*
einfallen v 1. caer; inclinarse; 2. *(Bgb)* buzar; 3. *(Opt)* incidir
Einfallen n 1. inclinación f; pendiente m; 2. *(Bgb)* buzamiento m *(z. B. der Gesteinsschichten)*; 3. *s.* Einfall
Einfallswinkel m 1. ángulo m de ataque [incidencia]; inclinación f; 2. *(Geol)* grado m de buzamiento
Einfang m *(Kern, Ph)* captura f, absorción f
einfangen v *(Ph)* capturar
Einfarbenbild n imagen f monocromática
Einfärbung f 1. coloración f; tintaje m; 2. *(Typ)* entintado m, entintada f, entintadura f, distribución f de la tinta
einfetten v engrasar; untar
Einflammrohrkessel m caldera f de Cornualles [simple hogar, un solo hogar]
Einflugbake f *(Flg)* radiofaro m de aterrizaje [acercamiento]
Einflugschneise f *(Flg)* canal m de aproximación
Einflussgröße f magnitud f de influencia, factor m (influyente); parámetro m
einfrieren v helarse; congelar, frigorizar
Einfrieren n helamiento m; congelación f
Einfügemarke f *(Inf)* marca f [punto m] de inserción

Einfügemodus m *(Inf)* modo m de inserción
einfügen v insertar; incorporar; encajar; encastrar
~/**aus der Zwischenablage** pegar desde el portapapeles
~/**Grafiken** insertar gráficos
~ **oder überschreiben** *(Inf)* intercalar o borrar
~/**Zellen** pegar celdas *(Tabellenkalkulation)*
Einfügung f inserción f; encajadura f
einführen v introducir; implantar, implementar; plantificar *(z. B. ein System)*; insertar *(z. B. Diskette)*
~/**die Kernenergie** nuclearizar
~/**die Rechentechnik** informatizar
~/**eine Innovation** innovar
~/**eine Technologie** adaptar tecnología; tecnologizar
Einführung f introducción f, plantificación f; puesta f a punto *(eines Erzeugnisses)*; implantación f, entrada f
~ **der Computertechnik** informatización f
~ **der Kernenergie** nuclearización f
~ **der Kybernetik** cibernetización f
~ **der Robotertechnik** robotización f
~/**großtechnische** industrialización f
~ **in die Industrie** implantación f industrial, introducción f a escala industrial
~ **in die industrielle Produktion** industrialización f
~ **in die Produktion** puesta f en producción
~/**stufenweise** escalonamiento m
~/**technologische** implantación f tecnológica; asimilación f tecnológica
~ **von Containern** containerización f
Einführungskabel n cable m de entrada
Einführungsrohr n tubo m de acceso [entrada]
einfüllen v envasar; llenar; cebar; alimentar; inyectar
Einfüllnut f escotadura f, escote m
Einfüllöffnung f registro m de llenado; admisión f de combustible *(Kraftstoffbehälter)*; escotadura f (de montaje)
Einfüllstutzen m tubo m de llenado [rellenar], tubuladura f alimentadora [de alimentación, de carga]
Einfülltrichter m tolva f alimentadora [de alimentación], tolva f

Eingabe f (Inf) entrada f; introducción f
~/grafische entrada f gráfica
~/interaktive entrada f interactiva
~/versehentliche introducción f inadvertida
~/wiederholte reintroducción f
Eingabe-Ausgabe f (Inf) entrada/salida f, E/S
~/gepufferte entrada/salida f tamponada
~/gleichzeitige entrada/salida f concurrente
~/parallele entrada/salida f en paralelo
~/serielle entrada/salida f serial [en serie]
Eingabe-Ausgabe-Befehl m instrucción f de lectura y escritura
Eingabe-Ausgabe-Gerät n dispositivo m [medio m, equipo m] de entrada/salida, unidad f física de E/S
Eingabe-Ausgabe-Kanal m canal m de entrada/salida
Eingabe-Ausgabe-Modul n módulo m de entrada/salida
Eingabe-Ausgabe-Protokoll n protocolo m de entrada/salida
Eingabe-Ausgabe-Pufferspeicher m tampón m de entrada/salida
Eingabe-Ausgabe-Schnittstelle f interfaz f de entrada/salida
Eingabe-Ausgabe-Steuerung f control m (de tráfico) de entrada/salida; gestión f [manejo m] de entrada/salida
Eingabe-Ausgabe-Unterbrechung f interrupción f de entrada/salida
Eingabebefehl m instrucción f de entrada, orden f de lectura
Eingabebus m bus m de entrada
Eingabedatei f archivo m [fichero m] de entrada
Eingabedaten pl datos mpl de entrada
Eingabedatenträger m soporte m [medio m, volumen m] de entrada
Eingabeeinheit f dispositivo m [medio m] de introducción de datos, dispositivo m [equipo m, unidad f] de entrada, dispositivo m de impulsión, periférico m de entrada
Eingabefach n apilador m de entrada; cajetín m de alimentación (Drucker)
Eingabefeld n ventana f de entrada
Eingabegerät n dispositivo m de impulsión [introducción de datos], dispositivo m [equipo m, medio m] de entrada, máquina f de introducción, unidad f [periférico m] de entrada
Eingabegeschwindigkeit f (Inf) velocidad f de entrada [introducción]
Eingabekanal m canal m de entrada, vía f de introducción [lectura]
Eingabemedium n soporte m [volumen m] de entrada
Eingabemodul n módulo m de entrada
Eingabeprüfung f verificación f de la entrada
Eingabepufferspeicher m memoria f intermedia de entrada, tampón m de entrada
Eingaberechner m ordenador m de entrada
Eingabesatz m arreglo m [registro m] de entrada
Eingabesignal n señal f de entrada
Eingabespeicher m memoria f de entrada
Eingabesteuereinheit f unidad f de control de entrada
Eingabesteuerung f control m de entrada
Eingabetastatur f teclado m de entrada
Eingabetaste f tecla f de carga
Eingabeunterbrechung f interrupción f de entrada
Eingabewarteschlange f cola f de entrada
Eingabewerk n órgano m [equipo m] de entrada
Eingabezeichen n carácter m de entrada
Eingabezuweisung f asignación f de entrada
Eingang m 1. entrada f; introducción f; 2. toma f (eines Gerätes); tomadero m; 3. (Bw) boca f
Eingangsbuchse f enchufe m de entrada
Eingangsdraht m (El) alambre m de entrada
Eingangsglied n elemento m de entrada
Eingangsgröße f magnitud f [valor m, variable f, dato m] de entrada
Eingangskanal n canal m de acceso
Eingangskopplung f (Eln) acoplamiento m de entrada
Eingangskreis m (El) circuito m de entrada
Eingangsleistung f (El) potencia f de entrada
Eingangsleitung f 1. (El) línea f de entrada; 2. tubería f de entrada (Rohrleitung)

Eingangsleitwert m (Eln) admisión f interna de entrada
Eingangspegel m nivel m de entrada
Eingangsrauschen n (El) ruido m de entrada
Eingangsschaltung f (El) circuito m de entrada
Eingangsscheinwiderstand m (El) impedancia f de entrada
Eingangssignal n (Inf) señal f de entrada
Eingangsspannung f (El) tensión f [voltaje m] de entrada
Eingangsstrom m (El) corriente f de entrada
Eingangsverstärker m (El) amplificador m de entrada
Eingangswiderstand m (El) impedancia f [resistencia f] de entrada
eingeben v introducir; alimentar; insertar, entrar, introducir por teclado (Daten)
~**/Daten** dar entrada a datos, inyectar [introducir, alimentar] datos
~**/einen Befehl** teclear una instrucción
~**/über Tastatur** dar por teclado
~**/wiederholt** reintroducir
eingeschossig de un (solo) piso
einglasen v vitrificar
eingreifen v 1. intervenir; forzar (z. B. in Programmablauf); 2. engranar, engargantar, atacar (Zahnrad)
~**/manuell** intervenir manualmente
Eingriff m 1. intervención f; acción f; 2. engranaje m, engrane m, engargante m; 3. (Mech) ataque m (eines Zahnrades); endentadura f
Eingriffsstrecke f (Fert) profundidad f de trabajo; curva f de engrane, longitud f de acción (Zahnrad)
Eingriffswinkel m 1. ángulo m de trabajo; 2. (Fert) ángulo m de presión (bezogen auf Teilkreis); ángulo m de engrane (Getriebe)
Eingusstrichter m bebedero m de pieza de fundición
Einhausung f encerramiento m; aislamiento m (von Maschinen); cubierta f acústica (schalldämmende Umhüllung)
Einheit f 1. unidad f (Maßeinheit); 2. (Inf) grupo m; ítem m; 3. unidad f, grupo m; elemento m
~**/abgeleitete** unidad f derivada

~**/adressierbare** (Inf) elemento m direccionable
~**/angeschlossene** (Inf) unidad f [equipo m] en línea
~**/arithmetisch-logische** (Inf) unidad f lógico-aritmética, unidad f de proceso aritmético y lógico
~**/gestroppte** unidad f eslingada (Transport)
~**/imaginäre** (Math) unidad f imaginaria
~**/logische** (Inf) unidad f [entidad f] lógica
~**/metrische** unidad f métrica
~**/palettierte** unidad f paletizada (Transport)
~**/photometrische** unidad f lumínica
~**/physikalische** unidad f física
~**/physische** (Inf) dispositivo m [elemento m, medio m] físico, unidad f [entidad f] física
~**/rechnerunabhängige** unidad f de fuera de línea
~**/tastaturgesteuerte** unidad f accionada por teclado
~**/unterteilte** (Eln) unidad f segmentada
Einheitensystem n sistema m de unidades
Einheitsgewinde n (Masch) rosca f normal
Einheitsgröße f magnitud f normal
Einheitskreis m (Math) círculo m trigonométrico [unidad, unitario] (Kreis vom Radius $r = 1$)
Einheitsladung f carga f unitaria (Transport)
Einheitslast f (Mech) carga f específica [unidad], carga f unitaria (de rotura)
Einheitsleistung f potencia f unitaria
Einheitsmatrix f matriz f unidad
Einheitsregler m regulador m unitario
Einheitsrelais n relé m universal
Einheitsvektor m vector m unidad [unitario]
Einheitsverpackung f envase m normalizado; embalaje m unitario
Einheitswert m valor m normal [normalizado, unitario]
Einhüllende f (Math) envolvente f, evolvente f
Einhüllung f envoltura f protectora
einkapseln v encapsular
Einkapselung f encapsulado m
einkerben v entallar, muescar

einklinken v engatillar
Einknopfsteuerung f mando m por pulsador único
Einkomponentenkleber m pegamento m monocomponente
Einkreisempfänger m receptor m de circuito único
Einkristall m monocristal m
einkoppeln v enganchar; acoplar
Einkuppeln n embrague m
Einlage f pieza f insertada; capa f; inserto m; junta f; placa f
einlagern v 1. poner en almacén; 2. (Geol) incluir, inyectar
Einlagerung f 1. almacenamiento m; 2. (Bgb) intercalación f; 3. (Geol) inyección f; inclusión f (z. B. in einem Kristall); 4. (Inf) trasvase m disco/memoria principal
einlagig de capa única, de una capa (Straßenbau)
Einlass m 1. entrada f, admisión f; aspiración f; llegada f; 2. tomadero m
Einlasshub m (Kfz) fase f de admisión (Verbrennungsmotor)
Einlasskanal m conducto m de admisión [entrada]; orificio m de admisión
Einlassleitung f tubería f de admisión
Einlassnocken m (Kfz) leva f de admisión
Einlassöffnung f boca f de aspiración, orificio m de admisión, entrada f; tomadero m
Einlassrohr n tubo m de toma
Einlassschlitz m (Kfz) orificio m de admisión
Einlassschütz n compuerta f de admisión [entrada]
Einlasssteuerung f distribución f de admisión
Einlassstutzen m tubuladura f de admisión
Einlasstakt m (Kfz) tiempo m [fase f] de admisión (Verbrennungsmotor)
Einlassventil n válvula f de admisión
Einlaufstand m (Kfz) plataforma f de rodaje (Motor)
Einlauftrichter m (Gieß) embudo m de colada
Einlaufwalze f (Typ) rodillo m de entrada
Einlaufzeit f período m de rodaje, rodaje m (z. B. einer Maschine)
einlegen v encajar; insertar (z. B. Diskette)
~/den Rückwärtsgang dar marcha atrás

Einlegetisch m (Typ) mesa f marcadora [de marcar]
einleiten v introducir; iniciar; inducir
Einleiter m (Umw) inmisario m
Einleiterkabel n cable m monoconductor [unifilar]
Einleiterkopplung f acoplamiento m de un solo conductor
Einleitung f vertido m (z. B. von Abwasser)
Einleitungsstelle f 1. emisario m (de efluentes) (z. B. für Abwasser); 2. lugar m de entrada (z. B. Schwingungen)
einlesen v leer (z. B. in Speicher)
Einlesen n 1. (Inf) lectura f; 2. (Text) lectura f de ligamentos, lisaje m (z. B. eines Musters mittels Vorrichtung beim Weben)
einmauern v empotrar
Einmauerung f 1. (Bw) amurallado, empotramiento m; 2. (Bw) obra f de fábrica
Ein-Minuten-Kamera f cámara f Polaroid
einnebeln v nebulizar
einordnen v (Inf) intercalar (Daten); categorizar
einpassen v adaptar; ajustar; encajar; amoldar
Einpassung f encajadura f
Einpassvorrichtung f dispositivo m de encaje (Mikroskop)
einpegeln v ajustar el nivel
Einphasengenerator m (El) alternador m [generador m] monofásico
Einphasenkreis m (El) circuito m monofásico
Einphasenmotor m (El) motor m monofásico
Einphasenschaltung f (El) circuito m monofásico
Einphasenstrom m (El) corriente f monofásica
Einphasenwechselstrom m (El) corriente f alterna monofásica
einphasig (El) monofásico
Einplatzrechner m (Inf) equipo m monousuario
Einplatzsystem n 1. sistema m monopuesto; 2. (Inf) sistema m de usuario único
einpolig unipolar, monopolar
einpressen v 1. meter a presión, ajustar a presión; 2. (Bw) inyectar

Einpressung

Einpressung f 1. *(Bgb, Bw)* inyección f; 2. *(Typ)* prensado m
Einpressdruck m *(Bgb, Bw)* presión f de inyección
Einprozessor m *(Inf)* monoprocesador m
Einradfahrwerk n *(Flg)* tren m de aterrizaje monotraza
einrammen v pisar, clavar *(Pfahl)*
einrasten v engatillar
Einrasten n engatillamiento m; anclaje m
einregeln v reglar
Einregeln n puesta f a punto
Einregulierung f ajuste m de regulación
**einreihig de una hilera
Einreißfestigkeit f *(Wkst)* resistencia f al desgarramiento [desgarro]
einrichten v 1. *(Fert)* ajustar *(Werkzeugmaschinen)*; aparejar; realizar; 2. *(Typ)* alinear, imponer *(Seiten)*
Einrichten n 1. arreglo m; 2. *(Fert)* ajuste m, ajustaje m, ajustado m, ajustamiento m, reglaje m; 3. *(Typ)* alineación f, imposición f *(der Seiten)*; 4. *(Inf)* setup m
Einrichtung f 1. s. Einrichten; 2. dispositivo m; aditam(i)ento m; mecanismo m; equipo m; ingenio m; instalación f; unidad f; sistema m; 3. *(Schiff)* habilitamiento m; 4. entidad f; unidad f; servicio m

~/**audiovisuelle** unidad f audiovisual
~ **der virtuellen Realität** *(Inf)* dispositivo m de realidad virtual
~/**elektrische** equipo m eléctrico
~/**mechanische** órgano m mecánico
~/**pneumatische** equipo m neumático
~/**prüfungspflichtige** equipo m sujeto a comprobación
~/**sanitäre** sistema m sanitario
~/**sicherheitstechnische** dispositivo m de protección
~/**technologische** dispositivo m tecnológico, instalación f tecnológica; sistema m tecnológico

Ein-Richtungs-Bus m *(Inf)* bus m unidireccional
einritzen v rajar
Einröhrenverstärker m *(Eln)* repetidor m monovalvular
Einrohrkessel m caldera f monotubular
einrücken v 1. *(Masch)* intercalar, insertar *(Getriebe)*; acoplar, embragar *(Kupplung)*; 2. *(Typ)* sangrar *(Zeile)*

Einrücken n intercalación f, inserción f *(Getriebe)*; embrague m
Einrückhebel m palanca f de arranque [embrague, puesta en marcha]
Einrückwelle f árbol m [eje m] de embrague
Einsackmaschine f ensacadora f
Einsatz m 1. uso m, utilización f; empleo m; aprovechamiento m *(einer Anlage)*; 2. inserto m, pieza f insertada; pieza f añadida; cámara f *(eines Ventils)*; encaje m, unidad f recambiable; 3. lecho m de fusión *(Hochofen)*; 4. inicio m *(Beginn)*
Einsatzhärtemittel n *(Met)* agente m de carburación [cementación]
einsatzhärten v *(Met)* cementar, templar por cementación
Einsatzhärten n *(Met)* cementación f, temple m en coquilla
Einsatzmittel n *(Met)* cemento m
Einsatzofen m *(Met)* horno m discontinuo [intermitente, de cementación, de cementar], horno m de carga por paquetas, horno m de funcionamiento intermitente
Einsatzstahl m *(Met)* acero m cementable [de cementación]
Einsatzstoff m material m de explotación; sustancia f de aplicación
Einsatztemperatur f 1. *(Met)* temperatura f de cementación; 2. temperatura f de inicio *(Reaktion)*
einscannen v *(Inf)* escanear
Einscannen n *(Inf)* escaneo m
Einschachtelungsspeicher m *(Inf)* memoria f encajada
Einschalt-Ausschalt-Vorgang m proceso m de conexión y desconexión
Einschaltdauer f duración f [tiempo m] de conexión *(beim Elektromotor)*; factor m de utilización; tiempo m de trabajo
Einschaltdrehzahl f *(Kfz)* velocidad f de conyunción
einschalten v 1. *(El)* poner en circuito; conectar; 2. *(Masch)* poner en acción [marcha]; intercalar; embragar
~/**den Rechner** encender el ordenador
~/**wieder** volver a encender
Einschalten n 1. *(El)* puesta f en circuito; 2. embrague m
Einschalter m conectador m; contactor m; conmutador m de puesta en marcha

Einschalthebel m *(Masch)* palanca f de embrague [puesta en marcha]
Einschaltquote f *(TV)* índice m de audiencia
Einschaltrelais n relé m de arranque
Einschaltstellung f *(El)* posición f de conexión, posición f en circuito, posición f SI
Einschaltung f 1. *(El)* conexión f; 2. *(Inf)* intercalación f; paréntesis m
Einschaltverzögerung f retardo m de conexión
Einschaltzeit f tiempo m de puesta en marcha
Einscheibenbremskupplung f embrague-freno m monodisco
Einscheibenkupplung f embrague m monodisco
einschichtig de simple cara; de capa única; de una capa
einschieben v *(Inf)* intercalar *(Daten)*
Einschienenbahn f ferrocarril m monocarril, monocarril m, monorriel m
Einschienenhängebahn f *(Bgb)* monocarril m de vía colgada
Einschienenkran m grúa f monocarril
Einschienenlaufkatze f *(Förd)* carro m monorriel
Einschienenschwebebahn f ferrocarril m aéreo, monocarril m (aéreo)
Einschienenstandbahn f monocarril m
Einschießbolzen m *(Bw)* clavo m tiro, clavo-proyectil m
einschießen v 1. fijar por impacto *(mit Eintreibgeräten)*; 2. *(Kern)* inyectar *(Teilchen)*
einschließen v 1. incluir; 2. encapsular
Einschließung f 1. encerramiento m; 2. *(Text)* desprendimiento m *(Wirkerei)*
Einschließungssatz m *(Math)* teorema m de inclusión
Einschluss m 1. inclusión f *(z. B. in einem Kristall)*; 2. *(Met)* oclusión f
einschneiden v entallar
Einschnitt m 1. incisión f; entalla(dura) f, entallamiento m; talla f, raja f, rebajo m; vaciado m; 2. intersección f *(Photogrammetrie)*
Einschnüreffekt m *(Ph)* constricción f magnética, fenómeno m de estricción
Einschnürung f estricción f, constricción f, contracción f

einschränken v limitar; restringir
Einschränkung f restricción f
einschrauben v enroscar *(Gewinde)*
Einschub m inserción f; panel-chasis m intercambiable; módulo m [unidad f] enchufable; componente m enchufable; gaveta f
Einschuss m *(Kern)* inyección f
einschwingen v *(El)* cebar
Einschwingen n *(El)* cebado m
Einschwingzeit f tiempo m de estabilización, período m transitorio
Einschwingzustand m régimen m transitorio
Einseilbahn f teleférico m monocable [de cable sin fin], monocable m
Einseitenband n *(Eln)* banda f lateral única
Einseitenbandverfahren n *(Nrt)* sistema m monobanda lateral, sistema m de banda lateral única
Einselement n *(Math)* elemento m universal [máximo]
einsenken v *(Fert)* estampar
Einsenkung f concavidad f; vaciado m
einsetzen v 1. insertar; introducir; establecer; 2. *(Met)* enhornar *(in den Ofen)*; 3. sustituir
~/wieder reinsertar
Einsetzung f sustitución f
Einsetzungsregel f regla f de sustitución *(Logik)*
einsickern v infiltrar; penetrar *(Wasser)*
Einsickern n 1. infiltración f; rezumado m, rezumamiento m *(Poren)*; 2. *(Geol, Bw)* percolación f
Einsoperator m *(Inf)* operador m unidad
einspannen v 1. *(Masch)* sujetar; 2. *(Text)* fijar el hilo *(Spinnerei)*; 3. *(Bw)* empotrar
Einspannung f *(Masch)* sujeción f; empotramiento m; apoyo m empotrado *(Statik)*
Einspannvorrichtung f *(Fert)* accesorio m sujetador, dispositivo m de sujeción
einspeichern v *(Inf)* almacenar, memorizar, cargar [alojar, grabar, escribir] en la memoria, incorporar [alimentar] a la memoria; trasvasar el disco a memoria *(in größeren Abschnitten)*
Einspeicherung f *(Inf)* almacenaje m, carga f [introducción f] en la memoria; trasvase m disco/memoria principal *(in größeren Abschnitten)*

einspeisen v *(El)* alimentar; aplicar
Einspeisung f *(El)* alimentación f; aplicación f
Einspindelbohrmaschine f taladradora f monohusillo
Einspindeldrehautomat m torno m automático monohusillo [de un husillo]
Eins-plus-eins-Adresse f *(Inf)* dirección f una más una
Einspritzanlage f *(Kfz)* equipo m de inyección
Einspritzdruck m *(Kfz)* presión f de inyección
Einspritzdüse f tobera f inyectora [de inyección]; inyector m; boquilla f
einspritzen v inyectar; jeringar
Einspritzkammer f *(Kfz)* cámara f de inyección
Einspritzkondensator m condensador m de contacto (directo), condensador m de inyección
Einspritzleitung f *(Kfz)* conducto m de inyección
Einspritzmotor m motor m a [de] inyección, motor m de explosión de inyección
Einspritzpumpe f bomba f inyectora [de inyección]
Einspritzung f inyección f *(Verbrennungsmotor)*
Einspritzventil n *(Kfz)* válvula f de inyección
Einspritzvergaser m *(Kfz)* carburador m de inyección [pulverización]
Einspritzversteller m *(Kfz)* mecanismo m de avance de la inyección, variador m de avance
Einspurfahrzeug n vehículo m de dos ruedas
einspurig de vía única; de una sola pista *(z. B. Magnettongerät)*
Einständerhobelmaschine f acepilladora f lateral [de brazo]
Einständerpresse f prensa f de bastidor único
Einstechmeißel m herramienta f de ahuecar, herramienta f para cortar y acanalar
Einstechschleifen n rectificado m transversal [con avance vertical, en plongé, de penetración]
einstecken v 1. introducir; insertar; embrocalar; 2. *(El)* enchufar
~ und arbeiten *(Inf)* conectar y ejecutar

Einsteckkarte f tarjeta f enchufable *(einer gedruckten Schaltung)*
Einsteinium n einsteinio m, E
einstellbar ajustable; graduable; orientable; regulable
Einstellbedingung f *(Masch)* condición f de operación
Einstelllehre f calibre m ajustador, galga f de ajuste [calibración, reglaje]
einstellen v 1. posicionar, situar; configurar; 2. ajustar; regular; reglar; 3. *(Opt)* enfocar; encuadrar *(Bild)*; sincronizar *(Frequenz)*; 4. suspender; 5. paralizar *(beenden)*
~/auf null ajustar [poner] a cero
~/auf unendlich *(Foto)* graduar para el infinito
~/die Bremse ajustar el freno
~/ein Gerät configurar un dispositivo
~/falsch desajustar
~/fein afinar
~/scharf *(Opt)* (en)focar
~/senkrecht colocar a plomo
~/waagerecht nivelar
Einstellentfernung f auf unendlich *(Opt)* distancia f hiperfocal
Einstellfeder f muelle m regulador
Einstellglied n órgano m de ajuste
Einstellhöhe f nivel m de ajuste
einstellig dígito
Einstellknopf m 1. perilla f; 2. *(Feinw)* botón m de enfoque; mando m graduador *(z. B. einer Nähmaschine)*
Einstelllinse f *(Foto)* enfocador m
Einstellmarke f índice m de ajuste
Einstellring m anillo m de ajuste; anillo m de graduación *(an Messgeräten)*
Einstellschraube f 1. perno m de ajuste; 2. *(Opt)* tornillo m de enfoque; tornillo m de sintonización *(Radio)*; 3. *(Flg)* hélice f de palas reversibles
Ein-Stellung f posición f de trabajo, posición f SI *(Relais)*
Einstellung f 1. posicionamiento m; puesta f a punto; ajuste m, ajustamiento m; 2. *(Feinw)* reglaje m, regulación f; regularización f; arreglo m; graduación f; 3. *(Opt)* enfocamiento m; 4. *(Opt, Eln)* enfoque m; selección f; 5. plano m cinematográfico *(Kino)*; 6. sistema m de enfoque
Einstellwinkel m 1. *(Fert)* ángulo m de ajuste [ataque], *(Am)* ángulo m de posi-

ción; 2. *(Flg)* paso *m* de las palas *(Luftschraubenblatt)*; 3. *(Opt)* ángulo *m* de enfoque
Einsteuerungsbahn *f (Rak)* tramo *m* de puesta en trayectoria
Einstich *m* garganta *f*
Einstieg *m* acceso *m*; trap *m*
Einstiegluke *f* escotilla *f* de acceso [entrada]
Einstiegschacht *m (Bw)* pozo *m* de acceso [registro], acceso *m*; cámara *f* de inspección
einstöckig de un piso
einströmen *v* afluir; entrar
Einströmventil *n* válvula *f* de admisión
einstufig de etapa única; de acción sencilla *(Turbine)*
Einsvektor *m* vector *m* unidad
Eins-zu-eins-Übersetzer *m (Inf)* ensamblador *m* unívoco
eintasten *v* teclear, insertar desde un teclado, mecanografiar en el teclado, introducir por teclado, pulsar en el teclado
eintauchen *v* sumergir, inmergir; hundir; bañar; empapar
Eintauchen *n* inmersión *f*; remojo *m*
einteilen *v* clasificar; compartir, compartimentar
~/in Abschnitte seccionar
~/in Bereiche zonificar
~/in Grade graduar
~/in Zonen zonificar
Eintrag *m* 1. inscripción *f*; 2. *(Umw)* aporte *m*, aportación *f*
eintreiben *v (Mech)* introducir por fuerza, fijar por impacto
~/Keil encuñar
Einwegflasche *f* botella *f* no recuperable, botella *f* sin retorno; casco *m* desechable; envase *m* perdido [no recuperable]
Einweggleichrichter *m* rectificador *m* de media onda
Einwegleitung *f (Nrt)* línea *f* de un sentido de comunicación
Einwegverpackung *f* empaque *m* [envase *m*] desechable, envase *m* no recuperable, envase *m* sin retorno, embalaje *m* a fondo perdido
Einweichmittel *n* producto *m* ablandador
einwertig *(Ch)* monovalente, univalente

Einwertigkeit *f (Ch)* monovalencia *f*
Einwirkung *f* acción *f*; influencia *f*; incidencia *f*; agresión *f*; efecto *m*
einzeichnen *v* plotear
Einzeichnung *f* trazado *m*
Einzelantrieb *m* accionamiento *m* independiente [individual], mando *m* individual
Einzelbauelement *n* 1. elemento *m* discreto; 2. *(El, Eln)* componente *m* discreto; dispositivo *m* discreto
Einzelbit *n (Inf)* bit *m* individual [aislado]
Einzelblatteinzug *m (Inf)* alimentador *m* de hojas separadas [sueltas]
Einzelfertigung *f* fabricación *f* individual [aislada, de un solo producto]; producción *f* individual [unitaria]
Einzelleiter *m (El)* conductor *m* individual
Einzelleitung *f* 1. *(El)* circuito *m* unifilar, línea *f* simple; 2. *(Nrt)* línea *f* individual
Einzelradaufhängung *f (Kfz)* suspensión *f* independiente [individual] (de las ruedas), suspensión *f* con ruedas independientes
Einzelradlenkung *f (Kfz)* dirección *f* por una rueda
Einzelschrittbetrieb *m* funcionamiento *m* (paso) a paso
Einzelschrittsteuerung *f (El)* mando *m* a pasos individuales
Einzelteil *n* componente *m* (individual), parte *f* componente, pieza *f* independiente [individual]; pieza *f* suelta; elemento *m* individual; órgano *m*
Einzelteilfertigung *f* fabricación *f* de una sola pieza, fabricación *f* de piezas sueltas
Einzelteilinstandsetzung *f* reparación *f* de piezas
Einzelteilmontage *f* ensamble *m* de componentes; montaje *m* de piezas individuales
Einziehausleger *m (Förd)* pescante *m* inclinable
einziehbar retráctil; escamot(e)able
einziehen *v* 1. escamot(e)ar; 2. *(Flg)* replegar *(Fahrwerk)*; retraer; 3. calar; 4. largar *(Segel)*
Einziehen *n* 1. *(Flg)* plegado *m (des Fahrwerks)*; 2. *(Text)* montura *f (von Fäden)*
Einziehspannfutter *n (Masch)* boquilla *f* de apriete

Einzug

Einzug *m* 1. *(Inf, Typ)* sangría *f*; 2. *(Text)* pasado *m*, remetido *m* *(Weberei)*
Einzugsgebiet *n* vertiente *m*; cuenca *f* (hidrográfica)
Einzylinderdampfmaschine *f* máquina *f* de vapor monocilíndrica
Eisbrecher *m* buque *m* rompehielos, rompehielos *m*; lancha *f* para romper hielo
Eisen *n* hierro *m*, Fe; hierro *m* metal
Eisenbahn *f* ferrocarril *m*, vía *f* férrea
Eisenbahnanlage *f* instalación *f* ferroviaria
Eisenbahnausbesserungswerk *n* taller *m* ferroviario
Eisenbahnbau *m* construcción *f* de ferrocarriles [vías férreas]; obras *fpl* del ferrocarril
Eisenbahnbrücke *f* puente *m* [viaducto *m*] ferroviario
Eisenbahncontainer *m* contenedor *m* de ferrocarril
Eisenbahnfähre *f* transbordador *m*, barca *f* transportadora, pontón *m* para ferrocarrilles, ferryboat *m*
Eisenbahnkran *m* grúa *f* ferroviaria [locomotora, locomóvil]; locomotora-grúa *f*; guinche *m* carril
Eisenbahnschiene *f* carril *m* de vía férrea, *(Am)* carrilera *f*
Eisenbahnschranke *f* barrera *f*
Eisenbahnschwelle *f* traviesa *f* de ferrocarril
Eisenbahnsignaltechnik *f* señalización *f* ferroviaria
Eisenbahntechnik *f* técnica *f* ferroviaria; tecnología *f* ferrocarrilera
Eisenbahntunnel *m* túnel *m* ferroviario
Eisenbahnüberführung *f* paso *m* superior de ferrocarril
Eisenbahnunterführung *f* paso *m* inferior de ferrocarril
Eisenbahnwaggon *m* vagón *m* [coche *m*, carro *m*] ferroviario [de ferrocarril]
Eisenblech *n* chapa *f* de hierro
Eisenerz *n* mineral *m* de hierro
Eisenerzbergbau *m* industria *f* de minerales del hierro, minería *f* de hierro, ferrominería *f*
Eisenhütte *f* ferretería *f*
Eisenerzlagerstätte *f* yacimiento *m* de hierro
Eisengießerei *f* fundería *f* de hierro
eisenhaltig ferrífero, ferroso, ferruginoso

Eisenhüttenchemie *f* química *f* siderúrgica
Eisenhüttenerzeugnis *n* producto *m* siderúrgico
Eisenhüttenkunde *f* metalurgia *f* ferrosa [del hierro]
Eisenhüttentechnik *f* técnica *f* siderúrgica, siderotécnica *f*; tecnología *f* siderúrgica
Eisenhüttenwerk *n* factoría *f* de siderurgia
Eisenkerntransformator *m* transformador *m* con núcleo de hierro
Eisen-Kohlenstoff-Diagramm *n (Met)* diagrama *m* del equilibrio térmico hierro-carbón, diagrama *m* hierro-carbono
Eisenlegierung *f* aleación *f* de hierro, aleación *f* férrea *(Eisen als Grundmetall)*; aleación *f* férrica *(Ferrolegierung)*; aleación *f* ferrosa, ferroaleación *f*, ferro *m (Ferrolegierung)*
Eisenmetallurgie *f* metalurgia *f* ferrosa [del hierro], siderometalurgia *f*, siderurgia *f*, industria *f* de la metalurgia ferrosa
eisenmetallurgisch siderometalúrgico, siderúrgico
Eisenoxid *n* óxido *m* de hierro
Eisenpulver *n* hierro *m* en polvo, polvo *m* de hierro
Eisensau *f (Met)* lobo *m*
Eisenschere *f* cizalla *f*
Eisenschlacke *f* chatarra *f*
Eisenschrott *m* chatarra *f* férrea, hierro *m* viejo, metralla *f*
Eisenschwelle *f (Eb)* traviesa *f* metálica
Eisenspan *m* viruta *f* metálica
Eisenspule *f (El)* bobina *f* de hierro
Eisenträger *m* viga *f* de hierro
Eisen- und Stahlindustrie *f* industria *f* siderúrgica; industria *f* sideromecánica [siderometalúrgica, del hierro y del acero]
Eisen- und Stahlmetallurgie *f* tecnología *f* del hierro y del acero
Eisen-Vanadium-Legierung *f* ferrovanadio *m*
Eisenwalzwerk *n* laminador *m* de hierro
Eisen-Zink-Legierung *f* ferrocinc *m*
Eismaschine *f* máquina *f* heladora [de hielo], heladora *f*
Eisschrank *m* armario *m* para hielo; nevera *f*

eisverstärkt *(Schiff)* reforzado para navegar entre hielos
Eiszerkleinerungsmaschine *f* machacadora *f* de hielo
Eiweißchemie *f* química *f* de proteínas
Eiweißkörper *m* albuminoide *m*
Eiweißmolekül *n* molécula *f* albuminoide
eiweißspaltend proteolítico
Eiweißstoff *m* proteína *f*
Elastizitätsgrenze *f* límite *m* elástico [de elasticidad, de compresión]
Elastomer(es) *n (Ch)* elastómero *m*
elektrifizieren v electrificar
elektrisieren v electrizar
Elektrizität *f* electricidad *f*
~**/atmosphärische** electricidad *f* atmosférica
~**/kinetische** electricidad *f* cinética
~**/statische** electricidad *f* estática [en equilibrio]
Elektrizitätslehre *f (Ph)* electrología *f*
Elektrizitätsmessung *f* electrometría *f*
Elektrizitätswerk *n* central *f* (de energía) eléctrica, usina *f* eléctrica
Elektrizitätszähler *m* contador *m* de electricidad [energía eléctrica], *(Am)* medidor *m* de electricidad
Elektroabscheider *m* precipitador *m* electrostático, separador *m* eléctrico
Elektroakustik *f* electroacústica *f*
Elektroanlage *f* instalación *f* eléctrica; planta *f* eléctrica
Elektroantrieb *m* accionamiento *m* [mando *m*] eléctrico, impulsión *f* eléctrica
Elektroblech *n* chapa *f* magnética
Elektrobohrer *m* taladradora *f* eléctrica
Elektrochemie *f* electroquímica *f*
Elektrode *f* electrodo *m*
~**/eingetauchte** electrodo *m* bañado
~**/umhüllte** electrodo *m* revestido [de revestimiento, de recubierto]
Elektrodenabbrand *m* consumo *m* [desgaste *m*, merma *f*] de electrodos
Elektrodenabstand *m* 1. espacio *m* [distancia *f*, separación *f*] entre electrodos; 2. *(Kfz)* espacio *m* de chispa
Elektrodenhalter *m* portaelectrodo *m*, pinza *f* portaelectrodos
Elektrodenspalt *m* 1. espaciamiento *m* de los electrodos; 2. *(Kfz)* espacio *m* de chispa

Elektrodenspannung *f* tensión *f* entre los electrodos
Elektrodenstrom *m* corriente *f* electródica [de electrodo]
Elektrodenvorspannung *f* tensión *f* de polarización de un electrodo
Elektrodenwerkzeug *n* electrodo *m* herramienta
Elektrodynamometer *n* electrodinamómetro *m*
Elektroenergetik *f* ingeniería *f* electroenergética
Elektroenergie *f* energía *f* [fuerza *f*] eléctrica
Elektroenergieerzeugung *f* producción *f* de la energía eléctrica
Elektroenergieübertragung *f* transmisión *f* eléctrica [de electricidad]
Elektroerosion *f* electroerosión *f*
Elektroerosionsmaschine *f* máquina *f* de electroerosión
Elektroerosivbearbeitung *f* labrado *m* electroerosivo, mecanización *f* eléctrica erosiva, mecanización *f* por chispas [electroerosión]
Elektroerosivschleifen *n* rectificado *m* electroerosivo
Elektrofahrzeug *n* automóvil *m* [vehículo *m*] eléctrico
Elektroflaschenzug *m* aparejo *m* eléctrico
Elektrofunkenbearbeitung *f* maquinado *m* por chisporroteo eléctrico
Elektrofunkenschleifen *n* rectificado *m* electroerosivo
Elektrogerät *n* aparato *m* eléctrico
Elektrogerätebau *m* construcción *f* de aparatos eléctricos; construcción *f* de material eléctrico; industria *f* de material eléctrico
Elektrohaushaltgerät *n* aparato *m* electrodoméstico
Elektroheizung *f* calefacción *f* eléctrica, calentamiento *m* eléctrico
Elektroisolierlack *m* barniz *m* electroaislante
Elektrokabel *n* cable *m* eléctrico
Elektrokinetik *f* electricidad *f* cinética, electrocinética *f*
Elektrolaufkatze *f (Förd)* carro *m* de grúa eléctrico
Elektrolok *f* locomotora *f* eléctrica
Elektrolyse *f* electrólisis *f*, galvanólisis *f*

Elektrolyseapparatur f electrolizador m
Elektrolysebad n baño m electrolítico
Elektrolyt m electrólito m
Elektrolytkupfer n cobre m catódico [electrolítico, de cátodo]
Elektrolytstand m nivel m electrolítico [del electrólito] *(Batterie)*
Elektromagnet m electroimán m, electro m
Elektromagnetkupplung f embrague m (electro)magnético
Elektromaschinenbau m construcción f de maquinaria eléctrica; industria f de maquinaria eléctrica, industria f electromecánica [de material eléctrico]; ingeniería f electromecánica
Elektromechanik f electromecánica f
Elektrometallurgie f electrometalurgia f, electrosiderurgia f
Elektromobil n automóvil m eléctrico, electromóvil m
Elektromotor m electromotor m, motor m (eléctrico)
Elektron n 1. electrón m; 2. *(Kern)* electrón m negativo, negatrón m, negatón m; 3. *(Met)* metal m electrón *(Mg-Al-Legierung)*
Elektronenabgabe f *(Ch)* deselectronación f *(Redoxreaktion)*
elektronenanziehend *(Ch)* electrofílico
Elektronenaufnahme f *(Ch)* electronación f *(Redoxreaktion)*
Elektronenausstoß m expulsión f de electrones
Elektronenbahn f curso m de los electrones, órbita f [trayectoria f] electrónica [de electrones]
Elektronenbeschleuniger m acelerador m de electrones
Elektronenbeugung f difracción f electrónica [de electrones]
Elektronenbildröhre f tubo m electrónico de imagen
Elektronenblitzgerät n *(Foto)* lámpara f relámpago [flash], flash m electrónico
Elektronenentladung f descarga f de electrones
Elektronenfluss m circulación f de electrones
Elektronengerät n máquina f electrónica
Elektronenhirn n cerebro m electrónico
Elektronenhülle f capa f electrónica, envoltura f de electrones
Elektronenkreisbahn f órbita f electrónica [de electrones], trayecto m circular de los electrones
Elektronenlawine f avalancha f electrónica
Elektronenmetallographie f metalografía f electrónica
Elektronenmikroskop n microscopio m electrónico
Elektronenoptik f óptica f electrónica
Elektronenphysik f física f electrónica
Elektronenrechner m calculadora f electrónica, máquina f calculadora electrónica
Elektronenröhre f lámpara f electrónica [termoiónica], tubo m electrónico, válvula f electrónica
Elektronenschale f *(Ph)* capa f electrónica
Elektronenschleuder f 1. *(Eln, Kern)* lanzador m [disparador m] de electrones; 2. *(Kern)* acelerador m de inducción, betatrón m, cañón m electrónico [de electrones]
Elektronenspin m espín m electrónico [del electrón]
Elektronenstrahl m haz m electrónico [de electrones], rayo m electrónico [catódico]
Elektronenstrahlabtastung f exploración f por haz electrónico
Elektronenstrahlbearbeitung f mecanización f por haz electrónico
Elektronenstrahler m *(Eln, Kern)* lanzador m [cañón m, disparador m] electrónico [de electrones]
Elektronenstrahlfräsen n fresado m por haz electrónico
Elektronenstrahlröhre f válvula f de haz electrónico
Elektronenstrahlschweißen n soldadura f por rayos electrónicos, soldadura f de [con, por] haz electrónico
Elektronenstrahlspeicher m memoria f de haz de electrones
Elektronenstrahlung f radiación f electrónica [de electrones]
Elektronenübergang m transición f [transferencia f] electrónica
Elektronenüberschuss m exceso m de electrones

Elektronenvolt n electronvoltio m, electrón m voltio
Elektronenwanderung f deriva f [migración f] de electrones
Elektronik f electrónica f; ingeniería f electrónica; tecnología f electrónica; industria f electrónica
Elektronikschrott m chatarra f electrónica
Elektronisierung f electronización f; microelectronización f
Elektroofen m estufa f eléctrica; horno m eléctrico
Elektrooptik f electroóptica f (Lehre von den elektrooptischen Effekten)
Elektrophorese f (Ch) electroforesis f
elektroplattieren v metalizar electrolíticamente
Elektroplattieren n electrorrecubrimiento m, galvanostegia f
Elektroschlackeschweißen n soldadura f por arco sumergido en escoria
Elektroschmelzofen m horno m eléctrico de fusión
Elektroschrauber m aprietatuercas m eléctrico
Elektroschweißapparat m electrosoldadora f
Elektroschweißautomat m máquina f automática para la soldadura eléctrica
Elektroschweißen n soldadura f eléctrica, electrosoldadura f, soldadura f de [al] arco
Elektroseilzug m (Förd) polipasto m eléctrico a cable
Elektrosicherheit f seguridad f eléctrica
Elektrostahl m acero m eléctrico [al horno eléctrico], electroacero m
Elektrostahlwerk n ace(re)ría f eléctrica
Elektrostapler m (Förd) apiladora f eléctrica
Elektrostatik f electrostática f; electricidad f estática [en equilibrio]
elektrostatisch electro(e)stático
Elektrotauchlackierung f pintura f por electroinmersión
Elektrotechnik f electrotecnia f, electrotécnica f; ingeniería f eléctrica; industria f electrotécnica
Elektrowärmelehre f electrotermia f
Elektrowärmetechnik f termotecnia f eléctrica

Elektrowerkzeuge npl herramientas fpl eléctricas, instrumentos mpl eléctricos, utillaje m eléctrico
Elektrowinde f cabrestante m [torno m] eléctrico
Elektrozug m 1. (Förd) polipasto m eléctrico; guinche m colgante; montacargas m colgante; 2. teleférico m
Element n 1. (Ch) elemento m, cuerpo m simple; 2. (Masch) órgano m; componente m; 3. (El) celda f, celdilla f, pila f; 4. (Math) condición f
~/**adjungiertes** elemento m conyugado (Mengenlehre)
~ **einer Menge** miembro m de un conjunto
~/**finites** (Math) elemento m finito
~/**galvanisches** (El) célula f primaria [galvánica], elemento m galvánico [voltaico], par m galvánico [voltaico], pila f galvánica [voltaica, de Volta]
~/**konstruktives** elemento m constructivo [de construcción]
~/**logisches** (Inf) elemento m lógico [de cálculo, de conmutación lógico], componente m lógico
~/**radioaktives** elemento m radiactivo, radioelemento m
~/**stochastisches** (Math) elemento m estocástico
~/**thermoelektrisches** par m termoeléctrico, termoelemento m, termocupla f, termopar m
~/**vorgespanntes** (Bw) pieza f pretensada
Elementarladung f (Kern) carga f elemental
Elementarmathematik f matematicas fpl elementales
Elementarmenge f (Math) conjunto m elemental
Elementaroperation f (Math) operación f fundamental [elemental]
Elementarteilchen n (Ph) partícula f, partícula f fundamental [elemental]
Elementarteilchenphysik f física f de partículas, física f de las partículas (elementales)
Elevator m (Förd) transportador m elevador [de elevación], elevador m, izador m; montacargas m
Ellipse f (Math) elipse f
~/**keplersche** (Astr) elipse f kepleriana

Ellipsenrad n *(Masch)* engranaje m elíptico
Ellipsenzirkel m *(Math)* compás m elíptico
Ellipsoid n *(Math)* elipsoide m
Elmsfeuer n *(El)* fuego m de San Telmo
Eloxieranlage f instalación f de anodización, instalación f para anodizar [eloxar]
eloxieren v anodizar, eloxar, oxidar
Eloxierung f anodización f, tratamiento m anódico, anodizado m, eloxamiento m, eloxado m, *(für Aluminium auch)* oxidación f anódica
Elysierbeizen n decapado m anódico, limpieza f anódica
Elysierschleifen n rectificado m electrolítico [electroquímico]
Email n esmalte m
Emaildraht m hilo m [alambre m] esmaltado
Emailfarbe f pintura f al [de] esmalte, pintura f vidriada; color m fusible
Emailkabel n cable m esmaltado
Emaillack m laca f de esmaltar, esmalte m
emaillieren v esmaltar
Emaillierofen m hornillo m [horno m] de esmaltar
Emaillitze f multiconductor m esmaltado
Emission f emisión f, radiación f
~/angeregte emisión f estimulada
~/gasförmige emisión f gaseosa [de gas]
~/partikuläre emisión f particular
~/radioaktive emisión f radiactiva
~/thermische emisión f termoiónica
~ von Schadstoffen emisión f contaminante [de contaminantes, de sustancias nocivas]
Emissionsausbreitung f propagación f de emisiones
emissionsfähig capaz de emitir
Emissionsfähigkeit f poder m emisivo [emisor, irradiante]
Emissionsgrenzwert m límite m [pico m] de emisión
Emissionshöhe f 1. nivel m de emisión; 2. altura f de emisiones
Emissionskataster m(n) inventario m [registro m] de emisiones
Emissionskinetik f cinética f de emisiones
Emissionskontinuum n continuo m de emisión *(Akustik)*
Emissionskonzentration f/maximale concentración f máxima permisible de emisión, CMPE, máxima concentración f ambiental permisible
Emissionsmesstechnik f técnica f de medida de emisiones
Emissionspektrographie f espectrografía f de emisión
Emissionsquelle f foco m emisor [de emisión], fuente f emisora [de emisión]
Emissionsspektrometer n espectrómetro m de emisión
Emissionsspektrum n espectro m de emisión [radiación]
Emissionszentrum n centro m emisor
Emittent m foco m emisor [de emisión], emisor m *(Umweltschutz)*
Emitter m *(Eln)* emisor m *(beim Transistor)*
Emitterelektrode f electrodo m emisor, emisor m *(Transistor)*
emittergekoppelt acoplado a emisor
Emitterkreis m circuito m de emisión
Emitterschaltung f circuito m de emisión
emittieren v emitir, desprender
Empfänger m equipo m receptor, receptor m; respondedor m *(Radartechnik)*
~/selektiver [trennscharfer] receptor m selectivo
Empfängertrennschärfe f selectividad f del receptor
Empfangsanlage f instalación f receptora
Empfangsantenne f antena f receptora, colector m de ondas
Empfangsbereich m 1. alcance m [gama f] de recepción; 2. *(Nrt)* zona f receptora [de recepción]
Empfangsbereitschaftssignal n señal f de dispuesto para recibir
Empfangsbestätigung f 1. acuse m de recibo *(Datenübertragung)*; 2. *(Nrt)* confirmación f de recepción
Empfangsentzerrer m corrector m de recepción
Empfangsfrequenz f frecuencia f incidente
Empfangsgerät n dispositivo m [equipo m] receptor, receptor m
Empfangspegel m nivel m de recepción
Empfangsspeicher m *(Inf)* almacén m receptor
Empfangssperre f bloqueo m de la recepción

Energieerzeugungsanlage

Empfangsstörung f perturbación f de recepción

Empfangsverstärker m amplificador m de recepción

Empfindlichkeitsschwelle f umbral m de sensibilidad

Emulgator m (Ch) emulgador m, emulgente m, emulsificador m, emulsionante m, emulsor m

emulgieren v (Ch) emulsionar

Emulsion f emulsión f

~/feinkörnige emulsión f delgada

~/wässrige emulsión f acuosa

Emulsionsschicht f (Ch) capa f de emulsión

Endbearbeitung f (Fert) acabado m; elaboración f final [de acabado]; afinado m (einer Oberfläche); labrado m ulterior, terminado m

Ende n 1. fin m, final m; 2. (Inf) stop m; 3. cabo m; extremo m; lado m vivo (z. B. eines Kabels); rabiza f (z. B. einer Trosse)

~/äußerstes extremo m final

Endeinrichtung f (Inf) dispositivo m [equipo m] terminal (de proceso de datos), periférico m distante

Endezeichen n (Inf) delimitador m, carácter m terminal

Endgerät n (Inf) equipo m terminal (de proceso de datos), periférico m distante

Endkennsatz m (Inf) etiqueta f de cola [fin]

Endknoten m 1. (Bw) nudo m extremo; 2. (Nrt) nudo m final [terminal] (Netz)

Endlagenschalter m interruptor m final [de fin de carrera]

Endlosformular n (Inf) hoja f de papel continuo, papel m continuo

Endlosschleife f (Inf) bucle m continuo [sin fin]

Endmaß n bloquito m calibrador, cala f de extremos, calibre m prismático, galga f de bloque [extremos], medida f final

Endmontage f ensamblado m final; montaje m final

Endpunkt m 1. (Inf) punto m terminal, terminación f; 2. (Bgb) punto m final (Bohrung); vértice m final (Graph)

Endschalter m interruptor m final [de fin de carrera], conmutador m limitador

Endschott n (Schiff) mamparo m posterior

Endsteuerzeichen n (Inf) marca f de fin

Endstück n 1. nariz f; pico m; punta f; lanza f; final m; 2. (El) patín m; regatón m

Endstufe f 1. etapa f terminal; 2. (Rak) cuerpo m final, etapa f delantera, piso m [segmento m] delantero; 3. circuito m de excitación del altavoz

Endverstärker m 1. (El) amplificador m final [principal, de salida]; 2. (Nrt) repetidor m terminal de telefonía

Energetik f energética f; tecnología f energética [de energía]

Energie f energía f; fuerza f

~/abgegebene energía f rendida

~/aufgewandte energía f consumida

~ aus Wasserkraftanlagen fuerza f hidroeléctrica

~ der Lage energía f potencial

~ der Meereswellen energía f marítima

~/elektromagnetische energía f electromagnética

~/erneuerbare energía f renovable

~/freigesetzte energía f liberada

~/geothermische energía f geotérmica, geoenergía f, hulla f roja

~/gespeicherte energía f almacenada

~/kinetische energía f cinética [actual], fuerza f viva

~/nutzbare energía f aprovechable

~/thermische energía f calórica [calorífica, térmica]

~/thermoelektrische energía f termoeléctrica

~/thermonukleare energía f termonuclear

Energieanlage f instalación f energética, equipo m energético; sistema m de energía

Energieaufwand m consumo m energético [de energía]; gasto m energético [de energía]

Energieband n (Ph) banda f (de energía)

Energieeinspeisung f alimentación f de fuerza motriz

Energieerhaltungssatz m (Ph) principio m [ley f] de conservación f de la energía, teorema m de la energía

Energieerzeugung f generación f de energía [electricidad], producción f de energía

Energieerzeugungsanlage f planta f de generación de energía; planta f genera-

Energiegehalt 554

dora de potencia; máquina f productiva de electricidad

Energiegehalt m energía f contenida, contenido m energético [de energía] *(z. B. eines Signals)*

Energieleistung f potencia f energética; eficiencia f energética

Energiemaschinenbau m construcción f de maquinaria energética

Energienetz n red f de energía

Energiepegel m nivel m energético [de energía] *(Schallmessung)*

Energiequelle f fuente f energética [de energía]; fuente f de fuerza, manantial m de energía

Energierückgewinnungsanlage f sistema m recuperador de energía

energiesparend eficiente de energía

Energieströmung f flujo m energético [de energía]

Energietechnik f tecnología f energética [de energía]; ingeniería f energética

Energieträger m portador m de energía, medio m [producto m] energético, combustible m para producir energía

Energieübertragung f transferencia f [transmisión f, transporte m] de energía, transmisión f de fuerza, trasiego m energético

Energieumwandlung f conversión f energética [de energía], transformación f de energía

Energieverbrauch m consumo m energético [de energía]; gasto m energético

Energieverbrauchszähler m contador m de electricidad [energía eléctrica]

Energieverlust m pérdida f de energía [potencia], merma f de energía, disipación f energética [de energía], descenso m de energía

Energieversorgung f abastecimiento m de energía, alimentación f energética [de energía], suministro m de energía eléctrica

Energiezufuhr f alimentación f energética [de energía], aporte m energético; aprovisionamiento m energético

entaktivieren v desactivar, de(s)contaminar

Entaktivierung f desactivación f, de(s)contaminación f *(radiactiva)*

Entaktivierungsmittel n de(s)contaminante m; equipo m de descontaminación

Entästungsmaschine f máquina f de desramar

enteisen v descongelar, deshelar

Enteisungsanlage f 1. descongelador m, deshelador m, descarchador m; 2. *(Flg)* dispositivo m anticongelante [antihielo], anticongelante m

Enteisungsmittel n descongelante m, anticongelante m, líquido m antihielo

Entfärbungsmittel n agente m de(s)colorante

Entferner m *(Ch)* removedor m

Entfernung f 1. espaciamiento m; distancia f; 2. eliminación f, remoción f

Entfernungseinstellung f *(Foto)* regulación f de distancias

Entfernungsmesser m distanciómetro m; telémetro m, diast(im)ómetro m *(Topographie)*

Entfernungsmessung f telemetría f

Entfettungsanlage f instalación f desengrasadora, desengrasador m

Entfettungsmittel n agente m de desengrasado, desengrasante m

entfeuchten v deshidratar

Entfeuchtung f desecación f, deshumidificación f, deshumectación f, exsecación f, extracción f de la humedad

Entfeuchtungsmittel n agente m desecador, desecante m, desecador m, desecativo m

entflammbar inflamable

~/nicht ininflamable

Entflammbarkeit f inflamabilidad f, índice m de inflamabilidad *(Kennzahl)*

Entflammbarkeitstest m prueba f de inflamabilidad

entfrosten v deshelar

entgasen v 1. desgasear, desgasificar; desairear; 2. carbonizar

Entgasung f 1. desgasificación f, desgaseado m; desaireación f; 2. carbonización f *(z. B. von Holz)*

Entgasungsanlage f instalación f de desgasificación; desaireador m

entgiften v desintoxicar; de(s)contaminar

Entgiftung f desintoxicación f, detoxificación f; de(s)contaminación f

Entgiftungsanlage f dispositivo m [equipo m] de descontaminación

Entgiftungsmittel n 1. detoxificante m, desintoxicante m; de(s)contaminante m; 2. equipo m de descontaminación
Entgleisungsschuh m (Eb) taco m de descarrilamiento
Entgleisungsweiche f (Eb) aguja f descarriladora, descarrilador m
Entgranner m (Lt) desbarbadora f
entgraten v 1. (Fert) alisar; 2. (Met, Kst) rebabar, desbarbar
Entgraten n (Met, Kst) eliminación f de rebabas, rebabado m, desbarbado m, rebarbado m, desbarbadura f
Entgrattrommel f tambor m rebabador
Enthalpie f (Ch) entalpía f, contenido m térmico
Enthalpiegleichgewicht n equilibrio m entálpico
enthärten v 1. ablandar, reblandecer, desendurecer, descalcificar, suavizar (Wasser); 2. (Met) destemplar
Enthärter m ablandador m, ablandante m, agente m de ablandamiento, desendurecedor m (für Wasser)
Enthärtung f 1. desendurecimiento m (von Wasser); 2. (Met) destemple m
Enthülsungsmaschine f (Lt) máquina f cosechadora desgarradora, cosechadora f desgarradora, deshojadora f
entkalken v desencalar
Entkalkungsmittel n (Led) desencalante m
entkernen v desgranar
Entkernungsmaschine f (Lt) máquina f desgranadora, desgranadora f, garraspadera f, desfibradora f (Baumwolle)
entkoppeln v (El) desacoplar
Entkopplungskondensator m (El) condensador m de desacoplo
entkörnen v (Lt) descascarillar; desgranar, despepitar (Baumwolle)
Entkörnungsmaschine f (Lt) máquina f de descascarillar, descascarilladora f; despepitadora f (Baumwolle)
Entkrauter m (Lt) deshierbadora f, desyerbador m, escardadera f, desmalezadora f
Entladeeinrichtung f instalación f de descarga; vaciador m
Entladeförderer m transportador m de descarga

entladen v 1. (Förd) descargar; 2. (Schiff) desembarcar; 3. vaciar; 4. (El) descargar, deselectrizar
Entladerampe f rampa f [plataforma f] de descarga
Entladestromkreis m circuito m de descarga
Entladevorrichtung f (Förd) dispositivo m de descarga, descargador m
Entladung f 1. (Förd, Schiff) descarga f, alivio m; 2. (El) descarga f, deselectrización f
Entladungsfunke f (El) chispa f de descarga
Entladungslampe f (El) lámpara f de descarga [gases enrarecidos]
Entladungsspannung f (El) tensión f de descarga
entlasten v 1. descargar; aliviar (de carga); 2. descansar
Entlastung f 1. descarga f, alivio m; 2. balance m de presión
Entlastungsventil n válvula f auxiliar [de alivio, de descarga]
entleeren v purgar; vaciar; descargar; evacuar
Entleerung f vaciado m; vertido m; evacuación f, purga f, descarga f
Entleerungsleitung f conducto m de evacuación
Entleerungsrohr n tubo m de vacío
Entleerungsventil n válvula f de vacío
Entlieschmaschine f (Lt) deshojadora f de maíz
entlüften v 1. desairear; evacuar el aire; 2. (Bgb) desgasear
Entlüfter m 1. desaireador m; 2. (Kfz) respiradero m (Kurbelgehäuse)
Entlüftung f desaireación f, aireación f, aeración f, ventilación f de evacuación; evacuación f [purga f] de aire; aspiración f de aire
Entlüftungsleitung f conducto m de purga
Entlüftungsrohr n tubo m de respiro, caño m [columna f] de ventilación
Entlüftungsventil n válvula f de escape; ventosa f
entmagnetisieren v desmagnetizar, desimantar, desimanar
Entnebelungsanlage f instalación f para eliminación de vapores y vahos
entölen v desaceitar

Entöler *m (Masch)* recuperador *m* de aceite; deshumidificador *m* de aceite; tanque *m* separador de aceites

entpaketieren *v (Inf)* desempaquetar, desgrupar *(Datenpakete)*

entriegeln *v* desbloquear; desenclavar; desatrancar, destrabar

Entriegelung *f* 1. desbloqueo *m*; desenclavamiento *m*; 2. disparador *m*

Entrindungsmaschine *f* máquina *f* descortezadora, descortezadora *f*

Entrindungstrommel *f* tambor *m* de descortezamiento

Entropie *f (Ph)* entropía *f*, grado *m* de indeterminación

Entropiesatz *m* segundo principio *m* de la termodinámica, principio *m* de Carnot

entrosten *v* desherrumbrar, desoxidar, desoxigenar, desquemar, de(s)capar

Entroster *m* descorrosionador *m*

Entrostung *f* desherrumbramiento *m*, desoxigenación *f*, desoxidación *f*, de(s)capado *m*

Entrostungsmittel *n* desoxidante *m*, desoxigenante *m*

Entsalzungsanlage *f* desaladora *f* (industrial), equipo *m* de desmineralización de agua; planta *f* desaladora [desalinizadora], central *f* desalinizadora

Entsalzungsapparat *m* desalinizadora *f*, máquina *f* desaladora

Entschälmaschine *f (Lt)* desgranadora *f*, garraspadera *f*

Entschäumungsmittel *n* agente *m* antiespumante

Entscheidungsbaum *m* árbol *m* lógico [de decisión]

Entscheidungsmatrix *f* matriz *f* de decisión

Entscheidungstabelle *f* tabla *f* [recuadro *m*] de decisión

Entscheidungstheorie *f* ciencia *f* de decisión, teoría *f* de la decisión, teoría *f* de toma de decisiones

entschlacken *v* descorificar, desescoriar, sacar escorias

Entschlackungsmittel *n* agente *m* desescorificador

entschlammen *v* purgar

Entschlammer *m* desenlodador *m*

Entschlammung *f* extracción *f* de lodos; purga *f*

Entschlichtungsmittel *n (Text)* desencolante *m*

entschlüsseln *v* de(s)codificar; descifrar

Entschlüsselungsgerät *n (Eln, Inf)* de(s)codificador *m*

entschwefeln *v (Ch)* desulfurar, desazufrar

Entschwefelung *f (Ch)* desulfuración *f*, desazuframiento *m*, desolforado *m*

Entschwefelungsanlage *f* instalación *f* desulfuradora, planta *f* de desulfuración

Entschwefelungsmittel *n* agente *m* de desulfuración, agente *m* eliminador de azufre

Entseuchungsmittel *n* 1. de(s)contaminante *m*; 2. equipo *m* de de(s)contaminación

entsorgen *v* desechar, eliminar [evacuar] desechos

Entsorgung *f* eliminación *f* [evacuación *f*] de desechos *(von Abfällen)*; depolución *f*

Entsorgungsanlage *f* planta *f* de eliminación (de desechos), planta *f* de tratamiento de residuos

Entsorgungsfahrzeug *n* vehículo *m* para la eliminación de desechos

Entsorgungstechnik *f* técnica *f* del tratamiento de desechos

entspannen *v* 1. aflojar *(Feder)*; relajar; 2. reducir *(Druck)*; 3. descomprimir *(Gase)*

Entspannung *f* 1. relajación *f* (de tensiones), relajamiento *m*; remoción *f* de tensión; 2. reducción *f (Druck)*; 3. descompresión *f (von Gasen)*

Entspannungsglühen *n (Met)* estabilización *f*, recocido *m* de relagación [atenuación de tensiones]

Entstauber *m* despolvoreador *m*, despolveador *m*, eliminador *m* de polvos; extractor *m* de polvo

Entstaubungsanlage *f* instalación *f* [planta *f*] de desempolvamiento [desempolvado], instalación *f* despolvor(e)adora [para separación del polvo]; despolvoreador *m*, despolveador *m*, eliminador *m* de polvos; sistema *m* captador de polvo

Entstördiode *f* diodo *m* antiparásito

entstören *v* eliminar interferencias [perturbaciones]

Entstörkondensator *m* condensador *m* antiparásito

Entstörstecker *m* capuchón *m* antiparasitario
entstört antiparasitado
Entstörung *f* antiparasitaje *m*, desparasitaje *m*, eliminación *f* de perturbaciones, supresión *f* de interferencias
entwässern *v* 1. desaguar, drenar, avenar, agotar; 2. *(Ch)* deshidratar
Entwässerung *f* 1. desagüe *m*, desaguamiento *m*; drenaje *m*, avenamiento *m*, agotamiento *m*; 2. *(Ch)* deshidratación *f*
Entwässerungsanlage *f* obras *fpl* de drenaje
Entwässerungsgerät *n* deshidratadora *f*
Entwässerungskanal *m* canal *m* de desagüe [drenaje]; alcantarilla *f* de desagüe; desaguadero *m*; exutorio *m*; colector *m* de aguas urbanas
Entwässerungsrohr *n* tubo *m* de drenaje [avenamiento], desaguadero *m*, dren *m*
Entwässerungsstollen *m (Bgb)* galería *f* de drenaje
Entweder-oder-Schaltung *f* circuito *m* O-O
entweichen *v* escaparse, fugarse, evadir; emanar
Entweichen *n* escape *m*, fuga *f*, desprendimiento *m (z. B. von Gasen)*
Entweidemaschine *f* máquina *f* evisceradora *(Fischverarbeitung)*
entwerfen *v* proyectar; plantear; construir; bosquejar, bocetar, esbozar; dibujar, diseñar
Entwickler *m* 1. *(Foto)* revelador *m*; 2. *(Ch)* generador *m*
Entwicklerbad *n (Foto)* baño *m* de revelado
Entwicklerschale *f (Foto)* probeta *f*
Entwicklung *f* 1. desarrollo *m*; desenvolvimiento *m*; evolución *f*; 2. *(Ch)* generación *f*, producción *f*; 3. *(Foto)* revelado *m*
Entwicklungsautomat *m (Foto)* máquina *f* automática reveladora, reveladora *f* automática
Entwicklungsgerät *n (Foto)* reveladora *f*
Entwurf *m* proyecto *m*; bosquejo *m*, boceto *m*; esbozo *m*, croquis *m*; diseño *m*; delineación *f*, delineamiento *m*; trazado *m*; trazo *m*, proyección *f (Kartographie)*; concepción *f*
~/baulicher diseño *m* estructural
~/interaktiver *(Inf)* diseño *m* interactivo
~/rechnergestützter concepción *f* por computadora
~/schematischer diseño *m* esquemático
~/technischer diseño *m* de ingeniería
Entwurfstechnik *f* ingeniería *f* conceptual
Entwurfswerkzeug *n* herramienta *f* de diseño
entzerren *v* 1. *(Eln, Nrt)* corregir, compensar; 2. *(Eln)* eliminar la distorsión; 3. rectificar *(Messbilder)*
Entzerrer *m* 1. corrector *m* de distorsión; 2. *(Masch, El)* adelantador *m*; 3. *(Eln)* compensador *m*; 4. *(Nrt)* ecualizador *m*, igualador *m*
Entzerrung *f* 1. *(Eln, Nrt)* corrección *f*, compensación *f*; 2. *(Eln)* igualación *f*; 3. rectificación *f (Photogrammetrie)*
entziehend/Wasser deshidratante, deshidrolizante
entzundern *v (Met)* descascarillar, descalaminar, de(s)capar
Entzundern *n (Met)* descascarillado *m*, descalaminado *m*, de(s)capado *m*, remoción *f* del óxido superficial
Entzunderungsanlage *f* instalación *f* de descascarillado [decapado]
Entzündung *f* inflamación *f*, ignición *f*; encendido *m*; fogonazo *m*, alumaje *m*
Enveloppe *f (Math)* curva *f* de envolvente
epizentrisch epicentral, epicéntrico
Epizentrum *n* epicentro *m*
Epizykloide *f (Math, Masch)* epicicloide *f*
Epizykloidverzahnung *f* engranaje *m* epicicloidal
Epoxid *n (Ch)* epóxido *m*
Epoxidfarbe *f* pintura *f* epóxica [epoxídica]
Epoxidharz *n* resina *f* epoxi [epoxídica, epóxido, epoxilénica], epoxi *m*
Epoxidkleber *m* adhesivo *m* epóxico
erbauen *v* construir; edificar, levantar *(z. B. Gebäude)*; urbanizar
Erbium *n* erbio *m*, Er
Erdableitung *f* conexión *f* (de puesta) a tierra
Erdanschluss *m (El)* toma *f* de tierra, masa *f*
Erdantenne *f* antena *f* enterrada [terrestre, de tierra]
Erdanziehung *f* atracción *f* terreste [de la Tierra], gravitación *f* terrestre
Erdanziehungskraft *f* fuerza *f* gravitatoria [de gravedad]

Erdäquator m ecuador m terrestre
Erdaufschüttung f (Bw) relleno m de tierras, amontonamiento m de tierra, terraplén m
Erdaushub m tierra f excavada [a vertedero]
Erdbagger m excavadora f
Erdbahn f órbita f terrestre [de la Tierra]
Erdbebenepizentrum n epicentro m del terremoto
Erdbebenmesser m sismómetro m
erdbebensicher antisísmico, asísmico, resistente a terremotos, a prueba de terremotos, sismorresistente
Erdbebenwelle f ola f [onda f] sísmica
Erdbecken n estanque m enterrado; tanque m terrestre *(Faulbehälter)*
Erdbewegungsmaschine f (Bw) máquina f para remover tierra; equipo m de movimiento de tierra
Erdbohrer m barrena f de cateo [tierra], trépano m de sondeo; sonda f (de suelo); perforadora f de tierra *(für Bodenuntersuchungen)*
Erddraht m (El) conductor m (de puesta) a tierra, conductor m a masa, hilo m de masa [tierra]
erden v (El) poner en tierra, dar tierra, conectar a tierra
Erder m toma f [electrodo m] de tierra
Erderkundungssatellit m satélite m de recursos terrestres
Erdgas n gas m natural [de tierra]
Erdgasgewinnung f extracción f de gas natural
Erdgaskraftwerk n central f energética de gas natural
Erdgasleitung f gasoducto m, tubería f de gas natural
Erdgeschoss n piso m bajo, planta f baja
Erdhobel m (Bw) niveladora f (de cuchilla)
Erdkabel n (El) cable m enterrado [soterrado, subterráneo], línea f subterránea
Erdleitung f 1. (El) colector m de tierra; hilo m de masa [tierra]; 2. (El) línea f enterrada [subterránea], cable m de tierra
Erdmagnetfeld n campo m magnético terrestre
erdmagnetisch geomagnético
Erdmagnetismus m magnetismo m terrestre, geomagnetismo m

Erdmetall n metal m terroso
erdnah circunterrestre
Erdnetz n (El) red f subterránea [de tierra], red f eléctrica soterrada
Erdöl n petróleo m
Erdölanlage f instalación f petrolífera
Erdölasphalt m asfalto m de petróleo, betún m
Erdölbitumen n betún m petroquímico
Erdölbohrausrüstung f equipo m de perforación petrolera
Erdölbohrung f 1. perforación f petrolera; 2. pozo m petrolero [petrolífero, de petróleo]
Erdölerkundung f exploración f petrolera [de petróleo]
Erdölfernleitung f oleoducto m
Erdölförderung f extracción f de petróleo, producción f petrolera
Erdölgeologie f geología f petrolera
Erdölleitung f oleoducto m, tubería f de petróleo; conducción f de petróleo
Erdöltechnik f ingeniería f petrolera
Erdölteer m alquitrán m [brea f] de petróleo
Erdölturm m torre f petrolera
Erdpech n betún m
Erdrohrleitung f tubería f enterrada [subterránea], línea f subterránea
Erdrutsch m hundimiento m de tierra, corrimiento m [deslizamiento m] de tierras
Erdsatellit m satélite m terrestre
Erdschluss m (El) conexión f (de puesta) a tierra, contacto m a tierra; derivación f a tierra (de la línea), falla f [fuga f] a tierra
Erdschlussprüfer m detector m de tierra
Erdschlussstrom m corriente f de cortocircuito de tierra, corriente f a [de] tierra, corriente f de fuga a tierra
Erdstrahlung f radiación f terrestre
Erdumlaufbahn f órbita f circunterrestre [terrestre, de la Tierra]
Erdumlaufsatellit m satélite m circunterrestre
Erdung f (El) toma f de tierra, puesta f [pase m] a tierra, conexión f (de puesta) a tierra
Erdungsanlage f instalación f de puesta a tierra, sistema m de tierra *(z. B. einer Antenne)*

Erdungsleiter *m* conductor *m* (de puesta) a tierra, conductor *m* a masa, alambre *m* de masa, hilo *m* de masa
Erdungsschalter *m* llave *f* de puesta a tierra
Erdungswiderstand *m* resistencia *f* de (conexión a) tierra, resistencia *f* puesta a tierra
Erdverlegung *f* colocación *f* en tierra, tendido *m* subterráneo *(Kabel)*
Erdwärmekraftwerk *n* central *f* geotérmica
Ereignisalgebra *f* álgebra *f* de sucesos
Ereignisbaum *m* árbol *m* de sucesos
Ereignistabelle *f* tabla *f* de eventos *(Multimedia)*
erfassen *v* 1. recoger; tomar; coleccionar; recolectar; adquirir *(Daten)*; capturar; 2. registrar *(z. B. Daten)*; 3. captar *(z. B. Schadstoffe)*; 4. listar *(auflisten)*
Erfassung *f* 1. colección *f*; adquisición *f*, recolección *f*; recogida *f*; recopilación *f*; 2. registro *m*; 3. captación *f*
Erfassungseinrichtung *f* equipo *m* de captación; captador *m* *(z. B. für Schadstoffe)*; elemento *m* de captación *(von Absauganlagen)*; sistema *m* de captación *(für Schadstoffe)*
Ergänzungsmenge *f* *(Math)* complemento *m* de conjunto
Ergänzungsspeicher *m* *(Inf)* memoria *f* complementaria
Ergodentheorie *f* *(Math)* teoría *f* ergódica
Ergometer *n* ergómetro *m*
Ergonomie *f* ergonomía *f*, ingeniería *f* humana
ergonomisch ergonómico
Erhaltungssatz *m* *(Ph)* principio *m* de la conservación
erheben *v* elevar; levantar
~/in die dritte Potenz elevar a la tercera potencia, elevar al cubo
~/in die zweite Potenz elevar al cuadrado, cuadrar
~/ins Quadrat cuadrar
Erhebung *f* 1. elevación *f*; 2. encuesta *f*, investigación *f* *(Statistik)*
~ in die Potenz exponenciación *f*
~/statistische encuesta *f* [investigación *f*] estadística, censo *m*
erhitzen *v* calentar, caldear
Erhitzer *m* caldeador *m*, calentador *m*

Erhitzung *f* calentamiento *m*, caldeo *m*
erhöhen *v* 1. aumentar; 2. elevar, alzar
Erhöhung *f* 1. aumento *m*; subida *f*; incremento *m*; 2. elevación *f*; alza *f*
erkalten *v* enfriarse, refrigerar
Erkennung *f* reconocimiento *m*; identificación *f*; detección *f*
Erkennungsbit *n* *(Inf)* bit *m* de detección [identificación]
Erkennungscode *m* código *m* de identificación
Erkennungsfeuer *n* *(Flg)* faro *m* localizador [de identificación, de referencia], luz *f* de identificación
erkunden *v* prospectar
Erkundung *f* *(Geol, Bgb)* reconocimiento *m*; prospección *f*, exploración *f*, labor *f* de exploración
~/geologische prospección *f* [exploración *f*] geológica
~/geophysikalische prospección *f* geofísica
~ nutzbarer Bodenschätze prospección *f* de minerales
~/seismische prospección *f* sísmica
Erkundungsbohrung *f* *(Bgb)* sondeo *m* de prospección [exploración, reconocimiento]; taladrado *m* de reconocimiento [prospección, exploración]; cata *f* de prospección
Erkundungssatellit *m* satélite *m* de reconocimiento
Erkundungsschiff *n* crucero *m* de prospección
Erlenmeyerkolben *m* *(Ch)* frasco *m* Erlenmeyer, matraz *m* de Erlenmeyer
Ermüdbarkeit *f* propiedad *f* de fatiga *(Werkstoff)*
Ermüdung *f* *(Wkst)* fatiga *f*, agotamiento *m*
Ermüdungsbeanspruchung *f* esfuerzo *m* [solicitación *f*] de fatiga
Ermüdungsbruch *m* fractura *f* [rotura *f*] por fatiga
Ermüdungsfestigkeit *f* resistencia *f* a la fatiga
Ermüdungsriss *m* fisura *f* [grieta *f*] de fatiga
Ermüdungsverformung *f* deformación *f* por fatiga
Ermüdungsversuch *m* ensayo *m* de [a la] fatiga

Ernährungschemie

Ernährungschemie f química f dietética
Ernährungswissenschaft f bromatología f, ciencia f de los alimentos
Erneuerung f renovación f, renovado m; reposición f; regeneración f; reconstrucción f
Erntegerät n equipo m recolector [de recolección]
Erntekombine f máquina f combinada; cosechadora f
Erntemaschine f máquina f de recolección, máquina f para recolectar, recolectora f; máquina f cosechadora, cosechadora f (für Halmfrüchte); máquina f segadora [de segar]; segadora f, picadora f de cosechas
erodieren v erosionar
Erosion f erosión f, proceso m de erosión
erproben v probar, poner [someter] a prueba; ensayar
Erprobung f prueba f, ensayo m
Erprobungsfahrt f navegación f de prueba
erregen v (El) excitar; energizar (mit Energie); engendrar
Erregeranode f ánodo m de excitación, electrodo m de entretenimiento
Erregerfrequenz f frecuencia f de excitación
Erregerfunkenstrecke f descargador m de excitación
Erregerkreis m circuito m excitador [de excitación]
Erregerspannung f tensión f excitadora [de excitación]
Erregerstromkreis m circuito m excitador [de excitación]
Erregerwicklung f arrollamiento m de excitación, devanado m de excitación [campo]
errichten v 1. erigir; edificar; obrar; 2. plantar, plantificar; establecer
~/die Senkrechte abatir la perpendicular
Errichtung f 1. erección f; edificación f; planteamiento m; plantificación f; instalación f
~/schlüsselfertige erección f llave en mano
Ersatz m 1. sustitución f, reposición f; 2. recambio m, repuesto m
Ersatzschaltbild n esquema m equivalente

Ersatzschaltung f circuito m equivalente
Ersatzstoff m material m de sustitución, sustancia f sustitutoria, sustitutivo m; producto m de reemplazo
Ersatzstromkreis m circuito m equivalente
Ersatzteil n pieza f sustitutiva, pieza f de repuesto [recambio]; repuesto m; componente m de repuesto
erschließen v (Bgb) poner en explotación
Erschließung f 1. descubrimiento m; investigación f; 2. (Bgb) explotación f; puesta f en explotación (Lagerstätten)
~/industrielle desarrollo m industrial
~/städtebauliche urbanización f
ersetzen v sustituir, reemplazar; reponer; cambiar
Ersetzungsbefehl m (Inf) directiva f de sustitución
Ersetzungszeichen n (Inf) carácter m de sustitución
erstarren v solidificarse; consolidarse; helarse, congelarse; fraguar (z. B. Zement)
Erstarrung f solidificación f, consolidación f, congelación f (z. B. von Öl); endurecimiento m (z. B. von Zement)
Erstarrungspunkt m punto m de solidificación
Erstarrungstemperatur f temperatura f de solidificación [cristalización]
erstellen v crear; preparar; elaborar
Erstlader m 1. (El) cargador m inicial; 2. (Inf) Urlader m, Bootstrap-Loader m
Eruption f (Geol) reventón m, erupción f
Eruptionsbohrung f (Bgb) pozo m surgente [productivo]
Eruptivgestein n roca f eruptiva
erwärmen v calentar, caldear
Erwärmung f calentamiento m, caldeo m
Erwartungstheorie f (Math) teoría f de las expectativas
Erwartungswert m (Math) valor m esperado [de esperanza]; valor m previsto
erweichen v ablandar
Erweichung f 1. ablandamiento m, reblandecimiento m; 2. (Kst) plastificación f
erweitern v ampliar; extender; ensanchar (eine Bohrung); aumentar
Erweiterung f ampliación f; extensión f; ensanchamiento m, ensanche m (einer

Bohrung); aumento *m*; prolongación *f* *(Verlängerung)*; diversificación *f (des Produktionsprogramms)*
Erweiterungskabel *n* cable *m* de extensión
Erweiterungskarte *f (Inf)* tarjeta *f* [placa *f*] de ampliación
Erweiterungssteckplatz *m (Inf)* ranura *f* de extensión
Erz *n* mineral *m*; mena *f*
~/aufbereitetes mineral *m* concentrado
~/hochwertiges mineral *m* rico
~/metallhaltiges mineral *m* metalífero
~/radioaktives mineral *m* radiactivo
~/sehr feinkörniges finos *mpl*
Erzaufbereitung *f* elaboración *f* [preparación *f*, tratamiento *m*] de minerales
Erzaufbereitungsanlage *f* procesadora *f* de minerales
Erzbergbau *m* explotación *f* del mineral
Erzbrecher *m* machacadora *f* [trituradora *f*] de minerales
erzeugen *v* producir; generar *(z. B. Energie)*; crear *(z. B. eine Grafik)*; engendrar; criar
erzeugend/Strom electrógeno
Erzeugende *f (Math)* generadora *f*, generatriz *f*; línea *f* generatriz; función *f* generatriz [generadora]
Erzeugung *f* 1. producción *f*; generación *f*; creación *f*; 2. *(Math)* formación *f*
Erzfrachter *m (Schiff)* mineralero *m*, buque *m* [barco *m*] mineralero, transportador *m* de minerales
erzhaltig metalífero
Erzlagerstätte *f* yacimiento *m* metálico [mineral]
Erzprobe *f* muestra *f* de minerales
Erzverhüttung *f* tratamiento *m* de minerales en plantas metalúrgicas, fundición *f* de minerales
Erzvorkommen *n* yacimiento *m* metálico [mineral]; recursos *mpl* minerales
Erzwäsche *f* 1. lavadero *m* [lavadora *f*] de mineral *(Anlage)*; 2. lavaje *m* de minerales
Essigsäure *f* ácido *m* acético
Essigsäureethylester *m* acetato *m* de etilo
Ester *m* éster *m*, éter *m*
Esterzahl *f* índice *m* de éster
Etagenheizung *f* calefacción *f* individual [por pisos]

Ethanol *n* etanol *m*, alcohol *m* etílico
Ethenol *n* alcohol *m* vinílico
Ether *m* éter *m*
Etherbildung *f* eterificación *f*
Ethylalkohol *n* alcohol *m* etílico, etanol *m*
Ethylchlorid *n* cloruro *m* de etilo, etilcloruro *m*
Ethylen *n* etileno *m*, eteno *m*
Ethylester *m* éster *m* etílico
Ethylether *m* éter *m* dietílico [etílico]
Ethylgruppe *f* etilo *m*
Etikettiermaschine *f* máquina *f* etiquetadora [de etiquetar], etiquetadora *f*
Europalette *f* paleta *f* plana
Europium *n* europio *m*, Eu
evakuieren *v* 1. evacuar, vaciar; 2. salvar *(Personen)*
Evakuierungsausgang *m* puerta *f* de escape [socorro], salida *f* de (contra)incendios
Evakuierungsweg *m* itinerario *m* de escape, ruta *f* [vía *f*] de evacuación
Evolute *f (Math)* evoluta *f*
Evolvente *f* 1. *(Math)* envolvente *f*, evolvente *f*; involuta *f*; 2. *(Masch)* evolvente *f* del círculo *(am Stirnrad)*
Evolventenschraubenfläche *f* helicoide *m* en evolvente
Evolventenzahnrad *n* engranaje *m* evolvente
Exaktfeldhäcksler *m (Lt)* recogedora-picadora *f* de discos
Expansionsdampfmaschine *f* máquina *f* de vapor de expansión
Expansionsdüse *f* tobera *f* divergente
Expansionsturbine *f* turbina *f* de expansión, turboexpansor *m*
Experiment *n* experimento *m*, ensayo *m* experimental
Experimentalfunktion *f (Math)* función *f* experimental
Experimentalphysik *f* física *f* experimental
Expertenschätzung *f* estimación *f* de expertos *(künstliche Intelligenz)*
Expertensystem *n* sistema *m* experto
Expertise *f* dictamen *m*, peritaje *m*, prueba *f* pericial; juicio *m* pericial
explizit explícito
explodieren *v* explosionar, detonar; estallar; fulminar
Explosion *f* explosión *f*, detonación *f*, estallido *m*, estallo *m*; fogonazo *m*

explosionsgeschützt a prueba de explosión [explosiones], antideflagrante, antiexplosivo, inexplosible, protegido contra explosión

Explosionsgrenze f límite m explosivo [de explosión]; límite m de inflamabilidad

Explosionsschutz m protección f contra explosiones

Explosionssperre f *(Bgb)* supresor m de explosión

Explosionsumformen n *(Fert)* embutición f por explosivos

Explosionsunterdrückungsanlage f equipo m de supresión de explosiones, supresor m de explosión

Explosionsverdichtung f compactación f explosiva [por explosión] *(Pulvermetallurgie)*

Explosionswelle f soplo m

Explosivschweißen n soldadura f por explosión

Explosivstoff m producto m explosivo, materia f explosiva, explosivo m

Explosivumformen n *(Fert)* embutición f por explosivos

Exponent m *(Math)* exponente m, cantidad f exponencial

Exponentialgleichung f *(Math)* ecuación f exponencial

Exponieren n *(Math)* cálculo m exponencial

Expositionsgrenzwert m límite m [valor m límite] de exposición

Externspeicher m *(Inf)* memoria f externa, unidad f periférica externa

Extraktionsapparat m *(Ch)* extractor m, vaso m de extracción

extrapolieren v *(Math)* extrapolar

Extremwert m *(Math)* extremo m, valor m extremo [de cresta]

Exzenter m excéntrica f, excéntrico m

Exzenterantrieb m impulsión f por excéntrica

Exzenterscheibe f disco m de la excéntrica, excéntrico m, polea f basculante

Exzenterstange f *(Masch)* varilla f [vástago m] de la excéntrica, biela f excéntrica

Exzentersteuerung f distribución f por excéntrica; mando m por excéntrica

F

Fabrik f fábrica f, factoría f, planta f, usina f, manufactura f

Fabrikschiff n buque m [pesquero m] factoría, buque m fábrica

Fach n 1. *(Bw)* panel m; compartim(i)ento m; casilla f; 2. *(Text)* calada f, paso m; 3. *(Typ)* cajetín m

Fächerantenne f antena f de abanico

Fachsprache f lenguaje m técnica; lenguaje m especializado [profesional], tecnicismo m; tecnología f

~/technische lenguaje m de ingeniería

Fachwerk n *(Bw)* estructura f, osatura f; armadura f; forjado m, viguetaje m

Fachwerkbauweise f *(Bw)* construcción f de [en] celosía; construcción f en entramado *(Holzbau)*

Fachwerkträger m *(Bw)* celosía f armada; viga f reticulada [armada, de celosía, de alma calada]

Fackelgas n gas m de antorcha

Faden m 1. *(Text)* hebra f; hilo m; pelo m; 2. braza f *(altes Längenmaß für Tiefenmessungen)*; 3. s. Glühfaden

Fadenkreuz n 1. *(Opt)* retículo m, retícula f, cruz f filar; 2. *(Text)* cruce m, cruz f *(Weberei)*

Fadingeffekt m efecto m de desvanecimiento

Fahrbahn f 1. calzada f; arrecife m; pavimento m; 2. vía f; 3. carrilera f, carril m

Fährboot n barca f [balsa f] de pasaje, pontón m de transbordo, ferry (boat) m, *(Am)* balsa f, chalana f de paso

Fahrdraht m 1. *(Eb)* cable m aéreo, conductor m [alambre m, hilo m] de contacto, conductor m de troles, trole m; 2. *(Eb, El)* línea f de contacto; acometida f eléctrica *(E-Lok)*

Fahrdrahtweiche f aguja f aérea [tangencial] *(Straßenbahn)*

Fähre f buque m transbordador, transbordador m, balsadero m, balsa f, ferry (boat) m

fahren v 1. *(Kfz)* dirigir; 2. navegar *(ein Schiff)*; 3. operar, explotar *(eine Anlage)*

Fahrerkabine f *(Kfz)* cabina f de conducción, cabina f del conductor; garita f *(Kran)*

Fahrerraum *m* cámara *f* de conducción; lugar *m* del conductor
Fahrersitz *m* asiento *m* (del) conductor, asiento *m* de conducir, sillín *m* [sitio *m*] del conductor
Fahrerstand *m (Lt)* plataforma *f* de conducción, plataforma *f* del conductor
Fahrfußhebel *m (Kfz)* acelerador *m*, descansapiés *m* del acelerador
Fahrgastbodenraum *m (Kfz)* piso *m* de la carrocería
Fahrgastfähre *f* transbordador *m* de pasajeros
Fahrgastschiff *n* buque *m* de pasajeros [pasaje], motonave *f* de pasaje, paquebot(e) *m*
Fahrgeschwindigkeit *f* 1. velocidad *f* de viaje, marcha *f*; velocidad *f* de conducción; 2. *(Förd)* velocidad *f* de traslación
Fahrgestell *n* 1. *(Kfz)* bastidor *m* de rodaje, chasis *m*, carro *m* inferior; 2. *(Förd)* tren *m* de rodaje [rodadura]; 3. *(Eb)* bogie *m*; 4. *s.* Fahrwerk 3.
Fahrgetriebe *n* mecanismo *m* de propulsión
Fahrgleis *n* vía *f* de traslación *(Kran)*
Fahrkartendrucker *m* máquina *f* de imprimir billetes
Fahrkurbel *f (Eb)* manubrio *m*
Fahrlader *m (Kfz)* camión *m* montacargas
Fahrleitung *f* cable *m* aéreo, alambre *m* [hilo *m*, línea *f*] de contacto, hilo *m* de alimentación
Fahrschalter *m (Eb)* combinador *m* de gobierno
Fahrschiene *f* carril *m* de rodadura
Fahrstand *m* puesto *m* de conducción, puesto *m* del conductor
Fahrstrecke *f* 1. espacio *m* recorrido; longitud *f* de marcha; 2. *(Bgb)* galería *f* de circulación
Fahrstrom *m (Eb)* corriente *f* de tracción
Fahrstuhl *m* ascensor *m*
Fahrt *f* 1. viaje *m*; pasaje *m*, travesía *f*, crucero *m*; 2. marcha *f*; velocidad *f*; 3. *(Schiff)* navegación *f* • **volle ~ voraus** a toda velocidad
Fahrtreppe *f* escalera *f* rodante [automática]
Fahrtrichtungsanzeiger *m (Kfz)* indicador *m* [lámpara *f*] de dirección, indicador *m* de marcha, luz *f* intermitente

Fahrtschreiber *m* tacógrafo *m*, traquímetro *m*, taquígrafo *m*
Fahrwerk *n* 1. dispositivo *m* de marcha; carro *m* inferior; 2. *(Kfz)* estructura *f* básica *(ohne Motor)*; 3. *(Förd)* mecanismo *m* traslador [de traslación]; tren *m* rodaje [de rodadura]; 4. *(Flg)* aterrizador *m*, tren *m* de aterrizaje
~/einziehbares tren *m* (de aterrizaje) retráctil, aterrizador *m* escamotable
Fahrwiderstand *m (Förd)* resistencia *f* al movimiento de traslación
Fahrzeug *n* vehículo *m*; automóvil *m*; carro *m*, equipo *m* móvil; artefacto *m*; unidad *f* móvil
~/geländegängiges automóvil *m* todo terreno, vehículo *m* extraviario [todo terreno], todoterreno *m*
~/gleisloses transporte *m* sin vía
~ mit Batterieantrieb vehículo *m* eléctrico
~ mit Eigenantrieb automotor *m*, vehículo *m* locomotor
~/schienengebundenes vehículo *m* sobre carriles
Fahrzeugabwrackung *f* demolición *f* de automóviles, destrucción *f* de vehículos
Fahrzeuganhänger *m* trailer *m*
Fahrzeugantrieb *m* propulsión *f* de vehículos
Fahrzeugbau *m* construcción *f* de vehículos
Fahrzeugheizung *f* calefacción *f* del vehículo
Fahrzeuginstandhaltung *f* mantenimiento *m* de vehículos
Fahrzeugkarosserie *f* carrocería *f* (de) automóvil
Fahrzeugkonstruktion *f* diseño *m* de vehículos
Fahrzeugkran *m* grúa *f* automotora [automotriz, automóvil, autotransportada]
Fahrzeuglenkung *f* gobierno *m* de vehículos
Fahrzeugrahmen *m* carcasa *f* de vehículos
Fahrzeugtür *f* portezuela *f*
Faksimile *n* facsímil(e) *m*, faxograma *m*, telefax *m*
Faksimileausgabe *f* edición *f* facsimilar
Faksimileschreiber *m* teleinscriptor *m* de facsímil
Faksimiletelegraf *m* belinógrafo *m*

Faksimileübertragung

Faksimileübertragung *f* transmisión *f* facsímil, facsímil-transmisión *f*, telegrafía *f* facsímil; correspondencia *f* facsímil
Faktor *m* 1. factor *m*; coeficiente *m*; parámetro *m*; agente *m*; 2. *(Math)* submúltiplo *m (einer Zahl)*
Faktor(en)analyse *f (Math)* análisis *m* factorial
Faktorenzerlegung *f (Math)* descomposición *f* factorial [en factores]
Faktorisierung *f (Math)* factorización *f*
Faktorraum *m (Math)* espacio *m* cociente
Fakturiermaschine *f* facturadora *f*
Fakultät *f (Math)* factorial *f*
Fall *m* 1. *(Ph)* caída *f*; 2. caso *m*, hecho *m*
~/freier caída *f* libre
Fällapparat *m (Ch)* precipitador *m*, aparato *m* de precipitación
Fällbad *n* baño *m* precipitante [de precipitación]
Fallbär *m (Fert)* martinete *m* (de escape)
Fallbeschleunigung *f (Ph)* aceleración *f* de caída, aceleración *f* de la gravedad [gravitación]
Fallbremse *f* descendedor *m*, amortiguador *m (Fallschutzmittel)*
Fallbügel *m (Kfz)* estribo *m* de caída
Fallen *n* 1. caída *f*; decaimiento *m*; 2. descenso *m*; 3. *(Geol)* buzamiento *m (z. B. der Gesteinsschichten)*; inclinación *f (von Schichten)*
fällen *v* 1. cortar *(Baum)*; 2. *(Ch)* precipitar
~/eine Lotrechte trazar una perpendicular
Fallgeschwindigkeit *f* velocidad *f* de caída
Fallhammer *m* martillo *m* mecánico [pilón, de caída libre], martinete *m* de choque [escape], martinete *m*
Fallhöhe *f* altura *f* de caída
Fallout *m* lluvia *f* radiactiva
Fallreep *n (Schiff)* escala *f* de portalón [gato], escala *f* real, andarivel *m*
Fallrohr *n* tubo *m* de caída; bajada *f* de aguas, bajante *m*
Fallschutzmittel *n* dispositivo *m* anticaídas [de prevención de caídas], paracaídas *m*
Fallstromvergaser *m (Kfz)* carburador *m* invertido [de corriente descendente]
Falltür *f* puerta *f* basculante [caediza, de guillotina], trap *m*

Fällung *f (Ch)* precipitación *f*, precipitado *m*, separación *f*, sedimentación *f*
Fällungsanlage *f* instalación *f* de precipitación *(zur Ausfällung von Wasserinhaltsstoffen)*
Fällungsmittel *n (Ch)* precipitante *m*
Falschkiel *m (Schiff)* quilla *f* falsa
Faltboot *n* canoa *f* plegadiza
Falte *f* 1. *(Text)* arruga *f*; 2. *(Geol)* plegado *m*, pliegue *m*
falten *v* 1. *(Fert)* doblar; 2. *(Geol)* plegar
Faltenbalg *m (Eb)* fuelle *m* plegable
Faltschiebedach *n (Kfz)* techo *m* plegable
Falttür *f* puerta *f* de acordeón
Faltung *f* 1. *(Math)* convolución *f*; 2. *(Geol)* plegamiento *m*, plegado *m*, pliegue *m*
Faltungsintegral *n (Math)* integral *f* de convolución
Falz *m* 1. encaje *m*; ranura *f*; 2. *(Fert)* plegado *m*
falzen *v* 1. *(Fert, Typ)* bordear; doblar; plegar; 2. *(Led)* igualar
Falzheftung *f (Typ)* cosido *m* por el doblez
Falzhobel *m (Fert)* avivador *m*, juntera *f*, rebajador *m*
Falzmaschine *f (Typ)* máquina *f* plegadora [de plegar], plegadora *f*, doblador *m*
Falzmesser *n (Typ)* cuchilla *f* plegadora
Falzsiegelautomat *m (Typ)* plegadora-cosedora *f* automática a termosellladura
Falz- und Klebemaschine *f (Typ)* plegadora-pegadora *f*
Falzwerk *n (Typ)* mecanismo *m* plegador
Falzzylinder *m (Typ)* cilindro *m* plegador
Fangarbeit *f (Bgb)* trabajo *m* de pesca, pesca *f (bei Bohrungen)*
Fangeinrichtung *f* 1. capturador *m*; 2. *(Schiff)* medio *m* de captura; instalación *f* de captura *(Fischfang)*
Fanggerät *n* 1. *(Schiff)* herramienta *f* [arte *m*] de pesca; 2. *(Bgb)* pescador *m (Bohrung)*
Fanggitter *n (Eln)* rejilla *f* supresora
Fanghaken *m* 1. *(Schiff)* arpón *m*; 2. *(Bgb)* pescabarrenas *m*; gancho *m (Bohrung)*
Fangleine *f* cuerda *f* de suspensión [rasgar]; cordón *m* de suspensión *(Fallschirm)*
Fangnetz *n (Schiff)* red *f* de recogida, arte *m* de pesca, paño *m*
Fangseil *n* cuerda *f* de enlazado *(Sicherheitstechnik)*

Fang- und Verarbeitungsschiff *n* buque *m* factoría de pesca
Fangvorrichtung *f* 1. *(Förd)* paracaídas *m*; 2. *(Schiff)* salvavidas *m*; 3. *(Bgb)* freno *m* de seguridad *(Förderkorb)*
Farad *n* faradio *m*, farad *m*, F *(SI-Einheit der elektrischen Kapazität)*
Faraday-Käfig *m* caja *f* [cilindro *m*] de Faraday
Faradisiergerät *n* aparato *m* de faradización
Farbanstrich *m* 1. aplicación *f* de pinturas; 2. pintura *f*
Farbaufnahmekamera *f* cámara *f* a color
Farbauftrag *m* pintado *m*, pintura *f*
Farbauszugsfilter *n* (Foto) filtro *m* selectivo
Farbband *n* cinta *f* mecanográfica [de máquina]; cinta *f* entintada
Farbbandgabel *f* horquilla *f* del levantacinta
Farbbandkassette *f* casete *m* de cinta entintada
Farbbildröhre *f* cinescopio *m* de color
Farbbildschirm *m* monitor *m* de [en] color, pantalla *f* cromática [en color]
Farbdrucker *m* impresora *f* de color
Farbdruckmaschine *f (Text)* estampadora *f* en colores
Farbe *f* 1. color *m*; coloración *f*; pintura *f*; 2. *(Text)* tinte *m*, tinta *f* • **in allen Farben** omnicolor
~/**nachleuchtende** pintura *f* fosforescente
~/**schnell trocknende** tinta *f* de secado rápido
~/**wasserlösliche** pintura *f* soluble en agua
Färbeapparat *m (Text)* aparato *m* de teñir
Färbebad *n (Text)* baño *m* de tintura
Farbechtheitsprüfung *f* ensayo *m* de solidez de los colores
Färbeflotte *f (Text)* baño *m* de tintura
Färbemaschine *f (Text)* máquina *f* de teñir, jigger *m* para teñir
Färbemittel *n* 1. color *m*; colorante *m*; 2. *(Text)* tinte *m*
Farbempfindlichkeit *f (Foto)* sensibilidad *f* cromática
färben *v* 1. colorar, colorear; 2. *(Text)* teñir; entintar, tintar
Färben *n (Text)* teñido *m*, teñidura *f*; coloración *f*; entintación *f*, tintura *f*, entintado *m*, entintadura *f*

Farbendruck *m* 1. *(Text)* estampación *f* en colores; 2. *(Typ)* impresión *f* en color(es)
Farbenlichtdruck *m (Typ)* fototipia *f* en colores
Farbentferner *m* removedor *m* de pintura, quitapintura *m*, eliminador *m* de pinturas
Farbentwickler *m* revelador *m* cromógeno
Färberei *f* teñiduría *f*, tintorería *f*, *(Am)* batán *m*
Farbfernsehbildröhre *f* cinescopio *m* de color, cromoscopio *m*
Farbfernsehgerät *m* aparato *m* de televisión en color, televisor *m* de color
Farbfilter *n (Opt)* filtro *m* cromático [de color]
Farbflotte *f (Text)* baño *m* de tintura, solución *f* colorante
Farbgebung *f* cromatismo *m*; acondicionamiento cromático *(z. B. Arbeitsraum)*
Farbgrafikdrucker *m* impresora *f* de gráficos en color
Farbkopiergerät *n* copiadora *f* de colores
Farblaserdrucker *m* impresora *f* láser a color
Farblösemittel *n* disolvente *m* de pintura
Farbmesser *m* colorímetro *m*, cromatómetro *m*, cromómetro *m*
Farbmessung *f* 1. cromatometría *f*, cromometría *f*, colorimetría *f*; 2. *(Typ)* densitometría *f (Farbdichte)*
Farbprüfröhrchen *n* tubo *m* comparativo de color
Farbraster *m (Typ)* retícula *f* [trama *f*] de colores
Farbschalter *m (TV)* conmutador *m* electrónico de colores, discriminador *m* cromático
Farbschriftröhre *f* tubo *m* catódico de pantalla absorbente, esquiatrón *m*
Farbspritzanlage *f* instalación *f* [rociador *m*] de pintura
Farbspritzen *n* aplicación *f* de pintura a pistola
Farbspritzgerät *n* pulverizador *m* [rociador *m*] de pintura
Farbspritzkabine *f* cabina *f* de pintura
Farbspritzpistole *f* pistola *f* [rociador *m*] de pintura, aerógrafo *m*
Farbstoff *m* colorante *m* [materia *f*, material *m*, sustancia *f*], color *m*
Farbstoffchemie *f* química *f* de colorantes

Farbstofflaser m láser m de colorante(s)
Farbtafel f escala f de colores
Farbtintenstrahldrucker m impresora f de chorro a tinta a color
Farbton m tono (de color) m; matiz m; color m; tinta f
Farbtüpfelprobe f (Ch) ensayo m de la gota de colorante
Farbwerk n (Typ) equipo m entintador, batería f de tintaje [rodillos]
Farbzerlegungsoptik f (TV) óptica f de dispersión cromática
Farbzerstreuung f (Opt) cromatismo f
Fase f (Fert) faja f, bisel m, chaflán m
Fasenwinkel m ángulo m del chaflán (Schraube)
Faser f 1. fibra f; hilo m; 2. (Text) hilacha f; 3. (Met) fajas fpl alargadas (Gefüge)
~/optische fibra f óptica
~/synthetische fibra f artificial
faserbewehrt reforzado con fibras
Fasereinlage f alma f fibrosa (Kabel)
faserig fibroso; hilachoso
Fasermetallurgie f metalurgia f de las fibras
Faseroptik f óptica f de fibras, fibroóptica f
Faserpartikel n(f) partícula f de fibra
Faserplatte f (Bw) placa f de fibra; tablero m de fibras
Faserstift m rotulador m de fieltro
Faserstoff m 1. material m fibroso, sustancia f fibrosa; 2. (Text) fibras fpl textiles; pasta f fibrosa (Papierherstellung)
Faservlies n (Text) velo m de fibras
Faserzählung f contaje m de fibras
Fass n barril m; cuba f; tonel m
Fassade f (Bw) fachada f, frente m, frontera f, lienzo m, testera f
Fassadengerüst n andamiaje m de elevación
Fassadenziegel m ladrillo m de fachada [paramento]
Fassung f 1. armadura f, montura f; portador m; receptáculo m; encajadura f (z. B. eines Edelsteins); 2. (El) pie m de lámpara
Fassungsanlage f planta f de captación (Trinkwasserschutzgebiet)
Fassungsvermögen n capacidad f (cúbica); cabida f

Faulbecken n fosa f séptica; tanque m séptico
faulen v corromperse; pudrir
Faulgas n gas m de cloaca (Abwasserbehandlung); gas m de fermentación
Faulgrube f fosa f séptica, pozo m negro
fäulnisbeständig imputrescible
Faulschlamm m cieno m podrido [de pudrición], lodo m digerido, sapropel m
Faulschlammbehälter m depósito m de los cienos podridos
Faulturm m digestor m (anaeróbico), tanque m digestor [séptico, de digestión]
Fausthammer m martillo m corto
Faustregel f regla f empírica
Fax n fax m, telefax m, faxograma m
Faxanschluss m conexión f de fax
Faxbox f buzón m de correo
Faxmodem m modem-fax m
Faxnummer f número m de fax
Faxpapier n papel m de fax
Faxtitelblatt n portada f de fax
Faxübertragung f transmisión f por fax
Fayence f fayenza f
Feder f 1. resorte m, muelle m (Zugfeder); cuerda f, pelo m (einer Uhr); 2. chaveta f; 3. pluma f
~ und Nut f chavetero m y ranura f, lengüeta f y ranura f
Federantrieb m accionamiento m elástico [de muelle, de resorte]
Federaufhängung f (Kfz) suspensión f de ballestas
Federbalg m fuelle m de tubo ondulado
Federbandstahl m fleje m de acero para resortes
Federbein n (Flg) pata f amortiguadora, montante m amortiguador (Fahrwerk)
federbelastet cargado por resorte, de resorte, sometido a la presión de un resorte
Federbelastung f carga f del muelle [resorte]
federbetätigt accionado por resorte
Federblatt n hoja f de muelle [resorte]; hoja f [lámina f] de ballesta; lengüeta f de resorte
Federbremse f frenillo m
Federdraht m alambre m de resorte, alambre m para muelles
Federjoch n yugo m de muelle (Rammtechnik)

Federkeil m lengüeta f
Federklammer f 1. patilla f de muelle; 2. *(Kfz)* estribo m de ballesta
Federklinke f *(Eb)* cambio m [retén m, retenedor m] de resorte
Federkonstante f coeficiente m de rigidez, constante f de resorte [muelle]
Federkraft f *(Masch)* fuerza f elástica [de muelle, de resorte]
Federkupplung f acoplamiento m de resortes; embrague m elástico [de resortes]
Federlasche f brida f de muelle [resorte], grillete m de resorte, abrazadera f de ballesta
Federmanometer n manómetro m de resorte
Federnut f caja f de chaveta
Federpuffer m 1. amortiguador m de muelle; 2. *(Eb)* tope m de ballesta
Federring m arandela f elástica [Grover, espiral, de muelle, de resorte], aro m de muelle
Federrollenlager n rodamiento m elástico de rodillos
Federschalter m interruptor m de resorte
Federscheibe f arandela f elástica [Grover, de muelle, de resorte]
Federstahl m acero m para muelles [resortes]
Federstoßdämpfer m amortiguador m de resorte
Federung f acojinamiento m; suspensión f, flecha f del muelle [resorte], flecha f de la flexión; unión f machihembrada
Federwaage f balanza f de muelle, báscula f de resorte
Federweiche f cambio m de resorte
Federzinkenegge f *(Lt)* grada f de dientes flexibles [de resorte]
Federzinkengrubber m *(Lt)* cultivador m de brazos [dientes] flexibles, cultivador m de muelle
Fehlauslösung f disparo m erróneo *(z. B. eines Relais)*
Fehlbohrung f *(Bgb)* pozo m estéril [seco]
Fehleinstellung f desajuste m *(Gerät, Maschine)*
Fehler m 1. error m; falta f; 2. fallo m, defecto m; falla f *(im Material)*; imperfección f; desperfecto m; tacha f
~/aussetzender *(Inf)* error m intermitente

~/behebbarer *(Inf)* error m salvable
~/chromatischer *(Opt)* cromatismo m, aberración f cromática [de cromatismo, de refrangibilidad]
~/greenscher *(Math)* función f de Green
~/maximal zulässiger error m máximo permisible
~/mittlerer quadratischer error m medio cuadrático
~/nicht zu behebender *(Inf)* error m irrecuperable [insalvable]
~/sich fortpflanzender fallo m progresivo
~/summarischer error m total
~/technischer fallo m técnico [mecánico]
~/verborgener defecto m oculto
~/zufälliger error m accidental; fallo m casual
~/zulässiger error m admisible [tolerable]
Fehleranzeige f indicación f de errores; señalizador m de error; indicación f de avería
Fehlerbaum m *(Inf)* árbol m de defectos [errores]
Fehlerbeseitigung f *(Inf)* eliminación f [supresión f] de errores
Fehlerbit n *(Inf)* bit m erróneo [de error]
Fehlerbündel n *(Inf)* ráfaga f de errores
Fehlerdiagnose f diagnóstico m de errores; diagnóstico m de fallos; diagnóstico m de anomalías; diagnosis f de defectos; análisis m de error(es)
fehlererkennend autoverificante
Fehlererkennung f detección f de errores [fallos, faltas], identificación f de errores; reconocimiento m de errores; reconocimiento m de defectos
Fehlerflag n *(Inf)* bandera f de error
Fehlerfortpflanzung f propagación f de errores
Fehlerhäufigkeit f *(Math)* frecuencia f de errores, tasa f de error
Fehlerkorrekturcode m *(Inf)* código m corrector (de errores)
Fehlerkurve f/gaußsche curva f normal [bicornia, de errores, de campana, de Gauss)
Fehlermatrix f *(Math)* matriz f de errores
Fehlermeldung f *(Inf)* mensaje m erróneo [de error]; aviso m de avería
Fehlerortung f localización f de fallos; localización f de averías

Fehlerprüfcode *m (Inf)* código *m* de verificación de error, código *m* detector de errores
Fehlerprüfgerät *n (Wkst)* defectoscopio *m*
Fehlerprüfung *f* 1. examen *m* de fallos; 2. *(Inf)* verificación *f* de errores
Fehlerprüfzeichen *n (Inf)* carácter *m* de comprobación de errores
Fehlerschlüsselcode *m (Inf)* código *m* de error codificado
Fehlersignal *n* señal *f* de error; señal *f* de defecto
Fehlerspannung *f* tensión *f* de defecto
Fehlerstrecke *f* sección *f* defectuosa *(einer Leitung)*
Fehlerstrom *m* corriente *f* de defecto [falta]
Fehlersuche *f* búsqueda *f* de errores; búsqueda *f* de averías; detección *f* de errores [fallos, faltas]; localización *f* de errores [fallos]; depuración *f*
Fehlersuchgerät *n* aparato *m* detector; localizador *m* de defectos; buscador *m* de averías
Fehlersuchprogramm *n (Inf)* programa *m* [rutina *f*] de diagnóstico, rutina *f* de depuración
Fehlersuchtabelle *f* tabla *f* buscadefectos
Fehlersuch- und Korrekturprogramm *n (Inf)* depurador *m*
Fehlertheorie *f (Math)* teoría *f* de los errores
Fehlertoleranz *f* 1. tolerancia *f* a fallos; 2. tolerancia *f* de errores *(eines Systems)*
Fehlerüberwachung *f (Inf)* control *m* de errores
Fehlerunterbrechung *f (Inf)* interrupción *f* de error
Fehlerverteilungsgesetz *n (Math)* ley *f* de errores
Fehlervoraussage *f* predicción *f* de fallos
Fehlerwahrscheinlichkeit *f* probabilidad *f* de errores; índice *m* de probabilidad de error
Fehlerwiderstand *m (El)* resistencia *f* por avería *(Widerstand der Fehlerstelle)*
Fehlerzeichen *n* 1. *(Inf)* carácter *m* de error; 2. *(Inf)* indicador *m* de falta
Fehlguss *m (Gieß)* fundición *f* malograda [defectuosa]
fehlleiten *v* descaminar
Fehlmessung *f* medición *f* errónea

Fehlschaltung *f (El)* conexión *f* errónea [falsa]
Fehlstellenhalbleiter *m* semiconductor *m* extrínseco
Fehlstrom *m* corriente *f* deficiente *(Relais)*
Fehlzündung *f (Kfz)* encendido *m* defectuoso, explosión *f* fallida
Feile *f* lima *f*
feilen *v* limar
Feilen *n* limado *m*, limadura *f*
Feilhärteprobe *f (Wkst)* prueba *f* de dureza a la lima
Feilspäne *mpl* limadura *f*, limalla *f*
fein 1. fino; menudo; 2. delgado; 3. preciso; 4. refinado
Feinabgleich *m* ajuste *m* fino
Feinablesung *f* lectura *f* precisa
Feinabstimmkondensator *m* condensador *m* vernier
Feinabstimmung *f* sintonización *f* fina [precisa]
Feinanalyse *f* microanálisis *m*
Feinbearbeitung *f (Fert)* acabado *m*, afinación *f*, desbaste *m* fino; maquinado *m* de precisión
Feinblech *n* chapa *f* delgada [fina]
Feinblechstraße *f* tren *m* de chapas finas *(Walzen)*
Feinblechwalzwerk *n* laminador *m* de chapa fina
Feinbohrmaschine *f* taladradora *f* de refino
Feinbohrwerk *n* mandriladora *f* de precisión [refino]
Feinbrecher *m* trituradora *f* para finos
feindispers finamente disperso
Feindrahtgewebe *n* malla *f* metálica fina
Feindrehen *n* torneado *m* en fino; torneado *m* a diamante *(mit Diamantwerkzeug)*
Feindrehmaschine *f* torno *m* de precisión
Feindrehmeißel *m* herramienta *f* para terminar
Feinegge *f (Lt)* grada *f* sembradora
Feineinstellung *f* ajuste *m* fino [de precisión]; regulación *f* fina [precisa], reglaje *m* preciso [de precisión]; enfoque *m* de precisión; enfoque *m* micrométrico
feinen *v* afinar *(z. B. Stahl)*
Feinen *n* refinamiento *m (z. B. von Stahl)*
Feinerz *n* mineral *m* fino; menudos *mpl* de mineral

Feingefüge n (Met) estructura f fina; granulación f fina; microestructura f; textura f fina

Feingehalt m finura f (Legierung); ley f (von Erzen)

Feingerätebau m construcción f de instrumentos de precisión; fabricación f de instrumentos de precisión; industria f de aparatos de precisión

Feingerätetechnik f s. Feinwerktechnik

Feingewinde n rosca f fina

Feingold n oro m fino [de ley]

Feingrubber m (Lt) rastrillo m cultivador, cultivador m tipo danés

Feinguss m fundición f fina [de precisión], fundición f a la cera perdida

Feinheit f 1. finura f (z. B. von Fasern); 2. delgadez f; 3. precisión f; 4. (Schiff) afinamiento m

Feinheitsbestimmung f (Text) determinación f de la finura (z. B. von Fasern)

Feinheitsgrad m (Ch) grado m de refinamiento

Feinkeramik f cerámica f fina

Feinkies m gravilla f (5–25 mm)

Feinkiesaufbereiter m gravilladora f

Feinkiesverteiler m esparcidora f de grava

Feinkohle f carbón m granulado [a granel], finos mpl, menudos mpl

Feinkorn n grano m fino; granulación f fina

Feinkornbestimmung f granulometría f fina

Feinmechanik f mecánica f fina [de precisión]

Feinmessung f medición f [medida f] de precisión, micrometría f

Feinmessgerät n medidor m [aparato m metrológico] de precisión

Feinmessschraube f calibre m [compás m] micrométrico

Feinmessuhr f comparador m de precisión de cuadrante

Feinmontage f montaje m de precisión; ensamblaje m de precisión

Feinsäge f serrucho m de afinar, sierra f para cortes finos

Feinschleifen n rectificado m fino

Feinschleifmaschine f máquina f de acabar, acabadora f, alisadora f

Feinschnitt m (Fert) corte m de acabado

Feinstaubfilter n filtro m contra polvos finos

Feinstbearbeitung f (Fert) mecanizado m de gran precisión; superacabado m

Feinstellschraube f (Feinw) tornillo m micrométrico

Feintaster m detector m de precisión

Feintrieb m (Feinw) ajuste m fino; accionamiento m micrométrico; avance m lento; enfoque m micrométrico; mando m micrométrico [de ajuste fino]

Feinwerktechnik f ingeniería f de precisión; mecánica f de precisión

Feinzeiger m comparador m; micrómetro m de [con] cuadrante

Feld n 1. (El, Ph) campo m; 2. (Bw) panel m; 3. (Inf) arreglo m, campo m; ítem m; array m; matriz f (Datenstruktur); 4. (Bgb) espacio m entre dos cuadros [marcos] (Streb); 5. casilla f, tabla f; 6. campo m; terreno m

~/elektrisches campo m eléctrico

~/elektromagnetisches campo m electromagnético

~/elektrostatisches campo m electrostático

~/erdmagnetisches campo m magnético terrestre

~/ganzzahliges arreglo m entero

~/remanentes (El) campo m residual

~/semantisches (Inf) campo m de significación, alcance m de término

~/skalares (Math) campo m escalar

~/stationäres (Ph) campo m estacionario

~/überlagertes (El) campo m superpuesto

~ variabler Länge (Inf) arreglo m dinámico, campo m de longitud variable

~/vektorielles (Math) campo m vectorial [de vectores]

~/wirbelfreies (Ph, Math) campo m irrotacional

Feldadresse f (Inf) dirección f del arreglo

Feldaufladung f (El) carga f de campo

Feldbefehl m (Inf) instrucción f de campo

Feldbezeichnung f (Inf) identificación f [nombre m] de campo, identificador m de arreglo [campo], nombre m de arreglos

Felddämpfung f (El) atenuación f de campo

Feldeffektdiode f diodo m de efecto de campo

Feldeffekttransistor m transistor m unipolar [de efecto de campo]

Feldelektronenemission

Feldelektronenemission f emisión f de campo (eléctrico), emisión f fría (de electrones)
Feldelektronenmikroskop n microscopio m de campo electrónico, microscopio m de emisión de campo [electrones]
Feldemission f emisión f de campo (eléctrico), emisión f fría (de electrones)
Felderprobung f prueba f de campo
Feldgröße f 1. *(Ph, El)* tamaño m de campo; 2. *(Inf)* dimensión f del arreglo
Feldhäcksler m *(Lt)* recogedora-picadora f de forraje verde, cosechadora f de forraje, cortadora f trituradora, cortadora-recolectora f, picadora-cargadora f
Feldionenmikroskop n microscopio m de campo iónico
Feldkonstante f **elektrische** permitividad f del vacío
~/magnetische permeabilidad f del vacío
Feldlader m *(Lt)* picadora-cargadora f
Feldlinienverlauf m dirección f de las líneas de flujo
Feldmagnet m *(El)* imán m inductor [de campo]
Feldmessung f agrimensura f, medición f de terreno
Feldmoment n momento m del espacio, momento m entre dos apoyos *(Statik)*
Feldname m *(Inf)* identificador m del campo, identificador m de arreglo, nombre m de campo [arreglo]
Feldrechner m *(Inf)* procesador m matricial [de arreglos]
Feldregler m *(El)* regulador m de campo; reóstato m de campo
Feldröhre f *(Eln)* tubo m de flujo
Feldspat m *(Min)* feldespato m
Feldspule f *(El)* carrete m inductor, bobina f de campo
Feldstärke f *(Ph, El)* intensidad f de campo
~/elektrische fuerza f eléctrica
~/magnetische fuerza f magnética [magnetizante], intensidad f de campo magnético
Feldstärkemesser m medidor m de intensidad de campo
Feldstecher m anteojo m prismático, gemelos mpl
Feldstudie f estudio m in situ, estudio m de campo, estudio m sobre el terreno; análisis m de campo

Feldtheorie f *(Ph)* teoría f de los campos *(Vektoranalysis)*
Feldvektor m vector m de campo
Feldwicklung f devanado m [arrollamiento m] del campo *(beim Elektromotor)*; arrollamiento m del inductor *(beim Magnet)*
Felge f llanta f
Felgenbremse f freno m de llanta
FEM s. 1. Feldelektronenmikroskop; 2. Finite-Elemente-Methode
Fender m *(Schiff)* defensa f (de costado), cojín m
Fenster n 1. *(Bw)* ventana f; 2. *(Inf)* ventana f, recuadro m; pantalla f individual *(Teil des Bildschirmes)*
Fensterglas n vidrio m
Fensterheber m *(Kfz)* levantacristales m, alzacristales m
Fensterscheibe f cristal m, hoja f de vidrio
Ferment n enzima f
Fermentation f fermentación f
Fermenter m fermentador m, biorreactor m *(Biotechnologie)*
fermentieren v fermentar
Fermentiergefäß n recipiente m de fermentación *(Biotechnologie)*
Fermium n fermio m, Fm
Fernabfragestelle f *(Inf)* estación f de consulta a distancia, unidad f de consulta remota
Fernablesung f lectura f remota [a distancia], telelectura f
Fernamt n *(Nrt)* central f interurbana [de servicio interurbano]
Fernanschaltung f 1. ampliación f remota; 2. *(Inf)* unidad f de entrada/salida remotas
Fernantrieb m teleaccionamiento m
Fernanzeige f indicación f a distancia, teleindicación f; lector m de distancia
Fernanzeigegerät n instrumento m de telecontrol [registro remoto]
Fernanzeiger m indicador m a distancia, teleindicador m
Fernausschalter m telerruptor m
fernbedienen v telemandar
Fernbedienung f manejo m [mando m] a distancia, telemanejo m, telemanipulación f; telemando m; telecontrol m; operador m distante; automático m de teleselección
Fernbedienungskabel n cable m para mando a distancia

fernbetätigen v accionar a distancia, telemandar
Fernbetätigung f maniobra f a distancia, telemando m; manipulación f a larga distancia
Fernbetrieb m operación f distante [remota], modo m remoto
Fernbild n telefoto f
Fernbildübertragung f telefotografía f
Ferndrucker m teleimpresora f
Ferneingabe f entrada f remota
Ferneinschaltung f teleconexión f
Ferneinstellung f teleajuste m
Ferneinwahl f (Nrt) teleselección f
Fernfeld n campo m lejano (de sonido) (Akustik)
Ferngang m (Kfz) sobremultiplicación f
Ferngasleitung f gasoducto m
Ferngespräch n comunicación f (telefónica) interurbana, llamada f interurbana, conferencia f telefónica de larga distancia, conferencia f [conversación f] interurbana
ferngesteuert mandado a distancia, teleaccionado
Fernglas n anteojo m, gemelos mpl, catalejo m
Ferngreifer m pinza f telegobernada, telepinza f
Fernheizleitung f canalización f térmica a distancia; conducto m de calefacción urbana
Fernheizung f calefacción f a distancia
Fernheizwerk n central f térmica a distancia
Fernkopie f facsímil(e) m, fax m, faxograma m, telefax m
Fernkopieren n transmisión f facsímil; telegrafía f facsímil
Fernkopierer m máquina f de facsímil, telecopiador m, telecopiadora f; telégrafo m facsímil; terminal m de facsímil
Fernkopierkarte f (Nrt) placa f de facsímil
Fernleitung f (Nrt) línea f interurbana [tronco]
fernlenken v teledirigir, telegobernar, teleguiar
Fernlenkung f dirección f [mando m] a distancia, teledirección f, telegobierno m, teleguiado m
Fernlicht n (Kfz) faro m [luz f] de carretera, luz f larga [a distancia, de marcha, de largo alcance]

Fernmeldedienst m servicio m de comunicaciones [telecomunicación]
Fernmeldegerät n aparato m de telecomunicación; material m de transmisión [transmisiones]
Fernmeldekabel n cable m de comunicación [telecomunicación]
Fernmeldeleitung f línea f de comunicación [telecomunicación]
Fernmeldenetz n red f de comunicaciones [líneas de telecomunicación, telecomunicaciones]; sistema m de telecomunicaciones
Fernmelderelais n relé m telefónico
Fernmeldesatellit m satélite m de telecomunicación [telecomunicaciones, teledifusión], satélite m retransmisor de señales
Fernmeldesignal n señal f de telecomunicación
Fernmeldetechnik f telecomunicaciones fpl; material m de transmisión [transmisiones]
fernmessen v telemedir
Fernmesser m telémetro m
Fernmessung f medición f remota [a distancia], telemedición f, telemedida f
Fernmesseinrichtung f dispositivo m de telemedición
Fernmessgeber m transmisor m telemétrico
Fernmessgerät n aparato m telemedidor [de medición remota], telemedidor m
Fernmessstechnik f telemetría f
fernmesstechnisch telemétrico
Fernnetz n (Inf, Nrt) red f de gran amplitud, red f de área amplia [expandida]
Fernomnibus m autocar m
Fernregelung f regulación f a distancia, telerreglaje m, telerregulación f
Fernrohr m anteojo m, telescopio m
~/astronomisches anteojo m astronómico [de Kepler]
~/galileisches [holländisches] anteojo m de Galileo
~/terrestrisches anteojo m terrestre
Fernsatz m (Typ) telecomposición f
fernschalten v teleconectar
Fernschalter m interruptor m a distancia, teleinterruptor m
Fernschaltgerät n aparato m de telemando, dispositivo m de teleconexión

Fernschaltung

Fernschaltung f conexión f a distancia, teleconexión f
Fernschreibanlage f instalación f de teletipo
fernschreiben v teleescribir, teleinscribir, teleimprimir, transmitir por teletipo [teleimpresor]
Fernschreiben n telescritura f, télex m
Fernschreiber m teletipo m, télex m, aparato m teleimpresor [teletipo], equipo m telegráfico, teleescritor m teleimpresor m, teleimpresora f, telescriptor m
Fernschreibtechnik f técnica f telegráfica
Fernsehantenne f antena f de televisión
Fernsehapparat m aparato m de televisión
Fernsehaufnahmeübertragungswagen m unidad f móvil de retransmisiones de televisión
Fernsehbild n imagen f televisada [televisiva, de TV]
Fernsehbildschirm m pantalla f de televisión
Fernsehempfänger m receptor m de televisión, telerreceptor m, televisor m, radiovisor m
Fernsehen n televisión f, TV, radiovisión f
~/hochzeiliges televisión f de alta definición
~/industrielles televisión f industrial [de circuito cerrado]
~ mit Elektronenstrahlbildzerlegung televisión f catódica
~/niedrigzeiliges televisión f de baja definición
Fernsehfunk m radiodifusión f visual
Fernsehgerät n receptor m de televisión, telerreceptor m, televisor m
~/tragbares televisor m portátil
Fernsehkamera f cámara f de televisión, telecámara f
Fernsehkanal m canal m de televisión [imágenes]
Fernsehmikroskop n microscopio m televisivo [de televisión]
Fernsehmonitor m monitor m de la televisión *(Medizintechnik)*
Fernsehrelaisstation f repetidor m de televisión
Fernsehrundfunk m radiodifusión f visual
Fernsehrundstrahlung f televisión f omnidireccional
Fernsehsatellit m satélite m de televisión
Fernsehsender m emisora f [estación f, transmisor m] de televisión, transmisor m de imágenes
Fernsehtechnik f ingeniería f de televisión; técnica f de televisión
Fernsehtelefon n videoteléfono m, vídeoteléfono m
Fernsehtelefonie f fono(tele)visión f
Fernsehtelegrafie f telegrafía f por televisión
Fernsehteleskop n telescopio m televisor
Fernsehtestbild n *(TV)* mira f
Fernsehturm m torre f de televisión
Fernsprechanlage f instalación f telefónica, equipo m telefónico
Fernsprechapparat m s. Fernsprecher
Fernsprechendverstärker m repetidor m terminal de telefonía
Fernsprecher m teléfono m, aparato m telefónico
~ mit Nummernscheibenwahl teléfono m de disco selector
~ mit Tastenwahl teléfono m de botonera término
~/optischer fotófono m
~/schnurloser teléfono m inalámbrico
~/tragbarer teléfono m portátil
Fernsprechfrequenzband n banda f de telecomunicación
Fernsprechgerät n equipo m telefónico
Fernsprechkabel n cable m telefónico
Fernsprechkabine f caseta f telefónica
Fernsprechkanal m canal m de telefonía [teléfono]
Fernsprechmesstechnik f telefonometría f
Fernsprechnetz n red f telefónica, sistema m telefónico
Fernsprechstecker m conector m telefónico
Fernsprechverbindung f comunicación f telefónica, enlace m telefónico
Fernsprechverstärker m repetidor m telefónico
Fernsprechzelle f cabina f [caseta f] telefónica
Fernsteuergerät n dispositivo m [equipo m] de telemando
fernsteuern v telemandar, telegobernar
Fernsteuerschaltung f circuito m de telemando

Fernsteuerung f mando m [gobierno m, control m] a distancia, mando m teledirigido; telemando m, telegobierno m, telecontrol m; control m remoto, manejo m a distancia, manipulación f a (larga) distancia

Ferntastung f manipulación f a distancia

Fernübertragung f transmisión f a distancia, teletransmisión f

~ von Messwerten telemetría f

Fernüberwachung f televigilancia f, control m [vigilancia f, gobierno m] a distancia, telecontrol m

Fernverarbeitung f (Inf) teletratamiento m, teleproceso m; modalidad f de teleproceso

Fernverarbeitungsanlage f sistema m de teleproceso [teleprocesamiento]

Fernverbindung f (Nrt) enlace m tronco, conexión f remota; comunicación f de larga distancia

Fernverkehr m 1. tráfico m a gran distancia (Transport); 2. (Nrt) servicio m [tráfico m] interurbano; comunicación f de larga distancia

Fernverkehrsstraße f carretera f general [principal], vía f interurbana

Fernwirktechnik f telemecánica f

Fernzähler m telecontador m

Fernzählwerk n totalizador m de telecómputo

Fernzugriff m acceso m remoto, teleacceso m

Ferritantenne f antena f de ferrita

Ferritkernlogik f lógica f de núcleo de ferrita

Ferritkernspeicher m memoria f de (núcleos de) ferrita

Ferrolegierung f ferroaleación f, ferro m

Ferromagnetikum n material m ferromagnético

ferromagnetisch ferromagnético

Fertigbearbeiten n elaboración f de acabados

Fertigbearbeitungsmaschine f máquina f acabadora

fertigen v fabricar, manufacturar, producir; trabajar

Fertiggesenk n estampa f calibradora, matriz f acabadora

Fertigmaß n (Fert) medida f de acabado [terminación]

Fertigteil n 1. (Bw) elemento m prefabricado, pieza f prefabricada, prefabricado m; 2. (Fert) pieza f acabada [terminada]; aglomerado m

Fertigteilmontage f montaje m de piezas prefabricadas; ensamblaje m de piezas acabadas

Fertigteilbau m obra f prefabricada

Fertigung f fabricación f, producción f; procesado m; trabajo m

~/bedienarme fabricación f de poco servicio

~/flexible fabricación f flexible

~/mechanische mecanización f; producción f mecánica

~/pulvermetallurgische producción f pulvimetalúrgica

~/rechnerintegrierte fabricación f integrada por ordenador

~/rechnerunterstützte fabricación f asistida por ordenador [computadora], FAO

~/spanabhebende [spanende] trabajo m con arranque de virutas

~/spanlose trabajo m sin arranque de virutas

~/zentralisierte fabricación f centralizada

Fertigungsablauf m proceso m de producción

Fertigungsabschnitt m área f de fabricación [producción]; sector m básico de la fabricación

Fertigungsabteilung f taller m de fabricación

Fertigungsanlage f equipo m de fabricación; planta f de fabricación; sistema m de fabricación

Fertigungsbetrieb m planta f de fabricación; empresa f manufacturera

Fertigungsdurchlauf m paso m de fabricación; recorrido m de fabricación

Fertigungseinrichtung f equipo m tecnológico; unidad f fabril

Fertigungshalle f nave f de fabricación

Fertigungslinie f línea f productora [de producción], cadena f de fabricación, cadena f de producción (continua)

~/erzeugnisspezialisierte línea f de producción organizada por artículos

~/verkettete línea f concatenada de producción

Fertigungslogistik f logística f de la fabricación

Fertigungslos n lote m de fabricación [producción]
Fertigungsmaschine f máquina f productora [de producción]
Fertigungsmittel n equipo m tecnológico; medio m de producción [fabricación]; insumo m
Fertigungsmontage f ensamblaje m de fabricación
fertigungsreif apto para la producción
Fertigungsstätte f planta f; taller m
Fertigungssteuerung f control m de fabricación [producción]
Fertigungsstraße f cadena f de fabricación, cadena f de producción (continua), línea f de producción
Fertigungssystem n sistema m de fabricación, sistema m productivo [de manufactura]
~/computergestütztes sistema m de fabricación asistido por ordenador
~/flexibles sistema m de manufactura flexible, sistema m flexible de fabricación
~/integriertes sistema m de fabricación integrada
Fertigungstakt m compás m de la producción
Fertigungstechnik f ingeniería f de producción, ingeniería f técnica industrial; técnica f de fabricación [producción]; tecnología f de fabricación [producción]; tecnología f industrial
~/grafische artes fpl gráficas, técnica f gráfica
~/industrielle ingeniería f de la producción industrial
Fertigungstechnologie f tecnología f de fabricación [producción]
Fertigungstoleranz f tolerancia f de fabricación
Fertigungsverfahren n método m de fabricación; técnica f de fabricación; procedimiento m de fabricación [producción]; operación f de elaboración
Fertigungsvorbereitung f preparación f de producción [fabricación]
~/rechnerunterstützte preparación f de producción [fabricación] asistida por ordenador
Fertigungszelle f célula f de fabricación [producción]

Fertigwalze f (Fert) cilindro m acabador [terminador], rodillo m acabador
Fertigwalzen n laminación f acabadora [de acabado]
Fertigwalzwerk n laminador m de acabar [acabado]
fest 1. sólido; firme; 2. resistente; compacto; macizo; 3. fijo; indesmontable; inmovible, inmóvil
Festabfall m desperdicios mpl sólidos
festbacken v aglutinarse
Festbasisdarstellung f (Inf) notación f en base fija
Festbeton m hormigón m consistente
Festbettverfahren n (Umw) proceso m a lecho fijo
Festbild n (Inf) imagen f en reposo
festbinden v zunchar; aprisionar
Festboje f (Schiff) boya f fija
Festbrennstoff m combustible m sólido
festfressen v/sich (Masch) trabarse, agarrotarse, atascarse, rayar (z. B. Lager, Kolben)
Festigkeit f 1. estabilidad f, solidez f, firmeza f; 2. (Wkst) resistencia f (de materiales), resistividad f, poder m resistente
~/mechanische solidez f mecánica; resistencia f mecánica
Festigkeitsberechnung f cálculo m de resistencia
Festigkeitslehre f teoría f de la resistencia de los materiales; resistencia f de materiales
Festigkeitsprüfung f (Wkst) ensayo m [prueba f] de resistencia, prueba f de rigidez
Festigkeitsversuch m (Wkst) ensayo m [prueba f] de resistencia
festklemmen v inmovilizar; aprisionar (z. B. Baggergut)
Festkomma n (Inf) coma f fija
Festkommaarithmetik f aritmética f de coma fija
Festkommadarstellung f representación f de [en] coma fija, representación f en punto fijo, notación f de coma fija
Festkondensator m (El) condensador m fijo
Festkörper m (Ph) cuerpo m sólido, sólido m
Festkörperlaser m láser m de cuerpo [estado] sólido, láser m sólido

Festkörperphysik f física f del estado sólido
Festkörperschaltkreis m circuito m de estado sólido, circuito m integrado monolítico
Festkörperspeicher m memoria f de estado sólido, memoria f semiconductora [de semiconductores]
Festkörpertechnik f técnica f de cuerpos sólidos
festlegen v fijar; establecer; determinar, definir; especificar
~/neu redefinir
~/Prioritäten priorizar
~/vorher preestablecer; predefinir
Festmacheboje f (Schiff) boya f de amarre
Festmüll m desperdicios mpl sólidos
Festplatte f (Inf) disco m duro [fijo, rígido]
Festplattenbereich m (Inf) partición f de disco fijo
Festplattenkonfiguration f (Inf) configuración f del disco duro
Festplattenlaufwerk n (Inf) unidad f de disco duro
Festplattenspeicher m (Inf) memoria f de discos fijos
Festplattensteuereinheit f (Inf) controlador m de discos duros, controladora f de disco duro
Festplattenverwalter m (Inf) gestor m del disco duro
Festpropeller m (Schiff) hélice f de paso constante [fijo]
Festpunkt m 1. punto m fijo; referencia f fija; 2. (Mech) punto m de apoyo
Festscheibe f (Masch) polea f fija [motriz, del motor]
festschrauben v atornillar
Festspeicher m (Inf) memoria f fija, memoria f de lectura solamente [únicamente]
Festspeicherplatte f disco m de memoria fija
Feststellbremse f (Kfz) freno m de estacionamiento
feststellen v 1. detectar; 2. inmovilizar; calzar
Feststellhebel m palanca f de bloqueo [retención]
Feststelltaste f tecla f de fijación [sujeción]
Feststoff m materia f sólida; sustancia f sólida, sólido m; producto m sólido
~/deponiefähiger sólido m depositable
Feststoffrakete f cohete m de combustible [propulsante] sólido
Feststoffschmierung f lubricación f sólida
Feststofftechnologie f tecnología f de sólidos [sustancias sólidas]
Feststofftriebwerk n (Rak) motor m [propulsor m cohete] de combustible sólido, propulsor m reactivo a pólvora, motor m de propergol sólido
Festtreibstoff m (Rak) combustible m [monergol m, propergol m] sólido
Festwert m valor m fijo, magnitud f constante
Festwertregler m regulador m de valor fijo
Fett n grasa f; materia f grasa; unto m
Fettabscheider m colector m de grasas, tanque m separador de grasas
fettbeständig resistente a la grasa
Fettbüchse f (Masch) jeringa f [taza f] de grasa, prensa f de engrase [lubricación], válvula f engrasadora, engrasadora f, aceitera f a presión
Fettdruck m (Typ) impresión f en letra gorda
fetten v engrasar
Fettgehaltsbestimmung f (Ch) butirometría f
Fetthärtung f (Ch) endurecimiento m de grasa, temple m al [en] aceite
Fettkohle f carbón m graso, hulla f grasa
fettlöslich liposoluble, soluble en grasa
Fettlösungsmittel n disolvente m de grasa
Fettpresse f aceitera f a presión, prensa f de engrase [lubricación], jeringa f [inyector m] de grasa, inyector m lubricante, bomba f de engrase [lubricación], pistola f [válvula f] engrasadora, engrasadora f
Fettreihe f (Ch) serie f alifática [acíclica, grasa]
Fettsäure f ácido m graso
Fettsäureester m éster m (de ácido) graso
Fettschmierung f lubricación f de grasa
Fettschrift f estilo m negrita
Feuchtigkeit f humedad f
feuchtigkeitsabweisend repelente de la humedad
feuchtigkeitsbeständig humedorresistente, resistente a la humedad
Feuchtigkeitsgehalt m contenido m [cuota f] de humedad; higrometricidad f (von Gasen)

Feuchtigkeitsmesser *m* indicador *m* de humedad, humidímetro *m*, higrómetro *m*, higroscopio *m*, psicrómetro *m*

Feuchtigkeitsmesstechnik *f* higrometría *f*

Feuchtigkeitsprüfer *m* comprobador *m* de humedad, higrotéster *m*

Feuer *n* 1. incendio *m*, fuego *m*; 2. luz *f* *(Navigation)*; • ~ **hemmend** retardador de combustión; pirorretardante; ignífugo

feuerbeständig incombustible, ininflamable; refractario

Feuerbeständigkeit *f* resistencia *f* al fuego; poder *m* refractario, resistencia *f* refractaria, refractariedad *f*

Feuerbeständigkeitsprüfung *f* prueba *f* al fuego

Feuerbrücke *f* altar *m* (del hogar), tornallamas *m (Feuerungstechnik)*

feuerfest incombustible, ininflamable; ignífugo; resistente al fuego; pirorresistente; refractario

Feuerfestigkeit *f* incombustibilidad *f*, resistencia *f* a la llama; pirorresistencia *f*; refractariedad *f*

feuergefährlich inflamable

Feuerhemmschott *n (Schiff)* mamparo *m* cortafuegos

Feuerlöschanlage *f* instalación *f* fija de extinción (de incendios), equipo *m* de lucha contra incendios, equipo *m* [sistema *m*] de extinción de incendios

Feuerlöschboot *n* barco *m* extintor de incendios, lancha *f* contraincendios, pontón *m* apagaincendios

Feuerlöschfahrzeug *n* vehículo *m* de servicio de incendios, carro *m* de extinción de incendio

Feuerlöschgerät *n* apagafuegos *m*, matafuego *m*, extintor *m* [extinguidor *m*] contra incendios, extintor *m* de fuego; aparato *m* [aspersor *m*] extintor de incendios, equipo *m* (de lucha) contra incendios, equipo *m* de extinción de incendios

Feuerlöschmittel *n* sustancia *f* extintora, producto *m* contra incendios

Feuerlöschpumpe *f* bomba *f* de contraincendios [incendio]

Feuerlöschschaum *m* espuma *f* extintora

Feuerlöschvorrichtung *f* medio *m* cortafuegos [de cortafuego] *(z. B. Steigleitung, Löschventil)*

Feuermeldeanlage *f* detector *m* de incendios

Feuermelder *m* avisador *m* [detector *m*] de incendios

Feuerschiff *n* buque *m* fanal [faro], faro *m* flotante

Feuerschott *n (Schiff)* mamparo *m* cortafuegos [refractario], cortafuego *m*

Feuerstein *m (Min)* pedernal *m*, piedra *f* de chispa [mechero], sílex *m*

Feuerstelle *f* hogar *m*

Feuerung *f* hogar *m*, fogón *m*

Feuerverzinken *n* galvanización *f* [cincado *m*] al fuego, galvanización *f* en caliente

feuerverzinkt galvanizado al fuego, galvanizado en caliente

Feuerverzinnen *n* estañado *m* al fuego

Feuerwehrfahrzeug *n* vehículo *m* bomba [de bomberos, de servicio de incendios], vehículo *m* contra incendios, automóvil *m* de bomberos, camión-bomba *m*

Feuerwehrgerät *n* equipo *m* de intervención para bomberos

Feuerwerk *n* fuegos *mpl* artificiales [de artificio]

Feuerwiderstand *m* resistencia *f* contra incendios *(von Bauteilen)*

Fiberoptik *f* óptica *f* de fibras

fieren *v (Schiff)* arriar

FIFO-Prinzip *n (Inf)* salida *f* en el orden de adquisición *(zuerst eingegebene Daten werden auch zuerst ausgegeben)*

Figur *f* figura *f*

~-/geometrische figura *f* geométrica [de geometría]

Film *m* 1. *(Foto)* película *f*, filme *m*; cinta *f*; 2. capa *f*, película *f*

Filmbetrachtungsgerät *n* negatoscopio *m*, moriola *f*

filmbildend filmógeno

Filmbildner *m* formador *m* de película, agente *m* fílmico

Filmdosimeter *n* dosímetro *m* de película

Filmdruck *m* 1. *(Typ, Text)* estampación *f* a película; 2. *(Text)* estampación *f* lionesa [al cuadro] *(Gewebe)*

Filmdruckmaschine *f (Text)* máquina *f* de estampación al cuadro, estampadora *f* a película

Filmeinlegeautomatik *f* sistema *m* de enhebrado automático

filmen v cinematografiar, filmar, rodar
Filmentwicklungsgerät n reveladora f de películas
Filmgerät n equipo m fílmico
Filmkamera f aparato m [cámara f] tomavistas, tomavistas m, filmadora f
Filmkassette f (Foto) portacarrete m, portaplacas m, chasis m de películas, cinecasete f
Filmleinwand f pantalla f
Filmprojektor m proyector m cinematográfico, cinematógrafo m
Filmschicht f capa f fotosensible [sensible, de película]
Filmspule f carrete m (de película), rollo m de película
Filmstreifen m cinta f, película f, filmina f, tira f fílmica
Filter n 1. filtro m, filtrador m; pasador m; depurador m; colador m; 2. (Eln) filtro m eléctrico; 3. (Foto) pantalla f
~/auswechselbares filtro m intercambiable [recambiable, reemplazable] (z. B. Atemschutzgerät)
~/selbstreinigendes filtro m de purga automática
Filteranlage f 1. batería f de filtros; 2. equipo m con filtros
Filteranschluss m adaptador m del filtro (Atemschutzgerät)
Filterbandbreite f ancho m de banda de filtro (Akustik)
Filterbuchse f enchufe m de filtro
Filterbüchse f cartucho m filtrante
Filtereinsatz m elemento m filtrador [de filtración, de filtraje, filtrante, de filtro]; filtro m reemplazable [postizo recambiable]; portafiltro m; suplemento m recambiador de filtro; cartucho m [caja f] filtrante (Atemschutzgerät)
Filtergerät n aparato m [equipo m] de filtros; equipo m de retención mecánico; respirador m de cartucho [filtro mecánico], respirador m con filtro purificador de aire
Filtergewebe n tejido m filtrante, malla f para filtración
Filtermaske f máscara f [mascarilla f] con filtro [cartucho]
filtern v filtrar
Filterpapier n papel m filtrante [de filtro]
Filterpatrone f cartucho m de filtro

Filterpresse f (Ch) prensa f de filtro, filtroprensa f
Filtersieb n tamiz m filtrante, filtro m de malla
Filtertuch n tela f [tejido m, gasa f] filtrante, paño m de filtro
Filtervorsatz m filtro m de superposición
Filterweiche f (TV) diplexor m con filtro especial
Filtrierapparat m aparato m de filtración, percolador m
filtrieren v filtrar; colar
Filtrierpresse f prensa f de filtración
Filz m fieltro m
Filzdichtung f junta f de fieltro
Filzstift m rotulador m de fieltro
Findling m bloque m errático, roca f errática
Finger m (Masch) dedo m; botón m; palanquilla f; pasador m
Fingerfräser m fresa f de espiga [dedo, vástago]
Finish n (Fert, Text) acabado m (fino); terminación f
Finishkalander m (Text) calandria f acabadora
Finite-Elemente-Methode f (Math) método m de los elementos finitos
Finne f (Met) corte m [boca f, peña f] de martillo, piña f (Hammer)
Finsternis f (Astr) eclipse m
Firnis m barniz m (transparente), aceite m cocido, esmalte m
First m (Bw) caballete m, cima f, cumbrera f
Firste f (Bgb) techo m de galería [labor, socavón] (Strecke); corona f (de pozo) (Ausbaubogen)
Firstenbau m (Bgb) explotación f en gradas, labor f en testeros
Firstpfette f (Bw) hilera f, pendolón m
Firstziegel m teja f de caballete [curva, remate]
Fischaugenobjektiv n objetivo m de ojo de pez
Fischbunker m nevera f de almacenamiento (Fischereifahrzeug)
Fischerboot n barca f de pesca, barquito m [bote m] pesquero, lancha f pescadora [de pesca]
Fischereifahrzeug n buque m pesquero [de pesca], barco m pesquero [de pes-

ca], pesquero *m*, embarcación *f* pesquera [de pesca]; lancha *f* pescadora [de pesca]
~ **mit Grundschleppnetz** arrastrero *m* de fondo
Fischereigeschirr *n* tijera *f* de pesca
Fischereitechnik *f* técnica *f* de pescar [pesca]
Fischfanggerät *n* equipo *m* [implemento *m*, utensilio *m*, útil *m*] de pesca
Fischfangnetz *n* arte *m* de pesca
Fischfarm *f* piscifactoría *f*, empresa *f* de acuicultura; criadero *m* artificial de peces
Fischgrätenmelkstand *m* (Lt) puesto *m* de ordeño en forma de espiga
Fischköpfmaschine *f* máquina *f* automática de descabezar
Fischkutter *m* cúter *m* pesquero, balandra *f* de pesca, pesquero *m*, motopesquero *m*
Fischladeraum *m* nevera *f* de pescado
Fischlupe *f* buscador *m* electrónico de peces, sondador *m* de rayos catódicos
Fischmehl *n* harina *f* de pescado
Fischnetz *n* red *f* de pesca; arte *m* de pesca; trawl *m* (Schlepper); traíña *f* (Sardinenfang)
Fischortungsgerät *n* buscador *m* de bancos de peces, detector *m* de peces
Fischraum *m* (Schiff) nevera *f* de almacenamiento, bodega *f* de pescado
Fischverarbeitungsbetrieb *m* planta *f* procesadora de pescado
Fischverarbeitungsschiff *n* pesquero *m* factoría, barco-planta *f*
Fitnessgerät *n* equipo *m* de gimnasio
Fitting *n*(*m*) pieza *f* de ajuste, manguito *m*; aditam(i)ento *m* de tubería; racor *m*
~ **mit Außengewinde** unión *f* macho
~ **mit Innengewinde** unión *f* hembra
Fittings *npl*(*mpl*) accesorios *mpl* (de cañería)
Fixierbad *n* (Foto) baño *m* fijador [de fijado], fijador *m*
fixieren *v* 1. (Foto) fijar; 2. calzar
Fixierentwickler *m* (Foto) revelador-fijador *m*
Fixiermittel *n* 1. agente *m* fijador [de fijación]; 2. (Text) mordiente *m*
Fixiersalz *n* (Foto) sal *f* fijadora [de fijar], hiposulfito *m* sódico [de sodio], hiposulfito *m*

Fixpunkt *m* (Ph) punto *m* fijo
Fixstern *m* estrella *f* fija
flach llano; plano, raso; rasante (Flugbahn); poco inclinado (Lagerung)
Flachbandkabel *n* (Eln) faja *f* amplia
Flachbettfelge *f* (Kfz) llanta *f* de base llana
Flachbettplotter *m* plotter *m* plano, registrador *m* gráfico de mesa
Flachbildschirm *m* pantalla *f* plana, monitor *m* plano
Flachcontainer *m* contenedor *m* plataforma
Flachdruckmaschine *f* (Typ) máquina *f* de impresión [presión] plana, máquina *f* de imprimir planográfica, impresora *f* [prensa *f*] plana
Fläche *f* área *f*; superficie *f*; plano *m*; cara *f*; espacio *m*; extensión *f*
~/**abwickelbare** (Math) superficie *f* desarrollable
~/**bearbeitete** (Fert) superficie *f* maquinada
~/**ebene** superficie *f* plana; cara *f* plana; ras *m*
~/**freitragende** (Flg) plano *m* cantilever
~/**geneigte** superficie *f* inclinada
~/**schraffierte** zona *f* sombreada
~/**spiegelnde** superficie *f* reflectora
~/**überdachte** área *f* techada
~/**verglaste** (Bw) superficie *f* acristalada
~/**zu bearbeitende** (Fert) superficie *f* a mecanizar
~ **zweiter Ordnung** cuádrica *f*
Flacheisen *n* acero *m* plano [de llanta], llanta *f*, hierro *m* plano (Werkzeug)
Flächenantenne *f* antena *f* de napa, antena *f* en hoja
Flächenbeschreibung *f* areografía *f* (beschreibende Biogeographie)
Flächendiode *f* diodo *m* de junturas
Flächendruck *m* presión *f* superficial [de superficie]
Flächenelektrode *f* electrodo *m* plano
Flächenfräsen *n* fresado *m* plano [de superficies planas]
Flächenfräser *m* fresa *f* de alisar
Flächenfräsmaschine *f* fresadora *f* planeadora [para superficies planas]
Flächengleichrichter *m* rectificador *m* de contacto por superficie
Flächeninhalt *m* área *f*; superficie *f*; cabida *f*

Flächenintegral n *(Math)* integral f doble [de superficies]
Flächenkondensator m *(El)* condensador m de superficie
Flächenkrümmung f curvatura f de superficie
Flächenkühler m radiador m de superficie
Flächenmaß n medida f de superficie
Flächenmesser m planímetro m
Flächenmessung f planimetría f
Flächenpressung f presión f superficial [de superficies]; presión f específica *(Festigkeitslehre)*; presión f unitaria *(Baugrund)*
Flächenschar f *(Math)* familia f de superficies
Flächenschleifmaschine f rectificadora f plana [planeadora], rectificadora f de superficies planas
Flächentragwerk n *(Bw)* vigas fpl de armazón sustentante superficial, armazón f sustentante superficial, vigas fpl superficiales
Flächentransistor m transistor m de capas [contacto de superficie]
Flachförderband n cinta f transportadora plana
Flachgewinde n rosca f cuadrangular [plana, rectangular]
Flachglas n vidrio m plano
Flachkabel n *(El)* cable m plano
Flachkettenwirkmaschine f *(Text)* telar m Ketten rectilíneo, tricotosa f rectilínea
Flachkontaktstecker m ficha f de contactos planos
Flachkopf m cabeza f gota de seba *(einer Schraube)*
Flachkopfschraube f tornillo m de cabeza plana
Flachmaterial n *(Met)* plano m (5–200 mm Länge, 3–6 mm Dicke); pletina f *(bis 10 mm Breite)*; *(Am)* plancha f *(Walzen)*
Flachmeißel m *(Fert)* cincel m en frío, desbarbador m
Flachniet m remache m de cabeza achatada [aplastada, chata, plana]
Flachnietung f remachado m de cabeza embutida
Flachrohrheizkörper m radiador m de calefacción con tubos aplanados
Flachschleifen n rectificación f de superficies planas

Flachschleifmaschine f rectificadora f de planos, rectificadora f en plano, amoladora f de planear
flachschmieden v *(Fert)* aplanar en la forja
Flachschreibmaschine f máquina f de escribir plana
Flachstahl m acero m plano [rebajado, de llanta], llanta f de acero, varillas fpl de pletina
Flachstecker m *(El)* enchufe m plano; ficha f
Flachstrahlregner m *(Lt)* regador m de chorro horizontal
Flachstrickmaschine f *(Text)* tricotosa f rectilínea
Flachstromvergaser m *(Kfz)* carburador m horizontal
Flachzange f alicates mpl de punta plana
Flachziegel m teja f plana
Flackereffekt m *(El)* efecto m de parpadeo
Flackerfrequenz f frecuencia f de parpadeo
flackern v centellear, parpadear
Flackern n centelleo m, parpadeo m; fenómeno m de parpadeo
Flag n *(Inf)* marca f, bandera f, bandero m
Flamme f llama f, fuego m
~/offene llama f abierta [directa, descubierta, libre, sin protección]
Flammenbrand m incendio m con llama
Flammenrückschlagsicherung f válvula f antirretroceso de llamas, parallamas m
flammensicher a prueba de llama, estanco a las llamas
Flammenspektroskopie f espectroscopía f con llama
Flammenspektrum n *(Met)* espectro m de llama
flammfest ignífugo, sólido a las llamas, ininflamable; refractario a las llamas
Flammfestausrüstung f *(Text)* apresto m ignifugante, ignifugación f
flammhärten v templar con soplete
Flammhärten n templado m a la llama, flameado m
Flammlöten n soldadura f (en) caliente, soldadura f a llama
Flammpunkt m punto m de combustión [inflamación, inflamabilidad], temperatura f de inflamación [inflamabilidad]

Flammrohr n tubo m de fuego [llamas], tubo m del hogar *(Kessel)*
Flammrohrkessel m caldera f de hogar tubular interior
flammsicher refractario a las llamas
Flammspritzen n proyección f [pulverización f] a la llama, metalización f con llama
Flanke f 1. *(Fert)* flanco m; 2. *(El)* pendiente f *(z. B. eines Impulses)*
Flankenwinkel m ángulo m de rosca *(Gewinde)*
Flansch m 1. brida f, platina f, platillo m *(Rohr)*; 2. ala f, pestaña f de tope
Flanschkupplung f acoplador m de platillo
Flanschverbindung f conector m con brida, empalme m [unión f] de bridas, juntura f de pestaña
Flasche f botella f, frasco m; envase m; casco m
Flaschenfüllmaschine f máquina f de embotellar [embotellado], embotelladora f, llenadora f de botellas
Flaschenspülmaschine f enjuagadora f de botellas
Flaschenverschließmaschine f máquina f capsuladora, capsuladora f, tapadora f
Flaschenzug m *(Förd)* aparejo m, polispasto m
flattern v bailar; oscilar *(Ventil)*
Flattern n 1. *(Flg)* baileteo m; 2. *(Kfz)* bamboleo m, baileteo m, abaniqueo m, flotadura f, flotamiento m, shimmy m *(z. B. der Vorderräder)*; 3. *(Inf)* hiperpaginación f *(Zustand eines Teilnehmersystems)*
Flatterschwingung f *(Flg)* baileteo m, vibración f aeroelástica
Fleckenentfernungsmittel n *(Text)* quitamanchas m, sacamanchas m
Fleischhackmaschine f máquina f de picar carne, máquina f para trinchar carne, picadora f [trituradora f] de carne
Fleischverarbeitung f procesamiento m [elaboración f] de carnes; transformación f de la carne
Fliehkraft f *(Ph)* fuerza f centrífuga
Fliehkraftabscheider m 1. separador m ciclónico [de ciclón, por fuerza centrífuga], ciclón m *(Aufbereitung)*; precipitador m ciclónico; depurador m por inercia; 2. *(Lt)* aventadora f de torbellino
Fliehkraftversteller m *(Kfz)* regulador m centrífugo del avance
Fliese f baldosa f, baldosilla f, baldosín m, losa f, rasilla f
~/glasierte azulejo m
fliesen v solar, enlosar, embaldosar
Fließband n 1. cinta f continua (de producción); 2. *(Inf)* s. Fließbandverfahren
Fließbandverfahren n *(Inf)* sistema m [modo m] pipeline, bombeo m, viaducto m *(Verfahren der Befehlsausführung)*
Fließbett n *(Ch)* lecho m fluidizado [fluido, turbulente, por turbulencia], baño m fluidificado, cama f fluidizada
Fließbild n diagrama m de flujo
fließen v fluir; correr; circular
Fließen n 1. flujo m; 2. *(Met)* fluencia f
Fließfertigung f fabricación f [producción f, trabajo m] en cadena, fabricación f [producción f] continua
Fließgrenze f 1. límite m de fluencia; resistencia f cedente; 2. *(Kst)* límite m de fluidez
Fließheck n *(Kfz)* parte f trasera aerodinámica, popa f aerodinámica
Fließkommaberechnung f cálculo m [cómputo m] en coma flotante
Fließmontage f montaje m en cadena [línea], montaje m continuo
fließpressen v *(Fert)* extrudir
Fließpressen n *(Fert)* extrusión f, prensado m de [por] extrusión, estampación f en frío
Fließstraße f *(Fert)* línea f de cadena, cadena f de fabricación [producción], cadena f
Fließvermögen n capacidad f de fluir; ductilidad f, ductibilidad f
Fließwiderstand m resistencia f a la fluencia
flimmerfrei exento de parpadeo, libre de centelleo [parpadeos]
flimmern v centellear, parpadear
Flimmern n centelleo m, parpadeo m, titileo m; destellos mpl
Flintglas n flint(glas) m, vidrio m flint
Flipflop n *(Eln)* circuito m de multivibrador biestable, multivibrador m biestable, flip-flop m, circuito m Eccles-Jordan, báscula f, biestable m

flocken v (Ch) flocular
Flockenbildner m (Ch) floculador m, floculante m
Flockungsanlage f planta f de floculación (Abwassertechnik)
Flosse f 1. (Flg) estabilizador m (de aletas), aleta f, plano m de aía; 2. (Schiff) aleta f; nadadera f; plano m fijo
Flotation f (Bgb) enriquecimiento m por flotación, flotación f, flotamiento m, flotadura f
Flotationsanlage f 1. planta f flotadora [de flotación]; 2. (Met) columna f de flotación; 3. (Bgb) instalación f de flotación
Flöz n (Bgb) filón m, veta f, venero m, banco m, capa f
Flözabbau m laboreo m por bancos
Fluchtgerät n medio m de escape [rescate]; máscara f de escape (con suministro de oxígeno); equipo m de escape (Atemschutz); equipo m de evacuación
fluchtgerecht a ras de, ras con ras, al nivel de, enrasado
flüchtig volátil; fugaz
Fluchtlinientafel f (Math) ábaco m
Fluchtpunkt m punto m de fuga (Perspektive)
Flug m 1. vuelo m; 2. (Text) borilla f, pelusa f, pelusilla f
~/interstellarer vuelo m intersideral
Flugbahn f 1. trayectoria f (de vuelo); 2. (Mil) línea f balística
Flugbenzin f gasolina f [nafta f] de aviación, aerogasolina f, aeronafta f
Flugboot n hidroavión m de canoa [casco], bote m volador, lancha f voladora, barco m aéreo, embarcación f aeropropulsada
Flügel 1. ala f (eines Gebäudes); 2. (Masch) ala f, mariposa f; 3. (Schiff) aleta f, ala f, pala f (Propeller); 4. (Flg) ala f, aleta f, plano m
~/freitragender ala f cantilever
~/gepfeilter ala f de flecha
~/starrer pala f fija
~/trapezförmiger ala f trapezoidal [triangular]
~/vielholmiger ala f multilarguero
Flügelklappe f (Flg) aleta f hipersustentadora [de hipersustentación], alerón m de curvatura

Flügelmutter f (Masch) tuerca f de alas [mariposa, oreja], mariposa f
Flügelradanemometer n anemómetro m de aspas [molinete]
Flügelschraube f (Masch) perno m de mariposa, tornillo m de mariposa [oreja]
Flugfunk m radio f de aeronave
Flugfunkfeuer n baliza f aeronáutica
Fluggeschwindigkeit f (Flg) velocidad f de vuelo
Flughafen m aeropuerto m, puerto m aéreo, aeródromo m
Flughafenleuchtfeuer n faro m de aeropuerto
Flughafenüberwachungsradar n(m) radar m de control de aeropuerto
Flughöhe f altura f [techo m] de vuelo
Flugkompass m aguja f aérea
Flugmodell n modelo m volador [volante], aeromodelo m, maqueta f de avión
Flugnavigationshilfsmittel n instrumento m aeronáutico [de navegación aérea]
Flugschreiber m (Flg) registrador m de derrota, grabador m [indicador m] de vuelo, registrador m de parámetros de vuelo, tacógrafo m de avión
Flugtechnik f técnica f de aviación, aerotécnica f; aviación f (mit Luftfahrzeugen schwerer als Luft)
Flugzeug n avión m, aeroplano m, aparato m aéreo, máquina f
~ mit Strahlantrieb avión m de [a] chorro
~ mit Turbinenstrahltriebwerk avión m de turborreactor
~ mit vier Strahltriebwerken cuatrirreactor m, tetrarreactor m
~/viermotoriges avión m cuatrimotor, cuatrimotor m, tetramotor m
Flugzeugbau m construcción f aeronáutica [de aviones], aerotécnica f
Flugzeughalle f hangar m
Fluid n fluido m (flüssiges oder gasförmiges Medium)
Fluidmechanik f ingeniería f de fluidos
Fluidstrom m flujo m de fluido, caudal m
Fluidstrommesser m fluidímetro m
Fluidtechnik f ingeniería f de fluidos; técnica f fluídica
Fluidwandler m cambiador m de presión aire-aceite, convertidor m oleoneumático, transformador m de presión neumático-hidráulico

Flunke f *(Schiff)* oreja f *(Anker)*
Flunkenanker m ancla f con cepo
Fluor n flúor m, F
Fluoreszenzmikroskop n microscopio m de fluorescencia
Fluoreszenzschirm m pantalla f fluorescente [fosforescente]
Fluoreszenzspektrometrie f espectrometría f de [por] fluorescencia
fluoreszieren v fluorescer
Fluoridierung f fluorización f, fluoridación f *(von Trinkwasser)*
fluorieren v *(Ch)* fluorar
Fluorierung f *(Ch)* fluoración f, fluoruración f
Fluorkohlenwasserstoff m fluorohidrocarburo m, hidrocarburo m fluorado *(Ozonschädiger)*
Fluorschwefel m fluoruro m de azufre
Fluorwasserstoff m fluoruro m de hidrógeno, ácido m fluorhídrico
Flurförderer m transportador m a la altura del suelo, carromato m; carretilla f de manutención
Flurseilbahn f ferrocarril m al nivel de suelo
Fluss m 1. río m; 2. *(Ph, El)* flujo m; fluencia f; 3. *(Met)* agente m fundente
Flussbau m ingeniería f fluvial; construcción f fluvial; obras fpl fluviales
Flussbegradigung f corrección f de río, rectificación f (del cauce) del río
Flussdiagramm n *(Inf, Aut)* flujograma m, diagrama m [esquema m] de flujo, ordinograma m; plano m de cálculo
Flussdichte f densidad f de flujo
~/magnetische inducción f magnética
flüssig fluido; líquido; licuefacto
Flüssigabfall m efluente m líquido; desechos mpl líquidos
Flüssigchromatographie f cromatografía f de líquidos
Flüssigerdgas n gas m natural licuado, GNL
Flüssiggas n gas m licuado
Flüssigkeit f 1. fluidez f *(als Zustand)*; 2. líquido m; licor m
~/ätzende líquido m irritante [cáustico]
~/hochbrennbare líquido m altamente inflamable
~/hochsiedende líquido m de alto punto de ebullición

~/kryogene fluido m criogénico [criógeno], líquido m criogénico
Flüssigkeitsbehälter m recipiente m de líquidos
Flüssigkeitsdichtemesser m hidrómetro m
Flüssigkeitsdruck m presión f hidráulica [del líquido]
Flüssigkeitsgetriebe n mecanismo m hidráulico
Flüssigkeitskleber m barniz m encolante, solución f encolante
Flüssigkeitskupplung f acoplamiento m hidráulico; embrague m fluídico [hidráulico]
Flüssigkeitsmesstechnik f hidrometría f
Flüssigkeitsrakete f cohete m de combustible [propulsante] líquido
Flüssigkeitsreibung f fricción f hidráulica [de fluido], rozamiento m hidráulico [de los líquidos]
Flüssigkeitsstandanzeiger m indicador m del nivel de líquido
Flüssigkeitsstoßdämpfer m amortiguador m hidráulico [líquido]
Flüssigkeitsstrahl m chorro m de líquido
Flüssigkeitstreibstoff m *(Rak)* combustible m líquido
Flüssigkeitswiderstand m resistencia f líquida
Flüssigkompostierung f compostaje m líquido *(Abwasserbehandlung)*
Flüssigkristallanzeige f visualización f por cristal líquido, visualizador m [display m] de cristal líquido, indicador m digital LCD
Flüssigphase f *(Ch)* fase f líquida
Flüssigstickstoff m nitrógeno m líquido
Flussmesser m fluxómetro m, reómetro m
Flussmittel n *(Met)* agente m fundente, fluidificante m, fundente m, fluyente m
Flussspat m *(Min)* fluorina f, fluorita f, espato m flúor
Flussstahl m acero m blando [dulce, homogéneo, por rebordear]
Flussstärkemesser m fluxómetro m
Flusswasserbau m hidráulica f fluvial
Flusswiderstand m *(El)* resistencia f directa *(Gleichrichter)*
flutbar *(Schiff)* inundable
Flutbecken n dársena f de flote [marea]
fluten v 1. inundar; 2. fluir

Fluten *n* 1. inundación *f*; 2. admisión *f* de aire *(Vakuumtechnik)*
Fluter *m (Bw)* desagüe *m*, zanja *f* de drenaje [desagüe]
Flutschleuse *f* esclusa *f* de inundación [marea]
Flutventil *n (Schiff)* válvula *f* de toma de agua
Flyerkette *f (Text)* cadena *f* para mecheras
Fokussiereinrichtung *f* dispositivo *m* de enfoque *(z. B. Laser)*
fokussieren *v (Opt)* enfocar, focalizar, focar
Fokussierstrom *m (TV)* corriente *f* de enfoque
Fokussierung *f* 1. *(Opt)* enfocamiento *m*, focalización *f*; 2. *(Opt, Eln)* enfoque *m*; concentración *f (von Wellen oder Strahlen)*
Fokussierungsspannung *f* tensión *f* de enfoque
Fokussierungsspule *f* bobina *f* de enfoque
Folge *f* 1. secuencia *f*, ordenación *f*; orden *m*; sucesión *f*, secuela *f*; ristra *f*; 2. *(Math)* progresión *f*; 3. *(Inf)* secuencia *f*
~/**arithmetische** progresión *f* aritmética [por diferencia]
~/**endliche** progresión *f* finita
~/**geometrische** progresión *f* geométrica [por cociente]
~/**monoton wachsende** sucesión *f* monótona creciente
~/**steigende** progresión *f* ascendente [creciente]
Folgebefehl *m (Inf)* instrucción *f* secuencial
Folgekontakt *m (El)* contacto *m* secuencial [de secuencia ordenada]
Folgereaktion *f* 1. reacción *f* secuencial; 2. *(Kern)* reacción *f* divergente
Folgeregelung *f* regulación *f* en cascada
Folgeregler *m* regulador *m* secuencial, servorregulador *m*
Folgerstufe *f (Eln)* seguidor *m*
Folgerung *f (Math)* conclusión *f*, corolario *m*, secuela *f*
Folgeschalter *m* combinador *m*
Folgeschaltung *f (Inf)* circuito *m* secuencial
Folgesteuerung *f* 1. control *m* en cascada, sistema *m* cascada; 2. *(Inf)* control *m* secuencial [de secuencia], mando *m* secuencial

Folie *f* folio *m*, foil *m*, hoja *f*, hojuela *f*; lámina *f*, laminilla *f*, película *f*, hoja *f* de plástico
~/**stranggepresste** hoja *f* extruida
~/**transparente** *(Kst)* hoja *f* transparente
Folienätzverfahren *n (Eln)* grabado *m* químico de circuitos *(Leiterplattenherstellung)*
Folienblasverfahren *n (Kst)* soplado *m* de láminas [mangas extruidas]
Folienherstellungsmaschine *f* extruidora *f* de hojas [láminas]
Folienkondensator *m* condensador *m* de láminas
Folienmaterial *n (Kst)* plástico *m* en hojas
Folienspeicher *m (Inf)* memoria *f* de hojas
Folientastatur *f (Inf)* teclado *m* de membrana
Font *m (Inf)* fuente *f*
Förderanlage *f* 1. instalación *f* [equipo *m*] de transporte; transportador *m*; 2. *(Bgb)* maquinaria *f* de extracción
Förderband *n* banda *f* [cinta *f*] transportadora, cinta *f* de transporte; transportador *m* de correa [banda]; correa *f* motriz [de transmisión], conveyor *m*; cadena *f*, telera *f*, transportador *m* [arrastre *m*] de cinta
~/**endloses** cinta *f* transportadora sin fin
~/**fahrbares** transportador *m* portátil
Förderbohrung *f* perforación *f* de pozos petroleros
Förderbrücke *f* transportador *m* de puente
Förderdruck *m* presión *f* de descarga [impulsión] *(Pumpe)*
Fördereinrichtung *f* 1. equipo *m* de transporte; transportador *m*; 2. *(Bgb)* dispositivo *m* extractor [de extracción]
Förderer *m* 1. transportador *m*; mecanismo *m* transportador; elevador *m*; correa *f* de transmisión; acarreador *m*; 2. aparato *m* conductor, conductora *f*; 3. propulsor *m*
~/**hydraulischer** transportador *m* hidráulico
~/**pneumatischer** transportador *m* neumático [por aspiración]
Fördergerüst *n* 1. *(Förd)* castillete *m* de elevación; 2. *(Bgb)* castillete *m* de extracción
Fördergurt *m* correa *f* de transmisión, cinta *f* transportadora, telera *f*

Fördergut n 1. material m a transportar *(zu förderndes Gut)*; material m transportado *(gefördertes Gut)*; material m a elevar; 2. *(Bgb)* material m extraído

Förderkette f cadena f transportadora; cadena f de elevación

Förderkolben m émbolo m impelente

Förderkorb m *(Bgb)* jaula f (de ascensor), jaula f de extracción, montacargas m

Fördermaschine f 1. *(Förd)* máquina f elevadora [de elevación]; 2. *(Bgb)* máquina f de extracción [explotación]

Fördermenge f 1. cantidad f transportada; 2. *(Bgb)* cantidad f extraída; 3. caudal m *(Pumpe)*

fördern v 1. transportar, acarrear; 2. bombear; elevar; impeler *(durch Pumpen)*; 3. *(Bgb)* extraer; laborear, laborar; 4. explotar; 5. arrastrar *(durch Zug)*

Fördern n 1. transporte m; manutención f; 2. bombeo m; 3. *(Bgb)* extracción f

Förderplattform f plataforma f petrolífera *(Erdöl)*

Förderpumpe f 1. bomba f elevadora [de elevación]; bomba f alimentadora [de alimentación]; 2. *(Bgb)* bomba f de extraccíon

Förderschacht m *(Bgb)* pozo m de extracción

Förderschnecke f tornillo m transportador sin fin, transportador m helicoidal [de espiral], rosca f de transporte

Förderseil n 1. cable m de transporte; 2. *(Bgb)* cable m de extracción

Förderstrecke f *(Bgb)* trayecto m de extracción [elevación], galería f de arrastre [carga, transporte], recorrido m de transporte

Förderstrom m 1. flujo m del transporte; 2. *(Bgb)* caudal m de carga

Fördertechnik f técnica f transportadora

Fördertrommel f 1. tambor m giratorio; 2. *(Bgb)* tambor m elevador

Fördertuch n 1. paño m transportador; 2. *(Lt)* estera f transportadora [de transportación]; lona f recolectora *(von Erntemaschinen)*

Förderturm m *(Bgb)* torre f elevadora [de elevación, de pozo], caballete m de extracción, castillete m de elevación [extracción]; torre f de producción *(einer produktiven Sonde)*

Förderung f 1. *(Förd)* transporte m; acarreo m; arrastre m; 2. *(Bgb)* extracción f, laboreo m; producción f

~/gleisgebundene transporte m viario [por vías]

~/hydraulische transporte m hidráulico

~/stetige transporte m continuo

Förderwagen m *(Bgb)* vagoneta f (de mina), carrito m, vagón m de acarreo, zorra f

Förderwinde f *(Bgb)* torno m de extracción, torno m para obras

Form f 1. forma f, formación f; perfil m; 2. *(Bw, Gieß)* molde m; matriz f, plantilla f; 3. *(Met)* tobera f; bocín m *(Hochofen)*; 4. *(Typ)* molde m; forma f; 5. *(Kst)* molde m; 6. *(Led)* horma f

~/windschnittige *(Kfz)* forma f aerodinámica

~/zweiteilige *(Kst)* molde m y contramolde m

Formaldehyd m formaldehído m, metanal m, formol m

Formänderung f 1. formación f, formadura f; 2. *(Met)* cambio m de forma; 3. *(Wkst)* deformación f

Formänderungswiderstand m resistencia f a la deformación

Formanlage f *(Met)* instalación f de moldeo (de fundiciones), planta f de moldeo

Format n 1. formato m, tamaño m; 2. *(Inf)* formato m; 3. *(Typ)* forma f

formatieren v *(Inf)* formatear, aplicar [dar] formato, efectuar un formateo

Formatsteuerzeichen n *(Inf)* determinante m de formato, carácter m de descripción de formato

Formätzen n *(Fert)* fresado m químico

formbar formable; moldeable; deformable

Formbarkeit f 1. formabilidad f; deformabilidad f; 2. *(Met)* ductilidad f, ductibilidad f

formbeständig indeformable, resistente a la deformación

Formdrehen n *(Fert)* torneado m de forma

Formdrehmaschine f torno m perfilador

Formel f *(Math, Ch)* fórmula f

~/bayessche formula f [teorema m] de Bayes

~/binomische fórmula f binomial

~/empirische fórmula f bruta [empírica]

~/goniometrische fórmula f goniométrica

formen v 1. formar; 2. *(Met)* moldear, moldar; amoldar; plasmar; modelar; 3. *(Fert)* labrar; conformar *(spanlos)*
~/spanlos labrar [conformar] sin arranque de virutas, labrar sin desprendimiento de virutas
Formen n 1. moldeado m, moldeo m; moldado m; 2. *(Fert)* formado m
Formenerkennung f reconocimiento m de formas
Formenherstellung f 1. modelado m; matricería f; 2. *(Gieß)* fabricación f de moldes; 3. *(Typ)* confección f de la forma
Formerei f *(Gieß)* moldería f
Formerwerkzeug n herramienta f de moldear
formfräsen v *(Fert)* fresar perfiles
Formfräsen n fresado m de forma
Formfräser m fresa f perfilada [de perfiles, de forma]
Formfräsmaschine f fresadora f perfiladora
Formgebung f moldeado m, moldeo m, moldaje m; formado m, formación f, formadura f; conformación f
Formgestaltung f diseño m
Formgießen n moldeado m, moldeo m
Formguss m colada f [fundición f] en molde
Formkern m *(Gieß)* macho m de moldeo, núcleo m de molde
Formkurvenblatt n *(Schiff)* curvas fpl hidrostáticas
Formlehre f calibre m de formas
Formmaschine f 1. *(Gieß)* máquina f moldeadora [de moldear], moldeador m, moldeadora f, fundidora f; 2. máquina f formadora (z. B. für Verpackungen)
Formmasse f 1. *(Gieß)* mezcla f de moldeo; 2. *(Kst)* material m [compuesto m] de moldeo
Formpresse f *(Gieß)* prensa f moldeadora [de moldear], moldeadora f a presión
Formpressen n 1. moldeado m; 2. *(Kst)* moldeo m por compresión
Formsand m *(Gieß)* arena f de fundición [moldear, moldeo], tierra f de moldeo
Formschleifen n rectificación f de forma
Formschleifmaschine f rectificadora f perfiladora
Formschlichten n *(Gieß)* lubricación f del molde *(Dauerform)*

formschmieden v forjar en forma
Formstabilität f 1. resistencia f de forma; 2. *(Schiff)* estabilidad f de forma
Formstoff m 1. plástico m moldeado [para moldeo, prensado], material m de moldeo; 2. *(Gieß)* mezcla f de moldeo
Formtechnologie f *(Met)* tecnología f del moldeo
Formteil n 1. pieza f de forma; moldeado m; 2. *(Kst)* pieza f moldeada
formtreiben v *(Fert)* embutir
Formtreiben n *(Fert)* embutición f, embutido m
Formung f 1. *(Fert)* formado m; conformación f; 2. *(Met)* modelado m
~/spanende conformación f con arranque de virutas
~/spanlose conformación f sin arranque de virutas
Formwiderstand m *(Schiff)* resistencia f de carena
Formzylinder m *(Typ)* portamoldes m
Forschung f investigación f, estudio m
Forschungsanstalt f establecimiento m de investigación; institución f [instituto m] de investigación; centro m de investigación
Forschungsbericht m memoria f del proyecto de investigación
Forschungslabor n laboratorio m de investigaciones
Forschungsprojekt n proyecto m de investigación
Forschungsreaktor m reactor m experimental [de investigación, tipo laboratorio]
Forschungssatellit m satélite m científico
Forschungsschiff n barco m de exploración [investigación], buque m explorador [de investigación]
Forschungsstelle f centro m de investigación; estación f de investigación; laboratorio m
Forschungs- und Vermessungsschiff n buque m hidrográfico
Forschung f und Entwicklung f investigación f y desarrollo m, I&D
Forstmaschine f máquina f forestal
Forstschlepper m tractor m forestal
Forsttechnik f tecnología f forestal; maquinaria f forestal
Forsttechnologie f tecnología f forestal

Forstwissenschaft f ciencia f forestal [de los bosques]
Fortleitung f conducción f (z. B. Gas, Dampf, Flüssigkeiten)
fortpflanzen v/sich propagarse, transmitirse (eine Welle)
~/sich geradlinig propagarse en línea recta
Fortpflanzungsgeschwindigkeit f velocidad f [rapidez f] de propagación
fortschalten v (El) conectar progresivamente
Fortschaltung f (El) conexión f progresiva
Fotoapparat m aparato m fotográfico, cámara f (fotográfica), máquina f fotográfica
~/digitaler cámara f fotográfica digital
Fotoausrüstung f equipo m fotográfico
Fotoblitzlampe f lámpara f de destello
Fotokopie f fotocopia f, copia f fotostática; fotostato m
fotokopieren v fotocopiar
Fotokopiergerät n fotocopiadora f, máquina f fotocopiadora
Fotokopierpapier n papel m para fotocopias
Fowlerklappe f (Flg) flap m de Fowler (ausfahrbare Landeklappe)
Frachtraum m 1. espacio m de carga; capacidad f de carga; 2. (Schiff) bodega f
Frachtschiff n buque m carguero [de carga, mercante]; carguero m, cargo m, cargo-boat m, nave f mercante, mercante m, transporte m, nave f [navío m] de carga
Frachtschute f patana f de carga
Frachttonne f tonelada f de carga; tonelada f de flete
Fraktionierkolben m balón m de destilación fraccionada
Fraktionierkolonne f (Ch) fraccionador m, columna f fraccionadora [de fraccionamiento]
Fraktur f letra f gótica
Francium n francio m, Fr
Frankiermaschine f máquina f franqueadora [de franquear]
Fräsautomat m fresadora f automática
Fräsdorn m (Fert) mandril m [mango m] portafresa, portafresa m, eje m portafresas
Fräse f (Lt) fresa f

fräsen v (Fert) fresar
Fräsen n (Fert) fresado m, fresadura f, fresaje m
Fräser m (Fert) fresa f, herramienta f de fresar
Fräserfeile f lima f rotativa
Fräserwelle f árbol m [eje m] portafresas
Fräskopf m (Fert) cabezal m fresador [de fresar, portafresas], fresa f de cuchillas amovibles [insertadas, postizas]
Fräsmaschine f (Fert) fresadora f, talladora f, máquina f fresadora [de fresar]
Frässpindel f husillo m portafresas [de fresar, de hojas]
Frässupport m carro m fresadora [de fresado, portafresa]
Fraunhofer-Linien fpl (Opt) rayas fpl de Fraunhofer
Freibordmarke f (Schiff) marca f de francobordo [máxima carga], disco m plimsol
Freifallbär m martinete m de caída libre
Freifallbeschickung f alimentación f por gravedad
Freifallramme f martinete m de caída libre
Freifeld n campo m libre (de sonido) (Akustik)
Freifeldraum m cámara f anecoica [sorda] (Akustik)
Freifläche f (Fert) superficie f libre [de incidencia]
freiformschmieden v forjar a golpe libre, forjar sin matrices
Freigabetaste f (Inf) tecla f de liberación
Freikolbenverdichter m compresor m de émbolo libre
Freilandversuch m prueba f de campo
Freilauf m carrera f libre; marcha f a rueda libre; rueda f libre [loca]
Freilaufgetriebe n mecanismo m de rueda loca
Freilaufkupplung f embrague m de rueda libre, embrague m de una dirección; acoplamiento m libre
Freileitung f 1. (El) línea f [conducción f] aérea; conductor m [hilo m] aéreo; línea f de hilo desnudo; 2. (Nrt) circuito m aéreo
Freischalten n (El) desconexión f de tensión
Freisetzung f liberación f, proceso m de liberación
~/unkontrollierte descarga f no controlada (von Schadstoffen)

~ **von Energie** liberación *f* de energía
~ **von Radioaktivität** desprendimiento *m* radiactivo

Freistich *m (Masch)* acuerdo *m*, garganta *f*; ranura *f* de salida *(Schmierung)*; entalladura *f* de descarga

Freistrahlturbine *f* turbina *f* de chorro [vena] libre

Freiwinkel *m (Fert)* ángulo *m* de incidencia, *(Am)* ángulo *m* de destalonado

Freizeichen *n (Nrt)* señal *f* de línea libre, señal *f* de comunicación [conexión] establecida *(Verbindung hergestellt)*

Freizeitgerät *n* equipo *m* de recreo

Fremdatom *n* átomo *m* ajeno [de impureza, extraño]

Fremderregung *f* excitación *f* independiente

Fremdspannung *f (El)* tensión *f* extraña [sofométrica]

Fremdsteuerung *f* regulación *f* externa

Fremdstoff *m* materia *f* [sustancia *f*] extraña; material *m* extraño; impureza *f*

Fremdstoffhalbleiter *m* semiconductor *m* extrínseco

Fremdstörstelle *f* impureza *f (Halbleiter)*

Fremdstrom *m (El)* corriente *f* parásita [ajena, de Foucault]

Frequenz *f (El, Eln)* frecuencia *f*

Frequenzabgleich *m* ajuste *m* de frecuencia

Frequenzabweichung *f* desviación *f* de frecuencia

Frequenzanalyse *f* análisis *m* armónico; análisis *m* de frecuencias *(maschinenakustisches Messverfahren)*

Frequenzband *n* banda *f* [faja *f*] de frecuencias

Frequenzbereich *m* gama *f* [margen *m*] de frecuencias; faja *f* de frecuencias; campo *m* [zona *f*] de frecuencias; espectro *m* de frecuencias

Frequenzbewertungskurve *f* curva *f* de valoración de la frecuencia *(Akustik)*

Frequenzfilter *n* filtro *m* de frecuencia [separación]

Frequenzgang *m* respuesta *f* [característica *f*] de frecuencia; respuesta *f* armónica *(einer Regelstrecke)*; transcurso *m* de frecuencia *(Akustik)*

Frequenzgegenkopplung *f* contrarreacción *f* de frecuencia, reacción *f* negativa en frecuencia

Frequenzgenerator *m* generador *m* de frecuencias

Frequenzkennlinie *f* característica *f* de frecuencia

Frequenzkurve *f* característica *f* de frecuencia

Frequenzmesser *m* contador *m* de frecuencia, frecuencímetro *m*, frecuentómetro *m*

Frequenzmischer *m (Eln)* mezclador *m* de frecuencias

Frequenzmodulation *f* modulación *f* de frecuencia

Frequenzmultiplexverfahren *n* multiplexación *f* de frecuencia

Frequenzregler *m* regulador *m* de frecuencias

Frequenzsieb *n* filtro *m* de frecuencia

Frequenzspektrum *n* espectro *m* de frecuencias

Frequenzsteuerung *f* controlador *m* de frecuencia

Frequenztastung *f* manipulación *f* por variación de frecuencia

Frequenzteiler *m* divisor *m* [reductor *m*, separador *m*] de frecuencias

Frequenzüberlagerung *f* mezcla *f* [batido *m*] de frecuencias

Frequenzumschaltung *f* digitación *f* por desplazamiento de frecuencia *(Datenübertragung auf Fernsprechleitungen)*

Frequenzumsetzer *m* conversor *m* de frecuencia

Frequenzverhalten *n* respuesta *f* de frecuencia

Frequenzverlauf *m* característica *f* de frecuencia

Frequenzwandler *m* conversor *m* [transductor *m* conversor] de frecuencia

Frequenzweiche *f (Nrt)* diplexor *m*

Frequenzwobbelung *f* tambaleo *m* [vobulación *f*] de frecuencia

Friktionsgetriebe *n* mecanismo *m* (con rueda) de fricción

Friktionskupplung *f* acoplamiento *m* de fricción [resbalamiento]; embrague *m* de fricción

Friktionsrad *n* rueda *f* de fricción, frotador *m*

Frischbeton *m* hormigón *m* fresco [no fraguado]
Frischdampf *m* vapor *m* vivo
frischen *v (Met)* afinar, reducir, acrisolar; de(s)carburar
Frischen *n (Met)* afino *m*, refinación *f*, reducción *f*; de(s)carburación *f*
Frischhaltepackung *f* envase *m* de conservación fresca, envoltura *f* hermética
Frischherd *m (Met)* hogar *m* de afinación, forja *f* de afino sueco
Frischluftgebläse *n* ventilador *m* de tiro forzado *(Kesselfeuerung)*
Frischluftgerät *n* aparato *m* respiratorio de aire fresco, respirador *m* con línea de aire, equipo *m* de suministro de aire
fritten *v (Met)* fritar; cohesionar
Fritter *m (Eln)* cohesor *m*
Frittspannung *f* tensión *f* de cohesión
Frontantrieb *m (Kfz)* propulsión *f* delantera; tracción *f* delantera
Frontlader *m* cargador *m* frontal
Frontlenker *m (Kfz)* camión *m* con cabina frontal
Frontplatte *f* placa *f* frontal; panel *m* frontal; disco *m* frontal; carátula *f (eines Geräts)*
Fronträumer *m* niveladora *f* de empuje recto, excavadora *f* de superficie, tractordozer *m*
Froschklemme *f* tensor *m* de alambre
frostbeständig incongelable
Frostschutzmittel *n* agente *m* anticongelante; anticongelante *m*, solución *f* anticongelante
Frostschutzschicht *f* capa *f* antiheladas [contra las heladas] *(Straßenbau)*
Fruchtpresse *f* prensa *f* estrujadora, estrujadora *f*
Frühausfall *m* fallo *m* precoz
Frühlingspunkt *m (Astr)* punto *m* gama
Frühwarnsystem *n* sistema *m* de advertencia precoz
Frühzündung *f (Kfz)* encendido *m* anticipado [contratiempo, prematuro], preencendido *m*, preignición *f*, avance *m* del encendido, chispa *f* avanzada
Fuchsschwanzsäge *f* serrucho *m*
Fuge *f* juntura *f*, junta *f*, costura *f*, intersticio *m*; ranura *f*, muesca *f*
Fügemaschine *f (Fert)* máquina *f* para machihembrar, machihembradora *f*, máquina *f* de ensamblar [hacer empalmes]
fügen *v* juntar; unir; machihembrar
Fugenschneider *m (Bw)* cortadora *f* de juntas; fresadora *f* de firmes
Fühler *m* 1. detector *m*; sensor *m*; palpador *m*; tienta *f*, pulsador *m*; 2. probeta *f* testigo, testigo *m*; cala *f*; 3. *(Inf)* transmisor *m* de datos
Fühlerlehre *f* compás *m* de gruesas, galga *f* de rendijas
Fühlersteuerung *f (Fert)* distribución *f* [control *m*] por palanca de contacto
Fühllehre *f* lengüeta *f* calibradora, fleje *m* calibrador, galga *f* palpadora, *(Am)* calibre *m* explorador
führen *v* 1. conducir, dirigir, guiar; 2. *(Flg)* pilotar, navegar *(ein Flugzeug)*; 3. encaminar *(trassieren)*
führend/Öl petrolífero
~/Wärme calorífero
~/Wasser con agua; acuífero *(Schicht)*
Führerkabine *f* cabina *f* de mando *(Kran)*
Führerraum *m (Flg)* cabina *f* de pilotaje, cockpit *m*
Führerstand *m* 1. puesto *m* de conducción, puesto *m* del conductor [operador]; garita *f* de grúa *(Kran)*; 2. *(Eb)* cabina *f* del maquinista, marquesina *f*
Führung *f* 1. conducción *f*, dirección *f*; 2. guía *f*, corredera *f*, correderas *fpl*; resbaladera *f*, resbaladeras *fpl (Werkzeugmaschine)*; 3. *(Flg)* pilotaje *m*; 4. encaminamiento *m (Trassierung)*
Führungsachse *f* eje *m* de guía
Führungsbahn *f (Masch)* corredera *f* guía, guía *f*, camino *m* de deslizamiento, deslizadera *f*, resbaladera *f*
Führungsbolzen *m* dedo *m* [garra *f*] de arrastre, pasador *m* guía
Führungsbuchse *f* buje *m* [manguito *m*] guía, caja *f* de guía, casquillo *m* de guía del husillo
Führungsgröße *f* magnitud *f* piloto, variable *f* de control
Führungshülse *f* casquillo *m* de guía del husillo
Führungslager *n (Masch)* cojinete *m* de guía, rodamiento *m* sin juego axial
Führungsmutter *f (Masch)* tuerca *f* guía
Führungsnut *f* ranura-guía *f*
Führungsplatte *f* placa *f* de guía, soporte *m*

Führungsring m 1. anillo m guía, anillo-guía m; 2. (Mil) banda f de conducción [forzamiento] (Granate)

Führungsrolle f (Förd) rodillo m guiador, pasteca f; cilindro m guía; garrucha f de guía

Führungsschiene f (Masch) montante m de guía; carril m guía, carril-guía m, riel m; patín m

Führungsseil n cuerda f de enlazado (Sicherheitstechnik)

Führungsstange f (Masch) barra f guía [conductora], varilla f de guía, vástago m, resbaladera f

Führungsstift m espiga f (de) guía

Führungszapfen m espiga f (de) guía, gorrón m de guía, piloto m

Füllbit n (Inf) bit m de relleno

füllen v llenar, envasar; rellenar; cebar; cargar (Kessel); henchir

Füller m 1. (Bw, Ch, Kst) relleno m; 2. (Bw) árido m, materia f inerte

Füllklappe f puerta f de carga (Rostfeuerung)

Füllkörper m (Ch) cuerpo m [material m] de relleno (z. B. bei der Destillation); relleno m, rellenos mpl

Füllmaschine f máquina f de llenado [llenar], llenadora f

Füllmasse f 1. composición f obturadora; masa f cocida; 2. (El) adobo m (Zuckergewinnung)

Füllstandsanzeiger m verificador m de nivel

Füllstoff m 1. material m de relleno, relleno m; 2. (Kst) ingrediente m de relleno; 3. carga f

Fülltrichter m tolva f alimentadora [de alimentación, de carga]; copilla f (de alimentación); envasador m; tragante m

Füllung f 1. llenado m, llenadura f, carga f; 2. (Bgb) relleno m (Gang); 3. (Inf) zona f de relleno (Grafikprogramm); 4. (Bw) tablero m, panel m

Fundament n 1. (Bw) fundamento m, basamento m; cimentación f, cimiento m; subestructura f; 2. (Masch) base f, lecho m; 3. (Schiff) polín m

Fundamentplatte f placa f de anclaje; losa f [macizo m] de cimentación

Fünfeck n pentágono m

Fünfelektrodenröhre f (Eln) pentodo m

Fünfflächner m pentaedro m

Fünfganggetriebe n (Kfz) cambio m de cinco marchas

Fünfgitterröhre f (Eln) pentarrejilla f, pentagrilla f

Fünfkantmutter f tuerca f pentagonal

Fünfpolregelröhre f (Eln) pentodo m regulador

fünfwertig (Ch) pentavalente

Funkanlage f instalación f radioeléctrica [de radio], equipo m radioeléctrico [de radio], instalación f radiotelegráfica [de radiotelegrafía], radioestación f

Funkantenne f antena f radioeléctrica

Funkapparat m aparato m radioeléctrico

Funkbake f baliza f radioeléctrica, radiobaliza f, radiofaro m, boya f indicadora

Funkeinrichtung f equipo m radioeléctrico [de radio], instalación f de radio

Funkeleffekt m (Eln) efecto m de centelleo

Funkelektronik f radioelectrónica f

funken v 1. chispear, chisporrotear, despedir [echar] chispas (z. B. Schleifscheibe); 2. radiar, radio(tele)grafiar, radiotransmitir, transmitir por radio

Funkenableiter m (El) amortiguador m de chispas, parachispas m, chispero m

Funkenbündel n haz m de chispas

Funkenentladung f (El) descarga f de chispa; chispa f eléctrica [de descarga]

Funkenentladungsstrecke f (El) espinterómetro m, descargador m (de chispa)

Funkenerosionsbearbeitung f (Fert) mecanización f eléctrica erosiva, mecanización f por chispas, mecanizado m electroerosivo

Funkenerosionsmaschine f (Fert) máquina f de erosión por chispas, máquina f para el mecanizado electroerosivo

Funkenfänger m 1. colector m [eliminador m] de chispas, parachispas m; 2. (Eb) rejilla f para chispas, chispero m

Funkenkondensator m condensador m amortiguador [extintor] de chispas, condensador m de apagado

Funkenlöscher m extintor m [soplador m, supresor m, amortiguador m] de chispas, matachispas m, apagachispas m; pantalla f cortaarcos

Funkenstrecke f (El) longitud f [distancia f] de chispa, trayecto m del arco; des-

cargador *m* (de chispa), chispero *m*, espinterómetro *m*, chispómetro *m*, explosor *m* (*Gerät*)
Funkenzündung *f* (*Kfz*) encendido *m* por chispa
Funkfernmessgerät *n* radiotelémetro *m*
Funkfernschreiber *m* radioteletipo *m*
Funkfernschreibtechnik *f* técnica *f* de radioteletipia
Funkfernsprechen *n* radiotelefonía *f*
Funkfernsprechsystem *n* sistema *m* radiofónico
Funkfernsprechverbindung *f* enlace *m* radioteletípica
Funkfernsteuerung *f* telemando *m* por radio, radiotelemando *m*
Funkfeuer *n* faro *m* marcador [radioeléctrico], radiobaliza *f*, radiofaro *m*
Funkgerät *n* equipo *m* radioeléctrico [de radio], aparato *m* radiotelegráfico, radioestación *f*
~/**tragbares** radio *f* portátil
funkgesteuert dirigido por radio, radioguiado
Funknetz *n* red *f* radioeléctrica, red *f* (de) radio
Funkortung *f* radiodetección *f*, radiolocalización *f*, rastreo *m* radioeléctrico, orientación *f* por radio
Funkortungsgerät *n* aparato *m* de radiodetección
Funkortungsschiff *n* buque *m* radar
Funkpeilanlage *f* instalación *f* radiogoniométrica
Funkpeilgerät *n* aparato *m* radiogoniométrico, radiogoniómetro *m*
Funkpeilung *f* radiodetección *f*, radiogoniometría *f*, goniometría *f*, marcación *f* radiogoniométrica, orientación *f* por radio
Funkphysik *f* radiofísica *f*
Funksatellit *m* satélite *m* de radio
Funksprechanlage *f* instalación *f* radiotelefónica
Funksprechgerät *n* radioteléfono *m*, radiófono *m*
Funkstation *f* estación *f* radioeléctrica [de radio, de comunicaciones], radioestación *f*, radiobase *f*, puesto *m* de radio
funksteuern *v* radiodirigir
Funksteuerung *f* gobierno *m* [mando *m*, telemando *m*] por radio, radioconducción *f*, radioguía *f*, radiomando *m*, radiocontrol *m*
Funkstörung *f* 1. interferencia *f* radio(-eléctrica), radiointerferencia *f*, silbido *m* de radio; 2. (*Nrt*) perturbación *f*
Funkstrecke *f* línea *f* inalámbrica, radioenlace *m*
Funktechnik *f* radiotecnia *f*, radiotécnica *f*; radioelectricidad *f*
Funktelefon *n* radioteléfono *m*, radiófono *m*, teléfono *m* sin hilos
Funktelefonie *f* radio(tele)fonía *f*
Funktelegraf *m* radiotelégrafo *m*, telégrafo *m* sin hilos, T.S.H.
Funktelegrafie *f* radiotelegrafía *f*
Funktion *f* (*Math*) función *f*, actuación *f*
~/**abgeleitete** función *f* derivada, derivada *f*
~/**abnehmende** función *f* decreciente
~/**bedingte** función *f* condicional
~/**differenzierbare** función *f* diferenciable
~/**eindeutige** función *f* uniforme, correspondencia *f* unívoca
~/**eineindeutige** función *f* inyectiva [univaluada], correspondencia *f* biunívoca
~/**erzeugende** función *f* generatriz [generadora]
~/**fallende** función *f* decreciente
~/**ganzrationale** función *f* polinómica
~/**gerade** función *f* par
~/**goniometrische** función *f* goniométrica [trigonométrica]
~ **höherer Ordnung** función *f* de orden superior
~/**hyperbolische** función *f* hiperbólica
~/**komplexwertige** función *f* de valores complejos
~/**mehrdeutige** función *f* multiforme [de valuación múltiple], correspondencia *f* plurívoca
~/**quadratische** función *f* cuadrada [cuadrática]
~/**reellwertige** función *f* real
~/**reziproke** función *f* recíproca
~/**skalare** función *f* escalar
~/**steigende** función *f* creciente
~/**stetige** función *f* continua
~/**stochastische** función *f* aleatoria
~/**streng konvexe** función *f* estrictamente convexa
~/**trigonometrische** función *f* trigonométrica [angular]

~/wachsende función *f* creciente
~/zunehmende función *f* creciente
Funktional *n (Math)* funcional *f*, función *f* de función
Funktionalraum *m* espacio *m* funcional
Funktionalreihe *f* serie *f* funcional [de funciones]
Funktionsablauf *m (Inf)* desenvolvimiento *m*; rutina *f* funcional
Funktionsbaugruppe *f (Inf)* unidad *f* operativa
Funktionsbeschreibung *f* descripción *f* funcional; especificación *f* funcional
Funktionsdiagramm *n* diagrama *m* [organigrama *m*] funcional
Funktionsmuster *n* modelo *m* operante [de funcionamiento]
Funktionsprüfung *f* comprobación *f* [control *m*, ensayo *m*, verificación *f*, revisión *f*] de funcionamiento, prueba *f* funcional [de funcionalidad]
Funktionstaste *f (Inf)* tecla *f* funcional [de función]
Funktionsweise *f* modalidad *f* de funcionamiento, funcionamiento *m*; modo *m* de operación
Funkträgerwelle *f* onda *f* portadora de radio
Funkturm *m* torre *f* de radiodifusión
Funküberlagerung *f* interferencia *f* radio(-eléctrica)
Funkverbindung *f* comunicación *f* por radio, radio(tele)comunicación *f*, enlace *m* de radio, radioenlace *m*, contacto *m* radio
Funkverkehr *m* radio(tele)comunicación *f*, radiocomunicaciones *fpl*
Funkwelle *f* onda *f* radioeléctrica [de radiofrecuencia], radioonda *f*
Furchenegge *f (Lt)* arado *m* cultivador
Furchenzieher *m (Lt)* surcador *m*, abresurcos *m*, alomadora *f*, órgano *m* surcador, rayador *m (Pflug)*
Furnier *n* chapa *f* (de madera), madera *f* contrachap(e)ada
furnieren *v* plaquear, chapear, chapar *(Holz)*
Furnierhobelmaschine *f* acepilladora *f* de hacer chapas
Furnierholz *n* madera *f* chap(e)ada
Furnierplatte *f* placa *f* de chapear [marquetería]

Fuß *m* 1. pie *m*; pata *f*; zócalo *m*; 2. *(Typ)* base *f (untere Fläche der Drucktype)*; 3. pie *m (altes Längenmaß)*
Fußboden *m* suelo *m*, piso *m*
Fußbodenbeheizung *f* calefacción *f* de suelos
Fußbodenbelag *m* revestimiento *m* del suelo, recubrimiento *m* de suelos, recubrimiento *m* del piso; solera *f*
Fußbremse *f (Kfz)* freno *m* de pedal [pie]
Fußeinrückung *f* embrague *m* a pedal
Fußhebel *m* pedal *m*, descansapiés *m*
Fußhebelpresse *f* prensa *f* de palanca a pedal
Fußkegel *m (Masch)* cono *m* primitivo [base, de fondo]
Fußkreisdurchmesser *m* diámetro *m* de fondo, diámetro *m* del círculo talonario *(Zahnrad)*
Fußpunkt *m* 1. *(Math)* pie *m*; 2. *(Bw)* base *f*; 3. *(Astr)* nadir *m*
Fußraste *f* descansapiés *m*, estribo *m*
Fußschalter *m* interruptor *m* de pedal
Fußschalthebel *m (Kfz)* pedal *m* de cambio de velocidades
Futter *n* 1. *(Met)* revestimiento *m*, camisa *f*; 2. chaqueta *f*; manguito *m*; 3. *(Text)* forro *m*; 4. *(Lt)* pienso *m*; forraje *m (Grünfutter)*
Futteral *n* estuche *m*, funda *f*
Futteraufbereiter *m (Lt)* acondicionador *m* de alimentación [forraje]
Futterautomat *m* 1. *(Lt)* comedero *m* (automático); 2. *(Fert)* torno *m* automático con plato
Futtererntemaschine *f (Lt)* máquina *f* cosechadora [recolectora] de forraje, recogedora *f* de forraje
Futterlader *m (Lt)* picadora-cargadora *f*
Futtermäher *m (Lt)* máquina *f* segadora de forraje, segadora *f* de forraje
Futtermischer *m (Lt)* mezcladora *f* de alimentos; mezcladora *f* de forrajes *(Grünfutter)*; mezcladora *f* de piensos *(Trockenfutter)*
Futtermühle *f (Lt)* moledor *m* [moledora *f*] de alimentos, molturadora *f*; molino *m* para pienso
Futterpresse *f (Lt)* prensa *f* de forraje; enfardadora *f* de pasto
Futterreißer *m (Lt)* machacadora *f* de forrajes, despojadora *f*

Futterschneider *m (Lt)* trituradora *f* [cortador *m*, cortadora *f*] de forraje, picadora *f* de forraje(s), desmenuzadora *f*; cortadora *f* de ensilaje

Fuzzy-Logik *f (Inf)* lógica *f* fuzzy [difusa]

G

Gabel *f* horquilla *f*; rastrillo *m (Heuerntemaschine)*

Gabelbolzen *m* muñón *m* de la horquilla

Gabelheuwender *m (Lt)* volteador *m* [volteadora *f*] de horquillas, henificadora *f* de horquilla

Gabelhubwagen *m (Förd)* transpaleta *f*

Gabelschaltung *f (Nrt)* montaje *m* híbrido

Gabelstapler *m* carretilla *f* de horquilla elevadora, carro *m* elevador de horquilla, apiladora *f* [montacargas *m*] de horquilla

Galaxienhaufen *m (Astr)* cúmulo *m* galáctico [de galaxias]

Gallium *n* galio *m*, Ga

Galvanikanlage *f* instalación *f* de galvanización [galvanizado]

Galvanisation *f* galvanización *f*, galvanizado *m*

galvanisch galvánico, voltaico

Galvanisierbad *n* baño *m* galvánico [de galvanizado]

Galvanisierung *f* electrodeposición *f*

Galvanometer *n* galvanómetro *m*

Galvanoplastik *f* 1. galvanoplastia *f*, galvanoplástica *f*, electroformación *f*, electrotipia *f*; 2. *(Typ)* galvanotipia *f*

Galvanotechnik *f* galvanotécnica *f*, técnica *f* electrogalvánica

Gammastrahlgerät *n* aparato *m* gamma

Gammastrahlung *f (Kern)* radiación *f* [rayos *mpl*] gamma

Gammazerfall *m (Ph)* desintegración *f* gamma

Gang *m* 1. funcionamiento *m (einer Maschine)*; marcha *f*, régimen *m*; movimiento *m*; 2. *(Kfz)* velocidad *f*, marcha *f*; 3. avance *m*, paso *m (Schraube)*; 4. *(Bw)* recorrido *m*; corredor *m*; pasillo *m*; 5. *(Schiff)* traca *f (Platten)*; 6. *(Bgb)* filón *m*, vena *f*, veta *f*, venero *m*, ramal *m*; 7. *(Feinw)* desplazamiento *m*

~/**erster** primera marcha *f*

~/**gleitsicherer** pasillo *m* antirresbaladizo

~/**höchster** marcha *f* sobremultiplicada

~/**toter** movimiento *m* perdido; marcha *f* muerta; carrera *f* muerta; juego *m* perdido [muerto, en vacío]; holgura *f* del volante

~/**ungleichmäßiger** bamboleo *m*

Ganghöhe *f* paso *m* de rosca, altura *f* de paso *(einer Schraube)*; ángulo *m* de la pala

Gangmutter *f (Masch)* tuerca *f* móvil

Gangschalter *m (Kfz)* selector *m*

Gangschalthebel *m (Kfz)* palanca *f* del cambio (de velocidades), palanca *f* de las velocidades *(Getriebe)*; maneta *f* de cambio de marchas

Gangschaltung *f (Kfz)* cambio *m* de marcha [velocidades]

Gangway *f* 1. *(Schiff, Flg)* escala *f* [escarilla *f*] (de acceso); 2. *(Schiff)* pasillo *m*, portalón *m*; tilla *f*

Ganzkörperschwingung *f* vibración *f* del cuerpo entero, vibración *f* [oscilación *f*] de todo el cuerpo, vibración *f* total del organismo

Ganzstahlkarosserie *f* carrocería *f* enteramente de acero

Ganzzeichendrucker *m (Inf)* impresora *f* carácter a carácter, impresora *f* por caracteres

Garage *f* garaje *m*, cobertizo *m* para autos

Gärbehälter *m* almacén *m* de fermentación

Garbenselbstbinder *m (Lt)* máquina *f* de hacer gavillas

Gärbottich *m* recipiente *m* [tanque *m*, tina *f*] de fermentación, cuba *f* [cubo *m*] de fermentación

gären *v* fermentar

Gärfutterbehälter *m (Lt)* almacén *m* de fermentación; silo *m* de almacenamiento; tanque *m* para agriado

Gärfuttersilo *m (Lt)* silo *m* de almacenamiento

Garn *n (Text)* hilo *m*, hilado *m*, hebra *f*

Gärtank *m* recipiente *m* [tanque *m*, cuba *f*] de fermentación

Gartenbau *m* horticultura *f*; producción *f* hortícola; cultivo *m* hortense; explotación *f* de horticultura; jardinería *f*

Gartenbauschlepper *m* tractor *m* hortícola

Gartenbauwissenschaft *f* ciencia *f* hortícola

Gartenschere f cizalla f de agricultor
Gärung f fermentación f
~/heftige fermentación f tumultuosa
~/sauerstofflose fermentación f anaerobia
Gärungsmittel n agente m de fermentación, fermentante m
Gärungstechnologie f tecnología f de fermentación
Gas n gas m
~/anästhesierendes gas m anestésico
~/brennbares gas m comburente [combustible]
~/explosionsgefährliches gas m explosivo
~/feuergefährliches gas m inflamable
~/flüssiges gas m licuado
~/giftiges gas m tóxico [venenoso]
~/hochexplosives gas m sumamente explosivo
~/narkotisierendes gas m anestésico
~/verdünntes gas m enrarecido [rarificado]
~/verflüssigtes gas m licuado
Gasabsperrhahn m cortagás m
Gasabzug m 1. evacuación f [extracción f] de gases; toma f de gas; escape m de gas; 2. extractor m de gases
Gasanzünder m encendedor m de gas
Gasaufkohlung f (Met) carburación f [carburización f] gaseosa, cementación f gaseosa f] de gas
Gasausströmung f emanación f [escape m] de gas
Gasbehälter m 1. recipiente m [contenedor m] de gases, gasómetro m; 2. célula f de gas (Luftschiff)
Gasbeheizung f calentamiento m por gas
Gasbeleuchtung f alumbrado m de gas
Gasbeton m hormigón m celular [alveolar, de gas], aerocreto m
Gasbrenner m mechero m [quemador m, soplete m] de gas
Gasbrennschneiden n (Fert) corte m autógeno
Gaschromatographie f cromatografía f en fase gaseosa, cromatografía f de gas(es)
gasdicht estanco [hermético, impermeable] al gas, a prueba de gases
Gasdiode f válvula f iónica rectificadora
Gasdrehgriff m (Kfz) puño m acelerador

Gasdrosselung f (Kfz) estrangulación f de gas
Gasdruckflasche f botella f [cilindro m] de gas a presión
Gasdüse f tobera f de gas
Gasentladung f (El) descarga f gaseosa [en los gases]
Gasentladungslampe f lámpara f de descarga [luminiscencia, gases enrarecidos]
Gasentladungsröhre f tubo m de descarga [gases enrarecidos], tubo m relleno de gas, válvula f de descarga
Gasentschwefler m desulfurador m de gas
Gaserzeuger m generador m de gas, gasógeno m
Gasfeuerungsraum m hogar m de gas
Gasfeuerzeug m encendedor m de gas liquefiado
Gasflasche f bombona f de gas
Gasförderung f explotación f [extracción f] de gas
gasförmig gaseiforme, gaseoso, aeriforme, fluido
Gasfülldruck m presión f de llenado de gas
Gasfußhebel m (Kfz) pedal m del acelerador
Gasgemisch n mezcla f gaseosa [de gas]
Gasgeneratoranlage f instalación f gasógena
Gasgerät n aparato m de gas
Gasgesetz n (Ch) ley f de los gases
Gasgewinde n rosca f [hilo m] (de) gas
Gasheizautomat m autómata m de calefacción de gas
Gasheizung f calefacción f por gas
Gaskohle f carbón m rico en gases; hulla f para gas [la coquificación]
Gaskonstante f (Ph) constante f de los gases (perfectos)
Gaslaser m láser m de gas
Gasleitung f tubería f de gas, conducto m de gases, gasoducto m; canal m de gas
Gaslötgerät n equipo m para soldeo por gas
Gas-Luft-Gemisch n mezcla f de gas y aire
Gasmaske f careta f [máscara f] antigás; máscara f contra gases
Gasmelder m detector m continuo de gases combustibles; avisador m de escape de gas (automatischer Brandmelder)

Gasmessgerät n medidor m de gases
Gasmessröhre f (Ch) eudiómetro m
Gasnachweis m detección f de gases
Gasnachweisgerät n gasodetector m
Gasnitrieren n (Met) nitruración f gaseosa [en gases], nitruración f en atmósfera de gas (Stahl)
Gasofen m estufa f de gas
Gasöl n aceite m [petróleo m] de gas, gasoil m, gasóleo m
Gaspedal n (Kfz) acelerador m de pedal, descansapiés m del acelerador, mariposa f de aceleración, pedal m del acelerador
Gasphase f (Ch) fase f gaseosa [de gas]; fase f vapor (bei Hochdruckhydrierung)
Gasprüfröhrchen n comprobador m de gases; tubo m para la detección de gases
Gasreiniger m purificador m para gas
Gasreinigungsanlage f planta f de tratamiento de gases
Gasrohr n tubo m de gas
Gasröhre f lámpara f de gas, válvula f de atmósfera gaseosa
Gasrohrzange f alicates mpl de gasista
Gasschmelzschweißen n soldadura f autógena [con soplete]
Gasschweißen n soldadura f a [con] gas
Gassonde f pozo m de gas (Erdgas)
Gasspeicherung f acumulación f de gas
Gasspürgerät n aparato m detector de gases, detector m de gas(es), gasodetector m; sistema m de detección de gases
Gassteigleitung f conducto m de subido del gas
Gasstrom m flujo m gaseoso [de gas]; corriente f iónica (Elektronenröhre)
Gastanker m (Schiff) gasero m
Gastechnik f ingeniería f del gas
Gastriode f (Eln) triodo m a gas, tiratrón f
Gastrocknungsanlage f instalación f deshidratadora de gases
Gasturbine f turbina f de gas
Gasturbinenflugzeug n avión m a turbina a gas
Gasturbinenlokomotive f locomotora f de turbina de gas
Gasturbinenschiff n buque m de turbina de gases
Gasturbinentriebwerk n turbomotor m, motor m de turbina de gas

Gasturbokompressor m turbocompresor m de gas
Gasüberwachungsgerät n monitor m de gases
Gasuhr f contador m de gas
Gasverflüssigung f liquefacción f de gas
Gaswaage f gasímetro m
Gaswäscher m depurador m [lavador m] de gases
Gaszähler m contador m de gas, (Am) medidor m de gas
Gatter n 1. puerta f (logische Schaltung); 2. parrilla f; verja f; 3. aserradora f [sierra f] alternativa; 4. (Text) fileta f
Gattersäge f aserradora f [sierra f] alternativa, aserradero m
Gatterschaltung f circuito m de puerta
GAU m s. Störfall/größter anzunehmender
Gaufriermaschine f (Text) calandria f gofradora [para gofrar], gofrador m
Gebäude n edificio m; inmueble m; planta f
~/**baufälliges** edificio m ruinoso
~/**vorgefertigtes** edificio m prefabricado
Gebäudeinstandhaltung f conservación f [mantenimiento m] de edificios; mantenimiento m de inmuebles; mantenimiento m de estructuras
Gebäudeinstandsetzung f reparación f de edificaciones [edificios]; reparación f de estructuras
Gebäudeklimaanlage f instalación f de climatización en edificios
Geber m (Eln) transmisor m, captador m
Gebergerät n 1. aparato m emisor; 2. (Inf) transmisor m de datos
Gebiet n área f; dominio m; región f; distrito m; territorio m; terreno m; campo m; sector m; zona f; alcance m
~/**dicht bebautes** zona f densamente edificada
~/**erdbebensicheres** región f asísmica
~/**fraunhofersches** (Ph) región f de Fraunhofer
~/**stadtnahes** zona f [área f] periurbana
Gebirgsbildung f (Geol) orogénesis f, orogenia f
Gebirgsdruck m (Bgb) presión f de roca [sierra, tierra, terreno], peso m del techo, sobrecarga f
Gebirgsmassiv n macizo m
Gebirgsmechanik f mecánica f de las rocas
Gebirgsschlag derrumbe m

Gebläse n 1. soplador m, soplante m, soplete m; ventilador m; 2. (Lt) aventadora f, aventador m; 3. compresor m
Gebläseentlader m (Lt) descargadora f neumática, aspirador f
Gebläseförderer m (Lt) transportador m neumático [por aspiración]
Gebläsehäcksler m (Lt) picadora-soplante f, cortapajas m con soplante
Gebotszeichen n señal f obligatoria [de obligación], signo m de obligación [seguridad]
Gebrauchsanweisung f instrucción f de uso [manejo], modo m de empleo; libro m de instrucciones
Gebrauchsgrafik f arte m(f) industrial
Gebrauchslast f (Bw) carga f de funcionamiento
Gebrauchsmuster n modelo m registrado [utilitario, de utilidad industrial] (Patentrecht); patrón m de consumo; dibujo m de utilidad industrial
Gebrauchsspannung f tensión f de utilización
Gebrauchswerteigenschaft f calidad f del valor útil, propiedad f de uso
Gebührenanzeiger m (Nrt) incidador m de tasa [tarificación]
Gebührenumschaltung f (Nrt) cambio m de modalidad de tarifa, conmutación f de tarifa
Gebührenzähler m (Nrt) contador m de tarificación [tarifa, tasas de conferencias]
gebunden 1. (Ch) combinado; latente; 2. restringido (z. B. netzgebunden); 3. (Typ) en pasta
Gefährdung f riesgo m, peligro m (potencial); condición f insegura [peligrosa], situación f de riesgo, inseguridad f
Gefährdungsanalyse f análisis m de riesgo
Gefahrenfeuer n (Flg, Schiff) baliza f de peligro
Gefahrensignal n señal f de peligro
Gefahrgutbehälter m contenedor m de mercancías peligrosas
Gefahrstoff m sustancia f [materia f] peligrosa, material m peligroso
Gefahrstofflagerung f almacenamiento m de sustancias peligrosas
Gefällanzeiger m indicador m del desnivel

Gefälle n pendiente f, inclinación f, gradiente m, declive m, declividad f, cuesta f; desnivelación f, desnivel m; caída f
Gefäß n envase m, receptáculo m, recipiente m, vasija f, vaso m
~/bruchsicheres recipiente m a prueba de roturas
Geflecht n trenza f, trenzado m de fibras (aus Fasern); tejido m de malla, malla f
Geflügelfarm f empresa f avícola; granja f avícola
Geflügelproduktionsanlage f instalación f avícola
Gefrieranlage f instalación f [equipo m] de congelación, equipo m frigorífico, congelador m; máquina f de congelar; planta f refrigeradora [de refrigeración]
Gefrierapparat m congelador m, heladora f
gefrierbar congelable, helable, heladizo
Gefrierbehälter m recipiente m refrigerador
gefrieren v congelar, congelarse, frigorizar, helarse
Gefrieren n congelación f, heladura f, helamiento m
Gefrierfach n frigorífero m, heladora f (eines Kühlschranks)
gefriergetrocknet liofilizado
Gefrierkutter m motopesquero m congelador
Gefrierladeraum m (Schiff) nevera f refrigerada
Gefrierpunkt m punto m de congelación
Gefrierpunktbestimmung f (Ph) crioscopia f
Gefrierpunktmesser m (Ph) crioscopio m
Gefrierraum m cámara f refrigerada [refrigerante, fría, frigorífica, de congelación, de refrigeración]; sala f de refrigeración
Gefrierschiff n buque m refrigerador, barco m frigorífico
Gefrierschrank m armario m de congelación, congelador m
Gefrierschutzmittel n agente m [fluido m] anticongelante, anticongelante m
Gefriertrawler m arrastrero m [pesquero m] congelador, buque m pesquero frigorífico
Gefriertrocknung f desecado m a congelación, secado m por congelación, criodesecación f, liofilización f

Gefriertunnel m *(Schiff)* túnel m de congelación [refrigeración], congelador m a túnel *(Tunnelgefrieranlage auf Fischereifahrzeugen)*

Gefüge n *(Geol, Met)* estructura f; textura f *(Oberflächenstruktur)*; fábrica f; ordenación f

~/austenitisches *(Met)* estructura f austenítica

~/eutektisches *(Met)* estructura f eutéctica

~/feinkörniges estructura f de grano fino

~/körniges estructura f granulada [granular]

~/mikroskopisches estructura f microscópica

Gegendruck m 1. contrapresión f; 2. *(Bw)* reacción f *(Statik)*

Gegendruckgießen n fundición f de contrapresión

Gegendruckkolben m émbolo m equilibrador

Gegendruckplatte f placa f de contrapresión

Gegendruckturbine f turbina f de contrapresión

Gegenflansch m contrabrida f

gegenfluten v *(Schiff)* contrainundar

Gegengewicht n contrapeso m, carga f de contrapeso

Gegenhalter m 1. contrapunta f de apoyo, brazo m corredizo; platina f de contracorte; puente m *(Fräsmaschine)*; sufridera f; 2. *(Bgb)* contrapunta f

Gegenkatode f anticátodo f

Gegenkolbenmotor m *(Kfz)* motor m de émbolos [cilindros] antagónicos [opuestos, contrapuestos], flat twin m

Gegenkopplung f *(Eln)* realimentación f (inversa), reacción f [realimentación f] negativa, contrarreacción f, degeneración f, retroalimentación f inversa [negativa]

Gegenkraft f *(Mech)* equilibrante f *(zur Resultierenden)*; contrafuerza f, fuerza f antagónica [antagonista, de reacción], esfuerzo m de reacción

gegenlauffräsen v *(Fert)* fresar con movimientos contrarios, fresar en contrasentido

Gegenlauffräsen n *(Fert)* fresado m contra el sentido de avance

gegenläufig *(Mech)* contrarrotativo, de marcha inversa, de movimiento antagónico [opuesto], contrario

Gegenlaufluftschraube f hélice f contrarrotativa

Gegenlehre f galga f de referencia *(Messtechnik)*

Gegenlichtblende f *(Kfz)* parasol m

Gegenmutter f *(Masch)* contratuerca f, fiador m de tuerca, tuerca f de traba

Gegenphase f *(El)* contrafase f, fase f opuesta, oposición f

Gegenpol m polo m contrario

Gegenpropeller m *(Schiff)* contrahélice f

gegenschalten v *(El)* conectar en oposición

Gegenschrittschweißen n soldadura f de retroceso

gegenseitig recíproco

Gegenspant n *(Schiff)* cuaderna f invertida

Gegensprechanlage f *(Nrt)* instalación f de comunicación simultánea, instalación f de intercomunicación, sistema m dúplex; interfono m, intercomunicador m

Gegensprechleitung f línea f dúplex

Gegensprechtelefon n teléfono m de conferencia simultánea

Gegenstrom m contracorriente f, corriente f inversa

Gegentakt m *(El)* contrafase f

Gegentaktmikrophon n micrófono m simétrico

Gegentaktmodulation f *(Nrt)* modulación f simétrica

Gegentaktschaltung f *(Nrt)* circuito m de vaivén, conexión f en contrafase, conexión f push-pull, push-pull m

Gegenwelle f árbol m [eje m] de contramarcha

Gegenwicklung f *(El)* arrollamiento m contracompound [en contraserie], devanado m diferencial

Gegenwinkel m ángulo m opuesto

Gehalt m 1. contenido m; 2. *(Ch)* graduación f, grado m

Gehängeförderer m transportador m teleférico [de suspensión]

gehärtet endurecido; hidrogenado *(Fette und Öle)*

Gehäuse n caja f, carcasa f, alojamiento m; bastidor m; cárter m *(z. B. Motor)*;

chaqueta f; cofre m; concha f; cuerpo m; linterna f
~/explosionsgeschütztes caja f antideflagrante
Gehäuselautsprecher m altavoz m de caja
Gehörschutzhelm m casco m antirruido [protector auditivo]
Gehörschutzkappe f casquete m antirruido [de la oreja]
Gehörschutzkapsel f auricular m audioprotector [protector del oído], orejera f protectora [de protección, antirruido], protector m auditivo tipo oreja
Gehörschutzstöpsel m protector m auditivo tipo tapón, tapón m audioprotector [auditivo, de oído, antirruido]
Gehrung f 1. inglete m, sesgo m; 2. (Typ) bisel m
Gehrungswinkel m escuadra f de sesgo
Geisterbild n (TV) imagen f doble [fantasma], eco m
Geländeantrieb m (Kfz) mando m en las cuatro ruedas
Geländefahrzeug n vehículo m todo terreno; automóvil m todo terreno, coche m (de) todo terreno, todoterreno m
Geländegängigkeit f (Kfz) capacidad f todoterreno
Geländer n barandilla f, pasamanos m; apoyo m
Geländereifen m (Kfz) neumático m para todo terreno
Gelbildung f (Ch) gelación f, gelificación f, gelatinización f (bes. Explosivstoffe)
Geldautomatenkarte f tarjeta f del cajero automático
Geldschrank m caja f fuerte [de caudales]
Gelenk n articulación f; juntura f, junta f; pernio m; pivote m
Gelenkachse f eje m de charnela
Gelenkarm m brazo m articulado
Gelenkbolzen m perno m de articulación, pivote m
Gelenkfahrzeug n vehículo m articulado
gelenkig articulado
Gelenkkupplung f acoplamiento m articulado [de cardán, universal], acoplador m giratorio, enganche m articulado
Gelenkroboter m robot m articulado
Gelenkspiel n holgura f en las rótulas

Gelenkverbindung f unión f [junta f] articulada, unión f de charnela; enganche m articulado; dispositivo m de articulación, articulación f
Gelenkwelle f árbol m articulado [de cardán], eje m (de) cardán; árbol m de transmisión
Gemeinschaftsantenne f antena f colectiva
Gemenge n (Ch) mezcla f
Gemengehaus n casa f [sala f] de mezclas (Glasherstellung)
Gemisch n mezclado m, mezcla f, compuesto m; mixto m; aglomerado m
~/brennbares mezcla f inflamable
~/explosionsfähiges mezcla f explosiva
~/zündfähiges mezcla f explosiva
Gemischbildung f (Kfz) formación f de mezcla
Gemischregler m (Kfz) regulador m automático de gas
Gemischtschmierung f (Kfz) engrase m mixto
Gemüseerntemaschine f (Lt) máquina f para recolectar hortalizas, máquina f recolectora de hortalizas
genau 1. preciso; exacto m; estricto; detallado; 2. (Math) estricto
Genauigkeitsgrad m grado m de exactitud [precisión], nivel m [rango m] de precisión, precisión f
Genauigkeitsprüfung f comprobación f [prueba f, verificación f] de exactitud, comprobación f de la precisión
Genbank f banco m de genes (Gentechnologie)
geneigt inclinado
Generalplan m 1. plan m general; bosquejo m general; plano m de conjunto; 2. (Schiff) plano m (de disposición) general, arreglo m general (eines Schiffes)
Generalüberholung f reparación f principal, repaso m [recorrido m] general
Generator m 1. (El) máquina f generadora [generatriz], motor m generador, electrogenerador m, generador m (eléctrico), generador m de corriente; generatriz f; máquina f electromotriz, dinamo f generatriz; 2. gasógeno m, generador m (von Gas); 3. (Inf) generador m (Programm)
~/elektrostatischer 1. generador m electrostático, máquina f electrostática

Generator

[de influencia]; 2. *(Kern)* acelerador *m* electrostático
~/selbsterregter dinamo *f* autoexcitada
Generatorgas *n* gas *m* de generador [gasógeno]
Generatorröhre *f* lámpara *f* osciladora [de emisión], oscilatriz *f*, válvula *f* transmisora
Generatorturbine *f* turbina *f* generatriz
generieren *v* generar, engendrar, criar
Generierungssprache *f* (*Inf*) lenguaje *m* generador
Genforschung *f* investigación *f* genética
genormt normalizado; estándar
Gensynthese *f* síntesis *f* genética
Gentechnik *f* ingeniería *f* genética
Gentechnologie *f* tecnología *f* genética; ingeniería *f* genética
genutet acanalado, canalado
Geochemie *f* geoquímica *f*, química *f* geológica
Geodäsie *f* geodesia *f*
geodätisch geodésico
Geodätische *f* línea *f* geodésica
Geographie *f* geografía *f*, ciencia *f* geográfica
Geologie *f* geología *f*
geomagnetisch geomagnético
Geomagnetismus *m* magnetismo *m* terrestre
Geometrie *f* geometría *f*
~/algebraische geometría *f* algebraica
~/analytische geometría *f* analítica
~/darstellende geometría *f* descriptiva
~ der Lage geometría *f* de posición
~ des Raumes geometría *f* del espacio
~/ebene geometría *f* plana, planimetría *f*
~/elliptische geometría *f* elíptica
~/euklidische geometría *f* euclidiana [de Euclides]
~/hyperbolische geometría *f* hiperbólica
~/nichteuklidische geometría *f* no euclidiana, metageometría *f*
~/projektive geometría *f* proyectiva
~/räumliche geometría *f* del espacio
~/sphärische geometría *f* esférica
geometrisch geométrico, geometral
Geophysik *f* geofísica *f*, física *f* del globo
geophysikalisch geofísico
Geotechnik *f* geotécnica *f*
Gepäckablage *f* rejilla *f* para equipajes

Gepäckfach *n* compartimiento *m* de equipaje *(Reiseomnibus)*
Gepäckluke *f* escotilla *f* de equipajes
Gepäckschließfach *n* (*Eb*) consigna *f* automática
Gepäckträger *m* portaequipaje(s) *m*
Gepäckwagen *m* 1. carro *m* de equipajes; 2. *(Eb)* vagón *m* de equipaje(s)
gerade 1. directo; 2. par *(Zahl)*
Gerade *f* recta *f*
~/geneigte recta *f* oblicua
~/senkrechte recta *f* perpendicular
Geradeausprogrammierung *f* programación *f* lineal
geradlinig rectilíneo, rectilinear; directo
Geradlinigkeit *f* rectilinearidad *f*, rectitud *f*
Geradverzahnung *f* engranaje *m* cilíndrico [recto], dentado *m* recto
Geradzahligkeit *f* (*Math*) paridad *f*
Gerät *n* dispositivo *m*; equipo *m*; aparato *m*; instrumento *m*; util *m*, utensilio *m*; herramienta *f*; medio *m*; unidad *f*; órgano *m*; ingenio *m*; implemento *m*, apero *m*; artefacto *m*; material *m*; aparataje *m*, aparellaje *m*; erramientas *fpl*; instalación *f*; instrumento *m* informático; trazadora *f* *(Zeichengerät)*
~/akkubetriebenes equipo *m* alimentado por acumuladores
~/akustisches dispositivo *m* sonoro
~/angeschlossenes (*Inf*) unidad *f* en línea, equipo *m* asociado [en línea], dispositivo *m* conectado
~/audiovisuelles material *m* audiovisual
~/batteriebetriebenes equipo *m* alimentado por baterías
~/druckluftbetriebenes equipo *m* accionado por aire comprimido
~/elektromedizinisches aparato *m* [equipo *m*] electromédico; aparataje *m* de electromedicina
~/elektronisches equipo *m* [medio *m*, aparato *m*, dispositivo *m*] electrónico; material *m* electrónico
~/ergonomisch gestaltetes equipo *m* ergonómico
~/fahrbares equipo *m* [unidad *f*] móvil
~/handgeführtes dispositivo *m* manual, equipo *m* de transmisión manual
~/informationsverarbeitendes equipo *m* de procesamiento de información

~/intelligentes *(Inf)* unidad f [equipo m] inteligente; instrumento m inteligente

~/landwirtschaftliches equipo m agrícola; implemento m [instrumento m] agrícola; apero m agrícola

~/lärmarmes equipo m silencioso [poco ruidoso]

~/medizinisches aparato m [equipo m] médico

~/mikroelektronisches dispositivo m microelectrónico

~/motorbetriebenes herramienta f accionada por motor

~/peripheres *(Inf)* dispositivo m [equipo m] periférico, periférico m, unidad f periférica

~/rechnerabhängiges *(Inf)* periférico m en línea

~/rechnerfernes *(Inf)* dispositivo m distante

~/rechnergesteuertes *(Inf)* equipo m computerizado

~/schleppergezogenes *(Lt)* equipo m arrastrado

~/tragbares equipo m [herramienta f] portátil, portátil m

~/virtuelles *(Inf)* equipo m virtual

Geräteaufstellung f emplazamiento m [ubicación f] de equipos

Geräteausfall m defecto m del equipo, fallo m de equipo; avería f de unidad

Geräteausstattung f 1. configuración f de equipos; 2. dotación f en equipamientos

Gerätebau m 1. construcción f de equipos [aparatos, instrumentos]; fabricación f de equipos; 2. industria f de equipamiento [equipos, instrumentos]

~/wissenschaftlicher fabricación f de instrumentos científicos

Gerätebauteil n elemento m [miembro m] de equipo

Gerätebediener m operador m de equipo

Gerätebedienung f 1. manejo m de equipo; manipulación f de dispositivos; 2. operador m de equipamiento

Gerätebeschreibung f descripción f del aparato [equipo]; especificación f de equipo

Geräteeinschub m *(Inf)* panel m de equipos

Geräteeinstellung f ajuste m del equipo

Gerätefehler m 1. defecto m del equipo, fallo m de equipo, avería f de unidad; 2. *(Inf)* error m físico

Geräteinstandhaltung f conservación f [mantenimiento m] de equipos; mantenimiento m del instrumental

Geräteinstandsetzung f reparación f de equipos [aparatos]

Gerätekonfiguration f configuración f [acondicionamiento m] de equipos, configuración f de dispositivos

Geräteprüfung f prueba f del equipo; revisión f (técnica) de equipos; reconocimiento m del equipo; homologación f de aparatos [equipos] *(durch anerkannte Prüfstellen)*

Geräteschalter m interruptor m de equipo; interruptor m para montaje en aparatos

Gerätesteckdose f caja f de enchufe del equipo [aparato]

Gerätestecker m enchufe m del equipo [aparato]

Gerätesteuerung f control m de dispositivos

Gerätetechnik f 1. ingeniería f de equipos; técnica f instrumental; instrumentación f; 2. *(Inf)* hardware m

Geräteträger m 1. portainstrumentos m; 2. *(Lt)* tractor m portaaperos [portador], portaaperos m, portaimplementos m, portaingenios m; mototractor m; chasis m motorizado

Geräusch n ruido m

geräuscharm pobre en ruido, poco ruidoso, silencioso

Geräuschdämpfung f amortiguamiento m del ruido

geräuschfrei no ruidoso, silencioso, libre de ruidos

Geräuschpegel m nivel m de ruido

Geräuschpegelmesser m (p)sofómetro m

Geräuschspannung f tensión f sofométrica

Geräuschunterdrückung f supresión f de ruido

gerben v *(Led)* adobar, curtir, labrar, zurrar, curar

Gerben n *(Led)* curtido m, curtición f, curtiembre m, curtimiento m, zurrado m

Gerbmittel n *(Led)* agente m curtiente [para curtir], materia f curtiente

Gerbsäure f ácido m tánico

geriffelt

geriffelt acanalado, canalado, nervado
gerinnen v coagularse
Gerinnung f coagulación f
Gerippe n armazón f; esqueleto m; osatura f
gerippt acanalado, canalado; acostillado; nervado
Germanium n germanio m, Ge
Germaniumgleichrichter m detector m [rectificador m] de germanio
Germaniumhalbleiter m semiconductor m de germanio
Germaniumplättchen n oblea f [pastilla f] de germanio
Germaniumsäure f ácido m germánico
Geröll n (Geol) deyección f, derrubio m, guijarros mpl
Geruchsschwellenwert m límite m olfático, nivel m olfativo (von Schadstoffen)
Geruchsstoff m sustancia f odorífera, odorante f
Geruchsverschluss m cierre m hidráulico, inodoro m; bombillo m (in Abwasserleitungen); obturador m hidráulico; sifón m
Gerüst n 1. andamio m; castillete m, castillejo m; 2. osatura f
Gesamtansicht f vista f de conjunto
Gesamtanzeige f (Inf) pantalla f completa
Gesamtausladung f radio m de acción (z. B. eines Krans)
Gesamtbreite f (Schiff) ancho m máximo [total]
Gesamtdämmung f atenuación f global (Lärmpegel)
Gesamtdosis f (Kern) dosis f acumulada
Gesamtdurchsatz m (Inf) rendimiento m global (des Systems)
Gesamtschaltbild n (El) esquema m eléctrico de conjunto
Gesamtverdrängung f (Schiff) desplazamiento m bruto
gesättigt (Ch, Kern) saturado
geschichtet estratificado
Geschiebe n (Geol) deyección f, escombro m
Geschirr n 1. aditam(i)ento m; 2. vajilla f; 3. (Text) juego m de lizos, remesa f
Geschirrspülmaschine f máquina f fregadora, lavadora f de vajilla [platos], lavavajillas m, lavaplatos m
Geschmacksstoff m sustancia f gustativa

geschmeidig dúctil, dilatable; flexible; blando
Geschoss n 1. (Bw) piso m, planta f; 2. proyectil m; obús m; bala f
Geschosshöhe f (Bw) altura f de techo, nivel m del piso
Geschwindigkeit f 1. velocidad f, rapidez f, prontitud f; 2. (Ph) celeridad f • **mit voller ~** a toda marcha
~/dritte kosmische (Rak) velocidad f hiperbólica, tercera velocidad f cósmica
~/erste kosmische (Rak) velocidad f orbital, primera velocidad f cósmica
~/gleichförmige velocidad f uniforme
~/schallnahe velocidad f transónica
~/ungleichförmige velocidad f variable
~/zweite kosmische (Rak) velocidad f de escape [evasión, liberación], velocidad f parabólica, segunda velocidad f cósmica
Geschwindigkeitsabnahme f decrecimiento m [decremento m, disminución f] de velocidad
Geschwindigkeitsbegrenzer m limitador m de velocidad
Geschwindigkeitsmesser m medidor m de velocidad(es), indicador m [dispositivo m indicador] de velocidad, velocímetro m, tacómetro m
Geschwindigkeitsschreiber m velocímetro m registrador
Geschwindigkeitssteuerung f control m de velocidad; modulación f de velocidad (bei Röhren)
Geschwindigkeitsverminderung f aceleración f negativa, de(s)aceleración f
Geschwindigkeits-Zeit-Diagramm m gráfico m velocidad-tiempo
Gesenk n matriz f
Gesenkfräsmaschine f fresadora f de estampas
Gesenkpresse f prensa f matriz [de matrizar]
Gesenkschmiedehammer m martillo m estampador [para forjar en estampa], estampador m
gesenkschmieden v estampar, forjar a estampa
Gesenkschmieden n (Fert) estampación f (en caliente), forja f a estampa
Gesenkschmiedepresse f prensa f de estampa [estampación, estampado,

Gesetz n ley f
~ **/avogadrosches** hipótesis f [ley f] de Avogadro *(der idealen Gase)*
~ **der großen Zahlen** ley f de los grandes números *(Statistik)*
~ **der konstanten Proportionen** *(Ch)* ley f de las proporciones definidas
~ **der multiplen Proportionen** *(Ch)* ley f de las proporciones múltiples
~ **des geringsten Kraftaufwandes** ley f de Zipf
~/**kommutatives** *(Math)* ley f conmutativa [de conmutación]
~/**pascalsches** principio m de Pascal *(hydrostatisches Grundgesetz)*
Gesichtsschutzmittel n medio m de protección de cara [rostro], protector m facial, equipo m de protección de la visión [vista]
Gesichtsschutzschild m careta f facial, protector m facial
Gesims n *(Bw)* cornisa f
Gespinst n *(Text)* hilado m, hilaza f
Gespinstfaser f fibra f textil
Gesprächsdichte f frecuencia f de comunicaciones [llamadas]
Gesprächseinheit f unidad f de comunicación [conversación, tarifa]
Gesprächsgebührenzähler m contador m de tarificación [tarifa, tasas de conferencias]
Gesprächszähler m contador m de conversaciones, telefonómetro m
gestalten v formar; configurar; diseñar; crear; acondicionar, condicionar; moldar; decorar; estructurar
~/**flexibel** flexibilizar
~/**kompatibel** compatibilizar
~/**nach neuesten Erkenntnissen** sofisticar
~/**neu** reordenar; rediseñar
~/**rechnergestützt** diseñar con asistencia [apoyo] de ordenador
~/**sicherheitsgerecht** diseñar conforme a la seguridad
~/**städtebaulich** urbanizar
Gestaltung f configuración f; diseño m; formación f; estructuración f; decoración f
~/**arbeitssichere** diseño m de seguridad
~/**bautechnische** diseño m constructivo [de construcción]
~/**erdbebensichere** diseño m sísmico
~/**ergonomische** diseño m ergonómico; configuración f ergonómica; acondicionamiento m ergonómico *(Arbeitsplatz)*
~/**farbliche** cromatismo m
~/**fertigungsgerechte** diseño m conforme a la fabricación
~/**grafische** *(Typ)* grafismo m, diseño m gráfico
~/**ingenieurtechnische** diseño m técnico ingenieril, diseño m de ingeniería
~/**kompatible** compatibilización f, diseño o m compatible
~/**konstruktive** diseño m constructivo; configuración f constructiva
~/**lärmarme** diseño m silencioso [poco ruidoso]
~/**maschinenbauliche** diseño m mecánico
~/**maßliche** diseño m dimensional [de las dimensiones] *(z. B. von Arbeitsplätzen)*
~/**menschengerechte** humanización f (del trabajo)
~/**räumliche** diseño m espacial; diseño m dimensional; planeamiento m espacial
~/**rechnergestützte** diseño m con apoyo de ordenador; concepción f con asistencia de ordenador
~/**sicherheitsgerechte** diseño m seguro [de seguridad, para prevención de accidentes]
~/**sicherheitstechnische** ingeniería f de diseño de seguridad; diseño m técnico de seguridad
~/**städtebauliche** urbanización f
~/**standardmäßige** diseño m normativo
~/**technische** diseño m técnico [de ingeniería]
Gestaltungsergonomie f ergonomía f de concepción [diseño]
Gestänge n varilla f, varillaje m; mecanismo m; timonería f *(z. B. Lenkung)*
Gestängebohren n sondeo m a la varilla, sondeo m por barras
Gestängekupplung f acoplamiento m de vástago
Gestein n *(Geol, Bgb)* roca f
~/**taubes** 1. *(Bgb)* roca f estéril, estéril m, ganga f; 2. *(Geol)* zafra f
~/**vulkanisches** roca f volcánica

Gesteinsbohrer

Gesteinsbohrer m *(Bgb)* barrena f de roca, perforador m, trépano m para roca
Gesteinsbohrmaschine f *(Bgb)* barrenadora f, taladradora f de rocas
Gesteinsbrecher m triturador m de roca
Gesteinskunde f petrología f, geología f sedimentaria
Gesteinsmasse f *(Geol)* matriz f
Gesteinsprobe f muestra f pétrea
Gesteinsschicht f *(Bgb)* capa f de roca, estrato m rocoso, terreno m
Gestell n 1. estante m; marco m; palco m; armazón f; montante m; 2. *(El)* bastidor m; 3. *(Eln)* rack m; racket m; 4. *(Fert)* pedestal m; 5. *(Bgb)* pilar m *(Strebaubau)*; atalaje m
Gestelleinschub m chasis-cajón m
Gestellrahmen m 1. bastidor m; encuadre m, encuadrado m; 2. *(Nrt)* cuadro m, panel m de alambrado
Gestirn n astro m
Gesundheitstechnik f ingeniería f sanitaria; técnica f sanitaria
Getreidedreschmaschine f trilladora f de cereales
Getreidedrillmaschine f sembradora f de cereales
Getreideerntemaschine f máquina f cosechadora de cereales [granos], máquina f para recolectar granos, cosechadora f de granos
Getreideförderer m elevador m de granos; transportador m de grano; cargadora f de granos
Getreidefrachter m *(Schiff)* barco m granero
Getreideladefähigkeit f *(Schiff)* capacidad f en grano *(Laderauminhalt für Schüttgut)*
Getreidemähdrescher m *(Lt)* máquina f cosechadora-trilladora de cereales, combinada f cosechadora de cereales
Getreidemähmaschine f *(Lt)* espigadora f, segadora f de cereales
Getreidemühle f molino m de grano
Getreidereiniger m limpiador m de granos, máquina f aventadora (de cereales), separador m
Getreidereinigungsmaschine f máquina f aventadora (de cereales), aventadora f de grano, mondadora f
Getreidesämaschine f *(Lt)* sembradora f de grano [tolva]

Getreideschott n *(Schiff)* mamparo m para grano
Getreidesortierer m clasificador m de granos, clasificadora f de cereales
Getreidevollerntemaschine f *(Lt)* combinada f cosechadora de cereales
Getreidewindsichter m separador m de grano
Getriebe n mecanismo m (de transmisión); transmisión f; caja f de cambio (de velocidades); engranaje m; engargante m; cárter m de engranajes, cambio m; mecánica f
~/automatisches caja f de cambio automática
~/hydraulisches transmisión f hidráulica [hidrostática], motovariador m, variador m hidráulico
~/hydrostatisches transmisión f hidrostática
~/mechanisches transmisión f mecánica
~ mit Ausgleichssperre diferencial f controlada
~ mit Gangvorwahl cambio m preselectivo de marcha
~ mit Innenverzahnung mecanismo m de engranaje interior
~/regelbares *(Fert)* variador m mecánico de velocidad
~/selbstsperrendes mecanismo m de carraca [trinquete automático]
~/stufenlos regelbares engranaje m sin escalones
~/stufenlos regelbares hydraulisches variador m hidráulico
~/stufenloses cambio m sin escalonamientos [solución de continuidad], contramarcha f de progresión continua
~/synchronisiertes engranaje m sincronizado
Getriebebremse f freno m de la contramarcha
Getriebekasten m *(Masch)* caja f de engranajes [cambio de velocidades], caja f de la contramarcha, caja f de velocidades, cárter m de engranajes
Getriebeschaltung f mando m del cambio de velocidades
Getriebeverzahnung f dentado m del engranaje
Getriebewelle f eje m de reductor

Getter *m* getter *m*, rarefactor *m*, reductor *m*, eliminador *m* *(Vakuumtechnik)*
gettern *v* sorber [eliminar] gases por getter *(Vakuumtechnik)*
Gewächshaus *n* invernadero *m*
Gewässer *n* medio *m* acuático; aguas *fpl*
Gewässereinleitung *f* vertido *m* a las aguas
Gewässerschutz *m* protección *f* de aguas, control *m* de la polución del agua; conservación *f* de aguas; protección *f* del dominio hidráulico, preservación *f* de los recursos hidráulicos
Gewebe *n* tejido *m*; tisaje *m*; tela *f*; género *m*; paño *m*; malla *f* *(Geflecht)*
~/feuerfestes tejido *m* ignífugo [pirorresistente]
~/hitzebeständiges tejido *m* termoestable
~/synthetisches tejido *m* sintético
~/unbrennbares tejido *m* incombustible
Gewerbemüll *m* basuras *fpl* industriales; desechos *mpl* industriales
Gewerbetechnik *f* ingeniería *f* industrial
Gewicht *n* 1. *(Ph)* peso *m*; 2. *(Math)* función *f* peso; 3. *s.* Masse
~/spezifisches peso *m* específico, densidad *f* específica
Gewichtsanalyse *f* *(Ch)* análisis *m* gravimétrico [ponderal], gravimetría *f*
gewichtsanalytisch gravimétrico; ponderal
Gewichtsfunktion *f* *(Math)* función *f* ponderada [ponderante, ponderatriz, de ponderación], función *f* peso
Gewichtung *f* ponderación *f*
Gewinde *n* rosca *f*, filete *m*; fileteado *m*; hilo *m*
~/dreigängiges rosca *f* triple
~/eingängiges rosca *f* sencilla [de un paso, de una entrada]
~/genormtes rosca *f* normal
~/gewalztes rosca *f* laminada
~/mehrgängiges rosca *f* de pasos múltiples, rosca *f* de varias entradas, rosca *f* de varios pasos, rosca *f* múltiple
~/metrisches rosca *f* métrica, paso *m* métrico
~/scharfgängiges rosca *f* aguda
~/selbstschneidendes rosca *f* autorroscante [cortante]
~/zweigängiges rosca *f* doble
Gewindeanschluss *m* enlace *m* enroscado; orificio *m* roscado *(Ventil)*

Gewindeauslauf *m* salida *f* de rosca *(geschnittenes Gewinde)*; salida *f* de rosca en cono *(gerolltes Gewinde)*
Gewindebohrer *m* *(Fert)* macho *m* de roscar [aterrejar]
Gewindebolzen *m* 1. perno *m* roscado; 2. *(Bw)* varilla *f* roscada
Gewindebuchse *f* casquillo *m* roscado [de rosca], manguito *m* de husillo
Gewindedrehmaschine *f* torno *m* de filetear
Gewindedurchmesser *m* diámetro *m* (de) fileteado
Gewindefassung *f* *(El)* portalámparas *m* de rosca
Gewindeflansch *m* brida *f* roscada
Gewindefräsen *n* fresado *m* de roscas
Gewindefräser *m* fresa *f* de filetear [roscar]
Gewindefräsmaschine *f* fresadora *f* de roscas, roscadora *f* con fresa
Gewindegang *m* filete *m*, hilo *m* (de rosca)
Gewindeganglehre *f* *(Fert)* medidor *m* de roscas
Gewindekluppe *f* portamacho *m* *(Werkzeug)*
Gewindekopf *m* cabeza *f* roscada, cojinete *m* de roscar
Gewindekupplung *f* acoplamiento *m* de rosca, tensor *m* de tornillo
Gewindelehrdorn *m* calibre *m* macho de roscas, calibre *m* para agujeros roscados, espiga *f* calibre de rosca
Gewindelehre *f* calibre *m* de roscas, galga *f* de tornillos
Gewinderohr *n* tubo *m* roscado
gewinderollen *v* laminar roscas
Gewinderollenlehre *f* calibre *m* hembra de roscas con rodillos de medición
Gewinderollmaschine *f* laminador *m* de roscas, roscadora *f* de rodillos [presión con herramienta plana]
Gewindeschleifmaschine *f* amoladora *f* [esmeriladora *f*, rectificadora *f*] de roscas [filetes]
Gewindeschneidautomat *m* máquina *f* automática de roscar
Gewindeschneidbacke *f* terraja *f* partida, *(Am)* cojinete *m* de terraja
Gewindeschneideisen *n* cojinete *m* de roscar

gewindeschneiden v (Fert) roscar, filetear, terrajar (roscas)
Gewindeschneiden n (Fert) corte m de filetes [roscas], roscado m, fileteado m, fileteo m
Gewindeschneidkluppe f terraja f (roscadora)
Gewindeschneidkopf m cabezal m de roscar, cojinete m de roscar, dado m (de filetear)
Gewindeschneidmaschine f máquina f roscadora [de enroscar, de roscar, de atornillar], máquina f aterrajadora [cortafiletes], roscadora f, fileteadora f, terrajadora f
Gewindesockel m casquillo m de rosca
Gewindespindel f árbol m [eje m, husillo m] roscado
Gewindesteigung f paso m de rosca
Gewindestrehler m (Fert) peine m de aterrajar [roscar], terraja f de peines
Gewindetaster m compás m de gruesas para pasos de roscas, (Am) explorador-palpador m para roscas
Gewindewalzen n laminación f de roscas
gewinnen v 1. captar; 2. (Ch) obtener; producir; 3. (Bgb) laborar; explotar, extraer, recuperar (Ausbau)
Gewinnung f 1. captación f; 2. (Ch) obtención f; producción f; 3. (Bgb) explotación f, extracción f, labor f, arranque m
~/**großtechnische** obtención f industrial
~/**hydraulische** (Bgb) hidroextracción f
~ **von Sonnenenergie** captación f de energía solar
Gewinnungsmaschine f (Bgb) máquina f excavadora [de extracción, de explotación], minador m
Gewirke n (Text) género m de punto
Gewölbe n (Bw) bóveda f, cúpula f; domo m
Gewölbeleibung f (Bw) intradós m, tresdós m
gewölbt 1. convexo; 2. (Bw) abovedado
Gezeitenenergie f energía f mareal [mareomotriz, de las mareas], fuerza f mareomotriz [de mareas]
Gezeitenkraftwerk n central f mareo(mo)triz, (Am) planta f mareomotriz
Gezeitenpegel m indicador m de marea, mareógrafo m
Gezeitenschreiber m mareógrafo m

Gicht f (Met) tragante m
Gichtbühne f plataforma f cargadera [de carga, de tragante], cebadero m
Gichtgas n gas m de tragante [alto horno]
Giebel m (Bw) frontón m
Giebeldach n (Bw) frontón m
gieren v (Schiff) guiñar, arrufar, tambalearse
Gießanlage f equipo m para fundición
Gießbett n lecho m de colada
gießen v 1. derramar; vaciar; 2. colar (in Form); fundir, moldar, moldear; vaciar; cimentar (Beton)
~/**Metall in Formen** enrielar
Gießen n fundición f, colada f, vaciado m, moldado m, moldaje m; cimentación f (z. B. Beton)
Gießereibetrieb m fundería f, taller m de fundición
Gießereimaschine f máquina f de fundición [colar]
Gießereiroheisen n fundición f de primera fusión, arrabio m de fundición; fundición f semiforosora (0,5–0,7% P)
Gießform f 1. (Gieß) molde m (de fundición), molde m de lingote, plantilla f de fundición; rielera f (para lingotes) (besonders zur Schienenherstellung); 2. (Kst) molde m para el colado; 3. (Typ) molde m de fundir [fundición]
~/**feste** molde m permanente
~/**geteilte** (Gieß) molde m dividido [partido]
~/**verlorene** (Gieß) molde m perdido
Gießharz n resina f colada
Gießkran m grúa f de colada [fundición]
Gießloch n bebedero m
Gießlöffel m cuchara f de fundición, cazo m
Gießmaschine f 1. (Gieß) fundidora f, moldeadora f; 2. (Typ) fundidora f, máquina f fundidora para metal de imprenta (für Schriftmetall)
Gießpfanne f (Met) caldero m colador [de colada], cazuela f, olla f [tacho m] de fundir, cuchara f (de fundición)
Gießtechnik f técnica f de fundición
Gießtrichter m (Gieß) bebedero m, tolva f de colada
Gift n tóxico m, sustancia f tóxica, veneno m, producto m venenoso, ponzoña f
Giftgas n gas m deleterio [tóxico, venenoso]

giftig tóxico, venenoso, ponzoñoso
Giftkunde f toxicología f
Giftmüll m desechos mpl tóxicos
Giftstoff m sustancia f tóxica; materia f tóxica; tóxico m; agresivo m venenoso; toxina f
Giftstoffeinleitung f vertido m de sustancias tóxicas
Gillung f *(Schiff)* bovedilla f *(des Hecks)*
Gipfel m cúspide f, nodo m cuspidal
Gipfelhöhe f *(Flg)* techo m
Gipfelpunkt m cúspide f; vértice m
Gips m yeso m
~/gebrannter yeso m calcinado
~/gemahlener polvo m de yeso, yeso m en polvo
~/schnell abbindender yeso m de fraguado rápido
~/ungebrannter sulfato m cálcico hidratado
~/wasserfreier yeso m hidratado, anhidrita f
Gipsabdruck m moldeado m en yeso
Gipsbrei m amasijo m de yeso
Gipsform f molde m de yeso
Gipsmarmor m estuco m de mármol
Gipsmasse f plaste m
Gipsmodell n modelo m de yeso
Gipsmörtel m *(Bw)* alcatifa f
Gipsputz m enlucido m
Gitter n 1. *(Opt)* retículo m, retícula f; cuadrícula f; gratícula f; red f *(Kristallographie)*; red f; rejilla f, reja f; 2. parrilla f; 3. *(Eln)* rejilla f, puerta f *(Vakuumröhre, Gasentladungsröhre)*; 4. cierre m; 5. cernedor m
~/offenes *(Eln)* rejilla f flotante [libre]
Gitteraussteuerung f amplitud f de la tensión de rejilla
Gitterboxpalette f paleta f de rejilla
Gittergleichrichter m detector m por rejilla
Gitterkonstante f constante f reticular [de retículo], parámetro m reticular [de red] *(Kristall)*
Gittermast m *(Bw)* pluma f de celosía, pluma-grúa f; grúa f de celosía
Gitternetz n 1. red f de cuadrados, retícula f, cuadrícula f; 2. *(Eln)* emparrillado m
Gitterrost m emparrillado m
Gitterspannung f tensión f de rejilla
Gitterstrom m corriente f de rejilla

Gittervorspannung f tensión f inicial de rejilla, tensión f de polarización de rejilla, polarización f
Glanzbildner m *(Ch)* formador m de brillo
Glanzkohle f antracita f, carbón m brillante [de fractura glaseada]
Glanzpolieren n pulido m brillante
Glas n 1. vidrio m, cristal m; 2. copa f
~/böhmisches cristal m de Bohemia
~/bruchsicheres cristal m antiimpacto
~/feuerfestes vidrio m refractario
~/geblasenes vidrio m soplado
~/gefärbtes vidrio m coloreado [de color]
~/gehärtetes vidrio m templado
~/geschliffenes vidrio m biselado [pulido, tallado]
~/hitzebeständiges cristal m resistente al calor, vidrio m termorresistente
~/lichtempfindliches vidrio m fotosensible
~/mattiertes cristal m mate(ado), vidrio m deslustrado
~/optisches vidrio m óptico; espejuelo m óptico
~/splitterfreies cristal m inastillable, luna f de seguridad
~/temperaturbeständiges cristal m resistente a la temperatura
~/unzerbrechliches cristal m irrompible
Glasätzung f 1. corrosión f sobre vidrio; 2. *(Typ)* grabado m sobre vidrio
Glasballon m bombona f
Glasbehälter m recipiente m de vidrio, envase m vítreo [de vidrio]
Glaserei f taller m de cristales
Glaserkitt m masilla f
Glasfaden m 1. fibra f de vidrio; 2. hilo m de vidrio, vidrio m hilado
Glasfaser f fibra f óptica [de vidrio], hilacha f de vidrio, vidrio m fibroso
Glasfasergewebe n paño m de la fibra de vidrio
Glasfaserkabel n cable m de fibra óptica
Glasfaserkunststoff m plástico m de fibra de vidrio
Glasfaserleiter m conductor m de fibra óptica
Glasfaserspeicher m memoria f de fibras ópticas
Glasfasertechnik f técnica f de fibras ópticas
Glasfaserübertragung f transmisión f por fibra óptica

Glasfaserverstärkung f refuerzo m de fibra de vidrio
Glasgespinst n vidrio m hilado
Glasglocke f globo m; campana f de vidrio *(Laborgerät)*; campana f de cristal *(auf Uhren)*
Glashärte f dureza f vitrosa [de vidrio]; dureza f hialina
glasieren v vidriar; barnizar *(Keramik)*; bañar
Glasieren n 1. vidriado m *(Keramik)*; 2. helado m *(Fische)*
Glasiermaschine f máquina f de barnizar *(Keramik)*; esmaltadora f
Glaskeramik f cerámica f barnizada [vidriada]
Glaskolben m bulbo m [matraz m] de vidrio; ampolla f de vidrio *(z. B. einer Lampe)*
Glasplatte f placa f de cristal [vidrio]
Glasrecyclinganlage f planta f de reciclaje de vidrios
Glasschmelzofen m horno m de fundición de vidrio, horno m de fundir vidrio
Glasschneider m cortavidrio m
Glasur f barniz m, barnizado m, esmalte m, vidriado m, baño m, mogate m *(Keramik)*
Glaswand f pared f de cristal
Glaswatte f guata f de vidrio
Glaswerk n empresa f de vidrio
Glaswolle f lana f de vidrio, vidrio m hilado
Glasziegel m ladrillo m vítreo [de vidrio], teja f de vidrio
glatt liso; raso, a ras de, ras con ras
Glattdeck n *(Schiff)* cubierta f corrida [rasa]
Glattdeckschiff n buque m [barco m] de cubierta corrida *(Schiff mit durchlaufendem Oberdeck)*
glätten v 1. *(Fert)* alisor, pulir; avivar; bruñir, rebajar; 2. *(Led)* remellar; satinar; 3. nivelar; igualar
Glätten n 1. *(Fert)* alisamiento m, alisado m, pulimento m, avivado m; bruñido m; 2. satinado m; 3. nivelación f, igualación f
Glättkalander m 1. *(Kst)* calandria f acabadora; calandria f para laminar *(Gummi)*; 2. *(Text)* calandria f de satinar, calandria f para planchar
Glättungskondensator m *(El)* condensador m de filtro

Glättungskreis m *(El)* circuito m alisador [de filtro, de filtraje]
Glättungsschaltung f *(El)* circuito m alisador
Glattwalze f cilindro m liso
glattwalzen v *(Fert)* bruñir
Glattwalzen n *(Fert)* bruñido m, pulido m a presión
Glättwerk n *(Kst)* calandria f acabadora; lustrador m *(Papierherstellung)*
Glättwerkzeug n *(Fert)* bruñidor m
Glaubersalz n sal f de Glauber, sulfato m sódico
gleichachsig coaxial, equiaxial
gleicharmig cobraquial, equibraquial, de brazos iguales
Gleichdruckturbine f turbina f de acción [presión constante]
Gleichdruckventil n válvula f a presión constante
Gleichgewicht n equilibrio m; balance m, balanceo m; ponderación f
Gleichhalter m *(El)* estabilizador m
Gleichheit f *(Math, Ph)* igualdad f
Gleichheitszeichen n signo m de igualdad; signo m de ecuación
Gleichkanalstörung f interferencia f cocanal
Gleichlageverfahren n método m de transmisión con frecuencias iguales
gleichlang equilargo
Gleichlauf m flujo m sincrónico, sincronía f, sincronismo m
Gleichlaufbyte n *(Inf)* byte m de sincronismo
gleichlaufend sincrónico; paralelo
Gleichlauffehler m error m de temporización
gleichlauffräsen v fresar con movimientos coincidentes, fresar en paralelo
Gleichlauffräsen n fresado m concurrente [descendente, en el sentido de avance]
gleichmäßig uniforme; homogéneo; regular *(von Prozessen)*
gleichnamig *(Math)* homológico, homólogo
gleichphasig cofásico, equifásico, de fases iguales
gleichpolig *(El)* homopolar
Gleichpolmaschine f *(El)* máquina f acíclica [unipolar]

Gleisrückmaschine

gleichrichten v 1. *(El)* enderezar, rectificar; 2. *(Eln)* detectar
Gleichrichter m 1. *(El)* enderezador m, rectificador m; 2. *(Eln)* detector m
~/gittergesteuerter rectificador m controlado por rejilla
~ in Brückenschaltung circuito m rectificador en puente *(Graetz-Schaltung)*
Gleichrichterbrücke f circuito m rectificador en puente *(Graetz-Schaltung)*; rectificador m en puente
Gleichrichterdiode f diodo m rectificador, rectificador m de diodo
Gleichrichterröhre f ampolla f [lámpara f] rectificadora, válvula f rectificadora (de corriente)
Gleichrichtung f *(El)* rectificación f
gleichschalten v sincronizar
gleichschenklig isósceles
gleichseitig equilátero
gleichsetzen v *(Math)* igualar
Gleichspannungsfeld n campo m de tensión continua
Gleichstrom m 1. *(El)* corriente f continua, c.c., *(Am)* corriente f directa; 2. equicorriente f *(Flüssigkeiten oder Gase in Wärmeaustauschsystemen)*
Gleichstromerregermaschine f excitadora f de corriente continua
Gleichstromgenerator m generador m de corriente continua
Gleichstromkreis m 1. circuito m de corriente continua; 2. *(Eb)* circuito m de vía *(elektrische Eisenbahn)*
Gleichstrommesser m amperímetro m de corriente continua
Gleichstrommotor m (electro)motor m de corriente continua [directa]
Gleichstromnetz n red f de corriente continua
Gleichstromwiderstand m resistencia f a la corriente continua
Gleichung f ecuación f, fórmula f
~/bestimmte ecuación f determinada
~/binomische ecuación f binomia
~/chemische ecuación f química
~ dritten Grades ecuación f de tercer grado [orden], ecuación f cúbica
~/elliptische ecuación f elíptica
~ ersten Grades ecuación f de primer grado [orden], ecuación f lineal
~/harmonische ecuación f armónica
~ höherer Ordnung ecuación f de alto orden
~/hyperbolische ecuación f hiperbólica
~/identische ecuación f idéntica, identidad f
~/inhomogene ecuación f no homogénea
~/irrationale ecuación f irracional
~/kubische ecuación f de tercer grado [orden], ecuación f cúbica
~/lineare ecuación f de primer grado [orden], ecuación f lineal
~/logarithmische ecuación f logarítmica
~/lösbare ecuación f desarrollable [resoluble]
~ mit mehreren Unbekannten ecuación f de varias variables
~/parabolische ecuación f parabólica
~/quadratische ecuación f de segundo grado [orden], ecuación f cuadrática
~/quasilineare ecuación f cuasilineal
~/stochastische ecuación f estocástica
~/stöchiometrische ecuación f estequiométrica
~/trigonometrische ecuación f trigonométrica
~/unbestimmte ecuación f indeterminada [diofántica]
~/unlösbare ecuación f imposible
~ zweiten Grades ecuación f de segundo grado [orden], ecuación f cuadrática
Gleichwellensender m emisora f de la misma longitud de onda *(im MW-Bereich)*
gleichwertig equivalente • **~ sein** equivaler
Gleichwertigkeit f equivalencia f
gleichwinklig equiángulo; isogonal, isógono *(z. B. Kristalle)*
gleichzeitig simultáneo; isócrono • **~ ablaufen** simultanear
Gleis n vía f, carril m
Gleisbaumaschine f máquina f para la construcción de vías férreas
Gleisbettung f balasto m de vía, subestructura f, superestructura f de la vía
Gleisdreieck n triángulo m de giro
Gleishebewinde f elevador m de vía
Gleiskette f cadena f de oruga, cadena f sin fin *(Raupenschlepper)*
Gleisoberbau m vía f permanente
Gleisrückmaschine f máquina f para mover railes, máquina f para el tendido de vías férreas, ripador m (de vía)

Gleisverlegemaschine

Gleisverlegemaschine f máquina f colocadora de vía, máquina f para el tendido de vías férreas
Gleiswinde f gato m alzacarriles
Gleitbahn f camino m de deslizamiento; corredera f; deslizadera f, resbaladera f, vía f resbaladiza
Gleitboot n embarcación f planeadora, hidroplano m
gleiten v 1. deslizar(se); resbalar *(Kupplung, Bremse)*; 2. *(Flg)* planear
Gleiten n 1. deslizamiento m, desliz m; resbalamiento m; corrimiento m; patinación f, patinaje m; 2. *(Flg)* planeo m
Gleitfahrzeug n vehículo m deslizador, deslizador m
Gleitfläche f superficie f deslizante [de deslizamiento, de corrimiento], deslizadera f, superficie f resbaladiza [de resbalamiento]
Gleitflug m *(Flg)* bajada f planeada, planeo m, vuelo m planeado [cernido, sin motor]
Gleitflugzeug n avión m sin motor, planeador m
Gleitgeschwindigkeit f velocidad f de deslizamiento [resbalamiento]
Gleitkomma n *(Inf)* punto m [coma f] flotante
Gleitkommaarithmetik f aritmética f de coma flotante
Gleitkommadarstellung f representación f de [en] coma [punto] flotante, notación f de coma flotante
Gleitkommazahl f número m de [en] coma [punto] flotante
Gleitkontakt m *(El)* contacto m deslizante [rozante, de corredera, de frotamiento, a fricción]; cursor m (z. B. eines Potenziometers)
Gleitkufe f *(Flg)* patín m (deslizante)
Gleitkupplung f embrague m deslizante [de zafado]
Gleitlager n 1. *(Masch)* cojinete m de deslizamiento [resbalamiento, fricción, contacto plano], cojinete m rozante [de rozamiento], cojinete m liso; 2. *(Bw)* apoyo m de dilatación (einer Brücke)
Gleitpunktarithmetik f *(Inf)* aritmética f de coma flotante
Gleitreibung f fricción f de deslizamiento [resbalamiento], roce m resbalante, rozamiento m de deslizamiento [resbalamiento, primer grado]
Gleitschalungsbauweise f construcción f por encofrado progresivo
Gleitschicht f 1. *(Bw)* capa f de acarreo; 2. *(Geol)* capa f de deslizamiento; 3. *(Masch)* forro m de metal antifricción
Gleitschuh m bota f, patín m
Gleitschutz m *(Kfz)* antideslizante m, antipatinador m
Gleitschutzbereifung f *(Kfz)* bandaje m antideslizante
Gleitschutzkette f *(Kfz)* cadena f antideslizante [antirresbalante]
Gleitschutzprofil n *(Kfz)* estrías fpl antideslizantes
gleitsicher antideslizante, no resbaladizo; resistente al deslizamiento *(Boden)*
Gleitsitz m asiento m deslizante
Gleitwinkel m ángulo m de deslizamiento; ángulo m plano
Gleitzahl f 1. *(Flg)* coeficiente m de deslizamiento; 2. *(Inf)* número m flotante
Glied n 1. *(Math)* miembro m, término m *(Gleichung)*; 2. *(Masch)* miembro m; eslabón m *(einer Kette)*; 3. órgano m; unidad f; elemento m
~/freies término m independiente
~ höherer Ordnung término m de mayor orden
~/logisches *(Inf)* elemento m lógico
~/stochastisches elemento m estocástico
Gliederbandförderer m transportador m de cinta articulada
Gliederegge f *(Lt)* grada f articulada
Gliederkette f cadena f de eslabones *(Hülltriebe)*
Gliedermaßstab m saltarregla f
gliedern v 1. clasificar; subdividir; repartir; 2. eslabonar
~/hierarchisch jerarquizar
Gliederung f disposición f; organización f; articulación f, clasificación f; desglose m; sistema m; estructura f
~/hierarchische agrupación f [organización f] jerárquica, jerarquización f
~/schematische sistema m esquemático
Glimmentladung f *(El)* descarga f luminosa [de efluvios], efluvio m
Glimmer m *(Min)* biotita f, mica f

Glimmerkondensator *m* condensador *m* de mica
Glimmkatode *f* cátodo *m* de descarga luminiscente
Glimmlampe *f* lámpara *f* de efluvio
globular (Met, Min) nodular, esferoidal
Globule *fpl* (Astr) cúmulos *mpl* globulares
Globulit *m* (Met) cristal *m* globular
Glocke *f* 1. campana *f*; casquete *m*; 2. timbre *m* (Klingel)
Glockenboje *f* (Schiff) boya *f* de campana
Glockenbronze *f* bronce *m* de campana, metal *m* campanil [de campana]
Glockenisolator *m* (El) aislador *m* de campana
Glockenkurve *f*/**gaußsche** (Math) curva *f* normal [bicornia, de errores, de campana, de Gauss, de caracol] (Statistik)
Glockenturm *m* torre *f* de campanario
Glühbirne *f* bombilla *f* incandescente
Glühdraht *m* (El) alambre *m* para filamentos, filamento *m* de bombillas, hilo *m* eléctrico
Glühelektron *n* termoelectrón *m*, termión *m*
Glühelektronenentladung *f* descarga *f* termoiónica
glühen *v* 1. cocer; 2. (Met) recocer, poner al rojo; estabilizar; 3. (Ch) calcinar
Glühen *n* 1. cocción *f*; 2. (Met) tratamiento *m* de recocido, recocido *m*; estabilización *f*; 3. incandescencia *f*
glühend candente, incandescente
Glühfaden *m* (El) filamento *m* (de bombillas)
~ **für Abblendlicht** (Kfz) filamento *m* de cruce
Glühfadenpyrometer *n* pirómetro *m* de filamento
Glühkatode *f* cátodo *m* incandescente [caliente]
Glühkatodengleichrichter *m* rectificador *m* de cátodo incandescente, detector *m* term(o)iónico
Glühkatodenheizung *f* caldeo *m* del cátodo incandescente
Glühkatodenröhre *f* válvula *f* termiónica [con cátodo incandescente]
Glühkerze *f* bujía *f* incandescente [de arranque] (Dieselmotor)
Glühkopf *m* (Kfz) cabeza *f* [culata *f*] incandescente

Glühkopfmotor *m* semidiesel *m*, motor *m* de culata
Glühlampe *f* lámpara *f* incandescente [de incandescencia], bombilla *f* (incandescente), bulbo *m*, ampolla *f*, ampolleta *f*, (Am) bombillo *m*, foco *m*
Glühlampenbeleuchtung *f* alumbrado *m* incandescente
Glühlampenkolben *m* ampolla *f* para lámparas incandescentes
Glühlicht *n* luz *f* incandescente
Glühofen *m* horno *m* de recocer [calentar, calentamiento]; horno *m* normalizador [de normalizar, de normalización]; horno *m* de estabilizar
Glühröhre *f* (Eln) tubo *m* de incandescencia
Glühtemperatur *f* temperatura *f* de recocido
Glühtopf *m* (Met) olla *f* de recocido [normalización]; olla *f* de cementación (für Einsatzkästen)
Glühwendel *f* (El) filamento *m* incandescente
Glutaminsäure *f* ácido *m* glutámico
Glycerin *n* glicerina *f*, propantriol *m*
Glykolyse *f* glicólisis *f*, glucólisis *f*; fermentación *f* homoláctica (Biochemie)
Goldbarren *m* lingote *m* de oro
Goldblattelektroskop *n* electroscopio *m* de panes de oro
Golddruck *m* (Typ) estampado *m* [impresión *f*] en oro
Goldfolie *f* hojuela *f* [lámina *f*, película *f*] de oro
goldplattieren *v* chapear al oro
Goldprägung *f* estampado *m* en oro
Gon *n* gonio *m*, grado *m* centesimal
Goniometer *n* goniómetro *m*
Goniometerpeiler *m* radiogoniómetro *m*
Goniometrie *f* goniometría *f*
Grabemaschine *f* cavadora *f*, cavador *m*
graben *v* excavar; zanjar
Graben *m* 1. zanja *f*; 2. (Geol) foso *m*; fosa *f*; cauce *m*
Grabenaushebemaschine *f* cavadora *f* de zanjas
Grabenbagger *m* máquina *f* cavadora [zanjadora], excavadora *f* de zanjas [desmonte], excavadora *f*, retroexcavadora *f*, zanjadora *f*, pala *f* excavadora [zanjadora], azadón *m*; trincheradora *f*

Grabenentwässerer *m* cavadora *f* de desagüe
Grabenfräse *f (Lt)* fresadora *f* de zanjas, zanjadora *f* fresadora
Grabenpflug *m* arado *m* abridor [excavador, zanjador]; excavadora *f* de zanjas, máquina *f* zanjadora, zanjadora *f*; trincheradora *f*
Grabenzieher *m* máquina *f* cavadora [de hacer zanjas, zanjadora]; pala *f* zanjadora, zanjadora *f*; trincheradora *f*
Grad *m* 1. grado *m*; 2. factor *m*; coeficiente *m*; ratio *f*, 3. *(Math)* orden *m (Gleichung)*
~ **Celsius** grado *m* centígrado [celsio], centígrado *m*, cgr., °C
~ **Fahrenheit** grado *m* Fahrenheit, °F
~ **Kelvin** grado *m* Kelvin, °K
~ **Réaumur** grado *m* Réaumur, °R
Gradeinteilung *f* división *f* graduada [en grados], graduación *f*
Grader *m (Bw)* explanadora *f*, niveladora *f*
Gradient *m* 1. *(Math, Ph)* gradiente *m*; 2. *(Bw)* pendiente *f*
Gradientenfaser *f (Nrt)* fibra *f* multimodal *(Lichtwellenleiter)*
Gradientenverfahren *n (Math)* método *m* [procedimiento *m*] de gradiente, cálculo *m* del gradiente
Gradientsatz *m (Math)* teorema *m* del gradiente
Gradierwerk *n* refrigerador *m* de gradas
Gradnetzkarte *f* mapa *m* reticulado
Gradteiler *m* nonio *m*, vernier *m*
Graphik *s.* Grafik
Gramm *n* gramo *m* (masa), g *(Einheit der Masse)*
Grammäquivalent *n (Ch)* electrongramo *m*, electrón *m* gramo, equivalente *m* gramo
Grammatom *n* átomo *m* gramo
Grammion *n* ion *m* gramo
Grammkalorie *f* caloría *f* gramo
Grammolekül *n (Ch)* molécula *f* de gramo, mol *m*, mole *f*
Granalie *f (Met)* granalla *f*, pellet *m*; perla *f*
Granit *m* granito *m*, piedra *f* berroqueña
Graph *m (Math)* grafo *m*, red *f*
~/**endlicher** grafo *m* finito
~/**gerichteter** grafo *m* dirigido [orientado]
~/**leerer** grafo *m* vacío
~/**orientierter** grafo *m* orientado
~/**schlichter** grafo *m* simple
~/**unendlicher** grafo *m* infinito
~/**ungerichteter** grafo *m* no orientado
~/**zusammenhängender** grafo *m* conexo
~/**zweidimensionaler** grafo *m* plano
Graphentheorie *f (Math)* teoría *f* de los grafos
Grafik *f* gráfica *f*; gráfico *m*
~/**animierte** gráfico *m* animado
~/**dreidimensionale** gráfico *m* tridimensional
~/**objektorientierte** gráfico *m* basado en objetos
Grafikauflösung *f* resolución *f* gráfica
Grafikbeschleunigerkarte *f (Inf)* tarjeta *f* aceleradora de gráfico
Grafikbildschirm *m* pantalla *f* [unidad *f*] de presentación gráfica
grafikfähig capaz de representación gráfica *(Bildschirm)*
Grafikprozessor *m* procesador *m* gráfico [de gráficos]
grafisch gráfico, pictórico
Graphit *m (Min)* grafito *m*, plombagina *f*, plumbajo *m*
Graphitreaktor *m (Kern)* reactor *m* de grafito, reactor *m* moderado con grafito
Grasmäher *m (Lt)* máquina *f* cortadora de hierba, cortador *m* de heno, segadora *f* guadañadora, guadañadora *f*
Grat *m* 1. *(Met, Kst)* rebaba *f*, rebarba *f*; rugosidad *f*; 2. *(Bw, Geol)* arista *f*
Grauguss *m* colada *f* [fundición *f*] gris
gravieren *v (Typ)* grabar, celar
Graviermaschine *f (Typ)* máquina *f* para grabar, pantografador *m*
Graviernadel *f (Typ)* aguja *f* grabadora, buril *m* de grabar
Gravimetrie *f (Ph)* gravimetría *f*, análisis *m* gravimétrico, medida *f* gravimétrica
Gravitation *f* atracción *f* gravitacional [gravitatoria], fuerza *f* gravitatoria [de gravedad], gravitación *f*
Gravitationsfeld *n* campo *m* gravitacional [de gravitación, newtoniano]
Gravitationsgesetz *n (Ph)* ley *f* de la gravitación, ley *f* de atracción universal
Gravur *f* 1. grabado *m*; 2. *(Typ)* lámina *f*
Greifbagger *m* draga *f* de cuchara [cucharón], excavadora *f* de mordazas, cuchara-draga *f*, cubeta-draga *f*

Großrechner

Greifer m 1. mecanismo m de arrastre; 2. *(Masch)* patín m de arrastre; 3. *(Lt)* garra f de zapata *(Radschlepper)*; 4. cuchara f *(eines Kranes)*; 5. pala-draga f; 6. lazador m *(Nähmaschine)*; 7. pinza f, fiador m; uñeta f; cocodrilo m; mordaza f
Greiferkübel m cesto m de mordazas, cubo m de almeja, cuchara f agarradora
Grenze f límite m; margen m; barrera f; término m; fin m; delimitación f; frontera f
grenzflächenaktiv tensioactivo
Grenzflächenchemie f química f interfacial
Grenzfrequenz f frecuencia f límite [marginal, de corte]; frecuencia f umbral *(z. B. des Photoeffektes)*
Grenzkohlenwasserstoff m hidrocarburo m límite, alcano m
Grenzkonzentration f concentración f límite
Grenzkorn n grano m límite
Grenzlast f fuerza f límite; carga f admisible
Grenzlehre f calibre m [galga f] límite, calibre m de tolerancia, regla f limitadora
Grenzpunkt m 1. punto m límite; 2. *(Math)* punto m frontera *(einer Menge)*
Grenzrachenlehre f calibre m de boca y límite, calibre m límite hembra [de boca]
Grenzschalter m interruptor m final [de fin de carrera], chucho m límite
Grenzschicht f 1. *(Ph)* capa f límite; 2. *(Met)* película f delimitadora
Grenzstrom m corriente f límite [marginal]; torbellino m marginal
Grenzverteilungssatz m teorema m de distribuciones marginales
Grenzwert m valor m límite, límite m
Grenzwertsatz m *(Math)* teorema m del límite
Griff m 1. *(Masch)* manecilla f, manija f; manivela f; mango m; empuñadura f *(z. B. Waffe)*; agarre m, agarradero m *(Werkzeug)*; puño m, rabera f; tomadero m; palanca f, asta f, ástil m, *(Am)* manilla f; 2. *(Text)* mano f *(eines Stoffes)*
Grobbearbeitung f *(Fert)* desbaste m (grueso), elaboración f de desbastes, trabajo m en basto
Grobblechwalzwerk n tren m laminador de palastro [chapa gruesa], laminador m de palastro [chapa gruesa]

Grobeinstellung f 1. ajuste m aproximado [aproximativo]; reglaje m aproximado; regulación f aproximativa; 2. *(Opt)* enfoque m aproximativo [macrométrico]
Grobentwurf m diseño m esquemático
Grobgefüge n *(Met)* estructura f basta [tosca]; granulación f basta [gruesa, tosca]
Grobkorn n grano m basto [grueso, tosco]; granulación f basta [gruesa, tosca], macrograno m
grobschleifen v *(Fert)* desbastar con muela
Grobschleifen n *(Fert)* rectificado m basto
Grobschleifmaschine f rectificadora f en basto
Grobsieb n cedazo m, criba f
Grobtrieb m 1. ajuste m aproximado [aproximativo]; mando m macrométrico [de ajuste grueso]; accionamiento m macrométrico; 2. *(Opt)* enfoque m macrométrico
Großbaustelle f obra f de envergadura
Großblockbauweise f *(Bw)* construcción f por bloques grandes
Großbuchstabe m 1. letra f mayúscula [versal], capital m, *(Am)* letra f capital, mayúscula f; 2. *(Inf, Typ)* versal m
Größe f 1. magnitud f, cantidad f; tamaño m *(von Körpern)*; dimensión f; valor m; variable f; término m; 2. formato m • **der ~ nach** por orden de magnitud • **in natürlicher ~** de tamaño natural
~/geometrische parámetro m geométrico
~/imaginäre *(Math)* imaginaria f, cantidad f imaginaria, valor m imaginario
~/messbare dimensión f mensurable; magnitud f (con)mensurable
~/physikalische magnitud f [cantidad f] física, parámetro m físico
~/steuerbare variable f controlable
~/stochastische variable f aleatoria [estocástica, al azar]
~/unbekannte *(Math)* incógnita f, cantidad f desconocida [incógnita]
~/unverträgliche valor m irreconciliable
~/zufällige término m aleatorio
Großrechner m ordenador m grande [de gran capacidad, de gran tamaño], computadora f grande [de gran memoria], macroordenador m, macrocomputadora f

Großserienfertigung f producción f en gran serie, producción f [fabricación f] en grandes series

Großspeicher m medio m de memoria de gran capacidad, memoria f de bulto [gran tamaño], memoria f masiva [de masa]

Großtanker m superpetrolero m, supertanque m, gran petrolero m

großtechnisch industrial, a [en] escala industrial

Großtonnage f (Schiff) tonelaje m de gran cabida

Großtonnageschiff n buque m de gran porte, barco m de gran tonelaje, barco m de grandes volúmenes de carga

Größtwert m máximo m

Großversuch m ensayo m industrial [a gran escala]

Grubber m (Lt) cultivador m, cultivadora f; destroncador m, destroncadora f; arrancarraíces m; arado m cultivador

Grube f 1. foso m, fosa f, hoyo m, hoya f; zanja f, balsa f; 2. (Bgb) mina f, cantera f

Grubenausbau m (Bgb) apuntalamiento m, entibación f, entibado m, entibadura f, entibamiento m

Grubenbau m 1. (Bgb) labor f minera, laboreo m de minas, explotación f de mina; 2. (Bgb) pasaje m subterráneo, socavón m

Grubendeponie f vertedero m en minas, escombrera f de mina

Grubengas n (Bgb) grisú m, mofeta f, gas m

Grubengaswarngerät n grisuscopio m

Grubenholz n (Bgb) madera f de mina

Grubensicherheit f seguridad f minera [en la mina]

Grubenstempel m (Bgb) mamposta f de mina, pilar m de entibación

Grubenzimmerung f (Bgb) entibación f, entibado m, entibadura f, entibamiento m

Grund m 1. tierra f; fondo m; 2. (Math) razón f; 3. (Text) cuerpo m (eines Gewebes)

Grundablaufschema n organigrama m de base

Grundanstrich m pintura f de fondo [imprimación]

Grundbaustein m parte f fundamental; bloque m constructivo básico

Grundbestandteil m 1. elemento m fundamental; componente m básico; 2. (Ch) principio m

Grundeinheit f unidad f fundamental; unidad f elemental; unidad f (de) base (SI-Einheiten)

gründen v 1. (Bw) fundamentar; cimentar; 2. basar; plantar

Grundfarbe f (Opt) color m primario [fundamental, patrón]; color m básico

Grundfläche f base f

Grundfrequenz f frecuencia f básica [fundamental, principal]

Grundgebirge n basamento m montañoso; formación f primitiva

Grundgeräusch n ruido m de fondo

Grundgesamtheit f población f [población f] (general) (Statistik)

Grundgleichung f ecuación f fundamental [de base]

Grundgröße f magnitud f fundamental; tamaño m básico; magnitud f básica (Maßsystem)

Grundiermittel n imprimador m, imprimación f; mordiente m; capa f de fondo (Farben, Lacke)

Grundierung f 1. pintura f preliminar [de imprimación, de fondo], imprimación f; 2. (Text) pie m (Färberei)

Grundintegral n (Math) integral f fundamental

Grundkante f arista f de base (z. B. Prisma)

Grundkegel m (Masch) cono m primitivo [base, de fondo]

Grundkreis m círculo m de fondo (Zahnrad)

Grundlage f 1. principio m; 2. fondo m; 3. (Schiff) polín m; 4. (Bw) fundamento m

Grundlagenforschung f investigación f (científica) básica [fundamental]

Grundlagennorm f norma f básica, estándar m básico

Grundlagenwissenschaft f ciencia f básica [fundamental]

~/technische ingeniería f básica

Grundlastfall m caso m de carga fundamental (Statik)

Grundlinie f línea f fundamental, base f

Grundmaß n 1. medida f básica [de fondo]; 2. (Bw) módulo m

Grundmauerwerk n muro m de cimiento

Grundmenge f (Math) conjunto m básico
Grundmetall n metal m base, base f
Grundnetz n 1. (Nrt) red f básica; 2. (Schiff) jábega f
Grundnorm f norma f básica
Grundoperation f (Math) operación f básica [unitaria]
Grundpfeiler m pilar m fundamental
Grundplatte f (Masch) placa f base, base f; bancada f, placa f de asiento; zócalo m
Grundprogramm n (Inf) programa m genérico [básico] (z. B. BIOS)
Grundrahmen m 1. (Mech) bastidor m de fundación; chasis m básico; 2. (Inf, Nrt) trama f elemental
Grundrechenart f operación f, regla f
Grundrechenoperation f (Math) operación f fundamental
Grundriss m 1. proyección f horizontal; ubicación f; planta f, plano m; planimetría f; 2. diseño m de construcción
• **im ~ en planta**
Grundrisskartierung f levantamiento m planimétrico
Grundschaltplan m (El) esquema m principal eléctrico
Grundschaltung f (El) circuito m básico [de base]; esquema m de principio
Grundschaltungstechnik f tecnología f de la red básica
Grundschicht f capa f de imprimación; mano f de fondo (Farbe)
Grundschleppnetz n (Schiff) red f barredera [de fondo], albanega f, rastra f, traína f, trawl m de fondo
Grundschwingung f oscilación f fundamental, fundamental f
Grundstein m (Bw) piedra f fundamental [de cimiento]
Grundstoff m 1. (Ph) materia f; 2. (Ch) elemento m; materia f base [básica, prima], materia f prima fundamental; sustancia f fundamental; material m (de) base, material m básico; producto m primario [básico]
Grundstoffindustrie f industria f básica [fundamental, de materias primas, de materiales básicos]
Grundstrahlung f radiación f de fondo
Grundtakt m (Aut) cadencia f [ritmo m] patrón

Grundton m sonido m básico [fundamental]
Gründung f (Bw) fundación f, basamento m; cimentación f, cimiento m; fondo m
Gründungsbohrung f (Bgb) perforación f de reconocimiento
Gründungskörper m (Bw) cuerpo m de cimentación
Gründungspfahl m (Bw) pilote m
Grundvektor m vector m básico
Grundwasser n agua f subterránea [terrenal, freática, de subsuelo]
Grundwasserbecken n cuenca f de aguas subterráneas
Grundwasserleiter m acuífero m (subterráneo)
Grundwasserschicht f capa f freática
Grundwasserspiegel m nivel m del agua subterránea [freática], nivel m freático [hidrostático], manto m freático
Grundwerkstoff m material m (de) base, material m básico
Grundzahl f (Math) número m cardinal; base f (logarítmica) (des Logarithmus)
Grundzyklus m (Inf) ciclo m básico
Grünfutterhäcksler m (Lt) cortadora f de ensilaje, picadora f de forraje(s)
Grünfutterlader m (Lt) cargador m de forraje verde
Grünfuttermäher m (Lt) segadora f guadañadora
Grünspan m cardenillo m, verdete m, verdín m
Grünstreifen m faja f verde (Straßenbau)
Gruppe f 1. grupo m; bloque m; batería f (z. B. von Geräten); equipo m; 2. (Inf) grupo m accesorios (Windows); 3. (Ch) radical m
~/komplexe (Math) complejo m
~/topologische (Math) grupo m topológico
Gruppenantrieb m accionamiento m por grupos, impulsión f coordinada
Gruppenbildung f (Math) agrupación f
Gruppenfrequenz f frecuencia f de tren de ondas
Gruppengeschwindigkeit f (Ph) velocidad f de grupo (von Wellen)
Gruppenindex m subíndice m
Gruppentheorie f (Math) teoría f de los grupos
Grus m carbonilla f (Kohlengrus)
Gruskoks m coque m menudo

Gülleanlage

Gülleanlage f (Lt) instalación f para purines [estiércol líquido]
Güllepumpe f (Lt) bomba f de estiércol líquido
Gülletankwagen m (Lt) carro-cuba m
Gully m imbornal m, sumidero m
Gültigkeit f (Inf, Math) validez f
Gültigkeitsbereich m (Inf, Math) intervalo m de validez
Gültigkeitskontrolle f (Inf) control m de validación, comprobación f [verificación f] de validez
Gültigkeitsnachweis m (Inf) validación f
Gültigkeitswahrscheinlichkeit f (Math) nivel m de significación
Gummi m caucho m, goma f
Gummibelag m piso m de caucho
Gummidichtung f empaquetadura f de goma, junta f de caucho
gummieren v cauchotar; revestir de goma, engomar
Gummierung f gomamiento m, engomadura f, encolado m
Gummierungsgewebe n hule m
Gummifeder f muelle m de goma
Gummigurt m (Förd) cinta f de caucho [goma]
Gummikabel n (El) cable m bajo caucho [goma]
Gummilinse f 1. (Opt, Foto) objetivo m zoom [multifocal, varifocal, de focal variable], zoom m; 2. (Opt) transfocador m
Gummireifen m llanta f de caucho [goma]
Gummischlauchleitung f (El) cable m bajo caucho [goma], cable m en macarrón de caucho, conductor m con tubo de goma
Gurt m 1. cinturón m; 2. (Bw) cabeza f (Statik)
Gurtbandaufgeber m (Förd) cargador m de cinta
Gurtbefestigung f (Kfz) anclaje m de cinturones (de seguridad); sujeción f mediante cinturón
Gürtel m cinturón m
Gurtförderband n cinta f transportadora
Gurtförderer m transportador m de cinta [correa, banda], arrastre m de cinta, cinta f transportadora, correa f de transmisión, conveyor m
Gurtung f (Bw) cabeza f (Statik)

Gurtungsdeck n (Schiff) cubierta f resistente
Guss m (Met) fundición f, colada f; vaciado m
~/gehärteter fundición f endurecida
~/legierter fundición f aleada
Gussbeton m hormigón m colado
Gussblock m (Met) lingote m (de fundición), lingote m para fundir; tocho m fundido
Gusseisen n hierro m fundido [colado]; fundición f de hierro [segunda fusión]
~/martensitisches fundición f martensítica
~/sphärolithisches fundición f dúctil [nodular, de grafito esferoidal]; hierro m dúctil
Gusserzeugnis n fundición f; pieza f de acero fundido
Gussform f plantilla f de fundición, pila f
Gusshaut f cáscara f [costra f] de fundición
Gusskern m núcleo m de fundición, cuesco m
Gusslegierung f aleación f de fundición [colada], aleación f para moldeo, fundición f sintética
Gussmetall n metal m fundido [colado]
gussputzen v desbarbar, limpiar la fundición, limpiar las piezas de fundición
Gussputzmaschine f máquina f de limpiar las piezas de fundición, limpiadora f de piezas de fundición
Gussstahl m acero m colado [fundido, moldeado]
Gussstück n pieza f colada [fundida, de fundición], taco m de fundición, moldeado m
Gussteil n parte f fundida, pieza f fundida [moldeada, de fundición]
Gut n 1. mercancías fpl; género m; 2. (Schiff) jarcias fpl; 3. granja f (Farm)
~/befestigtes jarcias fpl firmes (Tauwerk)
~/flüssiges material m líquido; líquidos mpl
~/laufendes jarcias fpl de labor (Tauwerk)
~/stehendes jarcias fpl firmes [muertas] (Tauwerk)
gutbohren v (Fert) acabar al taladro
Güte f 1. calidad f; 2. s. Gütefaktor
~/aerodynamische (Flg) calidad f aerodinámica, coeficiente m aerodinámico, eficacia f aerodinámica, finura f aerodinámica
~/konstruktive calidad f de diseño
Gütefaktor m 1. factor m de calidad [mérito]; 2. (Eln) coeficiente m de cali-

dad; factor m Q *(z. B. zur Kennzeichnung der Regelungsgüte)*
Güterwagen m *(Eb)* vagón m de carga [mercancías], carro m de carga
Gütezeichen n marca f de calidad; etiqueta f de calidad
Gutlehre f calibre m (de) pasa
Gyrokompass m girocompás m, girobrújula f

H

Haarhygrometer n higrómetro m capilar [de cabello]
Haarriss m fisura f [grieta f, hendidura f] capilar, microfisura f, rajadura f capilar, veta f, pelo m
Haarröhrchen n *(Ph)* tubo m capilar
Haarröhrchenwirkung f acción f capilar, capilaridad f
Hacke f pico m, pica f, piqueta f, azada f, azadón m
hacken v 1. picar; 2. *(Inf)* fisgar en redes
Hacker m 1. *(Text)* peine m descardador *(Spinnerei)*; 2. *(Inf)* fisgón m
Hackfruchterntemaschine f cosechadora f de raíces y tubérculos
Hackmaschine f *(Lt)* binadora f, picadora f, escardadera f, azada f mecánica; arado m cultivador
Hackmesser n *(Lt)* cuchilla f desmenuzadora [picadora]
Hackpflug m *(Lt)* arado m binador
Häckseldruschanlage f *(Lt)* planta f trilladora-picadora
Häckselmaschine f cortadora f de forraje, cortaforrajes m; picadora f, segadora f de heno *(für Heu)*
Häckselmesser n cuchilla f de corte *(Feldhäcksler)*
Häckselschneidemaschine f máquina f cortapajas, cortapajas m
Häckseltrommel f *(Lt)* aditam(i)ento m henificador
Häcksler m *(Lt)* cortador m de paja, cortapajas m; binador m, escardillo m
Hafen m puerto m
Hafenanlage f establecimiento m de puerto; unidad f portuaria; instalación f portuaria, equipo m de puerto

Hafenbarkasse f barcaza f [lancha f] de puerto, falúa f
Hafenbau m construcción f portuaria [de puertos]
Hafenbauten mpl obras fpl de construcción de puertos
Hafenbecken n dársena f
Hafendamm m dique m de entrada, muelle m, espigón m, espolón m
Hafendock n dársena f de flote
Hafenkran m grúa f de puerto [muelle]
Hafenlagerhaus n almacén m portuario
Hafenradar n(m) radar m de puerto
Hafenschlepper m remolcador m de puerto
Hafenschute f lancha f de puerto
Hafentender m embarcación f auxiliar portuaria
Hafenterminal m terminal f portuaria [de puerto, marítima]
Hafentiefgang m calado m del puerto
Hafnium n hafnio m, Hf, celtio m
Hafniumelektrode f electrodo m de hafnio
haften v adherir; pegar
Haften n adherencia f, adhesión f
Haftfähigkeit f adherencia f, adhesividad f, cohesividad f, poder m adhesivo [de adhesión], propiedad f de adherencia
Haftglas n *(Opt)* cristal m [lente f] de contacto
Haftgrenze f *(Kfz)* punto m de agarre
Haftkleber m adhesivo m de contacto
Haftreibung f rozamiento m estático [por adherencia], roce m estático, fricción f de adhesión, adherencia f friccal, adherencia f
Haftreibungsbeiwert m *(Kfz)* coeficiente m de adherencia
Haftreibzahl f *(Mech)* coeficiente m estático de roce
Haftschale f *(Opt)* cristal m [lente f] de contacto
Haftschicht f película f adhesiva
Haftsitz m *(Masch)* asiento m forzado fuerte [medio]
Haftstelle f zona f de captación *(Halbleiter)*
Haftvermögen n poder m adhesivo [de adhesión], fuerza f adhesiva, potencia f adherente, adherencia f, adhesividad f
Hahn m grifo m; llave f, robinete m; espita f, *(Am)* canilla f

Haken 616

Haken *m* gancho *m*; laña *f*; tope *m*; colgante *m*; garfio *m*; gatillo *m*
Hakenblock *m (Schiff)* aparejo *m* de ganchos
Hakengeschirr *n (Förd)* armadura *f* portagancho
Hakenkette *f* cadena *f* de Vaucanson
Hakenleiter *f* escala *f* de ganchos, escalera *f* de garfios
Hakenstropp *m (Förd, Schiff)* eslinga *f* con gancho
Hakenzugkraft *f* tracción *f* en el gancho
Halbachse *f* semieje *m*
Halbachsenaufhängung *f* suspensión *f* de semi-trenes
Halbaddierer *m (Inf)* medio-sumador *m*, semisumador *m*, sumador *m* de dos entradas
Halbautomat *m* máquina *f* semiautomática, semiautomático *m*
halbautomatisch semiautomático
Halbduplexleitung *f* circuito *m* semidúplex
Halbduplexschaltung *f* sistema *m* semidúplex
Halbebene *f (Math)* semiplano *m*
Halbfabrikat *n* producto *m* semiacabado [semielaborado], semiproducto *m*, semimanufactura *f*
Halbfeder *f* ballesta *f* semielíptica
Halbgerade *f (Math)* semirrecta *f*
halbieren *v* bisectar, promediar
Halbierung *f* bisección *f*
Halbierungsebene *f* plano *m* bisector
Halbierungsparameter *m* parámetro *m* de equivalencia *(Lärmmessung)*
Halbierungssuchverfahren *n (Inf)* búsqueda *f* binaria
Halbkettenfahrzeug *n* vehículo *m* semioruga, autooruga *f*
Halbkreis *m* semicírculo *m*, semiciclo *m*, hemiciclo *m*, hemicírculo *m*
Halbkreisbogen *m* arco *m* romano [de medio punto]
halbkreisförmig semicircular
Halbkugel *f* semiesfera *f*, hemisferio *m*
Halblederband *m (Typ)* encuadernación *f* de media pasta, encuadernación *f* a la holandesa
Halbleineneinband *m (Typ)* encuadernación *f* de media tela
Halbleiter *m* semiconductor *m*

~/entarteter semiconductor *m* degenerado
~/gemischter semiconductor *m* mixto
Halbleiterbauelement *n* componente *m* [dispositivo *m*] semiconductor
Halbleiterchip *m* chip *m* (semiconductor)
Halbleiterdiode *f* diodo *m* semiconductor
Halbleitergerät *n* dispositivo *m* semiconductor
Halbleiterkeramik *f* cerámica *f* semiconductora
Halbleiterkristall *m* cristal *m* semiconductor
Halbleiterlaser *m* láser *m* de semiconductor [inyección]
Halbleiterphotozelle *f* célula *f* fotoconductora [fotorresistente, fotorresistiva]
Halbleiterphysik *f* física *f* de semiconductores
Halbleiterschaltkreis *m* circuito *m* de semiconductores
Halbleiterscheibe *f* rodaja *f* semiconductora
Halbleiterschicht *f* capa *f* semiconductora
Halbleiterspeicher *m* memoria *f* semiconductora [de semiconductores, de estado sólido]
Halbleitersubstrat *n* soporte *m* de semiconductores
Halbleitertechnik *f* técnica *f* de semiconductores; tecnología *f* de semiconductores
Halbleitertechnologie *f* tecnología *f* de semiconductores
Halbleiterträger *m* soporte *m* de semiconductores
Halbleitertriode *f* transistor *m*, transistrón *m*
Halbleiterwiderstand *m* resistencia *f* de semiconductor
halblogarithmisch semilogarítmico
Halbmaske *f* mascarilla *f* (buconasal), media máscara *f*, semimáscara *f*, respirador *m* de semimáscara [media máscara] *(Atemschutz)*
Halbmatrix *f* matriz *f* triangular
Halbmesser *m* radio *m*
Halbmetall *n* semimetal *m*
Halbplatte *f (Bw)* baldosa *f* media
Halbportalkran *m* grúa *f* de semipórtico
Halbraum *m (Math)* semiespacio *m*
Halbraupe *f* semioruga *f (Schlepper)*
Halbraupenfahrzeug *n* vehículo *m* semioruga

Halbraupenschlepper *m* tractor *m* semioruga
halbrund semicircular
Halbrundfeile *f* lima *f* de media caña
Halbrundkopf *m* cabeza *f* redonda [semiesférica, de hongo] *(einer Schraube)*
Halbrundniet *m* remache *m* de cabeza esférica [redonda]
Halbsäule *f (Bw)* columna *f* adosada
Halbschale *f* medio casquillo *m (Lager)*
Halbschalenbauweise *f (Flg)* construcción *f* semi-monocasco
Halbschattenplatte *f (Opt)* placa *f* de penumbra
Halbschrankenanlage *f (Eb)* paso *m* de media barrera
Halbschwingachse *f (Kfz)* semieje *m* oscilante
halbsymmetrisch semisimétrico
Halbwelle *f* media onda *f*, semionda *f*, semioscilación *f*, semiperíodo *m*, alternancia *f*
Halbwellenantenne *f* antena *f* de media onda
Halbwellengleichrichter *m* rectificador *m* de media onda
Halbwellenlänge *f* semilongitud *f* de onda
Halbwellenplättchen *n* lámina *f* de media onda
Halbwert *m (Ch)* semidesintegración *f*
Halbwertszeit *f (Kern)* vida *f* [existencia *f*] media, período *m* de semidesintegración, tiempo *m* de reducción a la mitad
~/radioaktive período *m* de radiactividad
~/scheinbare período *m* aparente
Halbzerfall *m (Ch)* semidesintegración *f*
Halbzeug *n* 1. producto *m* semiacabado [semielaborado], semifabricado *m*, semielaborado *m*; semimanufactura *f*, material *m* semiacabado; materia *f* (prima) semielaborada; pieza *f* bruta [en bruto]; semiproducto *m*; 2. *(Met)* desbaste *m*
• als ~ hergestellt semiacabado
Halde *f* desechadero *m*, montón *m*; terrero *m*; escombrera *f*, *(Am)* canchamina *f*
Hälfte *f* mitad *f*; promedio *m*, medio *m*
Hall *m*/**künstlicher** eco *m* artificial *(Akustik)*
Hall-Effekt *m (El)* efecto *m* Hall
Hallfeld *n* campo *m* reverberante *(Akustik)*
Hallraum *m* cámara *f* [espacio *m*] reverberante; campo *m* reverberante *(Akustik)*

Halmabweiser *m (Lt)* dispositivo *m* apartador
Halmfuttererntemaschine *f (Lt)* recogedora *f* de forraje
Halmschnecke *f (Lt)* rosca *f* transportadora *(Mähdrescher)*
Halogen *n* halógeno *m*
Halogenalkan *n* haluro *m* de alquilo, halogenalquilo *m*
Halogendetektor *m* detector *m* de halógeno
Halogenid *n* sal *f* halogenada, halogenuro *m*, halosal *m*, haluro *m*
halogenieren *v* halogenar
Halogenierung *f* halogenación *f*, haloidación *f*
Halogenkohlenwasserstoff *m* hidrocarburo *m* halogenado
Halogenlampe *f* bombilla *f* halogenada, lámpara *f* de halógeno
Halogenscheinwerfer *m (Kfz)* faro *m* halógeno
Halszapfen *m (Masch)* garganta *f* del árbol *(Welle)*; collete *m* intermedio, gorrón *m* de collar
Haltbarkeit *f* solidez *f*; durabilidad *f*, duración *f*; longevidad *f*; estabilidad *f*; resistencia *f*; consistencia *f*; caducidad *f (Produkt)*
Haltbarkeitsdatum *n* fecha *f* de caducidad
Haltbefehl *m (Inf)* instrucción *f* de parada [paro, ruptura]
Haltebremsung *f (Eb)* frenado *m* de parada
Haltefeder *f* muelle *m* retenedor [de retén]
Halteglied *n* elemento *m* de retención *(Schaltwerk)*
Haltegurt *m* cinturón *m* de sujeción
Haltekeil *m* chaveta *f* fiadora [de fijación, de sujeción]
Haltekontakt *m* contacto *m* atractor *(Relais)*
Halteleine *f (Schiff)* calabrote *m*
Haltemagnet *m* imán *m* de retención
halten *v* 1. pararse; 2. mantener; soportar; sostener *(Zustand, Wert)*
~/angezogen mantener atraído *(Relais)*
~/die Maustaste gedrückt mantener el botón del ratón pulsado
~/konstant 1. mantener *(z. B. Druck)*; 2. *(El)* estabilizar
Haltepoller *m (Schiff)* bolardo *m* de amarre

Halter *m* portador *m*, soporte *m*, colgador *m*; montura *f*; agarrador *m*; ástil *m*; clip *m*

Halterelais *n* relé *m* de retención

Haltering *m* anillo *m* sujetador [de retén], collar *m* de retén [tope]

Halterung *f* montura *f*

Halteschalter *m* (*El*) llave *f* de retención

Halteschaltung *f* (*El*) circuito *m* de mantenimiento

Halteseil *n* cuerda *f* de retención

Haltespule *f* (*El*) bobina *f* de retención

Haltestift *m* perno *m* de anclaje

Haltestromkreis *m* circuito *m* de conservación [corriente de parada, mantenimiento, retención]

Haltetaste *f* tecla *f* con retención

Haltevorrichtung *f* mecanismo *m* fijador [de fijación]; dispositivo *m* de retención, retén *m*

Haltewicklung *f* (*El*) arrollamiento *m* de retención (*Relais*)

Haltezange *f* pinza *f* de apriete [fijación, sujeción]

Halt-Stellung *f* posición *f* de paro

Hämatit *m* (*Min*) hematites *f*

Hammer *m* martillo *m*

~/rückschlagfreier martillo *m* sin retroceso

hämmerbar maleable, dúctil

Hammerbär *m* (*Fert*) maza *f* del martillo pilón, mazo *m* del martinete

Hammerbohren *n* (*Bgb*) sondeo *m* de percusión

Hammerbohrmaschine *f* (*Bgb*) perforadora *f* de martillo

Hammerbrecher *m* desintegrador *m* [machacadora *f*, quebrantador *f*] de martillos, trituradora *f* machacadora

Hammerfinne *f* peña *f* (del martillo)

Hammergesenk *n* estampa *f* de martillo

Hämmermaschine *f* recalcadora *f* giratoria

Hammermühle *f* molino *m* de mazos [martillos], molino *m* batidor de martillos, desintegrador *m* de martillos, trituradora *f* de martillo

hämmern *v* martillar, batir

Hämmern *n* martillado *m*, martilleo *m*, repujado *m* por martillo

Hammerschlag *m* 1. golpe *m* [impacto *m*] de martillo; 2. batiduras *fpl* (de forja) (*Schmiedesinter*)

hammerschmieden *v* forjar por percusión

Hammerschraube *f* tornillo *m* de cabeza de martillo

hammerschweißen *v* soldar a piqueta

Hammerschweißen *n* soldadura *f* de forja

Hammersektion *f* sección *f* de martillo (*Rammtechnik*)

Hammerstiel *m* mango *m*

Hammerwerk *n* trituradora *f* de martillo

Handapparat *m* (*Nrt*) microteléfono *m*, combinado *m*

Handauflage *f* apoyamano *m*

Handbedienung *f* control *m* manual

Handbetätigung *f* maniobra *f* [manejo *m*] manual [a mano], control *m* manual

Handbetrieb *m* funcionamiento *m* [modo *m*] manual; accionamiento *m* a mano; procedimiento *m* [operación *f*] manual; servicio *m* manual

Handbohrer *m* taladro *m* manual [de mano], taladro *m* eléctrico (portátil), parahúso *m*

Handbohrmaschine *f* taladradora *f* manual [de pistola]; taladro *m* manual [de mano, de pistola], taladro *m* eléctrico (portátil)

Handbremse *f* freno *m* de mano; freno *m* de estacionamiento

Handbremshebel *m* (*Kfz*) palanca *f* del freno de mano, puño *m* de freno

Handbuch *n/technisches* manual *m* técnico (de ingeniería)

Handeingabe-Steuerung *f* control *m* de manipulaciones (*NC-Maschinen*)

Handfeuerlöscher *m* extintor *m* manual [de mano, portátil], aparato *m* extintor portátil, extintor *m* portátil de incendios

Handgashebel *m* (*Kfz*) acelerador *m* de mano

Handgriff *m* manecilla *f*, manivela *f*, manilla *f*, tomadero *m*; puño *m*; empuñadura *f*, palanca *f*; cabo *m* (*Stiel*); vilorta *f* (*Ring*)

Handhabungsgerät *n* equipo *m* de manipulación; dispositivo *m* robótico

Handlampe *f* 1. lámpara *f* portátil [de mano]; 2. (*Bgb*) lámpara *f* minera portátil

Handlauf *m* pasamanos *m*

Handleuchte *f* lámpara *f* de inspección, linterna *f* portátil

Handlungsanleitung *f* repertorio *m* de recomendaciones prácticas; código *m* de práctica (de trabajo seguro)

Handmikrophon n micrófono m de mano
handnieten v remachar a mano
Handpumpe f bomba f de mano [funcionamiento manual], bombillo m, sacabuche m
Handrad n volante m de mando [manivela], volante m (de mano)
Handregel f (El) regla f de la mano, regla f de los tres dedos
Handregler m reóstato m de regulación manual
Handschutz m 1. protección f de las manos; 2. (Masch) guardamano m
Handstarter m (Kfz) arranque m manual, arrancador m a mano
Handsteuergerät n (Inf) palance f de mando, mando m de avanca, joystick m (Joystick)
Handwerkszeug n herramienta f manual [de mano, portátil]
Hanferntemaschine f cosechadora f de cáñamo
Hanffaser f hilo m de cáñamo, cáñamo m
Hanfhechelmaschine f (Text) rastrilladora f de cáñamo
Hanfmähdrescher m (Lt) cosechadora f de cáñamo
Hanfseil n cable m [cuerda f] de cáñamo, cable m de abacá, cáñamo m
Hang m 1. vertiente f; 2. (Geol) falda f; 3. (Bgb) ladera f
Hängebahn f vía f aérea [colgante], conveyor m, transportador m aéreo, cablecarril m, teleférico m
Hängebahn(lauf)katze f teleférico m, guinche m colgante; montacargas m colgante
Hängebrücke f puente m suspendido [de cable, de cadenas, colgante]
Hängecontainer m contenedor m suspendido
Hängeförderer m transportador m aéreo [colgante, de suspensión, teleférico], conveyor m
Hängegerüst n andamio m colgante; plataforma f volada
Hängeisolator m (El) aislador m colgante [de suspensión]
Hängekabel n cable m colgante
Hängelager n (Masch) cojinete m colgante
Hangendes n (Bgb) pared f superior, muro m de la capa, roca f pendiente, pendiente m, techo m

Hangerwinde f (Schiff) chigre m de amantillo [giro]
Hardcopy f (Inf) copia f dura [impresa], salida f impresa [de impresora]
Hardtop n (Kfz) techo m duro
Hardware f (Inf) hardware m, soporte m físico
Hardwarekomponente f componente m físico [hardware], unidad f material, dispositivo m de equipo
Harke f rastro m, rastrillo m
Harmonika f intercomunicación f de fuelle (Bus, Straßenbahn)
harmonisch armónico, harmónico
Harmonische f (Math) armónica f
~/erste oscilación f fundamental
Harnisch m 1. (Geol) espejo m de falla; 2. (Text) cuerpo m de arcadas (Weberei)
Harnsäure f ácido m úrico
Harnstoff m urea f
Harnstoffharz n resina f úrica [de urea]
Harpune f arpón m
hart duro; rígido; penetrante (Strahlung)
härtbar 1. endurecible (z. B. Kunststoff); 2. (Met) templable (z. B. Stahl)
Hartblei n plomo m duro [endurecido, antimoniado], arseniuro m de plomo
Hartbrennen n cocción f fuerte (Keramik)
Hartbronze f bronce m duro
Härte f dureza f
Härteanlage f (Met) equipo m de temple
Härtebad n (Met) baño m de temple
Härtefixierbad n (Foto) baño m endurecedor
Härtegrad m (Wkst) grado m (de la escala) de dureza
~ des Wassers grado m hidrométrico
Härtemaschine f (Gieß) máquina f de temple
Härtemesser m (Wkst) durómetro m
~/photoelektrischer escleroscopio m fotoeléctrico
Härtemessgerät n (Wkst) durómetro m, comprobador m de dureza
Härtemittel n 1. (Ch) medio m de endurecimiento, endurecedor m; 2. (Met) medio m de temple, producto m de templar, cemento m f
härten v 1. (Ch) endurecer; calentar; 2. (Met) templar
~/im Zyanbad (Met) cianurar
Härteofen m (Met) horno m de templar

Härteöl n (Met) aceite m de enfriamiento rápido

Härteprüfer m (Wkst) comprobador m de dureza, durómetro m, esclerómetro m

Härteprüfung f (Wkst) ensayo m [prueba f] de dureza, esclerometría f; prueba f al temple

Härter m 1. (Ch) endurecedor m; 2. (Gieß) elemento m activador, reactivo m de activación, templador m; 3. (Kst) agente m de curado

Härteriss m grieta f de temple [enfriamiento rápido], fisura f [rotura f] de temple

Härteskala f (Wkst) escala f de dureza

Härtetemperatur f 1. (Met) temperatura f de temple; 2. (Kst) temperatura f de curación

Härtetiegel m (Met) olla f de templar, crisol m para templar

Härtezahl f (Wkst) coeficiente m [número m, índice m] de dureza

Härtezeit f 1. tiempo m de endurecimiento (z. B. Harz); 2. (Kst) tiempo m de curado; tiempo m de fraguado (Klebeverbindung)

Hartfaser f fibra f dura, hilo m duro

Hartfaserplatte f tablero m de fibras duras

Hartgummi m (Kst) goma f dura [endurecida], ebonita f

Hartgummiisolator m (El) aislador m de ebonita

Hartguss m (Met) colada f (en) coquilla, fundición f dura [templada]

Hartgusswalze f cilindro m endurecido, rodillo m de fundición dura

Hartholz n madera f dura

Hartkopie f (Inf) copia f dura [impresa], salida f impresa [de impresora]

Hartlot n soldadura f [suelda f] fuerte, aleación f para brazing

Hartlöten n soldadura f amarilla [dura]

Hartmetall n metal m duro [cerámico], metal m [carburo m] sinterizado, carburo m cementado

Hartmetallbohrer m trépano m de metal duro

Hartmetallschneide f filo m de carburo de tungsteno

Hartpapier n papel m kraft

Hartplattenlaufwerk n (Inf) unidad f de discos rígidos

Hartstahl m acero m duro [de alta dureza]

Härtung f 1. (Ch, Kst, Met) endurecimiento m, endurecido m; 2. (Met) templado m, tratamiento m de temple, temple m; 3. (Kst) currado m; 4. (Ch) (bei Fetten und Ölen auch) hidrogenación f

Härtungsdiagramm n (Met) diagrama m de temple

Härtungsgefüge n (Met) estructura f de temple

hartverchromen v cromar duro

Hartzinn n estaño m duro, aleación f de estaño dura

Harz n resina f

harzähnlich resiniforme

Harzbildung f resinificación f

harzhaltig resinífero, resinoso

Harzlack m barniz m [laca f] de resina

Harzöl n resina f líquida

Haspel f (Text) carrete m; bobina f, bobinadora f; devanador m, aspa f (Spinnerei); 2. (Lt) tambor m de aspas; molinete m abatidor (eines Mähdreschers); 3. (Bgb) torno m de extracción

haspeln v (Text) devanar (Zwirnerei); aspar (Spinnerei)

Haspelspinnmaschine f (Text) hiladora f de devanaderas (für Kunstseide)

Haspeltrommel f (Lt) tambor m de aspas

Haube f 1. cabeza f; caperuza f; funda f; tapa f; sombrerete m; 2. (Kfz) capó m, capot m, cubierta f (eines Motors); casquete m; 3. campana f

hauen v 1. golpear; 2. picar (zerhacken)

Häufelhacke f (Lt) escardillo m

Häufelkörper m (Lt) cuerpo m aporcador

häufeln v (Lt) recalzar

Häufeln n aporcadura f (Kartoffelnbau, Gartenbau)

Häufelpflug m (Lt) arado m aporcador, aporcador m

Häufelscheibe f (Lt) disco m aporcador

Haufen m cúmulo m; montón m, pila f

Häufigkeit f frecuencia f; cadencia f; incidencia f (Statistik); abundancia f

~/kosmische (Kern) abundancia f cósmica

~/relative 1. probabilidad f estadística, frecuencia f relativa (Ereignis); 2. (Kern) abundancia f relativa, razón f de abundancia (Isotop)

~/statistische incidencia f

Häufigkeitsdiagramm n polígono m (de frecuencia)
Häufigkeitsverteilung f distribución f de frecuencia
Häufler m (Lt) rastrillo m apilador; arado m aporcador, aporcador m
Häufungspunkt m (Math) punto m límite [de acumulación]
Hauptabmessung f (Schiff) dimensión f principal
Hauptachse f eje m mayor [principal]
Hauptantrieb m mando m principal; propulsión f principal
Hauptantriebswelle f eje m motriz principal
Hauptschneide f (Fert) filo m principal
Hauptspant n (Schiff) sección f [cuaderna f] maestra
Hauptspeicher m (Inf) memoria f central [primaria, principal]; archivo m básico [maestro]
Häuserblock m manzana f, (Am) cuadra f
Haushaltsabfallbehandlung f tratamiento m de residuos domésticos [caseros]
Haushaltschemikalien fpl productos mpl químicos domésticos
Haushaltsgerät n aparato m domiciliario
~/elektrisches aparato m [artefacto m] electrodoméstico, electrodoméstico m
~/elektronisches aparato m electrónico casero
Haushaltskühlschrank m frigorífico m doméstico
Haushaltsroboter m robot m casero
Haushaltstechnik f equipos mpl domésticos; equipamiento m doméstico
Hausmüll m residuos mpl domésticos, basura f casera, desechos mpl caseros
Hausmülldeponie f vertedero m de basuras
Hausmüllverbrennungsanlage f incinerador m de residuos domésticos
Haut f 1. piel f; 2. revestimiento m; película f; 3. (Schiff) forro m
Havarie f 1. avería f, emergencia f; accidente m; siniestro m; caso m de avería; fallo m catastrófico; 2. (Schiff) avería f, daño m marítimo
~ im Kernkraftwerk accidente m nuclear
~/schwere desastre m
Havarieabschaltung f parada f de emergencia
Havariebeleuchtung f iluminación f de emergencia
havarieren v (Schiff) averiar
Head Crash m (Inf) quebradero m de cabeza
Header m (Lt) espigadora f (Schneidapparat der Vollerntemaschine)
Headleine f (Schiff) relinga f de red
Heavyside-Schicht f capa f de Heavyside, capa f E (Ionosphäre)
Hebeanlage f sistema m de elevación
Hebearm m (Förd) brazo m de carga
Hebebaum m 1. báscula f; alzaprima f; 2. (Eb) palanca f de carril
Hebebock m (Förd) gato m, cric m, maquinilla f, (Am) crique m
Hebebühne f 1. plataforma f elevable, puente m elevador, elevador m hidráulico [de tipo plataforma]; 2. (Kfz) instalación f alzacoches
Hebekraft f fuerza f de elevación, capacidad f de izaje (z. B. Kran)
Hebel m (Mech) palanca f, palanquita f
Hebelarm m (Mech) brazo m de palanca [la fuerza, potencia], codo m de palanca
Hebelarmkurve f (Schiff) curva f de brazos de palanca
Hebelbremse f (Masch) freno m de palanca
Hebelkraft f (Ph) momento m de palanca
Hebelmoment n (Ph) momento m de palanca
Hebelpresse f prensa f de palanca
Hebelschalter m (El) conmutador m de cuchillas [palanca]; interruptor m de leva [palanca], clavija f a cuchilla
Hebelschere f cizalla f [cortador m] de palanca, tijera f aligator
Hebelspannfutter n (Fert) plato m de pinzas tipo de palanca
Hebelsteuerung f mando m a palanca, maniobra f por palanca
Hebeltrieb m accionamiento m a palanca
Hebelwaage f balanza f de palanca
Hebelwinde f gato m de palanca
Hebelwirkung f acción f de palanca
Hebemagnet m electroimán m elevador [de elevación, de grúa, de suspensión]
Hebemaschine f (Förd) máquina f de alzar(izaje), máquina f elevadora; aparato m de alzamiento, motor m de extracción, cabria f, (Am) malacate m

Hebemittel *n (Förd)* aparato *m* de alzamiento; levantador *m*

heben *v* 1. *(Förd)* elevar, levantar, alzar, izar; 2. *(Bgb)* arrastrar *(Sohle)*

Heben *n (Förd)* elevación *f*, levantamiento *m*, izaje *m*

~ **schwerer Lasten** levantamiento *m* de cargas pesadas

~ **und Fördern** *n* elevación *f* y transporte *m*

Heber *m* 1. *(Förd)* elevador *m*, levantador *m*, izador *m*; 2. sifón *m (Flüssigkeiten)*; 3. *(Lt)* hacinador *m*, hacinadora *f (z. B. Stroh, Heu)*

Hebe- und Fördergerät *n* aparato *m* de elevación-manutención

Hebe- und Fördermittel *npl* medios *mpl* [artefacto *m*] de elevación y transporte

Hebevorrichtung *f (Förd)* mecanismo *m* de elevación, dispositivo *m* elevador, elevador *m*, levantador *m*, aparejo *m* compuesto, alzador *m, (Am)* guinche *m*

Hebewerk *n* elevador *m*

Hebewinde *f (Förd)* elevador *m* de tipo gatos, maquinilla *f*, cric *m, (Am)* crique *m*

Hebezeug *n (Förd)* medio *m* de alzamiento [elevación, izaje], equipo *m* elevador [de elevación, de izado, de izaje, de izar], aparato *m* elevador [de elevación, de izar], mecanismo *m* de izado [izar], implementos *mpl* de izaje

Hebung *f* 1. levantamiento *m*; 2. *(Bgb)* levantamiento *m* de piso

~/kapillare *(Ph)* elevación *f* capilar

Hechelmaschine *f (Text)* máquina *f* de rastrillar y peinar, rastrilladora *f*, máquina *f* de peinar, peinadora *f*

hecheln *v (Text)* rastrillar, peinar

Hecheln *n (Text)* peinado *m (z. B. Lein- und Hanfverarbeitung)*

Hechelstrecke *f (Text)* banco *m* de rastrilladoras [rastrillar]

Heck *n* 1. *(Kfz, Flg)* parte *f* trasera; 2. *(Schiff)* popa *f*

Heckanbaugrubber *m (Lt)* cultivadora *f* de montaje trasero

Heckanker *m (Schiff)* ancla *f* de popa

Heckaufbau *m (Schiff)* superestructura *f* a popa

Heckaufschleppe *f (Schiff)* rampa *f* de popa; túnel *m* de popa

Heckenschere *f* cizalla *f* para setos

Heckenschneidemaschine *f (Lt)* cortadora *f* [recortador *m*] de setos

Heckfahrwerk *n (Flg)* tren *m* trasero

Heckfänger *m (Schiff)* pesquero *m* de arrastre por popa, arrastrero *m* por popa, arrastrero *m* con rampa a popa

Heckflügel *m (Flg)* aleta *f* trasera

Heckhaube *f (Kfz)* tapa *f* trasera

Heckklappe *f (Kfz)* puerta *f* del maletero

Hecklader *m (Lt)* cargador *m* posterior [trasero]

hecklastig 1. *(Schiff)* sentado a popa *(Trimmlage eines Schiffes)*; 2. *(Flg)* pesado de cola

Hecklastigkeit *f (Schiff)* apopamiento *m*

Heckleitwerk *n (Flg)* cola *f*

Hecklicht *n* 1. *(Kfz)* luz *f* trasera; 2. *(Schiff)* luz *f* de popa [zaga], farol *m* de popa

Heckluke *f (Schiff)* escotilla *f* de popa, puerta *f* en la popa

Heckmotor *m (Kfz)* motor *m* a popa

Heckpforte *f (Schiff)* puerta *f* trasera de arrastre *(für Heckschleppnetz)*

Heckpropeller *m (Schiff)* hélice *f* de popa

Heckradfahrwerk *n (Flg)* tren *m* trasero [de aterrizaje convencional]

Heckrampe *f (Schiff)* rampa *f* de popa, plano *m* inclinado

Heckraum *m (Schiff)* bodega *f* de popa, chupeta *f*

Heckruder *n (Schiff)* timón *m* a popa

Heckscheibe *f (Kfz)* cristal *m* trasero

Heckschraube *f (Flg)* rotor *m* de cola *(Hubschraube)*

Heckspant *n (Schiff)* cuaderna *f* de popa

Heckspiegel *m (Schiff)* espejo *m* de popa

Heckstrom *m (Schiff)* flujo *m* a popa

Hecktau *n (Schiff)* codera *f*

Hecktrawler *m* pesquero *m* de arrastre por popa, arrastrero *m* por popa, arrastrero *m* con rampa a popa

Heft *n* 1. cuaderno *m*; 2. asta *f (Werkzeuge)*

Heftdraht *m (Typ)* alambre *m* para encuadernación

heften *v* 1. *(Typ)* coser; 2. hilvanar *(mit Garn)*

Heften *n (Typ)* cosido *m (Einbinden)*

Hefter *m* 1. *(Typ)* abrochador *m*; 2. archivador *m*

heftig intenso, vigoroso *(z. B. eine chemische Reaktion)*

Heftlasche f (Bw) pieza f de unión
Heftmaschine f 1. (Typ) máquina f de coser (libros), cosedora f, abrochador m; presilladora f (Papier); 2. (Text) máquina f bobinadora; máquina f grapadora, grapadora f
Heftnahtmaschine f (Text) máquina f bobinadora
Heftniet m remache m de costura
Heftschweißen n 1. soldadura f de juntas; 2. (Kst) costura f electrónica
Heftung f (Typ) costura f, cosido m (Einbinden)
Heimcomputer m ordenador m doméstico [familiar, del hogar], microcomputadora f para usos domésticos
Heimwerkstatt f taller m casero
Heißdampf m vapor m caliente [recalentado, sobrecalentado]
Heißelektron n electrón m caliente (hochenergetisch)
Heißhaken m (Schiff) gancho m izador [de izaje]
Heißlaufen n quemado m
Heißluftkessel m horno m de aire caliente (Kesselofen)
Heißluftmaschine f máquina f de aire caliente, termomotor m (Motor)
Heißluftturbine f turbina f de aire caliente
Heißluftventilator m ventilador m de aire caliente
Heißpressen n 1. (Met) compresión f en caliente; 2. (Kst) moldeo m por compresión, extrusión f en caliente
Heißvulkanisation f vulcanización f en caliente, termovulcanización f
Heißwasseranlage f instalación f de agua caliente
Heißwasserspeicher m acumulador m de agua caliente, termosifón m
Heizanlage f instalación f de calefacción [calor]
Heizapparat m aparato m de calefacción ~/elektrischer calentador m eléctrico
Heizbatterie f batería f de calefacción, pila f de calentamiento
Heizdampfleitung f tubería f de calefacción
Heizdraht m (El) alambre m de calefacción
Heizelement n elemento m calefactor [calentador, térmico, de caldeo, de calefacción]

heizen v calentar, caldear
Heizen n caldeo m, calentamiento m
Heizenergie f energía f de calefacción
Heizfaden m 1. (El) filamento m; 2. (Eln) calefactor m
Heizfadenspannung f tensión f de filamento; tensión f de calefacción, tensión f del calefactor (z. B. bei Röhren)
Heizgas n gas m comburente [combustible, de calefacción]
Heizgerät n medio m calefactor [de calefacción], aparato m de calefacción [caldeo], calentador m, calefactor m
Heizkatode f (El) cátodo m incandescente [caliente]
Heizkessel m caldera f (de calefacción)
Heizkörper m cuerpo m de caldeo, calorífero m, calefactor m; radiador m; elemento m térmico; estufa f de radiación
Heizlast f (Ch) carga f térmica
Heizlüfter m ventilador m calefactor
Heizofen m estufa f, fuego m de calefacción
Heizöl n aceite m combustible [de calefacción, a quemar], petróleo m para calefacción, fuel oil m
Heizölfeuerung f hogar m de fuel-oil
Heizplatte f placa f calentadora [calefactoria], plancha f de calefacción; hornillo m eléctrico
Heizrohr n tubo m calentador [de calefacción], caliducto m; tubo m del radiador; tubo m de humos
Heizschlange f serpentín m calentador [de caldeo, de calefacción]
Heizspannung f tensión f de filamento, tensión f de calefacción, tensión f del calefactor (z. B. bei Röhren)
Heizspule f bobina f de calentamiento
Heizstrom m corriente f de caldeo; corriente f de filamento (z. B. bei Röhren)
Heizung f calefacción f; caldeo m, calentamiento m (z. B. einer Röhre)
Heizungsanlage f instalación f de calefacción; sistema m calentamiento [de calefacción]
Heizungstechnik f técnica f de calefacción; ingeniería f de calefacción
Heizwärmeerzeugung f generación f de calor de calefacción
Heizwert m potencia f [intensidad f] calorífica, poder m [valor m] calorífico, valor

m térmico, caloricidad *f*, capacidad *f* calórica [calorífica]
Hektar *m* hectárea *f*, ha
hektographieren *v* policopiar
Helgen *m (Schiff)* grada *f*
Helikoid *n (Math)* superficie *f* helicoidal *(Schraubenfläche)*
Helium *n* helio *m*, He
Heliumkern *m (Kern)* helión *m*, núcleo *m* de helio, partícula *f* alfa
Heliumquecksilberlampe *f* lámpara *f* de helio-mercurio
Heliumröhre *f* válvula *f* de helio
Helix *f* línea *f* helicoidal
Helligkeit *f* claridad *f*; luminosidad *f*; brillo *m*, brillantez *f*
Helligkeitsmesser *m (El)* nitómetro *m*
Helligkeitspegel *m (TV)* nivel *m* luminoso [de luminancia]
Helligkeitsregelung *f (TV)* control *m* de brillo
Helligkeitsregler *m (TV)* regulador *m* de claridad
Helligkeitswert *m (TV)* nivel *m* luminoso [de luminancia]; número *m* de sombra
Helling *f (Schiff)* deslizadero *m*, astillero *m*, grada *f*
Hellingkran *m* grúa *f* de grada
Helltastimpuls *m (TV, Nrt)* impulso *m* de desbloqueo [luz]
Helm *m* casco *m*, casquete *m*
hemmen *v* 1. retardar; 2. *(Ch)* inhibir
hemmend/Feuer retardador de combustión; pirorretardante; ignífugo
Hemmfähigkeit *f (Ch)* capacidad *f* inhibidora
Hemmstoff *m (Ch)* retardador *m*, retardante *m*, agente *m* inhibidor, inhibidor *m*
Hemmung *f* 1. inhibición *f (einer Reaktion)*; 2. escape *m* del áncora *(der Uhr)*
Henry *n (El)* henrio *m*, henry *m*, H *(Einheit der Induktivität)*
Heptagon *n (Math)* heptágono *m*
Heptode *f (Eln)* heptodo *m*, pentarrejilla *f*, pentagrilla *f*
herausspülen *v (Ch)* eluir *(adsorbierte Stoffe aus festen Adsorptionsmitteln)*
herausziehen *v* sacar, extraer
~/einen Stecker desenclavijar
~/Nägel desenclavar
Herd *m* 1. hogar *m*, hornillo *m*, horno *m*; fuego *m*; 2. *(Met)* solera *f*, suela *f*; 3.

(Bgb) mesa *f* concentradora *(Aufbereitung)*; 4. foco *m*
Herdformen *n (Gieß)* moldeo *m* al descubierto, moldeo *m* con falsa caja, moldeo *m* sobre el lecho
Herdfrischeisen *n* hierro *m* cinglado [refinado a fragua baja]
Herdfrischen *n (Met)* afino *m* al bajo hogar, reducción *f* de litargirio
Herdfrischstahl *m* acero *m* refinado a fragua baja
hereinbrechen *v (Bgb)* derrumbarse
herleiten *v (Math)* derivar, desarrollar
Herleitung *f (Math)* derivación *f*, cálculo *m* de la derivada
herstellen *v* 1. producir; fabricar, manufacturar; 2. *(Ch)* preparar; elaborar; trabajar
~/als Halbzeug semiacabar
~/durch Synthese sintetizar
~/eine Kopie sacar una copia
~/eine Proportion proporcionar
~/eine Verbindung *(Nrt)* establecer una comunicación, realizar una conexión, realizar un enlace
~/Formen modelar
~/synthetisch sintetizar
~/Videofilme videografiar
Herstellung *f* 1. producción *f*; fabricación *f*, fábrica *f*; manufactura *f*, confección *f*; 2. *(Ch)* preparación *f*; procesado *m*; elaboración *f*; trabajo *m*
Herstellungsanlage *f* equipo *m* de elaboración
Herstellungshalle *f* taller *m* de confección
Herstellungs-Know-how *n* saber *m* cómo de la producción
Herstellungstechnologie *f* tecnología *f* de producción
Herstellungsverfahren *n (Fert)* método *m* [procedimiento *m*, técnica *f*] de fabricación, proceso *m* de manufactura; sistema *m* de manufactura
Hertz *n* hertz(io) *m*, ciclos *mpl* [períodos *mpl*] por segundo *(SI-Einheit der Frequenz)*
herunterladen *v/eine Datei* descargar un archivo
herunterschalten *v (Kfz)* cambiar hacia abajo *(Gänge)*
hervorheben *v* subrayar, destacar *(Text)*
Herzkurve *f (Math)* cardioide *f*

Heterodynempfänger *m (Eln)* receptor *m* heterodino, heterodino *m*
Heterodynschaltung *f* circuito *m* heterodino, conexión *f* heterodina
Heubrikettierpresse *f (Lt)* enfardador *m* [acondicionador *m*] de heno
Heuerntemaschine *f (Lt)* máquina *f* henificadora, picador *m* de heno
Heulboje *f (Schiff)* boya *f* sirena [de silbato, trompa], boya *f* de señales acústicas
Heultongenerator *m (El)* vobulador *m*
Heupresse *f (Lt)* enfardador *m* [prensa *f*] de heno
Heuristik *f* heurística *f*
Heuschwader *m (Lt)* hilerador *m* de heno
Heuwendemaschine *f (Lt)* esparcidora *f* de heno, henificadora *f*
Heuwerbungsmaschine *f (Lt)* máquina *f* henificadora [segadora de heno], cosechadora *f* [recogedora *f*] de heno, henificadora *f*
Hexagon *n (Math)* hexágono *m*, sexángulo *m*
HF *s.* Hochfrequenz
Hieb *m* golpe *m*; picadura *f*, talla *f (Feile)*
Hierarchie *f* jerarquía *f*, orden *m* jerárquico
hierarchisch jerárquico
Hieve *f (Schiff)* lingada *f*
hieven *v (Schiff)* izar, ronzar
Hieven *n (Schiff)* izaje *m*, levantamiento *m (Einholen einer Leine oder Kette durch Winde)*
Hi-Fi-Anlage *f* equipo *m* [sistema *m*] de alta fidelidad [fiabilidad], equipo *m* de HI-FI
High-Density-Diskette *f* disquete *m* de alta densidad
Hightechprojekt *n* proyecto *m* de alta tecnología
Hilfsachse *f* eje *m* auxiliar
Hilfsaggregat *n* grupo *m* auxiliar
Hilfsanlage *f* planta *f* auxiliar
Hilfsantrieb *m* 1. propulsión *f* auxiliar; 2. *(Mil)* unidad *f* auxiliar de potencia *(Geschütz)*
Hilfsausrüstung *f* equipo *m* auxiliar; artefactos *mpl*
Hilfsgerät *n* 1. aparato *m* [equipo *m*] auxiliar, equipo *m* subsidiario; máquina *f* auxiliar; unidad *f* subsidiaria; utensilio *m* auxiliar; 2. *(Inf)* instrumento *m* de apoyo, útil *m* auxiliar

Hilfsgröße *f* variable *f* auxiliar
Hilfsmittel *n* 1. medio *m* auxiliar, auxilio *m*, ayuda *f*; recurso *m*; 2. *(Inf)* instrumento *m* de apoyo
Hilfsmotor *m* servomotor *m*, motor *m* auxiliar [de emergencia]
Hilfsschaltkreis *m (El)* circuito *m* de soporte
Hilfsschaltung *f* 1. conexión *f* auxiliar; 2. *(El)* circuito *m* de soporte
Hilfsschwimmkraft *f (Schiff)* flotabilidad *f* de reserva
Hilfsspeicher *m (Inf)* memoria *f* auxiliar, dispositivo *m* auxiliar de memoria, equipo *m* auxiliar de almacenamiento
Hilfssteuerung *f* servomando *m*
Hilfsstoff *m* material *m* auxiliar
Hilfstank *m (Kfz)* tanque *m* nodriza, nodriza *f*
Hilfsvariable *f (Math)* variable *f* auxiliar
Hilfsvorrichtung *f* dispositivo *m* de apoyo; mecanismo *m* auxiliar; aditam(i)ento *m*
Himmelskarte *f* mapa *m* celeste [estelar]
Himmelskörper *m* cuerpo *m* celeste
Himmelsmechanik *f* mecánica *f* celeste
Hinterachsantrieb *m (Kfz)* accionamiento *m* por eje trasero
Hinterachsbrücke *f (Kfz)* puente *m* trasero [posterior], portadiferencial *m*, semitren *m*
Hinterachse *f* 1. eje *m* trasero [posterior]; 2. *(Kfz)* puente *m* trasero [posterior]
Hinterachswelle *f* semieje *m* trasero
hinterdrehen *v (Fert)* destalonar
Hinterdrehmaschine *f (Fert)* torno *m* para destalonar, destalonador *m*, torno *m* de copiar
Hinterflanke *f (El)* borde *m* de salida, flanco *m* posterior *(Impuls)*
hinterfräsen *v (Fert)* destalonar
Hinterglied *n (Math)* término *m* consecuente *(Proportion)*
Hintergrundabstrahlung *f* emisión *f* de fondo *(Akustik)*
Hintergrundbearbeitung *f (Inf)* procesado *m* de fondo
Hintergrundgeräusch *n* ruido *m* de fondo
Hintergrundrauschen *n* ruido *m* de fondo
Hintergrundspegel *m* nivel *m* de fondo *(Lärm)*
Hintergrundspeicher *m (Inf)* almacenamiento *m* subordinado

Hintergrundstrahlung f radiación f de fondo
Hintergrundverarbeitung f (Inf) procesamiento m subordinado, proceso m subordinado [de fondo], subordinación f
Hinterkipper m (Kfz) volquete m de retrodescarga
Hinterpforte f porta f a popa (Ladeöffnung im Heck eines Schiffes)
Hinterpiek f (Schiff) pique m de popa
Hinterrad n (Kfz) rueda f trasera
Hinterradantrieb m (Kfz) propulsión f trasera, transmisión f [mando m] final, transmisión f todo detrás, tracción f por las ruedas de detrás
Hinterradaufhängung f suspensión f trasera
Hinterradbremse f freno m trasero [de las ruedas traseras]
Hinterradschwinge f (Kfz) brazo m oscilante de la rueda trasera
Hinterschiff n parte f trasera del buque, popa f • im ~ a popa
Hinterschiffsspant n cuaderna f de popa
hinterschleifen v (Fert) destalonar, rectificar con muela destalonadora
Hinterschleifen n (Fert) destalonado m, despulla f lateral
Hinterschleifmaschine f (Fert) rectificadora f destalonadora
Hinterschliff m (Fert) despulla f lateral, (Am) desahogo m
Hinterschliffwinkel m ángulo m de destalonado posterior
Hintersteven m (Schiff) codaste m, contracodaste m, estambor m, gambota f
Hirschhornsalz n carbonato m amónico
hissen v (Schiff) izar
Hi-Tech-Gerät n instrumento m de alta tecnología
Hitzdrahtamperemeter n amperímetro m térmico [de expansión]
hitzebeständig a prueba de calor, anticalórico; indeformable al calor, termoestable
Hitzebeständigkeit f resistencia f térmica [en caliente, al calor]
hitzehärtbar (Kst) termoendurecible
Hitzehärtung f (Kst) termoendurecimiento m
Hitzelast f sobrecarga f térmica [calórica]

Hitzemauer f barrera f térmica, muro m térmico [del calor]
Hitzeschild m escudo m térmico [aislador de calor]
Hitzeschutz m protección f (anti)térmica [contra calor, contra las altas temperaturas], blindaje m térmico, guarda f calorífica [calorífuga]
Hitzeschutzkleidung f prenda f antifuego [contra incendios, protectora de calor], ropa f resistente el calor; vestido m (especial) de protección contra el calor
Hitzeschutzschild m pantalla f térmica
Hobel m (Fert) cepillo m (de carpintero)
Hobelmaschine f máquina f de cepillar [acepillar], acepilladora f, cepilladora f, planeadora f
Hobelmeißel m herramienta f para cepillar, acero m de acepilladora
Hobelmesser n cuchilla f de cepillo, cepillo m, dudgeon m
hobeln v (Fert) acepillar, cepillar; limar (auf Shapingmaschine)
~/Kanten cantear
Hobeln n (Fert) acepilladura f, acepillado m, cepillado m
Hobelspan m (Fert) acepilladura f
Hobelsupport m carro m de acepilladora
Hoch n zona f de altas presiones
Hochantenne f antena f aérea [elevada, exterior]
Hochbahn f tren m elevado
Hochbau m 1. construcción f por encima del nivel del suelo; obra f civil; construcción f de edificios; 2. edificación f alta; 3. superestructura f
hochdicht (Ch) de elevada densidad
Hochdruck m 1. alta presión f, hipercompresión f; 2. (Typ) grabado m de relieve, impresión f tipográfica
Hochdruckanlage f instalación f de alta presión; central f de alta presión; sistema m de alta presión
Hochdruckbehälter m recipiente m a alta presión, depósito m de alta presión
Hochdruckformen n moldeado m a alta presión
Hochdruckformmaschine f moldeadora f de alta presión
Hochdruckgebiet n zona f anticiclónica [de altas presiones]

Hochdruckkolben m émbolo m de alta presión
Hochdruckkompressor m compresor m de alta presión, hipercompresor m
Hochdruckleitung f conducto m a alta presión, tubería f de alta presión
Hochdruckpumpe f bomba f de alta presión
Hochdruckreifen m neumático m de alta presión
Hochdruckrohr n tubo m de alta presión
Hochdruckschlauch m manguera f de alta presión
Hochdrucktechnik f técnica f de alta presión; equipos mpl de alta presión
Hochdruckturbine f turbina f de alta presión
Hochdruckventil n válvula f [robinete m] de alta presión
Hochenergiephysik f física f de alta energía
hochexplosiv muy explosivo, brisante, detonante
hochfest altamente resistente, de alta resistencia; extraordinariamente resistente
hochflüchtig muy volátil
hochfrequent de alta frecuencia
Hochfrequenz f alta frecuencia f, A.F., frecuencia f radioeléctrica, radiofrecuencia f
Hochfrequenzanlage f equipo m de radiofrecuencias
Hochfrequenzbandbreite f ancho m de banda de alta frecuencia
Hochfrequenzbereich m banda f de radiofrecuencias
Hochfrequenzfeld n campo m de alta frecuencia; campo m de radiofrecuencias
Hochfrequenzgenerator m generador m [alternador m] de alta frecuencia; generador m de radiofrecuencia
Hochfrequenzhärten n (Met) endurecimiento m por inducción, temple m por alta frecuencia
Hochfrequenzphysik f radiofísica f
Hochfrequenzschalter m interruptor m de alta frecuencia
Hochfrequenzschweißmaschine f soldadora f por alta frecuencia
Hochfrequenzstrahlung f radiación f de radiofrecuencias
Hochfrequenztechnik f técnica f de alta frecuencia, radioelectricidad f

Hochfrequenztelefonie f telefonía f de alta frecuencia
Hochfrequenzverstärker m amplificador m de alta frecuencia
Hochfrequenzweiche f paso m de alta frecuencia
hochglanzpolieren v abrillantar, pulir al brillo
Hochhaus n bloque m de pisos, edificio m de gran altura
Hochhubwagen m transelevador m
Hochleistungsanlage f instalación f de alta intensidad; instalación f [equipo m] de alto rendimiento; planta f de potencia [gran capacidad]; sistema m de alto rendimiento
Hochleistungsgerät n equipo m de gran rendimiento; equipo m de alta ganancia, equipo m de altas prestaciones; unidad f de potencia
Hochleitung f 1. (El) línea f aérea; 2. tubería f en altura
Hochleitungsbau m construcción f de líneas aéreas
Hochofen m alto horno m
hochohmig (El) de alta resistencia [impedancia, ohmiaje]; superóhmico
Hochohmvoltmeter n voltímetro m de gran resistencia óhmica
Hochpassfilter n filtro m de alta frecuencia
hochpolieren v abrillantar
Hochpolymer(e) n (Ch) macropolímero m, polímero m alto, superpolímero m
Hochrechnung f extrapolación f, totalización f estimada (Statistik)
Hochregallager n almacén m de estanterías altas
hochschalten v (Kfz) cambiar hacia arriba (Gänge)
Hochseeschiff n buque m de alta mar, buque m marino [marítimo, de mar, de altura, de ultramar], embarcación f marina [marítima], barco m de altura
Hochseeschlepper m remolcador m oceánico [de alta mar, de altura]
Hochseetrawler m buque m de pesca de altura
Hochsicherheitsdeponie f vertedero m de alto grado de seguridad
hochsiedend de elevado punto de ebullición

Hochspannung f alta tensión f, alto voltaje m
Hochspannungsanlage f instalación f de alta tensión
Hochspannungsgleichrichter m rectificador m de alta tensión
Hochspannungsleitung f línea f (conductora) de alta tensión, línea f de transmisión de energía de alta tensión
Hochspannungsmast m mástil m de línea de alta tensión, torre f de alta tensión
Höchstfrequenzröhre f tubo m de hiperfrecuencia, válvula f de muy alta frecuencia
Höchstgeschwindigkeit f 1. velocidad f máxima; 2. (Kfz) velocidad f máxima [punta] • mit ~ a toda velocidad
Höchstintegration f (Eln) integración f a muy gran escala (engl.: very large scale integration, VLSI)
Hochstraße f carretera f [calle f] elevada, supercarretera f
Höchstspannung f muy alta tensión f, tensión f máxima
Höchstwert m valor m máximo [de cresta], máximo m, valor-techo m
Hochtank m tanque m de gravedad
Hochtechnologie f alta tecnología f, tecnología f avanzada [pico, de vanguardia], tecnología-clave f
Hochtemperaturstrahlung f radiación f de altas temperaturas
Hoch- und Tiefbau m edificaciones fpl y obras fpl en general
Hochvakuumanlage f instalación f [unidad f] de alto vacío; sistema m de alto vacío (z. B. Schadstoffabsaugung)
Hochvakuumdiode f diodo m de alto vacío
Hochvakuumgleichrichter m rectificador m de alto vacío
Hochvakuumröhre f tubo m de alto vacío
Hochvakuumtechnik f técnica f de alto vacío
hochveredelt muy refinado; de alto mejoramiento
hochwarmfest refractario (Metalle)
hochwertig de alta calidad; noble (Metall)
Hochzahl f exponente m de potencia, índice m
Höhe f 1. altura f (Geometrie); 2. nivel m (Niveau); plan m; 3. cota f (Höhenangabe)

~/metazentrische (Schiff) altura f metacéntrica
~ über alles (Schiff) altura f total [sobre todo]
~ über Dach (Eb) altura f de techo
~ über Meeresspiegel [NN, Normalnull] altitud f registrador
~/verstellbare altura f ajustable
Höhenangabe f cota f
Höhenflosse f (Flg) estabilizador m horizontal, plano m fijo horizontal
Höhenflugzeug n avión m de gran altura
Höhenkreis m círculo m de altura, limbo m cenital
Höhenmesser m altímetro m; hipsómetro m; teodolito m
Höhenmessung f altimetría f (Vermessungswesen); nivelación f; hipsometría f
Höhenmessgerät n altímetro m
Höhenruder n (Flg) timón m de altura [elevación, profundidad], elevador m
Höhenschreiber m registrador m de altura, altímetro m [barómetro m] registrador, altígrafo m, barógrafo m
Höhenstrahlung f radiación f cósmica [espacial], rayos mpl de altura
höhenverstellbar ajustable en altura, de regulación vertical
hohl vacío, vacuo
Hohlkolben m émbolo m hueco
Hohlleiterwelle f onda f guiada
Hohlmaß n medida f de capacidad, unidad f de volumen
Hohlraum m 1. cavidad f, vacío m, vacuo m, vacuum m; espacio m hueco; hueco m, sopladura f; ampolla f, ampolleta f (als Fehler); bolsa f, burbuja f, oquedad f, 2. (Geol) sumidero m
Hohlspiegel m espejo m cóncavo, reverbero m
Hohlwelle f árbol m hueco [vacío], eje m hueco
Hohlziegel m (Bw) ladrillo m hueco
Holländerwalze f cilindro m batidor (Papierherstellung)
Höllenstein m piedra f [sal f] infernal (Silbernitrat)
Holm m 1. (Flg) larguero m; 2. mango m (Axt, Hammer)
Holmium n holmio m, Ho
Holz n madera f
~/furniertes madera f chap(e)ada

~/**verleimtes** madera f encolada
Holzbauweise f construcción f en madera, entramado m, maderaje m
Holzbearbeitungsmaschine f máquina f elaboradora de madera, máquina f para elaborar [labrar] madera, máquina f de trabajar madera, maderera f; equipo m de elaboración de madera
Holzchemie f química f forestal
Holzdrehmaschine f torno m de madera
Holzdübel m espiga f de madera
Holzessigsäure f ácido m piroleñoso
Holzfrachter m (Schiff) maderero m
Holzhammer m maceta f (de madera), mallete m, mallo m, maza f de madera
Holzrückschlepper m tractor m de arrastre (Forstwirtschaft)
Holzschleifmaschine f lijadora f
Holzschliff m fibras fpl de madera; pulpa f [pasta f] de madera (Papierherstellung)
Holzschnitt m grabado m en madera, xilografía f
Holzschraube f tornillo m de rosca de madera, tornillo m para madera, tirafondo m
Holzschutzmittel n preservativo m de madera, producto m para la protección de la madera, sustancia f xiloprotectora, antipútrido m
Holzschwelle f traviesa f de madera
Holzspanplatte f tablero m de virutas de madera
Holzverarbeitung f procesamiento m de madera
Holzverschalung f revestimiento m de madera; encofrado m de madera
honen v (Fert) bruñir
Honen n bruñido m, lapeado m, rectificado m a movimiento planetario
Honmaschine f (Fert) máquina f honing [de bruñir], bruñidora f, lapeadora f
Honstein m bruñidor m, piedra f honing
Hopperbagger m draga f con tolva
Hörapparat m audiófono m
Hörfrequenz f frecuencia f audible [sónica, de sonidos, sonora], audiofrecuencia f
Hörfunk m radiodifusión f sonora
Hörgerät n aparato m auditivo, audiófono m, prótesis f auditiva
Hörhilfe f audiófono m, osteófono m
Horizontalbohrmaschine f taladradora f horizontal
Horizontalbohrwerk n máquina f de mandrilar
Horizontalebene f plano m horizontal, horizontal f
Horizontalfräsmaschine f fresadora f horizontal
Horizontkreisel m (Flg) girohorizonte m
Hörkapsel f (Nrt) cápsula f auricular
Hörmuschel f auditivo m, auricular m
Horn n bocina f, cuerno m, trompa f, trompeta f
Hornstrahlerantenne f antena f de tipo reflector-bocina, radiador m de bocina
Hörrundfunk m radiodifusión f sonora
Hörsamkeit f propiedad f acústica (eines Raumes)
Hörschall m sonido m audible
Hörschwelle f límite m audible [auditivo, de audibilidad], nivel m de audibilidad, umbral m auditivo [de audibilidad, de audición]
Hörschwellenverschiebung f desplazamiento m del umbral de audibilidad
Hovercraft m nave f con colchón de aire
Hub m 1. carrera f (de émbolo), recorrido m, avance m, paso m (Kolben); 2. (Masch) corrimiento m; longitud f de la carrera; 3. (Förd) elevación f; 4. (El) desviación f (Frequenz)
Hubarbeitsbühne f elevador m de tipo plataforma
Hubbegrenzer m limitador m de la carrera [marcha], limitador m de recorrido, final m de carrera
Hubbrücke f puente m elevador [de elevación vertical]
Hubgerät n (Förd) equipo m elevador [de elevación]
Hubhöhe f (Förd) altura f de descenso
Hubkolbenverdichter m compresor m de émbolo [pistón]
Hubkraft f capacidad f de izaje; potencia f de carga; fuerza f de elevación [levantamiento]; poder m ascensional
Hubmagnet m (Förd) imán m levantador [elevador, portante], electroimán m elevador [de elevación, de grúa, de suspensión]
Hubplattform f superestructura f de izamiento
Hubraum m cilindrada f, cilindraje m, embolada f

Hubschraube f (Flg) rotor m sustentador [de helicóptero], hélice f sustentadora (Hubschrauber)
Hubschrauber m helicóptero m, nave f heliogiro
Hubschrauberflugplatz m helipuerto m
Hubseil n cable m de elevación (Kran); cable m izador [de izaje]
Hubspindel f (Förd) husillo m del gato; tornillo m de elevación [levantamiento]
Hubstapler m cargadora f automóvil, carro m elevador
Hubstrahltriebwerk n (Flg) reactor m de sustentación
Hubventil n válvula f de alza
Hubvolumen n cilindrada f, cilindraje m, embolada f, litraje m
Hubvorrichtung f dispositivo m elevador, mecanismo m de elevación
Hubwagen m camión m elevador [levantador]; carretilla f elevadora [de manutención]
Hubwerk n 1. (Förd) ascensor m; 2. (Fert) mecanismo m de elevación
Hubwinde f torno m elevador [de elevación]
Hufeisenmagnet m imán m de herradura
Hülle f 1. envuelta f, funda f, saco m; camisa f, chaqueta f, cápsula f, sobre m; 2. (Ph) capa f (cortical) (des Atoms)
Hüllenelektron n electrón m planetario [orbital]
Hüllkurve f (Math) curva f de envolvente, envolvente f, evolvente f
Hülse f 1. manguito m; hembra f, buje m; boquilla f (Bohrhülse); camisa f; 2. (Text) tubo (Weberei); canilla f (Spinnerei); 3. collarín m; casquillo m; nuez f, forro m; pieza f añadida
Hunt m (Bgb) vagón m de acarreo [mina], vagoneta f, zorra f
Hupe f (Kfz) bocina f, avisador m, claxon m, klaxon m
Hüttenindustrie f industria f sideromecánica [siderometalúrgica, siderúrgica, metalúrgica]
Hüttenkunde f metalurgia f
Hüttentechnik f metalurgia f
Hüttenwerk n planta f metalúrgica, tacana f
Hüttenzement m cemento m de escoria(s), cemento m metalúrgico [siderúrgico]

Hybridfahrzeug n (Kfz) vehículo m híbrido (Elektromotor für Stadt-, Verbrennungsmotor für Fernfahrten)
Hybridrechner m ordenador m híbrido (Kombination von Digital- und Analogrechner)
Hybridschaltkreis m circuito m híbrido (Transistortechnik)
Hybridschaltung f conmutación f híbrida; circuito m [montaje m] híbrido (Transistortechnik)
Hybridtechnik f (Inf) procedimiento m híbrido, técnica f híbrida; tecnología f híbrida
Hydrant m boca f de incendio, columna f hidrante, hidrante m, toma f de agua
Hydraulik f 1. hidráulica f; 2. instalación f hidráulica; sistema m hidráulico
Hydraulikanlage f instalación f hidráulica, equipo m hidráulico; dispositivo m hidráulico; sistema m hidráulico
Hydraulikbagger m excavadora f [pala f] hidráulica
Hydraulikbremse f freno m hidráulico
Hydraulikflüssigkeit f líquido m [fluido m] hidráulico, fluido m para mandos hidráulicos
Hydraulikgetriebe n transmisión f hidráulica
Hydraulikkran m grúa f hidráulica
Hydraulikkupplung f embrague m hidráulico
Hydraulikschaltplan m esquema m hidráulico
Hydraulikventil n válvula f hidráulica
hydraulisch hidráulico, por agua
Hydrieranlage f instalación f de hidrogenación
hydrieren v (Ch) hidrogenar
Hydrierung f (Ch) hidrogenación f
Hydrolyse f (Ch) hidrólisis f
hydrolysieren v (Ch) hidrolizar
Hydromechanik f hidromecánica f, mecánica f de los líquidos
Hydrometer n hidrómetro m, medidor m de corriente, contador m de agua
Hydroxylgruppe f (Ch) oxhidrilo m
Hygrometer n higrómetro m, humidímetro m
Hyperbel f hipérbola f
Hyperbelfunktion f función f hiperbólica
Hyperbelkosinus m coseno m hiperbólico

Hyperbelkotangens *m* cotangente *f* hiperbólica
Hyperbelnavigation *f (Flg, Schiff)* navegación *f* hiperbólica
Hyperbelsinus *m* seno *m* hiperbólico
Hyperbeltangens *m* tangente *f* hiperbólica
Hyperschallaerodynamik *f (Ph)* aerodinámica *f* hipersónica
Hyperschallflugzeug *n* avión *m* hipersónico
Hyperschallgeschwindigkeit *f* velocidad *f* hipersónica
Hypotenuse *f* hipotenusa *f*
Hypothese *f* hipótesis *f*, supuesto *m*, antecedente *m*
Hysterese *f (El)* histéresis *f*
Hystereseschleife *f (El)* ciclo *m* [bucle *m*, característica *f*, curva *f*] de histéresis

I

Identität *f (Math)* identidad *f*, igualdad *f*, relación *f* idéntica
Ideographie *f* logografía *f*, ideografía *f*
I-Glied *n* elemento *m* integrante [de integración], integrador *m*
Ikone *f (Inf)* signo *m* icónico, icono *m (eines Bildschirmmenüs)*
Imaginärteil *m (Math)* parte *f* imaginaria *(einer komplexen Zahl oder Funktion)*
Immissionsgrenzwert *m* valor *m* límite de inmisión
Immissionskonzentration *f* máxima concentración *f* máxima permisible de inmisión, CMPI
Immissionspegel *m* nivel *m* de inmisión *(Lärm)*
Impedanz *f (El)* impedancia *f*, resistencia *f* aparente
implodieren *v* implosionar *(Vakuumtechnik)*
Implosionsschweißen *n* soldadura *f* por implosión
Imprägnierbad *n* baño *m* de impregnación
imprägnieren *v* impregnar; impermeabilizar; embeber, empapar; inyectar; penetrar
Imprägnierlack *m* barniz *m* impregnante [de impregnación]
Imprägnierlösung *f* solución *f* impregnadora

Imprägniermittel *n* material *m* de impregnación; impermeabilizante *m*, impregnante *m*
Imprägnierung *f* impregnación *f*; impermeabilización *f*; imbibición *f*, inyección *f*
Impuls *m* 1. *(El, Eln)* impulso *m*, pulso *m*; impulsión *f*, señal *f*; 2. *(Mech)* impulso *m* de fuerza, cantidad *f* de movimiento; 3. *(Kern)* cuenta *f*, recuento *m*
Impulsamplitude *f* amplitud *f* de impulso [pulsación]
Impulsantwort *f* respuesta *f* impulsiva
Impulsbegrenzer *m* limitador *m* de impulsos
Impulsechoverfahren *n (Wkst)* método *m* de impulso y eco
Impulsentzerrer *m* corrector *m* de impulsos
Impulsflanke *f* pendiente *f* del impulso, tren *m* de impulsos
Impulsfolge *f* secuencia *f* [sucesión *f*, tren *m*] de impulsos [pulsos], serie *f* de impulsos, pulso *m*
Impulsfolgefrequenz *f* tasa *f* de repetición de impulsos
Impulsfrequenz *f* frecuencia *f* (de repetición) de impulsos, FRI
Impulsgatter *n* puerta *f* de impulsos
Impulsgeber *m* impulsor *m*, emisor *m* de impulsos, pulsador *m*, pulsor *m*, transmisor *m* de impulsos
Impulslärm *m* ruido *m* impulsivo [de impulso]
Impulslaser *m* láser *m* de impulsos
Impulsschall *m* sonido *m* de impulso
Impulsschalter *m* conmutador *m* de impulsos
Impulsschaltung *f* circuito *m* de impulsos
Impulsschwingung *f* vibración *f* de impulso
Impulssignal *n* señal *f* pulsatoria
Impulsspannung *f* tensión *f* de impulsos; tensión *f* de choque
Impulsspektrum *n* espectro *m* de impulsos
Impulsstärke *f* fuerza *f* impulsiva
Impulsstromkreis *m* circuito *m* de impulsos
Impulsüberlagerung *f* superposición *f* de impulsiones
Impulsübertragung *f* transferencia *f* de impulsos, transmisión *f* de pulsos; transmisión *f* por impulsos

Impulsumsetzer *m* traductor *m* de impulsos
Impulsunterdrücker *m* supresor *m* de impulsos
Impulsverstärker *m* amplificador *m* de impulsos
Impulsverzerrung *f* deformación *f* de impulsos
Impulszähler *m* contador *m* de impulsos
Inbetriebnahme *f* puesta *f* a punto, puesta *f* en explotación, puesta *f* en funcionamiento [marcha, operación], puesta *f* [entrada *f*] en servicio
inchromieren *v* cromizar, incromar *(durch Chromdiffusion)*
Inchromierung *f* cromización *f*, cromado *m* térmico [a fondo], incromación *f*, incromado *m* *(durch Chromdiffusion)*
Index *m* *(Math, Inf)* número *m* índice, índice *m*
~/gewichteter índice *m* ponderado
~/gleitender índice *m* variable
~/harmonischer índice *m* armónico
~/hochgestellter *(Math)* supraíndice *m*
~/oberer *(Math)* supraíndice *m*
~/unterer *(Math)* subíndice *m*
~/verketteter índice *m* encadenado
Indexfeld *n* *(Inf)* ordenación *f* de índices
indexieren *v* indexar
Indexierung *f* *(Inf)* indexación *f*, asignación *f* de descriptores
Indikator *m* 1. indicador *m*; 2. *(Ch)* indicador *m*; 3. instrumento *m* indicador; reloj *m* indicador
~/radioaktiver radioelemento *m* indicador, radioindicador *m*, radiotrazador *m*, trazador *m* radiactivo
Indikatorflüssigkeit *f* líquido *m* indicador
Indikatorisotop *n* *(Kern)* trazador *m* [indicador *m*] isotópico, isótopo *m* trazador
Indirekteinleiter *m* introductor *m* indirecto *(Abwasser)*
Individualdosimeter *n* dosímetro *m* personal
indizieren *v* indexar
Indizierung *f* *(Inf)* indexación *f*, asignación *f* de índices
Induktanz *f* *(El)* inductancia *f*, reactancia *f* inductiva
Induktion *f* *(El, Math)* inducción *f*
~/elektromagnetische inducción *f* electromagnética
~/elektrostatische electrización *f* por influencia
~/gegenseitige inducción *f* mutua
Induktionsapparat *m* *(El)* aparato *m* inductor
Induktionsbeschleuniger *m* *(Kern)* acelerador *m* de inducción
Induktionsbeweis *m* *(Math)* demostración *f* de la inducción
Induktionserhitzer *m* calentador *m* por inducción
Induktionserwärmung *f* calentamiento *m* inductivo [por inducción]
Induktionsfluss *m* flujo *m* de inducción, flujo *m* magnético inducido
Induktionshärtung *f* endurecimiento *m* [temple *m*] por inducción
Induktionsheizanlage *f* instalación *f* de calentamiento por inducción
Induktionsheizung *f* calefacción *f* por inducción
Induktionsmessbrücke *f* puente *m* de medida de inductancia
Induktionsmotor *m* *(El)* motor *m* de inducción
Induktionsofen *m* horno *m* de inducción
Induktionsschmelzen *n* fundición *f* por inducción, fusión *f* inductiva
Induktionsschweißen *n* soldadura *f* inductiva [por inducción]
Induktionsspannung *f* *(El)* tensión *f* de inducción
Induktionsspule *f* *(El)* bobina *f* de inducción, inductancia *f*, inductor *m*
Induktionsstrom *m* *(El)* corriente *f* de inducción
Induktivität *f* *(El)* inductividad *f*, inductancia *f*
Industrieabfälle *mpl* desechos *mpl* [desperdicios *mpl*, residuos *mpl*] industriales
Industrieabwasser *n* agua *f* industrial residual, aguas *fpl* residuales industriales, efluente *m* industrial
Industrieanlage *f* instalación *f* [equipo *m*] industrial; planta *f* industrial
Industriekraftwerk *n* central *f* eléctrica industrial
Industrielärmbekämpfung *f* control *m* de ruido industrial
Industrieroboter *m* robot *m* (industrial)
Industrierobotertechnik *f* ingeniería *f* de la robotización; tecnología *f* de los robots

induzieren v inducir, estimular
Inertgas n gas m inerte
Inertgasschweißen n soldadura f con arco voltaico, soldadura f (de atmósfera) con gas inerte
Inertiallenkung f (Rak) autodirección f por inercia
Inferenzmaschine f mecanismo m de inferencia *(wissensbasiertes System)*
Infinitesimalrechnung f análisis m [cálculo m] infinitesimal
Influenz f (El) influencia f, inducción f electrostática
~/elektrische inducción f electrostática, influencia f eléctrica
Influenzmaschine f (El) máquina f electrostática [de influencia], generador m electrostático
Informatik f informática f, ingeniería f informática; teoría f de información, ciencia f de las computadoras
Informatiker m ingeniero m [técnico m] informático
Information f información f
~/alphanumerische información f alfanumérica
~/binär verschlüsselte información f codificada en binario
~/codierte información f codificada
~/grafische información f gráfica
~/redundante información f redundante
~/semantische información f semántica
~/systeminterne información f del sistema
~/technische información f técnica; información f industrial
~/verdichtete información f agregada [comprimida]
~/verschlüsselte información f codificada
~/verzerrte información f deformada [distorsionada]
Informationsanfrage f petición f de información
Informationsaufzeichnung f registro m [grabación f] de información
Informationsausgabe f salida f de información; volcado m de información; lectura f de información
Informationsaustausch m intercambio m [cambio m] de información, comunicación f de información, intercomunicación f
Informationsdarstellung f (re)presentación f de información

Informationseingabe f entrada f de información
Informationselektronik f electrónica f informática
Informationserfassung f captación f [captura f, recolección f, colección f, recogida f] de información; registro m de información
Informationsfluss m corriente f [flujo m, fluído m] de información
Informationsflut f sobreabundancia f de informaciones, exceso m de información
Informationsgewinnung f adquisición f de información, obtención f de informaciones [información], toma f de información
Informationskanal m canal m de información [datos]
Informationsmanagementsystem n sistema m de gestión de la información
Informationsmenge f cantidad f [volumen m, masa f] de información; conjunto m [cúmulo m] de informaciones; caudal m de informaciones
Informationsrecherche f búsqueda f informática [informativa]
Informationsrecherchesystem n sistema m de búsqueda informativa
Informationsredundanz f redundancia f de información
Informationsspeicher m almacén m [memoria f] de información, archivo m [fichero m] informático [de información]
Informationssystem n sistema m informativo [de información, de informática]
~/rechnergestütztes sistema m de información computerizado [basado en ordenador]
~/schnittstellenkompatibles sistema m de información compatible de interfaz
Informationstechnik f tecnología f informática [de la información], tecnología f del computador; técnica f de información; ingeniería f informativa
Informationstechnologie f tecnología f de la información
informationstheoretisch teórico-informativo
Informationstheorie f teoría f informática [de información]
Informationsträger m medio m de soporte de información, portador m de in-

Informationsübermittlung

formación, soporte *m* informático [de información]
Informationsübermittlung *f* comunicación *f* de información; envío *m* de informaciones
Informationsübertragung *f* transferencia *f* [transmisión *f*, transporte *m*, trasiego *m*, traslado *m*, trasvase *m*] de información; entrega *f* de la información
~ **über Lichtwellenleiter** comunicación *f* por fibras ópticas
Informationsübertragungsgeschwindigkeit *f* tasa *f* de transmisión de información
Informationsverarbeitung *f* procesamiento *m* [procesado *m*] de información, proceso *m* informático, tratamiento *m* informático [de informaciones]; manejo *m* de información
Informationsverarbeitungssystem *n* sistema *m* de procesamiento [tratamiento] de información
Informationsverbreitung *f* difusión *f* [diseminación *f*, proliferación *f*] de información
Informationsverdichtung *f* agregación *f* [condensación *f*] de información
Informationsverknüpfung *f* vinculación *f* informativa, interconexión *f* de información
Informationsverzerrung *f* distórsión *f* de la información
Informationswiederauffindungssystem *n* sistema *m* de recuperación de información
Informationswiedergewinnung *f* recuperación *f* de la información
Informationswissenschaft *f* ciencia *f* (del tratamiento) de la información
informationswissenschaftlich científico-informativo
Informationszugriff *m* acceso *m* a la información
Infrarotastronomie *f* astronomía *f* infrarroja [de infrarrojos]
Infrarotdetektor *m* detector *m* de rayos infrarrojos
Infrarotentfernungsmesser *m* telémetro *m* de infrarrojo
Infrarotfilter *n* filtro *m* infrarrojo
Infrarotfotografie *f* fotografía *f* infrarroja
Infrarotgerät *n* aparato *m* de infrarrojo

Infrarotheizgerät *n* calentador *m* de rayos infrarrojos
Infraroterd *m* horno *m* de rayos infrarrojos
Infrarotlampe *f* lámpara *f* infrarroja [de rayos infrarrojos]
Infrarotlaser *m* láser *m* de (emisión en el) infrarrojo
Infrarotlicht *n* luz *f* infrarroja
Infrarotlichtschranke *f* barrera *f* de infrarrojo
Infrarotmeldungsgeber *m* detector *m* a [de] infrarrojos
Infrarotofen *m* horno *m* de rayos infrarrojos
Infrarotoptik *f* óptica *f* de rayos infrarrojos
Infrarotpeilgerät *n* (Flg) visor *m* de rayos infrarrojos
Infrarotschirm *m* pantalla *f* de infrarrojos
Infrarotspektralphotometer *n* espectrofotómetro *m* de infrarrojos
Infrarotspektrograph *m* espectrógrafo *m* de infrarrojos
Infrarotspektrographie *f* espectrografía *f* en luz infrarroja
Infrarotspektrum *n* espectro *m* infrarrojo
Infrarotstrahlen *mpl* rayos *mpl* infrarrojos
Infrarotstrahler *m* radiador *m* infrarrojo, emisor *m* de radiación infrarroja; proyector *m* de infrarrojo; reflector *m* de rayos infrarrojos; lámpara *f* de rayos infrarrojos
Infrarotstrahlung *f* radiación *f* infrarroja [de rayos infrarrojos]; rayos *mpl* infrarrojos
Infrarottechnik *f* tecnología *f* infrarroja
Infrarottrockner *m* secadero *m* de infrarrojo, secadero *m* por rayos infrarrojos, secador *m* de infrarrojos
Infrarotwelle *f* onda *f* infrarroja
Infraschall *m* infrasonido *m*
Infraschallfrequenz *f* frecuencia *f* infra-acústica [ultrabaja]
Ingenieurarbeit *f* rechnerunterstützte ingeniería *f* [labor *f* de ingeniería] asistida por ordenador, trabajo *m* de ingeniería asistido por ordenador
Ingenieurbau *m* construcción *f* civil; obras *fpl* de ingeniería
Ingenieurbetrieb *m* empresa *f* de (servicios de) ingeniería; taller *m* de ingeniería
Ingenieurbüro *n* oficina *f* de ingeniería

Ingenieurgeologie f geología f ingenieril
Ingenieurgrafik f gráfica f de ingeniería
Ingenieurhochbau m ingeniería f estructural
Ingenieurmathematik f matemáticas fpl de ingeniería
Ingenieurprojekt n proyecto m [diseño m] de ingeniería
ingenieurtechnisch ingenieril, de ingeniería; tecnológico
Ingenieurtechnik f ingeniería f
Ingenieurtiefbau m und Verkehrsbau m construcción f civil; ingeniería f civil
Ingenieurwesen n ingeniería f
~/chemisches ingeniería f química
~/computergestütztes ingeniería f asistida por ordenador
Ingenieurwissenschaft f ingeniería f, ciencia f de la ingeniería
Ingrediens n (Ch) ingrediente m, componente f
Inhaltsstoff m sustancia f contenida (bei Rohstoffen)
Inhibitionsschaltung f (Inf) circuito m de inhibición
Inhibitor m (Ch) inhibidor m, agente m inhibidor, retardador m; anticorrosivo m; material m de protección
initialisieren v iniciar (ein System)
Initialsprengstoff m explosivo m iniciador [primario], iniciador m, pólvora f fulminante, polvorín m
Initialstrahlung f (Kern) radiación f penetrante
Initialzündmittel n explosivo m iniciador, cebador m
initiieren v iniciar, inducir; cebar (Sprengtechnik)
Initiierung f iniciación f, inicialización f; cebado m (Sprengtechnik)
Injektion f (Bgb, Bw, Kern, Kfz) inyección f
Injektionslaser m láser m de inyección
Injektionsspritze f jeringa f hipodérmica (Medizintechnik)
Injektionsventil n (Umw) válvula f de inyección
Inklinationsnadel f brújula f de inclinación
Inklinometer n clinómetro m, clinoscopio m, inclinómetro m, nivel m de pendientes
Inklusionsschluss m (Math) conclusión f por inclusión
Inkreis m (Math) círculo m inscrito

Inkrement n (Math, Inf) incremento m
Inkrementrechner m (Inf) ordenador m incremental
Inkugel f (Math) esfera f inscrita
Innenantenne f antena f interior
Innenarchitektur f diseño m interno
Innenausbau m construcción f interior
Innenausstattung f 1. instalación f interior; 2. (Kfz) guarnición f interior; 3. arnés m (de sujeción), forro m del casco (Schutzhelm)
Innenbackenbremse f (Kfz) freno m de zapatas interiores
Innenbahn f (Kern) órbita f interna
Innenbeleuchtung f alumbrado m interior
innendrehen v (Fert) alisar
Innendrehen n (Fert) mandrilado m
Innendrehmaschine f máquina f barrenadora [de taladrar], torno m de barrenar, torno m para interiores
Innendrehmeißel m acero m de barrenar
Innendruck m presión f interior [interna]
Innendruckversuch m ensayo m hidrostático [de presión interna] (Rohr)
Innendurchmesser m diámetro m interior [interno]; alesaje m
Innengestaltung f (Bw) configuración f espacial [de interiores]; diseño m interno; decoración f de interiores
Innengewinde n rosca f interior [hembra], matriz f
Innengewindeschneidmaschine f roscadora f hembra [de interiores], roscadora f con machos
Innenglied n (Math) término m interior (Proportion)
Innenkegel m (Masch) cono m hembra
Innenmaß n medida f interior
Innenmessgerät n instrumento m para medidas interiores, aparato m para medir interiores, comprobador m macho
Innenmessschraube f micrómetro m para (medidas) interiores, micrómetro m macho
Innenpolmaschine f (El) alternador m [generador m] de polos interiores
Innenräummaschine f (Fert) brochadora f de interiores
Innenrundschleifen n (Fert) rectificado m interno
Innenrundschleifmaschine f rectificadora f (cilíndrica) de interiores

innenschleifen v (Fert) rectificar cilíndros
Innenschleifen n (Fert) rectificado m interior [interno]
Innenschleifmaschine f rectificadora f planetaria [de interiores]
Innentaster m calibre m [compás m] de interiores
Input m 1. (Inf) entrada f; 2. insumo m
Inspektionsbühne f (Kfz) banco m de exposición
instabil inestable, astable, lábil
Installation f instalación f
~/elektrische tendido m eléctrico
~/menügesteuerte (Inf) instalación f controlada por menús
Installationsdatei f (Inf) archivo m [fichero m] de instalación
Installationshandbuch n manual m de instalación
Installationsplan m 1. esquema m de instalación; 2. (El) plano m de instalación
installieren v instalar
Installierung f 1. instalación f; 2. (Inf) instalación f, setup m
instandhalten v mantener; conservar
Instandhaltung f mantenimiento m, entretenimiento m; gestión f de mantenimiento; conservación f (z. B. von Gewässem)
~/landtechnische mantenimiento m técnico agrícola
~/laufende mantenimiento m corriente; reparación f corriente
~/periodische mantenimiento m periódico [a intervalos periódicos]
~/planmäßige vorbeugende mantenimiento m preventivo planificado
~/rechnergestützte mantenimiento m asistido por ordenadores
~/sicherheitsgerechte mantenimiento m de seguridad
~/störungsabhängige mantenimiento m (con motivo) de averías
~/vorbeugende mantenimiento m [entretenimiento m] preventivo, mantenimiento m de conservación [protección]
~/zustandsabhängige mantenimiento m de corrección
Instandhaltungsbetrieb m taller m de mantenimiento
Instandhaltungstechnik f ingeniería f de mantenimiento

Instandhaltungstechnologie f tecnología f de mantenimiento
Instandhaltungswagen m carretilla f de manutención; carretilla f automotora de mantenimiento (mit Eigenantrieb)
Instandhaltungswerkstatt f taller m de mantenimiento
instandsetzen v reparar, recomponer; arreglar
Instandsetzung f reparación f, recomposición f; arreglo m; intervención f de mantenimiento
~/vorbeugende reparación f preventiva
~/zustandsabhängige reparación f de reposición
Instandsetzungsbetrieb m taller m de reparación
Instandsetzungsdauer f/mittlere período m medio de reparación
Instrument n instrumento m
~/chirurgisches herramienta f quirúrgica, instrumento m quirúrgico
~/elektronisches instrumento m electrónico
~/zahnärztliches instrumento m dental
Instrumentarium n instrumental m
Instrumentenbeleuchtung f alumbrado m de los instrumentos
Instrumentenbrett n 1. tablero m de instrumentos; 2. (Kfz) salpicadero m
Instrumentenflug m (Flg) vuelo m con instrumentos
Instrumenten-Lande-System n (Flg) sistema m de aterrizaje por instrumentos, sistema m de aterrizaje sin visibilidad
Instrumententafel f 1. tablero m [panel m, cuadro m] de instrumentos; 2. (Kfz) salpicadero m
Integerwert m (Inf) valor m integro
Integral n integral f
~/allgemeines integral f común [general]
~/bestimmtes integral f definida
~/elliptisches integral f elíptica
~/mehrfaches integral f múltiple
~/singuläres integral f singular
~/unbestimmtes integral f indefinida
~/uneigentliches (riemannsches) integral f impropia
Integralbauweise f construcción f integral
Integralgeometrie f geometría f integral
Integralgleichung f ecuación f integral

Integralhelm *m* casco *m* de protección integral
Integralkurve *f* curva *f* integral
Integralmatrix *f* matriz *f* integrada
Integralrechnung *f* cálculo *m* integral
Integralregelung *f* regulación *f* integral [flotante]
Integralregler *m* controlador *m* [regulador *m*] integral
Integralrestglied *n* residuo *m* integral
Integralsatz *m* teorema *m* integral
~/gaußscher teorema *m* de Gauss
Integralsinus *m* seno *m* integral
Integraltafel *f* tabla *f* de integrales
Integralzeichen *n* signo *m* de integral
Integrand *m* integrando *m*, función *f* integrada [subintegral]
Integraph *m* integráfo *m*
Integration *f* integración *f*
~/angenäherte integración *f* aproximada
~ durch Potenzreihen integración *f* de potencias
~ durch Substitution integración *f* por sustitución
~/grafische integración *f* gráfica
~/hohe *(Eln)* alta escala *f* de integración
~/mittlere *(Eln)* media escala *f* de integración
~/numerische integración *f* numérica
~/partielle integración *f* por partes
~/schrittweise integración *f* sucesiva
Integrationsglied *n* elemento *m* integrante [de integración], unidad *f* integradora
Integrationsgrad *m* *(Eln)* escala *f* de integración *(von integrierten Schaltungen)*
Integrationsintervall *n* intervalo *m* de integración
Integrationsprüfung *f* *(Inf)* ensayo *m* [prueba *f*] de integración
Integrationsschritt *m* paso *m* de integración
Integrationstheorie *f* teoría *f* de la integración
Integrationsvariable *f* variable *f* inducida de integración
Integrator *m* 1. *(Math)* contador *m* totalizador, integrador *m*; 2. *s.* Integrierer
Integriereinrichtung *f* mecanismo *m* integrador
integrieren *v* integrar
~/partiell integrar por partes
~/schrittweise escalonar
Integrierer *m* *(Inf)* dispositivo *m* de integración, aparato *m* integrador, integrador *m*
Integrierglied *n* elemento *m* integrante [de integración]
Integrierschaltung *f* integrador *m*
Integrimeter *n* integrómetro *m*, planímetro *m* integrador
Intelligenz *f* inteligencia *f*
~/algorithmische inteligencia *f* algorítmica
~/künstliche inteligencia *f* artificial
~/mikroelektronische inteligencia *f* microelectrónica
~/verteilte inteligencia *f* dispersa [distribuida, compartida]
interaktiv *(Inf)* interactivo
interatomar interatómico
Intercityexpress *m* tren *m* rápido interurbano
Intercityzug *m* *(Eb)* ferrocarril *m* [tren *m*] interurbano
interdisziplinär interdisciplinario, pluridisciplinar
Interface *n* *(Inf)* interfaz *f*
Interfacestandard *m* norma *f* interfaz
Interferenzialrefraktometer *n* refractómetro *m* interferencial
Interferenz *f* *(Ph)* interferencia *f* (de ondas)
Interferenzband *n* banda *f* de interferencia
Interferenzerscheinung *f* fenómeno *m* de interferencia
Interferenzkomparator *m* *(Opt)* interferómetro *m* comparador de galgas, comparador *m* de interferencia
Interferenzmikroskop *n* microscopio *m* de interferencia
Interferenzröhre *f* tubo *m* de interferencia
Interferenzschwund *m* *(Nrt)* desvanecimiento *m* de [por] interferencia
Interferenzspektrometer *n* espectrómetro *m* de interferencia
Interferenzstreifen *m* *(Opt)* franja *f* (de interferencia), línea *f* interferente
Interferenzwellenmesser *m* ondámetro *m* interferencial
interkristallin intergranular, transgranular *(Bruch)*
Interlaced-Modus *m* *(Inf)* modo *m* entrelazado *(Monitor)*

Internetanschluss m conexión f a Internet
Internetdienstanbieter m proveedor m de servicios de Internet
Internetseite f página f de Internet
Internetsuchprogramm n buscador m de Internet
Internetwerkzeug n herramienta f de Internet
Internetzugang m acceso m a Internet
interplanetar *(Astr)* interplanetario
Interpolation f *(Math)* interpolación f
Interpolationspolynom n polinomio m interpolador
interpolieren v *(Math)* interpolar
Interpreter m *(Inf)* dispositivo m [programa m] intérprete, intérprete m *(Übersetzungsprogramm)*
interpretieren v interpretar
Interrupt m *(Inf)* interrupción f, proceso m de interrupción
Interruptsteuerung f control m de interrupción
Intervall n *(Math)* intervalo m
~/abgeschlossenes intervalo m cerrado
~/halb offenes intervalo m semiabierto
~/unendliches intervalo m infinito
Intervallgrenze f extremo m de intervalo
intraatomar intraatómico
intrakristallin intracristalino, transcristalino
Intrusivgestein n *(Geol)* roca f intrusiva
Invariante f *(Math)* invariante m
Invarianz f invariación f, invariancia f
Inventar n inventario m; repertorio m; material m; stock m; utillaje m; avíos mpl
inventarisieren v inventariar
Inverse f *(Math)* inverso m, elemento m inverso
Inversion f 1. inversión f; 2. *(Ch)* inversión f de Walden; 3. inversión f de temperatura *(Meteorologie)*
Invertierung f *(Math)* inversión f
Involute f *(Math)* involuta f
Involution f *(Math)* involución f
Inzidenz f incidencia f *(analytische Geometrie)*
Inzidenzabbildung f representación f de incidencia *(Graph)*
Inzidenzmatrix f *(Math)* matriz f de incidencia
Inzidenzverhältnis n *(Math)* relación f de incidencia

Inzidenzwinkel m ángulo m de incidencia
Inzidenzzahl f *(Kern)* coeficiente m de incidencia
Iod n yodo m, I
~/radioaktives radioyodo m
Iodsalz n sal f iodizada
Iodsäure f ácido m yódico
Iodwasserstoff m ácido m yodhídrico
Iodwasserstoffsäure f ácido m yodhídrico
Iodzahl f *(Ch)* número m [índice m] de yodo *(Fettanalyse)*
Ion n ion m
~/komplexes ion m complejo
~/negatives ion m negativo, anión m
~/positives ion m positivo
~/mehrfach geladenes ion m polivalente
Ionenantrieb m *(Rak)* propulsión f iónica
Ionenausbeute f rendimiento m iónico
Ionenaustausch m intercambio m iónico [de iones], canje m de iones
Ionenaustauscher m (inter)cambiador m de iones
Ionenbahn f órbita f [trayectoria f] iónica
Ionenbeschleuniger m acelerador m de iones
Ionenbeschuss m bombardeo m iónico
Ionenbildung f formación f de iones, ionización f
Ionenbindung f *(Ch)* combinación f iónica, compuesto m heteropolar, electrovalencia f, enlace m heteropolar [iónico]
Ionenchromatographie f cromatografía f iónica
Ionenemission f emisión f iónica
Ionenfalle f trampa f iónica [de iones]
Ionenfleck m *(Eln)* mancha f iónica *(einer Katodenstrahlröhre)*
Ionenfluss m flujo m iónico
Ionengerät n respirador m iónico *(Atemschutz)*
Ionengetterpumpe f bomba f iónica [de ionización, de iones para getter], bomba f pulverizadora de iones *(Vakuumtechnik)*
Ionengitter n red f iónica [de iones], retículo m iónico
Ionenhalbleiter m semiconductor m iónico
Ionenimplantation f implantación f iónica [de iones] *(Halbleitertechnik)*
Ionenkanone f *(Eln)* cañón m iónico
Ionenladung f *(Kern)* carga f iónica
Ionenlaser m láser m iónico

Ionenlautsprecher m ionófono m
Ionenleitung f conducción f iónica [de iones]
Ionenmaskierung f enmascaramiento m de iones *(Halbleitertechnik)*
Ionenmasse f masa f iónica
Ionenmikroskop n microscopio m iónico
Ionenmotor m motor m iónico
Ionenoptik f óptica f iónica
Ionenröhre f *(Eln)* tubo m iónico
Ionenstrahl m haz m iónico
Ionenstrahler m *(Eln)* cañón m iónico
Ionenstrom m corriente f iónica
Ionentransport m arrastre m de iones *(Biochemie)*
Ionentrennung f separación f iónica
Ionenwanderung f migración f de iones
Ionenzahl f número m de iones
Ionenzähler m *(Kern)* contador m de iones
Ionenzentrifuge f centrifugadora f iónica
Ionisationsdetektor m detector m iónico [de ionización]
Ionisationskammer f *(Ph)* cámara f de ionización
Ionisationsmanometer n *(Kern)* manómetro m [gálibo m, medidor m] de ionización
Ionisationsmeldungsgeber m detector m de ionización por [de] llama
Ionisationsrauchmelder m detector m iónico de humos
Ionisationsspannung f potencial m de ionización
Ionisationsstoß m *(Kern)* ráfaga f *(Ionisationskammer)*
Ionisationsstrom m corriente f de ionización
ionisieren v ionizar
Ionisierungsspannung f tensión f de ionización
Ionium n ionio m, Io
Ionotropie f *(Ch)* ionotrópica f
I-Regelung f regulación f integral [flotante]
I-Regler m regulador m [controlador m] integral
Iridium n iridio m, Ir
Irisblende f *(Opt, Foto)* diafragma m [obturador m] de iris, iris m
ISDN-Karte f tarjeta f RSDI
isobar *(Kern)* isobárico
Isobar n *(Kern)* isóbaro m

Isobare f isobara f, isóbara f, línea f de presión constante *(Meteorologie)*
Isobarenspin m *(Kern)* isospín m, espín m isobárico [isotópico]
Isobathe f isobata f, isóbata f *(Wassertiefenlinie)*
isogonal isogonal, isógono
Isolation f aislamiento m
Isolationsdurchschlag m *(El)* perforación f de aislamiento
Isolationsfehler m defecto m de aislamiento; rotura f de aislamiento
Isolationslack m barniz m aislante
Isolationsleitwert m *(El)* perditancia f
Isolationsprüfgerät n verificador m del aislamiento
Isolationswiderstand m resistencia f de aislamiento
Isolierband n *(El)* cinta f aislante
Isoliercontainer m contenedor m aislante
isolieren v aislar
Isolierfilm m película f aislante
Isolierfolie f hoja f aislante, lámina f electroaislante
Isoliergerät n dispositivo m aislante; equipo m de protección respiratoria aislante *(Atemschutztechnik)*
Isolierklemme f borne m aislador
Isolierlack m barniz m aislante
Isolierplatte f *(Bw)* placa f aislante [de aislamiento]; plataforma f aislante
Isolierrohr n tubo m aislador [aislante]
Isolierschiene f *(El)* barra f aislante
Isolierstange f pértiga f [vara f] aislante *(Elektrosicherheit)*
Isolierstoff m material m aislante; medio m aislante, aislante m; sustancia f aislante
Isolierung f 1. aislamiento m; 2. forro m aislante
Isolierwand f pared f aisladora [aislante], tabique m aislador
Isolierwerkzeug n herramienta f aisladora [aislante]
isomer *(Ch)* isomérico, isómero
Isomer(e) n *(Ch)* isómero m
Isomerie f *(Ph, Ch)* isomería f, isomerismo m
isomerisieren v *(Ch)* isomerizar
isomorph 1. *(Math)* isomórfico, isomorfo; 2. isomórfico, isomorfo *(Kristallographie)*
Isoquante f isocuanta f, curva f isocuanta

Isoquantenkarte f mapa m de isocuantas
Isotherme f isoterma f, curva f isotérmica
Isothermhärtung f (Met) endurecimiento m bainítico
isothermisch isotérmico, isotermo (Zustandsänderung)
isotop isotópico
Isotop n isótopo m
~/kurzlebiges isótopo m de vida breve
~/instabiles isótopo m radiactivo
~/strahlendes isótopo m radiante
Isotopenaustausch m cambio m [canje m] isotópico
Isotopenkern m núcleo m isotópico
Isotopenspin m isospín m, espín m isobárico [isotópico]
Isotopenstrahlung f radiación f isotópica
Isotopenträger m portaisótopos m
Istdaten pl datos mpl efectivos
Istmaß n medida f efectiva [real]; tamaño m verdadero
I-Strecke f tramo m de regulación integral
Iteration f (Inf, Math) iteración f
Iterationsschleife f (Inf) bucle m iterativo, lazo m de repeticiones
Iterationsschritt m paso m de iteración
I-Verhalten n acción f integral; comportamiento m integrador (von Reglern)

J

Jacht f yate m
Jacquardwebmaschine f (Text) telar m Jacquard
Jakobsleiter f (Schiff) escala f de cuerda(s), escala f de gato
Jalousie f persiana f
Jätegge f (Lt) grada f escarificadora
Jäthacke f (Lt) escarda f, escardillo m
Jätmaschine f (Lt) escardadora f, escardadera f, (Am) carpidor m de varilla
Jaucheverteiler m (Lt) distribuidora f de estiércol [abono] líquido
Jeep m automóvil m todo terreno, coche m (de) todo terreno, vehículo m jeep, jeep m
Jigger m 1. (Text) jigger m (Färbereimaschine); 2. (Eln) transformador m de oscilación
Job m (Inf) tarea f (de procesamiento por lotes) (Gruppe von Stapelprogrammen, die hintereinander abgewickelt werden sollen)
Jobbearbeitung f proceso m de tareas
Jobsteuerung f control m de tareas
Jobverwaltung f gestión f de encargos [tareas], manejo m de tareas
Joch n 1. yugo m; 2. (El) culata f
Joker m (Inf) comodín m
Jolle f (Schiff) balandro m, chinchorro m
Jolltau n (Schiff) andarivel m
Joule n joule m (SI-Einheit für Arbeit, Energie und Wärmemenge)
Joystick m (Inf) joystick m, palanca f de juegos, palanca f manual de control (Eingabegerät)
Juchtenleder n cuero m de Rusia
justieren v ajustar, regular
Justiergerät n instrumento m de ajuste
Justierschraube f tuerca f de ajuste
Justierstift m patilla f ajustable
Justierung f ajustaje m, ajuste m, ajustamiento m, reglaje m
Justierwalzwerk n tren m laminador de acabado
Jute f yute m
Jutequetschmaschine f (Text) suavizadora f de yute
Juxtaposition f yuxtaposición f (Kristallographie)

K

Kabel n cable m
~/abgeschirmtes cable m blindado [faradizado]
~/bewehrtes cable m armado
~/mehradriges cable m múltiple [multifilar, de multifilamento, de varios conductores, de almas múltiples]
~/supraleitendes cable m superconductor
~/zweiadriges cable m bifilar
Kabelabschirmung f blindaje m de cable
Kabelabzweigdose f caja f de derivación para cables
Kabelanschluss m conexión f [acometida f] de cable, cableo m
Kabelanschlussbuchse f borne m para conexión de cable
Kabelauslegung f colocación f de cables; acondicionamiento m de cables eléctricos

Kabelbahn f ferrocarril m funicular, funicular m
Kabelbewehrung f armadura f [coraza f] de cable
Kabelboje f (Schiff) boya f de orinque, boya f para cable submarino
Kabeldurchführung f boquilla f de paso
Kabelfernsehen n televisión f por cable, televisión f en circuito cerrado
Kabelführung f guiado m de cable; trazado m del cable, conducto m
Kabelgatt n (Schiff) paño m de cables, groera f
Kabelkanal m atarjea f, canal m para cables
Kabelklemme f sujetacables m
Kabelkran m grúa f funicular [de cable], aerocable m, blondín f
Kabellänge f 1. longitud f de cable; 2. cable m (0,1 Seemeile oder 185,2 m)
Kabelleger m (Schiff) buque m cablero, cablero m
Kabellitze f cordón m
Kabelmantel m cubierta f [envoltura f, revestimiento m] del cable
Kabelmasse f compuesto m de obturación, compound m, chatterton m
Kabelmesser n chuchillo m de electricista, chuchillo m para cables
Kabelmessbrücke f puente m de medida de cables
Kabelmuffe f enchufe m para cables, manguera f de empalme, manguito m para cables
Kabelplan m esquema f [diagrama m] de cableado, plano m general del cableado
Kabelprüfgerät n comprobador m de cables
Kabelrundfunk m radiodifusión f de cables
Kabelschacht m pozo m de cables; cámara f
Kabelschelle f sujetacables m
Kabelschuh m 1. terminal m (de cable), ojo m de cable, patín m; 2. (Eb) talón m del cable
Kabelseele f alma f [corazón m, nido m] de cable
Kabelspleißung f empalme m de cable
Kabeltau n calabrote m
Kabeltonne f (Schiff) boya f de aboyar cables (Seezeichen)

Kabeltrennschalter m seccionador m de cable
Kabeltrommel f 1. tambor m portacable [para cable]; 2. (Schiff) carretel m
Kabelumwehrung f blindaje m de cable
Kabelverbindung f 1. conexión f [empalme m, unión f] de cables; 2. (Nrt) comunicación f por cable telefónico
Kabelvergussmasse f pez f aislante para cables
Kabelverlegung f colocación f [tendido m] de cables
Kabelverseilmaschine f reunidora f
Kabelverzweigung f bifurcación f del cable
Kabine f 1. cabina f; 2. (Schiff) cabina f, cámara f, camarote m; 3. (Flg) cabina f; 4. (Förd) cabina f, caseta f, casilla f, cubículo m; jaula f, nacela f
Kabinenlift m telecabina f
Kachel f baldosa f, baldosilla f, baldosín m; azulejo m
kacheln v cubrir de azulejos
Käfig m 1. (Masch) corona f (portaelementos rodantes), portaelementos m; 2. (El) jaula f, caja f
~/faradayscher jaula f [caja f] de Faraday
Käfigläufer m rotor m de jaula de ardilla
Käfigläufermotor m (El) motor m con inducido [rotor] en cortocircuito, motor m con rotor de jaula (de ardilla), motor m de inducido de jaula de ardilla, motor m de jaula de ardilla
Kai m muelle m, cargadero m, espolón m
Kaimauer f muro m de muelle, malecón m
Kajüte f (Schiff) cabina f, camarote m
Kalander m satinador m, calandria f (für Stoff, Papier, Folie)
Kalanderaggregat n tren m de calandrado
kalandern v satinar, calandrar, cilindrar
kalfatern v (Schiff) calafatear, calfatear, retacar
Kalfatern n (Schiff) calafateo m, calfateo m
Kalialaun m alumbre m potásico [de potasio], sulfato m alumínico potásico
Kaliammonsalpeter m nitrato m amónico y cloruro potásico
Kaliber n 1. calibre m (Rohr); 2. barreno m, calibre m (Innendurchmesser einer Schusswaffe); 3. (Met) escantillón m, chantillón m; pasada f (Walzen); 4.

Kalibergbau

patrón *m*, calibre *m*, calibrador *m* (*Messtechnik*)
Kalibergbau *m* explotación *f* de potasa
Kaliberwalze *f* (*Met*) cilindro *m* acanalado [calibrado], rodillo *m* calibrador (*Walzwerk*)
kalibrieren *v* calibrar, tarar
Kalibrierpresse *f* prensa *f* calibradora [para calibrar], máquina *f* de estampar
Kalibrierung *f* calibración *f*; ajuste *m* de calibración; contraste *m*
Kalidünger *m* abono *m* potásico
Kalifeldspat *m* (*Min*) ortosa *f*, ortoclasa *f*, feldespato *m* potásico
Kalilauge *f* lejía *f* de potasa
Kalisalpeter *m* nitrato *m* potásico [de potasio], salitre *m*
Kalisalz *n* sal *f* potásica [de potasio]
Kalium *n* potasio *m*, K
Kaliumcarbonat *n* carbonato *m* potásico, potasa *f*, sal *f* (de) tártar
Kaliumchlorid *n* cloruro *m* potásico
Kaliumhydroxid *n* hidróxido *m* potásico, potasa *f* cáustica
Kaliummagnesiumsulfat *n* sulfato *m* potásico magnésico
Kaliumnitrat *n* nitrato *m* potásico [de potasio], salitre *m*
Kaliumpermanganat *n* permanganato *m* potásico [de potasio]
Kaliumsulfat *n* sulfato *m* potásico [de potasio]
Kalk *m* cal *f*
~/**gebrannter** cal *f* viva [calcinada, cáustica], óxido *m* calcio [de cal]
~/**gelöschter** cal *f* apagada
Kalkammonsalpeter *m* nitrato *m* de amonio y calcio [carbonato cálcico], nitro-calamon *m*
Kalkbrennofen *m* horno *m* de cal(cinación), horno *m* para calcinar
kalken *v* encalar
Kalkmörtel *m* mazacote *m*, mortero *m* de cal
Kalkmörtelputz *m* revoque *m* de cal
Kalkofen *m* calera *f*
Kalksandstein *m* 1. (*Geol*) arenisca *f* calcárea; 2. (*Bw*) ladrillo *m* silicocalcáreo
Kalkspat *m* (*Min*) espato *m* calizo, calcita *f*
~/**optischer** espato *m* de Islandia
Kalkstein *m* piedra *f* [roca *f*] caliza, caliza *f*, carbonato *m* de cálcico

Kalkstickstoff *m* cianamida *f* cálcica [de cal], cal *f* nitrogenada, nitrocal *f*
Kalkulation *f* calculación *f*, cálculo *m*, operación *f* de cálculo
Kalkulationstabelle *f* (*Inf*) hoja *f* de cálculo
kalkulieren *v* calcular
Kalkung *f* 1. encalado *m*; 2. defecación *f* (*Zuckergewinnung*)
Kalorie *f* caloría *f* (pequeña), cal
(*Sl-fremde Einheit der Wärmemenge*, 1 Kalorie = 4,185 Joule)
Kalotte *f* (*Math*) casquete *m* esférico
Kaltarbeitsstahl *m* acero *m* resistente al frío, acero *m* para trabajos en frío
Kaltaushärtung *f* (*Met*) endurecimiento *m* por envejecimiento, envejecimiento *m* natural
kaltbiegen *v* (*Fert*) doblar en frío
kaltbrüchig frágil en frío, quebradizo al frío
Kälteanlage *f* instalación *f* frigorífica [de refrigeración], instalación *f* de almacenamiento frigorífico, instalación *f* refrigeradora, planta *f* frigorífica, equipo *m* de refrigeración, refrigerador *m*
kältebeständig resistente al frío, incongelable
Kältechemie *f* química *f* del frío
kälteerzeugend congelante, frigorífico, frigorígeno
Kälteerzeuger *m* generador *m* [aparato *m*] frigorífico
Kälteflüssigkeit *f* líquido *m* frigorígeno [frío]
Kältekalorie *f* caloría *f* negativa, frigoría *f*, fg
Kältemaschine *f* máquina *f* frigorífica [refrigeradora], refrigerador *m*
Kältemesser *m* frigorímetro *m*
Kaltemission *f* (*Eln*) emisión *f* de campo (eléctrico), emisión *f* fría (de electrones)
Kältemittel *n* medio *m* [agente *m*] frigorífico, fluido *m* frigorífico [frigorígeno], criógeno *m*
Kälteschutzmittel *n* medio *m* antirrefrigerante [protector contra el frío], agente *m* antifrigorífico
Kältetechnik *f* técnica *f* frigorífica [frigorista, del frío]
Kälteträger *m* vehículo *m* refrigerante [del frío], agente *m* frigorífico

kaltfließpressen v (Fert) extrudir
Kaltfließpressen n (Fert) estampación f en frío
Kaltformen n (Fert) conformación f en frío; moldeado m en frío
kalthämmern v (Fert) martillar en frío
Kaltmeißel m (Fert) cortafrío m, cortahierro m
kaltnieten v remachar en frío
Kaltprägewerkzeug n herramienta f para matrizado en frío
kaltpressen v (Met) prensar en frío; estampar en frío
Kaltpressen n 1. (Met) prensado m en frío; troquelado m (Fert), compresión f [estampación f, moldeado m] en frío; compactación f en frío (Pulvermetallurgie); 2. extrusión f en frío (Kunststoffe)
kaltrichten v (Fert) enderezar en frío
kaltschweißen v soldar en frío
Kaltstart m 1. (Kfz) arranque m en frío; 2. (Inf, Rak) lanzamiento m [inicialización f] en frío
kaltumformen v (Fert) deformar en frío; mecanizar en frío
Kaltumformung f conformación f [deformación f, formado m, transformación f] en frío; trabajo m en frío; mecanizado m en frío, trabajo m mecánico en frío, trabajo m sin levantamiento de virutas
Kaltverarbeitung f (Met) trabajado m en frío
Kaltverfestigung f endurecimiento m (por deformación) en frío, temple m de esfuerzo deformación en frío
kaltverformen v deformar en frío
Kaltverformung f conformación f [deformación f] en frío; trabajo m mecánico en frío, trabajo m sin levantamiento de virutas
kaltverzinken v galvanizar en frío
kaltwalzen v laminar [acabar] en frío
Kaltwalzstraße f tren m de laminación en frío
kaltziehen v (Fert) estirar [trefilar] en frío
kalzinieren v (Ch) calcinar
Kalzium n s. Calcium
Kamera f aparato m fotográfico, cámara f
Kameramikroskop n microscopio m fotográfico [con cámara fotográfica]
Kamerastativ n (Foto) pie m de cámara, portacámara m

Kaminzug m tiro m de la chimenea
Kamm m 1. (Text) peine m; 2. (Geol) cresta f; 3. (El) regleta f distribuidora; 4. lengüeta f (Ansatz)
Kämmmaschine f (Text) peinadora f
kämmen v 1. (Text) peinar; 2. (Masch) engranar, engargantar
Kämmen n 1. (Text) peinado m; 2. (Masch) endentadura f, engrane m
Kammer f 1. cámara f, celda f; 2. (Bw) bovedón m; cabina f
Kammerschleuse f esclusa f con cámaras
Kammgarn n (Text) hilo m de estambre, lana f peinada [de peine]
Kammgarnspinnerei f (Text) hilatura f de estambre [lana peinada]
Kammlager n (Masch) cojinete m de peine
Kämpfer m 1. (Bw) imposta f (Gewölbe); 2. (Bgb) contrafuerte m, arranque m de bóveda
Kanal m 1. (Bw) canal m, conducto m; 2. (Schiff) canal m; 3. (Eln, Nrt, Inf) canal m; vía f, camino m; 4. alesaje m (z. B. Zylinder); 5. túnel m (Aerodynamik)
Kanalisationsanlage f instalación f de alcantarillado
Kanalisationsrohr f conducto m de alcantarillado, alcantarilla f (Abwasserableitung)
Kanalnebensprechen n (Nrt) diafonía f intercanal (bei Trägerfrequenzübertragung)
Kanalschleuse f esclusa f de canal
Kanalwähler m selector m de canales, sintonizador m
Kanalzeitschlitz m (Nrt) período m de canal
Kanister m bidón m; cisterna f
kanonisch (Math) canónico
Kante f arista f; canto m; borde m; orilla f; pestaña f
~/abgeschrägte arista f biselada
~/brechende arista f de refracción
~/stumpfe arista f roma
kanten v cimbrar; volcar
Kantenschliff m pulido m de cantos
Kantholz n madera f de hilo, cuartón m, vagra f
Kanzel f (Flg) carlinga f, cockpit m
Kanzerogen n sustancia f cancerígena [carcinógena], sustancia f de riesgo carcinogénico

Kaolin m caolín m

Kapazitanz f (El) capacitancia f, reactancia f capacitiva, capacidad f

Kapazität f 1. capacidad f (Fassungs- oder Leistungsvermögen); 2. (El) capacidad f de carga (z. B. eines Sammlers)

~/projektierte capacidad f proyectada; capacidad f de diseño

Kapazitätsmesser m (El) capacímetro m, medidor m de capacitancia

Kapazitätsmessbrücke f (El) puente m de capacitancia [capacidades], puente m de medida para capacidades

Kapillare f (Ph) tubo m capilar, capilar m

Kapillarwirkung f acción f capilar, capilaridad f

Kappe f 1. caperuza f; sombrerete m; funda f; capacete m; tapa f; casquete m (z. B. eines Isolators); campana f; 2. (Bgb) cabezal m, tirante m [estaca f] del techo (Ausbau)

kappen v (Schiff) cortar (Tau)

Kappenanschluss m (Eln) capacete m (z. B. Röhre)

Kapsel f cápsula f

Kapselmutter f (Masch) tuerca f de cabeza redonda

kapseln v encapsular; blindar

Kapselpumpe f bomba f rotativa [capsular]

Kapselung f encapsulado m; blindaje m

~/durchschlagsichere blindaje m antideflagrante (Explosionsschutz)

Karabinerhaken m mosquetón m

Karbonitrierhärten n (Met) endurecimiento m al cianuro

Karbonitrierung f (Met) carbonitruración f, endurecimiento m al cianuro, nitruración f por carbonización, nitrocementación f

Kardanantrieb m transmisión f (a) cardán

Kardangelenk n acoplamiento m de cardán, articulación f cardánica, cardán m, junta f (de) cardán, junta f universal [de Hooke], flector m; suspensión f de cardán

Kardanwelle f árbol m de cardán, eje m (de) cardán

Karde f (Text) máquina f de cardar, manuar m de carda, carda f (Spinnerei)

Kardenschleifmaschine f (Text) esmerilador m de cardas

kardieren v (Text) cardar (Spinnerei)

Kardinalzahl f número m cardinal

Karkasse f (Kfz) placa f de asiento, carcasa f (Reifen)

Karosserie f (Kfz) carrocería f

~/selbsttragende carrocería f (auto)portante, carrocería f monocasco, bastidor-carrocería m autoportante

Karosseriebau m construcción f de la carrocería; fabricación f de la carrocería

Karte f 1. mapa m; plancheta f (Geodäsie); 2. (Inf) tarjeta; ficha f; 3. (Text) cartón m

Kartenhaus n (Schiff) caseta f [cuarto m] de derrota

Kartenprojektion f proyección f (de mapa) (Kartographie)

kartieren v cartografiar; restituir (Photogrammetrie)

Kartiergerät n aparato m cartográfico, cartógrafo m; restituidor m (Photogrammetrie)

Kartierung f mapificación f, mapeo m; cartografía f, restitución f (Photogrammetrie)

Kartoffelerntemaschine f (Lt) arrancadora f [cavadora f, cosechadora f] de patatas, (Am) cosechadora f de papas

Kartoffellegemaschine f (Lt) máquina f de plantar patatas, plantadora f [sembradora f] de patatas, (Am) plantadora f de papas

Kartoffelroder m (Lt) excavadora f [arrancadora f] de patatas, (Am) cosechadora f de papas

Kartoffelsammelroder m (Lt) cosechadora f de patatas, (Am) cosechadora f de papas

Karusselldrehmaschine f (Fert) mandriladora f vertical, torno m carrusel [vertical]

Karussellfräsmaschine f (Fert) fresadora f carrusel [de fresado continuo], fresadora f de mesa circular

kaschieren v (Text) pegar por capas, pegar capas de tejido sobrepuestas, reunir tejidos con capa, forrar

Kaskadenbeschleuniger m (Kern) acelerador m de cascada, generador m en cascada

Kaskadenschaltung f (El) acoplamiento m en cascada, circuito m [conexión f] en cascada, tándem m

Kassenterminal n terminal m de caja

Kassette f 1. casete f, cassette f (Magnetband); 2. (Opt) chasis m, cartucho m
~/magnetooptische cartucho m magneto-óptico (Speichermedium)
Kassettenaufnahmegerät n grabadora f de casetes
Kassettengerät n unidad f de casetes [cartuchos]; casete m, cassette m, unidad f de casete
Kassettenlaufwerk n (Inf) unidad f de cartuchos
Kassettenmagnetband n cinta f magnética de casetes
Kassettenrekorder m magnetofón m [magnetófono m] de casete, casete m, cassette m
Kassettenspeicher m memoria f de casetes
Kassettentonbandgerät n magnetofón m [magnetófono m] de casete
Kasten m caja f; cofre m; armario m
Kastenbandförderer m (Förd) transportador m de cinta con cajas portantes
Kastenformen n (Gieß) moldeado m en caja
Kastenformguss m colada f en caja
Kastenguss m (Gieß) moldeo m en cajas
Kastenschloss n cerradura f entabicada [aparente, de caja]
Kastenwagen m 1. (Kfz) carro-jaula m, camioneta f cerrada, furgón m, furgoneta f; 2. (Eb) vagón m encajonado [de cajón]
Katalysator m 1. (Ch) catalizador m, acelerador m (de reacción), acelerante m, agente m catalítico; 2. (Kfz) reactor m catalítico
Katalyse f (Ch) catálisis f
katalysieren v (Ch) catalizar
katalytisch (Ch) catalítico
Katamaran m (Schiff) buque m [motonave f] catamarán, catamarán m, catamarón m, catimarón m, casco m doble
Katapultanlage f (Flg) dispositivo m [equipo m] de eyección
Kathete f (Math) cateto m
~/anliegende cateto m adyacente
~/gegenüberliegende cateto m opuesto
Katode f (El) cátodo m
Katodenbrennfleck m (Eln) foco m del tubo catódico
Katodengleichrichter m rectificador m catódico [de cátodo frío]
Katodenröhre f tubo m catódico [de rayos catódicos]
Katodenrückkopplung f reacción f catódica
Katodenstrahl m haz m [rayo m] catódico
Katodenstrahlbildschirm m pantalla f de rayos [tubos] catódicos
Katodenstrahlröhre f tubo m catódico [de rayos catódicos], lámpara f de rayos catódicos
Katodenstrahlspeicherröhre f tubo m de memoria de rayos catódicos
Katodenvorspannung f tensión f de polarización de cátodo
Katodenzerstäubung f desintegración f [evaporación f, pulverización f] catódica, ionoplastia f, sputtering m
Kation n catión m, ión m positivo
Kationenaustauscher m cambiador m de cationes, intercambiador m catiónico
Kausche f (Schiff) repisa f, ojal m de cable
Kautschuk m caucho m
Kavernendeponie f vertedero m subterráneo
Kavitationstunnel m (Schiff) túnel m de cavitación
KByte n (Inf) K-octeto m
Kegel m 1. (Math) cono m; 2. (Typ) cuerpo m, fuerza f de cuerpo
Kegelanschliff m (Fert) afilado m en forma cónica
Kegelantenne f antena f cónica
Kegelbrecher m molino m cónico [de cono], quebrantador m [quebrantadora f] de cono, trituradora f de conos
Kegeldrehvorrichtung f (Fert) dispositivo m [mecanismo m] para tornear cónico
Kegelfläche f superficie f cónica
kegelförmig cónico, cóneo, coniforme
Kegelfräser m fresa f angular [de ángulo, cónica]
Kegelgewinde n rosca f cónica
Kegellager n cojinete m cónico
Kegellehre f calibre m de ahusamiento
Kegelmantellinie f generatriz f
Kegelprojektion f proyección f cónica
Kegelrad n engranaje m cónico [angular], rueda f de engranaje cónico, rueda f (dentada) cónica, planetario m (Getriebe)
Kegelradfräser m fresa f de engranajes cónicos

Kegelradgetriebe n engranaje m cónico [angular], mecanismo m de engranaje cónico, par m cónico

Kegelradverzahnung f engranaje m cónico [angular]

Kegelreibahle f alegrador m [escariador m] ahusado, brocha f cónica

Kegelrollenlager n cojinete m cónico de rodillos, rodamiento m de rodillos cónicos

Kegelscheibe f polea f cónica

Kegelschnitt m (Math) sección f cónica, cónica f

Kegelsitzventil n válvula f cónica [de cono]

Kegelstift m pasador m ahusado

Kegelstiftbohrer m broca f para pasadores

Kegelstirnradgetriebe n engranaje m cónico de rueda frontal

Kegelstumpf m cono m truncado, tronco m de cono

Kegelventil n válvula f cónica [de cono]

Kegelzapfen m gorrón m afianzador [cónico], muñón m cónico [esférico]

Kehlbalken m (Bw) tirante m falso, viga f de caballete [lima, tirante falso], puente m

Kehldach n cubierta f con cámara de aire

Kehle f 1. garganta f, rebajo m; 2. (Bw) hoya f, lima f (hoya)

Kehlhobel m acanalador m, guillame m

Kehlhobelmaschine f acepilladora f de acanalar [moldurar], máquina f de hacer molduras

Kehlkopfmikrophon n micrófono m laríngeo, laringófono m

Kehlnaht f soldadura f en ángulo

Kehlziegel m teja f acanalada [de caballete, de remate, de curva]

Kehrfahrzeug n vehículo m barredor

Kehrmaschine f (Kfz) recogebarros m

Kehrmatrix f (Math) matriz f inversa

Kehrsatz m (Math) teorema m recíproco

Kehrwert m (Math) valor m recíproco [inverso], magnitud f inversa, entero m inverso, inverso m

Keil m 1. cuña f, chaveta f, calzo m, cala f; 2. separador m de salida (fluidischer Verstärker)

Keilnut f (Masch) ranura f [muesca f, cajera f] de chaveta, chavetero m, enchavetado m

Keilriemen m correa f trapezoidal [en cuña, en V]

Keilverbindung f junta f de cuña [chaveta], unión f acuñada [chavetada, de chaveta]

Keilverschluss m (Masch) cierre m de bloque; compuerta f de cuña

Keilwelle f árbol m acanalado [de chavetas, ranurado, con ranuras], eje m acuñado [enchavetado]

Keilwinkel m 1. (Fert) ángulo m del filo; 2. ángulo m de la cuña (Verbindungselement)

Keimbildung f germinación f, nucleación f (Kristallographie)

Keller m 1. (Bw) sótano m; 2. s. Kellerspeicher

Kellergeschoss n planta f de sótano

Kellerrechner m (Inf) ordenador m de pilas

Kellerspeicher m (Inf) memoria f de pila [desplazamiento descendente], pila f, sótano m, stack m

Kellerzähler m (Inf) puntero m de pila

Kelvin-Effekt m (El) efecto m pelicular [Kelvin]

Kelvin-Skale f escala f absoluta [Kelvin]

Kennbuchstabe m 1. letra f de identificación; 2. (Nrt) indicativo m (der Telefonstation)

Kenndaten pl datos mpl característicos; datos mpl de identificación

Kennfrequenz f (Nrt) frecuencia f nominal [de identificación]

Kenngröße f parámetro m, parámetro n [valor m] característico, magnitud f característica; factor m; indicador m

Kennkarte f (Inf) tarjeta f de identificación, tarjeta f a código marginal

Kennlinie f línea f [curva f] característica, característica f

Kennsatz m (Inf) etiqueta f (indicadora)

Kennschalter m identificador m

Kennung f 1. identificación f, nombre m; etiqueta f, distintivo m (zur Identifikation); 2. (Inf) carácter m de identificación; 3. (Nrt) indicativo m (der Telefonstation); 4. (Schiff) delineación f, delineamiento m

Kennungsbit n (Inf) bit m indicador [de detección]

Kennungsschlüssel m (Inf) clave f identificadora [identificativa], código m de identificación

Kennwert m valor m característico, característica f; criterio m; indicador m, índice m; parámetro m (característico)
Kennwort n (Inf) palabra f clave [contraseña], contraseña f, password f
Kennzahl f 1. número m característico; índice m; ratio f; 2. (Nrt) código m
Kennzeichen n 1. criterio m; símbolo m indicador, distintivo m (zur Identifikation); 2. (Inf) marca f, bandera f, bandero m
Kennzeichenbeleuchtung f (Kfz) alumbrado m de la placa (matrícula); dispositivo m de iluminación de la placa de matrícula, luz f de matrícula
kennzeichnen v 1. caracterizar; designar; identificar; definir; 2. etiquetar, rotular; señalizar
Kennzeichnung f 1. designación f; identificación f; 2. etiquetación f, etiquetado m, etiquetaje m; rotulación f; marcación f; 3. etiqueta f
Kennziffer f indicador m, índice m; número m característico; característica f (des Logarithmus)
Kerametall n material m metalocerámico
Keramik f cerámica f
Keramikfaser f fibra f cerámica
Keramikplättchen n oblea f cerámica
Keramikwerkstoff m material m cerámico
Kerbe f entalladura f, entallamiento m, entalla f; ranura f; muesca f
kerben v entallar
Kerbschlagversuch m (Wkst) ensayo m de choque con probeta entallada, ensayo m [prueba f] de resiliencia (de entalla)
Kerbschlagzähigkeit f (Wkst) resistencia f al choque con probeta entallada, resiliencia f (al choque)
Kerbverzahnung f dentado m [engrane m] por entalladura
Kern m 1. (Ph, Math) núcleo m; 2. (Masch) núcleo m, corazón m; 3. (El) alma f, ánima f, núcleo m (Spule, Magnet); 4. (Met) cuesco m; núcleo m central (des Ofens); 5. (Gieß) núcleo m, noyo m, macho m (de fundición), alma f del molde; 6. (Bgb) testigo m; 7. nervio m (Bohrer)
Kernantriebsanlage f maquinaria f propulsora nuclear
Kernbatterie f batería f nuclear, acumulador m electrónico

Kernbeschuss m (Kern) bombardeo m nuclear
Kernbildung f nucleación f (Kristallographie)
Kernblasmaschine f (Gieß) máquina f sopladora de machos, sopladora f de machos [noyos]
Kernbohren n (Bgb) perforación f con extracción de testigos, perforación f del núcleo [cubo]
Kernbohrer m (Bgb) barrena f cortanúcleo [sacamuestras, sacanúcleos], perforadora f sacanúcleos, sacatestigos m, sacanúcleos m, sonda f sacamuestras, taladro m sacanúcleo, trépano m sacamuestras [sacatestigos]
Kernbohrung f (Bgb) perforación f con testigos cilíndricos, extracción f de muestras [testigos]
Kernbrennstoff m combustible m [material m] nuclear
Kernbrennstoffaufbereitung f tratamiento m de combustibles nucleares
Kernbrennstoffmetallurgie f metalurgia f nuclear
Kernbrennstoff-Wiederaufarbeitung f recuperación f de combustibles nucleares
Kernchemie f química f nuclear [atómica]
kernchemisch quimiconuclear
Kerndurchmesser m 1. diámetro m interior [interno] (des Gewindes); 2. (Gieß) diámetro m del núcleo
Kernenergie f energía f nuclear [atómica]
Kernenergieantrieb m accionamiento m nuclear (atómico), propulsión f nuclear; reactor m atómica
Kernenergietechnik f ingeniería f nuclear; tecnología f de la energía nuclear
Kernentladung f descarga f nuclear
Kernformmaschine f (Gieß) máquina f para machos, moldeadora f de machos [noyos]
Kernforschungsanlage f planta f de investigación nuclear
Kernfusion f (Kern) fusión f (nuclear)
Kernfusionsreaktor m reactor m termonuclear, reactor m de fusión (nuclear)
Kernisomer(e) n isómero m nuclear
Kernkasten m (Gieß) caja f de machos [noyos]
Kernkraft f fuerza f [potencia f] nuclear

Kernkraftanlage f planta f nuclear
Kernkraftantrieb m accionamiento m nuclear [atómico]
Kernkraftwerk n central f nuclear [atómica, electronuclear, de energía atómica], centro m nuclear, planta f eléctrica [de energía] nuclear, planta f nuclear [electronuclear, termonuclear], estación f nuclear
Kernladung f (Ph) carga f nuclear [atómica]
Kernladungszahl f (Ph, Ch) número m atómico [de átomo]
Kernmachen n (Gieß) moldeado m de machos [noyos]
Kernmetall n (Met) metal m base
Kernphysik f física f nuclear
Kernprobe f (Bgb) probeta f, muestra f de núcleo, prueba f de sondeo, testigo m cilíndrico [de perforación rotativa, de sondeo] (Tiefbohren)
Kernreaktion f (Kern) reacción f [proceso m] nuclear
Kernreaktor m reactor m nuclear [atómico], quemador m atómico, pila f atómica, instalación f [planta f] nuclear, caldera f nuclear [atómica], reactor m
Kernreaktorkonstruktion f diseño m de instalaciones nucleares
Kernreaktorstörfall m incidente m [accidente m, fallo m] de reactor nuclear
Kernresonanz f (Ph) resonancia f nuclear
Kernspaltung f (Kern) fisión f nuclear, fisión f atómica [de los átomos], desintegración f [escisión f] nuclear
Kernspeicher m (Inf) memoria f de núcleos [toros], memoria f de núcleos toroidales
Kernspin m (Ph) espín m nuclear
Kernspinresonanz f (Ph) resonancia f (para)magnética nuclear
Kernstrahlung f (Kern) radiación f nuclear
Kerntechnik f ingeniería f nuclear; técnica f nuclear
Kernteilchen n (Ph) partícula f nuclear
Kerntheorie f (Ph) teoría f de las fuerzas nucleares
Kerntransformator m (El) transformador m de columnas [núcleo]
Kernumwandlung f (Kern) transformación f [transmutación f] nuclear, transmutación f

Kernzerfall m (Kern) desintegración f nuclear, decaimiento m radiactivo
Kerzenstecker m (Kfz) clavija f de la bujía
Kessel m 1. caldera f (Dampferzeuger); 2. marmita f, pava f (z. B. Wasserkessel); (Am) tacho m; 3. (Geol) caldera f
Kesselanlage f instalación f de calderas
Kesselfeuerung f hogar m de caldera
Kesselraum m sala f [compartimiento m, departamento m, cámara f] de calderas, calderería f
Kesselraumschott n (Schiff) mamparo m de las calderas
Kesselstein m incrustación f (de calderas), sarro m
Kesselsteinentferner m desincrustante m
Kesselsteinverhütungsmittel n antiincrustante m
Kesselwagen m 1. vehículo m tanque, automóvil m cisterna; autotanque m; 2. (Lt) carro m cuba [tanque]; 3. (Eb) vagón m aljibe [caldero, cisterna, cuba, tanque]
Kesselzerknall m destrucción f [explosión f] de caldera
Ketonsäure f cetoácido m
Kettbaum m (Text) plegador m de urdimbre (Weberei)
Kette f 1. (Förd, Fert) cadena f; 2. (Kfz) oruga f, (Am) caterpillar m; 3. (El) circuito m; 4. (Text) cadena f, urdimbre f; 5. (Ch) cadena f; 6. (Inf) ristra f, grupo m ordenado
~/endlose cadena f continua [sin fin] (Hülltriebe)
~/kinematische (Mech) cadena f cinemática
~/verzweigte (Ch) cadena f ramificada
ketteln v (Text) remallar (Weberei, Wirkerei)
Kettenbecherwerk n (Förd) elevador m de cadena, rosario m de cadena portacangilones
Kettenbruch m (Math) fracción f continua
Kettenbrücke f (Bw) puente m colgante [de cable, de cadenas]
Kettenfahrwerk n (Kfz) tren m de traslación por orugas
Kettenfahrzeug n vehículo m de cadena [orugas], automóvil m de orugas, camión m autooruga [de orugas]
Kettenfläche f (Math) catenoide f

Kettenflaschenzug m (Förd) aparejo m con cadenas, polispasto m de cadena, señorita f
Kettenförderer m (Förd) transportador m de cadena
Kettenfräse f (Bw) aparato m de hacer mortajas; fresadora f de cadena cortante
Kettengetriebe n mecanismo m catenario
Kettenglied n 1. (Förd) eslabón m (de cadena); 2. (Ch) unidad f de la cadena
Kettenimpedanz f (El) impedancia f iterativa
Kettenindex m índice m eslabonado [en cadenas] (Statistik)
Kettenkasten m 1. cárter m (Kettenschutz); 2. (Schiff) caja f de cadenas
Kettenkratzförderer m (Förd, Bgb) transportador m de cadena a rastras
Kettenlinie f (Math) catenaria f, línea f de cadena
Kettennuss f (Schiff) corona f, piñón m de cadena
Kettenrad n 1. rueda f de cadena [oruga]; rueda f dentada para cadena de rodillos; 2. (Förd) barbotín m; plato m, piñón m grande (beim Fahrrad)
Kettenradgetriebe n engranaje m de cadena, mecanismo m de engranaje de cadena
Kettenreaktion f (Ch, Kern) reacción f en cadena
Kettenregel f (Math) regla f de conjunta
Kettenrolle f (Förd) garrucha f [polea f] de cadena
Kettensatz m (Math) regla f de conjunta
Kettenschaltung f (El) circuito m de cadena
Kettenscheibe f garrucha f de cadena; rueda f dentada para cadena de rodillos
Kettenschlepper m tractor m (de) oruga, tractor m de cadenas [carriles], caterpillar m
Kettenschutz m guardacadena m, cubrecadena m; estera f de cadena; cárter m (Fahrrad)
Kettenspanner m mecanismo m de tensión (de cadena)
Kettenstern m (Förd) estrella f portacadena
Kettenstopper m (Schiff) boza f de cadena, estopor m de mordaza, mordaza f
Kettentrieb m 1. accionamiento m [mando m] por cadena; propulsión f por cadena, propulsión f de oruga; transmisión f de cadena; impulsión f a cadena; 2. engranaje m de cadena; cadena f
Kettenübertragung f 1. (Masch) transmisión f de cadena; 2. (Ch) transferencia f en cadena
Kettenwachstum n (Ch) crecimiento m en cadena, propagación f (z. B. bei der Polymerisation)
Kettenwächter m (Text) paraurdimbre m
Kettenwinde f (Förd) cabria f [guinche m, torno m] de cadena
Kettenwirkmaschine f (Text) telar m de género de punto por urdimbre
Kettfaden m (Text) hilo m de urdimbre
Kettung f (Inf) concatenación f
Kickstarter m (Kfz) mecanismo m [pedal m] de arranque, pedal m kickstarter, kickstarter m
Kiel m (Schiff) quilla f; carena f • **auf ~ legen** (Schiff) colocar la quilla
~/ebener quilla f plana [de nivel]; carena f recta
~/gewölbter quilla f quebrantada
~/loser quilla f falsa, zapata f
Kielaufbuchtung f (Schiff) quebranto m
Kielboden m (Schiff) cala f
Kielfall m (Schiff) línea f de alefriz
Kielflosse f 1. (Flg) estabilizador m vertical, plano m fijo; 2. (Schiff) quilla f de lastre
Kielgang m (Schiff) hilada f de quilla, traca f de aparadura
Kielhacke f (Schiff) pie m [talón m] de quilla
kielholen v (Schiff) dar quilla, carenar, tumbar, dar a la banda
Kiellegung f (Schiff) puesta f de quilla, puesta f en grada
Kielpallen m (Schiff) picadero m, tacada f de quilla
Kielraum m (Schiff) sentina f
Kielschwein n (Schiff) carlinga f, sobrequilla f, quilla f interna [suplementaria]
Kielschwert n (Schiff) quilla f desprendible, orza f vertical desplazable
Kielstapel m (Schiff) picadero m, tacada f de quilla
Kies m grava f, arena f gruesa, cascajo m; gravilla f (Feinkies)
Kieselgur f diatomita f, harina f fósil, kieselgu(h)r m, tierra f de diatomeas [infusorios]

Kieselsäure f ácido m silícico
Kiessand m almendrilla f
Kiloampere n kiloamperio m
Kilobit n kilobite m, KBit m *(Informationseinheit, 1024 Bits)*
Kilobyte n kilobyte m, KByte m *(Informationseinheit, 1024 Bytes)*
Kiloelektronenvolt n kiloelectronvoltio m
Kilogramm n kilogramo m (masa) *(SI-Einheit der Masse)*
Kilogrammkalorie f kilocaloría f, caloría f grande
Kilohertz n kilohertz m, kilociclo m
Kilojoule n kilojoule m, kilojulio m
Kilokalorie f kilocaloría f, caloría f grande
Kilometer m kilómetro m *(Einheit der Länge)*
Kilometerleistung f kilometraje m
Kilometerschreiber m odógrafo m
Kilometerzähler m contador m de kilómetros, cuentakilómetros m, odómetro m, podómetro m; computador m de kilómetros
Kilopond n kilopond(io) m, kilogramo m (de) fuerza *(SI-fremde Einheit der Kraft)*
Kilopondmeter n kilográmetro m *(SI-fremde Einheit des Kraftmoments, der Arbeit und der Energie)*
Kilovolt n kilovoltio m
Kilovoltmeter n kilovoltímetro m
Kilowatt n kilovatio m *(Einheit der Leistung)*
Kilowattstunde f kilovatio hora m
Kilowattstundenschreiber m kilovatímetro m registrador
Kilowort n k-palabra f (2^{10} Wörter, Maß für Speicherkapazität)
Kimm f *(Schiff, Mil)* horizonte m visible
Kimmgang m *(Schiff)* traca f de pantoque
Kimmkiel m *(Schiff)* quilla f lateral [de balance, de pantoque]
Kimmpallen m *(Schiff)* picadero m lateral [de pantoque], tacada f de pantoque
Kimmschlitten m *(Schiff)* anguila f *(Stapellauf)*
Kimmstapel m *(Schiff)* picadero m lateral [de pantoque]
Kimmstringer m *(Schiff)* vagra f del pantoque
Kinematik f *(Ph)* cinemática f
kinematisch *(Ph)* cinemático
Kinetechnik f cinétécnica f
Kinetik f *(Ph)* cinética f

Kinnriemen m barboquejo m *(Schutzhelm)*
Kinokamera f cámara f tomavistas
Kinoprojektor m proyector m cinematográfico
Kippanhänger m *(Kfz)* remolque m basculante [volcador, volquete, de volteo], remolque-volquete m
Kippanker m *(El)* armadura f basculante
Kippanlage f volcador m (basculante)
kippbar reclinable; inclinable
Kippbühne f plataforma f basculante
Kippdiode f diodo m de relajación
Kippe f 1. escombrera f; 2. *(Bgb)* terraplén m de descarga
kippen v volcar, volquear, voltear; bascular
Kippen n 1. volqueo m; vuelco m; 2. *(El)* desviación f *(der Frequenz)*; transición f *(Kippschaltung)*; 3. *(El, Nrt)* basculación f
Kipper m 1. *(Kfz)* camión m basculante [volcador, de volquete, de volteo], motovolquete m, *(Am)* camión m de maroma; volcador m, volquete m (automóvil), volteador m, volteadora f; 2. *(Eb)* vagón m de vuelco
Kippfahrzeug n 1. camión m volcador [de volquete, de volteo]; 2. *(Bw)* camión m concretera
Kippfenster n ventana f basculante
Kippfrequenz f *(El)* frecuencia f de barrido
Kippfrequenzregelung f *(Eln, TV)* control m de sincronización [sincronismo]
Kippgenerator m *(El)* generador m de barrido [relajación, exploración]
Kippleistung f *(TV)* barrido m
Kipplore f vagoneta f volcadora [de volquete], vuelcavagonetas f
Kippmoment n 1. *(Met)* momento m [par m] de vuelco *(Statik)*; 2. *(El)* par m de sobrecarga *(Elektromotor)*
Kipposzillator m *(El)* generador m de ondas de diente de sierra, oscilador m flip-flop, oscilador m de relajación
Kipprelais n relé m basculante [de dos direcciones]
Kippröhre f válvula f de relé, válvula-relé f
Kippschalter m interruptor m basculante [tumbler]
Kippschaltung f circuito m basculador [basculante, activador, de disparo, multivibrador, trigger], báscula f

Kippschwinger *m* oscilador *m* flip-flop, oscilador *m* de relajación

Kippsicherheit *f* estabilidad *f* contra el vuelco; seguridad *f* antivuelco [contra volqueo]

Kippsicherung *f* seguridad *f* antivuelco [contra volqueo], protección *f* contra el vuelco; barra *f* antivuelco *(Schlepper)*; estructura *f* antivuelco *(Krankabine)*

Kippspannung *f* *(El)* tensión *f* de deflexión [relajación]

Kippverstärker *m* *(El)* amplificador *m* flip-flop

Kippvorrichtung *f* mecanismo *m* de volqueo, tumbador *m*, volcador *m* (basculante), volquete *m*, volteador *m*, volteadora *f*, equipo *m* de volteo; aparato *m* volcador; basculador *m*; vaciador *m*

Kippwagen *m* 1. *(Bgb, Lt)* carro *m* basculador [basculante]; 2. *(Bw)* dumper *m*, basculante *m*; 3. *(Eb)* vagón *m* autobasculante [basculador, basculante], vagón *m* volcador [volquete, de vuelco]; vagoneta *f* basculante [volcadora, de volquete]

Kitt *m* masilla *f* aglutinante

KKW *s.* Kernkraftwerk

Klammer *f* 1. abrazadera *f*, grapa *f*, grapón *m*, grifa *f*, brida *f*, clip *m*; pinza *f*, estribo *m* tensor; 2. *(Bw)* ancla *f*, áncora *f*, barrilete *m*; 3. *(Math)* paréntesis *m*

~/eckige 1. paréntesis *m* angular; 2. *(Typ)* corchete *m*

~/geschweifte *(Typ)* abrazadera *f*, llave *f*

Klammerdiode *f* diodo *m* fijador

Klammerheftmaschine *f* *(Typ)* cosedora *f* de grapas

Klang *m* sonido *m*, son *m*

Klangblende *f* *(Eln)* control *m* de tono [tonalidad]

Klappanker *m* *(El)* armadura *f* basculante *(Elektromagnet)*

Klappausleger *m* *(Förd)* tramo *m* movible, pescante *m* replegable

klappbar abatible

Klappbrücke *f* *(Bw)* puente *m* basculante

Klappdavit *m(n)* *(Schiff)* pescante *m* abatible

Klappdeck *n* *(Schiff)* cubierta *f* plegable

Klappe *f* 1. trampilla *f*, trap *m*; escotilla *f*, escotillón *m*; puerta *f*, registro *m*; 2. *(Masch)* válvula *f*, cierre *m* de mariposa, chapaleta *f*, chape(le)ta *f*; 3. *(Flg)* alerón *m* (de curvatura), aleta *f* con charnelas, flap *m* *(am Tragflügel)*; 4. *(Nrt)* avisador *m*

Klappenventil *n* válvula *f* charnela [de chapaleta, de bisagra], charnela *f*

Klappflügel *m* *(Flg)* ala *f* plegable [articulada]

Klapprahmen *m* *(Kfz)* bastidor *m* plegable

Klappschute *f* *(Schiff)* chalana *f* de compuerta

Klappsitz *m* 1. asiento *m* inclinable [plegable, reclinable, abatible, reversible]; 2. *(Kfz)* bigotera *f*

Klappverschluss *m* cierre *m* rebatible

Klappwand *f* borde *m* abatible [rebatible] *(LKW)*

Kläranlage *f* equipo *m* purificador [de depuración]; instalación *f* de clarificación, planta *f* recuperadora [de tratamiento] de aguas residuales, planta *f* (central *f*) depuradora, depuradora *f* (de aguas residuales)

Klärbecken *n* tanque *m* asentador [de decantación]; estanque *m* clarificador [decantador, de sedimentación], decantador *m*, embalse *m*, cámara *f* de sedimentación, levigador *m*

Klärbehälter *m* depósito *m* sedimentador [de clarificación], tanque *m* separador [de sedimentación], cuba *f* decantadora, colector *m* de sedimentos

klären *v* clarificar, aclarar, purificar; reposar, decantar; encolar *(z. B. Wein)*

Klären *n* 1. purificación *f*; 2. *(Ch)* decantación *f* *(von Bestandteilen in Flüssigkeiten)*

Klärschlammbehandlung *f* tratamiento *m* de lodos de clarificación

Klarschriftleser *m* *(Inf)* lector *m* de caracteres

Klarsichtfolie *f* celofán *m*

Klarsichthülle *f* funda *f* transparente

Klarsichtscheibe *f* 1. cristal *m* transparente; cristal *m* antiempañante *(Schutzmaske)*; 2. *(Schiff)* vistaclara *m*

Klärung *f* clarificación *f*, aclareo *m* *(Flüssigkeit)*

Klassiersieb *n* criba *f* clasificadora [separadora, de separación], clasificador *m*

Klaue *f* garra *f*, mordaza *f*

Klauenkupplung *f* acoplamiento *m* dentado [de dientes, de engrane], embrague *m* de garras [mordazas]

Klebeband *n* cinta *f* adhesiva; celofán *m* *(Tesafilm)*
Klebefolie *f* lámina *f* adhesiva
Klebemittel *n* adhesivo *m*, aglutinante *m*, material *m* aglutinante; pegamento *m*, pegante *m*
kleben *v* aglutinar, pegar; empalmar *(z. B. Tonband)*; encolar; adherir
Klebepresse *f (Foto)* prensa *f* encoladora [de pegar]
Kleber *m* adhesivo *m*, pegamento *m*, pegante *m*, gluteno *m*; cemento *m*
Klebestreifen *m* cinta *f* adhesiva
Klebstoff *m* sustancia *f* adhesiva; adhesivo *m*, pegamento *m*, pegante *m*
Klebverbindung *f* 1. unión *f* encolada [adhesiva, por adhesión]; 2. *(Kst)* encaje *m* encolado, junta *f* encolada
Kleinbahn *f* ferrocarril *m* Decauville [de vía estrecha]
Kleinbildfilm *m* película *f* de tamaño pequeño
Kleinbildkamera *f* cámara *f* de formato [tamaño] pequeño, cámara *f* miniatura
Kleinbuchstabe *m* letra *f* minúscula, minúscula *f*
Kleinbus *m* microbús *m*, micro *m*, camioneta *f* de pasajeros
Kleinempfänger *m* receptor *m* miniatura
Kleinerz *n* menudos *mpl* de mineral
Kleinkraftwagen *m* coche *m*, auto *m*; coche *m* pequeño [de poca cilindrada]
Kleinkraftwerk *n* central *f* de pequeño tamaño, microcentral *f*
Kleinlastkraftwagen *m* camioneta *f* (de carga), *(Am)* cazadora *f*
Kleinmotor *m (El)* motor *m* fraccional [de potencia fraccionaria], motorcito *m*
Kleinmotorrad *n* velomotor *m*, motocicleta *f* pequeña [de pequeña cilindrada]
Kleinoffsetdruck *m (Typ)* impresión *f* offset a formato pequeño
Kleinrechner *m* miniordenador *m*, ordenador *m* pequeño, minicalculadora *f*, minicomputador *m*
Kleinserienfertigung *f* fabricación *f* [producción *f*] en pequeñas series
Kleinspannung *f (El)* baja tensión *f*, B.T., pequeño voltaje *m*, voltaje *m* extrabajo
Kleinstbildkamera *f* cámara *f* subminiatura
Kleinstspannung *f (El)* muy baja tensión *f*

Kleinwagen *m* carretilla *f*; coche *m* pequeño [de poca cilindrada]
Klemmbacken *m (Fert)* garra *f* de cierre
Klemmdiode *f* diodo *m* fijador
Klemmdose *f (El)* rosácea *f*
Klemme *f* 1. *(El)* borne *m*, *(Am)* borna *f*, terminal *m*; brida *f*; 2. *(Masch)* apriete *m*; clip *m*; grapa *f*; garra *f* de cierre; fijador *m*; patilla *f*; cárcel *f (Zwinge)*
klemmen *v* agarrarse *(z. B. Ventil)*; agarrotarse *(z. B. Säge)*; atascarse *(z. B. Schloss)*
Klemmenanschluss *m (El)* embornado *m*
Klemmenbrett *n (El)* placa *f* [tablero *m*, cuadro *m*] de bornes
Klemmfeder *f* muelle *m* afianzador [de fricción]
Klemmfutter *n (Masch)* mandril *m*
Klemmkupplung *f* embrague *m* de prisionero
Klemmmutter *f* tuerca *f* agarradera [de apriete, de sujeción]
Klemmplatte *f* 1. *(Masch)* placa *f* de sujeción; 2. *(El)* placa *f* de bornes
Klemmring *m* 1. anillo *m* fijador [de fijación]; collar *m* agarrador; roldana *f* de cierre; 2. *(El)* anillo *m* de abrazadera
Klemmschraube *f* 1. tornillo *m* grapa [prisionero, de apriete, de presión], prisionero *m*; 2. *(El)* tornillo *m* del borne
Klettereisen *n* trepadores *mpl*; garfio *m* de trepado *(für Holzmaste)*
Kletterfähigkeit *f (Kfz)* capacidad *f* de trepar [franqueamiento vertical]
Klettergurt *m* cinturón *m* (de seguridad) para trepar
Klettverschluss *m* cierre *m* adhesivo [de pegar, de velcro]
Klick *m (Inf)* clic *m*
klicken *v (Inf)* hacer clic, manipular el ratón *(Maustaste)*
Klicktaste *f* botón *m* de clic
Klimaanlage *f* instalación *f* de climatización [acondicionado de aire, aire acondicionado], equipo *m* de climatización [aire acondicionado], sistema *m* de acondicionamiento de aire, sistema *m* de aire acondicionado, acondicionador *m* (de aire), condicionador *m*, climatizador *m*, unidad *f* acondicionadora de aire
Klimafestigkeit *f* resistencia *f* a influencias climáticas, resistencia *f* al clima

Klimagerät *n* acondicionador *m* [aparato *m* acondicionador] de aire, equipo *m* de aire acondicionado
Klimakabine *f* cabina *f* con aire acondicionado
Klimaschrank *m* armario *m* climático
Klimatechnik *f* ingeniería *f* de acondicionamiento de aire; técnica *f* de climatización, climatización *f*, aerotecnia *f*
klimatisieren *v* climatizar, acondicionar el aire
Klimatisierung *f* acondicionamiento *m* térmico [de aire], climatización *f*
Klinge *f* 1. hoja *f*; 2. *(Lt)* peine *m* de roscar
Klingelknopf *m* 1. pulsador *m* del timbre; 2. *(Nrt)* botón *m* de llamada
klingeln *v* 1. *(Nrt)* llamar; 2. *(Kfz)* golpear *(Vergasermotor)*
Klinke *f* 1. *(Masch)* pestillo *m*; perrillo *m*; encliquetaje *m*; trinquete *m*; retén *m*; tarabilla *f*; uña *f*; 2. *(Nrt)* conjuntor *m*, jack *m*
Klinkenbuchse *f (Nrt)* hembra *f* del jack
Klinkenkupplung *f* acoplamiento *m* de trinquete
Klinker *m (Bw)* clinca *f*, ladrillo *m* holandés [de clinquer, recocido, recocho]
Klinkerziegel *m* ladrillo *m* holandés [de clinquer]
Klirrdämpfung *f (El)* atenuación *f* de distorsión no lineal
Klirrfaktor *m (El)* coeficiente *m* de distorsión
Klirrgeräusch *n (El)* ruido *m* de distorsión no lineal
Klischee *n (Typ)* estereotipo *m*, clisé *m*, grabado *m*
Klonen *n (Inf)* clonación *f (Herstellen baugleicher Rechner)*
klopfen *v* 1. batir; percutir; 2. *(Kfz)* golpear, golpetear *(Kraftstoff)*
Klopfen *n* 1. golpeo *m*, golpeteo *m*, martilleo *m*, pistoneo *m*, picado *m (Motor)*; 2. *(Kfz)* detonación *f*
klopffest antidetonante, antigolpeante *(Kraftstoff)*
Klopffestigkeit *f* calidades *fpl* antidetonantes, poder *m* [propiedad *f*, valor *m*] antidetonante, resistencia *f* a la detonación, resistencia *f* al picado *(Kraftstoff)*
Klöppel *m* 1. *(Text)* bobina *f* de trenzado; 2. macillo *m (am elektrischen Läutwerk)*

Klöppelmaschine *f (Text)* máquina *f* de encajes
klöppeln *v* hacer encajes de bolillo *(Handarbeit)*
Klotzbremse *f (Eb)* freno *m* de patín, freno *m* de zapata(s)
Kluft *f (Geol)* diaclasa *f*; fisura *f*; grieta *f*, hendidura *f*
Klumpen *m* 1. fragmento *m*, pedazo *m*, terrón *m*, trozo *m*; 2. *(Geol) (Am)* pepa *f*
~ **bilden** conglomerarse
Kluppe *f* 1. manija *f* para machos *(Werkzeug)*; 2. *(Text)* mordacilla *f (Weberei)*
Klüse *f (Schiff)* escobén *m*
Klüver *m (Schiff)* foque *m*, botalón *m*
Klystron *n (Eln)* clistrón *m*, clystrón *m*, klistrón *m*, válvula *f* de tiempo de tránsito *(Laufzeitröhre)*
K-Meson *n (Kern)* mesón *m* K [pesado], kaón *m*
Knagge *f (Masch)* leva *f*, contrete *m*; taco *m*; tope *m*
Knall *m* estallido *m*, estallo *m*, estampido *m*, detonación *f*
knallen *v* crepitar; detonar, estallar
Knallgas *n* gas *m* detonante [fulminante, oxhídrico], oxihidrógeno *m*
Knallkörper *m* petardo *m* (explosivo)
Knallquecksilber *n* fulminato *m* de mercurio, mercurio *m* fulminante
Knallsilber *n* plata *f* fulminante, fulminato *m* de plata
Knebelkette *f* cadena *f* de muletilla *(Rammtechnik)*
Kneifzange *f* alicates *mpl*, alicate *m*, tenazas *fpl*, cortaalambres *m*, tenaza *f*
kneten *v* amasar, malaxar, sobar
Knetlegierung *f* aleación *f* maleable [para forja]
Knetmaschine *f* 1. máquina *f* de amasar, amasadora *f*, amasadera *f (Bäckerei)*; 2. *(Gieß)* máquina *f* de amasar pasta, máquina *f* moldeadora [de moldear]; mezcladora *f* de cemento *(Gummiherstellung)*
Knetmasse *f* 1. amasijo *m*; 2. *(Met)* masilla *f* plástica
Knick *m* pandeo *m*; coca *f (im Draht)*
Knickarmroboter *m* robot *m* (industrial) de brazos articulados
Knickbeanspruchung *f (Wkst)* esfuerzo *m* de pandeo

knicken *v (Wkst)* flambear; doblar; pandear; tronchar

Knickfestigkeit *f (Wkst)* resistencia *f* a la rotura por pandeo, resistencia *f* al pandeo; resistencia *f* al doblamiento

Knickmoment *n* momento *m* de pandeo, *(Am)* momento *m* de flambeo *(Statik)*

Knickpunkt *m* punto *m* de flexión *(Kurve)*

Knickspannung *f* 1. *(Wkst)* tensión *f* de pandeo; 2. *(Wkst)* coeficiente *m* de pandeo

Knickversuch *m (Wkst)* ensayo *m* de pandeo, ensayo *m* de rotura por pandeo

Knie *n* acodado *m*; codillo *m (Rohr)*

Kniehebel *m* palanca *f* acodada [angular], barra *f* articulada

Kniehebelpresse *f (Fert)* máquina *f* troqueladora, prensa *f* de palanca acodada, troqueladora *f*

Kniestück *n* tubo *m* acodado [angular], acodado *m*, codo *m*, ángulo *m (Rohr)*

knitterarm *(Text)* de poca arruga

Knitterbeständigkeit *f (Text)* resistencia *f* al arrugamiento

knitterfest *(Text)* inarrugable, sólido al arrugado

Knitterfestigkeit *f (Text)* resistencia *f* al arrugamiento, inarrugabilidad *f*

knitterfrei *(Text)* antiarrugable, inarrugable

Knopfschalter *m* botón *m*

Knopfzelle *f (El)* pila *f* de botón

Knoten *m* 1. *(Astr, El, Ph)* nodo *m*; 2. *(Text)* nudo *m*; 3. *(Mar)* nudo *m (Maßeinheit für Schiffsgeschwindigkeit, 1 Knoten = 1 Seemeile je Stunde)*

Knotenblech *n (Bw)* chapa *f* de nudo, placa *f* de nodo, cartabón *m*, cartela *f* de los nudos, chapa *f* angular *(Stahlbau)*

Knotennetz *n (Inf)* red *f* en estrella

Knotenpunkt *m* 1. *(Ph)* nodo *m*; nudo *m*; 2. *(Opt)* punto *m* nodal; 3. *(Eb)* punto *m* de bifurcación, bifurcación *f*; 4. *(Math)* punto *m (Graph)*; 5. punto *m* de unión *(Stahlbau)*

Knotenrechner *m (Nrt)* ordenador *m* de comunicación

Know-how *n* saber *m* cómo, conocimientos *mpl* tecnológicos u organisativos

Knüpfapparat *m (Lt)* aparato *m* anudador, anudador *m (Mähbinder)*

knüpfen *v* anudar

Knüpfmaschine *f (Text)* máquina *f* anudadora, anudadora *f*

Knüppel *m (Met)* llantón *m*, palanquilla *f*

Knüppelwalzstraße *f* tren *m* de laminación de palanquilla

Koagulationsmittel *n (Ch)* coagulador *m*, coagulante *m*

koagulieren *v* coagular, coagularse

Koaxialkabel *n (El)* cable *m* coaxial [concéntrico]

Koaxialstecker *m (El)* enchufe *m* coaxial

Kochapparat *m* digestor *m*

kochen *v* cocer; ebullir, hervir

Kochen *n* 1. cocción *f*, cocimiento *m*; 2. digestión *f (Papier)*

Kocher *m* cocedor *m*, digestor *m*; horno *m*

kochfest a prueba de ebullición [hervir], resistente a la cocción [ebullición], sólido a la cocción

Kochplatte *f* hornillo *m* eléctrico, horno *m*

Kochsalz *n* sal *f* común [blanca], cloruro *m* sódico [de sodio]

Koeffizient *m* coeficiente *m*; factor *m*; índice *m*

Kofferdamm *m (Schiff)* dique *m* de ataje, cóferdam *m*, cofferdam *m*

Kofferempfänger *m* receptor *m* portátil

Kofferfernsehempfänger *m* televisor *m* portátil

Kofferradio *n* receptor *m* [radio *f*] portátil

Kofferraum *m (Kfz)* guardaequipajes *m*, portaequipaje(s) *m*, maletero *m*

Kohäsionsdruck *m* presión *f* interna [de cohesión, molecular]

Kohäsionskraft *f* fuerza *f* cohesiva [de cohesión]

Kohle *f* carbón *m*

Kohleabbau *m* explotación *f* de carbón

Kohlebogenlampe *f* lámpara *f* de arco de carbones

Kohlechemie *f* carboquímica *f*, industria *f* carboquímica

Kohlefadenlampe *f* lámpara *f* de filamento de carbón

Kohlekraftwerk *n* central *f* carboeléctrica [eléctrica de carbón]

Kohlelichtbogenschweißen *n* soldadura *f* por arco con electrodo de carbón

Kohlenbunker *m* carbonera *f*, pañol *m* de carbón; silo *m* para carbones; tolva *f* de carbón

Kohlendioxid n dióxido m de carbono, anhídrido m carbónico, gas m carbónico

Kohlendioxidlöscher m extintor m de anhídrido carbónico, extintor m de nieve carbónica

Kohlenfadenlampe f bombilla f de filamento de carbón

Kohlenflöz n capa f carbonífera [de carbón], estrato m [manto m] de carbón

Kohlenfrachter m *(Schiff)* carbonero m, buque m carbonero

Kohlengicht f carga f de carbón

Kohlenhalde f colina f [montón m] de carbón

Kohlenhydrat n hidrato m de carbono, carbohidrato m

Kohlenmonoxid n monóxido m carbónico [de carbono], óxido m de carbono

Kohlenoxid n óxido m [monóxido m] de carbono

Kohlenruß m negro m de carbón

Kohlensack m 1. *(Astr)* saco m de carbón *(Dunkelnebel)*; 2. *(Met)* vientre m *(Hochofen)*

Kohlensäure f ácido m carbónico

Kohlenschacht m 1. *(Bgb)* pozo m minero [de mina de carbón]; 2. *(Schiff)* manga f de carbón

Kohlenstaubfeuerung f 1. calefacción f por carbón en polvo; 2. hogar m para polvo de carbón

Kohlenstaubmotor m motor m de carbonilla

Kohlenstoff m carbono m

Kohlenstofflaser m láser m de dióxido de carbono (gaseoso)

Kohlenstoffring m *(Ch)* anillo m [ciclo m] de carbono

Kohlenstoffstahl m acero m al carbono

Kohlenstoffverbindung f compuesto m carburado

Kohlenwasserstoff m hidrocarburo m, hidrógeno m carburado

Kohlepapier n papel m carbón

Kohleveredelung f refinación f del carbón

Kohleverflüssigung f liquefacción f de carbón

Koinzidenzlibelle f *(Feinw)* nivel m de coincidencia

Koinzidenzschaltung f *(Eln)* circuito m de coincidencia

Kokerei f coquería f, planta f (productora) de coque

Kokille f *(Gieß)* coquilla f, molde m, concha f de moldeo; rielera f (para lingotes) *(besonders zur Schienenherstellung)*

Kokillengießen n moldeo m en coquilla

Kokillengießmaschine f máquina f de coquillas

Kokillenguss m colada f (en) coquilla, colada f por gravedad, fundición f en coquilla, fundición f en molde metálico (enfriado), moldeo m en concha

Koks m coque m

Kokskohle f carbón m de coque(rías)

Koksofen m horno m de coque [coquización], salamandra f

Kolben m 1. *(Masch)* émbolo m, pistón m; 2. *(Ch)* balón m, matraz m, retorta f; frasco m; cubeta f; 3. *(El)* ampolla f, ampolleta f *(einer Röhre)*; bulbo m *(einer Lampe)*; cono m *(einer Katodenstrahlröhre)*

Kolbenboden m fondo m [cabeza f] de émbolo, corona f del pistón

Kolbenbolzen m *(Kfz)* perno m de pistón, clavija f [eje m, pasador m] de émbolo

Kolbendampfmaschine f máquina f de vapor de émbolo

Kolbenhub m carrera f de émbolo [pistón], curso m [desplazamiento m] del pistón, recorrido m [fase f] de émbolo, embolada f, pistonada f

Kolbenmaschine f máquina f alternativa [de émbolo]

Kolbenmotor m motor m de émbolos [pistón], máquina f alternativa

Kolbenpumpe f bomba f de émbolo [pistón]

Kolbenring m aro m de émbolo [pistón], anillo m de émbolo [pistón], segmento m (de émbolo)

Kolbenstange f 1. *(Kfz)* barra f del pistón, biela f de émbolo [pistón]; 2. *(Masch)* varilla f [vástago m, biela f, eje m] del émbolo; barra f de bomba *(Kolbenpumpe)*

Kolbensteuerung f mando m de pistón

Kolbenverdichter m compresor m de émbolo [pistón]

Kolbenwegdiagramm n diagrama m de carrera del émbolo

Kollektor m 1. *(El)* colector m; 2. *(Eln)* colector m *(Transistor)*

Kollektorbürste f *(El)* escobilla f colectora

Kollektormotor

Kollektormotor *m (El)* motor *m* de colector, motor *m* con conmutación
Kollergang *m* molino *m* de muelas verticales
Kollimationslinse *f (Opt)* lente *f* colimadora
Kollisionsschott *n (Schiff)* mamparo *m* de abordaje [colisión, emergencia, seguridad]
Kollisionsverhalten *n* comportamiento *m* en colisión *(einer Fahrzeugstruktur)*
Kolloid *n (Ch)* coloide *m*, dispersoide *m*
Kolloidchemie *f* coloidoquímica *f*, química *f* coloidal
Kolonne *f (Ch)* columna *f*
Koma *f* 1. *(Opt)* coma *f*; 2. *(Astr)* cabellera *f* (del cometa)
Kombinationsflugschrauber *m (Flg)* helicóptero *m* compuesto, combinado *m*
Kombinationslehre *f (Math)* teoría *f* combinatoria, combinatoria *f*
Kombinationsschalter *m (El)* conmutador *m* múltiple
Kombinationsschloss candado *m* de combinación, cerradura *f* de combinaciones [combinación]
Kombinationsverbindung *f (Math, Ch)* asociación *f*
Kombinatorik *f (Math)* análisis *m* combinatorio, teoría *f* combinatoria, combinatoria *f*
Kombine *f (Lt)* máquina *f* combinada, combinada *f* (cosechadora); segadora *f* combinada; espigadora-trilladora *f*
Kombizange *f* alicates *mpl* universales
Komet *m (Astr)* cometa *m*
Komma *n (Math, Inf)* coma *f*, coma *f* de base *(in einem Stellenwertsystem)*
Kommando *n* 1. gobierno *m*; 2. *(Inf)* comando *m*, instrucción *f*; 3. dotación *f (Besatzung)*
Kommandobrücke *f (Schiff)* puente *m* de gobierno [mando, navegación]
Kommandointerpreter *m (Inf)* intérprete *m* de instrucciones
Kommandolenkung *f (Rak)* guiado *m* por mando
Kommandoprozessor *m (Inf)* procesador *m* de instrucciones
Kommentar *m (Inf)* comentario *m*, anotación *f*, narrativa *f*

Kommentarzeile *f (Inf)* línea *f* de información
Kommunalmüllverbrennung *f* incineración *f* de residuos municipales
Kommunikationseinrichtung *f* dispositivo *m* [mecanismo *m*] de comunicaciones; entidad *f* de comunicaciones; unidad *f* de comunicaciones [transferencia]
kommunikationsfähig *(Inf)* capaz de comunicación, apto para la comunicación
Kommunikationsgerät *n* equipo *m* informático a comunicar
Kommunikationsnetz *n* red *f* de comunicación, malla *f* de comunicaciones
Kommunikationsrechner *m* procesador *m* frontal
Kommunikationssatellit *m* satélite *m* de (tele)comunicación [telecomunicaciones, teledifusión]
Kommunikationsschicht *f* nivel *m* de sesión *(OSI-Schichtenmodell)*
Kommunikationsschnittstelle *f* interfaz *f* de comunicación; puerto *m* de comunicaciones
Kommunikationssteuereinheit *f (Inf)* dispositivo *m* de control de comunicaciones
Kommunikationstechnik *f* técnica *f* de comunicaciones, telecomunicaciones *fpl*; tecnología *f* de comunicaciones
Kommunikationsverbund *m* interconexión *f* de comunicación *(Rechnerverbund)*
Kommunikationswissenschaft *f* ciencia *f* de la comunicación
kommunizieren *v* comunicar
Kommutativgesetz *n (Math)* ley *f* conmutativa [de conmutación]
Kommutator *m* 1. *(El)* conmutador *m*, colector *m*; 2. *(Math)* conmutador *m*
Kommutatormaschine *f (El)* máquina *f* de excitación interna
Kommutatormotor *m (El)* motor *m* de colector
Kompaktdiskette *f (Inf)* microdisquete *m* *(Diskette mit einem Durchmesser von 3,5 Zoll)*; disco *m* compacto [numérico] *(optische Speicherung)*
Kompaktkassette *f* casete *f* compacta
Kompaktor *m* camión *m* compresor (automático) *(Spezialfahrzeug für Aufbau und Betrieb einer Deponie)*

Kompaktplatte f (Inf) disco m compacto [numérico] (optische Speicherung)
Kompaktspeicherplatte f (Inf) disco m compacto [numérico] (optische Speicherung)
Kompass m compás m, aguja f, brújula f (besonders auf Schiffen)
Kompassabweichung f aberración f de la aguja, desviación f de la brújula, desviación f del compás
Kompassnavigation f navegación f de estima
Kompasspeilung f demora f de compás, marcación f de brújula
Kompasstochter f compás m repetidor
Kompatibilitätsbedingung f (Math, Ph) condición f compatible
Kompensationsfilter n (Foto) filtro m compensador
Kompensationsglied n (Aut) elemento m compensador
Kompensationspendel n (Mech) espiral f compensadora, péndulo m de compensación
Kompensationsschreiber m compensador m autorregistrador, contador m potenciométrico, potenciómetro m registrador
Kompensationswicklung f (El) devanado m compensado [compensador, de compensación], arrollamiento m compensador
Kompilation f 1. (Math, Inf) compilación f; 2. (Inf) recopilación f
kompilieren v (Inf) compilar (z. B. Programme)
komplanar (Math) coplanar
Komplement n (Math) complemento m
komplementär (Math, Ph) complementario
Komplementärmenge f (Math) complemento m de conjunto, conjunto m complementario
Komplementbildung f (Math, Inf) complementación f, formación f del complemento
Komplementwinkel mpl (Math) ángulos mpl complementarios
Komplex m (Ch, Math) complejo m
Komplexbildner m (Ch) agente m de formación compleja
Komplexität f complejidad f, nivel m de complejidad (Systemeigenschaft); sofisticación f

Kompliziertheitsgrad m grado m de complejidad (mecánico) (der technischen Arbeitsmittel); sofisticación f
Komponente f 1. (Ph) fuerza f componente (einer Gesamtkraft); 2. (Mech, El) componente f; 3. (Ch, Wkst) componente m, constituyente m; 4. (Inf) componente f
Kompostierungsanlage f planta f de compostaje
Kompressionskühlschrank m refrigerador m de compresión
Kompressionszündung f encendido m [ignición f] por compresión (Dieselmotor)
Kompressor m compresor m, motor m de aire comprimido, generador m de presión de aire
komprimieren v comprimir; compactar
Konchoide f (Math) concoide f
~ **des Kreises** caracol m de Pascal
Kondensat n condensado m
Kondensationsmaschine f máquina f condensadora [de condensación]
Kondensationsturbine f turbina f de condensación
Kondensator m 1. (El) condensador m; 2. condensador m (Dampfkraftmaschine)
Kondensatormikrophon n micrófono m de condensador
Kondensatorspeicher m (Inf) memoria f capacitiva [de condensador]
kondensieren v (Ch) condensar
Kondensor m (Opt) condensador m (de luz)
Kondensorlinse f lente f condensadora
Kondensstreifen m (Flg) estela f de condensación
Konferenzschaltung f (Nrt) circuito m [conexión f] de conferencias simultáneas, llamada f en conferencia, conferencia f
Konfiguration f (Ch, Ph, Inf) configuración f
konfigurieren v (Inf) configurar
konfokal (Math, Opt) homofocal
konform (Math) conforme, isogonal, isógono (Abbildung)
Kongruenz f (Math) congruencia f
Königswasser n (Ch) agua f regia
Konimeter n conímetro m, contador m de polvo (Staubmessgerät)
konisch cónico, cóneo, coniforme

Konizität f conicidad f, oblicuidad f
Konjunktion f 1. *(Astr, Inf, Math)* conjunción f, conyunción f; 2. *(Math)* producto m lógico, multiplicación f lógica
Konkavspiegel m espejo m cóncavo
Konservenbüchse f bote m de conserva, lata f
Konservenherstellungsanlage f planta f conservera
Konservierungsmittel n agente m [medio m, vehículo m] de conservación, agente m conservador
Konservierungsstoff m sustancia f conservadora
Konsistenzprüfung f *(Inf)* verificación f de coherencia
Konsistometer n *(Ch)* consistómetro m, indicador m [medidor m] de consistencia
Konsole f consola f, ménsula f, estribo m en consola; voladizo m; silleta f de pared; can m; soporte m
Konsolfräsmaschine f fresadora f de ménsula
Konsolkran m grúa f cantilever [de columna, de consola]
Konsollaufkran m grúa f corredera de cartela
Konstante f constante f, factor m [magnitud f, número m] constante
Konstitutionsformel f *(Ch)* fórmula f de constitución [estructura]
konstruieren v construir; diseñar
Konstrukt n 1. hipótesis f de trabajo; 2. *(Inf)* estructura f, construcción f
Konstruktion f 1. construcción f; diseño m; 2. *(Bw)* construcción f, osatura f, estructura f; montaje m; 3. *(Math)* construcción f
~/**brandschutzgerechte** diseño m de la seguridad de incendios
~/**instandhaltungsgerechte** diseño m con relación al mantenimiento
~/**lärmarme** diseño m silencioso [con bajo nivel de ruido] *(von Maschinen)*
~/**rahmenlose** construcción f sin bastidor
~/**rechnerunterstützte** diseño m asistido por ordenador, DAO
~/**starre** diseño m rígido
~/**tragende** osatura f portante
Konstruktionsarbeitsplatz m puesto m de trabajo de diseñadores

Konstruktionsberechnung f cálculo m estructural [de estructuras]
Konstruktionsbreite f *(Schiff)* manga f de construcción [trazado]
Konstruktionsbüro n oficina f técnica [de ingeniería, de proyectos, de diseños], buró m [centro m] de diseño, oficina f constructora
Konstruktionsentwurf m concepción f de diseño
Konstruktionsfehler m defecto m constructivo [de construcción]; fallo m en el diseño
Konstruktionsrechnung f *(Schiff)* cálculo m estructural [de estructuras]
Konstruktionsspant n *(Schiff)* cuaderna f de trazado
Konstruktionstechnik f ingeniería f de diseño; técnica f de construcciones; tecnología f constructiva [de construcción, de diseño]
~/**rechnergestützte** tecnología f de diseño asistido por ordenador
Konstruktionstiefgang m *(Schiff)* calado m de proyecto [trazado]
Konstruktionswasserlinie f *(Schiff)* línea f de flotación
Konstruktionswissenschaft f ingeniería f de construcciones
Konsumgüterelektronik f electrónica f de artículos de consumo
Kontakt m *(El, Ph)* contacto m
~/**einpoliger** contacto m monopolar
~/**verschmorter** contacto m fundido
Kontaktabbrand m *(El)* quemadura f de los contactos; desgaste m por quemadura de los contactos
Kontaktabtastung f exploración f por contacto
Kontaktabzug m *(Foto)* copia f por contacto, contacto m
Kontaktarm m *(El)* brazo m de contacto; pértiga f de trole *(Stromabnehmer)*
Kontaktbildschirm m pantalla f tactosensible
Kontaktfeder f *(El)* lámina f portacontacto [de contacto], muelle m de contacto
Kontaktfläche f 1. superficie f de contacto *(Kinematik)*; 2. *(El)* área f de contacto
Kontaktgeber m *(El)* dispositivo m de contacto, contactor m, conjuntor m

Kontaktkopiergerät *n (Typ)* aparato *m* copiador a contacto
Kontaktkorrosion *f* corrosión *f* galvánica *(durch Elementbildung)*
Kontaktlinse *f (Opt)* lente *f* de contacto
Kontaktpapier *n (Foto)* papel *m* al clorobromuro [cloruro] de plata, papel *m* de contacto
Kontaktplatte *f (El)* placa *f* de contacto, galleta *f* de contactos, galleta *f*
Kontaktschale *f (Opt)* lente *f* de contacto
Kontaktschalter *m* cambiador *m* de contacto directo
Kontaktschiene *f (El)* barra *f* de contacto
Kontaktstift *m* 1. *(El)* espiga *f* [brocha *f*, pasador *m*] de contacto, tapón *m* adaptador; patita *f* de contacto *(an der Röhre)*; 2. *(EIn)* patilla *f*
Kontaktstoff *m (Ch)* acelerador *m*, acelerante *m*, catalizador *m*
Kontaminant *m* contaminante *m*, sustancia *f* contaminante; elemento *m* contaminante; agente *m* contaminador, producto *m* contaminante
~/luftbürtiger contaminante *m* aerodisperso
~/partikelförmiger contaminante *m* particulado
~/radioaktiver contaminante *m* radioactivo
Kontamination *f* contaminación *f*, contaminación *f* ambiental [del ambiente, del medio ambiente]
Kontaminationsfahne *f* penacho *m* contaminante
Kontaminationsgrad *m* índice *m* [nivel *m*] de contaminación
kontaminieren *v* contaminar
Kontextmenü *n (Inf)* menú *m* de objetos
Kontinentalverschiebung *f (Geol)* deriva *f* de los continentes, traslación *f* continental
Kontingenztabelle *f (Math)* cuadro *m* de contingencia
Kontinuitätsbedingung *f (Math)* condición *f* de continuidad
Kontinuum *n (Ph)* continuo *m*, continuum *m*, espectro *m* continuo
Kontinuumsmechanik *f (Ph)* mecánica *f* de los medios continuos
Kontrastfilter *n (Foto)* filtro *m* de contraste

Kontrastmittel *n* sustancia *f* de contraste, contraste *m*
Kontrastregler *m (TV)* regulador *m* de contraste
Kontrollablauf *m (Inf)* rutina *f* de comprobación [supervisión, verificación]
Kontrollabtastung *f* exploración *f* de control
Kontrolllampe *f* lámpara *f* indicadora [de control], lámpara *f* [luz *f*] piloto, piloto *m* (de control)
Kontrollbildschirm *m* monitor *m* de control
Kontrollbit *n (Inf)* dígito *m* de control; bit *m* de paridad *(bei Paritätskontrolle)*
Kontrollbohren *n (Bgb)* sondeo *m* de control
Kontrolle *f* comprobación *f*; chequeo *m*; control *m*; inspección *f*; supervisión *f*; verificación *f*, revisión *f*; examen *m* de control; gobierno *m*; monitorización *f* *(mittels Monitor)*
~/arithmetische *(Inf)* verificación *f* [prueba *f*] aritmética
~/diagnostische *(Inf)* ensayo *m* de diagnóstico *(Fehlersuchkontrolle)*
~/messtechnische control *m* técnico de medición
~/technische control *m* técnico; inspección *f* técnica; verificación *f* técnica; chequeo *m* técnico
~/visuelle control *m* visual, control-visión *f*; verificación *f* visual
Kontrollfeld *n* panel *m* de control
Kontrollgerät *n* aparato *m* de comprobación [control, verificación], verificador *m*, dispositivo *m* comprobador [de comprobación, de control]; equipo *m* de control; instrumento *m* de comprobación [control, referencia, vigilancia]; máquina *f* verificadora
~/automatisches supervisor *m* automático, automonitor *m*
kontrollieren *v* comprobar; controlar; inspeccionar; examinar; revisar; supervisar; verificar; intervenir; monitorizar *(mittels Monitor)*
Kontrollkörner *m (Fert)* punzón *m* centrador [central]
Kontrollkreis *m (El)* circuito *m* piloto
Kontrolllehre *f* calibre *m* comprobador [de verificación, de comprobación, de control]

Kontrollleuchte f piloto m de control
Kontrollmanometer n manómetro m de comprobación [control, registro]; manómetro m patrón
Kontrollpult n consola f de mando
Kontrollröhre f (Eln) tubo m monitor
Kontrollroutine f (Inf) rutina f de comprobación [supervisión, verificación]
Kontrollschalter m llave f de control
Kontrollschalttafel f cuadro m de control
Kontrollschaltung f (El) circuito m de control
Kontrollstab m (Kern) varilla f de control (Reaktor)
Kontrollsumme f (Inf) suma f de comprobación [verificación], total m de control [comprobación, prueba]
Kontrolltaste f tecla f de verificación
Kontrollturm m (Flg) torre f de control
Kontrollventil n válvula f piloto
Kontrollversuch m prueba f piloto
Kontrollvorrichtung f dispositivo m de control; aparejo m de calibrar (Eichvorrichtung)
Kontrollziffer f (Inf) dígito m de comprobación [prueba]
Konus m cono m
Konusantenne f antena f cónica
Konuskupplung f acoplamiento m cónico, embrague m cónico [de cono]
Konvektion f (Ph) convección f
Konvektionskühlung f enfriamiento m por convección
Konvektionsofen m convector m
Konvektionsströmung f corriente f de convección
Konvektionswärme f calor m convectivo
Konvektor m radiador m de [por] convección (Heizung)
konvergent (Math) convergente
Konvergenz f (Math) convergencia f
konvergieren v (Math) converger, convergir
Konvergieren n (Kfz) convergencia f (der Räder)
Konverter m 1. (Met) convertidor m; 2. (El) conversor m; 3. (Inf) convertidor m; 4. (Kern) reactor m nuclear convertidor de combustible
Konverterstahl m acero m de convertidor
Konverterstahlwerk n ace(re)ría f Bessemer

konvertieren v (Inf) convertir (z. B. ein Programm)
Konvertierung f (Inf) conversión f, proceso m de conversión
konvex convexo
~**/streng** estrictamente convexo
Konvexfräser m fresa f convexa
Konvexkonkavlinse f (Opt) lente f convexocóncava
Konvexlinse f (Opt) lente f convexa
Konzentrat n 1. (Ch) concentrado m, producto m de concentración; 2. (Lt) pienso m [alimento m] concentrado (Mischfutter)
Konzentration f concentración f
~**/höchstzulässige** concentración f máxima [límite] permisible
~ **in der Luft** concentración f atmosférica
~**/zeitgewichtete** concentración f ponderada en el tiempo
Konzentrationsgrenzwert m límite m [valor m límite] de concentración
Konzentrationsspitze f pico m de concentración
Konzentrator m 1. (Inf, Nrt) concentrador m; 2. (Inf) concentrador m de datos
konzentrisch concéntrico
konzipieren v conceptuar; idear
Konzipierung f conceptualización f
Koordimeter n coordímetro m
Koordinaten fpl coordenadas fpl
~**/dreidimensionale** coordenadas fpl triaxiales
~**/homogene** coordenadas fpl homogéneas
~**/kartesische** coordenadas fpl cartesianas [rectilíneas], ejes mpl cartesianos
~**/krummlinige** coordenadas fpl curvilíneas
~**/logarithmische** coordenadas fpl logarítmicas
~**/parabolische** coordenadas fpl parabólicas
~**/projektive** coordenadas fpl proyectivas
~**/sphärische** coordenadas fpl esféricas
Koordinatenachse f eje m de coordenadas
Koordinatenanfangspunkt m origen m [centro m] de coordenadas
Koordinatenbohrmaschine f taladradora f por coordenadas
Koordinatenbohrwerk n mandriladora f de coordenadas

Koordinatennullpunkt *m* centro *m* de coordenadas

Koordinatenschalter *m (Nrt)* conmutador *m* de barras (cruzadas), conmutador *m* en coordenadas, selector *m* crossbar [de coordenadas]

Koordinatenschreiber *m* registrador *m* volumétrico [de coordenadas], trazadora *f* gráfica [de gráficos]

Koordinatensystem *n (Math)* sistema *m* [ejes *mpl*] de coordenadas, coordenadas *fpl*

~/kartesisches sistema *m* cartesiano de coordenadas, ejes *mpl* cartesianos

~/krummliniges sistema *m* de coordenadas curvilíneas

~/rechtwinkliges sistema *m* de coordenadas cartesianas [rectilíneas]

~/schiefwinkliges sistema *m* oblicuo de coordenadas

Koordinatenursprung *m* origen *m* (del sistema) de coordenadas, centro *m* de coordenadas

Koordinatenwandler *m (Inf)* dispositivo *m* de resolución, resolvedor *m*

Koordinationsgitter *n* retículo *m* de coordinación *(Kristallographie)*

Koordinationslehre *f (Ch)* teoría *f* de la coordinación

Koordinationspolyeder *n (Ch)* poliedro *m* de coordinación

Koordinationsverbindung *f (Ch)* compuesto *m* complejo

Koordinationszahl *f (Ch)* índice *m* de coordinación, coordinencia *f*

Köper *m (Text)* sarga *f*

köpern *v (Text)* cruzar

Kopf *m* 1. cabeza *f*, cabezal *m*; cabecera *f*; 2. *(Inf)* cabecera *f*, encabezado *m*; capacete *m*; nariz *f (Ansatz)*

~/geschlitzter cabeza *f* ranurada *(einer Schraube)*

Köpfapparat *m (Lt)* aparato *m* descabezador [desmochador], descabezador *m* de remolachas *(Rübenerntemaschine)*

Kopfband *n (Bw)* contraviento *m*, tornapunta *m*

Kopfeingriffsbogen *m (Fert)* arco *m* de alejamiento

Kopfeingriffsstrecke *f (Fert)* longitud *f* de alejamiento *(Zahnrad)*

Kopfhöhe *f (Fert)* addendum *m*

Kopfhörer *m* 1. auricular *m*, audiófono *m*; cascos *mpl*; 2. *(Nrt)* casco *m* telefónico

Kopfhörerbuchse *f* enchufe *m* para auriculares

Kopfhörerbügel *m* resorte *m* de los auriculares

Kopfkegel *m (Masch)* cono *m* exterior

Kopfkreis *m* círculo *m* exterior [de cabeza], línea *f* patrón *(Zahnrad)*

Kopfkreisdurchmesser *m* diámetro *m* exterior *(Zahnrad)*

kopflastig pesado de proa *(Trimmlage eines Schiffs)*

Kopfleiste *f (Inf)* cabecera *f*

Kopfraumanalysator *m (Umw)* analizador *m* de espacio de la cabeza

Köpfrodeschwader *m (Lt)* desmochadora *f* de hileras

Köpfschlitten *m (Lt)* aparato *m* descabezador [desmochador]

Kopfschraube *f* perno *m*, tornillo *m* de cabeza

Kopfschwelle *f (Eb)* macho *m* [travesaño *m*] de tope, traviesa *f* frontal

Kopfträger *m* 1. *(Bw)* viga *f* portante; 2. *(Eb)* macho *m* [travesaño *m*] de tope

Köpfvorrichtung *f (Lt)* aparato *m* descabezador [desmochador]

Kopfzeile *f (Inf)* cabecera *f*

Kopie *f* 1. *(Inf)* copia *f*; 2. *(Typ)* copia *f*, calco *m*; 3. *(Foto)* contratipo *m*; reproducción *f*

Kopierapparat *m (Typ)* aparato *m* multicopista

Kopierdrehen *n (Fert)* torneado *m* según plantilla

Kopierdrehmaschine *f (Fert)* máquina *f* copiadora [de copiar], torno *m* copiador [de copiar, de reproducir], *(Am)* torno *m* piloto

Kopierdruck *m (Typ)* impresión *f* a multígrafo

Kopiereinrichtung *f (Fert)* mecanismo *m* copiador, trazador *m*

kopieren *v* 1. copiar *(z. B. Programm, Datei)*; sacar una copia, duplicar; tirar; 2. *(Fert)* perfilar

~/Disketten reproducir disquetes

~/in die Zwischenablage copiar en el portapapeles

Kopieren *n* duplicación *f*, duplicado *m*; maquinado *m* de copia

Kopierer *m* fotocopiadora *f*, multicopista *f*
kopierfähig copiable
Kopierfilm *m* película *f* para copias
Kopierfräsen *n* fresado *m* de forma
Kopierfräsmaschine *f* fresadora *f* copiadora [de forma], perfiladora *f*
Kopiergerät *n* 1. copiador *m* (mecánico), fotocopiadora *f*, multicopista *f*, copiadora *f*, sacacopias *m*; 2. *(Typ)* aparato *m* copiador [multicopista]; impresora *f*
Kopierlampe *f (Typ)* lámpara *f* de fotoimpresión, lámpara *f* para copiar
Kopiermaschine *f (Fert)* máquina *f* copiadora, copiadora *f*, máquina *f* de plantillar
Kopiermesser *n (Foto)* cortapruebas *m*
Kopierpapier *n* papel *m* de copiar, papel *m* para fotocopias
Kopierpresse *f* prensa *f* de copiar
Kopierrahmen *m (Typ)* marco *m* de copiar, recuadro *m* para copias
Kopierschleifmaschine *f* rectificadora *f* copiadora
Kopierstift *m (Fert)* dedo *m* de copiar
Kopiertechnik *f* tecnología *f* copiadora
Kopiervorrichtung *f (Typ)* aparato *m* multicopista, dispositivo *m* copiador, copiador *m*
Koppelelement *n (El)* elemento *m* de acoplamiento [conmutación]
Koppeldämpfung *f (Nrt)* pérdida *f* de acoplamiento
Koppelimpedanz *f (El)* impedancia *f* de transferencia
Koppelkondensator *m* condensador *m* de acoplamiento [bloqueo]
Koppelkreis *m* circuito *m* de acoplamiento
koppeln *v (El, Eln)* acoplar
Koppelnavigation *f (Flg, Schiff)* navegación *f* de estima
Koppelort *m (Flg, Schiff)* punto *m* de estima
Koppelstange *f* varilla *f* de acoplamiento
Kopplung *f* 1. *(El, Eln)* acoplamiento *m*, acopladura *f*, acoplaje *m*; interconexión *f*; acoplador *m*; 2. *(Masch)* acoplador *m*, *(Am)* acople *m*; 3. atraque *m* (z. B. von Raumschiffen)
~/feste acoplamiento *m* cerrado
~/lose acoplamiento *m* flojo
~/regelbare acoplamiento *m* variable
~/starre acoplamiento *m* cerrado

Kopplungsbeiwert *m (El)* coeficiente *m* de acoplamiento
Kopplungsdämpfung *f (Nrt)* pérdida *f* de acoplamiento
Kopplungselement *n (El)* elemento *m* [unidad *f*] de acoplamiento
Kopplungsglied *n (El)* elemento *m* de acoplamiento, acoplamiento *m* eslabón
Kopplungsmessbrücke *f (El)* puente *m* de asimetrías capacitivas
Kopplungsmesser *m (El)* medidor *m* de asimetrías capacitivas
Kopplungsregelung *f* control *m* de acoplamiento
Kopplungsschaltung *f (El)* circuito *m* de acoplamiento
Kopplungsschleife *f (El)* bucle *m* de acoplamiento
Kopplungsspule *f (El)* bobina *f* de acoplamiento
Kopplungsstelle *f (Inf)* interfaz *f*
Kopplungsstück *n* racor *m*
Kopplungsvorrichtung *f/selbsttätige* acoplador *m* autocerrable
Koprozessor *m (Inf)* coprocesador *m*, procesador *m* auxiliar
Korb *m* 1. cesta *f*; 2. *(Förd)* jaula *f*; cesto *m*; 3. *(Lt)* caja *f (Erntemaschine)*; barquilla *f (z. B. eines Ballons)*
Korbbrille *f* espejuelos *mpl* tipo canasta, gafas *fpl* de copa
Kordelschraube *f* tornillo *m* con moleteado cruzado
Kordreifen *m* neumático *m* acordonado [de cord]
Kork *m* corcho *m*; tapón *m* de corcho
Korkenzieherregel *f (El)* regla *f* del sacacorchos
Korn *n* grano *m*, gránulo *m*, perla *f*
Kornbildung *f* granulación *f*, graneo *m*
Kornbunker *m (Lt)* depósito *m* para los granos, tanque *m* de grano *(Mähdrescher)*
Körnchen *n* gránulo *m*, perla *f*
Körner *m (Masch)* centropunzón *m*, puntero *m*
Körnerbohrung *f* taladro *m* de centrar
Körnerfritter *m* cohesor *m* de granalla
Körnerschnecke *f (Lt)* tornillo *m* sin fin del grano *(Mähdrescher)*
Körnerspitze *f (Fert)* punto *m* (de torno fijo), centro *m* de torno *(Drehmaschine)*

~/feststehende punto *m* fijo
~/mitlaufende punto *m* giratorio
Kornfeinheit *f* finura *f* granular [de grano]
Korngefüge *n* estructura *f* granulada [granular], textura *f* granular
Korngrenze *f (Met)* límite *m* granular [de grano], frontera *f* de grano
Korngrenzenkorrosion *f* corrosión *f* intercristalina [intergranular]
Korngröße *f* tamaño *m* de grano, tamaño *m* granular [de granulación], finura *f* granular [de grano], granulación *f*, granulometría *f*
körnig granulado, granular, granudo
Körnung *f* 1. granulación *f*; granulometría *f*; 2. *(Met)* tamaño *m* de grano; finura *f*; 3. grano *m* (*z. B. eines Schleifkörpers*); 4. *(Typ)* graneado *m*
Kornverteilung *f* granulometría *f*
Kornwachstum *n* crecimiento *m* de grano, coalescencia *f (Kristallographie)*
Korona *f* 1. *(Astr)* corona *f*; 2. *(El)* corona *f* eléctrica
Koronaentladung *f (El)* descarga *f* de corona, efecto *m* (de) corona *(Sammelbegriff für alle Teilentladungen)*
Körper *m* 1. cuerpo *m*; 2. armazón *f*, carcasa *f*; fuste *m*; órgano *m*
~/fester sólido *m*
~/frei fallender *(Ph)* cuerpo *m* en caída libre
~/geordneter *(Math)* cuerpo *m* ordenado
~/hookescher *(Ph)* cuerpo *m* elástico
~/leitfähiger cuerpo *m* conductor
~/lichtstreuender *(Opt)* difusor *m*
~/rotationssymmetrischer sólido *m* de revolución
~/ruhender *(Ph)* cuerpo *m* en reposo
~/schwarzer *(Ph)* cuerpo *m* negro, radiador *m* integral
~/schwimmender *(Ph)* cuerpo *m* [sólido *m*] flotante
~/sich bewegender cuerpo *m* en movimiento, móvil *m*
~/starrer cuerpo *m* [sólido *m*] rígido
~/streuender *(Opt)* difusor *m*
~/wärmeabgebender *(Ph)* cuerpo *m* exotérmico
Körperschall *m* sonido *m* corporal [estructural], ruido *m* estructural
Körperschallmikrophon *n* micrófono *m* de contacto

Körperschluss *m (El)* cortocircuito *m* a masa
Körperschwingung *f* vibración *f* transmitida al cuerpo
Körperstrahlung *f* radiación *f* de cuerpo
Korpuskel *f(n) (Ph)* corpúsculo *m*
Korpuskularstrahlung *f* radiación *f* [emisión *f*] corpuscular [de partículas]
Korpuskulartheorie *f (Ph)* teoría *f* corpuscular *(des Lichtes)*
Korrektionsbrille *f* espejuelos *mpl* [oculares *mpl*] correctores
Korrektionsglas *n* cristal *m* corrector
Korrektionsgläser *npl* oculares *mpl* correctores
Korrektur *f* corrección *f*, acción *f* correctiva; acción *f* correctora *(eines Reglers)*
~/automatische acción *f* correctiva automática, autocorrección *f*
~/selbsttätige reajuste *m* automático
Korrekturabzug *m (Typ)* prueba *f* de corrección, primera prueba *f*
Korrekturband *n* cinta *f* correctora
Korrektureinrichtung *f* mecanismo *m* corrector [enderezador], medio *m* de corrección, sistema *m* corrector
Korrekturfaktor *m* 1. factor *m* de corrección; 2. *(El, Opt)* coeficiente *m* de corrección; 3. *(Ch)* coeficiente *m* volumétrico; elemento *m* de corrección; 4. *(Inf)* índice *m* corrector
Korrekturfilter *n* filtro *m* corrector [de corrección]
Korrekturflüssigkeit *f* corrector *m* líquido
Korrekturglied *n* 1. elemento *m* de corrección; 2. *(Inf)* término *m* corrector
Korrekturlack *m* laca *f* por correcciones; corrector *m* líquido
Korrekturlinse *f (Opt)* lente *f* correctora
Korrekturschaltung *f* red *f* correctora [de corrección], circuito *m* de corrección
Korrekturtaste *f (Inf)* tecla *f* de corrección
Korrelationskoeffizient *m* coeficiente *m* [factor *m*, índice *m*] de correlación *(Statistik)*
Korrelationsspektrometer *n* espectrómetro *m* de correlación *(Akustik)*
korrelieren *v* correlacionar
korrigieren *v* 1. corregir, rectificar; 2. *(Typ)* recorrer
korrodieren *v* corroerse, picar
korrodierend corrosivo

Korrosion f corrosión f, picado m
~/anodische electrodisolución f
~/elektrochemische corrosión f electroquímica
~/elektrolytische corrosión f electrolítica
~/interkristalline corrosión f intercristalina [intergranular]
~/örtliche corrosión f local [localizada]
~/transkristalline corrosión f transgranular
korrosionsanfällig propenso [sensible] a la corrosión, susceptible de corrosión
korrosionsbeständig resistente a la corrosión, anticorrosivo, incorrosible, inoxidable, oxidorresistente
Korrosionsfestigkeit f resistencia f [inalterabilidad f] a la corrosión, estabilidad f anticorrosiva
Korrosionshemmer m inhibidor m antioxidante [de corrosión], aditivo m anticorrosivo, sustancia f antiherrumbrosa
Korrosionsrissbildung f agrietamiento m por corrosión
Korrosionsschutz m protección f anticorrosiva [contra la corrosión], control m de corrosión, anticorrosión f
Korrosionsschutzanstrich m pintura f anticorrosiva; sellador m anticorrosivo
Korrosionsschutzmittel n medio m [material m, aditivo m] anticorrosivo, anticorrosivo m, preservativo m de corrosión
Korrosionsschutzöl n aceite m anticorrosivo
Korund m (Min) corindón m
Kosekans m (Math) cosecante f
Kosinus m (Math) coseno m
Kosinussatz m (Math) axioma m cosenoidal
kosmisch cósmico, espacial
Kosmochemie f cosmoquímica f, química f espacial
Kosmonautik f cosmonáutica f, astronáutica f, navegación f espacial [cósmica]
kosmonautisch astronáutico
Kosmos m espacio m (cósmico), espacio m sideral, universo m
Kotangens m (Math) cotangente f
Kotflügel m (Kfz) alero m, aleta f, guardabarro(s) m, guardalodor m, (Am) guardafango(a) m, taparrueda f
Kötzer m (Text) canilla f (Weberei)

Kovalenz(bindung) f (Ch) covalencia f, enlace m covalente [homeopolar]
Krackanlage f (Ch) instalación f de craqueo [cracking]
Krackbenzin n gasolina f de cracking
kracken v (Ch) craquear
Kracken n (Ch) craqueo m
~/hydrierendes hidrocraqueo m
~ über Radikale craqueo m térmico
Krackgas n gas m de craqueo [desdoblamiento]
Kraft f 1. (Ph) fuerza f; 2. (Mech) esfuerzo m; poder m; potencia f (z. B. am Hebel); intensidad f, energía f • **mit voller** ~ a toda fuerza
~/abweisende repelencia f
~/aerodynamische fuerza f aerodinámica
~/bewegende agente m mecánico
~/elektromotorische fuerza f electromotriz, E, f.e.m.
~/gegenelektromotorische fuerza f contraelectromotriz, f.c.e.m.
~/hookesche (Ph) fuerza f elástica
~/photoelektromotorische fuerza f fotoelectromotriz
~/resultierende (Ph) resultante f, fuerza f resultante
~/thermoelektrische fuerza f termoeléctrica, poder m termoeléctrico
~/treibende fuerza f motriz
~/wirkende fuerza f actuante [efectiva, ejercida]
Kraftanlage f central f de energía; juego m generador
Kraftarm m (Mech) brazo m de la fuerza, brazo m de palanca [potencia], palanca f de fuerza
Kraftbedarf m potencia f necesaria [motriz requerida]
Kräftediagramm n (Mech) diagrama m de fuerzas
Kräftedreieck n (Mech) triángulo m de fuerzas
Kräfteparallelogramm n (Mech) paralelogramo m de fuerzas
Kräftevieleck n (Mech) polígono m de fuerzas
Kraftfahrzeug n vehículo m automotor [automóvil, mecánico, motor, de tracción mecánica], vehículo m autopropulsado; equipo m automotor [automotriz], máquina f automotriz

Kraftfahrzeuganhänger m remolque m de automóvil
Kraftfahrzeugantrieb m tracción f automotriz; propulsión f de vehículos
Kraftfahrzeugaufbau m carrocería f
Kraftfahrzeugbau m construcción f automovilística [de vehículos]; mecánica f automotriz; fabricación f de automóviles; industria f de fabricación automotriz
Kraftfahrzeugelektrik f electricidad f del automóvil
Kraftfahrzeugelektronik f electrónica f automotriz
Kraftfahrzeuginstandhaltung f mantenimiento m de vehículos automóviles
Kraftfahrzeuglackierung f pintura f automotriz
Kraftfahrzeugmotor m motor m de automóvil
Kraftfahrzeugtechnik f 1. ingeniería f automotriz [de automoción]; tecnología f del automóvil, tecnología f de automóviles; 2. material m automóvil
Kraftfahrzeugwerkstatt f taller m automotor [para vehículos]
Kraftfeld n (Ph) campo m de fuerzas
Kraftfluss m (Ph) flujo m de fuerza [potencia]
Kraftlinie f (Ph, El) línea f de fuerza
Kraftlinienbild n espectro m eléctrico [magnético]
Kraftlinienfluss m flujo m magnético
Kraftmaschine f máquina f motriz [de fuerza]; motor m
Kraftmesser m dinamómetro m
Kraftmoment n momento m de la fuerza, par m (de fuerza)
Kraftrad n motocicleta f, motociclo m, automociclete m
Kraftschlussbeiwert m (Kfz) coeficiente m de adherencia
kraftschlüssig accionado a fuerza [presión]
Kraftsteckdose f (El) tomacorriente m para fuerza motriz, caja f de enchufe para corriente industrial
Kraftstoff m (Kfz) combustible m, carburante m, esencia f (carburante)
~/klopffester combustible m antidetonante
~ mit Schmierölbeimischung combustible m mineral lubrificante

Kraftstoffanlage f sistema m de alimentación
Kraftstoffanzeiger m indicador m (del nivel) de combustible
Kraftstoffbehälter m depósito m [tanque m] de combustible
Kraftstoffeinspritzdüse f inyector m de combustible
Kraftstofffilter n filtro m de combustible
Kraftstoffförderpumpe f nodriza f
Kraftstoffgemisch n mezcla f combustible
Kraftstoffhahn m espita f de combustible
Kraftstoffleitung f tubo m [tubería f] de combustible
Kraftstoffpumpe f bomba f de carburante [combustible, gasolina]
Kraftstoffstandanzeiger m indicador m de combustible
Kraftstofftank m depósito m [tanque m] de combustible; tanque m de aceite combustible
Kraftstoffzerstäubung f (Kfz) carburación f, pulverización f de gasolina
Kraftstrom m corriente f de fuerza
Kraftstromschalter m interruptor m de gran intensidad
Kraftübertragung f 1. (Masch) transmisión f (de fuerza); 2. (Kfz) tren m de potencia; 3. (El) transmisión f de energía
Kraftwagen m vehículo m motor; automóvil m
Kraftwagenfähre f transbordador m de automóviles
Kraft-Weg-Diagramm n diagrama m de fuerza-curso
Kraftwerk n central f eléctrica [de energía, de fuerza, generadora], central f productora de corriente [energía], usina f eléctrica
Kragarm m cantilever m
Kragdach n (Bw) cubierta f voladiza [en voladizo], pabellón m
Kragplatte f (Bw) losa f (de hormigón) en voladizo
Krampe f (Bw) laña f, corchete m, garfa f
Kran m grúa f
Kranarm m brazo m portacargas, pescante m
Kranausladung f voladizo m de grúa
Kranausleger m flecha f de grúa, viga f voladiza, pescante m
Kranbahn f camino m de grúa

Kranbalken *m* soporte *m* de grúa, pescante *m*
Kranbewegung *f* traslación *f* de la grúa
Krandrehscheibe *f* placa *f* giratoria de la grúa
Kranführerkabine *f* cabina *f* del operador de la grúa
krängen *v (Schiff)* escorarse, inclinarse, recalcar, caer en banda, dar quilla, carenar; tambalearse
Krängung *f (Schiff)* escora *f* estática, inclinación *f*, inclinamiento *m*, carenamiento *m*, carena *f*, recalcada *f*; tambaleo *m*
Krängungsarm *m* brazo *m* escorante
Krängungsmoment *n* momento *m* escorante [de escora], par *m* escorante
Krängungswinkel *m* ángulo *m* de escora [inclinación]
Kranhaken *m* gancho *m* de grúa [suspensión]
Kranhubschrauber *m* helicóptero *m* grúa, grúa *f* volante
Krankabel *n* cable *m* de grúa
Krankabine *f* cabina *f* de la grúa
Krankatze *f* vangoneta-grúa *f*
Krankenhaustechnik *f* ingeniería *f* hospitalaria
Krankenwagen *m* ambulancia *f*, automóvil *m* de ambulancia, furgón *m* de sanidad, vehículo-ambulancia *m*
Kranlast *f* carga *f* de la grúa
Kranschiene *f* carril *m* para grúas
Kranseil *n* cable *m* de grúa
Kranwagen *m* 1. camión *m* grúa, camión-grúa *m*; carro *m* de grúa; 2. *(Eb)* vagón *m* grúa
Kranwinde *f* torno *m* de grúa
Kranz *m* 1. *(Masch)* corona *f*; 2. *(Astr)* aureola *f*, aréola *f*
Kratzbandförderer *m (Förd)* elevador *m* de rascadores, transportador *m* de paletas [rastras, rascadores]
Kratzer *m* 1. racleta *f*, rascador *m*; scraper *m (Gerät)*; 2. rayado *m* abrasivo; arañazo *m (Schramme)*
Kratzerband *n (Förd)* cinta *f* de rascadores, banda *f* raspadora *(Kratzförderer)*
kratzfest resistente al rascado; resistente a los arañazos
Kratzförderer *m* elevador *m* de rascadores, transportador *m* de arrastre [rascador]
Kratzkettenförderer *m (Bgb)* transportador *m* de cadena a rastras
Krautschläger *m (Lt)* desmochadora *f*, desmenuzadora *f* de tallos
Kreide *f* 1. tiza *f*; 2. *(Geol)* creta *f*
Kreidezeit *f* época *f* cretácica *(Erdzeitalter)*
Kreis *m* 1. círculo *m*; 2. *(El)* circuito *m*; 3. limbo *m (für Vermessungsgeräte)*
~/einbeschriebener *(Math)* círculo *m* inscrito
~/geerdeter circuito *m* de tierra
~/geschlossener circuito *m* cerrado
~/konzentrischer *(Math)* círculo *m* concéntrico, circunferencia *f* concéntrica
~/offener circuito *m* abierto
~/umbeschriebener *(Math)* círculo *m* circunscrito
Kreisabschnitt *m (Math)* segmento *m* circular [de círculo]
Kreisausschnitt *m (Math)* sector *m* circular [de círculo], sector *m*
Kreisbahn *f* órbita *f* [trayectoria *f*] circular
Kreisbahngeschwindigkeit *f (Rak)* velocidad *f* orbital [circular]
Kreisbewegung *f* movimiento *m* circular; cerco *m*; circuito *m*; giro *m*
Kreisbogen *m (Math)* arco *m* circular [de círculo], arco *m*
Kreisbogengrad *m (Math)* grado *m* de arco
Kreisbogenverzahnung *f* dentado *m* arqueado [en arco de circunferencia], engranaje *m* arqueado
Kreisdiagramm *n* diagrama *m* circular [de sectores], gráfico *m* sectorial *(Darstellung durch Kreissektoren)*
Kreisel *m* giroscopio *m*
Kreiselbrecher *m* quebrantadora *f* giratoria [rotativa, redonda], machacadora *f* [trituradora *f*] giratoria, molino *m* cónico [de cono]
Kreiselegge *f (El)* grada *f* de ruedas excéntricas
Kreiselgebläse *n* compresor *m* rotativo volumétrico, soplador *m* [aspirador *m*, ventilador *m*] centrífugo
Kreiselgesetze *npl (Ph)* ecuaciones *fpl* giroscópicas
Kreiselheuer *m (Lt)* henificadora *f* rotativa
Kreiselhorizont *m (Flg)* horizonte *m* giroscópico

Kreiselkompass m 1. compás m giroscópico, girocompás m, brújula f giroscópica, girobrújula f; 2. *(Schiff)* aguja f giroscópica; 3. *(Flg)* conservador m de rumbo
Kreisellüfter m ventilador m centrífugo
Kreiselmäher m *(Lt)* segadora f rotativa
Kreiselpumpe f bomba f centrífuga [rotatoria]
Kreiselschwader m *(Lt)* agavilladora f giratoria
Kreiselsextant m sextante m giroscópico
Kreiseltochter f *(Schiff)* compás m repetidor, repetidor m *(Kompass)*
Kreiselzettwender m *(Lt)* henificadora f rotativa
Kreisevolvente f *(Math)* evolvente f del círculo
Kreisfläche f *(Math)* superficie f circular [de círculo]
Kreisflächenregner m *(Lt)* regador m giratorio
Kreisförderer m *(Förd)* transportador m circular [circulatorio]
kreisförmig circular
Kreisfrequenz f frecuencia f angular [circular], velocidad f angular; pulsación f *(Schwingung)*
Kreisfunktion f *(Math)* función f ciclométrica [circular]
Kreisgleichung f *(Math)* ecuación f del círculo
Kreiskolbenmotor m motor m rotativo Wankel
Kreiskoordinaten fpl coordenadas fpl circulares
Kreislauf m circulación f; circuito m; ciclo m; reciclo m, recirculación f
Kreislinie f *(Math)* circunferencia f, círculo m
Kreispolarimeter n *(Feinw)* polarímetro m de círculo
Kreisradius m radio m del círculo
Kreisring m *(Math)* corona f circular
Kreissäge f sierra f circular [abrazadera, de disco], abrazadera f, aserradora f de disco
Kreisschnitt m sección f circular *(Zeichnung)*
Kreissegment n *(Math)* segmento m circular [de círculo]
Kreissektor m *(Math)* sector m circular [de círculo]

Kreisteilung f paso m circular *(Verzahnung)*
Kreisumfang m periferia f [perímetro m] del círculo
Kreiszylinder m *(Math)* cilindro m circular
Krempel f *(Text)* máquina f de cardar, manuar m de carda, carda f *(Spinnerei)*
Kreuzassembler m *(Inf)* ensamblador m cruzado, traductor-ensamblador m
Kreuzbogen m *(Bw)* arco m crucero, crucero m
Kreuzbohrmeißel m *(Bgb)* trépano m de corte en cruz
kreuzen v atravesar; intersecar entrecruzar
Kreuzfahrtschiff n buque m de crucero, barco m de travesía, crucero m (de recreo)
Kreuzgelenk n articulación f en cruz; cruceta f portagancho *(für Kranhaken)*
Kreuzgelenkkupplung f acoplamiento m de articulación cruciforme, acoplamiento m de doble articulación
Kreuzgewölbe n *(Bw)* bóveda f de crucería
Kreuzhieb m picadura f cruzada; talla f cruzada
Kreuzholz n 1. *(Bw)* madera f de cuarto de sección, madero m cortado en cruz, cuartón m; 2. *(Schiff)* cornamusa f, galápago m de guía
Kreuzkopf m *(Masch)* cruceta f, corredera f transversal [en cruz], corredera f
~**/beiderseits** cruceta f bilateral
~**/gabelförmiger** cruceta f ahorquillada
~**/geteilter** cruceta f partida
~**/verstärkter** cruceta f reforzada
~**/viergleisiger** cruceta f de cuatro patines
~**/zentraler** cruceta f central
Kreuzkopfbohrung f taladro m de la cruceta
Kreuzkopfbolzen m pasador m de la cruceta
Kreuzkopfführung f guía f de la cruceta
Kreuzkopfgelenk n articulación f de la cruceta
Kreuzkopfgewinde n rosca f de la cruceta
Kreuzkopfgleitschuh m patín m de la cruceta
Kreuzkopfkeil m chaveta f de la cruceta
Kreuzkopfkolben m émbolo m cruceta
Kreuzkopflager n cojinete m de la cruceta

Kreuzkopfmittelstück *n* pieza *f* intermedia de la cruceta
Kreuzkopfzapfen *m* muñón *m* de la cruceta
Kreuzkötzerspulmaschine *f (Text)* canillera *f* de plegado cruzado
Kreuzleitwerk *n (Flg)* cruz *f* estabilizadora
Kreuzlibelle *f* nivel *m* cruzado
Kreuzloch *n* taladros *mpl* en cruz
Kreuzlochmutter *f* tuerca *f* cilíndrica con agujeros laterales
Kreuzlochschraube *f* tornillo *m* con taladros en cruz
Kreuzmeißel *m* barrena *f* de cruz, buril *f*
Kreuzmodulation *f (Eln)* modulación *f* cruzada [mutua], transmodulación *f*, intermodulación *f*
Kreuznahtschweißung *f* soldadura *f* en cruz
Kreuznutscheibe *f* cruz *f* de Malta
Kreuzpoller *m (Schiff, Bw)* bolardo *m* (en forma) de cruz, noray *m* en cruz
Kreuzrahmenantenne *f* antena *f* de cuadros cruzados
Kreuzraster *m (Typ)* trama *f* en cruz
Kreuzrohrstück *n* tubo *m* en cruz
Kreuzschalter *m (El)* permutador *m*
Kreuzschaltung *f (El)* conexión *f* tetrafilar [en cruz]
Kreuzscheibenkupplung *f* junta *f* de Oldham
Kreuzschichtung *f (Geol)* estratificación *f* cruzada
Kreuzschieber *m (Fert)* carro *m* de movimiento en cruz
Kreuzschienenwähler *m (Nrt)* selector *m* crossbar [de coordenadas]
Kreuzschlagen *n (Text)* picada *f* cruzada *(Weberei)*
Kreuzschlaghammer *m* martillo *m* de peña vertical, macho *m* de fragua, mallo *m* de corte, mandarria *f*, porra *f*
Kreuzschlagkabel *n (Förd)* cable *m* de colchadura cruzada
Kreuzschlitten *m (Fert)* carro *m* de movimiento en cruz
Kreuzschlitz *m* ranura *f* en cruz, muesca *f* cruciforme
Kreuzschlitzschraube *f* tornillo *m* con ranura cruciforme
Kreuzsicherung *f (Inf)* verificación *f* cruzada, contraverificación *f (Verfahren der Datensicherung)*

Kreuzspulmessinstrument *n (El)* instrumento *m* de bobinas cruzadas
Kreuzstrebe *f (Bw)* riostra *f* en (forma de) cruz, tirante *m* diagonal
Kreuzstück *n* pieza *f* tubular en cruz, cruzamiento *m (El) (Rohrverzweigung)*; molinete *m*; estrella *f*; torniquete *m*
Kreuzung *f* 1. cruzamiento *m*; cruce *m*; entrecruzamiento *m*; 2. *(Eb)* crucero *m* de ferrocarril
Kreuzungsweiche *f (Eb)* aguja *f* de cruzamiento, cambio *m* corredizo [de cruzamiento]
Kriechdehnung *f (Wkst)* viscofluencia *f*
kriechen *v* 1. *(Geol)* arrastrarse; 2. *(Met)* escurrirse; 3. *(El)* fugarse, dispersarse *(Strom)*
Kriechen *n* 1. *(Wkst)* encogimiento *m* bajo carga *(Statik)*; 2. *(Met)* fluencia *f* (lenta); viscofluencia *f*; 3. *(El)* fuga *f (von Strom)*
Kriechfestigkeit *f (Wkst)* resistencia *f* al alargamiento
Kriechgang *m* 1. *(Kfz)* marcha *f* tortuga *(z. B. Schlepper)*; 2. *s.* Kriechvorschub
Kriechgrenze *f (Met)* límite *m* de fluencia lenta
Kriechstrom *m (El)* corriente *f* de fuga [escape, pérdida]
Kriechvorschub *m (Masch)* avance *m* lento
Kristall *m* cristal *m*
~/doppelbrechender cristal *m* birrefringente
~/linksdrehender cristal *m* levógiro
~/rechtsdrehender cristal *m* dextrógiro
Kristall *n* cristal *m*, vidrio *m* de cristal
~/geschliffenes cristal *m* biselado
Kristallchemie *f* cristaloquímica *f*, química *f* cristalina
Kristalldetektor *m* detector *m* de cristal [galena]
Kristallgitter *n* red *f* cristalina, retículo *m* cristalino
Kristallgleichrichter *m* rectificador *m* de cuarzo [cristal]
Kristallhalbleiter *m* semiconductor *m* cristalino
Kristallautsprecher *m* altavoz *m* piezoeléctrico [de cristal]
Kristallmikrophon *n* micrófono *m* de cristal

Kristalloptik f óptica f cristalina
Kristalloszillator m oscilador m de cristal
Kristallphysik f cristalofísica f
Kritikalitätsunfall m (Kern) accidente m de criticidad
Krokodilklemme f (El) pinza f (de) cocodrilo
Krone f (Bw) corona f, coronamiento m, coronación f; cresta f (z. B. eines Deiches)
Kronenbohrer m trépano m de corona
Kronenmutter f tuerca f almenada [con entallas]
Kronrad n rueda f plana; engranaje m frontal; rueda f de corona (Uhr)
kröpfen v (Masch) acodar, formar cigüeñal
Kröpfung f (Masch) acodamiento m, acodado m, codo m, escote m; cigüeña f
Krümelgerät n (Lt) desterronadora f
Krümelpflug m (Lt) arado m desmenuzador de terrones
Krümmer m (Masch) tubo m angular, acodado m, codo m
krummlinig (Math) curvilíneo
Krümmung f 1. curvatura f, inflexión f; arcuación f; 2. arco m (de curva); corvadura f (bleibende Verformung); 3. comba f; 4. revuelta f; 5. recodo m, codillo m (z. B. Rohr); 6. torcedura f
Krümmungskreis m (Math) círculo m de curvatura
Krümmungsradius m radio m [grado m] de curvatura
Krümmungswinkel m (Bw) ángulo m de cimbreo
krumpfecht (Text) inencogible, sólido al encogimiento
krumpfen v (Text) encogerse
Kryoelektronik f crioelectrónica f
kryogen criogénico
Kryogenspeicher m (Inf) memoria f criogénica [superconductora]
Kryophysik f criofísica f, física f de bajas temperaturas
Kryotechnik f criogenia f
Kubatur f (Math) cubatura f, cubación f, cubaje m; cubicación f; capacidad f cúbica
Kübel m cuba f, cubo m; cesto m; cangilón m; cucharón m; tonel m
Kübelaufzug f (Förd) montacargas m de cangilones

Kübelförderer m (Lt) elevador m de cubos
Kübelwagen m 1. (Eb) vagón m caldero; 2. (Kfz) jeep m
kubieren v (Math) elevar al cubo, elevar a la tercera potencia
Kubieren n cubicación f, cubación f, cubaje m
Kubikinhalt m contenido m cúbico, cubicación f, cubación f, cubaje m, volumen m
Kubikmeter n metro m cúbico
Kubikwurzel f raíz f cúbica
Kubikzahl f cubo m, módulo m cúbico
Kubikzentimeter n centímetro m cúbico
kubisch cúbico
Kubus m cubo m, dado m
Kufe f (Flg) patín m
Kufenfahrwerk n aterrizador m de patines
Kugel f 1. (Math) esfera f; 2. globo m (Geographie); 3. (Masch) bola f (Kugellager); 4. (Met) pellet m
Kugelabschnitt m (Math) segmento m esférico
Kugelantrieb m mando m esférico
kugelartig (Met, Min) nodular
Kugelausschnitt m (Math) sector m esférico
Kugelbildung f esferoidación f
Kugelblitz m relámpago m en bola [globo]
Kugeldrehen n (Fert) torneado m esférico
Kugeldreieck n (Math) triángulo m esférico
Kugeldruckhärte f (Wkst) dureza f a la indentación
Kugeldruckverfahren n (Wkst) procedimiento m Brinell
Kugelfläche f (Math) superficie f esférica, esfera f
kugelförmig esférico; globular
Kugelfräser m fresa f esférica
Kugelfunkenstrecke f (El) trayectoria f de descarga
Kugelfunktion f (Math) función f esférica
Kugelgelenk n articulación f esférica [de bola, de rodillo], junta f de bola, rótula f
Kugelgraphit m grafito m esférico [esferoidal]
Kugelhärteprüfer m (Wkst) esclerómetro m de bolas
kugelig 1. esferoidal; 2. (Met, Min) nodular; 3. (Geol) orbicular
Kugelkappe f (Math) casquete m esférico

Kugelkette f cadena f de bolas *(Hülltriebe)*
Kugelkondensator m *(El)* condensador m esférico
Kugelkoordinaten fpl *(Math)* coordenadas fpl esféricas
Kugellager n cojinete m de bolas [bolillas, rótula], rodamiento m de bolas
Kugellagerkäfig m *(Masch)* caja f [retén m] de bolas, tejuelo m con rodamiento de bolas
Kugellehre f calibre m de bolas *(Messtechnik)*
Kugelmühle f desintegrador m [molino m, pulverizador m, trituradora f] de bolas, triturador m a bolas
Kugelradius m radio m de esfera
Kugelring m *(Math)* anillo m esférico
Kugelschale f *(Bw, Math)* concha f esférica
Kugelscharnier n junta f esférica [de rótula]
Kugelschnitt m *(Math)* sección f esférica
Kugelschreiber m bolígrafo m
Kugelsegment n *(Math)* segmento m esférico
Kugelsektor m *(Math)* sector m esférico
kugelsicher a prueba de bala, protegido contra balas
Kugelventil n válvula f esférica [de globo, de bola], llave f esférica [de bola]
Kugelwelle f onda f esférica
Kugelwinkel m *(Math)* ángulo m esférico
Kugelzapfenlager n cojinete m de gorrón esférico
Kühlaggregat n grupo m frigorífico [hermético], unidad f enfriadora; refrigerador m
Kühlanlage f instalación f frigorífica [de refrigeración, de enfriamiento], equipo m frigorífico [de refrigeración], planta f refrigeradora [de refrigeración]; máquina f de congelar
Kühlbehälter m recipiente m refrigerador, tanque m refrigerado [de enfriamiento]
Kühlcontainer m contenedor m frigorífico [térmico]
~ mit Gefrieranlage contenedor m refrigerado
Kühleinrichtung f dispositivo m [equipo m] de refrigeración; establecimiento m frigorífico
kühlen v enfriar, refrigerar

Kühler m 1. refrigerador m, refrigerante m, aparato m frigorífico, enfriador m; 2. *(Kfz)* radiador m (de refrigeración); 3. *(Ch)* condensador m *(Dampf)*
Kühlerhaube f *(Kfz)* tapa f [cubierta f] del radiador, cubrerradiador m, *(Am)* cofre m
Kühlerjalousie f *(Kfz)* persiana f del radiador
Kühlerschutzgitter n *(Kfz)* rejilla f de radiador
Kühlerverschlussdeckel m *(Kfz)* tapón m del radiador
Kühlfahrzeug n vehículo m frigorífico [refrigerado], camión m frigorífico, *(Am)* vagón m refrigerado
Kühlfalle f 1. trampa f [trap m] de condensación *(Vakuumtechnik)*; 2. *(Ch, Umw)* trampa f fría *(Analytik)*
Kühlflüssigkeit f 1. líquido m refrigerante [frigorígeno, frío, enfriante], fluido m refrigerante [frigorígeno, frigógeno]; 2. *(Kfz)* solución f anticongelante
Kühlfrachtschiff n buque m de carga con refrigeración, transportador m refrigerado [de carga refrigerada], carguero m frigorífico
Kühlgut n material m a refrigerar; género m a refrigerar; carga f refrigerada
Kühlhalle f sala f frigorífica, nave f frigorífica [de refrigeración], *(Am)* frigorífico m
Kühlhaus n casa f frigorífica; almacén m frigorífico, instalación f de almacenamiento frigorífico, *(Am)* frigorífico m
Kühlkammer f 1. cámara f refrigerada [refrigerante, fría, frigorífica, de congelación, de refrigeración]; almacén m frigorífico; 2. *(Gieß)* cámara f de enfriamiento *(für Gussstücke)*
Kühlkette f cadena f fría [frigorífica]
Kühlladeraum m *(Schiff)* cala f frigorífica, bodega f refrigerada
Kühllager n almacén m frigorífico [refrigerado]
Kühlleistung f capacidad f de enfriamiento; potencia f frigorífica
Kühlluftregler m *(Kfz)* persiana f del radiador
Kühlmantel m camisa f refrigeradora [de refrigeración], chaqueta f refrigerante, manguito m de refrigeración; corbato m *(eines Destillierkolbens)*

Kühlmaschine f máquina f refrigeradora, refrigerador m
Kühlmittel n medio m de enfriamiento, agente m refrigerador [refrigerante], refrigerante m, fluido m frigorífico [frigorígeno], sustancia f refrigerante
Kühlöl n (Kfz) aceite m refrigerante
Kühlraum m 1. espacio m refrigerador; recinto m frigorífico; sala f frigorífica [de refrigeración]; cámara f refrigerada [refrigerante, fría, frigorífica]; instalación f frigorífica; 2. (Schiff) cala f frigorífica
Kühlrippe f aleta f enfriadora [de refrigeración], nervio m de enfriamiento
Kühlschiff n buque m frigorífico [refrigerador, congelador], carguero m frigorífico, transportador m refrigerado, frigorífico m; barco m nevera [vivero]; frutero m frigorífico [refrigerado] (für Obsttransport); barco m frigorífico
Kühlschlange f serpentín m refrigerante [de enfriamiento]; frigorífero m (kälteerzeugender Teil einer Kühlanlage)
Kühlschmierstoff m lubricante m de refrigeración
Kühlschrank m refrigerador m, armario m frigorífico, frigorífico m; nevera f (eléctrica)
Kühlsystem n sistema m de enfriamiento [refrigeración]; instalación f frigorífica [de refrigeración]
Kühltransportschiff n buque m transportador refrigerado, transportador m refrigerado
Kühltrawler m buque m arrastrero al fresco, arrastrero m al fresco, pesquero m congelador
Kühltruhe f mueble m refrigerante
Kühlturm m torre f refrigeradora [refrigerante, de enfriamiento, de refrigeración], refrigerador m de gradas, refrigerante m de chimenea
Kühlung f enfriamiento m, refrigeración f
Kühlventilator m ventilador m de refrigeración
Kühlwagen m 1. (Kfz) camión m refrigerado; 2. (Eb) vagón m frigorífico, coche m refrigerador
Kühlwaggon m vagón m frigorífico; carro m nevera
Kühlwasser n agua f refrigerante [de refrigeración, de enfriamiento]

Kühlwasserpumpe f 1. bomba f de refrigeración, bomba f para agua refrigerante; 2. (Kfz) bomba f de agua
Kulisse f (Masch) colisa f, deslizadera f, sector m; corredera f (z. B. Hobelmaschine)
Kultivator m (Lt) cultivador m, cultivadora f, destroncador m, destroncadora f; arado m cultivador
Kümpelmaschine f máquina f de embutir, prensa f de rebordear fondos
kümpeln v (Fert) embutir
Kunstdruckpapier n papel m cromo
Kunstdünger m abono m artificial [químico], fertilizante m artificial
Kunstfaser f fibra f artificial [sintética]
Kunstharz m resina f artificial [sintética]
Kunstleder n cuero m artificial, imitación f (de) cuero, piel f artificial, similicuero m
Kunstseide f seda f artificial, rayón m
Kunststoff m plástico m, materia f plástica [sintética], masa f plástica
~/glasfaserverstärkter plástico m de fibra de vidrio
~/hitzehärtbarer plástico m termoendurecible
~/kalthärtender plástico m de fraguado en frío
~/thermoplastischer materia f termoplástica, plástico m termoplástico [reversible], termoplástico m
~/verstärkter plástico m armado [reforzado]
Kunststoffabfallentsorgung f evacuación f de desechos plásticos
Kunststoffchemie f química f sintética [de plásticos]
Kunststofffolie f lámina f plástica, laminilla f de plástico
Kunststoffhülle f funda f de materia plástica
Kunststoffrecycling n reciclaje m de materias plásticas
Kunststoffverarbeitung f transformación f de plásticos
Kunststoffverpackung f envase m plástico
Küpe f tina f (Färberei)
Küpenfarbstoff m (Text) colorante m de cuba [tina]
Kupfer n cobre m, Cu
~/feuergereinigtes cobre m afinado al fuego, cobre m de afino térmico

Kupfer

~/kaltbrüchiges cobre *m* quebradizo en frío
Kupferbarren *m* barra *f* [lingote *m*] de cobre
Kupferbergwerk *n* mina *f* de cobre
Kupferblech *n* chapa *f* [lámina *f*] de cobre, cobre *m* laminado [en chapas]
Kupferdraht *m* alambre *m* [hilo *m*] de cobre
Kupferdruck *m (Typ)* impresión *f* en talla dulce
Kupferfolie *f* hojuela *f* [lámina *f*] de cobre
Kupferglanz *f (Min)* calcosina *f*, calcosita *f*, chalcosita *f*, chalcosita *f*, cobre *m* vidrioso
Kupferhütte *f* fundería *f* de cobre
Kupfermetallurgie *f* metalurgia *f* del cobre
Kupferschiefer *m* esquisto *m* cubroso
Kupferseide *f* rayón *m* al óxido cúprico amoniacal, seda *f* (artificial) al cobre, seda *f* cuproamoniacal
Kupferstich *m (Typ)* grabado *m* en cobre [dulce], grabado *m* en talla dulce, lámina *f*
Kupolofen *m (Met)* horno *m* de cúpula [cubilote], cubilote *m*
Kuppel *f* 1. *(Bw)* cúpula *f*; domo *m*; 2. *(Met)* cúpula *f (SM-Ofen)*
Kuppeldach *n (Bw)* tejado *m* imperial [en forma de cebolla]; cubierta *f* de domo
Kuppelhaken *m* gancho *m* de acoplamiento [tracción, cadena]
kuppeln *v* 1. *(Masch)* acoplar, tocar el embrague, embragar; conectar; 2. copular *(Farbstoff)*
Kuppeln *n* enganche *m*, embrague *m*
Kuppelschlauch *m (Eb)* tubo *m* flexible de acoplamiento
Kuppelstange *f* 1. *(Masch)* barra *f* de conexión; 2. *(Eb)* biela *f* de acoplamiento *(Lokomotive)*
Kupplung *f* 1. *(Masch)* acoplamiento *m*, acopladura *f*, acoplaje *m (fest)*; acoplador *m* (de unión), *(Am)* acople *m*; abrazadera *f* de unión; embrague *m*, manguito *m* de embrague, enganche *m*, sistema *m* de enganche; 2. copulación *f (Farbstoff)*
~/einstellbare acoplamiento *m* graduable
~/feste acoplamiento *m* compacto [fijo, rígido], embrague *m* rígido
Kupplungsachse *f (Kfz, Eb)* eje *m* de embrague

Kupplungsbelag *m* guarnición *f* de acoplamiento [fricción]
Kupplungsbolzen *m* perno *m* de acoplamiento [embrague]; pasador *m* del enganche; dedo *m* del embrague
Kupplungsbremse *f* freno *m* de embrague
Kupplungsflansch *m* brida *f* de acoplamiento [enganche]
Kupplungsgehäuse *n (Kfz)* caja *f* [cárter *m*] de embrague
Kupplungshebel *m* palanca *f* de acoplamiento [embrague]
Kupplungspedal *n* pedal *m* de embrague
Kupplungsschalthebel *m (Kfz)* horquilla *f* de embrague
Kupplungsscheibe *f* disco *m* de acoplamiento [embrague], plato *m* de acoplamiento, placa *f* de embrague
Kupplungsschlauch *m* manga *f* de acoplamiento
Kupplungsspiel *n* recorrido *m* del pedal de embrague
Kupplungsstange *f (Kfz, Eb)* barra *f* de atalaje
Kupplungsvorrichtung *f* aparato *m* de acoplamiento, dispositivo *m* de enganche, mecanismo *m* de enganche, enganche *m*
Kupplungswelle *f* árbol *m* [eje *m*] de embrague
Kurbel *f* manivela *f*, manubrio *m*
Kurbelachse *f (Eb)* eje *m* de manivela
Kurbelantrieb *m* accionamiento *m* de biela, impulsión *f* por biela; accionamiento *m* [movimiento *m*] por manubrio *(von Hand)*
Kurbelarm *m* brazo *m* de la manivela, brazo *m* del manubrio
Kurbelgehäuse *n (Masch)* caja *f* de manivela, caja *f* del cigüeñal
Kurbelgetriebe *n* mecanismo *m* de manubrio [manivela]
Kurbelhebel *m (Kfz)* puño *m* del manillar
Kurbelkasten *m (Masch)* caja *f* del cigüeñal
Kurbellager *n* cojinete *m* principal [de la manivela, del manubrio]
kurbeln *v* girar la manivela
Kurbelrad *n* manubrio *m*; volante *m* del cambio de velocidad *(z. B. Dampflok)*
Kurbelscheibe *f* manivela *f* de disco

Kurbelschwinge f (Masch) balancín m de colisa, brazo m [deslizadera f] oscilante
Kurbelstange f biela f
Kurbeltrieb m accionamiento m a manivela, mecanismo m de manubrio [manivela]
Kurbelwanne f depósito m de aceite para el cigüeñal
Kurbelwelle f (Masch) cigüeñal m, árbol m acodado [cigüeñal], eje m acodado [cigüeñal]
Kurbelwellengehäuse n caja f [cárter m] del cigüeñal
Kurbelwellenlager n cojinete m del cigüeñal
Kurbelwellenzapfen m gorrón m [muñón m] del cigüeñal
Kurbelwiderstand m resistencia f de manivela; reóstato m de manubrio
Kurbelzapfen m botón m de manivela [manubrio], gorrón m del manubrio, clavija f de la cigüeña
Kurrleine f (Schiff) sirga f
Kurs m 1. (Schiff, Flg) derrota f, rumbo m; 2. curso m
Kursanzeiger m (Flg) indicador m de rumbo
Kursfeuer n (Flg) baliza f de pasillo aéreo
Kursfunkfeuer n radiobaliza f de rumbo
Kursgeber m/**elektronischer** (Flg) piloto m automático electrónico
Kursgleiche f (Math) loxodromia f
kursiv itálico cursivo
Kursivschrift f cursiva f, estilo m cursiva
Kurskreisel m (Flg) indicador m de curso
Kursschreiber m (Schiff) registrador m de derrota [ruta, rumbos], trazador m de derrotas [rumbo]
Kursstabilität f (Schiff, Flg) estabilidad f de gobierno [ruta]
Kurssteuerung f/**automatische** 1. gobierno m automático; 2. (Flg) piloto m automático
Kurswinkel m (Flg, Schiff) ángulo m de rumbo [ruta]
Kurve f 1. curva f; línea f curva [de curvatura]; 2. viraje m; giro m
~/**adiabatische** (Ph) línea f adiabática
~/**ausgeglichene** curva f suavizada
~/**ebene** curva f plana
~/**fallende** curva f de caída
~/**gaußsche** curva f bicornia [de Gauss]
~/**geschlossene** contorno m, curva f cerrada
~/**isothermische** curva f isotérmica
~/**logarithmische** curva f logarítmica
~/**stetige** curva f continua
~/**strakende** (Schiff) curva f suave
~/**voltametrische** (Ch) voltamograma m
~ **zweiter Ordnung** curva f de segundo grado [orden]
Kurvenabtaster m explorador m de curvas
Kurvenbild n ploteo m
Kurvenblatt n (Schiff) curvas fpl hidrostáticas
Kurvenbogen m arco m de curva
Kurvenbündel n (Math) haz m de curvas
Kurvendiagramm n gráfica f curva
Kurvendiskussion f (Math) discusión f de la función
Kurvenfräsmaschine f fresadora f de curvas
Kurvenhebel m palanca f de leva
Kurvenintegral n (Math) integral f curvilínea
Kurvenlineal n (Math) plantilla f de [para] curvas, acordada f, curvígrafo m, regla f curva
Kurvenmesser m curvímetro m
Kurvenradius m radio m de curva [viraje]
Kurvenschablone f (Fert) plantilla f de [para] curvas
Kurvenschar f (Math) familia f de curvas
Kurvenscheibe f (Masch) leva f (de disco); disco m dentado [de levas] (Automat)
Kurvenschreiber m aparato m trazador, curvígrafo m, registrador m de curva
Kurventaster m (Inf) trazador m de curvas
Kurvenverlauf m transcurso m de la curva
Kurvenwinkel m (Math) ángulo m de curvatura
Kurzhobelmaschine f limadora f
Kurzreferat n resumen m analítico, reseña f analítica, abstracto m
kurzschließen v (El) poner en cortocircuito, cortocircuitar
Kurzschließen n (El) puesta f en cortocircuito
Kurzschließer m (El) puente m de cortocircuito, cortocircuitador m
Kurzschluss m cortocircuito m, corto circuito m

Kurzschlussanker *m (El)* jaula *f* de ardilla, inducido *m* en cortocircuito
Kurzschlussläufer *m* rotor *m* de jaula de ardilla, rotor *m* en cortocircuito
Kurzschlussmotor *m (El)* motor *m* trifásico en cortocircuito
Kurzschlussschalter *m* llave *f* de cortocircuito
Kurzschlussstrom *m* corriente *f* de cortocircuito
Kurzstreckenflugzeug *n* avión *m* de corto alcance
Kurzwahl *f* 1. *(Nrt)* marcación *f* [numeración *f*] abreviada; 2. *(Nrt)* selección *f* rápida
Kurzwahltaste *f* tecla *f* de memoria *(Telefon)*
Kurzwelle *f* onda *f* corta
Kurzwellenband *n* banda *f* de onda corta
Kurzwellenbereich *m* gama *f* de ondas cortas
Kurzwellengerät *n* equipo *m* de onda corta, aparato *m* de ondas cortas; equipo *m* terapéutico de ondas cortas *(Medizintechnik)*
Kurzwellensprechfunk *m* radiotelefonía *f* de onda corta
Kurzwellenstrahlung *f* radiación *f* de onda corta
Kurzzeitbetrieb *m* servicio *m* instantáneo [de corta duración]; operación *f* de corta duración
Kurzzeitspeicher *m (Inf)* memoria *f* de corto plazo [tiempo]
Kurzzeitversuch *m* prueba *f* acelerada
Küstenfrachter *m* costero *m*
Küstenmotorschiff *n* barco *m* de cabotaje
Küstenschiff *n* buque *m* [barco *m*] de cabotaje, embarcación *f* costera, costero *m*, *(Am)* barco *m* de bajura
Kutter *m (Schiff)* balandra *f*, cúter *m* pesquero, lancha *f*
Kybernetik *f* cibernética *f*

L

labil inestable, lábil
Laboratorium *n* laboratorio *m*, unidad *f* de laboratorio
~/heißes laboratorio *m* nuclear [caliente] *(radiochemisches Labor, in dem mit radioaktiven Präparaten hoher Aktivität gearbeitet wird)*
~/mikrobiologisches laboratorio *m* de microbiología
Laborausrüstung *f* equipo *m* de laboratorio
Laborbedarf *m* aparatos *mpl* e instalaciones *fpl* para laboratorios
Laborchemikalien *fpl* productos *mpl* químicos de laboratorio
Laboreignungsprüfung *f* ensayo *m* de aptitud de laboratorio
Laborforschung *f* investigación *f* de [en] laboratorio
Laborgerät *n* aparato *m* para laboratorio, equipo *m* de laboratorio
Laborprüfung *f* examen *m* de laboratorio
Laborrechner *m* ordenador *m* de laboratorio
Labortechnik *f* tecnología *f* de laboratorio
Labortest *m* ensayo *m* [prueba *f*, experiencia *f*] de laboratorio
Labortrockenschrank *m* estufa *f* para laboratorio
Laboruntersuchung *f* estudio *m* de laboratorio; examen *m* de laboratorio
Laborversuch *m* ensayo *m* [experiencia *f*, prueba *f*] de laboratorio
Laborwaage *f* balanza *f* de laboratorio
Labyrinthdichtung *f* empaquetadura *f* con ranuras, guarnición *f* de acanaladuras [laberinto], junta *f* de laberinto
Lachgas *n* gas *m* hilarante, óxido *m* nitroso
Lack *m* barniz *m (lufttrocknend)*; laca *f (Tränklack)*; pintura *f*, esmalte *m*
~/farbloser barniz *m* (transparente) *(lufttrocknend)*
~/lufttrocknender barniz *m* autoendurecible; laca *f* de autosecado
~/schnell trocknender barniz *m* secante
Lackfarbe *f* barniz *m* coloreado; laca *f* coloreada, pintura *f* de laca
Lackharz *n* goma *f* laca, resina *f* para pinturas y barnices
lackieren *v* barnizar, revestir con barniz; lacar, laquear
Lackieren *n*/**elektrostatisches** pintura *f* electrostática
Lackiermaschine *f* máquina *f* de barnizar, barnizadora *f*
Lackierung *f* barnizado *m*; laqueado *m*; pintura *f*

Lackleder n cuero m de charol, cuero m artificial de alto brillo *(Kunststoff)*
Lackmuspapier n *(Ch)* papel m de tornasol
Ladearm m *(Förd)* brazo m de carga
Ladebaum m *(Förd, Schiff)* percha f [puntal m, botalón m, mástil m, pescante m] de carga, pluma f cargador [de carga], pluma f
Ladebefehl m *(Inf)* instrucción f de carga
Ladeblock m *(Schiff)* polea f de suspensión, montón m de amantillo
Ladebrücke f *(Schiff)* estacada f de carga
Ladebühne f *(Förd)* plataforma f de carga
Ladedeck n *(Schiff)* cubierta f de carga
Ladedeplacement n *(Schiff)* desplazamiento m a máxima carga
Ladediskette f *(Inf)* disquete m de arranque
Ladeeinheit f unidad f de carga; medio m unitarizador [de unitarización] de carga
Ladefähigkeit f 1. capacidad f de carga; cargabilidad f; porte m; 2. *(Schiff)* cabida f
Ladefläche f superficie f de carga; plataforma f de carga
Ladeförderer m *(Lt)* elevadora-cargadora f
Ladegerät n 1. *(El)* cargador m de acumuladores [baterías]; 2. *(Förd)* equipo m de carga
Ladegeschirr n *(Schiff)* equipo m [aparejos mpl] de carga
Ladehub m *(Kfz)* carrera f de admisión [aspiración]
Ladekontrolllampe f *(El)* lámpara f indicadora de la carga
Ladekran m grúa f de carga, montacargas m
Ladelinie f *(Schiff)* línea f de (máxima) carga
Ladeluke f *(Schiff)* puerta f [escotilla f] de carga, porta f [boca f] de carga, orificio m de carga, escotilla f (de bodega)
Lademarke f *(Schiff)* marca f de francobordo
Lademaschine f *(Förd)* máquina f cargadora
Lademaß n *(Eb)* gálibo m (de carga)
Lademast m *(Schiff)* palo m [postelero m, mastelero m, mástil m] de carga
laden v *(El, Förd)* cargar

Laden n carga f; estiba f
Ladepforte f *(Schiff)* puerta f de carga
Ladepfosten m *(Schiff)* pilar m [poste m] de carga
Ladeplattform f cargadero m; plataforma f de carga *(LKW)*
Ladepritsche f plataforma f de carga *(LKW)*
Ladeprofil n *(Eb)* gálibo m (de carga)
Laderampe f 1. plataforma f [rampa f] de carga; 2. *(Eb)* muelle m (de carga)
Laderaum m *(Schiff)* bodega f (de carga), espacio m de carga, arruma f
~/selbsttrimmender bodega f autoestibante
Laderaumstütze f *(Schiff)* puntal m de bodega
Ladeschalter m *(El)* conmutador m de carga
Ladeschalttafel f *(El)* cuadro m de carga
Ladeschlepper m tractor-cargador m, tractor m cargador
Ladestelle f 1. estación f de carga; 2. *(Schiff, Eb)* muelle m de carga; 3. *(Bgb)* puesto m [punto m] de carga *(in der Grube)*
Ladestrommesser m amperímetro m de carga
Ladetiefgang m *(Schiff)* calado m en carga
Ladetrum n *(Förd)* ramal m cargado
Ladetür f *(Kfz)* trampilla f [puerta f] de carga *(Kleinlasttransporter)*
Ladeumschalter m *(El)* conmutador m de carga
Lade- und Löschanlage f *(Schiff)* instalación f para carga y descarga
Ladeverdrängung f *(Schiff)* desplazamiento m en carga, desplazamiento m a máxima carga
Ladevorrichtung f 1. aparato m cargador; 2. *(Lt)* dispositivo m recogedor [de recogida]
Ladewasserlinie f *(Schiff)* línea f de flotación con carga
Ladewinde f chigre m de carga, guinche m, maquinilla f de carga, torno m de carga
Ladung f 1. carga f; mercancías fpl; 2. *(Schiff)* cargamento m
~/lose carga f a granel
~/sperrige cargamento m voluminoso, carga f voluminosa

Ladung

~/verstaute *(Schiff)* estiba *f*
Ladungsgewicht *n* peso *m* de carga; porte *m*
Ladungsspeicherdiode *f* diodo *m* de recuperación escalonada *(Speicherschaltdiode)*
Ladungsumschlag *m* manejo *m* [maniobra *f*, manipulación *f*] de cargas
Ladungsverschiebung *f* 1. resbalamiento *m* de carga; 2. *(Schiff)* corrimiento *m* de la carga, desplazamiento *m* de carga
Lage *f* 1. situación *f*; estado *m*; 2. posición *f*, situación *f*, sitio *m*; asiento *m*; emplazamiento *m*; tanda *f*; tonga *f*; 3. capa *f*; 4. *(Geol)* lecho *m*; estrato *m*; 5. *(Bw)* bancada *f (Mauerwerk)*; 6. *(Typ)* sección *f*
Lageplan *m* plano *m* de situación, plano *m* del terreno; plano *m* de ubicación; sitio *m*
Lageplanaufnahme *f* planimetría *f*
Lager *n* 1. almacén *m*; depósito *m*; parque *m*; stock *m*; 2. *(Geol)* yacimiento *m*; 3. *(Bgb)* banco *m*; 4. *(Masch)* cojinete *m*, rodamiento *m*, chumacera *f*, camisa *f*; asiento *m*; soporte *m*; apoyo *m*; descanso *m*; lecho *m*; 5. *(Bw)* sostén *m*
~/einteiliges rodamiento *m* fijo
~/geteiltes chumacera *f* abierta
~/nachstellbares cojinete *m* ajustable
~/offenes 1. rodamiento *m* abierto; 2. almacén *m* abierto
~/schwimmendes 1. *(Schiff)* depósito *m* flotante; 2. *(Masch)* cojinete *m* flotante
~/selbstschmierendes cojinete *m* autolubricante [sin engrase]; chumacera *f* de lubricación automática
~/zweiteiliges cojinete *m* seccional; chumacera *f* abierta
Lagerbehälter *m* tanque *m* [recipiente *m*] de almacenamiento
Lagerbock *m* 1. *(Bw)* caballete *m* de apoyo; 2. *(Masch)* soporte *m*
Lagerbuchse *f* camisa *f* de cojinete, casquillo *m*, cojinete *m* liso
Lagerfutter *n (Masch)* forro *m* del cojinete
Lagerlegierung *f* aleación *f* antifricción [para cojinetes], metal *m* antifricción, antifricción *f*
Lagermetall *n* metal *m* antifricción [para cojinetes, plástico, Babbitt], aleación *f* antifricción [para cojinetes], antifricción *f*

lagern *v* 1. almacenar, poner en almacén; 2. reposar; suspender
Lagerraum *m* 1. capacidad *f* de almacenamiento; 2. lugar *m* de almacenamiento [almacenaje]; local *m* de almacenaje; 3. *(Schiff)* pañol *m*
Lagerring *m* anillo *m* guía, anillo-guía *m*
Lagerschale *f (Masch)* tejuelo *m*, almohadilla *f* de cojinete, casquillo *m* (de cojinete)
Lagerspiel *n (Masch)* holgura *f* de rodamientos, huelgo *m*, *(Am)* juego *m* diametral
Lagerstätte *f (Geol)* yacimiento *m* (minero)
~/abbauwürdige yacimiento *m* explotable [beneficiable]
~/erschöpfte yacimiento *m* agotado
~ im Abbau yacimiento *m* productor, yacimiento *m* en explotación
Lagerung *f* 1. almacenamiento *m*, almacenaje *m*, almacenado *m*; 2. *(Bw, Masch)* apoyo *m*; soporte *m*, soportaje *m*; sostenimiento *m*; suspensión *f*; 3. *(Geol)* estratificación *f*
~/drehbare pivotaje *m*
Lagerzapfen *m* muñón *m* al cojinete
Lakto(densi)meter *n (Lt)* lactodensímetro *m*, lactómetro *m*, pesaleche *m (zur Dichtebestimmung der Milch)*
Lamelle *f* lámina *f*, laminilla *f (Irisblende)*; delga *f (beim Kommutator)*
Lamellenkühler *m (Kfz)* radiador *m* de láminas
Lamellenkupplung *f* embrague *m* multidisco [plurilaminar, de láminas, de discos múltiples]
Lamellensicherung *f (El)* fusible *m* de lámina, circuito *m* de cinta
Laminarströmung *f* flujo *m* laminar
Laminat *n* laminado *m*, plástico *m* laminado [laminar, en láminas]
laminieren *v* 1. laminar *(beschichten)*; 2. *(Text)* pegar por capas, pegar capas de tejido sobrepuestas
Laminieren *n* 1. laminación *f*; deformación *f* por laminación; 2. *(Text)* pegado *m* por capas
Laminierharz *n* resina *f* para estratificados [laminados]
Lampe *f* lámpara *f*; luz *f*, linterna *f*
~/explosionsgeschützte lámpara *f* antideflagrante

Längenmessung

~/gasgefüllte lámpara f de atmósfera gaseosa
~/mattierte lámpara f deslustrada
Lampenfassung f portalámparas m
Lampengehäuse n cárter m de lámpara
Landebahn f pista f [carrera f] de aterrizaje
Landebake f baliza f de aterrizaje, radiofaro m de aterrizaje [acercamiento]
Landefeuer n (Flg) luz f de aterrizaje [contacto], faro m [luces fpl] de aterrizaje
Landefunkfeuer n radiobaliza f de aterrizaje, radiofaro m de aterrizaje [acercamiento]
Landekapsel f (Rak) cápsula f de aterrizaje
Landeklappe f (Flg) aleta f hipersustentadora [de hipersustentación], alerón m hipersustentador [de hipersustentación, de aterrizaje], flap m (de aterrizaje)
landen v 1. (Flg) tomar tierra, aterrizar, posarse, descender; 2. (Schiff) desembarcar
~/auf dem Mond alunizar, posarse en la luna
~/weich descender suavemente
Landesvermessung f geodesia f
Landmaschine f máquina f agrícola
~/selbstfahrende máquina f agrícola autopropulsada
Landmaschinenbau m construcción f [fabricación f] de maquinaria agrícola; producción f de maquinaria agropecuaria
Landmaschinenfertigung f fabricación f de maquinaria agrícola
Landmesser m agrimensor m
Landmessung f agrimensura f
Landrad n (Lt) rueda f de rastrojo [tierra]
Landschaftsgestaltung f diseño m de paisajes
Landschaftsschutzgebiet n zona f de protección de paisaje
Landtechnik f 1. ingeniería f agrícola [agronómica], agrotecnia f; técnica f agrícola; tecnología f agraria [agrícola]; 2. maquinaria f agrícola
Land- und Forstwirtschaft f agrosilvicultura f
Land- und Nahrungsgüterwirtschaft f industria f agroalimentaria [agrícola y alimentaria], sector m agroalimentario

Landung f 1. (Flg) aterrizaje m, aterraje m; toma f de tierra, descenso m; 2. (Schiff) desembarque m, desembarco m
Landvermessung f agrimensura f, areaje m
Landwirtschaft f agricultura f, cultivo m agrícola; industria f agrícola
Landwirtschaftsbauten mpl obras fpl agropecuarias
Landwirtschaftsbetrieb m 1. empresa f agrícola [agropecuaria]; unidad f agrícola [agropecuaria]; hacienda f, granja f agropecuaria; 2. explotación f agrícola
Landwirtschaftsfahrzeug n vehículo m agrícola
Landwirtschaftsflugzeug n avión m agrícola
Landwirtschafts-Lkw m camión m agrícola
Landwirtschaftsreifen mpl (Kfz, Lt) neumáticos mpl para equipos agrícolas
Landwirtschaftsroboter m robot m agrícola
Landwirtschaftswissenschaft f ciencia f agrícola
langdrehen v (Fert) tornear cilíndrico, cilindrar
Langdrehen n (Fert) torneado m cilíndrico
Langdreschmaschine f (Lt) trilladora f combinada
Länge f 1. longitud f, largo m; 2. (Schiff) eslora f
~ allgemein eslora f del buque
~/flutbare eslora f inundable
~/geographische longitud f
~/gleiche equilongitud f
~ in der Konstruktionswasserlinie eslora f en la línea de flotación
~ in der Ladewasserlinie eslora f en la línea de carga máxima
~ in der Wasserlinie eslora f en la flotación (bei dem jeweiligen Tiefgang)
~ über alles eslora f máxima [total]
~ über Puffer (Eb) largo m sobre [entre] topes, longitud f entre topes
~ zwischen den Loten eslora f entre perpendiculares
Längenkreis m meridiano m
Längenlehre f galga f de longitud
Längenmaßstab m escala f de longitudes
Längenmessung f longimetría f, medición f [medida f] de longitud(es)

Längenverstellbarkeit f extensibilidad f
Langfräsmaschine f acepilladora f fresadora, fresadora f cepillo
Langhalskolben m (Ch) matraz m
Langhobelmaschine f acepilladora f longitudinal [de largo]
Langholzkreissäge f sierra f circular para maderas largas
Langlochbohrmaschine f máquina f acanaladora [de barrenar agujeros largos]
Langlochfräser m fresa f de cajear, fresa f para agujeros oblongos
Langlochfräsmaschine f fresadora f de cajear, máquina f de entallar
Längsablauf m (Schiff) botadura f longitudinal, varadas fpl, varada f
Längsachse f eje m longitudinal
Langsamgang m (Kfz, Masch) marcha f lenta
Langsamläufer m motor m lento [de velocidad reducida]
Längsbalken m 1. (Bw) viga f longitudinal; 2. (Schiff) estringa f
Längsbeanspruchung f esfuerzo m longitudinal
Längsdehnung f dilatación f longitudinal
Längsdehnungsmesser m dilatómetro m longitudinal
Längsfestigkeit f (Schiff) resistencia f longitudinal
Längshelling f (Schiff) astillero m horizontal
Längsmoment n (Schiff) momento m de cabeceo
Längsriss m 1. grieta f [raja f] longitudinal; 2. proyección f longitudinal, plano m de elevación
Längsschnitt m 1. sección f longitudinal; corte m longitudinal (technisches Zeichnen); 2. corte m al hilo (Holz)
Längsschott n (Schiff) mamparo m longitudinal
Längsspannung f 1. (Mech) tensión f longitudinal; 2. (El) componente f longitudinal (de tensión)
Längsspantenbauweise f (Schiff) sistema m de construcción longitudinal, construcción f longitudinal
Längssummenkontrolle f (Inf) comprobación f de redundancia horizontal
Längsträger m 1. (Bw) larguero m; 2. (Flg) larguero m; 3. (Schiff) estringa f

Langstreckenflugzeug n avión m de largo alcance
Längstwelle f onda f ultralarga
Längstwellenfrequenz f muy baja frecuencia f (3 bis 30 kHz)
Längsverband m (Schiff) unión f [arriostramiento m] longitudinal
Langwellenband n banda f de onda larga
Langwellenbereich m gama f de ondas largas
Langzeitspeicher m (Inf) memoria f de larga duración, memoria f de largo plazo
Langzeitversuch m (Wkst) ensayo m de larga duración, experimento m prolongado
läppen v (Fert) repasar, rectificar [rodar] lapping
Läppen n (Fert) lapeado m
Läppmaschine f (Fert) máquina f de lapidar, rectificadora f lapping, lapeadora f, lapidadora f, repasadora f, rodadora f
Lärm m ruido m, sonido m de molestia
~/abgestrahlter ruido m irradiado
~/breitbandiger ruido m de banda ancha
~/hochfrequenter ruido m de alta frecuencia
~/impulsartiger ruido m impulsivo [de impulso]
~/instabiler ruido m inestable
~/intermittierender ruido m (de impulso) intermitente
~/kommunaler ruido m urbano
~/konstanter ruido m estable [estacionario]
~ mit schwankendem Pegel ruido m fluctuante
~/niederfrequenter ruido m de baja frecuencia
~/tonalfreier ruido m sin tonalidad
~/überdeckender ruido m encubridor
~/ununterbrochener ruido m continuo
Lärmabstrahlung f emisión f [irradiación f] de ruido
lärmarm poco ruidoso [en ruido], de poco ruido, silencioso
Lärmbekämpfung f lucha f antirruido [contra el ruido], control m de ruidos; supresión f de ruido
Lärmbewertung f ponderación f de ruido, evaluación f del ruido; clasificación f [homologación f] del ruido
lärmdämmend absorbente del ruido

Lärmdämpfung f amortiguamiento m [atenuación f] de ruido
Lärmdosimeter n dosímetro m (medidor) de ruido
Lärmemission f emisión f de ruido
Lärmerzeuger m aparato m productor de ruido, dispositivo m generador de ruido; foco m productor del ruido, generador m de ruido
lärmfrei exento [libre] de ruidos, no ruidoso, silencioso
Lärmgrenzwert m valor m límite de ruido, límite m de ruidos, umbral m de ruido
Lärmkennwerte mpl características fpl acústicas
Lärmmessgerät n analizador m de ruido
Lärmminderung f aminoración f [atenuación f, disminución f, reducción f] de ruido
Lärmpegel m nivel m de ruido, nivel m sonoro [de sonido]
Lärmquelle f foco m (productor) del ruido, fuente f de ruido, manantial m ruidoso [de ruido]
lärmschluckend antiacústico, fonoabsorber, fonoabsorbente
Lärmschutz m protección f contra el ruido, control m [supervisión f] de ruidos; prevención f del ruido
Lärmschutzhaube f casquete m antirruido; tapa f de amortiguación
Lärmschutzkabine f cabina f insonorizada [de protección contra el ruido]
Lärmschutzkapsel f cápsula f de aislamiento (del ruido)
Lärmschutzmittel n medio m de protección contra el ruido; protector m antirruido [auditivo contra el ruido]
Lärmschutztechnik f técnica f de control de ruido; ingeniería f de control de ruido
Lärmschutzwand f apantallamiento m de ruido
Lärmspektrum n espectro m de ruido
Lärmstrahlung f emisión f de ruido
Lasche f 1. *(Bw)* cubrejunta f; 2. *(Eb)* eclisa f; 3. *(Masch)* malla f, grillete m, brida f, corchete m; oreja f, planchuela f, platabanda f, sobrejunta f, tira f
Laschenbolzen m *(Eb)* tornillo m de brida, perno m de brida [esclisa] *(Schiene)*
Laschenkette f cadena f de Galle [mallas juntas]
Laschennietung f remachado m de cubrejunta, remachado m a eclisa, remachado m por superposición
Laschenverbindung f 1. unión f de cubrejuntas; 2. *(Eb)* unión f por eclisas *(Schiene)*
Laser m láser m, amplificador m de luz monocromática
~/gasdynamischer láser m de gas dinámico
~/gepulster láser m pulsado
Laserabtaster m fonocaptor m láser
Laseranlage f instalación f láser, sistema m (de) láser, sistema m óptico de láser
Laserausrüstung f equipo m láser
Laserbohrer m taladro m láser
Laserdrucker m *(Inf)* impresora f láser; impresora-fotocopiadora f
Laserimpulserzeuger m impulsor m de láser
Laserlicht n luz f (de) láser
Lasermesstechnik f técnica f de medición por láser
Laserplatte f *(Inf)* disco m láser *(Massenspeicher)*
Laserprüfgerät n comprobador m láser
Laserradargerät n equipo m de radar láser
Laserschneidanlage f equipo m de corte láser
Laserschneiden n cortado m láser, corte m por láser
Laserschutzbrille f gafas fpl de protección contra radiación láser
Laserstrahl m haz m (de) láser, rayo m láser
Laserstrahlbearbeitung f tratamiento m por rayos láser *(Elektronieren bzw. Photonieren)*
Laserstrahlschweißen n soldadura f por láser
Laserstrahlung f radiación f láser, emisión f (del) láser
Lasersystem n fonocaptor m láser *(CD-Player)*
Lasertechnik f técnica f de láser; tecnología f de láser
Lasertonerkassette f cartucho m láser
Lasertrennen n corte m por láser
Laservermessungstechnik f técnica f de medición por láser
lasieren v barnizar con laca incolora

Last f 1. *(Mech, Ph, El)* carga f; resistencia f *(am Hebel)*; 2. *(Schiff)* pañol m *(Vorratskammer an Bord)* • **mit voller ~** con plena carga
~ in Ruhe carga f en reposo
~/ruhende *(Mech)* carga f constante [quieta]; peso m estático
~/schwebende carga f suspendida
~/verteilte *(Mech)* carga f repartida
~/wandernde carga f móvil *(Statik)*
~/wechselnde *(Mech)* carga f alternativa
Lastangriff m aplicación f de la carga
Lastanhänger m *(Kfz)* remolque m de carga
Lastarm m *(Mech)* brazo m de carga [resistencia], palanca f de carga
Lastaufnahmemittel n *(Förd)* elemento m de izar, medio m portacargas [de recepción de carga, de izaje]
Lastausgleich m 1. *(Förd)* compensación f de la carga; 2. *(El)* balance m de carga
Lastbegrenzer m limitador m de esfuerzo
lasten v gravear *(ein Körper auf dem anderen)*
Lastenaufzug m ascensor m de cargas, elevador m de carga, equipo m de montacargas, montacargas m
Lastenheft n pliego m de condiciones
Lastfaktor m *(El)* coeficiente m de carga, cargabilidad f; factor m de arranque
Lasthebemagnet m *(Förd)* imán m levantador [elevador], electroimán m elevador [de elevación, de grúa, de suspensión]
Lastheber m *(Förd)* gato m para levar cargas, montacargas m
Lastkraftwagen m camión m automóvil [de carga], vehículo m de carga, autocamión m, motocamión m, camión m, *(Am)* carro m
Lastkraftwagenanhänger m remolque m de camión
Lastmagnet m *(Förd)* imán m levantador
Lastschalter m *(El)* regulador m bajo carga
Laststrom m *(El)* corriente f de carga
Lasttalje f *(Schiff)* aparejo m palanquín
Lasttrennschalter m *(El)* seccionador m bajo carga
Lastwagen m vehículo m de carga
Lastwagenanhänger m furgón m de cola
Lastwechsel m alternancia f, ciclo m de carga *(Festigkeitslehre)*

Lastwiderstand m 1. *(El)* reóstato m de carga; 2. *(El)* resistencia f de carga
Lastzug m *(Kfz)* camión m remolcador [remolque], autotrén m
Lasur f esmalte m
Latex m látex m, caucho m natural
Latexfarbe f pintura f de látex
Latexschaum m espuma f de látex
Latte f 1. listón m, listoncillo m, travesaño m; 2. mira f *(Messtechnik)*
Lauf m 1. recorrido m; carrera f; 2. *(Masch)* marcha f, funcionamiento m *(einer Maschine)*; 3. *(Inf)* corrida f, pasada f, pasaje m *(Programm)*
Laufbahn f *(Masch)* vía f [pista f] de rodadura [rodaje, rodamiento] *(Lager)*; camino m
Laufbildkamera f cámara f tomavistas
Laufbrücke f *(Schiff)* pasarela f, pasadizo m; pasamanos m mecánico *(Tanker)*
laufen v 1. correr; 2. funcionar *(Maschine)*; girar *(Motor)*; 3. formar arrugas *(Lacke, Farben)*
~/heiß (re)calentarse
~/vom Stapel *(Schiff)* botar, lanzar
Läufer m 1. *(El)* rotor m; 2. *(Masch)* rodillo m; 3. cursor m; pilón m *(Schnellwaage)*; regleta f *(z. B. am Rechenschieber)*; 4. *(Inf)* cursor m *(Bildschirm)*; 5. *(Text)* volante m, corredor m *(Ringspinnmaschine)*; 6. *(Förd)* amante m
Läuferkäfig m *(El)* jaula f de rotor
Läuferverband m *(Bw)* hilada f
Läuferwicklung f *(El)* arrollamiento m rotórico
Lauffeldröhre f *(Eln)* tubo m de onda progresiva, tubo m de propagación de ondas, válvula f electrónica de ondas
Lauffläche f 1. *(Masch)* pista f de rodadura [rodaje]; superficie f de funcionamiento *(z. B. Kolben)*; 2. *(Kfz)* banda f de rodadura [rodaje, rodamiento], protector m *(Reifen)*; estrías fpl; 3. redil m de andadura *(z. B. Sicherheitsschuhwerk)*
Laufgang m *(Schiff)* tilla f
Laufgewichtswaage f balanza f romana [de pilón], báscula f de peso móvil, romana f
Laufkatze f *(Förd)* carro m portacargas [de grúa], carrillo m, trole m
Laufkran m guinche m corredizo

Laufplanke f (Schiff) plancha f, planchada f, corredor m, panel m corredizo, pasadizo m, crujía f
Laufplatte f 1. (Kfz) zapata f de oruga (Raupenkette); 2. (Bw) losa f
Laufrad n 1. (Masch) rotor m; impulsor m; rueda f móvil, rodete m (Turbine); 2. (Eb) rueda f corredera [portadora]; 3. (Flg) rueda f libre
Laufradschaufel f (Masch) álabe m, paleta f del rotor
Laufrolle f rodillo m de rodaje (Gleiskette)
Laufschiene f riel m (de) guía, carril m
Laufschienenweiche f (Eb) aguja f del carril de rodadura
Laufsitz m (Masch) asiento m
Laufvariable f (Inf) variable f de control, índice m de ciclo
Laufwerk n 1. dispositivo m de marcha; mecanismo m (de relojería) (Uhr); 2. (Masch) rueda f motora [motriz]; 3. (Förd) tren m de rodaje [rodadura, poleas]; 4. (Inf) unidad f de discos [arrastre], dispositivo m [mecanismo m] de arrastre, drive m (z. B. für Disketten)
Laufzeit f 1. (Eln) tiempo m de recorrido [tránsito]; 2. tiempo m de propagación (z. B. einer Schwingung); 3. (Inf) tiempo m [duración f] de pasada; 4. (Masch) tiempo m de movimiento; 5. tiempo m de proyección (Film); 6. plazo m (Patentrecht)
Laufzeitentzerrer m (Eln) corrector m del retardo
Laufzeitglied n unidad f de retardo de transporte, línea f de retardo (Regelungstechnik)
Lauge f 1. (Ch) lejía f; 2. licor m
laugen v lejiar, lixiviar
Laugung f (Met) lejiación f, lixiviación f; preparación f por lixiviación (Aufbereitung)
Laugungsflüssigkeit f licor m de lixiviación
Laugungsmittel n agente m lixiviante, lixiviante m
läutern v 1. depurar, purificar, clarificar; 2. lavar (Erz); 3. (Met) refinar, afinar; acrisolar
Läuterung f 1. depuración f, purificación f, clarificación f, aclareo m; 2. lavado m (Erz); 3. (Met) afino m, refinación f, rafinado m

Lautheit f intensidad f del sonido
Lauthörschaltung f (Nrt) circuito m de altavoz
Lautsprecher m altavoz m
Lautstärke f potencia f acústica; volumen m de sonido [timbre], volumen m (Radio)
  • **in voller** ~ a todo volumen
Lautstärkemesser m fonómetro m, medidor m de la intensidad del sonido
Lautstärkepegel m nivel m de intensidad del sonido
Lautstärkeregelung f control m [reglaje m] de volumen
Lautstärkeregler m mando m de control de volumen, reglaje m de volumen (Elektroakustik)
Lava f (Geol) magma m eruptivo
~/erstarrte colada f
Laval-Düse f (Flg) boquilla f [tobera f] convergente-divergente, tobera f de Laval
Lawinendiode f (Eln) diodo m de avalancha
Lawrencium n laurencio m, lawrencio m, Lr
Layout n diseño m; maqueta f; trazado m
LCD-Anzeige f display m de cristal líquido
LCD-Bildschirm m pantalla f de cristal líquido
Lebensdauer f tiempo m de vida, vida f (de servicio); duración f [período m, vida f] de servicio (z. B. einer Maschine); vida f útil [técnica]; capacidad f de duración; solidez f, longevidad f
Lebensmittelchemie f química f alimentaria [alimenticia, de alimentos]
Lebensmitteltechnologie f ingeniería f alimentaria; tecnología f de alimentos
lebhaft (Ch) activo, vigoroso, violento, vivo (z. B. eine Reaktion)
Leck n 1. fuga f; gotea f; salidero m; 2. (Schiff) vía f de aguas, agua f
Leckagesensor m sensor m de derrame (Brandschutz)
lecksicher hermético, sin fugas
Leckstrom m corriente f de fuga
LED-Anzeige f visualización f por diodo luminoso, visualizador m de diodos emisores de luz
Leder n cuero m
~/genarbtes cuero m graneado
~/rohgares vaqueta f
~/weiches piel f

Lee f (Schiff) sotavento m
leer 1. vacío (Gefäß); vacuo (Raum); 2. vacante (Kristallographie); 3. (Inf) blanco (z. B. Datensatz); virgen (z. B. Magnetband)
Leerband n cinta f en blanco (Magnettonband)
Leerdiskette f (Inf) disquete m virgen
Leere f vacío m, vacuo m, vacuum m, vacuidad f
leeren v vaciar; purgar
Leerfeld n 1. (Nrt) panel m vacío; 2. (Inf) zona f en blanco; celda f vacío (Tabellenkalkulation)
Leergang m (Inf) ciclo m blanco
Leergewicht n peso m en vacío, tara f
Leerhub m carrera f de retroceso, carrera f en vacío
Leerlauf m (Masch) trabajo m [movimiento m] en vacío, funcionamiento m [marcha f] en vacío, marcha f muerta, recorrido m libre, juego m en vacío; ralentí m, vacío m; movimiento m perdido
Leerlaufdüse f (Kfz) surtidor m del ralentí, tobera f para marcha en vacío
Leerlaufscheibe f (Förd) polea f loca
Leerlaufstrom m (El) corriente f en vacío [circuito abierto]
Leerlaufverstellung f ajuste m del ralentí
leerpumpen v (Schiff) achicar, agotar
Leerstelle f 1. espacio m en blanco, blanco m, posición f vacía; 2. (EIn) laguna f, vacante m (Kristallographie)
Leertaste f 1. tecla f espaciadora [de espacios], espaciador m; barra f espaciadora (Rechnertastatur); 2. (Nrt) blanco m
Leerzeichen n (Inf, Nrt) relleno m, carácter m en blanco, carácter m de espaciado [espacio], blanco m, espacio m
Leerzeile f (Typ, Inf) línea f en blanco
Legemaschine f 1. (Lt) máquina f plantadora [de plantar], plantadora, sembradora f, sembradera f (Kartoffeln); 2. (Text) plegadora f (Weberei)
legen v 1. colocar, poner; 2. instalar (z. B. Gas)
~/**auf Kiel** (Schiff) colocar de quilla, poner en grada, poner la quilla
~/**Bojen** (Schiff) aboyar
~/**unter Spannung** dar tensión
Legende f leyenda f, signos mpl convencionales; clave f

legieren v alear, ligar; mezclar
Legierung f aleación f, liga f
~/**gehärtete** aleación f templada
~/**geknetete** aleación f forjada
~/**hochfeste** aleación f de alta resistencia, aleación f de resistencia elevada
~/**niedrig legierte** aleación f diluida
~/**schweißbare** aleación f soldable
~/**warmfeste** aleación f termorresistente
Legierungsbestandteil m componente m aleador, elemento m aleante [de aleación], liga f
Lehmform f (Gieß) molde m de barro
Lehmformguss m fundición f en moldes de arcilla
Lehmknetmaschine f amasadora f de arcilla, molino m de amasar
Lehmmörtel m mortero m arcilloso
Lehmstampfen n apisonado m de arcilla
Lehmziegel m ladrillo m secado al aire, ladrillo m de limo, adobe m
Lehrautomat m (Inf) autómata m de enseñanza
Lehrbogen m (Bw) cimbra f, cercha f
Lehrbolzen m perno m calibrador
Lehrdorn m calibrador m de interiores, calibre m macho [de agujeros], mandril m comprobador [de comprobación, de prueba, testigo], galga f de tapón
Lehre f 1. ciencia f, teoría f; 2. (Fert) galga f, calibrador m, calibre m, cala f
Lehrenbohrmaschine f taladradora f a calibre
Lehrenbohrwerk n mandriladora f a calibre
lehrenhaltig calibrado, según calibre
Lehrenmaul n boca f [mordaza f] de calibre (Werkzeug)
Lehrenschleifmaschine f rectificadora f de plantillas
Lehrmaschine f (Inf) máquina f de enseñanza [instruir]
Lehrmittel n medio m de [para la] enseñanza [educación]; equipo m de enseñanza; material m didáctico
Lehrrechner m (Inf) ordenador m instructor
Lehrring m anillo m calibrador [de calibre], calibre m anillo [anular], comprobador m de anillo
Lehrsatz m teorema m
~/**binomischer** teorema m del binomio

~ **des Pythagoras** teorema m de Pitágoras
Lehrsystem n**/rechnerunterstütztes** (Inf) sistema m de enseñanza por computadora
Lehrwerkstatt f aula f taller
Leibung f (Bw) riñón m
leicht 1. ligero, (Am) liviano; 2. fácil; sencillo
~ **brennbar** fácilmente inflamable
~ **zugänglich** de fácil acceso
Leichtbau m construcción f ligera [liviana]
Leichtbaukonstruktion f diseño m de construcción ligera
Leichtbaustein m ladrillo m espumoso de escoria
Leichtbauweise f construcción f ligera [liviana]
Leichtbenzin n gasolina f [bencina f, esencia f] ligera
Leichtbeton m hormigón m ligero, (Am) hormigón m liviano
Leichter m (Schiff) embarcación f de alijo, alijador m, chata f alijadora, chalana f, lanchón m (alijador), lancha f (para cargas), gabarra f, pontón m
leichtern v (Schiff) aligerar, alijar, descargar en lanchas
Leichtträgerschiff n buque m portabarcazas, portabarcazas m; chalana f
leichtflüssig muy fluido; de baja viscosidad
Leichtmaschinenbau m industria f [construcción f] de maquinaria ligera
Leichtmetall m metal m ligero
Leichtmetalllegierung f aleación f ligera [de metal ligero]
Leichtmetallfelge f (Kfz) llanta f de aleación
Leichtmetallguss m fundición f de metales ligeros, colada f de metal ligero
Leichtöl n aceite m ligero, petróleo m liviano
Leichtwasserreaktor m (Kern) reactor m de agua ligera
Leichtziegel m ladrillo m ligero
Leim m cola f, plaste m
Leimauftragmaschine f (Typ) encoladora f
Leimauftragwalze f (Typ) rodillo m de colaje
leimen v encolar, pegar; plastecer

Leimfarbe f color m a la cola; pintura f a la cola, pintura f al temple
Leine f cuerda f; cordel m (dünn); cordón m (Fallschirm)
Leinen n lienzo m
Leinenpapier n papel m (de) tela
Leinraufmaschine f (Lt) cosechadora f de lino
Leinwand f 1. tela f; 2. pantalla f cinematográfica (Kino)
Leiste f 1. listón m, listoncillo m; regleta f; pestaña f; cinta f, plancha f; travesaño m; 2. (Typ) regla f
~**/senkrechte** (Inf) barra f vertical
~**/waagerechte** (Inf) barra f horizontal
Leistung f 1. (Mech) potencia f; fuerza f; poder m; 2. (Masch) rendimiento m; 3. trabajo m; producción f; productividad f; capacidad f; ejecución f; servicio m; 4. caudal m (Ausbeute) • **auf ~ einstellen** regular a capacidad
~**/abgegebene** potencia f entregada [de salida, generada]
~ **am Propeller** (Schiff) potencia f entregada a la hélice
~**/am Zugpunkt abgegebene** fuerza f en la barra de tiro (Schlepper)
~**/angegebene** potencia f indicada
~**/audiovisuelle** prestación f audiovisual
~**/aufgenommene** potencia f absorbida
~**/effektive** potencia f efectiva
~**/indizierte** potencia f indicada
~**/installierte** capacidad f instalada; potencia f instalada
~**/projektierte** rendimiento m proyectado
~**/spezifische** potencia f específica [másica]; rendimiento m unitario
~**/technische** 1. rendimiento m técnico; 2. servicio m de ingeniería
~**/thermische** potencia f térmica
Leistungsabfall m descenso m [merma f] de potencia; pérdida f de potencia
Leistungsabgabe f potencia f entregada [generada]; rendimiento m
Leistungsangabe f indicación f de potencia (bei Maschinen)
Leistungsaufnahme f absorción f de potencia, potencia f absorbida; consumo m de energía eléctrica, energía f absorbida; toma f de fuerza [movimiento]
Leistungsbegrenzer m limitador m de potencia

Leistungsbereich 684

Leistungsbereich m gama f [margen m] de potencia; alcance m de capacidad; régimen m
Leistungscharakteristik f característica f de rendimiento
Leistungsdiagramm n diagrama m de potencia; diagrama m de capacidad
Leistungselektronik f electrónica f de potencia
Leistungsfähigkeit f capacidad f; capacidad f de potencia; potencialidad f; eficacia f, eficiencia f (z. B. eines Programms); potencia f; productividad f; rendimiento m; habilidad f (eines Systems)
~/projektierte capacidad f proyectada
~/technische potencialidad f de ingeniería
Leistungsfaktor m factor m [coeficiente m] de potencia; índice m [factor m] de rendimiento
Leistungsflussbild n diagrama m [gráfico m] de potencia
Leistungsgewinn m (Eln) ganancia f
Leistungskenngröße f característica f de rendimiento
Leistungskurve f curva f de potencia; curva f de rendimiento
Leistungspegel m nivel m de potencia
Leistungsregler m regulador m de potencia
Leistungsrelais n relé m de potencia, relé m vatimétrico
Leistungsröhre f (Eln) tubo m de fuerza, válvula f de potencia
Leistungsschalter m (El) disyuntor m
Leistungsschaubild n diagrama m [gráfico m] de potencia; diagrama m de capacidad
Leistungsschild n placa f [cuadro m] de características, placa f indicadora, chapilla f [placa f] de datos (an Maschinen)
Leistungsschreiber m 1. registrador m de potencia; 2. (El) vatímetro m registrador
Leistungsspektrum n espectro m de potencia (z. B. eines Signals)
Leistungstransformator m transformador m de fuerza
Leistungstransistor m transistor m de potencia
Leistungstrennschalter m seccionador m bajo carga
Leistungsverstärkung f 1. amplificación f de potencia; 2. (Inf) ganancia f de potencia

Leitblech n 1. (Masch) placa f deflectora [de desviación]; 2. (El) chapa f conductora
leiten v 1. conducir; transmitir; 2. dirigir; guiar; 3. encaminar
leitend conductible, conductivo, conductor
~/elektrisch electroconductor
~/gut muy conductor
~/lichtelektrisch fotoconductor
~/nicht (El) no conductivo, dieléctrico
Leiter f 1. escala f, escalera f (de mano); 2. (Math) escala f numérica (Nomographie)
Leiter m 1. (El) conductor m; 2. (Ph) vehículo m (Schall, Licht)
~/abgeschirmter conductor m apantallado [blindado]
~/blanker conductor m desnudo
~/neutraler hilo m compensador, hilo m neutro (protector)
~/Strom führender conductor m activo
~/verdrillter conductor m torcido
~/verseilter conductor m trenzado
Leiterbild n (Eln) esquema m eléctrico impreso (gedruckte Schaltung)
Leiterfolie f lámina f conductora
Leitergerüst n (Bw) andamio m
Leiterkarte f (Eln) tarjeta f de circuito impreso, placa f madre [principal, de circuito]
Leiterplatte f (Eln) placa f de circuito, panel m [tarjeta f] de circuito impreso, tarjeta f impresa, base f de fondo
~/gedruckte placa f [panel m, tarjeta f] de circuito impreso, placa f impresa
Leiterplattentechnik f técnica f de circuitos impresos, técnica f de paneles [placas] de circuitos impresos
leitfähig conductible, conductivo, conductor
Leitfähigkeit f conductibilidad f, conductividad f, poder m conductor
~/elektrische conductibilidad f eléctrica
~/magnetische conductibilidad f magnética, permeancia f (magnética)
Leitfähigkeitsmesser m conductómetro m
Leitfähigkeitsmessung f medición f de la conductibilidad; conductometría f (von Elektrolytlösungen)
Leitfläche f 1. superficie f guía; 2. (Flg) plano m de cola
Leitfunkstelle f (Nrt) estación f directriz [radiotelegráfica de mando]

Leitgerät n 1. dispositivo m rector; equipo m clave; 2. (Inf) dispositivo m maestro [principal]
Leitisotop n (Kern) trazador m isotópico, átomo m marcado [trazador]
Leitkabel n cable m piloto (Funknavigation)
Leitkarte f (Inf) placa f [tarjeta f] maestra, tarjeta f de guía
Leitkranz m corona f directriz (Turbine)
Leitkurve f (Math) directriz f
Leitlinie f (Math) directriz f, línea f dirigida
Leitrad n 1. rueda f directriz, distribuidor m, corona f (Turbine); rueda f conducida (Gleiskette); 2. (Lt) rueda f (de) guía, rueda f tensora
Leitradschaufel f álabe m regulable, aleta f directriz (Turbine)
Leitrechner m (Inf) ordenador m maestro [principal], unidad f principal de computación
Leitrolle f (Förd) rodillo m guiador, garrucha f de guía, polea f fija
Leitschablone f (Fert) plantilla f copiadora
Leitschaufel f paleta f directriz (Turbine)
Leitscheibe f (Förd) polea f de guía
Leitschicht f capa f conductora (Halbleiter)
Leitschiene f 1. (Eb) contracarril m, contrarriel m, guardacarril m, guardarriel m, carril m guía, riel m (de) guía; 2. (Masch) montante m de guía
Leitseite f (Inf) página f índice [de itinerario, de ruta] (Bildschirmtextseite)
Leitsignal n señal f piloto
Leitspindel f (Fert) husillo m guiador [de torno, madre, patrón], tornillo m de avance, (Am) tornillo m patrón
Leitspindeldrehmaschine f torno m de roscar
Leitspindelgetriebe n caja f de roscar
Leitstand m 1. puesto m de mando; 2. (Schiff) puente m (de mando)
Leitstrahl m 1. haz m guiador (Funkstrahl); 2. (Math) radiovector m
Leittrommel f (Lt) tambor m alimentador (Mähdrescher)
Leitung f 1. dirección f; 2. (Ph) conducción f; 3. conductor m; conducto m; 4. (El) línea f (de conducción); circuito m; hilo m; 5. canalización f; vía f
~/abgeglichene (Nrt) línea f equilibrada

~/abgehende (Nrt) línea f de salida
~/abgeschirmte línea f apantallada
~/ankommende (Nrt) línea f de entrada
~/bespulte (Nrt) circuito m pupinizado, línea f cargada
~/blanke (El) alambre m [cable m, hilo m] desnudo
~/eindrähtige línea f unifilar
~/elektrische línea f eléctrica; cable m eléctrico; canalización f eléctrica
~/fest geschaltete (Nrt) línea f alquilada
~/geerdete circuito m de tierra
~/hydraulische conducción f hidráulica
~/kurzgeschlossene línea f cortocircuitada
~/oberirdische conducción f aérea
~/unter Spannung [Strom] stehende línea f energizada [viva, en tensión]
Leitungsabschnitt m (El) sección f de línea
Leitungsadapter m adaptador m de línea
Leitungsanlage f tendido m eléctrico
Leitungsband n banda f de conducción (Halbleiter)
Leitungsdämpfung f (Nrt) atenuación f de línea
Leitungsdraht m 1. (El) alambre m [hilo m] conductor; 2. (Nrt) hilo m de línea
Leitungsdrossel f inductancia f de línea
Leitungselektron n electrón m de conducción (Halbleiter)
Leitungsempfangsverstärker m repetidor m de recepción
Leitungsentzerrer m (Nrt) compensador m de línea
Leitungsführung f 1. (El) alambrado m, cableado m; conducción f de la línea; 2. (Nrt) ruta f
Leitungskabel n cable m conductor
Leitungsklemme f borne m de unión
Leitungskoppler m (El) acoplador m de línea
Leitungskreis m circuito m de conducción
Leitungsmast m poste m (de la línea)
Leitungsnetz n (El) red f de conductores; canalización f eléctrica
Leitungsprüfer m verificador m de líneas
Leitungsprüfung f prueba f de potencia
Leitungsrohr n tubo m (de conducción); conducto m
Leitungsschalter m conmutador m de circuito

Leitungsschlauch *m* manguera *f* de conducción
Leitungsschleife *f (El)* bucle *m*
Leitungsschnur *f* cordón *m* conductor
Leitungsstrom *m* corriente *f* conductiva [de conducción]
Leitungssystem *n* 1. sistema *m* gestor [de gestión]; 2. canalización *f*; 3. tubería *f*
Leitungsverbindung *f* acoplamiento *m* de líneas
Leitungsverstärker *m (Lt)* repetidor *m* de línea
Leitungswähler *m (Nrt)* buscador *m* de línea
Leitungswasser *n* agua *f* de cañería [grifo]
Leitungsweiche *f (El)* aguja *f*
Leitvorrichtung *f (Rak)* aparato *m* de guía
Leitweg *m (Nrt)* enlace *m* de encaminamiento, ruta *f*, vía *f* (de transmisión)
Leitweglenkung *f (Inf, Nrt)* encaminamiento *m (Übertragungswegfestlegung)*
Leitwegvermittler *m (Nrt)* conmutador *m* de rutas
Leitwerk *n* 1. *(Inf)* unidad *f* de control; 2. *(Flg)* estabilizador *m*, aleta *f*
Leitwerksfläche *f (Flg)* plano *m* de cola
Leitwert *m (El)* valor *m* de conducción, conductancia *f (SI-Einheit: Siemens)*
~/magnetischer permeancia *f* (magnética)
Lenkachse *f* 1. *(Kfz)* eje *m* direccional [de la dirección]; 2. *(Eb)* eje *m* orientable [radial]
Lenkanschlag *m (Kfz)* tope *m* de dirección
lenkbar 1. capaz de manejar; 2. *(Kfz)* maniobrable
Lenkeinrichtung *f (Kfz)* mecanismo *m* de dirección
lenken *v* 1. dirigir; encaminar; 2. *(Kfz)* maniobrar; guiar; 3. *(Flg)* pilotar
Lenker *m* manillar *m*
Lenkerbremse *f (Kfz)* freno *m* de dirección
Lenkgehäuse *n (Kfz)* caja *f* de dirección
Lenkgestänge *n (Kfz)* biela *f* de dirección, varilla *f* (de mando) de dirección; timonería *f* de la dirección
Lenkgetriebe *n (Kfz)* engranaje *m* de la dirección
Lenkhebel *m* 1. *(Masch)* palanca *f* [brazo *m*] de dirección; 2. *(Kfz)* mango *m* de maniobra [escoba], palanca *f* de ataque; 3. *(Flg)* mando *m* de dirección

Lenkkabel *n* cable *m* de guiado [mando, seguimiento]
Lenkpropeller *m (Schiff)* hélice *f* dirigible
Lenkrad *n* 1. *(Kfz)* volante *m* (de dirección); 2. *(Kfz)* rueda *f* de manioba; 3. *(Lt)* rueda *f* (de) guía *(z. B. Mähdrescher)*; 4. *(Masch)* volante *m* de accionamiento [mando]
~/höhenverstellbares volante *m* regulable en altura
~/tiefenverstellbares volante *m* regulable en profundidad
Lenkradschloss *n (Kfz)* cerradura *f* de volante
Lenkrolle *f (Förd)* rodillo *m* guiador
Lenksäule *f (Kfz)* columna *f* [poste *m*] de dirección
Lenksäulenrohr *n (Kfz)* tubo *m* de dirección
Lenksäulenschaltung *f (Kfz)* mando *m* de columna de dirección
Lenkschnecke *f (Kfz)* tornillo *m* sin fin de la dirección
Lenkspindel *f (Kfz)* eje *m* direccional [de la dirección, conductor]; columna *f* de dirección
Lenkspurhebel *m (Kfz)* contrabrazo *m*
Lenkstange *f* barra *f* de acoplamiento; guía *f*; manillar *m (Zweirad)*
Lenkstock *m (Kfz)* barra *f* de gobierno, columna *f* de dirección, eje *m* conductor [de la dirección, direccional]
Lenkstockgehäuse *n (Kfz)* cárter *m* de dirección
Lenkstockhebel *m* 1. *(Kfz)* brazo *m* de mando de la dirección; 2. *(Masch)* palanca *f* de dirección
Lenksystem *n (Rak)* sistema *m* de gobierno [guiado], guiado *m*
Lenktrapez *n (Kfz)* triángulo *m* de conducción
Lenkung *f* 1. gobierno *m*; 2. *(Kfz)* dirección *f*; 3. *(Kfz, Rak)* conducción *f*; 4. *(Rak)* guía *f*, guiado *m*; 5. mecanismo *m* de dirección; sistema *m* de gobierno
Lenkungsgeometrie *f (Kfz)* geometría *f* de la dirección
Lenkungsspiel *n (Kfz)* desviación *f* [holgura *f*] de la dirección, holgura *f* del volante
Lenkverhalten *n (Kfz)* calidades *fpl* de gobierno, características *fpl* de gobierno

lenzen v *(Schiff)* achicar
Lenzpumpe f *(Schiff)* bomba f de carena [sentina, achique]
Lenzrohr n *(Schiff)* colector m de sentina, colector m principal de achique
Leporelloformular n *(Inf)* hoja f de papel continuo, papel m continuo [tractor]
Lernautomat m autómata m de aprendizaje
Lernkurve f *(Inf)* curva f de aprendizaje
lesbar legible
~/maschinell *(Inf)* sensible a máquinas, detectable [identificable] por máquina
Lesebefehl m *(Inf)* instrucción f de lectura
Leseeinheit f *(Inf)* órgano m de lectura, unidad f lectora [de lectura]
Lesegerät n *(Inf)* dispositivo m [equipo m] lector [de lectura], unidad f lectora [de lectura], aparato m de lectura, lector m (mecánico), máquina f lectora [de lectura], lectora f
Lesekopf m *(Inf)* cabeza f lectora [de lectura], dispositivo m lector [de lectura]
lesen v *(Inf)* leer; detectar *(z. B. Zeichen)*; interpretar *(z. B. Daten)*
Lesen n *(Inf)* lectura f
~/löschendes lectura f destructiva
~/maschinelles lectura f mecánica
~/zerstörungsfreies lectura f no destructiva
~/zurückschreibendes lectura f regenerativa [retrógrada]
Leser m *(Inf)* dispositivo m lector [de lectura], lector m
Leseschlitz m *(Inf)* ranura f de inserción *(Diskette)*
Lese-Schreib-Kopf m *(Inf)* cabeza f de lectura/escritura, cabezal m combinado
Lesestation f *(Inf)* estación f sensora [de lectura, de detección], puesto m de lectura
Letten m *(Geol)* greda f, arcilla f (compacta), barro m, cieno m arcilloso
Letter f *(Typ)* letra f, signo m de imprenta, tipo m
Letternmetall n *(Typ)* metal m tipográfico [de imprenta, para letras]
Leuchtanzeige f visualizador m [indicador m] luminoso; mensaje m luminoso
Leuchtbake f *(Schiff)* baliza f luminosa
Leuchtbild n cuadro m luminoso
Leuchtboje f *(Schiff)* boya f luminosa

Leuchtdichte f densidad f lumínica, luminancia f *(SI-Einheit: Candela je Quadratmeter)*
Leuchtdichtekoeffizient m factor m de luminancia
Leuchtdiode f *(Eln)* diodo m fotoemisor [luminoso, emisor de luz], diodo m LED
Leuchtdraht m *(El)* filamento m (de bombilla)
Leuchtdruckknopf m pulsador m luminoso
Leuchte f lámpara f; linterna f; iluminador m; luz f (de alumbrado); bombilla f
~/explosionsgeschützte lámpara f antideflagrante; luz f a prueba de explosiones
leuchten v alumbrar; radiar
Leuchten n luz f; brillo m
~/kaltes *(Ph)* luz f fría
~/katodisches brillo m catódico
~/schwaches luminiscencia f débil
leuchtend incandescente, lumínico, luminoso; reluciente
Leuchtenklemme f *(El)* regleta f de lámparas
Leuchtfarbe f 1. color m fluorescente [luminoso]; pintura f luminosa; 2. *(Typ)* tinta f fluorescente
Leuchtfeldblende f diafragma m limitador del campo luminoso *(Mikroskop)*
Leuchtfeuer n 1. *(Schiff)* baliza f (luminosa), boya f; 2. *(Schiff, Flg)* faro m, fanal m; farola f
Leuchtfleck m *(Eln)* punto m luminoso *(z. B. in Katodenstrahlröhren)*; blip m, pip m *(Funkortung)*
Leuchtgas n gas m público [de ciudad, de alumbrado, de iluminación]
Leuchtkörper m cuerpo m luminoso [de alumbrado]
Leuchtkraft f fuerza f luminosa [de la luz], luminosidad f, potencia f lumínica [luminosa, de luz]
Leuchtmarke f *(Inf)* cursor m *(Bildschirm)*
Leuchtöl n petróleo m lampante [de lámpara], queroseno m, aceite m de lámpara
Leuchtröhre f lámpara f de luminiscencia, tubo m fluorescente
Leuchtröhrenbeleuchtung f alumbrado m fluorescente
Leuchtschirm m pantalla f luminiscente [fluorescente, fosforescente], pantalla f (catódica)

Leuchtschrift f rótulo m luminoso
Leuchtsignalanlage f sistema m de señalización luminiscente
Leuchtstoff m sustancia f luminiscente [fluorescente], materia f fluorescente, luminóforo m; producto m luminiscente
Leuchtstoffröhre f lámpara f fluorescente [de fluorescencia], tubo m fluorescente [luminiscente]
Leuchttafel f tablero m lumínico [luminoso]
Leuchtturm m (Schiff) torre f de señalización [señales], faro m (marítimo)
Libelle f nivel m de aire [burbuja], nivel m (Messtechnik)
Libellenweg m (Feinw) desplazamiento m de la burbuja del nivel
Licht n luz f
~/einfallendes luz f incidente
~/gebrochenes luz f refractada
~/gedämpftes luz f débil
~/reflektiertes luz f refleja [de reflexión]
~/tageslichtähnliches luz f de día artificial
~/zerstreutes luz f difusa
Lichtausstrahlung f emisión f luminosa [de luz], radiación f luminosa
~/spezifische luminancia f (SI-Einheit: Lumen je Quadratzentimeter)
Lichtbeständigkeit f estabilidad f [resistencia f] a la luz, fotoestabilidad f
Lichtbeugung f difracción f de la luz
Lichtblitz m relámpago m, flash m
Lichtblitzentladungslampe f lámpara f de impulsos
Lichtbogen m (El) arco m (eléctrico), arco m voltaico
Lichtbogenbrennschneiden n corte m con [por] arco (eléctrico)
Lichtbogenentladung f descarga f de arco
Lichtbogenheizung f caldeo m por arco
Lichtbogenlampe f lámpara f de arco (voltaico)
Lichtbogenlöten n soldeo m por arco
Lichtbogenofen m horno m (eléctrico) de [por] arco, horno m (de arco) voltaico
Lichtbogenschweißbrenner m soplete m de arco
Lichtbogenschweißen n soldadura f de [al] arco
Lichtbogenschweißmaschine f soldadora f de arco

lichtbrechend refractivo, refringente
Lichtbrechungsvermögen n refractividad f
Lichtbündel n haz m luminoso
Lichtdetektor m detector m de luz (Optoelektronik)
Lichtdruck m 1. (Ph) presión f de la luz; 2. (Typ) fototipia f, fototipo m, heliografía f, fotocolografía f
Lichtdruckplatte f fototipo m
lichtdurchlässig transparente; translúcido, transluciente, diáfano
Lichtdurchlässigkeit f (Opt) transmisión f de luz; transparencia f; transmitancia f luminosa; translucidez f
Lichtdurchlässigkeitsprüfer m (Text) diafanómetro m
Lichtechtheit f estabilidad f [solidez f] a la luz; fotoestabilidad f
lichtelektrisch fotoeléctrico, fotorresistente
Lichtemission f emisión f luminosa [de luz]
lichtempfindlich sensible a la luz, fotosensible
lichterzeugend fotógeno
Lichtfilter n filtro m de luz, antideslumbrante m
Lichtfleck m punto m luminoso
Lichtgeschwindigkeit f velocidad f [celeridad f] de luz
Lichtgitter n resguardo m fotoeléctrico
Lichtgriffel m dispositivo m estilógrafo
Lichthof m (Foto, Opt) halo m
Lichthülle f aureola f, aréola f
Lichthupe f (Kfz) avisador m luminoso
Lichtjahr n (Astr) año m de luz, a.l.
Lichtleistung f potencia f lumínica [luminosa, de luz], rendimiento m lumínico [luminoso]
Lichtleiterkabel n cable m de fibras ópticas, cable m de transmisión por fibra óptica
Lichtleiterkanal m canal m de fibras ópticas
Lichtleitfaser f fibra f óptica
Lichtleitfasertechnologie f fibroóptica f
Lichtleitung f circuito m de alumbrado; línea f de alumbrado
Lichtmarke f índice m luminoso; marca f luminosa, spot m (Galvanometer)
Lichtmaschine f (Kfz) dínamo f para alumbrado, dínamo f, dínamo m, generador m eléctrico

Lichtmessung f medición f de luz; fotometría f
Lichtmikroskop n microscopio m óptico [de luz]
Lichtnetz n circuito m de alumbrado
Lichtpause f fotocalco m
Lichtpausgerät n aparato m heliográfico
Lichtpausmaschine f máquina f de fotocalcar
Lichtpauspapier n papel m cianográfico [heliográfico]
Lichtpunkt m punto m luminoso [de luz]
Lichtpunktabtaster m (TV) explorador m por puntos luminosos
Lichtquant n (Ph) fotón m, cuanto m de luz
Lichtrelais n relé m fotoeléctrico [óptico]
Lichtrufanlage f sistema m de llamadas luminosas
Lichtsatz m (Typ) composición f fotográfica [sobre película], fotocomposición f
Lichtschalter m llave f de la luz
Lichtschirm m pantalla f (de luz)
Lichtschnittmikroskop n microscopio m de perfil de luz
Lichtschranke f barrera f fotoeléctrica [luminosa, de luz, óptica], bloqueo m por célula fotoeléctrica, conectador m fotoeléctrico; cortina f [defensa f] fotoeléctrica, resguardo m fotoeléctrico
Lichtschreiber m (Inf) estilete m luminoso
Lichtsignalanlage f aparato m de señales eléctricas luminosas, dispositivo m de señalización luminosa
Lichtspektroskopie f espectroscopia f óptica
Lichtspektrum n espectro m luminoso [óptico]
Lichtsprechgerät n fotófono m
Lichtstärke f (Opt) intensidad f lumínica [luminosa, de luz], luminosidad f (SI-Einheit: Candela); potencia f lumínica [luminosa, de luz]
~/relative abertura f numérica, luminosidad f relativa (eines Objektivs)
Lichtstärkemesser m fotómetro m
Lichtstift m (Inf) estilete m luminoso, dispositivo m estilógrafo, lápiz m luminoso [óptico, fotosensible]
Lichtstrahl m rayo m luminoso [de luz]
Lichtstrahlabtastung f (TV) exploración f por haz luminoso

Lichtstrahloszillograph m oscilógrafo m galvanométrico
Lichtstrahlung f emisión f luminosa [de luz], irradiación f [radiación f] luminosa, radiación f lumínica
Lichtstreuung f difusión f [dispersión f] de luz
Lichtstrom m flujo m luminoso
Lichtstrommesser m luminómetro m
Lichtstromphotometer n luminómetro m
Lichttechnik f ingeniería f de luz [iluminación], luminotecnia f, técnica f lumínica [de la luz]
lichttechnisch luminotécnico
Lichttransformator m transformador m de alumbrado
lichtundurchlässig a prueba de luz, hermético [impermeable] a la luz
Lichtundurchlässigkeit f opacidad f
Lichtverstärker m amplificador m de luz monocromática
Lichtwelle f onda f luminosa [de luz]
Lichtwellenleiter m conductor m de fibra óptica, guía f de luz [ondas ópticas], guiaondas m (óptico), fibra f óptica, conductor m de luz por fibra óptica
Lichtwellenleiterkabel n cable m de fibras ópticas, cable m de transmisión por fibra óptica
Lichtwellenleittechnik f tecnología f de fibras ópticas
Lichtwert m (Opt) valor m de exposición
Lichtzeichen n señal f lumínica [luminosa]
Lichtzerlegung f (Opt) descomposición f de la luz
Lieferwagen m automóvil m furgón, furgón m, furgoneta f, vehículo m comercial [de entrega de mercancías], camión m furgón [de reparto], camión m de distribución, coche m [vehículo m] de reparto
Liegesitz m (Kfz) asiento m reclinable
Liegewagen m (Eb) coche m litera
Lies-mich-Datei f (Inf) léame m
LIFO-Prinzip n (Inf) cola f inversa (zuletzt eingegebene Daten werden zuerst ausgegeben)
Lift m ascensor m (de personas), aparato m elevador [de elevación], elevador m
Lignit m lignita f, lignito m (Weichbraunkohle)

Likelihood-Funktion

Likelihood-Funktion f (Math) función f de verosimilitud
Limousine f automóvil m cerrado, berlina f, turismo m
Lineal n regla f, emparejadora f
~/vierkantiges cuadradillo m
linear lineal
Linearbeschleuniger m (Kern) acelerador m lineal
Lineargeschwindigkeit f velocidad f lineal
Linearverstärker m (Eln) amplificador m lineal
Lineatur f (Typ) rayado m
Linie f 1. (Math, Ph) línea f, raya f; 2. (Typ) filete m (Setzmaterial); 3. trazo m, hilera f; 4. ruta f, rama f; 5. (Fert) línea f, tren m
~/durchlaufende trazo m continuo
~/erzeugende (Math) línea f generatriz
~/gebrochene (Math) línea f quebrada, quebrada f
~/gekrümmte línea f curva
~/gestrichelte línea f de rayas [trazos], trazo m discontinuo
~ gleicher Wassertiefe isobata f, isóbata f
~/herzförmige (Math) cardioide f
~/punktierte línea f punteada [punto a punto, de puntos]
~/waagerechte horizontal f
Linienblatt n pauta f, regla f
Liniendiagramm n diagrama m (mono)lineal
linienflüchtig (Math) colineal
Linienflussbild n cuadro m de flujo lineal
Linienintegral n (Math) integral f curvilínea
Liniennetz n 1. (Inf) red f de bus; 2. cuadradillo m, cuadrícula f, retícula f
Linienriss m (Schiff) plano m de líneas, dibujo m de formas, lineamiento m, corte m longitudinal
Linienspektrum n espectro m lineal [de rayas]
linieren v trazar líneas, reglar
liniert rayado
Linke-Hand-Regel f (El) regla f de la mano izquierda
linksannullierend anulador a la izquierda (Algebra)
linksbündig justificado a la izquierda
linksdrehend (Opt) levógiro
Linksdrehung f (Text) torsión f izquierda, rotación f a la izquierda

linksgängig de paso izquierdo
Linksgewinde n rosca f a la izquierda
Linse f 1. (Opt) lente f; 2. (Geol) lente f (im Gestein)
Linsenfernrohr n (Opt) telescopio m refractor [dióptrico], refractor m
linsenförmig lenticular, de forma lenticular
Linsenglas n vidrio m óptico
Linsenkopf m cabeza f bombeada (einer Schraube)
Linsenkranzabtaster m (TV) analizador m por corona de lentes
Linsenniet m remache m de cabeza bombeada, remache m gota de sebo
Linsensenkkopf m cabeza f abombada avellanada, cabeza f avellanada y bombeada (einer Schraube)
Linsensenkniet m remache m de cabeza avellanada y bombeada
Linsensystem n (Opt) sistema m de lentes, óptica f
Linsenzylinderkopf m cabeza f cilíndrica abombada (einer Schraube)
Linsenzylinderschraube f tornillo m de cabeza cilíndrica abombada
Liquiduslinie f 1. (Ph) curva f del liquidus [estado líquido]; 2. (Met) liquidus m (Zustandsdiagramm)
Liste f (Inf) lista f, listado m; matrícula f; registro m; tabla f; planilla f, indicador m, índice m; nómina f, listín m (kleinen Umfangs)
~/geordnete lista f ordenada; tabla f ordenada
~/verkettete lista f concatenada [encadenada], registro m encadenado, catena f
Listendruck m (Inf) impresión f de informes
Listenerstellung f (Inf) generación f de listados, producción f de informes
Liter m(n) litro m (SI-fremde Einheit des Volumens)
Literal n (Inf) operando m literal, literal m (selbstdefinierende Konstante)
Lithium n litio m, Li
Lithiumbatterie f pila f de litio
Lithographiepresse f (Typ) prensa f litográfica
Litze f 1. trencilla f, trenza f, hilo m trenzado, lizo m; 2. (El) cordón m, conductor m trenzado
Litzenkabel n (El) cable m flexible

Litzenschnur f (El) flexible m
LKW m s. Lastkraftwagen
Loch 1. agujero m; orificio m; hoyo m; pitera f (durch Rost entstanden); boca f; 2. orificio m perforado; 3. (Eln) hueco m, laguna f (Halbleiter); 4. (Wkst) oquedad f (des Prüfkörpers bei Härteprüfungen); 5. estenope m (Lochkamera)
~/schwarzes (Astr) hoyo m negro
Lochblech n criba f de chapa perforada, chapa f perforada, plato m perforado
Lochdorn m (Fert) sacabocado(s) m, punzón m
Locheisen n (Fert) botador m; palanca f; pasador m, troquel m de sacabocado
lochen v agujerear, perforar; punzonar; taladrar
Locher m 1. perforador m, perforadora f; ponzonadora f, punzón m de perforación; troquel m perforador; estampa f perforadora; 2. (Inf) unidad f [dispositivo m] de perforación
Löcherleitung f (Eln) conducción f por lagunas [huecos], línea f p (Halbleiter)
Lochfraßkorrosion f corrosión f por picadura [picado]
Lochgerät n (Inf) unidad f (mecánica) de perforación, punzón m de perforación
Lochkarte f ficha f de perforación, tarjeta f [carta f] perforada
Lochleitvermögen n (Eln) conductibilidad f por lagunas (Halbleiter)
Lochmaske f máscara f de sombra (Bildschirm)
Lochpresse f prensa f perforadora [punzonadora, de punzonar]
Lochstanze f (Fert) perforador m de chapas, troquel m perforador
lochstanzen v (Fert) punzonar
Lochstreifen m (Inf) cinta f [banda f] perforada, cinta f de papel (perforada)
Lochwerkzeug n herramienta f de punzonar
Lochzange f alicates mpl punzonadores
Lochzirkel m compás m de interiores
locker 1. incoherente; flojo (Schraube); 2. (Geol) detrítico
lockern v aflojar, soltar
~/die Kupplung disminuir el acoplamiento
~/eine Schraube flojear un perno
~/sich relajar
Lockerungsgerät n (Lt) abridor m, desgarrador m

Löffel m (Förd) cuchara f
Löffelbagger m draga f de cuchara [cucharón], excavadora f de cuchara, excavador m de pala mecánica, pala f mecánica
Löffelbohrer m sonda f [trépano m, mecha f] de cuchara; broca f con ranuras rectas; barrena f de cuchara (Holz)
Löffelbug m (Schiff) proa f en forma de cuchara
Löffelegge f (Lt) grada f de cucharas
Löffelguss f (Gieß) fundición f en cuchara
Löffelheck n (Schiff) popa f en forma de cuchara
Löffel-Kipp-Zylinder m cilindro m de cuchara basculante (Rammtechnik)
Löffelstiel m mango m de cuchara (Rammtechnik)
Löffelzylinder m cilindro m de cuchara (Rammtechnik)
Log n (Schiff) deslizadera f, corredera f (Messgerät für die Schiffsgeschwindigkeit)
Logarithmenrechnung f cálculo m logarítmico [de logaritmos]
Logarithmentafel f tabla f logarítmica [de logaritmos]
logarithmieren v tomar el logaritmo
Logarithmieren n logaritmación f
logarithmisch logarítmico
~/einfach semilogarítmico
Logarithmus m logaritmo m, valor m logarítmico
~/briggscher [dekadischer] logaritmo m decimal [común, de Brigg, vulgar]
~/hyperbolischer [natürlicher, neperscher] logaritmo m natural [neperiano]
Logger m (Schiff) lugre m (Fischereifahrzeug zum Heringsfang)
Logik f lógica f
~/emittergekoppelte lógica f acoplada a emisor
~/integrierte mikroelektronische lógica f integrada microelectrónica
~/selbstanpassende lógica f adaptiva
~/stromgeschaltete lógica f de modo corriente
~/unscharfe lógica f fuzzy [difusa, vaga]
~/verdrahtete lógica f cableada [alambrada]

Logikanalysator *m* analizador *m* lógico de estados *(Schaltungstechnik)*
Logikbauteil *n (Inf)* dispositivo *m* lógico
Logikschaltplan *m* flujograma *m* [ordinograma *m*] lógico
Logikschaltung *f* circuito *m* lógico
Logistik *f* logística *f*
Logo(gramm) *n* viñeta *f*
Lohe *f (Led)* casca *f*, tanino *m*, corteza *f* curtiente [de roble molida]
Lohgerbung *f* curtido *m* vegetal [al tanino, con corteza de roble]
Lokomotive *f* locomotora *f*
~/dieselelektrische locomotora *f* Diesel eléctrica
~/feuerlose locomotora *f* sin hogar
~/stromlinienförmig gestaltete locomotora *f* de carenado
Longitudinalwelle *f (Ph)* onda *f* longitudinal
Longton *f* tonelada *f* inglesa [larga] (=1016,047 kg)
Lore *f* vagoneta *f*, wagoneta *f*, vagón *m* pequeño, carrillo *m*, zorra *f*
Los *n (Fert)* lote *m*
lösbar 1. *(Math)* resoluble; 2. *(Ch)* soluble
Löschanlage *f* 1. sistema *m* de extinción, extintor *m*, extinguidor *m*; 2. *(Schiff)* medio *m* mecánico de descarga
löschbar 1. extinguible; 2. *(Inf)* borrable *(z. B. Speicher)*
Löschbefehl *m (Inf)* instrucción *f* de borrar
Löschbit *n (Inf)* bit *m* de borrado [extinción]
Löscheinrichtung *f* 1. dispositivo *m* de extinción; 2. anulador *m*
löschen *v* 1. apagar, extinguir *(Feuer)*; 2. eliminar, cancelar; 3. *(Inf)* borrar; suprimir *(Daten)*; 4. *(Schiff)* descargar, alijar; desembarcar; 5. matar *(Kalk)*
Löscher *m* extintor *m*, extinguidor *m* *(Brandbekämpfung)*
Löschfahrzeug *n* vehículo *m* contra incendios, automóvil *m* de bomberos, carro *m* bomba
Löschfunkenstrecke *f (El)* descargador *m* de chispas amortiguadas [interrumpidas]
Löschhebel *m (Inf)* anulador *m*
Löschkalk *m* cal *f* apagada
Löschmittel *n* 1. agente *m* extintor (de incendio), medio *m* de extinción, sustancia *f* extintora *(Brandbekämpfung)*; 2. *(Schiff)* medio *m* de descarga

Löschtaste *f (Inf)* tecla *f* de anulación
Löschung *f* 1. apagamiento *m*, extinción *f* *(Feuer)*; 2. anulación *f*, cancelación *f*; 3. *(Inf)* borrado *m*, proceso *m* de borrado; 4. *(Schiff)* descarga *f*
lose 1. suelto; 2. móvible; móvil; flojo *(Schraube)*; 3. incoherente; 4. a granel; sin embalar *(Ladung)*
Lösemittel *n (Ch)* solvente *m*, disolvente *m*, sustancia *f* solvente
lösemittelbeständig resistente a (di)solventes
lösen *v* 1. separar; largar; zafar; deshacer, destrabar; 2. *(Math)* solucionar; 3. *(Masch)* desbloquear; aflojar; ablandar *(Bremse)*; desenroscar, destornillar, desentornillar, desatornillar *(z. B. Schrauben)*; desensamblar, soltar *(z. B. Seil)*; desunir *(Maschinenteil)*; 4. *(Ch)* disolver; diluir, desleír; disgregar; esponjar *(z. B. Boden)*
Lösevorrichtung *f* mecanismo *m* de desbloqueo; desenganche *m*
Losfertigung *f* 1. producción *f* por lotes; 2. *(Fert)* sistema *m* de lotes
loshaken *v* desenganchar
löslich *(Ch)* disoluble, soluble; resoluble
Löslichkeit *f (Ch)* disolubilidad *f*, solubilidad *f*
Löslichkeitskurve *f (Ch)* curva *f* de solubilidad, línea *f* de solvus, solvus *m*
losschrauben *v* aflojar; desenroscar
Lösung *f* 1. *(Math)* resolución *f*, solución *f*; 2. *(Ch)* disolución *f*, solución *f*, caldo *m*; de(s)cohesión *f*
~/bautechnische solución *f* constructiva
~/durchführbare solución *f* viable
~/gesättigte *(Ch)* disolución *f* [solución *f*] saturada
~/ingenieurtechnische solución *f* de ingeniería
~/konstruktive solución *f* constructiva; solución *f* de diseño
~/rechnergestützte solución *f* asistida por ordenador
~/saure *(Ch)* solución *f* ácida
~/schwache *(Ch)* solución *f* débil
~/technische solución *f* técnica; solución *f* de ingeniería
~/verdünnte solución *f* diluida
~/wässrige solución *f* acuosa, fluido *m* acuático, agua *f*

Lösungsalgorithmus *m* algoritmo *m* de resolución
Lösungsansatz *m (Math)* aproximación *f* inicial; enfoque *m* de solución
lösungsglühen *v (Met)* solubilizar
Lösungskleber *m* adhesivo *m* en solución; barniz *m* [solución *f*] encolante, cola *f* en solución *(für Thermoplaste)*
Lot *n* 1. sonda *f*, sondador *m*; escandallo *m*, plomada *f*; aplomo *m*; 2. *(Math)* recta *f* perpendicular, perpendicular *f*, vertical *f*, normal *f*; 3. *(Met)* aleación *f* soldante [para soldar], fundente *m* para soldeo; suelda *f*
loten *v* sondar; hondear; aplomar
löten *v* soldar
Löten *n* soldeo *m*, soldadura *f* (indirecta)
Lötgerät *n* aparato *m* para soldar, soldador *m* equipo *m* de soldeo
Lötkolben *m* soldador *m*, cautín *m*
Lotmaschine *f* máquina *f* de sondar [sondeo], escandallo *m* automático
Lötmittel *n* fundente *m* para soldeo
Lötpistole *f* pistola *f* de soldar
lotrecht perpendicular, a plomo; normal
Lötzinn *n* estaño *m* para soldar
LSI-Schaltkreis *m (Eln)* circuito *m* de alta integración, circuito *m* integrado en (a) gran escala, circuito *m* LSI [multifunción, de reducidas dimensiones, de funciones múltiples]
Lücke *f* 1. vacío *m*; laguna *f*; 2. *(Typ)* blanco *m*; 3. *(Inf)* gap *m*, intersticio *m*; espacio *m* libre; espacio *m* entre los dientes *(Zahnrad)*
Luft *f* 1. aire *m*; 2. *(Masch)* juego *m*
Luftablasshahn *m (Kfz)* válvula *f* de purga de aire
Luftabschluss *m* cierre *m* hermético
• **unter ~** al abrigo del aire
Luftbefeuchter *m* humidificador *m* de aire
Luftbehälter *m* 1. recipiente *m* de aire; cámara *f* de aire; 2. *(Eb)* depósito *m* de aire comprimido *(Diesellok)*
Luftbild *n* fotografía *f* [vista *f*] aérea, aerofotografía *f*, fotograma *m* aéreo
Luftblase *f* burbuja *f* (de aire) *(in Flüssigkeiten)*
luftbürtig aerovagante
luftdicht a prueba de aire, hermético [impermeable] al aire

Luftdichtemesser *m* aerodensímetro *m*, aerómetro *m*, airómetro *m*, flotómetro *m*
Luftdrossel *f (El)* reactancia *f* de aire
Luftdruck *m* presión *f* atmosférica [del aire]
~ **auf Meereshöhe** presión *f* atmosférica al nivel del mar
Luftdruckbremse *f* freno *m* neumático
Luftdruckprüfer *m (Kfz)* manómetro *m* para neumáticos
Luftdruckschalter *m (El)* interruptor *m* de aire comprimido
Luftdüse *f (Kfz)* tobera *f* de aire *(am Vergaser)*
Lufteinlass *m* admisión *f* de aire; toma *f* de aire
lüften *v* ventilar, airear
Lüfter *m* ventilador *m*, aireador *m*, dispositivo *m* [trampa *f*] de ventilación
Lufterhitzer *m* calentador *m* de aire, calorífero *m*
Luftfahrtelektronik *f* aeroelectrónica *f*, aviónica *f*
Luftfahrttechnik *f* ingeniería *f* aérea [aeronáutica], técnica *f* aeronáutica, aerotécnica
Luftfahrzeug *n* vehículo *m* aéreo, aeronave *f*, aparato *m* volador, aeromóvil, máquina *f* voladora (volante, de volar)
~ **leichter als Luft** aerostato *m*
~ **schwerer als Luft** aerodino *m*
Luftfeuchtigkeit *f* humedad *f* atmosférica [del aire]
Luftfeuchtigkeitsmessung *f* higrometría *f*
Luftfilter *n* filtro *m* [depurador *m*, limpiador *m*] de aire, aerofiltro *m*
Luftgebläse *n* ventilador *m*, soplante *m*, trompa *f* soplante; máquina *f* soplante [sopladora]
luftgetragen aerodisperso; aerovagante *(Schadstoff)*
Lufthärtung *f (Met)* endurecimiento *m* al aire, temple *m* al aire, autotemple *m*
Luftheizung *f* calefacción *f* por aire
Luftinhaltsstoff *m* sustancia *f* contenida en el aire
Luftkanal *m* 1. canal *m* [conducto *m*] de aire; chimenea *f* de aire [ventilación]; 2. *(Met)* canal *m* de salida, respiradero *m*, albricia *f*
Luftkissen *n* 1. colchón *m* [cojín *m*] de aire; 2. *(Fert)* almohada *f* de aire

Luftkisseneffekt *m (Schiff)* efecto *m* de almohada de aire

Luftkissenfahrzeug *n* vehículo *m* deslizador [de colchón de aire], embarcación *f* a colchón de aire, nave *f* con colchón de aire, buque *m* volador, barco *m* de efecto superficial, aparato *m* de colchón de aire, anfibio *m* de sustentación neumática, aerodeslizador *m*, hidrodeslizador *m*

Luftklappe *f (Kfz)* regulador *m* [estrangulador *m*, obturador *m*] del aire; válvula *f* atmosférica [de aire, de ventilación]

Luftklappenzug *m (Kfz)* botón *m* del cebador

Luftkühler *m* refrigerador *m* por aire, aerocondensador *m*

Luftkühlung *f* enfriamiento *m* al [por] aire, refrigeración *f* por aire

Luftleitung *f* 1. *(Masch)* tubo *m* soplador [del aire], tubería *f* de aire; canal *m* de aire; 2. conducción *f* [conductor *m*] de aire *(Akustik)*; 3. *(El)* línea *f* aérea

Luftloch *n* 1. *(Bgb)* agujero *m* de ventilación, ventosa *f (Entlüftung)*; 2. *(Bw)* respiradero *m*; 3. *(Flg)* bache *m* de aire

Luftprobenehmer *m* captador *m* [muestreador *m*] de aire

Luftpumpe *f* 1. bomba *f* neumática [de aire]; 2. *(Kfz)* inflador *m*, *(Am)* bombín *m*

Luftreifen *m* neumático *m*

Luftreinhaltung *f* conservación *f* de la pureza de aire

Luftreiniger *m* depurador *m* [limpiador *m*, purificador *m*, filtro *m*] de aire

Luftruder *n (Flg)* timón *m* aéreo

Luftsauger *m* aspirador *m* de aire [tiro], aspirador *m*, aspiradora *f*

Luftschacht *m* manga *f* de aire

Luftschadstoff *m* agente *m* de contaminación atmosférica, contaminante *m* atmosférico [del aire]

Luftschall *m* ruido *m* aéreo

Luftschicht *f* capa *f* de aire, capa *f* atmosférica

Luftschlauch *m* 1. *(Kfz)* cámara *f* (de aire) *(Bereifung)*; 2. *(Eb)* tubo *m* flexible de acoplamiento

Luftschraube *f (Flg)* hélice *f* (aérea), hélice *f* de avión

Luftschütz *n (El)* contactor *m* en aire

Luftseilbahn *f* vía *f* de transporte aéreo por cable, tranvía *m* aéreo, aerocable *m*

Luftstrahltriebwerk *n* motorreactor *m*, motor *m* con postcombustión

Luftströmung *f* corriente *f* aérea [de aire]

Lufttechnik *f* aerotecnia *f*

Lufttransformator *m (El)* transformador *m* con núcleo de aire, transformador *m* en seco

Lufttrichter *m (Kfz)* surtidor *m* de aire, difusor *m (Vergaser)*

Lufttrockner *m* secador *m* de aire; deshumidificador *m*, deshumectador *m*; desvaporador *m (Pneumatik)*

Luftumlaufkühlung *f* refrigeración *f* por circulación del aire

Luftumwälzheizung *f* calefacción *f* por circulación del aire

Luftumwälzung *f* cambio *m* de aire; circulación *f* [recirculación *f*] de aire

Lüftung *f* ventilación *f*, aireación *f*, aeración *f*, renovación *f* de aire

Lüftungsanlage *f* dispositivo *m* [equipo *m*] de ventilación; planta *f* de ventilación

Lüftungsklappe *f* tapa *f* de aireación, sopladero *m*, cortatiro *m*; registro *m* [trampa *f*, escotilla *f*] de ventilación

Lüftungsschacht *m* 1. *(Bw)* tronco *m* de ventilación; 2. *(Bgb)* chimenea *f* de aire [ventilación]; 3. *(Schiff)* manga *f* de aire

Lüftungsschlitz *m* ranura *f* de ventilación; agujero *m* de ventilación [aireación]; rejilla *f* de ventilacón

Lüftungstechnik *f* técnica *f* de ventilación

Luftventil *n* válvula *f* atmosférica [de aire], escape *m* del aire

Luftverschmutzung *f* contaminación *f* atmosférica [del aire, de la atmósfera], impurificación *f* del aire, polución *f* atmosférica [aérea, de aire], impureza *f* atmosférica [del aire]

Luftverteiler *m* difusor *m* [distribuidor *m*, repartidor *m*] de aire *(Lüftungstechnik)*

Luftvorwärmer *m* economizador *m* [precalentador *m*, recalentador *m*] de aire *(Dampfkessel)*

Luftwiderstand *m (Kfz, Flg)* resistencia *f* aerodinámica [del aire]

Luke *f* 1. tragaluz *m*; orificio *m*; 2. *(Flg)* escotilla *f*; 3. *(Schiff)* escotilla *f*, portillo *m*; porta *f*, puerta *f*, trap *m*

Lukenabdeckung f (Schiff) cubierta f [cuartel m, panel m, tapa f] de escotilla, cuartel m; cierre m de escotilla
Lukensüll n (Schiff) brazola f, defensa f de la escotilla
Lukenverschluss m (Schiff) cierre m [panel m] de escotilla
Lumen n lumen m (SI-Einheit des Lichtstroms)
Lumineszenzdiode f diodo m fotoemisor [luminoso, emisor de luz], LED
Lumineszenzstrahlung f radiación f luminiscente
Lunker m (Gieß) sopladura f, burbuja f (in Gussstücken); poro m, cavidad f, embudo m, rechupe m
Lunkerbildung f (Gieß) picadura f, formación f de picaduras
Lupe f lupa f, cristal m de aumento
Luppe f (Met) lupia f, goa f, bloom m
Luppeneisen n hierro m afinado
Luppenwalzwerk n tren m laminador de tochos
Lutetium n lutecio m, Lu
Luv f (Schiff) barlovento m
LWL s. Lichtwellenleiter

M

Mächtigkeit f 1. (Geol, Bgb) potencia f (Schicht); (Am) abrigo m (einer Schicht); 2. (Math) potencia f, espesor m (Gang)
Magazin n 1. almacén m, depósito m; 2. (Fert, Inf) apilador m; 3. (Foto) cargador m; 4. (Text) cargador m (des Webautomaten); 5. (Typ) almacén m (einer Setzmaschine)
Magerbeton m hormigón m magro [pobre]
Magerkohle f carbón m magro, hulla f seca, semiantracita f
Magerton m arcilla f magra
Magnesia f magnesia f, óxido m magnésico [de magnesio]
Magnesit m (Min) magnesita f
Magnesitstein m ladrillo m de magnesita
Magnesium n magnesio m, Mg
Magnesiumblitzlicht n (Foto) luz f de magnesio
Magnesiumsulfat n sulfato m magnésico
Magnet m imán m, magneto m

Magnetabscheider m (Gieß) separador m magnético
Magnetanlasser m reóstato m de arranque por electroimán
Magnetaufzeichnungsverfahren n sistema m de grabación magnética
Magnetband n 1. (Inf) cinta f (magnética), banda f magnética (Magnetophon); 2. faja f magnética
Magnetbandaufnahmegerät n registrador m de cinta magnetofónica
Magnetbandgerät n equipo m de cinta magnetofónica, unidad f de cinta magnética, registrador m magnético
Magnetbandkassette f casete f de magnetófono [cinta magnética], cartucho m de cinta magnética, casete f, cassette m
Magnetbandkopf m cabeza f para cinta magnética
Magnetbandlaufwerk n transportador m [unidad f, platina f] de cinta magnética
Magnetbandleser m lector m de cinta magnética
Magnetbandspeicher m memoria f de cinta magnética
Magnetbandspeichergerät n equipo m registrador por cinta magnética
Magnetblasenspeicher m memoria f de burbujas magnéticas
Magnetblasschalter m (El) interruptor m de soplo magnético
Magnetblech n chapa f magnética
Magnetdiskette f (Inf) disco m flexible
Magnetdiskettenlaufwerk n drive m para disquetes
Magneteisenstein m (Min) hierro m magnético, magnetita f, ferroferrita f
Magnetfeld n campo m magnético
Magnetfeldröhre f (EIn) magnetrón m
magnetisch imantado, magnético
magnetisieren v imantar, imanar, magnetizar
Magnetisierung f imantación f, imanación f, magnetización f
Magnetismus m magnetismo m
Magnetit m (Min) hierro m magnético, magnetita f, ferroferrita f
Magnetkarte f ficha f [tarjeta f] magnética
Magnetkassette f casete f (de cinta magnética), casete f de magnetófono
Magnetkern m núcleo m magnético

Magnetkernspeicher *m* memoria *f* de núcleos magnéticos
Magnetkompass *m* aguja *f* magnética, compás *m* magnético
Magnetkopf *m* cabeza *f* magnética [magnetofónica] *(Tonbandgerät)*
Magnetkran *m* grúa *f* de imán
Magnetkupplung *f* embrague *m* magnético
Magnetnadel *f* aguja *f* magnética, brújula *f*, saeta *f*
Magnetplatte *f (Inf)* disco *m* (magnético)
Magnetplattenlaufwerk *n* unidad *f* de discos magnéticos
Magnetplattenspeicher *m* memoria *f* de discos [disco magnético], unidad *f* de almacenamiento en discos
Magnetplattensteuerung *f* 1. control *m* de discos magnéticos; 2. unidad *f* de control de discos magnéticos
Magnetschalter *m (El)* interruptor *m* electromagnético; arrancador *m* magnético *(Anlasser)*
Magnetschichtspeicher *m (Inf)* memoria *f* magnetomotórica [magnetomotriz]
Magnetschichtträger *m* sustrato *m* magnético
Magnetschrift *f (Inf)* escritura *f* magnética
Magnetschriftleser *m* lector *m* de tinta magnética, lectora *f* de caracteres magnéticos
Magnetschriftzeichenerkennung *f* reconocimiento *m* de caracteres de tinta magnética
Magnetspannfutter *n (Fert)* plato *m* [mandril *m*] magnético
Magnetspeicher *m (Inf)* memoria *f* magnética, medio *m* de almacenamiento magnético, medio *m* de memoria magnética, unidad *f* de memoria magnética, almacenamiento *m* [archivo *m*] magnético
Magnetspule *f (El)* carrete *m* del electroimán, bobina *f* magnética
Magnetstreifen *m* cinta *f* magnética
Magnettinte *f* tinta *f* magnética *(Magnetschrift)*
Magnettonband *n* cinta *f* magnetofónica
Magnetton(band)gerät *n* magnetofón *m*, magnetófono *m*, reproductor *m* de cinta magnetofónica
Magnettrommelspeicher *m* memoria *f* de tambor magnético

Magnetventil *n* electroválvula *f*, válvula *f* (electro)magnética
Magnetverstärker *m* amplificador *m* magnético, transductor *m*
Magnetzündanlage *f (Kfz)* magneto *m*
Magnetzündung *f (Kfz)* encendido *m* magnetoeléctrico [por magneto]
Mähaggregat *n (Lt)* accesorio *m* segador
Mähbalken *m (Lt)* barra *f* cortadora [de corte, guadañadora, segadora], brazo *m* segador
Mähbinder *m (Lt)* segadora *f* agavilladora [atadora], segadora-agavilladora *f*, segadora-atadora *f*, agavilladora *f*, espigadora-atadora *f*
Mähdrescher *m (Lt)* cosechadora *f* trilladora [de cereales], máquina *f* cosechadora-trilladora de cereales, espigadora-trilladora *f*, segadora *f* combinada [trilladora], combinada *f*, cosechadora *f*
mähen *v* cortar, guadañar
Mäher *m (Lt)* segadora *f*
Mähfeldhäcksler *m (Lt)* cosechadora-picadora *f* de forraje
Mähhäcksler *m (Lt)* segadora *f* recogedora *f*, segadora-cortaforrajes *f*
mahlen *v* moler, machacar *(grob)*; quebrantar, molturar *(Getreide)*; triturar, *(Am)* chancar *(grob)*
~**/fein** pulverizar
Mähmaschine *f (Lt)* máquina *f* segadora [de cortar, de segar], maquina-guadañadora *f*, guadañadora *f*, segadora *f* (guadañadora)
Mähmesser *n (Lt)* dientes *mpl* cortantes, peine *m* cortador
Mähwerk *n (Lt)* órgano *m* cortador [de corte], aparato *m* de corte, barra *f* cortadora [de corte, guadañadora], mecanismo *m* segador [de siega]
Mailbox *f (Inf, Nrt)* buzón *m* del ordenador
Mainframe *m (Inf)* ordenador *m* grande [de gran tamaño], macrocomputadora *f*
Maischapparat *m (Ch)* aparato *m* de maceración
Maische *f (Ch)* materia *f* [sustancia *f*] macerada
maischen *v (Ch)* macerar
Maisenthülser *m (Lt)* despajadora *f* de maíz
Maisentliescher *m (Lt)* deshojadora *f* [despajadora *f*] de maíz

Maiserntemaschine *f (Lt)* cosechadora *f* [recogedora *f*, segadora *f*] de maíz, scortamaíz *m*
Maisgebiss *n (Lt)* cabezal *m* [espigadora *f*] para maíz, mecanismo *m* cortador
Maiskolbenpflückmaschine *f (Lt)* arrancadora *f* de mazorcas, picadora *f* de maíz
Maisribbler *m (Lt)* desgranadora *f* de maíz
Maissämaschine *f (Lt)* plantadora *f* [sembradora *f*] de maíz
Mäkler *m* jimelga *f (Rammtechnik)*
Makro *n (Inf)* macroinstrucción *f*, código *m* macro, macro *m*
Makroaufzeichner *m (Inf)* registrador *m* de macros
Makrochemie *f* macroquímica *f*
Makrogefüge *n (Met)* estructura *f* macroscópica, macroestructura *f*
Makrohärte *f (Wkst)* macrodureza *f*
Makromolekül *n (Ch)* macromolécula *f*
makromolekular *(Ch)* macromolecular, de elevada molécula, de elevado peso molecular
Makroschliff *m (Fert)* macropulido *m*
MAK-Wert *m* valor *m* de la concentración máxima admisible, valor *m* de CMA *(höchstzulässige Konzentration eines Arbeitsstoffes am Arbeitsplatz)*
Mall *n (Schiff)* gálibo *m*
Malteserkreuzgetriebe *n* mecanismo *m* de cruz de Malta
Mammuttanker *m* supertanque *m*, barco *m* supergigante
Mandelsäure *f* ácido *m* mandélico
Mangan *n* manganeso *m*, Mn
Manganeisen *n* hierro *m* al manganeso
Manganhartstahl *m* acero *m* austenítico [duro] al manganeso, acero *m* Hadfield
Manganknolle *f* nódulo *m* de manganeso *(Meeresbergbau)*
Mangelhalbleiter *m* semiconductor *m* en defecto, semiconductor *m* tipo p
Manipulator *m* manipulador *m*, brazo *m* mecánico; pinza *f* telegobernada, telepinza *f*, robot *m*
manipulieren *v* manipular
Mann m/Alter *(Bgb)* explotación *f* antigua [vieja]
Mannigfaltigkeit *f* 1. diversidad *f*; 2. *(Math)* variedad *f*

Mannloch *n* 1. agujero *m* [registro *m*] de hombre, orificio *m* de acceso; puerta *f*, registro *m*; cámara *f* de inspección; 2. *(Bw)* pozo *m* de acceso [registro]
Mannschaftsdeck *n (Schiff)* cubierta *f* de alojamientos
Manometer *n* manómetro *m*, indicador *m* de presión
~/selbstschreibendes manógrafo *m*
Manometerdruck *m* presión *f* manométrica
manövrierfähig *(Schiff)* maniobrable, manejable
manövrierunfähig *(Schiff)* innavegable, sin gobierno
Mansarde *f (Bw)* buharda *f*, buhardilla *f*
Manschette *f (Masch)* manguito *m*
Mantel *m* 1. envoltura *f*, envuelta *f*; 2. *(Math)* superficie *f*; 3. *(Masch)* camisa *f*, chaqueta *f*, manguito *m*; 4. cubierta *f* (z. B. Kabel, Bereifung); abrigo *m*; 5. *(Met)* coraza *f*; 6. *(Geol)* manto *m*
Mantelelektrode *f* electrodo *m* revestido [de revestimiento, recubierto]
Mantisse *f (Math)* mantisa *f (eines Logarithmus)*
Mapping *n (Inf)* mapeo *m*
Marke *f* 1. marca *f*, etiqueta *f*, ficha *f*, distintivo *m (zur Identifikation)*; signo *m*; 2. *(Inf)* marca *f*, bandera *f*, bandero *m*, señalizador *m*, centinela *f*; 3. *(Bgb)* señal *f*
markieren *v* marcar; designar; señalar, señalizar; etiquetar, rotular; jalonar *(Route, Wasserstraße)*
Markierung *f* 1. marcación *f*, marcado *m*; designación *f*; señalización *f*; etiquetación *f*, etiquetado *m*, etiquetaje *m*, rotulación *f*; 2. *s.* Marke
Markierungsbit *n (Inf)* bit *m* de marcación
Markierungsboje *f (Schiff)* boya *f* demarcadora
Markierungsfunkfeuer *n* radiobaliza *f* marcadora
Markierungsisotop *n (Kern)* isótopo *m* trazador
Markierungsleser *m (Inf)* lector *m* de etiquetas [marcas], detector *m* de marcas
Markscheider *m (Bgb)* agrimensor *m* [apeador *m*] de minas
Markscheiderriss *m (Bgb)* plano *m* de mina

Marmor m mármol m
Marmorplatte f placa f de mármol, mármol m
Marschgeschwindigkeit f (Schiff) velocidad f de crucero [marcha]
Marschkompass m (Schiff) aguja f de derrota
Marschtriebwerk n (Rak) motor m cohete de propulsión, motor m de crucero
Martempering n (Met) martemple m, temple m escalonado martensítico
Martensit m (Met) martensita f
Martensithärtung f temple m martensítico
Masche f malla f; bucle m (Schleife); punto m (Stich)
Maschenwinkel m (Math) ángulo m de las coordenadas
Maschine f máquina f; ingenio m
~/**computergestützte** máquina f asistida por ordenador
~/**elektrische** máquina f eléctrica (Sammelbegriff für Generatoren und Motoren)
~/**explosionsgeschützte** máquina f antideflagrante
~ **für Bodenbearbeitung** (Lt) máquina f para cultivar
~/**instandhaltungsarme** máquina f de fácil mantenimiento
~/**landwirtschaftliche** máquina f agrícola
~/**lärmarme** máquina f poco ruidosa, máquina f de ruido bajo
~/**lärmintensive** máquina f ruidosa
~/**Metall bearbeitende** máquina f de trabajar metales
~ **mit Eigenantrieb** máquina f autopropulsada
~/**programmgesteuerte** máquina f controlada por programas
~/**rechnergesteuerte** máquina f controlada por ordenador
~/**schadstoffemittierende** máquina f contaminante
~/**schleppergezogene** (Lt) máquina f de tracción mecánica
~/**selbstfahrende** máquina f automóvil [autopropulsada, autopropulsora, móvil]
~/**verkettbare** máquina f interconectable
~/**virtuelle** (Inf) máquina f [ordenador m] virtual
maschinell a [por] máquina, mecánico
Maschinen fpl maquinaria f; equipo m mecánico; pertrechos mpl

Maschinenadresse f (Inf) dirección f absoluta [física, de máquina]
Maschinenaggregat n unidad f mecánica
Maschinenanlage f instalación f (de) maquinaria, instalación f mecánica, unidad f de máquinas
Maschinenbau m construcción f de maquinaria; fabricación f [producción f] de maquinaria; ingeniería f mecánica; construcción f mecánica, mecánica f (Wissenschaft); industria f (de construcción) de maquinaria [máquinas], maquinaria f, industria f de la ingeniería; industria f mecánica [de producción mecánica]
~/**allgemeiner** mecánica f general
Maschinenbaubetrieb m empresa f de producción mecánica; unidad f de construcción de maquinaria; planta f mecánica [de ingeniería]; taller m mecánico (Kleinbetrieb)
Maschinenbauhalle f taller m mecánico
Maschinenbaustahl m acero m mecánico
Maschinenbautechnik f ingeniería f mecánica [en construcción de maquinaria]; técnica f mecánica; tecnología f mecánica
Maschinenbauteil n componente m mecánico; parte f mecánica; unidad f de construcción de maquinaria
Maschinenbedienung f 1. manejo m de máquina; 2. operador m de máquina
Maschinenbefehl m (Inf) instrucción f a ejecutar por la máquina, instrucción f de máquina, mando m de máquinas
Maschinenbett n bancada f, banco m
Maschinencode m (Inf) código m (de) máquina, código-máquina m, código m de operación ejecutable
Maschinendurchlauf m pasada f de máquina
Maschinenelement n parte f de máquina, unidad f de construcción de maquinaria, órgano m mecánico [de máquina]
Maschinenentwurf m diseño m de máquinas [maquinaria]
maschinenformen v (Gieß) modelar [moldear] mecánicamente
Maschinenführer m operador m de máquina; conductor-maquinista m, manipulador m de maquinaria
Maschinengewindebohrer m (Fert) macho m mecánico

Maschineninstandhaltung f mantenimiento m de maquinaria [equipos]
Maschineninstandsetzung f reparación f de maquinaria
Maschinenkonstruktion f diseño m de máquinas [maquinaria]
Maschinenlärm m ruido m emitido por máquinas, ruido m de máquinas [equipos], sonido m en máquinas
Maschinenleistung f capacidad f de máquina; fuerza f de máquina; rendimiento m de máquina; salida f de máquina
maschinenlesbar (Inf) identificable [detectable] por máquina, sensible a máquinas
Maschinenmelkanlage f (Lt) instalación f de ordeño mecánico
Maschinenpflege f conservación f [mantenimiento m] de maquinaria, manutención f de máquinas; cuidado m de máquinas
Maschinenprüfanstalt f centro m de verificación de maquinaria
Maschinenprüfung f prueba f del equipo; verificación f de maquinaria; reconocimiento m de la maquinaria
Maschinenraum m 1. compartimento m [cuarto m, espacio m] de máquinas, caseta f de maquinaria; sala f de ordenador [computadora] (im Rechenzentrum); 2. (Schiff) cámara f de máquinas, cámara f del motor, departamento m [sala f] de máquinas
Maschinenraumschott n (Schiff) mamparo m de las máquinas
Maschinenreibahle f (Fert) alegrador m de mandril, escariador m mecánico [de máquina]
Maschinenreparatur f reparación f mecánica [de maquinaria]
Maschinenreparaturwerkstatt f taller m de reparación mecánica, TRM
Maschinensäge f sierra f mecánica
Maschinensatz m 1. (Masch) agregado m mecánico; 2. (Typ) composición f mecánica [a máquina], mecanotipia f, grafotipia f
Maschinenschacht m (Schiff) tronco m de máquinas
Maschinenschall m sonido m en máquinas

Maschinenschraube f tornillo m para metales
Maschinenschutz m 1. protección f a [de] maquinaria [máquinas], protección f mecánica, seguridad f de las máquinas; 2. medio m de protección de la máquina; cubierta f de máquina (Abdeckung); guarda f [resguardo m, defensa f] de maquinaria
Maschinenschwingung f vibración f de máquinas
Maschinenstahl m acero m mecánico
Maschinensteuerung f mando m [manejo m, control m] de máquina
Maschinensystem n sistema m de máquinas
~/flexibles sistema m flexible de máquinas
~/rechnergesteuertes sistema m de máquinas controlado por ordenador
~/verkettetes sistema m de máquinas concatenadas
Maschinentakt m ciclo m de máquina
Maschinenteil n parte f de máquina, pieza f mecánica, elemento m mecánico [maquinal]; órgano m mecánico [de máquina]
Maschinentelegraf m telégrafo m automático [de máquinas]; transmisor m de órdenes
Maschinen- und Gerätebau m construcción f mecánica
Maschinenwerkzeug n herramienta f motriz
Maschinenwort n (Inf) palabra f de información, palabra f mecánica [de máquina]
Maser m máser m, amplificador m molecular
Maserung f veta f, veteado m (Holz)
Maske f 1. careta f facial, máscara f; 2. (Inf) pauta f (de bits) (Bitmuster)
~/partikelfiltrierende máscara f de partículas
~/selbstfiltrierende mascarilla f autofiltrante
maskieren v (Inf) enmascar
Maskierung f (Eln) enmascaramiento m (Halbleiter)
Maskierungstechnik f técnica f de enmascaramiento (Umweltanalytik)
Maß n 1. medida f; 2. dimensión f; 3. coeficiente m; tasa f
Maßanalyse f (Ch) análisis m volumétrico [por valoración], titulación f (volumétrica), titración f, volumetría f

Maßbezeichnung f cota f *(einer technischen Zeichnung)*
Masse f 1. *(Ph)* masa f; 2. pasta f; compound m *(Kabelmasse)*; lechada f *(Aufschwemmung)*; materia f, masa f *(z. B. Kunststoff)*; 3. *(El)* masa f, tierra f; 4. cantidad f; población f
~/kritische masa f crítica
~/schwere *(Ph)* masa f pesada
~/spezifische *(Ph)* masa f específica
~/statistische población f
~/weiche *(Kst)* compuesto m plastificado
Masseanschlussklemme f *(El)* electrodo m de masa
Masseeinheit f *(Ph)* unidad f de masa
Masseelektrode f *(El, Kfz)* electrodo m de masa
Maßeinheit f unidad f de medida; unidad f de peso
Massekabel n *(El)* cable m compacto [de tierra]
Massekern m *(El)* núcleo m de polvo de hierro comprimido
Masseklemme f *(El)* brida f a masa, brida f de puesta a tierra, borne m de masa [toma de tierra], borne m de (puesta a) tierra, terminal m de tierra
Massel f *(Met)* lingote m; pigote m; galápago m
Masselform f *(Met)* lingotera f
Masselgießmaschine f *(Met)* coladora f de lingotes, lingotera f
Masselroheisen n fundición f [hierro m] en lingotes, arrabio m
Massenanziehung f atracción f gravitacional [gravitatoria], gravitación f
Massenanziehungskraft f fuerza f gravitatoria [de gravedad]
Massenbedienungstheorie f teoría f de las colas *(Operations Research)*
Massenerhaltungssatz m principio m de conservación de la masa
Massenfertigung f fabricación f [producción f] en gran serie, producción f en grandes series, producción f masiva [en masa, en gran escala]
Massengut n carga f a granel
Massengutfrachter m carguero m, buque m [barco m] de carga a granel, buque m bulk-carrier, b.c.
Massenkraft f fuerza f de masa [inercia]
Massenkraftabscheider separador m gravitacional
Massenmittelpunkt m centro m de gravedad [inercia, masa], cg
Massenpunkt m *(Ph)* punto m material
Massenspeicher m *(Inf)* memoria f masiva [de masa, de bulto], medio m de memoria de gran capacidad, dispositivo m de memoria masiva
Massenspektrograph m espectrógrafo m de masas
Massenspektrometer n espectrómetro m de masas
Massenspektrum n espectro m de masas
Massenträgheitsmoment n momento m de inercia de masa
Massenwirkungsgesetz n *(Ph)* ley f de acción de las masas
Massenzahl f *(Ph)* número m másico [de masa]
Masseschluss m *(El)* derivación f [falla f] a masa
Massewiderstand m *(El)* resistencia f de composición
Maßgenauigkeit f exactitud f [precisión f] de medida
maßhaltig a medida justa; estable *(Folien)*
Maßhaltigkeit f estabilidad f dimensional, exactitud f [precisión f] de medida, invariabilidad f de medidas
massiv macizo; sólido
Massivdecke f *(Bw)* techo m macizo
Maßkontrolle f comprobación f [verificación f] de medidas
Maßlinie f línea f de control [verificación]
Maßpfeil m flecha f
Maßskizze f croquis m acotado [con medidas]
Maßstab m regla f graduada; escala f; graduación f; medida f
~/vergrößerter escala f ampliada [mayor]
~/verkleinerter escala f reducida
Maßtoleranz f tolerancia f dimensional [de dimensión, de medición]
Maßzahl f cifra f métrica [de medida]; cota f *(einer technischen Zeichnung)*
Maßzeichnung f dibujo m [plano m, croquis m] acotado [con medidas]
Mast m 1. *(Schiff)* mástil m, palo m; pórtico m; árbol m; 2. *(El)* poste m, mástil m; torre f

Matrizenhalter

Mastantenne f antena f de mástil, antena-mástil f
Master-Slave-System n *(Inf)* sistema m maestro-esclavo, sistema m principal subordinado
mastizieren v *(Kst)* masticar
Mastiziermaschine f *(Kst)* masticador m, masticadora f
Mastkran m *(Schiff)* grúa f de mástil, poste m grúa
Masut n aceite m de calefacción, combustóleo m, mazut m
Mater f matriz f *(Stereotypie)*
Material n material m, materia f
~/abriebfestes material m resistente a la abrasión
~/bruchsicheres material m resistente a roturas
~/feuerfestes material m calorífugo [refractario], refractario m
~/hochfestes material m superresistente
~/radioaktives material m radiactivo, materia f [sustancia f] radiactiva
~/rollendes *(Eb)* material m móvil [rodante], equipo m ferroviario [rodante], parque m móvil
~/schallschluckendes insonorizador m
~/spaltbares *(Kern)* materia f [material m] físil, materia f escindible
~/synthetisches materia f sintética, material m sintético
~/umformbares material m dúctil
~/unbearbeitetes material m crudo
Materialbeanspruchung f esfuerzo m del material
Materialbearbeitung f tratamiento m de materiales
Materialeinsatz m insumo m material
Materialermüdung f fatiga f del material
Materialfehler m defecto m del material; fallo m [rotura f] de materiales
Materialfluss m 1. *(Fert)* flujo m (de) material, movimiento m de materiales; fluencia f del material; 2. *(Met)* flujo m de metal
Materialprüfstelle f puesto m para ensayo de materiales
Materialprüfung f *(Wkst)* ensayo m [prueba f] de materiales; control m [inspección f] de materiales; investigación f de materiales
Materialrückgewinnung f recuperación f de materiales; reciclado m de materiales

Materialspezifikation f *(Fert)* tabla f de materiales; especificación f material
Materialverbrauch m consumo m de materiales; gasto m de materiales, insumo m material
Materialverformung f deformación f de material
Materie f *(Ph)* materia f
matern v *(Typ)* moldear
Maternprägen n *(Typ)* estampado m de matrices
Mathematik f matematicas *fpl*
mathematisch matemático
Matrix f *(Inf, Math)* matriz f, array m *(Datenstruktur)*; tabla f
~/adjungierte matriz f adjunta
~/äquivalente matriz f equivalente
~/ausgeartete matriz f degenerada [singular]
~/einspaltige matriz f columna
~/einzeilige matriz f fila
~/inverse matriz f inversa
~/multidimensionale tabla f multidimensional
~/quadratische matriz f cuadrada
~/schiefe matriz f antisimétrica
~/selbstadjungierte matriz f autoadjunta
~/singuläre matriz f degenerada [singular]
~/vertauschbare matriz f conmutativa
Matrixdrucker m *(Inf)* impresora f matricial [de matriz]
Matrixeffekt m efecto m de matriz *(Umweltanalytik)*
Matrixfeld n *(Inf)* array m
Matrixkreis m *(Eln)* circuito m matriz
Matrixspeicher m *(Inf)* memoria f matricial [de matriz]
Matrize f 1. *(Math)* matriz f; 2. *(Fert)* contraestampa f, muñeca f hembra, contramolde, estampa f hembra, molde m hembra; troquel m *(zum Warmverformen)*; 3. *(Typ)* matriz f
Matrizenalgebra f *(Math)* álgebra f matricial
Matrizendarstellung f *(Math)* representación f matricial
Matrizenform f forma f matricial
Matrizenformen n *(Gieß)* moldeo m en matriz
Matrizengleichung f *(Math)* ecuación f matricial
Matrizenhalter m 1. *(Met)* portamatriz m, placa f (porta)matriz; 2. *(Typ)* chasis m portamatrices, portamatriz m

Matrizenkalkül

Matrizenkalkül m (Math) cálculo m matricial
Matrizenrechnung f (Math) cálculo m matricial; operación f matricial [de matriz]
Matrizenspeicher m (Inf) memoria f matricial [de matriz]
Matrizenstahl m acero m para estampas [matrices]
Matrizentheorie f teoría f de matrices, análisis m matricial
Matrizenvektor m vector m matricial
Matrizenvertauschbarkeit f (Math) conmutatividad f de matrices
matrizieren v (Typ) matrizar, moldear
matt mate, sin brillo, deslustrado, apagado (Farben); opaco
Matte f estera f; alfombrilla f
Mattglas n cristal m esmerilado, cristal m mate(ado), vidrio m deslustrado
mattieren v 1. deslustrar, deslucir; matar (Metalle); opacificar, opacar, empavonar (Glas); 2. (Text) matear
Mattierung f deslustrado m, mateado m; pulimento m mate (Farben, Lacke)
Mattscheibe f (Foto) cristal m esmerilado, cristal m mate(ado), vidrio m deslustrado
Mauer f muro m, muralla f; pared f
Maueranker m (Bw) tirante m para muro, ancla f, áncora f
Mauerbolzen m clavija f mural
Mauerdurchbruch m pasamuro(s) m, portillo m
Mauerkreis m (Astr) círculo m mural (astronomisches Gerät)
mauern v murar
Mauerverkleidung f revestimiento m mural
Mauerwerk n (Bw) bancada f; albañilería f; mampostería f, obra f de fábrica, fábrica f
Mauerziegel m ladrillo m, tocho m
~/massiver ladrillo m macizo
~/verputzter ladrillo m revocado
Mauerziegelfachwerk n forjado m de ladrillo
Maul n (Fert) boca f (z. B. Schraubenschlüssel)
Maulweite f abertura f de la llave, ancho m de boca, ancho m entre caras (Werkzeuge)
Maurerhammer m martillo m de albañil, piqueta f
Maurerkelle f paleta f, palustre m

Maus f (Inf) ratón f (de control) (Eingabeeinheit für PC) • **die ~ verschieben** desplazar el ratón • **mit der ~ steuern** controlar por medio del ratón • **mit der ~ ziehen** arrastrar con el ratón
Mausklick m (Inf) clic m del ratón
Mauskugel f (Inf) bola f de ratón
Maussteuertaste f (Inf) pulsador m de control del ratón
Maustaste f (Inf) tecla f de ratón, botón m [pulsador m de control] del ratón • **die ~ gedrückt halten** mantener el botón del ratón pulsado
Maustreiber m (Inf) módulo m de control de ratón
Mauszeiger m (Inf) cursor m de ratón, indicador m del ratón • **den ~ positionieren** colocar el indicador del ratón
Maximalschalter m (El) interruptor m de máxima
Maximalwert m valor m máximo
Maximaxprinzip n criterio m de máximax (Spieltheorie)
maximieren v (Math) maximizar
Maximierung f (Math) maximación f, maximización f
Maximum n (Math) punto m de máximo, máximo m; pico m (z. B. einer Kurve)
Maxwell n maxvelio m, maxwell m (nichtgesetzliche Einheit des magnetischen Flusses)
mazerieren v (Ch) macerar
Mechanik f 1. (Ph) mecánica f; 2. s. Mechanismus
~ der festen Körper mecánica f de los cuerpos sólidos
~ der Flüssigkeiten (und Gase) mecánica f de los fluidos
~ der Gase aeromecánica f
~/klassische [newtonsche] mecánica f clásica [newtoniana]
mechanisch mecánico, maquinal
mechanisieren v mecanizar; motorizar
Mechanisierung f mecanización f, maquinización f
Mechanismus m mecanismo m; mecánica f, aparato m, artefacto m, dispositivo m, ingenio m
Median m valor m central (Statistik)
Medienwiedergabe f reproducción f multimedia; transmisor m de medios (Windows)

Medium n 1. medio m, ambiente m; 2. (Inf) medio m soporte, soporte m de almacenamiento (Datenträger)
~/abfließendes efluente m
~/aggressives medio m agresivo, agresivo m; ambiente m agresivo
~/alkalisches (Ch) medio m básico [alcalino]
~/aufnehmendes medio m receptor (Schadstoff)
~/brechendes (Opt) medio m refringente
~/entflammbares atmósfera f inflamable
~/feuchtes ambiente m húmedo
~/flüssiges medio m líquido; fluido m líquido
~/gasförmiges ambiente m gaseoso; fluido m gaseoso
~/korrodierendes ambiente m [medio m] corrosivo
~/lichtempfindliches medio m fotosensible
~/saures (Ch) medio m ácido
~/schwingfähiges medio m capaz de oscilar
~/wässriges medio m acuoso
Medizintechnik f ingeniería f médica; técnica f médica; tecnología f médica
Meeresbergbau m minería f submarina; explotación f de los fondos marinos
Meeresboden m fondo m marino [del mar], lecho m marino
Meereschemie f química f marina
Meeresenergie f energía f marina [del mar]
Meeresgeologie f geología f marina
Meereshöhe f nivel m del mar • **auf ~** al nivel del mar
Meereskunde f ciencia f marina [del mar], oceanografía f
Meeresströmungsmessgerät n indicador m de corrientes marinas
Meerestechnik f ingeniería f marina [oceánica, de los recursos oceánicos]; tecnología f marina [oceánica]
Meereswärmekraftwerk n central f térmica de energía marina [del mar]
Meereswissenschaft f ciencia f marina [del mar]
Meerwasserentsalzungsanlage f planta f desaladora [desalinizadora]
Megabit n (Inf) megabit m (1024 KBit)
Megabyte n (Inf) megabyte m (1024 KByte)

Megaelektronenvolt n megaelectronvoltio m
Megahertz n megahertzio m, megaciclo m por segundo
Megaohm n megohmio m
Megaohmmeter n megohmetro m (Messung von Isolationswiderständen)
Megaphon n megáfono m, portavoz m, bocina f
Mehradressbefehl m (Inf) instrucción f de dirección múltiple
mehradrig de varios conductores, multifilar
Mehranodengleichrichter m rectificador m de ánodos múltiples, válvula f polianódica
mehratomig poliatómico
mehrbasig (Ch) polibásico
mehrbenutzerfähig (Inf) multiusuario
mehrdeutig ambiguo
Mehrdiensteschnittstelle f (Nrt) interfaz f multiservicio
mehrdimensional de varias dimensiones, multidimensional, polidimensional, pluridimensional
Mehrelektrodenröhre f válvula f multielectródica [polielectródica, de electrodos múltiples]
mehrfach múltiple, múltiplex
Mehrfachanschlussapparat m (Nrt) aparato m de extensiones múltiples
Mehrfachgerät n (Eln) polímetro m
Mehrfachintegral n (Math) integral f múltiple
Mehrfachkoppler m (Inf, Nrt) multiplex(ad)or m
Mehrfachpunkt m (Math) multipunto m
Mehrfachrahmen m (Nrt) multitrama f
Mehrfachsteckdose f (El) enchufe m multivía
Mehrfachzugriff m (Inf) acceso m múltiple, multiacceso m
Mehrfarbendruck m (Typ) cromotipia f, cromotipografía f, policromía f, impresión f policroma, impresión f en color(es); estampación f policroma
Mehrflügelflugzeug n multiplano m
Mehrflügelhubschrauber m helicóptero m multirrotor
Mehrgeschossbau m edificio m multipisos
Mehrgitterröhre f válvula f multirrejilla [de rejilla múltiple]

mehrgleisig *(Eb)* de vías múltiples
Mehrkanalbetrieb *m* multiplexación *f*
Mehrkanalsender *m* transmisor *m* policanálico
Mehrkanalübertragung *f* transmisión *f* pluricanálica
Mehrkanalverstärker *m* amplificador *m* multicanal
Mehrklanghorn *n (Kfz)* bocina *f* de sonido múltiple, señal *f* de varios sonidos
Mehrlagenleiterkarte *f (Eln)* placa *f* multicapa
Mehrleiterkabel *n (El)* cable *m* múltiple [de almos múltiples, multifilar, de multifilamento de varios conductores]
Mehrmaschinenbedienung *f (Fert)* atención *f* a varias máquinas; servicio *m* de máquinas múltiples
Mehrmeißeldrehmaschine *f* torno *m* de herramientas en batería, torno *m* con herramientas múltiples, torno *m* de batería
Mehrmeißelhalter *m (Fert)* portaherramientas *m* múltiple, torreta *f* multipasadas
Mehrmodenfaser *f (Nrt)* fibra *f* multimodal (*Lichtwellenleiter*)
Mehrnutzersystem *n (Inf)* sistema *m* multiusuario
Mehrphasenstromkreis *m* circuito *m* polifásico
mehrphasig *(El)* polifáseo, polifásico
Mehrplatzrechner *m (Inf)* sistema *m* multiusuario
mehrpolig multipolar
Mehrprozessorbetrieb *m* multiprocesamiento *m*, multiproceso *m*, multitarea *f*
Mehrpunktnetz *n (Inf)* red *f* multipunto
mehrsäurig *(Ch)* poliácido
Mehrscharpflug *m (Lt)* arado *m* múltiple [de reja múltiple]
Mehrscheibenkupplung *f* embrague *m* multidisco [pluriláminar, de láminas, de discos múltiples]
mehrschichtig multicapa
mehrseitig multilateral
Mehrspindelbohrmaschine *f* taladradora *f* múltiple [multibroca, multihusillo, de husillos múltiples]
Mehrspindeldrehautomat *m* torno *m* automático de varios husillos
Mehrspindelfräsmaschine *f* fresadora *f* múltiple

mehrspurig de vías múltiples, multipista
Mehrstößelpresse *f* estampadora *f* múltiple, prensa *f* de vástagos múltiples
mehrsträngig de varios ramales
Mehrstufenrakete *f* cohete *m* compuesto [escalonado, de escalones, de etapas, de pisos, multietapa]
Mehrstufenregler *m* regulador *m* de regímenes múltiples
mehrstufig de varias etapas, de varios escalones; de varios grados; de acción graduable
Mehrwegehahn *m* grifo *m* de paso múltiple
Mehrwegverpackung *f* envase *m* recuperable [reutilizable]; embalaje *m* recuperable
Mehrwertdienstnetz *n (Nrt)* red *f* de valor añadido
mehrwertig *(Ch)* plurivalente, polivalente
Mehrzweckfrachter *m* buque *m* multipropósito, carguero *m* polivalente, transportador *m* mixto
Mehrzweckgerät *n* equipo *m* multipropósito; aparato *m* universal
Mehrzweckkraftfahrzeug *n* vehículo *m* polivalente [de varias aplicaciones]
Mehrzylindermotor *m* motor *m* de varios cilindros
mehrzylindrig de varios cilindros, policilíndrico
Meile *f* milla *f*
~/englische milla *f* terrestre inglesa (*1609 m*)
Meißel *m* 1. *(Fert)* herramienta *f*; acero *m*; cincel *m*; tajadera *f*, cortador *m*; 2. *(Bgb)* broca *f*, corona *f*
~/gebogener herramienta *f* curvada
~/gekröpfter herramienta *f* acodada
Meißelhalter *m (Fert)* portaherramientas *m*, portacuchillas *m*, portaútiles *m*
Meißelhammer *m* 1. cincelador *m*; 2. *(Bw)* martillo *m* burilador
meißeln *v* cincelar; celar
Meißelpflug *m (Lt)* arado *m* chisel
Meldeanlage *f* equipo *m* señalizador [de señalización], instalación *f* de detección; sistema *m* avisador; equipo *m* avisador, avisador *m*
melden *v* avisar; señalar, señalizar
Melderelais *n (Nrt)* relé *m* piloto [avisador, de aviso, de indicación, de señalización]

Meldung f 1. (Inf, Nrt) mensaje m; 2. informe m; 3. señalización f; aviso m
Meldungsgeber m detector m automático
Melioration f (Lt) benefício m, bonificación f, mejora f [mejoramiento m] de suelos
meliorieren v (Lt) beneficiar, bonificar, mejorar (Boden)
Melkanlage f (Lt) equipo m de ordeño mecánico, máquina f ordeñadora [de ordeñar], ordeadora f (mecánica), planta f lechera, sistema m de ordeño mecanizado
Melkbecher m (Lt) boquilla f de goma, pezonera f (Melkmaschine)
Melkkarussell n (Lt) rotolactor m
Melkmaschine f (Lt) máquina f ordeñadora [de ordeñar], ordeadora f (mecánica)
Membran f 1. (Ph, Ch) membrana f, diafragma m; 2. diafragma m (Elektroakustik)
Membranfilter n (Ch) filtro m de membrana
Membranlautsprecher m altavoz m con diafragma
Membranpumpe f bomba f de membrana [diafragma]
Membranventil n válvula f de diafragma
Mendelevium n mendelevio m, Md
Menge f 1. cantidad f; cuantía f; volumen m; masa f; tanto m; cúmulo m; dosis f (Toxikologie); 2. (Math) conjunto m, cantidad f
~/**abzählbare** conjunto m numerable
~/**beschränkte** conjunto m acotado
~/**dichte** conjunto m denso
~/**endliche [finite]** cantidad f finita, conjunto m finito
~/**gefahrdrohende** (Umw) cantidad f peligrosa; dosis f peligrosa; volumen m peligroso
~/**geordnete** conjunto m ordenado [arreglado]
~/**leere** conjunto m vacío
~/**unendliche** conjunto m infinito
~/**wohl geordnete** conjunto m bien ordenado
~/**zusammenhängende** conjunto m conexo
mengen v mezclar
Mengenalgebra f (Math) álgebra f de conjuntos
Mengendurchfluss m flujo m másico
Mengenflussbild n diagrama m de flujo cuantitativo

Mengenlehre f (Math) teoría f de conjuntos
Mengenmesser m cuantímetro m, medidor m de cantidades
Mengenmessung f cuantimetría f, medición f de cantidades; aforo m (Flüssigkeiten, Gase)
Mengenregelung f 1. regulación f de volumen; 2. (Kfz) variación f del caudal
Mengentheorie f (Math) teoría f de conjuntos
Mengenverhältnis n proporción f (cuantitativa, de cantidades)
Meniskus m (Ph) menisco m (gekrümmte Flüssigkeitsoberfläche)
Mennige f minio m (de plomo)
Mensch-Maschine-System n sistema m [conjunto m] hombre-máquina
Menü n (Inf) menú m, escenario m (auf dem Bildschirm) • **ein ~ öffnen** desplegar un menú • **ein ~ schließen** salir de un menú
Menübalken m (Inf) barra f de menús
Menüebene f (Inf) nivel m de menú
Menüführung f (Inf) modo m menú
menügesteuert (Inf) gobernado [controlado] por menú
Menüleiste f (Inf) barra f de menús
Menüsteuerung f (Inf) control m de menús
Menütechnik f (Inf) sistema m de menús de pantalla
Menüzeile f (Inf) línea f del menú
Mergel m arcilla f calcárea [caliza], lutita f, roca f margosa
Meridian m meridiano m, línea f meridiana
Meridiankreis m (Astr) círculo m [anteojo m] meridiano (Gerät)
Merkmal n característica f
merzerisieren v (Text) mercerizar
Merzerisiermaschine f (Text) máquina f de mercerizar, mercerizadora f
Mesonenstrahl m haz m mesónico
Messausrüstung f equipamiento m de medición
Messband n cinta f graduada [métrica, de medición, de acero], lienza f de medir
messbar medible, factible de medir; mensurable
~/**nicht** inmensurable
Messbecher m (Ch) probeta f graduada
Messbereich m alcance m de medición, gama f de medición [medida]; campo m

graduado [de medición, de medida], margen m de medición, intervalo m de medición [medida]; rango m de medición [medida]

Messbildkamera f cámara f fotogramétrica [de fotogrametría]

Messblende f diafragma m de medida [medir] *(Rohrleitung)*

Messbrücke f *(El)* puente m de medida [medición], puente m

Messdatenaufzeichnung f grabación f de datos de medición

Messdorn m espiga-calibre f, tapón m calibrador

Messdose f caja f dinamométrica

Messdraht m 1. alambre m [hilo m] calibrador [de medición, de medida]; 2. *(El)* alambre m graduado *(für Messbrücken)*; hilo m piloto

Messeinrichtung f dispositivo m medidor [de medición, de medida, registrador]; equipamiento m de medición, equipo m medidor

Messelektronik f electrónica f de medición

messen v 1. medir; 2. *(Ch)* mensurar; comprobar; aforar *(Durchfluss)*; basar *(mit Bezug auf eine Basis)*

~/die Zeit cronometrar

~/in Metern metrar

~/in Millimetern milimetrar

Messen n medición f

~/berührungsloses medición f sin contacto

Messer m s. Messgerät

Messer n 1. chuchillo m; cuchilla f; navaja f; machete m; peine m de roscar; 2. *(Lt)* dientes mpl; 3. *(Text)* cuchilla f *(der Jacquardmaschine)*

Messerbalken m *(Lt)* barra f cortadora [de corte, portaherramienta, guadañadora, de cuchillas], cabezal m portacuchillas, travesaño m

Messeregge f *(Lt)* escarificador m, extirpador m, extirpadora f, arado m de doble vertedera

Messerfräser m *(Fert)* cabezal m fresador [de fresar, portafresos]

Messerkopf m *(Fert)* cabezal m portacuchillas [fresador, de fresar, portafresas, de cuchillas, fresa f de cuchillas amovibles [insertadas, postizas]

Messerschalter m *(El)* conmutador m [interruptor m] de cuchillas, clavija f a cuchilla

Messerwelle f eje m de cuchillas; rodillo m portacuchillas [portaherramientas]

Messfahrzeug n unidad f móvil de medida

Messfrequenz f frecuencia f de medida [mediciones]

Messfühler m sonda f medidora [de medición], palpador m de medida, dispositivo m [elemento m] sensor, sensor m; detector m; transductor m

Messgefäß n 1. depósito m [recipiente m] de medición; 2. *(Ch)* bureta f; vaso m graduado

Messgerät n aparato m de medición [medida]; equipo m medidor, medidor m; galga f; instrumento m

~/geeichtes equipo m medidor calibrado

~/intelligentes aparato m de medición inteligente

~/optisches medidor m óptico

~/schreibendes registrador m de medida

Messglied n órgano m medidor [de medición]; órgano m sensorial

Messgröße f magnitud f [valor m] de medición; parámetro m de medición; magnitud f mensurable; magnitud f comprobada [medida] *(gemessene Größe)*; magnitud f a medir *(zu messende Größe)*

Messing n latón m, metal m [cobre m] amarillo, fundición f amarilla, cuzin m

Messingblech n chapa f [hoja f, lámina f] de latón, latón m laminado [en hojas]

Messingguss m fundición f de latón, latón m colado [fundido]

Messinstrument n instrumento m [aparato m] de medición [medida]

Messkamera f cámara f fotogramétrica [de fotogrametría]

Messkolben m matraz m graduado [aforado]

Messkopf m cabezal m de medición, sonda f medidora [de medición], sonda f

Messkreis m circuito m de medición

Messkunde f metrología f

Messlabor n laboratorio m de medición [medida, metrología]

Messlatte f mira f (taquimétrica); estadia f; jalón m; reglón m

Messlehre f calibrador m

Messlineal n regla f de comprobación, reglón m
Messlupe f lupa f graduada [de medición]
Messmarke f 1. marca f de medición [mensura]; retículo m; línea f de fe *(Photogrammetrie)*; 2. *(Bgb)* señal f de mensura
Messpipette f pipeta f aforada [graduada]
Messschieber m calibre m (nonio), calibre m de corredera; pie m de rey
Messschraube f tornillo m graduado [comprobador, micrométrico], micrómetro m
Messschreiber m registrador m de medida, instrumento m registrador
Messstrecke f trayecto m [trecho m] de medición, tramo m de comprobación, intervalo m de medición [medida]
Messtechnik f 1. metrología f; técnica f de medición; tecnología f de medida; 2. instrumentación f
Messtisch m mesa f comprobadora [de medición]; plancheta f; platina f de medición
Messuhr f comparador m mecánico [de reloj, sensitivo mecánico], reloj m indicador [de medición], contador m
Messung f 1. medición f, medida f; comprobación f; 2. *(Ch)* mensura f
~ **/akustische** ecometría f
~ **in Millimetern** milimetrado m
~ **mit Lehren** calibración f
~ **/radiometrische** radiometría f
~ **/telemetrische** medición f telemétrica
~ **vor Ort** medición f in situ
Mess- und Prüftechnik f técnica f de medición y ensayo
Mess- und Regeltechnik f técnica f de medición y regulación
Messvorrichtung f dispositivo m comprobador [de comprobación]; mecanismo m aforador *(für Flüssigkeiten, Gase)*
Messwagen m unidad f móvil de medida, camión m de medición
Messwandler m transformador m de medición [medida], transductor m
Messwerk n mecanismo m [órgano m] medidor [de medición]; sistema m de medida
Messwert m magnitud f [valor m] de medición; magnitud f mensurable; valor m a medir *(zu messender Wert)*; resultado m de la medición, magnitud f comprobada, valor m comprobado [medido, registrado] *(gemessener Wert)*
Messwesen n metrología f
Messwiderstand m resistencia f de medición; reóstato m de medición
Messzahl f índice m
Messzeug n instrumento m de medición [medida, metrología f]
Messzirkel m compás m graduado [de medida, de espesores]
Messzylinder m *(Ch)* tubo m graduado, probeta f
Metall n metal m
~**/beschichtetes** metal m recubierto
~**/flüssiges** metal m líquido
~**/geschmolzenes** metal m derretido
~**/hitzebeständiges** metal m refractario
~**/hochfestes** metal m de alta resistencia
~**/reines** metal m nativo
~**/säurefestes** metal m antiácido
~**/seltenes** metal m raro
Metallabtrag m *(Fert)* remoción f de metal
Metallaufdampftechnik f técnica f metalizadora por evaporación en vacío
Metallbad n baño m metálico *(Heizbad)*; metal m líquido
Metallbearbeitung f elaboración f [tratamiento m, labrado m, trabajo m] de metales, maquinado m, mecanización f de metales
~**/elektroerosive** electroerosión f
~**/spanabhebende [spanende]** elaboración f de metales por arranque de virutas
Metallbearbeitungsmaschine f máquina f de elaborar metales; máquina f herramienta para cortar metales
Metallbeizen n teñido m químico de metales
Metallbindung f *(Ch)* enlace m metálico, liga f metálica
Metallchemie f metaloquímica f, química f de los metales
Metalldrücken n *(Fert)* repujado m [embutición f] de metales
Metallfolie f hoja f de metal, lámina f metálica, metal m en láminas
Metallgewinnung f obtención f de metal; extracción f del metal
Metallgitter n rejilla f [red f] metálica *(Kristallographie)*

Metallglanz *m* brillo *m* metálico, lustre *m* metálico, metalescencia *f*
metallisieren *v* metalizar
Metallisierung *f* metalización *f*, metalizado *m*, procedimiento *m* de metalización; recubrimiento *m* metálico
~/elektrochemische metalización *f* electroquímica
~/galvanische metalización *f* por contacto
Metallisierungsanlage *f* instalación *f* de evaporación metálica
Metallkeramik *f* cerámica *f* metálica, material *m* metalocerámico, cermet *m*
Metalllegierung *f* aleación *f* metálica
metallographisch metalográfico
metalloplastisch metaloplástico
metallorganisch (Ch) organometálico
Metalloxid *n* óxido *m* metálico
Metallphysik *f* física *f* de los metales
Metallplatte *f* placa *f* [plancha *f*] metálica; plantilla *f* metálica *(Druckplatte)*; disco *m* metálico
Metallpulver *n* polvo *m* metálico
Metallreinigungsanlage *f* equipo *m* de depuración de metales
Metallring *m* argolla *f*
Metallröhre *f* tubo *m* metálico, válvula *f* metálica
Metallsäge *f* sierra *f* cortametal [para metales]
Metallschmelze *f* fusión *f* de metal, caldeo *m* metálico
metallspritzen *v* metalizar por pistoleta
Metallspritzen *n* metalización *f* por proyección [chorreado, pulverización], proyección *f* de metal, pulverización *f* metálica
Metallstrangpresse *f* prensa *f* de extrusión para metales
Metallüberzug *m* 1. aplicación *f* metálica; metalizado *m*; protección *f* metálica; acabado *m* metalizado; 2. recubrimiento *m* metálico; capa *f* metálica
Metallumformung *f* conformación *f* de metales
Metallurgie *f* metalurgia *f*, tecnología *f* metalúrgica; industria *f* metalúrgica
metallurgisch metalúrgico
Metallverarbeitungsanlage *f* equipo *m* de conformación de metales
Metallverbindung *f* compuesto *m* metálico

Metallwalzwerk *n* planta *f* laminadora de metales, laminador *m* de metales
Metallzerspanen *n (Fert)* corte *m* de metales
Metazentrum *n (Ph, Schiff)* metacentro *m*
Meteor *m (Astr)* meteoro *m*, metéoro *m*
Meteorit *m (Astr)* meteorito *m*
Meteorologie *f* meteorología *f*
Meteorstein *m (Astr)* siderita *f*
Meter *n* metro *m*
Metermaß *n* metro *m*
Meterwelle *f* onda *f* métrica [ultracorta]
Meterwellenfrequenz *f* muy alta frecuencia *f*, V.H.F. *(30 bis 300 MHz)*
Methan *n* metano *m*, gas *m* de los pantanos, formeno *m*
Methanal *n* metanal *m*, formaldehído *m*, formol *m*
Methanfrachter *m* buque *m* metanero, metanero *m*
Methanol *n* metanol *m*, alcohol *m* metílico
Methode *f* método *m*; procedimiento *m*; técnica *f*; enfoque *m*; sistema *m*; modo *m*; práctica *f*; camino *m*
~ der finiten Elemente *(Math)* método *m* de los elementos finitos
~ der kleinsten Quadrate [Quadratsumme] *(Math)* método *m* de cuadrados mínimos
~ der transfiniten Induktion *(Math)* método *m* de inducción trasfinita
~ des kritischen Weges análisis *m* [método *m*] del camino crítico, método *m* del paso crítico, técnica *f* del camino crítico *(Netzplantechnik)*
~/kybernetische método *m* [enfoque *m*] cibernético
~/numerische método *m* de cálculo numérico
~/projektierende método *m* proyectante
~/spektrometrische método *m* espectrométrico
~/statische método *m* estático; procedimiento *m* estático *(z. B. Dampfdruckmessung)*
Methylchlorid *n* metilcloruro *m*, clorometano *m*, cloruro *m* metílico *(Kühlmittel)*
Methylen *n* metileno *m*
Methylenblau *n* azul *m* de metileno
Methylenchlorid *n* cloruro *m* de metileno
Methylester *m* éster *m* [éter *m*] metílico
methylieren *v (Ch)* metilar
Methylierung *f (Ch)* metilación *f*

Methyliodid *n* ioduro *m* de metilo
Methylzahl *f (Ch)* número *m* de metilo
metrisch métrico
Metrologie *f* metrología *f*
MF *s.* Mittelfrequenz
Migration *f (Ch)* desplazamiento *m*, migración *f (z. B. von Ionen)*
MIG-Schweißen *n* soldadura *f* metálica bajo gas inerte
Mikroanalyse *f* 1. microanálisis *m*; 2. *(Ch)* análisis *m* microquímico
Mikrobar *n* baria *f (Einheit des Druckes)*
Mikrobaustein *m* microcomponente *m*
Mikrobefehl *m (Inf)* microinstrucción *f*
Mikrobruch *m (Met)* microfractura *f*
Mikrochip *m (Eln)* micropastilla *f*
Mikrocomputer *m* microcomputadora *f*, micro(computador) *m (Rechner auf Mikroprozessorbasis)*
Mikrodiskette *f* microdisquete *m (Diskette mit einem Durchmesser von 3,5 Zoll)*
Mikroelektronik *f* microelectrónica *f*; tecnología *f* microelectrónica
~/hochintegrierter microelectrónica *f* muy integrada, microelectrónica *f* de alta integración
mikroelektronisch microelectrónico
Mikrofaser *f* microfibra *f (Faser unter 1 μm Durchmesser)*
Mikrofiche *n(m)* microficha *f*
Mikrofilm *m* microfilm *m*
Mikrofilmgerät *n* equipo *m* de microfilmación
Mikrofilmlesegerät *n* lector *m* de microfilms, microlector *m*
Mikrogefüge *n* estructura *f* microscópica, microestructura *f*
Mikrohärte *f (Wkst)* dureza *f* microscópica, microdureza *f*
Mikrohärteprüfer *m (Wkst)* microdurómetro *m*, microesclerómetro *m*
Mikrohärteprüfung *f (Wkst)* ensayo *m* de microdureza, microesclerometría *f*
Mikrolegierung *f* microaleación *f*
Mikroleistungstechnik *f* técnica *f* de micropotencias
Mikroleistungstransistor *m* transistor *m* de micropotencia
Mikromanipulator *m (Feinw)* micromanipulador *m*
Mikrometer *n* 1. micrómetro *m*, micra *f*, micrón *m (Einheit der Länge)*; 2. *(Opt)* micrómetro *m*, palmer *m*, calibre *m* [compás *m*] micrométrico *(Gerät)*; 3. *s.* Messschraube
Mikrometerschraube *f* tornillo *m* micrométrico, micrómetro *m*
Mikrominiaturtechnik *f* técnica *f* microminiatura
Mikromodultechnik *f* técnica *f* micromodular
Mikrooptoelektronik *f* micro-optoelectrónica *f*
Mikrophon *n* micrófono *m*, micro *m*
~/geräuschkompensiertes micrófono *m* antirruido
~/gerichtetes micrófono *m* direccional
~/piezoelektrisches micrófono *m* piezoeléctrico [de cerámica], micrófono *m* de cuarzo piezoeléctrico
~/ungerichtetes micrófono *m* omnidireccional
Mikrophongalgen *m* percha *f*
Mikrophonkapsel *f* cápsula *f* del micrófono
Mikrophonkreis *m* circuito *m* microfónico
Mikrophonverstärker *m* amplificador *m* microfónico
Mikroplanfilm *m (Inf)* microficha *f*
Mikroplasmaschweißen *n* soldadura *f* a [por] microplasma
Mikroplättchen *n (Eln)* micropastilla *f*, microplaqueta *f*
Mikroprozessor *m (Inf)* microprocesador *m*, máquina *f* microprocesadora
Mikroprozessorsteuerung *f* control *m* de microprocesadores
Mikroprozessortechnik *f* tecnología *f* de microprocesadores
Mikrorechentechnik *f* microinformática *f*
Mikrorechner *m* microcomputadora *f (Rechner auf Mikroprozessorbasis)*
Mikroriss *m* microagrietamiento *m*, microfisura *f*, microgrieta *f*
Mikroschalter *m* microinterruptor *m*
Mikroschaltung *f* microcircuito *m*
Mikroscheibe *f* micropastilla *f*, microplaqueta *f*
Mikroschliff *m (Met)* microsección *f*
Mikroschutzschalter *m* microinterruptor *m* de protección
Mikroschweißen *n* microsoldadura *f*
Mikrosekunde *f* microsegundo *m*
Mikroskop *n* microscopio *m*

Mikroskopobjektiv *n* objetivo *m* de microscopio
Mikrospritze *f* microjeringa *f (Umweltanalytik)*
Mikrostecker *m* microenchufe *m*
Mikrosteuergerät *n* microcontrolador *m*
Mikrostreifenleitung *f (Eln)* guiaondas *m* de cinta
Mikrostruktur *f* microestructura *f*
Mikroverfilmung *f* microfilmación *f*
Mikrowaage *f* microbalanza *f*
Mikrowelle *f* microonda *f*, onda *f* micrométrica
Mikrowellengerät *n* aparato *m* [equipo *m*, horno *m*] de microondas
Mikrowellenherd *m* horno *m* de microondas
Mikrowellenofen *m* microondas *m*, túnel *m* de microondas
Mikrowellenröhre *f* tubo *m* de microondas, válvula *f* electrónica para microondas
Mikrowellenschaltung *f* circuito *m* de microonda(s)
Mikrowellenstrahlung *f* radiación *f* de microondas
Mikrowellentelefonie *f* telefonía *f* hertziana
Mikrowellenverstärker *m* amplificador *m* de microondas [muy alta frecuencia]
Milcherhitzer *m* calentador *m* de leche, pasteurizador *m*
Milchglas *n* vidrio *m* deslustrado [láctico, lechoso], cristal *m* opalino, opalina *f*
Milchsäure *f* ácido *m* láctico
Milchstraße *f (Astr)* vía *f* láctea, galaxia *f*
Milchwaage *f* pesaleche *m (zur Dichtebestimmung der Milch)*
Milchzentrifuge *f (Lt)* centrifugadora *f*, desnatadora *f*
Millimeter *n* milímetro *m*
~ **Wassersäule** milímetro *m* de columna de agua
Millimeterpapier *n* papel *m* milimetrado [milimétrico]
Millimeterwelle *f* onda *f* milimétrica
Millimeterwellenfrequenz *f* frecuencia *f* extremadamente alta *(30–300 GHz)*
Millistromstärke *f* miliamperaje *m*
Millivolt *n* milivoltio *m*
Mindestzugriffszeit *f (Inf)* tiempo *m* de acceso mínimo

Mineral *n* mineral *m*
Mineralchemie *f* química *f* mineral
Mineraldünger *m* abono *m* mineral, enmienda *f*
Mineraldüngerstreuer *m (Lt)* distribuidora *f* de fertilizantes
Mineralfarbe *f* color *m* mineral; pigmento *m* mineral [de tierra]; pintura *f* al encausto
Mineralfaser *f* fibra *f* mineral
Mineralogie *f* mineralogía *f*
Mineralöl *n* aceite *m* [esencia *f*] mineral
Mineralsäure *f* ácido *m* mineral
miniaturisieren *v* miniaturizar *(Bauteile)*
Miniaturisierung *f* disminución *f* en tamaño, miniaturización *f (von Bauteilen)*
Miniaturröhre *f* válvula *f* miniatura [dedo]
Miniaturspeicher *m (Inf)* memoria *f* en miniatura
Minicomputer *m* miniordenador *m*, ordenador *m* pequeño, minicomputadora *f (mittlere Rechnerklasse)*
Minidiskette *f (Inf)* minidisquete *m (Diskette mit einem Durchmesser von 5,25 Zoll)*
Minidiskettenlaufwerk *n* unidad *f* de minidiscos
Minimum *n (Math)* punto *m* de mínimo, mínimo *m*, mínimum *m*
Minirechentechnik *f* miniinformática *f*
Minirechner *m* miniordenador *m*, ordenador *m* pequeño, minicalculadora *f*, minicomputador *m*
Minoritätsträger *m (Eln)* portador *m* minoritario *(Halbleiter)*
Minuend *m (Math)* minuendo *m*
minus *(Math)* menos *(Subtraktionszeichen)*
Minustaste *f* tecla *f* de sustracción
Minute *f* minuto *m (auch Gradunterteilung)*
Mischanlage *f* instalación *f* mezcladora, planta *f* mezcladora, mezclador *m*, sistema *m* de mezcla
mischbar mezclable, miscible
Mischbatterie *f (Bw)* grifo *m* mezclador, llave *f* mezcladora, mezclador *m (z. B. am Boiler)*
Mischdüse *f* tobera *f* mezcladora [de mezcla]
mischen *v* 1. mezclar; malaxar; componer, compoundizar *(z. B. Kunststoff mit Füller)*; 2. *(Inf)* intercalar *(Daten)*

Mischen n mezclado m, mezcla f; malaxación f
Mischer m 1. equipo m mezclador, mezclador m; dispersador m; batidora f; 2. *(Inf)* máquina f intercaladora, intercaladora f, interpolador m, interpoladora f, dispositivo m de conversión
Mischerz n mineral m complejo
Mischextruder m *(Kst)* mezcladora-extrusionadora f
Mischfrequenz f *(Nrt)* frecuencia f de mezcla
Mischgefäß n cuba f mezcladora, depósito m mezclador; frasco m mezclador
Mischkammer f *(Kfz)* cámara f agitadora [de mezcla, de carburación] *(Motor)*
Mischkondensator m condensador m de contacto (directo), condensador m de mezcla
Mischkreis m *(El)* circuito m mezclador
Mischkristall m *(Ch)* cristal m mezclado, solución f [disolución f] sólida
Mischpolymer(e) n *(Ch)* copolímero m, polímero m mixto
Mischpolymerisation f *(Ch)* copolimerización f
mischpolymerisieren v *(Ch)* copolimerizar
Mischpult n mesa f de mezclas, pupitre m mezclador [de mezclas] *(Tontechnik)*
Mischraum m *(Kfz)* cámara f de mezcla
Mischrohr n *(Kfz)* tubo m de mezcla, pulverizador m, *(Am)* caño m de mezcla *(am Vergaser)*
Mischröhre f *(Eln)* válvula f mezcladora [conversora de frecuencias], tubo m de interferencia, lámpara f cambiadora de frecuencia
Mischsortieren n *(Inf)* ordenación f [ordenamiento m] por mezcla, ordenación f por intercalación, clasificación f por fusión
Mischtrommel f tambor m mezclador
Mischung f 1. mezcla f; 2. *(Ch)* mixtura f, aglomerado m; composición f; pilada f, templa f *(Beton)*
Mischventil n válvula f mezcladora
Mithöreinrichtung f *(Nrt)* dispositivo m de escucha
mithören v *(Nrt)* escuchar
Mithören n *(Nrt)* captación f de llamadas, escucha f (en paralelo)

Mithörschalter m *(Nrt)* llave f de escucha
Mitkopplung f *(Eln)* reacción f positiva, realimentación f [retroalimentación f] positiva
Mitnehmer m *(Masch)* mecanismo m [dispositivo m] de arrastre; pitón m de arrastre; arrastre m; perro m; fiador m; can m *(Drehmaschine)*; mandril m de transmisión
Mitnehmerbolzen m dedo m [garra f, pasador m] de arrastre
Mitnehmerscheibe f *(Fert)* disco m [plato m] de arrastre
Mitnehmerstift m *(Fert)* pitón m [púa f, tope m] de arrastre
Mitschiffslinie f línea f central
mitschleppen v *(Inf)* rastrear *(Fehler)*
mitschwingen v resonar
Mitsprechdämpfung f *(Nrt)* atenuación f de diafonía
mitsprechen v **und mithören** v *(Nrt)* intervenir escuchando y hablando
Mitsprechen n *(Nrt)* diafonía f
Mitte f centro m, medio m; mitad f, promedio m
Mitteilung f *(Inf, Nrt)* mensaje m; comunicación f, notificación f; informe m; memorando m
~/audiovisuelle mensaje m audiovisual
~/fernmündliche mensaje m telefónico
~/verschlüsselte mensaje m codificado
Mitteilungsseite f página f de comunicación *(Bildschirmtextseite)*
Mittel n 1. medio m; agente m; producto m; preparado m; 2. *(Math)* media f, valor m medio [promediado, promedio], promedio m; 3. recurso m; útil m; 4. *(Geol)* banco m
~/arithmetisches media f aritmética, medio m aritmético
~ der virtuellen Realität *(Inf)* producto m de realidad virtual
~/geometrisches media f geométrica
~/gewogenes media f ponderada, promedio m ponderado
~/harmonisches media f armónica
~/oberflächenaktives agente m surfactivo [activo de superficie], surfactivo m
~/pyrotechnisches artificio m
~/quadratisches valor m medio cuadrático, valor m efectivo [eficaz], media f cuadrada

Mittel

~/**sicherheitstechnisches** dispositivo *m* protector [de protección]
~/**Wasser abstoßendes** repelente *m* del agua, hidrófugo *m*
Mitteldeck *n (Schiff)* combés *m*
Mittelfrequenz *f* frecuencia *f* media
Mittelintegration *f (Eln)* integración *f* a media escala *(engl.: medium scale integration)*
Mittelkiel *m (Schiff)* quilla *f* vertical [central]
Mittelkraft *f (Ph)* fuerza *f* resultante, resultante *f*
Mittelleiter *m (El)* conductor *m* central, conductor *m* [hilo *m*] neutro (protector), neutro *m*
Mittellinie *f* línea *f* media; línea *f* de centros
Mittelpunkt *m* centro *m*; punto *m* medio
Mittelrahmen *m (Kfz)* bastidor *m* central
Mittelschiff *n (Bw)* nave *f* central
Mittelschott *n (Schiff)* mamparo *m* central
Mittelsenkrechte *f (Math)* mediatriz *f*
Mittelstreckenflugzeug *n* avión *m* de alcance medio
Mittelstreifen *m* faja *f* central [intermedia, verde] *(Straßenbau)*
Mittelträger *m* 1. soporte *m* central; 2. *(Bw)* viga *f* central
Mittelträgerrahmen *m (Kfz)* bastidor *m* de viga
Mittelwellenbereich *m* gama *f* de ondas medias
Mittelwellensender *m* emisor *m* [transmisor *m*] de ondas medias
Mittelwert *m* valor *m* medio [promediado, promedio], promedio *m*
~/**arithmetischer** valor *m* medio aritmético
~/**geometrischer** valor *m* medio geométrico
~/**harmonischer** valor *m* medio harmónico
Mittelwertsatz *m* teorema *m* del límite central, teorema *m* del valor medio *(Integralrechnung)*
mitten *v* mediar, centrar
Mittenabstand *m* distancia *f* entre centros, entrecentros *m*
Mittenfrequenz *f* frecuencia *f* central [media]
mittig axial, axil, centrado
Mittschiffsebene *f* plano *m* longitudinal [diametral, de crujía, de secciones]

Mittschiffslinie *f* línea *f* de crujía
Mittschnitt *m* grabación *f (Rundfunk, Fernsehen)*
Mixer *m* mezclador *m*
Mixtruder *m (Kst)* mezcladora-extrusionadora *f*
MKSA-System *n* sistema *m* Giorgi, M.K.S.A. *(Meter – Kilogramm – Sekunde – Ampere)*
Mnemotechnik *f* mnemotecnia *f*, mnemotécnica *f*, nemotecnia *f*
mnemotechnisch mnemónico, nemónico, mnemotécnico, nemotécnico
Mobildrehkran *m* grúa *f* giratoria automotriz, grúa *f* automotora [automotriz, automóvil, autotransportada, móvil]
Mobilfunk *m* radiotelefonía *f* móvil
Mobilfunknetz *n* red *f* de radiotelefonía móvil
Mobilkran *m* grúa *f* automotora [automotriz, automóvil, autotransportada, móvil]
Mobiltelefon *n* teléfono *m* móvil
Mobiltelefonnetz *n* red *f* telefónica móvil
Mobilvermittlung *f (Nrt)* centro *m* de conmutación de servicio móvil
Mode *m* 1. moda *f (Statistik)*; 2. *(El)* modo *m* (de vibración) *(Schwingungsform)*
Modell *n* 1. modelo *m*, muestra *f*, plantilla *f*, patrón *m*; maqueta *f*; 2. *(Gieß)* molde *m*; conformador *m*; 3. marca *f*, estilo *m*; forma *f*
~ **des Atomkerns** *(Ph)* modelo *m* nuclear
~/**geteiltes** *(Gieß)* modelo *m* de dos partes
~/**grafisches** modelo *m* gráfico, muestra *f* gráfica
~/**lerntheoretisches** modelo *m* didáctico
~/**maßstabgerechtes** modelo *m* a escala
~/**mit Rechnerunterstützung hergestelltes** modelo *m* computerizado
~/**räumliches** modelo *m* tridimensional
~/**spieltheoretisches** modelo *m* de teoría de juegos
~/**stochastisches** modelo *m* estocástico
~/**verkleinertes** modelo *m* reducido [a escala reducida]
~/**wahrscheinlichkeitstheoretisches** modelo *m* probabilístico
Modellbau *m* modelismo *m*; construcción *f* de modelos
Modellbecken *n (Schiff)* canal *m* de experiencias

Modelldarstellung f visualización f del modelo *(auf Bildschirm)*
Modelldrehmaschine f torno m de modelista
Modelleisenbahn f ferrocarril m modelo [de modelo reducido]; máquina f de carpintería
Modellflugzeug n avión m modelo [de modelo reducido], maqueta f de avión
Modellgips m escayola f para modelar
Modellherstellung f modelado m
modellieren v modelar; amoldar; bosquejar
Modellierung f modelación f, modelización f, modelado m, establecimiento m de modelos; maquetación f; simulación f
Modelltechnik f técnica f de modelización; ingeniería f de modelación
Modellversuch m ensayo m de [mediante] modelos, prueba f sobre modelo
Modellzeichnung f diseño m de maqueta
Modem m(n) modulador-desmodulador m, módem m *(Datenübertragungseinrichtung)*
Modenwandler m conversor m de modos *(z. B. bei Lichtwellenleitern)*
Moderator m *(Kern)* moderador m, sustancia f moderante
Modul m 1. *(Math)* módulo m; 2. *(Mech)* módulo m *(bei Zahnrädern)*; 3. *(Bw)* módulo m *(Rastermaß)*
Modul n *(Inf)* módulo m *(Baustein der Hard- oder Software)*
~/abhängiges módulo m esclavo
~/mikrominiaturisiertes módulo m microminiaturizado
~/verkettungsfähiges módulo m de concatenación
Modulargleichung f *(Math)* ecuación f modular
Modulationsfrequenz f frecuencia f moduladora [de modulación]
Modulationshüllkurve f envolvente f moduladora
Modulationskreis m circuito m modulador, conexión f de modulación
Modulationsmesser m *(Eln)* modulómetro m, modulímetro m, indicador m [medidor m] de modulación
Modulationsröhre f válvula f moduladora
Modulatorröhre f válvula f moduladora
Modulbauelement n unidad f modular

Modulbauweise f *(Eln)* construcción f [diseño m] modular, modulación f
Modulkehrwert m paso m diametral *(Zahnrad)*
Modulkonstruktion f *(Eln)* construcción f [diseño m] modular
Modulschnittstelle f *(Inf)* interfacio m de módulos
Modulsteuereinheit f *(Inf)* controlador m de módulos
Modultechnik f *(Eln)* técnica f modular
Modulträger m soporte m de módulos, chasis m
Modus m 1. *(Inf)* modalidad f, modo m; 2. *(Math)* densidad f media *(Statistik)*; 3. régimen m
Mokick n velomotor m
Mol n *(Ch)* mol m, mole f, molécula f de gramo *(SI-Basiseinheit der Stoffmenge)*
Molarität f *(Ch)* molaridad f, concentración f molar *(Volumenmolarität)*
Molarverhältnis n *(Ch)* razón f molar
Mole f muelle m, espigón m, espolón m, malecón m, escollera f, rompeolas m, rompeondas m
Molekül n molécula f
~/angeregtes molécula f activada
~/verbundenes molécula f combinada
~/verzweigtes molécula f ramificada
Molekularelektronik f electrónica f molecular
Molekulargefüge n *(Met)* estructura f molecular
Molekulargewicht n peso m molar [molecular]
Molekularphysik f física f molecular
Molekularverstärker m amplificador m molecular, máser m
Molekülbindung f combinación f [enlace m] molecular
Molekülgitter n red f molecular [de moléculas]
Molekülmasse f *(Ph)* masa f molecular
Molenbruch m *(Ch)* fracción f molar [de moles]
Molgewicht n peso m molar [molecular]
Molkereimaschine f máquina f lechera [de lechería]
Molprozent m porcentaje m en moles *(Konzentrationsmaß)*
Molybdän n molibdeno m, Mo
Molybdänsäure f ácido m molíbdico

Molybdänstahl 714

Molybdänstahl *m* acero *m* al molibdeno
Moment *n (Mech)* momento *m*
~/**aerodynamisches** momento *m* aerodinámico
~ **des Kräftepaares** momento *m* del par
Momentanspannung *f (El)* tensión *f* instantánea
Momentaufnahme *f* 1. *(Foto)* instantánea *f*; 2. *(Inf)* volcado *m* instantáneo
Momentschalter *m (El)* interruptor *m* de ruptura brusca [rápida], interruptor *m* rápido, llave *f* momentánea, modificador *m* instantáneo
Mönch *m* 1. *(Bw)* teja *f* superior, cobija *f (Dachziegel)*; 2. *(Masch)* chupón *m (einer Saugpumpe)*
Mondbahn *f* órbita *f* lunar
Mondfahrzeug *n* vehículo *m* lunar [selenita]
Mondfinsternis *f* eclipse *m* lunar
Mondgestein *n* roca *f* lunar, piedra *f* selenita
Mondlandekapsel *f* módulo *m* lunar
Mondmobil *n* vehículo *m* lunar [selenita]
Mondsatellit *m* satélite *m* lunar
Mondsonde *f* nave *f* lunar
Mondumlaufbahn *f* órbita *f* [trayectoria *f*] circunlunar
Moniereisen *n* hierro *m* de armado [armadura], redondo *m* corrugado, barra *f* corrugada
Monitor *m* 1. monitor *m (Kontrollgerät, Kontrollbildschirm);* monitor *m* [pantalla *f*] de ordenador; 2. *(Kern)* monitor *m* (de radiación); 3. monitor *m (schwenkbarer Wasserwerfer)*
~/**flacher** monitor *m* plano
~/**hoch auflösender** monitor *m* de alta resolución
~/**non-interlaced** monitor *m* no entrelazado
~/**strahlungsarmer** monitor *m* de baja radiación, monitor *m* de poca radiación
~/**tragbarer** monitor *m* portátil
Monitorsteuerung *f* control *m* del monitor; circuito *m* de control de monitor
Monoblockbauweise *f* ejecución *f* monobloque
Monochrombildschirm *m* monitor *m* monocromático, pantalla *f* monocromática, display *m* blanco y negro
monoklin *(Geol)* monoclinal; monoclínico *(Kristallographie)*

Monolithbau *m* construcción *f* monolítica
Monomer(e) *n (Ch)* monómero *m*
Monozelle *f (El)* pila *f*
Montage *f* montaje *m*; montura *f*; ensamblado *m*, ensamble *m*, ensambladura *f*, ensamblaje *m*; ajuste *m*, ajustamiento *m*; instalacción *f*
Montageablaufplan *m* ciclograma *m* de montaje
Montageausrüstung *f* equipo *m* de montaje
Montageband *n* cinta *f* continua (de producción), cinta *f* de montaje; cadena *f* de producción (continua); tren *m* de montaje *(Walzwerk)*
Montagebaugruppe *f* subconjunto *m*
Montagebauweise *f* construcción *f* por montaje
Montagebewehrung *f* armadura *f* de montaje *(Stahlbetonvorfertigung)*
Montagebühne *f* plataforma *f* de montaje
Montagefließfertigung *f* fabricación *f* [producción *f*] en cadena
Montagefließreihe *f* cadena *f* [línea *f*] de montaje
Montagehalle *f (Masch)* sala *f* de montaje; nave *f* de montaje; taller *m* de ensamblaje
Montagekran *m* grúa *f* de montaje
Montageroboter *m* robot *m* de ensamblaje
Montagesatz *m* juego *m* de ensamblaje [montaje]
Montageschema *n* esquema *m* de ensamblaje [montaje]; diagrama *m* de montaje
Montagetakt *m* ciclo *m* de montaje; ritmo *m* de ensamblaje
Montageteil *n* elemento *m* de montaje, pieza *f* de ensamblaje; pieza *f* ensamblada
Montagewerkstatt *f* taller *m* de montaje [ensamblaje]
Montagewerkzeug *n* herramienta *f* de montaje [ajuste]; útil *m* de montaje
Montagezeichnung *f* dibujo *m* [plan *m*] de montaje, plano *m* de conjunto
Montangeologie *f* geología *f* de minas
Montanindustrie *f* industria *f* del carbón y del acero, industria *f* siderominera [minera siderúrgica]
Monteur *m* ajustador *m*

montieren v 1. montar; ensamblar, armar *(zusammenbauen)*; instalar *(einbauen)*; 2. *(Bw)* construir; plantar *(Anlagen)*
Moped n ciclomotor m
Morsekegel m cono m Morse [normal] *(Werkzeug)*
morsen v manipular el aparato Morse; transmitir con [en] señales Morse
Mörser m *(Ch)* mortero m, almirez m *(Laborgerät)*
Morsetaste f llave f telegráfica, manipulador m Morse
Mörtel m *(Bw)* mortero m, argamasa f, mazacote m, amasijo m, forja f
~/abgebundener mortero m fraguado
~/angemachter mortero m batido
Mörtelgips m yeso m negro
Mosaikdrucker m impresora f de mosaico
Mosaikplatte f *(Bw)* tesela f
Motor m motor m; motor m eléctrico; máquina f; ingenio m; grupo m motor, *(Am)* tren m de fuerza
~/aufgeladener motor m sobrealimentado
~/explosionsgeschützter motor m [máquina f] antideflagrante, motor m inexplosible
~/flüssigkeitsgekühlter motor m enfriado por líquido
~/gekapselter *(El)* motor m encapsulado [blindado]
~/luftgekühlter motor m enfriado [refrigerado] por aire, motor m de enfriamiento por aire
~/polumschaltbarer *(El)* motor m de polos conmutables
~/spritzwassergeschützter motor m a prueba de agua proyectada
~/turboaufgeladener motor m de turbocarga
~/umsteuerbarer motor m invertible [reversible]
~/wassergekühlter motor m enfriado [refrigerado] por agua
Motoranker m *(El)* inducido m de motor
Motorantrieb m propulsión f a motor, motopropulsión f
Motoraufhängung f suspensión f del grupo motor
Motorblock m bloque m motor
Motorboot n lancha f automotriz [automóvil, motora, de motor], embarcación f automóvil, motolancha f, gasolinera f, canoa f automóvil [a motor], automóvil m marino
Motorbremse f freno m motor
Motordrehzahl f velocidad f del motor
Motorenbau m ingeniería f de motores; construcción f de motores; fabricación f de motores
Motorenöl n aceite m automotor [de motor]
Motorenprüfstand m banco m de pruebas de motores
Motorfahrzeug n vehículo m automotor [automóvil, motor], equipo m automotor [automotriz], carro m automotor, *(Am)* vehículo m motorizado
Motorgehäuse n cárter m (del motor), carcasa f motor, caja f
Motorgetriebeblock m bloque m motor
Motorgrader m *(Bw)* niveladora f automotriz, motoniveladora f
Motorgüterschiff n barcaza f automotor [autopropulsada]
Motorhackmaschine f *(Lt)* cultivador m a motor, motobinadora f
Motorhaube f cubierta f de motor, cofre m motor, capó m, capot m, carenaje m, *(Am)* cofre m
Motorjacht f motoyate m
Motorkennlinie f característica f de motor
Motorkraftstoff m combustible m de motor; carburante m de automoción
Motorkutter m *(Schiff)* balandra f motorizada, pesquero m a motor
Motorleistung f eficiencia f de motor; potencia f de motor; prestación f [rendimiento m] del motor
Motormäher m *(Lt)* motosegadora f
Motorpflug m *(Lt)* arado m automotor [automóvil, de motor], motoarado m, motocultor m
Motorplaniergerät n *(Bw)* motoniveladora f
Motorrad n motocicleta f, automotociclete m
~/schweres motocicleta f de gran cilindrada
Motorradbank f bancada f de motocicleta
Motorrasenmäher m cortadora f de césped motorizada
Motorraum m *(Kfz)* compartimiento m motor
Motorritzel n piñón m del motor

Motorroller *m* escúter *m*, scooter *m*, motosilla *f*
Motorsäge *f* sierra *f* accionada por motor, sierra *f* motorizada [a motor], tronzadora *f* a motor, motorsierra *f*
Motorschiff *n* buque *m* de motor [fuerza motriz], motobuque *m*, motonave *f*, barco *m* de propulsión autónoma; embarcación *f* a motor
Motorschlitten *m* trineo *m* automóvil
Motorschmierung *f* engrase *m* del motor
Motorschutzschalter *m* (El) guardamotor *m*
Motorspritze *f* (Lt) motopulverizador *m*, atomizador *m* a motor, motor-atomizador *m*
Motorsprühgerät *n* (Lt) motopulverizador *m*, motor-atomizador *m*
Motorstäuber *m* (Lt) espolvoreadora *f* a motor
Motorstraßenhobel *m* (Bw) aplanadora *f* automotriz, motocaminera *f*
Motorwelle *f* eje *m* motor [motriz, propulsor, de propulsión], árbol *m* (del) motor
Motorzylinderkopf *m* culata *f* de motores
Mountain Bike *n* bicicleta *f* todo terreno
MS s. Motorschiff
Muffe *f* manguito *m*; collarín *m*; virola *f*, enchufe *m* (Rohr); boquilla *f* (Bohrhülse)
Muffelofen *m* horno *m* de mufla (Keramik)
Muffenkupplung *f* acoplamiento *m* de manguito
Muffenrohr *n* tubo *m* de enchufe
Muffenverbindung *f* junta *f* de manguito; junta *f* de espiga y campana (Rohrleitungsbau)
Mühle *f* molino *m* (harinero); moledor *m*, moledora *f*, trituradora *f*, trapiche *m*
Mulde *f* 1. (Met) caja *f* de carga; 2. (Bgb) batea *f*, 3. (Geol) depresión *f*, sinclinal *m*; 4. pava *f*
Muldenkipper *m* 1. (Förd) basculador *m*; 2. (Eb) vagoneta *f* volcadora [de volquete]
Müll *m* 1. basura *f*; desechos *mpl* urbanos, desperdicios *mpl* municipales; 2. (Inf) confetti *m* (überflüssige bzw. unsinnige Daten)
Müllbehälter *m* recipiente *m* [contenedor *m*] de basura
Müllcontainer *m* contenedor *m* de basura
Mülldeponie *f* depósito *m* de basuras

Müllentsorgung *f* recogida *f* y eliminación *f* de basuras; evacuación *f* de basuras
Müllfahrzeug *n* camión *m* de basura mecánico, vehículo *m* de recogida de basuras
Müllkippe *f* basurero *m*, escombrera *f*, vertedero *m*, montón *m* de basuras
Müllverbrennungsanlage *f* instalación *f* [planta *f*] de incineración de las basuras (caseras), incinerador *m* de basuras
Müllverbrennungsofen *m* horno *m* incinerador [de incineración] de basuras
Müllverdichtung *f* compactación *f* de basuras
Müllverwertungsanlage *f* planta *f* aprovechadora de basuras; sistema *m* de tratamiento de basuras
Müllzerkleinerer *m* trituradora *f* de basuras
Multicarrier *m* (Schiff) buque *m* multipropósito, carguero *m* polivalente
Multifrequenztelefon *n* teléfono *m* multifrecuencia
Multimediaausstattung *f* material *m* multimedia
Multimediaerstellung *f* creación *f* multimedia
Multimediafähigkeit *f* capacidad *f* multimedia
Multimediagerät *n* dispositivo *m* multimedia
multimedial multimedia
Multimediarechner *m* ordenador *m* multimedia
Multimediasteckkarte *f* tarjeta *f* multimedia
Multimediawerkzeug *n* herramienta *f* multimedia
Multimediawiedergabegerät *n* reproductor *m* multimedia
Multiplexansteuerung *f* (Nrt) control *m* múltiple
Multiplexbetrieb *m* 1. (Inf, Nrt) multiplexación *f*, multiplexado *m*; 2. (Nrt) servicio *m* múltiplex
Multiplexverfahren *n* técnica *f* de multiplexación, multiplexación *f*, multiplexado *m*
Multiplikand *m* (Math) multiplicando *m*
Multiplikation *f* multiplicación *f*
Multiplikationseinrichtung *f* unidad *f* de multiplicación (mecánica)

Multiplikationsfaktor m 1. factor m de multiplicación; 2. *(Kern)* constante f de multiplicación
Multiplikationssatz m teorema m de multiplicación *(Determinanten)*
Multiplikationstabelle f tabla f de multiplicar [multiplicación]
multiplizieren v multiplicar
Multipliziergerät n multiplicador m
Multiprocessing n *(Inf)* sistema m de multiprocesador [multiprocesado]
Multiprogrammbetriebssystem n *(Inf)* sistema m operativo de multiprogramación
Multiprogrammrechner m ordenador m con multiprogramación, máquina f de multiprogramación
Multiprozessor m *(Inf)* multiprocesador m, multiprocesadora f
Multiprozessorbetrieb m *(Inf)* multiprocesamiento m, multiproceso m
Multistandardschnittstelle f *(Inf)* interfaz f multinorma
Multitask(ing) n *(Inf)* multitarea f
Multivibrator m *(Eln)* circuito m de multivibrador, multivibrador m, vibrador m múltiple
Mundstück n boquilla f, pieza f de boca, boca f; embocadura f; pico m; lanzador m; pabellón m
Münzautomat m máquina f tragaperras, tragaperras m
Münzenprägung f estampación f de monedas
Münzfernsprecher m teléfono m automático de monedas, taxífono m, teléfono m monedero
Münzgold n oro m fino [de ley]
Münzprägepresse f acuñadora f de monedas
muschelförmig conchiforme
muschelig *(Min)* concoideo, conchoidal
Muschellinie f *(Math)* concoide f
Musik-CD f compact-disc m de música
Muster n modelo m; muestra f; dibujo m; figura f; maqueta f; patrón m; prototipo m; espécimen m; tipo m
Mustererkennung f reconocimiento m de patrones
Mutter f 1. *(Masch)* tuerca f; 2. disco m madre *(Schallplattenherstellung)*
Muttergesenk n *(Fert)* matriz f madre *(Schmieden)*

Muttergestein n *(Geol)* roca f madre
Muttergewinde n *(Masch)* rosca f de tuerca
Muttergewindebohrer m *(Fert)* macho m para tuercas
Muttergewindeschneidmaschine f máquina f roscatuercas, roscadora f de tuercas, terrajadora f para tuercas
Mutterkern m *(Ph)* núcleo m precursor
Mutterkompass m compás m magistral, brújula f maestra
Mutterlauge f lejía f [licor m, solución f] madre, agua f madre
Mutterleiterplatte f *(Eln)* panel m de fondo
Mutterplatine f *(Eln)* panel m de fondo
Mutterplatte f 1. *(Eln)* panel m de fondo; 2. disco m madre *(Schallplattenherstellung)*; 3. *(Schiff)* contrarroda f
Mutterschiff n buque m madre [nodriza], base f flotante
Mutterschlüssel m *(Masch)* llave f (para tuercas)
Muttersubstanz f *(Ch)* materia f [sustancia f] madre
Mutteruhr f reloj m central [maestro, magistral, eléctrico patrón]
Mutterverschluss m *(Masch)* freno m de tuerca
MVA s. Müllverbrennungsanlage
Myon n *(Kern)* mesón n, muón m, mu

N

Nabe f buje m, cubo m
Nabelpunkt m *(Math)* punto m umbílico
Nabenbohrmaschine f máquina f para barrenar el cubo
Nabenkappe f *(Kfz)* tapacubos m, embellecedor m, *(Am)* taza f de rueda
Nacharbeit f 1. acabado m; 2. *(Kst)* desbarbado m
nacharbeiten v 1. acabar; repasar; 2. *(Kst)* desbarbar
Nacharbeiten n *(Fert)* aderezo m
Nachbarfrequenz f frecuencia f próxima
Nachbarkanalstörung f *(Nrt)* interferencia f de canal adyacente
Nachbarschaftslärm m ruido m de vecindad
nachbearbeiten v aderezar; reprocesar
Nachbearbeitung f 1. elaboración f posterior; procesamiento m posterior, ulterior

procesamiento *m*, proceso *m* ulterior; 2. *(Fert)* maquinado *m* brillante
Nachbehandlung *f* tratamiento *m* posterior [ulterior, final], postratamiento *m*
Nachbeschleunigungselektrode *f* electrodo *m* acelerador postdeflexión, electrodo *m* intensificador [de postaceleración]
nachbessern *v* repasar; retocar
Nachbild *n* 1. *(Opt)* imagen *f* persistente [remanente]; 2. *(TV)* retención *f* de la imagen, persistencia *f* de la imagen
nachbilden *v* 1. simular; 2. reconstruir
Nachbildung *f* 1. simulación *f*; 2. reconstrucción *f*; 3. *(Nrt)* línea *f* artificial
Nachbrenner *m (Flg, Rak)* cámara *f* de postcombustión, postquemador *m*
nacheilen *v (El)* retrasar
Nacheilung *f (El)* retraso *m*, retardo *m (Phasenwinkel)*
Nachformdrehmaschine *f* torno *m* copiador [de copiar]
nachformen *v (Kst)* postmoldear
Nachformmaschine *f (Fert)* máquina *f* copiadora [de copiar]
Nachführung *f* seguimiento *m*
nachfüllen *v* rellenar, llenar de nuevo, repostar *(z. B. Kraftstoff)*
~/Öl enaceitar
Nachfüllstutzen *m* tubuladura *f* de relleno
nachgießen *v* 1. rellenar; 2. *(Met)* copiar en molde; repetir la colada
Nachhall *m (Ph)* reverberación *f*
nachhallen *v (Ph)* reverberar
Nachhallmessgerät *n* reverberómetro *m*
Nachhallraum *m* espacio *m* reverberante; cámara *f* reverberante; campo *m* reverberante
nachhärten *v* 1. *(Met)* retemplar, recementar; 2. *(Kst)* postendurecer
Nachjustierung *f* ajuste *m* posterior
Nachklärbecken *n* tanque *m* de decantación secundaria, decantador *m* secundario
nachladbar recargable
Nachlauf *m* 1. seguimiento *m*; proceso *m* de seguimiento; 2. *(Inf)* rutina *f* de fin de pasada; 3. *(Kfz)* divergencia *f* [desviación *f*] de las ruedas; 4. *(Ch)* colas *fpl (Destillation)*
Nachlaufbehälter *m (Ch)* tanque *m* de colas
Nachlaufmotor *m* servomotor *m*
Nachlaufregler *m* regulador *m* seguidor
Nachlaufsteuerung *f* mando *m* de seguimiento automático; mecanismo *m* seguidor *(Regelungstechnik)*
Nachleuchtbild *n* persistencia *f* de la imagen
Nachleuchten *n (Ph)* luminosidad *f* remanente, luminiscencia *f* residual, remanencia *f (z. B. von fluoreszierenden Stoffen)*; persistencia *f* de la pantalla *(eines Bildschirms)*
nachmessen *v* comprobar; verificar la medida
Nachmessung *f* verificación *f*; medición *f* de control
nachprüfen *v* comprobar, revisar; reensayar
Nachprüfung *f* comprobación *f*, verificación *f*; recuento *m*
nachregeln *v* reajustar
Nachricht *f (Inf, Nrt)* mensaje *m*
Nachrichtenelektronik *f* radioelectrónica *f*
Nachrichtengüterelektronik *f* electrónica *f* de equipos de comunicación
Nachrichtenkabel *n* cable *m* de comunicación
Nachrichtenkanal *m (Nrt)* canal *m* de comunicaciones [comunicación, telecomunicación]; enlace *m* de comunicación
Nachrichtennetz *n* red *f* informacional [informativa, de informaciones], red *f* [malla *f*] de comunicaciones
Nachrichtensatellit *m* satélite *m* de telecomunicación [telecomunicaciones, teledifusión, comunicación, telecomunicaciones], satélite *m* de transmisión de datos, satélite *m* de información
Nachrichtentechnik *f* técnica *f* de comunicaciones; telecomunicaciones *fpl*, comunicaciones *fpl*; material *m* de transmisión [transmisiones]
Nachrichtenübertragung *f* telecomunicación *f*, radiotelecomunicación *f*, transferencia *f* [transmisión *f*] de mensajes
~/drahtlose radiocomunicación *f*
~/optische transmisión *f* por fibra óptica
Nachrichtenübertragungsweg *m* radioenlace *m*
Nachrichtenverbindung *f* 1. comunicación *f*, intercomunicación *f*; 2. *(Nrt)* enlace *m* [eslabón *m*] de comunicación, enlace *m*

nähen

Nachrichtenvermittlungssystem n sistema m de conmutación de mensajes
Nachrichtenweiterleitung f encaminamiento m de mensajes
Nachrufzeichen n (Nrt) señal f de rellamada [nueva llamada]
Nachrüstung f reequipamiento m; equipamiento m posterior (von Maschinen); rearme m
nachschalten v (El) postconectar
nachschießen v (Bgb) ensanchar la galería en avance (Streckenvortrieb)
nachschleifen v (Fert) reafilar
Nachschliff m (Fert) reafilado m
Nachschneider m 1. (Fert) diente m de acabado; 2. (Lt) escariador m, rectificador m
Nachstelleinrichtung f mecanismo m compensador
nachstellen v ajustar, reajustar; reglar
Nachstellfeder f muelle m regulador
Nachstellkeil m cuña f de ajuste [presión, calce, corrección, regulación, reglaje]
Nachstellung f ajuste m, ajustamiento m, reajuste m
Nachstellzeit f tiempo m de acción integral (Regeltechnik)
Nachstimmbereich m (Eln) margen m de sintonización
nachstimmen v (El) resintonizar
Nachstimmkondensator m (El) condensador m vernier
Nachstimmung f (El) resintonización f
Nachstimmverstärker m (Nrt) amplificador m de control automático de frecuencia
Nachstrom m 1. (El) corriente f subsiguiente; 2. (Schiff) estela f
nachtanken v repostar
Nachtstrom m (El) energía f eléctrica nocturna
Nachverbrennung f 1. (Flg) postcombustión f; 2. (Rak) combustión f retardada
Nachverdampfer m reevaporador m
Nachverdichten n reprensado m (Pulvermetallurgie)
nachverformen v (Kst) postmoldear
nachwalzen v (Met) relaminar
Nachweis m 1. detección f, identificación f; 2. (Ch) reconocimiento m; demostración f; justificación f; prueba f (de comprobación); 3. certificación f, certificado m; recuento m, comprobación f
nachweisbar 1. detectable; 2. demostrable
nachweisen v detectar, identificar; demostrar; justificar; comprobar; probar
Nachweisgerät n detector m, dispositivo m [unidad f] de detección; sistema m de detección (z. B. für Luftverunreinigungen)
Nachweismittel n (Ch) reactivo m
nachziehen v 1. apretar (z. B. Schraube); 2. volver a embutir (Presse)
Nachzündung f (Kfz) retardo m al encendido, retraso m del encendido
Nadel f 1. (Text) aguja f; 2. aguja f (auch Tonabnehmer)
Nadelansteuerung f (Inf) excitación f de agujas (Nadeldrucker)
Nadeldrucker m (Inf) impresor m [impresora f] por puntos, impresora f de agujas
Nadeldüse f tobera f de aguja
nadelförmig acicular (Kristalle)
Nadelkäfig m (Masch) porta(a)gujas m
Nadellager n (Masch) cojinete m [rodamiento m] de agujas
Nadelmatrix f (Inf) matriz f de agujas (Drucker)
Nadelventil n válvula f de aguja, agujaválvula f, llave f de punzón
Nadelwächter m (Text) paratramas m de agujas
Nadelwehr n presa f de agujas (Wasserbau)
Nagel m clavo m; tacha f (klein)
Nagelautomat m clavadora f automática
Nageleisen n sacaclavos m
Nagelgerät n pistola f clavadora [de clavar]
Nagelkopfverbindung f conexión f [enlace m] por cabeza de clavo (Halbleiter)
Nagelmaschine f clavadora f
nageln v clavar
Nagelschraube f tornillo m de falsa rosca
Nageltreiber m pistola f clavadora [de clavar]
Nagelzange f tenaza f para clavos
Nähautomat m (Text) máquina f de coser automática
Naheinstellgerät n (Foto) aparato m para enfoques de cerca
nähen v coser

nähern v aproximar
Näherung f aproximación f
~/schrittweise aproximación f sucesiva
~/zulässige distancia f de seguridad (spannungsführende Teile)
Näherungsformel f (Ch, Math) fórmula f aproximada
Näherungsfunktion f (Math) función f de aproximación
Näherungsgerade f recta f [línea f recta] aproximada
Näherungslösung f (Math) solución f aproximada
Näherungsrechnung f cálculo m aproximado
Näherungsverfahren n (Math) método m de aproximaciones (sucesivas), método m aproximado [de tanteos], procedimiento m de aproximación
~/newtonsches método m de Newton
Nähfadensystem n (Text) sistema m de hilos de coser (Nähwirktechnik)
Nahfeld n campo m cercano de sonido (Akustik)
Nahfunk m radiotelegrafía f a corta distancia
Nähmaschine f (Text) máquina f de coser
Nähmaschinenschiffchen n lanzadera f
Nahnebensprechen n (Nrt) paradiafonía f
Nährstoff m nutriente m, sustancia f nutriente, medio m nutritivo
Nahrungsmittel n alimento m
~ **mit hohem Nährstoffwert** alimento m nutritivo
Nahrungsmittelchemie f química f alimentaria [alimenticia, de alimentos]
Nahrungsmittelmaschinen fpl maquinaria f alimentaria
Nahrungs- und Genussmittelindustrie f industria f de alimentos, bebidas y tabaco
Nahschwundzone f (El) área f de desvanecimiento
Nahsichtprüfgerät n (Opt) visómetro m para cerca
Naht f 1. (Text) costura f; 2. junta f, juntura f, empalme m (z. B. Tonband-Klebestelle)
nahtlos sin costura, sin soldadura (Rohr)
Nahtschweißen n soldadura f continua [por costura]
Nahtschweißmaschine f soldadora f por costura

Nahverkehr m tráfico m a corta distancia; servicio m de corta distancia; servicio m urbano; transporte m de cercanías
Nahverkehrszug m tren m tranvía [de cercanías]
Nahwahlbereich m (Nrt) área f ampliada de servicio
nähwirken v (Text) coser tricotar
Nähwirkmaschine f (Text) máquina f de coser tricotar, máquina f para malla cosida
Nähwirktechnik f (Text) técnica f de coser tricotar
Name m (Inf) nombre m, denominación f
Nappaleder n cuero m napa
Narben m (Led) flor f, veta f
Narbenkorrosion f (Wkst) corrosión f del gofrado
Narbenleder n chagrén m, chagrín m, piel f de zapa
Nasenkolben m (Kfz) émbolo m deflector
Nasenkonus m (Rak) morro m de cohete
Nassabscheider m separador m por vía húmeda, lavador m húmedo
nassaufbereiten v tratar en húmedo
Nassaufbereitung f preparación f (por vía) húmeda, tratamiento m por vía húmeda; concentración f húmeda
Nassbagger m draga f
nassbehandeln v tratar en húmedo
Nassbehandlung f tratamiento m en mojado, tratamiento m por vía húmeda
Nassbohren n (Bgb) perforación f hidráulica, taladrado m húmedo
Nassbohrmaschine f (Bgb) perforadora f de inyección de agua
Nassdampf m vapor m saturado [húmedo]
Nassdampfmaschine f máquina f de vapor húmedo
Nassentstaubungsanlage f instalación f depuradora en húmedo
Nassfestigkeit f (Text) resistencia f al mojado, resistencia f a la humedad, resistencia f en estado húmedo
Nassfeuerlöscher m extintor m [extinguidor m] húmedo
Nassfilter n filtro m húmedo [de humedad]
Nassklassierer m clasificador m hidráulico, hidroclasificador m, separador m por vía húmeda
Nassläufermotor m (El) motor m eléctrico sumergible [bajo agua]

Nasslöschanlage f instalación f de extinción húmeda *(Sprinklerfeuerlöschanlage)*
Nasslöscher m extintor m [extinguidor m] líquido
Nassmetallurgie f hidrometalurgia f
nassmetallurgisch hidrometalúrgico
Nassreinigungsgerät n depurador m por vía húmeda *(für Gase)*
nassschleifen v *(Fert)* rectificar con agua
Nassschleifen *(Fert)* rectificado m [afilado m, amolado m] en húmedo
Nasssieb n criba f hidráulica *(Aufbereitung)*
Nasssieben n *(Met)* cribado m hidráulico [húmedo], clasificación f húmeda
Nassverfahren n 1. procedimiento m húmedo *(z. B. Zementherstellung)*; 2. *(Ch)* vía f húmeda
Nasszerkleinerung f trituración f húmeda [en mojado]
Nassziehen n *(Fert)* estirado m en húmedo
Natrium n sodio m, Na
Natriumchlorid n cloruro m sódico [de sodio], sal f común [blanca]
Natriumdampflampe f lámpara f de vapor de sodio
Natriumhydroxid n hidróxido m sódico [de sodio], hidrato m sódico, sosa f (cáustica)
Natriumlampe f lámpara f de vapor de sodio
Natriumnitrat n nitrato m sódico [de sodio, de Chile], nitro m cúbico [de Chile], salitre m de Chile, caliche m, sal f (de) sosa
Natriumsalz n sal f sódica
Natriumsulfat n sulfato m sódico, sal f de Glauber
Natronlauge f lejía f sódica, solución f cáustica
Natronsalpeter m nitrato m sódico [de sodio, de Chile], caliche m, nitro m cúbico [de Chile], salitre m de Chile, sal f (de) sosa
Naturdraht m alambre m natural *(nach dem Ziehen nicht wärmebehandelter Draht)*
Naturfaser f fibra f natural
Naturgas n gas m natural
~/verflüssigtes gas m natural licuado, GLN
Naturgestein n roca f natural

Naturkautschuk m caucho m [goma f] natural
natürlich vorkommend *(Geol)* nativo
Naturschutz m protección f [defensa f] de la naturaleza; conservación f de la naturaleza; salvaguardia f del medio natural
Naturschutzgebiet n reserva f natural; parque m natural
Natursteinbau m construcción f de piedra natural
Naturwissenschaften fpl ciencias fpl naturales
Nautik f ciencia f náutica, náutica f; navegación f; ingeniería f náutica
Navigation f navegación f
~/astronomische navegación f astronómica [de altura]
~/terrestrische navegación f terrestre
Navigationsausrüstung f equipo m de navegación [instrumental náutico]
Navigationsbrücke f *(Schiff)* puente m de navegación
Navigationshilfsmittel n auxilio m en navegación, ayuda f a la navegación, instrumento m de navegación, radioauxiliar m
Navigationsradar n(m) radar m de navegación
Navigationsraum m *(Schiff)* salón m de cartas de navegación, cámara f de navegación
Navigationssatellit m satélite m de navegación
Navigationsschaltfläche f *(Inf)* botón m de navegación
Navigator m *(Flg, Schiff)* navegador m
navigieren v navegar
~/durch die Web-Seiten navegar por las páginas Web
NC s. 1. Steuerung/numerische; 2. Netzcomputer
NC-Bearbeitung f *(Fert)* trabajo m por máquinas de control numérico
NC-Maschine f máquina f de control numérico, máquina f herramienta con mando numérico
NC-Roboter m robot m de control numérico, robot m NC
NC-Steuerung f control m [mando m] numérico
NC-Technik f ingeniería f de control numérico

Nebel m 1. niebla f; 2. (Ch) vapor m; 3. (Astr) nebulosa f, nebulosidad f, galaxia f
Nebelbeleuchtung f alumbrado m de niebla
Nebelboje f (Schiff) boya f de niebla
Nebeldüse f neblinador m [nebulizador m] de agua
Nebelfleck m (Astr) nebulosidad f
Nebelgerät n (Lt) aparato m neblinador, emisora f de nieblas, neblinador m, nebulizador m; atomizador m
Nebelhorn n (Schiff) bocina f de niebla [bruma], sirena f [trompeta f, cuerno m] de niebla
Nebelkammer f (Kern) cámara f de niebla
Nebelscheinwerfer m (Kfz) luz f [faro m, proyector m] antiniebla
Nebelschlussleuchte f (Kfz) luz f antiniebla trasera
Nebenachse f eje m auxiliar [secundario]; eje m menor (z. B. Ellipse)
Nebenanschluss m (Nrt) aparato m secundario; extensión f
Nebenantrieb m mando m auxiliar
Nebenbedingung f (Math) condición f secundaria, restricción f
Nebenfrequenz f frecuencia f parásita
Nebengeräusch n ruido m parásito
Nebengestein n 1. (Min, Bgb) roca f de caja [respaldo], roca f encaj(on)ante, caja f, sierra f vecina; 2. (Bgb) ganga f
Nebengruppe f (Math) subgrupo m
Nebenkabel n cable m auxiliar
nebenläufig (Inf) concurrente
Nebenreaktion f (Ch) reacción f secundaria [lateral, paralela]
Nebenrechner m esclavo m
Nebenschaltung f (El) acoplamiento m [conexión f] en paralelo [derivación]
Nebenschluss m (El) derivación f, shunt m (Widerstand)
Nebenschlusserregung f excitación f en derivación
Nebenschlussgenerator m generador m en paralelo
Nebenschlussmotor m (electro)motor m en derivación, motor m de excitación independiente
Nebenschlussregler m reóstato m de excitación
Nebenschlussschaltung f acoplamiento m [conexión f] en paralelo [derivación]

Nebenschlusswicklung f arrollamiento m [bobinado m] en derivación, devanado m en paralelo
Nebenschlusswiderstand m resistencia f en derivación, shunt m
Nebenschneide f (Fert) filo m secundario
Nebensprechdämpfung f (Nrt) atenuación f de diafonía
Nebensprechen n (Nrt) diafonía f
Nebensprechstörung f (Nrt) perturbación f diafónica
Nebenstation f (Inf) estación f subordinada [de esclavo]
Nebenstelle f 1. dependencia f, sucursal m; sub-centro m; 2. (Nrt) extensión f
Nebenstellenanlage f (Nrt) central f telefónica particular, central f doméstica [privada], centralita f, centralilla f
Nebenstellenapparat m (Nrt) equipo m de extensión, teléfono m supletorio
Nebenstrecke f 1. (Eb) vía f de derivación; ramal m; 2. (Bgb) acometida f, galería f secundaria
Nebenstromkreis m circuito m derivado
Nebenwelle f 1. (Ph) onda f lateral [secundaria]; 2. (Masch) árbol m secundario
Nebenwiderstand m (El) resistencia f en paralelo
Nebenwinkel m ángulo m suplementario [adyacente]
Negationsoperator m operador m no
Negationsschaltung f (Inf) circuito m NO [negador], negador m
Negativ n (Foto) negativo m, prueba f [imagen f] negativa, clisé m
Negativbetrachtungsgerät n negatoscopio m
Negativlinse f lente f divergente [negativa]
Negator m 1. (Math) negador m; 2. (Inf) circuito m NO [negador]
Negatron n (Kern) negatón m, electrón m negativo, negatrón m
neigen v inclinar
~/zur Seite ladear
Neigung f 1. inclinación f, pendiente f, declive m, declividad f, oblicuidad f; 2. (Schiff) ladeo m; 3. (Bgb) buzamiento m (z. B. der Gesteinsschichten); 4. tendencia f (Trend)
Neigungsmesser m clinómetro m, inclinómetro m, clinoscopio m, gálibo m de

inclinación; indicador *m* [nivel *m*] de pendientes; eclímetro *m*

Neigungswinkel *m* 1. ángulo *m* de inclinación [caída, declinación]; 2. *(Mil)* depresión *f (Geschütz)*

NE-Metall *n* metal *m* no férreo [férrico, ferroso]

Nennbelastung *f (El, Masch)* carga *f* nominal

Nenndrehzahl *f* velocidad *f* nominal, número *m* de revoluciones nominal

Nenndurchmesser *m* diámetro *m* nominal; diámetro *m* exterior *(des Gewindes)*

Nenner *m (Math)* denominador *m*

~/**gemeinschaftlicher** denominador *m* común

~/**kleinster gemeinsamer** denominador *m* mínimo común

Nennfrequenz *f* frecuencia *f* nominal [de identificación, asignada]

Nennlast *f (El, Masch)* carga *f* nominal

Nennleistung *f* 1. *(Masch)* capacidad *f* nominal; 2. *(El, Masch)* potencia *f* nominal [de régimen]

Nennspannung *f (El)* tensión *f* nominal

Nennstrom *m* corriente *f* nominal

Nennstromstärke *f* intensidad *f* nominal

Neodymlaser *m* láser *m* de neodimio

Neon *n* neón *m*, Ne

Neonglimmröhre *f* lámpara *f* neón de efluvio

Neonlampe *f* bombillo *m* de neón

Neonröhre *f* tubo *m* de neón, lámpara *f* de gas neón

Neper *m* neper *m*, napier *m*, Np *(natürliches logarithmisches Pegelmaß)*

Neptunium *n* neptunio *m*, Np

Nettoregistertonne *f (Schiff)* tonelada *f* de registro neto, TRN

Nettotragfähigkeit *f* porte *m* neto [mercante, útil]

Netz *n* 1. red *f*; retícula *f*, retículo *m*; 2. *(Math)* cuadrícula *f*, gratícula *f*; 3. *(El)* red *f* (eléctrica); circuito *m*; alambrado *m*; 4. *(Lt)* parilla *f*, cesto *m*, cesta *f (Sieb)*; 5. tela *f (Stoff)* • **über das ~** a través de la red • **am ~ angeschlossen** conectado a la red

~/**assoziatives** red *f* asociativa *(künstliche Intelligenz)*

~ **erster Ordnung** red *f* principal [de primer orden]

~/**erweitertes** *(Inf, Nrt)* red *f* ampliada

~/**geodätisches** red *f* geodésica

~/**großmaschiges** *(Schiff)* red *f* de grandes mallas

~/**hierarchisches** red *f* jerárquica [jerarquizada]

~/**lokales** *(Nrt, Inf)* red *f* local [interna], red *f* de área local

~ **mit Baumstruktur** *(Inf)* red *f* dendrítica [en árbol]

~ **mit Mehrfachzugriff** red *f* de acceso múltiple

~/**offenes** red *f* abierta

~/**öffentliches** *(Nrt)* red *f* de comunicación pública, red *f* de servicio público

~/**pelagisches** *(Schiff)* red *f* pelágica [de deriva], rastra *f* flotante

~/**ringförmiges** *(Inf)* red *f* anular

~/**strahlenförmiges** red *f* tipo rueda

~/**verkabeltes** red *f* cableada

~/**verteiltes** red *f* distribuida

~/**weitmaschiges** red *f* espaciada

Netzabschaltung *f (El)* separación *f* de la red

Netzadapter *m* adaptador *m* de red

Netzadresse *f* 1. *(Inf)* dirección *f* de red; 2. *(Nrt)* número *m* de llamada

Netzanschluss *m* 1. conexión *f* [acometida *f*] a la red; 2. bloque *m* de alimentación

Netzanschlussgerät *n* aparato *m* alimentado por la red

Netzarchitektur *f (Inf)* arquitectura *f* [topología *f*] de red

Netzausfall *m* fallo *m* de red; avería *f* en línea; apagón *m*

Netzausschalter *m* interruptor *m* de (la) red

Netzbetreiber *m* 1. operador *m* de red; 2. *(Nrt)* proveedor *m* de red

Netzbetreibung *f* gestión *f* de red [redes]

Netzbetrieb *m* servicio *m* alimentado por la red; operación *f* en red

Netzbewehrung *f (Bw)* armadura *f* con rejillas *(Beton)*

Netzbildung *f* reticulación *f*

Netzcomputer *m* ordenador *m* conectado a la red, lugar *m* Web

Netzegge *f (Lt)* grada *f* (flexible) reticulada, discos *mpl* carpidores [deshierbadores]

Netzgerät *n (El)* fuente *f* de alimentación; equipo *m* de la red

Netzkabel *n* cable *m* de red
Netzkarte *f (Inf)* tarjeta *f* de red
Netzklemme *f (El)* borne *m* [terminal *m*] de alimentación
Netzknoten *m* 1. nodo *m* de red *(z. B. Petrinetz)*; 2. *(Nrt)* nodo *m* [nudo *m*] de red
Netzkopplung *f (El)* acoplamiento *m* de redes
Netzkraft *f* poder *m* humectante *(Farben, Lacke)*
Netzleiter *m (El)* conductor *m* de red
Netzleitung *f* línea *f* de alimentación
Netzmittel *n* 1. agente *m* mojante [humectante, humedecedor] *(Farben, Lacke)*; reticulante *m*; 2. *(Text)* producto *m* mojante
Netzmolekül *n* molécula *f* reticulada
Netzplan *m* diagrama *m* de red, gráfico *m* [plan *m*] de redes
Netzplantechnik *f* teoría *f* de redes; técnica *f* de redes *(Projektplanungsmethode auf der Grundlage der Graphentheorie)*
Netzrechner *m* ordenador *m* distribuido
Netzschalter *m (El)* interruptor *m* de (la) red, interruptor *m* de alimentación [línea], llave *f* principal
Netzspannung *f (El)* tensión *f* de la línea [red]
Netzsteckdose *f (El)* caja *f* de enchufe de la red
Netzstecker *m (El)* clavija *f* de la red
Netzstruktur *f* estructura *f* [arquitectura *f*, topología *f*] de red; estructura *f* reticulada [reticular, de mallas]
Netzteil *n (El)* equipo *m* [fuente *f*] de alimentación, sector *m* de red
Netztopologie *f (Inf)* topología *f* [arquitectura *f*] de red
Netztransformator *m (El)* transformador *m* de alimentación [fuerza]
netzunabhängig *(El)* independiente de la (alimentación por la) red
Netzverbund *m* circuito *m* de interconexiones, interconexión *f*
Netzwerk *n* 1. *(El, Inf)* red *f*; circuito *m*; 2. *(Text)* malla *f*
Netzwerkbetreibung *f* gestión *f* de redes de comunicación
Netzwerkbetriebssystem *n* sistema *m* operativo de red
Netzwerkdrucker *m* impresora *f* en la red

Netzwerklaufwerk *n* unidad *f* de la red
Netzwerkschnittstelle *f* punto *m* [interfaz *f*] de la red
Netzwerksteuerung *f* control *m* de red
Netzwinde *f (Schiff)* tambor *m* para red
Neubau *m* nueva construcción *f*, construcción *f* de nueva planta; obra *f* civil nueva
Neubaugebiet *n* nueva zona *f* residencial; zona *f* de reciente construcción; urbanización *f* nueva; zona *f* recién urbanizada
Neugrad *m* grado *m* centesimal, gonio *m* *(SI-fremde Einheit des ebenen Winkels)*
Neuminute *f* minuto *m* centesimal [moderno] *(SI-fremde Einheit des ebenen Winkels)*
Neusekunde *f* segundo *m* centesimal [moderno] *(SI-fremde Einheit des ebenen Winkels)*
Neusilber *n* 1. plata *f* nueva [alemana] *(Cu-Ni-Zn-Legierung)*; plata *f* meneses, argentán *m*, cuni *m*, latón *m* blanco, maillechort *m*, alfénide *f*; 2. *(Met)* pacfón *m*, pacfung *m*
Neustart *m (Inf)* reinicio *m (Programm)*
neutral 1. neutro; 2. *(Ph)* indiferente; 3. *(Ch)* neutral
Neutralisationsanlage *f (Ch)* equipo *m* neutralizador, planta *f* de neutralización *(z. B. von Säuren)*
Neutralisationszahl *f (Ch)* índice *m* de acidez, número *m* acídico, coeficiente *m* de neutralización
neutralisieren *v* neutralizar
Neutrodynschaltung *f (Eln)* circuito *m* neutrodino, neutrodino *m*
Neutron *n (Kern)* neutrón *m*
 ~ aus der kosmischen Strahlung neutrón *m* cósmico
 ~/gestreutes neutrón *m* dispersado
 ~/kaltes neutrón *m* frío
 ~/thermisches neutrón *m* térmico
Neutronenabsorber *m* absorbedor *m* [absorbente *m*] de neutrones
Neutronenabwanderung *f* fuga *f* de neutrones
Neutronenbahn *f* trayectoria *f* del neutrón
Neutronenbeugung *f* difracción *f* neutrónica
Neutronenbremsung *f* frenado *m* de los neutrones
Neutronenfluss *m* flujo *m* neutrónico
Neutronenoptik *f* óptica *f* neutrónica

Neutronenspektroskopie f espectroscopia f neutrónica
Neutronenstrahl m haz m de neutrones
Neutronenstrahlung f emisión f de neutrones, radiación f neutrónica
Neutronenwanderung f migración f de neutrones
Newton n newton m *(SI-Einheit der Kraft)*
NF-Bandbreite f ancho m de banda de baja frecuencia
NF-Kabel n cable m para baja frecuencia
NF-Verstärker m amplificador m de audiofrecuencia
n-Halbleiter m semiconductor m tipo n, semiconductor m en exceso
Nichteisenerz n mineral m metálico no ferroso
Nichteisenmetall n metal m no férreo [férrico, ferroso]
Nichteisenmetallurgie f industria f metalúrgica no férrea, metalurgia f no férrea [ferrosa], metalurgia f de metales no férreos
Nichtleiter m *(El)* aislador m, dieléctrico m
Nichtmetall n metaloide m, no metal m
Nichtnegativitätsrestriktion f *(Math)* restricción f de no negatividad
Nickel n níquel m, Ni
Nickelakkumulator m *(El)* acumulador m de níquel
Nickel-Cadmium-Akkumulator m *(El)* acumulador m de níquel-cadmio
Nickeleisen n hierro m niquelado [al níquel]
nickelplattieren v chapear al níquel
Nickelplattierung n chapeado m de níquel
Nickelverhüttung f metalurgia f del níquel
Nicotinsäure f ácido m nicotínico
Niederbordwagen m *(Eb)* vagón m bajo borde, vagón m de bordes bajos, vagón m góndola [batea]
Niederdruck m baja presión f
Niederdruckanlage f instalación f de baja presión; central f de baja presión
Niederdruckdampfmaschine f máquina f de vapor de baja presión
Niederdruckgießen n colada f a baja presión
Niederdruckkessel m caldera f de baja presión
Niederdruckkolben m émbolo m de baja presión
Niederdruckpressen n *(Kst)* moldeo m a baja presión
Niederdruckreifen m *(Kfz)* neumático m balón [de baja presión]
Niederdruckturbine f turbina f de baja presión
Niederdruckventil n válvula f de baja presión
niederfrequent de baja frecuencia; audiofrecuente
Niederfrequenz f baja frecuencia f, B.F., frecuencia f grave; frecuencia f sónica [de sonidos, sonora], audiofrecuencia f *(Tonfrequenz)*
Niederfrequenzbereich m rango m de audiofrecuencia
Niederfrequenzkanal m canal m de baja frecuencia
Niederfrequenzschwingung f oscilación f de baja frecuencia
Niederfrequenzsieb n filtro m de baja frecuencia, filtro m de paso bajo
Niederfrequenzspektrum n espectro m de audiofrecuencia
Niederfrequenztechnik f ingeniería f de baja frecuencia; ingeniería f de audiofrecuencias
Niederfrequenzverstärker m amplificador m de baja frecuencia; amplificador m de audiofrecuencia
Niederhalter m 1. *(Masch)* sujetador m, retenedor m, pisón m; prensachapas m *(Blechschere)*; 2. *(Masch, Kst)* pisador m
niederohmig *(El)* de baja resistencia; de baja impedancia
Niederschachtofen m *(Met)* horno m de baja cuba
Niederschlag m 1. precipitación f, lluvia f *(Meteorologie)*; 2. deposición f *(galvanische Abscheidung)*; 3. *(Ch)* condensación f; 4. incrustación f; 5. depósito m; 6. *(Ch)* precipitado m, poso m; condensado m; sedimento m
~/radioaktiver precipitación f radiactiva; lluvia f radiactiva; depósito m activo
~/saurer precipitación f ácida
niederschlagen v deponerse; precipitar; condensar *(Dampf)*
~/sich *(Ch)* posarse

Niederschlagswasser *n* 1. agua *f* atmosférica; 2. agua *f* de condensación, agua *f* condensada *(Dampf)*
Niederspannung *f (El)* baja tensión *f*, B.T.
Niederspannungskabel *n* cable *m* de baja tensión
Niederspannungsschalter *m* interruptor *m* de baja tensión
Niet *m* remache *m*, roblón *m*
~ **mit verlorenem Kopf** remache *m* de cabeza perdida
nieten *v (Fert)* remachar, roblonar
Niethammer *m* martillo *m* estampa [de peña, de remachar], remachador *m*
Nietkopf *m* cabeza *f* del remache
Nietmaschine *f* remachadora *f*, roblonadora *f*
Nietpresse *f* prensa *f* remachadora, remachadora *f*, roblonadora *f*
Nietung *f (Fert)* remachado *m*, remachadura *f*, roblonado *m*, roblonadura *f*
Nietwerkzeug *n* troquel *m* de remachado
Niob *n* niobio *m*, Nb, *(Am)* colombio *m*, columbio *m*
Nippel *m* boquilla *f* (roscada); manga *f*, niple *m*; racor *m*
Nitrid *n* nitruro *m*
Nitrieranlage *f* instalación *f* de nitruración
Nitrierapparat *m (Ch)* nitrador *m*
Nitrierbad *n (Met)* baño *m* de nitruración
nitrieren *v* 1. *(Ch)* nitrar; 2. *(Met)* nitrurar
Nitrierhärtung *f (Met)* nitruración *f*, nitrurado *m*, cementación *f* por nitruración
Nitriersäure *f* ácido *m* nitrante [sulfonítrico], eje *m* mezcla(do)
Nitrierstahl *m* acero *m* al nitrógeno, acero *m* nitrurado [de nitruración]
Nitrierung *f* 1. *(Ch)* nitración *f*; 2. *(Met)* nitruración *f*, nitrurado *m*
Nitrocelluloselack *m* barniz *m* nitrocelulósico [zapónico], pintura *f* celulósica
Nitrofarbstoff *m* colorante *m* nitro
Nitroglyzerin *n* nitrato *m* de glicerina, nitroglicerina *f*, trinitrina *f*
Nitrolack *m* barniz *m* nitrocelulósico [zapónico], laca *f* de nitrocelulosa, nitrobarniz *m*, nitrolaca *f*, pintura *f* celulósica
Nitroverbindung *f* nitroderivado *m*, nitrocompuesto *m*
Niveau *n* nivel *m*; plan *m*
nivellieren *v* nivelar, igualar

Nivellierlatte *f (Bw)* niveleta *f*, regla *f* de nivelar, mira *f* (de nivelación)
Nivellierung *f (Bw)* compensación *f* de tierras, alineación *f*, nivelación *f*
Nobelium *n* nobelio *m*, No
Nocken *m (Masch)* leva *f*
Nockenantrieb *m* accionamiento *m* por leva
Nockenschalter *m* llave *f* de leva
Nockensteuerung *f* distribución *f* de levas
Nockenwelle *f* árbol *m* de distribución [levas], eje *m* de camones [levas]
Nomogramm *n (Math)* nomograma *m*, ábaco *m* de cálculo
Nomographie *f (Math)* nomografía *f*, cálculo *m* nomográfico
Nonius *m* nonio *m*, vernier *m*
Nonne *f* 1. *(Bw)* teja *f* canal; 2. *(Masch)* cilindro *m*
noppen *v (Text)* afelpar, despinzar, espinzar
Norm *f* norma *f*, estándar; regla *f*, norma *f* técnica
~/**spanische** norma *f* UNE *(UNA NORMA ESPAÑOLA)*
~/**technische** norma *f* técnica [de ingeniería]
~/**technologische** norma *f* tecnológica; regla *f* tecnológica
~/**verbindliche** norma *f* técnica de obligado cumplimiento
normal 1. normal, estandar; 2. normal, perpendicular *(senkrecht)*; 3. *(Ch, Math)* normal
Normal *n* medida *f* normal; modelo *m* normal, patrón *m*
Normalfrequenz *f* frecuencia *f* industrial [usual]
Normalgewinde *n* rosca *f* normal
Normalgewindelehre *f* calibre *m* patrón para roscas
normalglühen *v (Met)* normalizar
Normalglühen *n (Met)* tratamiento *m* normalizado [de normalización], normalización *f*
Normalinstrument *n* instrumento *m* de referencia, aparato *m* patrón
Normalisieren *n (Met, Math)* normalización *f*, tratamiento *m* normalizado [de normalización]
Normalität *f (Ch)* concentración *f* normal, normalidad *f (von Lösungen)*

Normallehre f calibre m patrón [normal]
Normalmaß n medida f patrón, patrón m de referencia
Normalmessgerät n galga f de referencia
Normalspannung f 1. esfuerzo m normal *(Festigkeitslehre)*; 2. *(El)* tensión f normal
Normalspur f *(Eb)* vía f (de ancho) normal, ancho m normal, vía f internacional europea
Normalverteilung f distribución f normal [gaussiana, de Gauss]
Normalverteilungskurve f curva f normal [bicornia, de errores, de campana, de Gauss]
Normalwiderstand m *(El)* resistencia f patrón
Normalzustand m *(Ph)* estado m normal; modalidad f normal
Normbauteil n unidad f modular normalizada
normen v normalizar, estandarizar, estandardizar
Normentwurf m (ante)proyecto m de norma
Normenwerk n sistema m de normas; código m de normas
normgerecht de acuerdo a las normas, con arreglo a las normas
Normmaß n medida f estándar
Normstecker m clavija f de conexión estándar, enchufe m normalizado
Normteil n parte f [pieza f] normalizada, elemento m estándar
Normung f normalización f, estandarización f, estandardización f; normalización f técnica
Notabschaltung f parada f de emergencia *(Anlagen)*
Notaggregat n equipo m auxiliar de emergencias
Notausgang m salida f de emergencia [socorro, urgencia]; puerta f de emergencia [socorro]
Notausschalter m interruptor m de emergencia
Notausstieg m 1. salida f de emergencia [socorro]; puerta f de emergencia [socorro]; 2. *(Flg)* escotilla f de salvamento
Notbeleuchtung f 1. alumbrado m provisional [de socorro, de emergencia]; 2. *(Schiff)* luz f de emergencia

Notbetrieb m régimen m de emergencia; servicio m de emergencia; servicio m de urgencia
Notbremse f *(Eb)* freno m de alarma [seguridad, socorro, emergencia], aparato m de alarma
Notebook n ordenador m portátil
Notfunkbake f *(Schiff)* radiofaro m de emergencia
Notizblockspeicher m *(Inf)* almacenamiento m borrador, memoria f reutilizable [de maniobra]
Notruder n *(Schiff)* timón m de fortuna
Notruf m llamada f de emergencia [socorro] *(SOS)*; señal f de peligro; mensaje m de socorro
Notrufwelle f onda f de socorro *(SOS)*
Notschalter m *(El)* interruptor m de emergencia [urgencia], llave f de seguridad
Notsignal n 1. señal f de emergencia [socorro]; 2. *(Nrt)* zumbido m de avería
Notsignalanlage f sistema m de señalización de peligro [emergencia]
Notstromaggregat n grupo m (electrógeno) de emergencia, grupo m de socorro, generador m de emergencia
Notstromanlage f instalación f eléctrica de emergencia; grupo m eléctrico de emergencia
Notstromgenerator m generador m (de corriente) de emergencia
n-te *(Math)* enésimo
Nucleinsäure f ácido m nucleico
Nuklearelektronik f electrónica f nuclear
Nuklearstrahlung f radiación f nuclear
Null f cero m, valor m nulo
Nullabgleich m balance m de cero, saldo m cero [nulo]
Nulleinstellung f posicionamiento m [ajuste m] a cero; reposición f a cero; graduación f a cero
nullen v poner a cero
Nullkomplement n *(Math)* complemento m verdadero [a ceros, a la raíz]
Nullleiter m *(El)* conductor m neutro (protector), conductor m central, hilo m neutro (protector), hilo m compensador, neutro m
Nullmenge f conjunto m vacío
Nulloperation f *(Inf)* operación f neutra, instrucción f neutra [nula], operación f cero

Nullpunkt *m* 1. punto *m* nulo [cero]; cero *m*; 2. *(Math)* punto *m* de partida; origen *m* (del sistema) de coordenadas); 3. posición f cero *(Messtechnik)*; 4. *(El)* punto *m* neutro, neutro *m*
nullsetzen *v* poner a cero; borrar
Nullspannungsmesser *m* voltímetro *m* a cero, voltímetro *m* de tensión cero
Nullspant *n (Schiff)* sección f maestra
Nullstelle f cero *m*
Nullstellung f 1. puesta f a cero; 2. posición f cero; posición f de origen; posición f de reposo *(Ventil)*
Nullung f *(El)* conexión f eléctrica al conductor neutro protector, conexión f [unión f, puesta f] a neutro, paso *m* a cero
Nullverkettung f *(Math)* enlace *m* nulo
Nullzirkel *m* compás *m* de círculos
Nullzustand *m (El)* estado *m* neutro [nulo]; estado *m* cero, situación f cero *(im binären Schaltkreis)*
Nummerierwerk *n (Typ)* mecanismo *m* numerador, foliador *m*
Nummer f número *m*
~/laufende número *m* correlativo [de orden]; índice *m*; renglón *m*
Nummernscheibe f *(Nrt)* disco *m* selector [marcador, de marcar, de llamada], dial *m (Telefon)*
Nummernschild *n (Kfz)* chapa f [placa f] de matrícula [número]
Nummernwähler *m (Nrt)* teclado *m* numerador
Nurflügelflugzeug *n* avión *m* sin fuselaje, ala f voladora [volante]
Nur-Lese-Speicher *m (Inf)* memoria f de lectura solamente [únicamente], unidad f sólo de lectura, memoria f fija
Nuss f 1. nuez f; 2. núcleo *m (eines Propellers)*
Nut f ranura f; surco *m*; cajera f, rebajo *m*; encaje *m*, mortaja f; canal *m*
Nutendrehmeißel *m* herramienta f de ahuecar [ranurar]
Nutenfräsmaschine f fresadora f ranuradora [de ranuras]
Nutenführung f ranura-guía f
Nutenhobelmaschine f acepilladora f ranuradora
nutenhobeln *v (Fert)* acanalar
Nutenstoßmaschine f mortajadora f ranuradora

Nutenziehen *n* canaladura f, *(Am)* acanaladura f
Nuthobel *m* 1. cepillo *m* machihembrador; cincel *m* en frío; 2. *(Bw)* ranurador *m*
Nutmutter f *(Masch)* tuerca f cilíndrica con muescas
Nutsche f *(Ch)* filtro *m* al [de] vacío, nutscha f *(Laborgerät)*
nutzerfreundlich *(Inf)* amigable con el usuario, amistoso, sencillo de utilizar, adecuado al usuario
Nutzerschnittstelle f *(Inf)* interfaz f de usuario
Nutzfahrzeug *n* vehículo *m* utilitario [industrial], automóvil *m* [coche *m*] utilitario
Nutzholz *n* madera f útil [industrial, de aprovechamiento industrial] • **~ liefernd** maderable
Nutzlast f carga f de funcionamiento [servicio]; carga f útil
Nutzleistung f potencia f efectiva [útil]; rendimiento *m* útil
Nutzsignal *n* 1. *(TV)* señal f útil; 2. *(Nrt)* señal f de comunicaciones
Nutzung f utilización f, aprovechamiento *m*, uso *m*; explotación f *(z. B. von Technik)*
Nutzungsdauer f duración f de servicio [uso], tiempo *m* [vida f] útil, tiempo *m* de servicio *(z. B. Filter)*; período *m* de vida, vida f económica [útil] *(Maschine)*
~/technische vida f industrial; años *mpl* de vida industrial

O

Oberbau *m (Eb)* superestructura f, vía f permanente
Oberdeck *n (Schiff)* cubierta f superior [alta], puente *m* alto
Oberfläche f superficie f; cara f • **an der ~** a flote • **unter der ~ liegend** somero
~/benetzte *(Ph, Schiff)* superficie f mojada
~/gewölbte superficie f abovedada
~/schallschluckende superficie f fonoabsorbente
oberflächenaktiv superficialmente activo, surfactivo, tensioactivo
Oberflächenbearbeitung f 1. *(Fert)* maquinado *m* de superficie; 2. *(Lt)* labor f superficial

Oberflächenbehandlung f tratamiento m superficial; elaboración f de acabados, acabado m superficial [de superficie]
~/galvanische tratamiento m electrolítico
Oberflächenbeschichtung f recubrimiento m superficial
Oberflächengüte f calidad f de la superficie; acabado m [terminado m] superficial
Oberflächenhärte f dureza f superficial [de la superficie]
Oberflächenhärtung f endurecimiento m superficial; temple m [cementación f] superficial
Oberflächenrauheit f aspereza f superficial, rugosidad f superficial [de la superficie], rugosidad f
Oberflächenschicht f capa f superficial; película f [revestimiento m] superficial
Oberflächenspannungsprüfer m tensiómetro m
Oberflächenvorbehandlung f preparación f de superficie
Obergeschoss n (Bw) primer piso m, planta f primera [superior]
Obergurt m (Bw) viga f testero [de testa], cabeza f superior (Statik)
Oberleitung f (El) línea f aérea de alimentación [tomacorriente], cable m aéreo, conductor m de troles
Oberleitungsomnibus m filobús m
Oberlicht n (Bw) claraboya f, claro m, lucernario m, lumbrera f, tragaluz m
Obermesser n 1. (Lt) cuchilla f colgante; 2. (Typ) cuchilla f superior
oberschlächtig de admisión [carga] superior, de incisión superior (Wasserrad)
Oberschwingung f armónica f
Oberspannung f 1. (Wkst) tensión f alta; 2. (El) tensión f superior (Transformator)
Oberstempel m 1. (Met) estampa f [punzón m] superior; 2. (Bgb) ademe m [estaca f] superior de sostén
Oberwelle f onda f armónica, armónica f
Objekt n 1. objeto m; 2. (Bw) obra f, edificio m
~/fertig gestelltes obra f acabada [terminada]
~/kosmisches objeto m espacial
~/schlüsselfertiges obra f llave en mano
Objekthalter m placa f portaobjetos
Objektiv n (Opt, Foto) objetivo m

~/achromatisches objetivo m acromático, acromat m
~/aplanatisches objetivo m aplanético, aplanato m, aplanat m, aplaneto m
~ mit veränderlicher Brennweite zoom m
Objektivfassung f montura f del objetivo
Objektivöffnung f apertura f de la lente
Objektivschlitten m corredera f de objetivos
Objektivtubus m (Opt) tubo m portaobjetivo
Objektmenge f (Math) conjunto m de elementos
objektorientiert (Inf) basado en objetos
Objektplatte f placa f portaobjetos
Objektrechner m ordenador m (de) objeto, ordenador m destino, máquina f destino
Objekttisch m platina f (Mikroskop)
Objektträger m placa f portaobjetos, portaobjeto(s) m (Mikroskop)
Observatorium n observatorio m
Obstbaumvibrator m (Lt) vibrador m de troncos
Obsterntemaschine f cosechadora f de frutas
Obstpresse f prensa f estrujadora, estrujadora f
Obus m autobús m eléctrico [de trole], trolebús m, filobús m
Ocker m (Min) almagra f, almagre m, ocre m
Octalzahl f número m octal
Octanzahl f número m octano, índice m de octano
ODER-Gatter n puerta f O
ODER-Glied n/**inklusives** alternador m
ODER-Schaltung f circuito m O
ODER-Ventil n válvula f de cambio, selector m de circuito por presión alta (Hydraulik)
Ofen m horno m; estufa f; caldeador m; fuego m
ofentrocknen v secar en estufa
Ofentrocknung f secado m al horno; secado m a la estufa
Offenstall m (Lt) establo m al descubierto, vaquería f [vaqueriza f] abierta
Office-Paket n/**integriertes** (Inf) paque m integrado de ofimática
Offlinebetrieb m (Inf) funcionamiento m [modo m, servicio m] fuera de línea, operación f indirecta

Offlinedatenübertragung f *(Inf)* transcripción f fuera de línea
Offlinegerät n *(Inf)* dispositivo m fuera de línea
öffnen v abrir
~/ein Menü desplegar un menú
~/eine Datei abrir [desplegar] un archivo
~/einen Stromkreis abrir un circuito
Öffner m 1. *(Text)* máquina f abridora, abridor m; 2. *(El)* contacto m de reposo
Öffnung f abertura f, apertura f; orificio m; boca f, puerta f, porta f; lumbrera f; ojo m; registro m; vano m; luz f *(lichte Weite)*
~ eines Stromkreises abertura f de un circuito
Öffnungsfehler m *(Opt)* aberración f de apertura
Öffnungsfunke m *(El)* chispa f de ruptura
Öffnungsstrom m corriente f al abrir
Öffnungsverhältnis n *(Opt)* abertura f numérica *(eines Objektivs)*; luminosidad f relativa
Öffnungswinkel m 1. *(Opt)* ángulo m de abertura; 2. *(Opt, Eln)* abertura f
Offsetdruck m *(Typ)* impresión f offset, offset m
Offset(druck)maschine f *(Typ)* máquina f [prensa f] offset, máquina f de impresión indirecta
Offsetrotations(druck)maschine f prensa f rotativa de offset automática, máquina f rotativa offset, rotativa f (de) offset
Offshoreanlage f instalación f offshore [en el mar], plataforma f offshore [marítima continental]
Offshorebohrung f sondeo m offshore, perforación f en el fondo de mar
Offshoretechnik f ingeniería f oceánica [de los recursos oceánicos]
Ohm n ohmio m *(SI-Einheit des elektrischen Widerstandes)*
~/internationales ohmio m internacional *(= 1,0050 absolute Ohm)*
Ohmmeter n ohmímetro m, óhmetro m
ohmsch óhmico, resistivo
Ohrenmikrophon n micrófono m auricular
Ökochemie f química f ecológica [del medio ambiente], ecoquímica f
Ökologie f ecología f
Ökologietechnik f ingeniería f ecológica; técnica f ecológica; tecnología f ecológica

Ökosystem n ecosistema m, sistema m ecológico
Ökotechnologie f ecotecnología f
Oktaeder n octaedro m *(Achtflach)*
Oktaederspannung f *(Met)* tensión f hidrostática
oktal *(Math)* octal
Oktaldarstellung f *(Inf)* notación f (en base) octal, representación f de dígito octal
Oktalzahlensystem n sistema m de numeración octal *(Zahlensystem mit Basis 8)*
Oktalziffer f *(Inf)* dígito m octal, octal m
~/binärverschlüsselte octal m codificado en binario
Oktant m octante m *(Winkelmessgerät)*
Oktanzahl f factor m [grado m] de octano, valor m octánico *(Kraftstoff)*
Oktavband n banda f de octavas *(Akustik)*
Oktavbandpass m filtro m pasabanda de octava
Oktavbandpegel m nivel m de banda de octava
Oktavfilter n filtro m de octavas *(Akustik)*
Oktett n *(Kern)* octeto m
Oktogon n octágono m, octógono m *(Achteck)*
Okular n ocular m
Okularmikrometer n micrómetro m ocular
Okularprisma n prisma m ocular
Okulartubus m portaocular m
Öl n 1. aceite m; óleo m *(Pflanzen- oder Mineralöl)*; 2. *(Ch)* esencia f
~/ätherisches aceite m volátil [de esencia, esencial], esencia f
~ mit niedrigem Stockpunkt aceite m de baja congelación
~/pflanzliches aceite m vegetal
~/technisches aceite m de uso industrial
~/trocknendes aceite m secante
Ölablassschraube f *(Kfz)* tapón m de vaciado del aceite
Ölabscheider m *(Masch)* recuperador m [interceptor m, separador m] de aceite, tanque m separador de aceites; separador m de petróleo
Ölabstreifring m *(Kfz)* deflector m de aceite, segmento m rascador [colector de aceite], anillo m lubrificador [de engrase], aro m de control de aceite, rascador m de aceite, segmento m de barrido
ölabweisend repelente al aceite

Ölauffangschale f colector m [cámara f] de aceite

Ölausfluss m derrame m petrolero [de petróleo], efluente m de petróleo; escape m de aceite

Ölaustritt m fuga f [salidero m] de aceite; emisión f de aceite

Ölbad n baño m de aceite

Ölbecken n foso m de petróleo

Ölbehälter m recipiente m [depósito m] de aceite

ölbeständig resistente al aceite

Ölbindemittel n aglutinante m aceitoso

Ölbohrinsel f plataforma f marina [petrolífera]

Ölbohrung f 1. pozo m petrolero [petrolífero, de petróleo]; 2. *(Masch)* orificio m de engrase

Ölbrenner m mechero m [quemador m] de aceite; quemador m de petróleo

Ölbüchse f aceitera f

Öldampfsperre f separador m de vapores aceitosos, trampa f de vapor (de aceite), baffle m de vapor de aceite *(Vakuumtechnik)*

Öldampfstrahlsauger m eyector m de vapor de aceite *(Vakuumtechnik)*

öldicht hermético [impermeable] al aceite

Öldichtung f cierre m de aceite

Öldruck m 1. presión f del aceite; 2. *(Typ)* oleografía f

Öldruckanzeiger m indicador m de presión de aceite

Öldruckbremse f freno m de aceite hidráulico

Öldruckmesser m manómetro m de aceite

Öldruckschmierung f engrase m a presión de aceite, engrase m por aceite a presión

Olefin n alceno m, alqueno m, alquileno m, hidrocarburo m del etileno, olefina f

Öleinfüllstutzen m *(Kfz)* tubo m de llenado de aceite

ölen v engrasar, lubricar, lubrificar, aceitar, enaceitar

Ölen n engrase m, engrasación f, engrasado m, engrasamiento m

Oleometer n *(Ch)* oleómetro m

Öler m engrasador m, lubricador m, aceitera f, copilla f de aceite

Oleum n aceite m de azufre, ácido m sulfúrico fumante [humeante], óleum m

Ölfänger m colector m [interceptor m, recipiente m, recogedor m, trampa f] de aceite, tanque m separador de aceites; baffle m *(Vakuumtechnik)*

Ölfarbe f pintura f grasa [al aceite, al óleo]

Ölfeld n campo m petrolífero

Ölfernleitung f oleoducto m

Ölfeuerung f hogar m de petróleo

Ölfilm m película f (de aceite) lubricante

Ölfilter m *(Kfz)* filtro m [depurador m] de aceite

Ölfirnis m barniz m graso, barniz m al [de] aceite, laca f de aceite, aceite m cocido

Ölgas n gas m de aceite [grasa]

Ölglas n *(Masch)* engrasador m de vidrio

ölhärten v *(Met)* templar en aceite

Ölhärtung f *(Met)* temple m al [en] aceite

Ölharz n oleorresina f

Ölheizung f calefacción f a fuel

Ölhydraulikbremse f freno m oleohidráulico

Ölhydrierung f hidrogenación f del petróleo

Oligomer(e) n *(Ch)* oligómero m

oligomerisieren v *(Ch)* oligomerizar

Öl-in-Wasser-Emulsion f emulsión f (tipo) aceite-agua

Ölisolator m aislador m de aceite

Ölkanne f aceitera f, alcuza f

Ölkohle f carbonilla f (im Auto, Motorrad)

Ölkondensator m *(El)* condensador m de aceite

Ölkreislauf m 1. circulación f de aceite; 2. *(Kfz)* circuito m de aceite

Ölkühler m 1. *(Masch)* enfriador m [refrigerador m] de aceite; 2. *(Kfz)* radiador m de aceite

Ölleichter m *(Schiff)* lanchón m petrolero

Ölleitung f caño m de aceite; tubería f de aceite; oleoducto m; tubo m de engrase

Ölloch n agujero m [orificio m] de engrase, agujero m aceitero [de lubricación]

Ölmanometer n manómetro m de aceite

Ölmessstab m *(Kfz)* sonda f [varilla f] del nivel de aceite

Ölmühle f *(Lt)* molino m aceitero [de aceite], aceitería f, almazara f, molino m para semillas oleaginosas

Ölnut f ranura f de lubricación, *(Am)* acanaladura f de lubricación

Ölpeilstab

Ölpeilstab m varilla f del nivel de aceite
Ölpest f contaminación f grave de aguas costeras por petróleo
ölpneumatisch oleoneumático
Ölpresse f molino m aceitero [de aceite]
Ölpumpe f bomba f de engrase [aceite, lubricación]
Ölraffinerie f refinería f de aceite (Speiseöl)
Ölring m (Kfz) aro m de lubricación [control de aceite], anillo m lubrificador [de engrase], segmento m rascador, retén m del aceite
Ölsäure f ácido m oleico
Ölschalter m (El) interruptor m de aceite
Ölschiefer m esquisto m bituminoso, pizarra f bituminosa
Ölschlauch m manguera f de aceite
Ölsperre f barrera f contra el petróleo (Anlage zur Ölbekämpfung)
Ölstandsanzeiger m 1. indicador m [reloj m] de nivel de aceite; 2. (Kfz) indicador m de aceite
Ölstoßdämpfer m amortiguador m de aceite, oleoamortiguador m
Ölsumpfwanne f sumidero m de aceite
Öltank m tanque m de aceite; tanque m de petróleo
Öltanker m petrolero m
Ölteppich m capa f de petróleo (auf Meer schwimmendes Öl)
Öltransformator m (El) transformador m de aceite
Öltreibdampfpumpe f bomba f de difusión de aceite, bomba f booster (Vakuumtechnik)
Ölumlaufkühlung f refrigeración f por circulación de aceite
Ölumwälzpumpe f bomba f de trasiego de aceite
Ölverschmutzung f contaminación f petrolera
Ölwanne f (Kfz) bandeja f, cárter m, sumidero m de aceite
Ölwechsel m (Kfz) cambio m de aceite, carga f con aceite nuevo
Omnibus m autobús m
Omnibusbahnhof m estación f de autobuses, terminal f de autobús
Onlinebetrieb m (Inf) funcionamiento m [operación f, servicio m] en línea, operación f directa [instantánea]

Onlinedatenverarbeitung f (Inf) procesamiento m [proceso m] de datos en línea
Onlineechtzeitbetrieb m (Inf) funcionamiento m en línea en tiempo real
Onlinerechner m (Inf) ordenador m en línea
Onlineverarbeitung f (Inf) procesamiento m [procesado m, proceso m] en línea
Opalglas n vidrio m opal(ino)
Operand m (Math, Inf) operando m
Operandenteil m parte f [sección f, componente m] de dirección (Befehl)
Operation f (Inf, Math) operación f
Operationsfolge f (Inf) secuencia f [orden m, sucesión f] de operaciones, secuencia f de transacción, serie f de acciones [operaciones]
Operationsforschung f investigación f operacional [de operaciones]
Operationsverstärker m amplificador m operacional [operador, operativo, de cálculo, computacional]
Operativspeicher m memoria f operativa [de trabajo]
Operator m 1. operador m humano (Bediener); 2. (Math, Inf) operador m, conectiva f, símbolo m aritmético [de operación)
~/**adjungierter** operador m conjugado
~/**boolescher** conectiva f booleana, operador m booleano
~/**identischer** operador m unidad
~/**logischer** operador m lógico, conectiva f lógica
Operatorenrechnung f cálculo m operacional [de operadores]
Operatorschaltung f mando m de operador
Optik f 1. óptica f, ingeniería f óptica; 2. sistema m óptico
~/**vergütete** óptica f azulada
optimal óptimo
Optimeter n optímetro m, comparador m óptico
optimieren v optimizar, optimar, programar
Optimierung f (Math) optimización f, optimación f
~/**quadratische** optimización f cuadrática
~/**schrittweise** optimización f sucesiva
~/**stochastische** optimización f estadística

Optimierungsrechnung f cálculo m [cómputo m] de optimización
Optimum n óptimo m, valor m óptimo
Option f (Inf) opción f
Optionsfeld n (Inf) zona f de opciones
Optionsmenü n menú m de opciones
optisch óptico
Optoakustik f foto-acústica f
Optoelektronik f optoelectrónica f, optrónica f
optoelektronisch optoelectrónico
Optokoppler m (Eln) optoacoplador m
Optometrie f optometría f
Orangefilter n (Foto) filtro m anaranjado
Orbit m (Astr, Rak) trayectoria f orbital
Orbital n(m) (Kern, Ch) orbital f
Orbitallabor n laboratorio m orbital
Orbitalrakete f cohete m orbital
Orbitalstation f estación f orbital; nave f orbital (Raumfahrt)
Orbiter m orbitador m, módulo m de mando (Raumfahrt)
Ordinalskala f (Math) escala f ordinal
Ordinate f ordenada f
Ordinatenachse f eje m de ordenadas [las y]
ordnen v ordenar; arreglar; regularizar; clasificar; agrupar
~/alphabetisch ordenar alfabéticamente, colocar por orden alfabético
~/hierarchisch jeraquizar
~/neu reordenar; reorganizar
Ordnen n ordenación f, ordenamiento m; secuenciación f
Ordner m (Inf) carpeta f • **einen ~ verwalten** gestionar una carpeta
Ordnung f 1. ordenación f; ordenanza f; orden m; arreglo m; 2. (Math) orden m (Gleichung); 3. régimen m; reglamento m; 4. turno m
~/hierarchische orden m jeráquico; ordenación f jerárquica
~/höhere orden m superior
~/niedrige orden m bajo
~/n-te (Math) orden m enésimo
~/strikte (Math) orden m estricto (Mengenlehre)
Ordnungsbegriff m (Inf) palabra f clave; número m de clave, código m de identificación
Ordnungsbeziehung f (Math) relación f de orden (Mengenlehre)

Ordnungsdaten pl (Inf) datos mpl de clave
Ordnungsmerkmal n criterio m de clasificación
Ordnungsnummer f número m de secuencia
Ordnungszahl f 1. (Math) número m ordinal, ordinal m; 2. (Ch) número m atómico [de átomo], número m de orden
Organ n órgano m; miembro m; unidad f
Organisationsautomat m autómata m de organización, equipo m autómata organizador
Organisationstechnik f técnica f de oficina
Organoleptik f (Ch) prueba f sensorial
Organometallverbindung f compuesto m organometálico, aleación f organometálica, organometálico m
Ort m lugar m; sitio m
~/gegisster punto m de estima (Navigation)
~/geometrischer (Math) lugar m geométrico
Ort n (Bgb) frente m, testero m, lugar m
orten v 1. localizar, situar; detectar; 2. (Schiff) tomar situación
Orthikon n (TV) orticón m, ortinoscopio m (Bildaufnahmeröhre)
orthochromatisch (Opt) ortocromático
Orthodrome f (Math) curva f ortodrómica, ortodromia f
orthogonal (Math) ortogonal
Orthogonalbewehrung f (Bw) armadura f ortogonal
Orthoklas m (Min) ortosa f, ortoclasa f, feldespato m potásico
Ortsbereich m (Nrt) zona f telefónica local
Ortsbestimmung f 1. determinación f de posición; 2. (Ch) orientación f (für Substituenten)
Ortsfernsprechverkehr m telefonía f urbana
ortsfest estacionario, fijo
Ortsgespräch n llamada f local [urbana]
Ortsisomerie f (Ch) isomería f de posición
Ortskurve f curva f de posición (Steuerungstechnik)
Ortsnetz n (Nrt) red f (telefónica) urbana, red f con llamada local, zona f telefónica local
Ortsvektor m (Math) radiovector m, radio m vector, rayo m vector

Ortung f localización f, detección f; orientación f; rastreo m

Ortungsgerät n 1. equipo m de detección, detector m; localizador m; 2. *(Flg, Schiff)* navegador m

~/akustisches detector m acústico, fonolocalizador m, fonogoniómetro m

Öse f ojo m, orejilla f, luneta f; ojal m; ojete m *(z. B. vom Schuh)*

Ösenniet m *(Masch)* ojete m

Ösenschraube f tornillo m de hembrilla, armella f

Osmium n osmio m, Os

Oszillation f oscilación f, movimiento m bascular, bamboleo m, bailoteo m

Oszillator m *(Ph, Eln)* oscilador m, generador m de frecuencias [oscilaciones]

Oszillatorröhre f válvula f [lámpara f] osciladora

Oszillatorschwingkreis m circuito m oscilador

Oszillatorspule f bobina f osciladora

oszillieren v oscilar

oszillierend oscilante, oscilatorio

Oszillographenröhre f tubo m de oscilógrafo (rayos catódicos)

Output m 1. *(Inf)* salida f; potencia f de salida; 2. productos mpl terminados

Overheadprojektor m retroproyector m

O-Waggon m *(Eb)* vagón m abierto [descubierto]

Oxalsäure f ácido m oxálico

Oxid n *(Ch)* óxido m

Oxidation f oxidación f, oxigenación f, deselectronación f *(Redoxreaktion)*

~/anodische oxidación f anódica, anodización f, eloxamiento m, tratamiento m anódico

~/elektrochemische oxidación f electrolítica [electroquímica]

~/elektrolytische oxidación f electrolítica

~/photochemische oxidación f fotoquímica

~/vorhergehende preoxidación f

Oxidationshemmer m antioxidante m, antioxígeno m

Oxidationsmittel n *(Ch)* agente m [medio m] oxidante, oxidante m; comburente m, producto m comburente

Oxidationsschicht f película f de óxido

Oxidationsteich m balsa f de oxidación *(Teich zur Reinigung organischer Abwässer)*

Oxidator m *(Rak)* comburente m, oxidante m explosivo *(Raketentreibstoff)*

Oxidbelag m capa f [cáscara f, película f] de óxido

Oxidfilm m película f [lámina f, capa f] de óxido

oxidieren v oxidar, oxigenar

Oxidierungsmittel n agente m oxidante

Oxidimetrie f *(Ch)* oxidimetría f, oxidorreductimetría f

Oxidoreduktion f *(Ch)* oxidorreducción f, reacción f de oxidorreducción

Oxidschicht f capa f de óxido; recubrimiento m de óxido *(Schutzschicht)*

OZ s. 1. Oktanzahl; 2. Ordnungszahl

Ozon n ozono m

Ozonfilter n filtro m de ozono

Ozonloch n agujero m de ozono

Ozonschicht f capa f [barrera f] de ozono, ozonosfera f *(15 – 40 km)*

Ozonschild m escudo m de ozono

P

PA-Faser f fibra f poliamídica [de poliamida]

paarweise a pares, por parejas

~ anordnen aparear

packen v/eine Datei comprimir un archivo

~/in Kisten encajonar

Packpapier n papel m de embalar

Packung f 1. *(Masch)* empaquetadura f, guarnición f; juntura f, junta f, estopa f; 2. empaquetamiento m *(bei Kristallen)*

Packungsdichte f 1. *(Eln)* densidad f de empaquetamiento; 2. densidad f de los elementos de construcción; 3. densidad f reticular *(Kristallographie)*

Packungstechnik f *(Eln)* técnica f de empaquetadura

Paddel n *(Inf)* raqueta f de juegos *(Eingabegerät zur Steuerung von Spielen)*

paginieren v *(Typ)* paginar, foliar

Paginiermaschine f *(Typ)* máquina f paginadora [para foliar], foliador m

Paginierung f *(Typ)* paginación f, foliación f

Paginierwerk n *(Typ)* foliador m

Paket n 1. paquete m, bulto m; mazo m *(Karten)*; 2. *(Inf, Nrt)* paquete m • **ein ~ weiterleiten** remitir un paquete *(im Rechnernetz)*

Papierkorb

~/bestätigtes paquete *m* reconocido
~/kollidierendes paquete *m* en conflicto
Paketauflösungseinheit *f (Inf)* unidad *f* de desempaquetado
Paketbildungseinheit *f (Inf)* unidad *f* de empaquetado
Paketfolge *f (Inf)* secuencia *f* de paquetes enviados
Paketglühen *n (Met)* recocido *m* en paquete
paketieren *v (Inf)* empaquetar
Paketierpresse *f (Met)* prensa *f* embaladora [de empacar, de hacer paquetes], embaladora *f*
Paketierung *f (Inf)* ensamblado *m* [ensamblaje *m*] de paquetes
paketisieren *v* embalar
Paketnetz *n (Nrt)* red *f* de paquetes
Paketprotokoll *n/internes (Nrt)* protocolo *m* interno de paquetes
Paketschalter *m (El)* interruptor *m* de paquete, chucho *m* paquete
Paketübertragungsdienst *m (Nrt)* servicio *m* portador en modo paquete
Paketverarbeitung *f (Inf, Nrt)* tratamiento *m* de paquetes
Paketvermittler *m (Nrt)* conmutador *m* de paquetes
Paketvermittlung *f* 1. *(Inf)* conmutación *f* de paquetes *(Datenübertragung)*; 2. *(Nrt)* conmutación *f* [enrutamiento *m*] de paquetes
Paketwalzen *n (Fert)* laminación *f* en paquete
Palette *f (Förd)* paleta *f*, caja *f* paleta, batea *f*, tarima *f*
Palettenförderer *m (Förd)* transpaletador *m*
Palettentransporter *m* 1. *(Schiff)* transportador *m* de paletas; 2. *(Förd)* transportadora *f* de paletas
palettieren *v (Förd)* paletizar
Palettiertechnik *f* técnica *f* de paletización
Palettierung *f (Förd)* paletización *f*
Palladium *n* paladio *m*, Pd
Pallung *f (Schiff)* picadero *m* (de sustentación), tacada *f*
panchromatisch *(Opt)* pancromático
Paneel *n (Bw)* panel *m*, painel *m*
Paneelfertigung *f* construcción *f* de paneles *(Schiffskörperbau)*
Panikbeleuchtung *f* iluminación *f* de avería

Panne *f* avería *f*; accidente *m* de funcionamiento
Panoramaaufnahme *f* fotografía *f* panorámica
Panoramafernrohr *n* anteojo *m* panorámico
Panoramakamera *f* cámara *f* panorámica
Panoramakino *n* cinerama *m*
Panoramawagen *m (Eb)* coche *m* panorámico [de observación]
P-Anteil *m* parte *f* proporcional
Pantograph *m* 1. pantograbador *m (Graviermaschine)*; 2. pantógrafo *m (technisches Zeichnen)*
Panzerkabel *n (El)* cable *m* armado
Panzerplatte *f* placa *f* de blindaje, chapa *f* blindada [de blindaje], plancha *f* blindada [de blindaje]
Panzerplattenbiegemaschine *f (Fert)* máquina *f* para curvar planchas de blindaje
Panzerplattenwalzwerk *n (Met)* laminador *m* de planchas de blindaje
Panzerung *f* acorazado *m*, blindaje *m*, coraza *f*, cubierta *f* blindada [acorazada]; plancheado *m*
Papier *n* papel *m*
~/gummiertes papel *m* engomado
~/hartes *(Foto)* papel *m* contraste
~/holzfreies papel *m* no leñoso
~/lichtempfindliches papel *m* fotosensible
~/maschinenglattes papel *m* alisado
~/ölfestes papel *m* oleorresistente
~/satiniertes papel *m* satinado, acabado *m* satinado
~/saugfähiges papel *m* absorbente
~/wieder verwertetes papel *m* reciclado
Papieranleger *m* tarjetero *m (Schreibmaschine)*
Papierauslösehebel *m* palanca *f* aflojapapel [librapapel] *(Schreibmaschine)*
Papierausrichtung *f* orientación *f* del papel *(Drucker)*
Papiereinstellung *f (Inf)* posicionamiento *m* del papel *(Drucker)*
Papierführung *f (Typ)* conducción *f* del papel; guía *f* de papel *(Drucker)*
Papierhalter *m* aprietapapel *m (Schreibmaschine)*
Papierkabel *n (El)* cable *m* aislado con papel
Papierkorb *m (Inf)* papelera *f* del reciclaje

Papierlöser *m* palanca *f* aflojapapel [librapapel], librapapel *m (Schreibmaschine)*
Papierrohrkondensator *m (El)* condensador *m* tubular de papel
Papierschneidemaschine *f (Typ)* máquina *f* cortadora de papel, cortapapeles *m*, guillotina *f* (de cortar papel, de corte), cizalla *f*
Papierschnitzelmaschine *f* trituradora *f* de papel
Papierstau *m* atasco *m* [atrancamiento *m*] de papel *(Drucker)*
Papierstreifencode *m (Inf)* código *m* de cinta de papel
Papierstreifenleser *m* lector *m* [máquina *f* lectora] de cinta de papel
Papiertraktion *f* arrastre *m* del papel *(Drucker)*
Papiertraktor *m* tractor *m* del papel *(Drucker)*
Papiervorschub *m* 1. movimiento *m* de avance del papel, avance *m* de papel; salto *m* de papel; 2. mecanismo *m* de avance de papel
Papierwickelkondensator *m (El)* condensador *m* de papel arrollado
Papierzuführung *f (Typ)* alimentación *f* [avance *m*] del papel
Pappe *f* cartón *m*; cartulina *f*
Parabel *f (Math)* parábola *f*
Parabelbahn *f* órbita *f* [trayectoria *f*] parabólica
Parabelkurve *f* curva *f* parabólica
Parabelscheitel *m* vértice *m* de la parábola
Parabelträger *m (Bw)* viga *f* parabólica
Parabolantenne *f* antena *f* parabólica [cornete], reflector *m* parabólico
Paraboloid *n (Math)* paraboloide *m*
Parabolspiegel *m (Opt)* reflector *m* [espejo *m*] parabólico
Paradoxon *n* paradoja *f*
Paraffin *n* parafina *f*, hidrocarburo *m* parafínico, alcano *m (gesättigter Kohlenwasserstoff)*
~/festes cera *f* de parafina
paraffinieren *v* parafinar
Paraffinöl *n* aceite *m* parafínico [de parafina], parafina *f* líquida, petrolato *m* líquido
Paraffinreihe *f (Ch)* serie *f* parafínica [de las parafinas]

parallaktisch *(Astr)* paraláctico
Parallaxe *f (Astr)* paralaje *f*
parallel paralelo
Parallelbetrieb *m (Inf)* operación *f* paralela, funcionamiento *m* concurrente [en paralelo]; servicio *m* en paralelo
Paralleldrehmaschine *f* torno *m* paralelo
Paralleldrucker *m (Inf)* impresora *f* paralela
Parallele *f (Math)* paralelo *m*, paralela *f*
Parallelendmaß *n* calibre *m* prismático, bloquito *m* calibrador, galga *f* de bloque, regla *f* paralela, taco *m* de calibre [medición], taquillo *m* calibrador
Parallelepiped *n (Math)* paralelepípedo *m*
Parallelgeradenbündel *n (Math)* haz *m* paralelo de rectas
Parallelitätsfehler *m* error *m* de paralelismo
Parallelkabel *n* cable *m* de conexión en paralelo
Parallelkreis *m* circuito *m* (en) paralelo
Parallelmaß *n* calibre *m* paralelo
Parallelogrammabnehmer *m (El)* tomacorriente *m* pantográfico, trole *m* pantógrafo *(E-Lok)*
Parallelogrammgesetz *n (Math)* regla *f* del paralelogramo
Parallelprogramm *n (Inf)* programa *m* paralelo
Parallelprojektion *f (Math)* proyección *f* paralela
Parallelrechner *m (Inf)* ordenador *m* (de funcionamiento) en paralelo, ordenador *m* simultáneo
Parallelschaltung *f (El)* acoplamiento *m* en paralelo [derivación], montaje *m* en paralelo, conexión *f* en paralelo [derivación]
Parallelschraubstock *m (Fert)* tornillo *m* paralelo
Parallel-Serien-Wandler *m (Inf)* convertidor *m* paralelo-serial, dinamizador *m*
Parallelspeicher *m (Inf)* memoria *f* paralela [de exploración en paralelo], almacenamiento *m* en paralelo
Parallelstromkreis *m (El)* circuito *m* (en) paralelo
Parallelübertragung *f (Inf)* transferencia *f* paralela [en paralelo], traslación *f* paralela

Parallelverarbeitung f (Inf) procesamiento m paralelo, tratamiento m paralelo (Multitasking)

Parallelverschiebung f 1. (Math) traslación f paralela; 2. (Geol) traslado m paralelo

Parameter m parámetro m

~**/einstellbarer** parámetro m ajustable

~**/stochastischer** parámetro m estocástico

~**/vorgegebener** parámetro m preajustado [preestablecido, prefijado]

Parameterprüfung f prueba f paramétrica

Parameterraum m (Math) espacio m de parámetros

Parameterstörung f perturbación f paramétrica (Zuverlässigkeit)

Parameterverknüpfung f (Inf) enlace m de parámetros

parametrisieren v parametrizar

Parametrisierung f parametreo m, parametrización f

para-Verbindungen fpl (Ch) paraderivados mpl

Parenthese f paréntesis m

Parität f (Inf) paridad f

Paritätsbit n (Inf) bit m de paridad

Paritätsflag n (Inf) bandera f de paridad

Paritätskontrolle f (Inf) verificación f [comprobación f] de paridad

Paritätsprüfung f (Inf) verificación f [por] paridad, control m [comprobación f] de paridad, ensayo m par-impar

Parkbahn f órbita f de aparcamiento (Raumfahrt)

parkerisieren v (Met) parkerizar (Phosphatierungsverfahren)

Parkett(fuß)boden m piso m de parqué, suelo m de entarimado, entarimado m

Parkettschleifmaschine f alisadora f para pisos

Parkleuchte f (Kfz) luz f de estacionamiento

Parkplatz m aparcamiento m, parking m; planta f de aparcamiento; superficie f de aparcamiento

Parser m (Inf) analizador m sintáctico

Partialbruchzerlegung f (Math) descomposición f en fracciones parciales

Partialturbine f turbina f de admisión parcial

Partikel n(f) (Ph) partícula f

~**/luftgetragenes** partícula f transportada por el aire, aerovagante m

Partikelfilter n filtro m mecánico de partículas

Partikelstrahlung f (Ph) radiación f corpuscular

Pascal n pascal m (SI-Einheit des Drucks)

Pass m (Eln) filtro m eléctrico

Passagierfähre f transbordador m de pasajeros

Passagierschiff n buque m de pasajeros [pasaje]

Passagierterminal m (Flg, Schiff) terminal f de pasajeros [viajeros]

passfähig compatible

Passfähigkeit f **von Baugruppen** compatibilidad f modular

Passfeder f (Masch) chaveta f de ajuste; lengüeta f longitudinal de ajuste (für Fräser)

Passivator m 1. (Ch) retardador m; 2. (Met, Eln) pasivador m, pasivante m

Passivdosimeter n dosímetro m pasivo

Passivierung f (Met, Eln) pasivación f

Passivierungsmittel n (Met, Eln) pasivador m, pasivante m, sustancia f pasivante

Passivierungsschicht f (Met) capa f pasiva, película f pasiva [de pasivación]

Passring m (Masch) anillo m de asiento

Passstift m (Masch) espiga f de ajuste [reglaje]; patilla f ajustable

Passstück n adaptador m; pieza f insertada

Passtoleranz f tolerancia f de ajuste

Passung f (Masch) ajuste m, ajustamiento m; clase f de ajuste

Passwort n (Inf) clave f, palabra f clave [contraseña], contraseña f, password m

Paste f pasta f; cemento m

Pasteurisationsanlage f máquina f pasteurizadora

pasteurisieren v pasteurizar, pasterizar

Pasteurisierungsanlage f pasteurizador m

Patentanker m (Schiff) ancla f de patente

Patentblock m (Förd) motón m de patente

Paternoster(aufzug) m ascensor m de paternóster [rosario, marcha continua]

Patina f pátina f, verdete m, verdín m, verdegrís m

Patrone f 1. cartucho m (auch für Filme, Füllhalter); 2. (Text) patrón m, ligamento m puesto en carta (Weberei)

Patronenfilter n *(Kfz)* filtro m de cartucho
Patronensicherung f *(El)* cortacircuito m [fusible m] de cartucho
Patronenspannfutter n *(Fert)* mandril m de boquilla
Pause f 1. reposo m, pausa f; 2. calco m, decalco m *(technisches Zeichnen)*
pausen v calcar
Pausenzeichen n señal f de pausa [reposo], señal f característica de la emisora *(Radio)*
Pauspapier n papel m de calco [calcar]
Pauszeichnung f calco m
PC s. Personalcomputer
Pech n pez f, brea f
Pechblende f *(Min)* pec(h)blenda f, pezblenda f, uraninita f, blenda f pícea *(Varietät des Uranpecherzes)*
Pechkohle f azabache m, lignita f [lignito m] brillante
Pedal n pedal m, descansapiés m
Pegel m 1. *(Ph, El)* nivel m; escala f de niveles; 2. nivel m *(Standhöhe)*; 3. *(Schiff)* escala f de marea(s); fluviómetro m; limnímetro m
~/A-bewerteter nivel m valorado en A *(Lärmmessung)*
~/radioaktiver nivel m radiactivo [de radiactividad]
~/zeitlich schwankender nivel m oscilante temporal
Pegelbildgerät n *(Eln)* hipsómetro m con tubo de rayos catódicos
Pegeldiagramm n *(Eln)* hipsograma m
Pegelmesser m 1. *(El)* hipsómetro m, nepérmetro m; 2. *(Eln)* indicador m del nivel de potencia; decibelímetro m *(Lärm)*
Pegelschreiber m 1. registrador m de nivelles; 2. fluviómetro m registrador, fluviógrafo m *(Wasserbau)*
Peildeck n *(Schiff)* cubierta f de marcación
peilen v 1. marcar; orientarse; tomar la altura; captar la onda; 2. *(Schiff)* sondar *(Tiefe)*
Peilfunk m (radio)goniometría f
Peilgerät n buscador m de direcciones
Peilkompass m aguja f de marcar
Peilradar n telerradar m
Peilrohr n tubo m de nivel [sonde, sondaje]
Peilung f 1. marcación f, orientación f, localización f; 2. *(Schiff)* demora f; 3. sondeo m, sondaje m *(Tiefe)*

~/magnetische demora f magnética
~/missweisende demora f magnética
~/rechtweisende demora f verdadera *(astronómica)*
Peitschenantenne f antena f de fusta [látigo]
Pelletisieranlage f instalación f [equipo m] de peletización
Pelz m *(Text)* vellón m; napa f *(Spinnerei)*; piel f
pelzen v *(Text)* repasar
Pelzkarde f *(Text)* carda f repasadora
Pendel n péndulo m
~/akustisches péndulo m acústico
~/mathematisches péndulo m matemático [simple]
~/physikalisches péndulo m físico [compuesto]
Pendelachse f 1. eje m pendicular [del péndulo]; 2. *(Kfz)* eje m oscilante
Pendelausschlag m amplitud f de péndulo
Pendelbahn f teleférico m de lanzadera
Pendelbecherwerk n *(Förd)* rosario m de cangilones pendulares
pendelfräsen v *(Fert)* fresar en vaivén
Pendelfräsen n *(Fert)* fresado m pendular
Pendelfräsmaschine f *(Fert)* fresadora f planetaria
Pendelfrequenz f *(Nrt)* frecuencia f interruptora
Pendelgleichrichter m rectificador m de péndulo
Pendelglühen n *(Met)* recocido m globular
Pendelkreissäge f sierra f circular suspendida [de paralelogramo, de péndulo]
Pendelkugellager n rodamiento m de bolas oscilante
Pendellager n *(Masch)* cojinete m [rodamiento m] oscilante, rodamiento m de rótula, rótula f
pendeln v oscilar
Pendeln n 1. oscilación f, penduleo m; 2. *(El)* bailoteo m
Pendelreibahle f escariador m flotante
Pendelrollenlager n *(Masch)* rodamiento m de rodillos a rótula
Pendelrückkopplung f *(Eln)* superreacción f, superregeneración f
Pendelsäge f sierra f oscilante [de vaivén]
Pendelschleifen n *(Fert)* rectificación f de la muela oscilante

Pendelschleifmaschine f (Fert) rectificadora f pendular [de la muela oscilante]
Pendelschwingung f oscilación f pendular
Pendeltür f puerta f oscilante [pendular, de vaivén]
Pendelung f oscilación f
Penetrationswert m valor m de penetración *(Maß für Konsistenz von Schmierfetten)*
Penetriermittel n sustancia f penetrante [de penetración] *(Rostschutz)*
Pentagonprisma n (Opt) prisma m pentagonal
Pentansäure f ácido m valeriánico
Pentode f (Eln) pentodo m, válvula f trirrejilla
peptisieren v (Ch) peptizar
Perchlorsäure f ácido m perclórico
Pergament n pergamino m
Periode f 1. período m, etapa f; 2. (Ph) período m, ciclo m; 3. (Ch, Math) período m
Periodensystem n (Ch) clasificación f periódica
~ **der Elemente** sistema m periódico de los elementos, tabla f periódica de los elementos, tabla f de Mendeleiev
Periodenzahl f frecuencia f
peripher periférico
peripheral circunferencial
Peripherie f 1. periferia f, circunferencia f; 2. (Inf) equipo m periférico, periférico m
Peripheriefreiwinkel m (Masch) ángulo m de incidencia periférico
Peripheriegerät n (Inf) dispositivo m [equipo m, aparato m] periférico, unidad f periférica [de periferia]
Peripherieprozessor m procesador m periférico
Peripherieschaltung f circuito m periférico
Peripherieschnittstelle f interfaz f de control de periféricos
Peripheriesteuerwerk n controlador m de periféricos [periferias]
Peripheriewinkel m (Math) ángulo m inscrito
Perkussionsbohren n (Bgb) perforación f de percusión, perforación f en batida, sondeo m [taladrado m] de percusión
Perle f 1. perla f; 2. gota f fría *(Gussfehler)*
Perlit m (Min, Met) perlita f

Perlitstahl m acero m perlítico
Perlmutt n nácar m
Permanentspeicher m (Inf) almacenamiento m permanente (de datos), memoria f permanente [no volátil, de contenido permanente]
Permeabilität f 1. (El) permeabilidad f (magnética); 2. (Geol) permeabilidad f
Permutation f (Math) permutación f, conmutación f
~ **/gerade** permutación f par
~ **/inverse** permutación f inversa
~ **/ungerade** permutación f impar
permutierbar (Math) permutable, conmutativo
permutieren v (Math) permutar, conmutar
Peroxid n peróxido m
peroxidieren v (Ch) peroxidar
Persäure f perácido m
Persenning f (Schiff) cubierta f de lona, lona f impermeable, encerado m
Personalcomputer m ordenador m [microcomputadora f] personal
Personenaufzug m ascensor m (de personas)
Personendosimeter n dosímetro m individual [personal]
Personenkraftwagen m automóvil m, auto m, coche m, turismo m
Personenrufanlage f instalación f de buscapersonas
Personenwagen m 1. (Eb) coche m de pasajeros; 2. (Kfz) s. Personenkraftwagen
PERT-Verfahren n análisis m del camino crítico, técnica f [método m] de evaluación y revisión de programas [proyectos] *(Netzplantechnik)*
Perzentil n (Math) percentila f
Petrischale f (Ch) platillo m [cápsula f] de Petri, cristalizador m [placa f] Petri
Petrolchemie f industria f petroquímica, petroquímica f
Petroleum n nafta f mineral, queroseno m
Petrophysik f (Geol) petrofísica f
Pfad m (Inf) senda f, camino m
Pfahl m (Bw) pilote m; bastón m; palo m; poste m
Pfahlgründung f (Bw) pilotaje m, cimentación f por [sobre] pilotes
Pfahlhammer m (Bw) martinete m (de hincar), maza f de apisonar

Pfahlramme

Pfahlramme f (Bw) hincadora f de pilotes
Pfanne f 1. cuchara f, cucharón m; tacho m (Zuckerfabrik); cesto m; 2. (Gieß) caldera f, cuchara f
Pfeil m flecha f, saeta f
Pfeildiagramm n diagrama m de flechas
Pfeiler m (Bw) pilar m; pila f; macizo m; machón m
Pfeilerbau m (Bgb) explotación f con pilares
Pfeilerbrücke f (Bw) puente m sobre pilares
Pfeilflügel m (Flg) ala f de flecha
Pfeilhöhe f (Bw) flecha f, sagita f
Pfeilrad n (Masch) engranaje m de cheur(r)ones, engranaje m doble helicoidal
Pfeiltaste f tecla f cursora [de cursores]
Pfeilverzahnung f (Masch) dentado m aflechado [de dientes en flecha, helicoidal continuo], engranaje m de cheur(r)ones, engranaje m doble helicoidal
Pfeilzahnrad n (Masch) chevrón m
Pferdestärke f caballo m (de fuerza), C.F., caballo m de vapor, CV
Pfette f (Bw) correa f
Pfettendach n cubierta f [tejado m] de correas
Pfettendachstuhl m armadura f con buhardilla y cámara de aire, armadura f de dos pisos con correas horizontales, cubierta f de una cámara
Pflanzenchemie f química f vegetal
Pflanzenfaser f fibra f vegetal
Pflanzenschutzmaschine f máquina f fitosanitaria [de protección de plantas], aplicador m de pesticidas; máquina f de riego de plaguicidas, máquina f para regar herbicidas
Pflanzenschutzmittel n producto m fitosanitario; pesticida m
Pflanzmaschine f (Lt) máquina f plantadora [de plantar], plantadora f, (Am) sembradora f
Pflaster m (Bw) pavimentación f, adoquinado m, empedrado m
Pflasterdecke f firme m pavimentado, adoquinado m
pflastern v (Bw) pavimentar, adoquinar, empedrar
Pflasterstein m ladrillo m para pavimentar [pavimentación], adoquín m, cuña f
Pflasterung f pavimentación f, empedramiento m, empedrado m
Pflichtenheft n cuaderno m de cargas, pliego m de condiciones
Pflug m arado m
Pflugschar n (Lt) reja f
Pfosten m poste m, columna f, pilar m; pie m derecho
Pfropfpolymer(es) n polímero m por injerto
p-Halbleiter m semiconductor m en defecto, semiconductor m tipo p
Phantom n (Eln) fantasma m
Phantomkreis m (Nrt) circuito m fantasma [superpuesto]
Phantomschaltung f (Nrt) conexión f fantasma
Phase f 1. fase f; etapa f; estado m; 2. (El) fase f • **außer** ~ desfasado • **in** ~ en fase
~/**dampfförmige** fase f vapor
~/**disperse** (Ch) fase f dispersa (z. B. einer Emulsion)
~/**feste** fase f sólida [densa, cristalina]
~/**flüssige** fase f líquida
~/**gasförmige** fase f gaseosa
~/**nacheilende** (El) fase f retrasada [de retardo]
~/**voreilende** (El) fase f avanzada
Phasenabweichung f desviación f de fase
Phasenausgleich m (El) compensación f de fase
Phasencharakteristik f respuesta f de [en] fase
Phasendiagramm n diagrama m de equilibrio [estado, fases]
Phasendrehung f (El) de(s)fasaje m, desfase m
Phasenentzerrer m (El) adelantador m [compensador m] de fase, circuito m corrector de fase, corrector m de fase
Phasenentzerrung f compensación f de fase
Phasengang m (El) característica f de respuesta de fase, respuesta f de [en] fase
Phasengrenzschicht f interfase f
Phasenhub m (El) desviación f de fase
Phasenkontrastmikroskop n microscopio m de contraste de fase
Phasenleiter m conductor m fase
Phasenmesser m (El) fasímetro m, medidor m de fases

Phasenmodulator m (Ph) fasitrón m, modulador m de fase
Phasennacheilung f retardo m [retraso m] de fase
Phasenschieber m (El) adelantador m [compensador m, cambiador m] de fase, de(s)fasador m
Phasenschwankung f oscilación f de fase
Phasensprung m (El) salto m [cambio m] de fase, de(s)fasaje m, desfase m
Phasenstrom m (El) corriente f de fase
Phasenumformer m (El) convertidor m de fase, conmutatriz f de fases
Phasenverschiebung f (El) desplazamiento m de fase, de(s)fasaje m, desfase m
Phasenverzögerung f retardo m [retraso m] de fase
Phasenvoreilung f (El) avance m de fase
Phenol n fenol m, ácido m carbólico
Phenolharz n resina f fenólica, plástico m fenólico, fenoplasto m
Phenylchlorid n clorobenceno m, cloruro m de fenilo
pH-Messgerät n medidor m de (valor) pH, Ph-metro m
Phon n fon m, fonio m, fono m (Lautstärkepegel)
Phonmesser m fonómetro m
Phonograph m fonógrafo m (Tonaufnahmegerät)
Phosphat n fosfato m
phosphatieren v fosfatar
Phosphatierung f 1. fosfatación f; 2. (Fert) tratamiento m fosfatizante
Phosphor m fósforo m, P
Phosphor-32 m radiofósforo m
phosphoreszieren v fosfore(s)cer
phosphoreszierend fosforescente
Phosphorsäure f ácido m (orto)fosfórico
Phosphorstahl m acero m fosforoso
Phosphorwasserstoff m hidrógeno m fosfórico, hidruro m de fósforo, fosfina f
Photoätzung f fotograbación f (Halbleiter)
Photo-CD f fotodisco m compacto, photo-CD m (CD-R-Standard)
Photochemie f fotoquímica f
Photochemikalien fpl productos mpl fotoquímicos
Photoeffekt m efecto m fotoeléctrico, fotoefecto m

Photoelektronenvervielfacher m fotomultiplicador m, tubo m fotomultiplicador
Photoelektronik f fotoelectrónica f
Photoelement n célula f fotosensible [fotoeléctrica de capa barrera], par m [tubo m] fotoeléctrico, fotoelemento m
Photoemissionszelle f célula f fotoemisiva [fotoemisora], fototubo m
Photogrammmetrie f fotogrametría f, fototopografía f
Photogravüre f (Typ) heliograbado m, heliografía f, fotograbado m
Photoionisation f fotoionización f, ionización f fotoeléctrica
Photomaske f (Eln) máscara f fotográfica
Photometer n fotómetro m, medidor m de luz
Photon n (Ph) fotón m, cuanto m de luz
photonegativ fotorresistente, negativo a la luz
Photonentriebwerk n (Rak) propulsor m fotónico
Photonenzähler m (Kern) contador m de fotones, fotocontador m
Photophorese f (Ph) fotoforesis f
Photosatz m (Typ) composición f fotográfica [sobre película], fotocomposición f
Photoschicht f emulsión f fotográfica
Photosetzmaschine f (Typ) fotocomponedora f
Photosphäre f (Astr) fotosfera f, fotoesfera f
Photostrom m (Ph) corriente f fotoeléctrica, fotocorriente f
Phototransistor m (Eln) fototransistor m
Photovervielfacher m fotomultiplicador m, válvula f fotomultiplicadora [multiplicadora electrónica]
Photovoltaikanlage f equipo m fotovoltaico (Solarenergie)
Photowiderstand m 1. resistencia f fotoeléctrica; 2. fotorresistor m, célula f fotoconductora [fotorresistente, fotorresistiva]
Photozelle f celda f [célula f, pila f] fotoeléctrica, fotocélula f, fotopila f, fototubo m
Phthalat n ftalato m
Phthalsäure f ácido m ftálico
pH-Wert m (Ch) valor m (de) pH, numero m pH, índice m de hidrógeno [pH], pH m
Physik f física f

~ der Elementarteilchen física f de partículas, física f de las partículas (elementales)
~ der freien Atmosphäre aerología f
~ der Metalle física f de los metales
physikalisch físico
physikalisch-chemisch químicofísico
Physikochemie f fisicoquímica f
Pick-up-Presse f (Lt) prensaembaladora f, embaladora f
Pick-up-Trommel f (Lt) recogedor m
PID-Regler m regulador m proporcional-integral-derivativo, regulador m proporcional-integral-diferenciador
Piek f (Schiff) pique m
Pier m espolón m, muelle m (Wasserbau)
Piezoaufnehmer m captador m [fonocaptor m] piezoeléctrico
Piezochemie f piezoquímica f
Piezoeffekt m (Ph) efecto m piezoeléctrico
Piezoelektrikum n medio m piezoeléctrico
Piezokristall m cristal m piezoeléctrico, piezocristal m
Piezomikrophon n micrófono m (de cuarzo) piezoeléctrico
Pigmentfarbstoff m colorante m pigmentario, pigmento m de color
Pikiermaschine f (Lt) transplantadora f
Pikrinsäure f ácido m pícrico
Piktogramm n pictograma m, logograma m, signo m icónico
Piktographie f logografía f
pilgern v (Met) laminar a paso de peregrino (Walzverfahren)
Pilgerschrittschweißen n soldadura f a paso de peregrino
Pilgerschrittwalzen n laminación f a paso de peregrino
Pilgerschrittwalzwerk n laminador m de paso de peregrino
Pilotanlage f instalación f piloto [de ensayo], planta f [unidad f] piloto
Pilotfrequenz f (Nrt) frecuencia f piloto
Pilotlampe f lámpara f piloto
Pilzanker m (Schiff) ancla f de campana [cazoleta, hongo]
Pilzdecke f (Bw) cubierta f colgante [fungiforme]
Pilzfräser m (Fert) fresa f semicircular
Pilzisolator m (El) aislador m fungiforme
Pi-Meson n (Kern) mesón m pi, pión m
Pinch m (Ph, Eln) constricción f magnética

Pinch-Effekt m (Ph, Eln) fenómeno m de estricción, reostricción f
PIN-Diode f diodo m pin
Pinge f (Geol) asentamiento m, depresión f local de la superficie
Pinkenheck n (Schiff) popa f alterosa (hohes schmales Spiegelheck)
Pinne f 1. (Schiff) estilete m (am Kompass); 2. peña f (del martillo), piña f (Hammer)
Pinole f (Masch) eje m [husillo m] de contrapunta, contrapunta f, pínula f
Pinzette f pinzas fpl, fórceps m
Pipeline f 1. conducción f [tubería f] de petróleo, oleoducto m; 2. (Inf) viaducto m (Befehlsausführung)
Pipeline-Prozessor m (Inf) procesador m pipe-line
Pipette f (Ch) pipeta f, bombilla f, bombillo m
PI-Regler m regulador m proporcional-integral
Piste f (Flg) pista f
Pistenerprobung f (Kfz) prueba f sobre pistas
Pitotrohr n 1. (Flg) tubo m de Pitot, pitot m; 2. (Flg) toma f de presión (Strömungssonde)
Pitting n picado m
Pitting-Detektor m (Met) detector m de picadura
Pixel n (Inf) píxel m, pel m, elemento m de imagen (Bildschirm)
Pixelgrafik f (Inf) imagen f de mapa de bits
PKW m s. Personenkraftwagen
Plakatdruck m impresión f de carteles
plan plano; llano
Plan m 1. plan m; proyecto m; concepto m; 2. plano m, esquema m; dibujo m; traza f, trazado m, plancheta f, planta f, planilla f; diagrama m
Planachromat m (Opt) objetivo m planacromático, planacromático m
Planartransistor m (Eln) transistor m planar
plandrehen v (Fert) planear, refrentar, (Am) frentear
Plandrehen n (Fert) refrentado m, torneado m al aire
Plandrehmaschine f (Fert) torno m frontal [de refrentar, al aire]

Plane f cubierta f (de lona), lona f, manta f, toldo m; baca f
Planet m planeta m
Planetarium n planetario m, planetarium m *(Projektor und Gebäude)*
Planetenbahn n órbita f planetaria
Planetengetriebe n *(Masch)* transmisión f planetaria; engranaje m epicicloidal [satélite, planetario], tren m epicicloidal
Planetenrad n *(Masch)* rueda f planetaria, piñón m satélite [planetario], engranaje m planetario [satélite], planetario m *(Getriebe)*
Planetenradgetriebe n diferencial m de satélites
Planetenritzel n *(Masch)* piñón m satélite [planetario] *(Getriebe)*
Planetensonde f sonda f planetaria *(Raumfahrt)*
Planetenspindel f *(Fert)* árbol m planetario [de movimiento excéntrico compuesto]
Planetensystem n *(Astr)* sistema m planetario
planfräsen v *(Fert)* fresar en plano
Planfräsen n *(Fert)* fresado m plano [de superficies planas]
Planfräser m *(Fert)* fresa f de planear [alisar]
Planfräsmaschine f fresadora f planeadora [para superficies planas]
Planglas n vidrio m [cristal m] plano
planglech a nivel
Planierbagger m excavadora f niveladora
planieren v *(Bw)* nivelar, aplanar, allanar; explanar; desmontar
Planieren n *(Bw)* nivelación f, nivelado m, igualación f; desmonte m
Planiergerät n *(Bw)* excavadora f de superficie, máquina f de explanación, nivelador m, niveladora f, robadera f
~/selbstfahrendes motoniveladora f
Planiermaschine f *(Bw)* planeadora f, niveladora f, máquina f de explanación; emparejadora f
~ mit Schwenkschild niveladora f de ángulo
Planierraupe f *(Bw)* niveladora f sobre orugas, explanadora f de empuje, empujador m, empujadora f, topadora f, bulldozer m *(Tiefbau)*
Planierschild m *(Bw)* cuchilla f [pala f] empujadora *(Tiefbau)*

Planierung f *(Bw)* explanación f, aplanamiento m
Planierwerkzeug n troquel m de aplanado
Planimetrie f planimetría f, geometría f plana
Planke f planchada f, tabla f, tablón m grueso
Plankonkavlinse f lente f planocóncava
Plankonvexlinse f lente f planoconvexa
planparallel paralelo y plano, planoparalelo
Planquadrat n cuadrícula f
Planscheibe f 1. *(Fert)* plato m (del torno), manguito m portaherramientas, mandril m frontal, portamandril m; 2. *(Masch)* frotador m
Planscheibendrehmaschine f torno m de plato
Planschleifen n *(Fert)* rectificación f de superficies planas
Planschleifmaschine f *(Fert)* rectificadora f en plano
Planschrapper m *(Bw)* alisadora f de caminos, aplanadora f
Plansieb n criba f plana
Planspiegel m espejo m plano
Planspiel n juego m de estrategia
Planwelle f *(Ph)* onda f plana
Plasmaantrieb m *(Rak)* propulsión f plásmica [por plasma]
Plasmabildschirm m *(Inf)* pantalla f de plasma
Plasmabrenner m soplete m de plasma *(Schweißen)*
Plasmainduktionsofen m horno m del plasma
Plasmalichtbogenschweißen n soldadura f a [por] plasma
Plasmametallurgie f metalurgia f de plasma
Plasmaofen m horno m del plasma
Plasmaphysik f física f del plasma
Plasmaschmelzen n fusión f por plasma
Plasmaschneiden n corte m al plasma
Plasmaschweißen n soldadura f a [por] plasma
Plasmaspritzen n *(Met)* proyección f (por arco de) plasma, inyección f de plasma
Plasmastrahl m haz m [rayo m] de plasma
Plasmastrahlschweißen n soldadura f a [por] plasma

Plasmastrahlung f emisión f de plasma
Plasmatechnik f técnica f del plasma; tecnología f del plasma
Plasmatechnologie f tecnología f del plasma
Plasmatriebwerk n (Rak) propulsor m de plasma
plastifizieren v (Kst) plastificar
Plastifiziermittel n (Kst) plastificante m
Plastizität f 1. (Wkst) plasticidad f; 2. (Met) ductilidad f, ductibilidad f
Plastizitätsgrenze f (Wkst) límite m de plasticidad
Plastomer(es) n (Ch) plastómero m
Platin n platino m, Pt
Platine f 1. (Met) petaca f; 2. (Met) platina f, pletina f (Flachmaterial); 3. (Eln) platina f, placa f madre [principal], base f de fondo; 4. (Text) gancho m
platinieren v platinar
Platinierung f platinado m, platinaje m
Platinmetall n metal m platinido, platino m metálico, platinoide m
Plättchen n (Eln) dado m, oblea f, plaquita f; escama f
Platte f 1. placa f (Statik); plataforma f; 2. (Bw) placa f, macizo m; plancha f, planchada f, chapa f, panel m; tablero m (Holz); losa f (Stein); baldosa f, cama f; 3. (Fert) placa f, lámina f (Folie); 4. (Foto) placa f (fotográfica); 5. (Eln) placa f; ficha f; 6. (Inf) disco m (Speicher); placa f
~/dünne lámina f
~/formatierte (Inf) disco m formateado
~/frei aufliegende losa f libremente apoyada
~/magnetooptische magnetoóptico m
~ mit gedruckter Schaltung (Eln) placa f de circuito impreso
~/planparallele lámina f planoparalela [de caras paralelas], placa f planoparalela
Plattenbandförderer m transportador m de paletas [cinta con placas portantes], noria f de bateas
Plattenbauweise f (Bw) construcción f en losa
Plattenbelag m (Bw) pavimento m de losas
Plattenbiegemaschine f (Fert) máquina f para curvar planchas
Plattenelektrode f electrodo m en placa

Plattenförderer m correa f de chapas
Plattenfundament n 1. (Bw) cimentación f sobre losas; 2. (Typ) base f de placas
Plattengang m (Schiff) traca f
Plattengefrieranlage f congelador m a placa
Plattenhalle f taller m de chapa (Werft)
Plattenkondensator m (El) condensador m plano [de placas]
Plattenlaufwerk n mecanismo m de arrastre de discos
Plattenprüfstand m (Kfz) banco m horizontal
Plattenschneidemaschine f 1. (Fert) recortadora f de chapas; 2. (Typ) máquina f cortaplacas
Plattenspeicher m (Inf) memoria f de discos
Plattenspeicherplatz m/**belegter** (Inf) espacio m en disco ocupado
Plattenspieler m tocadiscos m
Plattenspindel f (Inf) unidad f de discos (Laufwerk)
Plattenstapel m (Inf) paquete m de discos
Plattensteuereinheit f (Inf) unidad f de control de discos, controladora f de disco
Plattenstrom m corriente f anódica [de ánodo, de placa]
Plattenumformung f (Schiff) conformación f [conformado m] de planchas (de aceros) (Schiffskörperbau)
Plattenwärmeaustauscher m intercambiador m térmico [de calor] de placas
Plattenwechsler m cambiadiscos m, cambiador m de discos
Plattenwelle f onda f plana [de Lamb] (Akustik)
Plattenziegel m teja f plana
Plattenzugriff m (Inf) acceso m de disco
Plattenzylinder m 1. (Typ) cilindro m portaplanchas; 2. cilindro m de pistas
Plattform f plataforma f, truc m, (Am) balcón m (eines Waggons)
Plattformrahmen m (Kfz) bastidor m de plataforma
Plattformtrailer m (Kfz) remolque m de plataforma
Plattformwagen m (Eb) vagón m (de) plataforma, vagón m plancha [plano, raso]; vagoneta f de plataforma
Plattgattheck n (Schiff) popa f cuadrada [de espejo, de barcaza]

plattieren v 1. *(Met)* chapear, (en)chapar, plaquear *(mit Metall)*; 2. *(Text)* vanizar *(z. B. Garn)*

Plattierung f 1. *(Met)* revestimiento m; chapeado m, enchapado m, plaqueado m; electrodeposición f; 2. *(Text)* vanizaje m

Platz m lugar m; espacio m; sitio m; plaza f; posición f; emplazamiento m

platzen v grietarse; reventar; estallar

Platzen n reventón m *(z. B. eines Reifens)*

Plausibilitätsprüfung f *(Inf)* control m de validez

p-Leitung f conducción f por huecos [lagunas], línea f p *(Halbleiter)*

Pleuel m *(Masch)* biela f

Pleuelkopf m cabeza f [pie m] de biela

Pleuellager n cojinete m [chumacera f] de biela

Pleuellagerzapfen m pasador m [mueca f] del cigüeal *(Kurbelwelle)*

Pleuelstange f biela f

Plicht f *(Schiff)* cockpit m

Plimsollmarke f *(Schiff)* marca f de francobordo [máxima carga], disco m plimsol

Plotter m *(Inf)* aparato m trazador, trazador m gráfico [de gráficos], trazadora f gráfica [de gráficos], trazadora f, plotter m *(Grafikausgabegerät)*; registrador m gráfico

plug and play *(Inf)* conectar y ejecutar

Plunger(kolben) m *(Masch)* émbolo m buzador [buzo], ariete m

Plungerpumpe f bomba f de émbolo buzo

plus *(Math)* más *(Additionszeichen)*

Plusleiter m *(El)* conductor m [hilo m] positivo

Pluspol m *(El)* polo m positivo

Plustaste f tecla f de adición

Pluszeichen n *(Math)* signo m de adición, término m de la suma

Plutonium n plutonio m, Pu

Pneumatik f neumática f

Pneumatikanlage f instalación f neumática

Pneumatikschalldämpfer m silenciador m neumático

Pneumatiksteuerung f mando m neumático

pneumatisch neumático, por aire comprimido

pneumoelektrisch neumoeléctrico

Pochhammer m martinete m de escape

Pochwerk n *(Bgb)* bocarte m, instalación f de machaqueo, trituradora f

Pointer m *(Inf)* apuntador m

Poisson-Verteilung f *(Math)* distribución f (de) Poisson

Poisson-Zahl f *(Math)* coeficiente m de Poisson

Pol m 1. *(Math, Ph, Astr, El)* polo m; 2. *(Text)* pelo m

Polabstand m 1. *(El)* separación f de polos; 2. *(Astr)* distancia f polar

Polanzeiger m *(El)* lámpara f buscapolos

Polare f *(Math)* polar f

Polargleichung f *(Math)* ecuación f polar

Polarisation f *(Ph)* polarización f

Polarisationsebene f *(Ph)* plano m de polarización

Polarisationsmikroskop n microscopio m de polarización

Polarisationsprisma n *(Opt)* prisma f polarizador

~/nicolsches nicol m polarizador

Polarisationswinkel m *(Opt)* ángulo m de polarización

polarisieren v polarizar

Polarkoordinaten fpl *(Math)* coordenadas fpl polares

Polarographie f *(Ch)* polarografía f, titulación f con tensión de polarización

Polaroid-Kamera f *(Foto)* cámara f polaroid

Polarwinkel m *(Math)* ángulo m polar, argumento m

Polbahn f 1. órbita f polar *(Raumfahrt)*; 2. *(Math)* base f de cicloide

polen v *(El)* polarizar

Polfett n pasta f para acumuladores *(Batterie)*

Polierdrehmaschine f *(Fert)* torno m para pulir

polierdrücken v *(Fert)* bruñir por presión [estampado]

polieren v *(Fert)* avivar; pulir, pulimentar; afinar; alisar, bruñir

Polieren n *(Fert)* avivado m; pulimentación f, pulimento m; pulido m; afinado m; abrillantado m; alisamiento m; cepillado m

~/elektrochemisches pulido m electroquímico

~/elektrolytisches pulido m electrolítico, electropulido m

Poliermaschine f (Fert) máquina f de pulir, pulidora f, pulidera f, pulimentadora f, alisadora f, torno m bruñidor, rectificadora f pulidora
Poliermittel n abrasivo m, material m rayante
Polierpaste f lustrador m, pasta f pulidora [para pulir]
Polierscheibe f (Fert) rueda f pulidora, muela f pulidora [de bruñir]
Polierwalze f (Fert) cilindro m acabador [terminado], rodillo m acabador
Polierwalzwerk n laminador m pulidor
Poljoch n (El) yugo m polar [de polo]
Polklemme f (El) terminal m
Poller m (Schiff) bolardo m, noray m, proís m, bita f (de amarre)
Pollingverfahren n (Inf) consulta f rotatoria (Rechnernetz)
Polonium n polonio m, Po
Polprüfer m (El) lámpara f buscapolos
Polschalter m conmutador m de polos
Polschraube f (El) borne m, (Am) borna f
Polschuh m (El) pieza f polar, zapata f de polo, borne m, (Am) borna f
polstern v acolchar, (Am) acolchonar
Polsterung f acolchamiento m
Polsucher m (El) buscapolos m, buscador m de polo
Polumschalter m (El) cambiador m [inversor m] de polos
Polwechsel m (El) alternancia f (de polaridad)
Polwechselschalter m (El) inversor m de polos
Polwendeschalter m conmutador m de polos
Polyacrylat n poliacrilato m, plástico m acrílico
Polyacrylharz n plástico m acrílico
Polyalkohol m polialcohol m, poliol m
Polyamid n poliamida f, PA, amida f ácida polímera
Polyamidfaser f fibra f poliamídica [de poliamida]
polycyclisch (Ch) policíclico
Polyeder n (Math) poliedro m
Polyester m poliéster m
~/glasfaserverstärkter poliéster m reforzado con fibra de vidrio
Polyethen n polietileno m, politeno m
Polyethylenbeutel m bolsa f de polietileno

Polyethylenfaser f fibra f de polietileno
Polygon n 1. (Math) polígono m; 2. (Kfz) polígono m (Testgelände)
Polygonschaltung f (El) conexión f poligonal
Polygonzug m línea f poligonal [quebrada], poligonal f, quebrada f, itinerario m (Vermessungswesen)
Polykondensation f (Ch) policondensación f, polimerización f condensada [de condensación]
Polymer n polímero m
Polymerchemie f química f polimérica
Polymerisation f (Ch) polimerización f
Polymerisationsanlage f (Ch) polimerizador m
Polymerisationskatalysator m (Ch) catalizador m de polimerización
polymerisieren v (Ch) polimerizar
Polymerkette f (Ch) cadena f polímera
Polymerweichmacher m plastificante m polímero
Polymerwerkstoff m material m polimérico
Polynom n (Math) polinomio m, multinomio m, expresión f polinómica
Polynomgleichung f ecuación f de polinomio
Polyphoniegrad m nivel m de polifonía (Multimedia)
Polystyren n poliestireno m, poliestiroleno m
~/geschäumtes poliestireno m [poliestiroleno m] expandido
Polystyrenfaser f fibra f de benceno polivinílico
polytechnisch politécnico
Polyurethan n poliuretano m, resina f isocianática
Polyurethanchemie f química f de los poliuretanos
Polyurethanfaser f fibra f de poliuretano
Polyurethanschaum(stoff) m espuma f de poliuretano
polyvalent polivalente
Polyvinylchlorid n cloruro m polivinílico [de polivinilo], policloruro m de vinilo
Polyvinylfaser f fibra f polivinílica
Pond n gramo m fuerza (inkohärente Einheit der Kraft)
Poop f (Schiff) alcázar m, toldilla f, popa f

Poopdeck n cubierta f de la toldilla, cubierta f de popa
Pore f ampolla f, ampolleta f; poro m
Porenbeton m hormigón m celular [alveolar, poroso]
Porenbildner m (Kst) agente m de inflamiento
Porenfüller m sellador m (Anstrichstoff)
Port m (Nrt, Inf) puerto m
Portal n portada f; portal m; pórtico m
Portalfräsmaschine f (Fert) fresadora f de pórtico
Portalhobelmaschine f (Fert) cepillo-puente m
Portalkran m grúa f [puente m] de pórtico
Portalmast m mástil m de tipo pórtico
Portlandzement m cemento m portland, portland m
Porzellan n porcelana f
~/chinesisches porcelana f de China
~/Meißner porcelana f de Meissen [Sajonia]
Porzellanerde f tierra f porcelana [arcillosa blanca], caolín m
Posamentiermaschine f (Text) máquina f de pasamanería
Position f 1. posición f; rango m; 2. (Math) rango m de posiciones; 3. (Schiff, Flg) situación f; 4. renglón m (in Aufstellungen)
Positioniereinrichtung f (Feinw) posicionador m
positionieren v posicionar
~/den Mauszeiger colocar el indicador del ratón
Positioniersteuerung f (Fert) mando m de posición
Positionsanzeiger m (Inf) índice m móvil, indicador m de la posición, cursor m (Bildschirm)
Positionslicht n 1. (Flg) luz f de posición [situación]; 2. (Schiff) farol m de situación
Positiv n (Foto) positivo m, prueba f fotográfica, imagen f positiva
Positivlinse f lente f convergente [colectora, de enfoque, positiva]
Posten m 1. partida f, lote m; artículo m 2. (Inf) ítem m; 3. puesto m; 4. renglón m (in Aufstellungen)
Postulat n (Math) postulado m, axioma m

Post- und Fernmeldewesen n servicio m postal y de comunicaciones, comunicaciones fpl
Potenzial n (Ph, El) potencial m, potencia f
~/chemisches potencial m químico, tensión f química
~/elektrisches potencial m eléctrico
~ gegen Erde potencial m de tierra
Potenzialabfall m caída f de potencial
Potenzialausgleich m nivelación f de potencial
Potenzialfläche f (Math, Ph) superficie f equipotencial; capa f potencial
Potenzialflaschenzug m (Förd) aparejo m potencial
Potenzialtheorie f (Math, Ph) teoría f potencial (Analyse)
Potenziometer n potenciómetro m
Potenz f (Math) potencia f, valor m de la potencia
~/kartesische (Math) potencia f de un conjunto
~/n-te enésima potencia f
Potenzerhebung f (Math) exponenciación f
Potenzexponent m (Math) exponente m de potencia
potenzieren v (Math) elevar a potencia, potenciar, calcular la potencia
Potenzierung f (Math) potenciación f, exponenciación f, elevación f a potencia
Potenzrechnung f (Math) cálculo m de potencias
Potenzreihe f (Math) serie f de potencias
Pottasche f carbonato m potásico, potasa f, sal f tártara [de tártar]
Pourpoint-Erniedriger m depresor m [deprimente m] del punto de descongelación (für Kraftstofffließpunkt)
Prädikatenkalkül m cálculo m predicativo [de predicados] (mathematische Logik)
Präfixdarstellung f (Inf) notación f en [por] prefijos, notación f polaca
Prägeautomat m acuñadora f [estampadora f] automática
Prägedruck m 1. (Fert) presión f de cuña; 2. (Typ) impresión f en relieve
Prägekalander m 1. filigranadora f (Papierherstellung); 2. (Text) calandria f gofradora [para gofrar]
Prägemaschine f 1. (Fert) acuñadora f; estampadora f; 2. (Typ, Text) máquina f gofradora, gofrador m

Prägematrize f matriz f de acuñar
prägen v 1. *(Fert)* acuñar, cuñar; troquelar; estampillar, estampar en relieves; abollar; 2. *(Typ, Text)* gofrar
prägepolieren v bruñir, bruñir por presión [estampado]
Prägepolieren n bruñido m, pulido m a presión
Prägepolierwerkzeug n bruñidor m
Prägepresse f 1. prensa f de acuñar [acuñado, estampar]; prensa f troqueladora [para troquelar]; máquina f de estampar, estampa f; acuñadora f; 2. *(Typ)* prensa f de estampa [estampación, estampado]
Prägestempel m *(Fert)* cuño m, troquel m (de estampar)
Prägewerkzeug n *(Fert)* herramienta f de acuñar [cuña]; herramienta f troqueladora [de troquelar], troquel m de acuñado, cuño m
Prägung f 1. *(Fert)* acuñación f, estampación f, estampado m; troquelado m; corrugación f; 2. *(Typ, Text)* gofrado m
Prahm m *(Schiff)* barca f, chalana f, pontón m, lancha f, lanchón m, gabarra f, batea f, *(Am)* chata f, patana f
Prahmbagger m draga f gánguil
Prallabscheider m *(Masch)* separador m inercial [por rebotamiento]
Prallblech n chapa f de rebote
Prallmühle f 1. *(Ch)* mezclador m por impacto *(zum Mischen)*; molino m por rebotamiento; pulverizador m por impacto; 2. *(Bgb)* molino m de percusión *(Aufbereitung)*
Prandtlrohr n sonda f de Prandtl, antena f anemométrica
Präparat n 1. preparación f, preparado m; 2. espécimen m *(Mikroskopie)*
Präsentationsgrafik f *(Inf)* gráfica m de presentación; gráfica f comercial
Präzisionsbearbeitung f *(Fert)* maquinado m de precisión, mecanizado m de gran precisión
Präzisionsbohren n *(Fert)* taladrado m de precisión
Präzisionsbohrmaschine f taladradora f de precisión [refino]
Präzisionsbohrwerk n mandriladora f de precisión [refino]
Präzisionsdrehen n *(Fert)* torneado m a la dimensión exacta

Präzisionsdrehmaschine f torno m de precisión
Präzisionsgerät n equipo m [aparato m] de precisión, aparato m magistral; instrumento m de precisión
Präzisionsgetriebe n engranaje m de alta precisión
Präzisionsguss m fundición f de precisión, fundición f a la cera perdida
Präzisionsmaschinenbau m construcción f de maquinaria de precisión
Präzisionsmechanik f mecánica f de precisión
Präzisionsmessgerät m medidor m [instrumento m] de precisión
Präzisionsschleifen n *(Fert)* rectificado m de precisión
Präzisionswaage f balanza f de precisión
Präzisionswerkzeug n herramienta f de precisión
P-Regelung f regulación f proporcional
P-Regler m controlador m [regulador m] proporcional
Prellbock m 1. amortiguador m de choque; 2. *(Eb)* poste m de tope, taco m basculante, tope m (fijo), tope m terminal
Pressdruck m 1. presión f de compactación; 2. *(Kst)* presión f de moldeo
Presse f 1. *(Fert)* prensa f, máquina f de prensar, prensadora f, estampadora f; 2. trapiche m *(für Zuckerrohr, Öl)*
pressen v 1. prensar; estampar; embutir; troquelar; 2. comprimir; apretar; pastillar; 3. pisar; 4. *(Lt)* enfardelar
~/aneinander juntar a presión
~/in Formen moldear
~/zu Ballen *(Lt)* enfardar, enfardelar
~/zu Tabletten pastillar
~/warm *(Fert, Kst)* prensar [estampar]
Pressen n prensado m; estampación f (en la prensa); embutición f, embutido m; troquelado m; moldeo m *(Kunststoff)*
Pressenstößel m vástago m de prensa, portapunzón m
Pressform f 1. estampa f, molde m de prensa(do); 2. *(Gieß)* molde m de compresión; 3. *(Kst)* molde m
pressformen v *(Met)* compactar
Pressformmaschine f *(Gieß)* máquina f de moldear a presión, prensa f moldeadora [de moldear], moldeadora f a presión

Pressgießen n moldeado m a presión
Pressglas n vidrio m comprimido [prensado]
Pressguss m fundición f a [de] presión
Pressholz n madera f prensada
Pressholzplatte f tablero m de madera prensada
Presskohle f briqueta f, carbón m aglomerado
Presskolben m émbolo m de presión, pistón m de prensado
Presskörper m cuerpo m prensado [compacto]
Presskraft f/**maximale** (Fert) fuerza f máxima de prensado
Pressling m 1. cuerpo m prensado [compacto]; pieza f bruta [en bruto]; 2. (Met) pieza f prensada, estampado m; pan m, torta f; 3. briqueta f (compuesta); 4. comprimido m, pastilla f
Pressluft f aire m comprimido
Pressluftantrieb m accionamiento m por aire comprimido
Pressluftatmer m equipo m respiratorio de aire comprimido (Atemschutzgerät)
Pressluftbohrgerät n herramienta f perforadora neumática
Pressluftleitung f tubería f de aire comprimido
Pressluftniethammer m remachador m neumático
Pressluftrüttler m (Bw) vibrador m neumático
Pressluftschlauch m manguera f de aire comprimido
Pressmaschine f máquina f de escurrir
Pressmasse f (Kst) polvo m de moldeo, plástico m moldeado [para moldeo]
Pressmatrize f 1. matriz f de presión; 2. (Kst) matriz f de extrusión
Presspappe f cartón m prensado
Presspassung f (Masch) ajuste m apretado [forzado, de presión]
presspolieren v (Fert) bruñir por presión [estampado]
Pressschichtholz n madera f prensada en capas
Pressschraube f tornillo m forzador
Pressschweißen n soldadura f a presión
Presssitz m (Masch) asiento m prensado [a presión]

Pressstempel m 1. troquel m de recalcado; 2. (Kst) troquel m de extrusión
Pressstoff m plástico m prensado; plástico m moldeado [para moldeo]
Pressstück n 1. cuerpo m prensado [compacto]; comprimido m; 2. (Met) pieza f moldeada
Pressteil n pieza f troquelada; cuerpo m prensado [compacto]
Pressung f compresión f, comprimido m
Pressverfahren f técnica f [procedimiento m, proceso m] de prensado
Presswalze f rodillo m de presión; cilindro m de prensado
Presswerkzeug n 1. (Fert) estampador m, herramienta f de prensa; 2. (Met) utillaje m de compresión; 3. (Kst) molde m
Presszylinder m cilindro m de prensa [presión] (Walzwerk)
Preußischblau n azul m de Prusia [Berlín] (Farbstoff)
Primärdatei f (Inf) fichero m primitivo
Primärdaten pl (Inf) datos mpl primarios
Primärelement n (El) célula f [pila f] primaria, elemento m primario
Primärkreis m (El) circuito m primario [inductor], primario m
Primärleiter m conductor m primario
Primärstrahlen mpl rayos mpl cósmicos primarios (kosmische Strahlung)
Primärstrahler m 1. radiador m primario; 2. elemento m excitado [radiante] (Antennentechnik)
Primärstrahlung f emisión f [radiación f] primaria; rayos mpl cósmicos primarios
Primärstrom m 1. flujo m primario; 2. (El) corriente f primaria
Primärstromkreis m (El) circuito m primario [inductor], primario m
Primärteilchen n (Kern) partícula f primaria
Primfaktor m (Math) factor m primo
Primteiler m (Math) divisor m primo
Prinzip n principio m; régimen m
~/**archimedisches** (Ph) principio m de Arquímedes
~ **der Äquivalenz von Masse und Energie** principio m de la equivalencia de la masa y la energía
~ **der kleinsten Wirkung** principio m de la mínima acción
~/**dynamoelektrisches** principio m dínamoeléctrico

Prinzip

~/**huygenssches** principio *m* de Huygens *(Lichtausbeutung)*

~/**schaltungstechnisches** *(El)* principio *m* esquemático

~ **von der Erhaltung der Energie** *(Ph)* principio *m* de conservación de la energía

~ **von Wirkung und Gegenwirkung** principio *m* de acción y reacción

~/**zermelosches** *(Math)* axioma *m* de elección [selección]

Prinzipschaltbild *n* esquema *m* de conjunto [principio]; diagrama *m* esquemático [ilustrativo]; flujograma *m* esquemático

Priorität *f (Inf)* prioridad *f*

Prioritätsbearbeitung *f (Inf)* procesado *m* por prioridad

Prioritätsfolge *f (Inf)* orden *m* de prioridad

Prioritätsinterrupt *m (Inf)* interrupción *f* de alta prioridad

Prioritätsleitung *f (Nrt)* línea *f* prioritaria

Prioritätszuweisung *f (Inf)* asignación *f* de prioridades

Prisma *n* 1. *(Math, Opt)* prisma *m*; 2. *(Opt)* cuña *f*

~/**doppelbrechendes** prisma *m* birrefringente

~/**nicolsches** prisma *m* de Nicol, nicol *m*

~/**schiefwinkliges** prisma *m* oblicuo

~/**viereckiges** prisma *m* cuadrangular

Prismenaufsatz *m* visor *m* pentaprisma

Prismenfeldstecher *m* gemelos *mpl* de prismas, prismáticos *mpl*

Prismenfräser *m (Fert)* fresa *f* prismática [angular, de ángulo, bicónica]

Prismenführung *f (Fert)* conducción *f* [guía *f*] prismática; corredera *f* prismática

Prismenglas *n* lente *f* prismática, prisma *m*

Prismenkeil *m (Opt)* cuña *f* óptica

Pritschenwagen *m* 1. *(Kfz)* camión *m* plancha [de plataforma], camioneta *f* de plataforma; 2. *(Eb)* vagón *m* (de) plataforma, vagón *m* plancha [plano, raso], vagoneta *f* de plataforma

Probe *f* 1. espécimen *m*; muestra *f*; 2. *(Wkst, Bgb)* probeta *f*; 3. toque *m* *(Metalle)*; 4. prueba *f*, ensayo *m*; experiencia *f*, tentativa *f* • ~ **nehmen** tomar muestra *f*, muestrar

Probebetrieb *m* marcha *f* de ensayo [prueba]; servicio *m* de ensayo

Probedruck *m* 1. presión *f* de prueba; 2. *(Typ)* tirada *f* de prueba

Probedurchlauf *m* pasada *f* de prueba

Probeentnahme *f* muestreo *m*

Probefahrt *f* 1. *(Kfz)* marcha *f* de ensayo, prueba *f* de marcha; viaje *m* experimental [de ensayo]; 2. *(Schiff)* prueba *f* de velocidad, navegación *f* de prueba

Probelauf *m* marcha *f* de ensayo [prueba]; rodaje *m (Motor)*

Probelösung *f (Ch, Umw)* solución *f* de muestra

Probenahme *f* toma *f* de muestras, muestreo *m*

~/**gravimetrische** muestreo *m* gravimétrico

~/**personengebundene** muestreo *m* personal

~/**punktuelle** toma *f* puntual

~/**repräsentative** muestreo *m* representativo

~/**routinemäßige** muestreo *m* rutinario

~/**zufällige** muestreo *m* aleatorio

Probenahmegerät *n* 1. aparato *m* de toma de muestras, equipo *m* de muestreo, instalación *f* de tomamuestras, tomamuestras *m*, sacador *m* [extractor *m*] de muestras, sacamuestras *m*, muestreadora *f*, muestrador; bomba *f* muestreadora [de captación]; 2. *(Umw)* aparellaje *m* de toma

~/**passives** muestreador *m* pasivo

~/**personengebundenes** muestreador *m* personal, bomba *f* de muestreo personal

~/**selbstfahrendes** muestreador *m* automotor

~/**tragbares** muestreador *m* portátil

Probenahmepumpe *f* bomba *f* muestreadora [de muestreo, de captación]

Probenahmestelle *f* estación *f* de muestreo; lugar *m* de muestreo, punto *m* de muestreado [de muestreo, de toma de muestra]

Probenvorbehandlung *f* 1. preacondicionamiento *m* de probetas; 2. *(Umw)* pretratamiento *m* de muestras

Probestab *m* 1. probeta *f* de ensayo; 2. *(Wkst)* probeta *f* (de tracción)

Probestück *n* espécimen *m*; muestra *f*

probieren *v* ensayar

Probierglas *n (Ch)* tubo *m* de ensayo
Problem *n*/**cauchysches** problema *m* de Cauchy *(Differenzialgleichung)*
~/**sachgemäßes** problema *m* bien puesto *(Differenzialgleichungen)*
Produkt *n (Math)* producto *m*
~/**äußeres** producto *m* vectorial [exterior]
~/**biotechnologisches** producto *m* biotecnológico
~/**boolesches** producto *m* lógico
~/**cartesisches** producto *m* cartesiano
~/**hoch entwickeltes** producto *m* sofisticado
~/**hochinnovatives** producto *m* de alto grado de innovación producto *m* altamente innovador
~/**hochtoxisches** producto *m* altamente tóxico
~/**hochveredeltes** producto *m* de alto grado de elaboración
~ **in die Hand** producto *m* llave en mano *(Consulting Engineering)*
~/**logisches** conjunción *f* de proposiciones
~/**radioaktives** artefacto *m* radiactivo
~/**skalares** producto *m* escalar [interior]
~/**umweltfreundliches** producto *m* ecológico [no contaminante]
~/**umweltschädigendes** producto *m* contaminante
~/**unbearbeitetes** producto *m* sin elaboración [elaborar]
~/**vektorielles** producto *m* vectorial [exterior]
~/**veredeltes** producto *m* mejorado [perfeccionado]
Produktbeschreibung *f* especificación *f* del producto
Produktentanker *m (Schiff)* petrolero *m* de productos
Produktgestaltung *f* ingeniería *f* de productos; diseño *m* de productos
Produktherstellung *f* elaboración *f* de productos; obtención *f* de productos *(besonders in der Chemie)*
Produktion *f* 1. producción *f*, fabricación *f*; elaboración *f*; manufactura *f*; 2. *(Math)* regla *f* de producción
~/**abfallfreie** producción *f* sin desechos
~/**biotechnologische** producción *f* biotechnológica
~ **der Hüttenindustrie** producción *f* siderúrgica

~ **der verarbeitenden Industrie** producción *f* manufacturera
~/**energieintensive** producción *f* de alto consumo de energía
~/**fertig gestellte** producción *f* acabada
~/**forstwirtschaftliche** producción *f* forestal [de silvicultura]
~/**großtechnische** producción *f* a gran escala; producción *f* industrial
~/**landwirtschaftliche** producción *f* agrícola [agropecuaria]
~/**maschinelle** producción *f* mecánica
~/**metallurgische** producción *f* metalúrgica
~/**rechnergestützte** producción *f* asistida por ordenador
~/**rechnerintegrierte** producción *f* integrada por ordenador
~/**schadstofffreie** producción *f* limpia
~/**schlanke** producción *f* delgada, lean production
~/**serienmäßige** producción *f* seriada [en series]
~/**sortimentsgerechte** producción *f* en surtidos
~/**störungsfreie** producción *f* sin averías
~/**teilautomatisierte** producción *f* parcialmente automatizada
Produktionsablauf *m* flujo *m* de producción; proceso *m* de producción; marcha *f* de producción
Produktionsabwasser *n* aguas *fpl* residuales de la producción
Produktionsanlage *f* establecimiento *m* de producción; planta *f* productiva; instalación *f* productora [productiva, de producción]; sistema *m* productivo; equipo *m* productivo
Produktionsbetrieb *m* centro *m* productivo; planta *f* productiva, empresa *f* productiva [productora, de producción], unidad *f* productora [de producción]
Produktionsdurchlauf *m* pasada *f* productiva [de producción]
Produktionsfaktor *m* factor *m* de producción; factor *m* productivo; insumo *m*
Produktionshalle *f* nave *f* de fabricación, taller *m* de producción
Produktionsstätte *f* centro *m* de producción; unidad *f* productora [de producción]
Produktionssteuerung *f* control *m* de producción

Produktionssteuerung 752

~/rechnergestützte control *m* informatizado de la producción
Produktionsstraße *f* línea *f* [renglón *m*] de producción
Produktionssystem *n* sistema *m* productivo
~/flexibles sistema *m* flexible de producción
~/sich selbst steuerndes sistema *m* de autocontrol de la producción
Produktionstechnik *f* ingeniería *f* de producción; técnica *f* de producción; tecnología *f* de producción
Produktionsverfahren *n* procedimiento *m* de producción; técnica *f* de producción; método *m* de fabricación
Produktionsvorbereitung *f* preparación *f* productiva [de producción]
~/konstruktive preparación *f* constructiva de la producción
~/rechnergesteuerte planificación *f* asistida por ordenador
Produktivität *f* productividad *f*, eficiencia *f* productiva
Produktraum *m* (Math) espacio *m* producto
produzieren *v* producir, fabricar, manufacturar; elaborar
Profil *n* 1. (Math) pérfil *m*; 2. (Geol) sección *f*; 3. (Met, Masch) pérfil *m*; 4. perfil *m* aerodinámico (Aerodynamik)
Profildrehmaschine *f* (Fert) torno *m* perfilador
Profileisen *n* hierro *m* perfilado
Profileisenwalzwerk *n* laminador *m* de hierro perfilado
Profilflügel *m* (Flg) álabe *m*
profilfräsen *v* (Fert) fresar perfiles
Profilfräser *m* (Fert) fresa *f* con dientes de filo agudo, fresa *f* de forma, fresa *f* perfilada [de perfiles]
Profilfräsmaschine *f* fresadora *f* perfiladora
Profilhobel *m* cepillo *m* de molduras (Holzbearbeitung)
profilieren *v* perfilar
Profilieren *n* perfilación *f*
Profiliermaschine *f* (Fert) máquina *f* de perfilar
Profillehre *f* (Fert) gálibo *m*
Profilrichtmaschine *f* (Met) enderezadora *f* de perfiles

Profilruder *n* (Schiff) timón *m* de perfil
Profilschleifen *n* (Fert) rectificación *f* de forma, rectificado *m* de perfil
Profilschleifmaschine *f* máquina *f* para rectificar los perfiles, rectificadora *f* perfiladora
Profilschneidwerkzeug *n* (Fert) herramienta *f* de forma
Profilstahl *m* 1. acero *m* perfilado; perfil *m* de acero, perfilado *m*; 2. (Fert) herramienta *f* de forma [perfilar]
Profilwalze *f* (Fert) rodillo *m* para perfilar; cilindro *m* perfilado [para perfilar] (Walzwerk)
Profilwalzen *n* (Fert) laminación *f* de perfilado
Profilwalzstraße *f* tren *m* de laminación de perfiles
Profilwalzwerk *n* tren *m* laminador de perfiles, laminador *m* de perfiles [perfilados, barras]
Profilziehmaschine *f* (Fert) estiradora *f* de perfiles
Programm *n* 1. (Inf) programa *m*; rutina *f*; 2. programa *m*, agenda *f*
~/ausführbares programa *m* ejecutable
~/erweiterungsfähiges programa *m* ampliable
~/fehlerhaftes rutina *f* defectuosa
~/fest verdrahtetes programa *m* cableado
~/geladenes programa *m* cargado
~/gespeichertes programa *m* almacenado, rutina *f* almacenada
~/kompilierendes rutina *f* compiladora
~/parametrisches rutina *f* paramétrica
~/residentes programa *m* [rutina *f*] residente
~/speicherresidentes programa *m* residente en la memoria, rutina *f* permanentemente mantenida en la memoria
~/verkettetes programa *m* encadenado
~/verschiebliches programa *m* reubicable
~/verschlüsseltes programa *m* codificado
~/verzweigtes programa *m* ramificado
Programmablauf *m* desenvolvimiento *m* [marcha *f*] del programa
Programmablaufsteuerung *f* control *m* de programas
Programmabsturz *m* cascadura *f* [crash *m*] del sistema, detención *f* por fallo en el sistema

Programmanweisung f instrucción f [orden f, sentencia f] de programa, directiva f para el programa

Programmaufruf m llamada f del programa

Programmausführung f ejecución f [realización f] de programa, ejecución f de rutinas

Programmbibliothek f biblioteca f de programas [rutinas], colección f de programas

Programmdatei f archivo m [fichero m] de programa

Programmdiskette f disquete m del programa

Programmdurchlauf m pasada f de programa [rutina]

Programmerstellung f producción f [confección f, escritura f] de programas

Programmfehler m error m de programa, chinche m; error m de programación; fallo m de programa; pulga f

Programmfehlerbeseitigung f depuración f de programas

programmieren v programar, hacer programas

Programmierer m analista m programador

Programmiergerät n aparato m [equipo m] de programación, unidad f programadora [de programación], programador m

Programmiersprache f lenguaje m de programación [confección de programas], lenguaje m (informático)

~/**höhere** lenguaje m (de programación) de alto nivel, superlenguaje m

~/**maschinenorientierte** lenguaje m de programación orientado a máquina

~/**niedere** lenguaje m básico [de bajo nivel]

~/**problemorientierte** lenguaje m de programación adaptado al problema

~/**prozedurale** lenguaje m procedimental [de procedimiento, procedural]

~/**symbolische** lenguaje m simbólico [mnemotécnico] de programación

Programmiertechnik f ingeniería f de programas; técnica f de programación [construcción de programas]

Programmierumgebung f ambiente m [entorno m] de programación, entorno m de apoyo a la programación

Programmierung f programación f; trabajo m de programación; actividad f de programación; codificación f

~/**automatische** programación f automática; codificación f automática (Programmentwicklung mit Rechnerunterstützung)

~/**gestreckte** programación f lineal

~/**mathematische** programación f matemática

~/**objektorientierte** programación f basada en objetos, programación f orientada a objetos

~/**optimale** programación f óptima

~/**rechnergestützte** programación f asistida por ordenador

~/**zyklische** programación f cíclica [lineal]

Programmierungsfehler m error m de programación; fallo m [defecto m] de programación

Programmierungssprache f/**objektorientierte** lenguaje m de programa basado en objetos

Programmkorrektur f corrección f [enmienda f] de programas

~ **durch Direkteingabe** parche m

Programmlauf m funcionamiento m [corrida f, curso m] de programa

Programmpaket n paquete m de programas [programación], paquete m de rutinas [software], complejo m [juego m] de programas, conjunto m de programación

Programmprüfung f verificación f [ensayo m, prueba f] de programas

Programmrechner m ordenador m de programas

Programmspeicher m memoria f [almacén m] de programas

Programmsprung m salto m de programa

Programmstart m arranque m [lanzamiento m, comienzo m] de programa

Programmsteuertaste f tecla f programable

Programmsteuerung f control m [manejo m] de programas; unidad f de control de programa; guiado m programado, mando m programático [por programa]

Programmsteuerwerk n controlador m [unidad f de control] de programa

Programmstopp m suspensión f del programa

~/**bedingter** punto m de ruptura condicional

Programmteil m fragmento m [parte f] de programa; módulo m
Programmtest m ensayo m [prueba f] de programas
Programmübersetzung f compilación f [conversión f, transformación f] de programas, traducción f
Programmumwandlung f conversión f [transformación f] de programas
Programmunterbrechung f ruptura f [interrupción f] de programa, ruptura f de rutina
Programmverknüpfung f interconexión f [encadenamiento m] de programas
Programmverschiebung f reubicación f [reasignación f] de programa
Programmwartung f mantenimiento m de programa [rutina, software]
Programmzähler m contador m de programa
Progression f (Math) progresión f
~/**arithmetische** progresión f aritmética [por diferencia]
~/**geometrische** progresión f geométrica [por cociente]
~/**lineare** progresión f lineal
Projekt n proyecto m; diseño m; plan m; traza f
~/**schlüsselfertiges** proyecto m llave en mano
~/**technisches** proyecto m técnico [de ingeniería]
~/**technologisches** proyecto m tecnológico; diseño m tecnológico; proyecto m de organización
Projektant m entidad f proyectista; proyectista m; ingeniero m proyectista; diseñador m de proyectos
Projektentwurf m concepción f de diseño
Projekterstellung f preparación f [confección f, elaboración f, creación f] de proyecto; planificación f (de proyectos) de proyecto
projektieren v proyectar; diseñar
Projektierung f diseño m; proyección f; planificación f, planeado m
~/**bautechnische** diseño m de construcción; diseño m de ingeniería civil
~/**fertigungstechnische** diseño m tecnológico de producción
~/**rechnergestützte** diseño m asistido por ordenador
~ **von Fertigungsstätten** proyección f de fábricas
Projektierungsbüro n oficina f [buró m] de proyectos
Projektierungsphase f etapa f de diseño [proyecto], fase f de concepción [diseño]; estadio m de concepción
Projektierungstechnik f ingeniería f conceptual
Projektingenieur m ingeniero m proyectista [diseñador], proyectista m
Projektion f (Math, Foto) proyección f; representación f
~/**senkrechte** proyección f ortogonal [vertical]
~/**zentrale** proyección f gnomónica
Projektionsbild n imagen f proyectada
Projektionsebene f plano m proyectivo [de proyección]
Projektionsfolie f rotafolia f
Projektionsgerät n proyector m, aparato m de proyección
Projektionsmikroskop n microscopio m de proyección
Projektionsplanetarium n planetario m de proyección
Projektionsröhre f tubo m de proyección
Projektionsschirm m pantalla f de proyección
Projektionsstrahlen mpl rayos mpl proyectantes
projektiv proyectivo (Geometrie)
Projektiv n (Opt) ocular m de proyección
Projektor m (Opt) aparato m de proyección, proyector m (luminoso)
Projektstudie f análisis m [estudio m] de proyectos; estudio m de factibilidad [viabilidad]
Projekttechnik f ingeniería f de (diseño de) proyectos
projizieren v proyectar
Promenadendeck n (Schiff) puente m [cubierta f] de paseo
Promethium n (Ch) prometio m, Pm
Pronyzaum m (El) freno m de Prony (Bremsdynamometer)
Propangas n gas m de propano
Propansäure f ácido m propiónico
Propeller m (Flg, Schiff) hélice f; propulsor m
~/**gegenläufiger** hélice f contrarrotativa
~/**kortscher** (Schiff) hélice f de tobera Kort

~/voll kavitierender *(Schiff)* hélice f supercavitadora
Propellerantrieb m 1. *(Flg)* propulsión f por hélice; 2. propulsor m de hélice
Propellerblatt n *(Schiff)* pala f, paleta f (de hélice)
Propellerflugzeug n avión m de hélice
Propellernabe f cubo m [núcleo m] de hélice
Propellernuss f henchimiento m, núcleo m de hélice
Propellerpumpe f *(Masch)* bomba f de hélice
Propellerregner m *(Lt)* aparato m de riego rotatorio, aspersor m rotatorio
Propellerschub m/**spezifischer** *(Schiff)* tiro m específico de la hélice
Propellersteigung f *(Schiff)* paso m de hélice, ángulo m de la pala
Propellerstrom m *(Schiff)* flujo m de la hélice
Propellerturbine f motor m de turbohélice, propulsor m turbohélice, turbopropulsor m, turbohélice f
Propellerturbinenflugzeug n avión m de turbohélice, avión m turbopropulsado [de turbopropulsión]
Propellerventilator m ventilador m helicoidal
Propellerwelle f *(Schiff, Flg)* eje m [árbol m] de hélice, eje m portahélice
Propellerwirkungsgrad m rendimiento m de hélice, eficiencia f propulsiva
Proportion f proporción f; relación f; razón f
~/arithmetische proporción f aritmética, razón f aritmética [por diferencia]
~/geometrische proporción f geométrica, razón f geométrica [por cociente]
~/stetige proporción f continua
proportional proporcional
~/direkt directamente proporcional, en razón directa
~/umgekehrt inversamente proporcional, en razón inversa
Proportional-Integral-Regler m regulador m proporcional-integral
Proportionalitätszahl f constante f de proporcionalidad
Proportionalregler m controlador m [regulador m] proporcional
Proportionen fpl/**multiple** *(Ch)* proporciones fpl múltiples

proportionieren v proporcionar
Propulsion f propulsión f
Propulsionsanlage f *(Schiff)* planta f propulsora [de propulsión]
Propulsionsbirne f *(Schiff)* bulbo m de propulsión
Propulsionsgütegrad m *(Schiff)* coeficiente m propulsivo, rendimiento m propulsivo [de propulsión], eficiencia f propulsiva
Propulsionskörper m *(Schiff)* cuerpo m [bulbo m] de propulsión
Propulsionsrechnung f *(Schiff)* cálculo m de propulsión
Propulsionsversuch m *(Schiff)* prueba f propulsor
Propulsionswiderstand m *(Schiff)* resistencia f de propulsión
prospektieren v *(Bgb, Geol)* prospectar, *(Am)* catear
Prospektieren n *(Bgb, Geol)* prospección f, *(Am)* cateo m
Protactinium n protactinio m, Pa
Protein-Engineering n ingeniería f de proteínas *(Gentechnologie)*
Proteinfaser f fibra f proteica química
Protium n protio m *(leichter Wasserstoff)*
Protokoll n protocolo m, expediente m; diario m
Protokollprogramm n *(Inf)* rutina f de rastreo
Protokollprüfgerät n *(Inf)* verificador m de protocolos
Proton n *(Kern)* protón m
Protonenmasse f *(Ph)* masa f protónica
Protonenmikroskop n microscopio m protónico
Protonenstrahl m haz m de protones
Protonenstrahler m irradiador m con protones
Protonenzahl f número m atómico [de átomo]
Prototyp m prototipo m; diseño m inicial (de producción); unidad f patrón, patrón m primario
Prozedur f *(Inf)* procedimiento m, rutina f; subrutina f
~/ablaufinvariante procedimiento m reentrante
~/zeitgesteuerte procedimiento m de reloj
Prozess m proceso m, operación f

~/biotechnologischer proceso *m* biotecnológico [de biotecnología]
~/geschlossener ciclo *m* cerrado
~/informationsverarbeitender proceso *m* de tratamiento de información
~/zufälliger proceso *m* aleatorio [al azar]
Prozessablauf *m* desarrollo *m* [flujo *m*] de proceso, marcha *f* de procesos
Prozessfließbild *n* diagrama *m* del flujo del proceso
Prozessindustrie *f* industria *f* procesadora (Eisen, Stahl, Chemie)
Prozessleitelektronik *f* electrónica *f* de control de procesos
Prozessleittechnik *f* ingeniería *f* de control de procesos; técnica *f* de control de procesos
Prozessor *m (Inf)* procesador *m*, procesor *m (Funktionseinheit eines digitalen Rechensystems mit Rechen- und Leitwerk)*
Prozessorschaltkreis *m* chip *m* procesador
Prozessrechner *m* calculadora *f* de proceso
Prozessregelung *f* control *m* [regulación *f*] de procesos
Prozessschaubild *n* gráfico *m* de procesos
Prozesssteuerung *f* control *m* [mando *m*] de procesos, control *m* procedimental
Prozessstörung *f* interrupción *f* del proceso
Prozesstechnik *f* tecnología *f* de procesos; técnica *f* de procesos
Prüfalgorithmus *m* algoritmo *m* de revisión
Prüfbericht *m* informe *m* de ensayo [prueba]; informe *m* de la inspección
Prüfbescheinigung *f* certificado *m* de conformidad (a normas)
Prüfbit *n (Inf)* bit *m* de comprobación [verificación], dígito *m* de comprobación [prueba], dígito *m* (binario) de verificación; bit *m* de paridad *(bei Paritätskontrolle)*
Prüfdorn *m* mandril *m* comprobador [de comprobación, de prueba, testigo]
Prüfeinrichtung *f* 1. dispositivo *m* comprobador [de comprobación, de control], equipo *m* de prueba, instalación *f* de ensayo [prueba]; 2. servicio *m* de control
prüfen *v* 1. comprobar, probar, someter a prueba; ensayar, verificar; sondar; ponderar; reconocer; 2. examinar, controlar; inspeccionar, revisar; auditar; intervenir
~/auf Dichtigkeit comprobar la hermeticad
~/durch eine anerkannte Prüfstelle homologar
~/gründlich escrutar
Prüfer *m* máquina *f* verificadora; verificador *m*, comprobador *m*, probador *m (Gerät)*
Prüffeld *n* 1. campo *m* de ensayo [pruebas]; polígono *m* de experiencias; 2. panel *m* de pruebas; 3. *(Inf)* caja *f* de verificación; 4. estación *f* de control
Prüfgerät *n* aparato *m* de comprobación [control, ensayo, verificación]; dispositivo *m* comprobador [de comprobación, de control, de ensayo], equipo *m* de control [ensayo, prueba], equipo *m* experimental, instrumento *m* de comprobación [control], comprobador *m*, controlador *m*, probador *m*, probadora *f*, verificador *m*
Prüflampe *f* lámpara *f* de inspección [prueba]
Prüflehre *f* calibre *m* comprobador [de comprobación, de verificación, de control], patrón *m* de comprobación
Prüflibelle *f* nivel *m* de comprobación [control, verificación]
Prüfling *m (Wkst)* pieza *f* a comprobar [ensayar]; espécimen *m*
Prüfliste *f* cuestionario *m* [lista *f*] de chequeo, cuestionario *m* guión, lista *f* [listado *m*, hoja *f*] de control, cuenta *f* al revés, listado *m* de comprobación
Prüfmaschine *f (Wkst)* máquina *f* comprobadora [de comprobación, de ensayo], probadora *f*
Prüfmittel *n* 1. medio *m* de ensayo; 2. *(Ch)* reactivo *m*
Prüfmuster *n* 1. muestra *f* [pauta *f*] de prueba; 2. probeta *f* de ensayo
prüfpflichtig sujeto a comprobación
Prüfröhrchen *n (Ch)* tubo *m* detector [de ensayo]
Prüfschalter *m (El)* llave *f* de prueba
Prüfschaltung *f (El)* circuito *m* comprobador [de prueba]
Prüfspannung *f* tensión *f* de ensayo [prueba]
Prüfstab *m (Wkst)* probeta *f*
Prüfstand *m* banco *m* de ensayos [pruebas]; bancada *f* de ensayo; puesto *m* de control

Pulvermetallurgie

Prüfstelle f 1. punto m de control; lugar m de prueba [ensayo]; estación f de control [pruebas]; centro m de control [verificación]; centro m de peritación *(Kraftfahrzeuge)*

Prüfstück n pieza f a comprobar [ensayar]; espécimen m

Prüftaster m palpador m

Prüftechnik f técnica f de control [ensayo, verificación]; técnica f experimental; técnica f patrón; tecnología f de control

Prüfung f 1. ensayo m, chequeo m, prueba f, comprobación f, verificación f; control m; examen m; expérimento m; estudio m; tanteo m; escrutinio m; 2. inspección f, revisión f; reconocimiento m; auditoría f
- **~ an Ort und Stelle** control m in situ
- **~/arithmetische** *(Inf)* verificación f [prueba f] aritmética
- **~/chemische** ensayo m químico
- **~ durch Beschau** control m visual, control-visión f
- **~/experimentelle** verificación f experimental
- **~/organoleptische** *(Ch)* prueba f sensorial
- **~/rechnergestützte** ensayo m asistido por ordenador
- **~/sicherheitstechnische** prueba f técnica de seguridad
- **~ unter Last** *(Wkst)* ensayo m de carga
- **~/visuelle** control m [verificación f] visual, control-visión f; inspección f visual
- **~/zerstörende** *(Wkst)* ensayo m [control m] destructivo

Prüfvariable f variable f de control

Prüfverfahren n método m de ensayo [verificación]; método m experimental; procedimiento m de control [prueba, ensayo, verificación]; proceso m de comprobación [verificación]; técnica f de control [ensayo, verificación]; técnica f de auditoría; técnica f patrón

Prüfvorrichtung f 1. dispositivo m comprobador [de comprobación]; 2. *(Inf)* verificadora f *(mit Tastatur)*

Prüfzeichen n 1. *(Inf)* carácter m de verificación; carácter m de paridad; carácter m de comprobación [detección de errores] *(zur Fehlerverhinderung)*; 2. símbolo m de comprobación [verificación]; placa f comprobante de control, marca f de conformidad; contraseña f de aprobación; sello m [contraseña f] de homologación *(einer amtlichen Prüfstelle)*

Prüfziffer f *(Inf)* cifra f comprobatoria [de comprobación], dígito m de chequeo [comprobación, prueba, verificación]

Psychrometer n psicrómetro m, higrómetro m con termómetro seco y húmedo

Puddelofen m horno m de pudelaje

Puddelstahl m acero m pudelado

Puffer m 1. *(Inf)* memoria f [almacén m] tampón, memoria f intermedia [de tránsito, temporal], tampón m *(Zwischenspeicher)*; 2. *(Masch)* almohadilla f *(amortiguadora)*; 3. *(Eb)* amortiguador m (de choque), tope m (de parachoques); 4. *(Ch)* sustancia f tampón

Pufferfeder f *(Eb)* resorte m amortiguador, tope m de ballesta, muelle m de tope

Pufferkreis m *(El)* circuito m intermediario [tampón]

Pufferlösung f *(Ch)* disolución f tamponada, solución f amortiguadora [tampón, tamponada]

puffern v 1. *(El, Inf)* almacenar temporalmente; 2. *(Eb)* cargar en tampón *(z. B. eine Batterie)*; 3. *(Ch)* cargar en tampón

Pufferspeicher m *(Inf)* memoria f [almacén m] tampón, memoria f intermedia [temporal, de tránsito], tampón m

Pufferung f 1. *(El, Inf)* tamponado m, tamponaje m *(z. B. einer Batterie)*; 2. *(Ch)* adición f de un regulador tampón

Pull-down-Menü n *(Inf)* menú m desplegable

Pulsfolgefrequenz f frecuencia f de repetición de impulsos, FRI, tasa f de repetición de impulsos

Pulsfrequenz f tasa f de repetición de impulsos

Pulsgeber m *(El)* impulsor m, pulsor m

pulsieren v pulsar

Pulsieren n oscilación f pulsatoria

Pulsostrahltriebwerk m *(Rak)* pulsorreactor m, motor m pulsorreactor

Pulver n polvo m, polvillo m; harina f

Pulvermetall n metal m en polvo, metal m de polvos

Pulvermetallurgie f metalurgia f cerámica [de polvos], pulvimetalurgia f, metalocerámica f

Pulverrakete f cohete m de combustible [propulsante] sólido
Pulversintern n sinterización f de polvos, moldeo m por inyección de polvos
Pulvertriebwerk n (Rak) acelerador m de combustible sólido
Pulververdichtung f (Met) compactación f [consolidación f, densificación f] de polvos
Pulververzinken n galvanización f al polvo
Pumpe f bomba f, pompa; elevador m
~/doppelt wirkende bomba f de doble efecto
~/selbstansaugende bomba f autoaspirante [autocebante]
pumpen v bombear, abombar (Flüssigkeit)
Pumpen n bombeo m; técnica f de bombeo (z. B. Lasertechnik)
Pumpenanlage f instalación f de bombeo; equipo m de bombas; maquinaria f de bombeo (auf Tankern)
Pumpengehäuse f carcasa f [cárter m, cofre m, cuerpo m] de bomba
Pumpfrequenz f frecuencia f de bombeo (Laser)
Pumplaser m láser m de bombeo
Pumpspeicherwerk n central f de acumulación por bombeo
Punkt m 1. punto m; vértice m de grafo (Graphentheorie); 2. (Inf) spot m
~/merkwürdiger (Math) punto m remarcable
~/trigonometrischer punto m trigonométrico, estación f
Punktmatrixdrucker m (Inf) impresora f de matriz de puntos
Punktmenge f (Math) conjunto m [cantidad f] de puntos
Punktraster m (Math) matriz f de puntos; trama f de puntos (Kristallographie)
Punktschweißen n soldadura f de punto, soldadura f por puntos
Punktschweißmaschine f soldadora f por puntos
Punktsteuerung f mando m (numérico) por puntos
Pupinisierungsspule f (El) bobina f de pupinización
Putz m (Bw) revoque m
Putzmörtel m mortero m para revoque
Putztrommel f (Met) tambor m limpiador de piezas de fundición

PVC-Faser f fibra f de cloruro polivinílico
Pyramide f pirámide f
Pyramidenstumpf m tronco m de pirámide, pirámide f troncada
Pyrometallurgie f pirometalurgia f
Pyrometer n pirómetro m
Pyrotechnik f pirotecnia f

Q

Quader m 1. (Math) paralelepípedo m rectangular; 2. (Bw) macizo m
Quaderstein m piedra f tallada [de talla, de cantera]
Quadrant m cuadrante m
Quadrat n (Math) cuadrado m
Quadratdibbelmaschine f (Lt) sembradora f en nidos escuadrados
Quadratformel f fórmula f de cuadratura
quadratisch cuadrado, cuadrático
Quadratkilometer m kilómetro m cuadrado
Quadratmeter n metro m cuadrado
Quadratstahl m acero m cuadrado
Quadratsumme f suma f de los cuadrados
Quadratur f cuadratura f
~ des Kreises cuadratura f del círculo
Quadratwurzel f (Math) raíz f cuadrada
Quadratzentimeter n centímetro m cuadrado
quadrieren v (Math) cuadrar, elevar al cuadrado
Quadrieren n (Math) elevación f al cuadrado
Qualitätssicherung f aseguramiento m de la calidad
~/rechnergestützte aseguramiento m de calidad asistido por ordenador
Qualitätsstahl m acero m de (alta) calidad
Qualm m humo m, tufo m
qualmen v humear, fumar
Quant n (Ph) cuanto m, cuanta m
quanteln v (Ph) cuantificar
Quantenchemie f química f cuántica
Quantenelektronik f electrónica f cuántica
Quantenenergie f cuántica
Quantenmechanik f mecánica f cuántica [de los cuantos]
Quantenoptik f óptica f cuántica
Quantenphysik f física f cuántica

Quantensprung *m* salto *m* cuántico, transición *f* del quantum
Quantentheorie *f* teoría *f* cuántica [de los cuantos]
Quantenverstärker *m* amplificador *m* de luz monocromática, máser *m*
Quantil *n* cuantil *m* (Statistik)
Quantor *m* (Math) cuantificador *m*
Quark *n* (Ph) quark *m* (hypothetisches Elementarteilchen)
Quarktank *m* (Lt) cuba *f* de quesos (Käseherstellung)
Quarterdeck *n* (Schiff) cubierta *f* de alcázar, alcázar *m*
Quartil *n* cuartil *m* (Statistik)
Quarto(walzwerk) *n* (Met) tren *m* cuarto de laminación, laminador *m* cuarto de chapa
Quarz *m* cuarzo *m*
Quarzbandfilter *n* (El) filtro *m* de banda con cristales
Quarzfadenelektroskop *n* electroscopio *m* de fibras de cuarzo
Quarzfilter *n* filtro *m* de cuarzo
Quarzfrequenzstabilisator *m* estabilizador *m* de frecuencia de cuarzo
Quarzgenerator *m* generador *m* estabilizado por cristal de cuarzo
quarzgesteuert controlado por cristal de cuarzo, mandado por cuarzo
Quarzglas *n* cristal *m* de cuarzo, cuarzo *m* fundido, sílice *f* vitrosa, vidrio *m* de sílice
Quarzlampe *f* lámpara *f* de cuarzo
Quarzsand *m* arena *f* cuarzosa [de cuarzo], arena *f* silícea [de sílice]
Quarzschiefer *m* esquisto *m* cuarzoso, pizarra *f* cuarcítica
Quarzspeicher *m* (Inf) memoria *f* de cuarzo
Quarzuhr *f* reloj *m* de cuarzo; cronómetro *m* de cristal de cuarzo
Quasispitzenwert *m* valor *m* cuasipico [casi pico] (Akustik)
Quecksilber *n* mercurio *m*, Hg, azogue *m*, hidrargir(i)o *m*
Quecksilberdampfgleichrichter *m* rectificador *m* de vapor de mercurio, rectificador *m* (de arco) de mercurio
Quecksilberdampflampe *f* lámpara *f* de vapor de mercurio

Quecksilbergleichrichter *m* rectificador *m* (de arco) de mercurio
Quecksilberhochdrucklampe *f* lámpara *f* de mercurio de alta presión, lámpara *f* de vapor de mercurio a alta presión
Quecksilbersäule *f* (Ph) columna *f* de mercurio
Quecksilberspeicher *m* (Inf) memoria *f* de mercurio
Quecksilberthermometer *n* termómetro *m* de mercurio
Quellcode *m* código *m* fuente [de origen]
Quelldatei *f* archivo *m* [fichero *m*] fuente
Quelldiskette *f* disquete *m* de fuente; disco *m* emisor
Quelldruck *m* (Ch) presión *f* de hinchamiento
Quelle *f* fuente *f*; foco *m*; manantial *m*; origen *m*, principio *m*
quellen *v* 1. hinchar; 2. (Bgb) (Am) arrastrar
Quellen *n* 1. hinchamiento *m*; 2. (Bgb) hinchamiento del piso (Sohle)
Quellzement *m* cemento *m* expansivo [hinchador]
quer ab (Schiff) por el través
Querablauf *m* (Schiff) botadura *f* lateral, lanzamiento *m* por el través
Querbalken *m* 1. travesaño *m*; telera *f*; 2. puente *m* (Hobelmaschine)
Querbelastung *f* (Mech) carga *f* transversal
Querkeil *m* (Masch) calce *m*, calzo *m*, cala *f*
Querkraft *f* 1. (Mech) fuerza *f* lateral [transversal]; 2. fuerza *f* de cizallamiento (Scherkraft)
Querlenker *m* (Kfz) brazo *m* oscilante transversal
Quermodulation *f* (Eln) transmodulación *f*, modulación *f* cruzada [mutua]
Querneigung *f* 1. (Flg) inclinación *f* lateral; 2. (Schiff) inclinación *f* transversal
Querruder *n* (Flg) alerón *m* de alabeo [borde de salida], álabe *m*, aleta *f*
Quersäge *f* sierra *f* tronzadora [de tronzar, transversal de serrote]
Querschiff *n* (Bw) crucero *m*
Querschlitten *m* (Fert) carro *m* transversal
Querschneide *f* (Fert) corte *m* [filo *m*] transversal

Querschneidenwinkel *m (Fert)* ángulo *m* de filo transversal

Querschnitt *m* 1. sección *f* (transversal); perfil *m* (circular); 2. corte *m* transversal *(technisches Zeichnen)*; 3. corte *m* de testa *(Holz)*

Querschott *n (Schiff)* mamparo *m* transversal, tabique *m*

Querschub *m* empuje *m* transversal

Querschwingung *f* vibración *f* [oscilación *f*] transversal

Querslip *m (Schiff)* varadero *m* transversal

Querspannung *f (Mech)* componente *f* transversal de tensión

Querspant *n* 1. *(Schiff)* bulárcama *f*; 2. *(Flg)* cuaderna *f* transversal

Querspantenbauweise *f (Schiff)* sistema *m* de construcción transversal

Querstabilität *f (Flg, Schiff)* estabilidad *f* lateral [transversal]

Querstapellauf *m (Schiff)* lanzamiento *m* por el través

Querstrebe *f* cuarterón *m*; riostra *f*

Querstrom *m* corriente *f* transversal

Quersupport *m (Fert)* travesaño *m*, traviesa *f*; carro *m* transversal; puente *m* *(Drehmaschine)*

Querträger *m* 1. *(Bw)* viga *f* transversal; travesaño *m*; 2. *(Bgb)* crucero *m*

Querverband *m* arriostramiento *m* transversal

Querwalzen *n (Met)* laminación *f* cruzada [transversal]

Querwelle *f* onda *f* transversal

Quetsche *f* 1. triturador *m*; aplastador *m*; laminador *m*; 2. *(Lt)* desmenuzadora *f*, machacadora *f*

quetschen *v* aplastar, magullar

Quetschgrenze *f (Wkst)* límite *m* de aplastamiento [fluencia en compresión] *(z. B. beim Druckversuch)*

Quetschwalze *f* 1. rodillo *m* de presión; 2. *(Text)* cilindro *m* exprimidor

Quittungssignal *n* 1. señal *f* de reconocimiento; 2. *(Nrt)* orden *m* de cierre

Quotient *m (Math)* cociente *m*, cuociente *m*, razón *f*

Quotientenmesser *m (El)* logómetro *m*, cocientímetro *m*

Quotientenraum *m (Math)* espacio *m* cociente

R

Rachenlehre *f* calibre *m* hembra [de boca, de exteriores, de mordazas]

Rad *n* 1. rueda *f*; 2. *(Kern)* rad *m*, rd *(SI-fremde Einheit der Energiedosis)*

~/angetriebenes rueda *f* (de) guía, rueda *f* conducida

~/bogenverzahntes *(Masch)* rueda *f* hipoidal

~/eingreifendes rueda *f* conjugada

~/gelenktes *(Kfz)* rueda *f* directriz

~/getriebenes rueda *f* conducida; engranaje *m* accionado *(Zahnräder)*

~/pfeilverzahntes chevrón *m*

~/spiralverzahntes rueda *f* de dentadura espiral, rueda *f* dentada en espiral

~/treibendes rueda *f* conductora

rad *s.* Radiant 1.

Radabstand *m* paso *m* de rueda *(Kinematik)*

Radabzieher *m (Kfz)* sacarruedas *m*

Radachse *f* eje *m* de ruedas

Radar *m(n)* 1. radiodetector *m*, radar *m*, rádar *m*; 2. localización *f* radiotelemétrica

Radaranlage *f* equipo *m* de radar, instalación *f* (de) radar, radiodetector *m*

Radarantenne *f* antena *f* [buscador *m*] radar

Radarbake *f* baliza *f* radar, radar *m* faro

Radargerät *n* aparato *m* radar, equipo *m* de radar, radar *m*, rádar *m*, radiodetector *m*

Radarpeiler *m* radiogoniómetro *m* radar

Radarschirm *m* pantalla *f* (reflectora) de radar

Radaufhängung *f (Kfz)* suspensión *f* de las ruedas

Radauswuchtmaschine *f (Kfz)* equilibradora *f* de rueda

Radauswuchtvorrichtung *f (Kfz)* compensador *m* de ruedas

Radbremse *f (Kfz)* freno *m* de la rueda

Raddruck *m* presión *f* de la rueda

Räderaufziehpresse *f* prensa *f* de calar ruedas

Rädergehäuse *n (Masch)* caja *f* de engranajes

Räderkasten *m* cárter *m* del cambio de marcha, cambio *m* de velocidades

Rädervorgelege *n (Masch)* contramarcha *f* de engranaje

Räderwerk n tren m de ruedas, rodaje m (Uhr)
Radfahrwerk n (Flg) aterrizador m [tren m de aterrizaje] de ruedas
Radfelge f calce m, recalzo m, llanta f de rueda
Radflansch m pestaña f de rueda
Radflattern n (Kfz) abaniqueo m
Radführung f (Kfz) guía f de rueda, conducción f de ruedas
Radhalter m (Kfz) portarrueda m, portaneumático m
Radialbeaufschlagung f admisión f radial (Dampfturbine)
Radialbohrmaschine f taladradora f radial [de estrella]
Radialdampfturbine f turbina f de vapor radial
Radialfräsen n fresado m radial
Radialgebläse n ventilador m centrífugo
Radialkolbenpumpe f bomba f de émbolo radial
Radialkraft f (Mech) fuerza f radial [de alimentación]
Radiallager n cojinete m [rodamiento m] radial, rodamiento m de [con] contacto radial
Radialreifen m (Kfz) neumático m radial
Radialspiel n (Masch) juego m radial
Radialturbine f turbina f radial
Radialverdichter m compresor m centrífugo [radial]
Radiant m radián m (abgeleitete SI-Einheit für den ebenen Winkel)
Radiationschemie f química f de las radiaciones
Radiator m calefactor m, radiador m
Radikal n (Ch, Math) radical m
~/freies (Ch) radical m libre
Radikand m (Math) radicando m
radioaktiv (radi)activo
Radioaktivität f radiactividad f
~/induzierte radiactividad f inducida
~/künstliche radiactividad f artificial [inducida]
~/natürliche radiactividad f natural
~/umschlossene radiactividad f encerrada
Radioaktivitätsanzeiger m indicador m de radiactividad
Radioaktivitätsmesser m dosímetro m de contaminación

Radioapparat m aparato m de radio, receptor m radio
Radioastronomie f radioastronomía f
Radiocarbonmethode f determinación f de la edad por radiocarbono (physikalische Altersbestimmung)
Radiochemie f química f radiológica [de elementos radiactivos], radioquímica f
radiochemisch radioquímico
Radiocobalt n cobalto m radiactivo, radiocobalto m
Radioelektronik f radioelectrónica f
radioelektronisch radioelectrónico
Radioelement n elemento m radiactivo, radioelemento m
Radiofrequenz f frecuencia f radioeléctrica, radiofrecuencia f
Radioindikator m indicador m isotópico, radioelemento m indicador, radioindicador m, radiotrazador m, trazador m radiactivo
Radioisotop n isótopo m radiactivo [inestable], radioisótopo m
Radiokassettenrekorder m radiocasete m, radiocassette m
Radiokohlenstoffdatierung f determinación f de la edad por radiocarbono (physikalische Altersbestimmung)
Radiologie f
radiologisch radiológico
Radiolyse f (Ch) radiólisis f
Radiometer n radiómetro m
Radiometrie f radiometría f
Radionuklid n radionucleido m
~/kurzlebiges radionucleido m de vida corta
Radioquelle f (Astr) fuente f de radio, radioestrella f, radiofoco m, radiofuente f
Radiorekorder m radiocasete m, radiocassette m
Radiowelle f onda f radioeléctrica [de radiofrecuencia], radioonda f
Radium n radio m, Ra
Radius m (Math) radio m, rayo m, semidiámetro m
~ des Teilkreises radio m primitivo (Zahnrad)
~ des Umkreises radio m de circunferencia
~/metazentrischer (Schiff) radio m metacéntrico

Radiuslehre f plantilla f de curvas de unión
Radiusvektor m (Math) radiovector m, radio m [rayo m] vector
Radix f (Math) raíz f
Radixschreibweise f (Inf) notación f básica [de base]
radizieren v (Math) extraer la raíz
Radkappe f (Kfz) tapón m de cubo, tapacubos m, disco m de adorno, embellecedor m, (Am) taza f de rueda
Radkranz m llanta f
Radkurve f (Math) cicloide f, curva f cicloidal
Radlader m cargador m de ruedas
Radnabe f cubo m [carrete m] de la rueda, cubo m, buje m de la rueda
Radnabendeckel m (Kfz) tapacubos m, embellecedor m
Radon n radón m, Rn, radioemanación f, emanación f
Radon-219 n actinón m
Radreifen m aro m de la rueda
Radreifenwalzwerk n tren m laminador para bandajes [aros de ruedas], laminador m de bandajes [aros de ruedas, llantas]
Radsatz m 1. juego m [tren m] de ruedas; 2. (Eb) eje m montado
Radsatzlast f (Eb) peso m por eje
Radschaufellader m pala f cargadora sobre ruedas
Radscheibenwalzwerk n laminador m de centros [platos] de ruedas
Radschlepper m remolcador m [tractor m] de ruedas, tractor m sobre ruedas
Radschrämmaschine f (Bgb) rafadora f de disco
Radschrapper m traílla f de ruedas
Radspiegel m (Kfz) espejo m de rueda
Radsporn m (Flg) rueda f de cola (Fahrwerk)
Radstand m (Kfz, Eb) distancia f entre ejes, intereje m, longitud f de rodado, paso m de rueda
Radsturz m (Kfz) inclinación f [convergencia f] de las ruedas, combado m
Radsturzwinkel (Kfz) ángulo m de inclinación lateral, abertura f
Radtraktor m tractor m de [sobre] ruedas
Radzapfen m gorrón m de la rueda
Raffination f refinación f, refinamiento m, refinado m, refino m

~/elektrolytische (Met) afino m electrolítico, electroafino m, refinación f electrolítica, electrorrefinación f, electrorrefino m
~/elektrothermische (Met) afino m electrotérmico
Raffinatkupfer n cobre m fino [refinado]
raffinieren v refinar
Raffinierofen m (Met) refinador m, horno m de refino, forja f de afino sueco
Raffinierwalzwerk n cilindros mpl refinadores
Rahmen m 1. (Bw) bastidor m; 2. (Masch) bancada f; banco m; montante m; bastidor m; pedestal m; cama f; carcasa f; 3. marco m, recuadro m; 4. (Kfz) chasis m; armazón m; cuadro m (Motorrad); 5. (Inf, Nrt) encuadre m, encuadrado m; trama f; 6. (Eln) rack m; 7. (Typ, Text) rama f; 8. armazón f (Säge); 9. vira f (des Schuhs)
Rahmenantenne f antena f de cuadro [argolla], cuadro m
Rahmenausbau m (Bgb) colocación f de ademas [entibos, marcos]
Rahmenblechschere f cizalla f de guillotina para chapa
Rahmenlängsträger m (Kfz) larguero m de chasis
Rahmenspant n (Schiff) bulárcama f
Rahmenträger m (Bw) viga f de bastidor
Rahmentragwerk n (Bw) bastidor m portante
Rahmenvermittlung f (Nrt) conmutación f de tramas
Rakel f (Text, Typ) rasqueta f, racle m, cuchilla f dosificadora (Streichmesser)
Rakete f 1. cohete m, misil m, volador m; vehículo m; ingenio m; 2. proyectil m; proyectil m reactivo
~/dreistufige cohete m de tres etapas [secciones]
~/ferngelenkte cohete m teleguiado
~/flügelstabilisierte cohete m estabilizado por aletas
~/gelenkte cohete m conducido [dirigido, guiado], misil m
~/interplanetare cohete m interplanetario
~/meteorologische cohete m (de sondeo) meteorológico
~ mit chemischem Triebwerk cohete m de (propulsión) química
~ mit Ionentriebwerk cohete m iónico

~ **mit Photonenstrahlantrieb** cohete m fotónico
Raketenantrieb m 1. propulsión f cohética [a cohete]; 2. motor m de cohete
Raketenbau m cohetería f, construcción f de cohetes; industria f de construcción de cohetes
Raketenbrennstoff m comburente m de cohete
~**/fester** explosivo m propulsor
Raketendüse f boca f [tobera f] de propulsión
Raketenflugzeug n avión m cohete
Raketengrundgleichung f fórmula f de los cohetes
Raketensonde f cohete m sonda [de gran altura, de exploración de alturas]
Raketenstart m lanzamiento m coheteril [del cohete], proyección f de cohete, cohetada f
Raketenstartplatz m polígono m de lanzamiento de cohetes, aeropuerto-cohete m, cosmódromo m
Raketenstartrampe f lanzador m [plataforma f] de cohetes
Raketenstarttriebwerk n acelerador m cohético
Raketenstartvorrichtung f lanzacohetes m, lanzador m de cohetes, lanzamisiles m
Raketenstufe f etapa f [escatón m, piso m] del cohete
~ **mit Triebwerk** fase f propulsiva
Raketentechnik f ingeniería f de cohetes; cohetería f
Raketentreibstoff m combustible m de cohetes [propulsión], propergol m, propulsante m, propelante m
Raketentriebwerk n propulsor m (del) cohete, motor m de cohete, motor-cohete m
Raketenvortrieb m empuje m a reacción
RAM n s. Speicher mit wahlfreiem Zugriff
rammbar (Bw) hincable, apisonable
Ramme f (Bw) hincadora f de pilotes, apisonadora f, apisonador m, aplanadera f, machina f, pisón m
rammen v (Bw) hincar, apisonar
Rammen n (Bw) hincada f, apisonamiento m
Rammgut n (Bw) materia f de hincar [hinca], material m arrancado

Rammhammer m (Bw) martinete m pisón
Rammkopf m (Bw) pisón m
Rammkörper m (Bw) cuerpo m de hincar
Rammpfahl m (Bw) hincón m, pilote m de hinca; pilote m hincado
Rammtechnik f (Bw) técnica f de hincar
Rampe f plataforma f, rampa f
Rampenstart m (Rak) despegue m de muelle
RAM-Speicherung f (Inf) almacenamiento m accesible al azar
Rand m 1. borde m; franja f; falda f; 2. canto m, arista f; 3. marginación f (Papier); 4. fin m; cabo m; 5. (Text) orillo m, orilla f (Weberei)
~**/voreingestellter** marginación f preajustada
Randausgleich m (Typ, Inf) alineación f de borde, realineación f de los márgenes
Randauslösung f marginador m (Schreibmaschine)
Randbedingung f (Math, Ph) condición f límite [marginal, de marginalidad]
Randdämpfung f amortiguamiento m marginal (z. B. bei Lautsprechern)
Randeffekt m (Eln) efecto m de borde
Randeinsteller m marginador m (Schreibmaschine)
Randeinstellung f marginación f
Rändel n (Fert) moleteado m recto
Rändeleisen n (Fert) cerrillo m
Rändelknopf m (Fert) botón m moleteado
Rändelmaschine f (Fert) cerrilla f
Rändelmutter f tuerca f moleteada
rändeln v (Fert) moletear, cerrillar
Rändelrad n (Fert) cerrillo m
Rändelschraube f tornillo m con moleteado recto, tornillo m de cabeza moleteada
Rändelwerkzeug n (Fert) herramienta f de moletear, cerrillo m
Randintegral n (Math) circulación f (eines Vektorfeldes)
Randomisierung f aleatorización f (Statistik)
Randpunkt m (Math) punto m frontera [de contorno] (einer Menge)
Randspannung f esfuerzo m de límite
~**/magnetische** fuerza f magnetomotriz
Randsteller m marginador m (Schreibmaschine)
Randwertaufgabe f (Math) problema m marginal [de contorno, de valor límite]

Randwinkel *m (Math)* ángulo *m* de contacto

Randzone *f* 1. zona *f* marginal [periférica]; 2. zona *f* exterior; 3. zona *f* costera *(Ozean)*; 4. área *f* periurbana *(Städtebau)*

Rang *m* rango *m*, categoría *f*

~ **einer Matrix** característica *f* [rango *m*] de matriz

Rangfolge *f* prioridad *f*, jerarquía *f*

~ **des Speicherzugriffs** *(Inf)* prioridad *f* de acceso

rangieren *v (Eb)* cambiar de vía, maniobrar, formar

Rangiergleis *n* vía *f* de cambio [distribución], apartadero *m* de vías

Rangierstellwerk *n (Eb)* puesto *m* de control de maniobras

Rangierweiche *f (Eb)* aguja *f* de maniobra

Rangierwinde *f (Eb)* torno *m* arrastrador [de maniobras ferroviarias]

Rangkorrelationskoeffizient *m* coeficiente *m* de correlación de rangos

Rangordnung *f* orden *m* jerárquico, jerarquía *f*

Rangprüfung *f (Inf)* comprobación *f* de rangos

Rapidentwickler *m (Foto)* revelador *m* de acción rápida

Rasenmäher *m (Lt)* cortacésped(es) *m*, cortadora *f* [segadora *f* de] césped, segadora *f* doméstica, tundidora *f*

Raspel *f* rascador *m*, raspa *f*, escofina *f*, limatón *f*, rallador *m*

raspeln *v* raspar, rallar, escofinar

Raste *f (Masch)* espárrago *m* de sujeción, fiador *m*; muesca *f*; limitador *m*; entalladura *f*, entalla *f*, entallamiento *m*

Raster *m* 1. cuadrícula *f*; retícula *f*, rejilla *f*; 2. *(Eln)* emparrillado *m*; 3. *(TV)* trama *f*; 4. *(Typ)* retículo *m*; trama *f*; 5. *(Bw)* módulo *m*

Rasterdrucker *m (Inf)* impresora *f* matricial [de matriz, de mosaico]

Rasterelektronenmikroskop *n* microscopio *m* electrónico de barrido

Rasterfrequenz *f (TV)* frecuencia *f* de tramas

Rastermaß *n (Bw)* módulo *m*

Rastermikroskop *n* microscopio *m* de exploración

rastern *v* reticular, tramar

Rastertunnelmikroskop *n* microscopio *m* túnel de barrido

Rasterung *f* 1. reticulado *m*; 2. *(Typ)* reticulación *f*; 3. exploración *f*

Ratsche *f (Masch)* mecanismo *m* de trinquete

Raubbau *m* 1. *(Bgb)* labores *fpl* de rapiña, explotación *f* abusiva [de agotamiento], *(Am)* pirquinería *f*; 2. *(Umw)* sobreexplotación *f*

Rauchabsauganlage *f* aspirador *m* de humos

Rauchabzug *m* 1. extracción *f* de humos; 2. extractor *m* [conducto *m*, eliminador *m*] de humos, chimenea *f*

Rauchdichtemesser *m* densímetro *m* de humos

Räucheranlage *f* equipo *m* ahumador

Räuchermittel *n (Lt)* fumigante *m*

Rauchfang *m* colector *m* de humos

Rauchfilter *n* filtro *m* antifumígeno, filtro *m* de [contra] humo

Rauchgasanalysator *m* analizador *m* (para gases) del humo

Rauchgasentschwefelungsanlage *f* equipo *m* de desulfuración de humos

Rauchgasprüfer *m* analizador *m* (para gases) del humo, comprobador *m* de humos

Rauchgaswaschanlage *f* planta *f* depuradora de humos

Rauchkanal *m* conducto *m* de humos, canal *m* de [para] humos *(Feuerung)*; garganta *f* de chimenea

Rauchklappe *f* registro *m* de tiro [horno], llave *f* de humero

Rauchmelder *m* detector *m* (automático) de humos

Rauchrohr *n* 1. *(Bw)* chimenea *f*; 2. tubo *m* de humos *(Feuerungstechnik)*

Rauchrohrkessel *m* caldera *f* pirotubular [con tubos de humo]

Rauchschieber *m* registro *m* de tiro [horno], llave *f* de humero

Rauchverzehrer *m* aparato *m* fumívoro

Rauchzug *m (Bw)* tiro *m* de humo

Rauheit *f* aspereza *f*, rugosidad *f*

Rauigkeitsmesser *m* micrómetro *m* de asperezas [rugosidad]

Rautiefe *f* rugosidad *f*

Rautiefenmesser *m* rugosímetro *m*

Raum *m* 1. *(Math, Ph)* espacio *m*; extensión *f*; 2. *(Bw)* cámara *f*; compartim(i)ento *m*; cuarto *m*; sala *f*; departamento *m*, local *m*; lugar *m*; plaza *f*; recinto *m*; habitáculo *m*; 3. *(Mech)* margen *m (Spielraum)*
~/**adjungierter** *(Math)* espacio *m* conjugado
~/**brandgefährdeter** local *m* con peligro de incendios
~/**dreidimensionaler** *(Math)* espacio *m* de tres dimensiones
~/**enger** espacio *m* confinado, lugar *m* estrecho, recinto *m* angosto [de escaso volumen]
~/**erdnaher** espacio *m* circunterrestre [próximo a la Tierra]
~/**euklidischer** *(Math)* espacio *m* euclidiano
~/**explosionsgefährdeter** espacio *m* [recinto *m*] expuesto al peligro de explosiones, lugar *m* propenso a explosiones
~/**gefluteter** *(Schiff)* compartimiento *m* inundado
~/**halbhalliger** *(Ph)* cámara *f* semianecoica
~/**höherdimensionaler** *(Math)* hiperespacio *m*
~/**interplanetarer** espacio *m* cósmico [interplanetario, extraterrestre, sideral], vacío *m* interplanetario
~/**interstellarer** espacio *m* interestelar
~/**luftleerer** espacio *m* evacuado [vacío], vacío *m*, vacuo *m*, vacuum *m*
~/**luftverdünnter** espacio *m* de aire enrarecido
~/**reflexionsfreier** *(Ph)* cámara *f* anecoica [sorda], cuarto *m* sordo
~/**schalltoter** *(Ph)* cámara *f* anecoica [sorda], espacio *m* insonorizado
~/**umschlossener** recinto *m* cerrado *(Lärmschutz)*
~/**unendlichdimensionaler** *(Math)* espacio *m* de dimensiones infinitas *(Hilbert)*
~/**wasserdichter** *(Schiff)* compartimiento *m* estanco
Raumakustik *f* acústica *f* arquitectónica [arquitectural, de locales]
Raumanzug *m* escafandra *f* cósmica [espacial], traje *m* espacial, escafandra *f*
Raumaufteilung *f* disposición *f* de las habitaciones; compartimentación *f*

Raumausdehnung *f* dilatación *f* cúbica [volumétrica]
Raumauskleidung *f/***schallschluckende** revestimiento *m* fonoabsorbente de interiores
Raumbild *n* estereograma *m*, imagen *f* estereoscópica
Raumbildentfernungsmesser *m* estereotelémetro *m*, telémetro *m* estereoscópico
Raumdichte *f* densidad *f* en volumen, peso *m* volumétrico
Raumdimension *f (Math)* dimensión *f* espacial
räumen *v (Fert)* brochar, escariar
Räumer *m (Lt)* escariador *m*, rectificador *m*
Raumfähre *f (Rak)* transbordador *m* [transporte *m*] espacial, lanzadera *f* (espacial), balsa *f* espacial, satélite *m* recuperable
Raumfahrt *f* 1. cosmonáutica *f*, astronáutica *f (als Wissenschaft)*; 2. navegación *f* espacial [cósmica]; vuelo *m* [viaje *m*] espacial, vuelo *m* cósmico
Raumfahrtgerät *n* vehículo *m* de lanzamiento espacial
Raumfahrtstartgelände *n* cosmódromo *m*
Raumfahrttechnik *f* ingeniería *f* (aero)espacial; técnica *f* aeroespacial; tecnología *f* espacial
Raumfahrtträgerrakete *f* cohete *m* espacial [sideral, cósmico, astronáutico]
Raumfahrzeug *n* vehículo *m* (de lanzamiento) espacial, vehículo *m* interplanetario, artefacto *m* espacial
Räumfahrzeug *n (Kfz)* quitanieves *m*
Raumflug *m* vuelo *m* [viaje *m*] espacial [cósmico]
Raumflugkörper *m* aparato *m* espacial [volante cósmico], astronave *f*, cosmonave *f*, nave *f* extraterrestre, satélite *m* espacial
~/**bemannter** satélite *m* habitado [tripulado]
~/**unbemannter** satélite *m* espacial, nave *f* sin tripulación
Raumforschung *f* investigación *f* espacial [del espacio cósmico]
Raumgehalt *m* volumen *m*
Räumgerät *n* quitanieves *m (Winterstraßendienst)*; draga *f*

Raumgestaltung

Raumgestaltung f 1. *(Bw)* configuración f espacial [de interiores]; 2. decoración f de interiores, diseño m interno

Raumgitter n conjunto m reticular, red f espacial *(Kristallographie)*

Rauminhalt m capacidad f cúbica, volumen m, capacidad f

Raumkapsel f *(Rak)* cápsula f espacial, ingenio m

Raumklimatisierung f acondicionamiento m de espacios [locales]

Raumkoordinaten fpl coordenadas fpl espaciales [en el espacio]

Raumkurve f *(Math)* curva f espacial

Raumladung f *(Kern)* carga f espacial [de espacio]

Raumladungskonstante f *(Eln)* perveancia f

räumlich espacial; tridimensional; estereológico

Räummaschine f 1. *(Fert)* máquina f de brochar, brochadora f, escariadora f; 2. *(Lt)* desbrozadora f

Raummaß n medida f volumétrica [de capacidad]

Raummeter n metro m cúbico

Räumnadel f *(Fert)* mandril m escariador, brocha f, fresa f de cremallera

Raumplanung f planeamiento m espacial; planificación f territorial; planificación f urbana

Räumpresse f *(Fert)* prensa f de brochar

Raumschiff n astronave f, cosmonave f, nave f espacial [cósmica], nave f (extraterrestre), vehículo m [artefacto m] espacial, vehículo m interplanetario

~/bemanntes cosmonave f [nave f espacial] tripulada

~/unbemanntes cosmonave f [nave f] sin tripulación

Raumschiffkabine f habitáculo m

Raumschiffkopplung f acoplamiento m espacial

Raumschott n *(Schiff)* mamparo m de bodega

Raumsonde f sonda f espacial, astrosonda f

Raumspant n *(Schiff)* cuaderna f de bodega

Raumstation f estación f [observatorio m, plataforma f] espacial; nave f orbital [espacial]

Raumton m sonido m estereo(fónico)

Raumtonklang m relieve m acústico

Raumwelle f 1. onda f espacial [atmosférica]; 2. *(El)* onda f indirecta

Räumwerkzeug n 1. escariador m; 2. *(Fert)* herramienta f de brochar

Raumwinkel m *(Math)* ángulo m sólido

Raupe f 1. *(Kfz)* cadena f de oruga, oruga f, cadena f sin fin, *(Am)* caterpillar m; 2. perla f *(Schweißen)*

~ mit Planierschild topadora f frontal

Raupenbagger m excavadora f sobre orugas

Raupenfahrzeug n vehículo m de cadena [orugas], automóvil m [camión m] de orugas, camión m autooruga

Raupenkette f cadena f de oruga, cadena f sin fin

Raupenkettenglied n carrilera f

Raupenkran m grúa f sobre orugas

Raupenschlepper m tractor m (de) oruga, empujador m, empujadora f, tractor m de cadenas [carriles], *(Am)* tractor m de estera

Raupenschrapper m abretrochas m, abreveredas m, bulldozer m, robadera f, topadora f

Rauschabstand m *(Eln)* relación f señal-ruido, distancia f entre señal y ruido

Rauschabstimmung f *(Eln)* ajuste m a ruido mínimo

rauscharm de poco ruido

Rauschbandbreite f ancho m de banda de ruido

Rauschbegrenzer m *(Eln)* limitador m de ruido

Rauschdämpfer m supresor m de ruido

Rauschdiode f diodo m de ruido

Rauschen n *(Eln)* ruido m

Rauschfilter n *(El)* filtro m de ruido

rauschfrei exento de ruidos, silencioso

Rauschgenerator m generador m de ruido

Rauschleistung f *(Eln)* potencia f sofométrica [de ruido]

Rauschpegel m nivel m de ruido

Rauschsignal n señal f de fondo [ruido]

Rauschsperre f supresor m de ruido

Rauschstörung f *(Eln, Nrt)* chasquido m

Rauschunterdrücker m supresor m de ruido

Raute f *(Math)* rombo m

Räute f anillo m *(eines Schlüssels)*
RC-Schaltung f circuito m RC [de resistencia y capacidad]
Read-me-Datei f *(Inf)* léame m
Reagens n *(Ch)* reactivo m
Reagenzglas n *(Ch)* probeta f, tubo m de ensayo
Reagenzpapier n papel m indicador [reactivo]
reagieren v 1. *(Ch)* reaccionar, entrar en reacción; 2. responder *(ansprechen)*
Reaktanz f *(El)* reactancia f
Reaktanzspannung f tensión f reactiva
Reaktanztransformator m transformador m de reactancia
Reaktion f 1. *(Ch)* reacción f; 2. respuesta f
~-**/alkalische** reacción f alcalina
~-**/chemische** reacción f química
~-**/heftige** reacción f violenta
~-**/isothermische** reacción f isoterma
~-**/katalytische** reacción f catalítica
~-**/photochemische** reacción f fotoquímica, fotorreacción f
~-**/saure** reacción f ácida
~-**/sehr schnelle** reacción f extremadamente rápida
~-**/thermonukleare** reacción f termonuclear, fusión f nuclear
~-**/umkehrbare** reacción f reversible
Reaktionsablauf m *(Ch)* curso m de la reacción
Reaktionsapparat m *(Ch)* reactor m
Reaktionsauslösung f desencadenamiento m de la reacción
Reaktionsbehälter m *(Ch)* receptáculo m de reacción
Reaktionsbeschleuniger m *(Ch)* acelerador m (de reacción), agente m acelerador de la reacción, acelerante m
Reaktionsbremse f moderador m
reaktionsfähig *(Ch)* reactivo, reaccionable, susceptible de reacciones
Reaktionsfähigkeit f 1. *(Ch)* capacidad f de reacción, reaccionabilidad f, reactividad f; 2. capacidad f de respuesta
reaktionsfreudig *(Ch)* reactivo, de reacción espontánea, susceptible de reacciones
Reaktionsfreudigkeit f *(Ch)* espontaneidad f reactiva, reactividad f
Reaktionsgefäß n *(Ch)* matraz m de reacción

Reaktionsgleichung f *(Ch)* ecuación f de reacción
Reaktionskammer f *(Ch)* cámara f de reacción; cámara f de destilación *(Krackprozess)*
Reaktionskinetik f *(Ch)* cinética f química [de las reacciones]
Reaktionskraft f 1. *(Mech)* fuerza f de reacción; esfuerzo m de reacción; 2. *(Bw)* reacción f *(Statik)*
Reaktionsmodell n *(Umw)* patrón m de respuesta
Reaktionsschwelle f umbral m de reacción
reaktionsträge *(Ch)* lento a reaccionar, poco reactivo, pasivo
Reaktionsträgheit f *(Ch)* inercia f de reacción
Reaktionswärme f *(Ch)* calor m de reacción
reaktiv 1. *(Ch)* reactivo, susceptible de reacciones; 2. autopropulsado *(z. B. Flugzeugantrieb)*
Reaktivantrieb m impulsión f por reacción
Reaktor m 1. *(Ch)* reactor m; 2. *(Kern)* reactor m, pila f, quemador m atómico
~-**/druckwassergekühlter** *(Kern)* reactor m de agua a presión
~-**/gasgekühlter** *(Kern)* reactor m enfriado con gas
~-**/graphitmoderierter** *(Kern)* reactor m de grafito, reactor m moderado con grafito
~- **mit angereichertem Uran** *(Kern)* reactor m de uranio enriquecido
~-**/plutoniumerzeugender** *(Kern)* reactor m plutonígeno
~-**/selbstregelnder** *(Kern)* reactor m autorregenerador
~-**/thermischer** 1. *(Kern)* reactor m nuclear térmico, reactor m lento [de neutrones térmicos], termorreactor m; 2. *(Kfz)* reactor m térmico, termorreactor m
~-**/thermonuklearer** reactor m de fusión (nuclear), reactor m termonuclear
~-**/wassermoderierter** *(Kern)* reactor m con moderador de agua
Reaktorabbremsung f contención f del reactor
Reaktorbau m ingeniería f de reactores; construcción f de reactores (industriales)
Reaktorbeschickung f *(Kern)* carga f del reactor

Reaktorsicherheit f seguridad f del reactor (nuclear); seguridad f nuclear
Reaktorwärme(aus)tauscher m cambiador m de calor del reactor
Realität f/**virtuelle** (Inf) realidad f virtual; entorno m virtual
Realteil m (Math) parte f real (einer komplexen Zahl oder Funktion)
Realzeitverarbeitung f procesamiento m de datos en tiempo real
Rechen m 1. (Lt) rastrillo m, rastro m; 2. rejilla f (Abwasserreinigung)
Rechenalgorithmus m algoritmo m de cálculo
Rechenanlage f calculadora f, instalación f de cálculo
Rechenart f modo m de cálculo; modalidad f de cómputo
Rechenaufgabe f problema m de aritmética; tarea f computacional
Rechenautomat m calculador m automático, calculadora f (automática)
Rechenblatt n (Inf) hoja f de cálculo
Rechengeschwindigkeit f (Inf) velocidad f de cálculo [cómputo], rapidez f de cálculo, velocidad f interna del ordenador, velocidad f de proceso [procesamiento]
Rechengröße f cantidad f [valor m] calculable; valor m calculado; operando m
Rechenleistung f (Inf) capacidad f computacional, capacidad f de proceso [procesamiento]; potencia f de cómputo [cálculo]; potencialidad f de cálculo; eficiencia f computacional
Rechenmaschine f máquina f aritmética [calculadora, de calcular], calculadora f (aritmética), aparato m calculador, computador m
Rechenspeicher m memoria f de cálculo
Rechenstab m regla f de cálculo, aritmómetro m, aritmógrafo m
Rechensystem n sistema m computacional [de cálculo, de computación]
~/**analog-digitales** sistema m híbrido
~/**digitales** sistema m de computación digital
~/**verteiltes** sistema m informático distribuido
Rechentafel f nomograma m
Rechentechnik f 1. técnica f computacional [de computación, de cálculo, de cómputo]; tecnología f de la computación; 2. equipo m de computación (Geräte)
Rechenverstärker m (Inf) amplificador m operacional [operador, operativo, de cálculo, computacional]
Rechenvorschrift f algoritmo m
Rechenwerk n (Inf) unidad f aritmética [de cálculo, de calculación, de cómputo, de computación], unidad f lógico-aritmética, unidad f aritmético-lógica, unidad f de tratamiento (de datos), registro m de cálculo, órgano m aritmético [calculador, de cálculo]
Rechenzentrum n centro m de cálculos [procesamiento de datos, proceso de datos]; lugar m de cómputo
Recherche f (Inf) búsqueda f; indagación f
recherchieren v (Inf) buscar
rechnen v calcular; computar
Rechnen n cálculo m; cuenta f; computación f
Rechner m calculador m, calculadora f; ordenador m, computadora f, computador m, máquina f computadora
~/**alphanumerischer** ordenador m alfanumérico
~/**angeschlossener** ordenador m conectado
~/**digitaler** ordenador m digital [numérico]
~/**elektronischer** ordenador m [calculador m] electrónico, máquina f computadora electrónica, ordenador m digital electrónico
~/**gepufferter** ordenador m tamponado
~ **im Dialogbetrieb** ordenador m en modalidad conversacional
~ **im Teilnehmerbetrieb** ordenador m de tiempo compartido
~/**kryogenischer** ordenador m criogénico
~/**tragbarer** ordenador m portable, laptop m
rechnerabhängig en línea (con el ordenador)
Rechnerarbeitsplatz m puesto m de trabajo con apoyo de ordenador
Rechnerarchitektur f arquitectura f del ordenador, arquitectura f de la máquina
rechnerfern distante (von Peripheriegeräten); a distancia del ordenador central
rechnergesteuert controlado [dirigido] por ordenador

rechnergestützt a base de ordenadores, asistido por ordenador, auxiliado con ordenador, computerizado, con ayuda de calculadora
rechnerisch computacional
Rechnerkommunikation f comunicación f con el ordenador; comunicación f entre ordenadores
Rechnerlauf m pasada f de ordenador [máquina]
Rechnerleistung f capacidad f [potencialidad f] de ordenador; potencia f del ordenador; rendimiento m de máquina
rechnerlesbar legible por el ordenador
Rechnernetz n red f de ordenadores [computadores, máquinas]
Rechnerschnittstelle f interfaz f informático
Rechnerspeicher m memoria f del ordenador [computador]
Rechnersteuerung f control m por ordenador
Rechnertechnik f tecnología f informática [de la información, del computador]
Rechnerterminal n terminal m de ordenador [computadora]
rechnerunabhängig fuera de línea, independiente de la máquina
Rechnerunterstützung f apoyo m por ordenador, asistencia f [auxilio m] de ordenador; ayuda f informática
Rechnerverbund m interconexión f de equipos informáticos; ordenadores mpl interconectados
rechnerverbunden en línea (con el ordenador)
Rechnerverbundnetz n red f de ordenadores [computadores], red f integrada de dispositivos de cómputo
rechnerverständlich comprensible [inteligible] por el ordenador
Rechteck n rectángulo m, cuadro m
Rechteckbildröhre f (TV) tubo m rectangular de televisión
Rechteckflügel m (Flg) ala f rectangular
rechteckig rectangular, rectángulo, cuadrilongo
Rechteckmatrix f matriz f rectangular
Rechteckwelle f onda f rectangular [cuadrada]
Rechte-Hand-Regel f (El) regla f de la mano derecha
rechtsbündig (Typ) justificado a la derecha
Rechtschreibprüfung f (Inf) corrector m [verificador m] ortográfico (Textverarbeitung)
rechtsdrehend dextrógiro
rechtsgängig de paso derecho (Gewinde)
Rechtsschraubenregel f (El) regla f del sacacorchos
rechtwinklig rectangular, rectángulo, ortogonal; a escuadra
Reckalterung f (Met) envejecimiento m por deformación, maduración f por estiramiento
reckbar estirable
Reckbelastung f (Mech) carga f de alargamiento, solicitación f por alargamiento [estiramiento]
recken v alargar; estirar
Reckhammer m martillo-pilón m para alargar
reckschmieden v forjar a martillo
reckziehen v estirar en combinación
Reckziehen n (Met) conformación f por alargamiento, estirado m en combinación
Reckziehpresse f prensa f de [para] embutir
Rekorder m grabadora f
recyceln v reciclar
Recyclat n producto m reciclado
Recycling n reciclado m (de desperdicios), reciclaje m, mecanismo m de reciclaje; circuito m de reciclado
Recyclinganlage f planta f de reciclado [reciclaje]
recyclingfähig reciclable
Recyclingquote f tasa f de reciclado
Recyclingtechnik f técnica f de reciclaje; tecnología f de reciclaje
redigieren v (Inf) editar, arreglar, redactar
Reduktion f 1. (Ch) reducción f, electronación f (Redoxreaktion); 2. (Masch) de(s)multiplicación f; 3. (Math) reducción f; disminución f
~/katalytische reducción f catalítica
~/thermische reducción f térmica
Reduktionsgeschwindigkeit f (Met) velocidad f de reducción
Reduktionsgetriebe n engranaje m reductor [demultiplicador], mecanismo m desmultiplicador [reductor, de reduc-

Reduktionsmittel 770

ción], reductor *m* de velocidad, tren *m* reductor, reductor *m*
Reduktionsmittel *n* 1. *(Ch)* medio *m* [agente *m*] reductor, sustancia *f* reductora; 2. *(Ch, Met)* reductor *m*
redundant redundante
Redundanz *f (Inf)* redundancia *f*
Redundanzprüfung *f* control *m* de redundancias, verificación *f* redundante [por redundancia]
reduzierbar reducible, reductible
reduzieren *v* 1. reducir, disminuir; 2. *(Ch)* reducir
Reduziergetriebe *n (Masch)* contramarcha *f* reductora
Reduzierstück *n* acoplamiento *m* reductor; adaptador *m* rosca
Reduzierwalzwerk *n* laminador *m* reductor [de reducción]
Reede *f (Schiff)* rada *f*, fondeadero *m*, ancladero *m*, anclaje *m*
Reedrelais *n (El)* conmutador *m* magnético de lengüeta, relé *m* de láminas [gas]
reell 1. *(Math)* real *(Zahl)*; 2. físico
Referenzmuster *n (Inf)* plantilla *f* de referencia *(z. B. Sprachverarbeitung)*
Referenzschalldruck *m* presión *f* sonora de referencia
reflektierbar *(Opt)* reflexible
reflektieren *v* reflejar, reflectar
Reflektor *m* 1. *(Opt)* reflector *m*; reverbero *m*; 2. *(Astr)* telescopio *m* reflector, reflector *m*; 3. repeledor *m (Klystron)*; 4. *(Kfz)* parábola *f (Scheinwerfer)*
Reflektorelektrode *f* electrodo *m* reflectante [reflector], repeledor *m (Elektronenröhre)*
Reflexion *f (Opt)* reflexión *f*, reflejo *m*
Reflexionsfläche *f* superficie *f* reflectora [de reflectancia]; pared *f* reverberante *(Akustik)*
Reflexionsgrad *m (Opt)* reflectancia *f*; reflexibilidad *f*, reflectividad *f*
Reflexionsmesser *m* reflectómetro *m*
Reflexionsprisma *n* prisma *m* reflector [de reflexión]
Reflexionsspannung *f* tensión *f* reflejada
Reflexionsvermögen *n (Ph)* reflexibilidad *f*, reflexividad *f*, reflectividad *f*, poder *m* de reflexión, reflectancia *f*
Reflexionswinkel *m* ángulo *m* de reflexión
Refraktion *f (Ph)* refracción *f*

Refraktionsvermögen *n* poder *m* refringente [de refracción]
Refraktometer *n* refractómetro *m*
Refraktor *m (Opt)* refractor *m*, telescopio *m* refractor [dióptico]
Regal *n* estante *m*, estantería *f*
Regel *f* regla *f*, pauta *f*; arreglo *m*; norma *f*; normativa *f*; orden *m*
~ **der Technik/allgemein anerkannte** regla *f* de arte
~**/goldene** *(Math)* regla *f* de tres [oro]
regelbar reglable, regulable
Regelbarkeit *f* capacidad *f* de regulación, regulabilidad *f*
Regelbereich *m* alcance *m* de regulación; gama *f* de regulación [reglaje], banda *f* de regulación; rango *m* de regulación
Regeldetri *f (Math)* regla *f* de tres [oro]
Regeldrossel *f (El)* bobina *f* de regulación, inductancia *f* reguladora, inductor *m* de reglaje
Regelgetriebe *n*/**stufenloses** contramarcha *f* de regulación continua
Regelglied *n* órgano *m* regulador
Regelgröße *f* magnitud *f* de reglaje
Regelkette *f (Aut)* cadena *f* de regulación
Regelkondensator *m* condensador *m* variable
Regelkreis *m* circuito *m* regulador [de regulación, de mando, de retroacción, de control], bucle *m* de mando, bucle *m* (de control), bucle *m* de control de retroalimentación
regeln *v* arreglar; regular, regularizar; controlar *(Regelkreis)*; gobernar *(mechanisch)*
Regelrelais *n* relé *m* de reglaje
Regelröhre *f* válvula *f* reguladora [de inclinación variable]
Regelschaltung *f (El)* circuito *m* regulador [de regulación]
Regelschraube *f* perno *m* de ajuste
Regelspannung *f (El)* tensión *f* de regulación
Regelstab *m (Kern)* barra *f* de control [regulación]
Regelstrecke *f (Aut)* tramo *m* de regulación; instalación *f* de reglaje
Regelstufe *f* etapa *f* de regulación, escalón *m* de regulación *(Turbine)*
Regeltechnik *f* ingeniería *f* de control; técnica *f* de regulación

Regeltransformator m (El) transformador m regulador [variable, de regulación]
Regelturbine f turbina f regulable
Regelung f 1. regulación f, reglaje m; gobierno m; 2. control m (bucle cerrado); 3. reglamentación f (durch Vorschriften)
~/adaptive control m adaptivo
~/analoge regulación f analógica
~ des Luftdruckes control m neumático
~/digitale regulación f digital
~/elektronische control m electrónico; regulación f electrónica
~/hydraulische regulación f hidráulica
~/lineare regulación f lineal
~/pneumatische control m neumático; regulación f neumática
~/selbsttätige control m automático, C.A.; regulación f automática
~/stufenlose mando m progresivo; regulación f continua [no escalonada, sin escalones]
~ von Hand regulación f manual [a mano]
Regelungstechnik f técnica f de regulación; tecnología f de control
Regelungstheorie f teoría f de control
Regelventil n válvula f reguladora [de regulación]
Regelverstärker m (EIn) amplificador m para circuitos de regulación, amplificador m de regulación; amplificador m de control
Regelvorrichtung f dispositivo m de reglaje, regulador m
Regelwiderstand m resistencia f ajustable [de ajuste, reguladora, variable], reóstato m de regulación
Regenerationsgerät n equipo m de regeneración, equipo m independiente de protección de las vías respiratorias, aparato m respiratorio autónomo, máscara f de respiración autónoma (Atemschutzgerät)
Regenerativheizung f calefacción f de regeneración
Regenerativofen m horno m de cámaras regeneradoras
regenerieren v regenerar; recuperar; restaurar; reactivar
Regenerierung f regeneración f; restauración f, rejuvenecimiento m
Register n 1. (Inf) registro m; archivo m; repertorio m; matrícula f; tabla f; índice m; 2. (Typ) registro m; 3. (Schiff) sociedad f clasificadora [de clasificación]
Registertonne f (Schiff) tonelada f de arqueo [registro], tonelaje m de registro, T.R.
Registerwerk n sistema m de registro
registrieren v 1. registrar; escribir; 2. (Schiff) matricular
Registriergerät n aparato m [dispositivo m] registrador, registrador m, grabador m; instrumento m gráfico
Registrierung f registro m; escritura f, trazado m
Registrierwerk n mecanismo m registrador, registradora f
Regler m unidad f de control, controlador m (im Regelkreis); regulador m (ohne Versorgungsenergie); variador m
~/adaptiver controlador m adaptable
~/elektromagnetischer regulador m electromagnético
~/elektronischer regulador m electrónico
~/elektropneumatischer regulador m electroneumático
~/pneumatischer regulador m neumático
~/selbsteinstellender regulador m autoajustable [de autoajuste]
Reglerschalter m regulador-disyuntor m, relé m regulador, regulador m
Reglersubstanz f (Ch) regulador m (z. B. bei der chemischen Kettenbildung)
Reglerventil n válvula f autorreguladora [de control, de gobierno]
Regner m (Lt) regadera f, reguera f, regador m, rociador m; humidificador m
Regression f (Math) regresión f; proceso m de regresión
Regressionsanalyse f (Math) análisis m de regresión
Regula falsi f (Math) regla f de falsa posición
Regulator m regulador m; gobernador m; variador m
Regulatordiode f diodo m Zener
regulierbar regulable, reglable; ajustable
regulieren v regular, regularizar, reglar; controlar; encauzar; canalizar (Fluss)
Regulierschraube f tornillo m graduador [regulador, para regulación, de graduación]; tornillo m de sintonización (Radio)
Regulierung f regulación f, reglaje m; reglamentación f (durch Vorschriften);

Reguliervehtil gobierno *m*, gobernación *f*; mando *m* de ajuste, ajustaje *m*; graduación *f*, encauzamiento *m* (Fluss)

Reguliervertil *n* válvula *f* autorreguladora [de control, de gobierno]

Reguliervorrichtung *f* instrumento *m* regulador; mecanismo *m* de ajuste, ajustador *m*

Reibahle *f* (Fert) alegrador *m*, brocha *f*, broca *f* de alegrar, escariador *m*

Reibbeiwert *m* coeficiente *m* de frotamiento [fricción]

Reibbelag *m* (Kfz) forro *m*

reiben *v* 1. frotar, rozar; 2. abrasar; 3. (Fert) escariar, rascar

Reiben *n* 1. frotación *f*; 2. (Fert) ralladura *f*, rascado *m*, rasgadura

Reibfläche *f* superficie *f* frotante [de fricción, de rozamiento]

Reibkupplung *f* embrague *m* de fricción

Reibrad *n* (Masch) frotador *m*, rueda *f* de fricción

Reibschweißen *n* soldadura *f* a fricción

Reibspindelpresse *f* prensa *f* con volante de fricción, prensa *f* de husillo de fricción

Reibung *f* 1. (Ph) fricción *f*, frotadura *f*, frotamiento *m*, frotación *f*, frote *m*, roce *m*, rozamiento *m*, rozadura *f*; 2. (Fert) ralladura *f*

~/**gleitende** fricción *f* [rozamiento *m*] de deslizamiento

~/**hydraulische** fricción *f* hidráulica [de fluido, de resbalamiento], rozamiento *m* hidráulico [de resbalamiento, de los líquidos]

~/**molekulare** fricción *f* [rozamiento *m*] molecular

~/**rollende** rozamiento *m* de rodadura [rodamiento, rodillo], rozamiento *m* al rodar

reibungsbeständig resistente al frotamiento [roce]; resistente a fricción

Reibungsbremse *f* freno *m* de fricción

Reibungselektrizität *f* electricidad *f* de fricción, triboelectricidad *f*

Reibungsfeder *f* muelle *m* de fricción

Reibungsfläche *f* superficie *f* frotante [de fricción, de rozamiento]

Reibungsgetriebe *n* mecanismo *m* con rueda de fricción, mecanismo *m* de fricción

Reibungskegel *m* (Masch) cono *m* de fricción [embrague]

Reibungskoeffizient *m* (Mech) coeficiente *m* de frotamiento [fricción, rozamiento], factor *m* de fricción

Reibungskraft *f* fuerza *f* friccional [de fricción, de rozamiento, de frotamiento]

Reibungskupplung *f* acoplamiento *m* [embrague *m*] de fricción, acoplamiento *m* de resbalamiento

Reibungsstoßdämpfer *m* amortiguador *m* de fricción

Reibungsverlust *m* pérdida *f* friccional [por fricción, por rozamiento]

Reibungswärme *f* calor *m* de rozamiento

Reibungswiderstand *m* resistencia *f* de fricción [rozamiento]

Reichweite *f* 1. alcance *m* (Aktionsradius); 2. (Nrt) alcance *m* de transmisión; 3. zona *f* [profundidad *f*] de alcance (Ergonomie) • **mit großer** ~ de gran alcance • **mit kurzer** ~ de alcance corto

Reifen *m* 1. cerco *m* (Fass); 2. (Kfz) neumático *m*, (Am) llanta *f*

~/**entlüfteter** neumático *m* desinflado

~ **mit griffigem Profil** neumático *m* para todo terreno, neumático *m* con protector reforzado

~/**pannensicherer** neumático *m* a prueba de pinchazos

~/**runderneuerter** cubierta *f* recauchutada

~/**schlauchloser** neumático *m* indeshinchable [sin cámara], cubierta *f* sin cámara

Reifendruck *m* (Kfz) presión *f* de inflado [neumático]

Reifendruckprüfer *m* comprobador *m* [indicador *m*] de presión de neumáticos, manómetro *m* para neumáticos

Reifenprofil *n* banda *f* de rodadura [rodaje, rodamiento], perfil *m* de neumático, estrías *fpl*

Reifenrunderneuerung *f* recuperación *f* de neumáticos

Reihe *f* 1. (Math) serie *f*; 2. sucesión *f*; desfile *m*; gama *f*, tanda *f*, ristra *f*; 3. línea *f*, escala *f*, fila *f*, hilera *f*, tren *m*; 4. (Typ) línea *f*, renglón *m*; 5. (Text) pasada *f* • **in** ~ 1. en línea; 2. (El) en serie

~/**absolut konvergente** (Math) serie *f* absolutamente convergente

~/**aliphatische** (Ch) serie *f* alifática [acíclica, grasa]

~/**alternierende** (Math) serie *f* alterna

~/**arithmetische** serie f aritmética
~/**aromatische** (Ch) serie f aromática [cíclica]
~/**asymptotische** (Math) serie f asintótica
~/**bedingt konvergente** (Math) serie f condicionalmente convergente
~/**binomische** (Math) serie f binómica
~/**endliche** (Math) serie f finita
~/**harmonische** (Math) serie f armónica
~/**konvergente** (Math) serie f convergente
~/**trigonometrische** (Math) serie f trigonométrica
~/**unbestimmt [uneigentlich] divergente** (Math) serie f oscilante
~/**unendliche** (Math) serie f infinita
reihen v/aneinander yuxtaponer (z. B. Ziffern)
Reihenfertigung f fabricación f en serie; producción f por lotes
Reihenfolge f orden m, sucesión f, secuencia f; escala f, fila f, ristra f; turno m
• **in eine ~ bringen** secuenciar
~/**absteigende** orden m decreciente [de descenso]
~/**alphabetische** orden m alfabético, secuencia f alfabética, abecedario m
~/**aufsteigende** orden m creciente [de ascenso], secuencia f ascendente
~/**einheitliche** ristra f unitaria
~/**fallende** secuencia f descendente
~/**fortlaufende** orden m secuencial [de secuencias], secuencia f consecutiva [continua]
~/**logische** orden m lógico, secuencia f lógica
~/**umgekehrte** orden m inverso
Reihenfolgezugriff m (Inf) acceso m secuencial [serial, en serie], modalidad f de acceso secuencial [serial]
Reihenmotor m motor m de cilindros en línea, motor m en línea [tándem]
Reihenparallelschaltung f (El) acoplamiento m mixto [en serie paralela], conexión f en serie paralela, circuito m serie-paralelo
Reihenresonanzkreis m (El) circuito m aceptador, circuito m resonante (en) serie
Reihensämaschine f (Lt) sembradora f en hileras [líneas]
Reihenschaltung f (El) acoplamiento m [montaje m] en serie, conexión f (en) serie

Reihenschlusserregung f (El) excitación f en serie
Reihenschlussgenerator m (El) generador m de devanado en serie
Reihenschlussmotor m (El) motor m con arrollamiento en serie, motor m (de excitación) en serie
Reihenschlusswicklung f (El) arrollamiento m [devanado m] en serie
Reihenwiderstand m (El) resistencia f en serie
rein puro; genuino
Reindarstellung f (Ch) preparación f en estado puro, obtención f en estado de pureza
Reinhaltung f mantenimiento m puro [de la limpieza], limpieza f; conservación f limpia (z. B. der Luft)
Reinheitsgrad m (Ch) grado m de pureza
reinigen v 1. limpiar, purificar, depurar (z. B. Wasser); clarificar (abklären); 2. (Met) acrisolar
~/**chemisch** limpiar químicamente, deterger; limpiar prendas
~/**mechanisch** fregar
Reiniger m depurador m, limpiador m
Reinigung f 1. limpiamiento m, limpieza f, limpia f, purificación f, tratamiento m de purificación, depuración f, clarificación f, aclareo m; detersión f; 2. (Met) refinamiento m (z. B. einer Schmelze)
~/**chemische** 1. limpieza f química [en seco]; 2. tintorería f (Einrichtung)
Reinigungsanlage f instalación f limpiadora [depuradora, de depuración, de purificación], equipo m depurador [purificador, de limpieza], depurador m; estación f depuradora; planta f depuradora; sistema m de depuración (für Abfall); unidad f purificadora; obras fpl de depuración; central f depuradora, planta f de tratamiento (für Wasser)
Reinigungsfilter n filtro m de depuración [limpiar, purificación]
Reinigungsgebläse n (Lt) ventilador m de la limpia
Reinigungsmaschine f máquina f de limpieza, limpiadora f
Reinigungsmittel n limpiador m, purificador m, depurativo m; detergente m; producto m detergente [de limpieza], agente m de limpieza

Reinigungssieb n (Lt) parrilla f limpiadora, zaranda f de limpieza (z. B. Mähdrescher)

Reinigungstrommel f tambor m [tambora f] de limpieza, trómel m

Reinstoff m material m puro, sustancia f pura

Reinststoff m sustancia f purissima [muy pura]

Reintonaudiometer n audiómetro m de tonos puros

Reisebus m autobús m de pasajeros, autocar m

Reiseflughöhe f (Flg) altura f de crucero

Reisegeschwindigkeit f 1. (Eb, Schiff) velocidad f comercial [de viaje]; 2. (Flg) velocidad f [régimen m] de crucero

Reiseschreibmaschine f máquina f de escribir portátil

Reißbrett n tablero m de dibujo [dibujar]

Reißfeder f tiralíneas m

Reißfestigkeit f (Wkst) resistencia f a la rotura por tracción

Reißlast f (Text, Wkst) carga f de rotura [ruptura]

Reißnadel f aguja f de marcar [trazar]

Reißnagel m tacha f

Reißschiene f escuadra f de muleta, regla f en T, T f de dibujante

Reißverschluss m cierre m de cremallera, cremallera f, (Am) cierre m relámpago

Reißwolf m 1. (Text) diablo m, diabla f, lobo m, carda f abridora; 2. (Lt) desmenuzadora f; 3. (Typ) máquina f desfibradora para aniquilar documentos, trituradora f de papel

Reißzeug n estuche m de (dibujo)

Reißzirkel m (Math) bigotera f

Reit(er)libelle f (Feinw) nivel m caballero

Reitstock m (Fert) cabezal m móvil, contracabezal m, contrapunta f, muñeca f corrediza

Reitstockhülse f manguito m del contrapunto

Reitstockpinole f cañón m [casquillo m] del contrapunto, pínula f, (Am) vaina f

Reitstockspindel m eje m del contracabezal

Reitstockspitze f contrapunta f

Reizstoff m agresivo m irritante, sustancia f irritante [irritativa], producto m irritante, irritante m

Rekombination f (Ph) recombinación f

Rekorder m grabadora f

Rekristallisationsglühen n (Met) estabilización f [normalización f] recristalizante, recocido m de recristalización

Rektifiziersäule f (Ch) columna f de rectificación, rectificador m

Rekultivierung f recuperación f, recultivación f (von Deponiegelände); rehabilitación f de espacios

Rekuperationsbremse f (Eb) freno m de recuperación

Rekuperativfeuerung f quemador m recuperador (Industriefeuerung)

Relais n relé m, relevador m

~/**abfallverzögertes** relé m de reposición lenta, relé m de apertura retardada

~/**ansprechverzögertes** relé m de acción lenta [retardada], relé m de cierre retardado

~/**anzugverzögertes** relé m de acción lenta [retardada]

~/**ferngesteuertes** relé m teledirigido

~ **mit verzögerter Auslösung** relé m de reposición lenta

~/**schnell ansprechendes** relé m rápido [de acción instantánea]

~/**unverzögertes** relé m instantáneo

Relaissender m transmisor m de repetición

Relaisstation f estación f repetidora [de radio relevada, de enlace], reemisor m, relé m

Relaisverstärker m amplificador m de relé

Relativitätsmechanik f (Ph) mecánica f relativista

Relativitätstheorie f (Ph) teoría f de la relatividad, relatividad f

Relief n relieve m

Reliefaufnahme f levantamiento m de relieve

Reliefkarte f mapa m en relieve

Reling f (Schiff) barandilla f, pasamanos m, antepecho m, batayola f, borda f

Remanenz f (El) remanencia f, inducción f remanente; magnetización f residual

Remission f (Opt) reflectancia f, reflexión f difusa (Reflexion des Lichtes an nicht spiegelnden Flächen)

Renn-Krupp-Verfahren n (Met) proceso m de pudelado

Rennstahl m acero m natural

Rennverfahren n *(Met)* método m [procedimiento m] catalán, procedimiento m [proceso m] Renn
Rennwagen m coche m [automóvil m] de carreras, vehículo m de carrera
Reparatur f reparación f, entretenimiento m; recomposición f, recorrido m
~/behelfsmäßige reparación f provisional
~/vorbeugende reparación f preventiva
Reparaturanleitung f manual m de reparación; instrucciones fpl para reparaciones
Reparaturdock n *(Schiff)* dique m de reparación, varadero m
Reparaturfahrzeug n automóvil m taller [de ayuda técnica], vehículo m de reparación
Reparaturwerkstatt f taller m de reparaciones
reparieren v reparar; recomponer; componer
Repeater m *(Nrt)* repetidor m
Reproduktionskamera f *(Foto, Typ)* cámara f de reproducción
Reprokamera f reprocámara f, cámara f de reproducción
Repulsionskraft f *(Ph)* fuerza f repulsiva [de repulsión]
Reserveanker m *(Schiff)* ancla f de socorro [respeto, la esperanza]
Reserveauftrieb m *(Schiff)* flotabilidad f de reserva
Reserveschwimmkraft f *(Schiff)* reserva f de flotabilidad
Reservetank m *(Kfz)* tanque m nodriza [de reserva], nodriza f, depósito m de carga
Reserveverdrängung f *(Schiff)* desplazamiento m de reserva, reserva f de flotabilidad
Reservoir n depósito m, estanque m, artesa f; tanque m; aljibe m; taza f; pila f
Residuensatz m *(Math)* teorema m de residuos
Resonanz f resonancia f
Resonanzabsorption f *(Kern)* absorción f resonante [de resonancia]
Resonanzfrequenz f frecuencia f de resonancia
Resonanzkörper m cavidad f resonante [de resonancia] *(Laser)*
Resonanzkreis m circuito m resonante [de resonancia, oscilante, oscilatorio]

Resonanzschalldämpfer m amortiguador m de sonidos de resonancia
Resonanzschwingung f vibración f en resonancia, oscilación f de resonancia
Resonanztopf m *(Eln)* cavidad f resonante [de resonancia]
Resonanzverstärker m amplificador m de resonancia
Ressourcen fpl recursos mpl
~/erneuerbare recursos mpl renovables
~/rückgewinnbare recursos mpl recuperables
~/technologische recursos mpl tecnológicos; patrimonio m tecnológico
~/unerschlossene recursos mpl no explotados
Rest m 1. *(Math)* residuo m, resta f, resto m; 2. *(Ch)* residuo m; radical m; poso m; 3. residuo m, remanente m
~/ganzzahliger parte f fraccionaria [de zona fija]
~/quadratischer residuo m cuadrático
Restfehler m error m residual [restante] *(Messtechnik)*
Restglied n *(Math)* elemento m residual
Restspannung f 1. *(Mech)* esfuerzo m residual; presión f residual; 2. *(El)* tensión f residual
Reststoff m residuo m, producto m residual
Reststoffbehandlung f tratamiento m [manejo m, gestión f] de residuos
Reststoffbeseitigung f eliminación f [evacuación f] de residuos, evacuación f de restos
Reststoffdeponie f vertedero m de residuos
Reststoffeinleitung f vertido m de residuos
Reststoffentsorgung f eliminación f [evacuación f] de residuos
Reststoffverbrennungsanlage f instalación f de incineración de residuos
Reststoffwiederverwendung f reciclado m [reutilización f] de residuos
Reststrahlung f *(Kern)* radiación f (nuclear) residual
Resultante f *(Math)* resultante f
Resultierende f 1. *(Math)* resultante f; 2. *(Mech)* fuerza f de trabajo
Retorte f *(Ch)* retorta f, cucúrbita f
Rettungsausrüstung f equipo m de salvamento [supervivencia]; material m de salvamento, material m para rescate

Rettungsboot n bote m salvavidas [de salvamento, de rescate], embarcación f salvavidas [de supervivencia], lancha f salvavidas [de salvamento]; lancha f de auxilio [socorro]

Rettungsfloß n *(Schiff)* balsa f salvavidas [de salvamento]

~/selbstaufblasbares balsa f autoinsuflable

Rettungsgürtel m cinturón m salvavidas; chaleco m salvavidas

Rettungsleine f cabo m salvavidas [de salvamento], cuerda f salvavidas, línea f de rescate

Rettungsmittel n 1. medio m de rescate [socorro], dispositivo m de rescate [salvamento], aparato m salvavidas; 2. *(Schiff)* medio m de salvamento, equipo m salvavidas

Rettungsring m *(Schiff)* bolsa f salvavidas, salvavidas m, guindola f

Rettungssatellit m satélite m de salvamento

Rettungswagen m automóvil m de ambulancia, vehículo m de salvamento [socorro], ambulancia f

Retusche f retoque m (fotográfico)

retuschieren v *(Foto, Typ)* retocar

Retuschierpistole f aerógrafo m

Reversierwalzstraße f *(Met)* tren m laminador reversible

Revolverbohrmaschine f taladradora f revólver

Revolverdrehmaschine f torno m revólver

Revolverfräsmaschine f fresadora f revólver

Revolverkopf m *(Fert)* portaherramientas m [torre f] revólver, cabeza f de revólver, revólver m, torreta f *(Werkzeugmaschine)*

Revolverkopfschlitten m carro m portatorre [de la torre revólver]

Reynolds-Zahl f número m [coeficiente m] de Reynold *(Flüssigkeitsströmung)*

Rezeptur f formulación f, fórmula f

reziprok *(Math)* recíproco, inverso

Reziprokes n *(Math)* inverso m

Reziprokwert m *(Math)* inverso m

Reziprozitätsgesetz n *(Math)* ley f de reciprocidad

Rhenium n renio m, Re

Rheostat m reóstato m

Rhodium n rodio m, Rh

rhombisch *(Math)* ortorrómbico

Rhomboeder n romboedro m

Rhomboid n *(Math)* romboide m

Rhombus m *(Math)* rombo m

Ribonucleinsäure f ácido m ribonucleico, A.R.N.

Richtantenne f antena f direccional [directiva, de haz]

richten v 1. dirigir *(Strahlen)*; 2. *(Fert)* enderezar; allanar; planear

~/parallel colimar *(Strahlen)*

~/warm *(Fert)* enderezar en caliente

Richten n 1. rectificación f *(Ausrichten)*; 2. *(Fert)* enderezado m, enderezamiento m *(z. B. Bleche)*

Richtfaktor m *(El)* coeficiente m [factor m] de rectificación

Richtfeuer n 1. *(Flg)* proyector m de dirección; 2. *(Schiff)* luz f de enfilación

Richtfeuerbake f *(Schiff)* baliza f direccional

Richtfunk m radioenlace m dirigido, radiorrelé m

Richtfunkanlage f instalación f radiotelegráfica [de radiotransmisión] direccional

Richtfunkbake f radiofaro m direccional [directivo, dirigido]

Richtfunkfeuer n radiofaro m direccional [directivo, dirigido]

Richtfunknetz n *(Nrt)* red f de microondas, red f radiotelegráfica dirigida

Richtfunkrelaisstelle f estación f repetidora de radioenlace

Richtfunkstation f estación f de radioenlace

Richtfunkstrecke f vía f de radioenlace dirigido, radioenlace m dirigido por radiorrelés, sistema m de radiorrelé [radioenlace dirigido], línea f de cable hertziano, línea f hertziana, cable m hertziano

Richtfunktechnik f técnica f de radiorrelé

Richtfunkverbindung f comunicación f por radiorrelé, enlace m hertziano [de microondas], radioenlace m (dirigido); cable m hertziano

richtig 1. correcto, exacto; 2. *(Inf)* verdadero

Richtigkeit f 1. exactitud f; 2. *(Inf)* veracidad f (de datos)

Richtkonzentration f/**technische** concentración f técnica de orientación

Richtkoppler m (El) acoplamiento m direccional
Richtlatte f (Bw) emparejadora f, maestra f
Richtmikrophon n micrófono m direccional
Richtplatte f 1. (Fert) placa f de aplanar; disco m rectificador; plano m de comprobación; 2. (Bw) mármol m de ajustador
Richtpresse f (Fert) prensa f enderezadora [de enderezar]
Richtstrahl m haz m dirigido [guiador], haz m de radio(dirección), haz-guía m
Richtstrahlantenne f antena f direccional [directiva]
Richtstrahlung f radiación f direccional [dirigida], rayos mpl dirigidos
Richtung f dirección f, sentido m; tendencia f • **in einer ~** unidireccional • **in zwei Richtungen** bidireccional
Richtungsanzeiger m (Kfz) indicador m de dirección [marcha]
Richtungsgerade f (Math) recta f directriz
Richtungskosinus m (Math) coseno m de dirección
Richtungsschalter m conmutador m de vuelta, llave f de dirección
Richtungsstabilität f (Kfz, Flg) estabilidad f direccional [de la dirección]
Richtungstaste f tecla f de desplazamiento [dirección]
Richtungsumkehr f inversión f
Richtungsvektor m (Math) vector m director [de dirección]
Richtungsweiche f (El) filtro m de separación
Richtwalze f (Fert) rodillo m [cilindro m] de enderezar (Blechbiegen)
Richtwalzen n laminación f de enderezado
Richtwalzwerk n tren m laminador de enderezado
Richtwerkzeug n herramienta f de enderezar, enderezador m, (Am) grifa f
Richtwert m valor m de orientación; valor m indicativo
Richtwirkung f acción f dirigida, direccionalidad f, directividad f, efecto m direccional (Antenne)
Riefe f estría f, canaladura f, (Am) acanaladura f

Riegel m espárrago m de sujeción, pestillo m; pasador m; cerrojo m; travesaño m; vagra f; limitador m; fiador m
Riemen m 1. (Masch) correa f, 2. (Schiff) remo m
Riemenantrieb m (Masch) accionamiento m por correa [poleas], impulsión f por correa, mando m a correa
Riemenscheibe f (Masch) polea f, carrillo m
Riementrieb m (Masch) impulsión f por correa, mando m a correa, transmisión f de correas
Rieselfeld n campo m de aguas residuales, campo m de regadío con aguas residuales
Rieselturm m (Ch) torre f de cascada [enfriamiento], refrigerador m de gradas
Riesenmolekül n (Ch) macromolécula f, molécula f gigante
Riffelblech n chapa f estriada [rayada], (Am) chapa f canaleta
Riffeln n estriación f, estriado m, corrugación f, canaladura f, (Am) acanaladura f
Riffelwalzwerk n trituradora f de rodillos estriados
Rille f estría f, surco m; canal m, camino m, (Am) alvéolo m
Rillenfräser m fresa f ranuradora [de ranurar, de estrías]
Rillenkugellager n cojinete m rígido de bolas, rodamiento m (de bolas) rígido
Rillenscheibe f polea f de garganta
Rillenschiene f (El) carril m con garganta, carril m de canal, riel m phoenix
Rillenwälzlager n rodamiento m acanalado
Rinde f 1. corteza f, costra f; 2. (Met) cáscara f
Rindenschälmaschine f descortezadora f
Ring m 1. anillo m, anilla f; 2. (Masch) aro m; collar m; casquillo m; cerco m; collarín m; 3. (Ch) anillo m; núcleo m; ciclo m; 4. línea f anillar (Verkehr); 5. virola f; vilorta f (Handgriff); zuncho m
~/gesättigter (Ch) ciclo m saturado
~/geteilter aro m partido
~/isocyclischer (Ch) anillo m isocíclico
Ringanker m (El) armadura f anular, inducido m de anillo
Ringbahn f (El) ferrocarril m de cintura; tren m de circunvalación

Ringbildung f (Ch) ciclización f, formación f de ciclos, aromatización f
Ringblende f diafragma m anular
Ringbolzen m perno m de argolla, cáncamo m
Ringelwalze f (Lt) rodillo m ondulado
Ringkern m 1. (El) núcleo m anular [toroidal] (einer Spule); 2. (Inf) toro m (eines Speichers)
Ringkernspeicher m (Inf) memoria f de núcleos anulares
Ringkreis m circuito m cerrado, conexión f en anillo (Mikrowellentechnik)
Ringkugellager n rodamiento m anular de bolas
Ringnetz n (Inf) red f anular [en bucle, circular]
Ringschmierlager n cojinete m de anillos de engrase
Ringshiften n (Inf) permutación f circular, desplazamiento m cíclico
Ringverbindung f 1. (Masch) junta f de anillo; 2. (Ch) compuesto m cíclico
Ringwadenfischereifahrzeug n barco m cerquero
Ringwalzwerk n (Met) laminador m de anillos
Ringwicklung f (El) arrollamiento m anular [en anillo], devanado m toroidal [en anillo], bobinado m toroidal
Rinne f canal m, canalón m, cuneta f
Rippenbogen m (Bw) arco m nervado
Rippenplatte f (Bw) losa f nervada
rissig resquebrajadizo
~ **werden** v grietarse, henderse, resquebragarse
Riss m 1. fisura f, raja f, rendija f, grieta f, quebraja f, rotura f, ruptura f, desgarramiento m, desgarre m, desgarro m (in biegsamem Material); resquebrajadura f (Wand, Holz); cuarteado m, cuarteadura f (Farbschichten); 2. (Geol) hendidura f; 3. perfil m; diseño m esquemático; plano m; dibujo m técnico [industrial], dibujo m
Rissbildung f 1. formación f de fisuras [grietas], generación f de grietas, fisuración f, agrietamiento m, agrietado m; cuarteado m, cuarteadura f (Farbschichten); 2. (Geol) fraccionamiento m
Ritzel n (Masch) piñón m
Ritzelantrieb m (Kfz) mando m por piñón
Ritzelwelle f (Masch) árbol m del piñón

ritzen v rasguñar, rayar
Ritzhärte f (Wkst) dureza f esclerométrica [al rayado]
Ritzhärteprüfer m (Wkst) esclerómetro m, comprobador m de la dureza al rayado
Ritzhärteprüfung f (Wkst) ensayo m de dureza al rayado
Rizinusöl n aceite m de ricino [castor]
Roboter m robot m (industrial)
~/handgeführter robot m de manipulación manual
~/numerisch gesteuerter robot m NC [de control numérico]
~/prozessflexibler robot m flexible de proceso
Roboterarm m brazo m de robot
Roboterschweißen n soldadura f por medio de robots
Robotersteuerung f control m de robots
Robotertechnik f ingeniería f de la robotización, robótica f (industrial); tecnología f de los robots
Robotik f robótica f (industrial)
Rockwellhärte f (Wkst) dureza f Rockwell
Rockwellhärteprüfung f (Wkst) ensayo m de dureza Rockwell
Rodegerät n (Lt) aparato m arrancador
Rodekörper m (Lt) órgano m arrancador (Hackfruchterntemaschine)
Rodelader m 1. (Lt) cortadora f en rodajas (Zuckerrübenerntemaschine); 2. (Lt) cargador m arrancador
Rodemaschine f (Lt) sacadora f de tubérculos, arrancador m de raíces, arrancadora f, cavadora f, cavador m; desbrozadora f; descepadora f
roden v arrancar; excavar; descepar, descuajar; desmontar (Forst)
Rodepflug m (Lt) arado m arrancador [desarraigador, rompeador, de romper]
Roder m (Lt) arrancadora f, arrancador m; cavadora f, cavador m
Rodeschar n (Lt) reja f de arranque
Rohbau m (Bw) obra f gruesa
Roheisen n hierro m bruto, arrabio m, (Am) hierro m cochino
Roheisenmassel f lingote m de hierro de primera fusión, pan m de fundición
Roherz n mineral m bruto
Rohguss m (Met) fundición f bruta [en bruto]
Rohgussblock m (Met) lingote m

Rohkautschuk *m* caucho *m* bruto [virgen]
Rohkohle *f* carbón *m* bruto (de extracción)
Rohkupfer *n* cobre *m* bruto [en cáscara, impuro, Blister]; cáscara *f* de cobre, *(Am)* cobre *m* Bessemer
Rohling *m* 1. *(Fert)* pieza *f* bruta [en bruto], desbaste *m*; 2. *(Gieß)* costado *m*; barra *f*; pieza *f* cruda, bruto *m*; tocho *m*; 3. *(Kst)* galleta *f*
Rohmaterial *n* materia *f* bruta [prima], material *m* crudo [en bruto]
Rohöl *n* aceite *m* bruto [crudo], petróleo *m* bruto [crudo], crudo *m* (de petróleo)
Rohöltanker *m* transportador *m* de crudos
Rohr *n (Masch)* tubo; conducto *m*; caño *m*; cañón *m*
~/geschweißtes tubo *m* soldado [con soldadura]
~/gewalztes tubo *m* laminado [moldeado]
~/nahtloses tubo *m* sin costura [soldadura]
Rohrabschneider *m* 1. cortador *m* de tubos, cortatubos *m*, tajatubos *m (Werkzeug)*; máquina *f* cortatubos; 2. *(Met)* máquina *f* troceatubos *(Walzwerk)*
Rohransatz *m* boquilla *f*, muñón *m* tubular, tubo *m* de empalme, tubuladura *f*
Rohraufweiter *m* mandril *m* expansible [de expansión, de bordear], abocardador *m (Umformtechnik)*
Rohrbiegemaschine *f* máquina *f* curvadora para tubos, curvadora *f* [dobladora *f*] de tubos
Rohrbiegepresse *f* prensa *f* dobladora [para doblar]
Rohrbruch *m* rotura *f* de la tubería, rotura *f* del tubo; reventón *m* de tubería
Rohrdurchmesser *m* diámetro *m* de tubo
Röhre *f* 1. *(Eln)* válvula *f*, tubo *m*, bulbo *m*, lámpara *f*; 2. *(Masch)* tubo *m*, caño *m*
~/braunsche tubo *m* de Braun [rayos catódicos]
~/gasgefüllte tubo *m* gaseoso [relleno de gas, de gas], válvula *f* de atmósfera gaseosa
Röhren *fpl* tubería *f*
~/kommunizierende *(Ph)* vasos *mpl* comunicantes
Röhrenfassung *f (Eln)* soporte *m* [zócalo *m*] de válvula, portaválvula *m*
Röhrenfedermanometer *n* manómetro *m* de Bourdon [tubo en U]

Röhrengleichrichter *m* rectificador *m* de válvulas
Röhrenkippschaltung *f* circuito *m* de relajación por válvula
Röhrenkühler *m* enfriador *m* tubular; radiador *m* tubular
Röhrenlibelle *f* nivel *m* tubular *(Nivelliergerät)*
Röhrenprüfgerät *n (Eln)* probador *m* de válvulas, lamparámetro *m*
Röhrensockel *m (Eln)* portaválvula *m*
Röhrenverstärker *m (Eln)* amplificador *m* de válvula [lámparas]
Röhrenwärme(aus)tauscher *m* cambiador *m* de calor con haz de tubos
Rohrflansch *m* brida *f* de tubo
Rohrgewinde *n* rosca *f* de tubo
Rohrgewindeschneidmaschine *f* roscadora *f* de tubos
Rohrkabel *n* cable *m* entubado
Rohrkrümmer *m* codo *m* (tubular)
Rohrkupplung *f* acoplamiento *m* para tubería
Rohrleitung *f* tubería *f*; conducción *f* (tubular), conducto *m*; caño *m*; cañería *f*; atarjea *f*
Rohrleitungsarmatur *f* armadura *f* de tubos, accesorios *mpl* de cañería
Rohrleitungsbau *m* montaje *m* de tuberías
Rohrleitungssystem *n* sistema *m* [conjunto *m*] de tubos, tubería *f*, cañería *f*
Rohrleitungstransport *m* transporte *m* neumático; transporte *m* por tuberías; transporte *m* por oleoducto; transporte *m* por gaseoducto
Rohrmuffe *f (Masch)* enchufe *m*
Rohrquerschnitt *m* sección *f* del tubo [conductor]
Rohrrahmen *m (Kfz)* armazón *m* [bastidor *m*, cuadro *m*] tubular
Rohrreiniger *m* limpiatubos *m*, desatascador *m* de tuberías
Rohrschelle *f* colgador *m* de tubo, abrazadera *f*
Rohrschlüssel *m* llave *f* de mordaza, llave *f* para tubos
Rohrschneidkluppe *f (Fert)* terraja *f* roscatubos
Rohrverbindung *f* unión *f* tubular [de tubería, de tubos]
Rohrverbindungsstück *n* racor *m* para el empalme de tubos; pieza *f* de ajuste

Rohrverlegung f 1. tendido m de tuberías, colocación f [montaje m] de tubos; 2. *(El)* instalación f bajo tubo
Rohrverschraubung f racor m (de tubo)
Rohrverzweigung f ramificación f de tubos; embrague m de tubo; tubo m ramificado
Rohrwalzwerk n taller m de laminación de tubos
Rohrzange f tenaza f desconectatubos [para tubería, para tubos]; alicates mpl de gasista
Rohrziehmaschine f 1. *(Fert)* máquina f para estirar tubos, estiradora f de tubos; 2. *(Met)* tren m estirador de tubos; trecho m de tubos
Rohrzucker m azúcar m de caña
Rohstahl m acero m bruto
Rohstoff m materia f bruta [prima]; material m crudo; producto m primario [de partida]
Rohstoffbearbeitung f elaboración f de materias primas
Rohstoffrückgewinnung f recuperación f de materias primas
Rohstoffverarbeitung f transformación f de materias primas; elaboración f de materias primas
Rohstoffveredlung f refinación f de materias primas
Rohstoffvorkommen n yacimiento m de materias primas
Rollbahn f 1. *(Flg)* pista f [vía f] de rodadura [rodaje], pista f; 2. *(Förd)* vía f de rodillos; 3. *(Masch)* camino m (de rodadura), vía f de rodamiento *(Lager)*
Rollbandmaß n cinta f métrica arrollable
Rollbiegemaschine f máquina f acanaladora
Rolldach n *(Kfz)* techo m arrollable
Rolldämpfungsanlage f *(Schiff)* estabilizador m antibalanceo
Rolle f 1. rodillo m, rodilla f, rodaja f, roldana f *(Rollenscheibe)*; carrete m; carrillo m; bobina f, rollo m (z. B. Papier); 2. *(Masch, Text)* enrollador m, arrollador m; 3. *(Förd)* polea f, garrucha f; 4. cilindro m; 5. moleta f *(Rädchen)*; 6. carrete m devanador *(Angel)*
rollen v 1. rodear; 2. *(Schiff)* balancear
Rollen n 1. *(Fert)* rodadura f, rodado m, rodamiento m, rodaje m; rolido m; 2. *(Schiff)* balance m, balanceo m; rolido m; escora f lateral; 3. *(Flg)* rodaje m; 4. *(Inf)* desplazamiento m de texto, desfile m en pantalla
Rollenbahn f *(Förd)* vía f de rodillos; transportador m de rodillos
Rollendruckpresse f *(Typ)* prensa f continua [alimentada por bobina]
Rollenkette f cadena f de rodillos *(Hülltriebe)*
Rollenkondensator m *(El)* condensador m tubular
Rollenlager n cojinete m [rodamiento m, chumacera f] de rodillos
Rollenoffsetmaschine f *(Typ)* máquina f offset a bobinas
Rollenprüfstand m *(Kfz)* banco m de rodillos
Rollenscheibe f *(Förd)* roldana f, rueda f de polea
Rollenstromabnehmer m *(El)* carrillo m de contacto, roldana f colectora
Rollfeld n *(Flg)* campo m [pista f] de vuelo
Rollförderer m transportador m de rodillos
Rollgang m *(Masch, Met)* vía f [camino m, tablero m, mesa f] de rodillos; camino m de rodadura, transportador m de rodillos
Rollgerüst n *(Bw)* andamio m rodante [sobre ruedas]
Rollkugel f *(Inf)* esfera f de control *(Mausknopf an Laptops)*
Rollkugelsteuerung f *(Inf)* control m del ratón
Rollmoment n *(Schiff)* momento m de balanceo
Roll-on/Roll-off-Schiff n buque m roll-on/roll-off, barco m del tipo roll-on/roll-off
Rollreibung f rozamiento m de rodadura [rodamiento, rodillo, segundo grado], rozamiento m al rodar, rozamiento m por rotación, roce m rodante
Rollreibungszahl f *(Mech)* coeficiente m de rozadura [resistencia a la rodadura]
Rollstuhl m sillón m de rueda (para minusválidos)
Rolltreppe f escalera f rodante [automática]
Rolltür f puerta f arrolladora
Rollwiderstand m *(Eb, Kfz)* resistencia f de rodadura
Rollwiderstandsbeiwert m *(Eb, Kfz)* coeficiente m de resistencia de rodadura, resistencia f de rodadura

ROM *n s.* Festspeicher
röntgen *v* radiografiar *(mit Röntgen- oder Gammastrahlen durchleuchten)*
Röntgen *n* roentgen *m*
Röntgenanalyse *f* examen *m* con rayos X
Röntgenanlage *f* instalación *f* radiológica [de rayos X], unidad *f* de rayos X
Röntgenapparat *m* aparato *m* radioscópico [de radiografía], aparato *m* (productor) de rayos X
Röntgenaufnahme *f* roentgenograma *m*, fotografía *f* de rayos X
Röntgenausrüstung *f* equipo *m* de radiología [rayos X]
Röntgenbeugung *f* difracción *f* de rayos X
Röntgenbild *n* imagen *f* radiográfica [radiológica, radioscópica], fotografía *f* de rayos X
Röntgenbildschirm *m* fluoroscopio *m*
Röntgenfilm *m* película *f* radiográfica
Röntgenfluoreszenzanalysator *m* analizador *m* de fluorescencia de rayos X
Röntgengepäckprüfgerät *n* aparato *m* radioexaminador de equipaje *(z. B. auf Flughäfen)*
Röntgengerät *n* aparato *m* (productor) de rayos X, equipo *m* de radiología, instalación *f* [unidad *f*, equipo *m* generador] de rayos X
Röntgenkamera *f* cámara *f* radiográfica
Röntgenlabor *n* laboratorio *m* de rayos X
Röntgenlaser *m* láser *m* de rayos X
Röntgenmetallographie *f* metalorradiografía *f*, radiometalografía *f*
Röntgenmikroskop *n* microscopio *m* radiológico
Röntgenoptik *f* óptica *f* roentgen [de rayos X]
Röntgenprüfung *f* ensayo *m* [examen *m*] con rayos X
Röntgenröhre *f* tubo *m* (generador) de rayos X
Röntgenschichtbild *n* tomógrama *m*
Röntgenschichtungsgerät *n* tomógrafo *m*
Röntgenschichtverfahren *n* tomografía *f* de rayos X
Röntgenschirm *m* pantalla *f* fluorescente [fosforescente, de rayos X]
Röntgenschirmbild *n* radiografía *f*
Röntgenschirmbildkamera *f* cámara *f* fluorográfica
Röntgenspektrometer *n* espectrómetro *m* de rayos X
Röntgenspektroskop *n* radioespectroscopio *m*
Röntgenstrahlbeugung *f* difracción *f* de rayos X
Röntgenstrahlen *mpl* rayos *mpl* X [Roentgen]
Röntgentechnik *f* técnica *f* radiológica [de radiología]
Röntgenuntersuchung *f* examen *m* radiológico
Ro-Ro-Frachtschiff *n* buque *m* roll-on/roll-off, barco *m* del tipo roll-on/roll-off, buque *m* RoRo
Rosette *f* 1. *(Bw)* rosetón *m*; 2. *(El)* roseta *f*
Rost *m* 1. herrumbre *f*, moho *m*, orín *m*, óxido *m (oxidiertes Eisen)*; 2. emparrillado *m*; parrilla *f*; rejilla *f*; rastrillo *m*; tamiz *m*, criba *f*, cribador *m*, cribadora *f*, cedazo *m*, harnero *m*
rostbeständig incorrosible, inoxidable, oxidorresistente, resistente a la oxidación, anticorrosivo
rosten *v* herrumbrar, criar óxido
rösten *v (Met)* cocer; tostar, calcinar *(Erze)*
Rostfeuerung *f* hogar *m* de parrilla
rostfrei libre de herrumbre, desherrumbrado; incorrosible, inoxidable
Rostlösungsmittel *n* disolvente *m* de herrumbre
Röstofen *m (Met)* convertidor *m* de tostar, horno *m* de tostación, tostador *m*; calcinador *m*
Rostschutz *m* prevención *f* antioxidante, anticorrosión *f*
Rostschutzanstrich *m* pintura *f* anticorrosiva [de protección contra el orín, antiorín, antioxidante], recubrimiento *m* anticorrosivo
Rostschutzmittel *n* preservativo *m* de corrosión, sustancia *f* antiherrumbrosa, anticorrosivo *m*, inhibidor *m* antioxidante [de corrosión], aditivo *m* anticorrosivo
Röstung *f (Met)* cocción *f*; tostación *f*; calcinación *f (von Erzen)*
Rotameter *n (Ch)* rotómetro *m*, rotámetro *m*
rotarybohren *v (Bgb)* perforar con rotación, perforar por rotary

Rotarybohren n *(Bgb)* perforación f rotatoria, sondeo m rotary, taladrado m rotativo [rotatorio]

Rotarybohrkran m *(Bgb)* malacate m para equipo rotativo

Rotation f 1. *(Met, Astr, El)* rotación f, movimiento m giratorio [de rotación]; 2. *(Math)* revolución f, rotacional m; 3. *(Lt)* rotación f de cultivos; 4. s. Rotationsdruckmaschine

Rotationsachse f eje m de rotación [giro]

Rotationsbeschleunigung f aceleración f de rotación

Rotationsbohrmaschine f sonda f rotary [rotativa]

Rotationsdruck m *(Typ)* impresión f rotativa

Rotationsdruckmaschine f *(Typ)* máquina f [impresora f] rotativa, rotativa f

Rotationsegge f *(Lt)* grada f rotativa

Rotationsellipsoid n *(Math)* esferoide m

Rotationsfilter n *(Kfz)* filtro m rotativo

Rotationsfläche f *(Math)* superficie f de revolución

Rotationsgießen n *(Kst)* fundición f rotacional

Rotationshyperboloid n *(Math)* hiperboloide m de revolución

Rotationskegel m *(Math)* cono m de revolución [rotación]

Rotationskolben m *(Kfz)* émbolo m rotativo [rotatorio]

Rotationskolbenmotor m motor m (de émbolo) rotativo, motor m rotatorio [de pistones rotativos]

Rotationskörper m *(Ph)* cuerpo m de [en] revolución, sólido m de revolución

Rotationsmäher m *(Lt)* segadora f rotativa

Rotationsmaschine f *(Typ)* máquina f rotativa, rotativa f

Rotationsoffsetdruck m *(Typ)* impresión f a offset rotativo

Rotationsparaboloid n *(Math)* paraboloide m de revolución

Rotationspolarisation f *(Opt)* polarización f rotatoria

Rotationspresse f *(Typ)* prensa f rotatoria

Rotationspressen n *(Kst)* moldeo m rotacional

Rotationspumpe f bomba f rotativa [capsular]

Rotationszylinder m *(Math)* cilindro m rotativo [de revolución]

Rotguss m *(Met)* fundición f de bronce; bronce m rojo, azófar m; latón m rojo [cobrizo], similor m, tumbaga f, tumbago m, tombac m

rotieren v girar, rotar

Rotor m 1. *(El)* rotor m, inducido m; 2. *(Flg)* hélice f horizontal, rotor m, ala f giratoria *(Rotorflugzeug)*; 3. *(Masch)* rotor m

Rotorflügler m *(Flg)* girodino m

Rotorflugzeug n giroavión m, giroplano m

Rotorhacke f *(Lt)* binadora f rotativa

Rotorkopf m *(Flg)* cabeza f del rotor *(Hubschrauber)*

Rotorkrümler m *(Lt)* rotocultor m

Rotorschub m *(Flg)* empuje m de rotación, empuje m del rotor

Rottedeponie f depósito m de putrificación *(Umwelttechnik)*

Routine f *(Inf)* rutina f

Routineablauf m marcha f rutinaria

Routinedurchlauf m pasada f de rutina

Routineunterbrechung f ruptura f [interrupción f] de rutina

Routinewartung f mantenimiento m rutinario [de rutina]

Routing n *(Inf, Nrt)* encaminamiento m, enrutamiento m *(Übertragungswegfestlegung)*

Rübendrillmaschine f sembradora f de remolacha

Rübenerntemaschine f cosechadora f [excavadora f] de remolachas

Rübenheber m arrancadora f de remolacha

Rübenkombine f máquina f cosechadora de remolacha

Rübenköpfer m desmochadora f de remolacha

Rübensammellader m cosechadora-cargadora f de remolacha

Rübenvollerntemaschine f cosechadora f [máquina f cosechadora] de remolacha, recolectora-cargadora f de remolacha

Rübenvorratsroder m arrancadora-hileradora f de remolacha

Rubidium n rubidio m, Rb

Rubinlaser m láser m de rubí

Rückbaustreb m *(Bgb)* frente m de retiro

Rückblickspiegel m *(Kfz)* espejo m retrovisor

Rückdruck m presión f reactiva [de reacción]
Rücken m contrafilo m *(eines Werkzeuges)*; canto m, lomo m *(z. B. eines Messers)*; espaldar m
Rückenlehne f *(Kfz)* respaldo m, espaldar m
Rücketraktor m tractor m forestal [de arrastre] *(Forsttechnik)*
Rückewinde f cabrestante m de tracción *(Forsttechnik)*
Rückfahrscheinwerfer m *(Kfz)* proyector m [luz f, faro m] de marcha atrás
Rückfederung f recuperación f elástica; resiliencia f
Rückflanke f *(El)* flanco m de caída, borde m de salida *(Impuls)*
Rückfluss m reflujo m; recuperación f
rückführen v 1. realimentar *(Regelungstechnik)*; 2. retornar; recircular *(in Umlauf)*; reciclar
Rückführung f 1. realimentación f, retroacción f, retroalimentación f *(Regeltechnik)*; 2. recirculación f *(in Kreislauf)*; reciclado m *(von Abfällen)*; 3. *(Masch)* mecanismo m de regreso
Rückführungssignal n señal f de retroalimentación
rückgewinnen v recuperar
Rückgewinnung f recuperación f
Rückgewinnungsanlage f planta f de recuperación
Rückhaltebecken n embalse m retardador [de retención, moderador], tanque m de retención
Rückhaltespeicher m *(Inf)* memoria f de retardo
Rückhalteventil n válvula f de retenida
Rückholfeder f muelle m de llamada [rapel], muelle m de retorno [retroceso], muelle m (recuperador)
Rückhub m *(Masch)* carrera f de vuelta
Rückkehrbefehl m *(Inf)* instrucción f de retorno
Rückkehrkoeffizient m *(Mech)* coeficiente m de restitución
Rückkehrpunkt m punto m de retroceso
Rückkehrspiegel m espejo m abatible [retráctil] *(Spiegelreflexkamera)*
rückkoppeln v *(Eln)* acoplar retroactivamente [por reacción]; realimentar
Rückkopplung f *(Eln)* retroalimentación f, realimentación f, acoplamiento m regenerativo [de reacción], retroacoplamiento m, reacción f (positiva), retroacción f, acción f inversa; control m de reacción; retropulsión f; conexión f regenerativa [en reacción]
Rückkopplungskreis m circuito m realimentado [de acoplamiento reactivo, de readmisión, de realimentación, de reacción, de regeneración, regenerativo]
Rückkopplungsschaltung f acoplamiento m regenerativo [de reacción]; conexión f regenerativa [en reacción]
Rückkopplungsverstärker m amplificador m de realimentación
Rücklauf m 1. reflujo m; 2. *(Masch)* marcha f invertida; carrera f de retorno; retorno m; retroceso m, movimiento m contrario [de regreso]; vuelta f; 3. retrogradación f
Rücklaufbehälter m tanque m [depósito m] de retorno
Rücklaufgetriebe n *(Masch)* mecanismo m de regreso
rückläufig regresivo, retrógrado
Rücklaufkondensator m *(Ch)* condensador m de reflujo [retorno], deflegmador m
Rücklauftaste f *(Inf)* tecla f de retroceso
Rückleitung f 1. *(Masch)* conducto m [tubería f] de retorno; 2. *(El)* circuito m de retorno
Rücklicht n 1. *(Kfz)* luz f trasera [roja]; piloto m; 2. *(Eb)* luz f de reverso
rückmelden v retransmitir [devolver] un mensaje; realimentar *(im Regelkreis)*
Rückmeldung f 1. retroinformación f; 2. *(Nrt)* mensaje m de respuesta, réplica f; 3. realimentación f *(im Regelkreis)*; retroalimentación f, información f de realimentación; 4. *(Inf)* acuse m de recibo *(z. B. eines Signals)*
Rückprallhärte f *(Wkst)* dureza f escleroscópica [al rebote]
Rückprallhärteprüfer m *(Wkst)* escleroscopio m
Rückruf m *(Nrt)* llamada f retenida [de consulta], rellamada f
Rückschlag m 1. rechazo m; choque m de reacción; regolpe m *(z. B. Pressen)*; 2. retroceso m brusco *(z. B. Flammen)*
Rückschlagventil n válvula f antirretorno [no retorno], válvula f de desahogo [retención]

rücksetzen v 1. retroceder; 2. *(Inf)* recompilar, reiniciar; 3. *(Nrt)* restaurar

Rücksetztaste f *(Inf)* tecla f de retroceso, botón m de reset, backspace m

Rücksetzung f 1. *(Inf)* reinicialización f, reiniciación f, reposición f; 2. *(Nrt)* restitución f

Rückspiegel m *(Kfz)* espejo m retrovisor, retrovisor m

Rücksprung m 1. salto m de retorno; 2. *(Inf)* retorno m, vuelta f, salto m hacia atrás; bifurcación f de retorno; 3. *(Flg)* rediente m *(Wasserflugzeug)*

Rücksprungadresse f *(Inf)* dirección f de retorno

Rücksprunghärte f *(Wkst)* dureza f escleroscópica [al rebote]

Rückspulen n rebobinado m *(z. B. Magnetband)*

Rückstände mpl desechos mpl (finales); residuos mpl

~/deponiefähige residuos mpl depositables

~/wieder verwertbare residuos mpl reciclables

Rückstandsdeponie f depósito m de residuos

Rückstandsentsorgung f eliminación f de residuos

Rückstandsverbrennungsanlage f incinerador m [instalación f de tratamiento] de residuos

Rückstau m retención f

rückstellen v *(Inf)* recompilar

Rückstellfeder f muelle m de retorno [retroceso]

Rückstoß m rebote m; reculada f; choque m de reacción

Rückstoßantrieb m accionamiento m de reacción, propulsión f a [por] chorro [reacción], retropropulsión f

Rückstoßelektron n electrón m repulsivo [de rebote, de Compton]

Rückstrahler m luz f trasera, reflector m, catafaro m

Rückstrahlungsvermögen n *(Astr, Opt, Kern)* albedo m

Rückstrich m barra f inversa

Rückstrom m 1. *(El)* corriente f inversa [de vuelta, de retorno]; 2. s. Rückströmung

Rückströmung f corriente f de retorno [vuelta], reflujo m

Rückströmventil n válvula f de reflujo

Rücktaste f *(Inf, Nrt)* tecla f de retroceso

Rückwand f panel m de fondo trasero *(eines Gehäuses)*

Rückwärtsgang m *(Kfz)* marcha f atrás [en retroceso]; inversión f de marcha; retroceso m

Rückwärtsregler m regulador m retroactivo

Rückwärtsverkettung f *(Inf)* concatenación f regresiva

Rückwärtswellenröhre f *(Eln)* tubo m de onda regresiva

Rückwärtszählung f cuenta f atrás [descendente] *(Startzählung)*

rückwirkend 1. reactivo; 2. retroactivo

Rückwirkung f 1. reacción f, retroacción f, acción f inversa, retroalimentación f, feedback m; 2. *(Math)* repercusión f

Rückzugfeder f muelle m de retorno [retroceso, rapel]; muelle m de llamada

Rückzündung f 1. *(Kfz)* retroceso m de llama, fogonazo m de retorno, contraexplosión f; 2. *(El)* arco m inverso *(Stromrichter)*

Ruder n 1. *(Schiff)* timón m; rueda f de gobierno, gobernalle m; 2. *(Schiff)* remo m; 3. *(Flg)* timón m, alerón m

Ruderanlage f *(Schiff)* aparato m de gobierno [timón], timonería f

Ruderblatt n *(Schiff)* pala f del timón

Ruderboot n bote m a remo, canoa f de remos; chinchorro m *(kleines Boot)*

Rudergeschirr n *(Schiff)* mecanismo m [tren m] de timoneo, aparato m de gobierno [timón]

Ruderhacke f *(Schiff)* talón m de timón, pie m de gallo

Ruderhaus n *(Schiff)* caseta f de gobierno, cabina f de control, quiosco m, timonera f, espacio m de navegación

Ruderkoker m *(Schiff)* tubo m [limera f] de timón

Ruderlagenanzeiger m *(Schiff)* indicador m de ángulos [grados] del timón, indicador m de timón, axiómetro m

Rudermaschine f *(Schiff)* máquina f de timón, mecanismo m de timoneo, aparato m de gobierno [timón]

Rudermaschinenraum m *(Schiff)* sala f de máquina del timón, cámara f de servomotor

rudern v (Schiff) remar
Ruderpinne f (Schiff) caña f del timón, rueda f de gobierno, barra f
Rudersteven m (Schiff) contracodaste m, codaste m (del) timón, codaste m, estambor m
Ruderstock m (Schiff) mecha f [vástago m] del timón
Ruderwinkellage f (Schiff) posición f angular del timón
Ruf m (Nrt, Inf) llamada f
~/abgehender llamada f saliente
~/ankommender llamada f entrante
Rufkennung f (Inf) identificación f de llamadas
Rufnummer f (Nrt, Inf) número m de llamada [guía]; número m de teléfono
Rufnummernanzeige f (Nrt) visualización f del número llamado
Rufnummernspeicher m (Nrt) memoria f de números de teléfonos
Ruf- und Signalanlage f instalación f de llamada y aviso
Rufweiterschaltung f (Nrt) transferencia f de llamadas
Rufzeichen n (Nrt) señal f de llamada; indicativo m
Ruheenergie f (Ph) energía f en reposo
Ruhekontakt m contacto m de reposo [ruptura]
Ruhelage f estado m de reposo; posición f de equilibrio [reposo] (Kinematik)
Ruhestellung f posición f de reposo
Ruhestrom m (El) corriente f en régimen de reposo
Ruhewert m valor m de reposo
Rührapparat m mezclador m agitador
Rührarm m pala f agitadora, paleta f batidora [de remoción, revolvedora, malaxadora, mezcladora]
rühren v 1. agitar; remover; malaxar; 2. (Met) bracear
Rührer m agitador m; mezclador m
Rührmaschine f agitadora f; mezcladora f; malaxadora f; batidora f
Rührstab m varilla f agitadora [de agitación]
Rührwerk n mecanismo m agitador [removedor, mezclador, malaxador, revolvedor], mezclador m, agitador m; sistema m de agitación; mecanismo m batidor; máquina f batidora (Molkerei); emulsor m

Rumpf f 1. tronco m; 2. (Schiff) casco m; 3. (Flg) fuselaje m, casco m
Rumpfspant m (Flg) cuaderna f de fuselaje
rundätzen v (Typ) igualar las etapas del mordido
Rundblickfernrohr n anteojo m panorámico
Rundbodenkolben m émbolo m de fondo redondo
Rundbogen m (Bw) arco m romano [de medio punto]
Rundbohrer m broca f con ranuras rectas
Runddrahtwalzstraße f tren m de laminación de alambrón
runddrehen v (Fert) tornear redondo
Runddrehtisch m mesa f giratoria
Rundeisen n hierro m redondo
runden v redondear (Zahlen)
Runden n 1. redondeo m; 2. (Typ) redondeado m (Einbinden)
runderneuern v (Kfz) recauchutar (Reifen)
Runderneuerung f (Kfz) recuperación f total, recauchutado m, recauchutaje m (Reifen)
Rundfeile f lima f redonda
Rundfräsen n (Fert) fresado m circular
Rundfunk m radiodifusión f, radio f (Hörrundfunk und Fernsehrundfunk)
Rundfunksender m emisora f radiofónica [de radiodifusión], emisora f, estación f difusora [de radiodifusión], radioemisora f, radiotransmisor m, transmisor m de radiofusión
Rundfunktechnik f radiotecnia f, radiotécnica f, radioelectricidad f
rundfunktechnisch radioeléctrico
Rundgewinde n rosca f redonda [de cordón]
Rundhobelmaschine f acepilladora f circular
Rundhobeln n (Fert) acepillado m circular
Rundhohlleiter m (El) guiaondas m circular
Rundholz n 1. madera f redonda; tronco m redondo, tacón m; 2. (Schiff) percha f (Baum)
Rundkämmmaschine f (Text) peinadora f circular
Rundkeil m chaveta f redonda [anillo, de base cilíndrica]
Rundkolben m matraz m (de fondo) redondo (Laborgerät)

Rundkopfschraube f tornillo m de cabeza redonda
rundlaufen v girar redondo
Rundlaufmessgerät n medidor m de concentricidad [redondez]
Rundmutter f (Masch) tuerca f arandela
Rundnetz n (Schiff) red f [arte m] de cerco
Rundofen m (Met) horno m redondo
Rundprofil n (Met) contorno m circular
Rundprofilbiegemaschine f curvadora f de redondos
Rundschieber m (Masch) distribuidor m circular
Rundschleifen n (Fert) rectificado m cilíndrico
Rundschleifmaschine f rectificadora f cilíndrica
Rundschneidemaschine f tijera f para cortar redondo
Rundsicht f visión f circular, vista f panorámica
Rundsichtgerät n indicador m panorámico, pantalla f panorámica (Radar)
Rundskale f escala f redonda, dial m
Rundspant m (Schiff) mamparo m circular
Rundstab m (Bw, Met) varilla f cilíndrica [redonda], barra f redonda
Rundstahl m acero m redondo, redondo m
Rundstrahlantenne f antena f omnidireccional [no directiva]
Rundstrahlung f radiación f omnidireccional
Rundstrickmaschine f (Text) máquina f circular de género de punto, tricotosa f circular
Rundungsfehler m (Math) error m de redondeo
Runge f (Eb) telero m, estaca f
Rungenwagen m vagón m (de) plataforma, vagón m plancha [plano, raso, plataforma con teleros)
Ruß m hollín m, negro m (de humo)
Rußzahl f índice m de hollín (Maß für Rußgehalt im Abgas)
Rüstungsaltlast f vertedero m antiguo de armamentos
Ruthenium n rutenio m, Ru
Rutherford n rutherford m (Einheit der Radioaktivität)
Rutherfordium n rutherfordio m, Rf
Rutsche f (Förd) plano m inclinado, resbaladera f; lanzador m, tobogán m; buzón m; canal m, canalón m

rutschen v deslizar(se); resbalar (Kupplung, Bremse); patinar
Rutschen n 1. deslizamiento m, desliz m; resbalamiento m (Kupplung, Bremse); patinación f, patinaje m (der Räder); 2. corrimiento m (von Erde)
rutschfest antideslizante, no resbaladizo; resistente al deslizamiento (Boden)
Rutschfestigkeit f propiedad f [característica f, poder m] antideslizante, resistencia f al deslizamiento, rigidez f de deslizamiento
Rutschkupplung f acoplamiento m de fricción [resbalamiento], acoplador m deslizante; embrague m corredizo
Rüttelarm m (Lt) aguilón-sacudidor m
Rüttelbeton m hormigón m vibrado
Rüttelegge f (Lt) grada f oscilante
Rüttelformmaschine f (Gieß) apisonadora f vibrante [vibratoria], moldeadora f vibradora [con vibrador, sacudidora, por vibración], sacudidor m
Rüttelgerät n (Bw) vibrador m, útil m vibrátil
Rüttelmaschine f (Bw, Masch) máquina f vibradora [de sacudidas], sacudidor m, vibrador m, agitador m
rütteln v (Bw) vibrar; sacudir
Rüttelrost m parrilla f vibratoria
Rüttelsieb n criba f vibradora [vibratoria, de sacudidas], colador m vibratorio, cernedor m vibrante, vibrador m de tamices
Rütteltisch m mesa f sacudidora [de sacudidas, vibratoria], agitador m, sacudidor m; vibrador m de plato
Rüttelvorrichtung f (Gieß) mecanismo m sacudidor [de sacudir], vibrador m; cuba f vibratoria
Rüttelwalze f (Bw) apisonadora f vibrante [vibratoria] (Erdbau)
Rüttler m (Bw) pisón m vibrador; cuba f vibratoria; vibrador m

S

Säaggregat n (Lt) mecanismo m sembrador
Saatbehälter m (Lt) depósito m [tolva f] de semilla
Saategge f (Lt) grada f sembradora, rastrillo m de siembra

Saatgutbeizmaschine f (Lt) espolvoreadora f para semillas
Saatgutbereiter m (Lt) aventadora f seleccionadora de semillas, clasificadora-limpiadora f de semillas; limpiador m de simientes [semillas]
Saatgutreinigungsanlage f (Lt) limpiador m de simientes [semillas]; aventadora f seleccionadora de semillas, clasificadora-limpiadora f de semillas
Saatgutsortierer m (Lt) clasificadora f de semillas
Saatkasten m (Lt) depósito m de semilla, caja f [tolva f] de grano (Drillmaschine)
Saatleitung f (Lt) tubo m sembrador [de caída, de granos], conductor m de semilla, embudo m de grano (Drillmaschine)
sachgerecht adecuado, debido
sachkundig perito, experto
Sachverständigengutachten n dictamen m pericial [de peritos], informe m de perito; prueba f pericial
Safe m(n) caja f fuerte
Säge f sierra f; aserradora f, tronzadora f
Sägeband n cinta f aserradora [de sierra], hoja f de sierra, sierra f
Sägedach n (Bw) cubierta f de dientes de sierra, tejado m en diente de sierra
sägeförmig aserrado
Sägegatter n marco m portasierra; aserradora f alternativa, aserradero m
Sägekette f cadena f de sierra
Sägemaschine f sierra f mecánica [circular]; máquina f de serrar, máquina f para aserradero, aserradora f (Holz)
sägen v serrar
Sägen n asserado m; corte m
Sägenschärfmaschine f (Fert) máquina f de afilar sierras, afiladora f de sierra, rebajador f
Sägespäne mpl aserraduras fpl
Sägewerk n serrería f, aserradero m; máquina f para aserradero
Sägezahn m diente m de sierra
sägezahnförmig (El) en [de] diente de sierra
Sägezahnkurve f curva f de dientes de sierra
Sägezahnstrom m corriente f de diente de sierra
Sagging n (Schiff) contraarco m

Saite f cuerda f (sonora)
Saldierwerk n mecanismo m de adición, saldador m
Salicylsäure f ácido m salicílico
Saline f salina f, (Am) salar m
Salinometer n halómetro m
Salmiak m almohatre m, amoniaco m, amoníaco m, sal f almoníaco [de amoníaco]
Salmiakgeist m (Ch) agua f amoniacal, álcali m volátil, solución f de hidróxido amónico, sosa f amoniacal [de amoníaco], amoniaco m (líquido), amoníaco m (líquido)
Salpeter m salitre m, nitro m
Salpetersäure f ácido m nítrico, agua f fuerte
Salz n (Ch) sal f
Salzbad n (Met) baño m salino [de sales] (Heizbad)
Salzbadabschrecken n enfriamiento m rápido en baño de sales
Salzbadhärtung f temple m en baño de sal
Salzbergwerk n salina f
Salzbildner m halógeno m
Salzgehalt m contenido m en sal, concentración f salina, salinidad f
Salzgehaltmesser m salinómetro m, halómetro m, pesasal m
salzhaltig salino, salífero; salobre (Wasser); salobreo (Boden)
Salzlake f salmuera f
Salzlösung f solución f salina [de sal], disolución f de sal
Salzsäure f ácido m clorhídrico [muriatico]
Salzschmelzenreaktor m (Kern) reactor m de sales fundidas
Salzwasser n agua f salada
Samarium n samario m, Sm
Sämaschine f (Lt) máquina f sembradera [sembradora], sembradora f, sembradera f
Sammelanschluss m (Nrt) línea f colectiva; grupo m de líneas de salto
Sammelbecken n presa f almacenadora; receptáculo m, tanque m, depósito m (colector)
Sammelbehälter m recipiente m colector [de almacenamiento], aparato m recolector
Sammellader f (Lt) recogedora-cargadora f

Sammelleitung f 1. tubería f colectora; tubo m captante; conducción f de aguas residuales; 2. *(Nrt)* línea f colectiva
Sammellinse f *(Opt)* lente f convergente [colectora, de enfoque]
Sammelnummer f 1. número m de orden; 2. *(Nrt)* número m colectivo, número-clave m
Sammelpresse f *(Lt)* prensaembaladora f, enfardadora-recolectora f, recolectora-enfardadora f, recolectora-prensadora f, embaladora f, enfardeladora f
Sammelroder m *(Lt)* arrancadora-cargadora f (de patatas)
Sammelrohr n tubo m colector, colector m
Sammelschiene f 1. *(El)* barra f colectora; 2. *(El, Inf)* ómnibus m, bus m
Sammler m 1. colector m, recolector m, recogedor m; captador m; equipo m colector [recolector, de recolección]; 2. *(El)* acumulador m; captador m *(Strom)*; colector m *(Transistor)*; 3. *(Bw)* colector m de aguas urbanas, cloaca f colectora
Sandaufbereitungsanlage f *(Gieß)* planta f preparadora de arena, instalación f de preparación de arena, arenería f
Sandfang m cámara f de arenillas, desarenador m, trampa f de arena *(Hydrotechnik)*
Sandformerei f moldería f en arena
Sandguss m colada f en arena seca, fundición f en arena
Sandkasten m arenero m
Sandpapier n papel m abrasivo [de esmeril, de lija], lija f
Sandpapierschleifmaschine f lijadora f
Sandschleuderformmaschine f *(Gieß)* lanzador m de arena
Sandstein m piedra f arenisca, arenisca f, gres m
Sandstrahl m chorro m de arena
Sandstrahlanlage f máquina f de chorreado de granalla
Sandstrahldüse f tobera f de chorro de arena
sandstrahlen v arenar, soplar arena, limpiar con chorro de arena
Sandstrahlen n chorreado m con arena, proyección f de arena
Sandstrahlgebläse n soplete m [proyector m] de arena, aparato m de limpiar por chorro de arena

Sandstrahlrohr n tubo m arenador [del chorro de arena]
Sandwichbauweise f construcción f multicapa [en forma de sandwich]
Sandwichblech n chapa f sandwich *(Lärmbekämpfung)*
Sandwichstruktur f estructura f sandwich [de emparedado, de alma celular]
sanieren v sanear; subsanar
Sanierungstechnik f técnica f de saneamiento
Sanitäranlage f instalación f sanitaria, equipo m [sistema m] sanitario
Sanitärchemie f química f sanitaria
Sanitärkeramik f cerámica f sanitaria
Sanitärtechnik f ingeniería f sanitaria; técnica f sanitaria [de saneamiento]
Särad n *(Lt)* rueda f distribuidora *(Drillmaschine)*
Säschar m *(Lt)* reja f de sembrar
Satellit m satélite m (espacial) • **über ~** vía satélite
~/geodätischer satélite m geodésico
~/künstlicher satélite m artificial
~/stationärer satélite m estacionario
Satellitenantennenanlage f sistema m de antenas de satélite
Satellitenbahn f órbita f satelitaria [del satélite]
Satellitenbild n imagen f captada por satélites
Satellitenfernsehen n televisión f directa por satélite, televisión f por [vía] satélite
Satellitenfunkverbindung f radioenlace m vía satélite
Satellitenprozessor m *(Inf)* procesador m satélite
Satellitenrad n *(Masch)* piñón m satélite [planetario], rueda f satélite
Satellitenrechner m *(Inf)* ordenador m [computadora f] satélite *(Filialrechner)*
Satellitenrundfunk m radiodifusión f por satélites
Satellitenübertragung f transmisión f por satélites
satinieren v satinar, glasear, lustrar *(Papier)*
Satinierkalander m *(Text)* calandria f de satinar, calandria f para planchar; prensa f de satinar, supercalandra f *(Papierherstellung)*
Sattdampf m vapor m saturado [húmedo]

Sattel *m* 1. silla *f*; 2. *(Geol)* charnela *f* anticlinal, anticlinal
Sattelauflieger *m (Kfz)* semirremolque *m*
Satteldach *n (Bw)* cubierta *f* de dos aguas [vertientes], tejado *m* de caballetes, tejado *m* de dos aguas [vertientes]
Sattelholz *n* 1. *(Bw)* ejión *m*; 2. *(Schiff)* ventrera *f (Stapellauf)*
Sattellinie *f (Geol)* eje *m* anticlinal
Sattelpunkt *m (Math)* minimax *m (einer Kurve)*
Sattelschlepper *m (Kfz)* camión *m* tractor [articulado], tractocamión *m*, tractor *m* (del) semirremolque, *(Am)* tractor *m* de remolque, tractor-remolque *m*
Sättigungsdruck *m (Ph)* presión *f* máxima [de saturación], tensión *f* de saturación
Sättigungsstrom *m* corriente *f* de saturación
Saturation *f* saturación *f*; carbonatación *f (Zuckerherstellung)*
Satz *m* 1. teorema *m*; axioma *m*, principio *m*; ley *f*, 2. *(Math)* proposición *f*; 3. *(Inf)* sentencia *f*; registro *m*; 4. conjunto *m*; juego *m*; lote *m*; surtido *m*; repertorio *m*; 5. *(Inf)* mazo *m (Karten)*; 6. bloque *m*; grupo *m*; agregado *m*; tren *m*; 7. *(Ch)* orujo *m*; 8. *(Typ)* composición *f*; 9. tasa *f (Rate)*
~ **der ebenen Geometrie** teorema *m* de la geometría plana
~ **des Thales** teorema *m* de Tales
~ **fester Blocklänge** registro *m* de bloque fijo
~ **gleicher Länge** registro *m* unitario
~/**pyrotechnischer** composición *f* pirotécnica
~ **variabler Länge** registro *m* de longitud variable
~ **von der Erhaltung der Energie** *(Ph)* principio *m* de conservación de la energía
Sätze *mpl* **der Mechanik** principios *mpl* de la mecánica
~/**kirchhoffsche** *(El)* leyes *fpl* de Kirchhoff
Satzfräser *m (Fert)* cortador *m* múltiple, fresa *f* combinada [seccional]
Satzzeichen *n* 1. *(Typ, Inf)* carácter *m* tipográfico; 2. *(Inf)* signo *m* de puntuación
sauer ácido; agrio
säuern *v (Ch)* acidificar
~/**schwach** acidular, acedar

Sauerstoff *m* oxígeno *m*
~/**atmosphärischer** oxígeno *m* atmosférico
~/**atomarer** oxígeno *m* elemental
~/**flüssiger** oxígeno *m* líquido
Sauerstoff-Acetylen-Schweißen *n* soldadura *f* oxiacetilénica
Sauerstoffatemgerät *n* equipo *m* respiratorio con balones de oxígeno
Sauerstoffbehälter *m* tanque *m* de oxígeno
Sauerstoffbrenner *m* soplete *m* de oxicorte
Sauerstoffflasche *f* botella *f* de oxígeno
Sauerstoffträger *m* portador *m* de oxígeno; oxidante *m* explosivo *(in Explosivstoffen)*; comburente *m (für Raketenantrieb)*
Säuerung *f* acidificación *f*
Sauganlage *f* sistema *m* de aspiración
Saugbagger *m* draga *f* aspirante [chupona, de succión], draga *f*
Saugdüse *f* boquilla *f* aspiradora [de aspiración], inyector *m* aspirante, tobera *f* de aspiración
Saugentlüfter *m* exhaustor *m*
Sauger *m* aspirador *m*, aspiradora *f*; chupador *m (z. B. Dränung)*
Saugfilter *n* filtro *m* de aspiración [succión]; chupador *m (z. B. Dränung)*
Saughaube *f* campana *f* de aspiración *(Schadstoffbeseitigung)*
Saugheber *m* sifón *m*
Saughöhe *f* altura *f* de aspiración *(Pumpe)*
Saughub *m* carrera *f* de admisión [aspiración] *(Pumpe)*
Saugkanal *m* 1. túnel *m* de aspiración [succión]; 2. *(Bgb)* canal *m* de tiro del ventilador
Saugleitung *f* conducto *m* de aspiración; tubería *f* de aspiración
Saugluftbremse *f* freno *m* de [al] vacío, freno *m* de aspiración de aire, servofreno *m* a depresión
Sauglüfter *m* ventilador *m* aspirante [extractor], exhaustor *m*
Saugpumpe *f* bomba *f* aspirante [de aspiración, de succión]
Saugrohr *n* tubo *m* aspirador [aspirante, de aspiración, de dragado], succionador *m*; conducto *m* de admisión; sifón *m*
Saugschwimmbagger *m* draga *f* de escampavía a succión

Saugstrahlpumpe f eyector m (hidráulico) *(Vakuumtechnik)*
Saugtakt m *(Lt)* ciclo m de aspiración *(Melkmaschine)*
Saugventil n válvula f de aspiración, grifo m aspirador
Saugventilator m ventilador m aspirante [de succión]
Säule f *(Bw, Masch)* columna f, pila f, pilar m; poste m
Säulenbohrmaschine f *(Fert)* taladradora f de columna
Säulendiagramm n *(Math)* diagrama m [gráfico m] de barras, diagrama m de columnas apiladas, histograma m
Säulengrafik f gráfico m de barras
Säulenhalle f *(Bw)* pórtico m
Säulenplatte f *(Bw)* losa f columnar, plinto m
Säulenverschalung f *(Bw)* encofrado m para pilares *(für Stützen)*
Saum m 1. borde m; franja f, falda f; 2. *(Text)* ribete m
säumen v orillar; ribetear
Saumlatte f *(Bw)* listón m de canto
Säure f *(Ch)* ácido m
~/**gesättigte** ácido m saturado
~/**hoch konzentrierte** ácido m altamente concentrado
~/**mehrbasige** ácido m polibásico, poliácido m, polibase f
~/**salpetrige** ácido m nitroso
~/**schwache** ácido m débil
~/**schweflige** ácido m sulfuroso
~/**verdünnte** ácido m diluido
Säureanhydrid n anhídrido m de ácido
Säurebad n baño m ácido [de acidulación]
Säure-Base-Gleichgewicht n equilibrio m ácido-base
Säurebildner m acidificador m
Säuredichte f densidad f del ácido
säurefest resistente a los ácidos, a prueba de ácidos, acidorresistente, antiácido, inatacable por ácidos
säurefrei exento [libre] de ácido, no ácido, sin ácidos
Säuregehaltsbestimmung f acidimetría f
Säuregrad m *(Ch)* coeficiente m [grado m] de acidez, acidez f
Säureschutzbrille f espejuelos mpl antiácidos

Säureschutzkleidung f prenda f antiácido, ropa f contra ácidos, vestido m antiácidos, vestimenta f antiácida
Säurespaltung f desintegración f de ácido, acidólisis f
Säurewert m valencia f de acidez
Säurezahl f *(Ch)* índice m de acidez, número m acídico
S-Bahn f ferrocarril m urbano
Scandium n scandio m, Sc
scannen v escanear, explorar
Scannen n escaneado m, exploración f
Scanner m escáner m, scanner m, explorador m, máquina f exploradora [de exploración] *(z. B. Ultraschallscanner)*
Scattering n *(El, Eln)* difusión f transhorizonte
Scatteringausbreitung f *(Eln)* propagación f transhorizonte *(von Wellen)*
Schabeisen n 1. *(Fert)* alisador m; grata f; 2. *(Led)* descarnador m
schaben v *(Fert)* rasquetear, rascar, raspar
Schaber m 1. herramienta f rascadora, rasqueta f, rascador m, raspador m, escrapa f; 2. *(Lt)* traílla f escrepa
Schablone f 1. unidad f patrón, plantilla f, chantillón m; calibre m; conformador m; escantillón m; terraja f, pauta f; 2. *(Inf)* pauta f de bits *(Bitmuster)*; 3. *(Gieß)* molde m
Schablonenbohrmaschine f taladradora f de plantillas
Schablonendrehmaschine f torno m copiador de plantilla
Schablonenformen n *(Gieß)* moldeado m con calibre, moldeo m con plantilla [terraja]
Schabmesser n *(Ch)* cuchilla f rascadora
Schabotte f *(Met)* chabota f, yunque m inferior
Schabwerkzeug n *(Fert)* herramienta f rascadora, rasuradora f
Schabzahn m *(Fert)* diente m de afinado
Schacht m 1. *(Bw)* pozo m, caja f, hueco m *(Treppe, Förderkorb)*; 2. *(Bgb)* pozo m, pique m, mina f; 3. lumbrera f, pozo m de luz; cuba f *(Hochofen)*
Schachtabteufen n *(Bgb)* excavación f [profundización f] de pozos
Schachtanlage f/**stillgelegte** mina f desechada

Schachtausbau *m (Bgb)* encofrado *m* [entibación *f*, revestimiento *m*] del pozo, entibación *f* de realce

schachteln *v (Inf)* anidar

Schachtelung *f (Inf)* anidamiento *m*, imbricación *f* de programas, encaje *m* de rutinas *(Programme)*

Schachtofen *m (Met)* horno *m* de cuba

Schaden *m* defecto *m*; avería *f*; daño *m*; siniestro *m*; desperfecto *m*; perjuicio *m*

Schadensverhütung *f* prevención *f* de daños (y pérdidas); prevención *f* de averías; sistema *m* de prevención de pérdida *(als System)*

schadhaft defectuoso, averiado

schädlich nocivo, perjudicial; ruinoso

Schädlingsbekämpfung *f (Lt)* tratamiento *m* antiparasitario; lucha *f* antiparasitaria [contra las plagas], erradicación *f* [control *m*] de plagas

Schädlingsbekämpfungsmittel *n (Lt)* plaguicida *m*

Schadstoff *m* sustancia *f* nociva [dañina, perjudicial], agente *m* contaminante [nocivo, pernicioso]; materia *f* nociva [dañina], material *m* nocivo; contaminante *m*, polutante *m*; producto *m* nocivo

~/chemischer sustancia *f* química nociva

~/gewässerbelastender contaminante *m* de aguas

~/luftbelastender contaminante *m* atmosférico [del aire]

~/physikalischer agente *m* agresor físico, agresor *m* físico *(z. B. Lärm)*

Schadstoffabbau *m* desintegración *f* de sustancias nocivas

Schadstoffabsaugung *f* evacuación *f* [extracción *f*] de contaminantes

Schadstoffausbreitung *f* propagación *f* de sustancias nocivas, diseminación *f* [dispersión *f*, extensión *f*] de contaminantes

Schadstoffausstoß *m* emisión *f* contaminante [de contaminantes, de sustancias nocivas], descarga *f* de contaminantes

Schadstoffbekämpfung *f* lucha *f* anticontaminación [contra la contaminación], control *m* de la contaminación, control *m* de contaminantes [agentes químicos]

Schadstoffeintrag *m* aporte *m* contaminante, entrada *f* de contaminantes

Schadstoffemission *f* emisión *f* contaminante [de contaminantes, de sustancias nocivas]

Schadstoffentsorgung *f* eliminación *f* de contaminantes

Schadstofferfassung *f* captación *f* [captura *f*] del contaminante

Schadstofffracht *f* flete *m* de contaminantes

Schadstoffkonzentration *f* concentración *f* de sustancias nocivas; concentración *f* del tóxico

Schadstofflast *f* carga *f* contaminante [de contaminantes]

Schadstoffnachweisgerät *n* instrumento *m* detector de contaminante, detector *m* de contaminantes químicos

Schadstoffschutz *m* protección *f* contra sustancias nocivas, control *m* de la contaminación, control *m* de contaminantes, lucha *f* contra la contaminación

Schadstoffüberwachungssystem *n* sistema *m* de monitoreo de contaminantes

Schaft *m* 1. caña *f*; vástago *m*; puño *m*, agarrador *m*; rabera *f (Handgriff)*; cañón *m*; cola *f*; 2. espiga *f (Schraube)*; tirante *m*; varilla *f (z. B. Ventil)*; 3. *(Bw)* fuste *m (Säule)*; 4. *(Text)* lizo *m (Weberei)*; 5. *(Led)* caña *f*, pala *f (von Schuhen)*

Schaftfräser *m (Fert)* fresa *f* bailarina [de espiga, de vástago, de mango, de cola]

Schaftreibahle *f (Fert)* escariador *m* de vástago

Schaftschraube *f* pitón *m* roscado

Schaftwebmaschine *f (Text)* máquina *f* de tejer lizos

Schäkel *m* 1. luneta *f (Öse)*; 2. *(Schiff)* grillete *m*

Schäkelbolzen *m* pasador *m* de grillete

Schale *f* 1. cubeta *f*; cápsula *f (für Laborzwecke)*; taza *f*, platillo *m (Waage)*; 2. casquete *m (Haube)*; 3. *(Bw)* casco *m (Flächentragwerk)*; 4. *(Met)* caja *f* de carga; 5. *(Ph)* capa *f* (cortical) *(des Atoms)*

Schäleisen *n* descortezador *m (Forst)*

Schalen(auf)bau *m (Kern)* estructura *f* de capas

Schalenbauweise *f (Bw, Flg)* construcción *f* monocasco [monocoque]

Schalengießen n (Gieß) moldeo m en cáscara
Schalenguss m colada f (en) coquilla
Schalenkonstruktion f (Bw, Flg) construcción f monocasco [monocoque]
Schalenkupplung f (Masch) acoplamiento m de cojinetes
Schalenrumpf m (Flg) fuselaje m monocasco [monocoque, de cuadernas]
Schall m sonido m
schallabsorbierend fonoabsorbedor, fonoabsorbente; insonorizante, antiacústico, antisonoro
Schallabsorption f absorción f sonora [del sonido, de ruidos, acústica]
Schallabsorptionsgrad m coeficiente m de absorción acústica [sonora]
Schallabstrahlung f emisión f acústica [sonora, del sonido], radiación f sónica [sonora]
Schallaufzeichnung f grabación f [inscripción f] de sonido, registro m acústico [del sonido], fonoinscripción f
Schallausbreitungskoeffizient m índice m acústico
Schallbrechung f refracción f acústica
Schallbrechungslehre f catacústica f, catafónica f
schalldämmend fonoabsorbedor, fonoabsorbente; antiacústico, antisonoro
Schalldämmplatte f panel m acústico
Schalldämmstoff m material m aislante [amortiguador] de sonido, material m insonorizante, aislante m acústico [del sonido]
Schalldämmung f aislamiento m acústico [antisonoro, sónico, de sonido], amortiguación f sonora, insonorización f
Schalldämpfer m 1. silenciador m (acústico), silencioso m, amortiguador m de ruidos; 2. (Kfz) amortiguador m de escape
Schalldämpfung f atenuación f acústica [sonora], amortiguamiento m del sonido
schalldicht estanco al sonido, insonorizado, protegido [aislado] contra el ruido
Schalldosimeter n dosímetro m de sonido
Schalldruck m presión f acústica [sonora]
Schalldruckpegel m nivel m de presión acústica [sonora]
~/**A-bewerteter** nivel m de presión acústica valorado con [en] A
~/**äquivalenter** nivel m de presión acústica equivalente
~/**effektiver** nivel m efectivo de presión sonora
~/**mittlerer** nivel m medio de presión sonora
~/**momentaner** nivel m momentáneo de presión sonora
~/**zeitbewerteter** nivel m de presión acústica indicado en tiempo
Schalldruckpegelmessgerät n medidor m de nivel de presión sonora
Schallemission f emisión f acústica [sonora, del sonido]
Schallenergiepegel m nivel m de energía sonora
Schallfeld n campo m acústico [sonoro]
~/**diffuses** campo m difuso de sonido, campo m sonoro perturbado
~/**freies** campo m libre de sonido, campo m sonoro no perturbado
Schallfilter n filtro m acústico
Schallfrequenz f frecuencia f sónica [de sonidos, sonora]
Schallgeber m emisor m [transmisor m] de sonidos
Schallgeschwindigkeit f velocidad f acústica [sónica, del sonido], celeridad f del sonido
Schallimpuls m impulso m acústico [sonoro]
Schallintensitätspegel m nivel m de intensidad acústica [del sonido, sonora]
Schallisolierplatte f panel m aislante de ruidos
Schallisolierung f aislamiento m acústico [del sonido], insonorización f
Schallkabine f cabina f acústica
Schallleistungspegel m nivel m de potencia acústica [sonora]
Schallmauer f barrera f acústica [sónica]; pared f sónica, muro m sónico [del sonido]
Schallmessung f medición f acústica [sonora]; metrología f acústica, sonometría f
Schallmesstechnik f técnica f de medición acústica
schallnah (Flg) transónico
Schallortungsgerät n detector m acústico, fonolocalizador m, fonogoniómetro m, localizador m de sonido

Schallpegel *m* nivel *m* acústico [sonoro, de sonido, de emisión sonora]
Schallpegelmesser *m* medidor *m* de nivel sonoro [de sonido, de presión sonora], indicador *m* del nivel sonoro, determinador *m* de nivel de ruido, equipo *m* de medición de nivel de sonido, decibelímetro *m*
Schallpeilung *f* relevamiento *m* acústico
Schallplatte *f* disco *m* (fonográfico), disco *m* de música
~/digitale disco *m* digital compacto
Schallplattenwechsler *m* cambiadiscos *m*, cambiador *m* de discos
schallreflektierend fonocámptico
Schallreflektor *m* tornavoz *m*
Schallreflexion *f* reflejo *m* acústico, reflexión *f* acústica [del sonido]
Schallschirm *m* pantalla *f* acústica [absorbente]; barrera *f* insonorizante, apantallado *m* acústico
schallschluckend fonoabsorbedor, fonoabsorbente; insonorizante, antiacústico, antisonoro
Schallschluckgrad *m* coeficiente *m* de absorción acústica [sonora]
Schallschluckplatte *f* panel *m* absorbente del nivel sonoro
Schallschluckstoff *m* material *m* fonoabsorbente [antisonoro]
Schallschluckung *f* absorción *f* sonora [del sonido, acústica], sonoabsorción *f*
Schallschutz *m* ingeniería *f* de control de sonido; protección *f* contra el ruido [sonido], control *m* acústico [de sonido] *(z. B. in Arbeitsräumen)*; insonorización *f*
Schallschutzhelm *m* casco *m* insonorizante [protector auditivo, antirruido]
Schallschutzkabine *f* cabina *f* insonorizada [de protección contra el ruido]
Schallschutzwand *f* blindaje *m* de insonorización, cerramiento *m* acústico
Schallschwingung *f* vibración *f* sonora [del sonido], oscilación *f* acústica [sonora]
Schallsignal *n* señal *f* acústica [fónica, sonora]
Schallspektrum *n* espectro *m* acústico [sonoro]
Schallspitzenwert *m* pico *m* sonoro
Schallstärkemessung *f* fonometría *f*
Schallstrahler *m* radiador *m* acústico

Schallstrahlung *f* radiación *f* sónica [sonora]
Schallstrahlungs(druck)messer *m* radiómetro *m* acústico
Schalltechnik *f* ingeniería *f* acústica; acústica *f*
schalltechnisch acústico
Schalltransmissionsgrad *m* coeficiente *m* de transmisión acústica [del sonido]
Schalltrichter *m (El)* cono *m*, bocina *f*
Schallübertragung *f* transmisión *f* acústica [sonora, de sonidos]
Schallverstärkeranlage *f* instalación *f* megafónica
Schallverstärkung *f* amplificación *f* acústica
Schallwand *f* pantalla *f* acústica; cortina *f* [barrera *f*] acústica; tornavoz *m*, baffle *m (eines Lautsprechers)*
Schallwelle *f* onda *f* acústica [sonora]
Schälmaschine *f (Lt)* descortezadora *f*, máquina *f* descortezadora; peladora *f*, mondadora *f (für Erdnüsse)*; descascaradora *f*, cosechadora-descascaradora *f (z. B. für Kaffee)*
Schälpflug *m (Lt)* arado *m* rastrojero [de rozar]
Schälreibahle *f (Fert)* escariador *m* de pequeño paso
Schaltalgebra *f* álgebra *f* de conmutación
Schaltanlage *f (El)* instalación *f* de conexión [distribución, maniobra]; central *f* de distribución
Schaltanordnung *f (El)* sistema *m* de conexión
Schaltarm *m (Nrt)* brazo *m* conector
Schaltausgang *m* salida *f* de conmutación
Schaltautomat *m* conectador *m* automático
schaltbar 1. *(Masch)* conectable; 2. *(El)* conmutable
Schaltbefehl *m (Inf)* instrucción *f* de conmutación, mando *m* de conexión
Schaltbild *n (El)* esquema *m* [cuadro *m*] de conexiones, diagrama *m* circuital [de circuito]
Schaltbrett *n* cuadro *m* de distribución, panel *m* de control [mando], tablero *m* de conexiones [mandos]
Schaltbrücke *f (El)* puente *m* de conexión
Schaltcode *m* código *m* de circuito

Schaltdraht *m (El)* alambre *m* [hilo *m*] de conexión

Schaltdrehgriff *m (Kfz)* puño *m* de cambio

Schalteinrichtung *f (El)* dispositivo *m* [aparato *m*] de conmutación

Schaltelement *n* elemento *m* circuital [de conexión, de conmutación]

schalten *v* 1. *(El)* conectar, montar; 2. *(Masch)* operar; controlar; 3. *(Kfz)* cambiar de marcha *(Gänge)*

~/hintereinander *(El)* acoplar [conectar] en serie

~/hochohmig conectar en alta resistencia

~/in Brücke montar en puente

~/in den Stromkreis poner en circuito

~/in Reihe [Serie] conectar [montar] en serie

~/nebeneinander acoplar en paralelo

~/niederohmig conectar en baja resistencia

~/parallel *(El)* conectar en paralelo

~/phasenrichtig *(El)* poner en fase

~/Vierer *(Nrt)* conectar en fantasma

~/zur Schleife conectar en bucle

~/zweidrähtig conectar en dos hilos

Schalter *m* interruptor *m*; conmutador *m*; aparato *m* de conmutación; conectador *m*; cambiador *m*; disruptor *m*, ruptor *m*, disyuntor *m*, *(Am)* chucho

~/einpoliger interruptor *m* unipolar

~/elektrischer interruptor *m*, *(Am)* chucho *m* eléctrico

~/elektromechanischer contactor *m* electromecánico

~/elektronischer interruptor *m* [contactor *m*] electrónico

~/fernbetätigter interruptor *m* telemandado, telerruptor *m*

~ für Zeiteinstellung temporizador *m*

~/lichtelektrischer interruptor *m* fotoeléctrico

Schalterfeld *n* panel *m* de llaves

Schaltergehäuse *n (El)* caja *f* protectora del interruptor

Schalterklemme *f (El)* terminal *m* del interruptor

Schalternetz *n (El)* red *f* de interruptores [conmutadores]

Schalterverriegelung *f* cierre *m* de conmutadores, sistema *m* de bloqueo de interruptores

Schaltfeld *n* panel *m* [tablero *m*] de conexiones

Schaltfläche *f (Inf)* botón *m*

Schaltfolge *f* secuencia *f* de operación de los contactos

Schaltgabel *f* horquilla *f* del selector *(Getriebe)*

Schaltgerät *n* aparato *m* de distribución

Schaltgetriebe *n (Masch, Kfz)* caja *f* (de cambio) de velocidades, cárter *m* del cambio de marcha, cambio *m* de marcha [velocidades]; cambio *m* de piñón *(Fahrrad)*

Schaltglied *n (Inf)* elemento *m* (de conmutación) lógico

Schaltgriff *m (El)* palanca *f* del interruptor

Schalthebel *m* 1. *(Masch)* palanca *f* de conexión; palanca *f* de control; manija *f* de cambio; maneta *f*, perilla *f*, 2. *(Kfz)* palanca *f* de cambio [las velocidades] *(Getriebe)*; palanca *f* de embrague *(Kupplung)*; 3. *(El)* palanca *f* del interruptor

~ für den Rückwärtsgang *(Kfz)* palanca *f* de contramarcha

Schalthub *m (El)* avance *m* por impulso

Schaltimpuls *m* impulso *m* de conmutación

Schaltkabel *n* cable *m* conector [de conexión, de empalmes]

Schaltkarte *f (Eln)* placa *f* madre [principal], base *f* de fondo

Schaltkasten *m* 1. *(El)* caja *f* de distribución; 2. *(Masch)* caja *f* de engranajes; 3. *(Kfz)* caja *f* de marcha

Schaltklinke *f (Masch)* pestillo *m* de conmutación

Schaltknopf *m* botón *m* de mando

Schaltkreis *m* circuito *m* (de conmutación)

~/fest zugeordneter *(Nrt)* circuito *m* dedicado

~/fester circuito *m* permanente

~/geätzter circuito *m* grabado

~/hochintegrierter circuito *m* multifunción [de alta integración, de reducidas dimensiones, de funciones múltiples], circuito *m* integrado en (a) gran escala, circuito *m* LSI

~/integrierter circuito *m* integrado, CI

~/miniaturisierter circuito *m* miniaturizado

Schaltkreisplatte *f (Eln)* placa *f* de circuito

Schaltkreistechnik f técnica f de circuitos de conmutación, circuitería f
Schaltkupplung f (Masch) embrague m maestro
Schaltleiste f (El) regleta f de empalme
Schaltnetz(werk) n red f de conmutación
Schaltnocken m (Masch) leva f de cambio [gobierno, maniobra]
Schaltorgan n 1. (El) órgano m de conmutación; 2. (Fert) elemento m de control
Schaltplan m (El) esquema m de conexiones, plano m de distribución
Schaltplatte f (Eln) placa f de circuito [conmutado], panel m [tablero m] de circuito (impreso)
Schaltpult n (Masch) pupitre m de control [mando], consola f de control, cuadro m de mando [gobierno], panel m de consola
Schaltrad n (Masch) estrella f de interrupción
Schaltraum m (El) sala f de mando
Schaltröhre f interruptor m electrónico
Schaltschema n (El) esquema m de conexiones; esquema m de montaje
Schaltschrank m 1. (El) armario m de distribución, caja f de contactos, cofre m; 2. (Nrt) pizarra f
Schaltschütz n (El) contactor m (automático), contactor-disyuntor m
Schaltstange f (El) varilla f de conexión; 2. (Masch) varilla f de maniobra, pértiga f de manejo
Schaltstern m (El) estrella f de interrupción
Schaltstift m (El) clavija f de contacto
Schaltsystem n sistema m esquemático [de conexión]
Schalttafel f 1. (El) tablero m de conexiones, cuadro m (de conexiones de distribución); pizarra f (de distribución) de fuerza, panel m de fuerza; 2. (Nrt) pizarra f (de conmutación); 3. (Inf) panel m de interruptores [mando] (Stecktafel); 4. tablero m [panel m, cuadro m] de instrumentos, panel m; 5. (Masch) tablero m [panel m, pizarra f] de control; cuadro m de mando [gobierno]
Schalttechnik f (Nrt) técnica f de conmutación (telefónica)
Schalttransistor m transistor m interruptor
Schaltuhr f reloj m de contactos, interruptor m horario
Schaltung f 1. (El) circuito m; conexión f (de circuitos); 2. (El) conmutación f; montaje m; 3. (El, Eln, Masch) acoplamiento m, acopladura f, acoplaje m; 4. (Kfz) mando m; cambio m de velocidades
~**/geätzte** circuito m grabado
~**/gedruckte** circuito m [montaje m] impreso
~**/integrierte** circuito m integrado, CI
~**/lineare** circuito m [unidad f] lineal
~**/logische** circuito m lógico, conmutación f lógica
~**/mikroelektronische** microcircuito m
~**/miniaturisierte gedruckte** circuito m impreso miniaturizado
~**/monolithische** circuito m monolítico
~**/sequenzielle** [Inf] circuito m secuencial
~**/zugeordnete** circuito m asociado
Schaltungsanordnung f circuitería f, conjunto m de circuitos; montaje m de circuito
Schaltungskarte f/steckbare tarjeta f enchufable (einer gedruckten Schaltung)
Schaltungslogik f lógica f de circuito
Schaltungsplatte f (Eln) placa f de circuito
Schaltungstechnik f 1. técnica f de circuitos; técnica f de los cables; 2. (Nrt) técnica f de conmutación (telefónica)
Schaltungsträgerplatte f tarjeta f [base f] de circuito
Schaltungsverdrahtung f cableado m de circuito
Schaltverbindung f enlace m de interconexión, interconexión f, conexión f
Schaltverstärker m amplificador m de conmutación
Schaltwarte f central f de mando, cuarto m de control
Schaltwelle f 1. árbol m de embrague; 2. (Masch) eje m corredero [corredizo]; 3. (Kfz) eje m de embrague
Schaltwerk n 1. (Masch) mecanismo m de trinquete; 2. (El) mecanismo m [unidad f] de conmutación; 3. (Eln) circuito m secuencial
Schaltzeichen n (El) símbolo m de conexión; símbolo m lógico (Logikschaltung)

Schaltzeit f (El) tiempo m de conexión [conmutación]; tiempo m de respuesta (z. B. Relais, Ventil)

Schaltzentrale f central f eléctrica de distribución; central f de conmutación

Schalung f 1. (Bw) molde m; 2. (Bw, Bgb) encofrado m; encofrado m del cielo raso (Beton)

Schalungsbeton m (Bw) hormigón m salido de cofre

Schalungsgerüst n (Bw, Bgb) encofrado m

Schamotte f chamota f, tierra f refractaria

Schamottestein m ladrillo m refractario [de chamota]

Schandeck n (Schiff) tapa f de regala, regala f, borda f

Schanzkleid n (Schiff) amurada f, empavesada f, antepecho m

Schar f (Math) familia f (z. B. von Kurven)

Schar n (Lt) reja f

Schärbaum m (Text) enjulio m

schären v (Text) urdir (seccionalmente)

scharf 1. agudo m; cortante, afilado (Schneide); cerrado (Kurve); vivo (Kante); 2. (Ch) cáustico; corrosivo; 3. (Foto) nítido

Scharfabstimmung f (Eln) control m de sintonía, sintonía f aguda

Schärfe f 1. agudeza f (z. B. einer Einstellung); claridad f; 2. (Opt) definición f; nitidez f; 3. (Schiff) finura f; delgado m (von Schifflinien)

Scharfeinstellung f (Opt) focalización f

schärfen v (Fert) afilar; amolar; vaciar; aguzar (Werkzeug)

Schärfen n (Fert) afilado m; amolado m, amoladura f, vaciado m; aguzado m (von Werkzeugen)

Schärfentiefe f (Foto) profundidad f de campo [foco]

Scharnier n charnela f, bisagra f, juntura f, junta f; unión f articulada [de charnela]; pivote m

Scharnierbolzen m pasador m de bisagra

Scharnierstift m espiga f de bisagra

Scharnierverbindung f junta f de charnela

Scharpflug m (Lt) arado m de reja [vertedera]

Schattenspeicher m (Inf) antememoria f, memoria f cache

schattieren v sombrear; matizar

Schätzung f apreciación f, valuación f, estimado m, estimación f (Statistik); tanteo m; cálculo m; tasa f, tasación (durch Sachverständige)

~/erwartungstreue estimación f insesgada [no distorsionada] (Statistik)

~/verzerrte estimación f distorsionada

Schätzwert m valor m estimado

Schaubild n diagrama m (ilustrativo), diagrama f sinóptico (von Programmen); gráfico m

Schaufel f 1. pala f; 2. paleta f, álabe m, aleta f (Turbine)

Schaufellader m cargadora f de pala, pala f cargadora, tractor m cargador, tractor-cargador m

Schaufelrad n 1. rueda f de álabes [paletas], rodete m de álabes (Turbine); impulsor m (Gebläse); 2. (Förd) rueda f fresadora [de cangilones]

Schaufelradbagger m excavadora f de rueda de cucharas [paletas]

Schaufelradschiff n motonave f de paletas

Schaufelrührwerk n agitador m de paletas múltiples

Schaufelwasserrad n rueda f hidráulica de paletas

Schauglas n cristal m [mirilla f] de observación, mirilla f

Schauloch n agujero m de observación, registro m [boca f] de inspección, orificio m de revisión

Schaumbeton m hormigón m celular [esponjoso]

Schaumbildner m 1. agente m espumante [espumígeno], reactivo m espumante, espumante m; 2. (Kst) agente m de soplado

Schaumerzeuger m agente m espumante [espumígeno], generador m de espuma, espumador m, espumante m

Schaumgummi m caucho m esponjoso, goma f esponjosa, gomaespuma f

Schaumkunststoff m espuma f plástica

Schaumlöschanlage f instalación f extintora de espuma

Schäummittel n agente m espumante [espumígeno], espumante m

Schaumpolystyrol n poliestireno m [poliestirolено m] expandido

Schaumstoff *m (Kst)* plástico *m* celular [esponjoso, espumoso, expandido], material *m* esponjoso

Schaumverhütungsmittel *n* antiespumante *m*

Schauöffnung *f* agujero *m* de inspección, orificio *m* de revisión, mirilla *f*

Scheddach *n (Bw)* cubierta *f* de dientes de sierra

Scheibe *f* 1. *(Masch)* disco *m*; plato *m*; platillo *m*; aro *m*; virola *f*; vilorta *f*; volandera *f*, arandela *f*, torno *m*; 2. *(Förd)* polea *f*, rueda *f* polea; roldana *f*, garrucha *f*; 3. *(Bw)* placa *f*, lámilla *f*, 4. blanco *m* (*Zielscheibe*); 5. *(Ch)* platillo *m* (*einer Drehscheibenkolonne*); 6. *(Eln)* dado *m*, oblea *f*, rodaja *f*; 7. cristal *m*; vidrio *m*; luna *f*; 8. *(Kfz)* parabrisas *m*; 9. *s.* Schleifscheibe; 10. *s.* Drehscheibe; 11. *s.* Töpferscheibe

~/angetriebene polea *f* impulsada

~/kugelsichere cristal *m* antibala

~ mit Fase arandela *f* biselada

~/vollversenkbare *(Kfz)* cristal *m* retráctil

Scheibenanker *m (El)* inducido *m* de disco

Scheibenantenne *f* antena *f* de disco

Scheibenbrecher *m* machacadora *f* [quebrantadora *f*] de discos, trozadora *f* de disco *(Aufbereitung)*

Scheibenbremse *f (Kfz)* freno *m* de discos

Scheibenegge *f (Lt)* escarificadora *f* [apero *m*, cultivador *m*, grada *f*] de discos

Scheibenenteiser *m (Kfz)* descongelador *m* de parabrisas, deshelador *f* de cristales

Scheibenfeder *f (Masch)* chaveta *f* de media luna

Scheibenfräser *m (Fert)* fresa *f* (de forma) de disco, fresa *f* radial [platillo]

Scheibengrubber *m (Lt)* cultivador *m* de discos

Scheibenheber *m (Kfz)* alzacristales *m*, levantacristales *m*

Scheibenkolben *m (Masch)* émbolo *m* discoidal [de disco]

Scheibenkondensator *m (El)* condensador *m* de disco

Scheibenkranz *m* llanta *f* de la polea

Scheibenkupplung *f (Masch)* acoplamiento *m* de discos [platillo], acoplador *m* de platillo, embrague *m* de disco [platillo]

Scheibenläufer *m (El)* rotor *m* de discos

Scheibenmeißel *m* 1. *(Fert)* herramienta *f* redonda; 2. *(Bgb)* barrena *f* de discos

Scheibenrad *n (Masch)* rueda *f* de disco [plato]

Scheibenrolle *f* rodillo *m* discoidal

Scheibensech *n (Lt)* cuchilla *f* de disco

Scheibenwaschanlage *f (Kfz)* lavaparabrisas *m*

Scheibenwischer *m (Kfz)* limpiaguardabrisas *m*, limpiaparabrisas *m*, limpiador *m* de parabrisas, aparato *m* limpiaparabrisas

Scheideerz *n* mineral *m* apartado [desloadado, escogido]

Scheider *m* 1. separador *m (Aufbereitung)*; 2. *(El)* separador *m* (*einer Batterie*)

Scheidetrichter *m (Ch)* ampolla *f* [embudo *m*] de decantación, embudo *m* separador

Scheidewand *f* 1. *(Bw)* pared *f* divisoria, muro *m* tabique *m*; mampara *f*; 2. *(Ch)* diafragma *m*

Scheidung *f* 1. separación *f*, escogido *m (Aufbereitung)*; afinación *f (von Erzen)*; 2. *(Ch)* segregación *f*, disolución *f*, defecación *f (Zuckerfabrik)*

Scheinleitwert *m (El)* admitancia *f*

Scheinvariable *f (Inf)* variable *f* ficticia [fictiva]

Scheinwerfer *m* 1. proyector *m* (de luz), reflector *m*, farola *f*, 2. *(Kfz)* lámpara *f* de faro, faro *m*, luz *f* delantera, linterna *f*

Scheinwerferanlage *f (Kfz)* sistema *m* de faros

Scheinwerfereinstellgerät *n (Kfz)* regulador *m* [regloscopio *m*, alineador *m*] de faros

Scheinwerferlicht *n (Kfz)* faro *m*

Scheinwerferschutzgitter *n (Kfz)* rejilla *f* protectora del faro

Scheinwerferspiegel *m (Kfz)* espejo *m* del faro

Scheinwert *m (El)* componente *f* imaginaria

Scheinwiderstand *m (El)* impedancia *f*, resistencia *f* aparente

~/spezifischer resistividad *f* aparente

Scheinwiderstandsmeßbrücke *f* puente *m* de impedancia

Scheitel *m* 1. *(Math)* vértice *m* (de ángulo) *(Winkel);* 2. *(Ph, El)* cresta *f,* cúspide *m;* 3. *(Bw)* clave *f,* ápice *m (eines Gewölbes);* 4. raya *f*
Scheitelfaktor *m (El)* factor *m* de cresta; factor *m* de amplitud *(Schwingung)*
Scheitelkreis *m* círculo *m* cenital *(Geodäsie)*
Scheitelpunkt *m* cúspide *f;* vértice *m*
Scheitelspannung *f (El)* tensión *f* de cresta [amplitud, pico]
Scheitelspannungsmesser *m* voltímetro *m* de amplitud
Scheitelstrom *m* corriente *f* de cresta
Scheitelwert *m (Ph, El)* cresta *f,* valor *m* de cresta, máximo *m*
Scheitelwinkel *mpl (Math)* ángulos *mpl* opuestos por el vértice
scheitrecht *(Bw)* rectilíneo
Schelle *f* collar *m,* abrazadera *f;* grapa *f;* manguito *m;* anillo *m,* anilla *f*
Schema *n* esquema *m;* plan *m;* diagrama *m;* croquis *m*
Schenkel *m* ala *f,* lado *m (beim Winkel)*
Scherband *n (Met)* banda *f* de cizalla [cizalladura]
Scherbeanspruchung *f (Wkst)* esfuerzo *m* cortante
Scherbruch *m (Wkst)* rotura *f* de cizallamiento
Schere *f* 1. *(Fert)* tijera *f;* 2. *(Met)* cizalla *f;* máquina *f* de cizallas; 3. *(Masch)* lira *f*
Scherebene *f (Fert)* plano *m* de corte
scheren *v* 1. *(Fert)* cizallar; 2. *(Text)* tundir; 3. *(Lt)* esquilar a tijera *(Schafe)*
Scheren *n* 1. *(Fert)* cizalladura *f,* cizallamiento *m;* 2. *(Text)* tundido *m*
Scherenstromabnehmer *m (El)* colector *m* [tomacorriente *m,* trole *m*] pantógrafo, pantógrafo *m (z. B. E-Lok)*
Scherfestigkeit *f (Wkst)* resistencia *f* a la cortadura, resistencia *f* de corte, resistencia *f* al cizallamiento [empuje]
Schergang *m* 1. *(Schiff)* traca *f* de cinta, cinta *f;* 2. *(Text)* cama *f*
Scherkraft *f (Wkst)* esfuerzo *m* cortante, fuerza *f* de cizallamiento
Schermaschine *f* 1. *(Text)* tundidora *f;* 2. máquina *f* esquiladora [de esquileo], esquiladora *f (Schafscheren);* 3. tijera *f* mecánica

Schermeißel *m (Fert)* herramienta *f* de cizallar
Scherriss *m (Wkst)* grieta *f* por cortadura
Scherspannung *f (Wkst)* esfuerzo *m* cortante, tensión *f* cizallante [de cizallamiento, de cortadura, transversal]
Scherverformung *f (Wkst)* deformación *f* por cizalla
Scherversuch *m (Wkst)* ensayo *m* de resistencia a la cizalladura
Schicht *f* 1. capa *f;* revestimiento *m;* película *f;* 2. *(Ph)* estrato *m;* 3. *(Geol)* capa *f,* banco *m;* horizonte *m;* lecho *m,* piso *m;* 4. *(Foto)* emulsión *f;* 5. mano *f (Anstrich);* 6. hornada *f (Keramik);* 7. tanda *f,* tonga *f (Stapel);* 8. turno *m* (de trabajo) *(Arbeitsschicht)* • **in Schichten** estratificado
~/durchlässige capa *f* permeable
~/durchsichtige película *f* transparente
~/einsatzgehärtete *(Met)* capa *f* cementada [de cementación]
~/Erdöl führende capa *f* petrolífera
~/galvanische electrodeposición *f*
~/gedruckte capa *f* impresa *(Schaltungstechnologie)*
~/leitende capa *f* conductora *(Halbleiter)*
~/lichtempfindliche *(Foto)* capa *f* (foto)sensible, emulsión *f* fotosensible
~/magnetisierte cara *f* magnetizada *(z. B. auf Disketten)*
~/nachleuchtende revestimiento *m* fosforescente
~/reflexmindernde *(Opt)* capa *f* [película *f*] antirreflectora [antirreflejo], antirreflector *m*
~/supraleitende capa *f* superconductora
~/undurchlässige película *f* impermeable
~/Wasser führende capa *f* acuífera [de agua], acuífero *m* (subterráneo)
Schichtaufnahmegerät *n* aparato *m* tomográfico, tomógrafo *m (Medizintechnik)*
Schichtband *n* cinta *f* ferromagnética
schichten *v* 1. estratificar; apiñar; 2. apilar, *(Am)* entongar
Schichten *n* 1. estratificación *f,* formación *f* de estratos; 2. apilamiento *m*
Schichtseite *f* 1. *(Inf)* superficie *f (von Datenträgern);* 2. superficie *f* de emulsión *(Film)*
Schichtspaltung *f (Ch)* exfoliación *f,* delaminación *f,* deslaminado *m,* desestratificado *m,* separación *f* de estratos

Schiff

Schichtstoff *m (Kst)* estratificado *m*, plástico *m* laminado [laminar, en láminas], laminado *m*

Schichtung *f* 1. *(Ch, Geol)* estratificación *f*, formación *f* de estratos; estriación *f*, estriado *m*; 2. *(Inf)* estructuración *f* en capas

Schichtwiderstand *m (El)* resistencia *f* de capas [película]

Schiebebefehl *m (Inf)* instrucción *f* de desplazamiento

Schiebebühne *f* plataforma *f* corrediza

Schiebedach *n (Kfz)* techo *m* corredizo [deslizante]

Schiebefenster *n (Bw)* ventana *f* de corredera; ventana *f* de guillotina *(vertikal)*; escotilla *f* corrediza

schieben *v* desplazar; empujar

Schieben *n* 1. desplazamiento *m*; 2. *(Inf)* operación *f* de desplazamiento

Schieber *m* 1. *(Masch)* corredera *f*, chapaleta *f*, chape(le)ta *f*, distribuidor *m*, distributor *m*; pestillo *m*; cierre *m* de compuerta, compuerta *f (Verschluss)*; válvula *f*, tirador *m (Dampfmaschine)*; registro *m (Rauchabzug)*; 2. *(Lt)* compuerta *f* de limpieza *(Futtermischer)*; 3. *(Fert)* carro *m*; cursor *m*; 4. pasador *m*

Schieberegister *n (Inf)* registro *m* desplazador [de desplazamiento, de decalaje]

Schieberventil *n (Masch)* válvula *f* de corredera; distribuidor *m*

Schiebesitz *m (Masch)* asiento *m* forzado ligero, asiento *m* ligeramente forzado

Schiebetür *f* puerta *f* corredera [corrediza], corredera *f*

Schiebewiderstand *m (El)* resistencia *f* de contacto deslizante; reóstato *m* de cursor

Schieblehre *m* calibre *m* nonio [a colisa, de corredera], pie *m* de rey

Schiebung *f* 1. deslizamiento *m* transversal; 2. *(Math)* traslación *f*

schief oblicuo; inclinado; sesgado

Schiefe *f* oblicuidad *f*

Schiefer *m (Geol)* pizarra *f*, esquisto *m*, lutita *f*

Schieferdach *n* cubierta *f* [tejado *m*] de pizarra, empizarrado *m*

Schieferkohle *f* carbón *m* pizarroso

Schieferton *m* arcilla *f* esquistosa, esquisto *m* arcilloso, lodolita *f*, lutita *f*

schiefsymmetrisch antisimétrico

schiefwinklig de ángulo oblicuo, oblicuángulo

Schiene *f* 1. *(Eb)* carril *m*; riel *m*, rail *m*; vial *m*; 2. *(El)* barra *f*; ómnibus *m*; 3. guía *f*, regleta *f (z. B. am Messschieber)*

Schienenbremse *f (Eb)* freno *m* de vía

Schienenbus *m (Eb)* autovía *f*, autorriel *m*

Schienendehnung *f* dilatación *f* de carril

Schienenfahrzeug *n* vehículo *m* [coche *m*] sobre carriles

~/**selbstfahrendes** *(Eb)* motorriel *m*

Schienenhängebahn *f* vía *f* aérea suspendida

Schienenkran *m* grúa *f* de riel

Schienenprellbock *m* tope *m* de vía

Schienenräumer *m (Eb)* limpiavía *m*, quitapiedras *m*, rastrillo *m*

Schienenrichtmaschine *f (Eb)* enderezadora *f* [máquina *f* enderezadora] de carriles

Schienenschraube *f (Eb)* tarugo *m* para escarpia, tirafondo *m*

Schienenspurmaß *n (Eb)* calibre *m* de entrevía [riel], escantillón *m*

Schienenstoß *m (Eb)* junta *f* [unión *f*] de carriles, junta *f* de riel [expansión], barra *f* angular

Schienenstrang *m (Eb)* tramo *m* de vía

Schienenwalzwerk *n* laminador *m* de carriles, *(Am)* laminador *m* de rieles

Schienenwanderung *f (Eb)* deslizamiento *m* [desplazamiento *m*] de carriles

Schienenwinde *f (Eb)* levantacarriles *m*

Schiff *n* 1. *(Schiff)* buque *m*, barco *m*; embarcación *f*; nave *f*, unidad *f* naval; navío *m*; 2. *(Bw)* nave *f (einer Kirche)*; 3. *(Typ)* galera *f*; 4. s. Schiffchen

~/**flachgehendes** embarcación *f* de poco calado

~ **havariertes** buque *m* averiado

~ **in Zellenbauweise** buque *m* celular

~ **mit durchlaufendem Deck** barco *m* de cubierta continua

~ **mit großem Tiefgang** buque *m* de mucho calado

~ **mit Kernenergieantrieb** barco *m* nuclear [atómico, de propulsión nuclear]

~/**seeuntüchtiges** buque *m* inhabilitada para la navegación

Schiffbau *m* construcción *f* naval [de buques]; arquitectura *f* naval; industria *f* de construcción naval
Schiffbauhalle *f* taller *m* naval [marítimo]
Schiffbaustahl *m* acero *m* naval
Schiffbautechnik *f* ingeniería *f* naval [marina, del buque]; arquitectura *f* naval
Schiffchen *n (Text)* lanzadera *f*, rayo *m* textorio
Schifffahrtsschleuse *f* esclusa *f* de navegación
Schiffsabwrackung *f* desguace *m* de buques
Schiffsanker *m* ancla *f*, áncora *f*
Schiffsanstrich *m* pintura *f* marina
Schiffsantrieb *m* propulsión *f* naval [marítima, de buque]
Schiffsantriebsanlage *f* propulsor *m* marino
Schiffsaufbau *m* superestructura *f* de casco
Schiffsausrüstung *f* armamento *m* marinero
Schiffsbeplankung *f* aparadura *f*
Schiffsbewuchs *m* incrustación *f* marina
Schiffsblech *n* chapa *f* de casco, plancha *f* del buque
Schiffsboden *m* fondo *m* del buque, carena *f*
Schiffsbreite *f* manga *f*
~/größte manga *f* máxima [en el fuerte]
Schiffsbrücke *f* puente *m* de barcas [pontones]
Schiffschronometer *n* cronómetro *m* de navegación
Schiffsdampfturbine *f* turbina *f* de vapor marina
Schiffsdeck *n* cubierta *f*
Schiffsdieselmotor *m* motor *m* Diesel marino
Schiffselektronik *f* electrónica *f* marítima
Schiffsentwurf *m* diseño *m* de buques
Schiffsfarbe *f* pintura *f* marina
Schiffsfunk *m* radiocomunicación *f* marítima [naval]
Schiffsfunkpeiler *m* radiogoniómetro *m* para buques
Schiffsgeländer *n* batayola *f*
Schiffsgerippe *n* armazón *f*, escantillones *mpl*
Schiffshebewerk *n* ascensor *m* [elevador *m*] de barcos, montabarcos *m*

Schiffskessel *m* caldera *f* marina
Schiffskompass *m* compás *m* de embarcación, aguja *f* de marear
Schiffskörper *m* casco *m* del buque
Schiffskörperanstrich *m* emplastecimiento *m* [pintado *m*] del casco
Schiffskörperbau *m* construcción *f* del casco
Schiffskörperbeplattung *f* forrado *m* del casco
Schiffsladebaum *m* pluma *f* de a bordo
Schiffsladeraum *m* bodega *f* de carga [barco]
Schiffslänge *f* eslora *f* del buque
Schiffslinie /feine [scharfe, schlanke] línea *f* afinada
Schiffsluke *f* escotilla *f*
Schiffsmaschine *f* máquina *f* marina
Schiffsmodell *n* modelo *m* de buque [barco, nave]
Schiffsmotor *m* motor *m* marino
Schiffsneubau *m* buque *m* de nueva [reciente] construcción
Schiffsprojektierung *f* diseño *m* de buques
Schiffspropeller *m* hélice *f* marina [de barco], hélice *f*
Schiffsradar *n(m)* radar *m* marítimo
Schiffsraum *m* arqueo *m*; cala *f*
Schiffsrumpf *m* casco *m* del buque, buque *m*
Schiffsschleuse *f* esclusa *f* de navegación
Schiffsschraube *f* hélice *f* marina [de barco], hélice *f*
Schiffstakelwerk *n* aparejo *m* del buque
Schiffstechnik *f* ingeniería *f* marina; técnica *f* naval
Schiffsturbine *f* turbina *f* marina
Schiffsverband *m* estructura *f* del buque [barco]
Schiffsvermessung *f* arqueo *m*
Schiffsversuchskanal *m* canal *m* de experimentación naval
Schiffswerft *f* astillero *m*; varadero *m*
Schiffswinde *f* molinete *m* de barco, torno *m* de buque
Schild *m* 1. escudo *m*; arnés *m*; 2. *(Bw)* delantal *m*; 3. *(Bgb)* escudo *m* *(Strebausbau)*
Schild *n* rótulo *m*; tarjeta *f*
Schildvortrieb *m (Bgb, Bw)* avance *m* con escudo

Schirm *m* 1. pantalla *f*; 2. visera *f (Mütze)*
Schirmantenne *f* antena *f* cónica [paraguas]
Schirmbildaufnahme *f* fluorografía *f*
Schirmbildgerät *n* aparato *m* fluorográfico [de pantalla fotorradioscópica]
Schirmgitter *n (Eln)* rejilla *f* (de) pantalla, rejilla *f* de blindaje
Schirmgitterröhre *f* válvula *f* blindada [de rejilla de pantalla]
Schlachthof *m* matadero *m*
Schlacke *f (Met)* escoria *f*; espuma *f*; grasa *f*; moco *m*
Schlackenabstich *m* piquera *f* de la escoria
Schlackenbaustein *m* aglomerado *m*
Schlackenbeton *m* hormigón *m* de escoria
Schlackenhalde *f* escorial *m*
Schlackenstein *m* ladrillo *m* [piedra *f*] de escorias
Schlackenzement *m* cemento *m* de escoria
Schlackenziegel *m* ladrillo *m* de escoria
Schlag *m* 1. golpe *m*; percusión *f*; toque *m*; 2. *(Mech)* abaniqueo *m*; excentricidad *f* de rotación; 3. corcha *f (eines Taues)*; 4. desalineamiento *m*; 5. *(Text)* golpe *m* de lanzadera *(Weberei)*; 6. oscilación *f (Ausschlag)*
~/elektrischer choque *m* eléctrico, sacudida *f* eléctrica, descarga *f*
~/exzentrischer golpe *m* excéntrico
Schlagbiegefestigkeit *f (Wkst)* resistencia *f* a la flexión por choque [golpes]
Schlagbiegeversuch *m (Wkst)* ensayo *m* de resistencia al choque
Schlagbohren *n* 1. *(Fert, Bw)* taladrado *m* de percusión; 2. *(Bgb)* perforación *f* [sondeo *m*] de percusión, perforación *f* en batida
Schlagbohrer *m* 1. *(Fert)* taladro *m* de percusión; 2. *(Bgb)* taladradora *f* [barrena *f*] de percusión
Schlagbohrmeißel *m (Bgb)* trépano *m* de percusión
schlagen *v* 1. batir; golpear; percutir; 2. batir *(Matrizen)*; 3. *(Text)* golpear *(z. B. bei der Spinnerei)*; 4. saltar *(Riemen)*
Schlagenergie *f (Wkst)* energía *f* de impacto
schlagfest *(Wkst)* a prueba de golpes, resistente a golpes

Schlagfestigkeit *f (Wkst)* resistencia *f* a los golpes, resistencia *f* al choque
Schlaghammer *m* percutor *m*
Schlaghärteprüfer *m (Wkst)* comprobador *m* de la dureza al golpe
Schlaglärm *m* ruido *m* de [por] impacto, ruido *m* de golpe
Schlagwerkzeug *n* herramienta *f* de percusión, útil *m* de impacto [percusión]
Schlagwetteranzeiger *m* detector *m* [indicador *m*] de grisú, grisúmetro *m*, grisómetro *m*
schlagwettergeschützt antigrisú, antigrisutoso, con protección antigrisú, a prueba *f* de grisú
Schlagwort *n (Inf)* palabra-clave *f*
schlagzahnfräsen *v (Fert)* fresar con fresa de un diente
Schlagzahnfräser *m* fresa *f* de un solo diente
Schlamm *m* fango *m*, légamo *m*, cieno *m*; lodo *m*, barro *m*; finos *mpl*
Schlammablagerungsbecken *n* decantador *m* de fango
Schlammbelebungsanlage *f* tanque *m* de cieno activado
schlämmen *v (Ch)* decantar; lixiviar, lavar; aclarar *(Erz)*
Schlammentwässerungsanlage *f* planta *f* de deshidratación de lodos
Schlämmkreide *f* creta *f* lavada, blanco *m* de cal, tiza *f* en polvo, *(Am)* creta *f* precipitada, tiza *f* lavada
Schlämmung *f* levigación *f*
Schlammverbrennung *f* incineración *f* de lodos
Schlange *f* 1. serpentín *m (Rohr)*; 2. cola *f (Bedienungstheorie)*
Schlangenkühler *m* enfriador *m* de serpentín, refrigerador *m* de [con] serpentín
Schlangenverdampfer *m* evaporador *m* de serpentín *(Kältetechnik)*
Schlankheit *f (Schiff)* afinamiento *m*, ahilamiento *m*, delgado *m*, esbeltez *f (Schiffskörper)*
Schlauch *m* 1. manguera *f*, tubo *m* flexible [plegable], manga *f*; 2. *(Kfz)* cámara *f* (de aire) *(Bereifung)*
Schlauchboot *n* bote *m* de caucho inflable, canoa *f* [embarcación *f*] neumática
Schlauchfilter *n (Ch)* filtro *m* tubular

Schlauchfolie

Schlauchfolie f (Kst) película f de manga extruida

Schlauchgerät n aparato m con suministro de aire, respirador m con línea [tubo] de aire, máscara f a mangas (Atemschutzgerät)

Schlauchleitung f tubería f flexible

Schlegelfeldhäcksler m (Lt) recogedora-troceadora f

Schleichgang m 1. movimiento m lento; 2. (Kfz) marcha f lenta

Schleier m 1. (Foto, Opt) velo m; 2. (Text) velo m; 3. cortina f (Vorhang)

Schleifapparat m (Fert) aparato m amolador

Schleifband n (Fert) banda f abrasiva, amoladora f, tela f abrasiva [de esmeril]

Schleifdrahtmessbrücke f (El) puente m de cursor [alambre deslizante, Wheatstone]

Schleife f 1. bucle m; nudo m; lazo m; 2. (El, Inf) bucle m, lazo m, circuito m cerrado

~/endlose bucle m continuo [sin fin]

~/iterative (Inf) bucle m iterativo, lazo m de repeticiones

Schleifeinrichtung f (Fert) dispositivo m rectificador

schleifen v 1. (Fert) afilar, amolar, vaciar, aguzar (Werkzeug); esmerilar; rectificar; avivar, pulir; tallar (Glas, Diamant); ligar (mit Sandpapier); 2. arrastrar; 3. demoler

~/fein (Fert) acabar, alisar

Schleifen n (Fert) afilado m, amolado m, amoladura f, vaciado m; avivado m; rectificación f, rectificado m; alisado m; pulimento m

~/elektrolytisches rectificado m electrolítico [electroquímico]

~/spitzenloses rectificado m [amolado m] sin puntas

~ zwischen Spitzen rectificado m entre puntas

Schleifendurchlauf m (Inf) ejecución f de bucle [ciclo], corrida f de lazo, pasada f por bucle

Schleifkontakt m 1. (El) contacto m [junta f] deslizante, contaco m rozante [de corredera, de frotamiento, a fricción]; 2. (El) cursor m (z. B. eines Potenziometers)

Schleifkörper m (Fert) cuerpo m moledor, amolador m, amoladura f, disco m abrasivo, muela f rectificadora [de rectificar], muela f

Schleifmaschine f (Fert) máquina f afiladora [de afilar], afiladora f; máquina f de amolar, amoladora f; máquina f de rectificar, rectificadora f; máquina f esmeriladora [de esmerilar], esmeriladora f

Schleifmittel n material m abrasivo [rayante], abrasivo m, amoladura f, producto m abrasivo [de abrasión]

Schleifpapier n papel m abrasivo [de lija, de esmeril]

Schleifpaste f (Fert) pasta f abrasiva [de esmeril]

Schleifrad n (Fert) rueda f abrasiva

Schleifring m (El) anillo m rozante [colector], colector m, collar m de contacto, muela f cilíndrica

Schleifringläufermotor m (El) motor m de anillos colectores

Schleifscheibe f (Fert) disco m abrasivo, muela f, muela f abrasiva [de afilar], muela f rectificadora [de rectificar]; a-molador m, amoladora f, asperón m; rueda f rectificadora

Schleifspindel f eje m [husillo m] portamuela

Schleifstaub m polvo m abrasivo [de amolar, de esmeril], amoladura f, finos mpl de abrasión

Schleifstein m (Fert) muela f [piedra f] abrasiva, muela f de afilar, piedra f afiladora, piedra f esmeril(adora), asperón m

Schleifsupport m (Fert) carro m portamuelas

Schleifvorrichtung f (Fert) afilador m, afiladora f

Schleifwerkzeug n (Fert) herramienta f abrasiva

Schleppanker m (Schiff) ancla f de espía [remolque]

Schleppboot n lancha f remolcadora [de remolque, rastreadora]

Schleppe f (Lt) nivelador m de arrastre, rastra f

schleppen v 1. arrastrar; rastrear; aballestar; 2. (Kfz) remolcar; 3. (Schiff) atoar, toar, sirgar, remolcar

Schleppen n 1. arrastre m; rastra f; 2. (Kfz) remolque m; 3. (Schiff) atoaje m, toaje m, remolque m

Schlepper *m* 1. *(Kfz)* tractor *m*; tractor *m* industrial; camión *m* remolcador [remolque], remolque *m*; 2. *(Schiff)* remolcador *m*, buque *m* remolcador; lancha *f* remolcadora [de remolque, rastreadora]; 3. *(Eb)* vagón *m* de enganche
~ **mit Knicklenkung** tractor *m* articulado
Schlepperanhänger *m* remolque *m* de tractor
Schleppfahrzeug *n* vehículo *m* remolcador, remolcador *m* automóvil
Schleppgang *m (Lt)* marcha *f* de arrastre [remolque]
Schleppgeschirr *n (Schiff)* aparejo *m* de arrastre *(Fischerei)*
Schlepphaken *m* gancho *m* de remolque
Schleppkabel *n (Förd)* cable *m* de arrastre
Schleppkahn *m* barcaza *f* de remolque, charrúa *f*, lanchón *m*
Schleppkanal *m (Schiff)* canal *m* de (ensayos de) remolque
Schleppkettenförderer *m* transportador *m* de arrastre con cadena
Schleppkurve *f (Math)* tractriz *f*
Schleppnetz *n (Schiff)* red *f* de arrastre [rastra], arte *m* de arrastre [copo], bou *m*, trawl *m (Fischfang)*
Schleppnetzfischereifahrzeug *n* buque *m* (pesquero) de arrastre, arrastrero *m*
Schleppschaufelbagger *m* retroexcavadora *f*
Schleppseil *n (Kfz)* cable *m* de arrastre [remolque, tracción], cable *m* guía
Schleppseilförderer *m* transportador *m* de arrastre con cable
Schleppseilschrapper *m* traílla *f* de arrastre [tracción], robadera *f*
Schlepptau *n* cable *m* guía [de tracción], remolque *m* • **im ~** a remolque
Schlepptrosse *f (Schiff)* cable *m* de remolque [tracción], cabo *m* de remolque
Schleppversuchskanal *m (Schiff)* canal *m* de ensayos de remolque
Schleppwinde *f (Schiff)* güinche *m* de remolque, maquinilla *f* de arrastre, torno *m* de remolcar
Schleuder *f* 1. centrífuga *f*, centrifugadora *f*; 2. hidroextractor *m*; 3. *(Flg)* lanzador *m (Katapult)*; 4. *(Gieß)* aireador *m (zum Lockern des Formsandes)*
Schleuderbeton *m* hormigón *m* centrifugado
Schleuderdüngerstreuer *m (Lt)* abonadora *f* centrífuga
Schleuderförderer *m* transportador *m* centrífugo
Schleuderguss *m* colada *f* centrifugal [por centrifugación], fundición *f* centrífuga [centrifugada]
Schleudergussmaschine *f* máquina *f* para fundición centrífuga; moldeadora *f* centrífuga
Schleudergussteil *n* pieza *f* de fundición centrifugada
schleudern *v* 1. echar; 2. centrifugar; 3. *(Kfz)* patinar, derrapar, resbalar; 4. proyectar
Schleudern *n* 1. separación *f* por centrifugación, centrifugación *f*; 2. *(Kfz)* patinazo *m*, patinación *f*, patinaje *m*; 3. proyección *f* • **ins ~ geraten** derrapar
Schleuderpumpe *f* bomba *f* centrífuga
Schleuse *f* esclusa *f*
schleusen *v* esclusar
Schleusendock *n* dársena *f* esclusa
Schleusenhaupt *n* cabeza *f* de la esclusa
Schleusenkammer *f* cuenco *m* de la esclusa
Schleusenmauer *f* muro *m* de esclusa
Schleusenschütz *n* compuerta *f* deslizante
Schleusentor *n* compuerta *f* (de esclusa), puerta *f* de esclusa
Schlichtdrehmaschine *f* torno *m* para segunda operación
Schlichte *f* 1. plaste *m (Ausgleichsmasse)*; 2. *(Text)* barniz *m* de aparejo, encolante *m*; 3. *(Gieß)* negro *m* de fundición
schlichten *v* 1. *(Fert)* alisar; acabar, afinar; 2. *(Text)* encolar; alisar; 3. plastear *(leimen)*; 4. *(Led)* desflorar
Schlichtfräser *m* fresa *f* fina [de acabado]
Schlichthammer *m* 1. martillo *m* aplanador [de aplanar, para planear]; 2. *(Met)* destajador *m*
Schlichthobel *m* cepillo *m* de alisar, garlopa *f*
Schlichtmaschine *f (Text)* alisadora *f*, encoladora *f*
Schlichtmeißel *m (Fert)* herramienta *f* acabadora [para afinar], cuchilla *f* acabadora, acero *m* acabador, alisador *m*

Schlichtschleifen n *(Fert)* rectificación f de acabado
Schliere f estría f
Schlierenbild n *(Wkst)* estriografía f
schließen v 1. cerrar *(z. B. eine Blende, Datei, einen Kreis)*; 2. terminar; acabar; 3. *(Math)* deducir
~/die Anwendung salir de la aplicación
~/einen Stromkreis *(El)* cerrar [establecer] un circuito
Schließen n 1. cerramiento m, cierre m; 2. *(Met)* taponamiento m *(des Abstichlochs)*
Schließer m *(El)* contacto m de trabajo
Schließkontakt m 1. *(Gieß)* contacto m de cierre [fuerza]; 2. *(El)* contacto m de trabajo
Schließung f cierre m; obstrucción f
Schliff m *(Fert)* afilado m; amoladura f; rectificación f, rectificado m; esmerilado m *(z. B. Glas)*
Schlinge f 1. bucle m, lazo m; nudo m; 2. *(Schiff)* nudo m corredizo
Schlingerbewegung f *(Schiff)* movimiento m de balanceo
Schlingerdämpfungsanlage f *(Schiff)* dispositivo m antibalance, estabilizador m antibalanceo
Schlingerkiel m *(Schiff)* quilla f lateral [de balance, de pantoque], *(Am)* quilla f rolido
schlingern v *(Schiff)* balancear, tanguear
Schlingerschott n *(Schiff)* mamparo m de choque [corrimiento]
Schlingertank m *(Schiff)* tanque m de balanceo [estiba, rolido]
Schlitten m 1. *(Fert)* carrillo m, carrito m, carro m, corredera f; resbaladeras fpl *(Support)*; 2. trineo m; patín m de trineo; 3. plataforma f corrediza; 4. *(Schiff)* anguila f *(Stapellauf)*; 5. *(Lt)* rastrón m *(zum Gleiten auf dem Erdreich)*
Schlitz m 1. hendidura f, raja f; muesca f; 2. ojal m; 3. *(Masch, Kfz)* lumbrera f; 4. *(Eln)* zócalo m de enchufe [conexión]
Schlitzanodenmagnetron n *(El)* magnetrón m de ánodo dividido
Schlitzantenne f antena f ranurada
Schlitzblende f *(Opt)* diafragma m a ranura
schlitzen v *(Fert)* hender
Schlitzfräser m *(Fert)* fresa f hendidora [de muesca, de ojal]

Schlitzkopf m cabeza f ranurada *(einer Schraube)*
Schlitzmaschine f acanaladora f para roca *(Steinbruch)*
Schlitzmutter f *(Masch)* tuerca f cilíndrica con ranuras
Schlitzschraube f tornillo m hendido [de cabeza ranurada]
Schlitzverschluss m *(Foto)* obturador m plano-focal, obturador m focal [de cortina, de cortinilla]
Schloss n cierre m; cerradura f; candado m *(Vorhängeschloss)*
~/diebstahlsicheres cerradura f antirrobo
Schlosserhammer m martillo m de ajustador
Schlossermeißel m cincel m en frío
Schlosserwerkstatt f cerrajería f
Schlosskasten m *(Masch)* delantal m
Schlossmutter f *(Masch)* tuerca f del husillo
Schlossplatte f *(Masch)* delantal m; tablero m de torno *(Drehmaschine)*
Schlot m 1. chimenea f, respiradero m; 2. *(Geol)* apófisis f, chimenea f
Schluckstoff m material m absorbente *(Lärmabwehr)*
Schlupf m deslizamiento m, resbalamiento m; patinación f, patinaje m
schlupfen v resbalar; patinar
Schlupfkontakt m *(El)* contacto m de desborde
Schlupfkupplung f *(Masch)* acoplamiento m de deeslizamiento
Schlupfvariable f variable f adicional
Schluss m 1. final m; término m; 2. *(Math)* conclusión f
Schlüssel m 1. llave f; 2. *(Inf)* código m, clave f
schlüsselfertig llave en mano *(Anlagenprojekt)*
Schlüsselfertigbau m obra f llave en mano
Schlüsselweite f abertura f de la llave, entrecara f de llave, ancho m entre caras *(Werkzeug)*
Schlüsselwort n *(Inf)* palabra f clave
Schlusszeichen n 1. *(Nrt)* señal f de fin; 2. *(Inf)* criterio m de fin
Schmalband n 1. *(Eln, Nrt)* banda f estrecha; 2. *(Met)* fleje m angosto [estrecho]

Schmalbandanalysator *m* analizador *m* de banda estrecha *(Akustik)*
Schmalbandlärm *m* ruido *m* de banda angosta, sonido *m* de banda estrecha
Schmalspur *f (Eb)* vía *f* angosta [Decauville]
schmalspurig de vía [trocha] angosta
Schmälzmittel *n (Text)* producto *m* para ensimado
Schmelzanlage *f (Met)* planta *f* de fusión
schmelzbar fusible
Schmelzdraht *m (El)* alambre *m* [hilo *m*] fusible
Schmelzdrahtsicherung *f (El)* fusible *m* de filamento
Schmelze *f* 1. *(Met)* caldo *m*, colada *f*, caldeo *m* metálico, fusión *f*; derretimiento *m*; frita *f (Keramik)*; 2. masa *f* fundida
schmelzen *v* 1. fundir, fusionar; derretir(se); ablandar; 2. *(El)* fundirse *(Sicherung)*
Schmelzen *n* 1. *(Ph)* fusión *f*; deshielo *m*; 2. *(Met)* fusión *f*; derretimiento *m*
Schmelzfluss *m (Met)* líquido *m* fundido
Schmelzflusselektrolyse *f* electrólisis *f* en fusión, electrólisis *f* de sales fundidas
Schmelzgleichgewicht *n* 1. equilibrio *m* sólido-líquido *(Thermodynamik)*; 2. *(Met)* equilibrio *m* de fusión
Schmelzkleber *m* adhesivo *m* termoplástico, cola *f* fusible
Schmelzkurve *f (Met)* diagrama *m* de fusión
Schmelzmetall *n* metal *m* soldador
Schmelzmittel *n (Met)* fluidificante *m*, fundente *m*
Schmelzofen *m (Met)* horno *m* de fusión [fundición]; crisol *m* de platino *(Glasfaserherstellung)*
Schmelzpunkt *m (Ph)* punto *m* de fusión
Schmelzschweißen *n* soldadura *f* por [con] fusión
Schmelzsicherung *f (El)* plomo *m* fusible, cortacircuito *m* (fusible)
Schmelztiegel *m (Met)* caldera *f* de fusión, crisol *m* (para fundir), fusor *m*
schmiedbar forjable, maleable
Schmiede *f* fragua *f*, taller *m* de forja *(Betriebsabteilung)*
Schmiedeeisen *n* hierro *m* maleable [forjado, de forja, de fragua]

Schmiedegesenk *n* estampa *f* de forja, troquel *m* de forjar
Schmiedehammer *m* martillo *m* [martinete *m*] de forja, aplanador *m*, cinglador *m*
Schmiedemaschine *f* forjadora *f*
schmieden *v (Fert)* forjar, martillar, batir
Schmieden *n (Fert)* forjado *m*, forjamiento *m*, forja *f*, forjación *f*, forjadura *f*, martillado *m*, martilleo *m*
Schmiedepresse *f* prensa *f* de forja [forjar], máquina *f* de forja y prensa
Schmiederohling *m (Met)* galleta *f*, desbaste *m* forjado
Schmiedestahl *m* acero *m* de forja
Schmiedestück *n* forjadura *f*, forja *f*, pieza *f* de forjar *(vor der Bearbeitung)*; producto *m* [tocho *m*] forjado, pieza *f* forjada *(nach der Bearbeitung)*
Schmiedetechnik *f* técnica *f* de forja; tecnología *f* de forja
Schmierbohrung *f* agujero *m* [boquilla *f*, orificio *m*] de engrase, agujero *m* aceitero
Schmierbüchse *f* caja *f* [copilla *f*] de grasa, caja *f* engrasadora [de engrase], engrasador *m*, aceitera *f*
schmieren *v (Masch)* añadir el lubricante, aceitar, enaceitar, engrasar, lubricar, lubrificar; untar
Schmieren *n* engrase *m*, engrasación *f*, engrasado *m*, engrasamiento *m*
Schmierfett *n* grasa *f* (consistente), grasa *f* de conservación [copilla], lubricante *m*
Schmierfilm *m* película *f* (de aceite) lubricante
Schmiergerät *n* dispositivo *m* de engrase [lubricación]
Schmierkühlmittel *n* refrigerador *m* lubricante
Schmierlager *n* cojinete *m* de engrase
Schmierloch *n* agujero *m* [boquilla *f*, orificio *m*] de engrase, agujero *m* aceitero
Schmiermittel *n* medio *m* lubricante, lubricante *m*, engrasante *m*
Schmiernippel *m* boquilla *f* roscada de engrase, cabecita *f* de engrase, engrasador *m*, manguito *m* engrasador
Schmiernut *f* cajera *f* [estría *f*, pista *f*, ranura *f*] de lubricación, entalladura *f* [ranura *f*] de engrase, pata *f* de araña *(Lager)*

Schmieröl n aceite m lubricante [industrial, de circulación, de engrase], lubricante m líquido

Schmierplan m esquema m de lubricación [engrase], gráfico m [guía f, plan m] de lubricación, plano m de engrase *(Maschine)*

Schmierpresse f engrasador m (de compresión), engrasador m a presión, engrasadora f, prensa f de engrase [lubrificación], jeringa f (de inyectar) grasa, aceitera f a presión, pistola f [válvula f] engrasadora

Schmierpumpe f bomba f de engrase [lubricación]

Schmierring m anillo m autoengrasador [autolubricante, lubrificador, de engrase], arandela f lubricadora

Schmierstoff m material m de lubricación, lubrificante m, lubricante m

Schmierung f engrase m, engrasamiento m, lubricación f, lubrificación f

Schmirgel m esmeril m, material m rayante

Schmirgelleinwand f tela f abrasiva [de esmeril]

schmirgeln v esmerilar

Schmirgeln n lijado m

Schmirgelpapier n lija f esmeril, papel m abrasivo [de esmeril, de lija]

Schmirgelpaste f pasta f de esmeril

Schmirgelscheibe f *(Fert)* rueda f de esmeril, amoladora f (de esmeril), disco m [muela f] de esmeril, esmerilador m

Schmirgelschleifmaschine f esmerilador m, esmeriladora f

Schmirgelstein m piedra f esmeril(adora)

Schmutzstoff m sustancia f sucia

Schmutzwasser n agua f sucia [polucionada, residual, negra], *(Am)* agua f servida; aguas fpl sucias [residuales, negras]

Schnapper m 1. *(Masch)* retén m, tarabilla f; 2. *(El)* acoplamiento m de lanzamiento

Schnapperkopplung f *(El)* acoplamiento m de lanzamiento

Schnappschalter m *(El)* llave f de resorte

Schnappschloss n cerradura f de golpe

Schnarchventil n *(Masch)* válvula f roncadora [de ventosa]

Schnarre f 1. *(Nrt)* zumbador m (de llamada); 2. *(El)* chicharra f

Schnecke f husillo m [tornillo m] sin fin, tornillo m sinfín; hélice f

~/archimedische *(Ph)* cóclea f, rosca f de Arquímedes

~/pascalsche *(Math)* caracol m de Pascal

Schneckenantrieb m accionamiento m [impulsión f, transmisión f] por tornillo sin fin; engranaje m de tornillo sin fin

Schneckenbohrer m barrena f helicoidal *(für Holz)*

Schneckenförderer m 1. *(Förd)* transportador m de espiral [tornillo sin fin], transportador m sinfín [sin fin, helicoidal], transportadora f de husillo, rosca f transportadora; 2. alimentador m de husillo

Schneckenfräser m fresa f para tornillos sin fin

Schneckengetriebe n engranaje m helicoidal [de tornillo sin fin]; reductor m sin fin; transmisión f por tornillo sin fin

Schneckenpresse f *(Kst)* prensa f de extrusión, extruidora f, extruidor m, extrusora f, extrusor m

Schneckenrad n rueda f (de engranaje) helicoidal, rueda f de tornillo sin fin; engranaje m de tornillo sin fin

Schneckenradwälzfräsmaschine f fresadora f evolvente de engranajes de sin fin

Schneckentrieb m engranaje m espiral [de tornillo sin fin], transmisión f por tornillo sin fin

Schneckenverzahnung f engranaje m de tornillo sin fin

Schneekette f *(Kfz)* cadena f antideslizante [antirresbalante]

Schneeräummaschine f limpianieves m, quitanieves m, arado m quitanieve

Schneidbacke f *(Fert)* terraja f partida; cojinete m *(einer Drehmaschine)*

Schneidbohrer m *(Fert)* macho m de roscar [aterrejar]

Schneidbrennen n *(Fert)* corte m autógeno [oxiacetilénico]

Schneidbrenner m soplete m cortador [cortante]

Schneide f 1. *(Fert)* arista f de corte, corte m, filo m, borde m [orilla f, pieza f] cortante, cuchilla f *(z. B. Fräser)*; tajo m; 2. cortado m; nariz f; canto m vivo

Schneidebene f *(Fert)* plano m de corte

Schneidemaschine f 1. *(Fert)* cizalladora f; máquina f cortadora [de cortar], cortador m, cortadora f; 2. *(Typ)* cuadrante m
Schneidemühle f serrería f
schneiden v 1. cortar; recortar; cizallar *(Blech)*; tallar; 2. *(Lt)* cortar, segar; 3. *(Math)* intersecar; 4. cortar, editar *(Film, Tonband)*
~/Gewinde *(Fert)* filetear, roscar
~/rechtwinklig escuadrar
Schneiden n 1. *(Fert)* cortado m, corte m; cizalladura f, cizallamiento m; tallado m; 2. sección f
Schneidenkopf m *(Fert)* cabezal m cortador [de corte]
Schneidfläche f superficie f cortante
Schneidflamme f llama f cortante *(Schweißen)*
Schneidflüssigkeit f aceite m para corte [cortar metales], fluido m [lubricante m] de corte
Schneidgebläse n *(Lt)* soplante m cortador, cortapajas m con soplante
Schneidgeometrie f *(Fert)* geometría f de corte
Schneidkante f *(Fert)* borde m [filete m, filo m, orilla f] cortante, arista f de corte, filo m
Schneidkantenwinkel m ángulo m axial
Schneidkeramik f cerámica f cortante; materiales mpl de corte de cerámica
Schneidkluppe f *(Fert)* terraja f *(Werkzeug)*
Schneidkopf m *(Fert)* cabezal m cortador [de corte], mandril m portaherramientas
Schneidkraft f *(Fert)* fuerza f cortante [de corte]
Schneidlippe f *(Fert)* labio m de corte
Schneidmaschine f máquina f cortadora [de cortar], rebanador m
Schneidöl n aceite m para corte [cortar metales], lubricante m de corte
Schneidrad n *(Fert)* cuchilla f piñón, piñón m mortajador, rueda f cortadora
Schneidwerk n *(Lt)* aparato m [dispositivo m] de corte, barra f cortadora [de corte, guadañadora], órgano m cortador [de corte]; accesorio m segador; sistema m de corte
Schneidwerkzeug n 1. *(Fert)* herramienta f cortante [de corte, de filo, para el tallado], herramienta f desvirutadora; acero m, cuchilla f, tajador m, utensilio m cortante [de corte]; 2. *(Fert, Lt)* instrumento m cortante [de corte], cortador m, cortadora f
Schneidzahn m 1. *(Fert)* diente m cortante; 2. pico m cortante *(Bagger)*
Schnellablass m 1. *(Flg)* descarga f rápida, vaciado m rápido *(z. B. von Brennstoff beim Flug)*; 2. *(Flg)* válvula f de vaciado rápido
Schnellablassventil n 1. válvula f de desacople rápido *(Druckluftbremse)*; 2. *(Flg)* válvula f de descarga rápida
Schnellarbeitsstahl m *(Fert)* acero m (de corte) rápido, acero m de alta velocidad
Schnellbohrmaschine f *(Text)* taladradora f rápida
Schnellbremsung f *(Eb)* frenado m brusco [rápido]
Schnelldrehmaschine f *(Fert)* torno m rápido
Schnelldrehmeißel m herramienta f rápida
Schnelldrehstahl m acero m (de corte) rápido, acero m de alta velocidad, herramienta f rápida
Schnelldrucker m *(Inf)* impresora f rápida [de alta velocidad], impresor m rápido
Schnellgang m 1. *(Masch)* marcha f rápida; movimiento m rápido; 2. *(Kfz)* marcha f multiplicada [sobremultiplicada, de sobremando], sobremultiplicación f; supermarcha f *(Schlepper)*
Schnellhobelmaschine f *(Fert)* acepilladora f rápida
Schnelligkeit f prontitud f, rapidez f; velocidad f
Schnellkochtopf m autococedor m, marmita f [olla f] a presión, olla f exprés
Schnellkupplung f acoplamiento m [enganche m] rápido, racor m rápido
Schnellläufer m motor m rápido [de marcha rápida]
Schnelllöseventil n válvula f de desacople rápido *(Druckluftbremse)*
Schnellpresse f *(Typ)* prensa f rápida [de cilindro]
Schnellrechner m ordenador m rápido
Schnellspeicherung f *(Inf)* almacenamiento m de alta velocidad
Schnellschnittstahl m acero m (de corte) rápido, acero m de alta velocidad

Schnellspeicher *m (Inf)* dispositivo *m* rápido de memoria, memoria *f* rápida [de acceso rápido], memoria *f* de gran velocidad

Schnellstahl *m* acero *m* rápido [de corte rápido, de alta velocidad]

Schnellstraße *f* carretera *f* exprés

Schnelltrennschalter *m (El)* interruptor *m* de ruptura brusca [rápida]

Schnelltrieb *m (Feinw)* avance *m* rápido

Schnellverschluss *m* 1. cierre *m* rápido; 2. puerta *f* rápida

Schnellvorschub *m (Fert)* avance *m* rápido

Schnellwaage *f* báscula *f* instantánea [rápida], pesón *m*, romana *f*

Schnellwechselfutter *n (Fert)* mandril *m* de cambio rápido

Schnellzugriffsspeicher *m (Inf)* almacenamiento *m* de acceso inmediato, memoria *f* de acceso rápido, memoria *f* de alta velocidad

Schnitt *m* 1. *(Math)* sección *f*; intersección *f (von Linien)*; 2. vista *f* en corte; traza *f*; perfil *m*; 3. *(Fert)* corte *m*, cortado *m*; tajo *m*; pasada *f (beim Spanen)*; estampado *m (Stanzwerkzeug)*; 4. *(Typ)* corte *m*; cara *f (eines Buchstabens)*; canto *m (eines Buches)*; 5. *(Bgb)* corte *m*; 6. *(Ch)* corte *m*; 7. medio *m*, promedio *m (Durchschnitt)*

~/**goldener** *(Math)* sección *f* áurea, relación *f* del extremo y medio

~/**grafischer** *(Math)* sección *f* diagramática

~/**quadratischer** sección *f* cuadrada

~/**senkrechter** sección *f* vertical

Schnittansicht *f* vista *f* en corte

Schnittbedingungen *fpl (Fert)* régimen *m* de corte

Schnittbewegung *f (Fert)* avance *m* [movimiento *m*] de corte

Schnittebene *f (Fert)* plano *m* de tallado

Schnittfläche *f* 1. sección *f*; 2. *(Fert)* cara *f* de corte; 3. *(Bw)* superficie *f* de corte

Schnittgeschwindigkeit *f (Fert)* velocidad *f* de corte; velocidad *f* de escariado *(Reiben)*; velocidad *f* de mandrinado *(Ausbohren)*; velocidad *f* de roscado *(Gewindeschneiden)*; velocidad *f* de roscado con macho *(Gewindebohren)*; velocidad *f* de torneado *(Drehen)*

Schnittholz *n* madera *f* aserrada [cortada, de sierra, en tablones, escuadrada]

Schnitttiefe *f (Fert)* penetración *f* de la herramienta, profundidad *f* de corte

Schnittkraft *f* fuerza *f* cortante [de corte]

Schnittlinie *f* 1. *(Math)* línea *f* de intersección, intersección *f*; 2. *(Fert)* línea *f* de cortar

Schnittplan *m (Schiff)* corte *m* seccional (de un buque)

Schnittpresse *f (Fert)* prensa *f* cortadora [punzonadora, de punzonar]

Schnittpunkt *m* 1. *(Math)* punto *m* de intersección [concurso], intersección *f*; 2. *(Astr)* nodo *m*

Schnittstelle *f (Inf)* interfaz *f*

~/**genormte** interfaz *f* normal [normalizada]

~/**objektorientierte** interfaz *f* basada en objetos

~/**parallele** interfaz *f* paralela, puerto *m* paralelo

~/**serielle** interfaz *f* serial [de serie], puerto *m* serial

Schnittstellenkarte *f* placa *f* de interfaz

Schnittstellenmodul *n* módulo *m* interfaz, placa *f* de interfaz

Schnittstellenschaltung *f* circuito *m* de interface

Schnittstempel *m (Fert)* troquel *m* cortador [de cortar, de corte], troquel *m*

Schnittwerkzeug *n (Fert)* dado *m* de corte

Schnittwinkel *m (Fert)* ángulo *m* de corte

Schnittzeichnung *f (Schiff)* corte *m* seccional (de un buque)

Schnitzelmaschine *f (Lt)* recortadora *f*; rebanadora *m*; cortarraíces *m (für Hackfrüchte)*

Schnur *f* 1. *(Text)* cordón *m*, cordel *m*, cuerda *f*; 2. *(El)* conductor *m* flexible

Schnürboden *m (Schiff)* sala *f* de gálibos

Schnurlostelefon *n (Nrt)* teléfono *m* sin hilos

Schongang *m (Kfz)* marcha *f* multiplicada [de sobremando], sobremultiplicación *f*

Schönseite *f* lado *m* del fieltro *(des Papiers)*

Schöpfbagger *m* draga *f* de cangilones

Schöpfrad *n (Masch)* rueda *f* elevadora

Schornstein *m (Bw)* chimenea *f*; cañón *m* de chimenea

Schott *n (Schiff)* mamparo *m*

Schottendeck n *(Schiff)* cubierta f de mamparos
Schotter m balasto m; grava f; cascajo m, cascote m; guijo m; piedra f picada [triturada]
Schotterdecke f pavimento m de macadam [macadán]
schraffieren v sombrear
schraffiert rayado
Schraffierung f rayado m
schräg inclinado; oblicuo, sesgado
Schrägaufzug m *(Förd)* elevador m [montacargas m] inclinado
Schrägbandförderer m transportador m de cinta inclinada
Schräge f 1. oblicuidad f, sesgo m; 2. *(Fert)* chaflán m
Schrägförderband n transportador m elevador [de elevación]
Schrägkugellager n *(Masch)* cojinete m [rodamiento m] de bolas con contacto angular
Schrägschnitt m 1. sección f oblicua, sesgo m; 2. *(Fert)* corte m inclinado
Schrägsitzventil n válvula f de asiento oblicuo
Schrägstrich m barra f [raya f] inclinada
Schrägverzahnung f *(Masch)* dentado m [engranaje m] helicoidal, dentado m oblicuo
Schrägwalzen n *(Met)* laminación f oblicua [con cilindros oblicuos]
Schrägwalzwerk n tren m de laminación oblicua, laminador m diagonal [oblicuo]
Schrägzug m *(Förd)* tiro m oblicuo
Schram m *(Bgb)* corte m, roza f, socava f
schrämen v *(Bgb)* rozar, socavar
Schrämen n *(Bgb)* roza f
Schrämkette f *(Bgb)* cadena f aserradora [cortante, de púas]
Schrämmaschine f *(Bgb)* cortadora f de carbón, excavadora-zapadora f, máquina f de rozar, rozadora f, socavadora f, rafadora f
Schrämmeißel m *(Bgb)* cincel m cortador de carbón, diente m de rozadora
Schränkeisen n triscador m *(Säge)*
schränken v *(Masch)* triscar, trabar *(Säge)*
Schrapper m 1. cuchara f funicular [de arrastre, de raedera], escrapa f, escrapeador m; excavadora f acarreadora [de arrastre]; pala f de arrastre; racleta f; raspador m, scraper m; traílla f, arrobadera f; 2. *(Bw)* raedera f; 3. *(Bgb)* rascador m
Schrapperkübel m cubo m de traílla
Schrapperseil n *(Bgb)* cable m para rascadores
Schraube f 1. *(Masch)* tornillo; 2. *(Flg, Schiff)* hélice f
~/archimedische *(Ph)* cóclea f, rosca f de Arquímedes
~/eingängige tornillo m de un paso
~/selbstschneidende tornillo m autorroscante
schrauben v atornillar
Schraubenantrieb m *(Schiff)* propulsión f por hélice
Schraubenautomat m *(Fert)* torno m automático de tornillería
Schraubenblatt n *(Schiff)* pala f
Schraubenbolzen m espárrago m gemelo, perno m fileteado
Schraubendreher m atornillador m, des(a)tornillador m, sacatornillos m
Schraubenfeder f muelle m helicoidal [de hélice]
Schraubenfläche f *(Math)* helicoide m, superficie f helicoidal
schraubenförmig helicoidal, roscado
Schraubengang m 1. paso m de hélice; 2. *(Masch)* hilo m
Schraubengewinde n *(Masch)* rosca f cilíndrica [del tornillo]
Schraubenkupplung f *(Eb)* acoplamiento m roscado [por tornillos, de husillo], brida f de enganche
Schraubenlinie f línea f [curva f] helicoidal, filete m, hélice f, caracol m
Schraubenmutter f hembra f de tornillo, tuerca f
Schraubenpropeller m hélice f propulsiva [propulsora], hélice f, propulsor m
Schraubenpumpe f bomba f helicoidal [de husillo]
Schraubenrad n rueda f helicoidal; engranaje m para ejes cruzados
Schraubenschiff n buque m de hélice
Schraubenschlüssel m llave f
Schraubenschneidmaschine f máquina f de enroscar pernos, roscadora f de bulones [tornillos]

Schraubenschub m *(Flg)* empuje m [tracción f] de hélice
Schraubenwelle f *(Schiff, Flg)* eje m portahélice [de hélice], árbol m de hélice
Schraubenwinde f *(Förd)* gato m de rosca [tornillo], cric m
Schraubenzieher m s. Schraubendreher
Schraubsockel m *(El)* casquillo m de rosca
Schraubspindelgetriebe n mecanismo m de husillo
Schraubstock m pinzas fpl, tornillo m, torno m
Schraubverbindung f conexión f para enroscado, conexión f roscada [por rosca], unión f atornillada [por tornillos, roscada]
Schreibdichte f *(Inf)* densidad f de grabación [registro]
schreiben v 1. escribir; imprimir; 2. registrar
~/mit Schreibmaschine mecanografiar
Schreiben n *(Inf)* escritura f
Schreiber m dispositivo m [instrumento m] registrador, registrador m; inscriptor m
schreibgeschützt *(Inf)* protegido contra escrituras (accidentales)
Schreibgeschwindigkeit f 1. *(Inf)* velocidad f de escritura [barrido]; 2. *(Nrt)* velocidad f telegráfica
Schreibkopf m *(Inf)* cabeza f de escritura
Schreib-Lese-Kopf m *(Inf)* cabeza f de lectura/escritura, cabeza f de grabación/lectura, cabezal m combinado
Schreib-Lese-Spalt m *(Inf)* entrehierro m *(im Schreib-Lese-Kopf)*
Schreib-Lese-Speicher m *(Inf)* memoria f de acceso aleatorio [directo, inmediato], memoria f de lectura-escritura, memoria f directamente accesible
Schreibmarke f *(Inf)* viso m, cursor m *(Bildschirm)*
Schreibmaschine f máquina f de escribir
Schreibmaschinentastatur f teclado m mecanográfico [de máquina de escribir]
Schreibmaschinenwalze f rodillo m portapapel
Schreibschutzkerbe f *(Inf)* muesca f de protección contra escritura
Schreibstift m estilete m, estilo m
Schreibstrahl m *(Eln, TV)* rayo m indicador [de barrido]
Schreibtastatur f teclado m de escritura

Schreibtischtest m *(Inf)* verificación f en despacho
Schreibtrommel f tambor m registrador *(Faksimiletelegrafie)*; cilindro m fotoconductor *(Laserdrucker)*
Schreibwalze f rodillo m (portapapel)
Schreibweise f notación f, grafía f
Schreibwerk n *(Inf)* dispositivo m [mecanismo m] de escritura; mecanismo m impresor [de impresión], unidad f impresora [de impresión] *(druckend)*; mecanismo m registrador
Schreibzugriff m *(Inf)* acceso m de escritura
Schreitbagger m excavadora f ambulante [sobre patines]
Schrift f carácter m; escritura f; grafía f
~/halbfette *(Typ)* negrita f
~/optische carácter m óptico
Schriftart f 1. clase f de escritura [letra, tipo], escritura f; especie m de caracteres [tipos], carácter; grafismo m; 2. *(Inf)* estilo m de fuente, fuente f
Schriftbild n cara f, ojo m de letra [tipos]
Schriftgießerei f *(Typ)* fundería f tipográfica
Schriftgrad m *(Typ)* tamao m de tipos
Schriftgröße f 1. *(Typ)* tamao m de tipos; 2. *(Inf)* tamaño m de la fuente; tamaño m de incremento *(Computergrafik)*
Schrifthöhe f altura f del tipo
Schriftkegel m *(Typ)* cuerpo m (del tipo), fuerza f de cuerpo
Schriftmetall n *(Typ)* metal m tipográfico [de imprenta], metal m para letras
Schriftsatz m *(Typ)* composición f
Schriftschablone f *(Typ)* abecedario m de estarcir
Schriftzeichen n 1. *(Typ)* signo m de imprenta; 2. *(Inf)* carácter m escrito
Schrittabfolge f secuencia f de pasos
Schrittbetrieb m procedimiento m paso a paso; regresión f paso a paso *(Rechenprogramm)*
Schrittmotor m *(El)* motor m paso a paso, motor m de pasos [avance gradual]
Schrittregler m regulador m paso a paso
Schrittschalter m conmutador m paso a paso
Schrittschaltwerk n 1. mecanismo m a paso por trinquete, mecanismo m de avance intermitente, mecanismo m de-

conexión de paso a paso; 2. *(Nrt)* conmutador *m* [selector *m*] paso a paso
Schrittsteuerung *f* mando *m* paso a paso
Schrittzähler *m (Inf)* contador *m* de pasos, cuentapasos *m*
Schrotbohren *n (Bgb)* perforación *f* a balas, sondeo *m* por granalla
Schrotmeißel *m (Fert)* cortafrío *m*, cortahierro *m*, cincel *m* en caliente, martillo *m* cincel, tajadera *f* (de fragua)
Schrotmühle *f (Lt)* molino *m* quebrador, desmenuzadora *f*, molino *m* de cereales
Schrotsäge *f* sierra *f* tronzadora [de tronzar], tronzador *m*
Schrott *m* chatarra *f*, metal *m* viejo, recorte *m*, recortes *mpl*, basura *f* metálica
Schrottpaketierpresse *f* prensa *f* (compactadora) de chatarra
Schrottrecycling *n* reciclado *m* de chatarra
schrumpfen *v* 1. retirar; rechupar; 2. *(Text)* encogerse
Schrumpffaser *f* fibra *f* encogible
schrumpffest *(Text)* resistente al encogimiento
Schrumpffolie *f* lámina *f* de contracción térmica *(Verpackungsmittel)*
Schrumpfspannung *f (Gieß)* esfuerzo *m* [tensión *f*] de contracción
Schrumpfung *f* 1. *(Geol)* retracción *f*; 2. *(Met)* contracción *f*, rechupe *m*; 3. *(Text)* encogimiento *m*
Schruppdrehen *n (Fert)* torneado *m* de desbaste
Schruppdrehmaschine *f (Fert)* torno *m* desbastador [para desbastar]
schruppen *v (Fert)* desbastar
Schruppen *n (Fert)* rallado *m* de desbaste, desbaste *m*, maquinado *m* basto; rectificación *f* de desbaste; torneado *m* de desbaste
Schruppfeile *f* lima *f* gruesa [tabla, basta], limatón *m*
Schruppfräser *m* fresa *f* desbastadora [de desbaste]
Schruppmeißel *m* herramienta *f* para desbaste, desbastador *m*, acero *m* de desbastar
Schruppschleifen *n (Fert)* rectificación *f* de desbaste
Schruppschleifscheibe *f* muela *f* desbastadora

Schub *m* 1. empuje *m*; tracción *f*; impulsión, impulso *m*; propulsión *f*; fuerza *f* sustentadora [de sustentación]; 2. *(Wkst)* deslizamiento *m* transversal; 3. *(Flg, Rak)* empuje *m* a reacción, empuje *m* del chorro [reactor] *(Strahlantrieb)*; 4. *(Flg)* fuerza *f* de impulsión
~/seitlicher *(Flg)* fuerza *f* de deriva
~/spezifischer *(Rak)* empuje *m* específico, impulsión *f* [tracción *f*] específica
Schubbeanspruchung *f (Wkst)* esfuerzo *m* cortante
Schubbewegung *f* movimiento *m* de traslación
Schubboot *n* moto-remolcadora *f*
Schubdüse *f (Rak)* boca *f* [tobera *f*] de propulsión, tobera *f* de empuje
Schubfahrzeug *n (Schiff)* remolcador *m* de empuje
Schubfestigkeit *f (Wkst)* resistencia *f* a la cortadura, resistencia *f* de corte, resistencia *f* al cizallamiento; resistencia *f* al empuje
Schubkoeffizient *m* 1. *(Mech)* coeficiente *m* de deslizamiento; 2. *(Flg, Rak)* coeficiente *m* de empuje (de tobera) *(z. B. Strahltriebwerk)*
Schubkraft *f* 1. *(Wkst)* esfuerzo *m* cortante; fuerza *f* de cizallamiento [de corte]; 2. *(Flg)* fuerza *f* propulsiva [propulsora, de propulsión]; empuje *m*; 3. *(Flg)* empuje *m* del chorro [reactor] *(Strahlantrieb)*
Schublehre *f* calibre *m* a colisa
Schubprahm *m (Schiff)* gabarra *f*
Schubschiff *n* moto-remolcadora *f*
Schubschlepper *m (Schiff)* remolcador *m* de gabarras, tractor *m* empujador
Schubspannung *f (Wkst)* esfuerzo *m* cortante, tensión *f* cizallante [de cizallamiento]; tensión *f* tangencial; tensión *f* transversal; cizalladura *f*, cizallamiento *m*
Schubstange *f* biela *f*, varilla *f* empujadora [de empuje]
Schubverband *m* remolque *m*; convoy *m* *(Binnenschifffahrt)*
Schukosteckdose *f (El)* caja *f* de enchufe con puesta a tierra
Schukostecker *m (El)* enchufe *m* con puesta a tierra
Schulter *f (Masch)* hombro *m*; borde *m*, reborde *m*; rebajo *m (Welle)*

Schultergurt *m (Kfz)* correa *f* de hombros
Schulterhöhe *f* 1. *(Masch)* cota *f* de rebajo; profundidad *f* de garganta *(Lager)*; 2. altura *f* de hombro *(Ergonomie)*
Schulterschräggurt *m (Kfz)* cinturón *m* de hombros
~ **mit Beckengurt** cinturón *m* abdominal y de hombros
Schürfbagger *m* excavadora *f* raedera
Schürfbohrung *f (Bgb)* taladrado *m* de reconocimiento [prospección, exploración]
schürfen *v (Bgb, Geol)* prospectar, explorar, sondar, investigar, excavar, *(Am)* catear
Schürfen *n (Bgb, Geol)* prospección *f*, labor *f* de exploración, sondeo *m*, cata *f*
Schürfkübelbagger *m* draga *f* de arrastre, dragalina *f*, excavadora *f* (de palas) de arrastre, pala *f* transportadora
Schürflader *m* explanadora *f* [traílla *f*] cargadora, niveladora *f* elevadora
Schurre *f* 1. *(Förd)* canal *m*; tolva *f*; tobogán *m*, lanzadero *m*; 2. *(Lt)* sinfín *m* flotante *(z. B. Sammelpresse)*
Schürze *f* 1. delantal *m*, mandil *m*; 2. *(Bw)* delantal *m*
Schuss *m* 1. *(Text)* trama *f (Weberei)*; 2. *(Gieß, Kst)* chorro *m* de inyección *(beim Spritzgießen)*; 3. *(Bgb)* tiro *m*, disparo *m*; 4. virola *f (bei Behälterfertigung)*
Schussfaden *m (Text)* hilo *m* de trama
Schussfadenwächter *m (Text)* guardatramas *m*, paratramas *m*
Schute *f (Schiff)* chata *f*, chalana *f*, gabarra *f*, lancha *f*, lanchón *m*, pontón *m*, *(Am)* planchón *m*; patana *f*
Schutt *m* escombro *m*, escombrera *f*, derrubio *m*
Schüttelrost *m* 1. emparrillado *m* sacudidor [de sacudida, vibratorio]; criba *f* oscilante; 2. *(Lt)* parrilla *f* sacudidora
Schüttelrutsche *f* 1. plano *m* vibratorio, buzón *m* oscilante; transportador *m* sacudidor [de sacudidas]; canal *m* vibratorio [de sacudidas]; lanzadero *m* vibratorio; 2. *(Bgb)* sacudidora *f* oscilante *(zum Sortieren von Kohle)*
Schüttelsieb *n* criba *f* vibradora [vibratoria, oscilante, de vaivén, de sacudidas]; sacudidor *m*; tamiz *m* de trepidación; clasificador *m* vibrante; agitador *m*

Schüttgut *n* carga *f* a granel; material *m* a granel; mercancías *fpl* a granel; producto *m* a granel
Schüttgutcontainer *m* contenedor *m* carga a granel
Schüttgutfrachter *m (Schiff)* carguero *m* a granel, granelero *m*
Schüttwinkel *m* ángulo *m* de talud
Schutz *m* 1. protección *f*, seguridad *f*; prevención *f*; preservación *f*; control *m*; defensa *f*; salvaguardia *f*, guarda *f*, abrigo *m*; refugio *m*; blindaje *m*; 2. protector *m*; resguardo *m*; respaldo *m*
~/**galvanischer** protección *f* católica (anticorrosiva)
~ **von Bauwerken** seguridad *f* estructural
~ **vor chemischen Einwirkungen** seguridad *f* química
~ **vor Erschütterungen** protección *f* contra impactos
~ **vor Spannungsausfall** protección *f* contra la falta de tensión
~ **vor unbefugtem Benutzen** protección *f* contra utilización no autorizada
~/**zwangsläufiger** seguridad *f* positiva
Schütz *n* 1. *(El)* contactor *m* (automático); 2. compuerta *f (Staubrett an Schleusen und Wehren)*
Schutzabdeckung *f* cubierta *f* protectora; defensa *f*; protección *f*; tapa *f* de seguridad
Schutzabschirmung *f* apantallamiento *m* de protección
Schutzabstand *m* espacio *m* de seguridad
Schutzanstrich *m* recubrimiento *m* protector; acabado *m* protector [de protección]
Schutzanzug *m* traje *m* protector [de protección], vestido *m* protector [de protección]
Schutzatmosphäre *f* atmósfera *f* controlada [inerte, protectora]
Schutzausrüstung *f* equipo *m* de protección; técnica *f* de seguridad
~/**persönliche** dispositivo *m* [equipo *m*] de protección personal, equipo *m* personal de seguridad, material *m* [medio *m*] de protección personal [individual], protector *m* individual, medio *m* de protección corporal
Schutzband *n (Eln)* banda *f* de seguridad *(zwischen Frequenzbändern)*

Schutzbelag m cubierta f protectora [de seguridad]; forro m protector, guarnición f de seguridad
Schutzbit n (Inf) bit m de guarda
Schutzblech n (Kfz) guardabarro(s) m, guardalodos m, (Am) taparrueda m
Schutzblende f pantalla f protectora [de protección]
Schutzbrett n (Bw) tabla f protectora
Schutzbrille f espejuelos mpl protectores [de protección, de seguridad], gafas fpl protectoras [de protección], oculares mpl de protección
Schutzbügel m estribo m de seguridad
Schutzdach n 1. techo m protector [de protección]; cubierta f, galera f, 2. (Lt) cobertizo m
Schutzdecker m (Schiff) carguero m shelter
Schutzeinrichtung f protector m, resguardo m protector [de protección], resguardo m; instalación f de protección
~/berührungslos wirkende resguardo m accionado por acercamiento físico, resguardo m de proximidad
~/unbewegliche resguardo m fijo
schützen v proteger, salvaguardar; preservar; guardar, resguardar; abrigar; blindar
Schützenwächter m (Text) guardalanzaderas m
Schutzerdung f (El) puesta f protectora a tierra, conexión f de protección a tierra
Schutzfilter n filtro m protector
Schutzfolie f lámina f de seguridad
Schutzfrequenzband n (Eln) banda f de seguridad (zwischen Frequenzbändern)
Schutzfunkenstrecke f descargador m de protección
Schutzgas n gas m protector (Schweißen)
Schutzgasatmosphäre f atmósfera f controlada [protectora, inerte, de gas protector]
Schutzgasschweißen n soldadura f bajo gas protector
Schutzgehäuse n cárter m de protección; carcasa f protectora [de protección] (z. B. an Säge)
Schutzgeländer n barandilla f protector [de protección, de seguridad]; pasamanos m protector (Gerüst)

Schutzgerät n aparato m protector [de protección, de seguridad]; medio m protector [de protección, de seguridad]; útil m de prevención [seguridad]; material m protector [de protección]
Schutzgerüst n (Bw) andamio m de protección
Schutzgitter n 1. rejilla f protectora [de protección], reja f protectora [de protección]; barandilla f protector [de protección, de seguridad]; 2. (Bgb) emparrillado m
Schutzglas n cristal m [lente f] de protección
Schutzhaube f casquete m protector; cubierta f de seguridad; campana f de protección; capuchón m
Schutzhelm m casco m protector [de seguridad]
Schutzhülle f funda f protectora [de protección]; sobre m de protección (z. B. Diskette)
Schutzhülse f vaina f de seguridad
Schutzkabine f cabina f aislada [de protección, con paredes aislantes]
Schutzkäfig m jaula f de seguridad
Schutzkappe f casquete m protector; caperuza f de protección, capuz m; capuchón m, protector m; tapa f de seguridad
Schutzkiel m (Schiff) quilla f falsa
Schutzkleidung f prenda f (de abrigo), prenda f protectora [de seguridad, de protección personal], ropa f protectora [de abrigo, de protección, de seguridad], vestido m protector [de protección], vestimenta f protectora [de protección], indumentaria f de protección [seguridad]
Schutzkleinspannung f voltaje m extrabajo, pequeño voltaje m (bis 42 V)
Schutzkontaktsteckdose f caja f de enchufe con puesta a tierra
Schutzkontaktstecker m enchufe m con puesta a tierra
Schutzkreis m (El) círculo m de protección; circuito m de protección
Schutzlack m barniz m protector
Schutzleiste f listón m protector [de protección]; pestaña f de protección
Schutzleiter m (El) conductor m de protección, hilo m de guarda
Schutzmanschette f falda f protectora

Schutzmaske f careta f (protectora), careta f [máscara f] antigás, máscara f protectora [de seguridad, contra gases]

Schutzmittel n medio m protector [de protección, de seguridad], elemento m protector [de protección], equipo m de protección, aparato m protector [de protección]; medio m preventivo [de prevención]; preservativo m; agente m de seguridad

Schutznetz n red f protectora [de protección, de seguridad]; red f de recogida; defensa f de malla

Schutzplatte f 1. placa f protectora [de protección]; panel m protector [de protección]; tablero m protector; 2. *(Bw)* delantal m

Schutzrahmen m cuadro m de protección

Schutzring m aro m de protección [resguardo]; anillo m de cierre; collarín m de seguridad

Schutzrohr n tubo m protector [de protección]

Schutzschalter m interruptor m de protección [seguridad]

~ **für Elektromotor** guardamotor m

Schutzschaltung f conexión f de protección

Schutzscheibe f vidrio m protector

Schutzschicht f capa f protectora; película f protectora

Schutzschiene f *(Eb)* contracarril m, contrarriel m, guardacarril m, guardarrana f, guardarriel m

Schutzschild m escudo m (de protección), pantalla f protectora [de protección]; tablero m protector; visera f (protectora); antecristal m *(Schweißer)*

Schutzschirm m pantalla f protectora [de protección, de seguridad]; guarda f protectora

Schutzspannung f tensión f de seguridad

Schutzstreifen m 1. franja f de seguridad; 2. listón m protector [de protección]

Schutzstromkreis m circuito m de protección

Schutztransformator m transformador m de protección [seguridad]

Schutztrennung f desconexión f de protección *(Schutzmaßnahme gegen zu hohe Berührungsspannungen)*

Schutzüberzug m recubrimiento m [revestimiento m] protector; capa f protectora; chapeado m protector; depósito m de protección; acabado m protector [de protección]; baño m *(Glasur)*; blindaje m *(Abschirmung)*

Schutzumhüllung f envoltura f protectora; forro m protector

Schutzverriegelung f dispositivo m de enclavamiento, defensa f enclavada [con enclavamiento]

Schutzvorhang m barrera-cortina f de protección

Schutzvorrichtung f dispositivo m protector [de protección, de seguridad], dispositivo m preventivo [de prevención, de defensa], equipo m protector [de protección, de seguridad], mecanismo m protector [de protección], medio m (técnico) de seguridad, protector m (de seguridad), resguardo m (de seguridad), resguardo m protector [de protección], guarda f (protectora); defensa f (de seguridad)

~/**eingebaute** defensa f enclavada

~/**elektronische** resguardo m [dispositivo m preventivo] electrónico; sistema m de seguridad electrónico

~/**photoelektrische** defensa f fotoeléctrica, resguardo m fotoeléctrico

Schutzwand f pantalla f protectora [de protección]; muro m protector [de protección]

Schutzweiche f *(Eb)* aguja f de seguridad, cambio m de descarrilar

Schutzwiderstand m resistencia f protectora [de protección]

Schwabbelscheibe f *(Fert)* disco m de trapos

Schwachstrom m corriente f débil [de baja intensidad]

Schwachstromkabel n cable m de corriente de baja intensidad

Schwadmäher m *(Lt)* espigadora-hileradora f, segadora f hileradora, hilerador m, hileradora f

Schwalbenschwanz m *(Masch)* cola f de milano

schwanken v fluctuar; oscilar; variar

Schwankung f *(Ph)* fluctuación f; oscilación f; variación f

Schwankungsbreite f rango m de oscilación; margen m de fluctuación

Schwanzflosse f (Flg) aleta f [estabilizador m] de cola
Schwarzguss m (Met) fundición f de corazón negro, fundición f en negro
Schwarzmetallurgie f metalurgia f ferrosa [del hierro], siderurgia f
Schwarzweißbild n imagen f en blanco y negro
Schwarzweißbildschirm m monitor m monocromático [en blanco y negro], display m blanco y negro
Schwebebahn f ferrocarril m [monocarril m] aéreo, vía f aérea, funicular m aéreo (de viajeros), teleférico m
Schwebemittel n (Kst) medio m dispersante
schweben v 1. colgar; estar suspendido; flotar; 2. deslizarse
schwebend suspendido, en suspensión
Schwebeschmelzen n (Met) fusión f rápida [flash]
Schwebeteilchen n partícula f en suspensión
Schwebstoff m materia f en suspensión, sustancia f flotante
Schwebung f (Eln) batimiento m, batido m
Schwebungsfrequenz f (Ph) frecuencia f de pulsación [batido]
Schwebungsmesser m (Eln) batímetro m, batómetro m
Schwefel m azufre m, S
Schwefelblüte f azufre m sublimado, flor f de azufre
Schwefeldioxid m dióxido m de azufre, anhídrido m [gas m] sulfuroso
Schwefelkohlenstoff m bisulfuro m [disulfuro m, oxisulfuro m, sulfuro m] de carbono
schwefeln v (Ch) azufrar, sulfurar
Schwefelsäure f ácido m sulfúrico
~/rauchende ácido m sulfúrico fumante [humeante], aceite m de azufre, óleum m
Schwefelwasserstoff m ácido m hidrosulfúrico [sulfhídrico], gas m sulfhídrico, hidrógeno m sulfurado, sulfuro m de hidrógeno
Schweißautomat m soldadora f automática
Schweißbrenner m soplete m soldador [de soldadura], lámpara f [pistola f] de soldar

Schweißelektrode f electrodo m de soldadura, electrodo m para soldar
schweißen v soldar
~/warm soldar en caliente
Schweißen n soldadura f, soldeo m
~/überlapptes soldadura f a la solapa, soldadura f por recubrimiento
Schweißerschutzbrille f espejuelos mpl para soldar, gafas fpl de [para] soldador
Schweißerschutzschild m careta f para soldadura, pantalla f para soldadores [soldadura, soldar], pantalla f captante de soldadura, visera f para soldar, antecristal m
Schweißgerät n aparato m de soldar [soldadura], equipo m de soldadura, soldador m, soldadora f
Schweißmaschine f máquina f de soldar, soldadora f
Schweißmittel n fundente m para soldadura
Schweißnaht f cordón m [costura f] de soldadura, junta f soldada, juntura f [unión f] de soldadura, línea f de soldadura [unión], soldadura f
Schweißnahtwurzel f raíz f de la soldadura
Schweißofen m horno m de soldar
Schweißpulver n polvo m de soldadura
Schweißrauchabsauganlage f aspirador m de humos de soldadura
Schweißraupe f cordón m de soldadura
Schweißstab m varilla f de soldar [soldadura]
Schweißstahl m acero m soldable [de soldadura, soldado]
Schweißtechnik f técnica f de soldadura
Schweißtransformator m transformador m de soldar
Schweißung f soldadura f, soldeo m
Schweißverbindung f contacto m de soldar, junta f soldada, juntura f [unión f] de soldadura, unión f soldada
schwelen v arder a fuego lento, arder sin llama, quemar incompletamente [sin llama], carbonear, carbonizar, destilar lentamente
Schwelgas n gas m destilado [de destilación)
Schwelkoks m coque m de destilación [lignito], semicoque m

Schwelle f 1. umbral m, límite m; 2. (Bw) solera f, peana f, ejión m; 3. (Eb) traviesa f, durmiente m

Schwellendosis f límite m de concentración, nivel m umbral (für chemische Substanzen oder Strahlen)

Schwellenholz n (Eb) madera f para traviesas, (Am) madera f de durmientes

Schwellenwert m valor m (de) umbral, valor m límite umbral, umbral m

Schwellstrom m corriente f de umbral

Schwelteer m alquitrán m obtenido a baja temperatura, alquitrán m por destilación seca

Schwelung f carbonización f lenta, destilación f [gasificación f, carbonización f] a baja temperatura

Schwenkarm m 1. (Förd) brazo m giratorio; 2. (Masch) brazo m oscilante

Schwenkbagger m excavadora f giratoria

schwenkbar giratorio; virable; abisagrado

schwenken v 1. girar; virar; orientar; 2. agitar, menear

Schwenkkran m grúa f giratoria

Schwenkrahmen m panel m giratorio

Schwenkschildplanierraupe f niveladora f basculable, angledozer f

Schwenktisch m mesa f giratoria [orientable, rebatible, virable]; plato m giratorio

Schwenkung f giro m; viraje m; pivotaje m

schwer pesado; grave (Körper); ponderoso (Gewicht)

Schwerbenzin n gasolina f [bencina f] pesada, nafta f

Schwere f (Ph) gravedad f; pesantez f

Schwerebeschleunigung f (Ph) aceleración f de la gravedad [gravitación], aceleración f de caída

Schwerefeld n (Ph) campo m gravitacional [de gravitación, newtoniano]

schwerelos ingrávido

Schwerelosigkeit f 1. (Ph) falta f de gravidez [gravedad], ingravidez f; 2. (Ph, Rak) imponderabilidad f

Schwerflüssigkeit f (Bgb) líquido m denso

Schwergut n 1. producto m pesado, ponderoso m; 2. mercancías fpl pesadas; carga f pesada; 3. (Schiff) flete m pesado

Schwergutbaum m (Schiff) puntal m real, pluma f de carga pesada

Schwerkraft f (Ph) fuerza f gravitatoria [de gravedad], gravedad f; pesantez f

Schwerkraftabscheider m separador m por (fuerza de) gravedad

Schwerkraftdavit m(n) (Schiff) pescante m de gravedad

Schwerkraftentstauber m despolvoreador m de gravedad

Schwerkraftförderer m transportador m por gravedad

Schwerlastanhänger m remolque m de carga pesada

Schwerlastkraftwagen m camión m pesado [para cargas pesadas]

Schwerlastkran m grúa f para cargas pesadas

Schwermaschinen fpl maquinaria f pesada

Schwermaschinenbau m construcción f de maquinaria pesada; industria f de maquinaria pesada

Schwermetall n metal m pesado

Schwerölmotor m motor m de aceite pesado, máquina f de aceite

Schwerpunkt m (Ph) centro m de gravedad [inercia, masa], cg, baricentro m; punto m de gravedad

Schwert n (Schiff) orza f

Schwerwasserreaktor m (Kern) reactor m de agua pesada

Schwibbogen m (Bw) arbotante m

Schwimmaufbereitung f procedimiento m de flotación, preparación f [concentración f, enriquecimiento m] por flotación, flotación f, flotamiento m, flotadura f

Schwimmbagger m draga f (flotante)

Schwimmboje f (Schiff) baliza f [boya f] flotante, boya f de deriva

Schwimmcontainer m (Schiff) contenedor m [recipiente m] flotante

Schwimmdock n (Schiff) dique m [dársena f, astillero m] flotante

Schwimmebene f (Schiff) plano m de flotación

Schwimmer m 1. flotador m; 2. (Schiff) boya f; 3. (Flg) flotador m de catamarán, tren m de amaraje (Wasserflugzeug)

Schwimmerfahrwerk n tren m de aterrizaje de flotador (Hubschrauber)

Schwimmergehäuse n (Kfz) cámara f [jaula f] de flotador, cuba f (de nivel constante), taza f del carburador (Vergaser)

Schwimmernadel f *(Kfz)* aguja f del flotador *(Vergaser)*
Schwimmerregler m *(Kfz)* regulador m de flotador
Schwimmerventil n válvula f de flotador *(Spülkasten)*
schwimmfähig flotante, flotable; anfibio
Schwimmfähigkeit f *(Schiff)* capacidad f de nado, flotabilidad f, flotación f, flotamiento m, flotadura f; capacidad f anfibia
Schwimmkörper m *(Schiff)* cuerpo m flotante, flotador m
Schwimmkran m grúa f flotante, barcogrúa m, pontón m (de) grúa
Schwimmwasserlinie f *(Schiff)* línea f de flotación
schwinden v 1. *(Nrt)* desvanecerse; perderse; 2. *(Wkst)* contraerse
Schwindmaß n 1. *(Met)* contracción f (de moldeo); 2. *(Bw)* coeficiente m de retracción; 3. *(Text)* reducción f; 4. s. Schwindmaßstab
Schwindmaßstab m 1. escala f de contracción; metro m de modelista; 2. *(Gieß)* regla f de contracción *(Modellherstellung)*
Schwindriss m rajado m en la contracción *(Keramik)*
Schwingachse f 1. *(Ph)* eje m oscilante; 2. *(Kfz)* eje m flotante
Schwingbeschleunigung f aceleración f oscilante [de vibración]
Schwinge f 1. *(Masch)* balancín m, deslizadera f, brazo m oscilante; palanca f acodada [angular]; 2. *(Lt)* timón m [barra f] del arado *(Pflug)*
schwingen v 1. oscilar; vibrar; bailar; pulsar; 2. *(Lt)* aventar
Schwinger m *(Eln)* oscilador m, vibrador m, resonador m
Schwingförderer m transportador m oscilante [sacudidor, de sacudidas]
Schwinghebel m 1. palanca f oscilante [de balancín], brazo m oscilante, balancín m; 2. ástil m *(Waage)*
Schwingkreis m circuito m oscilante [oscilatorio], circuito m resonante [de resonancia], resonador m
Schwingkristall m resonador m piezoeléctrico
Schwingquarz n oscilador m resonante de cristal de cuarzo

Schwingrahmen m 1. *(Masch)* cuadro m basculante; armazón f oscilante; 2. *(Lt)* bastidor m oscilante
Schwingschleifer m lijadora f orbital *(Holzbearbeitung)*
Schwingsieb n criba f oscilante [vibradora, vibratoria, de sacudidas]; clasificador m de tamiz vibratorio
Schwingtisch m mesa f oscilante
Schwingtor n puerta f levadiza basculante *(z. B. für Garagen)*
Schwingung f *(Ph)* oscilación f; vibración f; movimiento m oscilante [oscilatorio, vibrante, vibratorio]; pulsación f; ondulación f; bamboleo m, vaivén m
~/akustische oscilación f acústica
~/angeregte vibración f excitada
~/elektromagnetische oscilación f electromagnética
~/gedämpfte oscilación f [vibración f] amortiguada
~/handübertragene vibración f transmitida por la mano
~/harmonische oscilación f armónica; movimiento m vibratorio armónico
~/hochfrequente oscilación f de alta frecuencia
~/mechanische oscilación f [vibración f] mecánica
~/niederfrequente oscilación f [vibración f] de baja frecuencia
~/sinusförmige oscilación f sinusoidal [senoidal], vibración f senoidal
~/stochastische oscilación f [vibración f] estocástica
~/ungedämpfte oscilación f entretenida [no amortiguada], vibración f no amortiguada
Schwingungsabsorber m amortiguador m de oscilaciones [vibración]
Schwingungsabwehr f control m de vibraciones, tratamiento m antivibratorio
Schwingungsamplitude f amplitud f de oscilación [vibración]
Schwingungsaufnehmer m captador m de vibraciones, receptor m de oscilaciones
Schwingungsbauch m *(El)* antinodo m, vientre m de oscilación
Schwingungsdämpfer m amortiguador m de oscilaciones [vibración], equipo m amortiguador de vibración, absorción f

[amortiguamiento m, reducción f] de vibraciones; amortiguador m, absorbedor m de vibraciones; dámper m *(einer Kurbelwelle)*
Schwingungsisolierung f aislamiento m antivibratorio [de vibraciones]; acolchamiento m aislante de vibraciones
Schwingungsknoten m nodo m (de oscilación, de vibración)
Schwingungsmessgerät n equipo m medidor de oscilaciones, medidor m de vibraciones, vibrómetro m
Schwingungstilger m antivibrador m
Schwingziehschleifmaschine f *(Fert)* superacabadora f
Schwund m 1. merma f, pérdida f; 2. *(Eln)* desvanecimiento m, fading m
Schwundausgleich m 1. *(Eln)* compensación f del fading, antifading m; 2. *(Eln)* regulador m antifading
Schwungkraft f fuerza f centrífuga
Schwungkraftanlasser m *(Kfz)* arranque m de inercia, arrancador m por inercia, dispositivo m de arranque de inercia
Schwunglichtmagnetzünder m *(Kfz)* volante m magnético [dínamo-magneto]
Schwungmasse f volante m de inercia
Schwungmoment n momento m de inercia *(Schwungrad)*; momento m de inercia del rotor *(Elektromotor)*
Schwungrad n rueda f volante, volante m (de inercia)
Schwungradlichtanlasser m *(El)* arrancador m por volante magnético
scrollen v *(Inf)* desplazar línea a línea
Sealed-beam-Scheinwerfer m *(Kfz)* faro m sellado
Sechseck n *(Math)* sexángulo m, hexágono m
sechseckig hexagonal
sechsflächig hexaédrico
Sechskant m hexágono m
Sechskantkopf m cabeza f hexagonal *(einer Schraube)*
Sechskantmutter f tuerca f hexagonal
Sechskantschraube f tornillo m de cabeza hexagonal
Sechspolröhre f *(Eln)* hexodo m
sechsseitig hexaédrico
Sechszylindermotor m motor m de seis cilindros

Sedezimalzahl f número m hexadecimal *(zur Basis 16)*
Sediment n sedimento m, depósito m, concreción f
Sedimentation f 1. *(Geol)* sedimentación f; 2. *(Ch)* sedimentación f, precipitación f
Sedimentationsbeschleuniger m *(Ch)* acelerador m de sedimentación
Sedimentgestein n roca f sedimentaria
Seeanker m ancla f de fondo
Seebau m construcción f marítima; edificación f marítima; obra f marítima
Seefunk m radio f de alta mar
Seefunkverkehr m radiotelegrafía f entre buques *(zwischen Bordfunkstellen)*
Seegangsverhalten n comportamiento m marinero [de buque]
Seehafen m puerto m marítimo [de mar]
Seehafenbau m construcción f de puertos marítimos
Seekabel n cable m submarino [de alta mar]
Seele f alma f, ánima f, núcleo m *(Kabel)*
Seelenelektrode f electrodo m con alma, electrodo m de núcleo *(Lichtbogenschweißen)*
Seemeile f milla f marina [marítima, náutica], legua f marina (1 sm = 1852 m)
Seenotfunk m radiocomunicación f marítima de S.O.S.
Seenotruf m señal f marítima de socorro
Seenotsender m emisor m marítimo de emergencia, radioemisora f marítima de socorro
Seeschiff n buque m marino [marítimo, de mar, de alta mar, de altura, de ultramar], barco m marino, embarcación f marina [marítima], vehículo m marino [marítimo], artefacto m marítimo
seetüchtig marinero, navegable, apto para navegar, en buen estado de navegar
Seeventil n válvula f marina [de toma de agua]
Seewarte f observatorio m marítimo
seewasserbeständig resistente al agua de mar
Seezeichen n baliza f marítima
Segelflugzeug n planeador m
Segelschiff n buque m de vela, barco m velero
Segeltuch n tela f de lona, lona f

Segerkegel *m* cono *m* Seger [pirométrico, fusible], piroscopio *m*
Segment *n* 1. (*Math*) segmento *m*; sector *m*; 2. (*Masch*) segmento *m*; compuesto *m*; 3. (*Inf*) segmento *m* (*Programm*)
Segmentwehr *n* compuerta *f* [presa *f*] de segmento (*Wasserbau*)
Segmer(es) *n* (*Ch*) segmero *m* (*Baustein in einer polymeren Verbindung*)
Sehne *f* (*Math*) cuerda *f* (de arco); subtensa *f*
Sehnenhöhe *f* sagita *f*
Seidenspinnerei *f* (*Text*) hilatura *f* de la seda
Seife *f* 1. jabón *m*; 2. (*Geol*) placer *m*
Seifenlauge *f* lejía *f* jabonosa [de jabón]
Seifenlösung *f* solución *f* jabonosa
Seifenstein *m* (*Min*) esteasquisto *m*, esteatita *f*, saponita *f*
seiger (*Bgb*) aplomo, normal, perpendicular, vertical
seigern *v* (*Met*) segregar
Seigerriss *m* (*Bgb*) corte *m* vertical
Seigerschacht *m* (*Bgb*) pozo *m* perpendicular, pique *m* vertical
seihen *v* pasar; filtrar
Seil *n* cable *m*, cuerda *f*; cabo *m*, soga *f*, maroma *f*
Seilantrieb *m* accionamiento *m* por cable
Seilbagger *m* excavadora *f* [pala *f*] de cable
Seilbahn *f* ferrocarril *m* funicular, funicular *m* (de viajeros), funicular *m* [transportador *m*] aéreo, conveyor *m*
Seilbetrieb *m* tracción *f* del cable
Seilbohren *n* (*Bgb*) perforación *f* de (percusión con) cable, sondeo *m* a cable [la cuerda]
Seilbohrmaschine *f* (*Bgb*) perforadora *f* de cable
Seilbremse *f* freno *m* de cable
Seildrehmaschine *f* máquina *f* de torcer cuerdas
Seildurchhang *m* comba *f* [flecha *f*] del cable
Seilflechtmaschine *f* (*Text*) máquina *f* para trenzar cuerdas
Seilförderanlage *f* transportador *m* de cable
Seilhängebahn *f* alambrecarril *m*, carril *m* de alambre, lanzadero *m* funicular
Seilscheibe *f* polea *f* portacable [de cable], rueda *f* de polea

Seilschlagbohren *n* (*Bgb*) perforación *f* de (percusión con) cable
Seilschloss *n* cierre *m* de la cuerda, corchete *m* de cable
Seilschrapper *m* cangilón *m* de arrastre
Seilschwebebahn *f* aerocable *m*, alambrecarril *m*, carril *m* de alambre, funicular *m* aéreo (de viajeros), lanzadero *m* funicular, teleférico *m*, tranvía *m* aéreo
Seiltrommel *f* tambor *m* portacable [de izar, para cable], torno *m* elevador [de elevación], carretel *m*
Seiltrum *n* ramal *m* de cable
Seilwinde *f* cabria *f* de cuerdas, torno *m* de cable
Seilzug *m* (*Förd*) tracción *f* del cable, polispasto *m*
Seismik *f* sismología *f*; ingeniería *f* sísmica
Seismograph *m* sismógrafo *m*, detector *m* sísmico [de sismicidad]
Seite *f* 1. lado *m*; costado *m*; flanco *m*; 2. (*Inf*) página *f* • **in eine** ~ **einfügen** encajar en página • **eine** ~ **einrichten** ajustar [configurar] una página
~/gegenüberliegende (*Math*) lado *m* opuesto
Seitenansicht *f* 1. elevación *f* lateral, perspectiva *f* lateral, vista *f* lateral [de costado]; 2. (*Inf*) vista *f* preliminar (*im Menü Datei*)
Seitenaufprallschutz *m* (*Kfz*) sistema *m* de protección contra impactos laterales
Seitenband *n* (*Nrt*) banda *f* lateral [de modulación]
Seitendrehmeißel *m* (*Fert*) herramienta *f* de refrentar [corte lateral]
Seitendrucker *m* (*Inf*) impresora *f* página a página, impresora *f* por páginas
Seitenfläche *f* área *f* [cara *f*, superficie *f*] lateral; fachada *f* lateral; flanco *m*
Seitenflosse *f* (*Flg*) aleta *f* de dirección, estabilizador *m* vertical, plano *m* de deriva, plano *m* fijo vertical, aleta *f*
Seitenformat *n* (*Inf, Typ*) formato *m* de página [hoja], tamaño *m* de la página
Seitenhalbierende *f* (*Math*) mediana *f*
Seitenhinterschliffwinkel *m* (*Fert*) ángulo *m* de destaloneado lateral
Seitenhöhe *f* (*Schiff*) puntal *m* (del buque)
~ **über Oberkante Kiel** puntal *m* de construcción, puntal *m* sobre la quilla

Seitenkielschwein n *(Schiff)* vagra f [sobrequilla f] lateral
Seitenkipper m 1. *(Förd)* volcador m lateral, volquete m de descarga lateral; 2. *(Eb)* vagón m basculante lateralmente
Seitenkraft f 1. *(Ph, Bw)* fuerza f lateral; fuerza f componente *(einer Gesamtkraft)*; 2. *(Flg)* fuerza f de deriva
Seitenleitflosse f *(Flg)* estabilizador m vertical, plano m de deriva
Seitenneigung f 1. *(Flg)* inclinación f lateral; 2. *(Kfz)* pendiente f lateral
seitenrichtig de lados reales
Seitenruder n 1. *(Flg)* timón m vertical [de dirección], deriva f; 2. *(Schiff)* timón m lateral
Seitenschott n *(Schiff)* mamparo m lateral
Seitenschutz m 1. protección f lateral; 2. protector m lateral; visera f lateral; 3. *(Inf)* protección f de página
Seitenspant n *(Schiff)* cuaderna f del costado
Seitenstabilität f *(Flg, Schiff)* estabilidad f lateral [transversal]
Seitenstapler m *(Förd)* carretilla f rectráctil
Seitentrawler m *(Schiff)* pesquero m de arrastre por costado
Seitenumbruch m *(Inf)* compaginación f; salto m de página
seitenverkehrt de lados invertidos
Sekante f *(Math)* secante f, sec
Sekantennäherungsverfahren n *(Math)* regla f de falsa posición
Sektion f 1. secciíón f; compartim(i)ento m; 2. *(Schiff)* sección f; conjunto m *(Schiffskörperbau)*; 3. *(Ch)* sección f *(einer Destillationskolonne)*
Sektionsbau m *(Schiff)* prefabricación f de subconjuntos
Sektor m 1. *(Math)* sector m *(Kreissektor)*; 2. *(Inf)* sector m, sección f *(eines Programms)*
Sektorierung f *(Inf)* sectorización f, estructuración f en sectores
Sektorwehr n presa f de sector, compuerta f sectorial [de sector] *(Wasserbau)*
Sekundärelektronenvervielfacher m válvula f fotomultiplicadora [multiplicadora electrónica], tubo m multiplicador de electrones, tubo m fotomultiplicador, fotomultiplicador m, multiplicador m de electrones
Sekundäremissionskatode f *(Eln)* dinodo m
Sekundärkreis m *(El)* circuito m secundario [inducido]; circuito m secundario *(des Reaktors)*
Sekundärrohstoff m materia f prima secundaria
Sekundärspeicher m *(Inf)* medio m [soporte m] de memoria secundaria, memoria f de almacenamiento secundario, memoria f secundaria [en línea]
Sekundärstrahlung f radiación f secundaria *(kosmische Strahlung)*
Sekundärstrom m 1. *(El)* corriente f secundaria; 2. fluido m secundario
Sekundärwicklung f *(El)* arrollamiento m [devanado m] secundario *(Transformator)*
Sekunde f segundo m
Sekundenzeiger m aguja f segundera
Selbstabgleich m compensación f automática, autocompensación f
Selbstabschaltung f desconexión f automática
selbstadjungiert *(Math)* autoconjugado
Selbstanlasser m *(Kfz)* arranque m [arrancador m] automático
selbstanlaufend de arranque automático *(Motor)*
selbstanpassend adaptivo
Selbstanpassung f autoadaptación f
selbstansaugend autoaspirante
Selbstansteuerung f autoguiado m
Selbstausgleich m *(Aut)* autorregulación f, alineación f automática, autoalineamiento m, autoajuste m
Selbstauslöser m *(Foto)* autodisparador m
Selbstausschalter m *(El)* interruptor m automático
Selbstdiagnose f autodiagnosis f, autodiagnóstico m *(eines Systems)*
Selbstentlader m 1. *(Schiff)* autodescargador m; 2. *(Eb)* vagón m autodescargador
Selbstentladewagen m 1. *(Kfz)* carro m de autodescarga; 2. *(Eb)* vagón m autodescargador, vagoneta f de descarga automática
Selbstentzündung f inflamación f espontánea, autoinflamación f, combustión f

espontánea; encendido m espontáneo [automático], ignición f espontánea, autoignición f
Selbsterhitzung f autocalentamiento m, calentamiento m espontáneo
Selbsterregung f autoexcitación f • mit ~ autoexcitador
Selbsteuergerät n (Schiff, Flg) giropiloto m
selbstfahrend automotor, automóvil, autopropulsado
Selbstfahrer m 1. (Lt) máquina f automóvil [autopropulsora], máquina f (agrícola) autopropulsada, medio m automotor; 2. (Schiff) barcaza f automotora [autopropulsada] (Binnenlastschiff mit Antrieb)
Selbstgang m (Fert) alimentación f automática, avance m automático
selbstgesteuert (Flg) autodirigido
selbsthärtend autoendurecedor
Selbsthärtung f (Kst, Gieß) autocurado m
Selbstinduktion f (El) autoinducción f, selfinducción f, inducción f propia
Selbstinduktivität f (El) coeficiente m de autoinducción, autoinductancia f, selfinductancia f
Selbstkipper m (Eb) vagón m autobasculante [basculante automático]
selbstklebend autoadherente, autoadhesivo
Selbstlader m cargadora f automóvil (Hubstapler)
Selbstlenkung f autodirección f, autoconducción f, autoguía f, guiado m autónomo
Selbstprogrammierung f (Inf) autoprogramación f, programación f automática
Selbstprüfung f autocomprobación f, autoverificación f
Selbstregelung f autorregulación f, autorreglaje m, control m automático, C.A., regulación f automática
Selbstregler m regulador m automático; sistema m de autocontrol
Selbstreinigung f autodepuración f (Abwässer)
Selbstschalter m (El) interruptor m automático
Selbstschlussventil n válvula f de cierre automático
Selbstschmierlager n cojinete m autolubricante

Selbstschmierung f autolubricación f, engrase m automático
Selbststart m autoarranque m
Selbststarter m (Kfz) arrancador m [arranque m] automático, autoarrancador m
Selbststeueranlage f 1. (Schiff, Flg) giropiloto m; 2. (Flg) piloto m automático
Selbststeuerung f 1. gobierno m [mando m, manejo m, control m] automático, C.A., autogobierno m, autodirección f, autoconducción f, autoguía f; 2. dispositivo m de autoguiado; autopiloto m
Selbsttest m (Inf) test m automático, autotest m, autoprueba f, autoverificación f
selbsttragend 1. (Mech) autoportante; 2. (Kfz) monocasco (Karosserie)
Selbstwählbetrieb m (Nrt) servicio m telefónico automático
Selbstzündung f autoencendido m, autoignición f; combustión f espontánea
Selen n selenio m, Se
Selengleichrichter m (El) rectificador m de selenio
Selenit m (Min) selenita f, espejuelo m
Selenwasserstoff m hidrógeno m seleniuro, seleniuro m de hidrógeno
Selenzelle f (Eln) célula f [pila f] de selenio
Seltenerdmetall n metal m de tierras raras
Sendeanlage f instalación f emisora
Sendeantenne f antena f emisora [radiadora, transmisora]
Sende-Empfangs-Gerät n 1. aparato m transceptor (emisor-receptor), transmisor m; 2. (Nrt) aparellaje m de recepción-transmisión
senden v emitir, transmitir, transferir; radiar; radiotransmitir, radiodifundir (Rundfunk); encaminar
Senden n emisión f, transmisión f
Sender m emisor m, emisora f, transmisor m; estación f emisora
~/frequenzmodulierter emisor m modulado en frecuencia, transmisor m de frecuencia modulada
~/kristallgesteuerter transmisor m de cristal
~/scharf abgestimmter transmisor m de sintonía aguda
Senderöhre f válvula f emisora [transmisora], lámpara f de emisión, oscilatriz f

Sendersperrzelle f célula f antitransmitir/recibir
Sendestation f estación f emisora [radioemisora, de radio, transmisora]
Sendeverstärker m amplificador m de emisión
Senke f 1. *(Eln)* dren m; 2. conducto m, dren m *(Kanal)*
senken v 1. descender, bajar; deprimir; 2. *(Fert)* avellanar; fresar
Senken n 1. descenso m *(nach abwärts)*; 2. *(Fert)* avellanado m
Senker m *(Fert)* avellanador m
Senkkasten m *(Bw)* hidróstato m; cajón m (sumergible), cajonada f, cofre m neumático
Senkkopf m cabeza f avellanada [embutida, plana avellanada] *(einer Schraube)*
Senkniet m remache m de cabeza avellanada [embutida], remache m perdido
senkrecht vertical, perpendicular; normal; aplomo, a plomo
~ **zueinander** ortogonal
Senkrechtbohrmaschine f *(Fert)* taladradora f vertical
Senkrechte f vertical f, perpendicular f, normal f
Senkrechtfräsmaschine f *(Fert)* fresadora f vertical
Senkrechtschnitt m corte m vertical *(technisches Zeichnen)*
Senkrechtstart m 1. *(Flg)* despegue m vertical; 2. *(Rak)* lanzamiento m vertical
Senkschacht m 1. *(Bgb)* pozo m profundizado por hundimiento; 2. *(Bw)* cajonada f
Senkung f 1. rebajamiento m; 2. *(Bgb, Geol)* soterramiento m, asentamiento m; depresión f, hundimiento m, subsidencia f; 3. s. Senken 2.
Sensibilisator m *(Ch, Foto)* agente m sensibilizador, sensibilizador m; activador m, baño m sensibilizador
Sensor m 1. captador m, detector m, dispositivo m sensor, sensor m; 2. *(Rak)* órgano m sensorial
Sensorbildschirm m *(Inf)* pantalla f táctosensible
Sensortechnik f ingeniería f de sensores
Sensorzelle f célula f sensorial
Separator m 1. *(El)* separador m *(einer Batterie)*; 2. *(Ch)* interceptor m

sequenziell secuencial
Sequenzspeicher m *(Inf)* memoria f (de acceso) secuencial
Serie f serie f; cadena f • **in** ~ *(El)* en serie
Serienabgleichkapazität f capacitancia f de corrección en serie
Serienaddierer m *(Inf)* sumador m serial [de funcionamiento secuencial]
Serienbau m producción f secuencial [en serie], construcción f seriada
Serienfertigung f fabricación f [producción f] en serie, producción f por lotes, manufactura f en serie
Serienschalter m *(El)* interruptor m de serie
Serienschaltung f *(El)* conexión f (en) serie, acoplamiento m [montaje m] en serie
Serienspeicher m *(Inf)* memoria f serial, medio m de registro serial
Serienzugriff m *(Inf)* acceso m secuencial [serial, en serie], modalidad f de acceso secuencial [serial]
Server m *(Inf)* servidor m
Servobremse f *(Kfz)* servofreno m
Servolenkung f *(Kfz)* dirección f asistida, servodirección f, servomando m
Servomotor m servomotor m, motor m piloto
Servoschaltung f servoembragues m
Servosteuerung f *(Aut)* control m de servoaccionamiento, mando m por servomotor, servocontrol m, servogobierno m, servomando m
Sessellift m teleférico m de asientos colgantes, telesilla m
setzen v 1. *(Bgb)* colocar, poner *(Stempel)*; 2. *(Typ)* componer; 3. izar *(Flagge)*
~ **/außer Betrieb** poner fuera de servicio, parar
~ **/Bojen** *(Schiff)* (a)balizar
~ **/die Schreibmarke** desplazar el cursor
~ **/in Betrieb** poner en acción; poner en marcha
~ **/in Gang** hacer funcionar, poner en marcha
~ **/sich** 1. *(Ch)* precipitarse; sedimentarse *(Feststoffe)*; 2. asentarse *(Gebirge)*
~ **/unter Druck** presurizar; someter a presión
~ **/unter Spannung** conectar tensión
Setzlibelle f nivel m sentado *(Geodäsie)*
Setzmaschine f 1. *(Typ)* máquina f de componer, componedor m mecánico,

grafotipo *m*; 2. *(Bgb)* caja *f* de lavado *(Aufbereitung)*
Setzstock *m (Fert)* soporte *m* de contrapunta, luneta *f*
Shapingmaschine *f (Fert)* máquina *f* [acepilladora *f*] limadora, limadora *f*
Sheddach *n (Bw)* cubierta *f* de dientes de sierra, tejado *m* en diente de sierra
Shelterdecker *m (Schiff)* carguero *m* shelter
Shiften *n (Inf)* desplazamiento *m*
Shunt *m (El)* shunt *m*, resistencia *f* en derivación
shunten *v (El)* shuntar, chuntar, conectar en derivación
Shuttle *m (Rak)* transbordador *m* [balsa *f*] espacial
Sicherheit *f* seguridad *f*; protección *f*; seguro *m*; resguardo *m*; grado *m* de seguridad
~ **/mechanische** protección *f* mecánica, seguridad *f* contra riesgos mecánicos
~ **/nukleare** seguridad *f* nuclear
~ **/technische** seguridad *f* técnica
~ **von Kernkraftwerken** seguridad *f* de centrales nucleares
Sicherheitsabfrage *f (Inf)* indicador *m* de atención
Sicherheitsabschaltung *f* parada *f* de seguridad
Sicherheitsabsperrung *f* cierre *m* de seguridad
Sicherheitsabstand *m* 1. distancia *f* [espacio *m*] de seguridad, espacio *m* protector [de protección]; 2. *(Eln)* banda *f* de seguridad *(zwischen Frequenzbändern)*
Sicherheitsanschlag *m (Masch)* tope *m* de seguridad
Sicherheitsbeiwert *m* factor *m* de seguridad; factor *m* de arranque *(Traglastverfahren)*
Sicherheitsbeleuchtung *f* alumbrado *m* [iluminación *f*] de seguridad
Sicherheitsbremse *f* freno *m* de seguridad
Sicherheitscode *m* código *m* de seguridad; código *m* secreto; código *m* redundante
Sicherheitsdatenblatt *n* ficha *f* de datos de seguridad
Sicherheitsdeponie *f* depósito *m* de seguridad

Sicherheitseinrichtung *f* medio *m* técnico de seguridad; protector *m* de seguridad, resguardo *m* (de seguridad), seguro *m*
Sicherheitseinschluss *m (Kern)* confinamiento *m*
Sicherheitsfahrschalter *m (Eb)* interruptor *m* de seguridad del conductor
Sicherheitsfarbe *f* color *m* de señalización [seguridad]
Sicherheitsgeschirr *n* aparejo *m* de seguridad; cinturón *m* de seguridad del tipo de correaje
Sicherheitsglas *n* cristal *m* inastillable [de seguridad], vidrio *m* inastillable [irrompible, de seguridad], luna *f* de seguridad; luna *f* laminada
Sicherheitsgrad *m* grado *m* [nivel *m*] de seguridad
Sicherheitsgurt *m* cinturón *m* de seguridad; cinturón *m* de caída *(Fallschutzmittel)*
Sicherheitsingenieur *m* ingeniero *m* de [especializado en] seguridad
Sicherheitskupplung *f* acoplamiento *m* [embrague *m*] de seguridad
Sicherheitslenksäule *f (Kfz)* columna *f* de dirección de seguridad
Sicherheitsmerkblatt *n* ficha *f* de seguridad
Sicherheitsnetz *n* red *f* protectora [de protección, de seguridad]
Sicherheitspfeiler *m (Bgb)* macizo *m* [pilar *m*] de protección, pilar *m* [pórtico *m*, puntal *m*] de seguridad
Sicherheitsrahmen *m (Lt)* bastidor *m* seguro [de seguridad] *(Schlepper)*
Sicherheitsschloss *n* candado *m* [cerradura *f*] de seguridad
Sicherheitsschlüssel *m* 1. llave *f* de seguridad; 2. clave *f* de seguridad
Sicherheitsseil *n* cuerda *f* salvavidas, soga *f* de seguridad
Sicherheitssperre *f* enclavamiento *m* [linguete *m*] de seguridad
Sicherheitssprengstoff *m* explosivo *m* de seguridad, encendedor *m* deflagrante
Sicherheitsstab *m (Kern)* barra *f* [varilla *f*] de seguridad
Sicherheitsstecker *m* enchufe *m* de seguridad
Sicherheitstechnik *f* ingeniería *f* de seguridad (industrial), técnica *f* de protección

Sicherheitsventil

(laboral), técnica *f* preventiva [de seguridad]; tecnología *f* de protección [seguridad industrial]; técnica *f* de seguridad industrial

Sicherheitsventil *n* válvula *f* de seguridad; válvula *f* de alivio

Sicherheitsverriegelung *f* cerradura *f* [enclavamiento *m*] de seguridad

Sicherheitsverschluss *m* cierre *m* de seguridad

Sicherheitsvorrichtung *f* dispositivo *m* [equipo *m*] de seguridad, aditam(i)ento *m* de seguridad; mecanismo *m* seguro [de seguridad]; protector *m* [resguardo *m*] de seguridad, seguro *m*

Sicherheitsweiche *f* (Eb) cambio *m* de descarrilar, aguja *f* de seguridad

Sicherheitswerkzeug *n* útil *m* [utensilio *m*] de seguridad

Sicherheitszeichen *n* signo *m* [símbolo *m*] de seguridad; señal *f* de seguridad

sichern *v* 1. asegurar; resguadar *(sicherstellen)*; 2. fijar; proteger; salvaguardar, guardar, salvar *(z. B. Daten)*; preservar; afianzar *(z. B. Ladung)*; 3. *(El)* proveer con fusibles *(mit Sicherungen versehen)*

Sicherung *f* 1. aseguramiento *m*; fijación *f*; salvaguardia *f*, resguardo *m* *(z. B. von Daten)*; seguridad *f*, protección *f*; 2. protector *m* (de seguridad), seguro *m*; limitador *m*; 3. *(El)* cortacircuito *m*; plomo *m*, fusible *m*; plomo *m* fusible *(Schmelzsicherung)*; 4. fiador *m*, pestillo *m* de seguridad [seguro] *(einer Waffe)*

~/automatische 1. seguro *m* automático; 2. *(El)* cortacircuito *m* [fusible *m*] automático, automático *m*

~/durchgebrannte fusible *m* quemado

~/eingebaute 1. seguro *m* incorporado; 2. *(El)* fusible *m* incorporado

~/flinke *(El)* cortacircuito *m* de acción rápida, fusible *m* rápido

~/träge *(El)* cortacircuito *m* de acción retardada, fusible *m* inerte

Sicherungsautomat *m* 1. seguro *m* automático, automático *m*; 2. *(El)* cortacircuito *m* [fusible *m*] automático, automático *m*

Sicherungsbolzen *m* pasador *m* de seguridad

Sicherungsdiskette *f* (Inf) disquete *m* de seguridad [backup]

Sicherungsfassung *f* *(El)* portafusibles *m*, receptáculo *m* de fusible

Sicherungskeil *m* chaveta *f* (de sujeción), chaveta *f* fiadora [de fijación]

Sicherungsmutter *f* tuerca *f* de fijación [seguridad], fiador *m* de tuerca

Sicherungsscheibe *f* *(Masch)* arandela *f* de cierre [retención, seguridad]

Sicherungsschraube *f* tornillo *m* de retención

Sicherungsseil *n* cable *m* fiador; cuerda *f* salvavidas

Sicherungsspeicher *m* (Inf) memoria *f* de cobertura

Sicherungsstift *m* *(Masch)* espiga *f* de fijación, perno *m* de sujeción, pestillo *m* de cierre; espiga *f* de seguridad

Sicherungstafel *f* *(El)* cuadro *m* de fusibles, portafusibles *m*

Sichtanzeige *f* (Inf) indicación *f* [presentación *f*] visual, visualización *f*

Sichtanzeigegerät *n* indicador *m* visual; display *m*

Sichtbeton *m* hormigón *m* arquitectónico [sin revestir, visto]

Sichtdarstellung *f* presentación *f* visual, visualización *f*

sichten *v* 1. clasificar *(Aufbereitung)*; 2. *(Lt)* aventar

Sichter *m* 1. clasificador *m*; separador *m*; 2. *(Bgb)* escogedor *m*, separador *m* de polvos *(Aufbereitung)*; 3. *(Lt)* aventador *m*

Sichtgerät *n* 1. instrumento *m* de observación; medio *m* de visibilidad; 2. indicador *m* (visual); pantalla *f* de radar *(Radar)*; 3. visor *m*; 4. (Inf) visualizador *m*; 5. s. Mikrofilmlesegerät

Sichtprüfgerät *n* medidor *m* de visibilidad, visómetro *m*

Sichtprüfung *f* control *m* [reconocimiento *m*, verificación *f*] visual, control-visión *m*

Sichttafel *f* panel *m* indicador, tablero *m* lumínico; tablero *m* de señalización

Sichtweite *f* alcance *m* óptico; límite *m* de visibilidad

Sicke *f* (Fert) reborde *m*, canaleta *f*, moldura *f*

Sickenhammer *m* martillo *m* acanalador [rebordeador, de rebordear]

Sickenmaschine *f* (Fert) máquina *f* de acanalar chapa, acanaladora *f* de chapas, rebordeadora *f*

Sickerbecken n decantador m
Sickerfilter n filtro m de gravilla [grava]
sickern v rezumar
Sickerschacht m (Bw) sumidero m
Sicherung f (Geol, Bw) percolación f; rezumado m (Poren)
Sickerwasser n agua f de infiltración [filtración, percolación]
Sickerwasserschacht m pozo m de drenaje (Talsperre)
Siderit m (Min) siderita f, siderosa f, hierro m espático
Sieb n 1. criba f, cribador m, cribadora f, tamiz m, tamizador m, cedazo m; harnero m; pasador m; colador m (für Flüssigkeiten); zaranda f (z. B. für Getreide); 2. seleccionadora f, cesto m, cesta f, filtro m; 3. (El) filtro m (eléctrico)
Siebdrossel f (El) inductancia f de filtro
Siebdruck m 1. (Typ) serigrafía f, impresión f serigráfica; 2. (Text) estampación f lionesa [al cuadro]; impresión f por tamiz de seda
Siebdruckmaschine f (Typ) prensa f serigráfica
Siebeinsatz m filtro m reemplazable [de suspensión, recambiable, postizo recambiable]; suplemento m recambiador de filtro
sieben v cribar, tamizar (fein); pasar (por la criba); zarandar, cerner; colar
Siebeneck n (Math) heptágono m
siebeneckig heptagonal
Siebenpolröhre f (Eln) heptodo m
Siebfilter n filtro m de malla, filtro-tamiz m
Siebglied n 1. elemento m filtrador [de filtración, de filtraje, filtrante, de filtro]; 2. (El) eliminador m
Siebkette f 1. (Lt) cadena f cribadora (z. B. Hackfruchterntemaschine); 2. (El) filtro m (en escalones)
Siebkohle f carbón m cribado
Siebkondensator m (El) condensador m de filtro
Siebkreis m (El) circuito m selectivo
Siebmaschine f cernedor m, cernidor m, tamizador m
Siebschaltung f (El) circuito m de filtro [filtraje], filtro m
Siebschleuder f centrífuga f cribadora, hidroextractor m de tamiz

Siebtest m test m de selección, screening m
Siebtrommel f clasificador m de tambor, criba f de tambor (rotativo), tambor m cribador, tamiz m rotativo
Siebtrommelbrecher m quebrantadora f giratoria [redonda]
Siebung f tamización f, tamizado m; cribado m; zarandeo m; filtración f; cernido m
Siebvorrichtung f criba f
Siebzentrifuge f centrífuga f cribadora
Siedegrad m grado m de ebullición
Siedegradmesser m (Ch) ebullómetro m, enoscopio m
Siedekessel m caldera f de hervidor, cuba f de cocción, hervidor m
Siedekurve f curva f [línea f] de ebullición
sieden v ebullir, hervir, cocer
siedend/leicht de bajo punto de ebullición, de fácil ebullición
Siedepunkt m punto m de ebullición
Siedepunkterhöhung f (Ch) elevación f del punto de ebullición
Siederohr n tubo m hervidor (Kessel)
Siederohrkessel m caldera f con tubo de agua
Siedesalz n sal f refinada
Siedetemperatur f temperatura f de ebullición
Siedethermometer n hipsómetro m, termobarómetro m
Siedewasserreaktor m (Kern) hervidor m, reactor m de agua hirviendo [en ebullición], reactor m de ebullición
siegeln v (Kst) sellar (Folien)
SI-Einheit f unidad f SI [del sistema internacional]
Siemens n siemens m (SI-Einheit des elektrischen Leitwertes)
Siemens-Martin-Ofen m horno m de acero Martin, horno m Martin(-Siemens)
Siemens-Martin-Roheisen n hierro m crudo Martin
Siemens-Martin-Verfahren n proceso m horno Siemens-Martin, procedimiento m Martin
Signal n 1. señal f; 2. (Förd) señal f de izado
~/akustisches señal f acústica [audible, fónica, sonora]
~/entschlüsseltes señal f descodificada

Signal

~/gesteuertes señal f controlada
~/steuerbares señal f controlable
~/verschlüsseltes señal f cifrada
~/zeitgleiches señal f equidistante en el tiempo
~/zeitlich veränderliches señal f variable en el tiempo
Signalabtaster m explorador m de señales
Signalanlage f instalación f de señalización; sistema m de señales [señalización]
Signalaufzeichnung f toma f de la señal
Signalbandbreite f amplitud f de banda de señal
Signalbegrenzer m recortador m
Signalbreite f amplitud f de banda de señal
Signalbrücke f (Schiff) puente m de señalización
Signalcode m código m de señales
Signaldämpfung f atenuación f de la señal, pérdida f de señal
Signalerkennung f detección f de señales
Signalfeuer n luz f de señal, farol m (de señal), fanal m
Signalfolge f secuencia f de señales
Signalfrequenzmesser m frecuencímetro m de señales
Signalgabe f señalamiento m; transmisión f de señales
Signalgeber m 1. equipo m señalizador [de señalización], señalizador m; indicador m; 2. (Kfz) intermitente m
Signalgebung f señalización f, comunicación f de señales
Signalgerät n equipo m señalizador [de señalización], dispositivo m de aviso [señales], avisador m; accesorio m de señalización; material m de señalización
Signalhorn n 1. avisador m acústico; 2. (Kfz, Schiff) claxon m
Signalhupe f (Kfz) avisador m acústico, bocina f (de automóvil)
signalisieren v señalar, señalizar
Signalisierung f señalización f, señalamiento m, envío m de señales
Signallampe f lámpara f de señales [señalización, aviso]; lámpara f indicadora [testigo]; linterna f avisadora [de señal]; luz f de aviso; farol m de señal; luz f de alarma

Signallicht n luz f piloto [de señal]
Signalmast m poste m [mástil m, pórtico m] de señales
Signalpegel m nivel m lógico [de señal]
Signalschalter m conmutador m de señales
Signalscheibe f (Eb) disco m de señales
Signalspeicherung f (Eln) almacenamiento m de señales
Signalstromkreis m circuito m de señales
Signaltafel f (El) tablero m [cuadro, panel m] de señalización
Signaltaste f botón m de señalización
Signalübertragung f transmisión f de señales
Signalumformung f conversión f de señales
Signalumschalter m conmutador m de señales
Signalverarbeitung f procesado m [procesamiento m, proceso m] de señales, tratamiento m de la señal
Signalverstärker m amplificador m de señales
Signalverzerrung f distorsión f de señales
Signalverzögerung f retardo m de la señal
Signalzeichengeber m (Schiff) semáforo m
signifikant (Math) significante, significativo
Signifikanz f (Math) significación f, significancia f
Sikkativ m (Ch) secante m, secativo m, desecador m, desecativo m (Trockenstoff); desecante m (Anstrichstoff)
Silbenverständlichkeit f (Nrt) inteligibilidad f silábica
Silber n plata f, Ag
Silberglanz m (Min) argentita f
Silbernitrat n nitrato m de plata
Silberplattierung f dublé m de plata
Silicatschlacke f escoria f silícea
Silicium n silicio m, Si
Siliciumchip m (Eln) chip m [micropastilla f, pastilla f, laminilla f] de silicio
Siliciumdioxid n dióxido m de silicio, sílice f
Siliciumhalbleiter m semiconductor m de silicio
Siliciumschaltkreis m/**integrierter** circuito m integrado sobre silicio

Siliciumscheibe f (EIn) laminilla f [pastilla f] de silicio
Siliciumverbindung f silicero m (mit Metallen)
Siliciumwasserstoff m hidruro m de silicio, silano m
Siliconchemie f química f de las siliconas
Silicongummi m caucho m silicona, cauchosilicona f
Siliconlack m barniz m de siliconas, laca f silicona
Siliermaschine f (Lt) máquina f ensiladora, ensiladora f
Silikastein m ladrillo m de sílice
Silikonchip m chip m de silicona
Silogebläse m (Lt) soplador m de ensilaje
Simmerring m (Masch) arandela f de aceite
Simplexbetrieb m (Nrt) servicio m simplex; modo m simplex (Betrieb in einer Richtung)
Simulation f (Inf) simulación f (en ordenador)
Simulationsgerät n simulador m
Simulationsrechentechnik f informática f de simulación
simulieren v simular, emular
Simultananlage f instalación f de comunicación simultánea
Simultanbetrieb m funcionamiento m [manejo m, servicio m] simultáneo, operación f simultánea
Simultandolmetscheranlage f equipo m de traducción simultánea
Simultanrechner m ordenador m de procesamiento en paralelo
Simultanschaltung f (Nrt) circuito m compuesto
Simultanverarbeitung f (Inf) procesamiento m simultáneo
Simultanzugriff m (Inf) acceso m simultáneo
sinken 1. decrecer; caer, descender; 2. (Flg) descender; 3. (Schiff) hundirse
Sinkflug m (Flg) descenso m, vuelo m descendente [planeado, cernido]
Sinkgeschwindigkeit f 1. (Ch) velocidad f de sedimentación; 2. (Flg) velocidad f de descenso
Sinnbild n signo m (icónico)
sinnbildlich emblemático

Sinter m 1. (Met) sinterizado m; 2. batiduras fpl (Zunder)
Sinteranlage f planta f de conglomerado, instalación f [planta f, sistema m] de sinterización
Sintercarbid n carburo m cementado [sinterizado]
Sintereisen n hierro m sinterizado [vitrificado]
Sinterhartmetall n carburo m cementado
Sintermetall n metal m aglomerante [cerámico, sinterizado]
sintern 1. (Met) aglomerar; sinterizar; 2. fritar (Glas); vitrificar (Keramik); 3. (Ch) subfundir; ablandecer
Sintern n 1. (Met) sinterización f, sinterazado m; aglomeración f, formación f de bóvedas (Pulvermetallurgie); 2. fritado m, fritaje m (Glas)
Sinterofen m horno m de aglomeración [aglomerar, sinterizar, sinterizado]; horno m de cochura; horno m de fritar
Sinterpressling m comprimido m sinterizado
Sinterpulver n polvo m aglomerante
Sinterstahl m acero m sinterizado
Sinterteil n pieza f sinterizada
Sinterung f 1. (Met) sinterización f, sinterazado m; 2. vitrificación f (Keramik); 3. (Ch) subfusión f, ablandecimiento m
Sinus m (Math) seno m
sinusförmig senoidal, sinusoidal, sinusoideo
Sinusfunktion f función f senoidal
Sinuskurve f curva f senoidal, senoide f, sinusoide f
Sinuslineal n (Fert) regla f seno [sinusoidal]
Sinussatz m (Math) teorema m de los senos
Sinusschwingung f (Ph) oscilación f sinusoidal [senoidal]
Sinusstrom m (El) corriente f senoidal [sinusoidal]
Sinustransformation f/fouriersche transformada f de Fourier por el seno
Sinuswelle f (Ph) onda f sinusoidal
Sitz m 1. asiento m; escaño m (Sitzbank); 2. (Masch) ajuste m, ajustamiento m; 3. (Fert) asiento m, encaje m; alojamiento m (z. B. Ventil)
Sitzungsebene f (Inf) nivel m de sesión

Sitzungsschicht f (Inf) capa f [nivel m] de sesión (OSI-Referenzmodell)
Skala f 1. escala f, gama f, rango m; 2. (Math) escala f numérica (Nomographie)
Skalar m (Math, Ph) escalar m, magnitud f [variable f] escalar
Skalarprodukt n (Math) producto m escalar [interior]
Skale f escala f (de medición) (Maßeinteilung an Messinstrumenten)
Skalenscheibe f escala f de división; escala f graduada (mit Gradeinteilung); cuadrante m, esfera f, dial m
Skalierung f escalonamiento m
Skelettbau m (Bw) estructura f en esqueleto; construcción f esquelética [de esqueleto]
Skilift m telesilla m
Skineffekt m (El) efecto m pelicular [Kelvin]
Skischlepplift m telesquí m
Skizze f diseño m esquemático, esbozo m, bosquejo m, boceto m, dibujo m; croquis m
skizzieren v bosquejar, esbozar, (a)bocetar; linear
Skizzieren n bocetación f, delineación f, delineamiento m
Skrubber m (Ch) torre f de lavado, depurador m de gas, lavador m de gases
Slip m 1. (Schiff) grada f, varadas fpl, varada f, varadero m, instalación f de varada (Anlage zum Aufslippen von Schiffen); 2. resbaladura f (Vorgang); 3. (Schiff) rampa f (de izar) (für Fischnetze); 4. (Flg) deslizamiento m del ala
Slipanlage f (Schiff) instalación f de varada, varadero m mecánico, varadas fpl, varada f; astillero m
Slotted-Ring-Methode f (Inf) técnica f del anillo con ranuras (Netzwerk)
Snap-off-Diode f diodo m de bloqueo rápido (Speicherschaltdiode)
Sockel m 1. (Bw) basamento m; basa f; rodapie m; plinto m; zócalo m; 2. (El) culote m; base f; tapón m adaptador, casquillo m (Glühlampe); 3. (Geol) plataforma f continental
Sockelstift m reóforo m (Röhre)
Soda f 1. sosa f (comercial), carbonato m sódico; 2. (Min) natrita f, natrón m
Sofortzugriff m (Inf) acceso m inmediato

Software f (Inf) software m, programación f (informática), soporte m lógico, conjunto m logicial, logical m, medios mpl de programas, recursos mpl lógicos
~/ablauffähige software m procesable
~/kundenspezifische software m especial [particular]
~/übertragbare software m portable [de transmisión]
~/unentgeltliche (Inf) freeware m
Softwareengineering n ingeniería f del software [soporte lógico]
Softwareentwicklungstechnik f ingeniería f del software
Softwareentwurf m diseño m de programación [programa]
Softwareergonomie f ergonomía f de software [soporte lógico]
Softwarekonfiguration f configuración f de software [soporte lógico]
Softwareschnittstelle f interfaz f de software
Softwaresteuerung f control m de software
Softwaretechnologie f tecnología f de programación; técnica f de programación [preparación de programas, software]
Softwareumgebung f entorno m de programación [software]
Softwarewartung f mantenimiento m de software [programas]
Sog m 1. aspiración f; succión f; 2. (Schiff) estela f
Sohle f 1. (Bw) solera f; 2. (Geol) fondo m; 3. (Bgb) solera f; horizonte m, nivel m, plan m, galería f de nivel; piso m (de la galería), piso m del socavón; 4. suela f (Schuh)
söhlig (Bgb) horizontal
Solaranlage f planta f (de energía) solar; sistema m (de energía) solar
Solarbatterie f batería f [generador m, pilar m] solar, heliobatería f
Solarheizung f calefacción f solar; calentador m solar (Gerät)
Solarkraftwerk n central f heliotérmica [térmica de energía solar]
Solarphysik f física f solar
Solartechnik f técnica f solar; ingeniería f solar
Solarwassererhitzer m calentador m solar de agua

Solarwindkraftwerk n central f aérea solar
Solarzelle f celda f [célula f, pila f] solar
Sole f (Ch) salmuera f, agua f madre
Soliduslinie f (Met) curva f del estado sólido, solidus m, línea f de solidus (Zustandsdiagramm)
Sollmaß n medida f teórica, valor m deseado [nominal, teórico], cifra f nominal
Sonde f 1. sonda f; 2. sonda f, lanza f de sondear; cala f; tienta f; tientaaguja f, aguja f (zur Bestimmung des Eindringwiderstandes von Böden); 3. pozo m (Erdöl)
Sondenröhre f (TV) disector m (de imágenes)
Sonderabfalldeponie f vertedero m de desechos [desperdicios] tóxicos
Sonderstahl acero m refinado [especial, fino]
sondieren v sondar
Sonnenbahn f órbita f solar [del Sol]
Sonnenbatterie f acumulador m [batería f, célula f, generador m] solar, heliobatería f
Sonnenblende f (Kfz) visera f (quitasol), parasol m
Sonnendach n marquesina f
Sonnendeck n (Schiff) cubierta f ligera
Sonnenenergieanlage f sistema m de energía solar
Sonnenfinsternis f (Astr) eclipse m solar [del Sol]
Sonnenkraftwerk n central f heliotérmica [térmica de energía solar], instalación f [planta f, sistema m] de energía solar
Sonnenphysik f física f solar, heliofísica f
Sonnenrad n piñón m sol (Getriebe)
Sonnenschutzglas n vidrio m antisolar [parasol]
Sonnenstrahlung f radiación f solar, rayos mpl solares; irradiación f solar (Energiequelle)
Sonnenstrahlungsmessgerät n pirheliómetro m
Sonnenumlaufbahn f órbita f solar [del Sol]
Sortieranlage f equipo m clasificador [de clasificación], clasificador m; instalación f cribadora
sortieren v (Inf) ordenar, clasificar
~/**absteigend** ordenar descendentemente [de mayor a menor]
~/**aufsteigend** ordenar ascendentemente [de menor a mayor]
~/**nach der Reihenfolge** ordenar en secuencia [serie]
~/**nach einem Ordnungsbegriff** ordenar en secuencia por palabra
~/**nach Schlüssel** ordenar por llave
~/**neu** reordenar
Sortieren n (Inf) ordenación f, ordenamiento m, clasificación f
~ **durch Austausch** ordenación f por intercambio
~ **durch Auswahl** ordenación f por selección
~ **durch Einschieben** ordenamiento m por inserción, ordenación f por extracción
~ **durch Extraktion** clasificación f por extracción
~ **durch Mischen** clasificación f por fusión
~ **durch Vertauschen** ordenación f [ordenamiento m] por intercambio, ordenación f [ordenamiento m] por burbujas
Sortierer m clasificador m, clasificadora f
Sortierfolge f (Inf) secuencia f de clasificación
~/**absteigende** orden m decreciente (de clasificación), orden m de descenso
~/**aufsteigende** orden m creciente (de clasificación), orden m de ascenso
Sortiermaschine f máquina f clasificadora, clasificadora f, clasificador m; máquina f separadora; seleccionadora f; máquina f triadora; escogedora f, escogedor m
Sortierschlüssel m (Inf) clave f de ordenación
Sortierung f 1. clasificación f; seleccionado m; loteado m; 2. (Inf) ordenación f
~/**absteigende** ordenación f decreciente
~/**aufsteigende** ordenación f creciente
~ **nach Korngröße** granulometría f
Sortierverfahren n 1. sistema m de clasificación; técnica f de clasificación; 2. (Inf) método m [técnica f] de ordenación
SOS-Ruf m (Schiff) señal f marítima de socorro
Soundkarte f (Inf) ficha f de sonido, tarjeta f de sonido
Sowohl-Als-Auch-Funktion f disyunción f
Spaceshuttle m (Rak) lanzadera f, balsa f [transportador m] espacial, satélite m recuperable

Spachtel *m (Bw)* espátula *f*, racleta *f*, rasqueta *f*; paleta *f*

spachteln *v* emplastar (juntas)

Spalt *m* 1. grieta *f*, rendija *f*, hendidura *f*, quebraja *f*, fisura *f*; 2. espaciamiento *m*; intersticio *m*; juego *m*; 3. *(Inf)* gap *m*

spaltbar 1. *(Kern)* físil, fisionable, fisible; desintegrable; 2. *(Geol)* hendible, fisible; escindible

Spaltbarkeit *f* 1. *(Kern)* aptitud *f* de fisión, fisibilidad *f*; desintegrabilidad *f*; 2. *(Geol)* fisilidad *f*

Spaltblende *f (Opt)* diafragma *m* lineal [a ranura]

Spalte *f* 1. *(Inf)* columna *f*, rúbrica *f*; 2. fisura *f*, raja *f*, resquicio *m*; cavidad *f*

spalten *v* 1. desintegrar; fraccionar; rajar; 2. *(Geol)* hender; 3. *(Ch)* desdoblar *(Bindung)*; desemulsionar *(Emulsion)*; craquear *(Erdöl)*; 4. *(Kern)* fisionar

Spaltfilter *n (Kfz)* filtro *m* de rendijas

Spaltprodukt *n* 1. *(Ch)* producto *m* de desdoblamiento [descomposición]; 2. *(Kern)* producto *m* de fisión

Spaltstoff *m (Kern)* materia *f* [material *m*] físil, materia *f* escendible [de fusión]; combustible *m* nuclear

Spaltung *f* 1. *(Kern)* fisión *f*; 2. *(Kern, Ch)* desintegración *f*; ruptura *f*, escisión *f*; 3. *(Ch)* desdoblamiento *m (z. B. von Verbindungen)*; 4. *(Min)* clivaje *m*

~/hydrolytische escisión *f* hidrolítica

~/ternäre *(Kern)* tripartición *f*

~/thermische disgregación *f* térmica

Spaltungswärme *f (Ch)* calor *m* de fisión

Span *m (Fert)* acepilladura *f*, viruta *f*

spanabhebend con arranque de virutas

Spanabnahme *f* arranque *m* de virutas

Spanbildung *f* formación *f* de viruta, virutamiento *m*

Spanbrecher *m* quiebravirutas *m*, rompevirutas *m*

spanen *v (Fert)* maquinar

Spanen *n (Fert)* trabajo *m* de mecanizado por arranque de virutas, trabajo *m* mecánico con levantamiento de virutas, arranque *m* de virutas, maquinado *m*

Spanfläche *f (Fert)* superficie *f* de desprendimiento [ataque], cara *f* de ataque, *(Am)* superficie *f* de virutamiento

spanlos *(Fert)* sin arranque de virutas

Spannbacken *m (Fert)* garra *f* de cierre

Spannbeton *m (Bw)* hormigón *m* (pre)tensado, hormigón *m* preesforzado

Spannbolzen *m (Masch)* perno *m* tensor [de apriete]

Spanndraht *m (Bw)* alambre *m* tensor

Spanneisen *n* mordaza *f* de rosca *(Werkzeug)*

spannen *v* 1. tensar; montar *(Verschluss)*; aballestar; estirar; 2. *(Fert)* fijar

Spannfutter *n (Fert)* plato *m* de apriete [fijación, sujeción], mandril *m* (de fijación), mandril *m* de sujeción, manguito *m* (portaherramientas), manguito *m* de apriete

Spanngewicht *n* contrapeso *m* tensor

Spannhülse *f (Fert)* manguito *m* tensor [de sujeción]

Spannkeil *m (Masch)* chaveta *f* de apriete, cuña *f* tensora

Spannkraft *f* 1. *(Bw)* fuerza *f* de tensión; 2. *(Masch)* fuerza *f* elástica [de muelle]

Spannring *m (Fert)* collar *m* agarrador

Spannrolle *f (Masch)* rodillo *m* tensor [loco], cilindro *m* tensor, templador *m*; piñón *m* tensor

Spannscheibe *f (Förd)* polea *f* tensora *(Seilförderung)*

Spannschloss *n* 1. *(Masch)* manguito *m* tensor [de tuerca], templador *m*, *(Am)* torniquete *m*; 2. *(Mil)* manguito *m* tensor de regulación

Spannschlossmutter *f* tuerca *f* de acoplamiento

Spannschraube *f* tornillo *m* tensor [de apriete, de fijación, de sujeción]; perno *m* tensor

Spannseil *n* cable *m* antibalanceo

Spannung *f* 1. *(Mech)* tensión *f*; esfuerzo *m*; 2. *(Fert)* fijación *f*; 3. *(El)* tensión *f*, voltaje *m*; diferencia *f* de potencial, D.D.P., potencial *m*

~/mechanische estrés *m* mecánico

~/thermische tensión *f* térmica

Spannungsabfall *m (El)* pérdida *f* [caída *f*] de tensión, caída *f* de voltaje

~/ohmscher caída *f* óhmica (de tensión)

Spannungsausfall *m* falla *f* de la tensión

Spannungsbegrenzer *m* limitador *m* de tensión

Spannungsberechnung *f* cálculo *m* de tensiones; cálculo *m* de esfuerzos *(Statik)*

Spannungsbruch m rotura f por tensión
Spannungs-Dehnungs-Kurve f curva f de esfuerzo-alargamiento, curva f de tensión-alargamiento, diagrama m de esfuerzos y deformaciones
Spannungsfestigkeit f *(El)* resistencia f a tensiones eléctricas
spannungsfrei sin tensión
Spannungsfreiglühen n *(Met)* normalización f, estabilización f, recocido m de relajación [atenuación de tensiones]
Spannungsgefälle n 1. *(El)* caída f de tensión [voltaje]; 2. *(Mech)* gradiente m de tensión
Spannungsglättung f *(El)* alisamiento m [rectificación f] de la tensión
Spannungskonstanthalter m *(El)* estabilizador m de tensión [voltaje]
Spannungsmesser m 1. *(El)* voltímetro m, voltmetro m; 2. *(Bw)* medidor m de esfuerzos
Spannungsmessgerät n 1. equipo m tensométrico; 2. *(Bw)* medidor m de esfuerzos
Spannungsprüfer m *(El)* detector m [indicador m, verificador m] de tensión
Spannungsprüfung f prueba f de tensión; ensayo m dieléctrico
Spannungsregler m corrector m de tensión; estabilizador m de tensión [voltaje]; regulador m de tensión, regulación f de voltaje
Spannungsresonanz f resonancia f en serie, resonancia f de tensión, antirresonancia f
Spannungsriss m *(Wkst)* fisura f [grieta f] de tensión
Spannungsschwankung f fluctuación f [variación f] de la tensión
Spannungsspitze f *(Met)* concentrador m de tensiones
Spannungsstabilisierung f *(Eln)* estabilización f [regulación f] de tensión
Spannungsteiler m *(El)* partidor m [divisor m, reductor m] de tensión
Spannungstransformator m transformador m de tensión
Spannungsverlust m *(El)* pérdida f [caída f] de tensión, caída f de voltaje
Spannungsverstärker m *(El)* reforzador m, multiplicador m de tensión
Spannungsverstärkung f amplificación f de tensión

Spannungswandler m transformador m de tensión, transformador-reductor m de voltaje
Spannnut f *(Fert)* ranura f de desprendimiento, desahogo m de virutas, canaladura f, *(Am)* acanaladura f
Spannvorrichtung f 1. *(Fert)* mecanismo m fijador [de fijación], accesorio m sujetador, dispositivo m de fijación; montaje m; 2. *(Fert)* dispositivo m [equipo m] tensor, mecanismo m de tensión, tensador m, tensor m; 3. *(Fert)* dispositivo m agarrador *(Rammtechnik)*
Spannweite f 1. *(Bw)* luz f del tramo, tramo m; luz f; vano m; 2. *(Flg)* envergadura f (alar), cruzamen f
Spannzange f *(Fert)* boquilla f de aprieto, mandrino m con pinza para barras, pinza f
Spannzeug n *(Masch)* herramienta f de apriete; mandril m, mandrino m
Spant m *(Flg)* cuaderna f
Spant n *(Schiff)* cuaderna f, miembro m; armazón f, sección f, costilla f *(Holzschiff)*
Spantenriss m *(Schiff)* disposición f general de las cuadernas, plano m de cuadernas, proyección f horizontal de las cuadernas
Spantiefe f *(Fert)* profundidad f de corte
Spantwerk n *(Schiff)* cuadernaje m, armazón f
Spanungsbedingungen fpl *(Fert)* régimen m de maquinado
Spanungswerkzeug n *(Fert)* utensilio m cortante [de corte]
Spanwinkel m *(Fert)* ángulo m de desprendimiento [ataque, la viruta], *(Am)* ángulo m de virutamiento
~ **der Nebenschneide** ángulo m de inclinación lateral
Spardiode f diodo m economizador [de ganancia]
Spardüse f *(Kfz)* economizador m del carburador
Spargang m *(Kfz)* sobremultiplicación f
Sparren m *(Bw)* cabio m, cabrio m, par m
Sparschalter m *(El)* interruptor m economizador
Spateisenstein m *(Min)* calibita f, carbonato m férrico, hierro m espático, siderita f, siderosa f

Spätzündung f (Kfz) retardo m [retraso m] del encendido, encendido m retardado

Speiche f radio m, rayo m (de rueda), varilla f

Speichenrad n (Kfz) rueda f de rayos

Speicher m 1. (Inf) memoria f, medio m [dispositivo m] de memoria, medio m [dispositivo m] de almacenamiento; sistema m de memoria [almacenes]; 2. (El) acumulador m; 3. almacén m, depósito m; 4. (Lt) silo m de granos, granero m (Getreide); desván m (Dachboden)

~/**adressierbarer** memoria f direccionable [programable]

~/**byteorientierter** memoria f orientada en bytes

~/**elektronischer** cerebro m electrónico

~/**erweiterungsfähiger** memoria f ampliable

~/**externer** memoria f externa, medio m de memoria externa, unidad f periférica externa

~/**flüchtiger** memoria f volátil [no permanente]

~/**gemeinsamer** memoria f común [compartida]

~/**löschbarer** memoria f borrable

~ **mit direktem Zugriff** memoria f de acceso aleatorio [directo, inmediato], memoria f de lectura-escritura, memoria f viva [directamente accesible]

~ **mit hoher Aufzeichnungsdichte** memoria f de alta densidad

~ **mit Parallelzugriff** memoria f de acceso paralelo

~ **mit wahlfreiem Zugriff** memoria f de acceso aleatorio [directo, inmediato]

~/**nicht flüchtiger** memoria f (de contenido) permanente, memoria f no volátil

~/**nicht löschbarer** memoria f permanente [no borrable], memoria f de lectura solamente [únicamente]

~/**optoelektronischer** memoria f optoelectrónica

~/**rechnerabhängiger** memoria f en línea

~/**rechnerunabhängiger** memoria f fuera de línea

~/**schneller** memoria f rápida [de gran velocidad]; registro m

~/**sequenzieller** memoria f (de acceso) secuencial, memoria f serial

~/**temporärer** memoria f [almacén m] temporal

~/**unlöschbarer** memoria f permanente

~/**verfügbarer** memoria f disponible

~/**wortorganisierter** memoria f organizada por palabras

Speicherabschnitt m partición f [sección f, zona f] de memoria

Speicheradresse f dirección f de memoria [almacenamiento]

Speicheraufteilung f partición f de la memoria

Speicherausdruck m impresión f de memoria, vaciado m impreso de la memoria; listado m impreso de la memoria

Speicherauszug m retirada f de la memoria, vaciado m (de memoria), volcado m (de memoria), resumen m de memoria

Speicherbatterie f (El) batería f acumuladora [de acumuladores]

Speicherbaustein m módulo m [subunidad f] de memoria

Speicherbelegung f ocupación f de memoria

Speicherbereich m área f [región f, tramo m, zona f] de memoria, zona f de almacenamiento

Speicherbereichszuweisung f asignación f de zonas de memoria

Speicherbildschirm m pantalla f de memoria [iconoscopio], tubo m de memoria

Speicherblock m bloque m [unidad f, zona f] de memoria, sección f [zona f] de almacenamiento

Speicherdaten pl datos mpl a almacenar; datos mpl almacenados

Speicherdichte f densidad f de almacenamiento [memorización]

Speicherdirektzugriff m acceso m directo a la memoria, ADM

Speichereingabe f entrada f en la memoria

Speichereinheit f medio m físico de almacenamiento, unidad f de memoria [almacenamiento, ubicación]

Speichererweiterungskarte f placa f de extensión de la memoria

Speicherfeld n arreglo m en memoria

Speicherfragmentierung f fragmentación f de la memoria

Speichergerät n dispositivo m de memoria, equipo m registrador

Speicherverteilung

Speichergröße f capacidad f [potencia f] de memoria, capacidad f de almacenamiento; tamaño m de la unidad de memoria, tamaño m [cantidad f, volumen m] de memoria
Speicherhierarchie f jerarquía f de memoria
Speicherkarte f placa f de memoria, ficha f de almacén
Speicherkraftwerk n central f de acumulación, central f con embalse
Speicherlöschung f extinción f de memoria, borrado m en la memoria
Speichermedium n medio m [soporte m] físico de almacenamiento, medio m [soporte m] de almacenamiento [memoria]
Speichermodul n módulo m [subunidad f] de memoria, módulo m de almacenamiento
Speichermüll m basura f, desperdicios mpl de memoria *(unbedeutende Daten im Speicher)*
speichern v 1. *(Inf)* almacenar, memorizar; almacenar [alojar] en memoria *(im Arbeitsspeicher)*; registrar *(z. B. Daten)*; 2. acumular; ubicar; guadar; almacenar
~/**aufsteigend** *(Inf)* almacenar de menor a mayor grado
~/**Daten temporär** guardar datos temporalmente
~/**kompakt** almacenar en forma compacta
~/**permanent** almacenar en forma permanente
~/**rechnerunabhängig** almacenar fuera de línea
~/**sequenziell [seriell]** almacenar secuencialmente [serialmente, uno tras otro]
Speicherplatine f placa f de memoria
Speicherplatte f 1. disco m de memoria [almacenamiento]; 2. s. Speicherplatine
~/**nur lesbare optische** memoria f óptica [solamente de lectura]
~/**optische** disco m óptico
Speicherplatz m lugar m [espacio m] de memoria, posición f de almacenamiento (en la memoria), posición f de memoria, espacio m [puesto m] de almacenamiento [almacenaje], ubicación f en memoria
~/**belegter** memoria f ocupada

~/**verfügbarer** posición f disponible en la memoria, espacio m (de memoria) disponible, memoria f disponible
Speicherplatzbelegung f ocupación f de memoria
Speicherplatzzuweisung f asignación f de la posición del almacenamiento, asignación f de posiciones de memoria
speicherresident residente (en memoria)
Speicherröhre f *(Eln)* tubo m almacenador [de memoria]
Speicherschaltkreis m microcircuito m de memoria
Speicherschaltung f circuito m de memoria [acumulación], microcircuito m de memoria
Speicherschreibmaschine f máquina f de escribir con memoria
Speicherschutzschlüssel m clave f de almacenamiento
Speichersteuerwerk n unidad f de control de memoria
Speichertabelle f *(Inf)* mapa m de memoria
Speichertaste f botón m [tecla f] de memoria *(Telefon)*
Speichertechnik f técnica f de almacenamiento [memorización]; método m de memoria; tecnología f de almacenamiento [memoria]
Speicherüberlauf m desbordamiento m de memoria
Speicherung f 1. *(Inf)* almacenamiento m, memorización f, operación f de memorización; 2. *(Inf)* acumulación f; 3. *(Inf)* ubicación f (en almacén)
~ **mit beliebigem Zugriff** almacenamiento m accesible al azar
~ **mit unmittelbarem Zugriff** almacenamiento m de acceso inmediato
~ **mit wahlfreiem Zugriff** almacenamiento m accesible al azar
~/**virtuelle** almacenamiento m virtual
Speicherungsbefehl m instrucción f de almacenamiento
Speicherungsdichte f densidad f de información almacenada
Speicherverdichtung f compactación f de la memoria
Speicherverteilung f distribución f [subdivisión f] de memoria

Speicherverwaltung f gestión f [manejo m] de la memoria, administración f de memoria

Speicherverzögerung f retraso m de memoria

Speicherwasserkraftwerk n central f (hydráulica) de acumulación, central f con embalse

Speicherwerk n 1. (Inf) órgano m [unidad f] de almacenamiento, unidad f de memoria; acumulador m de información; 2. central f de acumulación, central f con embalse *(Wasserbau)*

Speicherzelle f celda f (de memoria), célula f de (almacenamiento), célula f [elemento m] de memoria

Speicherzugriff m (Inf) acceso m a memoria

Speicherzuweisung f (Inf) asignación f de memoria

Speigatt n (Schiff) imbornal m, toma f de mar

Speisebrücke f (Nrt) puente m de alimentación

Speiseleitung f 1. (El) línea f de alimentación, alimentador m; circuito m alimentador; 2. (Masch) tubería f conductora [de conducción]; tubería f de alimentación; conductor m de alimentación

speisen v 1. alimentar; suministrar; cargar *(Maschine)*; 2. (El) energizar *(mit Energie)*

Speisepumpe f bomba f alimentadora [de alimentación]

Speiser m 1. distribuidor m; alimentador m; 2. (Gieß) mazarota f

Speisestrom m (El) corriente f de alimentación

Speisewasseraufbereitung f tratamiento m del agua de alimentación

Speisewasserpumpe f bomba f para alimentación de agua

Speisewasservorwärmer m precalentador m [recalentador m] de agua de alimentación, caldera f economizador, aparato m de ahorrar, ahorrador m *(Dampfkessel)*

Speisung f alimentación f; abastecimiento m; suministro m

Spektralanalysator m analizador m espectral [de espectros], espectroanalizador m

Spektrallinie f (Ph) línea f [raya f] espectral

Spektralphotometer n espectrofotómetro m, fotómetro m espectral

Spektralverschiebung f desplazamiento m espectral

Spektrochemie f espectroquímica f

Spektrograph m espectrógrafo m

Spektrometer n espectrómetro m

Spektroskop n espectoscopio m

Spektrum n espectro m

~/diskontinuierliches [diskretes] espectro m discontinuo [discreto]

~/sichtbares espectro m luminoso [visible]

~/unsichtbares espectro m invisible

Sperrad n (Masch) rueda f de bloqueo; rueda f de trinquete; catalina f

Sperrdiode f diodo m de bloqueo

Sperre f 1. barrera f, bloqueo m; suspensión f; restricción f; cerradura f *(z. B. Datei)*; corte m *(z. B. Strom)*; eliminador m; 2. obstáculo m (de protección); 3. (Masch) defensa f (de seguridad); enclavamiento m, bloqueo m, mecanismo m limitador [de bloqueo], cierre m de bloqueo; cerrojo m, trabador m, uña f, mecanismo m de retenida; retén m; pasador m limitador; parador m; trinquete m, perillo m, perro m, pestillo m, tarabilla f, linquete m, fiador m *(Sperrklinke)*; 4. (Eln) supresor m; puerta f *(Vakuumröhre, Gasentladungsröhre)*

sperren v 1. bloquear; cerrar; cortar *(Zufuhr)*; 2. (Masch) retener; 3. (Inf) inhibir; 4. (Typ) espaciar; 5. (Nrt) suspender

Sperren n 1. bloqueo m; obturación f; 2. (Typ) espaciado m; 3. (Nrt) obstrucción f de llamadas *(Dienstmerkmal)*

Sperrfilter n 1. (Eln) filtro m supresor; rechazador m; trampa f; 2. (Opt) filtro m de bloqueo

Sperrgatter n (Eln) circuito m de inhibición

Sperrhaken m gancho m de retén, garfio m, linguete m, fiador m

Sperrhebel m (Fert) palanca f de parada [bloqueo, enclavamiento]

Sperrholz n madera f contrachap(e)ada, madera f multilaminar; madera f terciada *(aus drei Lagen)*

Sperrimpuls m (Inf) impulso m de inhibición

Sperrklinke f (Masch) encliquetaje m; gatillo m (de retención), linguete m de retención, fiador m, palanquita f, pestillo m, trinquete m (de retención); uña f de retenida, uñeta f; retén m de seguridad

Sperrkondensator m (El) condensador m de bloqueo

Sperrkreis m 1. (El) circuito m supresor [de bloqueo], circuito m resonante (en) paralelo; 2. (Nrt) eliminador m; selector m

Sperrmauer f muro m de contención

Sperrmüll m desperdicios mpl voluminosos

Sperrring m aro m retén, cerco m de sujeción, collar m de retén [tope]

Sperrschaltung f 1. (El, Eln) circuito m de bloqueo; 2. (Inf) circuito m de inhibición

Sperrschicht f 1. (Eln) capa f agotada; capa f barrera (de arresto, de bloqueo), barrera f, capa f de conductividad unidireccional (Halbleiter); 2. recubrimiento m barrera (Metallbeschichtung)

Sperrschichtkondensator m condensador m con capa barrera

Sperrschichtphotoeffekt m efecto m fotovoltaico

Sperrschichtphotozelle f célula f fotoeléctrica de capa barrera, célula f fotosensible [fotovoltaica]

Sperrschwinger m (El) oscilador m de bloqueo (autooscilante)

Sperrsignal n 1. (Nrt) señal f de bloqueo; 2. (Inf) señal f de inhibición

Sperrspannung f 1. (El) tensión f inversa (Gleichrichter); 2. (Eln) tensión f de barrera [bloqueo]

Sperrstrom m corriente f inversa (z. B. bei Gleichrichtern)

Sperrung f bloqueo m; obstrucción f

Spezifikation f especificación f, nomenclatura f; planilla f; detalle m

Sphalerit m (Min) esfalerita f, blenda f de cinc (Zinksulfid)

Sphäroguss m (Met) fundición f esferolítica

Sphäroid n (Math) esferoide m

Spiegel m 1. (Opt) espejo m, cristal m; 2. espéculo m (Medizintechnik); 3. reflector m; 4. nivel m (einer Flüssigkeit); 5. (Schiff) yugo m de popa

~/rückklappbarer espejo m abatible [retráctil] (Spiegelreflexkamera)

Spiegelbild n imagen f (especular)

Spiegelbildisomerie f (Ch) enantiomorfia f, isomería f óptica

Spiegeleisen n 1. (Met) spiegel m, fundición f [hierro m] especular; 2. (Min) oligisto m

Spiegelfeinmessgerät n medidor m de precisión con espejo

Spiegelgalvanometer n galvanómetro m de espejo

Spiegelglas n cristal m para espejos, luna f, vidrio m plano pulido

Spiegelheck n (Schiff) yugo m de popa, popa f cuadrada [de barcaza, de espejo]

Spiegelobjektiv n objetivo m catóptrico

Spiegelplatte f 1. disco m duplicado; 2. (Inf) disco m de espejo

Spiegelreflektor m dispositivo m catadióptrico, reflector m catóptrico [especular]

Spiegelreflexkamera f (Foto) cámara f reflex, réflex m

Spiegelteleskop n telescopio m reflector, reflector m, ateojo m catóptrico

Spieker m (Schiff) clavo m

Spiel n 1. (Masch) espacio m (libre); holgura f; huelgo m (Lager); 2. (Mech) juego m (muerto), juego m perdido; 3. (Math) juego m (Spieltheorie)

Spielanschluss m (Inf) puerto m de juegos

Spielautomat m autómata m de juegos, máquina f tragaperras

Spielbaum m árbol m de juegos (künstliche Intelligenz)

Spielpassung f (Masch) ajuste m holgado [con holgura]

Spielraum m 1. tolerancia f; margen m; 2. (Mech) juego m, margen m; margen m de maniobra; 3. (Masch) espacio m

Spieltheorie f (Math) teoría f de los juegos de estrategia

Spiere f (Schiff) percha f, botalón m

Spierentonne f baliza f de percha, boya f con percha, boya f de asta

Spill n (Schiff) molinete m giratorio, chigre m, maquinilla f

Spin m (Ph) espín m, número m cuántico de rotación

Spindel f 1. (Masch) husillo m; tornillo m; árbol m, eje m; vástago m; 2. macho m; 3. (Bw) núcleo m, espigón m (einer Wendeltreppe); 4. (Text) huso m; 5. areó-

Spindelgetriebe

metro m *(Messtechnik)*; 6. cabrestante m, *(Am)* malacate m *(Winde)*
Spindelgetriebe n engranaje m de husillo
Spindelkasten m *(Masch)* muñeca f fija
Spindelkopf m *(Fert)* cabezal m portahusillo, extremo m del árbol, nariz f de husillo [árbol], *(Am)* resalto m del husillo
Spindellager n cojinete m del husillo, soporte m del eje
Spindelpresse f prensa f de husillo [rosca]
Spindelpumpe f bomba f helicoidal [de husillo]
Spindelstock m *(Fert)* cabezal m (fijo); muñeca f fija *(Drehmaschine)*
spinnen v *(Text)* hilar
Spinnerei f 1. *(Text)* hilandería f, hilado m, hilatura f, filatura f *(Verfahren)*; 2. *(Text)* hilandería f *(Fabrik)*
Spinnfaser f *(Text)* fibra f corta(da)
Spinnmaschine f *(Text)* máquina f [continua f] de hilar, continua f, hiladora f (continua)
Spinresonanz f resonancia f de espín
Spion m galga f palpadora, *(Am)* calibre m explorador *(Messgerät)*
Spiralbohrer m *(Fert)* broca f helicoidal [espiral], taladro m salomónico
Spiralbohrerschleifmaschine f rectificadora f de brocas espirales, máquina f de afilar brocas espirales *(Nachschliff)*
Spirale f espiral f, espira f, caracol m; rosca f; hélice f, serpentín m
~/archimedische espiral f de Arquímedes
~/sinusförmige espiral f senoidal
Spiralfeder f muelle m espiral [helicoidal, de hélice], espiral f
Spiralfräser m fresa f espiral
Spiralgehäuse n caja f [cámara f] espiral *(Kreiselpumpe)*
spiralig espiral, espiraloide
Spiralkegelschleifmaschine f rectificadora f de cónicos espirales
Spirallinie f línea f espiral
Spiralnebel m *(Astr)* galaxia f [nebulosa f] espiral
Spiralnut f ranura f helicoidal, *(Am)* acanaladura f helicoidal
Spiralnutenfräser m *(Fert)* fresa f para ranuras espirales
Spiralverzahnung f dentado m espiral [helicoidal], engranaje m helicoidal [espiral]

Spiralzahn m diente m helicoidal
Spiralzahnwälzfräser m *(Fert)* fresa f evolvente de engranajes helicoidales
Spiritus m espíritu m *(gewerbsmäßig hergestelltes Ethanol)*
Spirituskocher m cocinilla f de alcohol
Spirituslack m barniz m al alcohol, laca f de alcohol
Spiritusmotor m motor-alcohol m, motor m de alcohol
spitz 1. *(Math)* agudo *(z. B. Winkel)*; 2. apuntado, puntiagudo
Spitzbogen m *(Bw)* ojiva f, arco m ojival
Spitzbohrer m *(Fert)* broca f de punta de lanza
Spitze f 1. *(Math)* vértice m; cúspide f, cresta f; 2. tope m; 3. *(Masch)* punta f, 4. *(Fert)* punta f de torno *(Drehmaschine)*; extremo m cónico; 5. *(Schiff)* cofa f *(Mast)*; 6. *(Rak)* proa f, 7. *(Text)* encaje m
~/bewegliche *(Fert)* punto m móvil
~/feste *(Fert)* punto m de torno fijo
Spitzenabstand m *(Fert)* distancia f entre centros [puntos]
Spitzenamplitude f *(El)* amplitud f pico
Spitzenbelastung f *(El)* carga f máxima [pico, punta]
Spitzendrehen n *(Fert)* torneado m entre puntas
Spitzendrehmaschine f *(Fert)* torno m de puntas
Spitzengleichrichter m *(El)* detector m de cresta, rectificador m de contacto por punta
Spitzenhöhe f *(Fert)* altura f de centros [puntos] *(Drehen)*
Spitzenkonzentration f concentración f techo *(Toxikologie)*
Spitzenlast f 1. *(Mech)* límite m de carga; 2. *(El)* carga f pico
Spitzenleistung f potencia f máxima [de pico, de cresta]; pico m de carga
Spitzenlosschleifen n *(Fert)* rectificado m sin centros [puntas]
Spitzenlosschleifmaschine f *(Fert)* rectificadora f sin centros
Spitzenreibahle f *(Fert)* alegrador m de centrar
Spitzenspannung f *(El)* tensión f de cresta [amplitud, pico]
Spitzenspannungsmesser m voltímetro m de cresta

Spitzenstrom m (El) corriente f de cresta
Spitzentechnologie f tecnología f (de) punta, tecnología f avanzada [líder], alta tecnología f, tecnología f muy avanzada
Spitzenweite f (Fert) distancia f entre puntos
Spitzenwert m valor m techo [de cresta, de pico], nivel m techo [de pico], máximo m
Spitzenwinkel m (Fert) ángulo m de punta, ángulo m en el vértice
Spitzgewinde n rosca f (de paso) triangular
Spitzhacke f pica f
Spitzmeißel m (Fert) herramienta f de corte en punto, trépano m puntiagudo
Spitzsenker m (Fert) avellanador m de punta
Spitztonne f (Schiff) boya f cónica
Spitzweiche f (Eb) aguja f tomada de punta
spitzwinklig acutángulo, acutangular
Spleiß m costura f, ayuste m (Seilverbindung)
spleißen v acolchar, empalmar; ayustar (Seil), (Am) acolchonar
Spleißer m empalmador m
Spleißstelle f punto m de unión, empalme m, costura f (bei Seilen)
Spleißung f acolchamiento m, empalme m, ayuste m (Seilverbindung)
Splint m pasador m abierto [hendido], pasador m, clavija f (hendida), clavija f ranurada, chaveta f, cabilla f, sotrozo m
Splitt m (Bw) gravilla f triturada
splitterfrei sin astillas, inastillable (Glas)
Splittstreuwalze f apisonadora f distribuidora de gravilla (Straßenbau)
Spontanzerfall m (Kern, Ch) desintegración f espontánea
Spoolbetrieb m (Inf, Nrt) utilización f simultánea de periféricos
Sporn m patín m
Spornrad n (Flg) rueda f de cola (Fahrwerk)
Sportboot n embarcación f de deporte, canoa f
Sportcoupé n (Kfz) cupé m [coche m] deportivo, berlina f (deportiva)
Sportlenker m (Kfz) volante m [manillar m] deportivo

Sportwagen m automóvil m deportivizado [deportivo], coche m deportivo
Sprachanalyse f automatische (Inf) análisis m automático de voz
Sprachausgabe f (Inf) salida f vocal [de dispositivo de audio]; respuesta f auditiva
Sprachbandübertragung f transmisión f de datos por banda vocal
Sprachbandumsetzer m inversor m de audiofrecuencia
Sprachcodierung f (Nrt) codificación f de voz
Sprachcomputer m ordenador m de voz
Sprachdigitalisierung f digitalización f de la voz
Sprache f 1. (Inf) lenguaje m; 2. voz f (gesprochene)
~/**beschreibende** lenguaje m declarativo
~/**dialogorientierte** lenguaje m interactivo [conversacional]
~/**erweiterungsfähige** lenguaje m ampliable
~/**künstliche** 1. lenguaje m artificial [sintético]; 2. voz f sintetizada
~/**maschinenorientierte** lenguaje m orientado a máquina
~/**mnemotechnische** lenguaje m mnemotécnico
~/**problemorientierte** lenguaje m adaptado [orientado] a problemas
~/**prozedurale** lenguaje m procedural [de procedimiento, procedimental]
~/**rechnerverständliche** lenguaje m comprensible por el ordenador
~/**verfahrensorientierte** lenguaje m adaptado a procedimientos
Spracheingabe f 1. (Inf) entrada f acústica [de voz]; 2. (Inf) unidad f de entrada acústica (Gerät)
Spracheingabegerät n (Inf) unidad f de entrada acústica
Spracherkennung f (Inf, Nrt) reconocimiento m vocal [de voz]
Sprachgenerator m (Inf) sintetizador m de palabras sintetizador m
Sprachgenerierung f (Inf) generación f de lenguaje, sintetización f de voz
Sprachinterpreter m (Inf) intérprete m del lenguaje (de control)
Sprachkanal m (Nrt) canal m de voz, vía f vocal

Sprachlabor n laboratorio m de idiomas
Sprachmuster n (Nrt) muestra f [patrón m] de voz, pauta f de habla
Sprachpegel m nivel m de inflexión de voz
Sprachrohr n tubo m acústico [de comunicación], portavoz m; trompeta f, bocina f
Sprachsignalspeicherung f memorización f de señales vocales
Sprachspeicher m (Nrt) correo m [buzón m] de voz
Sprachsynthesegerät n dispositivo m sintetizador de voz, unidad f sintetizadora de la voz
Sprachübersetzer m (Inf) lenguaje-intérprete m
Sprachverarbeitung f (Inf, Nrt) proceso m [procesamiento m] de voz, tratamiento m de la voz
Sprachverstärker m (Nrt) amplificador m telefónico
Spreader m (Förd) travesaño m portacontainer (für Container)
Spreadsheet n hoja f electrónica
Sprechfrequenz f frecuencia f vocal, V.F.
Sprechfunk m radiodifusión f vocal, radiotelefonía f, radiofonía f
Sprechfunkanlage f sistema m radiofónico
Sprechkanal m (Nrt) canal m de calidad de voz
Sprechkapsel f (Nrt) cápsula f telefónica
Sprechkopf m cabeza f sonora (Elektroakustik)
Sprechkreis m (Nrt) circuito m telefónico [de conversación, de voz]
Sprechrundfunk m radiodifusión f vocal
Sprechschalter m (Nrt) llave f de habla-escucha, interruptor m para hablar
Sprechstrom m (Nrt) corriente f audiofrecuente
Sprechstromkreis m circuito m telefónico
Sprechtaste f (Nrt) palanca f de conversación
Spreizdorn m (Fert) mandril m expansible [de expansión, extensible]
Spreize f 1. (Bw) codal m; 2. (Bgb) puntal m, riostra f
Sprengarbeit f (Bgb) voladura f, trabajo m por explosivos
sprengen v 1. dinamitar (mit Dynamit); volar (in die Luft); 2. (Lt) abrevar

Sprenglochbohrung f barrenado m de agujero de voladura
Sprengniet m remache m apresadero [de seguridad, explosivo]
Sprengring m (Masch) anillo m de sujeción, arandela f de muelle de sujeción, aro m de fijación
Sprengstoff m materia f [sustancia f] explosiva, explosivo m; explosivo m secundario; pólvora f
Sprengtechnik f técnica f de estallido; tecnología f de explosiones
Sprengung f 1. dinamitación f (mit Dynamit); explosión f; 2. (Bgb) voladura f, disparo m; 3. destrucción f
Sprengzünder m espoleta f fulminante, electroexplosivo m
Spreusieb n (Lt) parrilla f separadora (Dreschmaschine); zarandón m de granzas (z. B. Mähdrescher)
Springblende f (Foto) diafragma m saltador
springen v 1. saltar (z. B. Funke); 2. resquebrajarse (Glas)
Sprinkler m aspersor m, pulverizador m, rociador m (de ampolla)
Spritzbeton m hormigón m inyectado [lanzado, proyectado], gunita f
Spritzdüse f boquilla f pulverizadora [rociadora, aspersora], tobera f pulverizadora
Spritzdüsenvergaser m (Kfz) carburador m de chorro
Spritze f pulverizador m, aspersor m; jeringa f
spritzen v proyectar; jeringar; rociar; salpicar
Spritzen n 1. proyección f, chorreado m; pintura f a pistola; 2. moldeo m por extrusión (Gummiherstellung)
Spritzerschutzbrille f gafas fpl contra salpicaduras
Spritzflasche f 1. frasco m pulverizador; redomita f; 2. (Ch) botella f de lavar, matraz m de lavado
Spritzgerät n pulverizador m; aspersora f; equipo m de proyección (Farbspritzen)
Spritzgießform f (Kst) matriz f de inyección, molde m para fundición inyectable [inyectada]
Spritzgießmaschine f (Kst) máquina f de inyección, inyectora f, máquina f para

fundición inyectada, moldeadora f por inyección
Spritzgießmasse f (Kst) polvo m de moldeo por inyección, plástico m para moldeo por inyección
Spritzglasieren n esmaltado m por pistola
Spritzguss m (Kst) fundición f inyectada (de plásticos), inyección f (prensada), colada f inyectada, fundición f de carga
Spritzkabine f cabina f de pulverización, caseta f para pintado con pistola (Farbspritztechnik)
Spritzlackieren n pintura f a pistola, barnizado m neumático
Spritzmaschine f 1. (Lt) máquina f aspersora, regadora f, máquina f lanzachorro; pulverizadora f; 2. máquina f de extrusión de tornillo sin fin, extruidora f, extruidor m, extrusor m, extrusora f (Gummiherstellung)
Spritzmetallisieren n metalización f por proyección [chorreado, pulverización]
Spritzpistole f pistola f de pintar [pulverización]; pistola f [herramienta f] aerográfica (Freihandzeichnen)
Spritzpressen n (Kst) moldeo m por inyección, prensado m por transferencia, transferencia f
Spritzschmierung f lubricación f por salpicadura
Spritzteil n (Kst) pieza f inyectada
Spritzverfahren n moldeo m por proyección; aerografía f (mit Aerograph)
spritzwassergeschützt protegido contra salpicaduras del agua
Sprödbruch m (Wkst, Met) agrietamiento m por fragilidad, fractura f frágil [por fragilidad], rotura f frágil
spröde 1. frágil; quebradizo; resquebrajadizo (Holz); 2. (Met) agrio
Sprödigkeit f 1. fragilidad f; 2. (Met) acritud f
Sprödigkeitspunkt m (Kst) índice m de fragilización
Sprosse f 1. escalón m (einer Leiter); grada f; 2. rayo m de rueda
Sprühdüse f pulverizador m a [de] chorro, pulverizador m
sprühen v 1. pulverizar; rociar; 2. chispear, chisporrotear, centellear (z. B. Funken)
Sprühen n 1. rociado m (mit chemischen Stoffen); 2. chisporroteo m (von Funken)

Sprühentladung f (El) efluvio m
Sprühgerät n (Lt) aparato m atomizador, aspersora f, pulverizador m
Sprühstrahlrohr n lanza f de agua pulverizada (Löschmittelauswurfvorrichtung)
Sprung m 1. salto m; discontinuidad f; 2. (Inf) salto m, bifurcación f; 3. quebraja f, raja f; resquebrajadura f (Glas, Keramik); 4. (Geol) falla f; 5. (Schiff) arrufo m, arrufadura f **• mit ~** en arrufo
~/bedingter (Inf) discriminación f, transferencia f [bifurcación f, salto m] condicional
~/stufenförmiger escalinata f
~/unbedingter (Inf) transferencia f [bifurcación f, salto m] incondicional
Sprunganweisung f (Inf) sentencia f de bifurcación [salto] (Sprungbefehl höherer Programmiersprachen)
Sprungbefehl m (Inf) instrucción f de bifurcación [salto, discriminación]
Sprungfräsen n (Fert) fresado m con intermitencia
Sprungfunktion f (Inf) función f de salto
Sprungschalter m (El) interruptor m a salto
Sprungstelle f (Math) discontinuidad f de salto
Sprungtemperatur f (Eln) temperatura f transitoria [de transición] (Supraleiter)
Sprungtuch n lona f de salvamento
Sprungübergang m (Eln) conducción f a saltos (Halbleiter)
SPS s. Steuerung/speicherprogrammierbare
Spülbecken n fregadero m
spülbohren v (Bgb) perforar con circulación
Spülbohren n (Bgb) perforación f hidráulica, sondeo m hidráulico
Spülbohrmeißel m (Bgb) barrena f para perforación hidráulica
Spule f 1. (El) bobina f, devanado m; carrete m; 2. (Text) bobina f, cono m (Kreuzspule); canilla f (Weberei); 3. bobina f (z. B. Magnetband); 4. carrete m (z. B. für Filme); bobinita f (klein)
~/blinde (El) sección f inactiva
~/mehrlagige bobina f de capas múltiples
~/stromdurchflossene bobina f recorrida por corriente

spulen v 1. *(El)* bobinar; 2. *(Text)* arrollar, bobinar; (en)canillar *(Schussspule)*
Spulen n *(Text)* (em)bobinado m, devanado m
spülen v 1. bañar; 2. *(Text)* enjuagar
Spülen n 1. lavadura f; 2. barrido m *(eines Motors)*
Spulenkern m 1. *(El)* núcleo m de bobina; 2. *(Text)* núcleo m de canilla
Spulenwicklung f *(El)* devanado m de bobina
Spulenzündanlage f *(Kfz)* encendido m por bobina
Spulmaschine f *(Text)* bobinador m, bobinadora f, encarretadora f *(Kreuzspulerei)*; encanilladora f *(Schussspulerei)*
Spülpumpe f 1. bomba f de lavar; 2. *(Kfz)* bomba f de barrido
Spülschlitz m *(Kfz)* lumbrera f de barrido
Spülung f 1. lavaje m; limpieza f; 2. barrido m *(eines Motors)*
Spund m tapón m
Spunddrehmaschine f torno m para tapones *(Holzbearbeitung)*
Spundung f unión f machihembrada *(Holzbearbeitung)*
Spundwand f 1. *(Bw)* pared f de piedras machihembradas, cortina f de tablestacas, tablestacado m; 2. *(Met)* pila f de chapa *(Walzen)*
Spur f 1. huella f *(Abdruck)*; traza f *(z. B. Leuchtspur, Laserstrahl)*; paso m *(z. B. Teilchen)*; 2. *(Inf)* vía f, pista f, rastro m *(auf Diskette oder Magnetband)*; 3. *(Eb)* vía f, carril m, *(Am)* trocha f; 4. *(Kfz)* carrilera f; 5. *(Schiff)* estela f; 6. *(Ch)* vestigio m
~/konzentrische pista f concéntrica
~/kreisförmige pista f circular
~/regenerierbare pista f regenerativa
~/schadhafte pista f defectuosa
Spuraufzeichnung f *(Inf)* registro m de pista
Spurendichte f densidad f de pistas, tracks per inch, TPI
Spurenelement n 1. *(Ch)* elemento m traza, elemento-traza m, oligoelemento m; 2. *(Inf)* spot m
Spürgerät n equipo m de detección, aparato m *(órgano m, artefacto m)* detector, detector m

Spurkranz m *(Eb)* brida f de rueda, pestaña f (de rueda)
Spurlager n *(Masch)* tejuelo m
Spurreißer m *(Lt)* surcador m, trazahuellas m, guiador m *(Drillmaschine)*
Spurstange f *(Kfz)* barra f de acoplamiento [dirección]
Spurweite 1. *(Kfz, Eb)* ancho m de vía [trocha], vía f, *(Am)* trocha f; 2. *(Eb)* entrevía f
~/spanische *(Eb)* ancho m español *(1672 m)*
~/verstellbare ancho m de vías ajustable
~ von 1 m vía f métrica *(für Nebenbahnen)*
Stab m 1. vara f, varilla f; bastón m; cabilla f, pértiga f; 2. *(Mech)* barra f; 3. *(Kern)* cartucho m, barra f; 4. *(Met)* barra f
Stabantenne f antena f de varilla
Stabbandförderer m transportador m de cinta con listones transversales
Stabbatterie f batería f cilíndrica [tubular]
stabil estable; firme
Stabilisationsröhre f *(Eln)* válvula f estabilizadora
Stabilisator m 1. *(Ch)* estabilizador m, estabilizante m; 2. *(El)* estabilizador m; 3. *(Kfz)* barra f estabilizadora; 4. *(Schiff)* estabilizador m *(Schlingerdämpfung)*; 5. *(Flg)* aleta f (estabilizadora); 6. *(Met)* elemento m estabilizador [de estabilización]; 7. paracaídas m extractor [de extracción]; 8. balanceador m
stabilisieren v *(Ch, Met)* estabilizar
Stabilisierungsbahn f *(Rak)* tramo m de estabilización
Stabilisierungsbecken n cámara f de estabilizado
Stabilisierungsfläche f *(Flg)* aleta f (estabilizadora)
Stabilisierungsflosse f *(Flg)* alerón m estabilizador, aleta f (estabilizadora); estabilizador m de flotación *(Hubschrauber)*
Stabilisierungsglühen n *(Met)* tratamiento m [recocido m] de estabilización, estabilización f
Stabilisierungskolonne f *(Ch)* torre f de estabilización
Stabilisierungsschaltung f *(Eln)* circuito m estabilizador [de estabilización]
Stabilität f estabilidad f

~/**aerodynamische** estabilidad f aerodinámica

~/**räumliche** estabilidad f espacial

~/**statische** estabilidad f (estática)

~/**transiente** estabilidad f temporal

Stabilitätskurve f (Schiff) curva f [gráfico m] de estabilidad

Stabilitätsnachweis m ensayo m de estabilidad

Stabilitätstheorie f (Math) teoría f de la estabilidad

Stabkräfte fpl fuerzas fpl de las barras (Statik)

Stabläufermotor m (El) motor m de inducido de barras

Stableuchte f lámpara f cilíndrica

Stabtragwerk n armazón f sustentante de barras

Stabwalzwerk n laminador m de barras, cilindros mpl acabadores de barras

Stacheldraht m alambre m espinoso, espino m artificial

Stachelwalze f (Text) cilindro m de púas (Spinnerei)

Stachelwälzegge f (Lt) grada f desterronadora

Stachelwalzenvorschub m (Inf) arrastre m mediante piñones (Drucker)

Stadtautobahn f autopista f urbana

Stadtbahn f ferrocarril m urbano, tren m metropolitano

Städtebau m construcción f urbana [municipal]; planeamiento m urbanístico, urbanismo m

Städtebautechnik f ingeniería f urbanística; tecnología f de urbanismo

Stadtgas n gas m público [de ciudad]

Stadtmüll m residuos mpl [desperdicios mpl] urbanos

Staffelbetrieb m (Nrt) servicio m escalonado

staffelförmig escalonado

Stahl m 1. acero m; 2. herramienta f (Werkzeug)

~/**alterungsbeständiger** acero m no envejeciente, acero m resistente al envejecimiento

~/**austenitischer** acero m austenítico

~/**beruhigter** acero m apagado [calmado, reposado]

~/**brüchiger** acero m fragilizado

~/**einsatzgehärteter** acero m cementado

~/**entkohlter** acero m descarburado

~/**extraweicher** acero m extrasuave [extradulce]

~/**feingeglühter** acero m normalizado

~/**feuerverzinkter** acero m galvanizado

~/**geglühter** acero m recocido

~/**gehärteter** acero m endurecido

~/**glasierter** acero m vidriado (für Chemieanlagen)

~/**handelsüblicher** acero m comercial

~/**hochgekohlter** acero m alto en carbono, acero m de abundante [exceso, mucho] carbono

~/**hochlegierter** acero m altamente aleado, acero m de elevada [alto contenido de] aleación

~/**hochfester** acero m de alta [gran] resistencia

~/**hochwarmfester** acero m pirorresistente

~/**kalt gezogener** acero m estirado en frío

~/**kaltbrüchiger** acero m frágil en frío

~/**korrosionsbeständiger** acero m corrosiorresistente

~/**leicht bearbeitbarer** acero m de fácil mecanización

~/**lufthärtender** acero m autotemplante [de temple natural, de autotemple, al aire]

~/**martensitaushärtender** acero m maraging

~/**nicht rostender** acero m [aleación f] inoxidable

~/**niedrig gekohlter** acero m bajo [pobre] en carbono, acero m de escaso carbono

~/**nitriergehärteter [nitrierter]** acero m nitrificado [nitrurado]

~/**normalisierter [normal geglühter]** acero m normalizado [de recocido ordinario]

~/**oberflächenhärtender** acero m de temple superficial

~/**säurebeständiger** acero m acidorresistente [antiácido, resistente a los ácidos]

~/**saurer** acero m ácido [Bessemer]

~/**schmiedbarer** acero m forjable

~/**untereutektoider [unterperlitischer]** acero m hipoeutectoide

~/**vergüteter** acero m revenido

~/**wärmebehandelter** acero m termotratado

~/**warmfester** acero m refractario [resistente al calor, termorresistente]

Stahl

~/weicher acero *m* blando

~/weichgeglühter acero *m* esferoidal [de recocido de ablandamiento]

Stahlbandförderer *m* transportador *m* de cinta de acero

Stahlbau *m* construcción *f* metálica [de acero]

Stahlbauwerk *n* estructura *f* de acero

Stahlbetonbau *m* construcción *f* de hormigón armado

Stahlbetonplatte *f* baldosa *f* [losa *f*] de hormigón armado

Stahlbetonschwelle *f (Eb)* traviesa *f* de hormigón armado

Stahlbetonskelettbau *m* estructura *f* de hormigón armado

Stahlbetonträger *m* viga *f* de hormigón armado

Stahlblech acero *m* en chapas, chapa *f* de acero, plancha *f*, palastro; hoja *f* de acero *(Feinblech)*

Stahldraht *m* alambre *m* de acero

Stahlformguss *m* 1. colada *f* de acero fundido *(Verfahren)*; 2. acero *m* moldeado

Stahlgerüstbau *m* construcción *f* de andamios metálicos

Stahlgießerei *f* fundería *f* de acero

Stahlguss *m* fundición *f* de acero; acero *m* colado [fundido, moldeado]

Stahlgussform *f* lingotera *f* para acero colado

Stahlkappe *f* sombrerete *m* de acero; puntera *f* de acero *(für Sicherheitsschuhe)*

Stahllegierung *f* acero *m* aleado [de aleación], aleación *f* de acero

Stahlleichtbau *m* construcción *f* metálica ligera

Stahlrammpfahl *m* pilote *m* de acero

Stahlroheisen *n* fundición *f* de afinación

Stahlrohr *n* tubo *m* metálico [de acero]

Stahlröhre *f (Eln)* válvula *f* metálica

Stahlrohrgerüst *m* andamio *m* de tubos de acero

Stahlschalung *f* encofrado *m* de acero

Stahlschmelze *f (Met)* caldo *m* de acero

Stahlschrot *n(m)* granalla *f* de acero

Stahlschurf *m* chatarra *f* de acero

Stahlschwelle *f (Eb)* traviesa *f* de acero

Stahlträger *m* viga *f* de acero

Stahltragwerk *n* estructura *f* de acero

Stahltrosse *f* cable *m* metálico, cabo *m* de acero, alambre *m*

Stahlveredlung *f (Met)* afino *m* de acero

Stahlwerk *n* ace(re)ría *f*, planta *f* de acero, *(Am)* planta *f* siderúrgica

Stahlwinkel *m* ángulo *m* de acero

Stalldungstreuer *m (Lt)* distribuidora *f* [distribuidor *m*, esparcidora *f*] de estiércol

Stallreinigungsmaschine *f (Lt)* máquina *f* limpiadora de establos

Stammband *n (Inf)* cinta *f* maestra

Stammdatei *f (Inf)* fichero *m* básico [maestro]

Stammfunktion *f (Math)* función *f* primitiva

Stammholzschlepper *m* tractor *m* de troncos

Stammkarte *f (Inf)* placa *f* maestra

Stammlauge *f (Ch)* licor *m* madre

Stammleitung *f (Nrt)* circuito *m* real, línea *f* troncal

Stammlösung *f (Ch)* solución *f* madre

Stammsatz *m (Inf)* registro *m* maestro *(einzelner Datensatz einer Stammdatei)*

Stammschälmaschine *f* desenrolladora *f* de troncos *(Forsttechnik)*

Stammschiene *f (Eb)* carril *m* contraaguja

Stammverzeichnis *n* directorio *m* raíz

Stampfbeton *m* hormigón *m* apisonado

Stampfbewegung *f (Schiff)* movimiento *m* de cabeceo *[cabezada]*

Stampfboden *m* 1. *(Bw)* plancho *m* de apisonar; 2. *(Met)* solera *f* apisonada *(SM-Ofen)*

stampfen *v* 1. apisonar; estampillar; pisar; 2. *(Schiff)* arfar, cabecear, tanguear

Stampfen *n* 1. apisonamiento *m*, apisonado *m*; 2. *(Schiff)* arfada *f*, arfeo *m*, cabeceo *m*, cabezada *f*

Stampfer *m* 1. *(Bw)* apisonadora *f*, apisonador *m*; apisonadora *f* vibradora; aplanadera *f*; ariete *m*; 2. *(Lt, Bw)* batidor *m*

Stampfschwingung *f (Schiff)* cabeceo *m*

Stampfwinkel *m (Schiff)* ángulo *m* de cabeceo

Stand *m* 1. puesto *m*; plataforma *f*, truc *m*; 2. pabellón *m*; box *m*; stand *m*; 3. nivel *m (einer Flüssigkeit)*; 4. estado *m*; nivel *m (Niveau)*

~ der Technik nivel *m* técnico [de la técnica, de la tecnología]

~ **der Umweltverschmutzung** nivel *m* de contaminación ambiental
Standanzeiger *m* indicador *m* de nivel
Standard *m* estándar *m*, muestra *f* tipo, norma *f*
Standardabweichung *f* (Math) desviación *f* estándar [típica, normada], error *m* estándar
Standardausrüstung *f* equipo *m* normal [de norma, básico], accesorio *m* regular
Standardbauteil *n* unidad *f* normalizada [de normalización], componente *m* estándar
Standardcontainer *m* contenedor *m* normalizado [universal]
Standarddrucker *m* (Inf) impresora *f* estándar [normal]
standardisieren *v* estandar(d)izar, normalizar
standardisiert estándar
Standardisierung *f* estandar(d)ización *f*, standardización *f*, normalización *f*; uniformización *f*
Standardmuster *n* modelo *m* normal; muestra *f* tipo; tipo *m* normalizado
Standardnormalverteilung *f* distribución *f* estandarizada (Statistik)
Standardschaltung *f* (El) circuito *m* estándar
Standardschnittstelle *f* (Inf) interfaz *f* estándar
Standbild *n* (Inf, Nrt) imagen *f* fija; pausa *f* (Videokamera)
Standbildprojektion *f* proyección *f* fija
Ständer *m* 1. (Masch) bastidor *m*; soporte *m*; sostén *m*; montante *m*; columna *f*; pedestal *m*; cuerpo *m*; marco *m*; banco *m*; armazón *m* 2. estante *m*, caballete *m*; pedestal *m*; 3. (Bw) pilón *m*, poste *m*; 4. (El) estator *m*
Ständerblech *n* (El) chapas *fpl* del estator
Ständerbohrmaschine *f* (Fert) taladradora *f* de montante
Ständerfräsmaschine *f* (Fert) fresadora *f* de montante
Ständerführung *f* (Fert) guía *f* de la columna
standfest estable; fijo; estacionario
Standfestigkeit *f* estabilidad *f*
Standfestigkeitsberechnung *f* cálculo *m* de la estabilidad (Statik)
Standgerät *n* aparato *m* estacionario

Standleitung *f* (El) línea *f* dedicada
Standlicht *n* (Kfz) luz *f* de población [posición]; luz *f* de estacionamiento
Standort *m* 1. emplazamiento *m*; ubicación *f*, lugar *m* de ubicación; localización *f*, localidad *f* (z. B. von Industrieanlagen); 2. (Flg, Schiff) posición *f*, situación *f*; 3. estación *f* (Geodäsie); 4. hábitat *m* (Ökologie)
~/bevorzugter (Bw) área *f* [polígono *m*] de preferente localización
~/gepeilter posición *f* radiogoniométrica
Standschub *m* 1. (Flg) tracción *f* a punto fijo (Luftschraube); 2. (Rak) empuje *m* estático
Standseilbahn *f* funicular *m*
standsicher estable
Standsicherheit *f* 1. (Mech) estabilidad *f*; seguridad *f* posicional [por posición]; seguridad *f* al estacionarse (von Maschinen); 2. factor *m* de estabilidad
Standverbindung *f* (Nrt) circuito *m* directo [permanente], trayecto *m* fijo
Standzeit *f* 1. (Fert) vida *f* de herramienta; longevidad *f*, período *m* de servicio (z. B. eines Werkzeugs); durabilidad *f* [duración *f*] de corte (beim Zerspanen); 2. (Ch, Met) tiempo *m* de estadía (Verweilzeit)
Standzylinder *m* probeta *f* con pie (Laborgerät)
Stange *f* 1. vara *f*, varilla *f*; cabilla *f*; 2. (Masch) barra *f*, pértiga *f*; árbol *m*; vástago *m*; cremallera *f* (Zahnstange); 3. (Kern) cartucho *m*
Stangenautomat *m* (Fert) torno *m* automático para barras
Stangenbohren *n* (Bgb) sondeo *m* a la varilla
Stangenrost *m* criba *f* de barrotes, parrilla *f* (de barras)
Stangenstromabnehmer *m* (El) tomacorriente *m* [trole *m*] de pértiga, carretilla *f*
Stangenzirkel *m* compás *m* de varas (technisches Zeichnen)
Stanniol *n* hoja *f* [lámina *f*] de estaño, estaño *m* en hojas, papel *m* estaño
Stanzautomat *m* estampadora *f* [punzonadora *f*, troqueladora *f*] automática
Stanzblech *n* chapa *f* para punzonar
Stanze *f* máquina *f* de estampar [punzonar], estampadora *f*, punzonadora *f*, troqueladora *f*

stanzen v estampar; punzonar, troquelar; perforar
Stanzen n estampado m; punzonado m, troquelado m
Stanzer m estampador m; perforador m, perforadora f
Stanzerei f estampería f
Stanzmaschine f máquina f de estampar, troqueladora f
Stanzmatrize f matriz f de estampar [troquelar]
Stanzpresse f prensa f troqueladora [para troquelar]
Stanzteil n estampado m, pieza f estampada
Stanzwerkzeug n herramienta f troqueladora [de troquelar, de estampado], estampador m, troquel m; utensilio m perforocortante
Stapel m 1. pila f (z. B. Holz); (Am) tonga f; 2. (Inf) lote m, pila f; mazo m (Karten); lista f descendente; 3. (Schiff) correderas fpl; cuna f de botadura [lanzamiento], cuna f, picadero m (de sustentación)
• vom ~ **lassen** (Schiff) botar
Stapelfaser f fibra f corta(da)
Stapelfernverarbeitung f (Inf) teletratamiento m por lotes
Stapelgerät n (Förd) unidad f apiladora; estibador m, estibadora f
Stapelkran m grúa f apiladora
Stapellauf m (Schiff) botadura f, lanzamiento m
Stapelmaschine f (Förd) máquina f apiladora
stapeln v 1. apilar, (Am) apilonar; estibar; 2. (Inf) agrupar en lotes
Stapelspeicher m (Inf) memoria f de pila [desplazamiento descendente]
Stapelung f 1. amontonamiento m; apilamiento m; apilado m; 2. (Inf) agrupación f en lotes
Stapelverarbeitung f (Inf) procesamiento m [proceso m, procesado m, tratamiento m] de [en, por] lotes, modo m [servicio m] de procesamiento por lotes, proceso m batch, ejecución f por lotes, funcionamiento m de la pila, modalidad f de proceso por lotes, modo m lote
Stapler m (Förd) máquina f apiladora, apiladora f; vehículo m estibador
stark 1. potente; 2. grueso

Stärke f 1. potencia f; fuerza f; intensidad f; 2. (Opt) potencia f (de lente) (einer Linse); 3. grueso m, grosor m; 4. (Ch) almidón m
Starkstrom m corriente f fuerte [de alta intensidad]
Starkstromgleichrichter m rectificador m de potencia
Starkstromkabel n cable m de fuerza [potencia, alta intensidad]
Starkstromleitung f circuito m de fuerza; línea f de alta intensidad
Starkstromnetz n red f de fuerza [alta intensidad]
Starkstromtechnik f técnica f de alta intensidad
starr rígido; inflexible
Starrachse f (Kfz) eje m rígido
Starrahmen m (Kfz) bastidor m rígido
Starrflügelflugzeug n avión m de alas fijas [rígidas]
Starrheit f rigidez f
Start m 1. arranque m, arrancada f; 2. (Flg) despegue m, salida f; 3. (Rak) lanzamiento m; 4. comienzo m; inicialización f, inicio m (einer Reaktion)
Startablauf m (Rak) secuencia f de lanzamiento [cebado]
Startadresse f (Inf) dirección f inicial [de comienzo]
Startbahn f 1. (Flg) carrera f [pista f, trayecto m] de despegue; 2. (Rak) pista f de lanzamiento, tramo m de despegue
Startbefehl m (Inf) instrucción f inicial
startbereit en orden de marcha; listo para despegar (Flugzeug)
Startbeschleuniger m (Rak) acelerador m
Startbit n (Inf) bit m de arranque [comienzo]
Startdiskette f (Inf) disco m de arranque
Starteinrichtung f (Kfz) aparato m [dispositivo m] de arranque (Vergaser)
starten v 1. arrancar; disparar; iniciar; 2. (Flg) despegar, salir; 3. (Rak) lanzar
~/**den Rechner** arrancar el ordenador
~/**einen Satelliten** satelizar
~/**kalt** arrancar en frío
~/**neu** (Inf) reiniciar
~/**warm** reiniciar en caliente
~/**wieder** (Inf) relanzar (Programm)
Starter m 1. (Kfz) arrancador m, motor m de arranque, arranque m, estárter m;

interruptor *m* de arranque; 2. *(Rak)* lanzador *m*
Starterbatterie *f (Kfz)* batería *f* de arranque
Starterklappe *f (Kfz)* tapa *f* de arranque
Starterknopf *m (Kfz)* botón *m* de arranque
Startermotor *m (Kfz)* electromotor *m* de arranque, motor *m* de puesta en marcha
Startgeschwindigkeit *f* 1. velocidad *f* del arranque; 2. *(Flg)* velocidad *f* de despegue; 3. *(Rak)* velocidad *f* de lanzamiento; 4. velocidad *f* inicial *(Reaktion)*
Starthebel *m (Masch)* palanca *f* de puesta en marcha
Starthilfe *f* multiplicador *m* cohete
Starthilfsmotor *m* motor *m* de despegue auxiliar
Starthilfsrakete *f (Rak)* cohete *m* auxiliar, booster *m*
Starthilfstriebwerk *n (Rak)* acelerador *m* auxiliar
Startimpuls *m* 1. impulso *m* de arranque; 2. acción *f* iniciadora
Startmasse *f (Rak)* masa *f* inicial
Startmenü *n (Inf)* menú *f* de inicio
Startmotor *m (Rak)* impulsor-cohete *m*, motor *m* de lanzamiento
Startplattform *f (Rak)* plataforma *f* de lanzamiento (de cohetes), plataforma *f*
Startpunkt *m* 1. vértice *m* inicial *(Graph)*; 2. *(Inf)* punto *m* de carga
Startrakete *f* cohete *m* acelerador [multiplicador, de despegue], impulsor-cohete *m*, multiplicador *m* cohete
Startrampe *f (Rak)* rampa *f* de lanzamiento, lanzador *m* (de cohetes); plataforma *f* de lanzamiento (de cohetes), plataforma *f*
Startrohr *n (Rak)* tubo *m* lanzacohetes
Startschiene *f (Rak)* riel *m* (de lanzamiento)
Startschub *m (Rak)* empuje *m* de despegue
Start-Stopp-Taste *f* tecla *f* start-stop
Start-Stopp-Übertragung *f (Inf)* transmisión *f* de arranque/parada
Startstufe *f (Rak)* acelerador *m* cohético
Starttaste *f* botón *m* empezar [de inicio]
Starttisch *m (Rak)* mesa *f* de lanzamiento, plataforma *f*
Start- und Landebahn *f* pista *f* (de despegue y aterrizaje)

Startvergaser *m (Kfz)* carburador *m* de arranque
Starttriebwerk *n (Rak)* motor *m* de lanzamiento
Startvorrichtung *f* 1. *(Rak)* dispositivo *m* de lanzamiento, equipo *m* lanzador [de lanzamiento], mecanismo *m* lanzador [de lanzamiento], lanzador *m* (de cohetes), lanzadora *f*, proyector *m*, plataforma *f*; 2. arranque *m*
Startwagen *m* 1. *(Flg)* carretilla *f* de arranque; 2. *(Rak)* carro *m* de lanzamiento
Startwinkel *m (Rak)* ángulo *m* de lanzamiento
Statik *f (Mech)* estática
~ **starrer Körper** estática *f* de los cuerpos sólidos, estereostática *f*
Station *f* estación *f*, central *f*; centro *m*; departamento *m*; sala *f*; puesto *m*
~/**abgesetzte** *(Nrt)* central *f* remota
~/**interplanetare** estación *f* interplanetaria
~/**meteorologische** estación *f* meteorológica, observatorio *m* meteorológico
stationär estacionario; fijo; inmovible, inmóvil
statisch estático
Statistik *f* 1. estadística *f*; 2. recopilación *f* estadística
statistisch estadístico
Stativ *n* bastidor *m (Mikroskop)*; trípode *m (Kamera)*; soporte *m*; pedestal *m*, pie *m*
Stator *m (El)* estator *m*, stator *m*
Statorgehäuse *n (El)* carcasa *f* del estator
Statusabfrage *f (Inf)* consulta *f* sobre el estado
Statusanzeige *f (Inf)* indicación *f* del estado, indicación *f* de alimentación, indicador *m* de estado
Statusbit *n (Inf)* bit *m* de estado
Statusfeld *n (Inf)* ventana *f* de estado
Statusleiste *f (Inf)* barra *f* de estado
Statuszeile *f (Inf)* línea *f* de estado
Stau *m* 1. congestión *f*, atasco *m (Verkehr)*; 2. acumulación *f* (*z. B. von Wärme*); 3. embalse *m*, remanso *m (von Wasser)*
Stauanlage *f* presa *f (Wasserbau)*
Staub *m* 1. polvo *m*; 2. finos *mpl (Hydrometallurgie)*
Staubabsaugung *f* aspiración *f* [evacuación *f*, extracción *f*] de polvo
Staubabscheider *m* separador *m* de polvos; equipo *m* de recuperación de polvo, instalación *f* de recogida de polvo

Staubbindemittel n aglutinante m de polvo

staubdicht a prueba de polvo, aislado de polvo, al abrigo del polvo, hermético [impermeable] al polvo, protegido contra el polvo

Staubecken n depósito m [vaso m] de almacenamiento, estanque m de acumulación, embalse m, pantano m, rebalsa f, represa f

Stäubemaschine f (Lt) espolvoreadora f (a motor), distribuidor m químico [de productos químicos]

Stauberfassungseinrichtung f captador m [equipo m de captación] de polvo

Staubfiltermaske f respirador m con filtro para polvo, respirador m con filtro purificador de aire

Staubmaske f máscara f contra polvos, careta f antipolvo; mascarilla f antipolvo (als Halbmaske ausgebildet)

Staubmessgerät n medidor m de polvo

Staubprobenahmegerät n aparato m de toma de muestras de polvo

Staubsauger m aspirador m [aspiradora f] de polvo

Staubschutzhelm m casco m antipolvo

Staubschutzkappe f caperuza f guardapolvo

Staubschutzmaske f careta f antipolvo; mascarilla f antipolvo (als Halbmaske ausgebildet)

Staubüberwachungsgerät n monitor m de polvo

Stauchalterung f (Wkst) envejecimiento m por deformación, maduración f por recalco

stauchen v recalcar, aplastar

Stauchpresse f máquina f de recalcar, prensa f recalcadora, recalcadora f

Stauchversuch m (Wkst) ensayo m de aplastado

Staudamm m dique m de embalse, presa f (de embalse), muro m de presa

Staudruck m presión f de remanso; presión f dinámica

Staudüse f difusor m (Strömungstechnik)

stauen v 1. embalsar, remansar, represar (Wasser); 2. acumular (Wärme); 3. (Schiff) estibar; embarrotar, arrimar, arrumar, trincar, abarrotar, (Am) entongar

Staufferbüchse f (Masch) engrasador m Stauffer, inyector m de grasa, copa f de compresión

Staufferfett n grasa f Stauffer [de copilla]

Stauhöhe f 1. (Schiff) altura f de estiba; 2. altura f de embalse (Wasserbau)

Staukörper m barrera f de contención; macizo m resistente, espaldón m (Talsperre)

Staumauer f presa f

Staurohr n tubo m de remanso, sonda f de Prandtl, antena f anemométrica

Staustrahlflugzeug n avión m estatorreactor

Staustrahltriebwerk n 1. (Flg) estatorreactor m, motor m autorreactor; 2. (Rak) tobera f termopropulsiva

Stauung f 1. atasco m (Verkehr); embalse m (von Wasser); acumulación f (z. B. von Wärme); 2. (Schiff) estiba f, estibación

Stauwerk n construcción f de embalse

Stearin n estearina f

Stearinsäure f ácido m esteárico

Stechbeitel m buril m, cincel m (Werkzeug)

Stechdrehmeißel m (Fert) herramienta f para redondear, acero m de tronzar

Stecheisen n bedano m (Werkzeug)

stechen v 1. pinchar; punzar; 2. (Typ) cortar

Stechzirkel m compás m de punta fija

Steckanschluss m 1. (El) conexión f enchufable [de enchufe]; 2. (Inf) conexión f al puerto

Steckbaugruppe f (Eln) grupo m de unidades enchufables, unidad f normalizada enchufable

Steckbrett n (El) cuadro m de conexiones, panel m de interruptores

Steckbuchse f (El) receptáculo m, hembrilla f

Steckdose f (El) caja f de enchufe [contacto], enchufe m hembra [de clavija], tomacorriente m, (Am) toma f de enchufe

stecken v 1. (El, Nrt) enchufar; 2. tallar
~/**ineinander** enclavijar; insertar en enchufe, enchufar (Rohre)

steckenbleiben v atascarse, atollarse (Fahrzeug)

Stecker m (El) clavija f (de contacto), clavija f enchufable [de enchufe], enchufe m (macho), conectador m, conector m, ficha f

Steckerfeld n (Nrt) panel m de clavijas; panel m de empalmes (z. B. Analogrechner)

Steckkarte f (Inf) placa f madre [principal], base f de fondo, platina f de enchufe

Steckkontakt m (El) contacto m enchufable

Steckkupplung f (El) acoplamiento m de enchufe, conector m

Steckplatz m (Inf) ranura f de extensión [la placa base]

Steckschloss n cerradura f entallada

Steckschlüssel m llave f tubular [de cubo, de mandril, de tubo cruzado, de vaso]

Stecktafel f 1. (El) panel m de interconexión [interruptores], tablero m de conexiones [pasadores], cuadro m de conexiones; 2. (Nrt) panel m de clavijas

Steckverbinder m (El) enchufe m pasador

Steckverbindung f (El) conexión f enchufable [de enchufe]; conexión f de clavija; conectador m

Steert m (Schiff) bolsa f de arrastre, bolsa f de la traína, cola f de la red

Steertblock m (Schiff) motón m de rabiza

Steg m 1. pasadizo m (Laufplanke); 2. (Masch) contrete m (Kette); 3. (Met) alma f, ánima f; 4. (El) nervio m (einer Leitung); 5. (Typ) lingote m, regleta f

Stegkette f (Förd) cadena f afianzada [de eslabones afianzados]; cadena f de malletes (Hülltriebe)

Stehbildwerfer m (Opt) proyector m de vistas fijas

Stehbolzen m virotillo m

Stehkolben m (Ch) matraz m de fondo plano

Stehlager n (Masch) soporte m vertical

steif rígido; inflexible

Steife f rigidez f

Steifezahl f 1. (Mech) coeficiente m de rigidez; 2. factor m de compresibilidad (Bodenmechanik)

Steifigkeit f rigidez f, inflexibilidad f

Steigeisen n garfio m de trepado

steigen v 1. ascender, subir; 2. (Flg) tomar altura; 3. crecer

Steigen n 1. ascenso m; subida f; 2. (Flg) ascensión f

steigend ascendente, ascensional

Steiger m (Gieß) mazarota f, albricia f

Steigflug m (Flg) vuelo m ascendente, ascensión f, subida f

Steiggeschwindigkeit f (Flg) velocidad f ascensional [de ascenso, de subida, de trepada]

Steighöhe f 1. (Ph) elevación f, ascensión f; 2. (Flg) techo m

Steigleitung f conductor m de subida, tubería f de carga [subida]; alzador m

Steigrohr n tubo m ascendente [de impulsión, de subida, matriz], caño m de subida, alzador m

Steigstromvergaser m (Kfz) carburador m de aspiración [tiro] ascendente

Steigung f 1. inclinación f; pendiente f; cuesta f; 2. (Eb) peralte m; gradiente m (von Gleisen); 3. subida f, paso m (eines Gewindes oder Propellers); paso m de hélice (Propeller); filete m (Gewinde)

Steigungsdurchmesser m diámetro m medio (Gewinde)

Steigungsmesser m nivel m de pendientes

Steigungsmessgerät n (Masch) medidor m de pasos

Steigungswinkel m 1. (Fert) ángulo m de paso [calado] (einer Schraube); ángulo m de la hélice (bei Gewindebohrern); 2. ángulo m de inclinación

steil 1. escarpado; 2. (Geol) muy inclinado (Lagerung)

Steilförderer m transportador m inclinado

Steilgewinde n (Mech) rosca f empinada [de paso rápido]

Steilheit f 1. (El) pendiente f (z. B. eines Impulses); 2. (Eln) transconductancia f (Elektronenröhre)

Stein m 1. piedra f; 2. ladrillo m (Ziegel); 3. (Met) mata f, merta f (in der Metallschmelze)

~/feuerfester ladrillo m refractario; piedra f refractaria

~/säurefester ladrillo m acidorresistente

Steinbehauen n trabajo m de piedra

Steinbettung f (Eb) balasto m de piedras, encachado m

Steinbrecher m (Bw) machacadora f [quebrantadora f, trituradora f] de piedra

Steinbruch m cantera f, pedrera f
Steinfaserplatte f panel m de fibra de roca
Steingut n gres m, loza f
Steinholz(fuß)boden m suelo m magnesiano
Steinkohle f carbón m mineral [de hulla, de piedra], hulla f
Steinkohlenbergwerk n mina f de hulla, hullera f
Steinkohlenbrikett n briqueta f de hulla
Steinkohlenflöz n capa f [vena f] de hulla
Steinkohlenteer m alquitrán m de hulla, coaltar m
Steinkohlenvorkommen n yacimiento m de hulla
Steinmeteorit m (Astr, Geol) aerolito m, meteorito m pétreo
Steinmörtel m calcina f
Steinplatte f (Bw) losa f
Steinsalz n sal f gema [de piedra, de roca]
Steinschraube f tornillo m de fundación
Steinschüttdamm m dique m rompeolas tipo escollera (Hafenbau)
Steinschüttung f 1. (Bw) escollera f; 2. (Eb) balasto m de piedras
Steinsetzerhammer m martillo m de empedrador
Steinsetzerramme f pisón m de mano
Stellage f estantería f
Stellantrieb m accionamiento m regulador [de ajuste], servogobernador m
stellbar regulable
Stellbereich m 1. margen m de control (Regelungstechnik); 2. (Masch) margen m de ajuste
Stelle f 1. punto m; lugar m; puesto m; sitio m; plaza f, spot m; 2. (Math) dígito m; posición f; rango m (de posiciones); 3. centro m; entidad f
Stelleinheit f (Aut) accionador m, actuador m, órgano m de mando; sistema m de accionamiento (Regelungstechnik)
Stelleinrichtung f 1. actuador m, servomecanismo m; 2. (Masch) dispositivo m de ajuste
stellen v 1. poner; situar; 2. arreglar
~/**auf null** ajustar [poner, reponer] a cero
~/**basisch** (Ch) basificar
~/**die Weiche** (Eb) manejar [cambiar] la aguja
~/**fertig** acabar, terminar
~/**in Betrieb** poner en servicio
~/**in Dienst** entrar en servicio (z. B. Schiff)
~/**schräg** inclinar
Stellenverschiebung f (Inf) desplazamiento m de las posiciones, desplazamiento m del puesto
Stellenwert m (Inf, Math) valor m de dígito
Stellglied n (Aut) accionador m, actuador m, elemento m de ajuste, órgano m corrector [regulador, de mando], órgano m (Regelungstechnik)
Stellgröße f magnitud f de ajuste [mando]
Stellhebel m palanca f accionadora
Stellkeil m (Fert) cuña f de ajuste [corrección, regulación, reglaje]
Stellmotor m (Aut) servomotor m, motor m de ajuste
Stellmutter f tuerca f de ajuste
Stellring m (Masch) anillo m de ajuste (Schneidkopf); collar m de ajuste
Stellsäge f sierra f de bastidor, segueta f, (Am) sierra f de armazón
Stellschraube f tornillo m regulador [para regulación, graduador, de graduación, de ajuste], opresor m
Stellstift m clavija f de corrección, espiga f de ajuste [reglaje], pasador m posicionador
Stellteil n/**rotatorisches** (Aut) parte f rotativa [rotatoria]
Stellungsregler m (Aut, El) regulador m de posición, posicionador m
Stellvariable f variable f manipulada
Stellventil n (Aut) servoválvula f
Stellvertreterzeichen n (Inf) comodín m
Stellvorgang m regulación f
Stellvorrichtung f ajustador m, posicionador m
Stellwerk n 1. (Eb) puesto m de maniobra [agujas, señalización, enclavamiento, mando central], garita f de señales, cabina f de cambio de agujas; 2. posicionador m (Regelungstechnik)
Stellwerksturm m (Eb) torre f de señalización [señales]
Stemmaschine f máquina f de escoplear, escopleadora f, ranuradora f
Stemmeisen n bedano m, escoplo m, formón m
stemmen v escoplear, abollar
~/**Nuten** ranurar

Stemmmeißel m calafate m, cincel m, escoplo m, punzón m
Stempel m 1. *(Bgb)* ademe m, adema f, apeo m de mina, estemple m, columna f, mamposta f, estaca f, montante m, entibo m, pilar m, puntal m; 2. *(Fert)* punzón m; 3. molde m macho *(Formpressen)*; 4. *(Typ)* contramatriz f; 5. *(Eb)* pisón m
Stempelfarbe f tinta f de mimeógrafo
Stempelmaschine f estampilladora f, obliterador m
stempeln v estampillar; obliterar; sellar
Stempeln *(Fert)* corrugación f
Stepp(naht)schweißen n *(Kst)* costura f electrónica
Stereoanlage f cadena f de sonido
Stereoaufnahme f estereofotografía f, grabación f estereofónica
Stereoaufnahmegerät n grabadora-estéreo f
Stereobetrachter m estereoscopio m
Stereobild n 1. *(Foto)* imagen f estereoscópica; 2. fotograma m estereoscópico *(Geodäsie)*
Stereobildpaar n par m estereoscópico [de fotografías estereocópicas] *(Photogrammetrie)*
Stereochemie f estereoquímica f
Stereoentfernungsmesser m estereotelémetro m, telémetro m estereoscópico
Stereofotografie f estereofotografía f, fotografía f estereoscópica
Stereokamera f cámara f estereoscópica, estereocámara f
Stereokassettenrekorder m radiocassette m [radiocasete m] estéreo
Stereomessbild n fotograma m estereoscópico
Stereomesskammer f *(Feinw)* cámara f estereofotogramétrica
Stereometrie f estereometría f, geometría f del espacio
Stereoobjektiv n objetivo m estereoscópico
stereophon estereofónico
Stereophonwiedergabe f reproducción f estereofónica
Stereoplattenspieler m tocadiscos m estereofónico
Stereoschallplatte f disco m estéreo [estereofónico]
Stereoskopkino n cinerama m
Stereosucher m visor m estereoscópico
Stereoton m sonido m estereofónico, sonido m estéreo
steril estéril
Sterilisationsapparat m aparato m de esterilización, esterilizador m *(Medizintechnik)*
Stern m 1. *(Astr)* estrella f, astro m; 2. *(Kern)* estrella f
Sternbild n *(Astr)* constelación f
Sterndreieckanlasser m *(El)* arrancador m estrella-triángulo
Sterndreieckschalter m *(El)* interruptor m en estrella-triángulo
Sterndreieckschaltung f *(El)* acoplamiento m en triangulo y estrella
Sterngriff m *(Masch)* mando m estrellado, palanca f [rueda f] de aspas
Sterngröße f *(Astr)* magnitud f (estelar) *(Maßeinheit für die Helligkeit eines Gestirns)*
Sternhaufen m *(Astr)* nebulosa f
Sternkarte f mapa m astronómico [celeste, estelar], planisferio m
Sternkrümelwalze f *(Lt)* grada f desterronadora
Sternmotor m *(El)* motor m (de cilindros) en estrella, motor m radial
Sternnetz n *(Inf)* red f en estrella
Sternnetzstruktur f *(Nrt)* topología f estelar
Sternplattenkomparator m *(Feinw)* comparador m de placas estelares
Sternschaltung f *(El)* acoplamiento m [conexión f, montaje m] en estrella, estrella f
Sternschnuppe f estrella f fugaz, meteoro m [meteoro m] luminoso
Sternwälzegge f *(Lt)* grada f desterronadora
Sternwarte f observatorio m astronómico [de astronomía]
Sternzeit f *(Astr)* hora f sideral [sidérea], tiempo m sideral [sidéreo]
stetig 1. constante; 2. *(Math)* continuo *(Funktion)*
Stetigförderer m transportador m continuo, aparato m de manutención continua
Stetigkeitsbedingung f *(Math)* condición f de continuidad
Steuer n 1. volante m de accionamiento [mando]; 2. *(Schiff)* gobierno m; 3. *(Schiff, Flg)* timón m

Steueranlage f 1. *(Eb)* aparato m de maniobra; 2. *(Schiff)* equipo m de gobierno, planta f piloto

Steueranweisung f *(Inf)* instrucción f [sentencia f, orden f] de control

Steuerautomat m autómata m de mando

Steuerband n *(Inf)* cinta f piloto [de control]

steuerbar controlable, maniobrable, capaz de manejar

Steuerbaustein m módulo m de control; generador m de secuencias *(Folgesteuereinheit)*

Steuerbefehl m *(Inf)* instrucción f guía [de mando], comando m a ejecutar, orden f [sentencia f] de control

Steuerbit n *(Inf)* bit m [dígito m] de control

Steuerblock m *(Inf)* bloque m de control [mando], caja f de mando

Steuerbord n *(Schiff)* estribor m

Steuerbrücke f *(El)* puente m de mando

Steuerbus m *(Inf)* bus m de control

Steuerbyte n *(Inf)* byte m de control

Steuercode m código m de mando

Steuerdaten pl *(Inf)* datos mpl de control

Steuerdruck m *(Aut)* presión f motriz

Steuereinheit f 1. elemento m de control; bloque m de mando; 2. *(Inf)* unidad f de control [mando], controlador m, controladora f

Steuereinrichtung f 1. *(Masch)* equipo m [aparejo m, dispositivo m] de gobierno; 2. *(Schiff)* aparato m de timón [gobierno]; dispositivo m de maniobra; elemento m de control; 3. *(Inf)* unidad f de control, controlador m

~/programmierbare *(Inf)* controlador m lógico programable

Steuerelektrode f electrodo m de control [mando]

Steuerelektronik f electrónica f de control

Steuerelement n elemento m de control [mando]; accionador m de válvula

Steuerflügel m *(Fig)* cola f movible, plano m de cola

Steuerfluss m flujo m de control

Steuerfrequenz f 1. frecuencia f de mando; frecuencia f de reloj; 2. *(Nrt)* frecuencia f piloto

Steuergatter n *(Eln)* puerta f de mando

Steuergeber m *(Eln)* transmisor m de mando

Steuergenerator m *(Eln)* generador m piloto

Steuergerät n dispositivo m de mando, equipo m de control [mando], medio m de control; aparato m de control [mando, regulación], unidad f de control [mando], controlador m; regulador m de cinta *(für Bandspeicher)*

Steuergestänge n *(Kfz)* varillaje m de dirección

Steuergitter n *(Eln)* rejilla f de control [mando, regulación]

Steuerglied n *(Aut)* accionador m [órgano m] de mando

Steuergriff m manivela f de control, manubrio m de maniobra

Steuergröße f variable f [magnitud f objeto, dato m] de control

Steuerhaus n *(Schiff)* cabina f de control, timonera f, quiosco m, espacio m de navegación

Steuerhebel m palanca f de control [mando, maniobra, distribución], mango m de maniobra [escoba], brazo m de mando

Steuerimpuls m 1. *(Aut)* impulso m de mando; 2. *(Inf)* pulso m de control

Steuerkabel n cable m de control [mando]

Steuerkabine f 1. cabina f de control [mando, manejo, maniobra]; 2. *(Flg)* cabina f de pilotaje

Steuerkanal m *(Eln)* canal m piloto [de control, de mando]

Steuerkarte f 1. *(Inf)* platina f de control; 2. *(Inf)* tarjeta f piloto [de control]

Steuerkette f *(Masch)* cadena f de distribución

Steuerknopf m botón [perilla f] de mando

Steuerknopfschaltung f conexión f por pulsador

Steuerknüppel m 1. *(Flg)* brazo m de gobierno, mango m de maniobra, palanca f de mando; 2. *(Inf)* palanca f (de mando) de juegos, mando m de juegos

Steuerkolben m émbolo m distribuidor [de mando] *(Hydraulik)*

Steuerkompass m *(Schiff)* aguja f [compás m] de gobierno

Steuerkreis m *(El)* circuito m de mando [control]

Steuerkurbel f *(Masch)* manubrio m de maniobra

Steuerkurve f (Masch) leva f de distribución; camón m de mando (Automat)

steuerlastig (Schiff) sentado a popa, pesado de cola

Steuerleistung f 1. potencia f de mando; 2. (Kfz) potencia f fiscal [administrativa]

Steuerleitung f línea f de mando; línea f piloto; conducto m de mando

Steuermotor m motor m piloto

steuern v 1. controlar; maniobrar, manipular, manejar; 2. mandar; dirigir; gestionar; 3. (Schiff) gobernar, timonear; 4. (Flg) pilotar

~/**durch Funk** radioguiar

~/**rechnergestützt** controlar con ordenador

Steuern n 1. (Schiff) timoneo m; 2. pilotaje m (eines Flugkörpers)

Steuernocken m (Masch) leva f de gobierno [maniobra]

Steuerorgan n órgano m de mando, mando m; aparato m de guía; elemento m de control (Reaktor)

Steueroszillator m (Eln) oscilador m maestro [piloto, de mando]

Steuerpedal n pedal m de control

Steuerprogramm n (Inf) programa m de control [ejecución, mando], rutina f monitora; driver m

Steuerpropeller m hélice f de maniobra

Steuerpult n pupitre m de control [mando], panel m de consola, pizarra f de mando, mesa f de control, consola f de control [operador]

Steuerquarz m (Eln) cristal m piloto

Steuerrad n (Schiff) rueda f de gobierno [timón], volante m de dirección [mando], (Am) timón m

Steuerraum m (Schiff) sala f de mando; cámara f de mando (U-Boot)

Steuerrechner m ordenador m de control [mando]

Steuerrelais n relé m piloto [regulador, de mando]

Steuerruder n gobierno m

Steuerschalter m 1. (El) interruptor m de control [mando]; interruptor m inversor [de inversión]; 2. (Kfz) regulador m

Steuerschalttafel f tablero m de control

Steuerschaltung f circuito m de mando [maniobra, control]

Steuerschieber m compuerta f de regulación, corredera f de distribución

Steuerschraube f hélice f trasera [de eje horizontal] (beim Hubschrauber)

Steuerschütz n (El) contactor m de mando

Steuersignal n señal f de control [mando, maniobras]; señal f piloto (Leitsignal)

Steuerspannung f (Eln) tensión f de maniobras [control, mando]

Steuerspeicher m (Inf) memoria f de control [mando]

Steuerstand m 1. puesto m de mando; 2. (Schiff) puesto m del timonel

Steuerstromkreis m circuito m (de corriente) de mando; línea f de la corriente de mando

Steuertafel f cuadro m de maniobra, pizarra f de control, tablero m de comando

Steuertaste f tecla f [botón m, pulsador m] de control

Steuertisch m (Rak) tablero m de mandos

Steuer- und Regelsystem n/**elektronisches** sistema m electrónico de mando y regulación

Steuerung f 1. mando m, maniobra f; control m; control m bucle [en lazo] abierto (rückführungslos); gobernación f, gobierno m; accionamiento m (de mandos); comando m; distribución f (einer Dampfkraftmaschine); 2. manejo m, manipulación f; reglaje m; control m; 3. excitación f (von Sendestufen); 4. equipo m de control, controlador m; manejador m

~/**adaptive** control m adaptivo

~/**automatische** gobierno m [mando m] automático; manejo m automático; automatización f, automación f

~ **durch Regelkreis** control m de lazo cerrado

~/**elektromagnetische** mando m electromagnético

~/**elektronische** control m [mando m] electrónico

~/**hydraulische** dirección f (de asistencia) hidráulica, gobierno m [mando m] hidráulico

~/**lichtelektrische** mando m fotoeléctrico

~/**numerische** control m digital [numérico], mando m numérico

~/**pneumatische** mando m neumático

~/speicherprogrammierbare control *m* programable de memoria

Steuerungsantrieb *m* mecanismo *m* de mando

Steuerungsautomatik *f* ingeniería *f* de control automático

Steuerungsdruckknopf *m* botón *m* [perilla *f*] de mando

Steuerungsrechner *m* ordenador *m* de control [mando]

Steuerungsschnittstelle *f* (Inf) interfaz *f* de control

Steuerungstechnik *f* ingeniería *f* de control; técnica *f* de control; tecnología *f* de control

~/mikroelektronische ingeniería *f* de control microelectrónico

Steuerventil *n* 1. válvula *f* piloto [de mando, de maniobra]; válvula *f* de secuencia; 2. válvula *f* distribuidora [de distribución]; llave *f* reguladora

Steuervorrichtung *f* 1. dispositivo *m* de mando [maniobra], equipo *m* de mando; mecanismo *m* de conducción [dirección]; comando *m*; 2. (Schiff) mecanismo *m* de gobierno, gobierno *m*

Steuerwarte *f* central *f* de mando

Steuerwelle *f* árbol *m* de control [dirección, volante]; árbol *m* de distribución [levas]

Steuerwerk *n* (Inf) unidad *f* [órgano *m*] de control, unidad *f* de mando, controlador *m*, procesador *m*; mecanismo *m* de mando

Steuerzeichen *n* 1. señal *f* de control; 2. (Inf) carácter *m* de control (Drucker)

Steven *m* (Schiff) roda *f*

Stevenhacke *f* (Schiff) pie *m* de gallo, talón *m* de codaste

Stibin *n* (Ch) estibina *f*, hidrógeno *m* antimonioso

Stichel *m* 1. estilete *m*, estilo *m*; puntero *m*, punzón *m*; 2. (Typ) buril *m*

Stichprobe *f* muestra *f*; comprobación *f* aleatoria [arbitraria]

Stichprobenverteilung *f* dispersión *f* de la muestra, distribución *f* muestral [de muestras]

Stichsäge *f* segueta *f*, serrucho *m*, sierra *f* de punta

Stickgas *n* gas *m* asfixiante [sofocante]

Stickstoff *m* nitrógeno *m*, N

Stickstoffdünger *m* abono *m* [fertilizante *m*] nitrogenado

stickstoffhaltig azoado, nitrogenado

Stiel *m* 1. mango *m*, rabera *f*, agarrador *m*, caña *f*, cabo *m*, agarra *f*; ástil *m* (Axt); 2. (Bw) columna *f*, pilar *m*; palo *m*; jamba *f*; pendolón *m*, pie *m* (derecho)

Stift *m* 1. (Masch, El) clavija *f*, clavo *m*; pasador *m*; pernete *m*; dedo *m*, clavillo *m* (z. B. eines Scharniers); espiga *f*, púa *f*, punte *f*; macho *m*; tetón *m*; resalte *m*; 2. (Eln) patilla *f*, patita *f* (an der Röhre); 3. lápiz *m*

Stiftschraube *f* espárrago *m*, prisionero *m*

Stilb *n* stilb *m* (Einheit der Leuchtdichte)

stilllegen *v* inmovilizar; desactivar; suspender; paralizar

Stilllegung *f* inmovilización *f*; cierre *m* (von Betrieben); parada *f*, paralización *f* (von Anlagen)

Stillstandszeit *f* período *m* inactivo; estadía *f*, tiempo *m* fuera de servicio; tiempo *m* de parada, horas *fpl* paradas (de equipos)

Stimmgabel *f* (Ph) diapasón *m*

Stirnebene *f* plano *m* circunferencial; plano *m* transversal (Zahnrad)

Stirneingriffswinkel *m* ángulo *m* de presión circunferencial, ángulo *m* frontal de engrane (Getriebe)

Stirnfläche *f* superficie *f* frontal, cara *f* (frontal), frente *m*, testa *f*

Stirnfräsen *n* (Fert) fresado *m* frontal [de frente]

Stirnfräser *m* (Fert) fresa *f* frontal [facial, de refrentar]

Stirnfreiwinkel *m* ángulo *m* de incidencia frontal

Stirnrad *n* (Masch) rueda *f* dentada cilíndrica, rueda *f* de engranaje cilíndrico, rueda *f* cilíndrica [recta]; engranaje *m* cilíndrico [recto]

Stirnradgetriebe *n* engranaje *m* cilíndrico [recto]

Stirnseite *f* 1. superficie *f* frontal, frente *m*, testa *f*, testera *f*; 2. (Bw) fachada *f* (Gebäude)

Stirnzahn *m* (Fert) diente *m* frontal (Schaftfräser)

stochastisch (Math) estocástico, accidental, aleatorio

Stöchiometrie *f* (Ch) estequiometría *f*

Stöchiometriezahl f (Ch) cociente m estequiométrico
stöchiometrisch (Ch) estequiométrico
Stock m 1. bastón m; taco m; 2. (Geol) macizo m; 3. s. Stockwerk 1.
Stockanker m (Schiff) ancla f con cepo
Stockpunkt m punto m de solidificación (z. B. von Weichmachern)
Stockwerk n 1. (Bw) piso m, planta f; 2. (Bgb) piso m, stockwork m
Stoff m 1. (Ph, Ch) materia f, material m; sustancia f; medio m; agente m; producto m; 2. (Text) tejido m, tela f, género m; 3. pasta f, pulpa f (Papierherstellung)
~/**ätzender** material m [producto m] cáustico, sustancia f cáustica
~/**biologisch abbaubarer** material m biodegradable
~/**brennbarer** materia f comburente [inflamable], material m [producto m] inflamable; sustancia f inflamable
~/**chemischer** agente m químico; producto m químico
~/**entzündlicher** materia f inflamable
~/**explosibler** material m [producto m] explosivo; sustancia f explosiva
~/**flüchtiger** material m [producto m, sólido m] volátil; sustancia f volátil
~/**gasförmiger** sustancia f gaseosa; agente m gaseoso; producto m gaseoso
~/**grenzflächenaktiver** sustancia f tens(i)oactiva, agente m tens(i)oactivo, tensioactivo m, surfactivo m
~/**hochbrennbarer** material m muy [altamente] combustible [inflamable]; sustancia f muy inflamable
~/**kanzerogener** sustancia f cancerígena [carcinogénica, de riesgo carcinogénico]; agente m carcinógeno, carcinógeno m; producto m cancerígeno
~/**korrodierender** materia f [sustancia f] corrosiva, producto m corrosivo
~/**lärmdämmender** material m absorbente del ruido
~/**leicht entzündlicher** materia f fácilmente inflamable
~/**lufgetragener** sustancia f transportada por el aire
~/**luftverunreinigender** agente m de contaminación atmosférica, contaminante m atmosférico [del aire], impureza f atmosférica [del aire]

~/**oberflächenaktiver** sustancia f superficialmente activa, compuesto m surfactante [tensioactivo], surfactivo m, (an der Grenzfläche Flüssigkeit-Luft auch:) agente m tens(i)oactivo
~/**radioaktiver** materia f [sustancia f] radiactiva, material m [producto m] radiactivo
~/**rückgewinnbarer** material m recuperable
~/**selbstentzündlicher** producto m pirofórico
~/**synthetischer** 1. material m sintético; 2. tejido m sintético
~/**umweltbelastender** sustancia f contaminante del medio ambiente
~/**umweltfreundlicher** agente m ecológico
~/**verunreinigender** sustancia f contaminante, contaminante m, polutante m
~/**zündfähiger** sustancia f [materia] inflamable; material m inflamablef

Stoffabbau m descomposición f de la sustancia
Stoffaufbereitung f manipulación f de sustancias; preparación f de la pasta (Papierherstellung)
Stofffluss m 1. flujo m de sustancias; 2. (Met) flujo m de metal
Stoffkreislauf m circulación f de materiales; ciclo m de materiales (Ökosystem)
Stoffmerkblatt n ficha f de seguridad de producto químico
Stoffrückführung f reciclaje m de materiales
Stoffumwandlung f transformación f de sustancias; transformación f de materiales; transmutación f
Stoffwechsel-Engineering n ingeniería f de metabolismo (Gentechnologie)
Stoffzersetzung f descomposición f de materiales, descomposición f de la sustancia
Stollen m (Bgb) galería f, socavón m, pozo m de subterráneo, caña f, caño m; mina f
Stollenbau m (Bgb) explotación f por galerías [socavón]
Stollenmundloch n (Bgb) boca f (de galería), boca f del socavón, bocamina f (de socavón)
Stopfbuchse f (Masch) prensaestopas m, retenedor m de grasa

Stopfbuchsenschott *n (Schiff)* mamparo *m* del pique de popa
stopfen *v* 1. llenar; 2. taponar; 3. *(Text)* zurcir
Stopp *m* 1. paro *m*, parada *f*, detención *f*; posición *f* de paro; 2. *(Inf)* stopp *m*, paro *m*, parada *f*, detención *f*; ruptura *f*; posición *f* de paro
Stoppbefehl *m (Inf)* instrucción *f* de detención [parada, paro, ruptura]
Stoppbit *n (Inf)* bit *m* de parada
stoppen *v* detener; parar *(Maschine)*; desacelerar, decelerar *(abbremsen)*
Stopper *m* 1. asegurador *m (Feststeller)*; obturador *m (Abdichtung)*; 2. *(Schiff)* boza *f*, estopor *m (zum Abstoppen einer Leine)*
Stopplicht *n (Kfz)* luz *f* de parada [paro, freno]
Stopptaste *f (Inf)* tecla *f* de detención, botón *m* de parada
Stoppuhr *f* cronómetro *m*
Stoppvorrichtung *f* dispositivo *m* [mecanismo *m*] de parada, parada *f* mecánica, tope *m* de detención, parador *m*; sistema *m* de parada
Stöpsel *m* 1. tapón *m*, espita *f*; 2. *(El, Nrt)* clavija *f* enchufable [de enchufe], clavija *f*
stöpseln *v* 1. taponar; 2. *(El, Nrt)* enclavijar
Stöpselsicherung *f* cortacircuito *m* de tapón, fusible *m* tapón
störanfällig expuesto a fallos, expuesto [propenso] a perturbaciones, propenso a averías; susceptible de interferir; vulnerable; perturbable
Störbegrenzer *m (El)* limitador *m* de interferencias [perturbaciones]
stören *v* perturbar; interferir
Störfaktor *m* 1. factor *m* de perturbación, agente *m* perturbador; 2. *(Eln, Nrt)* factor *m* de interferencia
Störfall *m* caso *m* de fallo [avería], fallo *m*, avería *f*, incidente; accidente *m* mayor; desastre *m (Katastrophe)*
~/größter anzunehmender accidente *m* máximo creíble
~/schwerer thermonuklearer desastre *m* termonuclear
störfrei exento de perturbaciones, a prueba de fallos
Störfrequenz *f* frecuencia *f* perturbadora

Störgröße *f* magnitud *f* [variable *f*] perturbadora [de la perturbación], perturbación *f*
Störpegel *m* nivel *m* de perturbaciones [interferencia]; nivel *m* de molestia (del ambiente)
Störschall *m* ruido *m* de fondo
Störschutz *m* 1. protección *f* contra [frente a] interferencias; 2. *(El, Eln)* blindaje *m* antiparásito, antiparásito *m*
Störschutzfilter *n* 1. *(El)* filtro *m* de ruido; 2. *(Eln)* filtro *m* antiparásito
Störschutzkreis *m* circuito *m* antiparásito
Störschwingung *f* oscilación *f* parásita [heterodina, perturbadora, de interferencia]
Störstelle *f (Eln)* impureza *f*, imperfección *f*, defecto *m (Halbleiter)*; defecto *m (bei Kristallen)*
Störstrahlung *f* radiación *f* perturbadora [espuria]
Störton *m* sonido *m* de interferencia, tono *m* perturbador
Störung *f* 1. *(Ph)* perturbación *f*; petardeo *m*; 2. *(Eln)* disturbio *m*, interferencia *f*, parásito *m*; 3. *(Nrt)* perturbación *f*, ruido *m*; 4. imperfección *f*, defecto *m (Kristallographie)*; 5. *(Geol)* fractura *f*, dislocación *f*, 6. fallo *m*, falla *f*, avería *f*, trastorno *m*; deficiencia *f*; interruption *f*; accidente *m*
~/hochfrequente interferencia *f* de radiofrecuencia
~/schwere fallo *m* catastrófico, desastre *m*
~/technische perturbación *f* técnica; fallo *m* técnico [mecánico]; avería *f*
Störungsbeseitigung *f* corrección *f* de fallos, eliminación *f* de perturbaciones [averías]; reparación *f* de avería; subsanación *f* de interrupciones
störungsfrei 1. seguro; sin averías; 2. *(Eln)* sin parásitos, libre de perturbaciones
störungssicher insensible contra perturbaciones, insensible a averías
Störungssuche *f* búsqueda *f* de fallos [averías]; localización *f* de fallos [averías]
Störungssucher *m* detector *m* de perturbaciones; localizador *m* de averías
Stoß *m* 1. choque *m*; golpe *m*; sacudida *f*; percusión *f*, empuje *m*; colisión *f*; 2. ráfaga *f (Entladung)*; 3. *(El)* impulsión;

impulso *m*; 4. *(Bgb)* frente *m* (de mina); 5. junta *f*, unión *f (Schiene)*; junta *f* al tope; tope *m*; virola *f (bei Behälterfertigung)*; 6. *(Inf)* mazo *m (Karten)*

~/überlappter junta *f* solapada

~/verlaschter junta *f* cubierta

Stoßbeanspruchung *f (Wkst)* esfuerzo *m* por choques [golpes]

stoßbohren *v (Bgb)* perforar con percusión, sondar por percusión

Stoßbohren *n (Bgb)* perforación *f* [sondeo *m*, taladrado *m*] de percusión, perforación *f* en batida

Stoßbohrer *m (Bgb)* barrena *f* de percusión

Stoßdämpfer *m* 1. amortiguador *m* de choque [sacudidas], absorbedor *m* de choques, amortiguador *m*; 2. *(Kfz)* parachoques *m*

Stoßdruck *m* 1. presión *f* de impacto; 2. *(Bgb)* presión *f* lateral [del hastial]

Stößel *m* 1. *(Fert)* carnero *m*; mortajador *m*; 2. *(Masch)* empujador *m*, tope *m* de empuje; émbolo *m*; mano *f*; chupón *m (einer Saugpumpe)*; 3. *(Kfz)* taqué *m*

Stößelhub *m* recorrido *m* de punzón

stoßen *v* 1. chocar; percutir; 2. *(Fert)* mortajar; batir *(Münzen prägen)*

Stoßerregung *f (El)* excitación *f* por choque [impulsos]

stoßfest a prueba de golpes, antichoque, resistente a los choques, resistente al impacto

Stoßfestigkeit *f (Wkst)* resistencia *f* al choque [impacto]; resistencia *f* al aplastamiento *(Schutzhelm)*

Stoßfuge *f (Bw)* junta *f* (vertical), llaga *f (Mauerverband)*; holgura *f* del empalme; plano *m* de separación

Stoßkraft *f* esfuerzo *m* de empuje, fuerza *f* de choque

Stoßlasche *f* 1. cubrejunta *f*, planchuela *f*, platabanda *f*; tapajuntas *m*; 2. *(Eb)* eclisa *f*, barra *f* de brida, brida *f (Schiene)*

Stoßmaschine *f (Fert)* máquina *f* de mortajar, mortajadora *f*

Stoßmeißel *m* 1. *(Fert)* herramienta *f* para mortajar; 2. *(Bw)* ranurador *m*

Stoßplatte *f* placa *f* deflectora *(Zwischenplatte)*

Stoßprüfung *f* 1. ensayo *m* de impacto; 2. *(El)* prueba *f* de choque

Stoßräumen *n (Fert)* brochado *m* por empuje

Stoßspannungsgenerator *m* generador *m* de descargas (eléctricas), generador *m* de impulsos, impulsor *m* de choque

Stoßstange *f* 1. *(Masch)* varilla *f* empujadora [de empuje]; 2. *(Kfz)* barra *f* de parachoques, parachoques *m*, guardachoques *m*

Stoßwelle *f* 1. *(Ph)* onda *f* de choque; 2. *(Mil)* soplo *m*; onda *f* balística

Strahl *m* 1. *(Ph, Opt, Math)* rayo *m*; haz *m (gebündelt)*; 2. chorro *m*; surtidor *m (z. B. Wasser)*

~/ausfallender rayo *m* emergente

~/einfallender haz *m* [rayo *m*] incidente

~/reflektierter haz *m* [rayo *m*] reflejado

Strahlanlage *f (Gieß)* aparato *m* de chorro

Strahlantrieb *m* 1. propulsión *f* a [por] chorro, impulsión *f* por reacción; 2. *(Rak)* accionamiento *m* de chorro

Strahldüse *f* inyector *m* a chorro, pulverizador *m* a [de] chorro, tobera *f* de chorro; tobera *f* emisora *(Luftschraube)*

strahlen *v (Ph)* radiar, irradiar

Strahlen *n (Fert)* chorreado *m* (abrasivo), chorreo *m*

Strahlen *mpl* rayos *mpl*

~/elektromagnetische rayos *mpl* electromagnéticos

~/infrarote rayos *mpl* infrarrojos

~/ionisierende rayos *mpl* ionizantes

~/ultraviolette rayos *mpl* ultravioletas [ultravioletas]

Strahlenabschirmung *f* blindaje *m* contra la radiación; escudo *m* [pantalla *f*] de radiación

Strahlenbrechung *f* refracción *f*

Strahlenbündel *n* 1. *(Math)* haz *m* de rayos; 2. *(Ph)* haz *m* luminoso, rayo *m* de luz concentrado; pincel *m*

Strahlenchemie *f* química *f* de las radiaciones

strahlend 1. radiante; 2. *(Kern)* radiativo

Strahlendosis *f* dosis *f* de radiación [irradiación]

Strahlenemission *f* emisión *f* de radiaciones

Strahlenschutz *m* protección *f* radiológica [contra los rayos, contra las radiaciones, contra la radiactividad], radioprotección *f*, seguridad *f* de radiación; defensa *f*

Strahlenschutzanzug — radiológica; blindaje *m* contra la radiación, guardarrayas *m*

Strahlenschutzanzug *m* traje *m* anticontaminante

Strahlenschutzüberwachung *f* 1. servicio *m* de protección radiológica; 2. *(Kern)* control *m* dosimétrico

strahlensicher a prueba de rayos [radiaciones], protegido contra rayos

Strahlensicherheit *f* seguridad *f* de radiación

Strahlentechnik *f* tecnología *f* de rayos

strahlenundurchlässig opaco a la radiación, radi(o)opaco

Strahlenunfall *m* emergencia *f* radiológica; incidente *m* [accidente *m*] radiactivo, incidente *m* radiológico

Strahler *m* *(Ph)* radiador *m*, irradiador *m*, fuente *f* de radiación; emisor *m*, equipo *m* radiante [emisor de radiación]

~/schwarzer cuerpo *m* negro, radiador *m* integral

Strahlflugzeug *n* avión *m* de [a] reacción, avión *m* reactor [de retropulsión]

Strahlgebläse *n* eyector *m*, inyector *m*, soplador *m* de chorro, soplante *m* a chorro

Strahlkabine *f (Met)* cámara *f* de chorros [chorreado de granalla]

Strahlläppen *n (Fert)* chorreado *m* con vapor

Strahlpumpe *f* bomba *f* de chorro, inyector *m*, trompa *f*

Strahlputzen *n (Gieß)* limpieza *f* por chorreado, limpieza con [por] chorro

Strahlreinigung *f* limpieza *f* por chorreado, limpieza con [por] chorro

Strahlrohr *n* boquilla *f* de manguera, lanza *f* de agua [manguera, proyección]

Strahlrücklauf *m (TV)* retorno *m* del haz

Strahlruder *n* 1. *(Schiff)* timón *m* de chorro; 2. *(Rak)* timón *m* de gas

Strahlstrom *m* 1. *(Ph)* corriente *f* del haz; 2. *(Kern)* flujo *m* de radiación; 3. corriente *f* de chorro, jet-stream *m*, chorro *m* de aire en capas atmosféricas *(Meteorologie)*

Strahltriebflugzeug *n* avión *m* de [a] chorro, avión *m* de propulsión a chorro

Strahltriebwerk *n (Flg)* propulsor *m* reactivo [de reacción, de chorro], motor *m* de [a] reacción, motor *m* de chorro [propulsión a chorro, retropulsión], reactor *m*

Strahlturbine *f* turbina *f* de chorro

Strahlung *f* radiación *f*; irradiación *f*; rayos *mpl*

~ des schwarzen Körpers radiación *f* integral [de cuerpo negro]

~/elektromagnetische radiación *f* [irradiación *f*, emisión *f*] electromagnética

~/ionisierende radiación *f* ionizante

~/kosmische radiación *f* [irradiación *f*] cósmica, radiación *f* espacial; rayos *mpl* cósmicos

~/radioaktive radiación *f* [irradiación *f*] radiactiva

Strahlungsanzeiger *m* indicador *m* de radiactividad

Strahlungsdämpfung *f* amortiguamiento *m* de (por) radiación

Strahlungsdetektor *m (Kern)* aparato *m* detector de radiaciones

Strahlungsdichte *f* densidad *f* de radiación, radiancia *f*

Strahlungsdurchlässigkeit *f* transmitancia *f* radiante

Strahlungsenergie *f* energía *f* radiante [de emisión]

Strahlungsfeld *n* campo *m* radiante [de radiación]

Strahlungsgürtel *m (Ph)* cinturón *m* de radiación (de Van Allen) *(der Erde)*

Strahlungsheizung *f* calefacción *f* por radiación [calor radiante]

Strahlungskeule *f* lóbulo *m* de radiación *(Antenne)*

Strahlungskühlung *f* enfriamiento *m* [refrigeración *f*] por radiación

Strahlungsleistung *f* 1. potencia *f* de radiación [irradiación]; 2. potencia *f* lumínica [luminosa, de luz]

Strahlungsmessung *f* radiometría *f*, actinometría *f*, dosimetría *f*

Strahlungsmessgerät *n* medidor *m* [detector *m*] de radiación, radiómetro *m*, detector *m*, dosímetro *m*

Strahlungsofen *m* 1. *(Met)* estufa *f* [horno *m*] de radiación, horno *m* de calor radiante; 2. *(Ch)* horno *m* de convección

Strahlungsoptik *f* óptica *f* luminosa

Strahlungspegel *m* nivel *m* de radiación [irradiación]

Strahlungspyrometer *n* pirómetro *m* de radiación

Strahlungsquant *n (Ph)* fotón *m*

Streckbiegeversuch

Strahlungsüberwachung f vigilancia f de radiactividad; servicio m de protección radiológica
Strahlungswarngerät n *(Kern)* monitor m
Strahlverdichter m compresor m de chorro, eyectocompresor m *(Kältetechnik)*
Strak n *(Schiff)* arrufo m, arrufadura f
Strang m 1. *(Förd)* ramal m (de cable) *(eines Kabels)*; cabo m; 2. *(Text)* madeja f; 3. tramo m *(Rohr)*; 4. *(Met)* lingote m, barra f; 5. *(Eb)* vía f; ramal m
Strangguss m *(Met)* colada f [fundición f] continua
Strangmatrize f *(Kst)* matriz f de extrusión
Strangpresse f 1. *(Fert)* prensa f de extrusión; 2. *(Fert, Kst)* extruidora f, extruidor m, extrusor m, extrusora f, instalación f de extrusión
Strangpressen n 1. *(Fert)* prensado m de [por] extrusión, extrusión f; 2. *(Kst)* moldeo m por extrusión
Straße f 1. vía f; camino m; carrera f; carretera f; ruta f; 2. *(Fert)* línea f; 3. tren m *(Walzen)*
Straßenaufreißer m *(Bw)* escarificadora f
Straßenbahnschiene f carril m de tranvía, carril m con garganta
Straßenbahnwagen m coche m de tranvía, *(Am)* carro m tranvía
Straßenbau m ingeniería f de caminos; construcción f de caminos [carreteras]
Straßenbaumaschine f máquina f para la construcción de caminos y carreteras, máquina f para construcción de carreteras, topadora f
Straßendecke f firme m (de carretera), revestimiento m de carretera, pavimento m; arrecife m
Straßenfahrzeug n vehículo m de (transporte por) carretera
Straßenfertiger m *(Bw)* acabador m de firmes, pavimentadora f, terminadora f, asfaltadora f
Straßenführung f trazado m de carreteras
Straßenhobel m *(Bw)* niveladora f
Straßenkehrmaschine f máquina f barredora, barredera f (automóvil), barredora f
Straßenpflug m *(Bw)* patrulladora f, niveladora f
Straßenplanierer m *(Bw)* máquina f explanadora de caminos, explanadora f caminera

Straßenroller m *(Eb, Kfz)* remolque m portavagón
Straßenschlepper m tractor m caminero [de transporte]
Straßenschotter m balasto m de carreteras
Straßensprengwagen m autorregadera f, autorregadora f, camión m de riego, regadera f de calles
Straßentunnel m túnel m de carretera
Straßenüberführung f paso m superior de la calle
Straßenunterführung f paso m inferior de la calle
Straßenunterhaltung f conservación f de carreteras; entretenimiento m de carreteras [caminos]
Straßenverhalten n *(Kfz)* comportamiento m rutero
Straßenwalze f *(Bw)* máquina f de apisonar, rodillo m apisonador, apisonadora f, apisonador m, aplanadora f, cilindro m apisonador [compresor], cilindradora f, cilindro m, rodillo m compresor
Straßenzugmaschine f tractor m caminero [de transporte]
Streaming-Bandlaufwerk n *(Inf)* unidad f de bobinado continuo
Streaming-Kassette f *(Inf)* cartucho m de bobinado continuo
Streb m *(Bgb)* cortado m, taller m, tajo m, cámara f
Strebausbau m *(Bgb)* preparación f de tajos, entibación f de tajo
Strebbau m *(Bgb)* explotación f por grandes puntales, explotación f por ataque frontal, explotación f en tajo, labor f a través, labor f de frente largo, tajo m largo
Strebe f 1. *(Bw)* tornapunta m; rostra f; puntal m; soporte m; montante m; travesaño m; arquitrabe m; cuarterón m; jabalcón m; 2. *(Bgb)* cabezal m, puntal m
Strebepfeiler m *(Bw)* contrafuerte m, arbotante m, machón m
Strebförderer m *(Bgb)* transportador m del tajo
streckbar 1. extensible; 2. *(Met)* dúctil
Streckbarkeit f 1. extensibilidad f, expansibilidad f; dilatabilidad f; 2. *(Met)* ductilidad f, ductibilidad f
Streckbiegeversuch m *(Wkst)* ensayo m de flexión por estirado

Strecke

Strecke f 1. *(Math)* distancia f; segmento m; línea f; recta f; sección f; espacio m; 2. recorrido m, trayecto m; intervalo m; calzada f; trecho m; ruta f; distancia f; 3. *(Eb)* vía f; línea f; itinerario m; tramo m; sección f; 4. *(Bgb)* galería f, socavón m, vía f; túnel m para voladuras; 5. *(Text)* banco m de estirar, estiradora f, manuar m

strecken v 1. alargar; extender; dilatar; 2. diluir *(verdünnen)*; 3. estirar por forja *(beim Schmieden)*; 4. *(Text)* estirar; 5. *(Inf)* detallar *(beim Programmieren)*

Strecken n 1. tirón m; 2. *(Text)* estiraje m

Streckenabschnitt m 1. *(El)* sección f de línea; 2. *(Eb)* sección f del bloqueo

Streckenausbau m *(Bgb)* entibación f (de galería), entibado m, entibadura f, entibamiento m, sostenimiento m [apuntalamiento m] de galerías

Streckenförderband n *(Bgb)* cinta f transportadora para galerías

Streckenschalter m *(Eb)* interruptor m seccionador, llave f de seccionamiento

Streckenvortrieb m *(Bgb)* avance m (de galería)

Streckenweiche f *(Eb)* cambio m de trazo

Streckfestigkeit f resistencia f al alargamiento

Streckformen n 1. *(Gieß)* moldeo m de distensión; 2. *(Kst)* conformación f por alargamiento

Streckgrenze f *(Wkst)* límite m de estirado [estiraje, estricción, alargamiento]

Streckmittel n adelgazador m *(Verdünnungsmittel)*

Streckspannung f *(Met)* tensión f dúctil

Streckung f 1. dilatación f longitudinal *(Längsdehnung)*; 2. *(Fert)* laminación f desbastadora; 3. s. Strecken

Streckwalze f rodillo m estirador, cilindro m laminador [estirador, de estiraje, cinglador] *(Walzwerk)*

Streckwalzwerk n tren m elongador

Streckwerk n *(Text)* banco m de estirar, mecanismo m [tren m] de estiraje *(Ringspinnmaschine)*

streckziehen v estirar (en combinación), embutir en combinación *(Umformen)*

Streckziehmaschine f estiradora f combinada

Streckziehpresse f prensa f combinada de embutir [estirar], prensa f estiradora

Strehler m *(Fert)* peine m (de roscar), herramienta f cincelar, terraja f

Streichblech n *(Lt)* orejera f, vertedera f *(Pflug)*

streichen v 1. cancelar; suprimir; 2. pintar; 3. abatir *(Segel)*

Streichen n 1. pintura f, aplicación f; 2. *(Geol)* rumbo m, directriz f; 3. *(Bgb)* dirección f, curso m *(eines Ganges)*

Streichgarnspinnerei f *(Text)* hilatura f de lana cardada

Streichmesser n 1. *(Masch)* racle m; 2. *(Kst)* cuchilla f rascadora

streifen v 1. rasar, rozar; 2. estriar *(mit Streifen versehen)*

Streifen m 1. franja f, faja f; raya f; banda f; estría f, panel m; tira f *(Papier)*; 2. *(Text)* barra f *(Färbefehler)*; 3. *(Met)* fleje m; 4. cinta f *(Film)*

Streifencodeleser m lector m de código de barras

Streifenleser m *(Inf)* lector m de cinta de papel

streng *(Math)* estricto, rigoroso

Streubereich m 1. margen m de dispersión *(Statistik)*; 2. *(El)* zona f de dispersión *(Erdschluss)*

Streudüse f *(Lt)* boquilla f pulverizadora [rociadora, aspersora]

Streueinrichtung f *(Lt)* esparcidor m; accesorio m fertilizador *(Düngerstreuer)*; distribuidor m químico [de productos químicos] *(für chemische Stoffe)*

streuen v 1. *(Opt)* dispersar; difundir; derramar *(Licht)*; 2. *(Math)* proporcionar; divergir; 3. esparcir *(verstreuen)*

Streuer m *(Lt)* esparcidora f, esparcidor m, repartidora f

Streufaktor m 1. coeficiente m de dispersión [disipación]; índice m de disipación; 2. *(El)* factor m de dispersión, coeficiente m de fuga; coeficiente m de difusión

Streufeld n 1. campo m graduado *(Messbereich)*; 2. *(El)* campo m de dispersión, zona f de fuga

Streukoeffizient m 1. valor m de dispersión; 2. *(El)* coeficiente m de fuga

Streulicht n *(Ph)* luz f parásita

Streumatrix f *(Math, Kern)* matriz f de dispersión

Stromerzeugung

Streureaktanz *f (El)* reactancia *f* de dispersión [fuga]
Streuscheibe *f* 1. deflector *m*; 2. *(Kfz)* cristal *m* distribuidor [de dispersión] *(Scheinwerfer)*
Streustrahlung *f* 1. radiación *f* difusa [dispersa], rayos *mpl* dispersados; 2. *(El)* difusión *f* transhorizonte
Streustrom *m (El)* corriente *f* dispersa [de escape, de perdida, de fuga]
Streuung *f* 1. *(Math)* dispersión *f*, varianza *f*, varianza *f*; 2. *(Opt)* dispersión *f*, difusión *f (Licht)*; 3. *(Ph)* fluctuación *f*; 4. esparcimiento *m*
Streuungsbreite *f* rango *m* de dispersión
Streuvorrichtung *f (Lt)* distribuidora *f*, mecanismo *m* distribuidor *(z. B. Düngerstreuer)*
Streuwinkel *m (Ph)* ángulo *m* de divergencia
Streuzahl *f (El)* factor *m* [índice *m*] de dispersión, coeficiente *m* de dispersión [disipación]
Strich *m* línea *f*; raya *f*, trazo *m*
Strichätzung *f* 1. *(Typ)* grabado *m* de líneas; 2. *(Typ)* clisé *m* pluma
Strichcode *m* código *m* de barras
Strichcodeleser *m* lector *m* de código de barras
Strichendmaß *n (Feinw)* bloque *m* de trazo
Strichkreuzokular *n (Opt)* ocular *m* reticular
Strichpunktlinie *f* línea *f* mixta [de puntos y rayos]
Strickmasche *f (Text)* malla *f*
String *n (Inf)* ristra *f*
Stringer *m* 1. *(Schiff)* estringa *f*, vagra *f*, vagara *f*; 2. *(Flg)* larguero *m*
Stringerbilge *f (Schiff)* listón *m* del pantoque
Stringergang *m (Schiff)* traca *f* de trancarril
Stringerplatte *f (Schiff)* trancanil *f*
Stringverarbeitung *f (Inf)* tratamiento *m* de cadenas de caracteres
Stroboskopröhre *f (Eln)* tubo *m* estroboscópico
Strohgebläse *n (Lt)* rastrillo *m* amontonador
Strohhäcksler *m (Lt)* desmenuzadora *f* de paja

Strohpresse *f (Lt)* prensa *f* de paja
Strom *m* 1. *(El)* corriente *f*; 2. flujo *m*; río *m*; chorro *m* • ~ **erzeugend** electrógeno • **unter** ~ activo, bajo tensión
~/faradischer corriente *f* farádica
~/frequenzmodulierter corriente *f* modulada en frecuencia
~/galvanischer corriente *f* galvánica
~/gleichgerichteter corriente *f* detectada [enderezada, rectificada]
~/phasenmodulierter corriente *f* de modulación de fase
~/sägezahnförmiger corriente *f* de diente de sierra
~/vagabundierender corriente *f* dispersa [vagabunda]
Stromabfall *m* caída *f* de corriente
Stromabnehmer *m* colector *m* de corriente, aparato *m* de captación de corriente, captador *m* de corriente, pantógrafo *m*, pértiga *f* de trole, trole *m*, toma *f* de corriente, tomacorriente *m*, zapata *f* colectora [de patín]
Stromabschaltung *f* corte *m* de energía eléctrica
Stromamplitude *f* amplitud *f* de la corriente
Stromanschluss *m* toma *f* de corriente; conexión *f* de la fuente de alimentación
Stromaufnahme *f* absorción *f* [consumo *m*] de corriente, consumo *m* en amperios
Stromausfall *m* fallo *m* [falla *f*] de corriente, fallo *m* de alimentación, apagón *m*
Strombahn *f* camino *m* [itinerario *m*, trayectoria *f*] de corriente; circuito *m* montado en serie
Strombauch *m* bucle *m* [lazo *m*, vientre *m*] de corriente
Strombegrenzer *m* limitador *m* de corriente, limitacorriente *m*
Strombegrenzungsdrossel *f* inductancia *f* de protección
Stromdichte *f* 1. *(El)* densidad *f* de corriente; 2. *(Ph)* densidad *f* de flujo
strömen *v* correr, circular, fluir; chorrear
Stromerzeuger *m* generador *m* eléctrico [de corriente], productor *m* de electricidad, generador *m*, dinamo *f* generatriz
Stromerzeugung *f* generación *f* de corriente [electricidad], producción *f* de corriente [electricidad, la energía eléctrica]

Stromgleichrichter m rectificador m de corriente
Stromkabel n 1. cable m de conducción eléctrica; 2. *(Inf)* clema f
Stromkreis m circuito m eléctrico [de corriente], circuito m
~/abgestimmter circuito m sintonizado
~/in Reihe geschalteter circuito m montado en serie
~/parallel geschalteter circuito m montado en paralelo
Stromleiter m conductor m de energía eléctrica
Stromleitung f alambrado m eléctrico, conducción f eléctrica
Stromlinie f 1. *(El)* línea f [filete m] de corriente; 2. *(Ph)* línea f aerodinámica; línea f de flujo *(Stromfaden)*
stromlinienförmig aerodinámico, currentilíneo, de forma aerodinámica
Stromlinienwagen m *(Kfz)* automóvil m fusiforme, coche m aerodinámico
stromlos desenergizado, sin corriente
Strommesser m 1. *(El)* amperímetro m, amperiómetro m, medidor m [contador m] de corriente, galvanómetro m; 2. reómetro m
Stromnetz n red f eléctrica [de corriente], alambrado m eléctrico
Strompfad m *(El)* camino m [itinerario m] de corriente, vía f de intensidad; circuito m de corriente
Stromregelventil n válvula f reguladora de caudal *(Durchflussregler)*
Stromregler m regulador m de intensidad [corriente]
Stromresonanz f resonancia f paralela [en paralelo, de corriente], antirresonancia f
Stromrichterröhre f válvula f rectificadora (de corriente)
Stromschaltlogik f lógica f de modo corriente
Stromschiene f *(El)* barra f tomacorriente [conductora], carril m conductor [de contacto], carril m tomacorriente [de toma], riel m conductor
Stromschlag m choque m eléctrico, sacudida f eléctrica
Stromsperre f corte m de corriente
Stromspitze f pico m de corriente, punta f del consumo eléctrico

Stromstärke f intensidad f de corriente, amperaje m
Stromstoß m impulso m eléctrico [de corriente], pulso m de corriente, impulso m, choque m [salto m] de corriente
Stromtor n *(Eln)* tiratrón m
Strömung f *(Ph)* corriente f, flujo m; circulación f
~/aerodynamische corriente f aerodinámica
~/laminare corriente f [flujo m] laminar
~/turbulente corriente f turbulenta, flujo m [movimiento m] turbulento
Strömungsförderer m transportador m de flujo continuo
Strömungsgeschwindigkeit f velocidad f de circulación [corriente, flujo]
Strömungsgetriebe n cambio m de velocidades hidráulicos, variador m de velocidad hidráulico; transmisión f hidráulica *(z. B. Lokomotive)*
strömungsgünstig aerodinámico *(bei Gasströmungen)*; favorable al flujo, hidrodinámico *(bei Flüssigkeiten)*
Strömungslehre f dinámica f de (los) fluidos
Strömungsmaschinen fpl máquinas fpl hidrodinámicas y neumodinámicas
Strömungsmechanik f mecánica f de los fluidos
Strömungsmesser m contador m de fluidos; correntómetro m, correntógrafo m, corrientómetro m
Strömungsreibung f fricción f de fluido, fricción f hidráulica
Strömungstechnik f reotecnia f, técnica f de flujo
strömungstechnisch hidrodinámico
Strömungsvolumen n caudal m
Strömungswiderstand m resistencia f aerodinámica [a la corriente, de circulación]
Stromversorgung f alimentación f de corriente; suministro m eléctrico [de energía eléctrica], abastecimiento m de corriente [energía eléctrica]
Stromversorgungsgerät n aparato m [equipo m] de alimentación eléctrica, instalación f de suministro de fuerza
Stromwächter m relé m de corriente [sobreintensidad]
Stromwandler m convertidor m de corriente, transformador m de corriente [intensidad]

Stromweg *m* (El) camino *m* [itinerario *m*, recorrido *m*, trayectoria *f*] de corriente

Stromwender *m* conmutador *m*, llave *f* inversora, inversor *m* de corriente *(Maschine)*

Stromzähler *m* contador *m* de corriente

Strontium *n* estroncio *m*, Sr

Stropp *m* (Schiff) eslinga *f*, gaza *f*

stroppen *v* (Schiff) eslingar, preestrobar

Stropphaken *m* (Schiff) gancho *m* de eslinga

Strossenbau *m* (Bgb) explotación *f* por bancos, labor *f* de bancos [frente escalonado, rebaje]

Struktur *f* 1. estructura *f*, constitución *f*, composición *f*, conformación *f*, arquitectura *f*; 2. (Ch) constitución *f*, estructura *f*; 3. textura *f* (Gestein, Gewebe)

~/feinkörnige estructura *f* de grano fino

~/hierarchische (Inf) estructura *f* jerárquica

~/räumliche estructura *f* tridimensional

Strukturchemie *f* química *f* estructural

Stuck *m* (Bw) estuco *m*

Stückerz *n* mineral *m* grueso

Stückgut *n* 1. mercancías *fpl* en piezas; carga *f* suelta; bulto *m*; 2. (Schiff) carga *f* general; 3. (Fert) pieza *f* suelta

Stückgutfrachter *m* buque *m* [barco *m*, transportador *m*] de carga general

Stückkohle *f* carbón *m* galleta

Stückliste *f* lista *f* de las partes [piezas], especificación *f*, inventario *m*

Studie *f* estudio *m*; proyecto *m*; esbozo *m*

Stufe *f* 1. escalón *m*; grada *f*, huella *f*; peldaño *m* (Treppe, Leiter); 2. grado *m*; 3. (Ch) grado *m*; escalón *m*; 4. (Bgb) escalón *m*; 5. (Eln) etapa *f*, 6. nivel *m*; estado *m*; 7. (Rak) fase *f*, piso *m*; segmento *m*; 8. (Geol) categoría *f*, piso *m* (der zeitstratigraphischen Einheit)

Stufenbohren *n* (Fert) taladrado *m* en escalones

Stufenbohrer *m* (Fert) broca *f* escalonada

Stufengetriebe *n* 1. contramarcha *f* de velocidades [velocidad múltiple], engranaje *m* escalonado; 2. (Kfz) variador *m* mecánico de velocidad

Stufenglühen *n* (Met) recocido *m* escalonado

Stufenhärtung *f* (Met) temple *m* escalonado [gradual]

Stufenkeil *m* (Opt) cuña *f* sensitométrica [fotométrica]

Stufenkolben *m* (Masch) émbolo *m* escalonado

stufenlos de progresión continua, no escalonado, progresivo; sin escala, sin escalonamiento, sin escalones

Stufenpresse *f* prensa *f* escalonada [múltiple, en serie, de vástagos múltiples]

Stufenrad *n* (Masch) rueda *f* escalonada; engranaje *m* escalonado

Stufenschalter *m* (El) conmutador *m* [interruptor *m*] escalonado

Stufenscheibe *f* (Masch) cono *m* (de poleas), polea *f* escalonada [múltiple]

Stufenscheibenantrieb *m* mando *m* por polea escalonada

stumpf obtuso

Stumpf *m* tronco *m*; mocho *m*

Stumpffeile *f* lima *f* obtusa

stumpfschweißen *v* soldar a tope

Stumpfschweißen *n* soldadura *f* a tope, soldadura *f* por aproximación

Stumpfschweißmaschine *f* soldadora *f* a tope

Stumpfschweißnaht *f* soldadura *f* por aproximación

Stumpfstoß *m* unión *f* plana *(Schweißen)*

Stumpftonne *f* (Schiff) boya *f* cilíndrica

Stumpfweiche *f* (Eb) aguja *f* tomada de talón

stumpfwinklig (Math) obtusángulo

Sturmband *n* 1. (Bw) contraviento *m*; 2. barboquejo *m* (Schutzhelm)

Sturz *m* 1. caída *f*; 2. dintel *m* (z. B. Fenster); 3. (Kfz) combado *m*

stürzen *v* volcar, voltear; tumbar

~/nicht no volcar (Vorsichtsmarkierung)

Stützbalken *m* (Bw) puntal *m*, viga *f* de soporte

Stützbock *m* (Masch) caballete *m*, soporte *m*

Stützdruck *m* (Masch) presión *f* de apoyo

Stütze *f* 1. apoyo *m*; dispositivo *m* de apoyo; soporte *m*; sosten *m*; montante *m*; columna *f* (soporte); pie *m*, reborde *m* de apoyo; respaldo *m*; castillete *m*, castillejo *m*; descanso *m*; puntal *m*; 2. (Bw) pie *m* derecho; 3. (Schiff) pie *m* de amigo; escora *f*

stützen *v* soportar; apoyar; sostener; riostrar; arrimar, arrumar; descansar

Stutzen m tubuladura f; tubo m de empalme; pitón m, caño m; niple m; tubo m de entrada, embocadura f (z. B. eines Fallrohrs); boquilla f
Stützkraft f fuerza f portante (Statik); reacción f de apoyo, sustentación f
Stützlager n (Masch) apoyo m (simple), asiento m, cojinete m [chumacera f] de apoyo, soporte m (de apoyo)
Stützmauer f muro m de pie [sostenimiento]
Stützplatte f placa f base [de apoyo], chapa f de apoyo, zapata f de sustentación
Stützpunkt m (Mech) punto m de apoyo
Stützrad n (Masch, Lt) rueda f de apoyo
Stützring m (Masch) aro m de apoyo, aro m interior con una pestaña; anillo m antiextrusión
Stützweite f (Bw) luz f entre apoyos, luz f (de cálculo) (Statik); luz f del tramo; luz f total (z. B. zwischen Uferstützen)
Styren n estireno m, vinilbenceno m, feniletileno m, estirol(eno) m
Sublimat n (Ch) sublimado m, bicloruro m de mercurio, cloruro m mercúrico
Subminiaturtechnik f (Eln) subminiaturización f, técnica f microminatura [subminiatura]
Subroutine f (Inf) subrutina f, subprograma m
Substanz f sustancia f, materia f
~/**oberflächenaktive** superficiactivo m
~/**radioaktive** sustancia f radiactiva
Substitut n sustitutivo m; material m de sustitución; pieza f sustitutiva
Substitution f 1. (Ch, Math) sustitución f; 2. producto m de reemplazo
Substrat n 1. (Ch) sustancia f portadora, sustrato m; 2. (Eln) sustrato m, soporte m, medio m; 3. (Geol) sustrato m
Substratschicht f (Geol) subestrato m
subtrahieren v (Math) sustraer, restar
Subtrahieren n (Math) sustracción
Subtrahierglied n (Inf) restador m
Subtrahierwerk n (Inf) sustractor m, restador m
Subtraktion n (Math) sustracción f, resta f
Subtraktionstaste f tecla f menos [para restar]
Subtraktionszeichen n signo m de sustracción

Suchbefehl m (Inf) comando m de selección, orden f de búsqueda
Suche f 1. localización f (Fehler); 2. (Geol) prospección f, búsqueda f; 3. s. Suchen
suchen v buscar
Suchen n (Inf) búsqueda f
~-/**sequenzielles** búsqueda f secuencial
Sucher m 1. (Foto) visor m; enfocador m; 2. (El) buscador m; 3. detector m
Sucherfernrohr n (Opt) buscador m
Suchgerät n 1. detector m; localizador m; 2. (El) buscador m; 3. (Kern) instrumento m de inspección
Suchmaschine f (Inf) motor m de búsqueda (Internet)
Suchscheinwerfer m 1. faro m buscador [móvil, orientable], proyector m orientable; 2. (Kfz) luz f buscadora
Suchstrahler m (Kfz) luz f buscadora
Suchwort n (Inf) palabra f a buscar
Sulfat n sulfato m
sulfathaltig (Ch) sulfatado
sulfatieren v (Ch) sulfatar
Sulfid n sulfuro m, sulfhidrato m
Sulfit n sulfito m
Süll n (Schiff) brazola f, defensa f de la escotilla
Summand m (Math) sumando m
Summe f (Math) suma f, total m, tanto m, importe m, cuantía f
Summenformel f 1. (Math) fórmula f de total; 2. (Ch) fórmula f bruta (aditiva)
Summenkontrolle f (Inf) comprobación f por suma, control m de totalización [totales], verificación f de totales
Summentaste f tecla f de totalización, tecla f para sumar
Summenwerk n mecanismo m de total, totalizador m
Summenzeichen n signo m de sumación [la suma], signo m de total
Summer m 1. (El) buzzer m, chicharra f; 2. (Nrt) zumbador m (de llamada)
Summerwecker m (Nrt) zumbador m (de llamada), chicharra f
Summton m (El) zumbido m
Sumpfgas n gas m de los pantanos
Superbenzin n supercarburante m
Superfinish n (Fert) superacabado m
superfinishen v (Fert) superacabar
Superfinishmaschine f (Fert) superacabadora f

Superhärten n supertemple m
Superheterodynkreis m circuito m superheterodino
Superikonoskop n (TV) supericonoscopio m, iconoscopio m de imagen (Bildaufnahmeröhre mit Vorabbildung)
Superorthikon n (TV) superorticón m, superorticonoscopio m, orticón m [ortinoscopio m] de imagen
Superrechner m ordenador m gigante, supercomputador m (z. B. Astronomie); unidad f de proceso de alto rendimiento
Superschiff n buque m de gran porte, barco m supergigante
Supertanker m (Schiff) superpetrolero m, supertanque m, gran petrolero m
Superweitwinkelobjektiv n objetivo m supergranangular
Support m (Fert) soporte m portaherramienta, portaherramientas m, soporte m, portacuchillas m, portaútiles m, carrito m, carrillo m, carro m
Supraleiter m (El) superconductor m, sobre conductor m
Supraleitfähigkeit f (El) superconductibilidad f, superconductividad f, supraconductibilidad f, supraconductividad f, superconducción f, hiperconducción f
Suspension f 1. (Ch) suspensión f; 2. (Bgb) pulpa f
Suszeptibilität f (El) susceptibilidad f
Süßwasserpumpe f (Schiff) bomba f de agua dulce
Swansockel m (El) zócalo m [casquillo m] de bayoneta (Glühlampe)
Swimmingpool-Reaktor m (Kern) reactor m de piscina
Symbol n símbolo m
Symbolik f simbolismo m, simbología f
Symboltaste f (Inf) tecla f de símbolo
Symmetrieachse f eje m de simetría
Symmetrieebene f plano m de simetría
symmetrisch simétrico
Synchronantrieb m mando m por autosino
Synchronbetrieb m (Inf) funcionamiento m sincrónico [sincronizado]
Synchrongenerator m (El) alternador m sincrónico [síncrono], generador m sincrónico [de sincronismo], sincrogenerador m
Synchrongetriebe n (Kfz) transmisión f sincronizada, cambio m de velocidades sincronizado, sincronizador m

Synchronisationssignal n señal f de sincronización
Synchronisiereinrichtung f (Kfz) aparato m de sincronización
synchronisieren v sincronizar; doblar (Kino)
Synchronisierung f sincronización f; sincronismo m; doblaje m (Kino)
Synchronmotor m (El) motor m síncrono [sincrónico], sincromáquina f, máquina f sincrónica, autosincronizador m
Synchronrechner m ordenador m sincrónico
Synchronsignal n (TV) señal f de sincronización
Synchronsteuerung f mando m síncrono
Synchronuhr f reloj m (de motor) sincrónico, temporizador m sincrónico
Synthese f 1. (Ch, Math) síntesis f; 2. (Ch) formación f
Synthesegas n gas m sintético [de síntesis]
synthetisch sintético
synthetisieren v sintetizar
System 1. sistema m; régimen m; instalación f; 2. (Inf) sistema m (Rechner und seine Peripheriegeräte)
~/**adjungiertes** sistema m conjugado (von Differenzialgleichungen)
~/**anpassungsfähiges** sistema m adaptable [adaptivo]
~/**audiovisuelles** sistema m audiovisual
~/**computergestütztes** sistema m asistido por ordenador, sistema m a base de computadoras
~/**computerintegriertes** sistema m integrado por ordenadores
~/**dediziertes** sistema m dedicado
~ **der virtuellen Realität** (Inf) sistema m de realidad virtual
~/**dialogfähiges** (Inf) sistema m interactivo
~/**erweiterungsfähiges** sistema m ampliable
~/**fehlertolerantes** sistema m con resistencia a fallos
~/**hierarchisches** sistema m jerárquico [jerarquizado]
~/**hoch entwickeltes** sistema m sofisticado
~/**hydraulisches** sistema m hidráulico; instalación f hidráulica

System

~/ingenieurtechnisches sistema *m* ingenieril
~/inkompatibles *(Math)* sistema *m* incompatible
~/kompatibles sistema *m* compatible
~/komplexes sistema *m* complejo [integral]
~/kybernetisches sistema *m* cibernético
~/lernendes sistema *m* de autoaprendizaje
~/mikroprogrammierbares sistema *m* microprogramable
~/mikroprozessorgesteuertes sistema *m* controlado por microprocesador
~/nutzerfreundliches sistema *m* amistoso [filoxénico]
~/optisches sistema *m* óptico [visual], óptica *f*
~/rechnerabhängiges sistema *m* en línea
~/rechnergestütztes sistema *m* asistido por ordenador, sistema *m* a base de computadoras, sistema *m* informatizado [realizado mediante ordenador]
~/schlüsselfertiges sistema *m* llave en mano
~/selbstanpassendes sistema *m* auto-adaptivo
~/selbstkorrigierendes sistema *m* auto-corrector
~/selbstregulierendes sistema *m* de autorregulación
~/selbststeuerndes sistema *m* auto-gobernable
~/untergeordnetes *(Inf)* sistema *m* esclavo
~/unvereinbares *(Math)* sistema *m* incompatible
~/verteiltes *(Inf)* sistema *m* repartido [compartido, distribuido]
~/wissensbasiertes sistema *m* experto [basado en conocimientos]
~/zuverlässiges sistema *m* fiable
Systemabsturz *m (Inf)* estrangulación *f* del sistema
Systemanalyse *f* análisis *m* de sistemas; desarrollo *m* de sistemas
Systemanpassung *f* ajuste *m* del sistema
Systemanwender *m (Inf)* usuario *m* de sistema
Systemarchitektur *f (Inf)* arquitectura *f* sistemática [de sistemas]; arquitectura *f* [organización *f*] del ordenador

systematisch sistemático
Systemausfall *m (Inf)* colapso *m* del sistema; avería *f* [fallo *m*] de sistema, defecto *m* de funcionamiento de sistema
Systembetrieb *m* funcionamiento *m* [operación *f*] del sistema; explotación *f* de sistemas
Systemdiskette *f (Inf)* disco *m* de sistema
Systementwicklung *f* desarrollo *m* [elaboración *f*] de sistemas
Systementwurf *m* diseño *m* [proyección *f*] de sistemas
Systementwurfstechnik *f* ingeniería *f* conceptual de sistemas
Systemflussdiagramm *n* flujograma *m* de sistemas, diagrama *m* flujo-proceso, diagrama *m* de proceso-flujo
Systemforschung *f* investigación *f* de sistemas
Systemgestaltung *f* diseño *m* de sistemas
Systemkern *m (Inf)* núcleo *m* del sistema
Systemkonfiguration *f (Inf)* configuración *f* del sistema
Systemprojektierung *f* proyección *f* de sistemas
Systemprüfung *f* prueba *f* [verificación *f*] del sistema; test *m* de sistemas
Systemrechner *m* ordenador *m* de sistema
Systemregelung *f* control *m* de sistema, regulación *f* de sistemas
Systemrückkopplung *f* retroalimentación *f* del sistema
Systemrücksetzen *n (Inf)* recarga *f* [reposición *f*] de sistema
Systems Engineering *n (Inf)* desarrollo *m* de sistemas
Systemschnittstelle *f (Inf)* interfaz *f* del sistema
Systemsicherheitstechnik *f* ingeniería *f* de seguridad de sistemas
Systemsoftware *f (Inf)* software *m* de sistema, soporte *m* lógico de sistemas
Systemstart *m (Inf)* inicio *m* del sistema
Systemsteuerung *f (Inf)* control *m* [mando *m*] de sistema
Systemstörung *f* disfuncionamiento *m* [perturbación *f*] del sistema; avería *f* de sistema
Systemtechnik *f* ingeniería *f* de sistemas; técnica *f* de sistema

Systemtheorie f teoría f de sistema; ciencia f de sistemas; teoría f de control
Systemumgebung f (Inf) entorno m de sistema
Systemwartung f atención f a los sistemas; mantenimiento m del sistema
Systemzuverlässigkeit f fiabilidad f del sistema; seguridad f de sistema
Szenario n escenario m (z. B. eines Störfalles)
Szintillation f (Ph) centelleo m, cintilómetro m
Szintillationskamera f cámara f de escintilación [centelleo], gamma-cámara f (Nuklearmedizin)
Szintillationskammer f (Ph) cámara f de centelleo
Szintillationszähler m (Kern) contador m de centelleo [destellos], escintilómetro m, centellómetro m

T

Tabelle f 1. tabla f, cuadro m; planilla f, gráfico m; 2. (Inf) lista f de elementos
~/absteigend sortierte tabla f ordenada de mayor a menor
~/aufsteigend sortierte tabla f ordenada de menor a mayor
~/geordnete tabla f ordenada
Tabellendruck m impresión f de tablas
Tabellenkalkulation f análisis m de hojas de cálculo
Tabellenkopf m encabezado m de tabla
Tabellensatz m (Typ) composición f de tablas
tabellieren v tabular
Tabelliermaschine f tabuladora f, equipo m de tabulación de datos
Tablett n tableta f
~/grafisches digitalizador m
Tablette f 1. tableta f, comprimido m, pastilla f; 2. (Kst) galleta f (zum Schallplattenpressen)
tablettieren v empastillar, pastillar; preformar
Tablettiermaschine f máquina f para comprimir tabletas, pastilladora f
Tabulator m dispositivo m de tabulación, tabulador m

Tabulatorsetzer m fijatopes m del tabulador (einer Schreibmaschine)
Tabulatortaste f tecla f del tabulador
Tachogenerator m (El) tacogenerador m, alternador m tacométrico (Wechselspannungsgeber)
Tachograph m tacógrafo m, taquígrafo m
Tachometer m(n) tacómetro m, taquímetro m, cuentarrevoluciones m, cuentavueltas m, dispositivo m indicador de velocidad, indicador m de revoluciones [velocidad], velocímetro m, cuentagiros m
Tafel f 1. tabla f; tablero m; plancha f; 2. (Bw) placa f; 3. (El) panel m; pizarra f (Schalttafel); 4. gráfico m; tableta f; 5. (Typ) lámina f
Tafelglas n vidrio m plano [en hojas]
täfeln v (Bw) artesonar (Dach); entablar, entarimar (Boden)
Tafelschere f cizalla f de guillotina [mesa], cizalla f para plancha, tijera f (de guillotina)
Täfelung f (Bw) artesonado m (Dach); entarimado m (Boden)
Tagebau m 1. (Bgb) minería f a cielo abierto, explotación f (minera) a cielo abierto, labor f a cielo abierto, trabajo m a cielo; 2. (Bgb) mina f a cielo abierto; hoyo m de mina sobre la superficie; tajo m abierto
Tagebaubetrieb m explotación f a tajo abierto
Takel n (Schiff) ronzal m, aparejo m compuesto
Takelage f (Schiff) jarcia f
Takelwerk n (Schiff) aparejo m
Takt m 1. carrera f de émbolo [pistón]; ciclo m; reloj m; 2. (Fert) ciclo m, ritmo m; paso m; 3. (Kfz) ciclo m, marcha f, tiempo m (Motor)
Taktfertigung f producción f en cadena
Taktfolge f 1. cadenciación f; 2. (Inf) frecuencia f de reloj
Taktfrequenz f frecuencia f de ritmo; frecuencia f de reloj
Taktgeber m emisor m de cadencia, emisor m del ritmo, cadenciómetro m, generador m de reloj [ritmo]; generador m de impulsos; reloj m; transmisor m de ritmo
Taktgenerator m generador m de reloj [ritmo], reloj m

Taktimpuls *m* impulso *m* [pulso *m*] de reloj, impulso *m* de temporización, reloj *m*; señal *f* de tiempo

Taktschaltung *f* circuito *m* de cadencia

Taktsignal *n* (Nrt) señal *f* de reloj [ritmo, tiempo]

Taktstraße *f* tren *m* de montaje de avance rítmico *(Walzwerk)*

Taktzeit *f* tiempo *m* de cadencia

Talje *f* (Schiff) aparejo *m* de fuerza, talla *f*

Taljeblock *m* (Schiff) carrillo *m*

Talsperre *f* presa *f* (de embalse), embalse *m*, pantano *m*, represa *f*

Tandemfahrwerk *n* (Flg) tren *m* en tándem

Tandemhubschrauber *m* helicóptero *m* birrotor

Tandemkaltwalzwerk *n* tren *m* en tándem

Tangens *m* (Math) tangente *f*

Tangente *f* (Math) tangente *f*

Tangentialbeschleunigung *f* (Ph) aceleración *f* tangencial

Tangentialfräsen *n* (Fert) fresado *m* tangencial

Tangentialgeschwindigkeit *f* velocidad *f* tangencial

Tank *m* depósito *m*, tanque *m*; cisterna *f*, cuba *f*, aljibe *m*, alberca *f*

Tankanhänger *m* (Kfz) remolque *m* cisterna [tanque] *(LKW)*

Tankauflieger *m* (Kfz) cisterna *f* remolcada, semirremolque *m* cisterna

Tankbehälter *m* contenedor *m* cisterna

tanken *v* echar [tomar] gasolina

Tanker *m* buque *m* petrolero [tanque, cisterna], barco *m* cisterna, embarcación *f* tanque, petrolero *m*, aljibe *m*

Tankfahrzeug *n* (Kfz) vehículo-tanque *m*

Tankfüllstandsanzeiger *m* marcador *m* de gasolina

Tankleichter *m* (Schiff) barcaza *f* tanque, chalana *f* cisterna, lancha *f* con cisternas

Tankprahm *m* (Schiff) patana *f* tanque; barcaza *f* tanque, lancha *f* con cisternas

Tanksattelauflieger *m* (Kfz) semirremolque *m* cisterna

Tanksäule *f* (Kfz) distribuidor *m* [surtidor *m*] de gasolina, gasolinera *f*

Tankschlauch *m* manguera *f* de suministro *(Tankstelle)*

Tankstelle *f* puesto *m* de gasolina, gasolinera *f*, estación *f* de servicio *(oft mit Re-* *paraturwerkstatt)*; *(Am)* estación *f* de nafta

Tankwagen *m* 1. *(Kfz)* automóvil *m* [camión *m*] cisterna, camión *m* cuba [tanque], camión-cisterna *m*, autotanque *m*; carricuba *f*, cuba *f*, tanque *m*, *(Am)* carro *m* petrolero; 2. *(Lt)* carro *m* tanque; 3. *(Eb)* vagón *m* cisterna [aljibe, cuba, tanque]

Tasche *f* 1. bolsa *f*, saco *m*; 2. *(Bgb)* bolsa *f*, *(Am)* bolsada *f*, bolsonada *f*

Taschencomputer *m* ordenador *m* de bolsillo

Taschenlampe *f* lámpara *f* de bolsillo [mano], linterna *f* de bolsillo

Taschenrechner *m* computador *m* de bolsillo

Tastatur *f* teclado *m*

~/ergonomisch gestaltete teclado *m* ergonómico

~/erweiterte teclado *m* expandido

~/numerische teclado *m* [subteclado *m*] numérico

Tastatureingabe *f* introducción *f* de datos mediante teclado, introducción *f* por teclado, pulsación *f*

tastaturgesteuert controlado [dirigido por] teclado

Tastatursteuerung *f* control *m* del teclado

Tastaturwahl *f* (Nrt) marcado *m* [marcaje *m*, selección *f*] por teclas, llamada *f* por botón pulsador

Taste *f* tecla *f*, botón *m* de teclado • **eine ~ betätigen** activar un pulsador *m* • **eine ~ drücken** pulsar un botón, pulsar una tecla • **eine ~ fest halten** mantener una tecla • **eine ~ gedrückt halten** mantener pulsada una tecla

~/gedrückte tecla *f* pulsada

~/numerische tecla *f* numérica [de números]

~/programmierbare tecla *f* programable

tasten *v* deprimir una tecla, palpar

Tastenanschlag *m* pulsación *f* de teclas [botones]

Tastenblock *m* bloque *m* [grupo *m*] de teclas

Tasteneingabe *f* entrada *f* por teclado

Tastenfeld *n* teclado *m*

tastengesteuert mandado por teclas

Tastenrechner *m* ordenador *m* de teclado

Tastenschalter *m* interruptor *m* accionado por pulsador, interruptor *m* con teclas
Tastensteuerung *f* mando *m* por botones
Tastentelefon *n* teléfono *m* de teclado
Tastenumschalter *m* conmutador *m* de teclas
Tastenwahl *f* llamada *f* por botón pulsador, botonera *f* término
Taster *m* 1. palpador *m*; pulsador *m*; 2. *(Nrt)* manipulator *m* (*z. B. Morse*)
Tastschalter *m* botón *m*
Taststift *m* palpador *m*
Tastwahl *f (Nrt)* marcado *m* [marcaje *m*] por teclas, llamada *f* por botón pulsador, botonera *f* término
Tastzirkel *m* calibre *m* hermafrodita
Tau *n* cable *m*, cuerda *f*, estacha *f*, maroma *f*
Tauchbad *n* baño *m* de sumersión
Tauchboot *n* sumergible *m*, unidad *f* sumergible, submarino *m*
tauchen *v* 1. inmergir; sumergir, hundir; 2. *(Schiff)* bucear
Taucherausrüstung *f* equipo *m* de buceo [submarinismo]
Taucherboot *n* lancha *f* de buzos
Taucherglocke *f* campana *f* neumática [de buzo, de bucear, de inmersión]
Tauchfahrzeug *n* vehículo *m* sumergible
tauchfräsen *v (Fert)* fresar con avance vertical
Tauchgerät *n* medio *m* subacuático [de buceo]; unidad *f* sumergible; cápsula *f* marina
tauchgettern *v (Eln)* recubrir de getter por inmersión
Tauchhärtung *f* endurecimiento *m* por inmersión (*Wärmebehandlung*)
Tauchkolben *m (Masch)* émbolo *m* buzador [de buzo], pistón *m*, ariete *m*
Tauchkolbenmaschine *f* máquina *f* de émbolo buzo
Tauchkolbenpumpe *f* bomba *f* de mortero [émbolo buzo]
Tauchkugel *f* barquilla *f* esférica *(Tiefseetauchgerät)*
Tauchlackieren *n* pintura *f* [barnizado *m*, laqueado *m*] por inmersión
Tauchrohr *n* tubo *m* de inmersión; vórtice *m (Zyklonabscheider)*
Tauchschmierung *f* engrase *m* [lubricación *f*] por inmersión, lubricación *f* por barboteo

Tauchsieder *m* calentador *m* (eléctrico) de inmersión
Tauchverflüssiger *m* condensador *m* de inmersión
Tauchverzinken *n* cincado *m* [galvanización *f*] por inmersión
Tauchverzinnen *n* estañado *m* por inmersión
Taumelpressen *n (Met)* forja *f* rotativa
Taupunkt *m (Ph)* punto *m* de descongelación [deshielo, fusión del hielo, rocío], temperatura *f* de rocío
Taupunktmesser *m (Ch)* polímetro *m*
tautomer *(Ch)* tautomérico, tautómero
Tautomer(es) *n (Ch)* tautómero *m*
Tauwerk *n (Schiff)* aparejo *m*, cordaje *m*
T-Belag *m (Opt)* capa *f* antirreflectora [antirreflejo]
Technetium *n* tecnecio *m*, Tc, masurio *m*
Technik *f* 1. ingeniería *f (Ingenieurwissenschaft)*; tecnología *f (Gesamtheit des technischen Wissens)*; técnica *f (eines Fachgebietes)*; tecnia *f*; 2. equipos *mpl*; material *m*; 3. técnica *f*, método *m*
~/**audiovisuelle** técnica *f* audiovisual
~/**biochemische** ingeniería *f* bioquímica
~ **der virtuellen Realität** tecnología *f* de realidad virtual
~/**elektronische** ingeniería *f* electrónica
~/**energiesparende** técnica *f* economizadora de energía
~/**fortgeschrittene** técnica *f* vanguardista; tecnología *f* avanzada
~/**grafische** tecnología *f* de artes gráficas
~/**hoch entwickelte** tecnología *f* sofisticada
~/**informationsverarbeitende** técnica *f* procesadora de información
~/**lärmarme** equipos *mpl* de poco ruido; técnica *f* de poco ruido
~/**mikroelektronische** tecnología *f* microelectrónica
~/**modernste** técnica *f* sofisticada
~/**neue** tecnología *f* avanzada [nueva, vanguardista]
~/**schwere** equipos *mpl* pesados *(z. B. Raumfahrzeuge)*
~/**umweltfreundliche** técnica *f* limpia [no contaminante]
Technikwissenschaft *f* ciencia *f* de ingeniería; ingeniería *f*
technisch técnico; tecnológico; físico

technisieren

technisieren v tecnificar; tecnologizar
technisiert/hoch sofisticado
Technisierung f tecnificación f; tecnologización f
Technologie f tecnología f, ciencia f tecnológica; ingeniería f, tecnología f industrial [de producción]; técnica f; técnica f de producción
~/**abfallarme** tecnología f con mínimo de desechos, tecnología f de pocos desechos
~/**abfallfreie** tecnología f sin desechos
~/**chemische** tecnología f química, química f industrial
~ **des Maschinenbaus** tecnología f mecánica [de construcción de máquinas]
~/**elektronische** tecnología f electrónica
~/**fortgeschrittene** tecnología f avanzada
~/**gefährdungsfreie** tecnología f sin riesgos
~/**hoch entwickelte** tecnología f sofisticada
~ **integrierter Schaltungen** tecnología f de circuitos integrados
~/**lärmarme** tecnología f de poco ruido
~/**lärmfreie** tecnología f sin ruidos
~/**schadstoffarme** tecnología f menos contaminante
~/**stoffverarbeitende** tecnología f transformadora
~/**umweltbelastende** tecnología f contaminante
~/**umweltfreundliche** tecnología f (de) anticontaminante, tecnología f limpia [no contaminante]
Technologieforschung f investigación f tecnológica
Teer m alquitrán m, brea f, (Am) bleque m
Teerabscheider m desalquitranador m, separador m de alquitrán
teeren v (Bw) alquitranar, bituminar, embetunar, abetunar; embrear
Teerfarbstoff m colorante m de alquitrán (de hulla)
Teerpech n pez f de brea
Teerspritzanlage f (Bw) alquitranadora f, máquina f rociadora de alquitrán
Teigknetmaschine f máquina f moldeadora de pasta, amasadora f [mezcladora f] de pasta, panificadora f
Teil m parte f (Abschnitt); cuerpo m; lote m; porción f; elemento m

868

~/**aufgehender** (Math) parte f alicuota
~/**disjunkter** (Math) parte f disjunta
~/**divergierender** divergente m
~/**gebrochener** (Math) parte f fraccionaria [de zona fija]
~/**imaginärer** (Math) parte f imaginaria (einer komplexen Zahl oder Funktion)
~/**nicht aufgehender** (Math) parte f alicuanta
Teil n pieza f (componente), parte f (Einzelteil); elemento m; órgano m; accesorio m (Zubehörteil)
~/**abgenutztes** parte f gastada, pieza f desgastada
~/**aktives** (El) parte f conductora de corriente
~/**austauschbares** pieza f recambiable, elemento m intercambiable
~/**beanspruchtes** elemento m sometido a esfuerzo
~/**bewegliches** parte f [pieza f, órgano m] móvil
~/**bewegtes** parte f [pieza f, órgano m] en movimiento
~/**elektrolytisch metallisiertes** pieza f galvanizada
~/**gepresstes** (Kst) pieza f extruida
~/**regeneriertes** pieza f recuperada [remanufacturada]
~/**rotierendes** parte f rotativa [rotatoria], órgano m en rotación
~/**schadhaftes** pieza f defectuosa [rota], accesorio m deteriorado
~/**schnell verschleißendes** pieza f de rápido desgaste
~/**sich drehendes** parte f rotativa [rotatoria]
~/**spannungsführendes** parte f energizada [en tensión], elemento m bajo tensión, elemento m conductor de corriente, pieza f desnuda
~/**sperriges** pieza f voluminosa
~/**stranggepresstes** (Kst) pieza f extruida
~/**verschleißfestes** pieza f resistente al desgaste
~/**verzinktes** pieza f galvanizada
~/**vorgefertigtes** pieza f prefabricada, elemento m prefabricado, subconjunto m
Teilansicht f vista f parcial
Teilapparat m 1. (Masch) divisor m; 2. (Feinw) cabezal m divisor
teilbar divisible; graduable (in Grade)

Teilbild n (TV) campo m de televisión
Teilbildfrequenz f (TV) frecuencia f de campo
Teilchen n 1. (Ph, Kern) partícula f; 2. (Ph) corpúsculo m; 3. elemento m (Flächenteilchen)
~/**anhaftendes** partícula f adherente
~/**atomares** partícula f atómica
~/**dispergiertes [disperses]** partícula f dispersa
~/**energiereiches** partícula f de alta energía
~/**geladenes** partícula f cargada
~/**ionisierendes** partícula f ionizadora
~/**magnetisierbares** partícula f magnetizable [imantada], parte f imantable
~/**negativ geladenes** partícula f de carga negativa
~/**radioaktives** partícula f radiactiva
~/**schnelles** partícula f rápida [de gran velocidad]
Teilchenabscheider m separador m de partículas (Staubbekämpfung)
Teilchenbeschleuniger m (Kern) acelerador m de partículas [corpúsculos]
Teilchengröße f tamaño m de partícula
Teilchenladung f (Kern) carga f del corpúsculo
Teilchenstrahlung f (Ph) radiación f [emisión f] corpuscular, emisión f de partículas
Teilchenzähler m (Kern) contador m de partículas, cuentapartículas m
Teilebau m construcción f de partes
Teilebearbeitung f (Fert) tratamiento m [elaboración f, maquinado m] de piezas
Teilefertigung f fabricación f [producción f] de piezas (y partes), producción f de componentes y piezas; producción f de subconjuntos; tecnología f de las piezas
Teilekonstruktion f diseño m de piezas
Teilemontage f montaje m de piezas [las partes mecánicas]
teilen v 1. (Math) dividir; 2. (Fert) partir, dividir; trocear; fraccionar
~/**durch zwei** bisectar
Teilen n división f, troceado m
Teiler m (Math) divisor m, número m divisor, submúltiplo m
~/**echter** parte f alicuota
~ **eines Körpers** subcuerpo m
~/**gemeinsamer** divisor m común
~/**größter gemeinsamer** divisor m máximo común
Teileregenerierung f recuperación f de piezas [partes], restauración f [restablecimiento m] de piezas desgastadas
teilerfremd (Math) alicuanta
Teilerschaltung f (El) circuito m divisor
Teilfolge f (Math) subsucesión f, orden m parcial
Teilgerät n (Fert) accesorio m divisor, graduador m
Teilhabersystem n (Inf) sistema m en línea
Teilkopf m 1. (Fert) cuchilla f divisora, divisor m, graduador m; 2. (Feinw) cabezal m divisor
Teilkopfspindel f (Fert) husillo m de cabezal divisor
Teilkörper m (Math) subcuerpo m
Teilkörperschwingung f vibración f parcial
Teilkraft f (Mech) fuerza f parcial, componente f
Teilkreis m 1. (Masch) círculo m primitivo [de engrane] (Zahnrad); 2. círculo m [limbo m] graduado (Winkelmessung); platillo m (Ablesescheibe)
Teilmatrix f (Math) submatriz f
Teilmenge f 1. (Math) subconjunto m; 2. cantidad f parcial, subjuego m
~/**disjunkte** subconjunto m disjunto
~/**echte** subconjunto m propio
~/**leere** subconjunto m vacío
~/**unechte** subconjunto m impropio
~/**unendliche** subconjunto m infinito
Teilnehmeranschluss m (Nrt) conexión f del abonado
Teilnehmerapparat m (Nrt) aparato m de abonado
Teilnehmerbetrieb m (Inf) proceso m en tiempo compartido, tiempo m compartido, reparto m de tiempo, técnica f de tiempo compartido, compartición f de tiempos (Technik des Mehrprogrammbetriebes)
Teilnehmerleitung f (Nrt) línea f [hilo m] de abonado
Teilring m 1. anillo m divisor, platillo m; graduación f goniométrica; 2. (Math) subanillo m
Teilscheibe f (Fert) plato m [disco m] divisor

Teilstrich *m* marca *f* [raya *f*] de graduación, trazo *m (Skala)*
Teilsumme *f (Math)* total *m* menor [de nivel inferior, parcial], suma *f* parcial, menor *m*
Teilsystem *n* subsistema *m*
Teilung *f* 1. *(Math)* división *f*; 2. *(Fert)* división *f*; escisión *f*, partición *f*; 3. graduación *(Skala)*; calibración *f*; 4. paso *m (z. B. Zahnrad)*; 5. *(Ch)* fracción *f*; ruptura *f*
~/**harmonische** división *f* armónica
~/**stetige** *(Math)* sección *f* áurea, relación *f* del extremo y medio
Teilvorrichtung *f (Fert)* dispositivo *m* [accesorio *m*, montaje *m*] divisor, partidor *m (Werkzeug)*
Teilzirkel *m* compás *m* de división
Tektonik *f (Geol)* tectónica *f*
tektonisch *(Geol)* tectónico
Telebox *f (Inf)* buzón *m*
Telefax *n* 1. telefax *m*, telecopiador *m*, telecopiadora *f*, aparato *m* de reproducir a distancia; 2. fax *m*, facsímil(e) *m*, faxograma *m (Dokument)*
Telefon *n* teléfono *m*
~/**portables** teléfono *m* portátil
~/**schnurloses** teléfono *m* inalámbrico [sin hilos]
Telefonanlage *f* instalación *f* telefónica
Telefonanschluss *m* conexión *f* telefónica
Telefonapparat *m* aparato *m* telefónico
Telefonhörer *m* auricular *m* del teléfono, receptor *m* telefónico, microteléfono *m*, combinado *m*
Telefonie *f* telefonía *f*, transmisión *f* telefónica
~/**drahtgebundene** telefonía *f* de línea
~/**portable** telefonía *f* móvil
telefonieren *v* telefonear, llamar
Telefonkabel *n* cable *m* [hilo *m*] telefónico
Telefonkarte *f* tarjeta *f* telefónica
Telefonkleintastatur *f* botonera *f* de teléfono
Telefonleitung *f* línea *f* telefónica (de calidad de voz), alambre *m* [circuito *m*] telefónico; conducción *f* de telefonía
Telefonstecker *m* clavija *f* telefónica
Telefonzelle *f* cabina *f* [caseta *f*] telefónica
Telegabel *f (Kfz)* horquilla *f* telehidráulica [telescópica]

Telegraf *m* telégrafo *m*, equipo *m* telegráfico
Telegrafenkabel *n* cable *m* [hilo *m*] telegráfico
Telegrafie *f* telegrafía *f*, transmisión *f* telegráfica
~/**drahtgebundene** telegrafía *f* por cables
~/**drahtlose** radiotelegrafía *f*, telegrafía *f* inalámbrica [sin hilos]
Telegrafiegerät *n* equipo *m* telegráfico
Telegrafiewähltechnik *f* técnica *f* de telegrafía automática
Teleinformatiknetz *n* red *f* teleinformática
Telekommunikation *f* telecomunicación *f*
Telekommunikationsgerät *n* medio *m* de telecomunicación
Telekommunikationsnetz *n* red *f* de líneas de telecomunicación, red *f* de telecomunicaciones
Telekommunikationstechnik *f* ingeniería *f* de telecomunicaciones
Telekonferenztechnik *f* tecnología *f* de teleconferencia
Telekopierer *m* telecopiador *m*, telecopiadora *f*
Telematik *f* teleinformática *f*, telemática *f*, comunicaciónes *fpl* telemáticas
Telemechanik *f* telemecánica *f*
telemechanisch telemecánico
Telemetrie *f* telemetría *f*, medición *f* a distancia
Teleobjektiv *n* objetivo *m* telescópico, teleobjetivo *m*
Teleobjektivlinse *f* lente *f* telefotográfica
Teleprozessor *m* teleprocesador *m*
Teleschreiber *m* telescriptor *m*
Teleskop *n* telescopio *m*
Teleskopantenne *f* antena *f* (de varilla) telescópica
Teleskopausleger *m (Förd)* pescante *m* telescópico
Teleskopgabel *f (Kfz)* horquilla *f* telehidráulica [telescópica]
teleskopisch telescópico
Teleskoplenksäule *f (Kfz)* columna *f* telescópica de dirección
Teleskopstabantenne *f* antena *f* de varilla telescópica
Teleskopstoßdämpfer *m* amortiguador *m* telescópico
Teleskopwelle *f (Masch)* árbol *m* telescópico, eje *m* extensible

Teletypesatz m (Typ) composición f teletípica, telecomposición f
Telexsatz m (Typ) composición f teletipográfica
Telexsetzmaschine f (Typ) máquina f telecompositora
Telleraufgeber m (Masch, Förd) alimentador m de plato, disco m alimentador, cargador m de platillo [plato rotatorio]
Tellerrad n (Masch, Kfz) rueda f plana [en forma de platillo], engranaje m frontal [en forma de platillo], corona f (Getriebe)
Tellerventil n válvula f de disco [platillo]
Tellur n telurio m, teluro m, Te
Telomer(e) n (Ch) telómero m
Temperatur f temperatura f
~/absolute temperatura f absoluta [termodinámica]
~ des feuchten Thermometers temperatura f de bulbo húmedo
~/eutektische (Met) temperatura f eutéctica [de eutexia]
~/kryogene temperatura f criogénica
~/schwarze temperatura f de bulbo negro
Temperaturabfall m caída f [descenso m] de temperatura, salto m térmico
Temperaturanstieg f incremento m [aumento m, elevación f, subida f] de temperatura
temperaturbeständig resistente a la temperatura
Temperaturfühler m sonda f pirométrica (Messtechnik)
Temperaturgefälle n gradiente m térmico [de temperatura], salto m térmico
Temperaturregler m regulador m de temperatura, termorregulador m
Temperaturschreiber m termógrafo m, termometrógrafo m, registrador m temperaturas
Temperaturspannung f (Wkst) tensión f térmica [por temperatura]
Temperaturstrahlung f radiación f calórica [calorífica, de calor, de temperatura]
Temperguss m colada f [fundición f] maleable
temperierbar termoacondicionáble
temperieren v atemperar, temperar
tempern v (Gieß) maleabilizar; templar
Tempern n (Gieß) maleabilización f; templado m, temple m

Tender m 1. (Eb) ténder m, (Am) alijo m; 2. (Schiff) embarcación f auxiliar portuaria, escampavía f
Tensid n (Ch) agente m tens(i)oactivo, tensioactivo m
Tensometer n medidor m de deformación, tensiómetro m
Tensor m (Math) tensor m
Tensorachse f (Math) eje m del tensor
Tensorprodukt n producto m tensorial
Tensorraum m espacio m tensorial
Tensorrechnung f cálculo m tensorial
Terahertz n terahertzio m
(1 THz = 10^{12} Hz)
Terbium n terbio m, Tb
Term m 1. (Math) término m; 2. (Ph, Kern) término m, nivel m
Terminal m terminal f (Verkehr); terminal f aérea [de aeropuerto] (Abfertigungshalle für Fluggäste)
Terminal n (Inf) terminal m (informático)
~/abgesetztes estación f de trabajo autónoma
~/abhängiges terminal m esclavo
~/angeschlossenes terminal m intercomunicado
~/auftragsorientiertes terminal m adaptado a tareas
~/empfangendes terminal m receptor
~/übertragendes terminal m emisor [transmisor]
~/untergeordnetes terminal m esclavo
Terminalbildschirm m pantalla f (de) terminal
Terminaldrucker m impresora f (acoplada al) terminal
Terminalsichtgerät n pantalla f (de) terminal
Terminplaner m/**elektronischer** (Inf) agenda f electrónica
Terminus m término m
~ technicus tecnicismo m
ternär (Math) ternario
Ternärcode m (Inf) código m ternario
Terpentinöl n aceite m de trementina, aguarrás m, esencia f de trementina
Tertiärspeicher m (Inf) memoria f fuera de línea
Terzband n banda f de terceras (Akustik)
Tesla n tesla m (SI-Einheit der magnetischen Induktion)
Tesla-Röhre f válvula f [lámpara f] Tesla

Test m ensayo m, test m, prueba f
~/einseitiger test m unilateral
~/unverfälschter test m sin errores sistemáticos
~/zweiseitiger test m bilateral
Testalgorithmus m (Inf) algoritmo m de revisión
Testbenzin n aguarrás m mineral (Lackbenzin)
Testbetrieb m empresa f experimental, empresa-piloto f
Testbild n (TV) imagen f de prueba, mira f, imagen f piloto
Testdatei f (Inf) archivo m [fichero m] de ensayo [prueba]
Testdatengenerator m (Inf) generador m de datos de prueba
testen v ensayar, probar, someter a prueba
Tester m probador m
Testfahrt f (Kfz) marcha f de ensayo [prueba], viaje m experimental
Testflugzeug n avión m de ensayo
Testgelände n (Kfz) polígono m, zona f de pruebas, área f de prueba
Testgerät n aparato m de comprobación [ensayo], equipo m experimental [de test], dispositivo m [equipo m] de ensayo, material m de ensayo
Testlauf m pasaje m de prueba
Testprogramm n 1. programa m de ensayo [prueba, comprobación]; 2. (Inf) programa m verificador [de verificación], rutina f de prueba [verificación]
Testpunkt m 1. punto m de control; 2. (Inf) punto m de verificación
Testsignal n señal f de prueba
Testton m tono m de prueba
Tetrachlorkohlenstoff m tetraclorometano m, tetracloruro m de carbono
Tetraeder m (Math) tetraedro m
tetraedrisch (Math) tetraédrico
Tetraethylblei n plomo m tetraetilo m, tetraetilo m de plomo (Antiklopfmittel)
Tetrode f (Eln) tetrodo m, válvula f tetrodo [birrejilla]
Textbearbeitung f preparación f [edición f] de textos, manipulación f de texto
Texterkennung f reconocimiento m de textos
Textilchemie f química f textil
Textildruck m estampado m textil, impresión f de textiles

Textilfaser f fibra f textil
Textilmaschine f máquina f textil
Textiltechnik f ingeniería f textil; técnica f textil; tecnología f textil
Textiltechnologie f tecnología f textil; ingeniería f textil
Textilverarbeitung f confección f textil
Textilvered(e)lungsmaschine f máquina f de ennoblecimiento textil
Textprozessor m procesador m de textos
Textspeicherung f memorización f de textos
Textur f 1. estructura f; textura f (Oberflächenstruktur); 2. (Text) textura f
Textverarbeitung f procesamiento m de textos [palabras], proceso m de textos [palabras], tratamiento m de textos, elaboración f del texto
Textverarbeitungsprogramm n editor m de textos
Textverarbeitungsprozessor m procesador m de texto
Thallium n talio m, Tl
Theodolit m círculo m de alineación, teodolito m (Winkelmessgerät)
Theorem n teorema m; ley f
theoretisch teórico
Theorie f teoría f
~ der Massenbedienung teoría f de las colas
~ der strategischen Spiele teoría f de los juegos de estrategia
~ der Zufallsprozesse teoría f de los procesos aleatorios [estocásticos]
Thermie f termia f (Wärmeeinheit, 1 th = 1 Mcal)
Thermik f (Ph) térmica f
Thermion n termión m, termoelectrón m
thermionisch termoelectrónico
thermisch térmico
Thermistor m termistancia f, termistor m, termorresistencia f
Thermitschweißen n soldadura f aluminotérmica [con termita]
Thermitverfahren n (Met) aluminotermia f, procedimiento m aluminotérmico
Thermobatterie f termopila f
Thermobild n imagen f térmica
Thermobindegerät n (Typ) máquina f termoencuadernadora
Thermochemie f termoquímica f
thermochemisch termoquímico

Thermodiffusion f difusión f térmica, termodifusión f
Thermodynamik f termodinámica f
thermodynamisch 1. terodinámico; 2. *(Flg)* termopropulsivo
Thermoelektrizität f electricidad f térmica, termoelectricidad f
Thermoelement n elemento m [par m] termoeléctrico, pareja f térmica, pila f termoeléctrica, termocupla f, termoelemento m, termopar m
Thermograph m *(Ch)* termógrafo m
Thermographie f *(Ch)* termografía f
Thermogravimetrie f *(Ch)* termogravimetría f
Thermohygrometer n termohigrómetro m
Thermokopie f copia f termográfica
Thermokopiergerät n aparato m termocopiador
Thermokopierpapier n papel m termosensible
Thermolumineszenz f luminiscencia f térmica, termoluminiscencia f
Thermolyse f *(Ch)* termólisis f
Thermometerröhre f columna f termométrica [del termómetro], tubo m de termómetro
Thermometersäule f columna f termométrica [del termómetro]
thermonuklear termonuclear
Thermonukleartechnik f ingeniería f termonuclear; tecnología f termonuclear
Thermophor m calentador m de aire, termóforo m
Thermoplast m materia f termoplástica, plástico m termoplástico [reversible], termoplástico m, material m termoplástico
thermoplastisch termoplástico
Thermoprisma n *(Opt)* prisma m termoacondicionable
Thermoregler m regulador m térmico
Thermorelais n relé m bimetálico [térmico], termorrelé m
Thermosäule f *(El)* termobatería f, generador m termoeléctrico, pila f termoeléctrica, termopila f
Thermoschalter m interruptor m térmico, termointerruptor m
Thermostat m 1. termostato m, termóstato m; 2. baño m termostático *(Bad)*

Thermostatregler m regulador m termostático, llave f termostática
Thermoumformer m convertidor m termoeléctrico
Thesaurus m *(Inf)* tesoro m, tesauro m
Thiazinfarbstoff m tiazina f
Thiosulfat n tiosulfato m, hiposulfito m
Thomasbirne f *(Met)* convertidor m (de) Thomas
Thomasmehl n harina f [fosfato m] Thomas, escoria f Thomas pulverizada
Thomasschlacke f escoria f básica [fosfórica, Thomas]
Thomasstahl m acero m básico [Thomas]
Thorium n torio m, Th
~/radioaktives radiotorio m
Thoriumreaktor m *(Kern)* reactor m de torio
Thoriumröhre f válvula f con filamento toriado
Thulium n tulio m, Tm
Thyratron n *(Eln)* tiratrón m, triodo m a gas
Tidenhub m amplitud f de las mareas, diferencia f de nivel por la marea
Tidenmesser m mareómetro m
tief profundo *(Tiefenmessung)*; bajo *(Niveau)*; grave *(Ton)*
Tief n depresión f, zona f de bajas presiones
Tiefätzung f *(Met, Typ)* grabado m (en) hueco
Tiefbau m 1. *(Bw)* ingeniería f civil; construcción f subterránea [por debajo del nivel del suelo]; 2. *(Bgb)* explotación f subterránea [del subsuelo]
tiefbohren v *(Bgb)* barrenar, perforar en profundidades
Tiefbohrer m 1. *(Bgb)* broca f para taladros profundos; 2. *(Masch)* broca f para cañones
Tiefbohrmaschine f *(Bgb)* barrenadora f
Tiefbohrtechnik f técnica f de sondeo
Tiefbohrung f *(Bgb)* perforación f profunda
Tiefdruck m *(Typ)* grabado m (en) hueco, huecograbado m, impresión f en hueco (grabado)
Tiefdruckgebiet n depresión f, zona f de bajas presiones
Tiefdruckmaschine f *(Typ)* máquina f de imprimir en hueco

Tiefdruckrotationsmaschine f (Typ) rotativa f de huecograbado
Tiefe f profundidad f, fondo m
Tiefenanhebung f compensación f de bajas frecuencias (Elektroakustik)
Tiefeneinstellung f 1. (Lt) graduación f [regulación f] de profundidad; 2. (Lt) regulador m de profundidad (Vorrichtung)
Tiefengestein n (Geol) roca f intrusiva, plutonita f
Tiefenkarte f mapa m batimétrico (Gewässerkarte)
Tiefenlinie f isobata f, isóbata f
Tiefenmaß n calibre m de profundidad (Messgerät)
Tiefenmesser m 1. medidor m de profundidad; 2. indicador m de inmersión; batímetro m, batómetro m (Tiefseemesser); sondador m
Tiefenmessung f 1. medición f de profundidad; 2. (Schiff) escandallada f, batimetría f
Tiefenruder n (Schiff) timón m de profundidad
Tiefenschärfe f (Foto) profundidad f de campo [foco]
Tiefenstrahlung f radiación f profunda
Tiefgang m (Schiff) calado m, puntal m
Tiefgangsmarke f (Schiff) escala f de calado [desplazamiento], marca f de calado
Tiefgarage f aparcamiento m [garaje m] subterráneo
Tiefgefrierung f ultracongelación f
Tiefgründung f (Bw) cimentación f profunda
Tiefkühlcontainer m contenedor m refrigerado
tiefkühlen v congelar, frigorizar
Tiefkühltruhe f artesa f de congelación, congelador m
Tiefkühlung f enfriamiento m profundo, refrigeración f a baja temperatura, congelación f, sobrecongelación f
Tiefkühlwagen m vagón m isotérmico
Tiefladeanhänger m (Kfz) remolque m góndola
Tiefladelinie f (Schiff) línea f de flotación con carga
Tieflader m (Kfz) camión m de piso bajo, carro m góndola
Tiefladewagen m (Eb) vagón m de bastidor escotado [quebrado]

Tieflöffelbagger m excavadora f de desfonde, pala f excavadora, retroexcavadora f
Tiefpass m (Eln) filtro m de baja frecuencia, filtro m de paso bajo
Tiefseebergbau m minería f submarina
Tiefseeforschung f investigación f oceanográfica
Tiefseeforschungsschiff n batiscafo m
Tiefseegraben m fosa f submarina
Tiefseemesser m batímetro m, batómetro m
Tiefseetauchgerät n batiscafo m
Tiefseetauchkugel f batisfera f
tiefsiedend de bajo punto de ebullición
Tiefstrahler m reflector m profundo, lámpara f de difusión vertical (Beleuchtungstechnik)
Tieftemperatur f temperatura f criogénica
Tieftemperaturanlage f planta f criogénica
Tieftemperaturforschung f criogenia f
Tieftemperaturgas n gas m criogénico
Tieftemperaturmessung f (Ph) criometría f
Tieftemperaturphysik f física f de bajas temperaturas, criofísica f
Tieftemperaturtechnik f criogenia f
Tieftonlautsprecher m altavoz m de graves, altavoz m para frecuencias bajas
Tiefziehblech n chapa f de embutido profundo
tiefziehen v (Fert) embutir [matrizar] a profundidad
Tiefziehen n (Fert) adelgazamiento m profundo, embutición f profunda
Tiefziehpresse f prensa f de embutición profunda, prensa f de embutido profundo, prensa f de embutir
Tiefziehstahl m acero m de embutir (a profundidad)
Tiegel m (Met) olla f (de fundir), crisol m
~/**feuerfester** crisol m refractario
Tiegeldruckpresse f (Typ) prensa f de platina
Tiegelguss m fundición f al crisol
Tiegelofen m horno m al [de] crisol
Tiegelprobe f (Gieß) análisis m de las coladas
Tiegelschmelzen n fusión f [fundición f] en crisol [cubilote]

Tiegelschmelzofen m horno m al [de] crisol
Tiegelstahl m acero m de crisol
Tintendüse f inyector m [aguja f] de tinta *(Drucker)*
Tintenpatrone f cartucho m de tinta *(Drucker)*
Tintenstrahl m chorro m de gotas de tinta *(Drucker)*
Tintenstrahldrucker m impresora f de inyección de tinta
Tischaddiermaschine f máquina f sumadora manual de sobremesa
Tischapparat m *(Nrt)* aparato m de sobremesa
Tischbohrmaschine f *(Fert)* taladradora f de banco [mesa]
Tischdrehmaschine f *(Fert)* torno m paralelo de sobremesa
Tischdrucker m impresora f de escritorio
Tischfräsmaschine f *(Fert)* tupí m
Tischkreissäge f sierra f circular de mesa
Tischlersäge f sierra f bracera
Tischplotter m plotter m plano, registrador m gráfico de mesa
Tischrechner m ordenador m (personal) de sobremesa, ordenador m de escritorio [mesa], calculadora f de escritorio, aritmógrafo m, aritmómetro m
Tischstativ n *(Foto)* trípode m de patas cortas
Tischventilator m abano m, ventilador m de mesa
Tischverlängerung f *(Fert)* alargadero m de mesa *(z. B. Abkantpresse)*
Titan n titanio m, Ti
Titaneisen n *(Min)* ilmenita f, hierro m al titanio
Titanstahl m acero m al titanio
Titer m 1. *(Ch)* título m; indice m; 2. número m *(Gewichtseinheit für die Feinheit eines Seiden- oder Kunstseidenfadens)*
Titersubstanz f *(Ch)* sustancia f título
Titration f *(Ch)* titulación f (volumétrica), titración f
Titrierapparat m *(Ch)* aparato m de titraje
Titrierbürette f bureta f graduada [de titulación]
titrieren v *(Ch)* graduar [valorar] por análisis volumétrico, titular
Titrieren n *(Ch)* titrimetría f
Titrierflüssigkeit f líquido m de valoración

Titrimeter n *(Ch)* titrómetro m
Titrimetrie f *(Ch)* titrimetría f, volumetría f, análisis m volumétrico
Tochterelement n *(Kern)* elemento m descendente
Tochterkern m *(Ph)* núcleo m hijo
Tochterkompass m compás m repetidor
Tochterplatte f *(Eln)* placa f hija
Toleranz f 1. juego m (tolerable), tolerancia f *(Messtechnik)*; 2. margen m de tolerancia *(Ökotoxikologie)*
Toleranzlehre f cala f patrón, calibre m límite [de tolerancia], galga f límite *(Messgerät)*
Toluol n tolueno m, metilbenceno m
Tomograph m aparato m tomográfico, tomógrafo m *(Medizintechnik)*
Tomographie f tomografía f, planigrafía f *(Schichtbildaufnahme)*
Ton m 1. *(Geol)* arcilla f, greda f *(Schieferton)*; 2. arcilla f, tierra f *(Keramik)*; 3. sonido m, tono m; nota f; 4. timbre m *(Klangfarbe)*
~ des Zeitzeichens top m
~/feuerfester arcilla f [tierra f] refractaria
~/gebrannter arcilla f cocida
~/hoher *(Nrt)* tono m agudo
~/zeitgesteuerter *(Nrt)* tono m temporizado
Tonabnahme f toma f de fono, fonocaptor m
Tonabnehmer m elemento m fonocaptor, lector m de tocadiscos, pick-up m *(Plattenspieler)*
Tonanlage f sistema m de audio
Tonarm m brazo m del pick-up *(des Plattenspielers)*
Tonaudiometrie f audiometría f tonal
Tonaufnahme f grabación f [registro m, toma f] del sonido
Tonaufnahmegerät n aparato m registrador de sonidos, registrador m sónico [de sonidos], fonógrafo m
Tonaufnahmetechnik f técnica f fonorregistradora [de grabación]
Tonaufnahmeverstärker m amplificador m de grabación
Tonband n cinta f magnetofónica
Tonbandaufzeichnung f registro m en cinta magnética
Tonbandgerät n grabadora f magnetofónica [en cinta magnética], magnetófon m, magnetófono m

Tonbandkassette f casete f de cinta magnetofónica
Tonbandspule f bobina f de cinta magnética
Tonbearbeitung f edición f de sonidos
Toner m tóner m *(Farbpulver des Druckers)*
Tonerde f tierra f arcillosa, arcilla f (de aluminio); alúmina f *(Aluminiumoxid)*
~/essigsaure acetato m de aluminio
Tonerkassette f cartucho m de tóner
Tonerpulver m polvo m de tóner
Tonfarbe f timbre m acústico [de sonido]
Tonfilm m cine m sonoro, película f (cinematográfica) sonora *(Kino)*
Tonformen n moldeo m en arcilla *(Keramik)*
tonfrequent audiofrecuente, con frecuencia fónica
Tonfrequenz f frecuencia f sónica [de sonidos, sonora, acústica], audiofrecuencia f
Tonfrequenzbereich m gama f [rango m] de audiofrecuencia
Tonfrequenzgenerator m generador m de audiofrecuencia [baja frecuencia]; amplificador m de sonido fotoeléctrico
Tonfrequenzgerät n *(Nrt)* aparato m de frecuencia vocal
Tonfrequenzmesser m audiofrecuencímetro
Tonfrequenzsignal n señal f de audio(frecuencia)
Tongemisch n *(Ph)* mezcla f de sonidos, sonido m complejo
Tongenerator m 1. generador m de audio; 2. *(Nrt)* generador m [bus m] de tonos; sintetizador m
Tongenerierung f sintetización f de voz
Tongerät n dispositivo m de audio, audio m
tongesteuert *(Nrt)* accionado por onda sinusoidal
Tonhöhe f agudeza f [altura f] del sonido
Tonknetmaschine f amasadora f de arcilla *(Keramik)*
Tonkopf m cabeza f sonora [de sonido]
Tonleiter f escala f, gama f
Tonmischer m mezcladora f de arcilla *(Gerät)*
Tonmodulation f *(Nrt, Eln)* modulación f del tono

Tonnagedeck n *(Schiff)* puente m [cubierta f] de arqueo
Tonne f 1. tonelada f *(metrische Einheit der Masse, entspricht 1000 kg)*; 2. *(Schiff)* boya f *(Seezeichen)*; 3. tonel m, barril m
~/englische tonelada f inglesa [larga] *(1016,047 kg)*
~/metrische tonelada f métrica
Tonnengehalt m *(Schiff)* arqueo m
Tonnenlager n *(Masch)* cojinete m de barriletes
Tonregler m *(Eln)* control m de tono [tonalidad]
Tonreinheit f nitidez f [pureza f] de sonido *(Radio)*
Tonsand m arena f arcillosa
Tonsäule f columna f sonora *(Elektroakustik)*
Tonschiefer m *(Geol)* pizarra f, argilita f, esquisto m arcilloso, lutita f
Tonschwelle f umbral m de sonido
Tonsender m *(TV)* emisor m de audio, emisor m de ondas sonoras
Tonsignalcodierer m *(Nrt)* codificador m de audio
Tonskala f gama f
Tonspektrometer n espectrómetro m de audiofrecuencia
Tonspektrum n espectro m acústico [audible]
Tonspur f pista f sonora [acústica, de sonido]; banda f sonora *(Tonfilm)*
Tontechnik f técnica f de audio
Tönung f 1. *(Foto)* matiz m; 2. *(Ph)* tonalidad f
Tonverstärker m amplificador m [intensificador m] de sonido
Tonverzerrung f deformación f del sonido
Tonwiedergabe f reproducción f sonora [del sonido]
Tonwiedergabegerät n reproductor m [aparato m reproductor] de sonido
Topf m marmita f, olla f, vaso m
Töpferscheibe f rueda f de alfarero, torno m (de alfarero)
Topf(schleif)scheibe f muela f de copa, *(Am)* muela f hueca
Topfzeit f 1. *(Ch)* período m de aplicación; 2. *(Kst)* vida f útil [técnica]; tiempo m de estado líquido *(bei Gießharzen)*
Topochemie f topoquímica f

topochemisch topoquímico
Topographie f topografía f
Topologie f (Math) topología f
Topp m (Schiff) asta f; tope m; cofa f (Mast)
Topplicht n (Schiff) luz f [farol m] de proa
T-Optik f óptica f azulada
Tor n 1. (Bw) puerta f; portada f; 2. (Eln, Inf) puerta f
Torkretbeton m hormigón m proyectado, gunita f
torkretieren v (Bw) gunitar
Torkretierspritze f (Bw) lanzamortero m
Toroid n 1. (Math) toroide m; 2. (Inf) toro m (eines Speichers)
Torr n torr m (Druckeinheit)
Torschaltung f circuito m de puerta, puerta f (logische Schaltung)
Torsiograph m (Masch) torsiógrafo m, registrador m de torsión
Torsiometer n torciómetro m
Torsion f (Ph) torsión f
Torsionsbeanspruchung f (Wkst) esfuerzo m torsor [de torsión]
Torsionsfeder f muelle m de torsión
Torsionsfestigkeit f resistencia f a la torsión
Torsionskraft f fuerza f de torsión
Torsionsmesser m comprobador m de torsión, torsiómetro m
Torsionsmoment n (Wkst) momento m torcente [de torsión, torsor]
Torsionsschwingung f oscilación f giratorio [de torsión, helicoidal], vibración f en torsión
Torsionsstab m (Kfz) barra f de torsión
Torsionswiderstand m resistencia f a la torsión
Tortendiagramm n gráfico m sectorial, diagrama m de tarta, tarta f
Torus m (Math) toro m
Tosbecken n (Bw) zanja f [zona f] de caída
tot estéril (Gestein)
Totbereich m 1. zona f muerta (Regelungstechnik); zona f de silencio [sombra] (Funk)
totbrennen v requemar (Kalk)
Totmannbremse f (Sich) freno m de hombre muerto
Totmannschaltung f (Sich) seguro m de hombre muerto

Totpunkt m (Mech) punto m muerto
Totraum m 1. espacio m muerto; 2. (Nrt) zona f de silencio (z. B. Zylinder)
Totspeicher m (Inf) memoria f de lectura solamente [únicamente]
Totzeit f (Fert) tiempo m inefectivo [muerto, perdido]
Totzone f 1. zona f inactiva [muerta]; 2. (Nrt) zona f de silencio [sombra]
Tourenwagen m (Kfz) automóvil m [coche m] de turismo, vehículo m de turismo
Tourenzähler m medidor m de revoluciones, computador m cuentarrotaciones [de revoluciones, de vueltas], cuentarrevoluciones m, cuentavueltas m, cuentagiros m, indicador m de velocidad
Touristenbus m autocar m
Towergehäuse n (Inf) torre f
Toxikologie f toxicología f
toxisch tóxico, nocivo, ponzoñoso
Toxizität f toxicidad f, poder m tóxico, nocividad f
Toxizitätsprüfung f prueba f [ensayo m, test m] de toxicidad
Trabant m satélite m
Trabantenrad m (Masch) piñón m satélite (Planetengetriebe)
Tracer m 1. (Kern) trazador m (isotópico), trazador m radiactivo, elemento m trazador, indicador m isotópico, átomo m marcado [trazador]; 2. (Inf) rastreador m
~/radioaktiver radioelemento m indicador, radioindicador m, radiotrazador m
Tracerisotop n isótopo m trazador
Trackball m (Inf) esfera f de control
Tragachse f (Masch) eje m portante [de apoyo]
Tragarm m (Förd) brazo m portacargas
Tragbalken m (Bw) jácena f, viga f maestra [principal], traviesa f portaboquillas; carguero m de huecos (z. B. Tür, Fenster)
tragbar portátil
träge inerte
Tragelement n (Mech) elemento m sustentante (Statik)
tragen v soportar; sostener
Träger m 1. (Bw) soporte m; viga f; viga f maestra [principal], larguero m; 2. (Ch, Eln, Nrt, Ph) vehículo m; portador m; portadora f; medio m (soporte); 3. sustrato m; 4. (Masch) caballete m;

Träger

soporte *m*; agarrador *m*; sostén *m*; 5. *(Schiff)* bao *m*, viga *f*, galeota *f*
~/frei aufliegender viga *f* libremente apoyada
~/gelenkig gelagerter viga *f* articulada
~/verstärkter vigueta *f* armada
Trägerfrequenz *f (Nrt)* frecuencia *f* (de) portadora, portadora *f*
Trägergas *n (Eln)* gas *m* portador [soporte]; gas *m* de fluidización *(Wirbelschichtverfahren)*
Trägerkatalysator *m (Ch)* catalizador *m* portador
Trägermaterial *n* material *m* soporte [de soportes]; sustrato *m* (físico)
Trägerpegel *m (Eln)* nivel *m* de portadora
Trägerplatte *f* base *f*, placa *f* de soporte
Trägerschicht *f* soporte *m*; sustrato *m*
Trägerschiff *n* transportador *m* de patanas
Trägerschwingung *f (Nrt)* oscilación *f* portadora
Trägerstrom *m (Nrt)* corriente *f* portadora, portadora *f* (sinusoidal)
Trägersubstanz *f (Ch)* vehículo *m*, sustancia *f* portadora, sustrato *m*
Trägerwelle *f* onda *f* portadora, portadora *f*
Trägerwerkstoff *m* 1. material *m* (de) base, material *m* básico; 2. *(Gieß)* base *f* metálica
Tragfähigkeit *f* 1. *(Bw)* carga *f* admisible *(Statik)*; 2. *(Masch)* capacidad *f* de carga; 3. *(Förd)* capacidad *f* de izaje; 4. *(Bgb)* capacidad *f* de soportar [sustentación]; 5. *(Schiff)* peso *m* muerto
Tragfläche *f* 1. superficie *f* portante [de apoyo]; 2. *(Flg)* plano *m* (sustentador), superficie *f* sustentadora; ala *f*
Tragflügel *m (Flg)* ala *f*
Tragflügelboot *n* buque *m* de hidroaletas, embarcación *f* de hidroplaneo, hidroplano *m*, hidrofoil *m*, hidroala *f*, hidroplano *m* a patines, lancha *f* acuaplano [sobre aletas sumergidas], acuaplano *m*, barcoavión *m*
Traggerüst *n* armazón *f* portador [portante]
Trägheit *f* inercia *f*
Trägheitsachse *f (Mech)* eje *m* de inercia
Trägheitsgesetz *n (Ph)* ley *f* [principio *m*] de inercia
Trägheitskraft *f (Mech)* fuerza *f* de inercia
Trägheitslenkung *f (Rak)* autodirección *f* [guiado *m*] por inercia
Trägheitsmasse *f* masa *f* inercial [inerte]
Trägheitsmoment *n (Mech)* momento *m* de inercia
Trägheitsnavigation *f* navegación *f* inercial [por inercia]
Trägheitswiderstand *m (Mech)* fuerza *f* [resistencia *f*] de inercia
Traghöhe *f (Fert)* apoyo *m* de flancos
Tragkabel *n* 1. cable *m* portador [portante, sustentador]; 2. *(El)* cable *m* mensajero, mensajero *m*; cadena *f* principal
Tragkettenförderer *m* elevador *m* de palanca
Tragkonstruktion *f* construcción *f* portante [sustentadora], osatura *f*; estructura *f* de soporte; carcasa *f*
Tragkraft *f* 1. potencia *f* de carga, fuerza *f* de elevación; capacidad *f* de izaje; 2. *(Flg)* poder *m* ascensional
Traglager *n* cojinete *m* [rodamiento *m*] de apoyo, cojinete *m* radial; soporte *m* intermediario [suspensor]
Traglufthalle *f (Bw)* estructura *f* inflable
Tragöse *f* cáncamo *m*
Tragplatte *f (Masch)* placa *f* de fundación [soporte]
Tragrahmen *m (Kfz)* bastidor *m* de apoyo [casco portante], armazón *f* portador [portante]; bastidor *m* portante *(eines Motors)*
Tragrohr *n* tubo *m* soporte *(einer Rohrleitung)*
Tragrolle *f (Förd)* rodillo *m* portante [de soporte], portarrodillos *m*
Tragschicht *f* sustrato *m*; capa *f* portante *(Straßenbau)*
Tragschraube *f (Flg)* hélice *f* horizontal, rotor *m* (sustentador), rotor *m* sustentadora [de helicóptero] *(Hubschrauber)*
Tragschrauber *m* autogiro *m*
Tragseil *n (Eb)* cable *m* mensajero, mensajero *m*
Tragseilbremse *f (Eb)* freno *m* del cable portante
Tragwand *f* tabicón *m*, tabique *m* de carga
Tragwerk *n* vigas *fpl* (de armazón sustentante); estructura *f* de soporte
Tragzapfen *m (Masch)* collete *m*, gorrón *m* de soporte *(Lager)*

Trailer *m* trailer *m*, vehículo *m* acoplado
Trailerschiff *n* buque *m* trailer
Trajektorie *f* (*Math*) trayectoria *f*
Trajektverkehr *m* trafico *m* de transbordadores [buques portatrenes]
Traktion *f* 1. (*Eb, Kfz*) tracción *f*; arrastre *m* (*z. B. von Flüssigkeitstropfen*)
~/dieselelektrische tracción *f* Diesel eléctrica
Traktor *m* 1. tractor *m*, tractor *m* agrícola [de agricultura]; 2. máquina *f* de tracción (*Medizintechnik*)
~ mit Knicklenkung tractor *m* articulado
Traktoranhänger *m* remolque *m* de tractor
Traktorenbau *m* construcción *f* de tractores
Tränengas *n* agresivo *m* [gas *m*] lacrimógeno
Tränkanlage *f* (*Lt*) instalación *f* de abrevaderos, bebedero *m* (alimentador)
Tränkebecken *n* (*Lt*) abrevadero *m* (mecánico)
tränken *v* 1. impregnar; embeber; empapar; inyectar; bañar; 2. (*Lt*) abrevar (*Vieh*)
Tränken *n* 1. remojo *m*; 2. (*Met*) infiltración *f* (*Pulvermetallurgie*)
Tränklack *m* barniz *m* impregnante [de impregnación]
Tränkung *f* impregnación *f*; imbibición *f*; inyección *f*; remojo *m*
Transduktorverstärker *m* amplificador *m* magnético
Transfer *m* (*Inf*) transferencia *f*, trasiego *m*, traslado *m*, transcripción *f*
Transferbefehl *m* (*Inf*) instrucción *f* de transferencia [transporte]
Transferlinie *f* (*Fert*) línea *f* de transferencia
Transfermaschine *f* (*Inf*) máquina *f* de transferencia
Transferpresse *f* (*Kst*) prensa *f* de inyección
Transferpressen *n* (*Kst*) moldeo *m* [prensado *m*] por transferencia, transferencia *f*
Transferrate *f* tasa *f* de transmisión [transferencia] (*Anzahl der in einer Zeiteinheit übertragenen Bits*)
Transferstraße *f* (*Fert*) línea *f* transfer [automática]

Transformation *f* (*Ch, El, Inf, Math, Ph*) transformación *f*
Transformationskette *f* (*Math*) cadena *f* de transformaciones
Transformationsmuster *n* (*Inf*) paradigma *m* transformacional
Transformator *m* (*El*) transformador *m*, conversor *m*
Transformatorhaus *n* caseta *f* para transformador, cabina *f* de transformación
transformieren *v* (*El*) transformar, convertir
Transformierte *f* (*Math*) transformada *f*
transient (*Ph, El*) transitorio
Transistor *m* (*Eln*) transistor *m*, transistrón *m*, triodo *m* piezoeléctrico
transistorbestückt transistorizado
Transistorempfänger *m* radiorreceptor *m* transistorizado, receptor *m* con transistores
Transistorgrundschaltung *f* circuito *m* básico de transistores
transistorisieren *v* transistorizar, transistar
Transistorkennlinie *f* característica *f* de transistor
Transistormikrophon *n* micrófono *m* transistorizado
Transistorradio *n* radiorreceptor *m* transistorizado
Transistorrechner *m* ordenador *m* de transistores
Transistorschaltung *f* circuito *m* transistorizado [de transistores]
Transistortrigger *m* flip-flop *m* de transistores
Transistorverstärker *m* amplificador *m* transistorizado [a transistores], repetidor *m* transistoriado
Transistorzündanlage *f* (*Kfz*) encendido *m* transistorizado
transkristallin (*Met*) intracristalino, transgranular, transcristalino
Translation *f* (*Ph*) tra(n)slación *f*; movimiento *m* de traslación; traducción *f*
Translationsschwingung *f* oscilación *f* translatoria
Transmission *f* 1. (*Masch*) tra(n)smisión *f*; línea *f* de transmisión; 2. (*Opt*) transmisión *f*, transmitancia *f*
Transmissionsscheibe *f* polea *f* de transmisión

Transmissionswelle f árbol m de accionamiento [transmisión], eje m de transmisión

Transmutation f *(Kern, Ch)* tra(n)smutación f, transformación f

transmutieren v transmutar

Transparentlack m barniz m transparente

Transparentpapier n papel m translúcido [transparente]

transponiert *(Math)* transpuesto

Transport m transporte m; transportación f; traslado m; acarreo m

~/gleisgebundener transporte m viario [por vías]

~/rechnergestützter transporte m asistido por ordenador

~/sprungweiser *(Geol)* saltación f

Transportanlage f equipo m de transporte

Transportanlagenbau m construcción f de material [equipos] de transporte

Transportaufgabe f *(Math)* problema m de transporte

Transportband n *(Förd)* banda f [cinta f] transportadora, cinta f de transporte, correa f motriz [de transmisión]

Transportbefehl m *(Inf)* instrucción f de transferencia [transporte], comando m mover

Transportbehälter m contenedor m, container m; recipiente m de transporte; cofre m *(für radioaktive Stoffe)*

Transportbeton m hormigón m premezclado

Transportbetonmischer m *(Bw)* transportador-mezclador m de hormigón, hormigonera f automóvil [sobre camión, transportada], camión m malaxador

Transporter m 1. transporte m; 2. *(Schiff)* buque m transportador [de transporte], embarcación f de transporte, transportador m; 3. *(Flg)* aerotransporte m; 4. *(Text)* pieza f dentada para transportar *(Nähmaschine)*

Transporteur m 1. transportador m; aparato m conductor; 2. *(Text)* transportador m

Transportfahrzeug n vehículo m de transporte

Transportflugzeug n aerotransporte m, avión m (de) carga, avión m transporte [de flete]

transportieren v transportar; transferir; arrastrar

Transportieren n transportación f; arrastre m; manutención f *(Fördern)*

Transportlogistik f logística f de transporte

Transportmaschine f máquina f de transporte

Transportmaschinenbau m construcción f de maquinaria para el transporte

Transportmischer m *(Bw)* transportador-mezclador m (de hormigón), camión m agitador, mezclador m móvil, mezcladora f en camión, motomezclador m

Transportmittel n medio m [equipo m] de transporte, transporte m, vehículo m (de transporte); material m de transporte

Transportpalette f *(Förd)* paleta f

Transportrolle f *(Förd)* cilindro m de arrastre, barbotín m

Transportschicht f capa f [nivel m] de transporte *(OSI-Schichtenmodell)*

Transportschiff n buque m transportador [de transporte], embarcación f de transporte, transportador m, transporte m

Transportschnecke f *(Förd)* hélice f transportadora

Transporttechnik f técnica f de transporte; tecnología f de transporte; equipo m de transportación

Transportwalze f *(Typ)* rodillo m de transporte

Transuran n transuranio m

Transversale f *(Math)* transversal f

Transversalitätssatz m *(Math)* teorema m de transversalidad

Trap m *(Inf)* desvío m *(Programmunterbrechung durch unerlaubte Befehle)*

Trapez n *(Math)* trapecio m

Trapezflügel m *(Flg)* ala f trapezoidal [triangular]

Trapezformel f *(Math)* fórmula f de los trapecios

trapezförmig trapeciforme

Trapezgewinde n rosca f trapezoidal

Trapezrahmen m *(Kfz)* bastidor m integrado

Trapezregel f 1. *(Math)* fórmula f de los trapecios; 2. *(Schiff)* regla f de los trapecios

trassieren v *(Bw)* alinear; encaminar; jalonar; replantear; trazar

Trassierung f *(Bw)* alineado m; jalonado m; replanteo m; trazado m
Traubenzucker m azúcar m de uva, dextrosa f, glucosa f
Traufe f *(Bw)* canal m, canalón m
Traverse f *(Bw)* transversal f, travesaño m, traviesa f, cruceta f
Trawl n *(Schiff)* albanega f, red f barredera [de fondo], bou m, rastra f
Trawler m *(Schiff)* buque m [barco m] arrastrero [de arrastre], buque m pesquero de arrastre, buque m rastrero [de rastreo], arrastrero m, pesquero m (de arrastre), embarcación f de bou, trainera f
Treibachse f *(Masch)* eje m impulsor [de mando]
Treibanker m *(Schiff)* ancla f flotante [de capa]
Treibarbeit f 1. *(Fert)* repujado m al torno; 2. *(Met)* copelación f
Treibdampfpumpe f bomba f de difusión tipo booster, bomba f de vacío de arrastre termodinámico *(Vakuumtechnik)*
Treibdrehgestell n *(Eb)* bogie m motor
treiben v 1. empujar, meter a presión *(schlagen)*; 2. *(Fert)* repujar; abollar, bollar, abollonar; boll; 3. *(Met)* copelar; 4. *(Schiff)* ir a la deriva
Treiben n *(Fert)* repujado m (por martillo), abolladura f
Treiber m 1. *(Inf)* driver m, módulo m de control; 2. *(Eln)* excitador m; 3. *(Text)* taco m *(Weberei)*
Treiberröhre f *(Eln)* tubo m Peschel
Treiberschaltung f *(Eln)* circuito m de excitación
Treiberwicklung f línea f de excitación *(Magnetkernspeicher)*
Treibgas n 1. gas m motor *(Motorkraftstoff)*; 2. gas m impulsor [atomizador] *(Treibmittel für Sprühdosen)*
Treibhammer m 1. *(Fert)* martillo m de embutir; 2. *(Typ)* graneador m
Treibhaus n invernadero m, establecimiento m invernador
Treibhauseffekt m *(Umw)* efecto m (de) invernadero
Treibkurbel f manivela f motriz
Treibmittel n 1. explosivo m propulsor; 2. *(Kst)* agente m espumante [espumígeno, hinchante, expansionante]; 3. dispositivo m de arrastre

Treibmittelpumpe f trompa f *(Strahlpumpe)*; bomba f de difusión tipo booster, bomba f de vacío de arrastre termodinámico *(Vakuumtechnik)*
Treibnetz n *(Schiff)* red f pelágica [de deriva, de trawl flotante], rastra f flotante, arte m de deriva
Treiböl n aceite m combustible [a quemar], fuel oil m, gasoil m, gasóleo m
Treibrad n 1. rueda f de accionamiento; rueda f motora [motriz]; rueda f tractora; piñón m de arrastre; engranaje m accionador [propulsor] *(Zahnräder)*; 2. *(Eb)* piñón m motor *(Diesellok)*
Treibriemen m *(Masch)* correa f (de transmisión), correa f motriz
Treibrolle f *(Förd)* rodillo m de guía, cilindro m de mando
Treibsatz m *(Rak)* carga f propulsiva [de propulsión, de combustible]
Treibscheibe f *(Masch)* polea f motriz [del motor, de arrastre]
Treibstoff m 1. combustible m, esencia f (carburante); 2. *(Rak)* propulsante m
Treibstoffbehälter m bidón m de gasolina, *(Am)* tanque m de nafta
Treibstoffgemisch n *(Rak)* mezcla f propulsante
Treibwelle f *(Masch)* árbol m de accionamiento, eje m de transmisión
Treibzapfen m muñequilla f de biela
Trennanlage f 1. *(Fert)* estación f de seccionamiento; 2. máquina f separadora; planta f de separación
Trennblasenspeicher m *(El)* acumulador m con vejiga separadora
Trennelement n 1. elemento m separador *(Brandschutz)*; 2. *(El)* separador m *(einer Batterie)*
trennen v 1. desunir, separar; segregar; aislar *(z. B. Kupplung)*; 2. *(El)* desconectar; matar; 3. *(Nrt)* apartar; 4. *(Ch)* separar, disgregar; disociar; 5. *(Fert)* cincelar; 6. *(Bw)* tabicar; 7. *(Opt)* desdoblar; 8. *(Bgb)* separar
Trennen n 1. separación f; 2. *(Nrt)* división f de comunicación; 3. *(Fert)* cincelado m; cortado m, corte m
~ **/abtragendes** corte m con arranque de virutas
~ **/autogenes** cortado m autógeno
~ **mittels Laser** corte m mediante láser

Trennentwässerung f sistema m separado [separativo] de alcantarillas, sistema m separado [separativo]
Trenner m (El) desconectador m
Trennfilter n (El) filtro m de separación
Trennisolator m (El) aislador m seccionador [de corte]
Trennklinke f (Nrt) conjuntor m de ruptura
Trennkreis m (El) circuito m de separación
Trennmauer f (Bw) medianería f
Trennmesser n 1. chuchillo m divisor; 2. (Typ) chuchillo m separador
Trennrelais n relé m disyuntor [de corte, desconectador, de desconexión]
Trennschalter m 1. (El) conyuntor m disyuntor, seccionador m; 2. (Nrt) llave f de corte
trennscharf selectivo
Trennschärfe f 1. (Eln, Nrt) selectividad f; resolución f; 2. (El) discriminación f (z. B. Filter)
Trennscheibe f muela f tronzadora [para tronzar]
Trennstecker m (El) ficha f de corte
Trennstreifen m 1. regleta f de corte; 2. faja f central [intermedia] (Straßenbau)
Trennstufe f 1. (El) etapa f separadora, separador m; 2. (Eln) paso m separador
Trennsystem n sistema m separado (de alcantarillas), sistema m separativo (de alcantarillas), sistema m de canalización seccionado (Kanalisation)
Trenntaste f (El) botón m del interruptor
Trenntransformator m (El) transformador m separador [de aislamiento]
Trennung f 1. separación f, seccionamiento m; disolución f; escisión f; segregación f; 2. (El) disyunción f, desconexión f; 3. (Nrt) división f de comunicación; 4. (Ch) segregación f, separación f; disgregación f; 5. (Bw) tabicado m; 6. (Gieß) partición f
~ **vom Stromkreis** desconexión f del circuito
Trennungsbruch m (Wkst) fractura f descohesiva
Trennungsisolator m (El) aislador m seccionador
Trennungswärme f (Ch) calor m de desintegración
Trennventil n válvula f de seccionamiento

Trennverfahren n 1. método m de separación; 2. (Ch, Met) procedimiento m de separación; técnica f de separación
Trennvermögen n (El, TV) selectividad f
Trennverstärker m (El) amplificador m separador
Trennwand f 1. (Bw) cerramiento m; pared f divisoria, muro m divisorio, tabicado m, tabique m; 2. (Ch) diafragma m (de separación); 3. baffle m (z. B. Schallwand)
Trennweiche f (Nrt) diplexor m
Trennwerkzeug n (Fert) herramienta f tronzadora [para tronzar]
Trennzeichen n 1. (Inf) separador m, delimitador m; marca f de fin de campo; 2. (Nrt) señal f de corte
Treppeneffekt m (Inf) efecto m de escalinata (im Grafikmodus)
Treppenfunktion f función f escalonada [simple] (Regelungstechnik)
Treppenlichtautomat m interruptor m minutero
Treppenpodest n (Bw) meseta f, descansillo m, descanso m
Treppenschacht m caja f [hueco m] de escalera
Tresor m caja f fuerte [de caudales]
Trethebel m descansapiés m; pedal m
Triangulationsnetz n red f geodésica [de triangulación]
triangulieren v triangular (Geodäsie)
Trichloressigsäure f ácido m tricloracético
Trichlormethan n tricloromethano m, cloroformo m
Trichter m 1. embudo m; tolva f (Beschickung); 2. bocina f (z. B. Lautsprecher); cono m; pabellón m (Mundstück)
Trichterantenne f antena f de embudo, radiador m cónico
Trichterbau m (Bgb) explotación f con pozos vertederos
trichterförmig embudado
Trichterhalter m portaembudo m (Labor)
Trieb m 1. (Masch) accionamiento m; transmisión f, impulsión f; impulso m; 2. (Feinw) mando m de ajuste
Triebfahrzeug n (Eb) locomotora f, locomotriz f
Triebfeder f chaveta f motriz, muelle m motor

Triebkraft f 1. esfuerzo m propulsivo; fuerza f propulsiva [propulsora, de propulsión, motriz, impulsiva]; 2. *(Ch)* cantidad f de movimiento *(Reaktion)*
Triebrad n *(Masch, Eb)* rueda f motora [motriz]
Triebschraube f hélice f propulsiva [propulsora] *(Getriebe)*
Triebwagen m *(Eb)* vagón m automotor [motor], coche m autopropulsado, coche m motor, coche-motor m, motriz f, ferrobús m, carro m [furgón m] automotor, automotor m *(mit Elektromotor)*; autorriel m, autovía f *(mit Verbrennungsmotor)*
Triebwelle f árbol m de mando
Triebwerk n 1. *(Flg, Rak)* grupo m (moto)propulsor, aparato m [grupo m] motor, propulsor m, unidad f propulsora [impulsora, motriz]; motor m (impulsor); 2. *(Masch, Fert)* mecanismo m de accionamiento [mando]; mecanismo m de transmisión; mecanismo m impulsor [de propulsión]; planta f mecánica, *(Am)* tren m de fuerza
Triebwerksanlage f *(Flg)* grupo m motopropulsor
Triebwerksaufhängung f *(Kfz, Flg)* bancada f del motor
Triebwerksschub m *(Flg)* tracción f propulsiva
Trieur m *(Lt)* escogedora f de trigos, seleccionador m, clasificadora f de semillas, separador m
Trifokalglas n *(Opt)* cristal m [lente f] trifocal
triften v rastrear
Triftröhre f *(Eln)* clistrón m, clystrón m
Trigger m *(Eln)* trigger m, circuito m basculador [basculante]; conmutador m basculante
triggern v *(Eln)* desbloquear, lanzar, activar
Triggerschaltung f báscula f, circuito m activador [basculador, basculante, de desbloqueo, de disparo, trigger]
Trigonometrie f trigonometría f
~/ebene trigonometría f plana [rectilínea]
~/sphärische trigonometría f esférica
trigonometrisch trigonométrico
Trimm m *(Schiff, Flg)* asiento m, diferencia f, ladeo m

trimmen v 1. *(Schiff, Flg)* equilibrar, balancear; 2. *(Schiff)* estibar; arrimar, arrumar; lastrar; romanear *(Ladung)*
Trimmen n 1. *(Schiff)* trimado m; estiba f; rumazón m; 2. alineación f *(Radio)*
Trimmer m 1. *(El)* trimmer m, trimer m, condensador m variable; 2. *(Flg)* tab m
Trimmflügel m *(Flg)* aleta f compensadora
Trimmhebelarm m *(Schiff)* brazo m adrizante
Trimmruder n *(Flg)* aleta f compensadora, tab m (de reglaje)
Trimmstab m *(Kern)* barra f [elemento m] de compensación *(Reaktor)*
Trimmwinkel m 1. *(Flg)* ángulo m de inclinación lateral; 2. *(Schiff)* ángulo m de asiento
Trinkwasseranlage f instalación f de agua potable
Trinkwasseraufbereitungsanlage f estación f potabilizadora; planta f de tratamiento de aguas potables, planta f potabilizadora de agua, potabilizador m
Trinom n *(Math)* trinomio m
Trioblechwalzwerk n laminador m triple de chapa
Trioblockstraße f *(Met)* tren m trío de lingotes [lingotillos, tochos]
Trioblockwalzwerk n laminador m triple de lingotes [tochos]
Triode f *(Eln)* triodo m, válvula f triodo
Tritium n tritio m, T
Trittschallisolation f aislamiento m a ruido de impactos
trocken 1. seco; secado; 2. *(Geol)* árido
Trockenanlage f deshidratadora f, instalación f de secado, máquina f secadora [de secado], secadero m
Trockenapparat m aparato m secador, secador m, deshidratador m
Trockenaufbereitung f *(Bgb)* preparación f seca, tratamiento m [preparación f] por vía seca, concentración f en seco
Trockenbatterie f *(El)* batería f seca [de pilas secas]
Trockenbohren n *(Bgb)* sondeo m seco
Trockendestillation f *(Ch)* destilación f seca [destructiva]
Trockendock n *(Schiff)* dique m seco de carena, dique m de carena(do), dique m de buque, *(Am)* cala f seca
Trockenelement n *(El)* pila f seca

Trockenfestigkeit f 1. *(Gieß)* solidez f a la sequedad; 2. *(Text)* resistencia f en seco
Trockenfrachter m buque m [transportador m] de carga seca
Trockengewicht n peso m del material seco, peso m en seco
Trockengleichrichter m *(El)* rectificador m seco [metálico, de placa seca]
Trockenkupplung f embrague m del tipo de disco seco
Trockenlöscher m extintor m de compuestos químicos secos, extintor m de polvo seco
Trockenmaschine f máquina f secadora [de secado], secadora f
Trockenmittel n agente m desecador [secante], desecador m, desecativo m, desecante m; deshidratador m, deshidratante m, exsecador m, producto m deshidratante
Trockenofen m estufa f de desecación [secado], estufa f; horno m secador [de secado], secadero m
Trockenoffset(druck) m *(Typ)* offset m (de relieve) seco
Trockenreinigungsanlage f 1. instalación f de limpieza a seco; 2. *(Text)* máquina f de limpieza en seco
Trockenriss m fisura f [grieta f] de secado *(Keramik)*
Trockenscheibenkupplung f embrague m del tipo de disco seco
Trockenschleifen n *(Fert)* afilado m [amolado m, rectificado m] en seco
Trockenschleuder f centrífuga f secadora, hidroextractor m
Trockenschliff m *(Fert)* afilado m [amolado m] en seco
Trockenschrank m armario m desecador [estufa, secador], estufa f de desecación [secado], secadero m
Trockenstoff m *(Ch)* secante m, secativo m, compuesto m secante
Trockensubstanz f sustancia f seca, materia f sólida
Trockensumpfschmierung f *(Kfz)* engrase m por cárter seco
Trockentransformator m *(El)* transformador m en seco
Trockentrommel f tambor m secador, desecador m de tambor, cilindro m secador rotatorio

Trockenturm m 1. *(Ch)* columna f desecadora; 2. *(Lt)* torre f de secado
trocknen v 1. secar, desecar; 2. deshidratar; 3. hornear *(im Ofen)*
trocknend sicativo
Trockner m 1. secadero m, secador m, desecador m, desecativo m *(Anstrichstoffe)*; deshidratador m, deshidratadora f, deshumectador m, exsecador m; deshumidificador m; 2. s. Trockenmittel
Trocknung f 1. secado m, secamiento m; 2. deshidratación f, deshumectación f *(Gas)*; desecado m, desecación f, exsecación f *(Lebensmittel)*
Trocknungsanlage f máquina f secadora [de secado], secadero m; tren m de secado
Trog m 1. artesa f; pava f; cuenca f; cuba f, cubeta f; pila f, pilón m; 2. *(Text)* barca f
Trogkettenförderer m transportador m de cadena de paletas, transportador m de cadena para cargas sueltas
Trolley m *(El)* carrillo m de contacto, roldana f colectora *(Rollenstromabnehmer)*
Trolleybus m autobús m eléctrico [de trole], electrobús m, filobús m, ómnibus m de trole, trolebús m
Trommel f 1. tambor m; tambora *(groß)*; trómel m; rodillo m *(Drehzylinder)*; arrollador m *(Rolle)*; tonel m; bombo m; 2. huso m *(Winde)*
Trommelanker m *(El)* inducido m de tambor
Trommelbremse f freno m de tambor
Trommeldrucker m *(Inf)* impresor m [impresora f] de tambor, impresor f de barril
Trommelfilter n *(Ch)* filtro m rotatorio [de tambor]
Trommelofen m 1. horno m cilíndrico [giratorio, rotativo, rotatorio]; 2. *(Gieß)* horno m cilíndrico
trommelpolieren v *(Fert)* pulir en tambor
Trommelscanner m *(Inf)* escáner m de rodillo [tambor]
Trommelschleifmaschine f lijadora f de tambor *(Holzbearbeitung)*
Trommelschütz n compuerta f de tambor
Trommelsieb n criba f de tambor (rotativo), tambor m cribador, trómel m

Trommelspeicher m (Inf) memoria f de tambor
Trommeltrockner m (Lt) secadero m rotativo [rotatorio, de tambor], desecador m de tambor, secador m giratorio
Trommelumdrehung f 1. revolución f del tambor; 2. (Inf) giro m del tambor
Trommelwaschmaschine f lavadora f de tambor
Trommelwehr n compuerta f [presa f] de tambor (Wasserbau)
Trommelwendemaschine f (Lt) henificadora f de tambor
Trommelwicklung f (El) arrollamiento m de tambor, devanado m en [de] tambor
Trommelwinde f guinche m [torno m] de tambor
Tropfelektrode f electrodo m de gotas
Tropfenzähler m 1. (Ch) cuentagotas m (Labor); 2. (Ph) estalagmómetro m
Tropfflasche f (Ch) frasco m cuentagotas
Tropfglas n cuentagotas m (Labor)
Tropfkörper m filtro m percolador; tanque m depurador por filtración (z. B. für Abwasserreinigung)
Tropföler m (Masch) aceitera f de goteo, engrasador m cuentagotas, lubricador m cuentagotas [de gotas]
Tropfschale f (Ch) recogedor m
Tropfschmierung f (Masch) lubricación f por goteo
tropfwassergeschützt protegido contra goteo
Trosse f (Schiff) amarra f, estacha f; cable m; sirga f; calabrote m, jarcia f, maroma f
trübe 1. turbio (Flüssigkeit); 2. (Opt) opaco; empañado (matt)
Trübe f 1. líquido m turbio; fango m; 2. (Bgb) pulpa f
trüben v 1. (Ch) enturbiar (Flüssigkeit); 2. (Opt) opacificar, opacar
Trübung f (Ch) enturbiadura f, enturbiamiento m; turbiedad f (Flüssigkeit); opacidad f
Trübungsindex m índice m opacimétrico
Trübungsmesser m turbidímetro m, nefelómetro m, opacímetro m
Trübungsmittel n (Ch) enturbiador m; opacificante m, sustancia f opacificadora (Keramik)
Trudelwindkanal m (Flg) túnel m de ráfagas

TrueType-Schrift f (Inf) fuente f del tipo TrueType (skalierbare Schriftart)
Trum m(n) 1. (Förd) ramal m, cabo m (Riemengetriebe); 2. (Bgb, Geol) compartimiento m de pozo
Trümmer pl (Geol) materiales mpl detríticos
Trümmergestein n (Geol) conglomerado m
Trümmerlagerstätte f (Geol) criadero m sedimentario
Trümmermasse f (Geol) detrito m, material m detrítico (Gesteinsschutt)
Trummsäge f sierra f tronzadora [de tronzar, transversal de serrote], tronzador m
T-Träger m (Bw) viga f (en) T, T f
Tübbingausbau m (Bgb) encubado m, entubación f, entubado m, entubamiento m
Tubus m (Opt) tubo; barrilete m (Fernrohr)
Tubuskamera f cámara f de tubo
Tubusträger m portatubos m (Mikroskop)
Tuch n paño m, tela f, lona f (Segeltuch)
Tuff m (Geol) toba f, tosca f
Tünche f (Bw) camisa f, guarnecido m
tünchen v (Bw) guarnecer
Tuner m (Eln, TV) sintonizador m
Tuning n (Kfz) ajuste m del motor
Tunnel m túnel m
Tunnelbau m (Bw) construcción f de túneles; perforación f de túneles
Tunneldiode f (Eln) diodo m túnel (Esaki)
Tunneldiodenspeicher m (Inf) memoria f de diodos túnel
Tunneleffekt m (Eln) efecto m túnel
Tunneleffektmikroskop n microscopio m de efecto túnel
Tunnelmikroskop n microscopio m túnel
Tunnelofen m (Met) horno m de túnel [canal], horno-túnel m
Tunneltrockner m 1. (Met) horno m de túnel; 2. (Ch) secadero m (de) túnel, túnel-estufa m
Tunnelvortrieb m (Bw, Bgb) perforación f de túneles
Tüpfelprobe f (Ch) ensayo m por gotas, prueba f a la gota
Tupferknopf m (Kfz) cebador m (Motorroller)
Tür f puerta f
~/Feuer hemmende puerta f cortafuegos
~/selbstschließende puerta f automática

Türangel f pernio m
Turasscheibe f (Förd) tambor m de excavadora
Turbine f turbina f
Turbinenantrieb m propulsión f por turbina
Turbinenbau m construcción f de turbinas
Turbinenbohren n (Bgb) perforación f con turbina, turboperforación f
Turbinenbohrer m (Bgb) trépano m con turbina de perforación, sonda f de turbina
Turbinenlaufrad n rueda f de turbina
Turbinenlokomotive f locomotora f de turbina, turbolocomotora f
Turbinenluftstrahltriebwerk n (Flg) motor m turborreactor [de turborreacción], turborreactor m
Turbinenmischer m (Bw) turbomezclador m (Schaufelradmischer)
Turbinenpumpe f turbobomba f
Turbinenrad n volante m de la turbina
Turbinenschaufel f álabe m [cuchara f, pala f] de turbina
Turbinenschiff n buque m de turbina, turbonave f
Turbinenschütz n compuerta f para turbina (Wasserbau)
Turbinentriebwerk n motor m de turbina
Turboauflader m turbocargador m, turbosobrealimentador m, turbosoplador m
Turboaxialgebläse n ventilador m turboaxial
Turbobohren n (Bgb) perforación f con turbina
Turbodiesel m turbodiesel m, motor m turbodiesel
Turbodieselmotor m motor m turbodiesel
Turbogebläse n máquina f turbosoplante, soplador m [soplante m] centrífugo, turbosobrealimentador m, turbosoplante m, turbosoplador m
Turbokompressor m turbocompresor m
Turbokühler m turborrefrigerator m
Turbolader m turbocargador m, turbosobrealimentador m
Turbomaschine f turbomáquina f
Turboprop(eller)flugzeug n avión m turbopropulsado [de turbopropulsión, de turbohélice]
~ **mit zwei Triebwerken** biturbohélice f
Turbopumpe f turbobomba f

Turboraketentriebwerk n turbocohete m
Turboreaktor m turborreactor m, turbochorro m
Turborührer m (Ch) mezclador m de turbina, turboagitador m, turbomezclador m
Turboschalter m (Inf) turboconmutador m
Turbosupercharger m turbosobrealimentador m, turbosoplador m
Turbotrockner m turbosecadero m, turbodesecador m
Turboventilator m turboventilador m
Turboverdichter m compresor m rotativo, turbocompresor m
Turbulenz f (Ph) turbulencia f, movimiento m turbulento, revolvimiento m
Türgriff m manija f [tirador m] de la puerta; manilla f de la portezuela
Türleibung f (Bw) vano m de la puerta
Turm m 1. (Bw) torre f, torreta f, castillete m, castillejo m; 2. (Ch) columna f, torre f; 3. rack m, torre f (Hi-Fi-Anlage)
Turmdrehkran m grúa f (giratoria) de torre
Turmsilo m (Lt) silo m vertical
Turmteleskop n (Astr) telescopio m de torre
Turmwäscher m (Ch) lavador m de torre
Türöffner m abrepuertas m, abridor m de puertas
Türpfosten m (Bw) jamba f
Türrahmen m (Bw) cerco m [marco m] de puerta, cerco m
Türriegel m (Bw) pestillo m
Türschloss n cerradura f de la puerta
Türstockausbau m (Bgb) colocación f de ademas [entibos, marcos], entibación f cuadricular de madera
Türverriegelung f cerrojo m de puerta, picaporte m
~**/elektromagnetische** (Kfz) bloqueo m electromagnético de puerta
Türzarge f (Bw) cerco m (de la puerta)
Tuschestift m plumilla f (Plotter)
Tütenfüllmaschine f embolsadora f
t-Verteilung f distribución f de Student, distribución f t-student (Statistik)
Type f (Typ) letra f, tipo m
Typenbau m construcción f tipificada [estandarizada], obra f típica
Typenhebel m barra f de tipos, palanca f portatipos [de tipo] (Schreibmaschine)
Typenmuster n modelo m tipo; versión f arquetípica; muestra f tipo

Typenprojekt n proyecto m típico [tipificado, tipo]; diseño m tipificado [estandarizado]
Typenrad n rueda f portatipos [impresora], rueda f de tipos [caracteres] *(Druckwerk)*
Typenraddrucker m *(Inf)* impresora f de margarita [rodetes, ruedas, tambor de ruedas]
Typenwalze f tambor m de tipos *(Walzendrucker)*
Typhon n *(Schiff)* sirena f, tifón m *(Signalhorn)*

U

U-Bahn f ferrocarril m metropolitano [subterráneo], vía f férrea subterránea, subterráneo m; tren m metropolitano [subterráneo], metro m
überarbeiten v revisar; retocar
überbeanspruchen v *(Mech)* sobrefatigar; sobrecargar
Überbeanspruchung f *(Mech)* sobrefatiga f, esfuerzo m excesivo; sobrecarga f
Überbelastung f esfuerzo m excesivo; sobrecarga f
überbelichten v *(Foto)* sobreexponer
Überbrückung f 1. *(Bw)* tendido m del puente; 2. *(El)* puenteo m; 3. *(Met)* formación f de bóvedas *(Pulvermetallurgie)*
überdecken v recubrir
Überdeckung f 1. recubrimiento m; solapa f, solape m; 2. superposición f *(Überlagerung)*; 3. *(Bw)* techo m; pieza f sobrepuesta *(Dachbau)*
überdrehen v 1. torcer; 2. embalar *(Motor)*
Überdruck m 1. *(Ph)* sobrecompresión f, hipercompresión f, sobrepresión f, presión f excesiva, exceso m de presión; 2. *(Schiff)* hiperbarismo m; 3. *(Text)* sobreestampación f *(Druckmuster)*
Überdruckbegrenzer m limitador m contra [de] sobrepresión
Überdruckturbine f turbina f de reacción
Überdruckventil n válvula f de sobrepresión
übereinstimmen v coincidir
übereinstimmend consistente; homológico, homólogo
Übereinstimmung f conformidad f, coincidencia f, correspondencia f, igualdad f
• **in ~ bringen** compatibilizar

übererregen v *(Eln)* sobreexcitar
übereutektisch *(Met)* hipereutéctico
Überfall m *(Bw)* vertedero m, lámina f vertiente *(Wehr)*
Überfallwehr n presa f sumergible [sumergida, de vertedero], vertedero m *(Wasserbau)*
überfließen v derramarse; desbordarse
Überflurförderer m transportador m aéreo, conveyor m
Überflurhydrant m hidrante m de columna
überfluten v inundar
überführen v 1. *(Ch)* convertir; 2. transportar; 3. transponer
Überführung f 1. *(Ch)* conversión f; 2. transferencia f; transformación f; traslado m
Übergabe f 1. entrega f; 2. *(Fert)* transferencia f *(Werkstück)*
~/schlüsselfertige entrega f llave en mano
Übergang m 1. traspaso m; tránsito m; transición f, unión f; 2. lugar m de tránsito; local m de paso; 3. pasarela f
Übergangskurve f 1. *(Ph)* curva f de transición [acuerdo]; 2. *(Bw, Eb)* curva f de transición *(Straßenbahn)*
Übergangswiderstand m *(El)* resistencia f de contacto [paso]
Überhang m *(Bw)* voladizo m; ménsula f; cantilever m
überhitzen v recalentar, sobrecalentar
Überhitzer m caldera f sobrecalentadora, recalentador m, supercalentador m, sobrecalentador m
Überhitzung f calentamiento m excesivo, sobrecalentamiento m, caldeo m de recalentamiento, recalentamiento m
Überhöhung f *(Bw, Eb)* sobreelevación f, peralte m
überholen v 1. revisar; componer; 2. adelantar, pasar; 3. *(Schiff)* escorarse, tambalearse, inclinarse
Überholkupplung f *(Kfz, Masch)* embrague m de rueda libre, embrague m de una dirección
Überholung f 1. revisión f; repaso m; 2. recorrido m
überkritisch 1. *(Kern)* supercrítico, ultracrítico; 2. supersónico *(Strömungstechnik)*

überladen v sobrecargar
Überladung f sobrecarga f, exceso m de carga
Überlagerer m (Eln) oscilador m heterodino, heterodino m
überlagern v 1. (Eln) superponer; 2. (Nrt) heterodinar; 3. interferir
überlagernd 1. superyacente; 2. interferente
Überlagerung f 1. (Eln) sobreposición f, superposición f; 2. (Nrt) heterodinación f; interferencia f (Störung); 3. interferencia f (Wellen); 4. (Inf) alternancia f; recubrimiento m (Programmtechnik); 5. (Geol) imbricación f
Überlagerungsdruck m (Bgb) presión f de recubrimiento [estratos superpuestos]
Überlagerungsempfänger m radiorreceptor m superheterodino, receptor m heterodino, superheterodino m
Überlagerungsfrequenz f frecuencia f heterodina [de batido]
Überlagerungskreis m circuito m (super)heterodino, circuito m superpuesto
Überlagerungsschwingung f oscilación f heterodina [de interferencia, perturbadora]
Überlagerungswelle f onda f superpuesta
überlappen v solapar; recubrir
überlappnieten v remachar con recubrimiento, remachar a solapa
Überlappschweißen v soldar a solapa
Überlappschweißen n soldadura f a solapa, soldadura f por recubrimiento
Überlappstoß m junta m solapada (Schweißen)
Überlappung f sobrepuesta f, solapa f, solape m, solapamiento m; recubrimiento m (z. B. von Frequenzen)
Überlappungsnietung f remachado m de recubrimiento
überlaschen v ayustar
Überlaschung f junta f cubierta
überlasten v sobrecargar
Überlastschalter m (El) interruptor m de máxima
Überlastsicherung f aseguramiento m contra sobrecarga, protección f de [contra] sobrecarga; seguridad f contra la sobrecarga; limitador m de sobrecarga (Kran)

Überlastung f 1. sobrecarga f, exceso m de carga; 2. (Inf) hiperpaginación f (Zustand eines Teilnehmersystems)
Überlastungskupplung f acoplamiento m [embrague m] de seguridad
Überlauf m 1. desbordamiento m, desborde m; rebosadura f, rebosamiento, rebose m; escorrentía f; recorrido m suplementario; 2. vertedero m, vertedor m; rebosadero m; aliviadero m; cubeta f de desbordamiento; 3. (Bgb) rechazo m
überlaufen v desbordar, rebosar; derramarse (Flüssigkeit)
Überlaufleitung f tubería f de rebose
Überlaufrohr n tubo m rebosadero [de rebosadura, de rebosamiento, de reboso], rebosadero m, caño m de paso
Überlaufventil n válvula f de sobrante
überleiten v conducir
Übernahme f recepción f, aceptación f (z. B. von Daten); toma f (z. B. von Brennstoff)
überprüfen v verificar; revisar; examinar; inspeccionar; intervenir; repasar
~/an Ort und Stelle revisar in situ
Überprüfung f verificación f, inspección f; chequeo m f, comprobación f; depuración f
~/brandschutztechnische inspección f técnica de prevención de incendios
~/technische 1. revisión f técnica; verificación f técnica; 2. (Kfz) control m técnico de vehículos; servicio m de inspección técnica
~/vorbeugende revisión f profiláctica
Überputzmontage f (El) montaje m en saliente
Überreichweite f 1. sobrealcance m; 2. (TV) expansión f excesiva (de la imagen)
übersättigen v sobresaturar, supersaturar
Übersättigung f 1. sobresaturación f, supersaturación f, hipersaturación f; 2. (Ph) sobrefusión f (Unterkühlung)
Überschall m supersonido m
Überschallaerodynamik f (Ph) aerodinámica f supersónica, supersónica f, ultrasónica f
Überschallbereich m campo m [régimen m] supersónico
Überschalldüse f (Rak, Flg) tobera f supersónica [de Laval], boquilla f [tobera f] convergente-divergente

Überschallflugkörper m aparato m [móvil m] supersónico
Überschallflugzeug n avión m supersónico [hipersónico]
Überschallgeschwindigkeit f velocidad f supersónica
Überschallknall m (Flg) estallido m supersónico, estampido m sónico [supersónico], explosión f sónica
Überschallwindkanal m túnel m supersónico
Überschiebung f (Geol) sobreescurrimiento m, acarreo m, transgresión f
Überschlag m 1. (El) descarga f; salto m de arco (Lichtbogen); paso m de chispas (von Funken); 2. vuelco m; 3. tanteo m (Kosten)
Überschlagfunke m chispa f disruptiva
Überschlagspannung f (El) potencial m de chispa
überschneiden v/sich intersecar
überschreiben v (Inf) reescribir, sobreescribir (z. B. Daten)
überschreiten v 1. exceder, sobrepasar (Wert); atravesar; 2. (Inf) desbordar
Überschusshalbleiter m semiconductor m tipo n, semiconductor m en exceso
Überseehafen m puerto m marítimo [de mar, ultramar]
Überseekabel n cable m transoceánico
Überseeschiff n barco m tra(n)satlántico, tra(n)satlántico m
übersenden v enviar
übersetzen v 1. traducir (Sprache); 2. convertir (z. B. einen Code); 3. (Inf) compilar (z. B. Programme)
Übersetzer m 1. (Inf) traductor m; compilador m; 2. (Nrt) máquina f de cifrar
Übersetzung f 1. (Inf) traducción f; compilación f; 2. (Masch) relación f de ruedas (Getriebe); razón f de engranajes (Zahnradgetriebe)
Übersetzungsgetriebe n engranaje m multiplicador, multiplicador m (de velocidad)
Übersetzungsprogramm n (Inf) programa m compilador [traductor], compilador m, traductor m
Übersetzungsrolle f (Förd) polea f viajera, motón m volante
Übersetzungsverhältnis n (Masch) relación f (de cambio) de velocidades, relación f de transmisión [ruedas, engranaje] (Getriebe); número m de velocidades
~ **ins Langsame** relación f de desmultiplicación [reducción] (Getriebe)
~ **ins Schnelle** relación f de multiplicación, multiplicación f (Getriebe)
Übersichtsplan m 1. plano m sinóptico [general]; ordinograma m general; 2. (Bw) plano m de masa
Übersichtsschaltplan m (El) esquema m de bloques
Überspannung f 1. (El) sobrevoltaje m, exceso m de tensión, sobretensión f, supertensión f; 2. (Ch) sobrepotencial m
Überspannungsableiter m (El) cadena f de tierra descargadora de sobretensión, descargador m de sobretensión; pararrayos m
Überspannungsdurchschlag m (El) penetración f de sobretensión
Überspannungssicherung f (El) limitador m de sobretensión
überspielen v regrabar, doblar
Übersprechdämpfung f (Nrt) atenuación f de diafonía
Übersprechen n (Nrt) diafonía f
überspringen v saltar (z. B. Funke)
Übersprung m salto m
übersteigen v exceder, sobrepasar
übersteuern v (Eln) sobreexcitar; sobremodular
Übersteuerung f 1. (Eln) exceso m de amplitud, sobreexcitación f; 2. (Nrt) sobremodulación f
Überstrahlung f 1. (TV) hiperluminosidad f (der Katodenstrahlröhre); 2. (Foto) irradiación f
Überstrom m 1. fluido m excesivo (Hydraulik); 2. (El) exceso m de corriente, extracorriente f, sobrecorriente f, sobreintensidad f
Überströmkanal m (Kfz) canal m de paso, canal m admisión de gas (am Zweitaktmotor)
Überstromschalter m contactor m de línea, disyuntor m [interruptor m] de máxima
Überströmventil n válvula f desviadora [de derivación, de desborde, de paso], llave f de paso

übertägig *(Bgb)* superficial, en la superficie, al raso, al descubierto, a cielo abierto

Übertrag *m (Inf)* acarreo *m*, transporte *m*; pase *m (in den Rechner)*

übertragen *v* 1. tra(n)smitir; transferir; comunicar *(eine Kraft)*; trasladar; 2. *(Nrt)* radiotransmitir, radiodifundir *(Rundfunk)*; 3. *(TV)* televisar; comunicar *(Nachrichten)*; encaminar

~/das Maß pasar la medida
~/im Fernsehen televisar
~/sequenziell transmitir secuencialmente
~/serienmäßig transferir serialmente *(Daten)*

Überträger *m* 1. transmisor *m*; trasladador *m*; 2. *(Eln)* transformador *m*; transductor *m (Wandler)*

Übertragsbit *n (Inf)* bit *m* de acarreo
Übertragsdurchschaltung *f (Inf)* conmutación *f* de acarreo
Übertragsflag *n (Inf)* bandera *f* de arrastre
Übertragsschaltung *f (Inf)* conmutación *f* de acarreo
Übertragssignal *n (Inf)* señal *f* de acarreo

Übertragung *f* 1. *(Ph)* transmisión *f (z. B. einer Kraft)*; conducción *f (z. B. Gas, Dampf)*; trasiego *m*; 2. *(Ch)* transferencia *f*, 3. *(Nrt)* transferencia *f*, tra(n)smisión *f*; transporte *m (Signal)*; retransmisión *f (durch Relais)*; traspaso *m*

~/automatische 1. *(Inf)* consignación *f* automática; 2. *(Nrt)* manipulación *f* automática
~ bildhafter Darstellungen *(Inf)* transmisión *f* de figuras; transmisión *f* de mapas
~/drahtgebundene transmisión *f* por líneas
~/drahtlose radiotransmisión *f*, transmisión *f* inalámbrica
~/gleichzeitige transferencia *f* paralela [en paralelo], transmisión *f* concurrente
~/parallele *(Inf)* transmisión *f* paralela [en paralelo], traslación *f* [transferencia *f*] paralela [en paralelo], transmisión *f* concurrente
~/serielle transmisión *f* serial [en serie], transferencia *f* serial *(Daten)*

Übertragungsbandbreite *f* ancho *m* de banda de transmisión
Übertragungsbefehl *m (Inf)* instrucción *f* de transferencia [transporte]

Übertragungsbit *n (Inf)* bit *m* de transmisión
Übertragungseinrichtung *f* dispositivo *m* [equipo *m*] de transmisión, tra(n)slador *m*, unidad *f* de transferencia [transmisión]
Übertragungsgeschwindigkeit *f* 1. *(Inf)* velocidad *f* de transferencia [transmisión, comunicación]; tasa *f* de transmisión [transferencia] *(Anzahl der in einer Zeiteinheit übertragenen Bits)*; rapidez *f* de transmisión; 2. *(Inf, Nrt)* velocidad *f* de señalización
Übertragungskanal *m (Nrt)* canal *m* de comunicaciones [comunicación, telecomunicación]; canal *m* de emisión; canal *m* [senda *f*] de transmisión; canal *m* radioeléctrico
Übertragungskreis *m* circuito *m* de transmisión *(Regelungstechnik)*
Übertragungsleitung *f* 1. línea *f* de transmisión; circuito *m* de transmisión; 2. *(Nrt)* línea *f* de comunicación
Übertragungspegel *m (Nrt)* nivel *m* de transmisión
Übertragungsprotokoll *n (Inf)* protocolo *m* de transmisión
Übertragungsrate *f (Inf)* velocidad *f* de transferencia, tasa *f* de transmisión [transferencia], índice *m* de transferencia *(Anzahl der in einer Zeiteinheit übertragenen Bits)*
Übertragungsschnittstelle *f* interfaz *f* de transmisión
Übertragungssignal *n* señal *f* de transmisión; señal *f* de telecomunicación
Übertragungssteuerzeichen *n (Inf)* carácter *m* de control de transmisión
Übertragungsstromkreis *m (Nrt)* circuito *m* de comunicación; circuito *m* de transmisión
Übertragungsweg *m* 1. camino *m* [vía *f*, senda *f*] de transmisión; 2. *(Nrt)* canal *m* transparente [de transmisión]; 3. *(Inf)* línea *f* [senda *f*, calle *f*] de transmisión
Übertragungswelle *f (Masch)* árbol *m* [eje *m*] de transmisión; árbol *m* [eje *m*] intermedi(ari)o; árbol *m* de accionamiento; eje *m* de cambio; vástago *m* de transmisión
überwachen *v* supervisar, vigilar; observar; controlar; monitorizar, monitorear *(mittels Monitor)*

Ultraschallmessung

Überwachung f supervisión f, vigilancia f; observación f; seguimiento m; mantenimiento m; control m; monitorización f
- ~ **der nuklearen Sicherheit** supervisión f de seguridad nuclear
- ~/**messtechnische** control m metrológico
- ~/**technische** revisión f técnica; supervigilancia f técnica; inspección f técnica (nacional)

Überwachungsanlage f equipo m de supervisión, instalación f de control
Überwachungsbildschirm m pantalla f de monitor
Überwachungsbit n (Inf) bit m de vigilancia
Überwachungsgerät n aparato m de vigilancia, equipo m de control [supervisión]
Überwachungslampe f lámpara f piloto
Überwachungssatellit m satélite m de vigilancia
Überwachungsschalter m llave f de supervisión
Überwachungssignal n (Nrt) señal f piloto [de supervisión]
Überwachungssteuerung f control m supervisor
Überwasserteil m **des Schiffskörpers** obra f muerta
überwölben v (Bw) abovedar, embovedar
Überwurfmutter f (Masch) sobretuerca f, tuerca f tapón con rosca, racor m, tensor m
überziehen v 1. recubrir, revestir; forrar; bañar (im Bad); 2. (Met) metalizar, chap(e)ar (mit Metall)
Überzug m 1. recubrimiento m, revestimiento m; cubierta f, capa f (superpuesta); depósito m; chapeado m, enchapado m; enlucido m (aus Metall); 2. (Fert) acabado m; 3. funda f (Hülle); mantilla f; 4. película f (Film)
- ~/**galvanischer** recubrimiento m [revestimiento m, chapeado m] galvánico, galvanoplastia f, galvanoplástica f

Uferbefestigung f consolidación f de orilla; defensa f de riberas; defensa f fluvial
Uferschutzanlage f instalación f protectora de orillas
UHF-Antenne f antena f de muy alta frecuencia
Uhr f reloj m

~/**astronomische** reloj m astronómico
- ~ **mit Datumsanzeige** reloj m (de) calendario
~/**radioaktive** reloj m radiactivo (Zeitbestimmung auf Grund des radioaktiven Zerfalls)

Uhrfeder f muelle m real
Uhrwerk n mecanismo m (de relojería)
Uhrzeigersinn m sentido m de las agujas del reloj • **entgegen dem ~** en sentido antihorario • **im ~** en sentido horario
UKW onda f ultracorta, muy alta frecuencia f (30 bis 300 MHz)
UKW-Sender m emisor m [radioemisora f, transmisor m] de ondas ultracortas
Ultrahochfrequenz f ultraalta frecuencia f, frecuencia f ultraelevada, F.U.E. (300 – 3000 MHz)
Ultrakurzwelle f onda f ultracorta [extracorta], muy alta frecuencia f, V.H.F. (30 bis 300 MHz)
Ultralangwelle f onda f ultralarga
Ultraschall m ultrasonido m
Ultraschallanlage f sistema m de ultrasonidos
Ultraschallbearbeitung f (Fert) tratamiento m con ultrasonido
Ultraschallbohrer m (Fert) broca f ultrasónica
Ultraschallbohrmaschine f (Fert) taladradora f ultrasónica
Ultraschalldefektoskop n (Wkst) defectoscopio m ultrasónico, detector m ultrasónico de fisuras [defectos]
Ultraschalldetektor m (Wkst) detector m ultrasónico
Ultraschalldickenmessgerät n (Wkst) galga f ultrasónica de [para] espesores
Ultraschallechogerät n sonda f ultrasónica [ultrasonora]
Ultraschallecholot n ecómetro m ultrasonoro, ecosonda f ultrasónica
Ultraschallentfernungsmesser m telémetro m supersónico [ultrasónico]
Ultraschallfrequenz f frecuencia f ultrasónica [supersónica]
Ultraschallgerät n aparato m [equipo m] ultrasónico
Ultraschallimpulsechogerät n ecómetro m por impulsos ultrasónicos
Ultraschallmessung f medida f ultrasónica

Ultraschallortungsanlage f ecómetro m ultrasonoro

Ultraschallprüfgerät n (Wkst) detector m ultrasónico de fisuras [defectos], defectoscopio m ultrasónico

Ultraschallschleifen n (Fert) rectificado m ultrasónico

Ultraschallschweißen n (Fert) soldadura f ultrasónica [por ultrasonidos]

Ultraschallschwingung f oscilación f ultrasónica

Ultraschallstrahlung f rayos mpl ultrasónicos

Ultraschalltechnik f técnica f ultrasónica [de ultrasonidos]; tecnología f de ultrasonido

Ultraschallvergaser m (Kfz) carburador m ultrasónico

Ultraschallwelle f onda f ultrasónica [de ultrasonido, ultrasonora, supersónica]

Ultraschallwerkstoffprüfung f (Wkst) ensayo m ultrasónico de materiales, examen m ultrasónico

Ultrastrahlung f radiación f cósmica, ultrarradiación f

ultraviolett ultravioladó, ultravioleta, u.V.

Ultraviolettfilter n (Foto) filtro m ultravioleta

Ultraviolettlampe f lámpara f ultravioleta [de rayos ultravioletas]

Ultraviolettlaser m láser m de emisión ultravioleta

Ultraviolettspektrograph m espectrógrafo m de ultravioleta [UV]

Ultraviolettstrahlen mpl rayos mpl ultraviolados [ultravioletas]

Ultraviolettstrahler m radiador m ultravioleta, lámpara f de rayos ultravioletas

Ultrazentrifuge f (Masch) centrífuga f ultrarrápida, ultracentrífuga f

umarbeiten v regenerar; retoquar

Umbau m conversión f; obra f de reforma; reconstrucción f; reconversión f

umbauen v reconstruir

umbenennen v renombrar, cambiar de nombre (z. B. Datei)

Umbruch m (Typ) compaginación f; recorrido m

umcodieren v transcodificar, recodificar

Umcodierer m transcodificador m

Umdrehung f (Masch) revolución f; rotación f (um die eigene Achse); giro m, vuelta f • **in ~ versetzen** hacer girar

Umdrehungen fpl **pro Minute** número m de revoluciones por minuto, revoluciones fpl [vueltas fpl] por minuto, rev./min., r.p.m., v.p.m.

Umdrehungszahl f (Mech) número m de revoluciones [vueltas], frecuencia f de rotación

Umdrehungszähler m cronotacómetro m, cronotaquímetro m (Regelungstechnik)

Umfang m 1. (Math) circunferencia f (Kreis); perímetro m; 2. tamaño m; volumen m; 3. entorno m; amplitud f

Umfangsgeschwindigkeit f velocidad f circunferencial [periférica]

Umfangswinkel m (Math) ángulo m inscrito

Umfeld n ambiente m; entorno m; zona f perimetral

Umförderpumpe f bomba f de trasiego

umformbar (Fert) mecanizable; deformable; maleable

umformen v 1. transformar (z. B. Daten); deformar; elaborar metales por conformación, conformar (Metalle); moldar, (Am) trabajar mecánicamente; 2. (El) transformar, convertir

~-/warm (Fert) deformar [mecanizar] en caliente

Umformer m (El) convertidor m, transformador m

Umformmaschine f máquina f de conformar [conformación], máquina f para deformación, máquina f herramienta par conformar metales

Umformung f 1. (Fert) deformación f, transformación f; conformado m; conformación f (Metalle); mecanizado m; trabajo m plástico [de deformación], (Am) trabajo m mecánico; moldeado m, moldaje m; 2. (El) transformación f, conversión f; 3. (Math) transformación f

umfüllen v trasegar, transvasar, abocar

Umgebung f ambiente m, entorno m ambiental; entorno m, cercanías fpl; ámbito m, zona f circundante; alrededores mpl

Umgebungsgeräuschpegel m nivel m sonoro ambiental, nivel m de ruido ambiente

Umgebungslärm m ruido m ambiental [ambiente]

Umgebungstemperatur f temperatura f ambiental [ambiente]

Umgehungsleitung f tubería f de derivación
Umgehungsstraße f calle f de circunvalación; carretera f de circunvalación
umgekehrt inverso, invertido
umgestalten v remodificar, remodelar; reconstruir; reajustar; rediseñar; reconvertir, reorganizar; transformar; reformar; reestructurar; reordenar; acondicionar, condicionar; redimensionar
Umgestaltung f remodificación f; replanteamiento m; remodelación f; reconstrucción f; reajuste m; reconversión f; conversión f; reorganización f; redisposición f; reestructuración f; reordenamiento m
Umgrenzungslinie f contorno m
umhüllen v 1. revestir; cubrir; abrigar; envolver; 2. (Masch) encamisar (z. B. Zylinder)
Umhüllende f (Math) curva f de envolvente, envolvente f
Umhüllung f 1. revestimiento m; cubierta f, envoltura f, envuelta f, enmantillaje m; 2. camisa f; forro m
umkehrbar reversible
~/nicht irreversible
umkehren v invertir; volver
Umkehrfilm m película f reversible
Umkehrfunktion f (Math) función f inversa [de conversión]
Umkehrgetriebe n (Masch) mecanismo m de reversión
Umkehrkupplung f (Masch) embrague m reversible
Umkehrmatrix f (Math) matriz f inversa
Umkehrmodulation f (Eln, Nrt) modulación f negativa
Umkehrmotor m (El) motor m [máquina f] invertible
Umkehrprisma n (Opt) prisma m enderezador [inversor]
Umkehrpropeller m (Schiff) hélice f de palas orientables
Umkehrpunkt m punto m de giro [inversión, retorno]
Umkehrschalter m (El) conmutador m inversor [de inversión], interruptor m inversor [de inversión]
Umkehrschaltung f circuito m inversor, conexión f inversa
Umkehrspülung f (Kfz) barrido m de impulsión [inversión]

Umkehrtransformation f (Math) transformación f recíproca
Umkehrtrommel f (Förd) tambor m de reenvío
Umkehr- und Untersetzungsgetriebe n inversor-reductor m
Umkehrung f inversión f (z. B. einer Funktion); reversión f; retromarcha f
Umkehrwalzwerk n laminador m reversible, tren m (de laminación) reversible
umkippen v volcar, voltear
umkonstruieren v rediseñar
Umkreis m 1. (Math) círculo m circunscrito, circunferencia f; 2. entorno m; periferia f; recinto m; ámbito m, zona f circundante
Umkreisradius m (Math) radio m de circunferencia
Umkugel f (Math) esfera f circunscrita
umladen v tra(n)sbordar
Umladeproblem n problema m del transporte (Optimierung)
Umladewagen m 1. transbordador m; 2. (Eb) carro m transbordador
Umladung f 1. transbordo m; 2. (El) recargue m
Umlagerung f (Ch) reagrupamiento m, rearreglo m, transposición f
Umlauf m 1. circulación f, recirculación f, reciclo m; rotación f; revolución f, vuelta f, 2. (Astr) revolución f
Umlaufaufzug m ascensor m de rosario [marcha continua]
Umlaufbahn f 1. (Rak) trayectoria f orbital [de vuelo], órbita f; 2. teleférico m de cable sin fin • **auf die ~ bringen** poner en órbita
~/berechnete trayectoria f preestablecida
~/erdnahe órbita f cercana a la Tierra
umlaufen v circular; girar (Motor); recircular
Umlauffrequenz f (Mech) frecuencia f de rotación, número m de revoluciones
Umlaufgeschwindigkeit f 1. (Astr, Rak) velocidad f orbital [circular, de rotación]; 2. (Masch) velocidad f de rotación
Umlaufgetriebe n (Masch) transmisión f planetaria, engranaje m planetario [satélite]
Umlaufkolbenpumpe f bomba f rotatoria [de émbolo rotativo]

Umlaufkühlung f enfriamiento m [refrigeración f] por circulación
Umlaufrad n (Mech) engranaje m planetario [satélite], planetario m (Getriebe)
Umlaufregister n (Inf) registro m cíclico
Umlaufschmierung f engrase m por circulación, lubricación f circulatoria
Umlaufspeicher m (Inf) memoria f circulante
Umlaufzahl f (Mech) frecuencia f de rotación, número m de revoluciones [vueltas]
Umlaufzeit f 1. tiempo m de rotación; 2. (Astr) período m (orbital), período m de revolución, revolución, f, tiempo m período do
umleiten v derivar (z. B. Verkehr); trasvasar (Fluss)
Umleitung f 1. derivación f, desvío m; trasvase m (Fluss); reencaminamiento m; 2. (Nrt) reenvío m (Anruf)
umlenken v desviar; derivar (z. B. Verkehr)
Umlenkhebel m (Mech) palanca f inversora
Umlenkprisma n prisma m reflector [de reflexión]
Umlenkrolle f (Förd) rodillo m de reenvío [retorno], polea f de desviación
Umlenkscheibe f polea f de reenvío (für Becherwerke)
Umlenkung f desviación f
Umluft f aire m circulante [de recirculación]
Umlufttrockner m secadero m con circulación de aire, secador m de convección, secador m por circulación de aire
ummanteln v 1. revestir (Kabel); envolver; forrar; 2. (Masch) encamisar (z. B. Zylinder)
Ummantelung f cubierta f, funda f, camisa f
umordnen v reordenar, reestructurar, cambiar el orden (z. B. Daten)
Umordnung f reordenación f, reestructuración f (z. B. von Daten)
umpolen v (El) cambiar la polaridad, invertir
Umpoler m (El) inversor m de polos, llave f inversora
Umpolung f (El) inversión f de la polaridad
Umpolungsschalter m conmutador m cambiapolos

umpumpen v recircular
Umpumpen n trasiego m
umranden v contornar
Umrandungsfeuer npl (Flg) luces fpl de demarcación [limitación, pista]
Umrechnungsfaktor m factor m de conversión
Umrechnungsschlüssel m clave f [código m] de conversión
Umrechnungstabelle f tabla f de conversión [transformación], estado m de conversión
umreißen v esbozar, bocetar
Umriss m 1. contorno m; perfil m; 2. boceto m
Umrissfräsen n (Fert) fresado m de contornos, fresado m por copiado
Umrisslinie f contorno m
Umrisszeichnung f esbozo m
Umrüstung f reequipamiento m, reequipación f; rearme m (von Maschinen); conversión f
Umschaltcode m (Nrt) código m de escape
umschalten v (El) conmutar
Umschalter m 1. (El) conmutador m, (Am) chucho m; 2. (Nrt) llave f conmutadora; 3. (Inf) conmutador m de alteración; 4. inversor m
Umschaltgetriebe n (Masch) engranaje m inversor [de inversión]
Umschalthebel m (Masch) palanca f inversora [de cambio], manija f de cambio
Umschalttaste f tecla f de mayúsculas
Umschaltung f 1. (El) conmutación f, acción f de conmutación; basculación f; 2. cambio m; desplazamiento m; reversión f
Umschaltverstärker m amplificador m inversor
Umschlag m 1. (Ch) cambio m (z. B. eines Indikators); 2. sobre m; forro m (eines Buches); 3. transbordo m; manejo m de cargas
umschlagen v operar (Ladung)
Umschlagsanlage f (Schiff) instalación f para carga y descarga, instalación f de transbordo
Umschlagsgerät n (Förd) equipo m de manejo (mecánico), medio m de carga y descarga
Umschlagsgeschirr n (Förd, Schiff) aparejos mpl de maniobra

Umschließungsfläche f superficie f de contacto
umschmelzen v *(Gieß)* refundir, fundir de nuevo
Umschmelzen n *(Gieß)* refusión f, refundición f, segunda fusión f
umschreiben v 1. *(Math)* circunscribir *(einen Kreis)*; 2. reescribir; transcribir *(Daten)*
Umschreibung f 1. *(Math)* circunscripción f *(Kreis)*; 2. reescritura f; transcripción f
umsetzen v 1. *(Ch)* reaccionar; convertir, transformar; 2. *(El)* transformar; 3. *(Inf)* reasignar; 4. *(Typ)* recomponer
Umsetzer m 1. *(El)* convertidor m; 2. *(Eln)* transconector m; 3. *(Inf)* de(s)codificador m, convertidor m, máquina f de cifrar
Umsetzung f 1. *(Ch)* reacción f (de intercambio), transformación f, transposición f; 2. *(El)* traslación f; 3. *(Inf)* reasignación f; conversión f, traducción f; 4. *(Typ)* recomposición f
umspannen v *(El)* transformar *(Spannung)*
Umspannwerk n *(El)* central f [estación f] transformadora
umspulen v 1. rebobinar *(Film)*; 2. *(Text)* redevanar
Umspulmaschine f 1. rebobinadora f *(Film)*; 2. *(Text)* trascanadora f
umstellen v reconvertir; transponer
Umstellung f reorientación f; readaptación f; reajuste m; reorganización f, reconversión f *(z. B. der Produktion)*
Umsteueranlage f inversor m de marcha
umsteuerbar reversible
Umsteuergetriebe n mecanismo m inversor [de inversión], engranaje m inversor [de inversión]
Umsteuerhebel m *(Fert)* palanca f inversora [de inversión de marcha], manubrio m de cambio de marcha
umsteuern v cambiar de marcha
Umsteuerpropeller m *(Schiff)* hélice f reversible
Umsteuerruder n *(Schiff)* timón m inversor
Umsteuerung f 1. inversión f (de marcha), retromarcha f; 2. engranaje m inversor [de inversión]
Umsteuerventil n válvula f de inversión
Umsteuerwelle f árbol m [eje m] de cambio de marcha

Umwälzpumpe f bomba f de circulación [trasiego], circulador m
umwandeln v convertir, transformar; reconvertir; conmutar; alterar; reducir
Umwandler m 1. traductor m; inversor m; 2. *(Inf)* convertidor m
Umwandlung f 1. conversión f; reversión f; reducción f; 2. *(Inf)* traducción f *(Programm)*; 3. *(Ph, Ch, El)* transformación f; 4. *(Kern)* transmutación f
Umwandlungsfaktor m 1. factor m de conversión; 2. *(Kern)* coeficiente m de conversión
Umwandlungspunkt m 1. *(Math)* punto m de interrupción *(einer Funktion)*; 2. *(Met)* punto m de transformación [transmutación], punto m crítico *(Stahl)*
Umwandlungstemperatur f temperatura f transitoria [de transición, de transformación]
Umwelt f medio m ambiente, ambiente m, entorno m (ambiental, medioambiental), medio m; ambiente m ecológico
~/lärmbelastete ambiente m ruidoso [contaminado por el ruido]
~/schadstoffbelastete medio m de carga contaminante
Umweltakustik f acústica f ambiental
Umweltanalytik f analítica f del medio ambiente
umweltbedingt ambiental
Umweltbeeinträchtigung f ataque m al medio ambiente, impacto m ambiental; perjuicio m ecológico
umweltbelastend contaminante
Umweltbelastung f contaminación f ambiental [del ambiente]; presión f [impacto m, tensión f] ambiental; agresión f ambiental, ataque m al medio ambiente
Umweltchemie f química f ambiental [del medio ambiente], química f ecológica
Umwelterhaltung f preservación f del medio ambiente, conservación f ambiental [del medio ambiente]
Umweltfaktor m agente m [factor m, parámetro m] ambiental, factor m [parámetro m] medioambiental
Umweltforschung f investigación f del medio ambiente
umweltfreundlich anticontaminante, menos contaminante; no contaminante, sin contaminación f, limpio

Umweltgefährdung f riesgo m (medio)ambiental

Umweltgeologie f geología f ambiental

Umweltgestaltung f ambientación f, alteración f [modificación f] ambiental; acondicionamiento m ambiental

Umweltkatastrofe f desastre m ambiental, catástrofe m ecológico [contaminante]

Umweltlabor n laboratorio m del medio ambiente

Umweltmesstechnik f 1. técnica f de medición del medio ambiente; 2. instrumentación f medioambiental *(Gerätetechnik)*

Umweltprobenahme f muestreo m ambiental, toma f de muestras ambientales

Umweltradioaktivität f radiactividad f medioambiental [del medio ambiente]

Umweltsatellit m satélite m de vigilancia del medio ambiente

umweltschädigend perjudicial al medio ambiente

Umweltschädigung f deterioro m ambiental

Umweltschadstoff m contaminante m ambiental

umweltschonend menos contaminante

Umweltschutz m protección f ambiental [del medio ambiente], control m ambiental [del medio ambiente]; protección f del ambiente atmosférico *(bezogen auf Luft)*; defensa f del (medio) ambiente, lucha f contra la contaminación ambiental; conservación f [preservación f] del medio ambiente; protección f ecológica

~/betrieblicher control m ambiental de la empresa

~/technischer ingeniería f ambiental; ambientación f

Umweltschutzpapier n papel m reciclado

Umweltschutztechnik f ingeniería f ambiental; tecnología f ambiental; técnica f de control ambiental; técnica f de saneamiento

Umweltschutztechnologie f tecnología f ambiental, tecnología f (de) anticontaminación, tecnología f (conservadora) del medio ambiente

Umwelttechnik f ingeniería f (medio)ambiental; técnica f de medio ambiente; tecnología f del medio ambiente

Umwelttoxikologie f toxicología f ambiental [del medio ambiente], ecotoxicología f

Umweltüberwachung f vigilancia f ambiental [del medio ambiente]; control m ambiental [del ambiente]; seguimiento m ambiental

Umweltverfahrenstechnik f ténica f de procesos del medio ambiente

Umweltverschlechterung f degradación f [deterioro m] del medio ambiente

Umweltverschmutzung f contaminación f ambiental [del ambiente, del medio ambiente], polución f ambiental [ambiente]; polución f atmosférica; suciedad f ambiental

umweltverträglich compatible con el medio ambiente

Umweltverträglichkeitsprüfung f prueba f [comprobación f] de la compatibilidad medioambiental

Umweltwissenschaft f ciencia f ambiental [del medio ambiente]

Umweltzeichen n marca f medio ambiente, etiqueta f ecológica [medio ambiente]

Umweltzerstörung f destrucción f ambiental [del medio ambiente]

Unabhängigkeit f independencia f

Unbekannte f *(Math)* incógnita f, cantidad f desconocida [incógnita]

unberuhigt efervescente *(Stahl)*

unbeständig inconsistente; inestable, lábil

unbestimmt 1. indeterminado; 2. *(Math)* indefinido

Unbestimmtheit f 1. *(Kyb)* indeterminación f, incertidumbre f; 2. *(Math)* indefinidad f

Unbestimmtheitsmaß n *(Ph)* grado m de indeterminación

Unbestimmtheitsprinzip n/heisenbergsches principio m [relación f] de incertidumbre [indeterminación] (de Heisenberg)

unbeweglich inmovible, inmóvil; inmueble; estacionario

unbrennbar incombustible, ininflamable

Undichtigkeit f falta f de hermeticidad, permeabilidad f, fuga f

UND-NICHT-Schaltung f circuito m NO-Y, puerta f de excepción

UND-Schaltung f circuito m [puerta f] Y, puerta f de coincidencia

undurchlässig 1. hermético; impenetrable, impermeable; 2. opaco *(für Strahlen)*; 3. atérmico *(für Wärme)*
Undurchlässigkeit f 1. hermeticidad f; impenetrabilidad f, impermeabilidad f; 2. opacidad f *(für Strahlen)*
undurchsichtig opaco
unendlich *(Math)* infinito • **~ groß werden** *(Math)* extenderse al infinito
Unendlichkeit f *(Math)* infinidad f, infinitud f, infinito m
Unfallauto n vehículo m accidentado
Unfallschutz m protección f [seguridad f] contra accidentes; control m de accidentes [la accidentabilidad]; servicio m de prevención
unfallsicher a prueba de accidentes
ungenau impreciso, inexacto
ungenutzt 1. ocioso; 2. *(Inf)* desaprovechado *(Speicherplatz)*
ungerade impar *(Zahl)*
ungerichtet *(Eln)* omnidireccional
ungesättigt insaturado, no saturado
ungleich no idéntico; diferente; heterogéneo
ungleichförmig no uniforme; heterogéneo; irregular
Ungleichheit f *(Math)* desigualdad f
ungleichseitig *(Math)* escaleno
Ungleichung f *(Math)* inecuación f, desigualdad f, identidad f no
unipolar *(El)* unipolar, homopolar, monopolar
Unipolarmaschine f *(El)* máquina f acíclica [unipolar]
Universaldrehmaschine f *(Fert)* torno m combinado
Universalfräsmaschine f *(Fert)* fresadora f universal
Universalgelenk n junta f (de) cardán, junta f universal [de Hooke], cruceta f
Universalmessgerät n polímetro m
Universalprüfer m multímetro m
Universalrechner m ordenador m universal [de uso general, de aplicación general], computadora f multiuso
Universalschaltkreis m red f de puertas electrónicas [lógicas]; matriz f lógica programable *(nach Kundenwunsch verdrahtbar)*
Unkrautegge f *(Lt)* escarificadora f, discos mpl carpidores [deshierbadores]

unlösbar 1. *(Math)* insoluble; 2. *(Masch)* indesarmable *(Verbindung)*; 3. s. unlöslich
Unlösbarkeit f *(Math)* insolubilidad f
unlöschbar inextinguible
unlöslich *(Ch)* insoluble, indisoluble
Unruh f volante m *(Uhr)*
unrund no circular; ovalado
unscharf 1. *(Foto)* flojo; 2. *(Nrt)* emborronado *(durch Streuung)*; borroso *(z. B. Fernsehbild)*
Unschärfe f *(Foto)* desenfoque m
Unschärfenkreis m *(Opt)* círculo m de difusión
Unschärferelation fheisenbergsche principio m [relación f] de incertidumbre [indeterminación] (de Heisenberg)
Unsinkbarkeitsrechnung f *(Schiff)* cálculo m de insumergibilidad
unstetig discontinuo
Unstetigförderer m transportador m discontinuo
Unstetigkeit f *(Math)* discontinuidad f
Unstetigkeitsstelle f *(Math)* punto m de discontinuidad; discontinuidad f *(Kristallographie)*
unsymmetrisch 1. disimétrico; 2. *(El)* desequilibrado
Unterbau m 1. *(Bw)* subestructura f, estructura f básica; 2. *(Eb)* construcción f subterránea, subestructura f; 3. *(Masch)* armazón f de sustentación, *(Am)* falso chasis m
unterbelichten v *(Foto)* subexponer
Unterbelichtung f *(Foto)* falta f de exposición, subexposición f
Unterbodenkorrosion f *(Kfz)* corrosión f de la estructura
unterbrechen v 1. interrumpir; suspender; 2. *(El)* desconectar, cortar
Unterbrecher m 1. *(El)* desconectador m, interruptor m, disruptor m; disyuntor m; dispositivo m de corte; 2. *(El, Kfz)* ruptor m, *(Am)* chucho m interruptor
Unterbrecherkontakt m *(Kfz)* contacto m de ruptura, contacto m del ruptor
Unterbrechernocken m *(Kfz)* leva f de ruptor [disyuntor]
Unterbrecherscheibe f disco m de interrupción
Unterbrechung f 1. interrupción f; disrupción f, parada f, desconexión f, corte m;

Unterbrechungsaufforderung

petardeo m; 2. (Inf) proceso m de interrupción; 3. solución f de continuidad (Pfeilverzahnung)

Unterbrechungsaufforderung f (Inf) solicitud f de interrupción, llamada f a interrupción

Unterbrechungssignal n señal f de interrupción

Unterbrechungstaste f (El) interruptor m de accionamiento manual

unterbringen v alojar, ubicar; colocar

Unterdeck n (Schiff) cubierta f baja

Unterdeckraumgehalt m tonelada f de registro bajo cubierta, TRBC (in Registertonnen)

Unterdruck m (Ph) depresión f, subpresión f

unterdrücken v suprimir; oprimir; sofocar (Flamme); inhibir (hemmen)

Unterdruckfilter m filtro m al vacío

Unterdruckkammer f (Flg) cámara f barométrica [de presión], barocámara f

Unterdruckpumpe f bomba f de vacío

Unterdrückung f 1. supresión f; 2. (Eln) rechazo m

Unterdruckverstellung f (Kfz) avance m de vacío (der Zündung)

Unterentwicklung f (Foto) falta f de revelado

untereutektisch (Met) hipoeutéctico

Unterflurhydrant m hidrante m de arqueta [boca]

Unterführung f pasaje m [paso m] subterráneo

Unterfunktion f (Math) transformada f

Untergeschoss n planta f de sótano

Untergesenk n (Met) contraestampa f, contramolde m, estampa f de abajo [yunque], estampa f inferior

Untergraph m grafo m parcial, subgrafo m (Graphentheorie)

Untergrund m 1. subsuelo m; 2. (Geol) roca f madre, sustrato m

Untergrundbahn f ferrocarril m subterráneo [metropolitano], metro m; tren m subterráneo, subterráneo m

Untergrundlockerer m (Lt) arado m subsolador [de subsuelo], subsolador m, subsoladora f

Untergrundstrahlung f radiación f de fondo

Untergruppe f 1. subcategoría f; 2. (Math) subgrupo m; 3. subconjunto m, subensamblaje m (Baugruppe)

Untergurt m (Bw) cabeza f inferior, viga f de fondo (Statik); tirante m (Dachbinder)

unterhalten v 1. mantener; 2. (Bgb) mantener abierto (Strecke)

Unterhaltung f entretenimiento m, mantenimiento m, manutención f

Unterharmonische f (Ph) subarmónica f

Unterkante f borde m inferior (z. B. von Balken)

unterkühlen v (Ph) sobreenfriar, subenfriar

Unterkühlung f (Ph) sobreenfriamiento m, subenfriamiento m, superenfriado m, superenfriamiento m, sobrefusión f

Unterlage f 1. (Masch) base f, soporte m; planchita f; 2. almohadilla f, mantilla f, polín m; subestructura f; 3. platillo m; volandera f, zapata f, junta f, juntura f; 4. (Gieß) estampa f; 5. (Typ) alza f (für Druckplatten); asiento m; base f (für Klischees); 6. documento m

Unterlagsplatte f 1. zapata f; 2. (Eb) placa f de asiento, mordaza f de vía (Schiene)

Unterlauf m 1. (Inf) desbordamiento m inferior; 2. (Schiff) pie m de roda (beim Steven)

Unterlegkeil m (Masch) calce m, cala f

Unterlegscheibe f (Masch) contraplaca f, rondela f, arandela f

untermauern v (Bw) recalzar

Untermauerung f (Bw) recalzado m, recalzamiento m, recalzo m, recalce m; muro m de ladrillos (Treppenbau)

Untermenge f (Math) subconjunto m, subjuego m

Unternehmensforschung f investigación f operacional [de operaciones]

Unterprodukt n (Math) producto m secundario

Unterprogramm n (Inf) subprograma m, programa m parcial, subrutina f

~/interpretierendes subrutina f de interpretación

~/verschachteltes subrutina f anidada [encajada]

~/wiedereintrittsfestes subrutina f reentrante

Unterputzleitung f (El) línea f empotrada

Unterputzverlegung f (El) instalación f empotrada, montaje m empotrado

Unterricht m/rechnergestützter enseñanza f [instrucción f] asistida por ordenador

Untersatz *m* consola *f*; zócalo *m*; pie *m*; batea *f*; mecanismo *m* de cuna, cuna *f*
Unterschallflugzeug *n* avión *m* subsónico
Unterschallgeschwindigkeit *f* velocidad *f* subsónica
Unterschalung *f (Bw)* encofrado *m* de las jácenas
unterscheiden *v* discriminar; discernir *(z. B. Signal)*
Unterschicht *f* substrato *m*, sustrato *m*; lecho *m* inferior
unterschlächtig de admisión [incisión] inferior *(Wasserrad)*
Unterschram *m (Bgb)* corte *m* al fondo
unterschrämen *v (Bgb)* excavar debajo, rozar
Unterschrämen *n (Bgb)* socavado *m*
Unterseeboot *n* submarino *m*, sumergible *m*
Untersee(fernseh)kamera *f* cámara *f* de televisión submarina
Unterseepipeline *f* oleoducto *m* submarino
Unterseeschiff *n* crucero *m* submarino
Unterseescooter *m* scooter *m* submarino
Unterseilführung *f (Förd)* guía *f* del cable inferior
untersetzen *v (Mech)* reducir, de(s)multiplicar
Untersetzung *f (Mech)* reducción *f*, de(s)multiplicación *f*
Untersetzungsgetriebe *n* engranaje *m* demultiplicador, tren *m* reductor, mecanismo *m* desmultiplicador [reductor, de reducción], reductor *m* (de velocidad), caja *f* [contramarcha *f*] reductora
Untersetzungs- und Wendegetriebe *n* reductor-inversor *m*
Untersetzungsverhältnis *n* relación *f* de desmultiplicación *(Getriebe)*
Unterspannung *f (El)* subtensión *f*, hipotensión *f*, tensión *f* inferior, infratensión *f*
Unterspannungsrelais *n* relé *m* de baja tensión, relé *m* de mínima de tensión, relé *m* de tensión mínima
Unterspannungsschalter *m* disyuntor *m* de tensión insuficiente
Unterspannungsschutz *m* protección *f* contra subtensión
Unterstempel *m (Met)* punzón *m* inferior
unterstreichen *v (Inf)* subrayar
Unterstromschalter *m* disyuntor *m* de mínima

unterstützen *v* 1. *(Bw)* apoyar; soportar; sostener; 2. *(Inf)* soportar
Unterstützung *f* 1. *(Bw)* apuntalamiento *m*; soporte *m*; apoyo *m*; 2. *(Inf)* soporte *m*
untersuchen *v* investigar; examinar; reconocer
Untersuchung *f* investigación *f*, inspección *f*, examen *m*, chequeo *m*; estudio *m*, análisis *m*; indagación *f*; reconocimiento *m*
~/audiometrische exploración *f* audiométrica
~/biotechnologische análisis *m* de biotecnología
~/bodenkundliche estudio *m* edafológico
~/chemische prueba *f* química
~/metallographische estudio *m* [examen *m*] metalográfico
~/mikroskopische análisis *m(f)* microscópico
~/radiographische estudio *m* radiográfico
~/sicherheitstechnische prueba *f* técnica de seguridad
~/toxikologische estudio *m* toxicológico
~ vor Ort reconocimiento *m* in situ
~/wissenschaftliche investigación *f* científica
Untersuchungsbohrung *f (Bgb)* sondeo *m* de prospección [reconocimiento]
Untertagebau *m* 1. *(Bgb)* explotación *f* subterránea [del subsuelo, en profundidad], labor *f* subterránea, excavación *f* subterránea; 2. *(Bgb)* socavón *m (Stollen)*
Untertagebergbau *m* minería *f* subterránea
Untertagedeponie *f* depósito *m* subterráneo
untertägig subterráneo
untertauchen *v* inmergir, sumergir
unterteilen *v* 1. subclasificar, subdividir; 2. segmentar *(in Abschnitte)*; 3. tabicar
~/in Dreiecke triangular
Unterteilung *f* 1. subclasificación *f*, subdivisión *f*; 2. seccionamiento *m*, segmentación *f (in Abschnitte)*; 3. tabicado *m (Raum)*
~/wasserdichte *(Schiff)* compartimentación *f* estanca
Unterteilungsschott *n (Schiff)* mamparo *m* de subdivisión

untertonfrequent infrasónico
Untertor n compuerta f de descarga (Wasserbau)
Untertrieb m (Ph) fuerza f de descenso
Untertrum n (Förd) tramo m [ramal m] inferior
Unterwasserakustik f acústica f subacuática
Unterwasseranlage f instalación f submarina (Meerestechnik)
Unterwasseranstrich m (Schiff) pintura f submarina
Unterwasserbau m obra f submarina
Unterwasserbeton m hormigón m hidráulico
Unterwasserforschung f exploración f submarina
Unterwasserglocke f campana f submarina [de inmersión]
Unterwassermikrophon n hidrófono m
Unterwasserortungsgerät n (Schiff) equipo m de sonar, hidrolocalizador m
Unterwasserroboter m robot m subacuático
Unterwasserschweißen n soldadura f bajo agua
Unterwasserspiegel m nivel m de aguas abajo (bei Sperrbauwerken)
Unterwassertanker m petrolero m submarino
Unterwasserteil m carena f, obra f viva (des Schiffskörpers)
Unterwelle f subharmonische subarmónica f
Unterwerk n subcentral f (Heiztechnik)
Unterzug m 1. (Bw) viga f; viga f maestra [principal]; correa f; peana f; 2. (Schiff) viga f, galeota f, bao m
unvereinbar incompatible, inconsistente
unverträglich incompatible, intolerante
Unverträglichkeit f incompatibilidad f (z. B. von Computern)
Unwucht f desajuste m de equilibrio, desequilibrio m, excentricidad f • **mit ~** desequilibrado
Unwuchtantrieb m impulsión f por masa centrífuga
Unwuchtmasse f masa f centrífuga
unzerbrechlich infrangible, inquebrantable, irrompible
unzerreißbar irrompible
unzerstörbar indestructible

Uran n uranio m, U
Urananreicherungsanlage f planta f de enriquecimiento del uranio
Uranbrenner m (Kern) quemador m de uranio
Uraneisen n ferrouranio m
uranhaltig uranífero
Uranlagerstätte f yacimiento m de uranio
Uranmetall n uranio m metálico
Uranpechblende f pechurana f
Uranreaktor m (Kern) reactor m de uranio
Uranspaltung f fisión f del uranio
Uranstab m (Kern) barra f [cartucho m, varilla f] de uranio
Uranzerfallsreihe f familia f de uranio
Urbeleg m (Inf) documento m base [fuente, primario]; comprobante m primario
Urformen n (Fert) conformación f primaria
Urgestein n formación f primitiva, roca f arcaica [primitiva]; roca f madre
Urkilogramm n kilogramo m patrón, kilotipo m
Urknall m (Ph) gran explosión f inicial
Urladeprogramm n (Inf) programa m de autocarga [lanzamiento], cargador m inicial
Urlehre f calibre m patrón [normal], galga f de referencia
Urlösung f (Ch) solución f base
Urmeter n metro m patrón
U-Rohr(stück) n tubo m en U
Ursprungscode m (Inf) código m fuente [de origen]
Urstoff m (Ph) materia f, materia f base [básica]
U-Träger m viga f en U
UV-strahlenbeständig resistente a rayos ultravioletas
UV-Strahlung f radiación f ultravioleta

V

Vakuum n vacío m, vacuo m, vacuum m, espacio m evacuado [vacío]
Vakuumanlage f instalación f de vacío; sistema m de vacío
Vakuumaufschluss m disgregación f al vacío (Vakuumtechnik)
Vakuumbedampfung f (Eln) deposición f en [de la] fase de vacío, metalización f

Vakuumbehälter por [en el] vacío, metalización *f* por evaporación en vacío
Vakuumbehälter *m* recipiente *m* al vacío, nodriza *f*
Vakuumbeschichtung *f* deposición *f* en [de la] fase de vacío
Vakuumbremse *f* freno *m* de [al] vacío, freno *m* de aspiración de aire
Vakuumdestillation *f (Ch)* destilación *f* al [en] vacío, vacuodestilación *f*
vakuumdicht a prueba de vacío, vacuohermético
Vakuumentgasung *f* desgasificación *f* a [en] vacío, vacuodesgasificación *f*
Vakuumfilter *n* filtro *m* al [de] vacío, vacuofiltro *m*
Vakuumformen *n (Kst)* conformación *f* al vacío
Vakuumfrischen *n (Met)* refinación *f* al vacío, afino *m* en vacío
Vakuumgefäß *n* recipiente *m* al vacío
Vakuumgießen *n* fundición *f* en el vacío
Vakuumguss *m* colada *f* en vacío
Vakuumheber *m (Förd)* equipo *m* cargador a vacío, máquina *f* levantacargas al vacío
Vakuumkältemaschine *f* máquina *f* frigorífica por vacío
Vakuumkühler *m* refrigerador *m* por vacío
Vakuumleitung *f* conducto *m* [tubería *f*] de vacío
Vakuummesser *m* manómetro *m* de vacío, vacuómetro *m*
Vakuummetallisierung *f* metalización *f* por evaporación en vacío, vacuometalización *f*, técnica *f* metalizadora por evaporación en vacío
Vakuummetallurgie *f* metalurgia *f* en el vacío, vacuometalurgia *f*
Vakuummeter *n* indicador *m* [manómetro *m*] de vacío, vacuómetro *m*
Vakuumpumpe *f* bomba *f* [trompa *f*] de vacío
Vakuumröhre *f* tubo *m* [válvula *f*] de vacío
Vakuumschalter *m* regulador *m* de vacío
Vakuumspritzguss *m (Kst)* fundición *f* inyectada en vacío
Vakuumstreckformen *n (Kst)* conformación *f* al vacío
Vakuumtechnik *f* vacuotécnica *f*, tecnología *f* bajo el vacío

Vakuumtrockenanlage *f* instalación *f* desecadora en alto vacío
Vakuumtrockenapparat *m* secador *m* al vacío
Vakuumventil *n* válvula *f* de vacío
Vakuumverdampfer *m* aparejo *m* para evaporación en vacío, evaporador *m* a vacío
Vakuumverformung *f (Kst)* moldeo *m* por vacío
Vakuumverpackung *f* embalaje *m* de presión (de alimentos)
Valenz *f* 1. *(Math, Ch)* valencia *f*; 2. *(Ch)* enlace *m* de valencia, adicidad *f*
Valenzbahn *f* órbita *f* de valencia
Valenzbandleitung *f* conducción *f* en la banda de valencia *(Halbleiter)*
Valenzbindung *f (Ch)* enlace *m* [compuesto *m*] de valencia
Valenzelektron *n* electrón *m* externo [periférico, de valencia]
Valenzschale *f (Ph)* capa *f* exterior [periférica]
Vanadium *n* vanadio *m*, V
Vanadiumstahl *m* acero *m* al vanadio
Variable *f* variable *f*, cantidad *f* [magnitud *f*] variable
~/**beschränkte** variable *f* acotada
~/**binäre** variable *f* binaria [bivalorada]
~/**dyadische** variable *f* diádica
~/**ganzzahlige** variable *f* entera, argumento *m* entero
~/**indizierte** variable *f* suscrita
~/**komplexe** variable *f* compleja, argumento *m* complejo
~/**scheinbare** variable *f* ficticia [fictiva]
~/**stetige** variable *f* continua
~/**unabhängige** variable *f* independiente, argumento *m*
~/**unbeschränkte** variable *f* no restringida
Variablenmenge *f* conjunto *m* de variables
Varianz *f (Math)* variancia *f*, varianza *f*, dispersión *f*
Varianzanalyse *f (Math)* análisis *m* de varianza
Variation *f (Math)* variación *f*, ordenación *f*
Variationsgleichung *f (Math)* ecuación *f* de variación
Variationskoeffizient *m (Math)* tasa *f* [coeficiente *m*, índice *m*] de variación *(Statistik)*

Variationsrechnung f (Math) cálculo m variacional [de variaciones]
Variometer n 1. (El) variómetro m, inductor m variable; 2. (Flg) indicador m de ascensión
Varioobjektiv n (Opt, Foto) objetivo m zoom [multifocal, varifocal, de focal variable], zoom m
Vektor m (Math) vector m, magnitud f vectorial
~/gaußscher vector m gaussiano
~/gebundener vector m ligado [fijo]
~/linear unabhängiger vector m linealmente independiente
~/rechtwinkliger vector m rectangular
~/wirbelfreier vector m potencial
Vektoraddition f adición f de vectores, suma f vectorial [de vectores]
Vektoralgebra f álgebra f vectorial
Vektoranalysis f análisis m vectorial
Vektordarstellung f proyección f de vector
Vektordreieck n triángulo m vectorial
Vektorfeld n campo m vectorial [de vectores]
Vektorgröße f cantidad f [magnitud f, variable f] vectorial
Vektormathematik f matemáticas fpl vectoriales
Vektorprodukt n producto m vectorial [exterior]
Vektorprozessor m (Inf) procesador m matricial [vectorial] (Rechenwerk eines Feldrechners)
Vektorraum m espacio m lineal [vectorial]
Vektorrechner m calculador m de vectores
Vektorzerleger m (El) resolvedor m
Vektorzerlegung f descomposición f de vectores
Ventil n 1. (Masch) válvula f; chapaleta f, chape(le)ta f, robinete m; puerta f, llave f; distribuidor m, distribuidor m (Dampfkraftmaschine); 2. (El) (electro)válvula f, lámpara f rectificadora
~/direktgesteuertes válvula f de mando directo
~/einstellbares válvula f ajustable
~/elektrisch betätigtes electroválvula f
~/hängendes válvula f invertida
~/selbsttätiges válvula f automática
~/vorgesteuertes válvula f pilotada

Ventilanhubstange f (Masch) varilla f de empuje de válvula
Ventilationsklappe f registro m de ventilación
Ventilationsöffnung f porta f [ventanilla f] de ventilación
Ventilator m ventilador m, aireador m, aventador m, abanico m; abano m (tragbar)
Ventildampfmaschine f máquina f de vapor con distribución por válvulas
Ventileinstellung f ajuste m de válvula
Ventilfeder f muelle m de válvula, resorte m de válvulas
Ventilgehäuse n caja f [cámara f] de válvula
Ventilhub m carrera f [salto m] de válvula
Ventilkappe f (Kfz) obús m, tapa f de válvula
Ventilkegel m cabeza f [cono m] de válvula
Ventilkolben m émbolo m de válvulas
Ventilnadel f puntero m de válvula
Ventilröhre f válvula f electrónica
Ventilschaft m varilla f de válvula
Ventilspiel n juego m de válvula
Ventilsteuerung f (Kfz) regulación f [mando m] de válvulas, control m de la válvula; distribución f por válvulas
Ventilstößel m botador m [elevador m, empujador m] de válvula, levantaválvula(s) m, alzaválvula m, rodillo m de leva
Venturirohr n tubo m de Venturi, contador m [trompa f] Venturi, venturi m
Veränderliche f variable f
Veränderlicher m (Astr) estrella f variable
verändern v alterar, cambiar, modificar; variar; remodificar
Veränderung f alteración f, cambio m, modificación f; variación f; remodificación f
~/fließende variación f gradual
~/periodische [zyklische] variación f cíclica, ciclado m
verankern v (Bw) anclar
Verankerung f (Bw) anclaje m, ancla f, áncora f
Verankerungsbolzen m varilla f roscada
Verankerungsmutter f tuerca f de anclaje
Verankerungsträger m (Bw) viga f de anclaje
verarbeitbar procesable; maquinable

~/maschinell procesable por la máquina, maquinable
Verarbeitbarkeit f procesabilidad f
~/maschinelle maquinabilidad f
verarbeiten v trabajar; procesar; operar; tratar; elaborar; transformar *(spanlos und spanabhebend)*; conformar *(spanlos)*; utilizar
~/Daten procesar datos
~/kalt trabajar en frío
~/parallel [simultan] *(Inf)* procesar simultáneamente
~/stapelweise *(Inf)* trabajar por lotes
Verarbeitung f trabajo m, trabajado m; procesamiento m, procesado m; trabajo m de proceso; tratamiento m; elaboración f, transformación f; confección f, conformación f *(spanlos)*
~/asynchrone *(Inf)* proceso m asincrónico
~/blockweise *(Inf)* procesamiento m [modalidad f de proceso] por lotes
~/fortlaufende *(Inf)* procesamiento m continuo
~/gleichzeitige *(Inf)* procesado m [proceso m] concurrente
~/interaktive *(Inf)* procesado m conversacional, tratamiento m interactivo
~/maschinelle procesamiento m mecánico
~/konkurrierende *(Inf)* proceso m concurrente
~/rechnergestützte procesamiento m computacional
~/schritthaltende *(Inf)* procesado m en línea
~/schubweise *(Inf)* procesado m de lotes
~/sequenzielle *(Inf)* procesamiento m [proceso m, tratamiento m] secuencial
~/serielle *(Inf)* procesamiento m serial [por tandas]
~/umweltfreundliche tratamiento m ecológico
~/verteilte *(Inf)* computación f distribuida, tratamiento m distribuido
Verarbeitungsanlage f 1. planta f procesadora [de elaboración, de transformación]; procesador m; equipo m de elaboración [procesamiento]; 2. *(Inf)* equipo m informático [de transmisión]; procesadora f *(für Daten, Texte)*
Verarbeitungsbefehl m *(Inf)* instrucción f de procesamiento [tratamiento, manipulación de datos]

Verarbeitungsbetrieb m empresa f de transformación, planta f de procesamiento
Verarbeitungseinheit f *(Inf)* unidad f de procesamiento [proceso], elemento m de proceso
Verarbeitungsgeschwindigkeit f *(Inf)* velocidad f de proceso [procesamiento]; tasa f de procesamiento
Verarbeitungsrechner m ordenador m [unidad f] de proceso, equipo m [estación f] huésped
Verarbeitungsstoff m *(Inf)* material m de procesamiento
Verarbeitungstechnik f técnica f de elaboración
Verarbeitungsverfahren n procedimiento m de proceso [tratamiento, elaboración]; método m de elaboración
Verarbeitungswerkstatt f taller m de confección
Verarmung f depleción f
Verarmungsbereich m *(Eln)* región f de rarificación, zona f de densidad reducida *(Halbleiter)*
Verarmungsschicht f *(Eln)* capa f agotada
veraschen v calcinar, incinerar
verästelt dendrítico *(Kristall)*
Verband m 1. *(Bw)* aparejo m; arriostramiento m, arriostrado m; traba f, trabazón f *(Mauerwerk)*; estructura f, ligadura f, unión f; 2. *(Math)* estructura f
Verbandsfestigkeit f *(Schiff)* resistencia f estructural
verbessern v mejorar; corregir, rectificar, enmendar f
Verbesserung f mejoramiento m, mejora f; perfeccionamiento m; refinamiento m; corrección f, enmienda f *(von Fehlern)*
verbeulen v aboll(on)ar, bollar
verbinden v 1. unir; juntar; embrocalar; reunir; trabar; ensamblar; encadenar *(verketten)*; embragar, acoplar *(kuppeln)*; engarzar *(z. B. mit Haken)*; 2. *(El)* enchufar; conectar; enlazar, empalmar; 3. *(Nrt)* comunicar; 4. *(Math, Ch)* combinar; asociar; 5. aunar *(z. B. Programme)*; realizar un enlace
~/Dateien fusionar ficheros
~/gelenkig articular
~/mit Kohlenstoff carburar

verbinden

~/mit Sauerstoff oxigenar
Verbinder m 1. (El) conmutador m; 2. (Inf) conector m
Verbindung f 1. unión f; juntura f, junta f; relación f; combinado m; enlace m; contacto m; 2. (Masch) acoplamiento m, acopladura f, acoplaje m; embrague m; encaje m; ensamble m, ensamblado m; fijación f; 3. (Bw) trabazón m; 4. (El) conexión f; empalme m; combinación f; enchufe m; interconexión f; 5. (Nrt) comunicación f, vía f de comunicación; conexión f, enlace m; 6. (Ch) combinación f; compuesto m
~/abbaubare chemische (Ch) compuesto m químico degradable
~/abgehende (Nrt) enlace m de salida
~/aliphatische (Ch) compuesto m alifático
~/ankommende (Nrt) enlace m de entrada
~/anorganische (Ch) compuesto m inorgánico
~/bewegliche unión f resbaladiza
~/chemische combinación f química, compuesto m químico, cuerpo m compuesto
~/drahtlose conexión f inalámbrica, enlace m inalámbrico
~/durchgeschaltete (Nrt) conexión f conmutada
~/elastische 1. junta f elástica; 2. (Bw) unión f elástica
~/fest geschaltete (Inf) conexión f en fuerte ligadura
~/flüchtige 1. (Nrt) conexión f transitoria; 2. (Ch) compuesto m volátil
~/geschweißte unión f soldada
~/intermetallische (Met) fase f intermedia, aleación f intermetálica, compuesto m intermetálico
~/leitende (El) contacto m
~/lösbare unión f desarmable [desmontable]
~/lösliche (Ch) compuesto m soluble
~/metallorganische (Ch) organometálico m, aleación f organometálica, compuesto m organometálico
~/organische (Ch) compuesto m orgánico
~/ringförmige conexión f en anillo
~/serielle comunicación f serie
~/überlagerte circuito m superpuesto
~ über Lichtwellenleiter enlace m de fibras ópticas, enlace m de guías de ondas
~/ungesättigte (Ch) compuesto m insaturado
~/unlösbare unión f fija [inseparable]; unión f indesarmable
~/unlösliche (Ch) compuesto m insoluble
~/virtuelle (Nrt) comunicación f virtual
~/wechselseitige intercomunicación f
Verbindungsaufbau m (Nrt) establecimiento m de la conexión, instalación f de enlace
Verbindungsbolzen m perno m de enlace [unión]
Verbindungsflansch m brida f de acoplamiento [enganche], platillo m de unión
Verbindungsglied n eslabón m de unión
Verbindungsgraben m 1. ramal m de unión; 2. (Mil) trinchera f de comunicación
Verbindungshalbleiter m semiconductor m compuesto
Verbindungskabel n cable m conector [de conexión, de unión, de empalmes]
Verbindungsklemme f (El) apriete m de uniones, borne m de conexión [empalme], grifa f de unión, oreja f de empalme
Verbindungslasche f oreja f de empalme, pieza f de unión
Verbindungsleitung f 1. (El) línea f de conexión; conductor m de conexión; línea f de transmisión [empalme]; 2. (Nrt) circuito m [línea f] de enlace, enlace m; 3. (Masch) tubería f de conexión [enlace]
Verbindungsmuffe f 1. (El) enchufe m de unión, manguito m de conexión (Kabel); 2. (Masch) manguito m de embrague [empalme], boquilla f de unión, casquillo m de acoplamiento, acoplador m de unión
Verbindungsrohr n tubo m de conexión [interconexión]
Verbindungsschicht f capa f de enlace de datos (OSI-Referenzmodell)
Verbindungsschiene f (El) barra f de conexión
Verbindungsschlauch m manga f de empalme [unión]
Verbindungsschraube f perno m de conexión; tornillo m de acoplamiento
Verbindungsstecker m (El) clavija f de conexión, enchufe m pasador

Verbindungsstelle f junta f, juntura f; lugar m de unión; punto m de conexión [embrague]
Verbindungsstift m patilla f de conexión, contacto m de unión
Verbindungsstöpsel m 1. (El) clavija f de conexión; 2. (Nrt) clavija f de llamada
Verbindungsstück n pieza f de conexión [unión], conectador m, conector m, racor m (de conexión); varga f, abrazadera f de unión; enlace m; adaptador m; enchufe m
verbleien v emplomar, revestir de plomo
verblenden v (Bw) paramentar
Verblender m (Bw) ladrillo m visto [de fachada, de obra vista, de paramento]
Verblendmauerwerk n (Bw) paramento m
Verblendung f (Bw) paramento m
Verbraucherkreis m (El) circuito m de carga
Verbrauchsmesser m 1. medidor m de gasto; 2. medidor m de flujo [chorro]; aforador m
verbrennen v quemar; incinerar
Verbrennung f combustión f, quema f, quemadura f, quemado m; incineración f (z. B. von Müll)
~/**langsame** combustión f lenta
~/**lebhafte** combustión f viva
~/**rauchlose** combustión f fumívora
~/**schadstoffarme** combustión f menos contaminante
~/**schleichende** combustión f retardada
Verbrennungsanlage f instalación f de combustión; instalación f de incineración, incinerador m, incineradora f, planta f incineradora
Verbrennungsdruck m (Kfz) presión f de combustión
Verbrennungseinrichtung f instalación f de incineración, incinerador m; dispositivo m de combustión
Verbrennungskammer f (Kfz) cámara f de combustión
Verbrennungsmotor m motor m (de explosión), motor m de combustión (interna)
Verbrennungsofen m quemador m de combustión; horno m incinerador
Verbrennungsraum m 1. espacio m del hogar; 2. (Kfz) cámara f de combustión

Verbrennungstemperatur f 1. temperatura f de combustión [quemado]; 2. (Umw) temperatura f de incineración
Verbrennungsturbine f turbina f de combustión
Verbund m interconexión f
Verbundbauweise f construcción f mixta [multicapa]
Verbunddampfturbine f turbina f de vapor compound
Verbunderregung f (El) excitación f compound [serie-derivación]
Verbundfenster n (Bw) ventana f de contravidriera
Verbundglas n vidrio m compuesto [multicomponente, sandwich], luna f laminada
Verbundlinse f (Opt) lente f compuesta
Verbundmasse f (El) compound m, compuesto m de cierre
Verbundmetall n contrachapado m metálico
Verbundmotor m (El) motor m de excitación compuesta
Verbundnetz n (El) red f de interconexión, circuito m de interconexiones, interconexión f, red f integrada
Verbundstoff m material m compuesto, compuesto m, género m compuesto
Verbundtragwerk n (Bw) vigas fpl de armazón en hormigón y acero
Verbundwerkstoff m material m compuesto, compuesto m, sandwich m
verchromen v cromar, cromizar; incromar (durch Chromdiffusion)
Verchromen n cromado m, cromización f, cromaje m, cromado m térmico [a fondo]; incromación f, incromado m (durch Chromdiffusion)
verdampfen v desvapor(iz)ar, evaporar; vaporizar; volatilizar(se); gasificar(se)
Verdampfer m 1. vaporizador m, evaporador m; desvaporizadero m; gasificador m; frigorífero m (kälteerzeugender Teil einer Kühlanlage); 2. (Ch) concentrador m
Verdampferkolben m (Ch) matraz m de evaporación
Verdampferreaktor m reactor m de agua hirviendo [en ebullición], reactor m de ebullición
Verdampferschlange f serpentín m vaporizador [de evaporación]

Verdampfung f vaporación f, vapor(e)ado m, vaporización f, evaporación f, evaporización f, volatilización f

~/mehrstufige evaporación f de efecto múltiple

Verdampfungsgefäß n evaporador m, recipiente m de vaporización

Verdampfungsgeschwindigkeit f 1. velocidad f de evaporación [vaporización]; 2. (Ch) índice m de evaporación

Verdeck n 1. (Kfz) capota f, cubierta f; 2. (Am) capacete m (eines Wagens) • **mit abnehmbarem ~** descapotable

~/zurückklappbares capota f rebatible

verdichtbar compresible, comprimible (Gas); condensable (Dampf); compactible (Feststoff)

verdichten v 1. comprimir (Gas); condensar, trabar (Flüssigkeit); compactar (z. B. Daten); 2. (Gieß) apisonar; concentrar (z. B. Beton)

Verdichter m 1. compresor m (Drucklufterzeuger); 2. (Bw) máquina f vibradora; 3. condensador m (Zinkmetallurgie)

Verdichtung f 1. compresión f (Gas); condensación f (Flüssigkeit); compactación f, consolidación f (Feststoff); concentración f (z. B. Beton); 2. densificación f (Struktur)

Verdichtungsdeponie f vertedero m de compactación

Verdichtungsdruck m presión f de compactación, compresión f

Verdichtungsgerät n (Bw) compactador m, máquina f de compactación

Verdichtungshub m (Kfz) carrera f [fase f] de compresión

Verdichtungskammer f (Kfz) cámara f de compresión

Verdichtungsmaschine f 1. (Bw) máquina f vibradora [de compactación]; 2. máquina f de compresión (Kältetechnik)

Verdichtungstakt m (Kfz) tiempo m [fase f] de compresión

Verdichtungsverhältnis n (Kfz) grado m [relación f] de compresión (Kraftstoff)

Verdichtungszündung f (Kfz) encendido m por compresión

verdicken v (Ch) espesar

Verdickung f 1. inspisación f, inspisamiento m (von Flüssigkeiten); 2. (Geol) engrosamiento m (eines Erzganges)

verdrahten v (El) cablear

Verdrahtung f (El) cableado m (de circuito), cableo m, alambrado m, arrollamiento m de hilos

~/gedruckte cableado m impreso

Verdrahtungstechnik f técnica f de los cables

verdrängen v 1. desalojar; 2. (Schiff) desplazar

Verdrängerpumpe f (Ch) bomba f volumétrica [de desplazamiento]

Verdrängung f 1. desalojamiento m; supresión f; 2. (Schiff) desplazamiento m; 3. (Geol) sustitución f; 4. carrera f (Hub)

~ des leeren Schiffes desplazamiento m en lastre [rosca]

~ voll beladen desplazamiento m a máxima carga, desplazamiento m en plena carga

Verdrängungskurve f (Schiff) curva f de desplazamientos

Verdrängungsruder n (Schiff) timón m de perfil

Verdrängungsschwerpunkt m (Ph, Schiff) centro m de carena

verdrehen v torcer

Verdrehmoment n (Mech) momento m torcente [de torsión, torsor]

Verdrehung f torcimiento m, torsión f

Verdrehungsmesser m torciómetro m

verdreifachen v triplicar

verdrillen v 1. torcer; 2. trenzar (Leitungen)

Verdrillung f 1. torsión f; 2. (El) transposición f (z. B. von Teilleitern)

verdübeln v ensamblar, espigar (z. B. Holz)

Verdübelung f ensamble m, espigado m (z. B. von Holz)

verdünnen v diluir, abluir, desleír (Flüssigkeit); enrarecer, rarefacer (Gas); atenuar; adelgazar

Verdünner m diluyente m, diluente m

Verdünnung f 1. dilución f, diluimiento m, desleimiento m (Flüssigkeit); enrarecimiento m, rarefacción f (Gas); adelgazamiento m; 2. atenuación f, depresión f (einer Welle); 3. (Bgb) estrechamiento m (z. B. eines Ganges); 4. s. Verdünnungsmittel

Verdünnungsmittel n diluyente m, diluente m, adelgazador m

verdunsten v vaporizar; evaporarse; gasificar; volatilizar

Verdunstung f (e)vaporación f, (e)vaporización f, vapor(e)ado m; volatilización f

Verdunstungskälte f frío m de evaporización

Verdunstungsmesser m evaporímetro m, evaporómetro m

Verdunstungsverflüssiger m condensador m evaporador [por evaporización]

veredeln v 1. beneficiar, mejorar; 2. *(Fert)* refinar, afinar; 3. *(Text)* acabar, aprestar

Veredelung f 1. mejoramiento m, mejora f, beneficio m; 2. *(Fert)* refinación f, refinamiento m, rafinado m, afinado m; 3. *(Text)* acabado m, apresto m, ennoblecimiento m

~/**elektrolytische** recubrimiento m electrolítico

~/**stoffliche** mejoramiento m de sustancias [materias]

~/**thermische** *(Met)* afino m al fuego

Veredelungsmetallurgie f metalurgia f de transformación

vereinbar compatible

Vereinbarung f *(Inf)* declaración f, sentencia f

Vereinbarungsanweisung f *(Inf)* sentencia f declarativa [de declaración] *(Prozedurvereinbarung)*

Vereinbarungszeichen n *(Inf)* declarador m

vereinfachen v 1. simplificar; 2. *(Math)* reducir

Vereinfachung f 1. simplificación f; 2. *(Math)* reducción f

vereinigen v conjugar

~/**wieder** *(Ch)* recombinar

Vereinigung f *(Math)* reunión f

Vereinigungsmenge f *(Math)* reunión f, conjunto m de reunión, unión f de conjuntos

Vereinzelungsmaschine f *(Lt)* aclareadora f, azadón m mecánico para el aclareo

Vereisung f 1. *(Geol)* glaciación f, congelación f, helamiento m, heladura f; 2. *(Flg)* engelamiento m

verestern v *(Ch)* esterificar

verethern v *(Ch)* eterificar

Verfahren n procedimiento m, proceso m; técnica f; método m; modo m; práctica f, tecnología f; operación f; régimen m; sistema m

~/**basisches** *(Ch, Met)* proceso m [procedimiento m] básico

~/**computergestütztes** procedimiento m computerizado

~ **der spanenden Formung** técnica f maquinizada

~ **der Tieftemperaturtechnik** proceso m criogénico

~ **des Schließens** *(Math)* método m de razonamiento

~/**elektrochemisches** técnica f [operación f] electroquímica

~/**elektrothermisches** *(Met)* electrotermia f

~/**fehlererkennendes** técnica f de detección de errores

~/**gentechnisches** procedimento m [proceso m] de tecnología genética

~/**grafisches** método m gráfico, técnica f gráfica

~/**gravimetrisches** procedimiento m [método m] gravimétrico; técnica f gravimétrica

~/**heuristisches** procedimiento m [método m] heurístico; técnica f heurística

~/**hoch entwickeltes** técnica f sofisticada; tecnología f sofisticada

~/**maschinelles** técnica f maquinizada

~/**mathematisches** procedimiento m matemático, técnica f matemática

~/**metallurgisches** proceso m metalúrgico; tecnología f metalúrgica

~/**pulvermetallurgisches** procedimiento m [proceso m] pulvimetalúrgico

~/**rechnergestütztes** procedimiento m computerizado, técnica f computerizada [informatizada]

~/**saures** procedimiento m ácido *(zur Stahlerzeugung)*

~/**schrittweises** procedimiento m iterativo

~/**sequenzielles** procedimiento m secuencial *(Statistik)*

~/**serielles** *(Inf)* procedimiento m de trabajos en serie

~/**spanendes** *(Fert)* operación f de arranque de virutas

~/**technisches** técnica f ingenieril [de ingeniería]; método m técnico [de ingeniería]

~/**technologisches** proceso m [procedimiento m] tecnológico, tecnología f

Verfahren 908

~/umweltbelastendes proceso *m* contaminante
~/umwelttechnisches proceso *m* técnico del medio ambiente
Verfahrensanleitung *f* manual *m* de procedimiento
Verfahrensforschung *f* investigación *f* de procesos; investigación *f* de operaciones
Verfahrenssteuerung *f* control *m* de procesos
Verfahrenstechnik *f* ingeniería *f* de procesos; ingeniería *f* de operaciones y procesos; técnica *f* de procedimiento
~/chemische ingeniería *f* química; técnica *f* química de los procesos
Verfahrensweise *f* método *m*, modo *m* de acción, práctica *f*; régimen *m*
Verfeinerung *f* refinamiento *m*
~/technische sofisticación *f*
verfestigen *v* consolidar, solidificar
Verfestigung *f* 1. endurecimiento *m*; solidificación *f*, consolidación *f*, compactación *f (Verdichten)*; 2. refuerzo *m*
verflechten *v* entrelazar
verflüchtigen *v* volatilizar
verflüssigbar licuefactible, liquidable; condensable
verflüssigen *v* licuefacer, liquidar, licuar; fluidificar *(feste Stoffe)*
Verflüssiger *m* 1. liquefactor *m (Erdgas)*; 2. condensador *m (Kältetechnik)*
verflüssigt licuefacto
Verflüssigung *f* liquefacción *f*, liquidación *f*; fluidificación *f (von festen Stoffen)*; condensación *f*
verformbar deformable
Verformbarkeit *f* 1. deformabilidad *f*, formabilidad *f*, plasticidad *f*, moldeabilidad *f*, conformabilidad *f*; 2. *(Met)* ductilidad *f*, ductibilidad *f (unter Zug)*
verformen *v* 1. deformar; distorsionar; 2. *(Fert)* conformar *(spanlos)*
~/warm *(Fert, Kst)* deformar en caliente
Verformung *f* deformación *f*, distorsión *f*; conformación *f*, transformación *f*
~/bleibende deformación *f* permanente [plástica, residual], remanente *m*
~/gleichmäßige deformación *f* homogénea [unitaria]
~/plastische conformación *f* [deformación *f*, transformación *f*] plástica

Verformungswiderstand *m* resistencia *f* plástica [a la deformación]
verfugen *v (Bw)* rejuntar, rellenar las llagas; ensamblar
vergällen *v* desnaturalizar
Vergällungsmittel *n* agente *m* desnaturalizante, desnaturalizante *m*
vergären *v* fermentar
Vergärung *f* fermentación *f* (aerobia)
vergasen *v* gasificar(se); volatilizar *(z. B. Pflanzenschutzmittel)*
Vergaser *m* 1. *(Kfz)* carburador *m*; 2. gasificador *m*
~/umweltfreundlicher carburador *m* anticontaminante
Vergaserdüse *f* boquilla *f* pulverizadora [rociadora, aspersora]
Vergasereinstellung *f (Kfz)* ajuste *m* [reglaje *m*] del carburador
Vergaserkraftstoff *m (Kfz)* combustible *m* ligero
Vergaserlufttrichter *m (Kfz)* regulador *m* de aire
Vergasermotor *m* motor *m* de carburador
Vergasernadel *f (Kfz)* aguja *f* de cebo
Vergaserschwimmer *m (Kfz)* flotador *m* del carburador
Vergaserventil *n (Kfz)* válvula *f* de aguja
Vergasung *f* 1. *(Kfz)* carburación *f*; 2. gasificación *f (z. B. von Kohle)*; volatilización *f (z. B. von Pflanzenschutzmitteln)*
~/hydrierende hidrogasificación *f (von Kohle)*
vergießen *v* 1. derramar; obturar; 2. *(Bw)* cimentar *(Beton)*
vergipsen *v* enyesar
verglasen *v* 1. vitrificar; 2. vitrificarse *(z. B. Schleifscheibe)*
Verglasung *f* 1. vitrificación *f*, acristalamiento *m*, acristalado *m*; 2. cristal *m*
Vergleicher *m (Inf)* comparador *m*, unidad *f* de comparación
Vergleichselektrode *f* electrodo *m* de comparación [referencia]
Vergleichskondensator *m* condensador *m* de referencia
Vergleichslehre *f* calibre *m* patrón [normal], galga *f* de referencia *(Messtechnik)*
Vergleichsmaß *n* calibre *m* de comparación, medida *f* patrón *(Messtechnik)*
Vergleichsmessung *f* medición *f* de referencia

Vergleichsoperator *m (Inf)* operador *m* de comparación [relación]
Vergleichspegel *m* nivel *m* de referencia *(Lärmmessung)*
Vergleichsprüfung *f* ensayo *m* comparativo [de referencia]
Vergleichswert *m* valor *m* comparativo [de comparación, de referencia]
vergrößern *v* 1. aumentar; amplificar, ampliar, ensanchar; 2. *(Opt)* aumentar, magnificar; 3. *(Foto)* ampliar
~/auf Bildschirmgröße *(Inf)* maximizar
Vergrößerung *f* 1. *(Opt)* aumento *m*, magnificación *f*; potencia *f*; 2. *(Foto)* ampliación *f*, amplificación *f*
Vergrößerungsapparat *m (Foto)* aparato *m* de ampliación, ampliadora *f*, ampli(fic)ador *m*
Vergrößerungsglas *n* cristal *m* [lente *f*] de aumento, lupa *f*
Vergussharz *n* resina *f* para colar
Vergussmasse *f* pasta *f* [aislante *m*] de relleno, composición *f* [masilla *f*] obturadora, compuesto *m* aislante [de obturación], adobo *m*
vergüten *v* mejorar, bonificar; tratar térmicamente, *(Am)* refinar
Vergüten *n* 1. mejora *f*, bonificación *f*; 2. *(Fert)* tratamiento *m* de bonificado; 3. *(Met)* tratamiento *m* de temple y revenido, *(Am)* refinación *f*
Vergütungsstahl *m* acero *m* bonificado [de temple], acero *m* revenible [para revenido], acero *m* tratable térmicamente
Verhältnis *n* 1. ratio *f*, proporción *f (prozentualer Anteil)*; razón *f*; tanto *m*; 2. relación *f* • **im umgekehrten ~** en relación inversa
verhältnisgleich proporcional
Verhältnisgleichung *f (Math)* proporción *f*
Verhältniszahl *f* ratio *f*; cantidad *f* [magnitud *f*] proporcional; coeficiente *m* proporcional; índice *m*
verhärten *v* endurecer
verharzen *v* 1. resinificar; 2. resinificarse
Verhieb *m (Bgb)* frente *m* de extracción, explotación *f*
Verhiebgeschwindigkeit *f (Bgb)* velocidad *f* de avance
Verholanker *m (Schiff)* ancla *f* de espía
Verholtrosse *f (Schiff)* cabo *m* de remolque
Verholwinde *f (Schiff)* maquinilla *f* de maniobra
verhütten *v (Met)* fundir
Verhüttung *f (Met)* tratamiento *m* metalúrgico
verifizieren *v* verificar
verjüngen *v* 1. adelgazar *(einengen)*; 2. *(Led)* achaflanar
verjüngend/sich convergente
Verjüngung *f* 1. conicidad *f* (posterior), contractura *f*; 2. *(Bgb)* adelgazamiento *m*; desplome *m*
verkabeln *v* cablear, conectar mediante cable
Verkabelung *f* 1. cableado *m*; 2. *(Nrt)* sistema *m* de cableado
verkalken *v* calcificar
verkanten *v* ladear; torcer
Verkantung *f* ladeo *m*; inclinación *f* transversal
Verkappung *f* cubierta *f*, encapsulado *m (von elektronischen Bauelementen)*
verkapseln *v* encapsular
Verkehr *m* tráfico *m*; transporte *m*; circulación *f*; comunicación *f*, servicio *m* • **außer ~** fuera de servicio
~/abgehender *(Nrt)* tráfico *m* originante
~/gebrochener transporte *m* combinado
~/multimodaler 1. tráfico *m* multimodal; 2. *(Nrt)* multimodalismo *m*
~/rollender tráfico *m* rodado, circulación *f* rodada
~/zurückgewiesener *(Nrt)* tráfico *m* perdido
Verkehrsampel *f* semáforo *m*
Verkehrsbau *m* construcción *f* de instalaciones de tráfico
Verkehrsdichte *f* densidad *f* del tráfico, intensidad *f* de la circulación rodada
Verkehrsinformatik *f* informática *f* del tráfico
Verkehrslast *f (Bw)* carga *f* móvil *(Statik)*
Verkehrsleitrechner *m* ordenador *m* de control de tráfico, ordenador *m* para control de tráfico
Verkehrsmittel *n* medio *m* [vehículo *m*] de transporte; medio *m* de comunicación
Verkehrsraum *m* espacio *m* [lugar *m*] de tránsito; zona *f* de tráfico
Verkehrsschild *n* señal *f* vial
Verkehrssicherheit *f* seguridad *f* de circulación; seguridad *f* vial [en carretera]

Verkehrsstau m atasco m circulatorio, congestión f
Verkehrssteuerung f control m de tráfico; gestión f de tráfico
Verkehrstechnik f ingeniería f de tránsito; técnica f de transporte; tecnología f de transporte [transportación]
Verkehrsüberwachung f supervisión f [control m] de tráfico; gestión f de tráfico
Verkehrswasserbau m obras fpl de navegación interior
Verkehrsweg m ruta f de circulación [tráfico]; vía f de comunicación
Verkehrszählgerät n contador m de tráfico
verkeilen v acuñar, encuñar, chavetear, enchavetar
verkettbar interconectable; asociable (z. B. Ventile)
verketten v (Masch, El) interconectar; concatenar, encadenar, conectar en cadena; enlazar; engarzar; correlacionar
Verkettung f 1. interconexión f; concatenación f, encadenamiento m, conexión f en cadena; correlación f; 2. (Ch) formación f de cadenas; 3. serie f concatenada; 4. (Inf) cadena f margarita
Verkettungsoperator m (Inf) operador m de concatenación
Verkettungsprogramm n (Inf) rutina f encadenadora [de enlace]
verkippen v descargar
verkitten v enmasillar
verklammern v lañar; engrapar
verklappen v arrojar [verter] al mar, descargar sobre el mar (Schadstoffe)
Verklappung f aporte m [vertido m] al mar, derrame m [eliminación f, hundimiento m] en el mar (von Schadstoffen)
verkleben v empastar
verkleiden v 1. revestir; forrar; 2. (Masch) encamisar (z. B. Zylinder); 3. (Bw) paramentar
Verkleidung f 1. revestimiento m; forro m; 2. (Bw) paramento m
~/**explosionsgeschützte** envolvente f antideflagrante
~/**stromlinienförmige** carenado m (aerodinámico); envuelta f aerodinámica
Verkleidungsrohr n tubo m protector [de protección]
verkleinern v disminuir, reducir

~/**Fenster** (Inf) minimizar (auf Sinnbild)
Verkleinerung f 1. reducción f; rebaja f (z. B. eines Maßstabes); 2. (Foto) reducción f
Verkleinerungsgerät n (Foto) reductor m
Verkleinerungslinse f lente f reductora
Verklemmung f abrazo m fatal (Zustand in einem Datenverarbeitungssystem, bei dem sich zwei Aktivitäten gegenseitig blockieren)
verknüpfbar interconectable
verknüpfen v (Inf) interconectar, enlazar, realizar un enlace
~/**Dateien** encadenar [ligar] archivos
~/**Daten** amalgar datos
Verknüpfung f 1. combinación f; interconexión f; nexo m; 2. (Inf) enlace m, vínculo m
~/**algebraische** operación f algebraica
~/**logische** combinación f [conexión f, instrucción f] lógica, operación f booleana [de Boole, lógica, de álgebra de Boole], enlace m lógico
~/**n-stellige** (Math) nexo m de n argumentos
Verknüpfungsbefehl m (Inf) instrucción f conectiva
Verknüpfungsglied n elemento m de conmutación lógico
Verknüpfungsoperation f (Inf) operación f conectiva [algebraica]
Verknüpfungsschaltung f circuito m de conmutación (z. B. eines Rechners)
Verknüpfungstechnik f método m de interconexión (bei Schaltungen)
verkoken v coquizar, coquificar, carbonizar, calcinar la hulla, desulfurar
Verkokung f coquización f, coking m, cokización f, coquefacción f, carbonización f
Verkopplung f 1. interconexión f; 2. (El, Eln) acoplamiento m, acopladura f, acoplaje m
verkupfern v encobrar, cobrear, cobrizar, cuprificar, chapear al cobre
verkürzen v contraer (eine Linie)
Verladebrücke f (Schiff) puente m transbordador [de embarque, de carga]
Verladebunker m tolva f de carga
Verladeförderer m (Bgb) transportador m de transbordo
Verladekran m grúa f de embarque

verladen v 1. cargar; 2. *(Schiff)* embarcar
Verladerampe f rampa f de carga
Verladeroder m *(Lt)* arrancadora f cargadora
Verlagerung f desplazamiento m; transposición f
verlängern v alargar; extender; prolongar
Verlängerung f extensión f, ampliación f; prolongación f
Verlängerungskabel n cable m de ampliación [extensión]
Verlängerungsrohr n alargadera f
Verlangsamung f 1. deceleración f, desaceleración f; 2. *(Kfz)* ralentí m; 3. *(Kern)* moderación f
verlaschen v zunchar; encastrar
verlassen v/die Anwendung *(Inf)* salir de la aplicación
Verlauf m 1. curso m; evolución f; desenvolvimiento m; marcha f; 2. régimen m; 3. *(Math)* transcurso m; característica *(Kennlinie)*
~/exponentieller transcurso m exponencial
~/gekrümmter forma f encorvada
~/geradliniger transcurso m rectilíneo *(einer Kurve)*
~/wellenförmiger transcurso m ondulatorio
~/S-förmiger forma f sigmoidea *(einer Kurve)*
verlegen v 1. instalar; colocar, tender, alojar *(z. B. Kabel)*; 2. transferir
~/den Mittelpunkt excentrar
~/Fliesen azulejar
~/Gleis colocar la vía
~/Rohre colocar tubos
~/Teppichboden enmoquetar
~/unter Erde soterrar *(Leitung)*
Verlegung f 1. instalación f; tendido m *(Kabel)*; 2. traslado m
~ unter Erde soterramiento m *(Leitung)*
~ von Hochleitungen tendido m aéreo
Verleseband n 1. *(Förd)* cinta f colectora; 2. *(Lt)* cinta f de selección
verlöten v soldar con estaño
Verlust m 1. pérdida f; daño m; merma f; 2. *(El)* escape m; fuga f; 3. *(Ph)* degradación f *(von Energie)*
~/dielektrischer pérdida f dieléctrica; factor m de pérdida (dieléctrica)
~/joulescher pérdida f por efecto Joule

~/ohmscher pérdida f ohmica, fuga f de resistencia
Verlustfaktor m 1. *(El)* factor m de pérdida (dieléctrica); tangente f del ángulo de pérdida; 2. *(Masch)* coeficiente m de pérdida
Verlustkomponente f *(El)* componente f disipativa
Verlustleistung f *(El)* pérdida f de potencia, potencia f perdida [de disipación], disipación f
Verluststrom m *(El)* corriente f de fuga [escape, pérdida]
vermaschen v interconectar, interrelacionar *(Netze)*
vermauern v murar
vermehren v 1. aumentar; 2. *(Kern)* multiplicar
vermengen v mezclar
vermessen v 1. apear; medir; 2. *(Schiff)* arquear
Vermessung f 1. areaje m, apeo m; medición f; levantamiento m *(Geodäsie)*; 2. *(Schiff)* arqueo m
~ nach Metern metraje m
~/trigonometrische triangulación f
Vermessungsbreite f *(Schiff)* manga f de arqueo
Vermessungsdeck n *(Schiff)* puente m [cubierta f] de arqueo
Vermessungsgerät n aparato m geodésico [topográfico]
Vermessungsingenieur m agrimensor f
Vermessungslänge f *(Schiff)* eslora f de arqueo
Vermessungsschiff n barco m de sondeo, buque m planero
vermessungstechnisch metrotécnico
Vermessungstonne f *(Schiff)* tonelada f de arqueo
Vermessungswesen f geodesia f
vermindern v disminuir, reducir; decrementar
~/die Geschwindigkeit decelerar, desacelerar
~/die Höhe rebajar
vermischen v mezclar
Vermischen n mezclado m; traspaleo m
~/gleichmäßiges homogeneización f
Vermittlersteuerung f *(Nrt)* control m de conmutadores
Vermittlung f *(Nrt)* conmutación f

Vermittlungsamt *n (Nrt)* oficina *f* central
Vermittlungsprozessor *m (Inf)* procesador *m* de conmutación
Vermittlungsschicht *f* capa *f* [nivel *m*] red *(OSI-Referenzmodell)*
Vermittlungsschrank *m (Nrt)* cuadro *m* conmutador [de conmutación]
Vermittlungsstelle *f (Nrt)* central *f*, centro *m* de conmutación
Vermittlungstechnik *f (Nrt)* técnica *f* de conmutación (telefónica)
Vernebler *m* neblinador *m*, nebulizador *m*
vernetzen *v* reticular
Vernetzer *m* agente *m* de vulcanización *(Vulkanisationsmittel)*
Vernetzung *f* reticulación *f*, reticulado *m*; curado *m (Gummi)*
vernickeln *v* niquelar, niquelizar, chapear al níquel
Vernickelung *f* niquelado *m*, niquelación *f*, niqueladura *f*
Vernier *m* nonio *m*, vernier *m (Gradteiler)*
vernieten *v (Fert)* remachar, unir con remaches, roblonar
Vernietung *f (Fert)* remachado *m*, roblonado *m*
verpacken *v* embalar, empaquetar; envasar
Verpackung *f* embalaje *m*, empaquetamiento *m*; empaquetadura *f*, empaque *m*, envase *m*; envoltorio *m*
Verpackungsautomat *m* equipo *m* automático de empaquetado, máquina *f* automática de embalar
Verpackungsmaschine *f* máquina *f* empacadora [empaquetadora, embaladora, de envasado], empaquetadora *f*, empacadora *f*
Verpflanzbarkeit *f (Inf)* portabilidad *f (Programmeigenschaft)*
verpuffen *v (Ch)* deflagrar
Verpuffung *f (Ch)* deflagración *f*
Verputz *m (Bw)* revoque *m*; tendido *m*; guarnecido *m*
verputzen *v (Bw)* aviar, enlucir; guarnecer, *(Am)* enduir
Verputzgips *m* yeso *m* de enlucir
Verrechnungsschlüssel *m* baremo *m*
Verreibwalze *f (Typ)* rodillo *m* distribuidor
verriegeln *v* bloquear; calzar
Verriegelung *f* 1. *(Masch)* enclavamiento *m*; bloqueo *m*; cerradura *f*, cerrojo *m*; 2. *(El, Eln)* enclavamiento *m*; interbloqueo *m*, interlock *m (Schaltung)*; 3. mecanismo *m* [resguardo *m*] de enclavamiento; dispositivo *m* de detención; protector *m* de bloqueo *(Gerätesicherung)*
~/elektromagnetische enclavamiento *m* electromagnético
~/mechanische bloqueo *m* mecánico
Verriegelungsbolzen *m* perno *m* enclavador [de enclavamiento, bloqueador]
Verriegelungskontakt *m (El)* contacto *m* de bloqueo [enclavamiento]
Verriegelungsrelais *n (El)* relé *m* de bloqueo
Verriegelungsschalter *m (El)* conmutador *m* de enclavamiento
verringern *v* disminuir, reducir, rebajar
~/das Volumen menguar
~/den Druck bajar la presión
Verrippung *f (Flg)* costillaje *m*
verrohren *v* colocar tubos, entubar
Verrohrung *f* 1. entubación *f*, entubado *m*, entubamiento *m*, tubaje *m*; tubería *f*; 2. *(Bgb)* tubo *m* de entibación
Versal(buchstabe) *m (Inf, Typ)* versal *m*, letra *f* mayúscula [versal]
Versalien *mpl* fuente *f* grande
Versatz *m* 1. *(Bgb)* relleno *m* (de respaldo), terraplén *m*; 2. *(Bw)* bisel *m* de encaje
verschachteln *v* intercalar
verschachtelt *(Inf)* entrelazado
Verschachtelung *f* 1. imbricación *f*, intercalación *f*; 2. *(Inf)* anidamiento *m*, imbricación *f* de programas, encaje *m* de rutinas *(von Programmen)*; 3. *(Inf)* subrutina *f* encajada
verschalen *v* 1. *(Bw)* blindar, entabicar, revestir de tablas; 2. *(Bw, Bgb)* encofrar
verschalten *v (El)* conectar mal
Verschalung *f* 1. *(Bw)* blindaje *m*, enmaderamiento *m*, enmaderación *f*; forro *m*; 2. *(Bw, Bgb)* encofrado *m*
verschäumen *v (Kst)* espumar, despumar
Verschäumung *f (Kst)* espumación *f*, espumadura *f*, espumaje *m*, despumación *f*
verschiebbar 1. *(Masch, Fert)* corredero, corredizo; 2. *(Inf)* reubicable *(z. B. Programm)*
Verschiebegleis *n* vía *f* de cambio [clasificación]

verschieben v 1. desplazar; trasladar; reasignar; 2. *(Inf)* reubicar, desplazar; mover
~/eine Datei desplazar [mover] un archivo
~/sich correrse
~/Text mover [transferir] texto
Verschieben n 1. desplazamiento m; 2. *(Eb)* clasificación f de vagones
verschieblich *(Inf)* reubicable *(z. B. Programm)*
Verschiebung f 1. desplazamiento m; reubicación f; reasignación f; 2. *(Masch)* traslación f, traslado m; 3. corrimiento m *(z. B. von Spektrallinien)*; 4. desajuste m *(Einstellung)*; 5. calado m; decalado m; 6. *(Math)* traslación f; 7. *(Inf)* desplazamiento m, reubicación f
~/zyklische *(Inf)* desplazamiento m cíclico, permutación f circular
Verschiebungssatz m *(Math)* teorema m de traslación
Verschiebungsvektor m *(Math)* vector m de desplazamiento
verschlacken v escorificar
verschlagworten v indexar
Verschlagwortung f indexación f
verschleiern v *(Foto)* velar
Verschleierung f *(Foto)* veladura f, oscurecimiento m
Verschleiß m desgaste m, gastadura f, gasto m; escoriación f
~ durch Abnutzung desgaste m por el uso
~ durch Eingriffstörung escopleado m, vaciado m
~ durch Scheuerwirkung desgaste m abrasivo
~/fressender excoriación f (por rozamiento)
verschleißanfällig susceptible [propenso] al desgaste
Verschleißbruch m rotura f por desgaste
verschleißen v desgastar, gastar
verschleißfest resistente al desgaste [uso], a prueba de desgaste, indesgastable; a prueba de abrasión
Verschleißfestigkeit f resistencia f al desgaste
Verschleißprüfmaschine f máquina f para comprobar el desgaste
Verschleißprüfung f *(Wkst)* ensayo m [comprobación f, verificación f] de desgaste; prueba f de abrasión

Verschleißteil n elemento m [pieza f] de desgaste, componente m sujeto a desgaste
verschließen v cerrar; obturar
~/luftdicht cerrar herméticamente
Verschließen n obturación f, oclusión f
Verschließmaschine f cerradora f; tapadora f *(Büchsen)*
Verschluss m cerradura f, cierre m; obturador m; puerta f; tapadera f; caja f de cerrojo; dispositivo m [mecanismo m] de cierre; tapón m de chapa *(aus Blech)*
~/feuersicherer compuerta f cortafuego
~/schalldämmender tapón m insonorizador [antirruido, contra el ruido, silenciador]
~/wasserdichter cierre m estanco
verschlüsseln v codificar; cifrar
Verschlüsselung f *(Inf)* codificación f, proceso m de codificación; cifrado m; encriptado m
Verschlüsselungsalgorithmus m algoritmo m de criptografía
Verschlussgeschwindigkeit f *(Foto)* rapidez f de la obturación
Verschlusskörper m *(Foto)* cuerpo m obturador
Verschlussmaschine f máquina f automática de embalar *(Verpackungsautomat)*
Verschlussschraube f tapa f roscada, tapón m roscado, tornillo m obturador [de cierre]
Verschlussventil n válvula f de retenida
Verschlusszeit f *(Foto)* tiempo m de obturación
verschmelzen v fundir; amalgamar
~/miteinander *(Ch)* coalescer
Verschmutzung f 1. contaminación f, polución f *(Umwelt)*; 2. ensuciamiento m; impurificación f
Verschmutzungsstoff m agente m contaminador, producto m contaminante
verschränken v intercalar
Verschränkung f 1. intercalación f; 2. *(El)* transposición f *(z. B. von Teilleitern)*; 3. *(Nrt)* multiplicación f deslizante *(Vielfachschaltung)*
verschrauben v atornillar, juntar con tornillos, unir a tornillos
Verschraubung f atornillado m, enroscado m; fijación f con pernos, sujeción f por

tornillo, junta *f* de rosca, empalme *m* a rosca; tapa *f* [parte *f*] roscada
verschrotten *v* 1. convertir en chatarra; 2. *(Schiff)* desguazar
Verschrottung *f (Schiff)* desguace *m*
verschweißen *v* soldar
verschwelen *v* carbonizar
Verschwelung *f* destilación *f* seca
verseifen *v (Ch)* saponificar
Verseifung *f (Ch)* saponificación *f*
Verseifungszahl *f (Ch)* coeficiente *m* [número *m*, índice *m*] de saponificación
Verseilmaschine *f* máquina *f* de cablear
Verseilung *f* torcido *m*
versenkbar retráctil *(z. B. Wagenscheibe)*
versetzen *v* 1. dislocar; desplazar; trasladar; situar; 2. *(Bgb)* rellenar; 3. *(Ch)* mezclar, adicionar; 4. *(Fert)* embozar *(Schleifscheibe)*
~/in Schwingung hacer vibrar
versetzt 1. al tresbolillo; alternado; desalineado; 2. *(Bgb)* rellenado
Versetzung *f* 1. desplazamiento *m*; 2. dislocación *f (bei Kristallen)*
Versetzungsschleife *f* bucle *m* de dislocaciones *(bei Kristallen)*
verseuchen *v* contaminar, infectar *(radioaktiv oder biologisch)*
Verseuchung *f* contaminación *f*
~/nukleare contaminación *f* nuclear
~/radioaktive contaminación *f* radiactiva, radiocontaminación *f*
Verseuchungsstoff *m* contaminante *m*
versicherungsmathematisch actuarial
versickern *v* infiltrar
Versickerung *f (Geol, Bw)* percolación *f*; infiltración *f*; rezumamiento *m*, rezumado *m (Poren)*
versiegeln *v* sellar
Versiegelung *f* sellado *m*
versilbern *v* chapear con plata, platear, argentar
Versilberung *f* plateado *m*
versorgen *v* abastecer, suministrar
Versorgung *f* 1. abastecimiento *m*, suministro *m*; alimentación *f*; 2. aprovisionamiento *m*; servicio *m*
Versorgungsfahrzeug *n* 1. vehículo *m* comercial; 2. *(Schiff)* buque *m* de abastecimiento

Versorgungsleitung *f* 1. *(El)* línea *f* distribuidora [de distribución]; 2. *(Bw)* tubería *f* de abastecimiento
Versorgungsnetz *n (El)* red *f* de alimentación
Versorgungsspannung *f (El)* tensión *f* de alimentación
versperren *v* obstaculizar
verspiegeln *v (Opt)* azogar
verspleißen *v* empalmar, unir los extremos
versplinten *v* chavetear
verspritzen *v* proyectar; salpicar; atomizar
Verspritzen *n* proyección *f*; salpicadura *f*; atomización *f*
verspröden *v* fragilizar
Versprödung *f (Met)* fragilización *f*; acritud *f*
versprühen *v* atomizar, pulverizar; salpicar
verspunden *v* machihembrar, taponar
Verspundmaschine *f (Fert)* máquina *f* para machihembrar, machihembradora *f*
verstählen *v (Met)* acerar
Verstählstahl *m* acero *m* de acerar
verstärken *v* 1. *(El)* amplificar; multiplicar; reforzar, reformatecer *(z. B. Signal)*; 2. *(Bw)* armar; acerar; reforzar; 3. *(Ch)* concentrar *(Katalyse)*; 4. *(Ph)* aumentar *(z. B. Druck)*; 5. reforzar *(Festigkeit)*
Verstärker *m* 1. *(El)* dispositivo *m* amplificador, amplificador *m*; reforzador *m*; relevador *m*; 2. *(Nrt)* repetidor *m*; 3. *(Mech)* relé *m (Folgestufe)*; 4. *(Foto, Typ)* reforzador *m*, intensificador *m*; 5. *(Kst)* relleno *m* de refuerzo; 6. *(Met)* reforzante *m*
Verstärkeranlage *f* dispositivo *m* amplificador
Verstärkerbad *n (Foto)* baño *m* reforzador
Verstärkerkreis *m* circuito *m* amplificador [de amplificación]
Verstärkerröhre *f* válvula *f* [lámpara *f*] amplificadora, amplificadora *f*
Verstärkerstufe *f* etapa *f* (de amplificación), paso *m* amplificador
Verstärkung *f* 1. *(Ph)* aumento *m (z. B. Druck)*; 2. *(El)* amplificación *f*; boosting *m (z. B. Signale)*; grado *m* de amplificación; 3. *(Opt)* poder *m* amplificador; 4. *(Ch)* concentración *f (Katalyse)*; refuerzo *m*; 5. *(Bw)* reforzamiento *m*, reforzado *m*; refuerzo *m (Festigkeit)*; nervio *m (Rippe)*

Verstärkungsbad n baño m reforzador
Verstärkungsfaktor m 1. (El) grado m [coeficiente m, factor m] de amplificación; ganancia f; 2. (Wkst) coeficiente m de refuerzo; 3. (Ch) factor m de concentración (Katalyse)
Verstärkungsregelung f (Eln) regulación f de ganancia
Verstärkungsregler m (El) regulador m de amplificación
versteifen v 1. reforzar; 2. (Bw) riostrar
Versteifung f 1. reforzamiento m, refuerzo m; 2. (Masch) sujeción f rígida; codal m (Spreize)
Versteifungsblech n 1. pieza f de refuerzo; 2. (Bw) plancha f de ángulo
verstellbar variable; desplazable; reclinable
Verstelldüse f tobera f graduable
verstellen v desplazar; trasladar; descentrar
Versteller m variador m
Verstellhebel m 1. palanca f de avance; 2. (Kfz) manecilla f de avance
Verstelluftschraube f (Flg) hélice f de paso regulable
Verstellpropeller m (Schiff) hélice f de paso regulable [variable, cambiable, controlable], hélice f de palas orientables
Verstellung f 1. ajuste m, ajustamiento m; reglaje m; descentración f; 2. (Feinw) desplazamiento m
Verstrebung f (Bw) arriostramiento m, arriostrado m; puntal m en diagonal
Versuch m ensayo m, test m, prueba f; experimento m; experiencia f; tentativa f
• durch ~ por vía experimental
Versuchsablauf m recorrido m de pruebas
Versuchsanlage f equipo m experimental [de ensayo], instalación f de ensayo; planta f experimental [de ensayos]; planta f [unidad f] piloto
Versuchsanstalt f estación f de pruebas
Versuchsaufbau m 1. modelo m de ensayo; 2. instalación f experimental [de experimentación]
Versuchsbecken n (Schiff) canal m de experiencias
Versuchsbetrieb m planta f [fábrica f, empresa f, unidad f] piloto; empresa f experimental

Versuchsbohrung f (Bgb) perforación f de prueba, sondeo m de explotación
Versuchseinrichtung f instalación f experimental [de experimentación, de ensayo]; unidad f piloto
Versuchsfeld n 1. campo m de ensayo [pruebas]; zona f de ensayo; 2. (Lt) campo m experimental
Versuchskanal m (Schiff) canal m de experiencias
Versuchsschaltung f circuito m comprobador
Versuchswerkstatt f taller m experimental
Versuch- und Irrtum-Verfahren n proceso m de prueba y error
Vertäuanker m (Schiff) ancla f de amarre
vertäuen v (Schiff) amarrar
Vertäupoller m (Schiff) proís m, bita f de amarre
vertauschbar (Math) conmutativo, permutable
Vertauschbarkeit f (Math) conmutatividad f, permutabilidad f
vertauschen v (Math) permutar
Vertauschung f (Math) permutación f
verteilen v distribuir; repartir; compartir; proporcionar (anteilmäßig)
Verteiler m 1. distribuidor m, distributor m; repartidor m; 2. (Lt) repartidora f, esparcidor m, esparcidora f (z. B. für Dung); 3. (Gieß) difusor m; 4. despachador m
Verteilerdose f (El) distribuidor m
Verteilerkappe f (Kfz) tapa f del distribuidor (Zündverteiler)
Verteilerkasten m (El) caja f de distribución
Verteilerleitung f (El) línea f distribuidora [de distribución]
Verteilernetz n red f de distribución [reparto]
Verteilerscheibe f 1. (Kfz) tapa f del distribuidor (Zündverteiler); 2. (Nrt) disco m distribuidor
Verteilerschrank m (El) armario m distribuidor, distribuidor m armario
Verteilertafel f (El) cuadro m [panel m, tabla f, tablero m] de distribución
Verteilerwerk n (El) estación f distribuidora
verteilt repartido, dispersado
Verteilung f 1. distribución f; repartición f; reparto m; 2. (Math) ley f de distribución

~/eingipflige distribución f unimodal
~/gaußsche distribución f normal [gaussiana, de Gauss]
~/linksschiefe distribución f de asimetría negativa
~/logarithmisch normale distribución f logarítmica normal
~/mehrgipflige distribución f plurimodal
~/räumliche disposición f espacial
~/rechtsschiefe distribución f de asimetría positiva
~/schiefe distribución f asimétrica
~/studentsche distribución f de Student, distribución f t-student *(Statistik)*
~/zufällige [zufallsbedingte] repartición f al azar
Verteilungsfunktion f 1. *(Math)* función f de distribución; 2. *(Ph, Ch)* función f de repartición; 3. *(Opt)* función f de dispersión
Verteilungsgesetz n *(Math)* ley f de distribución
Verteilungsgitter n *(Eln)* rejilla f distribuidora
Verteilungskoeffizient m 1. coeficiente m de reparto; 2. *(Math)* coeficiente m de partición; 3. *(Ph, Ch)* coeficiente m de distribución
Verteilungsschlüssel m baremo m
vertiefen v profundizar, abondar
Vertiefung f 1. hueco m, hoyo m; 2. rebajo m, cajera f *(Aussparung)*; 3. *(Geol)* depresión f; 4. *(Wkst)* oquedad f *(des Prüfkörpers bei Härteprüfungen)*
vertikal vertical, perpendicular, a plomo
Vertikalachse f eje m vertical
Vertikalaufzeichnung f *(Inf)* grabación f vertical
Vertikalbohrmaschine f taladro m vertical
Vertikaldrehmaschine f torno m carrusel [vertical]
Vertikale f vertical f
Vertikalfräsmaschine f fresadora f vertical
Vertikalfrequenz f *(TV)* frecuencia f de cuadro
Vertikalhobelmaschine f tupí m *(für Holz)*
Vertikalkreis m limbo m cenital *(Geodäsie)*
Vertikalprojektion f proyección f vertical
Vertikalschnitt m sección f vertical
Vertikalschwingung f oscilación f vertical

Vertikalstab m *(Bw)* barra f vertical *(Statik)*
Vertikalstart m *(Rak)* lanzamiento m vertical
Vertikalvergaser m carburador m vertical
vertonen v sonorizar *(Film)*
verträglich compatible; consistente
Verträglichkeit f compatibilidad f
~/elektromagnetische compatibilidad f electromagnética
Verträglichkeitsbedingung f *(Math, Ph)* condición f compatible; condición f de tolerancia
Vertrauensbereich m *(Math)* gradiente f de confiabilidad, intervalo m [región f] de confianza, rango m de confiabilidad [confianza] *(Statistik)*
Vertrauensgrenze f *(Math)* límite m de confianza [confiabilidad]
Verunreinigung f 1. contaminación f, polución f *(Umwelt)*; 2. ensuciamiento m; impurificación f; 3. polutante m; 4. impureza f *(Begleitstoff)*
~ des Grundwasserleiters contaminación f acuífera
~ des Luftraumes contaminación f del espacio aéreo
Verunreinigungsstoff m contaminante m, agente m contaminante
Verursacherprinzip n principio m de que quien contamina paga *(im Umweltschutz)*
vervielfachen v multiplicar *(z. B. eine Kraft)*
vervielfältigen v 1. *(Typ, Foto)* reproducir; 2. duplicar; mimeografiar; 3. multiplicar
Vervielfältigung f 1. *(Typ)* autocopia f, hectografía f; 2. *(Inf)* duplicación f; 3. multiplicación f
Vervielfältigungsgerät n *(Typ)* aparato m autocopista, multicopista m, copiador m, máquina f de reproducir, duplicador m
Vervielfältigungstechnik f tecnología f copiadora
verwalten v *(Inf)* manejar, gestionar
Verwalter m *(Inf)* gestor m, manejador
Verwaltung f *(Inf)* manejo m, gestión f, administración f
Verwaltungsaufgabe f *(Inf)* tarea f administrativa [de gestión]
Verwaltungsprozessor m *(Inf)* procesador m de gestión

verwandeln v convertir; transformar
~/in Dampf vaporizar
verwandt *(Ch)* derivado
Verwandtschaft f/radioaktive *(Kern)* filiación f radiactiva
verwässern v diluir
Verweilzeit f tiempo m de estadía [residencia]; tiempo m de tratamiento *(z. B. bei Verfahren)*
verwendbar/wieder reutilizable; recuperable
verwenden v/wieder reutilizar
Verwendung f empleo m, uso m, utilización f
~/unsachgemäße utilización f inadecuada
Verwerfung f 1. *(Geol)* alabeo m, carrera f, desplazamiento m, dislocación f, falla f; 2. *(Bgb)* rechazo m de una falla *(Störung)*; 3. abarquillamiento m, alabeamiento m, alabeo m *(z. B. von Holz)*
Verwerfungszone f *(Geol)* zona f fallada
verwertbar explotable; utilizable
~/nicht desechable
~/wieder recuperable; reutilizable; reciclable
Verwertbarkeit f explotabilidad f, utilizabilidad f
verwerten v utilizar; aprovechar; explotar
~/wieder reutilizar; recuperar; reciclar
Verwertung f aprovechamiento m, utilización f
~/energetische utilización f energética [de energía]
~/stoffliche utilización f de materiales
~/thermische utilización f térmica, aprovechamiento m térmico
verwischt borroso *(z. B. Fernsehbild)*
verwittern v alterar, corroerse
Verwitterung f *(Geol)* desagregación f, descomposición f, meteorización f, alteración f, intemperización f
verzahnen v dentar, encastrar, endentar, engranar, engargantar
Verzahnung f *(Fert)* engrane m, engranaje m, engargante m; endentadura f, dentadura f, adentelladura f, dentado m; falla f de engranajes; dientes mpl, *(Am)* engrenaje m
Verzahnungsmaschine f *(Fert)* talladora f [cortadora f] de engranajes, dentadora f
verzeichnen v *(Opt)* distorsionar

Verzeichnis n 1. lista f, tabla f; listín m *(kleinen Umfangs)*; repertorio m; nómina f *(von Namen)*; matrícula f, guía f, índice m; 2. *(Inf)* directorio m; registro m; carpeta f *(Ordner)*; diccionario m
Verzeichnispfad m *(Inf)* vía f [senda f] del directorio
Verzeichnung f *(Opt)* distorsión f
verzeichnungsfrei *(Opt)* libre de distorsión, sin distorsión, ortoscópico
verzerren v 1. *(El)* distorsionar; 2. *(Eln)* deformar
Verzerrer m *(El)* distorsionador m
Verzerrung f 1. *(El)* distorsión f; 2. *(Eln)* deformación f
verzerrungsfrei *(El)* libre de distorsión, sin distorsión
verziehen v 1. ovalar; 2. *(Text)* estirar
~/sich trabajar *(Werkstoff)*
Verzimmerung f *(Bw)* enmaderación f
verzinken v cincar, zincar
~/elektrochemisch [galvanisch] electrogalvanizar
Verzinken n cincado m, zincado m, galvanización f, galvanizado m
~/elektrochemisches electrogalvanizado m, electrozincado m
~/elektrolytisches galvanización f electrolítica
verzinnen v estañar
Verzinnen n estañado m, estañadura f
Verzögerer m 1. *(Ch)* sustancia f retardante, retardador m; agente m inhibidor; 2. *(Kern)* moderador m
verzögern v retardar, retrasar; decelerar, desacelerar; moderar
Verzögern n *(Inf)* titubeo m
Verzögerung f 1. retardo m, retraso m, retardación f, acción f retardada; deceleración f, desaceleración f, aceleración f negativa; 2. *(Flg)* parada f
Verzögerungsbad n *(Foto)* baño m retardador
Verzögerungselektrode f electrodo m decelerador
Verzögerungsmittel n *(Ch)* retardador m, retardante m, agente m retardador, inhibidor m, sustancia f retardante
Verzögerungsschalter m *(El)* interruptor m de acción retardada
Verzögerungsspeicher m *(Inf)* memoria f (de línea) de retardo

Verzug m 1. retardo m, retraso m; 2. distorsión f; estiraje m (von Material)
verzurren v abadernar, trincar
verzweigen v bifurcarse
~/sich ramificarse (z. B. Leitungen)
Verzweigung f 1. ramificación f, desintegración f múltiple; 2. (Inf) bifurcación f, salto m; 3. (Bgb) brazo m; 4. (El) híbrido m (Verzweigungspunkt)
Verzweigungsbefehl m (Inf) instrucción f de bifurcación [discriminación, ramificación]
Verzweigungspunkt m 1. (El) nodo m, punto m de derivación, híbrido m; 2. (Math, Inf, El) punto m de ramificación [bifurcación]
V-Führung f guía f cuneiforme
VGA-Bildschirmkarte f (Inf) tarjeta f de vídeo VGA
Vibration f vibración f (mecánica), movimiento m vibrante [vibratorio], sacudida f; traqueteo m; vaivén m
Vibrationsegge f (Lt) grada f de dientes elásticos
Vibrationsformer m (Bw) vibromoldeadora f
Vibrationsgalvanometer n galvanómetro m de vibración [oscilaciones, resonancia]
Vibrationsgerät n (Masch) vibrador m (mecánico), aparato m [unidad f] de vibración
Vibrationshacke f (Lt) binadora f de rastrillos
Vibrationsmesser m vibrómetro m, cuchilla f oscilante
Vibrationsmessgerät n (El) frecuencímetro m de lengüetas [láminas]
Vibrationssieb m clasificador m de tamiz vibratorio, criba f oscilante [vibradora, vibratoria, de sacudidas], tamiz m vibrante
Vibrationswalze f (Bw) rodillo m vibrante [de vibración], apisonadora f vibrante [vibratoria], compactador m vibratorio [de vibración]
Vibrator m 1. (Bw) pisón m vibrador; 2. (El) vibrador m, generador m de oscilaciones, temblador m; 3. (Masch) vibrador m
vibrieren v vibrar; pulsar; bailar
Vibrieren n vibración f, trepidación f; pulsación f (des Werkzeuges)
Vickershärte f (Wkst) dureza f Vickers

Video n vídeo m
Videoanlage f equipo m de vídeo
Videoaufnahme f grabación f vídeo, videograbación f, registro m (en) vídeo; videográfico m
Videoband n banda f de vídeo, cinta f (de) vídeo, vídeo m, videocinta f
Videobandgerät n magnetofón m [magnetófono m] (de) vídeo
Videobearbeitung f edición f de vídeo
Videobild n imagen f de vídeo
Videobildaufzeichnung f videograbación f
Videocodierer m (Nrt) codificador m de vídeo
Videodatei f archivo m [fichero m] de vídeo
Videodigitalisierkarte f tarjeta f digitalizadora de vídeo
Videodrucker m videoimpresora f
Videofilm m filme m [película f] vídeo
Videofrequenz f frecuencia f vídeo, videofrecuencia f
Videogerät n aparato m de vídeo
Videogleichrichter m rectificador m (de) vídeo
Videoimpuls m videoimpulso m
Videokamera f cámara f vídeo, videocámara f
Videokamerarekorder m camcorder m
Videokanal m videocanal m
Videokarte f tarjeta f de vídeo
Videokassette f casete f de vídeo, videocasete f
Videokassettenrekorder m grabadora f de videocasetes, videocasete m, videoregistrador m
Videokonferenzanlage f instalación f [sistema m] de videoconferencia
Videokreis m circuito m vídeo
Videomagnetband n videocinta f
Videonetz n red f de vídeo
Videoprojektor m proyector m de vídeo
Videorekorder m grabadora f vídeo, videograbadora f, magnetofón m [magnetófono m] (de) vídeo, videocasete m, videorregistrador m
Videoschnittstelle f interfaz f vídeo
Videosignal n señal f (de) vídeo, señal f de imagen, vídeo m, videoseñal f
Videospiel n juego m de vídeo, videojuego m, vídeo-juego m (Computerspiel mit Bewegtbildern)

Videosteuerung f videocontrol m
Videostreifen m videoclip m
Videotechnik f videotecnia f, vídeo m
videotechnisch videotécnico
Videotelefon n teléfono m de televisión, videófono m, videoteléfono m, vídeoteléfono m
Videotelefonie f fono(tele)visión f
Videoterminal n videoterminal m, vídeo m
Videotext m videotexto m, teletext m
Videothek f videoteca f
Videoverstärker m amplificador m vídeo, videoamplificador m
Videowiedergabegerät n reproductor m de vídeo
vieladrig multifilar
Vielbandverstärker m amplificador m multibanda
Vieldeutigkeit f ambigüedad f
Vieleck n (Math) polígono m
Vieleckschaltung f (El) conexión f poligonal
vielfach múltiplex
Vielfach n (Nrt) múltiple m, múltiplex m
Vielfachaufhängung f suspensión f catenaria
Vielfachbuchse f (El) borne m múltiple
Vielfaches n (Math) múltiplo m
~/kleinstes gemeinsames múltiplo m mínimo común
Vielfachkabel n (Nrt) cable m múltiple [multifilar, de multifilamento, de varios conductores, de almas múltiples]
Vielfachmessgerät n equipo m múltiple de medición, plurímetro m
Vielfachschaltung f (Nrt) conexión f en múltiple
Vielfachstecker m (Nrt) conector m múltiple, ficha f múltiple
Vielfachzugriff m (Inf) acceso m múltiple
Vielflächner m (Math) poliedro m
vielgliedrig (Ch) de muchos eslabones *(chemische Kette)*
Vielkanalverstärker m (Nrt) amplificador m multicanal
vielpolig multipolar
vielschichtig 1. complejo; polifacético; 2. multilaminar
Vielstoffgemisch n mezcla f de muchas componentes, mezcla f de varias sustancias

Vieradresscode m (Inf) código m de cuatro direcciones
vieradrig tetrafilar
vieratomig (Ch) tetraatómico
Vierbackenfutter n (Fert) mandril m de cuatro mordazas
vierdimensional de cuatro dimensiones
Viereck n (Math) cuadrángulo m
viereckig cuadrangular
Vierer m 1. (El) cuadrete m (Kabel); 2. (Nrt) circuito m fantasma
vierfach cuádruple
Vierfaches n cuádruplo m
Vierfachvergaser m carburador m cuádruple
Vierfarbenoffsetmaschine f (Typ) máquina f offset de cuatro colores
Vierflügelpropeller m (Flg) hélice f de cuatro palas
Vierganggetriebe n (Masch) caja f de cuatro velocidades
viergliedrig (Math) cuadrinomio
Vierkant m cuadrado m
Vierkantfeile f lima f cuadrada
Vierkantmutter f tuerca f cuadrada
Vierkantstahl m acero m cuadrado, perfil m en escuadra
Vierleiterkabel n (El) cable m tetrafilar [de cuatro conductores]
viermotorig cuadrimotor
Vierpol m (El) cuadripolo m
vierpolig (El) cuadripolar, tetrapolar
Vierpunktaufhängung f (Kfz, Lt) suspensión f en cuatro puntos
Vierradantrieb m (Kfz) mando m en las cuatro ruedas, propulsión f integral [en todas las ruedas], tracción f sobre cuatro ruedas
Vierradbremse f (Kfz) freno m a las cuatro ruedas
Vierseit n (Math) cuadrilátero m
vierseitig cuadrilátero
Viertaktdieselmotor m motor m Diesel de cuatro tiempos
Viertaktmotor m motor m de cuatro tiempos
Viertel n cuarto m, cuartel m
Viertelkreis m cuadrante m
Vierwegeventil n válvula f de cuádruple paso
vierwertig (Ch) cuadrivalente, tetravalente
Vierzylindermaschine f motocicleta f de cuatro cilindros (Motorrad)

Vignettiermaske f (Foto) desvanecedor m, degradador m

Vinylchlorid n cloruro m de vinilo, vinilcloruro m

Vinylharz n resina f vinílica

Vinylkunststoff m plástico m vinílico

Violettverschiebung f corrimiento m [desplazamiento m] hacia el violado (Spektrallinien)

virtuell virtual

Visier n 1. (Foto) enfocador m; 2. alza f, mira f, visor m (Waffe); 3. visera f (Schutzhelm); 4. (Opt) pínula f, nivela f

Viskosefaser f (Ch) fibrana f, fibra f de viscosa, viscosilla f

Viskoseschwamm m esponja f viscosa

Viskoseseide f rayón m viscoso, seda f (artificial) de viscosa

Viskosezellwolle f fibra f corta de viscosa

Vitriol m caparrosa f, vitriolo m

Vlies n (Text) vellón m, velo m

Vliesmaschine f (Text) reunidora f de telas

Vliesstoff m (Text) tela f no tejida

V-Motor m motor m (de cilindros) en V

Vollaussteuerung f volumen m máximo (Radio)

vollautomatisch enteramente automático

Vollcontainerschiff n buque m enteramente contenedorizado

Volldruckdampfmaschine f máquina f de vapor sin expansión

Vollerntemaschine f (Lt) combinada f cosechadora, máquina f combinada, combinada f; espigadora-trilladora f; segadora f combinada

völlig 1. íntegro; 2. (Schiff) lleno

Völligkeit f (Schiff) afinamiento m, fino m, finura f

Völligkeitsgrad m (Schiff) coeficiente m de afinamiento

Vollkreis m limbo m completo (Geodäsie)

Vollmaske f máscara f completa [entera], respirador m de máscara entera (Atemschutz)

Vollportalkran m grúa f de pleno pórtico

Vollständigkeitssatz m (Math) teorema m de la completicidad

Vollwelle f 1. (Ph) onda f completa; 2. (Masch) árbol m macizo

Vollziegel m (Bw) ladrillo m macizo

Volt n voltio m (SI-Einheit der elektrischen Spannung)

Voltameter n voltámetro m, culombímetro m

Voltampere n voltamperio m

Voltamperemeter n voltamperímetro m

Voltmeter n voltímetro m, voltmetro m, medidor m de voltaje

Volumen n volumen m, capacidad f cúbica

Volumenänderung f (Ph) cambio m [variación f] de volumen

Volumenausdehnung f dilatación f cúbica [volumétrica]

Volumenberechnung f cálculo m de volúmenes

Volumenbeständigkeit f (Ph) estabilidad f [constancia f] de volumen

Volumendichte f densidad f en volumen, peso m volumétrico

Volumenmessung f cubicación f, cubación f, cubaje m, volumetría f

Volumenwiderstand m (El) resistividad f de volumen

Volumenzähler m contador m volumétrico [de volumen], volucontador m

Volumetrie f 1. análisis m volumétrico [por valoración]; 2. (Ch) titulación f (volumétrica), volumetría f

volumetrisch volumétrico

Voraussetzung f suposición f (Annahme); requisito m (Bedingung)

Vorbau m 1. (Bw) artecuerpo m; 2. (Bgb) extracción f progresiva [en avance]

Vorbecken n balsa f de homogeneización previa (Abwasserbehandlung)

vorbehandeln v preparar

Vorbehandlung f 1. tratamiento m preliminar [previo, primario], pretratamiento m; preparación f; 2. (Fert) acondicionamiento m previo, preacondicionamiento m; elaboración f de desbastes

Vorbelastungswiderstand m (El) resistencia f de drenaje (für Gleichrichter)

vorbohren v 1. (Fert) taladrar previamente; 2. (Bgb) abrir un barreno, hacer un sondaje preliminar

Vorbohrer m (Fert) taladro m previo

Vorbohrung f (Bgb) sondeo m previo

Vorderachsantrieb m (Kfz) accionamiento m por eje delantero

Vorderachsbrücke f (Kfz) puente m delantero

Vorderachse f 1. *(Kfz)* puente m delantero; 2. *(Eb)* eje m delantero
Vorderanschliffwinkel m *(Fert)* ángulo m de la afiladura anterior
Vorderansicht f vista f anterior [delantera]; vista f frontal [de frente], elevación f *(darstellende Geometrie)*
Vorderantrieb m *(Kfz)* mando m delantero, tracción f delantera
Vorderglied n *(Math)* antecedente m
Vordergrundverarbeitung f *(Inf)* procesado m [procesamiento m] preferente
Vorderradantrieb m *(Kfz)* propulsión f [transmisión f] delantera, mando m delantero
Vorderradbremse f freno m delantero [de las ruedas delanteras]
Vorderschiff n *(Schiff)* proa f
Vorderseite f 1. cara f, parte f delantera; superficie f anterior; haz f; 2. *(Bw)* fachada f, frontera f, testera f; 3. *(Typ)* anverso m
Vorderspant m *(Schiff)* cuaderna f de proa
Vordersteven m *(Schiff)* estrave m, proa f
Vorderteil n 1. parte f anterior [delantera]; nariz f *(Ansatz)*; 2. avantrén m *(Vordergestell)*; 3. *(Rak)* morro m de cohete
Vordrehen n *(Fert)* torneado m de desbaste
voreilen v *(El)* avanzar; adelantar *(z. B. Phase)*
vorfertigen v prefabricar
Vorfertigung f 1. prefabricación f, fabricación f previa; 2. *(Schiff)* prefabricación f de subconjuntos
Vorfilter m prefiltro m
Vorfluter m cauce m receptor, emisario m; zanja f de drenaje [desagüe] *(Wasserbau)*
Vorfräsen n *(Fert)* fresado m previo
vorfrischen v *(Met)* preafinar, afinar previamente
Vorführgerät n aparato m de demostración; aparato m cinematográfico *(Kino)*
Vorgang m 1. procedimiento m, proceso m; operación f; 2. *(Inf)* transacción f
~**/steuerbarer** operación f controlable
~**/umkehrbarer** proceso m reversible
~**/zufälliger** proceso m aleatorio
~**/zyklischer** operación f cíclica
vorgeben v prefijar, preestablecer, predeterminar *(z. B. den Anfangswert)*

vorgefertigt prefabricado
vorgehen v 1. proceder, actuar; 2. adelantar *(Uhr)*
Vorgelege n *(Masch)* transmisión f intermedia, contramarcha f
Vorgelegewelle f *(Masch)* árbol m [eje m] de contramarcha, eje m de reductor, contraeje m
Vorhaltglied n *(Aut)* elemento m de anticipación
Vorhänger m visera f *(Blendschutz)*
Vorhängeschloss n candado m
Vorkammer f 1. antecámara f, precámara f; 2. *(Kfz)* cámara f de precombustión
Vorklärbecken n tanque m primario de sedimentación, balsa f de sedimentación [homogeneización] previa *(Abwasserbehandlung)*
Vorkommen n *(Geol)* yacimiento m; recursos mpl
vorkühlen v preenfriar, prerrefrigerar
Vorkühler m preenfriador m, prerrefrigerador m
Vorlage f 1. modelo m; original m; 2. *(Ch)* vasija f, recipiente m *(Destillation)*; 3. barrilete m *(Hochofen)*
Vorlauf m 1. avance m *(z. B. Magnetband)*; 2. cabezas fpl *(Destillation)*
Vorlaufbehälter m *(Ch)* colector m de cabezas *(Destillation)*
Vorlauftaste f tecla f de avance
Vorlegewelle f *(Masch)* árbol m de reenvío
vormagnetisieren v premagnetizar
Vormontage f premontaje m; preensamblaje m; montaje m en el taller
vormontieren v premontar
Vorortbahn f ferrocarril m suburbano
Vorpiek f *(Schiff)* pique m de proa
vorprogrammieren v *(Inf)* programar previamente
Vorprogrammierung f *(Inf)* preprogramación f; programación f previa
Vorprojekt n anteproyecto m (previo); diseño m preliminar; preconcepción f
Vorprozessor m *(Inf)* preprocesador m
Vorprüfung f control m [ensayo m, prueba f] preliminar, examen m previo, pre-test m; verificación f inicial
Vorratsroder m *(Lt)* destroncador m, destroncadora f, arrancadora f enfiladora, roturadora f, cosechadora f de patatas

vorregulieren

vorregulieren v prerregular
Vorrichtung f 1. dispositivo m; mecanismo m; montaje m; aparato m, órgano m; instalación f, ingenio m; artificio m; aditam(i)ento m; 2. (Bgb) apertura f de galerías, trazado m, preparación f (Strecke)
Vorsatz m 1. prefijo m; 2. inserción f
Vorsatzgerät n aparato m adicional
Vorsatzlinse f (Foto) lente f supletoria [de aproximación]
Vorschäler m (Lt) cuchilla f delantera, reja f anterior (Pflug)
vorschalten v 1. (El) preconectar; 2. (Nrt) intercalar
Vorschaltkondensator m (El) condensador m adicional
Vorschalttransformator m (El) transformador m elevador-reductor
Vorschaltwiderstand m (El) resistencia f adicional, reóstato m
Vorschiff n (Schiff) aleta f delantera, proa f • **im ~** de proa
Vorschlaghammer m martillo m macho [a dos manos], macho m, machota f
vorschmieden v forjar previamente [en bruto]
Vorschneider m 1. (Fert) macho m abusado (Gewindebohrer); diente m de desbaste; 2. alicates mpl cortantes (Zange)
Vorschub m 1. (Fert) avance m; alimentación f; descenso m (nach abwärts); 2. empuje m
~/hydraulischer avance m hidráulico
~/selbsttätiger avance m automático; alimentación f automática
~/sprungweiser avance m intermitente
~/zwangsläufiger avance m forzado; alimentación f forzada
Vorschubbewegung f 1. (Fert) movimiento m de avance; 2. salto m (Papier)
Vorschubgeschwindigkeit f (Fert) velocidad f de avance; régimen m de avance
Vorschubgetriebe n (Masch) transmisión f de avance; caja f alimentadora [de alimentación, de cambios, de avances], mecanismo m de avance; mecanismo m de avance descendente (Senkrechtvorschub nach unten)
Vorschubkurvenscheibe f leva f de avance
Vorschubnocken m leva f de avance

Vorschubspindel f (Fert) eje m [husillo m] de avance, husillo m de alimentación
Vorschubsteuerung f mando m de avances
Vorschubwahlschalter m selector m de avances
Vorschubwalze f rodillo m alimentador [de avance]
Vorschubwechselgetriebe n (Masch) caja f de [para] avances
Vorsignal n (Eb) señal f previa [de aviso], aviso m preliminar
vorspannen v 1. pretensar (Spannbeton); 2. (Eln) polarizar
Vorspannung f 1. (Bw) tensión f previa, pretensión f; precarge f, prefatiga f (Beton); 2. (Eln) polarización f
vorspeichern v (Inf) prememorizar, previamente memorizar, prerregistrar, prealmacenar (in ein Unterprogramm)
vorspringend protuberante, saliente, voladizo
Vorsprung m (Bw) resalto m; salida f; protuberancia f, saliente m, voladizo m
Vorspur f (Kfz) convergencia f
Vorsteckwiderstand m (El) resistencia f reductora enchufable
Vorsteuerventil n válvula f piloto
Vorsteven m (Schiff) roda f, proa f
Vorstreichfarbe f pintura f preliminar [de imprimación], color m subbarniz
vortreiben v 1. impulsar; propulsar; 2. (Bgb) avanzar, abrir
Vortrieb m 1. propulsión f, empuje m; 2. (Rak) empuje m a reacción; 3. (Bgb) avance m, perforación f, trazado m, frente m de trabajo
Vortriebsanlage f (Schiff) planta f propulsora [de propulsión]
Vortriebsgeschwindigkeit f 1. (Bgb) velocidad f de avance [profundización]; 2. (Flg) velocidad f de avance
Vortriebskraft f (Schiff, Flg) fuerza f propulsiva [propulsora, de propulsión], tracción f propulsiva
Vortriebsmittel n (Schiff, Flg) órgano m propulsor [de propulsión], medio m propulsivo [de propulsión], aparato m propulsor, propulsor m, propelente m
Vortriebsschild m (Bgb) escudo m de perforación

Vorverdichtung f 1. precompresión f *(Kraftmaschine)*; 2. *(Met)* presinterización f *(Pulvermetallurgie)*
Vorverzerrung f *(Eln)* predistorsión f, distorsión f previa; preacentuación f, preénfasis m *(Frequenzmodulation)*
Vorwahl f 1. *(Nrt)* preselección f; 2. s. Vorwahlnummer
Vorwählblende f *(Foto)* diafragma m de preselección manual
Vorwähleinrichtung f dispositivo m preselector *(für Messgeräte)*
Vorwahlnummer f *(Nrt)* marca f de entrada, número m de preselección, prefijado m
Vorwalze f 1. *(Met)* cilindro m preparador [desbastador, blooming] *(Walzwerk)*; 2. *(Text)* tomador m
vorwalzen v *(Met)* hacer la primera laminación, desbastar laminando, laminar previamente
Vorwalzstraße f *(Met)* tren m desbastador [de desbaste, blooming]
Vorwalzwerk n *(Met)* laminador m desbastador [de desbaste, de lingotes, blooming]
vorwärmen v precalentar, recalentar
Vorwärmer m precalentador m, recalentador m, caldera f recalentadora, economizador m
Vorwärmkammer f *(Met)* cámara f de recuperación [calentamiento previo]
Vorwärmung f caldeo m preliminar [previo], calefacción f previa, calentamiento m previo, precalentamiento m, recalentamiento m
Vorwärtsgang m *(Masch)* marcha f adelante
Vorwärtsregler m regulador m de accionamiento progresivo
Vorwärts-Rückwärts-Zähler m contador m bidireccional [reversible, ascendente/descendente], contador-descontador m
Vorwärtsverkettung f *(Inf)* concatenación f progresiva
Vorwiderstand m *(El)* resistencia f adicional [reductora]
Vorzeichen n *(Math)* signo m (algebraico)
Vorzeichenbit n *(Inf)* bit m de signo
Vorzündung f *(Kfz)* chispa f avanzada, avance m del encendido, encendido m anticipado, preencendido m, preignición f *(Verbrennungsmotor)*

Vulkanfiber f *(Kst)* fibra f roja [vulcanizada]
Vulkanisation f vulcanización f, curado m *(Gummi)*
Vulkanisationsbeschleuniger m acelerador m de vulcanización, desactivador m
vulkanisch *(Geol)* plutoniano, plutónico
vulkanisieren v vulcanizar
Vulkanisiermittel n agente m de vulcanización, vulcanizante m
Vulkanisierpresse f prensa f de vulcanizar *(Gummiherstellung)*

W

Waage f balanza f; báscula f, equipo m de pesaje, peso m; pesadora f
~/aerodynamische *(Flg)* balanza f aerodinámica
~/selbsttätige pesadora f automática
Waagebalken m cruz f
Waagerechtbohrmaschine f *(Fert)* mandriladora f horizontal
Waagerechte f horizontal f
Waagerechtfräsmaschine f *(Fert)* fresadora f horizontal
Waagerechtstoßmaschine f *(Fert)* máquina f limadora, acepilladora f limadora, limadora f
Waagschale f platillo m (de balanza), peso m, *(Am)* balanzón m
Wabenbau m estructura f en panal de abeja
Wabenbauweise f *(Bw)* construcción f de nido de abeja
Wabenkühler m *(Kfz)* radiador m de colmena [panal]
Wabenstruktur f *(Geol)* estructura f alveolar [en panal de abeja, de nido de abeja], panal m (de abeja)
Wachs n cera f
wachsen v 1. crecer *(Kristalle)*; 2. encerar
wachsend/monoton *(Math)* creciente/monótono
Wachstuch n *(Text)* hule m
Wachstumsgeschwindigkeit f velocidad f de crecimiento *(z. B. von Kristallen)*
Wägeeinrichtung f equipo m de pesaje, instalación f de pesada, pesadora f
Wägemaschine f balanza f de dosaje, pesadora f

Wagen *m* 1. *(Kfz)* coche *m*; automóvil *m*, auto *m*; camión *m*; carro *m*; carruaje *m*; 2. *(Eb)* coche *m*, vagón *m*; vagoneta *f*; carruaje *m*; *(Am)* furgón *m*; 3. carrillo *m*, carro *m* *(z. B. Büromaschine)*; 4. zorra *f* *(Lore)*
wägen *v* pesar
Wägen *n* ponderación *f*
Wagenachse *f (Eb)* eje *m* del vagón
Wagenauslösehebel *m* libracarro *m* *(Schreibmaschine)*
Wagenbewegung *f* movimiento *m* de carro *(Schreibmaschine)*
Wagenfenster *n (Kfz)* ventanilla *f*
Wagengestell *n (Eb)* bastidor *m*, caja *f* de vagón [carro]
Wagenheber *m (Kfz)* levantacoches *m*, alzacoches *m*, gato *m*
Wagenheizer *m (Kfz)* calefactor *m* de automóvil
Wagenkippvorrichtung *f* volcador *m* basculante
Wagenkupplung *f (Eb)* enganche *m* de vagones de ferrocarril
Wagenlauf *m* recorrido *m* de traslación del carro
Wagenlauftaste *f* tecla *f* para el avance del carro *(Schreibmaschine)*
Wagenrücklauftaste *f* tecla *f* de retorno del carro *(Schreibmaschine)*
Waggon *m (Eb)* vagón *m*, wagón *m*, coche *m*, *(Am)* carro *m*
Waggonkippanlage *f (Eb)* vuelcavagones *m*, basculador *m* [volcador *m*] de vagones
Wählautomat *m (Nrt)* selector *m* automático
Wählbereitschaftszeichen *n (Nrt)* tono *m* de marcar [marcado]
wählen *v* 1. *(Nrt)* discar, marcar; 2. seleccionar
Wähler *m (Nrt)* mecanismo *m* selectivo, selector *m*
Wählerkanal *m (Nrt)* canal *m* selector
Wählerrelais *n (Nrt)* relé *m* selector
Wählscheibe *f (Nrt)* disco *m* (selector), disco *m* marcador [de marcar, de llamada], dial *m (Telefon)*
Wähltaste *f (Nrt)* tecla *f* de línea
Wählton *m (Nrt)* tono *m* de marcar [marcado], tono *m* de invitación a marcar
Wahlwiederholung *f (Nrt)* repetición *f* de marcación

Wählzeichen *n* señal *f* de marcar
Wahrheitsfunktion *f (Math)* función *f* de verdad *(Logik)*
Wahrheitstabelle *f (Math, Inf)* tabla *f* de verdad [operación booleana]
Wahrheitswert *m (Math, Inf)* valor *m* verdadero [de verdad, lógico]
Wahrscheinlichkeit *f* probabilidad *f*, verosimilitud *f*
Wahrscheinlichkeitsrechnung *f* cálculo *m* de probabilidades cálculo *m* probabilístico
walken *v (Text)* abatanar, batanar, enfurtir, sobar
Walkmaschine *f* 1. *(Text)* máquina *f* de abatanar [batanar, fieltrar], batán *m*; 2. *(Led)* máquina *f* moldeadora
Walmdach *n* cubierta *f* de copete, tejado *m* a cuatro aguas, tejado *m* de copete
Walmfläche *f (Bw)* terminación *f* del tejado de copete, chaflán *m*
Walze *f* 1. rodillo *m*; rollo *m*; rodillo *m* cilíndrico corto; 2. *(Met)* rodillo *m* de laminación; 3. *(Bw)* rulo *m*; cilindro *m*, tambor *m*
walzen *v* 1. *(Met)* laminar; 2. rodillar; cilindrar
~/warm laminar en caliente
Walzen *n* 1. *(Met)* laminación *f*, laminado *m*; 2. cilindrado *m*
Wälzen *n (Fert)* rodadura *f*, rodamiento *m*, rodaje *m*
Walzenbrecher *m* machacadora *f* [quebrantadora *f*] de rodillos, trituradora *f* de cilindros [rodillos], desintegrador *m* de rodillos
Walzenfräsen *n (Fert)* fresado *m* axil [cilíndrico]
Walzenfräser *m (Fert)* fresa *f* cilíndrica [axial]
Walzengerüst *n* 1. *(Met)* caja *f* de laminador [laminación]; 2. *(Fert)* jaula *f*
wälzfräsen *v (Fert)* fresar con fresa evolvente
Wälzfräsen *n (Fert)* fresado *m* por planeado [rodamiento]
Wälzfräser *m (Fert)* fresa *f* evolvente [madre, sin fin, helicoidal], creador *m*
Wälzfräsmaschine *f* dentadora *f* de fresa madre
Walzgerüst *n (Met)* bastidor *m* de rodillos, tren *m* laminador

Wälzlager *n (Masch)* cojinete *m* de rodamiento [rodadura, contacto rodante, antifricción], rodamiento *m*, *(Am)* rulemán *m*

Walzstraße *f (Met)* tren *m* (de laminación), tren de laminadores

Walzwerk *n* laminador *m*; taller *m* de laminación *(Betriebsabteilung)*

Wand *f* pared *f*; muro *m*; cortina *f*; lienzo *m*; tabique *m*

~/feuerfeste pared *f* refractaria [resistente al fuego]; tabique *m* resistente al fuego; cortina *f* incombustible

~/tragende pared *f* sustentante [maestra, de carga], traviesa *f*

Wanderfeldröhre *f (Eln)* tubo *m* de onda progresiva, tubo *m* de propagación de ondas

wandern *v* migrar *(z. B. Teilchen)*; desviarse *(z. B. Nullpunkt)*; moverse *(z. B. Wellen)*

Wanderwelle *f* onda *f* progresiva [vagabunda, errante, móvil], oleada *f*

Wandfliese *f (Bw)* azulejo *m* de pared [revestimiento], losa *f* para revestir los muros

Wandler *m* 1. transductor *m (Messtechnik)*; 2. *(Inf)* convertidor *m*; 3. *(El)* conversor *m*, convertidor *m*; transformador *m*; 4. variador *m (Regler)*

~/elektroakustischer transductor *m* electroacústico; transformador *m* electroacústico

Wandsteckdose *f (El)* enchufe *m* de pared

Wandstecker *m (El)* tomacorriente *m* de pared

Wankelmotor *m* motor *m* (rotativo) Wankel

Wanne *f* 1. cubeta *f*, tina *f*; 2. *(Mil)* casco *m (Panzer)*

Wannenofen *m* horno *m* de cubeta [hoyo] *(Glasherstellung)*

Warmarbeitsstahl *m* acero *m* para trabajos en caliente

Warmbadhärten *n (Met)* temple *m* a temperatura elevada, temple *m* interrumpido isotérmico

Warmblechstraße *f* tren *m* de laminación para chapas en caliente

warmbrüchig *(Met)* quebradizo [frágil] en caliente

Wärme *f (Ph)* calor *m* • **~ führend** calorífero

~/abgegebene calor *m* cedido

~/abgeleitete calor *m* disipado

~/aufgenommene calor *m* absorbido

~/gebundene calor *m* latente

~/joulesche calor *m* Joule [de la corriente]

~/ungebundene calor *m* libre

Wärmeabbau *m* degradación *f* térmica

Wärmeabgabe *f* 1. rendimiento *m* de calor; desprendimiento *m* [disipación *f*, cesión *f*] de calor *(durch Strahlung)*; 2. *(Ph, Met)* recalescencia *f (beim Durchgang durch den Haltepunkt)*

Wärmeabstrahlung *f* irradiación *f* de calor, radiación *f* térmica

Wärmealterung *f (Kst)* envejecimiento *m* térmico, termomaduración *f*

Wärmeäquivalent *n (Ph)* equivalente *m* calórico [térmico]

Wärmeaufnahme *f* 1. absorción *f* térmica [de calor]; 2. *(Met)* decalescencia *f (beim Durchgang durch den Haltepunkt)*

Wärmeaufnahmevermögen *n* capacidad *f* calórica [calorífica, de absorción térmica]

Wärmeausbreitung *f* propagación *f* del calor, difusividad *f* térmica

Wärmeausdehnung *f* dilatación *f* térmica [por calor]

Wärmeausdehnungsmesser *m* medidor *m* de la dilatación térmica

Wärmeausdehnungszahl *f* coeficiente *m* térmico (de expansión)

Wärmeaustausch *m* cambio *m* térmico [de calor], intercambio *m* térmico [calórico, de calor]

Wärmebehandlung *f (Met)* tratamiento *m* térmico, termotratamiento *m*

Wärmebelastung *f* carga *f* térmica [calorífica], sobrecarga *f* térmica [calórica]; esfuerzo *m* por el calor; exposición *f* térmica

wärmebeständig resistente al calor, termorresistente, termofraguante, termoestable; indeformable al calor

Wärmebeständigkeit *f* resistencia *f* en caliente, resistencia *f* al calor, termorresistencia *f*, termoestabilidad *f*, estabilidad *f* térmica [al calor]; resistividad *f* térmica

wärmedämmend calorífugo; frigorífugo *(bei Kälteanlagen)*

Wärmedämmstoff

Wärmedämmstoff m material m aislante
Wärmedämmung f aislamiento m térmico, calorifugación f, protección f calorífuga
Wärmedehnzahl f (Ph) coeficiente m de dilatación térmica
wärmedurchlässig (Ph) diatérmano, permeable al calor
Wärmedurchlässigkeit f (Ph) diatermancia f, diatermanidad f, permeabilidad f térmica [al calor]
Wärmeenergie f energía f calórica [calorífica, térmica]
Wärmeentwicklung f desarrollo m de calor
Wärmeentzug m absorción f [extracción f] del calor, absorción f térmica
wärmeerzeugend calórico, calorífero, calorífico, termógeno
Wärmeerzeuger m generador m térmico, instalación f generadora de calor, termogenerador m
Wärmeerzeugung f generación f [producción f] de calor, obtención f térmica
wärmefest termoestable, termofraguante
Wärmefestigkeit f estabilidad f al calor, resistencia f térmica [en caliente, al calor]
Wärmefluss m flujo m calorífico [del calor, térmico]
Wärmeführung f conducción f de calor
Wärmeisolator m termoaislador m
wärmeisolieren v calorifugar
wärmeisolierend calorífugo; frigorífugo (bei Kälteanlagen)
Wärmeisolierstoff m aislante m térmico
Wärmeisolierung f aislamiento m térmico [calorifugado], calorifugación f, termoaislamiento m
Wärmekonvektion f convección f calorífica [térmica]
Wärmekraftmaschine f máquina f térmica, motor m térmico
Wärmekraftwerk n central f térmica [termoeléctrica], planta f termoeléctrica
Wärmelehre f teoría f del calor, termología f
Wärmeleistung f potencia f calorífica [térmica]; potencial m térmico; rendimiento m térmico
Wärmeleiter m conductor m del calor
Wärmeleitfähigkeit f conductibilidad f calorífica [térmica], termoconductibilidad f, coeficiente m de conductibilidad [conductividad] térmica
Wärmeleitung f conducción f térmica [de calor]
Wärmeleitvermögen n conductividad f calorífica
Wärmeleitwiderstand m resistencia f a la conductibilidad térmica [de calor]
Wärmeleitzahl f coeficiente m de conductibilidad [conductividad] térmica, conductibilidad f térmica
Wärmemessfühler m sensor m térmico
wärmen v calentar
Wärmepolymerisation f (Ch) termopolimerización f, polimerización f térmica
Wärmepumpe f bomba f calorífica [de calor, térmica], termobomba f
Wärmequelle f foco m calorífico [de calor], fuente f calorífica [de calor, térmica], manantial m térmico [de calor]
Wärmeregler m termorregulador m
Wärmerückgewinnungsanlage f sistema m de recuperación de calor
Wärmeschutz m protección f (anti)térmica [calorífuga]; aislamiento m térmico; barrera f [pantalla f] térmica
Wärmespannung f (Wkst) tensión f térmica, stress m térmico
Wärmespannungsmesser m medidor m de stress térmico
Wärmespeicher m acumulador m térmico [de calor], acumulador m, termoacumulador m (Heizung)
Wärmespeicherung f acumulación f de calor; almacenamiento m de calor
Wärmestrahl m rayo m de calor
Wärmestrahler m radiador m de calor; estufa f de radiación
Wärmestrahlung f radiación f calórica [calorífica, de calor, térmica], emisión f [irradiación f] de calor, termoemisión f; rayos mpl caloríficos
Wärmestrom m corriente f térmica [de calor], flujo m calorífico [del calor]
Wärmetauscher m cambiador m de calor, termocambiador m, termopermutador m, intercambiador m térmico [de calor]; recuperador m (térmico), termorrecuperador m; radiador m; radiador m de recuperación (unter Verwendung von Abgas)
Wärmetechnik f técnica f térmica [del calor], termotecnia f

wärmetechnisch térmico-técnico, termotécnico

Wärmeträger m portador m térmico, termóforo m; fluido m térmico

Wärmeübergang m paso m del calor, transferencia f calórica [de calor, térmica], termotransferencia f, transmisión f térmica

Wärmeübertragung f transferencia f calórica [de calor, térmica], transmisión f calorífica [de calor], transporte m del calor

Wärmeverlust m pérdida f calorífica [de calor, térmica], disipación f de calor, fuga f calorífica [de calor, térmica]

Wärmewelle f ola f de calor; onda f térmica [de temperatura] *(Kryogenik)*

Wärmewiderstand m**/spezifischer** resistividad f térmica

warmfest resistente al calor, pirorresistente

Warmfestigkeit f resistencia f en caliente, resistencia f al calor, pirorresistencia f

Warmformen n *(Met, Kst)* termoconformado m, conformación f [moldeo m] en caliente

Warmlaufen n calentamiento m; fundido m *(Lager)*

Warmpresse f prensa f de régimen caliente

Warmpressen n 1. *(Fert, Kst)* prensado m [estampación f] en caliente; 2. *(Fert)* troquelado m en caliente; 3. *(Kst)* moldeo m por compresión

Warmriss m *(Met)* agrietamiento m en caliente, fisura f térmica, grieta f en caliente, grieta f térmica [de recocido, debida al calor]; rotura f térmica

Warmschmieden n *(Fert)* forja f en caliente, forjación f por prensado

Warmsiegeln n *(Typ)* termosellladura f

Warmstanzen n *(Fert)* troquelado m en caliente

Warmstart m 1. *(Kfz)* arranque m en caliente; 2. *(Inf)* reinicio m en caliente

Warmstauchen n *(Fert)* recalcado m en caliente

Warmtrennen n *(Fert)* corte m en caliente

warmumformbar deformable en caliente; mecanizable en caliente; moldeable en caliente

Warmformung f 1. *(Fert)* trabajo m [mecanizado m, conformación f, formación f, formado m, transformación f] en caliente, trabajo m sin levantamiento de virutas *(Vorgang)*; 2. *(Fert)* deformación f en caliente *(Formänderung)*

Warmverarbeitung f *(Met)* trabajado m en caliente

Warmverformung f 1. *(Fert, Kst)* conformación f [formado m] en caliente, termoconformado m *(Vorgang)*; 2. *(Fert, Kst)* deformación f en caliente *(Formänderung)*

Warmversprödung f *(Met)* fragilización f en caliente

Warmversuch m *(Wkst)* ensayo m en caliente

Warmwalzstraße f tren m de laminación en caliente

Warmwalzwerk n laminador m en caliente

Warmwasserbereiter m aparato m productor de agua caliente; calentador m de agua, calientaaguas m; calientabaños m, *(Am)* calefón m *(im Bad)*

Warmwasserheizung f calefacción f por agua caliente, termo m

Warmwasserpumpe f acelerador m *(Heizungstechnik)*

Warmwasserspeicher m calentador m de acumulación, termosifón m

Warnanlage f equipo m de advertencia; aparato m de alarma; instalación f de detección; sistema m avisador [de alarma]

Warnbake f *(Schiff)* boya f de aviso; señal f de aviso

Warnblinkleuchte f *(Kfz)* luz f intermitente de advertencia, lámpara f avisadora de luz intermitente

Warndreieck n *(Kfz)* triángulo m de preseñalización

Warngerät n avisador m, medio m de aviso; dispositivo m de señales; predictor m

Warnlampe f lámpara f de aviso, piloto m

Warnsignal n señal f de advertencia [aviso, precaución]

~/akustisches alarma f acústica [audible, sonora]

~/optisches alarma f óptica

Warnsystem n sistema m avisador [de alerta]; sistema m de alerta *(besonders für Gefahrstoffe)*

Warpanker m *(Schiff)* ancla f de espía

Warte f 1. observatorio m; 2. *(El)* lugar m de control
warten v vigilar; conservar; mantener *(Maschine)*
Warteschlange f cola f (de espera) *(Bedienungstheorie)*
Warteschlangentheorie f teoría f de las colas
Wartezeit f 1. tiempo m muerto; tiempo m [período m] de espera; 2. *(Inf)* tiempo m de espera (de memoria)
Wartung f mantenimiento m; entretenimiento m; conservación f, cuidado m; servicio m de mantenimiento; vigilancia f
Wartungsanleitung f instrucción f de entretenimiento, guía f de mantenimiento, guía f para la conservación
Wartungshandbuch n manual m de mantenimiento
Wartungsprogramm n *(Inf)* programa m de entretenimiento [mantenimiento], rutina f de mantenimiento
Wartungs- und Schmierplan m plano m de mantenimiento y engrase
warzenschweißen v soldar por protuberancias
Warzenschweißmaschine f soldadora f por protuberancias
waschaktiv detergente
Waschanlage f instalación f de lavado, lavadero m, lavadora f; estación f de lavado
Waschapparat m lavador m
Waschautomat m lavadora f automática, máquina f de lavado automático
Waschbenzin n bencina f para lavado en seco
waschbeständig *(Text)* resistente al lavado
Waschbeton m hormigón m lavado
Wäsche f 1. lavadero m *(z. B. Aufbereitung)*; 2. colada f *(Waschanlage)*
waschecht *(Text)* sólido al lavado
Wäscher m *(Ch)* lavador m; separador m
Wäscheschleuder f escurridora f centrífuga
waschfest lavable
Waschflotte f *(Text)* baño m detergente [de lavado], lejía f
Waschholländer m calandria f de lavandería *(Papierherstellung)*
Waschlauge f *(Ch)* lejía f para lavar, colada f; baño m de lavado

Waschmaschine f máquina f lavadora [de lavar, de lavado], lavador m, lavadora f
Waschmittel n detergente m
Waschpulver n polvo m detergente, detergente m en polvo
Waschtrommel f lavador m rotatorio
Waschturm m *(Ch)* torre f de lavado; torre f depuradora por vía húmeda *(Einrichtung zur Nassreinigung von Gasen)*
Wasch- und Abfüllmaschine f lavadora-embotelladora f
Wasser n 1. agua f; 2. *(Ch)* óxido m de hidrógeno • ~ **entziehend** deshidratante, deshidrolizante • ~ **führend** con agua; acuífero *(Schicht)* • **im** ~ a flote
~/schweres *(Ch)* agua f pesada, óxido m del deuterio
Wasserablauf m imbornal m
Wasserableitungsrohr n tubo m de achique
Wasseraufbereitungsanlage f instalación f de depuración del agua, instalación f de tratamiento de aguas; planta f de tratamiento de agua; estación f de tratamiento de aguas
Wasseraufnahme f 1. absorción f de agua; 2. *(Ch)* hidratación f; 3. toma f de agua
wasseraufnehmend hidrófilo
Wasserbad n baño m de agua [María] *(Heizbad)*
Wasserbau m 1. ingeniería f hidráulica; hidrotecnia f, técnica f hidráulica, hidráulica f; arquitectura f hidráulica; construcción f hidráulica; 2. obras fpl hidráulicas
Wasserbautechnik f hidrotecnia f, técnica f hidráulica
Wasserbauwerk n obra f hidráulica
Wasserbeckenreaktor m *(Kern)* reactor m de piscina
Wasserbehälter m 1. recipiente m [tanque m, depósito m] de agua; 2. *(Eb)* caja f de agua
Wasserbehandlungsanlage f instalación f de tratamiento de aguas
Wasserchemie f hidroquímica f
Wasserchemikalien fpl sustancias fpl químicas del agua
Wasserdampf m vapor m acuoso [de agua]
~/gespannter [überhitzter] vapor m de agua sobrecalentado

Wasserdampfdestillation f destilación f en corriente de vapor, destilación f en vapor de agua, destilación f por arrastre de vapor

Wasserdampfkältemaschine f máquina f frigorífica con vapor de agua

Wasserdampfstrahlsauger m eyector m de vapor de agua *(Vakuumtechnik)*

wasserdicht a prueba de agua, estanco (al agua), hermético [impermeable] al agua

Wasserdichtigkeitsprobe f *(Schiff)* prueba f de estanqueidad

Wasserdruck m presión f hidráulica

Wasserdruckhöhe f altura f de presión hidráulica [hidrostática], carga f de agua

Wasserdruckmesser m manómetro m de agua

Wasserdruckmotor m motor m de presión hidráulica

Wasserdruckprüfung f prueba f hidráulica

Wasserdruckversuch m ensayo m hidrostático

Wassereinbruch m *(Bgb)* aguada f, anegación f, entrada f [vía f] de agua

Wasserenergie f energía f hidráulica

Wasserenteisenung f deferrización f del agua

Wasserenthärter m acondicionador m de agua

Wasserenthärtung f desendurecimiento m [ablandamiento m, descalcificación f] del agua

Wasserentöler m separador m para aceite del agua

Wasserentsalzung f desalación f de aguas

Wassererhitzung f calentamiento m de agua

Wasserfahrzeug n vehículo m acuático, medio m flotante, embarcación f, nave f, unidad f (naval), artefacto m marítimo

wasserfest resistente al agua; a prueba de humedad

Wasserfilter n filtro m de agua

Wasserflugzeug n avión m marino, hidroavión m

wasserfrei anhidro

Wasserführung f conducto m de agua

Wassergasschweißen n soldadura f a gas de agua

Wasserglas n vidrio m líquido [soluble]

Wasserhahn m grifo m de agua, llave f de servicio, robinete m, válvula f de toma de agua

wasserhaltig hidratado

Wasserhebewerk n elevador m de agua, noria f

Wasserkammerkessel m caldera f acuotubular con colector

Wasserkammerverschluss m cierre m de la cámara de agua *(Wasserbau)*

Wasserkesselreaktor m *(Kern)* hervidor m

Wasserkörper m *(Umw)* cuerpo m de agua

Wasserkraft f potencia f hidráulica [del agua]; potencial m hidráulico; fuerza f [energía f] hidráulica; hulla f azul *(durch Gezeiten)*; hulla f blanca *(aus Wasserfällen)*; hulla f verde *(aus Wasserläufen)*

Wasserkraftanlage f instalación f hidroeléctrica [de fuerza hidráulica]; equipo m hidroeléctrico

Wasserkraftanlagenbau m ingeniería f hidroeléctrica

Wasserkraftmaschine f máquina f hidráulica, motor m hidráulico [de agua]

Wasserkraftwerk n central f hidráulica [hidroeléctrica], hidrocentral f; estación f [obra f] hidroeléctrica, planta f de energía hidráulica

Wasserkreislauf m ciclo m hidrológico; circulación f del agua; circuito m de aguas (z. B. Aufbereitung)

Wasserkühler m *(Kfz)* radiador m de agua

Wasserkühlung f enfriamiento m [refrigeración f] por agua

Wasserleitung f conducto m [conducción f, tubería f] de agua; alcantarillado m; fontanería f

Wasserlinie f *(Schiff)* línea f de agua [flotación]

Wasserlinienriss m *(Schiff)* plano m de flotación

Wasserlöscher m extintor m de agua (comprimida)

wasserlöslich soluble en agua, hidrosoluble

Wassermantel m *(Masch)* camisa f [chaqueta f, manguito m] de agua

Wassermörtel m mortero m hidráulico

wässern v 1. remojar; 2. *(Foto)* bañar

Wasserprobenanalyse f análisis m de muestras de agua

Wasserpumpe f bomba f de agua
Wasserrad n rueda f hidráulica
Wasserreinigungsanlage f instalación f de depuración [purificación] de agua, máquina f purificadora de agua
Wasserrohr n tubo m de agua
Wasserrohrkessel m caldera f acuotubular [con tubo de agua]
Wasserrückgewinnungsanlage f planta f recuperadora de agua
Wasserrückhaltevermögen n higroscopicidad f (z. B. von Fasern)
Wassersäule f (Ph) columna f de agua, CA, altura f manométrica (einer Pumpe)
Wasserschadstoff m contaminante m [agente m contaminador] del agua, contaminante m de aguas
Wasserschicht f capa f acuífera [de agua]
Wasserschlag m golpe m de ariete (Wasserbau)
Wasserschlauch m manga f de bombero
Wasserschloss n (Bw) cámara f de carga, depósito m de distribución [equilibrio] (Wasserkraftwerk)
Wasserschutzgebiet n zona f de protección de acuíferos
Wasserspritzvorrichtung f lanzador m
Wasserspülung f lavado m de agua; limpieza f con agua (z. B. des Bohrers)
Wasserstandsanzeiger m indicador m del nivel de agua; nivel m (Dampfkessel); fluviómetro m (Pegel)
Wasserstandsglas n mirilla f del nivel del agua, vidrio m de nivel
Wasserstandsmelder m fluviómetro m (Pegel)
Wassersteinentfernung f desincrustación f, descostrado m
Wasserstoff m hidrógeno m, H
Wasserstoffbrückenbindung f (Ch) enlace m por puentes de hidrógeno, puente m de hidrógeno
Wasserstofferzeuger m generador m de hidrógeno
wasserstoffhaltig hídrico, hidrogenado
Wasserstoffion n ion m (de) hidrógeno
Wasserstoffmotor m motor m de hidrógeno
Wasserstoffperoxid n peróxido m de hidrógeno, hidrógeno m peróxido, agua f oxigenada

Wasserstoff-Sauerstoff-Schweißen n soldadura f al hidrógeno y oxígeno
Wasserstoffsäure f hidrácido m
Wasserstrahlpumpe f bomba f de chorro de agua, eyector m hidráulico, trompa f de agua
Wasserstrahlschneiden n (Fert) corte m de chorro
Wasserstrahltriebwerk n hidrochorro m
Wassertechnik f técnica f del agua; ingeniería f de agua
Wassertemperaturanzeiger m indicador m de temperatura de agua
Wasserträger m (Bgb) capa f acuífera [de agua]
Wassertropfenechtheit f (Text) solidez f a las gotas de agua
Wasserturbine f turbina f hidráulica
Wasserturm m torre f de agua, cambija f
Wasserüberlauf m vertedor m
Wasserumlaufpumpe f circulador m del agua
Wässerung f (Foto) lavado m, purificación f mediante lavado con agua
Wasserverschluss m cierre m hidráulico [de agua]; junta f hidráulica; obturador m de agua
Wasserverschmutzung f contaminación f [polución f] de agua; impurificación f del agua
Wasserversorgung f abastecimiento m de agua; alimentación f de agua
Wasserwaage f nivel m de aire [burbuja], nivel m
Wasserwerk n central f [empresa f] abastecedora de agua, planta f de abastecimiento de agua
Wasserzähler m contador m de agua, hidrómetro m, (Am) medidor m de agua
Wasserzeichen n marca f (Papier)
Watfähigkeit f (Kfz) capacidad f de vadeo
Watt n vatio m, watio m, W (SI-Einheit der Leistung)
Wattleistung f (El) vatiaje m
wattlos desvatado, devatiado
Wattmeter n vatímetro m, watímetro m, electrodinamómetro m
Wattschreiber m vatímetro m registrador
Wattsekunde f vatiosegundo m, vatio-segundo m
Wattstunde f vatiohora m, vatio-hora m, watio-hora m, Wh

Wattverlust m (El) pérdida f de potencia
Webautomat m (Text) telar m automático
weben v (Text) tramar, tejer
Weben n (Text) tejido m, tisaje m
Weber n (El) weber m (Einheit des magnetischen Flusses)
Weberkamm m (Text) peine m de telar
Weberknoter m (Text) aparato m de hacer nudos de tejedor
Webkettenknüpfmaschine f (Text) máquina f anudadora de urdimbres
Webmaschine f (Text) máquina f de tejer, telar m
Webschützen m (Text) lanzadera f (de tejedura), rayo m textorio
Webstuhl m (Text) máquina f de tejer, telar m
Wechselbeziehung f correlación f, interrelación f, relación f recíproca
Wechselfeld n (El) campo m alterno
Wechselfließfertigung f producción f en cadena alterna
Wechselfluss m (El) flujo m alterno
Wechselfunktionstaste f (Inf) tecla f de función alternativa, clave f alternativa
Wechselgeber m (Nrt) transmisor m de alternancias
Wechselgetriebe n (Masch) caja f [cambio m] de velocidades, cárter m del cambio de marcha, cambio m de marcha(s), engranaje m de cambio de velocidad
Wechselkraftfluss m flujo m magnético alterno (Magnetfluss)
Wechselobjektiv n (Opt) objetivo m intercambiable
Wechselplatte f (Inf) disco m intercambiable
Wechselplattenspeicher m (Inf) unidad f de discos móviles, memoria f de discos intercambiables
Wechselpoldynamo m (El) alternador m heteropolar
wechselpolig (El) de polos alternantes, heteropolar
Wechselrad n 1. (Masch) engranaje m de recambio; piñón m de cambio (Zahnrad); 2. (Kfz) rueda f de cambio
Wechselrädergetriebe n (Masch) engranaje m de cambio de velocidad
Wechselrelais n relé m conmutador

Wechselrichter m (El) vibrador m, alternador m, inversor m, ondulador m
Wechselschalter m (El) conmutador m (alternativo)
Wechselschaltung f (El) conexión f recíproca
Wechselschrift f (Inf) grabación f de retorno a referencia
wechselseitig recíproco
Wechselspannung f (El) tensión f alterna
Wechselsprechanlage f (Nrt) instalación f de interfono, intercomunicador m símplex, interfono m, sistema m intercomunicador
Wechselsprechen n (Nrt) intercomunicación f, símplex m, símplice m
Wechselstrom m corriente f alterna, c.a.
Wechselstrombrücke f puente m de corriente alterna
Wechselstromgenerator m alternador m
Wechselstrommagnet m electroimán m de corriente alterna
Wechselstrommaschine f alternador m
Wechselstrommesser m amperímetro m de corriente alterna, medidor m de corriente alterna
Wechselstrommotor m (electro)motor m de corriente alterna, alternomotor m
Wechselstromrelais n relé m de corriente alterna
Wechselstromsignal n señal f de corriente alterna
Wechselstromthyristor m (Eln) triac m
Wechselstromtransformator m transformador m de corriente alterna
Wechselstromturbogenerator m grupo m turboalternador, turboalternador m
Wechselstromuhr f reloj m de corriente alterna
Wechselstromumformer m transformador m de corriente alterna
Wechselstromwiderstand m resistencia f a la corriente alterna, impedancia f
Wechselstromzähler m contador m de corriente monofásica
Wechselventil n selector m de circuito, válvula f alternativa [de dirección, de doble efecto]
Wechselwinkel mpl (Math) ángulos mpl alternos
Wechselwirkung f (Ph) interacción f, acción f recíproca; efecto m recíproco

Wecker m (Nrt) timbre m (de llamada)
Weg m 1. camino m; vía f; recorrido m; senda f; ruta f; trayecto m; 2. (Ph) trayectoria f; 3. carrera f (Hub); 4. método m; enfoque m (Lösungsweg)
Wegdiagramm n diagrama m de ruta [recorrido]
Wegelenkung f (Nrt) enrutamiento m
Wegeparallelogramm n paralelogramo m de recorridos
Wegesuche f (Inf, Nrt) encaminamiento m (Übertragungswegfestlegung)
Wegeventil n válvula f distribuidora [de distribución, de control de dirección], distribuidor m
Weggleichung f (Ph) ecuación f del camino
Wegsteuerung f (Fert) control m de recorrido
Wegstrecke f distancia f; recorrido m; trayecto m; carrera f; tirada f
Wegwerfverpackung f empaque m desechable, envase m desechable [no recuperable, perdido, sin vuelta]
Wehr n compuerta f, presa f, encajonado m; parada f (in Flüssen); vertedero m (Überfallwert)
Weichblei n plomo m afinado [blando, dulce]
Weiche f (Eb) cambio m de aguja [vía], cambiavía m, cambio m, aguja f, apartadero m, (Am) chucho m
Weicheisenanker m (El) inducido m de hierro dulce
Weicheisenvoltmeter n voltímetro m electromagnético
Weichenkreuz n (Eb) rana f
Weichenmotor m (Eb) motor m de aguja
Weichensignal n (Eb) señal f [indicador m] de aguja
Weichenstellbock m (Eb) poste m de cambiavía
Weichenstellhebel m (Eb) palanca f de cambio [maniobra]
Weichenstellwerk n (Eb) regulador m de agujas
Weichenverriegelung f (Eb) cerradura f de aguja
Weichfolie f (Kst) lámina f flexible, hoja f flexible [plastificada]
weichglühen v (Met) destemplar, esferoidizar, calentar hasta ablandar, recocer adulzando

Weichglühen n (Met) esferoidización f, recocido m de adulzamiento [ablandamiento]
Weichguss m fundición f dulce
Weichharz n resina f blanda
Weichlot n suelda f blanda, fundente m para soldeo blando, falsa soldadura f
Weichlöten n soldadura f blanca [blanda], soldadura f de [con] estaño, soldeo m blando
Weichmacher m 1. agente m de ablandamiento, ablandador m, ablandante m; reblandecedor m; 2. (Ch) suavizante m; 3. (Text) suavizador m; 4. (Kst) plastoficante m
Weinbereitung f vinificación f, elaboración f de vinos
Weinbergpflug m arado m viñador [para viñedos]
Weingeist m espíritu m de vino
Weingeistthermometer n termómetro m de alcohol
Weinpresse f pisadera f
Weinsäure f ácido m tartárico
Weinstein m tartrato m de potasio
Weißblech n chapa f estañada, hoja f de lata, hojalata f blanca
Weißblechdose f lata f
Weißblechrecycling n reciclado m de hojalatas
weißen v (Bw) encalar
Weißgerben n (Led) curtido m al mineral, curtido m en blanco
Weißglühen n (Met) candefacción f
Weißglut f (Met) incandescencia f [calda f] al blanco; rojo m blanco, blanco m; temperatura f al blanco brillante
Weißkalk m cal f blanca
Weißlöten n soldadura f blanca [blanda]
Weißmessing n latón m blanco
Weißmetall n metal m blanco [Babbit], aleación f blanca
Weite f 1. anchura f; 2. vuelo m (Kranausladung); 3. (Fert) boca f
~/lichte (Bw) abertura f [luz f libre, claro m, luz f, vano m]
weiterschalten v 1. (El) transferir, conectar progresivamente; 2. (Nrt) desviar una llamada
Weiterschaltung f 1. (El) transferencia f, conexión f progresiva; 2. (Nrt) desviación f (eines Anrufes)

weitersenden v 1. remitir; 2. *(Nrt)* retransmitir
weiterverarbeiten v tratar; transformar
Weiterverarbeitung f tratamiento *m*; transferencia *f*; elaboración *f* posterior [ulterior], reprocesamiento *m*
Weitstrahlregner *m (Lt)* aspersor *m* [regador *m*] de gran alcance
Weitwinkelobjektiv *n (Foto)* objetivo *m* gran angular
Wellblech *n* chapa *f* acanalada [corrugada, ondulada], plancha *f* ondulada
Welldeck *n (Schiff)* cubierta *f* de pozo
Welle f 1. *(Ph)* onda *f*; ola *f*; oleada *f*; 2. *(Masch)* árbol *m*, eje *m*; macho *m* *(nur bei Passungen)*; *(Am)* guijo *m*
~/ausgestrahlte onda *f* emitida [radiada]
~/ausgewuchtete árbol *m* balanceado
~/ausziehbare árbol *m* telescópico, eje *m* extensible
~/brechende ola *f* rompiente
~/einfallende onda *f* incidente
~/elektromagnetische onda *f* electromagnética
~/fortschreitende onda *f* progresiva [errante, móvil]
~/gebrochene onda *f* refractada
~/gedämpfte onda *f* amortiguada [evanescente]
~/gekröpfte árbol *m* acodado [cigüeñal], eje *m* cigüeñal
~/impulsmodulierte onda *f* modulada por impulsos
~/seismische ola *f* [onda *f*] sísmica
~/stehende onda *f* estacionaria [fija]
~/treibende árbol *m* de accionamiento [entrada], eje *m* de transmisión
~/ungedämpfte onda *f* continua [entretenida, inamortiguada, sostenida]
~/volle árbol *m* macizo
Wellenamplitude f 1. *(El)* amplitud *f* de onda; 2. *(Schiff)* amplitud *f* de la olas
Wellenantrieb *m (Masch)* accionamiento *m* de ejes
Wellenausbreitung *f (Ph)* propagación *f* de ondas
Wellenaustrittsrohr *n (Schiff)* tubo *m* de salida de la hélice
Wellenband *n (Ph)* banda *f* de ondas
Wellenbauch *m (Ph)* vientre *m*
Wellenbereich *m (Nrt)* gama *f* [margen *m*, faja *f*] de ondas

Wellenbereichsschalter *m (Eln)* interruptor *m* de guía de ondas
Wellenberg *m (Ph)* cresta *f* (de onda)
Wellenbewegung *f (Ph)* ondulación *f*, movimiento *m* ondulatorio
Wellenbrecher *m* 1. rompeolas *m*, rompeondas *m*; dique *m* rompeolas; espolón *m*; escollera *f*, tajamar *m*; compensador *m* de marejada *(Schutz gegen Seegang)*; 2. chapa *f* rompeolas (*z. B. am Schwimmwagen*)
Wellenbrechung *f (Ph)* refracción *f* de ondas
Wellenbund *m (Masch)* collar *m* del árbol, collarín *m*, gollete *m*, anillo *m* fijo
Wellendetektor *m (El)* cimoscopio *m*
Wellendichtung *f (Masch)* junta *f* de eje, arandela *f* de aceite
Wellenfalle f 1. *(Eln)* atrapaondas *m*, trampa *f* de ondas; 2. *(Nrt)* eliminador *m*
Wellenfilter *m (El, Nrt)* filtro *m* de ondas
wellenförmig ondulatorio, ondulado, ondeado
Wellenfortpflanzung *f (Ph)* propagación *f* de ondas
Wellenfrequenz *f (Ph)* frecuencia *f* de onda
Wellenfront *f (Ph)* frente *m* de onda
Wellengleichung *f (Ph)* ecuación *f* ondulatoria [de onda]
Wellenkraftmaschine *f* máquina *f* accionada por las mareas
Wellenkupplung *f (Masch)* acoplamiento *m* axial (de árboles)
Wellenlager *n (Masch, Schiff)* soporte *m* [chumacera *f*] del eje
Wellenlänge f 1. *(Ph)* longitud *f* de onda; 2. *(Eln)* longitud *f* de banda
Wellenleistung *f (Schiff)* potencia *f* en el eje
Wellenleiter *m* guiaondas *m*, guía *f* de ondas *(Hochfrequenztechnik)*
Wellenleitung *f (Masch, Schiff)* línea *f* de árbol [ejes]
Wellenlinie *f*/**sinusförmige** sinusoide *f*
Wellenlinienschreiber *m (El)* ondógrafo *m*
Wellenmechanik *f* mecánica *f* ondulatoria
wellenmechanisch mecánico-ondulatorio
Wellenmesser *m* 1. medidor *m* de ondas, ondámetro *m*, ondímetro *m*, ondámetro *m*; 2. *(El)* cimómetro *m*

Wellenreflexion

Wellenreflexion f reflexión f de ondas, parásitos mpl del mar *(Radar)*
Wellenrichtmaschine f *(Fert)* máquina f de enderezar árboles
Wellenschalter m conmutador m de ondas *(Frequenzband)*
Wellenscheibe f *(Masch)* arandela f central [del eje, interior], aro m de eje
Wellenschreiber m *(El)* ondógrafo m
Wellenstrahlung f radiación f ondulatoria
Wellenstrom m corriente f pulsatoria [fluctuante]
Wellental n *(Ph)* valle m [seno m] de la onda, pie m de ola
Wellentheorie f *(Ph)* teoría f ondulatoria [de las ondas] *(des Lichtes)*
Wellentunnel m *(Schiff)* túnel m de la hélice, túnel m de árbol [eje propulsor]
Wellenüberlagerung f interferencia f [superposición f] de ondas
Wellenwiderstand m *(El)* impedancia f característica
Wellenzapfen m *(Masch)* gorrón m del árbol [eje], tronco m del eje
Wellenzentrum n *(Ph)* centro m emisor de ondas
Welligkeit f 1. ondulación f, oleada f; 2. *(Eln)* sinusoidad f; 3. *(Text)* rizado m *(Kräuselung)*
Wellpappe f cartón m corrugado [ondulado]
Wellrohr n tubo m ondulado
Weltall n universo m, cosmos m, espacio m cósmico
Weltraum m espacio m cósmico [extraterrestre, exterior, interplanetario, sideral], espacio m
Weltraumfähre f balsa f espacial, transportador m espacial
Weltraumfahrt f vuelo m espacial [cósmico], viaje m interplanetario
Weltraumforschung f investigación f cósmica, exploración f espacial
Weltraumlabor n laboratorio m espacial
Weltraumschiff n astronave f, cosmonave f
Weltraumstation f estación f [plataforma f] espacial
Weltraumteleskop n telescopio m espacial
Weltraumträgerrakete f cohete m interplanetario

Weltzeit f tiempo m universal, T.U.
~/koordinierte tiempo m universal coordinado, T.U.C.
Wendebecken n *(Schiff)* dársena f de maniobra
Wendeboje f *(Schiff)* boya f de virada
Wendegetriebe n *(Masch)* engranaje m inversor [de inversión], mecanismo m inversor [de inversión, de cambio]
Wendekreis m 1. *(Mech)* curva f de evolución; 2. *(Kfz)* círculo m de virada, radio m de volteo [giro] *(z. B. beim Auto)*; 3. *(Astr)* trópico m
Wendel f 1. hélice f; estría f espiral, espiral f; 2. *(El)* filamento m en espiral
Wendelantenne f antena f helicoidal
Wendelhohlleiter m *(Eln)* guiaondas m en hélice
Wendeltreppe f *(Bw)* escalera f de caracol
wenden v 1. virar, girar *(Fahrzeug)*; 2. volver; 3. *(El)* conmutar *(Strom)*
Wendepflug m *(Lt)* arado m reversible [para laderas, para rastrojo]
Wendeplatte f 1. *(Fert)* placa f reversible [giratoria, de inversión]; 2. *(Gieß)* mesa f de inversión, placa f de modelos reversible; 3. *(Eb)* *(Am)* tornamesa f
Wendepol m *(El)* polo m de compensación [conmutación]
Wendepunkt m *(Math)* punto m de inflexión *(einer Kurve)*
Wendeschalter m conmutador m inversor [de inversión], interruptor m inversor [de inversión, de reversión], llave f inversora
Wendetangente f *(Math)* tangente f al punto de inflexión
Wendung f 1. *(Math)* inflexión f; 2. virada f, virado m, viraje m, vuelta f; 3. *(Flg)* ladeo m
Werft f astillero m, factoría f (de construcción) naval
Werftanlage f instalación f de astillero, planta f astillera
Werg n estopa f, estropajo m de soga
Werk n 1. fábrica f, empresa f, factoría f; establecimiento m; planta f; unidad f, *(Am)* usina f; 2. mecanismo m, órgano m; 3. trabajo m, escritura f; obra f
Werkbank f *(Masch)* banco m (de trabajo), torno m de banco
Werkblei n plomo m de obra [primera fusión, taller]

Werkhalle f nave f industrial [de taller, de trabajo, de fábrica], taller m de fábrica
Werkstatt f taller m; servicio m
Werkstättenprojektierung f diseño m de talleres
Werkstattfertigung f tecnología f del taller
Werkstattwagen m 1. (Kfz) camión m taller, taller m móvil; 2. (Eb) vagón-taller m
Werkstoff m material m (tratado), materia f tratada
~/**gehärteter** material m templado
~/**hochfester** material m de alta resistencia
~/**hochreiner** material m de pureza máxima
~/**korrosionsbeständiger** material m resistente a la corrosión
~/**metallkeramischer** material m metalocerámico, cerámica f metálica, metal m conglutinado, cermet m
~/**oberflächenveredelter** material m de enmejoramiento superficial
~/**verformbarer** material m deformable
Werkstoffabtragung f (Fert) separación f de material
Werkstoffalterung f envejecimiento m de materiales
Werkstoffbearbeitung f elaboración f de materiales; mecanización f de materiales
Werkstofffehler m defecto m del material; rotura f de materiales
Werkstoffermüdung f fatiga f del material
Werkstofffestigkeit f resistencia f de materiales
Werkstoffkennwert m característica f de material
Werkstoffkunde f ciencia f de materiales
Werkstoffprüfgerät n defectoscopio m
Werkstoffprüfung f ensayo m [prueba f] de materiales; inspección f [verificación f] de materiales; investigación f de materiales
~/**zerstörungsfreie** ensayo m no destructivo de materiales
Werkstofftechnik f tecnología f de materiales
Werkstoffumformung f conformación f de materiales
Werkstoffveredelung f mejoramiento m de material
Werkstoffverformung f conformación f de materiales; deformación f de material
Werkstoffwiederverwendung f recuperación f de materiales
Werkstück n pieza f a mecanizar [trabajar], pieza f bruta [de trabajo, de elaboración, en bruto], pieza f; objeto m de trabajo
Werkstückbearbeitung f tratamiento m [elaboración f] de piezas
Werkstückeinspannung f/**automatische** sujeción f automática de pieza
Werkstückhalter m sujetapiezas m
Werkstückpalette f paleta f de piezas
Werkstückschlitten m carro m portapiezas
Werkstückspeicher m almacén m [depósito m] de piezas
Werkstückspindel f husillo m portapiezas [de sujeción, de armado], eje m portapieza
Werkstücktisch m mesa f portapieza
Werkstückwechsel m cambio m de piezas
Werkstückzuführung f alimentación f de piezas
Werkzeug n instrumento m; utensilio m; útil m (de trabajo); herramienta f; implemento m, (Am) fierro m
~/**diamantbestücktes** herramienta f de punta de diamante, instrumento m con diamantes
~/**einschneidiges** herramienta f de punta simple, herramienta f de un filo
~/**elektrisches** instrumento m eléctrico
~/**elektronisches** (Inf) herramienta f electrónica (Freihandzeichnen)
~/**intuitives** (Inf) herramienta f intuitiva (Multimedia)
~/**mehrschneidiges** herramienta f de filos [puntas] múltiples
~/**schnell verschleißendes** instrumento m [herramienta f] de rápido desgaste
~/**schwingungsgeschütztes** instrumento m antivibratil
~/**spanendes** herramienta f para trabajar metales (für Metallbearbeitung)
~/**tragbares** herramienta f portátil
Werkzeugbau m construcción f de herramientas, producción f de herramientas [herramental]
Werkzeughalter m 1. portaherramientas m, portacuchillas m, portaútiles m, aditam(i)ento m sujetaherramienta, sujeta-

dor *m* de herramienta, manguito *m* portaherramientas; 2. *(Met)* portamatriz *m*

Werkzeugkasten *m* caja *f* de herramientas, herramental *m*, cofre *m* de útiles

Werkzeugkonstruktion *f* diseño *m* de herramientas

Werkzeugleiste *f (Inf)* barra *f* de herramientas *(Benutzeroberfläche)*

Werkzeugmacherdrehmaschine *f* torno *m* de herramentista [herramental], torno *m* para cuartos de herramientas

Werkzeugmaschine *f* máquina *f* herramienta, máquina-herramienta *f*

~**/handgeführte** herramienta *f* mecánica manual

~**/numerisch gesteuerte** máquina-herramienta *f* de control numérico, máquina *f* herramienta con mando numérico, máquina *f* herramienta de control numérico

~**/programmgesteuerte** máquina-herramienta *f* controlada por programa, máquina *f* herramienta con mando programado

~**/spanabhebende [spanende]** máquina *f* herramienta por arranque de virutas, máquina *f* cortadora

~**/umformende** máquina *f* herramienta de conformación [conformar]

Werkzeugmaschinenbau *m* construcción *f* de máquinas-herramienta; fabricación *f* de máquinas-herramienta; industria *f* (de fabricación) de máquinas-herramienta

Werkzeugpalette *f* paleta *f* de herramientas

Werkzeugschleifmaschine *f* máquina *f* de afilar herramientas, afiladora *f* de herramientas [útiles]

Werkzeugschlitten *m* carrillo *m* [carro *m*] portaherramientas

Werkzeugstahl *m* acero *m* para herramientas, acero *m* de útiles

Werkzeugsupport *m* carrillo *m* [carro *m*] portaherramientas

Werkzeugtasche *f* herramental *m*, saco *m* de herramientas, bolsa *f* portaherramientas

Werkzeugträger *m* soporte *m* portaherramienta; portamoldes *m (Spritzgießen)*

Werkzeugverschleiß *m* desgaste *m* de herramienta

Werkzeugwagen *m* carrito *m* [carro *m*] de herramientas

Werkzeugwechsel *m* cambio *m* de herramientas [útil]

Werkzink *n* cinc *m* de obra [trabajo]

Wert *m* valor *m*

~**/angenäherter** valor *m* aproximado

~**/charakteristischer** valor *m* característico

~ **der maximalen Arbeitsplatzkonzentration** valor *m* de la concentración máxima admisible, valor *m* MAC

~**/dichtester** modo *m (Statistik)*

~**/endlicher** valor *m* finito

~**/geglätteter** valor *m* suavizado *(Statistik)*

~**/gewichteter** valor *m* ponderado

~**/häufigster** densidad *f* media, modo *m (Statistik)*

~**/höchstzulässiger** valor *m* máximo admisible [permisible]

~**/kleinster zulässiger** valor *m* mínimo admisible

~**/messbarer** valor *m* mesurable; valor *m* medido

~**/oberer** estimación *f* superior *(Spieltheorie)*

~**/plausibler** *(Inf)* valor *m* razonable

~**/prädiktiver** valor *m* predictor *(Test)*

~**/quasifalscher** valor *m* cuasifalso [casi falso]

~**/rechnerischer** valor *m* de cálculo

~**/scheinbarer** valor *m* virtual [ficticio]

~**/steigender** valor *m* ascendente

~**/überschlägiger** valor *m* aproximado

~**/unendlich großer** valor *m* infinitamente grande

~**/unterer** estimación *f* inferior *(Spieltheorie)*

~**/unzulässiger** valor *m* falso [de falsedad]

~**/vorgegebener** valor *m* fijado [prefijado, dado]

~**/willkürlich ausgewählter** valor *m* arbitrario

~**/zulässiger** valor *m* admisible [permisible, tolerable]

~**/zunehmender** valor *m* creciente

Wertebereich *m* 1. *(Math)* margen *m* [campo *m*, gama *f*, dominio *m*] de valores; campo *m* de función *(Funktion)*; 2. *(Inf)* zona *f* [rango *m*] de valores

Wertemenge *f* conjunto *m* de valores

Wertereihe *f (Math)* sucesión *f* [serie *f*, escala *f*] de valores

Wertetafel f tabla f numérica [de valores]
Wertigkeit f 1. *(Math, Ch)* valencia f; 2. *(Ch)* valencia f; adicidad f
Wertstoff m material m de valor, valor m, sustancia f útil
Wertstofferfassung f captación f de materiales de valor
Wertzuweisung f *(Inf)* asignación f de valor
Wetter pl *(Bgb)* aire m
~/schlagende grisú m, gas m
Wetterdach n lecho m protector [de protección]
Wetterdeck n *(Schiff)* cubierta f de [a la] intemperie, cubierta f de aire libre
Wetterkanal m *(Bgb)* canal m de ventilación [tiro del ventilador]
Wetterkarte f mapa m meteorológico
Wettersatellit m satélite m meteorológico
Wetterschacht m *(Bgb)* chimenea f de aire [ventilación], pozo m de ventilación
Wetterschleuse f *(Bgb)* esclusa f de aire, puerta f de ventilación
Wetterseite f *(Bw)* fachada f lluviosa
Wetterstrecke f *(Bgb)* vía f de aeramiento, galería f de aeración [ventilación]
Wetterwarte f observatorio m [centro m] meteorológico, estación f meteorológica
Wichte f densidad f específica, peso m específico
Wichtung f ponderación f
Wickelmaschine f 1. *(El)* bobinadora f; 2. *(Text)* enrolladora f
wickeln v 1. bobinar; 2. *(El)* arrollar, bobinar; 3. *(Text)* enrollar *(Zwirnerei)*
Wickeltrommel f tambor m enrollador [de arrollamiento, de arrollado]
Wickelverbindung f *(El)* conexión f por arrollamiento
Wickler m devanador m, enrollador m, arrollador m de tejido
Wicklung f 1. *(El)* bobinado m, embobinado m, devanado m, enrollado m, arrollamiento m, ovillado m; 2. *(Text)* arrollado m, enrollamiento m *(Spinnerei)*
Wicklungsdraht m *(El)* alambre m para devanados, hilo m para bobinar
Wicklungsschicht f *(El)* piso m de arrollamiento
Wicklungsträger m *(El)* soporte m del bobinado
Widderpunkt m *(Astr)* punto m gama

Widerhall m reverberación f, eco m *(Akustik)*
widerhallen v reverberar, resonar
Widerlager n 1. *(Bw)* apoyo m, estribo m; 2. *(Kfz)* machón m *(Motor)*; 3. *(Bgb)* contrafuerte m
Widerspruch m *(Math)* contradicción f
widerspruchsfrei *(Math)* compatible
Widerspruchsfreiheit f *(Math)* compatibilidad f, consistencia f, no contradicción f
Widerstand m 1. *(El)* resistencia f *(Größe)*; 2. resistor m *(Bauteil)*; 3. *(Mech)* resistencia f; 4. s. Strömungswiderstand
~/aerodynamischer resistencia f aerodinámico
~/elektrischer resistencia f [resistividad f] eléctrica
~/hochohmiger resistencia f altoóhmica
~/induktionsfreier resistencia f no inductiva
~/innerer resistencia f inherente [interior, interna, intrínseca]
~/magnetischer resistencia f magnética, reluctancia f
~/ohmscher resistencia f a la corriente continua, resistencia f (óhmica)
~/spannungsabhängiger resistencia f dependiente de la tensión
~/spezifischer (elektrischer) resistencia f específica, resistividad f, coeficiente m de resistencia
Widerstandsbeiwert m 1. *(Mech)* coeficiente m de resistencia; 2. *(Flg)* coeficiente m de resistencia al avance
Widerstandsbrücke f *(El)* puente m de resistencias
Widerstandsdämpfung f *(El)* fuga f de resistencia, atenuación f por resistencia *(joulesche Wärme)*
Widerstandsdraht m *(El)* alambre m [hilo m] de resistencia, hilo m térmico
widerstandsfähig *(Wkst)* resistente; estable
widerstandsgekoppelt *(El)* acoplado por resistencia
Widerstandskopplung f *(El)* acoplamiento m resistivo
Widerstandskraft f *(Ph)* fuerza f de resistencia, resistencia f
Widerstandslogik f lógica f resistencia-transistor, lógica f a transistores y resistencias

Widerstandslöten n soldadura f a resistencia
Widerstandsmanometer n manómetro m de resistencia
Widerstandsmessbrücke f (El) puente m de resistencias
Widerstandsmesser m (El) ohmímetro m
Widerstandsmoment n (Wkst) momento m resistente [de resistencia], par m de resistencia
Widerstandspunktschweißen n soldadura f por puntos de resistencia
Widerstandspyrometer n pirómetro m de resistencia
Widerstandsschweißen n soldadura f a resistencia
Widerstandsspule f (El) bobina f de resistencia
Widerstandsthermometer n termómetro m de resistencia
Widerstandsverstärker m (El) amplificador m de resistencia
Widerstandswicklung f (El) devanado m de resistencia
Wiederanlauf m (Inf) rearranque m, relanzamiento m (Programm)
Wiederanlaufpunkt m (Inf) punto m de relanzamiento
Wiederaufarbeitung f recuperación f (z. B. von Wellen)
Wiederaufarbeitungsanlage f sistema m recuperador
Wiederaufbereitung f reprocesamiento m; recuperación f
Wiederaufbereitungsanlage f (Kern) instalación f de reprocesamiento; sistema m recuperador; planta f de recuperación [reprocesamiento]
Wiederauffindung f (Inf) recuperación f (von Daten)
Wiederaufforstung f reforestación f, repoblación f forestal
Wiederaufladung f (El) recarga f (Batterie)
Wiederausrichtung f realineamiento m, reorientación f (z. B. von Molekülen)
Wiedereinschaltung f 1. (El) reconexión f; 2. (Masch) reenganche m
Wiederfinden n (Inf) recuperación f (von Daten)
Wiedergabe f 1. reproducción f; restitución f; 2. visualización f (Bildwiedergabe)

~/originalgetreue reproducción f fiel
Wiedergabegerät n reproductor m
~ für Kassetten reproductor m de casetes
Wiedergabetreue f fidelidad f
~/hohe alta fiabilidad f [fidelidad f], Hi-Fi
wiedergeben v 1. reproducir; 2. (Nrt) restituir
wiedergewinnen v recuperar; regenerar
Wiedergewinnung f recuperación f; restitución f
Wiedergewinnungsanlage f planta f de recuperación
wiederherstellen v restablecer (z. B. eine Verbindung); restaurar; reconstruir; reconstituir; reacondicionar, renovar, reparar, resanar
Wiederherstellung f 1. restablecimiento m; restauración f; reconstrucción f; reconstitución f (z. B. von Signalen); regeneración f; recuperación f; 2. (Inf) recuperación f (de errores); recreación f; rehabilitación f
Wiederholbefehl m (Inf) instrucción f de repetición
Wiederholerbake f radiofaro m respondedor [de respuesta] (Funkortung)
Wiederholschleife f (Inf) lazo m de repeticiones
Wiederholung f 1. repetición f; 2. (Math) iteración f, reiteración f
~/n-malige repetición f n veces
~/zyklische repetición f [reiteración f] cíclica
Wiederholungsbefehl m (Inf) instrucción f iterativa [de iteración]
Wiederholungsprozedur f (Inf) reejecución f
Wiederholungspunkt m (Inf) punto m de reejecución
Wiederholungszeichen n símbolo m de repetición
Wiederinbetriebnahme f repuesta f en marcha
Wiederstart m (Inf) relanzamiento m (Programm)
Wiederverwendung f reutilización f, reuso m; recuperación f (von Rohstoffen); reciclado m (von Abfällen)
Wiederverwertung f reutilización f; recuperación f; reciclado m
wiegen v pesar
Wiesenwalze f (Lt) rodillo m de prados

WIG-Schweißen n soldadura f a tungsteno bajo gas inerte
Wildcard n (Inf) comodín m (Sonderzeichen zur Auswahl von Dateigruppen)
Willkommensmeldung f (Inf) bienvenido m a las tareas
Winchesterplattenspeicher m (Inf) disco m Winchester
Windantrieb m impulsión f por viento
Windbelastung f (Bw) carga f a presión del viento, empuje m del viento (Statik)
Winddruck m presión f [empuje m] del viento (Statik)
Winde f 1. (Förd) torno m elevador [de elevación], torno m, cabrestante m, trucha f, aspa f, cabria f, winch m, molinete m (Trommelwinde); maquinilla f; motor m de extracción; máquina f de tracción; 2. (Schiff) chigre m, cabrestante m, (Am) malacate m
Windeisen n terraja f de cojinete (Werkzeug)
winden v (Text) devanar, aspar (Zwirnerei)
Windenergie f energía f eolia [eólica, del viento], fuerza f del viento
Windentrommel f (Förd) tambor m del torno, molinete m
Winderhitzer m (Met) tobera f de viento, calentador m de aire [viento], recalentador m de aire, recuperador m (Hochofen)
Windform f (Met) tobera f de viento, tubo m portaviento [soplador], boca f de tobera
windfrischen v (Met) afinar al aire
Windfrischen n (Met) afino m neumático [por viento], soplo m
Windführung f (Met) conducción f de soplado
Windgebläse f 1. sopiante m, ventilador m; 2. (Lt) aventadora f
Windgeschwindigkeitsmesser m anemómetro m
Windkanal m 1. (Flg) túnel m [tubo m] aerodinámico [de viento]; 2. (Bw) túnel m de viento
Windkessel m (Met) caja f de aire [viento], cámara f de aire; colector m de aire; regulador m de aire, campana f de aire
Windkraft f energía f eolia [eólica, del viento], eólica f, hulla f incolora; esfuerzo m [fuerza f] del viento

Windkraftanlage f instalación f eólica; máquina f eólica
Windkraftmotor m aeromotor m
Windkraftstromerzeuger m aerogenerador m
Windkraftwerk n central f aeroeléctrica [aérea eléctrica, eólica]
Windlast f (Bw, El) carga f [presión f] del viento
Windmesser m anemómetro m
Windmotor m eolomotor m, motor m atmosférico [de viento, eólico], máquina f eólica, aerocargador m
Windpfeife f (Met) respiradero m, albricia f
Windrad n rueda f aérea [de aspas, de viento, eólica]; impulsor m
Windradanemograph m anemágrafo m de rueda rotativa
Windring m (Met) cinturón m portaviento, conducto m anular de aire caliente
Windschreiber m anemágrafo m, anemometrógrafo m
Windschutzscheibe f (Kfz) parabrisas m, paravientos m, guardabrisa m
Windseite f barlovento m
Windsichter m 1. separador m neumático [de aire], clasificador m neumático, aeroclasificador m; 2. (Lt) aventadora f
Windstärkekurve f anemograma m
Windstärkemesser m anemómetro m
Windstärkeschreiber m anemágrafo m, anemometrógrafo m
Windturbine f turbina f aérea [atmosférica, eólica, de viento], máquina f eólica
Windung f 1. vuelta f (von Spulen); revuelta f, circunvolución f; rosca f; hilo m; espira f (Spirale); embobinado m; devanado m; malla f; bucle m (Schleife); 2. (Text) enrollamiento m (Spinnerei); 3. sinusoidal f (eines Flusses)
Winkel m 1. (Math) ángulo m; 2. escuadra f, cantonera f (Winkelstück); 3. rincón m (Ecke) • **im rechten ~** a cartabón
~ an der Schneide (Fert) ángulo m de herramienta
~/bestrichener ángulo m barrido
~/gestreckter ángulo m desarrollado
~/rechter ángulo m recto
~/spitzer ángulo m agudo
~/stumpfer ángulo m obtuso
~/toter ángulo m muerto
~/umschriebener ángulo m circunscrito

Winkel *mpl*/**anliegende** ángulos *mpl* adyacentes
~/gleichliegende ángulos *mpl* correspondientes
Winkelabtastung *f* exploración *f* angular
Winkelabweichung *f* desviación *f* [error *m*, variación *f*] angular
Winkelausschlag *m* deflexión *f* angular
Winkelbeschleunigung *f* (*Mech*) aceleración *f* angular [de rotación]
Winkeldurchmesser *m* (*Astr*) diámetro *m* aparente
Winkelflansch *m* brida *f* acodada [de ángulo]
winkelförmig angular, anguliforme
Winkelfräsen *n* (*Fert*) fresado *m* angular
Winkelfräser *m* fresa *f* angular [de ángulo, cónica]
Winkelfrequenz *f* (*El*) frecuencia *f* angular
Winkelfunktion *f* (*Math*) función *f* trigonométrica [angular]
Winkelgeschwindigkeit *f* (*Mech*) velocidad *f* angular
Winkelgrad *m* (*Math*) grado *m* angular
winkelhalbierend bisector
Winkelhalbierende *f* (*Math*) bisectriz *f*
Winkelmaß *n* cartabón *m*, falsa escuadra *f*, santanilla *f*
Winkelmesser *m* medidor *m* [transportador *m*] de ángulos, transportador *m*, angulámetro *m*; instrumento *m* goniométrico, goniómetro *m*
Winkelmeßgerät *n* medidor *m* de ángulos
Winkelmeßokular *n* ocular *m* goniométrico
Winkelmessung *f* medición *f* angular, medida *f* de ángulos; goniometría *f*
Winkelprisma *n* escuadra *f* óptica [de prisma]
Winkelprobe *f* (*Wkst*) ensayo *m* de acodado
Winkelprofil *n* perfil *m* angular, ángulo *m*, angular *m*
Winkelreflektorantenne *f* antena *f* con reflector angular
Winkelreibahle *f* escariador *m* angular
Winkelring *m* (*Masch*) anillo *m* reborde angular
Winkelsekunde *f* segundo *m* goniométrico
Winkelspiel *n* (*Masch*) juego *m* angular
Winkelstahl *m* acero *m* [hierro *m*] angular, angular *m*, ángulo *m*, escuadra *f* de hierro

Winkelstirnfräser *m* (*Fert*) fresa *f* frontal angular [cónica]
Winkeltangente *f* tangente *f* del ángulo
winkeltreu isogonal, iságono (*Abbildung*)
Winkeltrieb *m* (*Masch*) transmisión *f* angular
Winkelventil *n* (*Kfz*) válvula *f* de paso angular (*Luftreifen*)
Winkelverbindung *f* (*Bw*) junta *f* esquinada, inglete *m* (45°)
Winkelverschiebung *f* (*El*) desplazamiento *m* angular, calaje *m*
Winkelverzahnung *f* dentado *m* [engranaje *m*] angular, engranaje *m* doble helicoidal
winklig angular
Wippausleger *m* (*Förd*) pescante *m* inclinaba, pluma *f* basculante (*Kran*)
Wippe *f* lámina *f* vibrante (*Schwinglamelle*)
wippen *v* bascular (*Kippen*)
Wipper *m* basculador *m* (*Kippvorrichtung*)
Wippkran *m* grúa *f* con pluma articulada, grúa *f* de pluma móvil
Wippwerk *n* (*Förd*) mecanismo *m* inclinador del pescante
Wirbel *m* 1. (*Ph*) torbellino *m*, remolino *m*, vórtice *m* (*Strömungslehre*); 2. (*Masch*) orejilla *f*; grillete *m* giratorio; 3. (*Schiff*) unión *f* giratoria
Wirbeldüse *f* (*Met*) tobera *f* angular [a turbulencia]
Wirbeleffekt *m* efecto *m* de turbulencia
Wirbelfeld *n* (*Ph, El*) campo *m* rotacional
wirbelfrei 1. sin remolinos; 2. (*Ph*) irrotacional (*Feld*)
Wirbelkammer *f* (*Kfz*) cámara *f* de remolino [turbulencia]
wirbeln *v* (*Ph*) remolinar
Wirbelpunkt *m* (*Ch*) punto *m* de fluidización
Wirbelröhre *f* tubo *m* de vórtice [torbellino], vórtice *m* (*Hydrotechnik*)
Wirbelschicht *f* (*Ch*) capa *f* turbulenta, lecho *m* fluidizado [fluido, turbulento, por turbulencia], cama *f* fluidizada, baño *m* fluidificado
Wirbelschichtreaktor *m* (*Ch*) reactor *m* de lecho fluidizado [fluido]
Wirbelschichttechnik *f* técnica *f* de fluidización [polvo fluidizado], fluidización *f*
Wirbelschichtverfahren *n* proceso *m* en lecho fluidizado; sistema *m* fluidizado [de polvo fluidizado]

Wirbelsichter *m (Ch)* separador *m* por turbulencia

Wirbelstrom *m (El)* corriente *f* parásita [de Foucault, Eddy]

Wirbelstrombremsung *f (El)* frenado *m* por corrientes de Foucault

Wirbelstromkupplung *f (El)* embrague *m* de corrientes de Foucault

Wirbelstromläufer *m (El)* rotor *m* de corriente parásita

Wirbelströmung *f (Ph)* movimiento *m* turbulento

Wirbelstromzähler *m* contador *m* de corrientes de Foucault

Wirbelung *f* turbulencia *f*, torbellino *m*, revolvimiento *m*

Wirkdruck *m (Ph)* presión *f* efectiva

Wirkebene *f* nivel *m* de acción, plano *m* de trabajo

wirken *v* 1. *(Inf)* actuar, actualizar; 2. *(Text)* tricotar, tejer género de punto

Wirkfaktor *m* factor *m* actuante, agente *m*

Wirkfaktormesser *m (El)* fasímetro *m*

Wirkfläche *f* área *f* activa; superficie *f* de trabajo

Wirkkomponente *f (El)* componente *f* real

Wirklast *f (El)* carga *f* activa [no reactiva]

Wirkleistung *f (El)* potencia *f* activa [efectiva]

Wirkleitwert *m (El)* conductancia *f*

Wirkmaschine *f (Text)* telar *m* de urdimbre [género de punto por urdimbre], tricotosa *f*

Wirkpegel *m* nivel *m* efectivo [de acción]

wirksam eficaz, eficiente, efectivo, de buen rendimiento; operativo

Wirksamkeit *f* actividad *f*; eficacia *f*, eficiencia *f*, efectividad *f*

Wirkspannung *f (El)* tensión *f* activa

Wirkstoff *m* 1. *(Ph, Ch)* activador *m*, agente *m* (activo), sustancia *f* activa; sustancia *f* biológicamente activa; adyuvante *m*, dope *m*; 2. *(Lt)* nutriente *m*

Wirkstrom *m (El)* corriente *f* activa [efectiva]

Wirkung *f* acción *f*; efecto *m*

~ **der Schwerkraft** acción *f* de la gravedad

~/**katalytische** *(Ch)* reacción *f* catalítica

~/**potenzierende** acción *f* potenciadora; efecto *m* potenciador; efecto *m* multiplicador *(von Schadstoffen)*

~/**reaktive** retropulsión *f*

~/**zerstörende** acción *f* destructora

Wirkungsgrad *m* 1. coeficiente *m* de rendimiento, rendimiento *m*, coeficiente *m* de eficacia, eficacia *f*; 2. *(Met)* coeficiente *m* de efecto; productividad *f* • **mit hohem** ~ de buen rendimiento

~/**chemischer** rendimiento *m* químico

~/**energetischer** coeficiente *m* de rendimiento energético, eficiencia *f* energética

~/**mechanischer** coeficiente *m* de rendimiento mecánico, rendimiento *m* mecánico, potencia *f* mecánica

~/**technischer** rendimiento *m* técnico, eficacia *f* técnica, eficiencia *f* técnica [tecnológica]

~/**thermischer** rendimiento *m* térmico

Wirkungslinie *f (Mech)* línea *f* de acción

Wirkungsprinzip *m (Ph)* principio *m* de acción

Wirkungsweise *f* funcionamiento *m*; modo *m* de acción; sistema *m* funcional

Wirkware *f (Text)* género *m* [tejido *m*] de punto

Wirkwert *m (El)* componente *f* efectiva [real]

Wirkwiderstand *m (El)* resistencia *f* efectiva

Wirtschaftsingenieur *m* ingeniero *m* industrial

wirtschaftsmathematisch económico-matemático

Wirtsknoten *m (Inf)* nudo *m* huésped

Wirtsrechner *m (Inf)* equipo *m* [estación *f*, máquina *f*] huésped

Wischerblatt *n (Kfz)* portagoma *m*

Wischhebel *m (Kfz)* raqueta *f (Scheibenwischer)*

Wischrelais *n* relé *m* de supresión

Wissenschaftssprache *f* lenguaje *m* científico [de la ciencia]

Wissensdarstellung *f* representación *f* de conocimientos *(Expertensystem)*

Wissensverarbeitung *f* tratamiento *m* de conocimientos

witterungsbeständig a prueba de influencias atmosféricas, resistente a la intemperie

Wobbelfrequenz *f (Eln)* frecuencia *f* de bailoteo

Wobbelgenerator *m (Eln)* generador *m* vobulador [de barrido], vobulador *m*

wobbeln *v (El)* vobular, wobular

Wobbelton m (Nrt) sonido m vobulado
Wobbelung f (El) vobulación f, wobulación f
Wobbler m (Nrt) vobulador m, wobulador m
Wohnanhänger m (Kfz) remolque m de camping, caravana f
Wohnanlage f residential m
Wohndeck n (Schiff) cubierta f de alojamientos
Wohngebäude n edificio m de uso residencial, casa-vivienda f, vivienda f, edificio m de viviendas
Wohngebiet n zona f residencial [de residencia, de viviendas]
Wohnhaus n edificio m de viviendas, vivienda f
Wohnhochhaus n casa f alta de pisos
Wohnungsbau m construcción f residencial [de casas, de edificios, de viviendas], edificación f de viviendas
Wohnwagen m coche m vivienda, casa f rodante, caravana f
Wohnwagenanhänger m (Kfz) remolque m de camping, caravana f
wölben v abovedar; bombear; arquear (bogenförmig)
Wölbung f 1. (Bw) corvadura f, convexidad f, cintra f, arqueo m (bogenförmig); 2. (Met) abombamiento m
Wolfram n tungsteno m, volframio m, wolfram m, volframio m, W
Wolframdraht m alambre m de volframio
Wolframeisen n ferrotungsteno m, ferrovolframio m, hierro m al tungsteno
Wolfram-Inertgas-Schweißen n soldadura f a tungsteno bajo gas inerte
Wolframstahl m acero m al tungsteno
Wolkenhöhenmesser m nefoaltímetro m
Wolkenmesser m nefoscopio m
Woltmann-Flügel m molinete m hidrométrico (Wassermessflügel)
Workstation f (Inf, Fert) estación f de trabajo
Wort n (Inf) palabra f (de ordenador) (Gruppe von Zeichen)
~ **mit fester Länge** palabra f de longitud fija
~ **mit variabler Länge** palabra f de longitud variable
~**/zeichenorientiertes** palabra f orientada a caracteres

Wortadresse f (Inf) dirección f de palabra, identificador m de palabras
Wortlänge f longitud f [tamaño m] de palabra
Wortmaschine f máquina f de palabras
wortorientiert (Inf) organizado en palabras
Wortprozessor m (Inf) procesador m de palabra
Wortübertragungsgeschwindigkeit f (Inf) velocidad f de transferencia de palabras
Wortverarbeitung f (Inf) procesamiento m [proceso m, tratamiento m] de palabras
Wortzähler m (Inf) registro m contador de palabras
Wortzählung f (Inf) recuento m de palabras
Wortzeichen n (Inf) dígito m de palabra
wringen v (Text) escurrir, exprimir, retorcer
Wringen n (Text) retorcido m
Wringmaschine f (Text) máquina f de escurrir
WS s. Wassersäule
Wühlgrubber m (Lt) cultivador m rígido [de brazos rígidos, de dientes rígidos]
Wulst m(f) 1. aro m, talón m (Reifen); 2. (Schiff) bulbo m
Wulstbug m (Schiff) proa f de bulbo [gota de agua]
Wulstreifen m (Kfz) neumático m de talón
Wurfbeschickung f (Met) carga f a lanzamiento
Würfel m cubo m; dado m
würfelförmig a cuadros, cúbico
Wurfgebläse n (Lt) expulsor m neumático
Wurfhäcksler m (Lt) cortaforrajes m con expulsor
Wurfleine f (Schiff) saga f, guía f
Wurfnetz n (Schiff) red f arrojadiza, esparavel m, almadraba f
Wurfrad n (Förd) rueda f lanzadera (Kohle)
Wurfschaufellader m (Förd) cargador m de pala lanzadera, cargador m mecánico por paladas
Wurfsieb n (Bw, Lt) cedazo m
Wurftrommel f (Lt) cilindro m lanzador
Wurzel f 1. (Math) raíz f, radical m; 2. (Inf) raíz f del árbol (Baumstruktur)
Wurzelausdruck m (Math) expresión f subradical

Wurzelexponent m *(Math)* índice m de (la) raíz
Wurzelextraktor m *(Lt)* arrancador m de raíces
Wurzelfunktion f *(Math)* función f subradical
Wurzelmesser n *(Lt)* cortador m de raíces, cortarraíces m
Wurzelroder m *(Lt)* desenraizador m, arrancarraíces m
Wurzelzeichen n *(Math)* signo m radical [de la raíz], radical m
Wurzelziehen n *(Math)* extracción f de raíces, radicación f
Wüstenausbreitung f desertificación f, desertización f *(Umweltschaden)*
Wüstit m *(Min)* wustita f

X

x-Achse f eje m de abscisas [las x]
Xenon n xenón m, Xe
Xenonbrenner m lámpara f xenón
Xenonlampenbeleuchtung f alumbrado m con lámparas xenón
Xerographie f xerografía f
xerographieren v xerografiar
Xerokopie f xerocopia f; copia f xerográfica, xerox m
xerokopieren v xerocopiar
Xerokopierer m xerocopiadora f, xerox m

Y

y-Achse f eje m de ordenadas [las y]
Ytterbium n iterbio m, yterbio m, Yb
Yttererde f iterbina f, yterbina f
Yttrium n itrio m, ytrio m, Y

Z

zähflüssig viscoso; pastoso; concreto *(z. B. Öl)*
Zähigkeit f 1. tenacidad f; 2. viscosidad f
Zahl f 1. *(Math)* número m; cifra f; módulo m; cantidad f; 2. *(Ph)* factor m; coeficiente m
~/**algebraische** número m algebraico
~/**binär verschlüsselte** dígito m codificado en binario
~/**einstellige** *(Inf, Math)* dígito m
~/**ganze** número m entero, cantidad f entera, entero m
~/**gebrochene** número m quebrado [fraccionado]
~/**gemischte** número m mixto
~/**gerade** número m par
~/**gerundete** número m redondeado
~/**imaginäre** número m imaginario
~/**inverse** entero m inverso
~/**irrationale** número m irracional
~/**komplexe** número m complejo, complejo m
~/**loschmidtsche** *(Ph)* número m de Avogadro
~/**reelle** número m real
~/**selbstprüfende** *(Inf)* número m autoverificante
~/**transfinite** número m transfinito, transfinito m
~/**umgekehrte** entero m inverso
~/**unendliche** número m infinito
~/**ungerade** número m impar
~/**zu addierende** sumando m
Zählapparat m numerador m
zählbar contable, numerable
Zahlbox f caja f de pago
Zählcode m código m de conteo
zählen v contar
Zählen n numeración f; cuenta f
Zahlenachse f eje m numérico
Zahlenblock m bloque m numérico
Zahlendarstellung f representación f numérica [de números], notación f numérica
Zahlenbene f/**gaußsche** diagrama m numérico de Gauss
Zahlenfolge f secuencia f numérica, sucesión f numérica [de números]
Zahlengerade f recta f numérica
Zahlenmenge f conjunto m de números, cuantía f numérica
Zahlenreihe f serie f numérica [de números], orden m numérico
Zahlenschlüssel m clave f numérica, código m numérico
Zahlensymbol n símbolo m numérico, guarismo m
Zahlensystem n sistema m numérico [de numeración]

~/binäres sistema *m* binario [dual] (de numeración), sistema *m* de numeración binaria
~/dezimales sistema *m* de numeración decimal
~/duodezimales sistema *m* de numeración duodecimal
~/hexadezimales sistema *m* de numeración sexadecimal
~/oktales sistema *m* de numeración octal
~/sedezimales sistema *m* de numeración sexadecimal
~/ternäres sistema *m* de numeración ternaria, sistema *m* ternario de numeración
Zahlentafel *f* tabla *f* numérica
Zahlentaste *f* tecla *f* numérica [de números]
zahlentheoretisch aritmético
Zahlentheorie *f* teoría *f* de los números, aritmética *f*
Zahlenumwandler *m* convertidor *m* numérico
Zahlenungleichung *f* no identidad *f* numérica
Zahlenwert *m* valor *m* numérico; parámetro *m* numérico
Zähler *m* 1. contador *m*; instrumento *m* totalizador; numerador *m (Zählwerk);* (Am) medidor *m* 2. (Math) numerador *m (eines Bruches)*
Zählerschaltung *f (Inf)* circuito *m* contador
Zählerstand *m* indicación *f* [estado *m*] de contador
Zählung *f* numeración *f*; contaje *m*; recuento *m*
Zählvorrichtung *f* mecanismo *m* contador, contador *m*, numerador *m*; computador *m*
Zählwerk *n* mecanismo *m* calculador [contador], unidad *f* contadora, dispositivo *m* contador, contador *m*, numerador *m*; instrumento *m* totalizador, totalizador *m*
Zahnbreite *f (Masch)* ancho *m* [espesor *m*] del diente
Zahnbreitenwinkel *m* ángulo *m* del peine
Zahndicke *f* espesor *m* circular *(Länge des Zahnkreisteilbogens)*; espesor *m* circunferencial *(an der Stirnseite)*; espesor *m* cordal *(an der Sehne gemessen)*
Zahndickenmessgerät *n (Fert)* medidor *m* del grueso [espesor] de dientes

Zahnformfräser *m* fresa *f* de dentar
Zahnfräsen *n* fresado *m* de dientes
Zahnfräser *m* fresadora *f* dentadora
Zahnfräsmaschine *f* fresadora *f* de endentar [engranajes]
Zahnfuß *m (Masch)* raíz *f* [pie *m*] del diente
Zahnfußhöhe *f* dedendum *m*
Zahnhobel *m* cepillo *m* raspador
Zahnhöhe *f (Masch)* profundidad *f* [altura *f*] del diente
Zahnkette *f* cadena *f* dentada [de dientes] *(Hülltriebe)*
Zahnkettenkupplung *f* acoplamiento *m* de cadenas
Zahnkettenrad *n* rueda *f* dentada para cadena de rodillos
Zahnkopf *m (Masch)* cúspide *f* [cabeza *f*] del diente
Zahnkopfhöhe *f* addendum *m* cordal *(bezogen auf die Sehne);* addendum *m (bezogen auf den Teilkreis)*
Zahnkranz *m (Masch)* corona *f* (dentada), engranaje *m* interior [interno]; aro *m* dentado; piñón *m* (pequeño) *(beim Fahrrad)*
Zahnkupplung *f (Masch)* acoplamiento *m* dentado [de dientes, de engrane], embrague *m* dentado [de dientes, de engrane]
Zahnlegierung *f* aleación *f* dental
Zahnlehre *f* calibre *m* de dientes [engranajes]
Zahnlücke *f (Masch)* intervalo *m* entre dientes, entredientes *m*, ranura *f*, espacio *m* entre los dientes, hueco *m* del diente *(Zahnrad)*
Zahnrad *n* rueda *f* dentada [de engranaje], engranaje *m*
Zahnradantrieb *m* accionamiento *m* de engranajes
Zahnradbahn *f* ferrocarril *m* [tranvía *m*] de cremallera, cremallera *f*
Zahnradfräser *m* fresa *f* de engranajes [ruedas dentadas], fresa *f* para tallar engranajes
Zahnradfräsmaschine *f (Fert)* fresadora *f* [talladora *f*] de engranajes
Zahnradgetriebe *n* transmisión *f* de [por] engranajes, transmisión *f* dentada; mecanismo *m* de engranaje, tren *m* de engranajes [engranes], engranaje *m*; sistema *m* de engranaje

Zahnradhobelmaschine f *(Fert)* formadora f de engranajes
Zahnradlehre f comprobador m de ruedas dentadas
Zahnradmessgerät n comprobador m de engranajes, medidor m de ruedas dentadas
Zahnradprüfgerät n comprobador m de engranajes [ruedas dentadas]
Zahnradpumpe f bomba f de engranajes
zahnradrollen v *(Fert)* laminar engranajes
zahnradschaben v *(Fert)* afeitar
Zahnradschabmaschine f *(Fert)* afeitadora f [rasuradora f] de engranajes
Zahnradschabwerkzeug n fresa f rasuradora
Zahnradschleifen n *(Fert)* rectificación f de dientes de engranajes
Zahnradschleifmaschine f *(Fert)* bruñidora f [rectificadora f] de dientes, rectificadora f de engranes [engranajes], muela f para engranajes
Zahnradstoßmaschine f *(Fert)* dentadora f mortajadora, mortajadora f de engranes
Zahnradvorgelege n engranaje m loco
Zahnradwälzfräsmaschine f *(Fert)* fresadora f evolvente de engranajes
Zahnritzel n piñón m de dentado
Zahnscheibe f polea f [rodaja f] dentada
Zahnschiene f *(Eb)* carril m [riel m] dentado
Zahnschleifmaschine f *(Fert)* afeitadora f de dientes
Zahnschneidemaschine f *(Fert)* dentadora f
Zahnstange f 1. *(Masch)* varilla f de cremallera, barra f dentada, cremallera f; 2. *(Eb)* riel m dentado, cremallera f
Zahnstangenbahn f tren m de cremallera cremallera f
Zahnstangenfräsmaschine f *(Fert)* fresadora f de cremallera
Zahnstangengetriebe n engranaje m de cremallera
Zahnstangenlenkung f *(Kfz)* dirección f de cremallera [tornillo y sector], dirección f piñón-cremallera
Zahnstangenritzelsystem n sistema m piñón-cremallera
Zahnstangentrieb m engranaje m de cremallera, cremallera f y piñón m, piñón m y cremallera f

Zahnstangenwinde f *(Masch)* gato m de cremallera
Zahnteilung f *(Masch)* separación f entre dientes, paso m dental [del diente, del engranaje]
Zange f alicates mpl, alicate m; pinza f; pinzas fpl, tenaza f, tenazas fpl; fórceps m
Zangenspannfutter n *(Fert)* plato m de pinzas
Zapfen m 1. *(Masch)* gorrón m, privote m, espiga f; vástago m, muñeca f, muñón m *(Welle, Achse)*; botón m; dado m; guijo m *(Dorn)*; lengüeta m, tetón m *(Ansatz)*; pezón m; pinzote m; 2. *(Bw)* mecha f sencilla *(Dachbau)*; tarugo m *(Dübel)*
Zapfenfräser m fresa f de gorrón
Zapfenlager n chumacera f, cojinete m de pivote
Zapfsäule f surtidor m (de gasolina) *(Tankstelle)*
Zapfwelle f *(Kfz, Lt)* toma f de fuerza [movimiento], árbol m [eje m] de toma de fuerza, eje m motor [motriz]
Zarge f 1. *(Ch)* sección f *(einer Destillationskolonne)*; 2. *(Gieß)* costado m; 3. *(Bw)* marco m *(Tür)*; cercha f *(Fenster)*
Zaum m/pronyscher *(El)* freno m de Prony *(Bremsdynamometer)*
Zaun m valla f, verja f *(Gitter)*
Z-Diode f diodo m Zener
Zehneck n *(Math)* decágono m
Zehnerkomplement n *(Math)* complemento m a diez [dieces]
Zehnerlogarithmus m *(Math)* logaritmo m decimal [de Brigg, común, vulgar]
Zehnertastatur f *(Inf)* teclado m internacional
Zeichen n 1. *(Math)* signo m, símbolo m; 2. símbolo m *(Schaltzeichen)*; signo m convencional *(Bezeichnung)*; 3. *(Inf)* carácter m; señal f; 4. marca f; 5. *(Eln)* pip m *(Funkortung)*; 6. síntoma m
~/algebraisches símbolo m algebraico
~/benutzerdefiniertes carácter m definido por el usuario
~/binär verschlüsseltes carácter m codificado en binario
~/chemisches símbolo m químico
~/diakritisches signo m diacrítico
~/druckbares carácter m impresionable
~/gelöschtes carácter m borrado

~/grafisches carácter *m* gráfico; signo *m* [símbolo *m*] gráfico
~/optisches carácter *m* óptico; señal *f* óptica [visual], símbolo *m* de carácter visual
~/redundantes carácter *m* redundante
~/typografisches símbolo *m* tipográfico
~/unauslöschbares señal *f* indeleble
~/unerlaubtes carácter *m* ilícito
~/ungültiges carácter *m* inválido
~/verschlüsseltes carácter *m* codificado
Zeichenabstand *m (Inf)* distancia *f* de los caracteres, distancia *f* de carácter
Zeichenabtastung *f (Inf, Nrt)* exploración *f* [examen *m*] de caracteres
Zeichenbrett *n* tablero *m* de dibujo [dibujar], panel *m* de dibujo
Zeichencode *m* código *m* de caracteres; código *m* de señales
Zeichendarstellung *f* presentación *f* [representación *f*] de caracteres
Zeichendichte *f (Inf)* densidad *f* (de impresión) de caracteres
Zeichendreieck *n* triángulo *m*, trígono *m (Zeichengerät)*; escuadra *f*; cartabón *m (nicht verstellbar)*
Zeichendrucker *m (Inf)* mecanismo *m* de impresión de caracteres, impresora *f* carácter a carácter, impresora *f* por caracteres
Zeichenerkennung *f (Inf)* identificación *f* [exploración *f*, reconocimiento *m*] de caracteres
~/optische reconocimiento *m* óptico de caracteres
Zeichenerkennungsgerät *n (Inf)* dispositivo *m* de reconocimiento de caracteres
Zeichenfolge *f (Inf)* cadena *f* [ristra *f*, serie *f*, fila *f*, secuencia *f*] de caracteres; cadencia *f* de señales, secuencia *f* de dígitos
Zeichengeber *m* emisor *m* de señales
Zeichengebung *f* señalización *f*
Zeichengenerator *m (Inf)* generador *m* de caracteres
Zeichengerät *n* instrumento *m* de dibujo, trazadora *f* gráfica [de gráficos], trazador *m* gráfico [de gráficos], trazador *m*, plotter *m*
Zeichenimpulsgeber *m (Inf)* emisor *m* de caracteres

Zeichenkette *f (Inf)* cadena *f* [ristra *f*, serie *f*] de caracteres
Zeichenlänge *f (Inf)* longitud *f* en caracteres
Zeichenleser *m* lector *m* [detector *m*] de caracteres
~/optischer dispositivo *m* de lectura óptica de caracteres, lector *m* óptico de caracteres
Zeichenmenge *f (Inf)* cantidad *f* [conjunto *m*] de caracteres, conjunto *m* de dígitos
Zeichenmodus *m* modalidad *f* de caracteres *(Betriebsart von Druckern)*
zeichenorientiert *(Inf)* orientado a caracteres, organizado por caracteres
Zeichenschablone *f (Inf)* pauta *f* de caracteres, plantilla *f* de símbolos
Zeichenstift *m* lápiz *m*
Zeichentabelle *f* mapa *m* de caracteres
Zeichentisch *m* mesa *f* trazadora [de dibujo], tablero *m* de dibujo [dibujar]
Zeichenübertragung *f* 1. *(Inf)* transmisión *f* de caracteres; 2. *(Nrt)* transmisión *f* de señales
Zeichenverarbeitung *f (Inf)* tratamiento *m* de caracteres, manipulación *f* de símbolos
Zeichenverdichtung *f (Inf)* condensación *f* de caracteres
Zeichenverzerrung *f* 1. *(Inf)* distorsión *f* de caracteres; 2. *(Nrt)* distorsión *f* de señales
Zeichenvorrat *m (Inf)* cantidad *f* [colección *f*, fuente *f*, gama *f*, grupo *m*, conjunto *m*, juego *m*, repertório *m*] de caracteres; conjunto *m* de símbolos; conjunto *m* de muestras
zeichenweise carácter a carácter
Zeichenwinkel *m* ángulo *m*
Zeichenzählung *f (Inf)* recuento *m* de caracteres
zeichnen *v* dibujar; trazar; diseñar
~/den Linienriss *(Schiff)* linear
~/dreidimensional dibujar en 3D
~/ein Freihandobjekt dibujar un objeto a mano alzada
Zeichnen *n* dibujo *m*; delineación *f*, delineamiento *m*
Zeichnung *f* dibujo *m*; traza *f*
~/maßstabgerechte dibujo *m* a escala
~/perspektivische dibujo *m* [plano *m*] de [en] perspectiva

~/technische dibujo *m* técnico [industrial], plano *m* gráfico, diseño *m* técnico
Zeichnungserstellung *f* confección *f* de dibujos
Zeichnungssatz *m* juego *m* de dibujos
Zeichnungsvervielfältigung *f* planigrafía *f*
zeigen *v* indicar; demostrar
Zeiger *m* indicador *m*, aguja *f* (indicadora), apuntador *m*, puntero *m*, manecilla *f* *(eines Gerätes)*; saeta *f (Uhr)*; estilete *m* *(z. B. Lichtstift)*
Zeigerausschlag *m* desviación *f* de la aguja
Zeigerfrequenzmesser *m* frecuencímetro *m* de aguja
Zeigergalvanometer *n* galvanómetro *m* de aguja
Zeigerinstrument *n* aparato *m* de aguja
Zeigermessgerät *n* instrumento *m* con indicador de aguja
Zeigervektor *m (Inf)* vector *m* de relleno
Zeigerwerk *n* minutería *f (Uhr)*
Zeile *f* 1. *(Typ)* línea *f*; renglón *m*; 2. fila *f (Matrix)*; 3. *(Met)* fajas *fpl* alargadas *(Gefüge)*
Zeilenablenkung *f (TV)* deflexión *f* horizontal
Zeilenabstand *m* 1. espaciamiento *m* de líneas; distancia *f* entre líneas; 2. *(Typ)* interlínea *f*, entrelínea *f*; 3. paso *m* entre filas *(Matrix)*
Zeilenabtastung *f (TV)* exploración *f* de [por] líneas
Zeilendrucker *m (Inf)* impresora *f* línea a línea, impresora *f* de [por] líneas
Zeilenfräsen *n (Fert)* fresado *m* alineado
Zeilenfrequenz *f (TV)* frecuencia *f* de líneas
Zeilenimpuls *m (TV)* impulso *m* de línea
Zeilenkipptransformator *m (TV)* transformador *m* de líneas
Zeilenschalter *m* tecla *f* de interlineado
Zeilenschalthebel *m* interlineador *m*
Zeilensetzmaschine *f (Typ)* linotipia *f*
Zeilensprung *m* 1. *(TV)* entrelazamiento *m* de líneas; 2. *(Inf)* salto *m* de línea
Zeilensprungabtastung *f (TV)* exploración *f* entrelazada
Zeilenvektor *m (Math)* vector *m* línea
Zeilenvorschub *m (Inf)* alimentación *f* de línea, alimentación *f* fila a fila, avance *m* lineal, salto *m* de línea

zeilenweise línea por línea, renglón a renglón
Zeit *f* tiempo *m*; duración *f*; período *m*; hora *f*
~/astronomische tiempo *m* astronómico, hora *f* astronómica
~/kosmische tiempo *m* cósmico
~/lastschwache *(El)* horas *fpl* de poco carga
~/verkehrsarme horas *fpl* de poco tráfico
~ zwischen Ausfällen/mittlere tiempo *m* medio entre fallos
Zeitablaufgenerator *m (TV)* generador *m* de exploración
Zeitablenkschaltung *f* circuito *m* de base de tiempo *(Oszillographentechnik)*
Zeitabschnitt *m* intervalo *m* temporal [de tiempo], intervalo *m*, período *m*
Zeitalter *n (Geol)* período *m* de tiempo geológico, era *f*
Zeitanteilverfahren *n (Inf)* técnica *f* de tiempo compartido, compartición *f* de tiempos
Zeitbewertung *f* estimación *f* de tiempos; evaluación *f* de tiempos; ponderación *f* temporal, valoración *f* de tiempo *(z. B. Lärmpegel)*
Zeitgeber *m (Inf)* dispositivo *m* de temporización, temporizador *m*; reloj *m*
Zeitgeberbetrieb *m (Eln, Inf)* operación *f* de ciclo fijo *(Betrieb in konstanten Zyklen)*
Zeitgeberfrequenz *f* frecuencia *f* de reloj
Zeitgebung *f (Nrt)* temporización *f*
Zeitgleichung *f (Ph)* ecuación *f* del tiempo
Zeitglied *n* elemento *m* temporizador, temporizador *m (Regelungstechnik)*
Zeitkonstante *f* constante *f* de tiempo, tiempo *m* de relajación
Zeitlupe *f* ralentí *m*
Zeitmesser *m* cronómetro *m*; totalizador *m* de tiempo
Zeitmessung *f* cronometraje *m*, cronometría *f*; medición *f* del tiempo (del trabajo)
Zeitmultiplexsystem *n (Nrt)* sistema *m* con transmisión sucesiva de señales
Zeitmultiplizierer *m (Eln)* multiplicador *m* por división de tiempo
Zeitplan *m* plan *m* de tiempo; itinerario *m*; horario *m*; cronograma *m*; calendario *m* (de trabajo)

Zeitraffer *m* acelerador *m (Kino)*
Zeitrafferkamera *f (Foto)* cámara *f* rápida, cinefoto *m*
Zeitraum *m* intervalo *m* temporal [de tiempo], período *m*
Zeitreihe *f* secuencia *f* temporal [de tiempo], serie *f* cronológica [temporal]
Zeitrelais *n* relé *m* de retardo, temporizador *m*
Zeitschachtelung *f (Inf)* distribución *f* de tiempo, compartición *f* de tiempos, tiempo *m* compartido *(zeitlich geschachtelte Abarbeitung mehrerer Programme)*
Zeitschalter *m* interruptor *m* temporizado [de tiempo], interruptor-horario *m*, timer *m*
Zeitschlitz *m (Nrt)* intervalo *m* temporal [de tiempo]
Zeitschreiber *m* cronógrafo *m*, registrador *m* cronométrico, registrador *m* del tiempo
Zeitsteuerung *f* control *m* de tiempo
Zeitsteuerungssignal *n* señal *f* de temporización
Zeittaktgeber *m* temporizador *m*
Zeittaktsteuerung *f* temporización *f*
Zeitteilungskanal *m* canal *m* de tiempo compartido
Zeitvektor *m* vector *m* temporal
Zeitverhalten *m* comportamiento *m* temporal [dinámico, a través del tiempo]; operación *f* en función de tiempo; respuesta *f* temporal
Zeitverteilung *f (Inf)* distribución *f* de tiempo, temporización *f*
zeitverzögert temporizado, de acción retardada *(z. B. Relais)*
Zeitverzögerung *f* temporización *f*
Zeit-Weg-Diagramm *n (Mech)* diagrama *m* de movimientos
Zeitzähler *m* contador *m* de tiempo [horas]; totalizador *m* de tiempo
Zeitzählwerk *n* mecanismo *m* cronométrico
Zeitzeichen *n* señal *f* horaria [de tiempo]
Zelle *f* 1. *(El)* célula *f*, elemento *m*, pila *f*, cedilla *f (z. B. Batterie)*; 2. cubículo *m*; 3. *(Inf)* casilla *f*, celda *f*, celdilla *f*; 4. *(Flg)* célula *f*; 5. *(Rak)* estructura *f*; 6. alvéolo *m*
~/galvanische célula *f* galvánica, pila *f* voltaica [de Volta]
~/photoelektrische celda *f* [célula *f*, pila *f*] fotoeléctrica, fotocélula *f*, fototubo *m*, ojo *m* fotoeléctrico

Zellenbauweise *f (Bw)* construcción *f* celular
Zellenbeton *m* hormigón *m* celular [alveolar]
Zellengleichrichter *m (El)* rectificador *m* metálico celular
Zellenkühler *m* radiador *m* de colmena [panal]
Zellenrad *n (Förd)* rueda *f* celular [de compartimientos]
Zellenradaufgeber *m* cargador *m* de rueda celular
Zellenschalter *m (El)* reductor *m* de tensión
Zellenspannung *f* tensión *f* del elemento *(Batterie)*
Zellglas *n* vidrio *m* de celulosa, hoja *f* celulósica, película *f* de viscosa
Zellkulturtechnik *f* ingeniería *f* de cultivo de células *(Biotechnologie)*
Zellstoff *m* celulosa *f*
zellular celular, celulario
Zellularfunknetz *n* radio *f* celular
Zellularfunktechnik *f* técnica *f* celular
Zellwolle *f (Ch)* fibrana *f*, fibra *f* celulósica corta, fibra *f* de viscosa, viscosilla *f*
Zement *m* cemento *m*, cimento *m*
~/feuerfester cemento *m* refractario
~/hydrotechnischer cemento *m* hidrotécnico
~/langsam abbindender [erhärtender] cemento *m* (de fraguado) lento
~/säurefester cemento *m* acidorresistente [antiácido, resistente a ácidos]
~/schnell abbindender [erhärtender] cemento *m* (de fraguado) rápido
Zementation *f* 1. *(Met)* carburación *f*, cementación *f*; 2. *(Geol)* cementación *f*
Zementfaserplatte *f* placa *f* de fibrocemento [fibra de cemento]
zementieren *v* 1. *(Met)* cementar; 2. revestir de cemento
Zementierung *f* 1. *(Met)* carburización *f*, cementación *f*; 2. *(Bw)* cementación *f*, inyección *f* de cemento
Zementit *m (Met)* cementita *f*, carburo *m* de hierro
Zementklinker *m (Bw)* escoria *f* de cemento
Zementmilch *f (Bw)* lechada *f* de cemento, enlechada *f*
Zementmischmaschine *f (Bw)* mezcladora *f* de cemento

Zementmörtel m *(Bw)* mortero m de cemento
Zementplatte f placa f de cemento; baldosa f de cemento
Zementputz m *(Bw)* enfoscado m
Zenerdiode f *(Eln)* diodo m Zener
Zentigramm n centigramo m, cg
Zentimeter n centímetro m
Zentimeterwelle f onda f centimétrica *(Wellenlänge von 1 cm bis 10 cm)*
Zentimeterwellenfrequenz f super alta frecuencia f *(3000 – 30 000 MHz)*
Zentner m quintal m
Zentraleinheit f *(Inf)* unidad f (de proceso) central, unidad f procesadora central, procesador m (central)
Zentralheizungskörper m calefactor m central, radiador m de calefacción central
Zentralrohrrahmen m *(Kfz)* bastidor m de viga
Zentralschmiersystem n sistema m centralizado de lubricación
Zentralspeicher m *(Inf)* memoria f central [primaria, principal]
Zentralverriegelung f *(Kfz)* cierre m centralizado
Zentralverschluss m *(Foto, Feinw)* obturador m central
Zentralwert m valor m central, mediana f (de valores) *(Statistik)*
Zentrierbohrer m *(Fert)* broca f de centrar [punta], barrena f de broca
Zentrierbohrmaschine f *(Fert)* taladradora f de centrar, punteadora f taladradora
zentrieren v 1. centrar, encentrar; 2. *(Fert)* centrar, puntear
Zentrierfutter n *(Fert)* mandril m de centrar
Zentriermaschine f *(Fert)* máquina f de puntear, punteadora f
Zentrierspitze f 1. *(Fert)* punto m de operación; 2. *(Masch)* punta f de centrar *(Endmaß)*
Zentrierstock m *(Feinw)* bastón m de centrado
Zentriervorrichtung f *(Fert)* dispositivo m [mecanismo m] de centrar, centrador m, alineador m
zentrifugal centrífugo
Zentrifugalbeschleunigung f *(Ph)* aceleración f centrífuga

Zentrifugalpumpe f bomba f centrífuga
Zentrifuge f centrífuga f, centrifugadora f, aparato m centrífugo
zentripetal centrípeto
Zentripetalbeschleunigung f *(Ph)* aceleración f centrípeta
zerbrechen v romper; tronchar; desmenuzar *(zerstückeln)*
zerbrechlich frágil, quebradizo, quebrajoso, quebrantable, rompible
Zerfall m 1. *(Ch)* descomposición f *(Entmischung)*; disociación f *(Molekültrennung)*; 2. *(Kern)* decaimiento m, desintegración f; 3. desintegración f, fragmentación f
~/radioaktiver decaimiento m (radiactivo), desintegración f [merma f] radiactiva
zerfallen v descomponerse; desintegrarse
Zerfallsgesetz n *(Kern)* ley f de desintegración radiactiva
Zerfallskonstante f *(Kern)* constante f de descomposición [desintegración] (radiactiva), constante f radiactiva
Zerfallsprodukt n 1. *(Kern)* producto m de desintegración; 2. *(Ch)* producto m de descomposición
Zerfallsreihe f 1. *(Kern)* cascada f de desintegraciones, serie f radiactiva, familia f (radiactiva), descendencia f radiactiva; 2. *(Ch)* serie f de desintegración
Zerfaserer m desfibradora f, desmenuzador m, desmenuzadora f (de trapos) *(Papierherstellung)*
zerhacken v 1. picar; 2. *(El)* interrumpir sucesivamente *(Strom)*
Zerhacker m *(El)* vibrador m
zerkleinern v desmenuzar; triturar; quebrantar; picar; machacar; trocear; pulverizar; bocartear; majar *(zermahlen)*; *(Am)* chancar
Zerkleinerung f desagregación f, fragmentación f, quebrantamiento m; machacamiento m, machacado m, machaqueo m, bocarteo m, desmenuzamiento m; trituración f, desmembración f, troceado m, *(Am)* chanca f
Zerkleinerungsanlage f instalación f de fragmentizar; planta f moledora [de moler]; equipo m triturador, trituradora f, *(Am)* chancadora f
Zerkleinerungsmaschine f desmenuzadora f, quebrantadora f, machacadora f;

trozadora f; triturador m, trituradora f; moledor m, moledora f, molino m; aplastador m *(Quetsche)*
Zerklüftung f *(Geol)* fracturación f, agrietamiento m
zerlegen v 1. desmontar; desmantelar; deshacer; 2. *(Ch)* desdoblar; 3. *(Math)* descomponer
~/elektrolytisch electrolizar
~/in Teile *(Math)* fraccionar
Zerlegung f 1. desmontaje m, desmontadura f, desmonte m; 2. *(Ch)* degradación f; descomposición f; desdoblamiento m; 3. *(Math)* descomposición f; desarrollo m; análisis m; resolución f; 4. *(Opt)* dispersión f
zermahlen v bocartear, aciberar; triturar *(grob)*; pulverizar, majar, *(Am)* chancar *(grob)*
zerreißen v desgarrar; partir; romper; dilacerar; destrozar
Zerreißfestigkeit f *(Wkst)* resistencia f a la rotura [ruptura]
Zerreißmaschine f 1. *(Wkst)* máquina f de ensayos de ruptura; 2. *(Lt)* desgarrador m, desgarradora f; 3. dilacerador m
Zerreißprüfung f *(Wkst)* ensayo m de rotura [ruptura], prueba f de rasgado
zerschneiden v cortar
zersetzen v *(Ch)* descomponer, degradar
~/elektrolytisch electrolizar
Zersetzung f *(Ch)* descomposición f, degradación f; desintegración f
~/galvanische electrodisolución f
~/strahlenchemische radiólisis f
~/thermische descomposición f por calentamiento; termodestrucción f
Zersetzungsprodukt n producto m de descomposición [desintegración, degradación]
zerspanbar *(Fert)* maquinable, trabajable
Zerspanbarkeit f *(Fert)* maquinabilidad f (por arranque de virutas)
zerspanen v *(Fert)* trabajar por arranque de material [virutas], maquinar
Zerspanung f *(Fert)* arranque m de virutas, operación f de maquinado, maquinado m, trabajo m de mecanizado por arranque de virutas, trabajo m mecánico con levantamiento de virutas, virutamiento m, corte m
Zerspanungstechnik f técnica f de corte [arranque de virutas]
Zerspanungsvorgang m operación f de maquinado, proceso m de corte
Zerspanungswerkzeug n herramienta f cortante [de corte, desvirutadora], instrumento m cortante [de corte], utensilio m cortante [de corte]
zersprühen v atomizar; nebulizar
zerstäuben v atomizar, espolvorear, pulverizar; rociar; vaporizar
Zerstäuber m atomizador m, espolvoreador m, mechero m pulverizador, pulverizador m; rociador m; gasificador m; vaporizador m
Zerstäuberdüse f boquilla f pulverizadora [rociadora, aspersora], pulverizador m a [de] chorro, válvula f de pulverización; tobera f atomizadora, rociador m
Zerstäubung f 1. atomización f, pulverización f; espolvoreo m, rociada f, rocío m; vaporización f; 2. *(Eln)* petardeo m *(Katode)*
zerstören v destruir; destrozar; desmantelar; aniquilar
Zerstörung f destrucción f, aplastamiento m
zerstrahlen v *(Kern)* aniquilar, desintegrar por radiación
Zerstrahlung f *(Kern)* aniquilación f, desmaterialización f, radiación f desintegradora
zerstreuen v 1. *(Ph)* disipar *(Energie)*; 2. dispersar *(Licht)*
Zerstreuung f 1. dispersión f; difusión f; 2. *(Ph)* disipación f *(Energie)*; 3. *(Math)* dispersión f
Zerstreuungslinse f lente f divergente [negativa]
Zetter m *(Lt)* revolvedor m de heno, henificadora f *(Heuwendemaschine)*
ZF s. Zwischenfrequenz
ZF-Verstärker m amplificador m superheterodino [de frecuencia intermedia]
Zickzacknieten n remachado m en zigzag
Zickzackschweißen n soldadura f en zigzag
Ziegel m ladrillo m
~/feuerfester ladrillo m refractario
~/glasierter ladrillo m vidriado
Ziegelbrennerei f tejar m
Ziegelbrennofen m horno m para ladrillos

Ziegeldach n cubierta f [tejado m] de tejas
Ziegelerde f tierra f para ladrillos
Ziegelmauerwerk n enladrillado m
Ziegelstein m ladrillo m, tocho m
Ziegelsteinmauerwerk n mampostería f de ladrillos
Ziegelton m arcilla f para ladrillos [tejas], arcilla f
Ziegelwand f cerramiento m de ladrillo
Ziehbank f (Fert) banco m de estirar (z. B. für Rohre, Stangen)
Ziehdorn m (Fert) mandril m de embutido
Ziehdüse f 1. (Fert) trefila f; 2. (Text) hilera f (Spinnerei)
Zieheisen n (Fert) hilera f
ziehen v 1. arrastrar; remolcar; aballestar; 2. trazar (Linie); 3. (Fert) estirar; matrizar; embutir (Blech); extrudir (Rohre); 4. (Met) tirar; 5. (Schiff) sirgar
~/**den Stecker** desenchufar
~/**Linien** (Math) tirar
~/**mit der Maus** arrastrar con el ratón
~/**nahtlos** estirar sin costura
~/**warm** (Fert) estirar [trefilar] en caliente
~/**Wurzel** (Math) extraer la raíz
Ziehen n 1. arrastre m, tracción f; 2. (Fert) estiramiento m, estiraje m, estirado m; embutición f, embutido m (Blech); extrusión f (Rohre); trefilado m, (Am) trafilado m
Ziehmaschine f (Fert) máquina f de estirar, estiradora f, estirador m, hilera f
Ziehpresse f (Fert) embutidora f
Ziehräumen n (Fert) brochado m por tracción
Ziehräumnadel f (Fert) brocha f de tracción
ziehschleifen v (Fert) bruñir
Ziehschleifmaschine f (Fert) máquina f honing [de bruñir], bruñidora f
Ziehstein m (Fert) dado m (de extensión), dado m de trefilar, matriz f de hilera, trefila f
Ziehstempel m (Fert) macho m de embutición [embutir], estampa f de embutir, troquel m de embutir [embutido], punzón m embutidor (Stanze)
Ziehvorrichtung f 1. mecanismo m de tracción; 2. (Fert) estirador m
Ziehwalzen n (Fert) laminado-estirado m
Ziehwerkzeug n 1. (Fert) herramienta f de embutir, embutidor m; 2. (Met) troquel m de extrusión

Ziel n 1. finalidad f; término m; fin m; 2. objetivo m; destino m
Zieladresse f (Inf) dirección f (de) destino
Zielbohrung f (Bgb) perforación f directriz [dirigida, de guías], sondeo m de guía
Zieldiskette f (Inf) disquete m de destino; disco m receptor
Zielgenauigkeit f 1. (Bgb) exactitud f de la guía (einer Bohrung); 2. (Mil) precisión f de puntería
Zielgerät n (Mil) instrumento m [dispositivo m] de puntería, visor m
~/**teleskopisches** alza f telescópica
Zielgröße f dimensión f [magnitud f] del objetivo previsto
Zielgruppe f grupo m de destino
Zielhierarchie f (Inf) jerarquía f de objetivos
Zielidentifizierungszeichen n carácter m de identificación de destino
Zielkanal m (Inf) canal m de destino
Zielkennung f (Inf) código m de destino
Zielkonfiguration f (Inf) configuración f destino [objeto]
Zielkoordinaten fpl (Mil) coordenadas fpl del objetivo
Zielkurs m (Flg) ángulo m de orientación
Ziellatte f (Mil) cremallera f de puntería
Ziellaufwerk n (Inf) unidad f de disco de destino
Ziellinie f (Mil) línea f de mira
Zielmarkierung f marcación f del objetivo
Zielmaschine f s. Zielrechner
Zielnetz n (Nrt) red f de destino
Zielöffnung f (Mil) orificio m de mira
Zielordner m (Inf) carpeta f de destino
Zielorgan n órgano m diana (Toxikologie)
Zielort m sitio m de destino
Zielphase f (Inf) fase f objeto
Zielprogramm n (Inf) programa m objeto
Zielprogrammbefehl m (Inf) instrucción f de programa a objeto
Zielpunkt m 1. (Mil) punto m; 2. (Bgb) punto m previsto (einer Bohrung)
Zielrakete f (Mil) cohete m blanco, blanco-cohete m
Zielrechenmaschine f (Mil) predictor m de impacto
Zielrechner m (Inf) máquina f objetivo [objeto, diana]
Zielsprache f (Inf) lenguaje m destino; lenguaje m objeto

Zielstrahl

Zielstrahl *m (Opt)* visual *f*
Zielsuche *f (Mil)* búsqueda *f* de blancos
Zielsucheinrichtung *f (Rak)* mecanismo *m* buscador, buscador *m*
zielsuchend *(Mil)* autodirigido
Zielsuchgeschoss *n (Mil)* proyectil *m* autodirigido [autogobernado, autoguiado]
Zielsuchkopf *m (Mil)* cabeza *f* (auto)buscadora, autodirector *m*
Zielsuchlenkeinrichtung *f* 1. *(Rak)* mecanismo *m* buscador; 2. *(Mil)* aparato *m* de autoguiado
Zielsuchlenksystem *n (Rak)* dispositivo *m* de autoguiado
Zielsuchlenkung *f (Rak, Mil)* autodirección *f*, autoconducción *f*, autoguía *f*
~/aktive autodirección *f* activa
~/akustische autodirección *f* acústica
~/halbaktive autodirección *f* semiactiva
Zielsuchrakete *f (Mil)* cohete *m* autodirigido
Zielvariable *f* variable *f* endógena
Zierkappe *f* disco *m* de adorno
Zierkeramik *f* cerámica *f* ornamental [de decoración]
Zierleiste *f* 1. listón *m* de adorno, bordón *m*; 2. *(Bw, Kfz)* moldura *f* (de adorno)
Ziffer *f (Math, Inf)* dígito *m*, cifra *f*, guarismo *m*, número *m*
~/arabische cifra *f* arábiga, número *m* arábigo
~ mit dem höchsten Stellenwert dígito *m* más significativo
~ mit dem niedrigsten Stellenwert dígito *m* menos significativo
~/römische cifra *f* romana, número *m* romano
~/verschlüsselte dígito *m* codificado
Ziffernblock *m* bloque *m* numérico [de números]
Ziffernstelle *f* 1. *(Inf)* posición *f* digital [de dígitos], dígito *m* numérico [de número], lugar *m* de dígito, punto *m* digital; 2. *(Math)* rango *m* de posiciones
Zifferntaste *f* tecla *f* de número
Zimmermannsbeitel *m* escoplo *m* de carpintero
Zimmermannswinkel *m* codal *m*
zimmern *v (Bw, Bgb)* fortificar, entibar
Zimmerung *f (Bw)* entibación *f*
Zink *n* cinc *m*, zinc *m*, Zn
Zinkblech *n* chapa *f* de cinc

Zinkblende *f (Min)* blenda *f* de cinc, esfalerita *f (Zinksulfid)*
Zinke *f (Lt)* diente *m*; espiga *f*, púa *f*, reja *f* (escardadora) *(Jätmaschine)*
Zinkenegge *f (Lt)* grada *f* de dientes [púas]
Zinkhütte *f* cinquería *f*, planta *f* de cinc
Zinkplatte *f (Typ)* placa *f* [clisé *m*] en cinc [zinc]
Zinn *n* estaño *m*, Sn
Zinnbergwerk *n* mina *f* de estaño
Zinnerz *n* mineral *m* de estaño
Zinnfolie *f* estaño *m* en hojas [láminas], hoja *f* [lámina *f*] de estaño, papel *m* estaño
Zinngeschrei *n (Met)* crujido *m* del estaño, grito *m* (de estaño) *(akustisches wahrnehmbare Zwillingsbildung in Zinn)*
Zinngießerei *f* planta *f* de fundición de estaño
Zinnguss *m* fundición *f* de estaño
Zinnhütte *f* planta *f* de fundición de estaño, fundición *f* de estaño
Zinssatz *m (Math)* regla *f* de interés
Ziolkovski-Formel *f* fórmula *f* de los cohetes
Zirconium *n* circonio *m*, zirconio *m*, Zr
Zirkel *m (Feinw)* compás *m*
~/dreischenkliger compás *m* de tres puntas
Zirkelbogen *m (Math)* arco *m*
Zirkulation *f* 1. circulación *f*, recirculación *f*; 2. *(Math)* circulación *f (eines Vektorfeldes)*
zirkulieren *v* circular
Zitterspule *f (Kfz)* bobina *f* tembladora
Zoll *m* pulgada *f (1 Zoll = 2,54 cm)*
Zollgewinde *n* rosca *f* inglesa [en pulgadas]
Zollstock *m* metro *m* plegable, regla *f* en pulgadas
Zone *f* 1. *(Ph, Kern)* zona *f*, región *f*; 2. *(Geol)* zona *f*, área *f*, dominio *m*; faja *f*
~/bruchreiche *(Geol)* zona *f* fracturada
~/gemäßigte zona *f* templada
~/tote 1. zona *f* de silencio [sombra], espacio *m* muerto *(Funkortung)*; 2. zona *f* muerta *(Relais)*
~/wärmebeeinflusste *(Met)* zona *f* termoafectada
Zoom *n (Opt, Foto)* zoom *m*, objetivo *m* zoom [de focal variable, multifocal, varifocal]

Zoomen n (Inf) efecto m lupa
Zoomobjektiv n objetivo m zoom
Zubehör n accesorio m, accesorios mpl; aderezo m; aparejo m; avíos mpl; implementos mpl; material m accesorio
Zubereitung f 1. (a)condicionamiento m; 2. sazonado m (Reifeprozess); 3. preparación f, preparado m
Zubringerband n (Förd) transportador m de alimentación
Zuckerfabrik f empresa f azucarera, ingenio m azucarero [de azúcar], ingenio m, (Am) factoría f de azúcar, trapiche m, central m (azucarero), central f azucarera (Kuba)
Zuckerrohr n caña f de azúcar
Zuckerrohrerntemaschine f máquina f cosechadora de caña, cosechadora f cañera [de caña], segadora f de caña
Zufahrtsrampe f rampa f de acceso
Zufallsauswahl f muestra f al azar, muestreo m aleatorio
zufallsbedingt casual; aleatorio
Zufallsereignis n evento m casual (Statistik)
Zufallsgröße f casualidad f, magnitud f aleatoria [estocástica, casual], valor m arbitrario, término m aleatorio; variable f aleatoria [al azar, estocástica]
Zufallsstichprobe f prueba f al azar; muestra f aleatoria
Zufallsvariable f variable f aleatoria [al azar, estocástica], magnitud f aleatoria
~/binomial verteilte variable f aleatoria de distribución binomial
~/gleich verteilte variable f aleatoria equitativamente repartida
~/polynominal verteilte variable f aleatoria de distribución polinomial
Zufallsvektor m vector m aleatorio
Zufallsverteilung f repartición f al azar
Zufallszahlengenerator m (Inf) generador m de números aleatorios
Zufallszugriff m (Inf) acceso m directo [aleatorio, al azar]
Zufluss m alimentación f; entrada f; afluencia f (einfließende Flüssigkeit)
Zufuhr f admisión f; aportación f, aporte m; aprovisionamiento m; introducción f; llegada f, paso m
Zuführeinrichtung f (Fert) mecanismo m de alimentación; sistema m de alimentación

zuführen v abastecer; suministrar (z. B. Strom); alimentar; conducir; encaminar
Zuführung f abastecimiento m, aportación f, suministro m; admisión f; alimentación f; vía f de alimentación; avance m; llegada f
Zuführungsband n (Förd) sinfín m alimentador [de alimentación]; estera f alimentadora
Zug m 1. (Ph, Wkst) tracción f, tensión f; 2. tren m, ferrocarril m; 3. tiro m (Feuerung); 4. varilla f tirante (Zugstange)
Zugabe f 1. aditam(i)ento m; suplemento m; 2. (Fert) sobreespesor m; crece m
Zugang m camino m de acceso; puerta f de acceso; acceso m; aproches mpl
Zugangsstollen m (Bgb) galería f de acceso [extracción, explotación]
Zuganker m tirante m
Zugband n (Masch) aro m sujetador, collar m de aprieto
Zugbeanspruchung f (Wkst) esfuerzo m tractor [de tracción]
Zugbruchlast f (Mech) carga f de rotura por tracción
Zugbrücke f puente m levadizo
Zugelastizität f (Wkst) elasticidad f de tracción
Zugfähigkeit f (Lt) capacidad f de tracción (z. B. Schlepper)
Zugfeder f muelle m de tracción [atracción]
Zugfestigkeit f 1. (Wkst) resistencia f a la tracción; límite m de tensión; 2. (Text) resistencia f a la rotura por tracción
Zugförderung f 1. (Eb) tracción f (ferroviaria); locomoción f; 2. (Bgb) tracción f, transporte m por tren
Zugglied n 1. (Mech) elemento m sometido a tracción; 2. (Bw) miembro m de tracción
Zuggurt m (Bw) cabeza f de tracción (Statik)
Zughaken m 1. (Eb) gancho m de acoplamiento; 2. (Kfz) gancho m de tracción [cadena]
Zugkette f 1. cadena f de tracción; 2. (Bgb) cadena f rastrera
Zugkraft f 1. (Mech) fuerza f de tensión; fuerza f de extensión (Dehnkraft); fuerza f sustentadora [de sustentación] (Schub); 2. (Eb, Kfz) fuerza f [potencia f]

de tracción, tracción f, esfuerzo m tractor [de tracción]; fuerza f [potencia f] de arrastre, fuerza f de tiro; esfuerzo m de garreo (Winde); coeficiente m de tracción (Schlepper)

Zugkraftdiagramm n característica f traccional [de tracción]

Zugkraftmesser m comprobador m de fuerza de tracción, dinamómetro m de tracción

Zugleistung f potencia f de tracción; eficiencia f [rendimiento m] de tracción; fuerza f de arrastre [tiro]; característica f traccional [de tracción] (Schlepper)

Zugmaschine f 1. tractor m industrial [para la industria]; tractor m (de remolque), tractor-remolque m; 2. máquina f de tracción, avantrén m

Zugmittel n 1. (Förd) órgano m de tracción; 2. (Kfz) tractor m

Zugpropeller m (Flg, Schiff) hélice f tractora

Zugprüfung f 1. (Kfz) prueba f traccional; 2. (Wkst) ensayo m de tracción, prueba f de [a la] tracción

zugreifen v acceder (z. B. auf Speicher)

Zugriff m (Inf) acceso m

~**/beliebiger** acceso m arbitrario

~**/beschränkter** acceso m restringido

~**/codierter** acceso m codificado

~**/direkter** acceso m directo [aleatorio, al azar, libre]

~**/indexsequentieller** acceso m secuencial indexado

~**/sequentieller** acceso m secuencial [serial, en serie]

Zugriffsarm m (Inf) brazo m de acceso, brazo m del lector (Magnetplattenspeicher)

Zugriffsart f (Inf) modo m de acceso; modalidad f de acceso (Speicherkenngröße)

Zugriffsgeschwindigkeit f (Inf) velocidad f de acceso

Zugriffsschutz m (Inf) protección f de acceso

Zugriffssteuerblock m (Inf) bloque m de control de acceso

Zugriffssteuerung f 1. (Inf, Nrt) control m de acceso; 2. (Inf) mecanismo m de control de acceso

Zugriffsverfahren n (Inf) método m [sistema m, técnica f] de acceso; modo m de acceso

Zugriffszeit f (Inf) tiempo m de acceso [ciclo de memoria, espera de memoria], duración f de acceso

Zugrolle f piñón m de tracción; rodillo m tractor

Zugschalter m (El) interruptor m de tiro [tracción]

Zugschraube f (Flg) hélice f tractora

Zugseil n 1. (Förd) tiro m; cable m de tracción; cable m tirante [para tirar]; 2. (Kfz) cable m de mando (Handbremse)

Zugspannung f 1. (Wkst) fuerza f de tensión, esfuerzo m tractor [de tracción], tensión f de tracción; 2. (Text) tensión f

Zugspindel f (Fert) husillo m [eje m] de cilindrar, barra f

Zugspindeldrehmaschine f (Fert) torno m de cilindrar

Zugstab m 1. (Wkst, Bw) tirante m; 2. (Eb) bastón m

Zugstange f 1. (Eb) barra f de tracción [acoplamiento, enganche]; 2. barra f de remolque [tiro] (Schlepper); 3. varilla f tirante, tirante m; 4. (Masch) riostra f

Zugstrebe f (Bw) tirante m

Zugversuch m (Wkst) ensayo m de rotura [ruptura]; ensayo m de tracción, prueba f de [a la] tracción

Zugwinde f cabrestante m de arrastre

zulässig admisible, permisible; lícito

Zulässigkeitsgrenze f margen m de permisibilidad

Zulauf m afluencia f, alimentación f; admisión f; entrada f

Zulaufregler m regulador m de alimentación

Zulaufrohr n tubo m de toma

Zuleitung f 1. conducción f de toma; conductor m de alimentación (Rohr); llegada f; 2. (El) línea f de alimentación; 3. (Nrt) línea f de acometida, acometida f

Zulüftung f ventilación f impelente

Zunahme f incremento m, auge m; subida f, crecimiento m

Zündanlage f (Kfz) equipo m [sistema m] de encendido, encendido m (Verbrennungsmotor)

Zündanode f (El) ánodo m de cebado [encendido]

Zündbeschleunigung f (Kfz) avance m del encendido

Zündeinstellung f (Kfz) ajuste m [regulación f] de encendido
Zündelektrode f electrodo m arrancador [de arranque, de disparo, de ignición]; ignitor m (Ignitron)
zünden v 1. encender; 2. disparar (Thyristor); 3. inicializar, iniciar (Sprengstoff)
Zunder m (Met) cascarilla f (de óxido), costra f de hierro, escoria f, batiduras fpl, calamina f, paja f
Zünder m encendedor m, inflamador m; fulminante m, cebo m; espoleta f, detonador m
~/galvanischer espoleta f galvánica
~/hydrostatischer espoleta f hidrostática
~/kontaktloser espoleta f de influencia
~/optischer espoleta f óptica
~/pyrotechnischer espoleta f pirotécnica
Zunderanhaftung f (Gieß) adherencia f de óxido
zunderbeständig a prueba de batidura
Zunderbildung f (Met) formación f de escamas [batidura]
Zündereinstellung f graduación f de la espoleta
zundern v (Met) oxidar; formar una capa de óxido (Rost ansetzen)
Zunderschicht f (Met) capa f de calamina
Zünderstellung f graduación f de la espoleta
Zündfeder f muelle m del cebo
Zündfestigkeit f resistencia f a la ignición
Zündflamme f llama f de encendido
Zündfolge f (Kfz) orden m de encendido
Zündfunke m chispa f de encendido
Zündgerät n dispositivo m de explosión, explosor m, deflagrador m
Zündgeschwindigkeit f velocidad f de encendido [inflamación]
Zündgrenze f límite m [margen m] de inflamabilidad, límite m de encendido
~/obere límite m superior de encendido [inflamabilidad]
~/untere límite m inferior de encendido [inflamabilidad]
Zündgrenzen fpl características fpl de inflamabilidad
Zündholzschachtelautomat m máquina f automática para fabricar cajas de fósforos
Zündhütchen n 1. cápsula f cebada, cebo m (fulminante); 2. (Mil) pistón m

Zündkabel n (Kfz) cable m de encendido
Zündkammer f (Mil) caja f de la espoleta (Geschoss)
Zündkanal m (Mil) orificio m de ignición, fogón m
Zündkappe f capa f de explosivo
Zündkapsel f cápsula f fulminante [inflamadora], fulminante m
Zündkerze f (Kfz) bujía f de ignición [encendido], bujía f, (Am) cera f
Zündkerzengesicht n (Kfz) aspecto m de la bujía de encendido
Zündkerzen(steck)schlüssel m (Kfz) llave f de bujías
Zündkondensator m (Kfz) condensador m de encendido
Zündkörper m cebo m fulminante, petardo m
Zündkraft f fuerza f de encendido
Zündkreis m (Eln) circuito m de activación; circuito m de encendido
Zündladung f carga f de ignición, estopín m
Zündleitung f (Kfz) cable m de encendido; circuito m de encendido
Zündloch n (Mil) fogón m
Zündlunte f mecha f de encendido
Zündmagnet m (Kfz) magneto m (de encendido), magneto m de ignición
Zündpunkt m punto m de encendido; punto m [temperatura f] de ignición
Zündpunkteinstellung f (Kfz) regulación f [sincronización f, reglaje m] del encendido
Zündschalter m (Kfz, El) interruptor m [llave f, contactor m] de encendido, manija f de ignición
Zündschloss n (Kfz) cerradura f [conmutador m] de encendido
Zündschlüssel m (Kfz) llave f de contacto [encendido]
Zündspule f (Kfz) bobina f de encendido [ignición], bobina f
Zündstift m 1. (El) encendedor m (beim Gleichrichter); 2. (Eln) ignitor m (Ignitron)
Zündstoff m compuesto m inflamador; encendedor m; iniciador m; fulminante m; mezcla f detonante; cebo m de inflamación
Zündstromverteiler m (Kfz) distribuidor m (de encendido)

Zünd- und Anlassschalter *m (Kfz)* llave *f* del encendido y de arranque

Zündung *f* 1. *(Kfz, Eln)* ignición *f*; encendido *m*, alumaje *m*; fogonazo *m*; chispa *f*; iniciación *f*; 2. *(Ch)* inflamación *f*

Zündungsschalter *m (Kfz)* llave *f* del encendido

Zündverstellung *f (Kfz)* regulación *f* del encendido

Zündverteiler *m (Kfz)* distribuidor *m* (de encendido)

Zündverteilernocken *m (Kfz)* leva *f* del encendido

Zündverzug *m* 1. retraso *m* en el punto de encendido; 2. *(Kfz)* retardo *m* al encendido

zündwillig inflamable *(Kraftstoff)*

Zündwilligkeit *f* facilidad *f* de encendido [ignición]; calidad *f* de ignición; tendencia *f* de encendido; inflamabilidad *f (Kraftstoff)*

Zündzeitpunkteinstellung *f (Kfz)* sincronización *f* del encendido

zunehmen *v* crecer, incrementar

Zunge *f* 1. lengüeta *f*, fiel *m (z. B. einer Waage)*; patilla *f*; 2. carril *m* de aguja [cambio] *(Weiche)*

zuordnen *v* 1. *(Inf)* asignar, adjudicar; asociar; 2. interpretar *(deuten)*

Zuordner *m* 1. *(Inf, Nrt)* dispositivo *m* de asignación; 2. *(Inf)* interclasificadora *f*, traductor *m*

Zuordnung *f* 1. *(Inf)* asignación *f*, adjudicación *f*; 2. *(Math)* coordinación *f*; correspondencia *f*; 3. subordinación *f*; 4. interpretación *f (Deutung)*

zurichten *v* 1. arreglar; 2. *(Led)* acabar

Zurichtung *f* 1. arreglo *m*; 2. *(Led)* acabado *m*

zurren *v* trabar

zurückfedern *v* rebotar

Zurückfedern *n* resiliencia *f*

zurückführen *v* 1. recircular, reciclar; 2. transportar marcha atrás

zurückhalten *v* retener

zurückkehren *v* reponer *(in die Ausgangsstellung)*

zurückklappbar abatible, rebatible *(Verdeck)*

zurücklegen *v (Ph)* recorrer *(einen Weg)*

zurückschalten *v* retroceder

zurücksetzen *v (Inf)* reiniciar, retraer, retroceder; reponer

zurückspulen *v* rebobinar *(Band)*

zurückstellen *v (Inf)* reiniciar; reponer

zusammenbacken *v* aglutinarse, conglomerarse

zusammenballen *v* aglomerar

Zusammenbau *m* ensamblado *m*; montaje *m*; proceso *m* de ensamblado

zusammenbauen *v* ensamblar; armar

zusammendrücken *v* comprimir, apelmazar, compactar

zusammenfallen *v* 1. caer; 2. coincidir

zusammenfügen *v* reunir, unir; juntar; ensamblar

zusammenkleben *v* aglutinar

zusammenlaufen *v* converger, convergir

zusammenlöten *v* soldar con estaño

Zusammenprall *m* choque *m*, impacto *m*

zusammenprallen *v* chocar

zusammenpressen *v* apelmazar

zusammenschalten *v (El)* interconectar

Zusammenschaltung *f (El)* interconexión *f*

zusammenschrauben *v* juntar con tornillos

zusammenschweißen *v* juntar por soldadura

zusammensetzen *v* 1. componer; 2. unir

Zusammensetzung *f* composición *f*

~/chemische composición *f* (química)

~/stöchiometrische composición *f* estequiométrica

zusammenstellen *v* configurar; recopilar; agrupar

Zusammenstellung *f* 1. recopilación *f*; 2. ensambladura *f*, ensamblaje *m*; 3. formulación *f (Farbe)*; 4. repertorio *m (Verzeichnis)*

Zusammenstoß *m* colisión *f*, tope *m*

zusammenstoßen *v* colisionar

zusammenwirken *v* 1. cooperar; 2. concurrir, coincidir

zusammenziehen *v* contraer

Zusammenziehung *f* contracción *f*

Zusatz *m* 1. adición *f*, aditam(i)ento *m (Vorgang)*; 2. agente *m* de adición, adyuvante *m (Stoff)*; 3. *(Met)* carga *f*; 4. complemento *m*; suplemento *m*; 5. materia *f* extraña

Zusatzausrüstung *f* aditam(i)ento *m*

Zusatzbit *n (Inf)* bit *m* adicional

Zusatzfilter *n* filtro *m* complementario

Zusatzgerät *n* 1. aparato *m* [equipo *m*] adicional; aditam(i)ento *m*; accesorio *m*, equipo *m* accesorio; unidad *f* subsidiaria; 2. *(Inf)* equipo *m* auxiliar, periférico *m* adicional

Zusatzlast *f (Mech)* carga *f* adicional

Zusatzmetall *n* metal *m* adicional, añadidura *f*; metal *m* de aporte [aportación], aportación *f (beim Schweißen)*

Zusatzmittel *n (Ch)* aditivo *m*, aducto *m*; dope *m*

Zusatzscheinwerfer *m (Kfz)* faro *m* adicional

Zusatzspeicher *m (Inf)* memoria *f* adicional [complementaria, subsidiaria]

Zusatzstoff *m* sustancia *f* aditiva, aditivo *m*

Zusatzwerkstoff *m* material *m* complementario; aportación *f (beim Schweißen)*

zuschalten *v (El)* conectar adicionalmente

Zuschlag *m* 1. adición *f*; 2. *(Bw)* árido *m*; 3. *(Gieß)* fundente *m*, fumazo *m* de fragua

Zuschlagstoff *m* 1. *(Bw)* agregado *m*, material *m* suplementario [de relleno], relleno *m*, materia *f* inerte, árido *m*; 2. *(Met)* agente *m* fundente

Zuschnitt *m (Fert, Text)* corte *m*, recorte *m*, hechura *f*

Zustand *m* estado *m*; condición *f*; situación *f*; nivel *m*; régimen *m*; fase *f*, forma *f*

~/**kristalliner** estado *m* cristalino [de cristalización], forma *f* cristalina

~/**metastabiler** *(Ph)* estado *m* metastable, nivel *m* de metaestabilidad

~/**nicht stationärer** 1. régimen *m* no estacionario; 2. *(Kern)* régimen *m* inestable *(Reaktor)*

~/**sicherheitswidriger** condición *f* insegura [peligrosa]

~/**stationärer** 1. estado *m* estacionario; 2. *(Kern)* estado *m* fijo *(des Reaktors)*; régimen *m* estacionario

~/**technischer** estado *m* de conservación *(z. B. einer Maschine)*

Zustandsänderung *f* 1. *(Ch)* alteración *f*; 2. *(Ph)* cambio *m* de estado

Zustandsbit *n (Inf)* bit *m* de estado

Zustandsdiagramm *n* diagrama *m* de estado [fases], gráfica *f* de estados; diagrama *m* de constitución [equilibrio]

Zustandsgleichung *f (Ph)* ecuación *f* de estado

Zustellbewegung *f (Fert)* movimiento *m* de alimentación

Zustellspindel *f (Fert)* husillo *m* de alimentación

zuteilen *v* 1. atribuir; distribuir; 2. dosar

Zuteilung *f* dotación *f*; asignación *f*; aportación *f*

zuverlässig fiable; seguro

Zuverlässigkeit *f* confiabilidad *f*, fiabilidad *f (Funktionssicherheit)*; grado *m* de fiabilidad; precisión *f* de funcionamiento; seguridad *f*; solidez *f*; veracidad *f (Wahrheitsgehalt)*

~/**gerätetechnische** fiabilidad *f* instrumental

~/**statistische** confiabilidad *f* estadística

Zuverlässigkeitskenngröße *f* índice *m* de fiabilidad

Zuverlässigkeitstechnik *f* ingeniería *f* de la fiabilidad

Zuverlässigkeitstheorie *f* teoría *f* de la fiabilidad

Zuwachs *m* 1. crecimiento *m*, incremento *m*, aumento *m*; 2. *(Math)* incremento *m*

zuweisen *v* asignar, adjudicar, atribuir; asociar

Zuweisung *f (Inf)* asignación *f*; designación *f*, sentencia *f* de asignación

Zuweisungsanweisung *f (Inf)* instrucción *f* [sentencia *f*] de asignación

Zuweisungstabelle *f (Inf)* tabla *f* de asignaciones

Zwangsbelüftung *f* ventilación *f* forzada

Zwangsbewegung *f* movimiento *m* forzoso *(Sicherheitstechnik)*

Zwangskraft *f (Mech)* fuerza *f* de reacción

Zwangskühlung *f* enfriamiento *m* controlado, refrigeración *f* forzada

Zwangslauf *m (Masch)* marcha *f* forzada, movimiento *m* forzado

Zwangslüftung *f* ventilación *f* [aspiración *f*] mecánica, ventilación *f* para corriente forzada

Zwangsumlauf *m* circulación *f* forzada

Zwangsverriegelung *f* bloqueo *m* mecánico, resguardo *m* de enclavamiento dependiente

Zweiachsanhänger *m* remolque *m* de dos ejes

Zweiachsenfahrzeug *n* camión *m* de dos ejes

zweiachsig 1. *(Math)* biaxial, biáxico; 2. de dos ejes *(Fahrzeug)*
Zweiadressbefehl *m (Inf)* instrucción *f* de dos direcciones
zweiadrig bifilar
zweiatomig biatómico
Zweibackenfutter *n (Fert)* mandril *m* de dos mordazas
zweibasig *(Ch)* dibásico, bibásico
Zweidecker *m (Flg)* biplano *m*
zweideutig ambiguo, indeterminado
zweidimensional bidimensional, de dos dimensiones
zweidrähtig bifilar
Zweidrahtleitung *f (Nrt, El)* línea *f* de dos hilos; circuito *m* bifilar
Zweierschale *f (Ph)* doblete *m*
Zweifadenlampe *f (Kfz)* bombilla *f* [lámpara *f*] de dos filamentos
Zweifarbendruck *m (Typ)* bicromía *f*
zweifarbig 1. bicolor; 2. *(Opt)* dicroico *(Doppelbrechung)*
Zweiflächner *m (Math)* diedro *m*
zweigliedrig *(Math, Inf)* binario; binomial
Zweihandschaltung *f* sistema *m* de mando a dos manos; mando *m* bimanual [a dos manos]; control *m* bimanual [a dos manos]; accionamiento *m* a dos manos
Zweikomponentenkleber *m* adhesivo *m* bicomponente [de dos componentes], pegamento *m* bicomponente
Zweikomponentensystem *n (Ch)* sistema *m* binario [de dos componentes]
Zweiphasenschaltung *f (El)* circuito *m* bifásico
Zweiphasenstrom *m (El)* corriente *f* bifásica
zweiphasig *(El)* de dos fases, difásico, bifásico
zweipolig bipolar
Zweipolröhre *f (Eln)* válvula *f* diodo
Zweipolschalter *m (El)* interruptor *m* bipolar, llave *f* de dos polos
Zweipunktregelung *f* regulación *f* a dos posiciones, regulación *f* [acción *f*] por todo o nada
Zweiradfahrzeug *n* vehículo *m* de motor de dos ruedas
Zweischienenhängebahn *f* birriel *m*
Zweisitzer *m* 1. *(Flg)* avión *m* biplaza; 2. *(Kfz)* coche *m* de dos plazas

Zweispindelbohrmaschine *f (Fert)* taladradora *f* de dos husillos
Zweispindelfräsmaschine *f (Fert)* fresadora *f* de dos árboles
zweispurig de vía doble
Zweiständerhobelmaschine *f (Fert)* acepilladora *f* de puente
Zweiständerpresse *f (Fert)* prensa *f* de doble bastidor [montante]
Zweistoffgemisch *n (Ch, Ph)* compuesto *m* binario, mezcla *f* binaria
Zweistufenrakete *f* cohete *m* de dos etapas
zweistufig 1. bigradual; de dos escalones; de dos etapas; 2. *(Rak)* de dos fases
Zweitaktdieselmotor *m* motor *m* Diesel de dos tiempos
Zweitaktmotor *m* motor *m* de dos tiempos
zweiteilig bisectado
Zweiwegehahn *m* grifo *m* de dos pasos
Zweiweggleichrichter *m (El)* rectificador *m* de doble onda, rectificador *m* dos ondas
zweiwertig *(Ch)* bivalente, biatómico
zweizeilig a doble espacio *(Schreibmaschine)*
Zweizylinderdampfmaschine *f* máquina *f* de vapor de dos cilindros
Zweizylindermotor *m* motor *m* de dos cilindros
Zwiebelkuppel *f (Bw)* tejado *m* imperial [en forma de cebolla]
Zwillingsbereifung *f* neumáticos *mpl* [bandajes *mpl*] gemelos
Zwillingsreifen *mpl (Kfz)* neumáticos *mpl* [bandajes *mpl*] gemelos
Zwinge *f* abrazadera *f*, cárcel *f*, *(Am)* sargento *m*; prensa *f*, torno *m (Schraubstock)*; mordaza *f* de rosca *(Werkzeug)*
Zwirnmaschine *f (Text)* máquina *f* de torcer, retorcedora *f*, torcedora *f*
Zwischenablage *f (Inf)* portapapeles *m*
Zwischendeck *n (Schiff)* entrepuente *m*
Zwischendecke *f (Bw)* techo *m* intermedio
Zwischenfrequenz *f (Nrt)* frecuencia *f* intermedia, F.I.
Zwischenfrequenzverstärker *m* amplificador *m* superheterodino [de frecuencia intermedia]
Zwischenglied *n* 1. *(Masch)* órgano *m* intermedio; 2. *(Math)* térmico *m* intermedio

Zylindermantel

Zwischenglühen *n (Met)* estabilización *f* interina [intermedia], normalización *f* intermedia, recocido *m* intermedio [entre pasados]

Zwischenlager *n* 1. *(Kern)* depósito *m* intermedio; 2. *(Masch)* cojinete *m* intermedio

Zwischenlagerung *f* 1. almacenamiento *m* intermedio [temporal]; 2. interposición *f*; 3. *(Bgb)* intercalación *f*, interestratificación *f*

Zwischenlinse *f (Opt)* lente *f* intermedia

Zwischenmauer *f (Bw)* medianería *f*, muro *m* medianero; tabique *m* intermedio

Zwischenphase *f (Ph)* interfase *f*

Zwischenraum *m* 1. espacio *m*; espaciado *m*; intersticio *m (dreidimensional)*; intervalo *m*; 2. *(Masch)* holgura *f*; juego *m*; 3. *(Typ)* blanco *m*, espacio *m*; 4. *(Schiff)* clara *f (Spant, Schott)*

Zwischenraumzeichen *n* 1. *(Inf)* carácter *m* en blanco, carácter *m* de espaciado [espacio]; 2. *(Nrt)* señal *f* de espacio

Zwischenregister *n (Inf)* registro *m* intermedio *(eines Rechenwerkes)*

zwischenschalten *v* 1. *(El)* interconectar; 2. *(Nrt)* intercalar

Zwischenschaltung *f* 1. *(El)* interconexión *f*; 2. *(Nrt)* intercalación *f*

Zwischenschicht *f* 1. capa *f* intermedia, intercapa *f*; 2. *(Geol)* estrato *m* intermedio

Zwischenspeicher *m* 1. *(Inf)* memoria *f* intermedia [tampón, temporal], tampón *m* intermedia, almacén *m* [almacenamiento *m*] temporal; 2. depósito *m* temporal *(Behälter)*

zwischenspeichern *v (Inf)* almacenar temporalmente [en forma temporal], guardar temporalmente; vaciar, volcar

Zwischenspeicherung *f (Inf)* almacenamiento *m* intermedio

Zwischenstecker *m (El)* adaptador *m*

Zwischenstück *n* 1. pieza *f* intermedia; 2. adaptador *m (Anpassung)*

Zwischenstufenhärten *n (Met)* temple *m* bainítico, endurecimiento *m* bainítico, austemple *m*

Zwischensumme *f (Math, Inf)* subtotal *m*, total *m* intermedio

Zwischenwand *f* 1. *(Bw)* pared *f* divisoria, tabique *m*, mampara *f*, cerramiento *m*; 2. *(Ch)* diafragma *m*

Zwischenwelle *f* árbol *m* [eje *m*] intermedi(ari)o

zyanieren *v (Met)* cianurar, carbonitrurar

Zykloide *f (Math)* cicloide *f*, curva *f* cicloidal

Zyklon *m* 1. ciclón *m (Meteorologie)*; 2. *s.* Zyklonabscheider

Zyklonabscheider *m* 1. precipitador *m* ciclónico, separador *m* ciclónico [de ciclón, por fuerza centrífuga], turboseparador *m*, ciclón *m*; 2. *(Lt)* aventadora *f* de torbellino

Zyklus *m* 1. ciclo *m*, C; ciclo *m* de funcionamiento; 2. *(Ch)* ciclo *m*, período *m*

Zyklusrücksetzung *f (Inf)* reposición *f* [restitución *f*] de ciclo *(Wiederherstellung des Anfangszustandes)*

Zykluszähler *m (Inf)* contador *m* de ciclos

Zykluszeit *f (Inf)* tiempo *m* de ciclo *(Arbeitszeit pro Arbeitsgang)*; tiempo *m* de palabra *(Serienmaschine)*

Zylinder *m* 1. *(Math)* cilindro *m*; 2. *(Masch)* cilindro *m*; tambor *m*; hembra *f*

Zylinderblock *m (Kfz)* bloque *m* de cilindros

Zylinderbohrmaschine *f (Fert)* máquina *f* de barrenar cilindros

Zylinderbohrung *f (Kfz)* calibre *m* del cilindro, diámetro *m* interior del cilindro

Zylinderdrehen *n (Fert)* cilindrado *m*

Zylinderfläche *f (Math)* superficie *f* cilíndrica

Zylinderflansch *m* pestaña *f* de asiento del cilindro

Zylinderfunktion *f (Math)* función *f* cilíndrica [di Bessel]

Zylinderinhalt *m (Kfz)* cámara *f* de cilindros

Zylinderkoordinaten *fpl (Math)* coordenadas *fpl* cilíndricas

Zylinderkopf *m* 1. testera *f* de cilindro, culata *f (Kraftmaschine)*; 2. cabeza *f* cilíndrica *(einer Schraube)*

Zylinderkopfdichtung *f (Kfz)* junta *f* de culata

Zylindermantel *m* 1. *(Masch)* camisa *f* (exterior) del cilindro, chaqueta *f* [envuelta *f*] de cilindro; 2. *(Math)* superficie *f* cilíndrica

Zylindermantellinie *f (Math)* superficie *f* lateral

Zylinderreibahle *f (Fert)* escariador *m* cilíndrico

Zylinderschieber *m* distribuidor *m* cilíndrico *(Wasserbau)*

Zylinderschleifmaschine *f (Fert)* amoladora *f* de cilindros; lijadora *f* de cilindro *(für Holz)*

Zylinderschloss *n* cerradura *f* de cilindro

Zylinderspule *f (El)* solenoide *m*

Zylinderstopfbuchse *f* prensaestopas *m* del cilindro